D1720857

Die Protest-Chronik 1949–1959

Band I: 1949–1952
Band II: 1953–1956
Band III: 1957–1959
Band IV: Registerband

Die Protest-Chronik:
Ein Projekt des
Hamburger Instituts für
Sozialforschung

Wolfgang Kraushaar

Die Protest-Chronik 1949–1959

Eine illustrierte Geschichte
von Bewegung, Widerstand und Utopie

Band III: 1957–1959

Rogner & Bernhard
bei Zweitausendeins

1. Auflage, November 1996.
© 1996 by Rogner & Bernhard GmbH & Co. Verlags KG, Hamburg.
Gesamtedition: ISBN 3-8077-0350-0
Band III: ISBN 3-8077-0340-3

Alle Rechte vorbehalten, insbesondere das Recht der mechanischen,
elektronischen oder fotografischen Vervielfältigung, der Einspeicherung und Verarbeitung
in elektronischen Systemen, des Nachdrucks in Zeitschriften oder Zeitungen,
des öffentlichen Vortrags, der Verfilmung oder Dramatisierung,
der Übertragung durch Rundfunk, Fernsehen oder Video,
auch einzelner Text- und Bildteile.
Der gewerbliche Weiterverkauf und der gewerbliche Verleih von Büchern,
Platten, Videos und anderen Sachen aus der Zweitausendeins-Produktion bedürfen
in jedem Fall der schriftlichen Genehmigung durch die Geschäftsleitung
vom Zweitausendeins Versand in Frankfurt.

Mitarbeit: Karin König, Matthias Heyl, Klaus Körner.
Lektorat: Birgit Otte, Bernhard Gierds, Silke Lange.

Herstellung und Gestaltung: Eberhard Delius, Berlin.
Einbandgestaltung: Susanne Gräfe, Bremen.
Bewegungskarten: Wilfried Gandras.
Satz: Mega-Satz-Service, Berlin.
Lithographie: Duplex Reproges., Berlin.
Druck: Steidl, Göttingen.
Bindung: Hollmann, Darmstadt.

Dieses Buch wurde gedruckt auf mattgestrichenem RePrint,
das aus 50% entfärbter Altpapierfaser und 50% Zellstoff (chlorfrei)
hergestellt wurde.
Das Kapitelband und das Leseband sind aus 100% ungefärbter
und ungebleichter Baumwolle.
Printed in Germany.

Dieses Buch gibt es nur bei Zweitausendeins
im Versand (Postfach, D-60381 Frankfurt am Main) oder
in den Zweitausendeins-Läden in Berlin, Düsseldorf, Essen,
Frankfurt, Freiburg, Hamburg, Köln, München,
Nürnberg, Saarbrücken, Stuttgart.

In der Schweiz über buch 2000,
Postfach 89, CH-8910 Affoltern a.A.

Inhalt

1957–1959

1957

58

59

1957 im Zusammenhang

Das Jahr steht im Schatten der beiden Großereignisse, die die Welt Ende 1956 erschüttert haben. Die Großmächte **UdSSR** und **USA** versuchen, zum Jahresbeginn Konsequenzen aus dem Ungarn-Aufstand sowie dem Suezkrieg zu ziehen und Schritte zur Sicherung ihrer jeweiligen Machthemisphäre einzuleiten. In **Budapest** versammeln sich die Führer der Kommunistischen Parteien Bulgariens, Rumäniens, Ungarns, der Tschechoslowakei und der Sowjetunion und erklären, daß die sowjetischen Truppen in Ungarn die Errichtung einer »faschistischen Diktatur« verhindert hätten; den feindlichen Kräften sei es nicht gelungen, die »Einheit des sozialistischen Lagers« aufzusprengen. Wie unsicher die Situation in der ungarischen Hauptstadt auch weiterhin ist, zeigt sich nur wenige Tage später, als Aufrufe zu einem Generalstreik gegen die Besatzer kursieren und es zu einer Reihe von Scharmützeln mit den sowjetischen Truppen kommt. An dem Tag, an dem die Budapester Konferenz zu Ende geht, gibt US-Präsident **Dwight D. Eisenhower** vor dem Kongreß in **Washington** eine neue außenpolitische Doktrin bekannt, die sich auf den Nahen und Mittleren Osten bezieht. Da die Unsicherheit dort durch den »internationalen Kommunismus« zugenommen habe, würden die USA jedes wirtschaftliche oder militärische Hilfeersuchen von Staaten dieser Region annehmen und nötigenfalls intervenieren. Mit der als **»Eisenhower-Doktrin«** bezeichneten Schutzgarantie, die von keinem der betreffenden Staaten erbeten worden ist, aber im März vom Kongreß angenommen wird, reklamieren die USA einen Machtanspruch auf den aus militärstrategischen Gründen und für die Ölversorgung relevanten Nahen und Mittleren Osten. Nur wenige Tage später tritt in **London** der britische Premierminister **Anthony Eden** wegen der Niederlage im Suezkrieg von seinem Amt zurück. Sein Nachfolger wird **Harold Macmillan**, der bereits seit längerem als Gegner eines militärischen Eingreifens am Suezkanal aufgetreten ist. Beim Besuch einer chinesischen Regierungsdelegation zur selben Zeit in **Moskau** bezeichnen die Gäste ebenso wie die Gastgeber die »Eisenhower-Doktrin« als einen Versuch des US-Imperialismus, die Machtstellung Großbritanniens und Frankreichs nach ihrer Niederlage im Suezkrieg einzunehmen und die nationalen Freiheitsbewegungen zu unterdrücken.

Die **Sowjetunion** und **China** versichern gemeinsam, Ägypten und alle anderen Völker, die in Afrika, Asien und Lateinamerika um ihre Unabhängigkeit kämpfen, künftig zu unterstützen.

Trotz international zunehmender Proteste werden die **Atomwaffentests** fortgesetzt. Mitte Mai zündet **Großbritannien** über den im Pazifik gelegenen **Christmas Islands** seine erste Wasserstoffbombe. Nach Ansicht der britischen Regierung werde durch die neue Nuklearwaffe das strategische Übergewicht, über das die Sowjetunion im konventionellen Rüstungsbereich verfüge, kompensiert. Ende August setzen die **USA** in der Wüste von **Nevada** ihre Atomwaffentests fort. Wieder einmal führen dabei über 1.000 Soldaten kurz nach der Detonation in dem Testgebiet ein Manöver durch. Sie sind der radioaktiven Strahlung völlig ungeschützt ausgesetzt und sollen einen Einsatz unter »atomaren Kriegsbedingungen« simulieren. Einen Monat später ereignet sich in dem sowjetischen Atomforschungszentrum **Tscheljabinsk-65** eines der folgenschwersten Unglücke des Atomzeitalters. Dort explodiert ein Tank mit radioaktivem Abfall. Rund 30.000 Quadratkilometer Land werden verseucht und fast eine halbe Million Bewohner der Strahlung ausgesetzt. Sie werden von den Behörden zunächst nicht über ihre gesundheitliche Gefährdung informiert. Erst lange Zeit später werden die 10.000 am stärksten Betroffenen umgesiedelt.

Anfang Oktober startet der polnische Außenminister **Adam Rapacki** eine vielbeachtete Initiative zur Einschränkung der Atomkriegsgefahr. Vor der UN-Vollversammlung in **New York** schlägt er vor, eine **atomwaffenfreie Zone in Mitteleuropa** zu schaffen, zu der neben Polen die Bundesrepublik und die DDR gehören sollen. Im Gegensatz zur Sowjetunion lehnen die Westmächte den Vorstoß kategorisch ab. Die Bundesregierung weist den **Rapacki-Plan** als angebliches Ablenkungsmanöver zurück.

Zwei Tage nach Rapackis Rede gelingt es der **Sowjetunion**, mit dem »Sputnik« einen ersten künstlichen Satelliten in die Erdumlaufbahn zu schießen. Durch diesen spektakulären Erfolg sind die USA nicht nur in einer Prestigeangelegenheit wie der Weltraumtechnik überflügelt worden, sondern auch in einem militärisch äußerst relevanten Bereich ins Hintertreffen geraten. Obwohl Regierungssprecher die im gesamten Ostblock mit Euphorie verbreitete Nachricht herunterzuspielen versuchen, sind die Reaktionen in der amerikanischen Öffentlichkeit von hysterischen Zügen geprägt. Nicht wenige Kommentatoren schließen aus der Fähigkeit der Sowjets, Interkontinentalraketen zu starten, auf in naher Zukunft anwachsende Sicherheitsprobleme.

Einen weiteren Erfolg im Prozeß der **Entkolonialisierung** gibt es Anfang März zu verzeichnen. Die ehemalige britische Kolonie Gold Coast wird unter dem Namen **Ghana** unabhängig. Die neue Republik bleibt allerdings Mitglied im Commonwealth. An den Feierlichkeiten in der Hauptstadt **Accra** nehmen die Vertreter von nahezu Staaten teil, darunter auch **Queen Elizabeth II.** und US-Vizepräsident **Richard M. Nixon.** Ministerpräsident **Kwame Nkrumah** erklärt in seiner Festansprache, daß sein Land ein Modell für alle afrikanischen Kolonien sein wolle, die ebenfalls ihre Unabhängigkeit anstrebten. Es habe seine Freiheit nur gewinnen können, weil es mit Imperialismus und Kolonialismus gebrochen habe. Einer der Gäste ist der tunesische Ministerpräsident **Habib Bourguiba**, dessen Land gerade dabei ist, von Frankreich unabhängig zu werden. Ende Juli wird dann in **Tunis** die neue Republik **Tunesien** ausgerufen. Die verfassunggebende Versammlung löst die Monarchie auf und erklärt **Bourguiba** zum ersten Staatspräsidenten. Nur wenige Tage darauf erkennt Frankreich die Unabhängigkeit seiner ehemaligen Kolonie an. Ganz anders wird dagegen mit **Algerien** verfahren. Ende November verabschiedet die französische Nationalversammlung in **Paris** ein Rahmen- und ein Wahlgesetz für die letzte nordafrikanische Kolonie, durch die der bisherige Herrschaftsstatus der Franzosen nicht wirklich angetastet wird. Schärfster Kritiker der von Ministerpräsident **Félix Gaillard** eingebrachten Gesetzentwürfe ist sein Amtsvorgänger **Pierre Mendès-France**. Er erklärt, daß auf diese Weise in Algerien ein Regime etabliert werden würde, dessen Politik von der übergroßen Mehrheit der Bevölkerung nicht beeinflußt werden könnte. Damit aber würde man die »französisch-afrikanische Zukunft« verspielen.

Herausragend in der politischen Entwicklung der **Bundesrepublik** ist die europäische Integration. Mit dem Ende März in **Rom** gemeinsam mit Belgien, Frankreich, Italien, Luxemburg und den Niederlanden unterzeichneten Vertrag über die **Europäische Wirtschaftsgemeinschaft (EWG)** wird nicht nur die auf Kohle und Stahl beschränkte Montanunion wesentlich erweitert, sondern mit der anvisierten Schaffung eines gemeinsamen europäischen Marktes den Absichtserklärungen für die schrittweise Annäherung an eine politische Union eine wirtschaftliche Basis gegeben. Ein wesentlicher Stolperstein auf dem Weg zur EWG ist zuvor mit einer deutsch-französischen Einigung über die Lösung der Saarfrage aus dem Weg geräumt worden. Nachdem sich die Bevölkerung an der Saar im Oktober 1955 gegen das Saarstatut ausgesprochen hat, das ihr eine politische Autonomie gegenüber den beiden Nachbarstaaten zugesichert hätte, wird das **Saarland**, nachdem zuvor zwischen der französischen und der bundesdeutschen Regierung ein entsprechender Vertrag unterzeichnet worden ist, mit dem Jahresbeginn als neues Bundesland in die Bundesrepublik aufgenommen. Bundeskanzler **Konrad Adenauer** würdigt diesen Schritt bei einem Staatsakt in **Saarbrücken** als Frucht der Aussöhnung mit Frankreich. Mit der Überwindung des deutsch-französischen Gegensatzes stehe dem weiteren Aufbau Europas eines der bislang größten Hindernisse nicht mehr im Wege. Die sechs EWG-Mitgliedsstaaten unterzeichnen in Rom außerdem noch den Vertrag zur Gründung einer **Europäischen Atombehörde (EURATOM)**. Dadurch wird die Bundesrepublik an der gemeinsamen Erforschung und Entwicklung der Atomenergie beteiligt. Auch in dieser Hinsicht erweist sich insgeheim eine deutsch-französische Vereinbarung als Vorreiter. Im Januar hat Bundesverteidigungsminister **Franz Josef Strauß** mit seinem französischen Amtskollegen **Maurice Bourgès-Maunoury** in Algerien einen Vertrag über die Zusammenarbeit bei der Entwicklung und Herstellung »moderner Waffen« unterzeichnet. Obwohl Strauß später dementiert, daß es sich dabei um Atomwaffen handelte, erhält dieser Verdacht durch die weitere Entwicklung ständig neue Nahrung.

Daß die **Atombewaffnung der Bundeswehr** zum zentralen innenpolitischen Streitfall werden kann, liegt auch am waffentechnischen Dilettantismus, mit dem der Bundeskanzler das in der Öffentlichkeit vorhandene Mißtrauen gegenüber der Rüstungspolitik weiter steigert. Als **Adenauer** auf einer Pressekonferenz Anfang April **taktische Atomwaffen als »Weiterentwicklung der Artillerie«** einstuft und auf gefährliche Weise verharmlost, ruft er damit nicht nur technisch profundere Kritiker auf den Plan, sondern löst eine Welle des Protests und der Empörung aus. Bundesverteidigungsminister **Strauß**, der bereits Ende Januar im Bundestag als expliziter Verfechter einer »Politik der Stärke« aufgetreten ist, erklärt wenige Tage später, daß die Bundeswehr wegen der sowjetischen Bedrohung nicht auf eine Ausrüstung mit taktischen Atomwaffen verzichten könne. Letzte Zweifel an dieser Position werden beseitigt, als NATO-Generalsekretär **Lord Hastings Lionel Ismay** Anfang Mai auf einer Tagung des Nordatlantikrats in **Bonn** bekanntgibt, daß jedes Mitglied des Verteidigungsbündnisses mit Atomwaffen ausgerüstet werde. Die Bundesregierung hält an ihrem Atombewaffnungskurs auch trotz einer Protestnote der UdSSR und heftiger Kritik der SPD-Opposition im Bundestag fest, die ihr eine Verstärkung der Spannungen in Europa zum Vorwurf macht.

Bei den dritten **Bundestagswahlen** Mitte September steigert sich die Union von **CDU/CSU** ein weiteres Mal und gewinnt erstmals die absolute Mehrheit der Stimmen. Die SPD, die durch Mitglieder der im Mai aufgelösten »Gesamtdeutsche Volkspartei« (GVP) Zulauf erhalten hat, kann ihren Stimmanteil nur unwesentlich steigern und muß zum dritten Mal eine bittere Niederlage hinnehmen. Obwohl die Union über eine sichere Mehrheit der Mandate verfügt, nimmt der als Bundeskanzler wiedergewählte **Konrad Adenauer** Ende Oktober die rechtsgerichtete »Deutsche Partei« (DP) erneut in die Regierungskoalition mit auf.

Der **Arbeiter- und Gewerkschaftsbewegung** gelingt es nur zum Teil und nur unter Aufbietung aller Kräfte, die von ihr in bestimmten Bereichen zum Ziel gesetzte Verbesserung der Arbeitsbedingungen zu erreichen. Von zentraler Bedeutung ist dabei der Ausgang des **Metallarbeiterstreiks in Schleswig-Holstein**. Der im Oktober des Vorjahres begonnene Ausstand von 32.000 Arbeitern dauert bis Mitte Februar. Der **IG Metall** gelingt es erst im vierten Anlauf, ein von ihr mit den Arbeitgebern ausgehandeltes Kompromißergebnis den Streikenden als akzeptabel zu vermitteln. Und auch bei der letzten Urabstimmung haben immer noch weitaus mehr als die Hälfte der Streikenden ihre Zustimmung versagt. Allein der Regelung, daß mindestens dreiviertel aller Stimmberechtigten mit »Nein« stimmen müssen, um eine Ablehnung durchzusetzen, ist es zu verdanken, daß der Streik zu diesem Zeitpunkt beendet werden kann. Ergebnis ist, daß die Metallarbeiter bei Erkrankung vom vierten Tag an 90% des Nettolohns erhalten und die Zahl der Urlaubstage nach Altersgruppen gestaffelt erhöht wird. Da bis zuletzt eine erhebliche Differenz zwischen dem von der IG Metall und dem von den Arbeitern angepeilten Ziel erhalten geblieben ist, stellt das Gesamtergebnis für die Gewerkschaftsführung um **Otto Brenner** einen eher zweischneidigen Erfolg dar. Ebenfalls mit einem Kompromiß endet ein anderer Arbeitskampf, der spontan entstanden ist und von der größten Einzelgewerkschaft fortgeführt wird. Die Akkordarbeiter eines metallverarbeitenden Werkes in **Biberach an der Riß** treten Anfang März wegen des diktatorischen Verhaltens ihres Produktionsleiters in den Streik. Als sich der Arbeitgeber weigert, den Mann abzuberufen, ziehen im Mai 20.000 Arbeiter durch die kleine schwäbische Stadt. Unter dem Eindruck dieser Solidaritätsaktion stimmt die Werksleitung dann einem Vergleich zu, nach dem der von 90%

aller Beschäftigten abgelehnte Produktionsleiter zwar seine Funktion weiter ausüben kann, jedoch seine Weisungsbefugnis nur noch vermittelt über die Meister wahrnehmen darf. Nachdem fast zwei Drittel der Arbeiter dem Kompromiß zugestimmt haben, geht der Ausstand nach zweieinhalb Monaten zu Ende.

Je klarer die Bundesregierung zu erkennen gibt, daß sie die Bundeswehr atomar aufrüsten will, desto stärker schält sich im Laufe des Jahres eine **Anti-Atom-Bewegung** heraus. Der stärkste Impuls geht dabei von einer Gruppe international angesehener Wissenschaftler aus. Als Reaktion auf Adenauers Verharmlosung der taktischen Atomwaffen stellen 18 Professoren der Universität **Göttingen** Mitte April in einer gemeinsamen Erklärung fest, daß jede einzelne solcher Waffen eine Vernichtungskraft wie die Hiroshima-Bombe habe. Die Naturwissenschaftler, darunter die Atomphysiker **Max Born**, **Otto Hahn**, **Werner Heisenberg** und **Carl Friedrich von Weizsäcker**, fordern die Bundesregierung auf, grundsätzlich auf eine Atombewaffnung zu verzichten. Die »**Göttinger Erklärung**« wird in der Folge zur Plattform für die Gegner einer Atombewaffnung der Bundeswehr. Bereits bei den Maikundgebungen der Gewerkschaften erklären sich Hunderttausende mit diesem Appell solidarisch. Kurz darauf greifen 99 Intellektuelle, darunter der Hamburger Verleger **Ernst Rowohlt**, die Initiative auf und fordern die Bundesregierung in einem Offenen Brief dazu auf, einen Verzicht auf eine Atombewaffnung jeglicher Art zu erklären. Im Juli findet mit ähnlicher Zielsetzung in der **Frankfurt**er Paulskirche eine »**Frauenkonferenz gegen die Atomrüstung**« statt und kurz vor den Bundestagswahlen im September fordern 20 Schriftsteller, darunter der Hamburger Autor **Hans Henny Jahnn**, auf einer Pressekonferenz in **Bonn** die Bundesbürger dazu auf, ihre Entscheidung im Bewußtsein der von der Nuklearbewaffnung ausgehenden existentiellen Gefährdung zu treffen. Bei einer ganzen Reihe von Wahlkampfveranstaltungen wird mit Bundesverteidigungsminister **Strauß** der stärkste Befürworter einer Atomrüstung zur Zielscheibe wütender Proteste. Kundgebungen in **München**, **Hamburg**, **Essen** und anderen Städten gehen in Tumulten unter oder können nur unter starkem Polizeischutz zu Ende geführt werden.

Punktuell für Aufsehen sorgen einzelne **Protestaktionen von Studenten**, die sich gegen eine nur unzureichende staatliche Förderung ihres Studiums wenden. Im Januar ziehen deshalb 2.500 Studierende der Technischen Hochschule in einem Schweigemarsch durch **Braunschweig**, im Juli 5.000 Studierende der Technischen Universität in **West-Berlin** zum Amtssitz eines Bundesministers und Mitte April treten

30.000 Ingenieurstudenten sogar in einen zweitägigen Streik, damit die Kürzung ihrer Studienförderung rückgängig gemacht wird.

Im Mittelpunkt mehrerer Gedenkveranstaltungen steht das von den Nazis verfolgte jüdische Mädchen **Anne Frank**, dessen Schicksal durch ihr Tagebuch und ein Theaterstück insbesondere bei jungen Leuten für Trauer und Erschütterung gesorgt hat. Mitte März beteiligen sich 2.000 Jugendliche an einer **Pilgerfahrt nach Bergen-Belsen**, um das Gelände des ehemaligen Konzentrationslagers zu besuchen, in dem das aus Amsterdam deportierte Mädchen umgekommen ist. Die Reden am Mahnmal werden vom Vorsitzenden der Hamburger Gesellschaft für christlich-jüdische Zusammenarbeit, **Erich Lüth**, und mehreren Schülern sowie zwei jungen Israelis gehalten. Und am 28. Geburtstag Anne Franks werden Mitte Juni in ihrer Geburtsstadt **Frankfurt** Gedenkfeiern in der Stadtverordnetenversammlung, der Universität und in der Paulskirche durchgeführt. Die Ansprache im Traditionsgebäude der deutschen Demokratie hält der Politikwissenschaftler **Eugen Kogon**, der selbst KZ-Häftling war. Anschließend ziehen die Teilnehmer mit Fackeln zum Geburtshaus Anne Franks, wo Oberbürgermeister **Werner Bockelmann** eine Gedenktafel enthüllt.

Zu einer **Kontroverse um Bertolt Brecht** kommt es im Mai, als Bundesaußenminister **Heinrich von Brentano** in einer Fragestunde des Bundestages das lyrische Spätwerk des im Vorjahr in Ost-Berlin verstorbenen Nazi-Gegners mit dem des von den Nazis als »Märtyrer« heroisierten Horst Wessel vergleicht. Der Frankfurter Verleger **Peter Suhrkamp**, in dessen Verlag die Werke Brechts erscheinen, reagiert auf die Provokation des CDU-Politikers mit einem von der Tageszeitung »Die Welt« veröffentlichten Offenen Brief. Darin verteidigt er den Emigranten gegen den Minister, der in der NS-Zeit nichts anderes fertiggebracht habe, als seinem bürgerlichen Beruf nachzugehen. Indem er den Schriftsteller und Dramatiker mit dem ehemaligen SA-Sturmführer gleichzusetzen versucht habe, sei deutlich geworden, daß es ihm in Wahrheit um einen Angriff auf die menschliche Integrität Brechts gegangen sei, der es vorgezogen hatte, ein anderes politisches Lager zu wählen. Auch bei zahlreichen Autoren lösen die Bemerkungen Brentanos heftige Gegenreaktionen aus.

Im April erregt eine **Friedhofsschändung** großes Aufsehen und führt zu Distanzierungen zahlreicher Politiker. An einem von Altnazis besonders besetzten Datum, dem Geburtstag Adolf Hitlers, stürzen Unbekannte auf einem bei **Salzgitter-Lebenstedt** gelegenen Friedhof 80 jüdische Grabsteine um und beschmieren ein Mahnmal mit antisemitischen Paro-

len. Als vom DGB eine stärkere Bekämpfung des Antisemitismus gefordert wird und insbesondere in der ausländischen Presse Stimmen zur Unverbesserlichkeit der Deutschen zu vernehmen sind, reagiert die Bundesregierung nach einigen Tagen. Sie setzt eine hohe Belohnung zur Ergreifung der Täter aus und beauftragt das Bundeskriminalamt mit den Ermittlungsarbeiten. Die Aufrufe des DGB, zu der spektakulären Untat nicht zu schweigen, finden vor allem bei jüngeren Leuten Gehör. So führen am Vorabend des 1. Mai 1.000 Jugendliche einen Fackelzug zu dem verwüsteten Friedhof durch, um gegen die Schandtat zu protestieren.

Auch bei zwei anderen Anlässen wird deutlich, daß **Manifestationen von Alt- und Neonazis** nicht einfach unwidersprochen hingenommen werden. Zugleich zeigt sich aber, daß die Gewerkschaften als wichtigste antinazistische Kraft zu rasch bereit sind, den Beteuerungen rechter Veranstalter Glauben zu schenken. Als bekannt wird, daß die von dem Nationalbolschewisten **Otto Strasser** gegründete **»Deutsch-Soziale Union«** (DSU) ihren zweiten Parteitag im Juni in **Urach** abhalten will, versammeln sich in der schwäbischen Kleinstadt eine Woche früher 8.000 Gewerkschaftler, um unter der Parole »Wehret den Anfängen!« gegen das Auftreten der »Strasser-Partei« zu protestieren. Da der Parteitag selbst hinter verschlossenen Türen stattfindet, verzichtet der DGB auf eine zunächst geplante weitere Kundgebung. Auch gegen ein einen Monat später in Unterfranken vorgesehenes Treffen ehemaliger Angehöriger der Waffen-SS haben Gewerkschaftssprecher zunächst große Protestaktionen angekündigt. Anderthalb Wochen zuvor entscheidet sich der bayerische DGB-Landesbezirk jedoch, völlig auf Gegendemonstrationen zu verzichten. Dabei spielt offenbar die Überzeugung eine Rolle, daß die **»Hilfsgemeinschaft auf Gegenseitigkeit der ehemaligen Soldaten der Waffen-SS«** (HIAG) lediglich ein »Suchdiensttreffen« zur Klärung von Vermißtenschicksalen durchführen wolle. Nach einer kleinen Protestkundgebung von »Falken« und Kriegsdienstgegnern kommt es dann Ende Juli in **Karlburg** zu der HIAG-Veranstaltung. Das von 7.000 Ehemaligen der Waffen-SS besuchte Treffen erweist sich rasch als das, was es von Anfang an sein sollte – eine Großveranstaltung unverbesserlicher Alt-Nazis, die mit einem offen zur Schau getragenen Antisemitismus kokettieren. Der Generalsekretär des **Zentralrates der Juden in Deutschland**, **Hendrik George van Dam**, kommentiert das nazistische Spektakel mit den Worten, in Wirklichkeit habe die als »Suchdiensttreffen« getarnte Propagandaveranstaltung ein »Bekenntnis zur Vergangenheit mit ihren barbarischen Aktionen und der völligen Abkehr von den

Grundlagen der abendländischen Zivilisation« dargestellt.

Die **bundesdeutsche Justiz** läßt in Strafverfahren gegen ehemalige SS- und Gestapo-Leute, die zumeist nur wegen Beihilfe zu Mord oder Totschlag angeklagt werden, auch weiterhin ein hohes Maß an Milde walten. Ausschlaggebend für die niedrige Strafzumessung ist zumeist die Tatsache, daß die Gerichte die Berufung der Angeklagten auf einen angeblichen Befehlsnotstand akzeptieren. In zwei **Verfahren gegen Neonazis** lassen die Gerichte erkennen, daß sie in Fällen, in denen es um die vom Bundesverfassungsgericht verbotene **»Sozialistische Reichspartei« (SRP)** geht, bereit sind, Haftstrafen zu verhängen. Mitte Juli verurteilt das **Landgericht Dortmund** den ehemaligen SRP-Vorsitzenden **Fritz Dorls**, der sich weiter neofaschistisch betätigte, wegen Rädelsführerschaft in einer verfassungsfeindlichen Organisation zu einer Gefängnisstrafe von mehr als einem Jahr. Und im September verurteilt der **Bundesgerichtshof** den rechtsradikalen Schriftsteller **Friedrich Lenz**, der früher Mitglied der NSDAP und später der SRP war, wegen der Herstellung und Verbreitung antisemitischer und gewaltverherrlichender Schriften zu einer Gefängnisstrafe von zwei Jahren.

Das Strafverfahren, das das größte Aufsehen erregt, findet im Dezember ebenfalls vor dem **Bundesgerichtshof** statt und richtet sich gegen einen der bedeutendsten Sozialisten der Nachkriegszeit. Angeklagt ist der Gewerkschaftstheoretiker **Viktor Agartz**, der im März in **Köln** unter dem Verdacht, landesverräterische Beziehungen zur DDR unterhalten zu haben, verhaftet worden ist. Hintergrund ist die Tatsache, daß der Leiter des Wirtschaftswissenschaftlichen Instituts beim DGB zur Unterstützung der von ihm herausgegebenen »Korrespondenz für Wirtschafts- und Sozialwissenschaften« (WISO) Kontakt mit dem FDGB aufgenommen hatte, der bereit war, ein Großabonnement zu übernehmen und die entsprechenden Geldbeträge pauschal zu zahlen. Verteidigt wird Agartz von den beiden Essener Rechtsanwälten **Gustav Heinemann** und **Diether Posser**, zwei führenden Politikern der GVP, die nach der Auflösung ihrer Partei zur SPD übergewechselt sind. Sie können widerlegen, daß der Angeklagte vom FDGB empfangene Gelder zur Finanzierung der verbotenen KPD eingesetzt hat. Während ein Mitangeklagter zu einer mehrmonatigen Gefängnisstrafe auf Bewährung verurteilt wird, spricht der 3. Strafsenat des BGH Agartz von der Anklage des Hoch- und Landesverrats frei. Dennoch sind die politischen Auswirkungen des Prozesses so gravierend, daß die Tageszeitung »Die Welt« das Urteil ohne Übertreibung mit den Worten kommentieren kann, der

Angeklagte verlasse das Gericht als »politisch toter Mann«.

In der politischen Entwicklung der **DDR** setzen sich die Gegner einer Entstalinisierung endgültig durch. Auf einer Tagung des **SED-Zentralkomitees** Ende Februar in **Ost-Berlin** rechnet dessen Erster Sekretär **Walter Ulbricht** nicht nur mit innerparteilichen Kritikern, sondern auch mit führenden Intellektuellen ab, die nach polnischem und ungarischem Vorbild einen Demokratisierungsprozeß ingangsetzen wollten. Dabei weist er die wirtschaftsreformerischen Ideen des Ökonomen **Friedrich Behrens** ebenso zurück wie den undogmatischen Marxismus des Leipziger Philosophen **Ernst Bloch** und die als »konterrevolutionär« diffamierte Deutschlandkonzeption des kommunistischen Jungintellektuellen **Wolfgang Harich**. Ulbricht läßt keinen Zweifel daran, daß er alle abweichenden Positionen, gleichgültig ob sie sich auf Mao Tse-tungs »Hundert-Blumen-Kampagne« oder die Konzeption eines »dritten Weges« berufen, ausschalten wird. Wie entschieden er in seinem Rigorismus ist, stellt er gleich unter Beweis, indem er die vorsichtig opponierende Fraktion um **Karl Schirdewan**, **Ernst Wollweber** und **Gerhart Ziller** als parteifeindliche Gruppierung ausbootet. Nachfolger Wollwebers als Minister für Staatssicherheit wird mit **Erich Mielke** ein gefürchteter Altkommunist, der im Polizei- und Sicherheitsapparat der DDR eine zielstrebige Karriere absolviert hat. Mit ihm gelingt es Ulbricht, einen treuen Gefolgsmann an die Spitze der Geheimpolizei zu stellen. **Ziller**, ehemals ZK-Sekretär für Wirtschaftsfragen, kann seine Abstempelung zum Parteifeind nicht überwinden und begeht deshalb Mitte Dezember in **Ost-Berlin** Selbstmord.

Exemplarischen Charakter für die Isolierung und Diffamierung parteikritischer Strömungen hat die von der SED bereits im Vorjahr begonnene und zielstrebig fortgesetzte **Kampagne gegen Ernst Bloch**, den Professor für Philosophie an der Universität **Leipzig**. Offensichtlich soll verhindert werden, daß sich in der DDR nach ungarischem Vorbild eine Art »Petöfi-Klub« mit dem eigenwilligen Philosophen, der bereits 1918 mit seinem Werk »Geist der Utopie« bekannt geworden war, als Gallionsfigur herausbildet. In einem Offenen Brief der SED wird ihm vorgeworfen, er sympathisiere mit den Regimekritikern in Polen und den Aufständischen in Ungarn. Obwohl sich Bloch in einem Antwortschreiben zu verteidigen versucht, werden seine Lehrveranstaltungen im Januar abgesagt. Faktisch ist ein Berufsverbot über ihn verhängt worden. Kurz darauf wird auch seine Frau, die Architektin **Karola Bloch**, unter der Beschuldigung, mit Republikfeinden befreundet zu sein, aus der SED ausgeschlossen. Im April wird dann auf einer eigenen Konferenz des Instituts für Philosophie in **Leipzig** ein endgültiges Verdikt über das Blochsche Denken ausgesprochen. Der Autor des »Prinzips Hoffnung« gilt von nun an als Revisionist, der hinter den Entwicklungsstand des »wissenschaftlichen Marxismus-Leninismus« zurückfalle und erneut Elemente der bürgerlichen Ideologie salonfähig machen wolle. Der Dozent **Johannes Horn**, der das Vorwort zu dem Tagungsband »Ernst Blochs Revision des Marxismus« schreibt, nimmt sich kurz darauf das Leben.

Nach vielen vergeblichen deutschlandpolitischen Anläufen ergreift der **Ministerrat der DDR** Ende Juli erneut die Initiative und schlägt eine **Konföderation zwischen der Bundesrepublik und der DDR** vor. Das Konzept zur »Bildung eines Staatenbundes«, das in einzelnen Schritten, in denen auch das jeweilige Ausscheiden aus den Sicherheitsbündnissen vorgesehen ist, zur Wiedervereinigung Deutschlands führen soll, wird den diplomatischen Geschäftsträgern in **Ost-Berlin** überreicht. In **Bonn** stößt der Vorschlag sowohl bei der Bundesregierung als auch bei der Opposition auf Ablehnung.

Nachdem auf einer Tagung des **Weltfriedensrates** in **Ost-Berlin** mit der Proklamierung des »**Berliner Appells**« Anfang April die sofortige Einstellung aller Kernwaffenversuche gefordert worden ist, greifen auch die Atomphysiker der DDR die »Göttinger Erklärung« auf und wenden sich gegen eine **Atombewaffnung der Bundeswehr**. Der erste, der sich mit seinen Göttinger Kollegen solidarisch erklärt, ist der Dresdener Atomphysiker **Manfred von Ardenne**. Ihm folgen andere Kollegen, darunter eine Gruppe von Physikern der Universität **Leipzig**, sowie die Dekane mehrerer Theologischer Fakultäten. Ende April fordert dann auch der **Ministerrat der DDR** die Bundesregierung auf, grundsätzlich auf Nuklearwaffen zu verzichten.

Auf zwei internationalen Pressekonferenzen in **Ost-Berlin** weist der »**Ausschuß für Deutsche Einheit**« mit Dokumenten nach, daß zahlreiche in der Bundesrepublik tätige Richter und Staatsanwälte früher im Justizapparat des NS-Regimes gearbeitet haben. Nachdem ZK-Mitglied **Albert Norden** im Mai 118 Namen belasteter Juristen zu nennen weiß, wächst die von Staatssekretär **Heinrich Toeplitz** Mitte Oktober vorgestellte Liste bereits auf 200 Namen an. Der Ausschuß sendet das Dokumentationsmaterial den Bundestagsfraktionen zu und fordert die Entfernung aller »Blutrichter« aus dem Staatsapparat.

Mit einer ganzen Serie von Prozessen demonstriert die SED, wie effektiv sie die **DDR-Justiz als Instrument** gegen politisch mißliebige Strömungen einzusetzen weiß. Mitte Januar verurteilt das **Bezirksgericht Dresden** eine Gruppe von Oberschülern, die

aus Protest gegen die Niederschlagung des ungarischen Volksaufstands einen Straßenbahnerstreik initiieren wollten, zu Zuchthausstrafen zwischen einem und drei Jahren. Im März und im Juli führt dann das **Oberste Gericht der DDR** in **Ost-Berlin** zwei **Schauprozesse** gegen Mitglieder der regimekritischen »Harich-Gruppe« durch. Zunächst werden **Wolfgang Harich**, **Bernhard Steinberger** und **Manfred Hertwig** wegen »Boykotthetze« zu Zuchthausstrafen von zehn, vier und zwei Jahren verurteilt. Welche Absichten die Angeklagten wirklich vertraten, läßt sich der von Harich verfaßten und zwei Wochen später in der »Frankfurter Allgemeinen Zeitung« publizierten »Plattform über den besonderen deutschen Weg zum Sozialismus« entnehmen. Nicht mit dem Marxismus-Leninismus brechen, sondern ihn vom Stalinismus befreien, ist darin das erklärte Ziel. Im zweiten Prozeß werden die Journalisten **Heinz Zöger**, **Richard Wolf** und **Gustav Just** sowie der Verlagsleiter **Walter Janka** ebenfalls wegen »Boykotthetze« zu Zuchthausstrafen zwischen zweieinhalb und fünf Jahren verurteilt. Weitere Verfahren gegen mißliebige Intellektuelle folgen: Ende August verurteilt das **Bezirksgericht Leipzig** den Musikjournalisten **Reginald Rudorf** wegen konterrevolutionärer Bestrebungen, in deren Mittelpunkt eine »Jazzkampagne« gestanden haben soll, zu zwei Jahren Zuchthaus; Ende September das **Bezirksgericht Gera** den Philosophie-Assistenten **Günter Zehm**, der die Ablösung von Stalinisten aus dem Verwaltungsapparat gefordert und die Existenzialphilosophie Sartres propagiert hat, wegen »Boykotthetze« und Staatsverleumdung zu vier Jahren Zuchthaus und Ende November das **Bezirksgericht Leipzig** den regimekritischen Studentenpfarrer **Siegfried Schmutzler** wegen derselben Delikte zu fünf Jahren Zuchthaus. Wegen des letzten Prozesses, dessen Hauptverhandlung zur Abschreckung vom Rundfunk übertragen wird, führen bundesdeutsche Studenten in **Hamburg**, **Freiburg**, **Köln**, **Kiel**, **Göttingen** und anderen Universitätsstädten Schweigemärsche durch.

Wie weit die **intellektuelle Säuberung** geht, läßt sich auch an der Flucht prominenter Regimekritiker in den Westen ablesen. Im August setzen sich kurz hintereinander der an der Humboldt-Universität lehrende Germanistik-Professor **Alfred Kantorowicz** und der Leipziger Schriftsteller **Gerhard Zwerenz** nach **West-Berlin** ab, Ende September folgt ihnen der Leipziger Kabarettist **Conrad Reinhold**. Insbesondere die Tatsache, daß der Altkommunist **Kantorowicz** in der Bundesrepublik um politisches Asyl bittet und in einer vom **Sender Freies Berlin** übertragenen Ansprache die Machtpraxis der SED angreift, führt in der DDR-Presse zu heftigen Gegenreaktionen. Das SED-Zentralorgan »Neues Deutschland« hält dem ehemaligen Spanien-Kämpfer und Heinrich-Mann-Herausgeber vor, er sei »zum Feind übergelaufen« und wolle dem westdeutschen Militarismus Schützenhilfe leisten. Sowohl durch die Prozesse gegen als auch durch die Fluchten von Regimekritikern werden der DDR innovative Kräfte entzogen, was mit dafür entscheidend ist, daß sich in dieser Gesellschaft auf Dauer keine reformerischen Potentiale mehr artikulieren und entwickeln können.

Ebenso wie in den beiden deutschen Staaten sorgt die **Anti-Atom-Bewegung** auch **international** für die stärksten Akzente. Zu den Kritikern der Atombewaffnung stößt überraschend auch der **Vatikan**. Mitte April fordert **Papst Pius XII.** die Einstellung aller Atomwaffentests und ruft die Wissenschaftler weltweit auf, ihre Arbeit in den Dienst der Menschen zu stellen, anstatt die Natur zu gefährden. Nur wenige Tage später warnt Friedensnobelpreisträger **Albert Schweitzer** in einer von **Radio Oslo** ausgestrahlten Sendung vor den Gefahren der radioaktiven Strahlung und appelliert ebenfalls an die Weltöffentlichkeit, alle Kernwaffenversuche einzustellen. Im Juli kommen auf Initiative von **Lord Bertrand Russell** rund zwei Dutzend Naturwissenschaftler in einer kanadischen Kleinstadt zusammen und führen die erste »**Pugwash-Konferenz**« zur Rüstungskontrolle und über die Gefahren der Atombewaffnung durch. Das Land, in dem die mit Abstand stärkste Anti-Atom-Bewegung existiert, ist zweifelsohne **Japan**. Mitte Mai bleiben dort fast eine halbe Million Schüler und Studenten dem Unterricht und dem Vorlesungsbetrieb fern, um sich an Demonstrationen gegen die von Großbritannien im Pazifik gezündete Wasserstoffbombe zu beteiligen. Am 6. August, dem Jahrestag des Atombombenabwurfs auf Hiroshima, beginnt in **Tokio** der zehn Tage dauernde **III. Weltkongreß gegen Atom- und Wasserstoffbomben.** Die mehr als 4.000 Delegierten fordern in einer am Schlußtag verabschiedeten »**Proklamation von Tokio**« die Staaten weltweit auf, ein Abkommen zur sofortigen und bedingungslosen Einstellung aller Kernwaffenversuche zu unterzeichnen. Anfang November demonstrieren in **Tokio** und anderen japanischen Städten erneut Hunderttausende von Einwohnern gegen die britischen Atomwaffentests im Pazifik.

Für die **antikolonialen Bewegungen** rückt vorübergehend die Auseinandersetzung um die **Folter** ins Zentrum. Von Berichten über die systematische Mißhandlung von Häftlingen wird insbesondere **Frankreich** erschüttert. Auslöser der Debatte über die Folterungen von Algeriern durch französische Fallschirmjäger ist eine im März beginnende Artikelserie des Ex-Leutnants **Jean-Jacques Servan-Schrei-**

ber in dem von ihm herausgegebenen Wochenmagazin »**L'Express**«, in der die Übergriffe detailliert beschrieben werden. Danach erscheint ein von **Pierre Henri Simon** verfaßtes Buch, in dem eine grundsätzliche Ächtung aller Foltermethoden gefordert wird. Obwohl Ministerpräsident **Guy Mollet** in einer Ansprache vor der Nationalversammlung in **Paris** diese Publikationen als Ausdruck einer antinationalen »Verleumdungskampagne« zurückweist, verurteilen 357 Intellektuelle und Geistliche die gegen algerische Gefangene geübte Folterpraxis in einem an Staatspräsident **René Coty** gerichteten Offenen Brief. Trotz der starken innenpolitischen Polarisierung trägt die Folter-Debatte wesentlich dazu bei, daß sich auch in Frankreich selbst eine Ablehnungsfront gegen die bislang von der Regierung verfochtene Algerien-Politik formiert.

In den **Vereinigten Staaten** macht die **Bürgerrechtsbewegung der Schwarzen** trotz der wütenden Gegenreaktionen der weißen Bevölkerungsmehrheit in den Südstaaten weiter große Fortschritte. Mitte Februar gründen führende Sprecher in **New Orleans** eine eigene, von Pastoren dominierte Organisation – die **Southern Christian Leadership Conference (SCLC)**. Sie soll den Kampf für die vollständige Integration der Schwarzen und Farbigen in das Bildungssystem und das Berufsleben organisieren. Zum ersten Präsidenten der SCLC wird **Martin Luther King**, der Sprecher im erfolgreichen Busstreik von Montgomery, gewählt. Zu einem ersten Höhepunkt kommt es Mitte Mai, als sich Zehntausende von Demonstranten an einem »**Marsch für die Freiheit**« beteiligen, der zum Lincoln-Memorial in **Washington** führt. Trotz dieses unübersehbaren Aufschwungs ist der Herbst von gewalttätigen Konflikten um die Einführung des gemeinsamen Schulunterrichts für schwarze und weiße Kinder geprägt. Um die im September in **Little Rock**, der Hauptstadt des Bundesstaates Alabama, kulminierenden Angriffe auf schwarze Schulkinder zu unterbinden, muß US-Präsident **Dwight D. Eisenhower** Fallschirmjäger einsetzen und die von Gouverneur **Orval Faubus** befehligte Nationalgarde unter Bundesgewalt stellen. Erst danach können an der High School auch schwarze Schüler ihren Unterricht aufnehmen.

In drei europäischen Ländern kommt es zu Demonstrationen, weil mit dem Generalleutnant der Bundeswehr **Hans Speidel** zum April ein ehemaliger Wehrmachtsgeneral als **Oberkommandierender der NATO-Landstreitkräfte in Mitteleuropa** eingesetzt wird. Die meisten Proteste finden in **Frankreich** statt, wo Speidel während des Krieges als Besatzungsoffizier stationiert war. An einer von zahlreichen Widerstandsorganisationen zum Auftakt einer Anti-Speidel-Kampagne in der lothringischen

Kleinstadt **Auboué** durchgeführten Protestkundgebung beteiligen sich 10.000 Menschen. Ende März protestieren dann in **Paris** und verschiedenen anderen Städten weitere Zehntausende, darunter auch viele ehemalige KZ-Häftlinge, gegen den deutschen Militär. Als Speidel im Oktober zu Antrittsbesuchen bei den beiden nordeuropäischen NATO-Mitgliedern Dänemark und Norwegen eintrifft, stößt er wiederum auf starke Ablehnung. In **Kopenhagen** ziehen Demonstranten an dem Hotel, in dem Speidel untergebracht ist, aus Protest eine Hakenkreuzfahne hoch. Und in **Oslo** begleiten den ungebetenen Besucher von seiner Ankunft auf dem Flughafen bis zur fluchtartigen Abreise Tausende von Demonstranten. Selbst die öffentlichen Verkehrsmittel in der norwegischen Hauptstadt stehen zum Zeichen des Protests vorübergehend still. Die Tageszeitung »**Dagbladet**« spricht anschließend von einer Taktlosigkeit, dem norwegischen Volk den Besuch eines früheren Hitler-Generals zuzumuten. Es müsse einfach akzeptiert werden, daß man solche Auftritte in Zukunft nicht mehr wünsche.

In **Polen** zeigt sich bereits ein Jahr nach dem Beginn der reformkommunistischen Ära unter **Władysław Gomułka**, daß die Hoffnungen auf einen Wandel des Systems in vieler Hinsicht illusorisch ist. Die studentische Wochenzeitung »**Po Prostu**«, die in hoher Auflage erscheint und sich landesweit als entschiedenste Befürworterin von Reformen einen Namen gemacht hat, wird Anfang Oktober von der Führung der »**Polnischen Vereinigten Arbeiterpartei**« (PVAP) verbo-

ten. Daraufhin ziehen Tausende von Studenten durch **Warschau** und protestieren gegen die Zensurmaßnahme. Als die Miliz den Umzug zu verhindern versucht, kommt es zu heftigen Zusammenstößen, bei denen zahlreiche Demonstranten verletzt werden. Um weitere Proteste bereits im Keim zu verhindern, besetzen die Sicherheitskräfte am Tag darauf das Gebäude der Technischen Hochschule. Der populäre Chefredakteur von »Po Prostu«, **Eligiusz Lasota**, wird einige Zeit später zusammen mit acht Kommilitonen aus der PVAP ausgeschlossen, weil er sich in einem mit ihnen gemeinsam an Parteichef **Gomułka** gerichteten Offenen Brief gegen Zensur- und Unterdrückungsmaßnahmen gewandt hat.

In einem anderen sozialistischen Land ist zur selben Zeit ein Regimekritiker zum wiederholten Male das Objekt von Repressionsmaßnahmen. Der ehemalige Präsident der jugoslawischen Nationalversammlung **Milovan Djilas** wird, nachdem er im Vorjahr von einem Belgrader Gericht zu einer zweijährigen Haftstrafe verurteilt worden war, erneut angeklagt und von einem Gericht in **Sremska Mitrovica** wegen »feindseliger Propaganda« zu sieben zusätzlichen Jahren Gefängnis verurteilt. Grund ist die Tatsache, daß Djilas es gewagt hat, in einem New Yorker Verlag unter dem Titel »**The New Class**« eine grundlegende Kritik am Herrschaftssystem seines Landes zu üben. Die Analyse des kommunistischen Machtsystems findet weltweit Beachtung und ist vor allem dem jugoslawischen Staatspräsidenten **Josip Broz Tito** ein Dorn im Auge.

Januar Februar März April Mai Juni Juli August September Oktober November Dezember 1957

Jan.: Die Metamorphose des bayerischen Provinzpolitikers zum Bundesverteidigungsminister; Titelbild des Hamburger Nachrichtenmagazins.

Jan.: »Triumphator Strauß« – eine Karikatur des Münchener Satireblatts »Simplicissimus«.

Januar In einem Schweigemarsch ziehen in **Braunschweig** 2.500 Studenten der Technischen Hochschule zum Burgplatz, um für eine bessere staatliche Ausbildungsförderung zu demonstrieren. Der AStA-Vorsitzende Helmut Andres fordert auf der Abschlußkundgebung, daß zur Beseitigung der elementarsten Mängel die notwendigen Mittel zur Verfügung gestellt werden. Es fehle an Hörsälen, Instituten, Planstellen für Professoren, Mensaplätzen und Stipendien. An Westdeutschlands ältester TH gebe es immer noch kein Studentenwohnheim, und die Hochschulbibliothek sei notdürftig in einem Keller untergebracht. Jede Woche müßten 15 Vorlesungen in Kinos abgehalten werden. Die meisten der Studenten seien gezwungen, in den Semesterferien zu arbeiten, um ihr Studium finanzieren zu können; etwa 34% aller Studierenden müßten sogar während des Semesters einer Lohntätigkeit nachgehen, um ihren Lebensunterhalt zu verdienen. Unter diesen Bedingungen könne, wie auch Heinz von Stebut als weiterer Sprecher hervorhebt, ein ordnungsgemäßes Studium nicht mehr gewährleistet werden. Der Rektor der TH, Professor Friedrich Zimmermann, hat vor Beginn der Protestveranstaltung erklärt, daß er zwar nicht zu ihren Mitinitiatoren gehöre, jedoch die Ziele der Studentenschaft unterstütze.

Januar Auf Veranlassung der Staatsanwaltschaft Offenburg wird der seit einem Jahrzehnt steckbrieflich gesuchte ehemalige SS-Sturmbannführer Karl Hauger in **Überlingen** (Bodensee) verhaftet. Der Gesuchte, der bereits von einem französischen Militärgericht in Abwesenheit zum Tode verurteilt worden ist, soll am 23. März 1945 den 17jährigen Anton Reichard, Angehörigen des Volkssturms, bei Bad Rippoldsau erschossen haben.

Januar Bundesverteidigungsminister Franz Josef Strauß reist auf Einladung seines französischen Kollegen Maurice Bourgès-Maunoury mit einer hochrangigen Delegation in die französische Sahara. Nach einer Besichtigung des in der Nähe der Grenze zwischen Algerien und Marokko gelegenen Kernforschungszentrums **Colomb-Bechar** unterzeichnen die beiden Minister in **Sidi bel Abbès** einen Vertrag über die technische Zusammenarbeit zwischen Frankreich und der Bundesrepublik bei der Entwicklung und Herstellung »moderner« Waffen. Wegen des Aufstands in Algerien sind für den Besuch der bundesdeutschen Delegation starke Sicherheitsvorkehrungen getroffen worden. – Gerüchte, daß es sich bei den »modernen« Waffen um Nuklearwaffen handeln könnte, werden von Strauß später dementiert.

Januar In der französischen Zeitschrift »Les Temps Modernes« erscheint der letzte Teil einer Artikelserie Jean-Paul Sartres, in der sich der Philosoph und Schriftsteller unter dem Eindruck des ungarischen Volksaufstands mit der Frage der Entstalinisierung auseinandersetzt. Unter dem Titel »Le fantôme de Staline« (Das Gespenst Stalins) schreibt er resümierend: »Unser Programm ist klar: trotz hundert

Widersprüchen, inneren Kämpfen, Massakern ist die Entstalinisierung im Gang; das ist die einzig wirksame Politik, die im gegenwärtigen Moment dem Sozialismus, dem Frieden, der Annäherung der Arbeiterparteien dient: Mit unseren Möglichkeiten von Intellektuellen, die von Intellektuellen gelesen werden, werden wir versuchen, zur Entstalinisierung der Kommunistischen Partei Frankreichs beizutragen.«[1] Sartre hatte sich nur zögernd auf die Seite der Aufständischen in Ungarn gestellt, ihre Aktionen dann jedoch mit aller Entschiedenheit gegen Vorwürfe und Verdrehungen seitens kommunistischer Presseorgane in Schutz genommen.

1. Januar Das **Saarland** wird in die Bundesrepublik eingegliedert. Dieser Schritt war nach einer Volksabstimmung, in der sich am 23. Oktober 1955 die Bevölkerung mit großer Mehrheit gegen das Saarstatut und damit gegen eine politische Autonomie ihres Landes ausgesprochen hatte, zwischen der französischen und und der bundesdeutschen Regierung im Luxemburger Saarvertrag vereinbart worden. Bundeskanzler Adenauer hebt in seiner Festansprache während des Staatsaktes in **Saarbrücken** die nationale und die europäische Dimension dieses Schrittes hervor: »Das Saargebiet kehrte für immer zu Deutschland zurück, ein Ziel ist erreicht, um das unsere Politik beharrlich gerungen hat. Wir haben allen Anlaß, uns des Erreichten von Herzen zu freuen. Wenn wir uns vor Augen halten, daß nach dem Ende des Zweiten Weltkrieges die Saar für Deutschland verloren zu sein schien, wird uns die nationale Bedeutung des Ereignisses in seiner ganzen Tragweite bewußt. Die Heimkehr der Saar ist ein Ergebnis der Gesamtkonzeption unserer 1949 aufgenommenen Außenpolitik. Wir waren darauf ausgegangen, die Aussöhnung mit Frankreich herbeizuführen, Europa zu einigen und die Partnerschaft der großen Mächte der freien Welt zu fördern. Nur auf diese Weise war und ist es möglich, uns gegen weitere Übergriffe des Bolschewismus zu sichern und Sowjetrußland schließlich dahin zu bringen, Bereitschaft zur Verständigung zu zeigen ... Frankreich hat sich in großzügiger Weise bereitgefunden, den Willen der Saarbevölkerung zu respektieren, sobald dieser bekundet war. Der Entschluß, nicht länger nach einer Loslösung des Saargebietes von Deutschland zu streben, muß als ein Schritt von wirklich geschichtlicher Bedeutung angesehen werden ... Vom 1. Januar 1957 an ist die deutsch-französische Grenze endgültig gezogen. Die Jahrhunderte währenden territorialen Streitigkeiten sind beendet. Dem Aufbau Europas steht kein deutsch-französischer Gegensatz mehr im Wege.«[2] Ebenso wie Adenauer betont auch der saarländische Ministerpräsident

Hubert Ney (CDU) in seiner Rede, daß es sich bei dem historischen Schritt der Eingliederung des Saarlands um einen Teil der angestrebten Wiedervereinigung Deutschlands handle.

WIEDERVEREINIGUNG

DIE SAAR
KEHRT ZURÜCK!

1.1.: In Anzeigen der Tagespresse wird die Eingliederung des Saarlandes als »Wiedervereinigung« propagiert.

1.-5. Januar Nach der Niederschlagung des ungarischen Volksaufstandes kommen in **Budapest** die Führungen der kommunistischen Parteien Bulgariens, Rumäniens, Ungarns, der Tschechoslowakei und der Sowjetunion zusammen. Nikita S. Chruschtschow und Nikolai A. Malenkow geben neue politische Richtlinien bekannt, die der Stabilisierung ihres Machtbereichs dienen sollen. In einem gemeinsamen Kommuniqué heißt es, daß mit Hilfe sowjetischer Truppen die »Gefahr der Aufrichtung einer faschistischen Diktatur in Ungarn« beseitigt worden sei. Allen Versuchen, die »Einheit des sozialistischen Lagers« aufzulösen, sei eine vernichtende Abfuhr erteilt worden. – Der jugoslawische Parteivorsitzende Josip Broz Tito und sein polnischer Kollege Władysław Gomułka, für die bereits die Wahl der ungarischen Hauptstadt als Konferenzort eine Provokation darstellt, hatten ihre Teilnahme vor Beginn abgesagt.

2. Januar Der Bundesvorstand der *Gruppe der Wehrdienstverweigerer* (GdW) läßt von **Köln** aus 300.000 Flugblätter verbreiten, mit denen an die 99.354 ersten Wehrpflichtigen appelliert wird, von ihrem im Grundgesetz verankerten Recht auf Kriegsdienstverweigerung Gebrauch zu machen. In dem Aufruf heißt es: »Achtung – Jahrgang 1937! ... Nach dem Wehrpflichtgesetz müssen Wehrdienstverweigerer ihren schriftlichen Antrag spätestens vierzehn Tage vor der Musterung beim zuständigen Kreiswehrersatzamt stellen. Da die ersten Musterungen voraussichtlich am 20./21. Januar sein werden, ist die Antragsfrist für Wehrdienstverweigerer des Jahrgangs 1937 der 6./7. Januar 1957. Laßt diesen Termin nicht verstreichen. Reicht Euren Antrag ... rechtzeitig ein.«[3] Die GdW befürchtet, daß den

Wehrpflichtigen wegen der erst spät ergangenen Musterungsbescheide keine ausreichende Zeitspanne zur Verfügung stehe, um die Anträge noch fristgerecht einzureichen.

2. Januar Aus Empörung über das sowjetische Eingreifen in Ungarn stellt der Generalsekretär der *Sozialistischen Partei Italiens* (PSI), Pietro Nenni, in **Rom** den ihm verliehenen Stalin-Friedenspreis für wohltätige Zwecke zur Verfügung. – Der 66jährige Politiker war vorübergehend auch Präsident des kommunistischen *Weltfriedensrates* gewesen.

3. Januar Unter der Überschrift »Personenkult und Literatur« veröffentlicht »Die Andere Zeitung« einen Offenen Brief des Schriftstellers Ralph Giordano an seinen Kollegen Stefan Heym. Darin kritisiert der in Hamburg lebende Autor, der Mitglied der KPD ist, den Ostberliner Schriftsteller wegen eines Artikels in der »Berliner Zeitung«, in dem dieser eine ablehnende Haltung zu einer bestimmten, bekenntnishaften Form der Entstalinisierung zum Ausdruck gebracht hatte. Heym hatte geschrieben, daß in der internationalen Arbeiterbewegung »das öffentliche Eingestehen von Fehlern zu einer großen Mode« geworden sei. In verschiedenen Teilen Europas gebe es Leute, die sich, je öfter sie sich »in symbolische Säcke« hüllten und »ihre Häupter mit Leitartikel-Asche« bestreuten, desto revolutionärer vorkämen. Auf diese Form »der öffentlichen Selbstkasteiung« sollte solange verzichtet werden, bis man von Krupp, der I.G. Farben, der Standard Oil oder General Motors »das erste reuige Wort« gehört habe. Giordano hält dem von ihm verehrten Schriftsteller, der nach seiner Emigration in die Vereinigten Staaten erst 1952 in die DDR gekommen war, entgegen, daß diese Einstellung »für einen Sozialisten unfaßbar« sei: »Seit wann kompensieren Sozialisten Unrecht in ihren eigenen Reihen mit dem Hinweis auf kapitalistisches Unrecht? Seit wann versuchen Sozialisten, ihr Gewissen mit solcher Kompensation zu beruhigen? ... Seit wann, frage ich Sie, dienen kapitalistische Manieren Sozialisten als Ausrede?«[4] Wenn er darauf warten wolle, bis die Kapitalisten das erste reuige Wort gesprochen hätten, dann könne er die Lehren, die aus dem XX. Parteitag der KPdSU, aus Chruschtschows Abrechnung mit dem Personenkult Stalins gezogen worden seien, begraben. Er werde dagegen seine »Glaubwürdigkeit als sozialistischer Humanist« nicht freiwillig hergeben, indem er Verbrechen als »Fehler« oder »Vergehen« bagatellisiere. Die stalinistische Vergangenheit sei für die sozialistische Literatur eine schwere Hypothek. In einem System, in dem die gesellschaftliche Wahrheit verdeckt bleiben mußte, habe auch die Literatur »nur Teilwahrheiten« äußern können:

»Meist stellte sie nichts dar als Apologetik des Personenkults, und die individuelle Tragik vieler Autoren liegt ja gerade darin, daß sie aus tiefster Überzeugung verherrlichen, was sie als Schriftsteller so sehr einengte. In der Stalinschen Ära konnte der humanistische Charakter der sozialistischen Literatur sich nicht voll entfalten, weil der sozialistische Humanismus seine volle Entfaltung nicht fand.«[5] Das treffe auch auf die Literatur der DDR zu, die unter humanistischen Gesichtspunkten weitaus mehr vorzuweisen habe als die der Bundesrepublik. In der DDR sei die Literatur »in die Rolle eines tagespolitischen Stiefkindes« gedrängt worden. Zu lange hätten das »Auftragsunwesen«, die Zensur und das Amt für Literatur geherrscht. Als Kronzeugen seiner Kritik führt er zwei Leipziger Wissenschaftler an. Der Philosoph Ernst Bloch habe bereits im Oktober 1955 am dortigen Institut für Literatur erklärt, daß für die Schriftsteller der DDR »die Diktatur des kleinbürgerlichen Geschmacks im Namen des Proletariats« charakteristisch sei. Und der Germanist Hans Mayer habe sich erst kürzlich darüber beklagt, daß der Tisch der Literatur kärglich gedeckt sei und man »magere Jahre« zu durchleben habe. Zum Schluß legt Giordano das Bekenntnis ab, daß es für ihn zum Sozialismus keine Alternative gebe. Er werde sich jedoch vom »Makel« der Stalin-Ära nur dann befreien können, wenn die Wahrhaftigkeit »zum Grundprinzip des öffentlichen Lebens« erhoben würde. – Noch am selben Tag erhält der Kritiker, der seit über zehn Jahren Mitglied der KPD ist, in **Hamburg** Besuch vom führenden Funktionär der Landeskontrollkommission seiner Partei. Dieser warnt Giordano in einer zwei Stunden dauernden Belehrung vor der »parteifeindlichen Entwicklung in Polen« und dem »faschistischen Charakter« des Aufstandes in Ungarn. – Einige Monate später muß sich Giordano schließlich vor drei Mitgliedern der KPD-Parteikontrollkommission verantworten. Drei Tage lang, vom 28.-30. April, steht er den Männern im Gebäude der SED in **Ost-Berlin** ausführlich Rede und Antwort. Nachdem er seine eigene Entwicklung in der Partei ausführlich dargestellt hat und auf den negativen Einfluß des *Petöfi-Clubs* und die Linientreue der DDR-Schriftsteller aufmerksam gemacht worden ist, unterzeichnet der vermeintlich Reumütige am Ende eine Erklärung, in der er bestätigt, daß er fälschlicherweise Stalin und nicht Berija für den Hauptverantwortlichen seiner Abirrungen gehalten habe.

5. Januar Als Antwort auf die durch den Krieg am Suezkanal veränderte internationale Lage proklamiert US-Präsident Dwight D. Eisenhower vor dem Kongreß in **Washington** eine neue außenpolitische Doktrin zum Nahen und Mittleren Osten. Falls ein

Staat aus dieser Region die Vereinigten Staaten um wirtschaftliche oder militärische Hilfe ersuche, so wolle er als Präsident dem in Zukunft nachkommen und in der entsprechenden Form intervenieren. Nach dem Angriff Israels auf Ägypten im Oktober 1956 sei die Instabilität dort durch den »internationalen Kommunismus« weiter verstärkt worden. Obwohl die Sowjetunion den Mittleren Osten zu beherrschen versuche, so erkläre er dennoch nachdrücklich: »Die Sowjetunion hat von den Vereinigten Staaten im Mittleren Osten oder irgendwo in der Welt gar nichts zu fürchten, solange ihre Herrscher nicht selbst als erste zu einer Aggression Zuflucht nehmen.«[6] – Diese von den betreffenden Staaten nicht erbetene Schutzgarantie – die als Eisenhower-Doktrin bekannt geworden ist – wird vom Kongreß am 7. März angenommen. Damit machen die USA nach dem Rückzug ihrer beiden NATO-Partner Großbritannien und Frankreich aus Ägypten unmißverständlich deutlich, daß sie den insbesondere für die Ölversorgung wichtigen Nahen und Mittleren Osten als Bereich ihres eigenen Interesses ansehen.

7.-19. Januar Eine von dem Ministerpräsidenten und Außenminister Tschu En-lai angeführte Regierungsdelegation der Volksrepublik China trifft in **Moskau** ein, um mit Vertretern der sowjetischen Regierung Gespräche über internationale Fragen und Möglichkeiten einer engeren Kooperation zu führen. Einmütig kritisieren sie dabei die Eisenhower-Doktrin als einen Versuch des US-Imperialismus, nach der Niederlage Frankreichs und Großbritanniens im Suezkrieg nun den Platz der geschlagenen Kolonialmächte einnehmen und den Unabhängigkeitskampf der Völker im Nahen und Mittleren Osten unterdrücken zu wollen. Sie kündigen an, Ägypten und den anderen Völkern der Region die nötige Unterstützung geben zu wollen, um eine Aggression gegen diese Länder oder eine Einmischung in ihre inneren Angelegenheiten zu verhindern. Außerdem erklären die Sowjetunion und China, all jene Bestrebungen in Asien, Afrika und Lateinamerika zu unterstützen, die sich gegen den Kolonialismus wendeten und für nationale Unabhängigkeit, Souveränität und Freiheit einträten. Während eines Diplomatenempfangs im Hotel Sowjetskaja äußert sich der Erste Sekretär der KPdSU, Nikita S. Chruschtschow, von Ministerpräsident Nikolai A. Bulganin darauf angesprochen, zu seinem Selbstverständnis als Kommunist und der Rolle, die Stalin in diesem Zusammenhang für ihn spiele: »Ich trenne nicht nur nicht den Stalinismus vom Kommunismus«, stellt Chruschtschow unter dem Beifall seiner chinesischen Gäste klar, »sondern bin der Ansicht, daß Stalin als Kommunist, der für die Interessen der Klassen, von

bestimmten Klassen, der Arbeiterklasse, kämpfte, für uns das Beispiel eines Kommunisten ist ... Wir haben Stalin kritisiert, wir werden ihn kritisieren und wenn nötig darauf zurückkommen, aber nicht weil wir der Meinung wären, er sei – was seinen Kampf für die Interessen der Arbeiterklasse betrifft – ein schlechter Kommunist gewesen, sondern weil es bei ihm Mängel und Abirrungen gab. Lenin hatte dies erkannt und vor uns darauf hingewiesen. Auch wir sagen, daß seine Mängel ein übel Ding waren, aber für das Wesentliche – und das Wesentliche sind die Interessen der Arbeiterklasse und die Geschicklichkeit, sie zu verteidigen – wünsche ich, daß Gott jedem Kommunisten hilft, zu kämpfen, wie Stalin gekämpft hat.«[7] Obwohl Bulganin versucht, Chruschtschow in seinem Redefluß zu bremsen, läßt sich dieser nicht unterbrechen und fährt mit seinen Bekenntnissen weiter fort. Zum Abschluß kündigt Chruschtschow an, daß die kapitalistische Gesellschaft untergehen werde. Sie werde »ohne gewaltsame Nachhilfe« eines natürlichen Todes sterben. Und dazu wolle man »nach bestem Können« beitragen. Nachdem er auf das Wohl der chinesischen Kommunisten angestoßen hat, wird er von Tschu En-lai zu seiner Ansprache beglückwünscht.

7.-19.1.: Der chinesische Ministerpräsident Tschu En-lai.

7. Januar - 15. April Die rund 47.000 Bewohner der südafrikanischen Stadt **Alexandra** entschließen sich wegen der Fahrpreiserhöhung für die öffentlichen Verkehrsmittel, den Busverkehr zu boykottieren. Sie müssen nun täglich im Durchschnitt 30 Kilometer zu ihrem Arbeitsplatz zu Fuß zurücklegen. Nach über drei Monaten ist der Boykott erfolgreich. Die Fahrpreiserhöhungen werden zurückgenommen.

8. Januar Das Bundesverteidigungsministerium in **Bonn** gibt bekannt, daß von den 99.354 Wehrpflichtigen des Jahrgangs 1937 im gesamten Bundesgebiet 328 einen Antrag auf Wehrdienstverweigerung eingereicht haben. Das sind 0,33% der ersten Musterungspflichtigen. – Das Nachrichtenmagazin »Der Spiegel« kommentiert die Mitteilung mit den Worten: »Fest steht schon jetzt, daß der Versuch mißglückt ist, nach zwei totalen militärischen Zusammenbrüchen die Kriegsdienstverweigerung im gespaltenen Deutschland zu einer Sache des Volkes zu machen und sie von dem Odium zu befreien, eine blutleere Angelegenheit weltfremder Friedensschwärmer, Literaten und Phantasten zu sein.«[8]

9. Januar Der britische Premierminister Anthony Eden erklärt in **London** seinen Rücktritt. Als offizieller Grund für diesen Schritt werden Gesundheitsprobleme angeführt. Doch zweifelt unter den Beobachtern kaum jemand daran, daß der wirkliche Grund in der verfehlten Suez-Politik des konservativen Politikers zu suchen ist. – Nachfolger in seinem Amt wird einen Tag später der bisherige Schatzkanzler Harold Macmillan, der sich schon frühzeitig aus finanziellen Gründen gegen jede weitere militärische Intervention am Suezkanal ausgesprochen hatte.

10. Januar Die Jugendkammer des Landgerichts **Gießen** verurteilt den ehemaligen SS-Mann Edward Lucius wegen Beihilfe zum Mord in drei Fällen zu einer Jugendstrafe von vier Jahren. Eine mehrmonatige Untersuchungshaft wird angerechnet; der Angeklagte hat die Verfahrenskosten zu tragen. Das Urteil gegen den 35jährigen Autoschlosser, der in der Voruntersuchung gestanden hatte, zwischen 5.000 und 6.000 Juden erschossen zu haben, wird von Beobachtern als außerordentlich milde kritisiert. Lucius, der seine früheren Aussagen widerrufen hat, war 1942 in Czortków einem Erschießungskommando des Sicherheitsdienstes (SD) zugeteilt worden. Was in der Nähe der galizischen Kleinstadt im Wald oder auf freiem Feld geschah, faßt das Gericht folgendermaßen zusammen: »Die Juden mußten allen etwa noch vorhandenen Schmuck abgeben und mußten sich nackt ausziehen. Weigerten sie sich, was selten geschah, wurden ihre Kleider aufgeschnitten, hauptsächlich deshalb, um etwa versteckten Schmuck auffinden zu können, weshalb die Kleidung auf der Dienststelle des Angeklagten genau durchsucht wurde. Je nach der Menge der zu erschießenden Personen war bereits eine entsprechend große Grube ausgehoben. Es mußten dann so viele Personen, wie in der Grube eng nebeneinander liegen konnten, in die Grube treten und sich hinlegen. Sie wurden dann von dem Kommando des SD, meist zwischen vier und acht Mann, mit Maschinenpistolen erschossen. Wenn eine der Personen in der Grube noch Lebenszeichen gab, gab ein dazu bestimmter SS-Mann oder der Kommandoführer noch weitere Schüsse auf sie ab. Danach mußte die nächste Gruppe in die Grube treten und sich auf die Toten legen, wo sie dann auf die gleiche Weise getötet wurde. Auf diese Weise wurde verfahren, bis alle anwesenden Juden erschossen waren. Es handelte sich hierbei jeweils um Männer, Frauen und Kinder. Die Grube wurde dann von polnischen Personen zugeschüttet und der Erdaufwurf mit Raupenketten beschwert. Die mit der Erschießung beauftragten SS-Männer erhielten jeweils Alkohol und besondere Verpflegung, was beides an der Erschießungsstelle verzehrt wurde.«[9] Der Angeklagte soll an mindestens drei Massenexekutionen beteiligt gewesen sein. Entgegen seinen früheren Aussagen behauptet er, die Taten seien vor Vollendung seines 21. Lebensjahres begangen worden. Da das Gericht den genauen Zeit-

11.1.: Programmheft für den zweiten Teil des populären Musikfilms.

punkt der Erschießungen nicht klären kann, geht es mit der Begründung, es habe nach dem Grundsatz »in dubio pro reo« zu verfahren, von der korrigierten Aussage aus. Das Verhalten des Angeklagten, dem von einem Psychiater attestiert worden ist, er sei »ein gemütsarmer Psychopath«, der eine erschreckende Gefühlskälte zeige, wird vom Gericht dennoch als verantwortlich für seine Taten angesehen. »Er hat stur gehorcht«, heißt es in der Urteilsbegründung, »und sich, obwohl er dazu in der Lage war, gar keine Gedanken gemacht, was er zu tun habe. Das mag auf seine Gefühlskälte zurückzuführen sein. Er hat deshalb gar nicht erst einmal den Versuch gemacht, sich der ihm angesonnenen Aufgabe zu entziehen, weil ihn eben die Folgen seines Tuns nicht besonders berührten. Daher ist auch sein eiskaltes Renommieren mit den Taten zu erklären. Nur ein Mensch, der keine echten Gewissensbisse hat, kann so gleichgültig ein derartig grausiges Tun schildern und mit den Zahlen getöteter Menschen spielen, wie es der Angeklagte im Laufe des Verfahrens getan hat.«[10] Das Gericht stellt sich auf den Standpunkt, daß die Beteiligung an den drei Massenexekutionen, bei denen jeweils mindestens 100 Menschen getötet worden seien, als »Beihilfe zum Mord in drei Fällen« bewertet werden müsse, da »bei natürlicher Betrachtungsweise« der von dem Vorgesetzten erteilte Befehl die »Einzeltötungen« untereinander verbinde. Außerdem lasse sich bei einer Exekution mit einer Maschinenpistole gar nicht feststellen, wieviele Menschen durch ein einmaliges Betätigen des Abzugshebels getötet worden seien. – Ein Revisionsantrag des Angeklagten wird am 8. Mai 1957 vom 2. Strafsenat des Bundesgerichtshofes in **Karlsruhe** als unbegründet zurückgewiesen. Es liege keine Verletzung von Verfahrensvorschriften oder eine fehlerhafte Anwendung des sachlichen Rechts vor. Außerdem wird festgestellt, daß die Annahme dreier Verbrechen rechtlich nicht zu beanstanden sei.

10./11. Januar In **Atlanta**, der Hauptstadt des US-Bundesstaats Georgia, treffen sich 100 Aktivisten der schwarzen Bürgerrechtsbewegung, um nach dem Erfolg des Busstreiks von Montgomery über eine Fortführung ihres Kampfes für Gleichberechtigung zu beraten. Als erste Rednerin tritt Coretta Scott King auf, die vorübergehend ihren Mann, den Pfarrer Martin Luther King, vertritt, der in der Nacht zuvor wegen einer Welle von Terroranschlägen zusammen mit Ralph Abernathy in seine Heimatstadt Montgomery gereist ist. Nach der Rückkehr Kings, der das Treffen initiiert hat, wird die *Southern Conference on Transportation and Nonviolent Integration* (SCTNI) gegründet. Sie soll die Aktivitä-

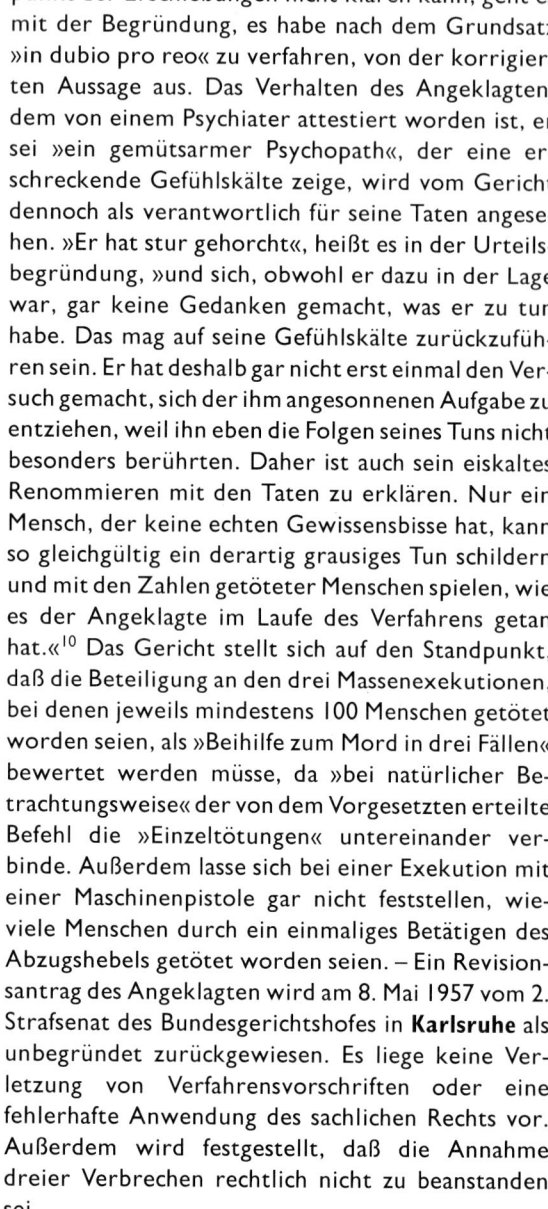

ten der schwarzen Bürgerrechtsgruppen in den Südstaaten koordinieren. Als erstes wird beschlossen, ein Telegramm an Justizminister Herbert Brownell zu schicken, in dem dieser aufgefordert wird, mit geeigneten Mitteln gegen die Gewalttaten der Weißen vorzugehen. Ein weiteres Telegramm richtet sich an US-Präsident Dwight D. Eisenhower mit der Bitte, die Südstaaten zu besuchen und sich ein Bild davon zu machen, wie Schwarze von den Gerichten abgeurteilt würden. – Obwohl beide Telegramme durch die Presse gehen, erhalten die Bürgerrechtler keine Reaktion aus Washington.

11. Januar Auf einer Pressekonferenz in **Bonn** spricht sich Bundeskanzler Adenauer für ein internationales Verbot thermonuklearer Waffen aus. Er erklärt, daß ein solches Verbot ein entscheidender Hebel zur militärischen Entspannung sein könnte. Dagegen bezweifelt er, daß dieses Ziel auch durch die Errichtung einer »militärisch verdünnten Zone« in Europa erreicht werden kann.

11. Januar Auch nach der Aufführung des zweiten Teils des Rockmusikfilms »Außer Rand und Band« kommt es in mehreren bundesdeutschen Großstädten zu Jugendunruhen. Diesmal allerdings vor allem, weil der im Original mit »Don't knock the rock«

betitelte Film als langweilig empfunden wird. So ziehen z. B. in **Bielefeld** mehrere hundert Jugendliche nach dem Kinobesuch durch die Stadt und randalieren aus Frustration. Sie stoßen Mülleimer um, schlagen Schaufensterscheiben ein und blockieren den Straßenverkehr. Die Polizei nimmt im Lauf des späten Abends mehrere Jugendliche fest. – Am 3. Juli werden acht von ihnen wegen Landfriedensbruchs verurteilt.

11. Januar In **Ungarn** kommt es erneut zu militärischen Auseinandersetzungen mit der sowjetischen Besatzungsmacht. Alle von kleinen bewaffneten Gruppen durchgeführten Aktionen werden jedoch bereits nach kurzer Zeit von den sowjetischen Streitkräften niedergeschlagen. Die Besatzer verhängen das Standrecht, wonach »Sabotage« umgehend mit dem Tode bestraft werden kann. – In **Budapest** werden am 16. Januar zwei Männer wegen Waffenbesitzes erschossen.

14. Januar In **Barcelona** beteiligen sich weite Teile der Bevölkerung an einem Boykott der öffentlichen Verkehrsmittel. Um gegen die Erhöhung der Fahrpreise zu protestieren, gehen die meisten Einwohner zu Fuß.

15. Januar Die »Süddeutsche Zeitung« meldet, daß eine von der neonazistischen Zeitung »Wiking-Ruf« unter dem Motto »Auf nach Paris« für den Februar angekündigte »Besuchsreise« früherer Angehöriger der Waffen-SS »zu den ehemaligen Kriegsschauplätzen« nach Protesten abgesagt worden sei.

11.1.: Amerikanisches Originalplakat zum neuen Bill-Haley-Film.

15.1.: Anzeige im »Wiking-Ruf«.

15. Januar An einer Protestkundgebung gegen die Niederschlagung des ungarischen Volksaufstandes nehmen im Kongreßhaus in **Zürich** 1.500 Menschen teil.

15. Januar Die israelischen Streitkräfte ziehen sich aus **El Arish**, der mit 26.000 Einwohnern größten Stadt auf der Sinai-Halbinsel zurück. Sie leiten damit die Räumung von Stellungen ein, die sie im Zuge des Suezkrieges erobert haben. – UN-Generalsekretär

16.1.: Der BdD-Vor-sitzende Wilhelm Elfes.

18.1.: Der Rund-funkkommentator Karl-Eduard von Schnitzler.

Dag Hammarskjöld betont einen Tag später vor der UN-Vollversammlung in **New York**, daß sich das isra-elische Militär hinter die Waffenstillstandslinie von 1949 zurückziehen müsse. Dies sei am Ende des Suez-krieges in der Resolution zur Feuereinstellung ver-einbart worden. – Ebenfalls vor der UN-Vollver-sammlung in **New York** erklärt die israelische Außen-ministerin Golda Meir einen Tag darauf, daß ihr Land nur unter bestimmten Bedingungen dazu bereit sei, seine Streitkräfte aus dem Gaza-Streifen und dem ägyptischen Teil am Golf von Akaba zurückzuziehen. Die Vereinten Nationen müßten eine Garantie dafür geben, daß der Golf auch weiterhin für die israelische Schiffahrt geöffnet bleibe und daß vom Gaza-Streifen aus keine ägyptischen Kommandounternehmungen gegen Israel gestartet werden könnten.

16. Januar In **München** protestieren rund 1.000 Jugendliche gegen die bevorstehende Musterung des ersten Jahrgangs von Wehrpflichtigen für die Bun-deswehr. Zu der Kundgebung haben die *Gewerk-schaftsjugend*, die *Sozialistische Jugend Deutschlands – Die Falken*, die *Internationale der Kriegsdienstgeg-ner* (IdK) und der *Sozialistische Deutsche Studenten-bund* (SDS) aufgerufen.

16. Januar Das Nachrichtenmagazin »Der Spiegel« veröffentlicht unter der Überschrift »Macht es wie Adenauer«, der bekanntlich nie Soldat war, eine Titelgeschichte über die Wehrdienstverweigerung. Darin wird geschildert, wie die Wahrnehmung des im Grundgesetz verankerten Rechts auf Kriegs-dienstverweigerung durch das am 21. Juli 1956 verab-schiedete Wehrpflichtgesetz geregelt ist und wie der für anerkannte Antragsteller vorgesehene Ersatz-dienst außerhalb der Bundeswehr aussehen könnte. Zugleich werden die wichtigsten Organisationen und Protagonisten der Kriegs- und Wehrdienstgeg-ner vorgestellt. Der Tenor des Artikels wird bereits auf dem Titelblatt deutlich. Unter dem Porträt von Fritz Wenzel, des 46jährigen evangelischen Pfarrers aus Braunschweig, der Präsident des deutschen Zweiges der *Internationale der Kriegsdienstgegner* (IdK) und sozialdemokratischer Bundestagsabgeord-neter ist, heißt es: »Fiasko einer Parole«. Das Maga-zin spielt damit darauf an, daß nur 0,33% der ersten Musterungspflichtigen von ihrem Grundrecht auf Kriegsdienstverweigerung Gebrauch gemacht ha-ben.

16. Januar Das Bundesverfassungsgericht in **Karls-ruhe** weist eine Verfassungsbeschwerde des BdD-Vorsitzenden Wilhelm Elfes gegen die Weigerung der Stadt Mönchengladbach, seinen Reisepaß zu ver-längern, zurück. In der Urteilsbegründung heißt es, die Vorschrift, daß der Paß dann zu versagen sei,

wenn Tatsachen die Annahme rechtfertigten, daß der Antragsteller »die innere oder die äußere Sicherheit oder sonstige erhebliche Belange der Bundesrepublik Deutschland oder eines deutschen Landes gefährde«, sei nicht zu beanstanden. Etwaige Bedenken gegen den Passus »sonstige erhebliche Belange« würden dann hinfällig, wenn damit Tatbe-stände von erheblicher Bedeutung gemeint seien, »die der freiheitlichen Entwicklung in der Bundesre-publik aus zwingenden staatspolitischen Gründen vorangestellt werden« müßten. – Eine erste Klage von Elfes gegen die Nichtverlängerung seines Reise-passes durch die Stadt, in der er nach Kriegsende als CDU-Politiker drei Jahre lang das Amt des Oberbür-germeisters innehatte, war am 4. Dezember 1953 vom Landesverwaltungsgericht Düsseldorf als unbe-gründet zurückgewiesen worden. Nachdem er auch mit einer Berufung vor dem Oberverwaltungsge-richt in Münster keinen Erfolg gehabt hatte, legte er beim Bundesverwaltungsgericht in West-Berlin Revision ein. Diese war jedoch mit der Begründung abgelehnt worden, der Kläger habe die Bundesrepu-blik »verleumdet« und »das internationale Ver-trauen untergraben«. Als Beleg diente eine Passage aus einer »gesamtdeutschen Erklärung«, in der Elfes auf dem »Völkerkongreß für den Frieden« im Dezember 1952 in Wien der Bundesregierung den Vorwurf gemacht hatte, sie mißachte die Verfassung und die demokratischen Grundrechte, um dadurch »dem Willen Washingtons nach Aufstellung einer westdeutschen Armee« nachzukommen. – Das Urteil des Bundesverfassungsgerichts wird von dem rechtspolitischen Sprecher der SPD-Fraktion im Bundestag, Adolf Arndt, in einem Kommentar der »Frankfurter Rundschau« scharf kritisiert. Es sei für ihn unerklärlich, heißt es dort, »... daß in einem frei-heitlichen Staatswesen einem Bürger, der sich straf-rechtlich nichts zuschulden kommen läßt, aus politi-schen Gründen der Paß und damit ein wesentlicher Teil der Freiheit verweigert wird.«[11]

16. Januar Der Oberbefehlshaber der französischen Truppen in Algerien, General Raoul Salan, entgeht in **Algier** am Abend nur durch Zufall einem Anschlag auf sein Hauptquartier. Zwei Panzerfäuste, die von der Terasse eines Nachbarhauses abgeschossen wer-den, durchschlagen die Mauern und verwüsten das Arbeitszimmer des Generals. Sein Adjutant ist auf der Stelle tot. Seine kleine Tochter, die gerade in der Etage darüber ihre Schulaufgaben macht, wird schwer verletzt. Der General, der dort um diese Zeit normalerweise eine Lagebesprechung mit sei-nen engsten Mitarbeitern abhält, hat zu einer Unter-redung mit dem französischen Algerien-Minister Robert Lacoste gerade dessen in der Nähe gelegenes

Büro aufgesucht. – General Salan wird von rechtsextremen französischen Nationalisten als Gegner betrachtet. Da er ihrer Meinung nach der Hauptverantwortliche für den Verlust Indochinas ist, befürchten sie nun, daß ihr Land durch sein militärisches Vorgehen auch die nordafrikanische Kolonie Algerien verliert. Die Ermittlungen ergeben bald, daß die Attentäter nicht, wie zunächst vermutet, in Kreisen der algerischen Aufständischen zu suchen sind, sondern in einer von den eigenen Behörden geduldeten und zuweilen auch unterstützten Terrororganisation. Die von Minister Lacoste in Paris eingeschaltete Sureté Nationale deckt auf, daß der Urheber des Anschlags der Chef des französischen Gegenterrors in Algerien, René Kovacs, ist. Dessen Organisation, die O.R.A.S, verübt nicht nur Anschläge auf die algerische Befreiungsbewegung, sondern auch auf französische Militärs und Politiker, die unter Verdacht stehen, eine Strategie der Verständigung mit den Algeriern zu verfolgen.

17. Januar Die Guerillagruppe um Fidel Castro erringt im Kampf gegen den kubanischen Diktator Batista einen kleinen, aber nicht unwichtigen militärischen Erfolg. Es gelingt ihr bei **La Plata** nach einstündigem Gefecht, einen Armeeposten zur Kapitulation zu zwingen und ein Dutzend Soldaten gefangenzunehmen. Außerdem fallen den Aufständischen ein Maschinengewehr, mehrere Flinten, Nahrungsmittel und Medikamente in die Hände.

18. Januar Der Chefkommentator des Ostberliner Deutschlandsenders, der 37jährige Karl-Eduard von Schnitzler, wird am Vormittag auf dem Flughafen Tempelhof in **West-Berlin** festgenommen. Die Flughafenpolizei führt den Journalisten, der wegen einer Verspätung länger als erwartet auf eine Maschine nach Köln warten muß, in Handschellen ab, weil sein Name in einer »Warnkartei« verzeichnet ist. Grund für die Festnahme ist die Anzeige des 29jährigen Studenten Wolfgang Gottschling, der von einem Ostberliner Gericht 1953 wegen Aufruhrs und Rädelsführerschaft im Zusammenhang mit dem Aufstand am 17. Juni zu einer Gefängnisstrafe von sechs Jahren verurteilt worden war. Der Student der Hochschule für Politik, der nach einer Intervention des FDP-Vorsitzenden Thomas Dehler vorzeitig freigelassen wurde, beschuldigt von Schnitzler, durch eine Zeugenaussage wesentlich zu seiner Verurteilung beigetragen zu haben. Der als »Starkommentator der DDR« apostrophierte Mann wird jedoch, ohne einem Haftrichter vorgeführt worden zu sein, bereits nach wenigen Stunden wieder auf freien Fuß gesetzt. Die Staatsanwaltschaft hatte den Strafantrag bereits im Vorjahr als nicht ausreichend begründet angesehen und das Verfahren eingestellt, weil von

Schnitzler nicht als Zeuge vor Gericht aufgetreten war, sondern nur im Zuge der Ermittlungen eine unvereidigte Aussage gemacht haben soll. – Der in West-Berlin erscheinende »Tagesspiegel« kritisiert das Vorgehen der Polizeibehörden auf dem Flughafen Tempelhof. Daß Beamte aufgrund von »Warnlisten« eine Festnahme ohne ausreichende Abstimmung mit der Generalstaatsanwaltschaft durchführen könnten, sei in einem Rechtsstaat »unhaltbar« und – angesichts der besonderen Situation Berlins – außerdem »eine politische Dummheit«.

18. Januar Das Bezirksgericht **Dresden** verurteilt sechs Oberschüler und einen Lehrling, die während des ungarischen Volksaufstandes am 10. November des Vorjahres einen Straßenbahnerstreik zu organisieren versucht hatten, zu Zuchthausstrafen zwischen einem und drei Jahren. Das Gericht spricht von einer »besonderen Gesellschaftsgefährlichkeit des Verbrechens in der damaligen Situation«. Das Delikt von Hans Baier, Klaus Müller, Manfred Reitzig, Erhard Schönberg, Bernd Voigt, Joachim und Wolfgang Stehr bestand darin, ein Flugblatt verfaßt, es vervielfältigt und verteilt zu haben.

18.1.: Vor allem Schüler werden in der DDR wegen ihrer Beteiligung an Protestaktionen gegen die Niederschlagung des Ungarn-Aufstandes verfolgt. Die Abgebildeten sind 15 Abiturienten aus Storkow (Mark Brandenburg), die nach Verhören durch das MfS in

19. Januar Zwei Tage vor Beginn der bundesweiten Musterungen führen Wehrdienstgegner in **Frankfurt** und **Offenbach** einen Autokorso gegen die Wehrpflicht durch. Die Fahrzeugkolonne, die am Gewerkschaftshaus startet, ist mit zahlreichen Transparenten beklebt. Auf ihnen sind Losungen zu lesen wie »Ist 1945 schon vergessen?«, »Wehrpflicht ist Mord«, »Das Gewissen sagt nein«, »Auch Ersatzdienst erhöht das Kriegspotential« und – nach dem bekannten Bonmot des Kabarettisten Werner Finck – »Rührt Euch, sonst werdet Ihr sehr bald weggetreten!«. Auf einem Plakat des Karikaturisten Kurt

den Westen geflohen sind. Weil sie eine Schweigeminute für die ungarischen Opfer eingelegt hatten, waren sie beschuldigt worden, sich an einer »faschistischen Verschwörung« beteiligt zu haben.

19.1.: Rudolf Rolfs, Leiter des Kabaretts »Die Schmiere«, befestigt Spruchbänder an seinem Mercedes.

19.1.: Wehrdienstgegner heften weitere Parolen für den Autokorso von Frankfurt nach Offenbach an.

21.1.: DDR-Plakat mit dem Titel des berühmten Remarque-Buches aus der Weimarer Republik.

21.1.: Bundeswehr-Plakat.

Halbritter steht unter einer Zeichnung, die den Bundeskanzler zeigt, die Aufforderung »Mach es wie er!«. Adenauer ist immer wieder von Wehrdienstgegnern als Zielscheibe des Spottes benutzt worden, weil er selbst niemals beim Militär war. Während der Fahrt werden mehrere tausend Flugblätter an Passanten verteilt. »Achtung, Jahrgang 1937!« ist auf ihnen zu lesen, »Verzagt nicht gegenüber der Wehrpropaganda. Laßt Euch nicht durch moralischen und wirtschaftlichen Druck einschüchtern. Beherzigt, was Bundeskanzler Adenauer in seiner so ausführlichen Weihnachtsansprache im Rundfunk empfahl: Die innere Ordnung der Persönlichkeit anzustreben, zu unterscheiden zwischen Gut und Böse. Tut ihm den Gefallen, entscheidet Euch für das Gute und gegen das Böse, aber entscheidet Euch mit den Maßstäben Eures Gewissens.«[12] – Nach Abschluß des zweistündigen Korsos fährt die Fahrzeugkolonne nach **Bad Königstein** im Taunus weiter, wo gerade eine Tagung der *Jungen Union* stattfindet, an der auch der Bundeskanzler und sein Außenminister, Heinrich von Brentano, teilnehmen. Der Aufmarsch der Wehrdienstgegner sorgt dort unter Gästen wie Delegierten für erhebliches Aufsehen.

19. Januar Nach mehrmonatigen Verhandlungen wird zwischen den Arbeitgeberverbänden im Bauhauptgewerbe und der *IG Bau, Steine, Erden* die Einführung der 45-Stundenwoche bei vollem Lohnausgleich vereinbart. Das Ergebnis bedeutet für die Bauarbeiter eine Lohnerhöhung von 6,7%.

19. Januar Ernst Bloch erhält am Philosophischen Institut der Karl-Marx-Universität in **Leipzig** einen Offenen Brief der SED-Parteileitung, in dem ihm Sympathien für die Aufständischen in Ungarn sowie die Regimekritiker in Polen vorgeworfen werden und von »nicht mehr ausgleichbaren Unterschieden« die Rede ist. – Studenten, die zwei Tage später seine Vorlesung besuchen wollen, finden am Schwarzen Brett die Mitteilung vor, daß die Veranstaltung ausfalle. – In einem eigenen Offenen Brief an die Parteileitung versucht Bloch dann am 22. Januar sich zu verteidigen. Er beteuert, sich keines von ihm begangenen Unrechts bewußt zu sein. Bei der Aufnahme von Studenten habe er immer besonders auf Arbeiter- und Bauernangehörige sowie SED-Mitglieder geachtet, er habe sich dem Anliegen der Arbeiterklasse eng verbunden gefühlt und sei in seinem Institut offen für den Einmarsch der Roten Armee in Ungarn eingetreten. Durchschläge des Briefes sind u. a. an den Präsidenten der DDR, Wilhelm Pieck, den stellvertretenden Ministerpräsidenten Walter Ulbricht und den Volkskammerpräsidenten Johannes Dieckmann gerichtet. – Doch auch diese Loyalitätsbeteuerungen nützen dem unter Beschuß geratenen Philosophen nichts mehr. Ernst Bloch, der von der SED-Spitze offensichtlich als geistiges Oberhaupt einer Reihe von Regimekritikern angesehen wird, ist faktisch zwangsemeritiert. Er darf keine Vorlesungen mehr halten, nicht mehr öffentlich als Philosophieprofessor auftreten, ja nicht einmal mehr die Universität betreten. Die Maßnahmen der SED kommen einem Berufsverbot gleich. – Einen Tag später, am 23. Januar, heißt es in einem Anschlag der Leipziger Universität, Professor Ernst Bloch habe seine Lehrtätigkeit »wegen Arbeitsüberlastung und zur Vorbereitung auf ein wissenschaftliches Streitgespräch« vorläufig eingestellt.

19. Januar Der Rundfunk in **Budapest** gibt bekannt, daß mit dem Ingenieur József Dudas und Oberstleutnant János Szabó zwei führende Männer des Aufstands vom Herbst des Vorjahres hingerichtet worden seien. Dudas, ehemaliger Parlamentsabgeordneter und Vorsitzender des *Revolutionären Nationalkomitees*, soll an der Spitze von Aufständischen das Außenministerium und das Gebäude der Parteizeitung »Szabad Nép« gestürmt haben. Außerdem habe er über einen Rundfunksender an die Vereinten Nationen appelliert, Truppen zur Unterstützung der Aufständischen nach Ungarn zu entsenden. Szábo habe eine Gruppe befehligt, die gegen die sowjetischen Soldaten kämpfte. Er hatte sich nach der Niederlage geweigert, sein Land zu verlassen, und war in einem Versteck in den Bergen nordwestlich von Budapest schließlich gefangengenommen worden.

20. Januar Politiker der *Deutschen Partei* (DP) und der im Vorjahr aus einer Abspaltung der FDP hervorgegangenen *Freien Volkspartei* (FVP) geben in **Bonn** den Zusammenschluß zu einer gemeinsamen Partei bekannt. Sie soll den Namen *Deutsche Partei (Deutsche Partei/Freie Volkspartei)* tragen und unter dieser Bezeichnung an den kommenden Bundestagswahlen teilnehmen. – Die beiden rechtsorientierten Parteien, die am 14. März eine gemeinsame Fraktion im Bundestag bilden, wollen durch diese Fusion ihre Chancen, die Fünf-Prozent-Hürde zu überwinden, erhöhen.

20. Januar An der am Jahrestag der Ermordung von Rosa Luxemburg und Karl Liebknecht von der SED in **Ost-Berlin** durchgeführten alljährlichen Gedenkdemonstration nehmen auch Abordnungen der Nationalen Volksarmee (NVA), der sowjetischen Armee und rund 15.000 mit Waffen ausgerüstete Angehörige der Betriebskampfgruppen teil. In einer Ansprache greift das Politbüromitglied Hermann Matern den Militarismus in Westdeutschland an. Dieser wolle die Bundeswehr mit Atomwaffen ausrüsten, um die DDR und die anderen ehemals deutschen Gebiete wieder zurückzuerobern, und die Führung in der NATO übernehmen. Mit diesen Kräften könne es keine Wiedervereinigung geben. Die wichtigste Aufgabe sei es, die Organisationen der Arbeiterbewegung zu einer Einheitsfront im Kampf gegen den Militarismus zusammenzuführen.

21. Januar In der gesamten **Bundesrepublik** wird mit der Musterung von jungen Männern, die im dritten Quartal des Jahrgangs 1937 geboren sind, begonnen. In etwa 550 Musterungsbezirken müssen sich

19.1.: Ernst Bloch inmitten seiner Leipziger Studenten.

die rund 100.000 Wehrpflichtigen zivilen Ärzten zur Untersuchung stellen. Diejenigen, die als tauglich anerkannt werden, müssen dann am 1. April in die jeweiligen Kasernen einziehen, um ihren zwölfmonatigen Wehrdienst abzuleisten. Bislang hat die Bundeswehr sich ausschließlich auf freiwillige Soldaten gestützt. Erst mit dem Wehrpflichtgesetz vom 21. Juli 1956 ist die allgemeine Wehrpflicht wieder eingeführt worden.

21. Januar In **Wuppertal** ziehen mehrere hundert Wehrdienstgegner durch die Straße, in der sich das Musterungslokal befindet. Mit Plakaten und Transparenten fordern sie die Wehrpflichtigen auf, von ihrem Recht auf Kriegsdienstverweigerung Gebrauch zu machen.

21. Januar Die US-Botschaft in **Bonn** gibt bekannt, daß die seit Kriegsende von der amerikanischen Flotte benutzte Militärbasis in **Bremerhaven** zurückgegeben werde. Außerdem erhält die Bundesmarine sieben Schiffe der früheren deutschen Kriegsmarine.

21. Januar Dwight D. Eisenhower, der wiedergewählte US-Präsident, tritt seine zweite Amtsperiode an. Nachdem er bereits am Tag zuvor vom Obersten Richter der USA, Earl Warren, im Weißen Haus in **Washington** vereidigt worden ist, findet nun vor dem Kapitol im Beisein von Hunderttausenden von US-Bürgern die öffentliche Vereidigungszeremonie statt. In seiner Antrittsrede geht Eisenhower insbesondere auf den Ost-West-Konflikt ein und erklärt, daß »der Friede das Klima der Freiheit« sei. Der internationale Kommunismus sei durch die Ereignisse des Vorjahres tief erschüttert worden. Er erinnert dabei vor allem an den ungarischen Volksaufstand und bezeichnet Budapest als »Symbol menschlichen Sehnens nach Freiheit«. »Wir achten

21.1.: Wehrpflichtiger vor der Musterungskommission.

21.1.: Der in seinem
Amt bestätigte
US-Präsident Eisen-
hower.

das Volk Rußlands in dieser geteilten Welt«, erklärt er, »nicht weniger als in einer minder gepeinigten Zeit. Wir fürchten nicht, sondern begrüßen vielmehr seinen Fortschritt in Bildung und Industrie. Wir wünschen ihm Erfolg in seinem Streben nach vermehrter intellektueller Freiheit, größerer Sicherheit vor seinen eigenen Gesetzen, vollständigeren Genuß der Errungenschaften seiner eigenen Mühen. Denn je mehr solcher Dinge sich zutragen mögen, umso sicherer wird der Tag kommen, da unsere Völker sich frei und in Freundschaft begegnen.«[13]

21.-25. Januar Im Jugendhaus Steineck in **Bad Godesberg** treffen 15 *Jungsozialisten* mit 15 Offiziers- und Unteroffiziersbewerbern für die Bundeswehr zu einer Tagung zusammen. Unter Leitung des Bundestagsabgeordneten Heinz Pöhler (SPD) werden Fragen wie »Ordnungsprinzipien in der Bundeswehr«, »Die Stellung des Soldaten in der Demokratie«, »Bundeswehrprobleme und öffentliche Meinung« sowie »Die militärische Tradition und der 20. Juli« erörtert. Die Zusammenkunft ist die erste einer Reihe, die der Zentralausschuß der *Jungsozialisten* beschlossen hat.

25. Januar Im Hermann-Ehlers-Haus in **Stuttgart**, einem nach dem früheren, inzwischen verstorbenen Bundestagspräsidenten benannten Wohnheim für Studenten und Jungarbeiter, trifft sich ein Kreis ehemals hochrangiger NS-Funktionäre mit Ehlers Amtsnachfolger Eugen Gerstenmaier (CDU), der als Mitglied des Kreisauer Kreises zum christlichen Widerstand gegen das NS-Regime zählte, zu einer Unterredung. Das von Karl Cerff, einem ehemaligen höheren SS-Führer und HJ-Obergebietsführer, in dem Einladungsschreiben formulierte Motto des Treffens lautet: »Aussöhnung in Ehren – Wiedervereinigung«. Zu den Teilnehmern zählen u. a. der ehemalige SS-Oberstgruppenführer Sepp Dietrich, der frühere Reichsamtsleiter Bodo Lafferentz, der ehemalige Gauleiter des Weser-Emslandes, Paul Wegener, sowie der frühere Leiter der Zentralstelle für die Finanzwirtschaft der *Deutschen Arbeitsfront* (DAF), Heinrich Simon. In seiner Eröffnungsansprache stellt der 49jährige Cerff, der dem hochrangigen Gast aus Bonn versichert, alle Versammelten würden sich bedingungslos zum demokratischen Rechtsstaat bekennen, einige Thesen vor. Das vordringlichste politische Ziel sei, unabhängig von der Parteizugehörigkeit, die Wiedervereinigung Deutschlands und die Wiederherstellung des Reiches. Vorbedingung dafür seien die »Aussöhnung« mit der wegen ihrer NS-Vergangenheit diskriminierten Elite, »freie Geschichtsforschung«, »freie Meinungsäußerung« und die »Anerkennung guter Seiten der Vergangen-

25.1.: Bundestags-
präsident Eugen
Gerstenmaier
(CDU).

heit«. Sie wehrten sich insbesondere gegen den »Rufmord«, dem sie seit Jahren ausgesetzt seien. Cerff, der als Mitarbeiter eines Buchklubs in Stuttgart tätig ist, hatte Gerstenmaier bereits im Juni 1956 aufgesucht und ihn gefragt, ob er bereit sei, sich in Deutschland an die Spitze einer zweiten Entnazifizierungswelle zu stellen. Er lobt den Bundestagspräsidenten, daß er die Courage aufbringe, zu einer solchen »Aussprache« zu erscheinen. Die Bedenken, die viele der Angesprochenen ihm gegenüber geäußert hätten, daß bei einer Diskussion mit einem Mann wie Gerstenmaier, der an einer Tagung des *Grünwalder Kreises*, der weithin als »Scharfmacherzentrale für die Verfolgung ehemaliger Nationalsozialisten« gelte, teilgenommen habe, nichts herauskommen könne, teile er nicht. Cerff läßt nicht unerwähnt, daß der Bundestagsabgeordnete Fritz Erler auch die Zustimmung des SPD-Bundesvorstands zu dem Stuttgarter Treffen gegeben habe. In seiner Entgegnung macht Gerstenmaier, der den Teilnehmern – an ein Wort Immanuel Kants erinnernd – nicht nur einen guten Glauben, sondern auch einen guten Willen konzediert, die Grenzen einer »Aussöhnung« deutlich: »Einige von Ihnen werden – entschuldigen Sie, wenn ich das so kraß sage – daraus die Berechtigung zu einer Rehabilitierung ableiten. Vergessen Sie nicht, daß es sich hier um ein sehr schwieriges Problem handelt. Zwischen uns stehen viele Tote, zwischen uns steht die Schuld der ehemaligen Nationalsozialisten, die erst abgetragen werden muß.«[14] An der folgenden Diskussion beteiligen sich u. a. der Tübinger Privatdozent Herbert Grabert, der ehemalige NS-Star-Journalist Hans Schwarz van Berk, der ehemals stellvertretende Reichspressechef Helmut Sündermann, inzwischen Leiter des neonazistischen Druffel-Verlages, der frühere Straßburger NS-Oberbürgermeister Robert Ernst, der Ex-General der Waffen-SS Paul Hausser, die ehemalige NS-Frauenschaftsführerin Lydia Ganzer und der einstige Staatssekretär im Reichspropagandaministerium, der von den britischen Militärbehörden monatelang unter dem Verdacht, Kopf einer neonazistischen Verschwörung zu sein, inhaftierte Werner Naumann. Der ehemalige Staatssekretär im Reichspropagandaministerium, dem als Tischdame die Schwester Gerstenmaiers zugeordnet worden ist, billigt dem Bundestagspräsidenten für dessen Erscheinen »ein hohes Maß an Zivilcourage« zu und hält danach ein flammendes Plädoyer für die Meinungsfreiheit führender Ex-Nazis. Er sichert zu, daß davon nur »im Rahmen der Gesetze« Gebrauch gemacht werde. Er selbst sei ein treuer Bundesbürger und erkläre noch einmal mit Nachdruck, daß an den über ihn kursierenden Hochverrats- und Verschwörungsgerüchten nichts dran sei. Gerstenmaier erwidert, daß man an der mit großem Applaus bedachten Rede erkennen könne, warum das deutsche Volk bis zur Kapitulation durchgehalten habe. Schade sei nur, daß »ein so talentierter Staatssekretär« das Pech gehabt habe, »einem so schlechten Minister« zu begegnen. Er versichere ihm seinerseits, daß inzwischen ein »Fall Naumann« nicht mehr möglich sei. Beim Hinausgehen bemerkt einer der Ex-SS-Führer sarkastisch: »Wenn so viele ehemalige Nationalsozialisten sich in der Konradokratur treffen wollen, bedarf es eines persönlichen Einsatzes des Bundestagspräsidenten, um nicht in den Verdacht der Geheimbündelei zu geraten.«[15] – Der SPD-Politiker Fritz Erler erklärt später, er habe zwar nichts gegen ein Gespräch zwischen ehemaligen Nationalsozialisten und Demokraten, weil dies dem Abbau wechselseitig vorhandener Ressentiments dienen könne, er sei jedoch erst nach dem Stuttgarter Treffen von der »Aussprache« informiert worden. Der Gesprächsinitiator Cerff sei ihm aus Unterredungen mit Vertretern der HIAG, der *Hilfsgemeinschaft auf Gegenseitigkeit der Soldaten der ehemaligen Waffen-SS*, bekannt. – Die Einführungsrede von Karl Cerff wird in der ersten Jahrgangs-Nummer der von Herbert Grabert in Tübingen herausgegebenen »Deutschen Hochschullehrer-Zeitung« abgedruckt.

26./27. Januar Linke Antimilitaristen gründen in den **Niederlanden** die *Pacifistisch Socialistische Partij* (PSP), die eine grundlegende Veränderung der Gesellschaft mit gewaltlosen Mitteln erreichen will. Im politischen Programm der aus der 1955 gebildeten Initiativgruppe zur »Beratung Heimatloser« hervorgegangenen Partei heißt es: »Wir verwerfen Gewalt als Mittel zur Konfliktlösung sowohl auf internationaler Ebene als auch zwischen verschiedenen gesellschaftlichen Gruppen eines Volkes. Wir weigern uns, die militärische Einsatzbereitschaft als Faktor zur Erlangung eines richtigen Verhältnisses zwischen den Völkern zu akzeptieren ... Auch das Akzeptieren von Gewalt als Mittel zur sozialen Revolution ... verwerfen wir prinzipiell und praktisch.«[16] Das Motto der neuen Partei, die Wert darauf legt, die gleiche Distanz zu den USA wie zur Sowjetunion zu wahren, lautet: »Sozialismus ohne Atombombe«. Erster Vorsitzender der PSP wird Henk van Steenis.

27. Januar Der 55jährige Reinhard Gehlen, ehemals Leiter der Spionageabteilung »Fremde Heere Ost« beim Oberkommando des Heeres, wird in **Bonn** zum Präsidenten des Bundesnachrichtendienstes (BND) ernannt. Das neugeschaffene Amt, das im Rang dem eines Ministerialdirektors gleichkommt, untersteht direkt dem Bundeskanzleramt. Der Name von Gehlens Stellvertreter, des BND-Vizepräsidenten,

bleibt geheim. Die Personalstärke des BND, der seinen Sitz in Pullach bei München hat, wird im Bundeshaushalt mit 540 Beamten, 641 Angestellten und 64 Arbeitern angegeben. Mit der Ernennung des von den Amerikanern schon im Juli 1946 mit dem Aufbau eines vor allem antikommunistisch ausgerichteten Nachrichtendienstes beauftragten früheren Wehrmachtsoffiziers wird zugleich die Umwandlung der »Organisation Gehlen« in eine offizielle Bundesbehörde abgeschlossen. Aufgabe des Geheimdienstes, der keiner wirksamen parlamentarischen Kontrolle unterliegt, ist die Beschaffung, Systematisierung und Auswertung geheimer politischer, wirtschaftlicher und militärischer Nachrichten aus dem Ausland.

27.1.: Ex-General Reinhard Gehlen (Aufnahme aus dem Jahr 1943).

27. Januar Die Architektin Karola Bloch, die erst seit kurzer Zeit SED-Mitglied ist, muß sich in **Leipzig** auf einer Parteiversammlung dem Vorwurf stellen, sie pflege freundschaftliche Kontakte zu republikfeindlichen Kreisen. Der Frau des wegen seiner regimekritischen Äußerungen von allen Lehrverpflichtungen entbundenen Philosophieprofessors Ernst Bloch wird vorgehalten, der »konterrevolutionären Harich-Gruppe« anzugehören und mit dem ungarischen Philosophen Georg Lukács, der während des Aufstands in der Regierung Imre Nagys das Amt des Kulturministers innehatte, befreundet zu sein. Außerdem heißt es, die in Lodz geborene Sozialistin sei eine »polnische Chauvinistin«. In dem völlig überfüllten Versammlungslokal wird sie von weiteren Rednern als »Partei- und Arbeiterfeind« bezeichnet. Als sich Karola Bloch zu verteidigen versucht, wird ihr plötzlich die Frage gestellt, ob sie für einen »menschlichen Sozialismus« sei. Da ihr bewußt ist, daß diese Formulierung als konterrevolutionäre Parole gilt, antwortet sie auf die offensichtliche Fangfrage trotzig: »Nein, ich bin für den unmenschlichen Sozialismus.«[17] In diesem Moment ist ihr bereits klar, daß es sich bei der Parteiversammlung um ein abgekartetes Spiel handelt, in dem sie, welche Position sie auch immer einnehmen mag, keine Chance

27.1.: Titelblatt der 1981 in Pfullingen erschienenen Erinnerungen.

27.1.: Karola und Ernst Bloch 1955 in Weimar.

zu einer wirklichen Verteidigung hat. Als am Ende über ihren Parteiausschluß abgestimmt wird, heben alle ihre Hände. Karola Bloch muß sofort ihr Parteibuch zurückgeben.

28. Januar Das Deutsche Fernsehen führt mit dem politischen Magazin »Panorama« eine neuartige Sendegattung ein. Jeweils am Monatsende sollen in der vom NDR in Hamburg produzierten Reihe, die von Josef Müller-Marein moderiert wird, wichtige Ereignisse der zurückliegenden Wochen analysiert und kommentiert werden. Höhepunkt der ersten Sendung ist ein Interview mit Bundesverteidigungsminister Franz Josef Strauß, der – ein technisches Novum – von Bonn aus live in das Hamburger Studio zugeschaltet wird.

28.1.: Fidel Castro (Mitte) mit Mitkämpfern der »Bewegung 26. Juli« in der Sierra Maestra.

28. Januar Fidel Castro, der Anführer der Rebellen in der kubanischen Sierra Maestra, entgeht nur durch Zufall einem Mordanschlag. Der Bauernführer Eutimio Guerra, der zuvor in die Gefangenschaft der Regierungstruppen geraten war, kehrt abends in das in den Bergen der **Sierra Maestra** gelegene Guerillalager zurück und sucht die Nähe Castros. Mit der Begründung, er friere, legt er sich mit einer am Körper versteckten Pistole unmittelbar neben Castro unter seine Schlafdecke. Er hat von einem Offizier Batistas den Auftrag erhalten, den Guerillaführer für 10.000 Dollar bei der nächsten sich bietenden Gelegenheit zu erschießen. Da die Leibwächter die ganze Nacht über wach bleiben, sieht Guerra jedoch keine Möglichkeit, seinen Auftrag auszuführen, ohne dabei selbst sein Leben zu verlieren. Zwei Tage darauf verläßt er das Lager wieder. – Als er Mitte Februar zurückkehrt, wird er von den Guerilleros des Verrats bezichtigt. Ein kleiner Junge hatte kurz zuvor berichtet, daß er Guerra im Hauptquartier der Streitkräfte gesehen habe. Der von den Vorwürfen völlig überraschte Überläufer gesteht alles und wird am 17. Februar hingerichtet.

29. Januar Im Dietz Verlag in **Ost-Berlin** erscheint der erste Band der vom Institut für Marxismus-Leninismus beim ZK der SED herausgegebenen Werke von Karl Marx und Friedrich Engels, kurz MEW genannt. Nach dem in den zwanziger Jahren gescheiterten Versuch, eine Marx-Engels-Gesamtausgabe (MEGA) herauszubringen, ist dies die erste umfassende Werkausgabe der beiden Klassiker des Marxismus in deutscher Sprache.

30. Januar Auf einer Versammlung in einem Nebensaal der Kongreßhalle in **Leipzig** werden mehrere Oppositionelle von Kulturfunktionären der SED kritisiert. Im Mittelpunkt der Angriffe steht der regimekritische Schriftsteller Gerhard Zwerenz. Sein Gedicht »Die Mutter der Freiheit heißt Revolution« wird als Zeichen ideologischer Schwankungen und parteipolitischer Unzuverlässigkeit angeführt. Als einige Zeilen daraus vorgelesen werden, um die Vorwürfe zu belegen, beginnt Zwerenz sich vor den Hunderten von »Genossen des kulturellen Sektors« zu verteidigen. Doch er interpretiert nicht die zitierten Verse, sondern liest das ganze Gedicht vor – mit dem Ergebnis, daß seine Kritiker zunächst verstummen. Auch Wieland Herzfelde setzt zu einer vorsichtigen Verteidigung von Zwerenz an. Er wirft die Frage auf, ob man sich mit derartigen Angriffen nicht schon wieder weit von den Ausführungen Chruschtschows auf dem XX. Parteitag der KPdSU entferne. Doch erweisen sich alle Einwände letztlich als nutzlos. Am Ende der Versammlung werden Oppositionelle wie Gerhard Zwerenz und Erich

Loest als »Parteifeinde« eingestuft. Daraufhin meldet sich Herzfelde noch einmal zu Wort. Mit zitternder Stimme erklärt er, daß er sich in seinem Beitrag nicht mit Parteifeinden habe solidarisieren wollen.

30. Januar - I. Februar Auf einer Tagung des SED-Zentralkomitees in **Ost-Berlin** kritisiert sein Erster Sekretär, Walter Ulbricht, in einem Grundsatzreferat, auf die Erhebungen in Ungarn und Polen anspielend, die ideologischen Schwankungen »im Zusammenhang mit den internationalen Ereignissen und den Vorkommnissen im sozialistischen Lager«. Dabei weist er wirtschaftsreformerische Vorstellungen, wie sie u.a. von Friedrich Behrens vertreten werden, strikt zurück. Auch die im letzten Jahr häufig vertretene Ansicht, daß es vielleicht einen »dritten Weg« zur Überwindung von Militarismus und Imperialismus geben könne, stellt er als gefährliche Illusion dar. Besondere Aufmerksamkeit widmet Ulbricht der von Mao Tse-tung ausgegebenen Parole »Laßt hundert Blumen blühen!«, die von verschiedenen Oppositionellen in der DDR als Aufforderung zu einer tiefgreifenden Liberalisierung verstanden worden ist: »Es geht bei uns in der Hauptsache nicht darum, alle Blumen erblühen zu lassen, sondern vielmehr um eine richtige Zuchtwahl der Blumen, um die Auswahl des wirklich Neuen und Nützlichen, ohne daß man dabei das Wuchern schädlichen Unkrauts als angebliche ›Blume‹ duldet.«[18] Ausführlich rechnet Ulbricht mit der »konterrevolutionären Gruppe Harich« ab: »Die politische Konzeption der Gruppe Harich hat für uns deshalb besonderes Interesse, weil Vertreter der SPD und verschiedener Agenturen daran mitgearbeitet haben. Die Vorschläge des Ostbüros der SPD zeigen die konterrevolutionäre Rolle dieser Agentur. In Übereinstimmung mit der Politik der Adenauer-Gruppe und der rechten sozialdemokratischen Führer fordert Harich die Beseitigung der Führung der SED und die Loslösung der DDR von der Sowjetunion.«[19] Die ZK-Mitglieder hätten sich ein Bild vom »Operationsplan der konterrevolutionären Gruppe Harich« gemacht. Ohne ihn namentlich zu nennen, stellt Ulbricht auch den Leipziger Philosophieprofessor Ernst Bloch mit seinen regimekritischen Schülern an den Pranger: »Bei einigen Philosophen war, wie sie selbst sagen, der ›Geist von Genf eingezogen‹, wobei sie den Geist von Genf als ideologische Koexistenz verstanden wissen wollten. Sie studierten nicht die Probleme der sozialistischen Moral, des Pflichtbewußtseins, der neuen sozialistischen Familienethik, sondern schrieben über ›kosmische Unbehaustheit‹. Man sollte einigen Genossen Philosophen helfen, den Weg zurück ins Leben zu finden. Die Arbeiter mögen ihnen dabei helfen.«[20] Doch Ulbricht beläßt es nicht

nur bei der Kritik ihm unliebsamer ideologischer Tendenzen. Ihm gelingt es am Ende der Tagung die gefährlichsten innerparteilichen Kritiker, die Fraktion um Karl Schirdewan, Ernst Wollweber und Gerhart Ziller, als »parteifeindliche Gruppe« abzustempeln und damit auszubooten. – Die SED hat sich auf diese Weise sowohl theoretisch als auch praktisch-politisch gegenüber den seit Chruschtschows Kritik am Personenkult Stalins auch in der DDR spürbaren Strömungen einer vorsichtigen Liberalisierung und Demokratisierung wirksam abgeschottet. Die Parteifunktionäre, für die die Entstalinisierung von Anfang an nur eine gefährliche Aufweichung der politischen Generallinie war, halten das Heft wieder fest in ihrer Hand.

30.1.: Der Leipziger Schriftsteller Gerhard Zwerenz.

31.1.: »Man braucht nur einen guten Stern, / dann ist der Aufstieg nicht mehr fern. / Franz Josef Strauß, er strebt zur Macht / mit einem Eifer, daß es kracht.« Karikatur aus der »Welt am Sonnabend«.

31. Januar In der mit einer Erklärung von Bundesaußenminister Heinrich von Brentano eröffneten außenpolitischen Debatte im Bundestag in **Bonn** bekennt sich Franz Josef Strauß zu einer aggressiven Außen- und Sicherheitspolitik: »Politik der Stärke«, stellt der Bundesverteidigungsminister fest, »heißt so stark sein, daß die eigene Entscheidungsfreiheit nicht durch Druck von feindlicher oder unfreundlicher Seite beeinflußt oder ins Gegenteil verkehrt werden kann.«[21] Militärische Sicherheit könne es nur in einem westlichen Sicherheitssystem geben. Die von sozialdemokratischer Seite vorgetragene Überlegung, auf ein gemeinsames europäisches Sicherheitssystem unter Einbeziehung der Sowjetunion hinzuarbeiten, lehnt er strikt ab. Die Unterschrift der sowjetischen oder einer anderen kommunistischen Regierung als Sicherheitsgarantie in Betracht zu ziehen, bezeichnet er als »nackten Irrsinn«. – Der SPD-Abgeordnete Herbert Wehner erhält im Verlauf der Debatte seinen fünften Ordnungsruf. Er hat den CDU-Abgeordneten Kurt Georg Kiesinger, der der SPD vorwarf, ein Sicherheitsrisiko zu sein, als »Verleumder« bezeichnet.

30.1.-1.2.: Der Erste Sekretär des Zentralkomitees der SED, Walter Ulbricht.

1957

Januar **Februar** März April Mai

Juni Juli August September Oktober

November Dezember

Februar Der Würzburger Romanistikprofessor Franz Rauhut erklärt auf einer Veranstaltung der *Internationale der Kriegsdienstgegner* (IdK) in **Schweinfurt**, die allgemeine Wehrpflicht sei eine »Frucht totalitären Denkens«. Die auch von Bundespräsident Theodor Heuss vertretene Ansicht, die allgemeine Wehrpflicht könne als »ein legitimes Kind der Demokratie« betrachtet werden, sei hingegen ein Irrtum. Die Französische Revolution habe zwar viele Fortschritte in Richtung Demokratie zustandegebracht, die Einführung der allgemeinen Wehrpflicht durch die Jakobiner im Jahre 1793 sei jedoch ein totalitärer Schritt gewesen. Das Volk in Waffen zu stellen, habe stets eine Abnahme der Freiheit und eine Gefährdung der Demokratie bedeutet. Am Ende der Veranstaltung wird eine an UN-Generalsekretär Dag Hammarskjöld gerichtete Resolution verabschiedet, in der dieser aufgefordert wird, eine Konferenz der Großmächte zum Abbau der internationalen Spannungen zu initiieren, damit das von allen Völkern ersehnte »Zeitalter des Weltfriedens« eingeleitet werden könne.

Februar Der Jazztheoretiker Klaus Hildtmann flieht aus **Dresden** in den Westen. Er hat erfahren, daß Vorträge, die er im Pionierpalast über die von der SED angefeindete Musikrichtung gehalten hat, von FDJ-Funktionären auf Band mitgeschnitten worden sind. Da er bereits 1949 von einem sowjetischen Militärtribunal zu 25 Jahren Zwangsarbeit verurteilt worden war, die er zum Teil in Workuta (Sibirien) verbüßen mußte, befürchtet er nun, erneut verhaftet und verurteilt zu werden. Hildtmann läßt sich in **Frankfurt** nieder, wo es eine ausgeprägte Jazzmusiker-Szene gibt. – Nach Bekanntwerden seiner Flucht wird der Jazz-Club in **Dresden** verboten.

1. Februar In **Dresden** stirbt im Alter von 66 Jahren der ehemalige Generalfeldmarschall Friedrich Paulus, der nach der Niederlage der von ihm befehligten 6. Armee in der Schlacht von Stalingrad in sowjetische Gefangenschaft geraten war und anschließend den *Bund Deutscher Offiziere* (BDO) und das *Nationalkomitee Freies Deutschland* (NKFD) mitbegründet hatte. Bei den Nürnberger Prozessen war er 1946 auf sowjetischer Seite als Zeuge der Anklage aufgetreten. Nach seiner Rückkehr in die DDR im Oktober 1953 hatte er sich von dort aus wiederholt für eine Aussöhnung mit der Sowjetunion eingesetzt.

1. Februar Der US-amerikanische Schriftsteller Howard Fast erklärt wegen der Niederschlagung des ungarischen Volksaufstands durch sowjetische Truppen seinen Austritt aus der *Kommunistischen Partei der USA* (KPdUSA). Fast, der jüdischer Abstammung ist, genießt in der Sowjetunion hohes Ansehen. Seine sozialkritischen Romane sind dort fester Bestandteil der Schulliteratur. Er war fünf Jahre lang Mitglied des *Weltfriedensrates* und hatte 1953 den Internationalen Stalin-Preis erhalten. – In seinem im November in **New York** erscheinenden Buch »Der nackte Gott« beschreibt Fast ausführlich seine Enttäuschung über den Kommunismus sowjetischer Prägung.

2. Februar Das österreichische Bundesinnenministerium gibt in **Wien** bekannt, daß das in der österreichischen Hauptstadt ansässige Sekretariat des *Weltfriedensrates* aufgelöst worden sei. Die Publikationen der kommunistisch dominierten internationalen Friedensorganisation, heißt es zur Begründung, würden in einseitiger Weise zu weltpolitischen Forderungen Stellung beziehen und müßten

als Versuch gewertet werden, auf die innerstaat-
lichen Verhältnisse anderer Länder einzuwirken.
Gemeint sind Erklärungen des Weltfriedensrates, in
denen dieser die Niederschlagung des ungarischen
Volksaufstandes und die Einsetzung des Kadar-Regi-
mes durch die Sowjets gerechtfertigt hatte.

4. Februar In **Stuttgart** kommt es in den frühen
Morgenstunden im Anschluß an eine Rock'n'Roll-
Veranstaltung zu heftigen Zusammenstößen zwischen Konzertbesuchern und Polizeibeamten. Mehr
als 200 Rockfans blockieren in der Königstraße die
Fahrbahn. Sie zwingen Autofahrer zum Halten und
schaukeln die Fahrzeuge zum Spaß hin und her. Mehrere Jugendliche werden anschließend von der Polizei festgenommen. – Vier von ihnen, darunter auch
ein junges Mädchen, stehen am 9. Juli vor Gericht.
Sie werden des »schweren Landfriedensbruchs«
beschuldigt. Das Verfahren wird jedoch schon bald
darauf wegen Nichtigkeit eingestellt.

6. Februar Unter dem Motto »Die Fässer sind leer –
das Maß ist voll« fahren 2.000 rheinhessische Winzer
mit zwei Sonderzügen nach **Bonn**, um beim Bundesminister für Ernährung, Landwirtschaft und Forsten,
Heinrich Lübke (CDU), gegen die Verweigerung
finanzieller Hilfen zum Ausgleich von Ernteverlu-
sten im Vorjahr zu protestieren. Die Fahrt der Winzer endet jedoch, anders als mit der Bundesbahn vereinbart, zunächst auf einem Abstellgleis des Güter-
bahnhofs. Erst mit zweistündiger Verspätung starten
dann die von den Städtischen Verkehrsbetrieben
zugesagten Omnibusse zu ihrer Fahrt nach **Duisdorf**,
dem Sitz des Ministeriums. Während sich die Winzer
auf dem Hof versammeln, suchen Vertreter des
Rheinhessischen Winzerverbandes das Ministerium

auf. Nach einiger Zeit tritt Verbandspräsident
Weintz an ein Fenster und gibt bekannt, daß weder
Heinrich Lübke noch dessen Staatssekretär bereit
seien, eine Delegation zu empfangen. Daraufhin ist
ein minutenlanges Pfeifkonzert zu hören. Danach
ertönt immer wieder lautstark die Aufforderung
»Lübke abtreten!«. Später fügt Weintz noch hinzu,
daß ein Ministerialrat zugesagt habe, daß er dem
Minister die beiden Hauptforderungen der Winzer –
keine weiteren Mostimporte aus dem Ausland und
eine Finanzhilfe für die Ernteausfälle – vortragen
werde.

6. Februar In **Frankfurt** unterzeichnen Vertreter
der I.G.-Farben A.G. und der *Conference on Jewish
Material Claims* ein Entschädigungsabkommen, wonach 27 Millionen DM für jüdische und 3 Millionen
DM für nichtjüdische Häftlinge des Konzentrationslagers Auschwitz, die während des Krieges für den
Chemiekonzern arbeiten mußten, bereitgestellt
werden sollen. Die Vertreter der I.G.-Farben A.G.
betonen nach der Unterzeichnung ausdrücklich, daß
sie damit eine »Rechtspflicht« zu Leistungen für ehemalige KZ-Häftlinge nicht anerkennen würden. Das
Abkommen stelle in dieser Hinsicht weder ein Prä-
judiz für die I.G. noch für die übrige deutsche Industrie dar. Um ein Wirksamwerden des Abkommens
zu erreichen, bedürfe es der Zustimmung der Aktio-
näre und der Verabschiedung eines Gesetzes durch
den Bundestag, das die rechtlichen Voraussetzungen
im Hinblick auf die Gläubiger der I.G. schaffe.

6. Februar Alexander Solschenizyn, der im Juni des
vergangenen Jahres aus der Verbannung zurückgekehrt ist, wird durch einen Beschluß des Obersten
Gerichtshofes der UdSSR in **Moskau** vollständig

6.2.: Die demon-
strierenden Winzer
im Hof des Bonner
Ministeriums.

rehabilitiert. Solschenizyn, der in **Rjasan** als Lehrer für Mathematik und Physik tätig ist, arbeitet in seiner Freizeit an der Niederschrift des Romans »Ein Tag im Leben des Iwan Denissowitsch«, in dem er seine Erfahrungen in einem Straflager für politische Gefangene schildert. – Der Text erhält später die ausdrückliche Genehmigung Chruschtschows und wird erstmals im November 1962 in der sowjetischen Zeitschrift »Nowy mir« abgedruckt. Bereits ein Jahr später erscheint das Buch auch in deutscher Sprache.

7. Februar Ein 1955 von Vera Leff und Gertrude Fishwick gegründetes lokales Komitee gegen Kernwaffenversuche wird in **London** organisatorisch zum *Committee for the Abolition of Nuclear Weapons Tests* (Nationalen Komitee für einen Atomwaffenversuchsstop) ausgeweitet. Die Absicht der Initiatorinnen ist es, den Protest gegen die von der britischen Regierung geplante Testexplosion einer Wasserstoffbombe auf den Christmas Islands wirkungsvoller zu organisieren. Zugleich sollen neue Methoden des antimilitaristischen Widerstands erprobt werden. – Bereits am 18. Januar hatte der Pazifist und Sozialist, Reverend Donald Soper, in einem Interview mit dem Blatt »Peace News« erklärt: »Wir haben uns in einer zu naiven Weise auf öffentliche Versammlungen beschränkt. Es gibt eine Art der direkten Aktion, die meiner Ansicht nach vorteilhafte Ergebnisse zeitigen könnte. Ich bin sicher, daß wir mehr auf die Straße gehen müssen.«[22]

7. Februar In einer Note teilt die sowjetische der schwedischen Regierung in **Stockholm** mit, daß der in Budapest als Legationsrat tätig gewesene Raoul Wallenberg am 17. Juli 1947 in einer Zelle des Moskauer Lubjanka-Gefängnisses einem Herzschlag erlegen sei. In der Mitteilung werden keinerlei Gründe für die Verhaftung Wallenbergs in Ungarn und seine nachfolgende Deportation in die Sowjetunion genannt. – Wallenberg hatte als Angehöriger der schwedischen Gesandtschaft zwischen Juli 1944 und Januar 1945 Tausende ungarischer Juden vor der Deportation in die Konzentrationslager der Nazis und damit vor dem fast sicheren Tod bewahrt.

7. Februar In **Madrid** kommt es zu heftigen Zusammenstößen zwischen Demonstranten und der Polizei. Als rund 500 Studenten, die sich vor dem Portal zur alten Universität versammelt haben, immer wieder im Sprechchor »Freiheit« rufen und versuchen, zu einer der Hauptstraßen zu gelangen, greifen die Ordnungskräfte ein. Mit Gummiknüppeln treiben sie die Studenten auseinander und verhindern, daß der Demonstrationszug in die Innenstadt gelangt.

8. Februar Das Landgericht **Lüneburg** verurteilt den Leiter der *Arbeitsgemeinschaft Film*, den aus Hannover stammenden Walter Söhlke, zu acht Monaten Gefängnis. Ihm wird zum Vorwurf gemacht, durch die Vorführung von Filmen aus der DDR und der Sowjetunion die Bevölkerung kommunistisch indoktriniert zu haben.

8. Februar Unter dem Titel »Die Sprache des Spiegel« setzt sich der Lyriker und Kulturkritiker Hans Magnus Enzensberger in einem Radio-Essay des Süddeutschen Rundfunks in Stuttgart in polemischer Form mit dem Stil des in Hamburg erscheinenden Nachrichtenmagazins auseinander. Enzensberger leitet seine von ihm selbst als »Attacke« bezeichnete Kritik mit vier Thesen ein: »These 1: Der ›Spiegel‹-Stil ist kein Stil, sondern eine Masche. These 2: das ›deutsche Nachrichten-Magazin‹ ist kein Nachrichten-Magazin. These 3: Der ›Spiegel‹ übt nicht Kritik, sondern Pseudo-Kritik. These 4: Der ›Spiegel‹-Leser wird nicht orientiert, sondern desorientiert.«[23] Enzensberger, der seine Überlegungen in der Form eines Dialogs zwischen ihm selbst als Autor und einem idealtypischen Leser des Magazins präsentiert, faßt seine Kritik mit den Worten zusammen: »Die ›Spiegel‹-Sprache ist anonym, Produkt eines Kollektivs. Sie maskiert den, der sie schreibt, ebenso wie das, was beschrieben wird: Sprache einer schlechten Universalität, die sich für alles kompetent hält. Vom Urchristentum bis zum Rock and Roll, von der Lyrik bis zum Kartellgesetz, vom Rauschgiftkrawall bis zur minoischen Kunst wird alles über einen Leisten geschlagen. Der allgegenwärtige Jargon überzieht alles und jedes mit seinem groben Netz: Die Welt wird zum Häftling der Masche.«[24] – »Der Spiegel« läßt sich durch den Rundfunkbeitrag, der sich vor allem auf Argumente stützt, die der Frankfurter Philosoph und Soziologe Theodor W. Adorno

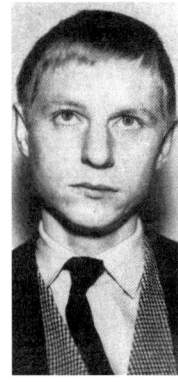

8.2.: *Der Lyriker und Essayist Hans Magnus Enzensberger.*

8.2.: *Karikatur im Nachrichtenmagazin »Der Spiegel«.*

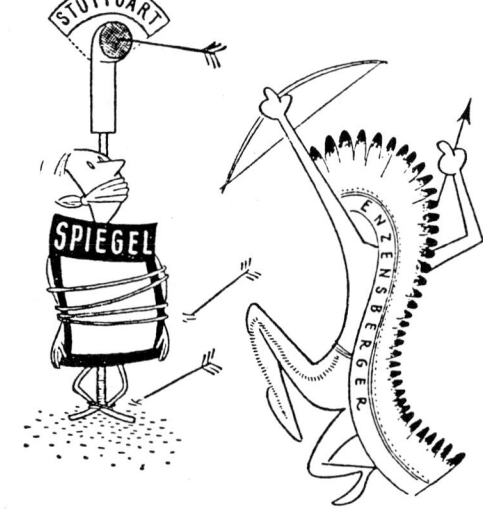

in seiner Kritik der »Kulturindustrie« entwickelt hat, nicht irritieren und druckt den Radio-Essay des Sprachkritikers mit dem Untertitel »Moral und Masche eines Magazins« in einer seiner nächsten Ausgaben vollständig ab.[25]

11. Februar Laut einer Meldung der »Frankfurter Allgemeinen Zeitung« haben in **Bochum** Sozialdemokraten CDU-Vertreter von einer Mitarbeit im Prüfungsausschuß für Kriegsdienstverweigerer mit der Begründung ausgeschlossen, die »katholische CDU« könne kein hinreichendes Verständnis für eine Kriegsdienstverweigerung aus Gewissensgründen aufbringen und deshalb einen dementsprechenden Antrag nicht objektiv beurteilen. Auslöser für diesen Schritt ist die Weihnachtsbotschaft des Papstes. Darin hatte es geheißen, daß ein Katholik den Kriegsdienst aus Gewissensgründen nicht verweigern könne.

11. Februar Der Erste Sekretär des SED-Zentralkomitees und stellvertretende Ministerpräsident der DDR, Walter Ulbricht, richtet ein Schreiben an den Philosophieprofessor Ernst Bloch in **Leipzig**, in dem er ausführlich auf dessen Offenen Brief vom 22. Januar eingeht. Ulbricht stellt gleich zu Beginn unmißverständlich klar, daß es bei dem Konflikt zwischen Bloch und der SED keineswegs um divergierende philosophische Anschauungen gehe, sondern um Blochs »Stellung zur Politik der Arbeiter- und Bauernmacht«. Ulbricht wirft dem Philosophen vor, daß er mit seiner Einstellung zum gesellschaftswissenschaftlichen Grundstudium den Beschlüssen des Staatssekretariats für Hochschulwesen widerspreche: »Durch ihre Bezeichnung des gesellschaftswissenschaftlichen Grundstudiums als ›Schmalspur-Ausbildung‹ suchen Sie die Bedeutung des Marxismus-Leninismus in den Augen vieler Studenten herabzusetzen. Damit leisten Sie der feindlichen Forderung nach Abschaffung des gesellschaftswissenschaftlichen Grundstudiums Vorschub.«[26] Besonders scharf tadelt Ulbricht, daß Bloch seine freundschaftliche Beziehung zu dem Ostberliner Philosophiedozenten Wolfgang Harich auch dann nicht abgebrochen habe, als dieser »Agent« bereits verhaftet gewesen sei: »Obwohl im Kommuniqué des Generalstaatsanwalts festgestellt wurde, daß es sich bei Harich um den Leiter einer Gruppe handelt, die sich die Unterminierung und Zerstörung unseres sozialistischen Staates zum Ziel gesetzt hatte, haben Sie sich von dem Agenten Harich nicht distanziert. Das wäre um so notwendiger gewesen, da breitesten Kreisen der Intelligenz Ihr freundschaftliches Verhältnis zu Harich bekannt war. Sie taten jedoch das Gegenteil und bezeichneten Harich ... als ›Gentleman‹. Eine solche Meinung hat nichts mit Philoso-

phie zu tun.«[27] Am Ende stellt Ulbricht klar, wo die Grenzen für die zukünftige Rolle Blochs als Wissenschaftler lägen. Er habe zwar die Möglichkeit, in Zeitschriften und öffentlichen Diskussionen seine philosophischen Anschauungen zu vertreten, dürfe jedoch nicht mehr länger an der Universität lehren. Damit die Studenten ihr Studienziel erreichten, sei es notwendig, daß die staatlichen Anordnungen dort durchgeführt würden.

12. Februar Kurt Hager, der beim Zentralkomitee der SED für Wissenschaft, Volksbildung und Kultur zuständige Sekretär, der gleichzeitig Philosophieprofessor an der Humboldt-Universität in Ost-Berlin ist, greift in einem kulturpolitischen Artikel des SED-Zentralorgans »Neues Deutschland« die undogmatischen Auffassungen des Ökonomen Friedrich Behrens und des Philosophen Ernst Bloch scharf an. Er warnt vor der Ansicht, daß es einen »besonderen Weg zum Sozialismus« gebe. Solch gefährliche Vorstellungen würden »von nationalistischen Elementen in Polen und Jugoslawien verbreitet« und stifteten auch erhebliche Verwirrung an den Hochschulen der DDR.

12. Februar In dem amerikanischen Atomforschungszentrum **Los Alamos** (US-Bundesstaat New Mexico) explodiert ein Versuchsreaktor. Nach offiziellen Angaben ist dabei zwar niemand verletzt, die Anlage jedoch vollkommen zerstört worden. Wie die nationale Atomenergiekommission mitteilt, sei die nach der Explosion aufgetretene Strahlenverseuchung »durch die gewöhnlichen Methoden« beseitigt worden.

13. Februar Barbara Brecht, die 26jährige Tochter des im Vorjahr in der DDR verstorbenen Schriftstellers Bertolt Brecht, wird von einem **West-Berlin**er Schnellgericht wegen Widerstands gegen die Staatsgewalt zu einer Geldstrafe von 200 DM verurteilt. Sie soll bei ihrer Einreise nach West-Berlin die Anweisungen der Zollbehörde mißachtet und sich von den Zollbeamten losgerissen haben.

14. Februar Rund 60 führende Vertreter der schwarzen Bürgerrechtsbewegung, in der Mehrzahl Pastoren, gründen in **New Orleans** die *Southern Christian Leadership Conference* (SCLC). Hauptziele der Organisation sind die Durchsetzung der Bürgerrechte, die vollständige Integration der Schwarzen und Farbigen in das gesellschaftliche und wirtschaftliche Leben der Vereinigten Staaten, die Beseitigung von Nachteilen im Bildungswesen, bei der Wohnungssuche und auf dem Arbeitsmarkt sowie die uneingeschränkte Möglichkeit, das Wahlrecht auszuüben. Zur Durchsetzung dieser Ziele sollen Methoden der gewaltfreien, direkten Aktion angewandt

11.2.: Ernst Bloch, seit 1949 Professor für Philosophie an der Karl-Marx-Universität in Leipzig.

11.2.: Titel eines 1992 in Frankfurt erschienenen Buches.

15.2.: Im Streik-
organ wird das Er-
gebnis der letzten
Urabstimmung
bekanntgegeben.

15.2.: Blick in ein
Streiklokal.

15.2.: Der Domp-
teur, der seinen
Löwen nicht mehr
bändigen kann.

STREIK-Nachrichten

Kiel, 14. Februar 1957
Nr. 79

Herausgegeben von der IG Metall, Bezirksleitung Hamburg — Druck: Haase Druck GmbH.

Das Ergebnis der Urabstimmung

Die Urabstimmung der schleswig-holsteinischen
Metallarbeiter über den Schlichtungsvorschlag
vom 9. 2. 1957 erbrachte folgendes Resultat:

Abstimmungsberechtigt:	29346
Wahlbeteiligung:	28697 (97,78 %)
Für Annahme:	11641 (39,66 %)
Für Ablehnung:	16922 (57,66 %)
Ungültige Stimmen:	134 (0,46 %)
Nicht abgestimmt:	649 (2,22 %)

Damit ist der Schlichtungsvorschlag von den
streikenden Metallarbeitern angenommen.

Alle im Ausstand befindlichen Kolleginnen und
Kollegen werden aufgefordert, sich am Donnerstag, zwischen 16 und 19 Uhr in ihrem Streiklokal
zu melden.

werden. Zur Verbreitung der Idee gewaltfreier
Aktionen und zu ihrer praktischen Vorbereitung sollen workshops angeboten werden. Auf Zuruf wird
Martin Luther King zum ersten Präsidenten der
SCLC gewählt, C.K. Steele zum Vizepräsidenten,
Fred Shuttlesworth zum Sekretär und Ralph Abernathy zum Schatzmeister. In Atlanta, der Hauptstadt
des Bundesstaates Georgia, soll ein zentrales Büro
eingerichtet werden. In einem Telegramm wird US-
Präsident Eisenhower aufgefordert, eine Konferenz
zur Durchsetzung der Bürgerrechte einzuberufen.
Wenn keine wirksamen Maßnahmen ergriffen würden, heißt es am Ende des Appells, werde die SCLC
einen großen Protestmarsch nach Washington
durchführen. – Coretta Scott King, die Ehefrau und
Mitstreiterin von Martin Luther King, schreibt später über das Selbstverständnis der SCLC: »Von
Anfang an war unsere Organisation kirchlich ausgerichtet, in ihrer Führung und ihren Mitgliedern wie
auch in dem Ideal der Gewaltlosigkeit ... Der Begriff
der Gewaltlosigkeit, den unsere Bewegung entwik-
kelte, stammte im wesentlichen von Martin. Er rief
nicht dazu auf, alle Gesetze zu mißachten, sondern
lediglich die ungerechten. Diese definierte er als
Gesetze, die ohne die Mitwirkung der Minderheit
zustande gekommen waren, die ihr vielmehr von der
Mehrheit aufgezwungen waren. Er fand, solche
Gesetze seien ›nicht ordentlich zustande gekom-

men‹ und man könne es vollkommen mit seinem
Gewissen vereinbaren, sie zu mißachten und dafür
die Strafe hinzunehmen. Er glaubte an den Vorrang
eines höheren moralischen Gesetzes.«[28]

14. Februar Das südafrikanische Parlament in **Kapstadt** verabschiedet ein »Unmoralitätsgesetz«.
Danach ist es Bürgern der Südafrikanischen Union in
Zukunft verboten, Liebesbeziehungen mit einem
Partner anderer Hautfarbe einzugehen. Ein Verstoß
gegen das neue Apartheidsgesetz kann mit Gefängnisstrafen bis zu sieben Jahren Dauer geahndet werden.

15. Februar Nach einem mehr als 17 Wochen dauernden Streik nehmen die Metallarbeiter von **Schleswig-Holstein** die Arbeit wieder auf. Bei dem am 24.
Oktober 1956 begonnenen Ausstand, an dem sich
über 32.000 Arbeiter aus 34 Großbetrieben, darunter, elf Werften, beteiligt hatten, war es in erster
Linie um eine Verbesserung der Rahmenbedingungen für die Beschäftigten gegangen und erst in zweiter Linie um eine Lohnerhöhung. Die IG Metall hatte
einen Lohnausgleich im Krankheitsfall für eine
Dauer von sechs Wochen, eine Erhöhung der
Urlaubstage und die Zahlung eines zusätzlichen
Urlaubsgeldes gefordert. Die Kompromißergeb-
nisse, die bei den Schlichtungsverhandlungen zwischen den Tarifparteien erzielt wurden, waren bei
Urabstimmungen dreimal von den Arbeitnehmern
als unzureichend zurückgewiesen wurden. Erst bei

Die Streikleitung gibt bekannt:

1. Arbeitsaufnahme

Entsprechend der Vereinbarung der Tarifparteien wird die Arbeitsaufnahme, besonders in den Großbetrieben, in Etappen beginnen. Der größte Teil der streikenden Kollegen hat bereits von den Arbeitgebern eine Mitteilung über den Beginn der Arbeitsaufnahme erhalten. Sowelt die Betriebe keinerlei Mitteilungen verschickt oder veröffentlicht haben (z. B. Howaldtswerke Kiel), melden sich die streikenden Kollegen am Freitag früh in ihren Betrieben zur Entgegennahme der Mitteilung über ihren Arbeitsbeginn.

2. Keine Reverse unterschreiben

Sollten bei Arbeitsaufnahme durch den Arbeitgeber den Kollegen schriftliche Erklärungen zur Unterschrift vorgelegt werden, die mit dem Streik in Zusammenhang stehen und die sich besonders auf den § 123 der Gewerbeordnung beziehen, so sind solche Unterschriften abzulehnen. Die zuständige Verwaltungsstelle der IG Metall ist sofort zu unterrichten.

3. Abmeldung im Streiklokal

Jeder Streikende muß sich am Tage vor der Arbeitsaufnahme in seinem zuständigen Streiklokal abmelden. Es ist auch möglich, daß die Abmeldung durch die Ehefrau am folgenden Tage vorgenommen wird. Bei der Abmeldung ist die Kontrollkarte abzugeben, dafür erhält jeder Kollege eine Bescheinigung. Gegen Vorlage dieser Bescheinigung erhält der Kollege zu einem späteren Zeitpunkt die restliche Streikunterstützung.

4. Meldestellen

Bis zum Donnerstag, dem 21. Februar, bleiben alle bisherigen Meldestellen geöffnet. Örtlich wird bekanntgegeben, an welchen Tagen die Meldestellen länger als bisher geöffnet sind. Am Freitag, dem 15. Februar, sind alle Meldestellen bis 19.00 Uhr geöffnet.

5. Streikunterstützung

Streikunterstützung erhält jeder Streikende bis zum Tage der Arbeitsaufnahme. Alle Kolleginnen und Kollegen, die am 15.2. bzw. einige Tage später die Arbeit aufnehmen, erhalten nach der Arbeitsaufnahme eine Überbrückungsbeihilfe. Diese beträgt:

für Ledige . . . . 25,— DM
für Verheiratete . . . . . . 30,— DM

zuzüglich der normalen Kinderzuschläge.

Die Auszahlung der nächsten Streikunterstützung und der in Frage kommenden Überbrückungsbeihilfen erfolgt am Donnerstag, dem 21. Februar. Die Streikunterstützung kann an diesem Tage auch durch die Ehefrau abgeholt werden. Dazu ist erforderlich, daß die Ehefrau eine Vollmacht vorlegt.

Die Auszahlungsstellen sind am Donnerstag, dem 21. Februar, ebenfalls bis 19.00 Uhr geöffnet.

Verantwortlich: Heinz Rahnee Hamburg 1. Besenbinderhof 50; Druck: Haas- Druck GmbH

15.2.: Anweisungen der IG Metall zum Verhalten der Streikenden bei der Wiederaufnahme ihrer Arbeit.

15.2.: Szene in einem Streiklokal.

15.2.: Der IG-Metall-Vorsitzende Otto Brenner fragt: »Wer war das?« Karikatur aus dem Wochenblatt »Die Andere Zeitung«.

der vierten Urabstimmung am 13. Februar wurde ein neuer Kompromißvorschlag, der drei Tage zuvor bei Schlichtungsverhandlungen in **Kiel** unter dem Vorsitz des ehemaligen nordrhein-westfälischen Arbeitsministers Johannes Ernst (CDU) erzielt worden war, mit 39,66% der Stimmen angenommen. Noch immer stimmten 57,66% gegen die Vorlage, für eine Ablehnung wären jedoch 75% der Stimmen erforderlich gewesen. Damit haben die Streikenden erreicht, daß sie im Krankheitsfall vom vierten Tag an 90% des Nettolohns erhalten und daß die Zahl der Urlaubstage nach Altersgruppen gestaffelt auf zwölf bis 18 Tage, bei Jugendlichen auf 24, erhöht wird. Eine besonders umstrittene Frage war das Problem der Karenztage. Das Kompromißergebnis legt in diesem Punkt fest, daß bei einer Krankheit von sieben und mehr Tagen die Bezahlung der Hälfte der Karenztage von den Betrieben übernommen wird und bei einer Krankheit von über 14 Tagen alle drei Karenztage voll bezahlt werden. – Der in seinem Ansatz, in seinem Verlauf und seiner Dauer ungewöhnliche Streik hat die *IG Metall*, die in Schleswig-Holstein nach den Vorstellungen ihres Vorsitzenden Otto Brenner ein neues Konzept des Arbeitskampfes durchsetzen wollte, in eine schwierige Lage gebracht. Je länger der Streik, der vor allem auf eine Verbesserung der Rahmenbedingungen der Lohnarbeit abzielte, dauerte, desto deutlicher wurde, daß

die Gewerkschaft nur mit größten Mühen in der Lage sein würde, ein von ihr ausgehandeltes Kompromißergebnis den streikenden Arbeitern als akzeptabel zu vermitteln. Als ein Resultat des längsten Streiks in der Geschichte der Bundesrepublik wird deshalb von Beobachtern auch ein Glaubwürdigkeitsverlust der Gewerkschaften bei der Vertretung von Arbeitnehmerinteressen angesehen.

18. Februar Mitglieder der *Internationale der Kriegsdienstgegner* (IdK) demonstrieren vor einem Musterungslokal in **Schweinfurt** gegen die allgemeine Wehrpflicht. Auf Transparenten fordern sie die Wehrpflichtigen, die zur Musterung erscheinen, auf, von ihrem Recht auf Kriegsdienstverweigerung Gebrauch zu machen. Zusätzlich verteilen sie einen von dem Würzburger Romanistikprofessor Franz

18.2.: Vor dem Eingang zur Schweinfurter Musterungsstelle wird ein Wehrpflichtiger aufgefordert, von seinem Recht auf Kriegsdienstverweigerung Gebrauch zu machen.

18.2.: Professor Franz Rauhut (Mitte) ist einer der aktivsten Wehrdienstgegner; hier bei einer Demonstration in Gelsenkirchen.

Rauhut verfaßten »Ratgeber für Wehrdienstverweigerer«. – Am ersten Musterungstag sollen in Schweinfurt von 40 Wehrpflichtigen zwei Anträge auf Kriegsdienstverweigerung gestellt worden sein.

18. Februar Das US-Nachrichtenmagazin »Time« berichtet in einer Titelgeschichte über den Baptistenpfarrer Martin Luther King und den erfolgreichen, länger als ein Jahr dauernden Busboykott der schwarzen Bevölkerung von Montgomery. – Die amerikanische Öffentlichkeit nimmt mit Erstaunen zur Kenntnis, daß sich unter den Schwarzen der nur selten im Blickpunkt stehenden Südstaaten ein neues Selbstbewußtsein entwickelt hat. In der Presse ist von nun an immer häufiger vom Typus des »neuen Negers« die Rede, der nicht mehr länger bereit sei, ein gesellschaftspolitisches Schattendasein als Bürger zweiter Klasse zu spielen.

19. Februar Das Deutsche Fernsehen strahlt eine vom Südwestfunk in Baden-Baden produzierte anderthalbstündige Sendung über »Luftschutz im Atomzeitalter« aus. Darin wird unter anderem ein »Umhang für Luftschutzhelfer« vorgestellt, der einen Schutz vor radioaktiver Strahlung bieten soll.

19. Februar Das Polizeipräsidium in **Bonn** verbietet wegen »Gefährdung der öffentlichen Sicherheit und Ordnung« eine Pressekonferenz, die die beiden Rechtsvertreter der im Vorjahr vom Bundesverfassungsgericht verbotenen KPD, Friedrich Karl Kaul und Herbert Kröger, geben wollten. Auf der Pressekonferenz sollte bekanntgegeben werden, daß gegen das Verbotsurteil bei der Europäischen Kommission zur Wahrung der Menschenrechte Beschwerde eingelegt worden ist.

19. Februar Wegen eines Auftritts des schwarzen Trompeters Louis Armstrong wird in **Knoxville** (US-Bundesstaat Tennessee) ein Sprengstoffanschlag verübt. Kurz nach Beginn des Konzerts, dessen 3.000 Besucher streng getrennt in Reihen für Weiße und für Farbige sitzen müssen, explodiert in der Nähe der Stadthalle eine Bombe. Sie reißt zwar einen Trichter in den Boden, verletzt jedoch niemanden. Als die Detonation in der Halle zu hören ist, beruhigt Armstrong seine Zuhörer mit den Worten: »Keine Aufregung, das ist nur das Telephon.«[29]

21. Februar Der Schriftsteller und Philosoph Albert Camus geht in einem Interview mit der französischen Zeitschrift »Demain« auf Fragen ein, die Ignazio Silone und Nicola Chiaromonte nach der Niederwerfung des ungarischen Volksaufstandes ursprünglich für eine Leserumfrage der italienischen Zeitschrift »Tempo presente« ausgearbeitet hatten. Er äußert sich darin über sein Verhältnis zum Kommunismus und zu seinem Selbstverständnis als Intellektueller. Zu der von der kommunistischen Presse aufgestellten Behauptung, beim Volksaufstand in Ungarn habe es sich um eine faschistische Erhebung gehandelt, erklärt er, daß »der wirkliche Faschismus bei Kadar und Chruschtschow« liege, die die Vernichtung der Räte angeordnet hätten. Für Intellektuelle sei es ratsam, nicht zu oft das Wort zu ergreifen: »Aber unter gewissen besonderen Umständen (Spanischer Bürgerkrieg, Verfolgungen und Konzentrationslager unter Stalin, Krieg in Ungarn) ist er verpflichtet, ganz eindeutig Stellung zu nehmen; er muß sich vor allem weigern, der Wirksamkeit seiner Parteinahme durch klüglerische Nuancen oder umsichtige Equilibristenstückchen die Stoßkraft zu rauben, und darf nicht den geringsten Zweifel an seiner persönlichen Entschlossenheit aufkommen lassen, die Freiheit zu verteidigen. Der Zusammenschluß von Intellektuellen kann in gewissen Fällen, und insbesondere wenn die Freiheit des Volkes und des Geistes tödlich bedroht ist, eine Macht darstellen und eine Wirkung ausüben: die ungarischen Intellektuellen haben uns dies eben bewiesen. Indessen müssen wir uns für unseren eigenen Gebrauch im Westen merken, daß das unablässige Unterschreiben von

Manifesten und Protesten eines der zuverlässigsten Mittel darstellt, die Wirksamkeit und die Würde des Intellektuellen zu untergraben. Es handelt sich da um eine ständige Erpressung, die wir alle kennen und der nicht nachzugeben wir den oft einsamen Mut aufbringen müssen.«[30] Besonders scharf fällt seine Kritik an den linken Intellektuellen aus, die sich »so viele Bären« aufbinden lassen würden. Der Konformismus läge heute bei der Linken. Sie sei in Worten gefangen, gehe Formeln auf den Leim, gebe nur Stereotypen als Antwort und versage ständig angesichts der Wahrheit. Die Linke sei dekadent und schizophren, sie müsse ihre Heilung »in unerbittlicher Kritik« suchen. Ein Zusammenschluß mit ihr sei solange zwecklos, solange sie sich nicht zu der Einsicht durchgerungen habe, daß keines der Übel, die der Totalitarismus – er meint damit die Einheitspartei – zu beheben vorgebe, »schlimmer als der Totalitarismus selber« sei. »Ohne Freiheit«, postuliert er abschließend, »keine Kunst; die Kunst lebt nur von den Beschränkungen, die sie sich selbst auferlegt, an den anderen geht sie zugrunde. Aber ohne Freiheit auch kein Sozialismus, es sei denn der Sozialismus der Galgen.«[31]

22. Februar Die *Evangelischen Kirche in Deutschland* (EKD) und die Bundesrepublik Deutschland schließen in **Bonn** einen Vertrag über die »Regelung der evangelischen Militärseelsorge«. Damit soll, heißt es in der Präambel, »die freie religiöse Betätigung und die Ausübung der Seelsorge in der Bundeswehr« gewährleistet werden. Die Militärseelsorge wird als »Teil der kirchlichen Arbeit« definiert, die im Auftrag und unter Aufsicht der EKD ausgeübt werden soll; die Kosten für ihren organisatorischen Aufbau

22.2.: Am Tisch die Unterzeichner des Militärseelsorgevertrages (v.l.n.r.):

habe der Staat zu tragen. Für jeweils 1.500 evangelische Soldaten ist ein Militärgeistlicher vorgesehen. Die von dem EKD-Ratsvorsitzenden Otto Dibelius und dem Kirchenkanzleipräsidenten Heinz Brunotte auf der einen und von Bundeskanzler Konrad Adenauer und Bundesverteidigungsminister Franz Josef Strauß auf der anderen Seite vorgenommene Vertragsunterzeichnung erfolgt gegen den ausdrücklichen Wunsch der EKD-Synode. Das oberste Entscheidungsgremium der *Evangelischen Kirche* hatte auf seiner letzten Tagung im Juni 1956 betont, daß bis zu einer ausführlichen Beratung über die Militärseelsorge keine bindenden Tatsachen in dieser umstrittenen Frage geschaffen werden sollten. Da die Beschlüsse nun aber unter strengster Geheimhaltung gefällt wurden, konnte die Synode weder Einfluß auf den Wortlaut des Vertrages noch auf die praktische Ausgestaltung der Militärseelsorge nehmen. Außerdem hat der erste evangelische Militärseelsorger seinen Dienst bereits am 1. November 1955 bei einer Bundeswehreinheit in Andernach angetreten. – Welche Funktion die Bundesregierung in der Militärseelsorge sieht, geht aus einem Entwurf der ehemaligen »Dienststelle Blank« über die

der EKD-Ratsvorsitzende, Bischof Otto Dibelius, der Präsident der Kirchenkanzlei, Heinz Brunotte, Bundesverteidigungsminister Franz Josef Strauß und Bundeskanzler Konrad Adenauer; dahinter Militärbischof Hermann Kunst (ganz links), in der Mitte Hans Globke, Staatssekretär im Bundeskanzleramt, rechts daneben Generalinspekteur Adolf Heusinger und Bundesinnenminister Gerhard Schröder.

22.2.: Karikatur aus dem Hamburger Wochenblatt »Die Andere Zeitung«.

Grundzüge dieser Einrichtung vom 29. September 1954 hervor: »Der Staat selbst hat an der Militärseelsorge ein echtes Interesse. Denn der Wert seiner Streitkräfte hängt von Charakter und seelischer Einstellung der Soldaten nicht weniger ab als vom waffentechnischen Ausbildungsstand. Diese Eigenschaften werden aber bei den meisten Menschen von der religiösen Grundlage her bestimmt.«[32]

22. Februar In den USA findet der Musikfilm »Don't knock the rock« eine größere Resonanz als in der Bundesrepublik. In **New York** blockieren mehr als 5.000 Jugendliche die Eingänge eines Kinos, damit sich die 3.700 begeisterten Zuschauer im Innern den Film gleich drei- oder viermal hintereinander anschauen können.

24.2.: Der aufsehenerregende Artikel über die kubanischen Rebellen auf der Titelseite der amerikanischen Tageszeitung.

24. Februar In der »New York Times« erscheint ein großer Artikel über den Kampf der Guerillagruppe um Fidel Castro gegen den kubanischen Diktator Batista. Der 57jährige Journalist Herbert L. Matthews, der bereits in den dreißiger Jahren durch seine Berichterstattung über den Spanischen Bürgerkrieg bekannt geworden war, hatte am 17. Februar das Rebellenlager in der Sierra Maestra aufgesucht und vier Stunden lang mit Fidel Castro über dessen Ziele gesprochen. – Der idealisierende Bericht über das mutige Vorgehen der Guerilleros macht Castro mit einem Schlag in den USA bekannt. In Kuba wird versucht, die Verbreitung des Artikels zu verhindern. Aus sämtlichen Exemplaren der nach **Havanna** gelieferten Luftpostausgabe der »New York Times« wird der Text auf Anweisung Batistas herausgeschnitten. Als die Meldung dennoch zu kursieren beginnt, bezeichnet Verteidigungsminister Santiago Verdeja den Artikel als reines »Phantasiegebilde« und behauptet sogar, daß Castro nicht mehr am Leben sei. – Die »New York Times« weist den

Vorwurf, daß der Bericht ein Lügenkonstrukt sei, in einer ihrer nächsten Ausgaben zurück und veröffentlicht als Beweis ein Photo, auf dem Matthews zusammen mit Castro zu sehen ist. – Als Reaktion darauf sieht sich Batista gezwungen, das Verbot, den Artikel in Kuba zu verbreiten, aufzuheben. Die *Inter-American Press Association*, die ihre Jahrestagung in Havanna abhalten will, hat zuvor Druck auf den Diktator ausgeübt. Durch den Wirbel, den die gescheiterte Zensurmaßnahme ausgelöst hat, verbreitet sich die Nachricht von dem Matthews-Bericht nun auch in **Kuba** wie ein Lauffeuer.

25. Februar Zum Abschluß des viertägigen Besuches einer polnischen Studentendelegation schließen Vertreter des *Polnischen Studentenverbandes* (ZSP) und des *Verbandes Deutscher Studenten* (VDS) in **Bonn** eine Vereinbarung über künftige Formen der Zusammenarbeit. In dem von dem Vizepräsidenten des ZSP, Wiesław Adamski, und dem VDS-Vorsitzenden Heinrich Wittneben unterzeichneten Kommuniqué werden der Austausch von Presseinformationen, die wechselseitige Einladung zu wichtigen Studentenkonferenzen und Austauschbesuche zwischen einzelnen Universitäten vereinbart. Beide Verbände, heißt es, seien an einer engeren Beziehung zwischen ihren beiden Ländern interessiert.

25. Februar In **Bern** legt der schweizerische Bundesrat den Eidgenössischen Räten eine 134 Seiten umfassende Schrift zur Einführung des Frauenstimm- und Frauenwahlrechts in Bundesangelegenheiten vor. »Die Unterschiede des Geschlechts«, heißt es u.a. zur Begründung, »können nach den eingetretenen tiefgreifenden Veränderungen heute auch in der Schweiz nicht mehr als erheblich genug betrachtet werden, um den Ausschluß der Frau von den politischen Rechten zu rechtfertigen.«[33] – Die Schweiz ist neben Liechtenstein der einzige europäische Staat, dem es noch kein Frauenstimmrecht gibt. Eine Einführung ist nach ihrer Verfassung nur durch eine Volksabstimmung möglich.

26. Februar Die Vollversammlung der Vereinten Nationen in **New York** verabschiedet eine Entschließung, die sich auf die ehemaligen deutschen Kolonien bezieht. Darin werden die Treuhandmächte aufgefordert, konkrete Termine zu nennen, an denen die von ihnen verwalteten Länder ihre Unabhängigkeit erhalten sollen. Die Südafrikanische Union wird noch einmal nachdrücklich aufgefordert, die Mandatshoheit der Vereinten Nationen über das frühere Deutsch-Südwestafrika anzuerkennen.

27. Februar Der Bergarbeiter Rolf Valley, der zu Beginn der fünfziger Jahre in der KPD aktiv war, wird von der Strafkammer des Landgerichts **Dort-**

mund wegen der »Ausübung einer verfassungsfeindlichen Tätigkeit« zu vier Monaten Gefängnis verurteilt.

27. Februar - 18. Juni Vor dem Obersten Staatsrat der Volksrepublik China in **Peking** hält Mao Tse-tung eine Rede »Zur Frage der richtigen Lösung von Widersprüchen im Volke«, mit der der parteipolitische Rahmen für den Fortgang der »Hundert-Blumen-Kampagne« abgesteckt werden soll. Mao gibt darin das Vorhandensein von Widersprüchen zwischen Partei und Regierung auf der einen und der Bevölkerung auf der anderen Seite zu und entwikkelt Formen, diese Spannungen so zu lösen, daß sie den politischen Charakter des Systems nicht in Frage stellen. Einerseits erklärt er, daß eine Wiederholung der ungarischen Ereignisse in China ausgeschlossen sei, weil die Konterrevolutionäre rechtzeitig unterdrückt worden seien, andererseits fordert er dazu auf, Kritik zu üben und sich auch mit falschen Ideen auseinanderzusetzen. An einer zentralen Stelle heißt es: »Die Leute fragen: In unserem Land ist der Marxismus bereits von der großen Mehrheit der Menschen als leitende Idee anerkannt; kann man da noch Kritik an ihm üben? Natürlich kann man das. Der Marxismus ist eine wissenschaftliche Wahrheit, er fürchtet keine Kritik. Wenn der Marxismus Kritik fürchtete und durch Kritik umfallen könnte, dann wäre ja der Marxismus nutzlos ... Marxisten sollen Kritik nicht fürchten, von wem sie auch komme. Im Gegenteil, die Marxisten werden sich im Feuer der Kritik und im Sturm des Kampfes stählen, entwikkeln und ihre Stellung erweitern. Mit falschen Ideen zu kämpfen, das ist wie bei einer Pockenimpfung, wenn man die Wirkung der Impfpusteln erfahren hat, stärkt sich die Krankheitsimmunität am Körper. Was aus dem Treibhaus hervorgeht, wird kaum große Lebenskraft haben. Die Politik, hundert Blumen nebeneinander blühen und hundert Denkrichtungen miteinander streiten zu lassen, wird die führende Stellung des Marxismus in der Gedankenwelt gerade nicht schwächen, im Gegenteil, sie wird sie stärken.«[34] – Die Losung »Laßt hundert Blumen

nebeneinander blühen, laßt hundert Schulen miteinander streiten!« war von der Führung der *Kommunistischen Partei Chinas* (KPCh) im Herbst 1956 verkündet worden, um gegen die bürokratische Erstarrung eine Aktivierung und zugleich auch eine Demokratisierung des Gesellschaftslebens herbeizuführen. Auslöser für die Kampagne waren immer häufiger auftretende Streiks von Bauern, Arbeitern und Studenten, die für Unruhe in der gesamten Gesellschaft sorgten. Um ein Ventil für diese gefährlich anwachsende Unzufriedenheit zu schaffen, wurden eine Reihe von Liberalisierungsmaßnahmen eingeleitet. Seitdem ist die Anwendung der Todesstrafe stark eingeschränkt, die Ausübung der politischen Macht erheblich dezentralisiert, die Kritik an den

27.2.-18.6.: »Laßt Hunderte von Blumen blühen!« Der »Daily Mirror« illustriert die bekannte Mao-Parole in antisowjetischer Richtung.

27.2.-18.6.: Studenten auf der Maikundgebung in Peking.

27.2.-18.6.: Staatspräsident Mao Tsetung und Ministerpräsident Tschu En-lai.

Verhältnissen zugelassen und den Minderheiten das Recht auf eine eigene Meinung zugesprochen worden. Kritische Beiträge werden auch in den Parteiorganen veröffentlicht. Seit Beginn des Jahres werden mittlere Parteifunktionäre regelmäßig zu körperlicher Arbeit abkommandiert. – Als jedoch im Juni in der chinesischen Presse über die Bildung »konterrevolutionärer Gruppen« berichtet wird und zudem die Nachricht Verbreitung findet, daß eine »Nationale Chinesische KP« gegründet worden sei, setzt ein Kurswechsel ein. Am 8. Juni setzt im ganzen Land eine Kampagne gegen »Rechtsabweichler« ein und am 18. Juni wird Maos Rede vom 27. Februar, in der auch eine Warnung vor einer Wiederholung der ungarischen Ereignisse enthalten ist, erstmals in vollem Wortlaut publiziert. Mit dem Abdruck dieses Grundsatzreferats, das ursprünglich zur weiteren Politisierung beitragen sollte, verstummt die »Hundert-Blumen-Kampagne«, die nicht zuletzt in Polen und der DDR auf ein großes Echo gestoßen war, fast von einem Tag auf den anderen.

1957

Januar Februar **März** April Mai

Juni Juli August September Oktober

November Dezember

März: »Landwirt: ›Werden bei der Anlage des Übungs-platzes meine Besitzerrechte respektiert?‹ – Mili-tärischer Beauf-tragter: ›Absolut! Eine Beschlag-nahme Ihres Bodens erfolgt ausschließ-lich nur dann, wenn Sie ihn nicht freiwil-lig hergeben!‹« Karikatur aus dem »Westdeutschen Tageblatt«.

März Auf einer geschlossenen Veranstaltung des *Deutschen Clubs 1954* in **Nürnberg** referieren der Würzburger Ordinarius für Staatswissenschaften, Professor Franz Paul Schneider, und der Weimarer Oberbürgermeister Hans Wiedemann über Mög-lichkeiten einer Politik der friedlichen Koexistenz. Schneider erklärt, der Antikommunismus als außen-politische Maxime des Westens verhindere ebenso wie der Antikapitalismus stalinistischer Prägung eine realistische Sicht der internationalen Verhält-nisse.

März In **Riedhausen**, **Sontheim**, **Benz** und verschie-denen anderen Ortschaften des bayerischen Land-kreises Günzberg protestieren Bauern auf mehreren Versammlungen gegen die vom Bund geforderte Freigabe von 160 Hektar Land für den Bau einer Flug-zeugstartbahn. Sie erklären, »keinen Quadratmeter Boden für diese kriegerischen Zwecke« hergeben zu wollen und drohen an, jeden, der ihre Grundstücke betrete, mit Gewalt davonzujagen.

1. März In der **Bundesrepublik** wird in Hunderten von Betrieben die wöchentliche Arbeitszeit auf 45 Stunden begrenzt. Wie von den Gewerkschaften gefordert, beginnt damit der gleitende Übergang zur 40-Stunden-Woche.

3. März An der Volksabstimmung über den Zivil-schutz der Eidgenossen beteiligen sich in dem im Kanton Wallis gelegenen Bergdorf **Unterbäch** auch die volljährigen Bürgerinnen. Es ist das erste Mal, daß in der Geschichte der Schweiz, die noch kein Frauenwahl- und Frauenstimmrecht kennt, Frauen ihre politische Meinung mit dem Stimmzettel bekunden. – Der Gemeinderat von Unterbäch hatte am 6. Februar einstimmig beschlossen, auch seinen 150 erwachsenen Einwohnerinnen die Möglichkeit zu geben, sich an der Volksabstimmung zu beteiligen. Bereits eine Woche später war dem Unterbächer Gemeinderat vom Staatsrat des Kantons Wallis mit-geteilt worden, daß die Zulassung von Frauen bei der Volksabstimmung verfassungswidrig sei und des-halb nicht anerkannt werden könne. Grundsätzlich sei man zwar von der Notwendigkeit des Frauen-stimmrechts überzeugt, es könne jedoch nicht ange-hen, daß einzelne Gemeinden diese Praxis ohne die dazu erforderlichen verfassungsrechtlichen Voraus-setzungen einführten. Der Gemeindepräsident Paul Zenhäusern ließ daraufhin zusammen mit den fünf anderen Mitgliedern des Unterbächer Gemeinde-rats ein Sieben-Punkte-Memorandum aufstellen, in dem dem Walliser Staatsrat mitgeteilt wurde, daß der eingegangene Bescheid »rechtlich irrelevant«

3.3.: Rechtsanwalt Peter von Roten und seine Frau, die Journalistin Iris von Roten.

sei. Zu den 27 in der Schweiz bislang gescheiterten Abstimmungen, auch den Frauen das Wahl- und Stimmrecht zuzugestehen, heißt es provokativ: »Man kann sich nun leicht die Frage beantworten, ob wohl ein solcher Zustand demokratisch befriedigend sei, bei dem die Abschaffung eines Stimmprivilegs einzig an der Zustimmung der Privilegierten scheitert. Eine solche Situation ist im Gegenteil die direkte Negation der demokratischen Spielregeln unter dem Mantel formalrechtlicher Rabulistik!«[35] Verfasser des Memorandums sind der Rechtsanwalt Peter von Roten und seine Ehefrau, die Journalistin Iris von Roten, die im Nachbarort Raron leben und seit längerer Zeit als Vorkämpfer für die politische Gleichberechtigung der Frau gelten. Ihre Argumente finden ein besonderes Echo, weil der Bundesrat in Bern den Eidgenössischen Räten am 25. Februar ein umfangreiches Plädoyer für die Einführung des Frauenstimm- und Frauenwahlrechts in Bundesangelegenheiten vorgelegt hatte.

3./4. März Auf die Geschäftsstelle des Landesverbandes des *Bundes der Deutschen* (BdD) in **Hamburg** wird ein Brandanschlag verübt. Unbekannte Täter versuchen um Mitternacht mit fettgetränkten Lappen die in der Innocentiastraße in einem Souterrain gelegenen Räume anzuzünden. Passanten, die das Feuer entdecken, gelingt es zusammen mit den Bewohnern des Hauses, den Brand zu löschen.

3./4. März Der Journalist Rudolf Kastner, dem es während des Zweiten Weltkrieges in einem umstrittenen »Handel« mit der SS gelungen war, 1.685 von der Deportation nach Bergen-Belsen bedrohte ungarische Juden zu retten, wird bei einem Attentat in **Tel Aviv** so schwer verletzt, daß er kurze Zeit später stirbt. Mehrere Unbekannte haben Kastner im Treppenhaus zu seiner Wohnung aufgelauert und ihn dort niedergeschossen. – In einem aufsehenerregenden Prozeß war Kastner im Jahr zuvor beschuldigt wor-

den, mit den Nazis kollaboriert und Hunderttausende anderer Juden getäuscht zu haben, um die 1.685 Juden, darunter 52 Mitglieder seines eigenen Familien- und Freundeskreises, retten und sich darüber hinaus bereichern zu können. Der Richter hatte ihm in der Urteilsbegründung vorgeworfen, er hätte »seine Seele dem Teufel verkauft«. – Der Oberste Gerichtshof Israels spricht Kastner später von allen Vorwürfen frei, mit Ausnahme der Anschuldigung, er habe ehemaligen SS-Offizieren nach dem Krieg geholfen, sich ihrer gerichtlichen Verfolgung zu entziehen.

4. März Im Anschluß an den Rosenmontagszug kommt es in **Saarbrücken** zu schweren Ausschreitungen von Halbstarken. Hunderte von Jugendlichen legen in der Innenstadt den Verkehr lahm und schlagen die Scheiben von Straßenbahnen und Autobussen ein. Erst durch den Einsatz starker Polizeikräfte gelingt es, die von der Presse später als »Faschingskrawall« bezeichneten Unruhen zu beenden.

4. März Von französischen Behörden werden in **Paris** drei und in **Algier** zwei führende Mitglieder der algerischen Befreiungsfront FLN verhaftet. Insgesamt sind damit elf der 34 Mitglieder des FLN-Exekutivorgans *Nationalrat der algerischen Revolution* (CNRA) inhaftiert.

4./5. März In **Frankfurt** ziehen in der Nacht von Rosenmontag auf Faschingsdienstag Hunderte von Jugendlichen randalierend durch die Innenstadt. Sie stürzen Kioske und Fahrzeuge um, schlagen Schaufensterscheiben ein, brechen Automaten auf und rei-

3./4.3.: Titelblatt eines 1956 in Köln erschienenen Buches, in dem die Geschichte der gescheiterten Rettungsaktion ungarischer Juden geschildert wird, an der neben Joel Brand auch Rudolf Kastner maßgeblichen Anteil hatte.

3./4.3.: Verkohlte Überreste nach dem Anschlag auf die Hamburger BdD-Geschäftsstelle.

5.3.-8.5.: Der Marktplatz und die Straßen des mittel-alterlichen Bibe-rach an der Riss können die Massen der demonstrieren-den Metallarbeiter kaum fassen.

ßen Parkuhren aus ihren Halterungen. Dabei brüllen sie immer wieder »Sieg Heil!« und grölen das Horst-Wessel-Lied. Die Polizei warnt über Lautsprecher davor, Ungesetzlichkeiten zu begehen, schreitet jedoch nicht ein. Sie fordert Autofahrer auf, Park-hochhäuser aufzusuchen, um so den Übergriffen zu entgehen. – Die »Frankfurter Rundschau« kommen-tiert die Übergriffe mit den Worten: »Manchmal hat man den Eindruck, daß es bei uns – wie auch anderswo – immer noch sehr viele Leute gibt, die einfach nicht leben können, wenn sie keinen Prügel-knaben haben. Was sie das ganze Jahr nicht tun dür-fen, tun sie dann im Fasching und rufen erst ›Helau!‹ und dann ›Sieg Heil!‹.«[36]

5. März-18. Mai Die 235 Metallarbeiter der Voll-mer-Werke in **Biberach** an der Riß treten in einen spontanen Streik. Die Akkordarbeiter wehren sich gegen das Auftreten des Produktionsleiters Vöhrin-ger, dem sie vorwerfen, er verhalte sich wie ein »08/15-Feldwebel«, der den Betrieb in eine Kaserne verwandeln wolle. Bisherige Beschwerden bei der Firmenleitung sind ergebnislos geblieben. Dabei ging es nicht nur um den durchweg rüden Ton des Produktionsleiters, sondern um Drohungen, er werde Prügel- und »Ordnungsstrafen« einführen, um die Betriebsangehörigen, die die Reinigung der Maschinen in ihrer Freizeit vornehmen müssen, zu einer besseren »Arbeitsmoral« anzuhalten. Auf einer von der IG Metall am 12. März durchgeführten Urabstimmung sprechen sich mehr als 90% der Beschäftigten für einen Streik zur Abberufung des autoritären Produktionsleiters aus. Der Versuch des Arbeitgebers, eine Fortsetzung des Ausstands mit juristischen Mitteln zu unterbinden, scheitert. Das Arbeitsgericht **Ulm** lehnt den Antrag auf Erlaß einer einstweiligen Verfügung, durch die der Gewerk-

schaft eine weitere Unterstützung des Streiks unter-sagt werden soll, ab. Am 17. April finden unter Vor-sitz des Arbeitsrichters Sauerbier Verhandlungen zwischen den beiden Konfliktparteien statt. Das Kompromißergebnis, das eine Einschränkung der Anweisungsbefugnis des Produktionsleiters vor-sieht, wird von den Beschäftigten in einer erneuten Urabstimmung mit fast 80% der Stimmen abgelehnt. Daraufhin ruft der Landesbezirk Baden-Württem-berg der IG Metall zu einer Großdemonstration in der südlich von Ulm gelegenen Kleinstadt auf. Am 11. Mai treffen rund 20.000 Arbeiter mit vier Son-derzügen und 200 Omnibussen in **Biberach** ein. Während des kilometerlangen Protestmarsches ver-sucht die Polizei vergeblich, den Demonstranten ein Spruchband mit der Aufschrift »Weg mit Vöhringer« aus den Händen zu reißen. Auf einem anderen Trans-parent ist zu lesen: »Zieht den faulen Zahn im Gebiß von Biberach an der Riß!« Auf der Abschlußkundge-bung erklärt der Bezirksleiter der IG Metall, Ludwig Becker, daß endgültig die Zeit vorbei sei, in der »die Truchsesse von Waldburg und andere oberschwäbi-sche Adelsgeschlechter mit den Maximen der Leib-eigenschaft« regierten. Man solle dafür sorgen, erklärt er unter Beifall, daß sie nicht »in veränderter Form wieder fröhliche Urständ« feierten. Nachdem die Protestveranstaltung ohne Zwischenfälle verlaufen ist, tritt auch die Polizei, die mit 21 Mannschaftswa-gen und zehn weiteren Einsatzfahrzeugen aus Göppingen angerückt ist, den Rückweg an. Nicht zuletzt unter dem Eindruck dieser machtvollen Solidaritätsdemonstration stimmt die Firmenleitung am 17. Mai vor dem Landesarbeitsgericht **Tübingen** einem Vergleich zu. Darin ist vorgesehen, daß der Produktionsleiter der Vollmer-Werke seine Anweisungsbefugnis nur noch indirekt über die Meister wahrnehmen darf. Die Geschäftsleitung soll die volle Verantwortung für das weitere Verhalten des Produktionsleiters gegenüber der Belegschaft übernehmen. Maßregelungen gegenüber den Streikenden werden für unzulässig erklärt. Einen Tag später nehmen 61% der Beschäftigten das Vergleichsergebnis in einer Urabstimmung an. Damit endet nach elf Wochen der längste Streik in Südwürttemberg. – Die Zeitschrift »Metall« bezeichnet den Ausstand in einem abschließenden Bericht als einen »Streik um Würde und Menschenrecht der Arbeitnehmer«[37].

6. März Die in Westafrika gelegene ehemalige britische Kolonie Goldküste wird unabhängig und nennt sich **Ghana**, nach einem über mehrere hundert Jahre existierenden Reich, als dessen Abkömmlinge sich die Bewohner begreifen. An den Unabhängigkeitsfeiern in **Accra** nehmen die Vertreter von 69 Nationen teil, darunter die Herzogin von Kent als Vertreterin der britischen Königin Elizabeth II., der US-amerikanische Vizepräsident Richard M. Nixon, der sowjetische Landwirtschaftsminister I.A. Benediktow, der marokkanische Außenminister Ahmed Balafrej und der tunesische Ministerpräsident Habib Bourguiba. Am Abend verfolgen die Gäste die letzte Parlamentssitzung des britischen Protektorats, auf der die Abgeordneten in ihren Reden die bevorstehende Unabhängigkeit der ersten schwarzafrikanischen Kolonie begrüßen. Kurz vor Mitternacht verlassen sie den Saal und begeben sich auf den Vorplatz, wo sich 50.000 Ghanesen, viele von ihnen in ihrer jeweiligen Tracht, eingefunden haben. Als um Mitternacht unter dem Läuten der Glocken der Union Jack eingeholt und die Flagge Ghanas gesetzt wird, bricht die Menschenmenge in großen Jubel aus. Dann verkündet Ministerpräsident Kwame Nkrumah in englischer Sprache, daß der Kampf um Unabhängigkeit endlich vorüber und Ghana für immer frei sei. Als er die Versammelten auffordert, eine Minute innezuhalten und Gott zu danken, herrscht auf dem Parlamentsplatz völlige Stille. Dann ertönt immer wieder der Ruf: »Ghana ist frei!« In seiner Unabhängigkeitsrede erklärt Nkrumah, dessen *Convention People's Party* (CPP) die Parlamentswahlen vom 13. Juli 1956 mit großer Mehrheit gewonnen hatte, daß Ghana sich als Modell für alle afrikanischen Kolonien begreife, die ebenfalls ihre Befreiung anstrebten. Die Freiheit habe nur gewonnen werden können,

weil man die Ketten von Imperialismus und Kolonialismus, die sein Land an Großbritannien gefesselt hätten, zerbrochen habe. Nkrumah dankt den Mitgliedern des Commonwealth, die ohne Ausnahme ihre Zustimmung zur weiteren Mitgliedschaft seines Landes gegeben haben. Ghana werde solange Mitglied bleiben, solange die Commonwealth-Staaten eine Lösung ihrer Probleme mit demokratischen und friedlichen Mitteln anstrebten. Im Kampf gegen den Kommunismus werde sein Land nicht neutral sein; es werde jedoch mit keiner anderen Macht ein Bündnis eingehen. Als US-Vizepräsident Nixon in einer Rede dem neuen Staat die Glückwünsche von Präsident Eisenhower überbringen will und dabei an die antikolonialistischen Traditionen der Vereinigten Staaten erinnert, tritt ein schwarzer Baptistenpfarrer nach vorn und erklärt, er möge sich doch für die gleichen Ziele auch in den Südstaaten der USA einsetzen. Es wäre am verdienstvollsten, wenn er eine ähnliche Goodwill-Tour wie jetzt durch Afrika auch dort unternähme. Der offenkundig in Bedrängnis geratene Nixon versichert eilfertig, daß er »demnächst sicherlich« auch eine solche Reise unternehmen werde. Nach Beendigung seiner Ansprache kommt er auf den ungebetenen Zwischenrufer zu und spricht ihn an. Er sei wohl Martin Luther King; er erkenne ihn aufgrund des »Time«-Titelbildes wieder und lade ihn gerne zu einem Gespräch in Washington ein. Der Pfarrer aus Montgomery, der von dem Magazin wegen seines erfolgreichen Busstreiks zum »Man of the Year« des zurückliegenden Jahres gewählt worden war, ist von Kwame Nkrumah ebenso wie Ralph Bunche, Adam Clayton Powell, A. Philip Randolph, Roy Wilkins und Lester Granger zu den Feierlichkeiten als Repräsentant der amerikanischen Bürgerrechtsbewegung eingeladen worden. Zusammen mit dem schwarzen Premierminister von Jamaika, Norman Washington Manley, waren sie am 3. März in Accra eingetroffen.

6.3.: US-Vizepräsident Richard M. Nixon bei dem ebenso überraschenden wie unfreiwilligen Zusammentreffen mit Coretta und Martin Luther King während der Unabhängigkeitsfeiern in Accra.

7. März Die im Johannisstift in **Berlin-Spandau** tagende Synode der *Evangelischen Kirche in Deutschland* (EKD) nimmt bei fünf Enthaltungen mit 91 gegen 19 Stimmen den am 22. Februar in Bonn ohne Legitimation des höchsten Entscheidungsgremiums unterzeichneten Staatsvertrag über die Militärseelsorge an. Der Abstimmung war eine kontrovers geführte Debatte vorausgegangen. Martin Niemöller, Kirchenpräsident der Landeskirche von Hessen und Nassau, hatte den Vertrag aus grundsätzlichen Erwägungen abgelehnt.

7. März Der Präsident des *Weltfriedensrates*, der Atomphysiker Frédéric Joliot-Curie, wendet sich in einer in **Paris** abgegebenen Erklärung gegen die vom österreichischen Bundesinnenministerium am 2. Februar ausgesprochene Maßnahme, das Sekretariat des *Weltfriedensrates* in Wien zu verbieten. Die Anschuldigung, daß die Verbreitung von Dokumenten als Einmischung in die inneren Angelegenheiten der Staaten und Schädigung der staatlichen Interessen Österreichs angesehen werden müsse, entbehre jeder Grundlage. Denn niemand mache die österreichische Regierung für die Erklärungen des *Weltfriedensrates* verantwortlich. Der *Weltfriedensrat* sehe es im übrigen nicht als seine Hauptaufgabe an, die Verantwortlichen für Konflikte oder Drohungen auszumachen, sondern die friedliche Beilegung von Konflikten zu fördern.

7.-9.3.: Wolfgang Harich bei einem Vortrag, links Stephan Hermlin und Johannes R. Becher.

7.-9. März Vor dem 1. Strafsenat des Obersten Gerichts der DDR in **Ost-Berlin** findet unter Vorsitz von dessen Vizepräsidenten Walter Ziegler (SED) der Prozeß gegen den Verlagslektor und Philosophiedozenten Wolfgang Harich, den Redaktionssekretär der »Deutschen Zeitschrift für Philosophie«, Manfred Hertwig, und den wissenschaftlichen Aspiranten am Wirtschaftswissenschaftlichen Institut der Akademie der Wissenschaften, Bernhard Steinberger, statt. Die drei Angeklagten, die als Mitglie-

der einer nach dem Hauptangeklagten benannten »konterrevolutionären Gruppe Harich« bezeichnet werden, waren am 29. November 1956 verhaftet worden. Harich wird ohne seinen Verteidiger, gegen den kurz vor Prozeßbeginn ein Disziplinarverfahren eingeleitet worden ist, der Prozeß gemacht. Im Gerichtssaal, der mit Betriebsdelegationen und anderen regimetreuen Gruppen gefüllt ist, sind unabhängige Berichterstatter praktisch ausgeschlossen. In der von Generalstaatsanwalt Ernst Melsheimer (SED) vorgetragenen Anklageschrift heißt es: »Die Beschuldigten haben es gemeinsam unternommen, die verfassungsmäßige Staats- und Gesellschaftsordnung der Deutschen Demokratischen Republik planmäßig zu untergraben und sie zu beseitigen, indem sie in Zusammenarbeit des Beschuldigten Harich mit der Spionage- und Agentenzentrale ›Ostbüro der SPD‹ unter Ausnutzung konspirativer Methoden eine staatsfeindliche Gruppe bildeten. Auf der Grundlage einer konterrevolutionären Konzeption verfolgten sie das Ziel, durch Schwächung und Liquidierung der Staatsmacht der Deutschen Demokratischen Republik, durch Beseitigung wesentlicher sozialistischer Errungenschaften auf politischem, wirtschaftlichem und kulturellem Gebiet bei gleichzeitiger Belebung und Organisierung reaktionärer Kräfte und Bestrebungen, die volksdemokratischen Grundlagen der Arbeiter- und-Bauern-Macht zu zerstören.«[38] Der Hauptangeklagte beschreibt sein Verhalten vor Gericht später in seinen Erinnerungen: »Ich ließ den Prozeß widerstandslos über mich ergehen. An keinen Zeugen richtete ich irgendeine Frage. Nur wenn ich aufgefordert wurde, zur Aussage eines Zeugen Stellung zu nehmen, tat ich das so kurz wie möglich ... Erstaunlich fand ich Zeugen, die Belastendes, das wir einander unter vier Augen anvertraut hatten, gegen mich vorbrachten. Selbst da verzichtete ich jedoch auf Widerrede, überzeugt, daß nichts das gegen mich im voraus beschlossene Urteil werde mildern können ...«[39] Am Ende seines Plädoyers zeigt der Generalstaatsanwalt mit ausgestrecktem Finger auf die drei Angeklagten und brüllt: »Das da sind Feinde unseres Staates!«[40] Anschließend werden alle drei Angeklagte, die, wie ihnen zuvor in einer Verhandlungsprobe befohlen, ihr Bedauern über ihre »Taten« aussprechen, der gegen sie erhobenen Vorwürfe für schuldig befunden und gemäß der Anträge des Generalstaatsanwalts nach Artikel 6 der DDR-Verfassung wegen »Boykotthetze« verurteilt. Wolfgang Harich erhält zehn, Bernhard Steinberger vier und Manfred Hertwig zwei Jahre Zuchthaus. Nach der Urteilsverkündung betont der Gerichtsvorsitzende Ziegler ausdrücklich, daß die Angeklagten nicht wegen ihrer Auffassungen, sondern ausschließlich wegen ihres Zusammenschlusses zu einer konspirativen Gruppe verurteilt worden seien. In der Urteilsbegründung heißt es über den Hauptangeklagten: »Der Angeklagte Harich hatte sich ein sehr umfangreiches Wissen über den Marxismus-Leninismus angeeignet. Dabei handelte es sich jedoch nur um ein intellektuelles Erfassen bestimmter Leitsätze und Gedanken. Eine innere Verbindung zur Arbeiterklasse fehlte ihm. Er versuchte auch niemals, eine solche Beziehung herzustellen, sondern begnügte sich, mit seinen Kenntnissen zu prunken. In schwierigen Situationen hielt er nicht zur Partei, sondern war mehr auf seine Sicherheit und persönliche Zukunft bedacht.«[41] – Noch während des Prozesses sind die als Zeugen der Anklage geladenen Gustav Just, Heinz Zöger und Richard Wolf verhaftet worden. Auch gegen sie wird der Vorwurf erhoben, sich an den »konterrevolutionären Bestrebungen« der »Gruppe Harich« beteiligt zu haben. – Am Tag der Urteilsverkündung erscheint im SED-Zentralorgan »Neues Deutschland« unter der Überschrift »Die Verbrechen der Harich-Gruppe« ein Artikel, in dem Auszüge aus der Anklageschrift von Generalstaatsanwalt Melsheimer abgedruckt sind. – Im »Ostspiegel des SPD-Pressedienstes« wird nach der Verurteilung das Konzeptpapier der Harich-Gruppe abgedruckt. Es heißt dazu, daß das Ostbüro der SPD diesen Text auf Wunsch von Freunden Harichs in mehreren tausend Exemplaren in der DDR verbreitet habe. In dem Papier wird unter Punkt 5 als Voraussetzung für die künftige Einheit der deutschen Arbeiterbewegung »eine vom Stalinismus befreite SED« bezeichnet. – Als Reaktion auf diese Veröffentlichung publiziert das »Neue Deutschland« am 29. März das Schlußwort, das Wolfgang Harich vor seiner Verurteilung vor dem Obersten Gericht abgegeben hat. »Ich bin dahinter gekommen«, heißt es darin

unterwürfig, »... daß es eines Staates unwürdig wäre, sich eine politische Stellungnahme, überhaupt von einem Unfreien und dann von einem, der mit solchem Recht unfrei ist wie ich, anzuhören.«[42] Außerdem läßt es sich Harich nicht nehmen, der »Staatssicherheit der DDR« seinen Dank abzustatten. Sie habe sich »sehr korrekt und anständig« verhalten. »Ich war ein politisch durchgebranntes Pferd, das mit Zurufen nicht mehr aufzuhalten war ... Wenn man mich nicht festgenommen hätte, dann wäre ich heute nicht reif für die zehn Jahre, die der Herr Generalstaatsanwalt beantragt hat, sondern für den Galgen, und deshalb sage ich ... der Staatssicherheit dafür, für deren Wachsamkeit, meinen Dank.«[43]

8. März Der 1951 von Wolfgang Staudte im Auftrag der DEFA verfilmte Heinrich-Mann-Roman »Der Untertan« wird nach jahrelangem Importverbot durch den Interministeriellen Prüfungsausschuß in **München** erstaufgeführt. Die Freigabe erfolgte jedoch nicht ohne erhebliche Schnitte. Der in der DDR produzierte, international gelobte Film über den von Werner Peters dargestellten Kleinbürger Diederich Heßling, der durch Autoritätshörigkeit und Opportunismus in der wilhelminischen Monarchie Karriere macht, ist um elf Minuten gekürzt.

8. März Das Landgericht **Stuttgart** verurteilt den Versandbuchhändler Erich Teich wegen der Verbreitung des Bandes »Adolf Hitler – sein Kampf gegen die Minusseele« zu einer Gefängnisstrafe von drei Monaten ohne Bewährung. Das als neonazistisch beanstandete Buch ist im Prometheus Verlag in Buenos Aires erschienen.

8. März Eine Artikelserie von Jean-Jacques Servan-Schreiber im Nachrichtenmagazin »L'Express« löst in Frankreich eine öffentliche Debatte über Folterungen von Algeriern durch französische Soldaten aus. Der 33jährige Herausgeber und Chefredakteur des Wochenmagazins, der selbst als Reserveleutnant in der nordafrikanischen Kolonie eingesetzt war, beschreibt darin detailliert die brutalen Unterdrückungsmethoden der französischen Armee gegenüber der algerischen Zivilbevölkerung, insbesondere gegenüber Mitgliedern der Befreiungsfront FNL. – Zwei Wochen nach dem Start der Serie, die unter dem Titel »Leutnant in Algerien« als Buch erscheinen soll, ordnet Verteidigungsminister Maurice Bourgès-Maunoury an, beim Kriegsgericht des Wehrkreises **Paris** »wegen Gefährdung der Moral in der Armee« ein Untersuchungsverfahren gegen Reserveleutnant Servan-Schreiber einzuleiten. Der Beschuldigte erklärt dazu: »Ich verstehe, daß es für die zivilen und militärischen Verantwortlichkeiten

7.-9.3.: Der in Ungnade gefallene einstige Vorzeigeintellektuelle der SED, Wolfgang Harich.

8.3.: Werner Peters in der Titelrolle von Staudtes Film »Der Untertan«.

8.3.: Titelbild des bereits im selben Jahr in deutscher Übersetzung erschienenen Buches von Servan-Schreiber.

8.3.: Vorabdruck in der Zeitschrift »Der Monat«.

8.3.: Französische Soldaten führen in Algerien eine Razzia durch.

JEAN-JACQUES SERVAN-SCHREIBER

ALS LEUTNANT IN ALGERIEN

Die militärischen Aufzeichnungen eines Pariser Chefredakteurs

»In X beschossen Insassen eines Lastwagens die Passanten auf der Straße mit Maschinenpistolen. Wie durch ein Wunder wurde nur eine Person verletzt.«
AUS EINER ZEITUNGSMELDUNG

Am Ausgang des Dorfes V., entlang der Straße nach Keddara und Palestro, liegen ein paar Läden und das maurische Kaffeehaus, in dem die Mohammedaner den ganzen Tag über schwatzend beisammensitzen, die Zentrale des „arabischen Telephons".

Es war an einem Dienstagnachmittag gegen fünf Uhr. Überall herrschte eine Stimmung der Gereiztheit und Nervosität, und das nicht nur wegen der Hitze. Tags zuvor war der französische Briefträger – der eigentlich von jedermann gern gesehen und schon seit 25 Jahren im Orte ansässig war, eine Seele von Mensch, der hart arbeitete und keinen persönlichen Feind hatte – mit durchschnittener Kehle tot aufgefunden worden. Niemand war darüber besonders glücklich. Man gewöhnte sich daran, gewiß, da ja zwei- bis dreimal in der Woche vorkam. Aber jedesmal verstärkte sich die Spannung, wuchs die Angst.

An einem der Holztische des Kaffeehauses hatten seit einiger Zeit zwei Araber gesessen, ein junger in Flanellhose und mit offenem Hemdkragen, der andere mit grauem Bart und ledernem Gesicht, in eine braun-weißen Kaschabia. Sie verabschiedeten sich jetzt voneinander.

Der Alte blieb sitzen und trank langsam sein Glas Tee aus. Der Junge wandte sich, ohne nach rechts und links zu blicken, der Straße zu.

In diesem Augenblick heulte eine Autohupe auf, begleitet vom markerschütternden Gekreisch heftig bremsender Reifen. Alles drehte sich um.

Ein Jeep der französischen Armee in hellbraunem Wüstenanstrich hätte um ein Haar den jungen Araber überfahren. Vom plötzlichen Schreck abgesehen, war ihm nichts passiert, doch begann er nun höchst nachdrücklich auf die beiden französischen Soldaten loszuschimpfen, die mit ihrem durch das brutale Bremsen abgedrosselten Wagen mitten auf der Straße standen.

Sergeant Baral, der Fahrer, ließ den Motor wieder anspringen. Er liebte die Araber nicht, und wenn sie ihn beleidigten, mochte er sie noch weniger. An diesem Nachmittag aber hatte er keine Zeit, sich irgendwelchen Emotionen zu überlassen – er und sein Begleiter, der Schütze Geronimo, hatten dem Chef der 4. Kompanie unweit der Kirche einen Packen Post zu überbringen. Er konnte sich diesen herausfordernden jungen Burschen ein andermal vorknöpfen – man würde ihn schon wiederfinden, das Dorf war nicht sehr groß.

„Hörst du nun endlich auf zu schreien, du Drecksaraber, oder soll ich dich in die Pfanne hauen?" schrie Geronimo, um die Stimme des Arabers zu übertönen, der noch immer keine Ruhe gab.

Er sprang vom Jeep, indem er mit seiner am Schulterriemen vor ihm hängenden Maschinenpistole instinktiv die vorschriftsmäßige Viertelschwenkung nach rechts machte und in Anschlag ging.

Der Araber schwieg jetzt. Seine Erregung äußerte sich nur noch in den brennenden schwarzen Augen und im Zittern seiner langen trockenen Hände. Die Menschen an den Tischen des Kaffeehauses saßen wie erstarrt, den Blick auf die Straße gerichtet. Der Wirt stand, Teegläser in den Händen, wie festgenagelt, den Rücken der Straße zugewandt, den Kopf nach hinten gedreht, und verfolgte den Vorgang.

Nachdem der Araber verstummt war, hatten sich die Mienen etwas entspannt. Doch die Körper und die Hände blieben unbeweglich; der Jeep war im-

---

peinlich sein mag, daß ein direkter Zeuge, der während sechs Monaten bei der Armee in Algerien eingezogen war, nach seiner Rückkehr frei sagt, was sich dort zuträgt. Wenn man aber die Mitschuld des Schweigens akzeptieren würde, so würde man damit die enorme Verantwortlichkeit auf sich laden, daß sich die Mißbilligung, die sich lediglich auf bestimmte Methoden bezieht, die für uns den Verlust Algeriens zur Folge haben könnten, auf die Armee als Ganzes erstreckt. Zu viele meiner Kameraden, Aktive und Reservisten, haben mich gebeten zu sprechen, als daß ich heute den Einschüchterungsmaßnahmen nachgeben könnte, die gegen mich ergriffen wurden.«[44] – Mitten in der Debatte über mögliche Verfehlungen der französischen Armee erscheint unter dem Titel »Contre la torture« (Gegen die Folter) ein Buch von Pierre Henri Simon, in dem die kompromißlose Ächtung jeglicher Foltermethoden gefordert wird. »Selbst wenn sich die Folterung eines Arabers bezahlt macht (durch die Geständnisse)«, heißt es darin, »werde ich noch immer erklären, daß sie verbrecherisch ist, daß sie untragbar als Fleck auf der Ehre ist und tödlich wie eine Todsünde … Ich glaube, daß eine gewisse Ethik des totalen Krieges und eine gewisse Anwendung von Methoden des Machiavellismus ohne Gewissen und ohne Mitgefühl nur möglich sind, wenn man die Mission Frankreichs auf verbrecherische Weise vergißt und seine Seele verrät.

Was muß man wohl von jungen Leuten fürchten, die diesen Krieg in diesem Geist geführt haben? Was für Prätorianer werden da herangebildet? Wir, die wir gegen den rassischen Frevel gekämpft haben, waren also Schwindler und sind heute zu Besiegten Hitlers geworden.«[45] – Kurz nachdem sich Servan-Schreiber am 21. März in der Kaserne Reuilly einfinden muß, um zu den gegen ihn erhobenen Vorwürfen Stellung zu beziehen, tritt Ministerpräsident Guy Mollet in **Paris** vor die Nationalversammlung und verurteilt dessen Artikelserie in dem Nachrichtenmagazin ebenso wie das Buch Simons als »Verleumdungskampagne gegen die Armee und die Nation«. Durch die unzulässige Verallgemeinerung »einzelner Übergriffe und Ausschreitungen«, so der Tenor seiner Rede, würde die Moral der Armee gefährdet. Als Mollet die Folterkritiker dann noch als »intellektuelle Defätisten« bezeichnet, reagieren die meisten der Abgeordneten mit tosendem Beifall. – Ein aus sieben Sachverständigen zusammengesetztes Komitee, das im Oktober 1956 von der Nationalversammlung beauftragt worden war, Vorwürfe gegen Armeeangehörige zu untersuchen, denen zufolge es im algerischen Departement Oran zu Übergriffen gekommen sei, legt in **Paris** der Öffentlichkeit einen Bericht vor, in dem es heißt, nichts lasse darauf schließen, daß es zu Folterungen von Inhaftierten gekommen sei. Ein Komiteemitglied, ein Arzt, lehnt jedoch die Unterzeichnung des Abschlußberichts mit der Begründung ab, daß ein Teil des medizinischen Beweismaterials dem Untersuchungsergebnis widerspreche. – In einem Offenen Brief an Staatspräsident René Coty verurteilen 357 Prominente, darunter Professoren, Pädagogen, Priester und Pastoren, die Anwendung der Folter und jeder anderen Form von Gewalt gegen Gefangene. Man könne Bewaffneten, weil sie Rebellen seien, sowohl die von der Genfer Konvention feindlichen Soldaten zugestandenen Garantien absprechen als auch die den französischen Bürgern ihre durch Verfassung und Gesetze gewährten Rechte.

9. März An der »V. Gesamtdeutschen Arbeiterkonferenz« im Haus Auensee in **Leipzig** nehmen I.300 Betriebs- und Gewerkschaftsfunktionäre teil, von denen nach offiziellen Angaben mehr als 900 aus Westdeutschland gekommen sein sollen. Als Sprecher des *Ständigen Ausschusses der Deutschen Arbeiterkonferenzen* tritt erstmals ein »westdeutscher Kollege« auf. Der Erste Sekretär des SED-Zentralkomitees, Walter Ulbricht, erklärt in seiner Rede, die Kernfrage der Konferenz laute: »Was für ein Deutschland wollen wir?« Die Antwort wird im vierten Teil des Konferenzbeschlusses »Weg und Ziel der deutschen Arbeiterklasse« gegeben. Darin heißt es: »Wir deutschen Arbeiter wollen, daß das wiedervereinigte Deutschland ein Land des Friedens, der Demokratie und des sozialen Fortschritts ist. In ihm muß die Gewalt vom Volk ausgehen.«[46] In dem Beschluß, der den auf der 30. ZK-Tagung der SED beschlossenen Direktiven folgt, wird behauptet, die Bundesrepublik gefährde den Frieden und sei ein Werkzeug von Imperialisten und Militaristen. Zur »Sicherung des Friedens und für die demokratische Wiedervereinigung Deutschlands« wird den Parteien und Gewerkschaften der »deutschen Arbeiterklasse« vorgeschlagen, einen Austausch von Studiendelegationen zwischen beiden deutschen Staaten zu organisieren sowie Versammlungen und Beratungen herbeizuführen, aus denen sich eine »gemeinsame Kampffront für Frieden und Abrüstung gegen Militarismus und Konzernkapital« formieren soll.

10. März Zur Eröffnung der Frühjahrsmesse erklärt Bundeswirtschaftsminister Ludwig Erhard (CDU) in **Frankfurt**: »Wir sind ins Schlittern gekommen, weil wir die richtigen Maße verloren und drauf und dran sind, die Volkswirtschaft zu überfordern.«[47] Die Lohn-Preis-Spirale, die unausweichlich dazu führe, daß jede Preissteigerung wieder Lohnerhöhungsforderungen nach sich ziehe, müsse durchbrochen werden.

MÄNNER NEBEN ADENAUER:

Professor Ludwig Erhard

Vor acht Jahren waren die Grenzen der Bundesrepublik verödet. Wer konnte schon ins Ausland reisen? Wir hatten keinen Paß, bekamen kein Visum und es gab keine Devisen. Heute strömen Millionen Deutscher in der Ferienzeit nach Süden, Westen und Norden. Dem Beispiel der Bundesrepublik folgend, haben die meisten Staaten Europas den Visumzwang abgeschafft. Zum ersten Mal seit 27 Jahren wechselt jede Bank die harte D-Mark wieder ohne weiteres in fremde Währung um. Wir haben genug Gold und Devisen.
Das sind einige der Erfolge des Bundeswirtschaftsministers Professor Erhard.

10. März In einem Kreuzworträtsel der in Ost-Berlin erscheinenden Boulevardzeitung »Bild-BZ« wird unter 72 Senkrecht nach dem sechs Buchstaben zählenden Namen eines »sozialistischen Schriftstellers« gefragt, der 1953 mit dem Heinrich-Heine-Preis ausgezeichnet worden sei. – Wegen der allein richtigen Antwort »Harich«, dem Namen des Philosophiedozenten, der erst am Tag zuvor vom Obersten Gericht der DDR wegen seiner »konterrevolutionären Gruppenbildung« zu einer zehnjährigen Zuchthausstrafe verurteilt worden ist, wird gegen den für das Rätsel zuständigen Redakteur ein Parteiausschlußverfahren eingeleitet. In die Beratungen darüber, wie auf den Fall einer »versteckten Popularisierung des soeben abgeurteilten Harich« zu reagieren sei, haben sich auch Horst Sindermann, Leiter der Abteilung Agitation und Propaganda im ZK der SED, und Politbüromitglied Hermann Matern eingeschaltet.

10.3.: Bundeswirtschaftsminister Erhard stellt sein Buch mit dem für das Konzept der »sozialen Marktwirtschaft« charakteristischen Titel vor.

10. März Nachdem sich die israelischen Soldaten, wie von der Generalversammlung der Vereinten Nationen gefordert, wieder aus dem Gaza-Streifen, den sie seit dem Oktober 1956 besetzt halten, zurückgezogen haben und eine UN-Truppe, deren 5.000 Mann aus zehn Nationen stammen, an ihre Stelle getreten ist, dringen arabische Demonstranten bis zur Kommandantur von **Gaza** vor und fordern den Abzug des dort eingesetzten skandinavischen Bataillons. Die aus Norwegen und Dänemark stammenden Soldaten werfen Tränengasgranaten und geben Warnschüsse ab, um die rund 300 Prote-

10.3.: Anzeige der CDU, mit der Politiker, die im Schatten des Bundeskanzlers stehen, für den Bundestagswahlkampf stärker hervorgehoben werden sollen.

10.3.: Palästinenser demonstrieren in Gaza.

13.3.: Der Ex-Kommunist und SPD-Bundestagsabgeordnete Herbert Wehner wird der Spionage bezichtigt.

12.3.: Vor dem I.G.-Farben-Gebäude in Frankfurt haben US-Soldaten ein Atomgeschütz aufgebaut.

stierenden auseinanderzutreiben. – Wegen des Zwischenfalls legt der ägyptische Staatspräsident Gamal Abd el Nasser bei den Vereinten Nationen in **New York** Protest ein.

11. März Laut einer Meldung der »Frankfurter Allgemeinen Zeitung« haben von den bislang 93.292 für die Bundeswehr Gemusterten lediglich 358, das sind 0,38%, einen Antrag auf Kriegsdienstverweigerung gestellt. Rund 20%, heißt es weiter, seien für untauglich erklärt worden und weitere 20% hätten sich vom Wehrdienst zurückstellen lassen.

12. März In seinem Hauptquartier in **Mönchengladbach** teilt der britische Luftmarschall Earl of Bandon niederländischen Journalisten mit, daß die in der Bundesrepublik stationierten Luftstreitkräfte der Vereinigten Staaten schon seit einiger Zeit mit Atomwaffen ausgerüstet seien. – Das Oberkommando der amerikanischen Streitkräfte bestätigt am 14. März die Meldung, daß auf dem Territorium der Bundesrepublik Atomwaffen deponiert sind.

12. März Der 1. Strafsenat des Bezirksgerichts in **Frankfurt (Oder)** verurteilt den als hauptamtlichen Mitarbeiter des US-amerikanischen Geheimdienstes MID beschuldigten Hermann Wache wegen Agenten- und Spionagetätigkeit zu einer Zuchthausstrafe von 15 Jahren.

13. März Der parlamentarische Geschäftsführer der CDU-Fraktion im Bundestag, Will Rasner, verliest auf einer Pressekonferenz in **Bonn** Auszüge aus einem Artikel der schwedischen Tageszeitung »Dagens Nyheter«, in dem behauptet wird, der SPD-Bundestagsabgeordnete Herbert Wehner sei 1941 im Auftrag der *Komintern* nach Stockholm gegangen, um dort eine Spionagezentrale aufzubauen. In dem vier Tage zuvor erschienenen Text heißt es weiter, der 50jährige Vorsitzende des Bundestagsausschusses für gesamtdeutsche Fragen sei

bereits in Moskau für diese Tätigkeit ausgebildet worden. Als er die Ehefrau eines sowjetischen Spions kontaktierte, sei er seinerzeit enttarnt worden. – Der Bundesvorstand der SPD, der befürchtet, daß die CDU im Wahljahr eine Kampagne gegen einen ihrer führenden Politiker durchführen und mit dem Vorwurf der Sowjetspionage von der verbreiteten antikommunistischen Stimmung profitieren könnte, spricht Wehner das Vertrauen aus. Am 22. März nimmt der Angegriffene im sozialdemokratischen Parteiorgan »Vorwärts« selbst ausführlich zu den Vorwürfen Stellung. Es heißt darin: »1. Ich war niemals Sowjetspion und habe niemals einen schwedischen Nachrichtendienst der Komintern oder irgendeinen anderen Nachrichtendienst der Komintern geleitet oder an ihm mitgearbeitet. 2. Ich bin weder in Moskau noch an einer anderen Stelle der Sowjetunion für Spionagetätigkeit oder sonstwie geschult worden. 3. Ich habe niemals einen Auftrag erhalten, in Stockholm oder an anderen Stellen in Schweden eine Spionagezentrale für die Komintern zu errichten oder an ihr mitzuarbeiten ...«[48] – Bereits am 15. März ist die ursprüngliche Darstellung in einem Leitartikel von »Dagens Nyheter« dementiert worden. Die Behauptung, Wehner sei ein sowjetischer Spion gewesen, heißt es darin, sei »eine irreführende Bezeichnung« und müsse deshalb zurückgenommen werden. Wehners ausschließliche Absicht sei es gewesen, »gegen das Deutschland Hitlers« zu kämpfen. Zu keinem Zeitpunkt habe er während seiner Emigration Schweden in irgendeiner Weise geschadet. Rasner hat nach Bekanntwerden

dieser Gegendarstellung erklärt, daß die CDU-Fraktion keine diesbezüglichen Vorwürfe mehr gegen Wehner verbreiten werde. – Am 4. April gibt der SPD-Vorsitzende Erich Ollenhauer im Bundestag in **Bonn** für Herbert Wehner eine Ehrenerklärung ab. Er erklärt, die Verdächtigungen gegen seinen Parteifreund seien geprüft und für haltlos befunden worden. Der Vorsitzende des Bundestagsausschusses für gesamtdeutsche Fragen genieße sowohl das Vertrauen der SPD-Bundestagsfraktion wie das des Bundesvorstands seiner Partei.

13. März Auf Kuba scheitert ein Versuch, das diktatorische Regime von General Fulgencio Batista zu stürzen. Am Nachmittag greift die von dem ehemaligen Parlamentsabgeordneten Menelao Mora angeführte Organisation *Directorio Revolucionario* mit 50 Mann den Präsidentenpalast in **Havanna** an. Zur gleichen Zeit versucht eine von dem Studentensprecher José Antonio Echevarria geleitete Gruppe die Rundfunkstation Reloj zu besetzen, um die Inselbevölkerung zum Kampf aufzurufen. Doch die Aufständischen müssen verraten worden sein. Batista kennt den Zeitpunkt des Unternehmens und weiß auch, wer die führenden Putschisten sind. Dennoch gelingt es Moras Kampfgruppe einen Teil des Palasts zu erobern und bis zu den Amtsräumen des Präsidenten vorzudringen. Auch Echevarria kann mit seinen Leuten, wie abgesprochen, den Rundfunksender besetzen. Beide Gruppen sind jedoch nicht in der Lage, dem gut vorbereiteten Gegenangriff der Palastwache und des mit Panzern aufgefahrenen Militärs standzuhalten. Batista hat sich zunächst in die ein Stockwerk höher gelegenen Wohnräume in Sicherheit gebracht und dirigiert nun vom Dach aus die Verteidigung. Nach heftigen, aber kurzen Schießereien bricht der Aufstand zusammen. Mehr als 50 Menschen kommen dabei ums Leben. Unter den Toten befinden sich mit Mora und Echevarria auch die beiden Anführer der Putschisten. – Einen Tag später wird der Senator Pelayo Cuervo Navarro verhaftet und noch am selben Abend ermordet. Die Polizei erklärt dazu, daß sich in der Tasche des toten Echevarria ein Schriftstück befunden habe, auf dem eine Proklamation des Senators für die Aufständischen zu lesen gewesen sei. – Knapp zwei Wochen später dringen Polizisten am frühen Morgen in eine Wohnung ein und erschießen vier Studenten, die mit Echevarria befreundet waren. – Der Bruder eines ums Leben gekommenen Aufständischen geht mit einer Gruppe von Rebellen in die Berge und eröffnet in der **Sierra de Escambray** eine zweite Front, um den Kampf Fidel Castros und Ché Guevaras in der Sierra Maestra zu unterstützen.

13./14. März Wegen einer Militärrebellion, die sich von Sumatra auch auf andere indonesische Inseln ausgeweitet hat, erklärt die seit dem April 1956 amtierende Regierung unter Ministerpräsident Ali Sastroamidjojo in **Djakarta** ihren Rücktritt. Auslöser für die Rebellion sind die am 21. Februar von Staatspräsident Achmed Sukarno bekanntgegebenen Pläne, die 1949 nach europäischem Vorbild eingerichtete parlamentarische Demokratie durch ein »kooperatives politisches System« zu ersetzen, in dem alle Parteien, einschließlich der kommunistischen, zusammengefaßt werden sollen. – Am Tag darauf proklamiert Sukarno für ganz **Indonesien** den Kriegs- und Belagerungszustand. In seiner Funktion als Oberbefehlshaber der Streitkräfte verfügt Sukarno damit über diktatorische Vollmachten.

13.3.: Der kubanische Diktator Fulgencio Batista gerät immer stärker in Bedrängnis; hier bei einer Ansprache in Havanna.

14. März Obwohl Bundeswirtschaftsminister Ludwig Erhard (CDU) mehrfach vor Preissteigerungen gewarnt und zu einem stärkeren »Maßhalten« aufgerufen hat, gibt er gemeinsam mit seinem Kabinettskollegen, Bundeslandwirtschaftsminister Heinrich Lübke (CDU), in **Bonn** seine Zustimmung zur Anhebung des Brotpreises um 3 Pfennig pro Kilogramm. Mit dieser Entscheidung geht ein tagelanger Streit über die Preise von Backwaren zu Ende, der zuletzt in eine grundsätzliche Debatte über die Lohn-Preis-Spirale und die Stabilität der Volkswirtschaft gemündet war.

14.3.: In Nikosia flüchten Demonstranten vor britischen Sicherheitskräften.

14.3.: Auch in Athen protestieren Studenten gegen die Unterdrückungsmaßnahmen der Briten auf Zypern.

14. März Im Anschluß an ein Treffen des *Internationalen Auschwitz-Komitees* (IAK) gibt dessen Generalsekretär Hermann Langbein auf einer Pressekonferenz in **Frankfurt** bekannt, daß die Rechtsvertreter der früheren I.G. Farben die Ansprüche der überlebenden NS-Zwangsarbeiter, die für den Chemiekonzern in den Konzentrations- und Vernichtungslagern eingesetzt worden waren, zwar »ohne Ansehen der Rasse oder der politischen Anschauung« anerkenne, jedoch eine Zahlung an nichtjüdische Verfolgte mit dem Argument ablehnten, daß diese nicht den gleichen schweren Bedingungen wie ihre jüdischen Leidensgenossen ausgesetzt gewesen seien. Das IAK sieht, so Langbein, in dieser Begründung keine moralische Rechtfertigung für die ablehnende Haltung. Strittig geblieben sei außerdem, daß die I.G. Farben keine Rechtsansprüche von Hinterbliebenen ihrer ehemaligen Zwangsarbeiter anerkennen würde. Lediglich in den Fällen, in denen der Anspruchsberechtigte seinen Antrag noch vor seinem Tod hat einreichen können, könne eine Ausnahmeregelung geltend gemacht werden.

14. März Das Landgericht **Düsseldorf** verurteilt den mehrfach vorbestraften Werner Busse wegen Einbruchs in die Synagoge der nordrhein-westfälischen Landeshauptstadt zu einer Zuchthausstrafe von drei Jahren. Bei dem Einbruch in das jüdische Gotteshaus waren wertvolle silberne Ritualgegenstände, zwei Thoramäntel und eine größere Geldsumme gestohlen worden.

14. März Das Bezirksgericht **Halle** verurteilt vier Studenten der Technischen Hochschule für Chemie wegen »Boykotthetze« zu Gefängnisstrafen zwischen einem und drei Jahren. Die Studenten werden beschuldigt, »eine feindliche Agentengruppe gebildet« zu haben.

14. März Im Morgengrauen wird in **Nikosia** der 19jährige zypriotische Student Pallikarides wegen unerlaubten Waffenbesitzes von den Briten durch den Strang hingerichtet. Alle Versuche der griechischen Regierung, bei den Vereinten Nationen in New York und der britischen Regierung in London die Vollstreckung des Todesurteils zu verhindern, waren ergebnislos geblieben. Nach Bekanntwerden der Hinrichtung treten die 700 Häftlinge eines britischen Internierungslagers in **Larnaca** in den Hungerstreik. – Die Bitte, die der Vater des hingerichteten Studenten an den Gouverneur der britischen Kronkolonie, Feldmarschall Sir John Harding, richtet, die Leiche seines Sohnes zur Bestattung freizugeben, wird abgelehnt.

15. März Ein Sprecher des Bundesverteidigungsministeriums in **Bonn** reagiert mit einer offiziellen Verlautbarung auf die von dem britischen Luftmarschall Earl of Bandon am 12. März in Mönchengladbach abgegebene Erklärung: »Es ist dem Bundesministerium für Verteidigung bekannt, daß amerikanische Verbände in der Bundesrepublik über Waffen und Geräte zur taktischen Anwendung von Atom-Munition verfügen. Die Bundesregierung ist durch ihren

Vertreter im ständigen NATO-Rat über die der NATO zur Verfügung stehenden Truppen und ihre Ausrüstung unterrichtet. Über die Lagerung der Atomköpfe für diese Waffen kann begreiflicherweise keinerlei Erklärung abgegeben werden. Die Anwendung von Atom-Munition im Ernstfalle liegt, wie bekannt, in der Entscheidung des NATO-Rates.«[49] – Ein Sprecher des Hauptquartiers der US-Armee in **Heidelberg** lehnt es ab, die Mitteilung des Bundesverteidigungsministeriums zu bestätigen oder zu dementieren. Er fügt jedoch hinzu, daß fünf Divisionen der in der Bundesrepublik stationierten Truppen der US-Armee über Atomwaffen verfügen. Die folgenden Waffentypen könnten mit Atomsprengköpfen ausgerüstet werden: ein Atomgeschütz von 280 mm, die »Honest John-Rakete«, das Flugzeugabwehrgeschoß »Nike« sowie die beiden ferngelenkten Geschosse »Corporal« und »Matador«.

17. März Zu Beginn der »Woche der Brüderlichkeit« folgen rund 2.000 norddeutsche Jugendliche einem Aufruf der *Gesellschaft für christlich-jüdische Zusammenarbeit* und starten mit 40 Bussen und einer Vielzahl von Personenwagen zu einer Pilgerfahrt zu dem in der Lüneburger Heide gelegenen Gelände des ehemaligen Konzentrationslagers **Ber-**gen-Belsen. Die Idee zu der »Wallfahrt des guten Willens«, wie das »Hamburger Abendblatt« diesen demonstrativen Akt bezeichnet, entstand bei den Schülern, Lehrlingen und Studenten vor allem durch das »Tagebuch der Anne Frank« und das gleichnamige Theaterstück. Obwohl sich viele Eltern und Lehrer mit dem Argument gegen eine Teilnahme ausgesprochen haben, sie seien noch zu jung, um sich »mit all den düsteren Erinnerungen zu belasten«, haben sie sich nicht davon abbringen lassen, den Ort aufzusuchen, an dem im März 1945 auch die 15jährige, in Frankfurt geborene und in ihrem Amsterdamer Versteck von den Nazis verhaftete Anne Frank umgekommen ist. An einem der Busse ist ein Transparent mit der Aufschrift »Die Jazz-Fans fahren nach Bergen-Belsen« angebracht. Um allen 80 Mitgliedern, die zwischen 16 und 20 Jahre alt sind, die Fahrt zu ermöglichen, ist das Guthaben des Jazz-Clubs geopfert worden. Als sich die Jugendlichen bei strömendem Regen vor dem Obelisken, dem 1952 von Bundespräsident Theodor Heuss eingeweihten Mahnmal für die KZ-Opfer, versammeln, tritt der Initiator der Pilgerfahrt, der Vorsitzende der Hamburger *Gesellschaft für christlich-jüdische Zusammenarbeit*, Erich Lüth vor und eröffnet eine etwa 20 Minuten dauernde Kundgebung. »Alle die Toten, die

17.3.: Erich Lüth spricht auf dem Gelände des ehemaligen Konzentrationslagers Bergen-Belsen zu den Jugendlichen.

17.3.: Die Jugend-
lichen legen Blumen
nieder, Erich Lüth
verneigt sich vor
den Opfern.

17.3.: Schulkinder
beim Gebet.

17.3.: Eines der
anonymen Massen-
gräber.

hier ruhen«, sagt Lüth, »waren Menschen wie du und ich. Sie waren unsere Brüder und Schwestern, hilflos überlassen den Folterknechten, weil wir – wir Älteren – nicht tapfer genug waren, sie zu schützen! Nun rufen wir euch, die Jugend: Seid tapferer! Werdet tapferer, als wir es waren! Schützt immer die, die unschuldig verfolgt werden! Überwindet den Völker- und den Rassenhaß durch mehr Brüderlichkeit, mehr Nächstenliebe!«[50] Danach treten mehrere Hamburger Jugendliche ans Mikrophon. Zunächst die 17jährige Brigitte Bornikoel von der Helene-Lange-Schule: »Wir fassen es nicht, was hier geschehen ist. Irgendwo in diesen Gräbern liegt Anne Frank. Sie war jünger als wir, als ihr Leben zerstört wurde. Sterben mußte sie, weil sie Jüdin war und andere sich anmaßten, ihre Rasse auszurotten. Nie wieder soll und darf in unserem Volke ein solches Verbrechen geduldet werden. Uns, der Jugend, obliegt es, heute die Kluft zwischen dem deutschen und dem jüdischen Volk zu überbrücken. Darum reichen wir, die wir die nächsten Jahrzehnte zu gestalten haben, der israelischen Jugend die Hand!«[51] Danach sprechen der 18jährige Wolf Rüdiger Konerding vom Christianeum und der 16jährige Helmut Hein. Dann folgt der 19jährige israelische Jugendliche Hans Horwitz. Er fordert die Versammelten auf, Anne Frank zitierend, an »das Gute im Menschen« zu glauben und »für eine bessere Welt« zusammenzuarbeiten. Als dann ein Mann mit den Worten einsetzt,

es spreche nun »ein ehemaliger Hitlerjunge«, sind nicht wenige zunächst irritiert. »Als ich nach dem Kriege erfuhr, was geschehen war«, fährt der 28jährige fort, »hat mich die Scham getrieben, wiedergutzumachen, nach meinen schwachen Kräften, was man den Juden angetan hatte. Meine Heimat ist jetzt Israel. Ich bin jetzt Israeli. Ich bin Jude geworden und helfe meinen jüdischen Brüdern beim Aufbau ihres Landes. Es war für mich ein großes und beruhigendes Erlebnis, die junge deutsche Generation hier zu sehen. Ich bin eins mit euch im Glauben an jene bessere Zukunft und grüße euch mit dem schönsten Gruß meiner neuen Heimat: Friede mit Euch!«[52] Hannoch Nissan war 1948 nach Israel gegangen und hatte dort zunächst in den Weinbergen gearbeitet. Zuletzt war er Mitglied eines Kibbuz in der Nähe von Gaza; vor zwei Jahren ist er wieder nach Deutschland gekommen, um eine bereits vor seiner Auswanderung nach Israel begonnene Ausbildung als Theaterregisseur abzuschließen. Weitere Ansprachen halten der Hamburger Landesschulrat Ernst Matthewes, der die Grüße der Lehrerschaft übermittelt, und Dr. Julius Kalitzki, der Leiter des Israelitischen Krankenhauses in Hamburg, der aus Haifa nach Hamburg zurückgekehrt ist. Nachdem ein Vorbeter der *Jüdischen Gemeinde* das Kaddish-Totengebet und der Pastor Heinz-Georg Binder das Vaterunser gesprochen hat, ziehen die Jugendlichen an den anonymen Gräbern vorüber. Englische Soldaten hatten nach der Befreiung im Sommer 1945 die Holzbaracken mit Flammenwerfern niedergebrannt, um einer Seuchengefahr vorzubeugen. Ursprünglich war von den Initiatoren der Pilgerfahrt verabredet worden, an einem symbolischen Ort Kränze und Blumen für Anne Frank niederzulegen, doch dann wird jedes Grab einzeln geschmückt. In dem Zug gehen auch Moshe Tavor von der *Israel-Mission* und der Hamburger Verleger Axel Springer mit. – Der »Kinderkreuzzug gegen die eigene Vergangenheit«, wie Lüth den Gedenkakt später bezeichnet, stößt in der bundesdeutschen wie der internationalen Presse auf ein großes Echo. Die britische Tageszeitung »Daily Mail« veröffentlicht unter der Überschrift »Die Unschuldigen nehmen die Buße für die Mörder auf sich« einen großen Bildbericht und die dänische Zeitung »Informationen« schreibt, die »Wallfahrt nach Bergen-Belsen« sei das schönste Ereignis, über das seit langer Zeit aus Deutschland berichtet werden könne; es sei ein größeres Wunder als das oft zitierte deutsche Wirtschaftswunder.

17. März Die Evangelische Akademie in **Konstanz** startet als Zeichen der Wiedergutmachung für die Ermordung der europäischen Juden eine »Anne-Frank-Sammlung«, von deren Erlös in Israel ein »Anne-Frank-Wald« gepflanzt werden soll.

17. März Das SED-Zentralorgan »Neues Deutsch-land« meldet in einem Artikel, der sich unter dem Titel »Vom Kampf gegen philosophischen Revisionis-mus« gegen die Lehren des Leipziger Philoso-phieprofessors Ernst Bloch wendet, den Parteiaus-schluß des 22jährigen Philosophieassistenten an der Friedrich-Schiller-Universität in Jena, Günter Zehm. Der Bloch-Schüler habe Theorien der »kos-mischen Unbehaustheit« und der »Perfektion des Glücks« vertreten, die in einen »neuen Weg zum Sozialismus« hätten einmünden sollen, und zugleich in Diskussionen mit Kollegen das »Prinzip der Par-teilichkeit in der Wissenschaft« geleugnet. »Zehm verbreitete aber«, heißt es weiter, »nicht nur ver-worrene, idealistische Thesen, er solidarisierte sich mit den Petöfi-Putschisten in Ungarn, er wollte eine wissenschaftliche Studentengesellschaft gründen – mit der er sich praktisch gegen die Freie Deutsche Jugend stellte ... Der philosophische Revisionismus und die unparteimäßige, dem Marxismus fremde Haltung Zehms waren letztendlich die Ursache sei-ner politisch schädlichen Handlungen.«[53] Schon nach seinem Staatsexamen an der Karl-Marx-Universität in Leipzig habe Zehm eine Lehrtätigkeit im gesell-schaftswissenschaftlichen Grundstudium mit der Begründung abgelehnt, daß er daran kaputtgehe. Offensichtlich sei Zehm, heißt es voller Häme, nicht in der Lage den Marxismus »zu meistern« und die Prinzipien des dialektischen und des historischen Materialismus »lebensnah und schöpferisch« anzu-wenden. – In dem Parteiausschlußverfahren in **Jena** war Zehm Titoismus vorgeworfen worden; außer-dem hege er Sympathien für den polnischen Partei-chef Władysław Gomułka. Zehm hatte sich gewei-gert, öffentlich Selbstkritik zu üben.

17. März An einer Protestversammlung gegen die Einrichtung des Truppenübungsplatzes Ajoie beteili-gen sich in **Porrentruy** (Jura) rund 5.000 Menschen.

18. März In **London** werden nach einjähriger Pause in einem Unterausschuß der Vereinten Nationen die Abrüstungsverhandlungen zwischen Großbritan-nien, Frankreich, den USA und der Sowjetunion fortgesetzt. – Obwohl in einer Reihe von Punkten Annäherungen zu erkennen sind, werden sie am 6. September erfolglos abgebrochen.

18. März Der französische Schriftsteller, Philosoph und Dramatiker Albert Camus veröffentlicht unter der Überschrift »Kádár hat seinen Tag der Angst erlebt« in der Tageszeitung »Franc-Tireur« eine scharfe Abrechnung mit dem Kommunismus. In der Mitteilung eines ungarischen Ministers, es gebe in seinem Land keine Konterrevolution mehr, sei aus-nahmsweise einmal die Wahrheit gesagt worden. Da in Ungarn die Gegenrevolution, so Camus, bereits an der Macht sei, könne es dort nur noch eine Revo-lution geben. Er gibt seiner Hoffnung Ausdruck, daß der ungarische Widerstand so lange anhalte, bis der »gegenrevolutionäre Staat« im gesamten Ostblock »unter dem Gewicht seiner Lügen und Widersprü-che« zusammenbreche. Die Rolle, die Spanien vor 20 Jahren für die europäischen Intellektuellen gespielt habe, sei nun von Ungarn übernommen worden. Camus kritisiert insbesondere den absoluten Macht-anspruch, der von den Einheitsparteien erhoben wird: »Die bei uns noch weitverbreitete Vorstel-lung, eine Partei könne einfach wegen des Etiketts ›proletarisch‹ in historischer Sicht auf bestimmte Privilegien Anspruch erheben, ist eine Vorstellung von Intellektuellen, die ihrer Vorrechte und ihrer Freiheiten überdrüssig sind. Die Geschichte verleiht keine Privilegien, sie läßt sie sich abringen... In Wahrheit besitzt niemand, kein Mensch, keine Par-tei, ein Recht auf unumschränkte Macht, so wenig wie auf endgültige Privilegien im Rahmen einer sich unablässig wandelnden Geschichte. Und kein Privi-leg, keine Staatsräson vermöchte die Folter und den Terror zu rechtfertigen.«[54] Im Gegenzug zur Kritik am totalitären System kommunistischer Prägung verteidigt Camus das Mehrparteiensystem der par-lamentarischen Demokratie: »Zahlreich sind die Mißstände des Westens, unbestreitbar seine Verbre-chen und seine Unzulänglichkeiten. Aber schließlich

18.3.: Der in Alge-rien geborene, fran-zösische Schriftstel-ler Albert Camus.

wollen wir nicht vergessen, daß wir als einzige die Fähigkeit der Vervollkommnung und der Emanzipation besitzen, die dem freien Geist innewohnt. Und während die totalitäre Gesellschaft auf Grund ihrer Wesensart den Freund zwingt, den Freund auszuliefern, wollen wir daran denken, daß die westliche Gesellschaft trotz all ihrer Irrungen immer wieder jenen Menschenschlag hervorbringt, der die Ehre des Lebens hochhält, das heißt jenen Schlag, der selbst dem Feind die Hand entgegenstreckt, um ihn vor dem Unglück oder dem Tod zu retten.«[55]

19./20. März Ein Polizeikommando verhindert in **Nürnberg** die nächtliche Erstürmung eines Mädchenwohnheims durch eine Gruppe von 50 Jugendlichen. Die jungen Männer im Alter zwischen 15 und 18 Jahren, die bereits an den Vortagen mehrmals vergeblich versucht haben, in das Heim einzusteigen, bewerfen das Gebäude zunächst mit Steinen. Dabei gehen 22 Fensterscheiben zu Bruch. Als dann einer von ihnen mit einer Pistole einen Schuß abgibt, greift die in der Zwischenzeit alarmierte Polizei ein. Sie vertreibt die Belagerer und nimmt elf von ihnen vorübergehend fest. Nachdem vorerst Ruhe eingekehrt ist, treten die Jugendlichen einige Zeit später erneut zum Sturm auf das Heim an. Wieder sieht sich die Polizei gezwungen, einzugreifen; diesmal werden zehn der Belagerer festgenommen. Ebenso wie die elf anderen werden sie noch in der Nacht wieder auf freien Fuß gesetzt.

20. März Ein Bäckermeister in **Eislingen** (Kreis Göppingen) erhält einen Einschreibebrief, in dem ihm für sein »tapferes Verhalten vor dem Feind« das Eiserne Kreuz II. Klasse verliehen wird. Die Urkunde ist in faksimilierter Form vom »Führer und Reichskanzler Adolf Hitler« unterzeichnet. In einem Begleitschreiben der »Verbindungsstelle für die Benachrichtigung von Angehörigen von Gefallenen und Vermißten« in West-Berlin heißt es, daß ihr das EK II mit dem Verleihungsdatum vom 11. Februar 1945 als unzustellbar zugegangen sei. Erst vor kurzem habe sie die neue Anschrift des Bäckermeisters erfahren, als dieser seinen Antrag auf Kriegsgefangenenentschädigung stellte.

20. März Ein Unbekannter meldet sich telephonisch bei einer Dienststelle der Kriminalpolizei in **West-Berlin** und teilt mit, daß er in Ost-Berlin einen Pkw vom Typ Mercedes 180 D mit dem Kennzeichen HA – H 297 gesehen habe. Der Fahrer des Wagens hole gerade einen größeren Geldbetrag in Westmark ab, um ihn nach der Rückfahrt einem Funktionär der illegalen KPD in Hagen zu übergeben. Dieser leite ihn dann an einen anderen, wichtigeren Mann weiter. – Der genannte Personenwagen wird noch am selben

20.3.: Der Photograph Jürgen Schadeberg wird 1956 in Johannesburg bei einer Demonstration festgenommen.

20.3.: Titel eines 1991 erschienenen Bildbandes.

Tag beim Verlassen der DDR an der Grenzstelle **Helmstedt** angehalten und sein Fahrer festgenommen. Man findet bei ihm einen Geldbetrag in Höhe von 21.920 DM. Der Festgenommene, das ehemalige KPD-Mitglied Gustav Wieland, bestreitet nachdrücklich, daß das Geld für den illegalen Apparat seiner seit dem Vorjahr verbotenen Partei bestimmt sei. Die Summe sei für die *Gesellschaft für wirtschaftswissenschaftliche Forschung* in Köln bestimmt, für die er seit dem Oktober 1956 als Werber arbeite. Die Forschungseinrichtung, die die »Korrespondenz für Wirtschafts- und Sozialwissenschaften« (WISO) herausgebe, werde von dem Gewerkschaftstheoretiker Viktor Agartz geleitet.

20. März Eine internationale Gruppe von Wissenschaftlern, die im Auftrag der Weltgesundheitsorganisation WHO eine Untersuchung durchgeführt hat, warnt, wie die britische Tageszeitung »The Times« berichtet, eindringlich vor der Gefahr genetischer Schädigungen durch radioaktive Strahlen. Die Gesundheit der nachfolgenden Generationen sei ernsthaft gefährdet.

20. März Nach einem mehrwöchigen Prozeß spricht ein südafrikanisches Gericht in **Johannesburg** den 25jährigen deutschen Photographen Jürgen Schadeberg von der Anklage frei, er habe die Polizei bei der »Beilegung von Negerunruhen« behindert. Der für die Schwarzen-Illustrierte »Drum« arbeitende Bildredakteur hatte gegen die Verhaftung eines schwarzen Kollegen protestiert und war deshalb selbst fest-

Die fünfziger Jahre
Bilder aus Südafrika
Herausgegeben von Jürgen Schadeberg
und Klaus Humann

genommen und ins Polizeigefängnis gebracht worden. Das Gericht stellt fest, daß sich Schadeberg völlig korrekt verhalten, sich die Polizei jedoch eines Übergriffs schuldig gemacht habe.

21. März Der Generalsekretär des *Zentralrats der Juden in Deutschland*, Hendrik George van Dam, wendet sich mit einem Offenen Brief an Bundestagspräsident Eugen Gerstenmaier (CDU) in **Bonn** und macht ihn anläßlich der Novellierung des Lastenausgleichsgesetzes darauf aufmerksam, daß immer noch ein Teil der jüdischen Überlebenden, die in der Bundesrepublik wohnen, von einer solchen Regelung ausgeschlossen seien. Es handle sich bei ihnen um Displaced Persons, um ehemalige Zwangsarbeiter und Verschleppte, die unter die Genfer Konvention vom 28. Juli 1951 über Staatenlose und Flüchtlinge fielen. Sie seien vom Lastenausgleich ausgeschlossen, weil es sich bei ihnen nicht um »vertriebene Deutsche oder Volksdeutsche« handle. Diese Diskriminierung bestehe auch dann noch fort, wenn die Geschädigten die deutsche Staatsangehörigkeit nachweisen könnten. »Nicht wenige Lastenausgleichsberechtigte, die die deutsche Staatsangehörigkeit nicht hatten und aus gleichen Gegenden wie die Verschleppten stammten«, kritisiert van Dam, »gehörten zu den aktiven Helfern des Dritten Reiches. So erleben wir innerhalb Deutschlands die Groteske, daß die Verfolger oder mindestens die Werkzeuge der Verfolger, einen Schadensausgleich erhalten, den man den Opfern für die Vernichtung ihrer wirtschaftlichen Existenz verweigert.«[56] Van Dam schlägt vor, daß Überlebende, die am 31. Dezember 1952 ihren Wohnsitz in Deutschland hatten und entweder die deutsche Staatsangehörigkeit besaßen oder unter die Genfer Konvention vom 28. Juli 1951 über die Staatenlosen und Flüchtlinge fallen, in das Lastenausgleichsgesetz einbezogen werden sollen.

21. März Die »Frankfurter Allgemeine Zeitung« veröffentlicht die von dem Ostberliner Philosophiedozenten Wolfgang Harich verfaßte »Plattform über den besonderen deutschen Weg zum Sozialismus«, das Konzeptpapier einer Gruppe oppositioneller DDR-Intellektueller, die Ende 1956 unter dem Vorwurf »konterrevolutionärer Umtriebe« verhaftet worden war. Im Gegensatz zur Anklage bei dem Prozeß vor zwei Wochen in Ost-Berlin, in dem Harich und zwei Mitangeklagte zu mehrjährigen Zuchthausstrafen verurteilt worden sind, heißt es darin u.a. auch: »Wir wollen nicht mit dem Marxismus-Leninismus brechen, aber wir wollen ihn vom Stalinismus und vom Dogmatismus befreien und auf seine humanistischen und undogmatischen Gedankengänge zurückführen.«[57]

22. März Auf einer Pressekonferenz in **Bonn** bestätigt Bundeskanzler Adenauer Vermutungen, daß die Bundeswehr mit Atomwaffen ausgerüstet werden soll. Außerdem bestehe der Plan, zusammen mit Frankreich Nuklearwaffen zu produzieren.

22. März Auf dem Marktplatz von **Basel** nehmen mehrere hundert Menschen an einer von einem Bündnis verschiedener Parteien organisierten Gedenkfeier für die Opfer des Ungarn-Aufstandes teil. Zu den Rednern zählen K. Abramowsky vom Stadttheater, Professor Adolph Gasser und Großrat Oreste Fabbri.

23. März Unbekannte stürzen auf dem alten jüdischen Friedhof in **Lübeck** 25 Grabsteine um. Von der Schändung besonders betroffen ist der Teil, auf dem nach dem Krieg zahlreiche KZ-Opfer beigesetzt worden sind. Während die Kriminalpolizei erklärt, daß die Tat aller Wahrscheinlichkeit keinen politischen Hintergrund habe, geht die *Jüdische Gemeinde* der Hansestadt davon aus, daß die Täter aus politischen Motiven gehandelt hätten. Die Behauptung, daß es Kinder gewesen seien, sei nicht nachzuvollziehen, da sie körperlich nicht in der Lage seien, Grabsteine dieses Gewichts umzuwerfen.

24. März Im Babylon-Filmtheater in **Ost-Berlin** findet eine Protestkundgebung gegen die Ernennung des ehemaligen Wehrmachtsgenerals und jetzigen Generalleutnants der Bundeswehr, Hans Speidel, zum Oberbefehlshaber der NATO-Landstreitkräfte in Mitteleuropa statt. Auf der Veranstaltung, zu der das *Komitee der antifaschistischen Widerstandskämpfer* der DDR aufgerufen hat, treten als Sprecher anderer europäischer Widerstandsorganisationen Auguste Gillot aus Frankreich, Kazimierz Rusinek aus Polen und Jan Vodicka aus der Tschechoslowakei auf. Sie erklären, daß sich auch ihre Organisationen den Protesten gegen Speidel angeschlossen hätten. Für das *Komitee der antifaschistischen Widerstandskämpfer* der DDR spricht der ehemalige Auschwitz-Häftling Bruno Baum. In einer von den Teilnehmern der Kundgebung einhellig angenommenen Grußadresse an das Koordinationskomitee der französischen Widerstandsorganisationen wird dem französischen Volk die ungeteilte Sympathie für den »Kampf gegen Speidel« ausgesprochen.

24. März In der lothringischen Kleinstadt **Auboué** nehmen 10.000 Menschen, die aus ganz Frankreich gekommen sind, an einer Protestkundgebung gegen die Ernennung des ehemaligen Wehrmachtsgenerals und jetzigen Generalleutnants der Bundeswehr, Hans Speidel, zum neuen Oberbefehlshaber der NATO-Landstreitkräfte in Mitteleuropa teil. Die 47 Widerstandsorganisationen, die als Veranstalter auf-

Protest gegen Speidel

24.3.: Vor dem Ehrenmal von Auboué versammeln sich die Fahnenträger verschiedener Organisationen der Résistance.

24.3.: Auch zahlreiche Frauen nehmen an dem Protestmarsch teil.

24.3.: Karikatur aus »Aux Ecoutes« (zu deutsch: Auf der Lauer).

treten, haben die 5.000 Einwohner zählende Stadt in Lothringen als Ort für diese Demonstration nicht nur ausgewählt, weil sie besonders schwer unter der deutschen Besatzung zu leiden hatte, sondern auch weil Speidel selbst seinem Vorgesetzten, General Otto von Stülpnagel, 1942 über die Deportation von 70 Bewohnern Auboués Bericht erstattet hatte. Das Treffen beginnt am späten Vormittag mit einem Empfang ehemaliger Widerstandskämpfer beim Bürgermeister von Auboué. Die Kleinstadt ist feierlich geschmückt. Überall an Straßen und Häusern ist die Trikolore zu sehen. An Mauern, Zäunen und Bretterwänden kleben Plakate, auf denen Parolen wie »Auboué dit non à Speidel« (Auboué sagt nein zu Speidel), »Non à Speidel« und »Speidel à la porte« (Hinaus mit Speidel) zu lesen sind. Bei stürmischem und regnerischem Wetter ziehen die Teilnehmer, unter ihnen zahlreiche Überlebende und Hinterbliebene, um die Mittagszeit in einem kilometerlangen Demonstrationszug zu dem auf einem Hügel gelegenen Denkmal der Märtyrer. Angeführt wird der Zug von unzähligen Fahnenträgern, die die Ehemaligen-Organisationen der Widerstandskämpfer, der Deportierten, der Frontkämpfer, der Internierten und der Zwangsarbeiter repräsentieren. Immer wieder sind durch den prasselnden Regen hindurch Sprechchöre zu hören, in denen gegen den Amtsantritt des Bundeswehrgenerals in der französischen Hauptstadt protestiert wird. Hauptredner vor dem Ehrenmal ist Senator Jacques Debu-Bridel, Mitbegründer des Nationalkomitees der französischen Widerstandsbewegung. Der »Kampf gegen Speidel«, erklärt er, sei keine übliche politische Auseinander-

setzung, sondern eine nationale Angelegenheit. In diesem Punkt gebe es keine Sozialisten, Gaullisten, Kommunisten, Radikalsozialisten oder Volksrepublikaner, sondern nur französische Bürger, die leidvolle Erfahrungen mit dem deutschen Militarismus gemacht hätten. Sie alle sagten »nein« zu Speidel. Doch Speidel sei nicht Deutschland. Es gebe auch ein anderes Deutschland als das der Militaristen – »das Deutschland der Philosophen und Dichter«. Den Vorwurf, die Widerstandsbewegung sei chauvinistisch, weist Debu-Bridel mit der Feststellung zurück, ihr Kampf bewirke das genaue Gegenteil. Man wolle keinen Chauvinismus gegenüber dem deutschen Volk. Man müsse sich aber darüber im klaren sein, daß die Ernennung Speidels die bereits vorhandenen Ressentiments gegen Deutschland steigere. Der Widerstand gegen den ehemaligen Wehrmachtsgeneral diene der Verständigung zwischen dem deutschen und dem französischen Volk. Nach seiner Ansprache wird ein »Appell von Auboué« verlesen und durch Handzeichen von den Kundgebungsteilnehmern gebilligt. »15 Jahre ist es her«, heißt es darin, »daß General Hans Speidel, Chef des Stabes beim Militärkommandanten im besetzten Frankreich, seinem Vorgesetzten Otto von Stülpnagel in einem Rapport vom 28. Februar 1942 über die Deportation von 70 Einwohnern von Auboué Bericht erstattete ... Indem wir uns vor dem Ehrenmal der Märtyrer von Auboué verneigen, erheben wir in derselben Geschlossenheit wie in den Tagen der Trauer und des Sieges feierlichen Protest gegen die Ernennung Speidels, die die Unabhängigkeit und die Würde unseres Landes verletzt. Wir können nicht annehmen, daß die Helden, die Frankreich die Freiheit und die Achtung der Nationen wiedergegeben haben, umsonst gefallen sind ... Wir rufen alle Franzosen auf, viele solcher Treffen wie dieses zu organisieren, um zu fordern, daß die Ernennung Speidels rückgängig gemacht wird. Unsere Achtung vor den Toten und die Liebe zu unserem Vaterland leiten uns in diesem harten Kampf gegen eine Maßnahme, die diese Gefühle beleidigt und uns bedroht.«[58] Nachdem sich die Fahnen zu Ehren der von den Nazis Ermordeten gesenkt haben, werden die Namen der Toten, von einem Trommelwirbel begleitet, verlesen. – Weitere Protestkundgebungen finden in **Nancy**, **Bordeaux** und einer Reihe anderer französischer Städte statt.

24. März Der algerische Rechtsanwalt Ali Boumendjel, der sich seit dem 9. Februar in den Händen französischer Fallschirmjäger befindet, begeht in **Algier** Selbstmord, in dem er von der Dachterasse des Gebäudes springt, in dem er gefangengehalten wird. Der Jurist, dem vorgeworfen wird, mit der

algerischen Befreiungsorganisation FNL zusammenzuarbeiten, soll bereits am 11. Februar einen ersten
Selbstmordversuch unternommen haben. Da er keinem Haftrichter vorgeführt worden war, hatte sein
Bruder, der in Paris lebende Rechtsanwalt Ahmed
Boumendjel, zweimal bei Staatspräsident René Coty
interveniert, um gegen das Vorgehen der französischen Sicherheitsbehörden in Algier zu protestieren. Weder beim ersten noch beim zweiten Mal
hatte er eine Antwort erhalten. – Der Selbstmord
Boumendjels erregt in der französischen Öffentlichkeit großes Aufsehen. Die Tageszeitung »Franc-Tireur« fordert eine genaue Untersuchung der Haft-
umstände und meint, es sei äußerst merkwürdig,
daß ein Anwalt in Algerien eineinhalb Monate von
Fallschirmjägern festgehalten werden könne, ohne
daß sich die Justizbehörden mit ihm befaßten. In ähnlicher Weise argumentiert die Tageszeitung »Le
Monde«, die von einer Reihe ähnlicher Fälle zu
berichten weiß, in denen in Algerien wochenlang
Gefangene von den Fallschirmjägern festgehalten
wurden, ohne daß sie einem Untersuchungsrichter
vorgeführt, noch daß ihre Familien benachrichtigt
worden sind. Der ehemalige französische Erziehungsminister und Professor für Rechtswissenschaften an der Sorbonne, René Capitant, gibt einen Tag
darauf in **Paris** bekannt, daß er seine Lehrtätigkeit
aus Protest gegen die Behandlung Ali Boumendjels
durch die Fallschirmjäger vorläufig einstellen werde.
»Solange Praktiken, denen wir selbst im Krieg
niemals deutsche Kriegsgefangene unterworfen
haben«, heißt es in seinem an das Erziehungsministe-
rium gerichteten Brief, »von der Regierung meines
Landes gegen Algerier vorgeschrieben oder geduldet werden, fühle ich mich nicht in der Lage, an einer
französischen Juristischen Fakultät zu lehren.«[59] –
Der Fall Boumendjel wird am 26. März auch in der
französischen Nationalversammlung in **Paris** zur
Sprache gebracht. Ein Abgeordneter des *Mouvement
Républicain Populaire* (MRP) spricht dabei den Verdacht aus, daß Verhaftete in Algerien Folterungen
oder zumindest peinlichen Verhörmethoden ausgesetzt seien. Während der deutschen Besatzung hätten die Franzosen selbst Willkürakte dieser Art
erlebt. Er erinnere nur an den Fall Pierre Brossolet-
tes, der sich im März 1944 aus dem Fenster gestürzt
habe, um so weiteren Verhören durch die Gestapo
zu entgehen. Es könne nicht hingenommen werden,
daß Frankreich selbst der Anwendung solch abscheu-
licher Verhörmethoden bezichtigt werden könne,
die es in der Zeit des Widerstands gegen die Deutschen mit Recht so entschieden angeprangert habe.
Der in Algerien residierende Minister Robert Lacoste erklärt zu den Vorwürfen, daß Ali Boumendjel
gestanden habe, einer der FNL-Führer in Algier zu

sein. – Zur selben Zeit ersucht der in Algerien stationierte General Paris de Bollardière Verteidigungsminister Maurice Bourgès-Maunoury um die
Enthebung von seinem Kommando. Obwohl der
Minister es in einer Presseerklärung abstreitet, daß
das Gesuch des Generals irgend etwas mit den im
Zusammenhang mit dem Fall Boumendjel erhobenen Vorwürfen zu tun hat, erhält diese Vermutung
jedoch kurz darauf erneut Nahrung. In einem Schreiben an Jean-Jacques Servan-Schreiber, das am 29.
März in dem Magazin »L'Express« veröffentlicht
wird, spricht der General, Großoffizier der Ehrenlegion, davon, daß die Gefahr bestehe, in Algerien
könnten die Werte verloren gehen, die bisher allein
die Größe der französischen Zivilisation und Armee
ausgemacht hätten.

25. März Der ehemalige Leiter des Wirtschaftswissenschaftlichen Instituts (WWI) beim DGB, Viktor
Agartz, wird in **Köln** zusammen mit seiner Sekretärin Ruth Ludwig verhaftet. Oberbundesanwalt Max
Güde gibt dazu in **Karlsruhe** die Erklärung ab, daß
der sozialistische Wirtschaftstheoretiker seit einiger
Zeit große Geldsummen vom *Freien Deutschen
Gewerkschaftsbund* (FDGB) der DDR erhalten habe,
um damit die illegale Tätigkeit der verbotenen KPD
zu unterstützen. Vom Untersuchungsrichter des
Bundesgerichtshofes werde deshalb eine Voruntersuchung im Hinblick auf den Verdacht staatsgefährdender Agententätigkeit und staatsgefährdender
Nachrichtendiensttätigkeit eingeleitet. – Der Beschuldigte läßt zu den gegen ihn erhobenen Vorwürfen durch seinen Anwalt Diether Posser erklä-

*25.3.: Der Gewerk-
schaftstheoretiker
Viktor Agartz (ganz
links) auf einer Konfe-
renz von Wirtschafts-
sachverständigen
der amerikanischen
und der britischen
Zone 1946 in Frank-
furt; dritter von
links sein Antipode
Ludwig Erhard,
damals bayerischer
Wirtschafts-
minister und Ver-
fechter der Markt-
wirtschaft im
Gegensatz zu einer
zentralistischen
Planwirtschaft.*

25.3.: In der DDR hergestelltes Plakat, mit dem gegen die politische Verfolgung des Gewerkschaftstheoretikers protestiert wird.

ren, daß er kein Geld vom FDGB bezogen habe. Der Anwalt führt weiter aus, daß die Verhaftung seines Mandanten ein Wahlmanöver der Bundesregierung darstelle. – Darauf erwidert ein Pressesprecher der Bundesanwaltschaft in **Karlsruhe**, daß die Verhaftung nicht auf Anweisung der Bundesregierung erfolgt sei. Der Grund sei vielmehr die zufällige Festnahme eines Kuriers gewesen, der bei seiner Einreise in die Bundesrepublik Geld und Aufzeichnungen mit sich geführt habe. – Auch gegen die Sekretärin von Viktor Agartz, Ruth Ludwig, und seinen Angestellten, Gustav Wieland, wird wenige Tage darauf die Voruntersuchung eröffnet. Sie werden der gleichen Delikte beschuldigt. – In der bundesdeutschen Presse setzt eine Welle von beispiellosen Vorverurteilungen des Mannes ein, der zu den angesehensten Gewerkschaftstheoretikern zählt. Agartz wird bezichtigt, Geldbeträge »zum Zwecke der Förderung der verbotenen KPD« aus der DDR bezogen zu haben. Die Schlagzeile der »Bild«-Zeitung vom 28. März lautet: »Pankow bezahlte westdeutschen Politiker – Dr. Agartz in Köln verhaftet«. Die »Frankfurter Rundschau« erwähnt in ihrem Bericht mit keinem Wort die Erklärung des Agartz-Verteidigers, zitiert aber ausführlich aus den Distanzierungserklärungen des DGB und der SPD gegenüber dem Verhafteten. Der am selben Tag erscheinende »Wiesbadener Kurier« schreibt unter der Überschrift »Bazillus«: »Es gibt nicht nur eine Säuberung im Osten, aber der Unterschied zwischen den Erscheinungen in Ost und West beruht auf Zuchtwahl und natürlicher Auslese. Im Osten gehört die Säuberung zum System der Gewalt, im Westen scheidet die Rückkehr zu einer gesunden Entwicklung das Krankhafte von selbst aus.«[60] Die Verhaftung von Agartz bedeute jedoch längst noch nicht die »Abtötung des Bazillus«, den er »in den Kreislauf des DGB und der ihm nahestehenden Partei« eingespritzt habe. Die expansive Lohnpolitik wuchere auch ohne ihn kräftig weiter. – Die »Frankfurter Allgemeine Zeitung« schreibt am 29. März unter dem Titel »Schmutzige Hände«, Viktor Agartz sei eine »... der politisch zwielichtigsten Erscheinungen, die nach 1945 in Westdeutschland zu Amt und Würden gelangten ...«[61] Den DGB werde die Verhaftung seines ehemaligen Cheftheoretikers, der noch auf dem vorletzten Gewerkschaftskongreß »Drohungen gegen den westdeutschen Staat« habe vorbringen dürfen, »besonders tief berühren«. – Der »Rheinische Merkur« unterstellt dem ehemaligen Gewerkschaftsfunktionär in dem am 5. April unter dem Titel »Vom DGB-Doktrinär zum FDGB-Agenten« erschienenen Leitartikel, er habe durch seine Propagierung einer expansiven Lohnpolitik die Wirtschaftsordnung der Bundesrepublik zum Einsturz bringen wollen,

Die Hexenjäger in Aktion

Diese Nachricht geht jeden Arbeiter Westdeutschlands an: Dr. Viktor Agartz wurde von Adenauers Polizei verhaftet!

Wer ist Dr Agartz?
Die „Bonner Rundschau" schreibt am 28. März: „Der Mann ist Marxist, kämpferischer Ideologe, Politiker, Wirtschaftswissenschaftler ..."

Weshalb wurde Dr. Agartz verhaftet?
Der Westberliner „Tagesspiegel" schreibt am 28. März: „Er (Agartz) hat mit seinen radikalen vier Grundsatzforderungen im Oktober 1954 die Privatwirtschaft erschreckt ..." In seinem Grundsatzreferat auf dem 3. DGB-Kongreß im Oktober 1954 hatte Dr. Agartz eine echte Mitbestimmung für die westdeutschen Arbeiter und darüber hinaus die Entmachtung der Monopole gefordert.

Deshalb wurde Dr. Agartz verhaftet!
Dr. Agartz begründete auf dem 3. DGB-Kongreß das Aktionsprogramm des DGB. Die Hamburger Zeitung „Die Welt" erinnert am 28. März an die Reaktion der DGB-Delegierten auf die von Agartz formulierten Forderungen: „Tosender Beifall!" Die Metallarbeiter Schleswig-Holsteins kämpften 16 Wochen lang für eine Forderung dieses Aktionsprogramms.

Deshalb wurde Dr. Agartz verhaftet!
Die Aufgabe, die sich Dr. Agartz nach seiner Maßregelung durch den DGB-Bundesvorstand im Oktober 1955 stellte, war, „den komplizierten Stoff der Wirtschafts- und Sozialwissenschaften dem arbeitenden Menschen verständlich zu machen. Er richtete sich an den einfachen Mann ..." („Die Welt" vom 28. März 1957.)

Deshalb wurde Dr. Agartz verhaftet!
Der Bonner Wirtschaftsminister Erhard drohte den Gewerkschaften, mit brutaler Gewalt gegen Lohnforderungen vorgehen zu wollen. Dr. Agartz begründete wissenschaftlich die Notwendigkeit einer expansiven Lohnpolitik der westdeutschen Gewerkschaften.

Deshalb wurde Dr. Agartz verhaftet!
Dr. Agartz deckte mit wissenschaftlicher Prägnanz das wirkliche Wesen des Bonner Staates auf, zeigte seine Verfilzung mit dem Monopolkapital und warnte vor der Remilitarisierung, da sie „die Sicherheit des Volkes im Innern stets auf das Äußerste gefährdet".

Deshalb wurde Dr. Agartz verhaftet!
Der Bonner Kanzler will vor der Bundestagswahl beizeiten erreichen, daß seine echten Gegner mundtot gemacht und die Aufstellung von Arbeiterkandidaten verhindert wird.

Deshalb wurde Dr. Agartz verhaftet!
Die Einkerkerung von Dr. Agartz ist ein Schlag gegen alle Arbeiter und Gewerkschaften!
Arbeiter! Gewerkschafter!

Deshalb: Freiheit für Dr. Agartz!

»... damit auf dem Trümmerfeld eine sozialistische Plan- und Zwangswirtschaft errichtet werden könnte.«[62] Das DGB-Organ »Welt der Arbeit« distanziert sich von dem ehemals führenden DGB-Wirtschaftstheoretiker, indem es davor warnt, das Aktionsprogramm der Gewerkschaften durch eine Identifizierung mit dem verhafteten Agartz zu kompromittieren. Es fügt außerdem hinzu, daß im Unterschied zum Prozeß gegen Wolfgang Harich in der DDR die Rechtsstaatlichkeit des Verfahrens gegen Agartz völlig außer Zweifel stehe.[63] – Der Bundesgerichtshof in **Karlsruhe** entscheidet am 7. Mai, daß die Haftbefehle aufrechterhalten bleiben, der Haftvollzug jedoch gegen Bereitstellung einer Kaution ausgesetzt werden könne. Nach der Bereitstellung einer Arresthypothek auf sein Hausgrundstück in Höhe von 25.000 DM wird Viktor Agartz am 8. Mai zusammen mit seiner Sekretärin aus dem Untersuchungsgefängnis in **Köln** entlassen. – Oberbundesanwalt Max Güde erhebt am 28. September vor dem Bundesgerichtshof in **Karlsruhe** Anklage gegen Agartz. In der 69 Seiten umfassenden Anklageschrift heißt es, der Angeklagte habe mit der Herausgabe der WISO »die gegen die freiheitlich demokratische Grundordnung der Bundesrepublik gerichtete Agitation des FDGB und der hinter ihm stehenden SED« unterstützt und sich damit der Aufnahme einer verfassungsverräterischen Verbindung schuldig gemacht. Im Gegensatz zur Begründung des Haftbefehls sind darin zwei wesentliche Anklagepunkte, der Vorwurf der Rädelsführerschaft in einer verfassungsfeindlichen Vereinigung und der Verstoß gegen das KPD-Verbotsurteil, fallengelassen worden.

25. März Der Jazztheoretiker Reginald Rudorf wird bei der Rückkehr von einer Reise in die Bundesrepublik, kurz nachdem er seine Wohnung in **Leipzig** betreten hat, verhaftet. Eine Gruppe von sieben MfS-Angehörigen ist aufgeboten worden, um den wegen seines mutigen Auftretens für die Jazzmusik in der DDR bereits seit längerer Zeit unter Beschuß geratenen 27jährigen hinter Gitter zu bringen. Während fünf der in Ledermäntel gekleideten Männer die Wohnung stundenlang nach Belastungsmaterial durchsuchen, wozu auch das Abspielen mehrerer Schallplatten gehört, bringen die anderen beiden Rudorf in die Wächterburg, ein Untersuchungsgefängnis des MfS. Dort wird er an einem eisernen Ring angekettet und 16 Stunden ohne Unterbrechung verhört. Erst nach sechs Wochen, in denen er sich täglich einem zwölfstündigen Verhör durch einen Oberleutnant des MfS unterziehen muß, erfährt Rudorf die gegen ihn erhobenen Vorwürfe. Er wird beschuldigt, vor der Medizinischen Fakultät der Universität Leipzig SED- und FDJ-Funktionäre als geistig unzurechnungsfähig beschimpft, Parteimitglieder, die an einer gewalttätigen Auseinandersetzung im Clubhaus Kirow beteiligt waren, als »SA-Schläger«

25.3.: In vielen Ostblockstaaten stellt die Jazzmusik eine subversive Kraft im kulturellen Leben dar. Hier die jugoslawische Band »Loca Stiplosek« bei einem Gastspiel in Düsseldorf.

diffamiert und auf einer Veranstaltung der *Evangelischen Kirche* in München unter dem Vorwand der Bürokratiekritik gegen die SED gehetzt zu haben. Ein halbes Jahr lang ist Rudorf, dem es als »Strafgefangener R.« nicht einmal mehr gestattet wird, seinen eigenen Namen zu tragen, völlig isoliert. Er kann keinen Kontakt zu einem Anwalt aufnehmen, keinen Besuch empfangen und auch keine Briefe schreiben. – Erst nach und nach sickern Informationen über die Verhaftung des seit einem »Spiegel«-Bericht vom September 1954 auch im Westen nicht mehr ganz unbekannten Jazz-Enthusiasten durch. Am 12. April berichtet die französische Tageszeitung »Le Monde« unter der Überschrift »Le grande maître du jazz en Allemagne orientale est arreté« über den Fall, vier Tage später folgt mit dem Titel »Hintergründe der Verhaftung Reginald Rudorfs« ein ausführlicher Bericht in der »Frankfurter Rundschau«, und am 23. April erscheint die »Bild-Zeitung« mit der Schlagzeile »Verhaftet – nur weil er den Jazz liebt«. – Als sich Rudorf schließlich weigert, in den Verhören irgendeine Aussage zu machen, versucht ihn die Staatsanwältin kurze Zeit später zu einem »Geständnis« zu überreden. Als auch das scheitert, wird ihm eine drei Seiten lange Anklageschrift ausgehändigt, in der nur noch der Vorwurf erhoben wird, Rudorf habe »Boykotthetze« betrieben und Funktionäre von SED und FDJ beleidigt. Danach wird er in das östlich von Leipzig gelegene Haftarbeitslager **Röcknitz** verlegt, in dem er mit Hammer und Pickel Granitbrocken aus einer 100 Meter hohen Felswand herausschlagen muß.

25. März Die Regierungschefs von Belgien, Frankreich, Italien, Luxemburg, der Niederlande und der Bundesrepublik unterzeichnen in **Rom** die Verträge über die Europäische Wirtschaftsgemeinschaft (EWG) und die Europäische Atomgemeinschaft (EURATOM). Vornehmliches Ziel der EWG-Gründung ist die Schaffung eines gemeinsamen europäi-

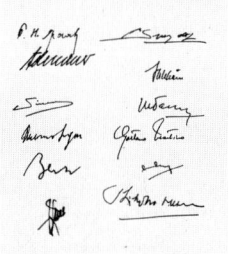

25.3.: Die Römischen Verträge werden unterzeichnet (v.l.n.r.): Staatssekretär Walter Hallstein und Bundeskanzler Adenauer.

25.3.: Die Unterschriften der Unterzeichner des EWG-Gründungsdokuments.

schen Marktes für Waren und Dienstleistungen. Darüber hinaus sollen Zölle und Kontingentierungen schrittweise abgeschafft und ein gemeinsamer Außenzolltarif gegenüber Drittländern eingeführt werden. Außerdem ist die Freizügigkeit von Arbeitnehmern sowie ein freier Kapital- und Dienstleistungsverkehr in allen sechs Mitgliedsländern vorgesehen. Der Vertrag, der eine wesentliche Erweiterung der auf Kohle und Stahl beschränkten Montanunion darstellt, wird zum 1. Januar 1958 wirksam. Durch die EURATOM, gegen deren Gründung die Sowjetunion am 16. März mit einer Note an die Westmächte protestiert hat, wird die Bundesrepublik offiziell in die westeuropäische Atomforschung und die Entwicklung von Techniken zur Nutzung der Nuklearenergie einbezogen.

26. März In dem in der Nähe von Lyon gelegenen Ort **St. Genis-Laval** stirbt im Alter von 84 Jahren der Ehrenpräsident der französischen Nationalversammlung und ehemalige französische Ministerpräsident Edouard Herriot. Der Sohn eines Berufsoffiziers war mehrere Jahrzehnte lang Bürgermeister von Lyon und galt als Repräsentant des antiklerikalen republikanischen Bürgertums. Wegen seiner Ablehnung des Vichy-Regimes wurde er während der deutschen Besatzung verhaftet, nach Potsdam deportiert und dort bis kurz vor Kriegsende interniert. Während seiner Amtszeit als Präsident der Nationalversammlung, von 1947 bis 1954, setzte er sich mit großem Nachdruck gegen eine Wiederbewaffnung Deutschlands ein. – An seiner Beisetzung auf dem Friedhof Loyasse bei **Lyon** nehmen 250.000 Menschen, darunter Staatspräsident René Coty und

Ministerpräsident Guy Mollet, teil. In seiner Gedenkrede würdigt Mollet den Politiker als einen großen Franzosen, in dessen Leben es nie einen wirklichen Widerspruch zwischen Denken und Handeln gegeben habe.

27. März In **Bremerhaven** ziehen mehrere hundert Werftarbeiter zur Marineschule und protestieren dort bei einem Korvettenkapitän dagegen, daß ihr Schiffsreparaturbetrieb nicht von der Bundesmarine übernommen werden soll. Das Bundesverteidigungsministerium hatte den 437 Mitarbeitern schriftlich zugesagt, daß der bis zum 1. April der US-Navy unterstehende Betrieb der Bundesmarine unterstellt werde. Inzwischen ist aber bekannt geworden, daß er von einer zivilen Dienststelle des Bundes übernommen wird. Die Werftarbeiter befürchten, daß dieser Wechsel für viele von ihnen Arbeitslosigkeit zur Folge haben werde.

27.-29. März Mehr als 1.000 Metallarbeiter der MAN-Werke in **Augsburg** legen aus Protest gegen die Einführung von Rationalisierungsmaßnahmen spontan ihre Arbeit nieder und treten in einen Sitzstreik. Nachdem vor einem Jahr Rationalisierungstrupps ihre Arbeit aufgenommen haben, werden die Akkordvorgabezeiten und die Eingruppierung in die einzelnen Lohnstufen ohne Anhörung oder Mitwirkung des Betriebsrates festgesetzt. Proteste der *IG Metall* bei der Werksleitung sind bislang folgenlos geblieben. Die *IG Metall* erkennt den Streik, der in den Abteilungen Motorenbau, Revolverdreherei und Schmiede begann und sich auszuweiten droht, an und fordert die Direktion zu Verhandlungen mit den Werksangehörigen auf. Nach zweieinhalb Tagen Ausstand lenkt die Geschäftsleitung in einigen Punkten ein. Die *IG Metall* und die MAN-Werke vereinbaren, daß in Zukunft bei allen innerbetrieblichen Streitfällen, insbesondere bei Differenzen in der Frage der Akkordvorgabezeiten, der Betriebsrat eingeschaltet werden kann.

28. März Der britische Kolonialminister Alan Lennox-Boyd gibt im Unterhaus in **London** bekannt, daß die Verbannung des zypriotischen Erzbischofs Makarios aufgehoben wird und er sich von den Seychellen aus überall hin begeben könne, nur auf seine Heimatinsel nicht. Der Führer der Enosis-Bewegung, der den Anschluß Zyperns, das seit 1925 britische Kronkolonie ist, an Griechenland fordert, ist seit dem 9. März 1956 auf eine der im Indischen Ozean gelegenen Seychellen-Inseln verbannt. Der Gouverneur von Zypern, fährt Lennox-Boyd fort, sei bereit, dem Führer der Widerstandsorganisation EOKA, Oberst Georgios Grivas, und allen seinen Mitkämpfern beim Abzug von der Mittelmeerinsel freies Geleit zu gewähren. Dies sei die Voraussetzung für eine baldige Rückkehr von Makarios nach Zypern. Eine sofortige Aufhebung des über die Mittelmeerinsel verhängten Notstandes sei jedoch ebenso wenig möglich wie eine Amnestie. – Am Tag darauf erklärt der Lordpräsident des Rates und Führer des Oberhauses, Robert A.J. Gascoyne-Cecil, Lord Salisbury, seinen Rücktritt. Er sei, führt er zu seiner Begründung an, mit der Entscheidung von Premierminister Harold Macmillan, den Erzbischof ohne die Erfüllung von Vorbedingungen freizulassen, nicht einverstanden. Bisher hätte es die britische Regierung für unverzichtbar gehalten, daß Makarios vor seiner Freilassung einen Aufruf an die EOKA richte, in dem diese zur bedingungslosen Einstellung ihrer »terroristischen Kampagne« aufgefordert werde.

29. März Der 4. Bundeskongreß des *Demokratischen Kulturbundes Deutschlands* (DKBD), der am 30. und 31. März in der bayerischen Landeshauptstadt stattfinden soll, wird von der Polizei in **München** verboten. Das bayerische Innenministerium hatte den DKBD, der nach einer außergerichtlichen Vereinbarung am 28. November 1955 von der Liste der verfassungsfeindlichen Organisationen gestrichen worden war, am Tag zuvor erneut darauf gesetzt. Der DKBD wird als eine von der DDR finanzierte kommunistische Tarnorganisation eingestuft. Auf dem Kongreß, zu dem die ersten der rund 200 Delegierten bereits eingetroffen waren, sollten u. a. Referate von Carl Taube über »Fortschritt und Reaktion« und von Franz Paul Schneider zum Thema »Von der Verantwortung der Intelligenz für die Wiedergewinnung der Einheit der deutschen Nation« gehalten werden.

30. März Das Schwurgericht beim Landgericht **Stuttgart** verurteilt den ehemaligen Leiter der Gestapo-Leitstelle Danzig, Günther Venediger, wegen Beihilfe zum Totschlag in vier Fällen zu einer Gefängnisstrafe von zwei Jahren. Die Untersuchungshaft des Angeklagten wird angerechnet. Der Haftantrag des Staatsanwalts wird abgelehnt; bis zur Rechtskräftigkeit des Urteils bleibt Venediger, der bis 1952 unter falschem Namen untergetaucht war, auf freiem Fuß. Zu einer Verurteilung des 49jährigen früheren Oberregierungsrates und jetzigen kaufmännischen Angestellten kommt es erst im dritten Verfahren. Der Angeklagte war zuvor vom Heilbronner Landgericht zweimal freigesprochen worden; der Bundesgerichtshof hatte die Urteile jedoch immer wieder aufgehoben. Venediger hatte 1944 vier aus einem Kriegsgefangenenlager entflohene Offiziere der britischen Luftwaffe in einem Wald bei Danzig durch Schüsse in den Rücken umbringen lassen. Als Entschuldigung gab er vor Gericht an, das

Reichssicherheitshauptamt (RSHA) habe seine Leitstelle dazu angehalten, die gefangenen Offiziere »kraft Befehl des Führers ›auf der Flucht‹ zu erschießen«. Das Gericht, das keinen Zweifel daran läßt, daß die Mordtat aus niedrigen und heimtückischen Gründen begangen wurde, kommt in der Urteilsbegründung zu dem Schluß: »Täter bezüglich der Tötung dieser vier Offiziere in Danzig sowie der übrigen 46 im ganzen Reichsgebiet war der damalige Führer und Reichskanzler Adolf Hitler. In genauer Kenntnis aller Tatumstände befahl er, fünfzig von den geflohenen englischen Fliegern nach ihrer Wiederergreifung zu erschießen. Er handelte dabei rechtswidrig und vorsätzlich. Er ließ dabei seinen niedrigen Instinkten freien Lauf, wie er es, was inzwischen offenkundig geworden ist, immer wieder tat, wenn er sich der Grenzen seiner Macht bewußt wurde … Hitler hat also hier als Mörder gehandelt.«[64] Da die Täterschaft auf diese Weise geklärt worden ist, erfolgt die Verurteilung Venedigers nur wegen Beihilfe zum Totschlag. Seine »Beihilfehandlung« habe »in der Anpassung des ihm unvermutet erteilten Befehls an die örtlichen Verhältnisse und in der Überwachung seiner Ausführung« bestanden.

30. März Nach dreitägiger Verhandlung verurteilt das Bezirksgericht **Leipzig** die beiden Universitätsdozenten Gerhard Hasse und Joachim Hoffmann, die eine »weitere Demokratisierung in der DDR« und die Neugründung der SPD gefordert hatten, wegen »revisionistischer Opposition« zu Zuchthausstrafen von fünf bzw. zwei Jahren. Am Ende der Urteilsbegründung heißt es über die beiden Lehrenden an der Arbeiter-und-Bauern-Fakultät: »Kein Mensch wird bei uns bestraft, wenn er mit der Politik der SED oder der Regierung nicht einverstanden ist. Ausschlaggebend für Urteil und Strafe ist ausschließlich der objektive Sachverhalt, das Verbrechen gegen unseren Staat.«[65] In den Verhandlungen vor Gericht sei nichts von der »Märtyrerrolle«, die die beiden »Agenten« hätten spielen wollen, übriggeblieben.

28.3.: In Athen erklärt Erzbischof Makarios vor 300.000 Menschen vom Balkon seines Hotels aus, daß das zypriotische Volk seinen Kampf gegen die britische Kolonialherrschaft bis zur Erringung seiner Unabhängigkeit fortsetzen werde.

28.3.: Eine griechische Briefmarke mit dem Konterfei des Erzbischofs und einem Ausspruch Winston Churchills aus dem Jahr 1907: »Ich bin der Ansicht, daß es nur natürlich ist, wenn das zypriotische Volk, das griechischer Abstammung ist, seinen Zusammenschluß mit dem, was man sein Mutterland nennt, als ein Ideal betrachtet, das mit Ernst, Andacht und Inbrunst gepflegt werden sollte.«

30.3.: Ehemalige KZ-Häftlinge legen aus Protest gegen die Ernennung Speidels zum Oberbefehlshaber der NATO-Landstreitkräfte am Denkmal für nicht wiedergekehrte Deportierte in der lothringischen Kleinstadt Auboué Kränze nieder.

30.3.-2.4.: Der Physiker John Desmond Bernal bei einer Ansprache für den Weltfriedensrat.

30. März Auf zahlreichen Kundgebungen und Demonstrationen protestieren in **Frankreich** Gewerkschaftler, Kommunisten, ehemalige Widerstandskämpfer und andere Bürger gegen den bevorstehenden Amtsantritt Speidels als Oberbefehlshaber der NATO-Landstreitkräfte in Mitteleuropa. In **Paris** ziehen Tausende zum Arc de Triomphe und legen dort am Grabmal des Unbekannten Soldaten Kränze und Blumen nieder. Ein ehemaliger KZ-Gefangener, der in seiner gestreiften Häftlingsuniform erschienen ist, trägt auf seinem Rücken ein Plakat mit der Aufschrift »Speidel à la porte!« (Speidel raus!). Zu der Manifestation haben auch mehrere Senatoren aufgerufen. Im Vorort **Drancy** versammeln sich meh-

rere hundert ehemalige KZ-Häftlinge auf dem Platz, von dem aus 15 Jahre zuvor der erste Transport mit französischen Juden ins Vernichtungslager Auschwitz stattfand. Sie legen dort zur Erinnerung an die 120.000 deportierten französischen Juden Kränze und Blumengebinde nieder. Mehrere Redner erklären, daß sich ihre Kundgebung zugleich gegen die Ernennung Speidels richte.

30. März- 2. April Auf einer Präsidiumstagung des *Weltfriedensrates* in **Ost-Berlin** beschließen die Mitglieder unter Vorsitz von Professor Frédéric Joliot-Curie einen »Berliner Appell« zur sofortigen Einstellung aller Kernwaffenversuche. »Werden die Versuche fortgesetzt«, heißt es darin, »so wird die Gesundheit vieler Generationen untergraben und das Leben der Menschen bedroht. Besonders gefährdet sind die Kinder. Der Atomkrieg würde Millionen Menschen vernichten und ganze Kontinente verwüsten. Kein Land, kein Volk will diesen Krieg. Trotzdem wird er in aller Öffentlichkeit vorbereitet, und viele Menschen sehen dem tatenlos zu. Die Vereinigten Staaten und die Sowjetunion setzen ihre Wasserstoffbombenversuche fort; auch Großbritannien will nun damit beginnen. Wir fordern die sofortige Einstellung der Versuche. Das Leben der Kinder muß geschützt werden.«[66] Der britische Physiker John Desmond Bernal referiert außerdem über die Gefahren, die aus den Kernwaffentests resultieren. In einer an die algerische »Friedensbewegung« gerichteten Solidaritätsadresse versichert das Präsidium des *Weltfriedensrates* anläßlich des am 25. März in Paris unter dubiosen Umständen ums Leben gekommenen algerischen Rechtsanwalts Ali Boumendjel seine Verbundenheit und Unterstützung.

I. April Auf Veranlassung der Oberstaatsanwaltschaft **Frankfurt** wird der ehemalige SS-Obersturmbannführer Hermann Krumey verhaftet. Der 53jährige frühere Stellvertreter von Adolf Eichmann wird beschuldigt, mitverantwortlich für die Deportation von 400.000 ungarischen Juden in die Vernichtungslager zu sein.

I. April In den Kasernen der **Bundesrepublik** treten 9.733 Wehrpflichtige des Geburtsjahrgangs 1937 ihren einjährigen Militärdienst an. Die Bundeswehr umfaßt bislang rund 80.000 Soldaten; ihre Personalstärke soll noch bis zum Jahresende auf 120.000 erhöht werden.

I. April Der ehemalige General der Wehrmacht und jetzige Generalleutnant der Bundeswehr, Hans Speidel, wird als Oberkommandierender der NATO-Landstreitkräfte in Mitteleuropa eingesetzt. Der 59jährige Offizier, der maßgeblichen Anteil am Aufbau der Bundeswehr hat, war 1940 Chef des Stabes beim Militärkommandanten im besetzten Frankreich und 1944 letzter Generalstabschef von Generalfeldmarschall Rommels Heeresgruppe B in Frank-

reich. Er gehörte zur Gruppe der Offiziere, deren Attentat gegen Adolf Hitler am 20. Juli 1944 mißlang. Speidel wurde zwar von der Gestapo als Verdächtiger vernommen, dann jedoch von einem militärischen Ehrengericht freigesprochen. In seinem 1949 erschienenen Buch »Invasion 1944 – Ein Beitrag zu Rommels und des Reiches Schicksal« wird das Scheitern des Umsturzversuches ausführlich beschrieben. Speidel, der von Anfang an zu den engsten militärpolitischen Beratern Adenauers gehörte, leitete zuletzt die Abteilung Gesamtstreitkräfte im Bundesverteidigungsministerium. – Wegen anhaltender Proteste von Teilen der französischen Bevölkerung, die dem General vorwerfen, zur Zeit der deutschen Besatzung für die Deportation von Zivilisten verantwortlich gewesen zu sein, tritt Speidel

1.4.: Der ehemalige SS-Obersturmbannführer Hermann Krumey wird auch verdächtigt, an der Ermordung von 81 Kindern aus Lidice beteiligt gewesen zu sein.

1.4.: »Doch, doch, Herr Speidel, der Panzer ist gut. Nur – wir haben noch nie hinter einer deutschen Kanone gesessen!« Karikatur aus dem in London erscheinenden »Daily Express«.

1.4.: Speidel als Oberbefehlshaber der NATO-Landstreitkräfte in Mitteleuropa an seinem Schreibtisch in Fontainebleau.

1.4.: »Hoffe, durch ›verbrannte Erde‹,/ daß noch NATO-Marschall werde./ Setze alte Praxis fort,/janz wie früher: Massenmord!« General Speidel in einer in der DDR hergestellten Broschüre mit dem Titel »Demokratie in Feldgrau«.

4.4.: Protokoll der Adenauer-Erklärung im »Spiegel«, das von der autorisierten Fassung nur unwesentlich abweicht.

4.4.: Karikatur aus der Tageszeitung »Die Welt«.

4.4.: »Nach Bedarf drehen.« Karikatur aus dem Wochenblatt »Die Andere Zeitung«.

jedoch erst mit einem Tag Verspätung sein Amt im NATO-Hauptquartier in **Fontainebleau** an. Bei seiner Ankunft in der südöstlich von Paris gelegenen Stadt ist an Mauern und Hauswänden in großen Lettern zu lesen: »Speidel à la lanterne!« Gleichzeitig übernimmt der Kapitän zur See Karl-Adolf Zenker, der ein Jahr zuvor mit einer Treueerklärung für seine beiden früheren Vorgesetzten, die als Kriegsverbrecher verurteilten Großadmirale Karl Dönitz und Erich Raeder, eine innenpolitische Affäre ausgelöst hatte, in **Cuxhaven** das Kommando über die NATO-Seestreitkräfte Nordsee. Zenker untersteht dem Flottenkommando für Mitteleuropa, dessen Oberbefehl in den Händen des niederländischen Vizeadmirals Hendrik Bos liegt.

1.-9. April Weil die Verlegung einer Klasse in eine andere Schule wegen des daraus resultierenden längeren Fußweges für unzumutbar gehalten wird, werden 28 Kinder der Steuben-Schule im **West-Berlin**er Bezirk Charlottenburg von ihren Eltern nicht mehr zum Unterricht geschickt. Die Schülerinnen und Schüler der Klasse 5b, rufen einen »Schulstreik« aus. »Die Kinder werden so lange nicht mehr zum Unterricht gehen«, heißt es in einer von den Eltern am Tag zuvor einstimmig verabschiedeten Resolution, »bis dieser wieder in der alten Schule und den bisherigen Lehrkräften möglich ist.«[68] Die zuständige Schulbehörde weist den Protest mit der Begründung zurück, die Verlegung der Klasse 5b sei wegen räumlicher Engpässe unumgänglich. Der Bezirksstadtrat Walter Beese (CDU) ist derselben Ansicht und droht damit, die Eltern wegen Verletzung der gesetzlich vorgeschriebenen Schulpflicht anzuzeigen. Das Verhalten der Erzieher sei ein »pädagogisches Verbrechen«. Als sich nach neun Tagen Streik die Situation immer mehr zuspitzt und die Eltern in ihrem Tagungslokal von einer Polizeistreife überwacht werden, geben sie auf und beschließen, ihre Kinder vom nächsten Tag an wieder zum Unterricht zu schicken.

3. April Im Royal Court Theater in **London** findet die Uraufführung des Beckett-Stückes »Fin de Partie« (»Endspiel«) statt. In dem Einakter erscheinen vier Personen in einem kahl und düster wirkenden Zimmer. Es sind der blind und gelähmt in seinem Rollstuhl sitzende Hamm, sein Diener Clov, der weder sitzen noch sich selber versorgen kann, und Hamms ebenso infantile wie invalide Eltern Nagg und Nell, die abgewrackt in zwei Mülltonnen hausen. Während Hamm und Clov das Ende in sich wiederholenden Kommunikationsritualen durchspielen, repräsentieren die »verfluchten Erzeuger« das unmittelbare physische Verenden. Als Leitmotiv durchzieht das ganze Stück, das von einem Kritiker

als »postapokalyptische Farce« bezeichnet wird, das Sprachklischee »Irgendetwas geht seinen Gang«.

> „ BESONDERE NORMALE WAFFEN "
> Stenographischer Auszug der Erklärung Dr. Adenauers vor der Presse
>
> Nun komme ich auf die atomaren Waffen.
>
> Hier ist nicht beachtet der Unterschied zwischen den taktischen und den strategischen atomaren Waffen Die taktischen Atomwaffen sind im Grunde nichts anderes als eine Weiterentwicklung der Artillerie, und es ist ganz selbstverständlich, daß bei einer so starken Fortentwicklung der Waffentechnik, wie wir sie leider jetzt haben, wir nicht darauf verzichten können, daß unsere Truppen auch bei uns — das sind ja beinahe normale Waffen in der normalen Bewaffnung —, die neuesten Typen haben und die neueste Entwicklung mitmachen. Davon sind zu trennen die großen atomaren Waffen, die haben wir ja nicht. Aber, meine Damen und Herren, wie sehr diese ganze Entwicklung im Fluß ist, das ersehen Sie am besten daraus, daß Großbritannien schon vor Wochen erklärt hat, daß es eine nukleare Macht werden wolle, so daß wir dann nicht nur als nukleare Mächte haben die Vereinigten Staaten und Sowjetrußland, sondern auch Großbritannien. Diese ganze Entwicklung ist also in vollem Fluß, und wir Deutsche können diese Entwicklung nicht stoppen. Wir müssen uns der Entwicklung anpassen Wir können nur das eine tun, und das tun wir, überall dafür zu sorgen, daß eine Entspannung irgendwie und irgendwann einmal eintritt.
>
> Aber davon, meine Damen und Herren, bin ich felsenfest überzeugt, daß eine Entblößung von Waffen, ein Nichtmitmachen der Entwicklung in der modernen Waffentechnik keine Entspannung bedeutet, wenn sie von irgendeinem Lande allein vorgenommen wird, und sicher nicht, wenn sie von der Bundesrepublik allein vorgenommen wird. Ich glaube, ich habe damit wohl diese Fragen insgesamt beantwortet.
>
> Daß das Vorhandensein dieser Atomwaffen auf dem Boden der Bundesrepublik uns der Gefahr einer atomaren Vergeltung aussetzt, glaube ich nicht, aus dem sehr einfachen Grunde, meine Damen und Herren, weil auch Sowjetrußland genau weiß, wie das alle anderen Staaten wissen, daß eine Vergeltungshandlung — wie es hier steht — das heißt ein Angriff gegen uns —, es wäre wirklich ein Angriff im ernstesten Sinne des Wortes, daß dann sofort der Gegenschlag von USA kommen würde.

4. April Bundeskanzler Adenauer nimmt in **Bonn** auf einer Bundespressekonferenz Stellung zu dem in der Öffentlichkeit anhaltenden Streit um eine Ausrüstung der Bundeswehr mit Atomwaffen: »Nun komme ich auf die atomaren Waffen. Hier ist nicht beachtet der Unterschied zwischen den taktischen und den großen atomaren Waffen. Die taktischen Atomwaffen sind im Grunde nichts anderes als eine Weiterentwicklung der Artillerie, und es ist ganz selbstverständlich, daß bei einer so starken Fortentwicklung der Waffentechnik, wie wir sie leider jetzt haben, wir nicht darauf verzichten können, daß auch unsere Truppen – das sind ja beinahe normale Waffen – die neuesten Typen haben und die neueste Entwicklung mitmachen. Davon sind zu trennen die großen atomaren Waffen, die haben wir ja nicht.«[69] Die Deutschen, fügte er hinzu, müßten sich in der Nuklearbewaffnung der vorgegebenen Entwicklung anpassen. – Die Feststellung, daß taktische Atomwaffen »nichts anderes als eine Weiterentwicklung der Artillerie« seien, löst in der Öffentlichkeit große Unruhe aus. Sie verstärkt das in großen Teilen der Bevölkerung ohnehin vorhandene Mißtrauen gegenüber der seit dem Amtsantritt von Bundesverteidigungsminister Franz Josef Strauß (CSU) weiter forcierten Aufrüstungspolitik. Zugleich erweckt sie den Eindruck, der Bundeskanzler sei ein militärtechnischer Dilettant, der das Gefahrenpotential der Atombewaffnung sträflich unterschätzt.

4. April Unbekannte dringen in den jüdischen Fried-hof von **Rheinberg** (Nordrhein-Westfalen) ein und werfen 29 Grabsteine um.

4. April Im Théâtre des Nations in **Paris** beginnen die Festspiele zu Ehren des verstorbenen Dramati-kers Bertolt Brecht, die bis zum 21. April andauern. An der Eröffnungsveranstaltung der »Hommage international à Bertolt Brecht« nimmt auch Jean-Paul Sartre teil, der Brecht im Programmheft mit dem französischen Klassiker Racine vergleicht und meint, daß sie die Wahrheit nicht aussprechen, son-dern lediglich zeigen wollten. Im Rahmen des Festi-vals führt das »Berliner Ensemble« die Stücke »Gali-leo Galilei« und »Mutter Courage« und das Schau-spielhaus Bochum »Die Dreigroschenoper« auf.

4. April Der kanadische Botschafter in Ägypten, Herbert Norman, stürzt sich in **Kairo** von der im siebten Stock eines Hotels gelegenen Terrasse in den Tod. Aus einem Brief an seine Frau und an Freunde, den der Diplomat hinterlassen hat, geht hervor, daß er wegen der Erneuerung einer ursprünglich von dem Sinologen Karl August Wittfogel vor dem House Un-American Activities Committee (HUAC) in Washington erhobenen Beschuldigung, er habe Kommunisten in die Hände gearbeitet, in einen Zustand äußerster Verzweiflung gefallen sei und kei-nen Ausweg mehr für sich gesehen habe. – Der spek-takuläre Selbstmord erregt international Aufsehen und führt in der amerikanischen Öffentlichkeit erneut zu einer scharfen Debatte über die rechtliche, politische und moralische Fragwürdigkeit der häufig aus ungeprüften Verdächtigungen, Denunziationen und Intrigen bestehenden Anschuldigungen vor dem HUAC. Die in Toronto erscheinende »The Globe and Mail« schreibt, daß Norman »von Lügnern und Verleumdern zu Tode gehetzt« worden sei. Max Ler-ner meint in einem Kommentar der »New York Post«, daß Menschen auch auf indirektem Wege, durch die Ruinierung ihres Namens und ihrer Kar-riere, getötet werden könnten. Wenn er Mitglied des Senatsausschusses wäre, dann würde ihn der Tod des kanadischen Botschafters bis an sein Lebensende plagen. Und die »New York Times« schreibt in einem Leitartikel, daß die Regierung der USA und das amerikanische Volk in tiefer Schuld gegenüber der Familie Normans, der kanadischen Regierung und dem kanadischen Volk stünden. Sie seien ihnen »eine tiefgefühlte Entschuldigung für das unameri-kanische Verhalten« des Vorsitzenden des Senatsaus-schusses für Innere Sicherheit, Senator James East-land, und dessen juristischen Hauptberater Robert Morris schuldig, die beide mit ihren gegenstands-losen Vorwürfen für den Tod des kanadischen Diplomaten verantwortlich seien.

4./5. April Die Parteileitung der SED im Institut für Philosophie an der Karl-Marx-Universität in **Leipzig** veranstaltet eine »Konferenz über Fragen der Bloch-schen Philosophie«. Die Philosophie Blochs, die noch zwei Jahre zuvor anläßlich seines 70. Geburtstages als Musterbeispiel für eine Aktualisierung des dia-lektischen Materialismus gefeiert worden war, wird nun von den zum Teil gleichen Referenten als idea-listische und subjektivistische Abweichung vom »wissenschaftlichen Marxismus-Leninismus« ge-brandmarkt. Die von Blochs Institutskollegen gehal-tenen Referate erscheinen später als Beiträge eines Sammelbandes mit dem Titel: »Ernst Blochs Revi-sion des Marxismus«. – Schon am 20. Februar hatte der SED-Funktionär Paul Frölich auf einer Parteisit-zung ein ausführliches Referat über ideologische Gefahren gehalten, die für Staat und Partei von der die »konterrevolutionäre Harich-Gruppe« theore-tisch legitimierenden Philosophie Ernst Blochs aus-ginge. – Der Philosophiedozent Johannes Horn, der das Vorwort zu dem Sammelband verfaßt hat, begeht kurz nach der Leipziger Konferenz Selbstmord.

5. April Auf einer Kundgebung in **München** prote-stieren 1.500 Menschen gegen die Lagerung von Atomwaffen auf bundesdeutschem Boden. Mehrere Redner appellieren auf der vom *Kampfbund gegen Atomschäden*, der *Notgemeinschaft zur Verteidigung der Volksgesundheit* und der *Gesellschaft für religiöse und geistige Erneuerung* organisierten Veranstaltung an die verantwortlichen Politiker, sich gegen die ato-mare Bewaffnung zu wenden.

6. April Unbekannte schänden den jüdischen Fried-hof von **Xanten** am Niederrhein.

7. April Die Delegierten des SPD-Bezirksparteita-ges Hessen-Süd sprechen sich in **Frankfurt** in einer Entschließung zur Wehr- und Außenpolitik gegen die Lagerung von Atomwaffen in der Bundesrepu-blik, gegen die Ausrüstung der Bundeswehr mit ato-maren Sprengköpfen und für einen sofortigen Rüstungsstop aus.

8. April In einem Interview des Hessischen Rund-funks vertritt Bundesverteidigungsminister Franz Josef Strauß die Ansicht, daß die Bundeswehr nicht mehr länger auf eine Ausrüstung mit Atomwaffen verzichten könne. Da die Sowjetunion über einen erheblichen Vorsprung an konventionellen Waffen verfüge und ihre Streitkräfte sowohl in materieller wie in personeller Hinsicht besser ausgerüstet seien, würde ein Verzicht auf Nuklearwaffen militärisch »eine Preisgabe Europas« an die UdSSR bedeuten. Sein Standpunkt in der Frage der taktischen Atom-waffen sei der, keine spezielle Ausrüstung für die Bundeswehr, sondern lediglich eine »Gleichberech-

4./5.4.: Der regime-kritische Leipziger Philosophie-professor Ernst Bloch.

4.4.: Titelblatt eines 1959 erschie-nenen Buches von Richard H. Rovere über den McCarthy-ismus.

7.4.: Plakat der SPD zu den Bundestags-wahlen 1957.

8.4.: »Gefährliche Ehe.« Karikatur aus der »Deutschen Volkszeitung«.

tigung« mit den übrigen europäischen Streitkräften der NATO zu verlangen.

9.4.: Die von französischen Fallschirmjägern gefolterte Djamila Bouhired.

8. April Auf einer Veranstaltung des rechtsradikalen *Deutschen Blocks* (DB) in **München**, die unter dem Motto »Verzicht auf deutsches Land ist Verrat am deutschen Volk« steht und zu der, wie im Einladungsschreiben ausdrücklich vermerkt ist, »Landesverräter und Deserteure« keinen Zutritt haben, werden die NS-Verbrechen verharmlost und völkische Ziele der NS-Bewegung propagiert. Als Hauptredner erklärt der ehemalige österreichische Nationalrat Fritz Stüber, man solle einer ahnungslosen Jugend nicht mehr länger das »Schauermärchen« erzählen, in den deutschen Konzentrationslagern seien 6 Millionen Juden umgekommen. Diese Zahl sei mindestens um das Dreifache zu hoch. »Wir haben es satt«, fährt der Wiener Rechtsradikale weiter fort, »von den Millionen Judenopfern zu sprechen.«[70] Der Nationalsozialismus sei weder niederträchtig noch unmoralisch gewesen; im Gegenteil, sehr vieles sei gut, sei ausgezeichnet gewesen. Zum Besten an ihm zähle die »Idee der Volksgemeinschaft«. Der DB-Vorsitzende Karl Meißner bezeichnet in seiner Rede die »Woche der Brüderlichkeit« als »Woche der Widerlichkeit«.

10.4.: Titel einer vom SPD-Bundesvorstand in der Schriftenreihe »Tatsachen und Berichte aus der Sowjetzone« 1952 herausgegebenen Broschüre.

8. April Drei von vier Angeklagten werden in **Budapest** wegen ihrer Beteiligung am Volksaufstand im Herbst des vergangenen Jahres zum Tode verurteilt. Mit dieser Gerichtsentscheidung setzt eine über Jahre anhaltende Prozeßwelle in ganz Ungarn ein.

9. April Französische Militärpatrouillen durchsuchen das arabische Wohnviertel von **Algier**, die Kasbah, nach Attentätern der algerischen Befreiungsfront FNL. Sie riegeln ganze Straßenzüge ab und durchkämmen systematisch jeden Wohnblock. Plötzlich sind Schüsse zu hören. Eine junge Frau flüchtet durch die engen Gassen. Bevor sie von ihren Verfolgern eingeholt wird, kann sie gerade noch zwei von der FNL stammende Briefe vernichten.

Dann wird sie, von einem Schuß ins Schulterblatt schwer verletzt, überwältigt und abgeführt. Es ist die 22jährige Djamila Bouhired. Noch auf dem Operationstisch liegend, wird sie von französischen Fallschirmjägern verhört. Man versucht ihr ein Geständnis über eine Beteiligung an einem Terroranschlag abzupressen, verfügt jedoch über keine Beweise. Als die junge Frau sich weigert, irgendwelche belastenden Angaben zu machen, wird sie von den Soldaten gefoltert. – Djamila Bouhired, die die Torturen ihrer Peiniger überlebt, schildert später vor Gericht in knappen Worten ihre Qualen: »Ich bin vom 9. bis zum 26. April 1957 ohne Unterbrechung im Militärhospital **Maillot** und in den beiden Villen, in denen die Fallschirmjäger mich gefangenhielten, verhört und mißhandelt worden. Drei Tage lang, am 17., 18. und 19. April, erlitt ich Folterungen durch elektrischen Strom. Elektroden wurden mir im Geschlecht, in den Nasenlöchern, in den Ohren, dem Mund, unter den Achseln, an den Brustspitzen, die noch verbrannt sind, auf den Schenkeln, die noch Male tragen, angebracht. Die erste Folter dauerte von einundzwanzig bis drei Uhr, bis ich das Bewußtsein verlor ...«[71] Djamila Bouhired, die unter der Folter weder Angehörige der FNL belastet hat noch selbst als Schuldige überführt werden konnte, gilt seitdem als Symbol für die Widerstandskraft im algerischen Befreiungskampf.

10. April Die Innenminister der Bundesländer verbieten in **Bonn** den *Demokratischen Frauenbundes Deutschlands* (DFD) und ordnen seine Auflösung an. Zur Begründung heißt es, es handle sich beim DFD um eine verfassungswidrige und staatsgefährdende Organisation. Der am 1. April 1950 in Essen gegründete westdeutsche DFD wird von den Behörden als eine »kommunistische Tarnorganisation« bezeichnet. Der ursprünglich aus den antifaschistischen Frauenausschüssen hervorgegangene DFD, dessen eigentliche Gründung am 8. März 1947 in Ost-Berlin erfolgte, zählt in der DDR zu den staatlichen Massenorganisationen. – In den folgenden Monaten und Jahren ist eine erhebliche Zahl von Frauen, die im DFD organisiert sind, strafrechtlicher Verfolgung ausgesetzt.

10. April Zwölf Hundertschaften der Bereitschaftspolizei aus den vier norddeutschen Bundesländern führen in der Heide zwischen **Lüneburg** und **Uelzen** eine Großübung durch. Ziel der Operation ist es, die Niederschlagung eines Bauernaufstandes zu üben. »Wir gehen davon aus«, erklärt ein Polizeioffizier auf die Frage eines Journalisten, »daß radikale Elemente etwa die Unzufriedenheit mancher Bauern über Manöverschäden zum Beispiel ausnutzen und die Bevölkerung aufputschen.«[72]

10. April Der nach dem Scheitern des ungarischen Aufstands nach Rumänien verschleppte Philosoph und Minister für Volkskultur der gestürzten Regierung Nagy, Georg Lukács, kehrt in seine Heimatstadt **Budapest** zurück. Dort führt er ein von der Öffentlichkeit völlig zurückgezogenes Leben und widmet sich fortan fast ausschließlich seinen literaturwissenschaftlichen und philosophischen Studien.

11./12. April Die 30.000 Studenten der insgesamt 75 Ingenieurschulen in der **Bundesrepublik** und **West-Berlin** treten in einen zweitägigen Streik. Sie protestieren damit gegen eine Empfehlung des Haushaltsausschusses im Bundestag, nach der die Studienförderung der Ingenieurstudenten von 110 Millionen DM auf 33 Millionen DM gekürzt werden soll. Der *Studentenverband Deutscher Ingenieurschulen* (SVI) erklärt, daß unter diesen finanziellen Restriktionen für viele Ingenieurstudenten kein ordnungsgemäßes Studium mehr möglich sei.

12. April Eine Gruppe von Naturwissenschaftlern, darunter vier Nobelpreisträger, gibt in **Göttingen** eine Erklärung ab, in der sie sich mit Entschiedenheit gegen eine atomare Bewaffnung der Bundeswehr ausspricht. Unter deutlicher Bezugnahme auf die Pressekonferenz von Bundeskanzler Adenauer am 4. April stellen die 18 Professoren, von denen die meisten Atomphysiker sind, fest, daß »jede einzelne taktische Atomwaffe oder -granate« eine ähnliche Wirkung wie die erste auf Hiroshima abgeworfene Atombombe habe. Max Born, Otto Hahn, Werner Heisenberg, Max von Laue, Carl Friedrich von Weizsäcker u. a. fordern daher die Bundesregierung dazu auf, »ausdrücklich und freiwillig auf den Besitz von Atomwaffen jeder Art« zu verzichten. Sie seien nicht bereit, sich an der Herstellung, Erprobung oder dem Einsatz von Atomwaffen zu beteiligen, wollten aber weiterhin an der »friedlichen Verwendung der Atomenergie« mit allen Mitteln mitwirken. – Die Initiative zu dieser öffentlichen Intervention ging von Walther Gerlach und Carl Friedrich von Weizsäcker aus, die über die verharmlosende Erklärung Adenauers, die taktischen Atomwaffen seien »im Grunde nichts anderes als eine Weiterentwick-

lung der Artillerie« besonders schockiert waren. Als am 11. April der Fachausschuß Kernphysik und Kosmische Strahlung im *Verband Deutscher Physikalischer Gesellschaften* in **Bad Nauheim** tagte, legten sie den dort Versammelten den Appell vor, der dann einen Tag später veröffentlicht wurde. – Bereits am 10. Dezember 1956 hatte Bundesverteidigungsminister Franz Josef Strauß von zehn Unterzeichnern der »Göttinger Erklärung« ein Schreiben erhalten, in dem die Atomphysiker ernste Bedenken gegen die geplante Atombewaffnung der Bundeswehr geltend machten. Falls die Bundesregierung nicht von ihren Plänen Abstand nähme, so hieß es darin, sähen sie sich gezwungen, mit ihrem Protest an die Öffentlichkeit zu gehen. Strauß bat daraufhin den 78jährigen Professor Otto Hahn, der wegen seiner Entdeckung der Atomspaltung als der prominenteste Mitunterzeichner galt, zu einer Aussprache nach **Bonn**. Das Gespräch, das am 29. Januar stattfand, hatte zwar zu einer gewissen Annäherung der Standpunkte, jedoch zu keiner Einigung geführt. – Bundeskanzler Adenauer reagiert auf den Protest der »Göttinger Achtzehn«, wie sie in ersten Presseberichten in Anlehnung an die berühmten »Göttinger Sieben« – sieben Professoren, die 1837 wegen ihres Protests gegen die Aufhebung des Staatsgrundgesetzes ihre

11./12.4.: Ingenieurstudent mit einem Protestschild.

12.4.: Der Mitunterzeichner des Göttinger Manifests Professor Carl Friedrich von Weizsäcker neben einem Protestplakat mit dem Konterfei Albert Schweitzers.

12.4.: Der vollständige Text der Göttinger Erklärung.

Göttinger Erklärung der 18 Atomwissenschaftler

Die Pläne einer atomaren Bewaffnung der Bundeswehr erfüllen die unterzeichneten Atomforscher mit tiefer Sorge. Einige von ihnen haben den zuständigen Bundesministern ihre Bedenken schon vor mehreren Monaten mitgeteilt. Heute ist die Debatte über diese Frage allgemein geworden. Die Unterzeichneten fühlen sich daher verpflichtet, öffentlich auf einige Tatsachen hinzuweisen, die alle Fachleute wissen, die aber der Öffentlichkeit noch nicht hinreichend bekannt zu sein scheinen.

1. Taktische Atomwaffen haben die zerstörende Wirkung normaler Atombomben. Als ›taktisch‹ bezeichnet man sie, um auszudrücken, daß sie nicht nur gegen menschliche Siedlungen, sondern auch gegen Truppen im Erdkampf eingesetzt werden sollen. Jede einzelne taktische Atombombe oder -granate hat eine ähnliche Wirkung wie die erste Atombombe, die Hiroshima zerstört hat. Da die taktischen Atomwaffen heute in großer Zahl vorhanden sind, würde ihre zerstörende Wirkung im ganzen sehr viel größer sein. Als ›klein‹ bezeichnet man diese Bomben nur im Vergleich zur Wirkung der inzwischen entwickelten ›strategischen‹ Bomben, vor allem der Wasserstoffbomben.

2. Für die Entwicklung der lebensausrottenden Wirkung der strategischen Atomwaffen ist keine natürliche Grenze bekannt. Heute kann eine taktische Atombombe eine kleinere Stadt zerstören, eine Wasserstoffbombe aber einen Landstrich von der Größe des Ruhrgebiets zeitweilig unbewohnbar machen. Durch Verbreitung von Radioaktivität könnte man mit Wasserstoffbomben die Bevölkerung der Bundesrepublik wahrscheinlich heute schon ausrotten. Wir kennen keine technische Möglichkeit, große Bevölkerungsmengen vor dieser Gefahr zu schützen.

Wir wissen, wie schwer es ist, aus diesen Tatsachen die politischen Konsequenzen zu ziehen. Uns als Nichtpolitikern wird man die Berechtigung dazu abstreiten wollen; unsere Tätigkeit, die der reinen Wissenschaft und ihrer Anwendung gilt und bei der wir viele junge Menschen unserem Gebiet zuführen, belädt uns aber mit einer Verantwortung für die möglichen Folgen dieser Tätigkeit. Deshalb können wir nicht zu allen politischen Fragen schweigen. Wir bekennen uns zur Freiheit, wie sie heute die westliche Welt gegen den Kommunismus vertritt. Wir leugnen nicht, daß die gegenseitige Angst vor den Wasserstoffbomben heute einen wesentlichen Beitrag zur Erhaltung des Friedens in der ganzen Welt und der Freiheit in einem Teil der Welt leistet. Wir halten aber diese Art, den Frieden und die Freiheit zu sichern, auf die Dauer für unzuverlässig, und wir halten die Gefahr im Falle des Versagens für tödlich.

Wir fühlen keine Kompetenz, konkrete Vorschläge für die Politik der Großmächte zu machen. Für ein kleines Land wie die Bundesrepublik glauben wir, daß es sich heute noch am besten schützt und den Weltfrieden noch am ehesten fördert, wenn es ausdrücklich und freiwillig auf den Besitz von Atomwaffen jeder Art verzichtet. Jedenfalls wäre keiner der Unterzeichneten bereit, sich an der Herstellung, der Erprobung oder dem Einsatz von Atomwaffen in irgendeiner Weise zu beteiligen.

Gleichzeitig betonen wir, daß es äußerst wichtig ist, die friedliche Verwendung der Atomenergie mit allen Mitteln zu fördern, und wir wollen an dieser Aufgabe wie bisher mitwirken.

Prof. Dr. Fritz Bopp; Prof. Dr. Max Born, Nobelpreisträger (Physik); Prof. Dr. Rudolf Fleischmann; Prof. Dr. Walter Gerlach; Prof. Dr. Otto Hahn, Nobelpreisträger (Chemie); Prof. Dr. Otto Haxel; Prof. Dr. Werner Heisenberg, Nobelpreisträger (Physik); Prof. Dr. Hans Kopfermann; Prof. Dr. Max von Laue, Nobelpreisträger (Physik); Prof. Dr. Heinz Maier-Leibnitz; Prof. Dr. Josef Mattauch; Prof. Dr. Friedrich-Adolf Paneth; Prof. Dr. Wolfgang Paul; Prof. Dr. Wolfgang Riezler; Prof. Dr. Fritz Straßmann; Prof. Dr. Wilhelm Walcher; Prof. Dr. Carl Friedrich v. Weizsäcker; Prof. Dr. Karl Wirtz.

DER SPIEGEL

11. JAHRGANG, HEFT 17 — 24. APRIL 1957

DAS DEUTSCHE NACHRICHTEN-MAGAZIN

Fritz Bopp, 47 — Max Born, 74 — Rudolf Fleischmann, 55 — Walther Gerlach, 67 — Otto Hahn, 78 — Otto Haxel, 48

BONN

ATOMEINSATZ

Ein Divisionskommandeur der Bundeswehr hat sich während der Nato-Stabsübung „Schwarzer Löwe", bei der die Abwehr eines sowjetischen Großangriffs auf Europa theoretisch durchgespielt wurde (SPIEGEL Nr. 13/1957), geweigert, amerikanische Atombomben anzufordern, weil im Einsatz schwere Verluste unter der deutschen Zivilbevölkerung verursacht hätte. Ein Oberst der Bundeswehr protestierte schriftlich dagegen, daß sein Kommandierender General mehrere bereits eingekesselte sowjetische Divisionen unnötigerweise durch einen Atomschlag vernichtete, nur weil man nach Erfüllung des Kampfauftrags noch einige solcher Bomben auf Lager hatte.

ATOMWARNUNG

Die Achtzehn

„Daß der Schritt so viel Auffälliges gewonnen hat, legt eben keinen günstigen Beweis für die Empfindlichkeit der Gewissen ab."
Georg Gottfried Gervinus, einer der „Göttinger Sieben" von 1837.

Göttingen ist berühmt als Stadt der aufrechten Hochschullehrer, die vor Fürsten- und Kanzlerthronen Männerstolz des Jahres 1837 gingen lieber ihrer Ämter verlustig, oder gar in die Verbannung, als daß sie die verfassungsaufhebende Willkür ihres hannoverschen Souveräns schweigend hinnahmen.

Die koalitionsarithmetisch erklügelte Berufung des dreiunddreißigjährigen Göttinger Skandalhelden Leonard Schlü-

ter zum niedersächsischen Kultusminister scheiterte vor zwei Jahren nicht am Widerspruch der mundfaulen Öffentlichkeit, sondern am Protest der Nobelpreisträger der Georgia Augusta. In einem Land, das gleichermaßen autoritäts- und wissenschaftsgläubig ist, scheint nur die Wissenschaft noch in der Lage, der Regierung Widerpart zu bieten, nachdem Bundestagsopposition, Bundesländer und Bundesverfassungsgericht, von einer höheren Instanz zu schweigen, kein wirksames Gegengewicht zum machtbewußten Bundeskanzler zu behaupten vermochten.

Als der verantwortliche Regierungschef die taktischen Atombomben eine „Weiterentwicklung der Artillerie" nannte, telephonierte man sich zusammen. Die Besorgnis der Wissenschaftler schlug sich in einem Manifest nieder, das für die Bundesrepublik den freiwilligen Verzicht auf Atomwaffen jeder Art empfahl. In dem rührenden Bestreben, pfiffig zu sein wie die Kinder der Politik, hatte der achtundsiebzigjährige Otto Hahn die Erklärung erst am Freitag vorletzter Woche an die Deutsche Presse-Agentur geben lassen, um der Regierung keine Gelegenheit zur Entgegnung vor Montag zu bieten. Natürlich war der sensationelle Text so lange nicht aufzuhalten.

Der Bundeskanzler reagierte mit einer verletzenden schriftlichen Gegenerklärung, in der es hieß: „Zur Beurteilung dieser Erklärung muß man Kenntnisse haben, die diese Herren nicht besitzen. Denn sie sind nicht zu mir gekommen."

Vier Nobelpreise lagen gegen die vierzehn Ehrendoktorhüte Konrad Adenauers, der selbst keine Doktorarbeit abgeliefert hat, in der Waagschale: die Nobelpreise für Physik der Jahre 1914 (Max von Laue), 1932 (Werner Heisenberg), 1944 (Otto Hahn) und 1954 (Max

Werner Heisenberg, 55 — Max von Laue, 77 — Josef Mattauch, 61

 Hans Kopfermann, 61

 Heinz Maier-Leibnitz, 46

  Friedrich Adolf Paneth, 69

Wolfgang Paul, 43 — Wolfgang Riezler, 51 — Fritz Straßmann, 55 — Wilhelm Walcher, 46 — Friedrich v. Weizsäcker, 44 — Karl Wirtz, 46

12.4.: Die 18 Göttinger Atomphysiker.

12.4.: Transparent an einem vom BdD im Wahlkampf eingesetzten Lastkraftwagen.

12.4.: Der prominenteste Unterzeichner, Professor Otto Hahn, zusammen mit Bundesverteidigungsminister Franz Josef Strauß.

Ämter verloren hatten – genannt werden, mit einer Gegenerklärung. Darin heißt es: »Zur Beurteilung dieser Erklärung muß man Kenntnisse haben, die diese Herren nicht besitzen. Denn sie sind nicht zu mir gekommen.«[73] – Der Protest der Göttinger Professoren findet ein großes Echo in der Öffentlichkeit und löst insbesondere in akademischen und kirchlichen Kreisen eine Welle von Solidaritätserklärungen aus. So richtet der Rektor der Universität **Tübingen** zusammen mit sechs anderen Personen ein Telegramm an Professor Carl Friedrich von Weizsäcker: »Habt Dank und bleibt fest! Bildet Kern einer weltweiten Kettenreaktion. Die Menschen aller Völker werden hinter Euch stehen!«[74] Dem Text schließen sich 35 weitere Wissenschaftler, Pfarrer, Politiker, Studien- und Stadträte aus Tübingen an. Sie schicken ihre Unterschriften zusammen mit dem Telegrammtext an Professor Otto Hahn. – Mitte April erhält der Göttinger Nobelpreisträger für Physik ein Telegramm von acht führenden Repräsentanten der *Evangelischen Kirche Deutschlands*. »In der Erkenntnis«, heißt es darin, »daß die Herstellung und Anwendung der Massenvernichtungsmittel durch keinen Zweck gerechtfertigt werden kann, danken wir in Ihrer Person den 18 Atomphysikern für den Dienst, den sie dem deutschen Volk und der Menschheit mit ihrer Warnung vor der atomaren Bewaffnung deutscher Streitkräfte geleistet haben. Wir sind tief bewegt davon, daß deutsche Gelehrte aus echtem wissenschaftlichen Ethos und letzter Verantwortung ihre Gewissensbindung über alle anderen Rücksichten gestellt haben.«[75] Das Telegramm ist unterzeichnet von den Professoren Helmut Gollwitzer, Martin Fischer, Hans Iwand und Heinrich Vogel, den Kirchenpräsidenten Martin Niemöller und Hans Stempel, dem Präses Kurt Scharf und von Gustav Heinemann.

12. April Das Bezirksgericht **Potsdam** verurteilt den Studenten Ronny Neumann wegen angeblicher Agententätigkeit und »offener Hetze« unter seinen Kommilitonen an der Ostberliner Humboldt-Universität zu einer Zuchthausstrafe von elf Jahren.

12. April In der Tageszeitung »Manchester Guardian« erscheint ein Brief des *Emergency Committee for Direct Action Against Nuclear War* (Notstandskomitee für direkte Aktion gegen den Atomkrieg), in dem zur Unterstützung einer Protestaktion gegen die Durchführung des von der britischen Regierung angekündigten Wasserstoffbombentests im Pazifik aufgerufen wird. Das Quäkerehepaar Harold und Sheila Steele plant, im Testgebiet der Christmas Islands eine »Segelpartie für Selbstmörder« durchzuführen. Der Aufruf, der der Anschaffung eines brauchbaren Bootes und der Finanzierung des Transports dienen soll, ist unter anderem von dem Nobelpreisträger Bertrand Russell unterzeichnet.

13. April Über 1.000 Menschen nehmen in der Wenzelbergschlucht in der Nähe von **Solingen** an einer Gedenkveranstaltung für 72 vor genau zwölf Jahren von der Gestapo ermordete NS-Häftlinge teil. Dem Aufruf des DGB-Kreisausschusses Rhein-Wupper und Leverkusen sind zahlreiche Organisationen, Parteien und Jugendverbände gefolgt. Nachdem eine Musikkapelle den Trauermarsch »Unsterbliche Opfer, ihr sanket dahin …« gespielt hat, halten der Bürgermeister von Langenfeld, A. Schmitz, und der sozialdemokratische Bundestagsabgeordnete Fritz Wenzel die Gedenkreden.

13. April Die »Landwirtschaftszeitung der Nordrheinprovinz« berichtet, daß die Bauern des im Sauerland gelegenen Dorfes **Bruchhausen** ein 3.500 Morgen großes Waldstück besetzt halten, das vom belgischen Militär als Schießübungsplatz benutzt wird. Nachdem Verhandlungen über eine Freigabe von den Bauern kategorisch abgelehnt worden sind, entsenden die belgischen Offiziere eine Kommission, die mit dem Regierungspräsidenten in **Arnsberg** über eine Lösung des Konflikts beraten soll.

13. April Betriebskampfgruppen der SED führen in **Ost-Berlin** Großübungen durch, mit denen erprobt werden soll, durch »gefechtsmäßig durchgeführte Operationen konterrevolutionäre Banden« auszuheben. Ähnliche Übungen werden auch in **Aschersleben**, **Dessau**, **Frankfurt (Oder)**, **Saalfeld** und in anderen Orten der DDR durchgeführt.

14. April Bei regnerischem Wetter gedenken Hunderte von Menschen auf dem Gelände des ehemaligen Konzentrationslagers **Bergen-Belsen** des zwölften Jahrestages der Befreiung. Der Generalsekretär des *Zentralrates der Juden in Deutschland*, Hendrik George van Dam, erklärt vor dem 1952 von Bundespräsident Theodor Heuss eingeweihten Obelisken, das Mahnmal sei ein Monument für die »Internationale der Toten«. Nun komme es darauf an, eine »Internationale der Lebenden« zu bilden, damit eine Wiederholung des Schreckens vermieden werden könne. An der Gedenkveranstaltung nehmen auch Vertreter der niedersächsischen Landesregierung, der sozialdemokratische Bundestagsabgeordnete Otto Heinrich Greve sowie Mitglieder der *Jüdischen Gemeinde*, der *Vereinigung der Verfolgten des Naziregimes* (VVN) und des *Bundes der Verfolgten des Naziregimes* (BVN) teil.

14.4.: Das Mahnmal auf dem Gelände des ehemaligen Konzentrationslagers Bergen-Belsen.

14. April Unter ausdrücklicher Bezugnahme auf die »Göttinger Erklärung« der 18 prominenten bundesdeutschen Naturwissenschaftler gibt auch der bekannte DDR-Atomphysiker Manfred von Ardenne, der jahrelang in der Sowjetunion geforscht hat, in **Dresden** eine Stellungnahme zu den Gefahren einer Atombewaffnung der Bundeswehr ab. Darin heißt es: »Wir ostdeutschen Atomphysiker, die wir in der DDR solche Probleme nicht kennen, und die wir ausschließlich mit friedlicher Anwendung der Atomenergie beschäftigt sind, haben mit leidenschaftlicher innerer Bewegung von dieser geschlossenen Aktion unserer großen westdeutschen Kollegen erfahren und fühlen uns in diesem Augenblick besonders eng mit ihnen verbunden. Eingedenk der Lehren aus zwei Weltkriegen haben auch wir in den letzten Monaten mit zunehmender Sorge die Entwicklung inbezug auf die Lagerung von Atomwaffen und die atomare Bewaffnung der Bundeswehr verfolgt.«[76] Die Solidaritätserklärung des Leninpreisträgers ist u.a. von den Professoren Heinz Barwich, Wilhelm Macke, Josef Schintlmeister unterzeichnet.

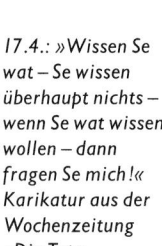

17.4.: »Wissen Se wat – Se wissen überhaupt nichts – wenn Se wat wissen wollen – dann fragen Se mich!« Karikatur aus der Wochenzeitung »Die Tat«.

17.4.: Professor Max von Laue verläßt nach der Unterredung das Palais Schaumburg.

17.4.: Die Professoren (v.l.n.r.) Otto Hahn, Walter Gerlach und Carl Friedrich von Weizsäcker kurz vor dem Treffen in dem Palais.

17.4.: Die Sitzverteilung im Konferenzraum.

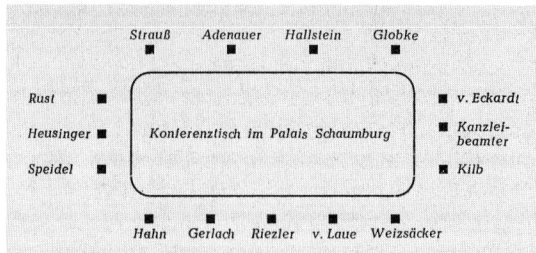

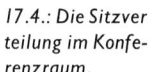

14. April Anläßlich eines Empfangs des japanischen Professors Masatoki Matsushida im **Vatikan** warnt Papst Pius XII. vor den Gefahren der Atombewaffnung. Er setzt sich für die friedliche Verwendung der Atomenergie ein und fordert die Einstellung aller Atomwaffenversuche. In einem anschließend verbreiteten Schriftstück des Vatikans heißt es: »Statt wissenschaftliche Arbeit und Anstrengungen und materielle Mittel für die Vorbereitung einer Katastrophe zu verschleudern, bei welcher niemand mit Gewißheit voraussagen könnte, welches – abgesehen von den gewaltigen unmittelbaren Schäden – schließlich die biologischen und vor allem hereditären Auswirkungen auf die Lebewesen sein würden, an Stelle dieses kostspieligen und verzehrenden Wettlaufs mit dem Tode müssen die Wissenschaftler aller Nationen und aller Konfessionen sich ihrer schweren moralischen Verpflichtung bewußt werden, das edle Ziel der Beherrschung dieser Kräfte im Dienste des Menschen anzustreben.«[77]

16. April Eine Initiativgruppe von 20 Bürgern ruft in **Eberbach** im Odenwald die Bevölkerung auf, sich wegen der Atomgefahr am Karfreitagabend in der Stadthalle zu einer »Stunde der Besinnung« zu versammeln. Damit solle die »uneingeschränkte Zustimmung« zur »Göttinger Erklärung« gegen die Atombewaffnung der Bundeswehr und zum »Tübinger Appell« der Professoren und Studenten für die Einstellung aller Kernwaffentests zum Ausdruck gebracht werden ebenso wie der Protest gegen die Errichtung von Raketen-Abschußbasen auf städtischem Boden.

16. April 105 Professoren der Technischen Hochschule in **Dresden** erklären sich in einem Aufruf, in dem ein absolutes Verbot der Herstellung von Massenvernichtungswaffen und die sofortige Einstellung aller Nuklearwaffentests gefordert werden, mit der Erklärung der 18 Göttinger Atomphysiker solidarisch.

17. April Bundeskanzler Adenauer hat mehrere Unterzeichner der »Göttinger Erklärung« zu einer Aussprache nach **Bonn** eingeladen. An dem Gespräch im Palais Schaumburg nehmen seitens der Naturwissenschaftler die Professoren Walther Gerlach, Otto Hahn, Max von Laue, Wolfgang Riezler und Carl Friedrich von Weizsäcker teil und seitens der Bundesregierung neben dem Kanzler Bundesverteidigungsminister Franz Josef Strauß, Bundespressechef Felix von Eckardt, die Staatssekretäre Hans Globke, Walter Hallstein und Josef Rust sowie die beiden Generäle Adolf Heusinger und Hans Speidel. Bundesatomminister Siegfried Balke (CSU), der noch kurz zuvor die Erklärung der Atomphysiker mit den

Worten, keinem Staatsbürger könne es verwehrt werden, seine Meinung zu äußern, in Schutz genommen hatte, ist nicht eingeladen worden. Nach der Zusammenkunft wird auf den ausdrücklichen Wunsch Bundeskanzler Adenauers hin ein gemeinsames Kommuniqué herausgegeben, in dem es die wirklichen Differenzen überspielend heißt, die Gesprächsteilnehmer »... sind sich der furchtbaren Gefahr bewußt, die durch die Entwicklung der Atomwaffe über die Menschheit gebracht wurde, und sind gewillt, jeder ehrlichen Anstrengung, diese Gefahr zu bannen, volle Mitarbeit zu gewähren.«[78] Auf einer eigens einberufenen Pressekonferenz gibt Bundespressechef Felix von Eckardt weiter bekannt, daß die Bundesregierung für die nächsten 18 bis 24 Monate eine effektivere Ausrüstung der Bundeswehr mit taktischen Atomwaffen nicht mehr für notwendig ansehe. Lediglich für den Fall, daß kein Abkommen zu erreichen sei, müsse mit einer derartigen Bewaffnung gerechnet werden.

17. April Das Bezirksgericht **Gera** verurteilt den ehemaligen Bürgermeister Otto Blumenstein wegen angeblicher Verbindungen zum *Ostbüro der SPD* in West-Berlin zu einer fünfjährigen Zuchthausstrafe.

18. April Das Deutsche Fernsehen zeigt am Gründonnerstag den von dem französischen Regisseur Alain Resnais gedrehten Dokumentarfilm »Nacht und Nebel«. Nachdem eine Aufführung des Films, in dem es um das Vernichtungslager Auschwitz geht, bei den Filmfestspielen von Cannes durch eine Intervention des Auswärtigen Amts verhindert worden war, ist nach zahlreichen Protesten im In- und Ausland eine von der Bundesregierung unterstützte deutsche Version hergestellt worden. In dieser Fassung ist der Kommentar von Jean Cayrol verändert worden. – Der Dokumentarfilm war zuvor bereits in **Bonn** in einer Sondervorstellung 700 Zuschauern, vor allem Journalisten, Abgeordneten, Beamten und Studenten, gezeigt worden. Nach der Aufführung, die vom Vorsitzenden des Bundestagsausschusses für Presse, Rundfunk und Film, dem CDU-Bundestagsabgeordneten Paul Bausch, unterstützt wurde, hatten sich 347 von 412 Zuschauern, die bereit waren, einen Fragebogen auszufüllen, dafür ausgesprochen, den Film »Nacht und Nebel« in der Bundesrepublik zu zeigen.

19. April An einer Gedenkkundgebung für die im Rombergpark und in der Bittermark von der Gestapo ermordeten Widerstandskämpfer nehmen an dem im Stadtwald von **Dortmund** gelegenen Mahnmal 10.000 Menschen teil. Der Oberbürgermeister der Stadt, Dietrich Keuning, fordert in seiner Eröffnungsansprache die Teilnehmer zur Wachsamkeit gegenüber den Kräften, die am »Unglück der Vergangenheit« schuld hätten, auf. Es müsse ein ständiger Kampf gegen Willkür, Unduldsamkeit und Rassenwahn geführt werden. Das Mahnmal in der Bittermark müsse jeden aufrütteln und jedem vor Augen führen, was im gesellschaftlichen Leben vor sich gehe. Das »Tagebuch der Anne Frank« solle als Mahnung zur Menschlichkeit angesehen werden. Für den *Landesverband der Jüdischen Kultusgemeinden von Westfalen* erinnert dessen Vorsitzender Siegfried Heimberg an das Verbrechen, das die Gestapo hier vor zwölf Jahren verübt hat. Beinahe 300 unschuldige Menschen habe sie, nachdem sie mit Stacheldraht gefesselt und gequält worden seien, in dem Park ermordet, um noch kurz vor Kriegsende die Zeugen ihrer Untaten zu beseitigen. Obwohl einige der Schuldigen vor Gericht gestanden hätten, so müsse man doch sagen, daß sie sehr glimpflich davon gekommen seien. Viele der wirklich Schuldigen von damals seien heute wieder tonangebend. Doch es gebe auch erfreuliche Zeichen. Dazu gehöre die mutige Erklärung der Göttinger Professoren gegen die Atombewaffnung. Heimberg gibt der Hoffnung Ausdruck, daß man schon »in einer anderen Zeit« lebe.

19.4.: Gedenkkundgebung in der Dortmunder Bittermark.

19. April Das Schwurgericht beim Landgericht **Duisburg** verurteilt den ehemaligen Polizeipräsidenten der Stadt und früheren SA-Gruppenführer Franz Bauer wegen Totschlags zu einer Gefängnisstrafe von sechs Jahren.

19./20. April Unbekannte werfen in der Nacht auf dem bei **Salzgitter-Lebenstedt** gelegenen Friedhof »Jammertal« 80 von 120 jüdischen Grabsteinen und einen zwei Meter hohen Obelisken um, mit dem an 185 jüdische Opfer des Naziterrors erinnert werden soll. An einem gegenüber dem Ehrenmal aufgestellten Kreuz ist ein Hakenkreuz und eine lebensgroße Strohpuppe angebracht, die ein Schild mit der Aufschrift »Deutschland erwache – Israel verrecke« trägt. Mit einem am Fuße des Kreuzes liegenden

Gedenkstein wird der französischen Deportierten und KZ-Häftlinge gedacht, die in den NS-Gefängnissen in Watenstedt-Drütte und in den Hermann-Göring-Werken umgekommen sind. Der Name des Friedhofs stammt aus dem Volksmund und spiegelt die Hoffnungslosigkeit der Zwangsarbeiter während der NS-Zeit wider. 120 jüdische Frauen und Männer sowie 2.000 ehemalige Kriegsgefangene und Verschleppte aus elf europäischen Ländern sind hier begraben. – Da die Tat am 68. Geburtstag Adolf Hitlers begangen wurde, vermutet die Polizei, daß mit der Schändung jüdischer Gräber Rechtsradikale auf zynische Weise den »Führer«-Geburtstag begehen wollten. Für die Ergreifung der Täter wird eine Belohnung von 500 DM ausgesetzt. – Bereits wenige Stunden nach Bekanntwerden der Tat senden mehrere Hochschulgruppen der Universität **Bonn** ein Telegramm an die »Allgemeine Wochenzeitung der Juden in Deutschland«. In dem Schreiben sprechen die *Christlich-Demokratische Hochschulgruppe*, der *Internationale Studentenbund* (ISSF), die *Liberale Hochschulgruppe* und der *Sozialistische Deutsche Studentenbund* (SDS) den in Deutschland lebenden Juden und dem israelischen Volk das tiefste Bedauern aus. Was in Salzgitter geschehen sei, werde ein Anlaß sein, um den »Kampf gegen den Antisemitismus«[79] stärker denn je fortzusetzen. – Politiker, Parteien und Gewerkschaften distanzieren sich in scharfer Weise von der antisemitischen Tat. Bundesaußenminister Heinrich von Brentano (CDU) bezeichnet vor Journalisten in **West-Berlin** den Vorfall als ein Verbrechen, »von dem jeder anständige Deutsche mit tiefem Abscheu« abrücke. Solche Aktionen seien geeignet, das von der Bundesrepublik mühsam aufgebaute Vertrauen im Ausland zu erschüttern. Der DGB fordert die verantwortlichen Stellen auf, mit allen zu Gebote stehenden Mitteln gegen solche Untaten vorzugehen. Presse und Rundfunk müßten mehr noch als bisher »das Gewissen unseres Volkes« wachrütteln. Auch im Ausland erregt die Grabschändung großes Aufsehen. – Am 24. April wird von der Bundesregierung die Belohnung für die Ergreifung der Täter auf 10.000 DM erhöht. Die Sicherungsgruppe des Bundeskriminalamtes wird damit beauftragt, die Täter zu ermitteln. In **Braunschweig** wird die Bevölkerung auf Plakaten zur Mithilfe bei der Aufklärung der Friedhofsschändung aufgerufen. Sie sind von Bundesinnenminister Gerhard Schröder (CDU) und dem Präsidenten des Verwaltungsbezirks Braunschweig, F.A. Knost, unterzeichnet. In **Salzgitter** werden die Kleidungsstücke der Strohpuppe ausgestellt, um die Fahndung nach den Tätern zu erleichtern. – Der *Zentralrat der Juden in Deutschland* bezeichnet am 2. Mai die Tat in einem Schreiben an den Bundesinnenminister als »Glied einer langen

Kette ähnlicher Handlungen«. – Der Journalist Kurt Hirsch, der sich seit Jahren mit rechtsradikalen Organisationen, ihren Schlüsselfiguren und ihrem Umfeld befaßt, wirft in der »Frankfurter Neuen Presse« die Frage auf, ob es nur Zufall sei, daß die Schändungen jüdischer Friedhöfe vor allem in Orten passierten, in denen rechtsradikale Tendenzen besonders stark vertreten seien. Weiter fragt er, ob die auffällige Häufung solcher Taten in den Monaten November (Reichspogromnacht) und April (Hitlers Geburtstag) nicht typisch für das Selbstverständnis der Täter sei.

20. April Am Geburtstag des ehemaligen NS-Führers Adolf Hitler hissen Unbekannte an der Rednertribüne des früheren Reichsparteitagsgeländes in **Nürnberg** drei Hakenkreuzfahnen.

23. April Der Studienrat Ludwig Zind beschimpft in **Offenburg** den Textilgroßhändler Kurt Lieser mit antisemitischen Hetztiraden. Der Pädagoge, der am städtischen Grimmelshausen-Gymnasium Mathematik und Biologie lehrt, unterhält sich im Anschluß an einen Kegelabend im Gasthaus Zähringer Hof mit drei anderen Männern, darunter zwei Schülern, die kurz vor dem Abitur stehen, über politische Fragen. Als das Gespräch auf das »Dritte Reich« kommt, erklärt Zind, er sei der Meinung, daß an dem, was Adolf Hitler gemacht habe, nichts auszusetzen sei. Lieser, der, was Zind nicht weiß, jüdi-

23.4.: Anzeige aus dem »Offenburger Tageblatt«.

10.000 DM Belohnung

19./20.4.: Fahndungsplakat des Bundesinnenministeriums.

19./20.4.: »Von den Tätern fehlt jede Spur.« Karikatur aus dem Wochenblatt »Die Andere Zeitung«.

19./20.4.: Ein ebenfalls verwüsteter Friedhof in Hamburg-Harburg.

scher Herkunft ist, empört sich darüber und fragt, was er von den Schändungen jüdischer Friedhöfe halte. Den Grabschändern habe er nichts vorzuwerfen, meint dieser. Als der Kaufmann ihm nun heftig zu widersprechen beginnt, nimmt der Disput an Schärfe weiter zu. Der Studienrat erklärt: »Meiner Meinung nach sind noch viel zu wenig Juden vergast worden!«[67] Als Lieser bekennt, daß er als »Halbjude« von den Nazis verfolgt worden ist, droht Zind seinem Gegenüber und dessen Frau an, sie ebenfalls »vergasen« zu wollen. Als sich einer der beiden Oberschüler einmischen will, wird er von Zind mit der Bemerkung zurechtgewiesen, daß sein Vater, der Direktor des Gymnasiums ist, da wohl ganz anderer Meinung wäre. Zind schließt seine Tirade mit den Worten, Israel gehöre »ausradiert« und würde »ausradiert« werden; er sehe das ganz »mit den Augen des Arabers«. – Der Textilkaufmann erstellt ein Protokoll über den Streit und sendet es zwei Tage später an den *Oberrat der Israeliten Badens* in **Karlsruhe**. Dieser wiederum reicht das Schriftstück an das Kultusministerium in **Stuttgart** weiter. – Erst sechs Wochen später wird Studienrat Ludwig Zind wegen des Vorfalls von Oberstudiendirektor Oskar Walzer zu sich bestellt. In der Unterredung, an der auch ein Regierungsrat vom Oberschulamt in Freiburg teilnimmt, bestreitet Zind die protokollierten Äußerungen nicht. Auch die Frage, ob er zu dem Zeitpunkt betrunken gewesen sei, weist er energisch zurück – nicht einmal angetrunken sei er gewesen. Bevor das Gespräch beendet wird, erklärt der zur Rede Gestellte, er werde lieber Straßen kehren gehen als seine Meinung zu ändern. – Auch diese Bestätigung der Vorwürfe hat keine Folgen für den Gymnasiallehrer. Er wird weder vom Unterricht suspendiert noch wird ein Ermittlungsverfahren gegen ihn eingeleitet. – Als sich Kurt Lieser wegen der offenbaren Folgenlosigkeit seiner Eingabe Anfang September an das Oberschulamt in **Freiburg** wendet, erhält er von dessen Präsidenten am 18. September die Antwort, das Kultusministerium habe am 7. September ein förmliches Dienststrafverfahren gegen Studienrat Zind eingeleitet. Über den Ausgang des Verfahrens könne noch nichts gesagt werden.

23. April Der Friedensnobelpreisträger Albert Schweitzer richtet über <u>Radio Oslo</u> einen von nahezu 150 Rundfunkstationen ausgestrahlten »Appell zur Einstellung der Kernwaffenversuche« an die Weltöffentlichkeit. In dem Aufruf, der die heimtückischen Gefahren der Radioaktivität für das organische Leben detailliert und emotionslos schildert, heißt es: »Als vom 1. März 1954 an Versuche mit Wasserstoffbomben von den Amerikanern auf Bikini, im

Albert Schweitzer an die Menschheit

Obwohl die meisten Zeitungen und auch verschiedene Zeitschriften die Radio-Ansprache Albert Schweitzers vom 23. April d. J. über den Osloer Rundfunk ausführlich gebracht haben, wollen wir als ein Organ, das den Ideen und Zielen des großen Menschheitsfreundes besonders nahesteht, ebenfalls die wichtigsten Teile der Rede nachholen. Für unsere letzte Ausgabe waren hierfür keine technischen Möglichkeiten gegeben.
Red. „Das Gewissen"

Als vom 1. März 1954 an Versuche mit Wasserstoffbomben von den Amerikanern auf Bikini, im Gebiet der Marschallinseln (im Stillen Ozean), und von den Russen in Sibirien gemacht wurden, kam man dazu, sich davon Rechenschaft zu geben, daß es mit der Erprobung von Atomwaffen ein anderes Ding sei als mit den früheren nicht-atomischen. Wenn ein neu konstruiertes Geschütz oder ein anderes Geschoß abgefeuert worden war, war damit die Sache zu Ende. Nicht so mit der Explosion einer Wasserstoffbombe. Es blieb etwas davon übrig: daß nämlich eine Unmenge kleinster Teilchen von radioaktiven Elementen in der Luft vorhanden waren und radioaktive Strahlen aussandten. Dies war schon bei den Uranbomben, die auf Hiroshima und Nagasaki fielen und nachher noch weiter erprobt wurde, der Fall gewesen. Da es aber, entsprechend der geringeren Größe und Wirkung dieser früheren Bombe, sich noch nicht so bemerkbar machte wie bei der Wasserstoffbombe, hatte man ihm kaum Beachtung geschenkt.

Weil radioaktive Strahlungen, wenn sie in einer gewissen Menge und Stärke vorhanden sind, schädigend auf den menschlichen Körper einwirken, kam dann die Diskussion in Gang, ob die von bisherigen Explosionen von Wasserstoffbomben herrührende Strahlung schon eine Gefahr bedeute, die durch neu hinzukommende Explosionen eine Zunahme erfahren würde. Seitdem haben, im Laufe von dreieinhalb Jahren, Vertreter der physikalischen und der medizinischen Wissenschaft sich mit dem Problem beschäftigt. Beobachtungen über das Vorhandensein, die Herkunft und die Natur der Strahlungen wurden gemacht. Die Vorgänge, an denen ihre Wirkung auf den menschlichen Körper beruht, sind erforscht worden. Auf Grund des in dieser Sache zusammengetragenen, wenn auch bei weitem nicht vollständigen Materials muß geurteilt werden, daß **die radioaktive Strahlung, wie sie sich aus den bisherigen Explosionen von Atombomben ergeben hat, eine nicht zu unterschätzende Gefahr für die Menschheit bedeutet** und daß sie bei weiteren Explosionen von Atombomben in beängstigender Weise zunehmen würde. Dieses Urteil ist, besonders in den letzten Monaten, des öfteren ausgesprochen worden. Merkwürdigerweise ist es nicht in dem Maße, wie man es hätte erwarten sollen, in die öffentliche Meinung übergegangen. Die einzelnen und die Völker fühlen sich nicht bewogen, der Gefahr, in der wir uns befinden, die Aufmerksamkeit, auf die sie leider wegen der Merkwürdigkeit, die ihr zukommt, Anspruch hat, zuteil werden zu lassen. Was soll ihr vorgehalten und begreiflich gemacht werden.

Von der Uran- zur Wasserstoffbombe

Es gibt zwei Arten von Bomben: Uranbomben und Wasserstoffbomben. Die Wirkung der Uranbombe beruht auf dem Vorgang der bei dem Zerfallen des Urans frei

werdenden Energie. Bei der Wasserstoffbombe beruht das Freiwerden von Energie auf der statthabenden Umwandlung des Elements Wasserstoff in das Element Helium. Interessant ist, daß dies derselbe Vorgang ist, der im Innern der Sonne stattfindet und ihr die seit stetig erneuernde Energie liefert, Licht und Wärme zu versenden.

Ihrer Art sind die Effekte der beiden Bomben die gleichen. Aber der einer der neuesten Wasserstoffbomben soll, nach manchen Schätzungen, das Zweihundertfache derjenigen sein, die auf Hiroshima fiel.

Zu diesen beiden Atombomben ist neuerdings die Kobaltbombe als Superatombombe hinzugekommen. Sie ist eine Wasserstoffbombe, die mit einem aus Kobalt bestehenden Mantel umgeben ist. Ihre Wirkung soll die der stärksten bisherigen Wasserstoffbomben um ein Vielfaches übertreffen.

Bei der Explosion einer Atombombe entstehen in unvorstellbar großer Anzahl kleinste Teilchen radioaktiver Elemente. Sie sind im Zerfall begriffen. Bei den einen, dem stärksten, verläuft dieser sehr rasch, bei anderen langsam, bei den außerordentlich langsam.

Die allerstärksten dieser Elemente haben schon 10 Sekunden nach der Detonation der Explosion der Atombombe zu existieren aufgehört. In dieser so kurzen Zeit können sie aber in ihrem Umkreis von mehreren Kilometern Menschen in Menge getötet haben.

Übrig bleiben also nur schwach wirkende Elemente. Mit diesen haben wir es in unserer Zeit zu tun. Die Gefahr, welche die von ihnen ausgehenden radioaktiven Strahlen trotz ihrer relativen Schwäche für uns mit sich bringen können, gilt es einzusehen.

Von diesen Elementen sind die einen nach Stunden, andere nach Tagen, andere nach Wochen oder Monaten oder Jahren oder Millionen von Jahren, in immer zunehmendem Zerfall, im Dasein. In radioaktiven Staubwolken. Schwere Teilchen fallen früher nach unten. Leichtere halten sich länger in der Luft oder kommen im Regen und Schnee herunter. Wie lange es dauert, bis in der Luft nichts mehr von dem, was durch die bisherigen Explosionen von Atombomben in sie gelangte, vorhanden ist, läßt sich nicht mit Sicherheit ermessen. Nach manchen Schätzungen soll dies erst frühestens in dreißig oder vierzig Jahren der Fall sein.

Welcher Art sind die radioaktiven Elemente,

von denen bei Explosionen von Atombomben allerkleinste Teilchen in die Luft fliegen und nun wieder herunterkommen werden?

Sie sind merkwürdige Abarten von gewöhnlichen, nicht radioaktiven Elementen. Sie haben dieselben chemischen Eigenschaften wie diese, aber ein anderes Atomgewicht. In der Bezeichnung wird also nach dem Namen des Elementes die Zahl ihres Atomgewichtes angeführt. Dasselbe Element kann in mehreren radioaktiven Abarten existieren: solches Jod 131, das nur 16 Tage am Leben ist, gibt es Jod 129, das es auf 200 Millionen Jahre bringt.

Gefährliche Elemente dieser Art sind: Phosphor 32, Calcium 45, Jod 131, Eisen 55, Wismut 210, Plutonium 239, Cerium 144, Strontium 89, Baesium 137. War die Wasserstoffbombe mit einem aus Kobalt bestehenden Mantel umgeben, so kommt noch Kobalt 60 hinzu.

Besonders gefährlich sind die Elemente, die bei einem relativ langen Bestehen eine relativ starke Strahlung aussenden. Unter diesen nimmt Strontium 90 die erste Stelle ein. In der Menge des radioaktiven Staubes ist es besonders reichlich vorhanden. Auch Kobalt 60 ist als besonders gefährlich anzuführen.

Die durch diese Elemente gesteigerte Radioaktivität der Luft kann uns von außen her nichts anhaben. Die ist nicht stark genug, um unsere Haut zu durchdringen. Anders steht es schon mit ihrem Einatmen, wodurch radioaktive Elemente in unsere Körper gelangen können. Die vor allem in Betracht zu ziehende Gefahr ist aber die, daß wir infolge der erhöhten Radioaktivität der Luft radioaktives Wasser zu trinken und radioaktive Speisen zu essen bekommen.

Auf Grund der auf Bikini und in Sibirien stattgehabten Explosionen gehen über Wasser derart radioaktiv ist, daß es nicht getrunken werden darf. Dies kommt aber nicht dort allein vor. In aller Welt, wo neuerdings Regenfälle Gegenstand der Beobachtung geworden sind, wird zeitweise Niedergang von radioaktivem Regen gemeldet. Darunter sind solche, die so radioaktiv sind, daß ihr Wasser nicht mehr als Trinkwasser in Betracht kommt.

Brunnenwasser wird erst durch längeres und reichliches Niedergehen von radioaktivem Regenwasser in erheblichem Maße radioaktiv.

Radioaktiver Staub in der Nahrung

Wird irgendwo radioaktives Regenwasser festgestellt, so will dies heißen, daß die Erde in der betreffenden Gegend es auch ist, und in höherem Maße. Es schlägt sich nicht durch auf freigelassenen Regen, sondern aus durch frei fallenden radioaktiven Staub. Und nicht auf die Erde, sondern auch die auf ihr wachsenden Pflanzen sind dann radioaktiv.

Handelt es sich um Gras, das Tieren, deren Fleisch einmal auf unseren Tisch kommt, zur Nahrung dient, so werden wir beim Essen desselben radioaktive Elemente, die sie durch's Gras in sich aufnahmen und aufspeicherten, in uns aufnehmen und aufspeichern.

Handelt es sich um Kühe, so findet solches dann beim Trinken der Milch statt. Schon kleine Kinder haben dann Gelegenheit, radioaktive Elemente in sich aufzu-

Gebiet der Marschallinseln im Stillen Ozean, und von den Russen in Sibirien gemacht wurden ... blieb etwas davon übrig: daß nämlich eine Unmenge kleinster Teilchen von radioaktiven Elementen in der Luft vorhanden waren und radioaktive Strahlen aussandten ... Auf Grund des in dieser Sache zusammengetragenen, wenn auch bei weitem nicht vollständigen Materials muß geurteilt werden, daß die radioaktive Strahlung, wie sie sich aus den bisherigen Explosionen von Atombomben ergeben hat, eine nicht zu unterschätzende Gefahr für die Menschheit bedeutet und daß sie bei weiteren Explosionen von Atombomben in beängstigender Weise zunehmen würde.«[80] – Der österreichische Publizist Robert Jungk schreibt später, daß durch Albert Schweitzers internationalen Appell »die Flamme der Anti-Atom-Bewegung« als eine »wahrhaft weltumfassende Bewegung« entfacht worden sei.

23.4.: Textauszug aus Schweitzers Rundfunkansprache.

23.4.: Titel der von Robert Jungk unter einem Pseudonym verfaßten Biographie.

Wohin gehen wir?

Albert Schweitzer mahnt:

Wir müssen die Atomgefahr beseitigen!

Mit anderen, die sich für verpflichtet halten, in diesen Tagen als Mahner in Wort und Schrift aufzutreten, erhebe ich meine Stimme. Mein Alter und die Sympathie, die mir die von mir vertretene Idee der Ehrfurcht vor dem Leben eingetragen hat, lassen mich erhoffen, daß meine Mahnung mit dazu beitragen kann, der Einsicht, die nottut, den Weg zu bereiten.

In dieser Lage ist die Pflicht christlicher Menschen eindeutig und klar: „Leben oder Tod! Christus oder die Bombe!"
Domherr Collins am Sonntag, dem 5. Mai 1957, von der Kanzel der St.-Pauls-Kathedrale in London

Taktische Atomwaffen haben die zerstörende Wirkung normaler Atombomben. Durch Verbreitung von Radioaktivität könnte man mit Wasserstoffbomben die Bevölkerung der Bundesrepublik wahrscheinlich heute schon ausrotten. Wir kennen keine technische Möglichkeit, große Bevölkerungsmengen vor dieser Gefahr sicher zu schützen.
Aus dem Appell der 18 deutschen Atomwissenschaftler an die Bundesregierung.

Der Wahlkampf ist etwas Vorübergehendes. Unser Manifest aber betrifft die Zukunft der ganzen Menschheit. Allerdings können wir Wissenschaftler es nicht zulassen, daß ein Staatsbürger der Bundesrepublik zur Wahlurne geht in der Annahme, eine taktische Atomwaffe sei eine fast normale Fortentwicklung der Artillerie... Meine Meinung ist jedenfalls, daß es die Aufgabe der Politiker sein muß, die Ausrüstung der Bundeswehr mit Atomwaffen jeder Art zu verhindern.
Professor Dr. Walter Gerlach, Direktor des Physikalischen Instituts der Münchener Universität.

Wer glaubwürdig zur atomaren Abrüstung raten soll, muß überzeugend dartun, daß er selbst die Atomwaffen nicht will.
Professor Dr. C. F. von Weizsäcker am 29. April 1957 vor der Jahrestagung des Verbandes Deutscher Studentenschaften in Bonn.

Wasserstoffwaffen auch für die Bundesrepublik!

„Die taktischen Waffen sind nichts weiter als die Weiterentwicklung der Artillerie. Selbstverständlich können wir nicht darauf verzichten..."

Bundeskanzler Adenauer am 5. April 1957 vor der Presse in Bonn

23.4.: Titelblatt einer Wahlzeitung des BdD.

24. April Im SED-Zentralorgan <u>»Neues Deutschland«</u> wird die von Bürgern der DDR immer wieder aufgeworfene Frage »Brauchen wir eine Opposition?« wie folgt beantwortet: »Wogegen sollte bei uns eine Opposition opponieren? Sie müßte nein sagen, wenn zum weiteren gemeinsamen Aufbau aufgerufen wird. Sie müßte dessen bisherige Erfolge leugnen. Sie müßte gegen den Frieden und gegen den wachsenden Wohlstand opponieren. Doch wer gegen den Frieden ist, der ist für den Krieg, der hat bei uns nicht nur nichts im Parlament zu suchen, der wird als Feind des Volkes und des Friedens dort untergebracht, wo er keinen Schaden anrichten kann.«[81]

26. April Auf einer Versammlung der *Deutsch-Sozialen Union* (DSU) in der schwäbischen Kleinstadt **Urach** erklärt deren Parteivorsitzender Otto Strasser: »Mit dem Nationalsozialismus kam eine neue Idee in die europäischen Völker, die nie mehr verschwinden wird und die wir gemeinsam noch aktivieren sollten.«[82] Der baden-württembergische Lan-

desvorsitzende der *Deutschen Reichspartei* (DRP), Hans Reck, bezeichnet Hitler als eine »einmalige Persönlichkeit«, die keine Schuld am Zusammenbruch von 1945 trage. Dieser gehe auf das Konto von Leuten aus seiner Umgebung und Offizieren des 20. Juli. Auf der Versammlung wird das Kabinett Konrad Adenauers als »linke Regierung« beschimpft, der ehemalige baden-württembergische Ministerpräsident Reinhold Maier (FDP) als »größter Gesinnungslump« bezeichnet und bei der Erwähnung eines SPD-Bundestagskandidaten dazu aufgefordert, ihn aufzuhängen.

26. April Auf einer Kundgebung im Friedrichstadtpalast in **Ost-Berlin** wird die auf der »V. Gesamtdeutschen Arbeiterkonferenz« in Leipzig verabschiedete Resolution zur Zusammenarbeit zwischen der Arbeiter- und der Gewerkschaftsbewegung beider deutscher Staaten, die in dem Dokument »Weg und Ziel der deutschen Arbeiterklasse« festgehalten ist, propagiert. Vor 3.000 Teilnehmern schlägt der FDGB-Vorsitzende Herbert Warnke vor, daß Kontakte zu den Führungsgremien des DGB aufgenommen werden sollten, um darüber zu beraten, wie die Leipziger Resolution verwirklicht werden könnte.

27. April Zusammen mit 50 Gewerkschaftsjugendlichen sucht der örtliche Bevollmächtigte der *IG Metall*, Franz Busch, in **Salzgitter-Lebenstedt** den Friedhof »Jammertal« auf. Er legt an dem eine Woche zuvor umgeworfenen jüdischen Ehrenmal im Namen seiner Gewerkschaft einen Kranz nieder. Die Mitglieder der *Gewerkschaftsjugend*, die zu einer Wochenendtagung zusammengekommen sind, wollen damit gegen die Schändung der jüdischen Gräber protestieren und der Opfer des NS-Regimes gedenken.

27. April Die Dekane der sechs Theologischen Fakultäten an den Universitäten von **Ost-Berlin**, **Halle**, **Leipzig**, **Greifswald**, **Jena** und **Rostock** danken in einer gemeinsamen Erklärung den westdeutschen Atomphysikern für ihre Warnung vor einer Atombewaffnung deutscher Streitkräfte und ihren ostdeutschen Kollegen für ihre Warnung vor einer Fortsetzung der Atomwaffenexperimente. In dem Bekenntnis heißt es zum Skandalon der Nuklearwaffen: »Mit der Synode der Evangelischen Kirche in Deutschland und der gesamten Ökumene sind wir eins in der radikalen Verwerfung der Massenvernichtungsmittel. In ihnen werden Gottesgaben, der menschliche Verstand wie die Kräfte der Natur, mißbraucht. In ihnen wird der Mensch, der Gottes Ebenbild ist und für den Christus gestorben und auferstanden ist, verraten. In ihnen wird die Güte des Schöpfers selbst gelästert. Wir warnen davor, in dieser Sache mitzumachen oder sich verantwortungsloser Gleichgültigkeit und Resignation zu überlassen. Die Weltgefahr, die nicht nur das gegenwärtige Geschlecht, sondern unsere Kinder und Kindeskinder bedroht, fordert den Einsatz jedes einzelnen, um das Ziel einer allseitigen Ächtung und Abschaffung der Massenvernichtungsmittel zu erreichen.«[83] Die Erklärung ist unterzeichnet von den Professoren Heinrich Vogel, Arno Lehmann, Hans Bardtke, Werner Schmauch, Gerhard Glöge und Gottfried Quell.

27. April Der sowjetische Außenminister Andrej Gromyko überreicht dem Geschäftsträger der Bundesrepublik, Hans Northe, in **Moskau** eine Protestnote, in der die Regierung der UdSSR die Bundesregierung eindringlich vor einer Ausrüstung der Bundeswehr mit Atomwaffen warnt. Obwohl auch zwölf Jahre nach dem Ende des Zweiten Weltkriegs dessen Wunden immer noch nicht verheilt seien und in vielen deutschen Städten zahlreiche Ruinen immer noch »von der durchlebten Katastrophe« Zeugnis ablegten, sei es nun offenbar, daß das Territorium der Bundesrepublik in einen »Atomstützpunkt der NATO« umgewandelt werden solle. Dies bedeute, heißt es drohend weiter, daß Westdeutschland im Falle eines erneuten Kriegsausbruches »sofort Objekt eines Gegenschlags unter Einsatz aller Arten der neuen Waffe einschließlich der Raketenwaffe«[84] würde. Zugleich wird in der Note auf die unübersehbar negativen Folgen hingewiesen, die die Stationierung von Kernwaffen auf dem Gebiet der Bundesrepublik und eine Atombewaffnung der Bundeswehr für die immer noch bestehenden Aussichten auf eine Wiedervereinigung Deutschlands haben würden.

28. April Auf einem Treffen in **Dortmund** wendet sich die *Arbeitsgemeinschaft verfolgter Sozialdemokraten* in einer Entschließung gegen einen von ehemaligen SS-Verbänden für den Sommer in Hannover geplanten Aufmarsch, der unter dem Motto »Wir rufen Europa« stehen soll. Die Bundesrepublik dürfe, heißt es darin, »kein Tummelplatz für Elemente« sein, die offenbar aus den schrecklichen Ereignissen der Vergangenheit nichts gelernt hätten. Die zuständigen Stellen von Bund und Ländern werden ebenso wie die Parlamente aufgefordert, Maßnahmen gegen den SS-Aufmarsch und ähnliche Vorhaben zu ergreifen. Die Teilnehmer erklären sich wegen der Schändung jüdischer Gräber auf dem Friedhof in Salzgitter-Lebenstedt außerdem »mit den jüdischen Mitbürgern« solidarisch und fordern die Behörden auf, alles zu tun, um die Täter zu ermitteln und einer gerechten Bestrafung zuzuführen.

29. April-5. Mai Zum Auftakt der 9. ordentlichen Mitgliederversammlung des *Verbandes Deutscher*

Klimaänderungen durch radioaktiven Staub
Wissenschaft warnt vor Infektion der Atmosphäre

Die große Überschwemmungskatastrophe in Bayern, Sachsen, Oesterreich, der Tschechoslowakei und in Ungarn, die bisher mehr als 40 Todesopfer forderte, haben Wissenschaftler aller Länder zu eingehenden Untersuchungen über die Ursache der Katastrophe veranlaßt. Insbesondere die Häufung derartiger Unwetter in den letzten Wochen hat die Vermutung verstärkt, daß ihre Ursache in ungewöhnlichen und neuartigen Veränderungen der Atmosphäre zu suchen ist. Gegenwärtig richten sich diese Untersuchungen vor allem auf die schon häufig geäußerte Vermutung, daß die Anreicherung der Luftschichten mit radioaktivem Staub aus den zahlreichen Atom- und Wasserstoffbomben-Experimenten eine bedrohliche Klimaveränderung nach sich zieht. *Die Meteorologische Gesellschaft Japans hat deshalb eine eindringliche Warnung an die Weltöffentlichkeit gerichtet.*

Nach der Darstellung des Wetteramtes München ist die gegenwärtige Katastrophe in Bayern durch folgende Umstände verursacht worden: „Aus dem Mittelmeer zog ein Tief über Ungarn zur Ostsee. Dieses Tief zog aus dem Nordwesten kalte Meeresluft nach Bayern, die von warmen Südströmungen überlagert wurde. Dieser Vorgang pflegt stets zu ergiebigen Niederschlägen zu führen. **Es trafen jedoch zwei ungewöhnliche und unerklärliche Begleitumstände zusammen: die Meeresluft kam aus Grönland und war so kalt wie nie zuvor im Juli."**

In der Woche vor der Katastrophe war es jedoch bereits zu ähnlichen Luftverschiebungen gekommen, die in den Alpen völlig ungewöhnliche Schneefälle großen Ausmaßes verursachten und sogar in Norddeutschland die Temperatur bis unter den Nullpunkt fallen ließen. **Einige Meteorologen weisen deshalb auf die bereits früher aufgestellte Theorie hin, daß durch die Atomwaffenexperimente in Nevada**

große Mengen radioaktiven Staubes aufgewirbelt wurden, die langsam in Richtung auf den Nordpol abzogen. Diese Wolken wirkten wie sehr starke Kondensationskerne und verursach'en Schneefälle ungeheuren Ausmaßes, die nicht ohne Einwirkung auf die gesamte Wetterlage bleiben konnten.

Darüber hinaus wurde von zahlreichen Wetterbeobachtungsstellen eine erhebliche Zunahme der radioaktiven Teilchen in der Luft festgestellt, die sich auf auf die ganze Welt erstreckt. Ein bekannter britischer Wissenschaftler bezifferte die Zunahme radioaktiver Teilchen im Regenwasser kürzlich auf das Zehnfache des Normalen.

Die Meteorologische Gesellschaft Japans, deren Wissenschaftler als besonders gewissenhaft gelten, hat eine Appell an die Weltöffentlichkeit gerichtet. Darin heißt es: „Wir machen nunmehr vom Standpunkt der meteorologischen Wissenschaft und des Wetterdienstes aus auf folgende zwei Umstände besonders aufmerksam:

Studentenschaften (VDS) in den Concordiasälen in **Euskirchen** hält der Initiator der »Göttinger Erklärung« gegen die Atombewaffnung der Bundeswehr, der Physikprofessor Carl Friedrich von Weizsäcker, ein Referat über »Die Verantwortung der Wissenschaft im Atomzeitalter«, in dem er über die Motive spricht, die ihn und seine Kollegen zu dem Protest gegen die Pläne der Bundesregierung bewegt haben. Eine atomare Bewaffnung von einzelnen Nationalstaaten, wie Frankreich, Deutschland oder Schweden, erklärt Weizsäcker, sei »ein Unglück für die Welt« und für diese Nationen selbst. Die Rechtfertigungsversuche, man sei selbst friedliebend und müsse die Atomwaffen nur deshalb besitzen, um die Unruhestifter unter Kontrolle zu halten, seien absurd. Wer sollte diese daran hindern, sich selbst solche Waffen zu verschaffen. »Wir glauben daher«, führt Weizsäcker für sich und seine Kollegen aus, »daß ein kleiner Staat sich und dem Weltfrieden dient, wenn er auf Atomwaffen, die seiner souveränen Verfügung unterstehen, ausdrücklich und freiwillig verzichtet.«[85] Diese Überzeugung sei für sie ausschlaggebend gewesen, als sie am 29. Januar ein ausführliches Gespräch mit Bundesverteidigungsmi-

29.4.-5.5.: Aus einer Broschüre des BdD.

29.4.-5.5.: Titelblatt des Hamburger Nachrichtenmagazins.

nister Franz Josef Strauß geführt hätten. Dieser habe ihnen erklärt, daß die Bundesregierung eine Atombewaffnung unter nationaler Souveränität zwar ablehne, jedoch eine im Rahmen der NATO für notwendig erachte und als Garantie für Frieden und Freiheit ansehe. Diese Auskunft habe sie zum Schweigen gebracht, sie allerdings nicht überzeugen können. »Ist die große atomare Rüstung des Westens«, wendet sich Weizsäcker an die Vertreter der bundesdeutschen Studentenschaften, »eine Garantie des Friedens und der Freiheit? Es wäre sehr schön, wenn sie es wäre. Dann wüßten wir, was wir zu tun haben. Aber ich behaupte, und das ist das Wichtigste, was ich heute sage: Sie ist es nicht. Sie schützt uns auf die Dauer gar nicht.«[86] Die Atombomben würden ihren so definierten Zweck nur dann erfüllen, wenn sie nie fielen. »Die Gefahr für uns alle liegt also darin, daß die Besitzer der Bomben, um mit ihnen überhaupt drohen zu können, bereit sein müssen, sie wirklich zu werfen. Die ehrliche Beteuerung des eigenen Friedenswillens rettet sie aus diesem Dilemma nicht. Die Hoffnung, man werde jede künftige Krise so abfangen können, wie die Suez-Krise gerade noch abgefangen wurde, scheint mir nicht besser begründet als die Meinung, man könne auf die Dauer im Roulette gewinnen.«[87] Weizsäcker, der die Ansicht vertritt, daß die »Alles-oder-Nichts-Theorie« für Waffen ebenso falsch wie für das Alltagsleben sei, schließt seine Rede mit der Forderung, daß die atomare Abrüstung mit einer Reduktion konventioneller Waffen verknüpft werden müsse. Nur so könne eine Friedensordnung Stabilität gewinnen. – Auf der VDS-Versammlung, in deren Mittelpunkt Probleme zur finanziellen Absicherung der Studienförderung stehen, bestätigen die Delegierten, die 150.000 Studenten repräsentieren, den bisherigen Vorsitzenden, den 27jährigen Heinrich Wittneben (Universität Göttingen), in seinem Amt.

29. April Auf einer Veranstaltung in **Chicago** sagt der Biochemiker Linus Pauling voraus, daß die von Großbritannien im Pazifik in der Nähe der Christmas Islands geplanten Tests mit Wasserstoffbomben zum Tod von mindestens 1.000 Inselbewohnern führen werden. Der nach der Zündung freiwerdende radioaktive Niederschlag werde bei den Betroffenen tödliche Leukämieerkrankungen hervorrufen. Britische Wissenschaftler hätten sogar Schätzungen vorgelegt, denen zufolge durch die geplanten Versuche weltweit 20.000 Menschen an Knochenkrebs erkranken würden. Die menschliche Gattung, befürchtet der 1954 mit dem Nobelpreis für Chemie ausgezeichnete Wissenschaftler, werde einen mit Kernwaffen geführten Krieg nicht überleben.

30. April Der Stadtrat von **München** begrüßt den Appell Albert Schweitzers, die Atomwaffentests einzustellen, und fordert die bayerische Landesregierung auf, im Bundesrat darauf hinzuwirken, daß sich die Bundesregierung um den Abschluß eines internationalen Abkommens zur Einstellung der Atomwaffenversuche bemüht. Die Bürgerinnen und Bürger der bayerischen Landeshauptstadt werden außerdem aufgefordert, sich im Sinne Schweitzers an der »Mobilisierung des Gewissens gegen den Selbstmord der Menschheit« zu beteiligen. Nur durch die Mitwirkung der gesamten Bevölkerung könne erreicht werden, daß die Stimme Schweitzers nicht ungehört verhalle.

30. April Die *Aktionsgemeinschaft gegen Remilitarisierung* führt in **Frankfurt** gleichzeitig zwei Fackelzüge gegen die Atombewaffnung und für die Abschaffung der Wehrpflicht durch. Die zumeist jungen Demonstranten fordern auf ihren Märschen durch den Stadtteil Bornheim in Sprechchören und auf Spruchbändern, daß alle Pläne für eine Atombewaffnung der Bundeswehr aufgegeben werden. Als die beiden Züge auf dem Brunnenplatz in Alt-Bornheim zusammenkommen, eröffnet Heiner Halberstadt die Kundgebung. Zunächst erinnert er die 1.000 Teilnehmer an die furchtbaren Folgen des Atombombenabwurfs auf Hiroshima. Es sei angesichts des dort sichtbar gewordenen Zerstörungspotentials lächerlich, wenn der Bundesrepublik zur atomaren Bedrohung nichts Besseres einfalle, als der Bevölkerung einen Luftschutzkoffer zu empfehlen. »Herr Adenauer nennt solche Explosionen, die eine Stadt wie Frankfurt völlig zerstören«, erklärt Halberstadt und löst damit ein Pfeifkonzert aus, »verbesserte Artillerie‹! Wir protestieren vor aller Welt und erklären unsere Solidarität mit den 18 Atomforschern, der japanischen Regierung und dem japanischen Volk. Wir danken Albert Schweitzer!«[88] Der Bundesvorsitzende der *Sozialistischen Jugend Deutschlands – Die Falken*, Heinz Westphal, fordert, daß die Bundesrepublik aus der NATO austritt, die

30.4.: Die traditionelle Demonstration der Frankfurter Arbeiterjugend am Vorabend des 1. Mai.

Wehrpflicht abgeschafft und die Aufrüstung in beiden Teilen Deutschlands beendet wird. Die »Politik der Stärke« sei für ein geteiltes Land ohnehin »einige Kragenweiten« zu groß. Die Sicherheit in der Welt werde nicht durch eine immer größere Ansammlung von Vernichtungswaffen auf beiden Seiten anwachsen. »Wir schreien es der Welt in die Ohren: Krieg ist Wahnsinn, Atomkrieg ist Superwahnsinn. Wir machen diesen Wahnsinn einfach nicht mehr mit. Wir wollen uns aus dem Wettrüsten heraushalten, um anderen damit ein Beispiel zu geben. Die Sicherheit vor einem Krieg wird um so größer, je größer die Zahl der Unbeteiligten am Wettrüsten ist.«[89] Westphal betont ausdrücklich, daß sich sein Appell auch an die Machthaber in der DDR richte. Deren Bürgerkriegsspielereien und Kadettenschulen seien ebenfalls Zeugnisse für einen immer noch nicht über Bord geworfenen Militarismus. Die Jugend in Westdeutschland müsse sich zugleich zum Sprecher der Jugend in Ostdeutschland machen, da dieser es »unter der Justiz von Hilde Benjamin« nicht möglich sei, ihre Meinung frei zu äußern. – In der Frankfurter *Aktionsgemeinschaft gegen Remilitarisierung* haben sich die *Gruppe der Wehrdienstverweigerer (GdW)*, die *Sozialistische Jugend Deutschlands – Die Falken*, die *Naturfreundejugend* und die *Deutsche Jugendgemeinschaft* zu einem Bündnis zusammengeschlossen.

30. April Am Vorabend des I. Mai ziehen in **Salzgitter** rund 1.000 Jugendliche mit Fackeln zum Friedhof »Jammertal«, um gegen die Schändung der Ruhestätte zu protestieren, auf der zehn Tage zuvor 80 jüdische Grabsteine umgeworfen worden waren. Die nach einem Aufruf des DGB aus ganz Niedersachsen zusammengekommenen Teilnehmer sind vor allem Mitglieder der *Gewerkschaftsjugend*. In dem von mehreren Bergmannskapellen begleiteten Zug wird eine Bahre getragen, auf der ein Kranz mit der Schleife »Das Gewissen schweigt nicht« liegt. Als die Demonstranten auf dem bei **Lebenstedt** gelegenen Friedhof eintreffen, hallt ein Trommelwirbel durch die Nacht. Hauptrednerin im Schein der Fackeln ist die niedersächsische Landtagsabgeordnete Maria Meyer-Seyenich. Vor dem umgeworfenen jüdischen Ehrenmal klagt sie an: »Eine der schändlichsten Taten ist immer die gewesen, wenn unwürdige Hände die Gräber der Toten geschändet haben!«[90] Die Opfer einer Verfolgung, die in der Geschichte ohne Beispiel sei, und deren letzte Ruhestätte vom deutschen Volk mit Ehrfurcht und dem Willen zur Wiedergutmachung behütet werden sollte, seien »von gemeinen Bubenhänden« geschändet worden. »Ihr, auf deren Schultern heute schon die Verantwortung der kommenden Jahrzehnte liegt«, appelliert sie an die Jugendlichen, »seid aufge-

rufen, die Gesellschaft, in der so schwere Krankheitszeichen wirksam sind, zu erneuern und gesund zu machen.«[91] Sie sei sich bewußt, schließt die Abgeordnete ihre Ansprache, daß das deutsche Volk »in seiner breiten Basis« die an diesem Ort begangene Schandtat nicht gutheiße.

30. April Auf einer Veranstaltung in der Hochschule für Musik in **West-Berlin** bezeichnet der DGB-Vorsitzende Willi Richter die Einführung der 5-Tage-Woche mit einer Arbeitszeit von 40 Stunden, die Steigerung des Realeinkommens aller Arbeitnehmer, die Lohnfortzahlung im Krankheitsfall, die Bekämpfung überhöhter Preise und die gerechte Verteilung des Sozialprodukts als die wichtigsten Forderungen der Gewerkschaften. An die Großmächte appelliert Richter, ihre im Potsdamer Abkommen gegebene Verpflichtung einzulösen und die Wiedervereinigung Deutschlands herbeizuführen. Dem deutschen Volk müsse das Selbstbestimmungsrecht zurückgegeben werden.

30. April Das SED-Zentralorgan »Neues Deutschland« meldet, daß die Regierung der DDR der Bundesregierung in Bonn eine Note übermittelt hat, in der diese aufgefordert wird, auf eine Ausrüstung der Bundeswehr mit Atomwaffen zu verzichten und für den Abtransport aller »ausländischen Massenvernichtungswaffen« zu sorgen. Wenn die Bundesregierung von der US-Regierung fordern würde, alle ihre atomaren Stützpunkte in Westdeutschland aufzulösen, dann wäre das »... ein wirkungsvoller Schritt zur Beseitigung der Atomkriegsgefahr in Deutschland.«[92]

30. April/I. Mai Unbekannte hissen nachts in **Nürnberg** am Eingangstor des Tiergartens, wo am Nachmittag die Maikundgebung des DGB abgehalten werden soll, eine mit einem Trauerflor versehene Hakenkreuzfahne. Sie wird nach ihrer Entdeckung am frühen Morgen von der Polizei entfernt. – Zu einem weiteren Zwischenfall kommt es während der DGB-Kundgebung. Eine Kapelle spielt, ohne auf Widerspruch zu stoßen, den Marsch »Stolz weht die Flagge Schwarz-Weiß-Rot«. Als die Veranstalter später darauf aufmerksam gemacht werden, daß damit ein ebenso nationalistisches wie militaristisches Symbol, die Reichskriegsflagge der kaiserlichen Marine, verherrlicht werde, heißt es, dem DGB sei das Programm der einzelnen Kapellen nicht vorgelegt worden. Man stelle zudem mit Bedauern fest, daß der Marsch mit starkem Beifall aufgenommen worden sei. – Die Nürnberger Polizei gibt am 19. Juli bekannt, daß wegen der Hissung der Hakenkreuzfahne gegen fünf Männer im Alter zwischen 21 und 37 Jahren ermittelt werde.

30.4.: Fackelzug gegen die Friedhofsschändung in Salzgitter.

1957

Januar Februar März April <u>Mai</u> Juni

Juli August September Oktober November

Dezember

Mai: Teilnehmer der Sylter KgA-Tagung vor dem Veranstaltungshaus: Professor Werner Kliefoth (mit Baskenmütze), rechts daneben Dr. Bodo Manstein und Professor Karl Bechert.

Mai Das Landgericht **München** I hebt die Beschlagnahmung von fünf Büchern auf, die im rechtsradikalen Druffel-Verlag erschienen sind, und lehnt die Eröffnung eines Hauptverfahrens gegen dessen Leiter, den ehemaligen SS-Obersturmbannführer und früheren stellvertretenden Reichspressechef Helmut Sündermann, mit der Begründung ab, daß keiner der publizierten Texte einen verfassungsfeindlichen Inhalt erkennen lasse. Bei den im November 1956 von der Münchner Staatsanwaltschaft eingezogenen Büchern handelt es sich um die Bände: Ilse Heß, »England – Nürnberg – Spandau«; Ilse Heß (Hg.), »Gefangener des Friedens«, in dem Briefe des im alliierten Kriegsverbrechergefängnis in Spandau einsitzenden ehemaligen »Führer-Stellvertreters« Rudolf Heß abgedruckt sind; Joachim von Ribbentrop, »Zwischen London und Moskau«; Helmut Sündermann, »Alter Feind, was nun?« und Julius Lippert, »Lächle ... und verbirg die Tränen«. – Der

Oberstaatsanwalt legt unmittelbar nach Bekanntgabe der Entscheidung Beschwerde ein und erreicht dadurch, daß die Bücher beschlagnahmt bleiben.

Mai Der *Kampfbund gegen Atomschäden* führt in **Wenningstedt** auf Sylt einen Lehrgang über die Gefahren der Atomenergie durch. Im einzelnen referieren der Vorsitzende des Kampfbundes, der Arzt Dr. Bodo Manstein, über »Die Problematik der Kernenergie aus ärztlicher Sicht«, der Physikprofessor Karl Bechert über »Gefahren der Radioaktivität«, Professor Werner Kliefoth über »Die friedliche Verwendung der Kernenergie«, Chefredakteur Wolfgang Bartels über »Luftschutz im Atomkrieg« und Dr. Fritz Katz über »Menschliche Fragen im Atomzeitalter«. Einer der Referenten demonstriert an einer Landkarte, daß zehn Wasserstoffbomben ausreichen würden, um die gesamte Bundesrepublik auszulöschen bzw. radioaktiv zu verseuchen. In der Debatte über die Errichtung von Schutzbauten, die Durchführung von Evakuierungsmaßnahmen und die Möglichkeiten des Weiterlebens in radioaktiv verstrahlten Gegenden bleiben die bei der Tagung anwesenden Vertreter des Bundesluftschutzverbandes genauere Antworten schuldig. Einer der Atomgegner erklärt, daß Bundeswehr und Bundesluftschutz »siamesische Zwillinge« seien. Alle sind sich allerdings darin einig, daß der beste Luftschutz die Verhinderung des Krieges sei.

Mai Der Stadtrat von **Augsburg** spricht sich mit 32:15 Stimmen gegen die Lagerung von Atommunition im Trinkwasserschutzgebiet der Stadt aus. Die Sicherheit der 200.000 Einwohner, heißt es zur Begründung, werde sonst gefährdet. Mit Ausnahme der CSU-Vertreter begrüßen die Stadträte den Appell Albert Schweitzers zur Einstellung der

Atomwaffenversuche und fordern die Kommunalverbände auf, sich ebenfalls gegen die Tests auszusprechen. – Der Stadtrat der Nachbargemeinde **Haunstetten** schließt sich dieser Entscheidung mit Ausnahme von drei CSU-Mitgliedern an. Die Landesregierung in München wird außerdem aufgefordert, gegen die Lagerung von Nuklearwaffen in Bayern Einspruch einzulegen und die Bundesregierung dazu aufzufordern, die Stationierung und Lagerung solcher Waffen auf dem Gebiet der Bundesrepublik zu untersagen.

Mai Der *Liberale Studentenbund Deutschlands* (LSD) fordert auf seiner 9. Delegiertenversammlung in **Heilbronn** die Einstellung aller Atomwaffenversuche durch die Großmächte und verstärkte Anstrengungen für eine allgemeine, kontrollierte Abrüstung. Die liberalen Studenten danken Albert Schweitzer und den Göttinger Professoren ausdrücklich dafür, daß sie mit ihren Aufrufen gegen die Atombewaffnung »ihrer Gewissenspflicht« gefolgt seien; zugleich weisen sie alle Diffamierungsversuche seitens der Bundesregierung und der Presse den Professoren gegenüber zurück.

Mai Vor der Mensa der Technischen Hochschule in **Dresden** protestieren mehrere hundert Studenten gegen das Verbot, Westreisen zu unternehmen. Trotz einer Reihe von Relegierungen war mit Flugblättern für die Protestaktion geworben worden.

Mai In **Ölsnitz** im Vogtland weigern sich 59 Oberschüler, der Aufforderung, keine weiteren Westreisen mehr zu unternehmen, Folge zu leisten.

Mai Vor dem US-amerikanischen Konsulat in **Wien** protestieren ungarische Studenten gegen eine weitere Verzögerung ihres Abflugs in die Vereinigten Staaten. Die aus Ungarn geflohenen Studenten harren trotz wiederholter Aufforderungen, den Platz zu räumen, vor dem Gebäude aus, bis die Polizei sie vertreibt. 70 Protestierende werden bei dem Einsatz festgenommen und anschließend verhört.

Mai Bei einem Attentat mit einer Paketbombe auf den Präfekten André-Marie Trémeaud in **Straßburg** wird dessen Frau Henriette getötet. Als sie eine an ihren Mann adressierte, vermeintliche Probesendung mit einer Zigarrenkiste öffnet, um Gästen etwas davon anzubieten, explodiert eine darin verborgene Sprengladung. – Der Tod von Henriette Trémeaud löst in Frankreich große Bestürzung aus. Da Ihr Mann als ehemaliger Präfekt von Algier an der Unterdrückung des algerischen Befreiungskampfes beteiligt gewesen sein soll, vermuten die Sicherheitsbehörden, daß der Anschlag von Angehörigen der FLN begangen worden ist.

Mai In der französischen Zeitschrift »Les Temps Modernes« wird unter der ironischen Überschrift »Vous êtes formidables« (Ihr seid fabelhaft) ein Aufsatz von Jean-Paul Sartre abgedruckt, der sich mit den französischen Greueltaten in Algerien auseinandersetzt und der zuvor von der Tageszeitung »Le Monde« abgelehnt worden ist. Sartre nimmt das Erscheinen einer Dokumentation, in der unter dem Titel »Des rappelés témoignent« (Einberufene sagen aus) Soldaten über Repressalien gegenüber der algerischen Zivilbevölkerung berichten, zum Anlaß, um die Unwahrhaftigkeit des eigenen politischen Systems und des überwiegenden Teils der französischen Öffentlichkeit anzuklagen. Frankreich befinde sich inmitten eines Alptraums, dem es nicht entfliehen könne. Entweder, schreibt Sartre in dem emotional aufgeladenen Text, werde man über das, was in dem nordafrikanischen Land im Namen der eigenen Nation verübt werde, Klarheit gewinnen, oder man werde daran »krepieren«. Er vergleicht die von der Regierung geförderte schizophrene Haltung, sich trotz des Wissens um Verbrechen wie Folterung, Vergewaltigung, Plünderung und anderes mehr als unwissend hinzustellen, mit der der Deutschen während der NS-Zeit: »Falsche Arglosigkeit, Flucht, Unaufrichtigkeit, Einsamkeit, Schweigen, eine Komplizenschaft, die man zurückweist und schließlich doch auf sich nimmt, das haben wir 1945 Kollektivschuld genannt. Damals durfte die deutsche Bevölkerung nicht behaupten, von den Konzentrationslagern nichts gewußt zu haben ... Die meisten hatten Dachau oder Buchenwald niemals gesehen, aber sie kannten Leute, die wieder andere kannten, die den Stacheldraht gesehen oder in einem Ministerium Einblick in vertrauliche Notizen genommen hatten ... Noch ist es Zeit, den nationalen Abbruchunternehmern das Handwerk zu legen, noch ist es möglich, den Teufelskreis dieser nichtverantwortlichen Verantwortung, dieser schuldigen Unschuld und dieser wissenden Unwissenheit zu durchbrechen: blicken wir der Wahrheit ins Gesicht; sie wird jeden von uns zwingen, entweder die begangenen Verbrechen öffentlich zu verurteilen oder die Verantwortung dafür in voller Kenntnis der Tatsachen auf sich zu nehmen.«[93]

1. Mai NATO-Generalsekretär Lord Hastings Lionel Ismay vertritt auf einer Pressekonferenz in **Bonn** die Auffassung, daß in der Bundesrepublik, für den Fall, daß die Sowjetunion auch weiterhin eine wirkliche Abrüstungskontrolle ablehne, wie in allen anderen NATO-Mitgliedsstaaten auch Atomwaffen stationiert werden müßten. Die Frage, was geschähe, wenn der Bundestag einem solchen Schritt nicht zustimmen würde, beantwortet er mit der Feststel-

Mai: Jean-Paul Sartre auf dem Platz von San Marco in Venedig.

Mai: Anzeige des Druffel Verlages.

Mai: Alt-Nazi Helmut Sündermann, Leiter des rechtsradikalen Druffel-Verlages.

1.5.: Demonstrationen und Kundgebungen in Essen, Köln, Hamburg-Harburg, Amsterdam und West-Berlin.

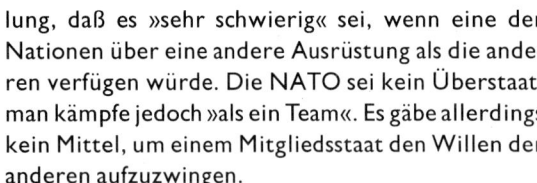

lung, daß es »sehr schwierig« sei, wenn eine der Nationen über eine andere Ausrüstung als die anderen verfügen würde. Die NATO sei kein Überstaat, man kämpfe jedoch »als ein Team«. Es gäbe allerdings kein Mittel, um einem Mitgliedsstaat den Willen der anderen aufzuzwingen.

1. Mai Auf den Mai-Kundgebungen in der **Bundesrepublik** erklären sich Hunderttausende von Teilnehmern mit der »Göttinger Erklärung« der Atomphysiker gegen eine Atombewaffnung der Bundeswehr solidarisch. – In **Hamburg** erklärt der ÖTV-Vorsitzende Adolph Kummernuß vor 170.000 Zuhörern, daß der von der Sowjetunion unterbreitete Vorschlag, vorläufig auf alle weiteren Atombombenversuche zu verzichten, eine Grundlage für Verhandlun-

gen zwischen den Großmächten sei. – Der *IG-Metall*-Vorsitzende Otto Brenner bezeichnet in **Düsseldorf** Bundeswirtschaftsminister Ludwig Erhard (CDU) als »Bundes-Märchenerzähler«. Dieser hatte in einer am Vortag in vielen Tageszeitungen erschienenen Anzeigenkampagne behauptet, daß die von den Gewerkschaften für den 1. Mai erhobenen Forderungen in der Bundesrepublik bereits erfüllt seien. – Auf dem Burgplatz in **Essen** sprechen sich die Gewerkschaftsredner gegen die geplante Atombewaffnung der Bundeswehr aus. Sie fordern von der Bundesregierung einen sofortigen Verzicht auf Atomwaffen aller Art, ein Angebot zu Abrüstungsverhandlungen und die Einleitung von energischen Schritten zur Wiedervereinigung Deutschlands.

I. Mai Vor dem Rathaus Schöneberg in **West-Berlin** versammeln sich 100.000 Menschen, um an der Maikundgebung der Gewerkschaften teilzunehmen, die diesmal unter dem Motto »Wiedervereinigung ohne Gewalt – doch bald Frieden, Freiheit und soziale Gerechtigkeit« steht. Als Redner treten der DGB-Vorsitzende Willi Richter, der DGB-Landesvorsitzende Ernst Scharnowski, der DAG-Landesvorsitzende Siegfried Aufhäuser und der Regierende Bürgermeister Otto Suhr auf. Nach einer besonderen Begrüßung jener Teilnehmer, die aus Ost-Berlin gekommen sind, erklärt Suhr, daß sich an einem solchen Tag mit seinen zwei Maifeiern in einer Stadt wieder einmal besonders deutlich zeige, welch unterschiedliche Welten hier aufeinanderprallten. Dort triumphiere in Militärparaden die totale Gewalt unter Fahnen und Transparenten eines mißbrauchten Sozialismus – hier begegneten sich dagegen freie Menschen. Der Senat und die Gewerkschaften kämen freiwillig zusammen, um sich in demokratischer Form für eine friedliche, sozial glückliche und freie Zukunft auszusprechen.

1.5.: Comic aus der Gewerkschaftszeitung »Metall«.

1.5.: Umzug in Hamburg-Harburg.

1.5.: Der ÖTV-Vorsitzende Adolph Kummernuß bei seiner Ansprache in Hamburg-Harburg.

1.5.: Umzug in Hamburg.

2. Mai Im Marinekrankenhaus von **Bethesda** (US-Bundesstaat Maryland) stirbt im Alter von 47 Jahren der ehemalige republikanische Senator von Wisconsin und frühere Vorsitzende des House Un-American Activities Committee (HUAC), Joseph R. McCarthy, an einer Leberzirrhose. – Nach einer Trauerfeier im Senat in **Washington** (US-Bundesstaat Wisconsin) wird der als »Kommunistenjäger« berüchtigte Politiker auf einem katholischen Friedhof in **Appleton** beigesetzt. McCarthy galt in der ersten Hälfte der fünfziger Jahre als Inbegriff des antikommunistischen Demagogen, so daß diese Ära rückblickend mit seinem Namen verbunden bleibt. Durch seinen öffentlichen Feldzug gegen die vermeintliche Unterwanderung von Staat und Regierung durch Kommunisten und sowjetische Agenten hatte er ein paranoides Klima geschaffen, das als innenpolitisches Pendant zum »Kalten Krieg« zwischen Ost und West gelten konnte.

2./3. Mai Zum ersten Mal tagt in **Bonn** der Nordatlantikrat. Unter dem Vorsitz des italienischen Außenministers Gaetano Martino kommen dessen Ministerkollegen aus den 14 anderen NATO-Mitgliedsstaaten zusammen, um über die aktuelle Situation des Militärbündnisses zu beraten. In seiner Eröffnungsansprache erklärt Bundeskanzler Adenauer, daß die Bundesregierung den Willen habe, »ihren vollen Beitrag« im Rahmen des westlichen

1.5.: Maifeier in Peking; Blick auf die Ehrentribüne.

1.5.: Demonstranten in Tokio.

2.5.: Marineinfanteristen tragen den Sarg McCarthys in Washington die Stufen des Kapitols hinunter.

1. Mai An der Maifeier auf dem Marx-Engels-Platz in **Ost-Berlin** nehmen 250.000 Arbeiter, Angestellte und Soldaten teil. Unter der Parole »Stärkt unsere Volksmacht! Schlagt den Militarismus!« ziehen in einer Parade Truppen der Nationalen Volksarmee, mit Maschinenpistolen und Karabinern ausgerüstete SED-Betriebskampfgruppen und Betriebsdelegationen an der Rednertribüne vorüber. Der FDGB-Vorsitzende Herbert Warnke fordert in seiner Ansprache die Aktionseinheit der deutschen Arbeiterklasse, um zu verhindern, daß Westdeutschland »in ein Atomglacis« verwandelt werde.

1. Mai Die Mai-Umzüge in **Japan** stehen im Zeichen des Protests gegen die britischen Wasserstoffbombenversuche im Pazifik. Allein in **Tokio** folgen über 500.000 Menschen dem Aufruf der Gewerkschaften und demonstrieren gegen die angekündigte Durchführung der Tests auf den Christmas Islands.

2./3.5.: »Ein neuer Klubanwärter.« Karikatur aus »The New Statesman and Nation«.

tung von mehr als vier Jahren kommt er damit der Selbstverpflichtung nach, eine Gesetzesgrundlage für die im Grundgesetz verankerte Gleichberechtigung der Geschlechter zu schaffen. Nach der Neuregelung ist im Grundsatz zwar die gleiche Verteilung von Rechten und Pflichten in Ehe und Familie vorgesehen, jedoch unter Beibehaltung der traditionellen Rollenverteilung, in der die Frau für den Haushalt zuständig ist. Neu ist allerdings, daß sie nun berechtigt ist, ohne Zustimmung ihres Mannes einem Beruf nachzugehen.

Sicherheitssystems zu leisten. Es sei notwendig, die Sicherheit zu stärken, um »das apokalyptische Verhängnis eines modernen Krieges« zu verhindern. Die Sowjetunion fordert er auf, eine Verpflichtung einzugehen, wie sie von der Bundesregierung bereits 1954 mit der in den Protokollen zum Brüsseler Vertrag festgehaltenen Zusicherung, auf die Herstellung von ABC-Waffen zu verzichten, gegeben worden sei. Zur Frage einer Neutralisierung Deutschlands erneuert er seine ablehnende Haltung. Regionale Spannungen ließen sich zwar durch eine entmilitarisierte Zone mildern, bei dem Konflikt, in dessen Spannungsfeld Deutschland liege, handle es sich jedoch um einen Gegensatz zwischen Kontinenten, der die halbe Erde umfasse. Ein neutralisiertes Deutschland habe im Kriegsfall die beste Aussicht zum Schlachtfeld zu werden. Der Generalsekretär der NATO, Lord Hastings Lionel Ismay gibt nach Abschluß der Beratungen ein neun Punkte umfassendes Kommuniqué bekannt, in dem klargestellt wird, daß das Militärbündnis auf der Ausrüstung der Armeen aller seiner Mitgliedsstaaten mit Atomwaffen besteht: »Nur wenn es über die modernsten Verteidigungsmittel verfügt, wird es jeden Versuch abschrecken, einen derartigen Angriff auf das Bündnissystem auszulösen. Bis zum Abschluß eines annehmbaren Abrüstungsabkommens kann keine Macht ihm den Besitz der zu seiner Verteidigung erforderlichen modernen Waffen verbieten wollen.«[94] – Bei einem Essen der Auslandspresse in **Bonn** erklärt einen Tag später der belgische Außenminister und designierte NATO-Generalsekretär, Paul Henri Spaak, die größte Kriegsgefahr liege in einem neutralisierten Europa. Er erinnere nur daran, wie es seinem Land bei Ausbruch des Zweiten Weltkrieges ergangen sei. Das neutrale Belgien war von den Deutschen, die schon im Ersten Weltkrieg keine Rücksicht auf diesen Status genommen hatten, zum zweiten Mal überfallen worden.

3. Mai Der Bundestag in **Bonn** verabschiedet einstimmig den Gesetzentwurf über die Gleichberechtigung zwischen Mann und Frau. Mit einer Verspä-

DIE VÖLKER SCHREITEN ZUM WIDERSTAND GEGEN DEN ATOMKRIEG

3. Mai Auf einer Mitgliederversammlung der *Physikalischen Gesellschaft der DDR* in **Leipzig** verabschieden 14 namhafte Physiker, darunter der Nobelpreisträger Gustav Hertz, einstimmig eine Resolution gegen die Entwicklung von Atomwaffen und für die friedliche Nutzung der Atomenergie. Sie versichern, daß in der DDR kein Forscher jemals zu einer Arbeit, die der Entwicklung und Erprobung von Nuklearwaffen hätte dienen können, aufgefordert worden sei. Sie ersuchen ihre Kollegen in aller Welt, auf ihre Regierungen mit dem Ziel einzuwirken, daß sämtliche Nuklearwaffentests eingestellt werden. Die Stellungnahme, die an den Ministerpräsidenten der DDR, Otto Grotewohl, gesandt wird, ist von den Wissenschaftlern Joachim Born, Alfred Eckardt, Hans Ertel, Hans Falkenhagen, Walter Friedrich, Gustav Hertz, Paul Kunze, Gustav Richter, Robert Rompe, Rudolf Seeliger, Max Steenbeck, Peter Adolf Thießen, Max Volmer und Carl Friedrich Weiß unterzeichnet.

3. Mai Zwölf Jahre nach dem Ende des Zweiten Weltkrieges wird in **Amsterdam** die _Anne-Frank-Stiftung_ gegründet. In Artikel 2 ihrer Satzung heißt

3.5.: Plakat des »Deutschen Friedensrates«.

es zu ihren Zielen: »Die Stiftung hat sich die Erhaltung der Parzelle Prinsengracht 263 in Amsterdam, besonders des dazugehörigen Hinterhauses, zur Aufgabe gemacht und dazu die Weiterverbreitung der Ideale wie sie im Tagebuch der Anne Frank hinterlassen wurden. Die Stiftung versucht, diese Ziele durch die Bekämpfung von Vorurteilen, Diskriminierung und Unterdrückung zu erreichen, und eine demokratische Gesellschaft anzustreben, die nach Form und Inhalt der Erklärung der Menschenrechte entspricht. In Anbetracht des Anlasses ihrer Entstehung stellt sich die Stiftung hinter das Verlangen des jüdischen Volkes nach einem eigenen Staat, so wie dieser historisch in Israel realisiert wurde, ohne sich bei ihren eigenen Aktivitäten von vornherein mit der israelischen Politik zu identifizieren.«[95] – 13 Jahre nach der Verhaftung Anne Franks wird in **Amsterdam** das Gebäude Prinsengracht 263, in dessen Hinterhaus sich das jüdische Mädchen versteckt hielt, ihrem Vater Otto Frank geschenkt, der es an die *Anne-Frank-Stiftung* zur Nutzung weitergibt.

3. Mai Mehr als elf Jahre nach dem Abwurf der ersten Atombombe stirbt in **Hiroshima** der Japaner Shizuto Iki an den Folgen der radioaktiven Strahlung. – Kurze Zeit später wird in **Hiroshima** ein Erholungszentrum für Atombombenopfer eingeweiht. Sein Bau ist von dem US-amerikanischen Schriftsteller Wright Morris finanziert worden. In seiner Eröffnungsrede spricht er die Hoffnung aus, daß ein weltweites Verbot der Entwicklung und Anwendung von Nuklearwaffen durchgesetzt werde.

4. Mai Das Schwurgericht beim Landgericht **Köln** verurteilt den 47jährigen ehemaligen SS-Hauptsturmführer und jetzigen Rechtsanwalt Wolfgang Ilges wegen Beihilfe zum Mord in zwei Fällen zu einer Zuchthausstrafe von vier Jahren. Die Untersuchungs- und die Internierungshaft des Angeklagten werden angerechnet. Das Gericht sieht es als erwiesen an, daß der Angeklagte als stellvertretender Leiter der Staatspolizeistelle Tilsit an zwei Liquidierungsaktionen von Einsatzgruppen im Sommer 1941 in Augustów beteiligt war. Über den ersten Massenmord, die Erschießung von 30 Gästen eines von der Waffen-SS besetzten Erholungsheimes, vor allem polnische Juden, heißt es in der Urteilsbegründung: »Die Opfer mußten eine große Grube aufwerfen, sich an deren Rand nebeneinander aufstellen, und wurden alsdann von einem Kommando der Waffen-SS in Kompanie- oder Zugstärke, das unter Befehl eines SS-Offiziers stand, hinterrücks mit Maschinenpistolen erschossen. Der Angeklagte war bei dieser ersten Exekution selbst zugegen, weil er sich dem Einheitsführer der Waffen-SS gegenüber auch hierzu verpflichtet fühlte.«[96] Bei einer zweiten,

kurze Zeit später stattfindenden Liquidierungsaktion waren 100 Gefangene, ebenfalls hauptsächlich polnische Juden, ermordet worden. Über den Angeklagten heißt es abschließend in bezug auf die Strafzumessung: »Auch wenn er nur ein kleines Rädchen im großen Getriebe der verbrecherischen Staatsmaschinerie war, so war er doch andererseits einer von denen, die dank ihrer Vorbildung einen größeren und tieferen Einblick in das Gewalt- und Willkürsystem besaßen als die Mehrzahl der übrigen Staatsbürger ... Andererseits spricht für den Angeklagten, daß er charakterlich sicher anständig, auch fachlich tüchtig und keinesfalls einer der Scharfmacher war.«[97] – Der Bundesgerichtshof in **Karlsruhe** lehnt am 12. März 1958 einen Revisionsantrag des Angeklagten, der sich weiter in Untersuchungshaft befindet, als unbegründet ab.

4./5. Mai Auf einer Tagung von Strafverteidigern, zu der der *Initiativausschuß für die Amnestie in der Bundesrepublik* nach **Frankfurt** eingeladen hat, wird scharfe Kritik an dem als »Blitzgesetz« bezeichneten I. Strafrechtsänderungsgesetz vom 31. August 1951 und der Ablehnung einer Amnestie für politische Straftäter durch den Bundestag geübt. Rechtsanwalt Walther Ammann gibt die Prognose ab, daß nach dem KPD-Verbot mit dem neuen Staatsgefährdungsparagraphen 90a die Zahl der Strafverfahren wahrscheinlich auf Zehntausende anwachsen werde. Nachdem es bis zum 17. August 1956, dem Tag, an dem das Bundesverfassungsgericht das Verbot der KPD bekanntgegeben hat, Tausende von Einzelverfahren gegeben habe, werde sich nun zwangsläufig eine Flut von Massenverfahren über die Gerichte ergießen. Denn in Anwendung von § 90a, Absatz 3 seien die Gerichte dazu gezwungen, auch gegen alle Rädelsführer und Hintermänner der KPD vorzugehen. An der von Rechtsanwalt Paul Haag geleiteten Tagung, zu deren Initiatoren neben Rechtsanwalt Ammann der Marburger Politikwissenschaftler Professor Wolfgang Abendroth, der Essener Rechtsanwalt Diether Posser und andere gehören, nehmen auch Vertreter des hessischen Innen- und Justizministeriums, der hessische Generalstaatsanwalt Fritz Bauer, Oberlandesgerichtspräsident Professor Curt Staff, die Direktorin der Frauenhaftanstalt Preungesheim, Helga Einsele, und der Dezernent der Politischen Polizei in Frankfurt teil.

5. Mai Ein von 99 Schriftstellern, Wissenschaftlern und Künstlern unterzeichneter Offener Brief richtet sich mit der Aufforderung an Bundeskanzler Adenauer in **Bonn**, öffentlich einen Verzicht auf taktische sowie alle anderen Atomwaffen zu erklären. In dem Schreiben, das in seinem Grundtenor der »Göttinger Erklärung« der 18 Atomphysiker folgt, heißt es:

»Wird die Bundesrepublik mit atomaren Waffen ausgerüstet, so kann es nicht ausbleiben, daß früher oder später auch im anderen Teile Deutschlands solche Waffen stationiert werden. Das deutsche Volk müßte dadurch immer mehr in eine lebensgefährdende Situation geraten. Nicht zuletzt würde die beiderseitige atomare Aufrüstung die Verständigung der Deutschen untereinander noch weiter erschweren. Die Bundesregierung kann nur dann die internationale Entspannung für ihren Teil fördern und bessere Voraussetzungen für die Wiederherstellung der deutschen Einheit schaffen, wenn sie nicht nur auf die Herstellung atomarer Waffen, sondern auch kompromißlos auf die Ausrüstung der Bundeswehr mit taktischen Atomwaffen durch die NATO verzichtet.«[98] Zu den Unterzeichnern zählen der Frankfurter Theaterregisseur Harry Buckwitz, der Maler Otto Dix, der Schriftsteller Leonhard Frank, der Generalintendant des Deutschen Theaters in Göttingen, Heinz Hilpert, und der Verleger Ernst Rowohlt.

5. Mai In **Darmstadt** kommt es zu einem Theaterskandal. Die von Gustav Rudolf Sellner im Orangeriehaus inszenierte deutsche Erstaufführung von Eugène Ionescos Stück »Opfer der Pflicht« stößt bei einem Teil des Publikums auf heftige Ablehnung. Das 1953 in Paris uraufgeführte Stück handelt von einem Gespräch zwischen einem Polizisten und einem Ehepaar, das sich allmählich zu einem Verhör und dann schließlich zur Folter entwickelt. Von der inquisitorischen Atmosphäre abgestoßen, protestieren die Zuschauer, mit Trillerpfeifen, Schlüsselbunden und anderen Gegenständen lärmend, gegen die Aufführung. Erst nachdem Intendant Sellner auf die Bühne kommt und die Unzufriedenen auffordert, das Theater zu verlassen, kann das Stück zu Ende geführt werden. Der 45jährige, in Paris lebende Exil-Rumäne Eugène Ionesco, der sich unter den Zuschauern befindet, erfährt in der Bundesrepublik jedoch nicht nur Ablehnung. Die Aufregung um sein Theater des Absurden erzeugt eine Publizität, die ihn in den folgenden Jahren auch auf bundesdeutschen Bühnen zu einem der meistgespielten Autoren werden lassen.

5. Mai Am Morgen des Jahrestages der Befreiung vom Faschismus ziehen in **Hamburg** 600 Menschen in einem Demonstrationszug vom Bahnhof Barmbek zum Ehrenmal für die NS-Opfer auf dem Ohlsdorfer Friedhof. An der Spitze tragen junge Frauen und Männer die Fahnen aller europäischen Nationen. Als kurz nach 11 Uhr die Kundgebung auf dem Platz vor dem Ehrenmal beginnt, ist die Zahl der Teilnehmer auf 1.500 angewachsen. Der Herausgeber und Chefredakteur des Wochenblatts »Die Andere Zeitung«, Gerhard Gleißberg, zieht in seiner Ansprache ein

Resümée der Nachkriegszeit: »Aus den Trümmern von 1945 stieg die Hoffnung auf ein besseres Leben auf, auf den Aufbau eines neuen Deutschland, einer neuen Welt. Wir würden uns selbst belügen, wenn wir nicht zugeben würden, daß sich diese Hoffnung bisher nicht erfüllte. Die Gefahren, von denen wir vor zwölf Jahren für immer befreit zu sein glaubten, stehen wieder drohend vor uns. Die Schändungen jüdischer Friedhöfe beweisen, daß man nicht einmal die Toten in Ruhe läßt. Die Täter sind ›selbstverständlich‹ unbekannt. Wir sind es unseren Toten schuldig, Stellung zu nehmen, und wir sind es den Lebenden schuldig, vor solchen Gefahren zu warnen. Die Menschheit steht am Scheideweg. Tun wir alles, damit nicht noch einmal jene furchtbaren Verbrechen über die Welt kommen, wie sie zwölf Jahre lang von Deutschland ausgingen.«[99] Anschließend werden, während eine ehemalige Widerstandskämpferin über Mikrophon die Zahlen der in den einzelnen nationalsozialistischen Konzentrations- und Ver-

5.5.: Titelblatt einer Ausgabe des KgA-Organs.

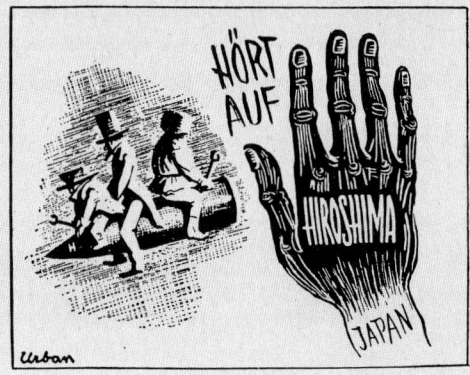

Sie hören es nicht

nichtungslagern ums Leben gekommenen Häftlinge verliest, von Delegationen verschiedener Organisationen Kränze niedergelegt. Unter ihnen sind die *Jüdische Gemeinde*, die *Vereinigung der Verfolgten des Naziregimes* (VVN), die *Arbeitsgemeinschaft Neuengamme*, die *Arbeitsgemeinschaft politisch, rassisch und religiös Verfolgter*, das *Landesfriedenskomitee* und die *Internationale Föderation der Widerstandskämpfer* (FIR).

5. Mai Unbekannte stürzen auf dem evangelisch-lutherischen Friedhof in **Hamburg-Harburg** rund 200 Grabmäler um und verwüsten die Gartenanlagen.

6. Mai Unbekannte dringen in **Salzburg** in die jüdische Synagoge ein und schänden sie.

8.-10.5.: Unterschriftensammlung an der Frankfurter Hauptwache.

9.5.: Bundesaußenminister Heinrich von Brentano.

6. Mai Auf dem Kongreß der *Parti Républicain Radical et Radical-Socialiste* (PRS) in **Paris** fordern die Delegierten eine grundlegende Änderung der von der französischen Regierung verfolgten Algerienpolitik. Der Parteivorsitzende Pierre Mendès-France kritisiert in seiner Rede insbesondere die von der Kolonialmacht in Gang gesetzten vermeintlichen Reformen. Diese seien Mystifikationen, von denen sich die algerische Bevölkerung nicht täuschen ließe. Die in Algerien agierenden französischen Politiker seien in keiner Weise dazu qualifiziert, die geforderte Politik zu betreiben. Der zuständige Minister Robert Lacoste halte das Heft schon längst nicht mehr in der Hand, sondern eine Gruppe von Aufwieglern. In Algerien regiere der Faschismus: Die liberale Presse werde beschlagnahmt und die grundlegenden Freiheiten seien bedroht. In einer Entschließung verpflichten die Delegierten die im Kabinett vertretenen Minister ihrer Partei, von der Regierung unter Ministerpräsident Guy Mollet zu verlangen, daß in Algerien die Menschenrechte wiederhergestellt, die Angriffe auf die Pressefreiheit zurückgewiesen, eine objektive Informations- und Nachrichtenpolitik zugesichert und die Achtung vor den republikanischen Freiheiten »im Mutterland und in Übersee« garantiert werden.

6.-9. Mai Das Präsidium des *Weltfriedensrates* begrüßt auf seiner Tagung in **Helsinki** ausdrücklich die »Göttinger Erklärung« der 18 bundesdeutschen Atomphysiker sowie die Appelle von Bertrand Russell, Albert Schweitzer, Frédéric Joliot-Curie und kirchlicher Würdenträger, in denen vor den Gefahren der Atombewaffnung gewarnt wird. In einem Kommuniqué heißt es, die Nuklearwaffentests müßten unverzüglich ein Ende finden.

8.-10. Mai Auf Initiative des Tapeziermeisters Föll wird am Jahrestag der Befreiung in **Frankfurt** an vier Orten eine Unterschriftenaktion gegen die Atombewaffnung der Bundeswehr durchgeführt. Gewerkschafter und Studenten haben an der Hauptwache, am Opferdenkmal, am Schweizerplatz und am Bornheimer Uhrtürmchen Tische aufgestellt, um jeweils von 10 bis 19 Uhr Passanten um ihre Unterschriften zu bitten. Insgesamt werden 3.347 Unterschriften gesammelt.

9. Mai In der Fragestunde des Bundestages in **Bonn** erklärt Bundesaußenminister Heinrich von Brentano (CDU) auf eine Anfrage des sozialdemokratischen Abgeordneten Georg Kahn-Ackermann: »Sie waren der Meinung, daß Brecht einer der größten Dramatiker der Gegenwart sei. Man mag darüber diskutieren. Aber ich bin wohl der Meinung, daß die späte Lyrik des Herrn Bert Brecht nur mit der Horst Wessels zu vergleichen ist.«[100] – Unter Linken und Liberalen löst diese diffamierende Gleichsetzung des nach der nationalsozialistischen Machtergreifung zur Emigration gezwungenen und im Jahr zuvor in der DDR verstorbenen Dramatikers mit dem von den Nazis als »Märtyrer« verehrten Horst Wessel große Empörung aus. Joseph Goebbels hatte 1930 den bei einem Eifersuchtsdrama erschossenen SA-Sturmführer zu einem »Blutzeugen der Bewegung« gemacht und seinen Fall als »Heldentod« mythisch verklärt. Das Horst-Wessel-Lied wurde zunächst das Parteilied der NSDAP und nach 1933 immer im Anschluß an das Deutschlandlied als eine Art zweiter Nationalhymne gespielt.

9. Mai Das Landgericht **Dortmund** verurteilt den 26jährigen Ewald Woldt wegen Verbreitung verfassungsfeindlicher Schriften zu einer Gefängnisstrafe von sechs Monaten auf Bewährung. Der Rechtsradikale war letzter Herausgeber der 1954 verbotenen »Deutschlandbriefe«, die den Untertitel »Kampfschrift für das Reich« trugen. Nach viertägiger Beweisaufnahme sieht es das Gericht als erwiesen an, daß der Angeklagte mit dieser antisemitischen und antidemokratischen Publikation eine neonazistische Bewegung in der Bundesrepublik ins Leben rufen wollte. Dem Herausgeber der »Allgemeinen

Wochenzeitung der Juden in Deutschland«, Karl Marx, wird das Recht zuerkannt, das Urteil auf Kosten des Angeklagten in seiner Zeitung zu veröffentlichen. Die Juden, so das Gericht in seiner Begründung, seien in den »Deutschlandbriefen« schwer diffamiert worden.

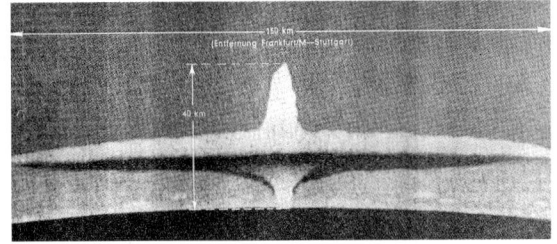

9. Mai Der britische Quäker Harold Steele fliegt von **London** nach **Tokio**, um gegen den von der Regierung seines Landes angekündigten Wasserstoffbombentest zu protestieren. Wenige Tage nach seiner Ankunft, hört er, daß der Versuch im Gebiet der Christmas Islands bereits stattgefunden hat. Die ursprüngliche Absicht, zusammen mit seiner Frau Sheila im Testgebiet eine »Segelpartie für Selbstmörder« zu unternehmen, ist wegen des nicht zu lösenden Transportproblems bereits vorzeitig aufgegeben worden. Steele macht daraufhin eine Rundreise durch Japan und schildert in Vorträgen, Fernseh- und Zeitungsinterviews, auf welchen Protest die Nukleartests inzwischen in Großbritannien stoßen.

10. Mai Auf eine Große Anfrage der SPD hin wird im Bundestag in **Bonn** erbittert über die Pläne zur Atombewaffnung der Bundeswehr gestritten. Mehrere Redner der sozialdemokratischen Fraktion, darunter ihr Wehrexperte Fritz Erler und der Parteivorsitzende Erich Ollenhauer, werfen der Bundesregierung vor, daß ihre Konzeption, größere Sicherheit durch atomare Abschreckung erreichen zu wollen, nur auf das Gegenteil, nämlich Aufrüstung und noch gefährlichere Spannung in Europa, hinauslaufe. Die SPD stellt nicht nur die Forderung auf, einen Verzicht auf die Atomrüstung zu erklären, sondern auch keiner der früheren Besatzungsmächte und keinem der jetzigen Verbündeten die Zustimmung zur Lagerung solcher Waffen auf bundesdeutschem Boden zu geben. Für die Bundesregierung nehmen Bundeskanzler Adenauer und Bundesverteidigungsminister Franz Josef Strauß Stellung. In einer sieben Punkte umfassenden Regierungserklärung geht Strauß von einer unveränderten militärischen Bedrohung durch die Sowjetunion aus, die eine isolierte Sicherheitspolitik der Bundesrepublik verbiete. Konkret stellt er fest: »Die Bundesregierung hat die Ausrüstung der Bundeswehr mit Atom-

waffen bisher weder verlangt noch ist sie ihr angeboten worden. Es ist ihr ausgesprochener Wunsch, daß durch den Abschluß eines Abrüstungsabkommens sich dieses Problem von selbst erledigt. Unser Land hat als einziger Staat der Welt auf die Herstellung von Massenvernichtungsmitteln verzichtet. Innerhalb der Westeuropäischen Union hat sich die Bundesrepublik gemeinsam mit ihren Partnern einer Rüstungsbegrenzung und Rüstungskontrolle unterworfen. Das sind konkrete Beiträge der Bundesrepublik zu den Abrüstungsbestrebungen in der Welt! Bis zum Erfolg der Abrüstungsbemühungen kann die Bundesregierung im Interesse der Sicherheit der Bundesrepublik den Streitkräften der Vereinigten Staaten, dem Rückhalt der gemeinsamen Verteidi-

9.5.: Wasserstoffbombentest am 1. November 1952 im Pazifik.

10.5.: Die »Münchner Illustrierte« veröffentlicht eine in der Nähe von Kaiserslautern gemachte Aufnahme.

gung, die Bereitstellung solcher Waffen nicht verweigern, die denen der Roten Armee mindestens gleichwertig sind. Zum Schutz der Bevölkerung sind, unter Berücksichtigung des neuesten Standes der Technik, wirksame Maßnahmen geplant. Ihre Durchführung hat bereits begonnen und wird nach Verabschiedung des Gesetzes über den Schutz der Zivilbevölkerung in verstärktem Maße fortgesetzt werden.«[10] Strauß beendet seine Erklärung mit dem Wahlspruch »Vigilia pretium libertatis!« (Frei bleibt nur, wer auf der Hut ist). Gegen die Stimmen der SPD nimmt der Bundestag schließlich einen Antrag der Regierungsfraktionen CDU/CSU und DP/FVP an, in dem es heißt: »I. Der Deutsche Bundestag ist sich bewußt, daß ein Atomkrieg die Welt zerstören kann ... II. Als sichtbares Zeichen des Wil-

10.5.: Wahlkampf-
plakat der SPD.

10.5.: Erich Ollen-
hauer sonnt sich;
Karikatur aus der
Tageszeitung »Die
Welt«.

lens zu einer allgemeinen kontrollierten Abrüstung
sollten die Großmächte die Atombombenversuche
zunächst für eine begrenzte Zeit einstellen. III. Die
Bewaffnung der Bundesrepublik mit atomaren Waffen steht jetzt nicht zur Entscheidung. Sie steht in
engem Zusammenhang mit dem Erfolg der Abrüstungsverhandlungen. Der Deutsche Bundestag
erwartet, daß diese Verhandlungen erfolgreich sein
werden. IV. Das deutsche Volk erwartet von seinen
Verbündeten Schutz und Verhinderung eines sowjetischen Angriffs. Deshalb hat der Deutsche Bundestag keinen Anlaß, von den Verbündeten Einschränkungen der Ausrüstung ihrer für die Verteidigung
der Bundesrepublik eingesetzten Truppen zu fordern.«[102] Die Bundesregierung wird deshalb ersucht, bekanntzugeben, welche Maßnahmen sie für
einen »wirksamen Strahlenschutz der Bevölkerung
vor Atommaterial« ergreifen wird und einen aus
Wissenschaftlern, Politikern und militärischen Sachverständigen zusammengesetzten »Beirat für Fragen
der Atomwaffen« einzuberufen, der »das einschlägige Material« prüfen und die Öffentlichkeit über
ihre Ergebnisse informieren soll.

10. Mai Das Bundesverfassungsgericht in **Karlsruhe**
lehnt die Beschwerde zweier Homosexueller gegen
den § 175 ab, mit dem die gleichgeschlechtliche
Beziehung zwischen Männern unter Strafe gestellt
ist. Die beiden Männer, die 1953 unabhängig voneinander in zwei Prozessen vor dem Landgericht Hamburg wegen »schwerer Unzucht« zu Gefängnisstrafen von einem Jahr bzw. einem Jahr und acht Monaten verurteilt worden waren, hatten nach der
Ablehnung ihrer Revisionsanträge Verfassungsbeschwerde eingelegt. Der § 175, hieß es in ihrer
Begründung, verhindere die freie Entfaltung der
Persönlichkeit gleichgeschlechtlich eingestellter
Menschen und verstoße deshalb gegen das Grundgesetz. Er enthalte nationalsozialistisches Gedankengut und verstoße gegen den Gleichheitsgrundsatz,
weil er lesbische Frauen anders behandle als homo-
xuelle Männer. In der 80 Seiten umfassenden Ablehnung bezieht sich das Bundesverfassungsgericht
zunächst auf zwei selbst erlassene Urteile: Am 17.
Dezember 1953 hatte es festgestellt, daß die Beseitigung nationalsozialistischer Rechtsvorschriften, »die
formell erlassen und von den Mitgliedern der
Rechtsgemeinschaft hingenommen worden seien
und seither jahrelang unangefochten bestanden hätten«, dem Gesetzgeber »aus Gründen der Rechtssi-
cherheit« vorbehalten bleiben müßte; aus einem
weiteren Urteil vom 19. Februar 1957 wird angeführt, das höchste Gericht der Bundesrepublik gehe
davon aus, daß »...die nationalsozialistische Gesetzgebung, soweit sie nicht offenbares Unrecht gesetzt

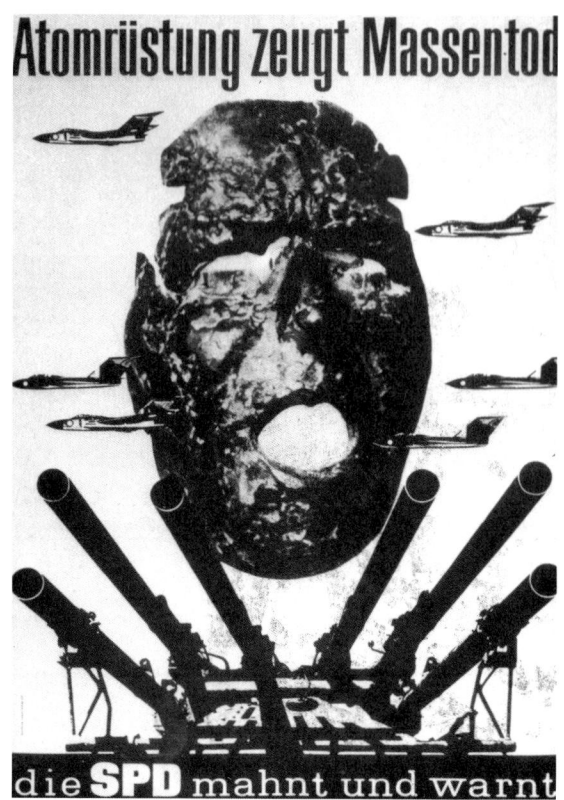

Atomrüstung zeugt Massentod

die **SPD** mahnt und warnt

hat und daher jeder Wirkung entbehrt, zwar nicht
als ihrem Ursprung nach legitime Rechtsordnung,
wohl aber kraft ›soziologischer Geltungskraft‹ zu
beachten ist und nicht etwa als nur tatsächliche
Behinderung der Geltung des wirklichen Rechts beiseite geschoben und nachträglich ungeschehen
gemacht werden kann.«[103] In bezug auf die Verein-
barkeit des § 175 mit Artikel 3 des Grundgesetzes,
demzufolge niemand wegen seines Geschlechts
benachteiligt oder bevorzugt werden darf, heißt es:
»Für das Gebiet der Homosexualität rechtfertigen
biologische Verschiedenheiten eine unterschiedliche
Behandlung der Geschlechter... Schon die körperliche Bildung der Geschlechtsorgane weist für den
Mann auf eine mehr fordernde, für die Frau auf eine
mehr hinnehmende und zur Hingabe bereite Funktion hin.«[104] Während es einer lesbischen Frau leichter falle, Zeiten sexueller Abstinenz durchzustehen,
neige der homosexuelle Mann dazu, »einem hemmungslosen Sexualbedürfnis« zu verfallen. Als Gutachter haben vor dem Bundesverfassungsgericht in
einer mündlichen Anhörung u.a. der Hamburger
Soziologe, Professor Helmut Schelsky, und der Leiter des Hamburger Instituts für Sexualforschung,
Dr. Hans Giese, mitgewirkt. Schelsky behauptete,
ihm lägen Beweise für die Sozialschädlichkeit gleichgeschlechtlichen Verhaltens von Männern wie von
Frauen vor. So habe er gehört, daß lesbische Abtei-

lungsleiterinnen ihre Stellung zur Verführung von untergebenen Frauen ausnutzten.

10. Mai Die Leitung der *Evangelischen Kirche im Rheinland* spricht sich auf ihrer Sitzung in **Düsseldorf** für eine allseitige Ächtung und die Abschaffung von Massenvernichtungsmitteln aus. Die von Präses Heinrich Held unterzeichnete Erklärung bezieht sich auf die Erklärung der Göttinger Atomphysiker, die bereits als Bezugspunkt für eine Reihe anderer Stellungnahmen der *Evangelischen Kirche* in der Bundesrepublik und in der DDR gedient hat.

10. Mai An der Veterinär-Medizinischen Fakultät der Humboldt-Universität in **Ost-Berlin** spitzt sich ein bereits seit längerer Zeit existierender Konflikt zwischen regimekritischen Studenten und der SED weiter zu. Als bekannt wird, daß der Dekan der Fakultät, Professor Günther Schützler, dem von seiten der SED der Vorwurf gemacht worden war, er habe »illegale Handlungen einiger Provokateure« gedeckt, nach West-Berlin geflohen ist, treten die Studenten des vierten Studienjahres aus Solidarität

KONRAD ADENAUER

Konrad Adenauer ist einer der großen Staatsmänner dieses Jahrhunderts. Ihm gehört die Achtung der Welt. Washington, Paris, London, Moskau und Rom kennen seine Weitsicht, seine politische Erfahrung, sein diplomatisches Geschick und seine unermüdliche Geduld im Verhandeln. Sein Wort genießt Vertrauen. So hat er die Bundesrepublik aus Verzweiflung, Trümmern und Not herausgeführt, zum gleichberechtigten Partner der freien Welt gemacht. Damit wurden die Grundlagen der Wiedervereinigung Deutschlands geschaffen.

Der Bundeskanzler ist ein Feind der tönenden Worte. Der kleinste Fortschritt zählt für ihn mehr als jede Theorie. Er weiß, daß man die Gegensätze der Völker untereinander nur durch ständige enge Zusammenarbeit abbauen kann. Seine mahnende Stimme wird gehört. Unter seinem entscheidenden Einfluß beginnt sich der Zusammenschluß Europas zu verwirklichen.

Konrad Adenauer ist für die Deutschen dies- und jenseits des Eisernen Vorhangs das Symbol unseres politischen, wirtschaftlichen und sozialen Aufstiegs. Hinter ihm steht die große deutsche Volkspartei, die Christlich-Demokratische Union. Sie stützt seit Jahren sein Regierungswerk. Ihr Programm lautet auch in Zukunft:

WOHLSTAND FÜR ALLE
EINHEIT FÜR DEUTSCHLAND · FRIEDEN IN DER WELT

mit ihm in den Streik und boykottieren die Lehrveranstaltungen. Auslöser des Konflikts ist, daß der Professor oppositionelle Studenten, die die Abschaffung des der ideologischen Indoktrination dienenden gesellschaftswissenschaftlichen Grundstudiums gefordert hatten, vor Vorwürfen der SED in Schutz genommen hat. Von der Berliner SED-Bezirksleitung wird eine 50 Mann starke Einheit der Betriebskampfgruppen in ein Ministerium verlegt, das neben dem Fakultätsgebäude liegt, um jederzeit bewaffnet in den als »Studentenmeuterei« bezeichneten Konflikt eingreifen zu können. Wegen der bedrohlichen Zuspitzung flüchten 20 Studenten nach **West-Berlin**. – Am 15. Mai meldet das SED-Zentralorgan »Neues Deutschland«, daß einige veterinärmedizinische Studenten der Humboldt-Universität hätten »beurlaubt« werden müssen, weil sie »die sozialistische Studiendisziplin gröblich verletzt« hätten und »aus falschverstandener Sympathie« für ihren ehemaligen Dekan den Vorlesungen ferngeblieben seien. Die Veterinär-Medizinische Fakultät müsse erreichen, künftige Tierärzte so auszubilden, daß sie in der Lage seien, »die sozialistische Umgestaltung unserer Landwirtschaft« tatkräftig zu unterstützen. – Nachdem die Betriebskampfgruppen das Fakultätsgebäude zweimal besetzt haben, flüchtet am 25. Mai mit Professor Bergmann ein weiterer Dozent der Veterinär-Medizinischen Fakultät an der Humboldt-Universität nach **West-Berlin**. Da die Fakultät nun über keine qualifizierten Lehrkräfte mehr verfügt, ist der Studienbetrieb in diesem Fach gefährdet.

10. Mai In einem Interview mit dem Allgemeinen Deutschen Nachrichtendienst (ADN), der Nachrichtenagentur der DDR, bekräftigt der Göttinger Atomphysiker Werner Heisenberg die zusammen mit seinen Kollegen abgegebene Protesterklärung gegen eine Atombewaffnung der Bundeswehr und gibt seiner Hoffnung Ausdruck, daß es zwischen der NATO und der Sowjetunion zu Abrüstungsvereinbarungen kommt, die alle Atomwaffen »aus dem Vorfeld der beiden Machtbereiche« verbannt. – Auszüge des Interviews werden am Tag darauf in der »Frankfurter Allgemeinen Zeitung« abgedruckt.

11. Mai Im Rahmen eines Berichts zur politischen Lage nimmt Bundeskanzler Adenauer vor dem Bundesparteivorstand der CDU in **Hamburg** ausführlich Stellung zur Strategie für die bevorstehenden Bundestagswahlen und in diesem Zusammenhang in bislang nicht gekannter Offenheit auch zur Frage einer Atombewaffnung der Bundeswehr. Nachdem er sich versichert hat, daß die Vorstandsmitglieder ganz unter sich und keine Photographen und Journalisten anwesend sind, kündigt er an, »ruhig und offen« sprechen zu wollen. Eingangs gibt er die Einschät-

11.5.: Anzeige in der Illustrierten »Revue«.

zung, daß die Erklärung der 18 Göttinger Atomphysiker, wie er Berichten der für die Öffentlichkeitsarbeit der CDU wichtigen *Arbeitsgemeinschaft Demokratischer Kreise* entnehme, zunächst keine öffentliche Wirkung gehabt habe. Das hätte sich erst durch das Auftreten Albert Schweitzers in derselben Sache geändert. Was er über die radioaktiven Gefahren gesagt habe, sei von der deutschen Bevölkerung wie ein »Evangelium« aufgenommen worden. Daraufhin habe sich »Herr Ollenhauer« sofort entschieden, daß die Atomgefahr der »Wahlschlager« der SPD werden müsse. Nach ausführlichen Darlegungen über die Technik von taktischen und strategischen Atomwaffen sowie den Stand in der Entwicklung interkontinentaler Raketen faßt Adenauer seine Haltung in dem Satz zusammen: »Ob nun die Bundeswehr einmal atomar aufgerüstet wird oder nicht, das ändert an unserem Schicksal gar nichts, im Gegenteil, wenn sie nicht atomarisch aufgerüstet wird, dann ist damit die NATO erledigt.«[105] Das habe er auch den fünf

11.5.: Die Kabinettskollegen (v.l.n.r.) Gerhard Schröder, Ludwig Erhard und Konrad Adenauer auf dem CDU-Parteitag in Hamburg.

13.5.: »In Anbetracht der allgemeinen Lage, meine Herren, müssen wir für die hier gezeigten Filme Zuschüsse verweigern, außer für diesen letzten – dem wir dazu das Prädikat ›staatspolitisch wertvoll‹ verleihen.« Karikatur aus dem Wochenblatt »Die Andere Zeitung«.

Atomphysikern erklärt, die er als Vertreter der Göttinger Achtzehn zu einem Vortrag der Generäle Heusinger und Speidel eingeladen hatte. Er habe außerdem hinzugefügt, daß die deutschen Soldaten, wenn sie mit minderwertigen Waffen ausgerüstet seien, einen »Minderwertigkeitskomplex« gegenüber den anderen NATO-Soldaten bekommen würden. Adenauer beklagt sich in seinem Vortrag wiederholt darüber, welchen Propagandaaufwands es bedürfe, um im Gegensatz zu anderen west- und nordeuropäischen Ländern die deutsche Bevölkerung von der Notwendigkeit einer Atombewaffnung der Bundeswehr zu überzeugen.

11. Mai Die örtliche Gruppe der *Internationale der Kriegsdienstverweigerer* (IdK) führt am Klaraplatz in **Essen** eine Unterschriftensammlung zur Unterstützung der »Göttinger Erklärung« gegen eine Atombewaffnung der Bundeswehr durch. Auf zwei Transparenten, die hinter dem Tisch, auf dem die Listen ausliegen, aufgestellt sind, steht in großen Lettern: »Für Abrüstung – gegen atomares Wettrüsten« und »Unterstützt den Appell Albert Schweitzers sowie

der 18 Atomwissenschaftler«. Bis zum Abschluß der Aktion um 12 Uhr 30 sind 1.200 Passanten dem Aufruf gefolgt und haben sich in die Listen eingetragen.

11. Mai In **Japan** demonstrieren fast eine Million Arbeiter gegen die Entlassung von 23 Eisenbahnern. Die Männer haben ihren Arbeitsplatz verloren, weil sie einen illegalen Streik organisiert haben sollen. Der Eisenbahnverkehr ist durch die Solidarität ihrer Kollegen fast überall im Land zum Erliegen gekommen.

11./12. Mai Unbekannte stoßen auf dem zwischen **Tholey** und **Theley** im saarländischen Landkreis St. Wendel gelegenen jüdischen Friedhof 26 Grabsteine von ihren Sockeln. Eine Sonderkommission der Kriminalpolizei nimmt kurz darauf die Ermittlungen auf. – Der saarländische Ministerpräsident Hubert Ney (CDU) teilt am 17. Mai in **Saarbrücken** mit, daß zwei acht Jahre alte Jungen die Grabsteine beim Spielen umgeworfen hätten. Die rasche Aufklärung des Falles sei für ihn wichtiger gewesen als die Lösung der gerade schwelenden Regierungskrise. Er sei froh, erklären zu können, daß es sich bei aller Verwerflichkeit der Tat hier nicht um eine bewußte Grabschändung handle. Die 26 Grabsteine hätten so locker im Erdreich gesteckt, daß sie von Kindern hätten umgeworfen werden können. – Die *Jüdische Gemeinde* in **Saarbrücken** bezweifelt dagegen, daß Kinder, zumal dieses Alters, körperlich überhaupt dazu in der Lage sein könnten, eine solche Tat zu begehen. Auch die SPD spricht im Zusammenhang mit der Grabschändung von »wohlüberlegten Handlungen«.

13. Mai Die Tageszeitung »Die Welt« meldet, der Gutachterausschuß der Landesbildstelle Baden-Württemberg habe sich entschieden, daß der Dokumentarfilm »Nacht und Nebel« des französischen Regisseurs Alain Resnais, in dem das System der deutschen Konzentrations- und Vernichtungslager dargestellt wird, der bundesdeutschen Jugend »aus pädagogischen Gründen nicht zugemutet« werden könne. Bedenken seien von dem Ausschuß außerdem gegen eine Vorführung des Films »Israel – Land der Hoffnung« vorgebracht worden.

13. Mai Die Kirchenleitung der *Evangelischen Kirche von Hessen-Nassau* beschließt in **Darmstadt**, sich der von den sechs Dekanen der Theologischen Fakultäten in der DDR am 27. April abgegebenen Erklärung für die Ächtung und Abschaffung aller Massenvernichtungsmittel anzuschließen. Am Ende des von Kirchenpräsident Martin Niemöller unterzeichneten Beschlusses, der allen Pfarrern in Hessen-Nassau zugestellt wird, heißt es: »Es gehört zur Aufgabe der christlichen Verkündigung, alle Menschen davor zu warnen, daß sie durch Beteiligung an der Herstellung und Anwendung der modernen Massenvernichtungsmittel Gottes Gabe mißbrauchen, Gottes Güte lästern und Gottes Ebenbild verraten.«[106]

13. Mai In **Remscheid** wird eine 12jährige Schülerin in ihrem Klassenzimmer von einem Beamten der Kriminalpolizei abgeholt und zum Polizeipräsidium gebracht, wo sie im Dienstzimmer der Politischen Polizei vernommen wird. Die Beamten wollen von dem Mädchen, das an einem Kinderferienlager in der DDR teilgenommen hat, wissen, wer die Reise organisiert hat, wer die Begleiter, wer die Lagerleiter waren und anderes mehr. Im Anschluß an die einstündige Vernehmung wird das Mädchen in die Schule zurückgebracht. Am selben Tag werden noch andere Schulkinder wegen Ferienheimaufenthalten in der DDR vernommen.

14. Mai Der ehemalige Kommandeur der SS-Leibstandarde »Adolf Hitler« und Oberbefehlshaber der 6. SS-Panzerarmee, Sepp Dietrich, wird vom Schwurgericht beim Landgericht **München** wegen Beihilfe zum Mord an dem SA-Stabschef Ernst Röhm und an sechs anderen SA-Männern zu einer Gefängnisstrafe von anderthalb Jahren verurteilt. Die gleiche Strafe erhält der wegen desselben Delikts angeklagte ehemalige SS-Sturmbannführer und Kommandant der SS-Wachmannschaft im Konzentrationslager Dachau Michael Lippert. Das Gericht sieht es als erwiesen an, daß Dietrich am 30. Juni 1934 die Erschießung der SA-Führer in der Münchener Strafanstalt Stadelheim geleitet und Lippert den tödlichen Schuß auf Röhm abgegeben hat. Mit der

14.5.: Verteidiger Rolf Bossi beglückwünscht nach der Urteilsverkündung den Hauptangeklagten Sepp Dietrich. In der Mitte der zweite Angeklagte Michael Lippert.

14.5.: Der ehemalige Panzergeneral Sepp Dietrich.

von den Nazis in verschleiernder Form als »Röhm-Putsch« bezeichneten Liquidierungsaktion hatte sich Adolf Hitler der gesamten Führungsspitze der SA entledigt, um damit einen Konkurrenten und dessen Anhänger im Kampf um die Macht aus dem Weg zu räumen. Der Verteidiger Alfred Seidl, der bereits beim Nürnberger Hauptprozeß gegen die Kriegsverbrecher den »Führer-Stellvertreter« Rudolf Heß und den Generalgouverneur des eroberten Polen, Hans Frank, vertreten hatte, führte in seinem Plädoyer aus, daß im Juni 1934 eine »vitale Bedrohung der Interessen des Staates«, ein Staatsnotstand, vorgelegen habe. Die beiden Angeklagten, deren Taten ohnehin verjährt seien, müßten wegen eines »Verbotsirrtums« unbestraft bleiben. Für ihn sei nicht das bayerische Gesetz rechtsgültig, nach dem Verjährungsfristen für NS-Verbrechen erst ab 1945 ablaufen, sondern das Gesetz der nationalsozialistischen Reichsregierung vom 3. Juli 1934, durch das alle im Zusammenhang mit dem »Röhm-Putsch« begangenen Taten für straffrei erklärt worden waren. Der Angeklagte Lippert, der die ihm zur Last gelegten Verbrechen abstreitet, erklärte in seinem Schlußwort, sein Wahlspruch sei sein Leben lang gewesen: »Alles für Deutschland.« Als ein Augenzeuge in allen Einzelheiten schilderte, wie Lippert dem SA-Stabschef Röhm »den Gnadenschuß« gegeben habe, sprang dieser auf und rief erregt in den Saal, als Offizier empfinde er es »als einen ausgesprochenen Sadismus«, wenn Angehörige der Landespolizei aus reiner Neugierde einer Hinrichtung beiwohnten. Als ihn daraufhin der Gerichtsvorsitzende fragte, wie er, wenn er bereits das Zuschauen als Sadismus bezeichne, die Erschießung Röhms nenne, antwortete Lippert ausweichend, wer es getan habe, der habe es aussschließlich auf Befehl getan.

14. Mai Trotz heftiger japanischer Proteste zündet Großbritannien auf den **Christmas Islands** im Pazifik seine erste Wasserstoffbombe, die eine Sprengkraft von mehr als 1 Million Tonnen TNT besitzt. Nach einer Mitteilung des britischen Verteidigungsministeriums ist die Wasserstoffbombe von einem Düsenbomber abgeworfen worden und in großer Höhe explodiert. Der gesamte Test sei planmäßig verlaufen und der radioaktive Fallout gering gewesen. – Zur Rechtfertigung von Nuklearwaffentests erklärt der britische Premierminister Harold Macmillan einige Tage später auf einer öffentlichen Versammlung: »Wir haben einen erfolgreichen Anfang gemacht. Wenn sie zu Ende sind – und sie werden es bald sein – werden wir in der gleichen Position sein wie die Vereinigten Staaten oder die Sowjetunion. Wir werden diese Waffe hergestellt und erprobt haben. Es wird dann möglich sein, unter gleichen Bedingungen auszuhandeln, welche Vereinbarungen getroffen werden könnten, um künftige Versuche zu begrenzen oder sie auf andere Weise zu kontrollieren ... Gewisse Leute drängten darauf, nukleare Waffen von den übrigen zu sondern. ›Ächtet die Bombe‹ war ihr Ruf. Dem allein werde ich niemals meine Zustimmung geben. Bloß dies – die Bombe zu ächten, würde einen Krieg nicht verhindern; das würde es vielmehr erst ganz sicher machen, daß, wenn ein Krieg entstände, wir ihn verlieren würden. Die Wasserstoffbombe macht das strategische Übergewicht wett, das Rußland seinem riesigen und durchorganisierten Menschenpotential verdankt. Schafft die nuklearen Waffen ohne Rücksicht auf die sogenannten konventionellen Waffen ab, und alle Übergewichte würden zurück auf die falsche Seite gekippt werden.«[107]

15. Mai Der Konvent der Freien Universität (FU) in **West-Berlin** verabschiedet eine Resolution gegen die weitere Durchführung von Atomwaffenversuchen. Darin heißt es: »Die Studentenschaft der Freien Universität Berlin appelliert an die Atommächte, in kürzester Frist eine Einigung über die Atomwaffenversuche zu erreichen. Sie fordert die Studentenschaft der ganzen Welt dazu auf, sich in gleicher Weise für eine solche Einigung einzusetzen.«[108]

15. Mai Das Bezirksgericht **Leipzig** verurteilt mit Reinhold Bergner, Oskar Quellmalz, Werner Andres und Albrecht Lampowski vier angebliche Agenten des britischen Geheimdienstes zu Zuchthausstrafen zwischen vier und 14 Jahren.

15. Mai Bei einer Studentendemonstration in **Paris** werden zahlreiche Teilnehmer von der Polizei zusammengeschlagen. Während des Umzugs, der aus Solidarität mit dem Personalstreik des Universi-

tätsrestaurants durchgeführt wird, greifen Polizisten wiederholt einzelne Demonstranten an. So wird eine Studentin zu Boden geworfen, weil sie ihre Kommilitonen aufgefordert hat, sich nichts von der Polizei gefallen zu lassen. Auf der Schlußkundgebung fordern Vertreter verschiedener Studentenorganisationen eine Erhöhung der staatlichen Zuschüsse für die Mahlzeiten in den Universitätsrestaurants. Insgesamt sind 40 Studentinnen und Studenten bei den Übergriffen verletzt worden.

16. Mai Die Leitung der *Evangelischen Kirche von Westfalen* beschließt in **Bielefeld**, ihre Gemeinden aufzufordern, an mehreren Sonntagen hintereinander ein Fürbittegebet mit dem folgenden Text in den Gottesdienst aufzunehmen: »Laß die Atomkräfte der Welt zum Segen werden und nicht zum Fluch! Nimm von uns die große Sorge, die auf aller Welt lastet! Laß die Männer, die im Namen der Völker verhandeln, den Weg finden, auf dem die Völker sich verständigen und im Frieden miteinander leben können!«[109] Die Entschließung ist unterzeichnet von Präses Ernst Wilm.

16. Mai Der ehemalige Reichswirtschaftsminister Walther Funk, der im Hauptverfahren des Nürnberger Prozesses am 1. Oktober 1946 zu einer lebenslänglichen Haftstrafe verurteilt worden war, wird aus dem Kriegsverbrechergefängnis im **West-Ber-**

16.5.: Der frühere Reichswirtschaftsminister Walther Funk.

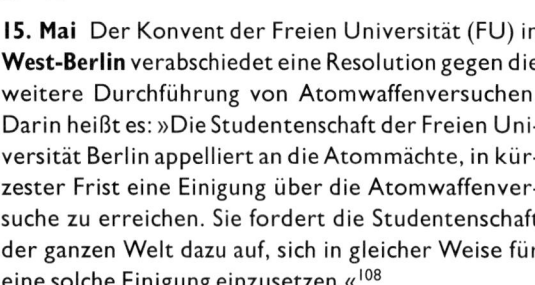

14.5.: »Die kleinen Briten und das große ›H‹.« Karikatur aus dem in London erscheinenden »Punch«.

liner Bezirk Spandau entlassen. Als Grund für die Freilassung des 66jährigen wird von den vier Gewährsmächten dessen angegriffener Gesundheitszustand angeführt. Funk war 1931 in die NSDAP eingetreten und vermittelte als Hitlers persönlicher Wirtschaftsberater zwischen den Nazis und führenden Kreisen der Großindustrie. Nachdem er 1938 die Nachfolge Hjalmar Schachts als Reichswirtschaftsminister und Generalbevollmächtigter für die Wirtschaft angetreten hatte, war er während des Zweiten Weltkrieges maßgeblich für die Ausbeutung der besetzten Gebiete, den Einsatz von Zwangsarbeitern und die Deponierung von Wertsachen ermordeter Juden in der Reichsbank verantwortlich.

16. Mai Auf einer Pressekonferenz in **Ost-Berlin** erklärt der Rektor der Humboldt-Universität, Professor Werner Hartke (SED), ein angebliches, vom amerikanischen und dem französischen Geheimdienst sowie dem Amt für Gesamtdeutsche Studentenfragen in Bonn organisiertes Komplott sei gescheitert. Alle Versuche, in Universitäten der DDR »einzudringen« und dort »Provokationen« auszulösen, seien fehlgeschlagen. Der Staatssekretär für Hochschulfragen, Wilhelm Girnus (SED), fordert anschließend die Studenten der DDR auf, keine Besuchsreisen in die Bundesrepublik durchzuführen. »In Anbetracht der Tatsache«, erklärt er mit drohendem Unterton, »daß durch die Spionagemethoden des Kaiser-Ministeriums und die verbrecherische Tätigkeit von Dutzenden von Agentenorganisationen für unsere Studenten beim Besuch der Bundesrepublik eine reale Gefahr entstanden ist, kann es keine unkontrollierbaren Reisen nach Westdeutschland geben.«[110] An der Pressekonferenz nimmt neben Professor Peter Alfons Steiniger (SED) von der Juristischen Fakultät und dem für Studentenangelegenheiten zuständigen Dozenten Werner Wolter (SED) auch Oberst Gustav Borrmann vom Ministerium für Staatssicherheit (MfS) teil.

16./17. Mai Wegen des ersten britischen Wasserstoffbombentests im Pazifik kommt es in **Tokio** und zahlreichen anderen japanischen Städten zu Demonstrationen und Protestkundgebungen. Über 400.000 Schüler und Studenten bleiben dem Unterricht und den Vorlesungen fern, um sich an den Umzügen zu beteiligen. Hauptziel der Protestaktionen ist die britische Botschaft in der japanischen Hauptstadt. Dort haben sich zwölf Studenten zu einem 48stündigen Hungerstreik niedergelassen. Auch in **Nagasaki**, dem Ziel des zweiten Atombombenabwurfs 1945, treten mehrere Nonnen und Priester aus Protest gegen den Nukleartest der Briten in der Umgebung der Weihnachtsinseln in einen Hungerstreik. Der

Präsident des *Japanischen Rates gegen Atom- und Wasserstoffbomben* erklärt, daß durch die Explosion im Pazifik 15 Schiffe der Fischfangflotte in Mitleidenschaft gezogen worden seien.

16./17.5.: Die Hungerstreikenden vor der britischen Botschaft in Tokio.

17. Mai Im SED-Zentralorgan »Neues Deutschland« wird unter der Überschrift »Wähler fragen – wir antworten: Warum gibt es in der DDR keine Opposition?« der Versuch unternommen, eine Antwort auf eine von Bürgern der DDR immer wieder gestellte Frage zu finden. »In unserer Deutschen Demokratischen Republik«, heißt es darin, »sind die Kriegsverbrecher, Monopolisten und Junker entmachtet. Hier gehören die Fabriken und Banken dem Volk. Die Armee, Polizei und Justiz – die Machtmittel des Staates – sind Instrumente der Werktätigen. Es gibt keinen Gegensatz zwischen der Politik unserer Regierung und den Interessen der gesamten Bevölkerung. Eine Opposition in der DDR könnte doch nur gegen die Politik unserer Regierung gerichtet sein ... Sie müßte sich gegen die Einheit der Arbeiterklasse, gegen unseren Arbeiter- und-Bauern-Staat richten. Sie müßte für den Einsatz von Militaristen und Faschisten in hohe Machtpositionen, für den NATO-Kriegspakt und für die Vorbereitung eines Atomkrieges sein. Solch eine Opposition zu dulden, wäre verbrecherisch.«[111] Am Beispiel Westdeutschlands könne man erkennen, daß trotz einer »Opposition« nicht die Arbeiter und Bauern herrschten, sondern »die Adenauer, Krupp, Pferdmenges und Stinnes«. »An diesen Machtverhältnissen«, heißt es, um die offenbar auch in der DDR sich weiter verbreitende Meinung, zu einer richtigen Demokratie gehöre auch eine Opposition, zu diskreditieren, »ändert eine schwatzende Opposition nicht das geringste. Im Gegenteil, sie ist nur ein Mittel, um die Diktatur der Millionäre mit demokratischen Phrasen zu verschleiern. Die echte Opposition in Westdeutschland, die KPD, wurde allerdings verboten, weil sie gegen die Monopole, gegen die Wehrpflicht und gegen Atomwaffen auftrat.«[112]

17.5.: »Spiegel«-
Graphik.

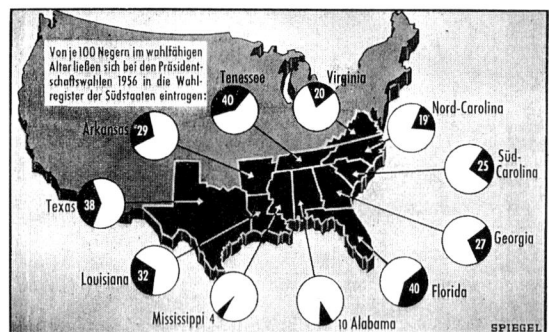

Von je 100 Negern im wahlfähigen
Alter ließen sich bei den Präsidentschaftswahlen 1956 in die Wahl-
register der Südstaaten eintragen:

Tennessee **40** Virginia **20** Nord-Carolina **19**
Arkansas **29** Süd-Carolina **25**
Texas **38** Georgia **27**
Louisiana **32** Florida **40**
Mississippi **4** Alabama **10**

SPIEGEL

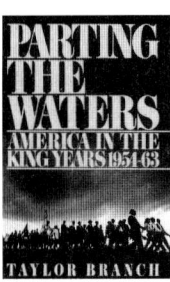

17.5.: Titelbild
eines 1988 erschie-
nenen Buches über
die Bürgerrechts-
bewegung der
Schwarzen.

17. Mai Genau um 12 Uhr mittags versammeln sich vor dem Lincoln-Memorial in **Washington** 37.000 Demonstranten, in ihrer großen Mehrzahl Schwarze aus den Südstaaten. Mit ihrem »Marsch für die Freiheit« fordern sie das uneingeschränkte Wahlrecht von Schwarzen und Farbigen. Die Organisatoren wollen mit ihrem Protest sowohl hinsichtlich der Wahl des Ortes als auch des Zeitpunktes symbolisch die von der Republik der Vereinigten Staaten immer noch vorenthaltenen Bürgerrechte einklagen: Präsident Abraham Lincoln hatte sich in seiner letzten öffentlichen Ansprache am 11. April 1865 in Washington ausdrücklich für ein Wahlrecht für Schwarze, auch der im Süden lebenden, ausgesprochen, und am 17. Mai 1954, genau drei Jahre zuvor, hatte der Oberste Gerichtshof der USA im Brown-Prozeß die Rassentrennung an öffentlichen Schulen mit der Begründung aufgehoben, daß sie bei den Ausgeschlossenen zu leistungsherabsetzenden Minderwertigkeitsgefühlen führe und gegen den Gleichheitsgrundsatz verstoße. Hauptredner der Kundgebung, die von mehreren Rundfunkstationen übertragen wird, ist der aus Montgomery (Bundesstaat Alabama) stammende Pastor Martin Luther King. Er erklärt, daß ein Bürger der USA, der das Wahlrecht nicht sicher und unwiderruflich besitze, sich selbst nicht besitze. Deshalb müsse an den Präsidenten und an jedes Kongreßmitglied die dringendste Bitte gerichtet werden, ihnen das Wahlrecht zu gewähren. Dann appelliert er im Stil einer Predigt, in der auf jede einzelne Bitte immer wieder »Amen«-Rufe der Menge folgen: »Gebt uns Stimmzettel, und wir werden nicht länger bitten, sondern die richtigen Gesetze machen. – Gebt uns Stimmzettel, und wir werden die Parlamente mit Männern guten Willens besetzen. – Gebt uns Stimmzettel, und wir werden dem Volk Richter geben, die Barmherzigkeit lieben. – Gebt uns Stimmzettel, und wir werden ruhig und dem Buchstaben getreu das Urteil des Obersten Gerichtshofes vom 17. Mai 1954 erfüllen. – Gebt uns Stimmzettel, und wir werden die schreienden Untaten des blutdürstigen Mobs in wohlüberlegte Taten ordentlicher Bürger verwandeln.«[113] Die »Bürger-

rechtsfrage« sei, erklärt King abschließend, keine vorübergehende nebensächliche Angelegenheit, sondern sei »ein unabänderliches moralisches Problem«, das sogar über das Schicksal der Nation »im Ideologiekampf mit dem Kommunismus« entscheiden könne. Die »Uhr des Schicksals« laufe ab; es sei spät. Man müsse handeln, bevor es zu spät sei. – Die in New York erscheinenden »Amsterdam News«, eine von Schwarzen für Schwarze gemachte Zeitschrift schreibt in einem überschwenglichen Kommentar, mit der Rede Kings habe sich in Washington der »Spitzenführer von sechzig Millionen Schwarzen in den Vereinigten Staaten« gezeigt.

17.-19. Mai Die *Vereinigung der Verfolgten des Naziregimes* (VVN) nimmt auf ihrem Bundeskongreß in **München** zur Diskussion über die Stationierung und Verwendung von Massenvernichtungsmitteln Stellung. In einer Entschließung heißt es, man wolle zwar nicht für irgendeine Partei eintreten, sehe sich jedoch trotzdem gezwungen, in dieser Frage Partei zu ergreifen. Die VVN spricht sich für die sofortige Beendigung aller Atomwaffenversuche, für die Einstellung der Atomwaffenproduktion, für die allgemeine Abrüstung und gegen eine Ausrüstung der Bundeswehr mit Atomwaffen aus. Darüberhinaus fordert die VVN die Abschaffung der Wehrpflicht, ein Verbot aller nazistischen und militaristischen Organisationen sowie deren Literatur und Propaganda.

18. Mai Unter dem Motto »Auch wer nur vierzig Stunden arbeitet, ist ein Mensch« führen die 8.000 Angestellten und Arbeiter der Stadt **Dortmund** einen sechs Stunden dauernden »Sitzstreik« durch. Die Sachbearbeiter, Sekretärinnen, Chauffeure, Müllfahrer usw. sind zwar an ihren Arbeitsplätzen erschienen, weigern sich aber, ihre Arbeit zu verrichten. Auf Empfehlung der Gewerkschaft ÖTV fordern sie die Einführung der 40-Stunden-Woche im öffentlichen Dienst. Der Oberstadtdirektor Walter Kliemt, von dem die Presse behauptet, er sympathisiere mit diesen Forderungen, erklärt zum »Sitzstreik«, er habe nicht die Absicht, »in rechtlich vertretbare gewerkschaftspolitische Maßnahmen« einzugreifen.

18. Mai Unter der Überschrift »Feinde der Demokratie – Ein braunes Netz über der Bundesrepublik« veröffentlicht die antifaschistische Wochenzeitung »Die Tat« eine ursprünglich vom DGB Nordrhein-Westfalen zusammengestellte Liste mit den Namen rechtsradikaler Organisationen, Klubs, Interessengemeinschaften und Führungspersonen. Das VVN-Blatt will damit der Behauptung Bundeskanzler Adenauers entgegentreten, es gebe in der Bundesrepublik »keine Gefahr der Renazifizierung«, und nach- weisen, daß viele öffentliche Institutionen mit Perso- nen durchsetzt seien, die als »Nazis« bezeichnet wer- den müßten.

18. Mai Im Alter von 56 Jahren erliegt der Gesell- schaftstheoretiker <u>Franz Borkenau</u> in einem Hotel- zimmer in **Zürich** einem Herzanfall. Der Wissen- schaftler, der zuletzt an einer Theorie und Ge- schichte der Zivilisation gearbeitet hat, ist 1900 in Wien geboren. Er wächst in einer großbürgerlichen Familie auf, von der ein Elternteil jüdischen Glau- bens ist. Nach einer streng katholischen Erziehung auf einer Eliteschule, dem von Jesuiten geleiteten Schottengymnasium, rebelliert er am Ende des Ersten Weltkriegs gegen Elternhaus, Schule, Monar- chie und Kirche und schließt sich der von dem Psychoanalytiker Siegfried Bernfeld angeführten »Jugendkultur« an. Während seines Studiums der Geschichte und der Philosophie wechselt er von Wien nach Leipzig, tritt 1921 in die KPD ein und wird Leiter des *Roten Studentenbundes*. Nach seiner Promotion 1924 arbeitet er in der von Eugen Varga geleiteten geheimen Forschungsstelle für internatio- nale Politik, die im Gebäude der sowjetischen Bot- schaft in Berlin ihren Sitz hat, und wird Funktionär im Westeuropäischen Büro der *Kommunistischen Internationale* (Komintern). Im Zuge der Stalinisie- rung der KPdSU, der *Komintern* und der KPD wird seine Haltung distanzierter und kritischer. Als er sich Ende 1929 mit einer Erklärung öffentlich gegen die KPD stellt, wird er als Anhänger der »Rechtsop- position« um Heinrich Brandler ausgeschlossen. Als Stipendiat des Instituts für Sozialforschung erforscht er zu Beginn der dreißiger Jahre die Entstehung des bürgerlichen Denkens im ausgehenden Mittelalter. Das Ergebnis ist eine ungewöhnlich originelle Arbeit, in der er zwischen dem modernen Rationa-

lismus in Philosophie und Mathematik und den Strukturen von Staat und Gesellschaft eine Parallele zieht und die unter dem Titel »Der Übergang vom feudalen zum bürgerlichen Weltbild« 1934 in Paris, wohin Borkenau nach der Machtergreifung der Nazis geflüchtet ist, erscheint. Nach einer kurzen Profes- sur in Panama geht er nach Ausbruch des Spanischen Bürgerkrieges nach Barcelona. Dort erlebt er, wie die Stalinisten hinter der Front gegen ihre eigenen Verbündeten, zumeist Anarchisten und Angehörige der trotzkistischen POUM, Terror ausüben. Diese Erfahrungen schildert er in seinem Buch »The Spa- nish Cockpit«. Unter dem Eindruck des Hitler-Sta- lin-Paktes verallgemeinert er seine Erfahrungen und 1940 erscheint in Großbritannien, wo er inzwischen als Lehrer für Internationale Politik an Volkshoch- schulen in Cambridge und London untergekommen ist, mit seinem Band »The Totalitarian Enemy« eines der ersten Bücher über den Totalitarismus. Im sel- ben Jahr wird er interniert; einen Teil seiner Lager- zeit muß er in Australien verbringen. Dann jedoch erkennt man auf britischer Seite seine Bedeutung und setzt ihn 1943 zunächst beim Abhördienst der BBC und danach beim Aufbau der Deutschen Nach- richtenagentur (DANA) ein. 1945 kehrt er über Luxemburg nach Deutschland zurück, wo er ein Jahr später auf einen Lehrstuhl für Mittlere und Neuere Geschichte an der Universität Marburg berufen wird. 1947 veröffentlicht er »Drei Abhandlungen zur deutschen Geschichte«, in denen er sich kritisch mit dem Einfluß nicht-westlicher Elemente so wie dem Luthertum und der Krise des Historismus aus- einandersetzt. Nach nur zwei Jahren verläßt er die Universität und wechselt zur Information Service Division in Frankfurt über, wo er als Chief Research Consultant bei der Political Information Branch tätig ist. Einer breiteren Öffentlichkeit wird Borkenau vor allem durch seine wichtige Rolle beim antikom- munistischen »Kongreß für kulturelle Freiheit« 1950 in Berlin bekannt. Durch seine Rolle als Chefredak- teur der Zeitschrift »Ostprobleme«, sein Nachwort zum Sammelband »Ein Gott der keiner war« und vor allem durch seine 1952 erschienene Studie »Der europäische Kommunismus« wird der Ex-Kommu- nist zu einem der international renommiertesten Analytiker des sowjetischen Machtsystems. Der »Zeitgenosse der Ära Stalins, Hitlers und der ersten Atombombe«, wie ihn sein Freund Richard Löwen- thal einmal bezeichnet hat, beschäftigt sich in seinen letzten Lebensjahren hauptsächlich mit der Krise der westlichen Zivilisation. Im Gegensatz zu Oswald Spengler verfällt der mythenkritische Borkenau jedoch beim Versuch, die zentrale Frage zu klären, wie aus einer untergehenden Kultur eine neue ent- steht, in keine kulturpessimistische Haltung. – Erst

18.5.: Franz Borke- nau (links) in einem Gespräch mit dem italienischen Schriftsteller und Ex-Kommunisten Ignazio Silone.

1984 erscheint unter dem Titel »Ende und Anfang –
Von den Generationen der Hochkulturen und von
der Entstehung des Abendlandes« die unabgeschlos-
sene Arbeit zu seinem letzten großen Thema, und es
dauert noch zwei weitere Jahre, bis unter dem Titel
»Kampfplatz Spanien« sein international anerkann-
tes Werk über den Spanischen Bürgerkrieg endlich
auch in deutscher Sprache vorliegt.

18./19. Mai Auf einem außerordentlichen Parteitag
der *Deutschen Reichspartei* (DRP) in **Köln** verabschieden die 350 Delegierten ein aus 42 Punkten bestehendes Programm für die bevorstehenden Bundestagswahlen, in dem u.a. die Ächtung sämtlicher
Atomwaffen und die Einstellung aller Atomversuche
gefordert wird. Die DRP, die außenpolitisch ein
Neutralismuskonzept verfolgt, sieht in der Atombewaffnung eine Bedrohung des »Lebens-Schicksals des
deutschen Volkes«. – In einem Kommentar zu den
Beschlüssen der rechtsradikalen Partei heißt es am
22. Mai in dem in West-Berlin erscheinenden »Tagesspiegel«: »Im übrigen lesen sich die 42 Thesen wie
ein mit nationalistischem Pfeffer gewürzter Aufguß
des SPD-Programms. Altbekannte Forderungen tauchen auf: Freiwilligenarmee statt Wehrpflicht,
Atomschutz statt Aufrüstung, Ächtung der Atomwaffen, Einstellung der Atomversuche. In einigen
Punkten geht die DRP weiter: militärische Neutralität Deutschlands, Aufnahme unmittelbarer Verhandlungen zwischen Bonn und Pankow, um zu verhindern, daß sich die beiden Teilstaaten noch mehr
auseinanderentwickeln, Wirtschaftshilfe an die
›DDR‹ statt an Polen.«[114]

*19.5.: Eigenwillige
Werbung der GVP.*

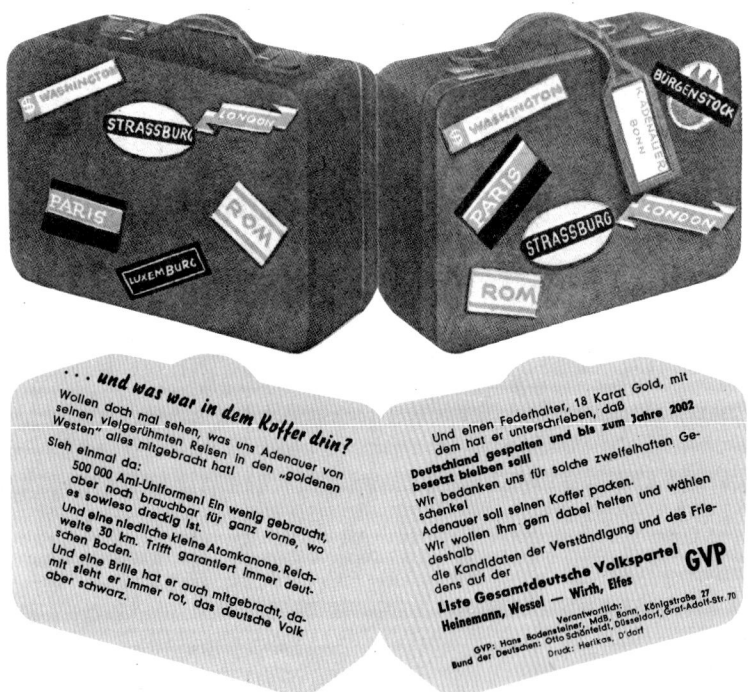

19. Mai Die *Gesamtdeutsche Volkspartei* (GVP)
beschließt auf einem außerordentlichen Parteitag in
Essen ihre Auflösung und empfiehlt allen Mitgliedern den Übertritt in die SPD. Der Auflösungsbeschluß der am 30. November 1952 gegründeten
Partei, die dem Kampf gegen die Wiederbewaffnung
und für die Wiedervereinigung Deutschlands eine
neue organisatorische Basis verleihen wolle, wird
bei einer Enthaltung mit 43:9 Stimmen gefaßt. Ihm
haben sich allein Delegierte aus Hessen und dem
Kreisverband Siegerland/Wittgenstein widersetzt.
Von den bisherigen Präsidialmitgliedern sind schon
einige in die SPD eingetreten, darunter der Parteivorsitzende Gustav Heinemann sowie die Mitbegründer Diether Posser, Adolf Scheu und Helene
Wessel. Zur Begründung des Auflösungsbeschlusses
führt Heinemann aus: »Die Gesamtdeutsche Volkspartei hat sich aufgelöst und ihren Mitgliedern empfohlen, der SPD beizutreten. Die GVP entstand
1952, um der zweigeteilten Aufrüstung in Deutschland und der Eingliederung unserer Volksteile in entgegengesetzte Machtblöcke mit Entschiedenheit zu
widerstehen. Sie wollte einer Wiedervereinigung
unseres Volkes durch Verständigung nach West und
Ost dienen. Zu parlamentarischen Erfolgen ist die
GVP nicht gekommen, weil Sperrklauseln des Wahlgesetzes, Behinderung ihrer Propaganda (Rundfunk)
und der Ausschluß von steuerfreien Geldspenden
ihre Arbeit erschwerten. An der diesjährigen Bundestagswahl würde die GVP sich nicht beteiligt
haben. Dieser Stand der Dinge legte eine Auflösung
der Partei um so mehr nahe, als die SPD sich bündig
gegen Atomrüstung in Deutschland ausgesprochen
hat und aus der Einseitigkeit der bisherigen Bonner
Europapolitik einen Ausweg sucht, welcher auch die
Wiedervereinigung unseres Volkes wirklich zu fördern geeignet ist. Die Bundestagswahl 1957 muß
endlich eine Wende in der Bonner Politik erbringen.
Dazu ist ein Zusammenrücken verwandter Kräfte
geboten.«[115] – Lediglich in Hessen wird ein Teil der
GVP unter anderer Bezeichnung fortgeführt. Der
ehemalige GVP-Landesvorsitzende Ernst Köckritz
versucht eine *Sammlung der Mitte* aufzubauen, muß
jedoch bereits nach kurzer Zeit erkennen, daß diese
nicht über einen »Debattierclub« hinausgekommen
sei.

21. Mai Das Schwurgericht beim Landgericht **Köln**
verurteilt den 43jährigen ehemaligen Gestapo-Se-
kretär Georg König wegen Aussageerpressung von
politischen Häftlingen zu einer Zuchthausstrafe von
zweieinhalb Jahren.

21. Mai Der französische Ministerpräsident Guy
Mollet tritt in **Paris** nach einer Abstimmungsniederlage in der Nationalversammlung mit seinem Kabi-

nett zurück. Das Parlament hatte sich mit 250:213 Stimmen gegen den Antrag ausgesprochen, die Regierung zu Steuererhöhungen zu ermächtigen. Der Sozialist Mollet beabsichtigte, mit den zusätzlichen Steuern das durch den Algerienkrieg stark angewachsene Haushaltsdefizit zu verringern. Mit dem Rücktritt der Regierung Mollet endet nach 15 Monaten die bisher längste Regierungszeit eines Kabinetts in der IV. Republik.

22. Mai Der Verleger Peter Suhrkamp weist in einem in der Tageszeitung »Die Welt« veröffentlichten Offenen Brief den am 9. Mai von Bundesaußenminister Heinrich von Brentano (CDU) in einer Bundestagsdebatte hergestellten Vergleich zwischen dem Schriftsteller Bertolt Brecht und der NS-Kultfigur Horst Wessel mit Entrüstung zurück: »Sie wollten den Menschen«, schreibt Suhrkamp, in dessen Frankfurter Verlag die Werke Brechts erscheinen, »im anderen politischen Lager treffen. Dafür aber war gerade der Vergleich mit dem legendären Helden der Nazis unmöglich; Sie wissen, daß Brecht als Feind der Nazis ins Exil gehen mußte ... Er lebte im Exil in jedem Moment bereit, in sein Vaterland zurückzukehren, sobald die Nazis besiegt sein würden. Zur selben Zeit gingen Sie in Deutschland Ihrem bürgerlichen Beruf nach. Und da stellten Sie nun in einem lapidaren literarischen Urteil den Namen Brechts neben den von Horst Wessel! Da tritt zutage, daß Sie nur darauf zielten, vor einer nicht unterrichteten, leicht zu beeinflussenden Öffentlichkeit Brecht in seiner menschlichen Integrität zu erniedrigen. Diese Wirkung Ihres Vergleichs müssen Sie beabsichtigt haben; wie hätte Ihnen sonst gerade der Name von Horst Wessel einfallen können ...«[116] Am Ende schreibt Suhrkamp: »Wie soll da noch Dichtung gedeihen, wo Staatsmänner sie so leichtfertig abtun? Wo aber Dichtung, Kunst und Musik verkümmern, da verkümmert das Volk. Diese Wahrheit kann nicht ernst genug genommen werden.«[117] – Darauf antwortet der Bundesaußenminister ebenfalls in einem Offenen Brief mit der Formulierung: »Wo soll noch Freiheit bestehen, wo Dichter sie so leichtfertig wegwerfen.«[118]

23. Mai Auf einer internationalen Pressekonferenz in **Ost-Berlin** stellt der *Ausschuß für Deutsche Einheit* eine Dokumentation vor, mit der 118 in der bundesdeutschen Justiz tätige Richter und Staatsanwälte beschuldigt werden, als Juristen in der NS-Zeit Verbrechen gegen die Menschlichkeit begangen zu haben. Auf der vom Ausschuß-Vorsitzenden Hans Loch geleiteten Präsentation klagt Albert Norden, Mitglied im ZK der SED, die Bundesregierung mit den Worten an: »Mit Namen und Adressen beweisen wir, daß Mörder ohne Erbarmen, daß die schlimm-

PETER SUHRKAMP:

SCHLECHTE ANGEWOHNHEITEN

Offener Brief des Verlegers P. Suhrkamp an den Bundesaußenminister

An den Bundesminister des Auswärtigen in der Deutschen Bundesrepublik, Herrn Dr. von Brentano, Bonn.

Als ich davon hörte, daß Sie, geehrter Herr Dr. von Brentano, als Außenminister vor dem Bundestag in Bonn die späte Lyrik Bertolt Brechts mit der Lyrik Horst Wessels verglichen haben sollten, kam mir das zuerst unglaubhaft vor. Außer dem Sturmlied der SA sind mir Gedichte von Horst Wessel allerdings nicht bekannt, in mir lebt aber noch die Erinnerung an gemeine Züge in seinem Leben und seiner Erscheinung.

Ich war dennoch beunruhigt; hatte doch kurz vorher Ihr Staatssekretär die auffällige Prägung vom „Aussagewert" von Stücken Brechts und Wedekinds in Umlauf gebracht. Ich bemühte mich um einen authentischen Bericht. Und da las ich eben in dem Protokoll der Haushaltsdebatte des Bundestages am 9. Mai 1957, daß Sie tatsächlich dem SPD-Abgeordneten Kahn-Ackermann geantwortet haben:

„Sie waren der Meinung, daß Brecht einer der größten Dramatiker der Gegenwart sei. Man mag darüber diskutieren. Aber ich bin wohl der Meinung, daß die späte Lyrik des Herrn Bert Brecht nur mit der Horst Wessels zu vergleichen ist."

Ich will gern glauben, daß Sie, geehrter Herr Dr. von Brentano, aus der späten Lyrik Brechts nur Lieder für den politischen Gebrauch kennenlernten. In der Auswahlausgabe „Gedichte und Lieder" stehen ein paar der „Buckower Elegien" aus dem Sommer 1953; außerdem sind in der Februar-Nummer der „Akzente", der Münchener „Zeitschrift für Dichtung", einige sehr schöne Gedichte aus dem Nachlaß abgedruckt.

Ihre Beurteilung der Gedichte von Brecht hätte man stillschweigend übergangen. Darauf kam es auch Ihnen im Moment gewiß gar nicht an. Sie wollten den Menschen im anderen politischen Lager treffen. Dafür war aber gerade der Vergleich mit dem legendären Helden der Nazis unmöglich. Sie wissen, daß Brecht als Feind der Nazis ins Exil gehen mußte. In den Exiljahren stand im Zentrum seines Lebens, Denkens und Dichtens der Kampf gegen die Nazis und gegen den Krieg der Nazis. Er lebte überall isoliert von den prominenten deutschen Emigranten wegen einer an ihm auffälligen nationalen Gesinnung, die ihn Gedanken an eine Kollektivschuld des deutschen Volkes verwerfen ließ. Er lebte im Exil in jedem Moment bereit, in sein Vaterland zurückzukehren, sobald die Nazis besiegt sein würden.

Zur selben Zeit gingen Sie in Deutschland Ihrem bürgerlichen Beruf nach. Und da stellten Sie nun

in einem lapidaren literarischen Urteil den Namen Brechts neben den von Horst Wessel! Da tritt zutage, daß Sie nur darauf zielten, vor einer nicht unterrichteten, leicht zu beeinflussenden Öffentlichkeit Brecht in seiner menschlichen Integrität zu erniedrigen. Diese Wirkung Ihres Vergleichs müssen Sie beabsichtigt haben; wie hätte Ihnen sonst gerade der Name von Horst Wessel einfallen können! Sie mußten dazu noch eine Hilfskonstruktion vornehmen, indem Sie die Lyrik Brechts, um die es in der Haushaltsdebatte des Bundestages gar nicht ging, in die Debatte einbezogen.

Es ist Ihre Form des politischen Kampfes, die mich aufregt. Die allgemeine Verwilderung überall in den Kämpfen von Parteien hat, wo sie bei uns um sich greift, auf lange hinaus noch einen besonderen Akzent. Als Verleger zur Zeit des Dritten Reiches habe ich genügend Erfahrungen gesammelt, wie damals Minister Gegner ihrer Weltanschauung unter den Schriftstellern und Künstlern in demagogischer Form menschlich zu vernichten trachteten.

Ihre Äußerung hat bei mir die Erinnerung daran wieder geweckt. Und damit die ernste Frage: Leben wir der Zeit des Nationalsozialismus noch so nah, daß wir noch immer nicht genug auf der Hut sind vor den schlechten Angewohnheiten von damals — oder ist es, weil unser Unglück schon so lange zurückliegt, daß man bei uns wieder anfängt, leichtfertig zu reden, und auch in die allgemeine Formverwilderung gerät? — Gerade Sie, geehrter Herr Dr. von Brentano, sollten besser als ich wissen, daß man in der übrigen Welt dafür uns gegenüber ein besonders empfindliches Ohr hat.

In der übrigen Welt ist es übrigens so gut wie bei uns bekannt, daß Brecht Marxist war, ein Marxist von eigener, persönlicher Prägung; sie steht trotzdem nicht an, seine Stücke aufzuführen und ihn als Dichter zu feiern. Dazu findet man es überall, außer bei uns, auch nicht nötig, jene fatale Trennung zwischen dem Dichter und dem Politiker zu machen, um den Dichter ehren zu können. Es wird darüber geklagt, daß die deutsche Dichtung, die deutsche Musik und die deutsche Kunst gegenwärtig in der Welt keine Geltung haben. Wollen wir da von uns aus auch das noch schnöde verleugnen, was das Feld draußen noch behauptet?

Wie soll da noch Dichtung gedeihen, wo die Staatsmänner sie so leichtfertig abtun? Wo aber Dichtung, Kunst und Musik verkümmern, da verkümmert das Volk. Diese Wahrheit kann nicht ernst genug genommen werden.

Mit vorzüglicher Hochachtung

gez. Peter Suhrkamp

sten Freislers der Hitler-Ära, daß Verbrecher, die sich selbst tausendmal entehrt haben, die Justiz Westdeutschlands beherrschen und von der Adenauer-Regierung bezahlt werden. Hunderte Henker, die im Namen Hitlers und für seine infamen Ziele ungezählte brave Menschen vieler Völker Europas in den Tod schickten, sitzen in den Schlüsselstellungen der Bonner Justiz ... Ein Staat, der diese Richter und Staatsanwälte beschäftigt, ja, sie sogar befördert und Karriere machen läßt, anstatt sie unschädlich zu machen, hat jeden Anspruch auf den Titel Rechtsstaat verloren. Es ist ein Staat des Justizmordes und der Justizmörder.«[119] Bei der Untersuchung von 200 Personen, die in der bundesdeutschen Justiz tätig sind, habe sich herausgestellt, daß 118 von ihnen als

22.5.: Der »Studenten-Kurier« druckt den Suhrkamp-Brief ab.

22.5.: Der Verleger Peter Suhrkamp.

23.5.: Von der Abteilung Agitation, Presse, Rundfunk beim ZK der SED herausgegebenes Plakat.

28.5.: Bundeskanzler Adenauer und Bundesaußenminister von Brentano zu Gast bei US-Präsident Eisenhower und US-Außenminister Dulles.

Richter und Staatsanwälte von Ausnahmegerichten während des Krieges 407 Todesurteile gefällt und vollstrecken lassen hätten. Diese »118 Blutrichter« aus der NS-Zeit seien jetzt als Bundesrichter, als Ministerialräte in den Justizministerien, als Landgerichts- und Oberlandgerichtsräte sowie als Staatsanwälte im Justizapparat der Bundesrepublik tätig. Sie seien des Mordes schuldig an 168 Deutschen, 100 Polen, 85 Tschechoslowaken, 30 Franzosen, sieben Niederländern, vier Belgiern, vier Sowjetbürgern, drei Italienern, zwei Schweden und vier Staatenlosen. Die Weiterverwendung dieser Juristen, die bei Prozessen nach 1945 die NS-Täter freisprechen und die Opfer verhöhnen würden, zeige, so Norden, daß die Bundesregierung nach der Maxime »Nach rechts sich verbeugen, aber gegen links schlagen« handle.

24. Mai Wegen des Freispruchs eines des Mordes an einem Chinesen angeklagten amerikanischen Soldaten durch ein US-Militärgericht kommt es in **Taipeh**, der Hauptstadt Formosas, zu einer Reihe anti-amerikanischer Demonstrationen. Der freigesprochene GI hatte einen Chinesen erschossen, weil dieser die Frau des Soldaten beim Duschen beobachtete. Die Demonstranten richten am Gebäude der US-Botschaft beträchtlichen Schaden an.

26. Mai Auf den ehemaligen Vizepräsidenten des Algerischen Rates, Ali Chekkal, wird in **Paris** ein Attentat verübt. Der Politiker, der sein Land auch als Mitglied einer Delegation bei den Vereinten Nationen in New York vertreten hat, wird im Anschluß an ein Fußballspiel am Ausgang des Stadions Colombes von dem 27jährigen Algerier Mohammed Ben Sadok niedergeschossen. Der Attentäter wird daraufhin von einer empörten Menge umringt und verprügelt. Danach nimmt ihn die Polizei fest. Ali Chekkal erliegt kurz darauf seinen Verletzungen. – Die algerische Befreiungsfront FLN übernimmt in einer von dem in **Kairo** stationierten Rundfunksender »Stimme der Araber« ausgestrahlten Erklärung die Verantwortung für den Mordanschlag: »Die Armee der nationalen Befreiung nimmt die Ehre in Anspruch, diesen Mord organisiert zu haben, der von einem ihrer Mitglieder begangen wurde. Wir sprechen den tapferen Mitgliedern der Geheimorganisation, die Algerien von dem größten Verräter, den es je gekannt hat, und von dem größten Helfershelfer des Kolonialismus befreit haben, feierlich unsere große Anerkennung aus. Man hielt Chekkal in Reserve, um unseren nationalen Forderungen entgegenzuwirken ... Nach seinem Tode sind diese Reformen zum Scheitern verurteilt.«[120] Abschließend werden alle Algerier unmißverständlich aufgerufen, sich all jener zu entledigen, die der gerechten Sache der Rebellion schadeten.

28. Mai Auf einer vom Nationalrat der *Nationalen Front* organisierten Kundgebung in der **Ost-Berlin**er Werner-Seelenbinder-Halle erklärt der Erste Sekretät des ZK der SED, Walter Ulbricht, daß die wichtigste Erfahrung der jüngeren deutschen Geschichte darin bestehe, die kriegstreibenden imperialistischen Kräfte in Westdeutschland auszuschalten und Deutschland in einen »friedliebenden demokratischen Staat« zu verwandeln. Diese Kräfte, die Deutschland im Laufe weniger Jahrzehnte zweimal in den Krieg getrieben hätten, müßten unschädlich gemacht werden. Sich auf seinen Vorredner, das Mitglied des Politbüros der *Kommunistischen Partei Frankreichs* (KPF), Jacques Duclos, beziehend, appelliert er an das deutsche und das französische Volk, »eine feste Kampfgemeinschaft« zu bilden, damit sie nicht noch einmal durch »die blutige Herrschaft des deutschen Imperialismus« bedroht würden.

28. Mai Am Ende seines USA-Besuchs einigen sich Bundeskanzler Konrad Adenauer und US-Präsident Dwight D. Eisenhower in **Washington** darauf, daß es kein umfassendes Abrüstungsabkommen zwischen Ost und West geben werde, solange das Problem der Wiedervereinigung Deutschlands nicht gelöst worden sei.

28. Mai In der kubanischen Sierra Maestra greifen 80 Guerilleros unter der Leitung von Fidel Castro in den frühen Morgenstunden den Militärposten **El Uvero** an. Erst nach einem drei Stunden dauernden Feuergefecht, bei dem sieben Rebellen getötet werden, gelingt es ihnen, die 53 Verteidiger zu überwältigen. Durch den auch in der kubanischen Presse ausführlich kommentierten Sieg fallen den Aufständischen gegen das Batista-Regime Waffen, Medikamente und Lebensmittel in die Hände, die sie auf einem ebenfalls eroberten Lastkraftwagen abtransportieren.

28./29. Mai In dem algerischen Dorf **Melouza** begehen Unbekannte ein Massaker, dem alle 303 männlichen Einwohner zum Opfer fallen. Das Verbrechen

in dem 180 Kilometer südöstlich von Algier gelegenen Ort beginnt in der Nacht. Ein Kommando von
einem Dutzend Bewaffneter, das über die tunesische
Grenze gekommen ist, hält Femegericht über einen
der Dorfbewohner, der als »Freund der Franzosen«
bezeichnet wird. Zusammen mit seinen vier Söhnen
wird er umgebracht. Als die übrigen Dorfbewohner
dagegen protestieren und für die Ermordeten Partei
ergreifen, treibt das inzwischen verstärkte Kommando alle männlichen Bewohner über 15 Jahre aus
ihren Hütten und schlachtet sie vor den Augen ihrer
entsetzten Frauen, Geschwister und Kinder mit Bei-
len, Messern und Bajonetten ab. – Die französische
Presse meldet anschließend, daß es sich bei der
Greueltat um eine Strafaktion algerischer Rebellen
handle, die das Dorf wegen der Unterstützung der
Franzosen hätten bestrafen wollen. Der französische
Staatspräsident René Coty wendet sich von **Paris** aus
in einem Rundfunkappell an »die zivilisierte Welt«
und fordert dazu auf, den algerischen Rebellen, die
den Tod Unschuldiger verursachten, kein Vertrauen
mehr zu schenken. – Auf einer Pressekonferenz in
Tunis erklärt im Gegensatz dazu ein Sprecher der
algerischen Befreiungsfront FLN am 3. Juni, daß das
Massaker von Melouza von französischen Soldaten
begangen worden sei. Damit solle die FLN international diskreditiert werden. – Am selben Tag wird in
Algier bekanntgegeben, daß die französische Armee
bei einer Razzia rund 200 verdächtige Personen festgenommen habe. Bei Schußwechseln seien außerdem 18 Verdächtige getötet worden. In Presseberichten heißt es dagegen, daß bei Vergeltungsangriff-
fen der Franzosen 169 Aufständische getötet und 30
unmittelbar Verdächtige festgenommen worden
seien. – Am 5. Juni erscheint in der Tageszeitung »Le
Monde« eine von zwölf Prominenten verfaßte Erklärung. »Das Massaker von Melouza«, heißt es darin,
»hat die französische öffentliche Meinung entsetzt
und vor allem jene, die es sich seit Jahren zur Aufgabe
machten, die Wahrheit über das algerische Drama zu
sagen ... Solange die Nationale Befreiungsfront
keine unwiderleglichen Beweise für ihre Behauptungen beibringt, werden die Unterzeichnenden daran
festhalten, daß es sich hierbei um eine unqualifizier-
bare Aktion handelt, der sich eine Einheit der Nationalen Befreiungsfront schuldig gemacht hat.«[12] Die
Unterzeichner, darunter Claude Bourdet, René

28.5.: Fidel Castro
(links) erteilt
Mitkämpfern in der
Sierra Maestra
Anweisungen.

Capitant, André Philip und Pierre Henri Simon, fordern die Führung der FLN in einem »inständigen
Appell« auf, solche Kampfmethoden zu verurteilen
und dafür zu sorgen, daß sie definitiv nicht mehr
angewandt werden. – Der tunesische Ministerpräsident Habib Bourguiba macht zwei Tage später in
Tunis den Vorschlag, das Massaker von Melouza von
einer unabhängigen Kommission untersuchen zu lassen. Zu viele Einzelheiten des Mordanschlages lägen
immer noch im Dunkeln.

31. Mai Der Bundestag in **Bonn** verabschiedet das
Gesetz über die Lohnfortzahlung im Krankheitsfall.
Mit dieser Regelung, die die Gleichbehandlung von
Arbeitern und Angestellten festschreibt, wird
sichergestellt, daß Arbeiter im Falle einer Erkrankung für die ersten sechs Wochen 90% und danach
50% ihres Netto-Lohnes erhalten. Das Krankengeld
wird zu 65% von den Krankenkassen und zu 35%
vom Arbeitgeber gezahlt. Das Gesetz ist indirekt
eine Errungenschaft der schleswig-holsteinischen
Metallarbeiter, die in einem fast viermonatigen
Streik, dem längsten Ausstand in der Geschichte der
Bundesrepublik, die Aufnahme dieser Bestimmungen in die Tarifvereinbarungen erreicht hatten.

31. Mai Wegen der von Sprechern der CDU/CSU
geäußerten Absicht, das Volkswagenwerk zu privatisieren, treten rund 25.000 Arbeiter und Angestellte
des Stammwerkes in **Wolfsburg** und des Zweigwer-
kes in **Hannover-Stöcken** in einen einstündigen
Warnstreik.

1957

Januar Februar März April Mai Juni

Juli August September Oktober November

Dezember

Juni Der Stadtrat von **Göttingen** lehnt es gegen die Stimmen seiner sozialdemokratischen Mitglieder ab, den französischen Dokumentarfilm »Nacht und Nebel«, in dem das System der nationalsozialistischen Konzentrations- und Vernichtungslager gezeigt wird, in Sondervorstellungen Oberschülern vorführen zu lassen. Der Film des Regisseurs Alain Resnais, heißt es zur Begründung, versage gegenüber der »erzieherischen Aufgabe«. In einer sich steigernden Brutalität der Darstellung löse er Abscheu und Ekel, aber keine Anteilnahme aus. Außerdem fehle jeglicher Hinweis auf die Brutalität und den Terror, die heute noch »unter unseren Augen« in der Welt verübt würden. Der 36minütige Film hätte interessierten Schülerinnen und Schülern der Oberstufe gezeigt werden sollen.

Juni Auf einer medizinischen Fortbildungsveranstaltung, die kurz vor Eröffnung des »60. Deutschen Ärztetages« in **Köln** stattfindet, warnt der Leiter des Physikalischen Instituts der Universität München, Professor Walther Gerlach, vor einer erhöhten Radioaktivität im Regenwasser. Der Mitunterzeichner der »Göttinger Erklärung« weist darauf hin, daß bei im Jahr zuvor in verschiedenen Teilen der Welt durchgeführten Messungen rund die Hälfte aller Niederschläge die Toleranzgrenze an Radioaktivität um das 10–50fache überschritten hätten. Besondere Bedeutung komme dabei dem Strontium 90 zu, dessen Strahlung durch die Atombombentests bereits dasselbe Quantum erreicht habe wie die natürliche radioaktive Strahlung des Radiums. Die Mittel für die Grundlagenforschung, meint Gerlach, müßten unbedingt erhöht werden, um durch verbesserte Meßmethoden das wirkliche Ausmaß radioaktiver Strahlung genauer bestimmen zu können.

Juni Das Studentenparlament der Universität **Göttingen** begrüßt den Appell der 18 Atomphysiker und nimmt mit 38:3 Stimmen ein Manifest an, in dem die Studenten aller Länder aufgefordert werden, ihre Regierungen zu einem Verzicht auf die Erprobung und Anwendung von Atomwaffen sowie zu dem Abschluß eines allgemeinen, kontrollierten Abrüstungsabkommens zu bewegen. Die gesamte Menschheit müsse in der Stunde der Gefahr, heißt es am Ende der Erklärung, »über alle ideologischen Schranken hinweg« zur weltweiten Solidarität finden, wenn sie ihre bedrohte Existenz sichern wolle.

Juni Eine Gruppe von Frauen erklärt sich in einer in **West-Berlin** abgegebenen Erklärung mit dem Appell Albert Schweitzers und der Göttinger Atomphysiker solidarisch, Deutschland solle auf eine Atombewaffnung verzichten. »Wir unterzeichnenden Frauen …«, heißt es, »sind von keiner Seite gelenkt. Wir gehören verschiedenen Konfessionen an. Wir haben verschiedene politische Ansichten und stehen verschiedenen Parteien nahe oder nicht nahe. Einig aber wissen wir uns … in zweifacher Hinsicht: 1. Wir sind uns einig in dem Bewußtsein unserer Freiheit und der daraus folgenden Verantwortung. Sie verpflichten uns, zu den politischen Vorgängen Stellung zu nehmen, vor allem dann, wenn diese eine Bedrohung des Lebens bedeuten. 2. In eben dieser Verantwortung sind wir uns einig in der Ablehnung des atomaren Krieges, der atomaren Rüstung und der politischen Drohung mit Atomaufrüstung und Krieg.«[122] Zu den Unterzeichnerinnen dieser Erklärung, die bis Ende Juli von über 4.000 Frauen unterschrieben wird, gehören Marianne Dirks, Gertrud von Le Fort, Pauline Kredel-Niemöller, Erica Küppers, Katharina Petersen, Luise Rinser und Ina Seidel.

Juni Der erste <u>Parteitag der *Kommunistischen Partei Deutschlands*</u> (KPD) nach ihrem Verbot durch das Bundesverfassungsgericht findet in **Ost-Berlin** statt. In Anwesenheit des KPdSU-Vertreters Boris N. Ponomarjow stimmen die 138 Delegierten den Beschlüssen des XX. Parteitages der KPdSU vom Februar 1956 zu. Im Mittelpunkt der Beratungen steht die Frage, wie die illegale Partei in die innenpolitische Auseinandersetzung in Westdeutschland eingreifen kann. Dabei geht es vor allem um den Kampf gegen die Atombewaffnung, die Wehrpflicht und die NATO. Der Erste Sekretär des ZK der SED, Walter Ulbricht, fordert als Gastredner die SPD erneut zu einem Aktionsbündnis mit der KPD auf, um zu verhindern, daß die sozialdemokratische Partei, wie es US-Präsident Eisenhower angeblich verlangt, stärker an Staat und Regierung gebunden wird: »Wenn die sozialdemokratischen Mitglieder bewußt handeln, wenn die Aktionseinheit zustande kommt, wird es möglich sein, die Pläne Eisenhowers zu durchkreuzen und die Sozialdemokratie zu konsequenterem Handeln zu veranlassen ... Der nächste Schritt besteht darin, der Adenauer-CDU bei den Bundestagswahlen eine Niederlage beizubringen. Der Adenauer-CDU bei den Bundestagswahlen eine Niederlage bereiten, verlangt, daß wir jetzt gemeinsam mit den sozialdemokratischen Arbeitern und Gewerkschaftlern eine solche Propaganda betreiben und solche Aktionen durchführen, die der Arbeiterklasse, den Gewerkschaftlern, den Werktätigen ein Programm sichtbar machen, das sich in mancher Hinsicht von den Wahlprogrammen der SPD und der anderen Parteien unterscheidet.«[123] Die Delegierten verabschieden 31 Thesen »Für Atomwaffenverbot und Abrüstung, für ein Deutschland des Friedens, der Demokratie und des gesellschaftlichen Fortschritts« sowie das Manifest »Für Frieden und Sicherheit, gegen Atomrüstung und Militarismus«. Der bisherige Erste Sekretär des Zentralkomitees der KPD, Max Reimann, wird in seiner Funktion bestätigt. – Die Thesen werden unter dem Titel <u>»Bücher für den Schulgebrauch – S. Fischer Schulausgaben moderner Autoren«</u> als Tarnschrift illegal in der Bundesrepublik verbreitet.

Juni Das Stadttheater von Senftenberg (Niederlausitz) erregt mit einem Gastspiel beim Kabarett »Die Distel« in **Ost-Berlin**, in dem der Funktionärs- und Personenkult attackiert wird, großes Aufsehen. Ihre satirische Revue »Haut den Lukas« basiert auf dem von Nazim Hikmet verfaßten stalinismuskritischen Stück »Hat es Iwan Iwanowitsch überhaupt gegeben?«. Der türkische Kommunist, der nach einer zwölfjährigen Haft in der Sowjetunion Asyl gefunden hat, parodiert darin mit Typen wie dem Durchschnittsfunktionär »Genosse Fritz Meier«, dem »Mann mit dem Strohhut«, dem opportunistischen Intellektuellen, dem »Mann mit der Mütze«, der als Feind der Autoritäten das einfache Volk vertritt, und mit »Lukas«, eine Art kommunistischer »Jedermann«, die unterwürfig-repressiven Beziehungsmuster in der stalinistischen Partei- und Staatsbürokratie. – Nach der Generalprobe des Stücks im »Studio« in **Leipzig** kommt es unter Kulturfunktionären zu erhitzten Debatten. Einige von ihnen erheben den Vorwurf, daß es sich bei der Satire um keine hilfreiche Kritik, sondern um einen »zersetzenden Angriff« auf die Verwaltung insgesamt handle. Die Mehrheit der Besucher habe sich jedoch, wie die <u>»National-Zeitung«</u> in einem Bericht schreibt, für eine Aufführung des Hikmet-Stücks ausgesprochen, weil damit der Demokratie ein »guter Dienst« erwiesen werde.

Juni In **Ost-Berlin** fordern Anna Seghers, Helene Weigel und Arnold Zweig in einer gemeinsamen Erklärung die Einrichtung eines Ausschusses, der den Einfluß ehemaliger Nazi-Richter im bundesdeutschen Justizapparat und ehemaliger Wehrmachtsoffiziere in der Bundeswehr untersuchen soll. Dadurch sollen die im Staatsdienst der Bundesrepublik stehenden »ehemaligen faschistischen Kriegsverbrecher« namhaft gemacht werden.

Juni An der Universität **Rostock** kommt es zu Unruhen. Das SED-Organ <u>»Ostsee-Zeitung«</u> berichtet, daß bei den Schiffbautechnikern eine antikommunistische Studentengruppe aufgedeckt worden sei. Als ihr Wortführer wird der bereits verhaftete Student Christian Töpfer genannt. Ihm wird vorgeworfen, daß er seit 1953 eine »organisierte Hetztätigkeit« entfaltet und zu diesem Zweck eine ganze Gruppe für seine »Wühltätigkeit« um sich geschart habe. – Das FDJ-Zentralorgan <u>»Junge Welt«</u> äußert sich besorgt darüber, daß an den Universitäten **Rostock** und **Greifswald** unter den Studenten keine ausreichende Bereitschaft mehr für die Arbeitseinsätze in den Ferien vorhanden sei. Die SED appelliert immer wieder an die Studenten, sich freiwillig zu Arbeitseinsätzen in Bergwerken, Industriebetrieben und der Landwirtschaft zu verpflichten.

Juni: Titelbild eines 1963 in Ost-Berlin erschienenen Dokumentationsbandes.

Juni: Der KPD-Vorsitzende Max Reimann.

Juni In **Neuhaus** (Kreis Meiningen) tritt die Mehrzahl der im VEB »Anna Seghers« beschäftigten Arbeiter wegen der Prämienverordnung in den Streik. Eine Gruppe um die beiden Wortführer Hans und Karl Ulbrich gibt die Parole aus, solange nicht mehr zu arbeiten, bis eine für die Arbeiter akzeptable Erhöhung der Prämien in Sicht sei.

Juni Mit der Ausstellung »Festival der Frauen« auf dem Gelände des Wembley-Stadions in **London** soll der Öffentlichkeit gezeigt werden, wie weit die Frauen in ihrem Kampf um soziale und wirtschaftliche Gleichberechtigung im 20. Jahrhundert bereits gekommen sind. Im Vordergrund stehen dabei vor allem Beispiele der beruflichen Emanzipation. Zu sehen sind aber auch Gemälde und Skulpturen von Künstlerinnen wie Laura Knight und Dora Gordine, mit denen die wachsende Bedeutung von Frauen in Kunst und Kunsthandwerk dokumentiert werden soll.

I. Juni Auf einer Kundgebung der *Gesellschaft für Brüderlichkeit* in **Hannover** protestieren mehrere hundert Menschen gegen die Schändung der jüdischen Gräber auf dem Ausländerfriedhof in Salzgitter-Lebenstedt in der Nacht vom 19. auf den 20. April. Der niedersächsische Ministerpräsident Heinrich Hellwege (DP) spricht in diesem Zusammenhang von einer »unseligen und verdammenswerten Verirrung von stupiden Geistern«. Er appelliert an die Bevölkerung, dabei mitzuhelfen, einen neuen Geist zu schaffen, der Haß und kollektiver Verurteilung von Völkern und Rassen für alle Zeiten abschwöre. Der Präsident des *Lutherischen Weltbundes*, Landesbischof Hanns Lilje, fordert die Teilnehmer auf, niemals mehr zuzulassen, daß das deutsche Volk noch einmal »in das Primitive des Antisemitismus« absinke.

I. Juni Zur Jahrestagung des *Internationalen Auschwitz-Komitees* (IAK) kommen in **Frankfurt** 50 Delegierte aus elf Ländern zusammen. Bei der Begrüßung erklärt die aus Paris stammende Tagungsleiterin Odette Elina, daß die ehemaligen Häftlinge des Vernichtungslagers keinen Haß gegen das deutsche Volk hegten. Es dürfe nicht mit jenen verwechselt werden, die für die grausamen Verbrechen in Auschwitz verantwortlich seien. Nicht nur für Deutschland, sondern für die ganze Welt müsse Auschwitz immer eine Mahnung bleiben. Zum Fall des ehemaligen SS-Brigadeführers Professor Carl Clauberg, der in Auschwitz Versuche zur Massensterilisierung jüdischer Frauen durchgeführt hat und sich inzwischen in Kiel in Untersuchungshaft befindet, erklärt der aus Wien stammende IAK-Generalsekretär Hermann Langbein, daß man an dem Mediziner keine Rache

1.6.: Auf dem jüdischen Friedhof in Frankfurt übergibt der Präsident des Internationalen Auschwitz-Komitees, Tadeusz Holoj aus Kraków, dem Vorsitzenden der Jüdischen Gemeinde in Frankfurt, Olkowitz, eine Urne mit der Asche unbekannter Opfer.

üben, sondern ihn lediglich isolieren und die Gesellschaft vor ihm schützen wolle. Das IAK protestiert gegen die Entscheidung des Landgerichts Kiel, beim geplanten Prozeß gegen Clauberg keine Nebenkläger zuzulassen. Der Frankfurter Rechtsanwalt Henry Ormond wollte zusammen mit einem Kieler Kollegen die Interessen der überlebenden Frauen vertreten, die von dem verbrecherischen Frauenarzt verstümmelt worden sind. Die Delegierten beschließen, in Auschwitz ein Denkmal für die Opfer zu errichten und dazu einen Wettbewerb für Bildhauer und Künstler auszuschreiben. Dem Gremium, das einen Entwurf auswählen soll, gehören der britische Bildhauer Henry Moore und sein deutsch-französischer Kollege Hans (Jean) Arp an. Zum neuen IAK-Präsidenten wird der polnische Schriftsteller Tadeusz Holoj gewählt. In einer einstimmig gebilligten Entschließung spricht sich das IAK gegen die Durchführung eines geplanten Treffens ehemaliger SS-Männer verschiedener Nationalitäten in Hannover aus. »Das Komitee ist ... sehr beunruhigt«, heißt es in der Resolution, »daß sich SS-Leute bereits in den letzten Jahren ungestraft in Deutschland und verschiedenen anderen europäischen Ländern treffen konnten, wie auch über das Bestehen eines Koordinierungsbüros der faschistischen, hitlerischen und rexistischen Bewegungen. Das Komitee... warnt vor der ernsten Gefahr für alle diejenigen, die die Erklärung der Menschenrechte als Grundlage unserer Gesellschaft betrachten. Das Komitee beschwört die Behörden der Deutschen Bundesrepublik und die der verschiedenen Länder, wo ehemalige SS-Männer die Stirn haben, sich in der Öffentlichkeit zu zeigen, diesen Totschlägern und Folterknechten ins Gedächtnis zu rufen, daß ihre Organisation durch internationales Gesetz als verbrecherisch verurteilt wurde.«[124] – Langbein stellt die Resolution zwei Tage später in **Frankfurt** auf einer Pressekonferenz vor und erklärt dazu: »Wir kennen keine Rachegefühle gegen den einzelnen SS-Angehörigen, aber wir

rufen ganz Europa auf, die Wiedererstehung der SS in keiner Form zuzulassen!«[125] Der Kampf gegen die SS-Tradition sei eine Frage des menschlichen Anstandes. Bei der Befreiung von Auschwitz seien nur noch eineinhalb Prozent der Lagerinsassen am Leben gewesen; die »Führer-Elite« hatte zuvor 4 Millionen Menschen in die Gaskammern getrieben. Wer in Auschwitz war, der habe die Bestialität des schwarzen Korps in seiner krassesten Form erlebt. Deshalb dürfe die Stimme der Auschwitz-Überlebenden, die in aller Entschiedenheit gegen das geplante SS-Treffen in Hannover protestieren, nicht überhört werden.

I. Juni Der kommunistische Publizist Ralph Giordano schreibt unter der Überschrift »Keine Atombomben für Hitler-Generale« in der Wochenzeitung »Die Tat«: »Die spezifische Gefahr einer atomaren Bewaffnung der Bundesrepublik aber liegt vor allem in jenem Spielraum, den eine Restauration, die ihre Grenzen offensichtlich noch nicht erreicht hat, dem faschistischen Element wieder einräumte, und zwar nicht nur in der Verwaltung, der Wirtschaft, der Diplomatie und der Politik, sondern auch personell auf dem Gebiet des Militärwesens.«[126] Der Kampf gegen die Atombewaffnung der Bundeswehr, meint Giordano, werde auch zu einem »Kampf gegen die faschistische Renaissance« führen. Deutsche Faschisten würden, wenn sie erst einmal die Möglichkeit dazu hätten, ungeachtet aller Folgen auf den Auslöseknopf für einen Atomkrieg drücken. Auf der »Tagesordnung der Völker« stehe nicht der Bau von Schutzbunkern, sondern die Ächtung aller Atomwaffen, ihre Nichtweiterverbreitung an neue Staaten und die Vernichtung aller Atombombenvorräte. Der Hauptfeind sei nach wie vor »der deutsche Faschismus«.

I./2. Juni In der Stadthalle von **Bingen** am Rhein kommen 38 ehemalige Angehörige der Legion Condor zu ihrem 2. Bundestreffen zusammen. Zu Ehren dieser Wehrmachtsangehörigen, die auf Hitlers Befehl 1936 auf der Seite Francos in den Spanischen Bürgerkrieg eingegriffen und vor allem durch die Bombardierung Guernicas weltweit Empörung ausgelöst haben, hat die Stadtverwaltung ein Transparent mit der Aufschrift »Kameraden der Legion Condor, wir grüßen euch« aufgespannt. Der aus Mainz stammende Erste Vorsitzende Gerd Storz beklagt sich ebenso wie andere Redner darüber, daß die militärischen Erfolge der Legion Condor bei der Niederschlagung der spanischen Republik weder in Deutschland noch im Ausland »gewürdigt« würden. Man sei bereit, jederzeit von ihrem »Einsatz gegen den Weltbolschewismus« Zeugnis abzulegen.

2. Juni Hauptredner auf einer »Staatspolitischen Kundgebung der Katholischen Männer Deutschlands« in **Bamberg** ist Bundeskanzler Konrad Adenauer. Nach Ansprachen mehrerer Bundesminister gibt er von der Balustrade des Erzbischöflichen Palais die Parole für den Bundestagswahlkampf 1957 aus. Jeder Wähler müsse wissen, appelliert Adenauer, daß es am 15. September darum gehe, ob Deutschland christlich bleibe oder kommunistisch werde. – Das Nachrichtenmagazin »Der Spiegel« kommentiert den Auftritt des Bundeskanzlers, dem in den Wochen darauf eine ganze Reihe ähnlicher folgen, am Ende des Wahlkampfs mit den Worten: »Von Bamberg an bis zu seinen letzten Reden vor der Wahl hat Konrad Adenauer vor seinen Zuhörern – wie die stenographischen Niederschriften ausweisen – nicht ein einziges Mal entwickelt, was auch nur annähernd so etwas wie ein Regierungsprogramm der CDU für die nächsten vier Jahre gewesen wäre.«[127]

2. Juni Auf einer Tagung des *Katholischen Arbeiterbundes* in **Münster** geht Bischof Michael Keller in einer Grundsatzerklärung auf das Verhältnis zwischen Katholizismus und Sozialdemokratie ein. Die von ihm gestellte Frage lautet: »Kann ein wirklich gläubiger katholischer Arbeiter es vor seinem Gewissen verantworten, sozialdemokratisch zu wählen?«[128] Unter Bezugnahme auf die päpstliche Enzyklika »Quadragesimo anno« verneint er dies in aller Entschiedenheit. Resümierend stellt er fest, daß es das Verhalten der SPD in Weltanschauungsfragen »vom Gewissen her« unmöglich mache, »sich dieser Partei anzuschließen oder sich für sie durch eine Stimme bei einer Wahl einzusetzen … Wir wissen«, fährt er fort, »daß eine Politik, die sich gegen die Lebensrechte der Familie und gegen die Kirche richtet, eine Politik, die alles an Wohlfahrt und Kultur vom Staate erwartet und diesem darum eine Macht zuweist, die ihm nicht zukommt, daß eine solche Politik dem wahren Wohl des katholischen Arbeiters, aber auch der Arbeiterschaft insgesamt in keiner Weise dienen kann!«[129] – Der »SPD-Pressedienst« merkt am 5. Juni in einer Stellungnahme an, daß es sich bei der Erklärung des Münsteraner Bischofs um einen überaus durchsichtigen Versuch handle, Wahlkampfpropaganda für die CDU/CSU zu betreiben.

2. Juni In den **USA** strahlen mehrere Fernsehstationen ein Interview mit Nikita S. Chruschtschow, dem Ersten Sekretär des ZK der KPdSU, aus, das sowohl wegen seines Inhalts wie auch wegen des Tons als Sensation gilt. »Ich glaube«, erklärt Chruschtschow, »das Wichtigste ist, die Beziehungen zwischen den Ländern, vor allem zwischen den Vereinigten Staaten und der Sowjetunion zu normalisieren. Die Nor-

1.6.: Der niedersächsische Ministerpräsident und DP-Vorsitzende Heinrich Hellwege.

3.6.: Die Iller wird
nach Opfern abge-
sucht.

3.6.: Einer der
ertrunkenen Solda-
ten wird geborgen.

3.6.: Bundesvertei-
digungsminister
Strauß trifft am
Unglücksort ein.

malisierung denke ich mir so: man muß die Handels-
schranken beseitigen. Man muß mit dem Handel
anfangen. Sie müssen Ihren ›Eisernen Vorhang‹ entfernen und müssen sich auch nicht vor sowjetischen
Köchen fürchten, wenn sie nach Amerika kommen;
die werden dort keine Revolution vollführen. Man
muß einen Austausch von Kulturdelegationen pflegen; mehr Kontakte zwischen unseren Völkern, zwischen Geschäftsleuten sind nötig. Das halte ich für
das Wichtigste ... Wir wollen einen Wettbewerb
und in diesem Wettbewerb wollen wir die gesunde-
sten Kräfte ermitteln. Als gesunde Kraft bezeichnen
wir unser System, das sozialistische System, denn es
ist das fortschrittlichste und das jüngste. Wenn Sie
davon ein wenig Kenntnis haben ... wie sich die
Gesellschaftsordnungen veränderten, so wissen Sie,
daß wir die Erben der überlebten kapitalistischen
Ordnung sind, an deren Stelle die sozialistische Ordnung, die fortschrittlichste Ordnung getreten ist.
Auch Ihre Enkel werden in Amerika unter dem
Sozialismus leben. Das sage ich Ihnen voraus.«[130]
Chruschtschow betont, daß es sich bei dem Wett-
kampf zwischen den Systemen um einen ideologischen Kampf, um einen »Kampf der Ideen« handeln
werde: »Wenn wir sagen, daß unsere Ordnung, d.h.
der Sozialismus siegen wird, so bedeutet das nicht,
daß wir unsere Ordnung durch einen Krieg, wie
immer er auch sei, aufzwingen werden. Gott behüte!
Wir glauben, daß unsere Ordnung siegen und den
Geist der Völker erobern wird. Die Ordnung jedes
Landes muß aber so gestaltet werden, wie es das
Volk des betreffenden Landes wünscht. Wir sehen
keinen anderen Weg und unsere Ideen zwingen wir
nicht auf.«[131] Das Gespräch, das CBS-Journalisten in
Moskau aufgenommen haben, ist das erste, das von
einem westlichen Team mit einem führenden Politiker der UdSSR geführt werden konnte.

3. Juni In der Nähe von **Kempten** im Allgäu wird
eine Gruppe von Bundeswehrrekruten, die auf
Geheiß ihres Zugführers mit vollem Marschgepäck
die reißende Iller durchschreiten sollen, von der
Strömung umgerissen und zwischen den Felsen
davongetrieben. Von 28 Soldaten können sich nur 13
retten; 15 finden den Tod. – Dieser Unglücksfall löst
im gesamten Bundesgebiet heftige Empörung aus.
Die immer noch nicht verklungenen Proteste gegen
die Bundeswehr und die allgemeine Wehrpflicht entzünden sich erneut auf breiter Ebene am Tod der
Rekruten, der weithin als Ausdruck einer durch
fatale Traditionen vorbelasteten »Soldaten-Schinde-
rei« angesehen wird. Das Bundesverteidigungsmini-

sterium in **Bonn** nimmt in einer Stellungnahme die verantwortlichen Offiziere mit dem Hinweis in Schutz, daß die betroffenen Rekruten den an sie gerichteten Anforderungen durchaus hätten widersprechen können, da es sich dabei um keinen »verbindlichen Befehl« gehandelt habe. Die Soldaten hätten den Gehorsam mit der Begründung verweigern können, daß die Übung für sie lebensgefährlich sei und »kein dienstlicher Anlaß« vorläge, ihr Leben aufs Spiel zu setzen. – Gegenüber dem Major Gerd Schmückle, der im Dezember zum Pressesprecher des Bundesverteidigungsministeriums ernannt wird, versucht sich der Befehlshaber der Division, ein Oberst, mit der Begründung zu verteidigen, daß das Bundesverteidigungsministerium immer noch keine verbindlichen Vorschriften für die Ausbildung der Soldaten erlassen habe. Er sei deshalb gezwungen gewesen, auf Vorschriften der US-Armee zurückzugreifen, nach denen er selbst ausgebildet worden sei. – In seiner 1982 erschienenen Autobiographie schreibt Schmückle rückblickend über die Schuldfrage: »Was ich befürchtete, traf zu: Die Befehle spornten die Fallschirmjäger an, sich als Elite aufzuspielen, zugleich auch Schindluder mit sich treiben zu lassen. Ihnen wurden Handlungen abverlangt, die Menschen erniedrigen. Sie mußten Bewegungen und Schreie von Tieren nachahmen ... Sie wurden gezwungen, zu miauen, zu brummen, quaken, sich zum Tier zu machen. Als ich diese Abscheulichkeiten las, war ich nahe daran, den Schleifern, die mich in der Wehrmacht drangsaliert hatten, Abbitte zu leisten. Nicht einmal ihrer krankhaften Phantasie waren solche Absurditäten eingefallen.«[132]

3. Juni Bei einem Sprengstoffanschlag auf einen Waffenhändler in **Hamburg** werden eine ältere Frau getötet und ein Schulmädchen verletzt. Als der Büchsenmachermeister Otto Schlüter um 8 Uhr 14 seinen vor dem Haus Loogestieg 10 im Stadtteil Eppendorf geparkten Mercedes 220, auf dessen Beifahrersitz seine 61jährige Mutter Platz genommen hat, anlassen will, explodiert eine in der Seitentasche der Wagentür verborgene Bombe: »Die Fensterscheiben«, beschreibt ein Reporter später die Wirkung, »zersprangen. Im ersten Schreck torkelte Schlüter aus dem Wagen. Dann besann er sich wieder, sprang zurück in das rauchende Wrack und packte seine Mutter, die regungslos auf ihrem Sitz zusammengesunken war. In der nächsten Sekunde konnte der Benzintank in die Luft fliegen. Mit schreckgeweiteten Augen blickte Schlüter auf die rechte Wagentür. Dort, wo Verspannung und Seitentasche waren, lag jetzt der Türrahmen frei. Ein Loch klaffte in der dicken Stahlblechverkleidung. Noch ehe Schlüter das Geschehene voll erfassen konnte, ertönten Sirenen. Polizei und Feuerwehr kamen. Die alte Frau wurde aus der Gefahrenzone gebracht. In jedem Augenblick, so rechnete die Polizei, konnte eine zweite Explosion folgen. Doch nichts geschah mehr.«[133] Während Schlüters Mutter, die bereits bei einem ersten Anschlag auf den Waffenhändler am 28. September 1956 lebensgefährlich verletzt worden war, kurz darauf stirbt, kommt ihr Sohn – das eigentliche Ziel des Anschlags – auch diesmal mit leichten Blessuren und einem Schock davon. Seine neunjährige Tochter Ingeborg, die sich kurz vor der Explosion noch in das offene Autofenster gebeugt hat, um sich von ihrer Großmutter zu verabschieden, wird durch herumfliegende Splitter verletzt. Otto Schlüter handelt mit Handgranaten, Maschinengewehren, Maschinenpistolen und anderem mehr. Ihm wird nachgesagt, mit seinen Waffenlieferungen auch die algerische Befreiungsfront FLN zu versorgen. Deshalb wird in Spekulationen über mögliche Täter immer wieder der französische Geheimdienst genannt. Nach dem ersten Anschlag war ihm von der Post eine zehn Zentimeter lange Attrappe eines Sarges zugestellt worden, in dem sich ein Miniatur-Skelett befand. Nun legt sich Schlüter, wie in der Presse berichtet wird, nur noch mit einem Remington-Schnellfeuergewehr schlafen. – Die Illu-

3.6.: Auf einer Postkarte sind die Porträts der toten Soldaten abgebildet.

3.6.: Am Tag der Trauerfeier führen Kriegsdienstverweigerer in Kempten eine kleine Demonstration durch.

striierte »Der Stern« vertritt in ihrer zwei Wochen später erscheinenden Ausgabe die Ansicht, daß man aus dem Attentat auf den Waffenhändler nur einen Schluß ziehen könne: »Die Bundesrepublik ist zum Nebenschauplatz des französischen Krieges in Algerien geworden.«[134] – Das US-amerikanische Nachrichtenmagazin »Newsweek« meldet im Oktober 1959, daß die französische Terrororganisation *La Main Rouge* (Die Rote Hand) für insgesamt zehn politische Morde in der Bundesrepublik, darunter die beiden Anschläge auf Schlüter, verantwortlich sei. – Obwohl die Staatsanwaltschaft in **Hamburg** einem möglichen Zusammenhang zwischen den Bombenanschlägen in der Hansestadt und der Unterdrückung der algerischen Unabhängigkeitsbewegung nachgeht, verlieren sich die Spuren. Der oder die Täter können nicht ermittelt werden. – Das Nachrichtenmagazin »Der Spiegel« meldet am 2. März 1960 in einer Serie über die Terrororganisation *Die Rote Hand*, daß sich Schlüter nach dem zweiten Attentat endgültig aus dem »Nordafrika-Geschäft« zurückgezogen habe. Der im Dienst der FLN stehende Waffenaufkäufer Georg Puchert sei um die Jahreswende 1958/59 zweimal von ihm abgewiesen worden. Durch eine Auswertung von Schlüters Geschäftsbriefen, behauptet das Blatt, ließe sich minutiös nachweisen, daß sich hinter dem angeblichen »Jagdwaffen-Handel« ein florierendes Waffengeschäft auf internationalem Parkett verberge. »Als Verbindungsleute zwischen Otto Schlüter und den algerischen Rebellen«, heißt es weiter, »fungierten zeitweise der etwa 50jährige Ahmed Bioud aus Kairo mit einem französischen Paß, Generalvertreter der ›Africa Asia Trading Company‹ (Los Angeles) in Libyen, und der 1914 in Colorado (USA) zur Welt gekommene Ahmed Kamal. Beide sorgten dafür, daß die über die Schweiz an die tunesische Gendarmerie, an die marokkanische ›Sureté‹ oder an die Zweigstelle der ›Africa Asia Trading Co.‹ in Tripolis gelieferten Waffen des Otto Schlüter ihren Weg in die Gebirge und Eingeborenenviertel Algeriens fanden.«[135]

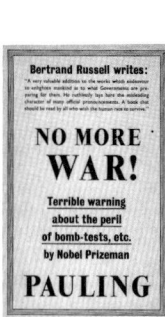

3.6.: Titel eines 1958 in London erschienenen Buches von Linus Pauling.

3.6.: Der Hamburger Waffenhändler Otto Schlüter.

3.6.: Der durch den Bombenanschlag zerfetzte Wagen.

3. Juni Der SPD-Bezirk Franken beschließt in **Nürnberg**, den Stadtrat Friedrich-Karl Böhnstedt sämtlicher Parteiämter zu entheben und aus der SPD auszuschließen. Der Ausschluß erfolgt, weil der aus Neustadt bei Coburg stammende Funktionär an der Studienreise eines Friedenskomitees in die Sowjetunion teilgenommen hat. Der Bezirksvorstand wirft Böhnstedt vor, daß die Reise von einer kommunistischen Tarnorganisation veranstaltet und mit Geldern aus der DDR finanziert worden sei.

3. Juni Auf Initiative des Nobelpreisträgers Linus Pauling fordern in den **USA** 2.000 Wissenschaftler die Atommächte dazu auf, alle Kernwaffenversuche umgehend einzustellen. In dem Appell wird insbesondere auf die Gefahr von genetischen Schädigungen und das damit verbundene Risiko der Zeugung verkrüppelter Kinder hingewiesen. Jede Erhöhung der Strahlendosis schade der Gesundheit der Menschen in aller Welt.

3./4. Juni Mitten in der Nacht reißen Unbekannte in dem auf der Schwäbischen Alb gelegenen Dorf **Magolsheim** (Landkreis Münsingen) ein zweistöckiges Haus mit fünf Wohnräumen ab, in das eine neunköpfige »Zigeunerfamilie« einziehen wollte. Offenbar soll verhindert werden, daß der aus Herrlingen bei Ulm stammende Kleinhändler Franz Kreuz, der das Haus vor kurzem für 14.000 DM gekauft hat, zusammen mit seiner Frau, seinen sechs Kindern und einer Schwiegertochter einzieht. »Das Haus, das zweieinhalb Jahrhunderte lang allen Stürmen der Zeiten getrotzt hatte«, beschreibt ein Journalist später die Stelle, die wie nach einem Bombenangriff aussieht, »war tatsächlich nicht mehr da. Es war abgerissen worden, in einer einzigen Nacht. Von wem? Anscheinend von Geistern, und zwar von unheimlich lautlos arbeitenden Geistern. Denn als im Laufe des nächsten Vormittags die Reutlinger Kriminalpolizei mit ihren Verhören begann, stellte sich heraus, daß niemand im Dorfe etwas gehört hatte. Der Bürgermeister hatte nichts gehört ... Und am verblüffendsten war es, daß die Bewohner des Nachbarhauses ... auch nichts gehört hatten. Obwohl man doch die gemeinsamen Dachbalken hatte durchsägen müssen – sehr fachgerecht übrigens, beste Zimmermannsarbeit. Und geradezu unheimlich mußte es berühren, daß auch die drei Bulldozer, mit denen das Gemäuer zum endgültigen Einsturz gebracht worden war, von niemandem gehört worden waren. Großstädtern, die an Schlaflosigkeit leiden, sei Magolsheim als Kurort empfohlen. Man schläft dort den gesündesten Schlaf der Welt.«[136] – Die Oberstaatsanwaltschaft in **Tübingen** stuft den Abriß als Fall schweren Landfriedensbruchs ein und läßt von der Kriminalpolizei gegen 60 Verdächtige in dem 428 Einwohner zählen-

den Dorf Magolsheim ermitteln. Dabei stellt sich zunächst heraus, daß die Dorfbewohner vor allem um ihren »guten Ruf« besorgt gewesen sein wollen. Verschiedene Eltern sollen angekündigt haben, daß sie ihre Kinder nicht mehr zur Volksschule schicken würden, falls diese auch von den »Zigeunermädchen« der Familie Kreuz besucht werden sollte. Der »eigentlich« Schuldige der ganzen Geschichte, wird behauptet, sei jedoch der Bürgermeister von Herrlingen. Der habe dem Familienvater Kreuz das für den Kauf nötige Geld vorgestreckt, damit er zusammen mit seinen Angehörigen aus der Notunterkunft hinter dem Herrlinger Rathaus verschwände. Franz Kreuz, der seine Familie durch Alteisenhandel und Hausieren mit Kurzwaren ernährt, hatte sich 1945 in Herrlingen niedergelassen. Zunächst wohnte er mit seinen Angehörigen in einem Schießstand. Nach dessen Abriß war ihnen ein einziger Raum, eine Baracke ohne Küche und sanitäre Anlagen, zur Verfügung gestellt worden. – Bereits wenige Tage nach den ersten Ermittlungen werden vier dringend tatverdächtige Bauernsöhne inhaftiert. – Die Hamburger Illustrierte »Der Stern« kommentiert das fremdenfeindliche Abrißunternehmen des schwäbischen Dorfes mit den Worten: »Mit dem Niederreißen eines Zigeunerhauses durch ein wild gewordenes Dorf fängt es an und mit dem Niederbrennen von Synagogen durch einen wild gewordenen Staat hört es auf.«[137]

4. Juni Das Schwurgericht beim Landgericht **Bochum** verurteilt den ehemaligen SS-Obersturmbannführer Paul-Werner Hoppe, der von 1942 bis 1945 Kommandant des Konzentrationslagers Stutthof war, wegen Beihilfe zu einem Mord, begangen an mehreren hundert Häftlingen, zu einer Zuchthausstrafe von neun Jahren. Der ehemalige Lagersanitäter Otto Karl Knott erhält wegen Beihilfe zu einem Mord, begangen an mindestens 50 Häftlingen, eine Zuchthausstrafe von drei Jahren und drei Monaten.

Den Angeklagten, die beide 47 Jahre alt sind, wird die Untersuchungshaft angerechnet. Da Hoppe neben den drei Jahren, die er im Untersuchungsgefängnis verbüßte, auch ein Jahr Internierungshaft angerechnet wird, bleiben für ihn noch fünf Jahre Haft. Die bürgerlichen Ehrenrechte werden Hoppe für sechs und Knott für drei Jahre aberkannt.

4. Juni Im Alter von 70 Jahren stirbt in **West-Berlin** die SPD-Politikerin Louise Schroeder. Die am 2. April 1887 als Tochter eines Altonaer Bäckers geborene Sozialdemokratin, die die Arbeiterwohlfahrt mitbegründet hat, war von 1919 bis 1933 Mitglied der Weimarer Nationalversammlung und dann des Deutschen Reichstages. Während des Nationalsozialismus war sie unter Polizeiaufsicht gestellt. Als stellvertretende Oberbürgermeisterin von West-Berlin nahm sie, als die interalliierte Kommandantur die Wahl Ernst Reuters zum Oberbürgermeister verweigerte, vom August 1947 bis zum Dezember 1948 die Amtsgeschäfte des Stadtoberhaupts wahr. Von 1949 bis zu ihrem Tod war Louise Schroeder, die zu ihrem 70. Geburtstag die Ehrenbürgerschaft der Stadt Berlin erhalten hatte, Abgeordnete des Bundestages.

5. Juni Der 23jährige Günter Zehm, Assistent am Philosophischen Institut der Friedrich-Schiller-Universität in **Jena**, wird in dem am Holzmarkt gelegenen Sitz der SED-Bezirksleitung, wo er Revision gegen seinen Parteiausschluß einlegen will, von drei Angehörigen des Ministeriums für Staatssicherheit (MfS) verhaftet. Er soll dem Pförtner, wird ihm zur Last gelegt, beim Betreten des Gebäudes einen falschen Ausweis vorgezeigt haben. Der Schüler des regimekritischen Leipziger Philosophieprofessors Ernst Bloch wird in Handschellen abgeführt und in

3./4.6.: Das vollständig zerstörte Wohnhaus in Magolsheim.

3./4.6.: Die von der Bevölkerung des schwäbischen Dorfes verfolgte Roma-Familie Kreuz.

4.6.: Die ehemalige Berliner Oberbürgermeisterin Louise Schroeder.

das MfS-Untersuchungsgefängnis nach **Gera** gebracht, wo er als neuer Häftling die Nr. 200 erhält. – Wegen »Paßvergehens« wird Zehm im Juli vom Bezirksgericht **Gera** in einem Verfahren, in dem das Beweisstück, der angeblich gefälschte Ausweis, ebenso fehlt wie der als »Zeuge« angeführte Pförtner, zu einer dreimonatigen Gefängnisstrafe verurteilt. Zur Verbüßung seiner Strafe wird er jedoch nicht in eine Strafvollzugsanstalt, sondern zurück in das Untersuchungsgefängnis des MfS gebracht. Auf Zehm wartet ein weiteres Gerichtsverfahren.

6. Juni Die Studentenschaft der Kirchlichen Hochschule in **Wuppertal** protestiert mit einem an Bundeskanzler Konrad Adenauer gerichteten Offenen Brief gegen dessen am 2. Juni in Bamberg gemachte Äußerung, bei der bevorstehenden Bundestagswahl gehe es darum, ob Deutschland christlich bleibe oder kommunistisch werde. In dem von Helmut Kornemann unterzeichneten, fünf Punkte umfassenden Schreiben heißt es: »1. Wir wenden uns gegen die These, daß die Durchsetzung eines bestimmten politischen Programms den Fortbestand des Christentums in Deutschland garantiere. 2. Wir wenden uns gegen die darin beschlossene Behauptung, daß der christliche Glaube zur Übernahme eines bestimmten politischen Programmes verpflichte. 3. Als evangelische Studenten verschiedener politischer Richtungen bitten wir Sie, die Tatsache zu respektieren, daß der Christ die Möglichkeit hat, sich für jede demokratische Partei frei zu entscheiden ... 4. Wir wenden uns gegen den Versuch, in politisch Andersdenkenden, Christen und auch Nichtchristen, grundsätzlich Schrittmacher des Kommunismus zu sehen.«[138] Eine unsachliche Verwendung des Begriffs »christlich« im Wahlkampf, heißt es am Ende, lenke von den eigentlichen sachlichen Differenzen in der politischen Auffassung ab. – Der junge nordrhein-westfälische Politiker Johannes Rau, der vor kurzem zusammen mit der überwiegenden Mehrheit der anderen GVP-Funktionäre zur SPD übergewechselt ist, kommentiert das Schreiben in der »Gesamtdeutschen Rundschau« mit den Worten: »Welche Vernebelung der Meinungen und der Argumente muß in Deutschland herrschen, wenn solche Briefe notwendig sind! Da müssen Studenten dem Bundeskanzler sagen, daß er die christliche Botschaft zutiefst mißverstanden habe!«[139]

9./10.6.: Auf dem Pfingsttreffen der Sudetendeutschen in Stuttgart.

7. Juni Das Landgericht **Lüneburg** verurteilt den ehemaligen KPD-Kreissekretär und früheren Landesinstrukteur der *Nationalen Front* in Niedersachsen, Hans-Heinrich Knappe, wegen Rädelsführerschaft und Geheimbündelei in einer verfassungsfeindlichen Organisation zu einer Gefängnisstrafe von zehn Monaten. Das Gericht sieht es als erwiesen

an, daß die *Nationale Front* eine kommunistische Tarnorganisation ist und der aus Stade an der Unterelbe stammende KPD-Funktionär mit ihr Gedankengut der SED habe verbreiten wollen.

8. Juni Das nordrhein-westfälische Innenministerium in **Düsseldorf** gibt das Verbot der 750 Mitglieder umfassenden *Reichsjugend* bekannt, in der überwiegend ehemalige HJ-Funktionäre aktiv sind. Die neofaschistische Jugendorganisation wird wegen Verfassungswidrigkeit aufgelöst. Aus dem beschlagnahmten Material gehe hervor, heißt es in dem Beschluß, daß die Organisatoren die *Hitler-Jugend* (HJ) wieder hätten aufbauen wollen. Als Abzeichen der *Reichsjugend*, die sich auch als *Nationale Sozialistische Bewegung* bezeichne, diene ein stilisiertes Hakenkreuz im Rhombus. Aus Anweisungen für Mitglieder gehe hervor, daß bei feierlichen Anlässen das Deutschlandlied mit erhobenem Arm gesungen werden solle. – Der 37jährige Photolaborant Alfons Höller, der die *Reichsjugend* gegründet hat und sich gemeinsam mit dem 36jährigen Hans-Jürgen Bräuner als »Reichsjugendführung« bezeichnet, wird am 20. Juni in **Essen** wegen Fortführung einer als verfassungsfeindlich verbotenen Organisation verhaftet. Höller, dem früher Verbindungen zur 1951 vom Bundesverfassungsgericht verbotenen *Sozialistischen Reichspartei* (SRP) nachgesagt wurden und der inzwischen Mitglied der *Deutschen Reichspartei* (DRP) ist, soll versucht haben, unter der Bezeichnung *Deutsche Jugend* eine Ersatzorganisation aufzubauen.

9. Juni Bei der Explosion einer Zeitbombe in einem nur von Franzosen besuchten Spielkasino in der Nähe von **Algier** werden zehn Besucher getötet und über 80 verletzt. Nach der Beisetzung der Opfer des Anschlags kommt es in Algier zu gewalttätigen Ausschreitungen von Franzosen gegen die arabische Bevölkerung. Geschäfte werden angezündet, Autos umgeworfen und Passanten terrorisiert. Nach Angaben der Presse werden dabei zwölf Einheimische getötet und 15 schwer verletzt.

9./10. Juni Über 250.000 Sudetendeutsche kommen an den beiden Pfingstfeiertagen in **Stuttgart** zusammen, um ein »Bekenntnis zum Heimatrecht« abzulegen. An der Schloßruine, vor der die Hauptkundgebung stattfindet, sind großformatige Wappen vieler sudetendeutscher Städte angebracht. Der Präsident der sudetendeutschen Bundesversammlung, Bundesverkehrsminister Hans-Christoph Seebohm (DP/FVP), fordert in seiner Rede, daß das Selbstbestimmungsrecht für alle Volksgruppen in Europa und der Welt gelten müsse. Alle Probleme, die aus der Vertreibung und der Teilung von Land und Volk resultierten, sollten vor die Vereinten Nationen gebracht werden. Seebohm schlägt konkret vor, daß ein Bundestagsausschuß gebildet werde, der zusammen mit dem Bundesministerium für Gesamtdeutsche Fragen die Voraussetzungen für einen Friedensvertrag und die Anerkennung des Selbstbestimmungsrechts ausarbeiten soll. Alle aus dem Sudetenland stammenden Minister, Bundestags- und Landtagsabgeordnete widersprechen der Ansicht, daß die Widervereinigung Deutschlands und der Weltfrieden durch einen Verzicht auf die ehemals deutschen Ostgebiete gefördert würden. Unabhängig von ihrer Parteizugehörigkeit erklären sie, daß die »Oder-Neiße-Linie« niemals als »deutsche Ostgrenze« anerkannt werden dürfe. – Auf der Eröffnungsveranstaltung in der Stuttgarter Liederhalle hatte bereits am Samstag Bundesvertriebenenminister Theodor Oberländer (CDU) das Recht auf Selbstbestimmung der Völker als Unverzichtbarkeit bezeichnet.

10.-16. Juni Der *Weltfriedensrat* beschließt auf einer Tagung in **Colombo**, der Hauptstadt von Ceylon, einen Appell zur sofortigen Einstellung aller Kernwaffenversuche. »Wir fordern«, heißt es darin, »daß die betreffenden Regierungen sich sofort zur Einstellung aller Versuchsexplosionen bereit erklären und die Verhandlungen über ein Abkommen zum Verbot aller Experimente dieser Art beschleunigen.«[140] In einer weiteren Entschließung über Kernwaffenversuche und Abrüstung wird das internationale Wettrüsten kritisiert und die Bezeichnung »taktische Atomwaffen« als Verschleierung der Tat-

sache zurückgewiesen, daß einige dieser Waffen eine Zerstörungskraft entfalten könnten, die der der ersten auf Hiroshima abgeworfenen Atombombe gleichkäme.

10.-16.6.: »Aber der da zuerst...!« Karikatur aus der Tageszeitung »Die Welt«.

12. Juni Mit mehreren Veranstaltungen wird in **Frankfurt** der durch ihr Tagebuch postum berühmt gewordenen Anne Frank gedacht, die vor 28 Jahren in der Stadt am Main geboren worden und als jüdisches Mädchen kurz vor Kriegsende im Konzentrationslager Bergen-Belsen umgekommen ist. Die Gedenkfeiern sind von verschiedenen Jugendorganisationen, Vereinigungen der rassisch und politisch Verfolgten, dem *Verband für Freiheit und Menschenwürde*, der *Europa-Union*, dem Seminar für Politik und der *Gesellschaft für christlich-jüdische Zusammenarbeit* organisiert worden. Nachdem Anne Frank bereits am Vormittag im Stadtparlament und in der Johann Wolfgang Goethe-Universität gedacht worden ist, findet am Abend die Hauptveranstaltung in der völlig überfüllten Paulskirche statt. Ein von der Stadt geladener Ehrengast hat abgesagt: Der in Amsterdam lebende Vater Otto Frank hat sich mit der Bemerkung für die Einladung bedankt, daß ihm die schrecklichen Ereignisse vor zwölf Jahren noch zu nahe seien, um wieder nach Deutschland zu reisen. Oberbürgermeister Werner Bockelmann (SPD) erklärt in seiner Ansprache, daß Anne Frank eine Verpflichtung für Freiheit, Toleranz und die mit Füßen getretene Humanitas sei. Nach Rezitationen von Ida Ehre, Luitgard Im und Ernst Deutsch, der die Ringparabel aus Lessings »Nathan der Weise« vorträgt, hält der Publizist Eugen Kogon, der als KZ-Häftling in Buchenwald war, die Gedenkrede. Er beschreibt, was die Opfer in den deutschen Konzentrationslagern erleiden mußten, und mahnt zur Toleranz in Gesinnung und Politik. Der Wunsch »Laßt mich sein, wie ich bin«, den Anne Frank in ihrem Tagebuch festgehalten hat, müsse eines Tages zu einer europäischen Wirklichkeit werden. Kogon warnt eindringlich vor den Gestrigen, die in

12.6.: Gedenkfeier vor dem Geburtshaus von Anne Frank in Frankfurt.

Deutschland schon wieder ihre Stimme erheben würden und meint: »Es wäre gut, wenn Entscheidungen, die Deutschland betreffen, nicht von uns allein getroffen würden, sondern zusammen mit Italienern, Franzosen und anderen Nationen. Nicht, weil dort bessere Menschen leben, sondern weil diese Nationen bewiesen haben, daß sie mit ihren Unverbesserlichen besser fertig werden als wir.«[141] Unter Leitung von Max Neumann trägt der Chor des Hessischen Rundfunks anschließend im Wechselgesang mit dem Solisten Marcel Papier jüdische Lieder vor. Nach Abschluß der Veranstaltung ziehen die Frankfurter Jugendverbände in einem Fackelzug zum Geburtshaus Anne Franks in der Ganghoferstraße 24. Vor der dichtgedrängten Menge erklärt der Vorsitzende des Frankfurter Jugendrings, Karl Semmelrot, im Schein von Fackeln und Scheinwerfern, daß die Jugend gegen die Trägheit der Herzen kämpfen und einen Rückfall in die Barbarei verhindern werde. Solange noch irgendwo auf der Welt Menschen wegen ihrer religiösen oder politischen Überzeugungen verfolgt würden, ob in Europa, Afrika, Asien oder Amerika, fühlten sie sich dazu durch die Worte Anne Franks aufgerufen. Auf ein Zeichen von Oberbürgermeister Bockelmann wird dann unter den Klängen des Moorsoldatenliedes vor dem angestrahlten Haus eine Gedenktafel enthüllt. Auf ihr ist zu lesen: »In diesem Hause lebte Anne Frank, geb. am 12. 6. 1929 in Frankfurt am Main. Sie starb als Opfer der nationalsozialistischen Verfolgung 1945 im KZ-Lager Bergen-Belsen – Ihr Leben und Sterben – Unsere Verpflichtung. Die Frankfurter Jugend«[142] – Seit 1955 sind von der Taschenbuchausgabe des »Tagebuchs der Anne Frank« 430.000 Exemplare

verkauft worden; nach Angaben des S. Fischer Verlags werden täglich circa 2.000 Exemplare abgesetzt. Der Heidelberger Verleger Lambert Schneider hatte von der gebundenen Erstausgabe, die 1950 in einer Auflage von 5.000 Exemplaren erschienen war, nur 780 Exemplare verkaufen können.

12. Juni In **La Chaux de Fonds** (Kanton Neuchâtel) demonstrieren 6.000 Menschen gegen Nuklearwaffentests. Auf der Schlußkundgebung appellieren mehrere Redner an alle Städte und Ortschaften der Schweiz, Atom- und Wasserstoffbombenversuche konsequent zu verurteilen.

12. Juni In El-Biar, einem Vorort von **Algier**, nehmen französische Fallschirmjäger der 10. Division den Chefredakteur der seit September 1955 verbotenen, einzigen algerischen Zeitung »Alger Républicain«, den seit November 1956 untergetauchten Henri Alleg, fest. Da sich der Journalist standhaft weigert, Informationen über die algerische Befreiungsfront FNL preiszugeben, beginnen die »paras«, wie die Abkürzung für parachutiste (Fallschirmjäger) lautet, schon bald mit ihren berüchtigten Foltermethoden. – Doch Henri Alleg hält den Torturen stand. Es gelingt ihm, eine Haftbeschwerde, die er bereits vergeblich an den Oberstaatsanwalt von Algier gerichtet hat, aus dem Lager **Lodi** zu schmuggeln und nach **Paris** zu schicken. Die darin beschriebenen Folterungen sorgen bald darauf für großes Aufsehen in der französischen Öffentlichkeit. Im Frühjahr 1958 erscheint sein Bericht zu dem Jean-Paul Sartre das Vorwort verfaßt hat, unter dem Titel »La Question«. Durch diese Reportage in eigener Sache wird Alleg öffentlich zum Kronzeugen für die Verbrechen französischer Soldaten in Algerien. Bereits im Herbst desselben Jahres kommt sein Buch unter dem Titel »Die Folter« auch in deutscher Übersetzung heraus. In seinem Nachwort schreibt der Publizist Eugen Kogon, der Autor von »Der SS-Staat«, dem klassischen Werk über die deutschen Konzentrationslager: »Wer da meint, er könne sich von dem Problem fernhalten, der täuscht sich. Die Barbarei, niedrig wie je und jetzt hochrationalisiert, durchzieht unsere gesamte Gesellschaft. Die Europäer der Alten und Neuen Welt haben mit Hilfe ihrer großartigsten Erfindung: des Rechtsstaates der Menschen- und Bürgerrechte, nur eben einen dünnen Streifen menschlicher Sicherheit erreicht. Sie drohen von ihm, in ungelösten Schwierigkeiten der menschlichen Existenz, unter dem Druck falsch verstandener Interessen, immer wieder abzugleiten. Wir haben jene, die das ›Gesetz der Auslese durch Kampf‹ auf das menschliche Dasein übertragen und sich im Ergebnis noch heroisch vorkommen, überall mitten unter uns, die Sozialdarwinisten. War der

Terror, der aus solcher Anschauung folgt, gestern hier, so ist er heute dort und kehrt morgen von woanders hierher zurück. Schweigen zur Untat, weil sie entfernt geschieht, ist schon Verrat.«[143]

Es war 16 Uhr, als der Fallschirmjäger-Oberleutnant Charbonnier, begleitet von einem seiner Leute und einem Gendarm, bei Audin ankam, um mich zu verhaften. Am Tage vor diesem Mittwoch, dem 12. Juni, war mein Freund Maurice Audin, Assistent der philosophischen Fakultät in Algier, in seiner Wohnung verhaftet worden, und die Polizei hatte dort einen Beamten zurückgelassen. Er war es, der mir die Tür öffnete; so ging ich in die Falle. Ich versuchte zu fliehen, jedoch ohne Erfolg, denn der Polizist mit dem Revolver in der Faust holte mich im ersten Stock wieder ein und brachte mich in die Wohnung zurück. Er war sehr nervös, und während er mich aus den Augenwinkeln überwachte, telefonierte er mit der Zentralstelle der Fallschirmjäger, um unverzüglich Verstärkung anzufordern.

In dem Augenblick, als der Oberleutnant ins Zimmer trat, wußte ich, was mir bevorstand. Sein kleines, gut rasiertes Gesicht unter dem riesigen *Beret*, der Baskenmütze, war dreieckig und spitz wie das eines Wüstenfuchses und lächelte mit verkniffenen Lippen. »Ausgezeichneter Fang!« sagte er und betonte die Silben. »Das ist Henri Alleg, der ehemalige Herausgeber des *Alger Républicain*.« Und dann plötzlich, an mich gerichtet: »Wer beherbergt Sie?«

»Das sage ich Ihnen nicht!«

Er schüttelte den Kopf, lächelte und sagte dann sehr selbstsicher:

»Wir unterziehen Sie nachher einem kleinen Verhör, das Ihnen reichen wird. Sie werden antworten, das verspreche ich Ihnen. Legt ihm die Handschellen an!«

Festgehalten von dem *para*, stieg ich die drei Stockwerke bis zur Straße hinunter. Das Auto des Oberleutnants, ein Aronde, stand vor der anderen Straßenseite bereit. Man ließ mich auf dem Rücksitz Platz nehmen. Der *para* saß neben mir. Der Lauf seiner Maschinenpistole stieß mir in die Rippen. »Es ist eine schöne Ladung für Sie drin, falls Sie den Dummen spielen wollen.«

13. Juni Das Bezirksgericht **Halle** verurteilt den aus Hannover stammenden Angestellten Hans-Christoph Weidlich, der sich zu einem Besuch in der DDR aufhält, wegen »Boykotthetze« zu einer Zuchthausstrafe von fünf Jahren und drei Monaten. – Wie der Allgemeine Deutsche Nachrichtendienst (ADN) meldet, soll Weidlich als Sohn eines ehemaligen Gutsbesitzers in der DDR Propaganda für die »Reprivatisierung von Volkseigentum« betrieben und dabei versucht haben, Anhänger für eine Aufhebung der Bodenreform und der Landenteignung zu gewinnen. – Der Betriebsrat der Firma Hanomag in **Hannover**, wo Weidlich als kaufmännischer Angestellter beschäftigt ist, erhebt sofort nach Bekanntwerden des Gerichtsverfahrens Protest gegen die Verurteilung des Kollegen.

13. Juni Die beiden schwarzen Bürgerrechtler Martin Luther King und Ralph Abernathy führen in **Washington** mit US-Vizepräsident Richard M. Nixon ein zweieinhalbstündiges Gespräch über die angespannte Situation in den Südstaaten und Möglichkeiten zur Durchsetzung des Wahlrechts von Schwarzen. King und Abernathy erklären, daß die schwarze Bevölkerung nicht weniger entschlossen sei, ihre Rechte durchzusetzen, als die weißen Segre-

gationisten mit ihren gewaltsamen Versuchen, dies zu verhindern. Beide fordern, daß Präsident Eisenhower in der Öffentlichkeit entschiedener für die Gleichberechtigung auftreten müsse.

14.-17. Juni Als die Betriebsleitung der Kalkhoff-Werke in **Cloppenburg** die Anerkennung des Rahmentarifvertrages der Metallindustrie in Nordwest-Niedersachsen ablehnt, legen die Beschäftigten ihre Arbeit nieder und treten in einen Streik. Sie erklären, daß sie keine Abstriche von den Bestimmungen des Tarifvertrages akzeptieren würden. Die Metallarbeiter setzen ihren Ausstand auch dann fort, als die Betriebsleitung mit einer Aussperrung droht. – Nach einer von der IG Metall am 17. Juni einberufenen Streikversammlung beschließen die Arbeiter, zwar an ihrer Forderung festzuhalten, jedoch als Zeichen des guten Willens die Arbeit wieder aufzunehmen. Am selben Tag scheitern jedoch Verhandlungen zwischen Vertretern des Arbeitgeberverbandes Oldenburg, der Betriebsleitung der Kalkhoff-Werke und der IG Metall. Da die Gewerkschaftsvertreter nicht bereit sind, die Forderungen der Firmenvertreter zu akzeptieren, wird erneut mit Aussperrung gedroht. Daraufhin ruft die IG Metall eine Belegschaftsversammlung ein und unterrichtet die Arbeiter von der Konfrontation. Als die Aussperrungsdrohung bekannt wird, beschließen die Metallarbeiter die sofortige Wiederaufnahme des Streiks.

15. Juni In **Urach** demonstrieren 8.000 Gewerkschaftler dagegen, daß in der am Rande der Schwäbischen Alb gelegenen baden-württembergischen Kleinstadt der für den 22./23. Juni angekündigte zweite Bundesparteitag der von dem Nationalrevolutionär Otto Strasser angeführten *Deutsch-Sozialen Union* (DSU) stattfinden kann. Der DGB-Landesbezirk Baden-Württemberg hat seine Mitglieder mit Sonderzügen und Omnibussen nach Urach gebracht. Über der auf einem Lastkraftwagen vor der Stadthalle aufgebauten Rednertribüne ist ein großes rotes Transparent aufgespannt, auf dem in weißen Lettern zu lesen ist: »Wehret den Anfängen!« Ein erster Redner des DGB erklärt auf der Kundgebung, daß die Demokratie kein Tummelplatz für Leute sein dürfe, die ganz offensichtlich nichts aus der Vergangenheit gelernt hätten. In der »Strasser-Partei« herrsche derselbe Ungeist, der nach 1933 Hunderttausende in Gefängnisse, Zuchthäuser und Konzentrationslager geführt und das größte Unheil über das deutsche Volk gebracht habe. »Schon einmal«, warnt er, »wurde eine politische Gruppe in der Weimarer Zeit nicht ernst genommen. Dafür mußten wir dann alle bezahlen. Darum heißt es jetzt: ›Wehret den Anfängen! Schluß mit den Neo-Nazis!‹«[144] Der DGB-Landesbezirksvorsitzende Wilhelm Kleinknecht

12.6.: Henri Alleg schildert seine Verhaftung.

12.6.: Titelbild der im Jahr darauf erschienenen deutschen Übersetzung.

15.6.: Tausende von Gewerkschaftsmitgliedern demonstrieren in Urach gegen die Durchführung des DSU-Parteitages.

nicht überschritten werden darf. Wenn der Staat nicht die notwendigen Barrieren aufbaut, müssen wir sie errichten. Im Namen aller Demokraten rufen wir aus: ›Schützt unsere Demokratie, wehret den Anfängen!‹«[145] Nach der Kundgebung formieren sich die Teilnehmer zu einem Demonstrationszug. Begleitet von mehreren Musikgruppen ziehen sie mit Fahnen und Transparenten eine Dreiviertelstunde lang durch die engen Straßen der schwäbischen Kleinstadt. In Sprechchören skandieren sie immer wieder: »Für die braune Nazibande ist kein Platz in unserem Lande!« Eine Gruppe von Wehrdienstverweigerern führt ein Plakat mit sich, auf dem unter Hinweis auf das Unglück der Bundeswehrsoldaten an der Iller die Frage gestellt wird: »Heute 15 – morgen Millionen?«

15./16. Juni Bei Kämpfen zwischen Angehörigen der algerischen Befreiungsfront FLN und der französischen Armee werden in dem in der Nähe der tunesischen Grenze gelegenen Ort **Cheria** bei mit Bajonetten ausgetragenen Nahkämpfen über 350 Aufständische und 24 Soldaten getötet.

16.6.: Wahlkampfkundgebung der SPD in Dortmund.

16.6.: Bundestagsvizepräsident Carlo Schmid und andere Spitzenpolitiker der SPD verfolgen die Redebeiträge in der Dortmunder Westfalenhalle.

erklärt, daß sich ein »1933« nicht wiederholen dürfe. Dafür zu sorgen, sei insbesondere die Aufgabe der Gewerkschaftler. Der DGB habe an der Errichtung der Demokratie mitgewirkt, und er werde sie, obwohl er mit vielem, was im Namen dieser Demokratie geschehe, nicht einverstanden sei, »mit Klauen und Zähnen« verteidigen. Es gehe nicht allein um die »Strasser-Partei«, sondern um gefährliche Tendenzen, die sich im Hintergrund abzeichneten und von denen die Öffentlichkeit kaum etwas wisse. Es werde zwar viel von der »Gefahr im Osten« geredet, dabei jedoch ganz vergessen, daß im Innern eine Gefahr für Demokratie und Freiheit bestehe. Überall würden die Ewiggestrigen aus ihren Mauselöchern kriechen und eine Unzahl von Parteien und Grüppchen bilden. Sie verfolgten das Ziel, die Rechte der Arbeiter zu beseitigen und den Staatsbürger wieder zum Untertan zu machen. Man werde es nicht mehr zulassen, daß die Vergangenheit heraufbeschworen werde, damit eines Tages »politische Hasardeure« erneut die Demokratie zerstörten. Wenn die Landesregierung versage und es zulasse, daß die DSU hier ihren Parteitag abhalten könne, dann werde man mit 20.000 Leuten wiederkommen. »Wir sind bereit«, erklärt er am Ende unter stürmischem Beifall, »die Verteidigung der Demokratie in die eigene Hand zu nehmen ... Mit dem Auftreten Strassers ist eine Grenze überschritten worden, die

16. Juni Die SPD eröffnet ihren Bundestagswahlkampf mit einer Großkundgebung in der **Dortmunder** Westfalenhalle. Vor 25.000 Zuhörern stellt ihr Parteivorsitzender Erich Ollenhauer das am Vortag verabschiedete Wahlprogramm vor. Es steht unter dem Motto »Sicherheit für alle durch Wiedervereinigung Deutschlands in Frieden und Freiheit, durch soziale Gerechtigkeit, durch geistige Freiheit, durch Festigung der Demokratie nach innen und außen« und soll im Falle eines Wahlsieges als Kern eines künftigen Regierungsprogramms dienen.

16./17. Juni Nach dem Sturz des provisorischen Staatspräsidenten von Haiti, Daniel Fignole, kommt es in der Hauptstadt **Port-au-Prince** zu blutigen Unruhen. Als Tausende gegen die Militärjunta unter Brigadegeneral Antonio Krebeau demonstrieren, geht das Militär mit Waffengewalt gegen sie vor. Dabei kommen mindestens 50 Menschen ums Leben, über 200 werden verletzt. Während Daniel Fignole die Flucht in die Vereinigten Staaten gelingt, läßt die Junta mehr als 1.000 Demonstranten einsperren.

17. Juni Auf dem Friedhof in der Seestraße in **West-Berlin** legen am »Tag der deutschen Einheit« der Regierende Bürgermeister Otto Suhr (SPD) und Bundestagsvizepräsident Carlo Schmid (SPD) Kränze nieder, um der Opfer des Volksaufstands in der DDR vor vier Jahren zu gedenken. – Auf einer Kundgebung vor dem Schöneberger Rathaus fordert am Abend ein Sprecher die Freilassung aller politischen Häftlinge aus den Gefängnissen und Zuchthäusern der DDR. Vor mehreren zehntausend Zuhörern würdigt Schmid als Hauptredner den Mut der Aufständischen des 17. Juni. Durch sie habe Deutschland mehr Achtung, moralische Macht und politische Geltung gewonnen als durch alles, was mit Regierungsmaßnahmen im Laufe der Jahre hätte erreicht werden können. Der 17. Juni werde nicht wie ein Sedantag gefeiert, sondern wie der Tag des Sturms auf die Bastille. Er sei eine Mahnung an alle in Freiheit lebenden Deutschen, jene nicht zu vergessen, die »brüderlicher« gehandelt hätten.

17. Juni Der Westberliner Rechtsanwalt Maximilian Merten wird in **Athen** unter der Beschuldigung verhaftet, er sei als ehemaliger Chef der deutschen Militärverwaltung Saloniki/Ägäis für die Hinrichtung von über 600 Griechen, für Plünderungen und die Enteignung griechischer Juden verantwortlich.

17. Juni Der 41jährige Krebsforscher William K. Sherwood begeht in **Monterey** (US-Bundesstaat Kalifornien) zwei Tage vor seiner Vernehmung durch das House Un-American Activities Committee (HUAC) in Washington Selbstmord. Der Mediziner war von dem Kongreßausschuß vorgeladen worden, um zum Vorwurf kommunistischer Infiltration auszusagen.

18. Juni Das *Komitee der antifaschistischen Widerstandskämpfer* in der DDR protestiert auf einer internationalen Pressekonferenz in **Ost-Berlin** gegen ein in der Bundesrepublik bevorstehendes Treffen ehemaliger Angehöriger der Waffen-SS. Der Staatssekretär im Justizministerium der DDR, Heinrich Toeplitz, erklärt, daß das unter dem Motto »Wir rufen Europa« geplante Treffen eine Provokation aller Widerstandskämpfer und Opfer des Faschismus in Europa sei. Die Bundesregierung verletze das Völkerrecht, indem sie die Durchführung solcher Veranstaltungen auf deutschem Boden zulasse.

19.-29. Juni Auf einer Konferenz der NATO über Fragen des westlichen Militärbündnisses an der Universität von **Princeton** (US-Bundesstaat New Jersey) äußert eine große Zahl der 60 Teilnehmer aus 15 Staaten massive Bedenken gegen eine Wiedervereinigung Deutschlands. – Nachdem durch Presseberichte immer mehr Details von den nichtöffentlichen Sitzungen bekannt geworden sind, entschließt sich die NATO einen zusammenfassenden Bericht über den Verlauf der Konferenz herauszubringen. In dem von den beiden Vorsitzenden, den Professoren Gardner Patterson und Edgar S. Furniss, verfaßten Text heißt es: »Obwohl es nicht ausdrücklich gesagt wurde, war doch bei vielen Sprechern eine tiefsitzende Furcht zu spüren, daß ein wiedervereinigtes Deutschland als Führungsmacht eines mitteleuropäischen Sicherheitssystems bald zu einem sich wiederbelebenden und nationalistisch aggressiven Deutschland werden würde.«[146] Einer der Redner, deren Namen anonym bleiben, soll erklärt haben: »Seit Jahren sagen wir nun schon, daß Deutschland in nächster Zukunft wiedervereinigt werden müsse. Aber Tatsache ist – und ich sage dies schweren Herzens -, daß es vielleicht besser für uns ist, wenn dies nicht geschieht.«[147]

20. Juni An der Technischen Hochschule in **Dresden** kommt es zu offenen Protesten gegen das von der Regierung der DDR verhängte Verbot von Westreisen. Nachdem Hunderte von handgeschriebenen Zetteln mit der Aufschrift »Protest« verteilt worden sind, versammeln sich zahlreiche Studenten und fordern die Rücknahme der Entscheidung. – Auch in **Ost-Berlin** und in **Leipzig** treten Studenten gegen das Verbot auf.

20. Juni Im »Intimen Theater« in der Liliengasse 3 in **Wien** gründet sich in einer mehrere Stunden dauernden Lesung die *Wiener Gruppe*, ein Zusammenschluß avantgardistischer Schriftsteller und Künstler. Unter einem Transparent mit ihren Namen und der

18.6.: Vom Komitee der Antifaschistischen Widerstandskämpfer in der DDR herausgegebene Dokumentation über SS-Verbrechen.

schlichten Aufschrift »Dichtung« präsentieren Friedrich Achleitner, Hans Carl Artmann, Konrad Bayer, Gerhard Rühm und Oswald Wiener mit Einzel- und Simultanlesungen, Tonbandaufnahmen und Bildprojektionen einen Querschnitt ihres Schaffens. Ihre Vorstellung wird von den Besuchern als so provokativ empfunden, daß der Unmut einiger von ihnen fast zu einer Schlägerei mit Befürwortern der experimentellen Dichtung führt. – Einzelne Mitglieder der aus dem *Art-Club* hervorgegangenen Gruppe experimentieren bereits seit einigen Jahren mit Laut- und Dialektdichtungen, Seh- und Hörtexten sowie bizarren Bild- und Textmontagen.

21.6.: »Wir rufen Europa!« Karikatur zu der von der HIAG in Franken geplanten Großveranstaltung.

21.6.: »Wir rufen Europa!« Protestaufruf aus der antifaschistischen Wochenzeitung »Die Tat«.

21. Juni Auf Einladung der *Vereinigung der Verfolgten des Naziregimes* (VVN) treffen in **Bonn** Vertreter von Widerstandsorganisationen aus mehreren europäischen Ländern zusammen, um gegen das im unterfränkischen Ort Karlburg geplante Treffen der *Hilfsgemeinschaft auf Gegenseitigkeit der Soldaten der ehemaligen Waffen-SS* (HIAG) zu protestieren. Alle Teilnehmer sind sich darin einig, daß ein Zustandekommen dieser als »Suchdiensttreffen« bezeichneten Veranstaltung »eine infame Beleidigung« der von den Nazis Ermordeten bedeuten würde. Sie fordern deshalb die Bundesregierung und die Regierungen der Bundesländer auf, dieses und alle anderen Treffen von Angehörigen der ehemaligen Waffen-SS zu verbieten.

21. Juni Im Anschluß an einen Vortrag von Michael Rost über die Gefahren eines Atomkrieges konstituiert sich in **Frankfurt** ein Friedenskomitee, das zusammen mit anderen Organisationen gegen die Nuklearbewaffnung aktiv werden will.

22. Juni Auf einer Protestkundgebung der *Vereinigung der Verfolgten des Naziregimes* (VVN) in **Essen** protestieren 1.500 Teilnehmer gegen ein geplantes Treffen ehemaliger Angehöriger der SS am 28. Juli in Karlburg in Unterfranken. Als Hauptredner stellt der VVN-Funktionär Otto Müller aus München die an die Bundesregierung gerichtete Frage, ob es mit

den Grundsätzen von Demokratie und Freiheit vereinbar sei, daß eine solch »verbrecherische Organisation« auftreten dürfe. »Ich rufe alle demokratisch, freiheitlich Gesinnten auf«, ruft Müller am Ende, mehrmals von Beifall unterbrochen, in den Saal, »sich gegen die durch die SS und Militaristen drohenden Gefahren zusammenzuschließen. Ich wende mich insbesondere an alle Verfolgten-Organisationen und -Gruppen, an alle Opfer des Nationalsozialismus. Stellen wir doch alles Trennende beiseite! Erinnern wir uns an das Gemeinsame, das uns in den Konzentrationslagern, in den Zuchthäusern, in der Emigration und bei den sogenannten Bewährungsbataillonen verband. Erinnern wir uns an die Millionen, die in den Massengräbern ruhen, deren Tod uns das Vermächtnis übergeben hat, nicht mehr zuzulassen, was war!«[148] Mehrere Redner vertreten die Überzeugung, daß es sich bei der von der *Hilfsgemeinschaft auf Gegenseitigkeit der Soldaten der ehemaligen Waffen-SS* (HIAG) als »Suchdiensttreffen« angekündigten Veranstaltung in Karlburg um eine Tarnung für eine Manifestation 44 ehemaliger SS-Verbände handle.

Sie dürfen nicht wieder marschieren
Aufruf zur Verhinderung des SS-Aufmarsches

„Achtung SS!" — Diese Warnung wurde mit Schrecken und Haß in den Lagern geflüstert, wenn die schwarzen Peiniger in Baracken und Unterkünfte der Häftlinge drangen, um ihre Opfer auszuwählen. „Achtung SS" — das pflanzte sich fort von Stadt zu Stadt, von Dorf zu Dorf, wenn die Lastwagenkolonnen der Himmelersöldner mit dem Vogel auf dem Arm in Frankreich, in der Ukraine, in Italien und Rumänien, in Luxemburg, Polen, Dänemark und in der Tschechoslowakei auf „Strafexpedition" unterwegs waren, den deutschen Namen in den Dreck zerrten und Haß gegen unsere Nation säten.

„Achtung SS" — so lief es im Frühjahr 1945 durch die Haufen abgerissener Landser, die die Sinnlosigkeit der Weiterführung des Krieges erkannt hatten und zur Heimat strebten.

SS, das bedeutet Mord und Vernichtung von Millionen,
SS, das bedeutet Auschwitz und Maidanek, Dachau und Buchenwald, Lidice und Oradour.

SS, das bedeutet Deutschlands größte Schande und tiefste Erniedrigung —.
Und heute wollen sie wieder marschieren!

Sie „rufen Europa", diejenigen, die Europa in tiefste Finsternis und Barbarei stürzten!
Sie rufen zu einem Treffen der SS im Sommer dieses Jahres auf, wo sie ihre „Blutsgemeinschaft" mit ihren Spießgesellen des Auslandes, den Landesverrätern in Holland, Frankreich, Ungarn, Dänemark bekräftigen wollen.

Wir, die Widerstandskämpfer und Opfer des Hitlerregimes, die wir in den dunklen Tagen der Vergangenheit gemeinsam mit den Völkern der Welt die Kultur und Zivilisation Europas gegen die schwarze Pest verteidigt haben, wenden uns an das deutsche Volk und seine Jugend, an die Witwen und Hinterbliebenen der Gemordeten und Gefallenen mit dem Ruf:

Das Treffen der SS darf nicht stattfinden!

Die Ehre unseres deutschen Vaterlandes darf nicht erneut geschändet werden!
Wir rufen die Bundesregierung, die Regierungen der Länder, die Landräte und Bürgermeister auf, in keiner deutschen Stadt einen solchen Aufmarsch zuzulassen!
Wir rufen die Regierungen der europäischen Länder, im Namen ihrer Unabhängigkeit und nationalen Ehre das Zusammentreffen ihrer Landesverräter mit der schwarzen Garde Hitlers zu verhindern.
Wir rufen alle, die guten Willens sind, vor allem die ehemaligen Widerstandskämpfer, die Organisationen der Opfer und Hinterbliebenen in Deutschland und Europa auf, die humanistische und freiheitliche Tradition gegen ihre Totengräber, die SS, zu verteidigen.
Entsendet eure Vertreter zu einem Treffen der Europäischen Widerstandskämpfer und Opfer der SS am Freitag, dem 21. Juni 1957, um Anklage zu erheben.

22./23. Juni Trotz massiver Proteste von Gewerkschaftlern findet in der schwäbischen Kleinstadt **Urach** der 2. Bundesparteitag der *Deutsch-Sozialen Union* (DSU) statt. Nachdem Gewerkschaftssprecher eine Woche zuvor auf einer Protestkundgebung vor 8.000 Demonstranten angekündigt hatten, man werde noch einmal und dann in doppelter Stärke auftreten, um das Treffen zu verhindern, haben sich die Organisatoren der DSU entschlossen, die Veranstaltung nun hinter verschlossenen Türen durchzuführen. Zur Eröffnung spricht der Privatsekretär des Parteivorsitzenden Otto Strasser, der 38jährige

Friedrich Jarschel. In seiner ressentimentgeladenen Ansprache diffamiert er die demonstrierenden Gewerkschafter als »rote Elemente«, »halbstarke Schlägertypen« und »Linksterroristen«. Der DSU-Parteitag stünde deshalb ganz im »Zeichen des roten Terrors«. Die rund 90 Delegierten revidieren ihren ursprünglich gefaßten Beschluß, an den im September bevorstehenden Bundestagswahlen teilzunehmen, und rufen die Mitglieder der DSU auf, sich ihrer Stimme zu enthalten. Die Wahlen zur Parteileitung machen deutlich, daß es außer der unangefochtenen Gallionsfigur Otto Strasser keine Stabilität in der Parteiführung gibt. Der Geschäftsführer

der DSU, Wilhelm Meyer, verliert seinen Posten ebenso wie der für Versammlungstechnik und Rednerausbildung zuständige Waldemar Wadsack. In die Führungsriege steigen Karl Böhm (Sekretariat), Johann Löw als Schatzmeister und Friedrich Jarschel auf. – Der von vielen als »undurchsichtig« beschriebene Privatsekretär Strassers ist erst am 5. September 1956 der DSU beigetreten. Er gehörte Mitte der dreißiger Jahre zur *Sudetendeutschen Partei* Konrad Henleins, war danach Mitglied der NSDAP, der SA sowie des *NS-Studentenbundes* und betätigte sich nach 1945 in kommunistischen Friedensgruppierungen. Später arbeitete er als Journalist bei der »Deutschen Volkszeitung« und traf bei Besuchen in der DDR mit hochrangigen Funktionären der SED zusammen. 1955 vollzog er eine zweite, nicht weniger überraschende Wendung und formulierte eine »Kampfansage an die kommunistischen Tarnverbände«. – Die ursprünglich geplante zweite Protestkundgebung von Gewerkschaftsmitgliedern war am Nachmittag des 21. Juni vom Landesbezirksvorstand des DGB in **Stuttgart** abgesagt worden, nachdem Otto Strasser persönlich angekündigt hatte, daß die DSU ihrerseits auf alle öffentlichen Kundgebungen verzichten würde. In einer Pressemitteilung des DGB wird außerdem aus einem Brief des baden-württembergischen Innenministers an den DGB-Landesbezirksvorsitzenden Wilhelm Kleinknecht

zitiert, in dem dieser mitgeteilt hat, daß sich ein Verbot öffentlicher Auftritte der DSU erübrige, weil ihr Parteivorsitzender zugesagt habe, daß nur eine geschlossene Veranstaltung durchgeführt werde.

23. Juni In einem Pionierlehrbataillon der Bundeswehr in **München** ist es, einer Mitteilung des Bundesverteidigungsministeriums in **Bonn** zufolge, zu einem durch eine antisemitische Diffamierung ausgelösten Zwischenfall gekommen. Der 36jährige Hauptmann Heinrich Niemann soll einen Freiwilligen jüdischer Herkunft im Beisein anderer Soldaten »in außerordentlich grober Form« beleidigt haben, wobei er auf dessen »Abstammung« abzielte, wie es in dem Bericht heißt. Auf Anordnung des Bundesverteidigungsministeriums sei Niemann, der bei dem Vorfall angetrunken gewesen sein soll, sofort seines Dienstes enthoben worden. Das Ministerium habe nach § 31 des Wehrstrafgesetzes Strafanzeige wegen »entwürdigender Behandlung eines Untergebenen« erstattet und ein Gerichts- sowie ein Disziplinarverfahren gegen den Bundeswehr-Offizier angestrengt. – Die »Frankfurter Rundschau« schreibt über die Reaktionen in Bonn einen Tag später: »Unterrichtete parlamentarische Stellen geben für die Beurteilung des Vorfalls zu bedenken, daß hier zwar ein Einzelfall vorzuliegen scheine, der Disziplinarantrag des Ministeriums aber schon deshalb gerechtfertigt sei, weil Niemann, wenn sich die Nachrichten bewahrheiten, mit seiner krassen antisemitischen Äußerung dem Ansehen der Bundeswehr schweren Schaden zugefügt habe. Die Söhne der wenigen, vor der Vernichtung bewahrten jüdischen Familien hätten Anspruch darauf, gerade von den Offizieren und Unteroffizieren gegen neue Verunglimpfungen geschützt zu werden.«[149] Niemann sei erst kürzlich über das wahre Ausmaß der Judenvernichtung unterrichtet worden.

23. Juni Die in der *Nationalen Front* zusammengeschlossenen Parteien erzielen bei den Kommunalwahlen in der **DDR** ein Ergebnis von 99,52% der Stimmen. Erstmals werden bei der amtlichen Bekanntgabe des Wahlergebnisses auch »Gegenstimmen« aufgeführt. Danach sollen sich 0,48% der Wähler gegen die von der SED angeführte Einheitsliste ausgesprochen haben. – Am Wahltag werden in **Weimar** mehrere Studenten von der Volkspolizei verhaftet. Die Mitglieder der *Evangelischen Studentengemeinde* sollen Wahlplakate abgerissen haben.

25. Juni An der Humboldt-Universität in **Ost-Berlin** werden 25 Studenten der Veterinär-Medizinischen Fakultät aus der FDJ ausgeschlossen, weil sie sich in Gesprächen für ihren in den Westen geflohenen Professor Günther Schützler ausgesprochen haben.

22./23.6.: DSU-Parteigründer Otto Strasser (rechts) im Gespräch mit dem italienischen Neofaschisten Baron de la Siepe.

23.6.: Auf einem vom Leipziger Kommissions- und Großbuchhandel verbreiteten Lesezeichen wird zur Wahl der Nationalen Front aufgerufen.

25. Juni Der Präsident des *Weltfrontkämpferbundes*, Albert Morel, appelliert in **Paris** an die Regierungen der Welt, auf den Rüstungswettlauf zu verzichten und die Atomenergie nur zum Wohle des menschlichen Fortschritts einzusetzen.

25. Juni In **Budapest** wird bekanntgegeben, daß die Todesurteile gegen die beiden am Volksaufstand beteiligten Schriftsteller Gyula Obersovsky und Jószef Gali nicht vollstreckt werden. Die Hinrichtung ist ausgesetzt worden, nachdem der ungarische Generalstaatsanwalt gegen die Urteile Einspruch erhoben hat. – Die beiden Todesurteile gegen Obersovsky und Gali, die beschuldigt worden waren, eine illegale Zeitung herausgegeben zu haben, hatten weltweit einen Sturm der Empörung ausgelöst. Zu den Prominenten, die sich gegen eine Vollstreckung gewandt haben, gehört auch der mit dem Kommunismus sympathisierende Maler Pablo Picasso.

26.6.: Alfred Döblin (links) zusammen mit seinem Schriftstellerkollegen Hans Henny Jahnn.

26. Juni Im Alter von 78 Jahren stirbt im Landeskrankenhaus **Emmendingen** bei Freiburg der Schriftsteller Alfred Döblin. Der 1878 in Stettin geborene Sohn eines jüdischen Kaufmanns studiert in Berlin und Freiburg Medizin und eröffnet 1911 in Berlin eine Praxis als Neurologe und Psychiater. Nach ersten Publikationen in der von Herwarth Walden herausgegebenen Zeitschrift »Der Sturm« gelingt ihm 1915 ein erster literarischer Achtungserfolg mit dem Roman »Die drei Sprünge des Wang-lun«, der Geschichte eines chinesischen Rebellen. Er wird dafür mit dem Theodor-Fontane-Preis ausgezeichnet. Nach erschütternden Erfahrungen, die er als Militärarzt im Ersten Weltkrieg macht, tritt er 1918 für die Ziele der Novemberrevolution ein, wird Mitglied der USPD und wechselt 1921 zur SPD. Unter dem Pseudonym »Linke Poot« veröffentlicht er zwischen 1919 und 1922 scharfe Kritiken an den Machtverhältnissen der Weimarer Republik, die er als eine bloß dürftig maskierte Fortsetzung des Kaiserreiches ansieht. Mit seinen beiden Romanen »Wallenstein« und »Berge, Meere und Giganten« kann er seine Stellung als Schriftsteller weiter festigen. 1924 wird er Erster Vorsitzender im *Schutzverband deutscher Schriftsteller* (SdS) und 1928 Mitglied der angesehenen Preußischen Akademie der Künste. Sein größter, auch international beachteter Erfolg gelingt ihm 1929 mit dem stilistisch und methodisch bahnbrechenden Roman »Berlin Alexanderplatz«, der Entwicklungsgeschichte des Transportarbeiters und Portiers Franz Biberkopf. Als die Nazis nach ihrer Machtergreifung auch Döblins Werke durch die Bücherverbrennung am 10. Mai 1933 ächten, befindet sich der Schriftsteller schon im Exil. Bereits am 28. Februar, nur einen Tag nach dem Reichstagsbrand, hat Döblin Deutschland verlassen. Über

Zürich gelangt er nach Paris, wo er eine Zeitlang in einer von Jean Giraudoux geleiteten Abteilung des französischen Informationsministeriums für antifaschistische Propagandaarbeit zuständig ist. Kurz vor dem Einmarsch der deutschen Truppen gelingt ihm dann 1940, wie er in seinem Band »Schicksalsreise« beschreibt, nach einer abenteuerlichen Flucht quer durch Frankreich, bei der er nur mit Mühe seine Frau und seinen jüngsten Sohn wiederfindet, die Flucht nach Portugal und von dort in die Vereinigten Staaten. Nach Aufenthalten in New York, Los Angeles und Hollywood, wo er erfolglos als Filmtexter arbeitet, kehrt er bereits Ende 1945 nach Deutschland zurück. Als Abteilungsleiter der Kulturbehörde bei der französischen Militärverwaltung in Baden-Baden versucht er mit allen ihm zur Verfügung stehenden Mitteln zu einer demokratischen Erneuerung beizutragen. Unter dem Pseudonym Hans Fiedeler verfaßt er 1946 eine Broschüre, mit der er unter dem

Titel »Der Nürnberger Lehrprozeß« zur Akzeptanz des Internationalen Militärgerichtshofes, der über die nationalsozialistischen Hauptkriegsverbrecher zu Gericht sitzt, in der deutschen Bevölkerung beitragen will. Der Text erscheint zwar in einer Massenauflage von mehr als 200.000 Exemplaren, erweist sich jedoch trotzdem schon bald als Fehlschlag. Die Nachkriegsdeutschen kaufen die Broschüre vor allem wegen der darin abgebildeten ehemaligen Nazi-Größen, nicht aber um sich mit den Verbrechen des Nationalsozialismus konfrontieren zu lassen. Obwohl Döblin die Mainzer Akademie für Wissenschaft und Literatur mitbegründet und einige seiner Werke neu aufgelegt werden, bleibt sein Schaffen ohne Resonanz. Für seinen letzten Roman »Hamlet oder Die lange Nacht nimmt ein Ende« findet er in der Bundesrepublik nicht einmal einen Verleger. Das Buch, in dem die psychotherapeutische Behandlung eines umnachteten Kriegsheimkehrers, der sich am Ende in ein Kloster zurückzieht, erzählt wird, erscheint 1956 in der DDR. Von der politischen Entwicklung in der neugegründeten Bundesrepublik tief enttäuscht, verbringt der gelähmte und beinahe blinde Schriftsteller, der sich von 1953 an noch einmal für drei Jahre in der französischen Hauptstadt aufgehalten hat, die letzten anderthalb Jahre zumeist in Sanatorien und Krankenhäusern. Begraben wird Alfred Döblin, wie er es sich gewünscht hat, auf dem Friedhof von **Housseras**, einem kleinen Ort in den Vogesen. Dort hat sein Sohn Wolfgang, der 1940 als französischer Freiwilliger im Kampf gegen die deutsche Wehrmacht gefallen ist, seine letzte Ruhestätte gefunden. – Über seine bitteren Erfahrungen in der Nachkriegszeit hat Döblin unter der Überschrift

> Alfred Döblin
> an Theodor Heuss
>
> *Mainz, 28. April 1953*
>
> Ich kann nach den sieben Jahren, jetzt, wo ich mein Domizil in Deutschland wieder aufgebe, mir resumieren: es war ein lehrreicher Besuch, aber ich bin in diesem Lande, in dem ich und meine Eltern geboren sind, überflüssig, und stelle fest, mit jeder erdenklichen Sicherheit: »Der Geist, der mir im Busen wohnt, er kann nach außen nichts bewegen.« Stellen Sie sich vor, lieber Herr Heuss, daß schon vor dreiundeinhalb Jahren mein Verleger Keppler in Baden-Baden mir meine Werke quasi zurückgab und daß jetzt bei der Jahreswende der Herder-Verlag mir mitteilt: »Ihre Sachen bleiben bei uns liegen, wir können Ihrem Werk keine Heimat bieten.« Ich habe es schon lange gemerkt. Ich kenne den politischen Wind, der da weht. Aber keine Polemik, ich habe meinen Entschluß gefaßt, und meine Frau ist glücklich darüber, daß ich mich nach langem Widerstreben doch dazu durchgerungen habe. Ich hatte die französische Nationalität, wie Sie wissen, die Deutschen sprachen sie mir 1933 ab, 1936 sprang Frankreich ein, ich habe viel François-Poncet zu danken […]
>
> Die letzten Werke konnten in Deutschland überhaupt nicht erscheinen, sie können in Paris in meiner Wohnung im Schreibtisch würdiger ruhen als in Mainz.
>
> Haben Sie Dank, lieber Herr Heuss für alle Liebenswürdigkeit und Güte und auch direkte Hilfe, die Sie mir zuteil werden ließen. Ihre Schrift »Das Mahnmal von Bergen-Belsen« liegt auf meinem Tisch, hätten wir nur tausend solcher Redner. Sie sahen, ich bin krank, aber ich bin nicht matt. Wie herzlich denke ich auch immer an Ihre Frau, die gute, selige. Ich freue mich, daß ich zwar nicht Deutschland wiedergefunden habe, aber Sie beide traf.

»Ich kannte die Deutschen« geschrieben: »Ich kannte die Deutschen aus der Zeit vor 33. Danach war der Nazismus über sie gekommen. Ich suchte mich zu informieren, ich suchte nach einem überzeugten Nazi und traf keinen. Wen auch immer ich sprach: er wußte nichts, er wußte von nichts, er leugnete, bemäntelte, verschwieg. Es wäre eigentlich alles eine riesige Übertreibung, eine Propagandaangelegen-

heit gewesen, die das Radio und die Zeitungen so mächtig aufbauschten … Sonst hörte ich, das alles ginge keinen etwas an, natürlich gab es auch Exzesse gegen die Juden, aber mit Antisemitismus können auch die anderen Völker aufwarten. Schließlich, um es offen zu vertreten, war es den Deutschen unter den Nazis nicht schlecht gegangen. Man hätte draußen die Nazis mit dem deutschen Volk identifiziert, man hätte das Volk verleumden und verdammen wollen. Übrigens sollten sich nach diesem Krieg und nach den Vorgängen, die man hier erlebt habe, die andern an die eigene Nase fassen … Vor diesen Leuten von Demokratie zu reden, war schwierig. Sie lächelten oder grinsten.«[150]

26. Juni Nach dem Vorbild des schwedischen Ombudsmannes wird vom Bundestag in **Bonn** das Amt des Wehrbeauftragten eingerichtet, an den sich jeder Soldat direkt mit Beschwerden oder Wünschen wenden kann. – Erst am 19. Februar 1959 wird Helmuth von Grolman von den Abgeordneten zum ersten Wehrbeauftragten gewählt.

26. Juni An der Freien Universität in **West-Berlin** referiert Professor Otto Stammer vor über 1.000 Studenten über »Rechtsradikale Umtriebe« – so der Titel – in der Bundesrepublik. Nach seinen Beobachtungen gibt es eine starke Tendenz von Rechtsradikalen, die Partei- und Staatsbürokratien zu unterwandern.

26. Juni Nach einem zwei Tage dauernden Verfahren verurteilt das Bezirksgericht **Potsdam** die beiden Studenten Manfred Schnabel und Joachim Brüggen wegen »Spionage« und »Zersetzungsarbeit« zu Zuchthausstrafen. Ihnen wird vorgeworfen, die politische Konzeption eines »dritten Weges« vertreten zu haben.

27. Juni Nuklearwaffengegner gründen in **Nürnberg** das *Bürgerkomitee gegen Atomgefahr*. Die Bürgerinitiative, der auch der Bürgermeister, zwei Stadträte, der Polizeipräsident und mehrere Dozenten der Volkshochschule angehören, fordern einen Verzicht auf die Ausrüstung der Bundeswehr mit Atomwaffen, die »sofortige Einleitung aller denkbaren Schritte zur Vermeidung aller Atomgefahren, auch bei ziviler Anwendung«, insbesondere den »Schutz der Zivilbevölkerung durch gesetzliche und praktische Maßnahmen«. In dem »Aufruf an die Bürger der Stadt Nürnberg« wird auf die Appelle von Albert Schweitzer, Papst Pius XII. sowie der deutschen und der amerikanischen Atomphysiker verwiesen. Obwohl die furchtbaren Kriegsschäden noch nicht beseitigt seien, heißt es, drohten jetzt bereits wieder »weit größere Gefahren«. Das Komitee will bereits in Kürze mit einer Großveranstaltung an die

26.6.: Alfred Döblin in jungen Jahren.

26.6.: Brief Döblins an den Bundespräsidenten.

Öffentlichkeit treten, auf der Experten über die Gefahren radioaktiver Strahlung referieren sollen. Die Volkshochschule kündigt außerdem an, im nächsten Semester Sonderkurse über Probleme atomarer Gefahren durchzuführen. Im Falle einer akuten Atomgefahr sieht das Programm des Bürgerkomitees als letztes Mittel einen Generalstreik aller Arbeitnehmer vor.

27.6.: Stella Kübler-Isaaksohn auf der Anklagebank des West-Berliner Landgerichts.

27.6.: Titel des 1993 in Göttingen erschienenen Buches.

27. Juni Das Schwurgericht beim Landgericht in **West-Berlin** verurteilt die ehemalige Gestapo-Agentin Stella Kübler-Isaaksohn, die während des Krieges in der Reichshauptstadt Hunderte von Juden aufgespürt und verraten hat, wegen Beihilfe und Anstiftung zum Mord in einer unbekannten Zahl von Fällen zu einer Gefängnisstrafe von zehn Jahren. Da die Angeklagte, die selbst Jüdin ist und sich nun als »Opfer des Bolschewismus« bezeichnet, wegen desselben Delikts bereits in der SBZ bzw. DDR eine Strafe von zehn Jahren Zwangsarbeit verbüßt hat, wird sie auf freien Fuß gesetzt. In der Urteilsbegründung heißt es, einerseits sei in dem schwierigen Fall zwar zu berücksichtigen gewesen, daß die Angeklagte von der Gestapo erpreßt worden sei, andererseits jedoch hätte von ihr erwartet werden können, daß sie sich den Forderungen widersetzt hätte oder nur zum Schein auf sie eingine. Sie habe stattdessen ihre Aufgabe in großem Umfang betrieben und dabei sogar Züge von Ehrgeiz gezeigt. In dem vier Tage dauernden Prozeß haben sich 32 Zeugen, zumeist jüdische Überlebende, ausführlich über die Greifer-Praxis der Gestapo-Agentin geäußert. Sechs von ihnen machten entlastende Aussagen, alle anderen belastende. – Die wegen ihrer blonden Haare besonders auffällige Stella Kübler-Isaaksohn war 1946 im Büro der *Jüdischen Gemeinde* in der Oranienburger Straße in **Ost-Berlin** von Überlebenden erkannt worden, als sie verlangte, daß man ihr einen Ausweis ausstelle, der sie als »Opfer des Faschismus« legitimiere. Zunächst wurde sie verprügelt, dann schnitt man ihr, wie es in Frankreich nach der Befrei-

ung in vielen Orten üblich war, als Zeichen der Kollaboration die blonden Locken ab. Danach kam sie ins Polizeigefängnis am Alexanderplatz und wurde der sowjetischen Justiz übergeben. Die »Tägliche Rundschau« machte ihren Fall am 17. März 1946 unter der Schlagzeile »Hunderte von Juden dem Henker ausgeliefert« publik. Bald darauf wurde sie von einem sowjetischen Militärtribunal wegen ihrer Kollaboration mit der Gestapo in einem nur wenige Minuten dauernden, ausschließlich in russischer Sprache geführten Prozeß zu zehn Jahren Zwangsarbeit verurteilt. Ihre Strafe verbüßte sie im ehemaligen Konzentrationslager **Sachsenhausen**, in **Torgau**, im Frauengefängnis in der Festung **Hoheneck** und im berüchtigten Gefängnis **Waldheim**. – Heinz Elsberg kritisiert den Urteilsspruch des Moabiter Gerichts in einem Kommentar der in New York erscheinenden deutschsprachigen jüdischen Wochenzeitung »Aufbau« als ein »skandalöses Fehlurteil«. Das Strafmaß erscheine auf den ersten Blick gerecht, müsse aber bei näherem Hinsehen äußerst bedenklich stimmen. Die Tatsache, daß sowohl die von dem sowjetischen Militärtribunal verhängte Strafe wie auch die Untersuchungshaft vollständig angerechnet worden seien, werfe die Frage auf, ob das Urteil hier nicht von Richtern gesprochen worden wäre, die früher »in den Diensten Hitlers« gestanden hätten: »Vor diesem Richterspruch steht die Öffentlichkeit mit äußerstem Befremden, das gleichfalls in deutlichen Mißfallenskundgebungen der anwesenden Zuhörer zum Ausdruck kam. Wenn auch nach den bestehenden Gesetzen eine Doppel-Verurteilung nicht erfolgen konnte, so hätte man doch wenigstens erwartet, daß das Gericht dem Antrag des Staatsanwalts stattgeben würde, der auf 15 Jahre Zuchthaus lautete.«[151] – Ein ehemaliger jüdischer Mitschüler, der in die USA emigrierte Peter Wyden, der bereits 1946 als Propaganda-Offizier der U.S. Army auf den Fall der Gestapo-Agentin aufmerksam geworden war, recherchiert über Jahre hinweg minutiös die Lebensgeschichte der Verurteilten und publiziert sie in den USA. Unter dem Titel »Stella« erscheint das Buch 1993 auch in deutscher Übersetzung.

28. Juni Der Präsident der Max-Planck-Gesellschaft, Professor Otto Hahn, warnt vor der Jahreshauptversammlung seiner Gesellschaft in **Lübeck** nachdrücklich vor den Gefahren eines atomaren Wettrüstens. Erneut verteidigt er die von ihm zusammen mit seinen Göttinger Kollegen am 12. April abgegebene Erklärung gegen die Atombewaffnung der Bundeswehr. »Ich bin überzeugt«, fügt er hinzu, »ich spreche im Namen ungezählter Menschen, die nicht in der Lage sind, dem Druck ihres Gewissens öffentlich Ausdruck zu verleihen.«[152]

28. Juni In **Budapest** werden vier weitere Beteiligte am Volksaufstand vom Herbst 1956 hingerichtet. Unter ihnen befindet sich auch die 25jährige Medizinstudentin Ilona Tóth. Sie war beschuldigt worden, einen Geheimpolizisten durch eine Injektion getötet zu haben.

29. Juni Der in **Gelsenkirchen** unter dem Vorsitz von Helene Wessel und Carl Gatzen tagende katholische Arbeitskreis im *Bund Christlicher Sozialisten* tritt der am 2. Juni vom Bischof von Münster, Michael Keller, abgegebenen Erklärung, nach der die SPD für Katholiken nicht wählbar ist, mit einer Resolution entgegen. Darin heißt es: »Die Sozialdemokratische Partei entspricht mindestens in dem Maße den Anforderungen, die ein Christ an eine politische Partei stellen muß, wie jede andere Partei in der Bundesrepublik.«[153] Auf einer Pressekonferenz fügt Helene Wessel außerdem hinzu, daß der Vatikan nach der Veröffentlichung der päpstlichen Enzyklika im Jahre 1931 auf die Anfrage eines englischen Kardinals ausdrücklich bestätigt habe, daß der Sozialismusbegriff, etwa der der *Labour Party*, nicht mit dem in der Enzyklika verurteilten gleichzusetzen sei.

29./30. Juni In einer Ausstellungshalle von »Planten un Blomen« in **Hamburg** findet bei drückender Hitze der 2. Bundesparteitag des *Bundes der Deutschen* (BdD) statt. An der Stirnseite der Halle prangt in riesigen Lettern das Motto des Parteitages: »Nichts für

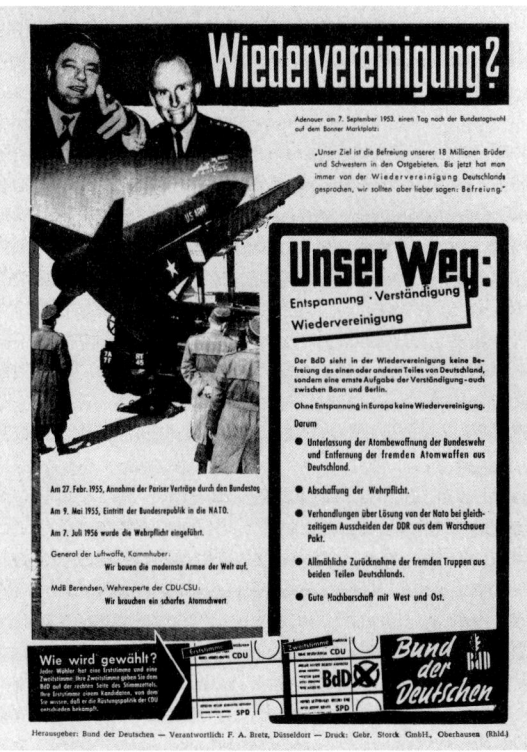

Atomrüstung und NATO – alles für Deutschland und den Frieden«. Nach einleitenden Worten des Hamburger BdD-Landesvorsitzenden Otto Schönfeldt greift vor 1.500 Delegierten und Besuchern der BdD-Vorsitzende Wilhelm Elfes die Militärpolitik der NATO und der Bundesregierung an. Nur die Politik einer deutschen Verständigung sei geeignet, die Spannungen abzubauen und die deutsche Einheit wiederherzustellen. »Eine halbe Verständigung«, erklärt er unter Beifall, »ist besser als ein ganzer Krieg!«[154] Thea Arnold weist darauf hin, daß der Bundeskanzler durch die Stimmen der Frauen an die Macht gelangt sei: Bei den Bundestagswahlen 1953 hätten 7,3 Millionen Frauen und 5,1 Millionen Männer der CDU/CSU ihre Stimme gegeben – jedoch nicht um die Wehrpflicht einzuführen und die Bundeswehr mit Atomwaffen auszurüsten. Daran könne man erkennen, in welchem Maße Schindluder mit den Stimmen der Frauen getrieben werde. Aufgabe der enttäuschten und irregeführten Wählerinnen sei es deshalb, durch ihre Entscheidung den Fehler von 1953 wieder wettzumachen. Der Generalsekretär des BdD, Josef Weber, appelliert an alle Wähler, der CDU nicht noch einmal vier Jahre Zeit zu geben; die Folgen wären »unvorstellbar«. Entweder werde die Politik, erklärt er, weiter auf den Abgrund zusteuern oder zur Vernunft umkehren und sich einer »Politik der Verständigung« und der »Bereitschaft zur friedlichen Koexistenz« zuwenden. Es gebe in der Bundesrepublik keine andere Partei, die so entschieden die Atompolitik der Bundesregierung bekämpfe wie der BdD. In einem Wahlaufruf appellieren die Delegierten an alle Wählerinnen und Wähler, bei den bevorstehenden Bundestagswahlen der Atomrüstung endgültig den Weg zu versperren. »Acht Jahre«, heißt es weiter, »besaßen Dr. Adenauer und die CDU die Regierungsvollmacht. In diesen acht Jahren haben sie nichts für die Wiedervereinigung unseres Vaterlandes getan, sie haben im Gegenteil immer neue Hindernisse geschaffen... Mit der Einbeziehung der Bundesrepublik in den Rüstungswettkampf der Großmächte wird in zunehmendem Maße die Existenz unseres ganzen Volkes aufs Spiel gesetzt. Es darf so nicht mehr weitergehen. Einmal muß Schluß sein! Die gegenwärtige Bundesregierung ist unfähig, die Schicksalsfragen unserer Nation zu lösen.«[155]

29./30.6.: Die stellvertretende BdD-Vorsitzende Thea Arnold.

29./30.6.: Wahlkampfzeitung des BdD.

Januar Februar März April Mai Juni

Juli August September Oktober

November Dezember

Juli: Karikatur aus dem Wochenblatt »Die Andere Zeitung«.

Juli Die *Arbeitsgemeinschaft politischer Studentenverbände* protestiert mit einer Resolution in **Bonn** gegen einen pro-nazistischen und antidemokratischen Artikel, der in der Juni-Ausgabe der von der Bundesregierung zeitweilig finanziell unterstützten »Deutschen Soldaten-Zeitung« erschienen ist. In dem Text war von der »überaus großen Anziehungskraft des nationalsozialistischen Funkbetriebs« die Rede. Besonders hervorgehoben wird dabei, daß über Stunden hinweg »Millionen der Stimme des Propagandaministers« gelauscht hätten, ohne daß man jemanden dazu hätte zwingen müssen. »Die Sätze und der Inhalt des ganzen Artikels«, heißt es in der Resolution, »lassen erkennen, daß der Verfasser geistig noch immer dem Dritten Reich zugehört. Der Artikel steht im übrigen nicht zufällig in der ›Deutschen Soldaten-Zeitung‹: diese geht auch sonst darauf aus, antidemokratische Ressentiments zu nähren und dem Nationalsozialismus den Boden zu bereiten.«[156] Die Arbeitsgemeinschaft, in der ISSF, LSD, RCDS und SDS zusammengeschlossen sind, begrüßt es, daß sich das Bundesverteidigungsministerium inzwischen von dem Blatt distanziert hat,

und fordert eine »Überprüfung der Verfassungsmäßigkeit« dieser und ähnlicher Publikationen.

Juli Ein Schöffengericht in **Lübeck** verurteilt einen Hafenarbeiter zu einer Geldstrafe von 80 DM ersatzweise zu 16 Tagen Haft, weil er vor der Synagoge der *Jüdischen Gemeinde* wiederholt »Deutschland erwache, Juda verrecke!« gebrüllt hat. Der Antisemit soll dabei angetrunken gewesen sein. Der *Jüdischen Gemeinde* wird als Nebenklägerin das Recht zugestanden, das Urteil in einer Tageszeitung zu veröffentlichen.

Juli Die Landesleitung Bayern der *Vereinigung der Verfolgten des Naziregimes* (VVN) nimmt die Tat eines 20jährigen Studenten, der die Ruhestätte des von den Nazis ermordeten Paters Rupert Mayer verwüstet hat, zum Anlaß, um beim bayerischen Innenminister August Geislhöringer in **München** gegen die zunehmenden Grabschändungen zu protestieren und eine rückhaltlose Aufklärung des Falles zu fordern: »Die wiederholten Schändungen von Grabstätten rassisch, religiös und politisch verfolgter Märtyrer machen es uns schwer, an die Tat eines Geistesgestörten zu glauben, vielmehr zwingt uns die Häufigkeit dieser Schändungen in der letzten Zeit an bewußt und systematisch durchgeführte Aktionen mit dem Ziel, die Märtyrer des Widerstandes gegen das unmenschliche Nazisystem selbst im Tode noch zu entehren, zu denken. Wir bitten Sie, sehr geehrter Herr Staatsminister, die Polizeibehörden anzuweisen, sowohl das Ergebnis der polizeilichen wie auch der medizinischen Untersuchungen rückhaltlos bekanntzugeben.«[157] – Die seit Jahren von staatlicher Seite immer wieder vorgebrachte Behauptung, es handle sich bei den Grabschändungen jüdischer und anderer NS-Opfer um die bedauerlichen Taten spielender Kinder und angetrunkener oder geistesgestörter Erwachsener, wird von der VVN, den *Jüdischen Gemeinden* und einer Reihe anderer Organisationen mit dem Hinweis kritisiert, daß damit die Möglichkeit, wenn nicht gar Wahrscheinlichkeit, es hier mit politisch motivierten Untaten, vielleicht sogar mit organisierten neonazistischen Anschlägen zu tun zu haben, heruntergespielt und indirekt gedeckt wird.

Juli Der *Kampfbund gegen Atomschäden*, der seinen Sitz in **Detmold** hat, fordert die Gründung eines »Weltbundes gegen Atomgefahren«. In einem Schreiben an den *Japan Council against Atomic- and Hydrogen-Bombs* (Japanischer Rat gegen Atom- und Wasserstoffbomben) erklärt die Organisation, der Verlauf der internationalen Abrüstungsverhandlungen lasse nicht mehr hoffen, daß eine Vereinbarung über die Nichtanwendung von Atomwaffen zustandekomme. Die Besitzer der Wasserstoffbomben operierten mit dem Begriff der »Verteidigung der Freiheit« und alle anderen Völker lebten unter der ständigen Drohung eines Ost-West-Konflikts, bei dem es keine Unbeteiligten mehr geben werde. Japan und Indien sollten die Gründung eines solchen Weltbundes sofort einleiten, da dort zwischen Regierung und Bevölkerung die größte Übereinstimmung über die atomare Weltgefahr herrsche.

Juli Jean-Paul Sartre prognostiziert in einer Buchbesprechung, die in der von ihm herausgegebenen Zeitschrift »Les Temps Modernes« erscheint, das Ende des französischen Kolonialismus. In einer Rezension von Albert Memmis Werk »Portrait du colonisé précédé du Portrait du colonisateur« schreibt er: »Eine unerbittliche Wechselseitigkeit fesselt den Kolonisator an den Kolonisierten, sein Produkt und sein Los. Memmi hat das deutlich herausgestellt; wir entdecken mit ihm, daß das Kolonialsystem eine etwa Mitte des vorigen Jahrhunderts

entstandene Bewegung ist, die von selbst ihre eigene Zerstörung hervorbringen wird: lange schon kostet sie die Mutterländer mehr, als sie ihnen einbringt; Frankreich wird erdrückt von der Last Algerien, und wir wissen jetzt, daß wir den Krieg aufgeben werden, ohne Sieg oder Niederlage, wenn wir zu arm sein werden, ihn bezahlen zu können.«[158] – Das Buch über die psychologische Beziehung zwischen den Kolonisatoren und den Kolonisierten[159], die letztlich von rein ökonomischen Gründen, denen der Profitmaximierung, bestimmt wird, ist von einem Pariser Kritiker als die »unangenehmste« Neuerscheinung des Jahres bezeichnet worden. Memmi, ein 37jähriger tunesischer Jude, interpretiert den französischen Kolonialismus als ein Ausbeutungssystem, das wegen der ihm zwangsläufig innewohnenden Gewalt einem dauernden Kriegszustand zwischen privilegierten Europäern und unterjochten Nordafrikanern gleichkomme. Man könne sich darin, behauptet er, nicht einrichten, sondern es nur von innen »wie ein eisernes Band« sprengen. Jeder Versuch, den Kolonialismus reformieren zu wollen, sei zum Scheitern verurteilt. Die Anerkennung gleicher Menschenrechte für die Kolonisierten würde zum Ende des Kolonialsystems führen. Memmi, der als Lehrer an einer höheren Schule tätig ist, bezieht in seine dialektische Analyse auch den Befreiungskampf der unterdrückten Völker mit ein. Der Hyper-Nationalismus der Kolonisatoren habe auf der Gegenseite auch einen Hyper-Nationalismus der Kolonisierten hervorgebracht. Da dieser »Nationalismus der Unterdrückten« historischen und sozialen Ursprungs ist, glaubt er voraussagen zu können, daß er nur vorübergehender Natur sei und mit dem Untergang des Kolonialismus auch wieder verschwinden werde.

1. Juli Der 1949 aus dem amerikanischen Exil in seine Heimatstadt zurückgekehrte Gesellschaftstheoretiker Professor Theodor W. Adorno erhält, nachdem es im Jahr zuvor einen durch eine antisemitische Diffamierung ausgelösten Konflikt um seine Lehrbefähigung gegeben hatte, an der Johann Wolfgang Goethe-Universität in **Frankfurt** einen Lehrstuhl für Philosophie und Soziologie. – Der Wissenschaftler, der zusammen mit Max Horkheimer der wichtigste Exponent der aus dem Frankfurter Institut für Sozialforschung hervorgegangenen Kritischen Theorie ist, konnte nur mit großer Mühe seine akademische Karriere bis zur Ernennung zum Ordinarius voranbringen. Aus Gründen der »Wiedergutmachung« war Adorno, der jüdischer Herkunft ist, 1949 zum außerordentlichen Professor ernannt, ein Jahr später zum außerplanmäßigen und 1953 zum planmäßigen außerordentlichen Professor befördert

Juli: Anweisung zum Gebrauch eines Kaugummistreifens.

Juli: »Gemeinsame Inspektion des letzten Bombenversuchs.« Karikatur aus dem »Daily Mirror«.

Juli: Titelbild der 1980 erschienenen deutschen Ausgabe.

1.-14.7.: Schülerinnen des Bonner Nikolaus-Cusanus-Gymnasiums.

2.7.: Die beiden Angeklagten Ernst Müller (links) und Udo von Woyrsch.

worden. Im Februar 1956 hatte er den Dekan der Philosophischen Fakultät, Professor Gottfried Weber, auf seinen Rechtsanspruch auf eine ordentliche Professur aufmerksam gemacht. Die Berufung durch das Kultusministerium in Wiesbaden kam schließlich nur gegen einen erheblichen Widerstand der Fakultät zustande. Der Orientalistikprofessor Hellmut Ritter hatte auf einer Kommissionssitzung im Mai 1956 den vom Dekan als »Wiedergutmachungsfall« stigmatisierten Vorgang als Schiebung bezeichnet. In Frankfurt brauche einer, lautete sein Vorwurf, nur die Protektion des ehemaligen Rektors Horkheimer zu besitzen und Jude zu sein, um Karriere zu machen. – Von Adorno, der weder zuvor noch danach einen Ruf an eine andere Universität erhalten hat, ist 1955 die kulturkritische Aufsatzsammlung »Prismen« erschienen. Im selben Jahr sind auch die ersten drei Bände der »Frankfurter Beiträge zur Soziologie« herausgekommen, darunter die von Adorno zu Horkheimers 60. Geburtstag herausgegebene Aufsatzsammlung »Soziologica« und der Band »Gruppenexperiment«, in dem das politische Bewußtsein der Nachkriegsdeutschen untersucht worden ist und in dem Adorno den theoretisch maßgeblichen Teil »Schuld und Abwehr« verfaßt hat.

1. Juli Der S. Fischer Verlag in **Frankfurt** und der Autor Ernst Schnabel stiften den Erlös des Buches »Anne Frank – Spur eines Kindes« für ein Anne-Frank-Stipendium, das in Erinnerung an das in der Stadt am Main geborene und mit 15 Jahren im Konzentrationslager Bergen-Belsen umgekommene jüdische Mädchen israelischen Studentinnen und Studenten für ihr Studium in Europa zur Verfügung gestellt werden soll.

1.-14. Juli Am Nikolaus-Cusanus-Gymnasium in **Bad Godesberg** lassen die Eltern wegen der Überfüllung dieser besonders von Diplomaten- und Beamtenkindern besuchten Schule einen Unterrichtsstreik durchführen. Das 1949 gegründete Gymnasium war ursprünglich für 600 Schüler vorgesehen, wurde dann jedoch von mehr als 1.300 genutzt. Wegen der Raumnot richtete der Vorsitzende der Schulpflegschaft, Professor Karl Georg Schmidt, am 1. Februar eine Petition an den Bundestagsabgeordneten des Bonner Wahlkreises, Konrad Adenauer, und bat ihn, für den »dringend notwendigen Schulhausneubau« um tätige Beihilfe. Der Bundeskanzler nahm sich der Bitte an und forderte am 21. März seinen Kabinettskollegen Franz Josef Strauß (CSU) auf, die für den Neubau nötigen Finanzmittel in Höhe von 2 bis 4 Millionen DM aus dem Etat des Bundesverteidigungsministeriums zu entnehmen. Dieser Schritt stieß jedoch auf den entschiedenen Widerstand von Bundesfinanzminister Fritz Schäffer (CSU), der in einem Schreiben an Bundesinnenminister Gerhard Schröder (CDU) am 29. April den Antrag mit der Begründung ablehnte, es sei völlig abwegig, einem so reichen Bundesland wie Nordrhein-Westfalen eine Schule zu finanzieren. Der Bund sei weder berechtigt noch verpflichtet, sich an der Finanzierung eines solchen Neubaus zu beteiligen. Als dann in Reaktion darauf 41 Mitglieder der Unionsfraktion ihre Unterschrift für einen Antrag im Bundestag leisteten, mit dem die rechtlichen Voraussetzungen für eine Neubaufinanzierung aus Bundesmitteln geschaffen werden sollten, erzwang Schäffer mit der Bemerkung, niemand solle »unter dem Druck schreiender Menschenmengen« bindende Zusagen machen, den Abbruch der Initiative.

2. Juli Das Schwurgericht beim Landgericht **Osnabrück** verurteilt den ehemaligen SS-Obergruppenführer Udo von Woyrsch wegen Beihilfe zum Totschlag in sechs Fällen zu einer Gefängnisstrafe von zehn Jahren. Der Mitangeklagte Ernst Müller-Alte-

nau, ehemaliger Chef des SD in Schlesien, wird aus Mangel an Beweisen freigesprochen. Beiden Angeklagten war vorgeworfen worden, bei der von den Nazis als »Röhm-Putsch« bezeichneten Liquidierungsaktion im Juni 1934 an der Ermordung führender SA-Leute beteiligt gewesen zu sein.

2.-6. Juli Auf dem V. Kongress der Sozialistischen Internationale (SI) in **Wien** stimmen die mehr als 160 Delegierten ihre Positionen zu internationalen Fragen, insbesondere zur Abrüstungspolitik, ab. In einer Resolution wird die Fortexistenz der Spannungen zwischen den Großmächten als eines der ernstesten Probleme für den Weltfrieden herausgestellt: »Ein Blick in die Spannungsherde Europas, Nordafrikas, des Mittleren und des Fernen Ostens bestätigt in erschütternder Weise die ununterbrochene Bedrohung und Verletzung der Grundsätze des Selbstbestimmungsrechts der Völker, die Gefährdung der heiligen und unantastbaren Rechte der Persönlichkeit, der Freiheit und der sozialen Gerechtigkeit. Verständigung unter den Völkern und ihren Regierungen im Rahmen der Vereinten Nationen ist eine unerläßliche Voraussetzung für die Beseitigung der Kriegsgefahr und der Spannungszentren ... Die friedliche Wiedervereinigung Deutschlands in Freiheit wäre ein wesentlicher Beitrag zur Entspannung der internationalen politischen Lage ... Die Wiedervereinigung Deutschlands ist ein europäisches Problem erster Ordnung.«[160] In einer einstimmig angenommenen Resolution zu Abrüstungsfragen tritt die SI für die sofortige Einstellung aller Atombombenversuche ein. Darin wird insbesondere ein von verschiedenen Großmächten immer wieder vorgebrachter Grundsatz kritisiert: »Ein Bestehen auf Souveränitätsrechten, wo es sich um die nötigen Kontrollmaßnahmen handelt, darf nicht geduldet werden, wenn Länder Experimente durchführen, die Leben und Wohlfahrt nicht nur ihrer eigenen Bürger, sondern der ganzen Menschheit berühren. Der Kongreß ist daher der Ansicht, daß die Einstellung dieser Versuche nicht von einem allgemeinen Abrüstungsvertrag abhängig gemacht werden darf ... Das Bessere darf nicht der Feind des Guten werden, da sonst aller Fortschritt unmöglich würde.«[161] Obwohl der britische Delegierte Aneurin Bevan scharfe Kritik an der Algerienpolitik der französischen Regierung übt, weicht die SI einer klaren Stellungnahme zur Unabhängigkeit Algeriens aus und verweist in einer Resolution, in der der offene Kampf des algerischen Volkes gegen die Kolonialmacht als schwieriges und kompliziertes Problem bezeichnet wird, lediglich auf eine Grundsatzerklärung zum Kolonialismus aus dem Jahre 1951. Als Nachfolger des Engländers Morgan Phillips wird der

Däne Alsing Andersen zum neuen Vorsitzenden der SI gewählt, zu seinen Stellvertretern der Vorsitzende der britischen Labour Party, Hugh Gaitskell, der französische Sozialist Guy Mollet, der bis vor kurzem Ministerpräsident seines Landes war, und der SPD-Vorsitzende Erich Ollenhauer.

3. Juli Die II. Große Strafkammer des Landgerichts **Düsseldorf** verurteilt den 58jährigen ehemaligen Kriminalrat der Gestapo, Erwin Brandt, wegen Aussageerpressung in Tateinheit mit gefährlicher Körperverletzung zu einer Gefängnisstrafe von einem Jahr, unter Aberkennung der bürgerlichen Ehrenrechte für die Dauer von zwei Jahren; die Untersuchungshaft wird angerechnet. Der Angeklagte war bereits im April 1933 von der Kriminalpolizei zur Gestapo übergewechselt. Von 1939 bis 1941 wurde er in leitender Gestapo-Funktion im eroberten Polen eingesetzt, und nach einer Zwischenphase im Reichssicherheitshauptamt (RSHA) in Berlin gehörte er seit 1942 einem »Stab zur Bandenbekämpfung in Jugoslawien« an, dessen Auftrag es war, den Widerstand der Partisanengruppen zu brechen. Auf Befehl des Reichsführers der SS, Heinrich Himmler, war Brandt dann 1944 als Leiter einer Sonderkommission ins Konzentrationslager Sachsenhausen geschickt worden, um eine angebliche kommunistische Verschwörung schnellstmöglich aufzudecken und die daran Beteiligten zu liquidieren. Brandt griff sich wahllos politische Häftlinge heraus, ließ sie auf einen Bock schnallen und von Kriminellen bis zur Bewußtlosigkeit auspeitschen, um von ihnen Geständnisse oder belastende Aussagen zu erzwingen. Am Ende der Aktion wurden 27 KZ-Häftlinge hingerichtet. Der ursprünglich gegen Brandt erhobene Mordvorwurf wird vom Gericht jedoch mangels Beweisen fallengelassen. Brandt, der inzwischen

2.-6.7.: Der Wiener Kongreß der »Sozialistischen Internationale«.

als Prokurist bei einer Düsseldorfer Firma tätig ist, hat sich zu seiner Verteidigung auf einen Befehlsnotstand berufen. Wenn er nicht gehorcht hätte, wären ihm »Schwierigkeiten« entstanden. – Das *Komitee ehemaliger Häftlinge des Konzentrationslagers Sachsenhausen* bezeichnet das Urteil in einer Stellungnahme als »unfaßbar«; es sei viel zu milde ausgefallen. Himmler habe den »Henkerauftrag in Sachsenhausen« an Brandt erteilt, weil er sicher sein konnte, daß dieser ihn in kürzester Zeit und mit äußerster Brutalität ausführen würde. Die 27 ermordeten KZ-Häftlinge, unter ihnen auch ein 16jähriger französischer Junge, seien selbst im Sinne der damals gegen sie erhobenen Vorwürfe unschuldig gewesen.

3. Juli Das Schwurgericht beim Landgericht **Weiden** verurteilt den ehemaligen SS-Unterscharführer Franz Christian Weck wegen Beihilfe zum Mord in 20 Fällen zu einer Zuchthausstrafe von fünfeinhalb Jahren. Die Internierungshaft von vier Jahren wird auf die Strafe angerechnet. Außerdem erkennt das Gericht dem Angeklagten die bürgerlichen Ehrenrechte für die Dauer von zwei Jahren ab. Der 53jährige Zahnarzt aus dem oberhessischen Nidda war als Unterscharführer der Waffen-SS von 1942 bis 1944 in der politischen Abteilung der Kommandantur des Konzentrationslagers Flossenbürg tätig. Das Gericht sieht es als erwiesen an, daß Weck in dieser Zeit an »Genickschußhinrichtungen« von mindestens 20 Häftlingen im Krematorium und im Arrestbau beteiligt war. Er habe, heißt es in der Urteilsbegründung, die Mordbefehle vom Reichsführer der SS, Heinrich Himmler, und von leitenden Beamten des Reichssicherheitshauptamts »wissentlich gefördert« und zweimal auch selbst geschossen. – Der I. Strafsenat des Bundesgerichtshofs in **Karlsruhe** hebt in seiner Sitzung vom 15. Februar 1957 das Urteil auf und verweist es an das Schwurgericht zurück. Zur Begründung heißt es, daß hinsichtlich der einzelnen von Weck begangenen Straftaten keine »natürliche Handlungseinheit« vorliege und deshalb die Bestimmung des Strafmaßes fehlerhaft gewesen sei.

4. Juli Nach einem zweiwöchigen Machtkampf in der Spitze der KPdSU gewinnt die Fraktion um Generalsekretär Nikita S. Chruschtschow in **Moskau** die Oberhand und entledigt sich ihrer Rivalen. Bereits am Vortag hat eine Kampagne eingesetzt, mit der die Säuberung der KPdSU den einzelnen Parteigliederungen bekanntgegeben wird. Allein in der sowjetischen Hauptstadt werden zu diesem Zweck über 8.000 Parteiversammlungen durchgeführt. Auf den Titelseiten der sowjetischen Zeitungen wird gleichzeitig bekanntgegeben, daß »die Fraktionstätigkeit der parteifeindlichen Gruppe« um Georgi M. Malenkow, Wjatscheslaw M. Molotow, Lasar M.

4.7.: Titel einer antikommunistischen Broschüre, in der die Rede Molotows wiedergegeben wird, die er am 8. November 1955 auf der Genfer Außenministerkonferenz gehalten hat.

Kaganowitsch und Dimitri T. Schepilow vom ZK wegen Unvereinbarkeit »mit den leninschen Prinzipien« verurteilt worden sei. Nachdem Schepilow bereits am 15. Februar sein Amt als Außenminister an Andrej Gromyko hat abtreten müssen, verlieren auch die drei anderen Chruschtschow-Gegner ihre Ministerposten. Alle vier werden außerdem aus dem Präsidium des ZK und dem ZK ausgeschlossen. Der unterlegenen Gruppierung wird vorgeworfen, die Reorganisierung der Wirtschaftsleitung, die Bildung von Volkswirtschaftsräten und die Einführung eines neuen Plansystems in den Kolchosen hintertrieben zu haben. – Hintergrund der Säuberungen ist zum einen der seit Stalins Tod immer noch anhaltende Machtkampf um die Spitzenfunktionen in Partei und Regierung und zum anderen der Konflikt um die von Chruschtschow betriebene Wirtschaftsreform. Sowohl die Altstalinisten um Molotow und Kaganowitsch als auch die Wirtschaftszentralisten um Malenkow haben das Wirtschaftsprogramm des Generalsekretärs von Anfang an blockiert. Auf der Präsidiumssitzung des ZK vom 18.-21. Juni schien es zunächst, daß Chruschtschow den Machtkampf verlieren würde. Mit 8:3 Stimmen war ihm bereits das Mißtrauen ausgesprochen worden. Molotow, der ihn besonders scharf kritisiert hatte, sollte neuer Generalsekretär und Malenkow Ministerpräsident werden. Doch Chruschtschow, der zum Landwirtschaftsminister hätte degradiert werden sollen, verlangte, daß eine so zentrale Frage wie die Wirtschaftspolitik und ihre personalpolitischen Konsequenzen nicht nur im Präsidium, sondern im gesamten ZK diskutiert werden sollten. Unter Mithilfe von Marschall Georgi Schukow wurden schließlich die Parteifunktionäre aus den Provinzen mit Armeeflugzeugen herbeigeholt. Auf der Plenumssitzung des ZK, die vom 22. bis 29. Juni dauerte und an der durch Kandidaten und Mitglieder der Zentralen Revisionskommission insgesamt 309 Funktionäre teilnahmen, wendete sich dann das Blatt zugunsten der reformfreudigeren Fraktion um Chruschtschow. Den Ausschlag hatte dabei gegeben, daß die ZK-Mitglieder aus der Provinz Chruschtschows Wirtschaftskurs verteidigten und den beiden Fraktionen um Molotow und Malenkow vorwarfen, sie würden die Beschlüsse des XX. Parteitags sabotieren. Zu den neuen Mitgliedern des von elf auf 15 Sitze erweiterten Präsidiums zählt auch der 50jährige Leonid I. Breschnew. – Marschall Schukow, der ebenfalls in das Präsidium des ZK aufgenommen worden ist, büßt seine neugewonnene Position bereits am 26. Oktober wieder ein.

5. Juli Am 100. Geburtstag von Clara Zetkin führt die SED im Friedrichstadtpalast in **Ost-Berlin** eine

Kundgebung zu Ehren der 1933 in der Nähe von Moskau verstorbenen Kommunistin durch. Das Politbüro-Mitglied Heinrich Rau würdigt in einer Ansprache Leben und Werk der Frau, die als »Führerin der deutschen und internationalen Arbeiter- und Frauenbewegung« bezeichnet wird. Auf ihre Initiative hin war 1910 von der *II. Sozialistischen Internationale* die alljährliche Durchführung eines »Internationalen Frauentages« jeweils am 8. März beschlossen worden. Clara Zetkin war nach drei Jahrzehnten politischen Wirkens in der SPD am Ende des Ersten Weltkriegs zur USPD und dann zur KPD übergewechselt. Sie war jahrelang ZK-Mitglied, gehörte von 1920 bis 1933 dem Reichstag an und war dort die letzte Alterspräsidentin vor der Machtergreifung der Nazis. – Zu Ehren Clara Zetkins werden im Auftrag des SED-Zentralkomitees und des Ministerrats der DDR an der Kremlmauer in **Moskau**, wo die Kommunistin beerdigt ist, mehrere Kränze niedergelegt.

5. Juli In der in der Oberlausitz gelegenen Stadt **Niesky** (Bezirk Dresden) tritt ein Teil der Belegschaft eines stahlverarbeitenden Betriebes in den Streik. Die in der Montageabteilung des VEB Waggonbau angestellten Arbeiter protestieren damit gegen eine Lohnsenkung, die durch den Fortfall eines früher gezahlten Lohnausgleichs nach der Einführung der 45-Stunden-Woche entstanden ist. – Zur gleichen Zeit streiken auch die Arbeiter in mehreren Werkhallen der Filmfabrik **Wolfen** (Bezirk Halle). Sie wenden sich gegen eine von der SED beabsichtigte Erhöhung der Arbeitsnormen.

5. Juli Ein Schwurgericht in **Wien** verurteilt den 25jährigen Herausgeber der »Nordischen Rundschau«, Otto Rudolf Braun, wegen nationalsozialistischer und antisemitischer Propaganda zu einer Zuchthausstrafe von acht Monaten.

6. Juli Rund 5.000 Studenten ziehen in **West-Berlin** in einem Demonstrationszug von der Technischen Universität zum Amtssitz des Bundespostministers Ernst Lemmer (CDU), um gegen den am 1. Juli in Kraft getretenen neuen Studienförderungsplan zu protestieren. Auf den von ihnen mitgeführten Transparenten sind vor allem Parolen zu lesen, die sich gegen das Darlehensprinzip richten: »Berufsbeginn – Darlehensschuld«, »Weder Staatsrentner – noch Staatsschuldner« und »3.000 DM Darlehensschuld – ein Geschenk aus Bonn«. Der Protest richtet sich außerdem gegen die Ausklammerung der »Ost-Studierenden« aus dem allgemeinen Förderungsplan und eine zu geringe Stipendienvergabe an die unter besonders schwierigen Bedingungen lebenden Berliner Studenten. Die drei Vorsitzenden der Westberliner Studentenvereinigungen, Klaus Kundt, Jenoch

6.7.: Die demonstrierenden West-Berliner Studenten haben sich auf der Straße niedergelassen.

und Klaus Meschkat, überreichen dem Minister ein Protestschreiben. Darin wird die Ansicht vertreten, daß die Studienförderung nach dem »Honnefer Modell« durch die vom Bundesinnenministerium ergangenen Richtlinien für die Mittelverteilung in ihrem Grundkonzept gefährdet sei. Außerdem werde den besonderen Erschwernissen der Berliner Studenten in keiner Weise Rechnung getragen. Lemmer nimmt von einem Lautsprecherwagen der Polizei aus Stellung und erklärt, daß die Forderungen zwar nicht in sein Ressort gehörten, er sie aber an der richtigen Stelle zur Sprache bringen werde. – Der Vorsitzende des *Verbandes Deutscher Studentenschaften* (VDS), Heinrich Wittneben, erklärt in **Bonn**, daß er den Protest der Westberliner Kommilitonen unterstütze. Mit der am 1. Juli in Kraft getretenen Neuregelung werden nicht nur Zuschüsse gekürzt, sondern alle Studenten, deren Eltern monatlich mehr als 350 DM verdienen, von der Studienförderung ausgeschlossen.

7. Juli Auf der Schlußkundgebung des CSU-Landesparteitags in **Nürnberg** warnt Bundeskanzler Konrad Adenauer vor einem Wahlsieg der SPD. »Wir sind fest entschlossen«, ruft er unter Beifall aus, »daß die SPD niemals an die Macht kommt. Warum sind wir so fest dazu entschlossen? Nicht etwa – glauben Sie mir das – aus parteipolitischem Haß. Das ist nicht der Grund, sondern wir sind dazu so fest und zutiefst entschlossen, weil wir glauben, daß mit einem Sieg der Sozialdemokratischen Partei der Untergang Deutschlands verknüpft ist.«[162] Adenauer wirft der SPD vor, sie sei eine Partei, deren Mitglieder nur an sich dächten, nur eigene Interessen und nicht die des deutschen Volkes verfolgten. »Wenn am 15. September die Sozialdemokratie an die Führung der Regierung kommt«, erklärt er am Ende, »kann die Londoner Abrüstungskonferenz schließen. Dann ist es vorbei mit dieser Hoffnung. Aber ich sage Ihnen umgekehrt, und das ist meine feste Überzeugung: Wenn wir auch diesmal wieder in dem Umfange wie bisher die Stimmen der Wähler bekommen, dann wird es in der Arbeit zwischen den freien Völkern, mit den Vereinigten Staaten an der Spitze, und uns doch zu der kontrollierten Abrüstung kommen, dann hat die Atomwaffe ihre Schrecken verloren, und dann werden wir mit unseren deutschen Brüdern in Freiheit und Frieden wieder vereinigt sein!«[163] – Teile der bundesdeutschen Öffentlichkeit reagieren mit Empörung auf die Äußerungen des Bundeskanzlers. Die von dem CDU-Bundestagsabgeordneten Gerd Bucerius verlegte Wochenzeitung »Die Zeit« wirft Adenauer vor, daß er mit seiner Verbalattacke das »Klima der Innenpolitik« ruiniert habe. Der Bundesvorstand der SPD verabschiedet am 12. Juli in **Bonn** ein Kommuniqué, in dem es heißt: »Der Vorstand der Sozialdemokratischen Partei Deutschlands erblickt in den Wahlreden des Bundeskanzlers und Bundesvorsitzenden der CDU, Konrad Adenauer, eine Verwilderung der politischen Sitten und ein Abgleiten des Wahlkampfes auf das Niveau der Unanständigkeit. Die Behauptung des Bundeskanzlers, ein Wahlsieg der SPD würde den Untergang Deutschlands bedeuten, ist nicht nur eine Verdrehung der Wahrheit, sondern auch eine bewußte Verunglimpfung vieler Millionen Deutscher... Alle Staatsbürger sind aufgerufen, dafür zu sorgen, daß die Freiheit in Deutschland nicht wieder einmal durch die Alleinherrschaft einer Partei und eines Mannes in Gefahr gebracht wird.«[164] – Der Herausgeber des Nachrichtenmagazins »Der Spiegel«, Rudolf Augstein, kommentiert die umstrittenen Wahlkampfäußerungen in dem am 17. Juli erscheinenden Heft unter dem Pseudonym Jens Daniel mit den Worten: »Was der Führer Adolf Hitler an der Spitze von 43 Gauleitern und 18 Reichsleitern nicht geschafft hat, was die deutsche Diplomatie nach Bismarck nicht zuwege brachte und die Separatisten aus drei Jahrhunderten nicht, das soll nun gleichwohl in der Stimmzettelhand des deutschen republikanischen Wählers von 1957 liegen, wenn er SPD wählt: der Untergang Deutschlands. Das Ende der Christenheit, der Untergang Europas, der Untergang Deutschlands – welche apokalyptischen Töne wird der Wahlkämpfer Adenauer seiner Rattenfängerflöte noch entlocken? ... Ist sich der Kanzler bewußt, daß er die Einparteienherrschaft proklamiert, wenn er unter frenetischem Sportpalastjubel gelobt: ›Wir sorgen dafür, daß die SPD niemals an die Macht kommt.‹«[165]

7. Juli Auf Einladung der Marburger Germanistikprofessorin Luise Berthold, der sozialdemokratischen Bundestagsabgeordneten Luise Beyer und Else Niemöllers, der Frau des hessischen Kirchenpräsi-

denten, sowie der Vikarin Erica Küppers findet in der **Frankfurt**er Paulskirche eine »Frauenkonferenz gegen die Atomrüstung« statt. Der ursprünglich als Hauptredner vorgesehene Direktor des Instituts für Theoretische Physik an der Universität Mainz, Professor Karl Bechert, hatte, nachdem er wegen der von seiten der CDU, der SPD und der Lokalpresse verbreiteten Behauptung, die Veranstaltung würde von kommunistischen Tarnorganisationen beeinflußt, seine Teilnahme noch am Vorabend abgesagt. Das Hauptreferat hält nun die Leiterin des Frankfurter Presseamtes, Helli Knoll (SPD). In ihrem Vortrag gibt sie einen Überblick über die gewachsenen atomaren Gefahren und ruft zur sofortigen Einstellung aller Nuklearwaffentests, zur Verhinderung einer Atombewaffnung der Bundeswehr und zu einer allgemeinen Abrüstungspolitik auf. Der Vorsitzende des *Kampfbundes gegen Atomschäden*, der Arzt Dr. Bodo Manstein, warnt in seinem Referat vor den genetischen Folgen der radioaktiven Strahlung. Er macht im Gegensatz zu anderen Stimmen, die sich nur gegen eine militärische Verwendung der Kernenergie aussprechen, darauf aufmerksam, daß auch die Entwicklung und Nutzung der Atomenergie für zivile Zwecke wegen der mit ihr verbundenen vielfältigen Gefahren für Mensch und Umwelt aufmerksam beobachtet werden müßten. Nach weiteren Beiträgen von Marie Häffner (Gelnhausen), Annemarie Welke (Frankfurt), der hessischen Landtagsabgeordneten Ursula Gärtner (SPD) und Luise Berthold verabschieden die Teilnehmerinnen eine Resolution, mit der sie ihre Ziele in der Öffentlichkeit bekanntmachen wollen. »Wir, die am 7. Juli in der Paulskirche in Frankfurt am Main versammelten Frauen verschiedener politischer Richtungen und verschiedener Konfessionen suchten uns über die Verantwortung klar zu werden, die wir angesichts der atomaren Bewaffnung haben ... In dieser Verantwortung,

7.7.: »...und ich werde die Atomsünden der Väter heimsuchen an den Kindern bis ins x-te Glied.« Zeichnung aus dem KgA-Organ »Das Gewissen«.

die wir vor Gott und den Menschen tragen, machen wir uns den Vorschlag zu eigen, den Dr. Freda Wüsthoff kurz vor ihrem Tode abgefaßt hat: ›Eine der beiden Großmächte, also entweder die Regierung der USA oder die Regierung der UdSSR, möge bekanntgeben, daß sie mit sofortiger Wirkung die Durchführung von thermonuklearen Explosionen solange einstellen wird, als von anderer Seite keine thermonuklearen Explosionen mehr durchgeführt werden.‹ Wir fügen den dringenden Wunsch hinzu: Die Völker des Westens möchten mit diesem Schritt beispielhaft vorangehen. Die Regierung der Bundesrepublik aber bitten wir, angesichts unseres geteilten Volkes auf atomare Aufrüstung der Bundeswehr radikal zu verzichten und darüber hinaus der Schaffung einer atomfreien (!) Zone in Mitteleuropa zuzustimmen ... Wir Frauen und Mütter müssen wissen, daß das Schicksal unserer Kinder nicht herauszulösen ist aus dem großen Weltgeschehen, und dürfen schon darum nicht nachlassen in unserer tätigen Verantwortung gegenüber den weltpolitischen Fragen. Darum rufen wir alle auf: Frauen und Mütter, gebt euren Gewissensbedenken Ausdruck! Eure Waffe ist die öffentliche Meinung!«[166] In Grußtelegrammen an die Veranstalterinnen erklären sich der Präsident der *Evangelischen Kirche in Hessen-Nassau*, Martin Niemöller, die beiden Atomphysiker Max Born und Carl Friedrich von Weizsäcker sowie die Schriftstellerinnen Gertrud von Le Fort, Ina Seidel und Luise Rinser mit deren Zielsetzungen solidarisch. – Die »Frankfurter Allgemeine Zeitung« schreibt zu der Frauenkonferenz zwei Tage später in einem Kommentar: »Entgegen vorher geäußerter Befürchtungen ist der Frauentag gegen die Atomgefahr in der Paulskirche ohne jeden Versuch einer Einmischung von kommunistisch beeinflußter Seite verlaufen. Vikarin Küppers, die die Versammlung leitete, sagte, angesichts der vielen Mißdeutungen, Verdächtigungen und Gerüchte, durch die offenbar versucht worden sei, die Versammlung unmöglich zu machen, habe man auf den Gedanken kommen können, es gebe für das menschliche Zusammenleben noch verderblichere Gefahren als die der Atomwaffen. Es sei keine Protestkundgebung gegen irgend jemand beabsichtigt; die Tagung solle ein Versuch sein, Klarheit zu gewinnen über die eigene Stellung zur Atomfrage.«[167]

7.–10. Juli Auf Initiative des britischen Philosophen und Pazifisten Lord Bertrand Russell und des amerikanischen Großindustriellen Cyrus Eaton findet in **Pugwash**, einem kleinen Ort in Nova Scotia in Kanada, eine internationale Konferenz über Maßnahmen zur Rüstungskontrolle statt. 22 renommierte Wissenschaftler, vorwiegend Atomphysiker, aus zehn Nationen setzen sich mit den Gefahren, die sich aus der militärischen und der zivilen Verwendung von nuklearem Material ergeben, sowie den technischen Problemen zur Kontrolle eines Teststopabkommens auseinander. – Diese »I. Pugwash-Konferenz« findet weltweit ein großes Echo; dies nicht zuletzt, weil durch die Teilnahme von Wissenschaftlern aus der Sowjetunion und den Vereinigten Staaten eine Möglichkeit zur Überwindung der Feindseligkeiten zwischen den beiden Großmächten aufgezeigt werden konnte.

8. Juli Das Schwurgericht beim Landgericht **Weiden** (Oberpfalz) verurteilt den 43jährigen ehemaligen SS-Oberscharführer Johann Kübler wegen Beihilfe zum Mord zu einer Zuchthausstrafe von fünf Jahren, unter Aberkennung der bürgerlichen Ehrenrechte für denselben Zeitraum. Das Gericht sieht es als erwiesen an, daß Kübler als Rapportführer in dem bei Weiden gelegenen ehemaligen Konzentrationslager Flossenbürg am 17. August 1944 den Schwerstbehinderten Häftling Josef Haas, dem infolge eines Arbeitsunfalls beide Beine und Teile der Arme hatten amputiert werden müssen, ohne daß ein Gerichtsurteil vorgelegen hat, in den Arrestbau gebracht und so zu seiner Ermordung durch Genickschuß beigetragen hatte. Die Mitwirkung des Angeklagten an der Hinrichtung fünf anderer Häftlinge am Heiligabend 1944 konnte dagegen nicht zweifelsfrei nachgewiesen werden. Als straferschwerend sieht es das Gericht an, daß Kübler, der bereits im Januar 1939 zum Kommandanturstab des KZ Flossenbürg gekommen war, »den ganzen Betrieb im Konzentrationslager« auch dann noch mitgemacht habe, als er längst erkannt hatte, daß dort Verbrechen begangen worden seien. Er sei sogar bestrebt gewesen, seinen »Dienst« mit besonderer Härte auszuführen, um sich damit eine ruhige und sichere Stellung zu verschaffen. Als strafmildernd für den inzwischen als Elektroschweißer tätigen Kübler, der 1932 in die SA und ein Jahr später in die SS eingetreten war, berücksichtigt dagegen das Gericht, daß er »ein im wesentlichen straffreies Leben« geführt habe: »Es kann zugunsten des Angeklagten angenommen werden, daß er die ihm zur Last liegende Tat unter normalen Verhältnissen nicht begangen hätte, daß er also in einem gewissen Sinne als Situationstäter anzusehen ist. Der Angeklagte ist bereits in jungen Jahren zur SS gekommen, zu einer Zeit, wo die spätere Entwicklung ... für den Angeklagten vielleicht noch nicht zu übersehen war. Es mag ihm weiter zugute gehalten werden, daß er bei seinem einfachen Bildungsstand erst verhältnismäßig spät das ganze Ausmaß des Unrechts erkannt haben mag, das im Konzentrationslager geschah ... Dazu kommt, daß es

7.7.: Plakat der »Westdeutschen Frauenfriedensbewegung« (WFFB).

der Angeklagte, der unter strengen Befehlsverhält-
nissen stand und gewohnt war, bedingungslos zu
gehorchen, bei seiner etwas schwerfälligen und pri-
mitiv wirkenden Art schwerer hatte, im Falle Haas
einen Ausweg aus der Situation zu finden.«[168]

9. Juli Die 3. Strafkammer des Landgerichts **Frankfurt** verurteilt den 33jährigen Alfred Scholz wegen
Gründung einer verfassungsfeindlichen Vereinigung
in Tateinheit mit Geheimbündelei zu drei Monaten
Gefängnis auf Bewährung und zu einer Geldbuße von
500 DM. Der Angeklagte hatte sich als Kriegsgefangener in England der Bewegung um den Faschisten
Sir Oswald Mosley angeschlossen und war zwischen
1951 und 1954 für den antikommunistischen und
antisemitischen *European Liaison Service* (ELS) als
dessen »Deutschland-Direktor« tätig. Im deutschen
Zweig der ELS sollen jedoch neben dem Angeklagten
nur dessen Schwester, sein Schwager und eine Haus-
angestellte vertreten gewesen sein. Das Gericht
weist allerdings nach, daß Scholz, dessen Hauptaufgabe es war, an seine britischen Gesinnungsgenossen
Informationsmaterial zu liefern, Beziehungen zu
zahlreichen rechtsradikalen Organisationen in der
Bundesrepublik, in den USA und in Argentinien aufgebaut hat. Bei einer Hausdurchsuchung waren
neben belastenden Korrespondenzen auch Bücher
und Bilder von Hitler, Goebbels und Göring gefunden worden.

*10.7.: Das Hambur-
ger Nachrichten-
magazin setzt eine
alte Karikatur des
»Simplicissimus«
aufs Titelblatt, um
auf die gespensti-
sche Aktualität
schlagender Verbin-
dungen aufmerk-
sam zu machen.*

10. Juli Einige SDS-Mitglieder verteilen vor dem
Hauptgebäude der Johann Wolfgang Goethe-Universität in **Frankfurt** Flugblätter, mit denen sie sich
gegen eine Rede von Bundeskanzler Adenauer wenden. Darin heißt es: »In Nürnberg proklamierte Hitler 1933 den Einparteienstaat und verbot die SPD. In
zwölf Jahren ruinierte Hitler Deutschland. In Nürnberg proklamierte Adenauer 1957 den Einpartei-
enanspruch der CDU: ›Wir sorgen dafür, daß die
sozialdemokratische Partei niemals an die Macht
kommt.‹ Adenauer und der Totalitätsanspruch für
seine Partei bedrohen die Freiheit nach innen und
den Frieden nach außen. Gebt Adenauer keine zwölf
Jahre Zeit!«[169] Nach kurzer Zeit versammelt sich
eine Gruppe rechtsorientierter Studenten, zumeist
Mitglieder der Korporation *Hasso-Nassovia*, um die
Flugblattverteiler. Unter Beschimpfungen werden
den SDS-Mitgliedern die Papierstöße entrissen, auf
einen Haufen geworfen und vor dem Haupteingang
angezündet. Einer der Korporierten verteidigt sich
mit den Worten, Goebbels habe im Unterschied zu
den Linken »wenigstens Format« besessen. Die Verbrennung der Flugblätter, erklären andere Teilnehmer der Aktion, als sie später zur Rede gestellt werden, sei eine »gesunde Reaktion« auf ein »anspruchs-
loses Pamphlet« gewesen. Der AStA der Universität

kommentiert das von Teilen der Lokalpresse in
Beziehung zu den Bücherverbrennungen der Nazis
gesetzte Autodafé mit den Worten, daß dies »allenfalls ein Sommerjux der Studenten, nicht aber eine
politische Demonstration« gewesen sei.

10. Juli Auf Anweisung von Oberbundesanwalt Max
Güde in **Karlsruhe** führen Beamte der Sicherungsgruppe Bonn in einer bundesweiten Aktion Hausdurchsuchungen bei Personen durch, die unter dem
Verdacht stehen, die Teilnahme von Jugendlichen an
den in Moskau bevorstehenden kommunistischen
Weltjugendfestspielen gefördert zu haben. In **München** wird die Wohnung des Professors für katholische Theologie Johannes Aufhäuser durchsucht, in
Würzburg die des Professors für Staatswissenschaften Franz Paul Schneider und in **Offenbach** die des
Journalisten Helmut Rödl. Die Genannten gehören
zum vorbereitenden Komitee für die »VI. Weltfest-
spiele der Jugend und Studenten« in der sowjetischen Hauptstadt. Außerdem wird das Konto des
Festivalkomitees bei einer Münchener Bank gesperrt. – Schneider erklärt in **Würzburg** der Presse
gegenüber, daß bei ihm Post und Unterlagen beschlagnahmt worden seien. Dem Vorbereitungs-
komitee für die Weltjugendfestspiele gehörten
Delegierte aus 156 Ländern, darunter zwölf kommunistische Staaten, an. Aus der Bundesrepublik hätten
sich über 12.000 Jugendliche gemeldet, die an der

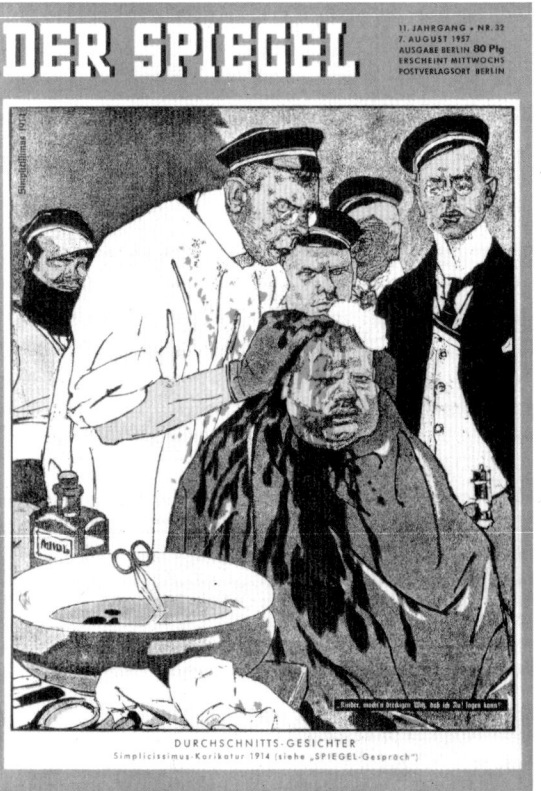

Großveranstaltung teilnehmen wollten. Er rechne damit, fügt Schneider hinzu, daß man ihn nun aus seinem Amt als Universitätsprofessor entfernen werde. – Der Verleger Ernst Rowohlt, der ebenfalls zum Festivalkomitee gehört, richtet am 19. Juli kurz vor seiner Abreise zu den Weltjugendfestspielen ein Telegramm an Bundespräsident Theodor Heuss in **Bonn**. Darin heißt es zu dem gegen Aufhäuser, Schneider, Rödl und andere eingeleiteten Ermittlungsverfahren: »Der Beschluß stützt sich auf die falsche Konstruktion eines Zusammenhanges zwischen der vorbereitenden Arbeit westdeutscher Komiteemitglieder und einer illegalen Tätigkeit der FDJ. Im Interesse der friedlichen Zusammenarbeit der Völker bitte ich Sie um Ihre Intervention, da der Schritt des Herrn Bundesanwaltes in der ganzen Welt bekannt geworden ist und geeignet sein dürfte, die großen internationalen Verhandlungen zur Beseitigung des kalten Krieges zu stören.«[170] Rowohlt war am 22. Juni für seine verlegerische Tätigkeit anläßlich seines 70. Geburtstags vom Bundespräsidenten mit dem Großen Verdienstkreuz des Bundesverdienstordens ausgezeichnet worden.

10. Juli Eine Spruchkammer in **West-Berlin** verurteilt den ehemaligen Ermittlungsrichter des natio-nalsozialistischen Volksgerichtshofes und jetzigen Senatsrat beim Bundespatentamt in München Franz Schlüter zu einer Geldsühne in Höhe von 50.000 DM.

10. Juli Der Abgeordnete der *Labour Party* Sydney Silverman richtet im Unterhaus in **London** an den britischen Außenminister Selwyn Lloyd die Frage, ob ihm bekannt sei, daß in der Bundesrepublik 200 Richter und Staatsanwälte tätig seien, die in der NS-Zeit für die Verhängung von Todesurteilen persönlich verantwortlich gewesen seien. Die Tatsache, daß sich diese Juristen, die sich schwerer Verbrechen gegen die Menschlichkeit schuldig gemacht hätten, weiterhin betätigen könnten, verstoße gegen das Potsdamer Abkommen. Der Außenminister erklärt, daß er über die von der Regierung der DDR verbreitete Behauptung informiert sei und sichert zu, daß seine Regierung »Interesse an der Sache« habe und sie weiter verfolgen werde.

10. Juli In **New York** ehren rund 300 jüdische KZ-Überlebende den 49jährigen Oskar Schindler, dem es gelungen war, etwa 1.100 Juden vor ihrer Vernichtung durch die Nazis zu retten. – Schindler, ein deutscher Katholik und Sohn eines Kleinfabrikanten aus dem Sudetenland, hatte nach der Eroberung Polens bei Kraków eine bankrotte Geschirrwarenfabrik aufgekauft und dort polnische Juden als besonders billige Arbeitskräfte eingestellt. Als 1943 der SS-Hauptsturmführer Amon Goeth alle Krakauer Juden im Arbeitslager Plaszów kasernieren wollte, errichtete Schindler hinter seiner Fabrik ein eigenes Lager mit Baracken und Stacheldrahtzäunen. Darin konnten seine jüdischen Fabrikarbeiter trotz SS-Wachmannschaft bis zum Herbst 1943 ziemlich ungehindert weiterarbeiten, weil ihr Chef mit allen möglichen Tricks dafür gesorgt hatte, ihre Tätigkeit als »kriegswichtig« auszugeben. Als sie schließlich doch von dem Liquidierungssystem der Nazis erfaßt zu werden drohten, organisierte Schindler auf 250 Eisenbahnwaggons die Verlegung seines gesamten Maschinenparks mitsamt all seinen, als unverzichtbar ausgegebenen »Spezialarbeitern«, darunter auch einige Kinder, in das weiter westlich gelegene Brnenc (Brünnlitz). Dem Geschirrfabrikanten gelang es nicht nur, die jüdischen Arbeiter auf diese Weise der Vernichtungsmaschinerie zu entziehen, sondern auch sie in dem mährischen Ort bis zur Befreiung am 8. Mai 1945 vor weiteren Verfolgungen zu schützen. – Das Namensverzeichnis für den Transport nach Brünnlitz wird später als »Schindlers Liste« berühmt. Der US-amerikanische Filmregisseur Steven Spielberg verfilmt die Geschichte der »Schindler-Juden«, wie sich die Geretteten selbst nennen, und ihres einfallsreichen Retters, der vom

10.7.: »Rührige Bonner Begleitmusik zu den Moskauer Handelsbesprechungen.« Karikatur aus den »Nürnberger Nachrichten«.

10.7.: Der Verleger Ernst Rowohlt zusammen mit seiner Frau auf den Weltjugendfestspielen in Moskau.

Staat Israel nach dem Krieg als einer von 36 »Gerechten« geehrt worden ist, 1993 unter dem Titel »Schindler's List«.

12. Juli In **Hamburg** verbietet die Polizei eine Versammlung des *Deutschen Blocks* (DB), die unter dem Motto »Die Parteien sind unser Unglück« angekündigt worden ist. In Flugblättern, die am Vortag von DB-Mitgliedern verteilt worden sind, wurden die Parteien als »zusammengelaufene Interessenhaufen« bezeichnet und pauschal der Korruption bezichtigt. Eine Ersatzversammlung zum Thema »Wir und das System« wird ebenfalls verboten.

12.7.: Angehörige des rechtsradikalen »Deutschen Blocks« demonstrieren vor einer Hamburger Polizeiwache gegen das Verbot ihrer Veranstaltung.

12. Juli In **Washington** wird ein vom US-Verteidigungsministerium gemeinsam mit der Atomenergiekommission herausgegebenes »Handbuch für Atomgefahren« vorgestellt. In dem 579 Seiten umfassenden Ratgeber wird auf die vielfältigen Gefahren radioaktiver Strahlung hingewiesen. Den sichersten Schutz bei der Explosion einer Atombombe biete ein unterirdischer Schutzraum. Dort gebe es auch dann noch Chancen, heißt es, die Detonation zu überleben, wenn man sich nur wenige hundert Meter davon entfernt aufhalte. Anderenfalls müsse man davon ausgehen, daß im Umkreis von 160 Kilometern zum Explosionsort die Folgen des radioaktiven Fallouts tödlich seien. – Das Komitee für Regierungsmaßnahmen im Repräsentantenhaus in **Washington** fordert zehn Tage später einen umfassenden Bau von Luftschutzbunkern zum Schutz der amerikanischen Bevölkerung vor einem nuklearen Angriff. In dem Bericht heißt es, daß die in diesem Zusammenhang von der Behörde für Zivilverteidigung ausgearbeiteten Pläne zur Evakuierung von Großstädten durch die Entwicklung der Wasserstoffbomben bereits weit überholt seien. Die Kosten für den Bau solcher Luftschutzbunker werden insgesamt auf 20 Milliarden Dollar veranschlagt.

12. Juli In der kubanischen Hauptstadt **Havanna** wird ein Aktionsprogramm bekannt, das von Fidel Castro, dem Führer der *Bewegung 26. Juli*, dem Vorsitzenden der sozialreformerischen *Partido del Pueblo Cubano* (PPC), Raúl Chibás, und dem ehemaligen Chef der kubanischen Nationalbank, Felipe Pazos, unterzeichnet ist. In der »Sierra-Maestra-Erklärung« wird nicht nur die Notwendigkeit zur Errichtung einer gemeinsamen revolutionären Front durch alle kubanischen Parteien betont, die in Opposition zum Batista-Regime stehen, sondern auch die Notwendigkeit zur Durchführung freier Wahlen und zur Garantie der Pressefreiheit. Der von Castro bei den Gesprächen Anfang Juli ins Spiel gebrachte Gedanke einer umfassenden Bodenreform war von seinen beiden bürgerlichen Partnern nicht akzeptiert worden. In dem Dokument ist lediglich von der Absicht die Rede, ungenutztes Land nach einem Sieg der Opposition neu zu verteilen.

13. Juli Der Philosoph Günther Anders publiziert in der »Frankfurter Allgemeinen Zeitung« einen Text mit der Überschrift »Gebote des Atomzeitalters«. »Dein erster Gedanke nach dem Erwachen«, heißt es darin, »heiße ›Atom‹. Denn du sollst deinen Tag nicht mit der Illusion beginnen, was dich umgebe, sei eine stabile Welt ... Dein zweiter Gedanke nach dem Erwachen laute: ›Die Möglichkeit der Apokalypse ist unser Werk. Aber wir wissen nicht, was wir tun.‹ Wir wissen es wirklich nicht, und auch diejenigen wissen es nicht, die über die Apokalypse entscheiden; denn auch sie sind ›wir‹, auch sie sind grundsätzlich Inkompetente. Daß auch sie inkompetent sind, ist freilich nicht ihre Schuld. Vielmehr die Folge einer Tatsache, die keinem von ihnen und keinem von uns angerechnet werden kann: nämlich Folge der täglich wachsenden Kluft zwischen zwei unserer Vermögen: zwischen dem, was wir herstellen können, und dem, was wir vorstellen können. Im Laufe des technischen Zeitalters hat sich nämlich das klassische Verhältnis zwischen Phantasie und Tun umgekehrt ... Dies also ist eine Aufgabe: Der Menschheit beizubringen, daß keine physische Maßnahme, keine Zerstörung physischer Objekte jemals eine restlose Garantie darstellen wird, daß wir vielmehr fest dazu entschlossen sein müssen, den Schritt niemals zu machen, obwohl er immer möglich sein wird. – Wenn es uns: dir, dir und mir, nicht gelingt, die

Menschheit mit dieser Einsicht anzufüllen, dann sind wir verloren.«[171] – Von dem Autor, der eigentlich Günther Stern heißt, ist im Jahr zuvor das grundlegende technik- und zivilisationskritische Werk »Die Antiquiertheit des Menschen« erschienen. Anders, der wegen seiner jüdischen Herkunft emigrieren mußte, hat sich nachdem er in Frankreich und den Vereinigten Staaten im Exil gelebt hatte, geweigert, nach Deutschland zurückzukehren und lebt seitdem in Wien.

13. Juli Auf einer Versammlung in **Karlstadt** am Main kündigt der Vorsitzende des DGB-Kreisausschusses Würzburg, Oskar Albert, an, daß über 20.000 Gewerkschaftler aus Bayern und Hessen Ende Juli in den nahegelegenen Ort Karlburg kommen würden, um gegen das »Europa-Treffen« von ehemaligen Angehörigen der Waffen-SS zu demonstrieren. Die Gewerkschaften wollten verhindern, erklärt er, daß sich »ein 1933« noch einmal wiederhole.

14. Juli In **Hamburg** treffen französische Kinder aus der Gegend von Oradour-sur-Glane, wo die Waffen-SS 1944 mit einem Massaker fast die gesamte Zivilbevölkerung ausgelöscht hatte, ein, um in der Hafenstadt ihre Sommerferien zu verbringen. Die »Ferien-Aktion 1957« ist von der *Internationalen Föderation der Widerstandskämpfer* (FIR) organisiert worden. Sie will damit zur Verständigung zwischen den Völkern beitragen, die gegenseitige Achtung stärken und für eine friedliche Zukunft eintreten. – Im Rahmen dieser Aktion treffen am selben Tag niederländische Kinder in **Schleswig-Holstein** und in **Stuttgart** und schleswig-holsteinische Kinder in **Amsterdam** ein. Bereits am 6. Juli waren Hamburger

14.7.: Abfahrt eines Kindertransportes vom Frankfurter Hauptbahnhof.

Kinder in den belgischen Ort **Genval** gefahren, um dort ihre Ferien in einem Erholungsheim ehemaliger Widerstandskämpfer zu verbringen.

16. Juli Eine Gruppe der *Vereinigung der Verfolgten des Naziregimes* (VVN) führt in dem kleinen, am Main gelegenen Ort **Karlburg** eine Flugblattaktion gegen eine Großveranstaltung ehemaliger SS-Angehöriger durch, die hier Ende Juli in der Sporthalle stattfinden soll. Die Männer, die sich als Opfer der SS bezeichnen, gehen von Haus zu Haus und versuchen die Bewohner über die Taten der SS aufzuklären.

16. Juli Die Delegierten einer Tagung des bayerischen DGB-Landesbezirks beschließen am Nachmittag in **Nürnberg**, entgegen bisheriger Ankündigungen, keine Gegendemonstration zu dem für Ende Juli von der *Hilfsgemeinschaft auf Gegenseitigkeit der ehemaligen Soldaten der Waffen-SS* (HIAG) in Karlburg am Main geplanten »Europa-Treffen« durchzuführen. Am 4. und am 13. Juli hatten hessische und bayerische Gewerkschaftssprecher angekündigt, 20.000 Demonstranten gegen die Großveranstaltung der Ex-SS-Männer mobilisieren zu wollen. – Bereits am Morgen war die Meldung von der Absage der DGB-Demonstration in der »Karlstadter Zeitung« veröffentlicht worden. Ursprünglich sollte das HIAG-Treffen in Karlstadt, der Kreisstadt, in deren unmittelbarer Nachbarschaft das Dorf Karlburg liegt, stattfinden. Doch dann hatte der Stadtrat den

13.7.: Der Philosoph Günther Anders während des Zwischenaufenthalts bei einer Flugreise.

An die Bürger von Karlburg a. M., Karlstadt a. M. und Umgebung

Am 27. und 28. Juli soll in Karlburg ein SS-Treffen stattfinden. Nachdem der Stadt-rat von Karlstadt auf Grund der Proteste der unterzeichneten Organisationen und der Bedenken in der Bevölkerung es abgelehnt hat, das Treffen in Karlstadt stattfinden zu lassen, fand sich der Gemeinderat des gegenüberliegenden Karlburg ohne Gegen-stimmen bereit, das Treffen in Karlburg zu übernehmen.

Hier gibt es Interessenten, die ein „gutes Geschäft" wittern. Aber was ist das für ein „Geschäft" und w e n hat man sich eingeladen?

In diesem Jahr hat bereits in Karlstadt das Treffen der Sturmartillerie und in Lohr das Treffen der Transportflieger stattgefunden. Nun aber soll die SS zu Gast kommen. Was sind das für „Gäste"?

Die SS-Runen bedeuteten unter Hitler Tod und Verderben. für ganz Europa. Im Na-men der SS wurden Millionen Menschen in den Konzentrationslagern gemartert und vergast, Abermillionen Fremdarbeiter in die deutschen Rüstungsbetriebe gejagt — blutigste Aktionen wurden durchgeführt, wie die Zerstörung der italienischen Stadt Marzabotto, die im Oktober 1944 vernichtet wurde, wobei ähnlich wie in der französi-schen Stadt Oradour 1830 Menschen ermordet wurden. In Oradour wurde die Bevöl-kerung in die Kirche zusammengetrieben und diese angesteckt, Frauen und Kinder verbrannten oder starben unter den Schüssen der SS — keiner wurde verschont. In dem holländischen Städtchen Putten trieb die SS im Oktober 1944 die Bevölkerung in die Kirche zusammen und transportierte 600 Männer in die Konzentrationslager, von denen nur wenige wiederkehrten. Der tschechische Ort Lidice wurde dem Erdboden gleichgema ʿ ɨ, alle männlichen Einwohner ermordet und die Frauen und Kinder ver-schleppt.

Das sind nur einige „Marksteine" vom Wesen und Wirken der SS, die den Namen dieser Organisation in der ganzen Welt zum Abscheu werden ließen. In Nürnberg wurde daraufhin die SS im Gegensatz zur Wehrmacht insgesamt zur verbrecherischen Organisation erklärt.

Wir sind uns vollkommen im klaren darüber, daß die kleinen SS-Männer, die zum Schluß des Krieges in die SS hineingepreßt wurden, nicht verantwortlich gemacht werden können. Das sind aber auch nicht diejenigen, die heute ein Interesse an SS-Treffen haben. Was hier nach Karlburg kommen, sind in erster Linie die alten „Marschierer", die unter dem Deckmantel von Kameradschaftstreffen und Suchdienst ihre alten Ziele verfolgen.

B ü r g e r ! Seid ihr euch darüber klar, was euch der Gemeinderat von Karlburg da für eine „Einquartierung" bestellt hat?

Seid ihr euch darüber klar, daß in ganz Europa bereits Proteste gegen das beab-sichtigte Treffen laut werden?

Wollt ihr den Namen eurer Gemeinden und Städte mit der SS verbinden?

W i r w a r n e n !

DJO (Deutsche Jugend des Ostens), Lutz Schneidereit, Karlstadt
Gewerkschaftsjugend, Alfons Metz, Karlstadt
Katholische Jugend Karlstadt, Dieter Hauck
Evangelische Gemeindejugend Karlstadt, Johann Sülzle
SJD Falken, Hans Gebel, Karlstadt

16.7.: Aufruf aus der antifaschisti-schen Wochenzei-tung »Die Tat«.

16.7.: Alt-Nazi Erich Kernmayr, einer der führenden Publizisten der nationalen Rechten.

Organisatoren die Genehmigung für die Durchfüh-rung der Veranstaltung verweigert. – Das in Ham-burg erscheinende Wochenblatt »Die Andere Zei-tung« bemerkt dazu in seiner Ausgabe vom 8. August: »Es kam zu Besprechungen zwischen den SPD-Landtagsabgeordneten Wönner, Eßl, Laufer und Sauer einerseits und den bayerischen HIAG-Leuten auf der anderen Seite. Der Beschluß von Nürnberg wurde in Wirklichkeit schon in der Vor-woche in München gefaßt. Der DGB hatte sich von der HIAG mit der Erklärung abspeisen lassen, daß es sich bei dem SS-Treffen lediglich um eine Suchdienst-aktion handle. ›Nach dieser Erklärung‹, so stellte der DGB fest, ›verzichten wir auf eine Demonstration, da wir ein Treffen, das der Aufklärung von Ver-mißtenschicksalen dient, nicht stören wollen.‹«[172] – Der Pressechef der HIAG, Erich Kernmayr, hatte zuvor in der »Deutschen Soldatenzeitung« über das bevorstehende Treffen der Ex-SS-Männer in dem kleinen unterfränkischen Dorf geschrieben: »In Karlburg wird ein Suchdiensttreffen, eine Veranstal-tung, die das erschütternde Schicksal von 42.000 Ver-

mißten der ehemaligen Waffen-SS aufhellen soll, stattfinden. Viele der dort Versammelten werden verzweifelte Mütter und Väter, ratlose und hilfsbe-dürftige Frauen sein, die endlich die Ruhe der Gewißheit um das tragische Schicksal ihrer Angehö-rigen haben wollen. Und sonst nichts! Genosse Eßl wird seine zwei Gewerkschaftsdivisionen also gegen Schwerversehrte, gegen Spätheimkehrer, gegen Kinder, gegen Mütter, gegen Ehefrauen, Witwen und Väter organisieren und ins ›Feld‹ führen.«[173]

16. Juli Der Herausgeber der rechtsradikalen Zeit-schrift »Die Anklage«, Robert Kremer, wird im **West-Berlin**er Bezirk Zehlendorf in der Villa seiner Ehefrau von der Polizei verhaftet. Der 37jährige steht unter Verdacht, dem ehemaligen Legationsrat im Auswärtigen Amt in der Berliner Wilhelmstraße, Franz Rademacher, zur Flucht ins Ausland verholfen zu haben. Rademacher, der am 17. März 1952 vom Nürnberger Landgericht wegen Beihilfe zum Tot-schlag von 1.300 serbischen Juden zu einer Gefängnis-strafe von drei Jahren und fünf Monaten verurteilt worden war, gelang es, sich über Marseille nach Damaskus abzusetzen. Dort soll er als »Geschäfts-mann« unter dem Namen Roselli leben. Gleichzeitig durchsucht die Polizei im Bezirk Kreuzberg eine Druckerei, in der das in Bad Wörishofen erschei-nende »Organ der entrechteten Nachkriegsgeschä-digten«, wie »Die Anklage« im Untertitel heißt, her-gestellt wird. Alle noch vorhandenen Exemplare des Hetzblattes, das wegen seiner antisemitischen und neofaschistischen Artikel berüchtigt ist, werden beschlagnahmt und auf Lastkraftwagen abtranspor-tiert.

16. Juli Die Lagergemeinschaft jüdischer Deportier-ter Frankreichs veranstaltet vor dem Vélodrome d'Hiver in **Paris** eine Gedenkkundgebung für die 30.000 jüdischen Männer, Frauen und Kinder, die von den Nazis vor genau 15 Jahren in der französi-schen Hauptstadt verhaftet worden sind. Der Vize-präsident der Internationalen Föderation der Wider-standskämpfer (FIR), der Senator Debu-Bridel, er-klärt vor 500 Zuhörern: »Wenn wir den Helfers-helfern Hitlers unser NEIN zurufen, dann wenden wir uns gegen die Wiedererrichtung des Nazismus. Wir folgen dabei nicht dem Haß, sondern lassen uns nur von der Treue zu uns selbst leiten.«[174] – Im Anschluß an die Verhaftungsaktion vom 16. und 17. Juli 1942 waren alle Männer, Frauen und Mädchen über 16 Jahre in Autobussen nach Drancy gebracht worden. Über 7.000 Juden, darunter mehr als 4.000 Kinder und Jugendliche, mußten fünf bis sieben Tage ohne Decken und Nahrung in der Radrennbahn ver-bringen, bevor sie in die Konzentrations- und Ver-nichtungslager deportiert wurden.

16./17. Juli Unbekannte zerstören in der Nacht einen großen Teil der Außenanlagen der katholischen Pfarrkirche in **Salzgitter-Bad**. Zahlreiche Birken und Weiden werden abgeknickt, Pfähle und Pflanzen ausgerissen, Fenster und Schaukästen eingeschlagen sowie Blumenrabatten zertrampelt. Die Täter formen außerdem aus Holzleisten und Erde ein ein Meter großes Hakenkreuz und stellen in seine Mitte einen Blumentopf. Es ist in diesem Jahr bereits das dritte Mal, daß die Außenanlagen der Kirche verwüstet worden sind. – Die »Frankfurter Rundschau« kommentiert in ihrer Ausgabe vom 19. Juli die Kirchenschändung unter der Überschrift »Wie lange noch?«. Nachdem am 20. April schon der Ausländerfriedhof in Salzgitter-Lebenstedt geschändet und mit antisemitischen Schmierereien versehen worden war, werden energischere Schritte gefordert, um dem nazistischen Treiben in dieser Gegend ein Ende zu setzen: »Als die Friedhofsschändung begangen wurde, setzte man hohe Belohnungen für die Ermittlung der Täter aus. Das Ergebnis war gleich Null. Im Gegenteil, die Banditen wüten weiter, und die Polizei zuckt bedauernd mit den Schultern. Wir müssen offen sagen, etwas stimmt da nicht im Gebiet von Salzgitter ... Es wird die höchste Zeit, daß mit allem Ernst und aller Energie diesem schamlosen Treiben ein Ende bereitet wird.«[175]

17. Juli Die Erste Strafkammer des Landgerichts **Dortmund** verurteilt den ehemaligen Vorsitzenden der vom Bundesverfassungsgericht verbotenen *Sozialistischen Reichspartei* (SRP), Fritz Dorls, wegen Rädelsführerschaft in einer verfassungsfeindlichen Organisation, Beleidigung und Betrugs zu einer Gefängnisstrafe von einem Jahr und zwei Monaten. In seiner Urteilsbegründung erklärt der Vorsitzende Landgerichtsdirektor, Dorls hätte wissen müssen, daß es sich bei der neofaschistischen SRP um eine verfassungsfeindliche Vereinigung gehandelt habe. Alle »unbelehrbaren und unverbesserlichen NSDAP-Genossen« seien in der SRP mit offenen Armen empfangen worden und dort innerhalb kurzer Zeit in höchste Funktionen aufgestiegen.

18. Juli Bundestagsvizepräsident Richard Jaeger (CSU) löst mit seiner Feststellung, daß die allgemeine Wehrpflicht eine Notwendigkeit sei, auf einer von 2.000 Menschen besuchten Wahlkampfkundgebung seiner Partei in **München** Proteste aus, die schließlich zu einem Handgemenge zwischen Saalordnern und jungen Antimilitaristen führt. Die Protestierenden lärmen so stark, daß der konservative Politiker kaum noch zu verstehen ist. Als Jaeger dem SPD-Vorsitzenden Erich Ollenhauer, vorwirft, ihm fehle es im Gegensatz zum Bundeskanzler dessen Verdienste er besonders hervorhebt, an staatsmän-

nischem Format, tönt es ihm in Sprechchören mehrmals entgegen: »Heil Adenauer!«

19. Juli Der Zentrale Arbeitsausschuß des *Fränkischen Kreises* leitet Bundestagspräsident Eugen Gerstenmaier in **Bonn** eine bereits zwei Monate zuvor verfaßte Petition zu, mit der die Abgeordneten zu einem Verzicht auf die geplante Atombewaffnung der Bundeswehr aufgerufen werden: »Die Unterzeichnenden halten die von der Bundesregierung und der Führung der CDU vertretene Auffassung, daß es ohne atomare Rüstung der Bundesrepublik keine Sicherheit für das deutsche Volk geben könne, für verhängnisvoll. Sie stellen daher an den Bundestag den Antrag: Der Bundestag möge beschließen: 1. Die Bundesrepublik Deutschland verzichtet, um einen Beitrag zur allgemeinen Abrüstung zu leisten, schon jetzt auf die atomare Aufrüstung der Bundeswehr und auf die Herstellung von Teilen atomarer Waffen. 2. Die Bundesregierung wird verpflichtet, die Lagerung atomarer Waffen durch NATO-Einheiten auf dem Gebiet der Bundesrepublik grundsätzlich abzulehnen und die mit offener oder stillschweigender Duldung bereits erfolgte Lagerung rückgängig zu machen. 3. Die Bundesregierung wird verpflichtet, alle diplomatischen Möglichkeiten auszuschöpfen, die der allgemeinen Abrüstung und Entspannung dienen, um dadurch auch günstigere Voraussetzungen für die Lösung der deutschen Frage zu schaffen.«[176] Die Eingabe der »Vereinigung von Angehörigen geistiger Berufe«, wie sich der *Fränkische Kreis* selbst bezeichnet, haben 123 Künstler und Schriftsteller, 58 Professoren, 36 Lehrer und 28 Intellektuelle aus anderen Berufssparten unterzeichnet, darunter der Marburger Professor für Politikwissenschaft Wolfgang Abendroth, der Bonner Professor für evangelische Theologie Helmut Gollwitzer, die Maler Otto Dix, Otto Pankok und Hans Purrmann sowie die Schriftsteller Albrecht Goes, Hans Henny Jahnn, Wolfgang Koeppen und Ernst von Salomon. Die Zahl der Unterzeichner wächst in den folgenden Monaten auf 1.850 Personen an.

17.7.: Der Rechtsradikale Fritz Dorls.

20. Juli Die *Gruppe der Wehrdienstverweigerer* (GdW) führt in **Stuttgart** einen Fahrzeugkorso gegen die Wehrpflicht und die Atombewaffnung der Bundeswehr durch.

20. Juli In **London** demonstrieren mehrere hundert Bürger gegen die angekündigte Schließung des renommierten St.-James-Theaters. Der Zug durch das Zentrum der britischen Hauptstadt wird von dem Schauspielerehepaar Vivien Leigh und Sir Laurence Olivier angeführt. Leigh hatte bereits zuvor durch Zwischenrufe während einer Etatdebatte im Oberhaus gegen die fortgesetzte Schließung von Theatern in Großbritannien protestiert.

20.7.: Teilnehmer eines antimilitaristischen Fahrzeugkorsos in Stuttgart.

21. Juli Im Zentralorgan der SED »Neues Deutschland« erscheint ein Wahlaufruf der seit dem Vorjahr in der Bundesrepublik verbotenen KPD zu den am 15. September bevorstehenden Bundestagswahlen. Die »Wählerinnen und Wähler in Stadt und Land« hätten, heißt es in dem Appell, seit 1945 noch nie vor so einer ernsten Wahlentscheidung gestanden. »Adenauer und seine CDU/CSU sind bereit«, wird darin weiter behauptet, »lieber Krieg gegen die Deutsche Demokratische Republik zu führen, als sich mit ihr zu verständigen. So setzen sie das Leben unseres Volkes aufs Spiel; uns fünfzig Millionen Deutsche in der Bundesrepublik würden im Ernstfall einige Wasserstoffbomben vernichten. Wer Adenauer wählt, wählt den Atomtod.«[177] Obwohl die KPD vor Illusionen gegenüber der SPD warnt, ruft sie ihre in die Illegalität getriebenen Mitglieder, ihre Anhänger und alle anderen Wähler auf, bei den Bundestagswahlen ihre Stimme der SPD zu geben.

21.7.: Vermutlich in der DDR hergestelltes Plakat zur Bundestagswahl.

23. Juli In einem Vortrag vor der *Evangelischen Studentengemeinde* (ESG) in **Bonn** vertritt der Theologieprofessor Helmut Gollwitzer die Ansicht, daß mit atomaren Massenvernichtungsmitteln »keine gerechten Kriege« mehr zu führen seien und plädiert eindringlich für einen »Atomstreik der Christen«.

23.-26. Juli In einem Schauprozeß vor dem I. Strafsenat des Obersten Gerichts der DDR in **Ost-Berlin** stehen vier weitere, der regimekritischen »Harich-Gruppe« zugerechnete Intellektuelle unter der

Anklage, den Sturz der Staatsmacht in der DDR beabsichtigt zu haben. Zu verantworten haben sich in Anwesenheit der Justizministerin Hilde Benjamin (SED) der Leiter des Ostberliner Aufbau-Verlages, Walter Janka, der Chefredakteur der Wochenzeitung »Sonntag«, Heinz Zöger, dessen Stellvertreter Gustav Just und der Journalist Richard Wolf. Dem Hauptangeklagten Janka, der an acht Tagen mit einer Höhensonne bestrahlt worden ist, damit er durch die Bräune seiner Haut einen möglichst gesunden Eindruck macht, ist zuvor gedroht worden, er solle in dem Verfahren nur nicht den »Volkstribun« spielen, wenn er nicht das doppelte Strafmaß erhalten wolle. Unter den Zuhörern, die in dem in der Scharnhorststraße, ganz in der Nähe der Sektorengrenze zu West-Berlin gelegenen Gerichtssaal Platz genommen haben, sind neben Presseberichterstattern Vertreter von Ministerien, Großbetrieben, der Humboldt-Universität, von Verlagen, Künstler- und Schriftstellerverbänden. Anwesend sind u.a. Anna Seghers, Willi Bredel, Helene Weigel, Karl-Eduard von Schnitzler und Bodo Uhse. In der Anklageschrift von Generalstaatsanwalt Ernst Melsheimer (SED) heißt es: »Die Beschuldigten sind aktive Mitglieder der staatsfeindlichen Gruppe Harich, die auf der Grundlage einer konterrevolutionären Konzeption das Ziel verfolgte, durch Beseitigung wesentlicher sozialistischer Errungenschaften auf politischem, wirtschaftlichem und kulturellem Gebiet die volksdemokratischen Grundlagen der Arbeiter-und-Bauern-Macht zu untergraben und die Staatsmacht der DDR zu liquidieren. Zu diesem Zweck führten sie Zusammenkünfte staatsfeindlichen Charakters durch, bei denen konterrevolutionäre Ziele erörtert und Maßnahmen festgelegt und durchgeführt wurden, um diese Ziele durch Verbreitung der konterrevolutionären Pläne, durch Bildung zweier staatsfeindlicher Gruppen, durch Sturz führender Staatsfunktionäre und durch Belebung und Organisierung reaktionärer Kräfte und Bestrebungen zu realisieren, und zwar unter Verwendung von Publi-

kationsorganen und Rundfunkstationen außerhalb des Territoriums der Deutschen Demokratischen Republik. Diese Anschläge gegen den Frieden und gegen den Bestand des Staates fanden in einer Zeit der erhöhten Gefährdung der Deutschen Demokratischen Republik statt.«[178] Als Kronzeuge der Anklage tritt Wolfgang Harich auf, der bereits am 9. März wegen »Bildung einer konspirativen staatsfeindlichen Gruppe« zu einer zehnjährigen Zuchthausstrafe verurteilt worden ist. Janka beschreibt den Auftritt seines früheren Freundes im nachhinein so: »Er sprach wie in seinen besten Zeiten. Jedes Wort, jeder Satz mit Emphase formuliert. Die Stimme ungebrochen. Mit Gesten wie an einem Katheder … Wie nach einem gewissenhaft ausgearbeiteten Konzept. Bis ins letzte Detail überlegt. Sein Eifer war grenzenlos. Seine ganze körperliche Kraft ging in den Redefluß ein … Er wiederholte alle seine Selbstbeschuldigungen. Keine Einzelheit wurde ausgelassen. Genauso, wie er es schon in seinem eigenen Prozeß getan hatte.«[179] Ganz anders verläuft dagegen der Auftritt des Belastungszeugen Paul Merker. Als das ehemalige ZK- und Politbüromitglied, das 1950 gestürzt und 1955 zu einer Zuchthausstrafe verurteilt worden war, die Verdienste Jankas im Spanischen Bürgerkrieg und im mexikanischen Exil hervorhebt, gerät der Generalstaatsanwalt vor Wut fast außer sich und brüllt ihn an, er sei schließlich nicht vor Gericht geladen worden, um »eine Hymne auf den Verräter« anzustimmen. Im weiteren Verlauf seiner Befragung droht ihm Melsheimer damit, daß er »eigentlich« auch auf die Anklagebank gehöre. Minutenlang bringt der Altkommunist, der zeitweilig als Konkurrent Walter Ulbrichts um die Führung der SED im Gespräch war, vor Angst keinen Ton mehr heraus. Nachdem er mehrmals zu weinen begonnen hat, wird seine Aussage abgebrochen. Der 63jährige wird schließlich von einer Justizangestellten aus dem Saal geführt. Als Melsheimer in seinem Plädoyer auch eine vorbereitete Erklärung zu dem ungarischen Philosophen Georg Lukács verliest, der während des Volksaufstands im Jahr zuvor Minister für Volksbildung im Kabinett von Imre Nagy war, ihn gemeinsam mit den beiden Schriftstellern Tibor Déry und Julius Hay des Verrats bezichtigt und Janka beschuldigt, er habe diesen Mann in der DDR »zum geistigen Oberhaupt der Konterrevolution« machen wollen, kommt es zu einem Zwischenfall. Da Janka diese Vorwürfe nicht unkommentiert lassen will, ruft er mehrmals dazwischen. Als ihn der Gerichtsvorsitzende ermahnt, er solle solche Ausfälle unterlassen, da er sonst mit einer zusätzlichen Strafe zu rechnen habe, rufen offenbar dementsprechend instruierte Zuhörer mehrmals im Chor: »Nieder mit den Verrätern!« und »Ins Gefängnis mit den Ver-

brechern!« Keiner der Zeugen, die sich bei dem Gericht zur Entlastung der Angeklagten gemeldet hatten, darunter Erika Mann und die beiden Schriftsteller Leonhard Frank und Günther Weisenborn, ist zugelassen worden. Das Oberste Gericht der DDR unter dem Vorsitz seines Vizepräsidenten Walter Ziegler sieht die vier Angeklagten, von denen drei während des Harich-Prozesses Anfang März, wo sie als Zeugen ausgesagt hatten, verhaftet worden waren, in allen Punkten als schuldig an und verurteilt sie zu Zuchthausstrafen von zweieinhalb bis fünf Jahren. In der Urteilsbegründung heißt es: »Die Angeklagten wollten die Verwirklichung ihrer Ziele und wußten, daß ihre objektiv gesetz- und verfassungswidrigen Handlungen, wenn sie zum Erfolg geführt hätten, die gesellschaftliche Struktur und das Staatsgefüge der Deutschen Demokratischen Republik mindestens entscheidend verändert hätten … Das Verhalten aller Angeklagten muß rechtlich als Boykotthetze im Sinne des Art. 6 der Verfassung der Deutschen Demokratischen Republik beurteilt werden.«[180] Den Altkommunisten und Spanienkämpfer Walter Janka, dessen »Verdienste um die Sache der Arbeiterklasse« unbestreitbar seien, treffe die schwerste Schuld. Nur durch seine Unterstützung sei es möglich gewesen, die SED-Betriebsgruppe im Aufbau-Verlag zum »Herd der staatsfeindlichen Gruppierungen« zu machen. Der 43jährige Janka erhält fünf, der 36jährige Just vier, der 38jährige Wolf drei und der 41jährige Zöger zweieinhalb Jahre Zuchthaus. Janka und Zöger haben bereits unter den Nazis im Zuchthaus gesessen. – Das SED-Zentralorgan »Neues Deutschland« schreibt am selben Tag über die angeblich »staatsfeindliche Konzeption« der Angeklagten, indem es aus dem Plädoyer Melsheimers zitiert: »Die Zielsetzung der Gruppe wies eine weitgehende Parallelität mit dem Auftreten ungarischer Intellektueller auf, das in seinem Ergebnis zu dem konterrevolutionären Putschversuch führte. Diese ungarischen Intellektuellen, die sich vor allem im Petöfi-Klub ein konterrevolutionäres Zentrum geschaffen hatten, begannen ihre unheilvolle Tätigkeit mit der Forderung nach uneingeschränkter Kritik in Presse und Rundfunk. Sie verlangten ein neues Zentralkomitee der Partei und eine Umbildung der Regierung, bei der Imre Nagy den Posten des Innenministers übernehmen sollte. Sie forderten den Abzug der Sowjettruppen. Das ungarische Beispiel beweist die unerhörte Gefährlichkeit dessen, was die Angeklagten unternommen haben, erklärte der Generalstaatsanwalt. Er erinnerte an die Erklärung des Bonner Außenministers von Brentano, daß auch mit Unruhen in der DDR zu rechnen sei und daß es zu einem aktiven Eingreifen der NATO führen könne.«[181]

23.-26.7.: Titel eines 1989 erschienenen Buches, in dem Janka seine Verhaftung und den nachfolgenden Prozeß beschreibt.

23.-26.7.: Titel eines 1993 erschienenen Buches, in dem Harich eine abweichende Darstellung der Ereignisse gibt.

24./25. Juli Der *Bund politisch, rassisch und religiös Verfolgter* veranstaltet in dem im **West-Berlin**er Bezirk Charlottenburg gelegenen Kino »Die Kurbel« eine »Großkundgebung aller Nazigegner«. Er will damit gegen einen »Führerappell« des *Stahlhelms – Bund der Frontsoldaten* protestieren, der am Tag darauf im Restaurant »Zum Birkenwäldchen« stattfinden soll. Obwohl die *Vereinigung der Verfolgten des Naziregimes* (VVN) sich mit einem Schreiben an den Schöneberger Bezirksbürgermeister Joachim Wolff (CDU) gewandt hat und ihn aufgefordert hat, das militaristische Treffen zu verbieten, greifen die Behörden nicht ein. Am nächsten Tag versammeln sich deshalb Hunderte von Demonstranten auf dem Cosima-Platz und ziehen vor das Versammlungslokal. In Sprechchören rufen sie: »Nieder mit den Stahlhelm-Faschisten!«, »Wir fordern das Verbot des Stahlhelms!« und »Schluß mit den faschistischen Provokationen!« Bereits nach kurzer Zeit verlassen die versammelten *Stahlhelm*-Mitglieder das Lokal. Der »Führerappell« ist eine bloße Ankündigung geblieben.

25. Juli In **Tunis** tritt die verfassunggebende Versammlung Tunesiens zusammen und löst in drei einstimmig beschlossenen Abstimmungen die Monarchie auf, ruft die Republik aus und erklärt den bisherigen Ministerpräsidenten Habib Bourguiba zum ersten Präsidenten der Republik Tunesien. In einer nachfolgenden Ansprache beschuldigt Bourguiba den abgesetzten Bei Muhammad VIII. Al-Amin, der das Land seit dem 14. Mai 1943 regiert hat, mit der Kolonialmacht Frankreich kollaboriert und das tunesische Volk in seinem Unabhängigkeitskampf behindert zu haben. – Am 31. Juli erkennt Frankreich seine ehemalige Kolonie Tunesien, die von 1881 bis 1956 zu seinem Machtbereich zählte, als unabhängige Republik an.

25. Juli–2. August Ho Chi Minh, der Präsident der Demokratischen Republik Vietnam, hält sich auf Einladung des Präsidenten der DDR, Wilhelm Pieck, zu einem Staatsbesuch in der DDR auf. Am 31. Juli wird in **Ost-Berlin** ein Kulturabkommen zwischen beiden Staaten abgeschlossen.

26. Juli Das Landgericht **Duisburg** verurteilt den ehemaligen SS-Mann Bruno Hobleske wegen Mordes zu einer Gefängnisstrafe von fünf Jahren und erkennt ihm die bürgerlichen Ehrenrechte für die Dauer von drei Jahren ab. Der 45jährige Angeklagte hatte zehn Jahre unter falschem Namen in Goslar gelebt und war 1956 verhaftet worden.

26. Juli In **Guatemala**, der Hauptstadt des gleichnamigen mittelamerikanischen Landes, wird Staatspräsident Carlos Castillo Armás, der 1954 durch einen

25.7.: Der tunesische Staatspräsident Bourguiba (links unten in der ersten Reihe) während der Unabhängigkeitsfeierlichkeiten.

von der CIA gesteuerten Militärputsch an die Macht gekommen war, von einem Mitglied seiner Palastwache erschossen. Der Attentäter Romero Vasquez Sanchez, der mit dem damals gestürzten, demokratisch gewählten Präsidenten Jacobo Arbenz Guzmán sympathisiert, begeht unmittelbar darauf Selbstmord. Die Polizei verbreitet nach dem Attentat die Behauptung, sie verfüge über Dokumente, aus denen eindeutig hervorgehe, daß Sanchez bereits seit langer Zeit Mitglied der *Kommunistischen Partei Guatemalas* sei. Oberst Castillo Armás war insbesondere in den verarmten Schichten der Bevölkerung als eine Art Statthalter der USA verhaßt. Seine Politik diente innenpolitisch den Interessen der Militärs und der Großgrundbesitzer und außenpolitisch denen der USA; mit allen Mitteln hat er die Fortführung der von Arbenz Guzmán begonnenen Land- und Sozialrefom blockiert. – Am Tag darauf wird Vizepräsident Luis Arturo Gonzalez López für eine Interimszeit als Präsident vereidigt.

26./27. Juli Der Ministerrat der DDR in **Ost-Berlin** verabschiedet eine Erklärung über die Sicherung des Friedens und die Wiedervereinigung Deutschlands, in der eine Konföderation zwischen der DDR und der Bundesrepublik vorgeschlagen wird. Am Tag darauf läßt Ministerpräsident Otto Grotewohl (SED) den Text den Leitern und Geschäftsträgern

der diplomatischen Missionen in **Ost-Berlin** überreichen. Zur Konzeption für die »Bildung eines Staatenbundes« auf der Grundlage eines völkerrechtlichen Vertrages heißt es: »Die Konföderation braucht vorerst keine über den beiden Staaten stehende selbständige Staatsgewalt zu schaffen und würde jedes Herrschaftsverhältnis des einen über den anderen deutschen Staat ausschließen. Ein in beiden Teilen Deutschlands aus Vertretern der Parlamente geschaffener Gesamtdeutscher Rat, der beratenden Charakter hat, könnte solche Maßnahmen empfehlen und beschließen, die der schrittweisen Annäherung der beiden deutschen Staaten dienen ... Wir schlagen deshalb vor: 1. Ein Verbot der Lagerung und der Herstellung von Atombomben und -waffen auf dem Boden Deutschlands sowie ein Verbot der Propagierung des Atomkrieges zu vereinbaren. 2. Ausscheiden der beiden deutschen Staaten aus der NATO und aus dem Warschauer Vertrag, Aufhebung der Wehrpflicht und Vereinbarung über die beiderseitige Truppenstärke. 3. Gemeinsames oder einzelnes Ersuchen an die vier Mächte auf baldige schrittweise Zurückziehung ihrer Truppen aus ganz Deutschland.«[182] – Die Vorschläge des Ministerrats der DDR werden in **Bonn** sowohl von Sprechern der CDU/CSU wie von SPD und FDP als unakzeptabel zurückgewiesen.

27. Juli Am Vorabend einer Großveranstaltung ehemaliger Angehöriger der Waffen-SS in Karlburg führen die *Sozialistische Jugend Deutschlands – Die Falken* und die *Internationale der Kriegsdienstgegner* (IdK) in **Karlstadt** am Main eine Protestkundgebung durch. Als Hauptredner fordert der Würzburger Romanistikprofessor Franz Rauhut die Auflösung der *Hilfsgemeinschaft auf Gegenseitigkeit der Soldaten der ehemaligen Waffen-SS* (HIAG). Er behauptet, daß kein Treffen von Ex-SS-Männern möglich wäre, wenn in hohen Regierungsstellen nicht wieder ehemals maßgebliche Nazis säßen. Er verweise nur auf

die beiden Fälle von Hans Globke und Otto Bräutigam. Danach schildert er den 700 Zuhörern einen Besuch in dem kleinen französischen Ort Oradour-sur-Glane, wo 1944 mit einer Ausnahme alle Bewohner von der Waffen-SS ermordet worden waren, und liest Abschnitte aus dem Bericht des SS-Gruppenführers Jürgen Stroop über die Niederwerfung des Ghetto-Aufstands der Warschauer Juden vor. Zum Abschluß wird der von Alain Resnais gedrehte französische Dokumentarfilm »Nacht und Nebel«, in dem auf prägnante Weise das System der deutschen Vernichtungslager analysiert wird, gezeigt. Ein Sprecher der IdK-Gruppe Würzburg informiert die Teilnehmer davon, daß Flugblattverteiler seiner Organisation von Polizeibeamten eingeschüchtert worden sind. Außerdem seien Flugblattverteiler der *Falken* von Quartiermachern der HIAG gejagt und mit Motorrädern verfolgt worden. Dabei sei ihnen auf der Rückfahrt nach Würzburg von einem Schrankenwärter der Bundesbahn der Weg versperrt worden. Er habe die Schranken heruntergelassen und geschlossen gehalten, obwohl kein Zug gekommen sei. Er war dazu von der Polizei aufgefordert worden, die den Wagen der Gegner des HIAG-Treffens aufhalten wollte, um die Personalien der Insassen aufzunehmen.

28. Juli In dem kleinen unterfränkischen Dorf **Karlburg** kommen 7.000 ehemalige Angehörige der Waffen-SS in einem Bierzelt zu einer Kundgebung zusammen. Die von der *Hilfsgemeinschaft auf Gegenseitigkeit der ehemaligen Soldaten der Waffen-SS* (HIAG) organisierte Veranstaltung war zunächst großspurig als »Europa-Treffen« und dann, als es Schwierigkeiten gab, einen Ort zu finden und der Stadtrat von Karlstadt, der in unmittelbarer Nachbarschaft von Karlburg liegenden Kreisstadt, seine Genehmigung verweigert hatte, als »Suchdiensttreffen« zur Klärung von Angehörigenschicksalen angekündigt worden. Am Rande des nur wenig mehr als 1.000 Einwohner zählenden Dorfes sind über 1.000 Personenwagen geparkt. In dem Programmheft für das »Suchdienst- und Kameradentreffen der ehemaligen Waffen-SS«, zu dem der Bürgermeister von Karlburg auch ein Grußwort beigesteuert hat, haben zahlreiche fränkische Firmen inseriert. Anzeigen von Geschäften aus Würzburg, Bamberg, Karlstadt, Karlburg und Lohr sind darin zu finden. Noch vor Beginn werden verschiedene Journalisten von Ordnern darauf hingewiesen, daß Tonbandaufnahmen von den Redebeiträgen nicht geduldet würden. Bilder dürfen nur von Photographen gemacht werden, die von den Veranstaltern zugelassen sind. Mit frenetischem Jubel wird von den Teilnehmern der als »Panzer-Meyer« bezeichnete letzte Kommandeur

26./27.7.: »Die alte Leier.« Karikatur aus der Tageszeitung »Die Welt«.

28.7.: Die beiden ehemaligen SS-Generäle Kurt Meyer (links) und Paul Hausser (rechts) auf dem HIAG-Treffen in Karlburg.

28.7.: Ehemalige Angehörige der Waffen-SS zusammen mit ihren Frauen beim Versuch, den Verbleib von Vermißten zu klären.

eher pflichtgemäß absolvierte »Suchdiensttreffen« werden die Schilder mit den offenbar immer noch verwendeten Truppenbezeichnungen wie »Leibstandarte Adolf Hitler« aufgestellt. »Panzer-Meyer« hält neben dem ehemaligen Generaloberst der Waffen-SS Paul Hausser, der mit scharfen Worten kritisiert, daß der Bundestag vor einigen Wochen die Anwendung des Artikels 131 für die Angehörigen der Waffen-SS abgelehnt hat, die Hauptrede. »Die große Gemeinsamkeit der in der HIAG verbundenen Kameraden«, erklärt er, sei nur durch das für »ein großes Ziel« vergossene Blut zu erklären. »Wir waren Kerle«, nimmt er zu den in der Öffentlichkeit erhobenen Vorwürfen Stellung, »die sich in einer schweren Situation männlich zu benehmen wußten. Alles andere, was über die Waffen-SS berichtet wurde, entbehrt der Wahrheit und ist eine bösartige Verleumdung.«[183] Gewiß, hin und wieder seien auch Dinge passiert, die, wie »die Sache mit Oradour«, nicht ganz in Ordnung gewesen seien. Aber schließlich hätten ja auch die anderen Dinge gemacht, die nicht zu vertreten seien. Am Suezkanal zum Beispiel ... Doch bevor er weitersprechen kann, ertönt aus dem Publikum: »Die Juden!« Die mit dem Namen der SS verknüpften Darstellungen bezeichnet er als »Stories«, ihre Autoren nennt er »Schmierfinken«. »Kameraden«, wendet er sich unter tosendem Beifall an seine Zuhörer, »gehen wir zum Gegenangriff über, sorgen wir dafür, daß diese Bazillenträger geistiger Zersetzung keine Verbreitung finden. Sorgt dafür, daß solche Zeitungen nicht in die Hände unserer Jugend kommen.«[184] Eine »kleine Schicht von Rachefanatikern« verhindere »die Gesundung des Volkskörpers«. Die von den Alliierten als Kriegsverbrecher Verurteilten, die immer noch in den Gefängnissen säßen, sollten schleunigst freigelassen werden. Die ehemaligen Angehörigen der Waffen-SS seien »wertvolle Mitträger der Volksgemeinschaft«. »Panzer-Meyer« will es den Historikern überlassen, wer 1939 eigentlich schuld am Kriegsausbruch gewesen sei. Die Waffen-SS jedenfalls habe es »im deutschen Notjahr 1939« für selbstverständlich gehalten, ihre Pflicht zu tun. »Wir Soldaten«, ruft er der Menge zu, »haben den Weltbrand nicht vom Zaun gebrochen und sind auch nicht dafür verantwortlich.«[185] An dem HIAG-Treffen nehmen »als Beobachter«, wie ein Sprecher bekanntgibt, angeblich auch vier Gewerkschaftsfunktionäre teil. Außerdem wird das Geschehen von einem BHE-Abgeordneten und dem hessischen Landesvorsitzenden der Deutschen Partei (DP), dem ehemaligen NS-Reichsstudentenführer Albert Derichsweiler, verfolgt. Zum Abschluß singen die Teilnehmer die erste Strophe des Deutschlandliedes, einige von ihnen haben sich dazu erhoben und mit ausgestrecktem Arm Haltung

der SS-Division »Hitlerjugend«, Kurt Meyer, empfangen. Als die charismatische Führerfigur erscheint, unterbricht die Musikkapelle ihre Marschmusik und die Zuhörer beginnen zu johlen. In Sprechchören heißt es immer wieder: »Panzer-Meyer auf den Tisch, Panzer-Meyer auf den Tisch!« Der Haudegen, der wie ein Star von Autogrammjägern umlagert wird, soll sich auf einen der Tische stellen, damit ihn alle sehen können. Im Überschwang stimmen die Versammelten das »Lied der Garde« an: »Wir sind die Garde, die der Führer liebt.« Im Anschluß an das

angenommen. – Ein Sonderkorrespondent der VVN-Wochenzeitung »Die Tat« schreibt dazu: »Ein gespenstischer Anblick. Es ist, als wären die SS-Leute nur hierhergekommen, um diesen Augenblick zu erleben, um sich zu berauschen, um in Erinnerung zu schwelgen. Aber das trifft gar nicht zu, das ist nur die halbe Wahrheit. Ihr Geschrei, ihr Gebrüll, ihr Gejohle, ihr ganzes Tun und Lassen sagt ja viel mehr. Es ist eine Demonstration, ein einziges provokatorisches Sich-in-die-Brust-Werfen. Ungeniert verrichten sie auf dem Teppich der Demokratie ihre Notdurft.«[186] – Die »Karlstadter Zeitung« und das »Fränkische Volksblatt«, die beiden Lokalzeitungen mit der höchsten Verbreitung, beschreiben das für ein Dorf völlig außergewöhnliche Treffen, wie bereits im Vorfeld, ganz im Sinne der Veranstalter. Unkritisch geben sie Auszüge aus den Beiträgen der Hauptredner wieder. – Der Generalsekretär des *Zentralrats der Juden in Deutschland*, Hendrik George van Dam, kommentiert das Karlburger HIAG-Treffen am 2. August in der »Allgemeinen Wochenzeitung der Juden in Deutschland« mit den Worten: »Es ist ein bedenkliches Symptom, daß es heute wiederum psychologisch möglich ist, sich zu einer Gruppe zu bekennen, die als das schärfste Instrument des braunen Terrors im Inland und Ausland bekannt geworden ist ... In Wirklichkeit dienen derartige Veranstaltungen nicht den Interessen ehemaliger SS-Angehöriger (oder nur als Nebenprodukt), sondern stellen ein Bekenntnis zur Vergangenheit mit ihren barbarischen Aktionen und der völligen Abkehr von den Grundlagen der abendländischen Zivilisation dar. Ein Lippenbekenntnis zu demokratischen Formen kann nicht über den Inhalt der völlig unbekehrten und unbelehrbaren nazistischen Haltung hinwegtäuschen ... Man macht sich nicht der Übertreibung und der falschen Einschätzung der politischen Wirklichkeit schuldig, wenn man den Anfängen wehrt, bevor aus einer potentiellen Gefahr ein aktueller Notstand wird.«[187]

28. Juli Unbekannte Täter werfen auf dem jüdischen Friedhof in **Kleinbardorf** (Landkreis Königshofen/Unterfranken) 47 Grabsteine um und zerstören sie zum Teil. Die Kriminalpolizei teilt dazu mit, daß es sich bei der Tat eindeutig um eine systematische Friedhofsschändung handle. – Auf Anfrage erklärt Landrat Grünewald in **Königshofen**, er halte es für ausgeschlossen, daß die Täter aus seinem Landkreis stammen könnten. Er sei sich sicher, daß es sich bei ihnen »um orts- und kreisfremde Elemente« handeln müsse.

28. Juli Eine Reihe von Intellektuellen und Künstlern gründet in **Cosio d'Arroscia**, einem an den Südhängen der ligurischen Alpen, nahe der französischen Grenze gelegenen Ort, die *Situationistische Internationale* (S.I.). Die Entscheidung ist keineswegs unumstritten und fällt bei zwei Enthaltungen mit 5:1 Stimmen. Zu den Mitbegründern zählen Guy Debord, Michéle Bernstein, Asger Jorn, Elena Verrone und Walter Olmo. Eine ausführlichere Diskussion über die als »Rapport für die Konstruktion von Situationen« bezeichnete und bereits seit einem Monat vorliegende Plattform hat in dem verwinkelten Bergort nicht stattgefunden. Die Teilnehmer des Treffens haben die Keller, Innenhöfe und Gärten von Cosio d'Arroscia durchstreift und dabei besonders dem Wein und anderen lukullischen Genüssen zugesprochen. – Die avantgardistische Vereinigung, die sich in der Tradition der Dadaisten, Surrealisten und Lettristen sieht, will mit Manifesten und Aktionen die Trivialität des modernen Lebens denunzieren, um dadurch unterdrückte Wahrnehmungs- und Erfahrungsformen freizulegen. Sie beabsichtigt Situationen zu schaffen, in denen mit den Normen, Riten und Konventionen des Soziallebens gebrochen wird und schlaglichtartig etwas von den verschütteten Potentialen der Phantasie aufblitzt. Im Unterschied zu den Surrealisten vertrauen die Situationisten allerdings nicht mehr auf die sich willkürlich einstellenden Äußerungen des Unbewußten, sondern führen revolutionierende Situationen bewußt herbei. Die *Situationistische Internationale* (S.I.), die sich aus belgischen, französischen, niederländischen, italienischen und skandinavischen Sektionen zusammensetzt, hat ihr Zentrum in **Paris**.

28. Juli- 6. August Vor mehr als 100.000 Zuschauern eröffnet der Vorsitzende des sowjetischen Ministerrats, Nikolai A. Bulganin, im **Moskau**er Lenin-Zentralstadion die VI. Weltjugendfestspiele. An diesem

28.7.: Das Gründungstreffen der »Situationistischen Internationale«: 2. v. r. Asger Jorn, links daneben Guy Debord.

28.7.-6.8.: Die deutschen Delegierten der Weltjugendfestspiele beim Einmarsch ins Lenin-Stadion.

28.7.-6.8.: Auf Lastkraftwagen werden Delegierte durch Moskau gefahren.

Bundesrepublik. In den unzähligen Veranstaltungen wird der Versuch der sowjetischen Staats- und Parteiführung deutlich, nach außen hin Liberalität zu präsentieren. Ausschließlich für Festivalteilnehmer wird ein aufwendiger »Ball im Kreml« gefeiert, der wegen des Andrangs von 12.000 Gästen noch einmal wiederholt werden muß. – Am zwölften Jahrestag des ersten Atombombenabwurfs auf Hiroshima versammeln sich eine halbe Million Menschen zu einer »Kundgebung gegen den Atomtod« auf dem Manege-Platz. Hier hat man jenen Stein aufgestellt, auf dem die Spuren des Einwohners von Hiroshima abgezeichnet sind, der im Moment der Atombombenexplosion durch die Hitzewelle weggeschmolzen wurde. Die 22jährige Hisako Nagata, die als kleines Mädchen die fürchterliche Detonation in Hiroshima überlebt hat, hält eine bewegende Ansprache, auf die eine Gedenkminute folgt. Zum Abschluß gibt der Flug einer Friedenstaube das Startzeichen für das Singen des Jugendliedes und der von Dimitri Schostakowitsch komponierten Hymne des *Jugend-Weltbundes.*

29. Juli Die Botschafter der drei Westmächte und Bundesaußenminister Heinrich von Brentano unterzeichnen im Schöneberger Rathaus in **West-Berlin** ein Zwölf-Punkte-Papier zur Wiedervereinigung Deutschlands. In der »Berliner Erklärung«, in der die »unnatürliche Teilung Deutschlands« als »ständige Quelle internationaler Spannungen« bezeichnet wird, werden, wie die Unterzeichner selbst betonen, hauptsächlich bereits formulierte Grundsätze zusammengefaßt. Lediglich in einer Hinsicht ist eine neue Absicht zu erkennen: Ein wiedervereinigtes Deutschland soll nach der Überzeugung der vier Regierungen Mitglied des westlichen Sicherheits-

bislang größten Festival, das unter der Losung »Für Frieden und Freundschaft« steht, nehmen insgesamt 34.000 Delegierte aus 136 Nationen teil, darunter 1.280 Mitglieder von Jugendorganisationen aus der

bündnisses, der NATO, werden. – Die Erklärung stößt bei der Opposition auf scharfe Kritik. Der »Sozialdemokratische Pressedienst« bezeichnet das Dokument nicht nur als »ungenügend« und »ideenlos«, sondern als eine ausdrückliche Bestätigung der »bisherigen militärischen Blockpolitik, die die Spaltung Deutschlands und Europas herbeigeführt und vertieft« habe. Der FDP-Bundesvorsitzende Reinhold Maier erhebt sogar gegen die Bundesregierung den Vorwurf, daß sie »das heiligste Anliegen unserer Nation, die Wiedervereinigung« zum »Gegenstand einer mißlungenen Wahlvorstellung und Propagandaschau« gemacht habe. Wenn die »Berliner Erklärung« ein Ziel habe, dann nicht die Wiedervereinigung, sondern die »NATO-Mitgliedschaft Gesamtdeutschlands«.

30. Juli Das Jugendschöffengericht in **Braunschweig** verurteilt zwei 15jährige Mädchen wegen der Schändung eines jüdischen Friedhofes zu Geldbußen in Höhe von je 10 DM. Die beiden Mädchen haben zugegeben, auf dem alten jüdischen Friedhof in Braunschweig mehrere Grabmäler beschädigt zu haben. Sie hätten die Grabsteine, geben sie zu ihrer Verteidigung an, nicht auf Weisung Dritter, sondern aus Übermut umgeworfen. – Mit diesem Geständnis sind die wiederholten Schändungen des jüdischen Friedhofs in Braunschweig jedoch nicht vollständig aufgeklärt. Allein in der Zeit vom Herbst 1955 bis zum Frühjahr 1956 sind dort mehr als 40 Grabsteine umgeworfen worden.

31. Juli Mit Frank Pais wird eines der wichtigsten Mitglieder der *Bewegung 26. Juli,* wie sich die kubanische Guerillagruppe um Fidel Castro bezeichnet, in **Santiago de Cuba** von der Polizei verhaftet und ermordet. Als Pais, der sich in einem Haus versteckt hält, bei einer Razzia zu fliehen versucht, wird er von Oberst José Maria Salas Canizares, dem Bruder des Polizeichefs von Diktator Batista, erkannt und auf der Stelle erschossen. – Die Ermordung des Rebellen löst in vielen Teilen Kubas Bestürzung und Trauer aus. Als der neue US-Botschafter Carl T. Smith einen Tag nach dem Mord in **Santiago de Cuba** eintrifft, wundert er sich über einen riesigen Zug schwarz

gekleideter Frauen. Als die um Frank Pais Trauernden den Diplomaten auffordern, er solle mit dazu beitragen, die Diktatur abzuschaffen, schreitet die Polizei ein und schlägt mehrere Frauen vor dessen Augen zusammen. Der Botschafter zeigt sich tief erschüttert und beklagt sich später über den »exzessiven Einsatz von Gewalt« seitens der Uniformierten.

28.7.-6.8.: Am Eröffnungsabend auf dem Roten Platz vor dem Kreml. 28.7.-6.8.: Die Teilnehmer einer deutsch-sowjetischen Friedenskundgebung während der Weltjugendfestspiele.

Januar Februar März April Mai Juni Juli

August

September Oktober

November Dezember

August: Ein von der
»Aktion 57« im
Bistum Münster
hergestelltes Flug-
blatt wird am
Wahlsonntag, dem
15. September, vor
zahlreichen
Kirchen Nordrhein-
Westfalens verteilt.

August: Parteipoli-
tisch eindeutiger
Wahlaufruf einer
katholischen Kirche
in Kamen (NRW).

August In einem »Schreiben katholischer Christen an die katholischen Bischöfe in der Bundesrepublik« wenden sich prominente Gläubige gegen die seit der Erklärung des Bischofs von Münster, Michael Keller, am 2. Juni wiederholt in der Öffentlichkeit geäußerte Ansicht, daß ein katholischer Christ keine Partei wählen könne, die sich zum Sozialismus bekennt. In zwei Abschnitten des Offenen Briefes heißt es wörtlich: »Die Aufteilung der Bürger der Bundesrepublik in Christen, Sozialisten und Liberale ist geschichtlich überholt, politisch verhängnisvoll und religiös schädlich. Es vergiftet in gleichem Maße das kirchliche wie das politische Leben unseres Staates, wenn religiöses Bekenntnis, Weltanschauung und parteipolitischer Standort gleichgesetzt werden ... Die Kirche läuft damit Gefahr, mit einer politischen Partei und deren praktischer Politik identifiziert zu werden.«[188] Der Text ist u. a. von Inge Aicher-Scholl, einer Schwester der beiden wegen ihres Widerstands von den Nazis hingerichteten Studenten Hans und Sophie Scholl, und dem Schriftsteller Heinrich Böll unterzeichnet.

August Die Staatsanwaltschaft in **München** leitet gegen die Satire-Zeitschrift »Simplicissimus« wegen Verdachts der Verletzung religiöser Gefühle ein Ermittlungsverfahren ein. Auf der Titelseite der neuesten Ausgabe wird eine Wahlversammlung gezeigt; der Versammlungsleiter sagt in der Bildunterschrift: »Liebe Parteifreunde, als nächster Redner spricht unser Parteimitglied Jesus Christus.«[189] – Der Herausgeber des »Simplicissimus«, Olaf Iversen, hatte kürzlich die Leser mit dem Hinweis um Hilfe gebeten, der »Simpl«, wie das Blatt von seinen Anhängern genannt wird, solle »abgewürgt« werden. Probleme gebe es nicht nur in wirtschaftlicher,

sondern auch in politischer Hinsicht. Im Zusammenhang mit der Kritik an einer Zeichnung auf der Titelseite, in der unter der Überschrift »Die deutsche Prozession« der bereits im Alten Testament beschriebene Tanz um das Goldene Kalb angeprangert worden war, hatte der Abgeordnete Alois Hundhammer (CSU) im Haushaltsausschuß des Bayerischen Landtages berichtet, daß der »Simplicissimus« in einer Druckerei hergestellt werde, die zu 40% im Besitz des Freistaats Bayern sei. Wenn der Staat den Druckvertrag kündige, so Hundhammer, dann würde das für die Zeitschrift wohl zur Einstellung ihres Erscheinens führen. Das »Westdeutsche Tagblatt« kommt in seiner Ausgabe vom 20. Juli zu dem Schluß, daß der »Simplicissimus« besonders die »Kreise des katholischen Klerus« errege, die auf die Gläubigen Druck ausübten, bei den Bundestagswahlen ihre Stimme der CDU/CSU und damit Adenauer zu geben. Neben dem Landtagsabgeordneten Hundhammer hätten sich in ihrer Gegnerschaft zum Satire-Blatt besonders die *Katholische Aktion*, die »Katholische Nachrichtenagentur« und das Erzbischöfliche Ordinariat in München hervorgetan.

August Auf dem alten Friedhof von **Alsdorf** bei Aachen wird das Mahnmal für die Opfer des Faschismus von Unbekannten stark beschädigt. Das Kreuz wird demoliert und eine Opferschale aus dem Fundament gerissen. Die *Vereinigung der Verfolgten des Naziregimes* (VVN) geht davon aus, daß die Gewalttätigkeit der Zerstörungen unmöglich von »spielenden Kindern«, wie in solchen Fällen oft behauptet, herrühren könne. Als Täter, heißt es, kämen »nur faschistische Elemente« in Frage.

August Der 26jährige sowjetische Dissident Rewolt Iwanowitsch Pimenow, der bereits 1949 wegen seines Austritts aus der staatlichen Jugendorganisation *Komsomol* zwangsweise in eine psychiatrische Klinik eingewiesen worden war, wird von einem Gericht in **Leningrad** wegen antisowjetischer Propaganda und des Versuchs, eine illegale Gruppe zu gründen, zu einer Freiheitsstrafe von sechs Jahren verurteilt. – Nach einem Revisionsantrag der Staatsanwaltschaft wird die gegen Pimenow erlassene Strafe durch ein vom Obersten Gerichtshof der Russischen Föderation im Januar 1958 gefälltes Urteil auf zehn Jahre erhöht. – Im Jahre 1963 wird der Dissident dann auf Bewährung freigelassen.

1. August Der staatenlose Garry Davis, der sich stolz als »Weltbürger Nr. 1« bezeichnet, wird in **Hannover** wegen Paßvergehens inhaftiert. Der 36jährige, der nur über einen »Weltbürgerpaß« verfügt, wird nach 20 Tagen Haft vom Landgericht zu einer Geldstrafe von 100 DM verurteilt und freigelassen. Als ihn seine Freunde vor dem Gefängnistor empfangen, ist er im Besitz eines von den deutschen Behörden ausgestellten Fremdenpasses, der ihn berechtigt, sich bis zum 15. November in der Bundesrepublik aufzuhalten. Der aus den USA stammende Verfechter des Weltbürgertums will Vorträge über die »Grundzüge für eine politische Weltbürgerpartei« halten.

1. August In **Bonn** gerät ein von der *Abendländischen Akademie* herausgegebenes »Jahrbuch für Politik und Geschichte« unter Politikern immer mehr ins Kreuzfeuer der Kritik. Die Wahlsondernummer der zwischenzeitlich eingestellten Zeitschrift »Neues Abendland« ist mit einem persönlichen Geleitwort

Konrad Adenauers versehen und wird vom Bundespresseamt gratis an Interessenten abgegeben. Nach Darstellung der FDP strebt die *Abendländische Akademie*, die sich aus katholischen Geistlichen, Politikern und Publizisten zusammensetzt und derem Kuratorium drei Bundesminister und der Bundestagsvizepräsident Richard Jaeger (CSU) angehören, darin einen »autoritären Ständestaat« an. – Der FDP-Bundesvorsitzende Reinhold Maier erhebt einige Zeit später in **Nürnberg** und in **Frankfurt** schwere Vorwürfe gegen einheitsfeindliche Sonderbestrebungen, ein fortschrittsfeindliches Staatsdenken und den »Geist konfessioneller Unversöhnlichkeit«, die in den Publikationen der *Abendländischen Akademie* zum Ausdruck gebracht würden.

4. August In **Hannover** wird aus dem Umfeld der ehemaligen BHE-Zeitung »Der Ruf« die nationalneutralistische *Arbeitsgemeinschaft für deutsche Politik* gegründet. Sie kritisiert den mangelnden Wiedervereinigungswillen der Bundesregierung und ist vor allem unter Vertriebenen aktiv. Einer der in ihr führenden Propagandisten für ein unabhängiges Deutschland ist der »Ruf«-Chefredakteur, der 34jährige Gerhard Bednarski.

5. August Der Zentrale Ausschuß des *Weltkirchenrates* verabschiedet auf einer Tagung in der im US-Bundesstaat Connecticut gelegenen Stadt **New Haven** eine Stellungnahme zu dem von vielen Christen in aller Welt geforderten Verbot von Atomwaffenversuchen. In der ohne Gegenstimme, bei zwei Enthaltungen von dem 90 Mitglieder zählenden Gremium angenommenen Resolution heißt es: »Wir fühlen uns verpflichtet zu fragen, ob irgendeine Nation berechtigt ist, mit Kernwaffenversuchen fortzufahren, solange die Größe der daraus entstehenden Gefahren so wenig bekannt ist und wirksame Mittel zum Schutz gegen diese Gefahren nicht vorhanden sind ... Wir drängen darauf, daß, als erster Schritt, die Nationen, welche solche Versuche durchführen, auf dieselben wenigstens für eine Probezeit, sei es gemeinschaftlich oder einzeln, verzichten in der Hoffnung, daß andere das Gleiche tun werden, daß ein neues Vertrauen entsteht und die Grundlagen für ein gemeinsames Abkommen gelegt werden.«[190] – Zwei Tage später, am letzten Tag der am 30. Juli eröffneten Sitzung, spricht sich der Zentrale Ausschuß in einer weiteren Resolution gegen die Benachteiligung und Diskriminierung von Menschen anderer Hautfarbe aus. Der *Weltkirchenrat*, in dem 165 protestantische Glaubensgemeinschaften aus 50 Nationen vertreten sind, sichert allen seinen Mitgliedskirchen jegliche Unterstützung bei dem Bestreben zu, »gegen das Übel der Rassentrennung« ein »klares Zeugnis« abzulegen.

6.8.: Unterschriftensammlung auf dem Oberbilker Markt in Düsseldorf.

6.8.: Die amerikanischen Atomwaffengegner bei ihrem Gebet vor dem Testgebiet.

6.8.: Plakat an einem Pkw aus dem Autokorso gegen die Atomrüstung in Hannover.

6.-16.8.: Studenten demonstrieren vor der britischen Botschaft in Tokio gegen die geplanten Wasserstoffbombenversuche auf den Christmas Islands. (Rechte Seite, oben)

6. August Am Jahrestag des Atombombenabwurfs auf Hiroshima ziehen in **Bremen** mehrere hundert Menschen zum Gedenken an die Opfer durch die Stadt. Sie protestieren zugleich gegen eine Atombewaffnung der Bundeswehr.

6. August Auf dem Oberbilker Markt in **Düsseldorf** führen Atomwaffengegner am zwölften Jahrestag des Abwurfs der Hiroshima-Bombe eine Unterschriftensammlung durch.

6. August Mit gellenden Sirenen und dem Dröhnen von Tempelgongs werden die Bewohner von **Hiroshima** um 8 Uhr 15 an den Moment vor zwölf Jahren erinnert, als die erste von dem US-amerikanischen B-29-Bomber »Enola Gay« abgeworfene Atombombe auf die japanische Stadt niederging, mit einem grellen Blitz in 600 Metern Höhe detonierte und ein riesiger Rauchpilz aufstieg. In dem Inferno kamen mindestens 110.000 der 300.000 Einwohner ums Leben. Vor dem Ehrenmal, auf dem die Namen von 59.853 identifizierten Opfern festgehalten sind, versammeln sich 20.000 Menschen zu einer Gedenk-

veranstaltung. Sie knien nieder, als der Bürgermeister von Hiroshima ans Mikrophon geht und beginnt, eine Proklamation zur Abschaffung aller Atomwaffen zu verlesen. Danach wird eine Liste mit den Namen von 185 weiteren Opfern vor dem Ehrenmal niedergelegt, die in den Krankenhäusern im Laufe des vergangenen Jahres an den Spätfolgen, vor allem an Leukämie, gestorben sind.

6. August Eine Gruppe von Gläubigen zieht am Jahrestag des ersten Atombombenabwurfs in einem Protestmarsch durch die im Westen der USA gelegene Wüste von **Nevada**. Ihre Demonstration wird von einem Geistlichen angeführt. Eine andere Gruppe hält vor dem Eingang des Atomwaffenversuchsgeländes eine Gebetsstunde ab. Als die 30 Teilnehmer versuchen, das Gelände zu betreten, werden elf von ihnen verhaftet. Zur selben Zeit explodiert in einer Entfernung von 45 Kilometern eine Atombombe, die elfte in der neuesten Testreihe. Sie hat eine Sprengkraft von 20.000 Tonnen TNT.

6. August In **Wien** nimmt die Polizei mehrere Dutzend Halbstarke fest, weil sie Passanten anpöbeln und Schlägereien zu provozieren versuchen.

6.-8. August In **Kopenhagen** blockieren an drei aufeinanderfolgenden Tagen mehrere tausend Jugendliche auf dem Rathausplatz und der Hauptgeschäftsstraße Strøget den Verkehr. Jeden Abend, nachdem sie sich den Film »Rock around the clock« angesehen haben, stellen die »Læderjakker«, wie hier die Halbstarken genannt werden, Autos quer auf die Fahrbahn, schlagen Schaufensterscheiben ein und werfen Knallkörper unter die Passanten. Die mit Gummiknüppeln gegen die jungen Leute vorgehende Polizei hat Schwierigkeiten, die Kontrolle über die City der dänischen Hauptstadt wieder zurückzugewinnen.

6.-16. August Am »III. Weltkongreß gegen Atom- und Wasserstoffbomben« in **Tokio** nehmen 3.981 japanische und 97 Delegierte aus 25 Ländern und von

zehn internationalen Organisationen teil. In der Abschlußsitzung wird die »Proklamation von Tokio« angenommen, mit der alle Staaten aufgefordert werden, ein Abkommen über die sofortige und bedingungslose Einstellung aller Atomwaffenversuche zu unterzeichnen. »Wir betrachten die Kernwaffenexperimente«, heißt es dort u.a., »als gefährliche Erscheinung der Vorbereitungen zu einem Kernkrieg und fordern daher die betreffenden Regierungen auf, ein internationales Abkommen über ein sofortiges, vorbehaltloses Verbot der Kernwaffenversuche zu beschließen. Wir fordern das Verbot der Erzeugung, der Hortung und des Einsatzes von Kernwaffen bei einer internationalen Kontrolle. Wir sind gegen die Ausfuhr von Kernwaffen aus Ländern, die diese Waffen besitzen, in beliebige andere Länder. Wir fordern eine Weltabrüstung unter Kontrolle, die von allen interessierten Ländern akzeptiert wird ... Das Endziel unserer Bewegung gegen die Kernwaffenversuche und die Kernwaffen, für die Abrüstung ist die Ächtung des Krieges an sich.«[191] Die Delegierten wenden sich an die Vereinten Nationen mit der Bitte, diese Proklamation aktiv zu unterstützen.

7.-14. August Eine von Generalsekretär Nikita S. Chruschtschow angeführte Partei- und Regierungsdelegation der UdSSR stattet der DDR einen Besuch ab. In einer am 8. August vor der Volkskammer in **Ost-Berlin** gehaltenen Rede erklärt der sowjetische Parteichef, daß es ein Irrtum sei, die Lösung der deutschen Frage von den vier Großmächten zu erwarten. Der Willen des deutschen Volkes dürfe nicht ignoriert werden. Die Deutschen seien »Herren ihres Landes« und müßten die Frage der Wiedervereinigung selbst lösen. Das bedeute zwar nicht, daß damit die Großmächte aus ihrer Verantwortung für Deutschland entlassen seien, ihre Pflicht solle jedoch darauf beschränkt sein, dem deutschen Volk dabei zu helfen, »seine nationale Frage auf friedlicher, demokratischer Grundlage durch Verhandlungen zwischen den beiden deutschen Staaten« zu lösen. Nach einer Regierungserklärung von Ministerpräsident Otto Grotewohl (SED), in der der Vorschlag vom 26. Juli zur Bildung einer Konföderation zwischen beiden deutschen Staaten wiederholt wird, und einer Rede von Walter Ulbricht, dem Ersten Sekretär des ZK der SED, fordert die Volkskammer den Bundestag und die Bundesregierung in einer Entschließung auf, einen gesamtdeutschen Staatenbund zur Überwindung der deutschen Spaltung zu bilden. Die sowjetische Delegation, der auch Außenminister Andrej A. Gromyko und der stellvertretende Ministerratsvorsitzende Anastas I. Mikojan angehören, besucht während ihres DDR-

Aufenthalts zahlreiche Industriebetriebe, landwirtschaftliche Produktionsgenossenschaften sowie wissenschaftliche und kulturelle Einrichtungen in **Ost-Berlin**, **Leipzig**, **Magdeburg**, **Rostock**, **Saßnitz**, **Stralsund** und **Warnemünde**. Am 13. August unterzeichnen Vertreter der Zentralkomitees beider Parteien

7.-14.8.: Sowjetischer Staatsbesuch in Ost-Berlin (v.l.n.r.): Chruschtschow, Mikojan, Grotewohl und Ulbricht.

7.-14.8.: Bildbericht
in einer DDR-Illu-
strierten über den
Besuch des sowjeti-
schen Parteichefs.

Chruschtschow in Berlin

8.8.: Der österrei-
chische Schrift-
steller Hans Carl
Artmann.

9.8.: Wahlkämpfer
Strauß.

9.8.: »Warum heißt
der Strauß eigent-
lich Verteidigungs-
minister? Weil er
sich mit der Polizei
verteidigen muß.«
Karikatur aus der
Wochenzeitung
»Die Tat«.

eine Erklärung, in der es heißt, daß beide Staaten die
Unabhängigkeit der DDR verteidigen und keine
Verletzung ihrer Grenzen zulassen würden.

8. August Mehrere Mitglieder der avantgardisti-
schen *Wiener Gruppe* treten in **Salzburg** auf. Auf Einladung der *Gesellschaft für moderne Kunst* tragen
Friedrich Achleitner, Hans Carl Artmann und Gerhard Rühm Dialektgedichte vor. – Wegen des Echos,
das die Lesung hat, tritt der 36jährige Artmann mit
dem konservativen Otto Müller-Verlag in Verbindung und bringt dort unter dem Titel »med ana
schwoazzn dintn« seinen ersten, in Wiener Mundart
verfaßten Gedichtband heraus.

9. August Bundesverteidigungsminister Franz Josef
Strauß wird während einer CSU-Wahlkampfveran-
staltung im Hofbräuhaus in **München** wiederholt von
jungen Rüstungsgegnern in seiner Rede unterbrochen. Als ein Mitglied des *Sozialistischen Deutschen
Studentenbundes* (SDS) unter Anspielung auf eine
frühere Äußerung dem Minister ein Paket überreicht, in dem sich ein Radiergummi »zum Ausradie-
ren der Sowjetunion« befindet, entsteht im Saal ein
Tumult. Die Polizei, die mit einer Hundertschaft in
einem Nebensaal in Bereitschaft steht, greift ein und
nimmt acht Protestierer, Mitglieder des SDS und
der *Internationale der Kriegsdienstgegner* (IdK), fest
und führt sie in Handschellen ab. Der Inhalt des
Pakets war vor Beginn von der Polizei überprüft und
für unbedenklich gehalten worden.

9. August Der ehemalige SS-Brigadeführer und KZ-
Arzt, Professor Carl Clauberg, der sich wegen seiner
Massensterilisierungen im Vernichtungslager Auschwitz in Untersuchungshaft befindet, stirbt kurz vor
der Eröffnung seines Prozesses in einem Krankenhaus in **Kiel**. Dem ehemaligen Chefarzt der Universitätsfrauenklinik in Kiel und späteren Professor für
Gynäkologie und Geburtshilfe an der Universität
Königsberg war vorgeworfen worden, an jüdischen
und anderen Frauen im Block 10 in Auschwitz ohne
Betäubung Massensterilisationen durch Einspritzun-
gen in den Uterus durchgeführt zu haben. Er war
nach einer Anzeige des *Zentralrats der Juden in
Deutschland* am 22. November 1955 von der Kieler
Polizei verhaftet worden. Die Erste Strafkammer
des Landgerichts Kiel hatte für den Prozeß gegen
Clauberg die Zulassung zweier Rechtsanwälte, die
als Nebenkläger die Interessen überlebender Sterili-
sierungsopfer vertreten wollten, wegen Verjährung
abgelehnt. Erst nach langem Drängen hatte die Bun-
desärztekammer am 12. April eine Weiterbetäti-
gung des Frauenarztes untersagt.

11. August Die Vierte Große Strafkammer des
Landgerichts **Frankfurt** verurteilt den ehemaligen
Gestapo-Beamten Reinhold Ortmann wegen Ge-
ständniserpressung durch Mißhandlung von KZ-
Häftlingen zu einer Gefängnisstrafe von zwei Jahren
und erkennt ihm für denselben Zeitraum die bürgerlichen Ehrenrechte ab. Der Angeklagte war Mitglied
einer Sonderkommission des Reichssicherheitshauptamtes (RSHA), deren Aufgabe es war, im Konzentrationslager Sachsenhausen Geständnisse von
Häftlingen zu erpressen. Die Opfer wurden dazu
häufig auf einen Bock geschnallt und ausgepeitscht.
Wenn sie geredet hatten, wurden sie anschließend
hingerichtet. Bei einer Sonderaktion im Jahre 1944
sind mindestens 27 der auf diese Weise »vernomme-
nen« KZ-Häftlinge ermordet worden. In seiner
Urteilsbegründung stellt der Gerichtsvorsitzende
fest, daß der Angeklagte weder nach einem bindenden Befehl noch im Notstand gehandelt habe; er sei
vielmehr von der Richtigkeit seines Handelns über-

zeugt gewesen. Der Staatsanwalt sprach davon, daß in dem Verfahren »Schreckensbilder unvorstellbarer Grausamkeit« zutage getreten wären, die ihn an die mittelalterlichen Hexenprozesse erinnerten.

11. August Auf einem Treffen von Heimatvertriebenen in **Burgdorf** bei Hannover macht Bundeskanzler Adenauer den Versammelten Hoffnung, wieder nach Ostpreußen zurückkehren zu können. »Pflegen Sie diese Gemeinschaft«, ruft er sie auf, »pflegen Sie ihr Volkstum, damit, wenn wir unser Land wiederbekommen, dieses Ostpreußen so wiedersteht, wie es gewesen ist, erfüllt von einer heimatliebenden deutschen Bevölkerung ... Und wenn sie rückwärts blicken darauf, was Deutschland seit dem Zusammenbruch in der Welt wieder errungen hat, dann dürfen sie auch daraus die Hoffnung entnehmen, daß es ebenfalls gelingen wird, und nicht in unendlich ferner Zeit, ebenfalls gelingen wird, Ihnen Ihre Heimat wieder zu verschaffen.«[192]

11. August Nachdem es bereits bei ihrer Abreise am 23. Juli auf dem Hauptbahnhof von **Zürich** zu Zwischenfällen gekommen war, kommt es bei der Rückkehr der Schweizer Delegation, die an den Weltjugendfestspielen in Moskau teilgenommen hat, erneut zu Zusammenstößen mit antikommunistischen Demonstranten.

11. August In dem an der Irischen See gelegenen britischen Badeort **Blackpool** stößt ein Strandwärter auf die Leichen eines Mannes und einer Frau, die mit einem Strick aneinandergebunden sind. Die Toten, die von der Flut an Land gespült worden sind, werden als Andrew und Elsie Marshall identifiziert, ein Ehepaar, das aus dem in der Grafschaft Lancashire gelegenen Ort **Langho** stammt. Sie sind die Eltern von drei kleinen Mädchen, die am Morgen des 9. August von ihrer Großmutter zuhause tot in einem Bett aufgefunden worden sind. Die Ermittlungen ergaben, daß aus einem Rohr Gas in das Schlafzimmer geströmt war und die unter einem Haufen Decken liegenden Kinder tötete. Aus einem an die Polizei adressierten Abschiedsbrief geht hervor, daß sich das Ehepaar, nachdem es zuvor seine drei Töchter im Alter von zehn, neun und fünf Jahren getötet hat, aus Furcht vor einem Nuklearkrieg das Leben genommen hat. Der 46jährige Marshall und seine sieben Jahre jüngere Frau begründen ihre Tat damit, daß sie es ihren Kindern ersparen wollten, einer Welt von Massenvernichtungsmitteln ausgesetzt zu sein. Da die Gerüchte um den Ausbruch eines neuen Krieges nicht verstummten, wollten sie sicher sein, daß ihre Kinder nicht das ertragen müßten, was andere Kinder im letzten Krieg bereits hätten erleiden müssen. – Der Abschiedsbrief der beiden Eheleute, die mit

einem Strick verbunden Hand in Hand ins Meer gegangen sind, wird von der gesamten britischen Presse veröffentlicht und sorgt in der Bevölkerung für großes Aufsehen.

12. August Im Verlag Frederick A. Praeger in **New York** erscheint unter dem Titel »The New Class – An Analysis of the Communist System« ein Buch des jugoslawischen Regimekritikers Milovan Djilas, das bereits durch den Vorabdruck von Auszügen in der Illustrierten »Life« für großes Aufsehen gesorgt hat. Der Kommunismus-Experte Edward Crankshaw bezeichnete den Band in einer vorab veröffentlichten Besprechung bereits als »das vernichtendste antikommunistische Dokument«, das je geschrieben worden sei. Sein 46jähriger Autor war zeitweilig ZK- und Politbüromitglied in der *Kommunistischen Partei Jugoslawiens* (KPJ), die 1952 ihren Namen in *Bund der Kommunisten Jugoslawiens* (BdKJ) geändert hat. Djilas, der 1953 bis zum stellvertretenden Ministerpräsidenten und Präsidenten der jugoslawischen Nationalversammlung aufstieg, geriet mit seiner Forderung nach größerer Meinungsfreiheit und innenpolitischer Pluralität immer mehr in Widerspruch zu Staatspräsident Josip Broz Tito, seinem früheren Weggefährten aus der Zeit des Partisanenkampfes gegen die deutschen Besatzer. Am 19. November 1956 war er von einem Belgrader Gericht zu einer dreijährigen Gefängnisstrafe verurteilt worden, weil er unter dem Eindruck der Niederwerfung des ungarischen Volksaufstandes durch sowjetische Panzer in der amerikanischen Zeitschrift »The New Leader« geschrieben hatte, die Ereignisse in Budapest stellten den »Anfang vom Ende des Weltkommunismus« dar. Kurze Zeit später soll das Manuskript seines Buches, das aus dem Gefängnis herausgeschmuggelt worden ist, von einem Boten einem Lektor des New Yorker Verlags mit der Bemerkung auf den Schreibtisch gelegt worden sein, sein Autor wünsche, daß man es möglichst schnell und ohne Rücksicht auf sein Schicksal publiziere. Mit dem Begriff »neue Klasse« bezeichnet Djilas die kommunistische Parteibürokratie, die sich alle Produktionsmittel angeeignet und eine kommunistische Diktatur errichtet habe. Im Gegensatz zu Lenins Vorstellungen habe der Kommunismus nicht zu einer klassenlosen Gesellschaft geführt, sondern unter dem Deckmantel der Legende vom »Kollektiveigentum« zu einer neuen Form von Besitz, aus der »eine neue herrschende und ausbeutende Klasse« hervorgegangen sei. – Bemerkenswert an der Analyse des Regimekritikers ist nach Ansicht einiger Kommentatoren auch dessen These, daß die Fehlentwicklung des Kommunismus zu einem modernen Despotismus durch den Unfehlbarkeits-

11.8.: CDU-Plakat für eine Wahlkundgebung mit dem Bundeskanzler.

12.8.: Titelbild der nur kurze Zeit später erschienenen Übersetzung des kommunismuskritischen Klassikers.

*12.8.: Der jugosla-
wische Regimekriti-
ker Milovan Djilas.*

*12./13.8.: Titel
eines 1958 in Köln
erschienenen
Buches, in dem die
Geschichte polni-
scher Unabhängig-
keitsbestrebungen
seit Beginn des
Jahrhunderts dar-
gestellt wird.*

anspruch der kommunistischen Ideologie selbst verursacht worden sei. Die »Neue Züricher Zeitung«
druckt am 5. Oktober einen Auszug des Textes ab.
Darin heißt es: »In der Anmaßung des zeitgenössischen Kommunismus, wenn nicht gar die einzige und
absolute, so zumindest die höchste Wissenschaft zu
sein, die auf dem dialektischen Materialismus
beruht, sind die Wurzeln seines Despotismus verborgen. Den Ursprung dieser Ansprüche findet man
in den Ideen von Marx, wenn auch Marx diese selbst
noch nicht vorausgesehen hat ... Von der Voraussetzung ausgehend, daß sie allein die Gesetze der
Gesellschaft kennen, gelangen die Kommunisten zu
dem vereinfachten und unwissenschaftlichen Schluß,
daß ihnen dieses angebliche Wissen die Macht und
das ausschließliche Recht verleiht, die Gesellschaft
zu verändern und deren Tätigkeit zu kontrollieren.
Dies ist der Hauptirrtum ihres Systems.«[193] – Die
deutsche Fassung erscheint Ende des Jahres im
Kindler Verlag in **München** unter dem Titel »Die
Neue Klasse – Eine Analyse des kommunistischen
Systems«. In seiner Einführung schreibt Alfred Kantorowicz: »Djilas übermacht uns keine Plattform,
kein Rezept für ein Wunderheilmittel der gesellschaftlichen Krankheiten der Welt unserer Tage. Er
führt uns bis zu dem Punkt seiner Erkenntnis, der die
geistige und persönliche Entscheidung für ihn unausweichlich machte. Er weist nach: auf dem Wege der
Funktionärsdiktaturen können die Ziele des Sozialismus nicht verwirklicht werden; auf diesem Weg
haben die betroffenen Länder und Völker sich weiter

als je zuvor vom Inbegriff des Sozialismus entfernt
und sind in die Gewalt einer neuen Klasse gefallen ...
Wie sehr den Gewalthabern von heute der in der
Geschichte von Zeit zu Zeit wiederholte und immer
gescheiterte Versuch, ein Monopol über das Denken
zu errichten, mißglückt ist, dafür gerade zeugt der
weltweite Widerhall, den Milovan Djilas' Gedanken
über den Mißbrauch der Macht durch die neue Klasse
finden.«[194] – Der Begriff »Neue Klasse« wird zum
Schlagwort in der Auseinandersetzung über den
zeitgenössischen Kommunismus.

12./13. August Nachdem der polnische Ministerrat
in **Warschau** zwei Tage zuvor die Erhebung einer
Steuer von 15% für alle alkoholischen Getränke
beschlossen hat, treten in **Łódź** 5.000 Angehörige
der städtischen Verkehrsbetriebe, deren Forderung
nach einer 50prozentigen Lohnerhöhung zuvor von
der Regierung abgelehnt worden ist, in einen Streik.
Sie besetzen mehrere Fahrzeugdepots und verteidigen sie, als Polizei und Sicherheitskräfte gegen sie
vorgehen wollen. Bei den Auseinandersetzungen
soll es nach Augenzeugenberichten Verletzte auf beiden Seiten gegeben haben, und etwa 20 Wortführer
der Streikenden sollen festgenommen worden sein.
Auf einer von der Gewerkschaft einberufenen
Betriebsversammlung wird am zweiten Tag die Wiederaufnahme der Arbeit beschlossen. Rund 80% der
Streikenden halten sich daran. Aus Furcht vor einem
erneuten Aufflackern des Streiks und einer Wiederholung der Ereignisse von Poznań vor einem Jahr
werden die Behörden- und Parteigebäude auch weiterhin von Polizei und Miliz bewacht. In einer von
dem Parteiorgan »Glos Robotniczy« veröffentlichten Resolution der Arbeitswilligen heißt es, man
wolle dem »Volksstaat« nicht zur Last fallen und
angesichts der schwierigen wirtschaftlichen Lage die
Arbeit wieder aufnehmen. Die polnische Regierung
kommentiert die Beendigung des Ausstands in
ihrem offiziellen Bericht mit den Worten, die Streikenden hätten eingesehen, daß ihr Tun »schlecht und
ungerecht« gewesen sei.

16. August Nach Protesten gegen das Auftreten von
Bundesverteidigungsminister Franz Josef Strauß auf
einer CDU-Jungwählerversammlung in **Hamburg**
kommt es zu Tumulten. Bereits bei seiner Ankunft
auf dem Ausstellungsgelände »Planten un Blomen«
wird der Politiker mit Sprechchören und einem
Pfeifkonzert empfangen. Vor über 1.000 Zuhörern
gelingt es ihm erst beim dritten Anlauf, seine Rede
zu beginnen. Als Strauß den Protestierenden nach
immer wieder neuen Zwischenrufen anbietet, sie
könnten gratis in die DDR reisen, um dort zu bleiben, tönt es ihm entgegen, das könne ihm so passen,
damit er hier machen könne, was er wolle. Als er am

Ende seiner Rede dazu aufruft, Adenauer zu wählen, damit Europa in Zukunft noch fester an die USA gebunden werde, bricht ein regelrechter Proteststurm los. Von Ordnern und Polizisten geschützt, verläßt der Minister zusammen mit seiner Frau Marianne unter den Pfiffen und Pfui-Rufen der Zuhörer die Halle durch einen Seitenausgang.

17. August Die Wochenzeitung »Die Tat« veröffentlicht einen Offenen Brief des Würzburger Romanisten, Professor Franz Rauhut, an Bundespräsident Theodor Heuss und Bundeskanzler Konrad Adenauer, in dem die finanziellen Verhältnisse ehemaliger SS-Angehöriger, z. B. des früheren SS-Generals Gottlob Berger und des früheren Generalmajors der Waffen-SS Kurt Meyer mit denen ehemaliger Widerstandskämpfer und KZ-Häftlinge verglichen werden. Die Auflistung der Einzelschicksale, die extrem unterschiedliche Renten- und Entschädigungszahlungen aufweist, endet ohne irgendeine Forderung.

17. August Der Journalist Ralph Giordano publiziert in der antifaschistischen Wochenzeitung »Die Tat« einen Offenen Brief an das Hamburger Amt für Wiedergutmachung. Darin beklagt er, daß ein Antrag, den er zur Entschädigung für den Ausfall einer mehrjährigen Schulausbildung an das Amt gestellt hat, weil er »als Sohn einer jüdischen Mutter« 1940 von den Nazis gezwungen worden ist, das Gymnasium zu verlassen, ohne weitere Prüfung mit der Begründung abgelehnt worden sei, er habe die Grundordnung der Bundesrepublik Deutschland bekämpft. Sein »Verbrechen« habe darin bestanden, erklärt Giordano, der Mitglied der ein Jahr zuvor verbotenen KPD ist, in den Jahren 1955 und 1956 die in loser Folge erscheinende Zeitschrift »Junge Freundschaft«, das Organ der *Jungen Pioniere*, herauszugegeben zu haben. Er vergleicht seinen Fall mit denen der beiden ehemaligen Großadmiräle Dönitz und Raeder, die nach ihrer Haftentlassung aus dem Kriegsverbrechergefängnis monatliche Pensionen in Höhe von 1.200 und 1.600 DM erhalten. Außerdem prangert er an, sein Ablehnungsbescheid sei damit begründet, daß der Antragsteller »Mischling I. Grades im Sinne der Nürnberger Gesetze« ist. Er werde es nicht hinnehmen, schreibt Giordano, »... daß Sie die Begriffe der nazistischen Rassenarithmetik in die Gegenwart gerettet haben, das meine Herren, wird nicht geduldet! Nehmen Sie zur Kenntnis, daß eben diese Gesetze dreihunderttausend deutschen Juden das Leben geraubt haben.«[195]

20.-23. August In Kempten (Allgäu) findet der Prozeß gegen die Ausbilder der am 3. Juni bei einer Übung in der Iller ertrunkenen 15 Bundeswehr-Rekruten statt. Nach dreitägiger Verhandlung verhängt das zuständige Landgericht über Oberstabsjäger Peter Julitz eine zur Bewährung ausgesetzte Gefängnisstrafe von acht Monaten. Die beiden anderen Angeklagten, Oberstabsjäger Josef Schäffler und Oberleutnant Alfred Sommer, werden freigesprochen. Der als Nebenkläger aufgetretene Hermann Weiß, dessen Sohn sich unter den Todesopfern befindet, erklärt nach der Urteilsverkündung: »Wir verlangen, daß die wirklich Schuldigen belangt werden. Die Schuldigen aber sitzen nicht in Kempten, sondern in Bonn. Einer von ihnen heißt Adenauer.«[196]

16.8.: Wahlkämpfer Strauß.

22. August Der 58jährige Schriftsteller und Leiter des Germanistischen Seminars an der Humboldt-Universität, Professor Alfred Kantorowicz, flieht von **Ost-** nach **West-Berlin**. Nach der Niederschlagung des ungarischen Volksaufstands und der Verfolgungswelle, der seit dem Ende des Vorjahres regimekritische Intellektuelle wie Ernst Bloch, Wolfgang Harich und Walter Janka in der DDR ausgesetzt sind, sieht er für sich keine Möglichkeit mehr, als Literaturwissenschaftler gesellschaftspolitisch Einfluß zu nehmen. Kantorowicz, der 1931 Mitglied der KPD geworden war, hatte nach der Machtergreifung der Nazis in Paris den *Schutzverband deutscher Schriftsteller im Exil* gegründet und eine »Freiheitsbibliothek« der durch die Bücherverbrennungen verfemten Literatur herausgegeben. Nach der Rückkehr aus dem amerikanischen Exil, wo er insbesondere mit Heinrich Mann eng befreundet war, hatte er die blockübergreifende Zeitschrift »Ost und West« gegründet. Die von Walter Ulbricht betriebene Einstellung des weder bei den amerikanischen noch bei den sowjetischen Besatzern beliebten Blattes war eine tiefe Enttäuschung für Kantorowicz, der die Entwicklung einer anderen deutschen Republik durchaus optimistisch sah und sich für sie hatte einsetzen wollen. Durch die sich an Chruschtschows Stalin-Kritik auf dem XX. Parteitag der KPdSU anschließende Phase des Aufbegehrens in Polen und Ungarn hatte er wieder neuen Mut geschöpft. Umso größer war für ihn, der mit Georg Lukács freundschaftliche Beziehungen unterhielt und mit dem *Petöfi-Klub* sympathisierte, die neuerliche Enttäuschung angesichts der bewaffneten Intervention der Sowjets in Ungarn. Als an ihn die Aufforderung erging, eine Erklärung zu unterzeichnen, mit der der dortige Volksaufstand verurteilt werden sollte, weigerte er sich, dem nachzukommen. – In einer vom Sender Freies Berlin (SFB) noch am Abend nach seiner Flucht ausgestrahlten Rundfunkansprache erteilt Alfred Kantorowicz den Machthabern der SED eine deutliche Absage: »Wir meinten doch wirklich mit unserem Kampf die Volksherrschaft und fanden uns verstrickt in die Funktionärsdiktatur. Die Volks-

22.8.: Der Literaturwissenschaftler und Regimekritiker Alfred Kantorowicz.

22.8.: Titel des 1959 erschienenen Buches, in dem Kantorowicz seinen Weg aus dem US-amerikanischen Exil in die DDR beschreibt.

kammer war eine Funktionärskammer. Das Volkswohl Funktionärswohl. Die volkseigenen Betriebe funktionärseigene Betriebe, in denen die Arbeiter ihre Grundrechte, für die sie ein Jahrhundert gestritten und gelitten, eingebüßt haben und in halber Leibeigenschaft von Funktionärsvögten zu immer neuen Sonderschichten, Überstunden, Hochleistungen angepeitscht werden.«[197] Mit der in aller Eile abgegebenen Erklärung wendet sich Kantorowicz vor allem an seine ehemaligen Kollegen und Freunde in der DDR. Er versucht zu rechtfertigen, warum er die DDR verlassen hat. Nach einem langewährenden inneren Kampf, habe er die Hoffnung aufgegeben, daß sich dort der Übergang zu einer wirklich sozialistischen Gesellschaft hätte vollziehen können. Am Ende heißt es: »Ich bitte hiermit die zuständigen Behörden der Bundesrepublik, mir in dem von ihr gesicherten Teil meines Vaterlandes Schutz, Aufenthalt und Bürgerrecht zu gewähren.«[198] – Das Überwechseln des Literaturwissenschaftlers erregt in der Öffentlichkeit großes Aufsehen. Für mehrere Tage steht der eher scheue Mann im Rampenlicht der Medien und erläutert in Fernsehinterviews die

Motive für seine Flucht. – Die Reaktion der DDR-Presse fällt geharnischt aus. Am 24. August erscheint im SED-Zentralorgan »Neues Deutschland« ein Hetzartikel, der mit den Worten »Kantorowicz zum Feind übergelaufen« übertitelt ist. »Anstatt von der Möglichkeit Gebrauch zu machen«, heißt es dort, »irgendwelche Differenzen, die er mit der DDR gehabt haben mag, in ehrlichem Gespräch zu klären, läuft Kantorowicz gerade in dem Augenblick, wo es gilt, den deutschen Militarismus bei den Bundestagswahlen zu schlagen, zum Klassenfeind über und leistet ihm Schützenhilfe. Obwohl Kantorowicz einmal selbst an der antifaschistischen Bewegung teilnahm, begab er sich jetzt in einen Staat, in dem der Verleumder Bertolt Brechts, v. Brentano, Außenminister ist und der SA-Mann Schröder als Innenminister mit den alten Blutrichtern der Nazis erneut den faschistischen Terror organisiert. Er zeigt damit, daß er jeden politischen und moralischen Halt verloren hat.«[199] Einen Tag darauf halten die Schriftsteller Willi Bredel, Stephan Hermlin, Walter Gorrish, Hans Marchwitza, Anna Seghers und Bodo Uhse dem geflohenen Ex-Kollegen in derselben Zeitung einen Satz vor, den dieser 1949 anderen Überläufern, die von der sowjetischen in eine der westlichen Besatzungszonen gegangen waren, hinterhergerufen hatte: »Wir dürfen zufrieden sein. Je mehr von der Sorte wir loswerden, desto besser für uns. Auch das ist eine Art Enttrümmerung. Es wird sauberer bei uns.«[200] Sie werfen Kantorowicz, der »sich bis vor kurzem Antifaschist« genannt habe, in der gemeinsamen, als »Feststellung« überschriebenen Erklärung vor, er falle mit seiner Flucht allen Menschen in den Rücken, die Deutschland »vom Alpdruck der Kriegspartei« befreien wollten. Bodo Uhse rechnet mit dem Abtrünnigen wenige Tage später, am Jahrestag des deutschen Überfalls auf Polen, in der Wochenzeitung »Sonntag« in einem an Bitterkeit kaum zu übertreffenden »Schlußwort« – so der Titel – ab: »Der Sohn des Bürgers – eines liberalen, jüdischen Bürgers – ist heimgekehrt zu den Mördern seiner Väter.«[201] – Doch auch im Westen gibt es nicht wenige Stimmen, die sich gegen den Ex-Kommunisten aussprechen. Ein Leserbriefschreiber stellt in der in West-Berlin erscheinenden Zeitung »Tagesspiegel« unverblümt die Frage: »Warum empfängt man einen Menschen wie Kantorowicz bei uns mit offenen Armen? Man hat nichts Eiligeres zu tun, als ihm ausgerechnet im Sender Freies Berlin Gelegenheit zu geben, seine große Entschuldigungsrede vorzubringen ... Es imponiert mir nicht, daß Kantorowicz seit 26 Jahren Kommunist ist, sondern ich bin über so viel Engstirnigkeit erschüttert. Ich hasse ihn wie das Regime, das er zehn Jahre ›erduldet‹ hat, und ich wünschte nur, es hätte ihm nach den zehn Jahren des Wohllebens nicht der Fluchtweg nach dem ach so aufnahmebereiten Westen offengestanden. Kantorowicz hat die Freiheit nicht mehr verdient.«[202]

26. August Zwei ehemalige Angehörige einer SS-Wachmannschaft im Konzentrationslager Mauthausen werden vorzeitig aus dem Kriegsverbrechergefängnis in **Landsberg** entlassen. Der 50jährige Franz Schulz war zu 30 und der 54jährige Matthäus Meier zu 20 Jahren Zuchthaus verurteilt worden.

26. August Nach einer Meldung der Nachrichtenagentur TASS ist es der Sowjetunion gelungen, eine Interkontinentalrakete mit einer Reichweite von mehr als 5.000 Kilometern zu starten. – Die Nachricht wird in den Vereinigten Staaten mit großer Besorgnis aufgenommen.

27. August Auf einer CDU-Wahlkampfkundgebung in **Essen** wird Bundesverteidigungsminister Franz Josef Strauß von Rüstungsgegnern immer wieder durch Zwischenrufe unterbrochen. Trotz eines starken Polizeiaufgebots ertönen immer wieder Sprechchöre wie »Strauß 'raus aus dem Ruhrgebiet« und »Wir wollen keine Atomwaffen«.

27. August Im ägyptischen Exil in **Kairo** tritt der *Conseil National de la Révolution Algérienne* (CNRA, Nationalrat der algerischen Revolution) zusammen, um das Führungsgremium der Aufständischen, das Comité de Coordination et d'Exécution (CEE, Komitee für Koordinierung und Ausführung), neu zu besetzen. Seit der Verhaftung der fünfköpfigen Führungsgruppe um Ahmed Ben Bella am 22. Oktober 1956 durch die Franzosen, ist im Nationalrat ein Machtvakuum entstanden. Da die meisten CNRA-Abgeordneten wegen der Kämpfe in Algerien unabkömmlich sind, müssen sie durch Ersatzmänner, algerische Emigranten, vertreten werden. Das Exekutivorgan CEE wird auf sieben Mitglieder erweitert. Die wichtigste Rolle übernimmt darin der 36jährige Abdelhafid Boussouf, der Leiter des einflußreichen Nachrichtendienstes wird. Belkacem Krim wird in seiner Funktion als Verantwortlicher für Militärfragen bestätigt. Die anderen Mitglieder sind Ferhat Abbas (Information), Mohammed Lamine-Debaghine (Außenpolitik), Abdelhamid Mahri (Sozialpolitik) und Mohammed Chérif (Finanzen).

28. August In **Bonn** geben mehrere sozialistische Jugendorganisationen die Gründung der *Antimilitaristischen Aktion 1957* bekannt. Ziel des Aktionsbündnisses, so führen Sprecher aus, sei die Effektivierung des Kampfes gegen die unvermindert fortgesetzte Aufrüstung, die allgemeine Wehrpflicht und die Bewaffnung der Bundeswehr mit Atomsprengköpfen. An dem Bündnis beteiligt sind die *Gruppe der Wehrdienstverweigerer* (GdW), die Jugend des *Arbeiter-, Rad- und Sportbundes »Solidarität«*, die *Naturfreundejugend Deutschlands* und die *Sozialistische Jugend Deutschlands – Die Falken.*

28. August Der 32jährige Schriftsteller Gerhard Zwerenz flüchtet mit der S-Bahn von **Ost-** nach **West-Berlin**. Der Regimekritiker, der bei Ernst Bloch in Leipzig mehrere Jahre lang Philosophie studiert hat, ist nach der Niederschlagung des Volksaufstands in Ungarn seiner antistalinistischen Publikationen wegen immer stärkeren Angriffen in der DDR-Presse ausgesetzt gewesen. Da er es ablehnte, sich von seinen politischen Positionen zu distanzieren, wurde er Anfang Juni aus der SED ausgeschlossen. Zur Flucht entschloß er sich, als er Mitte August erfuhr, daß von den Behörden Belastungsmaterial gegen ihn gesammelt wurde und er in einem politischen Prozeß gegen einen seiner Freunde als Zeuge hätte auftreten sollen. – Über die ersten Eindrücke nach seiner Ankunft in West-Berlin schreibt Zwerenz später: »Auf dem Kurfürstendamm herrschte der übliche Sommerbetrieb. Leichtgekleidete Menschen. Zeitungskioske voller Blätter, die durch ihre schreiende Buntheit auffielen und mich mit Scheu und Argwohn erfüllten; auf der Fahrbahn das nicht endende Band der Autos, deren Abgase die flimmernde Hitze noch unerträglicher machten. Hilft alles nichts, dachte ich, jetzt mußt du kopfüber hinein in dieses Westleben. Und ich sprang.«[203]

28.8.: Der Schriftsteller und Regimekritiker Gerhard Zwerenz.

29. August Der 1. Strafsenat des Bezirksgerichts **Leipzig** verurteilt den 28jährigen Musikjournalisten Reginald Rudorf wegen »Boykotthetze« und »konterrevolutionärer Tätigkeit« sowie Beleidigung von SED- und FDJ-Funktionären zu einer Zuchthausstrafe von zwei Jahren. Dem Angeklagten wird vorgeworfen, durch eine von ihm »entfesselte Jazzkampagne« die Jugendlichen der DDR entpolitisiert und zu Opfern der amerikanischen Politik gemacht zu haben. In einem Vortrag vor Medizinstudenten der Universität Leipzig soll er außerdem zum Sturz der DDR-Regierung aufgerufen haben. Der Gerichtsvorsitzende, Oberrichter Wirth (SED), hat den Angeklagten bereits während dessen Aussage zur Person unterbrochen und sein Unverständnis darüber ausgedrückt, wie sich ein Erwachsener so intensiv für ein nebensächliches Gebiet wie das der Musik interessieren könne. Die Zeit verlange nicht nach Musikexperten, sondern nach »Kämpfern für die Sache des Friedens«. Wer sich trotzdem für die Musik entscheide, könne nur militaristischen und reaktionären Kräften dienen, weil die Musik, insbesondere der Jazz, die Bürger von ihren wirklichen Problemen ablenke. – Der verurteilte Regimekritiker schildert später in seinen Erinnerungen, zu

27.8.: Bundesverteidigungsminister Strauß stellt einen Kampfstiefel der Bundeswehr vor.

Anders als du und ich (§ 175)

29.8.: Plakatwerbung für den neuen Veit-Harlan-Film.

welch grotesken Szenen die Vernehmung von Zeugen führte, die den Vorwurf belegen sollten, Rudorf habe durch die Propagierung der Jazzmusik den Arbeiter-und-Bauern-Staat zu zersetzen versucht: »Als nächster Zeuge der Anklage trat Richard-Ludwig Müller auf und behauptete, mich als fanatischen Gegner der DDR zu kennen, der den Staat angegriffen und die Jugend der DDR mit Hilfe des Jazz aufgehetzt habe. Die Frage meines Verteidigers, ob es zutreffe, daß er, Müller, den Jazz als ›Affenkultur des amerikanischen Imperialismus‹ bezeichnet habe, bejahte der Zeuge. Zusehends kleinlauter wurde er jedoch, als Kolbe daraufhin erklärte, mit diesem Angriff gegen den Jazz, die Volksmusik der nordamerikanischen Neger, habe der Zeuge Rassenhetze betrieben, die in der DDR, einem demokratischen Staat, strafrechtlich verfolgt werden könne. Als Demokrat sei der Angeklagte verpflichtet gewesen, gegen den Zeugen vorzugehen. Ein Mann, der in der Öffentlichkeit rassen- und völkerverhetzende Parolen verbreite und demzufolge eigentlich selbst auf die Anklagebank gehöre, sei als Zeuge vor Gericht denkbar ungeeignet. Der Vorsitzende unterbrach meinen Verteidiger und entließ Müller, ohne weitere Fragen an ihn zu stellen.«[204]

29. August Weil die *Freiwillige Selbstkontrolle der Filmwirtschaft* (FSK) den neuesten Film des »Jud Süß«-Regisseurs Veit Harlan nicht zugelassen hat, findet die Uraufführung von »Anders als du und ich« in **Wien** statt. Darin versucht eine Mutter ihren Sohn davon abzubringen, seinen gleichgeschlechtlichen Neigungen nachzugehen. Um dies zu erreichen, treibt sie ihn der Haustochter in die Arme und verstößt damit gegen den Kuppeleiparagraphen. In dem Streifen, in dem Paula Wessely, Paul Dahlke, Christian Wolff, Ingrid Stenn und Hans Nielsen die Hauptrollen spielen, geht es nur insofern um Homosexualität, als Harlan dieses strafrechtlich sanktionierte und in der Öffentlichkeit tabuisierte Phänomen benutzt, um daran seine Vorstellung von gesellschaftlicher »Normalität« deutlich zu machen. –

31.8.: Am Sarg Mussolinis: Seine Witwe Rachele (rechts) und daneben seine Tochter Edda Ciano.

Nachdem der Regisseur eine »gereinigte« Fassung hergestellt hat, wird »Anders als du und ich« vom 30. Oktober an auch in bundesdeutschen Kinos gezeigt. – Über den in der Öffentlichkeit äußerst umstrittenen Film und dessen wegen seiner NS-Vergangenheit heftig angegriffenen Regisseur schreibt der Kritiker Enno Patalas kurze Zeit später in der Zeitschrift »Filmkritik«: »Man hat ihm unrecht getan, als man ihn im Spruchkammerverfahren zum bewußten Nazi stempeln wollte: er war – und ist – ein unbewußter Nazi. Zum Starregisseur des ›Dritten Reichs‹ hat ihn nicht Parteimitgliedschaft aufsteigen lassen, sondern die tiefe Verwandtschaft im Geist – vielmehr: im Ungeist – mit seinen Machthabern. Nicht politische Überzeugung prädestinierte ihn zum Regisseur des ›Jud Süß‹, sondern seine viel tiefere Geistfeindschaft, seine verquollene Blut- und Instinktmystik, sein unreifer Emotionalismus. Für diese zeugen die ›unpolitischen‹ Filme vor und nach seiner Glanzzeit ebenso wie die erklärten Nazifilme.«[205]

30. August Ebenso wie in München, Essen und Hamburg wird Bundesverteidigungsminister Franz Josef Strauß auch auf einer CDU-Wahlkampfkundgebung in **Velbert** (Rheinland) von jungen Rüstungsgegnern ausgepfiffen und mehrmals in seiner Rede unterbrochen. – Strauß hat damit seinen Amtsvorgänger Theodor Blank auch in einer anderen Hinsicht abgelöst und ist in dessen lange Zeit gespielte Rolle eines »Prügelknabens der Nation« gerutscht.

30. August Im Alter von 63 Jahren stirbt in **West-Berlin** der Regierende Bürgermeister der Stadt, Otto Suhr, an Leukämie. Er war am 1. November 1955 in sein Amt gewählt worden und gehörte als SPD-Abgeordneter mehrere Jahre lang dem Bundestag an. – Die Trauerfeier findet am 3. September unter Beteiligung von Bundespräsident Theodor Heuss und Bundeskanzler Konrad Adenauer vor dem Schöneberger Rathaus statt. Zehntausende von Berlinern säumen die Straßen, als der Sarg im Anschluß an den Staatsakt zu dem in Zehlendorf gelegenen Waldfriedhof überführt wird.

31. August Aus Anlaß des 2. Bundestreffens der *IG Holz* demonstrieren in **Weißenburg** (Bayern) 1.000 Jungarbeiter gegen die Politik der Bundesregierung.

31. August Die sterblichen Überreste des italienischen Faschistenführers und Diktators Benito Mussolini werden in seinem Geburtsort **Doria di Predappio** beigesetzt. Der Witwe Rachele Mussolini war es nach einem zwölf Jahre andauernden Streit mit dem italienischen Staat gelungen, den Leichnam des am 28. April 1945 von Partisanen zusammen mit seiner Geliebten Clara Petacci erschossenen »Duce« freizubekommen.

31. August In der Wüste von **Nevada** zünden Experten der US-Armee einen Atomsprengsatz mit dem Namen »Smoky«, der viermal so stark ist wie die über Hiroshima abgeworfene Atombombe. Nur wenige Stunden nach der Explosion werden trotz eines ungewöhnlich hohen radioaktiven Fallouts 1.140 Soldaten in das verseuchte Testgelände geschickt, um einen Einsatz unter »atomaren Kriegsbedingungen« zu üben. In einem anschließend für das Pentagon angefertigten Bericht wird festgehalten,

31.8.: US-Soldaten beobachten die Zündung der Atombombe.

31.8.: Wenige Augenblicke später rückt eine Übungsbrigade, die sich in fünf Kilometern Entfernung verschanzt hat, zu dem in der Wüste gelegenen Explosionsherd vor.

daß unter den bei der Übung eingesetzten Soldaten keinerlei Anzeichen von Furcht festzustellen gewesen seien.

1957

Januar Februar März April Mai Juni Juli

August <u>September</u> Oktober

November Dezember

Sept.: »Beide (für sich): ›Wie schaffe ich's, daß es kein Selbstmord wird?‹«« Karikatur aus der »Gesamtdeutschen Rundschau«.

September Auf Initiative eines Landgerichtsdirektors bildet sich in **Völklingen** (Saarland) eine Notgemeinschaft gegen die von Kraftwerken verursachte Staub- und Lärmplage. Einwohner klagen über Hustenreiz, Augenerkrankungen und Hautausschläge, seit sie den Staubregen über sich ergehen lassen müssen. – Ähnliche Klagen sind auch aus dem Nachbarort **Schaffhausen** zu hören.

September Im westfälischen Landkreis **Lippstadt** protestieren Bauern erfolgreich gegen die Verwüstung ihrer Felder durch britische Panzer. Im Zuge eines Manövers sind 225 Panzer und Sturmgeschütze im Einsatz, die insbesondere die Äcker der beiden Ortschaften **Anröchte** und **Altengesecke** in Mitleidenschaft ziehen. Die dortigen Bauern wenden sich an den zuständigen Militärbefehlshaber, General Pyman, und fordern ihn auf, die Übungen auf ihren Grundstücken einzustellen. Als sich der General die angerichteten Schäden selbst angesehen hat, ordnet er an, die Panzer aus der Gegend abzuziehen.

September Der Journalist Ralph Giordano nimmt die Kündigung eines Publikationsvertrages mit dem Verlag Neues Leben zum Anlaß, um aus der KPD aus-

zutreten. Durch seine Kritik an der ausbleibenden Entstalinisierung waren schon vor Monaten die Differenzen zur KPD und zur SED deutlich zutage getreten. Der in **Hamburg** lebende Autor, der den letzten Anstoß zu seiner Entscheidung durch die Flucht von Alfred Kantorowicz erhalten hat, faßt sein Schreiben an den Verlag in **Ost-Berlin** später mit den Worten zusammen: »Diese steinerne Verlogenheit, diese geistige Sterilität, diese tödliche Langeweile und diese permanente Brüskierung der menschlichen Intelligenz seien nicht länger zu ertragen, wenn ich mir meine sozialistische Überzeugung und meine Selbstachtung bewahren wolle. Es gehe nicht länger. Ich entzöge die Entscheidung über mein eigenes Leben Führungsgremien, die diese Wirklichkeit bestimmten, sie für Sozialismus ausgeben und jeden, der sich daran nicht halte, als seinen Feind zu diffamieren gewohnt seien ...«[206] Der von den Nazis als »jüdischer Mischling« eingestufte Giordano hatte die NS-Herrschaft in der Illegalität überlebt, war 1946 in Hamburg KPD-Mitglied geworden und danach für die »Hamburger Volkszeitung«, die »Berliner Zeitung« sowie die »Weltbühne« als Journalist tätig. In Artikeln hatte er sich immer wieder gegen eine Renazifizierung und die Wiederbewaffnung ausgesprochen. 1953 wurde er Stadtteilsekretär der KPD in Altona. Im selben Jahr war dann in Ost-Berlin unter dem Pseudonym Jan Rolfs sein Band »Westdeutsches Tagebuch« erschienen.[207] Von 1955 bis 1956 studierte er am Institut für Literatur in Leipzig. – In einer Meldung der illegal erscheinenden »Hamburger Volkszeitung« heißt es kurz nach seinem Austritt, Giordano habe im Zusammenwirken mit dem »Klassenverräter Wolfgang Harich« und dem »Kapitulanten Alfred Kantorowicz« die Partei verraten. – Seine elfjährigen Erfahrungen mit dem Kommunismus beschreibt Giordano in dem 1961 im Kölner Verlag Kiepenheuer & Witsch erscheinenden Buch »Die Partei hat immer recht«. – Sein stark autobiographische Züge tragender, für den Verlag Neues Leben vorgesehener Roman »Die Bertinis«, die Geschichte einer Familie, die wegen der jüdischen Herkunft der Frau und Mutter besonders gefährdet ist und der es in Hamburg gelingt, unterzutauchen und in einem Keller versteckt die Verfolgung durch die Nazis zu überleben, kommt erst 1982 im Frankfurter S. Fischer Verlag heraus.

September Eine Gruppe von 200 sowjetischen Wissenschaftlern, unter ihnen führende Mitglieder der Akademie der Wissenschaften, gibt in **Moskau** eine Erklärung ab, in der vor einer »Gefahr für die Menschheit« durch eine weitere Ausbreitung von Atomwaffen gewarnt wird. Die Unterzeichner begrüßen darin die von der sowjetischen Regierung unterbreiteten Vorschläge für die sofortige Einstellung aller Atomwaffenversuche als einen »ersten Schritt«, der zu einem vollständigen Verbot von Nuklearwaffen führen sollte.

1. September Auf Initiative der *Antimilitaristischen Aktion 1957* treffen sich am Jahrestag des deutschen Überfalls auf Polen, mit dem 1939 der Zweite Weltkrieg begann, 5.000 Jugendliche aus dem gesamten Bundesgebiet in **Frankfurt**, um gegen Wehrpflicht, Aufrüstung und Kriegsgefahr zu demonstrieren. Viele von ihnen nehmen zunächst an einem antimilitaristischen Autokorso teil, der sich vom Platz vor dem Funkhaus an der Bertramstraße aus mit 30 Omnibussen, 70 Personenwagen und etwa ebenso vielen Motorrädern durch die Stadt am Main bewegt. Auf den an den Fahrzeugen angebrachten Transparenten und Schildern sind Parolen zu lesen wie »Lieber aktiv als radioaktiv«, »Macht es wie Konrad – Werdet nie Soldat«, »Ob Kaiser, Führer, Adenauer – dem General ist es egal«, »Denkt an die Opfer der Iller«, »Der Weg ins Massengrab führt durchs Kasernentor«, »Schafft den Krieg ab, sonst schafft er uns ab« und »Keine Atomwaffen auf deutschem Boden«. Die Großkundgebung auf dem Römerberg, die unter dem Motto »Weg mit der Wehrpflicht!« steht, wird von einem Chor, der Lieder aus der Arbeiterbewegung singt, und von mehreren Sprecherinnen eröffnet, die Gedichte gegen den Krieg rezitieren. Nach einführenden Worten des Bundesvorsitzenden der *Sozialistischen Jugend Deutschlands – Die Falken*, Kalli Prall, sprechen das Bundesvorstandsmitglied des DGB, Waldemar Reuter, der Kölner Pfarrer Dieter Lenz und der sozialdemokratische Bundestagsabgeordnete Willi Birkelbach. Alle Redner protestieren gegen die von der Bundesregierung immer noch nicht dementierten

Pläne zur Atombewaffnung der Bundeswehr. Birkelbach, der daran erinnert, wie Hitler vor 18 Jahren den Zweiten Weltkrieg entfesselt hat, ruft, auf den Bundesverteidigungsminister anspielend, warnend aus, daß hinter Adenauer »ein junger Mann aus München mit aufgerollten Ärmeln auf die Macht« warte. Wenn dieser Mann, der die Sowjetunion von der Landkarte streichen wollte, an die Macht käme, dann seien Entscheidungen zu befürchten, die nicht mehr reversibel wären. Sich auf die zentrale Wahlparole der CDU beziehend, erklärt er: »Ja, keine Experimente, vor allem keine Rüstungsexperimente in Deutschland.«[208] Die Jugend müsse den Teufelskreis der Vergangenheit durchbrechen, um endlich einmal die Früchte des Friedens ernten zu können. Zum Abschluß singen die Teilnehmer der Kundgebung das Traditionslied der Arbeiterbewegung »Brüder zur Sonne, zur Freiheit«.

1. September In der **DDR** wird der Dokumentarfilm »Urlaub auf Sylt« uraufgeführt, in dem es um die NS-Vergangenheit des Westerländer Bürgermeister Heinz Reinefarth geht. In dem 22 Minuten langen DEFA-Film der Regisseure Annelie und Andrew Thorndike wird dem Betrachter zunächst die scheinbare Idylle eines Badeaufenthalts auf der Nordseeinsel vor Augen geführt. Nach Strand und Kurgästen konzentriert sich die Kamera dann mehr und mehr auf das Rathaus und den darin befindlichen Schreibtisch des Bürgermeisters. Nachdem ein Bild des ehemaligen SS-Gruppenführers eingeblendet worden ist, auf dem ein Ritterkreuz mit Eichenlaub zu sehen ist, erklärt ein Sprecher: »Besuch bei Reinefarth, dem Bürgermeister von Westerland. Er versieht dieses Amt schon seit 1951, als er von der Christlich Demokratischen Union und dem Block der Heimatvertriebenen und Entrechteten gewählt wurde. Weitab von der großen Welt und unbeachtet von ihr

1.9.: Protestkundgebung auf dem Frankfurter Römer.

1.9.: Der ehemalige SS-Gruppenführer Heinz Reinefarth, Bürgermeister von Westerland auf Sylt.

3.9.: Weiße Ameri-
kanerinnen demon-
strieren für die
Aufrechterhaltung
der Rassenschran-
ken.

3.9.: »Strauß: ›Wer
noch einmal ein
Gewehr in die Hand
nehmen will, dem
soll die Hand abfal-
len.‹« Karikatur
aus dem Wochen-
blatt »Die Andere
Zeitung«.

3.9.: In einer
Auflage von 30.000
Exemplaren vom
Zentralsekretariat
der Jungsozialisten
verbreiteter Auf-
kleber, dessen
Anfangsbuchstaben
den Namen des
Bundeskanzlers
ergeben.

versieht Herr Reinefarth sein Amt ... Aber wer Herrn Reinefarth kennt, weiß, der Bürgermeister von Westerland ist zu Unrecht unbeachtet von der Welt, denn nicht immer war Herr Reinefarth Bürgermeister. Fast zwei Jahrzehnte seines Lebens – bis zum 8. Mai 1945 – war er die SS-Nummer 56.634.«[209] Dann folgen Aufnahmen von Judendeportationen, Hinrichtungen und schließlich Bilder von der Niederschlagung des Aufstandes im Warschauer Ghetto. Der ehemalige Höhere SS- und Polizeiführer und Führer des SS-Oberabschnitts Warthe wird in dem Film als »Henker von Warschau« bezeichnet. Der Film endet damit, daß eine Szene, in der zu sehen ist, wie Reinefarth in seiner neuen Rolle als Bürgermeister Besuchern die Insel zeigt, mit den Worten kommentiert wird: »Die alten Nazis sitzen wieder auf den Kommandostellen.«[210] – Gegen den mit suggestiven Mitteln arbeitenden Dokumentarfilm wird von der westdeutschen Presse, soweit sie ihn nicht totschweigt, eingewandt, daß zwar viele Dokumente gezeigt würden, aber keines, das Reinefarths persönliche Schuld belege. Daher bleibe die Verurteilung des Mannes in dem Filmkommentar nur eine pauschale. Die Tatsache, daß der schleswig-holsteinische BHE-Politiker SS-Obergruppenführer war und in führender Position an der Niederschlagung des Warschauer Aufstands beteiligt war, wird nicht bestritten. Reinefarth, der sich dem Filmteam bereitwillig zur Verfügung gestellt hatte, weil sich die Kameraleute als Mitarbeiter einer süddeutschen Kulturfilmgesellschaft ausgegeben hatten, beklagt gegenüber der Presse, in dem Film sei nicht erwähnt worden, daß er in seiner Entnazifizierungsverhandlung von der zuständigen Spruchkammer »von der Schuld an jeglichem Verbrechen« freigesprochen worden sei.

> Kirche als Parteilokal
> Oben stinkt's nach Korruption
> Narreteien vor der Wahl
> Renten niedrig, auch der Lohn
> Alles schöpft die Steuer ab
> Doch die Wohnungen sind knapp
>
> Alle Preise klettern fort
> Deutsche Einheit auf Plakaten
> Eine Fessel für den Sport
> Neue Bomben und Granaten
> Atomarer Regen fällt
> Unser Volk getrennt durch Schranken
> Es regiert allein das Geld -
> Rat mal, wem wir das verdanken!

1. September Dem staatenlosen Garry Davis wird die Einreise in die Niederlande verwehrt. Der »Weltbürger Nr. 1«, der nur über einen selbst ausgestellten »Weltbürgerpaß« verfügt, will am Weltföderalistenkongreß in **Den Haag** teilnehmen. Als ihm auf anderen Wegen die Einreise gelingt, wird er von der niederländischen Polizei festgenommen und in die Bundesrepublik abgeschoben.

3. September Das Zentralsekretariat der *Jungsozialisten* verbreitet in einer Auflage von 300.000 Exemplaren in vielen Teilen der **Bundesrepublik** einen Aufkleber, der in Reimen die Politik der Bundesregierung kritisiert. Vertikal gelesen ergeben die Anfangsbuchstaben der einzelnen Zeilen den Namen des Bundeskanzlers.

3. September Die *Gruppe der Wehrdienstverweigerer* (GdW) bezichtigt in einem in **Köln** der Presse übermittelten Brief Bundesverteidigungsminister Franz Josef Strauß der »Verleumdung«. In dem Schreiben heißt es: »Herr Minister! Sie haben Ihre Ablehnung eines Streitgesprächs mit einem bekannten Wehrdienstverweigerer mit der Bemerkung versehen: diese Ablehnung geschehe nicht aus Feigheit, denn Sie seien ja kein Wehrdienstverweigerer. Zu dieser leichtfertigen Verleumdung stellen wir nur fest: Wehrdienstverweigerer haben noch nie ihre eigenen Versammlungen durch den Hinterausgang verlassen.«[211]

3. September Die Einführung des gemeinsamen Unterrichts für schwarze und weiße Schulkinder führt, obwohl sie vom Gesetz vorgeschrieben

BLOWS AT INTEGRATION BY A SMALL BUT DANGEROUS MINORITY

TROUBLES BESET SCHOOL OPENING

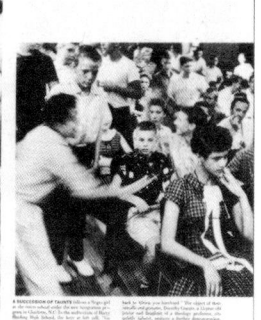

ist, in mehreren Südstaaten der USA zu schweren Konflikten. In **Little Rock**, der Hauptstadt des Bundesstaates Arkansas, werden auf Veranlassung des Gouverneurs Orval E. Faubus Schwarze durch den Einsatz der Nationalgarde daran gehindert, ihre Klassenräume zu betreten. Bereits seit dem Vorabend haben die Uniformierten einen Kordon um die zentrale Schule gebildet, um sicherzustellen, daß die Rassentrennung weiterhin aufrechterhalten bleibt. – In **Birmingham** (US-Bundesstaat Alabama) entführt eine Gruppe weißer Männer einen Farbigen. Sie foltern und entmannen ihn. Einer der Täter sagt danach zu seinem Opfer: »So geht es, wenn die Rassentrennung in den Schulen aufgehoben wird.«[212] – Am 7. September werden sechs junge Schwarze, die in **Little Rock** eine Schule betreten wollen, von einer Gruppe Weißer daran gehindert und anschließend in die Flucht geschlagen. – In **Birmingham** wird

ein schwarzer Geistlicher, der als entschiedener Befürworter der Integration gilt, vor einer Schule von Weißen krankenhausreif geschlagen. – In **Nashville** (US-Bundesstaat Tennessee) wird der Tag des ersten Schulbesuchs für eine Gruppe schwarzer Schulkinder, die von ihren Müttern begleitet werden, zu einer Art Spießrutenlauf. Ihr Weg zum Schulgebäude ist mit rassistischen Schildern des Ku-Klux-Klan markiert. – In der Zwischenzeit spitzt sich der Streit zwischen der amerikanischen Regierung und dem Gouverneur von Arkansas zu. Die Regierung in **Washington** beantragt am 10. September eine bundesgerichtliche Verfügung, mit der Orval E. Faubus dazu gezwungen werden soll, die Einheiten der Nationalgarde zurückzuziehen. – Am selben Tag wird in den frühen Morgenstunden eine Schule in **Nashville** durch die Explosion eines Sprengsatzes schwer beschädigt. Die Polizei geht davon aus, daß dies ein weiterer Versuch ist, schwarze Schulkinder zu bedrohen und beim Versuch, ihr Recht wahrzunehmen, einzuschüchtern.

4. September Nach einer gemeinsamen Tagung veröffentlichen 20 angesehene Schriftsteller auf einer Pressekonferenz in **Bonn** einen Appell, in dem vor einer Regierungspolitik gewarnt wird, die sich am atomaren Wettrüsten beteiligt. Der Aufruf, dessen Entwurf von dem Journalisten Jesco von Puttkamer stammt, endet mit dem Satz: »Wir bitten alle Deutschen, am 15. September im Bewußtsein der Entscheidung über Sein oder Nichtsein zu wählen.«[213] Zu den Unterzeichnern gehören u. a.: Stefan Andres, Karlheinz Deschner, Axel Eggebrecht, Hans Henny Jahnn, Ernst Kreuder, Wilhelm Lehmann, Erwin Piscator, Paul Schallück und Wolfgang Weyrauch. – Den in der Öffentlichkeit mit großer Überraschung aufgenommenen Schritt, daß Schriftsteller so kurz vor

3.9.: Weiße verfolgen in Little Rock einen Schwarzen.

3.9.: Photoreportage in der US-Illustrierten »Life«.

3.9.: Eine schwarze Frau muß in Little Rock vor Übergriffen geschützt werden.

3.9.: Der Gouverneur von Arkansas, Orval E. Faubus.

4.9.: Der Schrift-steller Hans Henny Jahnn.
4.9.: Auf der Bonner Tagung von Jahnn vorgetragene Über-legungen.

den Bundestagswahlen eine deutlich gegen die Bundesregierung gerichtete Position einnehmen, kommentiert Stefan Andres, über dessen literarisches Werk Lotte Adenauer, die Tochter des Kanzlers, promoviert hat, mit den lakonischen Worten: »Im nächsten Jahr werden ja dann wohl die Honorare dünner fließen.«[214]

5. September Auf einer Kundgebung der *IG Metall* in **Neumünster** rufen mehrere Redner die 7.000 versammelten schleswig-holsteinischen Metallarbeiter dazu auf, bei den bevorstehenden Bundestagswahlen nur einer solchen Partei ihre Stimme zu geben, die sich für die Aufhebung der Wehrpflicht und die Wiedervereinigung Deutschlands einsetzt.

Hans Henny Jahnn   *Thesen gegen Atomrüstung*

Die Entscheidung über Sein oder Nichtsein der Menschheit kann nicht von einem politischen Kalkül abhängig gemacht werden, sie ist ein humanes Problem.

Durch eine »Politik der Stärke« kann die Katastrophe nicht vermieden, sondern nur heraufgefordert werden.

Eine vorsichtige Schätzung der jetzt vorhandenen Atom- und nuklearen Bomben ergibt eine Zahl von ca. 50 000.

Die Aufgabe des Schriftstellers ist es noch immer, Barmherzigkeit, Mitleid und Menschlichkeit zu vertreten und nicht einen politischen Sadismus zu unterstützen.

Es wird hierbei erinnert an das Verhalten des großen Dichters Jeremias, der sein Vaterland vor unsinnigen Rüstungen und Provokationen warnte. Er wurde dafür ins Gefängnis geworfen und die Nieren wurden ihm losgeprügelt. Befreit aus der Haft wurde er von den siegreichen Feinden. Er ging in die Emigration und starb in Ägypten.

Es besteht bei uns Schriftstellern nicht die Neigung, sich zu Märtyrern zu machen –: aber einer Gewissensprüfung dürfen wir uns nicht entziehen. Wenn wir ihr ausweichen, wird unsere Arbeit unehrlich und unehrenhaft.

Es ist unsere Pflicht, uns den Erkenntnissen der warnenden Wissenschaftler anzuschließen und nicht den frivolen Spekulationen der Militärs und der Politiker, die mit dem Leben anderer Menschen kalkulieren.

Das Gewissen

ORGAN ZUR BEKÄMPFUNG DES ATOM-MISSBRAUCHS UND DER ATOM-GEFAHREN

Aus dem Inhalt:
Bisher: 113 Atombomben-Explosionen
Atom-„Müll" — die gefährlichste Waffe
Laßt uns endlich Taten sehen!
Die badischen Tabakbauern vertrauen auf ihr Recht

2. JAHRGANG NR. 9   EINZELPREIS 40 PFENNIG   MÜNCHEN, SEPTEMBER 1957

Wer sich für atomare Aufrüstung entscheidet,

wählt den Atomkrieg!

Soll es so werden . . .?

Einige Worte zum Nachdenken

Die Bundesrepublik ist drauf und dran, in den Sog der atomaren Aufrüstung zu geraten und damit unterzugehen. Das wäre nicht nur Westdeutschlands, sondern Gesamtdeutschlands Untergang. Deshalb warnen besorgten Herzens die 18 deutschen Atomwissenschaftler in ihrer Göttinger Erklärung, deshalb beschwören unentwegt alle vernünftig und einsichtig Gebliebenen die derzeitigen Inhaber der Regierungsgewalt. Diese bequemen sich unter dem Druck der öffentlichen Meinung zu nichtsverpflichtenden Vertröstungen — hinterherum jedoch gehen die Vorbereitungen zur atomaren Aufrüstung ungehindert weiter.

Die Interessenten einer solchen Aufrüstung sprechen es offen aus. So erklärte noch Ende Juli d. J. der Chef des Stabes des Nato-Oberbefehlshabers Europa Mitte, der französische General Gelée: „Wir verlangen, daß alle Nato-Kräfte (auch die Bundeswehr) mit Atomwaffen ausgerüstet werden."

Und ein hoher amerikanischer Offizier sagte vor wenigen Wochen in Bonn dem englischen Labour-Abgeordneten Crossman auf dessen Hinweis auf den Widerstand der deutschen Bevölkerung gegen eine atomare Bewaffnung der Bundeswehr:

„Vor zwei Jahren war dieselbe Bevölkerung ebenso stark gegen die Wehrpflicht eingestellt. Heute hat sie sich damit abgefunden. Genauso wird sie auch die Atomwaffen schlucken — — —"

Soll diese Spekulation auf die Unwissenheit und Gleichgültig-

„. . . die Bevölkerung erwartet in vorbildlicher Ruhe den vernichtenden Gegenschlag"
Zeichnung: Schnackenberg im „Simplicissimus"

6.9.: Titelseite des KgA-Organs.

5. September Das Jugendgericht **Lübeck** verurteilt den Hilfsarbeiter Hans Heinrich Hertz wegen Grabschändung zu einer Jugendstrafe von sechs Monaten, die für zwei Jahre zur Bewährung ausgesetzt ist. Der junge Mann hatte auf dem jüdischen Friedhof

Lübeck-Moisling 21 Grabsteine umgeworfen, die vor allem auf den Gräbern ehemaliger KZ-Häftlinge standen. – Die *Jüdische Gemeinde* geht davon aus, daß es sich bei der Tat um eine bewußte antisemitische Provokation gehandelt habe. Es sei bezeichnend, daß die Schändung am Ende der »Woche der Brüderlichkeit« geschehen sei.

5. September Das Schwurgericht beim Landgericht in **West-Berlin** verurteilt den 43jährigen ehemaligen Kapo im Vernichtungslager Auschwitz, Otto Locke, wegen Mordes in sieben Fällen zu einer lebenslänglichen Zuchthausstrafe. Dem Angeklagten, der zunächst während der Urteilsverkündung einen Schwächeanfall erleidet, jedoch bereits kurze Zeit später gegen den Urteilsspruch lauthals protestiert, werden außerdem die bürgerlichen Ehrenrechte auf Lebenszeit aberkannt. Landgerichtsdirektor Lothar Münn räumt ein, daß das Gericht bei der Wahrheitsfindung erhebliche Schwierigkeiten gehabt habe. Einige Zeugen hätten in der Darstellung der Vorfälle erhebliche Erinnerungslücken und Unsicherheiten gezeigt. Es habe deshalb nur in den Fällen eine Schuldfeststellung getroffen, in denen mindestens zwei Zeugenaussagen übereinstimmten.

5. September In **Slotermeer** bei Amsterdam wird eine Straße nach dem von den Deutschen ermordeten niederländischen Widerstandskämpfer Krijn Breuer benannt. An dem Festakt, bei dem die Witwe des Ermordeten das Schild enthüllt, nehmen Vertreter zahlreicher Widerstandsorganisationen teil.

6. September Mit einem öffentlichen Appell schließen sich 101 bundesdeutsche Professoren und Dozenten den Protesterklärungen von Albert Schweitzer, Linus Pauling, Papst Pius VII. und den 18 Naturwissenschaftlern gegen das atomare Wettrüsten anzuknüpfen. In dem in **Bonn** herausgegebenen »Aufruf deutscher Hochschul- und Akademieprofessoren« heißt es: »Die Welt von heute ist gespalten, aber durch die Wirkung der modernen Technik trotzdem eine Einheit. Daher steht die Menschheit vor der Notwendigkeit, entweder zusammen zu leben oder zusammen unterzugehen. Der Ernst unserer Lage wurde ausgesprochen … Aber heute scheint es, als wollten die Politiker über diese Aufrufe, die die Existenz aller Menschen betreffen, einfach hinweggehen. Dagegen protestieren wir mit aller Entschiedenheit. Der Krieg ist durch die total vernichtende moderne Kriegstechnik als ›Mittel zur Fortsetzung der Politik‹ völlig sinnlos geworden. Diese Tatsache ist entscheidend und stellt uns wesentliche Aufgaben … Wer Wissenschaft treibt, dient dem Geist: er darf seine Wissenschaft nicht an die Machtpolitik verraten. Deshalb erklären wir Hochschul- und Akademielehrer verschiedener Disziplinen, daß das Beispiel hervorragender Persönlichkeiten für uns vorbildlich ist, und daß jeder von uns auf seinem Gebiet bereit ist, seine wissenschaftliche Arbeit nicht für Kriegsvorbereitung und Krieg, sondern im Geist des Friedens für friedliche Aufgaben zu leisten. Wir fordern alle unsere Kollegen zu gleichem Handeln auf.«[215] In dem Aufruf wird auch an die Vereinten Nationen appelliert, sich gegen die Politik des Wettrüstens und für den Abschluß eines weltweit wirksamen atomaren Teststoppabkommens einzusetzen.

6. September Auf einer von mehr als 15.000 Menschen besuchten CDU-Wahlkampfkundgebung in der Ernst-Merck-Halle in **Hamburg**, auf der Bundeskanzler Adenauer und Bundeswirtschaftsminister Erhard als Hauptredner auftreten, werden Zwischenrufer von den Ordnern vor die Tür befördert. Die kleine Minderheit der Protestierer, die sich auch mit Schlüsselgerassel Gehör zu verschaffen versucht, setzt sich vor allem aus Mitgliedern der *Kommunistischen Hochschulgruppe* (KHG), des *Sozialistischen Deutschen Studentenbundes* (SDS) und einigen Hafenarbeitern zusammen. Zu den Hinausgeworfenen zählen auch der Herausgeber der Zeitschrift »Konkret«, Claus Rainer Röhl, und der Lyriker Peter Rühmkorf. Als sie sich vor dem Eingang wiederfinden, bemerkt ein Redakteur des Wochenblatts »Die Andere Zeitung« sarkastisch: »Wir werden immer mehr, das letzte Mal waren wir nur fünf, die sie rausgeschmissen haben.«[216]

6. September Auf ihrem Jahreskongreß in **Blackpool** nehmen die rund 1.000 Delegierten der britischen Gewerkschaften einstimmig eine Entschließung an, mit der die Regierung aufgefordert wird, sämtliche Nukleartests und die Produktion von Nuklearwaf-

fen sofort einzustellen. Im Falle einer Fortsetzung sei mit weiter »wachsenden Gefahren für die Gesundheit und den Weltfrieden« zu rechnen. Weiter heißt es, daß die Regierung den anderen betreffenden Nationen vorschlagen solle, als ersten Schritt zu einem umfassenden Verbot aller Nuklearwaffen die Atom- und Wasserstoffbombentests einzustellen.

7. September Mit einem Fackelzug demonstrieren in **Mannheim** mehrere hundert Jugendliche gegen eine Atombewaffnung der Bundeswehr. Auf den mitgeführten Transparenten sind Parolen zu lesen wie »Hört auf die Atomphysiker!«, »Keine Atomwaffen in Deutschland« und »Werdet aktiv, bevor ihr radioaktiv werdet«.

6.9.: Ein Wahlkampfhelfer verteilt eine CDU-Zeitung.

7. September An der »6. Gesamtdeutschen Arbeiterkonferenz« in **Leipzig** nehmen 1.300 Delegierte, darunter mehrere hundert Arbeiter und Gewerkschaftler aus Westdeutschland, teil. Hauptredner sind der FDGB-Vorsitzende Herbert Warnke, das SED-Politbüromitglied Hermann Matern und der Hamburger Altkommunist Hein Fink. In einem Aufruf appellieren die Delegierten an Arbeiter und Gewerkschaftler in beiden deutschen Staaten, die »Adenauer-Reaktion« zu bekämpfen und sich bei den bevorstehenden Bundestagswahlen gegen die Bundesregierung zu entscheiden.

7. September Zum Gedenken an die Opfer des Faschismus ziehen auf einer SED-Kundgebung am Karl-Liebknecht-Haus in **Ost-Berlin** dichtgestaffelt Formationen der Betriebskampfgruppen vorüber. Das am Luxemburg-Platz gelegene Gebäude war bis zur Machtergreifung der Nationalsozialisten Sitz des Zentralkomitees der KPD.

7. September Zur Erinnerung an die Widerstandskämpfer gegen den Nationalsozialismus spricht auf einer Kundgebung in **Karl-Marx-Stadt** vor 1.000 Zuhörern der Altersprädident der Volkskammer und ehemalige KZ-Häftling Otto Buchwitz.

7. September In der im Jura gelegenen Stadt **Les Rangiers** nehmen 6.000 Menschen an einer Demonstration teil, die sich gegen den Truppenübungsplatz Ajoie richtet.

7./8. September Trotz zahlreicher Proteste aus dem In- und Ausland kommen im früheren Internierungslager **Glasenbach** (Österreich) ehemalige NS-Aktivisten zu einem »Suchdiensttreffen« zusammen. An dem Treffen nehmen über 5.000 Personen teil.

8.9.: Plakat der Lagergemeinschaft Heuberg-Kuhberg-Welzheim.

Nie wieder KZ·KUHBERG

8. September Im Kleinen Kongreßsaal des Ausstellungsparkes in **München** führt der VVN-Landesverband Bayern seine alljährliche Gedenkveranstaltung für die Opfer des Faschismus durch. Nachdem der Schauspieler Walter Alexander das von Johannes R. Becher, dem Kulturminister der DDR, verfaßte Gedicht »Die letzte Nacht« rezitiert hat, hält der Pfarrer i.R. Othmar Müllner die Gedenkrede. Er vergleicht darin das als der von den Nazis als »Hauptstadt der Bewegung« ausgerufene München mit der »Stadt des Widerstands«, die mit Namen wie den Professor Hubers und der Geschwister Scholl verbunden sei.

8. September In **Ulm** führen 700 ehemalige KZ-Häftlinge zusammen mit Angehörigen und Freunden einen Schweigemarsch durch. Mit Transparenten wie »Niemals wieder KZ-Lager Kuhberg!« ziehen sie vom Justizgebäude in der Olgastraße zur Kundgebung im Weinhof. Auf der von der *Lagergemeinschaft Heuberg-Kuhberg-Welzheim* organisierten Veranstaltung tritt der Ex-KZ-Häftling Alfred Haag als Hauptredner auf. Er fordert die Versammelten auf, mißtrauisch gegenüber all jenen zu sein, die das

Wort »Frieden« im Mund führen, zugleich aber alles tun, um eine Entspannung zwischen den Völkern zu verhindern. In der Weimarer Republik habe nur ein Bruchteil jener Nazis in führenden Positionen gesessen, die sich in der Bundesrepublik bereits hätten etablieren können. Die Feinde des deutschen Volkes säßen im deutschen Volk selbst; es seien diejenigen, die »Hitlers treue Diener« waren. Am Nachmittag ziehen die Teilnehmer auf den Kuhberg, um dort die Kasematten des ehemaligen Konzentrationslagers zu besichtigen. Am Eingangstor zu den Verliesen ist ein Transparent aufgespannt, auf dem gefordert wird, den ehemaligen KZ-Kommandanten Karl Buck »für seine Schandtaten« endlich zu bestrafen.

8. September Am »Gedenktag für die Opfer des Faschismus« nehmen am Sonntagvormittag an einer von der SED organisierten Großkundgebung auf dem August-Bebel-Platz in **Ost-Berlin** über 100.000 Menschen teil, darunter auch mehrere ausländische Delegationen. Auf überdimensionalen Plakaten werden die Porträts ermordeter Widerstandskämpfer an der Rednertribüne vorübergetragen. Eröffnet wird die Veranstaltung von Staatssekretär Heinrich Toeplitz, der dem Generalrat der *Internationalen Föderation der Widerstandskämpfer* (FIR) angehört. Das ZK- und Politbüro-Mitglied Karl Schirdewan erklärt in seiner Rede, daß die DDR die Ideen des antifaschistischen Widerstands verkörpere. Nach einer zwölfjährigen Aufbauarbeit biete sie die besten Voraussetzungen, »um ein friedliebendes, demokratisches und antiimperialistisches Deutschland« aufzubauen. Als Redner treten auch Vertreter von Widerstandsorganisationen aus Italien, Frankreich und der Sowjetunion auf. Als Vertreter der *Vereinigung der Verfolgten des Naziregimes* (VVN) spricht Professor Peter Endes aus München. Nach einer Gedenkminute für die Toten des Widerstandskampfes erklingt zum Abschluß der Trauermarsch »Unsterbliche Opfer«.

8. September Auf einem Hügel in der Nähe der mecklenburgischen Kleinstadt **Grevesmühlen** wird ein Denkmal eingeweiht, mit dem an die Opfer der am 3. Mai 1945 nach einer Bombardierung in der Neustädter Bucht untergegangenen Cap Arcona erinnert werden soll. Mehrere Überlebende erinnern in Redebeiträgen an das Geschehen kurz vor Kriegsende. Der ehemalige Luxusliner Cap Arcona, der nach seiner Schiffstaufe im Jahre 1927 vor allem die Route Hamburg – Buenos Aires befahren hatte, war seit 1939 der Kriegsmarine unterstellt und diente zuletzt dem Transport von KZ-Häftlingen. Am frühen Nachmittag des 3. Mai 1945 wurde der zweckentfremdete Ozeanriese, der mit mehr als 4.600 Häftlingen aus dem bei Hamburg gelegenen

Konzentrationslager Neuengamme völlig überfüllt war, bei einem Angriff britischer Flieger ebenso wie mehrere andere dort vor Anker liegende Schiffe von Dutzenden von Bomben getroffen. Nachdem die Cap Arcona in Flammen aufgegangen und eine Panik unter den Menschen ausgebrochen war, sank sie nach einiger Zeit, ohne daß es von der Küste aus Rettungsversuche gegeben hätte. Wenige Stunden zuvor waren 350 Häftlinge, die sich von dem Frachter Thielbek hatten retten wollen, am Ufer von Angehörigen der SS, der Marine, der HJ und des Volkssturms erschossen worden. Bei dem Bombenangriff auf die in der Neustädter Bucht liegenden Schiffe sind insgesamt über 7.000 Menschen ums Leben gekommen. Von den auf der Cap Arcona eingesperrten KZ-Häftlingen haben nur 350 das Inferno überlebt. Noch Monate später wurden an den Stränden der Lübecker Bucht Leichen angeschwemmt. Das Denkmal besteht aus einem mannshohen Steinquader, aus dem als Symbol für die umgekommenen KZ-Häftlinge ein auf der Spitze stehendes Dreieck und in großen Lettern die Inschrift »CAP ARCONA – 3.5. 1945« herausgearbeitet ist. An der Gedenkfeier, die mit einer Kranzniederlegung endet, nehmen Delegationen der VVN, der NVA, der SED und verschiedener anderer Parteien teil.

9. September Rund 300 Persönlichkeiten aus Wissenschaft, Kunst, Literatur, Film und Theater fordern die bundesdeutsche Öffentlichkeit in einem vom *Fränkischen Kreis* in **Würzburg** initiierten Aufruf dazu auf, bei den bevorstehenden Bundestagswahlen nur solche Kandidaten zu wählen, die sich für eine Wende in der Innen- und Außenpolitik einsetzen. Die nächste Bundesregierung sollte sich für den Frieden, die Ächtung der Atomwaffen und für Verhandlungen mit der DDR einsetzen. Der Appell ist u.a. unterzeichnet von dem Maler Otto Dix, dem Komponisten Werner Egk, der Schauspielerin Trude Hesterberg, dem Schauspieler Victor de Kowa, der Schriftstellerin Luise Rinser, dem Verleger Ernst Rowohlt, dem Filmregisseur Luis Trenker, der Schauspielerin Olga Tschechowa und 118 im *Fränkischen Kreis* zusammengeschlossenen Professoren.

9. September Am Tag, an dem das Abkommen zwischen der Bundesrepublik und Großbritannien abläuft, das die Royal Air Force berechtigte, als Ersatz für Helgoland den Großen Knechtsand im Wattenmeer an der Nordseeküste zwischen **Cuxhaven** und **Bremerhaven** als Bombenabwurfgelände zu benutzen, versammeln sich dort Hunderte von Seefischern, Tierschützern und Küstenbewohnern, um gegen eine Fortführung der Militärübungen zu pro-

9.9.: Der Sprecher eines Tierschutzverbandes (Mitte) protestiert auf dem Großen Knechtsand gegen die Bombardierung des Watts.

9.9.: Ein Kutter mit einer Gruppe von Tier- und Umwelt- schützern auf dem Weg zum Großen Knechtsand.

10.9.: »Ohne Worte.« Karikatur aus der »Frankfur- ter Rundschau«.

testieren. Vom **Dorumer Tief**, aus **Bremen** und **Cux-haven** sind zwei Dutzend Kutter eingetroffen, deren Besatzungen sich an der Kundgebung beteiligen. Mit an Bord sind auch Mitglieder des *Deutschen Tier-schutz-Bundes*, des *Bundes für Vogelschutz*, der *Sozia-listischen Jugend Deutschlands – Die Falken* und der *Naturfreundejugend*. Im Watt sind Masten in einem Halbkreis aufgestellt, an denen die Europa-Fahne und die »Wurster Leichenfahne« wehen, eine histo-rische Flagge des angrenzenden Küstenlandstriches Wursten, die einen weißen Totenkopf auf schwar-zem Grund zeigt. Die Forderung der Sprecher drückt sich in der Parole »Nicht Bombenziel, son-dern Naturschutzgebiet« aus. Für den Fall, daß die Bombenabwürfe fortgeführt werden sollten, müsse, so der einhellige Tenor, mit einem Massensterben von Brandgänsen, Seehunden und Seevögeln gerech-net werden. – Der Knechtsand dient der britischen Luftwaffe seit dem 9. September 1952 als Bombenab-wurfgebiet. Die Wracks von Fischdampfern dienen den Piloten dabei als Orientierungsmarken. Gefähr-liche Situationen entstanden auch für die Bevölke-rung, als in der Nähe eines Krankenhauses bei **Sah-lenburg**, bei **Misselwarden**, 13 Kilometer von den Zielschiffen entfernt und am Rande der Insel **Neu-werk** Bomben fielen. Allein im Jahre 1954 sollen, Schätzungen zufolge, 70.000 Brandgänse infolge der Bombardierungen umgekommen sein. Besonders stark haben auch die Krabbenfischer zu leiden, die durch die Sperrzeiten in ihrer Fangtätigkeit stark eingeschränkt sind.

9. September Nach der Zustimmung von Repräsen-tantenhaus und Senat unterzeichnet US-Präsident Dwight D. Eisenhower in **Washington** ein Bürger-rechtsgesetz zum Schutz des Wahlrechts von Schwarzen und Farbigen. Um die vor allem in den Südstaaten beobachtete Praxis zu unterbinden, Schwarze durch Drohungen von der für eine Teil-nahme an Wahlen erforderlichen Einschreibung in Wahllisten abzuhalten, verbietet das Civil Rights Bill jeden Einschüchterungs- oder Behinderungsversuch. Zur Überprüfung der neuen Gesetzesbestimmun-gen werden eine sechsköpfige, aus Vertretern der demokratischen und der republikanischen Partei zusammengesetzte Bürgerrechtskommission und eine eigene Bürgerrechtsabteilung im Justizministe-rium eingerichtet. Zum ersten Mal seit 1875 wird damit in den Vereinigten Staaten ein neues Bürger-rechtsgesetz wirksam. – In einem Artikel der »New York Herald Tribune« wird darauf hingewiesen, daß von den in den Südstaaten lebenden 3.753.263 erwachsenen Schwarzen lediglich 23% in den Wahlli-sten registriert seien und ein noch wesentlich gerin-gerer Prozentsatz tatsächlich zur Wahl gehen würde. Im Bundesstaat Mississippi hätten beispielsweise von 4% der in den Wahllisten eingetragenen Schwarzen im Jahre 1955 nur 1% an der Wahl teilgenommen.

10. September Auf einer Pressekonferenz in **Bonn** stellt der Vorsitzende des *Deutschen Clubs 1954*, Friedrich Karl Graf von Westphalen der Presse eine von 949 Persönlichkeiten unterzeichnete »König-steiner Erklärung« zu den bevorstehenden Bundes-tagswahlen vor. Darin wird festgestellt, daß sich durch die Wiederaufrüstungspolitik der Bundesre-gierung die Kluft zwischen beiden deutschen Staaten erheblich vertieft habe und eine Wiedervereinigung in immer weitere Ferne gerückt sei. Im Gegensatz zu der von Bundeskanzler Adenauer betriebenen Poli-tik fordern die Unterzeichner die Anerkennung einer Politik der friedlichen Koexistenz, die Auf-nahme von Verhandlungen mit der DDR, die Abschaffung der allgemeinen Wehrpflicht, die Ablehnung jeder atomaren Bewaffnung, ein Verbot

der Produktion von Kernwaffen, den Austritt der Bundesrepublik aus der NATO und eine Initiative zur Schaffung eines Sicherheits- und Nichtangriffssystems in Europa.

11. September In **Frankfurt-Fechenheim** protestieren rund 1000 Arbeiter der Meuser-Werke mit einem zweieinhalbstündigen Sitzstreik gegen die Ankündigung des Unternehmerverbandes, neue Akkordbestimmungen einführen zu wollen.

11. September Der 3. Strafsenat des Bundesgerichtshofes in **Karlsruhe** verurteilt den 57jährigen Schriftsteller Friedrich Lenz wegen Herstellung und Verbreitung staatsgefährdender Schriften zu einer Gefängnisstrafe von zwei Jahren. Dem Heidelberger Rechtsradikalen werden außerdem die Befähigung zur Bekleidung öffentlicher Ämter sowie das Wahl- und Stimmrecht aberkannt und die Ausübung einer Verlegertätigkeit untersagt. Im Selbstverlag hatte Lenz Broschüren mit dem Titel »Unser Kanzler Ollenhauer und seine Paladine«, »Zauber um Dr. Schacht« und »Der ekle Wurm der deutschen Zwietracht« herstellen und vertreiben lassen. Unter dem Pseudonym Walter von Asenbach war in Buenos Aires sein Buch »Adolf Hitler – sein Kampf gegen die Minusseele« erschienen. Die Bundesrichter sehen in den Schriften von Lenz, der bereits 1930 Mitglied der NSDAP geworden war und nach der Gründung der Bundesrepublik zunächst der *Sozialistischen Reichspartei* (SRP) und dann der *Deutschen Gemeinschaft* (DG) angehörte, eine Rechtfertigung und Verherrlichung der nationalsozialistischen Gewaltherrschaft, eine Diskriminierung des Judentums und eine Billigung der unter dem Nationalsozialismus an den Juden verübten Verbrechen. Der Angeklagte hat während der Verhandlung ausgesagt, es gehe ihm nicht um eine Rehabilitierung des NS-Systems, sondern um eine erneute Debatte über die »Kriegsschuldfrage«. Wörtlich erklärte er: »Das deutsche Volk muß von der Kriegsschuld befreit werden, auch auf die Gefahr hin, daß dabei Hitler mit entlastet wird.«[217] Hitler sei der erste gewesen, der »den wahren Sinn der Demokratie« erfüllt habe. Die Wahlen, die ihn an die Spitze geführt hätten, seien »echte Äußerungen der Volksmeinung« gewesen. Auch auf die wiederholte Nachfrage eines Bundesrichters hin verneint Lenz, daß in den Konzentrationslagern eine größere Zahl von Juden getötet worden sei.

12. September Auf einer Großkundgebung der *IG Metall* in der Weser-Ems-Halle in **Oldenburg** kritisieren Gewerkschaftssprecher vor 5.000 Zuhörern den Bundestag. Sie werfen den Abgeordneten vor, daß es bislang weder eine soziale Gleichstellung von Arbeitern mit Angestellten im Krankheitsfall gebe,

noch ein Jugendarbeitsschutzgesetz oder ein Gesetz, daß die Parteien dazu verpflichte, ihre Finanzierungsquellen öffentlich nachzuweisen.

12. September Auf dem Helvetiaplatz in **Zürich** protestieren 8.000 Menschen auf einer Kundgebung gegen die Atombewaffnung und die schweizerische Wirtschaftspolitik, die auf breiter Linie zu einer Verteuerung geführt habe.

13. September Der 43jährige Rechtsradikale Erwin Schönborn, Vorstandsmitglied der *Deutschen Gemeinschaft* (DG) und Vorsitzender der *Deutsch-Arabischen Gesellschaft*, wird vom Landgericht **Göttingen** wegen Beleidigung des Bundestagspräsidenten Eugen Gerstenmaier (CDU) zu einer Gefängnisstrafe von acht Monaten verurteilt. Auf einer öffentlichen Veranstaltung der DG hatte der Angeklagte den Bundestagspräsidenten, der als Mitglied des Kreisauer Kreises zum christlichen Widerstand gegen das NS-Regime gehörte und nach dem fehlgeschlagenen Hitler-Attentat am 20. Juli 1944 zu sieben Jahren Zuchthaus verurteilt worden war, als »Landesverräter« bezeichnet. – Schönborn war bereits früher wegen Beleidigung des SPD-Vorsitzenden Erich Ollenhauer und des SPD-Pressechefs Fritz Heine zu einer einmonatigen Gefängnisstrafe verurteilt worden.

13.9.: Bundestagspräsident Eugen Gerstenmaier.

13. September Das Schwurgericht beim Landgericht **Wiesbaden** verurteilt den ehemaligen Gestapo-Beamten Richard Wilhelm Eisfeld wegen Beihilfe zu schwerer Freiheitsberaubung und Gefangenenmißhandlung zu einer Zuchthausstrafe von zwei Jahren und drei Monaten. Der Vorsitzende Landgerichtsrat bezeichnet den 48jährigen Angeklagten in der Urteilsbegründung als einen ausgesprochenen Judenhasser. Er habe bei der Gestapo Weimar die Verhaftung und Deportation von mehr als 1.000 Juden in das Vernichtungslager Auschwitz veranlaßt und sei sich dabei der Rechtswidrigkeit seines Tuns durchaus bewußt gewesen. Der mitangeklagte Gestapo-Kommissar Heinrich Lorenz, dem ein Fall von Mißhandlung im Amt nachgewiesen werden kann, wird freigesprochen, weil er wegen dieses Delikts bereits einmal verurteilt worden ist. Die Staatsanwaltschaft hatte in seinem Fall wegen einer Reihe anderer Delikte, die nicht nachgewiesen werden konnten, zunächst zwei Jahre und drei Monate Zuchthaus beantragt.

15. September Mit der Parole »Keine Experimente« erringt die CDU/CSU bei den 3. Bundestagswahlen 50,2% der abgegebenen Stimmen. Sie ist damit die erste Partei, die auf Bundesebene die absolute Mehrheit gewinnen kann. Die beiden bisherigen Regierungsparteien verfügen nun im neuen Bundestag

15.9.: Wahlplakat von CDU und CSU.

15.9.: CDU-Plakat.

15.9.: SPD-Plakat.

Wohlstand für alle
Ludwig Erhard CDU

Schluss damit

darum SPD

15.9.: Aus der DDR
stammendes Plakat
zu den Bundestags-
wahlen.

15.9.: Tageszeitung
mit ersten Meldun-
gen über die Erfolge
der Regierungspar-
teien.

über 270 Abgeordnetensitze. Obwohl die SPD sich
als Oppositionspartei auf 31,8% steigern kann, wertet ihr Spitzenkandidat Erich Ollenhauer das Wahlergebnis als eindeutige Niederlage. Die FDP sinkt
weiter auf 7,7% ab und erhält nur noch 41 Sitze. Die
Deutsche Partei (DP) scheitert zwar ebenso wie der
*Gesamtdeutsche Block/Bund der Heimatvertriebenen
und Entrechteten* (GB/BHE) an der Fünfprozent-
hürde, erhält aber durch den Gewinn von Direkt-
mandaten in drei niedersächsischen Wahlkreisen, in
denen die CDU auf die Aufstellung von eigenen Kandidaten verzichtete, dennoch 17 Mandate im Bundestag. – In den Kommentaren wird der überraschend
eindeutige Wahlsieg vor allem auf die dominierende
Rolle von Bundeskanzler Adenauer zurückgeführt.
Seine im Wahlkampf geäußerte Behauptung, ein Sieg
der SPD bedeute den »Untergang Deutschlands«,
habe trotz des zum Teil ausgelösten Unmuts ihre
Wirkung beim Großteil der Bevölkerung nicht verfehlt. Eine nicht zu unterschätzende Hilfe sei außerdem von vielen Priestern ausgegangen, die erklärt
hatten, daß die SPD für Katholiken nicht wählbar sei.

15. September Die meisten Einwohner der Gemeinde **Linkenheim** (Kreis Karlsruhe) haben sich aus
Protest gegen die Errichtung eines Atomreaktors
nicht an den Bundestagwahlen beteiligt. Von den
2.363 Wahlberechtigten haben nur 47, das sind
1,98%, ihre Stimme abgegeben und sich damit nicht

an den Boykottaufruf gehalten. Der auf einer Bürgerversammlung beschlossene »Wählerstreik« richtet sich allerdings nicht in erster Linie gegen den
Bundestag, sondern gegen den Stuttgarter Landtag,

gelingt ihnen nach siebentägigem Warten, eine Lastwagenkolonne des Militärs in einen Hinterhalt zu locken und zu überfallen. Dabei werden drei Soldaten und ein Guerillakämpfer getötet. Wichtiger noch als die Tatsache, daß den Aufständischen gegen das Batista-Regime ein Maschinengewehr, Munition und eine Reihe anderer Waffen in die Hände gefallen sind, ist der Ruf, der sich auf der Karibik-Insel festigt: Es gebe eine Gruppe Bewaffneter, die in der Lage sei, erfolgreiche Aktionen gegen Einheiten der Armee durchzuführen.

17. September Wegen der Rassenkonflikte in den amerikanischen Südstaaten weigert sich der schwarze Trompeter Louis Armstrong, an einer von der

der nach Auffassung der Gemeinde den Bau des Reaktors beschlossen hat, ohne daß zuvor die notwendigen Sicherheitsmaßnahmen getroffen worden wären.

17. September Nach einer Mitteilung des Bundesverteidigungsministeriums in **Bonn** sind 566 ehemalige Angehörige der Waffen-SS, darunter 45 Offiziere, in die Bundeswehr übernommen worden.

17. September Die Guerilleros um Ché Guevara erzielen bei **Pino del Agua** in der Sierra Maestra (Kuba) einen wichtigen militärischen Erfolg. Es

15.9.: Litfaßsäule mit Wahlwerbung.

15.9.: Am Tag darauf stößt Adenauer auf den größten Wahlerfolg der CDU / CSU an; rechts von ihm Hans Globke, Staatssekretär im Bundeskanzleramt.

15.9.: »Mir wird von alledem so dumm, / Als ging mir ein Mühlrad im Kopf herum.« »Die Andere Zeitung« persifliert Wahlparolen.

17.9.: Der Trompeter und Sänger Louis Armstrong.

23.-25.9.: Nur in Begleitung von Sicherheitskräften kann ein junger Schwarzer in Little Rock die Schule betreten.

US-Regierung organisierten Tournee durch die Sowjetunion teilzunehmen. Hohe Beamte des State Department in **Washington** äußern ihre Enttäuschung über die Absage. Armstrong, so heißt es, sei einer der wirkungsvollsten »Botschafter des guten Willens«, den die USA zu bieten hätten.

22. September Trotz regnerischen Wetters folgen 1.000 Menschen einem Aufruf der *Arbeitsgemeinschaft Neuengamme* und beteiligen sich an einer Gedenkveranstaltung für die Opfer von Krieg und Faschismus auf dem Ohlsdorfer Friedhof in **Hamburg**. In einem Schweigemarsch, der um 15 Uhr am Barmbeker Bahnhof beginnt, ziehen sie die Fuhlsbüttler Straße entlang. Die Teilnehmer führen die Totenmasken ermordeter Widerstandskämpfer, 60 Kränze, zahlreiche Blumengebinde und die Fahnen mehrerer Nationen mit sich. Der Zug wird von mehreren hundert Menschen auf dem Ohlsdorfer Friedhof erwartet. Nach der Rezitation eines Textes von Erich Mühsam erinnert der Münchner Professor Peter Endes an die Verpflichtung gegenüber den toten Widerstandskämpfern und warnt vor einem Wiedererstarken des deutschen Militarismus. Seine Ansprache endet mit den Worten: »Die deutsche Widerstandsbewegung lebt!«[218] Danach werden Kränze am Ehrenmal, an den Gräbern einzelner Widerstandskämpfer und auf dem jüdischen Friedhof niedergelegt.

23.-25.9.: Selbst Panzer müssen eingesetzt werden, um die vom Obersten Bundesgericht der USA 1954 beschlossene Aufhebung der Rassentrennung in öffentlichen Schulen durchzusetzen.

22. September Am Mahnmal der Synagoge in **Essen** erinnern Mitglieder der *Jüdischen Gemeinde* und der *Vereinigung der Verfolgten des Naziregimes* (VVN) in einer gemeinsamen Gedenkfeier an die Opfer des Faschismus. Einer der Redner weist auf die jüngsten Schändungen jüdischer Friedhöfe hin und fordert die Teilnehmer auf, alles zu tun, um zu verhindern, daß sich ein »SS-Europa« wiederholt.

22. September Im Kasinosaal in **Alsdorf** (bei Aachen) gedenken 600 Menschen, darunter Delegationen aus Belgien und den Niederlanden, der Opfer des Widerstandskampfes gegen den Nationalsozialismus. Die Gedenkrede wird von Josef Rossaint, Mitglied der *Vereinigung der Verfolgten des Naziregimes* (VVN), gehalten. Heute, so betont er, sei es die staatsbürgerliche Pflicht eines jeden, sich hinter die Toten von Faschismus und Krieg zu stellen, die zum Teil schon vor der Machtübernahme der Nazis den Mut besessen hätten, sich gegen Rassenwahn und Krieg aufzurichten. Leider sei die Erinnerung an sie alles andere als vordergründig. Man müsse in Deutschland endlich erkennen, daß bestimmte Erfahrungen nicht gemacht würden, um sie zu vergessen, sondern um aus ihnen zu lernen.

22. September Am Mahnmal auf dem Westfriedhof von **Augsburg** gedenkt die *Vereinigung der Verfolgten des Naziregimes* (VVN) der Opfer des Faschismus. »In diesem Stückchen Erde«, erklärt Albert Boepple vom Landesvorstand der VVN Bayern, »liegen 235 Opfer eines fanatischen Systems. Ein winziger Teil von den Millionen erschlagener, gehenkter, vergaster und verbrannter Menschen, die nichts anderes taten, als – ihrem Gewissen folgend – gegen ein barbarisches, gewissenloses Regime Widerstand zu leisten ... Heute noch klingen uns Überlebenden die Todesschreie in den Ohren, sehen wir die Tränen der Mütter, Kinder und Bräute, die im unklaren waren über das Schicksal ihres Vaters, Mannes oder Bräutigams. Wir gedenken auch der Gefallenen, die auf Befehl eines Wahnsinnigen gegen einen Feind kämpfen mußten, der gar nicht ihr Feind war. Sie alle, die Toten, könnten sie noch sprechen, würden mahnen: ›Niemals ein SS-Europa!‹«[219] Dieses Vermächtnis sollten sich alle Antifaschisten und Demokraten zu eigen machen. Zum Abschluß legt Josef Förg am Mahnmal einen Kranz nieder.

23.-25. September Im Zuge der Rassenintegration brechen in den amerikanischen Südstaaten, insbesondere an den Schulen, massive Konflikte auf. Nach jahrelangen gerichtlichen Auseinandersetzungen müssen nun alle Schulen auch schwarze Schüler aufnehmen. Zu Beginn des neuen Schuljahres beruft der Gouverneur von Arkansas, Orval E. Faubus, die Nationalgarde ein. Angeblich will er durch sie die in der Hauptstadt des Bundesstaats **Little Rock** gefährdete öffentliche Sicherheit wiederherstellen lassen, in Wirklichkeit benutzt er die Truppen aber nur, um schwarzen Schülern den Zutritt zur High School zu verwehren. Auch nach einer Unterredung mit Präsident Dwight D. Eisenhower, der auf die Einhaltung des Gleichheitsgrundsatzes dringt, läßt Faubus seine Truppen immer noch nicht abziehen. Daraufhin erläßt der Oberste Gerichtshof eine Verfügung, die es dem Gouverneur untersagt, schwarze Jugendliche weiterhin am Betreten der Schulen zu hindern. Erst jetzt läßt Faubus die Einheiten der Nationalgarde, die 18 Tage lang das Schulgebäude umstellt hatten, abrücken. Als dann am 23. September die ersten neun farbigen Schüler durch einen Hintereingang die High School betreten, ziehen die meisten weißen Schüler demonstrativ aus. Währenddessen kommt es vor dem Gebäude zu heftigen Ausschreitungen von weißen Demonstranten, bei denen mehrere Schwarze schwer mißhandelt werden. Aufgrund dieser Zwischenfälle ordnet der Bürgermeister von Little Rock an, daß die neun farbigen Schüler unter Polizeischutz die Schule wieder verlassen. Als Reaktion auf diesen Fehlschlag entsendet Präsident Eisenhower am nächsten Tag 1.000 Fallschirmjäger nach Little Rock und unterstellt die Nationalgarde von Arkansas der Bundesgewalt. Unter dem Schutz der 101. US-Luftlandedivision können dann am 25. September die schwarzen Schüler die High School betre-

ten. Der Gouverneur beschuldigt den Präsidenten zwar des ungerechtfertigten Einsatzes von Bundestruppen, der freie Schulzugang scheint jedoch vorerst gesichert. Tag für Tag wiederholt sich die Prozedur. Die Fallschirmjäger rücken an, die schwarzen Schüler ziehen ein und der Unterricht kann beginnen. – Erst nach und nach tritt eine oberflächliche Beruhigung ein. Bis zum 27. November werden die Bundessoldaten in mehreren Etappen wieder abgezogen. Dennoch bleibt die Situation in Little Rock gespannt.

23.-28. September Unter der Parole »Scheiterhaufen« führt der *Bund der Deutschen Katholischen Jugend* in **Frankfurt** eine mehrtägige Aktion gegen »Schund- und Schmutzliteratur« durch. Jungen und Mädchen können ihre Groschenhefte zu Pfarrern und Schulleitern bringen und sie dort gegen Literatur eintauschen, die von den Erziehern anerkannt ist. Für fünf Comic-Hefte gibt es z. B. ein »gutes« Buch. Die im Laufe der Aktion abgegebenen Gro-

23.-25.9.: Schwarze Schüler benötigen auf dem Weg zum Unterricht den Schutz von Nationalgardisten.

23.-25.9.: Gruppenaufnahme der »Little Rock Nine« (v.l.n.r., erste Reihe): Jefferson Thomas, Carlotta Walls, Gloria Ray, Elizabeth Eckford, Thelma Mothersleed; (zweite Reihe) Melba Pattillo, Terrance Roberts, Minniejean Brown und Ernest Green.

23.-25.9.: Nationalgardisten in Little Rock.

schenhefte werden abschließend auf dem Domplatz öffentlich verbrannt. – Die »Frankfurter Allgemeine Zeitung« erinnert in einem Kommentar an die Bücherverbrennungen der Nazis und bemerkt zu der vom städtischen Schulamt, dem *Deutschen Jugendschriftenwerk* und der *Evangelischen Kirche* unterstützen Aktion: »Daß man nun auch dem Schund die Ehre eines Scheiterhaufens bereitet, dürfte wohl nicht nötig sein. Die allzu wohlmeinenden Veranstalter sind sich sicher dessen nicht bewußt, daß der Scheiterhaufen oft eine Auszeichnung war, immer aber ein gefährliches Feuer über den eigentlichen Brand hinaus.«[220]

25. September Das Nachrichtenmagazin »Der Spiegel« veröffentlicht unter der Überschrift »Gesamtdeutsche Wahlen – warum nicht schon morgen?« ein ausführliches Interview mit Walter Ulbricht, dem 64jährigen Ersten Sekretär des SED-Zentralkomitees. Der mächtigste Politiker der DDR lehnt darin alle Vorschläge zur Durchführung freier Wahlen in ganz Deutschland mit dem Hinweis auf noch nicht erbrachte Leistungen ab. Auf die Idee, daß eine Kommission der UNO die Durchführung gesamtdeutscher freier Wahlen überwachen solle, reagiert Ulbricht den Worten: »Diejenigen, die das vorschlagen ... sprechen eine Beleidigung gegen das deutsche Volk aus ... Wir sind der Meinung, daß das deutsche Volk selbst über seine innere Ordnung entscheidet.«[221] Auf NVA-General Vincenz Müller angesprochen, der in der Wehrmacht kommandierender General eines Armee-Korps war, gesteht Ulbricht ein, daß es in der DDR »tatsächlich Generäle und andere Personen« gebe, die »in der Hitler-Zeit leitende Funktionen« innehatten. Bei ihnen handle es sich jedoch um Menschen, fügt er hinzu, die »umgelernt« hätten und weder chauvinistischen noch revanchistischen Ideen anhängen würden. Im Gegensatz zur Bundesrepublik, in der Militarismus und Klerikalismus herrschten, gebe es in der DDR keinen einzigen Menschen, der in einer leitenden Staatsfunktion »Revanchepolitik« betreiben könne. Ulbricht bezeichnet Bundeskanzler Adenauer als einen »Atomkriegspolitiker«, der Deutschland in die Katastrophe treiben wolle: »Adenauer, das ist Hiroshima, und das deutsche Volk will kein Hiroshima.«[222]

26. September Der Leiter des Leipziger Kabaretts »Pfeffermühle«, der 26jährige Conrad Reinhold, flüchtet nach **West-Berlin**. Nachdem es bereits im Dezember 1956 während einer Vorstellung zu offenbar von der SED inszenierten Protesten gekommen war, ist Reinhold, der sich während eines Trinkgelages politisch unbedacht geäußert haben soll, bei der Kriminalpolizei denunziert und schließlich von

27.9.: Der Theologe Professor Helmut Gollwitzer.

26.9.: Der Kabarettist Conrad Reinhold.

einem Leipziger Gericht wegen Verleumdung zu einer Geldstrafe von 500 DM verurteilt worden. Da das Urteil einem Berufsverbot gleichkommt, zieht es der regimekritische Kabarettist vor, sich in den Westen abzusetzen. – Bereits eine Woche später tritt Reinhold auf einer von der *IG Metall* organisierten Veranstaltung in der **Dortmund**er Westfalenhalle auf. Seine Erfahrungen, die er in seinem zwischen Kultur und Politik angesiedelten Metier in der DDR gesammelt hat, faßt er mit den Worten zusammen: »Das Kabarett im Osten soll die Gesellschaft verändern, aber es darf nichts sagen. Im Westen darf das Kabarett alles sagen, aber es darf nichts verändern.«[223]

27. September Das Schwurgericht beim Landgericht **Heidelberg** verurteilt den ehemaligen SS-Unterscharführer Hugo Stahl wegen Beihilfe zum Mord in vier Fällen zu einer Zuchthausstrafe von zwölf Jahren und erkennt ihm die bürgerlichen Ehrenrechte für die Dauer von zehn Jahren ab. Der 65jährige, der 1930 der NSDAP beigetreten war, wird für schuldig befunden, 1940 als Blockführer des Arbeitskommandos Gusen I, das vom Konzentrationslager Mauthausen aus eingesetzt wurde, vier polnische Häftlinge zusammen mit dem Lagerältesten Johann Kammerer zu Tode gequält zu haben.

27. September Der Süddeutsche Rundfunk in Stuttgart strahlt unter dem Titel »Die Christen und die Atomwaffen« einen Vortrag des evangelischen Theologen Professor Helmut Gollwitzer aus, in dem dieser die Ansicht vertritt, daß die einstmals einleuchtenden Argumente für einen »gerechten Krieg« durch den totalisierenden Charakter der Nuklearwaffen ihre Gültigkeit verloren hätten. Als Begrün-

GESAMTDEUTSCHE WAHLEN — WARUM NICHT SCHON MORGEN?

Ein SPIEGEL-Gespräch mit dem Ersten Sekretär des Zentralkomitees der SED, Walter Ulbricht

SPIEGEL: Der Erste Sekretär der Kommunistischen Partei der Sowjet-Union, Herr Chruschtschew, hat in seinen Reden hier in Berlin Vorschläge über die Wiederherstellung der Einheit Deutschlands aufgegriffen und gebilligt, die das 30. Plenum des Zentralkomitees der SED — so nennt sich das wohl? — diskutiert und veröffentlicht hat. In diesen Vorschlägen der SED ist die Rede gewesen von der Gründung einer deutschen Konföderation. Die in den verschiedenen Plänen des Westens immer wieder erhobene Forderung, daß der erste Schritt zur Wiedervereinigung Deutschlands gesamtdeutsche

Europa herbeizuführen. Deshalb steht an der Spitze unserer Vorschläge der Vorschlag über die Verständigung zwischen den Vertretern beider deutscher Staaten, über das Verbot der Atomwaffen, über die Vereinbarung, daß in Deutschland keine Atomwaffen gelagert werden und deutsche Truppen nicht mit Atomwaffen ausgerüstet werden. In dem Programm ist enthalten der Vorschlag, daß zwischen beiden deutschen Staaten vereinbart werden solle, daß sie nicht gegeneinander Gewalt, insbesondere militärische Gewalt, anwenden. Das heißt: Unser Vorschlag geht aus von den einfachsten Interessen der Erhaltung des

daß wir dafür sind, daß eine Zone der verminderten und kontrollierten Rüstung in Europa geschaffen wird. Wir sind überzeugt, daß dadurch eine solche Atmosphäre geschaffen wird, die es ermöglicht, nicht nur zur Konföderation ...

SPIEGEL: ... Herr Ulbricht, wir wollen zu einem freien Gesamt ...

ULBRICHT: ... zur Konföderation zu kommen, sondern auch zu einer weiteren Annäherung und Zusammenarbeit der beiden deutschen Staaten. Das ist der Ausgangspunkt dieses Programmes. Wir haben dieses Programm entwickelt als

Ulbricht beim SPIEGEL-Gespräch* im SED-Hauptquartier „Haus der Einheit", Ostberlin

freie Wahlen sein müßten, ist in den Vorschlägen der SED nicht berücksichtigt. Würden Sie uns Ihren Plan erklären und Stellung nehmen zu den westlichen Plänen mit dem Punkt 1 der gesamtdeutschen freien Wahlen?

ULBRICHT: Auf der 30. Tagung des Zentralkomitees der Sozialistischen Einheitspartei Deutschlands wurde ein Programm der friedlichen Lösung der deutschen Frage begründet. In diesem Programm gehen wir davon aus, daß es als nächster Schritt notwendig ist, eine Entspannung der Lage in Deutschland und in

Friedens. Ich bitte Sie, das besonders zu beachten.

SPIEGEL: Wenn die zwei Staaten ein Staat geworden sind, brauchen sie sich nicht mehr gegenseitig ihrer friedlichen Absichten zu versichern. Warum komplizierte Voraussetzungen statt der einfachen Tat?

ULBRICHT: Ohne eine Verständigung über die elementarsten Maßnahmen zur Erhaltung des Friedens kann man doch nicht im Ernst von einer Verständigung über die Wiedervereinigung sprechen. In unseren Vorschlägen wird weiter gesagt,

ein wirklich nationales Programm, das davon ausgeht, daß Deutschland nur dann eine große Zukunft hat, wenn die Wiedervereinigung zu einem friedliebenden, demokratischen Deutschland erfolgt. Oder ganz grob gesagt, ja, ist die Lage eine solche, daß das deutsche Volk vor der Entscheidung steht, entweder mit Adenauer den Weg der Hiroshima-Politik, ja, das heißt der Atomkriegspolitik, zu gehen oder den Weg der friedlichen Lösung der

* Links: SPIEGEL - Redakteure Hans Dieter Jaene (vorn) und Hans Detlev Becker; rechts: SPIEGEL - Stenograph (vorn), SED - Stenograph.

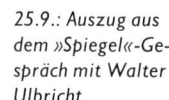

25.9.: Auszug aus dem »Spiegel«-Gespräch mit Walter Ulbricht.

25.9.: Titelbild der »Spiegel»-Ausgabe.

dung für seine These führt Gollwitzer an, daß die neuen Kampfmittel keine Unterscheidung mehr zwischen »Kämpfern und Nichtkämpfern« erlaubten, daß sie »als Kriegsziel nur die Vernichtung des Gegners« verfolgten, daß sie im Unterschied zu allen anderen Waffen »auch die kommenden Generationen und die Vegetation« bedrohten und daß sie einen, für einen Christen allein zu rechtfertigenden »Verteidigungskrieg« von vornherein unmöglich machten. Wörtlich sagt Gollwitzer: »Wurde bisher als der Krieg, an dem ein Christ sich ohne Verletzung seines Gewissens beteiligen darf, der Verteidigungskrieg genannt, so ist durch die neuen Waffen die Unmöglichkeit eines Verteidigungskrieges gegeben.«[224] Da der Atomkrieg das »Ende der Demokratie und der Freiheit« sei, für deren Erhaltung er geführt werde, ruft Gollwitzer die Zuhörer am Schluß seines Vortrages zum »Atomstreik« auf.

27.-29.9.: Die beiden Schriftsteller Günter Grass und Martin Walser auf der Jubiläumstagung der »Gruppe 47«.

27. September Das Bezirksgericht **Gera** verurteilt den wissenschaftlichen Assistenten an der Philosophischen Fakultät der Friedrich-Schiller-Universität in Jena, Günter Zehm, wegen »Boykotthetze« und Staatsverleumdung zu einer Zuchthausstrafe von vier Jahren. Die Zeit der Untersuchungshaft wird nicht angerechnet. Die Staatsanwaltschaft hatte dem 23jährigen Angeklagten vorgehalten, er habe die Behauptung vertreten, daß der Erste Sekretär des ZK der SED, Walter Ulbricht, nicht berechtigt sei, mit staatlicher Zwangsgewalt in einen wissenschaftlichen Meinungsstreit einzugreifen. Außerdem habe er in einem Vortrag des Deutschlandsenders die »imperialistische Existenzialphilosophie« Jean-Paul Sartres propagiert und gefordert, daß die Stalinisten wie in Polen von ihren Verwaltungsstellen abgelöst werden müßten. Dann zitiert der Staatsanwalt eine Stelle aus dem Tagebuch des Angeklagten: »Die Entfremdung kann nur unter zwei praktischen Voraussetzungen aufgehoben werden. Damit sie eine unerträgliche Macht werde, d. h. eine Macht, gegen die man revoltiert, dazu gehört, daß sie die Masse der Menschheit als durchaus eigentumslos erzeugt hat und zugleich im Widerspruch zu einer vorhandenen Welt des Reichtums und der Bildung, was beides eine große Steigerung der Produktivkraft, einen hohen Grad der Entwicklung voraussetzt, und andererseits ist diese absolut notwendige Voraussetzung, weil ohne sie der Mangel nur verallgemeinert, also mit der Notdurft auch der Streit um das Notwendige wieder beginnen und die ganze alte Scheiße sich herstellen müßte.«[225] Als sich Zehm erhebt und erklärt, daß er nach dem Willen des Herrn Staatsanwaltes wohl wegen eines Ausspruches von Karl Marx, den er sich im Tagebuch notiert habe, ins Zuchthaus gehen solle, entzieht der Gerichtsvorsitzende dem Angeklagten wegen »Beleidigung der Staatsgewalt« das Wort. In der Urteilsbegründung heißt es über den ehemaligen Schüler des Leipziger Philosophieprofessors Ernst Bloch: »Er trat für eine Veränderung der ökonomischen Struktur der DDR, für die Schwächung des Staatsapparates ein und forderte Freiheit für alle Ideologien in Wissenschaft und Kultur ... Diese Zielsetzung popularisierte er in Zusammenkünften mit Assistenten und Studenten, die in der eigenen Wohnung oder in anderen Wohnungen

in der Zeit von Oktober bis zu seiner Festnahme stattfanden.«[226] – Der verurteilte SED-Kritiker beschreibt später seine Erfahrungen in der Haft: »Erst im Zuchthaus wurde der Kommunismus buchstäblich aus mir herausgeprügelt. Ich wollte mit den Vernehmungskommissaren debattieren, und sie antworteten mit der Faust. Was für eine Lehre wurde mir da zuteil!«[227]

27.-29. September Zehn Jahre nach ihrer Gründung findet in der Bundesschule des DGB in **Niederpöcking** am Starnberger See die 19. Tagung der *Gruppe 47* statt. Der Bayerische Rundfunk hat zu diesem Anlaß Sekt spendiert. Auch dieses Mal sind mit Ilse Aichinger, Ingeborg Bachmann, Heinrich Böll und Siegfried Lenz wieder einige der prominentesten jungen Schriftstellerinnen und Schriftsteller vertreten, die sich nicht zuletzt durch ihre Auftritte im Rahmen der *Gruppe 47* einen Namen gemacht haben. Böll liest aus seinem Text »Hauptstädtisches Tagebuch«, Günter Grass zwei Akte seines Dramas »Onkel, Onkel« und der junge dänische Autor Villy Sørensen eine von vielen bewunderte Geschichte mit dem Titel »Das alte Haus«. Als der experimentelle Lyriker Helmut Heißenbüttel, der bereits zum zweiten Mal auf einer Tagung vorträgt, seinen abstrakten Text »Vorschlag für eine Systematik« vorstellt, reagieren einige der Teilnehmer mit Unverständnis. »Ein Riß«, schreibt später Hans Werner Richter in einer Nachbetrachtung, »wird unter den Tagungsteilnehmern sichtbar, der sich während der ganzen Tagung nicht mehr schließen soll. Zum erstenmal zeigen sich zwei Fraktionen, die sich in der Beurteilung zeitweise feindlich gegenüberstehen. Die Artisten, die Ästheten, die Formalisten auf der einen Seite und auf der anderen die Erzähler. Sie, die Realisten, können mit Heißenbüttels Texten nichts anfangen und sprechen allenfalls von ›Fingerübungen‹.«[228] Ähnliche Differenzen treten in der Diskussion über Texte von Ilse Aichinger und Ingeborg

Bachmann auf. Da niemand einen der Autoren als Preisträger vorschlägt, entscheidet sich Richter, den Preis der *Gruppe 47* diesmal nicht zu vergeben. – Der Literaturkritiker Joachim Kaiser schreibt am 2. Oktober in der »Frankfurter Allgemeinen Zeitung« über das Treffen: »Man spürt, daß die Gruppe 47 allmählich nur noch ›Spaß‹ macht – sie ist in Gefahr, ihre Funktion zu verlieren. Gewiß, immer wieder werden – und das ist der Sinn solcher Tagungen – junge Schriftsteller der Öffentlichkeit vorgestellt, aber allzu häufig lesen gerade die Prominenten aus bereits Gedrucktem vor.«[229]

28. September Der *Verband Deutscher Physikalischer Gesellschaften* bekräftigt auf seiner Mitgliederversammlung in **Heidelberg** seine zwei Jahre zuvor in Wiesbaden abgegebene Erklärung zur Kernenergie. Darin wird eindringlich vor einem militärischen Einsatz von Nuklearwaffen gewarnt. Die Erde könnte dadurch derart radioaktiv verseucht werden, daß ganze Völker vernichtet würden. Die Physiker rufen alle Nationen auf, freiwillig auf die Gewalt als letztes Mittel der Politik zu verzichten. – Im Anschluß an das Treffen gibt der Vorsitzende der Gesellschaft, Professor Walther Gerlach, bekannt, daß die Unterzeichner der »Göttinger Erklärung« vom 12. April auch weiterhin ohne Einschränkung an ihrem Manifest, in dem gegen eine Atombewaffnung der Bundeswehr protestiert wird, festhalten würden.

28.9.: Kriegsdienstgegner erinnern bei einem Platzkonzert der Bundeswehr an die Opfer des Iller-Unglücks. Ein Polizist (rechts) beschlagnahmt kurz darauf das Transparent.

28. September Die bundesdeutsche Sektion der *Internationale der Kriegsdienstgegner*(IdK) führt in **Bremen** ihre Jahreshauptversammlung durch. Aus diesem Anlaß ruft sie zu einer antimilitaristischen Demonstration auf, an der 1.500 zumeist junge Menschen teilnehmen. Auf der Abschlußkundgebung erklärt der Präsident der IdK, Pastor Fritz Wenzel (SPD), daß das Ergebnis der Bundestagswahlen kein Anlaß zur Resignation sei, sondern der Kampf gegen die Kriegsgefahr jetzt noch entschlossener geführt werden müsse: »Wir werden nicht müde werden, unbequeme Mahner und Warner unseres Volkes zu sein. Unser Auftrag ist es, eine heilige Unruhe unter die Menschen zu bringen. Das Nein zum Wehr- und Kriegsdienst muß jetzt noch dringender werden.«[230]

29. September Zum »4. Nordmarktreffen der HIAG« kommen in **Rendsburg** 1.500 ehemalige SS-Männer zusammen. Als Gäste der *Hilfsgemeinschaft auf Gegenseitigkeit der Soldaten der ehemaligen Waffen-SS* (HIAG) nehmen auch Angehörige der Bundeswehr teil. Als Hauptredner stellt der Vorsitzende des *Verbandes deutscher Soldaten* (VdS) und ehemalige Generalmajor von Kluge fest, daß die Soldatenverbände im allgemeinen mit der Bundesregierung zufrieden seien.

29. September An einer Gedenkfeier der *Vereinigung der Verfolgten des Naziregimes* (VVN) für die Opfer des Faschismus nehmen im Philanthropin in **Frankfurt** mehrere hundert Menschen teil. Nach der Rezitation von Gedichten Erich Weinerts und des von einem Streichquartett gespielten Trauermarsches »Unsterbliche Opfer« hält ein Mitglied des Landesvorstandes der VVN Baden-Württemberg die Gedenkrede. Der Schwur, den die überlebenden

28.9.: Der IdK-Präsident Fritz Wenzel.

28.9.: Mitgliederwerbung einer Ortsgruppe der Kriegsdienstgegner.

Immer dieselben
und immer nur Schlagworte:

Kaiserliche Armee 1914: Gott mit uns
Für Kaiser und Reich
Am deutschen Wesen soll die Welt genesen
Gott strafe England.

Wehrmacht 1935: Garant des Friedens
Für Führer, Volk und Vaterland
Kampf für neue europäische Ordnung
Verteidigung vor der bolschewistischen Gefahr

Bundeswehr 1957: Für Freiheit und Demokratie
Sicherung des Friedens durch Politik der Stärke
Verteidigung der „christlichen Kultur"
und des „christlichen Abendlandes"
Mit dem Segen der Militärkirche
Sicherheit vor dem Kommunismus.

Volksarmee 1957: Für Frieden und Sozialismus
Friedensarmee zum Schutz der Heimat
Verteidigung des Arbeiter- und Bauernstaates.
Bekämpfung des Monopolkapitalismus.

Und **alle** haben sie große militärische Traditionen,
alle vermeiden die Fehler der Vergangenheit,
alle fühlen sich unbesiegbar, wenn sie einig sind.
Und immer das gleiche Ergebnis: **Ruinen, Leichen, Krüppel.**
Wollen wir diesen Wahnsinn verewigen?
Wir haben nichts zu gewinnen und nur zu verlieren.

HILF DEM FRIEDEN!
Werde Mitglied der Internationale der Kriegsdienstgegner
Deutscher Zweig der International War Resisters' · Gegründet 1921!
Herausgegeben vom Bundesvorstand der IdK- Gerhard Grüning, Frankfurt/Main, Zeil 38/III

hier abtrennen
und absenden an:

IdK-Gruppe FREIBURG
Freiburg/Br., Postfach 221

Interessent:

Name:
Anschrift:

KZ-Häftlinge bei der Befreiung geleistet hätten, sei nicht um eines leeren Kultes willen, sondern der Toten wegen ausgesprochen worden. Es genüge nicht, Mahnmale für sie zu errichten; es müsse auch die materielle Versorgung der Hinterbliebenen garantiert werden. Die Widerstandskämpfer lebten nicht – wie oft behauptet wird – in, sondern aus der Vergangenheit. Solange die Lehren aus der Vergangenheit nicht gezogen würden, könne man auch nicht sagen, daß es in Deutschland eine echte Demokratie gebe und die Fundamente für einen wirklichen Frieden errichtet seien. Es wirke auf ihn äußerst beunruhigend, daß am 15. September die Mehrheit der Bevölkerung einer Partei ihre Stimme gegeben habe, in deren Reihen Männer wie Globke und Oberländer in führenden Funktionen vertreten seien. Nach dem Ende der Feier legt eine Delegation am Opfermal in den Main-Taunus-Anlagen einen Kranz nieder.

29. September In dem im südlichen Ural gelegenen sowjetischen Atomforschungszentrum **Tscheljabinsk-65** explodiert am Abend ein Tank mit flüssigem radioaktiven Abfall. Bewohner der nahegelegenen Ortschaft **Kischtym** beobachten, wie grelle Blitze am Himmel aufzucken. Als sie ihre Häuser, deren Wände durch die Wucht der Detonationen zu wackeln beginnen, verlassen, sehen sie, daß ein Waldstück in Brand geraten ist. – Nach dem Unfall werden 12.000 Quadratkilometer Land einfach untergepflügt. Keiner der Bewohner in den von der Explosion betroffenen Orten wird über die radioaktiven Gefahren informiert. An dem Fluß Tetscha hatten sowjetische Wissenschaftler 1948 damit begonnen, das Plutonium, das in der UdSSR für den Bau der ersten Atombombe benötigt wurde, herzustellen. Wiederholt war radioaktiver Abfall einfach in den Fluß gekippt worden. – Erst mehr als drei Jahrzehnte später erfahren die dort lebenden Menschen, daß sie bei dem Unfall hochgradig radioaktiv verstrahlt worden sind. Russische Experten bezeichnen die Explosion von Tscheljabinsk, bei der 20 Millionen Curie an Strahlung freigesetzt worden sein sollen, 1992 als den schlimmsten Unfall des Atomzeitalters. Fast 30.000 Quadratkilometer Land seien verseucht

und etwa 437.000 Menschen einer erhöhten Strahlung ausgesetzt worden. Im Laufe der Zeit seien mehr als 10.000 der Betroffenen umgesiedelt worden. Offiziellen Angaben zufolge habe es keine Opfer gegeben. Die Vorsitzende des *Komitees für atomare Sicherheit* in Tscheljabinsk, Natalia Mironowa, erklärt dagegen, daß viele Menschen wegen der staatlichen Geheimhaltungspolitik hätten sterben müssen. Die Arbeit in dem 100 Kilometer entfernten Atomforschungszentrum sei trotz des Unfalls bis 1990 unverändert fortgeführt worden. Die 50jährige Dozentin Lydia Tschernischowa erinnert sich: »Die Menschen starben ... wie die Fliegen. Ich sah eine Menge Särge. Und ich frage meine Eltern: Warum sterben sie? Warum sterben so viele?«[231] In manchen Gegenden um Tscheljabinsk liegt die Sterberate über der Geburtenrate. Viele Neugeborene kommen mit Mißbildungen auf die Welt. Es gibt kaum eine Familie, in der nicht mindestens ein Angehöriger an Leukämie gestorben ist. Wegen der ungeklärten Folgen des Atomunfalls von 1957 kündigt der russische Präsident Boris Jelzin 35 Jahre später eine Untersuchung an.

30. September Die französische Regierung unter Ministerpräsident Maurice Bourgès-Maunoury kommt durch eine Abstimmungsniederlage in der Nationalversammlung in **Paris** zu Fall. Der Regierungschef hatte mit der Zustimmung zu einem Entwurf für ein Rahmengesetz über das künftige Algerien-Statut die Vertrauensfrage verknüpft. Gegen die Gesetzesvorlage, nach der die nordafrikanische Kolonie zwar in eine Reihe von Territorien aufgeteilt, aber weiterhin als Teil der französischen Republik gelten sollte, haben Parlamentarier der Linken wie der Rechten votiert. Den einen ging der Entwurf nicht weit genug, den anderen zu weit. Mit dem Sturz des radikalsozialistischen Ministerpräsidenten ist auch die 19. Regierung seit Beginn der IV. Republik im Jahr 1947 zum Rücktritt gezwungen. – Die *Front de Libération Nationale* (FLN), die seit 1954 mit militärischen Mitteln für die Unabhängigkeit Algeriens kämpft, hat den Gesetzentwurf bereits im Vorfeld als indiskutabel abgelehnt.

1957

Januar Februar März April Mai Juni Juli

August September <u>Oktober</u>

November Dezember

Oktober Im Saalbau der Stadt **Essen** spricht Kirchenpräsident Martin Niemöller vor mehreren hundert Menschen zum Thema »Gibt uns die Bundeswehr Sicherheit?«. Gleich zu Beginn gibt der prominenteste Vertreter der *Bekennenden Kirche* zu verstehen, daß es sich dabei um eine rhetorische Frage handle. Durch die Entwicklung der Atomwaffen und der interkontinentalen Raketen habe die Bundeswehr ihre Bedeutung als ein Instrument der Verteidigung verloren. Bei einem Rückblick auf die deutsche Nachkriegsgeschichte kommt Niemöller zu dem Schluß, daß die Lehrmeister ebenso wie die Schüler ihre 1945 gestellte Aufgabe, aus einem militaristischen Deutschland einen friedliebenden Staat zu machen, vergessen hätten. Die Angst vor einer

erneuten kriegerischen Auseinandersetzung habe sich immer weiter ausgebreitet. Man wisse, daß es im Ernstfall um die Vernichtung der Menschheit gehe.

Oktober Die Bauern der in der Nähe von Baden-Baden gelegenen Gemeinde **Nußbaum** wenden sich in einer an die baden-württembergische Landesregierung in **Stuttgart** gerichteten Protestresolution gegen die Beschlagnahmung von Ackerland für militärische Zwecke.

1. Oktober Das Exekutivkomitee des *Weltfriedensrates* verurteilt auf seiner Tagung in **Genf** erneut das Wettrüsten und die Versuche, die Atomwaffe als ein Mittel der Politik akzeptabel zu machen. »Es weist die Behauptung«, heißt es in einem Kommuniqué zur internationalen Lage, »daß es möglich wäre, einen begrenzten Atomkrieg zu führen, als Täuschung zurück. Es verurteilt den Versuch, die Wirkung der Atomwaffen herabzusetzen und die Anwendung von Waffen, die man als taktische bezeichnet und die Hiroshima und Nagasaki zerstörten, zu rechtfertigen, als eine gefährliche Verfälschung.«[232] Die Behauptungen, daß Atomwaffen den Frieden garantierten, daß sie »saubere« Waffen und daß sie »taktische« Waffen seien, deren Einsatz man auf bestimmte Zonen beschränken könne, müsse man als Propagandamaßnahmen bezeichnen. Diese Schutzbehauptungen dienten lediglich als »Deckmantel für die beschleunigte Verteilung von Atomwaffen« auf bestimmte Gebiete des Erdballs.

2. Oktober Die »Hannoversche Allgemeine Zeitung« meldet, daß der Ministerialdirigent Otto Bräutigam, der beschuldigt worden war, im Auftrag des Reichsministers für die Ostgebiete an der Juden-

Okt.: Martin Niemöller spricht auf einer Veranstaltung der Essener Friedensverbände.

1.10.: »Nichts sagen – nichts sehen – nichts hören...« Karikatur aus der Tageszeitung »Die Welt«.

vernichtung beteiligt gewesen zu sein, nach Abschluß einer eineinhalb Jahre dauernden Untersuchung von Bundesaußenminister Heinrich von Brentano »völlig rehabilitiert« worden ist. Über den Fall des im Januar 1956 wegen der erhobenen Vorwürfe von seiner Funktion als Leiter der Ostabteilung im Auswärtigen Amt beurlaubten Spitzenbeamten heißt es nun: »Die Tatsache, daß Dr. Bräutigam an der Judenverfolgung im Dritten Reich in keiner Weise beteiligt war und ihm kein Schuldvorwurf gemacht werden kann, ergibt sich aus den übereinstimmenden Aussagen sämtlicher vernommener Zeugen. Die Zeugen haben eindeutig und klar in übereinstimmender Weise bekundet, daß Dr. Bräutigam seiner ganzen Persönlichkeit und Einstellung nach unmöglich die ihm zur Last gelegten Anschuldigungen begangen und sich an der Verfolgung der Juden beteiligt haben kann. Die Zeugen versicherten in glaubwürdiger Weise, daß Dr. Bräutigam im Gegenteil alles in seiner Macht Stehende getan hat, um den Judenverfolgungen des Dritten Reiches Einhalt zu gebieten und, wo nur irgend möglich, den verfolgten Juden und anderen Personen zu helfen und sie zu unterstützen.«[233] Die Untersuchung leitete der ehemalige Präsident des Düsseldorfer Oberlandesgerichts, der 76jährige Heinrich Lingemann. Ihr Ergebnis war bereits am 3. Juni dem Auswärtigen Amt vorgelegt worden. – Der jüdische Historiker Josef Wulf, der durch die von ihm gemeinsam mit Léon Poliakov herausgegebene Dokumentensammlung »Das Dritte Reich und die Juden« den »Fall Bräutigam« indirekt ausgelöst hatte, kommentiert die Rehabilitierung des Ministerialdirigenten im Auswärtigen Amt später mit den Worten: »Rückblickend möchte man heute fast sagen, die Epoche von 1933 bis 1945 zeichnet sich durch übertriebene, in die Tat umgesetzte christliche Nächstenliebe aus.«[234] – Bräutigam wird im Januar 1958 nach Hongkong versetzt, wo er bis zu seiner Pensionierung im Sommer 1960 das Amt des Generalkonsuls innehat. Noch vor Beendigung seines 46 Jahre dauernden Staatsdienstes wird ihm im August 1959 das Große Bundesverdienstkreuz verliehen.

2.10.: Otto Bräutigam, Ministerialdirigent im Auswärtigen Amt.

2. Oktober Der ehemalige nationalsozialistische Ministerpräsident von Braunschweig, Dietrich Klagges, wird vorzeitig aus der Haftanstalt in **Lingen** an der Ems entlassen. Der Strafsenat des Oberlandesgerichts Braunschweig hatte zuvor beschlossen, den 66jährigen Mann, der 1950 ursprünglich wegen Verbrechens gegen die Menschlichkeit zu einer lebenslangen Haftstrafe verurteilt worden war, nach dem »Paroleverfahren« acht Jahre vor Ablauf seiner Haftzeit, die man 1952 bereits auf 15 Jahre reduziert hatte, freizulassen. Klagges, in seinem bürgerlichen

Beruf Lehrer, war bereits 1925 Mitglied der NSDAP geworden. Er hatte entscheidenden Anteil daran, daß formaljuristische Hindernisse auf Hitlers Weg an die Macht beiseite geräumt wurden. Am 25. Februar 1932 ernannte Klagges, der damals das Amt des Innenministers im Freistaat Braunschweig innehatte, den Österreicher Hitler zum Regierungsrat, verschaffte ihm so die deutsche Staatsangehörigkeit und damit die erforderliche Voraussetzung für die Kandidatur zur Reichspräsidentenwahl, bei der er einen Achtungserfolg gegen Hindenburg errang. Bereits bei der als »Nacht der langen Messer« angekündigten Machtergreifung am 30. Januar 1933 bewies Klagges, daß der Ruf, er sei ein Nazi, der mit besonderer Brutalität gegen politische Gegner vorgehe, ihm keineswegs zufällig vorauseilte: »Während der Fackelzug noch vor dem Balkon der Berliner Reichskanzlei defilierte, sandte Klagges die ersten Rollkommandos aus. Er entmachtete die Exekutive, ließ alle ›unzuverlässigen‹ Schutzpolizisten entwaffnen und gründete als erster nationalsozialistischer Machthaber aus der SA und der SS die sogenannte ›Hilfspolizei‹. Diese Truppe ging nach einem von Klagges selbst entworfenen ›Operationsplan‹ vor. Sie holte in Braunschweig und den umliegenden Landstädten die ›Politisch Verdächtigen‹ – Sozialdemokraten, Gewerkschafter, Kommunisten und schließlich sogar die Stahlhelmer – aus den Häusern, trieb sie in Schulen und anderen öffentlichen Gebäuden zusammen, wo die bedauernswerten Opfer der Klaggesschen Racheorgie mehrere Tage und Nächte hindurch mißhandelt wurden. Wer die, nach einem Wort seines Gehilfen, SS-Brigadeführer Alpers, ›nationale Sauna‹ überlebte, kehrte als Wrack zu seiner Familie zurück, während die profilierten Köpfe der Opposition in die Konzentrationslager verschwanden.«[235] – Während seiner Haftzeit hat Klagges, der die Privilegien eines Vorzugshäftlings genossen haben soll, mehrere politische Schriften verfaßt und sie in zwei einschlägigen Verlagen publiziert. Sie erschienen in der Göttinger Verlagsanstalt des wegen seiner rechtsradikalen Überzeugungen zum Rücktritt gezwungenen niedersächsischen Kultusministers Leonhard Schlüter und im von Helmut Sündermann, dem ehemaligen Stellvertreter des Reichspressechefs Otto Dietrich, geleiteten Druffel-Verlag in Leoni am Starnberger See. Ein Gutachter stellt dazu fest, daß es Klagges immer noch an »jeder tieferen Einsicht in seine strafbaren Handlungen« mangele. – Nach seiner Freilassung klagt Klagges zunächst erfolglos auf die Zahlung seiner Pensionsansprüche. Nach einem langjährigen Rechtsstreit entscheidet das Bundesverwaltungsgericht in **West-Berlin** am 16. Juli 1970 schließlich, daß dem Ex-Nazi die Rentenbezüge ausgezahlt werden müssen.

2. Oktober Vor der Vollversammlung der Vereinten Nationen in **New York** unterbreitet der polnische Außenminister Adam Rapacki den Vorschlag, in Mitteleuropa eine atomwaffenfreie Zone zu schaffen. Im einzelnen sieht seine Konzeption vor, auf dem Territorium Polens, der DDR und der Bundesrepublik Atomwaffen weder zu lagern noch einzusetzen und in diesem Gebiet die Rüstung insgesamt zu beschränken und zu kontrollieren. Im einzelnen führt Rapacki aus: »Im Interesse der Sicherheit Polens und der Entspannung in Europa erklärt die Regierung der Volksrepublik Polens nach Abstimmung ihrer Initiative mit den anderen Teilnehmern des Warschauer Vertrages, daß die Volksrepublik Polen im Falle einer Zustimmung beider deutscher Staaten zur Einführung eines Verbots der Produktion und der Lagerung von atomaren und thermonuklearen Waffen auf ihren Territorien bereit ist, gleichzeitig dasselbe Verbot auf ihrem Territorium zu erlassen.«[236] – Die Bundesregierung stellt kurz darauf in **Bonn** fest, daß sie dem Vorschlag ablehne. Es handle sich bei dem Vorstoß des polnischen Außenministers offenbar um ein Ablenkungsmanöver von der Frage nach einer allgemeinen Kontrolle atomarer Waffen. Zudem sei der Vorschlag an die falsche Adresse gerichtet worden. Die Bundesrepublik stelle keine atomaren Waffen her und sei für die Lagerung solcher Waffen innerhalb der NATO nicht zuständig. – Der am 9. Dezember den drei Westmächten auf diplomatischem Wege zugestellte und am 14. Februar 1958 in einem detaillierten Memorandum erneut unterbreitete »Rapacki-Plan«, in den auch die Tschechoslowa-

kei einbezogen ist, wird von den NATO-Mitgliedsstaaten im Gegensatz zur Sowjetunion, die den Vorschlag explizit unterstützt, abgelehnt.

2.-4. Oktober Nachdem sich die Redaktion der einflußreichen polnischen Zeitschrift »Po Prostu«, was soviel heißt wie »ohne Umschweife« oder »offen gesagt«, bereits mehrere Male gegen politische Zensurmaßnahmen seitens des ZK der *Polnischen Vereinigten Arbeiterpartei* (PVAP) zur Wehr gesetzt hat, wird sie trotz heftiger Proteste aus allen Landesteilen von der Parteiführung verboten. Daraufhin kommt es in **Warschau** am 3. Oktober zu Demonstrationen mehrerer tausend Studenten, die sich mit Spruchbändern und Sprechchören gegen die Zensurmaßnahme wenden. Auf Plakaten, in denen zu Protesten aufgerufen wird, heißt es: »Die Demokratie ist in Gefahr«. Die Miliz hat offensichtlich Order, hart durchzugreifen. Sie geht mit Gummiknüppeln gegen die empörten Studenten vor und setzt, als sie auf Widerstand trifft, schließlich Tränengas ein. Eine unbekannte Zahl von Demonstranten wird verhaftet, viele werden verletzt. Am 4. Oktober besetzt die Miliz das Gebäude der Technischen Hochschule, wo sich über 2.000 Studenten gerade zu einem neuen Protestmarsch formieren. Nachdem dieser verhindert worden ist, bezeichnet Władysław Gomułka die gleichen Studenten, die noch ein Jahr zuvor für ihn auf die Straße gegangen waren, als eine »Schar von Unverantwortlichen und Unreifen«. Als sich schließlich die ehemaligen Redakteure in einem Offenen Brief an den Parteichef wenden, wird der frühere Chefredakteur Eligiusz Lasota, der schon am 21.

2.10.: Mitteleuropa-Karte mit den im Rapacki-Plan für eine atomwaffenfreie Zone vorgesehenen Staaten.

2.10.: Der polnische Außenminister Adam Rapacki.

2.10.: Eine 1958 in einem Ost-Berliner Verlag erschienene Dokumentation.

2.-4.10.: »Po-prostu«-Chefredakteur Eligiusz Lasota.

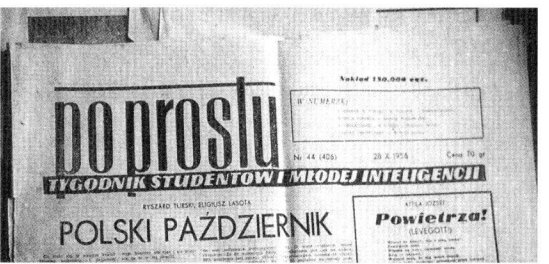

2.-4.10.: Titelseite der polnischen Studentenzeitung.

2.-4.10.: Ausschnitt aus einem »Konkret«-Interview mit dem stellvertretenden »Po-prostu«-Chefredakteur.

EXKLUSIV-INTERVIEW MIT   PO PROSTU-REDAKTEUR

Selten hat eine Studentenzeitung in der Weltöffentlichkeit ein solches Echo gefunden wie die polnische (frühere) Studentenzeitung PO PROSTU, die als Massenblatt einen entscheidenden Einfluß auf die Ereignisse des polnischen „Oktober" genommen hat und die kürzlich gegen den Protest der Studenten und der Jugendlichen von Warschau verboten wurde. Von einer Reihe bundesrepublikanischer Presseorgane, besonders vom „Rheinischen Merkur", wird die bewußt falsche Behauptung aufgestellt, es handele sich bei den Po PROTU-Redakteuren um „Junge, überzeugte Sozialisten, bzw. Kommunisten". Offensichtlich dienen diese Behauptungen dem Zweck, den Freiheitskampf der PO PROSTU-Redakteure zu diffamieren. Wir sind heute in der Lage, ein EXKLUSIV-Interview mit dem stellvertretenden Chefredakteur von PO PROSTU zu bringen aus dem hervorgeht, daß es sich bei den jungen Rebellen nicht um Kommunisten, sondern um echte Freiheitskämpfer im ungarischen Sinne gehandelt hat. Das Gespräch wurde im Beisein sämtlicher Mitglieder des damaligen STUDENTEN-KURIER im Sommer dieses Jahres in Hamburg geführt. Konferenzsprache war englisch.

STUDENTEN-KURIER: Die Studenten Europas blicken voll Bewunderung und mit großen Erwartungen auf die Jugend des polnischen Oktober. Man ist hier oft der Ansicht, daß das polnische Beispiel richtungweisend und von Bedeutung werden kann für ganz Europa.
PO PROSTU: Erwarten Sie nicht zu viel, wir haben auch viel erwartet. Aber es herrschen in Polen wieder die Zensur und die alten Stalinisten, also die Rechten.
STUDENTEN-KURIER: Wieso, würden Sie Gomulka auch als rechts bezeichnen?
PO PROSTU: Nein, der ist die Mitte.
STUDENTEN-KURIER: Und links, das sind Sie?
PO PRUSTA: Ja!
STUDENTEN-KURIER: Und das heißt doch wohl, Sozialisten!?
PO PROSTU: Das kann man so nicht sagen. Einige Mitglieder der Redaktion sind Sozialisten.
STUDENTEN-KURIER: Und Sie selbst? Sie sind doch stellvertretender Chefredakteur, Sie sind natürlich Sozialist, also Marxist?
PO PROSTU: Wissen Sie, ich würde gern Sozialist sein, aber ich bin Realist!
STUDENTEN-KURIER: Und das schließt einander aus!?
PO PROSTU: Der Sozialismus ist eine gute Sache, auf dem Papier. Aber es geht nicht. Es geht nicht mit dem Sozialismus.
STUDENTEN-KURIER: Und wie Sie, denkt so das polnische Volk auch?
PO PROSTU: Oh, das denkt noch viel schlimmer über den Sozialismus.
STUDENTEN-KURIER: Aber das polnische Volk hat doch mit so großer Mehrheit Gomulka gewählt.
PO PROSTU: Ja, weil er das kleinere Übel war. Weil er mit den Russen verhandeln konnte. Weil wir fürchteten, daß es uns sonst genau so geht wie den Ungarn.
STUDENTEN-KURIER: Wir haben bisher immer einen Unterschied gemacht zwischen der ungarischen Erhebung und der polnischen. Man sprach viel vom Nationalkommunismus. Wie Sie es jetzt darstellen, sieht es so aus, als wenn in Polen sehr ähnliche Gefühle herrschen wie in Ungarn.
PO PROSTU: Ja. Wir haben ja in Ungarn gesehen, was die Russen machen.

STUDENTEN-KURIER: Darf ich Sie so verstehen, daß das polnische Volk gar keinen noch so freiheitlichen Sozialismus will, sondern lieber eine westliche Staats- und Wirtschaftsreform, etwa so eine sozialdemokratische gemilderte kapitalistische Staatsform wie sie Schweden hat?
PO PROSTU: Nicht einmal das, das polnische Volk würde jede Staatsform annehmen, die die Lebensbedingungen verbessert. Es hat einfach genug, es hat „die Nase voll".
STUDENTEN-KURIER: Dann lehnt das polnische Volk also im Grunde auch Gomulka ab.
PO PROSTU: Was sollen sie machen? Die russischen Panzer stehen ja überall bereit, sie niederzuwalzen wie die Ungarn! Deswegen sind sie ruhig.
STUDENTEN-KURIER: Aber es bestehen starke antirussische Gefühle?
PO PROSTU: Die Polen würden die Russen aufhängen, wenn sie nur könnten. Auch starke antisemitische Strömungen bestehen bei uns.
STUDENTEN-KURIER: Der jetzige polnische Studentverband, dessen Vertreter sich auch hier in Hamburg befinden, ist der kommunistisch? Oder einige seiner Mitglieder?
PO PROSTU: Unsere Zeitung hat im Oktober durch einen einzigen Aufruf den ganzen kommunistischen Jugendverband Polens aufgelöst, einfach weggewischt. Dann haben wir einen eigenen völlig unpolitischen Studentenverband gegründet, der ähnlich wie hier der VDS nur den studentischen Interessen dient, also Reiseaustausch, Stipendien, Mensa usw.
STUDENTEN-KURIER: Aber es ist doch merkwürdig, daß in einem Land, das noch vor zwei Jahren bei den „Weltfestspielen" in Warschau so viele zehntausende begeisterter Kommunisten unter den Studenten besaß, heute keine Studenten mehr hat, die kommunistisch, also nationalkommunistisch sind?
PO PROSTU: Doch, es gibt seit kurzem wieder einen sozialistischen Studentenverband. Aber er hat wenig Mitglieder. In Warschau 70, in Posen 7 und in Danzig war es sogar nur 1 Mitglied; das ist aber aus Beschämung darüber wieder ausgetreten.
STUDENTEN-KURIER: Aber Ihr Nationalverband ist doch, soviel ich weiß, Mitglied des Weltstudentenbundes IUS (in Prag)?

PO PROSTU: Ja, weil wir müssen! Die Russen.
STUDENTEN-KURIER: Halten Sie es für möglich, daß die russische Jugend auch einmal eine solche Bewegung durchmacht, wie die polnische?
PO PROSTU: Nein, dazu ist die russische Jugend zu demoralisiert.
STUDENTEN-KURIER: Und die tschechische?
PO PROSTU: Die ist zu feige. Dort haben sie auch den Aufstand gegen Hitler erst einen Tag bevor die Russen kamen gemacht.
STUDENTEN-KURIER: So hat denn die polnische Jugend und das polnische Volk doch immerhin eine relative Freiheit erkämpft.
PO PROSTU: Ja, das ist wahr. Wir können an jeder Straßenecke uns hinstellen und rufen: Gomulka ist ein Schweinehund.
STUDENTEN-KURIER: Oh, oh, das dürfen wir ja nicht mal bei Adenauer.
PO PROSTU: Allerdings auch, nieder mit den Juden, oder mit den Griechen, bei uns haben wir viele griechische Emigranten aus dem Bürgerkrieg, gegen die gibt es auch solche Ausschreitungen.
STUDENTEN-KURIER: Und wie ist es mit den Deutschen?
PO PROSTU: Oh, die haben jetzt allerhand Sympathien gewonnen, natürlich die Westdeutschen, mit denen aus der DDR...
STUDENTEN-KURIER: Haben Sie nicht viel im Sinn, na klar.
PO PROSTU: Zum Beispiel zwischen der FDJ und unserem Studentenverband bestehen überhaupt keine Kontakte mehr.
STUDENTEN-KURIER: Na, um so mehr Kontakte haben Sie ja jetzt zu Westdeutschland. Und die Oder-Neiße-Linie?
PO PROSTU: Muß natürlich bestehen bleiben. Und wird auch bestehen bleiben.
STUDENTEN-KURIER: Einen westdeutschen Angriff fürchten Sie nicht?
PO PROSTU: Nun, da wäre ja erst mal die DDR davor und die starken russischen Truppenverbände.
STUDENTEN-KURIER: Was sagen Sie zu den neonazistischen Tendenzen in der Bundesrepublik?
PO PROSTU: Ja, ich weiß, daß es so etwas gibt. Aber Stalinismus ist viel schlimmer als Faschismus. Und Chrustschow ist auch Stalinist.
STUDENTEN-KURIER: Und wie soll es nun weiter gehen in Ihrem Land? Welche Wirtschaftsform?
PO PROSTU: Das ist ganz gleich, wir brauchen Weizen, darauf kommt es an, ob Kolchosen oder Großbauern ihn anbauen. Wir brauchen viele Dinge, hier, solche Grapefruitdosen, die hier auf dem Tisch stehen, und Füllfederhalter und elegante Kleidung und viele Dinge.
STUDENTEN-KURIER: Also glauben Sie nun nicht, daß sich der Kommunismus bzw. der Sozialismus einmal durchsetzt?
PO PROSTU: Was ist eigentlich Sozialismus? Wissen Sie es? Ich weiß es nicht. Ich will Ihnen sagen, was ich denke: Sozialismus ist gut leben und möglichst viel Freiheit. Und das ist am meisten in Amerika!

April auf Betreiben der auch für die DDR Gefahren witternden SED von seinem Amt hatte zurücktreten mußte, zusammen mit neun seiner Kollegen aus der Partei ausgeschlossen. Der Primas von Polen, Kardinal Stefan Wyszinski, erklärt in einer Predigt in der Warschauer Studentenkirche, daß er die Sorgen der jungen Leute in ihrem Kampf für Rede- und Gedankenfreiheit zwar durchaus verstehe, jedoch darauf hinweisen wolle, daß es jetzt gelte, das bislang Erreichte zu respektieren und sich »für eine bessere Zukunft unseres Landes« einzusetzen. – Die Wochenschrift der Warschauer Studenten »Po Prostu«, die zuletzt in einer Auflage von 150.000 Exemplaren landesweit vertrieben wurde, hatte im Zuge der Entstalinisierung, insbesondere im Kampf für eine größere Unabhängigkeit von der Sowjetunion, eine entscheidende Rolle gespielt. Im »Polnischen Oktober« des Vorjahres war sie nichts weniger als das intellektuelle Ferment, die Hefe im Sauerteig der polnischen Gesellschaft. Mit ihren Reportagen über die Lage der polnischen Arbeiter war »Po Prostu« zum zentralen Publikationsorgan der Liberalisierungsbewegung geworden, die das ganze Land erfaßt hatte. Sie hatte überall *Klubs der jungen Intelligenz* gegründet, Ausstellungen moderner Kunst angeregt, Theateraufführungen organisiert und eine eigene Buchreihe herausgegeben. Auf dem Höhepunkt ihrer Popularität hatte der 27jährige Chefredakteur Lasota bei den polnischen Parlamentswahlen am 20. Januar zusammen mit Parteichef Gomulka die höchste Stimmenzahl erhalten. Doch bereits Mitte Mai waren auf dem IX. Plenum des ZK der PVAP die drei für »Po Prostu« schreibenden Intellektuellen – Leszek Kolakowski, Wiktor Woroszylski und Roman Zimand – von Gomulka scharf angegriffen und »revisionistischer Umtriebe« bezichtigt worden. Das nun ausgesprochene Verbot der wichtigen Zeitschrift ist das bislang deutlichste Zeichen für das Scheitern des Demokratisierungsprozesses in Polen.

3. Oktober Als Nachfolger des am 30. August verstorbenen Otto Suhr wird in **West-Berlin** der bisherige Präsident des Abgeordnetenhauses, Willy Brandt (SPD), mit großer Mehrheit zum neuen Regierenden Bürgermeister gewählt. Wie schon sein Vorgänger führt der 43jährige Nachwuchspolitiker eine große Koalition von SPD und CDU an.

4. Oktober Das Bezirksgericht **Suhl** verurteilt die Studenten Rolf Schubert, Dieter Lanzrath und Jürgen Maack wegen Bildung einer »republikfeindlichen Gruppe« zu Zuchthausstrafen von bis zu vier Jahren. Gegenüber den Studenten ist außerdem der Vorwurf erhoben worden, sich in West-Berlin an »Ost-West-Begegnungen« der *Sozialistischen Jugend Deutschland Deutschlands – Die Falken* beteiligt zu haben.

4. Oktober Von ihrer bei **Tjuratam** (Kasachstan) gelegenen Anlage schießt die Sowjetunion um 19 Uhr 30 Ortszeit den ersten künstlichen Satelliten in eine Erdumlaufbahn. Der 83,6 Kilogramm schwere Flugkörper, der einen Umfang von 58 Zentimetern hat, umkreist die Erde mit einer Geschwindigkeit von 24.500 Stundenkilometern. Für eine Erdumrundung in einer Umlaufbahn in 886 Kilometern Höhe benötigt der »Sputnik« etwa 95 Minuten. – Die

Nachricht vom erfolgreichen Start des Erdsatelliten löst in der westlichen Welt, insbesondere in den Vereinigten Staaten, einen regelrechten »Sputnik-Schock« aus. Der Pressechef des Weißen Hauses, James C. Hagerty, versucht am Tag darauf in **Washington** das Ereignis, dem er zubilligt, »von großem wissenschaftlichen Interesse« zu sein, mit den Worten herunterzuspielen, daß sich die USA niemals in einem Wettlauf mit der Sowjetunion um den Start des ersten Satelliten gesehen hätten. Das amerikanische Programm für den Start eines eigenen Satelliten schreite in befriedigender Form weiter fort. Der demokratische Senator Lyndon Baines Johnson reagiert im Gegensatz dazu mit dem Eingeständnis, daß die Sowjetunion die USA im eigenen Spiel, »kühne wissenschaftliche Fortschritte im Atomzeitalter« zu erzielen, geschlagen habe. Und die »New York Herald Tribune« schreibt am 6. Oktober in ihrem Leitartikel: »Das ist eine ernüchternde Nachricht. Das ist in der Tat eine sehr schwerwiegende Nachricht, etwas, was jeden Bürger unserer Nation aus der pfennigfuchsenden, die Dinge leichtnehmenden Stimmung erwecken sollte, in welche die Regierung, der Kongreß und das ganze Land verfallen sind. Das ist ein Triumph der Menschen über den Weltraum … Als Ergebnis hiervon haben uns die Sowjets nicht nur auf dem Gebiete der Satelliten überflügelt. Sie haben uns auch im tödlichen Bereich der Ferngeschosse überflügelt … Die Uhr auf dem Umschlag der Monatsschrift ›Bulletin of the Atomic Scientist‹ zeigt auf 2 Minuten vor 12. Es ist spät, sehr spät!«[237] – Der sowjetische Flugkörper, der als Symbol für einen technologischen Vorsprung mit durchaus militärisch bedeutsamen Implikationen begriffen wird, führt zu einem internationalen Prestigeverlust der USA. Die strategische Bedeu-

3.10.: Die Vereidigung des neugewählten Regierenden Bürgermeisters.

3.10.: Willy Brandt.

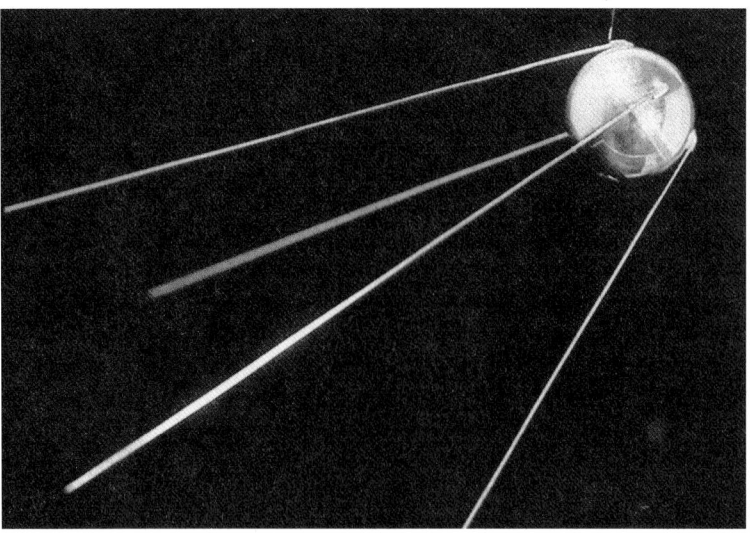

4.10.: Der erste Künstliche Satellit – der von den Sowjets in den Weltraum geschossene »Sputnik«.

4.10.: Chruschtschow grüßt als Golfspieler, der den »Sputnik« in die Umlaufbahn befördert hat. Karikatur aus der »Washington Post«.

5.10.: Der jugoslawische Regimekritiker Milovan Djilas.

6. Oktober Der 60jährige Schriftsteller Thornton Wilder wird in der **Frankfurt**er Paulskirche mit dem Friedenspreis des Deutschen Buchhandels ausgezeichnet. Der durch seinen Roman »Die Brücke von San Luis Rey« weltbekannt gewordene US-amerikanische Autor hat in der Bundesrepublik vor allem durch seine beiden Dramen »Unsere kleine Stadt« und »Wir sind noch einmal davon gekommen« Beachtung gefunden.

6. Oktober In **Opfertshofen** (Kanton Schaffhausen) protestieren 1.000 Bauern auf einer Kundgebung gegen die geplante Grenzregulierung zwischen der Bundesrepublik Deutschland und der Schweiz. – Mit dem Grenzbereinigungsvertrag vom 23. November 1964 tritt die Schweiz u.a. eine Fläche von über 128.000 Quadratmetern der Gemeinden Opfertshausen und Büttenhardt an die Bundesrepublik Deutschland ab.

6. Oktober Die Nachrichtenagentur TASS meldet, daß in der Sowjetunion ein Wasserstoffbombentest durchgeführt worden ist. Um die Bevölkerung ebenso wie die an dem Versuch Beteiligten zu schützen, sei die Explosion in großer Höhe ausgelöst worden. Es ist der vierte Versuch im Rahmen einer Testreihe, die am 23. August begonnen hat. – In westlichen Presseorganen wird die Vermutung ausgesprochen, daß es sich dabei um die Zündung eines Sprengkopfs für eine Interkontinentalrakete gehandelt habe.

7. Oktober Unter der Regie von Boleslav Barlog findet am Schloßpark-Theater in **West-Berlin** die deutsche Erstaufführung von John Osbornes Schauspiel »Blick zurück im Zorn« statt. Hauptfigur des Stücks, das am 8. Mai 1956 im Londoner Royal Court Theatre uraufgeführt worden war, ist der von Klaus Kammer gespielte Jimmy Porter, ein 25jähriger aus der Arbeiterklasse stammender Intellektueller, der in ohnmächtiger Wut gegen die versteinerte britische Gesellschaftsordnung rebelliert. In immer wieder neuen Verbalattacken greift er die Stumpfheit, Langeweile und Starre eines Systems an, das ihm einen angemessenen Platz zu verweigern scheint. Seine Konflikte überträgt er dabei immer häufiger auf seine Frau Allison, die als Tochter aus einem bürgerlichen Elternhaus mit konservativer Einstellung als Zielscheibe für seine unberechenbaren Ausfälle herhalten muß. In »Look Back in Anger«, so der englische Originaltitel, geht es um die Lebensweise der »angry young men«, zornige, selbstbewußte junge Leute, die aufstiegsorientiert sind und dennoch keine wirkliche Chance haben, aus einem wie mit unsichtbaren Mauern umgebenen Ghetto auszubrechen. Sie stemmen sich wortgewaltig, selbstverliebt und verzweifelt zugleich gegen die Perspektivlosig-

tung des ersten Satellitenfluges, die darin besteht, daß die Sowjetunion offenbar über weitreichende Interkontinentalraketen verfügt, kommentiert Bundeskanzler Adenauer mit dem ihm eigenen physikalisch-technischen Urteilsvermögen mit den Worten: »Hoch ist nicht flach.«[238]

5. Oktober In der im Kanton Bern gelegenen Stadt **St. Imier** nehmen 2.000 Einwohner des Jura an einer antiseparatistischen Kundgebung teil.

5. Oktober Der 46jährige jugoslawische Regimekritiker Milovan Djilas wird von einem Gericht in **Sremska Mitrovica** wegen »feindseliger Propaganda« gegen die Volksrepublik zu sieben Jahren verschärfter Haft und zu einer Beschränkung der Bürgerrechte für eine Dauer von fünf Jahren verurteilt. Da Djilas sich bereits seit dem Vorjahr in Haft befindet und wegen einer am 12. Dezember 1956 aus ähnlichen Gründen ausgesprochenen Verurteilung noch zwei Jahre zu verbüßen hat, werden beide Strafen zu einer neunjährigen Gefängnishaft zusammengezogen. Den Grund für die erneute Verurteilung des einstigen Ministers und Präsidenten des jugoslawischen Parlaments stellt sein vor kurzem in den USA erschienenes Buch »Die neue Klasse« dar, in dem Djilas eine radikale Kritik am sozialistischen Partei- und Gesellschaftssystem seines Landes übt. Er hatte das Buch, das in Jugoslawien verboten ist, während seines Gefängnisaufenthalts geschrieben und das Manuskript von Freunden ins Ausland schmuggeln lassen. Das Gericht hebt in seiner Urteilsbegründung hervor, daß Djilas mit seinem Buch versucht habe, die jugoslawische Gesellschaftsordnung zu zerstören und das Ansehen des Staates im Ausland zu schädigen. Da die Verhandlung unter Ausschluß der Öffentlichkeit stattfand, hat Djilas jede Aussage vor Gericht verweigert.

keit eines bürgerlichen Alltags, den sie verachten, insgeheim anstreben und doch nicht erreichen können. – Das erfolgreiche Osborne-Stück dient nicht nur einer Reihe anderer Theaterautoren wie z.B. Harold Pinter als Vorbild, sondern wird ein Jahr später auch von Tony Richardson mit Richard Burton in der Hauptrolle verfilmt. In der Bundesrepublik wird der Film »Blick zurück im Zorn« mit der Musik des weißen Jazztrompeters Chris Barber erstmals am 26. Februar 1960 gezeigt.

7. Oktober Die US-Atomenergiekommission in **Washington** gibt bekannt, daß in der Wüste von Nevada der 24. und letzte Atomwaffentest in der diesjährigen Versuchsreihe durchgeführt worden sei. Es habe sich dabei um eine Bombe mit einer Sprengkraft von weniger als 20 Kilotonnen TNT gehandelt, die von einem Fesselballon aus gezündet

worden sei. – In der Versuchsreihe wurden unterschiedlichste Methoden zur Erforschung der Zerstörungskraft von Nuklearwaffen getestet. Die Explosionen wurden nicht nur oberirdisch von Fesselballons oder einem Turm aus, sondern auch unterirdisch ausgelöst. Seit Beginn der Atombombentests in Nevada im Jahre 1951 sind insgesamt 69 Versuche durchgeführt worden.

8. Oktober Beim Besuch des Oberkommandierenden der NATO-Landstreitkräfte in Mitteleuropa, Bundeswehrgeneral Hans Speidel, in **Kopenhagen** kommt es zu einem Zwischenfall. Vor dem Hotel d'Angleterre, in dem der ehemalige Stabsoffizier der deutschen Wehrmacht untergebracht ist, versammelt sich eine Gruppe von Demonstranten und ruft immer wieder: »Hans, go home!« An einem Mast auf der Dachterrasse des Gebäudes wird plötzlich eine

Hakenkreuzfahne hochgezogen. Als mehrere Bedienstete des Hotels den Auftrag erhalten, das den Dänen nicht weniger als allen anderen Europäern verhaßte Schreckenssymbol zu entfernen, scheitern sie mehrmals. Die Fahnenleinen sind abgeschnitten und der Mast ist mit Schmierseife eingerieben. Nachdem alle, von den Demonstranten feixend bejubelten Versuche, den Mast zu erklimmen, eingestellt worden sind, entscheidet sich das Hotelpersonal für eine Notlösung und sägt ihn kurzerhand ab.

9. Oktober Der Konflikt um General Hans Speidel spitzt sich auf der nächsten Station seiner Skandinavien-Reise in **Oslo** weiter zu. Bereits vor der Ankunft des neuen Oberkommandierenden der NATO-Landstreitkräfte Mitte in der norwegischen Hauptstadt hat die angesehene Tageszeitung »Dagbladet« geschrieben, daß die Verbrechen der Nazis unvergessen seien und der ehemalige Hitler-General in

6.10.: Der amerikanische Schriftsteller Thornton Wilder (rechts) bei der Preisverleihung in der Frankfurter Paulskirche.

7.10.: Szenenbild aus der West-Berliner Aufführung des Osborne-Stücks mit (v.l.n.r.) Julia Costaq als Alison, Friedrich Siemers als Cliff und Klaus Kammer in der Rolle des Jimmy Porter.

7.10.: Die in Zürich erscheinende »Weltwoche« karikiert einen amerikanischen Raketenstart.

10.10.: Der
Vortragstext von
Harry Buckwitz
erscheint in einer
Schriftenreihe der
IG Druck und Paier
als Broschüre.

Norwegen unerwünscht wäre. Auf dem Flughafen haben sich mehrere tausend Demonstranten mit Transparenten versammelt, auf denen Parolen zu lesen sind wie »Hinaus mit dem Nazi-General«, »Speidel, go home«, »Dem deutschen Volk haben wir verziehen, dem Hitler-General nicht«. Aus Furcht vor Zusammenstößen dreht die Maschine mit Speidel an Bord einige Warteschleifen, wird umdirigiert und landet schließlich auf einem anderen Flugplatz. Als Zeichen des Protests stehen zur ursprünglich angegebenen Ankunftzeit die öffentlichen Verkehrsmittel in Oslo für zwei Minuten still. Einige Zeit später ziehen 8.000 Demonstranten vom Hauptgebäude der Universität in einem Schweigemarsch zum Parlamentsgebäude. Unterwegs schließen sich ihnen 3.000 weitere Demonstranten, darunter eine Gruppe ehemaliger KZ-Häftlinge, an. Auf der Schlußkundgebung protestieren die Teilnehmer in einer Entschließung dagegen, daß »ein ehemaliger Hitler-General Norwegen offiziell besucht«. Parlament und Regierung werden aufgefordert, alle notwendigen Schritte zu unternehmen, um die Wiederholung eines solchen Aktes, der als »Hohn auf die Opfer des Nazismus« bezeichnet wird, zu verhindern. Aus Protest gegen den Besuch wird in vielen Betrieben die Arbeit für eine Viertelstunde niedergelegt. Auch die großen Schiffswerften führen deshalb einen Kurzstreik durch. Speidel wird nicht, wie vorgesehen, im Hotel Bristol untergebracht. Er verläßt Oslo am nächsten Morgen, wie die Presse bemerkt, fluchtartig. – In einem Kommentar von »Dagbladet« heißt es zu dem umstrittenen Besuch, daß wieder einmal ein deutscher General »durch die Hintertür« ins Land geschmuggelt worden sei. Alliierte und norwegische Behörden hätten ihr schlechtes Gewissen nicht besser demonstrieren können, als durch den Umstand, den ungeliebten Militär vor der Bevölkerung versteckt halten zu müssen. Es sei taktlos, das norwegische Volk in einer solchen Weise zu behandeln. Es müsse zur Kenntnis genommen werden, daß man in Zukunft »keine Besuche von Generälen Hitlers« wünsche. – Nach seiner Ankunft in **Lübeck** lehnt es der NATO-Oberkommandierende ab, Fragen von Journalisten zum Verlauf seiner Skandinavien-Reise zu beantworten.

10.10.: Der ehemalige Wehrmachtssoldat Roderich Böttner, der Ex-Generalfeldmarschall Ferdinand Schörner verprügelt hat.

9. Oktober An einem nicht genauer angegebenen Ort in **Australien** findet eine Serie britischer Atombombentests ihren Abschluß. Die Explosion der Bombe, die an drei Fesselballons befestigt war und den Namen »Gentleman« trägt, ist in einer Höhe von 1.500 Fuß ausgelöst worden. Die Bezeichnung ist nach Auskunft der Militärs gewählt worden, weil beim Einsatz dieser Atombombe »nur geringe Opfer unter der Zivilbevölkerung« zu erwarten seien.

10. Oktober Der Theaterregisseur Harry Buckwitz hält auf der Bundeskonferenz der Berufsgruppe der Journalisten in der *IG Druck und Papier* in **Frankfurt** einen Vortrag über das Thema »Freiheit der Kritik«. Darin versucht er den Grundgehalt des zum Schlagwort von der Meinungsfreiheit heruntergekommenen Anspruchs herauszuarbeiten. Zugleich warnt er vor einer Fetischisierung des Freiheitsbegriffs, der sich, wenn er nicht »durch Toleranz humanisiert« werde, zu einem Idol, zu einer Schimäre verändere, der umso fanatischer nachgejagt würde, je nebelhafter ihre Umrisse seien. »Die Freiheit der Kritik«, beendet der Mann, der sich insbesondere um die Aufführung von Stücken Bertolt Brechts verdient gemacht hat, seine Rede, »ist im höchsten Maße die Freiheit der Presse. Für diese Freiheit hat Karl Marx eine sehr prägnante Definition gefunden, die mir als letztes Wort meines Vortrages besonders geeignet erscheint: ›Die freie Presse ist das überall offene Auge des Volksgeistes, das verkörperte Vertrauen eines Volkes zu sich selbst, das sprechende Band, das den einzelnen mit dem Staat und der Welt verknüpft, die inkorporierte Kultur, welche die materiellen Kämpfe zu geistigen Kämpfen verklärt und ihre rohe stoffliche Gestalt idealisiert. Sie ist die rücksichtslose Beichte eines Volkes vor sich selbst, und bekanntlich ist die Kraft des Bekenntnisses erlösend. Sie ist der geistige Spiegel, in dem ein Volk sich selbst erblickt, und Selbstbeschauung ist die erste Bedingung zur Weisheit.‹«[239]

10. Oktober Der ehemalige Generalfeldmarschall Ferdinand Schörner, der sich gerade vor einem Schwurgericht wegen Totschlags verantworten muß, wird in **München** beim Verlassen der Wohnung seiner Tochter von einem Mann überfallen und zusammengeschlagen. Der in der Öffentlichkeit umstrittene Ex-Militär kann aus eigener Kraft wieder aufstehen, trägt aber ein blutunterlaufenes Auge davon. – Am Tag darauf erhält er eine Postkarte mit dem Text: »Im Namen der ermordeten Kameraden schlug ich Ihnen eben in die Fresse, Du Schuft. Selbst bist Du nachher auch getürmt. Mich hast Du außerdem persönlich tödlich beleidigt.«[240] Als Absender ist der Textildrucker Roderich Böttner aus dem oberbayerischen Ort Bergen angegeben. Die Polizei bestätigt die Identität des Mannes. Dabei stellt sich heraus, daß Böttner unter Schörners Kommando als Oberschütze am Eismeer eingesetzt war.

10. Oktober In einer Debatte des Abgeordnetenhauses in **West-Berlin** wird auf die »bedrohliche Überfüllung« der beiden Universitäten der Stadt hingewiesen. An einzelnen Vorlesungen in der Freien und der Technischen Universität, berichtet ein SPD-Abgeordneter, nähmen bis zu 1.200 Studenten teil, und ein Seminar bei den Germanisten sei mit mehr als 400 Beteiligten hoffnungslos überlaufen.

10. Oktober In der an der Irischen See in der Nähe eines Feriengebietes gelegenen britischen Plutoniumanlage **Windscale** ereignet sich ein gefährlicher Unfall. Infolge einer Überhitzung des Kernreaktors entweicht radioaktives Jod. Zwei Reaktoren müssen stillgelegt und die gesamten Milchvorräte der näheren Umgebung unbrauchbar gemacht werden.

11./12. Oktober Die SED führt in **Leipzig** unter dem Motto »Unsere Kultur – eine scharfe Waffe für den Sozialismus« eine Konferenz durch, die offenbar die in der Messestadt im Zusammenhang mit den Ereignissen in Polen und Ungarn deutlich gewordenen Entstalinisierungs- und Liberalisierungstendenzen eindämmen soll. Hauptziel der Attacken, die in Anwesenheit der beiden ZK-Mitglieder Kurt Hager und Paul Wandel geführt werden, ist erneut der seit Januar einem Lehrverbot unterliegende Philosophieprofessor Ernst Bloch. Den utopischen Marxisten, den die SED für den Kopf einer Gruppe intellektueller Regimekritiker hält, greift insbesondere der Philosophiedozent Heinrich Schwartze an. Er wirft Bloch vor, in seinen Vorlesungen und Seminaren die Massen verächtlich gemacht zu haben. Einen besonders willkommenen Anlaß für seine Attacke bietet ein im Westberliner »Telegraf« erschienener Artikel des geflüchteten Bloch-Schülers Gerhard Zwerenz, in dem dieser von einem »Bloch-Kreis«

Die Illusion vom dritten Weg

Diskussionsbeitrag vom Genossen Heinrich S c h w a r t z e , Dozent an der Philosophischen Fakultät der Karl-Marx-Universität Leipzig

Wir kennen aus der antiken Sage die Geschichte des Helden Achilles mit der verwundbaren Ferse. Auch der Siegfried der deutschen Mythologie war nicht gegen jede Art von Angriffen gefeit. Ich möchte über unsere Achillesferse sprechen, das heißt, über eine Stelle, an der wir bei einem möglichen Angriff noch verwundbar sind. Ich möchte dabei überlegen, auf welche Art und Weise wir auch an dieser Stelle unverwundbar werden können. Es handelt sich bei dieser Stelle um das, was gemeinhin als „menschlicher" oder „ethischer" Sozialismus bezeichnet wird.

Zweifellos übt der „ethische" Sozialismus auf Kulturschaffende und Kulturbeflissene anziehende Wirkung aus. Auch wenn wir wissen, daß sich dahinter Gift verbirgt, so übt doch dieses Gift besondere Anziehungskraft aus. Ob überlegt oder unüberlegt bleibe dahingestellt, erscheint in der heutigen Ausgabe der Sozialdemokratischen Tageszeitung „Telegraf" ein Beitrag von Gerhard Zwerenz unter der Überschrift: „Die Gedanken sind frei. Ernst Bloch und seine Gegner."

Diesem Beitrag sind kurze redaktionelle Bemerkungen vorangesetzt, in denen gesagt wird, es gebe bei uns in der Deutschen Demokratischen Republik einen politischgeistigen Konflikt zwischen denen, die zum Zentralkomitee unserer Partei stehen, und den Intellektuellen, die die Regeneration des Marxismus zum „menschlichen" Sozialismus leidenschaftlich befürworten. Der Repräsentant dieser Befürworter des menschlichen Sozialismus sei der Leipziger Professor der Philosophie Dr. Ernst Bloch. Zwerenz erklärt nun näher, welcher Art diese alten, nicht erst aus diesem Jahr stammenden Differenzen seien und sagt auf sehr billige und ungründliche Art, diese Differenzen würden mit der Intellektualität von Ernst Bloch zusammenhängen; Bloch sei nämlich Philosoph, sei ein Mann, der nicht wiederkäue, sondern selbständig schaffe, und er sei Marxist. (Heiterkeit)

Liebe Genossen! Hier muß man einen Augenblick verhalten und fragen, worin bei Zwerenz und vom „Telegraf" behaupt-

und schaffen. Deshalb muß man unsere Kulturschaffenden darauf hinweisen, daß zwischen der philosophischen Hoffnung und der konkreten Zukunfterwartung eine unüberbrückbare Differenz besteht.

Wir warten nicht auf den kommenden Tag, sondern wir machen ihn und schaffen ihn. Wir schaffen ihn nicht primär mit Hilfe der Philosophie, sondern wir schaffen die Zukunft mit Hilfe der Massen. In der Philosophie Ernst Blochs ist zwar nicht eine ausdrückliche grobe Abwertung der Massen, aber es gibt ein feines, verstecktes Verächtlichmachen, das darin zum Ausdruck kommt, daß man die Massen nicht erwähnt. Es ist kein Raum für die Massen vorhanden gegenüber dem Genie, gegenüber der Elite, gegenüber der großen Linie der Männer Marx, Engels und Lenin, die in Bloch kulminiert. Der Mensch bedarf die Blochsche Hoffnungserfüllung nicht. (Heiterkeit)

In der Philosophie von Bloch, die sich auf verschiedene Gebiete des Marxismus erstreckt, ist von der Rolle der Partei nicht die Rede. Es gibt kaum eine Lehre des Marxismus-Leninismus, die in Blochs umfangreichem Werk nicht ihre eigenwillige Darstellung gefunden hätte, nur eine Rolle aber spielt die Lehre von der Partei. Warum nicht? Da, liebe Genossen, liegt wahrscheinlich die Achillesferse dieser Leute. Partei und das eine geistige Esoterische, das Philosophische und Künstlerische, das Schaffen aus der Intuition, aus dem vollen Erleben — und dann die Partei, das Zentralkomitee, das Politbüro und die Beschlüsse das paßt nach Meinung der Leute um Bloch schwerlich zueinander.

Genossen, das ist die eigentliche Differenz und Kluft, die erfahrlicherweise verborgen bleiben können, solange nicht Zeiten für die Partei eintraten, zu denen alle Genossen und ehrlich Sympathisierenden gleichsam an Deck sein müssen. Solche Zeiten traten ein, als in Poznań Unruhen ausbrachen und die Konterrevolution in Ungarn offen ihr Haupt erhob.

Ich kehre zu den Gedankengängen von Zwerenz zurück. Zwerenz sieht im XX. Parteitag eine Chance für den Sozialismus, „menschlich" zu

Diktatur des Proletariats ist in ihren Formen so vielseitig, so mannigfaltig, so wenig festgelegt etwa auf die Methode der Gewalt, wie sie gegenüber der Konterrevolution unnachsichtig verwendet werden muß. Ja, die Diktatur des Proletariats ist die Voraussetzung für die tatsächliche und nicht für die vorgebliche Humanisierung.

Wie waren das Unternehmertum, der Barbarismus nicht erst der ungarischen Konterrevolution, sondern schon der weißen Konterrevolution in der aufstrebenden Sowjetunion, wie war der Barbarismus der Hitlerzeit anders zu brechen als durch den harten, starken Arm der Diktatur des Proletariats? Was ermöglicht uns überhaupt, hier zu sitzen und über die Verbesserung der Kulturarbeit nachzudenken? Allein die Diktatur, die der Arbeiter-und-Bauern-Staat ausübt gegenüber solchen „menschheitsfreundlichen" Sozialisten, die nichts anderes als den weißen Terror wollen, der auslöschen soll, was Arbeiter, Bauern und Intelligenz in schwerem Kampf geschaffen haben. Der dritte Weg und was damit zusammenhängt, müssen ganz heraus, nicht nur aus unseren theoretischen Überlegungen, sondern auch aus den Köpfen heraus, weil er Ablenkung vom Kampf bis zur direkten Waffenhilfe für die Feinde der Arbeiterklasse bedeuten kann.

Welche politischen Absichten der sogenannte Bloch-Kreis verfolgt, der sich durch den Mund von Zwerenz vorstellt, ist klar. Es sind im Grunde die gleichen Absichten, die Harich auf die präziseste Formel gebracht hat: Auflösung des Zentralkomitees und Umbildung der Regierung. Oder mit anderen Worten: Nicht nur Stopp für den Aufbau des Sozialismus, sondern die Liquidierung des Sozialismus überhaupt.

Und Professor Bloch? Darf er länger schweigen, wenn Leute wie Zwerenz kommen und sagen, sie seien seine Schüler und behaupten, das ihrige bei ihm gelernt zu haben? Steht Ernst Bloch jetzt nicht vor der Notwendigkeit, ein Wort zu dem Treiben derer zu sagen, die sich Bloch-Kreis nennen? Ist er so schlecht wie die, die sich auf ihn berufen, oder ist er bes-

geschrieben hatte. Unter direkter Bezugnahme auf diesen Text spitzt Schwartze seine Vorwürfe auf die Aussage zu: »Welche politischen Absichten der sogenannte Bloch-Kreis verfolgt, der sich durch den Mund von Zwerenz vorstellt, ist klar. Es sind im Grunde die gleichen Absichten, die Harich auf die präziseste Formel gebracht hat: Auflösung des Zentralkomitees und Umbildung der Regierung. Oder mit anderen Worten: Nicht nur Stop für den Aufbau des Sozialismus, sondern die Liquidierung des Sozialismus überhaupt.«[241] In Blochs Philosophie, die sich auf Gebiete erstrecke, die für die marxistische Theorie von besonderer Bedeutung wären, sei nichts Marxistisches enthalten; vor allem gebe es in ihr keinen Platz für die entscheidende Rolle der Partei: »Es kann für uns Genossen nur eine gesellschaftliche Instanz als gewissensbildend geben, das ist das Wohl der Arbeiterklasse und ihrer Partei ... So ist die Partei die letzte Instanz unseres Gewissens, und wir haben nach dieser Instanz zu handeln, zu entscheiden und kämpfend dafür zu sorgen, daß unsere Kultur reicher und schöner blühe.«[242]

11./12.10.: Ausschnitt eines Artikels aus dem SED-Zentralorgan »Neues Deutschland«.

11.-13. Oktober Am Jahrestag der Ermordung von 27 Antifaschisten führt das *Komitee der Antifaschistischen Widerstandskämpfer* in der DDR auf dem Gelände des ehemaligen Konzentrationslagers **Sachsenhausen** eine Gedenkveranstaltung durch, an der sich zahlreiche Delegationen aus ost- und westeuropäischen Ländern beteiligen. Sie steht unter dem Motto »Besonders jetzt tu Deine Pflicht«, eine Losung, die aus einem der letzten Briefe des KZ-Opfers Mathes Thesen stammt. Am ersten Tag legen die Teilnehmer nicht nur in Sachsenhausen, sondern auch am Ehrenmal für die sowjetischen Kriegsopfer in **Oranienburg** Kränze nieder. Als Hauptredner auf der Gedenkfeier am Abend, an der als Ehrengäste auch die Witwen der Ermordeten teilnehmen, treten für das veranstaltende Komitee dessen Präsidiumsmitglied Hans Seigewasser (SED) und Heinz Junge aus der Bundesrepublik auf. Am zweiten Tag, an dem über Möglichkeiten zur Errichtung eines Ehrenmals gesprochen wird, gibt ein Sprecher bekannt, daß die Regierung der DDR plane, neben Buchenwald und Ravensbrück auch das ehemalige KZ Sachsenhausen als nationale Gedenkstätte auszubauen. Das Treffen der ehemaligen KZ-Häftlinge endet am dritten Tag mit Film- und Theateraufführungen.

12. Oktober Wie schon einige Male seit den Sommermonaten kommt es auch an diesem Abend in **Ost-Berlin** wieder zu Tumulten durch sich langweilende Cliquen von Jugendlichen. Etwa 200 Halbstarke belästigen auf einem Rummelplatz im Bezirk Prenzlauer Berg das Publikum. Nur mit Mühe gelingt es einem größeren Aufgebot von Volkspolizisten, die Situation, die zu eskalieren droht, wieder unter Kontrolle zu bringen. Als Anstifter der Unruhen gelten die Mitglieder einer Clique, die sich »Slim-Gruppe« nennt. – Die Presse in der DDR, die im Zusammenhang mit Jugendkonflikten bis vor kurzem nur von »sittlich und sozial Gefährdeten« gesprochen hatte, benutzt seit neuestem die als westlich-dekadent verpönte Vokabel »halbstark«. Bereits am 24. September schrieb dazu das SED-Zentralorgan »Neues Deutschland«: »Ein leidiges Thema? Gewiß, sie machen uns Sorgen. Langeweile treibt sie auf die Straße. Da lümmeln sie in Haustüren, strolchen durch Parkanlagen. Tagsüber machen sie ihre Arbeit, meist recht ordentliche Arbeit. Abends sinnen sie nach Streichen. Immer neuen, die oft keine mehr sind.«[243]

13. Oktober Auf einem deutsch-amerikanischen Soldatentreffen in der Stadthalle von **Bad Godesberg** erklärt der Leiter der 180 Personen zählenden US-Delegation, Dan Daniel, daß es heute darauf ankomme, den gemeinsamen Feind Amerikas und Deutschlands, den imperialistischen Kommunismus, zu schlagen. Beide Nationen müßten die Kraft aufbringen, den Kommunismus zu vernichten, weil er nicht reformierbar sei und sich weder in seinen Zielsetzungen noch in seinen Methoden ändern werde. Daniel ist National Commander der *American Legion*, einer Organisation ehemaliger amerikanischer Kriegsteilnehmer.

13. Oktober Während eines Vortrags in **Wien** spricht sich der Mitunterzeichner der »Göttinger Erklärung«, der Atomphysiker Otto Hahn, erneut gegen eine Anwendung von Atomwaffen im Kriegsfall aus. Der Nobelpreisträger äußert auch Bedenken gegen die Ausrüstung der NATO-Mitgliedsstaaten mit taktischen Atomwaffen. Er zitiert in diesem Zusammenhang das afrikanische Sprichwort: »Geschärfte Schwerter tanzen allein zum Feind.«[244]

13. Oktober Auch in **Prag** kommt es zu Zusammenstößen zwischen der Polizei und Jugendlichen. Auslöser für die Auseinandersetzungen ist die Festnahme eines angetrunkenen Soldaten durch eine Militärstreife. Die Jugendlichen sind über die Behandlung des jungen Uniformierten empört. Sie ergreifen für ihn Partei und rufen mehrmals, ob das die Freiheit sei, die sie in der Armee erwarte und ob man sich nicht einmal »in Frieden betrinken« könne. – Auch an den Tagen darauf kommt es immer wieder zu Zusammenstößen zwischen Jugendlichen und Sicherheitskräften. Funkstreifenwagen und Polizeistreifen kontrollieren die Altstadt. Das Innenministerium verkündet, daß »Halbstarke« für die Auseinandersetzungen verantwortlich seien.

14. Oktober Auf einer internationalen Pressekonferenz in **Ost-Berlin** legt der Staatssekretär Heinrich Toeplitz im Namen des *Ausschusses für Deutsche Einheit* eine Liste mit den Namen von 200 westdeutschen Richtern und Staatsanwälten vor, die als Richter bzw. Ankläger an den NS-Sondergerichten tätig gewesen sein und sich dabei schwerer Verbrechen gegen die Menschlichkeit schuldig gemacht haben sollen. Nach einer Charakterisierung der Rolle, die die Sondergerichte im NS-System gespielt und welcher Methoden sie sich dabei bedient haben, erklärt Toeplitz: »Alle diese von uns genannten Staatsanwälte und Richter waren – das beweisen ihre Strafanträge, Urteile und Urteilsbegründungen – Hauptstützen des totalen Krieges und dienten bis 5 Minuten nach 12 der faschistischen Gewaltherrschaft. Sie haben nicht nur diejenigen auf dem Gewissen, die sie erbarmungslos dem Henker auslieferten. Ihnen hat darüber hinaus das ganze deutsche Volk zu verdanken, daß der Krieg nicht früher beendet wurde, daß die warnenden Stimmen einsichtiger und verantwortungsbewußter Deutscher unter dem Fallbeil erstickt wurden, um den Bestand des Nazireiches um einige Tage zu verlängern. Schon nach den Bestimmungen des Potsdamer Abkommens — Abschnitt III – hätten sie durchweg aus der deutschen Justiz entfernt werden müssen ... Die Bonner Regierung aber schert sich nicht im geringsten um geltendes Völkerrecht. Im Gegenteil. Gerade diese schlimmsten Nazihenker, an deren Händen das Blut von Hunderttausenden klebt, sind heute in Westdeutschland wieder tätig!«[245] Das Dokumentarmaterial, kündigt Toeplitz an, soll allen im Bundestag vertretenen Fraktionen zugestellt werden. Am Ende erklärt er: »Im Interesse des Friedens und der Sicherheit Deutschlands und Europas fordern wir: Heraus mit den Blutrichtern aus dem westdeutschen Staatsapparat, fort mit den Mördern der Besten des deutschen Volkes und der europäischen Völker, Freiheit für alle demokratischen Parteien und Organisationen, damit Deutschland auf dem Wege der Annäherung beider deutscher Staaten friedlich und demokratisch wiedervereinigt werden kann!«[246]

14.-16. Oktober Oberkirchenrat Heinz Kloppenburg und Landgerichtsrat Helmut Simon laden als Leiter der *Kirchlichen Bruderschaften* in Westfalen und im Rheinland führende Mitglieder der evangelischen Landeskirchen zu einer Konferenz über die Gefahren der Atombewaffnung nach **Barmen** ein. Das Treffen findet absichtlich an dem Ort statt, an

dem die *Evangelische Kirche* 1934 mit der »Barmer Theologischen Erklärung« ihren Selbstbehauptungswillen gegenüber dem NS-System deklariert hatte. Zugleich soll die Zusammenkunft aber auch ein Symbol dafür sein, daß Christen gegenüber der atomaren Bedrohung nicht noch einmal so schweigen dürften, wie sie es in der damaligen Erklärung zur Judenverfolgung getan haben.

15. Oktober Das Schwurgericht beim Landgericht **München** verurteilt den ehemaligen Generalfeldmarschall Ferdinand Schörner wegen Totschlags in einem Fall und versuchten Totschlags in zwei Fällen zu einer Gefängnisstrafe von viereinhalb Jahren. Der 65jährige Schörner hatte während des Krieges ohne vorherige Gerichtsverhandlung die Befehle zur Erschießung eines Obergefreiten, eines Majors und eines Obersten gegeben. Während der Obergefreite hingerichtet worden war, hatte in den beiden anderen Fällen ein vorgesetzter General interveniert und nachträglich ein Kriegsgerichtsverfahren eingeleitet. Der Gerichtsvorsitzende führt in seiner Urteilsbegründung aus, daß Schörners Befehle auch nach der damaligen Rechtslage rechtswidrig gewesen seien. Eine Reihe von Zeugen sind wegen des Verdachts einer Beteiligung an den Schörner zur Last gelegten Verbrechen nicht vereidigt worden. Darunter befinden sich der ehemalige Oberstrichter in der Rechtsabteilung des Oberkommandos der Wehrmacht (OKW) und jetzige Oberlandesgerichtspräsident Werner Hülle, der frühere Oberstrichter und jetzige Senatspräsident des Landessozialgerichts in West-Berlin Arthur Neumann, sowie der frühere Generalrichter Ernst Wunderlich.

15. Oktober Das Amtsgericht **Garmisch-Partenkirchen** verurteilt drei Oberfeldwebel der Bundeswehr wegen Befehlsverweigerung zu Gefängnisstrafen von einem und zwei Monaten auf Bewährung. Die drei Angeklagten hatten einen von ihrem Kompanieführer befohlenen Strafdienst verweigert. Der 28jährige Oberleutnant hatte den Strafdienst über die gesamte Kompanie verhängt, weil er der Überzeugung war, daß diese im Anschluß an eine im Juni bei brütender Hitze durchgeführte Geländeübung nicht laut genug gesungen hätte.

15. Oktober Die jugoslawische Regierung in **Belgrad** erkennt die DDR offiziell an und nimmt diplomatische Beziehungen zu ihr auf. – Das Auswärtige Amt in **Bonn** reagiert mit Bestürzung auf die Meldung. Der vor einer Woche verstorbene bundesdeutsche Botschafter in Belgrad, Karl Georg Pfleiderer, hatte noch kurz vor seinem Tod die Bundesregierung von der Möglichkeit eines solchen Schrittes, der einen wesentlichen Pfeiler der Bonner Ostpoli-

15.10.: Der ehemalige Generalfeldmarschall Ferdinand Schörner (Mitte) vor dem Landgericht München I.

tik, die außenpolitische Isolierung der DDR, in Frage stellt, unterrichtet. – Am 18. Oktober beschließt die Bundesregierung den Abbruch der diplomatischen Beziehungen zwischen der Bundesrepublik und Jugoslawien. Sie folgt damit der in der »Hallstein-Doktrin« fixierten Auffassung, derzufolge die Aufnahme diplomatischer Beziehungen zur DDR als »unfreundlicher Akt« gegenüber der Bundesrepublik angesehen wird.

15./16. Oktober Die Einwohner von **Tegna**, einem in der Nähe von Locarno gelegenen Ort im schweizerischen Tessin, errichten nachts eine Barrikade, um Soldaten der Artillerieschule von Monte Ceneri am nächsten Morgen daran zu hindern, durch ihre Straßen zu marschieren und anschließend in ihrer Gegend ein Übungsschießen zu veranstalten. Der Grund sind Schadenersatzforderungen der Einwohner, die diese wegen Schäden an ihren Häusern und auf ihren Feldern, die bei einem vor zwei Jahren durchgeführten Manöver entstanden waren und die bisher noch nicht reguliert worden sind. Auf der aus Steinquadern, Ziegeln und Baumstämmen errichteten Straßensperre hissen die Bewohner, die nicht noch einmal geschädigt werden wollen, zum Zeichen ihres Protests die Schweizer Fahne. Als die Truppen schließlich in den frühen Morgenstunden auf das Hindernis treffen, erteilen die Offiziere Haftbefehl für die Barrikadenbauer und machen Meldung beim Tessiner Staatsrat. Nach einiger Zeit erscheint der Präsident der Kantonsregierung und verhandelt mit den Blockierern. Als ihnen die Zusicherung gegeben wird, daß der Staat für sämtliche Schäden aufkommen werde, räumen sie ihre Barrikade ab.

16. Oktober Ein Schöffengericht in **München** verurteilt den 36jährigen Bundeswehr-Hauptmann Heinrich Niemann wegen Beleidigung eines Untergebenen zu einer Geldstrafe von 400 DM. Der Offizier hatte den Gefreiten Eugen von Elmpt beschimpft, er sei ein »schmieriger Jude«.

16./17. Oktober Im Mittelpunkt der XII. SDS-Delegiertenkonferenz in der *IG-Metall*-Schule Heidehof im **Dortmund**er Vorort Lücklemberg stehen die Ereignisse des Vorjahres in Ungarn und Polen. Trotz der Niederschlagung des ungarischen Volksaufstandes und der Unterdrückung des Demokratisierungsprozesses in Polen durch die Parteiführung werden die antistalinistischen Kräfte in den beiden Ländern immer noch mit einem gewissen Optimismus eingeschätzt. In einer von den 59 Delegierten ohne Gegenstimme bei acht Enthaltungen angenommenen »Polen-Resolution« wird den polnischen Jugendlichen im allgemeinen und den polnischen Studenten im besonderen für ihren bewundernswerten Kampf

und ihre Befreiung »von den Ketten nationaler und politischer Unterdrückung« gedankt. Im Gegensatz zur DDR und anderen stalinistischen Regimen könne Polen »nicht als ein totalitärer Staat« betrachtet werden. Es wird beschlossen, sofort intensive Kontakte zum *Nationalverband Polnischer Studenten* (ZSP) und zum *Sozialistischen Jugendverband* (ZMS) aufzunehmen, um einen Austausch von Delegationen, den gegenseitigen Besuch von Seminaren, Tagungen usw. zu vereinbaren. Von der Bundesregierung wird die Herstellung normaler diplomatischer, wirtschaftlicher und kultureller Beziehungen zur Volksrepublik Polen gefordert. In der Frage der Anerkennung der Oder-Neiße-Grenze weichen die Delegierten einer klaren Position aus. Einerseits heißt es, daß die Vertreibung von Millionen Deutscher »ein Unrecht« gewesen sei, andererseits dürften jedoch die noch offenen Fragen in den Beziehungen beider Staaten nicht gewaltsam gelöst werden. Ein weiteres Hauptthema bildet die Diskussion über die absolute Mehrheit der CDU/CSU bei den dritten Bundestagswahlen und die sich daraus ergebenden Konsequenzen für eine sozialistische Opposition. In einem mit 37:14 Stimmen bei fünf Enthaltungen angenommenen Antrag der Hochschulgruppe Göttingen fällt die Kritik an der Mutterpartei sehr moderat aus. In der Entschließung heißt es, daß am »substantiellen Inhalt« sozialdemokratischer Politik »nichts Entscheidendes« geändert werden solle; die SPD müsse nur die Form ihrer Politik – die Parteiorganisation, die Parteiführung und ihre Öffentlichkeitsmethoden – einer Kritik unterziehen. Der Westberliner Delegierte Nils Diederich beklagt, daß Willi Eichler als Vertreter des Parteivorstands bereits am ersten Tag wieder abgereist sei. Er habe ein Grußwort verlesen und sei dann verschwunden, ohne den Delegierten die Möglichkeit einer Diskussion über die Politik der Mutterpartei zu geben. Der SDS beschließt, die beiden folgenden Punkte zu Essentials seiner künftigen Politik zu machen: die Abschaffung der Wehrpflicht und die Verhängung eines Verbots für die Produktion oder Lagerung von Atomwaffen. Zum neuen Bundesvorsitzenden wird Wolfgang Büsch aus West-Berlin und zu seinem Stellvertreter Oswald Hüller aus Heidelberg gewählt. Als Gegenkandidat ist der Münchner Delegierte Günther Müller in beiden Wahlgängen klar gescheitert. Im Beirat sind Hans Müller (Bonn), Klaus Pöhle (Hamburg) und Kay Tjaden (Frankfurt) vertreten.

19. Oktober Der 58jährige Schriftsteller Erich Kästner wird in **Darmstadt** mit dem Georg-Büchner-Preis ausgezeichnet. Der mit 5.000 DM dotierte Preis wird dem Lyriker und Romancier, der vor allem durch seine Kinderbücher bekannt geworden

ist, von seinem Kollegen Hermann Kasack, dem Präsidenten der Deutschen Akademie für Sprache und Dichtung, überreicht. Kästner, der in der Öffentlichkeit als Humorist, Satiriker und Moralist geschätzt wird, stellt die Geldsumme als Arbeitshilfe für Nachwuchsschriftsteller zur Verfügung.

20. Oktober Bei einer Aufführung des Stücks »Das Tagebuch der Anne Frank« kommt es im Landestheater von **Linz** zu antisemitischen Tumulten. Eine Gruppe von etwa 50 Mittelschülern versucht die Vorstellung immer wieder durch höhnisches Lachen, Zischen und andere Mißfallensäußerungen zu stören. Als auf der Bühne davon gesprochen wird, daß holländische Juden ins Konzentrationslager Mauthausen deportiert würden, brechen die 15–18jährigen Schüler in schallendes Gelächter aus. Als ein Kriminalbeamter drei ebenfalls provozierende Studenten zum Verlassen des Theaters auffordert, erheben sich die Mittelschüler, die durchgängig als geschlossene Gruppe auftreten, lärmend von ihren Sitzen und verlassen gleichfalls den Saal. Anschließend kommt es im Foyer zu einem Krawall, so daß die Vorstellung für eine halbe Stunde unterbrochen werden muß. Rund 20 Unruhestifter werden festgenommen und auf die Polizeiwache gebracht, wo man ihre Personalien aufnimmt. Die in der Presse als »Halbstarke« bezeichneten jungen Leute sollen bereits im Jahr zuvor einen »Theaterwirbel« inszeniert haben. – Der Vorstand der *Israelitischen Kultusgemeinden Österreichs* bezeichnet die Störungen in einer Stellungnahme als »organisierte Provokation mit eindeutig antisemitischem Charakter«. Die Leitung des Landestheaters kündigt als Reaktion auf die Zwischenfälle an, am 3. November einen Diskussionsabend für Jugendliche und Erwachsene über das Anne-Frank-Stück durchführen zu wollen.

22. Oktober Da sich auch in der DDR immer mehr Halbstarken-Gruppen bilden, führt die Volkspolizei im »Gaswerk Dimitroffstraße« in **Ost-Berlin** ein Jugendforum durch, an dem sich mehr als 300 Jugendliche beteiligen, darunter Mitglieder der berüchtigten »Slim-Gruppe« und anderer Cliquen. Als Redner treten der Präsident der Volkspolizei, Generalmajor Fritz Eikemeyer, der stellvertretende Innenminister der DDR, Staatssekretär Herbert Grünstein (SED), ein Jugendstaatsanwalt, der Erste Sekretär der FDJ-Bezirksleitung, Hans Modrow, und der Bezirksbürgermeister Horst Hilbert (SED) auf. Als Generalmajor Eikemeyer vor einer »Wiederholung solcher Ausschreitungen« wie der am 12. Oktober im Bezirk Prenzlauer Berg warnt, verlassen mehrere Gruppen demonstrativ den Saal. Etwa 50 Jugendliche ziehen anschließend laut grölend durch die Dimitroffstraße zur Sektorengrenze und belästigen unterwegs Passanten.

23. Oktober Erst durch eine Verfügung des Regierungspräsidenten in **Oldenburg** kann das für die Schülerinnen der Volksschule von **Varel** (Niedersachsen) geltende Verbot, Hosen zu tragen, aufgehoben werden. Die Leiterin der Schule hatte es den Mädchen untersagt, »anstößige« Kleidungsstücke zu tragen und damit gedroht, diejenigen, die gegen dieses Verbot verstoßen, vom nächsten Schulausflug auszuschließen. Der Regierungspräsident stellt dagegen fest, daß die Entscheidung über die Bekleidung von Schulkindern ausschließlich bei den Eltern liege. Wenn diese es, des rauhen Klimas oder anderer Gründe wegen, für angebracht hielten, könnten sie ihre Töchter durchaus auch mit Hosen zur Schule schicken.

23. Oktober In **Basel**, **Bern** und **Genf** nehmen Tausende von Schweizern an Gedenkfeiern für die Opfer des ein Jahr zuvor ausgebrochenen Volksaufstands in Ungarn teil.

23. Oktober Trotz massiver Drohungen der Sicherheitsbehörden haben die Einwohner von **Budapest** einen Weg gefunden, öffentlich des Volksaufstands vor einem Jahr zu gedenken. Gegen 19 Uhr gehen in nahezu allen Privatwohnungen die Lichter aus. Eine Stunde lang liegt die ungarische Hauptstadt fast vollständig im Dunkeln. Die sonst in den Abendstunden überfüllten Theater, Kinos, Restaurants und Bars sind nahezu ausgestorben. Die Kirchen sind dagegen völlig überfüllt; Tausende von Einwohnern besuchen zum Zeichen ihres stillen Protests gegen die gewaltsame Niederschlagung des Aufstands die Gottesdienste.

23./24. Oktober In der Parteihochschule »Karl Marx« in **Ost-Berlin** veranstaltet die SED eine Kulturkonferenz, um die seit den Ereignissen des Vorjahres schwindende Loyalität einer beträchtlichen Anzahl politisch besonders aktiver Intellektueller wiederherzustellen. Der Schriftsteller Alfred Kurella fordert in einem noch am Morgen vor Beginn

19.10.: Der Büchner-Preisträger Erich Kästner (rechts) im Gespräch mit Hermann Friedmann.

Musikalische Kriegshetze

Ost-Berlin. Auf die Frage: „Was ist denn dieser Rock 'n' roll?" hat der kommunistische Schriftsteller Kuba (Kurt Barthel) in einer Diskussion mit Rostocker Studenten die Antwort gegeben: „Es ist modernste amerikanische psychologische Kriegsvorbereitung." Das SED-Organ „Ostsee-Zeitung" berichtete: „Nicht alle stimmten mit Kuba überein."

Aus einer Meldung der DEUTSCHEN PRESSE-AGENTUR vom 22. April

22.10.: Die Zeitschrift »Der Monat« spießt eine dpa-Meldung auf.

der Konferenz im SED-Zentralorgan »Neues Deutschland« erscheinenden Artikel, daß jeder »Kulturschaffende« ein eindeutiges Bekenntnis zum Primat der Politik abzugeben habe. Für ihn gebe es nur einen Standpunkt, den des Sozialismus. In Anwesenheit von rund 1000 Parteimitgliedern sagt der stellvertretende Kulturminister Alexander Abusch allen »falschen und feindlichen Auffassungen in der Kunst einen schonungslosen, unversöhnlichen Kampf« an. In seinem Referat über die »Kultur im Fünfjahresplan« stellt er ein Acht-Punkte-Programm vor, nach dem in Zukunft die Rundfunk-, Kino-, Fernseh-, Konzert- und Theaterprogramme gestaltet werden sollen. Kurt Hager, Professor für Philosophie an der Humboldt-Universität und Sekretär des SED-Zentralkomitees, greift erneut den Leipziger Philosophen Ernst Bloch als geistige Inkarnation aller ideologisch gefährlichen Tendenzen an. Die in jeder Hinsicht zu mißbilligenden Einflüsse Blochs seien in Zeitungen und Zeitschriften, in den Organisationen des *Kulturbundes* und im *Klub der Kulturschaffenden* in vielerlei Weise festzustellen. Überall dort sei das Verhältnis zu Partei und Regierung getrübt. In dieselbe Kerbe schlägt auch Kulturminister Johannes R. Becher. Dem *Kulturbund* wirft er vor, dem Treiben des Leipziger Philosophen untätig zuzuschauen und zu dulden, daß Bloch den Präsidenten und die anderen Präsidialratsmitglieder beschimpfe. Der Intendant des Deutschen Theaters, Wolfgang Langhoff, übt ebenso wie der Schriftsteller Bodo Uhse Selbstkritik. Uhse gesteht ein, er habe zwischenzeitlich »den Feind aus den Augen verloren«. Als Negativbeispiel für den ideologischen Aufweichungsprozeß führt er den Lyriker Armin Müller an, der Gedichte nach dem Vorbild polnischer und ungarischer Autoren verfaßt habe. Der DEFA-Regisseur Hans Rodenberg, zugleich Mitglied im Zentralkomitee der SED, gibt den Schriftstellern, Wissenschaftlern und Künstlern als Maxime mit auf den Weg: »Richtig ist, was für die Partei richtig ist, und falsch, was für die Partei falsch ist.«[247] In der weiteren Diskussion sprechen sich Hermann Duncker, Lea Grundig, Klaus Gysi, Alfred Kurella und Anna Seghers für eine engere »Verbundenheit der Kulturschaffenden mit dem Leben der Werktätigen« aus.

25. Oktober Das Landgericht **Lüneburg** verurteilt den 33jährigen Landarbeiter Franz Hagen zu einer zweijährigen Gefängnisstrafe, weil er sich mit der wahrheitswidrigen Behauptung, er sei ein ehemaliger SS-Hauptsturmführer, Eichenlaubträger und ein im Malmédy-Prozeß zum Tode verurteilter Kriegsverbrecher bei niedersächsischen Bauern materielle Vorteile erschwindelt hatte.

25.-27. Oktober Das Büro der *Internationalen Föderation der Widerstandskämpfer* (FIR) begrüßt auf seiner Tagung in **Wien** die Protestaktionen der Dänen und Norweger gegen den ehemaligen Wehrmachtsgeneral und jetzigen Oberkommandierenden der NATO-Landstreitkräfte in Mitteleuropa, Hans Speidel. Die Widerstandskämpfer in allen europäischen Ländern werden in einer Resolution aufgefordert, darauf hinzuwirken, daß »dieser Hitlergeneral« vom Kommando jener Armeen entbunden wird, die Opfer der NS-Herrschaft waren. Die Berufung dieses Offiziers stelle eine Herausforderung der gesamten Widerstandsbewegung dar. Am zweiten Tag wird eine Delegation der FIR vom österreichischen Außenminister Leopold Figl empfangen. Zur Erinnerung an die von den Nazis ermordeten österreichischen Widerstandskämpfer legt eine weitere Delegation am letzten Tag an der Gedenktafel am Morzinplatz, wo sich früher das Hauptquartier der Gestapo befand, einen Kranz nieder.

29.10.: *Fast resignativer Titel über die weiteren Perspektiven der SPD; Publikation nach der dritten Niederlage bei Bundestagswahlen.*

23./24.10.: *Die DDR-Literatur als fruchtbarer Maiskolben, der regelmäßig gegossen werden muß. Obwohl der Philosoph Ernst Bloch von zumeist regimetreuen Autoren eingerahmt ist, wird die drei Tage vor der SED-Kulturkonferenz erschienene Ausgabe des »Sonntag«, auf dessen Titelblatt die Zeichnung abgebildet ist, eingezogen.*

„Du hoher Mais, o großes Hoffen, Kernfrucht und Blüte der Nation,   *Wir sind von deinem Wuchs betroffen, Setz uns nicht wieder auf Ration."*

26.-28. Oktober Das Büro des *Weltfriedensrates* appelliert auf seiner Tagung in **Stockholm** an alle Friedenskomitees, zwischen dem 10. und dem 25. November Massenaktionen für die sofortige Einstellung aller Nuklearwaffenversuche durchzuführen.

27. Oktober Auf einer Veranstaltung der *Evangelischen Kirche* im Sportpalast in **West-Berlin** fordert der Synodale Klaus von Bismarck seine Zuhörer auf, sich an dem Ort, an dem einst Joseph Goebbels seine berüchtigten Propagandareden gehalten hat, mit der NS-Vergangenheit auseinanderzusetzen: »Ich wollte, der Sportpalast zwänge uns alle aus Ost und West ... zu dieser Demütigung, zu dieser schockierenden Begegnung mit Schuld und Geschichte, ehe wir uns beim Reden über die gesamtdeutsche Lage und unteilbare Kirche an Lasten vorbeidrücken! Hitlers Schulden – unsere Schulden scheinen mir von vielen unter uns noch nicht bezahlt ... Wenn mit tönender Proklamation der Einheit die Augen davor verschlossen würden, wie weit die unterschiedliche Entwicklung in zwei Räumen bereits fortgeschritten sei, so wäre die Einheit der Kirche in der Tat gefährdet, so bestünde noch heute die Gefahr, durch Sportpalast-Veranstaltungen die Wirklichkeit zu verschleiern.«[248] Die vom Evangelischen Konsistorium durchgeführte Veranstaltung findet zum Schluß des »Herbststreffens des Deutschen Evangelischen Kirchentages« statt. Zusammen mit einer Reihe anderer Kirchenveranstaltungen soll sie einen Ausgleich dafür schaffen, daß die Regierung der DDR der EKD die Erlaubnis zur Durchführung eines gesamtdeutschen Kirchentages in Thüringen verweigert hat.

29. Oktober Der als Bundeskanzler zum dritten Mal wiedergewählte Konrad Adenauer (CDU) stellt in **Bonn** sein gegenüber der letzten Legislaturperiode nur unwesentlich verändertes Kabinett vor. Es besteht aus einer Koalition von CDU, CSU und der *Deutschen Partei* (DP). Obwohl die Union mit 270 von 497 Sitzen im Bundestag über die absolute Mehrheit der Mandate verfügt, hat sie dennoch die rechtsorientierte DP wieder in die Koalition aufgenommen. Im Anschluß an die Vereidigung der 17 Minister betont Adenauer in seiner Regierungserklärung vor allem die Kontinuität zwischen der bisherigen und der zukünftigen Arbeit des Kabinetts. – In der Aussprache über die Regierungserklärung kritisiert die SPD, daß der Kanzler wieder kein Konzept für eine Wiedervereinigung Deutschlands vorgelegt habe.

29. Oktober Bei einem Bombenattentat auf die israelische Regierung werden in der Knesset in **Jerusalem** Ministerpräsident David Ben Gurion und vier seiner Kabinettsmitglieder, darunter die Außenministerin Golda Meir, erheblich verletzt. Der Täter,

ein junger Israeli, wird sofort verhaftet. Nur mit Mühe kann die Polizei verhindern, daß er gelyncht wird. Als Motiv für seinen Anschlag gibt er »persönliche Beschwerden gegen Beamte« an. Die selbstgebastelte Bombe ist in dem Augenblick detoniert, als das Kabinett zusammentrat, um über außenpolitische Fragen zu beraten.

30. Oktober In **Schwerin** wird Probst Otto Maerker von der Volkspolizei verhaftet, weil er die kirchliche Beerdigung eines Mädchens ablehnt, das an der staatlichen Jugendweihe teilgenommen hat. – Am 27. November wird der Geistliche in die Heilanstalt **Schwerin-Sachsenberg** eingeliefert; er soll dort auf seinen Geisteszustand untersucht werden.

30. Oktober Auf dem Marktplatz von **Basel** protestieren 1.000 Menschen gegen die Teuerungsrate.

31. Oktober In **Garching** bei München wird zu Forschungszwecken der erste Atomreaktor der Bundesrepublik in Betrieb genommen.

31.10.: Der Atomreaktor im bayerischen Garching im Bau.

November Auf einer DGB-Kundgebung in der **Frankfurt**er Kongreßhalle treten führende Gewerkschaftler für »eine friedliche Verwendung der Kernenergie« ein. Vor über 1000 Zuhörern, die aus dem gesamten Bundesgebiet angereist sind, erklärt der DGB-Vorsitzende Willi Richter, daß sich mit der Spaltung des Atomkerns technische Möglichkeiten eröffnet hätten, die das menschliche Vorstellungsvermögen überschritten. Nur selten jedoch habe eine große Entdeckung zu Befürchtungen einer Katastrophe geführt, die sogar die Menschheit in ihrem Bestand bedrohen könnte. Es dürfe nicht vergessen werden, daß das atomare Zeitalter mit dem Abwurf von Atombomben auf japanische Städte begonnen habe, was für die Bevölkerung verheerende Folgen hatte. Er appelliere an die verantwortlichen Staatsmänner, die Kernenergie nicht für kriegerische Zwecke, sondern für das Wohl und den Fortschritt der Menschheit einzusetzen. Das Bundesvorstandsmitglied Ludwig Rosenberg fordert die Einrichtung eines umfassenden Strahlenschutzes, dessen Durchführung ständig durch staatliche Organe zu kontrollieren sei. Die Arbeitnehmer wüßten, erklärt er, daß die Verwendung der Kernenergie die Menschen »äußerlich reicher und innerlich freier« machen könne, wenn es gelänge, die ihr innewohnenden Gefahren zu bannen. In den Unternehmen, die sich mit der Nutzung der Kernenergie beschäftigten, sei die Mitbestimmung der Arbeitnehmer unerläßlich. Die Mitbestimmung sei die sicherste Gewähr dafür, daß jeglicher Mißbrauch mit der Kernenergie vermieden und öffentliches Mißtrauen verringert werde. Der DGB fordere außerdem, daß in der Gesetzgebung der Grundsatz staatlichen Eigentums an den Kernbrennstoffen verankert werde.

HELMUT SCHELSKY **Die skeptische Generation** eine Soziologie der deutschen Jugend
EUGEN DIEDERICHS VERLAG

Nov.: Ein Buchtitel, der zugleich einen Slogan liefert: Schelskys Studie über die Nachkriegsjugend.

November In der unmittelbar an der französischen Grenze gelegenen saarländischen Gemeinde **Kleinblittersdorf** wendet sich eine Notgemeinschaft von Bürgern mit einer Petition an den Bundesaußenminister und an den saarländischen Ministerpräsidenten. Darin wird gebeten, die Einwohner des Ortes vor dem Staubregen eines Großkraftwerks im französischen Nachbarort Grosbliederstroff zu schützen. Durch die bereits seit längerer Zeit niedergehenden Staubwolken litten insbesondere Kinder an Augenerkrankungen und Hautausschlägen. – Aus Protest gegen die Umweltverschmutzung hatten die Gemeindemitglieder vor einigen Wochen angekündigt, in einen Steuer-, Schul- und Wahlstreik treten zu wollen. Erst nach Zusagen aus Bonn und Paris, daß Abhilfe geschaffen werde, hatten sich die Bürger dann doch an den Bundestagswahlen beteiligt. Als sich die Situation nicht änderte, traten sie in den Schul- und Steuerstreik.

November Im Eugen Diederichs Verlag in Düsseldorf erscheint unter dem Titel »Die skeptische Generation« eine von dem Soziologen Helmut Schelsky verfaßte Analyse der bundesdeutschen Nachkriegsjugend. Im Zentrum der Untersuchung steht die Generation von Jugendlichen, die in den beiden Jahren zuvor als Halbstarke für Schlagzeilen gesorgt haben. Der in der »Ohne-uns«-Haltung zum Ausdruck kommende Skeptizismus gegenüber der Politik und anderen gesellschaftlichen Belangen, stellt Schelsky fest, sei der Erwachsenenwelt entliehen und insofern Zeugnis einer »pseudo-erwachsenen« Einstellung. Wie keine andere Jugendgeneration zuvor habe sich die skeptische Generation den Strukturen und Anforderungen der modernen Gesellschaft gegenüber angepaßt. Deshalb könne man von ihr auch als einer »angepaßten Jugend« sprechen. In ihrem starken Mißtrauen gegenüber schwärmerischen Ideen und autoritären Führungsansprüchen unterscheide sie sich stark von zwei anderen Jugendgenerationen in Deutschland: Der romantischen Haltung der Jugendbewegung zwischen 1900 und 1918 sowie der ideologischen Einstellung der »politischen Jugend« zwischen 1920 und 1945. Unter den soziostrukturellen Anforderungen der Industriegesellschaft hätten sich in den drei unterschiedlichen zeitgeschichtlichen Phasen jeweils ganz eigene Generationstypen herausgeschält. Das für Jugendliche anthropologisch gleichbleibende Problem, sich in der Welt der Erwachsenen »Verhaltenssicherheit« anzueignen, habe in der durch Anonymität und Undurchsichtigkeit geprägten modernen Welt zu qualitativ neuartigen Anforderungen geführt, auf die mit spezifischen Orientierungs- und Selbstbehauptungsformen reagiert worden sei. Die romantische Jugendbewegung habe auf die funktional-arbeitsteilige Organisation des Stadtlebens mit einem Ausbruchsversuch in die Natur reagiert, die »politische Jugend« mit der Absicht, in disziplinierten und zum Teil militarisierten Massenorganisationen eine neue »seelische Heimat« zu finden, und die skeptische Generation mit der Abkehr von der Politik, einem Rückzug ins Private und der Konzentration auf Ausbildung und Beruf. Der an der

Universität Hamburg lehrende Soziologe schließt seine diagnostischen Betrachtungen nicht ohne eine Prognose. Im Schlußkapitel geht er auf die Halbstarkenkrawalle ein und beantwortet die Frage »Wohin geht diese Generation?« mit der Bemerkung: »Diese vitalen, nicht programmierbaren Protestbedürfnisse der Jugend müssen sich gerade mit der Konsolidierung der industriellen Gesellschaft steigern. Ich erwarte eine ›sezessionistische‹ Jugendgeneration, gekennzeichnet durch eine Welle ›sinnloser‹ Ausbruchsversuche aus der in die Watte manipulierter Humanität, überzeugender Sicherheit und allgemeiner Wohlfahrt gewickelten modernen Welt.«[249] Nichts sei falscher, meint Schelsky, als die Proteste gegen die soziale Anpassung als Vorboten radikaler politischer oder sozialer Jugendbewegungen zu interpretieren. Ihre provokatorische Spontaneität richte sich gerade gegen die Einbindung in Kollektive. Deshalb seien auch die »pädagogisch eingebauten Ventile« vergeblich. Die Phantasie der jugendlichen Ausbruchsversuche werde sich allen praktischen Weisheiten von Pädagogen, Politikern, Psychologen und Soziologen als überlegen erweisen.

I. November In **Frankfurt** wird das Callgirl Rosemarie Nitribitt in seinem Appartement am Eschenheimer Turm erdrosselt aufgefunden. Als im Zuge der nachfolgenden polizeilichen Ermittlungen immer mehr Namen von Prominenten aus Politik und Wirtschaft, darunter auch der des Essener Großindustriellen Alfried Krupp von Bohlen und Halbach fallen, die als Tatverdächtige in Frage kommen, wird aus dem Mordfall eine Affäre, die bundesweit Aufsehen erregt. Vor allem der Umstand, daß der Täter nicht ausfindig gemacht werden kann, läßt den Eindruck

1.11.: Die Frankfurter Prostituierte Rosemarie Nitribitt.

1.11.: Nadja Tiller in der Titelrolle des Films »Das Mädchen Rosemarie«.

1.11.: Der Prostituiertenmord als Fall, an dem eine Gesellschaftskritik des Wirtschaftswunderlands Deutschland formuliert wird: Titelblatt der 1961 erschienenen Taschenbuchausgabe.

entstehen, daß einflußreiche Kreise bestrebt sein könnten, eine endgültige Aufklärung zu verhindern. – Der schon nach wenigen Tagen bekannt gewordene Plan, den mysteriösen, aber in vielfacher Hinsicht für das »Wirtschaftswunderland« Bundesrepublik typischen Fall zu verfilmen, wird bereits im Jahr darauf verwirklicht. In dem 1958 fertiggestellten Film »Das Mädchen Rosemarie« spielen Nadja Tiller und Peter van Eyck die Hauptrollen; Regisseur ist Rolf Thiele. Weil in einer Szene Kritik an der Wiederbewaffnung geübt wird, wird auf Betreiben der Bundesregierung eine Nominierung des Films für die »Oscar«-Preisverleihung in Hollywood verhindert.

I. November Der 49jährige Erich Mielke wird in **Ost-Berlin** als Nachfolger Ernst Wollwebers, der auf dem 30. ZK-Plenum der SED zusammen mit Karl Schirdewan von Walter Ulbricht der Fraktionsbildung beschuldigt worden war, zum Minister für Staatssicherheit ernannt. Der Altkommunist Mielke, der 1931 nach seiner Beteiligung an einem Polizisten-Doppelmord am Bülowplatz in Berlin nach Moskau geflohen war, hat nach seiner Rückkehr im Mai 1945 eine zielstrebige Karriere im Polizei- und Sicherheitsapparat der DDR gemacht. Der besonders linientreue Spitzenfunktionär, der bereits bei der Gründung des MfS 1950 Staatssekretär geworden war, ist seit diesem Jahr auch Mitglied im Zentralkomitee der SED und nimmt seit 1953 den Rang eines Generalleutnants ein. Mielke, der wegen seiner brutalen Verhörmethoden gefürchtet ist, begreift sich als »Tschekist«, als eiserner Verfechter einer Parteidisziplin und Polizeiräson, als deren Urheber Felix Dzerzynski, der erste Chef der sowjetischen Geheimpolizei Tscheka, gilt.

I. November Die staatliche Zensur in **Warschau** verhindert in letzter Minute das Erscheinen der literarischen Zeitschrift »Europa«. Die Gründung des Blattes, das als Forum für polnische und ost- wie westeuropäische Autoren geplant war, ist von den zuständigen Stellen zunächst gebilligt worden; nach Vorlage der ersten Ausgabe wurde jedoch die Erlaubnis ohne Angabe von Gründen widerrufen. – Der designierte Chefredakteur Jerzy Andrzejewski erklärt nach dem Scheitern des anspruchsvollen Projekts zusammen mit seinen Mitarbeitern Mieczysław Jastrun, Pawel Hertz und Wawrzyniec Zulawski den Austritt aus der *Polnischen Vereinigten Arbeiterpartei* (PVAP).

I. November Nach einem offiziellen Protest der japanischen Regierung in **London**, mit dem am 30. Oktober die sofortige Einstellung aller britischen Kernwaffenversuche im Pazifik gefordert worden ist, demonstrieren im Hibiya-Park in **Tokio** mehr als

I.II.: Titel einer 1991 erschienenen Biographie.

30.000 Menschen gegen eine Fortsetzung der von Großbritannien im Gebiet der Christmas Islands durchgeführten Tests mit Atom- und Wasserstoffbomben. In anderen japanischen Städten finden am selben Tag weitere Protestkundgebungen mit insgesamt 250.000 Teilnehmern statt.

3. November Im Alter von 60 Jahren stirbt der Sexualwissenschaftler und Psychologe Wilhelm Reich im Gefängnis von **Lewisburg** (US-Bundesstaat Pennsylvania) an Herzversagen. Der in Galizien geborene, aus einer assimilierten jüdischen Familie stammende Reich, wurde 1919 Mitglied der *Psychoanalytischen Vereinigung* in Wien und trat nach Abschluß seines Studiums 1922 eine Stelle als Assistenzarzt an der von Sigmund Freud begründeten psychoanalytischen Poliklinik an. Er machte sich in den zwanziger Jahren vor allem mit seinen beiden Werken »Die Funktion des Orgasmus« und »Charakteranalyse« einen Namen. Mit seiner Auffassung, daß die Sexualität nicht sublimiert, sondern lustbetont ausgelebt werden solle, geriet er in Widerspruch zur orthodoxen Psychoanalyse. Er näherte sich in der Folge immer weiter dem Marxismus an, trat 1928 der *Kommunistischen Partei Österreichs* (KPÖ) bei und wurde schließlich aus der *Internationalen Psychoanalytischen Vereinigung* ausgeschlossen. Einer seiner Grundgedanken besteht darin, daß die Entwicklung zu einer freien und selbstbestimmten Persönlichkeit durch die Unterdrückung der Sexualität verhindert werde. Da die bürgerlich-kapitalistische Gesellschaft ihre Macht nicht zuletzt auf einer von ihren Institutionen vermittelten repressiven Sexualmoral aufbaue, sei der Sturz dieses Systems Voraussetzung für die Entfaltung einer freieren Gesellschaft. Zu Beginn der dreißiger Jahre begründete er in Berlin die Sexpol-Bewegung, in der eine Synthese zwischen politischer Agitation und sexueller Befreiung angestrebt wurde, und galt neben Siegfried Bernfeld als einer der wichtigsten Protagonisten für eine Verbindung von Psychoanalyse und Marxismus. Seine 1933 erschienene »Massenpsychologie des Faschismus« zählt zu den aufschlußreichsten sozialpsychologischen Analysen des nationalsozialistischen Machterfolgs. Nach seiner Emigration in die Vereinigten Staaten entwickelte Reich eine umstrittene Orgontheorie, wegen der er schließlich vor Gericht gestellt werden sollte. Da er der Verhandlung fernblieb, wurde er am 7. Mai 1956 wegen Mißachtung des Gerichts zu einer Gefängnisstrafe von zwei Jahren verurteilt, die er nach dem Scheitern einer Berufungsverhandlung an 19. März 1957 antreten mußte. – Erst im Zuge der antiautoritären Studentenbewegung Ende der sechziger Jahre werden zahlreiche Schriften des Einzelgängers wiederentdeckt.

5. November Der schwarze Pastor T.D. Wesleg, der sich nach einer Predigt auf der Heimfahrt befindet, wird in **Selma** (US-Bundesstaat Alabama) von Weißen, die ihm den Weg versperren, angehalten, aus dem Wagen gezerrt und in einen nahegelegenen Wald verschleppt. Dort wird der Geistliche mit Gürteln und anderen Lederriemen ausgepeitscht. Einer der ihn mißhandelnden Männer trägt eine dem Ku-Klux-Klan ähnliche Maske. Nachdem die Rassisten ihre Tortur beendet und ihr Opfer zurückgelassen haben, kümmern sich Einwohner um den schwerverletzten Pastor und bringen ihn in ein Krankenhaus.

7. November Anläßlich des 40. Jahrestages der Oktoberrevolution führt die SED auf dem Marx-Engels-Platz in **Ost-Berlin** eine »Kampfdemonstration« durch. An der Tribüne der Ehrengäste ziehen mehr als 200.000 Menschen, darunter mehrere Hundertschaften der Betriebskampfgruppen, vorüber. Der I. Bezirkssekretär der Berliner SED, Hans Kiefert, ruft in seiner Ansprache die sozialdemokratischen Arbeiter West-Berlins auf, sich nicht durch die »antibolschewistische Hetze« irreführen zu lassen, sondern mit den »Klassenbrüdern aus dem demokratischen Berlin« eine Aktionseinheit zum Sturz der Monopole zu bilden.

8. November In der DDR kommt es in verschiedenen Städten erneut zu Zusammenstößen zwischen Jugendlichen und der Volkspolizei. In **Falkenberg** bei Ost-Berlin werden Passanten von einer sich selbst als »Ostseebande« bezeichnenden Clique belästigt und niedergeschlagen. Erst nach mehreren solcher Zwischenfälle gelingt es Volkspolizisten, die inzwischen die Verfolgung aufgenommen haben, 26 Jugendliche zu überwältigen und festzunehmen. Ähnliche Vor-

fälle werden auch von dem im Stadtzentrum von **Ost-Berlin** gelegenen Alexanderplatz gemeldet. – Die FDJ faßt nach Bekanntwerden der Auseinandersetzungen den Entschluß, die sich langweilenden Jugendlichen stärker zu integrieren. Jugendbälle sollen »interessanter gestaltet« werden, »Preisraten« und »Sängerwettstreit« die Freizeit verschönern.

9. November Ein 20jähriger Spengler überreicht der *Jüdischen Gemeinde* in **Frankfurt** einen selbstangefertigten Leuchter. Er wolle damit, erklärt er, einen kleinen Beitrag zur Wiedergutmachung leisten. Vor genau zehn Jahren habe er von seiner Mutter erstmals etwas von den schrecklichen Ereignissen in der Pogromnacht am 9. November 1938 gehört. Der Leuchter, den er in seiner Freizeit hergestellt habe, sei eine »Bitte um Verzeihen«.

9. November Auf Initiative des DGB-Landesbezirks Bayern ziehen am 19. Jahrestag der Reichspogromnacht 2.500 Jugendliche in einem Fackelzug zum ehemaligen Konzentrationslager **Dachau**. Noch bevor der Zug dort eintrifft, ist bereits der von Scheinwerfern angestrahlte Schornstein des Krematoriums zu erkennen. Zu Ehren der NS-Opfer legen die Vertreter verschiedener Jugendorganisationen am Denkmal des unbekannten Häftlings, neben dem Pylone aufgestellt sind, aus denen Flammen lodern, 60 Kränze nieder. Sie stammen von der *Gewerkschaftsjugend*, der *Katholischen* und der *Evangelischen Jugend*, der *Christlichen Pfadfinderschaft Deutschlands* (CPD) sowie vom jugoslawischen Generalkonsulat und der *Vereinigung der Verfolgten des Naziregimes* (VVN). Der Landtagsabgeordnete Heinrich Stöhr, der selbst Häftling in Dachau war, hält zum Abschluß eine Ansprache. »Ich weiß nicht, ob ihr verstehen könnt«, wendet er sich an die Jugendlichen,

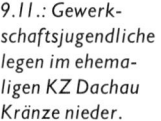

3.11.: Der radikale, aber methodisch höchst umstrittene Psychoanalytiker und Gesellschaftskritiker Wilhelm Reich.

9.11.: Gewerkschaftsjugendliche legen im ehemaligen KZ Dachau Kränze nieder.

»was in diesen Sekunden in meinem Innersten vorgeht ... Es waren Tausende von Menschen, die ich sterben sah, viele in meinen Händen. Und wenn ich die Kraft hätte, jene Szenen wiederzugeben, die sich hier von 1940 bis 1945 jeden Tag abspielten, dann würde Euch Entsetzen erfassen ... Ich sehe die Hoffnungslosigkeit dieses Ortes und möchte wünschen, daß all jene Menschen, die hier gefoltert und getötet worden sind, alle die Freunde, die im Lager starben und hier verbrannt wurden, sehen könnten, daß deutsche Jugend, die die Freiheit und das Recht liebt, an der Stätte steht, wo sie gelitten haben und unwürdig der Erde übergeben wurden, und ihrer in Ehren gedenkt – nicht nur gedenkt, wie ich hoffe, sondern auch bereit ist, in Zukunft keinen Raum mehr zu lassen für ein Denken, das im Verbrennen von Menschen endet.«[250] An der Gedenkfeier nimmt auch der ehemalige belgische Minister und jetzige Präsident der *Amicale Dachau*, Jean Borremans, teil.

9. November Das *Kuratorium Unteilbares Deutschland* und der Landesbezirk der *Deutschen Angestellten-Gewerkschaft* führen unter dem Motto »Ost- und West-Berlin gehören zusammen« in der Deutschlandhalle in **West-Berlin** eine Großkundgebung durch. Unter den 12.000 Zuhörern sollen sich auch mehrere tausend Ostberliner befinden, die mit besonderem Beifall begrüßt werden. Im Gegensatz zum Bundesminister für gesamtdeutsche Fragen, Ernst Lemmer (CDU), der in seiner Rede lediglich versichert, daß die verantwortlichen Politiker nichts tun würden, was die Menschen jenseits des Brandenburger Tores enttäuschen könnte, steckt der Regierende Bürgermeister Willy Brandt (SPD) weitreichende Perspektiven ab. Zwar gesteht er ein, daß es keine isolierte Lösung der Berlin-Frage ohne eine Überwindung der deutschen Spaltung geben könne, jedoch käme es darauf an, das »eigene Haus« so gut wie möglich zu bestellen und schon jetzt etwas zum Abbau der Spannungen beizutragen. Er habe deshalb bereits in seiner Regierungserklärung vorgeschlagen, daß Beamte aus Ost- und West-Berlin über Möglichkeiten zur Lösung technischer Fragen verhandeln sollten. Es sei Berlins Aufgabe, eine lebendige Brücke aufzubauen, keine »zwischen Freiheit und Knechtschaft«, sondern eine »zwischen den Menschen«. Berlin müsse einen besonderen Beitrag dazu leisten, daß »endlich so etwas wie eine Volksbewegung für die deutsche Einheit« entstehe. Die Welt müsse erfahren, »was unser Recht und unser nationaler Anspruch« sei.

9. November Ein Jugendgericht in **Fort Wayne** (US-Bundesstaat Indiana) verurteilt ein 17jähriges weißes Mädchen und ihren gleichaltrigen schwarzen Freund zu Jugendstrafen, weil sie sich trotz Verbots

der Mutter des Mädchens immer wieder trafen. Das Liebespaar ist von den Eltern des Mädchens angezeigt worden. Es ist das erste Mal, daß sich das Gericht, wie ein Sprecher erläutert, mit einem solchen Fall beschäftigt. Es sei bekannt, daß es in der Stadt etwa 40 junge Paare gebe, die ein »Rassen-Rendezvous« unterhielten.

10. November Am Jahrestag der Reichspogromnacht wird in der Fasanenstraße in **West-Berlin** auf dem Platz, wo 1938 die größte Synagoge Deutschlands von den Nazis zerstört worden war, mit dem Bau eines neuen jüdischen Gemeindezentrums begonnen. Der Vorsitzende der *Jüdischen Gemeinde* Berlins, Heinz Galinski, erinnert in seiner Mahnrede an jene Nacht, in der »die Sturmzeichen der Intoleranz und des Massenwahns am Himmel« standen. Obwohl auch heute noch an verschiedenen Orten die unterirdischen Feuer des Nazismus schwelten, so habe doch der Geist der Versöhnung Platz gegriffen. Der Neubau müsse als sichtbarer Ausdruck dieses Geistes angesehen werden. In einer vom Regierenden Bürgermeister Willy Brandt übermittelten Grußbotschaft des Bundespräsidenten Theodor Heuss heißt es, er wolle am Tag der Grundsteinlegung seine Genugtuung darüber zum Ausdruck bringen, daß deutsche Juden wieder Wurzeln fassen und Vertrauen zu einer Zukunft gewinnen könnten, »die wir alle mit Berlin verknüpft sehen können und wollen«. Brandt selbst meint, der Bau dürfe als Beweis

10.11.: Der Regierende Bürgermeister Willy Brandt bei der Grundsteinlegung des jüdischen Gemeindezentrums in West-Berlin; links hinter ihm der Vorsitzende der Jüdischen Gemeinde, Heinz Galinski, rechts der Bundesminister für gesamtdeutsche Fragen, Ernst Lemmer.

dafür angesehen werden, daß die politisch Verant-wortlichen nicht nur zu einer materiellen, sondern in dem gleichen Maße auch zu einer ideellen Wieder-gutmachung bereit wären. Wenn der »ungeheure Frevel und die blutige Schmach unserer jüngsten Vergangenheit« verblassen und verlöschen solle, dann dürften die schrecklichen Ereignisse nicht ein-fach vergessen werden. Das könne nur dann gelin-gen, wenn man sich mutig mit dem auseinander-setze, »was hier und in aller Welt das Vergessen noch schwer oder gar unmöglich macht«. In den Grund-stein wird eine Urkunde eingemauert, in der der Bau des jüdischen Gemeindezentrums als ein Ver-such bezeichnet wird, wenigstens zu einem kleinen Teil das wieder gutzumachen, was in der NS-Zeit zerstört wurde. Die Urkunde ist vom Regierenden Bürgermeister und vom Präsidenten des Abgeord-netenhauses, Kurt Landsberg (SPD), unterzeichnet. – Am Tag darauf wird Heinz Galinski, dem Vorsit-zenden der Berliner *Jüdischen Gemeinde*, von Bun-despräsident Theodor Heuss das Verdienstkreuz Erster Klasse der Bundesrepublik Deutschland ver-liehen.

11. November Weil sich der Schriftsteller Erich Loest weigert, Artikel und Gedichte des nach West-Berlin geflohenen Gerhard Zwerenz zu verurteilen, wird er auf einer Parteiversammlung in **Leipzig** aus der SED ausgeschlossen. Gegen diese Entscheidung hat nur Loests Kollege Rudi Strahl gestimmt. Am Ende der Versammlung erheben sich alle Parteimit-glieder und singen feierlich die »Internationale«.

11. November Der Regimekritiker Jochen Wenzel, der sich wegen einer Gelbsucht in einer **Leipziger** Klinik aufhält, wird dort gegen den Protest der behandelnden Ärzte von Mitarbeitern des MfS ver-haftet. – Er stirbt am 1. April 1958 im Zentralen Haftkrankenhaus in **Meusdorf** an Gallenkrebs.

13. November Vier im April verhaftete prominente ungarische Schriftsteller werden in einer unter Aus-schluß der Öffentlichkeit stattfindenden Verhand-lung vom Obersten Gerichtshof in **Budapest** wegen »staatsfeindlicher Umtriebe« zu hohen Gefängnis-strafen verurteilt. Der Hauptangeklagte Tibor Déry erhält eine Strafe von neun Jahren, Gyula Hay von sechs, Zoltán Zelk von drei und Tibor Tardos von anderthalb Jahren.

14. November In Baden-Württemberg protestieren Zehntausende von Metallarbeitern mit Warnstreiks gegen das Ansteigen der Lebenshaltungskosten. Auf Kundgebungen versammeln sich in **Göppingen** 14.000, in **Heidenheim** 10.000, in **Karlsruhe** 5.000, in **Ludwigsburg** 6.000, in **Mannheim** 30.000, in **Stutt-gart** 25.000 und in **Ulm** 12.000 Arbeiter.

14. November Der Oberkonsistorialrat Erich Hein erliegt während eines Verhörs vor der Staatsanwalt-schaft in **Magdeburg** einem Herzinfarkt. Der 55jäh-rige ist zum Fall des Konsistorialdirigenten Kurt Grünbaum vernommen worden, der bei der Wäh-rungsumstellung am 13. Oktober 400.000 Ost-Mark in die DDR geschmuggelt haben soll. Obwohl der Staatsanwaltschaft bekannt war, daß Hein an einer schweren Herzkrankheit litt, bestand sie auf einer sofortigen Durchführung des Verhörs. Er regte sich dabei so stark auf, daß er einen Herzanfall erlitt.

15. November Ein US-Bundesgericht in **New York** verurteilt den sowjetischen Spion Rudolf Abel wegen der Weitergabe militärischer Geheimnisse zu einer Gefängnisstrafe von 30 Jahren und einer Geld-strafe von 3.000 Dollar. Der 1948 illegal eingewan-derte Abel soll Oberst des KGB und Leiter der sowjetischen Spionage in den USA gewesen sein. Der als Künstler getarnte Agent war am 21. Juni vom FBI festgenommen worden. Das Gericht sieht von der Verhängung der Todesstrafe ab, nicht nur weil dem Angeklagten die Übermittlung militärischer Geheimnisse nicht nachgewiesen werden konnte, sondern auch weil seine Verteidigung anführt, daß Abel zum Austausch eines US-Agenten, der kurz zuvor in der Sowjetunion gefaßt worden ist, dienen könnte.

11.11.: Der Leip-ziger Schriftsteller Erich Loest.

15. November In der »New York Times« erscheint eine Anzeige des *National Committee for a Sane Nuc-lear Policy*. Darin heißt es, daß die Bürger der USA durch die Atomwaffen mit einer Gefahr konfron-tiert seien, wie sie nie zuvor existiert habe. Das Komitee ruft dazu auf, die Atomwaffentests welt-weit einzustellen und den Rüstungswettlauf zwi-schen den Nationen zu beenden. Ein von den Verein-ten Nationen beschlossenes Friedensprogramm könne die nukleare Gefahr entscheidend vermin-dern. – Allein in **New York** existieren 15 Einzelkomi-tees, deren Mitglieder mit Petitionen, Vorträgen und Briefen an Senatoren, Kongreßabgeordnete und den Präsidenten für eine Einstellung der Atomwaf-fentests eintreten.

17. November Der Mainzer Domprediger Pater Haups spricht am Volkstrauertag in der Kreuz-Kir-che in **Bad Kreuznach** über das Thema »Raketen und roter Mond«. Dabei behauptet er, daß die Experi-mente an KZ-Häftlingen, die während der NS-Zeit von der Luftwaffe in Dachau vorgenommen worden seien, mehr mit Wissenschaft zu tun gehabt hätten als die Entwicklung der sowjetischen Erdsatelliten. »Die Menschenversuche in Dachau haben«, stellt er fest, »so verwerflich sie sind, immer noch einem guten Zweck gedient, nämlich der Sicherheit der deutschen Soldaten.«[251]

17. November An einer Kundgebung der *Südtiroler Volkspartei* (SVP) auf **Schloß Sigmundskron** bei Bozen nehmen 30.000 Menschen teil, die für die Autonomie von Südtirol eintreten. Auslöser für die Veranstaltung, die nur unter großen Sicherheitsvorkehrungen stattfinden kann, ist ein Sonderkredit der italienischen Regierung für den Wohnungsbau, mit dem nach Ansicht der deutschsprachigen Südtiroler der Zuzug von Italienern begünstigt werden soll. Die ursprünglich direkt in Bozen geplante Veranstaltung mußte auf Anordnung des italienischen Regierungskommissars verlegt werden. Er befürchtete angeblich Zusammenstöße mit Neofaschisten, die zu einer Gegendemonstration aufgerufen hatten. Auf der Kundgebung werden Transparente mit Losungen wie »Tirol den Tirolern«, »Schluß mit der Scheinautonomie« und »Brüder im Norden, helft« entrollt. Als Hauptredner erklärt der SVP-Vorsitzende Silvio Magnago, daß seine Partei in Rom einen Gesetzentwurf zur Teilung der autonomen Region Südtirol-Trient einreichen werde. In einer von den Kundgebungsteilnehmern verabschiedeten Resolution werden die italienische und die österreichische Regierung aufgefordert, sich mit aller Kraft für die Autonomiebestrebungen Südtirols einzusetzen. – Die »Wiener Zeitung« veröffentlicht fünf Tage später eine anonyme Erklärung. Nach der Kundgebung auf Schloß Sigmundskron stehe es wohl außer Zweifel, heißt es darin mit drohendem Unterton, »... daß jeder Versuch, das Vorhandensein eines Problems Südtirol abzuleugnen, zum Scheitern verurteilt ist. Das Problem existiert und wird gelöst werden müssen, wenn man nicht riskieren will, daß im Herzen Europas ein gefahrenvoller Unruheherd entsteht.«[252]

18. November Das Bezirksgericht **Schwerin** verurteilt den Kraftfahrer Otto Wiese-Wahls wegen angeblicher Wirtschafts- und Militärspionage zu einer Zuchthausstrafe von dreieinhalb Jahren. Der Chauffeur des Schweriner Oberkirchenrats soll interne Angelegenheiten aus kirchlichen Einrichtungen verraten haben.

18. November Eine Gruppe ehemaliger Widerstandskämpfer verhindert in **Paris** die dritte Aufführung des von Robert Brasillach verfaßten Bühnenstücks »La Reine de Cesarée« (Die Königin von Cesarée). Kurz vor Beginn der Vorstellung im kleinen Théâtre de l'Arts erheben sich 150 Zuschauer von ihren Sitzen und singen die Marseillaise. Danach ertönen immer wieder Rufe wie »Hängt alle Kollaborateure!«. Obwohl die Leitung des Theaters gewarnt ist und mehrere Polizisten in Bereitschaft stehen, gelingt es ihnen nicht, den Abbruch der Aufführung zu verhindern. Jedesmal wenn ein Schau-spieler zu sprechen beginnt, brechen Tumulte aus. Nach rund einer Stunde wird das Theater geräumt. – Schon im Vorfeld hatte die Dachorganisation der ehemaligen Widerstandskämpfer gegen eine Aufführung des Stückes protestiert. Der Autor Robert Brasillach war ein überzeugter Faschist, Antisemit und Anhänger der Nazis. Als Literaturkritiker war er jahrelang Mitarbeiter der »Action française« und während der Besatzung 1941 bis 1943 Chefredakteur der deutschenfreundlichen Zeitschrift »Je suis partout«. Wegen seiner Kollaboration mit den Nazis war Brasillach am 6. Februar 1945 in Paris hingerichtet worden.

18. November Auf einer Weltkonferenz kommunistischer Parteien in **Moskau** stellt Mao Tse-tung die Behauptung auf, daß »der Ostwind über den Westwind die Oberhand gewonnen« habe und die USA deshalb als »Papiertiger« behandelt werden könnten. »In einem künftigen Krieg«, fährt er fort, »wird wahrscheinlich ein Drittel der Menschheit umkommen, das sind 900 Millionen Menschen. Ich habe mich über diese Frage mit Nehru gestritten. Er ist in diesem Punkt pessimistischer als ich. Ich habe ihm darauf gesagt, daß selbst wenn die Hälfte aller Menschen umkomme, ja noch die andere Hälfte übrigbleibt. Dann wird aber der Imperialismus unter Garantie vollständig vernichtet sein. Nur der Sozialismus bleibt zurück.«[253] Allein China werde 300 Millionen Opfer hinnehmen müssen, fügt Mao hinzu; sein Land könne die entstandenen Lücken jedoch schnell wieder wettmachen, weil die Chinesen im Kinderzeugen besonders geübt seien. Während sich die meisten seiner Zuhörer betroffen anblicken, lacht die Witwe Sun Yat-sens, des bereits 1925 verstorbenen Begründers der *Kuomintang*, laut auf. – Bereits einen Tag zuvor hatte Mao bei einem Treffen mit in der sowjetischen Hauptstadt studierenden Chinesen erklärt, 1957 sei das Jahr des Sieges der sozialistischen Revolution in China. Mit dem Start des »Sputniks« hätten »die sozialistischen Kräfte die imperialistischen Kräfte überflügelt«.

19. November Die tschechoslowakische Nationalversammlung in **Prag** wählt den 52jährigen Antonin Novotný zum neuen Staatspräsidenten. Der Erste Sekretär der *Kommunistischen Partei der ČSSR*, ein überzeugter Stalinist, der von 1941 bis 1945 im Konzentrationslager Mauthausen inhaftiert war, wird damit Nachfolger des sechs Tage zuvor verstorbenen Antonin Zápotocký.

19. November Auf einer NATO-Ratstagung in **Washington** gibt US-Außenminister John Foster Dulles bekannt, daß die USA beabsichtigten, die westeuropäischen Mitgliedsstaaten mit atomar bestückten Mittelstreckenraketen auszurüsten.

Vor einem Pariser Bistro fragt ein Franzose, nachdem sich sein Gegenüber als Deutscher aus Pfarrkirchen in Niederbayern zu erkennen gegeben hat:
«Pardon, Monsieur – was haben Sie gewählt?»
«SPD.»
«O mon Dieu, dann haben Sie gewählt Untergang Deutschlands! Warum haben Sie nicht gewählt CDU?»
«Ja – hm. Der Kandidat der CSU im Wahlkreis Pfarrkirchen, ein Herr Dr. Fritz Kempfler – Rechtsanwalt übrigens – war nämlich seit 1932 politischer Leiter in der NSDAP, außerdem SS-Standartenführer und von 1938 bis 1945 Nazi-Oberbürgermeister von Bayreuth.»
«Oh, dégoûtant! – Aber wenn Sie leben in Bayern – warum haben Sie dann nicht gewählt bayrische Partei?»
«Ja – hm. Der Kandidat der Bayernpartei im Wahlkreis Pfarrkirchen, ein Jerr Josef Huber, war nämlich früher Kompaniekamerad Adolf Hitlers und Träger des Goldenen Parteiabzeichens. Und außerdem ist mir die Bayernpartei nicht sympathisch – ich bin nämlich Flüchtling.»
«Flücht . . . ah, réfugié . . .»
«Nein, Schlesier.»
«Oh – aber warum haben Sie dann nicht gewählt Ihre Flüchtlingspartei?»
«Ja, das ist so: der Landeswahlleiter des BHE, ein Herr Diepenbruck, hat noch vor kurzem gesagt, er sei stolz darauf, seine SA-Uniform noch zu Hause im Schrank zu haben.»
«Mon Dieu – und darum haben Sie gewählt sozialdemokratisch?»
«Ja.»
«Das verstehe ich nicht ganz.»
«Wieso?»
«Wenn Sie schon wählen Untergang Deutschlands – warum wählen Sie nicht Leute mit praktischer Erfahrung?»

21. November In der Haimhauser Straße in **München** hat das dritte Programm der »Lach- und Schießgesellschaft« unter dem Titel »Im gleichen Schritt und Trott« Premiere. Als Persiflage auf den Wahlsieg Adenauers steht zu Beginn ein Schaukelpferd auf dem Podium, das unverkennbar die Gesichtszüge des Bundeskanzlers trägt. Die vier Kabarettisten Hans J. Diedrich, Klaus Havenstein, Dieter Hildebrandt und Ursula Noack, die an die Stelle von Ursula Herking getreten ist, bedanken sich dafür, daß »wieder mal aufs rechte Pferd gesetzt« worden sei; denn nun dürften sie »weiter auf ihm herumreiten.« – Das neue Programm wird am 20. April 1958 vom Deutschen Fernsehen ausgestrahlt.

21. November Zum Plan des polnischen Außenministers Adam Rapacki, in Mitteleuropa eine atomwaffenfreie Zone zu schaffen, in die auch die Bundesrepublik und die DDR einbezogen sind, erscheint in der »Bild-Zeitung« ein Kommentar: »Keine Atomwaffen für Westdeutschland und keine Abschußrampen für Raketen! Deutschland muß atomfrei bleiben! Deutschland weiß, was Trümmer und Ruinen bedeuten! Keiner von uns kann die Verantwortung tragen, ja zu sagen ... BILD sagt ja zu dieser atomwaffenfreien Zone! BILD sagt nein zur Bestückung Westdeutschlands mit Raketenrampen und zur atomaren Bewaffnung der Bundeswehr!«[254]

22. November In **Ost-Berlin** werden sieben Angestellte des Ministeriums für Berg- und Hüttenwesen fristlos entlassen, weil sie ihren Jahresurlaub in der Bundesrepublik verbracht haben. Zur Begründung heißt es, sie hätten damit gegen eine Bestimmung verstoßen, derzufolge die Mitarbeiter von Ministerien der DDR keine Westreise ohne vorherige Genehmigung unternehmen dürfen.

23. November Auf einer Versammlung von Pazifisten wird in **London** der Quäker Harold Steele empfangen, der von einer mehrmonatigen Japan-Reise, auf der er über die Protestaktionen gegen die Nuklearbewaffnung in Großbritannien berichtet hat, zurückgekehrt ist. Die Teilnehmer des Treffens zählen zum *Emergency Committee for Direct Action Against Nuclear War* (Notstandskomitee für direkte Aktion gegen den Atomkrieg), das im Frühjahr zur Unterstützung einer »Segelpartie für Selbstmörder« ins Leben gerufen worden war, die Steele zusammen mit seiner Frau Sheila im Gebiet der Christmas Islands aus Protest gegen den ersten britischen Wasserstoffbombenversuch durchführen wollte. Nachdem diese spektakuläre, in der Öffentlichkeit mit großer Aufmerksamkeit aufgenommene Aktion wegen unlösbarer technischer Probleme nicht zustande gekommen ist, beschließen die rund 30 Teilnehmer, die nach der unveränderten Nuklearwaffenpolitik ihres Landes mehr denn je von der Notwendigkeit pazifistischer Aktivitäten überzeugt sind, ihre Ad-Hoc-Gruppe in eine ständige Einrichtung umzuwandeln. Sie gründen das *Direct Action Committee* (DAC, Komitee für direkte Aktion).

24. November Der 1. Strafsenat des Bezirksgerichts **Cottbus** verurteilt den Tiefbauarbeiter Herbert Bekker wegen »Verbrechens gegen Artikel 6 der Verfassung«, der sogenannten »Boykotthetze« zu einer Zuchthausstrafe von sechs Jahren. Er wird u.a. beschuldigt, für eine Dienststelle der NATO spioniert zu haben.

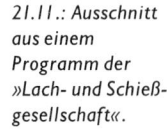

21.11.: Ausschnitt aus einem Programm der »Lach- und Schießgesellschaft«.

23.11.: »Ob ich noch abgeholt werde?« Zeichnung aus dem Wochenblatt »Die Andere Zeitung«.

24.11.: Diego Rivera (Mitte) zusammen mit seiner Frau Frida Kahlo bei der Uraufführung des Buñuel-Films »Los Olvidados« 1950; links Kameramann Gabriel Figueroa.

24.11.: Rivera 1943 im Garten des »Blauen Hauses« in Mexiko-City, das er zusammen mit Frieda Kahlo bewohnte.

24. November Im Alter von 71 Jahren stirbt in **Mexi-ko-City** der kommunistische Maler <u>Diego Rivera</u>. Der 1886 in Guanajuato geborene Künstler ist der wichtigste Vertreter des Muralismo, der modernen mexikanischen Wandmalerei. Nach einem zehnjäh-rigen Aufenthalt in Paris, wo er zusammen mit Pablo Picasso, Juan Gris und Amedeo Modigliani ausstellte, gründete er 1922 in Mexiko das *Syndikat der revolu-tionären Maler, Bildhauer und technischen Arbeiter.* Rivera, der seit 1929 mit seiner Kollegin Frida Kahlo verheiratet war, wurde berühmt durch seine monu-mentalen Wandmalereien und Freskenzyklen, in denen er mit einem ebenso pathetischen wie phanta-stischen Realismus Szenen aus der mexikanischen Geschichte darstellte, so z. B. den Kampf der indiani-schen Ureinwohner gegen die spanischen Eroberer, den der Bauern gegen die Großgrundbesitzer oder den der Arbeiter gegen die Industriellen. Rivera war von 1923 bis 1928 Mitglied im Exekutivkomitee der *Kommunistischen Partei Mexikos* (PCM). Nach sei-nem Parteiausschluß wurde er Anhänger Leo Trotz-kis. Der von Stalin verfolgte Revolutionär lebte zusammen mit seiner Frau von 1936 bis 1939 in Rive-ras Haus. Obwohl Trotzki 1940 von einem stalinisti-schen Agenten ermordet wurde, bekannte sich Rivera zum sowjetischen Diktator. Erst 1954, dem Todesjahr von Frida Kahlo, wurde er wieder in die PCM aufgenommen. – Im November 1993 erhebt die mexikanische Zeitung <u>»El Financiero«</u> schwere Vor-würfe gegen den kommunistischen Künstler. Das Blatt zitiert aus einer Studie der beiden Historiker William Chase und Dana Reed von der Pittsburgh University (USA), in der behauptet wird, Rivera habe der Botschaft der Vereinigten Staaten in Mexiko in den vierziger Jahren als Spitzel gedient.

Sein Auftrag sei es gewesen, über Aktivitäten der PCM und ihre Finanzsituation zu berichten. Außer-dem soll er eine Liste mit den Namen von über 50 mutmaßlichen stalinistischen Agenten an die mexi-kanische Regierung geliefert haben.

24. November Die <u>BBC</u> strahlt eine weitere von sechs »Reith-Lectures« aus, die der ehemalige US-Botschafter in Moskau und jetzige Professor für Geschichte am Institute for Advanced Studies in Princeton, George F. Kennan, an der Universität Oxford hält. Der Experte für sowjetische Außenpo-litik, der zehn Jahre zuvor mit einem unter dem Pseudonym »Mr. X« in der Zeitschrift »Foreign Affairs« veröffentlichten Artikel eine »Politik der Eindämmung« (containment) gefordert hatte, um den Expansionsdrang des sowjetischen Imperialis-mus zu stoppen, schlägt nun zur Überraschung vieler seiner Anhänger aus der Hochzeit des Kalten Krie-ges eine Politik des militärischen Disengagements in

Europa vor. Kennan geht zunächst davon aus, daß die Stationierung von Streitkräften der Siegermächte des Zweiten Weltkrieges in Deutschland und den osteuropäischen Staaten das »Herzstück der Pro-bleme« sei, und unterzieht die strategischen Grund-annahmen der westlichen Außen- und Verteidi-gungspolitik einer kritischen Analyse. Eines der am häufigsten im Westen vorgebrachten Argumente laute, man dürfe den Deutschen nicht trauen, und es sei besser, daß Deutschland geteilt und vom Westen abhängig bleibe als über den Handlungsspielraum einer unabhängigen Nation zu verfügen. »Ich halte dies«, erklärt Kennan, »für eine oberflächliche und gefährliche Auffassung. Deutschland befindet sich in einem bedeutsamen Übergangsstadium ... Es ist wahr, daß sich viele Deutsche der älteren Genera-tion wohl niemals von dem Trauma der Vergangen-heit vollständig freimachen werden. Ich habe aber eine ganze Anzahl junger Deutscher gesehen. Ich bin überzeugt, daß diese jungen Leute, die derzeit beun-ruhigt und verwirrt sind und durch keinerlei feste Tradition ihrer eigenen nationalen Vergangenheit gestützt werden, nicht zögern würden, auf jeden westlichen Appell zu reagieren, der reale Sicht, Überzeugung und Ernsthaftigkeit der Absichten erkennen läßt. Diese jungen Leute sind heute mehr durch das Eindringen eines zynischen Materialismus als durch extreme nationalistische Tendenzen bedroht... Sich auf die Zukunft der Jugend Deutschlands zu verlassen, ist zugegebenermaßen ein Risiko. Ich kann mir aber kein größeres Risiko vorstellen als das Hineingleiten in einen nuklearen Krieg, was wir alle derzeit mitmachen.«[255] Die deutsche Frage stehe im Zentrum der Weltspannungen, und es könne kein größerer Beitrag zum Weltfrieden geleistet werden als den gegenwärtig erreichten toten Punkt in der Deutschlandfrage zu überwinden. Kennan schlägt vor, die östlichen wie die westlichen Besatzungstruppen aus den beiden deutschen Staaten abzuziehen, auf eine Ausrüstung der Bundesrepublik und der DDR mit Mittelstreckenraketen zu verzichten und Deutschland Schritt für Schritt wiederzuvereinigen – nicht ohne auf Einschränkungen seiner militärischen Position zu bestehen. – Die Reaktionen auf die Denkanstöße Kennans fallen sehr unterschiedlich aus. Während die in London erscheinende »Times« die Ansicht vertritt, daß die Argumente des ehemaligen Diplomaten größte Aufmerksamkeit verdienten und bei der Vorausplanung der NATO Berücksichtigung finden sollten, lehnen die »New York Herald Tribune« und die »Neue Zürcher Zeitung« vor allem den Neutralismus in Kennans Überlegungen ab.

25.-27. November Wegen unerträglicher Raumnot treten die Schüler der Volksschule **Stuttgart-Rohr** in einen dreitägigen Schulstreik. Ihre Eltern haben sich nach einer Versammlung zu diesem Schritt entschlossen. Die 520 Kinder sind in sieben Klassenzimmern, von denen drei nur behelfsmäßig eingerichtet sind, zusammengepfercht. Auch wenn, wie geplant, im Herbst 1958 der neue Schulbau fertiggestellt sein sollte, werden voraussichtlich immer noch 13 Klassenräume fehlen.

26. November Im »Börsenblatt für den Deutschen Buchhandel« erscheint eine ganzseitige Anzeige des rechtsradikalen Göttinger Plesse-Verlags, mit der für Bücher wie dem von dem Ex-SS-General Paul Hausser verfaßten Band »Waffen-SS im Einsatz« und dem mit einem Vorwort des ehemaligen Oberbefehlshabers der 6. SS-Panzerarmee Sepp Dietrich versehenen Band »Waffen-SS im Bild« geworben wird. – Aus Empörung über diese Werbeaktion wendet sich der Leiter des Frankfurter S. Fischer Verlages, Gottfried Bermann-Fischer, mit einem Rundbrief an Verleger und Buchhändler. Darin bittet er sie, ein Schreiben zu unterzeichnen, mit dem der Börsenverein aufgefordert wird, in Zukunft auf den Abdruck solcher Anzeigen zu verzichten. »Die unterzeichnenden Sortiments-Buchhändler und Verleger erklären hiermit«, heißt es in dem Protestschreiben, »daß sie sich durch die Aufnahme derartiger Inserate in ihrer ethischen und politischen Überzeugung verletzt fühlen und daß sie darüber hinaus der Überzeugung sind, daß durch die Veröffentlichung solcher Anpreisung von Büchern, die eindeutig der Verherrlichung des Nationalsozialismus dienen, ihre Interessen aufs schwerste geschädigt werden ... Wir bitten deshalb im Interesse des deutschen Buchhandels alle Maßnahmen treffen zu wollen, die eine Wiederholung solcher Inserate ein für alle Male unmöglich machen, da wir sonst genötigt werden, der Öffentlichkeit davon Kenntnis zu geben, daß wir die Aufnahme solcher Anzeigen mißbilligen.«[256] – Nach kurzer Zeit haben sich 516 Buchhändler und Verleger dem Protest Bermann-Fischers angeschlossen und das Schreiben unterzeichnet.

26. November Das Stadtbezirksgericht Weißensee in **Ost-Berlin** verurteilt den 18jährigen Liersch, der beschuldigt wird, als »Rädelsführer« andere Jugendliche am 8. November im Ostberliner Vorort Falkenberg zu »Ausschreitungen« angestiftet zu haben, wegen Landfriedensbruchs zu einer Zuchthausstrafe von zweieinhalb Jahren. – Der Leiter der Ostberliner Kriminalpolizei hatte einen Tag nach den Unruhen auf einer Pressekonferenz erklärt, sie würden jetzt »rücksichtslos unter den Cliquen aufräumen«.

28. November In **Stuttgart** stirbt unter falschem Namen der ehemalige SA-Oberführer Werner Blankenburg. Der frühere Oberbereichsleiter in der Führerkanzlei, der maßgeblich am Massenmord an Kranken und Behinderten beteiligt war, lebte seit dem Sommer 1945 unter dem Namen Werner Bieleke unbehelligt in der baden-württembergischen Landeshauptstadt. Er arbeitete zunächst als Vertreter einer Bausparkasse in Ludwigsburg, dann als Vertreter einer Textilfabrik in Freudenstadt im Schwarzwald. Obwohl von der Justiz gesucht, hatte er zu seinen in einem Altenheim bei Ulm lebenden Eltern ebenso wie zu ehemaligen Mitarbeitern und

25.-27.11.: Stuttgarter Schulkinder vor der von ihnen bestreikten Volksschule.

FREIHEIT IST MANGELWARE

Aus dem Prozeß gegen den Leipziger Studentenpfarrer Siegfried Schmutzler

In einem Schauprozeß, den der Erste Strafsenat des Bezirksgerichts Leipzig vor kommunistischen Delegationen veranstaltete, wurde der evangelische Studentenpfarrer Dr. Siegfried Schmutzler, 42, wegen „Boykotthetze" zu fünf Jahren Zuchthaus verurteilt, nachdem man ihn schon vorher ein halbes Jahr in Haft gehalten hatte. Der Rundfunk der Sowjetzone üertrug vom Tonband Original-Auszüge aus der Hauptverhandlung zu dem erklärten Zweck, das hohe Zuchthausurteil zu rechtfertigen. Obgleich für die Sendung also jene Passagen ausgesucht worden waren, die den verhafteten Pfarrer nach Ansicht der Kommunisten am stärksten im Sinne der Anklage belasteten, zeugte die Sendung gegen ihre Urheber: Es entstand das akustische Bild eines Prozesses, das mit den Tiraden des Vorsitzenden an die Atmosphäre der Freislerschen Volksgerichtsverhandlungen des Dritten Reiches erinnerte. — Dem Pfarrer Schmutzler warf die Anklage vor, er habe Verbindungen zu Evangelischen Akademien in Westdeutschland gehabt.

RICHTER: Mit wie vielen Evangelischen Akademien hatten Sie Verbindung?

SCHMUTZLER: Zunächst mit sehr wenigen, im Laufe der Jahre mit einer Reihe. Ich kann nicht die genaue Zahl angeben. Vielleicht sechs, sieben.

RICHTER: Sie sagten bisher zehn.

SCHMUTZLER: Die Verbindung besteht dann darin, daß einmal jemand dort gewesen ist.

RICHTER: Na ja, inzwischen haben Sie ja die Evangelischen Akademien kennengelernt.

SCHMUTZLER: Zum Teil habe ich sie kennengelernt, persönlich.

RICHTER: Sie haben zum Beispiel zu Friedewald doch sehr engen Kontakt gehabt.

SCHMUTZLER: Mit dieser Akademie hatte ich engeren Kontakt. Ich habe einmal an etwa der Hälfte eines Lehrgangs teilgenommen.

RICHTER: Was war das für ein Lehrgang?

SCHMUTZLER: Das war ein Lehrgang über Marxismus-Leninismus.

RICHTER: Sagen Sie mal, ist das nicht ein bißchen eigenartig, daß in Evangelischen Akademien Lehrgänge durchgeführt werden über Marxismus-Leninismus? — Wie viele Studenten haben Sie hingeschickt?

SCHMUTZLER: Ich habe bei der Voruntersuchung mir das überlegt. Da habe ich wohl die Zahl 70 genannt.

RICHTER: Ja.

SCHMUTZLER: Zirka.

RICHTER: Und stimmt das nicht?

SCHMUTZLER: Das wird stimmen.

RICHTER: Das stimmt. Wissen Sie, wem diese Evangelischen Akademien unterstehen?

SCHMUTZLER: Die Evangelischen Akademien unterstehen jeweils der Landeskirche. Friedewald ist die einzige Akademie, die direkt unter dem, unter der Evangelischen Kirche in Deutschland arbeitet.

RICHTER: So, Sie haben also etwa 70 Studenten nach Westdeutschland geschickt zu solchen Lehrgängen, Tagungen, Friedewald oder teilweise auch anderen Akademien. Was haben denn die Studenten angegeben, wenn sie ihren Reisepaß beantragten bei der Volkspolizei?

SCHMUTZLER: Da ist es vorgekommen, daß Studenten, wenn sie drüben Verwandte haben, dann die Verwandten angegeben haben.

RICHTER: Wer hat ihnen den Rat gegeben?

SCHMUTZLER: Ich habe auch persönlich diesen Rat gegeben.

Dem Geistlichen wurde vorgeworfen, er habe im November 1956 unter dem Eindruck der Ereignisse in Polen und Ungarn einen Vortrag gehalten und die Studenten dadurch ermutigt, von den zuständigen Stellen der „DDR" mehr Freiheit zu verlangen.

RICHTER: Das war also am Abend des 5. November 1956. Jeder, der hier im Saal sitzt, weiß, welche Situation damals war. Und sie diskutieren über den 17. Juni 1953 — naturgemäß kam das in Erinnerung —, sprachen also von Demonstrationen, redeten von der Humboldt-Universität, sprachen sich gegen das Eingreifen der sowjetischen

Truppen in Ungarn aus und sagten, jetzt ist ein günstiger Zeitpunkt, jetzt könnte man also hervortreten.

SCHMUTZLER: Dies schien mir der günstige Augenblick zu sein, darauf einzugehen. Ich habe längst eingesehen, daß das völlig falsch war und daß die Lagebeurteilung, die ich damals hatte, total daneben ging.

RICHTER: Das sagen Sie heute, wo Sie festgestellt haben, in der DDR hat sich nichts gerührt wie in Ungarn.

SCHMUTZLER: Herr Oberrichter ...

RICHTER: Heute können Sie das sagen: „Heute sehe ich ein."

SCHMUTZLER: Das habe ich schon eher eingesehen, schon nachdem . . .

RICHTER: Wie war die Situation auf Ihrer Universität?

SCHMUTZLER: Am 5. November war mir da nichts bekannt.

RICHTER: Na, da fing's doch an. Mit Ihrer Diskussion fing's doch an. Oder meinen Sie, die Studenten wären auf die Idee gekommen, Resolutionen zu verfassen, wenn Sie nicht so'nen Vortrag gehalten hätten am, mit dem 17. Juni 53 anzufangen. Daß die Studenten genau wie in Berlin auch in Leipzig nicht unseren Staat umgestürzt hätten, das ist 'ne klare Sache. Aber auch nicht eine Sekunde Arbeitszeit durfte verlorengehen zu dieser Zeit, und weil man unbedingt verhindern mußte, daß aufrechte Patrioten geviertelt und erschossen werden, aufgehangen werden wie in Ungarn. Das mußte man. Und Sie organisieren in dieser Zeit — ich betone ausdrücklich: organisieren in dieser Zeit diese Resolution mit den Forderungen, die ausgeht von einem Pfarrer, und der stiftet die Studenten der Theologischen Fakultät an, es darf dabei aber nicht die Studenten-Gemeinde hervortreten hier, nur ein Student, und zwar ein Theologie-Student, der zu den Medizinern ging, sie aufhetzte. Und das sollen alle Menschen erfahren. Das sollen alle Menschen unserer Republik erfahren, wer das war, wer der Organisator.

SCHMUTZLER: Herr Oberrichter, ich sehe ein, daß das falsch war

RICHTER: Das war nicht falsch, das war ein Verbrechen. Und deshalb stehen Sie hier!

Die Anklage warf dem Pfarrer vor, er habe in Böhlen bei Leipzig eine Evangelisations-Woche veranstaltet.

RICHTER: Auf alle Fälle ist doch richtig, daß also unsere Staatsorgane ziemlich viel Nachsicht geübt haben, daß also nicht — wie im Westen oft behauptet wird — sobald also einer mal ein schiefes Wort er-

zählte, würde er gleich eingesperrt, nicht? So was gibt's also nicht. Im Gegenteil. Sie haben also allerhand gemacht, und das, was Sie also im November 56 machten, das war gar nicht so ungefährlich, das war sehr gefährlich. Und trotzdem sind Sie nicht eingesperrt worden. Jetzt standen die Staatsorgane vor der Tatsache, daß Sie wieder etwas organisieren, wo man die Vermutung haben konnte, das kann wieder so etwas werden wie im November 56. Und da hat es Aussprachen (mit den Staatsorganen) gegeben. Bei diesen Aussprachen — ich kann das gleich kurz zusammenfassen — haben Sie gesagt: Nein, das hat also keinen staatsfeindlichen Charakter, was ich dort unternehmen will. Ich beachte nicht, was mir vorgetragen wird. Ich werde also in Böhlen diese Versuchswoche durchführen. — Wieviel Studenten haben Sie mitgenommen?

SCHMUTZLER: Es waren wohl 22.

RICHTER: Und sind dann rausgefahren. Sie hatten die Aufgabe, diese Vorträge zu halten?

SCHMUTZLER: Ja.

RICHTER: Anschließend war im Gemeindehaus . . .

SCHMUTZLER: Anschließend, ja.

RICHTER: Anschließend im Gemeindehaus eine Diskussion darüber?

SCHMUTZLER: Ja.

RICHTER: Und die Studenten hatten die Aufgabe, Sie dabei zu unterstützen beziehungsweise die einzelnen Kirchenmitglieder aufzusuchen in der Wohnung?

SCHMUTZLER: Jawohl.

RICHTER: Einige Dinge sind da ziemlich klar ausgesprochen. Zum Beispiel einige Beispiele: „Die Jugendweihe ist unmenschlich."

SCHMUTZLER: Ich habe schon vorher zugegeben, daß die Vokabel unmenschlich in diesem Zusammenhang überhaupt steht, das halte ich für nicht richtig.

RICHTER: „Die für die Jugendweihe eintreten, müssen einen Mühlstein um den Hals bekommen und ersäuft werden."

SCHMUTZLER: Herr Staats..., Herr Oberrichter, das ist, ich gebe zu, das habe ich schon vorhin alles gesagt, daß dieser ganze Zusammenhang also zu kraß formuliert ist und daß es sich hier um eine Zuspitzung handelt, die ich bedauern muß.

RICHTER: So, nun zu Ihren weiteren Argumenten in Ihren Vorträgen: „Freiheit ist Mangelware geworden. Feiertagsarbeit ist unmenschlich. Republikflucht ist nicht schlimm, weil Gott dabei ist." — Zunächst zum ersten Punkt: Feiertagsarbeit ist unmenschlich.

SCHMUTZLER: Das gilt nicht generell für die Feiertagsarbeit.

RICHTER: Sie müssen sich mal vorstellen, wie Sie, wie stark Sie die Arbeiter verletzten, die ihre Freizeit opfern. Nicht für sich! Nicht für sich, das haben sie nicht notwendig; denn die Arbeiter, die sonntags aufs Land gehen, die haben so viel verdient, daß sie das nicht notwendig hätten. Außerdem wird ihnen das auch nicht bezahlt. Sie opfern ihre Freizeit. Für wen? Auch für die Theologen. Auch für solche Menschen wie Sie, die seit 1954 nichts weiter machen, als gegen unseren Staat zu hetzen. Auch damit Sie Kartoffeln haben.

28.11.: Vernehmung des Leipziger Studentenpfarrers Schmutzler vor Gericht; der »Spiegel« veröffentlicht Auszüge aus dem Tonbandprotokoll.

NS-Funktionären Kontakt. Blankenburg wird im Beisein früherer »Kampfgefährten« unter seinem Decknamen Bieleke auf dem Friedhof Stuttgart-Wangen beerdigt. Offiziell ist Werner Blankenburg bereits am 15. März 1956 für tot erklärt worden; mit dem fiktiven Todesdatum 31. Dezember 1945.

28. November Der Strafsenat Ib beim Bezirksgericht **Leipzig** verurteilt den Studentenpfarrer Siegfried Schmutzler wegen »Boykotthetze« und »Staatsverleumdung« zu einer Zuchthausstrafe von fünf Jahren. Besonders zur Last gelegt werden Schmutzler Kontakte zu Evangelischen Akademien in der Bundesrepublik, die er seit 1954 zu Lehrgängen und Vorträgen wiederholt besucht haben soll. In der Urteilsbegründung heißt es dazu: »Aufgrund der Anleitung, die der Angeklagte von diesen Akademien erhielt, schuf er in Leipzig eine illegale Gruppe, in der er die Hetze weiter trieb und mit deren Hilfe er weite Kreise der Bevölkerung negativ beeinflußte. Dabei nutzte er die sog. Studentengemeinde aus, aus deren Kreis er ›Vertrauensstudenten‹ auswählte. Diese Vertrauensstudenten waren mit dem Angeklagten gemeinsam der führende Kopf und somit die Leitung dieser illegalen Organisation. Im Vertrauenskreis wurden alle Maßnahmen besprochen und festgelegt. Zur systematischen Beeinflussung der Studenten wurden sozialethische Kleinkreise geschaffen. Diese sozialethischen Kleinkreise waren Versammlungen einer Reihe von Studenten und anderer Personen in Wohnungen oder im evangelischen Studentenheim, auf denen in Vorträgen und Aussprachen eine systematische Hetze gegen unseren Staat betrieben wurde. Der Angeklagte bezeichnete dort die DDR als einen Satelliten- und Totalstaat und verfolgte das Ziel, unseren Staat zu verändern.«[257] Als weiteres schwerwiegendes Delikt sieht das Gericht an, daß Schmutzler während des Volksaufstands in Ungarn die Studenten in einer in der Universitätskirche gehaltenen Predigt dazu aufgefordert hat, aus der FDJ auszutreten. – Der größte Teil der Hauptverhandlung wird zur Rechtfertigung der DDR-Justiz und zur politischen Abschreckung im Rundfunk übertragen. – Die Verurteilung des Leipziger Studentenpfarrers löst in der Bundesrepublik, insbesondere an den Universitäten, heftige Empörung aus. Nach einem Aufruf des *Kuratoriums Unteilbares Deutschland* veranstalten Studentengruppen in **Hamburg, Freiburg, Köln, Kiel, Göttingen** und anderen Universitätsstädten Schweigemärsche. – Ein Protesttelegramm des AStA der Universität **Freiburg** beantwortet der Volkskammerpräsident Johannes Dieckmann (LDPD) mit den Worten, sie sollten »keine Schweigemärsche zugunsten schuldig Verurteilter« durchführen, sondern »laute Demonstrationen gegen Bonner NATO-Politiker«.

29. November Das Schwurgericht des Landgerichts **München** II verurteilt drei NS-Denunzianten, die den Direktor der Deutschen Bank in Hindenburg (Zabrze), Georg Miethe, wegen seiner regimekriti-

schen Äußerungen 1943 bei der Gestapo angezeigt hatten und der nach einem Prozeß vor dem Volksgerichtshof hingerichtet worden war, wegen Totschlags zu Gefängnisstrafen. Die 36jährige Buchhalterin Ursula Sonntag, eine ehemalige BDM-Führerin, erhält vier Jahre Gefängnis, der ehemalige NSDAP-Kreisleiter Georg Joschke drei Jahre und der ehemalige NSDAP-Ortsgruppenleiter Oswald Michel zwei Jahre. Keiner der Angeklagten zeigt während des Verfahrens irgendwelche Zeichen von Reue oder Einsicht. Die erst 1953 unter dem falschen Namen Ursula Schmidt entdeckte Hauptangeklagte bekennt sich offen zu der Denunziation und erklärt, sie würde es »sofort wieder« tun.

30. November Der »Deutsche Freiheitssender 904« strahlt eine Ansprache des KPD-Vorsitzenden Max Reimann aus. Darin erklärt er, seine seit dem Vorjahr in der Bundesrepublik verbotene Partei werde das kürzlich auf der Weltkonferenz der kommunistischen Parteien in Moskau beschlossene Manifest »zum Gesetz ihres Handelns« machen. Es werde immer deutlicher, daß es bei der Schaffung einer atomwaffenfreien Zone in Europa »ausschließlich auf die Bundesrepublik« ankomme. Trotz nach wie vor existierender Meinungsverschiedenheiten sei eine Aktionsgemeinschaft von Kommunisten und Sozialdemokraten »notwendig und möglich«.

30. November Die französische Nationalversammlung in **Paris** nimmt mit 269:200 Stimmen ein von der neuen Regierung unter Félix Gaillard eingebrachtes Rahmengesetz für Algerien und mit 267:200 Stimmen ein Wahlgesetz für Algerien an. Die Regierung hatte mit beiden Gesetzesvorhaben die Vertrauensfrage verknüpft. In dem Rahmengesetz wird Algerien auch weiterhin als Bestandteil der französischen Republik angesehen. Die nordafrikanische Kolonie wird in verschiedene Territorien aufgeteilt, in denen jeweils Territorialversammlungen, die mit begrenzten Kompetenzen ausgestattet sind, gewählt werden können. Die Regierungsgewalt im eigentlichen Sinne bleibt jedoch wie bisher in französischer Hand. Zu den schärfsten Kritikern der beiden Gesetze zählt der ehemalige französische Ministerpräsident, der Radikalsozialist Pierre Mendès-France. »Den schwersten Vorwurf, den ich den Autoren des Rahmengesetzes machen muß«, hält er Ministerpräsident Gaillard und seinen Kabinettsmitgliedern entgegen, »ist, daß sie nicht die Zustimmung, ja nicht einmal die Meinung des algerischen Volkes dazu eingeholt haben. Wie hätten auch die Muselmanen ihre Stimme vernehmen lassen können, da sie jeder Freiheit beraubt sind? Auf diese Weise will man ein hartes und dauerndes Regime für Algerien festsetzen und Algerien in Stücke zerschneiden, ohne daß acht Zehntel der Bevölkerung sich dazu äußern konnten. Es gibt Leute guten Glaubens, die meinen, daß dieses Gesetz einen, wenn auch bescheidenen Fortschritt bringt. Nichts davon trifft zu. Die Schaffung föderaler Organe ist so langen Fristen und so nebulösen Bedingungen unterworfen, daß sie vielleicht niemals verwirklicht werden ... Auf die Appelle, die aus Afrika kommen, taub zu bleiben, und jene Politik ohne jede Phantasie weiterzuverfolgen, die uns so viel Menschen während der vergangenen Jahre entfremdet hat, die noch hoffen wollten, würde bedeuten, die französisch-afrikanische Zukunft zu opfern, die unter modernen und demokratischen Formen den Platz des einstigen Imperialismus einnehmen sollte.«[258] Ministerpräsident Gaillard hatte zuvor ein tunesisch-marokkanisches Angebot, bei Verhandlungen zwischen Frankreich und Algerien als Vermittler aufzutreten, brüsk zurückgewiesen. Sein Land, hatte er erklärt, werde niemals die Unabhängigkeit Algeriens akzeptieren und auch nicht die algerische Befreiungsfront FLN »als qualifizierten Partner für Gespräche« anerkennen.

30. November Bei einem Attentatsversuch auf den indonesischen Staatspräsidenten Achmed Sukarno werden in **Djakarta** zehn Menschen getötet und 130 zum Teil schwer verletzt. Unbekannte Täter werfen vier Handgranaten in eine Menschenmenge, unter der sich auch Sukarno, der seine beiden Kinder gerade von einer Schulfeier abholen will, befindet. Während der Präsident unverletzt bleibt, werden viele Schulkinder von Granatsplittern getroffen.

30. November/1. Dezember Unbekannte werfen auf dem jüdischen Teil des Friedhofs von **Lampertheim** (Südhessen) 16 Grabsteine und drei Kreuze um.

1957

Januar Februar März April Mai Juni Juli

August September Oktober November

Dezember

Dezember Auf Anweisung der Oberstadtdirektion **Mönchengladbach** wird das im Vorort Neuwerk gelegene Haus des Drehers Josef Jansen unter Polizeischutz abgerissen. Vertreter des Bauamtes bestehen nach einer kurzen Rechtsmittelbelehrung darauf, daß die Abbruchverfügung sofort in die Tat umgesetzt wird. Während eine Arbeitskolonne das erst vor elf Tagen bezogene Einfamilienhaus in Trümmer legt, bricht Jansens Frau mit einem Schreikrampf zusammen. Sie hatte sich mit ihrem Mann, der 1943 ausgebombt worden war, jahrelang vergeblich um eine menschenwürdige Wohnung bemüht. Als alle Versuche gescheitert waren, hatten sie im Jahr zuvor schließlich ein Grundstück für einen Neu-

bau erworben. Für das neue Haus, das mit Hilfe von Arbeitskollegen und Nachbarn errichtet worden war, lag keine Baugenehmigung vor. Diese war ihnen zwar mehrmals in Aussicht gestellt, aber nie erteilt worden. Nach dem Abriß ziehen zahlreiche Einwohner des Stadtteils in einer Demonstration durch Mönchengladbach. Mit geballten Fäusten protestieren sie gegen die Zerstörung des Hauses und fordern Ersatzwohnraum für die Familie Jansen. Aus vielen Fenstern wehen schwarze Fahnen.

I. Dezember Auf der Jahrestagung des *Grünwalder Kreises* in **Frankfurt** warnt der Präsident der Vereinigung, der 49jährige Schriftsteller Hans Werner Richter, vor der Gefahr einer neonazistischen Unterwanderung. Vor rund 200 Mitgliedern und Journalisten erklärt er, daß insbesondere die Heimatpresse mit ihren unverhohlenen nationalistischen Tendenzen eine Gefahr für die Demokratie darstelle. Nahezu einem Drittel der Wählerschaft mangele es an einem tieferen Verständnis für die Politik. Der CDU-Bundestagsabgeordnete Peter Nellen sieht dagegen eine antidemokratische Gefahr vor allem in der möglichen Entwicklung zu einer Einparteienherrschaft. Die Unterstützung der CDU/CSU durch die *Katholische Kirche* könne zu einer Dauerherrschaft der Christdemokraten führen. Die Aufgabe des *Grünwalder Kreises* sieht er darin, dazu beizutragen, daß dem Staatsbürger das nötige Wissen für sein politisches Urteil vermittelt wird. Rudolf Pechel, Herausgeber der »Deutschen Rundschau« und Ehrenpräsident des *Clubs Republikanischer Publizisten*, weist auf Äußerungen des Atomphysikers und CDU-Bundestagsabgeordneten Pascual Jordan hin, die deutlich machten, daß auch die CDU im Gegensatz zu dem von ihr verbreiteten Bild nur wenig immun gegenüber antidemokratischen Tendenzen sei.

Dez.: Bürger demonstrieren in Mönchengladbach gegen Wohnraumzerstörung.

1.12.: Der Schriftsteller Hans Werner Richter.

I. Dezember Das Bezirksgericht **Gera** verurteilt den Telephonisten Rudi Seidel zu sieben Jahren Zuchthaus, weil er »Wirtschaftsspionage« für das Ostbüro der SPD getrieben haben soll.

2. Dezember Das Schwurgericht des Landgerichts **Hagen** verurteilt den ehemaligen SS-Rottenführer Paul Thomanek wegen Totschlags in fünf Fällen zu einer Zuchthausstrafe von 15 Jahren, unter Aberkennung der bürgerlichen Ehrenrechte für die Dauer von zehn Jahren. Der 48jährige Schreiner gehörte von 1941 bis 1943 zur Leitung von drei galizischen Zwangsarbeitslagern, in denen vor allem polnische Juden inhaftiert waren. Thomanek war am 5. April unter der Anschuldigung verhaftet worden, in Czortków, Hluboczek und Kamionka mehr als 100 jüdische Häftlinge umgebracht zu haben. Mehrere Zeugen aus Israel und den USA hatten im Verlauf des Verfahrens genau geschildert, wie Thomanek einzelne Häftlinge eigenhändig zu Tode prügelte. Als bei der Liquidierung des Lagers Hluboczek 350 Häftlinge umgebracht worden sind, soll er mit einem Maschinengewehr beteiligt gewesen sein. Der Angeklagte antwortete auf die Vorwürfe immer wieder mit der stereotypen Aussage, er habe niemanden getötet und wisse auch nicht, daß es in einem der Lager zu Ermordungen gekommen sei. Er wirft der Anklagevertretung vor, daß sie sich »auf ein organisiertes Komplott der Juden« stütze. Die Staatsanwaltschaft, die eine lebenslange Zuchthausstrafe beantragte, sah Thomanek des vollendeten Mordes in sechs und des versuchten Mordes in zwei Fällen überführt. Das Gericht sieht dagegen nur in fünf Fällen eine Tatbeteiligung des Angeklagten als erwiesen an. Da die genauen Tatumstände nicht hätten geklärt werden können, gehe es nicht von besonders schweren Fällen aus. Es erkenne zwar, daß der Angeklagte keine »Rechtfertigungs- oder Entschuldigungsgründe« wie militärische Befehle hätte anführen können und durchweg »eine mitleidlose Einstellung« gezeigt habe, müsse dagegen jedoch auch eine Reihe strafmildernder Gründe berücksichtigen. Dazu zähle nicht nur, daß Thomanek »vor und nach seiner SS-Dienstzeit« straffrei geblieben sei, sondern auch, daß er »... in der Zeit, in der er seine Taten begangen hat, in einer Organisation lebte, in der der Haß gegen die Juden gelehrt und deren Leben als unwert hingestellt wurde, und daß in dieser Umgebung die Vernichtung jüdischen Lebens etwas Alltägliches war.«[259] Der Angeklagte legt ebenso wie die Staatsanwaltschaft gegen das Urteil Revision ein. – Der 4. Strafsenat des Bundesgerichtshofs in **Karlsruhe** lehnt in seiner Verhandlung vom 6. November 1958 den Revisionsantrag des Angeklagten ab, gibt jedoch dem der Staatsanwaltschaft statt.

2.12.: Der ehemalige SS-Rottenführer Paul Thomanek vor dem Hagener Schwurgericht.

In der Begründung heißt es, daß der Richter bei der Strafzumessung nicht hinreichend der Frage nachgegangen sei, ob der Angeklagte bei der Begehung seiner Taten aus Mordlust oder aus reiner Willkür gehandelt habe. Das Urteil wird deshalb in den fünf Tötungsfällen mit den entsprechenden Feststellungen aufgehoben und an das Schwurgericht zurückverwiesen.

2. Dezember Das Bezirksgericht **Schwerin** verurteilt Elli Köppke wegen Abwerbung und Spionagetätigkeit für einen britischen Geheimdienst zu einer Zuchthausstrafe von zweieinhalb Jahren.

2. Dezember In der westpolnischen Stadt **Gorzów Wielkopolski**, dem ehemaligen Landsberg an der Warthe, kommt es zu schweren Zusammenstößen zwischen Jugendlichen und der Polizei. Auslöser für die Unruhen ist ein Unfall, bei dem ein Streifenwagen eine Radfahrerin angefahren und leicht verletzt hat. Obwohl die Frau sofort ärztlich versorgt wird und keine Lebensgefahr für sie besteht, verbreitet sich in der Stadt das Gerücht, sie sei an den Folgen gestorben. Mehr als 300 Jugendliche rotten sich zusammen und bewerfen die Polizisten, die sie für den Unfall verantwortlich machen, mit Steinen und Flaschen. Nur mit Mühe gelingt es den zusätzlich herbeieilenden Ordnungskräften, die auch Tränengas gegen die Menge einsetzen, der Situation Herr zu werden. Insgesamt werden 49 Personen festgenommen.

3. Dezember Die I. Große Strafkammer des Landgerichts **Bamberg** verurteilt den Herausgeber der rechtsradikalen Monatszeitschrift »Nation Europa«, Arthur Erhardt, wegen Verunglimpfung der Bundesrepublik zu drei Monaten Gefängnis mit einer Bewährungsfrist von drei Jahren. Der 61jährige habe in seinen Veröffentlichungen die Staatsform der Bundesrepublik der des NS-Staates gegenübergestellt und beschimpft. In der Behauptung, Bundestagspräsident Eugen Gerstenmaier verfüge über kein ausgeglichenes menschliches Urteil, müsse außerdem eine Beleidigung des zweithöchsten Repräsentanten der Bundesrepublik gesehen werden. Dem Angeklagten habe allerdings nicht nachgewiesen werden können, daß er mit seinem Blatt die verfassungsmäßige Ordnung der Bundesrepublik habe ändern wollen. Der auf die Herstellung staatsgefährdender Schriften bezogene Anklagepunkt entfalle deshalb. Der Verteidiger Ehrhardts, der FDP-Bundestagsabgeordnete Wolfgang Stammberger, hatte während der Verhandlung behauptet, daß die »Ungefährlichkeit« der Zeitschrift seines Mandanten schon daraus hervorgehe, daß darin auch Bundesfamilienminister Franz-Josef Wuermeling (CDU) und verschiedene

Bundestagsabgeordnete der Koalitionsparteien publizierten. Ehrhardt kündigt an, gegen das Urteil Revision beim Bundesgerichtshof in Karlsruhe beantragen zu wollen.

3. Dezember Mehr als 1.000 Studenten der Universität **Kiel** protestieren auf einer Kundgebung gegen die Verurteilung des Studentenpfarrers Siegfried Schmutzler zu einer fünfjährigen Gefängnisstrafe durch das Bezirksgericht Leipzig. – An den beiden darauffolgenden Tagen führen auch in **Freiburg** und **Göttingen** Studenten Schweigemärsche gegen das Urteil der DDR-Justiz durch.

3.-5. Dezember Mit den Worten »Gute Nacht, liebe Kinder« stellt Radio Saarbrücken am Ende des Kinderfunks um 19 Uhr seinen Sendebetrieb auf unbestimmte Zeit ein. Die Belegschaft der Rundfunkanstalt in **Saarbrücken** ist nach dem Scheitern von Lohn- und Gehaltsverhandlungen geschlossen in den Streik getreten. Die 360 Mitarbeiter sind vom Betriebsrat angewiesen worden, zu Hause zu jeder vollen Stunde ihr Rundfunkgerät einzuschalten, um eventuelle Mitteilungen der Streikleitung empfangen zu können. Nachdem sich die Verhandlungspartner auf einen Kompromiß einigen konnten, wird der Sendebetrieb nach 47 Stunden wieder aufgenommen.

4. Dezember In **Düsseldorf** versammeln sich etwa 60 Kunst- und Musikstudenten vor der Staatlichen Kunstakademie, um gegen die Aufführung des Veit-Harlan-Films »Anders als du und ich« zu protestieren. Mit Plakaten und Transparenten, auf denen sie sich gegen die Gleichsetzung von moderner Kunst und Homosexualität wenden, ziehen sie durch die Straßen der Innenstadt. Dem Protest haben sich auch ein Professor der Kunstakademie und des Robert-Schumann-Konservatoriums angeschlossen.

4. Dezember Im Bonifatiushaus in **Fulda** treffen Priester und Laien des *Katholischen Männerwerks* zusammen, um die Jahrestagung 1958 zu planen. An den Gesprächen, die immer wieder um die Befürchtung kreisen, daß sich in Europa ein neutralistischer Kurs durchsetzen könnte, nehmen auch rechtskonservative Unionspolitiker wie der bayerische Landwirtschaftsminister Alois Hundhammer, der Vorsitzende des rheinland-pfälzischen Verfassungsgerichtshofes Adolf Süsterhenn, der nordrhein-westfälische Landtagspräsident Josef Gockeln, der CDU-Bundestagsabgeordnete Johannes Even und der CSU-Fraktionsvorsitzende im Bayerischen Landtag, Prälat Georg Meixner, teil. Aus Ärger über die Tatsache, daß der wegen seiner kommunistischen Vergangenheit unter Beschuß geratene SPD-Politiker Herbert Wehner mit Unterstützung des CDU-Fraktionsvor-

sitzenden im Bundestag, Heinrich Krone, wieder Vorsitzender des Bundestagsausschusses für gesamtdeutsche Fragen werden konnte, beschließen sie »Das Fuldaer Manifest«, eine antikommunistische Philippika aus katholischer Sicht. – Der redaktionell überarbeitete Text erscheint noch im selben Monat unter der Überschrift »Letzter Appell« in der katholischen Männerzeitung »Mann in der Zeit«. In dem Aufruf, zu dem Chefredakteur Hermann Rössler einen einleitenden Text verfaßt hat, heißt es: »Angesichts alarmierender Anzeichen einer neuen Fehlentwicklung der deutschen Politik erheben wir unsere Stimme von Fulda aus, der mitteldeutschen Bonifatiusstadt am Eisernen Vorhang, um zu verhindern, daß unser ganzes Volk und ganz Europa in eine neue Katastrophe hineintreiben, bitten wir inständig alle vor Gott und der Geschichte Verantwortung tragenden Landsleute, über weltanschauliche und parteipolitische Gegensätze hinweg, in den kommenden Wochen und Monaten stets folgender Grundtatsachen der politischen Wirklichkeit eingedenk zu sein: Der Kommunismus drängt unverändert nach der Weltbolschewisierung gemäß den programmatischen Grundsätzen Lenins und Stalins ... Ein Leben und eine deutsche Wiedervereinigung in Frieden und Freiheit sind endgültig gescheitert, wenn diese im wesentlichen lediglich durch Verträge und Abmachungen mit der Sowjetunion gesichert werden sollen. Der Kommunismus kennt keine Vertragstreue ... Jede politische Entscheidung oder öffentliche Äußerung, die dieses Bündnis mit dem Westen in Frage stellt, ist bewußt oder unbewußt eine Unterstützung der Weltbolschewisierung und

4.12.: Studenten der Düsseldorfer Kunstakademie demonstrieren gegen den jüngsten Veit-Harlan-Film.

ein Beitrag zum nationalen und europäischen Selbstmord.«[260] – Das »Fuldaer Manifest« stößt keineswegs auf überschwengliche Zustimmung, sondern führt unter zahlreichen Unionspolitikern zu Irritationen und ruft zum Teil auch heftige Abwehrreaktionen hervor. Ein Teil der Unterzeichner nimmt die Tatsache, daß die Präambel erst nach ihrer Unterzeichnung von Hermann Rössler verfaßt worden ist, zum Anlaß, um sich nun von dem Text insgesamt zu distanzieren. Der Präsident des *Katholischen Männerwerks*, der 79jährige Josef Joos, richtet ein Schreiben an Bundeskanzler Adenauer, in dem er sich zwar nicht von dem Aufruf distanziert, jedoch versichert, daß man damit den Bemühungen der Bundesregierung um Gespräche mit der sowjetischen Regierung nicht in den Rücken fallen wolle.

4./5. Dezember Unbekannte werfen nachts auf dem jüdischen Friedhof von **Lampertheim** (Südhessen) drei Grabsteine um. Die Polizei setzt für die Ergreifung der Täter eine Belohnung von 250 Mark aus.

5. Dezember Die 4. Große Strafkammer des Landgerichts **Düsseldorf** verurteilt den Kommunisten Bruno Bachler wegen Betätigung für die verbotene westdeutsche FDJ zu einer Gefängnisstrafe von drei Monaten. Bachler war Leiter der kommunistischen Kinderorganisation *Junge Pioniere* in Duisburg.

9.12.: Vor dem Hauptgebäude der Hamburger Universität demonstrieren Studenten gegen die Verurteilung des Leipziger Studentenpfarrers.

5. Dezember Die indonesische Regierung in **Djakarta** kündigt die Ausweisung aller noch im Land befindlichen niederländischen Staatsangehörigen an. Als Begründung dieser Zwangsmaßnahme wird angeführt, daß ein vor einer Woche in der UN-Vollversammlung in New York eingebrachter Resolutionsentwurf über West-Neuguinea gescheitert ist. Der südostasiatische Inselstaat Indonesien beansprucht diesen Teil der Insel, der sich immer noch im Besitz der Niederlande befindet.

7. Dezember Unter dem Titel »Vorübergehend geöffnet« stellt das Kabarett »Die Bedienten« im Zentralen Kulturhaus **Potsdam** sein Antrittsprogramm vor. Die Studenten, die ihre Couplets unter Leitung von Kurt Noack, einem Regieassistenten der DEFA, einstudiert haben, singen am Anfang gemeinsam: »Durchgehend geöffnet! So könnt es hier ja steh'n. / Doch ob uns det jestattet is, det woll'n wir erstmal seh'n. / Vorübergehend geöffnet! So schreiben wir hier ran, / weil dann, wenn wir geschlossen werd'n, / keen Kunde meckern kann.«[261] – Bereits das Echo, das die Premiere in der DDR-Presse auslöst, zeigt, das die selbstironische Äußerung alles andere als unbegründet ist. Die »Potsdamer Volksstimme« schreibt, daß das Kabarett »dem Inhalt nach eine Provokation« sei und gerade dazu herausfordere, verboten zu werden. Bei den meisten der 24 Programmnummern handle es sich um »unverschämte Diffamierungen unserer sozialistischen Demokratie, unserer Partei und ihrer Politik«. Es werde »hoffentlich« dafür gesorgt, daß »Die Bedienten« nicht wieder auftreten könnten. – Bereits nach der dritten Vorstellung wird dem Kabarett jede weitere Aufführung untersagt. Kurt Noack und seine Mitstreiter setzen sich daraufhin nach **West-Berlin** ab.

7. Dezember Die griechische Bevölkerung auf **Zypern** folgt dem Aufruf zu einem Generalstreik. Dadurch soll der Forderung nach Selbstbestimmung Ausdruck gegeben werden. Die Insel im östlichen Mittelmeer ist seit 1925 britische Kronkolonie. Die griechische Bevölkerungsmehrheit, die rund 80% der Gesamtbevölkerung ausmacht, fordert den Anschluß an Griechenland, die türkische Minderheit dagegen eine Teilung Zyperns.

9. Dezember Durch **Hamburg** ziehen 2.500 Studenten, um gegen das Urteil des Leipziger Bezirksgerichts zu protestieren, in dem der Studentenpfarrer Siegfried Schmutzler wegen Verleumdung der DDR zu einer Zuchthausstrafe von fünf Jahren verurteilt worden ist. Den Abschluß des kilometerlangen Schweigemarsches, an dem auch der Rektor der Universität, Professor Karl Schiller, teilnimmt, bildet eine Kundgebung vor dem Hauptgebäude der Universität. Als Hauptredner lobt Professor Siegfried Landshut die mutige Haltung des Leipziger Studentenpfarrers, der sich in seiner religiösen Überzeugung nicht von der SED habe reglementieren lassen. Anschließend besuchen viele der Demonstranten einen Bittgottesdienst in der Kirche St. Katharinen, bei dem der Hamburger Studentenpfarrer die Predigt hält.

9. Dezember Der Finanzminister der jungen afrikanischen Republik Ghana, Gbedemah, wird in **Dover** (US-Bundesstaat Delaware) wegen seiner schwarzen Hautfarbe eines Restaurants verwiesen. Der fließend Englisch sprechende Politiker, der sich auf Einladung von Vizepräsident Richard M. Nixon in den USA aufhält, befindet sich auf dem Weg zu einem Empfang, der ihm zu Ehren geben werden soll. – Auf einer Pressekonferenz in **New York** erklärt Gbedemah, er könne nicht verstehen, daß man ihm auf so unfreundliche Weise begegne. Bei den Unabhängigkeitsfeiern seines Landes im März sei Nixon sein persönlicher Gast gewesen. – Als Zeichen der Wiedergutmachung wird der ghanaische Gast von Präsident Dwight D. Eisenhower kurze Zeit später zum Frühstück ins Weiße Haus in **Washington** eingeladen. Im State Department befürchtet man wegen des Vorfalls, wie es in Pressekomentaren heißt, negative Auswirkungen auf die Afrika-Politik der USA.

10. Dezember Der aus Algerien stammende französische Schriftsteller, Dramatiker und Philosoph Albert Camus wird in **Stockholm** mit dem Nobelpreis für Literatur ausgezeichnet. Zur Aufgabe des Schriftstellers, heißt es in der Dankesrede des 44jährigen, daß sie nicht darin bestehe, sich in den Dienst derer zu stellen, die Geschichte machten, sondern derer, die sie erleiden müßten. Der Autor, der vor allem mit seinen beiden Romanen »Der Fremde« und »Die Pest« Weltruhm erlangt hat, formuliert sein Selbstverständnis stellvertretend für die Generation derjenigen, die zu Beginn des Ersten Weltkriegs geboren sind. Sie seien durch das Hitler-Regime, den Spanischen Bürgerkrieg, den Zweiten Weltkrieg und die Konzentrationslager geprägt worden und sähen sich durch die Atombombe nun einer globalen Bedrohung gegenüber. »Jede Generation«, faßt Camus seine Auffassung zusammen, »sieht zweifellos ihre Aufgabe darin, die Welt neu zu erbauen. Meine Generation jedoch weiß, daß sie sie

nicht neu erbauen wird. Aber vielleicht fällt ihr eine noch größere Aufgabe zu. Sie besteht darin, den Zerfall der Welt zu verhindern. Als Erbin einer morschen Geschichte, in der verkommene Revolutionen, tollgewordene Technik, tote Götter und ausgelaugte Ideologien sich vermengen, in der Mächte ohne Größe heute wohl alles zu zerstören, aber niemand mehr zu überzeugen vermögen, in der die Intelligenz sich so weit erniedrigt, dem Haß und der Unterdrückung zu dienen, sah diese Generation sich vor die Aufgabe gestellt, einzig von ihrer Ablehnung ausgehend, in sich und um sich ein weniges von dem, was die Würde des Lebens und des Sterbens ausmacht, wiederherzustellen.«[262]

10. Dezember Der französische Schriftsteller und Philosoph Jean-Paul Sartre tritt in **Paris** im Prozeß gegen den Algerier Mohammed Ben Sadok, der den Vizepräsidenten der algerischen Nationalversammlung Ali Chekkal erschossen hat, als Entlastungszeuge auf. Ben Sadok ist Mitglied der algerischen Befreiungsbewegung FNL und hat in deren Auftrag den Politiker am 26. Mai in Paris ermordet. Chekkal war einer der wichtigsten Befürworter für eine Reformierung des französischen Kolonialsystems in Algerien. Von der FNL war er deshalb bereits seit langem als »Verräter« gebrandmarkt worden. Sartre, der von Pierre Stibbe, dem Verteidiger Ben Sadoks, als Entlastungszeuge genannt worden ist, betont in seiner Aussage, daß es sich bei der Tat des jungen Algeriers um einen politischen Mord handle, der nicht mit dem Attentat eines Terroristen auf eine Stufe gestellt werden dürfe. Im Gegensatz zu Sartre hat es Albert Camus, der von Stibbe ebenfalls um eine Zeugenaussage gebeten worden ist, abgelehnt, vor Gericht aufzutreten und sich für den Angeklagten einzusetzen. Der Nobelpreisträger hat sich auch geweigert, dort seinen Essay gegen die Todesstrafe zu verlesen oder eine Botschaft an das Tribunal zu richten. – Der Attentäter Mohammed Ben Sadok wird am Tag darauf nicht, wie von vielen befürchtet, zum Tode, sondern zu einer lebenslänglichen Gefängnisstrafe verurteilt.

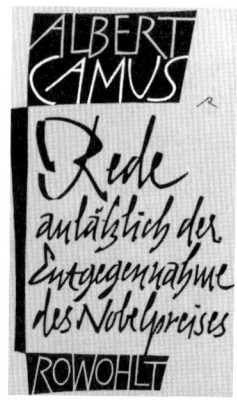

10.12.: Albert Camus nimmt in Stockholm den Nobelpreis für Literatur entgegen; Applaus spenden König Gustav VI. Adolf und Mitglieder seiner Familie.

10.12.: Sonderausgabe der Dankesrede für Freunde des Rowohlt Verlages.

10.12.: Jean-Paul Sartre (rechts) beim Verlassen des Pariser Justizgebäudes im Gespräch mit dem Verteidiger Ben Sadoks.

12.12.: Pariser Studenten demonstrieren wegen ihrer miserablen Studienbedingungen.

13.12.: Titel des von Agartz selbst verfaßten, pseudonym veröffentlichten Berichts über seinen Fall. In dem 1958 erschienenen Buch sind auch die Plädoyers von Gustav Heinemann und Diether Posser enthalten.

13.12.: Der Angeklagte Viktor Agartz (links) zusammen mit Gustav Heinemann, einem seiner Verteidiger.

10. Dezember Major Pallavicini, der die Gruppe der Aufständischen befehligte, die am 30. Oktober 1956 Kardinal József Mindszenty vorübergehend befreite, wird in **Budapest** von einem Militärgericht zum Tode verurteilt und unmittelbar danach hingerichtet.

10./11. Dezember Am 6. Bundeskongreß des in der Bundesrepublik inzwischen verbotenen *Demokratischen Frauenbundes Deutschlands* (DFD) nehmen in **Weimar** über 1.000 Frauen teil. Als Gäste sind auch die Witwe des von den Nazis ermordeten KPD-Vorsitzenden Ernst Thälmann, Rosa Thälmann, die Generalsekretärin der *Internationalen Demokratischen Frauenföderation* (IDFF), Carmen Zanti, und der Ministerpräsident der DDR, Otto Grotewohl, zugegen. Zur ersten Vorsitzenden des DFD wird wieder Ilse Thiele gewählt, zu ihren Stellvertreterinnen Therese Florin, Ursula Friedrich, Wilhelmine Schirmer-Pröscher und Maria Torhorst.

12. Dezember In **Paris** und vielen anderen französischen Universitätsstädten folgen Zehntausende von Studenten einem Aufruf ihres linksgerichteten Verbandes *Union Nationale des Étudiants Français* (UNEF) und bleiben den Vorlesungen fern. Auf Demonstrationen und Kundgebungen prangern sie die Überfüllung von Hörsälen und Seminaren sowie die miserablen Studienbedingungen an. Mit ihrem als Generalstreik bezeichneten Protest wollen die Studenten ihren bereits wiederholt vorgebrachten Forderungen nach einer Studienreform und der Einführung einer Studienbesoldung Nachdruck verleihen. UNEF-Sprecher sehen einen wesentlichen Grund für die finanzielle Unterversorgung der Universitäten in den ständig wachsenden Militärausgaben für den Algerienkrieg.

13. Dezember Der 3. Strafsenat des Bundesgerichtshofes in **Karlsruhe** spricht in einem bereits am 25. November eröffneten Landesverratsverfahren den

Hauptangeklagten Viktor Agartz, ehemals Leiter des Wirtschaftswissenschaftlichen Instituts (WWI) beim DGB, und dessen Sekretärin, Ruth Ludwig, von der Anklage frei, »verfassungsfeindliche und landesverräterische Beziehungen« zum *Freien Deutschen Gewerkschaftsbund* (FDGB) in der DDR unterhalten zu haben. Sein Mitarbeiter, der Kraftfahrer Gustav Wieland, wird zu einer Gefängnisstrafe von acht Monaten verurteilt, die zur Bewährung ausgesetzt wird. Verteidiger von Agartz sind die beiden ehemals führenden GVP-Politiker Gustav Heinemann und Diether Posser, die inzwischen nach der Selbstauflösung ihrer Partei zur SPD übergewechselt sind. Als wichtigster Entlastungszeuge war der Marburger Politologe Professor Wolfgang Abendroth aufgetreten. Der entscheidende Vorwurf gegen den am 26. März verhafteten Wirtschaftstheoretiker, er habe große Geldsummen vom FDGB zur finanziellen Unterstützung der verbotenen KPD empfangen, konnte im Lauf des Prozesses widerlegt werden. Viktor Agartz hatte im Februar 1956 die Gesellschaft für wirtschaftswissenschaftliche Forschung GmbH gegründet und zur Beeinflussung der innergewerkschaftlichen Auseinandersetzung die »Korrespondenz für Wirtschafts- und Sozialwissenschaften« (WISO) herausgegeben. Da seine Zeitschrift bald in finanzielle Schwierigkeiten geriet, nahm er Kontakt zum FDGB in der DDR auf. Dieser erklärte sich bald bereit, zur Unterstützung der WISO ein Pauschal-

abonnement von monatlich 2.000 Exemplaren zu übernehmen, wofür jeweils 10.000 DM gezahlt wurden. Auf der Rückreise aus der DDR war dann der für den Vertrieb zuständige Angestellte, Gustav Wieland, mit dem entsprechenden Geldbetrag festgenommen worden. Da der Prozeß jedoch auch von einer starken gesinnungspolitischen Komponente bestimmt wurde, gab Viktor Agartz vor Gericht eine grundlegende politische Erklärung ab. Darin heißt es: »Ich soll nach der Anklage die freiheitliche Verfassung und die Demokratie gefährdet haben. Herr Bundesanwalt, ich kenne Ihren politischen Anteil am Aufbau dieser heutigen politischen Demokratie nicht. Ich weiß aber um meinen Anteil. 1920 stand ich mit der Waffe in der Hand gegen den Kapp-Putsch. 1933 begann die illegale Arbeit zur Beseitigung des Faschismus. 1945 war ich einer der wenigen, die halfen, den groben Schutt wegzuräumen, um die politische Demokratie in ihren Fundamenten zu sichern, als der große Teil derer, die heute die Demokratie glauben schützen zu müssen, in den Mauselöchern verkrochen waren ... Das Urteil, ob ich politisch gefehlt oder recht getan habe, überlasse ich der Entscheidung der gesamten deutschen Arbeiterklasse.«[263] Am Tag vor der Urteilsverkündung, einem prozeßfreien Tag, hatte Agartz seine beiden Verteidiger bei einem Ausflug zur Bühler Höhe darüber informiert, daß ihm ein Asylangebot aus Frankreich vorliege. Er werde auf keinen Fall noch einmal ins Gefängnis gehen. Auf seine Frage, ob sie auch sicher seien, daß ihn der Bundesgerichtshof freisprechen würde, antwortet Heinemann, es könne zwar niemand »so dumm denken, wie ein Gericht entscheiden« könne, er sei jedoch sehr zuversichtlich, daß das Verfahren für ihn nur mit einem Freispruch enden könne. – Noch am Tag der Urteilsverkündung treffen Glückwunschtelegramme bei Agartz zu Hause ein; eines der ersten stammt von dem Industriellen Hans Heinrich Thyssen-Bornemisza. Einen Tag später, am 14. Dezember, schreibt die Tageszeitung »Die Welt« in einem Kommentar: »Viktor Agartz verläßt Karlsruhe als ein freier, aber als ein politisch toter Mann.«[264] – Wegen einer Kritik von Agartz an der DDR stellt der FDGB die finanzielle Unterstützung der WISO im Jahre 1961 ein.

13. Dezember Zehn Professoren der Universität **Heidelberg** sprechen sich in einem an Bundeskanzler Adenauer gerichteten Telegramm gegen eine Stationierung von Atomwaffen auf dem Territorium der Bundesrepublik aus. In dem u. a. von dem Soziologen Alfred Weber, dem Philosophen Karl Löwith und dem Psychoanalytiker Alexander Mitscherlich unterzeichneten Text heißt es: »Es kommt ... für die deutsche Politik unseres Erachtens darauf an, alles zu

tun, um die Möglichkeit eines Abschusses von Kernwaffen von deutschem Boden aus zu verhindern und damit die Aufforderung an die atomar gerüsteten Weltmächte zu verbinden, sich gemeinsam über eine gleichmäßige, kontrollierte Abrüstung zu verständigen, sowie die Ausdehnung der atomaren Rüstung auf weitere Staaten zu verhindern. Unsere Besorgnis vor einer Vertiefung der europäischen Spaltung und vor einem fortgesetzten Hinausschieben der deutschen Wiedervereinigung steht hiermit in einem engen Zusammenhang.«[265] – Am 18. Dezember richten 84 weitere Professoren und Dozenten der Universität Heidelberg einen zweiten Appell an den Bundeskanzler. Dieser wird bis zum 22. Dezember von insgesamt 122 Universitätslehrern unterzeichnet.

13.12.: Der Soziologe Alfred Weber.

14. Dezember Auf einer CSU-Kundgebung in **Plattling** (Niederbayern) warnt Bundesjustizminister Fritz Schäffer davor, daß die Wiedergutmachungszahlungen an Israel zu einer Entwertung der DM führen könnten.

14. Dezember Der Sekretär für Wirtschaftsfragen im ZK der SED, der 45jährige Gerhart Ziller, begeht in **Ost-Berlin** Selbstmord. Der Altkommunist und

14.12.: Von Gerhard Ziller verfaßtes Abschiedsschreiben an Ministerpräsident Otto Grotewohl.

»Lieber Genosse Grotewohl! Es ist schwer, das Vertrauen der Genossen zu verlieren. Nach dem, was mir gesagt wurde, muß ich annehmen, daß man glaubt, ich habe mich parteischädigend verhalten. Alles, was ich tat, das tat ich für unsere gemeinsame große Sache, für die Partei. Da ich eine schwere, verantwortliche Arbeit in der Partei leisten mußte, hätte ich auch mehr kollektive Hilfe benötigt. Ich hatte sie aber nicht.
Lang habe ich darüber nachgedacht, was jetzt noch zu tun ist. Es widerspricht mir, kritische Auseinandersetzungen zu führen, die in ihrem Ergebnis die Partei nur schwächen könnten. Ich halte auch nichts von einer Selbstkritik in diesem Fall. Wir stehen einem noch immer mächtigen Feind gegenüber, der schonungslos innere Fehler und Versäumnisse gegen uns nutzt. Außerdem, was man mir vorgeworfen hat, kann ich nicht bestätigen.
Es würde uns allen, der ganzen Partei und unserem sozialistischen Land sehr nützen, wenn wir eine vertrauensvolle, wirklich kollektive Arbeit in der Leitung entwickelten. Das werden wir noch lernen müssen. Da ich das Gefühl der bitteren Einsamkeit und der ohnmächtigen Uneinigkeit nur zu gut seit dem Jahre 1936, als ich von den Nazis aus dem Zuchthaus entlassen wurde, kenne, will ich es nicht noch einmal hinnehmen. Damals wagten die Freunde nicht mit mir zu sprechen – bis ich endlich wieder Kontakt hatte und illegal arbeiten konnte. Jetzt bin ich zu überanstrengt, ich ertrage es nicht, denn es ist meine Welt, die ich mit erträumt und erkämpft habe und es sind meine Freunde und meine Genossen, die sich so verhalten würden.
Also Genossen, verzeiht – die Schuld liegt bei mir.«

16.-19.12.: NATO-Ministerratstagung in Paris.

16.-19.12.: »Peinliche Erinnerung.« Karikatur aus der Tageszeitung »Die Welt«.

frühere Minister für Maschinen- und Schwermaschinenbau gehörte zu der Ulbricht gegenüber oppositionell eingestellten Fraktion von Karl Schirdewan und Ernst Wollweber und war zusammen mit ihnen auf dem 30. ZK-Plenum der SED Ende Januar zum »Parteifeind« erklärt und ausgebootet worden.

14. Dezember Auf der UN-Vollversammlung in **New York** scheitert ein von Griechenland eingebrachter Resolutionsentwurf zur Zypernfrage, der Verhandlungen mit der Kolonialmacht Großbritannien auf der Grundlage des Selbstbestimmungsrechts der Völker vorsieht, an der erforderlichen Zwei-Drittel-Mehrheit.

15. Dezember Auf einer Bürgerversammlung in der mittelfränkischen Stadt **Ansbach** nehmen die 300 Versammelten ohne Gegenstimme einen Resolutionsentwurf des ehemaligen Amtsdirektors Christian Stecher an, mit dem der Stadtrat aufgefordert wird, sich rechtzeitig und mit aller Entschiedenheit bei den maßgebenden Stellen gegen die Lagerung von Atom- und Kurzstreckenraketen sowie die Errichtung von Abschußrampen in der Stadt und ihrer Umgebung zu wenden. Den Einwohnern war kurz zuvor bekannt geworden, daß die amerikanischen Truppen entsprechende Pläne hegen.

16. Dezember Der Stadtrat von **Miltenberg** (Mainfranken) beschließt auf einer öffentlichen Sitzung, »aus Gründen der Sicherheit für die Zivilbevölkerung« der bayerischen Landesregierung die Genehmigung zur Durchführung von Vermessungsarbeiten für die Errichtung einer Raketenabschußbasis zu verweigern. Nach Auskunft des Bürgermeisters hat in dieser Angelegenheit ein Vertreter der Landesregierung im Auftrag amerikanischer Behörden vorgesprochen. Auf dem bei Mainbulla gelegenen, 13,7 Hektar großen Gelände sollen eine Abschußrampe für Mittelstreckenraketen sowie Unterkünfte und eine Radarstation errichtet werden. Der bayerische Ministerpräsident Hanns Seidel (CSU) hatte erst einige Tage zuvor erklärt, daß ihm keine Pläne zur Aufstellung von Raketenbasen bekannt seien.

16. Dezember Im Zentralinstitut für Kernphysik in **Rossendorf** bei Dresden wird zu Forschungszwecken der erste Atomreaktor der DDR in Betrieb genommen. Teile des, wie es ausdrücklich heißt, »für die friedliche Anwendung der Atomenergie« bestimmten Reaktors stammen ebenso wie das Know-How aus der Sowjetunion.

16.-19. Dezember Auf der alljährlichen Ministerratstagung der NATO in **Paris** erklärt US-Präsident Dwight D. Eisenhower nach einleitenden Worten des luxemburgischen Ministerpräsidenten Joseph Bech und seines französischen Amtskollegen Félix Gaillard, die NATO habe sich als eine »Institution des Friedens« erwiesen. Seit ihrer Gründung sei kein weiteres europäisches Land mehr in die Hände der kommunistischen Machthaber gefallen. Es gebe jedoch keinen Grund, mit dem Erreichten zufrieden zu sein. Es bedürfe auch weiterhin großer Anstrengungen, um die Welt »einem wahren Frieden« entgegenzuführen. Als erster Redner nach den Eröffnungsansprachen fordert Bundeskanzler Adenauer eine »Ausrüstung der Allianz im ganzen mit modernen Waffen, die der Ausrüstung unseres Gegners gleichwertig«[266] seien. Was damit gemeint ist, stellt US-Außenminister John Foster Dulles klar. Die Vereinigten Staaten, erlärt er, seien bereit, in Europa ein NATO-Atomwaffen-Lager einzurichten und den einzelnen Mitgliedsstaaten auf Wunsch Raketen mittlerer Reichweite zur Verfügung zu stellen. Der norwegische Ministerpräsident Einar Gerhardsen lehnt dagegen die Errichtung von Raketenbasen sowie die Lagerung von Atomsprengköpfen ab und fordert seine Amtskollegen zu einer vorbehaltlosen Überprüfung des »Rapacki-Planes« zur Schaffung einer atomwaffenfreien Zone in Mitteleuropa auf. Auch der dänische Ministerpräsident Hans Christian Hansen wendet sich kategorisch gegen die vor allem von amerikanischer Seite geforderte Aufstellung von Mittelstreckenraketen in Westeuropa. Doch keiner der beiden skandinavischen Regierungschefs kann sich mit seinen Vorschlägen durchsetzen. Die 15 Mitgliedsstaaten einigen sich schließlich auf einen gemeinsamen Beschluß. In dem Kommuniqué heißt es, die Sowjetunion habe die Einigung über ein allgemeines Abrüstungsabkommen verhindert und gleichzeitig bei ihren Streitkräften die modernsten Waffen mit der größten Zerstörungskraft eingeführt. Solange sie auf ihrer Haltung beharre, gebe es keine Alternative, als wachsam zu bleiben und für entsprechende Verteidigungsanstrengungen zu sorgen: »Zu diesem Zweck hat die NATO beschlossen, Vorräte von Atomsprengköpfen zu schaffen, die im Notfall für die Verteidigung des Bündnisses leicht erreichbar sind. In Anbetracht der jetzigen sowjetischen Politik auf dem Gebiet neuer Waffen hat der Rat weiter beschlossen, ballistische Geschosse von mittlerer Reichweite dem alliierten Oberbefehlshaber in Europa zur Verfügung zu stellen.«[267] – Bundeskanzler Adenauer erklärt während einer anschließenden Pressekonferenz auf die Stationierung von Mittelstreckenraketen in der Bundesrepublik angesprochen, er möchte den Staat sehen, der es ablehne, wenn aus militärischen Gründen »dieses oder jenes« zu seinem Schutz getan werde.

17. Dezember Mit einer Protesterklärung wenden sich 21 Professoren und Dozenten der Pädagogischen Hochschule **Hannover** gegen die Errichtung von Raketenabschußbasen.

17. Dezember Die Abgeordneten der SPD-Fraktion im Hessischen Landtag in **Wiesbaden** sprechen sich in einer Erklärung ebenfalls gegen den Bau von Abschußbasen für Atomraketen aus.

18. Dezember In namentlicher Abstimmung spricht sich die Bürgerschaft von **Bremen** gegen die Errichtung von Raketenbasen in der Bundesrepublik und gegen eine Atombewaffnung der Bundeswehr aus. Die Abgeordneten fordern dagegen die Schaffung einer atomwaffenfreien Zone in Mitteleuropa. Die Landesregierung wird beauftragt, sich diesem Willen gemäß im Bundesrat einzusetzen.

19. Dezember Die farbige Tänzerin und Sängerin Josephine Baker hält auf Einladung des *Verbands für Freiheit und Menschenwürde* in der **Frankfurt**er Paulskirche eine Rede gegen den Rassismus. Darin schildert sie ausführlich, wie sie vor der Machtergreifung der Nazis bei einem Besuch in München erstmals in Europa wegen ihrer Hautfarbe wieder »den Stachel der Erniedrigung« spürte. Die im US-Bundesstaat Missouri geborene Frau, die sich auch mit scharfen Worten gegen die jüngsten Beispiele

19.12.: Josephine Baker gibt nach ihrem Vortrag in der Frankfurter Paulskirche Autogramme.

von Rassendiskriminierung in Little Rock wendet, tritt für Verständnis, Toleranz und Brüderlichkeit ein. Die Hautfarbe sei kein Zeichen der Unfreiheit; alle Menschen seien frei geboren. Es gebe nur eine menschliche Rasse. Sie fügt hinzu, daß 75% aller Menschen farbig und nur 25% weiß sind. – Der ehemalige Revuestar, der in den zwanziger Jahren in den Folies-Bergère in Paris nur mit einem Bananenröckchen bekleidet Aufsehen erregte, betreut als Pflegemutter im Schloß Les Milandes neun Waisenkinder verschiedener Hautfarben.

19. Dezember Nach viertägiger Verhandlung verurteilt das Bezirksgericht **Schwerin** den in der Gemeinde Pampow tätigen Propst Otto Maerker wegen »Boykotthetze« zu einer Zuchthausstrafe von zweieinhalb Jahren. Der Propst hatte sich geweigert, ein Mädchen, das die Jugendweihe empfangen hatte, kirchlich zu bestatten.

20. Dezember Der Senat der Freien und Hansestadt **Hamburg** spricht sich gegen die Errichtung von Raketenabschußbasen aus und tritt für die von dem polnischen Außenminister Adam Rapacki geforderte Schaffung einer atomwaffenfreien Zone in Mitteleuropa ein.

20. Dezember Die August-Thyssen-Hütte in **Duisburg** entläßt zwei Betriebsratsmitglieder fristlos und spricht einem Arbeiter die Kündigung aus. Zur Begründung heißt es, sie seien einer verfassungsfeindlichen Tätigkeit nachgegangen und hätten ihre Treuepflicht gegenüber dem Werk verletzt. Die beiden Betriebsratsmitglieder, von denen eines früher Mitglied der KPD war, sollen enge Kontakte mit dem *Freien Deutschen Gewerkschaftsbund* (FDGB) in der DDR unterhalten haben.

20. Dezember Der Rat der Organization for European Economic Cooperation (OEEC) unterzeichnet in **Paris** ein Abkommen zur nuklearen Sicherheitskontrolle, das die friedliche Verwendung von Atombrennstoffen im Bereich der OEEC garantieren soll.

27.12.: »Kein schön'rer Tod...« Karikatur aus dem Hamburger Wochenblatt »Die Andere Zeitung«.

25. Dezember Im <u>DDR-Fernsehen</u> wird die erste Feier zur »sozialistischen Namensgebung«, die »Kindesweihe«, übertragen. Der »Beauftragte für das Personenstandswesen« erklärt dazu: »Die sozialistische Namensgebung ist ein Bekenntnis zu unserem Arbeiter- und Bauernstaat, dem ersten sozialistischen deutschen Staat. Mit dem Erhalt der Namensgebung steht Ihr in einer Reihe mit den Kämpfern für Frieden, Sozialismus und Fortschritt.«[268]

26. Dezember – 1. Januar 1958 Zum ersten »<u>Solidaritätskongreß der afroasiatischen Völker</u>« in **Kairo** kommen rund 500 Delegierte und Gäste aus 45 Nationen, darunter auch mehrere offizielle Beobachter aus der DDR, zusammen. In mehreren Resolutionen werden die Apartheidspolitik der Südafrikanischen Union sowie die französische Kolonialpolitik in Algerien und die britische in Kenia und Uganda verurteilt. Am 1. Januar verabschieden die Delegierten als Neujahrsbotschaft eine Grundsatzerklärung. Darin berufen sie sich auf die von der Konferenz der blockfreien Staaten in Bandung im April 1955 angenommenen zehn Prinzipien der friedlichen Koexistenz als Grundlage für die Gestaltung der internationalen Beziehungen, in denen die Menschenrechte, die Satzung der Vereinten Nationen, die Souveränitätsrechte aller Völker, die Rassengleichheit und andere Grundpositionen bekräftigt werden. Das Fortbestehen des Imperialismus sei unvereinbar, heißt es weiter, mit der neuen Ära, die die Welt erlebe. Die Völker Asiens und Afrikas glaubten fest an das Recht jedes Volkes auf Freiheit und Unabhängigkeit. Allen Kolonien und Protektoraten solle, wird in einer Entschließung über den Imperialismus gefordert, das Recht auf volle Unabhängigkeit anerkannt und von den betreffenden Mächten unverzüglich gewährt werden. Die Delegierten beschließen die Einrichtung eines ständigen Oragns, des *Solidaritätsrates der Länder Asiens und Afrikas*. Er tritt am 1. Januar zu seiner konstituierenden Sitzung zusammen. Sitz seines Sekretariats ist Kairo.

27. Dezember Der Präsident des *Weltfriedensrates*, der Atomphysiker Frédéric Joliot-Curie, warnt in einer in **Paris** abgegebenen Erklärung vor der Aufstellung von Raketenbasen. Unter direkter Bezugnahme auf die vor einer Woche in der französischen Hauptstadt zu Ende gegangene Jahrestagung des NATO-Rates erklärt er: »Die Errichtung von Abschußrampen für Lang- und Mittelstreckenraketen, die Schaffung von Atomwaffenlagern in Europa und die neuen Versuche mit diesen Waffen bringen sehr ernste Gefahren für die ganze Menschheit mit sich. Der Anteil der Naturschätze und der Arbeit, der durch diese ungeheuerlichen Rüstungen verschlungen wird, ist die Ursache für die Störung des wirtschaftlichen Gleichgewichts, wodurch die Gefahr des Krieges, das gegenseitige Nichtverstehen der Staaten verstärkt und der Reichtum jedes Staates beeinträchtigt werden. Diese Naturschätze und diese Arbeitsstunden, für die Entwicklung der Wissenschaft und andere friedliche Zwecke verwendet, würden die materielle Existenz jedes Menschen erweitern und noch unbesiegbare schwere Krankheiten, Hunger und Unterernährung zurückdrängen, an denen noch ein beträchtlicher Teil der Menschheit leidet.«[269]

29. Dezember Mehrere Städte des Ruhrgebiets wenden sich in **Essen** in einer gemeinsamen Erklärung gegen den Ausbau des Flughafens Düsseldorf-Lohausen zu einem Großflughafen, auf dem auch schwere Düsenflugzeuge starten und landen können. Nach allen Erfahrungen des Luftverkehrs, heißt es zur Begründung, führe die Einrichtung von Großflughäfen in der Nähe von Großstädten für die Einwohner zu einer unzumutbaren Lärmbelästigung. Außerdem brächten die Einflug- und Startschneisen zwangsläufig erhöhte Gefahren mit sich. So sei erst vor wenigen Wochen in Düsseldorf ein Verkehrsflugzeug mitten im Stadtgebiet abgestürzt und ausgebrannt. Das Protestschreiben ist von den Städten Essen, Mülheim (Ruhr), Ratingen und Kettwig, dem Landkreis Düsseldorf-Mettmann, der Gemeinde Angermund, den Industrie- und Handelskammern von Essen und Duisburg sowie dem Siedlungsverband Ruhrkohlenbezirk unterzeichnet.

31. Dezember Weil sich eine seiner Koalitionsparteien weigert, Waffenkäufen in der Bundesrepublik zuzustimmen, erklärt der israelische Ministerpräsident David Ben Gurion in **Jerusalem** den Rücktritt seiner Regierung. – Am 24. Dezember hatte er in der Knesset die Verstärkung der israelischen Armee mit modernen Waffen als Notwendigkeit bezeichnet. Da die USA Waffenlieferungen an Israel abgelehnt hätten und die Ostblockstaaten dafür ohnehin nicht in Frage kämen, bliebe als möglicher Lieferant nur noch die Bundesrepublik übrig. Der Antrag der oppositionellen *Heruth-Partei*, die Beziehungen zur Bundesrepublik grundsätzlich zu erörtern, war danach bei 17 Enthaltungen mit 46:14 Stimmen abgelehnt worden. – Die Bundesregierung in **Bonn** hatte am 27. Dezember in einer amtlichen Erklärung die Äußerungen Ben Gurions dementiert. »Es ist nicht bekannt«, hieß es in der Stellungnahme, »welche Vorgänge oder Tatsachen die israelische Regierung zur Annahme veranlaßt haben könnten, daß sie in der Bundesrepublik Waffen kaufen könnte, die in anderen westlichen Ländern nicht erhältlich sind. Durch die Festlegung der Warenlisten sind Waffen und Kriegsmaterial von Lieferungen im Rahmen des deutsch-israelischen Wiedergutmachungsabkommens ausgeschlossen.«[270] Darüberhinaus werde sie, hieß es weiter, an der bislang geübten Praxis festhalten und Waffenlieferungen von deutschen Privatfirmen in Spannungsgebiete mit allen ihr zur Verfügung stehenden rechtlichen Mitteln unterbinden. Zu diesem Zeitpunkt ist bereits der Geheimbesuch einer israelischen Delegation bei Bundesverteidigungsminister Franz Josef Strauß vereinbart. Sie soll von Generalstabschef Moshe Dajan, dem in Israel gefeierten Helden des Sinai-Feldzuges vom Herbst 1956 angeführt werden. – Bereits am 7. Januar 1958 stellt Ben Gurion in der Knesset seine neue Regierung vor. Sie ist völlig identisch mit der zurückgetretenen und erhält am Tag darauf mit 76:33 Stimmen das Vertrauen der Parlamentarier. – Um Geheimhaltung garantieren zu können, findet das Treffen mit der israelischen Delegation kurze Zeit später in der Privatwohnung des Bundesverteidigungsministers in **Rott am Inn** statt. Wegen verschiedener Indiskretionen hat Dajan seine Teilnahme absagen müssen. Delegationsleiter ist nun Shimon Peres, der Generalsekretär im israelischen Verteidigungsministerium. Zwar habe Israel den Sinai-Feldzug gewonnen, erklärt er Strauß, der jüdische Staat befinde sich aber weiterhin in höchster Gefahr. Deshalb benötige man dringend militärisches Gerät, vor allem Hubschrauber, Transportflugzeuge, Artillerie und Panzerabwehrraketen. Der Bundesverteidigungsminister sagt eine Unterstützung im Rahmen des Möglichen zu und holt anschließend das Einverständnis des Bundeskanzlers ein. »Wir haben die Israel zugesagten Geräte und Waffen«, beschreibt Strauß später in seinen Erinnerungen die Transaktion, »heimlich aus den Depots der Bundeswehr geholt und hernach als Ablenkungsmanöver bei der Polizei in einigen Fällen Diebstahlsanzeige erstattet. Hubschrauber und Flugzeuge wurden ohne Hoheitszeichen nach Frankreich geflogen und von Marseille aus nach Israel verschifft ... Insgesamt haben wir Israel damals Lieferungen im Wert von 300 Millionen Mark – heutiger Wert 1,2 Milliarden – zukommen lassen, ohne Bezahlung dafür zu verlangen.«[271] Eingeweiht in die Geheimlieferungen wurden von Strauß neben Adenauer auch Bundesaußenminister Heinrich von Brentano (CDU), der CDU/CSU-Fraktionsvorsitzende Heinrich Krone und der sozialdemokratische Wehrexperte Fritz Erler.

31.12.: Der israelische Ministerpräsident David Ben Gurion.

57

1958

58

59

1958 im Zusammenhang

Das Verhältnis der beiden Großmächte ist durch die Frage nach der weiteren Entwicklung ihrer **Atompolitik** bestimmt. Gibt es angesichts leichter Entspannungstendenzen im Kalten Krieg eine Möglichkeit, die Nuklearbewaffnung zu bremsen und die mit ihr verbundenen Sicherheitsrisiken zu bannen? Einen ersten Vorstoß unternimmt im Januar der sowjetische Ministerpräsident **Nikolai A. Bulganin**. In einer an 83 Staaten gerichteten Note macht er den Vorschlag, eine Gipfelkonferenz zur Beendigung des Kalten Krieges einzuberufen. Hauptziele sollen dabei die Einstellung aller Nuklearwaffenversuche, ein grundsätzliches Verbot für alle Massenvernichtungsmittel sowie die Schaffung einer atomwaffenfreien Zone in Mitteleuropa sein. Doch bereits nach wenigen Tagen weist US-Präsident **Dwight D. Eisenhower** die Initiative mit den Worten zurück, sie sei für die Aufnahme erfolgversprechender Friedensverhandlungen ungeeignet. Daraus zieht die sowjetische Regierung offenbar den Schluß, nun selbst mit praktischem Beispiel voranzugehen und die Ernsthaftigkeit ihres Abrüstungsinteresses unter Beweis zu stellen. Ende März beschließt der Oberste Sowjet in **Moskau** einen **einseitigen Nuklearwaffenteststopp**, der sofort in Kraft treten soll. Die beiden anderen Atomwaffenmächte werden gleichzeitig aufgefordert, ebenfalls eine solche Entscheidung zu fällen. Nur einen Tag später lehnt US-Außenminister **John Foster Dulles** den Vorstoß mit der Bemerkung ab, es handle sich dabei um einen reinen Propagandatrick. Völlig unbeeindruckt beginnen die **USA** vier Wochen später auf der Pazifik-Insel **Eniwetok** mit einer neuen Atomtestserie. Und **Großbritannien**, das dem mächtigen Verbündeten augenscheinlich nicht nachstehen will, zündet am selben Tag auf den **Christmas Islands** eine weitere Wasserstoffbombe. Wie nicht anders zu erwarten korrigiert daraufhin die Sowjetunion ihre Entscheidung, Vorleistungen für einen internationalen Atomwaffenteststopp zu erbringen, und nimmt ihren Beschluß zurück. Es dauert immerhin fast noch ein halbes Jahr bis die sowjetische Regierung ihre Experimente wieder aufnehmen läßt. Zur Begründung heißt es, die UdSSR könne nicht tatenlos zusehen, wie die beiden Westmächte versuchten, aus dem einseitigen Teststopp militärische Vorteile zu ziehen.

Von Mißerfolg bleibt auch das vom polnischen Außenminister **Adam Rapacki** vorgelegte Konzept gezeichnet, durch die **Schaffung einer atomwaffenfreien Zone in Mitteleuropa** einen wesentlichen Beitrag zur Entspannung zu leisten. Nach einer ersten Vorstellung im Oktober des Vorjahres auf der UN-Vollversammlung präzisiert er sein Modell im Februar und im November in zwei weiteren Schritten. Obwohl er dabei bemüht ist, Vorschläge westlicher Politiker zu integrieren, scheitert sein Plan an der Haltung der Westmächte, die zu keinem Zeitpunkt die Bereitschaft erkennen lassen, sich ernsthaft mit ihm auseinanderzusetzen. Da von den für eine atomwaffenfreie Zone vorgesehenen vier Staaten neben Polen auch die Tschechoslowakei und die DDR ihre Zustimmung gegeben haben, fehlt mit der Bundesrepublik der einzige westliche Staat im Gesamtkonzept. Doch auch bei der dritten Version des **Rapacki-Plans**, die zwei Phasen für die Umsetzung vorsieht und damit Kompromißbereitschaft signalisiert, bleibt der Westen hart. Bei den USA, der Bundesrepublik und den anderen NATO-Mitgliedern überwiegt immer noch das Mißtrauen gegenüber der Bereitschaft eines Ostblock-Staates, neue Wege zur Minderung der Kriegsgefahr zu gehen.

Obwohl die deutsche Frage im Rapacki-Plan absichtlich ausgeklammert geblieben ist, geht es im Kern doch um einen sichereren Umgang mit den aus der Spaltung Deutschlands entstandenen Spannungen. Im November unternimmt **Nikita S. Chruschtschow** den Versuch, einen Teil der deutschen Nachkriegsordnung einseitig zu ändern. Der mächtigste sowjetische Politiker, der nach der Führung der KPdSU nun auch den Vorsitz im Ministerrat übernommen hat, konfrontiert die drei Westmächte mit einer Note, dem »Berlin-Ultimatum«. Er kündigt das Potsdamer Vier-Mächte-Abkommen auf und fordert, West-Berlin im Laufe eines halben Jahres zu »entmilitarisieren« und zu einer eigenständigen »freien Stadt« zu machen. Falls dies nicht geschehe, werde die UdSSR mit der DDR einen separaten Friedensvertrag abschließen und ihr die »Berlin-Rechte« übertragen. In einer zum Jahresende überreichten Antwortnote stellen die **USA**, **Großbritannien** und **Frankreich** klar, daß sie nicht daran denken, den Vier-Mächte-Status Berlins aufzugeben. Sie seien zwar zu Verhandlungen bereit, weigerten sich jedoch, ein Ultimatum zu akzeptieren.

Im Laufe des Sommers spitzt sich die Lage im Nahen Osten erneut gefährlich zu. Diesmal wird der Machtkonflikt nicht in Ägypten, sondern im **Libanon** ausgetragen. Obwohl die **USA** ebenso wie **Großbritannien** militärisch intervenieren, um ihre Interessen zu sichern, beläßt es die Sowjetunion in ihrer Gegenreaktion bei Protestnoten. Die Unruhen beginnen im Mai mit Gewalttätigkeiten in **Tripolis** und **Beirut**. Die oppositionellen Parteien rufen einen Generalstreik aus, um den prowestlich eingestellten Staatspräsidenten **Chamille Chamoun** in die Knie zu zwingen. Als die **USA** die libanesische Regierung mit Waffen und Munition unterstützt, bricht der Aufstandsversuch weitgehend zusammen. Als zwei Monate später im Nachbarland **Irak** Offiziere die Monarchie stürzen und König **Feisal II.** zusammen mit dem Kronprinzen sowie dem Ministerpräsidenten ermorden, erscheint die Regierung des Libanon erneut gefährdet. Um einen Umsturz zu verhindern, macht der US-Präsident erstmals von der nach ihm benannten **»Eisenhower-Doktrin«** Gebrauch und entsendet mehrere tausend Marine-Infanteristen in das am östlichen Mittelmeer gelegene Land. Parallel dazu greift **Großbritannien** in **Jordanien** ein. Da die Regierung von Premierminister **Harold Macmillan** befürchtet, daß hier ebenfalls die Monarchie gestürzt werden könnte, entsendet sie eine Fallschirmjägerbrigade zur Unterstützung von König **Hussein**. Im Gegensatz zum britischen Eingreifen endet die von den kommunistischen ebenso wie von den blockfreien Staaten scharf kritisierte Militärintervention der USA mit einem Mißerfolg. Als sich die Marine-Infanteristen Ende Oktober wieder aus dem Libanon zurückziehen, ist Staatspräsident **Chamoun** gestürzt und mit **Rajad Karami** der Anführer der Aufständischen Ministerpräsident.

In Europa durchläuft **Frankreich** eine Krise, die die Grundfesten des Staates erschüttert und erheblich verändert. Die Kräfte, die in Algerien mit aller Macht die Kolonialherrschaft aufrechterhalten wollen, schlagen auf das Mutterland zurück und bedrohen die parlamentarische Demokratie. Ein erstes dramatisches Krisensymptom zeigt sich im März bei einer **Großdemonstration von 20.000 Polizisten** in **Paris**. Aus dem Aufmarsch, mit dem eine Gefahrenzulage bei der Bekämpfung algerischer Rebellen gefordert wird, entwickelt sich eine rechtsgerichtete Manifestation. Ein Teil der Demonstranten zieht zur gerade tagenden Nationalversammlung und fordert den Rücktritt des Innenministers. Die Regierung von Ministerpräsident **Félix Gaillard** übersteht zwar noch einmal die für sie äußerst gefährliche Situation, ihre Autorität ist seitdem jedoch untergraben. Im Mai soll sie von einer neuen Regierung unter **Pierre Pflimlin** abgelöst werden.

Der Tag aber, an dem die Abgeordneten das Nachfolgekabinett wählen sollen, bringt die seit 1946 existierende IV. Republik ins wanken. Während Pflimlin in **Paris** seine Regierungserklärung abgibt, reißen in **Algier** französische Generäle die Macht an sich und rufen von Zehntausenden von Kolonialisten dazu ermuntert eine Junta aus. Anführer ist der Kommandeur einer Fallschirmjägerdivision, General **Jacques Massu**, dem sich kurz darauf General **Raoul Salan** anschließt. Ihr erklärtes Ziel ist es, den Unabhängigkeitskampf der Algerier niederzuschlagen, die alte Kolonialherrschaft zu sichern und weiter auszubauen. Sie halten jedoch nicht nur an einem »französischen Algerien« fest, sondern fordern zugleich auch einen Umsturz in Frankreich selbst. An General **Charles de Gaulle**, der seit der Befreiung 1944 einen nationalen Mythos verkörpert, appellieren sie, ebenfalls die Macht zu ergreifen und eine »Regierung des öffentlichen Wohls« zu bilden. Dieser läßt sich nicht lange bitten und erklärt einen Tag darauf seine Bereitschaft, die Nation zu »retten« und dafür die Macht in der Republik zu übernehmen. Die französische Linke befürchtet nun, daß der Sturz der Demokratie und die Etablierung einer Diktatur unmittelbar bevorstehen. Als Ministerpräsident **Pflimlin** Ende Mai seinen Rücktritt einreicht, gehen in **Paris** 250.000 Menschen auf die Straße, um eine Machtergreifung de Gaulles zu verhindern. Der von Kommunisten, Sozialisten und Gewerkschaftlern organisierte Massenumzug erweist sich jedoch als Fehlschlag. Staatspräsident **René Coty** beauftragt **de Gaulle** einen Tag später mit der Regierungsbildung. Am 1. Juni wird der General schließlich trotz aller Warnungen linker Abgeordneter mit 329:224 Stimmen **zum neuen Ministerpräsidenten gewählt**. Nur drei Tage danach trifft er in **Algier** ein, wo ihm die Offiziere der Militärjunta und die dort lebenden Franzosen einen begeisterten Empfang bereiten. Der neue Regierungschef kündigt auf einer Rundreise durch mehrere algerische Städte eine Volksabstimmung über eine Verfassungsreform an, an der sich auch die »Franzosen Algeriens«, wie er die Bewohner des Landes bezeichnet, beteiligen könnten. Die algerische Befreiungsbewegung **FLN** befürchtet, daß sich durch den Machtwechsel in Frankreich der Unabhängigkeitskrieg weiter verschärfen könnte. In einer in **Kairo** verbreiteten Stellungnahme wirft sie General **de Gaulle** vor, die bisherige Kolonialpolitik zusammen mit den »Ultras« fortsetzen zu wollen. Während der Kampagne für die neue Verfassung verüben algerische Rebellen in **Marseille** und anderen französischen Städten zahlreiche Terroranschläge. Zur gleichen Zeit gibt die **FLN** auf Pressekonferenzen in **Kairo**, **Tunis** und **Rabat** die **Bildung einer algerischen Exilregierung** bekannt.

Erster Ministerpräsident ist **Ferhat Abbas**; seine beiden Stellvertreter **Ahmed Ben Bella** und **Belkacem Krim** sitzen seit ihrer Entführung durch die Franzosen im Oktober 1956 immer noch in Haft. Trotz massiver Proteste wird die neue Verfassung, der das äußerst autoritäre Modell einer Präsidialdemokratie zugrunde liegt, Ende September mit einer überraschend hohen Stimmenzahl angenommen. Sowohl in **Frankreich** als auch in **Algerien** sprechen sich mehr als Dreiviertel aller Stimmberechtigten für den von Ministerpräsident **de Gaulle** vorgelegten Entwurf aus. Wie geplant wird der General im Dezember zum ersten Staatspräsidenten der **V. Republik** gewählt. Das neue französische Staatsoberhaupt verfügt nun über ein außerordentlich hohes Maß an Vollmachten. Die Staats- und Verfassungskrise scheint überwunden zu sein.

Die **Bundesrepublik** wird von einem tiefgreifenden Konflikt um die **Atombewaffnung der Bundeswehr** erschüttert. Nach den jahrelangen Auseinandersetzungen um die Wiederbewaffnung ist die Parteiendemokratie damit erneut einer schweren Belastungsprobe ausgesetzt. Die Bundesregierung wischt alle von der Opposition vorgebrachten sicherheitspolitischen Bedenken beiseite und hält unbeeindruckt an ihrem Atomkurs fest. Hauptmotor ist dabei Bundesverteidigungsminister **Franz Josef Strauß**. Obwohl die Bundesrepublik in den 1954 unterzeichneten Pariser Verträgen ihren Verzicht auf die Herstellung von Atomwaffen zugesichert hat, sucht sie nach Wegen, dieses Produktionsverbot zu umgehen. Dabei kommt ihr zu Hilfe, daß die französische Regierung Ambitionen hat, selbst Atommacht zu werden. Im Januar trifft Strauß in **Bonn** mit seinen Amtskollegen aus Frankreich und Italien zusammen, um über Möglichkeiten eines trilateralen Vertrages zur Forschung und Entwicklung von Atomwaffen zu konferieren. Nur wenige Tage später kommt es bei einer **Bundestagsdebatte über die Atomrüstung** zu einer scharfen Konfrontation zwischen der Bundesregierung und den beiden Oppositionsparteien SPD und FDP. Die heftigsten Vorwürfe muß sich Bundeskanzler **Konrad Adenauer** von zwei ehemaligen Kabinettskollegen anhören. Der frühere Bundesjustizminister **Thomas Dehler** (FDP) und der Ex-Bundesinnenminister **Gustav Heinemann** (SPD) werfen der Regierung vor, durch die Ausrüstung der Bundeswehr mit Nuklearwaffen die letzte Chance für eine Wiedervereinigung Deutschlands zu verspielen. Heinemann unterstellt dem Kanzler nicht nur Eigenmächtigkeit, Engstirnigkeit und Arroganz der Macht, sondern fordert ihn aus Mangel an Glaubwürdigkeit zum Rücktritt auf. Die Rede des ehemaligen GVP-Vorsitzenden, der nun für die SPD in den Bundestag eingezogen ist, löst bundesweit ein großes Echo aus. Dennoch kann nicht verhindert werden, daß der **Bundestag** Ende März nach einer tagelangen Redeschlacht die Regierungsvorlage annimmt und der **Atombewaffnung der Bundeswehr** im Rahmen der NATO mit großer Mehrheit zustimmt. Zwei Wochen später unterzeichnet Bundesverteidigungsminister **Strauß** in **Rom** zusammen mit seinem italienischen und seinem französischen Amtskollegen ein **Geheimabkommen über die Herstellung von Atomwaffen**. Die Vorbehaltsklausel aus den Pariser Verträgen glaubt man durch die Auslegung umgehen zu können, daß der Bundesrepublik die Produktion von Nuklearwaffen nur im eigenen Land, nicht aber im Ausland untersagt sei.

Im Herbst löst ein anderer Vorstoß der Bundesregierung starke Befürchtungen und heftige Gegenreaktionen aus. Auf einer Konferenz der Polizeigewerkschaft in **Stuttgart** erklärt Bundesinnenminister **Gerhard Schröder**, daß die Sicherheit des Staates nicht immer garantiert sei und begründet damit die Forderung, besondere Gesetze für den Notstandsfall zu schaffen. Weil die Verfassung dazu geändert und ergänzt werden müsse, bedürfe es großer Anstrengungen, um die dafür im Bundestag erforderliche Zweidrittelmehrheit zu erhalten. Die SPD, die eine Ausschaltung der Opposition befürchtet, lehnt eine **Notstandsgesetzgebung** strikt ab. Dennoch wird bereits nach wenigen Tagen auf einer Pressekonferenz des Bundesinnenministeriums in **Bonn** bekanntgegeben, daß das Kabinett einen ersten Gesetzentwurf für die staatliche Notstandsregelung behandelt habe.

Der Protest steht in der Bundesrepublik ganz im Zeichen der **Anti-Atomtod-Bewegung**. Durch die »Göttinger Erklärung«, mit der sich im Vorjahr 18 Atomphysiker gegen eine Atomrüstung ausgesprochen haben, hat die Opposition nicht nur großen Auftrieb, sondern auch moralischen Rückhalt bekommen. Da kaum Aussicht besteht, bei der Abstimmung über die Atombewaffnung die Mehrheitsverhältnisse im Bundestag anzutasten, bleibt nur die Hoffnung auf eine außerparlamentarische Bewegung. Auf Initiative des SPD-Bundesvorstands kommen im Februar in **Bad Godesberg** Politiker, Gewerkschaftler sowie Kirchenmänner zusammen und rufen die **Kampagne »Kampf dem Atomtod«** ins Leben. Wenige Tage später unterzeichnen in **Köln** außerdem 44 Professoren einen Appell, mit dem die Gewerkschaften zum Protest gegen die Atomrüstung aufgerufen werden. Zum Auftakt der Kampagne versammeln sich einen Monat später 1.000 Gegner der Nuklearbewaffnung in der **Frankfurt**er Paulskirche. Am Ende der Veranstaltung, die von weiteren 10.000 Menschen im Freien verfolgt wird und auf der auch der DGB-Vorsitzende **Willi Richter** spricht, gibt der SPD-Vorsitzende **Erich Ollenhauer** das Bekenntnis ab, solange keine Ruhe zu geben, »solange der Atomtod« das deutsche Volk bedrohe. In den Wochen darauf folgen dem Aufruf Hunderttausende und beteiligen sich im gesamten Bundesgebiet an Demonstrationen, Schweigemärschen, Fakkelzügen und Protestkundgebungen. An der größten Veranstaltung Mitte April auf dem **Hamburg**er Rathausmarkt nehmen allein 150.000 Menschen teil. Auch die nahezu 2.000 Maikundgebungen werden von den Forderungen und Parolen der Anti-Atomtod-Kampagne beherrscht. Eine wichtige Rolle spielen auch die Universitäten und Hochschulen. Am 20. Mai führen Studenten, die im Vorfeld eigene Ausschüsse gebildet haben, in zahlreichen Städten Schweigemärsche und Kundgebungen durch. An den Protestansprachen beteiligen sich auch einzelne Professoren und Assistenten. Als die SPD versucht, in den von ihr regierten Bundesländern **Hessen**, **Hamburg** und **Bremen** einzelne **Volksbefragungen zur Atombewaffnung** durchzuführen, ruft die Bundesregierung dagegen das Bundesverfassungsgericht an. Bundeskanzler **Konrad Adenauer** vertritt die Überzeugung, daß Verteidigungsangelegenheiten der alleinigen Gesetzgebungskompetenz des Bundes unterliegen und insofern nicht Gegenstand einer Volksbefragung auf Landesebene sein können. Dieser Argumentation folgt das **Bundesverfassungsgericht** und **erklärt** Ende Juli die bisher beschlossenen **Volksbefragungsgesetze für verfassungswidrig**. Zwar wird in der Entscheidung die grundsätzliche Frage nach der Zulässigkeit von Volksbefragungen offengelassen, in den konkreten Fällen jedoch die Unvereinbarkeit konsultativer Aktionen mit der Bundeskompetenz festgestellt.

Für die **Gewerkschaften** besitzt die Forderung nach **Verkürzung der Arbeitszeit** auch weiterhin einen hohen Stellenwert. Als Bundeswirtschaftsminister **Ludwig Erhard** im Januar in einer Rundfunkrede die Bemerkung fallen läßt, daß es den Beschäftigten eher anstehen würde, wöchentlich wieder eine Stunde mehr zu arbeiten, löst er damit einen Sturm der Entrüstung aus. Der DGB-Vorsitzende **Richter** macht nur einen Tag später in einer Rundfunkansprache klar, daß sich die Gewerkschaften allen Bestrebungen der Bundesregierung widersetzen würden, den Arbeitern und Angestellten zusätzliche Leistungen abzuverlangen. Eine bittere Pille muß die **IG Metall** schlucken, als das **Bundesarbeitsgericht** Ende Oktober in **Kassel** die größte Einzelgewerkschaft dazu verurteilt, den Arbeitgebern die während des schleswig-holsteinischen Metallarbeiterstreiks entstandenen Einbußen zurückzuerstatten. Der mit dreieinhalb Monaten längste Arbeitskampf in der Geschichte der Bundesrepublik, heißt es in der Begründung, sei vertragswidrig gewesen, weil die IG Metall vor der Durchführung der ersten Urabstimmung die als verbindlich vorgeschriebene Fünf-Tage-Frist nicht eingehalten habe. Der Marburger Politikwissenschaftler Professor **Wolfgang Abendroth** äußert in einem Kommentar die Befürchtung, daß durch eine solche Rechtsprechung die »demokratischen Freiheitsrechte der Arbeitnehmer« eingeschränkt oder gar beseitigt werden könnten. Auf einer **DGB-Großkundgebung** in der **Dortmund**er Westfalenhalle verurteilt der IG-Metall-Vorsitzende **Otto Brenner** vor 28.000 Gewerkschaftern das Kasseler Urteil mit den Worten, es rüttele »an den Grundfesten unserer demokratischen Verfassung«. Wenn bereits eine Abstimmung als Verletzung der Friedenspflicht ausgelegt werden könne, dann werde die demokratische Ordnung einer Arbeitnehmerorganisation grundsätzlich in Frage gestellt.

Erneut geraten **Halbstarken-Krawalle** in die Schlagzeilen. Im Unterschied zu den beiden Vorjahren sind es nicht mehr Musikfilme, die als Katalysatoren für die Unruhe der Jugend wirken, sondern Konzerte. Den Auftakt bildet ein Auftritt des US-amerikanischen Rocksängers **Johnny Ray** Ende März im Sportpalast in **West-Berlin**. Als der Musiker ohne Zugabe die Bühne verläßt und die Polizei zur Sicherung seines Abgangs mit Gummiknüppeln aufzieht, entlädt sich die Enttäuschung der 3.000 Zuhörer in einer Saalschlacht. Ihren Höhepunkt erreichen die sporadisch auftretenden Unruhen im Oktober während der lange erwarteten Tournee des Sängers von »Rock around the Clock«: **Bill Haley**. Die Konzerte des Mannes, der zwei Jahre zuvor mit seinem gleichnamigen Film zum stärksten Publikumsmagneten geworden war, lösen fast überall Massentumulte aus. Während sich die Begeisterung der Rock-Fans in **Frankfurt** und **Essen** noch im Rahmen hält, schlägt sie in **West-Berlin**, **Hamburg** und **Stuttgart** in regelrechte Zerstörungsorgien um. Das Mobiliar wird zertrümmert, Teile der Musikanlage werden zerstört und Ordner mit Wurfgegenständen aller Art traktiert. Und als die Polizei eingreift, um die Hallen zu räumen, werden die Schlachten noch stundenlang im Freien fortgesetzt. Die Presse schreibt von »Rock'n'Roll-Exzessen« und hat ebensowenig eine Erklärung für die Tanz- und Zerstörungswut parat wie die oft zitierten Erzieher, die es angeblich verabsäumt hätten, ihre Pflichten wahrzunehmen.

Aufsehen ganz anderer Art erringt eine Kampagne, in der es um ein symbolisches Bekenntnis zur Wiedervereinigung geht. Auf Initiative des Zeitungsverlegers **Axel C. Springer** beschließt das **Kuratorium »Unteilbares Deutschland«** die Aktion »**Macht das Tor auf!**«. Durch den massenhaften Verkauf von silbernen Anstecknadeln in der Form des Brandenburger Tores soll Geld für einen Fonds gesammelt werden, mit dem man deutschlandpolitische Projekte finanzieren will. Der von Bundespräsident, Bundeskanzler und zahlreichen Prominenten unterzeichnete Aufruf zu der als »Volksbewegung« apostrophierten Kampagne wird Anfang Dezember im »Bulletin des Presse- und Informationsamtes der Bundesregierung« veröffentlicht. Innerhalb eines Jahres werden über 12 Millionen Anstecker verkauft. Das Kuratorium, das zuvor an chronischer Geldnot litt, ist danach für lange Zeit saniert.

Das antidemokratische Potential im Bereich **Nazismus** und **Militarismus** sorgt für geringeres Aufsehen als in den Jahren zuvor. Ein Versuch des DSU-Vorsitzenden **Otto Strasser**, rechte und linke Strömungen zu einer nationalen Sammlungsbewegung zu vereinigen, verpufft bereits beim ersten Anlauf. Der Ende Oktober in **Heidelberg** durchgeführte »**Kongreß der europäischen Nationalisten**« beweist, wie aussichtslos Unternehmungen sind, mit denen beabsichtigt wird, den Nationalbolschewismus der zwanziger Jahre erneut zu beleben. Über das Ziel, die deutsche Einheit wiederherzustellen, sind sich die Vertreter der unterschiedlichsten Parteien und Organisationen einig, nicht jedoch über den Weg. Der Kongreß, an dem auch Funktionäre der beiden DDR-Parteien LDPD und NDPD teilnehmen, ist von unüberbrückbaren Differenzen gezeichnet.

In den **Strafverfahren vor bundesdeutschen Gerichten** setzt sich die **Gesinnungsjustiz** gegenüber kommunistischen oder des Kommunismus verdächtigen Angeklagten weiter fort. Ende Januar verstößt der **Bundesgerichtshof** gegen ein im Grundgesetz verankertes altes Rechtsprinzip und verurteilt den ehemaligen KPD-Funktionär **Hermann Berndsen** wegen Geheimbündelei und Verstoßes gegen das KPD-Verbot zu einer zweijährigen Gefängnisstrafe, obwohl die ihm zur Last gelegten Vergehen Jahre vor dem Verbot der KPD durch das Bundesverfassungsgericht lagen. Die »Frankfurter Allgemeine Zeitung« zitiert Artikel 103 des Grundgesetzes, in dem festgehalten ist, daß eine Tat nur dann bestraft werden kann, wenn deren Strafbarkeit vor ihrer Begehung gesetzlich bestimmt war, und wirft die Frage auf, warum dies für kommunistische Abgeordnete und Funktionäre nicht gelten solle.

In einem Verfahren, in dem es um eine andere kommunistische Tarnorganisation geht, spricht das **Landgericht Nürnberg-Fürth** Mitte November alle Angeklagten frei. Über ein Dutzend Mitglieder des in der DDR gegründeten »**Demokratischen Frauenbund Deutschlands**« (DFD) muß sich wegen Staatsgefährdung, Geheimbündelei und Rädelsführerschaft in einer verfassungsfeindlichen Organisation verantworten. Der Gerichtsvorsitzende billigt den Frauen

zu, sie hätten die wahre Funktion des DFD nicht erkannt und seien über dessen Beziehung zur DDR nicht informiert gewesen.

In **Verfahren gegen NS-Verbrecher** legen bundesdeutsche Gerichte auch weiterhin eine große, in Einzelfällen skandalöse Milde an den Tag. So verurteilt das **Landgericht Arnsberg** Mitte Februar den ehemaligen SS-Obersturmbannführer **Wolfgang Wetzling** und den ehemaligen Hauptmann **Ernst-Moritz Klönne** wegen der Exekutierung von über 200 Zwangsarbeitern kurz vor Kriegsende nur zu fünf bzw. anderthalb Jahren Gefängnis. Drei weitere Mitangeklagte, die sich auf den Befehlsnotstand berufen, werden sogar freigesprochen. Der SPD-Rechtsexperte **Adolf Arndt** bezeichnet das Urteil in einer Sitzung des Bundestags-Rechtsausschusses als »Mord am Recht«, das Massenmörder nur ermuntern könne, in ihrem Treiben fortzufahren.

Wie unzureichend die Strafverfolgung bei NS-Massenverbrechern ist, zeigt sich in krassester Form beim **Einsatzgruppenprozeß** vor dem **Landgericht Ulm**, in dem es um die von der Sicherheitspolizei und dem Sicherheitsdienst während des Krieges in Polen und in der Sowjetunion verübte Vernichtungspolitik geht. Das Gericht verurteilt die zehn Angeklagten zwar wegen Mordes und Beihilfe zum Mord zu Zuchthausstrafen zwischen drei und 15 Jahren, den Prozeßbeobachtern jedoch ist klar, daß die nur in Umrissen sichtbar gewordene Mordpraxis ein übliches Strafverfahren zu sprengen droht. Erkennbar wird das allein an der Anzahl der Tötungsdelikte, die der Verurteilung zugrundegelegt werden. Sie reichen von 315 bis zu nahezu 4.000 Fällen. Dennoch heißt es in der Urteilsbegründung zu einem der Angeklagten, dem ehemaligen Polizeidirektor von Memel, **Bernhard Fischer-Schweder**, bei ihm sei weder eine Spur von Einsicht noch von Reue zu erkennen. Nach dem Ulmer Prozeß zeigen sich nicht nur Teile der Öffentlichkeit beunruhigt. Im Oktober kommen in **Bad Harzburg** die **Justizminister von Bund und Ländern** zusammen und beschließen, eine eigene Einrichtung ins Leben zu rufen, die sich mit der Aufklärung der von den Deutschen im Krieg an Zivilpersonen verübten Massenmorde befassen soll. Bereits Anfang Dezember nimmt in **Ludwigsburg** die **Zentrale Stelle der Landesjustizverwaltungen zur Aufklärung nationalsozialistischer Verbrechen** ihre Ermittlungtätigkeit auf. Obwohl die Kompetenz der neuen Behörde, die nur ermitteln, aber nicht Anklage erheben darf, eingeschränkt, im Grunde halbiert ist, zeigt die Gründung der von Oberstaatsanwalt **Erwin Schüle** geleiteten Ludwigsburger Zentralstelle doch, daß der bundesdeutsche Staat dem Faktum der von Deutschen verübten Massenvernichtung Rechnung zu tragen versucht.

Ein richtungsweisendes Urteil wird Mitte Januar vom **Bundesverfassungsgericht** gefällt. Konkret geht es um die Zulässigkeit eines Appells, mit dem **Erich Lüth**, der Pressesprecher des Hamburger Senats, 1950 zum Boykott eines Films des »Jud Süß«-Regisseurs **Veit Harlan** aufgerufen hatte. Das höchste deutsche Gericht stellt fest, daß dies zivilrechtlich nicht zu ahnden sei und auch nicht gegen die guten Sitten verstoße. Der Protest Lüths wird damit als eine von der Verfassung geschützte Form der freien Meinungsäußerung anerkannt. Der sozialdemokratische Bundestagsabgeordnete **Adolf Arndt**, der in Karlsruhe als Rechtsvertreter des Pressesprechers auftritt, hatte ein solches Urteil bereits im Vorfeld als »Grundentscheidung für die deutsche Demokratie« bezeichnet.

In der **DDR** erklimmt Parteichef **Walter Ulbricht** zielstrebig den Gipfel der Macht. Auf einer Tagung des SED-Zentralkomitees Anfang Februar werden mit **Karl Schirdewan**, **Ernst Wollweber** und **Fred Oelßner** die drei letzten innerparteilichen Gegner, die ihm noch hätten gefährlich werden können, aus dem Weg geräumt. Zugleich tritt ein Zögling Ulbrichts ins Rampenlicht. Der ehemalige FDJ-Vorsitzende **Erich Honecker** stellt seine Vasallentreue unter Beweis, indem er die Begründungen für den Ausschluß der drei Entstalinisierungsbefürworter aus dem ZK bzw. dem Politbüro liefert. Am Ende wird er zusammen mit drei anderen Ulbricht-Gefolgsleuten ins Sekretariat des Zentralkomitees aufgenommen. Im Vorfeld des nächsten Parteitages werden wochenlang als unzuverlässig geltende SED-Funktionäre ausgetauscht. Offenbar will die Parteiführung sicher gehen, daß auch nicht der leiseste Zwischenton zu hören ist, der auf das Vorhandensein einer innerparteilichen Opposition schließen lassen könnte. Auf dem **V. SED-Parteitag** Mitte Juli in **Ost-Berlin**, bei dem auch der sowjetische Partei- und Regierungschef **Nikita S. Chruschtschow** als Redner auftritt, kann **Ulbricht** unter Beweis stellen, daß er das Heft fester als je zuvor in der Hand hält. In seinem Rechenschaftsbericht hebt er die Sicherung des Friedens durch die »Volksbewegung gegen den Atomtod« als vorrangige Aufgabe hervor und kündigt an, daß die Volkswirtschaft der DDR die der Bundesrepublik und anderer westlicher Staaten an Leistungsfähigkeit nicht nur einholen, sondern auch übertreffen werde. Außerdem stellt der Erste Sekretär des SED-Zentralkomitees den Delegierten »10 Grundsätze der sozialistischen Ethik und Moral« vor, in denen in Anlehnung an die christlichen zehn Gebote die Sekundärtugenden des SED-Staates fixiert werden. Die **Volkskammerwahlen** Mitte November verlaufen reibungslos, streifen mit 99,87% für die Einheitsliste der **Nationalen Front** die Idealmarke und

ergeben dieselbe Mandatsververteilung wie 1954: Die **SED** erhält, wie vorher festgelegt, doppelt so viele Sitze in der neuen Volkskammer wie die vier nächststarken Parteien zusammen.

Auch in den **Protestkundgebungen** in der **DDR** steht die, allerdings staatlich gelenkte **Anti-Atom-Bewegung** ganz im Vordergrund. Ebenso wie schon im Zusammenhang mit der Paulskirchenbewegung gegen die Wiederbewaffnung drei Jahre zuvor praktiziert, greift die **SED** einen mit der Kampagne »Kampf dem Atomtod« von der **SPD** gegebenen Anstoß auf und integriert ihn in ihre eigenen politisch-propagandistischen Zielsetzungen. Höhepunkt ist eine Serie von Massenkundgebungen, mit denen Ende März gegen den Bundestagsbeschluß über die Atombewaffnung der Bundeswehr protestiert wird. Allein in **Ost-Berlin** nehmen daran 250 000 Menschen teil. Mitte April begrüßt die **Volkskammer** den von der Sowjetunion verkündeten Atomwaffenteststopp und fordert den Bundestag auf, sich dem Willen des deutschen Volkes zu beugen und die Atomkriegsgefahr zu beseitigen. Mitte Oktober wird in zahlreichen Orten der DDR eine »**Internationale Kampfwoche gegen den Atomtod**« durchgeführt, in der Volksbefragungsaktionen gegen Atomwaffen gefordert werden.

Die **antifaschistischen Mahnveranstaltungen** nehmen wie jedes Jahr in der DDR großen Raum ein. An der traditionellen Großkundgebung für die Opfer von Krieg und Faschismus im September in **Ost-Berlin** nehmen ein weiteres Mal über 100 000 Menschen teil. An der Einweihung einer riesigen Mahn- und Gedenkstätte für die im Konzentrationslager Buchenwald Ermordeten beteiligen sich eine Woche später auf dem Ettersberg bei **Weimar** über 80 000 Menschen, darunter zahlreiche Überlebende und ehemalige Widerstandskämpfer. Ministerpräsident **Otto Grotewohl** stellt die Gedenkfeier ganz in den Rahmen der aktuellen politischen Auseinandersetzung mit der Bundesregierung und bezeichnet sie als eindrucksvolle Demonstration gegen Krieg und Atomrüstung. Im Oktober legt der **Ausschuß für Deutsche Einheit** auf einer Pressekonferenz in **Ost-Berlin** erneut eine Liste ehemaliger NS-Juristen vor, die in der Bundesrepublik unbeschadet als Richter und Staatsanwälte tätig sind. Ihre Gesamtzahl erhöht sich auf 600 Fälle. Das Politbüromitglied Professor **Albert Norden** greift dabei insbesondere einen Richter des Bundesgerichtshofes in Karlsruhe an. **Ernst Kanter**, der Präsident des 3. Strafsenats, war Richter am Reichskriegsgericht und soll für die Verurteilung von über 100 dänischen Zivilpersonen verantwortlich sein, die hingerichtet worden sind. Einmal mehr versucht die **DDR-Justiz** durch die Verhängung hoher Haftstrafen eine politisch abschrekkende Wirkung zu erzielen. Mitte September verurteilt das **Bezirksgericht Halle** die beiden Studenten **Heinrich Blobner** und **Arno Seifert** wegen der angeblichen Bildung einer staatsfeindlichen Gruppe zu Zuchthausstrafen von jeweils sieben Jahren. Die Angeklagten hatten sich im Laufe des Vorjahres zusammen mit anderen Kommilitonen in Privatwohnungen getroffen und über Möglichkeiten zur politischen Veränderung der DDR diskutiert. Der Zirkel, in dem auch westliche Publikationen gelesen wurden, hatte sich im April 1957 von allein aufgelöst. Trotz des privaten Charakters der Zusammenkünfte wird von dem Gericht die Überzeugung vertreten, es habe sich dabei um eine illegale Gruppierung nach dem Vorbild des Budapester »Petöfi-Klubs« gehandelt. Mitte Oktober verurteilt das **Bezirksgericht Gera** zwei Dutzend Mitglieder des »**Eisenberger Kreises**« wegen Staatsverrats sowie der Verbreitung staatsgefährdender Propaganda und Hetze zu insgesamt 114 Jahren Zuchthaus. Die hauptsächlich aus Oberschülern einer thüringischen Kleinstadt bestehende Widerstandsgruppe war vor allem mit regimekritischen Flugblattaktionen aufgetreten, hatte aber auch einen Schießstand angezündet, um damit gegen die Einführung der Wehrpflicht in der DDR zu protestieren. Im Dezember verurteilt das **Bezirksgericht Halle** den Leipziger Schriftsteller **Erich Loest** zusammen mit einem Slawisten und drei Sprachwissenschaftlern wegen Mitgliedschaft in einer angeblich staatsfeindlichen Gruppierung zu Zuchthausstrafen zwischen drei und zehn Jahren. Die Angeklagten, die Kontakte zur »Harich-Gruppe« hatten, sollen ihre konterrevolutionären Ideen durch Vorlesungen, Vorträge und »individuelle Gespräche« verbreitet haben.

Da das politische Klima seit 1956 immer repressiver geworden ist, sehen einzelne prominente Wissenschaftler und Intellektuelle keinen anderen Ausweg mehr als die Flucht in den Westen. Diesen Schritt wählt im August z. B. der Rektor einer Universität. Weil Professor **Josef Hämel** nicht bereit ist, zum 400. Geburtstag der Friedrich-Schiller-Universität in **Jena** eine Treueerklärung für den »Arbeiter-und-Bauern-Staat« abzugeben, flieht er nach **West-Berlin**. Mitte September folgt ihm der langjährige Leiter der Abteilung Agitation und Propaganda in der SED, **Heinz Brandt**. Er war nach dem 17. Juni 1953 politisch kaltgestellt worden und versucht so einer drohenden Verhaftung zu entgehen. Und im Dezember flieht aus demselben Grund der Germanist **Fritz J. Raddatz** von **Ost-** nach **West-Berlin**. Der Tucholsky-Herausgeber war 1956 einer der führenden Köpfe eines regimekritischen Kreises an der Humboldt-Universität. Der Philosoph **Ernst Bloch**, der als Opfer einer Verleumdungskampagne mit einem

Lehrverbot belegt worden ist, harrt hingegen weiterhin in **Leipzig** aus. Unter der Überschrift »Ich stehe auf dem Boden der DDR« veröffentlicht das SED-Zentralorgan »**Neues Deutschland**« im April eine von ihm verfaßte trotzige Treueerklärung zu dem Staat, der ihn politisch verfolgt. Doch auch diese Loyalitätsbekundung ändert seine Situation nicht. Er bleibt weiterhin von seinem Institut ausgesperrt und fristet das Dasein eines Privatgelehrten.

Mit einer Vielzahl von Großereignissen, Initiativen und Appellen sowie der Begründung einer neuen Demonstrationsform stellt die **Anti-Atom-Bewegung** auch **international** alle anderen Protestbewegungen in den Schatten. Es beginnt damit, daß der amerikanische Nobelpreisträger für Chemie, Professor **Linus Pauling**, Mitte Januar UN-Generalsekretär **Dag Hammarskjöld** in **New York** eine von über 9000 Wissenschaftlern aus 44 Ländern unterzeichnete **Petition zur Einstellung aller Nuklearwaffenversuche** überreicht. Fast zur selben Zeit wird in **London** die »**Campaign for Nuclear Disarmament**« (**CND**) gegründet. Die Organisation, die sich die Einstellung der britischen Atomwaffenversuche zum Nahziel gesetzt hat, wird von prominenten Politikern der **Labour Party**, Kirchenmännern und zahlreichen Schriftstellern und Künstlern unterstützt. Zum ersten Präsidenten wird der Nobelpreisträger für Literatur, **Lord Bertrand Russell**, gewählt. Eine erste Welle von Massenprotesten führt die CND Anfang März wegen eines Unglücks auf dem Luftwaffenstützpunkt **Greenham Common** durch, den ein Atombomber vom Typ B-47 verursacht hat. In **London** und zahlreichen anderen britischen Städten demonstrieren Zehntausende von Einwohnern gegen Patrouillenflüge von Maschinen, die mit nuklearen Sprengsätzen ausgerüstet sind. Am Karfreitag startet dann das »**Direct Action Committee**« (**DAC**) unter dem Motto »Ban the Bomb!« auf dem Trafalgar Square einen als **Ostermarsch** bezeichneten viertägigen Protestzug zum 83 Kilometer entfernten Atomforschungszentrum **Aldermaston**. Zu den 600 Teilnehmern, die trotz schlechten Wetters den Marsch mitmachen, gehört mit Kirchenpräsident **Martin Niemöller** einer der prominentesten bundesdeutschen Rüstungsgegner. Der seitdem alljährlich durchgeführte Protestmarsch wird in der Folge von Rüstungsgegnern in zahlreichen anderen Ländern kopiert. Große Resonanz haben auch drei Ende April von Friedensnobelpreisträger **Albert Schweitzer** gehaltenen und von **Radio Oslo** weltweit ausgestrahlten Rundfunkansprachen gegen die Atomwaffenrüstung. Im August findet dann in **Tokio** die eine Woche dauernde »**IV. Weltkonferenz gegen Atom- und Wasserstoffbomben**« statt. Rechtzeitig zur Eröffnung treffen die Teilnehmer eines über 1000 Kilometer langen Friedensmarsches ein, der im Juni in **Hiroshima** gestartet ist. Zu den aus 40 Ländern stammenden Delegierten zählt auch der in Österreich lebende jüdische Philosoph und Zivilisationskritiker **Günther Anders**. Auf der »**III. Pugwash-Konferenz**« Mitte September in **Kitzbühel** verabschieden die 70 teilnehmenden Naturwissenschaftler, unter ihnen die beiden Nobelpreisträger **Max Born** und **Linus Pauling** eine Erklärung, in der sie sich verpflichten, die Gesellschaft über die aus der Atomforschung resultierenden Gefahren aufzuklären. Im Dezember geben wiederum britische Atomwaffengegner ein Beispiel für ihre Zivilcourage und besetzen in **Swaffham** einen Bauplatz, auf dem ein Raketenstützpunkt errichtet werden soll. Obwohl die Mitglieder des **DAC** von Bauarbeitern tätlich angegriffen werden, lassen sie sich nicht provozieren und beharren auf ihrer von **Mahatma Gandhi** übernommenen Methode des gewaltfreien Widerstands.

Die **Bürgerrechtsbewegung der Schwarzen** kann in den **Vereinigten Staaten** ihren bisherigen Erfolgskurs weiter fortsetzen. Mitte Februar startet ihre Dachorganisation »**Southern Christian Leadership Conference**« (**SCLC**) am Geburtstag Abraham Lincolns in **Montgomery** und 20 anderen Großstädten einen »**Kreuzzug für Bürgerrechte**«. Vorrangiges Ziel ist es, bessere Voraussetzungen für die Beteiligung der schwarzen Minderheit an Wahlen zu schaffen. Wie gefährlich es ist, in der Öffentlichkeit als Anführer der Bürgerrechtsbewegung wahrgenommen zu werden, bekommt **Martin Luther King** zu spüren. Anfang September wird er in **Montgomery** vor einem Gericht von weißen Polizisten mißhandelt und anschließend wegen angeblichen Widerstands gegen die Staatsgewalt zu einer Geldstrafe verurteilt. Noch weitaus schlimmer kommt es für ihn zwei Wochen später in **New York**. Als er in einem Kaufhaus das erste von ihm verfaßte Buch signieren will, sticht ihm plötzlich eine schwarze Frau mit einem Brieföffner in die Brust. Der Baptistenpfarrer überlebt den Anschlag nur knapp. Es ist bereits das dritte **Attentat**, das auf ihn verübt worden ist.

Für die afrikanischen **Unabhängigkeitsbewegungen** stellen zwei Konferenzen, die im April und im Dezember in der ghanaischen Hauptstadt **Accra** stattfinden, die größte moralische Unterstützung dar. Während an dem ersten Treffen acht Staaten teilnehmen, sind es beim zweiten bereits 28. Die Delegierten, die 200 Millionen Afrikaner vertreten, wenden sich nicht nur mit einer Deklaration gegen Kolonialismus und Rassismus, sondern gründen unter dem Namen »**Konferenz aller afrikanischen Völker**« auch eine panafrikanische Organisation, die den Freiheitskampf in den verschiedenen Regionen des Kontinents unterstützen soll.

In **Lateinamerika** scheint ein Umsturzversuch zunächst zu scheitern. Als im Januar in **Caracas** Arbeiter gegen den venezolanischen Diktator **Perez Jimenez** demonstrieren, entwickelt sich daraus rasch ein Volksaufstand, der sich fast über das ganze Land ausbreitet. Insbesondere die Straßenkämpfe in der Hauptstadt kosten zahlreiche Opfer. Am dritten Tag kann Jimenez schließlich doch noch gestürzt werden. Eine von dem Journalisten **Fabricio Ojeda** angeführte Junta, die sich aus Militärs und Zivilisten zusammensetzt, übernimmt die Macht. Auf **Kuba** gelingt den Guerillakämpfern um **Fidel Castro** mit der Entführung von Automobilweltmeister **Juan Fangio** nicht nur ein weltweit für Aufsehen sorgender Prestigeerfolg, sondern auch eine Reihe von wichtigen militärischen Siegen. Ende November können die Truppen der »**Bewegung 26. Juli**« mit **Guisa** die erste außerhalb der Sierra Maestra gelegene Stadt erobern und einen Monat später zieht **Ernesto Ché Guevara** mit einer kleinen Rebellen-Armee in **Santa Clara** ein, der Hauptstadt der Provinz Las Villas. Da für den bedrängten Diktator **Fulgencio Batista** die militärische Lage immer aussichtsloser wird, setzt er sich in der Silvesternacht mit einem Flugzeug in die **Dominikanische Republik** ab.

Kein anderer Repressionsakt löst im Laufe des Jahres weltweit so große Empörung aus wie die Hinrichtung des ehemaligen ungarischen Ministerpräsidenten **Imre Nagy**, des früheren Verteidigungsministers **Pál Maléter** sowie des Journalisten **Miklós Gimes**. Der Oberste Gerichtshof hatte sie in einem Geheimverfahren wegen ihrer führenden Rolle im ungarischen Volksaufstand zum Tode verurteilt. In zahlreichen westeuropäischen Städten kommt es daraufhin zu Demonstrationen und Trauerkundgebungen. In **Bad Godesberg** versuchen mehrere Hundert Exil-Ungarn die sowjetische Botschaft zu stürmen. Der Polizei gelingt es nur mit Mühe, dies zu verhindern.

Für Empörung sorgt auch die Erpressung des sowjetischen Schriftstellers **Boris Pasternak**, der gezwungen wird, die Annahme des Nobelpreises für Literatur zu verweigern. Dem Autor, dessen Roman »**Dr. Schiwago**« im Vorjahr im Westen erschienen ist, wird vom sowjetischen Schriftstellerverband vorgeworfen, er habe mit seinem Buch, das wegen seiner kritischen Darstellung der Oktoberrevolution als Waffe im Kalten Krieg eingesetzt werde, Verrat an seinem Vaterland geübt. Da er vor die Alternative gestellt wird, ohne Auszeichnung in der Sowjetunion zu bleiben oder den Nobelpreis in Empfang zu nehmen und damit gleichzeitig ausgebürgert zu werden, zieht es der äußerst heimatverbundene Dichter vor, sich dem Druck des kommunistischen Regimes zu beugen und nicht zur Preisverleihung nach **Stockholm** zu reisen.

Januar Februar März April Mai Juni Juli August September Oktober November Dezember

1958

Jan.: »Das Über-
lebende.« Zeich-
nung von Karl
Weisgärber in der
Zeitschrift
»Konkret«.

Jan.: Titelzeile des
KgA-Organs.

Januar In einer von 9.655 Frauen unterzeichneten Bittschrift wird die Bundesregierung in **Bonn** aufgefordert, weder stationäre noch bewegliche Raketenbasen auf dem Territorium der Bundesrepublik zuzulassen. Zu den Unterzeichnerinnen der Erklärung zählen auch die beiden Schriftstellerinnen Ina Seidel und Gertrud von Le Fort.

Januar In der Zeitschrift »Das Gewissen« erscheint unter dem Titel »Mut zur moralischen Entscheidung« ein Manifest des von dem Chefarzt des Det-

Das Gewissen | Aus dem Inhalt:
„Bonn braucht Atomwaffen"
Unsere Nahrung atomvergiftet
Luftschutz gleich Kriegsvorbereitung
Vom Karlsruher Prozeß
ORGAN ZUR BEKÄMPFUNG DES ATOM-MISSBRAUCHS UND DER ATOM-GEFAHREN

molder Krankenhauses, Dr. Bodo Manstein, gegründeten *Kampfbundes gegen Atomschäden* (KgA). Darin werden vor allem Politiker, Wissenschaftler, Ärzte, Geistliche, Techniker und Schriftsteller aufgefordert, sich dem Kampf gegen die Atomenergie anzuschließen. »Die Gefahren des atomaren Zeitalters«, heißt es an einer Stelle, »sind ungleich vielfältiger, als man sie gewöhnlich wahrhaben will, und damit sind auch unsere Verpflichtungen vielfältiger. Eine vernichtende Beschädigung des Menschen durch kriegerischen und experimentellen Einsatz der Kernenergie liegt ja bereits hinter uns, und auch die ›friedliche‹ Verwendung hat bereits ihre ersten Opfer gefordert … Was wir heute tun, lassen oder unterlassen, tun wir heute bereits unseren Enkeln an. Durch diese Tatsache ist die neue moralische Situation … bezeichnet. Verpflichtet sind wir also nicht mehr nur unseren Mitmenschen und Zeitgenossen, sondern auch den kommenden Geschlechtern. Vorsorge wird zum Grundpostulat des Atomzeitalters.«[1]

Januar Der Präsident des Bundesamtes für Verfassungsschutz (BfV), Hubert Schrübbers, erläßt in **Köln** eine mündliche Dienstanweisung, nach der es Angehörigen seines Amtes nicht mehr gestattet ist, gruppenweise Wirtshäuser, Trinkstuben und Gaststätten aufzusuchen und sich darin öffentlich zu betrinken. Im Falle einer Zuwiderhandlung, heißt es weiter, habe der jeweils Dienstälteste die Verantwortung für eventuelle Vorkommnisse zu tragen. – Hintergrund dieser in der deutschen Beamtengeschichte einmaligen Anweisung ist ein Vorfall, der sich im Dezember 1957 während einer Adventsfeier des BfV in einem Kölner Lokal zugetragen hat. Als die Feierlichkeit zu vorgerückter Stunde im Nachtclub

»Hamburg ahoi« ausklingen sollte und der Alkoholpegel der Beteiligten das für Verfassungsschützer in der Freizeit tolerierte Maß bereits weit überschritten hatte, wurden mehr und mehr Dienstinterna über die Umstrukturierung des BfV ausgetauscht. Dabei kam es vor allem wegen des vom neuen Leiter der Abteilung Auswertung und Beschaffung, Regierungsdirektor Günther Nollau, eingeführten Arbeitsstils zu Streitigkeiten, die schließlich in einer Schlägerei endeten. Als Folge dieser Entgleisung wurde der bei dem Zechgelage anwesende Dienstälteste von Schrübbers nach Kassel versetzt.

1. Januar Die deutsche Sektion der *Situationistischen Internationale* (S.I.) veröffentlicht in **München** ihr erstes Manifest. Es wird in der Galerie van den Loo in der Maximilianstraße 25 an Besucher verteilt und trägt in Anknüpfung an die Parole, die die CDU/CSU beim Bundestagswahlkampf 1957 verwendet hat, den Titel: »Nervenruh! Keine Experimente!« Unter dem Motto »Kunst ist Leben und Leben ist Kunst!« wendet es sich ausschließlich an Künstler und polemisiert gegen den Kunstbetrieb in all seinen Varianten: »Kunsthändler sind Diebe Farbenhändler sind Räuber Kunsthistoriker sind Betrüger Kunstkäufer sind Idioten Kunstkritiker sind Lustmörder Sammler sind Pervertierte Trotzdem geht die Kunst ohne diese notorischen Verbrecher kaputt!«[2] An einer anderen Stelle heißt es provozierend: »Warum hast Du keine hübsche Frau? Es gibt genug davon. Also. Eben.« Am Ende erhält der Leser noch ein paar Auskünfte über die Entstehung der S.I.; unterzeichnet ist das ungewöhnliche Pamphlet von dem dänischen Künstler Asger Jorn und seinem deutschen Kollegen Hans Platschek.

1. Januar In der Kärntner Straße in **Wien** kommt es zu Zusammenstößen zwischen mehreren hundert Halbstarken und der Polizei. Die Jugendlichen werfen Feuerwerkskörper unter die Besucher des Neujahrsgottesdienstes im Stephansdom, blockieren den Verkehr und beschädigen mehrere Kraftfahrzeuge. Der Bereitschaftspolizei gelingt es nur mit Mühe, die Ordnung wiederherzustellen.

2. Januar Der *Deutsche Künstlerbund* in **West-Berlin** protestiert gegen die Aufführung des Veit-Harlan-Films »Anders als du und ich«, in dem eine Mutter durch die Verkupplung mit einem Mädchen zu verhindern versucht, daß ihr Sohn eine homosexuelle Beziehung eingeht. Der Film, so heißt es in der Begründung, betreibe, indem er die abstrakte Kunst diffamiere und ihre Künstler als »entartet« hinstelle, eine bewußte Irreführung des Publikums. Es gehe darin nicht um irgendein Problem der Homosexualität, sondern er stelle von seiner Tendenz her eine Bedrohung der menschlichen und künstlerischen Existenz dar, wie sie bereits unter dem NS-Regime Wirklichkeit gewesen sei. – Der Harlan-Film wird auch von verschiedenen Zeitungen scharf angegriffen. Die »Allgemeine Wochenzeitung der Juden in Deutschland« bezeichnet in einem Leitartikel die Produktion von »Anders als du und ich« als »übelste Brunnenvergiftung«, die »rückhaltlos bekämpft« werden müsse. Es sei völlig unverständlich, wie ein solch ressentimentgeladener Film die *Freiwillige Selbstkontrolle der Filmwirtschaft* (FSK) habe passieren können. – Das Gewerkschaftsorgan »Welt der Arbeit« meint, »Harlans neues Machwerk« könne man nicht einfach als »pseudomoralische Sexual-Schnulze« abtun, weil der ehemalige »Jud-Süß«-Regisseur den Stoff zu einem »hinterhältigen Angriff auf die moderne Kunst« und zu einer versteckten »Diffamierung von Ausländern und ästhetisierenden Intelligenzlern« benutzt habe.

2. Januar Das Präsidium des Nationalrats der *Nationalen Front* in **Ost-Berlin** fordert die deutschen Angehörigen der in Algerien eingesetzten französischen Fremdenlegion auf zu desertieren. In dem Appell an

Jan.: Der KgA-Gründer Dr. Bodo Manstein.

1.1.: Manifest der »Situationistischen Internationale«.

Nervenruh!
Keine
Experimente!

Damen und Herren: lassen Sie sich nicht provozieren:

Das ist das letzte Gefecht!

1957/58 ist die größte Jahrhundertwende aller Völker und Zeiten! Es ist erreicht. Der neue Mensch ist da!

Füglich sind durchaus zu viel Revolutionen zu verzeichnen gewesen.

In Deutschland wollen wir keinen Tachismus, wir wollen Fleckenmalerei.

| *Kunst ist Leben* | Todesopfer: | Wols | Nicolas de Stael |
| *und Leben ist Kunst!* | Jackson Pollock | Dylan Thomas | James Dean |

In der Natur gibt es keine Kunst

Nur für Künstler!
Grundlegende Fakten der Kunsttragödie des 20. Jahrhunderts:
Kunsthändler sind Diebe   Farbenhändler sind Räuber
Kunsthistoriker sind Betrüger Kunstkäufer sind Idioten
Kunstkritiker sind Lustmörder Sammler sind Pervertierte
Trotzdem geht die Kunst ohne diese notorischen Verbrecher kaputt!!

Nur für Amerikaner!
There is little question any longer that the hegemony of style in advanced painting has been transferred from Paris to New York. Such of the very mature European artists who have made their own personal contributions to the 20th century style as Giacometti and Balthus have shown how harmoniously they have associated their subject and their real world. How much better for Europeans to paint thus than to imitate an essentially inimitable American jargon.
Alfred Frankfurter

Will Grohmann ist unsympathisch.

Kaufen Sie 1000 Gedichte von 100 wasser
S. Fischer-Verlag, Frankfurt/M.
Leseprobe: LYRIK
Hundhammer   Katzensichel
Christlieb   Teufelswut
Tripper mit Telefonanschluß

Wann kommt der neue Einheitsstuhl?

Ein Gespenst geistert durch die Welt: die situationistische Internationale. Es handelt sich um eine Dachorganisation des Psychogeografical Comitee, London, der Internationale Lettriste, Paris und des Mouvement international pour une Bauhaus Imaginiste und dessen Experimentallabors in Alba, Italien. Diese Vereinigung wurde anläßlich der Versammlung der Delegierten der einzelnen Organisationen in Cosio d'Arossio, Italien im Juni 1957 beschlossen.

München, 1. Januar 1958   Die situationistische Internationale
gez. ASGER JORN   HANS PLATSCHEK

Kunst ist Aktion.
Kunst ist Tod.
Die Kunst ist tot.
Also ist Töten Kunst.
Kunst ist Töten.
Kunst hat Töten.

aus: Opinions sur l'art moderne.

Er hat viel durchgemacht!
Guy Debord Mémoires
Sensationelle lettristische Enthüllungen des jüngsten und erfahrensten Memoirenschreibers der Neuzeit.

Warum hast Du keine hübsche Frau?
Es gibt genug davon.
Also.
Eben.

Werfen Sie Ihre Bibel ins Feuer!
Im März erscheint 'Pour la Forme'
von **Asger Jorn.**

Das unnötigste Werk der Welt!
Ein notwendiges Aufklärungswerk für Kinder, Erwachsene und Dienstpersonal.

Max Bill muß nach Ulm zurück!!!
So leicht kommen sie nicht davon.
La Bauhaus imaginiste

die als »Söhne der deutschen Nation« bezeichneten Legionäre heißt es: »Die Nationale Front des demokratischen Deutschland ruft Euch zu, nicht länger als verhaßte Feinde eines freiheitliebenden Volkes auf fremdem Boden zu stehen, sondern Eure Kraft und Eure Energie in den Dienst der Heimat zu stellen. Vertauscht die Waffen der Unterdrückung mit den Handwerksgeräten des friedlichen Aufbaus! Die Heimat ruft Euch! Fallt den algerischen Freiheitskämpfern nicht in den Rücken! Kehrt nach Hause zurück!«[3] Die Einheitsfront der Blockparteien und der Massenorganisationen ruft die deutschen Fremdenlegionäre auf, mit der algerischen Befreiungsbewegung FNL in Kontakt zu treten und mit deren Hilfe in die DDR zu gehen.

2. Januar Der Kulturminister der DDR, Johannes R. Becher, erläßt in **Ost-Berlin** eine Anordnung zur Programmgestaltung von Veranstaltungen mit Unterhaltungs- und Tanzmusik. Sie bestimmt, daß bei Tanzveranstaltungen mindestens 60% aller gespielten Musikstücke von Komponisten aus der DDR, der Sowjetunion oder den anderen Volksrepubliken stammen müssen. Erklärtes Ziel ist es, »in der Gestaltung eines sozialistischen Kulturlebens das Niveau« zu heben, »Erscheinungen der Dekadenz und des Verfalls« zu bekämpfen sowie das Schaffen von DDR-Autoren zu fördern.

4. Januar Der 39jährige Journalist Valentin Senger beantragt beim Ausländeramt der Stadt **Frankfurt** seine Einbürgerung. Der 1918 in der Stadt am Main geborene Antragsteller ist formell staatenlos, da seinen aus Rußland stammenden Eltern seit dem Kaiserreich die deutsche Staatsbürgerschaft verweigert worden ist. Senger, der in der Nachkriegszeit mehrere Jahre für die von der KPD herausgegebene »Sozialistische Volkszeitung« als Redakteur gearbeitet hat, ist Sohn der einzigen jüdischen Familie, der es in Frankfurt gelungen ist, den Nationalsozialismus zu überleben. Er ist mit einer Deutschen verheiratet und hat mit ihr eine siebenjährige Tochter. Um dieser den Status der Staatenlosigkeit zu ersparen, bemüht er sich um die deutsche Staatsbürgerschaft. – Im Juli 1959, Senger ist inzwischen Vater einer weiteren Tochter, erhält er vom Regierungspräsidenten in **Wiesbaden** die Mitteilung, daß seinem Antrag »aus staatspolitischen Gründen« nicht entsprochen werden könne. Ein Einspruch Sengers gegen die Ablehnung wird als unbegründet zurückgewiesen. »Auf Grund seiner Tätigkeit in Vergangenheit und Gegenwart«, heißt es in dem Bescheid unter Anspielung auf Sengers Mitgliedschaft in der seit 1956 verbotenen KPD, »bietet er nicht die Gewähr, daß er sich zur freiheitlichen Grundordnung bekennt und für ihre Erhaltung eintreten wird.«[4] Er dürfe nicht eingebür-

gert werden, weil er »durch seine politische Bindung« die innere und äußere Sicherheit der Bundesrepublik gefährde. – Senger klagt gegen den Bescheid beim Verwaltungsgericht und hat Erfolg: Sein Anspruch auf Einbürgerung, heißt es, bestehe zu Recht. Das Land Hessen erhält Anweisung, das Einbürgerungsverfahren einzuleiten. Dagegen legt nun aber der hessische Innenminister Heinrich Schneider (SPD) Einspruch ein. Der Hessische Verwaltungsgerichtshof gibt dem statt und führt zur Begründung seines Urteils vom 9. Mai 1962 aus: »Die bereits erwähnte Berufstätigkeit des Klägers nach dem Zweiten Weltkrieg bis in die Gegenwart kann nur dahin gewertet werden, daß er nach wie vor fest auf dem Boden des Kommunismus steht.«[5] Es sei deshalb rechtlich nicht zu beanstanden, daß eine Einbürgerung des Klägers vom Land Hessen aus allgemeinen politischen Gründen abgelehnt wird. – Diese Entscheidung wird am 11. Juni 1963 durch einen Erlaß des Bundesinnenministers Hermann Höcherl (CSU) ergänzt, der eine Einbürgerung der beiden minderjährigen Töchter unter Verweis auf die angeblich negative Einstellung ihres Vaters gegenüber der »demokratischen Grundordnung der Bundesrepublik« ablehnt. Hinter »dieser Tatsache« müsse auch »der Umstand«, daß die Mutter Deutsche sei, zurücktreten. – Ein Jahr darauf können sich die beiden Töchter dennoch beim Ausländeramt in **Frankfurt** ihre Einbürgerungsurkunden abholen. Durch die Verabschiedung eines Ergänzungsgesetzes zur gesetzlichen Regelung der Staatsangehörigkeit von 1955 sind Frauen erstmals den Männern gleichgestellt worden. – Erst nach dem Publikumserfolg seines 1978 erschienenen Buches »Kaiserhofstraße 12«, in dem Senger schildert, wie es den Angehörigen seiner Familie als einzigen von über 30.000 in Frankfurt lebenden Juden gelungen ist, in einem in der Innenstadt gelegenen Hinterhaus die nationalsozialistische Judenvernichtung zu überleben, wachsen seine Chancen auf eine späte Einbürgerung. Im Juli 1981 erhält er plötzlich vom Regierungspräsidenten in **Wiesbaden** die Mitteilung, er solle 1.500 DM in die Staatskasse einzahlen, da inzwischen die Bearbeitung seines Einbürgerungsantrages abgeschlossen worden sei. – Nach über 23 Jahren erhält Senger im September 1981 schließlich vom Regierungspräsidenten in **Wiesbaden** die Aufforderung, seine Einbürgerungsurkunde beim Ausländeramt der Stadt Frankfurt abzuholen. Als der inzwischen als Redakteur beim Hessischen Rundfunk in **Frankfurt** arbeitende Journalist von dem am Schalter sitzenden Beamten aufgerufen wird, seine Papiere in Empfang zu nehmen, stellt er fest, daß es sich um denselben Mann handelt, der am 4. Januar 1958 seinen Einbürgerungsantrag entgegengenommen hat.

4.1.: 1992 erschienenes Buch, in dem der jüdische Überlebende seine Nachkriegserfahrungen schildert.

7. Januar Eine Entnazifizierungskammer in **West-Berlin** stuft den ehemaligen SS-Standartenführer Gunter d'Alquen als Hauptschuldigen ein und verurteilt ihn zu einer Geldsühne von 28.000 DM. Außerdem werden dem 57jährigen früheren Herausgeber des SS-Wochenblattes »Das Schwarze Korps« das Recht auf Bekleidung öffentlicher Ämter, auf Versorgungsleistungen aus öffentlichen Mitteln sowie das aktive und das passive Wahlrecht aberkannt.

7./8. Januar Auf der Jahrestagung der Westdeutschen Rektorenkonferenz (WRK) in **Karlsruhe** stehen die finanziellen Nöte der Studenten, die mangelhafte räumliche Ausstattung der Hochschulen und der Mangel an Lehrkräften im Mittelpunkt der Beratungen. Der Präsident der WRK, der Freiburger Professor Gerd Tellenbach, meint, es sei mit der von der Bundesregierung im Vorjahr bewilligten Unterstützung begabter und notleidender Studenten durch eine Summe in Höhe von 30 Millionen DM immerhin ein erster Schritt in die richtige Richtung unternommen worden. Zur Durchführung der Begabtenförderung nach dem Honnefer Modell würden allerdings mindestens 50 Millionen DM benötigt. Als Gastgeber malt Professor Rudolf Scholder, ehemaliger Rektor der TH Karlsruhe, für die Zukunft der bundesdeutschen Universitäten und Hochschulen dennoch ein düsteres Bild: »Wir gehen«, kündigt er dramatisch an, »langsam auf die Katastrophe zu!«[6]

8. Januar Auf der Eröffnungsfeier zum neunten Konvent der Freien Universität (FU) in **West-Berlin** erklärt der stellvertretende AStA-Vorsitzende Martin Schmidt (ESG), daß die neue Studentenvertretung ein anderes politisches Selbstverständnis als die Gründergeneration der FU besitze: »Die Freie Universität ist eine Gründung des Kalten Krieges. Der Kalte Krieg ist aber längst eingefroren. Wir leben auf den Eiswüsten des Kalten Krieges. Die FU wird noch heute in Ost und West als eine antikommunistische Universität verstanden. Im Osten ist sie die bestgehaßte Universität Deutschlands. Wir kennen es, daß alle braven Antikommunisten sich auf die Freie Universität zu verlassen getrauen. Die Geschichte der Freien Universität verstehen, heißt über sie hinauskommen.«[7]

8. Januar Der sowjetische Ministerpräsident Nikolai A. Bulganin richtet in **Moskau** Noten an insgesamt 83 Staaten, in denen er die Einberufung einer Gipfelkonferenz zur Beendigung des Kalten Krieges vorschlägt. Dem Schreiben, das an die Mitgliedsstaaten der NATO, der Vereinten Nationen und die Schweiz gerichtet ist, liegt ein Memorandum bei, in dem die möglichen Ziele eines solchen Treffens formuliert

werden: die Einstellung aller Nuklearwaffenversuche, ein Verbot für nukleare Massenvernichtungsmittel, die Schaffung einer atomwaffenfreien Zone in Mitteleuropa, der Abzug aller ausländischen Truppen von deutschem Gebiet und anderes mehr. In der an Bundeskanzler Adenauer gerichteten Note heißt es, daß es keinen Grund gebe, den Plan zur Schaffung einer atomwaffenfreien Zone in Mitteleuropa weiter aufzuschieben. Da die Regierungen Polens, der Tschechoslowakei und der DDR ihr Einverständnis bereits gegeben hätten, hänge die Realisierung dieses Vorschlags in erster Linie von der Entscheidung der Bundesregierung ab. »Schließt man die Anwendung von Gewalt aus«, heißt es an zentraler Stelle, »so führt der einzige Weg zur Lösung der gesamtnationalen Aufgabe des deutschen Volkes über ein Abkommen zwischen den beiden deutschen Staaten auf der Grundlage der Anerkennung und allseitigen Wahrung ihrer Interessen.«[8] Unter diesen Umständen sei keine andere Form der Annäherung zwischen beiden deutschen Staaten möglich als die Gründung einer deutschen Föderation. – Nachdem US-Präsident Eisenhower die sowjetischen Vorschläge bereits am 12. Januar als »ungeeignet für ein Programm erfolgreicher Friedensverhandlungen« zurückgewiesen hat, lehnt Bundeskanzler Adenauer in einer Stellungnahme vom 20. Januar eine Konföderation zwischen der Bundesrepublik und der DDR grundsätzlich ab. In einer zwei Tage später gehaltenen Rundfunkrede bezeichnet er das Memorandum Bulganins als ein »groß angelegtes Störmanöver«, als »einen Propagandafeldzug Sowjetrußlands«. – In einem Beitrag des »Sozialdemokratischen Pressedienstes« wird Adenauers ablehnende Haltung scharf kritisiert. Das deutsche Volk habe wieder einmal zur Kenntnis nehmen müssen, daß an der Spitze der Bundesrepublik ein Mann stehe, der »nicht über seinen Schatten springen« könne. Adenauer weigere sich beharrlich, einen Beitrag zur Entspannung zwischen Ost und West zu leisten.

8.1.: Der Ministerpräsident der UdSSR Nikolai A. Bulganin.

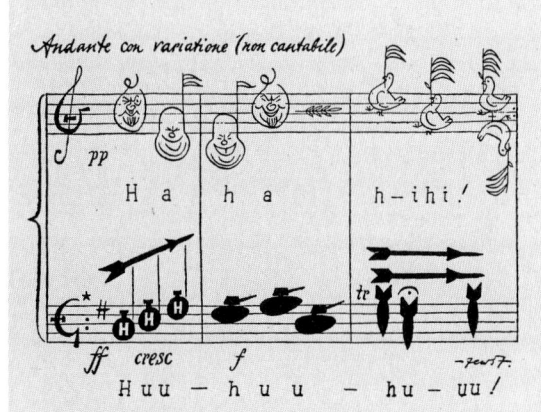

8.1.: »Sowjetische Noten.« Karikatur von Mirko Szewczuk in der Tageszeitung »Die Welt«.

9.1.: Streikende Müllarbeiter in Hamburg.

9. Januar In mehreren Städten des Bundesgebiets fordern Gemeindearbeiter mit Warnstreiks die kommunalen Unternehmerverbände zu Verhandlungen über Lohnerhöhungen auf. Insbesondere in Schleswig-Holstein, wo rund 10.000 Gemeindearbeiter dem Aufruf ihrer Gewerkschaft folgen, machen sich die Auswirkungen der Streiks deutlich bemerkbar. In **Flensburg**, **Schleswig** und **Lübeck** stehen die öffentlichen Verkehrsmittel für zwei Stunden still; die Elektrizitäts-, Gas- und Wasserwerke dieser Städte können nur mit einem Notdienst arbeiten. – Warnstreiks werden ebenfalls in **Lüneburg**, **Mainz**, **Hanau** und **Darmstadt** veranstaltet. – In einer ganzen Reihe von Städten führt die Gewerkschaft auch Protestkundgebungen durch. In **Mülheim** an der Ruhr spricht sich der ÖTV-Vorsitzende Adolph Kummernuß vor 1.400 Gemeindearbeitern dafür aus, die Protestaktionen bis zu einer Entscheidung für Tarifverhandlungen fortzuführen.

11. Januar Ex-Offiziere der Wehrmacht gründen in **Ost-Berlin** eine *Arbeitsgemeinschaft ehemaliger Offiziere*. In seinem Einführungsreferat erklärt der ehemalige Generalmajor Otto Korfes, die »patriotisch gesinnten ehemaligen Offiziere« wollten sich zusammenschließen, um der von der Bundesregierung heraufbeschworenen Gefahr eines Atomkrieges in »Wort und Tat« entgegenzutreten. Die vornehmste »Aufgabe aller vaterlandsliebenden ehemaligen Offiziere« sei es, die richtigen Lehren aus der Vergangenheit zu ziehen und die westdeutschen Offiziere wachzurütteln, damit sie sich nicht für die NATO-Politik mißbrauchen lassen. Das Hauptreferat hält Gesundheitsminister Luitpold Steidle (CDU), der 1943 in Stalingrad als Kommandeur eines Grenadier-Regiments in sowjetische Gefangenschaft geraten und danach Frontbevollmächtigter des *Nationalkomitees Freies Deutschland* geworden war. Zum Vorsitzenden des 18köpfigen Vorstands der *Arbeitsgemeinschaft ehemaliger Offiziere* wird Korfes gewählt; Stellvertreter werden Steidle, Heinrich Homann, Martin Lattmann und Bernt von Kügelgen.

12.1.: Beilage zum Amtsblatt der Erzdiözese von München und Freising.

11./12. Januar Auf Einladung der Katholischen Akademie in Bayern findet in **München** ein Gespräch zwischen Katholiken und Sozialdemokraten zum Thema »Christentum und Sozialismus« statt. An dem Treffen nehmen 50 Vertreter der *Katholischen Kirche* und 50 führende Sozialdemokraten, darunter der bayerische SPD-Vorsitzende Waldemar von Knoeringen, teil. – In einer Meldung der »Katholischen Nachrichten Agentur« (KNA) heißt es anschließend, daß nach kirchlicher Auffassung auch »ein vom Marxismus befreiter ›demokratischer Sozialismus‹« mit der katholischen Staatsauffassung unvereinbar sei. Dennoch kündigten sich »neue Erkenntnisse« über die Sozialdemokratie an. Sie gebe ihr Selbstverständnis nicht mehr als Dogma aus und gestehe ausdrücklich zu, daß »letzte Aussagen über den Menschen und die Welt« nur von der Theologie her möglich seien. Einig sei man sich darin, daß der gemeinsame »Grundbestand an Werten und Überzeugungen« vor den Gefahren der Technik und des Bolschewismus geschützt werden müßten.

12. Januar Von den Kanzeln der Katholischen Kirchen in der **Bundesrepublik** wird während der Sonntagsmesse ein Hirtenschreiben verlesen, in dem die katholischen Bischöfe in Deutschland die Gläubigen davor warnen, Ehen mit Gläubigen anderer Konfessionen einzugehen. Die Mischehen bedeuteten in der Regel »ein furchtbares Unglück« für die Betreffenden. Sie würden besonders häufig geschieden, die aus ihr hervorgehenden Kinder müßten darunter leiden, mehr als die Hälfte von ihnen gingen der Kirche sogar verloren.

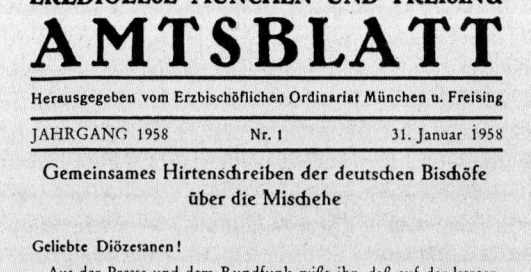

12. Januar Aus dem innerparteilichen Machtkampf der SPD in **West-Berlin** geht Willy Brandt als Sieger hervor. Bei sechs Enthaltungen wird der Regierende Bürgermeister der Stadt mit 163:124 Stimmen zum neuen Landesvorsitzenden seiner Partei gewählt. Zweite Vorsitzende werden Kurt Mattick und Josef Braun. Der bisherige Landesvorsitzende Franz Neumann, der schon Brandts Wahl zum Regierenden Bürgermeister zu verhindern versucht hatte, wandte sich vergeblich gegen die Besetzung beider Ämter in Personalunion. Außerdem erhob er gegen Brandt den Vorwurf, die für Sozialisten obligatorische Forderung nach einer Vergesellschaftung der Grundstoffindustrien aufgegeben zu haben, worauf dieser erwiderte, daß man sich nicht mehr mit dem Gedankengut der ehrwürdigen Klassiker des Sozialismus begnügen könne.

13. Januar In einer Sendung des <u>Bayerischen Rundfunks</u> spricht sich Bundeswirtschaftsminister Ludwig Erhard (CDU) in drastischen Worten gegen die vom DGB geforderte Verkürzung der Arbeitszeit aus. Der von vielen als leibliche Inkarnation des Wirtschaftswunders angesehene Minister empfiehlt der Bevölkerung stattdessen eine Stunde Mehrarbeit. In der Ansprache heißt es: »Es paßt nicht zu den Gegebenheiten und den Anforderungen unserer Zeit, wenn wir fortfahren, immer weniger arbeiten, aber womöglich noch immer besser leben und mehr Wohlstand erreichen, ja sogar erzwingen zu wollen. Ich bin zudem überzeugt – und viele Anzeichen wie die Zunahme der Schwarzarbeit sprechen dafür –, daß eine weitere Arbeitszeitverkürzung kein vordringliches Anliegen der arbeitenden Menschen ist … Es stünde uns viel besser an, einmal ernsthaft die Frage zu prüfen, ob das deutsche Volk nicht bereit sein sollte, anstatt die 45-Stunden-Woche noch zu unterschreiten, wieder eine Stunde mehr zu arbeiten.«[9] – Gegen diesen Vorschlag, der nicht nur in der Arbeiterschaft bundesweit Empörung auslöst, wendet sich bereits einen Tag darauf der DGB-Vorsitzende Willi Richter in einer von mehreren Rundfunkanstalten übertragenen Ansprache. Darin heißt es in einer Passage: »Erhard will aus zusätzlichen Arbeitsleistungen der Arbeiter, Angestellten und Beamten die militärische Aufrüstung der Bundesrepublik finanzieren. Die Gewerkschaften werden sich diesem Verlangen entschieden widersetzen. Der DGB verurteilt eine Politik, die ohne Rücksicht auf Gesundheit, Familie und Kulturstand unseres Volkes die Aufrüstung vorantreiben würde.«[10]

13. Januar In **New York** überreicht der amerikanische Chemie-Professor und Nobelpreisträger Linus Pauling dem Generalsekretär der Vereinten Nationen, Dag Hammarskjöld, einen Appell, in dem zur Einstellung aller Kernwaffenversuche aufgerufen wird. Das Schreiben ist von 9.235 Wissenschaftlern aus 44 Ländern unterzeichnet, darunter 37 Nobelpreisträgern. In dem Ersuchen, dem sich auch 147 Professoren aus der Bundesrepublik, darunter die Nobelpreisträger Max Born, Adolf Butenandt, Gerhard Domagk, Otto Hahn, Werner Heisenberg,

Richard Kuhn und Adolf Windaus, angeschlossen haben, heißt es: »Wir, die unterzeichneten Wissenschaftler, fordern, daß ein internationales Abkommen über die Einstellung der Versuche mit Kernbomben jetzt geschlossen wird … Ein internationales Abkommen über die Einstellung der Versuche mit Atombomben könnte jetzt als erster Schritt zu einer allgemeineren Abrüstung dienen und schließlich zu der völligen Abschaffung der Kernwaffen führen, womit die Möglichkeit eines nuklearen Krieges vermieden wäre, der für die ganze Menschheit eine Katastrophe wäre. Wir haben mit unseren Mitmenschen die tiefe Sorge um das Wohlergehen aller menschlichen Wesen gemeinsam. Als Wissenschaftler haben wir Kenntnis von den innewohnenden Gefahren und deshalb die besondere Verantwortung, diese Gefahren bekannt zu machen. Wir erachten es als gebieterisch, daß sofort etwas unternommen wird, um ein internationales Abkommen zur Einstellung aller Versuche mit Kernwaffen herbeizuführen.«[11]

13.1.: Bundeswirtschaftsminister Ludwig Erhard.

13.1.: Der amerikanische Atomwaffengegner Professor Linus Pauling.

14. Januar Als auf einer Protestkundgebung in **München**, mit der die Gewerkschaft ÖTV für Lohnerhöhungen der Gemeindearbeiter eintritt, die Äußerung Erhards vom Vortage zitiert wird, bricht unter den 4.000 Versammelten ein ohrenbetäubendes Pfeifkonzert aus. In einem vielstimmigen Chor rufen die Protestierenden: »Ins Bergwerk mit Erhard!«[12]

14. Januar Das Bezirksgericht **Erfurt** verurteilt den aus Weimar stammenden Studentenpfarrer Martin Giersch wegen »Boykotthetze« zu einer Gefängnisstrafe von einem Jahr und zwei Monaten. Er soll Einrichtungen der *Evangelischen Kirche* dazu benutzt

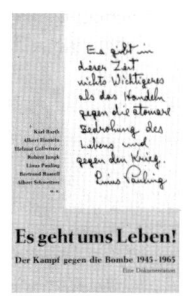

13.1.: Titel einer 1965 im Evangelischen Verlag in Hamburg erschienenen Dokumentation.

15.1.: Als Flugblatt verteilter Offener Brief der »Falken«.

haben, bei Zusammenkünften mit Studenten »staatsfeindliche Politik« zu betreiben.

14. Januar Die britische Tageszeitung »The Times« meldet, das Oberkommando der US-Luftwaffe habe bestätigt, daß eines ihrer mit Atombomben ausgerüsteten Flugzeuge abgestürzt sei. Obwohl die Maschine durch ein Feuer völlig zerstört worden wäre, sei die Bombe nicht explodiert. Angaben über Ort, Zeitpunkt, Ursachen und Umstände des Unglücks werden nicht gemacht.

15.1.: Erich Lüth im Hörsaal A der Hamburger Universität; rechts der Verleger Ernst Rowohlt.

15.1.: Auszug aus Lüths 1966 erschienener Autobiographie »Viel Steine lagen am Weg«.

15. Januar Der Erste Senat des Bundesverfassungsgerichtes in **Karlsruhe** gibt einer Verfassungsbeschwerde des Leiters der Staatlichen Pressestelle in Hamburg, Erich Lüth, statt, wodurch sein Boykottaufruf gegen die Aufführung des Veit Harlan-Films »Unsterbliche Geliebte« nicht gegen das Zivilrecht und auch nicht gegen die guten Sitten verstößt. Die Protestaktion Lüths vom 20. September 1950 gegen das Wiederauftreten Harlans, des ehemaligen Regisseurs antisemitischer Tendenzfilme, die die nationalsozialistische Massenvernichtung gefördert haben, wird als eine durch die Verfassung geschützte Form der freien Meinungsäußerung anerkannt. In der Urteilsbegründung heißt es, daß von Lüth nicht verlangt werden könne, sich aus Rücksicht auf die beruflichen Interessen Harlans und die wirtschaftlichen Interessen der Filmgesellschaften mit seiner Meinung zurückzuhalten. In der freiheitlichen Demo-

Offener Brief

DIE FALKEN

Sozialistische Jugendbewegung Deutschlands

Landesverband Hamburg
Hamburg 1, Schopenstehl 24
11. Dezember 1950

Lieber Erich Lüth!

Nur wenige von uns kennen Sie persönlich. Trotzdem fühlen wir uns Ihnen in diesen Tagen durch Ihre mutige und unserer Meinung nach allein mögliche Haltung gegen den „Jud-Süß"-Regisseur Veit Harlan und seine neuen Auftrag- und Geldgeber auf das engste verbunden.

Harlan hat durch seinen Film „Jud Süß" bei weiten Kreisen unseres Volkes die niederen Instinkte im Menschen aufgewiegelt. Er hat durch seine unheimliche, ja fast teuflische künstlerische Gestaltungskraft den Beschauern dieses Filmes, dabei besonders der Jugend, die jüdischen Mitbürger so dargestellt, wie der Nationalsozialismus es brauchte, um die ungeheuren Verbrechen zu rechtfertigen, denen sechs Millionen jüdische Mitmenschen zum Opfer fielen.

Veit Harlan hätte unserer Meinung nach alle Veranlassung, sich der demokratischen Öffentlichkeit in Deutschland, und mehr noch den Augen der Welt, so wenig wie möglich zu zeigen. Wir halten es für gewissenlos, wenn er durch geschäftstüchtige Filmindustrielle erneut Gelegenheit bekommt sich zu betätigen und durch seine Regieführung die Volksmeinung zu beeinflussen.

Der erste, der öffentlich dagegen auftrat, waren Sie, Erich Lüth! Sie haben Ihren Aufruf zum Boykott der Harlan-Filme bis vor die Schranken der Justiz vertreten.

Wir stellen uns in diesem Punkt neben Sie und werden alles was in unserer Kraft steht anwenden, damit nicht Leute vom Schlage Veit Harlans neuen Einfluß auf das demokratische Leben unserer Republik gewinnen. Das sind wir uns und unseren Jugendlichen aus der Zielsetzung unseres Verbandes heraus schuldig.

Sie, Erich Lüth, haben Ihrer Empörung öffentlich Ausdruck gegeben und sind uns Beispiel. Dafür sagen wir Ihnen aufrichtigen Dank.

MEIN KAMPF GEGEN VEIT HARLAN

Mein langjähriger Rechtsstreit gegen VEIT HARLAN, den Filmregisseur des »Teufels«, mag sich in der öffentlichen Meinung und unter den Juristen zu einem »Cause célèbre« entwickelt haben. Sicherlich ist dieser Streit auch in die deutsche Rechtsgeschichte eingegangen, denn immerhin hat er über alle Instanzen ordentlicher Gerichtsbarkeit hinweg 1958 zu einer Grundsatzentscheidung des Bundesverfassungsgerichts in Karlsruhe geführt. Bis zu dieser Entscheidung hat er volle sieben Jahre die Öffentlichkeit bewegt und zu leidenschaftlicher Parteinahme gezwungen.

Dennoch irren meine Kritiker, wenn sie mir wiederholt unterstellten, ich hätte diesen Streit nur um des Eklats wegen gesucht. Das Gegenteil hiervon ist richtig.

Was ich in Wahrheit suchte, war eine Antwort auf die bedrückende Frage, ob der Regisseur des antisemitischen Hetzfilms »Jud Süß« auch nach dem Zusammenbruch des Schreckensregimes noch berufen sei, den deutschen Film, der sich rehabilitieren mußte, vor der Welt zu repräsentieren.

Nach meiner Überzeugung mußte hierüber hart diskutiert werden. Denn Hitler und Goebbels hatten die Kunst und die Künstler während des »Dritten Reiches« mißbraucht. Die künstlerischen Träger des Theaters, des Films und der gleichgeschalteten Literatur hatten sich nun vor sich selber und vor der Welt zu reinigen. Deshalb bedrängte mich die Frage, ob Veit Harlan, den Goebbels überheblich als »Prestigeregisseur Nr. 1« des NS-Regimes bezeichnet hatte, noch berufen sei, nach dem Untergang der braunen Dämonen auch die Filmkunst eines anderen Deutschland zu vertreten, so, als seien die Filme »Jud Süß«, »Kolberg« und »Die goldene Stadt« niemals gedreht worden.

Meine persönliche Antwort war eindeutig. Die Antwort vieler anderer war es nicht. Diese Tatsache forderte gebieterisch eine Klarstellung.

Dabei ging es mir nicht um die Person, sondern um die Sache. Gewiß sprachen Persönliches und Menschliches mit. Aber ich dachte weder an den Regisseur noch an seine Hauptdarstellerin Kristina Söderbaum. Wohl dachte ich an die Opfer der psychologischen Kriegsführung des Dr. Goebbels, dachte an die zu Hunderttausenden aus ihren Wohnungen gezerrten jüdischen Mitbürger, deren Ende Auschwitz hieß.

kratie liege der Wert der freien Meinungsäußerung gerade darin, die öffentliche Diskussion über Gegenstände von allgemeiner Bedeutung anzuregen. Private und wirtschaftliche Interessen müßten zurücktreten, wenn es um die Erörterung von Fragen gehe, die für das Gemeinwohl von Bedeutung seien. Das Urteil des Hamburger Landgerichts vom 22. November 1951, wodurch einer Klage der Domnick-Filmproduktion und des Herzog-Filmverleihs stattgegeben und die Boykottaufforderung Lüths als »sittenwidrig« verboten worden war, wird damit als eine Verletzung des Grundrechts der freien Meinungsäußerung angesehen und aufgehoben. Das Bundesverfassungsgericht verweist den Fall an das Landgericht Hamburg zurück. – Rechtsvertreter in der Verfassungsbeschwerde Lüths war der in der Presse als »Kronjurist der SPD« bezeichnete Bundestagsabgeordnete Adolf Arndt, der in der Austragung des Streits um das Grundrecht der freien Meinungsäußerung bereits 1951 die Möglichkeit einer »Grundentscheidung für die deutsche Demokratie« gesehen hatte. »Für die Allgemeinheit und die Gesamtentwicklung einer rechtsstaatlichen Demo-

kratie in Deutschland«, hatte Arndt 1952 festgehalten, »wird es von geschichtsbildender Bedeutung sein, ob Lüth sagen durfte, was er gesagt hat, oder ob ihm der Mund verboten werden konnte.«[13] Unter Berufung auf den Göttinger Staatsrechtler Rudolf Smend, der die Meinungsfreiheit als eine der »wichtigsten Voraussetzungen und Formen des politischen Gemeinschaftslebens überhaupt« interpretiert, und assistiert von dem Smend-Schüler Wilhelm Hennis

ist es Arndt gelungen, das Bundesverfassungsgericht davon zu überzeugen, daß es eine essentielle Beziehung zwischen der Meinungsfreiheit und dem »Wesen der Demokratie« gebe. Der auf Kommunikation und Teilhabe am öffentlichen Leben angelegte Zweck der Meinungsfreiheit erschöpfe sich nicht in der Kundgabe eines individuellen Meinens, sondern sei ein wesentlicher Akt der Willensbildung im Streit um politische Positionen in der Demokratie. Der Artikel 5 Absatz 1 Satz 1 des Grundgesetzes sei in diesem Sinne schutzbedürftig. Ein Boykottaufruf wie derjenige Lüths gegen Filme des »Jud-Süß«-Regisseurs Harlan, der die Verhinderung eines erneuten Antisemitismus zum Ziel hatte, ist demnach nicht als Rechtswidrigkeit aufzufassen, weil dadurch etwa berufliche oder wirtschaftliche Interessen tangiert werden könnten, sondern als der verfassungsrechtlich zulässige Standardfall politischer Meinungs- und Willensbildung. – Das Lüth-Urteil, mit dem das Fundament für eine wertbezogene Verfassungsinterpretation gelegt worden ist, erweist sich als ein »Meilenstein in der Grundrechtssprechung des Bundesverfassungsgerichts«[14].

15. Januar Das Amtsgericht **Darmstadt** verurteilt einen 28jährigen Bauhilfsarbeiter zu einer Gefängnisstrafe von zwei Wochen. Er hatte nach einer Wirtshausschlägerei einem Polizeibeamten mit den Worten gedroht: »Wenn wir den Hitler noch hätten, würdet ihr alle vergast.«[15] Da der Angeklagte bereits vorbestraft ist, lehnt der Richter eine Aussetzung der Strafe ab.

15. Januar Im Swinemünder Gesellschaftshaus in **West-Berlin** kommen rund 300 Mitglieder des *Demokratischen Frauenbundes Berlin* (DFB) zu einer Konferenz gegen die Rüstungspolitik zusammen. Das Motto lautet: »Wer in Frieden leben will, läßt den Haß gegen die Kriegstreiber zur Tat werden«. In einer einstimmig angenommenen Resolution rufen sie die Berliner Frauenorganisationen auf, alle Pläne zu unterstützen, die die Bundesrepublik zum Teil einer atomwaffenfreien Zone machen wollen. Die eine Woche zuvor von dem sowjetischen Ministerpräsidenten Nikolai A. Bulganin an die Westmächte gerichteten Vorschläge zu einer Konföderation zwischen beiden deutschen Staaten, heißt es weiter, sollten einer ernsthaften Überprüfung unterzogen werden.

15. Januar Der Strafsenat Ia des Bezirksgerichts **Dresden** verurteilt den Diplomwirtschaftler Rainer Wagner wegen Wirtschafts- und Militärspionage zu einer Zuchthausstrafe von achteinhalb Jahren. Der Angeklagte soll im Auftrag des amerikanischen Geheimdienstes gearbeitet haben.

15.1.: Adolf Arndt betritt das Bundesverfassungsgericht in Karlsruhe.

15. Januar In **London** wird als überparteiliche Organisation die *Campaign for Nuclear Disarmament (Kampagne für nukleare Abrüstung,* CND) gegründet. Sie geht aus dem seit einem Jahr bestehenden *Nationalen Rat für die Einstellung der Atomwaffenversuche* hervor und sieht ihr Hauptziel in der Verhinderung der britischen Atomrüstung. Zusammen mit Jugend- und Universitätsgruppen gehören ihr bald über 450 lokale Gruppierungen an, die durch Delegierte in zwölf Regionalkomitees zusammengefaßt

15.1.: Von der »Kampagne für Abrüstung« 1966 verteilter Handzettel.

Kampagne für Abrüstung
Ostermarsch der Atomwaffengegner

Unter diesem Zeichen wird heute überall in der Welt gearbeitet

für Abrüstung und Entspannung in Ost und West

für atomwaffenfreie Zonen

für die Menschenrechte

für die Kooperation aller Völker

15.1.: Auszug aus den Erinnerungen der CND-Aktivistin Peggy Duff.

Wer steht hinter diesem Zeichen ?

Menschen, die sich gegen die überholte Politik mit der Bombe, der Gewalt, der Kriegsandrohung und der Kriegsvorbereitung einsetzen. Menschen, die die Bestrebungen der Vereinten Nationen unterstützen und die schon heute über die nationalen Grenzen hinweg für die **eine** Welt denken und handeln wollen. Menschen, die nicht für eine Scheinsicherheit durch Wettrüsten und Abschreckung, sondern für eine echte Sicherheit durch Abrüstung und Entspannung arbeiten.
Die Kampagne für Abrüstung ist unabhängig von allen politischen Parteien. Sie lehnt den Kalten Krieg entschieden ab.
Das Symbol, unter dem die Kampagne demonstriert, ist das internationale Zeichen der Atomwaffengegner. Es ist aus den Zeichen für N und D des internationalen Signalalphabets entstanden. ND bedeutet Nuclear Disarmament = atomare Abrüstung.

sind. Geleitet wird die Vereinigung von einem Exekutivkomitee, das sich zur Hälfte aus Vertretern der Regionalkomitees zusammensetzt. Zum Präsidenten der CND wird der 85jährige Philosoph und Nobelpreisträger für Literatur Lord Bertrand Russell und zum Vorsitzenden der Domherr der Londoner St. Pauls Kathedrale John Collins gewählt. Besonders unterstützt wird die CND vom linken Flügel der *Labour Party,* darunter vor allem von Anthony Greenwood, Kingsley Martin und Michael Foot. Sowohl durch pazifistische und kirchliche Gruppen als auch durch prominente Intellektuelle und Künstler wie Alan J.P. Taylor, Victor Gollancz, John Boynton Priestley und Henry Moore erringt die Vereinigung große Aufmerksamkeit in der Öffentlichkeit. – Die Kampagne, die schon im Laufe eines Jahres zur größten britischen Massenbewegung seit

Kriegsende wird, entwickelt später als eine ihrer wirksamsten Protestformen den »Ostermarsch«.

16. Januar Im Anschluß an eine Demonstration fordern in **Stuttgart** 1.500 Gemeindearbeiter auf einer Kundgebung vor dem Gewerkschaftshaus die ÖTV dazu auf, nach einem letzten Verhandlungsvorschlag für die kommunalen Arbeitgeberverbände »die Urabstimmung zur Durchführung von Kampfmaßnahmen einzuleiten«.

16. Januar Die 3. Strafkammer des Landgerichts **Frankfurt** verurteilt einen 32jährigen Vertreter wegen der Verbreitung staatsgefährdender Schriften zu einer Gefängnisstrafe von drei Monaten. Er hatte 75 Exemplare des in Argentinien gedruckten Bandes »Adolf Hitler – sein Kampf gegen die Minus-Seele«, dessen Autor nur mit dem Pseudonym Walter von Asenbach angegeben wird, bezogen und an einschlägige »Diskussionszirkel« weiterverkauft. Das Buch, das im freien Handel nicht erhältlich ist, führt der Vorsitzende Landgerichtsdirektor in der Urteilsbegründung aus, stelle nichts anderes dar als eine »Glorifizierung der nazistischen Gewaltherrschaft« und fordere unverblümt dazu auf, das NS-Regime »wieder in den Sattel« zu hieven. Das Strafmaß sei deshalb so niedrig gewählt worden, weil man den Angeklagten nicht zum Märtyrer machen wolle.

The CND Symbol

It was Gerald Holtom who designed it. He came to the first meeting of what was to be London Region CND in the small hall at St Pancras Town Hall a few weeks before the first Aldermaston March.

He unrolled at the back of the hall a long strip of black cloth. He attached a bamboo pole to each end and requisitioned two people to hold them. The strip was about six yards long and it was designed to be carried sideways along the side of a march by two people on foot or on bicycles.

On the black cloth were the words 'Nuclear Disarmament' in white and at each end the strange symbol in white against the black: the broken cross inside the circle.

He told us what the symbol meant. First, the semaphore for the initials, ND. Second, the broken cross meant the death of man, the circle the unborn child. It represented the threat of nuclear weapons to all mankind, and, because this was new, the threat to the unborn child.

He 'sold' us the symbol that night – and not only the symbol, but also, for a long time, the colours too, the white on black or the black on white, which was a part of the symbolism. Stark and funereal.

Then he went back to Twickenham where he lived and made the Aldermaston March banners. MARCH FROM LONDON TO ALDERMASTON, they declaimed in white letters on the black cloth, and there was the symbol too. In 1959, when we turned the march round, we crossed out the 'from' before London and changed it to 'to', and crossed out the 'to' before Aldermaston and changed it to 'from', and went on using the same banners, year after year. And every year we tied to the top of them a bunch of daffodils, a symbol of life and the spring.

It was Eric Austin of Kensington CND who made the first symbol badges. They were pottery badges, made from clay and baked in an oven, white, with the circle and cross in black. Later we made them in plastic and in metal, but the pottery badges

17. Januar In der **Bundesrepublik** erscheint in mehreren Tageszeitungen eine Großanzeige, mit der die *Arbeitsgemeinschaft deutscher Lehrerverbände* die Erhebung einer Anklage gegen den Offenburger Studienrat Ludwig Zind wegen dessen antisemitischer Drohungen fordert. Der Titel des Aufrufs lautet »Wehret den Anfängen«. Darin heißt es: »Mußte erst eine bekannte Wochenschrift die im April erfolgten Äußerungen veröffentlichen, ehe man gegen diesen Schandfleck der deutschen Erzieherschaft vorging? Die Unbelehrbarkeit moralisch und geistig Minderwertiger, die gestern Deutschland zerstörten, bedroht heute die Bundesrepublik. Wer schweigt, ist mitschuldig am Elend von morgen. Als verantwortliche Erzieher und Staatsbürger fragen wir: Wer vertuschte von April bis Dezember die ungeheuerlichen Zindschen Äußerungen? Was taten der Oberstudiendirektor des Grimmelshausen-Gymnasiums in Offenburg, das Oberschulamt in Freiburg und das baden-württembergische Kultusministerium von April bis Dezember in dieser Sache?«[16] – Das Nachrichtenmagazin »Der Spiegel« hatte am Dezember 1957 erstmals über den antisemitischen Vorfall in Offenburg berichtet. Die dem DGB angeschlossene *Arbeitsgemeinschaft deutscher Lehrerverbände* hat rund 100.000 Mitglieder.

18. Januar Der aus der DDR stammende Komponist Wolfgang Schoor, Vorsitzender des *Deutschen Jugendringes*, wird in **Duisburg** verhaftet und nach **Dortmund** in das Untersuchungsgefängnis gebracht. Seiner Frau wird jede Auskunft über den Grund seiner Verhaftung verweigert. – Der *Deutsche Jugendring* ist eine am 6. Juni 1954 in Ost-Berlin gegründete Dachorganisation verschiedener Jugendverbände. Ihm gehören die FDJ, die Gewerkschaftsjugend des FDGB, der *Deutsche Sportausschuß* (DSA) und andere staatliche Jugendorganisationen der DDR an. Vorsitzender der als »Gesamtdeutsches Jugend-Forum« bezeichneten Einrichtung ist der Schriftsteller Stephan Hermlin.

18. Januar Die Bezirksleitung der SED in **Ost-Berlin** protestiert gegen die Wahl Willy Brandts zum Vorsitzenden der West-Berliner SPD. Mit dem Regierenden Bürgermeister, heißt es, sei der »Haupteinpeitscher der NATO-Politik in der SPD an die Spitze der Partei gestellt« worden.

18. Januar Vor dem Hafen von **Oran** bringen französische Kriegsschiffe ein jugoslawisches Schiff auf, das aus der Tschechoslowakei stammende Waffen geladen hat, die für die algerische Befreiungsfront FLN bestimmt sind.

18./19. Januar Auf der »Europäischen Gewerkschaftskonferenz« in **Düsseldorf** fordern über 100 Gewerkschaftsvertreter aus Belgien, Frankreich, Italien, Luxemburg, den Niederlanden und der Bundesrepublik in einer Entschließung die »Einstellung aller Atomwaffenversuche in der ganzen Welt«.

19. Januar Zum 39. Jahrestag der Ermordung von Rosa Luxemburg und Karl Liebknecht, der beiden Mitbegründer der KPD, nehmen in **Ost-Berlin** 150.000 Menschen an der traditionellen Gedenkdemonstration der SED teil. Der Marsch zur Gedenkstätte im Bezirk Friedrichsfelde steht im Zeichen des Kampfes gegen die Atombewaffnung und für die Schaffung einer atomwaffenfreien Zone in Mitteleuropa. Nach einer Ansprache von Ministerpräsident Otto Grotewohl, in der zum Kampf der Arbeiterklasse gegen alle Vorbereitungen eines Atomkrieges aufgerufen wird, ziehen eine Stunde lang Hundertschaften der Betriebskampfgruppen und Einheiten der Volkspolizei vorüber.

19. Januar Das Kreisgericht **Meissen** verurteilt den Radebeuler Gärtner Otto Grosse wegen Wirtschaftsverbrechens, Anstiftung zur Bestechung und gemeinschaftlich begangenen Betruges zu einer Gefängnisstrafe von zweieinhalb Jahren. Wegen derselben Delikte erhalten seine Tochter, sein Sohn und der ehemalige Leiter der *Bäuerlichen Handelsgenossenschaft* in Coswig, Ralph Reinhardt, zwischen acht Monaten und zwei Jahren. Den Angeklagten wird vorgeworfen, sie hätten bei der Geldumtauschak-

15.1.: Der CND-Präsident Betrand Russell, hier 1955 bei der Entgegennahme des Silver-Pears-Pokals, der ihm für seine Bemühungen um den Weltfrieden überreicht wurde.

tion am 13. Oktober 1957 versucht, 246.000 DM in betrügerischer Absicht umzutauschen.

19.-26. Januar Das Zentralkomitee der SED führt am Bogensee bei **Bernau** (Bezirk Brandenburg) ein »Internationales Frauenseminar« durch. Zu den rund 200 Teilnehmerinnen zählen neben Vertreterinnen verschiedener Frauenausschüsse aus Industrie und Landwirtschaft auch Funktionärinnen der KPdSU, der KPF, der KPI, der KPD sowie anderer kommunistischer und sozialistischer Parteien. In seinem Grundtenor zielt das Seminar auf eine stärkere »Einbeziehung aller Frauen in den Aufbau des Sozialismus« und eine bessere Qualifizierung von Frauen für mittlere und leitende Funktionen in Staat und Wirtschaft ab.

20. Januar Im Bundestag in **Bonn** fordern 45 Abgeordnete die Wiedereinführung der Todesstrafe. Der CSU-Abgeordnete Richard Jaeger, der seit 1953 Bundestagsvizepräsident ist, begründet den Antrag damit, daß das Leben eines Bürgers dem Staat mehr wert sein müsse als das eines Mörders. – Da für eine Änderung von Artikel 102 des Grundgesetzes eine Zweidrittelmehrheit erforderlich ist, werden der Initiative, die vor allem von CSU-Abgeordneten getragen wird, keine Chancen eingeräumt.

20.1.: Die Zeitschrift »Der Monat« druckt einen Artikel mit dem Umfrageergebnis der Illustrierten »Revue« nach.

Todesstrafe und „gesundes" Volksempfinden

Käme es heute zu einer Volksabstimmung in der Bundesrepublik, die darüber entscheiden sollte, ob die Todesstrafe bei uns wieder eingeführt werden soll oder nicht, so wäre es jetzt schon sicher, daß der Henker bei uns seine „Arbeit" wieder aufnehmen würde. Denn fast drei Viertel unserer gesamten Bevölkerung haben sich bei der von der „Revue" veranlaßten (und durch das Allensbacher „Institut für Demoskopie" vorgenommenen) repräsentativen Volksbefragung für die Todesstrafe ausgesprochen. Es sind mehr Männer (76 %) als Frauen (69 %), mehr Protestanten (76 %) als Katholiken (71 %) und mehr „einfache" (74 %) als „gebildete" Leute (70 %).

Es ist sensationell, daß die Mehrheit – ja, die überwältigende Mehrheit von 84 % – heute für Raubmörder und für Lustmörder die Todesstrafe fordert.

Mehr als die Hälfte der Befragten ist der Meinung, daß auch die folgenden Verbrechen mit dem Tode bestraft werden sollten:

Wenn jemand einen Menschen umbringt, der ihm bei einem Überfall oder Einbruch im Weg steht oder ihn dabei überrascht.

Wenn jemand einen Mord begeht, damit er eine Versicherungssumme bekommt.

Wenn jemand wegen einer Erbschaft einen Mord begeht.

Fast sämtliche Befürworter der Todesstrafe, nämlich 93 %, sind der festen Überzeugung, daß die Todesstrafe abschreckend wirkt. Sie glauben, daß es nach der Wiedereinführung der Todesstrafe weniger Morde und Schwerverbrechen geben wird. Es ist bekannt, daß dies nicht zutrifft. In keinem der 36 Staaten, die die Todesstrafe (z. T. vor vielen Jahrzehnten) abgeschafft haben, nahm

die Zahl der Morde zu. Auch haben die Morde in jenen Staaten nicht abgenommen, die die Todesstrafe wieder eingeführt haben. Dennoch hält die Volksmeinung an ihrem Glauben fest. Selbst Menschen, die schon einmal mit eigenen Augen eine Hinrichtung gesehen haben, verschließen ihre Herzen der Stimme der Vernunft — und das sind bei uns nicht wenige!

Auf die Frage: „Haben Sie schon einmal eine Hinrichtung miterlebt?" erhielten wir ein unerwartet sensationelles Ergebnis: 11 % der Männer sagen ja! Und selbst von diesen Männern sind heute 77 % für die Wiedereinführung der Todesstrafe. Nur 17 % sind dagegen.

Spione und Landesverräter werden hingegen von der Mehrheit des Volkes nicht aufs Schafott verdammt: nur 38 % der Befragten verlangen ihre Hinrichtung. Noch milder wird eine Mutter beurteilt, die ihr Kind umbringt, milder auch der politische Attentäter und der Mörder aus Eifersucht — von je dem Befragten fordert nur einer ihren Sühnetod. Noch erstaunlicher ist es, daß nicht einmal ein Viertel der Bevölkerung jenen Mörder mit dem Tode bestrafen will, der die Tat im Rausch beging!

„Wenn die Todesstrafe wieder eingeführt wäre, wie sollte dann die Hinrichtung sein?" Auch diese Frage haben wir untersuchen lassen. Hier ist das Ergebnis:

Elektrischer Stuhl	26 %
Tod nach Einschläferung des Verurteilten	17 %
Tod durch das Beil	13 %
Tod durch den Strang	13 %
Tod durch Erschießen	10 %
Tod durch Vergasen	3 %
Tod durch Vergiften	2 %
Unentschieden	16 %
	100 %

Aus der REVUE vom 12. April 1958

---

20. Januar Das Bezirksgericht Suhl verurteilt in einem in **Meiningen** durchgeführten Verfahren fünf Arbeiter des VEB »Anna Seghers« in Neuhaus wegen »Boykotthetze« zu Zuchthausstrafen von einer Dauer bis zu dreieinhalb Jahren. Die beiden Hauptangeklagten Karl und Hans Ulbrich hatten zusammen mit drei ihrer Kollegen im Juni des Vorjahres die VEB-Belegschaft wegen offensichtlicher Benachteiligung bei einer Prämienverteilung zu einem Streik aufgerufen. Die meisten Arbeiter waren dem Protestaufruf gefolgt.

20. Januar-29. März Nach Ablehnung einer Erhöhung des Stundenlohns um 25 Pfennig durch den Unternehmerverband treten in **Niedersachsen** und **Bremen** rund 4.000 Beschäftigte der Textilindustrie, in der überwiegenden Mehrheit Frauen, in einen unbefristeten Streik. Der Ausstand richtet sich zugleich gegen eine Anhebung des Arbeitstempos und die allgemeine Erhöhung der Lebenshaltungskosten. Nach kurzer Zeit schließen sich dem Streik weitere Betriebe in Niedersachsen und in **Hessen** an. Die Gesamtzahl der Streikenden umfaßt nun 14.000. Nach mehr als zwei Monaten wird der Ausstand zunächst am 24. März in Bremen und Niedersachsen und am 29. März dann auch in Hessen beendet. Ergebnis des Streiks ist eine Erhöhung des Stundenlohns um 17 Pfennig. Die Unternehmer wollten ursprünglich nur einer Lohnerhöhung von 5%, etwa 7,5 Pfennig, zustimmen.

21. Januar Auf Einladung des Bundesverteidigungsministeriums konferieren in **Bonn** die Verteidigungsminister von Frankreich, Italien und der Bundesrepublik über gemeinsame waffentechnische Entwicklungsprojekte. Zum Ergebnis der Gespräche heißt es lediglich, daß gemeinsame Entwicklungen und Produktionen auf waffentechnischen Gebieten nach den Grundsätzen der NATO mit dem Ziel einer Standardisierung durchgeführt werden sollen. – Die britische Tageszeitung »The Times« bemerkt in einem Kommentar kritisch, daß das Treffen ohne Zustimmung der WEU stattgefunden habe. Frankreich sei offenbar mit der britisch-amerikanischen Hegemonie in der NATO nicht einverstanden und hoffe durch die technische und finanzielle Unterstützung der Bundesrepublik die vierte Atommacht zu werden. – Das Bundesverteidigungsministerium in **Bonn** betont in einer Erklärung, daß Atomwaffen in die Vereinbarungen der drei Staaten nicht einbezogen worden seien. Die Bundesrepublik halte auch weiterhin an ihrem am 23. Oktober 1954 in den Pariser Verträgen freiwillig eingegangenen Verzicht auf die Produktion von Atomwaffen fest. – Diese Stellungnahme widerspricht der Tatsache, daß in den beiden Monaten zuvor eine rege Geheimdiplomatie zwischen der französischen und der bundesdeutschen Regierung zur Vorbereitung eines trilateralen Abkommens zur Entwicklung und Produktion von Atomwaffen stattgefunden hat. Am 15. November 1957 hatten der neue französische Ministerpräsident Félix Gaillard, Außenminister Christian Pineau, Verteidigungsminister Jacques Chaban-Delmas und Staatssekretär Maurice Faure in einer Geheimbesprechung in **Paris** beschlossen, neben den USA und Großbritannien eine weitere westliche Atommacht aufzubauen. Bereits am Tag darauf war Faure in Begleitung von Botschafter Maurice Couve de Murville zu einem vertraulichen Gespräch mit Bundeskanzler Adenauer in dessen Privatwohnung in **Rhöndorf** zusammengetroffen. Auf Faures Frage, ob die Bundesrepublik sich neben Frankreich und Italien, das bereits seine Zustimmung gegeben habe, an der Herstellung von Atomwaffen beteiligen wolle, hatte der Kanzler mit Ja geantwortet. Nur vier Tage später, am 20. November 1957, war es dann zu einem Treffen zwischen dem französischen Verteidigungsminister und seinem westdeutschen Amtskollegen Franz Josef Strauß in **Paris** gekommen. Dabei kündigte Chaban-Delmas an, daß Frankreich spätestens 1960 mit der Durchführung eigener Atomwaffentests in der Sahara beginnen werde. Strauß bekräftigte noch einmal die von Adenauer erklärte Bereitschaft, sich an dem Atomwaffenprojekt zu beteiligen, machte jedoch darauf aufmerksam, daß wegen der Pariser Verträge jeder Schritt in dieser Richtung »völlig geräuschlos, völlig geheim und vollkommen legal« erfolgen müsse. Um kein Mißtrauen in der Öffentlichkeit zu erregen, sollten die für das Nuklearprojekt erforderlichen Mittel dem Bundestag und dem Bundesfinanzministerium gegenüber als Beitrag zu einem »europäischen Forschungsinstitut für Flugkörper« getarnt werden.[17]

21. Januar Das Amtsgericht in **Darmstadt** verurteilt einen 43jährigen Mann aus Gräfenhausen (Landkreis Darmstadt) wegen öffentlicher Beleidigung zu einer Gefängnisstrafe von zwei Wochen ohne Bewährung. Ein mitangeklagter 39jähriger Mann aus Darmstadt erhält wegen desselben Delikts eine Geldstrafe von 100 DM. Der Hauptangeklagte hatte in einer Darmstädter Bar eine Tänzerin während ihrer Vorführung mehrfach beleidigt. Als er daraufhin von dem jüdischen Besitzer, dessen Angehörige ohne Ausnahme in Konzentrationslagern umgekommen waren, zum Gehen aufgefordert worden war, hatte er ihm geantwortet, er sei von der »alten Garde« und werde ihn, »wenn es wieder einmal anders komme, am nächsten Laternenpfahl aufhängen«. Ein Kegelbruder des Hauptangeklagten hatte ebenfalls eingegriffen und den Barbesitzer anschließend als »Saujuden« beschimpft.

21.-23. Januar In **Caracas** und anderen Städten Venezuelas kommt es zu heftigen Zusammenstößen zwischen der Bevölkerung und der Polizei. Vor allem Arbeiter protestieren gegen den venezolanischen Diktator Marcos Pérez Jiménez, der mit militärischer Gewalt zu verhindern versucht, daß die Gewerkschaften einen Generalstreik gegen ihn durchführen. Als die Uniformierten in der Hauptstadt das Feuer auf Demonstranten eröffnen, brechen regelrechte Straßenkämpfe aus, die mehr als 50 Tote und viele Verletzte fordern. Daraufhin verhängen die Behörden den Belagerungszustand und eine nächtliche Ausgangssperre über Caracas. Trotz dieser Maßnahmen breiten sich die Kämpfe auf alle größeren Städte des Landes aus. Als in der Nacht zum 23. Januar der Volksaufstand seinen Höhepunkt erreicht, gibt Radio Caracas bekannt, daß Jiménez gestürzt worden sei und eine Junta aus Militärs und Zivilisten die Macht übernommen habe. – Diese Meldung wird am darauffolgenden Tag bestätigt. Als Vorsitzender der »Junta Patriotica« wird der Journalist Fabricio Ojeda genannt.

22. Januar Über die Fernseh- und Rundfunkstationen der **DDR** wird eine Ansprache von Ministerpräsident Otto Grotewohl (SED) übertragen, in der dieser Vorschläge zur Verhinderung der Herstellung und Stationierung von Atomwaffen in Deutschland unterbreitet. Dabei empfiehlt er die Durchführung eines Volksentscheids über die Beteiligung der DDR und der Bundesrepublik an der von dem polnischen Außenminister Adam Rapacki vorgeschlagenen atomwaffenfreien Zone in Mitteleuropa.

22.1.: Der Vorsitzende des Ministerrats der DDR Otto Grotewohl.

23./24. Januar Auf Antrag der SPD-Fraktion und wegen einer Großen Anfrage der FDP, die sich auf die atomare Aufrüstung und die Schaffung einer atomwaffenfreien Zone in Mitteleuropa beziehen, findet im Bundestag in **Bonn** eine außen- und wehrpolitische Debatte statt, in der es zu heftigen Kontroversen zwischen Regierungs- und Oppositionsparteien über Fragen der Atomrüstung kommt. Nach einer Erklärung von Bundesaußenminister Heinrich von Brentano, der darin den Rapacki-Plan ablehnt und die Befürchtung äußert, daß im Falle einer ausbleibenden atomaren Ausrüstung mit dem Abzug der alliierten Truppen gerechnet werden müsse, greifen mehrere Redner der Opposition die Bundesregierung scharf an. Insbesondere Bundeskanzler Adenauer wird mangelnde Verhandlungsbereitschaft vorgeworfen. Dieser hatte noch vor kurzem Bulganins Vorschlag vom 8. Januar, eine Konföderation zwischen beiden deutschen Staaten zu bilden, mit den Worten verurteilt, daß es sich dabei um ein »Störmanöver« und einen »Propagandafeldzug« handle, dem »jeder ernstliche Versuch zu einer Ver-

POLITISCHE VERANTWORT[UNG]

SONDERAUSG.
Heinemann-Rede
vom 23. Januar 1958

EVANGELISCHE STIM[ME]

Herausgegeben von Dr. Adolf Arndt MdB., Bonn; Professor D. Hermann Diem, Tübingen; Bundesminister a. D. Dr. D. Gustav W. Heinemann MdB., Essen; Lic. Karl Immer, Duisburg; Professor D. Hans-Joachim Iwand, Bonn; Heinz Kloppenburg DD., Dortmund; Professor Dr. Karl Kupisch, Berlin; Staatsminister a. D. Ludwig Metzger MdB., Darmstadt; Johannes Rau, Wuppertal; Adolf Scheu, Wuppertal; Professor D. Ernst Wolf, Göttingen.

| Nr. 2 | Februar 1958 | 2. Jahrgang |

Wir brauchen endlich eine neue Politik!

Auch die bisher Lethargischen sind nach der Debatte des Deutschen Bundestages vom 23. Januar über die Grundfragen der deutschen Außenpolitik allenthalben ins Fragen geraten. Die temperamentvolle, anklagende Rede des FDP-Abgeordneten Dr. Thomas *Dehler* und die ruhigen, sachlichen und gebändigten Ausführungen des früheren Bundesinnenministers und jetzigen SPD-Abgeordneten Dr. Dr. Gustav *Heinemann* haben die Regierungskoalition verstört und wortlos gemacht. Für viele ist Wirklichkeit geworden, was der Hamburger SPD-Abgeordnete *Schmidt* gegen Schluß der Debatte sagte: „Jedermann, der den Ausführungen Dr. Dehlers und Dr. Heinemanns zugehört hat und jedermann, der Ihre Erwiderungen angehört hat, jedermann im deutschen Volk, der Ohren hat zu hören, muß nach dem heutigen Tage wissen, was hier in Bonn gespielt wird." Da hilft keine Flucht an die Mikrophone der Sender.

Um für die mannigfachen Diskussionen über die Debatte Material an die Hand zu geben und manche Bitte um den Text zu beantworten, veröffentlicht die „Politische Verantwortung" mit dieser Sonderausgabe den vollen Wortlaut der Rede ihres Herausgebers Heinemann. In der kommenden regulären Ausgabe werden wir zudem ein Panorama der Pressestimmen veröffentlichen — ein kleiner allerdings nur, weil keine deutsche Tageszeitung am 25. Januar ohne Kommentar zu dieser Rede war, der die Opposition einer selbstsicheren, verfehlten Konzeption gegenüber wieder besonders stark in die Offensive ging. In dieser Ausgabe bringen wir lediglich eine Zusammenstellung aus Stimmen des Bischofs Lilje, der Oberkirchenrätin Schwarzhaupt und der Wochenzeitung „Christ und Welt". Die Ausführungen des niedersächsischen Landesbischofs werden wir in der kommenden Ausgabe im vollen Wortlaut wiedergeben.

Von dieser Sonderausgabe, die wir weiterzugeben bitten, liegen einige Überdrucke vor, die auf Anforderung gern zugesandt werden.

Der Ruf nach einer neuen Politik, wie er gerade in dieser Debatte von Dr. Heinemann formuliert wurde, ist der Ruf vieler Menschen in allen Lagern. Er ist für viele zugleich ein Ruf des Gewissens und ein Ruf christlicher Verantwortung. Wir wollen und werden alles tun, damit dieser Ruf nicht verstummt.   J. R.

*

Dr. Dr. Heinemann (SPD): Herr Präsident! Meine Damen und Herren! Vor 7½ Jahren trennten sich die Wege, die der *Bundeskanzler* und ich nach dem Kriege zunächst gemeinsam gegangen waren.

(Zuruf von der Mitte: Schreibt jetzt jeder seine Memoiren?)

Nun begegnen wir uns hier erstmalig wieder in einem Augenblick, da der Herr Bundeskanzler sagte, die Wege seien so ernst um uns gestanden wie heute. Das heißt mit ande-

ren Worten, daß die Sicherheit der Bundesrepublik noch nie so gefährdet war und daß die Wiedervereinigung unseres Volkes noch nie so wenig in Sicht war wie gegenwärtig. An diesem Urteil ist leider vieles richtig, und dieses Urteil besagt zugleich, daß die Zeit gegen uns gearbeitet hat und wir alle miteinander gerufen sind, die Richtigkeit des Weges zu überprüfen, der in den letzten Jahren verfolgt wurde.

(Beifall bei der SPD.)

Das Thema des Gesprächs von 1950, als wir auseinandergingen, und von heute ist im Grunde unverändert. Damals ging es auch um Eigenmächtigkeiten des Bundeskanzlers. Er war es ja, der ohne einen Beschluß der Bundesregierung den Westmächten westdeutsche Soldaten gegen die vierte, östliche Besatzungsmacht anbot.

(Hört! Hört! bei der SPD.)

so wie heute zur Erörterung steht, ob er die Bundeswehr nun auch eigenmächtig in atomare Bewaffnung verstricken wird.

Im Jahre 1950 ging es um die Frage Bundespolizei oder Aufrüstung. Auch damals rumorte in den Köpfen — ich muß mich wirklich wundern, daß das immer noch der Fall ist — Korea. Die Koreageschichte sieht anders aus, als sie damals erzählt wurde.

(Sehr richtig! bei der SPD.)

Ich will nur schnell das allerletzte Stück aus der Koreageschichte hinzutragen. In diesem Januar hat der Generalstaatsanwalt von Südkorea die Koreanische Fortschrittspartei für ungesetzlich erklärt, weil sie die *friedliche* Wiedervereinigung Koreas betreibt, das Ziel der Politik Syngman Rhees aber nur die Wiedervereinigung mit Gewalt, mit Krieg, ist. Ich hoffe, daß man die Freundschaft mit Südkorea nicht auch hierauf ausdehnt.

Meine Damen und Herren, wir haben heute dieselbe Schwarzmalerei vernommen wie damals. Aber ich sage Ihnen: das beeindruckt nachgerade nicht mehr.

(Sehr wahr! bei der SPD.)

Denn auch mir geht es, wie es Herrn Dehler gegangen ist. Das Vertrauen ist zerbrochen, und die Wahrheiten, die nun nachgerade ausgesprochen werden sind und zu denen ich einige hinzufügen werde, sind bitter. Es wird nicht genügen, sehr verehrter Herr von Brentano, daß Sie das mit einer großen Geste zurückweisen, anstatt zu den vorgetragenen Tatsachen Stellung zu nehmen.

(Lebhafter Beifall bei der SPD und FDP.)

Der erste politische Konflikt in der ersten Bundesregierung ergab sich über die Frage, ob die Bundesrepublik dem Europarat beitreten sollte. Darüber gab es im Mai 1950 in der Bundesregierung eine stundenlange Aussprache. Jakob Kaiser und ich waren gegen diesen Beitritt, weil er geeignet

---

23./24.1.: Die Zeitschrift »Politische Verantwortung« druckt in einer Sonderausgabe die Bundestagsrede Gustav Heinemanns ab; verantwortlicher Redakteur des Blattes ist Johannes Rau.

ständigung zu gelangen«, fehle. In der vom Rundfunk direkt übertragenen Debatte kommt es durch zwei spät am Abend von ehemaligen Bundesministern gehaltene Reden zum Eklat. Als erstes wirft der frühere Bundesjustizminister Thomas Dehler (FDP) der Bundesregierung vor, daß mit der geplanten Atombewaffnung die fatale außenpolitische Tendenz, die Wiedervereinigung Deutschlands Schritt für Schritt weiter zu erschweren, nun endgültig zur Verhinderung des in der Verfassung deklarierten Zieles führen werde. Die Tumulte im Anschluß an seinen Beitrag steigern sich noch, als der frühere Bundesinnenminister und mittlerweile von der CDU über die GVP zur SPD gewechselte Abgeordnete Gustav Heinemann anhand eigener Erfahrungen demonstriert, wie schon im ersten Bundes-

kabinett jeder Ansatz zu einer »Verständigung mit dem Osten« verhindert worden sei. Heinemann beginnt seine Rede mit einer Rückerinnerung: »Vor siebeneinhalb Jahren trennten sich die Wege, die der Bundeskanzler und ich nach dem Kriege zunächst gemeinsam gegangen waren. Nun begegnen wir uns hier erstmalig wieder ... Das Thema des Gesprächs von 1950, als wir auseinandergingen, und von heute ist im Grunde unverändert. Damals ging es auch um Eigenmächtigkeiten des Bundeskanzlers. Er war es ja, der ohne einen Beschluß der Bundesregierung den Westmächten westdeutsche Soldaten gegen die vierte, östliche Besatzungsmacht anbot, so wie heute zur Erörterung steht, ob er die Bundeswehr nun auch eigenmächtig in atomare Bewaffnung verstricken wird ... Herr Bundeskanzler, für mich persönlich bedeutet dieses alles an Sie die Frage, ob Sie nicht nachgerade zurücktreten wollen. – Warum, Herr Bundeskanzler? ... ich meine, daß eine ruhige Überlegung und Prüfung der gesamten Gegebenheiten es nachgerade nahelegen sollten, den Weg freizugeben für andere Kräfte, die nun aus dieser Gegebenheit wirklich und glaubwürdig das entwickeln, was geboten ist.«[18] Er sei sehr betroffen darüber, fährt Heinemann fort, mit welcher Selbstverständlichkeit die Bundesregierung dabei sei, in Deutschland die atomare Aufrüstung durchzusetzen. Im Gegensatz zu Bundesverteidigungsminister Franz Josef Strauß hielte er Albert Schweitzer, die Göttinger Achtzehn und die 9.000 Wissenschaftler aus 40 Ländern, die vor einem solchen Schritt gewarnt hätten, nicht für »Panikmacher«. Man könne die Menschen hierzulande nicht einfach an die Existenz von Massenvernichtungsmitteln gewöhnen. Dagegen werde sich etwas mobilisieren. Am Ende der Debatte, die in weiten Teilen der Bevölkerung ein großes Echo auslöst, resümiert der SPD-Abgeordnete Karl Mommer, daß die Regierung in der ausgefochtenen Redeschlacht eine große Niederlage habe einstecken müssen. Trotzdem wird der Entschließungsantrag der Regierungsfraktionen gegen die Stimmen der SPD und bei Stimmenthaltung der FDP angenommen. Danach wird die Bundesregierung ersucht, sich für eine Fortsetzung von Verhandlungen des Westens mit der Sowjetunion und für die Wiederaufnahme von Abrüstungsverhandlungen mit ihr einzusetzen. Dabei solle sie dafür sorgen, daß der Status quo in Europa nicht anerkannt und die Teilung Deutschlands überwunden werde. – In Teilen der Presse wird der Ausgang der Bundestagsdebatte vor allem als Niederlage für Bundeskanzler Adenauer gewertet. Die Tageszeitung »Die Welt« schreibt, daß die CDU/CSU-Fraktion keinen einzigen Redner habe ins Feld führen können, der den Angriffen von Dehler und Heinemann gewachsen gewesen sei. Die

Bundesregierung habe »eine Parlamentsschlacht verloren«. Die in der Schweiz erscheinende »Tat« meint, daß die Regierung wohl erst zu spät zu der Erkenntnis ihres Versagens gekommen sei und sich nun fragen müsse, welchen Eindruck »ihr Schwächeanfall zu nächtlicher Stunde« wohl auf die Millionen von Hörern gemacht habe, die die Debatte an ihren Rundfunkempfängern verfolgt hätten. Und der Bischof der evangelischen Landeskirche von Hannover, Hanns Lilje, schreibt im »Sonntagsblatt« über die Heinemann-Rede: »Der völlige Verzicht auf die üblichen Elemente parlamentarischer Rhetorik, die schmucklose Redeweise, die fast staatsanwaltschaftliche Beschränkung auf Fakten und Dokumente haben die Wirkung dieser Rede ungewöhnlich vertieft. Das kam darin zum Ausdruck, daß diese mitternächtliche, in der Nervenkraft überanstrengte parlamentarische Versammlung zeitweilig in betroffenem, atemlosen Schweigen zuhörte ... Das gegenwärtige deutsche Parlament hat eine so unmittelbare und substantielle christliche Redeweise wahrscheinlich noch nicht gehört.«[19]

24. Januar Angesichts der Aussichtslosigkeit, bei den gegebenen Mehrheitsverhältnissen einen Bundestagsbeschluß gegen die Atombewaffnung der Bundeswehr herbeizuführen, entschließt sich der SPD-Bundesvorstand in **Bonn** dafür, eine bundesweite »Aufklärungskampagne« zu organisieren, um damit »eine breite Welle des Widerstands gegen den Atomtod« in Bewegung zu setzen. – Das Nachrichtenmagazin »Der Spiegel« stellt in seiner Ausgabe vom 5. Februar den Beschluß des SPD-Vorstands als unmittelbare Reaktion auf die rhetorische Niederlage der CDU/CSU-Fraktion in der gerade zu Ende gegangenen Bundestagsdebatte dar: »Heinemann stand noch vor dem Auditorium«, schreibt das Magazin, »als im Bundeshaus erste Glückwunsch-Telegramme von Radiohörern eintrafen und sogar Blumengebinde für den Redner abgegeben wurden.

23.1.: Der zur SPD übergewechselte Gustav Heinemann fordert den Rücktritt des Bundeskanzlers.

23.1.: Ähnlich scharf ist die Kritik des FDP-Politikers Thomas Dehler.

Rasch erkannte die SPD, daß es den Anfangserfolg Heinemanns auszubauen gelte. Gleich nachdem die Nachtsitzung des Bundestags morgens um halb zwei zu Ende war, trat der Parteivorstand zusammen und beriet, wie an den Speer christlichen Protestes, den der Neu-Genosse Heinemann in das fette Fleisch der CDU gestoßen hatte, die rote Fahne der Partei geheftet werden könne. Spontan beschloß die SPD eine ›Welle des Widerstands gegen den Atomtod‹.«[20]

24. Januar Der Studienrat Ludwig Zind, der wegen seiner antisemitischen Drohungen gegenüber einem jüdischen Überlebenden in die Schlagzeilen geraten ist, wird in **Offenburg** verhaftet. Mehrere Personen, deren Angehörige in nationalsozialistischen Konzentrationslagern ums Leben gekommen sind, haben Strafanträge gegen ihn gestellt. – Das baden-württembergische Kultusministerium in **Stuttgart** hatte Zind am 30. Dezember 1957 mit sofortiger Wirkung vom Schuldienst suspendiert, weil dieser zu einer für denselben Tag wegen der gegen ihn erhobenen Vor-

23.1.: »Die Atombombe hat das Wort.« Karikatur aus der »Westfälischen Rundschau«.

würfe anberaumten Hauptverhandlung vor der Dienststrafkammer beim Landgericht **Freiburg** nicht erschienen war. Ein Gynäkologe, dessen Tochter mit einem Sohn Zinds verlobt ist, hatte dem Studienrat attestiert, wegen eines Nervenzusammenbruchs vernehmungs- und verhandlungsunfähig zu sein.

24. Januar Das Bezirksgericht **Magdeburg** verurteilt den Konsistorialpräsidenten der Evangelischen Kirchenprovinz Sachsen, Kurt Grünbaum, wegen gesetzwidrigen Umtauschs von Geldmitteln zu einer Gefängnisstrafe von zweieinhalb Jahren und einer Geldstrafe von 10.000 DM. Der mitangeklagte Oberkonsistorialrat Siegfried Kleewitz erhält wegen desselben Delikts eine Gefängnisstrafe von neun Monaten.

25./26. Januar Die Mitglieder der *Situationistischen Internationale* (S.I.) diskutieren auf ihrer zweiten Konferenz in **Paris** vornehmlich Aktionsmöglichkeiten ihrer Gruppen in Nordeuropa und in Deutschland. Höhepunkt der Überlegungen stellt ein Plan dar, durch die telefonisch miteinander verbundenen Sektionen gleichzeitig ein internationales »Experiment des Umherschweifens« durchzuführen. Am Ende wird die italienische Sektion, »in der eine Fraktion idealistische und reaktionäre Thesen verfochten und jede Selbstkritik unterlassen hatte«, durch einen Mehrheitsentscheid ausgeschlossen. – Mit diesem Beschluß setzt eine langjährige Praxis gegenseitigen Ausschließens ein, mit der sich die Situationisten systematisch dezimieren.

25./26.1.: Übersetzung eines von den Situationisten verteilten Handzettels.

JUNGE LEUTE

wenn Ihr irgendwie zum Spiel und zur
Selbstüberwindung fähig seid
ohne besondere Vorkenntnisse
klug oder schön
Ihr könnt mit der Geschichte gehen
MIT DEN SITUATIONISTEN

Nicht anrufen! Schreiben oder vorsprechen
bei : 32, rue de la Montagne-Geneviève,
Paris 5

25.-27. Januar Auf dem August-Bebel-Platz in **Wattenscheid** führen Mitglieder der *Internationale der Kriegsdienstgegner* (IdK) eine Unterschriftenaktion gegen die Atombewaffnung der Bundeswehr und die Lagerung von Atomwaffen in der Bundesrepublik durch. Die Forderung »Deutschland darf nie Atomraketenbasis werden!« wird in der Bergarbeiterstadt von 700 Passanten unterzeichnet.

26. Januar Im Rathaus von **Bremen** wird der 37jährige Lyriker Paul Celan mit dem Literaturpreis der Hansestadt ausgezeichnet. Der 1920 in Czernowitz als Sohn einer deutschsprachigen jüdischen Familie geborene und in der Tradition des Chassidismus aufgewachsene Schriftsteller ist vor allem durch das Gedicht »Todesfuge« bekannt geworden. Den mit 8.000 DM dotierten Preis überreicht Bildungssenator Willy Dehnkamp.

27. Januar Als Antwort auf ein Schreiben der Literarischen Fakultät der Universität Tokio veröffentlicht der AStA der Johann Wolfgang Goethe-Universität in **Frankfurt** eine vom Studentenparlament gebilligte Erklärung, in der die Einstellung aller Atomwaffenversuche, das Verbot aller Atomwaffen und eine allgemeine kontrollierte Abrüstung gefordert werden. »Berufenere Persönlichkeiten der Wissenschaft, der Kirchen und der Politik«, heißt es darin, »haben zu den Fragen atomarer Rüstung Stellung genommen. Wir fühlen uns als junge Akademiker jedoch nicht minder verantwortlich für das, was in unserem Lande und unserer Zeit geschieht. Daß wir uns den Idealen der Menschenwürde, der Menschenrechte und der Freiheit verbunden fühlen, bedarf für uns keiner ausdrücklichen Betonung. In zwei furchtbaren Kriegen ist unser Land an den Rand des Abgrunds gebracht worden. Wir sind überzeugt, daß ein neuer Krieg das Ende auch unseres Landes bedeuten wird. Wir sind weit davon entfernt, uns einer technischen Entwicklung entgegenstellen zu wollen. Was uns bedenklich macht, ist die Intensität, in der man in beiden Lagern dieser gespaltenen Welt bemüht ist, die Erkenntnisse naturwissenschaftlicher Forschung für kriegerische Zwecke zu mißbrauchen. In Hiroshima und Nagasaki wurden viele Tausend Opfer einer einzigen Bombe. Heute betrachtet man diese Bombe schon als taktisches Geschoß ... Wir fordern ein Verbot aller Atomwaffen. Wir verurteilen die Anwendung von Massenvernichtungswaffen als ein Verbrechen gegen die Menschlichkeit. Wir fordern die Nutzung der Energie der Atomspaltung allein für friedliche Zwecke. Wir fordern eine allgemeine kontrollierte Abrüstung.«[21] – Diesem Appell stimmen in kurzer Zeit die Studentenvertretungen von zwölf bundesdeutschen Hochschulen und die meisten Universitäten der DDR zu. Eine Delegation, die am 8. Februar zwecks weiterer Beratungen von Frankfurt nach **Halle** entsandt wird, kann jedoch mit den dortigen Universitätsvertretern keine Einigung über die Einleitung weiterer konkreter Schritte im Kampf um die Abrüstung erzielen.

27. Januar Der hessische Kirchenpräsident Martin Niemöller spricht in **Wattenscheid** zu der Frage:

»Gibt uns atomare Aufrüstung Sicherheit?« Unter dem Beifall seiner 800 Zuhörer erklärt er, daß sowohl die Stationierung als auch die Ausrüstung mit Atomwaffen zu einer zusätzlichen Gefährdung des deutschen Volkes führten. Niemöller fordert stattdessen die Einbeziehung der Bundesrepublik und der DDR in eine atomwaffenfreie Zone in Mitteleuropa.

27.-29. Januar Aus Protest gegen eine durchschnittliche Lohnkürzung von 30% treten in **Frankfurt** die rund 500 Arbeiter der Werkzeugmaschinenfabrik Meuser & Co. in einen Streik. Da dieser Schritt ohne Absprache mit Gewerkschaftsvertretern erfolgt, gilt der Ausstand als »wilder Streik«. Nachdem bereits 250 Mitarbeiter entlassen worden sind, hat die Betriebsleitung am 23. Januar verfügt, den bisherigen Akkordlohn auf Zeitlohn umzustellen. Da diese Umstellung gleichbedeutend mit einer Lohnkürzung von 30% ist, wird der Betriebsrat auf einer Belegschaftsversammlung beauftragt, mit der Firmenleitung Gespräche über eine Rücknahme des Umstellungsbeschlusses aufzunehmen. Um dieser Forderung entsprechenden Nachdruck zu verleihen, beschließen die Beschäftigten, für die Dauer der Verhandlungen ihre Arbeit ruhen zu lassen. Die Fabrikleitung gibt daraufhin bekannt, daß jeder, der die Arbeit nicht binnen weniger Minuten aufnehme, fristlos entlassen sei. Doch die Arbeiter lassen sich nicht einschüchtern und versammeln sich vor dem Fabriktor, an dem sie ein Transparent mit der Aufschrift »Wir streiken gegen Lohnraub!« anbringen. Am dritten Streiktag akzeptiert die Firmenleitung die Forderungen der Belegschaft: die Umstellung auf den Zeitlohn wird wieder rückgängig gemacht, die Kündigung der Streikenden widerrufen und die vollständige Bezahlung der Streiktage zugesichert. Bis zum I. Mai soll eine »Reorganisation« des Akkordsystems vorgenommen werden. Obwohl sich die *IG Metall* von dem »wilden Streik« distanziert hatte, war sie doch bereit, Vertreter zu den Schlichtungsverhandlungen zu entsenden.

28. Januar Auf einer Tagung der Obersten Staatskonferenz Chinas in **Peking** kündigt Mao Tse-tung an, daß in Zukunft alle Parteikader zur Bekämpfung des Bürokratismus vier Monate im Jahr an die Basis gehen werden. Weiter spricht er sich für eine beträchtliche Erhöhung der Produktivität in allen gesellschaftlichen Bereichen aus. Er erklärt: »Ich bin für die ununterbrochene Revolution. Nach der Befreiung gab es die Landreform, danach die Vereinigungen der Gegenseitigen Bauernhilfe und Genossenschaften; 1956 war das Jahr der Gemischt-Staatlich-Privaten Betriebe und der Kollektivierung des Handwerks, 1957 folgte die Berichtigungsbewegung

und jetzt kommt die technische Revolution. Eine folgt der anderen; man muß das Eisen schmieden, so lange es heiß ist ...«[22]

29.1.: »Halt, nicht so schnell, Strauß! Noch mal: Dat Jewehr zerfällt in sieben Teile, und zwar...« Der Bundeskanzler läßt sich in einer Karikatur des »Simplicissimus« von seinem Verteidigungsminister waffentechnischen Nachhilfeunterricht erteilen.

29. Januar Bundeskanzler Adenauer nimmt in einer Rundfunkansprache zu den von den beiden Abgeordneten Thomas Dehler (FDP) und Gustav Heinemann (SPD) in der Bundestagsdebatte vom 23. Januar erhobenen Vorwürfen Stellung, er habe es versäumt, gebotene Chancen zur Wiedervereinigung zu nutzen. Weil »das Niveau der Debatte« durch die Schuld der beiden früheren Bundesminister »so tief gesunken« sei, daß eine ernsthafte Auseinandersetzung nicht mehr möglich gewesen sei, erklärt Adenauer, habe er sich nicht direkt dazu äußern wollen. »Aus rein parteipolitischen Erwägungen und um der Regierungskoalition und dem Bundeskanzler zu schaden«, fährt Adenauer seine Empörung nicht verbergend weiter fort, »haben die Abgeordneten Dehler und Heinemann sich nicht gescheut, eine Frage, die eine Herzensangelegenheit aller Deutschen ist, in maßloser Leidenschaft zügellos zu mißbrauchen. Ich bin seit 1949 im Bundestag. Ich habe noch keine Sitzung erlebt, die jeden Deutschen mit solcher Empörung und mit echtem Schmerz erfüllen muß.«[23] Nachdem er insbesondere seine strikt ablehnende Haltung gegenüber der sowjetischen Note vom 10. März 1952 noch einmal gerechtfertigt hat, wiederholt er am Ende im Kern die eingangs erhobenen schweren Vorwürfe. »Ich muß hier mit aller Deutlichkeit aussprechen«, klagt er weiter, »daß das Auftreten der FDP und der SPD in der letzten Bundestagsdebatte meinen Versuchen, zu ernsten Verhandlungen zu kommen, schweren Schaden zufügte, weil es in der Sowjetunion die Hoffnung nährt, durch eine

*29.1.: »Die Andere
Zeitung« läßt
Aussprüche Konrad
Adenauers zu
Ab- und Aufrüstung
Revue passieren.*

Spaltung innerhalb der demokratischen Parteien des Bundestages doch noch zu ihrem Ziel, nämlich der Bolschewisierung Deutschlands, zu kommen.«[24] – Der SPD-Vorsitzende Erich Ollenhauer erwidert darauf am 31. Januar in einer eigenen Rundfunkrede, daß der Bundeskanzler, nachdem er im Bundestag geschwiegen habe, es offenbar vorziehe, an einem Ort Stellung zu nehmen, wo es weder Zwischenfragen noch Diskussionen gebe. Das sei eine Mißachtung des Parlaments durch den Regierungschef, wie sie in keiner anderen parlamentarischen Demokratie der Welt geschehen könne. Es sei beschämend und empörend zugleich, wie der Bundeskanzler Mitglieder des Bundestages persönlich verunglimpfe und ihnen verwerfliche Motive unterstelle. Anschließend faßt Ollenhauer in fünf Punkten noch einmal zusammen, wo und wann es die Bundesregierung versäumt habe, auf Vorschläge zur Lösung der deutschen Frage in konstruktiver Weise zu reagieren.

29. Januar Die Entnazifizierungskammer in **West-Berlin** entscheidet, aus dem Vermögen des ehemaligen Präsidenten des Volksgerichtshofes, dem am 3. Februar 1945 bei einem Luftangriff ums Leben gekommenen Roland Freisler, 100.000 DM als Geldbuße einzuziehen. Diese Summe ist durch zwei im Bezirk Dahlem gelegene Häuser aus dem Besitz Freislers gedeckt.

29. Januar Der Zeitungsverleger Axel C. Springer und der Chefredakteur der Tageszeitung »Die Welt«, Hans Zehrer, führen in **Moskau** ein Interview mit dem Ersten Sekretär des Zentralkomitees der KPdSU, Nikita S. Chruschtschow. Von 15 zuvor eingereichten Fragen zur Wiedervereinigung Deutschlands werden sechs in schriftlicher Form beantwortet. – Aus den Antworten, die »Die Welt« veröffentlicht, geht hervor, daß die Sowjetunion auch weiterhin auf der Existenz zweier deutscher Staaten beharrt. Chruschtschow schlägt der Bundesrepublik den Beitritt zu einer atomwaffenfreien Zone in Mitteleuropa vor, empfiehlt die Unterzeichnung eines Nichtangriffspaktes zwischen den Mitgliedsstaaten der NATO und denen des Warschauer Paktes sowie den Rückzug aller ausländischer Truppen von den Territorien der beiden Militärbündnisse. Auf den Status von Berlin angesprochen, erklärt der sowjetische Parteichef, Berlin sei bekanntlich die Hauptstadt der DDR, zugleich stelle der westliche Teil der Stadt eine Art Insel innerhalb der DDR dar.

30. Januar Nach einer stürmisch verlaufenen Vollversammlung sprechen sich etwa 75% der 3.500 in der Aula der Universität **München** versammelten Studenten dafür aus, den am schmiedeeisernen Gitter im Lichthof befindlichen Horaz-Spruch »Dulce et

decorum est pro patria mori« (Süß und ehrenvoll ist es, für das Vaterland zu sterben) durch den weniger martialischen, vom Rektor, Professor Egon Wiberg, vorgeschlagenen Spruch »Mortui viventes obligant« (Die Toten verpflichten die Lebenden) zu ersetzen. Der Streit, der große Teile der Studenten- und Professorenschaft ergriffen hat, war durch die Protestaktion eines Studenten, der sich gegen die Restauration patriotischer Sinnsprüche zur Wehr setzen wollte ausgelöst worden. Er hatte über dem berüchtigten Horaz-Diktum, das gerade frisch vergoldet worden war, ein Spruchband mit der Auschrift »Turpe et stupidum est pro amentia loqui« (Schändlich und dumm ist es, für den Wahnsinn zu sprechen) aufgespannt. Der Akademische Senat hatte daraufhin den militaristischen Sinnspruch des römischen Dichters mit einer Metallplatte verdecken lassen und dazu aufgefordert, einen neuen lateinischen oder griechischen Spruch für die Inschrift vorzuschlagen. Unter den fast 500 Zuschriften, die bis auf drei von Professoren, pensionierten Oberlehrern und anderen Altakademikern stammten, entschied sich dann der Rektor für den Satz »Mortui viventes obligant«. Er erfüllte auch als einziger die in der Ausschreibung geforderte Bedingung, die Erinnerung an die Tat der Geschwister Scholl, die 1943 wegen ihres Widerstands gegen das NS-Regime hingerichtet worden waren, wachzuhalten und »ihrem Opfertod Sinn und Inhalt« zu geben. Der konservative AStA, dem auch Korporierte angehörten, sprach sich jedoch bei zwei Enthaltungen mit 10:7 Stimmen für die Beibehaltung des Horaz-Diktums aus. Die Aktion gegen den antiken Sinnspruch, ließ der AStA verkünden, werde von »sowjetzonalen Kreisen« geschürt. Daraufhin sammelte der *Ring freier und politischer Studentengruppen*, in dem der *Liberale Studentenbund Deutschlands* (LSD), der *Sozialistische Deutsche Studentenbund* (SDS) und der *Internationale Studentenbund* zusammengeschlossen waren, innerhalb weniger Tage 1.000 Unterschriften, mit denen sich Kommilitonen für die Einberufung einer außerordentlichen Vollversammlung aussprachen. Da die für einen solchen Schritt erforderliche Zahl von 500 Unterschriften weit überschritten war, blieb dem AStA nichts anderes übrig, als die Vollversammlung einzuberufen. Doch hier wehren sich die konservativen Kräfte, vor allem Vertreter farbentragender und nichtfarbentragender Verbindungen, noch einmal mit allen Mitteln. Lautstark treten sie mit der Begründung, es müsse einmal gezeigt werden, »was Deutsche heute denken«, für die Beibehaltung des Horaz-Spruches ein. Ein Student ruft empört dazwischen, daß die Geschwister Scholl und die anderen Mitglieder der Widerstandsgruppe »Die weiße Rose« nicht »pro patria«, sondern »pro humanitate« gestorben seien. Als die Abstimmung eine dreiviertel Mehrheit für den Vorschlag des Rektors ergibt, versuchen die konservativ-nationalistischen Kräfte das Ergebnis anzufechten, und als dies scheitert, macht der Sozialreferent des AStA, Heinz Marquart, einen letzten Gegenvorschlag. Der Studentenfunktionär, der dem *Kartellverband nichtfarbentragender katholischer Studentenverbindungen* (KV) angehört,

30.1.: Studentische Vollversammlung im Auditorium Maximum der Münchener Universität.

schlägt den Satz »Vitam impendere patriae« (Das Leben dem Vaterland opfern) als neue Inschrift vor. Erst als auch diese Variante abgelehnt wird, gilt die Kompromißformel des Rektors als angenommen. – Später stellt sich heraus, daß der vermeintlich klassische Sinnspruch »Mortui viventes obligant« sehr viel neueren Datums ist. Er stammt vom Referenten des *Volksbundes für deutsche Kriegsgräberfürsorge*, Fritz Debus, in Kassel. Er hatte ihn einige Jahre zuvor ersonnen, um einen ähnlichen Konflikt zu schlichten.

30. Januar Am 25. Jahrestag der nationalsozialistischen Machtergreifung führt die *Vereinigung der Verfolgten des Naziregimes* (VVN) zusammen mit einer Reihe anderer antifschistischer Organisationen unter dem Motto »Nie wieder SS-Europa« in **Dortmund** eine Kundgebung durch. Der Geistliche der evangelischen Paulus-Kirchengemeinde, Pfarrer Heider, erinnert an die Ermordung 5.000 deutscher Juden durch SS-Leute im Gefängnis von Minsk und beschuldigt sich, während der NS-Zeit nichts gegen die Judenvernichtung unternommen zu haben: »Ich klage mich an, daß ich damals dagegen nicht meine Stimme erhoben habe. Wenn die Deutschen damals dagegen aufgestanden wären, dann wären diese Massenmorde nicht möglich gewesen.«[25] Der VVN-Vorsitzende Willi Herzog erklärt, daß viele der für den SS-Staat Verantwortlichen heute wieder als ehrenwerte Männer in ihren Positionen säßen und fordert anschließend unter großem Beifall die Entlassung 70 ehemaliger Nazi-Richter und -Staatsanwälte aus dem nordrhein-westfälischen Justizdienst. Die 1.000 Teilnehmer verabschieden bei drei Gegenstimmen ein an den Mainzer Physikprofessor Karl Bechert gerichtetes Schreiben, in dem eine Unterschriftensammlung gegen die Stationierung von Atomraketen unterstützt wird. »So wie heute«, heißt es in dem Brief, »der Widerstandskampf gegen die nationalsozialistische Gewaltherrschaft als ein Verdienst um das Wohl des deutschen Staates und Volkes gewürdigt und anerkannt worden ist, so wird die Geschichte auch alle diejenigen darin einbeziehen, die nach unserer furchtbaren nationalen Katastrophe daraus die Lehren gezogen haben und sich mutig und verantwortungsbewußt neuen Abenteuern entgegenstellen.«[26]

30. Januar Mit dem 53jährigen Herbert Dittmann wird in **Bonn** ein früherer Mitarbeiter von Reichsaußenminister Joachim von Ribbentrop als Unterstaatssekretär von Bundesaußenminister Heinrich von Brentano (CDU) ernannt. Der Berufsdiplomat, der 1937 in die NSDAP eingetreten war, ist in Moskau, Teheran und Jerusalem tätig gewesen und 1941

30.1.: Botschafterkonferenz im Auswärtigen Amt; rechts neben der Tür Herbert Dittmann.

30.1.: Das Gebäude des Auswärtigen Amtes in Bonn.

zum Leiter der Personalabteilung für höhere Beamte im Auswärtigen Amt ernannt worden. In dieser Funktion hatte er die Berichte der Einsatzgruppen, die in der Sowjetunion Massenmordaktionen an Juden und anderen Zivilpersonen durchführten, bearbeitet und weitergeleitet. Nachdem der Bundestagsausschuß zur Überprüfung des Auswärtigen Amtes 1952 zu dem Schluß gekommen war, daß er zusammen mit drei anderen ehemaligen NS-Diplomaten »das Vertrauen in die demokratische Entwicklung der Bundesrepublik gefährden« würde, hatte Dittmann seinen Posten aufgeben müssen und war im August 1953 als Generalkonsul nach Hongkong entsandt worden.

30. Januar Der 3. Strafsenat des Bundesgerichtshofes in **Karlsruhe** verurteilt den KPD-Funktionär Hermann Berndsen wegen Geheimbündelei in verfassungsfeindlicher Absicht und Verstoßes gegen das KPD-Verbot zu einer Gefängnisstrafe von zwei Jahren. Die Untersuchungshaft von zehn Monaten wird angerechnet. – Da der BGH dabei in Widerspruch zur Argumentation von Berndsens Verteidiger, dem Essener Rechtsanwalt Diether Posser, die Rechtsauffassung geltend gemacht hat, daß eine Tätigkeit in der KPD seit dem 1. September 1951, also fast fünf Jahre vor dem am 16. August 1956 durch das Bundesverfassungsgericht ausgesprochenen Verbotsurteil, strafbar gewesen sei, stößt das Urteil auch in der konservativen Presse auf Kritik. In einem Kommentar der »Frankfurter Allgemeinen Zeitung« heißt es dazu: »Es ist rechtens, daß bestraft wird, wer Unrecht beging; es ist auch rechtens, daß ein Abgeordneter zuerst seine Immunität verliert und dann für unrechte Taten bestraft wird. In diesem Fall aber kann er fragen: Wie kann die vordem legale Tätigkeit von ordentlich gewählten Abgeordneten plötzlich verfassungswidrig und nachträglich bestraft werden, wenn die gleichen Abgeordneten bis dahin zusammen mit anderen ihre Diäten empfingen und in vertraulichen Ausschußsitzungen saßen? Der Grundgesetzartikel 103 sagt: Eine Tat kann nur bestraft werden, wenn die Strafbarkeit gesetzlich bestimmt war, bevor die Tat begangen wurde. Soll das für kommunistische Abgeordnete und Funktionäre nicht gelten? ... Sehr glücklich ist niemand darüber, daß § 90a des Strafgesetzbuches die nachträgliche Strafverfolgung der Kommunisten bestimmt. Es muß zumindest das Unrechtsbewußtsein der kommunistischen Täter bewiesen werden.«[27] – Da das Bundesverfassungsgericht die Anwendbarkeit des »Organisationsdelikts« auf die KPD für die Zeit vor ihrem Verbot inzwischen verneint hat, kommt es am 17. April 1961 zu einer Wiederaufnahme des Falls Berndsen vor dem Bundesgerichtshof in **Karlsruhe**. Das Revi sionsverfahren endet damit, daß der Angeklagte zwar immer noch wegen verfassungsfeindlicher Geheimbündelei, jedoch wegen seiner Tätigkeit in der KPD nur noch für die Zeit nach dem Verbotsurteil bestraft wird. Der im August 1958 nach Verbüßung von zwei Dritteln seiner Strafe auf Bewährung Entlassene wird nun nur noch zu einem Jahr Gefängnis verurteilt. Das Urteil vom 30. Januar 1958 wird aufgehoben; die Kosten für die Wiederaufnahme des Verfahrens muß die Bundeskasse tragen. Für die mehr als ein Jahr zuviel verbüßte Haft erhält Berndsen eine Entschädigung von 2.635,50 DM.

30. Januar Am 25. Jahrestag der nationalsozialistischen Machtergreifung finden in **West-Berlin** zur Mahnung mehrere Kundgebungen statt. Im Ernst-Reuter-Haus sprechen auf Einladung der *Gesellschaft für christlich-jüdische Zusammenarbeit* der Bundesbevollmächtigte in Berlin, Heinrich Vockel, der ehemalige Sozialsenator Otto Bach (SPD) und der Bundestagsabgeordnete Johann Baptist Gradl (CDU); in der Kongreßhalle auf einer Veranstaltung des *Bundes der politisch, rassisch und religiös Verfolgten* (BprV) Innensenator Joachim Lipschitz (SPD) und im Tauentzienpalast auf einer Veranstaltung des *Bundes der Verfolgten des Naziregimes* (BVN) der frühere Ministerialrat Hans-Joachim Unger. Die Oberschüler der Stadt werden von der Mittelstufe an in Gedenkstunden über die historischen Folgen dieses Tages unterrichtet. – Am Abend formiert sich auf der Müllerstraße im Bezirk Wedding ein unangemeldeter antifaschistischer Demonstrationszug. In Sprechchören rufen die 1.000 Teilnehmer immer wieder »Nieder mit dem Krieg!«, »Nieder mit dem Faschismus!« und »Weg mit den Nazis!«. Als die Polizei erscheint, löst sich der Zug an der Ecke Ostenderstraße ebenso plötzlich wieder auf wie er sich gebildet hat. – Der Großteil der Demonstranten stammt aus **Ost-Berlin**. Das SED-Zentralorgan »Neues Deutschland« bezeichnet sie in einem Bericht als »Arbeiterkolonnen«.

30. Januar Auf einer internationalen Pressekonferenz in **Ost-Berlin** stellt der Vorsitzende des *Ausschusses für Deutsche Einheit*, Hans Loch, einen Dokumentarband mit dem Titel »West-Berlin – Hort der Reaktion, Herd der Kriegsgefahr« vor. Während in der DDR, erklärt Loch, die Konsequenzen aus der Geschichte gezogen und die Wurzeln für Faschismus und Krieg für immer beseitigt worden seien, werde in der Bundesrepublik eine Politik betrieben, die Deutschland wiederum auf eine Katastrophe zusteuern lasse. Unverkennbar sei dabei, daß West-Berlin zu einem Brückenkopf der NATO ausgebaut werde. Mit der »staatlich geförderten Militarisierung und Faschisierung des öffentlichen Lebens« müsse dort Schluß gemacht werden. In Berlin stünden sich die Truppen der Weltmächte gegenüber und die kleinste Provokation reiche aus, um einen Weltbrand entstehen zu lassen.

31. Januar Bei der Vorstellung eines farbigen Hauptmanns der US-Armee in **Hanau** weigert sich der Oberleutnant William C. Morton, ihm die Hand zu geben. – Ein Pressesprecher der in der Bundesrepublik stationierten amerikanischen Truppen teilt am 6. Februar in **Frankfurt** mit, daß eine Anklage wegen Vorgesetztenbeleidigung gegen den aus Texas stammenden Offizier fallengelassen worden sei. Dies sei von höchster Instanz in **Washington** entschieden worden.

30.1.: Im Jahr 1991 erschienene Erinnerungen.

30.1.: »In Bonn nichts Neues: ›Wie geht's Herr Oberst?‹ ›Na, immer so weiter, Herr Regierungsrat!‹« Karikatur aus der Gewerkschaftszeitung »Druck und Papier«.

30.1.: »Böswillige Übertreibung unseres Zeichners.« Kommentar der Wochenzeitung »Die Tat«.

Januar **Februar** März April Mai

Juni Juli August September Oktober

November Dezember

Februar Nach zwölfjähriger Haft in Polen kehrt der Mediziner Professor Johannes Kremer wieder in seine Heimatstadt **Münster** zurück. Er war dort am Anatomischen Institut der Universität tätig gewesen und hatte später medizinische Experimente an Häftlingen im Vernichtungslager Auschwitz durchgeführt. Kremer war wegen seiner Verbrechen von einem polnischen Gericht zunächst zum Tode verurteilt, dann zu einer lebenslänglichen Haftstrafe begnadigt und schließlich vorzeitig entlassen worden. Der Rektor der Universität Münster, Professor Wilhelm Klemm, und der Kurator, Oswald Freiherr von Fürstenberg, statten Kremer einen Besuch ab und begrüßen ihn offiziell im Namen der Universität.

Februar Der ehemals leitende Arzt der Heilanstalt Hadamar, Dr. Hans Bodo Gorgaß, wird nach einem Gnadengesuch seiner Frau vorzeitig aus der Haftanstalt **Butzbach** entlassen. Gorgaß war 1947 als Hauptangeklagter des Hadamar-Prozesses in Frankfurt wegen Mordes in mindestens 1.000 Euthanasie-Fällen zum Tode verurteilt und zwei Jahre später zu einer lebenslänglichen Zuchthausstrafe begnadigt worden. Nachdem seine Strafe 1956 auf 15 Jahre reduziert worden ist, hat der hessische Ministerpräsident Georg-August Zinn (SPD) seine Entlassung verfügt. Ein Sprecher des hessischen Justizministeriums in **Wiesbaden** erklärt, daß man in diesem Falle »Gnade vor Recht« habe ergehen lassen. Mitentscheidend sei gewesen, daß bei Euthanasie-Prozessen in anderen Bundesländern weitaus geringere Strafen verhängt worden seien und sich Gorgaß als reuig erwiesen habe. Er sei ein seelisch und körperlich gebrochener Mann, der nie mehr seinen Beruf werde ausüben können. Außerdem habe er sich während seiner Tätigkeit in Hadamar zur Front gemeldet.

Februar Das Stadtgericht **Moskau** verurteilt sechs Mitglieder des regimekritischen *Bundes der Patrioten Rußlands* wegen illegaler Gruppenbildung zu Freiheitsstrafen von jeweils zehn Jahren. Der vorwiegend aus Studenten bestehende marxistische Bund hatte seine Ansichten auf Flugblättern vor allem an der Moskauer Universität verbreitet.

1. Februar Auf dem jüdischen Teil des Pragfriedhofes in **Stuttgart** werfen Unbekannte 15 Grabsteine um und reißen zwei Vasen aus ihren Fassungen.

1. Februar Der ägyptische Präsident Gamal Abd el Nasser und sein syrischer Amtskollege Schukri el Kuwatli unterzeichnen in **Kairo** einen Vertrag, mit dem sich ihre beiden Staaten zur Vereinigten Arabischen Republik (VAR) zusammenschließen. Die VAR soll die Gestalt eines präsidial-demokratischen Regierungssystems annehmen. – Am 5. Februar wird die provisorische Verfassung der VAR sowohl vom ägyptischen als auch vom syrischen Parlament einstimmig angenommen und am 21. Februar in Volksabstimmungen von der Bevölkerung beider Länder gebilligt. Zugleich wird Nasser, der nach einem Vorschlag el Kuwatlis allein kandidiert, mit jeweils 99,99% der Stimmen zum ersten Präsidenten der VAR gewählt. – Als Reaktion auf die panarabische Staatengründung unterzeichnen der jordanische König Hussein II. und der irakische König Feisal II. bereits am 14. Februar in **Amman** einen Vertrag, mit dem sich die beiden haschemitischen Königreiche, die als westlich orientiert gelten, zur Arabischen Föderation zusammenschließen. Beide Länder wollen zwar eine gemeinsame Armee bilden, jedoch auch weiterhin als eigene Staaten bestehen bleiben. – Am 8. März schließt sich auch das Königreich Jemen an und wird assoziiertes Mitglied der VAR.

2. Februar Mit einem Schweigemarsch durch **Neu-Delhi** protestieren 100.000 Sikhs gegen die Entweihung von Heiligtümern durch Hindus.

3. Februar Die *Kirchlichen Bruderschaften* lehnen die Atombewaffnung und die Errichtung von Raketenabschußbasen ab. In einer von 20 Vertretern des Zusammenschlusses evangelischer Pfarrer in **Mülheim** an der Ruhr unterzeichneten Erklärung wird die gesamtdeutsche Synode der EKD aufgefordert, ein klares Bekenntnis gegen die atomare Rüstung abzugeben. Die Geistlichen fragen zunächst: »Dürfen wir als Christen unseren und unserer Mitmenschen irdischen Schutz der Erprobung, Herstellung, Lagerung und – in äußerster Konsequenz – der Anwendung atomarer Waffen anvertrauen und dürfen wir sie als Mittel der Politik einplanen? Hier ist ein vorbehaltloses NEIN geboten, weil spätestens mit den neuen Vernichtungswaffen der Krieg endgültig so bestialisch geworden ist, daß eine Teilnahme an ihm mit dem Willen Gottes unmöglich vereinbart werden kann ... 1. Die neuen Waffen erlauben – schon durch ihre Beschaffenheit, nicht erst durch ihren Mißbrauch – keine Unterscheidung mehr zwischen Kämpfern und Nichtkämpfern. Sie treffen wahllos alle Menschen des gegnerischen Volkes. Vom Krieg als Mittel der Rechtswahrung kann hier nicht mehr die Rede sein. 2. Die neuen Waffen führen nur zur Vernichtung des Gegners und erlauben als Kriegsziel keine andere Forderung als die der bedingungslosen Kapitulation ... Von einem Miteinanderleben im Frieden als dem Ziel des Krieges kann dann nicht mehr die Rede sein. 3. Die neuen Waffen machen den allenfalls unter dem Gesichtspunkt der äußersten Staatsnotwehr erlaubten Verteidigungs-Krieg illusorisch ... 4. Die neuen Waffen treffen im Unterschied zu allen bisherigen die gänzlich Unbeteiligten ebenso wie die kommenden Generationen aller Kreatur und zwar nicht erst in der Anwendung, sondern schon in der Erprobung.«[28] Die *Kirchlichen Bruderschaften* verweisen anschließend auf die Barmer Erklärung der *Bekennenden Kirche*, mit der 1935 gegen das NS-Regime Stellung bezogen worden war. Darin war das Bekenntnis formuliert worden, daß der Kirche durch Jesus Christus die »Befreiung aus den gottlosen Bindungen dieser Welt zu freiem, dankbarem Dienst an seinen Geschöpfen« widerfahre. Dieses Bekenntnis verbiete »nicht nur jegliche Billigung und Mitwirkung an einem atomaren Krieg und seinen Vorbereitungen, sondern ebenso ein stillschweigendes Geschehenlassen«. Die *Kirchlichen Bruderschaften* richten abschließend an die Synodalen zehn »Sätze zur Unterweisung der Gewissen«, in denen Handlungsmaximen für Christen im Angesicht der atomaren Drohung formuliert werden. Da

der Atomkrieg »ein zur politischen Auseinandersetzung untaugliches Mittel« und schon die Vorbereitung eines solchen Krieges »unter allen Umständen Sünde gegen Gott und den Nächsten« sei, heißt es darin, könne die Kirche nicht neutral bleiben und müsse zur Atombewaffnung vorbehaltlos Nein sagen.

3. Februar Der bayerische Ministerpräsident Hanns Seidel (CSU) übergibt in **Garching** bei München den Atomforschungsreaktor der Technischen Hochschule zur Nutzung. Bei der feierlichen Inbetriebnahme ist auch Bundesverteidigungsminister Franz Josef Strauß anwesend.

3. Februar Auf einem vom AStA der Freien Universität in **West-Berlin** veranstalteten »Politischen Forum« zu »Problemen der Europäischen Sicherheit« fordert der SPD-Bundestagsabgeordnete und Wehrexperte seiner Partei, Fritz Erler, die Schaffung einer atomwaffenfreien Zone wie sie vom britischen Labour-Vorsitzenden Hugh Gaitskell, dem polnischen Außenminister Adam Rapacki und dem sowjetischen Ministerpräsidenten Nikolai A. Bulganin vorgeschlagen worden ist. Zur Lösung der Sicherheitsprobleme in Mitteleuropa sei ein solcher Schritt unbedingt erforderlich. Nur ein solches Modell, führt Erler aus, könne die Gefahr des Wettrüstens bannen.

3.-6. Februar Auf der 35. Tagung des SED-Zentralkomitees in **Ost-Berlin** werden drei führende Mitglieder, die sich in der Vergangenheit vergeblich für eine Entstalinisierung in der DDR eingesetzt hatten, aus dem ZK bzw. dem Politbüro ausgeschlossen. Es sind dies der lange Zeit als »Kronprinz« von Ulbricht geltende Sekretär für Kaderfragen, Karl Schirdewan, der ehemalige Minister für Staatssicherheit, Ernst Wollweber, und der als »Chefideologe« apostrophierte Wirtschaftswissenschaftler Fred Oelß-

1.2.: Der syrische Staatspräsident Kuwatli (links im Wagen stehend) und sein ägyptischer Amtskollege Nasser (rechts daneben) werden in Kairo begeistert von der Bevölkerung begrüßt.

DIE GROSSE SÄUBERUNG

In den Führungsgremien der SED Anfang dieses Monats brachte ergebene Ulbricht-Anhänger in die beiden wichtigsten Gremien der sowjetzonalen Staatspartei — in das Politbüro und das Sekretariat des Zentralkomitees. Nach dem Wortlaut des SED-Parteistatuts ist „höchstes Organ" der Parteitag, der alle vier Jahre zusammentritt. Er wählt ein 137köpfiges Zentralkomitee (ZK), das „zwischen den Parteitagen die gesamte Tätigkeit der SED" leitet und sich aus 93 Vollmitgliedern sowie 44 nicht stimmberechtigten Kandidaten zusammensetzt. Es tritt mindestens alle vier Monate zusammen; in der Praxis hat es aber lediglich schon gefaßte Beschlüsse des Politbüros zu bestätigen. — Das Politbüro ist das entscheidende Machtorgan der Sowjetzone. Es besteht jetzt aus acht Mitgliedern und vier stimmlosen Kandidaten und tagt mindestens einmal wöchentlich. — Das Sekretariat des ZK bereitet Beschlüsse des Politbüros vor, kontrolliert die Staats- und Parteiorgane und ist zuständig für die Personalpolitik der Partei. Es setzt sich jetzt aus dem Ersten Sekretär Ulbricht und acht Sekretären zusammen, die für bestimmte Fachgebiete verantwortlich sind. — Neben Ulbricht war der jetzt hinausgeworfene Schirdewan der einzige Funktionär, der sowohl dem Politbüro als auch dem Sekretariat angehörte. An seine Stelle trat Alfred Neumann.

3.-6.2.: »Spiegel«-Graphik.

4.2.: Unterschriften-aktion vor einer Essener Schacht-anlage.

ner. Dem 50jährigen Schirdewan wird »Fraktionstätigkeit«, dem 59jährigen Wollweber »Verstoß gegen das Parteistatut« und dem 54jährigen Oelßner »Verletzung der Disziplin des Politbüros« vorgeworfen. Obwohl, ein Jahr zuvor, auf der 30. ZK-Tagung »die revisionistischen Angriffe gegen die Generallinie der Partei« zurückgewiesen worden seien, führt der ehemalige FDJ-Vorsitzende Erich Honnecker in seiner Verdammungsrede aus, hätten Schirdewan und Wollweber zusammen mit Gerhart Ziller, dem Sekretär für Wirtschaft im ZK, der Ende 1957 Selbstmord begangen hat, ihre fraktionelle Tätigkeit fortgesetzt; dabei seien sie von Oelßner unterstützt worden. Alle drei üben ausführlich Selbstkritik und geben Loyalitätserklärungen für den Mann ab, der vor allem für ihre Maßregelung verantwortlich ist: den Ersten Sekretär des Zentralkomitees Walter Ulbricht. Neu in das Sekretariat des Zentralkomitees werden aufgenommen: der Erste Sekretär der

SED-Bezirksleitung Leipzig, der 44jährige Paul Fröhlich, der Erste Sekretär der SED-Bezirksleitung Frankfurt/Oder, der 36jährige Gerhard Grüneberg, der 47jährige Paul Verner und der Experte für Sicherheits- und Militärfragen, der 45jährige Erich Honecker. Der frühere Erste Sekretär der SED-Bezirksleitung Groß-Berlin, der 48jährige Alfred Neumann, rückt für Oelßner in das Politbüro nach.

4. Februar Das nordrhein-westfälische Innenministerium in **Düsseldorf** gibt bekannt, daß der *Zentralrat zum Schutz demokratischer Rechte,* die *Arbeitsgemeinschaft demokratischer Juristen* (AdJ) und der *Westdeutsche Flüchtlingskongreß* verboten seien. Diese Organisationen hätten sich in ihren Zielsetzungen »gegen die freiheitlich-demokratische Grundordnung« gerichtet. — Ein Sprecher des niedersächsischen Innenministeriums in **Hannover** erklärt, daß das Verbot dieser und anderer Organisationen auf eine Übereinkunft der Innenminister der Bundesländer zurückzuführen sei und bundesweit Geltung habe. — Verbote werden am selben Tag auch in **Stuttgart**, **Wiesbaden** und **München** für die Bundesländer Baden-Württemberg, Hessen und Bayern bekanntgegeben.

4. Februar Arbeiter der Schachtanlage »Zollverein« in **Essen** versuchen auf dem Zechengelände Unterschriften für die Schaffung einer atomwaffenfreien Zone in Mitteleuropa zu sammeln. Bereits nach kurzer Zeit werden sie auf Anweisung der Betriebsleitung verjagt. Als sie ihren Stand außerhalb des Geländes am Straßenrand aufbauen wollen, schreitet die Polizei ein. Schließlich führen die Kumpel ihre Unterschriftenaktion in einer nahegelegenen Ruine durch. Trotz der Behinderungen erhalten sie mehr als 250 Unterschriften.

4. Februar Auf einer von der *Internationale der Kriegsdienstgegner* (IdK) und vom *Internationalen Versöhnungsbund* (IVB) im Saal der »Glocke« in **Bremen**

durchgeführten Kundgebung fordert der Präsident der *Evangelischen Kirche von Hessen und Nassau*, Martin Niemöller, die Einrichtung einer atomwaffenfreien Zone in Mitteleuropa. In seiner Rede wendet sich Niemöller außerdem gegen jede Form des Wettrüstens. – Auf einer anschließenden Pressekonferenz erklärt der Kirchenpräsident, er habe keinen Zweifel, daß sich bei einem Volksentscheid mindestens 85% des deutschen Volkes für eine atomwaffenfreie Zone nach dem Modell des Rapacki-Planes aussprechen würden.

4. Februar Auf einer Kundgebung im Friedrichstadt-Palast in **Ost-Berlin** wird eine Entschließung verabschiedet, mit der 2.000 Teilnehmer ihre Zustimmung zu der von der Sowjetunion für die Dauer von zwei bis drei Jahren vorgeschlagenen Einstellung von Kernwaffenversuchen, die Schaffung einer atomwaffenfreien Zone in Mitteleuropa und den Abschluß eines Nichtangriffspaktes zwischen den Mitgliedsstaaten der NATO und des Warschauer Paktes erklären. Zugleich appellieren die Redner der von der SED und dem FDGB organisierten Veranstaltung an die Mitglieder von SPD und DGB, nicht länger zuzulassen, daß die Parteiführung der SPD »in Koalition mit der Adenauer-CDU« gegen die Interessen der Arbeiterklasse handle und die durch die Rüstungspolitik hervorgerufene Preissteigerungswelle akzeptiere. Der Sekretär der SED-Bezirksleitung Groß-Berlin, Erich Höhnisch, fordert in seinem Referat, daß sich auch alle in West-Berlin lebenden Arbeiter für den Sozialismus entscheiden müßten.

5. Februar Als Folge des außergewöhnlichen Echos, das die von dem SPD-Abgeordneten Gustav Heinemann in der Bundestagsdebatte über die Atombewaffnung an Bundeskanzler Adenauer gerichtete Rücktrittsforderung ausgelöst hat, widmet das Nachrichtenmagazin »Der Spiegel« seine Titelgeschichte dem oppositionellen Politiker, der von der CDU über die GVP zur SPD gewechselt ist. »Konsterniert lauschten die Christdemokraten«, heißt es über den ehemaligen Präses der EKD-Synode und neuen Wortführer der Opposition, »was ihr ehemaliger Parteifreund ihnen um Mitternacht vorhielt ... Und noch etwas anderes schockierte die christdemokratische Mammutfraktion. Da hielt ein neuer SPD-Abgeordneter im Bundestag seine Antrittsrede und begründete den politischen Standpunkt der Opposition im Oberkirchenratsjargon mit theologischen Argumenten ... Der sozialdemokratische Abgeordnete Heinemann war in das Vokabular-Reservat der CDU eingebrochen.«[29] Das Magazin bezieht sich damit vor allem auf eine aufsehenerregende Passage in der Heinemann-Rede, in der der CDU-Kritiker zum Verzicht auf die Verwendung christlicher Parolen im politischen Streit aufgerufen und erklärt hatte: »Es geht nicht um Christentum gegen Marxismus ... Es geht um die Erkenntnis, daß Christus nicht gegen Karl Marx gestorben ist, sondern für uns alle ... Ich appelliere hier unter besonderem Hinweis auf Erklärungen aus kirchlichen Kreisen an Sie mit der Frage, ob oder wie Sie glauben verantworten zu können, auf Massenvernichtungsmittel zuzuschreiten, von denen auch Herr Brentano sagt, daß sie keine Waffen mehr seien. Sie werden nicht etwa mit dem Satz durchkommen, daß eine solche atomare Bewaffnung zwangsläufig sei, weil andere Mächte, weil die Sowjetunion solche Massenvernichtungsmittel besitze. ›Zwangsläufig‹ – das ist eine atheistische Denkkategorie! Von Zwangsläufigkeit kann nur derjenige sprechen, für den Gott nicht mehr im Weltregimente sitzt.«[30] Obwohl die Fraktionsführung der CDU/CSU bereits Tage zuvor gewußt habe, schreibt der »Spiegel«, daß Heinemann als Redner auftreten würde, habe sie niemanden gehabt, der in der Lage gewesen wäre, seiner Argumentation Paroli zu bieten. Diese Blöße der Regierungspartei sei dann von der SPD genutzt worden, die noch in derselben Nacht beschlossen hatte, »eine breite Welle des Widerstandes gegen den Atomtod« einzuleiten.

6. Februar Das Schwurgericht beim Landgericht **Memmingen** (Oberschwaben) verurteilt den 44jährigen Karosserieschlosser Franz Feucht, ehemals Unteroffizier der Wehrmacht, wegen 36fachen Totschlags an rumänischen Kriegsgefangenen zu einer Zuchthausstrafe von zehn Jahren. Die Dauer der Untersuchungshaft seit dem 13. März 1957 wird angerechnet. Dem Angeklagten, der als SA-Mann Obertruppführer der *Österreichischen Legion* war, werden die bürgerlichen Ehrenrechte für zehn Jahre aberkannt. Das Gericht sieht es als erwiesen an, daß Feucht, der vom April bis Mai 1945 die Kommandogewalt über die Wachmannschaft eines Kriegsgefangenenzuges, der von einem Lager in Wien nach Braunau am Inn geführt werden sollte, ausübte, vier SS-Männern den Befehl gegeben hatte, die marschunfähigen Gefangenen am Ende des Zuges zu erschießen. Nach eigener Darstellung sollen dabei täglich zwei bis drei Gefangene erschossen worden sein. Durch diese Zwangsmaßnahme sei ein Teil der Gefangenen »wieder marschfähig« geworden. Die von dem Angeklagten eingeräumte Gesamtzahl von 25 Toten ist nach Aussagen von Zeugen, die als Volkssturmleute zur Wachmannschaft gehörten, weit höher gewesen; es sollen etwa 80 bis 87 gewesen sein. In der Urteilsbegründung heißt es, daß sich Feucht bei den von ihm angeordneten Erschießungen

3.-6.2.: Die aus dem Politbüro bzw. Zentralkomitee der SED ausgeschlossenen Führungsmitglieder (v.o.n.u.) Ernst Wollweber, Fred Oelßner und Karl Schirdewan.

5.2.: »Spiegel«-Titelbild mit dem SPD-Abgeordneten Gustav Heinemann.

zwar auf Notstandsbestimmungen berufen könne, diese Taten grenzten jedoch »stark an Mord«. Allerdings seien sie weder aus niedrigen Beweggründen noch aus Heimtücke befohlen worden. Die Opfer seien zwar wehrlos, aber, da ihnen die Erschießungen angekündigt wurden, »nicht arglos« gewesen. Der Angeklagte, der bereits am 11. Mai 1953 von einem französischen Gericht wegen der Ermordung eines französischen Kriegsgefangenen in Abwesenheit zu einer Zuchthausstrafe von 20 Jahren verurteilt worden war, habe mindestens 36 Wehrlose töten lassen, »ohne Mörder zu sein«. – Der Ferien-Strafsenat des Bundesgerichtshofes in **Karlsruhe** gibt am 11. September 1958 dem Revisionsantrag des Angeklagten zum Teil statt. Das Verfahren wird zur erneuten Verhandlung an das Schwurgericht zurückverwiesen. – Das Schwurgericht beim Landgericht **Memmingen** verurteilt am 9. Dezember 1958 Feucht schließlich nur noch wegen 27fachen Totschlags zu einer Zuchthausstrafe von neun Jahren.

6./7.2.: »Sie schaffen es nicht ganz...« Karikatur von Mirko Szewczuk in der Tageszeitung »Die Welt«.

7.-9.2.: Johannes R. Becher spricht auf dem Kongreß des Deutschen Kulturbundes in Ost-Berlin.

6./7. Februar Vor einem geheimen Volksgericht in **Budapest** beginnt der Prozeß gegen den ehemaligen ungarischen Ministerpräsidenten Imre Nagy und acht führende Politiker und Militärs des Volksaufstandes vom Herbst 1956. Sie sind angeklagt, eine illegale Organisation aufgebaut und eine Verschwörung mit dem Ziel betrieben zu haben, die Ordnung der Volksrepublik Ungarn gewaltsam umzustürzen. Gegen Nagy wird außerdem der Vorwurf des Hochverrats und gegen seinen ehemaligen Verteidigungsminister Pál Maléter der der Meuterei erhoben. Unter dem Vorsitz von Zoltán Rado kommt es bereits bei der Aufnahme der Personalien zu Zwischenfällen. Als Nagy auf die Frage nach seinem Beruf selbstbewußt erklärt, daß er Präsident des Ministerrats der ungarischen Republik sei, wird er wie seine Mitangeklagten, die ebenfalls ihre letzte offizielle

Position anführen, gerügt. Zur schärfsten Konfrontation kommt es zwischen dem Gerichtsvorsitzenden und József Szilagyi, dem früheren Chef von Nagys Sekretariat. Anstatt seine Personalien anzugeben, will Szilagyi wissen, wo ihr Mitangeklagter Géza Losonczy geblieben und was aus seiner Frau und seinen drei Kindern geworden sei, die man nach Rumänien verschleppt habe. Als Rado antwortet, daß dies »zu gegebener Zeit« beantwortet würde, erklärt Szilagyi auf die Frage, ob er sich schuldig bekenne, es gebe nur einen Schuldigen, den »Verräter János Kádár«. Der Chef der *Ungarischen Arbeiterpartei* stütze sich »auf die Bajonette des sowjetischen Imperialismus« und ersticke die Revolution seines Volkes im Blut. Als ihm der Gerichtsvorsitzende entgegenhält, er verleumde die UdSSR, wo die Arbeiterklasse an der Macht sei, meint Szilagyi nur verächtlich, er könne nur bedauern, daß er in seiner Rolle offenbar verpflichtet sei, dummes Zeug nachzuplappern. Nach zwei Verhandlungstagen wird der Prozeß auf Antrag des Staatsanwalts vertagt. Die Begründung lautet, es müßten zusätzliche Ermittlungen aufgenommen werden. – Der Befehl zur Unterbrechung oder Absetzung des Verfahrens ist aus Moskau gekommen. Ob es sich bei der Verhandlung um den abgebrochenen Versuch, einen Geheimprozeß wirklich durchzuführen, oder lediglich um eine Art Generalprobe gehandelt hat, bleibt ungeklärt.

6. Februar-29. März In **Hessen** treten 6.000 Textilarbeiter aus 14 Betrieben in den Streik. Sie wenden sich damit gegen das zu hohe Arbeitstempo und fordern eine Erhöhung ihres Stundenlohnes um 20 bis 25 Pfennige. – Am 29. März gibt die *Gewerkschaft Textil und Bekleidung* bekannt, daß der Ausstand beendet werde, da sich in der Urabstimmung 75,8% der Stimmberechtigten für eine Annahme der mit den Arbeitgebern ausgehandelten Lohnerhöhungen entschieden haben. Die Akkordlöhne sollen um 14 Pfennige und die Zeitlöhne um 16 Pfennig je Stunde heraufgesetzt werden.

7.-9. Februar Auf dem 5. Bundeskongreß des *Kulturbundes zur demokratischen Erneuerung Deutschlands* in **Ost-Berlin** referiert sein Präsident Johannes R. Becher über »Die sozialistische Kultur und ihre nationale Bedeutung«. Auf die Frage, was man unter der führenden Rolle der Partei zu verstehen habe, antwortet Becher, »... daß die Partei führend vorgeht in der Erkenntnis des historisch Notwendigen und bemüht ist, mit allen dafür geeigneten Kräften diese Erkenntnisse zu verwirklichen.«[31] Die Mitglieder beschließen, den Kulturbund in *Deutscher Kulturbund* (DK) umzubenennen, verabschieden acht Leitsätze für seine weiteren Aufgaben und wählen den Intendanten der Deutschen Staatsoper, Max Burghardt, zum neuen Präsidenten. Kulturminister Johannes R. Becher wird Ehrenpräsident. – Der Kulturbund, dessen Aufgabe nach einem Beschluß auf dem 3. Bundeskongreß 1951 offiziell darin besteht, »alle Angehörigen der Intelligenzberufe zu vereinigen«, war vom ZK der SED wegen »revisionistischer Tendenzen« immer stärker kritisiert worden. Mit seinem neuen Programm, den Veränderungen in den Führungsgremien und der Umbenennung soll der Kritik Rechnung getragen werden. Der Verlauf des 5. Bundeskongresses dokumentiert, daß der DK politisch noch direkter den politischen Direktiven der SED Folge leisten muß.

8. Februar In **Frankfurt** kommen Studentenvertreter aus beiden deutschen Staaten zu Gesprächen über Möglichkeiten zur Verhinderung der Atombewaffnung zusammen. An dem Treffen sind Vertreter der FDJ-Hochschulgruppe an der Universität Halle und des FDJ-Zentralrates sowie des AStA und des Studentenparlaments der Johann Wolfgang Goethe-Universität in Frankfurt beteiligt. Die FDJ-Funktionäre begrüßen die Erklärung, mit der die Frankfur-

ter Studentenschaft gegen eine Atombewaffnung der Bundeswehr Stellung bezogen hat. Die Gefahr eines Atomkrieges, stellen sie fest, könne vor allem durch die Bildung einer atomwaffenfreien Zone gebannt werden. Der beste Weg zu diesem Ziel sei die Durchführung eines Volksentscheids in ganz Deutschland.

8. Februar Am Morgen wird ein französisches Aufklärungsflugzeug in der Nähe des in Tunesien liegenden Grenzortes **Sakiet Sidi Youssef** von Flakgeschützen der algerischen Befreiungsfront FLN beschossen. Der Oberbefehlshaber der französischen Streitkräfte in Algerien, General Raoul Salan, gibt daraufhin einer Luftwaffeneinheit den Befehl, unverzüglich »Vergeltungsmaßnahmen« durchzuführen. Bereits zwei Stunden später überfliegen in drei Wellen elf Bomber des amerikanischen Typs »B 26«, sechs Jagdbomber vom Typ »Corsair« und acht »Mistral«-Düsenjäger den kleinen Grenzort. Dem knapp anderthalb Stunden andauernden Bomben- und Kugelhagel fallen 79 Einwohner, darunter 20 Schulkinder, zum Opfer.

8./9. Februar Auf Einladung des *Deutschen Jugendrings* (DJR) treffen in **Dresden** über 100 Funktionäre von Jugendorganisationen aus beiden deutschen Staaten zu einer Konferenz über das Thema »Wissenschaft – nur noch im Dienste des Friedens« zusammen. Als wichtigste Aufgabe bezeichnet der als Professor für Physik an der Technischen Hochschule Dresden lehrende Manfred von Ardenne, die westdeutsche Bevölkerung von der Gefährlichkeit der Atombewaffnung und der Notwendigkeit einer atomwaffenfreien Zone in Mitteleuropa zu überzeugen. Beide Gesichtspunkte werden schließlich in eine Erklärung aufgenommen, die von den Teilnehmern einstimmig verabschiedet wird.

9. Februar Auf Einladung der beiden Zeitschriften »Funken« und »Sozialistische Politik« kommen im Studentenhaus der Universität **Frankfurt** mehr als 150 linke Sozialdemokraten aus 36 Städten zusammen, um über Perspektiven sozialistischer Politik zu beraten. Nach einer Einführungsrede des »Funken«-Herausgebers Fritz Lamm (Stuttgart), in der er sich darüber beklagt, daß es eine Reihe von Sozialdemokraten offenbar aus Furcht vor der Intoleranz des Parteivorstands nicht gewagt hätte, der Einladung Folge zu leisten, halten der Marburger Politikwissenschaftler Professor Wolfgang Abendroth und der Vorsitzende der *IG Holz*, Heinz Seeger, die beiden Grundsatzreferate. Abendroth analysiert die Situation in der SPD nach den abermals verlorenen Bundestagswahlen im Vorjahr. Er vertritt die Ansicht, daß die SPD ihr Wählerpotential nicht ausschöpfen

7.-9.2.: Der Kulturminister der DDR, Johannes R. Becher, am Arbeitstisch in seiner Wohnung.

könne, wenn sie nur eine abgewandelte Sprache der CDU spreche, prinzipielle Unterschiede verwische und sich in ihren Forderungen nur graduell unterscheide. Die SPD könne bei Bundestagswahlen nur dann über die 30-Prozent-Grenze kommen, wenn es ihr durch einen erkennbaren Machtwillen und klare Vorstellungen gelinge, die Massen zu mobilisieren. Die Umformung kapitalistischer Monopole in gesellschaftlich kontrollierte sei keineswegs ein illegaler, sondern ein durch die Verfassungen einzelner Bundesländer abgedeckter Prozeß. Freiheit könne nicht durch militärische Aufrüstung verteidigt werden. Erst wenn im Westen die wirkliche Freiheit in einer sozialen Demokratie erkämpft worden sei, werde auch der Pseudosozialismus des Ostens zerbrechen. Die Überwindung der Spaltung Deutschlands sei als nationale Aufgabe zugleich ein Teil im Kampf der internationalen sozialistischen Bewegung. Für Sozialdemokraten könne es keinen Kompromiß mit den Managern des Monopol- und Rüstungskapitals geben. Seeger, der die Situation in den Gewerkschaften beschreibt, erklärt, daß die Arbeitnehmerschaft in einem erschreckenden Maße entpolitisiert sei. Daran habe die Linke insgesamt schuld. DGB und SPD dürften sich nicht auf den Parlamentarismus verlassen, weil bestimmte Machtgruppierungen über die Parlamente hinausgewachsen seien. Die politische Neutralität des DGB könne nicht bedeuten, sich durch eine kleine CDU-Fraktion im DGB zur Passivität verdammen zu lassen. Der Klassenkampf von oben werde nicht nur an den ständig neuen Preisdiktaten sichtbar, sondern auch an der Situation des in seiner Existenz bedrohten Mittelstandes. Nach einer mehrstündigen Diskussion, in der die Auflösung des Ostbüros der SPD und die Wiederaufnahme von aus der SPD ausgeschlossenen Mitgliedern gefordert wird, nehmen die Teilnehmer eine Entschließung an, in der es heißt: »1. Die politische Niederlage der SPD bei den Bundestagswahlen ist eine Folge der politischen Unsicherheit der Führung, aber auch der Mitgliedschaft der Partei. Diese Unsicherheit hat ihren Grund in dem Fehlen einer klaren, schlüssigen Alternative zur Regierungspolitik ... 4. Weder die objektive Klassenbindung noch die angebliche sozialistische Ideologie noch ihre dauernde Opposition gegenüber der Regierung hat der SPD in den Augen der Bevölkerung geschadet. Es waren vielmehr ihre Mittelstandsillusionen, ihre unklare Haltung zum Sozialismus und der Umstand, daß ihre Opposition allzu oft verklauselt, dunkel und unfaßbar, politisch ohne Methode und daher perspektivenlos war oder erschien, die ihr geschadet haben. Daß hinter ihrer Opposition kein klares, großes, direktes, politisches Nein stand, das auf einer glaubwürdigen sozialistischen positiven Alternative

beruhte – das ist der wirkliche Grund des Rückschlages der SPD in beiden Septemberwahlen 1953 und 1957. 5. Alle diejenigen, die heute ›Offenheit nach rechts‹, Übergang zu einer rein pragmatischen Volks- und Interessenpartei und Platz für ›Persönlichkeiten‹ fordern, gehen damit einen Weg weiter, der nur zur völligen Anpassung und zur politischen Kapitulation vor der Regierung führen kann. Es bedeutet praktisch die Preisgabe der sozialistischen Tradition ... 6. Die wichtigste Aufgabe der Sozialisten und der SPD ist daher die politische Aktion in der Arbeiterklasse und der Arbeitnehmerschaft.«[32] Politische Aktionen hätten vor allem in der Aufklärung der Arbeiter, Angestellten und Beamten über die politischen Ziele der Regierung Adenauer, der »rücksichtslosen Kritik und Analyse der gegenwärtigen Gesellschaft« sowie konkreten politischen Kampagnen gegen Atombewaffnung, Miteigentumsideologie, Preiserhöhung und Arbeitslosigkeit zu bestehen. Und im 8. und letzten Punkt heißt es dann: »Als Sozialisten sind wir keineswegs der Meinung, daß Sozialismus eine ein für allemal fertige Sache sein kann ... Aber wir sind der Überzeugung, daß die großen Traditionen und grundlegenden Erkenntnisse des wissenschaftlichen Sozialismus und der Arbeiterbewegung nach wie vor gültig sind. Sie müssen in unsere Zeit und unsere Wirklichkeit umgesetzt werden.«[33]

9. Februar Auf einer von dem Würzburger Professor für Volkswirtschaft und Finanzwissenschaft Franz Paul Schneider initiierten Veranstaltung im Haus der Jugend in **Frankfurt** diskutieren Jugendleiter, Pädagogen, Geistliche und Funktionäre verschiedener Jugendorganisationen über die Verantwortung der jungen Generation bei der Sicherung des Friedens. In einem am Ende verabschiedeten »Mahnwort gegen Atomaufrüstung« heißt es: »Niemand darf in der heutigen Situation schweigen! Wir fordern alle jungen Menschen und alle Jugendorganisationen auf, gegen das atomare Wettrüsten zu protestieren. Die Entscheidung über Tod und Leben, Krieg und Frieden liegt nicht zuletzt in der Hand der Jugend der Bundesrepublik.«[34]

9. Februar Das SED-Zentralorgan »Neues Deutschland« veröffentlicht unter der Überschrift »Kultur und Frieden!« einen Aufruf des 70jährigen Schriftstellers Arnold Zweig für die Schaffung einer atomwaffenfreien Zone. »Die Verteidigung des Friedens«, heißt es in dem Text, »ist identisch mit der Verteidigung der Kultur. Nie wieder darf deutsches Territorium Ausgangspunkt und Schauplatz eines Krieges werden. Eine atomwaffenfreie Zone soll aus Mitteleuropa ein Gebiet des Friedens machen. Die Regierung der Deutschen Demokratischen Republik ruft auch das deutsche Volk zum Volksentscheid. Diese Existenzfrage unserer Nation muß in ganz Deutschland durch alle Männer, Frauen und Jugendlichen, durch das Volk entschieden werden. Dafür seine Stimme zu erheben ist jeder aufgerufen.«[35]

10. Februar Mit einem Manifest wenden sich 71 Bürger aus **Konstanz** an den Bundestag, um vor einer Atombewaffnung der Bundeswehr zu warnen. »Bei der heute gebotenen Möglichkeit der totalen Vernichtung von Ländern und Kontinenten in einem ausbrechenden Krieg«, heißt es in dem auch von dem Stadtrat Erwin Reisacher unterzeichneten Text, »hört der Krieg auf, eine Fortsetzung der Politik mit anderen Mitteln zu sein. Der Politik gehört wieder gänzlich das Wort, und zwar nicht einer ›Politik am Rande des Krieges‹, sondern einer echten Verständigungspolitik.«[36] Die Unterzeichner des Konstanzer Manifests fordern die Bundesregierung 'auf, »mit allen Kräften« nach einer friedlichen Lösung der Konflikte zu suchen und die »sich bietende Möglichkeit fruchtbarer Gespräche« mit der Sowjetunion zu nutzen.

10. Februar Das Schwurgericht beim Landgericht **Hechingen** (Baden-Württemberg) verurteilt den ehemaligen SS-Obersturmführer Georg Mott wegen »vorsätzlicher Verleitung zum Mord« zu lebenslangem und wegen Beihilfe zum Mord sowie fort-

gesetzter uneidlicher Falschaussage zu weiteren drei Jahren Zuchthaus. Dem 57jährigen Angeklagten werden die bürgerlichen Ehrenrechte auf Lebenszeit aberkannt. Mott hat eine einschlägige NS-Karriere hinter sich: bereits 1931 wurde er NSDAP- und SA-Mitglied, 1933 stellvertretender Führer des Reichsarbeitsdienstlagers in Schwetzingen, 1934 SA-Hauptsturmführer, 1937 SS-Obersturmführer und 1939 Angehöriger des Sicherheitsdienstes in Prag, in dem er bis zum Sommer 1941 tätig war. Danach baute er im Auftrag des Reichssicherheitshauptamtes in Reichenau bei Innsbruck ein Auffanglager für italienische Zivilarbeiter auf. Das Gericht sieht es als erwiesen an, daß der als gewalttätig, jähzornig und unbeherrscht geltende Mott 1943 einen jüdischen Likörfabrikanten auf heimtückische Weise erschießen und 1944 einen 13jährigen russischen Jungen auf grausame Weise umbringen ließ. Mott war am 27. Juli 1948 in einem Entnazifizierungsverfahren von der Spruchkammer Crailsheim zu eineinhalb Jahren Arbeitslager verurteilt, jedoch nach einem Arbeitsunfall am 1. April 1949 begnadigt und entlassen worden. Danach war er zunächst als Handelsvertreter und von 1955 an als Polizeihauptwachtmeister bei der Landespolizeistelle Balingen tätig. – Der 1. Strafsenat des Bundesgerichtshofes in **Karlsruhe** verwirft am 11. November 1958 den Revisionsantrag des Angeklagten.

11. Februar Das Bezirksgericht **Leipzig** verurteilt zwei Mitglieder der *Zeugen Jehovas*, die in der Öffentlichkeit zum Eintritt in ihre Religionsgemeinschaft aufgefordert hatten, wegen »staatsgefährdender Hetze« zu Zuchthausstrafen von zwei und dreieinhalb Jahren Dauer.

12. Februar Eine Gruppe von zehn deutschen Wissenschaftlern und Technikern, die nach Kriegsende zur Entwicklung der Raketentechnik zwangsweise in die Sowjetunion gebracht worden waren, trifft in dem bei Göttingen gelegenen Durchgangslager **Friedland** ein. Sie hatten die letzten zweieinhalb Jahre in einem Internierungslager in Suchumi verbringen müssen. – Am 14. Februar kommt eine weitere Gruppe von neun Technikern aus Suchumi in die Bundesrepublik. Auf einer Pressekonferenz erklärt einer ihrer Sprecher: »Unsere Aufgabe bestand darin, den Sowjets den Stand der Technik in Deutschland bei Kriegsende wissenschaftlich und praktisch zu vermitteln.«[37] Die Sowjets seien insbesondere an den beim Bau der V-1- und V-2-Raketen gewonnenen Erfahrungen interessiert gewesen.

12. Februar Der Philosophiestudent Otto Köhler stellt auf einer Vollversammlung an der Universität **Würzburg** den Antrag, dem bayerischen Kultusmi-

9.2.: Der Schriftsteller Arnold Zweig.

nister Theodor Maunz wegen seiner NS-Vergangenheit das Mißtrauen auszusprechen und seinen Rücktritt zu fordern. Der Rechtswissenschaftler Maunz ist ein Schüler von Carl Schmitt und hat nach 1933 ganz in dessen Sinne Bekenntnisse zum NS-Staat und zu Adolf Hitler formuliert. So schrieb er, daß das Gesetz ein »geformter Plan des Führers« und dieser wiederum »oberstes Rechtsgebot« sei. Seit 1952 ist Maunz Ordinarius für Öffentliches Recht an der Universität München. Nach weit ausholenden Verteidigungsreden mehrerer Burschenschaftler wird der Antrag Köhlers, der Mitglied des SDS ist, von der Mehrheit der 800 im Auditorium maximum versammelten Studenten abgelehnt. – Erst einige Tage später erfährt der Antragsteller, daß noch am Tage der Vollversammlung Entlastungsmaterial für Maunz mit einem Pkw aus München herbeigeschafft worden ist, um den Gegnern des Mißtrauensantrags Argumente zu liefern und damit die Abstimmung in der gewünschten Weise zu beeinflussen.[38] – Köhler wiederholt seine Vorwürfe in einem Offenen Brief, der in der »Frankfurter Rundschau« abgedruckt wird. Darin klagt er den Kultusminister an, er habe die Rechtswissenschaft zur »Dirne der nazistischen Ideologie« gemacht. An der Tatsache, daß er 1956 den portugiesischen Diktator Salazar als »Verfechter der Freiheiten der menschlichen Persönlichkeit« bezeichnet hat, könne man erkennen, daß er auch in der Gegenwart seiner »Schwärmerei für Diktaturen« nicht entsagt habe.

12. Februar Das Schwurgericht beim Landgericht **Arnsberg** (Sauerland) verurteilt im Prozeß gegen sechs ehemalige Offiziere der Waffen-SS und der Wehrmacht, die im März 1945 an der Erschießung von 208 Fremdarbeitern, darunter auch Frauen und Kinder, beteiligt gewesen sein sollen, den ehemaligen SS-Obersturmbannführer Wolfgang Wetzling als Hauptangeklagten wegen Totschlags in 151 Fällen zu fünf und den ehemaligen Hauptmann Ernst Moritz Klönne wegen Totschlags in 71 Fällen zu anderthalb Jahren Gefängnis. Die ehemaligen SS-Untersturmbannführer Bernhard Anhalt und Heinz Zeuner sowie der frühere Oberleutnant Helmut Gaedt werden freigesprochen. Das Verfahren gegen den ehemaligen SS-Sturmbannführer Johannes Miesl wird eingestellt. Alle Angeklagten waren Mitglieder einer SS-Division z.V. (»zur Vergeltung«), die kurz vor dem Einmarsch der Alliierten ins Ruhrgebiet in drei Massenexekutionen zwischen dem 20. und dem 22. März 1945 im Kreis Warstein (Sauerland) insgesamt 208 russische und polnische Fremdarbeiter erschoß. Der Befehlshaber des Exekutionskommandos, SS-Obergruppenführer Walter Kammeler, verübte später Selbstmord. Der Gerichtsvorsitzende,

Landgerichtsdirektor Kurt Niclas, führt in seiner Urteilsbegründung aus, daß das Strafmaß zum einen durch den langen Zeitraum zwischen Tatgeschehen und Prozeßeröffnung und zum anderen durch die Tatsache bedingt sei, daß die meisten Belastungszeugen selbst in die Tat verstrickt gewesen seien. Die Verteidiger hatten in ihren Plädoyers Freispruch für alle Angeklagten gefordert, und die Strafanträge der Staatsanwaltschaft hatten von lebenslänglichem Zuchthaus bis zur Einstellung des Verfahrens gereicht. Den drei freigesprochenen Angeklagten gesteht das Gericht zu, daß sie unter Befehlsnotstand gehandelt hätten. Die Exekutionen, führt Niclas am Ende seiner vierstündigen Urteilsbegründung an, seien unter Ausnutzung und Mißbrauch der militärischen Befehlsverhältnisse erfolgt, sie seien genauso rechtswidrig gewesen wie die in den Konzentrationslagern »der damaligen Zeit« begangenen Taten. – Der sozialdemokratische Bundestagsabgeordnete Adolf Arndt gibt einen Tag später in einer Sitzung des Bundestags-Rechtsausschusses in **Bonn** eine persönliche Erklärung zum Ausgang des Verfahrens ab. »Das Arnsberger Urteil«, stellt der SPD-Rechtsexperte fest, »ist ein Mord am Recht. Dieses Urteil entehrt die Bundesrepublik Deutschland. Ein solches Urteil ermuntert alle Massenmörder von Katyn bis Tunis.«[39] Der Ausschußvorsitzende Matthias Hoogen (CDU) fügt hinzu, er sehe keinen Anlaß, die Erklärung Arndts zu beanstanden. Auch er müsse sein Befremden über das milde Urteil im Arnsberger Fremdarbeiter-Prozeß zum Ausdruck bringen. – Landgerichtsdirektor Niclas verwahrt sich wenige Tage später auf einer Pressekonferenz in **Arnsberg** gegenüber der von den Bundestagsabgeordneten geäußerten Kritik. Wenn ein Staat schon eine Einrichtung wie ein Schwurgericht schaffe, wen-

12.2.: »Ich könnte mich totärgern, daß ich mich umgebracht habe!« Karikatur aus der antifaschistischen Wochenzeitung »Die Tat«.

det Niclas ein, das zu zwei Dritteln aus Laienrichtern zusammengesetzt sei und starre Verfahrensvorschriften festlege, dann müsse einem solchen Gericht auch die gebührende Ehrerbietung gezollt und sein Urteilsspruch akzeptiert werden.

12. Februar Um zu verhindern, daß auf einem Berg bei **Heilbronn** »Nike«-Raketen stationiert werden, gründen auf Initiative von Wilhelm Knapp Bürger von **Stetten, Haberschlacht, Kleingartach** und **Niederhofen** die *Schutzgemeinschaft Heuchelberg*. Zu Beginn des Monats ist auf dem westlich von Heilbronn gelegenen Bergrücken mit dem Holzeinschlag für den Bau von Raketenabschußrampen begonnen worden. Auf Fragen von Journalisten hat der CDU-Landtagsabgeordnete Josef Lang am 8. Februar auf einer Pressekonferenz geantwortet, die »Nike«-Basen seien »so harmlos wie eine Tankstelle«.

12. Februar Der Minister für Volksbildung in der DDR, Fritz Lange (SED), erläßt in **Ost-Berlin** eine »Anordnung zur Sicherung von Ordnung und Stetigkeit im Erziehungs- und Bildungsprozeß der allgemeinbildenden Schulen«. Damit werden die Möglichkeiten, evangelischen oder katholischen Religionsunterricht an den staatlichen Schulen zu erteilen, stark eingeschränkt. Der Religionsunterricht darf erst zwei Stunden nach Beendigung des sonstigen Schulunterrichts stattfinden. Die kirchliche Unterrichtung von Schülern, die älter als 14 Jahre sind, darf nur noch außerhalb der Schule erfolgen. An den Schulen darf keinerlei Werbung mehr für den Religionsunterricht betrieben werden. Mit diesen Bestimmungen sind Teile der DDR-Verfassung aus dem Jahr 1949 außer Kraft gesetzt, in der es in Artikel 44 ausdrücklich heißt, daß die Kirche ein Recht auf die »Erteilung von Religionsunterricht in den Räumen der Schule« habe.

12. Februar Am 13. Jahrestag des Luftangriffs britischer Bomber auf **Dresden**, bei dem Zehntausende von Einwohnern und Flüchtlingen den Tod fanden, treffen in der Elbstadt Vertreter der Friedensbewegung aus Polen, der Tschechoslowakei, der Bundesrepublik und der DDR zusammen. Sie beraten über Möglichkeiten zur Schaffung einer atomwaffenfreien Zone in Mitteleuropa.

12. Februar Die amerikanische Bürgerrechtsorganisation *Southern Christian Leadership Conference* (SCLC) nimmt den Geburtstag des früheren US-Präsidenten Abraham Lincoln zum Anlaß, um in **Montgomery** (US-Bundesstaat Alabama) und 20 anderen Großstädten der Südstaaten einen »Kreuzzug für Bürgerrechte« zu starten. Ziel ist es, die Anzahl der Wählerregistrierungen von Schwarzen bis zur nächsten Präsidentschaftswahl im Jahr 1960 zu verdop-

peln. In den USA ist die Eintragung in Wählerlisten erforderlich, um überhaupt das Wahlrecht ausüben zu können. In **Miami** (US-Bundesstaat Florida) erklärt Martin Luther King: »Wir müssen und werden frei sein. Und wir verlangen Freiheit – jetzt. Wir verlangen das Wahlrecht – jetzt. Wir wollen nicht, daß man uns weitere hundertfünfzig Jahre lang die Freiheit teelöffelweise serviert. Vor Gott sind wir frei geboren worden. Irregeführte Menschen beraubten uns dieser Freiheit. Wir wollen sie zurückhaben.«[40] King kritisiert die Gleichgültigkeit der meisten Farbigen gegenüber dem Wahlrecht und bezeichnet ihre Indifferenz als eine »Art moralischen und politischen Selbstmord«. »Wir Bürger des Südens, ob schwarz oder weiß«, fährt er fort, »dürfen nicht länger zulassen, daß unser Erbe vor der Welt geschändet wird. Wir haben eine moralische Verpflichtung zu erfüllen. Wir haben die Pflicht, der politischen Herrschaft einer kleinen Minderheit, die die wirtschaftlichen und sozialen Einrichtungen unseres Landes verkümmern läßt und dadurch jedermann entwürdigt und verarmt, ein Ende zu machen.«[41] Die Redner der SCLC fordern die Kirchen auf, die Schwarzen über ihre Rechte aufzuklären und sie aufzufordern, sich in die Wählerlisten eintragen zu lassen. – Der durch ein Attentat ums Leben gekommene Abraham Lincoln (1809–1865) hatte die Sklaverei abgeschafft.

14. Februar Der polnische Außenminister Adam Rapacki übergibt den Botschaftern der vier Großmächte, Belgiens, Dänemarks, der DDR, Kanadas und der CSSR in **Warschau** Noten und ein Memorandum, in dem der am 2. Oktober 1957 vor der Vollversammlung der Vereinten Nationen unterbreitete Vorschlag über die Schaffung einer atomwaffenfreien Zone in Mitteleuropa weiter präzisiert wird. Von den für diese Zone vorgesehenen Gebieten haben neben Polen die Regierungen der CSSR und der DDR bereits ihre Zustimmung gegeben; lediglich das Einverständnis der Bundesrepublik Deutschland steht noch aus. Die Staaten der atomwaffenfreien Zone sollen sich dazu verpflichten, keine Nuklearwaffen zu produzieren, zu besitzen, zu beziehen oder zu stationieren und auch keine Raketenabschußbasen einzurichten oder deren Einrichtung zuzulassen. Die vier Großmächte sollen diese Verpflichtung akzeptieren und zur Überwachung ein wirksames Kontrollsystem errichten. Das Memorandum wird ohne Begleitnoten auch an den UN-Generalsekretär Dag Hammarskjöld, die Volksrepublik China und 15 weitere Staaten gesandt. Über die schwedische Botschaft in Warschau erhält auch die Bundesrepublik ein Exemplar. – In einem Interview mit der britischen Tageszeitung »The Times« hebt Rapacki her-

14.2.: Von der Abteilung Agitation und Propaganda des SED-Zentralkomitees verbreitetes Plakat.

vor, daß es sich bei den Vorschlägen für eine atomwaffenfreie Zone um einen polnischen Plan handle, der das Ergebnis eigener Überlegungen und Studien darstelle. Er sei jedoch erst nach einer Konsultierung der Sowjetunion und der anderen osteuropäischen Staaten der internationalen Öffentlichkeit vorgestellt worden. Rapacki warnt zugleich vor Versuchen, seinen Plan mit der Frage der Wiedervereinigung Deutschlands zu kombinieren; dies sei völlig unrealistisch. Allerdings würde die Verwirklichung einer atomwaffenfreien Zone in Mitteleuropa verbesserte Ausgangsbedingungen für eine Wiedervereinigung Deutschlands schaffen. Die Hauptsache sei für ihn, daß ein wiedervereinigtes Deutschland kein militaristischer Staat mit Revancheabsichten, sondern ein friedliches und demokratisches Land werde. Polen habe seine historischen Erfahrungen mit Deutschland gemacht und müsse deshalb vorsichtiger als westliche Länder sein.

15.2.: Ulrich Kempski (rechts) interviewt SED-Chef Walter Ulbricht.

15.2.: Schlagzeile der »Süddeutschen Zeitung«.

Ulbrichts Vorstellungen von deutscher Einheit
Ein SZ-Interview mit dem SED-Sekretär / Zuerst eine Konföderation – aber nur nach Verzicht auf Atomwaffen

Schlagzeile in der »Süddeutschen Zeitung« aus München vom 15./16. Februar zum Interview mit Walter Ulbricht.

15. Februar In einem Interview der »Süddeutschen Zeitung« bekräftigt Walter Ulbricht, der Erste Sekretär des ZK der SED, noch einmal den Vorschlag des Vorsitzenden des sowjetischen Ministerrats, Nikolai Bulganin, vom 8. Januar und erklärt, er sähe nur noch eine Möglichkeit, zur Wiedervereinigung zu gelangen – durch eine Konföderation zwischen beiden deutschen Staaten. Auf Nachfrage Ulrich Kempskis zu Einzelheiten eines solchen Modells antwortet Ulbricht: »Zwischen den Regierungen der DDR und der Bundesrepublik würde zunächst ein völkerrechtlicher Vertrag über die Bildung eines Staatenbundes abgeschlossen ... Natürlich brauchen wir gemeinsame Körperschaften, die aber zunächst noch keine eigene Exekutivgewalt, sondern vor allem beratende und empfehlende Funktionen hätten. Das heißt, es könnte in beiden Teilen Deutschlands aus Vertretern der Regierungen und der Parla

mente ein gesamtdeutscher Rat gebildet werden ... Möglicherweise sind schon ein oder zwei Jahre nach Abschluß des Vertrages über die Konföderation die Voraussetzungen gegeben, einen Schritt weiter auf dem Wege des Zusammenschlusses zu gehen.«[42] Ulbricht lehnt die Erweiterung von Kontakten zwischen der Bundesrepublik und der DDR mit dem Argument ab, daß diese zu nichts anderem dienten, als die DDR »zu unterminieren« und betont, daß westdeutsche Politiker grundsätzlich »von der Konzeption einer Annexion der DDR« abgehen müßten. Auf die Frage, wann in ganz Deutschland Wahlen stattfinden könnten, antwortet er, »wenn schließlich auch in Westdeutschland die Voraussetzungen für wirklich freie, demokratische Wahlen geschaffen« seien. »Die Demokratie«, führt er weiter aus, »besteht ja nicht nur in der Abgabe des Stimmzettels. Sie beginnt schon bei der Vorbereitung der Wahlen, bei der Aufstellung der Kandidaten. Wir in der DDR haben eine fortgeschrittenere Wahlordnung als Westdeutschland. Das, was gegenwärtig in Westdeutschland besteht, kann man nicht als eine demokratische Ordnung, sondern muß es als eine militärisch-klerikale Ordnung bezeichnen. An diesem westdeutschen Regime wird man allerdings viel ändern müssen.«[43]

15. Februar In **Tübingen** folgen über 1.000 Menschen einem Aufruf der SPD, des *Sozialistischen Deutschen Studentenbundes* (SDS) und der *Hochschulgruppe für die Wiedervereinigung* und demonstrieren gegen die Atombewaffnung der Bundeswehr sowie die Stationierung von Atomraketen auf bundesdeutschem Boden. Bei strahlendem Frühlingswetter setzt sich der Demonstrationszug, der unter dem Motto »Gegen ein deutsches Hiroshima!« steht, um 16 Uhr 30 von einer Nebenstraße am neuen Gebäude der Universität aus in Bewegung. Auf den zahlreichen mitgeführten Pappschildern und Transparenten sind Parolen zu lesen wie »Baut Wohnungen – keine Atombunker!«, »Es gibt keinen Schutz gegen Atomwaffen!« und »Baut Jugendherbergen und keine Lazarette!«. Auf dem Marktplatz werden die Demonstranten vor dem historischen Rathaus von 2.000 anderen Atomwaffengegnern erwartet. Die Reden der Abschlußkundgebung werden von einem Lastkraftwagen aus gehalten. Als Hauptredner spricht sich der ehemalige Polizeipräsident von Süd-Württemberg-Hohenzollern und jetzige SPD-Bundestagsabgeordnete Friedrich Schäfer für den Plan des polnischen Außenministers Adam Rapacki aus, in Mitteleuropa eine atomwaffenfreie Zone zu schaffen. Nur so könnten Schritte zu einer wirksamen Entspannung eingeleitet werden. Wenn dem deutschen Volk ein Hiroshima erspart bleiben wolle, dann müsse der Regierung Adenauer ein vollständiger Verzicht auf Atomwaffen abgetrotzt werden. Am Ende der Veranstaltung nehmen die Versammelten bei nur wenigen Enthaltungen den Text eines Telegramms an, mit dem die Bundesregierung dazu aufgefordert wird, alles in ihrer Macht Stehende zu tun, um die Lagerung von Atomwaffen auf dem Gebiet der Bundesrepublik zu verhindern und bei den Großmächten die sofortige Einstellung aller Atomwaffenversuche zu erwirken. Auf einer anschließenden Pressekonferenz kündigt der Freiburger SPD-Abgeordnete an, daß er in Reutlingen, Rottenburg und anderen Städten seines Wahlkreises weitere Demonstrationen und Kundgebungen gegen die Atombewaffnung der Bundeswehr durchführen werde.

15. Februar In **Frankfurt** wird eine *Arbeitsgruppe zur Bekämpfung der Feinde der Demokratie* gegründet, die der Entwicklung neonazistischer Tendenzen entgegenwirken soll. Ein Sprecher der Arbeitsgruppe erklärt, daß die Einstellung verschiedener Richter und Staatsanwälte, wie sie in politischen Prozessen zum Ausdruck gekommen sei, ein Alarmzeichen für die weitere Entwicklung der Bundesrepublik darstelle.

15./16. Februar In vier kleineren Ortschaften bei **Heilbronn** finden erste Protestkundgebungen gegen den Bau der Raketenabschußbasis am Heuchelberg statt, zu der die Vorarbeiten bereits begonnen haben. Zu den Veranstaltungen in **Stetten**, **Haberschlacht**, **Kleingartach** und **Niederhofen**, bei denen die örtlichen Bürgermeister, der FDP-Landtagsabgeordnete Otto Haag und Ulrich Lange vom *Bund der Deutschen* (BdD) als Redner auftreten, hat die

15.2.: Studenten und andere Atomwaffengegner ziehen durch Tübingen.

15./16.2.: Plakat-
aktion des BdD;
hier im fränkischen
Landkreis
Hilpoltstein.

Schutzgemeinschaft Heuchelberg, ein spontaner Zusammenschluß von Bürgern, aufgerufen. Auf allen
Kundgebungen wird eine gleichlautende Resolution
angenommen, mit der die Einwohner die Bundes-
und die Landesregierung auffordern, die Bauarbeiten sofort einzustellen, da man sich »durch das Vorhandensein einer derartigen Basis, insbesondere
aber im Falle kriegerischer Verwicklungen, an Leben
und Existenz bedroht« fühle.

16.2.: Aufnahmen
während des
Kampfes um Pino
del Agua: Cecilia
Sanchez geht vor
einem Angriff in
Deckung.

16.2.: Fidel Castro
beim Blick durchs
Zielfernrohr.

16. Februar Unter Führung Fidel Castros erobern
die kubanischen Guerillakämpfer in **Pino del Agua**
einen Militärposten. Bei dem Gefecht, an dem auch

Ché Guevara teilnimmt, verlieren zehn Soldaten
und zwei Aufständische ihr Leben. Mit Nico López
und Juan Manuel Márquez sind zwei weitere Angehörige der *Bewegung 26. Juli* tot, die bereits bei der
Landung der »Granma« an der Südküste im Dezember 1956 dabei gewesen sind. Die Rebellen beherrschen ein großes Gebiet zwischen dem Pico Caracas
im Westen und Pino del Agua im Osten. Von nun an
geht die Initiative im Kampf nicht mehr von Batistas
Armee, sondern von den Guerillatruppen aus.

17. Februar Die am 15. Januar gegründete *Campaign For Nuclear Disarmament* (CND) macht in **London** durch eine erste größere Aktion auf sich aufmerksam. 1.000 Atomwaffengegner führen vor dem
Sitz der britischen Regierung eine Sitzblockade
durch und demonstrieren für die Einleitung sofortiger Maßnahmen zur nuklearen Abrüstung.

19. Februar In Anlehnung an die »Göttinger Erklärung« der Naturwissenschaftler verabschiedet eine Gruppe von Hochschullehrern die »Tübinger Erklärung«, mit der ebenfalls gegen die Atomrüstung Stellung genommen wird. Der Appell, der auch die Frage aufwirft, ob angesichts der drohenden Gefahren der Wehrdienst überhaupt noch mit dem Gewissen vereinbar ist, wird im Laufe der kommenden Wochen von 125 Universitätslehrern unterzeichnet, darunter dem Rektor der Tübinger Universität und den Professoren Otto Bachof, Friedrich Beißner, Hermann Diem und Ludwig Raiser.

19. Februar Auf Einladung der Jugendorganisation *Komsomol* sowie des sowjetischen Studentenrates treffen fünf Delegierte des *Verbandes Deutscher Studenten* (VDS) zu einem ersten offiziellen Besuch von bundesdeutschen Studentenfunktionären in **Moskau** ein.

20. Februar Nach einer Anfrage der SPD-Fraktion beschließt der Gemeinderat von **Heilbronn** eine Protestresolution gegen die Errichtung von »Nike«-Raketenbasen am nahegelegenen Heuchelberg. Oberbürgermeister Paul Meyle wird damit beauftragt, die Entschließung der Landesregierung von Baden-Württemberg, die dem Bauvorhaben bereits zugestimmt hat, zu übermitteln. – Einen Tag später wird in der schwäbischen Stadt die *Schutzgemeinschaft Heilbronn* gegründet. Sie hat die Aufgabe, zusammen mit der *Schutzgemeinschaft Heuchelberg* den Widerstand in der Region gegen das militärische Bauvorhaben zu organisieren.

21. Februar Nach dreistündiger Diskussion wird auf einer Vollversammlung von Studenten der Universität **München** mehrheitlich ein Antrag angenommen, mit dem sich die Studentenschaft dem Aufruf des Frankfurter AStA vom 27. Januar anschließt und ebenfalls die Beendigung der Atombombenversuche sowie das Verbot aller Atomwaffen fordert. Ein weitergehender Antrag, in dem dazu aufgefordert wird, sich für eine Volksabstimmung zur Schaffung atomwaffenfreier Zonen einzusetzen, lehnen die 1.500 versammelten Studenten nach einer scharfen Kritik des RCDS mit knapper Mehrheit ab.

21. Februar Das Bezirksgericht **Erfurt** verurteilt einen 65jährigen Verwaltungsangestellten wegen »staatsgefährdender Propaganda und Hetze« zu einer Zuchthausstrafe von zwei Jahren. Der Mann hatte regimekritische Flugblätter verbreitet.

22. Februar Auf Einladung des SPD-Bundesvorstands treffen sich in **Bad Godesberg** Vertreter von Parteien, Gewerkschaften und kirchlichen Organisationen mit einzelnen Wissenschaftlern und Schriftstellern, um eine gemeinsame Plattform für eine Kampagne gegen die Atomrüstung zu diskutieren. Die Idee zur Initiierung einer außerparlamentarischen Bewegung gegen die Atombewaffnung der Bundeswehr war nach dem bloß »rhetorischen Sieg« in der Bundestagsdebatte vom 23. Januar entstanden; trotz der Abstimmungsniederlage hatte die SPD vor allem wegen der Rede ihres Abgeordneten Gustav Heinemann einen Achtungserfolg errungen. Am Tag darauf war dann in einer Sitzung des Bundesparteivorstands grünes Licht für eine solche Kampagne gegeben worden. Zu der Zusammenkunft erschienen sind der Parteivorsitzende Erich Ollenhauer, die ehemaligen GVP-Vorsitzenden und jetzigen SPD-Bundestagsabgeordneten Gustav Heinemann und Helene Wessel, der FDP-Politiker Josef Ungeheuer, der stellvertretende DGB-Vorsitzende Georg Reuter, die beiden Professoren Oskar Hammelsbeck und Hans Iwand, der evangelische Kirchenpräsident Martin Niemöller, Oberkirchenrat Heinz Kloppenburg, als Vertreter der *Kirchlichen Bruderschaften* Pfarrer Dieter Linz und Landgerichtsrat Helmut Simon sowie als Mitunterzeichner der »Göttinger Erklärung« der Atomphysiker Max Born. Geleitet wird das Treffen von dem parlamentarischen Geschäftsführer der SPD-Fraktion im Bundestag, Walter Menzel, der die organisatorischen Aufgaben für den erkrankten stellvertretenden Parteivorsitzenden Wilhelm Mellies übernommen hat. Ollenhauer und Menzel stellen den Teilnehmern einen bereits bis in die Details ausgearbeiteten Marschplan vor: Nach der Formulierung eines gemeinsamen Aufrufes, der durch eine Plakataktion bundesweit verbreitet werden soll, werde am 23. März die Auftaktkundgebung der Kampagne in Frankfurt stattfinden. Mit ihr starte eine Welle an Kundgebungen, die von einem eigens dafür geschaffenen Ausschuß koordiniert werden soll. Für die Finanzierung der ersten Protestaktionen liege bereits eine Zusage des *Vereins zur Förderung der Demokratie und der Wiedervereinigung* vor, einer vor allem von gewerkschaftsnahen Wirtschaftsunternehmen getragenen »staatsbürgerlichen Vereinigung«. Nach ausführlichen Beratungen beschließen die Versammelten einen *Zentralen Arbeitsausschuß »Kampf dem Atomtod«* (KdA) zu konstituieren, um eine bundesweite »Aufklärungskampagne« über die Gefahren der atomaren Aufrüstung durchzuführen. Dem Ausschuß sollen auf Menzels Vorschlag neben Kloppenburg, Reuter und Wessel der Schriftsteller Stefan Andres und der FDP-Landesgeschäftsführer Wolfgang Döring angehören. Für die Ausformulierung des Aktionsaufrufes wird außerdem ein Redaktionsausschuß eingesetzt, der sich aus Menzel, Heinemann und Ungeheuer zusammensetzt. – Der Politikwissenschaftler

22.2.: Vom Zentralen Arbeitsausschuß »Kampf dem Atomtod« herausgegebene Broschüre.

22.2.: Das 1970 erschienene Standardwerk über die Anti-Atomtod-Bewegung.

Hans Karl Rupp weist in einer späteren Untersuchung der Bewegung *Kampf dem Atomtod* auf die für die SPD maßgeblichen Motive bei der Initiierung und Durchführung der Kampagne hin: »Natürlich spielte bei der Befürwortung einer solchen Aktion auch eine erhebliche Rolle die Hoffnung, die Wählerbasis der Partei zu verbreitern und endlich den Sprung über die 33%-Grenze zu schaffen; zudem bedurfte das angeschlagene Selbstvertrauen der Parteifunktionäre unbedingt der Stärkung. Dennoch würde man zumindest Ollenhauer nicht gerecht werden, wollte man die Ehrlichkeit seines Engagements in der Atomwaffenfrage in Zweifel ziehen.«[44]

22. Februar In **Essen** unterzeichnen 500 Kumpel der Zeche »Helene« den Appell der 18 Göttinger Atomphysiker und den Aufruf des Friedensnobelpreisträgers Albert Schweitzer gegen die Atombewaffnung der Bundeswehr.

23. Februar Auf einer Veranstaltung des *Deutschen Clubs 1954* in **Stuttgart** fordert der Direktor des Instituts für Publizistik an der Universität Münster, Professor Walter Hagemann (CDU), die Aufnahme von Verhandlungen mit der Regierung der DDR mit dem Ziel, eine Konföderation zwischen beiden deutschen Staaten und eine atomwaffenfreie Zone in Mitteleuropa einzurichten.

23./24. Februar In der kubanischen Hauptstadt **Havanna** entführen Mitglieder der von Fidel Castro geleiteten Guerillaorganisation *Bewegung 26. Juli* den argentinischen Automobilweltmeister Juan Manuel Fangio aus der Empfangshalle eines Luxushotels. Die Entführungsaktion wird von Presseorganen – wie der Illustrierten »Der Stern« – als »Handstreich wie im Bilderbuch« geschildert: Um 20 Uhr 50 betritt ein vermeintlich Betrunkener die Lobby des Lincoln-Hotels und geht auf den Tisch zu, an dem der Rennfahrer zusammen mit drei Freunden sitzt. Der Unbekannte gibt sich lautstark als Sportfan aus, ruft mehrmals »Viva Fangio!« und versucht den Verehrten zu umarmen. In diesem Moment erscheint

ein weiterer Mann, stößt Fangio den Lauf einer Maschinenpistole zwischen die Rippen und fährt ihn an, er solle mitkommen; Widerstand sei zwecklos. Mehrere Hotelgäste, die dennoch aufspringen, um dem Weltmeister zu Hilfe zu eilen, bleiben wie angewurzelt stehen, als zwei weitere mit Maschinenpistolen bewaffnete Männer auftauchen. Während Fangio zum Ausgang und in ein vor dem Hotel bereitstehendes Auto gedrängt wird, halten diese die Gäste in Schach und sichern den Abzug. Um 20 Uhr 54 rast der Wagen davon. Sofort danach beginnt in der kubanischen Hauptstadt eine fieberhafte Suche nach dem entführten Automobilweltmeister. Mehr als 2.000 Polizisten werden aufgeboten. In einer anschließend veröffentlichten Erklärung protestieren die Entführer gegen das Regime Fulgencio Batista, das aufwendige Sportveranstaltungen wie Autorennen für eine exklusive Oberschicht durchführen lasse, während die Mehrheit der Bevölkerung ein Leben in Armut und Abhängigkeit fristen müsse. Auf gleichzeitig verbreiteten Flugblättern heißt es: »Gebt das Geld den Arbeitslosen. Sagt das Rennen ab. Sonst werden wir es mit allen Mitteln verhindern!« Trotzdem wird am Tag darauf der »Große Preis von Kuba«, der direkt vor der Atlantikküste über die palmengesäumten Boulevards der kubanischen Hauptstadt führt, gestartet. Die Austragung des Rennens ist für Batista eine Prestigefrage ersten Ranges. Anstelle von Fangio fährt der Kubaner Armando Cifuentes den Wagen mit der Nummer 54. Zunächst verläuft

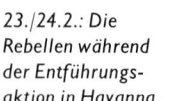

23./24.2.: Das kubanische Fernsehen zeigt in einer Live-Übertragung den verhängnisvollen Unfall während des Automobilrennens.

23./24.2.: Weltmeister Fangio nach seiner Freilassung.

23./24.2.: Die Rebellen während der Entführungsaktion in Havanna.

KUBA

REBELLION

Der Trick mit Fangio

„Heute hatten wir einen ruhigen Tag", berichtete der amerikanische Korrespondent Daniel Friedenberg Mitte Februar aus Santiago de Cuba. „Zehn Boys wurden in einem Haus in der Oberstadt von der Polizei gestellt und zusammengeschossen . . . Acht Bomben explodierten. Ich sah einen Mann, der mit einer mittelalterlichen Würgeschraube an einem Baum erdrosselt worden war . . . Ich ging an zwei bäuchlings auf der Straße liegenden Leichen vorüber. Ihre Hinterköpfe waren weggeblasen. Blut war auf der Straße verspritzt, als seien die Opfer wie Hühner mit abgehackten Köpfen noch ein Stück gerannt . . ."

Es war ein ruhiger Tag, gemessen am Sterblichkeitsdurchschnitt der Rache-Orgien, mit denen Kubas vierschrötiger Diktator Fulgencio Batista im Ostteil der idyllischen Antillen-Insel den Aufstand des Rebellen Fidel Castro zu ersticken sucht.

Seit 15 Monaten wütet das Klein-Algerien vor der Küste der Vereinigten Staaten. Aber erst als in der vergangenen Woche Rennfahrer-Champion Juan Manuel Fangio in einer Hotelhalle in der kubanischen Hauptstadt Habana — 1000 Kilometer vom Aufstandsgebiet im Osten der Insel entfernt — eine Pistolenmündung zwischen die Rippen geschoben bekam und gekidnapt wurde, bekundete die Weltöffentlichkeit ein Interesse, das Tausende von weniger prominenten Toten und Gefolterten bislang ver-

Rebell **Fidel Castro**
Ein Cha-Cha-Cha für Fidelito

gebens heischten. Die Entführung des berühmten Gashebeltreters war offensichtlich der schmerzlichen Einsicht des Rebellenhäuptlings Castro entsprungen, daß man der freien Welt einen Freiheitskampf, der nicht ins antikommunistische Klischee paßt, genau wie Damenstrümpfe und Bibelfilme nur durch Publicity-Sensatiönchen verkaufen kann.

Fangio war zum Autorennen um den „Großen Preis von Kuba" gekommen, einer halsbrecherischen Jagd über die palmenumsäumten Boulevards der Hauptstadt Habana, zu der alljährlich Scharen spendabler „yanquis" vom Festland herüberkommen. Am Abend vor dem Rennen wurde er von Aufständischen entführt: Rebellenhäuptling Castro wollte die Amerikaner darauf aufmerksam machen, daß ihr tropisches Winterferien-Paradies in Wirklichkeit eine Hölle der Unfreiheit und Unterdrückung ist.

Das Rennen wurde dennoch gestartet, mußte aber nach fünf Runden abgebrochen werden, als der Ferrari des kubanischen Ersatzfahrers García Cifuentes in einer Kurve auf einer Öl-Lache ausrutschte, in die Menschenmenge schleuderte, fünf Zuschauer tötete und 28 verletzte. Trotz beschwichtigender Dementis der Polizei behauptete Fahrer Stirling Moss, Rebellen hätten das Öl auf die Strecke gegossen.

Fangio wurde unterdessen von den Rebellen durch die von Polizisten und Militärstreifen wimmelnde Hauptstadt nacheinander in drei Verstecke geschmuggelt. Er hatte seinen Zweck erfüllt, als das Rennen zu Ende war und die Schlagzeilen der Weltpresse gedruckt wurden: Man übergab ihn einem Kontaktmann der argentinischen Botschaft. Lächelnd und unversehrt tauchte er wieder auf. Er sei ritterlich behandelt und komfortabel untergebracht

23./24.2.: Auszug aus dem »Spiegel«-Bericht über die spektakuläre Entführungsaktion.

das Rennen ohne Zwischenfälle. Der Engländer Stirling Moss hat bereits kurz nach dem Start die Führung übernommen und kann sie von Runde zu Runde weiter ausbauen. Doch dann stockt den Zuschauern, die die Direktübertragung des kubanischen Fernsehens verfolgen, der Atem. In der fünften Runde kommt ein silberner Ferrari auf einer Öllache ins Schleudern, gerät außer Kontrolle, durchbricht die Schutzmauer und rast in die Zuschauermenge. Körper werden umhergewirbelt, Schreie ertönen und eine Staubwolke steigt auf. Erst nach einigen Augenblicken, als sich der Staub langsam gelegt hat, ist die Nummer des Wagens zu erkennen: Es ist die 54 von Cifuentes. Der Ersatzfahrer Fangios, der schwerverletzt überlebt, hat sich mit seinem Wagen mehrmals überschlagen, ist schließlich gegen einen Lastkraftwagen geprallt und dort zum Stehen gekommen. Der »Große Preis von Kuba« wird in der nächsten Runde abgebrochen. Bei dem spektakulären Unfall sind, wie im Laufe der nachfolgenden Rettungsaktionen festgestellt werden muß, acht Menschen getötet und 40 zum Teil schwer verletzt worden. Stirling Moss, einer der erfahrensten Rennfahrer, erklärt anschließend Reportern gegenüber, er habe noch nie zuvor so viele Öllachen auf einer Rennstrecke gesehen. Die Rebellen hätten wohl Öl auf den Asphaltbelag geschüttet. Für ihn sei das, was geschehen sei, »einwandfrei Sabotage«. – Wenige Stunden nach Abbruch des Rennens wird Fangio von den Guerilleros unversehrt einem Mitarbeiter der argentini-

schen Botschaft übergeben. In einer bald darauf einberufenen Pressekonferenz äußert sich der Rennfahrer durchaus respektvoll über seine Entführer; die Unterbringung sei komfortabel und die Behandlung höflich gewesen. – Die Entführungsaktion, die international großes Aufsehen erregt, wird als Prestigeerfolg von Castros Guerilla gegenüber dem Batista-Regime gewertet. Das Nachrichtenmagazin »Der Spiegel« bezeichnet sie in einem Bericht als »Der Trick mit Fangio«. Erst in dem Moment, als die Guerilleros den Weltmeister gekidnappt hätten, schreibt das Blatt, habe die Weltöffentlichkeit, die 15 Monate lang den Tausenden von Toten und Gefolterten keine Aufmerksamkeit geschenkt habe, Interesse signalisiert: »Die Entführung des berühmten Gashebeltreters war offensichtlich der schmerzlichen Einsicht des Rebellenhäuptlings Castro entsprungen, daß man der freien Welt einen Freiheitskampf, der nicht ins antikommunistische Klischee paßt, genau wie Damenstrümpfe und Bibelfilme nur durch Publicity-Sensatiönchen verkaufen kann.«[45] Er habe den Amerikanern, die wie jedes Jahr in Scharen zu dem Rennen gekommen seien, zeigen wollen, daß »ihr tropisches Winterferien-Paradies in Wirklichkeit eine Hölle der Unfreiheit und Unterdrückung« sei. – In den USA gelangt bald darauf ein Cha-Cha-Cha mit dem Titel »Fidelito« in die Hitparaden. Das Feindbild vom bärtigen Rebellenführer in der Sierra Maestra scheint unter den Teenagern mitunter in insgeheime Bewunderung umzuschlagen.

26.2.: Zeichnung aus der »Deutschen Volkszeitung«.

24. Februar Die mit Rodungsarbeiten für die Errichtung einer »Nike«-Raketenabschußbasis bei **Stetten** beschäftigten Waldarbeiter treten aus Protest gegen das von der Bevölkerung heftig kritisierte Rüstungsprojekt geschlossen in einen Streik. Sie rufen die Gewerkschaften auf, einen Warnstreik gegen den Bau der Raketenrampen durchzuführen. Die *Schutzgemeinschaft Heuchelberg* teilt mit, daß die Waldarbeiter kein weiteres Holz mehr schlagen und abtransportieren wollen.

24. Februar Bei nur einer Gegenstimme nimmt das Studentenparlament der Freien Universität in **West-Berlin** eine Erklärung gegen die Atombewaffnung der Bundeswehr, die Errichtung von Raketenbasen und die Beteiligung der Bundesrepublik an der Herstellung von Nuklearwaffen an.

25. Februar General Lauris Norstad, Oberbefehlshaber der NATO-Streitkräfte in Europa, erklärt im Deutschen Fernsehen, daß die Ausrüstung der Bundeswehr mit Atomwaffen aus Sicherheitsgründen unbedingt erforderlich sei. Die Errichtung einer atomwaffenfreien Zone in Mitteleuropa lehnt er mit der Begründung ab, daß dadurch die strategische Konzeption der NATO gefährdet würde.

26.2.: Die Autorin des Appells, die Wuppertaler Professorin Renate Riemeck.

26.2.: Arbeiter bei der Lektüre des in einem Extrablatt verbreiteten Appells.

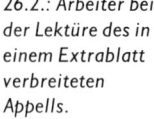

26. Februar In **Köln** wird ein von 44 Professoren unterzeichneter »Appell an die Gewerkschaften gegen die atomare Aufrüstung der Bundeswehr« der Presse übergeben. In dem von der Wuppertaler Professorin Renate Riemeck auf Veranlassung des Herausgebers der »Blätter für deutsche und internationale Politik«, Karl Graf von Westphalen, verfaßten Text heißt es, daß die Bundesrepublik seit der NATO-Ministerratstagung im Dezember 1957 offensichtlich in die atomare Aufrüstung miteinbezogen werden solle. Dadurch seien »Millionen deutscher Menschen« tief beunruhigt. Die Stationierung von Atomwaffen auf deutschem Boden verschärfe nicht nur die internationalen Spannungen, sondern mache die Hoffnungen auf eine Wiedervereinigung Deutschlands zunichte und führe im Konfliktfall zur

endgültigen und unabwendbaren Zerstörung Deutschlands. »Wir wenden uns besonders an die Gewerkschaften als größte berufsständische Organisation … Jetzt geht es nicht mehr allein um Tarifverhandlungen. Was nützen höhere Löhne und ein besserer Lebensstandard, wenn die friedlichen Voraussetzungen hierfür nicht politisch gesichert werden? Die Fortsetzung und Steigerung des Wettrüstens aber untergräbt unvermeidlich die Grundlagen jedes sozialen und wirtschaftlichen Aufstiegs. Heute kommt es darauf an, den mitteleuropäischen Raum nicht in die tödlichen Fesseln atomarer Militärpolitik zu verstricken. Dieser Krisenherd muß von Atomwaffen frei bleiben. Das liegt im Interesse beider Teile unseres gespaltenen Vaterlandes und aller europäischen Völker. Die Schaffung einer atomwaffenfreien Zone wäre ein erster wesentlicher Schritt in die gemeinsame freiheitliche und friedliche Zukunft aller Deutschen.«[46] Da bislang alle Warnungen der Atomphysiker von den verantwortlichen Politikern ignoriert worden seien, sollten sich nun die Gewerkschaften an die Seite der Wissenschaftler stellen und »sich in dieser ernsten Stunde mit ihnen zu gemeinsamer öffentlicher Bekundung« zusammenzuschließen. Zu den unterzeichnenden Professoren zählen der Frankfurter Soziologe Ernst Fraenkel, der Münsteraner Zeitungswissenschaftler Walter Hagemann, der Kölner Theologe Johannes Hessen, der Freiburger Astrophysiker Karl Otto Kiepenheuer, der Stuttgarter Philosoph Wilhelm Nestle, der Münchener Historiker Alexander Graf Schenck von Stauffenberg und der Münchener Philo-

soph Aloys Wenzl. – Über die zum Teil erstaunliche Resonanz des »Appells der 44« schreibt Renate Riemeck später in ihren Lebenserinnerungen: »Bei den traditionellen 1. Mai-Feiern der Gewerkschaften traten 1958 erstmals Professoren in verschiedenen großen Städten als Redner auf und solidarisierten sich mit der Arbeiterschaft. So etwas hatte es in der Geschichte der deutschen Arbeiterbewegung noch nicht gegeben. Die politische Erregung über die Pläne der Bundesregierung war so groß, daß etliche der ›Vierundvierziger‹ ihre Scheu vor den Massen überwanden und sogar unter freiem Himmel redeten, wie es in der Revolution von 1848 geschehen war.«[47]

26. Februar Im SED-Zentralorgan »Neues Deutschland« erscheint ein von 84 Mitgliedern der Deutschen Akademie der Wissenschaften unterzeichneter Aufruf für ein atomwaffenfreies Deutschland. »Es ist unbedingt notwendig«, heißt es in dem Appell, »die Atomwaffenversuche einzustellen und damit eine sehr reale Gefahr für die Menschheit zu beseitigen … Mitteleuropa und besonders Deutschland sind heute ein Gebiet gefährlicher Spannungen. Wir müssen alles daransetzen, eine gegenseitige Annäherung zu fördern und eine friedliche Auseinandersetzung herbeizuführen. Deutschland soll frei von Atomwaffen sein! Damit schaffen wir ein gutes Beispiel für die ganze Welt.«[48] Der Text ist u.a. unterzeichnet von den Professoren Arthur Baumgarten, Friedrich Behrens, Ernst Bloch, Erich Correns, Victor Klemperer und Jürgen Kuczynski.

26. Februar In einem Festakt in **Ost-Berlin** wird dem Gewerkschaftstheoretiker Viktor Agartz die Ehrendoktorwürde der Wirtschaftswissenschaften verliehen. An der Feierlichkeit zu Ehren des ehemaligen Leiters des Wirtschaftswissenschaftlichen Instituts beim DGB in Köln nehmen im Auditorium Maximum der Humboldt-Universität 1.000 Studenten, Assistenten und Professoren teil. Im Anschluß an die Laudatio von Professor Heinz Mohrmann, dem Dekan der Wirtschafswissenschaftlichen Fakultät, hält Agartz, der als Leiter der Gesellschaft für wirtschafswissenschaftliche Forschung die Halbmonatszeitschrift »Korrespondenz für Wirtschafts- und Sozialwissenschaften« (WISO) herausgibt, einen Festvortrag über »Die Nachkriegsentwicklung im kapitalistischen System Westdeutschlands und die sozialistischen Gegenwartsaufgaben«. – Die Ehrung von Agartz war bereits zu seinem 60. Geburtstag am 15. November 1957 angekündigt worden, hatte jedoch wegen seines Landesverratsprozeß vor dem Bundesgerichtshof in Karlsruhe verschoben werden müssen. In ihm war der ehemalige Cheftheoretiker des DGB am 13. Dezember 1957 aus Mangel an

Beweisen von der Anklage freigesprochen worden, durch Einbindung in die Propaganda des FDGB und der SED die freiheitlich demokratische Grundordnung der Bundesrepublik unterwandert zu haben. Unbestritten bleibt, daß Agartz zur Herausgabe der »WISO-Korrespondenz« durch Mittelsmänner 130.000 DM aus der DDR erhalten hat.

27. Februar Der Sonderausschuß Radioaktivität des Bundestages stellt in **Bonn** sein erstes Gutachten über die radioaktive Belastung der Umwelt vor. Danach ist seit Beginn der Erhebungen eine ständige Zunahme der Radioaktivität zu verzeichnen. Das in der Milch nachweisbare Strontium 90 sei im Laufe von drei Jahren beinahe um das Dreifache angestiegen. Da die zwölf Wissenschaftler keine Grenzwerte für eine Gesundheitsgefährdung nennen können, empfehlen sie, »jede weitere … Strahlenbelastung zu vermeiden«.

27. Februar Die Bürgerschaft der Hansestadt **Lübeck** wendet sich in einer Entschließung gegen die Atombewaffnung der Bundeswehr, die Errichtung von Raketenbasen und die Lagerung von Nuklearwaffen im Bundesgebiet. Der Antrag wird mit den Stimmen der SPD-Fraktion gegen die der CDU und der FDP angenommen.

27. Februar Auf einer Kundgebung zum 25. Jahrestag des Reichstagsbrandes im Sportpalast in **West-Berlin** sprechen führende SPD-Politiker wie der ehemalige Reichstagspräsident Paul Löbe, der Bundestagsvizepräsident Carlo Schmid, Innensenator Joachim Lipschitz und der Regierende Bürgermeister Willy Brandt. Nachdem der 82jährige Löbe an die letzte SPD-Kundgebung im Sportpalast erinnert hat, die wegen einer kritischen Bemerkung des »Vorwärts«-Chefredakteurs Friedrich Stampfer von der Polizei aufgelöst worden war, greift Lipschitz jene

27.2.: Die SPD-Kundgebung im Sportpalast.

28.2.: Unterschriftensammlung auf dem Oberbilker Markt in Düsseldorf.

»Nutznießer und Akteure des NS-Regimes« an, die sich mit Duldung einflußreicher Bonner Stellen wieder wichtiger Positionen bemächtigt hätten. Bereits jetzt gäbe es wieder Leute, die sich mit einem kaum glaublichen Zynismus zu Gewalttaten bekennen würden. Nicht nur Goethe, sondern auch Hitler, stellt Schmid in seiner Rede fest, sei »ein Stück unserer Geschichte«, das nicht verleugnet werden dürfe. Die entscheidende Schuld am Versagen des deutschen Volkes gegenüber dem Nationalsozialismus treffe nicht die Arbeiter, sondern »die geistigen Schichten«, die nicht hätten erkennen wollen, wohin die Entwicklung führte.

27. Februar Die französische Tageszeitung »France-Observateur« wird in **Paris** beschlagnahmt, weil sie Auszüge aus dem von Henri Alleg verfaßten Buch »La Question« veröffentlicht hat, in dem ausführlich Folterungen durch französische Fallschirmjäger in Algerien geschildert werden. – Der am 12. Juli 1957 in Algier verhaftete Alleg war von 1950 an Chefredakteur der 1955 von der französischen Kolonialmacht verbotenen algerischen Tageszeitung »Alger Républicain«. Wochenlang war er von den Fallschirmjägern in El-Biar gefoltert worden. – Am 6. März werden auch der »L'Express« und »France-Nouvelle« beschlagnahmt, weil sie in Artikeln ausführlich auf das vom französischen Staat unerwünschte Buch eingehen. – Die in Frankfurt erscheinende Gewerkschaftszeitung »Metall« veröffentlicht am 14. Mai unter der Überschrift »Folterknechte wüten in Algier« Auszüge aus dem Anti-Folter-Band.

27.2.: Titelblatt der in Ost-Berlin erschienenen ersten deutschen Übersetzung.

28. Februar An einem von neun Mitgliedern der *Internationale der Kriegsdienstgegner* (IdK) am Eingang zu den Oberbilker Stahlwerken in **Düsseldorf** errichteten Stand unterzeichnen 313 Arbeiter bei Schichtwechsel eine Erklärung gegen die Atombewaffnung der Bundeswehr, gegen die Errichtung von Raketenabschußrampen und für die Schaffung einer atomwaffenfreien Zone in Mitteleuropa. Auf Anweisung des Werkschutzes muß ein Transparent der Atomwaffengegner, das zu nah am Werk angebracht worden sein soll, entfernt werden. Die Werksleitung, mutmaßt eines der IdK-Mitglieder, wolle wohl den Eindruck vermeiden, daß das zum Thyssen-Konzern gehörende Stahlwerk sich gegen Atomaufrüstung und Raketenbasen ausspreche.

28. Februar-2. März An der 3. Hochschulkonferenz der DDR in **Ost-Berlin** nehmen über 900 Professoren und Studenten sowie Gäste aus der Sowjetunion, der Volksrepublik China und der Bundesrepublik teil. In seinem Eröffnungsreferat fordert Professor Kurt Hager, Sekretär des SED-Zentralkomitees, eine straffe »Anwendung sozialistischer Prinzipien« in Lehre und Forschung, in Ausbildung und Erziehung. Im Lauf der Konferenz werden mehrere Wissenschaftler wegen ihrer »revisionistischen« Positionen und ihres »bürgerlichen Individualismus« angegriffen. Zu ihnen zählen der Ökonom Professor Friedrich Behrens, der Physikochemiker Professor Robert Havemann und der Direktor des Instituts für Wirtschaftsgeschichte an der Humboldt-Universität, Professor Jürgen Kuczynski.

Januar Februar **März** April Mai

Juni Juli August September Oktober

November Dezember

März In einer Elektrogerätefabrik in **Reichenbach** (Baden-Württemberg) nehmen 600 Arbeiter und Angestellte an einer Protestkundgebung gegen die Atombewaffnung teil. Als Hauptrednerin auf der vom Betriebsrat organisierten Veranstaltung warnt die Wuppertaler Professorin Renate Riemeck vor den Gefahren einer atomaren Aufrüstung der Bundesrepublik.

März In **Osnabrück** tritt ein *Kuratorium gegen die Atomgefahr* mit einer Erklärung an die Öffentlichkeit, in der die verantwortlichen Politiker beschuldigt werden, die Hinweise von Sachverständigen auf die Gefahren der Atombombenexperimente nicht befolgt zu haben. »Wir sind uns einig«, heißt es weiter, »in der radikalen Verwerfung dieser Massenvernichtungsmittel. Wir dürfen zu dieser Weltgefahr nicht schweigen ... Wir fordern die Staatsmänner auf, die Atomwaffen zu ächten und die Atombombenexperimente zu beendigen, damit der Frieden erhalten bleibe und die Gesundheit der kommenden Generationen nicht zerstört werde.«[49] Der Appell ist u. a. unterzeichnet von Landgerichtsdirektor Wilhelm Felgenhauer, Stadtinspektor Günter Flake, dem Arzt Dr. Siegmund Schmidt und den beiden Professoren Burkhardt Schomburgk und Horst Wetterling.

März Der SPD-Rechtsexperte Adolf Arndt erhebt in einer in **Bonn** verbreiteten Presseerklärung gegen den CDU-Bundestagsabgeordneten Jakob Diel den Vorwurf, er habe 1952 in einem an Bundeskanzler Adenauer gerichteten Brief geschrieben, das deutsche Volk bedaure es, daß nicht alle Juden vergast worden seien. Der Fraktionskollege Diels, der Rechtswissenschaftler Franz Böhm, habe ihn, Arndt, seinerzeit aufgefordert, das auch ihm bekannte

Schreiben nicht im Bundestag zu verlesen. Böhm war 1952 Leiter der bundesdeutschen Delegation bei den Wiedergutmachungsverhandlungen mit Israel. Außerdem habe Diel, heißt es in der Erklärung Arndts weiter, in Rundschreiben an die CDU-Fraktion vom 29. Dezember 1957 sowie vom 31. Januar, 5. und 20. Februar 1958 in unverhohlen antisemitischer Weise von den »Machenschaften ... der jüdischen Notare im Staate Israel« gesprochen und die Verfolgten als »Asoziale«, »Verbrecher« und »galizische Juden« denunziert. Diel habe darin die Wiedergutmachungspolitik gegenüber dem Staat Israel heftig angegriffen. Da die NS-Verbrechen kein Unrecht, sondern »Schicksal« gewesen seien, dürften aus der Judenverfolgung keine anderen Rechte abgeleitet werden als aus anderen »Kriegsschicksalen«. Die Wiedergutmachungsleistungen bezeichnet Diel als »gefundenes Geld« für die jüdischen Verfolgten. Arndt fordert die CDU auf, zu klären, ob sie die von Diel vorgebrachten Auffassungen billige und darin eine Politik aus christlicher Verantwortung sehe. – Diel bezeichnet in einer Gegenerklärung die Vorwürfe Arndts als »Verdrehungsversuche«. Er weise deshalb die Versuche des SPD-Abgeordneten, ihm mit allen Mitteln antisemitische Äußerungen anzuhängen, mit Entschiedenheit zurück. Einen an den Bundeskanzler gerichteten Brief solchen Inhalts, wie ihn Arndt zitiere, kenne er nicht, zu den in seinen Rundschreiben gemachten Äußerungen stehe er auch weiterhin und seine Kritik an der Wiedergutmachung beziehe sich lediglich auf ihren Mißbrauch, nicht aber auf ihre grundsätzliche Geltung.

März Ein seit Monaten anhaltender Konflikt am Deutschen Institut für Film und Fernsehen (DIFF) in **München** führt zum Auszug der Studenten des Ober-

kurses. Aus Protest gegen die Umwandlung der
Fachschule in eine Akademie mit Hochschulcharak-
ter, durch die sich die Studierenden um ihre Berufs-
chancen als Regisseure, Kameraleute und Dramatur-
gen betrogen fühlen, lassen sie sich exmatrikulieren.
Die Krise an der auf Anregung des bayerischen Kul-
tusministeriums 1956 gegründeten, in der Bundesrepublik einzigartigen Einrichtung hatte damit
begonnen, daß mit Professor Otto Reuther, einem
Betriebswirtschaftler der Technischen Hochschule
München, ein fachfremder Wissenschaftler zum
Direktor des DIFF berufen worden war. Das durch
diese Besetzungspolitik geweckte Mißtrauen der
etwa 80 Studierenden steigerte sich dann noch durch
die Umwandlung in die Akademie. In einer an den
bayerischen Ministerpräsidenten Hanns Seidel und
Kultusminister Theodor Maunz gerichteten Denkschrift forderten die Studenten daraufhin den sofortigen Rücktritt Reuthers. In seiner Antwort, die am
Schwarzen Brett ausgehängt wird, erklärt Oberregierungsrat Willi Cronauer, der zuständige Referent
im bayerischen Kultusministerium, daß das DIFF
keine Ausbildung mehr zu bestimmten Spezialbe-
rufen im Bereich von Film und Fernsehen vorsehe.
Darin sahen die Studierenden einen Bruch des ihnen
zu Beginn ihrer Ausbildung gegebenen Verspre-
chens, sie erhielten eine umfassende Fachausbildung
für die Sparten der Filmwirtschaft und -industrie.
Aus Empörung auf diese Reaktion traten sie für einen
Tag in einen Vorlesungsstreik. Nachdem mehrere
Dozenten sich mit den Studenten solidarisierten und
ihre Lehraufträge zurückgaben, konnte in den Bereichen Filmtechnik, Montage, Werbung und Filmrecht
nicht mehr unterrichtet werden. Als dann auch noch
das Bundesinnenministerium die erforderlichen
Subventionszahlungen zum Teil verweigerte, entschlossen sich die höheren Semester zum Abbruch
ihres Studiums. Auf einer abendlichen Protestveranstaltung erklärt der Dozent H.C. Opfermann, der
Nachwuchs des deutschen Films habe jetzt nur noch
die Chance, Klinken putzen zu gehen. Ihre ohnehin
geringen Aussichten auf Anstellung könnten die
zukünftigen Filmleute nur dann wahrnehmen, wenn
sie von Tür zu Tür gingen und bei den betreffenden
Produktionsfirmen um Aufnahme bäten.

März Unter dem Titel »Nous sommes tous des assas-
sins« (Wir sind alle Mörder) veröffentlicht der Philosoph und Schriftsteller Jean-Paul Sartre in der von
ihm herausgegebenen Zeitschrift »Les Temps Modernes« einen Appell zur Begnadigung eines Paares,
das in einen Sabotageakt der algerischen Befreiungsorganisation FLN verwickelt ist. Im November 1956
war im Elektrizitätswerk von Hamma eine mit
einem Zeitzünder versehene Bombe explodiert,

März: Jean-Paul Sartre, der bedeutendste Kritiker der französischen Algerien-Politik.

ohne daß dabei jemand verletzt wurde. Der Täter,
ein Mitglied der *Combattants de la Libération*, wird
bald darauf gefaßt, vor Gericht gestellt, zum Tode
verurteilt und hingerichtet. Später werden auch
zwei Komplizen, das Lehrerehepaar Jacqueline und
Abdelkader Guerroudj, verhaftet. Beide gehören
der FLN an. Die Frau, die dem Attentäter die Bombe
überbracht hatte, war eine Zeitlang in Rouen Schülerin von Simone de Beauvoir gewesen. Sartre
schreibt, daß sie sich nur deshalb bereit gefunden
habe, bei dem Anschlag mitzuwirken, weil man ihr
versichert habe, daß es dabei keine Opfer geben
werde. Sartre fordert das Gericht auf, Milde walten
zu lassen. Am Ende seines Artikels heißt es: »Jeden
Tag muß man den Idioten, die das Universum dadurch erschrecken wollen, daß sie ihm ›das furchtbare Gesicht Frankreichs‹ zeigen, von neuem sagen:
Frankreich erschreckt niemanden, es hat nicht einmal mehr die Mittel einzuschüchtern, es erregt einfach Abscheu, das ist alles. In der Hinrichtung der
Guerrodjs, sollte sie je stattfinden, würde niemand
unsere erzengelhafte Unbeugsamkeit sehen oder
bewundern, man würde einfach denken, daß wir ein
weiteres Verbrechen begangen haben.«[50] – Jacqueline Guerroudj, für die Simone de Beauvoir ein Leu-
mundszeugnis abgegeben hat, und ihr Mann werden
nicht hingerichtet. Im Unterschied zu dem Mitangeklagten Taleb, der zwar jede Beteiligung an dem
Anschlag ableugnet, dennoch aber für schuldig befunden wird, den Sprengstoff hergestellt zu haben,
werden sie begnadigt. Taleb wird geköpft.

1. März Der Oberbürgermeister von **Heilbronn**, Paul Meyle (SPD), fordert die baden-württembergische Landesregierung in **Stuttgart** im Namen aller Fraktionen des Gemeinderats auf, die Baugenehmigung für die Raketenabschußbasen am Heuchelberg zurückzuziehen und die zu diesem Zweck begonnenen Arbeiten unverzüglich einstellen zu lassen. In dem Schreiben heißt es: »Die Nachricht von der Errichtung einer Raketenabschußbasis im Gebiete des Heuchelbergs (etwa 15 Kilometer vom Stadtkern Heilbronns entfernt) hat große Erregung in der Bevölkerung unserer Stadt hervorgerufen. Alle Sprecher der Gemeinderatsfraktionen haben in ihren Ausführungen schärfsten Protest gegen die Errichtung einer Raketenabschußbasis auf dem Heuchelberg eingelegt, in der sie eine ernste und dauernde Gefahrenquelle für Stadt und Bevölkerung sehen.«[51] – In den Tagen zuvor haben sich bereits die Gemeinderäte von **Nordheim**, **Klingenberg** und anderen Ortschaften gegen die Errichtung der »Nike«-Raketenbasen ausgesprochen.

1. März In **London** und anderen britischen Städten protestieren Zehntausende von Bürgern gegen den Bau von Raketenabschußbasen und die Durchführung von Patrouillenflügen, bei denen die Flugzeuge mit Atombomben ausgerüstet sind. Anlaß der Protestaktionen ist ein schwerer Zwischenfall über dem 100 Kilometer westlich der Hauptstadt gelegenen amerikanischen Luftwaffenstützpunkt **Greenham Common**, bei dem acht US-Soldaten verletzt und zwei getötet worden sind. Ein sechsstrahliger Atombomber vom Typ B-47, bei dem während des Flugs ein Triebwerk versagte, hatte durch den aus Sicherheitsgründen erfolgten Abwurf von zwei Zusatztanks einen anderen Bomber und eine Flugzeughalle in Brand gesetzt. Bei den Löscharbeiten erlitten die US-Soldaten Brandverletzungen mit in zwei Fällen tödlichen Folgen. Das Flugzeug selbst hatte auf einem Ausweichstützpunkt in der Nähe von **Oxford** sicher landen können. – An dem amerikanischen Stützpunkt **Ruislip** ziehen mehr als 1.000 Demonstranten mit Spruchbändern vorüber und rufen in Sprechchören immer wieder »Yankees go home«. – In einem von 204 Professoren und Dozenten der Universität **London** unterzeichneten Appell wird Premierminister Harold Macmillan aufgefordert, mit sofortiger Wirkung alle Flüge mit Atombomben über britischem Territorium zu untersagen. – An der Universität **Oxford** werden Tausende von Fragebögen an Studenten verteilt, auf denen sie zur Forderung nach nuklearer Abrüstung Stellung beziehen sollen. – In einer späteren Erklärung der US-Air-Force heißt es, die B-47 hätte »keine Waffen irgendwelcher Art« an Bord gehabt.

1./2. März Die 228 Delegierten des SPD-Bezirksverbands Hessen-Süd nehmen auf ihrem Parteitag in **Wiesbaden** in einer Kampfabstimmung eine Resolution an, in der der Verzicht auf die Produktion, Lagerung und Anwendung von Atomwaffen, auf die Errichtung von Raketenabschußbasen sowie die Schaffung einer atomwaffenfreien Zone in Mitteleuropa gefordert werden. Der Bundesvorstand der SPD wird aufgehalten, zur Durchsetzung der Forderungen außerparlamentarische Aktionen und eine Volksbefragung durchzuführen. Der Leiter des Arbeitskreises »Wehr- und Außenpolitik«, Walter Möller, spricht sich für die Aufnahme von Verhandlungen mit der Regierung der DDR zur Wiedervereinigung Deutschlands aus. Außerdem wird Willi Birkelbach in seiner Funktion als Erster Landesvorsitzender bestätigt.

3. März In **Mülheim** an der Ruhr erklärt der Präsident der *Evangelischen Kirche von Hessen und Nassau*, Martin Niemöller, auf einer Kundgebung der *Deutschen Friedensgesellschaft* (DFG) zu dem von Renate Riemeck initiierten Appell vom 26. Februar: »Ich finde es eine großartige Sache, wenn die 44 Professoren sich an die Gewerkschaften wenden. Wenn die Gewerkschaften diesen Appell ernst nehmen wollen, dann können sie nur den Generalstreik beginnen. Wenn es um die Frage eines neuen Krieges geht, dann kann es für die Gewerkschaften nur eines geben: den Generalstreik.«[52]

1.3.: Britische Atomwaffengegner bei einer Demonstration.

TOD UND LEBEN liegen in der Waagschale. Mancherorts sind Luft und Wasser, Vieh und Pflanzen bereits verseucht.

Kinder werden geboren, die den Knochenkrebs im Mark haben. Kein Berg, kein Fluß kann den Atomtod aufhalten.

Die Deutschen in Ost und West mag noch vieles trennen. Aber eine Sorge ist ihnen gemeinsam. In der Bundesrepublik werden Kernwaffen angehäuft und Raketenrampen angelegt. Das sind Magneten für einen Gegenschlag. Nicht Sicherheit, sondern Selbstmord künden sie an.

Atomare Aufrüstung ist ein Wahnsinn und ein Verbrechen. Es darf nicht sein, es braucht nicht zu sein. Mitteleuropa muß eine atomwaffenlose und raketenfreie Zone bilden. Die Regierung der Deutschen Demokratischen Republik hat diesen Vorschlag für ihr Hoheitsgebiet gutgeheißen. Die polnische und tschechoslowakische Regierung sind gleichfalls bereit, sich diesen Plan zu eigen zu machen. Es fehlt nur noch die Zustimmung der Bundesrepublik.

Schon heute können die Krämer des Krieges nicht mehr so, wie sie wollen. Jetzt muß die öffentliche Meinung in Aktion treten. Todesbasen, ja oder nein, das ist die Frage. Sie kann nur vom Volke selbst entschieden werden. Es ist höchste Zeit, daß die Volksstimmung zu einer Volksbewegung wird. Dadurch allein kann der Verzicht auf Kernwaffen und Raketenrampen durchgesetzt werden. Dadurch allein wird von Europa der Alpdruck weichen, und die Bahn für die allgemeine Entspannung und die deutsche Wiedervereinigung ist frei.

Der Künstler, dem Leben und dem Menschen zugewandt, darf dazu nicht schweigen. Albert Schweitzer und Otto Hahn, Pablo Picasso und Arnold Zweig, Theodor Brugsch und Manfred von Ardenne dürfen nicht umsonst gerufen haben. Das Echo der Schriftsteller und Schauspieler, der Maler und Musiker muß ihnen antworten, muß sie stärken und stützen. Arbeiter und Bauern sind mit uns. Wer könnte uns allen widerstehen!

Alexander Abusch, Nationalpreisträger · Karl von Appen, Nationalpreisträger · Irmgard Armgart, Opernsängerin · Rudolf Asmus, Opernsänger · Andre Asriel, Nationalpreisträger · Hans Baltzer, Nationalpreisträger · Georg Baumgartner, Opernsänger · Dr. h. c. Johannes R. Becher, Nationalpreisträger, Lenin-Friedenspreisträger · Wolf Beneckendorff, Schauspieler · Benno Besson, Regisseur · Erich Blasberg, Opernsänger · Dr. h. c. Willi Bredel, Nationalpreisträger · Max Burghardt, Nationalpreisträger, Intendant · Prof. Heinrich Burkhardt, Maler · Norbert Christian, Schauspieler · Prof. Fritz Cremer, Nationalpreisträger · Ingrid Czerny, Opernsängerin · Prof. Fritz Dähn, Maler · Mathilde Danegger, Schauspielerin · Lydia Dertil, Opernsängerin · Paul Dessau, Nationalpreisträger · Hans Emons, Schauspieler · Werner Enders, Opernsänger · Walter Felsenstein, Nationalpreisträger · Jean Kurt Forest, Komponist · Erich Franz, Schauspieler · Gerhard Frey, Kammersänger · Franz Fühmann, Nationalpreisträger · Albert Garbe, Nationalpreisträger · Prof. Harry Goldschmidt · Rudolf Gonszar, Kammersänger · Georg Groke, Solotänzer · Herbert Grünbaum, Schauspieler · Robert Hanell, Kapellmeister · Prof. John Heartfield, Nationalpreisträger · Elisabeth Hauptmann · Rudolf Heinrich, Nationalpreisträger · Wolfgang Heinz, Schauspieler · Stephan Hermlin, Nationalpreisträger · Stefan Heym, Heinrich-Mann-Preisträger · Harry Hindemith, Nationalpreisträger · Peter Huchel, Nationalpreisträger · Prof. Ernst Jazdzewski, Grafiker · Dr. Wolfgang Joho, Schriftsteller · Prof. Dr. Heinz Kamnitzer · Inge Keller, Schauspielerin · Prof. Werner Klemke, Grafiker · Margarete Klose, Kammersängerin · Günter Kochan, Ernst-Zinna-Preis der Stadt Berlin · Dr. Siegfried Köhler · Prof. Franz Konwitschny, 2facher Nationalpreisträger, Generalmusikdirektor · Helga Korff-Edel, Dramaturg · Franz Kutschera, Nationalpreisträger · W. Langhoff, Nationalpreisträger · Hans Löwlein, Staatskapellmeister · Egon Maiwald, Oberspielleiter · Hans Marchwitza, Nationalpreisträger · Lu Märten, Schriftstellerin · Guido Masanetz · Prof. Ernst Hermann Meyer, Nationalpreisträger · Arno Mohr, Grafiker · Prof. Gabriele Mucchi, Maler · Gudrun Müller, Solotänzerin · Prof. Otto Nagel, Nationalpreisträger · Dinah Nelken, Schriftstellerin · Vaclav Neumann, Musikalischer Oberleiter · Hanns Nocker, Opernsänger · Prof. N. Notowicz · Anni Peterka, Ballettmeisterin · Hans Pitra, Goethe-Preisträger · Kurt Rehm, Nationalpreisträger · Käthe Reichel, Schauspielerin · Prof. Dr. h. c. Ludwig Renn, Nationalpreisträger · Martin Ritzmann, Tenor · Kurt Robbel, Maler · Martin Rosen, Schauspieler · Prof. Heinz Rückert, Nationalpreisträger · Dr. Anna Seghers, Nationalpreisträgerin und Lenin-Friedenspreisträgerin · Prof. Selmanagic, Architekt · Gertrud Steinweg, Ballettmeisterin · Graf Stenbock-Fermor, Schriftsteller · Hanna Schmook, Opernsängerin · Otto Schneidereit, Chefdramaturg · Dr. Karl Schönewolf · Leo Spies, Nationalpreisträger · Günther Treptow, Kammersänger · Bodo Uhse, Schriftsteller · Gerhard Unger, Nationalpreisträger · Walther Victor, Heinrich-Heine-Preisträger · Manfred Wekwerth, Regisseur · Erich-Alexander Winds, Chefspielleiter · Eduard von Winterstein, Nationalpreisträger · Fritz Wisten, Nationalpreisträger · Willi Wolfgramm, Nationalpreisträger · Rita Zabekow, Primaballerina · Max Zimmering, Heinrich-Mann-Preisträger · Dr. h. c. Arnold Zweig, Nationalpreisträger, Präsident des PEN-Zentrums.

4.3.: Auf der Ost-Berliner Anti-Atom-Kundgebung verabschiedeter Appell.

3. März Auf Einladung des *Verbandes Deutscher Studentenschaften* (VDS) treffen drei sowjetische Studentenvertreter und der stellvertretende Chefredakteur der »Komsomolskaja Prawda«, Jurij Woronow, zu einem zweiwöchigen Besuch der **Bundesrepublik** und **West-Berlin**s ein.

3. März Im Alter von 65 Jahren stirbt in **Ost-Berlin** der ehemals führende SED-Politiker und zuletzt als Lektor im Dietz-Verlag beschäftigte Altkommunist Wilhelm Zaisser. Der 1893 in Rotthausen bei Gelsenkirchen geborene Zaisser war nach erschütternden Erfahrungen, die er als Leutnant des kaiserlichen Heeres im Ersten Weltkrieg gemacht hatte, zunächst

in die USPD und schon bald darauf in die KPD eingetreten. Zu Beginn der zwanziger Jahre beteiligte er sich im Ruhrgebiet am Aufbau einer »Roten Armee«. Als Mitarbeiter beim Zentralkomitee der KPD kam er nach Moskau, arbeitete dort im militärischen Nachrichtendienst der Sowjetunion und wurde als Militärspion auch in China eingesetzt. 1932 trat er schließlich in die KPdSU ein und erhielt eine Ausbildung an der sowjetischen Militärakademie. Kurz nach Ausbruch des Spanischen Bürgerkrieges wurde er unter dem Namen »General Gomez« als Kommandeur der XIII. Internationalen Brigade eingesetzt. Wegen seiner überragenden militärischen Fähigkeiten wurde er schließlich zum Stabschef aller Internationalen Brigaden bestimmt. 1938 kehrte er nach Moskau zurück, arbeitete zunächst als Redakteur und Übersetzer und von 1943 bis 1946 dann als Leiter zweier »Antifa-Schulen« für deutsche Kriegsgefangene in Talici und Krasnogorsk. Als er im Februar 1947 nach Deutschland zurückkehrte, wurde er Polizeichef des Landes Sachsen-Anhalt, eineinhalb Jahre später sächsischer Innenminister und schließlich im Februar 1950 Minister für Staatssicherheit. Zwischen 1950 und 1953 war Zaisser einer der Spitzenfunktionäre der SED; in dieser Zeit gehörte er sowohl dem Zentralkomitee als auch dem Politbüro der Partei an. Zusammen mit Rudolf Herrnstadt war er nach dem Tod Stalins Wortführer der vom stellvertretenden sowjetischen Ministerpräsidenten Lawrenti P. Berija initiierten Politik des »Neuen Kurses«. Erst durch den fehlgeschlagenen Versuch, am 16. Juni 1953 Walter Ulbricht zu stürzen, nahm die Karriere des Altkommunisten in der DDR ein vorzeitiges Ende. Zusammen mit Herrnstadt wurde er Ende Juli aller Ämter und Funktionen enthoben und schließlich am 23. Januar 1954 aus der SED ausgeschlossen.

4. März Hauptredner einer Kundgebung Berliner Künstler gegen die Atombewaffnung der Bundeswehr in der Deutschen Staatsoper in **Ost-Berlin** ist der 70jährige Schriftsteller Arnold Zweig. Unter der künstlerischen Leitung von Nina Freund wirken an der Veranstaltung außerdem Max Burghardt, Erich Franz, Lin Jaldati, Inge Keller, Franz Kutschera, Wolfgang Langhoff, Marga Legal, Gisela May, Lilo Praski-Gruber, Eberhard Rebling, Walther Victor, das Erben-Quartett, die Solistenvereinigung des Deutschlandsenders und der Sprechchor des Erich-Weinert-Ensembles mit.

5. März Zu einer von der *Schutzgemeinschaft Heilbronn* einberufenen Protestversammlung gegen die Errichtung von Raketenabschußbasen kommen im Gewerkschaftshaus von **Heilbronn** über 1.000 Bürger zusammen. Der Vorsitzende der *Schutzgemein-*

schaft, der evangelische Pfarrer John, schildert, wie »hinter dem Rücken der Bevölkerung« vor einem Monat mit den Vorbereitungsarbeiten für die Stationierung von »Nike«-Raketenbatterien auf dem 15 Kilometer entfernten Heuchelberg begonnen worden ist. Eine militärische Anlage wie diese, von der auch atomare Sprengköpfe abgeschossen werden könnten, würde die Gefahr einer Wiederholung der Heilbronner Schreckensnacht heraufbeschwören, in der am 4. Dezember 1944 bei einem Luftangriff über 7.000 Einwohner ums Leben gekommen seien. Mit Atomsprengköpfen ausgerüstete Mittelstreckenraketen stellten einen Magneten für einen Gegenschlag dar. »Die heutige Atomrüstung«, erklärt John, »ist sinnlos, weil auch eine Drohung mit diesen Waffen sinnlos geworden ist. Die Parole von der Verteidigung durch ›Nike‹, von der Sicherheit durch Raketen, kann nicht überzeugen und nicht beruhigen.«[53] Anschließend berichten der frühere baden-württembergische Innenminister und jetzige SPD-Landtagsabgeordnete Ulrich und der FDP-Landtagsabgeordnete Haag über den Verlauf einer hitzigen Debatte im Stuttgarter Landtag zur Raketenstationierung auf dem Heuchelberg sowie der Mediziner Dr. Joachim Weitzsäcker über den Stand der Protestbewegung in den umliegenden Gemeinden. In einer einstimmig angenommenen Entschließung

appellieren die Teilnehmer an die Landesregierung, auf die Bundesregierung einzuwirken, um die Errichtung der Raketenabschußrampen doch noch zu verhindern. Oberbürgermeister Paul Meyle (SPD) schließt die Veranstaltung mit der Feststellung, daß es beim Protest gegen die militärischen Anlagen auf dem Heuchelberg nicht nur um die Verhinderung von Schäden an Weinbergen und Feldern gehe, sondern daß die Existenz der Bevölkerung auf dem Spiel stehe. Die Stadt Heilbronn brauche den Frieden, militaristisch geprägte Worte wie »Todfeind« müßten endgültig aus dem Vokabular verbannt werden. In der *Schutzgemeinschaft Heilbronn* sind SPD, FDP, DGB, der *Bauernverband*, die *Internationale der Kriegsdienstgegner* (IdK), der *Bund der Fliegergeschädigten* (BdF) und der *Verband der Kriegsbeschädigten, Kriegshinterbliebenen und Sozialrentner Deutschlands* (VdK) zusammengeschlossen.

5. März Das Schwurgericht beim Landgericht **Dortmund** spricht die ehemaligen Angehörigen der Gestapo-Außenstelle Bochum Gerhard Schmook, Herbert Raschik und Werner Benn wegen Mangels an Beweisen von der Anklage frei, an der Erschießung von Häftlingen in strafrechtlichem Sinne schuldig gewesen zu sein. Das Gericht ist der Ansicht, daß die Angeklagten nicht in der Lage gewesen seien, »das Verbrecherische der Exekutionsbefehle«, die kurz vor Kriegsende in einem Kellertrakt der Gestapo-Stelle ausgeführt worden sind, zu erkennen. Die Möglichkeit, daß sie, wie von ihnen behauptet, »an die Rechtsgültigkeit der Exekutionsanordnung«

4.3.: Titelblatt des als Handzettel verbreiteten Appells Berliner Künstler mit einem Porträt des verstorbenen Schriftstellers Bert Brecht.

5.3: Zuhörer bei der Protestkundgebung in Heilbronn.

3.3.: Wilhelm Zaisser, der erste Minister für Staatssicherheit in der DDR.

5.3.: »Abschuß- basis.« Zeichnung von Wolfgang Grässe in dem Wochenblatt »Die Andere Zeitung«.

geglaubt hätten, könne jedenfalls nicht mit Sicherheit ausgeräumt werden. Der 48jährige frühere Kriminalsekretär Schmook verbüßt im Gefängnis Münster gerade eine zehnjährige Haftstrafe wegen Mordes und Aussageerpressung. Der frühere Kriminalrat Raschik war wegen anderer Straftaten bereits 1954 vom Schwurgericht beim Landgericht Bochum zu einer vierjährigen Gefängnisstrafe verurteilt worden.

5. März Bundesverteidigungsminister Franz Josef Strauß erklärt während eines USA-Besuchs in **Washington**, daß der Bundesregierung vom US-Luftwaffenministerium das Angebot vorgelegt worden sei, die Bundeswehr mit Kurzstreckenraketen vom Typ »Matador« auszurüsten. Die Fernlenkwaffen haben eine Reichweite von 1.000 Kilometern, fliegen mit Überschallgeschwindigkeit und können sowohl mit konventionellen als auch mit atomaren Sprengköpfen bestückt werden. – Vor Antritt seines Rückflugs sagt Strauß am 17. März in **New York**, daß Bundeskanzler Adenauer dem amerikanischen Angebot bereits zugestimmt habe. Es umfasse jedoch, hebt er hervor, nicht die Lieferung von Atomsprengköpfen. – Nach seiner Rückkehr in **Bonn** teilt er einen Tag später mit, daß der Bundestag dem geplanten Ankauf der »Matador«-Raketen bis zum 3. April zugestimmt haben müsse. Das Angebot des US-Luftfahrtministeriums sei bis dahin befristet. Strauß betont nochmals, daß die Fernlenkwaffen nur mit konventionellen Sprengkörpern ausgerüstet werden sollen. Die beiden SPD-Bundestagsabgeordneten Adolf Arndt und Fritz Erler bestreiten das und stellen die Äußerung des Bundesverteidigungsministers als Schutzbehauptung dar.

6. März Rund 1.700 Studenten und Assistenten der Universität **Heidelberg** unterzeichnen eine Protesterklärung gegen die Atombewaffnung der Bundeswehr, die Errichtung von Raketenbasen und die Beteiligung der Bundesrepublik an der Herstellung von Nuklearwaffen. Die Entschließung wird nach **Bonn** an Bundespräsident Theodor Heuss, Bundeskanzler Konrad Adenauer und den CDU/CSU-Fraktionsvorsitzenden im Bundestag, Heinrich Krone, gesandt.

6. März In dem französischen Nachrichtenmagazin »L'Express« erscheint unter dem Titel »Une victoire« (Ein Sieg) eine von Jean-Paul Sartre verfaßte Besprechung des kurz zuvor erschienenen Anti-Folter-Buches »La Question« von Henri Alleg. Sartre beginnt seinen aufsehenerregenden Text mit einem Vergleich: »1943 schrien in der Rue Lauriston Franzosen vor Angst und Schmerz; ganz Frankreich hörte sie. Der Ausgang des Krieges war ungewiß, und wir

wollten nicht an die Zukunft denken; eines jedenfalls erschien uns unmöglich: daß jemals in unserem Namen Menschen zum Schreien gebracht werden könnten. Unmöglich ist nicht französisch: 1958 wird in Algier regelmäßig und systematisch gefoltert; jeder weiß es ... und niemand spricht davon. Oder fast niemand; einzelne schwache Stimmen verlieren sich in der Stille.«[54] Durch das Buch »La Question« werde nun die fast geschlossene Mauer des Schweigens durchbrochen und die Folter als ein nicht mehr abzuleugnendes Faktum Thema in der öffentlichen Diskussion. Sein Autor, der algerische Rechtsanwalt Alleg, habe die unterschiedlichsten Formen der Folter am eigenen Leib erfahren und sitze immer noch in einem Gefängnis von Algier. Von dem Band, in dem die Wasser-, Feuer-, Durst- und andere Foltermethoden ebenso emotionslos wie präzise geschildert werden, sei bereits vierzehn Tage nach seinem Erscheinen die erste Auflage in Höhe von 20.000 Exemplaren vergriffen. »Mit ›La Question‹«, fährt Sartre fort, »hat sich alles geändert: Alleg erspart uns die Verzweiflung und die Schande, weil er ein Opfer ist und über die Folter gesiegt hat ... er ist in unserem Namen gequält worden, und wir gewinnen durch ihn endlich ein wenig von unserem Stolz zurück; wir sind stolz darauf, daß er Franzose ist ... Alleg hat die Folter der Nacht, die sie verhüllte, entrissen; treten wir näher, um sie bei Tageslicht zu betrachten.«[55] Sartre nimmt den Bericht Allegs zum

6.3.: »Marianne in Algerien: ›Komisch – seit den Tagen der Gestapo in Frankreich haben sich unsere Ansichten über die Berechtigung der Folter stark geändert.‹« Karikatur des »Nebelspalters«.

Anlaß, um grundsätzlich mit der Folter abzurechnen: »Nein, die Folter ist weder eine zivile noch eine militärische, noch eine speziell französische Angelegenheit: sie ist die Pest der ganzen Epoche. Im Osten wie im Westen ist gefoltert worden ... heute ist es Zypern, Algerien; kurz, Hitler war nur ein Vorläufer. Die Folter, die hinter der Fassade demokratischer Legalität systematisch angewendet wird, obwohl man das – bisweilen ziemlich lasch – abstreitet, kann als eine halbillegale Einrichtung angesehen werden.«[56] Sartre faßt seine kompromißlose Ächtung der Folter in den Worten zusammen: »Die Folter ist eine sinnlose Raserei, ein Produkt der Angst: man will einer Kehle zwischen Schreien und Blutspucken das Geheimnis aller entreißen. Nutzlose Gewalttätigkeit: ob das Opfer spricht oder unter den Schlägen stirbt, das tausendköpfige Geheimnis ist woanders, immer woanders, außer Reichweite, der Folterer wird zum Sisyphus: wenn er die Folter anwendet, wird er immer wieder von neuem beginnen müssen ... Ziel der Folter ist nicht nur, zum Reden, zum Verrat zu zwingen: das Opfer soll sich durch sein Schreien und durch seine Unterwerfung selbst zum Tier machen. Für alle und für es selbst. Sein Verrat soll es brechen und es für immer erledigen. Wer der Folter erliegt, sollte nicht nur zum Sprechen gezwungen werden; ihm wurde für immer der Status eines Untermenschen aufgezwungen.«[57] Der menschliche Haß, der sich in der Folter manifestiere, sei ein Ausdruck des Rassismus. – Die Rezension Sartres, die zur Beschlagnahme des Magazins führt, erscheint am 9. März unter dem Titel »Almost as mute as during occupation« (Beinahe so stumm wie während der Besatzung) auch in der britischen Tageszeitung »The Observer« und am 12. März in dem französischen Satireblatt »Le Canard enchainé«. – Am 27. März wird schließlich auch Allegs Buch »La Question« von den französischen Behörden eingezogen und seine weitere Verbreitung unter Strafe gestellt.

6. März In **Paris** gerät eine von ihrer Gewerkschaft organisierte Demonstration von Polizisten außer Kontrolle und nimmt Formen einer antidemokratischen, rechtsgerichteten Manifestation an. Weil die Regierung unter Ministerpräsident Félix Gaillard ihr Versprechen gebrochen hat, der Pariser Polizei die Bekämpfung algerischer Nationalisten mit einer Gefahrenzulage von umgerechnet 78 DM monatlich zu honorieren, hat die Polizeigewerkschaft für den Nachmittag zu einer Großdemonstration aufgerufen. Von den insgesamt 20.000 Polizisten der französischen Hauptstadt ziehen etwa 7.000 ohne Uniform durch die im Zentrum gelegenen Straßen. Ein Teil von ihnen begibt sich zur Polizeipräfektur auf der Ile

de la Cité und stimmt dort auf dem Hof ohrenbetäubende Sprechchöre an. Als sich schließlich der Polizeidirektor Legeay blicken läßt, wird er von seinen demonstrierenden Untergebenen beschimpft, angerempelt und schließlich mit Fäusten traktiert. Nur mit Mühe gelingt es ihm, sich der Angreifer zu entledigen und im Gebäude Schutz zu suchen. Als die protestierenden Polizisten anschließend in Hochrufe auf den rechtsradikalen Abgeordneten Jean Dides, einen diensthobenen ehemaligen Polizeikommissar ausbrechen, der seit Jahren die französischen Regierungen des Landesverrats bezichtigt, fordert der linkssozialistische Gewerkschaftssekretär François Rouve zum Rückzug auf. Etwa 2.000 der Demonstranten ziehen lärmend zum Gebäude der am Quai d'Orsay gelegenen Nationalversammlung und umringen es. Während sie immer wieder antisemitische Parolen skandieren, fordern einige rechtsgerichtete Abgeordnete im Parlament den Rücktritt von Innenminister Maurice Bourgès-Maunoury. Als ein sozialistischer Abgeordneter erwidert, die Protestaktion der Polizisten käme einem Hochverrat gleich, erklärt der angegriffene Minister, die Ordnungshüter machten nur »unangemessenen Gebrauch von ihrer Freizeit«. Als der Rechtsradikale Dides sprechen will, kommt es zu Tumulten. Die sozialistischen und kommunistischen Abgeordneten wollen auf jeden Fall verhindern, daß Dides das Wort ergreifen kann. Sie schreien ihn nieder. Während draußen ein Platzregen niedergeht, der die Menge der demonstrierenden Polizisten dazu bringt, abzuziehen, bietet Bourgès-Maunoury seinen Rücktritt an. – Liberale und linke Presseorgane reagieren mit großer Empörung auf den Protestmarsch der Polizei, der nach Ansicht verschiedener Kommentatoren zum Sturz der Regierung Gaillard hätte führen können. Das sozialistische Parteiblatt »Le Populaire« fragt, ob man sich in Paris noch auf die Polizei verlassen könne, nachdem sie »ein Beispiel der Unordnung und der antidemokratischen Gesinnung« gegeben habe. – Trotz der offenkundigen Krisenerscheinungen und ihres zunehmenden Autoritätsverfalls wird Ministerpräsident Gaillard und seiner Regierung am 18. März in einer Abstimmung von der Mehrheit der Abgeordneten das Vertrauen ausgesprochen.

7. März Im DGB-Organ »Welt der Arbeit« erscheint eine Erklärung von 200 Hochschulprofessoren zur Frage der Errichtung von Raketenabschußrampen. Bevor sich die Bundesrepublik für einen solchen Schritt entscheide, solle »ernsthaft« über die Schaffung einer atomwaffenfreien Zone in Mitteleuropa verhandelt werden. Denn je mehr Waffen und Geräte für den Fall eines Atomkrieges in beiden Teilen Deutschlands stationiert würden, desto stärker

würden auch die Möglichkeiten zu einer Wiedervereinigung Deutschlands schwinden. Im Kriegsfall
würden die Raketenabschußrampen mit Sicherheit
ein bevorzugtes Ziel gegnerischer Angriffe. Das
bedeute »Atomkrieg in Deutschland« und damit die
»völlige Vernichtung von Land und Volk«. Alle Deutschen, die dieser Ansicht seien, sollten sich dem Aufruf anschließen.

*10.3.: Der vom
Zentralen Arbeits-
ausschuß »Kampf
dem Atomtod«
verbreitete Aufruf.*

8. März An der »7. Gesamtdeutschen Arbeiterkonferenz« im Haus Auensee in **Leipzig** nehmen 1.300
Betriebs- und Gewerkschaftsfunktionäre teil; nach
offiziellen Angaben sollen 800 von ihnen aus der Bundesrepublik kommen. Als Hauptredner treten das
Politbüromitglied des SED-Zentralkomitees, Hermann Matern, die beiden FDGB-Bundesvorstands-
mitglieder Rudi Kirchner und Kurt Helbig sowie das
ZK-Mitglied der verbotenen KPD, Hein Fink, auf. In
einem von den Konferenzteilnehmern einstimmig
angenommenen Appell wird die »Einbeziehung beider deutscher Staaten in eine atomwaffenfreie Zone
in Europa« gefordert. Unter ausdrücklichem Bezug
auf den an den DGB gerichteten Aufruf der 44 Professoren vom 26. Februar heißt es weiter: »Wir rufen
alle Arbeiter und Gewerkschafter in beiden deutschen Staaten: Beginnt mit diesen Aktionen, mit
dem gemeinsamen Kampf gegen die Atomkriegsgefahr. Trefft Vorbereitungen und Maßnahmen, damit
das arbeitende Volk über seine Lebensfragen selbst
entscheiden kann. Fordert den Volksentscheid!«[58]

8./9. März Auf der Mathildenhöhe in **Darmstadt**
kommen 40 Exilschriftsteller mehrerer Ostblock-
Staaten zusammen, um über ihre Perspektiven zu
beraten. Die aus Ungarn, Rumänien, Jugoslawien,
der Tschechoslowakei und der Sowjetunion stammenden Teilnehmer werden vom Vizepräsidenten
der Deutschen Akademie für Sprache und Dichtung,
Kasimir Edschmid, begrüßt. Der hessische Kultusminister Arno Hennig (SPD) weist in seiner Eröffnungsansprache darauf hin, daß sich die versammelten Autoren in der Gefahr befänden, infolge ihrer
gesellschaftlichen Isolierung tendenziell eine »Anti-
Haltung« einzunehmen. Klarheit und Wahrheit
müßten als »leuchtende Sterne« über ihrem durch
die äußeren Bedingungen erschwerten schriftstellerischen Schaffen stehen. Viele der Teilnehmer sind
aus Ungarn geflohen; zwei von ihnen hatten im Oktober 1956 während des Aufstands in Budapest ihre
Gedichte von Lastkraftwagen aus rezitiert. Der Vorsitzende der *Künstlergilde Eßlingen*, Josef Mühlfeld,
erklärt, daß die Tagung eine »Insel des Friedens im
Meer des Unfriedens« sei. Die *Künstlergilde* hat das
Treffen in Zusammenarbeit mit dem Londoner *Cen-
tre for Writers in Exile* und Exil-Schriftstellergrup-
pen verschiedener europäischer Länder organisiert.

9. März Von den ersten 100.000 im Jahre 1957 gemusterten Wehrpflichtigen haben, wie das »Bulletin
des Presse- und Informationsamtes der Bundesregierung« meldet, bei den zuständigen Kreiswehrer-
satzämtern 437 einen Antrag auf Anerkennung als
Kriegsdienstverweigerer gestellt. 262 Anträge sind
anerkannt, 114 abgelehnt und 61 noch nicht entschieden worden.

Kampf dem Atomtod

Das deutsche Volk diesseits und jenseits der Zonengrenze ist
im Falle eines Krieges zwischen Ost und West dem sicheren
Atomtod ausgeliefert. Einen Schutz dagegen gibt es nicht.

Beteiligung am atomaren Wettrüsten und die Bereitstellung
deutschen Gebietes für Abschußbasen von Atomwaffen können diese Bedrohung nur erhöhen.

Ziel einer deutschen Politik muß deshalb die Entspannung
zwischen Ost und West sein. Nur eine solche Politik dient
der Sicherheit des deutschen Volkes und der nationalen Existenz eines freiheitlich-demokratischen Deutschlands.

Wir fordern Bundestag und Bundesregierung auf, den
Rüstungswettlauf mit atomaren Waffen nicht mitzumachen,
sondern als Beitrag zur Entspannung alle Bemühungen um
eine atomwaffenfreie Zone in Europa zu unterstützen.

Wir rufen das gesamte deutsche Volk ohne Unterschied des
Standes, der Konfession oder der Partei auf, sich einer leben-
bedrohenden Rüstungspolitik zu widersetzen und statt dessen
eine Politik der friedlichen Entwicklung zu fördern.

Wir werden nicht Ruhe geben, solange der Atomtod unser Volk bedroht.

10. März Der Bundestagsabgeordnete Walter Menzel, einer der drei parlamentarischen Geschäftsführer der SPD-Bundestagsfraktion, stellt der Presse in
Frankfurt den am 22. Februar in Bad Godesberg
beschlossenen Aufruf »Kampf dem Atomtod« vor. Er
ist von 40 Prominenten aus Politik, Kirche, Gewerkschaft, Wissenschaft, Kunst und Literatur unterzeichnet. Zu den in Bad Godesberg auf Einladung der
SPD Versammelten, die bis auf Landgerichtsrat Helmut Simon und den FDP-Politiker Josef Ungeheuer
ihre Unterschrift gegeben haben, sind u. a. noch Bundestagsvizepräsident Carlo Schmid, der FDP-Bundestagsabgeordnete Thomas Dehler, der ehemalige
Reichstagspräsident Paul Löbe, der Kirchenpräsident Hans Stempel, der Publizist Axel Eggebrecht,
der Politologe Eugen Kogon, der Soziologe Alfred
Weber und die Schriftsteller Stefan Andres, Heinrich Böll, Hans Henny Jahnn und Erich Kästner hinzugekommen. Menzel hebt ausdrücklich hervor, daß
die Unterzeichner nur für sich und nicht für bestimmte Gruppen sprächen. Der Aufruf, der in mehreren Rundfunksendungen und auf Plakatwänden
bundesweit bekannt gemacht wird, endet mit dem
von Martin Niemöller vorgeschlagenen Satz: »Wir

werden nicht Ruhe geben, solange der Atomtod unser Volk bedroht.«[59] – Trotz der wegen ihrer Prominenz beeindruckenden Unterschriftenliste, merken Kommentatoren an, sei auffällig, daß sich dem Aufruf weder die FDP-Vorsitzenden noch – mit Ausnahme Borns – die Unterzeichner der Göttinger Erklärung angeschlossen hätten. Nachdem sich Carl Friedrich von Weizsäcker bereits am 26. Februar in Hamburg bei einem Vortrag von der Bewegung »Kampf dem Atomtod« distanziert hatte, waren die 18 Göttinger Professoren bei einer Zusammenkunft am 1. März zu dem Entschluß gekommen, sich nicht an der Kampagne zu beteiligen.

10. März Mit einem Fackelzug demonstrieren in **Göttingen** 300 Studenten gegen die Vollstreckung des Todesurteils, das ein französisches Gericht über die algerische Studentin Djamila Bouhired verhängt hat. Die vor allem aus arabischen, afrikanischen und asiatischen Staaten stammenden Teilnehmer fordern während ihres Schweigemarsches auf Transparenten Amnestie für die 22jährige Algerierin, der die Beteiligung an einem Bombenanschlag in Algier vorgeworfen wird. Eine der Aufschriften lautet: »Im Namen der Menschlichkeit erbitten wir Gnade für Djamila«. – Der algerische Exilpolitiker Ferhat Abbas hat von **Genf** aus Repressalien für den Fall angekündigt, daß keine Begnadigung erfolge und die Hinrichtung vollzogen werde.

10. März Die <u>BBC</u> strahlt einen Film aus, in dem die Folgen eines Wasserstoffbombenangriffs auf London gezeigt werden. Das Drehbuch ist von dem Schriftsteller John Boynton Priestley, einem Mitglied der *Campaign for Nuclear Disarmament* (CND), verfaßt worden.

10. März In den **USA** wird ein Dokumentarfilm über den Atombombenabwurf auf Hiroshima am 6. August 1945 gezeigt. Der Film, in dem der Flug der »Enola Gay«, die die Bombe an Bord hatte, detailliert geschildert wird, ist erst kurz zuvor von der US-Luftwaffe freigegeben worden. »Die Zeituhr«, schreibt ein bundesdeutscher Zeitungskorrespondent über die Sendung, »ist um dreizehn Jahre zurückgestellt. Millionen Amerikaner sitzen vor dem Fernsehschirm, um die schicksalsschwere Abwicklung einer Mission zu verfolgen, die dem Zweiten Weltkrieg ein Ende bereitete und eine neue Epoche der Geschichte der Menschheit einleitete ... ›Oh, mein Gott!‹ ist alles, was der Pilot zu sagen vermag, als in Pilzform die gewaltige Atomwolke von der Erde zum Himmel steigt. ›Oh, mein Gott‹, wiederholt er. Hiroshima ist nicht mehr ...«[60]

11. März Ein Bombenflugzeug der US-Air-Force vom Typ B 47 wirft über der kleinen Ortschaft **Mars Bluff** (US-Bundesstaat South Carolina) versehentlich eine Atombombe ab. Da sie nicht entsichert ist, richtet sie nur geringen Schaden an. Bei ihrem Aufprall werden sechs Menschen verletzt und mehrere Gebäude beschädigt.

13. März Auf einer Versammlung der lokalen *Arbeitsgemeinschaft der Friedensverbände* in **Karlsruhe** erklärt der stellvertretende SPD-Ortsvorsitzende Harry Streufert, angesichts der Atomkriegsgefahr gebe es keine Zeit mehr zu verlieren. Man müsse jetzt auf die Straße gehen und den Menschen »zuschreien«, wie groß die Gefahr geworden sei.

13. März Am »2. Gesamtdeutschen Bauerntreffen« in **Delitzsch** (Bezirk Leipzig) nehmen 290 Bauern und Landarbeiter teil. Von ihnen sollen nach offiziellen Angaben mehr als die Hälfte aus der Bundesrepublik stammen. In Anwesenheit von Erich Mückenberger, Kandidat des Politbüros und Sekretär des SED-Zentralkomitees, dem stellvertretenden Ministerratsvorsitzenden Paul Scholz (DBD) und dem Vorsitzenden der *Demokratischen Bauernpartei Deutschlands* (DBD), Ernst Goldbaum, verabschieden die Teilnehmer einen Aufruf an die westdeutschen Bauern. Sie sollten sich, heißt es darin, mit den Arbeitern zusammenschließen, um sich auf Versammlungen und Demonstrationen gegen die Atombewaffnung der Bundeswehr und die »Kriegspolitik der Adenauer-Regierung« zu wenden. Entsprechend einem Vor-

10.3.: Plakat des Zentralen Arbeitsausschusses »Kampf dem Atomtod« mit den Unterzeichnern des Protestaufrufs gegen die Atombewaffnung der Bundeswehr.

schlag der DDR-Regierung wird die Durchführung eines Volksentscheids zur Schaffung einer atomwaffenfreien Zone in Mitteleuropa gefordert.

13. März Der oberste französische Gnadenausschuß hebt in **Paris** unter Vorsitz von Staatspräsident René Coty das gegen die 22jährige algerische Studentin Djamila Bouhired verhängte Todesurteil auf und wandelt es in eine lebenslängliche Haftstrafe um. – Die junge Frau war am 9. April 1957 bei einer Razzia in der Kasbah, der Altstadt von Algier, verhaftet und anschließend tagelang der Elektrofolter ausgesetzt worden. Von einem französischen Gericht war sie am 15. Juli 1957 für schuldig befunden worden, einen Bombenanschlag auf ein Café in Algier verübt zu haben, bei dem mehrere Gäste ums Leben gekommen waren. Ihr Geständnis hatte sie widerrufen und erklärt, es sei nur durch die Folter zustande gekommen. Für eine Begnadigung Djamila Bouhireds, die seit ihrer Verurteilung stündlich damit rechnen mußte, abgeholt und zur Guillotine geschleppt zu werden, hatten sich zahlreiche Prominente verschiedener Länder ausgesprochen. Als sie nach ihrer Verurteilung in die Zelle zurückgeführt worden war und dabei das algerische Todeslied gesungen hatte, stimmten die 2.000 Mithäftlinge mit ein.

14.3.: Ergebnisse einer vom Emnid-Institut durchgeführten Umfrage zur Atombewaffnung.

14.3.: »Dös wär fei der reinste Terror, wenn 83 Prozent den anderen 10 Millionen ihren Willen aufzwingen wollten!« Bundesverteidigungsminister Strauß in einer Karikatur der »Welt der Arbeit«.

14. März Der Vorstand der SPD veröffentlicht im »SPD-Pressedienst« eine von ihm beim Emnid-Institut in Auftrag gegebene Repräsentativerhebung zur umstrittenen Frage der Stationierung von Atomraketen auf dem Territorium der Bundesrepublik. Danach sprechen sich 83% der Befragten gegen eine Errichtung von Raketenabschußbasen auf bundesdeutschem Gebiet aus, nur 13% der Befragten befürworten eine solche Maßnahme. Selbst unter den Anhängern von CDU/CSU ist das Verhältnis von 71% ablehnenden zu 23% befürwortenden Antworten noch überaus eindeutig. Auf die weitere Frage, ob man grundsätzlich für oder gegen eine Stationierung von Raketen auf dem Gebiet der Bundesrepublik sei, antworten 79% negativ und 16% positiv. Nach der Darstellung des Emnid-Instituts wird außerdem noch angeführt, daß das Umfrageergebnis repräsentativ für die Gesamtheit der erwachsenen Bevölkerung des Bundesgebietes sei. Im übrigen wären die Frauen mit 86% noch stärker als die Männer, von denen 80% Ablehnung äußerten, gegen die Errichtung von Raketenabschußbasen eingestellt.

14. März Auf Beschluß des Amtsgerichts **München** wird ein Plakat des Landesverbands Bayern der *Internationale der Kriegsdienstgegner* (IdK) beschlagnahmt, mit dem die Wehrpflichtigen des Jahrgangs 1957 aufgerufen werden, von ihrem Recht auf Kriegsdienstverweigerung Gebrauch zu machen.

Ergebnis einer Meinungsumfrage

Um einen Überblick über die tatsächliche Haltung der Bevölkerung zu den Atomwaffen-Problemen zu erhalten, hat der Vorstand der SPD eine Meinungsbefragung im gesamten Bundesgebiet (außer Saar) vornehmen lassen.

Die SPD wollte wissen, wie die Bevölkerung über
   a) die Errichtung von Abschußstellen für Atomraketen und
   b) Raketenwaffen überhaupt im Gebiet der Bundesrepublik denkt.

In einer Umfrage, mit der das bekannte Meinungsforschungsinstitut EMNID im Februar von der SPD beauftragt wurde, ergab sich eine überwältigende Mehrheit für den von der Sozialdemokratie eingenommenen Standpunkt gegenüber der Errichtung von Atomwaffen-Abschußbasen in der Bundesrepublik.

83% aller Befragten sprachen sich eindeutig gegen Atomraketen aus, nur 13% waren dafür.

Es hat sich gezeigt, daß die Frauen in noch stärkerem Maße als die Männer (86 zu 80%) gegen die Errichtung von Atombasen eingestellt sind.
Die Ablehnung derartiger Abschußbasen erstreckt sich praktisch auf alle Schichten, Berufe und Altersgruppen.

Anhänger von:	dafür:	dagegen:
SPD	8%	90%
CDU/CSU	23%	71%
FDP	15%	85%

Daraus ergibt sich, daß 7 von je 10 CDU/CSU-Anhängern gegen die Errichtung von Abschußbasen für Atomraketen sind und sich damit in dieser entscheidenden Frage gegen die von der Bundesregierung und der CDU/CSU gewollten Politik ausgesprochen haben.

Das Meinungsforschungsinstitut kommt aufgrund der Befragung und ihrer jahrelangen Erfahrungen auf diesem Gebiet zu der Feststellung:

„Die beiden Stichproben sind jede für sich und damit auch zusammen repräsentativ für die Grundgesamtheit der erwachsenen Bevölkerung des Bundesgebietes (außer Land Saar) ausgewählt worden und stellen ein strukturgetreues Modell der gesamten erwachsenen Bevölkerung dar. Damit haben die Ergebnisse der Befragung nicht nur Aussagekraft für die ausgewählten Befragtenkreise, sondern sie lassen sich auch auf die rund 39 Millionen im Bundesgebiet (außer Land Saar) wohnenden Personen verallgemeinern".

„SPD-Pressedienst", 14. 3. 1958

Das satirische Plakat zeigt einen Dinosaurier, der von den Zeilen »Ausgestorben« und »Zu viel Panzer – Zu wenig Hirn« eingerahmt ist. Auf der Rückseite heißt es: »Wer sein Gewissen fragt, weiß, daß er den Wehrdienst verweigern muß.« Der Entwurf für die inkriminierte Graphik war von der Landesgeschäftsstelle der IdK dem Amt für öffentliche Ordnung zur Begutachtung vorgelegt worden, das es an die Staatsanwaltschaft weitergegeben hatte. Nachdem keine Beanstandung erfolgt war, wurden 3.000 Exemplare gedruckt und etwa die Hälfte von ihnen an andere Geschäftsstellen der IdK verschickt. Der Amtsgerichtsrat Handel begründet die Beschlagnahmeverfügung damit, daß der Verdacht bestehe, mit dem

Plakat werde gegen §97 des Strafgesetzbuches verstoßen. In diesem Paragraphen wird mit einer Gefängnisstrafe von mindestens drei Monaten bedroht, wer die Regierung oder deren verfassungsmäßigen Organe durch Schriften, Tonaufnahmen, Abbildungen oder Darstellungen verunglimpft oder dazu aufruft. Handel glaubt in dem Aushang eine Verunglimpfung der Bundesrepublik erkennen zu können. – Die »Süddeutsche Zeitung« kommentiert die Konfiszierung des IdK-Plakats mit den Worten, einige hundert überzeugte Kriegsdienstverweigerer könnten den Bestand der Bundesrepublik keinesfalls gefährden, wohl aber könne »solche staatsanwaltschaftliche Forschheit das Vertrauen in die Unverletzlichkeit der Grundrechte« erschüttern. – Der bayerische IdK-Landesvorsitzende Walter Lidl legt, nachdem das Oberlandesgericht München eine Eingabe gegen die Beschlagnahmung als unzulässig zurückgewiesen hat, Verfassungsbeschwerde beim Bundesverfassungsgericht in **Karlsruhe** ein. Er erklärt, er könne in dem Aushang keine Verunglimpfung von Gesetzgebungsorganen erkennen. Das Antimusterungsplakat stelle einen »in Form der Satire gekleideten Protest gegen die Überbewertung der Materie und die Unterbewertung des Geistes« dar. Dabei würden die Folgen eines solchen Mißverhältnisses auf drastische Weise »mit dem Schicksal einer ausgestorbenen Tierrasse« verglichen. – Die 5. Strafkammer des Landgerichts **München** hebt am 27. März die Beschlagnahmeverfügung des IdK-Plakats auf. Das grundsätzliche Recht, die Aufrüstung zu kritisieren, dürfe nicht beschnitten werden. Durch das Plakat, auf dem in satirischer Form gegen die Musterung Stellung bezogen wird, werde der Tatbestand der Beleidigung nicht erfüllt. Auch die Frage, ob dadurch bestimmten Personenkreisen mangelnde Geistesgaben unterstellt würden, müsse verneint werden. Die Verbreitung des Dinosaurier-Bildes mit den IdK-Parolen ist damit wieder gestattet.

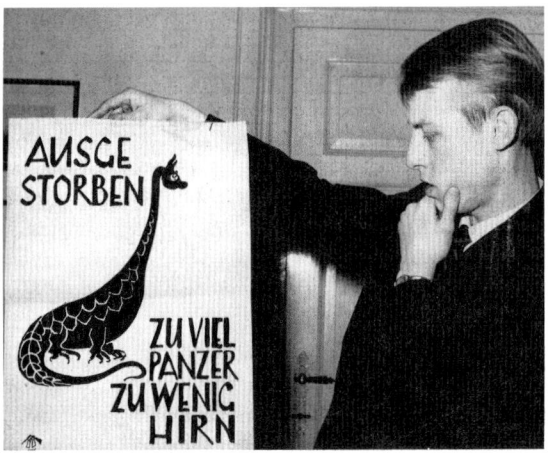

14. März Das SED-Zentralorgan »Neues Deutschland« veröffentlicht das Ergebnis eines Appells, den der Schriftsteller Arnold Zweig und der Präsident des *Deutschen Friedensrates*, Professor Walter Friedrich, »an alle Kulturschaffenden der DDR« gerichtet haben. Danach haben sich mehr als 20.000 Kultur- und Geisteschaffende für die Einrichtung einer atomwaffenfreien Zone in Mitteleuropa ausgesprochen.

15. März Die Tageszeitung »Die Welt« meldet, daß sich Professoren, Dozenten und Studenten der Universität Tübingen in einer Erklärung gegen eine Ausrüstung der Bundeswehr mit Atomwaffen, die Errichtung von Raketenabschußbasen in der Bundesrepublik und die Beteiligung der Bundesrepublik an der Herstellung von Nuklearwaffen ausgesprochen haben.

15. März Die Große Strafkammer des Landgerichts **Tübingen** verurteilt 26 Bürger der Gemeinde Magolsheim (Landkreis Münsingen) wegen Landfriedensbruch und der Zerstörung von Bauwerken zu Gefängnisstrafen zwischen sechs und neun Monaten auf Bewährung. Sie hatten in der Nacht vom 3. auf den 4. Juni 1957 ein zweistöckiges Wohnhaus niedergerissen, um zu verhindern, daß dort eine »Zigeunerfamilie« aus dem Nachbarort Herrlingen einziehen konnte. Die neunköpfige Familie des 51jährigen Kleinhändlers Franz Kreuz hatte das Haus für 14.000 DM gekauft. Das Geld war ihm zuvor von der Gemeinde Herrlingen unter der Bedingung gegeben worden, daß sie im Laufe eines Monats ihre dortige Kleinwohnung aufgeben würden. Ein Mittäter, der die Volljährigkeit noch nicht erreicht hat, erhält drei Wochen Jugendarrest. Außerdem werden der Bürgermeister Anton Waßner, zwei Gastwirte und ein Lehrer wegen Beihilfe zu Gefängnisstrafen zwischen anderthalb und vier Monaten auf Bewährung verurteilt. Als Rädelsführer sieht das Gericht zwei 67 und 49 Jahre alte Bauern an. Sie sollen den »Ausbruch des Volkszorns« regelrecht geschürt haben. Der Bürgermeister, der die Haltung seiner Gemeindemitglieder damit zu verteidigen versuchte, daß sie bei den Behörden vergeblich gegen die Gültigkeit des Kaufvertrags angekämpft hätten, hatte sich im Anschluß an eine Art »Kriegsrat« am Abend des 3. Juni in einer Dorfgaststätte, auf der der Abriß des Wohnhauses abgesprochen worden war, einfach ins Bett gelegt. Der noch junge Dorflehrer und zwei Gastwirte hatten den Teilnehmern des von Teilen der Presse als »Demontage-Aktion« bezeichneten Unternehmens Freibier spendiert. Der Gerichtsvorsitzende, der im Strafmaß in den meisten Fällen über den Antrag der Staatsanwaltschaft hinausgegangen ist, billigt allen Angeklagten mildernde Umstände zu. Sie hätten, so heißt es in der Urteilsbegründung, »in einer ganz

14.3.: Das auf Anordnung eines Münchener Gerichts beschlagnahmte Plakat der Kriegsdienstgegner.

außergewöhnlichen, einmaligen Situation« gehandelt. Ihre Tat sei zwar ein Verbrechen gewesen, jedoch sei dies nicht aus krimineller Gesinnung heraus begangen worden. Bei den Verurteilten handle es sich um sonst rechtschaffene Bürger.

15./16. März Der Parteivorstand der KPD führt am **Werbellinsee** (Bezirk Frankfurt/Oder) eine Konferenz zur Instruktion von »Unabhängigen Kandidaten« für die am 6. Juli bevorstehenden nordrheinwestfälischen Landtagswahlen durch. Die KPD will damit das seit 1956 existierende Parteiverbot unterlaufen, um auch weiterhin ihren politischen Einfluß geltend machen zu können. An den Beratungen nehmen der Parteivorsitzende Max Reimann, Hugo Paul, vier hochrangige SED-Funktionäre und insgesamt 38 Instrukteure der illegalen KPD teil. Es wird beschlossen, in jenen Wahlkreisen auf die Kandidatur von »Unabhängigen« zu verzichten, wo ein »fortschrittlicher Kandidat« einer anderen Partei antrete. Als Beispiel wird die Kandidatur des Rechtsanwaltes Diether Posser im Wahlkreis Essen-Rüttenscheid genannt. Der frühere GVP-Politiker, der sich in Prozessen als Verteidiger von KPD-Mitgliedern verdient gemacht habe, trete dort jetzt für die SPD an. In ausgesprochenen Arbeitervierteln dürfe dagegen nicht auf die Aufstellung eigener Kandidaten verzichtet werden. So werde im Wahlkreis Essen-

West der ehemalige KPD-Bundestagsabgeordnete Heinz Renner antreten. Mehrere Teilnehmer kritisieren, daß in die Bundesrepublik entsandte FDGB-Funktionäre Kontakt mit KPD-Mitgliedern aufnähmen und so den illegalen Apparat der KPD gefährdeten. In seiner Schlußbemerkung hebt Reimann hervor, daß die Konferenz eine der fruchtbarsten Zusammenkünfte gewesen sei, an der er jemals teilgenommen habe. Die Kandidaten für die Landtagswahlen sollten besonders wachsam sein und die Sicherheitsregeln in der Parteiarbeit genauestens beachten. Maßgeblich sei dafür die Abhandlung von Theo Mahr »Über das Wirken des Gegners und offensive Gegenmaßnahmen der Partei«. Allen westlichen Teilnehmern werden die Fahrtkosten und die Kosten für den entstandenen Lohnausfall in Westmark erstattet. Reimann verabschiedet jeden einzelnen von ihnen per Handschlag.

16. März Der *Kongreß für kulturelle Freiheit* führt an der Freien Universität in **West-Berlin** eine »Ungarnfeier« durch. Dabei verliest Hans Scholz ein Manifest bundesdeutscher Schriftsteller, in dem das am 13. November 1957 in einem Geheimprozeß verhängte Urteil, mit dem der 63jährige ungarische Schriftsteller Tibor Déry zu einer neunjährigen Gefängnisstrafe verurteilt worden ist, als Drohung gegenüber allen Menschen bezeichnet wird, die sich in Wort und Schrift für die Freiheit einsetzten. Das Manifest ist u.a. von Peter Bamm, Rudolf Hagelstange, Hans Egon Holthusen, Friedrich Luft, Rudolf Pechel, Ernst Schnabel und Wolfdietrich Schnurre unterzeichnet.

16. März Der ehemalige US-Präsident Harry S. Truman richtet von seinem Wohnort **Independence** (US-Bundesstaat Missouri) ein Schreiben an den Stadtrat von **Hiroshima**, in dem er noch einmal seine Auffassung bekräftigt, daß er 1945 den Abwurf der Atombombe auf die japanische Stadt »für das künftige Wohlergehen der Alliierten und auch Japans« für dringend erforderlich gehalten habe. Er stehe noch immer zu seiner damaligen Entscheidung. Truman reagiert mit diesem Schreiben auf eine Resolution des Stadtrates, mit der dieser gegen die Äußerung Trumans in einem wenige Tage zuvor im amerikanischen Fernsehen gezeigten Dokumentarfilm protestiert, er habe keinerlei Gewissensbisse wegen der beiden Atombombenabwürfe auf Hiroshima und Nagasaki. Diese hätten, führte darin der amerikanische Ex-Präsident als Begründung an, zur Kapitulation Japans geführt und mindestens 250.000 alliierten und vermutlich ebenso vielen japanischen Soldaten das Leben gerettet. – Bei den Atombombenangriffen auf die beiden japanischen Städte waren am 6. und 9. August 1945 insgesamt 150.000 Einwohner ums Leben gekommen.

15./16.3.: Plakat der in Nordrhein-Westfalen auftretenden KPD-Tarnliste »Unabhängige Kandidaten«.

17. März Die »Neue Rhein Zeitung« meldet, daß sich 1.000 Gewerkschaftler aus **Herford** gegen eine Ausrüstung der Bundeswehr mit Atomwaffen, den Bau von Raketenbasen und die Lagerung von Atomwaffen ausgesprochen haben.

17. März Das Bezirksgericht **Magdeburg** verurteilt einen 60jährigen Gärtner, der sich positiv über die Verhältnisse in der Bundesrepublik geäußert und einen Mitbürger zum Verlassen der DDR aufgefordert hatte, wegen »staatsgefährdender Propaganda und Hetze« sowie »Abwerbung« zu einer Gefängnisstrafe von dreieinhalb Jahren. In der Urteilsbegründung heißt es: »Die Imperialisten versuchen mit allen Mitteln, eine weitere Festigung und Vorwärtsentwicklung unserer Gesellschaftsordnung zu hintertreiben. Es gelingt ihnen immer wieder, Opfer zu finden, die entweder ihren Rundfunksendungen erliegen oder sich bei Besuchen in Westdeutschland durch die gleißende Fassade täuschen lassen.«[61]

19. März Bundeskanzler Adenauer unternimmt im Rahmen einer Unterredung mit dem sowjetischen Botschafter Andrej A. Smirnow im Palais Schaumburg in **Bonn** erstmals einen eigenen Vorstoß in der Deutschlandpolitik. Er richtet an den Diplomaten, mit dem er sich bereits am 7. März getroffen hat, die Frage, ob die sowjetische Regierung bereit sei, »der Sowjetzone den Status Österreichs« zu geben. Die DDR solle außenpolitisch neutralisiert werden, innenpolitisch aber ihre Angelegenheiten ohne äußere Einwirkungsversuche gestalten können. Smirnow, der längere Zeit auch in Wien als Botschafter tätig war, entgegnet darauf, daß sich die österreichische Situation nicht mit der deutschen Frage vergleichen lasse. Während Österreich bis zum Abschluß des Friedensvertrages am 15. Mai 1955 unter der Kontrolle der vier Großmächte gestanden habe, handle es sich bei der Bundesrepublik und der DDR um zwei souveräne Staaten. Die Sowjetunion sei nicht berechtigt, sich in die inneren Angelegenheiten der DDR einzumischen und ihr einen anderen Status zu geben. Adenauer macht seinen Gesprächspartner darauf aufmerksam, daß er mit seinem Vorschlag sehr weit gegangen sei. Wenn dieser in der Öffentlichkeit bekannt werde, müsse er möglicherweise damit rechnen, von den »eigenen Leuten dafür gesteinigt« zu werden. Smirnow solle seine Frage deshalb vertraulich behandeln und sie ernsthaft überprüfen. – Adenauer wiederholt seinen Vorschlag zu einer »Österreich-Lösung« für die DDR beim Besuch des stellvertretenden Ministerpräsidenten der UdSSR, Anastas J. Mikojan, Ende April. Er erhält darauf jedoch keine Stellungnahme der sowjetischen Regierung. – Zu den mit seinem Vorschlag verknüpften Überlegungen schreibt der Bundes-

kanzler im dritten, 1967 erschienenen Band seiner Erinnerungen: »Bei meiner Vorstellung, der Sowjetzone den Status Österreichs zu geben, war ich vor allem von der Hoffnung geleitet, hierdurch den dort lebenden Menschen die Möglichkeit zu einer freien Willensentscheidung bei der Wahl ihrer Regierung zu verschaffen. Es kam mir in erster Linie darauf an, von den Menschen in der Zone den politischen, den geistigen Druck zu nehmen und ihnen die Lebensbedingungen zu erleichtern, selbst für den Preis, daß die Wiedervereinigung nicht unmittelbar durchgeführt würde. Die Chance einer Wiedervereinigung zu einem späteren Zeitpunkt blieb offen.«[62]

19. März In **Eberbach** am Neckar konstituiert sich der erste lokale *Arbeitsausschuß »Kampf dem Atomtod«* (KdA). Danach folgen Gründungen in **Freiburg**, **Braunschweig** und **Schwenningen**. Die Initiative zum Aufbau von Aktionskomitees geht in diesen Fällen von einzelnen, besonders engagierten Personen aus. – Erst nach der offiziellen Aufforderung des zentralen Arbeitsausschusses am 2. April, die an DGB, SPD und FDP gerichtet ist, setzt eine ganze Welle Ausschußgründungen ein, die innerhalb eines Monats eine Vielzahl von Groß-, Mittel- und Kleinstädten erfaßt.

19. März Nach einer Urabstimmung, in der sich am 4. und 5. März mehr als 94% der stimmberechtigten Gemeindearbeiter für Streikmaßnahmen zur Durchsetzung ihrer Lohnforderungen ausgesprochen hatten, führen auf einen Beschluß der Gewerkschaft ÖTV 250.000 der im Kommunalbereich Beschäftigten einen 24stündigen Warnstreik in der **Bundesrepublik** und **West-Berlin** durch. Sie fordern eine durchschnittliche Erhöhung ihres Stundenlohns um 20 Pfennig. – Am 21. März einigen sich die beiden Tarifparteien auf eine Lohnerhöhung für die Gemeindearbeiter im Bundesgebiet um 14 und in West-Berlin um 15 Pfennig je Stunde.

19. März Das Bezirksgericht **Potsdam** verurteilt einen 55jährigen Angeklagten wegen »Nachrichtensammlung und Nachrichtenübermittlung« zu einer zweijährigen Zuchthausstrafe. Der Mann verfügte über Kontakte zum *Ostbüro der SPD* in West-Berlin. In der Urteilsbegründung heißt es dazu: »Das ›Ostbüro der SPD‹ ist eine Organisation, die einen Kampf gegen unsere Arbeiter-und-Bauern-Macht führt. Die Nachrichten, die der Angeklagte dem ›Ostbüro‹ übergab, dienten der Unterstützung der Tätigkeit dieser Organisation.«[63]

20. März In **München** demonstrieren Frauen mit einem Autokorso gegen die atomare Aufrüstung der Bundeswehr.

20.-25.3.: Während der Debatte über die Atombewaffnung: der SPD-Abgeordnete Helmut Schmidt (oben) und der SPD-Vorsitzende Erich Ollenhauer (Mitte); darunter Bundesverteidigungsminister Strauß (rechts gebückt) im Gespräch mit dem Bundestagsvizepräsidenten Carlo Schmid.

20.-25. März Ausgelöst durch eine Große Anfrage der Unionsfraktion, wie denn die Bundesregierung künftig die Deutschlandfrage auf internationalen Konferenzen zu behandeln gedenke, setzt im Bundestag in **Bonn** eine viertägige, an Heftigkeit alle bisherigen Redeschlachten in den Schatten stellende Debatte über die Atombewaffnung der Bundeswehr ein. Nach dem schon am 23. Januar mit aller Entschiedenheit geführten Parlamentsstreit, in dem Heinemann den Rücktritt Adenauers gefordert hatte, setzt nun die Regierungskoalition zur Gegenoffensive an. Der Bundeskanzler weitet schon zu Beginn die angeschnittene Thematik aus, indem er die Frage der Atombewaffnung mit der Bündnisfrage, ob die Bundesrepublik auch weiterhin in der NATO bleiben wolle, in eins setzt. Bundesverteidigungsminister Strauß geht noch einen Schritt weiter und begründet die Notwendigkeit einer Atombewaffnung der Bundeswehr mit der Behauptung, die Sowjetunion verfolge das Ziel, die USA in einem Nuklearkrieg zu besiegen: »Wenn ich frage, was denn die Aufgabe der Bundeswehr ist, dann kann ich nur antworten, daß die Bundeswehr sich nicht aus dem Zusammenhang des Bündnissystems herauslösen läßt, wenn die Aufgabe der Verhinderung des dritten Weltkriegs, des Stopps des Weltkommunismus in seinem Vormarsch und der Schaffung einer Verhandlungsbasis erfüllt werden soll ... Ich könnte Ihnen einmal ein detailliertes Bild nicht der politischen, aber der militärischen Entwicklung auf der anderen Seite geben. Danach besteht kein Zweifel, daß sich die Sowjetunion die Mittel für eine offensive Strategie verschaffen will, daß sie sich durch den Bau ihrer Fernluftwaffe, durch den Bau ihrer interkontinentalen Rakete und ihre propagandistische Ausnutzung, durch den Bau ihrer U-Boot-Waffe und die Einrichtung ihrer U-Boote eine Bewaffnung schaffen will, um damit nach Ausschaltung des amerikanischen Bündnissystems den Endkampf mit den USA zu wagen.«[64] Daraufhin entgegnet der SPD-Abgeordnete Fritz Erler heftig erregt, daß ihn die Situation im Bundestag an die Sportpalast-Kundgebungen des Reichspropagandaministers erinnere. Eine Parallele in die gleiche Richtung zieht später sein Fraktionskollege Helmut Schmidt; er bezeichnet die Absicht, beide Teile Deutschlands mit Atombomben gegeneinander aufzurüsten als ebenso geschichtsträchtig und verwerflich wie die Zustimmung des Deutschen Reichstags zum Ermächtigungsgesetz der Nationalsozialisten im Jahre 1933. Da sich dieses traumatische Ereignis, in dem sich das Deutsche Parlament mit parlamentarischen Mitteln selber liquidiert hat, zum Zeitpunkt der Atomrüstungsdebatte fast genau zum 25. Male jährt, ziehen noch andere Redner aus den Reihen der Opposition

diese von der Regierungskoalition mit Entrüstung zurückgewiesene Parallele. Noch vor der Schlußabstimmung am vierten Tag der Marathondebatte kündigt der SPD-Vorsitzende Erich Ollenhauer eine Initiative für eine Volksbefragung an, da die Absicht der Bundesregierung, die Bundeswehr mit Massenvernichtungswaffen auszurüsten, zu einem nationalen Notstand führen könne. Anschließend stimmt der Bundestag dem Antrag der Regierungskoalition bei 26 Enthaltungen mit 270 : 165 Stimmen zu, die Bundeswehr im Rahmen der NATO mit Atomwaffen auszurüsten. »Solange der Kommunismus seine weltrevolutionären Ziele weiterverfolgt«, heißt es

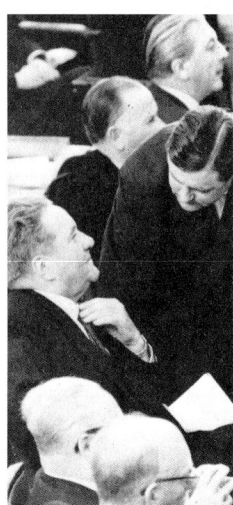

20.-25.3.: »Die Atom-Spaltung.« Karikatur aus dem »Simplicissimus«.

20.-25.3.: Abgeordnete während der namentlichen Abstimmung am Schlußtag.

bau der deutschen Landesverteidigung im Rahmen der nordatlantischen Verteidigungsgemeinschaft fortzusetzen. In Übereinstimmung mit den Erfordernissen dieses Verteidigungssystems und angesichts der Aufrüstung des möglichen Gegners müssen die Streitkräfte der Bundesrepublik mit den modernsten Waffen so ausgerüstet werden, daß sie den von der Bundesrepublik übernommenen Verpflichtungen im Rahmen der NATO zu genügen vermögen und den notwendigen Beitrag zur Sicherung des Friedens wirksam leisten können.«[65] – Nach einer Umfrage des DIVO-Instituts hat etwa die Hälfte der erwachsenen Bevölkerung in der Bundesrepublik die viertägige Redeschlacht ganz oder teilweise am Rundfunk verfolgt.

21. März Auf einer Kundgebung vor Arbeitern des VEB Fahrzeug- und Gerätewerks Simson in der thüringischen Stadt **Suhl** verurteilt der Ministerpräsident der DDR, Otto Grotewohl (SED), die Atombewaffnung der Bundeswehr und schlägt die Einrichtung einer atomwaffenfreien Zone in Mitteleuropa vor. Wegen der seiner Meinung nach steigenden Kriegsgefahr fordert er die sofortige Einberufung einer Viermächtekonferenz.

22.-25. März Das Büro des *Weltfriedensrates* erklärt auf einer Tagung in **Neu-Delhi** zum Algerienkonflikt, daß nur die Anerkennung der Unabhängigkeit und der nationalen Souveränität des algerischen Volkes zu einer Einstellung der kriegerischen Maß-

20.-25.3.: Bundesverteidigungsminister Strauß bei seiner Rede; dahinter die Regierungsbank mit (v.r.n.l.) Bundeskanzler Adenauer und den Ministern Erhard, von Brentano und Schäffer.

im zweiten der fünf Punkte umfassenden Entschließung, »... können Friede und Freiheit nur durch eine gemeinsame Verteidigungsanstrengung der freien Welt gesichert werden. Der Bundestag stellt fest, daß die Bundeswehr lediglich der Erhaltung des Friedens und der Verteidigung dient. Darum fordert er die Bundesregierung auf, bis zum Zustandekommen eines allgemeinen Abrüstungsabkommens den Auf-

23.3.: Der Schriftsteller Stefan Andres bei seiner Ansprache in der Frankfurter Kongreßhalle.

23.3.: Professor Walter Weizel, Ordinarius für Theoretische Physik an der Universität Bonn.

nahmen und zur Herstellung friedlicher Beziehungen zwischen Frankreich und Algerien, die durch gegenseitige freie Vereinbarungen garantiert werden, führen könnten. Der *Weltfriedensrat* begrüßt in einer Empfehlung die Aktivitäten des *Japanischen Rates gegen die Atom- und Wasserstoffbomben* und sagt seine Unterstützung für die IV. Weltkonferenz gegen die Nuklearwaffen im August in Tokio zu.

23. März Die Auftaktveranstaltung der von der SPD initiierten und am 22. Februar von einer Reihe prominenter Regierungskritiker in Bad Godesberg beschlossenen Kampagne »Kampf dem Atomtod« findet in der Kongreßhalle auf dem **Frankfurt**er Messegelände statt. Der Zeitpunkt fällt in die durch das Wochenende bedingte Pause der im Bundestag laufenden Atomrüstungsdebatte und überdies exakt auf den 25. Jahrestag des nationalsozialistischen Ermächtigungsgesetzes. Da der Andrang für die nur 2.500 Personen fassende Halle zu groß ist, wird die Veranstaltung in zwei Nebenhallen auf dem Ausstellungsgelände übertragen; dennoch müssen mehrere tausend Zuhörer die Beiträge im Freien verfolgen. Den Reigen der Redner eröffnet der Ordinarius für Theoretische Physik an der Universität Bonn und SPD-Abgeordnete im nordrhein-westfälischen Landtag, Professor Walter Weizel. Die Atomrüstung, erklärt der Wissenschaftler, sei kein Mittel zur Verteidigung. Wer sich für sie entschließe, der

habe die »Rettung der Zivilisation« bereits aufgegeben und sich praktisch zu ihrem Untergang entschlossen. Weizel, der seit 1955 auch Vorsitzender des Ausschusses für Fragen der Atomenergie beim Bundesvorstand der SPD ist, meint, daß der größte Teil der Menschheit bei einem Atomkrieg ausgerottet werden würde. Es gebe nur eine Alternative: entweder einen Atomkrieg zu vermeiden oder den Untergang der Zivilisation. Die frühere GVP-Vorsitzende und jetzige SPD-Bundestagsabgeordnete Helene Wessel macht in ihrem Beitrag darauf aufmerksam, daß nach einer Emnid-Umfrage in der Bundesrepublik 86% der Frauen gegen die Errichtung von Raketenabschußbasen seien. Die große Verantwortung gebe den Frauen »den Mut zum tätigen Handeln«; sie reihten sich deshalb in den Kampf gegen den Atomtod ein. Der DGB-Vorsitzende Willi Richter erinnert an die »Brüder und Schwestern in der sowjetisch besetzten Zone« und erklärt, daß von dieser Kundgebung in Deutschland »eine das ganze Volk umfassende Bewegung« ausgehen solle. Die öffentliche Meinung in der ganzen Welt sollte die verantwortlichen Regierungen dazu bringen, auf die Atombombe als letztes Mittel zur Lösung von Problemen zu verzichten. Als Richter dann den Friedensnobelpreisträger Albert Schweitzer mit den Worten zitieren will, daß dies »das Aufgehen der Sonne der Hoffnung« bedeuten würde, wird er mehrmals von Sprechchören unterbrochen, die lautstark die Ausrufung eines Generalstreiks gegen die Atombewaffnung fordern. Nach dem Schriftsteller Stefan Andres, dem Dekan der Theologischen Fakultät der Humboldt-Universität in Ost-Berlin, Professor Heinrich Vogel, und dem Politologen und Herausgeber der »Frankfurter Hefte«, Eugen Kogon, spricht der Publizist Robert Jungk. Der Autor, der vor allem durch seine beiden Bücher »Heller als tausend Sonnen« und »Die Zukunft hat schon begonnen« bekannt geworden ist, berichtet über einen Besuch in der Stadt, die das Ziel des ersten Atombombenabwurfs war: »Ich stehe hier vor Ihnen als ein Botschafter der Menschen von Hiroshima. Der Toten und derjenigen, die im Sterben liegen. Ich habe vor kurzem mehrere Wochen in Hiroshima gelebt; und das, was ich dort gesehen habe, hat mich so stark beeindruckt, daß ich eigentlich alles, was ich in der Zukunft machen möchte, dem einen dienen soll, gegen die Wiederholung dieses Schrecklichen zu kämpfen. Ich habe in Hiroshima in den Krankenhäusern solche Dinge gesehen, daß ich mir sage, lieber atomtot als atomkrank ... Ich kam in eine Klinik, in der ein Mädchen war, ein junges Mädchen; dieses junge Mädchen hatte seit dem Jahre 1945 ihre Augen nicht mehr schließen können. Die Haut über ihren Augenlidern war so verbrannt, daß diese Augen nicht mehr geschlossen werden konnten ... Ich frage mich, meine Damen und Herren, müssen auch wir so lange warten, bis uns die Augen geöffnet werden, müssen sie uns auf diese Weise geöffnet werden?«[66] Und nach lang anhaltendem Beifall fährt er fort: »›Die Untat soll sich niemals wiederholen‹, steht auf dem Grabstein von Hiroshima. Niemals!«[67] Beendet wird die von rund 10.000 Menschen verfolgte Kundgebung durch den SPD-Vorsitzenden Erich Ollenhauer. Als auch ihm Sprechchöre mit der Generalstreikforderung entgegentönen, reagiert er mit den Worten, man müsse seine Stimme in Stadt und Land erheben, nicht nur in Kundgebungen nach dem Generalstreik rufen, sondern »im Alltag die Gesinnung bekunden«. »Bannen wir«, ruft der Initiator der »Kampf dem Atomtod«-Bewegung am Ende seinen Zuhörern zu, »die Gefahr des Atomtodes! Fangen wir bei uns an! Geben wir ein Beispiel! Die Bundesrepublik Deutschland soll frei bleiben von Atomwaffen aller Art. Wir wollen keine Kernwaffen, wir wollen keine Abschußbasen, wir wollen keine Lagerplätze, und wir wollen Kernwaffen nicht verwenden, in welcher Form immer! Wir wollen nichts von alledem, weil es sinnlos ist ... Und ich glaube, ich kann hier sprechen im Namen von allen. Wir stehen zu dem Wort, das wir an den Schluß des Aufrufs gesetzt haben. Wir werden nicht Ruhe geben, solange der Atomtod unser Volk bedroht.«[68] Die Ansprachen dieser Veranstaltung, die die Organisatoren als »Mahnstunde« verstanden wissen wollen, zeichnen sich nach dem Urteil von Beobachtern durch ein humanitäres, existenziell aufgeladenes, zuweilen stark christlich gefärbtes Pathos aus. Politisches Einvernehmen besteht unter den einzelnen Rednern nur dort, wo es um die Formulierung des Endzieles geht, den Verzicht auf Atombomben als letztes Mittel zur Lösung politischer oder sonstiger Probleme. Da im Publikum wegen der mangelnden Entwicklung von Handlungsperspektiven zunehmend Unruhe laut geworden ist, immer mehr Zwischenrufer einen Generalstreik gegen die Atombewaffnung gefordert haben und Robert Jungk in seiner Rede offen angezweifelt hat, ob die Gewerkschaften überhaupt noch den Mut zu einer solchen Entscheidung aufbringen könnten, wird der DGB-Vorsitzende im Anschluß an die zweieinhalbstündige Kundgebung von Journalisten nach den weiteren Schritten der Gewerkschaften befragt. In der Frage der Atomrüstung, erklärt Richter, herrsche im DGB-Bundesvorstand »volle Einmütigkeit«, auch mit jenen Funktionären, die der CDU angehörten. Taktische Maßnahmen würden von den einzelnen Gewerkschaftsorganen entschieden; ihnen mangle es nicht an Mut zu einer klaren Entscheidung. Der DGB-Bundesvorstand werde sich auf seiner nächsten Sitzung mit der

Atomfrage beschäftigen und in den nächsten Tagen sei eine Zusammenkunft der DGB-Spitzenfunktionäre mit dem Bundeskanzler vorgesehen; dabei würden »sehr ernste Worte zu wechseln« sein. – Im Anschluß an die Veranstaltung erklärt der Organisator der Veranstaltung, Walter Menzel, daß der Zentrale Arbeitsausschuß »Kampf dem Atomtod« (KdA) nun ein Aktionsprogramm für den weiteren Verlauf der Kampagne ausarbeiten müsse. – Die Resonanz auf die Großkundgebung fällt in der Presse höchst unterschiedlich aus. Während die »Frankfurter Rundschau« und die »Süddeutsche Zeitung« den Auftakt der Kampagne ausführlich wiedergeben und auch in Kommentaren würdigen, wird die Veranstaltung in der Mehrzahl der auflagenstärksten Tageszeitungen heruntergespielt oder verzerrend unter besonderer Betonung des Konfliktes um die Generalstreikforderung wiedergegeben. Der Berichterstatter der »Frankfurter Allgemeinen Zeitung« zitiert einen britischen Journalisten, der die Kundgebung mit den Worten kommentiert hat: »Ihr Deutschen seid nicht nur für Revolutionen, sondern auch für Demonstrationen ungeeignet.«[69]

23.3.: Die Kundgebungsteilnehmer gedenken der Atombombenopfer von Hiroshima und Nagasaki. In der ersten Reihe (v.l.n.r.): Rudolf Amelunxen, Eugen Kogon, Erich Ollenhauer, Helene Wessel und Heinrich Vogel.

23.3.: Der SPD-Vorsitzende Ollenhauer während seiner Rede.

23. März Während der Siegerehrung am Ende der internationalen Skiflugwoche kommt es in **Oberstdorf** (Allgäu) zu einem Eklat. Als für den aus der DDR kommenden Sieger Helmut Recknagel das Deutschlandlied gespielt wird, gibt dieser aus Protest den vom bayerischen Ministerpräsidenten Hanns Seidel (CSU) gestifteten Siegerpokal zurück. Die Mannschaft der DDR bleibt der Siegerfeier fern und reist vorzeitig ab.

23./24. März Vor einem Volksgericht in **Budapest** findet eine Geheimverhandlung gegen József Szilagyi, den ehemaligen Chef des Sekretariats von Ex-ministerpräsident Imre Nagy, statt. Nach einem ersten Prozeß, in dem Szilagyi zusammen mit Nagy und sieben weiteren Politikern und Militärs des ungarischen Volksaufstands vom Herbst 1956 angeklagt war, ist das Verfahren gegen ihn abgetrennt und vorgezogen worden. Ganz offensichtlich befürchten die Regisseure des Hauptverfahrens, das gefilmt werden soll, zu große Schwierigkeiten mit dem Mann, der sich am hartnäckigsten gegen die erhobenen Schuldvorwürfe zur Wehr gesetzt hat. Als er vom Gerichtsvorsitzenden gefragt wird, warum er gegen die Ansichten und Methoden des stalinistischen Exparteichefs Mátyás Rákosi eingestellt gewesen sei, antwortet Szilagyi, Rákosi sei »ein verderbter Politiker« gewesen, weil er »die lehensmäßige Unterwerfung unter eine ausländische Kolonialmacht«, die Sowjetunion, betrieben habe. Als er zum Schweigen aufgerufen wird, fährt er unverändert fort, Rákosi sei ein »Leibeigener mit blutigen Händen« geworden, ganz so wie János Kádár, »der jetzige Usurpator der ungarischen KP«. Trotz weiterer Ermahnungen des Gerichtsvorsitzenden läßt sich Szilagyi nicht von seinen Vorwürfen abbringen. Im Sinne eines Bekenntnisses zu seinen grundlegenden politischen Zielsetzungen erklärt er dann: »Herr Vorsitzender, meine Herren Volks-Beisitzer! Es ist möglich, Kommunist zu sein, ohne Blut zu vergießen, ohne die Träume der Menschen zu ersticken. Davon bin ich zutiefst überzeugt... Um diese Wahrheit zu verdeutlichen, gehe ich dahin. Ihr aber, die ihr am Leben bleibt: Befreit euch von den Russen und ihrer Methode! Das ist der erste Schritt auf dem Weg zur Rehabilitierung einer besudelten Bewegung, die doch alles in sich trägt, um das Ziel der Menschheit zu werden.«[70] Noch in der Nacht wird das Todesurteil gegen Szilagyi verhängt. Ein Gnadengesuch zu stellen, lehnt er ab. Am Morgen des nächsten Tages wird der Unbeugsame, nachdem er noch einen Brief an seine Frau geschrieben hat, im Hof des Zentralgefängnisses zum Galgen geführt. Seine letzten Worte, so wird berichtet, sollen gewesen sein: »Es lebe das unabhängige, sozialistische Ungarn!«

24.3.: Der Publizist Robert Jungk (rechts) während der Frankfurter Kundgebung im Gespräch mit dem nordrhein-westfälischen Justizminister Rudolf Amelunxen (links).

24. März Die in **Zürich** erscheinende »Weltwoche« trennt sich von ihrem Mitarbeiter Robert Jungk mit der Begründung, daß sie eine betont »anti-kommunistische und anti-neutralistische Zeitschrift« sei. Der vor allem durch sein Hiroshima-Buch »Heller als tausend Sonnen« international bekannt gewordene Publizist war als einer der Hauptredner auf der Auftaktveranstaltung zur Kampagne »Kampf dem Atomtod« in der Frankfurter Kongreßhalle aufgetreten. – Jungk, der in seiner Rede insbesondere den NATO-Oberbefehlshaber in Europa, General Lauris Norstad, wegen seiner rücksichtslosen Haltung gegenüber der japanischen Zivilbevölkerung im Zweiten Weltkrieg als vertrauensunwürdig bezeichnet hatte, reagiert auf die Kündigung mit den Worten: »Ich bin nach wie vor parteilos, aber die erschütternden Erlebnisse in Hiroshima, das ich kürzlich besuchte, haben mich aufgerüttelt.«[71]

24. März Der 23jährige Rock'n'Roll-Sänger Elvis Presley meldet sich früh morgens in **Memphis** (US-Bundesstaat Tennessee) bei der Einberufungsbehörde. Vor dem Gebäude drängen sich etwa 40 Journalisten und Photographen, um den bereits seit Wochen in der Presse diskutierten Einschnitt in der wohl außergewöhnlichsten Musikkarriere der USA verfolgen zu können. Presley, der durch seine Platten und Filme im Laufe von nur zwei Jahren weltweit zu einem Jugendidol geworden ist, hat sich einen Kurzhaarschnitt zugelegt, um mit seinem Rebellenimage keine Schwierigkeiten beim Militär zu bekommen. Sein Agent Colonel Parker nutzt die Situation zu einer Werbeaktion und verteilt an die Umherstehenden Luftballons mit dem Aufdruck »King Creole«, dem Titel des neuesten Elvis-Films. Anschließend fährt Presley nach **Fort Chaffee** (US-Bundesstaat Arkansas), um seinen zweijährigen Militärdienst anzutreten. Am Nachmittag wird er dort unter der Nr. US 53310761 als GI vereidigt. – Weil der Rockstar nicht den Versuch unternommen hat, sich dem Wehrdienst zu entziehen, beginnen konservative Kritiker, Politiker und Frauenvereine, die sich vor allem an dessen körperbetonten Auftritten gestoßen hatten, ihm gegenüber mildere Töne anzustimmen. Seine Plattenfirma RCA verzeichnet in den folgenden Wochen besonders hohe Umsätze von Elvis-Titeln.

25. März Am letzten Tag der Bundestagsdebatte über die Atombewaffnung legen 1.000 Angehörige der für den Rüstungssektor produzierenden Henschel-Werke in **Kassel** spontan ihre Arbeit nieder. Trotz einer Distanzierung des Ortsvorsitzenden der *IG Metall*, der den »wilden Streik« heftig verurteilt, formieren sich die Arbeiter aus mehreren Betrieben zu einer gemeinsamen Demonstration und ziehen unter der Parole »Kampf dem Atomtod« durch die Stadt. Als sie am Friedrichsplatz eine Protestkundgebung durchführen wollen, sich aber kein Redner findet, erklärt sich schließlich zögernd der Sekretär des SPD-Bezirks Nordhessen, Bernhard Ahrens, zu einer kurzen Ansprache bereit. Nach seinem Beitrag, in dem er allgemein vor den Gefahren der Atomrüstung, vor allem für die Frauen und Kinder der Arbeiter, warnt, beschließen die Versammelten zwei Telegramme abzusenden. In einem, das an alle Bundestagsfraktionen gerichtet ist, werden die Abgeordneten dazu aufgefordert, alles in ihrer Macht Stehende zu unternehmen, um die Atombewaffnung der Bundeswehr zu verhindern. Und in einem anderen wird der Bundesvorstand des DGB aufgefordert, die Möglichkeit eines Generalstreiks für eine solche Verhinderung eingehend zu überprüfen. Danach löst sich die Versammlung auf und die Arbeiter ziehen wieder in ihre Betriebe zurück.

25. März Aus Protest gegen den Versuch der Regierungsfraktion, im Bundestag eine Mehrheit für die Atombewaffnung der Bundeswehr zu gewinnen, führt der *Bund der Deutschen* (BdD) in **Hamburg** eine Kundgebung mit dem Motto »Atome für den Frieden! Sicherheit durch atomwaffenfreie Zone« durch. Die meisten der 1.000 Zuhörer haben die Direktübertragung des Rundfunks vom vierten und letzten Tag der außen- und wehrpolitischen Debatte aus dem Plenarsaal des Bundestages verfolgt und sind ins Winterhuder Fährhaus geeilt. Hauptredner sind der Direktor des Physikalischen Instituts der Universität Mainz, Professor Hans Klumb, und der Generalsekretär des BdD, Josef Weber. Klumb schildert zunächst die Gefahren, die aus einem »militärischen Mißbrauch« der Kernenergie entstünden. Sie würden von einigen »Atomphilosophen« systematisch verniedlicht. »Der Mißbrauch der Kernenergie«, ruft er aus, »wird die Erde in eine Hölle verwandeln und Deutschland vernichten ... Militärs und Politiker, die heute noch glauben, durch

Gewaltanwendung etwas zu erreichen, bewegen sich noch in der Gedankenwelt des 16. Jahrhunderts.«[72] Die Rede Webers, der die CDU als »Hauptgefahr für Deutschland« bezeichnet, wird mehrmals von Zwischenrufern unterbrochen, die einen Generalstreik gegen die Ausrüstung der Bundeswehr mit Atomwaffen fordern. Der BdD-Generalsekretär weist diesen Vorschlag mit dem Argument zurück, daß es zahlreiche Formen des Widerstands und Protests gebe, die zuerst angewandt werden müßten. Ein Generalstreik biete für den Fall eine letzte Zuflucht, daß eine hartnäckige Regierung dem Volkswillen kein Gehör schenke; von ihm dürfe nur im Falle eines »nationalen Notstands« Gebrauch gemacht werden.

25. März Unbekannte Täter versuchen nachts in **Hamburg** vergeblich die Geschäftsstelle des Landesverbandes des *Bundes der Deutschen* (BdD) in Brand zu setzen. Sie befestigen in Höhe des ersten Stockwerks einen mit Benzin getränkten Leinenstreifen. Da sie bei ihrem Vorhaben jedoch von Passanten gestört werden, flüchten sie, schon bevor es ihnen gelingt, das Feuer zu entzünden.

25. März In **Freiburg** wird ein *Arbeitsausschuß* »*Kampf dem Atomtod*« (KdA) gegründet. Die Mitglieder wählen Professor H. Ruppel zu seinem Präsidenten.

25. März Unter dem Vorwurf, eine »partei- und staatsfeindliche Gruppe« gebildet zu haben, werden in **Ost-Berlin** die an der Humboldt-Universität beschäftigten Dozenten Herbert Crüger und Heinrich Saar sowie der Oberassistent Erwin Gülzow verhaftet. Sie sollen in Vorlesungen und Diskussionen am Institut für Gesellschaftswissenschaften ket-

25.3.: Spontane Protestkundgebung von Arbeitern an der Oberen Königsstraße in Kassel.

*27.3.: Ingenieurstu-
denten bei ihrem
Schweigemarsch
durch Hamburg
(oben und unten).*

zerisches Gedankengut, wie die Absetzung Walter Ulbrichts von seiner Funktion als Erstem Sekretär der SED, die Neubildung von Politbüro und Zentralkomitee der SED sowie eine »Parlamentarisierung der DDR«, gefordert haben. Außerdem hätten sie verbotene Texte von Rosa Luxemburg, Leo Trotzki und anderen vervielfältigt und heimlich in Umlauf gebracht.

26. März Schon bald nach Bekanntwerden des Abstimmungsergebnisses im Bundestag, wo sich trotz erbitterten Widerstands der Oppositionsparteien eine Mehrheit für die atomare Ausrüstung der Bundeswehr im Rahmen der NATO ausgesprochen hat, setzt in der gesamten **Bundesrepublik** eine Welle von spontanen Demonstrationen, Warnstreiks, Protestkundgebungen und Schweigemärschen ein. – Rund 2.500 Betriebsangehörige der in **Bielefeld** ansässigen Anker-Werke legen mittags ihre Arbeit nieder. Anschließend führen die Arbeiter auf dem

Werksgelände eine Kundgebung gegen die Atomrüstung durch. – In **Braunschweig** ziehen mehrere hundert Studenten und Professoren der Technischen Hochschule mit Transparenten »Kampf dem Atomtod« in einem Schweigemarsch durch die Stadt. Sie fordern eine weltweite Abrüstung. – In **Mölln** (Schleswig-Holstein) führen die Arbeiter eines Industriebetriebs einen Warnstreik durch. Die 250 Beschäftigten der Eisengießerei Heidenreich & Harbek legen eine Stunde vor Betriebsschluß ihre Arbeit nieder und formieren sich zu einem Demonstrationszug. Mit ihrem Betriebsratsvorsitzenden an der Spitze ziehen sie mit Transparenten, auf denen eine Rücknahme des Bundestagsbeschlusses gefordert wird, durch die Hauptstraße zum Marktplatz der »Eulenspiegelstadt«. – In **Bremen** läßt der Vorsitzende des DGB-Ortsausschusses, Richard Boljahn, die Fahnen auf dem Gewerkschaftshaus auf halbmast setzen. Boljahn ist zugleich Fraktionsvorsitzender der SPD in der Bremer Bürgerschaft.

26. März In **Lüneburg** wenden sich 15 Professoren, Dozenten und Assistenten der Pädagogischen Hochschule mit einer Erklärung gegen die Atombewaffnung der Bundeswehr an die Öffentlichkeit. »Die atomaren Massenvernichtungsmittel aller Art«, schreiben sie darin, »können wir nicht als Verteidigungswaffen ansehen. Ihren Gebrauch, sei es auch nur in der Absicht kriegsverhindernder Abschreckung, halten wir durch keinen möglichen Zweck für gerechtfertigt. Wir können ihn daher auch nicht als Notwendigkeit und Pflicht für den Staatsbürger – also auch für den werdenden Lehrer – hinstellen, dem die Sicherung von Recht und Freiheit als Soldat zugemutet ist. Wir sehen uns im Gegenteil dazu aufgerufen, die Verwerflichkeit solcher Vernichtungsmittel zu lehren … Jedes erzieherische Bemühen um Menschlichkeit und Gesittung … wird dadurch unglaubwürdig gemacht. Es ist unmöglich, dem werdenden Staatsbürger Menschlichkeit zu lehren und ihn gleichzeitig fähig und willig zu machen, die Vertilgung anderer Völker, und sei es für den Fall der äußersten Notwehr, einzuüben. Durch diesen Widerspruch würde die Seele zerspalten und vergiftet. Darum warnen wir vor den erzieherischen Auswirkungen einer Verteidigungspolitik, die auf dem Atomterror beruht, bei dem mizuwirken die Mehrheit des Bundestags beschlossen hat.«[73]

26. März Rund 1.500 SED- und FDJ-Mitglieder verteilen an verschiedenen Stellen in **West-Berlin** Flugblätter gegen die vom Bundestag beschlossene Ausrüstung der Bundeswehr mit Atomwaffen. Die Polizei geht gegen die Protestierer vor und nimmt 324 von ihnen fest. Die meisten von ihnen sind Studenten der Ostberliner Humboldt-Universität.

26. März Die Tageszeitung »France-Soir« meldet, daß ein junger französischer Priester vermutlich aus politischen Gründen Opfer eines Überfalls geworden ist. Marcel Matricon, Pfarrer des in der Nähe von Saint Étienne gelegenen Ortes **Saint Fermin**, wird abends von Unbekannten darum gebeten, einem Sterbenden die letzte Ölung zu geben. Doch statt in eine Wohnung fährt man ihn mit vorgehaltener Schußwaffe in einen abgelegenen Steinbruch. Dort wird ihm die Soutane vom Körper gerissen. Dann beschmiert man ihn mit Teer und beklebt seinen nackten Oberkörper mit Federn. Anschließend verschwinden die Täter. Matricon kehrt frierend zu Fuß nach Hause zurück und wird in ein Krankenhaus eingeliefert. Der Priester hatte einen Appell zur Wiederherstellung des Friedens in Algerien unterzeichnet – die Polizeibehörden vermuten darin das Motiv für den Überfall.

27. März Der Allgemeine Studentenausschuß der Johann Wolfgang Goethe-Universität in **Frankfurt** gibt bekannt, daß sich insgesamt zwölf Universitäten und Hochschulen der »Frankfurter Erklärung« angeschlossen haben. Das Studentenparlament der Frankfurter Universität hatte am 27. Januar einen Appell verabschiedet, in dem die Einstellung aller Atomwaffenversuche, ein Verbot aller Atomwaffen und eine allgemeine kontrollierte Abrüstung gefordert worden war.

27. März In **Hamburg** ziehen 600 Studenten der Ingenieurschule am Berliner Tor und der Bauschule am Steintorplatz in einem Schweigemarsch, der sich gegen den Bundestagsbeschluß, die Bundeswehr mit Atomwaffen auszurüsten, richtet, durch das Zentrum der Hansestadt. Die von der Polizei genehmigte Demonstration führt an der Außenalster entlang, über die Neue Lombardsbrücke bis zum Dammtorbahnhof. Die Studenten tragen Plakate, auf denen Parolen zu lesen sind wie: »Michel wach auf, der Atomtod droht!«, »1945 Hiroshima. Wann Hamburg?« und »Nach uns wollen auch noch Menschen leben«.

27. März Aus Protest gegen die vom Bundestag beschlossene Atombewaffnung der Bundeswehr legen in **Hamburg** mehrere Gruppen von Hafenarbeitern für eine halbe Stunde ihre Arbeit nieder. Sprecher erklären, sie wollten mit diesem Warnstreik die mehrmals vorgetragenen Forderungen nach umfassenden gewerkschaftlichen Kampfmaßnahmen gegen die Atomrüstung unterstützen. Zu Arbeitsniederlegungen kommt es in den Schuppen 30, 34 und 50. Die Hafenarbeiter folgen damit einer von Mund zu Mund weitergegebenen Streikparole. – Auch am Tag darauf wird ein weiterer halbstündiger Warn-

streik durchgeführt. Mehr als 5.000 Hafenarbeiter und Schauerleute diskutieren, welche Maßnahmen ergriffen werden müssen, um eine Atombewaffnung doch noch zu verhindern. Der Aufruf ging von Arbeitern des Schuppens 41 aus, die mit Kollegen aus Nebenbetrieben im Saalehafen und im Peutehafen einen Streikausschuß gebildet haben.

27. März Dem Ersten Bürgermeister der Freien und Hansestadt **Hamburg**, Max Brauer (SPD), wird im Rathaus ein von 936 Ärzten unterzeichneter Appell überreicht, in dem vor den gesundheitlichen Gefahren der Atomenergie und vor der Atombewaffnung der Bundeswehr gewarnt wird. »Wir erachten es als notwendig«, heißt es darin, »die Versuchsexplosionen der Atomwaffen zu beenden, da die Versuche eine steigende Gefahr für geborenes und ungeborenes Leben bedeuten. Wir können nicht umhin, weiter zu erklären, daß ein etwaiger politischer Nutzen durch die Stationierung von Atomwaffen auf deutschem Boden in gar keinem Verhältnis zu der ernsten Bedrohung der Bevölkerung durch diese Massenvernichtungsmittel steht. Wir warnen deshalb die verantwortlichen Politiker auf das eindringlichste vor der Einführung atomarer Waffen in der Bundesrepublik.«[74] Die Ärzte, die sich auf den hippokratischen Eid berufen und betonen, daß sie keiner politischen Organisation angehören, weisen alle Verharmlosungsversuche der radioaktiven Strahlung mit Entschiedenheit zurück. Gegen die durch sie hervorgerufenen Schäden und Krankheiten gebe es »keine wirksame Hilfe«. Insbesondere sei die Rückgängigmachung einmal eingetretener Erbschäden unmöglich. Selbst bei Aufbietung größter finanzieller Mittel könne es in einem Atomkrieg keinen wirksamen Schutz der Bevölkerung geben. Bereits die Anwendung der Atomenergie zu friedlichen Zwecken werde möglicherweise zu radioaktiven Einwirkungen auf den menschlichen Körper führen, deren Folgen die Mediziner »vor schwierige, noch nicht zu übersehende Probleme« stellen würden.

27. März In zahlreichen Städten der **DDR** werden Protestkundgebungen gegen die vom Bundestag beschlossene Ausrüstung der Bundeswehr mit Atomwaffen durchgeführt. Die größte Veranstaltung wird unter dem Motto »Berlin antwortet dem Bundestag: Volksbewegung gegen Bonner Atomkrieger! Für atomwaffenfreie Zone und Konföderation!« auf dem Marx-Engels-Platz in **Ost-Berlin** durchgeführt. An der Ehrentribüne, auf der mit Walter Ulbricht und Otto Grotewohl die Partei- und die Staatsspitze sowie Vertreter der *Nationalen Front*, der Blockparteien, der Gewerkschaften und anderer Massenorganisationen vertreten sind, ziehen in dichtgestaffelten Marschblocks die 250.000 Teilneh-

28.3.: Die »Bild-Zeitung« unterstützt den Protest gegen die Atombewaffnung der Bundeswehr.

mer mit roten Fahnen und Spruchbändern vorüber. Nach Ansprachen des FDGB-Vorsitzenden Herbert Warnke und des Vorsitzenden des DDR-Forschungsrates, Professor Peter Adolf Thießen, nehmen die 250.000 Teilnehmer eine Entschließung an, mit der die Westdeutschen aufgerufen werden, gemeinsam mit den Bürgern der DDR gegen die Atomkriegsgefahr zu kämpfen. – Weitere Großkundgebungen werden in **Leipzig**, **Erfurt**, **Schwerin** und **Gera** durchgeführt.

27. März Unter der Überschrift »Die Brandstifter im deutschen Haus bändigen« veröffentlicht das SED-Zentralorgan »Neues Deutschland« ein Interview mit Walter Ulbricht, dem Ersten Sekretär des SED-Zentralkomitees, in dem dieser den Bundestagsbeschluß zur Atombewaffnung der Bundeswehr scharf kritisiert. Ulbricht schlägt der SPD, den Gewerkschaften und der FDP vor, sich an einer Aktionseinheit gegen die »Atomkriegspläne der westdeutschen Regierung« zu beteiligen. Nun sei eine Volksbewegung für die Schaffung einer atomwaffenfreien Zone in Mitteleuropa und für die Wiedervereinigung Deutschlands erforderlich.

28.3.: Der SPD-Bundestagsabgeordnete Gustav Heinemann während seiner Rede in der Hamburger Ernst-Merck-Halle.

27. März Auf einer Tagung des Obersten Sowjets im **Moskau**er Kreml gibt Ministerpräsident Nikolai Bulganin seinen Rücktritt bekannt. Sein Nachfolger wird der Erste Sekretär des ZK der KPdSU, Nikita S. Chruschtschow. Damit ist die nach Stalins Tod im Jahre 1953 praktizierte Phase der kollektiven Staats- und Parteiführung beendet. Der 63jährige Chruschtschow hat sich als Alleinherrscher etablieren können.

28. März Auf einer außerordentlichen Sitzung erörtert der Bundesvorstand des DGB in **Hamburg** die Frage, welche politischen Konsequenzen aus der mit der Mehrheit der Regierungsparteien im Bundestag beschlossenen Ausrüstung der Bundeswehr mit Atomwaffen zu ziehen sind. In einer nach Abschluß der Konferenz der Presse übergebenen Erklärung heißt es, daß der DGB zusammen mit dem *Arbeitsausschuß »Kampf dem Atomtod«* (KdA) einheitliche Protestdemonstrationen im gesamten Bundesgebiet durchführen wird. Der Bundesvorstand sei davon überzeugt, daß die Mehrheit des deutschen Volkes diese Beschlüsse nicht billige; er hatte deshalb eine Volksbefragung über die Atombewaffnung für erforderlich. Ohne auf den von verschiedenen Betrieben geforderten Generalstreik einzugehen, endet die Stellungnahme mit der Bemerkung, daß man sich »notfalls weitere Schritte« vorbehalte. – Während der Sitzung haben bis zu 800 Demonstranten vor dem Gewerkschaftshaus am Besenbinderhof gegen die Atombewaffnung demonstriert.

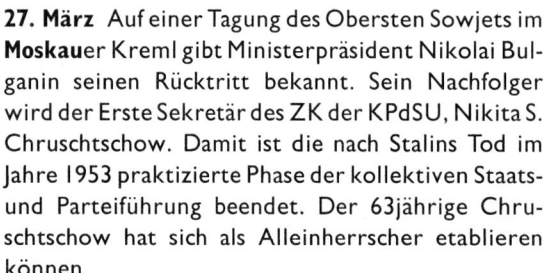

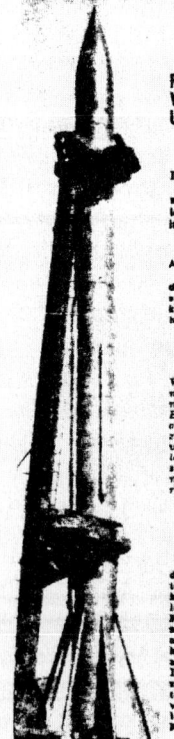

28. März An einer Kundgebung gegen die Atombewaffnung der Bundeswehr in der völlig überfüllten Ernst-Merck-Halle in **Hamburg** nehmen 10.000 Menschen teil. Hauptredner ist der frühere Vorsitzende der *Gesamtdeutschen Volkspartei* (GVP) und jetzige SPD-Bundestagsabgeordnete Gustav Heinemann. »In einem kommenden Krieg«, ruft er unter Beifall aus, »gibt es einfach keine Existenz mehr, deshalb hat heute auch das Wort von früher, im Kriege müsse sich der Mann bewähren, absolut keine Gültigkeit mehr! Heute müssen wir uns im Frieden bewähren ... Klar, daß die Menschheit einer neuen Energiequelle bedarf, klar aber auch, daß bei einer nicht friedlichen Verwendung dieser Energie die Menschheit zur totalen Vernichtung gebracht wird. Alles, was wir bisher in dieser Hinsicht erlebt haben, steht unter dem Vorzeichen, daß die Katastrophe kommen könnte!«[75] Das Argument der Bundesregierung, erklärt Heinemann, ohne Atomwaffen käme eine moderne Landesverteidigung nicht mehr aus, sei keineswegs als Beweis dafür zu werten, daß eine Verteidigung mit Atomwaffen überhaupt möglich sei. Die mehrfach aus dem Publikum zu hörende Aufforderung, sich für einen Generalstreik auszusprechen, weist Heinemann zurück. Er empfiehlt stattdessen Formen des »passiven Widerstands« gegen die Stationierung von Atomsprengkörpern in der Bundesrepublik. Der Hamburger SPD-Landesvorsitzende Karl Vittinghoff kündigt an, daß seine Partei, falls die Bonner Regierungskoalition den SPD-Antrag zur Durchführung einer Volksbefragung über die Atombewaffnung der Bundeswehr ablehne, eine solche Aktion bundesweit auf kommunaler und Landesebene durchführen werde. Im Anschluß an die Veranstaltung ziehen Hunderte von Teilnehmern vor das Gewerkschaftshaus, wo die DGB-Spitze zur selben Frage tagt, und rufen immer wieder im Sprechchor »Wir wollen keine Atombewaffnung!«.

28. März Ohne Zustimmung der *IG Metall* legen 8.800 Beschäftigte des Volkswagen-Hauptwerkes in **Wolfsburg** für eine Stunde ihre Arbeit nieder. Sie wollen mit diesen »wilden« Warnstreiks sowohl gegen die Atombewaffnung der Bundeswehr als auch die Weigerung des DGB protestieren, dagegen das Kampfmittel des politischen Generalstreiks einzusetzen. Ein Gewerkschaftler, der während der NS-Herrschaft mehrere Jahre im Konzentrationslager verbringen mußte, erklärt dazu: »1933 hat die Arbeiterschaft versäumt, die letzten Kampfmittel gegen die Diktatur anzuwenden. Diesen Vorwurf der Unterlassung werden wir uns nicht zum zweiten Mal machen lassen. Sollten Strauß und Adenauer unseren Warnruf überhören, dann sind wir bereit, die Räder auch einmal für längere Zeit still stehen zu

Kampf dem Atomtod

Der Bundesvorstand des Deutschen Gewerkschaftsbundes hat in seiner außerordentlichen Sitzung am 28. März 1958 in Hamburg über die durch die Beschlüsse des Bundestages zur atomaren Aufrüstung geschaffene Lage beraten.

Der Bundesvorstand des DGB ist von tiefer Sorge über die möglichen Folgen dieser Bundestagsbeschlüsse erfüllt. Er ist davon überzeugt, daß die Mehrheit des deutschen Volkes diese Beschlüsse nicht billigt.

In tiefer Verantwortung für einen großen Teil der Bevölkerung der Bundesrepublik appelliert der Bundesvorstand in dieser ernsten Stunde erneut, wie es bereits auf dem Hamburger Bundeskongreß im Oktober 1956 beschlossen wurde, an die Bundesregierung, die Parteien und alle verantwortlichen Politiker, noch einmal zu prüfen, in welcher Weise den Besorgnissen der überwiegenden Mehrheit unserer Bevölkerung Rechnung getragen werden kann.

Der Bundesvorstand wird den Bundeskanzler und die Fraktionsvorsitzenden der im Bundestag vertretenen politischen Parteien über seine schwerwiegenden Bedenken und die Sorge der deutschen Gewerkschaften unterrichten.

Der Bundesvorstand begrüßt die Initiative des Arbeitsausschusses „Kampf dem Atomtod". Er wird diese Aktion nachdrücklich unterstützen.

Der Bundesvorstand hält die Durchführung einer Volksbefragung über die atomare Bewaffnung für erforderlich; er wird prüfen, ob die Gewerkschaften eine Befragung ihrer Mitglieder durchführen sollen, wenn keine amtliche Volksbefragung erfolgt.

Der Bundesvorstand ruft alle Bevölkerungskreise, insbesondere die Arbeiter, Angestellten und Beamten, die Geistlichen, die Professoren, Ärzte, Studenten sowie die Mütter auf, sich der Aktion „Kampf dem Atomtod" anzuschließen.

Der Bundesvorstand wird einheitlich Protestdemonstrationen in Verbindung mit dem Arbeitsausschuß „Kampf dem Atomtod" durchführen.

Der Bundesvorstand begrüßt den Beschluß der Gewerkschaften, ihren Mitgliedern gewerkschaftliche Hilfe zu leisten, die sich aus Gewissensgründen weigern, an der Errichtung von Abschußbasen für Atomraketen mitzuwirken.

Der Bundesvorstand behält sich notfalls weitere Schritte vor.

Der Bundesvorstand dankt den zahlreichen Einsendern von Briefen und Telegrammen für ihre Zuschriften und für die darin zum Ausdruck kommende Billigung der Haltung des Deutschen Gewerkschaftsbundes und der Gewerkschaften.

In den zugegangenen zahlreichen Entschließungen aus der Sowjetzone kann der Bundesvorstand keine freie Willensmeinung der mitteldeutschen Bevölkerung erkennen. Diese Entschließungen stellen die nach einem Schema vorgenommene Ausführung eines von Pankow ausgehenden Befehls dar und sind daher für die Meinungsbildung der Arbeitnehmer und ihrer Gewerkschaften ohne jeden Wert.

lassen!«[76] – Zur selben Zeit kommt es auch im Zweigwerk **Braunschweig** zu einer Arbeitsniederlegung. An dem dortigen Warnstreik gegen die atomare Aufrüstung beteiligen sich 3.200 Arbeiter. In mehreren Hallen bilden sich Gruppen, in denen über die gesundheitlichen Folgen von Nuklearwaffenversuchen und die Gefahren der Atombewaffnung diskutiert wird. – Der Betriebsratsvorsitzende Walter Pilla erklärt anschließend der Presse gegenüber, daß es sich bei dem Streik »um eine spontane Aktion der Belegschaft« gehandelt habe. Die Arbeit sei ohne vorherige Unterrichtung des Betriebsrates niedergelegt und die *IG Metall* von dieser Entwicklung völlig überrascht worden.

28.3.: Bericht in der Gewerkschaftszeitung »Metall«.

28.3.: Die Zuhörer während der Heinemann-Kundgebung in der Hamburger Ernst-Merck-Halle.

28./29. März Auf dem Bundesparteitag der FDP in **Düsseldorf** sind sich die Delegierten zwar in der Ablehnung einer Atombewaffnung der Bundeswehr einig, nicht jedoch in der Frage, mit welchen Mitteln dieses Ziel zu erreichen sei. Während der mit 180 von 215 Stimmen als Bundesvorsitzender wiedergewählte Reinhold Maier eine Volksbefragung über die atomare Aufrüstung ablehnt, will sich mit Erich Mende einer seiner drei Stellvertreter eine solche Möglichkeit offenhalten. Die Streitfrage wird von den Delegierten schließlich einstimmig zur Weiterbehandlung an den Bundesvorstand und zur endgültigen Entscheidungsfindung an den Hauptausschuß überwiesen.

29. März Zum einzigen Auftritt des amerikanischen Rocksängers Johnnie Ray in Deutschland sind im Sportpalast in **West-Berlin** 3.000 Jugendliche erschienen, viele von ihnen in Lederjacken und Nietenhosen gekleidet. Als der von der Presse als »Heulboje« bezeichnete Sänger nach dem Ende seiner Vorstellung fluchtartig das Podium verläßt, stürmen Hunderte von Zuhörern auf die Bühne. Sie wollen Ray auf keinen Fall ohne eine Zugabe ziehen lassen. Als daraufhin ein Polizeikommando mit gezückten Gummiknüppeln das Podium zu räumen versucht, wehren sich die enttäuschten Fans. Die unten sitzenden Jugendlichen reagieren mit Zorn und Empörung auf den Zwischenfall. An mehreren Stellen kippen sie die Bankreihen um und bewerfen die Ordnungshüter mit Stühlen und Flaschen. Erst nach einer Stunde gelingt es der Polizei, die Saalschlacht zu beenden und den Sportpalast zu räumen.

30.3.: Johannes Hessen, Professor für evangelische Theologie.

29. März In **Zürich** wird Max Frischs »Biedermann und die Brandstifter«, ein »Lehrstück ohne Lehre«, uraufgeführt. Es handelt vom Konformismus und der Blindheit des Bürgers Jakob Biedermann, der die Brandstifter zwar ins eigene Haus eindringen sieht, jedoch nichts unternimmt, um den Brand zu verhindern. Die Titelrolle wird von Gustav Knuth gespielt. – In der deutschen Erstaufführung des Stückes, am 28. September in **Frankfurt**, wird noch ein »Nachspiel« in der Hölle hinzugefügt, in dem Biedermann erkennen muß, daß nur die kleinen Übeltäter gefangengenommen werden, die großen hingegen entkommen und schließlich alles beim alten bleibt. Bei dem meisten der nachfolgenden Inszenierungen entfällt diese zusätzliche Szene.

30. März Auf einer Zusammenkunft von Betriebsräten, Gewerkschaftsfunktionären, Kirchenvertretern, Wissenschaftlern und Künstlern wird im Salzhaus in **Frankfurt** eine *Aktionsgemeinschaft gegen die atomare Aufrüstung der Bundesrepublik* gegründet. Ihre selbst gestellte Aufgabe ist es, »Anregungen für

29.3.: Der Schweizer Schriftsteller Max Frisch.

Aktionen zu vermitteln und geplante Maßnahmen zu koordinieren«. Dazu soll ein zentrales Koordinierungsorgan gegründet und ein »Wochenbericht« als Informationsorgan herausgegeben werden. In Schriften, Broschüren und Zeitungen, in Vorträgen und auf Plakaten soll in allgemeinverständlicher Form über die Gefahren der Atomwaffen aufgeklärt werden. Die Aktionsgemeinschaft strebt eine enge Zusammenarbeit mit dem *Arbeitsausschuß »Kampf dem Atomtod«* (KdA) und anderen Organisationen und Bündnissen an, die die atomare Aufrüstung der Bundeswehr verhindern wollen. Die mehr als 100 Teilnehmer der Gründungskonferenz wählen einen Zentralen Arbeitsausschuß. Ihm gehören u. a. der Theologieprofessor Johannes Hessen, der evangelische Kirchenpräsident Martin Niemöller, die Professorin für Geschichte an der Pädagogischen Akademie in Wuppertal, Renate Riemeck, der Wirtschaftsprofessor Franz Paul Schneider, der Pfarrer Herbert Werner, die beiden Betriebsratsvorsitzenden Wilhelm Heusel und Kurt Berner sowie der Gewerkschaftssekretär Walter Zielinski an. – Der Gründungsaufruf der Aktionsgemeinschaft war u. a. von den Professoren Heinrich Düker, Ernst Fraenkel, Walter Hagemann, Alfred Weber und Aloys Wenzl, den Schriftstellern Albrecht Goes, Erich Kästner und Günther Weisenborn, dem Intendanten Heinz Hilpert, dem Regisseur Erich Engel und dem Studentenpfarrer Herbert Mochalski unterzeichnet worden.

30. März Der Wissenschaftliche Rat für die friedliche Anwendung der Atomenergie beim Ministerrat der DDR nimmt auf einer außerordentlichen Sitzung in **Ost-Berlin** eine Resolution zur Frage der
Atombewaffnung an. Darin weisen die 20 unterzeichnenden Atomwissenschaftler auf die große
Bedeutung hin, die die friedliche Nutzung der Atomenergie habe, und warnen eindringlich vor einer
Verwendung der Atomkraft für kriegerische
Zwecke. Sie sichern ihren westdeutschen Kollegen
ihre Solidarität im Kampf gegen die Atombewaffnung der Bundeswehr zu. Der Appell ist u. a. von den
Professoren Gustav Hertz, Walter Friedrich und
Manfred von Ardenne unterzeichnet.

31. März In **München** konstituiert sich ein aus 29
Personen bestehendes *Komitee gegen Atomrüstung*.
Der von dem Schriftsteller Hans Werner Richter
initiierten Aktionsgruppe gehören vorwiegend
Schriftsteller der *Gruppe 47* an. Seine Zielsetzungen
hat das Komitee in den folgenden zehn Punkten
zusammengefaßt: »1. Kernwaffen sind weder aus
ethisch-religiösen noch aus politisch-sozialen Gründen zu rechtfertigen. 2. Kernwaffen sind keine Waffen mehr, sondern Vernichtungsmittel. 3. Darum
gibt es kein politisches Ziel, das durch einen nuklearen Krieg erreicht werden kann. 4. Kernwaffen
schaffen ein totalitäres Klima. Sie sind Vorwand für
die Begrenzung grundlegender Bürgerrechte. Sie
steigern Mißtrauen und Angst und ordnen das Zivile
dem Militärischen unter. 5. Wir weigern uns, diese
Abdankung der Vernunft vor der nuklearen Ver-
zweiflungsstrategie mitzumachen. 6. Deshalb fordern wir den Primat der Politik gegenüber der Strategie. 7. Wir verneinen die Ausbreitung atomarer
Waffen auf weitere Länder. 8. Daher protestieren
wir gegen die Atombewaffnung der Bundeswehr. 9.
Darüberhinaus unterstützen wir alle Bestrebungen,
die – als ersten Schritt zu einer allgemeinen Abrüstung – einen Verzicht auf Kernwaffen durchsetzen
wollen. 10. Wir befürworten die friedliche Verwendung der Atomenergie statt deren Mißbrauch zu
Vernichtungszwecken. Darum: Komitee gegen
Atomrüstung! Es liegt an Ihnen, daß eines Tages die
Stimme der Vernunft und des Gewissens nicht mehr
überhört werden kann.«[77] Vorsitzender des *Komitees gegen Atomrüstung* wird Hans Werner Richter,
zu seinen Stellvertretern werden Christian Mayer
(alias Carl Amery) und Karl-Heinz Stauder gewählt.
Dem Vorstand gehören u. a. der bayerische SPD-Vorsitzende Waldemar von Knoeringen, der DGB-Lan-
desverbandsvorsitzende Ludwig Linsert und die
FDP-Landtagsabgeordnete Hildegard Brücher an. Im
Beirat sind Inge Aicher-Scholl, Ingeborg Bachmann,
Willi Birkelbach, Werner Bockelmann, Heinz von

Cramer, Günter Eich, Gertrud von le Fort, Helmut
Gollwitzer, Robert Graf, Olaf Gulbransson, Ursula
Herking, Walter Jens, Erich Kästner, Wolfgang
Koeppen, Fritz Kortner, Ruth Leuwerik, Loriot,
Martin Niemöller, Hans Quest, Hans Schweikart,
Klaus Stephan, Gerhard Szczesny und andere vertre-
ten. Die Gründungserklärung des Komitees, das eng
mit dem *Zentralen Arbeitsausschuß »Kampf dem
Atomtod«* (KdA) kooperieren will, wird einen Tag
später in der Zeitschrift »Die Kultur« veröffentlicht.

*31.3.: Plakat des
Münchener »Komi-
tees gegen Atomrü-
stung«.*

31. März In **Braunschweig** wird an verschiedenen
Stellen gegen die Atombewaffnung der Bundeswehr
demonstriert. Aus Protest gegen den Bundestagsbeschluß vom 25. März legen insgesamt 2.000 Bauarbeiter von 11 bis 11.15 Uhr ihre Arbeit nieder. Von
13 bis 14 Uhr führen dann die Arbeiter der Büssing-
werke einen Warnstreik durch. Die Vertrauensmän-

*31.3.: Der National-
rat der Nationalen
Front bei seiner
konstituierenden
Sitzung am 3.
Februar 1950
(v.l.n.r.): Ernst
Goldenbaum,
Walter Ulbricht,
Elli Schmidt und
Erich Honecker.*

ner der *IG Metall* hatten dort bereits vor mehreren Wochen alle Angehörigen metallverarbeitender Betriebe in Niedersachsen aufgerufen, sich für die Einrichtung einer atomwaffenfreien Zone in Mitteleuropa einzusetzen. Und am Abend ziehen 150 Professoren und Studenten der Technischen Hochschule in einem Schweigemarsch gegen Atombewaffnung durch die Stadt.

31. März Das Präsidium des Nationalrats der *Nationalen Front* beschließt in **Ost-Berlin** einen »Aufruf an das deutsche Volk«. Darin werden die Deutschen in Ost und West aufgefordert, mit aller Kraft für die Einrichtung einer atomwaffenfreien Zone in Mitteleuropa, eine Konföderation zwischen beiden deutschen Staaten und für einen Friedensvertrag mit ganz Deutschland zu kämpfen.

31. März Der Oberste Sowjet in **Moskau** beschließt auf Antrag von Außenminister Andrej A. Gromyko mit sofortiger Wirkung die einseitige Einstellung aller Versuche mit Atom- und Wasserstoffwaffen. Zugleich appelliert er an die Parlamente der beiden anderen Atommächte USA und Großbritannien, sich diesem Schritt anzuschließen. In der von Partei- und Regierungschef Nikita S. Chruschtschow bekanntgegebenen Teststoperklärung heißt es abschließend: »Der Oberste Sowjet der UdSSR ist zutiefst überzeugt: Wenn als Antwort auf den Beschluß der Sowjetunion die anderen über Kernwaffen verfügenden Staaten ihrerseits gleichfalls die Experimente mit diesen Waffen einstellen, so wird damit ein wichtiger praktischer Schritt zur Festigung des Friedens und zur Stärkung der Sicherheit der Völker gemacht werden. Dieser Schritt hätte zweifellos große Bedeutung für die Gesundung der ganzen internationalen Lage und würde zur Befreiung der Menschheit von der drückenden Sorge um das Geschick des Friedens, um die Geschicke der künftigen Menschengenerationen beitragen.«[78] – US-Außenminister John Foster Dulles weist die Initiative der UdSSR am 1. April auf einer Pressekonferenz in **Washington** als propagandistischen Akt zurück und lehnt einen parallelen Schritt seiner Regierung ab. Demnächst beginne im Pazifik eine neue Testserie, die programmgemäß durchgeführt werde. – US-Präsident Dwight D. Eisenhower erklärt einen Tag später auf einer weiteren Pressekonferenz in **Washington**, daß es möglicherweise ein Fehler gewesen sei, nicht bereits vor der Entscheidung der UdSSR selbst die Initiative zur Einstellung aller Nuklearwaffenversuche ergriffen zu haben. Doch seine Berater hätten ihn vor einem solchen Schritt gewarnt, da die sowjetische Entscheidung als reine Propagandamaßnahme einzuschätzen gewesen sei.

Januar Februar März April Mai

Juni Juli August September Oktober

November Dezember

April Der lokale *Ausschuß »Kampf dem Atomtod«* (KdA) führt in **Wuppertal** auf dem Platz vor der Barmer Hauptpost eine Protestkundgebung durch. Das Rednerpult ist auf einem Lastkraftwagen aufgebaut. Unter dem Mikrophon hängt ein Plakat, auf dem ein von radioaktiven Strahlen zerfressenes Gesicht und die beiden Zeilen zu erkennen sind: »Hiroshima 1945 – Wuppertal 19??« Hauptredner sind vor 4.000 Zuhörern der Schriftsteller Stefan Andres, der Juso-Vorsitzende Johannes Rau und die Professorin an der Pädagogischen Akademie in Wuppertal, Renate Riemeck. Andres wehrt sich in seinem Beitrag insbesondere gegen die Diffamierung der Atomwaffengegner und die Verniedlichung der atomaren Gefahren. Beides seien Zeichen dafür, daß die Demokratie »müde« geworden sei. Rau konfrontiert die Zuhörer mit einem vom Verteidigungsminister lange vor seiner Amtszeit 1949 gebrauchten antimilitaristischen Bild: »Wie sähe die Bundeswehr heute aus, wenn das Wort von Franz Josef Strauß wahr geworden wäre, daß jedem die Hände abfallen müßten, der wieder ein Gewehr anfaßt.«[79] Und Renate Riemeck setzt sich kritisch mit der von Rüstungsbefürwortern immer wieder ins Spiel gebrachten »Abschrek-kungstheorie« auseinander. Diese Vorstellung, erklärt die junge Professorin, habe Deutschland bereits zweimal in den Abgrund getrieben. Nachdem die Modernisierung der Waffen weder den Ersten noch den Zweiten Weltkrieg verhindert habe, werde trotz dieser verheerenden Erfahrungen bei der atomaren Aufrüstung erneut mit einem vermeintlichen Abschreckungseffekt argumentiert. Die Auseinandersetzung mit dem von Adenauer als Todfeind bezeichneten Sowjetkommunismus sei aber nicht auf militärischem, sondern auf geistigem und wirtschaftlichem Gebiet zu führen.

April Auf Einladung des DGB-Kreisausschusses kommen in **Mettmann** bei Düsseldorf 800 Gewerkschaftler zu einer Kundgebung gegen die Atombewaffnung der Bundeswehr. Referent im größten Kinosaal der Kleinstadt ist Johannes Harder, Profes-

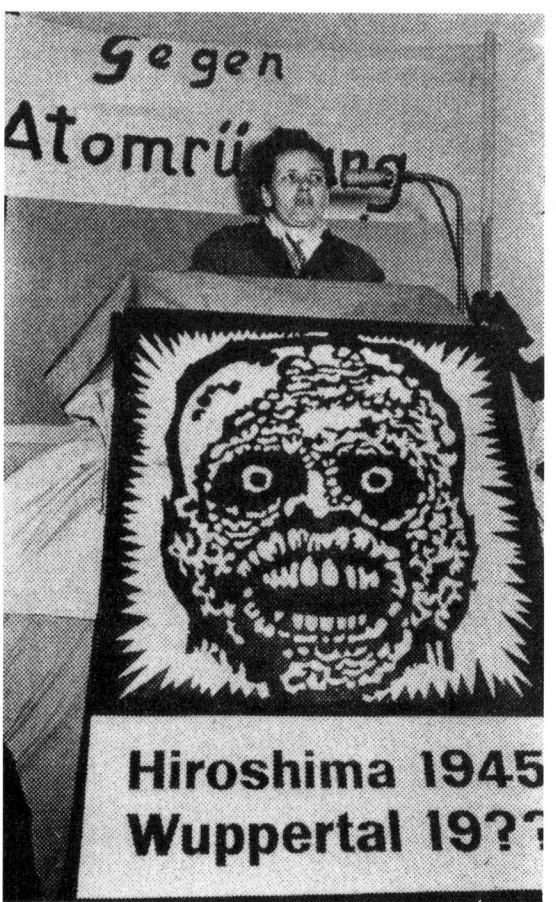

April: Renate Riemeck spricht auf einer Kundgebung in Wuppertal.

Albert Schweitzer
warnt!
Atomwaffen sind ein tödliches Experiment! Darum
keine Atomwaffen!

Arbeitsausschuß
Kampf dem Atomtod

Stefan Andres
Schriftsteller, Unkel (Rhein)
Dr. Walter Menzel
Innenminister a. D., Bonn

Dr. Ewald Bucher
MdB, Schwäbisch-Gmünd
Georg Reuter
Stellv. Vors. d. DGB, Düsseldorf

H. F. Kloppenburg D. D.
Oberkirchenrat, Dortmund
Helene Wessel
MdB, Bonn

*April: Plakat des
Zentralen Arbeits-
ausschusses
»Kampf dem Atom-
tod«.*

sor für Soziologie an der Pädagogischen Akademie in
Wuppertal. Er wendet sich gegen den Mißbrauch des
Christentums für politische Zwecke und bezeichnet
das Freund-Feind-Denken als größte Gefahr der
gegenwärtigen Politik. Dadurch würden irrationale
Haltungen ausgelöst, die sich bis zur Angstpsychose
und zu einer modernen Form des Hexenwahns
verfestigen könnten. »Früher gab es Herren und
Knechte«, erklärt Harder, »heute gibt es Banditen
und Gentlemen. Unser Hexenwahn heißt Anti-So-
wjetismus. Weil es in der Bundesrepublik innenpolitisch kein kommunistisches Problem gibt, verlagert
man es auf die Außenpolitik.«[80] In einer zum Abschluß einstimmig angenommenen Entschließung
fordern die Teilnehmer den DGB-Bundesvorstand
auf, eine Befragung unter Gewerkschaftsmitgliedern
zur Atombewaffnung der Bundeswehr durchzuführen.

April Der SPD-Bundestagsabgeordnete Gustav Heinemann erklärt auf einer Kundgebung in **Hannover**,
daß nach den Bestimmungen des Grundgesetzes bei
politischen Entscheidungen die Prinzipien des Völkerrechts immer Vorrang hätten. Da das Völkerrecht die Anwendung von Massenvernichtungsmitteln verbiete, mache es jedem Bürger zur Pflicht, ein
Gesetz zu bekämpfen, das die Zivilbevölkerung der
Gefahr solcher Massenvernichtungsmittel aussetzt.

April Die *Deutsche Jugendgemeinschaft* (DJG) führt
in **Friedrichshafen** am Bodensee eine »Europäische
Jugendkonferenz gegen Atomgefahr« durch, an der
neben den bundesdeutschen Gastgebern Delegationen aus Frankreich und den Niederlanden teilnehmen. Vertreter polnischer Jugendorganisationen
hatten ihre Teilnahme ebenfalls zugesagt, können
aber wegen unüberwindlicher Schwierigkeiten bei
der Einreise nicht erscheinen. In der Diskussion
weist Yves Grenet darauf hin, daß die Situation in
Frankreich besonders schwierig sei. Es gebe Kräfte,
die die Entwicklung einer französischen Atombombe forderten, um mit ihr den Krieg gegen das
algerische Volk mit einem Schlag beenden zu können. Dennoch würden auch bei ihnen Unterschriftensammlungen gegen eine Atombewaffnung der
französischen Armee durchgeführt. Am Ende der
Konferenz sprechen sich die Teilnehmer gegen eine
Atombewaffnung in Ost und West und für die Schaffung einer atomwaffenfreien Zone in Mitteleuropa
aus.

April Mitglieder des *Bundes der Deutschen* (BdD)
sammeln vor dem Tor der Schuhfabrik »Salamander«
in **Türkheim** (Schwaben) von Betriebsangehörigen
343 Unterschriften gegen die Atombewaffnung der
Bundeswehr und für die Einrichtung einer atomwaffenfreien Zone in Mitteleuropa.

I. April Auf Initiative von Hans Werner Richter
erscheint in der Münchner Zeitschrift »Die Kultur«
ein »Aufruf gegen die Atombewaffnung der Bundeswehr«. »Die Anwendung atomarer Waffen«, heißt es
in dem Appell, der zugleich als Gründungserklärung
des einen Tag zuvor in München konstituierten
Komitees gegen Atomrüstung gilt, »ist Selbstmord.
Eine zusätzliche deutsche Atomaufrüstung schreckt
den Kommunismus nicht ab, sondern dient seiner
Argumentation und Propaganda. Wir appellieren
deshalb an alle, die sich in dieser Stunde ihrer persönlichen Verantwortung bewußt sind, gegen den
folgenschweren Beschluß des Bundestages demonstrativ Stellung zu nehmen. Wir schließen uns damit
allen gleichgerichteten Aktionen an.«[81] Der Appell
ist u. a. unterzeichnet von Ilse Aichinger, Alfred
Andersch, Günter Eich, Hans Magnus Enzensberger,
Peter Härtling, Helmut Heißenbüttel, Wolfgang Hildesheimer, Walter Jens, Erich Kästner, Wolfgang
Koeppen, Erich Kuby, Siegfried Lenz, Hans Werner
Richter, Ernst Rowohlt, Peter Rühmkorf, Ernst
Schnabel, Wolfdietrich Schnurre, Franz Schonauer,
Martin Walser und Wolfgang Weyrauch.

I. April Der Senat der Freien und Hansestadt **Hamburg** gibt bekannt, daß er eine Volksbefragung über
die atomare Bewaffnung der Bundeswehr durchfüh-

ren werde, wenn der von der SPD im Bundestag eingebrachte Gesetzentwurf für eine Volksbefragung in der Bundesrepublik nicht angenommen wird.

I. April Im Hof der Humboldt-Universität in **Ost-Berlin** nehmen mehrere tausend Studenten an einer Kundgebung gegen die atomare Ausrüstung der Bundeswehr teil. Der Prorektor für Forschungsangelegenheiten, Professor Kurt Schröder, ruft die Studierenden auf, alles zu tun, damit die Atom- und Raketentechnik nur im Dienste der Menschheit angewendet werde. In einer Entschließung begrüßen die Teilnehmer die Entscheidung des Obersten Sowjets, einseitig auf die Durchführung weiterer Nuklearwaffentests zu verzichten.

I. April In **Frankreich** treten eine Million Arbeiter und Angestellte des öffentlichen Dienstes in einen 24stündigen Streik, um gegen die Steigerung ihrer Lebenshaltungskosten zu protestieren und eine Erhöhung ihrer Löhne und Gehälter zu fordern. Die Gewerkschaften, die zu dem Streik aufgerufen haben, nachdem Lohnverhandlungen mit Regierungsvertretern gescheitert sind, drohen der Regierung von Ministerpräsident Félix Gaillard damit, weitere Streikaktionen zu beschließen, falls mit keiner Lohnerhöhung zu rechnen sei.

I. April Am 19. Jahrestag der Machtergreifung Francos befinden sich in **Spanien** mehr als 50.000 Arbeiter im Streik. Zentren des Ausstands, der sich nicht nur gegen die steigenden Lebenshaltungskosten, sondern auch gegen die Diktatur des »Caudillo« richtet, sind **Barcelona**, **Sevilla**, **Madrid** und das Kohlenrevier in **Asturien**, wo für vier Monate der Ausnahmezustand verhängt worden ist.

I. April Die Bewegung 26. Juli ruft die Bevölkerung in **Kuba** zum Generalstreik auf und kündigt dem Batista-Regime auf Flugblättern einen »totalen Krieg« an. Auf verschiedenen Teilen der Insel brechen daraufhin Kämpfe aus und in der Hauptstadt **Havanna** werden vereinzelt Bombenanschläge durchgeführt, bei denen etwa 40 Menschen ums Leben kommen.

2. April Mehr als 3.000 Einwohner folgen in der württembergischen Uhrenstadt **Schwenningen** einem Aufruf des DGB-Kreisausschusses und ziehen um 17 Uhr zu einer Protestkundgebung »Kampf dem Atomtod« auf den Marktplatz. Die Bevölkerung ist aufgerufen, für eine halbe Stunde die Geschäfte zu schließen und die Arbeit wie den Verkehr ruhen zu lassen. Die Belegschaften der großen Betriebe halten sich an den Appell und versammeln sich in der Stadtmitte. Auf zwei dort aufgestellten Spruchbändern sind die Parolen zu lesen: »Keine Experimente –

keine Atomrüstung« und »Atomrüstung ist Massenmord«. Der DGB-Bevollmächtigte Willy Flügge hält die Eröffnungsrede und kündigt an, man werde solange Aktionen durchführen, bis die Bundesregierung ihre Zustimmung zur Atombewaffnung der Bundeswehr zurückziehe. Oberstudienrat Bäurle warnt vor allem davor, dem Versprechen der US-Amerikaner Glauben zu schenken, daß keine Atomwaffen eingesetzt würden. Schließlich seien sie es gewesen, die als erste eine Atombombe abgeworfen hätten. Und nun würden sie den Nuklearwaffenteststop der Sowjets einfach mit dem Wort »Propaganda« beiseite schieben. Dem Willen des deutschen Volkes, das in seiner überwältigenden Mehrheit gegen Raketenabschußbasen und für eine atomwaffenfreie Zone sei, müsse endlich Geltung verschafft werden. – Auf Einladung von Oberstudiendirektor Max Frommer kommt noch am selben Tag eine Gruppe von Lehrern, Geistlichen, Ärzten und Gewerkschaftsfunktionären zusammen und gründet ein Ortskomitee »Kampf dem Atomtod« (KdA). In einer ersten von 29 Bürgerinnen und Bürgern unterzeichneten Erklärung wird besonders der auch im bundesweiten Aufruf zur Kampagne enthaltene Satz hervorgehoben, daß man solange nicht ruhen werde, wie der Atomtod »unser Volk« bedrohe. Das Komitee will von nun an jede Woche seine Protesterklärung mit der erweiterten Unterzeichnerliste in den Schwenninger Zeitungen veröffentlichen.

April: US-Militärs führen Journalisten in der Nähe von Kaiserslautern eine »Matador«-Rakete vor.

April: Obere Hälfte eines Titelblatts des KdA-Organs.

Das Gewissen

Aus dem Inhalt:
„Lieber tot als Massenmörder!"
Die „zornigen Männer" von London
Atomkraftwerke für Frieden untauglich!
Wohin mit Evakuierten?

ORGAN ZUR BEKÄMPFUNG DES ATOM-MISSBRAUCHS UND DER ATOM-GEFAHREN

3. JAHRGANG NR. 4 | EINZELPREIS 40 PFENNIG | MÜNCHEN, APRIL 1958

Nicht Ruhe lassen
gegen Atomtod, gelobte Ollenhauer in Frankfurt

Kann nun auch in der Bundesrepublik mit einer großen Massenbewegung gegen Atommißbrauch und Atomtod gerechnet werden? Die Dinge scheinen auch hier endlich seit März d. J. in größere Bewegung gekommen zu sein. Zwar sind nicht wie in England spontan so „zornige Männer" wie Russell, Priestley, King Hall usw. aufgestanden und haben dem er-

Volksbewegung gegen den Atomtod entstanden, die weitergehen muß, selbst wenn in diesem Falle Ungefragte nichts Eiligeres zu tun haben, als der Aktion Bremsklötze vorzulegen, und das Ganze möglichst wieder auf ein totes Gleis zurückzuschieben. Das Versprechen des Führers der größten deutschen Partei, Erich Ollenhauer, in der eindrucksvollen

Frankfurter Eröffnungskundgebung der Aktion: Kampf dem Atomtod!, „Wir werden nicht Ruhe geben, solange der Atomtod unser Volk bedroht!" war sowohl Gelöbnis wie Verpflichtung. Die Bewegung wird unter Zusammenfassung aller ehrlichen Widerstandskräfte nicht aufzuhalten sein. Vielleicht kann doch noch das Schlimmste verhindert werden.   ls.

2. April Der Atomwissenschaftler und Nobelpreisträger Professor Max Born erklärt auf einer Kundgebung in **Hameln** (Westfalen) vor 1.200 Zuhörern, daß jedes Volk, das sich für die Stationierung von Atomraketen ausspreche, Gefahr laufe, durch sie umzukommen. Die Ausrüstung der Bundeswehr mit Atomwaffen würde nur Haß, Mißtrauen und Furcht verstärken und zugleich die Hoffnung auf eine Wiedervereinigung Deutschlands zunichte machen.

2. April In der Kreuzkirche in **Essen** findet ein Gottesdienst gegen die Atomgefahr statt, zu dem die Superintendenten der drei Essener Kirchenkreise eingeladen haben.

2. April Das Landgericht **Frankenthal** (Pfalz) verurteilt vier Wehrdienstgegner aus der Nähe von Kaiserslautern zu Freiheitsstrafen, weil sie einen *Arbeitskreis junger Wehrdienstgegner* gegründet haben. Das Gericht sieht diese Gruppe als eine Tarnorganisation der seit 1951 in der Bundesrepublik verbotenen FDJ an.

2. April Der SPD-Ortsverein führt in **Speyer** eine Kundgebung gegen die Atombewaffnung der Bundeswehr durch. Hauptredner ist der sozialdemokratische Bundestagsabgeordnete, der Mainzer Physikprofessor Karl Bechert.

2. April Die Kriminalpolizei führt in **München** beim Arbeitskreis der internationalen Frauenliga WOMAN eine Hausdurchsuchung durch und beschlagnahmt dabei die gesamte Barschaft. Die vom Amtsgericht angeordnete Aktion wird damit begründet, daß die Gruppe im Februar ohne behördliche Genehmigung zu einer Spendensammlung aufgerufen habe. – Die vor einem Jahrzehnt in den USA gegründete *Weltorganisation der Mütter aller Nationen* (WOMAN) gehört zu den Gruppierungen, die in der Bewegung gegen die Atombewaffnung der Bundeswehr aktiv sind. Wiederholt hat sie Flugblätter und Aufrufe mitunterzeichnet.

2. April Das Bezirksgericht **Karl-Marx-Stadt** verurteilt den Angeklagten Wolfgang Hoppe wegen »Spionage«, »Verleitung zur Republikflucht«, »staatsgefährdender Propaganda und Hetze« zu einer lebenslänglichen Zuchthausstrafe.

2. April Die Unterhausfraktion der *Labour Party* billigt in **London** ein Manifest, das die *Labour Party* und der britische Gewerkschaftsbund gemeinsam zur Frage der Atombewaffnung verfaßt haben. Darin wird die Regierung von Ministerpräsident Harold Macmillan aufgefordert, die Wasserstoffbombenversuche auszusetzen, die Bauarbeiten an amerikanischen Raketenstützpunkten in Großbritannien einzustellen und sich der Atombewaffnung der Bundes-

wehr zu widersetzen. Aneurin Bevan fügt zum ersten Punkt als Erläuterung hinzu, daß es für die britische Regierung, nachdem die Sowjetunion einseitig die Einstellung aller Nuklearwaffentests beschlossen habe, keinen Grund mehr gebe, ihre Experimente fortzusetzen.

2. April Auf den indonesischen Inseln **Celebes** und **Sumatra** landen Regierungstruppen, um gegen Rebellen vorzugehen, die am 15. Februar eine Gegenregierung ausgerufen haben. Staatspräsident Achmed Sukarno, der die unterschiedlichen Volksgruppen des Inselstaats in einen Einheitsstaat zwingen will, versucht die Aufständischen, die eine föderalistische Regierungsform verlangen, entscheidend zu schlagen. Die Regierung des mit diktatorischen Vollmachten ausgestatteten Präsidenten hat ihren Sitz in der Hauptstadt Djakarta auf Java. – Nach heftigen Kämpfen geben die Rebellen im Mai ihren Widerstand auf und schlagen Verhandlungen über die Beilegung des Konflikts vor.

3. April In **Braunschweig** gründen Vertreter von Gewerkschaften, Parteien und verschiedenen Sozialverbänden eine *Notgemeinschaft gegen atomare Bewaffnung*. Sie wollen damit einen wirkungsvollen Protest gegen die Atombewaffnung der Bundeswehr erzielen und verhindern, daß die vom *Zentralen Arbeitsausschuß »Kampf dem Atomtod«* organisierte Kampagne das gleiche Schicksal erleidet wie die Paulskirchenbewegung gegen die Wiederbewaffnung im Jahr 1955.

3. April Die 8. Große Strafkammer des Landgerichts **Dortmund** verurteilt den Hilfsarbeiter Albert Wolf wegen Staatsgefährdung zu einer Gefängnisstrafe von neun Monaten auf Bewährung. Dem 43jährigen Angeklagten, der Gewerkschaftssekretär der *IG Bergbau* sowie Mitglied in der KPD und der FDJ war, wird vorgeworfen, im Ruhrgebiet unter Bergbauarbeitern »kommunistische Wühlarbeit« betrieben zu haben. Die Organisierung verschiedener »wilder Streiks« in Essen, Oberhausen und Mülheim an der Ruhr konnte ihm nicht nachgewiesen werden.

3. April In **West-Berlin** gründen 35 Vertreter von 18 Jugend- und Studentenorganisationen einen *Aktionsausschuß der Jugend gegen den Atomtod*. Beteiligt sind an dem Gründungstreffen u. a. der Bundesvorsitzende des *Sozialistischen Deutschen Studentenbundes* (SDS), Wolfgang Büsch, der Landesvorsitzende der *Sozialistischen Jugend Deutschlands – Die Falken*, Harry Ristock, der Landesvorsitzende des *Liberalen Studentenbundes Deutschlands* (LSD), Christoph Albers, der AStA-Vorsitzende der Freien Universität (FU), Klaus Meschkat, der Vorsitzende der *Jüdi-*

schen Studentengemeinde (JSG), Jacob Allerhand, der Vorsitzende der *Evangelischen Studentengemeinde* (ESG), Wolfgang Kornetzky, und mehrere Mitglieder der *Gewerkschaftsjugend*. Auch in West-Berlin, erklärt ein Sprecher des Ausschusses, müsse mehr als bisher unternommen werden, um die gefahrvolle Entwicklung zu stoppen, die mit dem Bundestagsbeschluß vom 25. März ihren vorläufigen Höhepunkt erreicht hat.

4. April In der Bittermark bei **Dortmund** versammeln sich am Karfreitag wie jedes Jahr Tausende von Menschen, um der 268 Zwangsarbeiter und Widerstandskämpfer zu gedenken, die hier und im nahegelegenen Rombergpark noch kurz vor Kriegsende von der Gestapo ermordet worden sind. Zur Einweihung des Mahnmals sind 22.000 Menschen erschienen, darunter 700 ehemalige Zwangsarbeiter aus Frankreich sowie Delegationen aus Belgien und den Niederlanden. Die Begrüßungsansprache hält der Dortmunder Oberbürgermeister Dietrich Keuning. Der nordrhein-westfälische Arbeits- und Sozialminister Heinrich Hemsath (SPD) wirft in seiner Rede die Frage auf, ob man sicher sei, in den vergangenen Jahren auch wirklich alles getan zu haben, um eine Wiederholung solcher Verbrechen, wie sie sich vor 13 Jahren zugetragen hätten, zu verhindern. An der Krypta des Mahnmals legen verschiedene Betriebsdelegationen Kränze nieder. Mehrere Vertreter der französischen und belgischen Delegation beschweren sich im Anschluß an die Veranstaltung darüber, daß während der Feierstunde das Deutschlandlied gespielt worden sei. Dieses sei zwar die deutsche Nationalhymne, jedoch solle nicht vergessen werden, daß zu den Klängen dieses Liedes die deutschen Truppen in Paris einmarschierten und unzählige Widerstandskämpfer hingerichtet worden seien.

4. April In **Amsterdam** werden vier führende Mitglieder aus der *Kommunistischen Partei der Niederlande* (KPN) ausgeschlossen. Es sind der Vorsitzende Gerben Wagenaar, die beiden Abgeordneten Henk Gotzak und Frits Reuter sowie der Gewerkschaftsvorsitzende Bertus Brandsen. Die Parteiführung um den Altstalinisten Paul de Groot nutzt einen Konflikt um die kommunistisch orientierte Einheitsgewerkschaft, um sich der Gruppe, die wiederholt eine Entstalinisierung gefordert hatte, zu entledigen. Die mit den Kritikern de Groots sympathisierende Abgeordnete Rie Lips-Odinot wird zwar aus der Parteiführung ausgeschlossen, kann jedoch auch weiterhin in der KPN Mitglied bleiben.

4.-7. April Am Bundeskongreß der *Sozialistischen Jugend Deutschlands – Die Falken* im Rathaus Schöneberg in **West-Berlin** nehmen 161 Delegierte teil. In seiner Begrüßungsansprache warnt der Regierende Bürgermeister Willy Brandt (SPD) davor, sich in der Opposition gegen die Atombewaffnung der Bundeswehr mit falschen Freunden aus Ost-Berlin zu verbünden. Bei allen Stellungnahmen sollte darauf geachtet werden, daß keinerlei Ansatzpunkt für eine propagandistische Instrumentalisierung geliefert werde. Unter dem Titel »Ziele und Möglichkeiten sozialistischer Politik im 20. Jahrhundert« hält der sozialdemokratische Bundestagsabgeordnete Herbert Wehner das Hauptreferat. Zum Abschluß ihres Kongresses fassen die *Falken* ihre Forderungen in einem Vier-Punkte-Programm zusammen: »1. Verzicht auf jede atomare Ausrüstung der deutschen Streitkräfte; 2. Verbot von Raketenabschußbasen, Lagerung von nuklearen Waffen auf deutschem Boden und von Kontrollflügen strategischer Bomberkommandos über deutschem Gebiet; 3. sofortige Aufnahme von Verhandlungen über die Bildung

4.4.: Gedenkfeier am Sarg mit den Gebeinen eines unbekannten Zwangsarbeiters in der Dortmunder Bittermark; in der ersten Reihe Angehörige der sowjetischen Botschaft.

4.-7.4.: Die ersten
»Ostermarschierer«
auf ihrem Weg
nach Aldermaston.

einer atomwaffenfreien Zone in Europa; 4. die volle Unterstützung aller Bemühungen zur Entspannung der Weltpolitik.«[82] Nur wer diese Forderungen unterstütze, heißt es weiter, betreibe eine aktive Wiedervereinigungspolitik, wie sie von Adenauer und Ulbricht verhindert werde. Zur »Abwendung des Atomtodes« erklären sich die *Falken* ausdrücklich zum Einsatz aller politischen Mittel, auch dem des Generalstreiks, bereit.

4.-7. April Unter der Parole »Deutsche Arbeiterjugend, vereinige Dich gegen Atomtod und Militarismus – für eine atomwaffenfreie Zone – für Frieden und Fortschritt!« findet in **Erfurt** der »I. Kongreß der Arbeiterjugend Deutschlands« statt. An ihm nehmen 800 Jugendliche aus der DDR und 1.200 aus der Bundesrepublik teil, darunter Mitglieder der *Sozialistischen Jugend Deutschlands – Die Falken*, der *Gewerkschaftsjugend* und der *Naturfreundejugend*. Ministerpräsident Otto Grotewohl und das Präsidium des Nationalrats der *Nationalen Front* haben Grußadressen an die Teilnehmer gesandt. Eines der beiden Hauptreferate hält Roland Günther, der Jugendsekretär des FDGB-Bundesvorstands. Er ruft die Jungarbeiter beider deutscher Staaten auf, sich im Kampf gegen die Atombewaffnung der Bundeswehr zusammenzuschließen. Der Erste Sekretär des SED-Zentralkomitees, Walter Ulbricht, der sich ebenso wie der KPD-Vorsitzende Max Reimann an der Diskussion beteiligt, erklärt, daß nur die »Aktionseinheit der Arbeiterklasse« den Sieg über die Atomkriegsgefahr verbürge. In einem Manifest »An die Arbeiterjugend, an die junge Generation in beiden deutschen Staaten!« rufen die Teilnehmer zum gemeinsamen Kampf gegen Atomtod und Militarismus, für eine atomwaffenfreie Zone und die friedliche Wiedervereinigung Deutschlands auf. Am

Ostersonntag, dem vorletzten Tag des Kongresses, kommen die Delegierten mit 80.000 Menschen auf dem Erfurter Domplatz zu einer Kundgebung zusammen. Dabei wird ein »Friedensgelöbnis der deutschen Arbeiterjugend gegen die Atomkriegsgefahr« abgegeben. Zum Abschluß richten die Teilnehmer einen Tag später ein Ständiges Komitee des Kongresses ein.

4.-7. April In Großbritannien findet trotz eines Kälteeinbruchs mit Schnee- und Hagelschauern der erste »Ostermarsch« statt. Die Idee zu dieser mehrere Tage dauernden Anti-Atom-Demonstration stammt von Hugh Brock, die praktische Vorbereitung hat Pat Arrowsmith übernommen und als verantwortliche Organisation fungiert das *Direct Action Committee* (DAC). Gefördert wird der Marsch vom *Labour H-Bomb Campaign Committee*, dem *Left Review Club*, der *Campaign for Nuclear Disarmament* (CND) und prominenten Einzelpersonen wie dem Nobelpreisträger Bertrand Russell und der Schriftstellerin Doris Lessing. Am Karfreitagmorgen versammeln sich etwa 5.000, zumeist jüngere Demonstranten auf dem Trafalgar Square in **London** zu einer Kundgebung, die unter dem Motto steht: »Ban the Bomb!« (Ächtet die Bombe!) Reverend John Collins, der anglikanische Gemeindepfarrer von St. Pauls, erklärt in seiner schwarzen Soutane zu Beginn, warum er an einem Feiertag nicht als Geistlicher in seiner Kirche predige: Karfreitag bedeute »Moral« und der Kampf gegen die Atomwaffen sei eine moralische Frage. Das Kreuz sei wichtiger als das Schwert. Zu den Rednern zählt auch Harold Steele, der bereits 40 Jahre zuvor als Mitglied des *No Conscription Fellowship* (Bund der Kriegsdienstverweigerer) im Ersten Weltkrieg dazu beigetragen hatte, die Prinzipien des zivilen Ungehorsams gegen den

Krieg praktisch zu erproben. Die Kundgebungsteilnehmer kommen seinem Wunsch nach und legen
eine Schweigeminute für die in den Konzentrationslagern Ermordeten, für die Kinder von Nagasaki und
Hiroshima, für die Getöteten von Algerien, Zypern
und Kenia ein. Nach dem Abschluß der Protestveranstaltung, auf der außerdem noch der Schriftsteller
Philip Toynbee, der schwarze US-Amerikaner Bayard Rustin und der *Labour*-Politiker Michael Foot
gesprochen haben, brechen mehrere tausend Teilnehmer zu dem viertägigen Marsch auf; Ziel ist das
83 Kilometer entfernte Atomforschungszentrum
Aldermaston. An der Spitze des Zuges gehen die
Demonstranten in Dreierreihen. Sie führen keine
Fahnen mit sich, sondern lediglich Transparente mit
Parolen wie »Atomkrieg ist ein Verbrechen« und
kreisrunde Schilder mit den Buchstaben »ND« für

4.-7.4.: Auch Kinder
nehmen an der
Londoner Kund-
gebung teil.

4.-7.4.: Eine Gruppe
von Jazz-Trompe-
tern an der Spitze
des Ostermarsches.

»Nuclear Disarmament« (Nukleare Abrüstung). Die
drei Kilometer lange Kolonne wird dabei ständig
von berittener Polizei begleitet. An den Raststellen
wird zumeist Musik gemacht. Neben einer Londoner Volkstanzgruppe spielt auch die Jazzband von
Humphrey Lyttelton. Trotz starken Regens, der
zeitweilig in Schneefall übergeht und heftiger Wind-
böen hält ein Kern von etwa 600 Demonstranten die
Strapazen des Marsches durch. Als der Zug dann am
Ostermontag mit Reverend Donald Soper an seiner
Spitze in **Aldermaston** eintrifft, versammeln sich
rund 10.000 Menschen zu der Abschlußkundgebung,
die diesmal unter der Parole steht: »Britain must
lead!« (Großbritannien muß führen!) Sprecher des
DAC fordern von ihrem Land einen bedingungslosen, einseitigen und vollständigen Verzicht auf Nuklearwaffen, die sofortige Einstellung aller Kernwaffenversuche, den Stopp von Flügen der Royal Air
Force (RAF) mit Atombomben an Bord, die Schaffung einer atomwaffenfreien Zone in Europa, einschließlich beider deutscher Staaten, und die Entfernung aller Raketenabschußbasen von britischem
Hoheitsgebiet. In einer Resolution heißt es: »Wir in
unserer Generation haben die letzte Gelegenheit,
die Menschheit zu retten.«[83] Unter den Rednern, die
ihre Ansprachen zum Teil in knöcheltiefem Wasser
halten müssen, befindet sich neben Bayard Rustin
und Harold Steele auch Martin Niemöller. Der 66jäh-
rige Kirchenpräsident hat den gesamten Marsch von
London nach Aldermaston mitgemacht. – Der junge
Regisseur Lindsay Anderson, der den Ostermarsch
mit einem Kamerateam begleitet hat, will einen eigenen Film über die von Presse, Funk und Fernsehen mit
großer Aufmerksamkeit verfolgte Demonstration
drehen. – Laut einer im Februar vom Gallup-Institut

Der große englische Oster=Protest

Mit Kinderwagen, Jazzbands und Kirchenchören gegen die Atomgefahr

Von unserem Londoner Korrespondenten Jean Kahn

England erlebte ein Osterfest von einmaliger Bedeutung. Es begann am Karfreitagmorgen, als der anglikanische Geistliche und Gemeindepfarrer von St. Pauls, Canon L. J. Collins, eine neuntausendköpfige Menge auf dem großen Trafalgar Square anrief: „Ihr werdet fragen, warum wie ein Priester den Karfreitag nicht in seiner Kirche verbringt. Karfreitag bedeutet ‚Moral‘, und der Kampf gegen die nuklearen Waffen wurde eine moralische Frage."

Nach ihm sprachen der Schriftsteller Philip Toynbee, der amerikanische Negerdelegierte Bayard Rustin, der ehemalige Parlamentsabgeordnete Michael Foot und der weltberühmte weißhaarige Pazifist Harold Steele, jener alte Herr, der anläßlich der letzten britischen Hydrogen-Bomben-Experimente nach Japan reiste, um das Ansehen seines Volkes vor der für Generationen gezeichneten Bevölkerung Japans zu retten.

Auf dem Versammlungsplatz standen siebentausend Menschen und weitere zweitausend umsäumten ihn. Sie waren meistens als Individualisten gekommen: der kniende Beter mit dem Rosenkranz, die junge Frau mit dem selbstverfertigten Plakat: „4800 unterzeichneten in Letchworth: England muß die Experimente verbieten." Schwarze Transparente mit weißer Beschriftung erhoben sich über die Köpfe: „Würdest du eine H-Bombe abwerfen?" und „Macht euch Freunde — nicht Feinde."

Canon Collins in der schwarzen Kleidung des Priesters leitete die Eröffnungsversammlung. Er bat, den Marsch nach dem strategischen Atomlaboratorium Aldermasten schweigend zu eröffnen, der je an einem christlichen Feiertag stattfände. Alle waren damit einverstanden. Alle hielten die Schweigeminute, um der Harold Steele aufforderte: „Für die im Konzentrationslager Ermordeten, für die Kinder von Nagasaki und Hiroshima, für die Getöteten von Algerien und Zypern und Kenia..." Und alle Versammelten, die mit Bettzeugbündeln und Rucksäcken für den Vier-Tage-Marsch erschienen waren, selbst die neugierig Hinzugelaufenen verstanden die Internationalität dieser Protestaktion, als der amerikanische Negerdelegierte der „Gewaltlosen Aktion gegen atomare Bewaffnung" sagte: „Jetzt zu dieser Stunde sind zehn Amerikaner in einem kleinen Schiff im Pazifischen Ozean, um die USA zum Einstellen der Atombombenabwürfe zu bringen. Amerika kämpft härter für den Frieden, als die Presse euch mitteilt. Wir sammelten die 50 000 Dollar für das Schiff Cent um Cent. Der Protest findet nicht im Namen der Besten Amerikas, Englands oder Rußlands statt, sondern im Namen der Besten der ganzen Menschheit."

In klatschenden Schwärmen umflogen die wilden Tauben das hohe Nelson-Monument, auf dessen Sockel die internationalen Presse- und Filmreporter standen. Der berühmte junge englische Regisseur Lindsay Anderson, der für sein Land im „Grand Prix de Venice 1957" heimbrachte und zu den Förderern des Marschkomitees gehörte, ließ von den Rednern Nahaufnahmen schließen: Er wird einen Film über diese großen englischen Ostern herstellen.

von den Universitäten des ganzen Landes, oft als Einzelgänger oder in kleinen Gruppen, die sich über den ganzen Zug verteilten. Das Universitätskomitee von Oxford, das die aufsehenerregende Rundfrage über die Meinung der Studierenden zur H-Bombe organisiert hatte, forderte ebenso wie alle ähnlichen Komitees an den übrigen Hochschulen die Studenten auf, sich an dem Marsch zu beteiligen. In Oxford wurde das Komitee hauptsächlich von Mitgliedern der Studentenvereinigung „Cosmos" der Vereinten Nationen (UNO) und christlichen Universitätsklubs unterstützt. An der Londoner Universität, an der London School of Economics und an Queens Mary College des Arbeiterbezirks East End hatten sich spontan Gruppen zur Versammlungen der „Student Labour Federation" gebildet, als man die atomare Weltgefahr diskutierte. Es gab keinerlei parteipolitische Differenzen zwischen Quäkern und Liberalen, zwischen Sozialisten und Weltbürgern zu diskutieren, sondern nur eines: das Zusammengehen und gemeinsame Handeln gegen die rüstenden Regierungen.

Für die Mittagspause setzten sich die zweieinhalbtausend Marschierer auf die Treppen des Albert Memorials im Hyde-Park. Neben uns setzte sich ein etwa neununddreißigjähriger Mann, der einen kleinen Kinderwagen mit seinem zweijährigen Töchterchen geschoben hatte. „Ich bin kein Pazifist", sagte er. „Ich werde jetzt auch nach Hause gehen, denn die Kleine friert und ich wohne nicht weit von hier. Im letzten Krieg war ich Kommandeur eines Luftwaffengeschwaders. Ich bin unbedingt für die Verteidigung Britanniens gegen einen eventuellen Angreifer. Aber gegen atomare Raketen gibt es keine Verteidigung. Deshalb bin ich bis hierher mitmarschiert. Wie schätzen Sie die Zusammensetzung der Demonstranten ein? Viele Linksleute, wie?"

Waren es „Linksleute"? Die konservative

In der Teepause erwiesen sich die freiwilligen Helferinnen der Konsumgenossenschaften als Engel. Um halb fünf des ersten Tages war es unfreundlicher und kälter geworden, und eine Tasse heißer Tee war ein Segen. Ken Colyers „Brass Band" blies aus vollen Lungen den Demonstranten gute Laune ein. Es war eigentlich nicht nötig. Einige Mädchen mit Pferdeschwänzen und Hosen hielten ihre Schuhe in der Hand und marschierten auf Strümpfen. Vom Künstler- und Intellektuellen-Distrikt Hampstead war ein halbes Tausend „Outsiders" gekommen. Die Londoner Anarchistengruppe

Wie es die Engländer sehen: „Wie ich die öffentliche Meinung beeinflusse? Aber lieber Herr Kanzler, das wollte ich Sie gerade fragen" („Observer", London)

hatte eine eigene Gruppe im Marsch. Die ganze Vielfalt intellektuellen britischen Lebens, das auch in Deutschland existieren könnte, hätte es Hitler ausgerottet, tat sich durch diese Individualisten kund. Schriftsteller wie Doris Lessing und Kenneth Tynan („The Angry Young Men") zeichneten als Förderer des Marsches oder protestierten durch ihre Teilnahme. Außer dem weltberühmten Bertrand Russell und anderen Intellektuellen waren neunzehn Parlamentsabgeordnete in direkter oder indirekter Weise am Marsch beteiligt.

Die erste Nacht verbrachten ungefähr 600 Demonstranten, die von allen Enden der Insel gekommen waren, in privaten Quartieren oder auf dem Böden von Schulen und Kirchenhallen. In dieser Nacht von Karfreitag auf Ostersamstag begann es zu schneien. Mit Regen vermischter Schnee wurde vom Wind in die Gesichter der trotzdem Marschierenden getrieben. In den dreißig Motorfahrzeugen, die als eigene Kolonne dem Demonstrationszug folgten, saßen die Kinder und junge Mädchen, die zwar smart, aber nicht zweckmäßig gekleidet waren. In Regenmänteln und tief in die Gesichter gezogenen Mützen und Hüten zog die Kolonne am Londoner Flughafen vorbei über völlig ungeschützte Straßen. Mütter hatten ihre Kinder sorgfältig in

mehr zu überbietendem Zynismus verspotteten sie die konservativen Presseleute; „Lungenentzündung ist eine genau so große Gefahr für eure Kinder wie die H-Bombe." (Sunday Dispatch). Der Zug wurde indessen nirgends gestört, und ernste Gesichter blickten ihm überall nach. Von den Transparenten tropfte es. Aber den ganzen Tag ging der Geistliche, Reverend Donald Soper, unbeirrt an seiner Spitze.

Die Häuser von Maidenhead brachen etwas gegen den Wind, als am Abend die müden, durchnäßten Gruppen des beachtlichen Zuges ankamen. Er wurde von den Mitgliedern des lokalen Komitees für nukleare Abrüstung empfangen, von denen eine wohlbeleibte Negerin spontan in den Spiritual ausbrach: „When The Saints Come Marching In". Es gab trotz der nassen Füße viel Gelächter. Skiffle-Fans produzierten auf metallenen Waschbrettern „Musik", und zu allbekannten Melodien wie „Tipperary" wurden eigens vom Marschkomitee verteilte Texte gesungen. Auch amerikanische Lieder: das berühmtgewordene „Old Man Atom", das sogar von einer Schallplattenfirma herausgegeben wurde und dessen Refrain lautet: „Peace in the World... or the World in Pieces", (Als Wortspiel übersetzbar, der Bedeutung nach aber: Frieden in der Welt ... oder die Welt in Stücken.) An allen Haltepunkten wurden kurze Meetings mit Ansprachen durchgeführt, die von der lokalen Einwohnerschaft bedrängt wurden.

Der Ostersonntag war zwar eisig, aber trocken, was vielen wie ein Geschenk des Himmels vorkam. Wo gerastet wurde, tanzte die Londoner Volkstanzgruppe und spielte die im ganzen Land berühmte Jazzgruppe von Humphrey Lyttelton traditionellen Jazz, daß die Fernsehreporter ihre Freude hatten. Einige bäuerliche „Halbstarke" warfen kleine Feuerwerkskörper unter die Rastenden, aber mehr aus Lausbuberei als aus Provokation. Niemand nahm Notiz von ihnen.

Nach Reading, dem vorletzten Stopp, waren es noch neun Meilen, als wir die 700 Marschierer verlassen mußten, um diesen Bericht zur Post zu bringen. In Reading werden sich mit der Marschkolonne weitere Gruppen der Labour Party und der Gewerkschaften vereinen, deren beider Vorstände sich gegen die britische Atom-Regierungspolitik aussprachen.

Im freien Feld vor Aldermaston mit seinem strategischen Atom-Laboratorium werden sich Pastor D. Niemöller aus Deutschland und der amerikanische Neger Bayard Rustin die Hände gegeben haben, wenn dieser Bericht gedruckt sein wird. Harold Steele wird mit ihnen zu den letzten Rednern des Protestmarsches gehören, der nur als eine Eröffnungs-Initiale für den weiteren Kampf gegen den atomaren Wahnsinn gedacht ist. Die Unterschriften von mindestens 3000 Demonstranten, die sich jeweils dem Zug anschlossen und ihn wieder verließen, liegen der britischen Regierung und der amerikanischen Gesandtschaft vor. In England hörten wir Christen und Kommunisten, Einzelgänger und Mitglieder der Massenorganisationen sagen: Wir müssen die H-Bombe und die Kriegsgefahr aus der Welt schaffen. Wir alle

4.-7.4.: Bericht in der »Deutschen Volkszeitung« über den ersten Ostermarsch in Großbritannien (Auszug).

durchgeführten Repräsentativumfrage lehnen 85% der Befragten eine Teilnahme Großbritanniens am atomaren Wettrüsten ab.

7. April Im Sitzungssaal des italienischen Verteidigungsministeriums in **Rom** findet am Ostermontag unter höchster Geheimhaltung ein Treffen des italienischen Verteidigungsministers Paolo Taviani mit seinen beiden Amtskollegen, dem französischen Verteidigungsminister Jacques Chaban-Delmas und Bundesverteidigungsminister Franz Josef Strauß, statt. Es geht dabei vor allem um ein seit längerem geplantes Abkommen über die gemeinsame Entwicklung und Produktion von Atomwaffen. Als Strauß seinen französischen Kollegen darauf aufmerksam macht, daß die Möglichkeiten der Bundesrepublik eingeschränkt seien, weil sie im Rahmen der Pariser Verträge auf die Entwicklung und Produktion von ABC-Waffen habe verzichten müssen, erwidert Chaban-Delmas, daß dies kein wirklicher Hinderungsgrund sei. Die Deutschen seien völlig frei, sich an der Herstellung von Atomwaffen im Ausland zu beteiligen. Wenn Frankreich der Bundesrepublik ein solches Angebot mache, dann gebe es keine Bestimmung, die dem entgegenstünde. Um das brisante Wort Atomsprengkörper im 11. Punkt des Abkommens zu vermeiden, schlägt Strauß vor, an dieser Stelle nur von der »gemeinsamen Erforschung und Nutzung der Kernenergie für militärische Zwecke« zu sprechen. Wenn das Abkommen bekannt werden sollte, dann habe er die Möglichkeit, sich herauszureden, daß damit keine atomaren Sprengkörper, sondern transportable Kleinreaktoren gemeint seien, die im Kriegsfall die Energieversorgung von militärischen Einrichtungen garantieren sollten. Das Abkommen, das eine Weiterentwicklung des Vertrages von Sidi bel Abbès darstellt, in dem im Januar 1957 eine waffentechnische Zusammenarbeit zwischen Frankreich und Deutschland vereinbart worden war, wird anschließend in der verabredeten Form paraphiert. Bundeskanzler Adenauer war ebenso wie Bundesaußenminister Heinrich von Brentano von dem Geheimabkommen unterrichtet worden. Adenauer hatte Strauß zwar grünes Licht gegeben, auf das französische Angebot einzugehen, machte ihn jedoch gleichzeitig darauf aufmerksam, daß er, falls es bekannt würde, von nichts wisse. – Die bundesdeutsche Öffentlichkeit erfährt von dem Vertrag, der freilich nach dem Machtantritt Charles de Gaulles im Herbst 1958 für null und nichtig erklärt wird, erst im Sommer 1989, als »Die Erinnerungen« von Strauß erscheinen.[84]

7.-14. April Im Anschluß an den Ostermarsch halten 31 Mitglieder des *Direct Action Committee* (DAC) vor den Toren der Atomforschungsanstalt **Aldermaston** eine einwöchige Mahnwache ab. Versuche, einzelne Arbeiter zum Verlassen der Forschungsanstalt zu überreden, scheitern.

8. April Auf Initiative des *Bundes Arabischer Studenten* (BAS) führen in **Bonn** mehrere hundert Studenten einen Schweigemarsch gegen die französische Kolonialpolitik und für die Unabhängigkeit Algeriens durch. Als Symbol tragen sie die grün-weiße Halbmondflagge voran. In Telegrammen an den UN-Generalsekretär, Dag Hammarskjöld, Bundeskanzler Konrad Adenauer, den SPD-Vorsitzenden Erich Ollenhauer und den FDP-Vorsitzenden Reinhold Maier rufen sie zur Unterstützung der algerischen Unabhängigkeitsbestrebungen auf.

9. April In der 130.000 Einwohner zählenden Hafenstadt **Bremerhaven** folgen 8.000 Menschen einem Aufruf des DGB-Kreisausschusses und des *Arbeitsausschusses »Kampf dem Atomtod«*. Die Werftarbeiter, die Angestellten und Arbeiter der Stadtwerke sowie zahlreiche andere Belegschaften legen um 15 Uhr ihre Arbeit nieder und ziehen zum Ernst-Reuter-Platz, um dort an einer Protestkundgebung gegen die Atombewaffnung der Bundeswehr teilzunehmen. Als Hauptrednerin wendet sich die sozialdemokratische Bundestagsabgeordnete Helene Wessel vor allem an die Frauen und Mütter und fordert sie auf, im Kampf gegen die atomare Aufrüstung »das ungeborene Leben« zu schützen. Den Politikern empfiehlt sie, die Krankenhäuser von Hiroshima zu besuchen, um sich ein Bild zu machen, unter welchen Nachwirkungen die Opfer auch 13 Jahre nach dem ersten Atombombenabwurf immer noch zu leiden haben. »Die Vernichtung des menschlichen Lebens«, ruft sie mit Empörung aus, »kann nicht der Sinn des menschlichen Daseins sein. Es gibt im Atomkrieg keine Rettung für uns. Wer sich gut beraten läßt, dem wird es offenbar: Die militärischen Gesichtspunkte der bundesdeutschen Außenpolitik sind eine Illusion. Verteidigungswaffen, die sich im Ernstfall gegen das eigene Volk richten, widersprechen dem Sinn der Verteidigung. Es wird höchste Zeit, daß Atombomben wie gemeinster Massenmord geächtet werden!«[85] Im Namen des *Arbeitsausschusses »Kampf dem Atomtod«* fordert Karl Eggers die Bevölkerung Bremerhavens auf, sich an weiteren Protestaktionen zu beteiligen. Es müsse gehandelt werden, ehe die Erde radioaktiv verseucht sei. Dabei brauche man die Mithilfe aller, wenn »das Verderben« verhindert werden solle.

9.4.: Die ehemalige Zentrums- und GVP-Vorsitzende Helene Wessel, nun Bundestagsabgeordnete der SPD.

9.4.: Teilnehmer der Protestkundgebung in Bremerhaven.

9. April In **Göppingen** führen 1.300 Mitarbeiter der Maschinenfabrik Schuler einen einstündigen Warnstreik gegen die vom Parlament beschlossene Atombewaffnung der Bundeswehr durch. – Am darauffolgenden Tag berichtet das »Westdeutsche Tageblatt« über die Protestaktion der Göppinger Arbeiter, daß der Streik »aus der Mitte der Belegschaft angeregt und dann spontan verwirklicht worden« sei.

9. April Auf einer vom örtlichen *Arbeitsausschuß »Kampf dem Atomtod«* (KdA) in **Eberbach** (Neckar) veranstalteten Kundgebung gegen die atomare Aufrüstung tritt der baden-württembergische Wirtschaftsminister Hermann Veit (SPD) als Hauptredner auf.

9. April Ein von der *Bewegung 26. Juli* am 1. April auf **Kuba** ausgerufener Generalstreik, der gegen das Militärregime Fulgencio Batistas gerichtet ist, bricht nach kurzer Zeit zusammen. Während die von Fidel Castro angeführte Guerillaorganisation in weiten Teilen des Landes Erfolge verzeichnen kann, kostet der von der *Kommunistischen Partei* nicht unterstützte Ausstand in der Hauptstadt **Havanna** mehr als 140 Aktivisten das Leben.

9.-12. April In **Nordrhein-Westfalen** streiken in der Eisen- und Stahlindustrie 184.000 Arbeiter für eine Erhöhung ihres Stundenlohns um 18 Pfennig. Der Streikbeschluß war vom Hauptvorstand der *IG Metall* am 31. März gefällt worden, nachdem sich am 26. und 27. März in einer Urabstimmung über 80% der Stimmberechtigten für eine Arbeitsniederlegung ausgesprochen hatten. Durch den Streik liegt mehr als drei Viertel der bundesdeutschen Stahlindustrie brach. Nachdem die *IG Metall* einem Kompromißvorschlag des nordrhein-westfälischen Arbeitsministers Heinrich Hemsath, der eine Erhöhung des tariflichen Ecklohns um zehn bzw. um acht Pfennig vorsieht, zustimmt und die Arbeitnehmer am 11. April das Ergebnis in einer Urabstimmung mit 40,7%:40,2% annehmen, wird die Arbeit in den 33 Betrieben am Morgen des darauffolgenden Tages wieder aufgenommen.

10. April In namentlicher Abstimmung nimmt die Stadtverordnetenversammlung von **Frankfurt** mit 48:15 Stimmen einen gemeinsamen Antrag der SPD- und FDP-Fraktion an und beschließt, eine Volksabstimmung über die Atombewaffnung der Bundeswehr durchzuführen. Oberbürgermeister Werner Bockelmann (SPD) erklärt nach der Bekanntgabe des Ergebnisses, daß eine Volksbefragung nicht grundgesetzwidrig sei und der Magistrat diesen Beschluß auch ausführen werde. In einer weiteren Entscheidung wird der Magistrat durch das Stadtparlament verpflichtet, sich allen Plänen zur Stationierung und

Lagerung von Atomwaffen zu widersetzen und alle diesbezüglichen Grundstücksforderungen rigoros abzulehnen. Außerdem wird beschlossen, eine aus Wissenschaftlern, Ärzten, Politikern, Theologen und Publizisten bestehende Delegation nach Japan zu entsenden, um sich in Hiroshima »an Ort und Stelle« informieren zu können, »was die Explosion einer Atombombe und ihre Folgen für die Stadt bedeuten«. – Den Anstoß zu dieser naheliegenden, dennoch aber ungewöhnlichen Initiative hatte die Nachricht über ein NATO-Manöver gegeben, bei dem die Militärs von der Übungslage ausgegangen waren, daß die erste Atombombe auf die Main-Metropole abgeworfen worden sei.

10. April Der französische Staatspräsident René Coty ratifiziert in **Paris** zwei Gnadenerlasse und wandelt damit die am 9. Oktober 1954 gegen die beiden ehemaligen Höheren SS- und Polizeiführer Carl-Albrecht Oberg und Helmut Knochen wegen Kriegsverbrechen von einem Militärgericht verhängten Todesstrafen in lebenslängliche Zuchthausstrafen um. – Durch einen weiteren Gnadenerlaß wird die Strafe der beiden Kriegsverbrecher, denen die Deportation von 114.000 jüdischen und 80.000 nichtjüdischen Franzosen, Gefangenenmißhandlungen und Geiselerschießungen zur Last gelegt worden war, am 31. Dezember 1959, vom Tag der Urteilsverkündung gerechnet, auf jeweils 20 Jahre Zwangsarbeit herabgesetzt.

10.-12. April Auf einer Außenministerkonferenz in **Prag** wird der Bundestagsbeschluß zur Atombewaffnung der Bundeswehr heftig kritisiert. Die Außenminister der DDR, Lothar Bolz, der Tschechoslowakei, Vaclav David, und der Volksrepublik Polen, Marian Naszkowski, erklären in einem gemeinsamen Kommuniqué, daß die Bundesrepublik der einzige europäische Staat sei, der weiterhin am »Revanchegeist« festhalte und offen territoriale Ansprüche anmelde. Der Vorschlag von Naszkowskis Amtsvorgänger Adam Rapacki, eine atomwaffenfreie Zone in Mitteleuropa einzurichten, finde in der Bevölkerung aller europäischer Länder große Unterstützung, auch in der westdeutschen. Daß er bisher noch nicht verwirklicht werden konnte, liege allein an der Bundesregierung. Die drei Außenminister bekräftigen noch einmal die Bereitschaft ihrer Regierungen, in der geplanten atomwaffenfreien Zone ein umfassendes und wirksames Kontrollsystem einzuführen. Sie weisen darauf hin, daß der Rapacki-Plan auch von der sowjetischen Regierung unterstützt werde. Sie sei bereit, zusammen mit den beiden anderen Atommächten eine Erklärung abzugeben, daß sie keine Nuklearwaffen gegen die in dieser Zone befindlichen Staaten einsetzen würde.

11. April Die Erste Große Strafkammer des Landgerichts **Offenburg** verurteilt den 51jährigen Studienrat Ludwig Zind wegen Beleidigung in Tateinheit mit fortgesetzter Verunglimpfung des Andenkens Verstorbener zu einer Gefängnisstrafe von einem Jahr. Zind hat die Kosten des Verfahrens ebenso wie die den Nebenklägern entstandenen Kosten in Höhe von insgesamt rund 5.000 DM zu tragen. Nach dem deutschen Beamtenrecht muß der Lehrer aus dem Beamtenverhältnis ausscheiden und aus dem Schuldienst entlassen werden. Dies ist jedoch erst dann der Fall, wenn das Urteil rechtskräftig geworden ist. Zinds Verteidiger, der Offenburger Rechtsanwalt Ernst Sachs, legt gegen das Urteil Berufung ein. Der Angeklagte, der bis zur endgültigen Entscheidung weiterhin sein Gehalt bezieht, hatte in der Nacht vom 23. auf den 24. April 1957 während eines Biertischgesprächs den jüdischen Kaufmann Kurt Lieser mit antisemitischen Beschimpfungen verhöhnt und ihm unter Schmähungen Schläge angedroht. Oberstaatsanwalt Carl Nägele erklärte dazu: »Zinds antisemitische Äußerungen waren so ungeheuerlich, daß sie dem mit Mühe zurückgewonnenen Ansehen des deutschen Volkes in der Welt großen Schaden zugefügt haben.«[86] Die Judenverfolgungen seien ein Schandfleck in der deutschen Geschichte. Wer so etwas billige, sei als Lehrer und Erzieher der Jugend in Deutschland untragbar. Zind hatte seine antisemitischen Äußerungen noch vor Gericht in aller Ausführlichkeit und Unmißverständlichkeit zu rechtfertigen versucht. Er bekenne sich »vorbehaltlos« zur nationalsozialistischen Gesinnung, die »richtig war« und immer noch »richtig ist«. Die »Judenfrage«, erklärte er, müsse aus der »damaligen Schau« betrachtet werden. Für das »Dritte Reich« habe eine »historische Notwendigkeit« bestanden, Juden in Konzentrationslager zu bringen. Da das »Weltjudentum« angekündigt hatte, mit allen Mitteln England in seinem Kampf gegen Deutschland zu unterstützen, habe man »das moralische Recht zu solchen Maßnahmen« gehabt. Pogrome gehörten, unabhängig davon, ob man sie billige oder nicht, zum Lauf der Geschichte. Den Staat Israel bezeichnete er als eine »Pestbeule da unten«. Er selbst stehe »fest auf dem Boden der Araber«. Die ihm zur Last gelegte Äußerung, Israel müsse »ausradiert« werden, versucht er mit »geopolitischen Erwägungen« zu rechtfertigen. Der Oberstaatsanwalt bezeichnet Zinds Beleidigungen strafrechtlich als kriminelle Tat mit politischem Einschlag. Er merkt dazu an, es sei bedauerlich, daß der Gesetzgeber bisher auf dem Gebiet der Bekämpfung des Antisemitismus versagt habe. Das Fehlen eindeutiger gesetzlicher Bestimmungen erschwere es außerordentlich, den Anfängen zu wehren. Nur weil Zinds Antisemitismus so schwerwiegend sei, könne er mit den geltenden Gesetzen geahndet werden. Als Nebenkläger hatte auch der Vorsitzende der *Jüdischen Gemeinde zu Berlin*, Heinz Galinski, Strafantrag gegen Zind gestellt. Er erklärte, daß er für seine Eltern, seine Frau und einen Großteil seiner Verwandtschaft spreche, die in den Konzentrationslagern umgekommen seien. Er hege keine Haßgefühle, vertrete jedoch die Ansicht, daß es für Menschen wie Zind, die immer noch die Verbrechen der Vergangenheit unterstützten, keine Milde geben dürfe. Vor Galinski hatte der Offenburger Stadtoberamtmann Schulz, der als Entlastungszeuge aufgetreten war, erklärt, die Verhaftung des Studienrates habe unter der Bevölkerung der Stadt »eine Art Vertrauenskrise zur Justiz« ausgelöst. Für diese Bemerkung wurde er vom Gerichtsvorsitzenden, Landgerichtspräsident Johannes Eckert, zurechtgewiesen. Der Prozeß im modernen Offenburger Justizgebäude, der ohne einen ausführlichen Bericht über den »Fall Zind« im Nachrichtenmagazin »Der Spiegel« nicht ins Rollen gekommen wäre[87], ist von einem großen Aufgebot an Berichterstattern und Photographen aus dem In- und Ausland verfolgt worden. – Die Wochenzeitung der *Vereinigung der Verfolgten des Naziregimes* (VVN), »Die Tat«, kritisiert in ihrer Ausgabe vom 19. April das Urteil des Offenburger Landgerichts als zu milde.

11. April Auf einer Veranstaltung der *Internationalen Gesellschaft für Sozialistische Studien* in **Dortmund** referiert der aus dem DGB ausgeschlossene Gewerkschaftstheoretiker Viktor Agartz vor mehreren hundert Zuhörern über das Thema »Die Konjunktur in sozialistischer Sicht«. – Die sozialdemokratische Tageszeitung »Westfälische Rundschau«

11.4.: Mit Unschuldsgeste vor dem Offenburger Landgericht: der bekennende Antisemit Ludwig Zind.

hatte sich, obwohl Agartz seit seinem 18. Lebensjahr Mitglied der SPD ist, geweigert, eine Anzeige abzudrucken, mit der der Vortrag angekündigt werden sollte.

11. April In **West-Berlin** konstituiert sich ein *Arbeitsausschuß »Gegen den Atomtod«*. Ihm gehören u. a. der Senatsdirektor Heinrich Albertz (SPD), der Regierende Bürgermeister Willy Brandt (SPD), der Schauspieler Martin Held, der Filmregisseur Helmut Käutner, die beiden SPD-Bundestagsabgeordneten Kurt Mattick und Kurt Neubauer, die beiden FU-Professoren Otto Stammer und Wilhelm Weischedel sowie der an der Ostberliner Humboldt-Universität lehrende Theologe Heinrich Vogel an. In dem von dem Ausschuß verabschiedeten »Berliner Appell gegen den Atomtod« heißt es: »Der Menschheit droht sicherer Untergang, wenn es nicht gelingt, den Wettlauf der modernen Massenzerstörungsmittel zu beenden. Das deutsche Volk diesseits und jenseits der Zonengrenze wäre im Falle eines Atomkrieges der Vernichtung ausgeliefert. Gegen Atomwaffen gibt es keinen Schutz. Eine atomare Bewaffnung der beiden Teile Deutschlands würde die Lösung der deutschen Frage noch mehr erschweren. Denn die Wiedervereinigung Deutschlands setzt voraus, daß der Weg der Entspannung, der Abrüstung und der gemeinsamen europäischen Sicherheit bestritten wird. Wir fordern unsere Mitbürger auf, – ohne Unterschied der Partei und der Konfession – die lebensbedrohenden Gefahren zu erkennen und sich dagegen zur Wehr zu setzen. Dabei werden wir uns wie bisher zu schützen wissen vor falschen Freunden, die diese ernste Frage für freiheitsfeindliche Zwecke ausnutzen möchten.«[88]

11. April Am 13. Jahrestag der Befreiung von 21.000 Häftlingen des in der Nähe von **Weimar** gelegenen Konzentrationslagers Buchenwald treffen sich im ehemaligen Krematorium Mitglieder des *Internationalen Buchenwald-Komitees* zu einer Gedenkfeier. Zu Ehren des dort ermordeten KPD-Vorsitzenden Ernst Thälmann und 56.000 anderer KZ-Opfer legen der Sekretär des Komitees, Robert Siewert, das Mitglied der ehemaligen illegalen kommunistischen Lagerleitung, Professor Walter Bartel, und Harry Kuhn Kränze nieder.

12. April Die 4. Strafkammer des Landgerichts **Düsseldorf** verurteilt sieben Funktionäre der *Gesellschaft für Deutsch-Sowjetische Freundschaft* (GDSF) wegen »Staatsgefährdung« und »Rädelsführerschaft in einem Geheimbund« zu einer Gefängnisstrafe von insgesamt 47 Monaten. Die Angeklagten Rudolf Linde, Franz Schmelzer, Robert Schmidt, Edelbert Schumacher, Karl Walter, Wolfgang Tschirmer und Robert Zass erklären, daß die GDSF keine kommu-

14.4.: In einer Anzeige der »Wiso-Korrespondenz« wird auf den Streit um die Begehung des I. Mai in Hannover hingewiesen.

nistische Tarnorganisation sei und sie sich nur für eine deutsch-sowjetische Verständigung eingesetzt hätten. Ein achter Angeklagter wird aus Mangel an Beweisen freigesprochen.

12. April Der SPD-Unterbezirk führt in **Herborn** (Dillkreis) eine Kundgebung gegen die Atombewaffnung der Bundeswehr durch.

12. April Die 4. Große Strafkammer des Landgerichts **Lüneburg** verurteilt den 36jährigen Alfred Stern zu einer dreimonatigen Gefängnisstrafe, weil er vor dem Volkswagenwerk in Hannover-Stöcken Flugblätter gegen die Atombewaffnung der Bundeswehr verteilt hat.

WISO Korrespondenz für Wirtschafts- und Sozialwissenschaften
Dr. Viktor Agartz

1. Mai
Kampfdemonstration oder Fußballspiel?
Der **DGB in Hannover** beschloß, anstelle einer gewerkschaftlichen Maifeier ein Fußballspiel zu veranstalten.
Die **WISO** verzichtet **nicht** darauf, sich der Wirklichkeit zu stellen: in der 1.-Mai-Nummer lesen Sie u. a.:
Revolution der gekreuzten Arme
(Bemerkungen zum politischen Streik)
Wenn Aufsichtsräte streiken sollen
(Notwendige, aber nicht immer freundliche Anmerkungen zum abgewürgten Stahlarbeiterstreik)
Abonnement der WISO mtl. DM 2,—, erscheint zweimal im Monat. Bestellungen und Anforderungen von Probeexemplaren an: Gesellschaft für wirtschaftswissenschaftliche Forschung m. b. H., Köln, Breite Straße 1 (A)

12. April Eine Gruppe der sozialdemokratischen Jugendorganisation *Die Falken* führt im **West-Berli**ner Bezirk Neukölln eine Protestaktion gegen die Atomrüstung durch. Die Jugendlichen setzen sich am Hermannplatz Sprechchöre skandierend auf Schienen und Fahrbahnen, um den Verkehr zu blockieren. An neugierige Passanten, die ihnen gegenüber schon bald eine drohende Haltung einnehmen, verteilen sie Flugblätter mit dem Tenor »Kampf dem Atomtod«. Als sich der Verkehr immer mehr staut, tauchen hinter der stark angewachsenen Menschenmenge mehrere Polizisten auf, die versuchen, mit Gummiknüppeln die Fahrbahn wieder freizuprügeln. Doch erst als massive Verstärkung eingetroffen ist, gelingt es ihnen, die Sitzblockade der *Falken* auseinanderzutreiben.

12. April Zwei Tage vor einer in **Brüssel** stattfindenden Versammlung internationaler Kunstkritiker verbreiten Mitglieder der *Situationistischen Internationale* (S.I.) in der belgischen Hauptstadt einen Aufruf, in dem es heißt: »In dem Maße, wie das moderne Denken auf dem Gebiet der Kultur entdeckt, daß es seit 25 Jahren vollkommen stagniert; in dem Maße, wie eine ganze Epoche, die nichts verstanden und nichts verändert hat, sich ihres Mißerfolgs bewußt wird, trachten ihre Verantwortlichen danach, aus ihren Aktivitäten Institutionen zu machen. So fordern sie die offizielle Anerkennung des Teils eines in jeder Hinsicht überholten, aber immer noch materiell vorherrschenden, sozialen Ganzen, dessen gute Wachhunde sie meistens gewesen sind. Der Hauptmangel der Kritik in der modernen Kunst besteht darin, daß sie die kulturelle Totalität und die Bedingungen einer Experimentalbewegung, die stets über sie hinausgeht, nie begreifen konnte.«[89] Der Aufruf ist von allen Sektionen der S.I. unterzeichnet, auch der deutschen.

14. April Der Beirat des *Deutschen Fußball-Bundes* (DFB) teilt dem Vorsitzenden des *Niedersächsischen Fußball-Bundes* in **Hannover**, Karl Laue, mit, daß die Genehmigung für die Durchführung der DGB-Maifeier im Niedersachsen-Stadion mit einem abschließenden internationalen Fußballspiel nicht erteilt werde. Damit scheitert die vom DGB-Kreisausschußvorsitzenden in Hannover, Richard Lehners, verfolgte Absicht, den Kampftag der Arbeiterbewegung durch die Kombination mit dem populären Fußballsport wieder atraktiver zu machen. Der 40jährige Lehners hatte in den letzten Jahren zusehen müssen, wie es immer mehr Junggewerkschaftler vorzogen, auf ihrem Moped mit der Freundin ins Grüne zu fahren, anstatt Transparente tragend und als antiquiert empfundene Kampflieder singend durch die Straßen der niedersächsischen Landeshauptstadt zu ziehen. Um diesen Trend einer kontinuierlich abnehmenden Beteiligung zu durchbrechen, hatte er die Idee, den 1. Mai diesmal zusammen mit dem Fußballverband zu organisieren. Anstatt zum Klagesmarkt zu marschieren und dort mehr oder weniger gelangweilt die Reden von DGB-Funktionären zu verfolgen, sollten die Arbeiter und Angestellten ins Niedersachsen-Stadion kommen. Geplant war dort ein Unterhaltungskonzert, eine kurze Ansprache von Lehners, eine etwas längere des Westberliner Innensenators Joachim Lipschitz und als krönender Abschluß das Match einer niedersächsischen Auswahlmannschaft gegen die Elf von Luton Town. Im Lauf der ersten zwei Wochen hatte sich ein außergewöhnlicher Erfolg abgezeichnet. Von den Betriebsräten waren ohne jede Werbung 11.000 Eintrittskarten für die sportive Maifeier verkauft worden. – Nach der Absage des DFB zeigt sich der DGB-Vorstand in **Düsseldorf** erleichtert. Wegen des Plans des hannoverschen DGB-Kreisausschusses hatte es Proteste von traditionsbewußten Gewerkschaftlern gehagelt. In empörten Reaktionen war von einer »Entpolitisierung des Kampftages der internationalen Arbeiterklasse« die Rede gewesen. Der DGB-Vorsitzende Willi Richter stand der Idee,

Fußballspiel und Maifeier miteinander zu verbinden, von Anfang an ablehnend gegenüber und meint, dann werde niemand mehr die Reden verfolgen, sondern nur noch das Spiel sehen wollen. Und Heinrich Gutermuth, der Vorsitzende der *IG Bergbau*, erklärt, das habe doch alles nichts mehr mit einem »Gewerkschaftsfeiertag« zu tun. Die Tageszeitung »Die Welt« hatte vor der Absage noch sichtlich triumphierend gemeldet, die DGB-Veranstaltung im Niedersachsen-Stadion beweise, daß aus dem Klassenkämpfer von einst ein »Arbeiterbürger« geworden sei.

14. April Der örtliche *Aktionsausschuß »Kampf dem Atomtod«* (KdA) führt in **Freiburg** (Breisgau) eine Kundgebung gegen die Atombewaffnung der Bundeswehr durch.

15. April In **Köln** führen der nordrhein-westfälische Landesausschuß und der lokale *Ausschuß »Kampf dem Atomtod«* (KdA) eine Protestveranstaltung im bis auf den letzten Platz besetzten Gürzenich durch. Ein Schriftsteller, ein Geistlicher und ein Universitätsprofessor halten die Redebeiträge. Als erstes wendet sich der Schriftsteller Stefan Andres gegen das Phlegma der deutschen Bevölkerung, deren höchste Maxime es immer noch sei, zu denken, der Führer werde es schon richten. Aus dem letzten Krieg sei so gut wie nichts gelernt worden, noch immer herrsche der »Ungeist des Nationalismus, der im Grunde Nihilismus« sei. Zwar seien die Häuser inzwischen wieder hergestellt, nicht aber die Moral des Volkes. Für den durchschnittlichen Bundesbürger gelte allein der Wohlstand als Maßstab zur Beurteilung der Regierungsmaßnahmen. Mit besonderer Schärfe attackiert Andres die parlamentarische Demokratie: »Weniger die Raketenbasen als solche, als vielmehr die Art, wie sie beschlossen wurden, bestärkt mich in meinem düsteren Verdacht. Die allein ihrem Gewissen verantwortlichen Politiker bewiesen eine Einmütigkeit, wie wir sie nur aus den Diktaturen kennen.«[90] Oberkirchenrat Heinz Kloppenburg zieht als nächster Redner das Resümee: »Es gibt keinen Zweck, durch den die Massenvernichtungswaffen gerechtfertigt werden können.«[91] Es mute ihn wie eine Gotteslästerung an, daß die Menschen so täten, als hätten sie die Welt erschaffen und als könnten sie sie nun auch zerstören. Der an der Wirtschaftswissenschaftlichen Fakultät der Kölner Universität lehrende Professor Gerhard Weisser analysiert anschließend die militärstrategischen Prämissen einer Atombewaffnung. Er gelangt dabei zu dem Schluß, daß die Atombombe das »Ende aller Strategie« bedeute, ein Atomkrieg nicht nur Ausdruck einer »Politik ohne sittliche Grundlage«, sondern auch objektiv sinnlos sei. Nicht nur die Angegriffenen, auch die Angreifer selber würden zu Opfern,

15.4.: Der Zug der Atomwaffengegner vor der Berliner Gedächtniskirche.

und auch die Neutralen seien im Falle eines nuklear geführten Krieges nirgendwo mehr sicher. Am Ende der Veranstaltung verliest der SPD-Bundestagsab-geordnete Hans-Jürgen Wischnewski die Liste derjenigen Kölner Bürger, die sich in Zukunft im Rahmen der *Aktion »Kampf dem Atomtod«* engagieren wollen.

15. April Einer Initiative des *Aktionsausschusses der Berliner Jugend gegen den Atomtod* folgend, ziehen in **West-Berlin** 5.000 Menschen in einem langen Schweigemarsch vom Stadtzentrum zur Ostpreußenhalle am Funkturm. Vor den ersten Demonstrantenreihen, in denen Jungsozialisten rote Fahnen tragen, fahren mehrere Autos der Jungen Union, aus denen Tausende von Flugblättern verteilt werden, auf denen nur der eine Satz zu lesen ist: »Ihr marschiert für Moskau – ohne es zu wissen.« Die Slogans der Demonstranten lauten dagegen »Zehn Jahre verhandeln ist besser als eine Stunde Atomkrieg«, »Atombomben auf Leipzig und Köln?« und »Hiroshima mahnt!« Auf der Abschlußkundgebung ruft der Bundestagsabgeordnete der SPD, Kurt Neubauer, den Versammelten zu: »Unsere Verpflichtung ist es, dem Bundeskanzler zu beweisen, daß die Bewegung gegen den Atomtod nicht versandet.«[92] Studentenpfarrer Rudolf Weckerling, der in seinem Beitrag das politische Selbstverständnis der Bonner Regierungskoalition kritisiert, erinnert an das Diktum Thomas Manns, daß der Antikommunismus die Grundtorheit unseres Jahrhunderts sei. Als weitere Redner treten noch die Professoren Rudolf Schottländer und Hans Reif (FDP) sowie ein Jugendsekretär der *IG Metall* auf. – Am Tag darauf erscheint die »BZ« (»Berliner Zeitung«) mit der Schlagzeile: »5.000 Westberliner marschierten für Moskau«. In dem dazugehörigen Text wird insbesondere der Landesvorsitzende des Berliner SDS, Norbert Adrian, scharf angegriffen.

15. April Der »Weltbürger Nr. 1«, Garry Davis, gibt nach zehn Jahren den Plan auf, einen international friedenstiftenden Weltstaatenbund zu errichten, und besteigt in **Neapel** ein Schiff, um endgültig in die USA zurückzukehren. Der Begründer der *Weltbürgerbewegung*, der immer wieder mit Grenzbehörden in Konflikt geriet, weil er Staatsgrenzen grundsätzlich ohne Paß und Visum zu überqueren versuchte, will am Broadway in New York seine Karriere als Schauspieler fortsetzen. Zu Beginn des Jahrzehnts hatten sich seiner Bewegung in Westeuropa Hunderttausende angeschlossen. Insbesondere in der Bundesrepublik waren die simplen transnationalen Ideen des ehemaligen amerikanischen Bomberpiloten auf große Resonanz gestoßen. Noch vor kurzem hatte er erklärt, er werde auf der Insel Capri das Zentralgebäude einer Weltkonföderation errichten. Eine englische Millionärin hatte ihm dort ein neben ihrer Villa liegendes Grundstück übereignet. – Die »Frankfurter Rundschau« schreibt über die Kapitulation des »Weltbürgers Nr. 1« in einem Kommentar: »Jahre hindurch hat er von sich reden gemacht, und nun ist er mit einer 3.-Klasse-Fahrkarte auf dem Wege in die Heimat – er, der Ex-Amerikaner Garry Davis, ›Weltbürger Nr. 1‹. Er hat ausgeträumt. Er gibt den Kampf um das ersehnte Weltbürgertum auf. Er hat ausgeträumt, weil er eingesehen hat, daß seine Idee zwar wunderschön ist, aber daß es schwer ist, immer die Grenze zwischen dem Tragischen und dem Komischen zu finden. Denn tragisch ist es, daß ein Mensch um seines Ideals willen seine Staatsbür-

15.4.: Die West-Berliner Demonstranten versammeln sich auf dem Wittenbergplatz.

15.4.: Schlagzeile in der Presse am darauffolgenden Tag.

15.4.: Abschlußkundgebung in der Halle am Funkturm.

15.4.: Oktaeder in West-Berlin mit Porträts und Aussprüchen prominenter Atomwaffengegner wie Albert Einstein und Albert Schweitzer.

15.4.: Garry Davis;
Zeichnung des
»Simplicissimus«.

15.-22.4.: Der
ghanaische
Ministerpräsident
Kwame Nkrumah.

gerschaft verliert, von Land zu Land gestoßen wird. Aber an Komik grenzt es, wenn dieser einsame Don Quichote gegen die Behörden mächtiger Länder zu Felde zieht ... Die Frage ist nur, wer sich während der ganzen Jahre mehr blamiert hat: Der ›Weltbürger‹ Garry Davis oder die Staatsorgane der Länder, die er heimsuchte.«[93]

15.-17. April Auf einer Verteidigungsministerkonferenz der NATO-Staaten in **Paris** fordert der Oberbefehlshaber der NATO-Streitkräfte in Europa, General Lauris Norstad, eine Minimalstärke der in Europa stationierten NATO-Truppen von 30 Divisionen. Bislang seien lediglich 16 einsatzbereite Divisionen stationiert; in Kürze würden sie durch zwei deutsche ergänzt. Bis 1961 sei geplant, dem Oberkommando der NATO 23 Divisionen zu unterstellen. Woher die für die Verteidigungsfähigkeit gegen die Sowjetunion und die anderen Mitgliedsstaaten des Warschauer Pakts nach eigener Einschätzung benötigten restlichen sieben Divisionen kommen sollen, gilt als ungeklärt. Im Laufe der nächsten Jahre, fügt Norstad hinzu, sollen alle Divisionen der NATO mit taktischen Atomwaffen ausgerüstet werden. Die Verteidigungsminister billigen das von der Standing Group der NATO zusammen mit dem Militärausschuß erarbeitete Dokument MC 70, in dem die Personalstärke, Bewaffnung, Ausrüstung, Ausbildung und Dislozierung der Pakttruppen bis 1961/62 festgeschrieben wird. Damit wird, wie bereits auf der Ministerratstagung im Dezember 1957 in Paris angekündigt, die Ausstattung aller NATO-Streitkräfte mit taktischen Atomwaffen und die Stationierung atomarer Sprengköpfe in Westeuropa, die allerdings unter der Oberhoheit der USA verbleiben sollen, beschlossen.

15.-22. April An einer Konferenz unabhängiger afrikanischer Staaten in der ghanaischen Hauptstadt **Accra** nehmen Vertreter Äthiopiens, Liberias, Libyens, Marokkos, Sudans, Tunesiens, der Vereinigten Arabischen Republik und Ghanas teil. Als Beobachter sind auch Mitglieder der algerischen Befreiungsfront FNL und Unabhängigkeitskämpfer aus Kamerun vertreten. In seiner Eröffnungsrede verurteilt der Ministerpräsident des Gastgeberlandes, Kwame Nkrumah, alle Formen des Imperialismus und warnt zugleich vor einem neuen Imperialismus. Dieser verfolge seine Ziele nicht mehr allein mit militärischen Mitteln, sondern zunehmend durch wirtschaftliche Durchdringung, kulturelle Assimilation, ideologische Beeinflussung sowie psychologische und terroristische Kampfformen. Die afrikanischen Staaten sollten auf der Hut sein und sich nicht in die Streitigkeiten zwischen den Großmächten verwickeln lassen. In einer gemeinsamen Erklärung und mehreren

Resolutionen werden die Ziele für den Unabhängigkeitskampf der noch in kolonialer Abhängigkeit befindlichen afrikanischen Staaten definiert. In einer Resolution zum Algerienkonflikt fordern die Teilnehmer die Einstellung aller Feindseligkeiten und den sofortigen Rückzug aller französischen Truppen aus dem nordafrikanischen Land.

16. April In einer der größten Demonstrationen, die **Mannheim** je erlebt hat, ziehen 30.000 Menschen durch die Stadt und versammeln sich auf dem Marktplatz zu einer Protestkundgebung gegen die Atomrüstung. In einer von den Teilnehmern einmütig angenommenen Erklärung heißt es: »Wir rufen das gesamte deutsche Volk ohne Unterschied des Standes, der Konfession oder der Partei auf, sich einer lebensbedrohenden Rüstungspolitik zu widersetzen und stattdessen eine Politik der friedlichen Entwicklung zu fördern.«[94]

16. April Einem Aufruf der *IG Metall* zu einem Schweigemarsch durch die Innenstadt folgen in **Bremen** 8.000 Menschen, vorwiegend Arbeiter. Mit schwarzen Fahnen und »Kampf dem Atomtod«-Transparenten ziehen sie zu zwei Kundgebungen in

der »Glocke« und auf dem Domshof. Alle elf Redner, darunter auch Belegschaftssprecher von sechs Großbetrieben, fordern dazu auf, die Entscheidung für eine Ausrüstung der Bundeswehr mit Atomwaffen rückgängig zu machen. Der Fraktionsvorsitzende der SPD in der Bremer Bürgerschaft, Richard Boljahn, erklärt, daß die Bevölkerung der Hansestadt auf dem Wege einer Volksbefragung die Gelegenheit erhalte, zur Atombewaffnung Stellung zu nehmen.

16. April Die Volkskammer der DDR begrüßt in einer Sitzung in **Ost-Berlin** den am 31. März vom Obersten Sowjet gefaßten Beschluß, die Nuklearwaffenversuche in der Sowjetunion einseitig einzustellen, und drückt die Hoffnung aus, daß sich die Regierungen der beiden anderen Atommächte, der USA und Großbritanniens, diesem Schritt anschließen. Zugleich appelliert die Volkskammer an den Bundestag, der »Forderung der überwiegenden Mehrheit des deutschen Volkes« Rechnung zu tragen und die Atomkriegsgefahr zu beseitigen. In dem an zehn europäische Parlamente gerichteten Appell heißt es: »Durch den Beschluß des Bundestages sollen die furchtbarsten Massenvernichtungswaffen in die Hände von Generälen der ehemaligen faschistischen Hitler-Armee gelegt werden. Noch bluten in Ihrem Land die Wunden, die der zweite, von den deutschen Faschisten und Militaristen ausgelöste Weltkrieg der Bevölkerung ihres Landes schlug. Noch zeugen Ruinen von den faschistischen Kriegsverbrechen, noch trauern Frauen und Kinder um die Toten des Zweiten Weltkrieges. Die Mehrheit des Bundestages aber beschloß, Atomwaffen denen in die Hände zu geben, die diese Not und dieses Leid verursachten. Das bedeutet eine neue, noch ernstere Bedrohung für Leben und Gesundheit der Bevölkerung ihres Landes ... Wir Abgeordneten der Volkskammer sind der Auffassung, daß es noch nicht zu spät und möglich ist, die drohende Aggression des deutschen Imperialismus durch gemeinsamen Kampf zu verhindern.«[95] Außerdem werden Bundestag und Bundesregierung von der Volkskammer aufgefordert, Verhandlungen mit der Regierung der DDR aufzunehmen, um eine gemeinsame Stellungnahme zur sowjetischen Initiative vom 31. März abzugeben.

17. April In **Hamburg** folgen die in der Werft- und Metallindustrie Beschäftigten einem Aufruf des *Arbeitsausschusses* »Kampf dem Atomtod«, legen gegen 15 Uhr ihre Arbeit nieder und ziehen zusammen mit anderen Arbeitern und Angestellten in langen Marschkolonnen zum Rathausmarkt. Im Zug der Hafenarbeiter spielt eine Blaskapelle unter einem Transparent mit der Aufschrift »Hände weg von den Atomwaffen«. Die Arbeiter des Fischmarkts fordern auf einem Pappschild: »Generalstreik gegen Atom-

17.4.: Der BdD ruft in Hamburg mit Plakaten zu der Großkundgebung auf dem Rathausmarkt auf.

tod«. Durch die Mönckebergstraße, die Einkaufsmeile der Hafenstadt, ziehen Gewerkschafter mit Transparenten, auf denen Parolen zu lesen sind wie »Des Teufels Generale rufen wieder: Volk bezahle!«, »Wir wollen gesunde Kinder und keine Atomkrüppel« und »Werft Atomraketen samt Herrn Strauß im Bogen aus Europa raus«. In der gesamten Innenstadt ruht der Autoverkehr; die Polizei hat zwei Sperrgürtel eingerichtet. Da sich auch die Beschäftigten der öffentlichen Verkehrsbetriebe dem Protest angeschlossen haben, stehen Omnibusse, Straßenbahnen, die Hochbahnen und die Alsterschiffe für eine dreiviertel Stunde still; lediglich die S-Bahnen haben ihren Betrieb nicht eingestellt. Um 17 Uhr beginnt auf dem völlig überfüllten Rathausmarkt die von dem Arbeitsausschuß zusammen mit SPD und DGB organisierte Großkundgebung der Kampagne »Kampf dem Atomtod«. Vor 150.000 Menschen treten als Redner der Erste Bürgermeister der Freien und Hansestadt, Max Brauer (SPD), der Vorsitzende der *Gewerkschaft Gartenbau, Land- und Forstwirtschaft*, Heinz Frehsee, der FDP-Bundestagsabgeordnete Wolfgang Döring, der Vorsitzende des Landesverbands Hamburg des *Reichsbundes der Kriegs- und Zivilbeschädigten, Sozialrentner und Hinterbliebenen*, Edward Reimers, sowie der Schriftsteller Hans Henny Jahnn auf. Alle Redner greifen in ihren mit heftigem Beifall aufgegriffenen Beiträgen nicht nur die Politik der Bundesregierung, sondern auch die

17.4.: Kundgebung vor dem Hamburger Rathaus.

17.4.: Hamburgs Regierender Bürgermeister Max Brauer (SPD).

17.4.: Mitglieder des »Aktionskreises für Gewaltlosigkeit« im VdK bei einer Atommahnwache.

in dem dieser feststellt, daß die Absicht des Hamburger Senats, eine Volksbefragung zur Atombewaffnung durchzuführen, gegen das Grundgesetz verstoße. Brauer verteidigt dagegen das plebiszitäre Vorhaben und stellt fest: »Es ist sinnlos, in dieser Stunde über angebliche Gefahren einer plebiszitären Demokratie akademisch zu diskutieren. Aber wir wollen, daß die Meinung des Volkes respektiert wird. Wir sind der Auffassung, daß bei Entscheidungen über Leben oder millionenfachen Massentod auch eine Majorität im Bundestag und eine Bundesregierung nicht allein entscheiden können.«[96] Als er an die Menge die Frage richtet, ob »das Volk« in dieser Angelegenheit mitzusprechen habe, ertönt ein tausendfaches »Ja!«. Und als er weiterfragt, ob es eine Regierung wagen könne, darüber einsame Entschlüsse zu fassen, schallt es ebenso entschieden zurück: »Nein!« Auf den von christdemokratischer Seite erhobenen Vorwurf, durch die Volksbefragungsaktion werde die parlamentarische Demokratie untergraben, erwidert der Hamburger Bürgermeister: »Wir wollen sie retten. Wer gegen unsere freie Meinungsäußerung und leidenschaftliche Warnung juristische Haarspaltereien ins Feld führt, der hat offenbar Anlaß, die Meinung des Volkes zu fürch-

Zustimmung des Bundestages zur Atombewaffnung der Bundeswehr scharf an. Jahnn erklärt, daß sich eine Regierung, die die Möglichkeit der Vernichtung des eigenen Volkes in ihre Pläne miteinbeziehe, gefallen lassen müsse, wenn das Volk dagegen Maßnahmen ergreife. Wer bei den Bundestagswahlen CDU oder CSU gewählt habe, so Döring, hätte damit der Union auf keinen Fall eine »Vollmacht für ein politisches Hasardspiel« erteilen wollen. Wer jetzt immer noch die Politik der Bundesregierung unterstütze, der mache sich mitschuldig. Reimer bekundet, man möge lieber »die letzten Kriegsopfer für alle Zeiten« sein, lieber hundertmal demonstrieren, als »einen unserer Söhne« noch einmal in den Krieg ziehen zu lassen. Als Frehsee bekanntgibt, daß der DGB »noch nicht« zum Generalstreik aufrufe, weil man die Hoffnung nicht aufgeben wolle, daß die Bundesregierung durch die Anti-Atomtod-Bewegung doch noch zur Einsicht gebracht werde, wird er immer wieder durch Zwischenrufer unterbrochen, die einen »Generalstreik« fordern. Als letzter ergreift Brauer das Wort. Unter lauten Buhrufen verliest er ein Schreiben Bundeskanzler Adenauers,

ten.«[97] In Sprechchören schallt es zwischen den einzelnen Redebeiträgen immer wieder: »Hamburg ruft aus vollem Hals, Atombewaffnung keinesfalls – kein Hanseat Atomsoldat!«[98] Auf den Transparenten einzelner Kundgebungsteilnehmer sind Parolen zu lesen wie »Keine Raketen und Atome – wir wollen atomwaffenfreie Zone«, »Atome nur für den Frieden« und »Adenauer ist 82 – wir wollen auch 82 werden«. Eine Gruppe von Frauen und Kindern hat sich Pappschilder umgehängt, auf denen an die Schrecken des Atombombenabwurfs auf Hiroshima erinnert wird. – Im Anschluß an die Großkundgebung beginnt die erste »Atom-Mahnwache« der Bundesrepublik. 14 Tage und Nächte lang – bis zum 1. Mai – wechseln sich auf dem Rathausmarkt alle zwei Stunden die Mitglieder eines *Aktionskreises für Gewaltlosigkeit* im *Verband der Kriegsdienstverweigerer* (VdK) zu dieser symbolischen Aktion rund um die Uhr ab. Initiator der Marathon-Mahnwache ist der 26jährige Hamburger Lehrer, Pazifist, Sozialdemokrat und Quäker Hans-Konrad Tempel.

17. April In **Paris** protestieren die Schriftsteller André Malraux, Roger Martin du Gard, François Mauriac und Jean-Paul Sartre in einem an Staatspräsident René Coty gerichteten Schreiben gegen die Beschlagnahme des von Henri Alleg verfaßten Buches »La Question« und aller in diesem Zusammenhang erlassenen Presseverbote. Die in dem Buch gegen französische Fallschirmjäger erhobenen Foltervorwürfe müßten von unabhängigen Instanzen geprüft werden. Die prominenten Autoren fordern außerdem die französische Regierung »ultimativ« auf, die Anwendung der Folter »ohne Abstriche« zu verurteilen.

17. April Vor dem Senatskomitee für Abrüstungsfragen in **Washington** erklärt der technische Chefberater des US-Präsidenten, der Atomphysiker Hans Bethe, in einer vertraulichen Zeugenaussage, daß die Vereinigten Staaten einen erheblichen Vorteil erzielen könnten, wenn sie eine kontrollierte Einstellung der Atomwaffentests mit der Sowjetunion aushandeln würden. Es sei ein Resultat einfachster Logik, meint der aus Deutschland stammende, 1933 emigrierte und an der Entwicklung der Atombombe beteiligte Wissenschaftler, wenn man zu der Ansicht käme, daß ein Teststopp für einen Staat, der selber in der Atomrüstung die Führung innehabe, nur von Vorteil sein könne.

18. April Nach einem von der *Internationale der Kriegsdienstgegner* (IdK) veranstalteten Autokorso, bei dem 200 Personenwagen mit »Kampf dem Atomtod«-Transparenten durch die Innenstadt von **München** fahren, versammeln sich am Abend mehrere

tausend Menschen zu einer Kundgebung des *Komitees gegen Atomrüstung* im Circus-Krone-Bau. Da die Halle nur 4.000 Zuhörern Platz bietet, müssen trotz kühler Witterung über 6.000 Menschen die von Lautsprechern übertragene Veranstaltung im Freien mitverfolgen. Als Redner treten der Landesvorsitzende der SPD, Waldemar von Knoeringen, der bayerische DGB-Landesvorsitzende Ludwig Linsert, die FDP-Landtagsabgeordnete Hildegard Brücher, der Publizistik-Professor Walter Hagemann, der Mitbegründer der *Gruppe 47*, Hans Werner Richter, der Präsident des bundesdeutschen PEN-Zentrums, Erich Kästner, der Physikprofessor Georg Joos, der Mediziner Dr. Karl-Heinz Stauder und – als Vertreterin von LSD und SDS – die Studentin Erika Runge auf. In seiner Eröffnungsrede verkündet Hans Werner Richter stolz: »In dieser Stunde protestiert mit

17.4.: Mütter demonstrieren zusammen mit ihren Kindern auf dem Hamburger Rathausmarkt.

17.4.: Einer der Demonstrationszüge auf seinem Weg durch die Hamburger Innenstadt.

18.4.: Demonstranten mit Schutzanzügen auf der Münchener Kundgebung; sitzend (v.l.n.r.) der Filmschauspieler Dieter Borsche und der Schriftsteller Erich Kästner.

18.4.: Kästner bei seiner Rede im Circus-Krone-Bau.

auffolgenden zehn Wochen veranstaltet das Münchner *Komitee gegen Atomrüstung* mit ähnlicher Rednerbesetzung Kundgebungen in allen bayrischen Groß- und vielen Mittel- und Kleinstädten.

18. April Vor dem Rathaus in **Bielefeld** versammeln sich mehr als 25.000 Menschen zu einer weiteren Protestkundgebung des *Arbeitsausschusses »Kampf dem Atomtod«* (KdA). Zu den Demonstranten, unter denen sich auch die Belegschaften zahlreicher Betriebe befinden, sprechen der SPD-Bundestagsabgeordnete Heinz Kühn, der nordrhein-westfälische Finanzminister und FDP-Landesvorsitzende Willi Weyer, der Theologieprofessor Wolfgang Schweitzer (Bethel) und der Vorsitzende des Arbeitsausschusses, Otto Walpert. Während der Kundgebung steht ein Teil des städtischen Straßenbahn- und Omnibusverkehrs still.

uns fast das gesamte geistige Deutschland.«[99] Außerdem kann er Grußbotschaften des Schweizer Schriftstellers Max Frisch, des italienischen Filmregisseurs Roberto Rosellini sowie des französischen Philosophen und Dramatikers Jean-Paul Sartre verlesen, die eine internationale Resonanz der bundesdeutschen Anti-Atomtod-Bewegung bezeugen. Im weiteren Verlauf des Abends ruft Waldemar von Knoeringen mit ähnlichem Tenor wie Richter zu einer »Offensive der Freiheit gegen den Geist der totalitären Macht« auf, was sich auch in dem zum Abschluß der Veranstaltung verlesenen Aufruf des Komitees niederschlägt: »Wir können nicht glauben, daß über das Fortbestehen der Menschheit Minister und Generale allein entscheiden dürfen und gegen den Rat und die verzweifelten Warnungen der Naturwissenschaftler, Theologen und Philosophen. Wir glauben nicht, daß die Politik jetzt und für alle Zukunft der Moral befehlen kann, zu schweigen. Wir rufen alle deutschen Bürger auf, einzusehen, daß unsere Soldaten niemals ihr Volk mit Waffen verteidigen können, deren Anwendung sie mitschuldig am Untergang aller Völker werden läßt. Wir bitten unsere Abgeordneten, ihr Gewissen zu prüfen und die Warnungen der Sachverständigen zu hören. Wir beschwören unsere Regierung, nicht die parlamentarische Demokratie in Mißkredit zu bringen.«[100] In einem Schweigemarsch ziehen die meisten Teilnehmer anschließend zum Platz der Opfer des Faschismus. Dort besteigt ein Komiteesprecher das Dach eines Autos und ruft den in nächtlicher Kälte Versammelten über Lautsprecher zu: »Das gute Gewissen wird letzten Endes den Sieg davontragen!«[101] – In den dar-

KEINE EXPERIMENTE KEINE ATOMRÜSTUNG
Wir protestieren gegen die atomare Bewaffnung der Bundeswehr

18. April Mehrere hundert Frauen ziehen in **Dortmund** in einem Schweigemarsch zur Westfalenhalle. Dort nehmen sie an einer in der kleinen Halle durchgeführten Protestkundgebung gegen die Atombewaffnung der Bundeswehr teil, die von insgesamt 3.000 Menschen besucht ist. Hauptredner in der durch die Nachricht, daß demnächst im Stadtgebiet ein britisches Raketenregiment stationiert werden solle, besonders aufgeladenen Atmosphäre sind der sozialdemokratische Bundestagsabgeordnete Heinz Kühn, der Oberkirchenrat Heinz Kloppenburg und der Schriftsteller Paul Schallück. Der Oldenburger Oberkirchenrat ruft den Teilnehmern zu: »Die Atomaufrüstung ist nicht nur ein Verrat am christlichen Glauben, sie ist eine Gotteslästerung. Wir verstehen nicht, warum die katholische Kirche schweigt.«[102] Und Kühn meint: »Wenn die Bundesregierung den Atomkrieg nicht verhindern will, soll sie abtreten. Der reiselustige alte Herr Bundeskanzler möge nicht nur nach Griechenland zu den Ruinen der Antike, sondern auch zu den Trümmern unserer Zeit, nach Hiroshima fahren, um dort gründlichen Anschauungsunterricht zu genießen.«[103]

18. April In der **Nürnberg**er Messehalle kommen 5.000 Menschen zu einer weiteren Protestveranstaltung gegen die Atomrüstung zusammen. Auf den Transparenten der Teilnehmer sind Parolen zu lesen wie »Unsere Generation will so alt werden wie Adenauer!« und »Wir wollen tüchtige Facharbeiter werden – keine Brudermörder!«. Der Bürgermeister der Stadt, Franz Haas, ermahnt die Versammelten, nicht an einer verbrecherischen Zukunft mitschuldig zu werden. Der Münchner Rechtsanwalt Walter Lidl, Bundesvorstandsmitglied der *Internationale der Kriegsdienstgegner* (IdK) fordert als Antwort auf die Bundestagsentscheidung vom 25. März einen einstündigen Warnstreik in allen Betrieben und – wenn das immer noch nichts helfe – die Ausrufung eines Generalstreiks.

18. April In **Oldenburg** beschließt die *Arbeitsgemeinschaft Oldenburger Frauenvereine* auf ihrer monatlichen Versammlung, sich der Bewegung »Kampf dem Atomtod« aktiv anzuschließen. Es sei die Aufgabe aller Frauen und Mütter, heißt es in einer Erklärung, sich gegen die tödliche Gefahr des Atomkrieges aufzulehnen.

18. April Die 2. Große Strafkammer des Landgerichts **West-Berlin** verurteilt den 28jährigen Lokomotivheizer Eberhard Sackersdoff wegen politischer Denunziation unter Anrechnung der Untersuchungshaft zu einer Gefängnisstrafe von drei Monaten. Der erst im Dezember 1957 nach West-Berlin geflohene Angeklagte war zunächst bei der Reichsbahn in Leipzig als Lokheizer tätig und dann zur Volkspolizei im sächsischen Löbau übergewechselt. Er hatte dort im Juli 1952 eine Verpflichtung unterschrieben, unter dem Decknamen »Sturmvogel« dem Ministerium für Staatssicherheit (MfS) über die politische Einstellung seiner Kollegen Mitteilung zu machen. Bis zum Frühjahr 1956 hatte Sackersdoff dann wiederholt über regimekritische Äußerungen

von Angehörigen seiner Kompanie Bericht erstattet. Das Gericht sieht es als erwiesen an, daß der Angeklagte durch seine »Spitzelberichte« andere der Gefahr ausgesetzt hat, aus politischen Gründen verfolgt zu werden und dabei Schaden an Leib und Leben zu nehmen.

18.-20. April Am »5. Deutschen Friedenskongreß« in **Leipzig** beteiligen sich etwa 1.000 Delegierte von Friedensräten der DDR, über 200 Gäste der »Kampf dem Atomtod«-Bewegung aus der Bundesrepublik und Vertreter der *Weltfriedensbewegung* aus 17 verschiedenen Staaten. Als Hauptredner schlägt der Präsident des *Deutschen Friedensrates*, Walter Friedrich, dem zentralen *Arbeitsausschuß »Kampf dem Atomtod«* (KdA) vor, gemeinsame Kundgebungen mit paritätisch bestimmter Rednerzahl in der Bundesrepublik und der DDR durchzuführen. Die Teilnehmer des Kongresses verabschieden einen »Offenen Brief an die Bürger Westdeutschlands« und neh-

18.4.: Schweigemarsch nach Abschluß der Münchener Kundgebung; die Demonstranten zitieren ironisch den CDU-Slogan der letzten Bundestagswahlen.

18.4.: Schweigemarsch Dortmunder Frauen.

men einstimmig das Manifest »Kampf dem Atomtod« an: »Wir stellen fest: Die atomare Aufrüstung der Bundeswehr verwandelt Westdeutschland in den gefährlichsten Raketenstützpunkt der NATO. Sie versperrt den Weg zur demokratischen Wiedervereinigung Deutschlands. Sie wirft schon heute Schatten der Vernichtung auf unser Land. Wir klagen die Verantwortlichen an, die NATO statt der Nation, den Atomkrieg statt des Friedens zu wählen ... Das allen drohende Unheil kann nur abgewendet werden durch gemeinsame Anstrengungen aller Organisationen, Bewegungen und Persönlichkeiten in beiden deutschen Staaten, die gegen die Vorbereitung des Atomkrieges kämpfen. Für diesen Zusammenschluß ist es höchste Zeit. Wir rufen zur Volksentscheidung gegen den Atomtod! Der Wille des Volkes muß zu einer unüberwindlichen Macht werden. Wir stellen fest: Schon Versuche mit Kernwaffen sind eine große Gefahr für geborenes und ungeborenes Leben. Die Anwendung von Atomwaffen wäre Mord an Millionen und Verwüstung weiter Gebiete der Erde. Wir fordern: Alle Experimente mit Atomwaffen werden eingestellt. Der radioaktiven Verseuchung der Erde wird ein Ende gesetzt. Die vorhandenen Kernwaffen werden vernichtet. Die Produktion wird sofort eingestellt.«[104] In einer separaten Sitzung beschließen die am Friedenskongreß teilnehmenden evangelischen Christen, einen Appell an die Teilnehmer der in einer Woche in Berlin-Spandau stattfindenden EKD-Synode zu richten, die Atombewaffnung der Bundeswehr und den Militärseelsorgevertrag vom Vorjahr einmütig abzulehnen. Als Präsident des *Deutschen Friedensrates* wird der Professor für medizinische Physik Walter Friedrich wiedergewählt. In seinem Amt bestätigt wird auch der bisherige Generalsekretär Heinz Willmann (SED). Als Vizepräsidenten werden der Direktor des Instituts für Kernphysik in Rossendorf bei Dresden, Professor Heinz Barwich, die ehemalige Widerstandskämpferin in der *Roten Kapelle* und jahrelange Präsidentin der Deutschen Notenbank, Greta Kuckhoff (SED), sowie der Sekretär des FDGB-Bundesvorstands, Josef Orlopp (SED), gewählt.

19.4.: Fackelzug in Kiel.

19. April In der Halle 2 auf dem **Frankfurt**er Messegelände spricht auf einer »Kampf dem Atomtod«-Kundgebung vor etwa 8.000 Demonstranten der frühere CDU-Innenminister und GVP-Vorsitzende Gustav Heinemann, jetzt Bundestagsabgeordneter der SPD. Er bezeichnet den Bundestagsbeschluß vom 25. März als eine Ermächtigung zu einer nicht voraussehbaren Politik, die schon einmal das deutsche Volk ins Verderben gestürzt habe. Das Mittel der Volksbefragung sei rechtens, obwohl es nicht im Grundgesetz vorgesehen sei. Ihm liege ein Gerichtsurteil

vom 2. August 1954 vor, in dem ausdrücklich festgestellt wird, daß Volksbefragungen nicht gegen die Verfassung verstießen. In Anspielung auf die immer wieder vorgebrachte Behauptung, die Bewegung der Atomwaffengegner sei von der SED ferngesteuert, erklärt er: »Ich möchte auch nicht unter dem totalitären System des Ostens leben. Offen gesagt, ich möchte unter gar keinem totalitären System leben.«[105] Heinemann betont, daß Atomwaffen nicht nur keine Verteidigungswaffen im Kriegsfall seien, sondern bereits zu Friedenszeiten eine Bedrohung darstellten. Nicht auf die Bewährung im Krieg komme es an, sondern auf die Bewährung im Frieden. – Weitere Kundgebungen gegen die Atomrüstung finden an diesem Tag in **Duisburg**, **Düsseldorf**, **Opladen** und **Flensburg** statt. – In **Braunschweig**, **Göttingen**, **Hanau**, **Lübeck** und **Wedel** bei Hamburg konstituieren sich weitere lokale *Arbeitsausschüsse* »*Kampf dem Atomtod*« (KdA).

19. April Die »Neue Rhein Zeitung« meldet, daß sich auch in **Düsseldorf** ein *Arbeitsausschuß* »*Kampf dem Atomtod*« (KdA) gebildet hat. Ihm gehören u. a. Oberbürgermeister Georg Glock (SPD), Bundesarbeitsrichter Erich Bührig, Pfarrer Klaus Lohmann und die Kabarettistin Lore Lorentz an. Mehrere hundert Einwohner haben sich in nur kurzer Zeit für die Aktion »Kampf dem Atomtod« ausgesprochen.

19. April Im Anschluß an eine vom *Bund der Deutschen* (BdD) in der **Kiel**er Ostseehalle veranstaltete Kundgebung gegen die Atombewaffnung ziehen die Teilnehmer mit Fackeln durch die schleswig-holsteinische Landeshauptstadt.

19. April Auf einem außerordentlichen Landesparteitag der SPD in **West-Berlin** der zu der Frage eines wirkungsvollen Widerstandes gegen die Atombewaffnung der Bundeswehr einberufen worden ist, fordert der Kreisverband Schöneberg, eine Volksbefragung zur Atomrüstung zu organisieren. Dieser Vorschlag ruft beim Landesvorsitzenden und Regierenden Bürgermeister der Stadt, Willy Brandt, so heftige Kritik hervor, daß er mit seinem Rücktritt droht. In der folgenden Kampfabstimmung kann sich der Antrag des Landesvorstands, der eine Volksbefragung zwar nicht prinzipiell ablehnt, aber auf unbestimmte Zeit verschiebt, schließlich mit 111:103 Stimmen knapp durchsetzen.

20. April Der Zentrale Arbeitsausschuß der *Aktionsgemeinschaft gegen die atomare Aufrüstung der Bundesrepublik* kommt unter der Leitung des Hamburger Professors Kurt Gröbe zu seiner ersten Sitzung in **Köln** zusammen. Die Mitglieder beschließen, einen *Ständigen Kongreß gegen die atomare Aufrüstung* der Bundesrepublik einzurichten, für den 15. Juni eine erste Tagung des Kongresses im Ruhrgebiet anzuberaumen und mit den *Arbeitsausschüssen* »Kampf dem Atomtod« zu kooperieren, ohne dabei auf eigene Initiativen zu verzichten. Auf der geplanten NATO-Außenministerkonferenz in Stockholm wollen Delegierte eine Adresse überreichen, in der auf die ablehnende Haltung der überwältigenden Mehrheit der deutschen Bevölkerung gegenüber der Atombewaffnung aufmerksam gemacht werden soll. Eine Delegation soll nach England reisen, um mit der dortigen Bewegung gegen die Atombewaffnung Kontakt aufzunehmen. In einem Aufruf zum 1. Mai ruft der Zentrale Arbeiterausschuß »alle verantwortungsbewußten Menschen in der Bundesrepublik« auf, zusammen mit den Gewerkschaften gegen die atomare Aufrüstung zu demonstrieren. Damit es vor aller Welt offenbar werde und die Bundesregierung ihren Beschluß zur Atombewaffnung der Bundeswehr zurücknehme, solle der 1. Mai zu »einer machtvollen Demonstration des Volkswillens« werden. Dem Zentralen Arbeitsausschuß gehören u. a. die Wuppertaler Professorin Renate Riemeck, der katholische Religionsphilosoph Professor Johannes Hessen und der Professor für Volkswirtschaft und Finanzwissenschaft an der Universität Würzburg, Franz Paul Schneider, an. Ein Aufruf zur Gründung der *Aktionsgemeinschaft gegen die atomare Aufrüstung der Bundesrepublik* war u. a. von dem Intendanten des Deutschen Theaters in Göttingen, Heinz Hilpert, dem evangelischen Kirchenpräsidenten Martin Niemöller (Wiesbaden), dem Studentenpfarrer Herbert Mochalski (Darmstadt), den Schriftstellern Albrecht Goes (Stuttgart), Erich Kästner (München) und Günther Weisenborn (Hamburg) sowie den Professoren Fritz Baade (Kiel), Walter Hagemann (Münster), Otto Pankok (Düsseldorf) und Leo Weismantel (Jugenheim an der Bergstraße) unterzeichnet worden.

20. April In der Wenzelbergschlucht bei **Solingen** nehmen mehrere tausend Menschen an einer Gedenkveranstaltung für die dort am 13. April 1945 von den Nazis ermordeten 72 Widerstandskämpfer teil. Der Kölner Pfarrer Ruhpieper kritisiert in sei-

ner Ansprache die verbreitete Auffassung, den Opfern der NS-Herrschaft werde durch ein stilles Gedenken angemessener gedacht als durch große Veranstaltungen. Als die Männer in der Wenzelsburgschlucht starben, seien sie von Schweigen umfangen gewesen. Nur die dröhnenden Todeskommandos hätten dieses Schweigen zerrissen. Das deutsche Volk, sagt er, gedenke viel zu wenig der Taten, durch die es einst in Verruf gebracht worden ist. Es sei unerträglich, daß sich die Mörder heute zumeist besser stünden als die Opfer, die überlebt haben. Die Forderung müsse deshalb lauten, daß die Mörder sich nicht mehr länger frei bewegen dürften und besser lebten als die Hinterbliebenen ihrer Opfer. Der Vorsitzende des DGB-Landesbezirks Nordrhein-Westfalen, Peter Michels, erklärt, daß der »Ungeist des Nazismus« heute erneut sein Haupt erhebe. Der Geist, der einem aus den Zuhörerreihen vieler Gerichtssäle und auf der Straße entgegenschlage, lasse nur den Schluß zu, daß viele Deutsche nichts aus Nazismus und Antisemitismus gelernt hätten. Im Namen des DGB und zahlreicher anderer Organisationen werden anschließend zur Erinnerung an die Toten Kränze am Mahnmal niedergelegt.

20. April Auf einer Protestversammlung in **Mainz** wenden sich 81 Bauern, Winzer und Gärtner in aller Entschiedenheit gegen eine Ausrüstung der Bundeswehr mit Atomwaffen. Sie fordern die rheinland-pfälzischen Gebietsbauernverbände auf, sich den Protesten der Wissenschaftler und Gewerkschaftler anzuschließen.

20. April In einer Feierstunde im Ernst-Reuter-Haus in **West-Berlin** gedenkt die *Jüdische Gemeinde* der Opfer des Aufstands im Warschauer Ghetto vor 14 Jahren. Ihr Vorsitzender Heinz Galinski warnt in seiner Ansprache vor einem Wiederaufleben von Antisemitismus und Nationalsozialismus in der Bundesrepublik. Die große Gefahr der Gegenwart liege in der Vergeßlichkeit der Menschen. Wer heute noch die NS-Politik billige, der habe es verwirkt, ein »Mitglied der menschlichen Gemeinschaft« zu sein. Innensenator Joachim Lipschitz (SPD) hebt in seiner Rede das stille Heldentum der jüdischen Aufständischen hervor. Die 2.000 DM-Prämie des in diesem Jahr nicht vergebenen Heinrich-Stahl-Preises wird als Grundstock in einen Fonds eingezahlt, mit dem Personen unterstützt werden sollen, die in der NS-Zeit verfolgten Juden geholfen haben.

20. April Unter der Überschrift »Ich stehe auf dem Boden der DDR« erscheint im SED-Zentralorgan »Neues Deutschland« eine Loyalitätserklärung des von seinem Institut ausgesperrten und faktisch mit einem Berufsverbot belegten Leipziger Philosophen

22.4.: Protestkundgebung auf dem Stuttgarter Karlsplatz.

Ernst Bloch. Die Erklärung lautet: »In einer Zeit, wo der Bundestag die Atomaufrüstung beschließt, die Sowjetunion dagegen zur Einstellung aller Atombombenversuche in ihrem Territorium sich bereit erklärt, in solcher Zeit muß ich mit Zorn immer wieder hören, daß Kriegshetzer in Westdeutschland, und nicht nur dort, mit meinem Namen versuchen, politische Geschäfte zu betreiben. Davon distanziere ich mich energisch. Keine philosophische Diskussion berührt mein Bekenntnis zum Sozialismus, zum Frieden, zur deutschen Einheit. Und es ist die Deutsche Demokratische Republik, auf deren Boden ich stehe, mit deren humanistischem Anliegen ich übereinstimme, in deren Zentrum die Abschaffung der Ausbeutung von Menschen durch den Menschen steht. Auch Kritik kann nur reinlich sein, wenn sie hier auf dem Boden der Republik geschieht und sich unmißverständlich auf sozialistischem Weg befindet, auf keinem anderen.«[106]

„Ich stehe auf dem Boden der DDR"

Erklärung von Prof. Dr. Ernst Bloch

Berlin (ND). Wir erhielten von Prof. Dr. Ernst Bloch, Leipzig, die nachstehend veröffentlichte Erklärung:
In einer Zeit, wo der Bundestag die Atomaufrüstung beschließt, die Sowjetunion dagegen zur Einstellung aller Atombombenversuche in ihrem Territorium sich bereit erklärt, in solcher Zeit muß ich mit Zorn immer wieder hören, daß Kriegshetzer in Westdeutschland, und nicht nur dort, mit meinem Namen versuchen, politische Geschäfte zu betreiben; Davon distanziere ich mich energisch;

Keine philosophische Diskussion berührt mein Bekenntnis zum Sozialismus, zum Frieden, zur deutschen Einheit. Und es ist die Deutsche Demokratische Republik, auf deren Boden ich stehe, mit deren humanistischem Anliegen ich übereinstimme, in deren Zentrum die Abschaffung der Ausbeutung von Menschen durch den Menschen steht. Auch Kritik kann nur reinlich sein, wenn sie hier auf dem Boden der Republik geschieht und sich unmißverständlich auf sozialistischem Weg befindet, auf keinem anderen;

20.4.: Loyalitätserklärung des mit einem Lehrverbot belegten Leipziger Philosophieprofessors im SED-Zentralorgan.

21. April Der Direktor des Instituts für Publizistik an der Universität **Münster**, Professor Walter Hagemann, wird von einem Ehrengericht des CDU-Kreisverbandes Münster-Stadt wegen »parteischädigenden Verhaltens« aus der CDU ausgeschlossen. – Der 58jährige Hagemann, der seit der Gründung der CDU im Jahr 1945 deren Mitglied war, hatte sich in jüngster Vergangenheit mehrfach gegen die Befürwortung der Atomrüstung durch den Parteivorstand der CDU und die Bundesregierung ausgesprochen. Zuletzt hatte er am 18. April in einem Interview mit der »Westfälischen Rundschau« erklärt: »Auch in der CDU, der ich angehöre, gibt es abweichende Meinungen, wie Äußerungen prominenter Persönlichkeiten in den verschiedenen Wochen gezeigt haben. Aber es fehlte ihnen an der notwendigen Zivilcourage, diese Auffassungen auch gegenüber dem Parteiführer und Regierungschef aufrechtzuerhalten. Wer nicht bereit ist, um einer lebenswichtigen Frage willen auch ernste persönliche Nachteile in Kauf zu nehmen, der verscherzt den Anspruch, öffentlich Verantwortung zu tragen. Das gilt auch für einige meiner Kollegen, die gleichfalls entschiedene Gegner des atomaren Wahnsinns sind,

aber sich aus akademischer Tradition oder aus falscher Rücksichtnahme scheuen, ihre Meinung öffentlich kundzugeben.«[107]

21. April Aus Protest gegen die Atombewaffnung der Bundeswehr legen in **Hanau** die mehr als 5.000 Beschäftigten der Dunlop-Reifenwerke für zehn Minuten ihre Arbeit nieder. Der Betriebsratsvorsitzende des größten Industriebetriebes der Stadt hatte kurz zuvor bekanntgegeben, daß sich der britische Generaldirektor der Firma, Ernest F. Hingeley, damit einverstanden erklärt habe.

21. April In **Duisburg** wird die *Arbeitsgemeinschaft gegen atomare Aufrüstung der Bundesrepublik* gegründet. Ihr Ziel ist es, den Aufruf der 44 Professoren und den Frankfurter Aufruf »Kampf dem Atomtod« mit allen geeigneten Maßnahmen zu unterstützen. Die Arbeitsgemeinschaft, die sich ebenfalls für eine Volksbefragung einsetzt, will als erstes einen »Aufruf gegen die atomare Aufrüstung der Bundesrepublik« zum 1. Mai herausbringen. Dem geschäftsführenden Ausschuß der Arbeitsgemeinschaft gehören Kurt Essen, Gerhard Heinrichs, Cläre Kirschbaum, Anton Moritz, Otto Nießen, Engelbert Vollmer und Kurt Winter an.

22. April An einer vom DGB organisierten »Kampf dem Atomtod«-Kundgebung in **Wuppertal** nehmen 15.000 Menschen teil. Hauptrednerin auf der größten Kundgebung in der Nachkriegsgeschichte der Stadt ist die 37jährige Professorin an der Pädagogischen Akademie Renate Riemeck.

22. April Der örtliche *Arbeitsausschuß »Kampf dem Atomtod«* (KdA) führt in **Minden** (Westfalen) eine Kundgebung gegen die atomare Aufrüstung durch.

Redner sind der SPD-Bundestagsabgeordnete Ulrich Lohmar, die nordrhein-westfälische Landtagsabgeordnete Maria Meyer-Sevenich (SPD), Oberkirchenrat Heinz Kloppenburg und der Vorsitzende des *Kampfbundes gegen Atomschäden* (KgA), Dr. Bodo Manstein.

22. April An einer Großkundgebung des örtlichen *Arbeitsausschusses »Kampf dem Atomtod«* (KdA) nehmen in **Stuttgart** trotz regnerischen Wetters 12.000 Menschen teil. Um sich an der Protestveranstaltung beteiligen zu können, haben in den Betrieben viele Beschäftigte ihre Arbeit vorzeitig beendet. Hauptredner sind der SPD-Bundestagsabgeordnete Erwin Schoettle, der Pfarrer Herbert Werner und Karl Schwab von der *IG Metall*.

23. April Das Schwurgericht beim Landgericht **Nürnberg** spricht nach sechswöchiger Verhandlung im »Standgerichtsprozeß Simon« vier Angeklagte aus Mangel an Beweisen vom Vorwurf des Mordes in Tateinheit mit Rechtsbeugung und zwei vom Vorwurf des Totschlags frei. Der inzwischen als Versicherungsvertreter tätige ehemalige SS-General Max Simon war zusammen mit fünf seiner früheren Untergebenen beschuldigt worden, kurz vor Kriegsende in Brettheim bei Rothenburg ob der Tauber mehrere Einwohner »wegen Wehrkraftzersetzung« zum Tode verurteilt und hingerichtet zu haben. Kurz vor Kriegsende, im April 1945, hatten der Bauer Hanselmann und der Gemeindediener Uhl vier »Hitlerjungen«, die die Ortschaft mit Panzerfäusten gegen die vorrückenden Amerikaner verteidigen wollten, kurzerhand entwaffnet. Als Simon, der kommandierende General des XIII. SS-Armee-Korps davon erfuhr, beorderte er den SS-Sturmbannführer Friedrich Gottschalk nach Brettheim, um die »Schweinerei« aufzuklären und die »Vaterlandsverräter« einer »gerechten Strafe« zuzuführen.

Der zog mit einer Gruppe »Hitlerjungen« in den fränkischen Ort ein, rief ein Standgericht zusammen und verurteilte den Bauern und in Abwesenheit den inzwischen geflüchteten Gemeindediener »wegen Wehrkraftzersetzung« zum Tode. Bürgermeister Gackstatter und Lehrer Wolfmeyer, der zugleich auch Ortsgruppenleiter der NSDAP war, wurden angewiesen, das Todesurteil zu unterzeichnen. Als sich diese jedoch weigerten, wurden sie einen Tag darauf ebenfalls zum Tode verurteilt. Nachdem SS-General Simon die Bitte um Begnadigung mit der Bemerkung abgelehnt hatte, daß die Verurteilten zehn Jahre »Heil Hitler« geschrien hätten und jetzt dem deutschen Volk in den Rücken fielen, wurden Hanselmann, Gackstatter und Wolfmeyer zum Friedhof geführt und dort an zwei Lindenbäumen aufgehängt. In einem ersten Verfahren vor dem Schwurgericht Ansbach waren Simon und die beiden Standgerichtsvorsitzenden Gottschalk und Otto im Oktober 1955 schon einmal mit der Begründung freigesprochen worden, daß ihnen eine vorsätzliche Rechtsbeugung nicht nachzuweisen sei. Der Bundes-

22.4.: Renate Riemeck spricht erneut auf einer Kundgebung in Wuppertal.

21.4.: Der Publizistikprofessor Walter Hagemann.

23.4.: Die Angeklagten vor dem Nürnberger Gericht (v.l.n.r.): Simon, Gottschalk und Otto.

gerichtshof in Karlsruhe hatte dieses Urteil dann am 7. Dezember 1956 aufgehoben. In der Urteilsbegründung des Nürnberger Schwurgerichts heißt es nun, es hätte nicht nachgewiesen werden können, daß mit dem Standgerichtsverfahren »rechtsfremde Ziele« verfolgt worden wären. Es fehle außerdem an dem Nachweis, daß die Anordnung, die Todesurteile zu vollstrecken, im Bewußtsein der Rechtswidrigkeit erfolgt sei. Simon war 1947 von einem britischen Militärgericht in Padua wegen der Verübung von Kriegsverbrechen zum Tode verurteilt, jedoch 1948 von der englischen Königin zu einer 21jährigen Haftstrafe begnadigt und schließlich im November 1954 vorzeitig aus der Haftanstalt Werl entlassen worden. Simon, der 1932 in die NSDAP und ein Jahr später in die SS eingetreten war, hat vor Gericht erklärt, er sei immer Soldat gewesen. Befehl und Gehorsam hätten für ihn an erster Stelle gestanden. Deshalb hätte er auch den Befehl, »bis zum Letzten zu kämpfen«, widerspruchslos durchgeführt.

23.4.: »Spuk in Nürnberg.« Karikatur der »Süddeutschen Zeitung« zum Prozeß gegen die ehemaligen SS-Offiziere und ihre Mitangeklagten.

24. April Im Bundestag in **Bonn** trägt der sozialdemokratische Abgeordnete Walter Menzel den Antrag seiner Fraktion vor, ein Gesetz zur Durchführung einer bundesweiten Volksbefragung gegen die atomare Ausrüstung der Bundeswehr zu verabschieden. Durch den Parlamentsbeschluß vom 25. März, die Bundesrepublik am atomaren Wettrüsten zu beteiligen, sei ein »Notstand« herbeigeführt worden. In einer so gewichtigen Frage gehe es nicht an, »dem Volk das Maul zu verbinden« und es erst in vier Jahren wieder an die Wahlurne zu lassen. Während Bundesinnenminister Gerhard Schröder die rechtlichen Gesichtspunkte für die ablehnende Haltung der Regierung darlegt, meint der CDU-Abgeordnete Rainer Barzel, daß eine Volksbefragung gegen Geist und Buchstaben des Grundgesetzes verstoße. Die gesamte Kampagne werde von der Sprache des Aufruhrs geprägt. Deshalb sei vor der Gefahr innerer Unordnung zu warnen. – In einem Kommentar der »Frankfurter Rundschau« heißt es dazu: »Nicht, daß die Mehrheitspartei die Volksbefragung ablehnt, ist das schlimmste, viel schlimmer ist die polizeistaatliche Mentalität des ›was nicht erlaubt ist, ist verbo-

ten‹, die Menschenverachtung und der kaum verschleierte Anspruch, mit dem vom Volk bei der Wahl gegebenen Blankoauftrag machen zu können, was man als Parteimehrheit will.«[108]

24. April Hauptredner auf einer von der *Arbeitsgemeinschaft zur Wahrung des Rechts auf Kriegsdienstverweigerung* in **Münster** (Westfalen) durchgeführten Kundgebung gegen die Atombewaffnung ist der evangelische Oberkirchenrat Heinz Kloppenburg.

24. April Die Stadtverordnetenversammlung von **Darmstadt** nimmt einen Antrag der SPD-Fraktion an, eine Volksbefragung über die Atombewaffnung der Bundeswehr durchzuführen. Den wahlberechtigten Bürgern der südhessischen Stadt soll die Frage vorgelegt werden, ob sie damit einverstanden seien, daß auf deutschem Boden Streitkräfte mit atomaren Sprengkörpern ausgerüstet und Abschußbasen für Atomgeschosse errichtet werden sollen. Die Abgeordneten der CDU-Fraktion haben den Sitzungssaal vor der Abstimmung verlassen.

24. April Das Münchner *Komitee gegen Atomrüstung* veranstaltet in **Fürth** eine Kundgebung gegen die Atombewaffnung der Bundeswehr. Als Redner treten der stellvertretende SPD-Vorsitzende Waldemar von Knoeringen, Professor H. Franke und der Schriftsteller Hans Helmut Kirst auf.

24. April Auf dem Rathausmarkt in **Hamburg** führen eine Hisroshima-Überlebende und ein anderer Japaner eine Mahnwache gegen die Atombewaffnung durch. Die Überlebende ist die Schneiderin Yoshiko Murato, die bei dem Atombombenabwurf am 6. August 1945 Verletzungen erlitten hat.

24. April Die erste Kundgebung des **West-Berlin**er *Arbeitsausschusses »Kampf dem Atomtod«* (KdA) findet vor 1.200 Zuhörern in der Kongreßhalle statt. Als Redner treten der Regierende Bürgermeister Willy Brandt, der Atomphysiker Professor Max von Laue, der DGB-Vorsitzende der Stadt, Ernst Scharnowski, der Regisseur Hans Lietzau, der SPD-Funktionär Kurt Mattick und der Professor für evangelische Theologie Helmut Gollwitzer auf. Als Scharnowski in seinem Beitrag Verständnis für das Vorgehen der USA verlangt, die Atombombe seit Kriegsende als außenpolitisches Druckmittel eingesetzt zu haben und darüber hinaus die Versammelten dazu auffordert, Toleranz gegenüber Andersdenkenden wie den Atomrüstungsbefürwortern in der CDU zu üben, wird er nach wütenden Zwischenrufen, die sich zu tumultartigen Protesten steigern, trotz aller Bemühungen Brandts zum Abbruch seiner Rede und zum Verlassen des Podiums gezwungen. – Unmittelbar nach Beendigung der Veranstaltung wird der

Name des Westberliner DGB-Vorsitzenden aus der Unterzeichnerliste des Appells gegen den Atomtod gestrichen.

24. April Die in **West-Berlin** tagende Delegiertenkonferenz des *Liberalen Studentenbundes Deutschlands* (LSD) faßt einstimmig den Beschluß, die Bundesregierung dazu aufzufordern, auf eine Ausrüstung der Bundeswehr mit atomaren Waffen zu verzichten und sich für die Schaffung einer atomwaffenfreien Zone in Mitteleuropa einzusetzen. Außerdem entscheidet sich die Versammlung dafür, die Kampagne »Kampf dem Atomtod« aktiv zu unterstützen und eine Volksbefragung über die Atombewaffnung zu billigen.

24. April Der Vorsitzende der antikommunistischen *Kampfgruppe gegen Unmenschlichkeit* (KgU), Ernst Tillich, gibt auf einer Mitgliederversammlung in **West-Berlin** seinen Rücktritt bekannt. Zu seinem Nachfolger wird Adolf Hellwig bestimmt. Tillich zieht damit die Konsequenzen aus der seit dem Herbst 1957 in der Öffentlichkeit ständig wachsenden Kritik an den Methoden der vom amerikanischen Geheimdienst finanzierten Gruppe. Die seit ihrer Gründung im Dezember 1948 umstrittene KgU, war im Zusammenhang mit einem Prozeß weiter ins Zwielicht geraten, weil sie nicht glaubhaft widerlegen konnte, daß sie, wie verschiedene Zeitungen behaupteten, im Kampf mit ihren Gegnern

auch ein rasch wirkendes, tödliches Gift einsetze. – Die »Frankfurter Allgemeine Zeitung« kommentiert den Rücktritt des langjährigen KgU-Chefs in ihrer Ausgabe vom 13. Mai mit den Worten, die KgU sei »mit und ohne Tillich tot«. – Das Ministerium für gesamtdeutsche Fragen in **Bonn** gibt kurz darauf bekannt, daß es die finanzielle Unterstützung der Kampfgruppe bereits 1951 eingestellt habe, weil sich diese keiner politischen Kontrolle mehr habe unterwerfen wollen. – Und am 2. Juli veröffentlicht das Nachrichtenmagazin »Der Spiegel« unter der Überschrift »Später Werwolf« eine Titelgeschichte über Tillich und die Geschichte der KgU, die sich wie ein vorweggenommener Nachruf liest. Der ehemalige Vorsitzende der KgU, heißt es darin, habe seine Organisation und sich selbst »durch stümperhafte und törichte Widerständelei so gründlich in Mißkredit« gebracht, daß ihm gar nichts anderes als der Rücktritt übrig geblieben sei. Tillich sei eine symbolische Figur gewesen: »Er war der unentwegte Kalte Krieger, ein verspäteter Werwolf. Dem Osten galt er als Inkarnation des Saboteurs – nicht ganz zu Unrecht –, dem Westen war er suspekt, freilich weniger, weil er spionierte und sabotierte, als vielmehr des Dilettantismus wegen, mit der die Kampfgruppe unter seiner Leitung dieses heikle Geschäft betrieb – und dem SED-Regime in steter Folge Propaganda-Material und Angeklagte für Schauprozesse lieferte.«[109] – Doch erst am 12. März 1959 melden »Der Tagesspiegel« und fünf andere in West-Berlin erscheinende Tageszeitungen gleichzeitig, daß die KgU auf einer Mitgliederversammlung ihre Auflösung beschlossen habe. Dieser längst überfällige Schritt sei der »›de iure-Vollzug‹ eines ›de facto-Zustandes‹«. – Der ehemalige Staatssekretär im Bundesministerium für gesamtdeutsche Fragen, Franz Thedieck, erklärt im Juli 1969 in einem Interview stolz, daß er es gewesen sei, der die Auflösung der KgU erreicht habe. Nach harten Auseinandersetzungen mit den Amerikanern hätte er es seinerzeit geschafft, daß sie ihre Finanzierung einstellten.[110]

24. April An der Friedrich-Schiller-Universität in **Jena** beantragt eine Seminargruppe des Instituts für Philosophie beim Prorektor für Studentenangelegenheiten, Otto Stamfort (SED), schriftlich, den 23jährigen Studenten Dietrich Grille zu exmatrikulieren. Begründet wird dieser Schritt damit, daß Grille nicht bereit sei, »den Marxismus anzuerkennen« und sich beharrlich weigere, seine Grundsätze zu vertreten. Auf einer FDJ-Versammlung hätte er beispielsweise erklärt, er habe »nie ein unbedingtes Credo für den Marxismus« abgelegt und werde es auch in Zukunft nicht tun. »Seine Seminarbeiträge«, heißt es weiter, »waren stets zweifelnd gehalten und

24.4.: Das Signet der »Kampfgruppe gegen Unmenschlichkeit«.

24.4.: Ein Hilfesuchender aus der DDR meldet sich bei einer KgU-Informationsstelle in West-Berlin.

ließen die Möglichkeit einer Lösung der Probleme in nicht-marxistischem Sinne zu. Er erklärte der Seminargruppe, daß er den Marxismus nicht ›dogmatisch‹ studiere wie die anderen Studenten, sondern jede bereits marxistisch gelöste Frage noch einmal auf ihre Richtigkeit hin prüfe.«[111] Grille habe die Rolle der Arbeit bei der Menschwerdung des Affen geleugnet, sich gegen die materialistische Erklärung der Sprachentstehung durch Pawlow gewandt und sich überdies geweigert, das SED-Zentralorgan »Neues Deutschland« und die FDGB-Zeitschrift »Einheit« zu abonnieren. Für ein Philosophisches Institut, das die Aufgabe habe, Menschen auszubilden, die überall und immer »für unseren Arbeiter- und Bauernstaat« und den Marxismus-Leninismus einzutreten und »als Propagandisten der SED und der Regierung« mitzuwirken bereit sind, sei ein Student wie Grille untragbar. Die Seminargruppe weigere sich deshalb, mit Grille zusammen zu studieren. Der Antrag ist unterzeichnet von den beiden FDJ-Sekretären Klaus Otto und Helga Vogel. – Nachdem Grille sich vergeblich bei Stamfort und dem Rektor der Universität, Professor Josef Hämel, beschwert hat, reist er nach **Ost-Berlin**, um seine Angelegenheit beim zuständigen Staatssekretariat für Hochschulwesen vorzutragen. In letzter Sekunde bekommt er Zweifel und ändert seine Absicht. Er geht an die Sektorengrenze und flüchtet kurzentschlossen nach **West-Berlin**. Diese »Republikflucht« wird zum Anlaß genommen, um die Exmatrikulation Grilles auch formell zu vollziehen. – Mit Schreiben vom 6. Mai 1992 wird Grille, der inzwischen selbst Professor und Prorektor der Fachhochschule Nürnberg ist, vom Kanzler der Friedrich-Schiller-Universität **Jena** mitgeteilt, daß seinem Rehabilitierungsantrag nach Durchsicht der betreffenden Akten stattgegeben worden sei und er sich »als voll rehabilitiert« betrachten dürfe.

24.-29. April Auf der zehnten ordentlichen Mitgliederversammlung des *Verbandes Deutscher Studentenschaften* (VDS) in **Freudenstadt** im Schwarzwald wird nach mehreren Wahlgängen Klaus Meschkat zum 1. Vorsitzenden gewählt. Meschkat, der Mitglied des *Sozialistischen Deutschen Studentenbundes* (SDS) und AStA-Vorsitzender der Freien Universität in West-Berlin ist, bezeichnet die Hochschulreform als wichtigste Aufgabe des Studentenverbandes. Sie könne eingeleitet werden, wenn es den Studentenschaften gelänge, mit allen für das Bildungswesen verantwortlichen Institutionen und Verbänden enger zusammenzuarbeiten. Die Diskussion über eine Reform der Hochschulen bleibe jedoch solange abstrakt, solange die materielle Ausstattung der Universitäten ungenügend sei sowie Dozenten- und Assistentenstellen fehlten.

25.4.: Auch die FDP verbreitet zeitweilig Plakate gegen die atomare Aufrüstung.

25. April Auf einer Versammlung der *Arbeitsgemeinschaft sozialdemokratischer Frauen* (AsF) in **Frankfurt**, die unter dem Motto »Wir wollen keine Atomwaffen, wir wollen keine Abschußbasen, wir wollen keine Lagerplätze« steht, referiert die SPD-Bundestagsabgeordnete Lucie Beyer, die zugleich Frauensekretärin beim DGB-Landesverband Hessen ist. Sie wendet sich entschieden gegen die von einer CDU-Stadtverordneten im Frankfurter Römer aufgestellte Behauptung, die SPD verstoße mit ihren Bemühungen, auf kommunaler und auf Landesebene Volksbefragungen gegen die Atombewaffnung durchzuführen, gegen die Verfassung. Am Ende der Versammlung verabschieden die Teilnehmerinnen die folgende Entschließung: »Die Arbeitsgemeinschaft sozialdemokratischer Frauen Frankfurt bekennt sich zu dem Aktionsausschuß gegen den Atomtod. Sie ruft alle Frauen und Mütter auf, ohne Unterschied des Standes, der Konfession und der Parteizugehörigkeit, sich der atomaren Aufrüstung zu widersetzen. Die Ehrfurcht vor dem Leben soll es allen Frauen zur Pflicht machen, an der Bekämpfung der Gefahr des Atomtods mitzuhelfen, denn nur durch Einstellung aller Atombombenversuche und Verbot der Herstellung von Kernwaffen in allen Ländern können die Spannungen in der Welt beseitigt werden.«[112]

25. April Der Zentrale *Arbeitsausschuß »Kampf dem Atomtod«* (KdA) führt in **Bonn** eine Kundgebung gegen die Atombewaffnung der Bundeswehr durch. Redner sind die Bundestagsabgeordneten Adolf Arndt (SPD) und Ernst Achenbach (FDP) sowie der Ordinarius für theoretische Physik an der Universität Bonn, Professor Walter Weizel.

25. April Der Kreistag des Landkreises **Büdingen** nimmt mit den Stimmen von SPD, FDP und BHE eine Entschließung an, mit der die Bevölkerung aufgefordert wird, gegen alle Versuche, im Kreisgebiet Atomwaffen zu lagern oder Raketenbasen zu errichten, Widerstand zu leisten.

25. April Der örtliche *Arbeitsausschuß »Kampf dem Atomtod«* (KdA) führt in **Weinheim** an der Bergstraße eine Kundgebung gegen die Nuklearbewaffnung durch. Hauptredner ist der evangelische Oberkirchenrat Heinz Kloppenburg.

25. April Das Münchner *Komitee gegen Atomrüstung* veranstaltet in **Neu-Ulm** eine Kundgebung gegen die atomare Aufrüstung.

25. April Ein Sondergericht der *Nationalen Algerischen Befreiungsarmee* (ALN) verurteilt drei französische Soldaten wegen Folterungen, Vergewaltigungen und Morden an algerischen Zivilisten zum Tode.

– Die am I. November 1956 in der Nähe der tunesischen Grenze verhafteten Soldaten werden am 30. April exekutiert. – Das französische Verteidigungsministerium in **Paris** verleiht ihnen postum die Militärmedaille.

25. April In 37 japanischen Städten protestieren über 100.000 Studenten gegen die von den USA geplanten Wasserstoffbombenversuche. Auf einer Kundgebung in **Tokio** verabschieden 4.000 Studenten eine Resolution, mit der die Vereinigten Staaten aufgefordert werden, dem von der Sowjetunion beschlossenen Stopp der Kernwaffenversuche zu folgen.

26.-30. April In dem im **Ost-Berlin**er Bezirk Weißensee gelegenen Stoecker-Stift und dem in **West-Berlin**er Bezirk Spandau gelegenen Johannisstift findet eine gesamtdeutsche Synode der 28 in der *Evangelischen Kirche in Deutschland* (EKD) zusammengeschlossenen ost- und westdeutschen Landeskirchen statt. Im Zentrum der Beratungen stehen nicht, wie ursprünglich vorgesehen, Kirche und Erziehung, sondern Fragen der militärischen Aufrüstung im allgemeinen und der Atombewaffnung im besonderen. Bereits zu Beginn der Synode kommt es deshalb zu einem Zwischenfall. Als der EKD-Ratsvorsitzende, Bischof Otto Dibelius, seinen Rechenschaftsbericht vorträgt, dringt eine Gruppe von Demonstranten in den Saal und fordert in Sprechchören eine Stellungnahme zur Atombewaffnung der Bundeswehr. Erst als dem Sprecher der Demonstration, dem Ost-Berliner Stadtverordneten Horst Breckel (CDU), Rederecht eingeräumt wird und dieser »im Namen aller Bürger der DDR und, wie wir wissen, auch der meisten Bürger der Bundesrepublik« seine Warnung vor der Atomrüstung vortragen kann, entspannt sich die Situation wieder. In einer Stellungnahme zu dem mit der Bundesregierung abgeschlossenen Militärseelsorgevertrag heißt es, daß dieser »keine Bindung an eine politische Zielsetzung« bedeute. Außerkirchliche Stellen hätten keinen Einfluß »auf die seelsorgerliche Tätigkeit der Militärgeistlichen«. Für die evangelischen Kirchen in der DDR habe der Vertrag keine Wirksamkeit; er sei von keiner der dortigen Gliedkirchen übernommen worden. Die Synodalen tragen kritischen Stimmen in den eigenen Reihen insofern Rechnung, als sie den Rat der EKD beauftragen, einen eigenen Ausschuß einzurichten, der den im Vorjahr mit Vertretern der Bundesregierung abgeschlossenen Staatsvertrag über die Militärseelsorge überprüfen soll. In einer Entschließung zur Atombewaffnung werden »alle verantwortlichen Politiker« aufgefordert, alles nur Erdenkliche zu tun, um eine Abrüstung »nicht nur der Atomwaffen, sondern auch der sogenannten konventionellen Waffen«

zu erreichen. Der mit Massenvernichtungswaffen geführte totale Krieg, bekräftigen die Synodalen unter Hinweis auf die Beschlüsse des Ökumenischen Rates von New Haven, sei »unvereinbar mit dem Gewissen der Menschheit vor Gott«. Weiter wird darauf hingewiesen, daß der seit längerem in der EKD herrschende Konflikt über die Einschätzung der Atombewaffnung immer noch anhalte: »Die unter uns bestehenden Gegensätze in der Beurteilung der atomaren Waffen sind tief. Sie reichen von der Überzeugung, daß schon die Herstellung und Bereithaltung von Massenvernichtungsmitteln aller Art Sünde vor Gott ist bis zu der Überzeugung, daß Situationen denkbar sind, in denen in der Pflicht zur Verteidigung der Widerstand mit gleichwertigen Waffen vor Gott verantwortet werden kann. Wir bleiben unter dem Evangelium zusammen und mühen uns um die Überwindung dieser Gegensätze. Wir bitten Gott, er wolle uns durch sein Wort zu gemeinsamer Erkenntnis und Entscheidung führen.«[113] Ein Sprecher der Synode erklärt am Ende fast resigniert, daß man drei Tage lang »fast verzweifelt miteinander gerungen« habe, um die Haltung zur

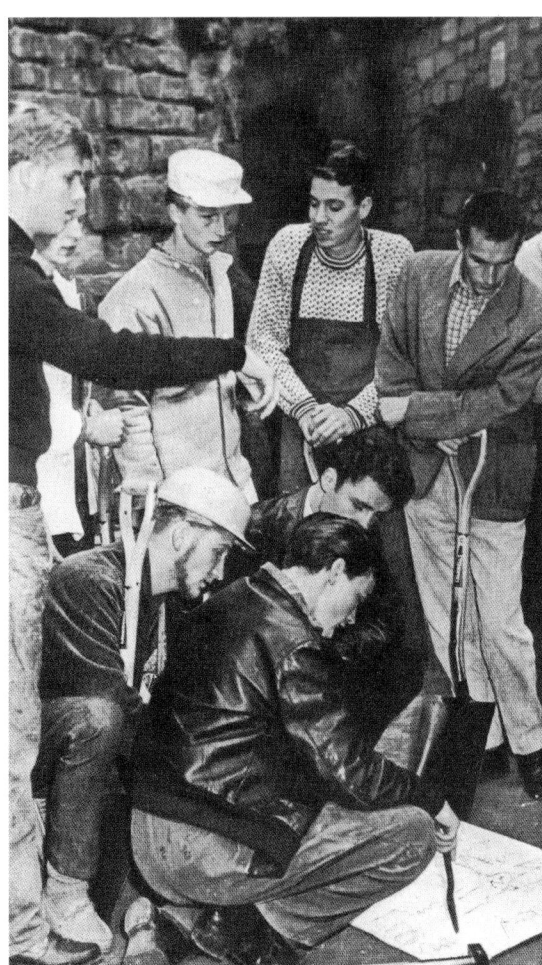

26.-30.4.: Jugendliche beteiligen sich an der von der EKD beschlossenen »Aktion Sühnezeichen«; hier beim Wiederaufbau der von der deutschen Luftwaffe zerstörten Kathedrale von Coventry.

Atombewaffnung zu klären; herausgekommen sei dabei allerdings nur ein »armseliges Wort«. Diese mit großer Mehrheit angenommene Entschließung geht später als »Ohnmachtsformel« in die Geschichte der EKD ein. Am letzten Tag der Zusammenkunft unterzeichnen 79 Synodale, das sind mehr als zwei Drittel, einen vom Präses der Landeskirche Sachsen, Lothar Kreyssig, verlesenen Aufruf zur Einrichtung eines freiwilligen Friedensdienstes in den Ländern, die unter dem Terror des Naziregimes am meisten gelitten haben. In direkter Bezugnahme auf den zynisch als »Aktion Gnadentod« bezeichneten Befehl Hitlers, Zehntausende als »lebensunwertes Leben« diffamierte Geisteskranke und Epileptiker im Zuge der »Euthanasie-Lösung« umbringen zu lassen, heißt die Initiative *Aktion Sühnezeichen*. Kreyssig, der zur *Bekennenden Kirche* gehörte, hatte während der NS-Zeit als Richter versucht, der Umsetzung des »Euthanasie«-Programms Widerstand entgegenzusetzen. Eindringlich appelliert er an die Synodalen: »Dreizehn Jahre sind erst in dumpfer Betäubung, dann in neuer angstvoller Selbstbehauptung vergangen. Es droht zu spät zu werden. Aber noch können wir, unbeschadet der Pflicht zu gewissenhafter politischer Entscheidung, der Selbstrechtfertigung, der Bitterkeit und dem Haß eine Kraft entgegensetzen, wenn wir wirklich vergeben, Vergebung erbitten und diese Gesinnung praktizieren.« In dem auch von Helmut Gollwitzer, Gustav Heinemann, Martin Niemöller und Kurt Scharf unterzeichneten Aufruf heißt es weiter konkretisierend: »Wir bitten die Völker, die Gewalt von uns erlitten haben, daß sie uns erlauben, mit unseren Händen und mit unseren Mitteln in ihrem Land etwas Gutes zu tun, ein Dorf, eine Siedlung, eine Kirche, ein Krankenhaus oder was sie sonst Gemeinnütziges wollen, als Sühnezeichen zu errichten. Laßt uns mit Polen, Rußland und Israel beginnen, denen wir wohl am meisten wehgetan haben. Wir bitten heute, Deutsche die Deutschen, daß sich um Gottes willen arbeitsfähige Männer aller Stände und Konfessionen bereitfinden möchten, je auf ein Jahr nach Polen, Rußland oder Israel zu gehen, um dort gemeinsam ein Friedenszeichen zu errichten. Auch Frauen werden zur Mitarbeit gebraucht ... Als Entgelt soll jeder Teilnehmer nur erhalten, was er für seinen Unterhalt und für die Reise benötigt. Wird das Werk in einem Jahr nicht fertig, so werden andere für ein weiteres Jahr aufgerufen.«[114] – Die erste Gruppe von Freiwilligen der *Aktion Sühnezeichen* beginnt ihren »Friedensdienst« 1959 in Norwegen mit dem Bau eines Wirtschaftsgebäudes für ein Behindertenheim. 1961 folgt eine Gruppe in Frankreich, die in **Taizé** bei der Errichtung einer Kirche behilflich ist. Ausgangspunkt der dortigen Arbeit ist der kleine Ort **Ora-**

dour-sur-Glane, wo Einheiten der SS wegen angeblicher Unterstützung der Résistance am 10. Juni 1944 alle Bewohner bis auf sieben, denen die Flucht gelang, umbrachten. Ebenfalls 1961 beginnt die *Aktion Sühnezeichen* mit ihrer Arbeit in Großbritannien und in den Niederlanden. In der in der Nacht vom 14. auf den 15. Dezember 1940 dem Erdboden gleichgemachten Stadt **Coventry** wird in der Ruine der ehemaligen Kathedrale eine »Internationale Begegnungsstätte« der Versöhnung errichtet. Im niederländischen **Oudrop** helfen die Freiwilligen beim Bau eines Ferienbungalows für Arbeiter aus Rotterdam, das bei einem Angriff der deutschen Luftwaffe am 14. Mai 1940 weitgehend zerstört worden war. In Israel setzt die Arbeit zu dem Zeitpunkt ein, als der Eichmann-Prozeß in Jerusalem eröffnet wird. Hier wird bei der Errichtung von Kliniken, Kinderheimen, Altenclubs und der Gedenk- und Forschungsstätte für die Verfolgung und Vernichtung der europäischen Juden in **Yad Vashem** mitgewirkt. In die Sowjetunion reisen die ersten Freiwilligen 1963; sie helfen im Kaukasus beim Bau einer Schule. Später werden Studienfahrten nach **Wolgograd**, dem früheren Stalingrad, **Minsk** und zur Gedenkstätte **Katyn** organisiert. In Polen beginnt die Arbeit von *Aktion Sühnezeichen* erst 1967. Seitdem fahren jährlich rund 50 Gruppen mit über 1.000 Teilnehmern zu den Stätten der jedes Vorstellungsvermögen über begangene Grausamkeiten übertreffenden Vernichtung, zu den Lagern **Auschwitz**, **Majdanek** und **Stutthof**. Und in der Bundesrepublik selber setzen sich die Freiwilligen bei Arbeiten in den Gedenkstätten der ehemaligen Konzentrationslager **Dachau** und **Neuengamme** ein. *Aktion Sühnezeichen* steht als Name seit dem Appell von Präses Lothar Kreyssig im Jahre 1958 für den Versuch, aus der Geschichte zu lernen, die Ursachen und Auswirkungen der nationalsozialistischen Barbarei zu überwinden und Frieden durch Versöhnung zu schaffen.

27. April Rund 3.000 Jugendliche beteiligen sich an einer Pilgerfahrt, die unter dem Motto »Blumen für Anne Frank« steht und zu dem am Rande der Lüneburger Heide gelegenen ehemaligen Konzentrationslagers **Bergen-Belsen** führt. Sie kommen aus Flensburg, Kiel, Lübeck, Hamburg, Bremen und Hannover. Eine Gruppe von Unterprimanern ist sogar aus Marburg angereist. Auf der Gedenkfeier vor dem Ehrenmal sprechen im Namen der *Gesellschaft für Christlich-Jüdische Zusammenarbeit* Erich Lüth und Julius Kalitzky, für die Hamburger Lehrerschaft Landesschulrat Ernst Matthewes und eine Reihe von Jugendlichen. Anschließend legen sie an den anonymen Massengräbern Kränze und Blumen nieder. – Die Intiative zu der Wallfahrt stammt von

Erich Lüth, dem Pressesprecher des Hamburger Senats, der bereits 1951 die Aktion »Friede mit Israel« initiiert hat. Bereits ein Jahr zuvor hatten Jugendliche auf seine Anregung hin eine erste Gedenkfahrt unternommen. Sie sind vor allem durch die Biographie Anne Franks bewegt, deren Tagebuch große Verbreitung gefunden hat. Das in Frankfurt geborene jüdische Mädchen emigrierte mit seiner Familie 1933 nach Amsterdam, versteckte sich dort zunächst und wurde dann 1944 verhaftet und ins KZ deportiert. Als Fünfzehnjährige kam sie kurz vor Kriegsende in Bergen-Belsen um.

27. April In **Nürnberg** konstituiert sich die *Aktionsgemeinschaft Bayern – Kampf dem Atomtod (KdA)* auf der Basis des am 10. März bei der Auftaktveranstaltung zur Kampagne »Kampf dem Atomtod« beschlossenen Aufrufs. In einer von 300 Personen unterzeichneten Gründungserklärung heißt es: »Bis in den letzten Winkel unseres Landes ist Klarheit zu schaffen, welche ungeheuren Gefahren seit dem Beschluß, atomar aufzurüsten, emporwachsen. In letzter Stunde gilt es, der gemeinsamen Gefahr gemeinsam zu begegnen! Wir ... sind bereit, jede Aktion im Kampf gegen den Atomtod zu unterstützen. Wir rufen mit Albert Schweitzer alle unsere Mitmenschen auf, den Ernst der Stunde zu erkennen und an der Mobilisierung des Gewissens gegen den Selbstmord der Menschheit teilzunehmen.«[115]

28. April Im Auftrag der Bundesregierung werden drei Tage vor dem 1. Mai an Hausfassaden, Litfaßsäulen und Plakatwänden der gesamten **Bundesrepublik** Hunderttausende von Aufrufen ausgehängt, die schwarz-rotgold umrandet »Kampf dem Atomtod in der ganzen Welt« fordern. Im Text der vom Bundeskanzler und allen Ministern unterzeichneten Anschläge heißt es: »Nur die allgemeine, kontrollierte Abrüstung kann die Menschheit von der Furcht vor einem Atomkrieg befreien. Die Bundesregierung wird diesen Standpunkt auch auf der geplanten Gipfelkonferenz mit allem Nachdruck zur Geltung bringen. Bis dahin müssen wir die Politik der Sicherheit für das deutsche Volk fortsetzen. Wir dürfen uns nicht durch falsche Propheten irremachen lassen. Die Bundesregierung bittet die Bevölkerung, sie in ihren Bestrebungen zur Sicherung des Weltfriedens weiter vertrauensvoll zu unterstützen.«[116] – Einen Tag darauf erscheint der Text in allen bekannten überregionalen und regionalen Tageszeitungen der **Bundesrepublik** und **West-Berlin**s, die nicht der SPD nahestehen. Der Aufruf »Kampf dem Atomtod in der ganzen Welt« hängt bundesweit einen Monat aus.

28. April In **Düsseldorf** konstituiert sich eine *Aktionsgemeinschaft gegen die Atomare Aufrüstung der Bundesrepublik*. Zum geschäftsführenden Ausschuß gehören u. a. der Kunstprofessor Otto Pan-

27.4.: Vom Zentralen Arbeitsausschuß »Kampf dem Atomtod« verbreiteter Handzettel.

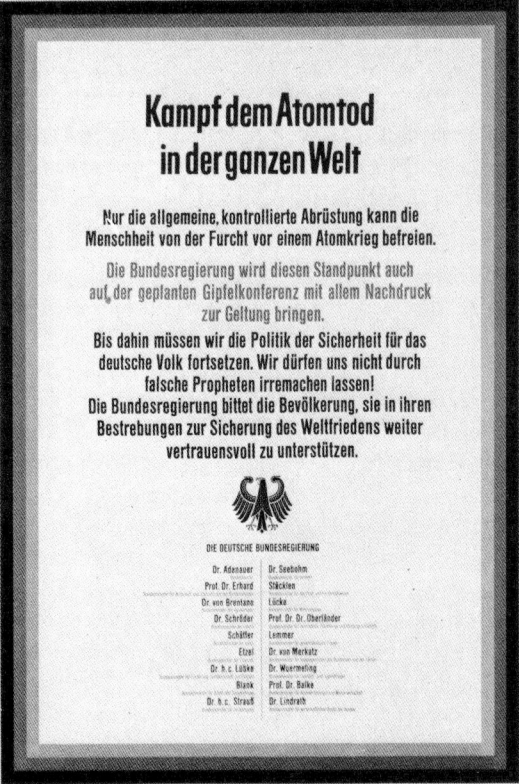

28.4.: Von der Bundesregierung verbreitetes Plakat, das der Anti-Atomtod-Bewegung den Wind aus den Segeln nehmen soll.

kok, der Schriftsteller Martin Elster, der Graphiker Hermann Landefeld, der Betriebsrat Walter Malzkorn sowie die beiden Gewerkschaftssekretäre Hans Kehren und Alfred Teichmann.

28. April Vor dem Rathaus in **Unna** (Westfalen) demonstrieren Atomwaffengegner mit Transparenten. Sie fordern damit den Kreistag des Landkreises Unna auf, sich gegen den Bundestagsbeschluß vom 25. März zu wenden. Die Abgeordneten verabschieden schließlich eine Erklärung, in der gegen die atomare Ausrüstung der Bundeswehr und die Errichtung von Raketenabschußbasen protestiert wird. Die nordrhein-westfälische Landesregierung, heißt es weiter, solle alles in ihren Mitteln stehende unternehmen, um das zu verhindern.

28. April Auf der Pazifik-Insel **Eniwetok** führen die USA den ersten Atomwaffenversuch in einer neuen, insgesamt 30 Tests umfassenden Serie durch. – Die US-Atomenergiekommission in **Washington** erklärt, daß sie künftig nur noch etwa die Hälfte aller durchgeführten Atomwaffentests bekanntgeben wolle. – Der Kongreßabgeordnete der *Demokratischen Partei*, Charles O. Porter, kritisiert diese Haltung. Aus dem Stillschweigen könne unter Umständen eine Gefährdung der Bevölkerung resultieren.

28. April Über der im Pazifik gelegenen **Christmas Island** führt Großbritannien einen weiteren Wasserstoffbombenversuch durch. Der Sprengkörper soll von einem Bombenflugzeug abgeworfen und in großer Höhe gezündet worden sein. – Zu dem Test nimmt am Tag darauf Premierminister Harold Macmillan in **London** Stellung. Die britischen Atomwaffenversuche, die auch im eigenen Land auf immer stärkeren Protest stoßen, werden vor allem von Japan scharf kritisiert.

28./29./30. April Der Arzt und Friedensnobelpreisträger Albert Schweitzer spricht sich in drei von »Radio Oslo« weltweit ausgestrahlten Rundfunkansprachen gegen die Atomrüstung aus und fordert die drei Kernwaffen besitzenden Mächte auf, eine Gipfelkonferenz zur Einstellung der Nuklearwaffentests einzuberufen. In seinem ersten Vortrag warnt Schweitzer vor einer Bagatellisierung der Gefahren durch verschiedene Wissenschaftler und Regierungen und erklärt: »Die Radioaktivität arbeitet in uns Tag und Nacht – jahrelang. Das Strontium 90 in unseren Knochen verursacht meist tödliche Blutkrankheiten. Die schlimmen Konsequenzen machen sich nach Generationen bemerkbar, wenn eine immer mehr zunehmende Anzahl von geistig und körperlich verunstalteten Kindern geboren wird.«[117] In seinem zweiten Vortrag beschreibt Schweitzer die Techniken eines möglichen Atom-

krieges, in dem es nach seiner Ansicht keine Sieger, sondern nur Verlierer geben könne: »Wenn von nuklearen Waffen gesprochen wird, kann keine Nation zu ihrem Gegner sagen ›nun müssen die Waffen entscheiden‹ – sondern: ›Wir werden jetzt gemeinsam durch gegenseitige Vernichtung Selbstmord begehen.‹«[118] Eindringlich warnt der in der Urwaldklinik Lambarene tätige Arzt auch vor der nicht zu unterschätzenden Gefahr eines »Atomwaffenkrieges aus Versehen«. Das bislang an den Tag gelegte blinde Vertrauen auf die Automatik der Radarschirme und elektronischen Rechenmaschinen sei überaus riskant. »Aber ein Licht«, so führt Schweitzer aus, »scheint in der Dunkelheit: Der Rapacki-Plan für eine atomwaffenfreie Zone in Mitteleuropa. Rapacki machte ihn auf eigene Initiative und nicht, wie man denken könnte, im Interesse Moskaus.«[119] Im dritten und letzten Vortrag versucht Albert Schweitzer dann Schlußfolgerungen aus seinen Darstellungen zu ziehen. Für die Einleitung wirksamer Gegenschritte sei eine kluge Diplomatie vonnöten. Die beste Diplomatie aber bestünde darin, realistisch zu sein: »Es wäre realistisch, wenn die für die Vorbereitung einer Gipfelkonferenz Verantwortlichen von der gegenwärtigen Art zu sprechen und zu handeln abließen und wieder diplomatisch würden. Es wäre realistisch, wenn sich nur solche zu einer Konferenz zusammenfänden, die auch wirklich zu entscheiden haben. Es wäre realistisch, wenn die Vorbereitungen beschleunigt würden. Es wäre realistisch, wenn die Konferenz an einem neutralen europäischen Ort wie 1955 (Genf) abgehalten würde. Es wäre realistisch, wenn diese Konferenz nur Angelegenheiten diskutierte, die direkt mit der nuklearen Abrüstung zusammenhängen. Es wäre realistisch, die Teilnehmerzahl auf ein Minimum zu reduzieren. Nur die führenden Repräsentanten der drei Atommächte sollten zusammen mit ihren Experten und Ratgebern teilnehmen.«[120] Sie allein müßten die nötigen Entscheidungen fällen.

29. April Der Senat der Freien und Hansestadt **Hamburg** verabschiedet einen Gesetzentwurf zur Volksbefragung über die Atombewaffnung der Bundeswehr. Die Befragung, bei der es um die Ausrüstung mit und die Lagerung von Atomwaffen sowie die Errichtung von Raketenabschußbasen geht, soll am 8. Juni durchgeführt werden.

29. April Auf einer vom *Bund der Deutschen* (BdD) organisierten Protestveranstaltung gegen die Atomrüstung im Gewerkschaftshaus von **Ulm** treten der Haßfurter Professor Ernst Meier und der Düsseldorfer BdD-Funktionär Helmut Bausch als Hauptredner auf. Beide fordern die Gewerkschaften auf, es nicht bei Protesterklärungen zu belassen, sondern zu wir-

28./29./30.4.: Die evangelische Halbmonatsschrift »Stimme der Gemeinde« druckt die Rundfunkansprachen Albert Schweitzers nach (Auszug aus der ersten Rede).

Albert Schweitzer warnt vor dem Atommord

3 Reden im April 1958 nach dem Beschluß zur atomaren Ausrüstung der Bundeswehr.

I. Die tödliche Gefahr der Versuche

Im April des vergangenen Jahres erhob ich zusammen mit anderen meine Stimme, um auf die große Gefahr hinzuweisen, die sich aus der radioaktiven Verseuchung der Luft und des Bodens als Folge der Versuche mit Atombomben (Uranium= und Wasserstoffbomben) ergibt. Zusammen mit anderen appellierte ich an die Atommächte, diese Versuche so schnell wie möglich einzustellen und sich gleichzeitig in aller Ehrlichkeit damit bereit zu erklären, auf die Verwendung von Atomwaffen zu verzichten. Damals bestand noch die Hoffnung, daß dieser Schritt unternommen wurde. Aber es kam dann doch anders. Die von Mr. Harold Stassen im vergangenen Sommer zwischen den drei Atommächten geführten Verhandlungen brachten keinerlei Ergebnis. Der von den Vereinten Nationen im Herbst des vergangenen Jahres einberufenen Konferenz war das gleiche Schicksal beschieden, denn die Sowjetunion nahm an den Verhandlungen nicht teil.

Die Sowjetunion hat kürzlich einen Abrüstungsplan vorgelegt, der augenscheinlich als Basis für neue Gespräche gedacht ist. Dieser Plan verlangt die sofortige Einstellung aller Atomversuche. Hat dieser Plan Aussicht durchgeführt zu werden? Man hätte annehmen sollen, daß diesem Plan alle Beteiligten zustimmen würden, denn keine der Großmächte brauchte ihre Atomwaffen zu opfern. Alle sollten sich lediglich verpflichten, keine neuen Waffen auszuprobieren. Aber dennoch konnten sich weder die Vereinigten Staaten noch England zur Annahme dieses Vorschlages entschließen. Als er im Frühjahr 1957 besprochen wurde, lehnten sie ihn ab.

Beruhigungspropaganda

Seitdem wird der Standpunkt, daß die Radioaktivität als Folge der Atomversuche so gefährlich ist, daß nur die sofortige Einstellung das drohende Unheil bannen kann, mit allen Mitteln der Propaganda bekämpft. Die amerikanische und europäische Presse wird dauernd von den Atomkommissionen ihrer Regierungen und von Wissenschaftlern, die sich berufen fühlen, diesen Standpunkt zu vertreten, mit reichlichem Propagandamaterial versorgt. Aus einer Verlautbarung des Unterausschusses der amerikanischen Atomenergiekommission zitiere ich folgende Stelle:

„Innerhalb des Rahmens wissenschaftlicher und militärischer Erfordernisse ist es ratsam, die Atomversuche auf ein Minimum zu beschränken. Es sollten sofort die erforderlichen Schritte unternommen werden, um die in der Öffentlichkeit augenblicklich herrschende Verwirrung zu beheben. Die augenblicklichen und möglichen Wirkungen auf die Erbmasse infolge allmählicher Zunahme der Radioaktivität der Luft werden innerhalb tragbarer Grenzen gehalten. – Die Möglichkeit einer schädlichen Wirkung, die nach Ansicht der Öffentlichkeit unkontrollierbar ist, löst größte Erregung aus. – Die Fortsetzung der Atomversuche ist notwendig und im Interesse der nationalen Sicherheit gerechtfertigt."

Die „Verwirrung der Öffentlichkeit" bedeutet, daß die Menschheit immer deutlicher die Gefahren, die die Atomversuche mit sich bringen, erkennen. Die unklare Äußerung, die „Wirkungen auf die Erbmasse infolge allmählicher Zunahme der Radioaktivität der Luft werden innerhalb tragbarer Grenzen gehalten", bedeutet, daß die Zahl der Kinder, die infolge der Schädigung der Geschlechtszellen als Mißgeburten zur Welt kommen, nicht als so hoch erachtet wird, daß sie die Einstellung der Atomversuche rechtfertigen könnte.

Die Ansicht der Wissenschaftler, die sich berufen fühlen, die Gefahr der Radioaktivität auf das zu beschränken, was sie für ein tragbares Minimum halten, wird von einem

28./29./30.4.: Titel eines 1958 erschienenen Sammelbandes mit Beiträgen des Friedensnobelpreisträgers gegen die Atombewaffnung.

kungsvollen Aktionen überzugehen. Im Anschluß ziehen die Teilnehmer in einem Fackelzug durch die Straßen der Geburtsstadt Albert Einsteins.

29. April In **Bonn** wird Bundesverteidigungsminister Franz Josef Strauß in ein folgenreiches Verkehrsdelikt verwickelt. Auf der Fahrt zu einer Kabinettsitzung wird sein Dienstwagen von einem Verkehrspolizisten an der Kreuzung vor dem Bundeskanzleramt zum Halten aufgefordert. Obwohl Hauptwachtmeister Siegfried Hahlbohm die Fahrbahn für den Ministerwagen noch nicht freigegeben hat, gibt Strauß seinem Fahrer Leonhard Kaiser die Anweisung, einfach durchzufahren. Dadurch kommt es beinahe zu einem Zusammenstoß mit einer Straßenbahn. Deren Fahrer kann nur durch eine Notbremsung einen Unfall verhindern. Der Verkehrspolizist notiert daraufhin das Kennzeichen der davonpreschenden BMW-Karosse, die Nummer »BD 18–1«. Mehrere Stunden später, die Kabinettssitzung ist inzwischen vorüber, kehrt Strauß zurück und winkt den immer noch Dienst tuenden Beamten herbei, um ihn zu fragen, ob er sein Verhalten beanstande. Als dieser entgegnet, er beanstande nicht sein Verhalten, sondern das verkehrswidrige seines Chauffeurs, herrscht ihn der Minister an, er solle ihm seinen Namen geben; er werde dafür sorgen, daß er von der Kreuzung verschwinde. – Strauß wendet sich kurze Zeit später an den Polizeipräsidenten der Bundeshauptstadt und verlangt, daß der Hauptwachtmeister versetzt wird. Als dies keinen Erfolg hat, reicht Strauß beim nordrhein-westfälischen Innenminister Josef-Hermann Dufhues (CDU) in **Düsseldorf** eine Dienstaufsichtsbeschwerde ein. Darin fordert er »eine scharfe Untersuchung« des Vorfalles und »ein strenges Eingreifen«. Der Beamte müsse nicht nur gemaßregelt werden, sondern dürfe in Zukunft auch nicht mehr in Bonn als Verkehrspolizist eingesetzt werden. Außerdem erstattet der Minister Strafanzeige gegen Hahlbohm wegen »fahrlässiger Verkehrsgefährdung durch irreführende Zeichengebung« und läßt von seinem Ministerbüro das Privatleben des Polizisten durchleuchten. Als er dabei nicht nur herausbekommt, daß Hahlbohm mit einem als Kommunist verdächtigten Mann ein Bier getrunken hat, sondern Mitglied in der oppositionellen SPD ist, glaubt er darin eine Bestätigung dafür sehen zu können, daß mit der Anzeige gegen seinen Fahrer er selbst, Strauß, habe schikaniert werden sollen. – Trotz all dieser Bemühungen, den Sachverhalt auf den Kopf zu stellen, wird Hahlbohm nicht dienstversetzt, sondern der Fahrer des Dienstwagens wegen verkehrswidrigen Verhaltens zu einer Geldstrafe von 100 DM verurteilt. Bei der Gerichtsverhandlung stellt sich außerdem heraus, daß Leonhard Kaiser mehrfach vorbestraft ist. Der Fahrer von Strauß hatte wegen Diebstahls eine Gefängnisstrafe absitzen müssen und wegen fahrlässiger Körperverletzung und Verkehrsgefährdung bereits mehrere Geldstrafen erhalten.

30. April Vor der in **Paderborn** tagenden I. Großen Politischen Strafkammer des Landgerichts Dortmund stehen zwölf Männer und drei Frauen unter der Anklage, für die 1956 als verfassungswidrig verbotene KPD weiterhin aktiv gewesen zu sein. Sie hätten mit ihrer illegalen politischen Tätigkeit versucht, die verfassungsmäßige Ordnung zu untergraben. Nach einer mehrtägigen Verhandlung werden vier Angeklagte zu Gefängnisstrafen verurteilt. Der 56jährige Invalide Wilhelm Wizorek aus Paderborn erhält 14 Monate, der 59jährige Zeitschriftenwerber Johannes Meyer aus Höxter neun Monate, seine 49jährige Ehefrau Hildegard Meyer ein Jahr und der aus Meißen bei Minden stammende 55jährige Schmied Wilhelm Sudbrink ein halbes Jahr. – Die vier Verurteilten sind bereits während der NS-Zeit von der Gestapo und der Nazi-Justiz verfolgt worden.

30.4.: Der BdD-Vorsitzende Wilhelm Elfes bei seinem Ahlener Vortrag.

30. April Die Kriminalpolizei durchsucht in **München** um 8 Uhr morgens die Geschäftsstelle des *Komitees gegen Atomrüstung* sowie die Privatwohnungen des dem Komitee vorstehenden Schriftstellers Hans Werner Richter und des Buchhändlers Ernst Ludwig. Die Durchsuchungsbefehle sind vom Amtsgericht München erlassen worden. In dem Büro werden das Spendenkonto mit einem Betrag in Höhe von 2.098.- DM, die Spendenlisten und Quittungen beschlagnahmt, in der Wohnung Richters Unterlagen, Briefe und die gesamte Post und in der

des Buchhändlers namentlich gezeichnete Zustimmungserklärungen zur Gründung und Arbeit des Komitees. Außerdem fordert die Kriminalpolizei beim Postscheckamt München einen Kontoauszug mit den Adressen derjenigen an, die Überweisungen getätigt haben. Der bayrische Ministerpräsident Hanns Seidel (CSU) erklärt, daß es sich bei der Durchsuchungsaktion um »keine politische, sondern eine rein juristische Maßnahme« handle, da der »Verdacht« bestehe, daß von dem Komitee eine »polizeilich nicht genehmigte Geldsammlung« durchgeführt worden sei. Er spielt damit auf folgenden Hintergrund an: Das *Komitee gegen Atomrüstung* hatte am 3. April in einem Zeitungsartikel darum gebeten, seine Arbeit mit Spenden zu unterstützen. Daraufhin hatte das bayerische Innenministerium gemeldet, daß Spendensammlungen genehmigungspflichtig seien. Es bezog sich dabei auf das Sammlungsgesetz aus dem Jahre 1934, mit dem der NS-Staat die Durchführung von Spendensammlungen seitens der katholischen Jugend unterbinden wollte. Um sicherzustellen, daß ihm keine rechtlichen Schwierigkeiten entstehen könnten, stellte das Komitee am 6. April einen Antrag auf Genehmigung. Dieser wurde am 29. April mit der Begründung abgelehnt, die Arbeit des *Komitees gegen Atomrüstung* erfülle keinen »gemeinnützigen Zweck«. – Der Landesvorsitzende der SPD in Bayern, Waldemar von Knoeringen, kritisiert die Durchsuchungsaktion in scharfen Worten und erklärt, die CSU versuche, eine politische Bewegung »mit schikanösen Mitteln« zurückzudrängen und sie in ihren Aktivitäten zu behindern. Die Bewegung gegen den Atomtod werde sich jedoch auch durch solche Methoden nicht einschüchtern lassen.

30. April Im Schützenhof der westfälischen Stadt **Ahlen** treten auf einer Kundgebung gegen die Atomrüstung zwei ehemalige CDU-Mitglieder als Hauptredner auf. Es sind der Vorsitzende des *Bundes der Deutschen* (BdD), Wilhelm Elfes, und der Direktor des Institutes für Publizistik an der Universität Münster, Professor Walter Hagemann. Beide waren ursprünglich Mitglieder der *Deutschen Zentrums-Partei* und gehörten dann 1945 zu den Mitbegründern der CDU. Vor 800 Zuhörern geht Elfes, der jahrelang Oberbürgermeister von Mönchengladbach war, zunächst ausführlich auf das Schicksal des von der CDU 1947 verabschiedeten »Ahlener Programms« ein. Mit seinen Sozialisierungsforderungen habe es der CDU in den ersten Nachkriegsjahren aus rein propagandistischen Gründen das Ansehen einer sozialen Reformpartei gegeben. Es sei kein Zufall, daß in einem Land, das so sehr auf die Rüstungspolitik gesetzt habe, nicht mehr von einer sozialen Wirtschafts- und Gesellschaftsreform gesprochen werde. Dem stimmt Hagemann ausdrücklich zu und merkt an, es drohe mehr und mehr die Umwandlung von einem Sozialstaat in einen Militärstaat. Der höchste Machthaber der Bundesrepublik sei nicht nur im Begriff, Westdeutschland zu einer wirtschaftlichen, sondern auch »zu einer militärischen Kolonie einer überseeischen Macht« zu machen. Wenn die Bundesregierung sich ihrer Mehrheit so sicher sei, fragt er seine Zuhörer, warum sträube sie sich dann so sehr gegen eine Volksbefragung. Das Volk habe ein Recht, gehört zu werden. Millionen müßten mobilisiert werden, um »den verfassungswidrigen Beschluß der Atombewaffnung« wieder rückgängig zu machen. Nachdem die Teilnehmer einstimmig eine entsprechende Resolution angenommen haben, erklärt Hagemann: »Unser Volk ist von einer tiefen Vertrauenskrise gegenüber der Regierung erfaßt worden. Der Aufstand der Gewissen hat erst begonnen. Wir werden nicht Ruhe geben, so lange unser Volk vom Atomtod bedroht ist. Hören sie nicht auf ›Nein‹ zu sagen und lassen sie sich nicht einschläfern.«[121]

30. April Am Vorabend des 1. Mai beteiligen sich in **Frankfurt** 2.000 Jugendliche an dem traditionellen Fackelzug gegen die Aufrüstung, der sich wie bereits im Vorjahr hauptsächlich gegen die Atombewaffnung der Bundeswehr richtet. Der Umzug, der durch den Stadtteil Bornheim führt, ist von der *Gewerkschaftsjugend*, der *Naturfreundejugend*, der *Sozialistischen Jugend Deutschlands – Die Falken* und dem *Sozialistischen Deutschen Studentenbund* (SDS) organisiert worden. In Sprechchören ertönt es auf dem Marsch immer wieder: »Denkt an Schweitzer, denkt an Hahn, schafft dem Frieden eine Bahn!« Und auf den

mitgeführten Transparenten ist neben den Forderungen nach Volksbefragung und Generalstreik auch der Spruch zu lesen: »Bekommt der Strauß Atomkanonen, so werden wir bald im Himmel wohnen.«

30. April Die Stadtverordnetenversammlung von **Offenbach** beschließt, den Magistrat mit der Durchführung einer Volksbefragung über die Atombewaffnung der Bundeswehr zu beauftragen.

30. April Die Bürgerschaft der Hansestadt **Bremen** nimmt in erster Lesung einen von SPD und FDP gemeinsam eingebrachten Gesetzentwurf zur Durchführung einer Volksbefragung über die Atombewaffnung an.

30. April Auf einer Veranstaltung der *Gewerkschaftsjugend* im Ausstellungspark »Planten un Blomen« in **Hamburg** warnt die Jugendsenatorin Paula Karpinski (SPD) vor den Gefahren der Atombewaffnung. Im kulturellen Rahmenprogramm der »Mairakete« – so der Titel der Veranstaltung – tritt auch die durch Revuefilme in der NS-Zeit bekannt gewordene Tänzerin Marika Rökk auf.

30. April In **Düsseldorf** konstituiert sich unter der Bezeichnung *Rheinischer Konvent* eine Sammlungsbewegung konservativer evangelischer Christen, die sich gegen eine Politisierung der EKD wendet. In einer Erklärung wendet sich der Zusammenschluß gegen die Einmischung der Kirche und ihrer Amtsträger in politische Entscheidungen, die ihr von Amts wegen nicht zustünden. Der *Rheinische Konvent* bekennt sich zur Reformation, beruft sich auf die gegen den Nationalsozialismus gerichtete »Barmer Erklärung« von 1934 und tritt für das friedliche Zusammenleben lutherischer, reformierter und unierter Christen in der Kirche ein. Aufgabe sei es, sich der Herrschaft von Gruppen und Parteien zu widersetzen und »einer schwärmerischen Theologie« mit aller Entschiedenheit entgegenzutreten. Hauptangriffsziel sind die *Kirchlichen Bruderschaften*, die mit theologischen Argumenten ihre grundsätzliche Ablehnung der Atombewaffnung begründet haben. Die *Kirchlichen Bruderschaften* berufen sich in der Verteidigung ihres politischen Engagements ebenso wie der *Rheinische Konvent*, der darin die entgegengesetzte Haltung verankert sieht, auf die »Barmer Erklärung«.

30. April Ein Schöffengericht in **Essen** verurteilt einen 34jährigen Mann wegen antisemitischer Beleidigung zu einer Gefängnisstrafe von vier Monaten auf Bewährung. Der Angeklagte hatte der Ehefrau eines jüdischen Mannes mit den Worten gedroht: »Man hätte die Juden alle vergasen müssen. Den haben sie damals wohl vergessen.«[122]

30.4.: Der traditionelle Fackelzug der Frankfurter Arbeiterjugend steht ganz im Zeichen des Protestes gegen die Atombewaffnung.

Januar Februar März April **Mai** Juni

Juli August September Oktober November

Dezember

Mai: »Hilfe, Polizei!« Karikatur aus der Wochenzeitung »Die Tat«.

Mai: »Adenauer: ›Unsinn! Wegen so einer geringfügigen Textänderung das ganze Theater nochmals?‹« Karikatur in der Zeitschrift »Das freie Wort«.

Mai Mit 31:14 Stimmen nimmt die Stadtverordnetenversammlung von **Braunschweig** einen Dringlichkeitsantrag der SPD an, eine Volksbefragung über die Atombewaffnung der Bundeswehr durchzuführen. Außerdem wird die Stadtverwaltung angewiesen, jedem Versuch, auf dem Stadtgebiet Atomwaffen zu lagern oder zu stationieren, entschiedenen Widerstand entgegenzusetzen.

Mai Während einer vom Bundesluftschutzverband, dem *Roten Kreuz* und dem Technischen Hilfswerk am Mainufer in **Offenbach** durchgeführten Luftschutzübung demonstriert eine Gruppe des *Verbandes der Kriegsdienstverweigerer* (VdK) gegen den staatlich verbreiteten Anschein, daß es im Falle eines Atomkrieges wirksame Schutzmöglichkeiten gäbe. Während vermummte Luftschutzwarte vor mehreren hundert Zuschauern mit Geigerzählern umherlaufen, um den Grad einer möglichen radioaktiven Verseuchung zu ermitteln, stellen sich die VdK-Mitglieder mit Transparenten auf und verteilen Flugblätter. Ihre Protestparolen lauten: »Luftschutz eine Beruhigungspille«, »Luftschutz ist Propaganda zur Aufrüstung«, »Hört auf die Atomwissenschaftler!« und »Bester Schutz: Keine Aufrüstung«. Unter den Zuschauern setzt daraufhin eine heftige Diskussion ein. – Weil in der Tageszeitung »Offenbach-Post« am darauffolgenden Tag eine abwertende Darstellung der Protestaktion erscheint, richten die VdK-Mitglieder einen Leserbrief an das Blatt. Das ausführliche, wenige Tage später abgedruckte Schreiben endet mit den Worten, daß eine Regierungspolitik, die versuche, durch Verhandlungen sinnlose Massenvernichtungen auszuschließen, eine weitaus geeignetere »Luftschutzmaßnahme« sei als die am Ufer des Mains präsentierten »Propagandaübungen«.

Mai In **Bremen** demonstrieren 500 Jugendliche gegen die atomare Aufrüstung der Bundeswehr. In einem Sternmarsch ziehen sie zum Domshof, wo zur Mahnung an den drohenden Atomtod zwei riesige Atombombenattrappen aufgestellt sind. Auf mitgeführten Transparenten ist zu lesen: »Baut Schulen – keine Bomben«, »Sind wir noch ein Kulturstaat?« und »Leg Dir die Schlinge nicht selbst um den Hals«.

Mai Ein am Schwarzen Brett in der Aula der Universität **Göttingen** befestigter Aushang der *Jüdischen Studentengruppe* wird von Unbekannten mit Hakenkreuzen beschmiert. – Der Sozialwissenschaftler Professor Gerhard Kessler, der gerade eine Vorlesungsreihe über den Antisemitismus begonnen hat, bezeichnet den Vorfall als ein weiteres Anzeichen für das Wiederaufleben des Antisemitismus in der Bundesrepublik.

Mai In einem Entnazifizierungsverfahren entscheidet die Spruchkammer in **West-Berlin**, das Vermögen des 1945 verstorbenen ehemaligen Leiters des

»Rassenpolitischen Amtes der NSDAP«, Walter Groß, in Höhe von 8.000 DM einzuziehen. Groß wird als Hauptschuldiger und aktiver Förderer des NS-Regimes eingestuft. Zur Begründung führt die Kammer an, der 1904 in Kassel geborene Mediziner sei maßgeblich für die Rassenpolitik der NSDAP verantwortlich gewesen. Groß war ein fanatischer Antisemit, der schon im Alter von 29 Jahren begonnen hatte das »Aufklärungsamt für Bevölkerungspolitik und Rassenpflege« aufzubauen, das 1934 in das »Rassenpolitische Amt der NSDAP« überführt wurde.

Mai Auf den Internationalen Filmfestspielen in **Cannes** wird die deutsch-polnische Coproduktion »Der achte Wochentag« auf Anweisung der polnischen Regierung aus dem Wettbewerb genommen. Der von dem angesehenen Regisseur Aleksander Ford gedrehte Film, der nach Ansicht von Kritikern große Chancen gehabt hätte, ausgezeichnet zu werden, entspricht offenbar nicht der von der Spitze der *Polnischen Vereinigten Arbeiterpartei* (PVAP) verfolgten politischen Linie. Obwohl sich der Kulturminister und verschiedene Parteifunktionäre mit Vehemenz für das Werk ausgesprochen haben, hat der Erste Sekretär des ZK der PVAP, Władysław Gomułka, jegliche Aufführung in Polen verboten. In dem von der Polski-Film Warschau zusammen mit der Westberliner Filmfirma CCC hergestellten Film, der auf einer Novelle des 25jährigen Schriftstellers Marek Hłasko basiert, wird die Geschichte eines studentischen Liebespaares erzählt. Der von Zbigniew Cybulski gespielte Architekturstudent Pietrek und die von Sonja Ziemann dargestellte Philosophiekandidatin Agnieska leiden unter der katastrophalen Wohnungsnot in Warschau. Er wohnt, nachdem er sein Zimmer beim Einsturz eines baufälligen Hauses verloren hat, bei Freunden im Studentenheim, sie bei ihren Eltern. Beide warten auf den »achten Wochentag«, an dem sie Platz und Zeit für sich haben. Doch dieser Tag des individuellen Glücks will nicht kommen und ihre Liebe droht daran zu zerbrechen. Kritiker sehen in dem Stoff Hlaskos, der auch als Redakteur in der regimekritischen, inzwischen verbotenen Studentenzeitschrift »Po prostu« mitgearbeitet hat, eine Parabel auf die sozialistische Gesellschaft, die keinen Platz für die individuelle Verwirklichung lasse. – Das Bundesamt für gewerbliche Wirtschaft in **Frankfurt** teilt kurze Zeit später dem CCC-Chef Artur Brauner mit, es könne nicht gestattet werden, daß »Der achte Wochentag« als »deutsch-polnische Gemeinschaftsproduktion« bezeichnet wird. Die Bundesrepublik unterhalte zur Volksrepublik Polen keine diplomatischen Beziehungen und habe mit dem Land auch keinerlei Wirt-

schafts- oder Handelsverträge abgeschlossen. Man habe jedoch keine Bedenken, heißt es weiter, wenn die Produktion als »deutscher Film mit polnischem Beitrag« ausgewiesen werde. Dem Bundesamt ist zu diesem Zeitpunkt längst bekannt, daß nicht nur die meisten Schauspieler polnischer Nationalität sind, sondern auch, daß die Polski-Film bei der Herstellung die finanzielle Hauptlast getragen hat.

Mai Auf Veranlassung des Foreign Office wird der DEFA-Film »Urlaub auf Sylt« von der BBC in **London** kurzfristig aus dem Programm genommen. Offiziell heißt es, der Dokumentarfilm aus der DDR, in dem die Nachkriegskarriere des früheren SS-Obergruppenführers Heinz Reinefarth gezeigt wird, könne wegen »technischer Schwierigkeiten« nicht gezeigt werden. In Wirklichkeit hat die Bundesrepublik ihren Einfluß beim ehemaligen Hohen Kommissar Sir Ivone Kirkpatrick geltend gemacht, um zu verhindern, daß dem britischen Fernsehpublikum vor Augen geführt wird, wie es ein unzähliger Kriegsverbrechen verdächtiger Mann, dessen Auslieferung von Polen vergeblich gefordert worden ist, schaffen konnte, sich als Bürgermeister von Westerland auf Sylt zu etablieren. – Der deutsche Botschafter in **London**, Hans von Herwarth, zeigt sich, wie aus einer geheimen Mitteilung an das Auswärtige Amt in **Bonn** vom 6. Mai hervorgeht, über die Entscheidung erleichtert und bedankt sich beim Foreign Office für dessen Einflußnahme.[123]

1. Mai Auf über 1.800 Mai-Kundgebungen des DGB demonstrieren in der **Bundesrepublik** Hunderttausende gegen die vom Bundestag beschlossene Atombewaffnung der Bundeswehr. Im Aufruf der SPD heißt es: »Demonstriert gegen die Fortsetzung des atomaren Wettrüstens in Ost und West! Für die Schaffung einer Atomwaffenfreien Zone in Europa! Gegen den Irrglauben, daß Atombomben Sicherheit gewähren können! Für Verhandlungen mit dem Ziel der allgemeinen kontrollierten Abrüstung!«[124] Auf den mitgeführten Transparenten sind Losungen wie »Moneten statt Raketen«, »Wir wollen kein Euroshima« und »Lieber aktiv als radioaktiv« zu lesen. Ein Novum der traditionellen Mai-Kundgebungen ist die Beteiligung zahlreicher Professoren als Redner auf den DGB-Kundgebungen. Viele von ihnen treten erstmals auf politischen Veranstaltungen auf. Ihre Solidarisierung mit den Aktionszielen der Gewerkschaften wird in einer Reihe von Kommentaren als historisches Bündnis der Intelligenz mit der Arbeiterschaft gewürdigt.[125] – Die größte Demonstration findet in **Hamburg** statt, wo in acht verschiedenen Marschsäulen rund 200.000 Menschen zum Stadtpark ziehen. Auf vielen Transparenten wird der DGB aufgefordert, einen Generalstreik gegen die Atom-

Mai: Der polnische Schriftsteller Marek Hlasko.

Kampf dem Atomtod

Wacht auf, Verdammte dieser Erde,
Die stets man noch zum Hungern zwingt!
Das Recht wie Glut im Kraterherde
Nun mit Macht zum Durchbruch dringt!

Reinen Tisch macht mit dem Bedränger!
Heer der Sklaven, wache auf!
Ein Nichts zu sein, tragt es nicht länger!
Alles zu werden, strömt zuhauf!

Völker, hört die Signale!
Auf zum letzten Gefecht!
Die Internationale
Erkämpft das Menschenrecht.

I.5.: Titelseite des traditionsreichen Münchener Satireblatts.

I.5.: Titelblatt des vom Kieler DGB-Ortsausschuß zu den Maifeierlichkeiten herausgegebenen Programms.

I.5.: Der Aufruf des DGB-Bundesvorstands.

bewaffnung auszurufen. Zahlreiche Teilnehmer haben sich als wandelnde Atomraketen mit Totenköpfen verkleidet. Auf der Schlußkundgebung, die unter dem Motto »Frieden, Freiheit und Fortschritt statt Aufrüstung mit Atomwaffen« steht, erklärt der *IG-Metall*-Vorsitzende Otto Brenner: »Alle Verantwortlichen in der ganzen Welt müssen endlich Schluß mit der Politik des atomaren Selbstmords machen. Wir Gewerkschaftler, die wir zwar politisch unabhängig, aber nicht politisch neutral sind, fordern eine Volksbefragung über die Atomfrage ... Wird die Volksbefragung abgelehnt, dann werden wir alle legalen Mittel – neben Protestdemonstrationen auch außerparlamentarische Maßnahmen – anwenden.«[126] Die Gewerkschaften, kündigt Brenner an, würden für den Fall, daß die Bundeswehr tatsächlich mit Atomwaffen ausgerüstet werden sollte, auch mit Warnstreiks reagieren. »Der DGB wird«, ruft Brenner unter starkem Beifall aus, »in der Stunde der Gefahr alle Arbeitnehmer aufrufen, den Schutz der Demokratie zu übernehmen!«[127] Nach Abschluß der Kundgebung beteiligen sich Zehntausende noch zwei Stunden lang an Volkstänzen, Chorgesängen, Spielen und Sportveranstaltungen, die auf

Aufruf
des Deutschen Gewerkschaftsbundes
zum 1. Mai 1958

Erfüllt von einer großen Sorge begehen wir den 1. Mai dieses Jahres. Wir stellen die Frage nach dem Sinn des Lebens, da die allgemeine Rüstung und die Gefahr der Aufrüstung mit Atomwaffen und Atombomben immer größer wird. Frieden und Existenz der Menschheit sind bedroht, wenn dem Wettrüsten, der Herstellung und Lagerung von Atomwaffen und Versuchen damit kein Ende gemacht wird.

Wir wissen uns einig mit unseren über sechs Millionen Gewerkschaftsmitgliedern und weiten Kreisen unseres Volkes, wenn wir von Bundestag und Bundesregierung verlangen, sich dem Wettrüsten in der ganzen Welt entgegenzustellen.

Frieden, Freiheit und Fortschritt sind große Ziele, für die es sich lohnt, einzutreten. Darum haben die Besten aus unseren Reihen gekämpft, viele haben dafür ihr Leben gegeben.

Frieden, Freiheit und Fortschritt sind der Lohn und der Preis für das Bekenntnis, die Mitarbeit und die Hingabe an unsere gute Sache.

Frieden, Freiheit und Fortschritt nicht nur für uns, sondern auch für unsere Brüder und Schwestern in Mittel- und Ostdeutschland und ihre alsbaldige Wiedervereinigung mit uns.

Frieden, Freiheit und Fortschritt für alle Menschen auf dem weiten Erdenrund durch solidarische Zusammenarbeit mit allen im Internationalen Bund Freier Gewerkschaften zusammengeschlossenen Gewerkschaftsbünden.

Für unsere Tagesarbeit hat unser Aktionsprogramm seinen vollen Sinn behalten. Wir sind stolz darauf, daß es unseren gemeinsamen Anstrengungen gelungen ist, die Arbeitszeit für Millionen Arbeitnehmer weiter zu verkürzen, den Lebensstandard weiter anzuheben, die Sorgen der Rentner zu mindern und den Arbeitsschutz auszubauen.

Vor 25 Jahren wurden die Gewerkschaften von den Nationalsozialisten zerstört. Die Freiheit ging damit verloren, der Krieg kam über uns, und Deutschland wurde geteilt.

Baut Eure Gewerkschaften aus. Solange sie bestehen und Einfluß besitzen, könnt Ihr hoffen, daß der Friede gewahrt, die Freiheit gesichert und der Fortschritt möglich ist. Ihr, die Arbeiter, Angestellten und Beamten, müßt es wollen und gemeinsam mit Euren Gewerkschaften dafür kämpfen!

Deutscher Gewerkschaftsbund
Der Bundesvorstand

1.5.: Maikundgebung in München.

1.5.: An dem Hamburger Umzug beteiligen sich Hunderte von Demonstranten, die Raketenattrappen mit Totenmasken tragen.

der Festwiese durchgeführt werden. Bereits am Vormittag hatten sich an den Maikundgebungen des DGB in verschiedenen anderen Stadtteilen Tausende beteiligt. In Harburg waren es 10.000 Teilnehmer, in Bergedorf 6.000 und in Wilhelmsburg 4.000. –

Hauptredner auf der DGB-Kundgebung in **Braunschweig** ist der Ordinarius für evangelische Theologie an der Universität Erlangen, Professor Hermann Strathmann. Vor 15.000 Zuhörern erklärt der Wissenschaftler, der Mitglied des Reichstags war, zu den Mitbegründern der CSU zählte und nun zu den Mitunterzeichnern des »Appells der 44 Professoren an die Gewerkschaften« gehört: »Alles steht auf dem Spiel, was erarbeitet ist, unser aller Leben ist in

1.5.: In Hamburg beteiligt sich das »Junge Studio« mit Zeichnungen an der Kundgebung; links der Leiter der Gruppe, der in seine Heimatstadt zurückgekehrte jüdische Emigrant Arie Goral.

1.5.: Teilnehmer der Maikundgebung in West-Berlin.

1.5.: Die DGB-Veranstaltungen verwandeln sich vielerorts in Freizeitvergnügungen: Handzettel aus Kiel.

1.5.: Zeichnung auf einem Transparent, das auf der Münchener Kundgebung gezeigt wird.

Gefahr infolge einer Politik von Männern, die sich nicht einer besseren Einsicht beugen wollen. Wir dürfen uns nicht durch freundliche Worte vernebeln lassen. Dem selbstmörderischen Atomwahnsinn und der Phrase vom Schutz des ›freien Westens‹ stellen wir die Volksbefragung entgegen.«[128] Strathmann spricht sich ebenso wie andere Redner für die Schaffung einer atomwaffenfreien Zone in Mitteleuropa aus. Als der DGB-Kreissekretär von der Durchsuchungsaktion der Polizei in den Räumen des Münchner *Komitees gegen Atomrüstung* berichtet, gellen Pfiffe und Pfuirufe über den Burgplatz. – Auf der Kundgebung in **Hamm** tritt erstmals eine Frau als Hauptrednerin auf. Es ist die Initiatorin des Appells der 44, die Wuppertaler Professorin Renate Rie-

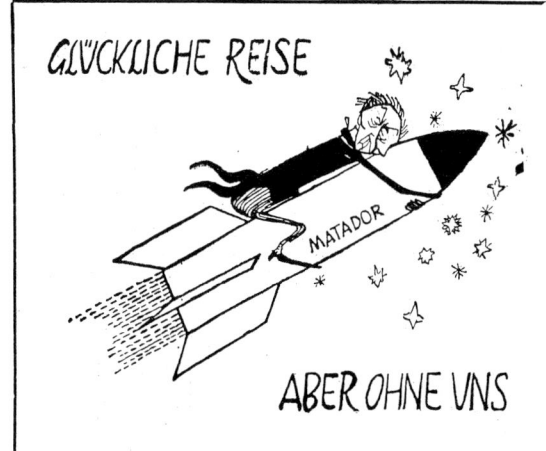

1.5.: Plakat des DGB-Saar.

1.5.: Der Maiumzug in Augsburg.

1.5.: Auf dem Titelbild der Zeitschrift »Kongressdienst« ist ein Transparent des Göttinger Maiumzuges abgebildet.

1.5.: Plakat des DGB-Bundesvorstandes.

meck. Mit scharfen Worten kritisiert sie den Versuch der Bundesregierung, die Volksbefragungsaktionen verbieten zu lassen: »Mit juristischen Kniffen kann man den Willen von Millionen nicht unterdrücken. Der Bundestagsbeschluß zur atomaren Bewaffnung muß rückgängig gemacht werden. Demokratie ist der Aufstand gegen jede Form von Vergewaltigung.«[129] – Am Nachmittag tritt Renate Riemeck außerdem auf der DGB-Kundgebung in der westfälischen Kleinstadt **Bünde** auf. – An den Umzügen in der nordrhein-westfälischen Landeshauptstadt **Düsseldorf** beteiligen sich über 50.000 Menschen. Auf der Kundgebung wirft der Hamburger Erste Bürgermeister Max Brauer (SPD) den Kritikern der Volksbefragungen vor, sie hätten »vom Wesen eines demokratischen Volksstaates« nichts begriffen. Die Hansestadt Hamburg werde die Volksbefragung am 8. Juni durchführen. – In **Mainz** kritisiert das DGB-Vorstandsmitglied Bernhard Tacke vor 3.000 Kundgebungsteilnehmern die Atombewaffnung der Bundeswehr, obwohl ihm wegen seiner Unterstützung der Anti-Atomtod-Bewegung der Ausschluß aus der CDU angedroht worden ist. Tacke wendet sich vor allem gegen die atomare Aufrüstung, weil sie seiner Ansicht nach die Spaltung Deutschlands weiter vertiefe. – In **Frankfurt** ziehen Tausende von Demonstranten in vier Marschsäulen, von Spielmannszügen begleitet zum Römerberg. Auf dem Balkon des traditionsreichen Römers ist ein weißes Spruchband mit der Aufschrift »Kampf dem Atomtod« aufgespannt. Der Würzburger Professor Franz Paul Schneider brandmarkt in seiner Rede den Bundestagsbeschluß zur Atombewaffnung als »nationalen Selbstmord«, der als »Akt der Notwehr« hingestellt werde. Als Reaktion auf den so geschaffenen »nationalen Notstand« hätten sich Arbeiterschaft und Intelligenz zusammengetan, um die durch die Rüstungspolitik der Bundesregierung geschaffene Gefahr zu bannen. Am Abend klingen die Maifeier-

1.5.: Die Parolen der Münchener Maikundgebung werden wieder abgebaut.

1.5.: Transparent auf der Demonstration in Düsseldorf.

lichkeiten des DGB in der auf dem Messegelände gelegenen Festhalle mit einer Ansprache des Bundestagsabgeordneten Willi Birkelbach (SPD) und einem Varieté-Programm aus. – In **Mannheim** führt ein kilometerlanger Demonstrationszug zur Kundgebung auf dem Marktplatz. Viele der jüngeren Teilnehmer singen dabei keine Arbeiterlieder mehr, sondern pfeifen gemeinsam den Colonel-Bogey-Marsch aus dem populären amerikanischen Antikriegsfilm »Die Brücke am Kwai«. – In **Augsburg** ziehen in dem wohl größten Demonstrationszug der Nachkriegszeit Tausende von Teilnehmern vom Theater durch die Innenstadt zum Roten Tor. Als die Demonstranten an der Stätte der Abschlußkundgebung eintreffen, werden die mitgeführten Transparente rings um die Freilichtbühne aufgestellt. Zu lesen sind Parolen wie »Keine Experimente – keine Atomrüstung« und »Kein zweites Hiroshima«. Als Hauptredner fordert der Vorsitzende des DGB-Kreisausschusses, Max Bork, eine baldige Revision der Bundestagsbeschlüsse vom 25. März: »Der überwiegende Teil der Bevölkerung will keine Ausrüstung der Bundeswehr mit Atomwaffen. Der Frieden und die Freiheit sind unveräußerliche Güter der Menschheit. Beides kann durch die Atombombe weder erhalten noch herbeigeführt werden. Der nationale Größenwahn einzelner Kraftmeier darf für die Zukunft unseres Volkes nicht tonangebend werden.«[130] Der Kampf gegen die Atomrüstung habe gerade erst begonnen, das Gebot laute »Lieber heute aktiv als morgen radioaktiv«. – Die Mai-Kundgebung in **München** steht unter dem Zeichen des Protests gegen die polizeilichen Durchsuchungsaktionen beim *Komitee gegen Atomrüstung*. Sein Vorsitzender, der Schriftsteller Hans Werner Richter, kündigt gegen solche Methoden staatlicher Verfolgung einen Widerstand an, wie es ihn in Bayern noch nicht gegeben habe.

1. Mai Bundeskanzler Adenauer beteuert am Abend in einer Rundfunkansprache zum 1. Mai, daß die Mitglieder des Bundeskabinetts allesamt einen Atomkrieg verabscheuten, verteidigt zugleich aber den Beschluß zur atomaren Aufrüstung. Die Atombewaffnung der Bundeswehr sei der einzige Weg zu einer allgemeinen Abrüstung.

1. Mai An der Mai-Kundgebung des DGB vor dem Rathaus Schöneberg in **West-Berlin** nehmen 50.000 Menschen teil. Sie steht unter den Losungen »Frieden – Freiheit – Fortschritt« und »Durch Atome besser leben – aber nicht sterben!«. Der Regierende Bürgermeister Willy Brandt betont in seiner Ansprache, daß er sich den Männern und Frauen aus den Fabriken und Büros besonders verbunden fühle. Er werde niemals und nirgends verleugnen, daß er aus der Arbeiterbewegung hervorgegangen sei. Sein Platz sei am 1. Mai an der Seite derer, die sich zu den Losungen des DGB bekennen würden. Brandt, der sich im Unterschied zu anderen führenden SPD-Politikern gegen eine Durchführung von Volksbefragungen über die Atombewaffnung der Bundeswehr ausgesprochen hat, appelliert an die Großmächte, sich endlich über gezielte Schritte zur Abrüstung zu verständigen und die Nuklearwaffenversuche einzustellen.

1. Mai Die Mai-Kundgebung auf dem Marx-Engels-Platz in **Ost-Berlin** steht unter der Losung »Kampf gegen den Atomtod«. Nach einer Militärparade, an der sich alle Waffengattungen der NVA beteiligen, halten der Erste Sekretär der SED-Bezirksleitung Groß-Berlin, Hans Kiefert, und der Sekretär im Bundesvorstand des FDGB, Josef Orlopp, die Ansprachen. Anschließend ziehen 3.000 »Helden der Arbeit«, 40 bewaffnete Hundertschaften der SED-Betriebskampfgruppen und 250.000 Betriebsangehörige an der Ehrentribüne vorüber, auf der die Spitzen von Partei und Staat Platz genommen haben.

1. Mai Rund eineinhalb Seemeilen vor der Küste von **Hawai** wird das Schiff »Golden Rule« von einem Schnellboot der US-Küstenwacht aufgebracht und zur Rückkehr in den Hafen von **Honolulu** gezwungen. An Bord der »Golden Rule« befinden sich vier Atomwaffengegner, die aus Protest gegen die amerikanischen Nuklearwaffenversuche in das Sperrgebiet am Eniwetok-Atoll im Pazifik fahren wollten. Sie hatten sich mit ihrem kleinen Küstenschiff auf den Weg gemacht, obwohl ein amerikanisches Bundesgericht ihre Protestfahrt durch eine einstweilige Verfügung untersagt hatte. – Ein Gericht in **Honolulu** verurteilt die vier jungen Leute deshalb kurz darauf zu einer auf Bewährung ausgesetzten Gefängnisstrafe von 60 Tagen. – Zur selben Zeit befinden sich 17 andere amerikanische Atomwaffengegner in **Germantown** (US-Bundesstaat Maryland) in einem Hungerstreik. Sie werden daran gehindert, der Atomenergiekommission eine Protestresolution gegen die Fortsetzung der amerikanischen Nuklearwaffenversuche zu übergeben. Sie wollen solange im Empfangsraum der US-Behörde bleiben, bis sie zu Mitgliedern der Kommission vorgelassen werden.

1.-4. Mai Am »5. Deutschen Studententag« in **Karlsruhe** nehmen 700 Studenten teil. Im Mittelpunkt der Diskussionen, die unter dem Motto »Restaurieren – reparieren – reformieren« geführt werden, steht die Frage der Hochschulreform. Das Hauptreferat hält der Wirtschaftswissenschaftler Professor Karl Schiller von der Universität Hamburg. Unter dem nur scheinbar optimistischen Titel »Die Hochschulreform hat schon begonnen« beklagt er, daß mit der »Sternstunde von 1945« der ideale Ausgangspunkt für eine umfassende Reform der Universitäten verpaßt worden sei. Eine ähnlich günstige Gelegenheit werde sich wohl erst wieder bei einer Wiedervereinigung der getrennten Teile Deutschlands bieten. Der noch amtierende VDS-Vorsitzende Heinrich Wittneben greift in seinem Schlußwort die Bildungspolitik der Bundesregierung heftig an und fordert die dringliche Ausarbeitung einer Konzeption zur Reformierung der Hochschulen.

2. Mai In einem an den hessischen Ministerpräsidenten Georg August Zinn (SPD) in **Wiesbaden** gerichteten Schreiben lehnt Bundeskanzler Konrad Adenauer die Durchführung einer Volksbefragung zur Atombewaffnung, die von den Stadtverordneten von Frankfurt, Darmstadt und Offenbach im April beschlossen worden war, als verfassungswidrig ab. In dem Brief heißt es: »Die in Frankfurt vorgesehene Volksbefragung bedeutet den Versuch, in unzulässiger Weise auf den Bundestag und die Bundesregierung Einfluß auszuüben. Sowohl die Verteidigung als auch die auswärtigen Angelegenheiten gehören zur ausschließlichen Gesetzgebungskompetenz des Bundes. Die Ausrüstung der Bundeswehr unterliegt

2.5.: Der hessische Ministerpräsident Georg August Zinn.

2.5.: »Die Staatsgewalt geht vom Volke aus.« Karikatur aus dem Wochenblatt »Die Andere Zeitung«.

3./4.5.: Der radikale Pazifist Theodor Michaltscheff.

3./4.5.: Der Kölner Pazifist Hans Hermann Köper.

3./4.5.: Zwei Aufkleber des VdK.

auch seiner ausschließlichen vollziehenden Gewalt.«[131] Am Ende seines Schreibens kündigt Adenauer an, daß er das Bundesverfassungsgericht anrufen werde, wenn die hessische Landesregierung nicht bis zum 15. Mai Schritte zur Verhinderung der Volksbefragungsaktionen eingeleitet habe. – Ähnlich lautende Schreiben wegen der Ankündigung weiterer Volksbefragungen auch in anderen Bundesländern schickt Adenauer am 5. Mai an die Senatspräsidenten in **Hamburg** und **Bremen**. – Mit Zustimmung seines Kabinetts sendet der hessische Ministerpräsident Georg August Zinn am 14. Mai ein Antwortschreiben an den Bundeskanzler in **Bonn**, in dem er es strikt ablehnt, die von ihm gegen die Abhaltung von Volksbefragungen geforderten Maßnahmen einzuleiten. In dem Brief heißt es: »Es gibt im Bundesrecht keinen Rechtssatz, der Volksbefragung zur Meinungserforschung verbietet. Auch aus dem Umstand, daß das Grundgesetz Volksbegehren und Volksentscheide als Akte unmittelbarer Volksgesetzgebung nur in begrenztem Umfang zuläßt, kann nicht die Unzulässigkeit solcher Volksbefragungen zur Meinungserforschung hergeleitet werden. Ihr entgegengesetzter Standpunkt übersieht, daß das Grundgesetz die Frage der Meinungsforschung überhaupt nicht geregelt hat.«[132]

3. Mai Der Stadtrat von **Schwenningen** beschließt mit 13:4 Stimmen, am 8. Juni eine Volksbefragung über die Atombewaffnung der Bundeswehr durchzuführen.

3./4. Mai Nach mehrmonatigen Verhandlungen zwischen der Gruppe der Wehrdienstverweigerer (GdW) und der Internationale der Kriegsdienstgegner (IdK) über einen Zusammenschluß beider Verbände kommt es in **Frankfurt** zu einem Delegiertentreffen, auf dem die Fusion von GdW und IdK beschlossen werden soll. Doch die Konferenz, die in zwei Jugendheimen in der Herxheimer Straße beginnt, wird nach überraschendem Verlauf nur von einem Teilerfolg gekrönt. Während sich die Delegierten der GdW rasch auf Minimalbedingungen für eine Fusion

verständigen können, spaltet sich die IdK über die Frage der sogenannten Unabhängigkeitsklausel. Nach mehr als einer sechs Stunden dauernden heftigen Auseinandersetzung sprechen sich gegen 23 Uhr über 60% der IdK-Delegierten gegen eine Annahme der Klausel aus, die besagt, daß die Mitglieder die Unabhängigkeit »von allen im Kalten Krieg einseitig orientierten Interessengruppen und politischen Parteien«, genannt werden kommunistische wie antikommunistische Gruppierungen, zu bewahren haben. Nachdem auch ein letzter Kompromißvorschlag des IdK-Generalsekretärs Theodor Michaltscheff gescheitert ist, wird am nächsten Morgen im Kasino des Römers die Fusion nur zwischen Teilen der IdK und der GdW vollzogen. Die neugegründete Organisation erhält den Namen Verband der Kriegsdienstverweigerer (VdK) und beabsichtigt, der War Resisters International (WRI) beizutreten. Die Dachorganisation WRI hat ihren Sitz in London und faßt bereits Organisationen von Kriegdienstverweigerern aus 83 Ländern zusammen. Zu gleichberechtigten Vorsitzenden des VdK werden der 32jährige ehemalige GdW-Bundesvorsitzende Hans Hermann Köper (Köln), und der 37jährige frühere IdK-Bundesvorsitzende Wilhelm Keller (Detmold) gewählt. Beide sind mit schweren Verletzungen aus dem Krieg heimgekehrt; der ehemalige Fallschirmspringer Köper gilt zu 100% als kriegsbeschädigt und Kel-

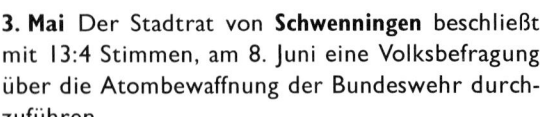

ler ist beinamputiert. Dem paritätisch besetzten Vorstand gehören außerdem seitens der IdK Detlev Dahlke (Bremen), Rüdiger Frank (Freiburg), Kurt Gergov (Hamburg), Gerhard Grüning (Frankfurt), Helga Stolle, Hans-Konrad Tempel sowie Harm Westendorf (alle Hamburg) an und seitens der GdW Werner Böwing (Solingen), Albert Graff (Köln), Hans Günter Lang (Darmstadt), Herbert Mayer (Bonn), Hans A. Nikel (Frankfurt), Helmut Schauer (Stuttgart) und Helmut Zimmermann (Frankfurt). Das Durchschnittsalter der Vorstandsmitglieder beträgt 31 Jahre. Die nicht fusionsbereiten Delegierten der IdK beschließen, ihre Organisation unter dem bisherigen Namen selbständig fortzuführen. Sie will mit allen unabhängigen Friedensorganisationen auch in Zukunft kooperieren. Im Amt des Generalsekretärs wird Michaltscheff bestätigt. Als Bedingung für seine Bereitschaft, erneut zu kandidieren, hat er sich ausbedungen, daß die Spannungen zwischen IdK und VdK nicht in offene Feindschaft übergehen und sich die IdK auch weiterhin für Neutralität im Ost-West-Konflikt einsetzt. In Abwesenheit wird der 66jährige evangelische Kirchenpräsident Martin Niemöller (Wiesbaden) als Präsident der IdK gewählt. Als Reaktion auf eine von Keller und Köper gemeinsam gegenüber der Presse abgegebene Erklärung, in der die strikte Unabhängigkeit des VdK gegenüber Ost und West hervorgehoben wird,

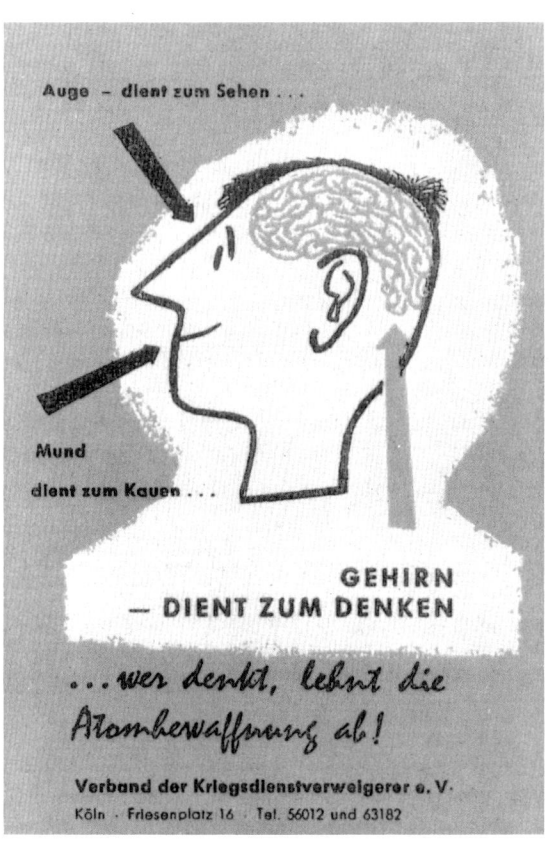

Auge – dient zum Sehen ...

Mund
dient zum Kauen ...

GEHIRN
– DIENT ZUM DENKEN

... wer denkt, lehnt die Atombewaffnung ab!

Verband der Kriegsdienstverweigerer e. V.
Köln · Friesenplatz 16   Tel. 56012 und 63182

INFORMATIONEN
MONATSZEITSCHRIFT FÜR DEUTSCHE WEHRDIENSTVERWEIGERER

3. JAHRGANG   ·   NUMMER 5   ·   VERLAGSORT KÖLN   ·   PREIS 0,90 DM   ·   MAI 1958

Gemeinsame Überzeugung führte zum Zusammenschluß
Nicht Einheit um jeden Preis – Kriegsdienstverweigerer sind stärker geworden.

Am 4. Mai haben sich die „Gruppe der Wehrdienstverweigerer e. V." und starke Gruppen der IdK zum „Verband der Kriegsdienstverweigerer e. V." zusammengeschlossen. Das war das Ergebnis monatelanger Fusionsverhandlungen. Wenn auch die Fusion nicht ganz gelungen ist, und nach den für die Delegierten beider Verbände anstrengenden Frankfurter Tagen eine Rest-IdK zurückgeblieben ist, eines ist doch erfreulich: In der deutschen Friedensbewegung haben sich aktive Kräfte zusammengefunden, und das nicht zu einer scheinbaren Einheit, sondern zu überzeugter gemeinschaftlicher Arbeit.

Es braucht nicht darauf hingewiesen zu werden, wie notwendig solche gemeinschaftliche Arbeit ist.

Vereinigungen wie die unsere können nicht 2 Millionen DM aus Steuergeldern für bauernfängerische Anti-Atomtod-Kampagnen "veruntreuen", wie Dr. Arndt im Bundestag sagte, wie es die Bundesregierung bei ihrem letzten Plakatanschlag tat. Nein, wir sind auch Opfer von Freizeit und Geld unserer Mitglieder angewiesen, unter denen natürlicherweise die Rüstungsindustriellen fehlen. Um so wichtiger ist deshalb eine Straffung und Rationalisierung unserer Tätigkeit.

Das ist durch diesen Zusammenschluß möglich geworden.

Der Bundesvorstand hat in seiner ersten Sitzung am Himmelfahrtstage beschlossen, einen Plan auszuarbeiten, der als erste Aktion die Einrichtung von Atom-Mahn-Wachen vorsieht, die in allen Großstädten vor einem warnenden Großplakat oder Denkmal aufzieheen sollen. Diese Wachen, die Tag und Nacht stehen, sollen der Bevölkerung als dauernde Mahnung vor Augen führen, daß es aller Kräfte bedarf, um das drohende Unheil abzuwenden. Es darf nicht bei papiernen Protesten bleiben, wir müssen jetzt als erste zeigen, daß wir mehr zu tun bereit sind. Nur wenn wir diese Bereitschaft beweisen, wird es möglich sein, das Bewußtsein und den Tatwillen der Bevölkerung aufzuwecken.

Auch Ruth Leuwerik unterzeichnete den Aufruf gegen die atomare Bewaffnung der Bundeswehr

Eine große deutsche Illustrierte hat kürzlich die bekanntesten deutschen Stars von Film und Bühne nach ihrer Meinung zur Atomaufrüstung gefragt. Nicht einer verweigerte die Antwort. Alle sprachen sie sich g e g e n eine atomare Bewaffnung der Bundesrepublik aus. – Jahrelang war es bei uns üblich, deutsche Filmschauspieler nur als personifizierte Idole der unzähligen ‚Lieschen Müller' zu betrachten. Es ist zuzugeben, daß wenige von ihnen sich bemühten, sich dem Publi-

kum als Persönlichkeit darzubieten. Wohl wußte man, daß ein Hans Albers, ein Curd Jürgens während des Dritten Reiches Rückgrat genug hatten, sich nicht den braunen Kulturpäpsten zu unterwerfen, aber die große Zahl der übrigen war im Bewußtsein vieler eine Schar von publikumsbedachten, farb- und meinungslosen „Nur-Künstlern" geblieben. Wir alle sind froh und stolz, daß sie heute, in einer entscheidenden Frage, entschieden ihre Meinung sagen.

bezeichnet es der Rechtsreferent des IdK-Bundesvorstandes, der Münchner Rechtsanwalt Walter Lidl, als Widerspruch zu IdK-Traditionen, wenn mit solchen »politischen Spitzen« gearbeitet werde. – Auf einer Pressekonferenz im Bundeshaus in **Bonn** stellen die beiden Vorsitzenden Keller und Köper den VdK stolz als die größte Organisation der Kriegsdienstverweigerer in Deutschland vor. Genauere Angaben über die Mitgliederzahl werden jedoch nicht gemacht; nach Schätzungen sind es zwischen 5.000 und 15.000. – Am 15. Mai tritt der neue Vorstand erstmals zu einer Sitzung in **Köln** zusammen.

3./4. Mai Der Gemeinderat des 1.013 Einwohner zählenden hessischen Dorfes **Odersbach** setzt einen am 25. April gefaßten Beschluß in die Tat um und führt eine Volksbefragung über die Atombewaffnung durch. Das neunköpfige Gremium, das sich aus acht

3./4.5.: Bericht über die Gründung des VdK.

3./4.5.: Antimilitaristischer Aufkleber.

SPD-Mitgliedern und einem BHE-Mitglied zusammensetzt, war der Ansicht, daß man ungeachtet des zwischen Bundesregierung und verschiedenen Länderregierungen ausgebrochenen Streits über die Rechtmäßigkeit eines solchen plebiszitären Verfahrens zur Tat schreiten sollte. Bürgermeister Karl Hoin (SPD) hat die Listen mit den Namen der 693 Wahlberechtigten zusammengestellt und Lehrer Ernst Schermuly den dazugehörigen Aufruf verfaßt. »Wir, die unterzeichneten wahlberechtigten Bürger der Gemeinde Odersbach«, heißt es darin, »lehnen eine atomare Ausrüstung der Bundeswehr ab. Wir ermächtigen die kommunalen Vertretungskörperschaften alles zu tun, um eine Lagerung und Stationierung von Atomwaffen oder atomaren Gerät in der Gemarkung der Gemeinde Odersbach zu verhindern.«[133] Von den Wahlberechtigten verweigern lediglich 40 ihre Unterschrift. Da 25 weitere wegen Abwesenheit nicht befragt werden können, sprechen sich 629 wahlberechtigte Bürger, das sind 90,6% für die Erklärung des Gemeinderats aus und lehnen die Atombewaffnung der Bundeswehr ab. – In zwei anderen Gemeinden des Landkreises Weilburg wird das Ergebnis von Odersbach noch übertroffen. In **Blessenbach** lehnen 93,9% und in **Niederhausen** 93,5% der Wahlberechtigten die Atomrüstung »kategorisch« ab. Odersbach hat damit zwar die Volksbefragung erfolgreich durchgeführt, jedoch die zuvor abgeschlossene Wette, welche der drei Gemeinden die prozentual meisten Atomrüstungsgegner zähle, klar verloren. – Da in den drei Ortschaften der Wahlanteil der CDU bei den letzten Bundestagswahlen zwischen 20 und 25% gelegen habe, müsse sich demnach, schlußfolgert die Tageszeitung »Die Welt« in ihrer Ausgabe vom 20. Mai, auch die Mehrheit der CDU-Wähler gegen die atomare Aufrüstung ausgesprochen haben.

4. Mai Der *Deutsche Frauenring* fordert auf seiner Hauptversammlung in **Wiesbaden**, daß alle auf der Welt vorhandenen Atomwaffen zerstört werden müßten.

5. Mai Der SPD-Bundestagsabgeordnete Walter Menzel, Geschäftsführer des zentralen *Arbeitsausschusses »Kampf dem Atomtod«* (KdA), berichtet auf einer Pressekonferenz in **Bonn** über die Resonanz der außerparlamentarischen Kampagne gegen die Atombewaffnung der Bundeswehr. Allein an diesem Tag seien Meldungen eingetroffen, daß in Nordrhein-Westfalen 20 weitere lokale KdA-Ausschüsse gegründet worden seien. Menzel kritisiert Bestrebungen der Bundesregierung, die Anti-Atomtod-Bewegung zu kriminalisieren. Bundesinnenminister Gerhard Schröder (CDU) habe eine Kommission beauftragt, die Frage der verfassungsrechtlichen

Zulässigkeit und Möglichkeiten zur strafrechtlichen Verfolgung der Aktion »Kampf dem Atomtod« zu prüfen. Solche Machenschaften, meint Menzel, seien selbst verfassungswidrig. Alle im Rahmen der Kampagne in Ländern und Gemeinden durchgeführten Aktionen seien legal.

5. Mai Sieben führende katholische Moraltheologen der **Bundesrepublik** nehmen in einer gemeinsamen Erklärung zur Frage der Atombewaffnung Stellung. »Je furchtbarer die Auswirkung der Waffen ist«, heißt es in der dritten These des Textes, »desto weniger können für sich allein betrachtet Fragen der Grenzziehung, wirtschaftliche und andere Interessen oder gar Fragen des Prestiges einen Verteidigungskrieg rechtfertigen. Je furchtbarer die drohenden Zerstörungen sind, um so größer sind auch die Opfer, selbst bis zum Verzicht auf unbezweifelbare Rechte, zu denen ganze Völker um des Friedens willen bereit sein müssen.«[134] Die Theologen halten, einem Wort von Papst Pius XII. folgend, eine Verteidigung auch dann noch für erlaubt, wenn die »moralische oder physische Existenz von Völkern durch einen Angriff bedroht« sein sollte. Die Erklärung ist von den Professoren Alfons Auer (Würzburg), Richard Egenter (München), Heinz Fleckenstein (Würzburg), Johannes Hirschmann (Frankfurt), Josef Höffner (Münster), Nikolaus Monzel (München) und Eberhard Welty Op (Wallersberg) unterzeichnet. – Am 24. Mai wird eine Kritik an dieser Erklärung veröffentlicht, die von 251 Katholikinnen und Katholiken unterschrieben ist. Die von den sieben Theologen eingenommene Position, heißt es darin, könne nicht als verbindlich angesehen werden, weil die in ihnen zum Ausdruck gekommenen Ansichten nur eine bestimmte Parteipolitik unterstützten. »Auf Grund der jüngsten Vergangenheit Deutschlands und der heutigen inneren und äußeren Lage der Bundesrepublik halten sie«, fahren die Unterzeichner fort, »eine Atomrüstung der Bundesrepublik für ein moralisches Verhängnis und sehen darin nicht nur für unser geteiltes Volk, sondern auch für unsere westlichen Verbündeten eine Vergrößerung der politischen Gefahren.«[135] Zu den Unterzeichnern zählen Hans Arens (Kamp-Lintfort) und Bernd Moellembeck (Oberhausen-Sterkrade).

5. Mai In **Göppingen** (Baden-Württemberg) konstituiert sich ein vorbereitender *Ausschuß »Kampf dem Atomtod«* (KdA).

5. Mai In einer in **Washington** veröffentlichten Stellungnahme lehnt die Regierung der Vereinigten Staaten die vom polnischen Außenminister Adam Rapacki vorgeschlagene Schaffung einer atomwaffenfreien Zone in Mitteleuropa ab.

5. Mai Der 43jährige Danilo Schumuk wird wegen antisowjetischer Agitation und Propaganda von einem Gericht in der **UdSSR** zu zehn Jahren verschärfter Lagerhaft verurteilt. Der Ukrainer hatte 1953 im Straflager von Norilsk eine Gefangenenrevolte angeführt und nach seiner Entlassung einen Bericht über seine dort gemachten Erfahrungen verfaßt und öffentlich verbreitet.

5.-7. Mai Auf der Frühjahrstagung der NATO-Außenminister in **Kopenhagen** schlägt US-Außenminister John Foster Dulles vor, eine Gipfelkonferenz durchzuführen, wenn dabei realistische Aussichten existierten, »Weltprobleme« zu lösen. In einem Kommuniqué bekräftigen die 15 Außenminister die Auffassung, daß die NATO zwar eine defensive Organisation, jedoch mehr als eine bloß militärische Allianz sei. Sie sprechen sich in eingeschränkter Form für die Durchführung einer Gipfelkonferenz aus und schlagen die Deutschlandfrage und die Einleitung kontrollierter Abrüstungsschritte als zwei Hauptthemen dafür vor. – Bundesverteidigungsminister Franz Josef Strauß gibt kurz darauf in **Bonn** bekannt, daß eine Beschlußfassung zur Atomrüstung auf der Kopenhagener Konferenz nicht nötig gewesen sei. Mit seinen Kollegen habe er das Dokument MC 70 der Standing Group der NATO bereits im April auf einer gemeinsamen Sitzung in **Paris** angenommen, in dem die Ausrüstung der NATO-Streitkräfte mit Atomwaffen schriftlich fixiert wurde. Dieses Dokument sei dann am 1. Mai auch vom Ständigen NATO-Rat gebilligt worden.

5.-23. Mai Auf dem Parteitag der *Kommunistischen Partei Chinas* (KPCh) in **Peking** fordert der ZK-Vorsitzende Mao Tse-tung die Delegierten auf, sich weder durch Gelehrsamkeit noch durch die Klassiker des Marxismus-Leninismus einschüchtern zu lassen. Stattdessen propagiert er in seiner Ansprache »Mut zum Denken, Sprechen und Handeln«. Am Ende des Parteitags erläutert er die »Generallinie des Großen Sprungs«.

6. Mai Im überfüllten Theater der Stadt **Mainz** fordern der Publizistikprofessor Walter Hagemann, der Kirchenpräsident Martin Niemöller, der Oberbürgermeister Franz Stein und der Pfarrer Curd Biegler die 1.000 Zuhörer zum Widerstand gegen die Ausrüstung der Bundeswehr mit Atomwaffen auf. Ebenfalls aus Protest gegen die Atomrüstung ist das Personal der Mainzer Verkehrsbetriebe für die Zeit der Veranstaltung in einen Streik getreten.

6. Mai Rund 70 Schülerinnen und Schüler eines Gymnasiums in **Bühl** (Baden) setzen aus eigener Initiative einen jüdischen Friedhof wieder instand.

6. Mai Das »Bauern-Echo« meldet, daß in dem bei Coburg gelegenen Dorf **Scheuerfeld** 502 der 1.200 Einwohner eine Protesterklärung gegen die Atombewaffnung der Bundeswehr unterzeichnet haben.

Kampf dem Atomtod, Göttingen

Verzichtet auf Atomwaffen! Beginnt im eigenen Land!

MIT DER BUNDESREGIERUNG sind wir der Auffassung, daß in aller Welt atomar ABGERÜSTET werden muß.

ENTGEGEN DER BUNDESREGIERUNG sind wir der Auffassung, daß in Deutschland mit der atomaren AUFRÜSTUNG gar nicht erst BEGONNEN werden darf.

WIR FORDERN, daß der Bundestag seinen Atomrüstungs-Beschluß vom 23. März 1958 RÜCKGÄNGIG macht.

Tausende Frauen und Männer in unserer Stadt teilen unsere Auffassung. Schließen auch Sie sich unserer Forderung an, UNTERZEICHNEN AUCH SIE unseren Aufruf vom 7. Mai 1958!

FÜR DEN ARBEITSKREIS »KAMPF DEM ATOMTOD« GÖTTINGEN

Professor D. Dr. W. TRILLHAAS   Professor D. ERNST WOLF
Studienrat MANFRIED BUTTNER   Dr. ELISABETH HEIMPEL

BITTE WENDEN!

Göttinger Druckerei- und Verlagsgesellschaft mbH.

7.5.: Auch in der niedersächsischen Universitätsstadt bildet sich ein eigener Arbeitskreis »Kampf dem Atomtod«; von der Gruppe verbreiteter Handzettel.

7. Mai Auf einer Veranstaltung des *Kampfbundes gegen Atomschäden* (KgA) in der Technischen Universität von **München** spricht der SPD-Bundestagsabgeordnete und Professor für Physik, Karl Bechert, vor 700 Studenten. Er klärt über die Gefahren radioaktiver Strahlung auf und gibt Ergebnisse einer Unterschriftensammlung gegen die Atomrüstung bekannt. Angesichts der globalen Entwicklung, erklärt Bechert, gebe es nur zwei Möglichkeiten: entweder Atomkrieg oder Verhandlungen und Frieden.

7./8. Mai In einer bis in die Nacht andauernden Sitzung nimmt die Bürgerschaft der Freien Hansestadt **Bremen** gegen die Stimmen von CDU und DP einen von SPD und FDP eingebrachten Gesetzentwurf zur Durchführung einer Volksbefragung über die Atombewaffnung der Bundeswehr an. Bremen ist das erste Bundesland, das ein solches Gesetz verabschiedet. Die Volksbefragung soll am 22. Juni stattfinden. In einer Entschließung wird außerdem der Senat aufgefordert, sich bei der Bundesregierung für die Schaffung einer atomwaffenfreien Zone in Mitteleuropa und die Aufnahme von Verhandlungen über den Abzug fremder Truppen von deutschem Boden einzusetzen.

8. Mai Hunderte von Interessierten, die an einer Protestkundgebung gegen die Atombewaffnung der Bundeswehr teilnehmen wollen, finden im Ludwigsbau in **Augsburg** wegen Überfüllung keinen Einlaß mehr. Dennoch können sie die Reden des stellvertretenden SPD-Vorsitzenden Waldemar von Knoeringen, des bayerischen DGB-Landesvorsitzenden Ludwig Linsert, der Schauspielerin Ursula Herking sowie der beiden Schriftsteller Hans Werner Richter

5.-23.5.: Der chinesische Staatspräsident Mao Tse-tung.

und Hans Helmut Kirst über Lautsprecher im Stadt-garten verfolgen. Veranstalter ist das Münchner *Komitee gegen Atomrüstung*.

8. Mai Das Schwurgericht beim Landgericht **Bay-reuth** verurteilt den ehemaligen NSDAP-Kreisleiter im thüringischen Mühlhausen, Paul Vollrath, wegen schweren Landfriedensbruchs zu einer Gefängnis-strafe von zwei Jahren. Das Gericht sieht es als erwiesen an, daß der 59jährige maßgeblich an den antisemitischen Aktionen in der Pogromnacht vom 9. November 1938 beteiligt war.

9.5.: Karikatur aus dem »Simplicissi-mus«.

8. Mai In der **DDR** wird der Jahrestag der Befreiung vom Nationalsozialismus als Nationalfeiertag begangen. Aus diesem Anlaß richten der Präsident der DDR, Wilhelm Pieck, das Präsidium der Volkskammer, der Ministerrat, das Zentralkomitee der SED und das Präsidium des Nationalrats der *Nationalen Front* gemeinsam ein Telegramm an den Obersten Sowjet, den Ministerrat der UdSSR und das Zentralkomitee der KPdSU, um sich für die Befreiung durch die Rote Armee und die Unterstützung bei der Gründung und beim Aufbau der DDR zu bedanken.

9. Mai In **Karlsruhe** versammeln sich 20.000 Demonstranten zu einer Protestkundgebung gegen die atomare Aufrüstung. Als Redner treten Kirchenpräsident Martin Niemöller, der baden-württembergische Wirtschaftsminister Hermann Veit (SPD) und die Wuppertaler Professorin Renate Riemeck auf. Bereits eine halbe Stunde vor Beginn der Veranstaltung ist in den meisten Betrieben die Arbeit niedergelegt worden.

9. Mai In **Darmstadt** beschließt der Magistrat, die von der Stadtverordnetenversammlung gebilligte

Volksbefragung über die Atombewaffnung der Bundeswehr am 29. Juni durchzuführen. – Am selben Tag erscheint im »Vorwärts« ein Auszug aus dem »Darmstädter Aufruf gegen die Atombewaffnung der Bundeswehr«. »Die Stadt Darmstadt«, heißt es darin, »wurde 1944 durch die nationalsozialistische Politik der Stärke zu über 75 Prozent zerstört. Wir protestieren gegen die atomare Aufrüstung in der Bundesrepublik, die – eine Politik der Stärke – die Gefahr der völligen Zerstörung unseres Vaterlandes in sich birgt und jede weitere Verständigung zwischen Ost und West erschwert. Sie beschwört die Gefahr der totalen Vernichtung für das deutsche Volk herauf und verhindert die Wiedervereinigung unseres Vaterlandes. Die Anwendung atomarer Waffen ist Selbstmord. Die deutsche Atomaufrüstung schreckt die Kommunisten nicht ab, sondern fördert seine Propaganda.«[136]

9. Mai Mit den Stimmen der SPD- und FDP-Fraktion nimmt die Bürgerschaft der Freien und Hansestadt **Hamburg** einen vom Senat eingebrachten Gesetzentwurf zur Durchführung einer Volksbefragung über die Atombewaffnung der Bundeswehr an. Die wahlberechtigten Bürger Hamburgs sollen am 8. Juni zu drei Fragen Stellung nehmen: »1. Sind Sie für eine Ausrüstung der Bundeswehr mit atomaren Waffen? 2. Sind Sie für eine Lagerung von Atomwaffen im Gebiet der Bundesrepublik? 3. Sind Sie für die Errichtung von Abschußbasen für Atomraketen im Gebiet der Bundesrepublik?«[137] In der Begründung des Gesetzentwurfs heißt es ausdrücklich, daß eine solche Volksbefragung im Einklang mit dem Grundgesetz und der Hamburger Verfassung stehe und zur Gesetzgebungskompetenz der Bürgerschaft gehöre.

9. Mai Die Professorin für Germanistik an der Universität **Greifswald**, Hildegard Emmel, die mit ihrem im Jahr zuvor in Weimar erschienenen Buch »Weltklage und Bild der Welt in der Dichtung Goethes« den Unwillen der SED erregt hat, wird das Opfer einer von der Staatspartei gegen sie lancierten Verleumdungskampagne. Da sie anhand von über 4.000 Belegen in den 143 Bänden der Weimarer Goethe-Ausgabe nachweisen kann, daß der ebenso vieldeutige wie zentrale Ausdruck »Welt« beim Klassiker der deutschen Literatur überwiegend negativ konnotiert ist und sie ihre Untersuchung in den Worten zusammenfaßt, daß die »Weltklage« Goethes gesamtes Werk durchziehe, wird sie in der Presse als Vertreterin einer spätbürgerlich defätistischen Literaturgeschichtsschreibung angegriffen. Doch gerade weil ihr Buch im SED-Zentralorgan »Neues Deutschland« und anderen Blättern vernichtende Rezensionen erhält und sein Verkauf eingestellt wird, nimmt der Besuch ihrer Vorlesung durch regimekritisch eingestellte Studenten ständig zu. Nun muß sich die Professorin, die in ihrer Vorlesung über neuere deutsche Literatur, wie es in einem Artikel der FDJ-Zeitschrift »Forum« heißt, Kafka dreimal häufiger als Brecht behandelt, im Saal des *Deutschen Kulturbundes* (DK) in einer Abendveranstaltung einer Art ideologischem Schauprozeß stellen. Auf dem Podium sitzen Professor Erhard Albrecht (SED), Ordinarius für Marxismus-Leninismus und stellvertretender Rektor der Universität, der Sekretär der SED-Bezirksleitung Rostock, Wolfgang Krolikowski, und ein Diskussionsleiter. Für die »Angeklagte« ist ein Platz in einer der hinteren Stuhlreihen reserviert. Das Publikum besteht aus Funktionären der SED, Dozenten, Assistenten und einigen Studenten. Von einem Redner nach dem anderen wird alles, was mit Hildegard Emmels wissenschaftlicher Arbeit und ihrer Lehrtätigkeit zu tun hat, angegriffen und als in jeder Hinsicht verfehlt verurteilt. Das Grundübel ihres Buches sei dessen Methode, die aus der Weltanschauung des subjektiven Idealismus resultiere und zur Verkennung von Goethes optimistischer Grundhaltung führe. Als die an den Pranger Gestellte nach mehreren Aufforderungen das Wort ergreift und die Entstehungsgeschichte ihres Goethe-Buches zu erläutern versucht, wird sie ultimativ gefragt, ob sie ihren darin zur Schau gestellten Pessimismus zu widerrufen und nun das Goethe-Bild der Arbeiterklasse zu vertreten

bereit sei. Die Antwort der Germanistin lautet: »Wenn Sie mich vor die Alternative stellen, ob ich die Professur aufgeben oder mein Goethe-Buch widerrufen will, so muß ich sagen: ich kann eher die Professur aufgeben – es wird mir sehr schwer, das zu tun – als das Buch widerrufen.«[138] Die Offenheit dieser Stellungnahme steigert jedoch nur noch die unverhohlene Aggressivität in dem von der SED inszenierten Scherbengericht. Die Beiträge nehmen an Schärfe zu, bis schließlich gegen 23 Uhr ein Jurist namens Schönherr der Professorin wutentbrannt entgegenschleudert, sie sei in ihrer Arbeit nicht über Registrierarbeiten hinausgekommen, im Vorfeld der Wissenschaft steckengeblieben, liefere keinen Beitrag zur Lösung gesellschaftlicher Probleme und ihr Buch sei nicht das Papier wert, das der Staat dafür zur Verfügung gestellt habe. Daraufhin packt Hildegard Emmel ihre Unterlagen ein und verläßt mit der Bemerkung, sie habe wohl genug gehört, den Saal. – Am 14. Mai wird die öffentlich abgestrafte Professorin zu einer Sitzung der Philosophischen Fakultät geladen, deren einziger Tagesordnungspunkt lautet: »Stellungnahme zur Haltung von Frau Professor Emmel vor dem Kulturbund«. Nach einem sechs Stunden dauernden Kreuzverhör, in dem eine Vielzahl fakultätsfremder SED-Funktionäre das Wort ergreifen, stimmen die Mitglieder der Fakultät bei einer Gegenstimme, der Stimme der Angegriffenen, einem Antrag zu, in dem dem Staatssekretariat für das Hoch- und Fachhochschulwesen vorgeschlagen wird, die Germanistikprofessorin wegen mangelnder wissenschaftlicher und politischer Qualifikation »von der Lehrtätigkeit zu entbinden«. Am selben Tag erscheint in der »Ostsee-Zeitung« unter der Überschrift »Gegen Verfälschung des Goethe-Bildes – Wissenschaftliche Literaturbetrachtung nur vom Standpunkt der Arbeiterklasse möglich« ein Artikel, der offenbar den ideologischen Hintergrund für das in Gang gesetzte Suspendierungsverfahren abgeben soll: »Die Arbeiterklasse«, heißt es darin, »verteidigt Goethe konsequent gegen alle, die aus diesen oder jenen Gründen sein Werk verfälschen und entstellen ... Nur dadurch, daß Goethe im Sinne der besten, fortschrittlichsten Teile der Nation, immer wieder aus dem Schatz der Volkspoesie schöpfend, die Wirklichkeit genial in seinen Werken abspiegelte, konnte er zusammen mit Schiller zum nationalen Erzieher, zum großen Meister unserer Nationalliteratur werden. Dabei blieb seine Aussage prinzipiell optimistisch.«[139] – Hildegard Emmel wird zwar, wie von den Fakultätsmitgliedern beantragt, von ihrer Lehrtätigkeit entbunden, kann aber, da ihr keine Verfehlungen vorzuhalten sind, nicht entlassen werden. Das bedeutet, daß ihr das volle Gehalt weiterbezahlt werden muß. Sie bleibt noch zwei Jahre in

9.5.: Titelblatt der 1991 erschienenen Erinnerungen.

9.5.: Die Germanistikprofessorin Hildegard Emmel.

der DDR. Nachdem alle Versuche, eine Gastprofessur im Ausland zu übernehmen, gescheitert sind und auch ein Ausreiseantrag in die Bundesrepublik abgelehnt worden ist, entschließt sie sich zur Flucht in den Westen. Am 25. Juni 1960 reist sie mit der Bahn nach **Ost-Berlin** und besteigt unmittelbar darauf eine S-Bahn, die sie nach **West-Berlin** bringt. Als sie sich am Tag darauf um 11 Uhr im Flüchtlingslager Marienfelde meldet, ist sie bereits der 726. Flüchtling dieses Tages. – Vier Monate nach dem tribunalähnlichen Abend im Saal des *Deutschen Kulturbundes* (DK) hatte der Staatssekretär für das Hochschulwesen, Wilhelm Girnus (SED), ihr noch in Anwesenheit hoher Funktionäre das Bedauern der Regierung für die Greifswalder Vorkommnisse ausgesprochen, jedoch zugleich unmißverständlich klargemacht, daß er keinerlei Möglichkeit sähe, ihr das Lehramt wieder zurückzugeben. Wenn er sie wieder einsetze, soll Girnus nicht ohne Übertreibung gesagt haben, werde man ihn erschießen.

9.5.: DDR-Flüchtlinge lassen sich in West-Berlin registrieren.

9.-16. Mai Im **Libanon** brechen Unruhen aus, die erst durch das militärische Eingreifen der USA niedergeschlagen werden. Zunächst kommt es in der Hafenstadt **Tripolis** wegen der Ermordung des Herausgebers einer oppositionellen Zeitung zu gewalttätigen Demonstrationen, in deren Verlauf das Amerikahaus in Flammen aufgeht. Die Demonstrationen greifen auch auf die Hauptstadt **Beirut** über, wo ebenfalls das Amerikahaus niedergebrannt wird. Ein von den Oppositionsparteien für den 12. Mai ausgerufener Generalstreik gegen die prowestliche Politik von Staatspräsident Camille Chamoun wird weitgehend befolgt. Am selben Tag wird in der Nähe der syrischen Grenze die Erdölleitung der Iraq Petrolium Company in die Luft gesprengt. Nachdem Präsi-

dent Chamoun die Westmächte um Unterstützung gebeten hat, erklärt sich die Regierung der USA am 14. Mai bereit, die libanesische Regierung mit Waffen und Munition zu beliefern. Gleichzeitig werden zwölf Schiffe der US-Flotte in das östliche Mittelmeer beordert. Zur Bekämpfung des Aufstands setzen libanesische Regierungstruppen im Nordosten des Landes Panzer und Düsenjäger ein. Am 16. Mai bricht der Umsturzversuch vorläufig zusammen. Gegen eine Reihe hochrangiger Politiker, die den Aufruf zum Generalstreik mitunterzeichnet haben, ergehen Haftbefehle. Unter ihnen sind vier ehemalige Ministerpräsidenten, zwei ehemalige Parlamentspräsidenten und zwei Exaußenminister.

10. Mai Mit einer Demonstration gedenken in **Hamburg** 1.000 Menschen des 13. Jahrestages der Befreiung vom Faschismus und Militarismus und rufen zum Widerstand gegen die Atombewaffnung auf. Der von der *Vereinigung der Verfolgten des Naziregimes* (VVN) organisierte Protestmarsch führt vom Barmbeker Bahnhof zum Ohlsdorfer Friedhof. Am dortigen Ehrenmal der Opfer des Faschismus hält Gerhard Gleißberg, der Chefredakteur des Wochenblatts »Die Andere Zeitung«, die Gedenkrede. Er erinnert daran, daß die Uneinigkeit und Unentschlossenheit der NS-Gegner maßgeblich zur Machtergreifung Hitlers beigetragen habe. Der heutigen Bedrohung durch atomare Massenvernichtungsmittel könne, wie aus der Vergangenheit zu lernen sei, nur durch einheitliches Handeln begegnet werden. Um gegen die atomare Aufrüstung der Bundeswehr Erfolg haben zu können, müßten alle demokratischen Kräfte zusammenhalten. Zum Abschluß der Kundgebung legen Vertreter der VVN und anderer Widerstandsorganisationen sowie der Hamburger *Jugendgruppe »Geschwister Scholl«* Kränze und Blumen nieder.

10. Mai Am 25. Jahrestag der nationalsozialistischen Bücherverbrennung führt die FDJ auf dem Vorhof der Humboldt-Universität in **Ost-Berlin** eine Gedenkveranstaltung durch. Als Hauptredner fordert der Staatssekretär für das Hochschulwesen, Wilhelm Girnus (SED), die Studenten und Professoren auf, sich »unter Führung der SED« den Kräften entgegenzustellen, die 1933 die Katastrophe des deutschen Volkes eingeleitet hätten und nun von Westdeutschland her die Gefahr eines Atomkrieges heraufbeschworen.

11. Mai In der Ortschaft **Harsefeld** (Landkreis Stade) gründen Bauern, Arbeiter und Gewerbetreibende gemeinsam einen lokalen *Ausschuß »Kampf dem Atomtod«* (KdA). Seine Mitglieder wollen mit allen Kräften dazu beitragen, die Atomrüstung zu verhindern.

12. Mai Unter dem Motto »Brand auf dem Opernplatz« führt der *Deutsche Schriftstellerverband* im Deutschen Theater in **Ost-Berlin** eine Gedenkveranstaltung an die Bücherverbrennung der Nazis vor 25 Jahren durch. Die Ansprachen werden dabei von den Schriftstellern Jan Petersen, Stephan Hermlin, Henryk Keisch und Ludwig Renn gehalten. Ihr Tenor lautet, daß »die Bücherverbrenner von gestern die Atommörder von morgen« seien.

13. Mai Nahezu 25.000 Atomrüstungsgegner kommen in **Bremen** zu einer Protestveranstaltung zusammen. Auf einen Beschluß des DGB-Ortsausschusses hin ist bereits eine Stunde vor Kundgebungsbeginn die Arbeit in allen größeren Betrieben der Hansestadt niedergelegt worden. In vier Marschsäulen ziehen die Arbeiter und Angestellten mit schwarzen Fahnen und Transparenten ausgerüstet zum Domshof. Als Redner treten Bürgermeister Wilhelm Kaisen (SPD), Oberkirchenrat Heinz Kloppenburg, die Schauspielerin und Kabarettistin Ursula Herking sowie der nordrhein-westfälische Finanzminister Willi Weyer (FDP) auf. Kaisen widerspricht dabei der These, daß sich aus der NATO-Mitgliedschaft der Bundesrepublik eine Bündnisverpflichtung zur atomaren Aufrüstung ergebe. Am Beispiel von Dänemark und Norwegen könne man erkennen, daß dies keinesfalls eine Notwendigkeit sei. Besonders absurd sei es, daß es augenblicklich gerade nicht an Anzeichen für neue Verständigungsmöglichkeiten zwischen Ost und

West mangele. »Sicherheit durch Abschreckung« erzielen zu wollen, wie es die CDU-Parole besage, sei ein Trugschluß und die Bundestagsentscheidung vom 25. März ein Zeichen der Unvernunft. – Im Freihafen wird parallel zu der Großkundgebung auf dem Domshof noch eine eigene Protestveranstaltung gegen die Atombewaffnung für Hafenarbeiter durchgeführt.

13. Mai In der **Bundesrepublik** wenden sich 103 Professoren mit einem Appell an die Bischöfe und Pfarrer der christlichen Kirchen und fordern sie zu einem eindeutigeren Bekenntnis zum Protest gegen die Atombewaffnung der Bundeswehr auf. »Die Kirchen aber«, heißt es darin, »haben bisher geschwie-

13.5.: Großkundgebung gegen die Atombewaffnung in Bremen.

13.5.: Der Bremer Bürgermeister und Senatspräsident Wilhelm Kaisen.

10.5.: Die Hamburger Demonstranten auf dem Weg zum Ohlsdorfer Friedhof.

13.5.: Während eines Manövers von US-Truppen wird bei Grafenwöhr eine Rakete abgeschossen.

13.5.: Ernst Melsheimer, Generalstaatsanwalt der DDR.

gen oder nur allgemeine, praktisch wirkungslose Erklärungen abgegeben ... Wir bitten die Kirchen dringend um ein eindeutiges Bekenntnis zu einer mutigen Politik der Entspannung und der Nichtbeteiligung der Bundesrepublik am atomaren Wettrüsten im heillosen Zirkel allgemeinen Mißtrauens und Hasses. Wir rufen Sie, die Leiter der christlichen Kirchen, dazu auf, Ihre Stimme gegen den unchristlichen Wahnsinn zu erheben, ihm jede Unterstützung zu verweigern und die Gläubigen zur gleichen Haltung zu ermutigen.«[140] Federführend für den Appell zeichnet der Stuttgarter Professor Gerhard Gollwitzer. Der Text ist u.a. von den Professoren Fritz Baade (Kiel), Karl Bechert (Mainz), Arnold Bode (Kassel), Otto Dix (Hemmenhofen), HAP Grieshaber (Karlsruhe), Walter Hagemann (Münster), Johannes Harder (Wuppertal), Johannes Hessen (Köln), Ulrich Noack (Würzburg), Franz Rauhut (Würzburg), Renate Riemeck (Wuppertal), Karl Saller (München), Franz Paul Schneider (Würzburg), Leo Weismantel (Jugenheim) und Aloys Wenzl (München) unterzeichnet.

13. Mai Der Bundesgerichtshof in **Karlsruhe** bestätigt in einem Verfahren das Urteil des Landgerichts München II, das am 29. November 1957 die Denunziantin Maria Sonntag wegen Totschlags zu einer Gefängnisstrafe von vier Jahren verurteilt hatte. Die Bilanzbuchhalterin hatte ihren früheren Chef, einen Bankdirektor im oberschlesischen Hindenburg 1943 bei der NSDAP wegen dessen regimekritischer Äußerungen denunziert und ihn vor dem Volksgerichtshof so entscheidend belastet, daß er wegen »Wehrkraftzersetzung« zum Tode verurteilt und

anschließend hingerichtet worden war. Der Bundesgerichtshof kommt in seinem Urteil, durch das auch zwei Mitangeklagte Maria Sonntags zu Gefängnisstrafen von zwei und drei Jahren verurteilt werden, zu dem Schluß: »Die Angeklagte wußte, daß die Rechtsprechung des Volksgerichtshofes im Jahre 1943 durch eine ungewöhnliche Härte gekennzeichnet war und unter bewußter Außerachtlassung der Prinzipien eines Rechtsstaates vor allem der Vernichtung der Gegner des Dritten Reiches und der Einschüchterung der Bevölkerung diente. Sonntag hat trotz dem als überzeugte und rücksichtslose Nationalsozialistin gewollt, daß ihre Meldung weitergegeben werde. Sie hat den möglichen Tod Miethes in Kauf genommen, auch für den Fall, daß das gegen ihn verhängte Todesurteil rechtswidrig sein würde ... Vor dem Volksgerichtshof trat sie als Hauptbelastungszeugin auf ... Sie identifizierte sich auch mit dem Todesurteil des Volksgerichtshofes, obwohl sie es als rechtswidrig erkannte. Sie wollte nicht nur Gehilfin der Richter des Volksgerichtshofes sein und deren Tat unterstützen. Die Hinrichtung Miethes und dessen Vollstreckungshaft sollten von Anfang an ihre Tat sein, zu der sie sich auch heute noch in vollem Umfange bekennt.«[141] – Mit der Bestätigung des Urteils gegen Maria Sonntag ist erstmals eine wegen ihrer Aussagen als Hauptbelastungszeugin vor dem Volksgerichtshof Beschuldigte als Täterin anerkannt worden. Der Bundesgerichtshof hat in diesem Fall einen unmittelbaren »Kausalzusammenhang zwischen Denunziation und Hinrichtung« des Bankdirektors unterstellt.

13. Mai Nach einer Meldung der amerikanischen Presseagentur »Associated Press« (AP) soll etwa 100 Kilometer vor der Grenze zur DDR auf bundesdeutschem Boden eine Kette von »Nike-Hercules«-Raketen stationiert werden. Die dort errichteten Raketenbasen sollen die Grundlage für die Luftverteidigung Westeuropas abgeben. Die Raketen können sowohl mit konventionellen als auch mit atomaren Sprengköpfen ausgerüstet werden.

13. Mai Das Bezirksgericht **Erfurt** verurteilt in Abwesenheit den in den Westen geflohenen Rechtsanwalt Schmidt wegen Beihilfe zur Republikflucht zu einer Zuchthausstrafe von fünf Jahren. Es folgt damit einem vom Politbüro des ZK der SED erteilten Auftrag, ein früheres Urteil des Bezirksgerichts Leipzig zu revidieren. Der Angeklagte war am 18. Juni 1955 unter dem Vorwurf, er habe einen Mandanten zur Flucht aus der DDR verleitet, verhaftet und am 10. Dezember 1955 vom Bezirksgericht Erfurt zunächst in erster Instanz zu einer Zuchthausstrafe von acht Jahren verurteilt worden. Das Plenum des Obersten Gerichts der DDR, dessen Strafsenat einen Revisionsantrag am 6. Januar 1956 als »offensichtlich unbegründet« abgelehnt hat, ließ eine veränderte politische Haltung erkennen und hob am 13. Oktober 1956 das Urteil auf. Nachdem das Bezirksgericht Leipzig den Angeklagten in der Neuverhandlung vom 23. Februar 1957 freigesprochen hat, weil vier Belastungszeugen ihre Aussage widerriefen, entschloß sich das Politbüro am 2. November 1957, für den Fall eine dreiköpfige Untersuchungskommission zu bilden, der der Generalstaatsanwalt Ernst Melsheimer, der neuernannte Minister für Staatssicherheit, Erich Mielke, und die Justizministerin Hilde Benjamin (alle SED) angehören. Am 23. November 1957 teilte die Ministerin Mielke mit, daß die Anklageerhebung gegen Schmidt, der in einer ganzen Reihe von politischen Strafverfahren als Verteidiger aufgetreten war, berechtigt und nur das Strafmaß überhöht gewesen sei. Obwohl es, wie sie betonte, aus formalen Gründen schwierig sei, das Urteil anzugreifen, wurde der Untersuchungsbericht am 7. Januar 1958 vom Politbüro bestätigt und danach vom Obersten Gericht der DDR ein entsprechender Kassationsantrag gestellt. – Der Berliner Wissenschaftler Falco Werkentin beurteilt Jahrzehnte später den Fall des Rechtsanwalts in einem Aufsatz im »Deutschland-Archiv« als einen Fall, der »einen exemplarischen Einblick in die Justizpraxis der DDR dieser Jahre« erlaube.[142]

13. Mai-6. Juni Während in **Paris** am Nachmittag der designierte französische Ministerpräsident Pierre Pflimlin vom *Mouvement Républicain Populaire* (MRP) vor der Nationalversammlung seine Regierungserklärung abgibt, reißt in **Algier** eine Militärjunta, die aus Offizieren der in Algerien stationierten französischen Streitkräfte besteht, die Macht an sich. Französische Kolonialisten, die sogenannten pied noirs, die ihre Vormachtstellung bedroht sehen, nehmen eine Demonstration gegen die Exekution dreier französischer Soldaten durch algerische Rebellen zum Anlaß, um die neue Regierung, die bereits im Vorfeld Verhandlungen mit den Aufständischen angekündigt hat, massiv anzugreifen. Unter den Parolen »Nieder mit Pflimlin!« und »Die Armee an die Macht!« ziehen sie durch die Straßen, dringen zunächst in das Amerikahaus, das Redaktionsgebäude des ihnen zu »unpatriotisch« eingestellten »Journal d'Alger« und dann in das Gebäude des Algerienministers ein. »Nur eine dünne Kette von Mobilgarden«, beschreibt ein Journalist kurz darauf die Situation, »schützte das Regierungsgebäude. Sie war wehrlos gegen die unübersehbaren Menschenmassen, deren Anführer mit einem Militärlastwagen eine Bresche in die verschlossene eiserne Umzäunung rammten. Auch Tränengas-

13.5.-6.6.: In Paris geht die Polizei gegen Demonstranten vor, die die Machtergreifung de Gaulles fordern.

bomben hinderten die Menge nicht, das Gebäude zu stürmen, das sie Stockwerk für Stockwerk in Besitz nahm. Bald begannen Aktenstücke in Mengen aus den Fenstern zu fliegen. Einen Oberst, der von einem Balkon des ersten Stocks aus zu beschwichtigen versuchte, schrie die vorher durch Lautsprecherwagen zum ›Kampf bis zum Letzten für ein französisches Algerien‹ aufgeputschte Masse mit dem Ruf nieder: ›Wir wollen eine Regierung der Nationalen

13.5.-6.6.: Staatsstreich in Algier: Anhänger der Putschisten fordern auf einer Kundgebung vor dem Kriegerdenkmal die Niederschlagung des algerischen Unabhängigkeitskampfes.

13.5.-6.6.: In Oran stürmen Demonstranten das Gebäude des Rundfunksenders.

13.5.-6.6.: Der »Wohlfahrtsausschuß« in Algier hat sich versammelt (v.l.n.r.): Sid Cara, Jacques Soustelle, Raoul Salan, Jacques Massu und Léon Delbeque.

13.5.-6.6.: Nachdem das amerikanische Kulturzentrum in Algier von Demonstranten verwüstet worden ist, sind französische Fallschirmjäger zur Sicherung des Gebäudes aufgezogen.

Raoul Salan an. Er ruft die französischen Siedler auf, der neuen Führung zu vertrauen und Ruhe zu bewahren. – Die Situation in **Paris** ist währenddessen kaum weniger bedrohlich. Rund 7.000 Polizisten sind aufgeboten, um zu verhindern, daß rechtsradikale Demonstranten das Parlament stürmen. Die jungen Nationalisten, die am Arc de Triomphe, vor der US-Botschaft, am Place de la Concorde und in der Nähe der Oper schon für zahlreiche Zwischenfälle gesorgt haben, versuchen immer wieder, »Algerien bleibt französisch« rufend, die Absperrungen zu durchbrechen. Die Polizei, deren Einsatz von einem Hubschrauber aus dirigiert wird, hält den Sturmläufen jedoch stand. Nachdem der Militärputsch bekannt geworden ist, appelliert Pflimlin an die Abgeordneten der Nationalversammlung, der Republik die Treue zu bewahren und sich ihrer Verantwortung bewußt zu sein. »In Algier«, erklärt Pflimlin, der der 24. französische Ministerpräsident in der Nachkriegszeit werden soll, »haben sich Franzosen, deren Besorgnis ich verstehe, zu schwerwiegenden Handlungen hinreißen lassen, und es haben sich militärische Chefs gefunden, die eine Haltung einnehmen, welche – ich sage es mit Bedauern – einen Aufruhr gegen das republikanische Gesetz darstellt. Es wäre tragisch, wenn sich eine Kluft zwischen den Franzosen in Algerien und den Franzosen im Mutterland auftun würde, da es zur Rettung Algeriens der nationalen Einheit bedarf, die nur im Rahmen der Republik gewährleistet werden kann. Kommen Sie Ihrer Verantwortlichkeit nach! Wir befinden uns vielleicht am Rande eines Bürgerkrieges, dessen Nutznießer zweifellos die Kommunisten wären, denen uns nichts näher bringen kann. Ich verlange von der Nationalversammlung, sich auf die Höhe der Verantwortlichkeit gegenüber der Nation zu erheben und sich in diesen historischen Stunden zu entscheiden.«[144] Anschließend stimmen die Abgeordneten der von Pflimlin angeführten Regierung mit 274:129 Stimmen zu; die 135 kommunistischen Abgeordneten enthalten sich zusammen mit zwei weiteren Parlamentariern ihrer Stimme. Um 2 Uhr morgens wird die Regierung Pflimlins, in der René Pleven Außen-, Maurice Faure Innen- und Edgar Faure Finanz- sowie Wirtschaftsminister ist, vereidigt. Nur zwei Stunden später bezeichnet General Massu in einer von Radio Algier übertragenen Ansprache das neue Kabinett als die »Verzichtsregierung Pflimlin«, die durch die Komplizenschaft der KPF an die Macht gekommen sei. Er appelliert »inständig« an General de Gaulle, sein seit Jahren anhaltendes politisches Schweigen zu brechen, sich den Putschisten anzuschließen und eine »Regierung des öffentlichen Wohls« zu bilden. Sie allein könne einen Verzicht Frankreichs auf Algerien und damit ein

Union.‹ Nachdem auch der französische Oberkommandierende in Algerien, General Salan, niedergebrüllt worden war, umzingelten Fallschirmjäger das Gebäude.«[143] General Jacques Massu, der Kommandeur der 10. Fallschirmjägerdivision, hält am Abend vom Balkon des Gebäudes eine Ansprache an die 30.000 Demonstranten. Er verliest ein an Staatspräsident René Coty gerichtetes Telegramm, in dem er die Bildung einer aus Siedlern und Offizieren bestehenden Junta bekanntgibt, die unter seiner Führung stehe. Um die Ordnung aufrechzuerhalten und Blutvergießen zu vermeiden, heißt es weiter, müsse in Paris eine »Regierung des öffentlichen Heils« gebildet werden. Dem *Comité de Salut Public* (CSP, Ausschuß der öffentlichen Wohlfahrt), wie sich die Junta, die damit offenbar die Tradition der Französischen Revolution für sich in Anspruch nehmen will, beschönigend bezeichnet, schließt sich auch General

»diplomatisches Dien Bien Phu« verhindern. In den Stunden danach ruft der seit dem Vorabend von den Putschisten besetzte Rundfunksender dazu auf, überall *Comités de Salut Public* (CSP) zu bilden. Dieser Aufforderung kommen führende Politiker wie der ehemalige Ministerpräsidenten Georges Bidault (MRP) sowie der Sozialrepublikaner und frühere Algerienminister Jacques Soustelle nach. Sie rufen zusammen mit Roger Duchet und André Morice auch in der Nationalversammlung in **Paris** zur Bildung einer »Regierung des öffentlichen Wohls« auf. In ihrer gemeinsamen Erklärung heißt es, daß Algerien französisch bleiben müsse. Solange die Aufständischen noch über Waffen verfügten, sei eine Einstellung des Feuers seitens der Armee unzulässig. Auf dem Forum in **Algier** und auf den Champs-Elysées in **Paris** finden um 18 Uhr gleichzeitig Kundgebungen für ein »Algérie française« statt. – Am Nachmittag des darauffolgenden Tages, dem 15. Mai, gibt General de Gaulle in einem Kommuniqué bekannt, daß er zur Übernahme der Regierungsgewalt bereit sei. »Der Niedergang des Staates«, heißt es in seiner Antwort, »hat unweigerlich die Entfremdung angeschlossener Völker, Verwirrung unter den kämpfenden Truppen, die Teilung der Nation, den Verlust der Unabhängigkeit zur Folge. Seit zwölf Jahren ist Frankreich in einen verhängnisvollen Prozeß verwickelt. Die Probleme, die es bedrängen, sind für das Parteienregime allzu schwer. Seinerzeit hat mir das Land bis in seine tiefsten Schichten hinein das Vertrauen geschenkt, um es zu seiner Rettung zu führen. Heute, da es sich von neuem vor Prüfungen gestellt

sieht, soll es wissen, daß ich bereit bin, die Macht in der Republik zu übernehmen.«[145] Eine Stunde später wird die Erklärung de Gaulles auf dem Forum in **Algier** vor begeisterten Demonstranten verlesen. Zur selben Zeit läßt Ministerpräsident Pflimlin vier rechtsradikale Organisationen, darunter die gaullistische *Parti Patriote Révolutionnaire* (PPR) und die faschistische *Jeune Nation*, verbieten. – Während das CSP am 16. Mai auf einer Pressekonferenz in **Algier** bekanntgibt, daß sich in Algerien bereits 129 Wohlfahrtsausschüsse gebildet hätten, nimmt die Nationalversammlung in **Paris** mit 462:112 Stimmen ein von der Regierung beantragtes Notstandsgesetz an. Der 1955 eingeführte »état d'urgence« (Dringlichkeitszustand) gilt für drei Monate und bezieht sich nicht nur auf Algerien, sondern erstmals auch auf das »Mutterland« Frankreich. Die drei großen französi-

13.5.-6.6.: Auf einer Pressekonferenz in Paris erklärt General de Gaulle seine Bereitschaft, eine neue Regierung zu bilden.

13.5.-6.6.: In der ersten Reihe der Massendemonstration, mit der am 28. Mai in Paris gegen die Machtergreifung de Gaulles protestiert wird, marschieren auch Pierre Mendès-France (2.v.l.) und François Mitterand (2.v.r.) mit.

13.5.-6.6.: Die
Demonstranten am
28. Mai auf den
Champs Élysées.

THE FIFTH REPUBLIC

13.5.-6.6.: So sieht
die Genealogie der
V. Republik für den
Karikaturisten des
in London erschei-
nenden »Daily
Herald« aus.

schen Gewerkschaften – die kommunistische *Confé-
deration Générale du Travail* (CGT), die sozialistische
Force Ouvriére (FO) und die christliche *Confédération
Française des Travailleures Chrétiens* (CFTC) – warnen in Aufrufen vor einer Machtübernahme de Gaulles und rufen die Arbeiter und Angestellten des Landes auf, die demokratische Freiheit zu verteidigen.
Das Zentralkomitee und die Abgeordnetenfraktion
der KPF in der Nationalversammlung veröffentlichen einen dramatischen Appell an die Arbeiterklasse und das französische Volk. Darin heißt es: »De
Gaulle hat die Maske fallen lassen. Gestern appellierte Massu an ihn. Heute beendet General Salan
seine Kundgebung in Algier nicht durch den Ruf ›Es
lebe die Republik‹, sondern durch den Ruf ›Es lebe de
Gaulle‹. Einige Stunden später rechtfertigte und
deckte de Gaulle die Rebellion und forderte die persönliche Macht, um eine militärische Diktatur einzurichten, in Mißachtung der nationalen Vertretung,
die gerade eine Regierung investiert hat, in Mißachtung der republikanischen Verfassung und des Staats-
chefs. Es handelt sich darum, in aller Offenheit den
Staatsstreich, der vorgestern in Algier unternommen wurde, in Paris fortzusetzen und in Frankreich
den Faschismus einzurichten, um den Krieg in Algerien bis zum äußersten zu führen ... Es ist notwendig, daß sich alle Arbeiter und alle Demokraten
gegen die faschistische Bedrohung zusammenschließen, um jeden Versuch abzuwehren, den Staatsstreich von Algier in Paris zu erneuern.«[146] Um de
Gaulle und »der militärisch-faschistischen Diktatur«
den Weg an die Macht zu versperren, müßten in allen
Ortschaften Arbeitsniederlegungen, Kundgebungen
und Demonstrationen organisiert werden. Die
Straße dürfe nicht den Aufständischen überlassen
werden. – Während der Chef des französischen
Generalstabs, General Paul Ely, am 17. Mai aus Protest gegen die Strafversetzung zweier seiner Offiziere seinen Rücktritt einreicht und erklärt, er
könne unter einer Regierung Pflimlin nicht mehr
länger für die Staatstreue der Armee garantieren,
trifft Soustelle, der »unter Polizeischutz« gestellt
war und seinen Bewachern entwischt ist, mit einem
Schweizer Flugzeug in **Algier** ein. Der ehemalige
Generalgouverneur von Algerien wird von Salan
und Massu zusammen mit anderen CSP-Mitgliedern
empfangen. Vom Balkon seiner früheren Residenz
wendet sich Soustelle mit einer Ansprache an die
Demonstranten, die in begeisterte Ovationen ausbrechen. – Zwei Tage später erneuert General de
Gaulle auf einer im Hotel Palais d'Orsay in **Paris**
abgehaltenen Pressekonferenz seine Zusage, die
Staatsmacht übernehmen zu wollen. Nachdem er
schon einmal bereit gewesen sei, spielt er auf seine
führende Rolle im Widerstand während der Zeit der

deutschen Besetzung an, in einer nationalen Krise Verantwortung zu übernehmen, so würde er auch diesmal im Namen der Republik die »Aufgabe der nationalen Erneuerung« wahrnehmen. Auf die Frage eines Journalisten, was er zu der Befürchtung mancher Leute sagen würde, die republikanischen Freiheiten sollten eingeschränkt werden, reagiert de Gaulle mit den Worten, er werde sie im Gegenteil wiederherstellen. – Nachdem Ministerpräsident Pflimlin am Vormittag des 28. Mai seinen Rücktritt eingereicht hat, demonstrieren am Nachmittag in **Paris** 250.000 Menschen gegen die Rückkehr von General Charles de Gaulle an die Macht. In der ersten Reihe des kilometerlangen Zuges, der vom Place de la Nation zum Place de la République führt, marschieren der ehemalige Ministerpräsident Pierre Mendès-France, der sozialistische Informationsminister Albert Gazier, der ehemalige Außenminister Christian Pineau, der Abgeordnete der *Union démocratique et socialiste de la résistance* (UDSR), François Mitterand, und der Generalkommissar für Atomenergie, François Perrin. Die Demonstranten tragen Armbänder mit den Farben der Trikolore und führen Pappschilder mit sich, die die Aufschrift »Lang lebe die Republik« haben. In machtvollen Sprechchören rufen sie immer wieder »An den Galgen mit Massu!«, »An den Galgen mit Soustelle!«, »Nieder mit de Gaulle!«, »De Gaulle ins Museum!«, »Die paras in die Fabriken!« und die aus dem Spanischen Bürgerkrieg bekannte republikanische Parole: »Der Faschismus kommt nicht durch.« Doch die friedlich verlaufende Massendemonstration der Linken endet im Katzenjammer. »Die Ankunft auf der place de la République«, schreibt Simone de Beauvoir, die zusammen mit Jean-Paul Sartre an der Manifestation teilnimmt, »ist enttäuschend. Nichts ist vorbereitet. Einige Leute stehen auf den Sockeln und schwenken Fahnen, aber da kein Befehl kommt, verläuft sich die Menge. Einige Rufe werden laut: ›Zur Concorde!‹ – aber niemand gehorcht. Man wäre im übrigen auch nicht durchgekommen. Weit und breit kaum ein Polizist zu sehen: Aber die beiden Zugänge werden von Wagen der CRS bewacht. Die Menge ist keineswegs kampflustig. Erstaunlich ist nur der Schwung, der alle mitgerissen hat; sogar die unpolitischsten Leute aus dem village sind erschienen. Trotzdem fällt einigen von uns auf, daß alle viel zu gut gelaunt sind, daß sie sich damit begnügen, zu schreien und zu singen, aber keineswegs entschlossen sind, zu handeln.«[147] Die Demonstration ist von einem Aktionskomitee organisiert worden, in dem Parteien wie die sozialdemokratische SFIO, deren Generalsekretär Guy Mollet sich de Gaulle angeschlossen hat, die PRS, die UDSR und die MRP, Gewerkschaften wie die FO und die CFTC und die *Liga für Menschenrechte*

13.5.-6.6.: Demonstranten warnen auf der Statue der Republik vor der Heraufkunft des Faschismus.

zusammengeschlossen sind. Gegen den erklärten Willen der Veranstalter haben aber auch die kommunistische Gewerkschaft CGT, die KPF und die *Neue Linke* ihre Mitglieder und Anhänger mobilisiert und damit dem Protestmarsch ihren Stempel aufgedrückt. Am selben Tag empfängt General de Gaulle in seinem Wohnsitz **Colombey-les-deux-Eglises** mit General André Dulac einen Abgesandten Salans zu einer Unterredung. In einem an den ehemaligen Staatspräsidenten Vincent Auriol gerichteten Brief, der am 31. Mai von der Tageszeitung »Le Monde« veröffentlicht wird, schreibt de Gaulle, er würde die Macht aus keiner »anderen Quelle als vom Volk oder wenigstens seinen Vertretern« annehmen. Zugleich warnt er davor, daß Frankreich, wenn die Parteien ihn daran hinderten, ein weiteres Mal die Republik zu retten, »einer Anarchie und dem Bürgerkrieg« entgegengehen würde. – Nach tagelangen innenpolitischen Wirren, in deren Verlauf nacheinander die ehemaligen Ministerpräsidenten Antoine Pinay und Guy Mollet und schließlich auch ihr Amtsnachfolger Pflimlin Kontakt mit de Gaulle aufgenommen haben, gibt Staatspräsident Coty schließlich dem auf ihn ausgeübten Druck nach und beauftragt General de

13.5.-6.6.: Der Putsch in Algier und der Machtkampf in Paris erregen international großes Aufsehen: Die Ausgaben der amerikanischen Illustrierten »Life« vom 2. und 9. Juni.

13.5.-6.6.: Die französische Kolonial-bevölkerung jubelt General de Gaulle in Algier über-schwenglich zu.

Gaulle, mit dem er am 29. Mai im Elysée-Palast in **Paris** zusammentrifft, mit der Regierungsbildung. Diese Nachricht wird unter den Putschisten in Algerien mit großer Begeisterung aufgenommen, da man sich von de Gaulle »eine französische Lösung des Algerien-Problems« verspricht. – Am Nachmittag des 1. Juni tritt de Gaulle in **Paris** vor die Abgeordneten der Nationalversammlung und gibt seine Regierungserklärung ab. »Die Einheit Frankreichs«, führt der General aus, »ist unmittelbar bedroht. Algerien ist einem Sturm der Prüfungen und Erschütterungen ausgesetzt. Korsika unterliegt einer fiebernden Seuche. Im Mutterland verstärken einander entgegengesetzte Tendenzen ihre Leidenschaften und ihre Aktionen. Die Armee hat sich lange Zeit in würdigen und verdienstvollen Aufgaben erprobt. Sie ist

aber über den Mangel an Vollmachten aufgebracht. Unsere nationale Position ist bis in das Mark unserer Allianzen erschüttert. Das ist die Lage des Landes. Zu diesem Zeitpunkt, da sich so viele Chancen in so vieler Hinsicht Frankreich bieten, ist dieses Land von einer Zerstückelung und vielleicht von einem Bürgerkrieg bedroht. Das sind die Bedingungen, unter denen ich mich angetragen habe, es nochmals zu versuchen, den Staat, die Republik, das Land, zum Heil zu führen, und ich mich, designiert durch den Staatschef, veranlaßt finde, die Nationalversammlung zu ersuchen, mich für eine schwere Pflicht zu investieren.«[148] Vergeblich warnen linke Abgeordnete wie Mendès-France und Mitterand vor einer Investitur de Gaulles, die nur unter einer militärischen Drohung zustandekomme. »Als General de Gaulle«, begründet Mitterand seine ablehnende Haltung, »sich am 10. September 1944 vor der Konsultativversammlung präsentierte, die aus den äußeren Kämpfen und der Widerstandsbewegung hervorgegangen war, hatte er zwei Gefährten an seiner Seite: die Ehre und das Vaterland. Seine Gefährten von heute, die er zweifellos nicht selbst gewählt hat, heißen Gewaltstreich und Aufruhr. Wie könnte man leugnen, daß eine Verbindung zwischen dem 13. Mai in Algier und der Sitzung von heute besteht und daß es ein organisiertes Komplott in Algier gegeben hat ... Die Nationalversammlung ist vor ein Ultimatum gestellt. Entweder wird sie den Ministerpräsidenten akzeptieren, der sich jetzt vorstellt, oder sie wird auseinandergejagt. Das akzeptieren wir nicht. Da sich der berühmteste der Franzosen selbst zur Abstimmung stellt, kann ich nicht vergessen, daß er durch eine disziplinlose Armee gestützt wird. Von rechtswegen wird er seine Macht von der nationalen Vertretung erhalten. Tatsächlich hat er sie schon durch einen Gewaltstreich inne.«[149] Mit 329:224 Stimmen wird de Gaulle schließlich von der Nationalversammlung zum neuen Ministerpräsidenten gewählt. Die 224 Abgeordneten, die sich gegen die Symbolfigur des Widerstands gegen die deutsche Besatzung und das Vichy-Regime aussprechen, setzen sich aus 141 Kommunisten, 49 Sozialisten, 18 Radikalsozialisten, darunter Mendès-France, vier Abgeordneten der UDSR, darunter Mitterand, und einigen anderen Parlamentariern zusammen. Der Regierung de Gaulles, der auch das Amt des Verteidigungsministers wahrnimmt, gehören die ehemaligen Ministerpräsidenten Guy Mollet, Antoine Pinay und Pierre Pflimlin sowie Michel Debré, Maurice Couve de Murville und André Malraux an. – Schon am Tag darauf bewilligt die Nationalversammlung drei in der Regierungserklärung de Gaulles geforderte Gesetzesvorhaben. Es handelt sich dabei um ein Gesetz zur Erneuerung der seit März 1956 den jeweiligen Regierungen gewährten Sondervollmachten für Algerien, ein Gesetz, mit dem die Regierung für die Dauer von sechs Monaten gesetzgeberische Vollmachten wahrnehmen kann, und ein weiteres Gesetz, mit dem die Regierung eine Verfassungsänderung auf dem Wege einer Volksabstimmung, d. h. unter Ausschaltung des Parlaments, vornehmen kann. Auch der Rat der Republik stimmt allen drei Gesetzentwürfen, die wesentliche Teile der alten Verfassung außer Kraft setzen, im Eiltempo zu. – In einem Artikel der Tageszeitung »Le Monde« schreibt Jacques Fauvet, daß mit der Verabschiedung dieser drei Gesetze das Scheitern der seit 1946 existierenden Vierten Republik besiegelt sei. Mit dem Krieg in Indochina sei sie geboren worden und mit dem Krieg in Algerien untergegangen. Weder die Menschen noch die Institutionen seien auf der Höhe der Zeit gewesen. Charles de Gaulle, der den Staatszerfall früher als jeder andere erkannt habe, sei der »Liquidator eines Bankrotts«. Die politisch Verantwortlichen für den Bankrott bildeten nun das »Gefolge des Liquidators«. – Bereits am 4. Juni macht de Gaulle das General Salan gemachte Versprechen wahr und reist in das seit Jahren umkämpfte nordafrikanische Kolonialland, wo er in **Algier** von General Salan, Jacques Soustelle, den Mitgliedern des zentralen *Comité de Salut Public* (CSP) und einer großen Menschenmenge begeistert empfangen wird. Immer wieder ertönen Sprechchöre: »Vive de Gaulle, vive Soustelle, vive l'Algerie française!« Als de Gaulle am Abend seine erste Rede hält, werden die zivilen Minister, die ihn auf seiner Algerienreise begleiten, mit Gewalt daran gehindert, sich zusammen mit dem neuen Ministerpräsidenten auf dem Balkon zu zeigen. Bereits bei der Ankunft auf dem Flughafen hatte eine Gruppe von Leuten versucht, die ungebetenen Kabinettsmitglieder am Verlassen des Flugzeugs zu hindern. Der Regierungschef, der in seiner Generaluniform auftritt, ruft der frenetisch applaudierenden Menschenmenge vieldeutig zu: »Ich habe

euch verstanden. Ich weiß, was sich hier zugetragen hat. Ich sehe, was Ihr machen wolltet. Ich sehe, daß die Straße, welche Ihr in Algerien eröffnet habt, jene der Erneuerung und der Brüderlichkeit ist. Ich meine dabei Erneuerung in jeder Beziehung ... ich erkläre, daß Frankreich von heute an der Auffassung ist, daß es in ganz Algerien nur eine einzige Kategorie von Einwohnern gibt: es gibt nur Franzosen mit den gleichen Rechten und den gleichen Pflichten.«[150] Nachdem de Gaulle die französische Armee und ihre Offiziere in den höchsten Tönen gepriesen und sie als Garanten der Bewegung bezeichnet hat, erklärt er, daß an der geplanten Volksabstimmung über die Verfassungsreform auch die zehn Millionen »Franzosen Algeriens« teilnehmen würden. »Ich, de Gaulle,« sagt er am Ende, »öffne diesen die Tore der Versöhnung. Niemals habe ich mehr als hier und niemals mehr als heute abend so gut verstanden, wie schön, groß und edel Frankreich ist. Es lebe die Republik, es lebe Frankreich.«[151] – An den beiden darauffolgenden Tagen hält de Gaulle ähnliche Ansprachen in den Städten **Bône**, **Oran** und **Mostaganem**. Er bekräftigt

dabei jeweils, daß die »Franzosen Algeriens« Franzosen mit den gleichen Rechten und den gleichen Pflichten seien. – Das Koordinierungskomitee der algerischen Befreiungsbewegung *Front de Libération Nationale* (FLN) nimmt in **Kairo** mit einer Erklärung zu den Äußerungen des französischen Ministerpräsidenten Stellung. »Die Rede des Generals de Gaulle in Algier«, heißt es darin, »bleibt in der Linie der kolonialistischen Politik Frankreichs. De Gaulle setzt klar und einfach die Politik der vorhergehenden französischen Republik fort. Mehr noch; dadurch, daß sich der neue Regierungschef mit den ›Ultras‹ in Algerien verbindet, schließt er die Tür für jede Möglichkeit einer zu verhandelnden Lösung auf

13.5.-6.6.: Auf allen Stationen seiner Algerienreise wird de Gaulle von einer großen Menschenmenge in Empfang genommen.

13.5.-6.6.: De Gaulle wird am 4. Juni bei seiner Ankunft in Algier vom Chef der Putschisten, General Massu (links), begrüßt.

Basis der Unabhängigkeit Algeriens ... Die FLN ist der Auffassung, daß General de Gaulle dadurch, daß er im Gleichschritt mit den reaktionären französischen Imperialisten marschiert und durch seine Ablehnung einer friedlichen Lösung des algerischen Problems auf Basis der Unabhängigkeit dem Wege seiner Vorgänger in der Regierung folgt, allein die Verantwortung für die Fortsetzung des Krieges in Algerien trägt.«[152] – Zwei Tage später ernennt de Gaulle den Oberkommandierenden der französischen Streitkräfte in Algerien, General Raoul Salan, zum Generaldelegierten für Algerien. Der Offizier, der zugleich Anführer der Putschisten ist, soll die »Ausübung der regulären Autorität« wiederherstellen. In deren Funktionen, heißt es in der Anweisung, dürften sich die kürzlich gebildeten Komitees nicht einmischen.

14.5.: Die Spitze des Demonstrationszuges in Darmstadt.

14. Mai In **Frankfurt** konstituiert sich ein *Zentraler Ausschuß der Landbevölkerung gegen den Atomtod*. Er will die Landbevölkerung durch Vorträge, Versammlungen, Filme und Flugschriften über die Gefahren der Atomrüstung aufklären, die Gründung weiterer Landes- und Ortsausschüsse initiieren und einen eigenen »Kongreß der Landbevölkerung gegen die Atomrüstung« organisieren. Da die künstliche Radioaktivität infolge der Nuklearwaffentests ständig steige und die biologischen Voraussetzungen der Landwirtschaft immer stärker gefährdet würden, erklären die Gründer, dürfe die Landbevölkerung nicht mehr länger schweigen. Die deutsche Landwirtschaft trage die Hauptverantwortung für die Ernährung des deutschen Volkes, die in Gefahr sei,

verseucht zu werden. Die Arbeit des Zentralen Ausschusses, heißt es außerdem, sei parteipolitisch »strengstens neutral« und lasse sich »vom Geist der Verfassung und den bestehenden Gesetzen« leiten.

14. Mai In der Donaustadt **Ulm** ziehen Tausende von Arbeitnehmern in großen Marschblöcken durch die Innenstadt zum Münsterplatz, um gegen die Atombewaffnung der Bundeswehr zu protestieren. Auf der Kundgebung vor dem Dom spricht sich Fritz Strohtmann vom Hauptvorstand der *IG Metall* vor 12.000 Teilnehmern für Warnstreiks gegen die Atomrüstung als wirkungsvollster Widerstandsaktion aus.

14. Mai Am Steubenplatz in **Darmstadt** formieren sich 800 Demonstranten, die von 80 Fahrzeugen begleitet werden, zu einem Protestmarsch gegen die atomare Ausrüstung der Bundeswehr. Mit Transparenten ziehen sie durch die Rheinstraße zum Mahnmal für die Opfer des Zweiten Weltkrieges am Kapellplatz, wo CDU-Mitglieder Flugblätter gegen eine Volksbefragung verteilt haben und wo nun die Abschlußkundgebung von Oberbürgermeister Ludwig Engel (SPD) eröffnet wird. Vor vier Jahren, erklärt er vor 6.000 Zuhörern, habe man an diesem Mahnmal gelobt, in Zukunft nur noch für den Frieden eintreten zu wollen. Angesichts der drohenden Atomgefahr dürfe nun nicht mehr länger geschwiegen werden. Nach Beiträgen von Landrat Carl Mekkes, dem Betriebsratsvorsitzenden Philipp Ohlemüller und Maria Ziegler vom *Deutschen Gewerkschaftsbund* (DGB) betont die Bundestagsabgeordnete Helene Wessel (SPD) in ihrer Rede, daß der Kampf gegen den Atomtod keinen parteipolitischen Charakter tragen dürfe. Bereits die Verpflichtung, daß die Toten die Lebenden mahnen, müsse dazu führen, daß alle Atomwaffenversuche eingestellt werden. Das Votum der mehr als 9.000 Wissenschaftler, die sich gegen weitere Experimente mit Nuklearwaffen ausgesprochen haben, müsse unbedingt ernst genommen werden. Der Professor für Politische Wissenschaften an der Technischen Hochschule Darmstadt, Eugen Kogon, warnt davor, daß die Atombewaffnung der Bundeswehr ein falsches Signal geben könne. Wenn sie wirklich erfolge, dann müsse befürchtet werden, daß auch kleinere Staaten Atomwaffen lagern und Abrüstungsmaßnahmen dadurch immer schwieriger, wenn nicht gar aussichtslos würden. Werner Hansen, Vorstandsmitglied des DGB, stellt in aller Eindeutigkeit fest, Atomkrieg bedeute Selbstmord für die ganze Welt. Der DGB sei nicht neutral, sondern politisch unabhängig. Er werde sich seine Pflicht nicht nehmen lassen, »zu großen Lebensfragen des Volkes« Stellung zu nehmen. Man dürfe nicht eher ruhen, wendet er sich abschließend an das Publikum, ehe nicht die Atombewaffnung der Bundeswehr verhindert sei. Der Stuttgarter Pfarrer Herbert Werner erklärt, daß die atomare Aufrüstung »Sünde gegen Gott« sei. Wenn sie Wirklichkeit werde, gerate Deutschland in den Teufelskreis des atomaren Wettrüstens. Die Atomrüstung führe nicht nur zum finanziellen Ruin des Staates, sondern vertiefe die Spaltung Deutschlands. Der Vorsitzende des Darmstädter *Arbeitsausschusses »Kampf dem Atomtod«*, Professor Friedrich Hahn, bezeichnet die Atomrüstung in seinem Schlußwort als ein Verbrechen an den Kindern, als ein Verbrechen an der Zukunft überhaupt.

14. Mai Am 10. Jahrestag der Gründung Israels demonstrieren in **München** arabische Studenten gegen den jüdischen Staat. Sie ziehen mit Transparenten durch die Straßen der bayerischen Landeshauptstadt und verteilen Flugblätter. Dabei kommt es zu Zusammenstößen mit jüdischen Studenten. – Zu Zwischenfällen kommt es auch an der Technischen Hochschule **Aachen** und der Freien Universität (FU) in **West-Berlin**. In Aachen wird ein auf gelbem Papier gedrucktes mit der Überschrift »10 Jahre heimatlos – audiatur et altera pars« (Höre auch die andere Seite) versehenes antijüdisches Flugblatt verteilt. Und an der FU wird ein Vortrag, den der Professor für Evangelische Theologie, Helmut Gollwitzer, auf Einladung der *Deutsch-Israelischen Studentengruppe* (DISG) über die Gründung des Staates Israel hält, durch Zwischenrufe und andere Mißfallensäußerungen arabischer Studenten gestört. – Die Aktionen und Demonstrationen sollen vom Büro der *Arabischen Liga* in **Bonn** gesteuert worden sein. Eine dort herausgegebene Broschüre enthält antiisraelische und antisemitische Texte.

14. Mai Die *Sozialistische Partei Österreichs* (SPÖ) nimmt auf einem außerordentlichen Parteitag in **Wien** ein neues Parteiprogramm an. Es unterscheidet sich in einer Reihe von Punkten stark von dem alten, noch durch die klassische Arbeiterbewegung geprägten Programm, das 1926 in Linz verabschiedet worden war. Die SPÖ grenzt sich scharf von Faschismus und Kommunismus ab, bekennt sich zum Pluralismus des Mehrparteiensystems und gibt den politischen Führungsanspruch der Arbeiterklasse auf. Sie strebt zwar weiterhin die Errichtung einer klassenlosen Gesellschaft an, ersetzt jedoch ihre früheren Sozialisierungsforderungen durch das Eintreten für eine »gerechtere Eigentumsordnung«. Benedikt Kautsky, Sohn von Karl Kautsky, dem führenden sozialdemokratischen Theoretiker der *II. Internationale*, ist einer der geistigen Väter des neuen SPÖ-Programms. Er erklärt, man habe Leitlinien entwickeln wollen, die sowohl von Marxisten wie von Nicht-Marxisten, von Atheisten wie von religiösen Sozialisten unterschrieben werden könnten.

14. Mai Der US-Präsident Dwight D. Eisenhower nimmt in **Washington** zu antiamerikanischen Demonstrationen Stellung, die sich gegen den Besuch seines Vizepräsidenten Richard M. Nixon in Südamerika gerichtet haben. Er stellt dabei die Behauptung auf, daß ein organisierter Plan bestehe, mit dem Kommunisten antiamerikanische Gefühle für ihre Politik ausnutzen wollten. – Nixon hatte eine »Good Will«-Tournee durch Uruguay, Argentinien, Bolivien, Peru, Ecuador, Kolumbien und Venezuela unternommen. Dabei war es mit Ausnahme von Ecuador in allen anderen der genannten Länder zu Demonstrationen und Zwischenfällen gekommen. So war Nixon beispielsweise beim Besuch der San Marco-Universität in **Lima** von Studenten mit Steinen beworfen worden. Und in **Caracas**, wo man ihm die Scheiben seines Wagens eingeschlagen hatte, war ihm schließlich nichts anderes übrig geblieben, als sich vor den anstürmenden Demonstranten in die US-Gesandtschaft zu flüchten. Die US-Regierung in **Washington** hatte daraufhin Fallschirmjäger und Marine-Infanteristen, die bei einer ernsthafteren Bedrohung Nixons zur Intervention bereitstehen

14.5.: Das DGB-Vorstandsmitglied Werner Hansen.

14.5.: Szenen der Südamerika-Reise von US-Vizepräsident Richard M. Nixon: Links und Mitte beim Besuch der Universität von Lima; rechts beim Kopfballstoß in einer Schule in Ecuador.

A VEEP'S ANGER: 'DON'T YOU WANT THE TRUTH?'

14.5.: Nixons Fahrzeug wird in Caracas von Sicherheitskräften bewacht, nachdem die Scheiben von Demonstranten zertrümmert worden sind.

14.5.: Foto-Reportage der Illustrierten »Life« über einen Zwischenfall in Lima.

sollten, zu verschiedenen Militärstützpunkten in der Karibik entsandt. Die drei Wochen dauernde Reise des US-Vizepräsidenten galt der Eindämmung des zunehmenden Einflusses der Sowjetunion auf die südamerikanischen Staaten.

15. Mai Etwa 150 Oberschülerinnen und -schüler ziehen durch **München** und führen eine Protestkundgebung gegen die Atombewaffnung der Bundeswehr durch. Auf ihren Transparenten sind Parolen zu lesen wie: »Soll eure Atomrüstung unser Tod sein?«, »Rechnet nicht mit uns« und »Nie«. Die Welt, erklärt einer ihrer Sprecher, werde von alten Männern regiert. Auch die jetzige Jugend habe das Recht auf ein langes Leben. Die Älteren könnten den Jüngeren aber nicht mit ihren Erfahrungen weiterhelfen, wenn sie eines Tages vor die Entscheidung gestellt würden, Atomwaffen abzufeuern. Die Intiative zu der Demonstration ist von einem 17jährigen Schüler der Oberrealschule Pasing ausgegangen.

15. Mai Rund 60 arabische Studenten demonstrieren am Abend in **Stuttgart** gegen die Existenz des Staates Israel. Der Zug bewegt sich unter Polizeischutz durch die Hauptstraßen der baden-württembergischen Landeshauptstadt. Auf Transparenten und Plakaten wird die Repatriierung palästinensischer Flüchtlinge in ihre frühere Heimat, das heutige Israel, gefordert.

15. Mai Im Anschluß an eine Großkundgebung ziehen in **Tokio** 10.000 Studenten zu den Botschaften der Vereinigten Staaten und Großbritanniens, um dort die Einstellung aller Kernwaffenversuche zu fordern. – Zur gleichen Zeit finden auch in 50 anderen japanischen Städten Demonstrationen und Protestversammlungen gegen die von den US-Amerikanern und den Briten im Pazifik durchgeführten Atom- und Wasserstoffbombenversuche statt.

16. Mai Der Stadtrat von **Schwenningen** weist auf seiner Sitzung einen Einspruch des Oberbürgermeisters gegen den Beschluß zurück, eine Volksbefragung gegen die Atombewaffnung der Bundeswehr durchzuführen und gibt erneut ein Bekenntnis dazu ab. Am Abend spricht auf einer Veranstaltung des *Bundes der Deutschen* (BdD) die Professorin Renate Riemeck. Die an der Pädagogischen Akademie in Wuppertal lehrende Wissenschaftlerin führt vor 300 Zuhörern aus, daß es nur die Alternative zwischen einem Atomkrieg und der Anerkennung der beiden verschiedenen politischen Systeme gebe, die miteinander auskommen müßten. Die Bejahung der Atomrüstung durch den Bundestag sei aus rein machtpolitischen Erwägungen geschehen, die in ihrem Kern noch dem Denken des 19. Jahrhunderts verhaftet wären. Der Westen wolle seinen militärischen Druck verstärken, um noch vor der bevorstehenden Gipfelkonferenz vollendete Tatsachen zu schaffen. Hauptziel sei es, den Plan einer atomwaffenfreien Zone in Mitteleuropa zu Fall zu bringen. Die Auseinandersetzung um die atomare Aufrüstung in der Bundesrepublik habe gezeigt, daß es der Wille der Machthabenden sei, die Volkssouveränität auf den Wahlsonntag zu beschränken. Die »Ausschaltung des Staatsbürgers« während der vierjährigen Legislaturperiode stelle Anlaß zur Sorge hinsichtlich des Zustands der parlamentarischen Demokratie insgesamt dar. Die Existenz einer demokratischen Verfassung sei keineswegs ein Garant dafür, daß die Regierungsgewalt nicht »völlig autoritär« ausgeübt werden könne. »Nicht die Unruhe im Volk«, ruft Renate Riemeck unter Beifall aus, »ist ›eine Gefahr für die Demokratie‹, wie die Kanzlerpartei schon behauptet hat. Die Gefahr für die Demokratie liegt vielmehr darin, daß man sie auf legalem Wege in einen autoritären Machtstaat überführt.«[153] Die Volksbewegung gegen die Atomrüstung beweise aber, daß es nicht mehr so einfach möglich sei, die Wähler vier Jahre lang ins Abseits zu stellen. Der Wähler wolle mitreden. Anschließend ziehen die Teilnehmer in einem Fackelzug durch die Stadt und fordern lautstark eine Volksbefragung.

16. Mai Das Münchner *Komitee gegen Atomrüstung* führt in **Erlangen** eine Kundgebung gegen die Atombewaffnung der Bundeswehr durch. Als Redner treten der Historiker Professor Alexander Graf Schenk von Stauffenberg, ein Bruder des Hitler-Attentäters, und der Schriftsteller Erich Kästner auf.

17. Mai Unter dem Vorsitz von Professor Georges Schaltenbrand wird in **Würzburg** nach dem Münchener Vorbild ein *Komitee gegen Atomrüstung* gegründet. Ihm gehören Bundestags- und Landtagsabgeordnete, Bürgermeister, Schauspieler, Maler Journalisten und fünf weitere Lehrende der Universität an, die Professoren Dankwart Ackermann, Ulrich Noack, Franz Rauhut, Michael Saidlmayer und Franz Paul Schneider. Mit einem »Appell an Vernunft und Gewissen« gehen die über 100 Mitglieder an die Öffentlichkeit, um zum Widerstand gegen die Atombewaffnung der Bundeswehr aufzurufen.

18. Mai In **Bern** gründen Christen, Pazifisten und Sozialdemokraten die *Bewegung gegen die atomare Aufrüstung in der Schweiz.* Die Gründungsteilneh-

mer beschließen, eine Verfassungsinitiative zu starten, mit der ein Verbot der Herstellung, Einfuhr, Durchfuhr, Lagerung und Anwendung von Atomwaffen auf Schweizer Territorium durchgesetzt werden soll.

18.-23. Mai Zum Bundesparteitag der SPD in **Stuttgart** versammeln sich 381 Delegierte in der fensterlosen, als »Musikbunker« bezeichneten Liederhalle. Vor Beginn der Beratungen wird ein Laienspiel aufgeführt – Günther Weisenborns »Göttinger Kantate«; ein Stück, das sich um die Erklärung der 18 Göttinger Atomphysiker dreht und in dem der Widerstand gegen die Atombewaffnung in einen Appell gegen jegliche Aufrüstung mündet. In den Redebeiträgen von Erich Ollenhauer, Fritz Erler und Herbert Wehner werden die wichtigsten Kritikpunkte an der Atomrüstungspolitik der Bundesregierung noch einmal zusammengefaßt. Die Erwartung mancher Delegierter, die im außerparlamentarischen Kampf aktiv sind und sich vom Parteitag neue strategische Vorschläge für die Anti-Atomtod-Kampagne erhoffen, werden jedoch enttäuscht. In einer »Entschließung zur Frage des atomaren Wettrüstens in der Welt und zur Atomausrüstung der Bundeswehr« heißt es nur bereits bekannte Positionen zusammenfassend: »Der Parteitag sieht in dem atomaren Wettrüsten in der Welt und den damit verbundenen zunehmenden Spannungen zwischen West und Ost eine tödliche Gefahr für die Menschheit. Der Parteitag fordert daher unverzügliche Verhandlungen zwischen West und Ost über eine Schrittweise, kontrollierte Abrüstung der atomaren und konventionellen Waffen. Gleichzeitig sollte der Versuch unternommen werden, durch Verhandlungen

15.5.: Trotz strömenden Regens demonstrieren in München Schülerinnen und Schüler gegen die atomare Aufrüstung.

18.-23.5.: Der »Simplicissimus« widmet dem SPD-Vorsitzenden ein eigenes Titelbild.

16.5.: Der Schriftsteller Erich Kästner gehört zu den prominentesten Gegnern der Atombewaffnung.

18.-23.5.: Der
wiedergewählte
SPD-Vorsitzende
Erich Ollenhauer
(Mitte), mit seinen
beiden Stellvertre-
tern Waldemar von
Knoeringen (links)
und Herbert
Wehner (rechts).

die Möglichkeiten für eine Entspannung durch die Schaffung militärisch verdünnter Zonen, vor allem in Europa, zu untersuchen. Jeder Fortschritt in der Frage der Abrüstung und in der Frage der Entspannung wird die Lösung anderer politischer Probleme, vor allem auch die Wiederherstellung der Einheit Deutschlands, erleichtern.«[154] Der Parteitag verurteile auch weiterhin den Bundestagsbeschluß vom 25. März, betone »seine Verbundenheit« mit der

18.-23.5.: Die Teil-
nehmer einer Kund-
gebung während
des SPD-Parteitages
in Stuttgart fordern
die Durchführung
einer Volksbefra-
gung über die ato-
mare Aufrüstung.

18.-23.5.: »Das rote
Tuch.« In einer
Karikatur der
Tageszeitung
»Die Welt« tritt
Ollenhauer als
Torero gegen den
»Atomraketenstier«
Adenauer an.

Bewegung »Kampf dem Atomtod« und danke allen Mitgliedern, die in Ländern und Gemeinden die Initiative ergriffen hätten, Volksbefragungen über die Atombewaffnung einzuleiten. In einer Entschließung zur Wehrpolitik spricht sich der Parteitag mit überwältigender Mehrheit zwar weiterhin gegen die allgemeine Wehrpflicht aus, fordert jedoch stattdessen eine »zahlenmäßig begrenzte, dafür aber bewegliche und gut ausgebildete Truppe aus Freiwilligen«. Die Bundeswehr müsse ein Bestandteil der demokratischen Ordnung sein. Im Auftrag des Parteivorstands referiert Willi Eichler über »Erste Beratungen des Entwurfs eines Grundsatzprogramms der SPD«, das im Jahr darauf verabschiedet werden soll. In einer weiteren Entschließung fordern die Delegierten die Regierung der DDR auf, alle politischen Häftlinge freizulassen und die noch existierenden Straflager aufzulösen. Mit 319 von 380 abgegebenen Stimmen wird schließlich der bisherige Parteivorsitzende Erich Ollenhauer in seinem Amt bestätigt. 45 Delegierte stimmen gegen ihn, 14 geben ihre Stimme für Carlo Schmid und zwei für Herbert Wehner ab, obwohl beide nicht zur Wahl stehen. Zu Stellvertretern Ollenhauers werden mit 346 Stimmen der bayerische Landesvorsitzende Waldemar von Knoeringen und mit 298 Stimmen der stellvertretende Fraktionsvorsitzende im Bundestag, Her-

bert Wehner, gewählt. – Der Sozialist Fritz Lamm kritisiert in einem Beitrag in der Juli-Ausgabe der Zeitschrift »funken« den mangelnden analytischen Charakter der meisten auf dem SPD-Parteitag gehaltenen Beiträge. Im Gegensatz zu früheren Parteitagen habe sich Ollenhauer »mit allgemeinen Maximen« begnügt, die seit Jahren aus den entsprechenden Bundestagsdebatten bekannt seien. Die allgemein gehaltenen Leitsätze hätten kaum Ansatzpunkte zu einer weiterführenden Diskussion geliefert. Der von Eichler referierte Entwurf für ein neues Grundsatzprogramm sei »widerspruchsvoll und verschwommen«. Der demokratische Sozialismus werde auf diese Weise nicht aus dem Verdacht herauskommen, seine Politik richte sich nicht nach bestimmten Zielen, sondern lediglich nach den jeweiligen Umständen.

Volks-
befra-
gung

18.-25. Mai Französische Truppen dringen auf die Territorien von **Marokko** und **Tunesien** vor und versuchen dort militärische Stellungen zu besetzen. Nachdem französische Flugzeuge am 24. und 25. Mai tunesische Stellungen nördlich der Stadt **Remada** bombardiert haben, ordnet Staatspräsident Habib Bourguiba für ganz Tunesien den Ausnahmezustand an. Die Regierungen von Marokko und Tunesien fordern in einem in **Rabat** veröffentlichten Kommuniqué den umgehenden und vollständigen Abzug aller französischer Streitkräfte aus den beiden nordafrikanischen Staaten.

19. Mai Die 1. Strafkammer des Landgerichts **Dortmund** verurteilt neun Mitglieder der vom Bundesverfassungsgericht 1956 verbotenen KPD wegen Fortsetzung ihrer Parteitätigkeit zu Gefängnisstrafen zwischen einem halben und einem Jahr. Der 68jährige Rentner Friedrich Wehmhöner erhält eine Strafe von zwölf Monaten, der 57jährige Schlosser Heinrich Hoffmann, der 34jährige Arbeiter Fritz Sommer, der 51jährige Kaufmann Ernst Prester und der 40jährige Bäcker August Eikermann erhalten jeweils neun Monate, der 36jährige Invalide Ernst Georg Stock und der 31jährige Arbeiter Georg Wyrwinski jeweils acht Monate, die 55jährige Hausfrau Maria Nolting und der 30jährige Schlosser Rudolf Klein jeweils sechs Monate. Außer bei dem Angeklagten Wehmhöner werden die Strafen für fünf Jahre auf Bewährung ausgesetzt. Ein zehnter Angeklagter wird freigesprochen.

19. Mai Das Oberste Gericht der DDR verurteilt den ehemaligen Sekretär des SED-Zentralkomitees, Professor Kurt Vieweg, in einem in **Potsdam** durchgeführten Geheimverfahren wegen »Spionage« und »Republikflucht« zu einer Zuchthausstrafe von vier Jahren und acht Monaten. Der frühere Agrarexperte seiner Partei war öffentlich für eine grundlegende Änderung der Politik im Landwirtschaftssektor eingetreten. Nach massiven Vorwürfen, er vertrete »revisionistische und konterrevolutionäre« Positionen, war Vieweg am 27. März 1957 über West-Berlin in die Bundesrepublik geflohen, jedoch schon wenige Monate darauf, am 19. Oktober 1957, wieder in die DDR zurückgekehrt. Unmittelbar nach seiner Ankunft war er verhaftet worden. – In einem Revisionsverfahren im Oktober 1959 wird das gegen Vieweg verhängte Strafmaß vom Obersten Gericht auf zwölf Jahre erhöht. – Vieweg wird im Dezember 1964 vorzeitig aus dem Zuchthaus **Bautzen** entlassen und kann sich danach wieder wissenschaftlich betätigen. – Am 27. Dezember 1990 wird das Urteil des Obersten Gerichts der DDR vom Landgericht **Berlin** aufgehoben. Professor Kurt Vieweg ist 14 Jahre zuvor gestorben.

19. Mai Auf Initiative von Dora Russell, der früheren Frau des Nobelpreisträgers Bertrand Russell und Vorsitzenden des *Internationalen Komitees der Mütter*, bricht in **London** eine 16köpfige Gruppe von Atomwaffengegnerinnen mit einem Autobus zu einer »Friedenskarawane« durch mehrere europäische Länder auf. Sie sind der Überzeugung, daß Frauen und Mütter Atom- und Wasserstoffbomben mit ganz besonderer Entschiedenheit ablehnen müßten. Eine Frau dürfe sich nicht mehr Frau oder Mutter nennen, wenn sie sich nicht gegen alle nuklearen Waffen, deren Produktion, Lagerung und Erprobung

aussprächen. – Die Pazifistinnen machen im Juni auch in **Duisburg**, **Dortmund**, **Düsseldorf** und **Frankfurt** Station. In der Stadt am Main werden sie von einem Stadtrat im Namen des Oberbürgermeisters Werner Bockelmann willkommen geheißen und zu ihrem Unternehmen beglückwünscht. Danach geht die »Friedenskarawane« weiter in die **Schweiz**, nach **Italien**, **Jugoslawien**, **Ungarn**, in die **Tschechoslowakei**, **Polen** und die **Sowjetunion**. Es gehört zu den Grundüberzeugungen der Aktivistinnen, daß sich die Frauen in West und Ost im Kampf gegen die Atomrüstung die Hand reichen müssen.

20. Mai Die studentischen *Arbeitskreise gegen die atomare Aufrüstung* führen in zahlreichen Universitäts- und Hochschulstädten der **Bundesrepublik** Protestkundgebungen gegen die Atombewaffnung der Bundeswehr durch, an denen sich rund 18.000 Studenten, Professoren, Assistenten und andere Universitätsangehörige beteiligen. Die Studentenausschüsse haben sich in vielen Fällen erst zu Beginn des Sommersemesters konstituiert. Besonders aktiv

19.5.: Dora Russell vor dem Start mit ihrer Friedenskarawane in London.

DISKUS

FRANKFURTER STUDENTENZEITUNG

8. Jahrgang – Heft 5   Juni 1958   Preis 20 Pfg. – Verlagsort Frankfurt a. M.

Frankfurter Dozenten und Studenten demonstrieren gegen den Atomtod

Streitfrage Atom

Marschieren und studieren
Zurück in die Hörsäle / Abgeordnete sollen reden

Erfülltes Forscherleben

20.5.: Die Frankfurter Studentenzeitung berichtet auf ihrer Titelseite über die Anti-Atomtod-Kundgebung auf dem Frankfurter Römerberg.

sind in ihnen Mitglieder des *Sozialistischen Deutschen Studentenbundes* (SDS), des *Liberalen Studentenbundes Deutschlands* (LSD) und der *Evangelischen Studentengemeinde* (ESG). Auf den Kundgebungen wird eine Ende April in Frankfurt beschlossene gemeinsame Erklärung verlesen. »Aus staatsbürgerlicher Verantwortung«, heißt es darin, »wollen die Studenten öffentlich vor den verhängnisvollen Folgen des Bundestagsbeschlusses vom 25. März 1958 warnen. Sie sind mit der Bundesregierung der Auffassung, daß in aller Welt atomar abgerüstet werden muß; sie sind entgegen der Bundesregierung der Auffassung, daß in Mitteleuropa mit der atomaren Aufrüstung gar nicht erst begonnen werden darf. Die Studenten folgen damit der Göttinger Erklärung der 18 Wissenschaftler und allen Professoren, die sich ihnen angeschlossen haben. Mit dieser Kundgebung stützen sie Willen und Bewußtsein der einsich-

tigen Teile unseres Volkes.«[155] Als Redner treten in den unabhängig von Parteien und Gewerkschaften organisierten Veranstaltungen neben Sprechern der studentischen Aktionsgruppen auch Professoren und Assistenten unterschiedlicher Fakultäten auf. Von den Protestaktionen distanziert sich der *Ring Christlich-Demokratischer Studenten* (RCDS) und erklärt, daß es sich bei den Teilnehmern um eine Minderheit handle, die nicht legitimiert sei, im Namen der gesamten Studentenschaft zu sprechen. – In **Frankfurt** ziehen 400 Demonstranten in einem Schweigemarsch zum Römerberg. Auf der dortigen Kundgebung sprechen der Gewerkschafter Walter Fabian, die beiden Professoren Ernst Fraenkel und Fritz Hahn sowie der Assistent am Institut für Sozialforschung Jürgen Habermas zu den mehr als 1.000 Zuhörern. Der 28jährige Habermas wendet sich in seinem Redebeitrag gegen die Diffamierung der Protestaktionen als »Panikmache« und kritisiert in grundsätzlicher Hinsicht die »Politik der Stärke«, deren Propagandisten Atom- und Wasserstoffbomben als »modernste Waffen« getarnt verkaufen wollen. Weiter kritisiert er ein Demokratieverständnis, in dem »die Masse der Staatsbürger als Masse der Unmündigen« behandelt werde, damit in politisch bedeutenden Fragen »alles fürs Volk, aber nichts mit dem Volk« entschieden werden könne. »Gewiß, die Universität als Korporation«, schließt der junge Sozialwissenschaftler seine Rede, »soll ihre politische Neutralität wahren. Aber sie bleibt ein Hort der Gewissensfreiheit nur, solange ihre Bürger politische Gewissensentscheidungen öffentlich und mit den wirksamsten der rechtens zu Gebote stehenden Mittel bekunden. Einmal schon sind deutsche Universitäten zu lange Hort versäumter Gewissensentscheidungen geblieben. Der Demonstrationszug vom 20. Mai richtet sich extra muros gegen die verantwortlichen Träger einer Politik der Stärke; intra muros aber richtet er sich nicht in erster Linie an die, die sich für diese Politik schlagen, sondern an die, die sich, trotz besserer Einsicht, nicht gegen sie schlagen. Wenn sich angstbereite Einsicht kompetenzfrei mit Unerschrockenheit gegenüber den Einflußreicheren verbindet, heißt man's Zivilcourage. Heute steht sie unter Panikverdacht – muß das sein?«[156] – In **Heidelberg** versammeln sich nach einem Schweigemarsch 2.500 Demonstranten vor dem Bunsen-Denkmal in der Friedrich-Ebert-Anlage. Die Hauptrede hält dort der Mitunterzeichner des Appells der 44, der Medizinprofessor Hans Schaefer. – In der hessischen Universitätsstadt **Marburg** beteiligen sich 2.000 Studierende an dem zum Marktplatz führenden Schweigemarsch. Hauptredner auf der Kundgebung sind der evangelische Kirchenpräsident Martin Niemöller und der Kasseler Oberbürgermeister Lauritz

20.5.: Die Rede des Soziologen Jürgen Habermas wird im »Diskus« abgedruckt.

Die Gegenstimme:

Unruhe erste Bürgerpflicht

von Dr. Jürgen Habermass

Wenn 20 000 Dozenten und Studenten an elf westdeutschen Hochschulen Unruhe als erste Bürgerpflicht wahrnehmen, wenn sie öffentlich zum gleichen Zeitpunkt gegen die atomare Aufrüstung der Bundeswehr protestieren — dann begegnen dem berufene und unberufene Vertreter der Regierungspolitik mit dem Vorwurf der Panikmache. Mit der Diffamierung staatsbürgerlicher Initiative wird aber eine Demokratie reif gemacht für den Absprung von Fallschirmjägern. In jenen Protest gehen unübersehbar viele Motive ein. Ein Einzelner ist nicht berufen noch in der Lage, sie zu deuten. Denn hier protestieren Individuen und nicht Organisationen. Soviel jedoch ist sicher: der Protest richtet sich nicht an Russen oder Amerikaner, er richtet sich an die Staatsmänner, die mit in unserem Auftrag regieren. Auch bringt der Protest keine weltanschaulichen Entscheidungen zum Ausdruck, etwa angesichts der propagandistisch entstellten Alternative „tot oder rot"; er fordert vielmehr konkret eine Politik der Entspannung, die solche Alternativen gar nicht erst Wirklichkeit werden läßt. Es geht nicht um King Hall oder den Kreml, nicht um sittliche Entrüstung gegenüber den bestehenden Atommächten; in den Bereich u n s e r e r Verantwortung fällt vielmehr die Rüstungspolitik u n s e r e r Regierung. Der Slogan von der atomaren Abrüstung in aller Welt will nur den Blick davon ablenken, daß im eigenen Land der Startschuß fürs atomare Wettrüsten Mitteleuropas, diesseits und jenseits des Eisernen Vorhangs, gegeben wurde.

In andrer Hinsicht ist indes mehr als nur der Bundestagsbeschluß vom 25. März Gegenstand des Protestes. Mit ihm betrat nämlich die Politik der Stärke als ganze eine Schwelle, an der nicht länger verborgen bleiben konnte, was einige wenige schon seit deren Beginn im Jahre 1950 zu erkennen glaubten: unser aller politisches Denken ist historisch an den Beziehungen der „großen Mächte" geschult worden; eine Politik aber, die wie mit Altersstarrsinn an solchen Kategorien des 19. Jahrhunderts fest-

---

FRANKFURTER BÜCHERSTUBE

SCHUMANN U. COBET

Frankfurt am Main · Börsenstr. 2 - 4 · Fernsprecher 21494

---

hält, ist den Verhältnissen in der Mitte des 20. nachweislich nicht mehr gewachsen. Die Logik einer Politik der Stärke ignoriert Grundsätze, die historisch ebenso neu wie faktisch unumgänglich sind. Heute kann man Kriege noch führen, aber nicht mehr gewinnen. Heute kann man Kriege nicht verhindern, indem man sie vorbereitet. Heute schützen Freiheit und Gerechtigkeit der inneren Ordnung eine Gesellschaft eher, als — auf deren Kosten — eine Kraftentfaltung nach außen. Wer sich an die Regeln dieser neuen Logik nicht hält, verstrickt sich in Widersprüche. Oder ist es kein Widerspruch, daß man mit Massenvernichtungsmitteln abschrecken will, ohne ihren Einsatz wollen zu können; und doch kann nur der wirksam drohen, der fest entschlossen ist, diese Drohung auch wahrzumachen. Oder ist es kein Widerspruch, daß man immer neue Stufen der Rüstung zur unabdingbaren Voraussetzung aussichtsreicher Verhandlungen mit dem Gegner macht, und doch eben damit die Möglichkeiten des Verhandelns überhaupt immer mehr einschränkt. Weil man die t a t s ä c h l i c h e Stärke einer Verhandlung aus der Position m ö g l i c h e r , zunächst angedrohter Stärke vorzog, kam es gar nicht zur Verhandlung — und die Stärke gedieh unterdessen zum Selbstzweck.

Widersprüche dieser Art fordern ihren Preis. Sie zeigen untrüglich an, daß Chancen des Überlebens unversucht blieben. Das schlechte Gewissen schlägt darum den Politikern der Stärke nicht von ungefähr. Sie wagen nicht einmal mehr, die Sache beim Namen zu nennen. Einst sprachen die Nazis von „entrahmter Frischmilch", wenn sie den Leuten Magermilch verkauften. Heute sprechen die Politiker der Stärke von „modernsten Waffen", wenn sie den Leuten A- und H-Bomben verkaufen. Magische Praxis — sie tabuieren Ereignisse, die sich der Gewalt der Menschen entziehen. Magisches Weltbild überhaupt — in jedem ihrer Gegner wittern sie Mächte der Finsternis und der „Fernsteuerung".

Die Politiker der Stärke behaupten nämlich: daß Demonstrationen, wie jene vom 20. Mai, das Geschäft der SPD, wenn nicht gar das der Kommunisten betreiben. Und doch betreiben wir zunächst einmal u n s e r e i g e n e s Geschäft: wir wollen in Frieden und in einer freien Gesellschaft leben können. Wir beginnen unsre Unternehmungen ohne Hintermänner, sogar ohne Geldgeber. Zudem wenden wir uns nicht gegen die Regierungs p a r t e i , sondern gegen eine Regierungspolitik. Wenn uns die SPD unterstützt, um so besser; wir aber setzen notgedrungen unsre ganze Hoffnung auf die einsichtigen Abgeordneten der CDU, nicht zuletzt auf die Professoren unter ihnen, die allein in der Lage sind, die Mehrheitsverhältnisse des Bundestages in dieser Sache zu ändern.

Die Politiker der Stärke behaupten ferner: daß Demonstrationen, wie auch jene vom 20. Mai, die repräsentative Verfassung unsrer Demokratie gefährden. Und doch tragen nicht etwa wir die plebiszitären Elemente ins politische Leben der Bundesrepublik. H ä t t e n wir eine repräsentative Demokratie im klassischen Sinne, dann wären die Abgeordneten in ihren Entscheidungen frei und nur ihrem Gewissen verpflichtet — wie sollten sie in Schicksalsfragen unsres Volkes geschlossen nach Fraktionen abstimmen können? Das aber ist der Fall. H ä t t e n wir eine repräsentative Demokratie im klassischen Sinne, dann würde der Bundestag nicht nur reine Politik der vollendeten Tatsachen nachträglich gutheißen — wie sollte ein Kanzler bei den Ausführungen des ersten Sprechers der Opposition, wie sollte Adenauer während der Rede Carlo Schmids gelangweilt seine „Kölnische Rundschau" lesen können? Das aber ist der Fall. H ä t t e n wir eine repräsentative Demokratie im klassischen Sinne, dann wären Wahlen zum höchsten Parlament eben Wahlen und nicht verschleierte Plebiszite — weil die Werbetechniker der CDU am 15. September über eine Person abstimmen ließen, sind heute Willensbekundungen in einer Sache fällig; und zwar in einer Sache, die damals peinlich verschwiegen wurde.

Die Politiker der Stärke behaupten schließlich: daß Demonstrationen, wie jene vom 20. Mai, unverantwortlich ans Gefühl der Massen appellieren. Und doch dienen sie vornehmlich der Aufklärung und der Bekundung eines aufgeklärten Willens. Angst macht nicht nur zuweilen kopflos, in Gefahr lehrt sie auch, den Kopf zu gebrauchen: Angst wird heute zum Mentor der Menschheit. Angstbereitschaft in einer Lage des Schreckens ist Voraussetzung, um diese Lage zu erkennen. Kernwaffen existieren, indem sie drohen. Diese Drohung ist historisch ohne Vorbild. Die an historischen Verhältnissen haftende Vorstellung reicht für sie nicht aus. Also muß das Bewußtsein des Menschen, vorab der Politiker, immer wieder in Phantasie gleichsam geschult werden; das träge Bewußtsein mit dem kleinen Spielraum, in dem Atomwaffen noch als die Entwicklung von Artilleriegeschossen erscheinen, muß dem ungleich weiteren Spielraum d e r Möglichkeiten angemessen werden, mit denen wir vernünftig zu rechnen haben, um sie wie wirklich werden zu lassen. Genau diese Formen eines angemesseneren Bewußtseins erscheinen den Politikern der Stärke in der falschen Gestalt von Panik oder Utopie.

Wie muß zudem das Bild einer Demokratie beschaffen sein, in deren Namen man die Masse der Staatsbürger als Masse der Unmündigen behandelt wissen möchte, auf daß in politischen Schicksalsfragen alles fürs Volk, aber nichts mit dem Volk entschieden werde. Unter Panikverdacht standen auch, Flugblättern zufolge, Dozenten und Studenten an jenem 20. Mai. Mit welchem Recht haben sie dennoch demonstriert? Mit keinem anderen als dem aller übrigen Staatsbürger; aber vielleicht mit der Verpflichtung der intellektuellen Redlichkeit, die ihnen ihr Handwerk auferlegt; vielleicht auch mit der Aussicht des größeren Effekts, der ihnen mit dem größeren Prestige, ob verdient oder nicht, gegeben ist.

Gewiß, die Universität als Korporation soll ihre politische Neutralität wahren. Aber sie bleibt ein Hort der Gewissensfreiheit nur, solange ihre Bürger politische Gewissensentscheidungen öffentlich und mit den wirksamsten der rechtens zu Gebote stehenden Mittel bekunden. E i n m a l schon sind deutsche Universitäten zu lange Hort versäumter Gewissensentscheidungen geblieben.

Der Demonstrationszug vom 20. Mai richtet sich extra muros gegen die verantwortlichen Träger einer Politik der Stärke; intra muros aber richtet er sich nicht in erster Linie an die, die sich f ü r diese Politik schlagen, sondern an die, die sich, trotz besserer Einsicht, n i c h t g e g e n sie schlagen. Wenn sich unbeirrbare Einsicht kompetenzfrei mit Unerschrockenheit gegenüber den Einflußreicheren verbindet, heißt man's Zivilcourage. Heute steht sie unter Panikverdacht — muß das sein?

Ulrike Meinhof und Jürgen Seifert

Unruhe in der Studentenschaft

Die Verfasser sind Mitglieder des „Studentischen Arbeitskreises für ein atomwaffenfreies Deutschland", Sitz Münster i. W., Steinfurter Straße 36. Der Arbeitskreis wünscht eine rege Zusammenarbeit mit Studenten anderer Universitäten.

Die „skeptisch" und unpolitisch gescholtene Generation hat zu Beginn des Sommersemesters 1958 an fast allen Universitäten und Hochschulen Westdeutschlands und Berlins studentische Arbeitskreise gegen Atomaufrüstung konstituiert. Die Demonstrationen am 20. Mai an 14 Hochschulen bezeugten die Bereitschaft zur politischen Aktion. Seitdem kam es zu Unterschriftensammlungen, zu Abstimmungen innerhalb der Studentenschaft, zu einer Welle von öffentlichen Vorträgen und Diskussionen, zu Flugblattaktionen und gemeinsamen Mahnwachen von Dozenten und Studenten. Auch in die Studentenzeitungen wurde diese Auseinandersetzung getragen. Besonders zu erwähnen sind hier eine Sondernummer von „konkret" und Nr. 4 der Aachener Zeitschrift „prisma".

Während die Demonstrationen am 20. Mai noch in weitgehend emotional getragenen Aktionsgemeinschaften durchgeführt wurden, zeigte sich im Fortgang der Auseinandersetzung die Notwendigkeit, die atomare Aufrüstung in ihrem großen politischen Rahmen zu sehen. Die unterschiedlichen Motive der Ablehnung der Atomrüstung Westdeutschlands, die in den konkreten Aktionen keine Rolle spielten, ließen innerhalb der Phase einer bewußteren Argumentation zunächst eine Abwehrhaltung gegenüber einer „parteipolitischen" Bindung hervortreten. Die Methoden der Gegenseite jedoch, die kommunistischen Verdächtigungen und das weitgehend von faschistischer Mentalität bestimmte Verhalten (Niederzischen von Diskussionsrednern, ins Persönliche gehende Beleidigungen und die Forderung einer ausdrücklichen Miß- und Verachtung) half die Fronten klären. Sie führten zu größerer Gemeinsamkeit innerhalb der Arbeitskreise und machten diese um so entschlossener. Es war im Bereich der Hochschulen nicht zuletzt das Verhalten des RCDS, das den Kampf gegen die atomare Aufrüstung zum Kampf gegen die Totalität derer werden ließ, die in starrer Freund-Feind-Haltung und im Gefühl der Überlegenheit durch die parlamentarische Mehrheit im Bundestag jede Toleranz und Partnerschaft preisgaben. Das brachte vielen

20.5.: Studentische Kundgebung auf dem Hindenburgplatz in Münster; am Mikrophon Ulrike Meinhof.

20.5.: Rückbetrachtung in den »Blättern für deutsche und internationale Politik« (Auszug).

Lauritzen (SPD). – In der durch die Erklärung der 18 Atomphysiker berühmt gewordenen niedersächsischen Universitätsstadt **Göttingen** folgen ebenfalls 2.000 Demonstranten dem Aufruf der *Studentischen Aktionsgruppe gegen atomare Bewaffnung* und ziehen in einem Schweigemarsch durch die Stadt. Der Theologe Dr. Carsten Colpe, der neben Professor Wolfgang Trillhaas als Redner der Abschlußkundgebung auftritt, erklärt, daß es beim Widerstand gegen die atomare Aufrüstung nicht mehr bei Appellen bleiben dürfe. Wirkung sei jetzt nur noch durch mühe-

volle Kleinarbeit zu erreichen. Die Aktionsgruppe, deren Vorstand er angehört, werde während des Sommersemesters zahlreiche Vortrags- und Diskussionsveranstaltungen zur Atomgefahr durchführen. In diesem Zusammenhang würden auch die beiden Göttinger Bundestagsabgeordneten, die der CDU angehören, zu einer Aussprache eingeladen, bei der sie ihre Zustimmung für die Atombewaffnung der Bundeswehr öffentlich begründen sollen. – Im westfälischen **Münster**, wo die Universitätsleitung dem studentischen *Arbeitskreis für ein kernwaffenfreies Deutschland* eine Kundgebung auf dem Universitätsgelände untersagt hat, versammeln sich abends 1.500 Studierende auf dem Hindenburgplatz. Hauptrednerin ist neben Professor P. Jacobs die 24jährige Studentin Ulrike Meinhof. Sie hat sich schriftlich an alle Professoren gewandt und sie darum gebeten, ihre Veranstaltungen vorzeitig zu schließen oder ganz ausfallen zu lassen, um allen Studenten Gelegenheit zur Teilnahme an der Protestaktion zu geben. Die Stipendiatin der Studienstiftung des Deutschen Volkes, deren Ziehmutter die Wuppertaler Professorin Renate Riemeck war, gilt als eine der radikalsten Vertreterinnen in den *Studentenausschüssen gegen Atomrüstung*. – Auf der Kundgebung in **Braunschweig**, wo an der Technischen Hochschule ebenfalls eine studentische Aktionsgruppe existiert, tritt vor 1.500 Zuhörern Professor Gustav Heckmann als Hauptredner auf. – Im Auditorium maximum der Universität **Hamburg** nehmen 500 Studenten und eine Reihe von Professoren an einer Protestveranstaltung teil. Der neugebildete *Studentische Arbeitskreis gegen die atomare Aufrüstung* gibt bekannt, daß in nächster Zeit »Fachleute aller Fakultäten« in einer eigenen Vortragsreihe die mit der Atombewaffnung zusammenhängenden wissenschaftlichen Fragen »objektiv« darstellen würden. Der Mitunterzeichner der »Göttinger Erklärung« Professor Carl Friedrich von Weizsäcker und der Ordinarius für Evangelische Theologie, Professor Hans-Joachim Kraus, hätten sich bereits als Referenten zur Verfügung gestellt. Der Altphilologe Professor Bruno Snell erklärt in seiner Rede, es sei erschreckend, wie wenig und wie unsachlich bisher über das Atomthema diskutiert worden sei. Bevor man sich für eine Position entscheide, solle man das Für und Wider genau abwägen. Auf jeden Fall sei es eine Bürgerpflicht, sich in der Sache möglichst detailliert und objektiv zu informieren. – Die größte der studentischen Demonstrationen findet in **München** statt, wo innerhalb von nur wenigen Tagen mehr als 60 Professoren der Ludwig-Maximilians-Universität, der Technischen Hochschule und der Akademie der bildenden Künste einem Aufruf der Studentenschaft gefolgt sind und sich dem Protest gegen die atomare

Aufrüstung angeschlossen haben. Zur Kundgebung auf dem Geschwister-Scholl-Platz vor der Universität sind 3.500 Studierende erschienen. Aus den dichtgedrängten Reihen werden Transparente mit Aufschriften wie »Wir pfeifen auf Raketen – gebt uns Schulen und Wohnungen« und »Wer Atomwaffen segnet, betreibt Theologie der Unmoral« hochgehalten. Die Jurastudentin Erika Runge bemerkt in ihrer Eröffnungsrede, daß Lehrende und Lernende im Kampf gegen den Atomtod zu der von Humboldt postulierten Einheit zurückgefunden hätten, die in den überfüllten Hörsälen nur zu oft unterzugehen drohe. Nach Beiträgen des Ordinarius für experimentelle Physik, Professor Alfred Faeßler, und des mit besonders großem Applaus begrüßten Schriftstellers Erich Kästner tritt der Althistoriker Professor Alexander Graf Schenk von Stauffenberg, der Bruder des am 20. Juli 1944 hingerichteten Hitler-Attentäters, ans Rednerpult. Der Mitunterzeichner des an die Gewerkschaften gerichteten Appells der 44 Professoren wendet sich vor allem gegen die von der Bundesregierung gestartete Anzeigenkampagne »Kampf dem Atomtod in der ganzen Welt«. Diese sei unehrlich, solange die Bundesregierung in Bonn nicht selbst den Anfang mache, den Atomtod zu verhindern. Mehr als 1.000 der Kundgebungsteilnehmer formieren sich danach zu einem Schweigemarsch, der durch die Straßen Schwabings führen soll. Als die Spitze der Demonstration nicht, wie vorher beim Ordnungsamt beantragt und von diesem genehmigt, am Kißkalt-Platz anhält, sondern in die Kaulbachstraße weitergeht, jagen Mannschaftswagen der Polizei mit Blaulicht und Martinshorngeheul den 200 Demonstranten hinterher. Als sie überholt sind, springen etwa 50 Polizisten von ihren Fahrzeugen, bilden eine Kette und versperren den Studenten den Weg. Es kommt zu einem Handgemenge, bei dem mehrere Uniformierte den Studenten ihre mitgeführten Plakate entreißen, sie auf den Boden werfen und darauf herumtrampeln. Mit dem Stock, der an seinem Plakat befestigt war, wird ein Student am Kopf verletzt. Es dauert etwa eine halbe Stunde, bis der Schweigemarsch gewaltsam aufgelöst ist. Der Polizeieinsatz führt auf dem Universitätsvorplatz, wo sich immer noch Trauben von Atomwaffengegnern aufhalten, zu erregten Diskussionen. – Der »SPD-Pressedienst« schreibt zu dem Vorfall: »Die Münchner Bevölkerung, die durch Spalierstehen ihre Sympathie für die Demonstration gegen den Atomtod bekundete, ist empört. Der Skandal vom Kißkalt-Platz ist Stadtgespräch … So geht es nicht weiter! Es kann nicht geduldet werden, daß friedliche Demonstranten wie Verbrecher behandelt werden. Darf heute einer nicht mehr sagen, daß er nicht den Atomtod sterben will? Ja, ist die Staatsrä-

son sogar schon gefährdet, wenn 200 junge Menschen ihren Protest durch Schweigen ausdrücken und dabei harmlos eine Straßenecke weiter laufen, die in der Polizeigenehmigung nicht vermerkt war? In München machen sich die Methoden des Polizeistaats breit.«[157] – Weitere Schweigemärsche und Kundgebungen finden in **Bonn**, **Karlsruhe** und **Tübingen** statt. In **Darmstadt** und **Köln**, wo der AStA der Aktionsgruppe die Kompetenz abgesprochen hat, zu anderen als hochschulpolitischen Fragen Stellung zu beziehen, werden von Studenten Flugblätter gegen die Atomrüstung verteilt.

20.5.: Vor dem Bunsen-Denkmal in Heidelberg spricht Professor Hans Schaefer, einer der Unterzeichner des Appells der 44.

20. Mai Vom Rhein-Main-Flughafen in **Frankfurt** startet eine achtköpfige Delegation von Wissenschaftlern und Theologen zu einem Flug nach **Tokio**. Nach einem Beschluß der Frankfurter Stadtverord-

20.5.-3.6.: Die Hiroshima-Delegation tritt ihren Flug nach Japan an.

netenversammlung vom 10. April sollen Hiroshima und Nagasaki besucht werden, um sich vor Ort über die Folgen einer Atombombenexplosion zu informieren. Anlaß für die zwei Wochen dauernde Reise ist die Meldung, daß bei einem NATO-Manöver die entscheidungsbefugten Militärs von der Annahme ausgingen, daß bei einem atomaren Konflikt die erste Bombe auf Frankfurt gefallen sei. Leiter der Delegation ist Stadtrat Theodor Gläss.

20. Mai Auf dem jüdischen Friedhof in **Büren** (West-falen) werden nachts zahlreiche Grabsteine umge-worfen. – Die Polizei erklärt dazu zwei Tage später, ihre bisherigen Ermittlungen hätten ergeben, daß es sich dabei nicht um antisemitische Schändungen, sondern um »Rüpeleien Halbwüchsiger« und »Strei-che von spielenden Kindern« handle. Die mehr als 100 Jahre alte jüdische Ruhestätte, fügt sie hinzu, werde seit zwei Jahren in vorbildlicher Weise von Schülern des Bürener Gymnasiums gepflegt.

20.5.: Die beiden Angeklagten Hans Mertens und Alice Sterzenbach.

20. Mai Der 3. Strafsenat des Bundesgerichtshofes in **Karlsruhe** verurteilt zwei Mitarbeiter der *Arbeits-gemeinschaft demokratischer Juristen* (AdJ) und des *Zentralrats zum Schutz der demokratischen Rechte* (ZR) wegen Rädelsführerschaft in einer verfassungs-widrigen Vereinigung. Der Jurist Dr. Hans Mertens erhält eine Gefängnisstrafe von dreieinhalb Jahren; ihm werden außerdem das Recht zur Bekleidung öffentlicher Ämter sowie das aktive und passive Wahlrecht für die Dauer von vier Jahren aberkannt. Seine Mitangeklagte Alice Sterzenbach erhält eine Gefängnisstrafe von acht Monaten.

20. Mai Im Auditorium maximum der Freien Uni-versität in **West-Berlin** veranstaltet der AStA ein politisches Forum zum Thema »Atomwaffen in Deutschland?«. Vor 2.000 Zuhörern lehnen der

Ordinarius für Evangelische Theologie, Professor Helmut Gollwitzer, und sein Kollege, der Philoso-phieprofessor Wilhelm Weischedel die Atombewaff-nung der Bundeswehr in scharfen Worten ab. Nach Gollwitzers Ansicht stellt jede Form der Atomrü-stung de facto eine Vorbereitung zum Atomkrieg dar. Das von der Bundesregierung zur Legitimierung der atomaren Aufrüstung immer wieder ins Feld geführte Argument, Atomwaffen dienten lediglich der Abschreckung, hebe sich selbst auf, da eine abschreckende Wirkung nur dann erzielt werden könne, wenn eine Bereitschaft zu ihrem Einsatz auch tatsächlich bestehe. – Im Flur des »Henry-Ford-Baus« beginnt am selben Tag eine dreiwöchige Aus-stellung, in der den Studenten und anderen Univer-sitätsangehörigen der »Massenterror der Atom-bombenangriffe auf Hiroshima und Nagasaki« gezeigt wird. Im Mittelpunkt steht eine Deutsch-landkarte, auf der in fünf Kreisen die unterschied-lichen Zerstörungsgrade eingezeichnet sind, die ein Wasserstoffbombenangriff auf Berlin hinterlassen würde. Organisatoren der Ausstellung sind der *Sozialistische Deutsche Studentenbund* (SDS), der *Liberale Studentenbund Deutschlands* (LSD), die *Gewerkschaftliche Studentengemeinde* (GSG) und das Filmstudio an der FU.

20. Mai In **London** führen Atomrüstungsgegner eine Protestaktion gegen die Fortführung der britischen Kernwaffenversuche durch. Hunderte von Demon-stranten ziehen durch die Wandelgänge und Sit-zungsräume des Unterhauses und fordern die Abge-ordneten auf, gegen die Atombewaffnung Stellung zu nehmen. Währenddessen harren vor dem Ge-bäude mehrere tausend Demonstranten zur symbo-lischen Unterstützung der Forderungen aus.

21. Mai An einer vom *Sozialistischen Deutschen Stu-dentenbund* (SDS) und der *Hochschulgruppe für die Wiedervereinigung Deutschlands in Freiheit* in **Tübin-gen** veranstalteten Kundgebung gegen die atomare Aufrüstung nehmen 2.000 Menschen teil. Der Bun-destagsabgeordnete und Wehrexperte der SPD, Helmut Schmidt, greift dabei die Rüstungspolitik der Bundesregierung in scharfer Form an. Weiterer Hauptredner ist der 51jährige Gerhard Gollwitzer, Professor an der Staatlichen Akademie der Bilden-den Künste in Stuttgart.

21. Mai Der Stadtrat von **Nürnberg** beschließt mit 30:11 Stimmen, sich einer Stationierung oder Lage-rung von Atomwaffen auf dem Stadtgebiet zu wider-setzen.

21. Mai Auf einer Kundgebung des *Arbeitsausschus-ses »Kampf dem Atomtod«* (KdA) in **Wiesbaden** spre-chen vor 2.000 Zuhörern der Präsident der *Evangeli-*

schen Kirche von Hessen und Nassau, Martin Niemöller, und die ehemalige GVP-Vorsitzende und jetzige
SPD-Bundestagsabgeordnete Helene Wessel.

22. Mai Das Münchner *Komitee gegen Atomrüstung*
führt in **Hof** (Saale) eine Protestkundgebung gegen
die Atombewaffnung der Bundeswehr durch.

DIE KULTUR: Nach dem Ergebnis der Aussprache und der Beschlußfassung im Parlament
ist ja nun die außerparlamentarische Bewegung,
die maßgeblich von der SPD mitgetragen wird,
allein in der Lage, dem Willen des Volkes mehr
oder weniger energisch Ausdruck zu verleihen.
Sind Sie der Ansicht, daß diese Bewegung, die
unmittelbar nach der Bundestagsdebatte spontan
anschwoll, im Lebensinteresse der Nation liegt
und daß man sie daher nicht nur aufrechterhalten, sondern noch verstärken muß?

SCHMIDT: Ja, ich glaube, das Wort Lebensinteresse ist ein absolut richtiger Ausdruck.
Ich würde sagen, es handelt sich hier wahrscheinlich um die Frage der nackten Existenz.
Das haben offensichtlich sehr, sehr viele
Menschen in Deutschland auch begriffen. Man
kann eine solche Aktion gegen den Atomtod
nicht planen und organisieren, man kann hier
nur einen gewissen Ausgangspunkt oder einen
Rahmen schaffen. Wenn die Spontaneität der
Menschen nicht vorhanden ist, würde das
alleine aber gar nichts nützen. Der spontane
Ausbruch in den Gehirnen war schon deutlich
in den ersten Tagen der Bundestagsdebatte,
als wir von Hunderten, später von Tausenden
von Telegrammen und Briefen aus der Bundesrepublik überschüttet wurden. Ich alleine
habe Hunderte von Briefen bekommen, die
zum Teil überaus eindringlich sind.

Wenn da zum Beispiel ein ostpreußischer,
adeliger, vertriebener Gutsbesitzer am Ende
eines langen Lebens sich aufrafft, um einen
Brief an einen Sozialdemokraten zu schreiben
und sich mit ihm in dieser Sache solidarisch
zu erklären, so ist das, wenn man die soziologische deutsche Situation betrachtet, ein
erstaunlicher Vorgang. Genauso eindrucks-
voll sind die vielen Briefe, von ungelenker
Hand geschrieben, aus allen Kreisen der Bevölkerung, wo die Menschen einem zurufen:
Habt Mut und laßt euch nicht unterkriegen,
wendet euch dagegen!

23. Mai Das erst wenige Tage zuvor gegründete
Komitee gegen Atomrüstung führt in **Würzburg** eine
erste Kundgebung durch. Mehr als 2.000 Menschen
sind in die Frankenhalle gekommen, um die Redebeiträge zu verfolgen. Höhepunkt ist die mit stürmischem Beifall bedachte Forderung des Schriftstellers
Hans Werner Richter, zugleich Vorsitzender des
Münchener *Komitees gegen Atomrüstung*, die Bundesregierung solle wegen ihrer verfehlten Politik der
atomaren Aufrüstung zurücktreten. Außerdem
sprechen die Schriftstellerin Margarete Hohoff, der
Münchener DGB-Kreisvorsitzende Ludwig Koch,
der Schriftsteller Christian Mayer (alias Carl Amery)
und der stellvertretende SPD-Vorsitzende Waldemar von Knoeringen.

23. Mai Der *Bund der Deutschen* (BdD) führt im
Pfalzbau in **Ludwigshafen** eine Kundgebung gegen
die atomare Ausrüstung der Bundeswehr durch.
Unter dem Motto »Bonn will Atomraketen – Das
Volk muß entscheiden!« sprechen der BdD-Vorsitzende Wilhelm Elfes und der Sekretär des *Fränkischen Kreises* und Ordinarius für Volkswirtschafts-
lehre und Finanzwissenschaft an der Universität
Würzburg, Professor Franz Paul Schneider. – Weitere Kundgebungen zur Propagierung einer Volksbefragung über die Atombewaffnung der Bundeswehr führt der BdD am selben Abend in **Darmstadt**,
Hamburg und **Sonthofen** durch. Dort treten die Bundesvorstandsmitglieder Helmut Bausch, Hans Brender und Ernst Eisenlohr als Hauptredner auf.

23. Mai Auf einer Veranstaltung der *Aktionsgemeinschaft gegen die atomare Aufrüstung der Bundesrepublik* in **Düsseldorf**, zu der auch Betriebsräte aufgerufen haben, spricht als Hauptredner Professor Johannes Harder. Der an der Pädagogischen Akademie in
Wuppertal lehrende Sozialwissenschaftler greift die
Atomrüstungspolitik der Bundesregierung scharf an
und wendet sich gegen den »Hexenwahn«, mit dem
politisch Andersdenkende verfolgt würden.

*23.5.: Der BdD-Vor-
sitzende Wilhelm
Elfes am Redner-
pult.*

*21.5.: Auszug aus
einem Interview der
Münchener Zeit-
schrift »Die Kultur«
mit dem sozialde-
mokratischen
Bundestagsab-
geordneten Helmut
Schmidt über die
Anti-Atomtod-
Bewegung.*

*21.5.: Der Inspek-
teur des Heeres,
General Hans Rött-
ger (links), begrüßt
in der Flugabwehr-
schule in Rendsburg
den Oberleutnant
der Reserve Helmut
Schmidt (rechts).*

23. Mai Das an der Universität **London** existierende *Komitee der Gegner der Atombewaffnung* richtet an Premierminister Harold Macmillan ein von 835 Hochschulprofessoren und Wissenschaftlern unterzeichnetes Protestschreiben gegen die Atombewaffnung der Bundesrepublik. »Wenn nicht die gegenwärtige Politik der NATO geändert wird«, heißt es darin, »werden die Truppen Westdeutschlands bald an taktischen Atomwaffen ausgebildet werden. Dies ist der erste Schritt hinsichtlich einer Kernbewaffnung Westdeutschlands. Sie wird zweifellos die internationalen Spannungen verschärfen. Sie wird darüber hinaus die Abrüstung schwieriger machen als sie bereits ist ... Wir fordern die Regierung Ihrer Majestät und die Opposition auf, sich gegen diese Atombewaffnung eindeutig auszusprechen und zu handeln.«[158] Der Brief, dessen Unterzeichner sich mit den bundesdeutschen Atomwaffengegnern solidarisch erklären, wird auch an den Führer der *Labour Party*, Hugh Gaitskell, geschickt. – Zur Information gehen Kopien auch an die Initiatorin des Appells der 44 Professoren, die Professorin an der Pädagogischen Akademie in **Wuppertal**, Renate Riemeck, und den *Zentralen Ausschuß »Kampf dem Atomtod«* (KdA) in **Frankfurt**.

25./26.5.: Der Bundesminister für gesamtdeutsche Fragen, Ernst Lemmer (2.v.l.), zieht zusammen mit Vertriebenenfunktionären zur Großkundgebung in das Kasseler Stadion ein.

24. Mai Die 2. Große Strafkammer beim Landgericht **Nürnberg** verurteilt sieben Mitglieder der seit 1956 vom Bundesverfassungsgericht verbotenen KPD wegen Geheimbündelei, staatsgefährdenden Nachrichtendienstes, Betätigung in einer verfassungsfeindlichen Organisation und Verbreitung verbotener Druckerzeugnisse zu Gefängnisstrafen zwischen zwei und zwölf Monaten. 16 weitere Angeklagte werden aus Mangel an Beweisen freigesprochen.

24. Mai Die örtliche Gruppe der *Internationale der Kriegsdienstgegner* (IdK) führt mit 35 Fahrzeugen in **Essen** einen Autokorso gegen den Atomtod durch. Auf den mitgeführten Plakaten sind Aufschriften zu lesen wie: »Schluß mit dem Atomwahnsinn!«, »Keine Atomwaffen!« und »Hände weg von der Atomaufrüstung in der Bundesrepublik!«. Mit Lautsprechern werden die Passanten außerdem aufgefordert, eine Kundgebung zu besuchen, die vier Tage später im Saalbau stattfinden soll.

24. Mai In der »Deutschen Volkszeitung« erscheint eine Erklärung, in der sich 48 prominente Katholiken in einer gemeinsamen Erklärung an die Gläubigen und die Bischöfe wenden und mehr Toleranz für die Gegner der Atombewaffnung fordern. »Die Frage, ob die Bundeswehr mit Atomwaffen ausgerüstet werden soll«, heißt es darin, »ist zu einer Parteifrage geworden. Ihrer Natur nach ist sie jedoch nicht nur eine Parteifrage, ja, nicht einmal nur eine Frage der politischen Klugheit, sondern auf vielfältige Weise eine Frage des am Gebot und Gesetz Gottes orientierten persönlichen Gewissens. Es kommt aber immer häufiger vor, daß Personen um ihrer politischen Haltung willen öffentlich diffamiert werden, auch Katholiken von Katholiken. Die hier unterzeichneten deutschen Katholiken, die die geplante Ausrüstung der Bundeswehr mit Atomwaffen ablehnen, sehen in solchen Eingriffen in die Gewissenssphäre Anzeichen für eine verhängnisvolle Entwicklung. Sie appellieren an ihre Glaubensgenossen, die christliche und demokratische Freiheit gelten zu lassen und wahrzunehmen.«[159] Die Erklärung ist u.a. unterzeichnet von Inge Aicher-Scholl, Heinrich Böll, Walter Dirks, Peter Furth, Eugen Kogon, Robert Spaemann, Aloys Wenzl und Roland H. Wiegenstein.

24. Mai In **Hanau** protestiert der Vorsitzende des DGB-Kreisausschusses, Hermann Ernst, dagegen, daß sich das örtliche Postamt weigert, Postsendungen der Gewerkschaft zu befördern, die mit der Aufschrift »Atomwaffen? Nein!« versehen sind.

24. Mai - 1. Juni In den Vereinigten Staaten wird zum zweiten Mal ein »Walk for Peace« (Friedensmarsch) durchgeführt. Er richtet sich vor allem gegen die Atomwaffentests und startet gleichzeitig von zwei verschiedenen Städten aus in Richtung Hauptstadt. Ein Marschblock startet nahe der Ostküste in **Wilmington** (US-Bundesstaat Delaware) und der andere in **Winchester** (US-Bundesstaat Kentucky). Auf der Abschlußkundgebung in **Washington** spricht der Chemiker und Nobelpreisträger Linus Pauling; er war der Initiator des Appells von 9.235 Wissenschaftlern zur Einstellung der Nuklearwaffentests, der am 13. Januar dem UNO-Generalsekretär überreicht worden ist.

25./26. Mai Am Pfingsttreffen der Pommern in **Kassel** beteiligen sich 8.000 Vertriebene. Schirmherr der Zusammenkunft, an der auch der Bundesminister für gesamtdeutsche Fragen, Ernst Lemmer (CDU), teilnimmt, ist Bundeskanzler Adenauer.

26. Mai Zu einer Anti-Atom-Kundgebung in **Karlsruhe** versammeln sich über 20.000 Menschen. Als Redner treten u. a. Kirchenpräsident Martin Niemöller, die Wuppertaler Professorin Renate Riemeck, der baden-württembergische Wirtschaftsminister Hermann Veit (SPD) und der SPD-Bundestagsabgeordnete Herbert Wehner auf. – Am Abend zuvor haben mehrere hundert Besucher einer Protestveranstaltung des BdD einen Fackelzug für eine Volksbefragung über die Atombewaffnung und gegen die Stationierung von »Nike«-Raketenabschußbasen am Stadtrand von Karlsruhe durchgeführt.

28. Mai Auf Antrag der Bundesregierung erläßt das Bundesverfassungsgericht in **Karlsruhe** eine einstweilige Verfügung, mit der die für den 8. Juni in Hamburg geplante Volksbefragung über die Atombewaffnung der Bundeswehr vorläufig ausgesetzt ist. Zur Begründung heißt es, die Durchführung einer Volksbefragung auf der Grundlage eines Gesetzes, dessen Inhalt umstritten sei, könne die Befragten verwirren und das Ergebnis verfälschen. – Die Bundesregierung hatte bereits am 14. Mai eine Normenkontrollklage beim Bundesverfassungsgericht eingereicht, in welcher beantragt wird, die Unvereinbarkeit des am 9. Mai vom Hamburger Senat verabschiedeten Gesetzes über die Volksbefragung zur Atombewaffnung mit dem Grundgesetz festzustellen.

28. Mai Auf einer SPD-Kundgebung zu den nordrhein-westfälischen Landtagswahlen in **Münster** protestieren 6.000 Frauen aus dem östlichen Westfalen gegen die von der Bundesregierung betriebene atomare Aufrüstung. Hauptrednerin ist die ehemalige GVP-Vorsitzende und jetzige SPD-Bundestagsabgeordnete Helene Wessel. Bei den bevorstehenden Landtagswahlen, erklärt sie, gehe es nicht nur darum, eine neue Landesregierung zu wählen, sondern sich zugleich auch gegen die Atombewaffnung der Bundeswehr auszusprechen.

28. Mai Auf einer Protestkundgebung der *Arbeitsgemeinschaft gegen die atomare Aufrüstung der Bundesrepublik*, die unter dem Motto »Atomrüstung – Selbstmord« steht, sprechen auf dem Rathausplatz in **Duisburg** neben Vertretern der Gewerkschaften und der Kriegsopferverbände Kirchenpräsident Martin Niemöller, die Professorin für Geschichte an der Pädagogischen Akademie Wuppertal, Renate Riemeck, und der japanische Pfarrer Kenchiro Sumita. Niemöller kritisiert in seiner Rede in aller Schärfe den Versuch der Bundesregierung, Volksbefragungen über die atomare Aufrüstung verbieten zu lassen. Ein Staat, in dem so etwas möglich sei, erklärt Niemöller, müsse als Polizeistaat bezeichnet werden.

28. Mai Auf Initiative der *Internationale der Kriegsdienstverweigerer* (IdK), des *Internationalen Versöhnungsbundes* und der *Deutschen Friedensgesellschaft* (DFG) kommen in **Essen** zu einer weiteren Kundgebung gegen den Atomtod 2.000 Menschen zusammen. Beiträge halten der Präsident der *Evangelischen Kirche in Hessen und Nassau*, Martin Niemöller, der SPD-Bundestagsabgeordnete Arno Behrisch, seine Fraktionskollegin Alma Kettig und das Bundesvorstandsmitglied der *IG Metall*, Fritz Strothmann. Niemöller erklärt, wer eine Atomwaffe in die Hand nähme, übe keinen ehrlichen und anständigen Beruf aus. Mit einer solchen Waffe könn-

28.5.: Auf der Duisburger Rednertribüne (v.l.n.r.): Renate Riemeck, Martin Niemöller und Kenchiro Sumita.

26.5.: Fackelzug in Karlsruhe.

Keine Unterschrift!
Sonst freut sich der Iwan!

28.5.: CDU-Plakat gegen die von der SPD beabsichtigte Durchführung von Volksbefragungen gegen die Atombewaffnung.

30.5.: Titelzeichnung des Münchener Satireblatts »Simplicissimus«.

ten nur Verbrechen begangen werden. Wer sie dennoch in die Hand nähme, betreibe Beihilfe zum Mord.

29. Mai Unter dem Motto »Karlsruhe gegen Volksbefragung! Bund der Deutschen sagt, was zu tun ist!« führt der *Bund der Deutschen* (BdD) im Kurfürstlichen Schloß in **Mainz** eine Protestkundgebung durch. Hauptredner ist das BdD-Bundesvorstandsmitglied Helmut Bausch.

29. Mai Unter dem Motto »Bonn stellt sich gegen Bremen – Der Wille des Volkes ist stärker!« kritisiert auf einer Kundgebung des *Bundes der Deutschen* (BdD) in **Bremen** dessen Bundesvorstandsmitglied Otto Schönfeldt den Erlaß einer einstweiligen Verfügung durch das Bundesverfassungsgericht gegen die Durchführung einer Volksbefragung über die Atombewaffnung der Bundeswehr.

29. Mai In einem Aufruf »An die Christen der Welt!« sprechen sich prominente Mitglieder der *Evangelischen Kirche in Deutschland* (EKD) gegen jede Herstellung und Anwendung von Massenvernichtungsmitteln sowie gegen die atomare Bewaffnung der Bundeswehr aus. Die Kernsätze des drei Thesen umfassenden Appells lauten: »I. Die im Westen und im Osten aufgestapelten Atombomben genügen, um alles Leben dieser Erde zu vernichten und sie in eine Wüste zu verwandeln, in der kein Leben mehr gedeihen kann ... Der Zirkel der Angst macht die Völker bereit, die Vorbereitung ungeheurer, gegenseitiger Verbrechen zu dulden und mitzumachen. Der einzelne aber verfällt im Gefühl seiner Ohnmacht der Resignation und Apathie. II. Wir Christen laden vor Gott und unseren Mitmenschen schwerste Schuld auf uns, wenn wir jetzt schweigen.

Gottes Wort, wie es in der Botschaft der Bibel als das Wort des Schöpfers und Herrn der Welt laut wird, gebietet uns, in dieser Stunde im Blick auf die Herstellung, Erprobung und Anwendung dieser dämonischen Werkzeuge das vorbehaltlose Nein auszusprechen. In ihnen werden Gottes Gaben, der menschliche Verstand und die Kräfte der Natur mißbraucht. In ihnen wird der Mensch, der Gottes Ebenbild ist und für den Christus gestorben und auferstanden ist, verraten. In ihnen wird die Güte des Schöpfers selbst gelästert. Die Massenvernichtungsmittel sind deshalb durch keinen erdenklichen Zweck zu rechtfertigen. Ihre Anwendung ist ein nihilistischer Akt, in dem alles verleugnet und verloren wird, was man damit zu verteidigen gedenkt, und seien es Freiheit und Menschenwürde, Frieden und Gerechtigkeit ... III. Wir Christen dürfen in dieser Sache weder mitmachen noch uns auch nur neutral verhalten in der falschen Meinung, daß hier nur politischen und militärischen Fachleuten das Urteil zustehe. Dies bedeutet nach unserer Erkenntnis für die Christen in Deutschland, daß sie der atomaren Bewaffnung einer der bestehenden deutschen Armeen und der Errichtung von Raketenbasen auf deutschem Boden mit allem Nachdruck widersprechen und sich an solchen Unternehmungen nicht beteiligen sollten ... Die Stunde ist jetzt ernst und fordert von jedem Christen eine klare, biblisch begründete Erkenntnis und einsatzbereite Haltung.«[160] Der Aufruf ist unterzeichnet von Kirchenpräsident Martin Niemöller (Wiesbaden), Propst Heinrich Grüber (Ost-Berlin), Generalsuperintendent Günter Jacob (Cottbus), Bischof Johannes Vogt (Herrnhut), dem SPD-Bundestagsabgeordneten Gustav Heinemann (Essen) sowie den Theologieprofessoren Martin Fischer (West-Berlin), Helmut Gollwitzer (West-Berlin) und Heinrich Vogel (Ost- und West-Berlin).

30. Mai Unter dem Motto »Abstimmungskampf beginnt! Man kann uns den Mund nicht verbieten!« setzt sich der *Bund der Deutschen* (BdD) mit einer Veranstaltung in **Offenbach** für ein Festhalten an der Forderung nach der Durchführung von Volksbefragungen gegen die Atombewaffnung der Bundeswehr ein.

30. Mai Der *Bund der Deutschen* (BdD) führt im Hotel »Zur Post« in **Brunsbüttelkoog** eine Veranstaltung gegen die atomare Aufrüstung durch. Unter der Überschrift »Bonn will Atomraketen – Das Volk muß entscheiden!« spricht das BdD-Bundesvorstandsmitglied Hans Moritz von Frankenberg und Proschlitz.

30. Mai Trotz heftiger Angriffe in der Presse findet unter der Regie von Paul Riedy im Opernhaus in

*31.5.: Der US-ame-
rikanische Atom-
physiker J. Robert
Oppenheimer trifft
zusammen mit Frau
und Tochter auf
dem Pariser Flug-
hafen Orly ein.*

Graz die Premiere des Brecht-Stücks »Mutter Courage und ihre Kinder« statt. Dem Regisseur wird
vorgeworfen, daß er sich mit der Aufführung des
1949 erstmals vom Berliner Ensemble in Ost-Berlin
gezeigten Schauspiels zum verlängerten Arm des
1956 verstorbenen kommunistischen Autors Bertolt
Brecht mache. Riedys Aufführung, die sich um eine
möglichst werkgetreue Darstellung bemüht, wird
von den Zuschauern großer Beifall gespendet. –
Trotz ausverkaufter Vorstellungen wird das Brecht-
Stück bereits nach drei Aufführungen vom Spielplan
abgesetzt.

30. Mai Der französische Philosoph und Schriftsteller Jean-Paul Sartre nimmt in **Paris** an einer Pressekonferenz über die Verletzung der Menschenrechte
in Algerien teil und fordert das Verbot der vor allem
von den »paras«, den französischen Fallschirmjägern,
verübten Folter.

31. Mai Der als »Vater der Atombombe« bezeichnete Atomphysiker J. Robert Oppenheimer, der am
23. Dezember 1953 aus Sicherheitsgründen von der
Atomenergiebehörde der Vereinigten Staaten entlassen worden war, nimmt in einem Interview der
französischen Tageszeitung »Le Monde« zu zentralen

Fragen der Atombewaffnung Stellung. Auf den
Unterschied zwischen konventionellen und atomaren Waffen angesprochen antwortet er: »Dieser
Unterschied ist zunächst ein quantitativer in dem
Sinne, daß die destruktive Gewalt der modernen
Waffen jede Einbildungskraft übersteigt. Der Unterschied ist ferner ein qualitativer, da zum erstenmal
die Wissenschaft nicht in der Lage ist, gegen die zer-
störenden Kräfte, die freigesetzt werden, einen
wirksamen Schutz anzubieten. Es ist jetzt nicht mehr
möglich zu glauben, daß die Menschheit jemals einen
atomaren Krieg überleben würde. Ein solcher Krieg
würde den Charakter eines kollektiven Selbstmordes, eines Bumerangs annehmen, wie dies noch niemals in der Vergangenheit der Fall war.«[161] Zu den
Chancen eines Gipfelabkommens über einen Teststopp von Nuklearwaffen führt Oppenheimer aus:
»Solange die gesamte Strategie des Westens auf
atomaren Waffen beruht, scheint mir ein solches
Abkommen nicht möglich zu sein. Ein solches
Abkommen scheint mir im übrigen nicht nur schwierig zu erlangen, sondern völlig ungenügend zu sein.
Der Fortschritt der Wissenschaft vollzieht sich so
schnell, daß eine internationale Kontrolle ... schon
in zwei Jahren überholt sein kann.«[162]

Januar Februar März April Mai Juni

Juli August September Oktober November

Dezember

Juni: Redner auf
einer Anti-Atomtod-
Kundgebung.

Juni In **Frankfurt** treffen Delegierte von mittlerweile 20 Studentenausschüssen gegen die Atomrüstung zusammen. Sie diskutieren die möglichen Perspektiven der Anti-Atomtod-Bewegung. Nach Ansicht aller Studenten widerspricht die Atombewaffnung der Bundeswehr dem Grundgesetz. Auf Anregung des Darmstädter Studentenpfarrers Herbert Mochalski hin beschließen die Delegierten, einen Studentenkongreß gegen die Atomrüstung nach West-Berlin einzuberufen.

Juni In den ostfriesischen Städten **Aurich**, **Emden**, **Leer** und **Nordhorn** führen die jeweiligen örtlichen *Arbeitsausschüsse »Kampf dem Atomtod«* (KgA) Kundgebungen gegen die atomare Aufrüstung durch. Hauptredner in Emden und in Nordhorn ist der sozialdemokratische Bundestagsabgeordnete Gustav Heinemann.

Juni An einer vom *Aktionsausschuß »Kampf dem Atomtod«* (KdA) vor einem Hochbunker aus dem letzten Krieg organisierten Protestkundgebung im **Düsseldorf**er Stadtteil Gerresheim nehmen mehrere

hundert Menschen teil. An einer Stelle des Betonklotzes ist noch eine Inschrift zu lesen, mit der die letzten Reserven für den »Volkssturm« mobilisiert werden sollten: »Männer zwischen 16 und 70 gehören in den Einsatz«. Hauptredner ist der Mediziner Dr. Hagedorn, der vierzehn Jahre zuvor half, die Opfer der Bombenangriffe zu bergen und für 145 tödlich Getroffene die Totenscheine ausgestellt hat. Damals habe der Bunker noch Schutz gewähren können, erklärt der Arzt, heute jedoch sei eine solche Hoffnung trügerisch. In einem Atomkrieg werde Beton keinen Schutz mehr bieten, weil sowohl die Luft zum Atmen wie alles andere radioaktiv verseucht sein würde.

Juni Gegen die Stimmen der CDU verabschiedet der Stadtrat von **Düsseldorf** eine Entschließung, mit der die Stadtverwaltung aufgefordert wird, alles in ihrer Macht stehende zu tun, um die Errichtung von Raketenabschußbasen und die Lagerung von Atomwaffen auf dem Territorium der nordrhein-westfälischen Landeshauptstadt zu verhindern.

Juni Auf einem Landesfriedenskongreß in **Stuttgart** legt Pfarrer Heintzeler in seiner Begrüßungsrede dar, daß im Kampf gegen die Atombewaffnung auch das Mittel des Generalstreiks erlaubt sein müsse. Der Publizistikprofessor Ernst Meier erklärt die Politik der Bundesregierung für unglaubwürdig. Einerseits lasse sie auf Plakaten verbreiten, daß sie gegen den Atomtod in aller Welt sei, andererseits schrecke sie jedoch nicht davor zurück, die Bundeswehr mit Atomwaffen auszurüsten. Es sei offenbar das Ziel von Bundesverteidigungsminister Strauß, erneut eine deutsche Armee zur modernsten der Welt zu machen. »Die Volksbewegung«, fährt er fort, »ist erst angelaufen. Wir werden dafür sorgen, daß sie immer stärker wird. Unruhe ist die erste Bürgerpflicht.«[163] Wenn es rechtzeitig einen Generalstreik gegeben hätte, dann wäre auch der Zweite Weltkrieg verhindert worden.

Juni Auf einer Protestkundgebung gegen die Atombewaffnung der Bundeswehr in **Kaiserslautern** tritt Kirchenpräsident Martin Niemöller als Hauptredner auf.

Juni In **Göppingen** (Baden-Württemberg) nehmen 9.000 Einwohner an einer Kundgebung gegen die Atombewaffnung der Bundeswehr teil. Unter ihnen sind auch die Beschäftigten der Maschinenfabrik Schuler, die bereits vor Wochen mit einem kurzen Streik gegen die atomare Aufrüstung protestiert hat.

Juni Die Delegierten des 10. Bezirksjugendtreffens der *IG Metall* ziehen mit roten Fahnen und Transparenten durch die Straßen von **Krefeld**, um gegen die Atombewaffnung zu protestieren.

Juni In **Delmenhorst** bei Bremen protestieren 500 Frauen aus dem Bezirk Weser-Ems gegen die Atomrüstung.

Juni Der Stadtrat von **Remscheid** nimmt eine Entschließung an, allen Versuchen, auf dem städtischen Gebiet Raketenbasen zu errichten, Widerstand entgegenzusetzen.

Juni Auf einer vom DGB organisierten Großkundgebung in **Pforzheim** protestieren mehrere tausend Einwohner gegen die Heraufbeschwörung einer erneuten Kriegsgefahr durch die Atombewaffnung. Mehrere Redner weisen warnend darauf hin, in welchem Maße die Stadt im letzten Krieg zerstört worden ist.

Juni Hauptredner auf einer Protestkundgebung gegen die atomare Aufrüstung in **Aachen** ist Kirchenpräsident Martin Niemöller.

Juni In **Wedel** bei Hamburg demonstrieren mehrere tausend Beschäftigte gegen die Atombewaffnung. Auf der Abschlußkundgebung fordern verschiedene Redner den Magistrat dazu auf, eine Volksbefragung gegen die Ausrüstung der Bundeswehr mit Nuklearwaffen durchzuführen.

Juni Der japanische Pfarrer Kenchiro Sumita spricht auf einer Veranstaltung in **Bremen**, auf der der Hiroshima-Film »Zerstörtes Leben« gezeigt wird, über die Gefahren der atomaren Aufrüstung. – Der Dokumentarfilm wird anschließend auch in dem Künstlerdorf **Worpswede** gezeigt.

Juni Auf einer Kundgebung in **Bottrop** protestieren die Teilnehmer gegen die atomare Aufrüstung.

Juni Auf einer Protestkundgebung gegen die Atombewaffnung sprechen in der Stadthalle von **Rheydt** (Nordrhein-Westfalen) der Schriftsteller Stefan Andres und der evangelische Kirchenpräsident Martin Niemöller.

Juni Die Gemeindevertretung von **Erkrath** bei Düsseldorf beschließt die Durchführung einer Volksbefragung über die Atombewaffnung der Bundeswehr.

Juni Hauptrednerin auf einer von 5.000 Menschen besuchten Kundgebung gegen die Atombewaffnung in **Wiesbaden** ist die frühere GVP-Vorsitzende und jetzige SPD-Bundestagsabgeordnete Helene Wessel.

Juni Mit den Stimmen der CDU-Fraktion wendet sich die Gemeindevertretung von **Dieburg** (Südhessen) gegen den Bau von Raketenabschußrampen und die Lagerung von Atomwaffen innerhalb ihrer Gemarkung.

Juni: Titelblatt des Wehrdienstverweigerer-Organs.

INFORMATIONEN

MONATSZEITSCHRIFT FÜR DEUTSCHE WEHRDIENSTVERWEIGERER

3. JAHRGANG · NUMMER 6 · VERLAGSORT KÖLN · PREIS 0,90 DM · JUNI 1958

UND KEINER VON UNS--

Und ich war da und da warst auch Du
Und da hörten wir einen schrein.
Dann banden sie ihm die Schnauze zu,
Und ich war da und da warst auch Du
Und keiner von uns sagte nein.

Und Du warst da und da war auch ich
Und wir wußten genau was geschah.
Dann riefen sie mich und dann fragten sie Dich
Du warst dabei und da war auch ich
Und da sagten wir beide ja.

GRAFIK: HERMANN LANDEFELD

SAGTE NEIN

Und ich bin da und da bist auch Du
Und wir haben ein Menschengesicht.
Bald binden sie uns die Schnauze zu,
Ich bin bei Dir und bei mir bist Du
Doch wir helfen einander nicht.

Und Du bist da und da bin auch ich
Als Diener am Schafott.
Und wenn man auch uns die Wirbel bricht,
Dann schrei nicht nach mir, auch ich rufe nicht
Nach Dir oder Gnade und Gott.

LEO DOLETZKI

Dr. Hans Magnus Enzensberger

Einige Vorschläge zur Methode des Kampfes gegen die atomare Aufrüstung

Seitdem und soweit die Deutschen das Recht und die Möglichkeit, sich politisch zu äußern, zurückgewonnen haben, ist es zu keiner stärkeren Kundgebung ihres Willens gekommen als in der Kampagne gegen die atomare Aufrüstung der Bundeswehr. Die Bundesregierung scheint diese oppositionelle Bewegung nach Intensität und Umfang zu unterschätzen; wenigstens legt die Primitivität, mit der sie glaubt, ihre mißliebigsten Äußerungen abwürgen zu können, diese Vermutung nahe. Der Versuch, das Losungswort „Kampf dem Atomtod" wie einen Spieß umzudrehen und es als Motto für die Atombewaffnung zu verwenden, ist beispielsweise an Albernheit kaum zu überbieten. Gegen Volksbefragungen und Spendensammlungen mit Verbotsanträgen und Haussuchungen einzuschreiten, verrät ebenfalls nicht nur die Geringschätzung unserer staatsbürgerlichen Rechte, von der unsere Regierung durchdrungen ist, sondern auch eine Beurteilung der Lage, die vielleicht nicht ganz realistisch ist. Mit solchen Gegenzügen wird nur erreicht, daß sich die faktisch vorhandenen Gegensätze weiter polarisieren und daß sich der Antagonismus der Meinungen verschärft. Auf lange Sicht spielen sie der Kampagne in die Hände.

Andererseits läßt sich mit gutem Grund sagen, daß die Gegner der atomaren Aufrüstung die Mittel, die in ihrer Hand sind, nicht hinreichend ausnutzen. Welcher Art sind diese Mittel? Es hat sich in Frankreich gezeigt, daß dort die Demokraten nicht bereit waren, mit revolutionären Mitteln gegen die kompakte Macht der militärischen Zentralen vorzugehen. Noch viel weniger als in Frankreich ist bei uns an die Barrikade als Kampfmittel zu denken. Die Wahrheit ist, daß es heute in Westeuropa keine politische Frage, und wäre sie noch so lebenswichtig, gibt, um derentwillen ein substantieller Teil der Bevölkerung revolutionäre Schritte tun würde. Selbst der Generalstreik ist offenbar eine Weiterung, die der deutschen Gewerkschaftsführung undenkbar scheint. Diese Tatsachen sind in Rechnung zu stellen.

Die psychologische Präsenz der Kampagne ist somit ihre einzige Chance, etwas auszurichten, und man sollte sich darüber im klaren sein, daß diese Chance gering ist. Man hat es mit einer Gegenseite zu tun, die von moralischen Argumenten nicht zu erreichen ist, und die auf Äußerungen der Empörung vollkommen kaltschnäuzig reagiert. Die Propaganda ist für die Inhaber der Macht der einzige Punkt, in dem sich Politik und Gewissensentscheidungen schneiden. Bloße Gefühle, mögen sie noch so lauter, noch so weit verbreitet sein, machen auf sie keinerlei Eindruck. Die modernen Herrschaftsformen haben Techniken entwickelt, die es gestatten, die Emotionen der Beherrschten beliebig zu unterdrücken und zu manipulieren. Was anderswo mit den klobigen Mitteln der Zensur und der Geheimpolizei erreicht wird, nimmt hierzulande die Form einer Übereinkunft der „maßgeblichen" Leute an, die Stimmungen und Überzeugungen der Wähler mit einem Achselzucken zu übergehen. Der angebliche Souverän, der Demos, sieht sich, sobald er das Wort zu ergreifen versucht, zum „Mob", zur „Straße" deklassiert, unter deren Druck man angeblich nicht regieren könne. Man versucht zunächst, seine Proteste mit Stillschweigen zu übergehen. Die Urheber versucht man einzuschüchtern, indem man sie wirtschaftlich oder durch polizeiliche Mittel unter Druck setzt. Ist gleichwohl eine Bewegung entstanden, deren man auf solche Weise nicht Herr werden kann, so versucht man sie zu ermüden. In der Sache selbst geht man darauf aus, Zeit zu gewinnen und vollendete Tatsachen zu schaffen. Die beiden letztgenannten Mittel sind die wichtigsten und erfolgversprechendsten, die den Inhabern der Macht zu Gebote stehen. Psychologische Bewegungen größeren Ausmaßes haben nämlich eine gewisse, immanente Dynamik, die keinen Stillstand zuläßt: sie verlieren von selbst an Kraft von dem Augenblick an, wo sie aufhören, an Gewicht und Beschleunigung zuzunehmen. Jeder Werbefachmann wird diese These aufs Genaueste belegen können. Ebenso unverbrüchlich sind die Gesetze, welche in unserer komplexen Welt das Spiel der Mächte regieren: sie besagen, daß jeder einzelne machtpolitische Zug hundertmal leichter zu tun als zurückzunehmen ist. Es handelt sich dabei um quasi-irreversible Prozesse, die einer historischen Schwerkraft unterliegen. Hieraus erklärt sich die Verbissenheit, mit der die Bundesregierung versucht, faits accomplis zu schaffen, um hinterher triumphierend zu erklären, daß man sich an die aus ihnen erwachsenen Verpflichtungen und Folgen zu halten habe. Die Hast, mit der der Verteidigungsminister seine Einkäufe tätigt, hat nichts mit militärischer Notwendigkeit zu schaffen: sie will den politischen Gegnern im eigenen Land einschärfen, es sei längst zu spät sei, Widerstand zu leisten. Die Matadorraketen des Franz-Josef S t r a u ß richten sich so in erster Linie gegen seine Gegner innerhalb der Grenzen des Bundes.

Juni: Artikel aus den »Blättern für deutsche und internationale Politik« (Auszug).

Juni Die Stadtverordnetenversammlung von **Hanau** bewilligt dem Aktionsausschuß »Kampf dem Atomtod« (KdA) 3.000 DM. Der Geldbetrag ist für Aufklärungsaktionen vorgesehen, mit denen die Bevölkerung über die Gefahren der Atomrüstung informiert werden soll.

Juni An einer vom lokalen Aktionsausschuß »Kampf dem Atomtod« (KdA) organisierten Kundgebung in der auf der Schwäbischen Alb gelegenen Stadt **Heidenheim** nehmen 4.000 Einwohner teil.

Juni Der Stadtrat von **Schweinfurt** entscheidet, jedem Versuch der Stationierung von Nuklearwaffen auf dem Grund und Boden der Stadt Widerstand entgegenzusetzen.

Juni Auf einer Anti-Atomtod-Kundgebung in **Ochsenfurt** (Franken) wendet sich der Würzburger Romanistikprofessor Franz Rauhut gegen den Mißbrauch des christlichen Glaubens beim Versuch, die Atombewaffnung der Bundeswehr politisch durchzusetzen.

Juni In **Ansbach** (Franken) unterzeichnen 40 Professoren, Mediziner, Verleger, Schriftsteller, Lehrer und Künstler einen von Hans Cramer verfaßten Aufruf gegen die Atombewaffnung.

Juni Auf einer Kundgebung des SPD-Bezirks Franken zum »Internationalen Sozialistischen Frauentag« in dem am Rande des Steigerwalds gelegenen Orts **Scheinfeld** fordert die SPD-Bundestagsabgeordnete Helene Wessel vor mehreren hundert Zuhörerinnen die Ächtung aller Nuklearwaffen und bezeichnet die von der Bundesregierung verfolgte Politik der atomaren Aufrüstung als »verwerflich, ja geradezu verbrecherisch«.

Juni Der Direktor des Instituts für Theoretische Physik an der Universität Mainz, Professor Karl Bechert, warnt in einem Vortrag in **Konstanz** die Bevölkerung vor den radioaktiven Gefahren der Atombewaffnung. Im Anschluß an die Veranstaltung schließen sich 200 Teilnehmer dem lokalen Aktionsausschuß »Kampf dem Atomtod« (KdA) an.

Juni Mehrere hundert Einwohner protestieren auf einer Kundgebung in **Miesbach** (Oberbayern) gegen die Atombewaffnung der Bundeswehr.

Juni In **Ensdorf** (Saarland) wird ebenfalls ein Aktionsausschuß »Kampf dem Atomtod« (KdA) gegründet, um die Bevölkerung über die Gefahren der Atomrüstung aufzuklären.

Juni Mitglieder verschiedener Jugendorganisationen gründen in **Dudweiler** (Saarland) einen Aktionsausschuß »Kampf dem Atomtod« (KdA). Hauptziel ist die Durchführung einer Volksbefragung.

Juni Im Piper Verlag in **München** erscheint das Buch »Die Atombombe und die Zukunft des Menschen« des Philosophen Karl Jaspers. In dem Band, der aus einem im August 1956 gehaltenen Rundfunkvortrag hervorgegangen ist, wird der Versuch unternommen, den seit dem 6. August 1945 mit dem Atombombenabwurf auf Hiroshima gegebenen historisch neuen Tatbestand – der Möglichkeit zur Selbstzerstörung der menschlichen Gattung – zu reflektieren. Der 75jährige Wissenschaftler ist der Ansicht, daß nur ein Weltfrieden die Gefahr der atomaren Vernichtung bannen könne. Da aber noch nicht einmal die Bedingungen für einen solchen Zustand verwirklicht seien, fordert er einen Wandel in der staatlichen Souveränitätspolitik. Dieser Wandel könne nicht nur durch neue Gesetze und Einrichtungen erreicht werden, sondern erfordere eine grundsätzliche Änderung der menschlichen Gesinnung. Jaspers diskutiert von einer Position aus, die er als den »Standpunkt des Abendländers« bezeichnet, Prinzipien für eine »Weltordnung der Freiheit«. Während er es für einen grundsätzlichen Irrtum hält, einen Weltstaat errichten zu wollen, begrüßt er die Idee einer Konföderation freier Staaten. Die Menschheit stehe vor der möglichen Alternative, zwischen der Atombombe und der totalitären Herrschaft wählen zu müssen. Weder Politiker, noch Pazifisten oder Atomwaffengegner könnten entscheidend zur Lösung dieses existenziellen Problems beitragen.

Jaspers kritisiert aus seiner Perspektive sowohl Gandhis Methode des gewaltfreien Widerstands als auch die Protestbewegung gegen die Atombewaffnung. Gandhi habe in Indien nur deshalb Erfolg haben können, weil er es bei der Befreiung von der Kolonialherrschaft mit den liberalen Rechtsprinzipien Großbritanniens zu tun hatte. Seine Prinzipien der Gewaltlosigkeit könnten nur unter Bedingungen zum Erfolg führen, die durch Liberalität, Öffentlichkeit und Rechtsstaatlichkeit ausgezeichnet seien. In der Auseinandersetzung mit einem totalitären Staat müsse Gandhis Methode zum sicheren Untergang führen. Einstein habe sich zu Unrecht als Pazifist bezeichnet. Als er Roosevelt 1939 den Rat zur Herstellung der Atombombe gegeben habe, hätte er zugleich die Notwendigkeit zum Einsatz gewaltsamer Mittel gegen das NS-Regime anerkannt. »Heute ist zwar schon die richtige Einsicht verbreitet«, faßt Jaspers seine Kritik an der Anti-Atomtod-Bewegung zusammen, »daß die Atombombe nicht abzuschaffen ist, ohne den Krieg überhaupt abzuschaffen. Viele aber meinen noch, allein die Atombombe außer Wirkung setzen zu können. Ihre Leidenschaft geht nicht gegen den Krieg, sondern gegen die Atombombe. Sie protestieren nur gegen die Bombe, wie die Pazifisten gegen den Krieg überhaupt. Wie aber pazifistische Gesellschaften nicht das geringste zur Verhinderung des Krieges beigetragen haben, so sind heute alle Bestrebungen, die nur die Atombombe verwerfen, ohne sie im Gesamtzusammenhang der realen Handlungen der Staaten und der offenbaren Antriebe der meisten Menschen zu sehen, vergeblich. Denn sie kommen nicht an die Wurzel des menschlichen Unheils, sondern haften am Symptom. Weil sie vom Wesentlichen ablenken, tragen sie bei zur Vernebelung, als ob mit Empörung etwas getan sei. Denn hinter der Fassade von Meinungen und Affekten setzen sie, ob Pazifisten oder nicht, im alltäglichen Tun und Urteil die Lebens- und Denkweise fort, die als der faule Boden der menschlichen Wirklichkeit jene Schrecken zur Folge hat.«[164]

Juni Unter der Überschrift »Warum Brecht im Westen gespielt werden soll« setzt sich der Journalist Günther Nenning in der in Wien erscheinenden antikommunistischen Zeitschrift »Forum« für die Aufführung von Theaterstücken des 1956 in Ost-Berlin gestorbenen Dramatikers ein. Nenning ist zwar ebenso wie Friedrich Torberg, der als der richtungweisende Kopf des von der CIA finanzierten Blatts gilt, der Ansicht, daß Brecht mit seinen Werken »bolschewistische Ideologie und Propaganda« betreibe, jedoch glaubt er, daß man seine Stücke so inszenieren könne, daß ihre ideologischen Elemente keinen Schaden anrichten könnten. Denn im Westen

Juni: Titel des Buches zur Kontroverse über die Atombewaffnung.

Juni: Der Philosoph Karl Jaspers.

Juni: Der 1956 in Ost-Berlin verstorbene Dramatiker Bertolt Brecht; die Aufführung seiner Stücke ist immer noch umstritten.

gelte die politische Gesinnung eines Autors nichts, seine künstlerische Qualität dagegen alles. »Brechts Tragik ...«, schreibt Nenning, »ist essayistisch oft genug beklagt worden. Man soll sie auch auf der Bühne sichtbar machen. Dieser Mann war ein Genie sphingischer Vieldeutigkeit; er hat sein Unglück in seine Stücke richtiggehend eingebaut. Sie warten auf die Regie, die aus der fatalen Überspannung seines Kollektivismus und aus der Fortdauer seiner heimlichen humanitären Abweichungen die antikommunistische Moral herausholt.«[165] Anlaß für Nennings Kritik an dem für die Zeitschrift bislang als verbindlich angesehenen Standpunkt, Brecht-Stücke zu boykottieren, ist die österreichische Erstaufführung von »Mutter Courage und ihre Kinder« im Grazer Opernhaus. – Nachdem Torberg in der darauffolgenden Ausgabe zwar gewisse Abstriche von seiner ursprünglichen Haltung macht, jedoch Nennings These dahingehend korrigiert, daß »die Stücke des verführerisch begabten KP-Dichters«, wenn überhaupt, nur vor einem Auditorium gespielt werden dürften, das sich »aus lauter so rabiaten Antikommunisten und Demokraten« zusammensetzen müßte wie Nenning einer sei, spricht sich im übernächsten Heft die Mehrzahl der Beiträger für Brecht-Aufführungen aus. Der Literaturkritiker Willy Haas schreibt beispielsweise: »Die Arbeiter sollten erkennen, in welche Sphäre der Lüge, des Betrugs und des Macchiavellismus sie eintreten, wenn sie sich

der von Brecht verfochtenen Lehre anschließen.«[166] Man solle Brechts Stücke überall dort spielen, wo Interesse für sie existiere. Zu den Autoren, die mit antikommunistischen Argumenten gegen die Boykottierung von Brecht-Stücken auftreten, zählen außerdem Felix Hubalek, Rudolf Krämer-Badoni und Jürgen Rühle.

Juni Wegen seiner in dem Buch »Probleme des Marxismus heute« geäußerten Kritik an der Niederschlagung des ungarischen Volksaufstandes durch sowjetische Truppen wird der französische Philosoph Henri Lefèbvre in **Paris** aus der *Kommunistischen Partei Frankreichs* (KPF) ausgeschlossen. Die Maßnahme gegen den auf die Unabhängigkeit seines wissenschaftlichen und politischen Urteils pochenden 53jährigen Philosophen soll zunächst für ein Jahr gelten. – Nach Ablauf dieser Frist verzichtet Lefèbvre jedoch auf die Beantragung einer Neuaufnahme in die KPF.

1.-3. Juni An einer erstmals veranstalteten »Christlichen Friedenskonferenz« in **Prag** nehmen Vertreter protestantischer Kirchen aus neun Staaten, darunter der Bundesrepublik und der DDR, teil. Ziel des vom *Ökumenischen Rat* initiierten Treffens ist es, Theologen und Laien verschiedener nichtrömischer Konfessionen zusammenzuführen, um über die Haltung evangelischer Christen zur Bedrohung des Friedens durch die Aufrüstung zu beraten. In einer an den Rat der EKD gerichteten Botschaft appellieren die Teilnehmer, die Glaubensbrüder sollten ein klares Zeugnis gegen die Massenvernichtungsmittel und jede Form der atomaren Aufrüstung ablegen. Und am Ende einer an die christlichen Gemeinden insgesamt gerichteten Botschaft heißt es: »Angesichts der tödlichen Gefahr, die die Menschheit bedroht, laßt uns dafür eintreten und unsere Regierungen bitten, daß zur Entspannung eine atomwaffenfreie Zone errichtet wird, daß die Atomwaffenversuche eingestellt, alle Massenvernichtungswaffen geächtet und zerstört werden und daß die Staatsmänner zur Lösung der Weltprobleme bald auf höchster Ebene zusammentreten.«[167] Zum Präsidenten der Friedenskonferenz wird Professor Josef Hromadka, der Dekan der Theologischen Fakultät an der Universität Prag, und zu einem seiner Stellvertreter der Dortmunder Oberkirchenrat Heinz Kloppenburg gewählt.

2. Juni In **Neunkirchen** (Saarland) wird ein *Jugendkreis gegen den Atomtod* gegründet. Der aus Heiligenwald stammende Mitbegründer Hans Klauck erklärt in seiner Eröffnungsansprache, daß sich in der Bundesrepublik die gesamte Bevölkerung zu einer »Volksbewegung gegen die atomare Aufrüstung« zusammenschließen müsse.

2. Juni Das Bezirksgericht **Rostock** verurteilt die beiden Studenten Klaus Worofsky und Carl-Peter Hedrich wegen »fortgesetzter staatsfeindlicher Hetze und Propaganda« zu mehrjährigen Gefängnisstrafen.

3. Juni Der lokale *Arbeitsausschuß »Kampf dem Atomtod«* (KdA) führt am Nachmittag auf dem Marktplatz von **Höchst** am Main bei regnerischem Wetter eine Großkundgebung zum »Kampf gegen die atomare Aufrüstung« durch. Die größten Betriebe der Stadt haben es den Werksangehörigen freigestellt, ihren Arbeitsplatz vorzeitig zu verlassen, um an der Protestveranstaltung teilnehmen zu können. Vor 12.000 Zuhörern sprechen der Schriftsteller Stefan Andres, die Schauspielerin Ursula Herking, der evangelische Kirchenpräsident Martin Niemöller und der Vorsitzende der *IG Bau, Steine, Erden*, Georg Leber. Den größten Beifall erhält Niemöller. Er ruft warnend aus, daß die Atombombe keine Waffe, sondern eine »Ausgeburt der Unmenschlichkeit« sei. Wenn sich die Bevölkerung für die atomare Aufrüstung entscheiden würde, dann wären die

»Deutschen ein nihilistisches Volk« geworden. Je mehr Politiker und Militärs den Finger am Knopf hätten, desto wahrscheinlicher sei es, daß er eines Tages auch heruntergedrückt würde.

3. Juni Der lokale *Arbeitsausschuß »Kampf dem Atomtod«* (KdA) führt am späten Nachmittag zusammen mit dem Kreisausschuß des DGB eine Großkundgebung auf dem **Frankfurt**er Römerberg durch, zu der trotz starken Regens 35.000 Menschen kommen. Die städtischen Straßenbahn- und Omnibuslinien haben für eine Stunde ihren Betrieb eingestellt. Als Redner treten Oberbürgermeister Werner Bokkelmann (SPD), der evangelische Kirchenpräsident Martin Niemöller, der SPD-Bundestagsabgeordnete und Vorsitzende der *IG Bau, Steine, Erden*, Georg Leber, die Kabarettistin Ursula Herking, der Schriftsteller Stefan Andres, der Ordinarius für Politische Wissenschaft an der Technischen Hochschule Darmstadt, Professor Eugen Kogon, und der stellvertretende Leiter des Max-Planck-Instituts für Biophysik, Professor Hermann Muth, auf. Die beiden letzten sind erst wenige Stunden zuvor mit der vom Stadt-

3.6.: Zuhörer während der Kundgebung auf dem Frankfurter Römerberg.

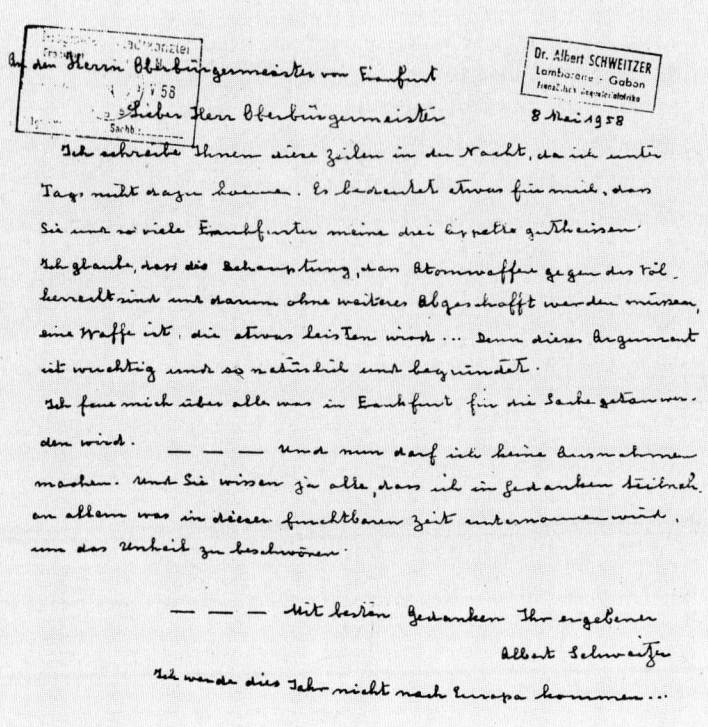

KAMPF DER ATOMRÜSTUNG
Morgen, Dienstag

GROSSKUNDGEBUNG
am 3. Juni 1958
Frankfurt am Main, Römerberg, 17 Uhr

Es sprechen:

Stefan Andres, Schriftsteller

Wolfgang Döring, MdB.

Ursula Herking, Schauspielerin

Georg Leber, MdB.

Prof. Dr. rer. nat. Hermann Muth
Delegierter nach Hiroshima

Kirchenpräsident **Dr. Niemöller**

Dem Arbeitsausschuß
„KAMPF DEM ATOMTOD"
gehören u. a. an:

Alfred Baresel, Schriftsteller
Dr. Fritz Bauer, Generalstaatsanwalt
Hanna Becker-v. Rath
Dr. Robert Berger, Pfarrer
Dr. Ernst Berlik, Dozent
Lucie Beyer, M.d.B.
Werner Bockelmann, Oberbürgermeister
Otto Brenner, Vorsitzender der IG Metall
Harry Buckwitz, Intendant
V. Butscher, Bankdirektor
Gerhard Daub, Vorsitzender des Landesverbandes Hessen der Jungdemokraten
Dr. Helga Einzele, Regierungsrat
Rudolf Oskar Erhard, Pfarrer
Wilhelm Fresenius, Pfarrer
Felix Fricke, Rechtsanwalt
Ernst Friedrich, Pfarrer
Karl Gerold, Verleger und Chefredakteur
Prof. Dr. Theo Gläss, Stadtrat
Gustav Gruss, Vors. d. IG Druck u. Papier, Bez. Hessen
Dr. Erich Hack, Zahnarzt
Dr. Bodo Helmholz, Jurist
Hans Jahn, Vors. d. Gewerkschaft der Eisenbahner Deutschlands
Karl John, Lebensmitteleinzelhändler
Aenne Kolb
Prof. Dr. Peter Kramp, Universität Frankfurt am Main
Hans Joachim Kulenkampff, Schauspieler
Georg Leber, I. Vorsitzender der IG Bau-Steine-Erden
August Lorey, Studienrat i. R.
Dr. Erich Meyn, Dozent
Prof. Dr. rer. nat. Hermann Muth, stellv. Leiter d. Max-Planck-Institutes für Biophysik
Prof. Dr. A. F. Napp-Zinn, Universität Frankfurt am Main
Prof. Dr. Ludwig Preller, Leiter der Akademie der Arbeit
Dr. Karl v. Rath, Stadtrat
Walter Rathgeber, Pfarrer
Walter Reichhard, Bankdirektor
Fritz Rémond, Theaterdirektor
Rudolf Rolfs, Theaterleiter
Georg Schäfer, Vors. d. Gew. d. Eisenbahner Deutschlands, Bezirk Hessen
Fritz Schmidt, Vors. d. Gew. ÖTV, Bezirk Hessen
Adam Schwab, Einzelhändler
Prof. Dr. Curt Staff, Oberlandesgerichtspräsident
Carl Stenger, Vors. der Deutschen Postgewerkschaft
Erich Warmers, Pfarrer
Heinz Welke, Pfarrer
Hans Wiegand, DGB Vors. d. Landesbez. Hessen
Karl Zeiss, Pfarrer

3.6.: Brief Albert Schweitzers an den Frankfurter Oberbürgermeister Werner Bockelmann. – Faltblatt.

parlament beauftragten Delegation aus Hiroshima zurückgekehrt. Als Muth berichtet, was er dort gesehen und gehört hat, macht sich Erschütterung unter den Menschen breit. Als aus der wie gelähmt erscheinenden Menge plötzlich jemand fragt, warum

Strauß, Adenauer und die Generäle, die über Atombomben verfügten, noch nicht in Hiroshima gewesen seien, die sollte man »zwangsverpflichten zum Besuch des Atomfriedhofes« und der Menschen, die heute noch an den Nachwirkungen litten, bricht sich ein erlösender Beifallssturm Bahn. Leber erklärt, daß bereits der Besitz von Atomwaffen im Falle eines Krieges eine sichere Garantie für den Untergang des deutschen Volkes sei. Der Beschluß der 274 Bundestagsabgeordneten, die Bundeswehr mit Massenvernichtungsmitteln auszurüsten, sei wie die Zustimmung der Reichstagsabgeordneten zum Ermächtigungsgesetz Hitlers am 23. März 1933 zu bewerten. Niemand solle seine Hand zum Bau von Raketenabschußrampen oder irgendwelchen anderen Arbeiten rühren, die der atomaren Aufrüstung dienen. Sich in dieser Frage vom Gefühl und vom Herzen leiten zu lassen, hebt Kogon in seiner Rede hervor, sei keine Schande. Wenn das deutsche Volk schon untergehen solle, dann wenigstens mit sauberem Gewissen und reinen Händen. Für Niemöller gibt es nur die Wahl, Brüder und Schwestern oder Mörder zu sein. Die Atomwaffen fragten nicht nach Freund oder Feind, nach Säugling oder Greis, nach Schuld oder Unschuld. Wer auf Atombomben setze, der erweise sich praktisch als Atheist, weil er dem »Teufelskram« dieser Waffen mehr vertraue als dem »lebendigen Gott«. Man werde nicht Ruhe geben, ruft der Kirchenpräsident unter großem Beifall aus, bis die atomare Gefahr abgewendet sei. Zum Abschluß ruft Oberbürgermeister Bockelmann die Bevölkerung zu einer Postkartenaktion auf. Jeder einzelne, schlägt der Politiker, der auch Vorsitzender des *Arbeitsausschusses »Kampf dem Atomtod«* ist, vor, solle an den Bundeskanzler eine Postkarte schreiben, auf der er gegen die Atombewaffnung protestiere, bis die Post die Säcke mit den Karten nicht mehr bewältigen könne. – Die achtköpfige Hiroshima-Delegation pflanzt anschließend Kirschkerne aus der Stadt des ersten Atombombenabwurfs im Palmengarten ein. – Gedenktafeln an diesen drei japanischen Kirschbäumen sollen später als Mahnmal an die schrecklichen Ereignisse vom 6. August 1945 erinnern.

3. Juni In der gegenüber von Bonn auf der anderen Rheinseite gelegenen Stadt **Beuel** wird eine Rede von Bundesverteidigungsminister Franz Josef Strauß (CSU) zum nordrhein-westfälischen Landtagswahlkampf durch das Geheul von Luftschutzsirenen gestört. Hunderte von Atombewaffnungsgegnern sind mit einem Lautsprecherwagen vor das katholische Pfarrheim gefahren, in dem der Minister spricht, und spielen fast eine Stunde lang ein Tonband mit der ebenso erschreckenden wie nervtötenden Geräuschkulisse eines Fliegeralarms ab.

4.6.: Auf einer
Parade der Bundes-
wehr in Oldenburg
werden Raketen
vorgeführt.

3. Juni Auf Antrag der *Demokratischen Wähler-
gruppe* beschließt die Gemeindevertretung der kleinen Odenwaldortschaft **Gorxheim** (Kreis Bergstraße) mit 3:1 Stimmen bei zwei Enthaltungen, eine
Volksbefragung über die Atombewaffnung der Bundeswehr und die Stationierung von Atomwaffen
durchzuführen.

3. Juni Der DEFA-Dokumentarfilm »Unternehmen
Teutonenschwert« wird in **Ost-Berlin** uraufgeführt.
In dem 49 Minuten dauernden Film von Anneliese
und Andrew Thorndike wird die militärische Rolle
des ehemaligen Wehrmachts- und jetzigen Bundeswehrgenerals Hans Speidel dargestellt, der seit über
einem Jahr Oberbefehlshaber der NATO-Landstreitkräfte in Mitteleuropa ist. Speidel, der maßgeblich am Aufbau der Bundeswehr beteiligt war,
wird von dem Regie führenden Ehepaar beschuldigt,
für den Mordanschlag auf den jugoslawischen König
Alexander 1934 in Marseille und eine Reihe anderer
Verbrechen während des Zweiten Weltkrieges verantwortlich zu sein. – Westdeutsche Kritiker
bezeichnen den Film als Propagandawerk, mit dem
die SED in den Streit um die Atombewaffnung der
Bundeswehr eingreifen wolle. Insbesondere bemängeln sie, daß die Montagetechnik nur zu Analogien,
nicht aber zu beweisbaren Schlußfolgerungen
komme.

4. Juni Auf einer Versammlung des Bundesverbands
der deutschen Luftfahrtindustrie in **Bad Godesberg**
gibt Bundesverteidigungsminister Franz Josef Strauß
bekannt, daß mit Aufträgen zur Produktion von Mili-
tärflugzeugen bis zum Jahr 1961 in Höhe von 1 Milliarde DM und der Fertigstellung von Raketen bis
zum Jahre 1964 zum selben Betrag zu rechnen ist. Bei
der Raketenproduktion im Rahmen des deutsch-
französisch-italienischen Rüstungsabkommens sei an
fünf verschiedene Gattungen gedacht: Panzerabwehrraketen, taktische Boden-Boden-Raketen der
Typen »Honest John« und »Corporal«, Boden-Luft-
Raketen der Typen »Nike«, »Hawk« und »Blood-
hound«, taktische Raketen »für die offensive Verteidigung« wie der Typ »Matador« und Luft-Luft-Rake-
ten wie die »Sidewinder«.

3.6.: Broschüre mit
den Redetexten
einer Pressekonfe-
renz in Ost-Berlin
vom 18. Juli 1957;
die angeblichen
Dokumente sind
gefälscht.

3.6.: Plakat zu dem
pseudo-dokumen-
tarischen DEFA-
Film über General
Speidel.

4. Juni Auf einer Versammlung des SPD-Unterbezirks **Gelsenkirchen** protestieren mehrere tausend Frauen gegen die atomare Aufrüstung der Bundeswehr.

4. Juni Der *Bund der Deutschen* (BdD) führt in der »Neuen Harmonie« in **Flensburg** eine Kundgebung gegen die atomare Aufrüstung durch. Sie steht unter dem Motto: »Dänemark sagt Nein! Wer hindert uns, atomwaffenfrei zu bleiben?« Als Hauptredner tritt das BdD-Bundesvorstandsmitglied Otto Schönfeldt auf.

5./6. Juni In dem zwischen Frankfurt und Mainz am Rhein gelegenen Städtchen **Flörsheim** kommt es in einem Lokal um Mitternacht zu einem antisemitischen Zwischenfall. Der 28jährige Franz Müller erscheint in angetrunkenem Zustand in der Gaststätte des Ehepaares Braumann und fordert den Wirt mit unflätigen Worten auf, ihm noch etwas zu trinken zu geben. Als sich dieser weigert, die Bestellung entgegenzunehmen und die Kellnerin, eine Auschwitz-Überlebende, den ungebetenen Gast auffordert, das Lokal zu verlassen, beschimpft er sie als »Hure« und den Wirt als »Judenknecht« und »Judensau«. Josef Braumanns Ehefrau ist die Tochter des jüdischen Kaufmanns Max Schohl, der in Auschwitz umgebracht wurde. Als Müller die Kellnerin, die ebenfalls Jüdin ist, an den Haaren zieht, entsteht ein Handgemenge, in dessen Verlauf es mehreren Gästen gelingt, den Antisemiten aus dem Lokal zu werfen. Dort tobt der Angetrunkene jedoch unvermindert weiter, zertrümmert die Scheiben der Eingangstür und brüllt aus Leibeskräften: »Den Jud schlag ich noch tot!«[168] Durch den Lärm angezogen, haben sich viele Neugierige vor dem in der Hauptstraße des Ortes gelegenen Lokal versammelt. Als Müller versucht, durch einen Hintergang wieder in die Gaststätte zurückzukehren, wird er von Gästen, die sich mit Besen und Eimern vor dem Eindringling schützen, daran gehindert. Schließlich wird der Ruhestörer von der inzwischen herbeigerufenen Polizei abgeführt. – Frau Braumann erstattet am Tag darauf beim Amtsgericht **Hofheim** Anzeige gegen Müller wegen Beleidigung, Sachbeschädigung und Landfriedensbruch. Am selben Tag erscheint der Bruder des Angezeigten, Willi Müller, in dem Lokal und erklärt der Wirtin gegenüber: »Das kann ich euch sagen, wir schlagen euch noch alle tot.«[169] Die Angegriffene, deren Familie in der Pogromnacht vom 9. November aus demselben Haus vertrieben worden war, erklärt zu den Vorfällen: »Ich fühle mich zurückversetzt in die Jahre 1933 bis 1945. Damals ereignete sich in jüdischen Geschäften und Lokalen ähnliches. Nur weil wir das bißchen Glück haben, daß unser Geschäft, welches wir erst seit dem

1. April dieses Jahres führen, besser geht als manches andere, setzt die Judenverfolgung ein. Wirklich, wir sind wieder tief gesunken in Deutschland. Das Klirren von 1938 ist in meinen Ohren noch nicht verstummt, als man damals unser Haus vom Keller bis zum Speicher demolierte. Was sagt die Regierung dazu? Und was wird das Ausland sagen?«[170] – Einen Tag später treffen, wie eine Tageszeitung berichtet, in einer anderen Gastwirtschaft in **Flörsheim** mehrere junge Leute zusammen und beschließen, das Lokal der Familie Braumann vollständig zu demolieren. In demselben Lokal hatte bis vor kurzem die jüdische Kellnerin gearbeitet. Wegen ständig zunehmender antisemitischer Beschimpfungen hatte sie ihren Arbeitsplatz gewechselt. Die Frau, deren Vater und Bruder in Auschwitz umgebracht worden sind, war von einem Gast provokativ gefragt worden, ob sie nicht auch der Meinung sei, daß »zu wenig Juden vergast« worden seien. – Nachdem Gerd Czechatz am 14. Juni unter der Überschrift »Zwanzig Jahre nach der Kristallnacht« in einem Artikel der »Frankfurter Rundschau« über die Flörsheimer Antisemitismusfälle berichtet hat, leitet der Oberstaatsanwalt beim Landgericht **Wiesbaden** ein Ermittlungsverfahren gegen Franz Müller ein.

6. Juni In **Augsburg** tritt die FDP-Landtagsabgeordnete Hildegard Brücher als Hauptrednerin auf einer Anti-Atomtod-Kundgebung auf. An ihr nehmen auch zahlreiche Belegschaften von Augsburger Betrieben teil, die ihre Arbeit eine halbe Stunde früher beendet haben. Nach Abschluß der Kundgebung ziehen die 2.500 Teilnehmer in einem Demonstrationszug durch die Innenstadt. Auf einem der mitgeführten Transparente ist zu lesen: »Vorsicht, Kriegsverbrecher sind frei!«

6./7. Juni Zum Auftakt des 8. Bundesparteitages der *Deutschen Partei* (DP) in **West-Berlin** sprechen auf einer Kundgebung am Funkturm, zu deren musikalischer Begleitung eine Kapelle des *Stahlhelm – Bund der Frontsoldaten* spielt, die Direktoriumsmitglieder Heinrich Hellwege und Hans-Joachim von Merkatz. Der niedersächsische Ministerpräsident Hellwege wird mit 221 von 274 Stimmen in seiner Funktion als Parteivorsitzender bestätigt. In seinem Grundsatzreferat fordert er eine konservative Erneuerung des Staates; eine konservative Einstellung zu den Tagesproblemen stelle »die modernste politische Haltung« dar. Allein die DP stelle staatspolitisch eine dritte Kraft dar, die zwischen den ideologischen Fronten von SPD und CDU vermitteln könne. Im Anschluß an den Parteitag wird das Direktorium der DP im Rathaus Schöneberg vom Regierenden Bürgermeister Willy Brandt (SPD) und von Bürgermeister Franz Amrehn (CDU) empfangen.

7. Juni Die 2. Große Strafkammer des Landgerichts **Hannover** verurteilt den 54jährigen Volksschullehrer Edgar Fernau wegen öffentlicher Billigung von Verbrechen und der Verunglimpfung des Andenkens Verstorbener zu einer Gefängnisstrafe von vier Monaten auf Bewährung. Nach Aussage zweier Zeugen hatte der Angeklagte während eines Streits bei einem Friseurbesuch in Mandelsloh (Kreis Neustadt am Rübenberge) erklärt: »Schade mit den Juden, daß sie nicht alle ausgegast worden sind. Das sind eben keine Menschen ... Die in den KZ haben sich doch alle dick und fett gefressen.«[171] Auf den Einwand, daß sie doch auch Menschen seien, hatte er mit den Worten reagiert: »Eben nicht.«[172] Fernau, der 1932 der NSDAP beigetreten und nach dem Krieg zeitweilig Kreisgeschäftsführer des *Bund des Heimatvertriebenen und Entrechteten* (BHE) war, bestritt die ihm zur Last gelegten Äußerungen und legte dem Gericht eine Erklärung vor, in der er vorgab, die an den Juden begangenen Verbrechen und das, was in den Konzentrationslagern geschehen sei, zu bedauern. Die Strafkammer schenkte jedoch den Aussagen der beiden Belastungszeugen in vollem Umfang Glauben. – Fernau, der am 13. März vom Dienst suspendiert worden war, wird am 13. Juni vom Kultusministerium in **Hannover** aus dem öffentlichen Schuldienst entlassen.

7. Juni Die in München wöchentlich erscheinende Illustrierte »Revue« gibt das Ergebnis einer Leserumfrage bekannt. Auf die am 26. April gestellte Frage »Sind Sie damit einverstanden, daß deutsche Streitkräfte mit Atomwaffen ausgerüstet werden?« haben von »Zigtausenden« von Lesern, wie es heißt, 90,3% mit »Nein« geantwortet. Unter der Überschrift »Im Namen vieler Mütter: NEIN!« heißt es zu dem Ergebnis: »Die öffentliche Diskussion über diese nationale Lebensfrage hat überall in Deutschland stürmische Formen angenommen. Jetzt soll nach dem Willen unserer Regierung diese Lebensfrage auf das Nebengleis staatsrechtlicher Streitig-

keiten abgeschoben werden. Das Bundesverfassungsgericht soll feststellen, ob die in einigen Bundesländern geplanten Volksbefragungen verfassungswidrig sind oder nicht. Mit anderen Worten: Nicht die Meinung des Volkes steht mehr zur Debatte, sondern die Weisheit der Juristen. Das nationale Unglück wächst sich zur Tragödie aus. Weil Regierung und Opposition nicht zu fruchtbarem Gespräch kommen, wird das Volk ausgeschaltet und der gelehrte überparteiliche Amtsschimmel zum Schiedsrichter berufen. Doch noch hat die Bevölkerung nicht resigniert.«[173]

7. Juni In einem Interview mit der Illustrierten »Quick« erklärt Bundesverteidigungsminister Franz Josef Strauß: »Ein Verzicht auf die atomare Bewaffnung der NATO-Streitkräfte wäre gleichbedeutend mit dem Verzicht auf jegliche Verteidigung.«[174] Der Besitz von Atomwaffen sei »eine sittliche Aufgabe«, um »den unsittlichen Gebrauch dieser Waffen« unmöglich zu machen.

7. Juni Auf einer Arbeitstagung des *Deutschen Klubs 1954* in **Köln** referieren der Schriftsteller Stefan Andres und der Münchener Althistoriker Professor Alexander Graf Schenk von Stauffenberg über das Recht auf Widerstand. Der Bruder des am 20. Juli

7.6.: »Uncle Sam« kann Verteidigungsminister Strauß in seinem Drang nach Atomraketen kaum noch zurückhalten; Karikatur aus der DDR.

7.6.: Der Schriftsteller Stefan Andres.

7.6.: Litfaßsäule in Hamburg mit einem Plakat gegen die Anti-Atomtod-Bewegung.

1944 hingerichteten Hitler-Attentäters bezeichnet es als selbstverständliches Recht für ein souveränes Volk, gegen lebensbedrohende Maßnahmen einer Regierung Widerstand auszuüben. Die Bundesregierung sei schlecht beraten gewesen, als sie den Rapacki-Plan ablehnte und stattdessen die atomare Aufrüstung beschloß. Auch wenn es noch nicht so weit wie vor 14 Jahren sei, so deuteten manche Symptome doch darauf hin, daß eine Wiederholung nicht völlig auszuschließen sei. Der Direktor des Instituts für Publizistik an der Universität Münster, Professor Walter Hagemann, betont in einem weiteren Referat, daß es bei der Atomrüstung um die existentielle Frage gehe, ob die Deutschen der »Kugelfang für eine überseeische Macht« werden sollten. Die Bevölkerung müsse von ihrem Widerstandsrecht Gebrauch machen, weil dies zur Sicherung ihrer Existenz notwendig sei. Die Wuppertaler Professorin Renate Riemeck fragt die Teilnehmer, ob die Opposition in der Bundesrepublik nicht von dem japanischen Beispiel lernen könne. Dort seien ohne irgendeine Unterstützung der Behörden 35 Millionen Unterschriften gegen die Atomgefahr gesammelt worden. Diese eindrucksvolle Willenskundgebung der japanischen Bevölkerung habe die USA bewogen, in Japan auf die Errichtung von Raketenabschußbasen zu verzichten. Kein einziger Politiker wage es, offen für die Atomrüstung aufzutreten. Es sei nicht einzusehen, meint die Historikerin, warum der DGB und die SPD hierzulande nicht ähnliches vollbringen könnten. An der von Karl Graf von Westphalen geleiteten Diskussion beteiligen sich auch die Professoren Ernst Fraenkel (Frankfurt), Hans Iwand (Bonn), Hans Rheinfelder (München) und Hans Schaefer (Heidelberg).

8./9. Juni Auf dem Garnisonsfriedhof in **Saarlouis** werden nachts zahlreiche jüdische Grabsteine umgeworfen. Die Kriminalpolizei nimmt am Tag darauf ihre Ermittlungen nach den Tätern auf. – Die »Saarbrücker Zeitung« meint zu dem Vorfall, daß es sich dabei wohl um die Tat jugendlicher Rowdys gehandelt haben müsse. – Die *Evangelische Kirchengemeinde* gibt eine Stellungnahme heraus, in der es u.a. heißt: »2. Die Täter, wer immer sie sein mögen, gehören einem Volke an, das kultiviert, zivilisiert und christlich sein will. 3. Die Tat beweist, daß diese Kultur, Zivilisation und dieses Christentum weithin eine Lüge sind. 4. Dadurch bleibt das Vertrauen der Völker um uns mit Recht weiterhin erschüttert. 5. So wird Israel und die Welt und nicht zuletzt Gott nie vergessen, daß wir zur Zeit des Dritten Reiches 6.000.000 Angehörige des Volkes Gottes ermordet haben.«[175] – Zahlreiche Bürger begeben sich in den Tagen darauf auf den Friedhof, um ihrer Scham und ihrem Mitgefühl Ausdruck zu geben.

9.6.: Ein Fall aus der vom UfJ vorgestellten Broschüre.

9. Juni Der *Untersuchungsausschuß freiheitlicher Juristen* (UfJ) stellt in **West-Berlin** unter dem Titel »Ehemalige Nationalsozialisten in Pankows Diensten« eine Broschüre vor, in der die Karrieren von 75 führenden Funktionären der DDR beleuchtet werden, die früher Mitglieder der NSDAP waren. Aufgeführt werden u.a. die Minister Luitpold Steidle (CDU), Heinz Winkler (SED) und Helmut Wunderlich (NDPD), der Präsident des Obersten Gerichts der DDR, Kurt Schumann (NDPD), sowie die beiden Volkskammerabgeordneten Kurt Säuberlich (SED) und Heinz Funke (SED). Das präsentierte Material beanspruche keinerlei Vollständigkeit, sondern stelle lediglich einen kleinen Ausschnitt zum Komplex NS-Vergangenheit von Funktionsträgern der DDR dar. Ziel der Publikation sei es nicht, sich zum Richter über ehemalige Nazis aufzuwerfen, sondern zur Zerstörung des von der SED verbreiteten Mythos beizutragen, daß die DDR ein demokratisches, von der Vergangenheit gereinigtes Staatswesen sei, während sich in der Bundesrepublik eine Refaschisierung vollziehe.

Ernst Großmann (SED)

Mitglied des ZK der SED

1. Vorsitzender der LPG „Walter Ulbricht" in Merxleben
Mitglied der SED-Delegation zum XIX. Parteitag der KPdSU
Abgeordneter des Bezirkstages Erfurt
Held der Arbeit
Meisterbauer

vor 1945:

Eintritt in die NSDAP: 1. 11. 1938, Nr. 6 855 320
Mitglied des Sudetendeutschen Freikorps
Im II. Weltkrieg Unterscharführer eines SS-Totenkopfverbandes in
Oranienburg/Sachsenhausen

Angehöriger der Wachmannschaft des Konzentrationslagers Sachsenhausen

9. Juni Die Behörden der Stadt **St. Petersburg** (US-Bundesstaat Florida) lassen das städtische Hallenschwimmbad schließen, weil zuvor ein junger Schwarzer darin geschwommen war. Der 19jährige David Ison erklärt Journalisten gegenüber, daß er etwa eine halbe Stunde lang seine Bahnen geschwommen sei, ohne daß einer der etwa 50 anderen weißen Badegäste daran Anstoß genommen hätte. – Bereits am 5. Juni war der städtische Badestrand gesperrt worden, weil sich dort acht farbige Studenten aufgehalten hatten.

9.-16. Juni Die britische Kronkolonie **Zypern** wird von schweren Zusammenstößen zwischen griechischen und türkischen Bewohnern erschüttert. In verschiedenen Teilen der Mittelmeerinsel, die bereits seit Jahren Schauplatz eines von der Untergrundbewegung EOKA geführten Unabhängigkeitskampfes ist, kommt es Tag für Tag zwischen den beiden Bevölkerungsgruppen zu Straßenschlachten. Die Unruhen sollen mit dem neuen Zypernplan zusammenhängen, den die britische Regierung in Kürze vorstellen will. Es wird vermutet, daß die von türkischer Seite erhobene Forderung, die Insel in ein türkisches und ein griechisches Gebiet zu teilen, nicht erfüllt werden wird. Am 11. Juni dringen türkische Bewohner in den griechischen Stadtteil von **Nikosia** ein, setzen dort zahlreiche Gebäude in Brand und versuchen, eine Polizeistation zu stürmen, um zehn Inhaftierte zu befreien. Einige Stunden später rächen sich die griechischen Bewohner und zünden nun ihrerseits eine Reihe von Häusern im türkischen Viertel an. Der britische Gouverneur, Sir Hugh Foot, erläßt daraufhin am 14. Juni für alle größeren Städte eine Ausgangssperre; alle öffentlichen Versammlungen sind verboten, Kinos und Theater geschlossen sowie Hochzeits- und Beerdigungsprozessionen auf unbestimmte Zeit verschoben. Die Bürgermeister der griechisch-zypriotischen Städte wenden sich am selben Tag mit einem Appell an die Vereinten Nationen, Truppen zum Schutz der griechischen Bewohner zu entsenden. Am selben Tag beginnen die als Kolonialmacht bekämpften Briten damit, ihre auf Zypern stationierten Truppen um 6.000 auf insgesamt 37.000 Mann zu verstärken. – Am 19. Juni stellt Premierminister Harold Macmillan im **London**er Unterhaus einen neuen Plan zur Lösung des Zypernkonflikts vor. Danach soll die Bevölkerung zwar eine kommunale Autonomie und ein Selbstverwaltungsrecht erhalten, die Mittelmeerinsel jedoch für sieben weitere Jahre Kronkolonie bleiben und Großbritannien für die Verteidigungs-, Außen- und Innenpolitik zuständig sein.

10. Juni Auf drei von den Ortsausschüssen *»Kampf dem Atomtod«* in **Dortmund**, **Düsseldorf** und **Recklinghausen** organisierten Kundgebungen protestieren Tausende von Menschen aus dem gesamten Ruhrgebiet gegen die Atombewaffnung der Bundeswehr und die Stationierung amerikanischer Atomraketen auf bundesdeutschem Territorium. In **Dortmund** hält auch Pfarrer Kenchiro Sumita aus Tokio, Mitglied des japanischen Friedensrates, eine An-

sprache. In **Düsseldorf** fordern einige unter den 4.000 auf dem Burgplatz versammelten Atomwaffengegnern eine Volksbefragung des DGB unter Gewerkschaftsmitgliedern über die Atombewaffnung.

10.6.: Demonstranten auf dem Düsseldorfer Burgplatz.

10. Juni Die 8. Große Strafkammer des Landgerichts **Dortmund** verurteilt die Hausfrau Rosemarie Stiffel wegen Geheimbündelei zu einer Gefängnisstrafe von einem Jahr und sieben Monaten. Die Angeklagte, deren Untersuchungshaft angerechnet wird, darf für vier Jahre keine öffentlichen Ämter bekleiden und verliert für dieselbe Dauer das aktive und das passive Wahlrecht. Das Gericht sieht es als erwiesen an, daß die 28jährige Frau »Rädelsführer einer verfassungsfeindlichen Organisation« gewesen sei. Sie sei seit 1955 in Nordrhein-Westfalen als hauptamtliche Instrukteurin des *Deutschen Jugendrings* (DJR) tätig gewesen, der in der DDR mit dem Ziel gegründet worden sei, die Ziele der FDJ nach deren Verbot unter einem unverfänglicheren Namen weiterzuverfolgen. Zweck und Tätigkeit des DJR, dessen wahre Zielsetzungen in seiner Satzung absichtlich verschleiert würden, seien gegen die verfassungsmäßige Ordnung der Bundesrepublik gerichtet. Die Kammer bezeichnet die Angeklagte, die bereits in ihrem Elternhaus mit dem Marxismus-Leninismus vertraut gemacht worden, früh zur FDJ gestoßen sei und sich seitdem zur kommunistischen Weltanschauung bekenne, als »äußerst gefährlich«. Ihre verfassungsfeindliche Tätigkeit habe erst durch ihre Festnahme beendet werden können.

10.6.: Auf dem Titel eines 1994 erschienenen Buches ist die Dortmunder Angeklagte, die Kommunistin Rosemarie Stiffel (rechts), zu erkennen.

10./11. Juni Auf dem 36. Plenum des SED-Zentralkomitees in **Ost-Berlin** nimmt dessen Erster Sekretär Walter Ulbricht in seinem Referat zu Fragen der Hochschulpolitik Stellung. Unter der Überschrift »Der Kampf um die Sicherung des Friedens und für den Sieg des Sozialismus« behauptet er, daß sich die Intelligenz der DDR in drei wesentlichen Punkten verändert habe. Erstens sei die »Erkenntnis von der Überlegenheit des sozialistischen Gesellschaftssystems« weiter verbreitet worden, zweitens habe die Ablehnung der Bonner Regierungspolitik stärker Platz gegriffen und drittens sei es gelungen, einen »freien Meinungsaustausch« und »eine Atmosphäre des regen geistigen Lebens« zu schaffen. Selbst Kreise, die noch vor einiger Zeit nichts vom dialektischen Materialismus hätten wissen wollen, nähmen nun an Kolloquien und anderen Veranstaltungen teil. Das größte Problem sei allerdings, daß ein Teil der Studenten nach Beendigung ihres Studiums »republikflüchtig« werde. In Berlin gebe es Oberschulen, von denen mehr als ein Viertel aller Schulabgänger in den Westen gingen. Dieser Zustand, daß die Universitäten, Hoch- und Oberschulen der DDR Jugendliche für Westdeutschland ausbildeten, müsse dringend geändert werden. Ulbricht richtet an das Plenum die Frage, wie die »Quellen der Republikflucht« verstopft werden könnten. Ganz wesentlich sei dabei, den dialektischen Materialismus mit Fragen der Fachwissenschaften zu verbinden, um die Schüler und Studenten zu »Sozialisten und hochqualifizierten Fachleuten« zu erziehen. Bei Beratungen an der Universität Halle habe er den anwesenden Professoren für ihre wissenschaftliche Arbeit auch dann gedankt, wenn sie nicht »auf dem Boden der materialistischen Weltanschauung« gestanden habe. Seine dort geäußerte Kritik beziehe sich lediglich auf unwissenschaftliche Lektionen über die Geschichte der Sowjetunion, der Agrarökonomie und der Körperkultur. So sei beispielsweise gelehrt worden, daß die Revolution von 1917 im Oktober stattgefunden habe, weil zu dieser Zeit der dichteste Nebel herrsche.

10./11.6.: SED-Chef Walter Ulbricht.

11. Juni In **Hannover** gelingt es dem lokalen *Arbeitsausschuß »Kampf dem Atomtod«* (KdA) über 40.000 Menschen zu einer Protestkundgebung zusammenzubringen. In sechs Marschsäulen ziehen die Teilnehmer mit schwarzen Fahnen zum Rathaus, wo Oberbürgermeister August Holweg (SPD) die Kundgebung eröffnet. Danach sprechen der FDP-Bundestagsabgeordnete Wolfgang Döring, der bayerische SPD-Landesvorsitzende Waldemar von Knoeringen, der Physikprofessor Alwin Hinzpeter, der Pastor J. Staedtke und die Münchner Schauspielerin Ursula Herking. Das FDP-Vorstandsmitglied Döring erklärt, daß die Atombewaffnung der Bundeswehr kein Weg der politischen Vernunft, sondern ein »Weg des politischen Wahnsinns« sei. Die Bonner Politik sei ein Betrug am Wähler. Nun müsse das deutsche Volk beweisen, daß es nicht so dumm sei, wie es der Bundeskanzler einschätze und seiner Regierung den Kampf ansagen. Ursula Herking begründet ihren Protest damit, daß sie sich später nicht fragen lassen wolle, warum sie zum atomaren Wahnsinn ge-

schwiegen habe: »Ich protestiere gegen die Aufrüstung der Bundeswehr, denn ich habe von früher her diese Stimme noch im Ohr, die da sagte: ›Wollt Ihr den totalen Krieg?‹ – und jetzt schreiten wir wieder darauf los ... Wäre es nicht an der Zeit, daß Deutschland ein Beispiel gibt? Könnte es nicht so sein, daß der Bundeskanzler und die führenden Politiker und mit ihnen alle Menschen aus tiefstem Abscheu gegen den Wahnsinn nein sagen, nein, nein, nein und nein?«[176] Waldemar von Knoeringen erklärt, man dürfe sich durch die formaljuristischen Spiegelfechtereien der Bundesregierung nicht täuschen lassen und müsse sie als das bewerten, was sie in Wahrheit seien, ein Versuch, die Volksbefragung aus Angst vor ihrem Ergebnis abzuwürgen. Der Kampf gegen den Atomtod sei nicht die Angelegenheit einer einzelnen Partei oder Organisation, sondern eine »Bewegung des Gewissens«.

12. Juni Der Bundestag in **Bonn** verabschiedet ein Gesetz über die Aufhebung verschiedener Besatzungsrechte. Der SPD-Abgeordnete Karl Wittrock kritisiert wie einige andere Mitglieder seiner Fraktion diese Entscheidung, weil mit dem Gesetz auch das von den Alliierten ausgesprochene Verbot der NSDAP aufgehoben wird. In der Bundesrepublik seien immer noch neofaschistische Tendenzen vorhanden. Für solche Leute, führt er weiter aus, habe die Aufhebung des Verbots eine symbolische Bedeutung. Im Hinblick auf das In- und Ausland sollte jedoch jede Mißdeutung vermieden werden. Die CDU-Angeordnete Elisabeth Schwarzhaupt erklärt dagegen, daß mit diesem Gesetzesakt keineswegs »grünes Licht« für ein Wiederaufleben der NSDAP gegeben worden sei. Am Verbot der *Sozialistischen Reichspartei* (SRP) könne man erkennen, daß es dazu keines alliierten Gesetzes bedürfe.

12. Juni Auf einer Frauenkundgebung des *Komitees gegen Atomrüstung* in **München** protestieren die 1.000 Teilnehmerinnen gegen die Atombewaffnung der Bundeswehr. Als Rednerinnen treten die bayerische Landtagsabgeordnete Hildegard Brücher (FDP), die Schriftstellerin Gertrud von Le Fort, Elisabeth Heimpel und Inge Aicher-Scholl, die Schwester der von den Nazis wegen ihres Widerstands hingerichteten Studenten Sophie und Hans Scholl, auf.

12. Juni In einem Kino in **Rünthe** (Westfalen) spricht Oberkirchenrat Heinz Kloppenburg vor mehreren hundert Zuhörern über den »Kampf gegen die atomare Aufrüstung«. Im Anschluß daran hält ein Religionslehrer, der Mitglied im lokalen *Ausschuß »Kampf dem Atomtod«* (KdA) ist, einen Lichtbildervortrag über die Folgen der Atombombenabwürfe auf Hiroshima und Nagasaki.

12. Juni Als ein Teilnehmer der Frankfurter Hiroshima-Delegation während einer Stadtverordnetensitzung in **Offenbach** über die Eindrücke seiner Reise berichten will, kommt es wegen der Reaktionen einiger Mitglieder der CDU-Fraktion zu Tumulten, die schließlich zum Auszug der von Oberbürgermeister Georg Dietrich angeführten sozialdemokratischen Stadtverordneten führen. Pfarrer Albert Kratz, der zunächst versichert hat, daß er sich nicht in die öffentliche Debatte über die Atombewaffnung einmischen wolle, überreicht Dietrich einen japanischen Bildband mit den Aufnahmen von Opfern des Atombombenabwurfs und zitiert die Inschrift des Friedensmahnmals von Hiroshima: »Wir wollen dafür sorgen, daß so etwas nie wieder vorkommt.«[177] Danach schildert er die Situation der an den Spätfolgen leidenden Überlebenden, die sich zum Teil immer noch in Krankenhäusern aufhalten müssen, und berichtet über die Proteste der japanischen Bevölkerung gegen die jüngsten britischen Atomwaffentests im Pazifik. Als der CDU-Stadtverordnete Wilhelm Geib die Debatte eröffnet, kommt wegen seiner von Dietrich als inquisitorisch bezeichneten Art zu fragen Unruhe auf. Als der Oberbürgermeister den Stadtverordnetenvorsteher auffordert, von seinem Recht Gebrauch zu machen, weitere Fragen an den Delegationsteilnehmer zu untersagen, reagieren die Mitglieder der CDU-Fraktion äußerst ungehalten. Kurz darauf verläßt die gesamte SPD-Fraktion aus Empörung den Saal.

12. Juni Aus einem Gutachten, das niederländische Experten auf der Mitgliederversammlung der deutsch-niederländischen Handelskammer in **Wiesbaden** vorlegen, geht hervor, daß die Trinkwasserversorgung der Niederlande durch die zunehmende Umweltverschmutzung des Rheins bedroht ist. Bereits vor vier Jahren hätten die im Rhein festgestellten Werte an Chloriden, Phenolen und Kochsalz so zugenommen, daß seitdem von einer drastischen Verschlechterung der Wasserqualität gesprochen werden müsse. Hauptverursacher seien die industriellen Großbetriebe, die ihre Abwässer direkt in den Fluß einleiteten.

12. Juni Auf einem politischen Forum zum Thema »Die Wiedervereinigung Deutschlands«, das der Allgemeine Studentenausschuß (AStA) der Freien Universität in **West-Berlin** durchführt, macht der Publizist Erich Kuby zu Beginn seines Referats im Auditorium maximum einige Anmerkungen zum Ort der Veranstaltung: »Innerhalb Berlins sind wir hier in diesem Saal nun noch einmal an einem besonderen Platz, nämlich in der Freien Universität. Darf ich sie darauf aufmerksam machen, daß vielleicht dem einen oder anderen bisher entgangen ist, daß der Name ein äußerstes Maß von Unfreiheit zum Ausdruck bringt. Nur jene polemische Grundsituation vermag zu verbergen, daß in dem Wort ›Freie Universität‹ eine innere antithetische Bindung an die andere, an die unfreie Universität jenseits des Brandenburger Tores fixiert ist, die für meinen Begriff ... mit den wissenschaftlichen und pädagogischen Aufgaben einer Universität schlechthin unvereinbar ist.«[178] Die Zuhörer reagieren auf diese Bemerkung sowohl mit Zischen als auch mit zustimmendem Klopfen. »Ich sage nicht«, fährt Kuby fort, »daß jede Universität a priori frei sein muß. Die Universitäten des Mittelalters waren im Sinne des Liberalismus Stätten extremer Unfreiheit – aber ihre Bindung im theologischen Sinne hatte natürlich Würde und Größe, gemessen an der Bindung, die in dem polemischen Namen Freie Universität ausgedrückt wird, zu der das Gegenbild die Humboldt-Universität ist.«[179] Während von den Staatsrechtlern, die der Bundesrepublik ihren Namen gegeben hätten, bewußt jeder polemische »Bezug auf das andere Staatsgebilde«, die DDR, vermieden worden sei, hätten sich die Namensgeber der FU zu einem solchen antithetischen Affekt hinreißen lassen. Es sei ein objektiver Tatbestand, daß es sich beim Auditorium maximum um eine »als Kampfstätte« gedachte Institution handle. – Der »Tagesspiegel« kommentiert den Auftritt Kubys, den der *Ring Christlich-Demokratischer Studenten* (RCDS) bereits im Vorfeld als »politische Geschmacklosigkeit« bezeichnet hatte, mit den

12.6.: Der Publizist Erich Kuby.

11.6.: Zur Demonstration in Hannover haben sich Teilnehmer Raketenattrappen mit Totenmasken übergestülpt.

Worten, daß dieser »sowohl den Erwartungen als auch den Befürchtungen« entspreche, »was seine bewußt provozierenden Formulierungen und den Inkonformismus seiner Gedanken« anbetreffe. – Der unbequeme Publizist erhält wegen seiner Äußerungen Hausverbot an der Freien Universität. Davon wird in den Jahren darauf mehrere Male Gebrauch gemacht.

13.6.: Der KPD-Politiker Walter Fisch.

13. Juni Der 3. Strafsenat des Bundesgerichtshofes in **Karlsruhe** verurteilt den ehemaligen KPD-Bundestagsabgeordneten Walter Fisch wegen »verfassungswidriger politischer Betätigung« zu einer Gefängnisstrafe von drei Jahren und spricht ihm das aktive und passive Wahlrecht sowie das Recht ab, öffentliche Ämter zu bekleiden. Das Gericht folgt damit in vollem Umfang dem Antrag der Bundesanwaltschaft, die eine »exemplarische Betrafung« gefordert hatte. Die Tatsache, daß der Angeklagte wegen seiner politischen Haltung bereits von den Nazis verfolgt wurde und deshalb eine mehrjährige Haftstrafe absitzen mußte, ist bei der Strafzumessung unberücksichtigt geblieben. In seiner Urteilsbegründung droht der Senatsvorsitzende, Bundesrichter Heinrich Jagusch, allen, die dasselbe wie der Angeklagte tun würden, daß sie die »geringe Strafhöhe nicht falsch verstehen« sollten. Fisch ist für schuldig befunden worden, das von der KPD 1952 verabschiedete und später in wesentlichen Teilen wieder verworfene »Programm der nationalen Wiedervereinigung Deutschlands«, in dem der Sturz der Regierung Adenauer gefordert worden war, mitverfaßt und illegale Tätigkeiten für seine seit 1956 verbotene Partei ausgeübt zu haben. Später kann er außerdem noch unter Polizeiaufsicht gestellt werden. – Karl Pfannenschwarz, der Fischs Verteidiger Friedrich Karl Kaul bei der Verhandlung assistierte, wird vor dem Gebäude des Bundesgerichtshofes von Beamten der Politischen Polizei festgenommen. Nach seiner Vernehmung wird der Jurist, der als wissenschaftlicher Aspirant an der Humboldt-Universität tätig ist, einen Tag später wieder freigelassen.

13.6.: »Die Andere Zeitung« reiht die Namen von Gruppierungen auf, die von Bundesinnenminister Schröder bezichtigt werden, als kommunistische Tarnorganisationen zu fungieren.

13. Juni Während der zweiten Lesung des von der SPD-Fraktion eingebrachten Gesetzentwurfs zur Volksbefragung über eine atomare Ausrüstung der Bundeswehr kommt es im Bundestag in **Bonn** zu tumultartigen Auseinandersetzungen. Schon als der SPD-Abgeordnete Ludwig Metzger erklärt, daß der Bundeskanzler, der »nur stur seine Parteilinie« und seine Eigeninteressen verfolge, ein »Unglück für unser Volk« sei, wird er mehrmals durch Zwischenrufer aus den Reihen der CDU/CSU-Fraktion unterbrochen. Danach nimmt Bundesinnenminister Gerhard Schröder (CDU) den erst eine Stunde zuvor vor dem Bundesgerichtshof zu Ende gegangenen Prozeß

gegen den ehemaligen KPD-Abgeordneten Walter Fisch zum Anlaß, um die Unterwanderung der Volksbefragungskampagne durch kommunistische Tarnorganisationen nachzuweisen. Bei dem Angeklagten, behauptet Schröder, seien Dokumente gefunden worden, aus denen hervorgehe, daß sich die westdeutschen Kommunisten bei ihrer Untergrundtätigkeit nicht nur den Aufbau eines illegalen Parteiapparates, sondern auch die Verhinderung der Atombewaffnung und der Errichtung von Raketenabschußbasen sowie die »Durchsetzung der SPD mit KPD-Leuten« zum Ziel gesetzt hätten. Als er die Bitte des SPD-Abgeordneten Fritz Erler, eine Zwischenfrage stellen zu dürfen, ablehnt, entsteht große Unruhe; unter Ausrufen wie »Alter Nazi!« und »Unverschämte Verleumdung!« verlassen daraufhin die Abgeordneten der SPD-Fraktion bis auf wenige Ausnahmen unter Protest den Plenarsaal. Erst nachdem sich Bundestagsvizepräsident Richard Jaeger eingeschaltet und um Ruhe gebeten hat, kann Schröder seine Rede fortsetzen. Detailliert schildert er, wie die illegale KPD ein Netz von Hilfsorganisationen aufgebaut hat, die in der Friedens-, Kultur- und Frauenarbeit tätig sind, um die politischen Direktiven aus Ost-Berlin umzusetzen. Nachdem Otto Grotewohl, der Ministerpräsident der DDR, auf der 33. Tagung des SED-Zentralkomitees im Oktober 1957 eine Volksbewegung gegen die Atomrüstung gefordert habe, hätten die verschiedenen Tarn- und Hilfsorganisationen mit ihrer großangelegten Agitation begonnen. In Industriebetrieben wie den Henschel-

Das Netz der Organisationen

Bundesinnenminister Dr. Schröder hat in seiner Rede vor dem Bundestag am 13. Juni 1958 folgende Organisationen namentlich genannt:

Aktionsgemeinschaft Bayern — Kampf dem Atomtod
Aktionsgemeinschaft gegen die atomare Aufrüstung der Bundesrepublik
Arbeitsgemeinschaft gegen die atomare Aufrüstung
Bund der Deutschen (BdD)
Bund für deutsche Einheit e. V.
Demokratischer Kulturbund Deutschlands (DKBD)
Deutscher Klub 1954
Fränkischer Kreis
Hauptausschuß für Volksbefragung
Internationale kommunistische Widerstandsbewegung (FIR)
Komitee Volkskunstschaffender gegen den Atomtod
Landesfriedenskomitee Bayern
Ständiger Kongreß gegen Atomaufrüstung
Vereinigung der Verfolgten des Naziregimes (VVN)
Weltfriedensbewegung
Weltfriedensrat
Westdeutsche Frauenfriedensbewegung
Westdeutsches Friedenskomitee
      (Friedenskomitee der Bundesrepublik Deutschland)
Zentraler Arbeitsausschuß

Der Minister erwähnte ferner den „Arbeitsausschuß Kampf dem Atomtod" der sozialdemokratischen Opposition.

Werken in Kassel, den Büssing-Werken in Braunschweig und den Unternehmen im Hamburger Hafen wären wilde Streiks initiiert worden; auf Landes-, Kreis- und Ortsebene habe man eigene Aktionsgemeinschaften gebildet und in enger Form mit den sozialdemokratischen *Arbeitsausschüssen »Kampf dem Atomtod«* (KdA) kooperiert. Als Schlüsselfiguren für diese Aktivitäten nennt Schröder den Würzburger Universitätsprofessor Franz Paul Schneider, die Wuppertaler Professorin Renate Riemeck und Karl Graf von Westphalen, den Geschäftsführer des *Deutschen Klubs 1954.* Der Minister faßt seine Darstellung mit den Worten zusammen: »I. Der Kommunismus hat seit langem seine Absicht erkennen lassen, durch Verbreitung von atomarer Massenangst das Ordnungsgefüge der Bundesrepublik zu erschüttern und den Freiheitswillen unserer Bevölkerung zu lähmen. Die von den Kommunisten erdachten Schlagworte und Parolen werden nicht dadurch ungefährlich, daß sie auch von legalen Gegnern der Bundesregierung verwendet werden. Wer, meine Damen und Herren, ob bewußt oder unbewußt, gutgläubig oder bösgläubig, mit seinem Willen oder ohne seinen Willen in diese Kampagne verstrickt wird, spielt das Spiel unserer gemeinsamen Gegner. Der Beifall, den die Volksbefragungskampagne im kommunistischen Machtbereich findet, muß doch ein Warnsignal für uns alle sein. 2. Die Bundesregierung wehrt sich entschieden dagegen, daß durch die Volksbefragungsaktion eine Demontage der Verfassung durch die Hintertür eingeleitet wird … Die Zerstörung der Autorität des gewählten Parlaments beschwört Entwicklungen herauf, denen wir unser junges Staatswesen unter keinen Umständen aussetzen dürfen. Deshalb richte ich noch einmal an diejenigen Träger der Volksbefragungsaktion, die auf dem Boden des Grundgesetzes stehen und sich mit uns für die Verteidigung der grundgesetzlichen Ordnung verantwortlich fühlen, mit allem Ernst den Appell, die Volksbefragungsaktion einzustellen. Es gibt in unserem Rechtsstaat genügend verfassungsmäßige Mittel der politischen Willensbildung und der Durchsetzung des politischen Willens in den vorgeschriebenen parlamentarischen Bahnen. Die Volksbefragungsaktion gehört aber nicht dazu.«[180] Noch bevor die SPD-Abgeordneten wieder in den Saal zurückgekehrt sind, verteidigt der FDP-Abgeordnete Hermann Dürr die Sozialdemokraten mit den Worten, sie hätten »ihre nationale und staatspolitische Zuverlässigkeit« so oft bewiesen, daß sie sie von niemandem in Zweifel zu ziehen lassen bräuchten. Danach kommt es zu einem erregten Wortwechsel zwischen dem SPD-Abgeordneten Karl Mommer und Schröder. Der Regierungsbank zugewandt, ruft Mommer aus, die CDU/CSU befinde sich

»auf dem Weg zum Machtrausch«, am Ende einer solchen Entwicklung stünde der Krieg; es sei die »Pflicht eines jeden guten Deutschen«, dagegen Widerstand zu leisten. Der Bundeskanzler, fährt er fort, habe zur Demokratie »ein opportunistisches« und zur Wiedervereinigung »ein sehr lakses« Verhältnis. Und als er mit gestrecktem Arm auf den Bundesinnenminister weisend hinzufügt, Schröder sei ein »unmaßgeblicher junger Mann«, der die demokratische Einstellung der SPD anzweifeln wolle, ertönen aus den Reihen der SPD-Fraktion

---

Sind Atomwaffengegner Kommunisten ? In dieser Allgemeinheit kann man das natürlich nicht sagen. Aber die Kommunisten sind dabei, die Volksbewegung gegen den Atomtod zu unterwandern. Sie haben die Absicht, ihre Mittelsleute einzuschleusen und schließlich auf mittlerer Ebene ein von ihnen dirigiertes Netz von Organisationen zu schaffen, bis der Mann auf der Straße nicht mehr zwischen ihnen und der legitimen parlamentarischen Opposition unterscheiden kann. So Innenminister Schroeder und alle, die ihm glauben.

Der Schuß, der im Parlament auf die außerparlamentarische Opposition abgegeben wurde, war gut gezielt. Die parlamentarische Opposition fühlte sich nicht getroffen.

Sie sollte es auch nicht. Nur der Schreck sollte ihr in die Glieder fahren, die das psychologische Krieg´ seine ersten Opfer forderte. Die ersten Schüsse galten dem Bündnis zwischen Parlamentsopposition u. Volksbewegung Sie sollten Uneinigkeit in das Lager der Atomwaffengegner tragen, die SPD zum Protagonisten des psychologischen Kampfes gegen die ehemals eigene Sache machen.

Und dies Manöver ist glänzend gelungen. Denn was ist geschehen? Einst gab die SPD im Parlament den Startschuß zu einer großen Opposition, die über das Parlament hinausreichte. Die Demokratie, mit dem unrühmlichen Märzbeschluß zur Atombewaffnung der Bundeswehr vor die Tür gesetzt, etablierte sich auf der Strasse. Die Volksbewegung nahm von der SPD nicht geahnte und vielleicht nicht einmal gewollte Ausmasse an. War die Drohung mit der ausserparlamentarischen Aktion am Ende gar nur ein parlamentarischer Schreckschuß? Zunächst schien es

nicht so. Die SPD stellte sich an die Spitze der von ihr angekündigten Bewegung. Weite Kreise der deutschen Intelligenz, die in der Frage der Atomrüstung das Kardinalproblem der nationalen und internationalen Politik sehen, fassten zum ersten Mal Zutrauen zu der Partei, die von jeher den Anspruch erhob, ihnen das zu bieten, was man in ebendieser Partei eine "politische Heimat" nennt. Sie sollten bald entdecken, dass es nu~ ein unwirkliches politisches Asyl war. Auf Zeit berechnet; solange man gewillt war sich der Parteitaktik der SPD dienstbar zu machen. Impulse, die sie in diese Partei hineinzutragen hofften, erwiesen sich auf lange Sicht als unerwünscht.

Das zeigte sich, als Schröder seine Schreckschüsse im Parlament abgab. Die SPD, sein nicht sollt getroffen meinend, fiel ihm nicht in den Arm. Im Gegenteil, sie beteiligte sich am Schiessen und die von ihm gewiesenen Ziele. Ihre Schüsse sassen besser. Kamen sie doch aus dem eigenen Lager. Sie trafen in den Rücken.

Die SPD sah Kommunisten, wo Schröder nur deren Parteigänger witterte. Als Schröder erklärte, der "einfache Mann" könne nicht mehr zwischen ihr und den Kommunisten unterscheiden, wurden der SPD die eigenen Bundesgenossen suspekt. Die Masse, mit der sie sich eingelassen hatte, erschien plötzlich zu anonym. Der "Volkspartei" aufder Suche nachdem Volk wurde das Volk unheimlich.

Der "Partei des Geistes" wurde die Intelligenz verdächtig. Warum? Sie ist zu intelligent. Sie läßt sich nicht blind machen von falschen Alternativen, sie läßt sich nicht einschüchtern von dem Geschrei über den Fall Rot, sie weiß die Rangordnung der Dringlichkeiten richtig einzuschätzen: solange in unserem Lande Atomwaffen sind, darf die Hetze gegen die Kommunisten nicht die Fronten verschieben.

Das nimmt man neuerdings in der Partei der "Sozialisten" wieder übel. Man erinnert sich der Hausmachtrivalitäten. Denn um ihr lädiertes Prestige zu retten, kämpft die SPD bekanntlich seit langem vergeblich um den Vorposten im Kampf gegen den Kommunismus. Im Lande glaubt zwar niemand, daß die "Sozis" die besten Antikommunisten sind. Aber das macht nichts. Der Aberglaube, einen Zweifrontenkrieg zu führen, steift den Rücken noch beim Fallen. Angesichts einer wachsenden Bewegung war es nicht opportun, daran zu denken. Jetzt zieht man diesen Ladenhüter sozialdemokratischer Politik

wieder hervor, um ihn zum Schibboleth auf der Suche nach "falschen Freunden" zu machen. Was fallen will, das soll man treten. Bündnistreue könnte jetzt Opfer kosten, und die sind immer "inopportun". Wer dem Moloch Antikommunismus nicht opfern will, mag des gefordetere Lippenbekenntnis zudiesem alten Gott derfreien Welt nicht ablegen will, mag Schröders Propaganda zum Opfer fallen. Wir sind gern behilflich! Die unabhängige Intelligenz, die " dritte Kraft " in der deutschen Politik sieht ihren Ruf gemordet von einer Partei, die gelegentlich mit dem "dritten Weg"kokettiert, mindestens aber eine Alternative zur restaurative Politik der Bundesregierung zu bieten vorgibt.

Dem Kampf um ein kernwaffenfreies Deutschland ist großer Schaden damit zugefügt, daß die SPD mit solchen Mitteln um das Aktionsmonopol kämpft. Alles nach der Weise: Was nicht von uns kommt, ist kommunistisch, was die Gewerkschaften nicht finanzieren, finanziert die SED.

Schon der Aufruf zur Selbstfinanzierung-dem am meisten demokratischen Weg der Opposition, in anderen Ländern hundertfach erprobt und begangen - wird als Täuschungsmanöver verdächtigt, noch ehe er begangen ist.Damit beteiligt sich dieSozial,demokratie" an der verhängnisvollen Diffamierung demokratischer Methoden in unserem Lande — erste Schritt auf dem Wege Mollets.

Warum bewirbt sich die SPD in solcher Weise um das Aktionsmonopol? Weil sie Alleingänge der mündig werdenden Demokratie im Volke fürchtet. Sie glaubt ihre Wahlniederlagen der Volksbewegung gegen den Atomtod auf die Rechnung schreiben zu können, damit darf niemand mehr zur Strafe des politischen Todes ihre Kreise stören. Notfalls ist zur Durchsetzung dieserPolitik auch die

SCHÜSSE AUS DEM HINTERHALT

befehdete Regierung als Helfershelfer willkommen. Die SPD gibt nachträglich ihren Gegnern recht,die ihr von Anfang an vorwarfen, sie habe mit dieser Bewegung nur ihre politischen Geschäfte machen wollen.

Dennoch gehört die SPD zu den Hauptgeschädigten dieser Politik. Das Unverständnis dafür, daß die jahrelang vergeblich umworb und jetzt für beinah gewonnen halten durfte.Manches potentielle Mitglied, mancher potentielle Wähler mag sich in diesen entscheidungsschweren Wochen endgültig von der klassischen Partei des"kleineren Übels" abgekehrt haben,eingedenk derTatsache,daß es angesichts eines Übels, sondern wirklich um die vielverheissene Wende in der deutschen Politik geht. Mancher bittere Zweifel am ernsten Willen der sozialdemokratischen Partei zu dieser Wende mag aufgekommen sein. Wie wenn die Wahlniederlagen den kleineren Übels der welt weitwitziger Versuch zuzurechnen wären, Adenauer dieWähler mit seiner eigenen Politik abgewinnen zu wollen? Der Wahlvorbereitungen in Hessen und Berlin lassen hierin auf keine Wende hoffen. Aus Unverständnis dafür, daß die Demokratie an dieser Front gewonnen oder verloren wird, wird möglicherweise die Partei zum Totengräber der Demokatie, die lange mit Recht stolz darauf war, in Deutschland ihr Turmwächter zu sein.

Was kann in dieser verfahrenen Situation helfen? Allein der Mut zum Bündnis aller entschiedenen und aufrichtigen Atomwaffengegner,den man sich nicht durch Abstriche nicht nehmen lassen darf. Kommunisten werden nur so lange in dieser Bewegung mitlaufen können, wie sie sich ihre Ziele wirklich zu eigen machen. Sobald sie dagegen gegliften Gleichschaltung von Atomwaffengegnern und Kommunisten verfallen, (genau wie sie dem von ihr selbst am heftigsten geschürten Antikommunismus zum Opfer fällt).

Ihre difizilen Unterscheidungsversuche werden vom Volk nicht verstanden, vom politischen Gegner bewußt überhört. Aus Unverständnis dafür, die Schlacht um die gebilligter Gleichschaltung von Atomwaffengegnern und Kommunisten zu erkennen geben, wird die Suche nach ihnen nur die eigenen Kräfte mindern, denn sie schafft eine Programstimmung in den eigenen Reihen.

Hans Stern

13.6.: Der aus der DDR stammende Kolumnist Hans Stern kritisiert in der Zeitschrift »Konkret« die Ausführungen des Bundesinnenministers.

13.6.: Der neue französische Ministerpräsident Charles de Gaulle bei seiner Rundfunkansprache.

13.6.: Das politische Handeln des Generals aus der Sicht des »Simplicissimus«.

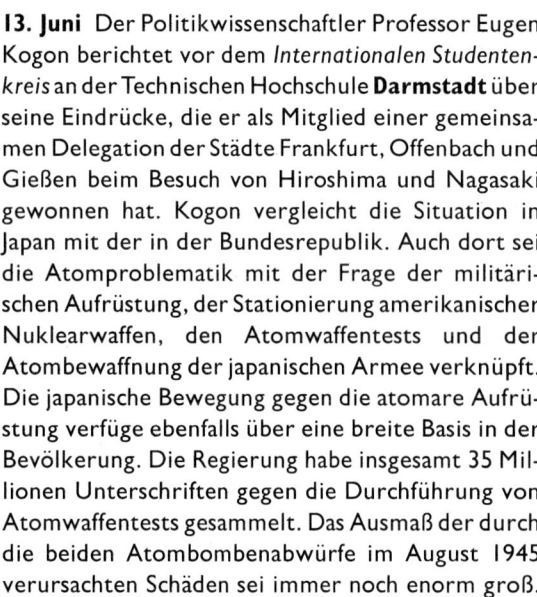

13.6.: Professor Eugen Kogon, Ordinarius für Politikwissenschaften an der Technischen Hochschule Darmstadt.

empörte Zwischenrufe wie »Dieser arrogante Kerl!«, »Dieser Nazi!«, »SA-Mann Schröder!« und »Der schlimmste Scharfmacher in der Bundesrepublik!«. Wutentbrannt springt der Angegriffene nun von seinem Sitz hoch und ruft Mommer zu, daß er in unerhörter Weise den Bundeskanzler angegriffen habe und seine Worte zum niedrigsten zählten, was je in einem Parlament gesagt worden sei. Salven von Pfui- und Buhrufen dröhnen durch den Saal, einzelne Abgeordnete recken drohend die Fäuste gegeneinander. Erst nach einer ganzen Weile beruhigen sich die Gemüter. Schließlich wird der Gesetzentwurf zur Volksbefragung in namentlicher Abstimmung bei zwei Enthaltungen mit 215 : 123 Stimmen endgültig abgelehnt. – Die »Süddeutsche Zeitung« bemerkt zur Redeschlacht im Bundestag, daß die »Vergiftung unserer innenpolitischen Atmosphäre« einen solchen Grad erreicht habe, der nicht einmal mehr »jenes Minimum von nationaler Gemeinsamkeit« erkennen lasse, das Bundesinnenminister Schröder habe beschwören wollen.

13. Juni Der Ostberliner Journalist Wolfgang Baumgart wird in einem Saal des Landgerichts **Dortmund** verhaftet. Ihm wird vorgeworfen, für die in der Bundesrepublik seit 1951 verbotene FDJ zu arbeiten. Der Redakteur des FDJ-Zentralorgans »Junge Welt« wollte über das vor der 1. Großen Strafkammer laufende Verfahren gegen den Vorsitzenden des *Deutschen Jugendringes*, Wolfgang Schnoor, berichten. – Baumgart wird am 26. Juni aus der Untersuchungshaft entlassen. Das Verfahren gegen ihn wird jedoch nicht eingestellt. – Seit September 1957 ist das der siebte Fall, in dem ein aus der DDR kommender Journalist von bundesdeutschen Behörden verhaftet worden ist.

13. Juni Der Politikwissenschaftler Professor Eugen Kogon berichtet vor dem *Internationalen Studentenkreis* an der Technischen Hochschule **Darmstadt** über seine Eindrücke, die er als Mitglied einer gemeinsamen Delegation der Städte Frankfurt, Offenbach und Gießen beim Besuch von Hiroshima und Nagasaki gewonnen hat. Kogon vergleicht die Situation in Japan mit der in der Bundesrepublik. Auch dort sei die Atomproblematik mit der Frage der militärischen Aufrüstung, der Stationierung amerikanischer Nuklearwaffen, den Atomwaffentests und der Atombewaffnung der japanischen Armee verknüpft. Die japanische Bewegung gegen die atomare Aufrüstung verfüge ebenfalls über eine breite Basis in der Bevölkerung. Die Regierung habe insgesamt 35 Millionen Unterschriften gegen die Durchführung von Atomwaffentests gesammelt. Das Ausmaß der durch die beiden Atombombenabwürfe im August 1945 verursachten Schäden sei immer noch enorm groß.

In Hiroshima habe es 240.000 Tote und in Nagasaki 73.000 gegeben. Die Liste der Opfer sei jedoch nicht abgeschlossen, da noch immer Einwohner der beiden Städte an den Folgen sterben würden. Rund 6.000 Menschen stünden weiterhin in ärztlicher Behandlung. Zehntausende wiesen darüber hinaus Symptome radioaktiver Verstrahlung auf.

13. Juni Auf einer Veranstaltung des *Bundes der Deutschen* (BdD) referieren in **Kempten** (Allgäu) der Schriftsteller Eugen Rugel über das Thema »Christentum und Atomwaffen« und das BdD-Bundesvorstandsmitglied Ernst Eisenlohr über die Frage »Bonn gegen Volksbefragung – Was soll nun geschehen?«.

13. Juni In den Sartory-Sälen in **Köln** kritisiert der Vorsitzende des *Bundes der Deutschen* (BdD), Wilhelm Elfes, in scharfen Worten die vom Bundesverfassungsgericht in Karlsuhe erlassene einstweilige Verfügung gegen die Durchführung von Volksbefragungen über die Atombewaffnung der Bundeswehr.

13. Juni Am Abend richtet Ministerpräsident Charles de Gaulle in **Paris** eine vom Rundfunk übertragene Ansprache an die französische Nation, in der er seine Politik erläutert. »In den Augen der Welt«, führt de Gaulle aus, »den Punkt der Auflösung erreicht zu haben. In diesem Augenblick habe ich es übernommen, unser Land zu regieren. Das algerische Drama hat diese nationale Krise ausgelöst, die Bevölkerung aufgebracht, die Armee einer schweren Prüfung unterworfen und eine Welle der Entrüstung über die gegenwärtige Lage verursacht, eine Welle der Erneuerung und der Brüderlichkeit für die Zukunft. Die Explosion mußte jedoch in jedem Fall stattfinden, denn in den vergangenen zwölf Jahren zeigte sich das Regime der Parteien, das inmitten einer schrecklich gefährlichen Welt über einem tief gespaltenen Volk schwebte, nicht in der Lage, die Leitung der Staatsgeschäfte zu gewährleisten.«[181] De Gaulle erklärt, daß sich das Land enormen Problemen gegenübergestellt sehe, deren

Lösung es in Angriff zu nehmen gelte. Als erstes nennt er die »Befriedung Algeriens, damit es für immer ein Herz und eine Seele mit Frankreich« werde, dann die Klärung der Beziehungen zu den »assoziierten Völkern Afrikas und Madagaskars« in einem föderativen und die zu Marokko, Tunesien und den indochinesischen Staaten in einem kooperativen Sinne. »Meine Aufgabe ist es«, erklärt er weiter auf die geplante Verfassungsänderung anspielend, »zusammen mit meiner Regierung unserem Volk neue Institutionen vorzuschlagen, so daß genügend starke, stabile und wirksame Befugnisse vorhanden sind, damit die Zukunft für Frankreich gesichert ist.«[182]

14./15. Juni Auf der **Burg Klopp** bei Bingen am Rhein kommen 150 ehemalige Angehörige der Legion Condor, die auf Seiten Francos in den Spanischen Bürgerkrieg eingegriffen und entscheidend zur Niederlage der Republikaner beigetragen hatte, zu ihrem dritten Bundestreffen zusammen. Organisatoren des Treffens sind der Vorsitzende der *Kameradschaft der Legion Condor*, Gerd Storz (Mainz), und der ehemalige Major Hans Helmut Steuer (Waldeck). Als Gäste nehmen auch der spanische Generalkonsul und ein namentlich nicht genannter Offizier der Bundesluftwaffe teil.

15. Juni An der konstituierenden Versammlung des *Ständigen Kongresses gegen die atomare Aufrüstung der Bundesrepublik* beteiligen sich im Großen Saal des Hans-Sachs-Hauses in **Gelsenkirchen** rund 1.000 Gegner der Atombewaffnung. Als Initiator erklärt der Würzburger Professor Franz Paul Schneider, daß der Zusammenschluß ein »Symbol der Geschlossenheit aller entschiedenen Atomrüstungsgegner« sein wolle. Der Gelsenkirchener Oberbürgermeister und SPD-Bundestagsabgeordnete Robert Geritzmann erklärt, er sei stolz, daß sich die Atomwaffengegner in seiner Stadt zusammengefunden hätten und wünscht den Teilnehmern Erfolg. Das Mitglied des englischen Unterhauses, Sydney Silverman, der japanische Pastor Kenchiro Sumita und eine Reihe anderer ausländischer Gäste berichten über den Stand der Bewegungen gegen die Atombewaffnung in ihren Ländern. Zum Thema »Der drohende Atomtod und unsere Verantwortung« referieren der Darmstädter Studentenpfarrer Herbert Mochalski, der Obmann der Betriebsvertrauensleute der Kieler Howaldt-Werft, Hein Wadle, der Bürgermeister des schwäbischen Ortes Gannertshofen, August Haas, sowie die Professoren Walter Hagemann, Johannes Hessen, Franz Paul Schneider. Die Wuppertaler Initiatorin des »Appells der 44«, Renate Riemeck, erklärt in ihrem Beitrag, die Atomwaffengegner müßten »in dieser ernsten Stunde der

Gefahr« zusammenhalten und alle Mittel anwenden, um den »Teufelskreis des atomaren Wettrüstens« zu sprengen. Noch habe sich kein bedeutender Verfassungsrechtler gefunden, der bereit gewesen sei, eine Volksbefragung als verfassungswidrig zu bezeichnen. Heute marschiere der Faschismus nicht mehr in SS-Stiefeln und mit der Parole »Deutschland erwache!« auf den Lippen, sondern im Gewande des Rechts. Wie Mephisto in Goethes »Faust« den Schüler belehre, so versuche der Faschismus nun, Belehrungen über das Wesen der Demokratie zu erteilen. Sie sei stolz darauf, ruft sie aus, von Bundesinnenminister Gerhard Schröder in der Bundestagsdebatte über die Volksbefragung »lobend« erwähnt worden zu sein. Sie bedanke sich für diese Auszeichnung und, fügt sie unter großem Beifall hinzu, sei nicht bereit, ihre Überzeugung zu verraten, weil sie den Vertretern der Macht unbequem ist. Wer gegen die atomare Aufrüstung kämpfe, heißt es in ihrem Schlußappell, kämpfe zugleich für die Demokratie. In der von den Delegierten verabschiedeten Gründungserklärung, in der besonders auf die »politische und weltanschauliche Toleranz« aller Teilnehmer hingewiesen wird, heißt es: »Der ›Ständige Kongreß‹ ... proklamiert mit allem Nachdruck das Recht des Bürgers der Bundesrepublik, über Sein oder Nichtsein des deutschen Volkes in unmittelbarer Abstimmung zu entscheiden. Er ruft zum Widerstand auf gegen die Nichtachtung der im Grundgesetz der Bundesrepublik verbrieften Rechte des Volkes durch die der-

15.6.: Vom Präsidium des »Ständigen Kongresses« herausgegebene Broschüre über die Gründungskonferenz.

15.6.: Blick auf die Bühne des Gelsenkirchener Hans-Sachs-Hauses.

15.6.: Redner der Tagung stellen sich mit ausländischen Gästen den Photographen (v.l.n.r.): der Direktor der Internationalen Abteilung des »Japanischen Rates gegen A- und H-Bomben«, Honda, der Professor für Publizistik an der Universität Münster, Walter Hagemann, Pastor Kenchiro Sumita, der Professor an der Kunstakademie Düsseldorf, Otto Pankok, die Wuppertaler Professorin Renate Riemeck und der britische Unterhausabgeordnete Sydney Silverman.

15.6.: Ungarische
Flüchtlinge führen
am Gedenkkreuz
für Imre Nagy und
Pál Maléter auf der
Limmatbrücke in
Zürich eine Mahn-
wache durch.

15.6.: Hannah
Arendts 1958
erschienenes Buch
über den Volksauf-
stand in Ungarn.

15.6.: Die Studentin
Ulrike Meinhof
(Mitte) auf dem
Weg zur Gelsenkir-
chener Gründungs-
konferenz.

zeitige Bundesregierung und Bundestagsmehrheit. Der ›Ständige Kongreß‹ ruft in der Stunde der Gefahr zur Selbstbesinnung. Er appelliert an das Verantwortungsbewußtsein nicht nur all derer, die an führender Stelle Entscheidungen beeinflussen, sondern vor allem an das Verantwortungsbewußtsein jedes Einzelnen.«[183] Der *Ständige Kongreß* will »Ort der Sammlung, des Erfahrungsaustausches und der kritischen gegenseitigen Verständigung« aller bundesdeutschen Atomwaffengegner sei. Seine Empfehlungen seien keine verbindlichen Beschlüsse, sondern »Anregungen für ein gemeinsames Handeln«. Aus den Reihen der Teilnehmer wählt der Kongreß ein aus siebzig Personen bestehendes Präsidium. Ihm gehören u. a. die Bonner Pädagogikprofessorin Klara-Marie Faßbinder, der Professor an der Staatlichen Akademie der Künste in Stuttgart, Gerhard Gollwitzer, der Publizistikprofessor Walter Hagemann, die Studentin Ulrike Meinhof und der Verleger Ernst Rowohlt an. Die federführende Leitung des *Ständigen Kongresses* übernimmt der Hamburger Professor Kurt Gröbe. – Der »SPD-Pressedienst« erhebt bereits nach wenigen Tagen gegen den *Ständigen Kongreß* den Vorwurf, er sei kommunistisch gelenkt. Neben der SPD distanziert sich auch der DGB schon bald von dem neuen Aktionsbündnis der Atomwaffengegner.

15. Juni Vor der Volkskammer des Obersten Gerichtshofes der Ungarischen Volksrepublik in **Budapest** werden nach zwölftägiger, geheim geführter Verhandlung die Urteile gegen acht führende Politiker und Militärs des ungarischen Volksaufstands vom Herbst 1956 verkündet. Der ehemalige Ministerpräsident Imre Nagy und der frühere Verteidigungsminister Pál Maléter, die sich für nichtschuldig erklärt haben, werden ebenso wie der Journalist Miklós Gimes »im Namen der Arbeiterklasse« zum Tode

verurteilt. Der frühere Polizeichef von Budapest, Sándor Kopácsi, erhält eine lebenslängliche Haftstrafe. Die anderen Angeklagten Ferenc Donáth, Ferenc Janosi, Zoltán Tildy und Miklós Vásárhelyi erhalten Gefängnisstrafen zwischen zwölf und fünf Jahren. Das Geheimgericht sieht alle als schuldig an, eine »Verschwörung zum Sturz der volksdemokratischen Ordnung in Ungarn« organisiert zu haben. Maléter und Kopácsi, heißt es weiter, hätten außerdem eine militärische Meuterei herbeigeführt und Nagy habe Landesverrat begangen. Das gegen Géza Losonczy, den ehemaligen Chefredakteur der Parteizeitung, eingeleitete Verfahren war bereits zu Beginn der Verhandlung eingestellt worden, weil der Angeklagte verstorben ist. – Am Morgen des darauffolgenden Tages werden Nagy, Maléter und Gimes in einem Hof des **Budapest**er Zentralgefängnis erhängt. Sowohl Nagy als auch Maleter rufen unter dem Galgen aus: »Es lebe das sozialistische, unabhängige Ungarn!«[184] Unbestätigten Meldungen zufolge soll János Kádár, der Erste Sekretär des ZK der *Ungarischen Arbeiterpartei*, von den Sowjets gezwungen worden sein, der Hinrichtung, die von sowjetischen Offizieren gefilmt wird, beizuwohnen. Die Leichen werden anschließend auf dem Gefängnisfriedhof beerdigt. Anstelle der Namen sind die Gräber der drei Toten mit Ziffern versehen, die mithilfe eines Geheimregisters entschlüsselt werden können. – Als die Nachricht von den Hinrichtungen am Tag darauf von »Radio Moskau« verbreitet wird, reagiert die gesamte westliche Welt mit Empörung. In zahlreichen Städten kommt es zu Demonstrationen und Protestkundgebungen. US-Präsident Dwight D. Eisenhower erklärt in **Washington**, daß die Vollstreckung der Urteile eine Untat sei, die beweise, daß man der Sowjetunion kein Vertrauen entgegenbringen könne. Auch andere westliche Regierungen und eine Reihe internationaler Organisationen wie die *Sozialistische Internationale* (SI) verurteilen die Hinrichtungen scharf. – Der Ankläger im Prozeß gegen Nagy und andere, der ungarische Generalstaatsanwalt Géza Szenasi, erklärt am 20. Juni in **Budapest** vor Pressevertretern, die Bekanntgabe der Todesurteile sei deshalb erst nach ihrer Vollstreckung erfolgt, weil vollendete Tatsachen auf die Bevölkerung eine beruhigende Wirkung hätten.

16. Juni In **Marbach am Neckar** demonstrieren auf eine Initiative der *Naturfreundejugend Deutschlands* hin mehrere hundert Jugendliche gegen die Atombewaffnung der Bundeswehr.

16. Juni Der Generalsekretär des *Bundes der Deutschen* (BdD), Josef Weber, plädiert auf einer Veranstaltung in **Essen** dafür, trotz der negativen Entscheidung des Bundesverfassungsgerichts Volksentscheide gegen die Atombewaffnung der Bundeswehr durchzuführen.

16. Juni Der Regierende Bürgermeister von **West-Berlin**, Willy Brandt, richtet ein Schreiben an den Magistrat in **Ost-Berlin**, in dem er die Freilassung oder Begnadigung kranker politischer Häftlinge fordert, die im Zusammenhang mit dem 17. Juni 1953 verhaftet worden sind; neben einer Reihe anderer Punkte verlangt er die Erleichterung von Verwandtenbesuchen sowie den ungehinderten Vertrieb von Zeitschriften und Publikationen. – Der Brief wird am Tag darauf von der Kanzlei des **Ost-Berlin**er Magistrats als in Form und Inhalt ungehörig zurückgesandt. – Das Zentralorgan der SED »Neues Deutschland« bezeichnet das an die »Verwaltung des Ostsektors von Berlin« gerichtete Schreiben als eine dreifache Provokation: wegen seiner Adresse, seines Datums, dem Vortag des 17. Juni, und der Tatsache, daß Brandt es noch nicht einmal für nötig befunden habe, den Brief selbst zu unterzeichnen.

17. Juni Als Redner auf einer vom Münchner *Komitee gegen Atomrüstung* in dem unmittelbar an der Grenze zur DDR gelegenen fränkischen Ort **Nordhalben** veranstalteten Protestkundgebung gegen die Atombewaffnung treten die beiden Schriftsteller Hans Werner Richter und Hans Helmut Kirst auf.

17. Juni Auf einer Kundgebung zu dem als »Tag der deutschen Einheit« bezeichneten Volksaufstand in der DDR, zu der sich nach einem Aufruf des Senats am Abend mehrere tausend Menschen vor dem Schöneberger Rathaus in **West-Berlin** versammelt haben, fordert der Regierende Bürgermeister Willy Brandt zu einer Schweigeminute für die in Budapest hingerichteten Anführer des ungarischen Volksauf-

standes von 1956 auf. Die Meldung von der Vollstreckung der Todesurteile gegen Imre Nagy, Pál Maléter und Miklós Gimes ist am Vormittag verbreitet worden.

18.6.: Kundgebung in Bern.

18. Juni In **Bern** nehmen 4.000 Menschen an einer Protestkundgebung gegen die Hinrichtung der Anführer des ungarischen Volksaufstandes teil.

19. Juni Das bayerische Arbeitsministerium in **München** empfiehlt der Regierung von Oberbayern, dem vor einem Jahr aus der DDR geflüchteten Literaturwissenschaftler Alfred Kantorowicz, den von ihm beantragten Flüchtlingsausweis zu verweigern. Das Ministerium ist der Ansicht, daß dem Antragsteller, der als Germanistikprofessor an der Ostberliner Humboldt-Universität gelehrt hat, seinerzeit »keine Gefahr gedroht« habe. Und wenn dies dennoch der Fall gewesen sein sollte, dann habe er sich diese Gefährdung »wegen Verletzung der kommunistischen Linientreue« selbst zuzuschreiben. – Kantorowicz erklärt dazu, er werde im Falle einer Verweigerung des Flüchtlingsstatus Beschwerde einlegen und damit notfalls bis vor das Bundesverwaltungsgericht gehen.

19. Juni Hauptrednerin auf einer vom Münchner *Komitee gegen Atomrüstung* in **Ingolstadt** organisierten Kundgebung ist die bayerische Landtagsabgeordnete Hildegard Brücher (FDP).

19. Juni Das Stadtparlament von **Iserlohn** (Nordrhein-Westfalen) wendet sich gegen die Stationierung von Atomraketen auf dem Bundesgebiet und beschließt, keinen eigenen Grund und Boden für die Lagerung von Atomwaffen bereitzustellen.

19. Juni In **Basel** protestieren mehrere tausend Einwohner auf einer Kundgebung gegen die Hinrich-

20.6.: Der Studentenpfarrer Herbert Mochalski.

20.6.: Die Polizei prügelt vor der sowjetischen Botschaft in Bad Godesberg auf ungarische Demonstranten ein.

tung von Imre Nagy und die anderen Anführer des Ungarn-Aufstandes.

20. Juni An der Universität **Göttingen** wird ein von der *Studentischen Aktionsgruppe gegen Atomaufrüstung* verbreitetes Flugblatt, in dem unter der Überschrift »Es geht um Mord« gegen die Atombewaffnung der Bundeswehr protestiert wird, aufgrund einer Verfügung des Amtsgerichts Göttingen beschlagnahmt. Von insgesamt 6.000 Exemplaren, die seit dem Vortag in Umlauf gebracht worden sind und deren Verbreitung bereits vom Rektor der Universität untersagt worden ist, werden 1.000 eingezogen. In dem Text heißt es u.a.: »Wir wehren uns dagegen, daß heute schon wieder einige Minister, Abgeordnete und eine Handvoll Generäle von gestern den Massenmord unseres Volkes in West und Ost mit einkalkulieren.«[185] Gegen den Verfasser, den Darmstädter Studentenpfarrer Herbert Mochalski, wird von der Staatsanwaltschaft ein Ermittlungsverfahren wegen Verunglimpfung von Bundesorganen, Verleumdung von im öffentlichen Leben stehenden Persönlichkeiten und Behinderung der Aufgaben zur Landesverteidigung durch die Bundeswehr eingeleitet. – Mochalski erklärt am 23. Juni gegenüber einem dpa-Korrespondenten, daß der Text des beanstandeten Flugblatts bereits am 1. Juni in der von ihm redigierten Zeitschrift »Stimme der Gemeinde« erschienen sei. Er habe lediglich ausgesprochen, was bereits von Ärzten und Wissenschaftlern festgestellt worden sei, daß der »Atommord« auch »in unserem Volk« umgehe. Der Bundesregierung seien diese Meldungen bekannt. »Wenn sie trotzdem«, fährt Mochalski fort, »die atomare Aufrüstung betreibt, kalkuliert sie in ihre Pläne den Massenmord an unserem Volk mit ein. Das muß vorher ausgesprochen werden, damit jeder Staatsbürger weiß, worum es geht. Hinterher ist es zu spät. Diesmal soll niemand sagen können, das habe ich nicht gewußt.«[186]

20. Juni Vor der sowjetischen Botschaft am Rolandseck bei **Bad Godesberg** demonstrieren 500 Menschen, darunter 350 Exilungarn, gegen die Hinrichtung des ehemaligen ungarischen Ministerpräsidenten Imre Nagy, des früheren Verteidigungsministers Pál Maléter und eines weiteren Anführers des ungarischen Volksaufstandes im Herbst 1956. Bei dem von Vertretern exilierter ungarischer Studenten an der Universität Bonn drei Tage zuvor als Schweigemarsch angemeldeten Umzug kommt es zu einer Konfrontation mit der Polizei. Als die Demonstranten mit den Porträts von Nagy und Maléter an dem Botschaftsgebäude vorüberziehen wollen, werden sie von den aus Mainz herbeigeholten Bereitschaftspolizisten zunächst auf den gegenüberliegen-

den Bürgersteig abgedrängt. Auf den von ihnen mitgeführten Transparenten sind Parolen zu lesen wie »Der Westen verhandelt – Sowjet mordet« und »Heute mordet der Sowjet in Ungarn – und morgen?«. Nach minutenlangem Schweigen singen die Protestierenden die ungarische Nationalhymne. Gleichzeitig werfen einige von ihnen Steine und Tintenfässer auf die Fassade der Botschaft. Als die ersten Fensterscheiben zerbersten, gehen die Polizisten dazwischen und versuchen die Menge auseinanderzutreiben. Dies mißlingt jedoch. Als die Ordnungshüter schließlich wahllos mit ihren Gummiknüppeln auf die Umherstehenden einschlagen, entwickelt sich eine regelrechte Straßenschlacht. Nur mit Mühe kann die Polizei verhindern, daß einige militante Demonstranten die Hintereingänge der Botschaft

stürmen. Bei den heftigen Auseinandersetzungen werden drei Polizisten und sieben Studenten verletzt, zwei von ihnen so schwer, daß sie bewußtlos abtransportiert werden müssen. Insgesamt 24 der Demonstranten werden festgenommen. – Am Tag darauf begibt sich der sowjetische Geschäftsträger Orlow in das Auswärtige Amt in **Bonn** und legt dort scharfen Protest wegen des unzureichenden Schutzes der Botschaft ein. Die Polizeibeamten, erklärt er, hätten es nicht nur versäumt, den »Rowdys« entschlossen genug entgegenzutreten, sondern die Urheber der »Provokation« sogar begünstigt. Staatssekretär Herbert Dittmann versichert dem empörten Gesandten, er werde seine Forderung, die Schuldigen umgehend zu bestrafen, an die zuständigen Behörden weiterleiten und die an dem Botschaftsgebäude entstandenen Schäden ersetzen lassen. Am Nachmittag sucht Georg Ferdinand Duckwitz, der Leiter der Ostabteilung im Auswärtigen Amt, den sowjetischen Geschäftsführer in der Botschaft auf und spricht ihm im Namen von Bundesaußenminister Heinrich von Brentano das Bedauern für den Vorfall aus. – Nur zwei Tage später, am 23. Juni, erfolgt vor dem Gebäude der bundesdeutschen Botschaft in **Moskau** eine Art Gegendemonstration. Aus mehreren Stadtteilen ziehen Demonstranten in einem Sternmarsch zur Vertretung und bewerfen dessen Fassade mit Steinen, Tintenfässern und anderen Wurfgeschossen. – Das Nachrichtenmagazin »Der Spiegel« bezeichnet diesen postwendend erfolgten Protestakt als »Revanche-Schlag« der sowjetischen Regierung. »Diese Repressalie war«, heißt es in dem Artikel, »im Gegensatz zur Bonner Demonstration offenkundig von den sowjetischen Behörden organisiert worden.«[187] Für die Ausschreitungen am Rolandseck seien militante Anführer der ungarischen Exilbewegung aus München und des in Heidelberg ansässigen *Verbandes ungarischer Studenten* verantwortlich gewesen.

20. Juni Bundesverteidigungsminister Franz Josef Strauß stellt auf dem Fliegerhorst **Nörvenich** in der Eifel den ersten Kampfverband der Bundesluftwaffe, das Jagdbombergeschwader 31, in Dienst. Das Geschwader besteht aus zwei Staffeln mit je 25 Maschinen vom Typ F 84, die ein Geschenk der USA sind.

20. Juni Auf einer Veranstaltung des *Bundes der Deutschen* (BdD) in **Fürth** fordert der Journalist Helmut Bausch dazu auf, trotz der einstweiligen Verfügung des Bundesverfassungsgerichts auch weiterhin an der Absicht festzuhalten, Volksbefragungen gegen die Atombewaffnung der Bundeswehr durchzuführen. Bausch ist Mitglied im Bundesvorstand des BdD.

20. Juni Hauptredner auf einer Kundgebung gegen die Atombewaffnung der Bundeswehr in **Bayreuth** ist der Schriftsteller Christian Mayer (alias Carl Amery).

20.-22. Juni Im Kulturhaus »Erich Weinert« des VEB Kabelwerks Oberspree in **Ost-Berlin** nehmen 200 Delegierte aus 23 Ländern an einer »Konferenz der Gewerkschaften und der Arbeiter Europas gegen die Atomkriegsgefahr und für den Frieden« teil. Sie beschließen, vom 15. bis 22. Oktober eine internationale Aktionswoche durchzuführen, deren Ziel es ist, ein Bündnis mit christlichen und anderen Gewerkschaften zum »Kampf gegen den Atomtod« herzustellen. In einer Entschließung werden die Atommächte aufgefordert, ein Abkommen über die kontrollierte Einstellung aller Nuklearwaffenversuche zu schließen.

20. Juni-12. August Als Teil eines vom *Japanischen Rat gegen Atom- und Wasserstoffbomben* organisierten landesweiten »Monats des Friedens« führen Atomwaffengegner einen 1.000 Kilometer langen Marsch durch, der von **Hiroshima** nach **Tokio** geht. Der Friedensmarsch, der am Eröffnungstag der »IV. Weltkonferenz gegen Atom- und Wasserstoffbomben« in der japanischen Hauptstadt endet, startet am Mahnmal für die Atombombenopfer in Hiroshima. Er wird von dem 33jährigen buddhistischen Priester

20.6.: Gesteuerte Angriffe auf die Botschaft der Bundesrepublik in Moskau.

20.6.-12.8.: Die Route des Friedensmarsches durch Japan in einer Graphik der Zeitschrift »no more hirosimas«.

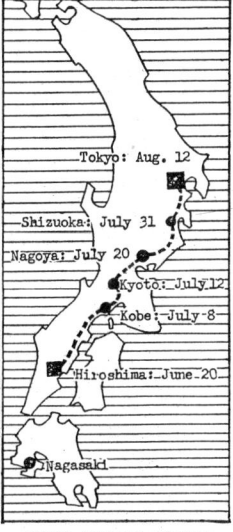

PEACE MARCH COURSE

20.6.-12.8.: Die Atomwaffengegner bei ihrer Ankunft in Okayama.

20.6.-12.8.: Frie-
densmarschierer
bei ihrem Start in
Hiroshima.

23.6.: Plakatwand
im Frankfurter
Stadtzentrum.

peoples of the world for peace make me walk.«[188] (Ich gehe nicht. Die Friedenssehnsucht der Völker der Welt läßt mich gehen.) Nishimoto folgen 150 weitere Atomwaffengegner, darunter der 53jährige Toshio Mizoguchi, der beim Atombombenabwurf auf Hiroshima sein rechtes Bein verloren hat. Nach einer Woche erreichen die Friedensmarschierer die Stadt **Okayama**. Sie werden dort von Mitgliedern des *Japanischen Friedenskomitees* und 200 Bürgern willkommen geheißen.

21. Juni Das Münchner *Komitee gegen Atomrüstung* führt in **Coburg** eine Protestkundgebung gegen die Atombewaffnung der Bundeswehr durch. Hauptrednerin ist die bayerische Landtagsabgeordnete Hildegard Brücher (FDP).

21. Juni Zum Gedenken an die Opfer der »Köpenikker Blutwoche«, bei der die Nazis am 21. Juni 1933 Hunderte von Kommunisten, Sozialdemokraten und Gewerkschaftlern umgebracht oder mißhandelt hatten, versammeln sich auf dem Mandrella-Platz im **Ost-Berlin**er Bezirk Köpenick 45.000 Menschen. Zur Erinnerung an die Toten sprechen der Vorsitzende des Nationalrats der *Nationalen Front*, Hans Seigewasser, und das Mitglied des SED-Zentralkomitees, Helmut Lehmann. – Anläßlich des 25. Jahrestages des NS-Verbrechens ist bereits am 19. Juni vor einem ehemaligen Lokal in der Mahlsdorfer Straße in Köpenick eine Gedenktafel mit den Namen aller Ermordeten aufgestellt worden.

21. Juni Auf dem Lindenhof in **Zürich** protestieren 8.000 Menschen gegen die Hinrichtung der Anführer des ungarischen Volksaufstands und fordern ein »freies Ungarn«.

22. Juni In Großbritannien nehmen mehrere tausend Menschen an einem von der *Campaign for Nuclear Disarmament* (CND) initiierten »Marsch auf London« teil, mit dem gegen die Atomrüstung der britischen Regierung protestiert wird.

22. Juni Der Bundesrichter des US-Bundesstaates Arkansas, Harry J. Lemley, gibt in **Little Rock** einem Ersuchen der dortigen Schulbehörde statt, die Rassenintegration für eine Frist von höchstens zweieinhalb Jahren auszusetzen. Durch diese Entscheidung ist die High School befugt, die schwarzen Schüler, die sie erst im Vorjahr aufgenommen hatte, weil sie durch den Einsatz von Bundestruppen dazu gezwungen worden war, wieder zu entlassen. Als Begründung für seinen Urteilspruch führt der Bundesrichter an, daß die Rassenintegration aufgrund des tiefsitzenden Hasses der weißen Bevölkerung zu einer spannungsgeladenen Atmosphäre geführt habe, die sich ungünstig auf die Erziehung auswirke.

Atsushi Nishimoto angeführt. Auf die aufmunternden Worte von Bürgermeister Tadao Watanabe und Professor Ichiro Moritaki, dem Vorsitzenden des örtlichen *Rats gegen Atom- und Wasserstoffbomben*, entgegnet er: »I do not walk. Aspirations of the

23. Juni Auf einer Kundgebung des Eschenheimer *Aktionsausschusses »Kampf dem Atomtod«* (KdA) in **Frankfurt** berichtet Pfarrer Berger, der Teilnehmer der Japan-Delegation war, über die bei der Reise gewonnenen Eindrücke. Ausführlich schildert er die Spätfolgen, an denen die Opfer der Atombombenabwürfe auf Hiroshima und Nagasaki immer noch leiden. Sein japanischer Amtskollege, Pfarrer Kenchiro Sumita führt die Bereitschaft von rund 70% der japanischen Wählerschaft, an der Bewegung gegen die Nuklearwaffen teilzunehmen, vor allem darauf zurück, daß die schrecklichen Auswirkungen eines Atomangriffs im eigenen Land nicht zu übersehen sind. Berger wirft daraufhin die rhetorische Frage auf, ob man erst alles am eigenen Leibe erfahren müsse, bevor man vernünftig werde. Der Vorsitzende der SPD-Fraktion im Römer, Heinrich Kraft, verteidigt im Anschluß daran noch einmal die gegen die Atombewaffnung der Bundeswehr gerichteten Entscheidungen der Stadtverordnetenversammlung. Im letzten Manöverbericht der NATO sei davon die Rede gewesen, daß Frankfurt bei einem Atombombenangriff völlig zerstört worden sei. »Die Tatsache«, gibt er zu Bedenken, »daß man sich technisch auf diese Dinge vorbereitet, muß uns veranlassen, alles zu tun, damit dieses Chaos nicht eintritt.«[189]

23. Juni Unter der Überschrift »Denken oder Studieren« erscheint in der Studentenzeitung der Wilhelmshavener Hochschule für Sozialwissenschaften »Zoon Politikon« ein Leitartikel, in dem zentrale Begriffe, Einrichtungen und Haltungen der Gegenwartsgesellschaft in Frage gestellt werden. Der »Ruhe-ist-Bürgerpflicht-Konformismus«, kritisiert sein Autor Rolf Schmiederer, sei zu einem ethischen und religiösen Gebot geworden. In der »gut spießbürgerlichen Gesellschaft« würden von den Professoren vertretene »Fiktionen« wie »Vaterland«, »Rechtsstaat« und »Freie Marktwirtschaft« von den Studenten kritiklos akzeptiert. Auch die »ungeheure Heuchelei«, die mit dem Christentum betrieben werde, wecke keinen Widerspruchsgeist und werde von der großen Mehrzahl aus Bequemlichkeit und anderen Untugenden mitgemacht. »Sollte unsere Generation wirklich«, fragt Schmiederer, »die Fähigkeit verloren haben, über ihr eigenes Schicksal nachzudenken? Haben wir vor lauter Sicherheitsbedürfnis keine Zeit mehr zum Denken, oder haben wir vor Sorge um die wirtschaftliche Existenz das Rückgrat verloren? Müssen wir immer nur das Alte bestätigen, statt etwas Eigenes aufzubauen?«[190] Es sei notwendig, schreibt Schmiederer, »Altes einzureißen« und sich Gedanken über eine neue Gesellschaft zu machen, eine Gesellschaft, deren Ideale nicht »Atombombe und Heimatfilm« seien. Vorurteile müßten durchbrochen, Tabus beseitigt, Moralbegriffe umgewertet und Spießbürger schockiert werden. Am Ende heißt es eher resignativ: »Aber das gehört nicht zum Studium: man bekommt keine Scheine dafür und kein Stipendium. Vor allem aber müßte man denken, und das können und dürfen wir nicht, denn wir müssen – studieren.«[191] Schmiederer ist stellvertretender AStA-Vorsitzender der Hochschule für Sozialwissenschaften. Bis zum Dezember 1957 war er niedersächsischer Landesvorsitzender des *Liberalen Studentenbundes Deutschlands* (LSD). Aus Protest gegen den politischen Kurs der FDP ist er zusammen mit sieben anderen LSD-Funktionären aus der Mutterpartei ausgetreten und Mitglied der SPD geworden. In einem Offenen Brief an den FDP-Bundesvorsitzenden Reinhold Maier hat er seinen Austritt damit begründet, daß die FDP auf dem

23.6.: Die Ausgabe der Wilhelmshavener Studentenzeitung mit dem Leitartikel Rolf Schmiederers.

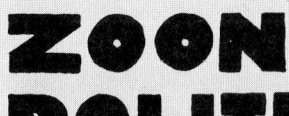

DIESE BLÄTTER WERDEN GESTALTET VON STUDENTEN DER HOCHSCHULE FÜR SOZIAL-WISSENSCHAFTEN

Nr. 4/1958   Wilhelmshaven, den 23. Juni 1958   20 Pfennig

Denken oder studieren

Was uns fehlt ist die Auseinandersetzung. Und mit ihr das Denken. Nicht jenes Denken, das notwendig ist, um aus sechs Kapiteln in vier Büchern ein Referat zusammenzuschreiben, sondern das echte, tiefere Denken. Betrachten wir den Teil der Jugend, der eigentlich zum Denken berufen wäre. Gehen wir an die Hochschulen und Universitäten. Da sitzt sie, die „Elite", die akademische Jugend, und schustert (nichts gegen einen ehrwürdigen Beruf). Sie schustert Referate und Hausarbeit zusammen, ohne wirklich nachzudenken. Sie sind damit beschäftigt, Scheine zu sammeln, ihr Examen zu bestehen und dann Geld zu verdienen.

Man könnte einwenden, das läge an der Zeit oder an unserer Gesellschaft. Richtig! Sicherlich ist diese Gesellschaft dazu angetan, die Jugend verfaulen zu lassen. Der Ruhe-ist-Bürgerpflicht-Konformismus ist ja heute ethisches, christliches und sonstiges Gebot. Man gesteht ihr, der Jugend, reichlich Brot und Spiele zu, aber damit hat sichs. Natürlich verhindert man auch, daß diese Jugend irgendwie vorwärts oder nach oben kommt. Man, das ist diese gut spießbürgerliche Gesellschaft. Diese Gesellschaft stinkt zwar, aber man hindert die Jugend am Riechen. Und diejenigen, die es riechen, hindert man durch moralischen Druck am Reden.

Die Frage ist nur, ob wir wirklich keine andere Möglichkeit zum Meutern haben, als Halbstarken-Krawalle und Jazz-Sessions! Vielleicht ist es auch bei uns Tradition, daß die junge Generation den Blödsinn, den die Alten anzetteln, übernimmt und vollendet. Die Alten „machen" Weltkrieg und die Jungen führen ihn; sie produzieren eine Diktatur, und wir spielen Hitler-Jugend. Und wenn dann die Jugend nicht mehr mitmachen will, dann verfällt sie auf irreale und wirklichkeitsfremde Ideen wie z. B. die Jugendbewegung. Aber wirklich gegen den Strom ankämpfen?

Also, da sitzt er, der hoffnungsvolle Nachwuchs der Nation und übernimmt alles unbesehen, was man ihm vorsetzt. Tausende spielen Verbindungsleben — wie gehabt (d. h., wie die Alten Herren wollen). Und wir halten akademische und andere Formen aufrecht, weil es ja immer schon so war. Aber lassen wir das Äußerliche, Anderes ist schlimmer. Wo gibt

es wirklich eine ernsthafte Diskussion über Dinge, die man uns täglich serviert? Sicher, es gibt noch Meinungsverschiedenheiten über bestimmte Fragen — wie bei den Alten auch. Aber wer zweifelt ernsthaft eine der alten und „ehrwürdigen" Einrichtungen unserer brüchigen Gesellschaft an?

Da wäre das „Vaterland". Täglich lassen wir uns diesen Begriff mit allen seinen Bedeutungen von Politikern, Professoren u. a. vorsetzen, ohne zu sagen, daß es für uns so wenig ein Vaterland gibt, wie etwa ein Kaisertum von Gottes Gnaden! Wer noch glaubt, es gäbe es, soll darüber nachdenken.

Oder der „Rechtsstaat". Als etwas Absolutes! Sehen wir wirklich nicht, wie willkürlich man auch bei uns das Recht handhaben kann? Wer's nicht glaubt, schaue sich das Urteil von München gegen den Henker Simon und seine Genossen an, oder er bedenke, daß man bei uns Oberlandesgerichtspräsident werden kann, obwohl man jahrelang Recht gebrochen hat, oder aber er betrachte sich die KP-Prozesse unter dem Gesichtspunkt, daß kein Recht rückwirkend gelten darf! Wie relativ ist doch vieles!

Oder nehmen wir die „Freie Marktwirtschaft"! Das „frei" gilt für 10 oder 15 Unternehmen à la Oetker, Krupp oder Pferdemenges. Der „Markt" besteht darin, daß man willkürlich festgesetzte Monopolpreise bezahlen (staatlich garantiert natürlich), und das ganze ist dann Wirtschaft! Aber Fiktionen sind dazu da, daß sie geglaubt werden, nicht daß man sie anzweifelt.

Oder man betrachte sich, wie fast jedermann an die ungeheure Heuchelei glaubt, die bei uns mit dem Christentum getrieben wird! Nichts gegen echte Christen und gegen die Religion des einzelnen, aber alles gegen den politischen und gesellschaftlichen Machtanspruch von Institutionen, die ein Wasserkopf an Apparat sind und so tun, als ob sie 101 % der Bevölkerung repräsentierten. Dabei glaubt doch im Grunde kaum jeder 15 Prozent wirklich an den Inhalt. Aber 85 weitere Prozent machen mit. Aus Bequemlichkeit, aus Faulheit und weil es nicht opportun ist, darüber nachzudenken oder gar darüber zu sprechen.

Man wirft uns vor, wir hätten keine Ideale. Und ob wir welche haben! Sogar zwei. Das eine ist Opportunismus, und das andere Konformismus. Das ist es doch, was wir glauben, das sind die wahren Götter unserer Gesellschaft. Auch sie haben wir weitgehend geerbt, sicher — aber ist das ein Grund, einfach mitzumachen?

Sollte unsere Generation wirklich die Fähigkeit verloren haben, über ihr eigenes Schicksal nachzudenken? Haben wir vor lauter Sicherheitsbedürfnis keine Zeit mehr zum Denken, oder haben wir vor Sorge um die wirtschaftliche Existenz das Rückgrat verloren? Müssen wir immer nur das Alte bestätigen, statt etwas Eigenes aufzubauen?

Ja, es ist nicht angenehm, Unruhe zu stiften. Die Stimmung ist bei uns immer gegen den, der fragt, zweifelt und opponiert. Der Ja-Sager ist gerne gesehen, und wer katzbuckelt ist staatserhaltende Kraft. Dementsprechend sieht unsere Gesellschaft auch aus. Wohl, wohl, es ist leichter, Vorgesetzte und Professoren als Autoritäten anzuerkennen und ihnen alles kritiklos abzunehmen. In der Politik sind wir sowieso schon so weit, daß, was die Mächtigen sagen, die lautere Wahrheit ist. Nun, wir sind es gewohnt; der freie Geist ist bei uns seit fast hundert Jahren in der Opposition. Die Universitäten aber sind bei den Regierenden.

Wäre es nicht die Aufgabe der akademischen Jugend, sich über eine neue Generation Gedanken zu machen, über eine Gesellschaft, die andere Ideale hat als Atombombe und Heimatfilm?

Natürlich wäre es dazu notwendig, Altes einzureißen. Nicht alles, aber sehr, sehr vieles! Und man müßte sich lösen von altem Vorurteilen, von anscheinend Feststehendem. Man müßte Tabus beseitigen und manchen Spießbürger schockieren. Moralbegriffe müßten umgewertet und das, was nicht mehr gilt, beim Namen genannt werden.

Dazu müßte man sich mit all dem auseinandersetzen. Aber das gehört nicht zum Studium: man bekommt keine Scheine dafür und kein Stipendium. Vor allem aber müßte man denken, und das können und dürfen wir nicht, denn wir müssen — studieren.

Schmiederer

23.6.: *Aushang mit der Verbotserklärung des Rektors, Professor Peter R. Hofstätter.*

besten Wege sei, eine »Sammlungsbewegung aller Kräfte rechts von der CDU« zu werden. Nur die SPD scheine in der Lage zu sein, das »Erbe eines verbesserten und modernen Liberalismus« anzutreten. – Durch einen Anschlag am Schwarzen Brett der im **Wilhelmshaven**er Vorort Rüstersiel gelegenen Hochschule läßt der Rektor, Professor Peter R. Hofstätter, am 4. Juli den Vertrieb der Zeitung im Bereich der Hochschule »mit sofortiger Wirkung« verbieten. Als Begründung führt er an, die in dem Leitartikel verfochtene These stehe im Widerspruch zu der von jedem Studenten bei seiner Immatrikulation eingegangenen Verpflichtung, »in Treue zu Volk und Vaterland für die Sache der Menschheit« wirken zu wollen. Die Zeitung, schreibt Hofstätter in einem weiteren Aushang, sei weder eine offizielle Veröffentlichung der Hochschule für Sozialwissenschaften noch das offizielle Organ ihrer Studentenschaft, sondern eine »Privatunternehmung eines kleinen Kreises Studierender«. – Am 9. Juli wendet sich der Rektor schriftlich an alle Inserenten der Zeitung und schreibt, daß die in dem Blatt zum Ausdruck gebrachte Vaterlandsauffassung »jede deutsche Wiedervereinigungspolitik auf bedenkliche Weise« in Frage stelle. Er fürchte daher, daß bei weiteren Inseraten Rückschlüsse gezogen werden könnten, die nicht im Interesse der jeweiligen Firma liegen könnten. – Auf einer am 15. Juli durchgeführten Vollversammlung der Studenten soll eine vom AStA vorgelegte Entschließung angenommen werden, in der es heißt: »Der AStA ist nicht unbedingt der Ansicht, die der Verfasser des Artikels vertritt. Er glaubt aber, daß eine Diskussion über Begriffe wie ›Vaterland, Rechtsstaat usw.‹, solange diese im Rahmen der grundgesetzlichen Ordnung bleibt, auch an einer Hochschule für Sozialwissenschaft jederzeit möglich sein sollte. Daß der Versuch einer solchen Diskussion – auch wenn diese in publizistischer Überspitzung begonnen wurde – durch einen Verwaltungsakt verboten werden mußte, der sich auf eine akademische Verpflichtungsformel stützt, zeigt uns, daß diese Formel revisionsbedürftig ist. Der AStA empfiehlt deshalb der Vollversammlung, zu beschließen, daß die Studentenschaft den Rektor bittet, sie von der bisherigen Verpflichtung nach der Formel: ›Ich verpflichte mich ..., und in Treue zu Volk und Vaterland für die Sache der Menschheit zu wirken‹, zu befreien und zukünftig nur auf die Satzung der Hochschule zu verpflichten.«[192] Doch kurz vor Beginn der Vollversammlung erklärt Hofstätter plötzlich, daß die Begründung des Vertriebsverbotes nicht auf den beanstandeten Passus aus der Immatrikulationsverpflichtung zurückgehe. Damit wird der Revisionsvorschlag des AStA gegenstandslos. Die versammelten Studenten beschließen stattdessen, daß sie »die

zum Teil unglücklichen Maßnahmen, die Seine Magnifizenz in Bezug auf das ›Zoon Politikon‹ zu ergreifen für notwendig hielt«, bedauerten. – Am Tag darauf droht Hofstätter dennoch mit seinem Rücktritt als Rektor und macht zugleich klar, daß dies gleichbedeutend mit der Auflösung der Hochschule sei. Der Senat, der ihm in geheimer Abstimmung das »uneingeschränkte Vertrauen« ausgesprochen hat, befürchte eine »anarchistische Unterwanderung der Hochschule«. »Die anarchistische Ideologie, an deren unbeschränktem Freiheitsbegriff sich jugendliche Gemüter leicht berauschen«, fährt er zur Begründung fort, »ist das Mittel, dessen sich das kommunistische System zur Aufweichung der Ordnung in den von ihm in Aussicht genommenen Eroberungsgebieten bedient.«[193] Unter dem Eindruck dieser Drohung wird noch für denselben Tag eine außerordentliche Vollversammlung einberufen. Die versammelten Studenten vollziehen eine Kehrtwendung und distanzieren sich von ihrem am Vortag gefaßten Beschluß. Bei 20 Enthaltungen wird mit 62:8 Stimmen ein von dem AStA-Vorsitzenden Franklin Schultheiß eingebrachter Antrag angenommen, der besagt, daß die vom Rektor gegenüber der Studentenzeitung ergriffenen Maßnahmen »aus begründeter Sorge um die Hochschule« erfolgt seien. Noch am Abend legen fünf AStA-Mitglieder, darunter Rolf Schmiederer, aus Protest ihre Ämter nieder. In einem an den AStA-Vorsitzenden gerichteten Schreiben begründet Schmiederer seinen Rücktritt damit, daß er es nicht mit seinem Gewissen vereinbaren könne, weiterhin in der studentischen Selbstverwaltung mitzuwirken. Das Abstimmungsergebnis sei durch die Rücktrittsdrohung des Rektors erzwungen worden und stelle eine schwere »Schädigung der Studentenschaft« dar. Hofstätter dagegen dankt der Studentenschaft »für ihre entscheidende Mitwirkung bei der Überwindung eines krisenhaften Augenblicks«. – Doch bereits am 19. Juli kommt es zu einer weiteren Vollversammlung. Diesmal nehmen neben den Studenten auch die Professoren, Dozenten und Angestellten teil. Als Hofstätter hier noch einmal coram publico seine Befürchtung von einer »anarchistischen Unterwanderung der Hochschule« an die Wand malt, schlägt die Stimmung um und die Studenten ziehen aus Protest gemeinsam aus dem Saal. Am selben Tag erscheint die neueste Ausgabe von »Zoon Politikon«. Der Leitartikel trägt die Überschrift »Hohe Schule der Verständigung«; Verfasserin ist Ursula Schmiederer, der Schwester des gemaßregelten Autors, der den Konflikt ausgelöst hat. – Auf der nächsten Vollversammlung am 21. Juli beschließen die Studenten, »Zoon Politikon« in seiner bisherigen Form nicht mehr fortzuführen. Die Studentenzeitung, heißt es in aller Allgemeinheit, solle in Zukunft so gestaltet werden, daß sie »dem Wohl der Hochschule nicht mehr schaden« könne. – »Die Hochschule für Sozialwissenschaften«, kommentiert Alexander von Cube am 25. Juli im »Vorwärts« den Konflikt in Wilhelmshaven-Rüstersiel, »gehört nicht einer Handvoll Professoren. Sie gehört der Demokratie, die in all ihren zuständigen Institutionen aufgerufen ist, jene Kräfte in Rüstersiel zum Rücktritt zu zwingen, die in Wahrheit den Ordnungen dieser Welt widerstreiten.«[194] – Als am 15. Dezember die übernächste Ausgabe von »Zoon Politikon« erscheint, merkt die Redaktion »In eigener Sache« an, daß die Zeitung mit verändertem Untertitel weiter erscheinen werde. Es heißt nun nicht mehr, daß die Blätter »von Studenten der Hochschule«, sondern »von Studenten für Studenten der Hochschule« gestaltet werden.

23. Juni Die 9. Strafkammer des Landgerichts **Düsseldorf** verurteilt den Vertreter Richard Hofmann wegen politischer Betätigung für die verbotene KPD zu einer Gefängnisstrafe von neun Monaten. – Der in Mannheim lebende Angeklagte war wegen seiner politischen Haltung bereits von den Nazis verfolgt worden und hatte mehrere Jahre in Gefängnissen und Konzentrationslagern verbringen müssen.

23. Juni Der Generalsekretär des *Bundes der Deutschen* (BdD), Josef Weber, spricht auf einer Kundgebung in **Duisburg** zum Thema »CDU redet von Frieden und bereitet den Atomtod vor – Was tun?«.

23. Juni Vier Sprecher der schwarzen Bürgerrechtsbewegung werden im Weißen Haus in **Washington** von Präsident Dwight D. Eisenhower zu einer Audienz empfangen. Der Exekutivsekretär der *National Urban League* (NUL), Lester B. Granger, der Präsident der *Southern Christian Leadership Conference* (SCLC), Martin Luther King, der Vizepräsident der AFL-CIO-Gewerkschaftsverbände, Asa Philipp Randolph, und der Sekretär der *National Association for the Advancement of Coloured People* (NAACP), Roy Wilkins, legen Eisenhower einen

sechs Seiten umfassenden Forderungskatalog vor. Darin wird der Präsident aufgefordert, sich vor der amerikanischen Nation zu den Bürgerrechtsentscheidungen des Obersten Gerichtshofes zu bekennen, den Kongreß zu einer umfassenden Bürgerrechtsgesetzgebung aufzurufen, das Mandat der im Vorjahr geschaffenen Civil Rights Commission zu verlängern, die Wahrnehmung des Wahlrechts durch Schwarze und Farbige zu gewährleisten und sie vor Bombenanschlägen und anderen gewaltsamen Übergriffen wirksam zu schützen. Außerdem solle Eisenhower das Justizministerium anweisen, die am Vortag vom Bundesrichter von Arkansas erlassene Ausnahmeregelung für die Rassenintegration an der High School von Little Rock wieder aufzuheben. Eisenhower, der sich die Forderungen stehend angehört hat, geht in seiner Antwort auf keinen der Punkte im einzelnen ein, sondern reagiert lediglich mit dem allgemein gehaltenen Bekenntnis, daß allen Bürgern die gleichen Rechte zustehen sollten. Zu King gewandt, der direkt neben ihm steht, seufzt er, es gebe noch so viele andere wichtige Probleme wie den Libanon oder Algerien.

23.6.: Der US-Präsident zusammen mit Vertretern der Bürgerrechtsbewegung (v.l.n.r.): Lester B. Granger, Martin Luther King, E. Frederick Morrow, Dwight D. Eisenhower, Asa Philipp Randolph, William Rogers, Rocco Siciliano und Roy Wilkins.

24. Juni Auf eine Normenkontrollklage der hessischen Landesregierung hin erklärt der 2. Senat des Bundesverfassungsgerichts in **Karlsruhe** die steuerliche Absetzbarkeit von Spenden für politische Parteien für verfassungswidrig. In der Urteilsbegründung heißt es, daß die bisherige Praxis den Gleichheitsgrundsatz verletze: »Da bei Spenden an politische Parteien der Bezieher eines großen Einkommens einen absolut und relativ höheren Betrag an Steuern erspart als der Bezieher eines kleinen Einkommens, wird die politische Meinung des ersten sozusagen prämiiert. Eine solche durch ein Gesetz geschaffene unterschiedliche steuerliche Behandlung der Einflußnahme auf die politische Willensbildung je nach Höhe des Einkommens verträgt sich aber nicht mit dem Grundsatz der formalen Gleichheit, der die Ausübung politischer Rechte in der freien Demokratie beherrscht.«

24. Juni Das *Komitee gegen Atomrüstung* führt in **München** eine weitere Kundgebung gegen den Atomtod durch. Auf dem Königsplatz sprechen bei regnerischem Wetter vor 6.000 Menschen der stellvertretende DGB-Vorsitzende Georg Reuter, die beiden Bundestagsabgeordneten Herbert Wehner (SPD) und Wolfgang Döring (FDP), der Ordinarius für Evangelische Theologie an der Universität Bonn, Professor Hans Iwand, und der Vorsitzende des Komitees, der Schriftsteller Hans Werner Richter. Iwand erklärt, daß kein Christ die Atombewaffnung befürworten könne, weil es sinnlos sei, Lebenswerte mit Mitteln zu verteidigen, die alles vernichteten, was Gott jemals an Leben geschaffen habe. Während Döring der CDU vorwirft, sie sei zu feige, um die Verantwortung für den Bundestagsbeschluß vom 25. März zu übernehmen, und versuche, sie auf das Volk abzuwälzen, das sie bei den Bundestagswahlen gewählt habe, reagiert Wehner auf die Plakataktion der Bundesregierung mit den Worten, wer den Kampf gegen den Atomtod in der ganzen Welt wolle,

der müsse damit zu Hause anfangen. Keiner der Redner bezieht sich auf die Forderung, die auf einem direkt neben ihnen hochgehaltenen Transparent zu lesen ist: »Generalstreik verhindert Atomrüstung!« Im Anschluß an die Kundgebung ziehen die Demonstranten zum Professor-Huber-Platz vor der Universität, wo der Studentische Aktionsausschuß im *Komitee gegen Atomrüstung* mit einer zunächst für drei Tage geplant, dann aber sieben Tage und Nächte dauernden Atom-Mahnwache beginnt. Auf den Treppenstufen eines Brunnens ist ein Transparent aufgespannt, auf dem in großen Lettern zu lesen ist: »Studenten stehen gegen Atomrüstung«. Rechts und links davon haben sich Mitglieder des Aktionsausschusses aufgestellt, die Armbinden tragen und sich alle zwei Stunden ablösen lassen. Nach einiger Zeit kommt es zu einem Zwischenfall, als Angehörige farbentragender Korporationen und des *Rings Christlich-Demokratischer Studenten* (RCDS) zusammen mit ungarischen Exilstudenten die Demonstranten beschimpfen und versuchen, das Transparent herunterzureißen. Als dieser Angriff auf die Mahnwache bekannt wird, melden sich spontan zahlreiche Prominente und erklären aus Solidarität, sich ebenfalls an der Protestaktion beteiligen zu wollen. Zu denen,

24.6.: An der Spitze des Münchener Demonstrationszuges: der Schriftsteller Hans Werner Richter (Mitte), dahinter der SPD-Politiker Herbert Wehner.

24.6.: Von der »Deutschen Volkszeitung« publizierte Abrechnung mit den Unpolitischen in der Form eines Gedichts.

Erich Kästner

Glückwunsch an die Unpolitischen

Ihr hieltet und ihr haltet still.
Man macht mit euch, was man machen will.
Ihr laßt dem Staat seinen Lauf.
Ihr sitzt und wartet ungefähr,
als ob das Schicksal ein Zahnarzt wär,
und reißt den Schnabel auf.

Man sagt, man müßte die Steuern erhöhn.
Man sagt, eine große Flotte sei schön,
und noch schöner ein großes Heer.
Man sagt, ihr braucht den Ausfuhrzoll.
Man redet euch die Jacke voll
und verschweigt euch noch viel mehr.

Man meldet, daß der Brotpreis stieg.
Man sagt, ihr müßtet in den Krieg
und lacht euch ins Genick.
Man schmiert euch an. Man seift euch ein.
Man legt euch trocken. Man legt euch hinein.
Man nennt das Politik.

Ihr seid so dumm. Ihr seid so stumm.
Man tanzt euch auf der Nase rum.
Ihr fühlt euch so privat.
Die Frau will Geld. Und der Säugling schreit.
Ihr wollt ins Bett. Ihr habt keine Zeit
für den sogenannten Staat.

Ihr habt die Augen, fragt nicht wo.
Ihr laßt die Köpfe im Büro.
Ihr haltet still und blecht.
Euch ist egal, wer euch regiert.
Ihr werdet ewig angeschmiert.
Und das geschieht euch recht.

die jeweils eine Stunde lang Wache stehen, gehören die FDP-Landtagsabgeordnete Hildegard Brücher, der ehemaligen Panzertruppengeneral Moritz Faber du Faur, der Schauspieler Ernst Fritz Fürbringer, der Karikaturist Olaf Gulbransson jr., der Schriftsteller Hugo Hartung, der Universitätsprofessor Herbert Hohenemser, der Schriftsteller Erich Kästner, der Gewerkschaftler Ludwig Koch, der Publizist Erich Kuby, die Schauspielerin Elfriede Kusmany, der Rechtsanwalt Walter Lidl, der Schriftsteller Christian Mayer (alias Carl Amery), der Schauspieler Rudolf Vogel und der ehemalige Oberbürgermeister von Ulm, Robert Scholl; der 67jährige ist der Vater der von den Nazis wegen ihrer Zugehörigkeit zur Widerstandsgruppe »Die weiße Rose« 1943 hingerichteten Studenten Sophie und Hans Scholl. Tagsüber versammeln sich bis zu 100 Passanten an der Mahnwache, um mit Studenten und Prominenten zu diskutieren. Die Wachehaltenden werden von Anwohnern mit heißen Getränken versorgt. Ein Verkehrspolizist hilft einem Studenten dabei, seine vom Regen durchnäßte Fackel wieder zu entzünden.

24. Juni Auf einer Veranstaltung des *Bundes der Deutschen* (BdD) in **Marburg** kritisiert dessen Bundesvorstandsmitglied Hans Brender die atomare Aufrüstung und fordert die Schaffung einer atomwaffenfreien Zone in Mitteleuropa.

25. Juni Das Mitglied des BdD-Landesvorstands in Hessen, H. O. Henneberg, kritisiert auf einer Versammlung in **Braunschweig** die Entscheidung des Bundesverfassungsgerichts, dem Antrag der Bundesregierung stattgegeben und eine einstweilige Verfügung gegen die Durchführung von Volksbefragungen gegen die Atombewaffnung auf Landesebene erlassen zu haben.

25. Juni Im Wintergarten des Festhauses von **Worms** spricht das BdD-Bundesvorstandsmitglied Hans Brender über das Thema »Mit Atombomben keine Freiheit und Zukunft – Weg frei für Gipfelkonferenz!«

25. Juni Der Konvent der Freien Universität in **West-Berlin** beschließt, unter der Studentenschaft eine Befragung zur Atombewaffnung der Bundeswehr durchzuführen. – Der Ältestenrat des Konvents droht daraufhin mit der Auflösung des Konvents, falls dieser seinen Beschluß umsetze. Zur Begründung heißt es, daß eine solche Urabstimmung »die Grundlagen der Existenz der FU Berlin« erschütterten. Die Frage der atomaren Ausrüstung sei Gegenstand einer Auseinandersetzung zwischen den demokratischen Parteien; die Studentenschaft dürfe in dieser Angelegenheit nicht politisch festgelegt werden. – Am 4. Juli kommt der Konvent seiner

Auflösung zuvor, indem er sich entscheidet, auf die Durchführung der geplanten Urabstimmung zu verzichten.

25. Juni Das Bezirksgericht **Potsdam** verurteilt den Studenten Hans-Günter Stammler, der unter seinen Kommilitonen an der Pädagogischen Hochschule für die politische Konzeption eines »dritten Weges« zwischen Kapitalismus und Kommunismus geworben hatte, zu einer Zuchthausstrafe von dreieinhalb Jahren.

25./26. Juni An einer vom Zentralkomitee der SED im VEB Kombinat **Schwarze Pumpe** (Bezirk Cottbus) durchgeführten Frauenkonferenz nehmen 800 Mitglieder von Frauenausschüssen und Funktionärinnen des *Demokratischen Frauenbund Deutschlands* (DFD) teil. Die Leiterin der Abteilung »Frauen« im ZK der SED, Edith Baumann, referiert über das Thema »Die Frauen der DDR – eine große Kraft im Kampf für Frieden und Sozialismus«. Ebenso wie andere Rednerinnen wendet sie sich gegen die Ansicht, daß die Mitarbeit von Frauen in der Produktion durch die Verbesserung der materiellen Lage überflüssig werde. In einem Aufruf werden alle Frauen und Mädchen aufgefordert, sich mit dem Marxismus-Leninismus vertraut zu machen.

26. Juni Nach zwei Wochen findet in **Dortmund** wiederum eine Protestkundgebung gegen die atomare Aufrüstung in der Bundesrepublik statt. Ab 15 Uhr stehen alle öffentlichen Verkehrsmittel still. Ganze Belegschaften der Metallindustrie und verschiedener anderer Betriebszweige ziehen in großen

24.6.: Prominente Teilnehmer bei der Atommahnwache in München (v.l.n.r.): der ehemalige Ulmer Oberbürgermeister Robert Scholl, der Schauspieler Rudolf Vogel und der Schriftsteller Hugo Hartung.

Kolonnen zum Stadthaus. Auf einem der von ihnen mitgeführten Transparente ist die von Martin Niemöller stammende Parole zu lesen, die den Schlußsatz im Aufruf »Kampf dem Atomtod« bildet: »Wir werden nicht Ruhe geben, so lange der Atomtod unser Volk bedroht.« Vor den 15.000 auf dem Neuen Markt versammelten Demonstranten sprechen Oberkirchenrat Heinz Kloppenburg, der SPD-Bundestagsabgeordnete und Direktor des Instituts für Theoretische Physik an der Universität Mainz, Professor Karl Bechert, der bayrische SPD-Landesvorsitzende Waldemar von Knoeringen und die SPD-Bundestagsabgeordnete Helene Wessel. Als während der Kundgebung CDU-Mitglieder mit acht Lautsprecherwagen auftauchen, um die Reden mit Marschmusik und Zwischenrufen zu übertönen, werden sie von umstehenden Demonstranten verjagt. Dabei kommt es zu tätlichen Auseinandersetzungen. Über der Versammlung kreist zeitweise außerdem ein Reklameflugzeug mit CDU-Parolen. – Die von den »Dortmunder Ruhr-Nachrichten« am Tag darauf verbreitete Meldung, ein CDU-Mitglied sei von einem der Demonstranten durch einen Messerstich verletzt worden, kann nicht bestätigt werden. Nach einem Bericht des Dortmunder Polizeipräsidenten vom selben Tag ist das Handgemenge um die Lautsprecherwagen unblutig verlaufen.

26. Juni In **Braunschweig** ziehen 5.000 Demonstranten mit schwarzen Fahnen zum Burgplatz, um zum wiederholten Male gegen die von der Bundesregierung mit Kompromißlosigkeit verfochtene Atomrüstungspolitik zu protestieren. Auf den Spruchbändern sind Parolen wie »Wir wollen keine Mörder werden« und »Raketen raus, weg mit Strauß« zu lesen. Einige der Demonstranten haben sich mit Strahlenschutzanzügen, Totenkopfmasken und Atomraketenattrappen verkleidet. Als Redner treten Oberbürgermeister Otto Bennemann (SPD), der Mainzer Physikprofessor und SPD-Bundestagsabgeordnete Karl Bechert, die Münchner Schauspielerin Ursula Herking, der Theologe J. Staedtke und der Vorsitzende des lokalen *Arbeitsausschusses »Kampf dem Atomtod«* (KdA), Pastor Wicke, auf.

26.6.: »Jungs, die Demonstranten kommen. Jetzt lassen wir uns überfallen!« Karikatur aus der »Westfälischen Rundschau«.

26. Juni Unbekannte werfen auf dem jüdischen Friedhof von **Kleinbardorf** (Kreis Königshofen, Unterfranken) 47 Grabsteine um und zerstören sie zum Teil. Die Polizei nimmt die Ermittlungen auf und stellt fest, daß es sich bei der Tat ohne Zweifel um »eine systematische Friedhofsschändung« handle.

26. Juni Die männlichen Wahlberechtigten der rund 900 Einwohner zählenden schweizerischen Gemeinde **Riehen** (Halbkanton Basel-Stadt) sprechen sich im Gegensatz zur Nachbargemeinde **Bettingen** mehrheitlich für die Einführung des Frauenstimmrechts aus. – Bislang sind alle Initiativen zur Einführung des Frauenwahlrechts in der Schweiz gescheitert. Der Bundesrat hat sich im Vorjahr allerdings mit einer Druckschrift für die Einführung des Frauenstimmrechts eingesetzt. Um es in der ältesten Demokratie Europas einzuführen, bedarf es einer Volksabstimmung.

27. Juni Während der Beratungen des Verteidigungshaushaltes im Bundestag in **Bonn** erklärt der ehemalige Bundesverteidigungsminister und jetzige Bundesarbeitsminister Theodor Blank (CDU) apodiktisch, die Aktionen der Kampagne »Kampf dem Atomtod« führten zur Machtergreifung des Kommunismus in der Bundesrepublik. Blank nimmt die tätlichen Auseinandersetzungen zwischen Atombewaffnungsgegnern und CDU-Wahlkämpfern am Tag zuvor in Dortmund zum Anlaß, um die »Feststellung« zu treffen: »Der Mob ist los in Deutschland! ... Die KPD kommt aus ihren Löchern hervorgekrochen.«[195]

27. Juni Unter dem Motto »Hiroshima mahnt: Verhindert Atomrüstung durch Volksbefragung« führt der *Bund der Deutschen* (BdD) in **Wilster** (Schleswig-Holstein) eine Protestveranstaltung durch. Hauptredner sind der japanische Pfarrer Kenchiro Sumita und das Mitglied des BdD-Landesvorstands, Hans Moritz von Frankenberg und Proschlitz.

27. Juni Auf einer Kundgebung der *Arbeitsgemeinschaft gegen atomare Aufrüstung* im Rosengarten in **Mannheim** sprechen die Wuppertaler Professorin Renate Riemeck und ihr Mainzer Kollege Hans Klumb.

27. Juni In **Saarbrücken** findet die Gründungsversammlung des saarländischen *Aktionsausschusses gegen die atomare Aufrüstung der Bundesrepublik mit Massenvernichtungsmitteln* statt. Zu seinem ersten Vorsitzenden wählen die Mitglieder den katholischen Priester Kaufmann. In einer anschließenden Ansprache erklärt er, daß es ihm unbegreiflich sei, mit welcher Bedenkenlosigkeit die Bundesregierung bereit sei, »in die atomare Katastrophe« hineinzu-taumeln. In der heutigen Situation komme es darauf an, alle Zersplitterungen und Cliquenbildungen zu vermeiden und die Atombewaffnungsgegner zusammenzuführen. Die Bewegung gegen den Atomtod müsse Geschichte machen, weil es sonst mit jeglicher Geschichte vorüber sei.

27. Juni In **Göttingen** geben 237 Ärzte unter Berufung auf ihren hypokratischen Eid die Verpflichtung ab, die Öffentlichkeit laufend auf die gesundheitliche Bedrohung durch die fortgesetzten Atomtests aufmerksam zu machen. Nicht erst der Ernstfall, sondern bereits die Versuchsexplosionen stellten mit ihrer dabei freigesetzten Radioaktivität eine dauernde Gefahr für alles organische Leben dar.

27.-30. Juni An einem geheimen Ort in **Ost-Berlin** treffen auf Einladung der KPD die Vertreter von elf kommunistischen Parteien zu Beratungen der Frage zusammen, wie der »Kampf gegen die Aggressionspolitik der amerikanischen und deutschen Imperialisten« geführt werden müsse. In einer gemeinsamen Erklärung warnen sie vor einer Ausrüstung der Bundeswehr mit Atomwaffen und »westdeutschen Aggressionsgelüsten« gegenüber der DDR, der CSSR und Polen. Sie rufen zu einer internationalen Aktionseinheit im Kampf gegen die Atomkriegsgefahr und der Schaffung einer atomwaffenfreien Zone in Mitteleuropa auf. Auf einer Abschlußkundgebung in der Sporthalle an der Stalinallee sprechen Hermann Matern (SED), Max Reimann (KPD), Pierre Villon (KPF), Giacomo Pelligrini (KPI), Ostap Dluski (PVAP), Wladimir Koucky (KPC) und Aksel Larsen für die *Kommunistische Partei Dänemarks* (DKP).

28. Juni Im Rahmen der Ruhrfestspiele in **Recklinghausen** führt die *Gewerkschaftsjugend* eine Podiumsdiskussion zum Thema »Die Jugend heute – eine skeptische Generation?« durch. Der Tübinger Erziehungswissenschaftler Professor Andreas Flitner greift dabei die von dem Hamburger Soziologen Professor Helmut Schelsky im Jahr zuvor in einem Buch vorgestellte These scharf an, daß es sich bei der deutschen Nachkriegsjugend um eine »skeptische Generation« handle. Flitner bezweifelt vor allem, daß sich mit statistischen Methoden begründete Aussagen über das Verhalten von Jugendlichen machen ließen. Die Unsicherheit, ob der Begriff der »skeptischen Generation« im Sinne einer kritischen Infragestellung oder einer Sucht zum Zweifel zu bewerten ist, führt zu Zwischenfragen aus dem überwiegend jugendlichen Publikum, auf die der Moderator Heinz Westphal ironisch mehrere Definitionen aus Lexika zur Auswahl anbietet. – Ein Journalist faßt seine während der Diskussion gemachten Beobachtungen

unter der Überschrift »Jugend 58: Mitbürger oder Mitläufer?« in einem Artikel der »Deutschen Volkszeitung« zusammen: »Das Wort Halbstarke, immer schon eine Mißbildung, ist heute nahezu sinnentleert. Nicht einmal mehr James Dean in seiner ohnedies leicht gekühlten Rebellion ist das Idol der Jugend von 58. Die Nietenhose ist kaum noch Ausdruck einer Haltung, sondern ein optisches Modeattribut oder eine Werkskluft. Der solide Anzug von der Stange setzt sich durch. Die, von denen ein Filmtitel sagt, daß sie nicht wissen, was sie tun, sind brav geworden. Was sie jetzt tun, wissen sie sehr wohl. Sie passen sich an. Sie richten sich auch nach Leitbildern, die vom Erfolg geprägt sind ... Die Jugendlichen kochen auf immer kleinerem Feuer, und auch dies droht allmählich zu verlöschen. Ihre Nachkriegswut ist gebrochen. Sie machen – und das nur privatim – kleine Ekstase. Und wenn sie sonntags ausgehen, sind sie gut angepaßt: innen und außen. Vaterlandsliebe, Ehre, Europa: alles das ist für sie suspekt. Die Schuld daran trägt nicht eine krankhafte Zweifelsucht, sondern die Tatsache, daß die Erwachsenen versagten, als es galt, diese Begriffe mit neuem Inhalt zu füllen.«[196]

29. Juni Mit großen Transparenten startet der Dampfer »Jan Molsen« im **Hamburg**er Hafen zu einer »Elbe-Friedensfahrt« auf die Elbinsel Krautsand. Dort ruft der Vorsitzende eines Friedenskomitees die 1.250 Teilnehmer zu Aktionen gegen die Atomrüstungspolitik der Bundesregierung auf.

29. Juni Rund 1.000 Frauen nehmen in **Hamburg** an einer Kundgebung gegen die Atombewaffnung der Bundeswehr und für einen dauerhaften Weltfrieden teil.

29. Juni Der 65jährige Max Fechner, der von 1949 bis 1953 Justizminister der DDR war, wird durch einen Beschluß des SED-Zentralkomitees in **Ost-Berlin** wieder in die Partei aufgenommen. Fechner hatte sich unmittelbar nach dem 17. Juni 1953 in einem Interview für das Streikrecht der Arbeiter eingesetzt und war daraufhin am 15. Juli 1953 verhaftet, wegen »staatsfeindlicher Tätigkeit« von seiner Ämter enthoben und aus der SED ausgeschlossen worden. Zu seiner Nachfolgerin wurde Hilde Benjamin bestimmt, die sich als Verfechterin einer besonders rigorosen Verfolgung von Streikenden hervorgetan hatte.

30. Juni Mehr als 1.500 Einwohner demonstrieren in **Rüsselsheim** (Südhessen) gegen die atomare Aufrüstung. Auf der Abschlußkundgebung erklärt der Darmstädter Studentenpfarrer Herbert Mochalski, die Bürger seien bei den letzten Bundestagswahlen »bewußt betrogen und entmündigt« worden.

1958

Januar Februar März April Mai Juni

Juli August September Oktober

November Dezember

Juli: Auf der Tübinger Neckarbrücke führen Studenten zusammen mit Professoren, Gewerkschaftlern und SPD-Mitgliedern eine Atommahnwache durch.

Juli: Überschrift zu einer Artikelserie in der Wochenzeitung »Die Tat«.

Juli An der Technischen Hochschule in **Stuttgart** unterzeichnen 733 Studenten eine Erklärung der *Studentischen Aktionsgruppe gegen Atomrüstung*, mit der der AStA dazu aufgerufen wird, eine Vollversammlung über die strittige Frage einer Atombewaffnung der Bundeswehr einzuberufen. – Nachdem der Vorstand des AStA die Forderung abgelehnt hat, legt die Aktionsgruppe Beschwerde beim Rektor ein. In einem gleichzeitigen von seinen Mitgliedern verbreiteten Flugblatt heißt es, der AStA schränke das Recht auf freie Meinungsäußerung auf unzulässige Weise ein und verletze die Satzung.

Juli Im **Stuttgart**er Stadtteil Zuffenhausen nehmen mehrere hundert Arbeiter und Angestellte, die vorzeitig ihre Arbeitsstellen verlassen haben, an einer Kundgebung gegen die atomare Aufrüstung teil.

Juli Auf einer Belegschaftsversammlung der Zahnradfabrik Renk in **Augsburg** unterzeichnen 860 von 900 Beschäftigten einen an die Bundesregierung gerichteten Aufruf, die Bundeswehr nicht mit Atomwaffen auszurüsten. Kritisiert wird in dem Text insbesondere der frühere Bundesverteidigungs- und jetzige Bundesarbeitsminister Theodor Blank, der die Gewerkschaften »als Mob und aus den Löchern gekrochene Kommunisten« bezeichnet haben soll. In einer Demokratie habe jeder Bürger nicht nur das Recht, sondern die Pflicht, »zu solch schwerwiegenden Schicksalsfragen wie der Verwendung von atomaren Massenvernichtungsmitteln« seine eigene Meinung zu äußern. Die Unterzeichner fordern die Durchführung einer Volksbefragung.

Juli Die *Studentische Aktionsgruppe gegen die Atomrüstung* führt in **Saarbrücken** eine Mahnwache gegen den Atomtod durch.

Juli Hauptredner auf einer vom *Kreisausschuß »Kampf dem Atomtod«* (KdA) durchgeführten Kundgebung in **Leonberg** bei Stuttgart ist der sozialdemokratische Bundestagsabgeordnete Fritz Erler.

Juli In **Göttingen** protestieren 2.500 Menschen mit einem Schweigemarsch gegen die atomare Aufrüstung.

Juli Auf einer Protestkundgebung gegen die Atombewaffnung der Bundeswehr in **Reutlingen** tritt neben dem Oberbürgermeister der Landtagsabgeordnete Robert Herzog (SPD) als Hauptredner auf.

Juli Auf einer Protestkundgebung gegen die atomare Aufrüstung in der unterfränkischen Gemeinde **Kirchheim** erklärt der DGB-Funktionär Anton Nerl, es sei ebenso die Aufgabe der Gewerkschaften, gegen die Atomrüstung aufzutreten wie für eine materielle Besserstellung der Arbeitnehmer zu kämpfen.

Juli Eine von Mitgliedern der *Internationale der Kriegsdienstgegner* (IdK) im **Essen**er Stadtteil Werden durchgeführte Unterschriftenaktion gegen die Atombewaffnung der Bundeswehr muß nach anderthalb Stunden wegen eines Wolkenbruchs abgebrochen werden. Zu den 860 Unterzeichnern der Protesterklärung gehören auch CDU-Wähler, die sich selbst zu erkennen gegeben haben.

Juli Studenten der Pädagogischen Akademie in **Kettwig** an der Ruhr lehnen in einer Resolution die Verwendung der Atomkraft für militärische Zwecke ab und begrüßen Schritte zur Entspannung.

Juli An einer vom *Bund der Deutschen* (BdD) vor der Feldherrnhalle in **München** durchgeführten Protestkundgebung gegen die Atombewaffnung der Bundeswehr nehmen 600 Menschen teil.

Juli Die ursprünglich zur Begrüßung des neuen Kommandeurs der 7. US-Armee in **Würzburg** geplante Nachahmung einer Atombombenexplosion wird fallengelassen. Gegen die Demonstration militärischer Stärke, bei der mit Rauchpatronen ein großer Rauchpilz hätte erzeugt werden sollen, haben sich zahlreiche Einwohner ausgesprochen.

Juli Auf einem Forum des *Rings politischer Studentengruppen* an der Universität **Würzburg** liefern sich der Historiker Professor Ulrich Noack und der Völkerrechtler Professor Freiherr Friedrich August von der Heydte ein Streitgespräch über die Atomrüstung. Im vollbesetzten Saal des Studentenhauses behauptet von der Heydte, ehemaliger Fallschirmjägeroffizier und früherer Vorsitzender der *Abendländischen Akademie*, in der Bundesrepublik könne von einer atomaren Rüstung im wörtlichen Sinne keine Rede sein. Erst wenn ein Land atomare Sprengkörper herstelle, lagere und selbst darüber verfüge, könne von einer Atomrüstung im wirklichen Sinne gesprochen werden. Wer auf eine Ausrüstung der Bundeswehr mit modernen Waffen verzichte, der müsse »unseren Soldaten« Pfeil und Bogen in die Hände drücken. Ohne Atomwaffen sei die Bundesrepublik der »Gefahr im Osten« hoffnungslos ausgeliefert. Noack, Herausgeber der Zeitschrift »Welt ohne Krieg« und Vorstandsmitglied des örtlichen *Komitees gegen Atomrüstung*, gibt dagegen zu bedenken, daß selbst in der Zeitschrift

»Die Bundeswehr« darauf hingewiesen werde, welche besondere Verantwortung auf die Offiziere des Heeres im Falle einer atomaren Bewaffnung zukäme. Sie könnten dann nämlich angesichts der Teilung Deutschlands vor die Entscheidung gestellt sein, auch auf deutsche Städte mit Atomwaffen zu schießen. »Im dritten Weltkrieg«, fährt er fort, »wird Deutschland das Schlachtfeld sein. Es wird dabei untergehen, und die Atommächte werden sich über Deutschland hinweg die Hände reichen.«[197] Am Ende der Diskussion, in der von der Heydte sich auf die Feststellung zurückzuziehen versucht, daß eine Raketenartillerie nicht mit einer Atombewaffnung gleichzusetzen sei, ruft Noack den Studenten zu, daß sie sich die Freiheit der Entscheidung, mit der eigenen Sache auch die der Allgemeinheit zu verteidigen, nicht nehmen lassen sollten.

Juli Unter dem Motto »Deutsche! Hände weg von Atomwaffen!« führen Studenten zusammen mit Professoren, Gewerkschafts- und SPD-Funktionären sowie Mitgliedern des *Kampfbundes gegen Atomschäden* (KgA) auf der Neckarbrücke in **Tübingen** eine mehrere Tage dauernde Atom-Mahnwache durch.

Juli In **Kaufbeuren** führt die *Internationale der Kriegsdienstgegner* (IdK) eine Demonstration mit abschließender Kundgebung gegen die atomare Aufrüstung durch. An der Protestveranstaltung nehmen auch Männer in Schutzanzügen teil, um auf die Gefahren einer radioaktiven Verstrahlung aufmerksam zu machen.

Juli In Zivil gekleidete französische Soldaten stören bei den »Internationalen Filmfestspielen« in **West-Berlin** die Aufführung des Antikriegsfilms »Wege zum Ruhm«. Sie werfen Stinkbomben, um dagegen zu protestieren, daß die »Ehre der französischen Armee« in den Dreck gezogen werde. In dem von dem amerikanischen Regisseur Stanley Kubrick gedrehten Film wird gezeigt, wie ein ehrgeiziger französischer General während des Ersten Weltkrieges den Befehl zu einem aussichtslosen Sturm auf eine deutsche Stellung gibt, um befördert zu werden. Als der Angriff mißlingt, läßt er drei Unteroffiziere wegen »Feigheit vor dem Feinde« erschießen, um die Moral der Truppe zu heben. Der Widerstand des von Kirk Douglas gespielten Colonel Dax, der verzweifelt seine Untergebenen zu retten versucht, ist umsonst. Die nach dem von Humphrey Cobb verfaßten Roman »Paths of Glory« gedrehte Geschichte basiert auf einer wahren Begebenheit vom Frühsommer 1917. Da die französischen Behörden die Erlaubnis verweigert hatten, auf den wirklichen Schlachtfeldern zu drehen, war Kubrick nach Bayern ausgewichen. Mit 3.000 Polizisten, die er als Statisten

Juli: Der Würzburger Geschichtsprofessor Ulrich Noack.

Juli: Sein Kontrahent und Kollege, der Völkerrechtler Professor Freiherr Friedrich August von der Heydte.

verpflichtet hatte, war der Film im Schloß Schleis-heim und den Bavaria-Studios in München sowie in Bernried am Starnberger See abgedreht worden. Der französische Stadtkommandant von Berlin, General Amedée Gèze, teilt mit, daß Frankreich seine drei für die »Berlinale« gemeldeten Filme zurückziehe, wenn »Wege zum Ruhm« nicht vom Programm abgesetzt werde. Gleichzeitig erläßt er ein Verbot des Kubrick-Films für den französischen Sektor, weil darin eine Besatzungsmacht verächtlich gemacht werde. Da nun auch die Amerikaner mit dem Rückzug ihrer vier »Berlinale«-Beiträge drohen, stehen die Filmfestspiele vor dem Scheitern. Erst durch Vermittlung des Senats kann ein Ausweg gefunden werden. Als sich die Amerikaner bereit erklären, »Wege zum Ruhm« für die Dauer der »Ber-linale« aus dem Verleih zu nehmen, können auch die französischen Filme im Wettbewerb bleiben. – Die Aufführung des Films wird auch in der Schweiz und in Israel verboten. Obwohl es in Frankreich kein offi-zielles Verbot gibt, findet sich jahrelang kein Verlei-her bereit, »Wege zum Ruhm« in die Kinos zu brin-gen. Erst am 26. März 1975 kann in **Paris** die Premie-re der französischen Fassung des Films stattfinden.

1.7.: Atomwaffen-gegner haben in Genf ihre Zelte aufgeschlagen, um durch eine 15tägige Fastenaktion auf die Notwendigkeit einer Gipfelkonfe-renz zur internatio-nalen Abrüstung aufmerksam zu machen.

1. Juli Das »Gesetz über die Gleichberechtigung von Mann und Frau« tritt in Kraft. Damit soll das bürger-liche Recht der vom Grundgesetz schon längst garan-tierten Gleichberechtigung beider Geschlechter angepaßt werden. – Durch das neue Gesetz werden die Befugnisse der Ehefrau, insbesondere im Fami-len-, Ehe- und Vermögensrecht erweitert. Die prak-tische Benachteiligung der Frau, vor allem im Arbeitsbereich, wird allerdings nicht angetastet. Der durchschnittliche Stundenlohn der Frauen ist immer noch erheblich niedriger als der der Männer.

1. Juli Die Studenten der Pädagogischen Akademie führen in **Wuppertal** einen eineinhalbstündigen Schweigemarsch gegen die Atombewaffnung der

Bundeswehr durch. Auf ihrem Umzug, an dem auch Studenten der Kirchlichen Hochschule Barmen teil-nehmen, führen sie Transparente mit sich, auf denen Parolen zu lesen sind wie: »Hiroshima und Nagasaki – 240.000 Tote«, »Hört auf die Wissenschaftler – Laßt Euch nicht einlullen – Entscheidet selbst!«, »Mütter, wollt Ihr verkrüppelte Kinder gebären?« und »Mit der Atombombe kann man nicht leben!«. Auf der Abschlußkundgebung vor dem alten Rathaus, bei der auch die Rektoren der beiden Hochschulen als Red-ner auftreten, erklärt Professor Johannes Harder: »Demokratie besteht nur, solange es Demokraten gibt. Nehmen Sie den Schweigemarsch der Studen-ten und Dozenten als ein Zeichen: Wir sind für ein anderes Deutschland auf die Straße gegangen! Man kann nicht nur für den Frieden beten, man muß handeln!«[198]

1. Juli In **Genf** beginnt eine internationale Experten-tagung über die Kontrollmöglichkeiten der in Ost und West durchgeführten Geheimversuche zur Erprobung von Nuklearwaffen.

3. Juli Das Schwurgericht beim Landgericht **Bay-reuth** verurteilt den ehemaligen SS-Hauptscharfüh-rer Gerhard Martin Sommer wegen Mordes in 25 Fällen zu einer lebenslänglichen Zuchthausstrafe. Dem 43jährigen werden außerdem die bürgerlichen Ehrenrechte auf Lebenszeit aberkannt. Das Gericht sieht es als erwiesen an, daß der frühere Arrest-verwalter im Konzentrationslager Buchenwald, der als Schwerkriegsbeschädigter jahrelang in einem Bayreuther Versehrtenkrankenhaus gelegen und eine monatliche Rente von 300 DM bezogen hat, Häftlinge zu Tode prügelte und durch Giftinjektio-nen ermordete. Im August 1943 war Sommer von einem SS-Untersuchungsrichter, der in einer Kor-ruptionsaffäre gegen den KZ-Kommandanten Karl Koch und dessen Frau Ilse ermittelte, festgenommen worden, weil von den Häftlingen, die verhört wer-den sollten, keiner mehr lebte; Sommer hatte sie auf eigene Faust im Arrestbau »hingerichtet«. Bis Anfang 1945 war er deshalb im Polizeigefängnis Wei-mar eingesperrt. Er wurde jedoch nicht vor Gericht gestellt, sondern in den letzten Kriegstagen noch »zur Bewährung« einem Panzer-Aufgebot zuge-wiesen, das die vorrückenden Amerikaner stoppen sollte. Dabei wurde er in der Nähe von Eisenach schwer verwundet, als ein amerikanisches Flugzeug mit seiner Bombenfracht dicht neben dem Ketten-fahrzeug aufschlug und explodierte. In seinem anderthalbstündigen Schlußwort bestritt Sommer, jemals einen Menschen ermordet zu haben und ver-langte, daß er von der Mordanklage freigesprochen werde. Sein Geständnis aus dem Jahr 1943, bei dem er der SS gegenüber zugegeben hatte, 40 bis 50 Häftlinge durch Injektionen getötet zu haben, versuchte er mit der Behauptung zu relativieren, daß er dadurch nur einen SS-Arzt und den KZ-Kommandanten habe decken wollen. Der Darmstädter Politikwissenschaftler Eugen Kogon, der selbst Buchenwald-Häftling war, hatte bereits in seinem 1946 erschienenen Buch »Der SS-Staat« Sommer als den »Henker von Buchenwald« beschrieben; er sei eine »Bestie in Menschengestalt« gewesen: »Die einfachste Todesart, die Sommer für einen Häftling wählte, war die, daß er dem Todeskandidaten einen Strick um den Hals legte und ihn eigenhändig am Heizkörper oder am Fensterkreuz aufhängte. Viele Häftlinge wurden aber von Sommer auch einfach mit einem Dreikant-Eisen erschlagen. Ein Fall ist bekannt, wo er an beiden Schläfen des Opfers eine eiserne Klemme anlegte und sie solange zuschraubte, bis die Hirnschale durch den Druck zerquetscht wurde.«[199] Nach der Urteilsverkündung muß Sommer, der bereits bei Prozeßbeginn von erregten Zuhörern mit Pfiffen und Pfuirufen bedacht worden war, von Polizeibeamten vor einer empörten Menschenmenge geschützt werden.

3. Juli Das Landgericht **Düsseldorf** verurteilt den ehemaligen Redakteur einer KPD-Zeitung Günter Batzler wegen seiner politischen Betätigung zu einer viermonatigen Gefängnisstrafe.

3. Juli Die 4. Strafkammer des Landgerichts **Lüneburg** verurteilt den 50jährigen Angestellten Heinrich Frank wegen seiner vor dem KPD-Verbot ausgeübten redaktionellen Tätigkeit für das KPD-Organ »Die Wahrheit« zu einer Gefängnisstrafe von acht Monaten.

3. Juli Der *Bund der Deutschen* (BdD) führt im Gewerkschaftshaus in **Gießen** eine Protestkundgebung gegen die Atombewaffnung durch. Zum Thema »Mit der Atombombe läßt sich nicht leben – Darum Gipfelkonferenz und atomwaffenfreie Zone!« sprechen die beiden BdD-Landesvorstandsmitglieder Hermann Schöhl und Werner Bartsch.

3. Juli Der *Bund der Deutschen* (BdD) führt auf dem Frohnhauser Marktplatz in **Essen** eine Protestkundgebung gegen die atomare Aufrüstung durch. Hauptredner ist das BdD-Bundesvorstandsmitglied Franz Anton Bretz. Sein Thema lautet: »Durch Atomrüstung weder Freiheit noch Zukunft!« Bretz richtet an seine Zuhörer die Frage: »Wo sind in diesen Tagen die Gewerkschaften? Wäre es nicht ihre Aufgabe, da sich plötzlich der Abgrund auftut, das Volk über die Gefahr aufzuklären und es zu Kundgebungen für den Frieden zu rufen? Wäre das nicht die eigentliche Aufgabe der Gewerkschaften in diesen Tagen, anstatt sich um ein Gespräch mit dem Bundeskanzler und

In diesen Räumen haben die Bunkerwärter jahrelang ihr entsetzliches Handwerk betrieben. In Buchenwald war es der SS-Hauptscharführer *Sommer*. Man kann ihn nur eine Bestie in Menschengestalt nennen (fast jedes KL hatte indes solche Typen aufzuweisen). Er quälte und tötete entweder bei Gelegenheit von Verhören, teilweise im Einvernehmen mit der Politischen Abteilung, oder zur »Strafe« oder aus Lust. Es dürfte wenig denkbare Methoden gegeben haben, die er nicht zur Anwendung gebracht hätte. Die SS fürchtete ihn schließlich kaum weniger als die Häftlinge, da er imstande war, jedermann »um die Ecke« zu bringen, der ihm in die Fänge geriet.

Verhöre im Bunker spielten sich auf folgende Weise ab: Der Häftling, der eingeliefert wurde, mußte sich nackt ausziehen, seine Kleider wurden peinlich genau durchsucht. Dann wurde er in eine verdunkelte Zelle gebracht und mit einer Handschelle an die Heizung angeschlossen, sodaß er sich nicht bewegen konnte. Nachts machte der Kalfaktor *Fischermann* auf Filzpantoffeln Rundgänge. Fand er den Häftling schlafend, so schlug er mit einem Gummiknüppel auf ihn ein. Schrie der Gefangene vor Schmerz, dann kam *Sommer* mit dem Ochsenziemer und schlug so lange zu, bis das Opfer bewußtlos war. Mitten in der Nacht kam Kriminalassistent *Leclaire* von der Politischen Abteilung. Der Häftling wurde mit kaltem Wasser zum Bewußtsein gebracht und vorgeführt. Zur Auffrischung des Gedächtnisses verabreichte *Leclaire* zuerst ein paar Schläge mit dem Ochsenziemer über den Kopf. »Daß du nie mehr hier lebend herauskommst, darüber bist du dir doch im klaren, nicht wahr? Und wenn du lügst, bekommst du Hiebe, bis du lachst!« Sagte er nicht genug aus oder schwieg er, so wurde bei Kommandant *Koch* der berühmte Zettel geholt: »Vernehmung bis zur Aussage.« Aufgrund dieses Zettels ließ *Sommer* den nackt ausgezogenen Häftling zum Beispiel die Hoden in abwechselnd eiskaltes oder siedend heißes Wasser hängen und pinselte sie, worin sich die Haut in Fetzen löste, mit Jod ein, was natürlich wahnsinnige Schmerzen hervorrief. Oder er kam mit einem Strick, band die Hände des Häftlings auf dem Rücken zusammen, zog den Strick durch die im Mittelgang des Zellenbaues an einer Gittertür befindlichen Ringe, sodaß der Häftling 30 bis 50 Zentimeter schwebend über dem Boden hing. *Sommer* und *Leclaire* zusammen legten noch einen Strick um den Hals des Opfers und zogen ihm von Zeit zu Zeit die Luft weg; dann hängten sie sich gelegentlich an den Beinen des Aufgehängten an. Nach spätestens zwanzig Minuten war der Delinquent bewußtlos. Herab mit dem Kadaver und kaltes Wasser! Noch einmal die Prozedur! Unter den Folterqualen sind zuweilen Geständnisse erpreßt worden, die unter normalen Umständen nie ein Mensch ausgesagt hätte. Trotzdem gab es Häftlinge, die kein Wort von sich gaben. Nutzte die »Baumelei« nichts, dann bekamen sie nichts zu essen und zu trinken und wurden jeden Tag »vernommen«. Aufgehängt wurde bis zu dreimal, das Fasten bis auf zehn Tage ausgedehnt. Hatte ein Häftling bis zum zehnten Tag nichts gesagt, dann kam die letzte Prüfung: Baumeln mit dem Kopf nach unten. Kurt *Leeser*, der auch diese Erfahrungen mitgemacht hat, hielt es mindestens etwa 15 Minuten aus. Hatte alles zusammen kein befriedigendes Ergebnis, so ließ *Sommer* den Delinquenten entweder frei (!), oder er gab ihm, wenn die Politische Abteilung meinte, der Mann sei »ein schwieriger Fall«, abends eine Tasse Tee, unter dessen Einwirkung der Häftling einschlief, worauf ihm *Sommer* eine tödliche Injektion gab. Am andern Morgen klang es durch den Lautsprecher: »Leichenträger ans Tor!« Der Lagerarzt schrieb auf die Bescheinigung: »Tod durch Kreislaufstörung.« Trank der Häftling den Tee aber nicht, so kam *Sommer* alle paar Minuten an jedem der Zellenfensterchen, um nachzusehen, ob der Mann nicht schon schlafe. Am nächsten Tag wurde warmes Essen in die Zelle gebracht, das vergiftet war. Wurde auch damit kein Erfolg erzielt, dann bekam *Sommer* eine sonderbare Anwandlung – aber nur, wenn der Häftling keinen anderen belastet hatte! –: er beantragte für diesen Bunkerinsassen die Entlassung, der fast immer, das heißt in den wenigen Fällen, in denen jemand die vorhergehenden Martern tatsächlich überstanden hatte, stattgegeben wurde. Bei der Entlassung aus dem Bunker gab *Sommer* dem Häftling Rauchwaren!

3.7.: Eugen Kogon hat bereits in seinem 1946 erschienen Standardwerk »Der SS-Staat« die Verbrechen des SS-Hauptscharführers Sommer beschrieben.

3.7.: Der Angeklagte Gerhard Martin Sommer.

dem Parteivorsitzenden der CDU zu bemühen über die politische Neutralität des DGB? In der Frage unserer Existenz gibt es keine Neutralität, kann es keine Neutralität geben.«[200]

3. Juli Der CSU-Bundestagsabgeordnete Richard Jaeger verlangt in der in München erscheinenden »Abendzeitung« mehr Verständnis für das Franco-Regime, das zur »Rettung Spaniens vor dem Kommunismus« unvermeidlich gewesen sei und heute

*3.7.: Bundestags-
vizepräsident
Richard Jaeger
(CSU).*

eine Bastion des »christlichen Abendlandes« darstelle. Außerdem tritt Jaeger auch für eine »vorurteilslose Würdigung« der im Spanischen Bürgerkrieg von Hitler gegen die Republikaner eingesetzten Legion Condor ein.

3.-5. Juli Unter dem Motto »Für eine sozialistische deutsche Filmkunst« führen das Kulturministerium der DDR und die DEFA in **Ost-Berlin** eine Konferenz durch, auf der die bundesdeutsche Filmproduktion massiv angegriffen wird. Vor 500 Teilnehmern wirft Staatssekretär Alexander Abusch den westdeutschen Filmproduzenten »Liebedienerei vor der reaktionären Politik Bonns« und »hemmungslose Jagd nach finanziellem Erfolg« vor. Bei der »Berlinale« sei es ihnen nicht gelungen, mit einem künstlerisch repräsentativen Beitrag am internationalen Wettbewerb teilzunehmen. Dagegen sei es der DEFA gelungen, eine ganze Reihe von Spitzenfilmen hervorzubringen, die die »Wiedergeburt des deutschen Films« dokumentierten.

4. Juli Das Schwurgericht beim Landgericht **Kiel** schlägt das Verfahren gegen den ehemaligen SA-Mann Walter Boysen nieder. Als Grund für die Einstellung des Prozesses wird angeführt, daß der Gnadenerlaß des preußischen Ministerpräsidenten Hermann Göring vom 18. August 1933 nie aufgehoben worden sei und deshalb auch heute noch Gültigkeit besitze. – Boysen war beschuldigt worden, am 1. Mai 1933 den sozialdemokratischen Arbeiter Schnoor erschossen zu haben.

4. Juli Auf einer Kundgebung des lokalen *Aktionsausschusses »Kampf dem Atomtod«* (KdA) in **Herne** erklärt der Vorsitzende der *IG Holz*, Heinz Seeger, es sei die Pflicht jedes Gewerkschaftlers, die durch die atomare Aufrüstung heraufbeschworene Gefahr, wenn nötig auch durch den Einsatz gewerkschaftlicher Kampfmittel, vom deutschen Volk abzuwenden.

4. Juli Dutzende von Mitgliedern verschiedener Jugendorganisationen verteilen in den Straßen von **Dortmund** 30.000 Flugblätter des *Aktionsausschusses »Kampf dem Atomtod«* (KdA).

4. Juli Ein Jugendgericht in **München** verurteilt den ersten anerkannten Kriegsdienstverweigerer Bayerns, den 20jährigen Schlosser Friedrich Schneider, wegen Verleumdung und Beleidigung der Bundeswehr zu drei Freizeitarresten. Der Angeklagte war im September 1957 wenige Tage vor den Bundestagswahlen dabei ertappt worden, wie er Wahlplakate der CSU überklebte. Bei einer nachfolgenden Hausdurchsuchung fand man mehrere gegen die Bundeswehr und die NATO gerichtete »Schmäh-

schriften« und 30 gefälschte Einberufungsbefehle, die er jungen Männern, die sich im wehrpflichtigen Alter befanden, in die Briefkästen stecken wollte. Schneider sagt während der gesamten Verhandlung kein einziges Wort zu den gegen ihn erhobenen Vorwürfen. Sein Verteidiger erklärt, er werde solange nicht reden, bis er nicht vor ein Erwachsenengericht gestellt worden sei. Er sei schließlich kein dummer Junge, sondern ein entschiedener Gegner jeglicher Aufrüstung und deshalb auch der Bundeswehr. Der Richter stellt in seiner Urteilsbegründung fest, daß der Angeklagte nicht wegen seiner Einstellung gegen die Bundeswehr oder weil er Kriegsdienstverweigerer sei, bestraft werde, sondern weil er sich in der Wahl seiner Kampfmittel vergriffen habe.

4. Juli Der 51jährige Mainzer Kriminalbeamte Artur Gennat begeht, kurz nachdem er während eines Schwurgerichtsverfahrens vor dem Landgericht **Ulm**, bei dem er als Zeuge geladen war, verhaftet worden ist, in seiner Zelle Selbstmord. Gennat war von zwei ehemaligen Angehörigen der Gestapo Tilsit beschuldigt worden, bei der Erschießung jüdischer Frauen und Kinder zugegen gewesen zu sein und polnische Zwangsarbeiter schwer mißhandelt zu haben. Als er die Vorwürfe mit Entschiedenheit abstritt und erklärte, es müsse eine Namensverwechslung vorliegen, versicherten die Zeugen jedoch, daß ein Irrtum völlig ausgeschlossen sei. Der Angeklagte habe am Vorabend sogar versucht, sie mit der Drohung, er führe eine geladene Pistole mit sich, zur Änderung ihrer Angaben zu erpressen. Als Gennat auf Anweisung des Gerichtsvorsitzenden durchsucht wurde, stellte man bei ihm tatsächlich eine durchgeladene Pistole fest, die in einem Schulterhalfter steckte. Als er dazu bemerkte, die Kriminalpolizei in Mainz habe strengste Anweisung, daß die Beamten ihre Dienstwaffe »grundsätzlich immer« bei sich tragen müßten, erwiderte ihm Landgerichtsdirektor Wetzel in großer Erregung, es sei vermutlich das erste Mal, daß ihm ein Zeuge vor Gericht bewaffnet entgegengetreten sei. Danach verwickelte sich Gennat in seinen Aussagen immer mehr in Widersprüche und gab zu, daß er auf der Gestapo-Dienststelle in Tilsit so oft Häftlinge mißhandelt habe, daß er sich an Einzelfälle nicht mehr erinnern könne. Auf Veranlassung der Staatsanwaltschaft wurde er noch im Gerichtssaal verhaftet und ins Untersuchungsgefängnis eingeliefert, wo man ihn am darauffolgenden Tag tot auffand.

4. Juli Japanische Behörden geben in **Tokio** bekannt, daß infolge der jüngsten amerikanischen Atombombenversuche im Pazifik über dem gesamten Inselstaat ein radioaktiver Regen niedergegangen sei.

5. Juli In **Karlsruhe** führt die Ortsgruppe der *Internationale der Kriegsdienstgegner* (IdK) einen Autokorso gegen die Atomrüstung durch. Mit Plakaten, Transparenten und Flugblättern rufen die Teilnehmer zur Durchführung einer Volksbefragung auf.

5. Juli Auf einer Protestkundgebung in der Tuchmacherstadt **Lambrecht** (Rheinland-Pfalz) fordern die Redner vor mehreren hundert Zuhörern die Bundesregierung auf, grundsätzlich auf eine Atombewaffnung der Bundeswehr und die Stationierung von Atomraketen auf dem Bundesgebiet zu verzichten.

5. Juli Die »Deutsche Volkszeitung« führt in einem von Martin Ripkens verfaßten Artikel, der sich kritisch mit der Praxis des Interministeriellen Ausschusses auseinandersetzt, mehrere in der DDR gedrehte Filme auf, die dem Gremium zur Prüfung vorgelegen haben und kommentarlos abgelehnt worden sind.[201] Es sind dies »Corinna Schmidt«, eine sozialkritische Verfilmung des Theodor-Fontane-Romans »Frau Jenny Treibel«, »Die Unbesiegbaren«, ein historischer Streifen über den Kampf der sozialdemokratischen Arbeiter gegen Bismarcks Sozialistengesetz, »Kein Hüsung«, die Verfilmung des gleichnamigen antifeudalistischen Versepos von Fritz Reuter und »Thomas Müntzer«, ein Film über das Schicksal des protestantischen Bauernkriegsführers. Die Aufgabe des Interministeriellen Ausschusses, in dem Beamte des Bundesinnenministeriums, des Auswärtigen Amtes, des Bundesjustizministeriums und des Bundesministeriums für Gesamtdeutsche Fragen vertreten sind, ist es, über die Aufführung von DDR-Filmen in der Bundesrepublik zu entscheiden. Die Ablehnung oder Zustimmung erfolgt nach den Gesichtspunkten einer möglichen Staatsgefährdung, wie sie in den Paragraphen 88 bis 98 des Strafgesetzbuches definiert ist.

5. Juli Neuer Leiter des antikommunistischen *Untersuchungsausschusses freiheitlicher Juristen* (UfJ) in **West-Berlin** wird Walther Rosenthal. Sein Vorgänger Theo Friedenau (d.i. Horst Erdmann) ist zurückgetreten, weil, wie er erklärt, die kommunistische Presse »auf Weisung der sowjetzonalen Machthaber« gegen den UfJ und ihn als Person eine Kampagne führt. Die »Bekämpfung des kommunistischen Unrechtsregimes« solle allerdings »im Interesse der Bevölkerung der Sowjetzone« fortgeführt werden.

5. Juli Der für den 5. und 6. Juli in Basel geplante »Europäische Kongreß gegen die atomare Aufrüstung« kann nicht stattfinden. Der Schweizer Bundesrat in **Bern** hat die internationale Veranstaltung verboten. In der Begründung für diese Entscheidung heißt es, der britische Philosoph Bertrand Russell

habe in seinem für den Kongreß verbreiteten Aufruf die Ansicht vertreten, daß noch wichtiger als die Einstellung der Kernwaffenversuche »die Verhinderung der Abgabe von Atomwaffen an solche Länder, die noch keine besitzen«, sei. Die Einladung zu dem Kongreß war unter anderem von Stefan Andres, Karl Barth, Max Born, Benjamin Britten, Julian Huxley, Robert Jungk, Erich Kästner und John Boynton Priestley unterzeichnet worden.

6. Juli Die CDU erringt bei den Landtagswahlen in **Nordrhein-Westfalen** einen überwältigenden Sieg. Mit 50,5% der Stimmen erlangt sie die absolute Mehrheit. Obwohl die SPD mit 39,2% der Stimmen ebenfalls einen deutlichen Gewinn verbuchen kann, sind die Verluste ihrer beiden bisherigen Koalitionspartner FDP und *Zentrum* so beträchtlich, daß ein

5.7.: Der »Kongressdienst« druckt Protesterklärungen gegen das vom Schweizer Bundesrat ausgesprochene Veranstaltungsverbot ab.

Proteste gegen Schweizer Verbot

Wir protestieren in aller Form gegen das bundesrätliche Verbot der Durchführung des Europäischen Kongresses der Intellektuellen gegen Atomrüstung in Basel. Wir erachten diese Polizeimaßnahme als eine Schande für unser Land und als schwerwiegende Verletzung seiner freiheitlichen und humanitären Traditionen.

Es ist uns unverständlich, wie der Bundesrat — die Bedeutung unseres Landes offensichtlich überschätzend — annehmen kann, daß Hunderte Repräsentanten des europäischen Kultur- und Geisteslebens sich speziell zu dem Zweck nach Basel begeben hätten, um sich „in die schweizerische Wehrpolitik einzumischen". Es sollte ihnen, falls die Initianten dieses Kongresses bisher glaubten, mit Recht annehmen zu dürfen, die Erklärungen des Schweizerischen Bundesrates seien zutreffend, wonach eine Einführung von Atomwaffen in unser Land zur Zeit nicht aktuell sei.

Wir weisen das Bestreben der bundesrätlichen Erklärung entschieden zurück, durch Versuche deplazierter Diffamierung von Personen die Öffentlichkeit vom eigentlich vorliegenden, erheblichen Tatbestand abzulenken, nämlich von der gravierenden Beeinträchtigung der Rede-, Gesinnungs- und Versammlungsfreiheit durch das vom Bundesrat ausgesprochene Verbot; und ihre Aufmerksamkeit auf ein unsinniges Nebengeleise zu schieben.

Der Kampf gegen die atomare Aufrüstung wird trotz alledem weitergehen!

Es ist eine Lebensfrage für unser Volk, weil die Gründe, die uns zur Gegnerschaft gegen die atomare Aufrüstung geführt haben, auch durch dieses bundesrätliche Verbot nicht widerlegt oder gar aus der Welt geschafft worden sind. Nach wie vor bestehen die auch von Albert Schweitzer hervorgehobene Tatsache, daß mit den heutigen Atomwaffen für die Erhaltung einer als lebenswert angesehenen Freiheit geführter Krieg nicht leisten kann, was man von ihm erwartet — da diejenigen, für die er geführt wird, in seinem Laufe zu leben aufgehört haben oder nachher elend dahinsiechen werden. Anstelle der Freiheit würde ihnen die Vernichtung zuteil!

Es wäre ein Verhängnis, wollte die neutrale Schweiz, Hüterin des Roten Kreuzes, als eine der ersten unter den kleinen Nationen, in den atomaren Rüstungswettlauf der Großmächte eintreten. Wir würden damit an einem entscheidenden Punkte der Weltgeschichte mithelfen, den Zug des Unheils zu fördern, statt ihn zu bremsen. Für andere kleine Völker würde dies zum Signal werden, dasselbe zu tun.

Eine kontrollierte Abrüstung der Atomwaffen würde solchermaßen tatsächlich immer mehr in Frage gestellt.

Die Menschen in allen Ländern sollen ihrer Regierung und ihrer Presse mit allen Mitteln zu verstehen geben, daß sie weder ausrotten noch ausgerottet werden wollen: auch nicht zur „Verteidigung der freien Welt", auch nicht zur „Verteidigung des Sozialismus"! Sie sollen den Verantwortlichen im Westen und im Osten im Halt! zurufen, daß ihnen die Ohren gellen.

Schluß mit der Vorbereitung eines Krieges mit Waffen, die ihn für die Beteiligten von vornherein sinnlos machen!

Schluß auch mit der gegenseitigen Bedrohung mit der Anwendung solcher Waffen!

Sofortiger Schluß mit den offenbar schon im Frieden für uns alle lebensgefährlichen Experimenten!

Die Menschen im Westen und im Osten sollen aufstehen gegen den Wahnsinn, der in dieser Sache im Gange ist. Sie sollen damit eine politische Tatsache ersten Ranges schaffen, der auch die Regierungen und die Presse werden rechnen müssen.

Es geht nicht um Prinzipien, Ideologien und Systeme. **Es geht ums Leben.**

Schweizerische Bewegung gegen die atomare Aufrüstung
Für den Ausschuß:
Max Arnold, Nationalrat, Zürich
Max Bryner, Gemeinderat, Zürich
Prof. Dr. Fritz Lieb, Basel
Otto Siegfried, Kantonsrat, Zürich
Prof. Dr. Karl Barth, Basel
Heinrich Buchbinder, Zürich
Dr. med. Sandro Pedroli, Arzt, Zürich
Max Winiger, Kantonsrat, Zürich

Ständiger Kongreß an Lord Russel

25. 8. 1958
Lord Bertrand Arthur William
3. Earl of Russel
Plas Peurhyn, Deudraeth
Merinethshire
Cambridge — England

Das Präsidium des „Ständigen Kongresses" hat mit Bedauern zur Kenntnis genommen, daß die Schweizer Bundesregierung den „Europäischen Kongreß gegen die atomare Aufrüstung" verboten hat.

Wir sind davon überzeugt daß es Ihnen noch gelingt, die Tagung an einem anderen Ort stattfinden zu lassen.

Seien Sie versichert, daß die Gegner der atomaren Aufrüstung in der Bundesrepublik Deutschland die Bemühungen der ausländischen Gesinnungsfreunde mit großer Anteilnahme verfolgen.

Wenn wir in unseren gemeinsamen Bestrebungen nicht nachgeben, wird

uns eines Tages der Erfolg beschieden sein.

Mit vorzüglicher Hochachtung!
Präsidium des „Ständigen Kongresses aller Gegner der atomaren Aufrüstung in der Bundesrepublik"
Federführung:
gez. Prof. Dr. med. Kurt Gröbe gez.

Otto Beckmann, Betriebsrat, Hamburg
Kurt Bewersdorf, Arbeiter, Duisburg
Heinrich Bitsch, Betriebsrat, Gießen
Prof. Dr. Hans Braun, Bonn (Rhein)
Prof. Dr. Hans Brenner, München
Leonhard Eckertsperger, Kunstmaler, Oberstdorf (Allgäu)
Dr. Hans Martin Elster, Schriftsteller, Düsseldorf
Erich Engel, Regisseur, Berlin
Heinrich Fuchs, Gewerkschafts-Sekr., Ludwigshafen
Prof. Rudolf Genschel, Hannover
Ernst Glaeser, Schriftsteller, Bensheim
Prof. Gerhard Gollwitzer, Stuttgart
Prof. Fritz Griebel, Nürnberg
Prof. Dr. Franz Groebbels, Mölln (Lauenburg)
August Haas, Bürgermeister und Bauer, Gannertshofen
Prof. Dr. Walter Hagemann, Münster i.W.
Erwin Hallmann, Betriebsrat, Herten
Hans Hentschel, Betriebsrat, Hamburg
Prof. Dr. Adolf Hertlein, München
Prof. D. Dr. J. Hessen, Köln
Anton Jannuch, Betriebsrat, Salzgitter-Bad
Prof Dr. Ing. Karl Kammüller, Karlsruhe
Dr. Ernst Knaus, Viersen
Philipp Kunz, Betriebsrat, Mainz
Helmut Lahrmann, 1. Vorsitzender Arbeitsausschuß „Kampf dem Atomtod", Hemer (Westfalen)
Prof. S. Mages, Düsseldorf
Prof. Dr. Alfred von Martin, München
Peter Meier, Student, cand. theol., Münster i.W.
Ulrike Meinhof, Studentin, cand. phil., Münster i.W.
Prof. Dr. Paul Mies, Köln
Dr. Charlotte Niederhommert, Leverkusen
Prof. Otto Pankok, Düsseldorf
Dr. Hans Rheinfelder, München
Prof. Dr. Franz Paul Schneider, Würzburg
Prof. Dr. E. Schomburg, Hannover
Dr. Wolfgang Schreiber, Mainz
Prof. Dr. L. L. Schücking, Farchant (Bayern)
Prof. Dr. Ing. Max Schuler, Göttingen
Prof. Dr. Hermann Strathmann, Erlangen
Rüdiger Syberberg, Schriftsteller, Berlin
Karl Heinz Vernholz, Betriebsrat, Dortmund
Heinrich Wadle, Obmann Betriebsvertrauensleute, Kiel
Prof. Dr. Ernst Wolf, Göttingen

9.7.: Der geflüchtete ehemalige KZ-Arzt Dr. Hans Eisele.

Regierungswechsel unvermeidlich ist. – Der Landtag in **Düsseldorf** wählt am 21. Juli den 49jährigen CDU-Abgeordneten Franz Meyers zum neuen Ministerpräsidenten. Er führt eine Alleinregierung der CDU an.

8. Juli Auf der Niederdeutschen Bühne in **Bremen** tritt Franz Anton Bretz als Hauptredner einer Protestveranstaltung des *Bundes der Deutschen* (BdD) gegen die Atombewaffnung auf.

8. Juli Auf einer Kundgebung im Winterhuder Fährhaus in **Hamburg** spricht der BdD-Vorsitzende Wilhelm Elfes zum Thema: »Mit der Atombombe weder Freiheit noch Sicherheit! – Was geschieht, wenn die Gipfelkonferenz nicht zustande kommt?«

8. Juli Auf Initiative der *Deutschen Friedensgesellschaft* (DFG) wird in **Schleswig** von Vertretern verschiedener Parteien, Gewerkschaften und anderer Organisationen ein *Arbeitsausschuß »Kampf dem Atomtod«* (KdA) gegründet.

8. Juli Der Erste Sekretär des Zentralkomitees der KPdSU, Nikita S. Chruschtschow, der mit einer Abordnung seiner Partei zu einem Besuch des bevorstehenden V. SED-Parteitags eintrifft, wird auf dem Bahnhof in **Ost-Berlin** von Walter Ulbricht mit den Worten empfangen, es bleibe dabei, von der Sowjetunion lernen, heiße siegen lernen. Am Nachmittag greift Chruschtschow in **Halle** die Bundesregierung mit den Worten an: »Herr Adenauer erkennt die Existenz der Deutschen Demokratischen Republik nicht an. Nun, was kann man da machen! Erkennen doch die USA die Existenz der Chinesischen Volksrepublik nicht an. Aber Volkschina hat deswegen nicht aufgehört zu existieren. Die USA erkannten lange Zeit auch die Sowjetunion nicht an. Doch deswegen hörte die Sowjetunion nicht auf zu existieren ... Ich möchte Herrn Adenauer trösten: Wir sind des Glaubens, wenn jetzt nur die Deutsche Demokratische Republik sozialistisch ist, so wird die Zeit kommen, wo ganz Deutschland und nicht nur Deutschland, sondern auch die ganze Welt diesen Weg nehmen wird. Der Sozialismus wird seine Positionen nicht durch Krieg erkämpfen. Die Arbeiterklasse, das werktätige Volk Deutschlands und der anderen Staaten werden schließlich ihren Sieg erringen.«[202]

9. Juli Das BdD-Bundesvorstandsmitglied Franz Anton Bretz fordert auf einer Veranstaltung in **Wilhelmshaven** die Durchführung einer Gipfelkonferenz, um die im Libanon deutlich gewordenen gefährlichen internationalen Spannungen abzubauen.

9. Juli Offenbar durch die Unterstützung des Staatsanwalts Max von Decker gelingt es dem früheren SS-Arzt des Konzentrationslagers Buchenwald, Dr.

Hans Eisele, gegen den bereits ein Haftbefehl vorliegt, von **München** nach **Kairo** zu fliehen. Der ehemalige KZ-Arzt, der in München-Pasing praktizierte, war in dem erst vor wenigen Tagen vor einem Bayreuther Schwurgericht zu Ende gegangenen Prozeß gegen den als »Henker von Buchenwald« bezeichneten früheren SS-Mann Gerhard Martin Sommer von mehreren Zeugen schwer belastet worden. Er soll Hunderte von KZ-Häftlingen durch Giftinjektionen ermordet haben. – Die Flucht des ehemaligen SS-Arztes löst, wie die »Frankfurter Rundschau« schreibt, »einen der größten Justizskandale der Nachkriegszeit« aus. Der bayerische Justizminister Willi Ankermüller gibt am 11. Juli auf einer Pressekonferenz in **München** bekannt, daß der Erste Staatsanwalt beim Landgericht München, Max von Decker, mit sofortiger Wirkung vom Dienst suspendiert worden sei. Ihm werde vorgeworfen, gegen den flüchtigen Dr. Eisele kein Strafverfahren eingeleitet zu haben, obwohl ihm die Beschuldigungen gegen den KZ-Arzt seit vier Jahren bekannt gewesen seien. Gegen von Decker sei ein Dienststrafverfahren und ein staatsanwaltschaftliches Ermittlungsverfahren wegen des Verdachts der Begünstigung im Amt eingeleitet worden. Bei der Überprüfung der Vergangenheit Dr. Eiseles habe man festgestellt, daß von Decker als zuständiger Staatsanwalt 1954 im Zuge eines gegen den Arzt durchgeführten Meineidsverfahrens über die Praxis des SS- und Lagerarztes in verschiedenen Konzentrationslagern informiert worden sei. Der Nürnberger Rechtsanwalt Eberhard Engelhardt habe die Staatsanwaltschaft brieflich davon in Kenntnis gesetzt, daß Dr. Eisele im Konzentrationslager Buchenwald ohne Befehl und aus reinem Sadismus zahllose Häftlinge durch Giftinjektionen getötet habe. Staatsanwalt von Decker, dessen Personalakten ergeben, daß er seit 1931 Mitglied der NSDAP war, habe davon weder seine Vorgesetzten unterrichtet noch ein gesondertes Verfahren eingeleitet. – Am selben Tag teilt das baden-württembergische Justizministerium in **Stuttgart** mit, daß ein gegen Dr. Eisele anberaumtes Entnazi-

8.7.: Chruschtschow (links) und Ulbricht bei ihrer Fahrt durch Ost-Berlin.

fizierungsverfahren von der Spruchkammer Freiburg am 15. Januar 1952 »mangels belastenden Materials« eingestellt worden sei. Die amerikanischen Besatzungsbehörden hätten seinerzeit ein Ersuchen der Spruchkammer, ihr Einsichten in die Strafakten des SS-Arztes zu gewähren, abgelehnt. Wegen dieser Weigerung sei der Spruchkammer nichts anderes übriggeblieben, als das Verfahren einzustellen. – Der an der Technischen Hochschule Darmstadt lehrende Politikwissenschaftler Professor Eugen Kogon, der selbst Buchenwald-Häftling war, schrieb in seinem 1946 erstmals erschienenen Buch »Der SS-Staat« über Dr. Eisele: »Seine Taten von 1940 bis 1943 übertrafen wohl jede andere von SS-Ärzten begangene Gemeinheit. Auch er nahm zu seiner persönlichen ›fachlichen‹ Weiterbildung Vivisektionen am Menschen vor, worauf er die Opfer ermordete, und holte sie sich wahllos von der Lagerstraße weg, führte sie in die Ambulanz, um ihnen Apomorphinspritzen zu geben und sich an den Wirkungen zu ergötzen. Ohne jede Notwendigkeit nahm er Operationen und Gliedamputierungen vor. Narkose des Opfers kam dabei nicht in Frage.«[203] – In einem Kommentar schreibt die »Allgemeine Wochenzeitung der Juden in Deutschland« zu dem im In- und Ausland Aufsehen erregenden Fall: »Der Einfluß jener auf internationaler Ebene arbeitenden Kreise, die schon mehreren ehemaligen Nazis in letzter Minute ›aus der Patsche geholfen‹ und sie irgendwo im ›befreundeten‹ Ausland in ›Sicherheit‹ gebracht haben, ist also noch immer größer und stärker als der der Politiker und der Polizei. Im Lichte ähnlich gelagerter Fälle der letzten Jahre ist also das Verschwinden Eiseles nicht einmal eine zu große Überraschung. Ägypten gilt ja seit jeher als das ›gelobte Land‹ der unverbesserlichen Vertreter des braunen Regimes. Wer erst einmal dort ist, braucht sich um seine Zukunft keine Sorgen mehr zu machen … Allerdings: Die eigentliche Verantwortung für den ›Fall Eisele‹ liegt nach wie vor bei den deutschen Stellen.«[204] – Die Regierung der Vereinigten Arabischen Republik, die zunächst verlauten läßt, daß sie nichts über den Aufenthaltsort Dr. Eiseles wisse, bestätigt später in **Kairo** zwar den Aufenthalt des ehemaligen KZ-Arztes in Ägypten, lehnt jedoch eine Auslieferung mit der Begründung ab, daß es sich dabei um einen reinen Rechtsfall handle. Die dem Mediziner zur Last gelegten Straftaten seien nach ägyptischem Recht, das eine Strafverfolgung nur innerhalb von zehn Jahren vorschreibt, verjährt. Dr. Eisele soll zunächst auf Ersuchen der Internationalen Polizeiorganisation von der ägyptischen Polizei festgenommen und in einem Ausländergefängnis in der Nähe von Kairo inhaftiert gewesen, dann jedoch ohne Angabe von Gründen wieder freigelassen worden sein.

10. Juli Bei einer vom lokalen *Aktionsausschuß »Kampf dem Atomtod«* (KdA) in **Ludwigshafen** durchgeführten Unterschriftenaktion sprechen sich über 5.000 Einwohner gegen eine Atombewaffnung der Bundeswehr und für die Schaffung einer atomwaffenfreien Zone in Mitteleuropa aus.

10. Juli Auf Antrag der SPD-Fraktion nimmt das Stadtparlament in **Wiesbaden** einen Antrag zur Durchführung einer Volksbefragung über die Atombewaffnung der Bundeswehr an.

10. Juli Im »Hotel Reiß« in **Kassel** spricht das BdD-Bundesvorstandsmitglied Hans Brender zum Thema: »Mit der Atombombe läßt sich nicht leben – Darum Gipfelkonferenz und atomwaffenfreie Zone!«

10.7.: Streikposten vor der Arwa-Strumpffabrik in Bischofswiesen.

10. Juli In der Arwa-Strumpffabrik in **Bischofswiesen** (Berchtesgadener Land) treten 192 von 260 Arbeitnehmerinnen und Arbeitnehmern in den Streik, weil ihnen der Besitzer Hans Thierfelder einen neuen Tarifvertrag verweigert. Der Fabrikant entläßt daraufhin die Streikenden fristlos und führt den Betrieb mit Streikbrechern und neueingestelltem Personal weiter.

10. Juli Die Erste Große Strafkammer des Landgerichts **Dortmund** verurteilt den 23jährigen Maschinenbauingenieur Walter Hilbig wegen Rädelsführerschaft in einer verfassungsfeindlichen Organisation zu einer neunmonatigen Gefängnisstrafe. Die achtmonatige Untersuchungshaft des Angeklagten wird angerechnet und die Vollstreckung der Reststrafe zur Bewährung ausgesetzt. Das Gericht sieht es als erwiesen an, daß Hilbig auch nach dem Verbot der FDJ in der kommunistischen Jugendorganisation tätig gewesen sei. Außerdem habe er in einer Kulturgruppe der *Gesellschaft für Deutsch-Sowjetische Freundschaft* (GDSF) »unter dem Deckmantel des Singens, Tanzens und Spielens gegen Atombomben und Remilitarisierung« agitiert.

10.7.: Paul Robeson beim Abflug auf dem New Yorker Flughafen Idlewild.

10.-16.7.: Demonstrative Geschlossenheit auf dem V. SED-Parteitag in Ost-Berlin (v.l,n.r.): Chruschtschow, Ulbricht und Grotewohl.

10. Juli Der schwarze Sänger und Bürgerrechtler Paul Robeson startet in **New York** zu einem Flug nach Europa. Weil er verdächtigt wird, mit dem Kommunismus zu sympathisieren, ist ihm jahrelang die Ausreise verweigert worden. Erst nachdem das Oberste Gericht der USA im Monat zuvor entschieden hat, daß keinem Bürger wegen dessen politischer Überzeugung der Reisepaß vorenthalten werden dürfe, kann Robeson wieder eine Auslandsreise antreten. – Bei seiner Ankunft auf dem Flughafen in **London** wird Robeson von zahlreichen Reportern empfangen, die über seinen Fall, der international Aufsehen erregt hat, berichten. – Am 15. August fliegt er weiter nach **Moskau**. Am Abend darauf strahlt das sowjetische Fernsehen ein 25minütiges Interview mit dem Sänger aus, der nicht zuletzt durch seinen Kampf gegen die Rassendiskriminierung bekannt geworden ist.

10.-16. Juli Am U. Parteitag der SED in der Werner-Seelenbinder-Halle in **Ost-Berlin** nehmen 1.648 Delegierte mit beschließender, 603 Delegierte mit beratender Stimme und mehr als 1.500 Gäste, darunter auch der sowjetische Partei- und Regierungschef Nikita S. Chruschtschow, teil. Nach außen demonstriert der Parteitag, daß sich die Erschütterungen des Jahres 1956 nicht in weiteren innerparteilichen Konflikten niederschlagen. Mit der Entmachtung der Fraktion um Karl Schirdewan, Ernst Wollweber, Gerhart Ziller und Fred Oelßner gibt es keine sichtbaren Anzeichen mehr für eine oppositionelle Strömung innerhalb der SED. Vor allem die Stellung des Ersten ZK-Sekretärs Walter Ulbricht ist gefestigter als je zuvor. Um kein Risiko für die vielbeschworene »Generallinie« einzugehen, sind zwischen März und Juni als unzuverlässig geltende Funktionäre durch Neuwahlen abgelöst worden, von den hauptamtlich arbeitenden Funktionären in den SED-Bezirksleitungen hatte die Parteiführung insgesamt ein Drittel auswechseln lassen. In seinem Rechenschaftsbericht bezeichnet Ulbricht die Friedenssicherung und den »Kampf gegen den Atomtod« als die grundlegende politische Aufgabe für die SED. Die »Volksbewegung gegen den Atomtod« und für die Einrichtung einer atomwaffenfreien Zone müsse noch breiter werden. Für die größte Aufmerksamkeit sorgt er mit seiner Forderung, die Bundesrepublik müsse in ihrem volkswirtschaftlichen Leistungsvermögen überholt werden: »Die Volkswirtschaft der DDR ist innerhalb

10.-16.7.: Massen-
kundgebung auf
dem Marx-Engels-
Platz.

10.-16.7.: Der
Anführer der oppo-
sitionellen Fraktion
in der SED
beschreibt in
seinem 1994
erschienenen Buch
das Scheitern des
Versuchs, Ulbricht
abzulösen.

1. Du sollst Dich stets für die internationale Solidarität der Arbeiterklasse und aller Werktätigen sowie für die unverbrüchliche Verbundenheit aller sozialistischen Länder einsetzen.

2. Du sollst Dein Vaterland lieben und stets bereit sein, Deine ganze Kraft und Fähigkeit für die Verteidigung der Arbeiter- und-Bauern-Macht einzusetzen.

3. Du sollst helfen, die Ausbeutung des Menschen durch den Menschen zu beseitigen.

4. Du sollst gute Taten für den Sozialismus vollbringen, denn der Sozialismus führt zu einem besseren Leben für alle Werktätigen.

5. Du sollst beim Aufbau des Sozialismus im Geiste der gegenseitigen Hilfe und der kameradschaftlichen Zusammenarbeit handeln, das Kollektiv achten und seine Kritik beherzigen.

6. Du sollst das Volkseigentum schützen und mehren.

7. Du sollst stets nach Verbesserung Deiner Leistungen streben, sparsam sein und die sozialistische Arbeitsdisziplin festigen.

8. Du sollst Deine Kinder im Geiste des Friedens und des Sozialismus zu allseitig gebildeten, charakterfesten und körperlich gestählten Menschen erziehen.

9. Du sollst sauber und anständig leben und Deine Familie achten.

10. Du sollst Solidarität mit den um ihre nationale Befreiung kämpfenden und den ihre nationale Unabhängigkeit verteidigenden Völkern üben.

Deutschlands ein. Er lehnt die vom Bundestag vorgeschlagene Einrichtung einer Viererkommission ab und erneuert die sowjetische Position, daß die Wiedervereinigung eine Frage sei, die nur von den beiden deutschen Staaten selbst gelöst werden könne. Der einzige Weg, die Spaltung zu überwinden, bestehe darin, daß es zwischen der DDR und der Bundesrepublik zu Verhandlungen, einer Verständigung und schließlich zu einer Annäherung komme. In einer Entschließung schlagen die Delegierten vor, eine atomwaffenfreie Zone in Europa zu schaffen, einen Nichtangriffspakt zwischen der NATO und den Mitgliedsstaaten des Warschauer Pakts abzuschließen und Schritte zu einem vollständigen Abzug aller in Deutschland stationierten ausländischen Truppen einzuleiten. Als besonders bedeutsame Aufgabe wird der Abschluß eines deutschen Friedensvertrages bezeichnet, der die Überreste des Zweiten Weltkriegs beseitigen und die Wiedervereinigung Deutschlands zu einem friedliebenden und demokratischen Staat fördern soll. Der Parteitag nimmt außerdem die von Ulbricht in Anlehnung an die zehn Gebote des Alten Testaments verkündeten »10 Grundsätze der sozialistischen Ethik und Moral« an. Darin werden solche partei- und staatstragenden Imperative formuliert wie: »Du sollst sauber und anständig leben und Deine Familie achten.« In seinem Schlußwort erklärt Ulbricht: »Unsere Antwort auf die Hetze der Adenauer-CDU ist der Kampf um den Sieg des Sozialismus in der DDR und die Verbreitung der Wahrheit über den Sozialismus in West-

KARL SCHIRDEWAN
**AUFSTAND
GEGEN
ULBRICHT**
AfV

10.-16.7.: Die von
den Delegierten
verabschiedeten
»Zehn Gebote der
sozialistischen
Moral«.

weniger Jahre so zu entwickeln, daß die Überlegenheit der sozialistischen Gesellschaftsordnung der DDR gegenüber der Herrschaft der imperialistischen Kräfte im Bonner Staat eindeutig bewiesen wird und infolgedessen der Pro-Kopf-Verbrauch unserer werktätigen Bevölkerung mit wichtigen Lebensmitteln und Konsumgütern den Pro-Kopf-Verbrauch der Gesamtbevölkerung in Westdeutschland erreicht und übertrifft.«[205] Chruschtschow geht in seiner Gastansprache vor allem auf die unterschiedlichen Konzepte zu einer Wiedervereinigung

*11.7.: Der Friedens-
nobelpreisträger
Albert Schweitzer
gilt als wichtigster
Kronzeuge für die
Warnungen vor der
Atomrüstung. Von
allen prominenten
Nuklearwaffengeg-
nern ist er am
häufigsten auf
Titelbildern und
Plakaten zu sehen.*

deutschland. Die SPD- und DGB-Mitglieder sollen sich in der DDR selbst überzeugen, wie der Sozialismus in Wirklichkeit aufgebaut wird. Wir sind nicht nur für Kontakte, sondern für die brüderliche Zusammenarbeit mit den westdeutschen Werktätigen im Kampf um den Frieden, für die atomfreie Zone und für die Konföderation der beiden deutschen Staaten.«[206] Sich ohne Hinweis einer Parole Mao Tse-Tungs bedienend, erklärt er, es sei das erklärte Ziel, den »Ostwind stärker in Westdeutschland spürbar« zu machen.

11. Juli An der Universität **Bonn** fordern 600 Studenten den AStA dazu auf, eine Vollversammlung einzuberufen, auf der darüber abgestimmt werden soll, ob sich die Studentenschaft dem Appell Albert Schweitzers anschließen oder »einer unheilvollen Entwicklung« der Atomrüstung »tatenlos« zusehen will.

11. Juli Der Bundesrat in **Bern** entscheidet, die Schweizer Armee mit Atomwaffen auszurüsten. Das Militärdepartement wird beauftragt, die für einen solchen Schritt erforderlichen technischen Voraussetzungen zu schaffen. – Die Fraktion der *Sozialdemokratischen Partei der Schweiz* (SPS) hat zwar die Einstellung aller Atomwaffenversuche als erstem Schritt auf dem Wege zu einer atomaren Abrüstung gefordert, lehnt jedoch einen einseitigen Verzicht auf Atomwaffen strikt ab. Solange sich die Großmächte auf keine allgemeine, kontrollierte Abrüstung verständigen könnten, müsse eine wirksame militärische Verteidigung der Schweiz gesichert werden. Dies könne nur, erklären ihre Sprecher, durch die Ausrüstung mit Atomwaffen geschehen.

12. Juli Auf einem Suchdiensttreffen der *Hilfsgemeinschaft auf Gegenseitigkeit der Soldaten der ehemaligen Waffen-SS* (HIAG) in **Lemgo** erklärt der frühere Panzergeneral der Waffen-SS, Kurt Meyer, genannt »Panzer-Meyer« vor 2.000 Teilnehmern, es sei zu erkennen, daß inzwischen auch die SPD zu der Überzeugung gelangt sei, daß es sich bei den Angehörigen der ehemaligen Waffen-SS um Soldaten und nicht um Verbrecher handle. Beide Seiten, die HIAG wie die SPD, seien bemüht, einst existierende Gräben zuzuschütten. Der ehemalige SDS-Bundesvorsitzende und jetzige SPD-Bundestagsabgeordnete Ulrich Lohmar erklärt in seiner Rede, ein gemeinsamer Weg in die Zukunft sei möglich, wenn man bereit sei, in gegenseitiger Toleranz Brücken zu schlagen. Lohmar spricht sich außerdem für die Schaffung einer gemeinsamen Plattform im Kampf gegen den Kommunismus aus. – In der Oktober-Ausgabe des HIAG-Kameradschaftsblattes »Der Freiwillige« schreibt Meyer zu dem von Teilen der Presse

KONGRESSDIENST

Herausgeber: Präsidium des STÄNDIGEN KONGRESSES aller Gegner der atomaren Aufrüstung in der Bundesrepublik.

Hamburg   Juli 1958   Nr. 1

mit großer Überraschung registrierten Auftritt Lohmars: »Der Rede des SPD-Abgeordneten war eine Rücksprache zwischen Herren der SPD-Bundesleitung und mir vorausgegangen. Sie wissen alle, daß gerade gewisse Herren der SPD und auch des Deutschen Gewerkschaftsbundes in der Vergangenheit uns völlig falsch gesehen haben oder sehen wollten. Oft wurden wir aus dieser Richtung scharf angegriffen. Ich glaube, daß es uns gelungen ist, in persönlicher Aussprache mit den Herren der SPD-Bundesleitung, Mißverständnisse auszuräumen.«[207]

13. Juli Rund 300 Atomwaffengegner, darunter auch Gäste aus Belgien, Großbritannien und Schweden, nehmen in **Gelsenkirchen** am »Kongreß der Jugend aus Hütten und Schächten« teil. Da die Stadtverwaltung kurz vor Beginn den Vertrag über die Nutzung des Saals im Hans-Sachs-Haus gekündigt hat, müssen die Veranstalter in eine nahegelegene Gastwirtschaft auszuweichen. Als Redner treten der Würzburger Professor Franz Paul Schneider, der Wuppertaler Lehrer Dieter Zitzlaff und der Essener Betriebsrat Alois Stoff auf. Schneider fordert die jungen Arbeiterinnen und Arbeiter auf, sich für die

Von Karlburg nach Lemgo / Lohmar beim SS-Treffen

Wie müssen sie sich in dem Jahre nach Karlburg gewandelt haben, die Mitglieder der Hilfsgemeinschaft auf Gegenseitigkeit (HIAG), die sich Mitte Juli in Lemgo, einer der lippischen SPD-Hochburgen, zu einem „Suchdiensttreffen" versammelt hatten. Tönte „Panzer-Meyer" in Karlburg noch von den „Schmierfinken" der Presse, die er als „Bazillenträger geistiger Zersetzung" bezeichnete, tat er dort noch die von der Waffen-SS begangenen Grausamkeiten als „Stories" ab, grüßte man in Karlburg noch mit dem „Deutschen Gruß" und sang man dort zu einem erste Strophe des Deutschlandliedes, — hier in Lemgo war man artiger, man gab sich demokratisch, so demokratisch, daß die Berichterstatter der „Freien Presse", Bielefeld, am 14. 7. schreiben konnte, „der Respekt des Generals vor einer Persönlichkeit wie der des verstorbenen SPD-Vorsitzenden Dr. Kurt Schumacher sei beifällig aufgenommen worden und „in den Reihen der Waffen-SS mache sich ein Aufbruch bemerkbar."

Wenn von einem Aufbruch die Rede sein kann, dann von einem anderen: aufgebrochen gen Lemgo war nämlich auch der Chefredakteur der Zweimonatszeitschrift „Die Neue Gesellschaft", der sozialdemokratische Bundestagsabgeordnete Ulrich Lohmar, der, wie der FP. weiter zu entnehmen war, „einen

Graben zuschüttete". Dabei blieb es nicht, er sprach auch schon von einem gemeinsamen Weg in die Zukunft und ließ die Zuhörer wissen, welches gemeinsame Ziel er vor Augen habe: „Wir sollten in Deutschland unsere Kräfte nicht zersplittern, sondern uns zusammenfinden, um auf einer gemeinsamen Plattform den Kommunismus zu bekämpfen." Mit Stolz vermerkt die FP, „die Rede des SPD-Bundestagsabgeordneten Ulrich Lohmar wurde nicht nur mit großer Aufmerksamkeit und Toleranz aufgenommen, sondern stellenweise mit stürmischem Beifall quittiert." Lohmar, der, dem Zeitgeist Rechnung tragend, die Bundesrepublik als „Deutschland" bezeichnet, scheint nicht zu wissen, daß die „gemeinsame Plattform", von der er sprach, bereits seit längerer Zeit besteht. In Niedersachsen (und nicht nur dort) sind ehemalige SS-Leute beim Verfassungsschutz tätig, der in Niedersachsen z. B. dem SPD-Innenminister und Stellvertretenden Ministerpräsidenten Kopf untersteht. Die Aufgaben des Verfassungsschutzes sind bekannt: Bekämpfung des Kommunismus ist eine, wenn nicht die hauptsächlichste.

An sich wäre dieser (Knie)Fall eines sozialdemokratischen MdB kaum einer Erwähnung wert, wenn sich daraus nicht die immer schneller fortschrei-

tende Kapitulation vor der Reaktion ablesen ließe. Gegen das Suchdiensttreffen in Karlburg wollten noch 20 000 Mitglieder der IG Metall aus Hessen und Bayern protestieren. Sie ließen sich besänftigen, das Treffen diene ausschließlich der Aufklärung von Vermißtenschicksalen, und Erich Kernmayer höhnte in der Juli-Ausgabe der „Deutschen Soldatenzeitung" im vergangenen Jahre:

„Genosse Eßl wird seine zwei Gewerkschaftsdivisionen also gegen Schwerversehrte, gegen Spätheimkehrer, gegen Kinder, gegen Mütter, Ehefrauen, Witwen und Väter organisieren und ins ‚Feld' führen."

Die Tatsachen sprachen dann eine andere Sprache.

Protestiert haben vor einem Jahre nur die IdK-Gruppe Schweinfurt-Würzburg und die Sozialistische Jugend von Karlstadt. In Lemgo protestierte in diesem Jahre — niemand.

Im Gegenteil: Die „neue Gesellschaft" kam zu Worte. Bei Licht betrachtet war es eine alte, noch deutlicher: eine tausendjährige Gesellschaft.

Daß die ebenfalls eingeladene FDP nur ein Vorstandsmitglied entsandte und die CDU auf die Einladung gar nicht reagierte, sei immerhin vermerkt.

W. M.

12.7.: »Die Andere Zeitung« berichtet über den Auftritt des SPD-Politikers bei dem HIAG-Treffen.

vom polnischen Außenminister Rapacki geforderte Einrichtung einer atomwaffenfreien Zone in Mitteleuropa einzusetzen. Es sei ihre Aufgabe, die Stationierung von Atomwaffen zu verhindern. Zitzlaff bekennt sich zu seiner ablehnenden Haltung gegenüber dem Kommunismus, betont aber zugleich, daß

vor einer antikommunistischen Hetze gewarnt werden müsse. Diese stelle im Grunde nichts anderes als eine »moralische Kriegsvorbereitung« dar. Stoff erklärt unter großem Beifall, daß er lieber ins Gefängnis gehen werde, als für die angebliche Freiheit den Atomtod zu sterben. Aus dem Gefängnis könne man immer noch einmal herauskommen, einen Atomkrieg überlebe jedoch niemand. Das beste Mittel gegen den Atomtod sei der gewaltlose Widerstand. Zum gewaltlosen Widerstand zähle auch der Generalstreik. Nichts fürchte der Gegner mehr als den Kampf der Arbeiter auf der Straße. Die Bremsklötze im DGB, die den Kampf gegen den Atomtod verhindern wollten, müßten gelockert werden. In einem von den Delegierten angenommenen Aufruf heißt es: »Wir rufen die Jugend an Rhein und Ruhr: Vereinigt Eure Kraft im Kampf gegen die Atomrüstung, gebietet dem Atomtod Einhalt! Die Atomaufrüstung der Bundesrepublik stationiert den Atomtod mitten unter uns ... Von unserem Kongreß wenden wir uns an die Gewerkschaften, die stärksten Organisationen der Werktätigen: Laßt endlich auch an Rhein und Ruhr, im industriellen Herzen, den Worten Taten folgen!«[208]

13. Juli Der Rektor der Universität **München**, Professor Egon Wiberg, enthüllt im Lichthof ein Mahnmal, mit dem an die Hinrichtung von Mitgliedern der Widerstandsgruppe »Die weiße Rose« vor 15 Jahren erinnert werden soll. Das Mahnmal besteht aus

13.7.: Teilnehmer des Gelsenkirchener Kongresses.

einem Steinsockel, auf dem die Jahreszahl 1943 und eine Rose eingemeißelt sind, und einer Bronzetafel mit den Namen der sieben Mitglieder der Widerstandsgruppe. Es steht genau an der Stelle, an der am 18. Februar 1943 die von einer Brüstung geworfenen Flugblätter niedergegangen sind. In seiner Gedenkrede zitiert der Theologieprofessor Romano Guardini die letzten Worte Hans Scholls vor seiner Hinrichtung: »Es lebe die Freiheit.« Studenten legen anschließend einen Kranz weißer Rosen an dem Mahnmal nieder.

14.7.: Landkarte des Iraks.

14.7.: Der irakische König Feisal II.

14.7.: Im Armenviertel von Bagdad werden der Sturz der Monarchie und die Ausrufung der Republik überschwenglich gefeiert.

13. Juli Der ehemalige SS-Oberscharführer Martin Knittler wird im Untersuchungsgefängnis in **Bonn** tot aufgefunden. Der 42jährige, der beschuldigt worden ist, im Konzentrationslager Sachsenhausen an der Ermordung von Häftlingen beteiligt gewesen zu sein, hat sich erhängt.

13.-17. August Unter dem Motto »Unsere Sorge der Mensch – Unser Heil der Herr« findet der »78. Deutsche Katholikentag« in **West-** und **Ost-Berlin** statt. Er wird mit zwei Pontifikalmessen in der Deutschlandhalle in **West-Berlin** und der Corpus-Christi-Kirche in **Ost-Berlin** eröffnet. An der Schlußkundgebung beteiligen sich etwa 170.000 Katholiken aus beiden deutschen Staaten.

14. Juli Nach der im Februar vollzogenen Vereinigung der beiden haschemitischen Königreiche Jordanien und Irak zur »Arabischen Konföderation« putscht das irakische Militär, das dem Bündnis gegenüber feindlich eingestellt ist, in **Bagdad** gegen die Monarchie. Wenige Stunden vor dem Abflug König Feisals II. zu einer Konferenz der islamischen Mitglieder des Bagdad-Paktes in die Türkei stürmen die Truppen der Putschisten den Palast. Sie töten den erst 23jährigen Monarchen, seinen Onkel, Kronprinz Abd Allah, und Ministerpräsident Nuri as-Said, der vergeblich in Frauenkleidern zu entkommen versucht. Die erste Handlung der Militärregierung unter General Abd al-Karim Kassem und Oberst Abdul Salam Aref besteht darin, die Republik zu proklamieren und aus dem gerade erst geschlossenen Bagdad-Pakt auszutreten.

15. Juli Aus Angst, daß es nach dem Putsch im Irak auch im Libanon zu einem Umsturz kommen könnte, wendet US-Präsident Dwight D. Eisenhower erstmals seine 1957 verkündete Doktrin an und entsendet über 5.000 Marine-Infanteristen nach **Beirut**, um den seit Monaten von Aufständischen bekämpften christlichen Staatspräsidenten Camille Chamoun zu stützen. Auf dem Luftweg folgen außerdem Heerestruppen, die ohne vorherige Konsultation der Bundesregierung von Flugplätzen in der Bundesrepublik abfliegen und auch das neutrale

Österreich überqueren. Dieser Teil der Operation ruft international besonders scharfe Kritik hervor, weil er das Völkerrecht und NATO-Verpflichtungen verletzt. – Nur zwei Tage später landet in **Jordanien** eine britische Fallschirmjägerbrigade, um den ebenfalls durch Aufständische bedrohten König Hussein vor dem Sturz zu bewahren. – Die militärische Intervention der beiden westlichen Großmächte stößt nicht nur bei der Sowjetunion, sondern auch bei blockfreien Staaten wie Indien auf scharfe Ablehnung.

15. Juli Einen Tag vor Eröffnung der Empire-Spiele in der britischen Küstenstadt **Cardiff** protestieren zahlreiche Sportler gegen den Ausschluß farbiger Athleten aus den Mannschaften Südafrikas und Rhodesiens. Die Aktionen des *Komitees gegen Rassenunterschiede im Sport* werden u.a. von den beiden Fußballnationalspielern Stan Matthews und Danny Blanchflower, dem Motorradweltmeister Geoff Duke und dem Mittelstreckenläufer Derek Ibbotson unterstützt.

16. Juli In **Münster** protestieren Studenten und Professoren gemeinsam mit einer Atommahnwache gegen die atomare Aufrüstung.

16.-22. Juli An einem vom *Weltfriedensrat* in **Stockholm** durchgeführten »Kongreß für Abrüstung und internationale Zusammenarbeit« nehmen rund 1.500 Delegierte aus 70 Ländern teil. Zu ihnen gehören auch etwa 100 Vertreter bundesdeutscher Frie-

15.7.: US-Marine-infanteristen gehen im Libanon an Land.

15.7.: Karte des Libanon.

densorganisationen. Die Eröffnungsrede in der Kongreßhalle hält der schwedische Dichter Artur Lundkvist. Als Vertreter der bundesdeutschen Gruppe erklärt der Bonner Professor Hans Iwand, daß der Kampf gegen die Atombewaffnung der Bundeswehr in allen Schichten des deutschen Volkes tiefe Spuren hinterlassen habe. Trotz aller bedrohlichen Zeichen gäbe es einen sachlich begründeten Optimismus. Der Weltfriede sei möglich. Wer an die Zukunft der Menschheit glaube, der müsse der anderen Seite für jeden Vorschlag, der dem Frieden diene, die Hand reichen. Der Vorschlag des sowjetischen Ministerpräsidenten Chruschtschow, in der gegenwärtigen Nahostkrise sofort eine Gipfelkonferenz einzuberufen, sei zu begrüßen. In einer von den Delegierten verabschiedeten Deklaration über die Gefahren des Wettrüstens wird die sofortige Einstellung aller Atomwaffentests, die Schaffung atomwaffenfreier Zonen, ein Verbot des Einsatzes nuklearer Waffen und eine Reduzierung der konventionellen Rüstung gefordert. Entschiedene Maßnahmen zur Abrüstung dürften nicht länger unter dem Verweis auf die noch ausstehende Regelung politischer Differenzen immer weiter hinausgeschoben werden. In einer zusätzlichen Entschließung werden die Interventionen der USA im Libanon und Großbritanniens in Jordanien scharf verurteilt. Die Teilnehmer fordern den umgehenden Abzug aller amerikanischen und britischen Truppen aus den beiden Nahost-Staaten. Der aus gesundheitlichen Gründen abwesende Präsident des *Weltfriedensrates* Frédéric Joliot-Curie wird in seinem Amt bestätigt. Zum Generalsekretär wird ein weiterer Franzose, Ferdinand Vigne, bestimmt.

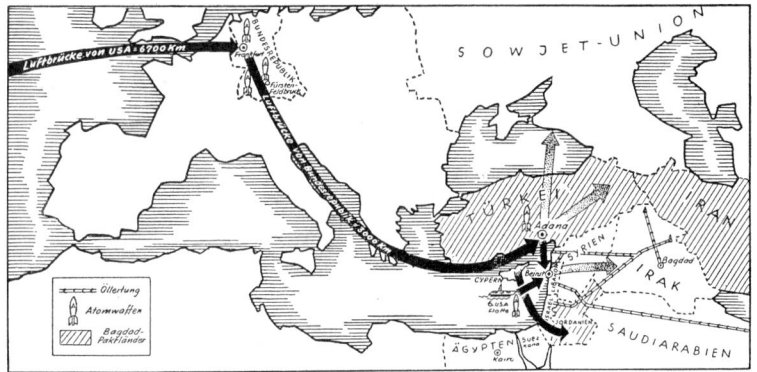

18. Juli Die Polizei in **Münster** verbietet einen am Vortag genehmigten Schweigemarsch, mit dem arabische Studenten gegen die militärische Intervention »fremder Mächte« in den Libanon protestieren wollten. Die Erlaubnis wird mit einem Hinweis auf die »verschärfte weltpolitische Lage« zurückgezogen.

18. Juli Der Bundesrat in **Bonn** lehnt einstimmig einen als »Lex Soraya« bezeichneten Gesetzentwurf der Bundesregierung ab. In der von Bundesaußenminister Heinrich von Brentano (CDU) angeregten Gesetzesvorlage waren Geld- und Gefängnisstrafen für Journalisten vorgesehen, die herabwürdigende Behauptungen über das Privatleben ausländischer Staatsoberhäupter verbreiten, sofern dadurch die auswärtigen Beziehungen der Bundesrepublik gestört würden. Die Bestrafung sollte unabhängig vom Wahrheitsgehalt der Berichterstattung erfolgen. Jeder Versuch, eine Beweiserhebung über die Wahrheit einer Behauptung anzustrengen, wäre für unzulässig erklärt worden. Anlaß für die von Journalisten,

15.7.: Die »Deutsche Volkszeitung« will anhand einer Karte zeigen, wie die Bundesrepublik als Zwischenstopp für die Luftbrücke der US-Truppen dient.

18.7.: »Antreten zur
Pressekonferenz!«
Karikatur aus der
Tageszeitung »Die
Welt«.

18.7.: Typischer
Illustriertenbericht
über das persische
Kaiserpaar.

Verlegern und verschiedenen Politikern heftig kritisierte Gesetzesinitiative waren Beschwerden des
persischen Hofes über die Art und Weise, wie bundesdeutsche Illustrierte über das Privatleben des
Schahs und der Kaiserin Soraya berichtet hatten.

18. Juli Vor dem Bahnhof Friedrichstraße in **Ost-
Berlin** führt der Nationalrat der *Nationalen Front*
eine Kundgebung gegen die Entsendung amerikanischer Truppen in den Libanon und britischer Fallschirmjäger nach Jordanien durch. – In den Tagen
darauf folgen weitere Kundgebungen an S-Bahnhöfen, zum Teil auch unmittelbar hinter der Sektorengrenze in **West-Berlin**.

18. Juli Rund 1.000 Mitglieder der SED, der FDJ und
anderer Organisationen protestieren vor der US-
Militärmission in **Potsdam** gegen das Eingreifen der
Amerikaner im Libanon. Die Fahne der USA wird
heruntergeholt und verbrannt; anschließend hissen
die Demonstranten die Rote Fahne. Sie wird kurze
Zeit später von einem amerikanischen Soldaten eingeholt. – Zu ähnlichen Zwischenfällen kommt es
vor der britischen Militärmission in **Potsdam**. Hier
gehen auch Fensterscheiben zu Bruch.

19. Juli Auf einer Kundgebung des *Arbeitsausschusses »Kampf dem Atomtod«* (KdA) in **Pirmasens** warnen der Direktor des Instituts für Theoretische Physik an der Universität Mainz und SPD-Bundestagsabgeordnete, Professor Karl Bechert, und die Frankfurter Vikarin Erika Küppers vor einer Fortsetzung
des Atomrüstungskurses durch die Bundesregierung.

19. Juli In einem Artikel der in West-Berlin erscheinenden »BZ« wird gegen den Zahnarzt Dr. Hermann Pook der Vorwurf erhoben, er sei der »Erfin-
der der Goldzahnverwertung« und habe als ehemaliger SS-Obersturmbannführer vorgeschlagen, den

20.7.: Bundesinnen-
minister Gerhard
Schröder.

ermordeten KZ-Häftlingen die Goldzähne auszubrechen. Dem »Chefzahnarzt der SS«, der in West-
Berlin bislang unangefochten eine Praxis als Kassen-
zahnarzt führen könne, solle die Approbation entzogen werden. – Dr. Pook war am 3. November 1947
im Prozeß gegen den ehemaligen Leiter des SS-
Hauptamtes und des SS Wirtschafts- und Verwal-
tungshauptamtes (SS-WVHA), Oswald Pohl, als Mitangeklagter zu zehn Jahren Gefängnis verurteilt,
jedoch nach sechs Jahren »wegen guter Führung«
vorzeitig aus der Haft entlassen worden.

20. Juli Da Bundeskanzler Adenauer wegen der
Nahost-Krise unabkömmlich ist, fällt Bundesinnenminister Gerhard Schröder (CDU) die Aufgabe zu,
als Vertreter der Bundesregierung die Gedenkreden
am Jahrestag des gescheiterten Hitler-Attentats in
West-Berlin zu halten. In einer achtminütigen
Ansprache, die sowohl ihrer Kürze wie auch ihres
Inhalts wegen von Teilnehmern als Affront empfunden wird, geht er im Zuchthaushof von Plötzensee
auf die Opfer des 20. Juli 1944 ein. Die Erinnerung an
die NS-Justiz, erklärt er, müsse als »Anruf der Versöhnung« verstanden werden. Es komme nun darauf
an, den Blick in die Zukunft zu richten und die »Vergangenheit geläutert zu überwinden«. – Die Presse
reagiert entrüstet auf die Rede des ehemaligen SA-
Mannes und früheren NSDAP-Mitglieds. Der in
West-Berlin erscheinende »Telegraf« rügt, daß sich
Schröder »mit keinem Wort zu den Männern

bekannt habe, die dort ihr Leben für die Freiheit gegeben« hätten, die »Frankfurter Rundschau« bezeichnet den Auftritt des Ex-Nazis als »bestürzendes Zeichen« und der sozialdemokratische »Vorwärts« spricht von einer »mehr als peinlichen Entgleisung«. Das Nachrichtenmagazin »Der Spiegel« schreibt unter der Überschrift »Unbewältigte Vergangenheit«, die Ansprache des Ministers sei »eine der kürzesten Reden« gewesen, die er je gehalten habe und fährt im Hinblick auf ihren Inhalt dann fort: »Das Unbehagen der Versammelten über die kalten Floskeln des Bonner Abgesandten hätte jedoch auch bei einer längeren Ansprache, wie sie für solche Gelegenheiten üblich sind, nicht geringer sein können.«[209] Der Senat habe dann, heißt es abschließend, bei den weiteren, ursprünglich im Besuchsprogramm eingeplanten Veranstaltungen auf den »20.-Juli-Redner Schröder« verzichtet.

21. Juli In mehreren bundesdeutschen Städten demonstrieren arabische und deutsche Studenten gegen die Intervention der amerikanischen Marineeinheiten im Libanon. – In **Hamburg** versammeln sich vor der Mensa arabische, afrikanische und deutsche Studenten zu einem Schweigemarsch. Zunächst sprechen zwei Vertreter der *Vereinigung Arabischer Studenten*. Sie kritisieren mit scharfen Worten die Intervention ausländischer Truppen in ihren Heimatländern. Die Staaten des Westens hätten seit langem nur das Bestreben, die arabische Welt zu unterdrücken und auszunutzen. Nun hofften alle Araber, daß die ganze Welt ihre Solidarität mit dem Freiheitskampf ihrer Länder bekunde. Die Westmächte müßten erkennen, daß ihr Befreiungskampf nichts mit einem imperialistischen Machtstreben zu tun habe. Der Freiheitswillen ihrer Völker sei nicht aufzuhalten. Man dürfe das »Suezabenteuer« nicht vergessen, wo bereits einmal zwei Westmächte die Welt an den Rand eines dritten Weltkrieges geführt hätten. Es bestehe die Gefahr, wenn das Gewissen der Welt nicht erwache, daß ein solcher Krieg doch noch ausbreche. Überall müsse gegen die Politik von US-Präsident Eisenhower und Premierminister Macmillan protestiert werden. An der Spitze der Demonstration gehen zwei Araber mit Kopfschmuck und in ihren traditionellen Gewändern unter einem Transparent mit der Aufschrift »Hände weg vom Nahen Osten!«. Andere Parolen lauten: »Kein Suez Nr. 2«, »Arabien für die Araber«, »Deutsche Freunde, keine Aggression von Eurem Boden« und »Schluß mit der Politik der Stärke!« In einem Telegramm, das die *Vereinigung Arabischer Studenten* an Bundeskanzler Adenauer richtet, heißt es: »Wir bedauern es sehr, daß die Bundesregierung es duldet, wenn die NATO-Stützpunkte in Deutschland als Basis für Aggressionen im Nahen Osten benutzt werden. Wir bitten Sie, Herr Bundeskanzler, Ihre Verbündeten zu überzeugen, daß die Freiheit Europas niemals befestigt werden kann, wenn Europa selbst die Freiheit anderer Völker mißachtet oder nicht anerkennt. Wir bitten Sie zugleich, sich für die Freiheit und das Selbstbestimmungsrecht der arabischen Völker einzusetzen.«[210] – In **Bonn** und **Münster** wird die Durchführung von Schweigemärschen durch arabische Studenten von der Polizei untersagt. – Auch in **Mainz** wird ein Schweigemarsch arabischer Studenten vom Polizeipräsidenten der Stadt mit der Begründung verboten, daß die Bundesrepublik gegenüber den Ereignissen im Nahen Osten eine »strikte Neutralität« bekundet habe. Mit einem Aufruf appellieren die arabischen Studenten an die deutsche Öffentlichkeit. Unter der Überschrift »Stoppt den Wahnsinn! Ruft die Aggressoren zurück! Verhindert den 3. Weltkrieg!« heißt es: »Die Iraker haben sich von einem typischen Regime befreit und die Republik ausgerufen. Eine Sache, die nur die Iraker etwas angeht. Im Libanon kämpft das Volk gegen einen Diktator. Die Vereinten Nationen haben den Aufstand als eine innere Angelegenheit des Landes erklärt. In Jordanien fühlt sich der König von seinem Volk bedroht. Was hat England damit zu tun? ... Die Aktion der Aggressoren widerspricht der Charta der UNO und allen internationalen Völkerrechten. Was geschieht, wenn Rußland auf diesen Wahnsinn antworten würde? Es wird einen Krieg geben, wenn nicht einen atomaren Weltkrieg ... Gerade die Deutschen, die zwei Weltkriege hinter sich haben und sich bis heute noch nicht erholten, dürfen die Folgen solcher Aggression nicht unterschätzen. Wir appellieren an die deutsche Öffentlichkeit, diesen Ereignissen nicht gleichgültig gegenüber zu stehen

21.7.: Arabische Studenten protestieren in West-Berlin bei der Grundsteinlegung für einen Erweiterungsbau der Technischen Universität gegen die US-Intervention im Libanon.

21.7.: Arabische Studenten demonstrieren zusammen mit ihren deutschen Kommilitonen auch in Hamburg (oben) und in Freiburg (unten) gegen die US-Intervention im Nahen Osten.

21.7.: Titelbild des Münchener Satireblatts.

marsch in den Libanon und nach Jordanien zu stoppen und die Kriegsgefahr durch eine Gipfelkonferenz zu beseitigen. Der Text wird in Telegrammen an die Bundesregierung und an die Botschafter der beiden Länder in Bonn gesandt. – Eine ähnliche Veranstaltung des BdD findet auf dem Altmarkt in **Duisburg-Hamborn** statt. Dort verabschieden die Teilnehmer ebenfalls eine Protesterklärung an die beiden Botschafter, in der der Abzug ihrer Truppen aus den beiden arabischen Staaten gefordert wird. – Auf einer weiteren Protestversammlung des BdD in **Saarbrücken** spricht das Bundesvorstandsmitglied Otto Schönfeldt. Auch hier sprechen sich die Teilnehmer in einer Resolution gegen Militärinterventionen im Nahen Osten aus. Die Bundesrepublik dürfe, heißt es darin, auf keinen Fall weiter »in dieses Abenteuer« hineingezogen werden. – Auch in **West-Berlin** ist es den arabischen Studenten untersagt worden, einen Schweigemarsch durchzuführen. Doch bei der feierlichen Grundsteinlegung für einen Erweiterungsbau der Technischen Universität, an der auch Bundesinnenminister Gerhard Schröder teilnimmt, protestieren zahlreiche arabische und deutsche Studenten mit Transparenten und Sprechchören gegen den Einmarsch der amerikanischen und britischen Truppen im Nahen Osten. Die Parolen lauten: »Es lebe die irakische Republik!«, »Es lebe die Revolution im Libanon!«, »Es lebe die deutsch-arabische Freundschaft!« und »Achtet die UNO-Beschlüs-

und sich diesen weltweiten Protestaktionen anzuschließen.«[211] – Auf einer Versammlung des *Bundes der Deutschen* (BdD) in der rheinland-pfälzischen Landeshauptstadt erklärt dessen Bundesvorstandsmitglied Otto Schönfeldt wenige Tage später: »Jedermann weiß jetzt, daß die NATO kein Verteidigungsbündnis ist. Die Westmächte setzen den Weltfrieden für fragwürdige Macht- und Finanzinteressen aufs Spiel! NATO-Partnerschaft heißt Kriegspartnerschaft zur Unterdrückung der Freiheit und Unabhängigkeit anderer Völker!«[212] – Auf einer Kundgebung in **Kiel** kritisiert der BdD-Generalsekretär Josef Weber die Bundesregierung, die es dulde, daß ihr Territorium als Nachschubbasis für militärische Nahost-Operationen mißbraucht werde. Ihr Verhalten zeige nur, wie wichtig es sei, gegen die atomare Aufrüstung zu kämpfen. Der Bundestagsbeschluß, die Bundeswehr mit Atomwaffen auszurüsten, müsse so schnell wie möglich wieder aufgehoben werden. Die 500 Teilnehmer verabschieden eine Resolution, mit der dagegen protestiert wird, daß die Bundesrepublik in militärischen Interventionen hineingezogen wird. Die US-amerikanische und die britische Regierung werden aufgefordert, ihren Ein-

SIMPLICISSIMUS

Jahrgang 1958 Nummer 36   Herausgegeben von Olaf Iversen   München, den 6. September 1958

Öl ist ein besonderer Saft

„Immer noch 70 Prozent Blut!"

se!« Auf einer Kundgebung in der Mensa der Technischen Universität berichtet ein Jordanier über die Verfolgung von Oppositionellen durch das Regime von König Hussein. Hunderte seien erschossen worden und viele andere säßen in Gefängnissen und Lagern. Ein SDS-Mitglied verliest eine Resolution, in der die Bundesregierung aufgefordert wird, sich jeglicher Unterstützung amerikanischer Militärmaßnahmen zu enthalten. Sie seien keine Kommunisten, erklärt ein arabischer Student, aber sie würden die unheilvolle Spaltung der Welt in ein kommunistisches und ein antikommunistisches Lager nicht mitmachen. Während sich die Sowjetunion als Freund der arabischen Völker zeige, unterstütze der Westen die verhaßten Machthaber, die mit ihrem Terrorregime das Volk unterdrückten.

21. Juli Die Wuppertaler Professorin Renate Riemeck spricht im Auditorium Maximum der Freien Universität in **West-Berlin** auf Einladung des SDS, des LSD und des ISSF zum Thema »Die politische Verantwortung des Studenten und die atomare Aufrüstung der Bundesrepublik«. Im Hinblick auf die Nahost-Krise erklärt sie, daß die NATO den Deutschen keine Sicherheit biete. Ein Militärbündnis, das seine Partner dazu benutze, die militärischen Abenteuer der USA und Großbritanniens indirekt zu unterstützten, sei als Verteidigungsgemeinschaft unglaubwürdig. Die atomare Aufrüstung der Bundesrepublik sei ein Versuch, den Kalten Krieg fortzusetzen. Die Studenten sollten mit dazu beitragen, dieses Betrugsmanöver zu entlarven und die Atombewaffnung als das sichtbar zu machen, was sie in Wirklichkeit sei: der Bankrott einer Politik, die sich am Rande einer Katastrophe bewege.

21. Juli In **Ost-Berlin** treffen hochrangige Vertreter der *Evangelischen Kirche* mit Ministerpräsident Otto Grotewohl, Innenminister Kurt Maron und dem Staatssekretär für Kirchenfragen, Werner Eggerath, zusammen, um offene Fragen in den Beziehungen zwischen Kirche und Staat in der DDR zu klären. Gleich zu Beginn lehnt Grotewohl es ab, Schulräume für den Religionsunterricht an Oberschulen bereitzustellen. Die Oberschüler seien religionsmündig, erklärt er zur Begründung und stellt unmißverständlich fest, daß die Jugendweihe auch weiterhin staatlich gefördert werde. Bischof Moritz Mitzenheim wendet ein, daß die Kirche in ihrer Arbeit eingeschränkt werde und auf unterer Ebene die Verfassungsbestimmungen der DDR mißachtet würden. In einem Kommuniqué, in dem es heißt, daß die Beratungen »vom Geiste der Verständigungsbereitschaft getragen« gewesen seien, wird festgestellt, daß der im Vorjahr zwischen der EKD und der Bundesregierung abgeschlossene Militärseelsorgevertrag für die

Kirchen in der DDR und für deren Geistliche keine Gültigkeit besitze. Die Kirche verpflichte sich, »mit den ihr gegebenen Mitteln dem Frieden zwischen den Völkern« zu dienen. Sie stimme mit den »Friedensbestrebungen« der DDR und ihrer Regierung grundsätzlich überein. »Ihrem Glauben entsprechend«, heißt es weiter, »erfüllen die Christen ihre staatsbürgerlichen Pflichten auf der Grundlage der Gesetzlichkeit. Sie respektieren die Entwicklung zum Sozialismus und tragen zum friedlichen Aufbau des Volkslebens bei.«[213] Ausdrücklich wird außerdem festgehalten, daß der von Kirchenvertretern dem Staat gegenüber erhobene Vorwurf des Verfassungsbruchs nicht aufrechterhalten werde. In der DDR, so die Regierungsvertreter, genieße jeder Bürger »volle Glaubens- und Gewissensfreiheit«. Die »ungestörte Religionsausübung« stehe unter dem Schutz der Republik.

21. Juli Der 38jährige jüdische Schriftsteller Marcel Reich-Ranicki, der einen Großteil seiner Jugend in Berlin verbracht hat und nach seiner Verhaftung durch die Nazis 1938 nach Polen deportiert wurde, kehrt nach Deutschland zurück. Er siedelt von **Warschau** nach **Frankfurt** über. Mit 20 DM in der Tasche und einem für 90 Tage gültigen Besuchervisum ausgestattet, trifft er auf dem Hauptbahnhof der Rhein-Main-Metropole ein. Ihm war es 1943 zusammen mit seiner Frau Teofila gelungen, aus dem Warschauer Ghetto zu fliehen und, von einem Ehepaar versteckt, in der polnischen Hauptstadt zu überleben. Im Oktober 1944 begann er mit einer über mehrere Jahre dauernden Tätigkeit für den polnischen Geheimdienst, zunächst als Kriegszensor, dann als Leiter einer Operationsgruppe in Katowice, danach als Oberreferent in der Spionageabteilung des Ministeriums für Öffentliche Sicherheit und nach mehrmaliger Beförderung als stellvertretender Leiter der Auslandsspionage und als Leiter der britischen Sektion. Nach etwa einjähriger Vorbereitung, er war inzwischen zum Hauptmann aufgestiegen, ging er im Februar 1948 nach London und nahm dort in einer Doppelfunktion die Leitung des Generalkonsulats der Republik Polen und die ihm obliegenden Geheimdienstaufgaben wahr. Dazu zählte u.a. die Rückführung polnischer Emigranten, vor allem der über 100.000 Soldaten, die auf der Seite der Westalliierten gekämpft hatten. Da ihr Einsatz im Widerspruch zu Stalins Direktiven stand, der 1944 in der von der Roten Armee befreiten Stadt Lublin ein Komitee zur nationalen Befreiung gründen ließ, um damit die Macht in einem künftigen polnischen Staat in die Hände zu bekommen, wurden hochrangige Offiziere nach ihrer Rückkehr vor Gericht gestellt und eine Anzahl zum Tode verurteilt. Im Herbst

21.7.: Niemand tritt häufiger bei Protestveranstaltungen auf als Renate Riemeck, Professorin an der Evangelischen Pädagogischen Akademie in Wuppertal.

23.7.: Dreißig Jahre später erscheint in Essen ein Reprint des »Blaubuchs«.

1949 wurde Reich-Ranicki auf eigenen Wunsch nach Warschau zurückberufen, wo er kurz darauf aus dem Außenministerium und aus dem Geheimdienst entlassen und vom ZK der *Polnischen Vereinigten Arbeiterpartei* (PVAP) wegen »ideologischer Abweichungen« aus der Partei ausgeschlossen wurde. Im Januar 1950 mußte er sich schriftlich verpflichten, über seine Tätigkeit im Geheimdienst Stillschweigen zu bewahren. Danach arbeitete er zunächst als Lektor in einem Verlag und ab 1951 als freier Schriftsteller. Dabei wich er nicht von den vorgeschriebenen Positionen der marxistischen Literaturtheorie ab. Aus nicht genannten Gründen wurde im März 1953 dennoch ein generelles Publikationsverbot über ihn verhängt, das ein dreiviertel Jahr aufrechterhalten blieb. Nach wiederholtem Drängen gelang es ihm im Februar 1957 schließlich, wieder in die Partei aufgenommen zu werden. Reich-Ranicki hat sich vorwiegend mit deutschsprachiger Literatur auseinandergesetzt. Eine Broschüre, die den Titel »Fortschrittliche deutsche Literatur in den Tagen nazistischer Finsternis« trägt, hat erst nach mehreren Anläufen und nur mit den Anfangsinitialen seines Namens versehen erscheinen können. – Reich-Ranicki steht in Kontakt mit Autoren der *Gruppe 47*; innerhalb kurzer Zeit gewinnt er als Literaturkritiker in der Bundesrepublik an Einfluß. Zunächst wird er Redakteur bei der Hamburger Wochenzeitung »Die Zeit«, später Leiter des Feuilletons der »Frankfurter Allgemeinen Zeitung«. Erst 1994 erfährt die Öffentlichkeit, wenn auch unvollständig, von seiner Tätigkeit im polnischen Geheimdienst.

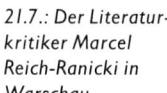

21.7.: Der Literaturkritiker Marcel Reich-Ranicki in Warschau.

21.-23. Juli Nachdem am 16. Juli auf einer studentischen Vollversammlung der Universität **Hamburg** ein Antrag des *Aktionskreises gegen atomare Waffen* mit 1.034:511 Stimmen angenommen worden ist, findet eine dreitägige Befragung der Hamburger Studentenschaft zur Atombewaffnung der Bundeswehr statt. – An der Urabstimmung beteiligen sich trotz erheblicher Störversuche von Korporierten 3.663

Studenten. Auf die Frage »Billigen Sie die Ausrüstung der Bundeswehr mit Atomwaffen?« antworten 2.541 Studenten mit »Nein« und 818 mit »Ja«. 180 Studenten enthalten sich der Stimme und 89 erklären sich für nicht ausreichend informiert; der Rest der Stimmen ist ungültig.

23. Juli Trotz eines Demonstrationsverbotes ziehen in **Mainz** 300 arabische und deutsche Studenten durch die Innenstadt, um gegen die militärische Intervention der USA und Großbritanniens im Nahen Osten zu protestieren. Auf ihren Transparenten sind Parolen zu lesen wie »Rettet den Frieden – Ruft die Aggressoren zurück!« und »Für Selbstbestimmungsrecht aller Völker!« Mitten im Zentrum werden die Demonstranten jedoch von der Polizei gestoppt. Während die Beamten die Spruchbänder einziehen und beschlagnahmen, versucht ein Sprecher der arabischen Studenten, auf den Schultern seiner Kommilitonen sitzend, den aus Neugierde stehengebliebenen Passanten die Motive ihres Protests zu erläutern. Doch auch das will die Polizei nicht zulassen. Als sie den Redner herunterzerrt, entsteht ein Handgemenge, in dessen Verlauf auch Gummiknüppel eingesetzt werden. Durch die Straßen der Innenstadt beginnt eine Jagd auf arabische Studenten. Wer schwarzhaarig ist und einen etwas dunkleren Teint hat, ist verdächtig und muß sich ausweisen. Mehrere Demonstranten werden festgenommen, ins Polizeipräsidium transportiert und dort verhört. – Der 26jährige irakische Medizinstudent Mahmood El-Hakim erläutert später vor der Presse die Gründe für die Demonstration und schildert seine Erfahrungen mit der Polizei: »Deutschland genießt in unserem Land ein großes Ansehen. Ich war enttäuscht darüber, daß die Bundesregierung es zuläßt, daß amerikanische Truppen, die in Deutschland stationiert sind, von hier aus in den Nahen Osten transportiert werden. Als mich meine Studienkollegen bei der Demonstration auf die Schultern hoben und als ich einige Worte zu der deutschen Bevölkerung sagen wollte, griffen Polizisten mit Gummiknüppeln an und holten mich herunter. Meine Freunde haben mich dann von den Polizisten getrennt. Ich lief weg. Drei Polizisten liefen hinter mir her. Einer von ihnen zog die Pistole. Eine Straßenpassantin rief dem Polizisten zu: ›Schieß doch, du Schwein!‹ Er hat daraufhin die Pistole weggesteckt!«[214]

23. Juli In **München** und **Würzburg** versammeln sich jeweils mehrere hundert arabische und deutsche Studenten zu Protestkundgebungen gegen die Intervention der USA im Libanon und der Briten in Jordanien. Sie fordern die strikte Einhaltung der Neutralität gegenüber den Staaten im Nahen Osten.

23. Juli In **Düsseldorf** erscheint in zweiter, erweiterter Auflage das vom *Friedenskomitee der Bundesrepublik Deutschland* herausgegebene »Blaubuch – Dokumentation über den Widerstand gegen die atomare Aufrüstung der Bundesrepublik«. Es enthält die wichtigsten Zeugnisse der Protestbewegung gegen die Atombewaffnung und will ein umfassendes Bild von seinem politischen und sozialen Charakter vermitteln. Der Würzburger Wirtschaftswissenschaftler Professor Franz Paul Schneider schreibt in seinem Vorwort, es sei das Ziel der Dokumentation, die Überzeugung zu vertiefen, daß sich alle Kräfte der Antiatombewegung zusammenschließen müßten, wenn sie in ihrem Kampf zu einem raschen und vollen Erfolg kommen wollten.

23. Juli Bei Stadtrundfahrten durch **Ost-Berlin** werden zwei mit US-Amerikanern besetzte Armeebusse in der Nähe des sowjetischen Ehrenmals im Bezirk Treptow von Demonstranten gestoppt. Bei der Protestaktion, die sich gegen die Landung amerikanischer Truppen im Libanon richtet, wird die Windschutzscheibe eines der Busse eingeworfen.

24. Juli In **Göttingen** führen Studenten aus Protest gegen die Intervention amerikanischer und britischer Truppen im Nahen Osten einen Schweigemarsch durch. Der Prorektor der Universität, Professor Werner Weber, erklärt auf der Schlußkundgebung, daß er mit Sorge die Vorgänge im Libanon und in Jordanien verfolge und versichert die arabischen Studenten seiner Anteilnahme.

24. Juli Das Landgericht **Düsseldorf** verurteilt das ehemalige KPD-Mitglied Paul Wunden und das SPD-Mitglied Gottfried Jöres wegen Kontakten zum *Freien Deutschen Gewerkschaftsbund* (FDGB) in der DDR zu Gefängnisstrafen.

25. Juli Zum 15. Jahrestag der Gründung des *Nationalkomitees »Freies Deutschland«* (NKFD) findet in der Sporthalle an der Stalinallee in **Ost-Berlin** eine Erinnerungsveranstaltung statt. An der Kundgebung nehmen neben zahlreichen ehemaligen Mitgliedern des NKFD auch hochrangige Vertreter der SED wie der Erste Sekretär ihres Zentralkomitees, Walter Ulbricht, teil. Hauptredner sind der Mitbegründer des NKFD und stellvertretende NDP-Vorsitzende, Heinrich Homann, und Alexander Schewtschenko als Vertreter des sowjetischen *Komitees der Kriegsveteranen und Partisanen*. – Das NKFD ist am 13. Juli 1943 nach der deutschen Niederlage in der Panzerschlacht bei Kursk in Krasnogorsk bei Moskau unter sowjetischer Aufsicht von deutschen Kriegsgefangenen und aus Deutschland emigrierten Schriftstellern gegründet worden. Es hatte die Aufgabe, die deutschen Frontsoldaten durch Lautsprecheransagen,

Flugblätter und Rundfunksendungen zur Kapitulation oder zum Überlaufen zu bewegen.

27. Juli In **Mannheim** führen 800 Kriegsdienstverweigerer eine Kundgebung gegen die Atomgefahr durch.

27. Juli Auf einer Kundgebung der *Deutschen Friedensgesellschaft* (DFG) in **West-Berlin** fordert Kirchenpräsident Martin Niemöller vor über 1.000 Zuhörern »Freiheit für die Volksbefragung gegen die Atombewaffnung«.

27. Juli-2. August In **Friedrichshafen** und anderen am Bodensee gelegenen Städten findet das »2. Internationale Bodensee-Friedenstreffen« statt. Die Teilnehmer aus Frankreich, Japan, Österreich, der Schweiz und der Bundesrepublik sprechen sich für die Einberufung einer Gipfelkonferenz und die Einrichtung einer atomwaffenfreien Zone in Mitteleuropa aus. Hauptreferent ist der Graphiker Gerhard Gollwitzer, Professor an der Staatlichen Akademie der Bildenden Künste in Stuttgart.

28. Juli Der ehemalige Präsident des Bundesamtes für Verfassungsschutz, Otto John, der wegen seines unter ungeklärten Umständen vollzogenen Übertritts in die DDR am 22. Dezember 1956 vom Bundesgerichtshof zu einer vierjährigen Freiheitsstrafe verurteilt worden war, wird in **Münster** vorzeitig aus der Haft entlassen. Er hat mit Anrechnung seiner Untersuchungshaft drei Jahre und acht Monate in Einzelhaft verbracht. Bundespräsident Theodor Heuss hat den wegen »landesverräterischer Fälschung in Tateinheit mit landesverräterischer Konspiration« Verurteilten, der zum Widerstand des 20. Juli gehörte, begnadigt. Der Rest der Zuchthausstrafe ist zur Bewährung ausgesetzt worden. John wird von Hans Caemmerer, dem Sohn seines Verteidigers, aus der Haftanstalt abgeholt und nach **Köln**

23.7.: Der Mainzer Demonstrationszug vor seiner Auflösung durch die Polizei.

28.7.: Otto John
nach seiner Haft-
entlassung; rechts
sein Verteidiger
Hans Caemmerer.

gefahren. »Vor unserer Haustür in Köln«, schreibt er in seinen Erinnerungen, »standen Photographen – kein Freund. Meine Frau war aus London herbeige-flogen und wartete allein in der von ihr für mich ein-gerichteten Wohnung. ›Nun wollen wir alles verges-sen und wieder leben‹, sagte sie. Aber ich will nicht ›als Verräter‹ sterben und will mit allen Kräften meine Rehabilitierung betreiben.«[215]

29. Juli Auf einer Kundgebung in **Hittfeld** (Kreis Harburg) fordern rund 1.000 Bauern die sofortige Einstellung aller NATO-Manöver in der Lüneburger Heide.

30. Juli Auf Antrag der Bundesregierung erklärt der 2. Senat des Bundesverfassungsgerichts in **Karlsruhe** die Volksbefragungsgesetze der beiden Bundeslän-der Hamburg und Bremen für verfassungswidrig. In der Urteilsbegründung stellt das Bundesverfas-sungsgericht fest, daß die Volksbefragungen zur Atombewaffnung der Bundeswehr nicht zulässig seien, weil die Verteidigungspolitik ausschließlich Sache des Bundes sei. »Das klare Ziel der Volksbefra-gungsaktion der Länder – die zuständigen Verfas-sungsorgane des Bundes zu zwingen, eine von ihnen für richtig gehaltene und getroffene Entscheidung im Bereich des Verteidigungswesens zu ändern – «, heißt es in der Urteilsbegründung, »stellt aber einen von den Ländern her versuchten Eingriff in die aus-schließliche Zuständigkeit des Bundes dar ... Dem-nach ist eine konsultative Volksbefragung in den Län-dern, wie sie im hamburgischen und bremischen Gesetz betreffend die Volksbefragung über Atom-

waffen angeordnet ist, mit dem Grundgesetz unver-einbar, weil sie in eine ausschließliche Gesetzge-bungs-, Regierungs- und Verwaltungskompetenz des Bundes übergreift. Die beiden Gesetze sind wegen ihres Widerspruchs mit der bundesstaatlichen Ord-nung des Grundgesetzes nichtig.«[216] Das Bundesver-fassungsgericht läßt aber die grundsätzliche Frage nach der verfassungsrechtlichen Zulässigkeit konsul-tativer Volksbefragungen ausdrücklich offen. Da es die Verfassungswidrigkeit der von den beiden Bun-desländern geplanten Volksbefragungen aus Verstö-ßen gegen die bundesstaatliche Ordnung des Grund-gesetzes herleitet, nimmt es zu der Frage, ob die beiden Landesgesetze im Widerspruch »zur reprä-sentativen Ausprägung der demokratischen Ord-nung im Grundgesetz« stehen, nicht Stellung. In einer weiteren Entscheidung stellt das Bundesver-fassungsgericht außerdem fest, daß das Land Hessen seine Pflicht zur Bundestreue verletzt habe, weil es die Landesregierung unterließ, die Beschlüsse der Stadtverordnetenversammlungen von Frankfurt, Offenbach und Darmstadt aufzuheben, die ebenfalls die Durchführung von Volksbefragungsaktionen zur Atombewaffnung der Bundeswehr vorsahen. – Der »SPD-Pressedienst« schreibt dazu, daß die deutsche Sozialdemokratie »als eine verfassungstreue und den Staat mittragende Säule« den Urteilspruch des höch-sten deutschen Gerichtes respektieren werde. Die geplanten Volksbefragungen würden deshalb unter-bleiben. Die SPD bedaure aber gleichzeitig die Ent-scheidung des Karlsruher Gerichts. Die Möglichkeit des Volkes, »in einer entscheidenden Lebensfrage seinen Willen kundzutun«, werde dadurch bedenk-lich eingeschränkt. Damit sei der Streit zwischen Regierung und Opposition zwar juristisch, nicht aber politisch entschieden. Die SPD werde auch in Zukunft am Widerstand gegen die »Atombomben-politik der Bundesregierung« festhalten.

31. Juli Der AStA-Vorsitzende der Universität **Er-langen**, Jürgen Krautheim, gibt der Presse bekannt, er habe mehrere anonyme Briefe erhalten, in denen gefordert wird, daß alle ausländischen und insbeson-dere alle jüdischen Studenten aus Deutschland aus-gewiesen werden müßten. »Horden von Juden«, heißt es darin, seien in die Bundesrepublik einge-wandert und betrieben »Pressehetze«. Und weiter: »Erlangen darf nicht so ein Judennest werden wie Frankfurt am Main, München und Düsseldorf.«[217] Erlangen müsse eine »rein deutsche Universität« bleiben. Er selbst, erklärt Krautheim, werde seines Namens wegen als »Judenjüngling« beschimpft. Die antisemitischen Briefe bewiesen, fährt er fort, daß in der fränkischen Universitätsstadt rechtsradikale Gruppierungen existierten.

Dr. Dr. Gustav Heinemann

Der Spruch von Karlsruhe

Das Bonner Grundgesetz gibt dem Recht einen Vorrang vor den Zweckmäßigkeitsfragen der politischen Entscheidung. Deshalb sind politische Entscheidungen des Bundes und der Länder immer wieder an den Grundsätzen der Verfassung zu messen. Zuständig dafür ist das Bundesverfassungsgericht in Karlsruhe in einer weitgehenden Ausschließlichkeit.

Ein Streit von besonderer Tragweite ist um die Volksbefragung zur atomaren Bewaffnung der Bundeswehr entbrannt. Durch Urteile vom 30. Juli d. J. hat das Bundesverfassungsgericht die hamburgischen und bremischen Gesetze vom Mai d. J. zur Volksbefragung über Atomwaffen für nichtig erklärt sowie dem Lande Hessen einen Verstoß gegen den Grundsatz bundesfreundlichen Verhaltens bescheinigt, weil die Hessische Landesregierung die Beschlüsse der Gemeinden über eine amtliche Befragung ihrer wahlberechtigten Gemeindebürger zur Atombewaffnung der Bundeswehr duldete. So bündig diese Urteile lauten, so sehr haben sie eine Fülle von Fragen offengelassen.

Der Verfassungsstreit entbrannte, als die SPD im März dieses Jahres im Bundestag ein Gesetz zur Befragung der wahlberechtigten Bundesbürger wegen einer atomaren Aufrüstung einbrachte. Die Bundesregierung erklärte eine solche Befragung für verfassungswidrig, weil sie gegen die ausschließliche Entscheidungsbefugnis des Parlaments verstoße. Die CDU lehnte deshalb die Befragung ab. Bekanntlich haben erst daraufhin Hamburg und Bremen eine Befragung ihrer Landesbürger eingeleitet. Karlsruhe hat diese Befragung für unzulässig erklärt, „weil sie in eine ausschließliche Gesetzgebungs-, Regierungs- und Verwaltungskompetenz des Bundes übergreift". Ausdrücklich offengelassen wurde dabei die Frage, ob die Gesetze von Hamburg und Bremen „etwa im Widerspruch stehen zur repräsentativen Ausprägung der demokratischen Ordnung im Grundgesetz". Das heißt mit anderen Worten, daß zwar eine Volksbefragung durch

Landesgesetz in einer Bundesangelegenheit unzulässig ist, nicht aber auch, daß eine Befragung zur Atombewaffnung auf Grund des Bundesgesetzes unzulässig wäre. Diesen Antrag könnte die SPD im Bundestag durchaus wiederholen, ohne daß ihr der Spruch von Karlsruhe entgegengehalten werden könnte.

In ähnlicher Weise ist die Frage offengeblieben, ob Gemeinden ihre Gemeindeglieder in einer Gemeindeangelegenheit amtlich befragen dürfen. Das entscheidet sich, wie das Bundesverfassungsgericht feststellte, nach Landesrecht. Verwehrt ist den Gemeinden nach Bundesrecht lediglich eine Einmischung in reine Bundesangelegenheiten. Wo aber Gemeinde- und Bundesangelegenheit sich überschneiden, kann auch die Gemeinde sprechen, also sich insbesondere zum Beispiel gegen die konkrete Absicht des Bundes wenden, auf ihrem Gemeindegebiet einen Flugplatz oder Abschußbasen für Atomsprengkörper zu errichten. Frankfurt, Darmstadt, Kassel, Offenbach und andere Gemeinden wollten sich indessen zur Atombewaffnung als solcher äußern. Das erklärt Karlsruhe für unstatthaft.

Weil die Hessische Landesregierung die Gemeinden gewähren ließ, soll sie gegen den Grundsatz der Bundestreue verstoßen haben. Das Bundesverfassungsgericht erklärte hierzu, daß diese Feststellung keinen „Vorwurf" beinhalte, es gehe hier nicht um „Treulosigkeit" oder „Böswilligkeit", sondern „ausschließlich um die Klärung eines objektiven Begriffes des Verfassungsrechtes und um die Beurteilung eines Sachverhaltes, bei dem vorausgesetzt werden kann, daß die daran Beteiligten in der Überzeugung von der Verfassungsmäßigkeit ihrer Handlungsweise gehandelt haben".

Die Hessische Landesregierung hatte u. a. die Frage aufgeworfen, ob denn der Bund verfassungsmäßig handelte, als die atomare Bewaffnung beschlossen wurde. Diese Frage bezog sich einmal auf Artikel 25 des Grundgesetzes, wonach die allgemeinen Regeln des Völkerrechtes den Vorrang vor dem Bundesrecht haben. Das Kieler Universitätsinstitut für Internationales Recht hat den Abwurf von

Atombomben auf Japan 1945 für völkerrechtswidrig erklärt. Desgleichen hält es Massenvernichtungsmittel zum Ausgleich für eine Unterlegenheit in herkömmlichen Waffen für völkerrechtswidrig. Wie ist deshalb eine atomare Bewaffnung der Bundeswehr völkerrechtlich und damit zugleich bundesrechtlich zu beurteilen? Zum anderen bezog sich die Frage der Hessischen Landesregierung darauf, daß der Bund die Bundesländer nicht an der Entscheidung über die Atombewaffnung der Bundeswehr beteiligte. Eine Entscheidung von solch weittragender und zutiefst umstrittener Bedeutung hätte unseres Erachtens mehr als einer nur formlosen Entschließung des Bundestages, nämlich eines förmlichen Bundesgesetzes und von daher einer Mitwirkung auch des Bundesrates bedurft. In dieser Unterlassung sah die Hessische Landesregierung mit Recht einen Verstoß des Bundes gegen den auch für ihn geltenden Grundsatz der Bundestreue.

Das Bundesverfassungsgericht hat diese Einwände bewußt übergangen. Es erklärt, daß ein Bundesland zu bundesfreundlichem Verhalten auch dann verpflichtet sei, wenn der Bund seinerseits die Pflicht zu bundesfreundlichem Verhalten verletze. Hier liegt unverkennbar eine äußerst schwache Stelle des Karlsruher Urteils im hessischen Steitfall vor! Die Hessische Landesregierung wird zu überlegen haben, wie sich das Gleichgewicht in der Beurteilung bundestreuen Verhaltens herstellen läßt.

Der Kampf gegen die atomare Aufrüstung wird weitergehen. Das Bundesverfassungsgericht hat den Spielraum der Auseinandersetzung eingeengt, aber den politischen Streit als solchen naturgemäß offengelassen. Es sagt im Hamburg-Bremen-Urteil: „In der modernen Demokratie spielt die öffentliche Meinung eine entscheidende Rolle. Der Freiheit der Bildung dieser öffentlichen Meinung kommt eine so große Bedeutung zu, daß sie mit Fug als Artikel 5 des Grundgesetzes mitgarantiert angesehen wird."

Die öffentliche Meinung zu mobilisieren bleibt auch weiterhin unsere Aufgabe.

30.7.: Der Jurist und Bundestagsabgeordnete kritisiert die ablehnende Entscheidung des Bundesverfassungsgerichts, Volksbefragungen auf Länderebene durchführen zu können.

30.7.: »Prüfen Sie doch mal, Eckardt, ob man den Bundestag nicht überhaupt ganz abschaffen könnte!« Der Bundeskanzler zu seinem Pressechef in einer Zeichnung des »Simplicissimus«.

August In **Recklinghausen** veranstaltet die Volkshochschule eine Diskussion über Möglichkeiten zur
Wiedervereinigung Deutschlands. Im Zentrum stehen die Fragen: »Wollen wir noch die Einheit? Ist die
Wiedervereinigung unter den gegenwärtigen politischen Verhältnissen überhaupt noch ein reales Ziel?
Sind die Siegermächte noch an ihre Verpflichtung
gebunden, die Einheit Deutschlands wieder herzustellen? Wollen sie überhaupt ein wiedervereinigtes
Deutschland? Kann man noch an der Auffassung festhalten, die DDR sei kein Staat?«[218] Der Westberliner
Professor für evangelische Theologie, Helmut Gollwitzer, erklärt, daß es keine Patentlösung für die
Wiedervereinigung gebe, die Teilung Deutschlands
jedoch erst dann perfekt sei, wenn man ihr zustimme
und sich damit abfinde. Die Wiedervereinigung sei
keine Frage des Nationalismus, sondern Ausdruck
des Wunsches nach Frieden und Freiheit, nach Recht
und Menschenwürde. Der Direktor des Instituts für
Publizistik an der Universität Münster, Professor
Walter Hagemann, warnt davor, die deutsche Einigung weiter auf die lange Bank zu schieben: »Warten
ist lebensgefährlich, Krieg ist tödlich und ein Verzicht auf die Wiedervereinigung kommt nicht in
Frage.«[219] Er sehe keinen anderen Weg, als »mit Pankow« zu verhandeln. Eine Verständigung zwischen
den beiden deutschen Regierungen sei nach der Vielzahl verpaßter Gelegenheiten »die einzige Tür«, die
noch offen stehe. Auf den Einwand, durch Verhandlungen mit Bonn werde nur Ulbrichts Stellung
gestärkt, reagiert er mit den Worten, daß dessen
Position bereits so stark sei, daß sie dadurch keine
Steigerung mehr erfahren könne. Man müsse,
schlägt Hagemann vor, den von der Sowjetunion und
der DDR vorgezeichneten Weg einer Konföderation
zwischen beiden deutschen Staaten einschlagen.

August Hauptredner auf zwei vom *Arbeitsausschuß
»Kampf dem Atomtod«* (KdA) in **Castrop-Rauxel**
durchgeführten Protestversammlungen sind die sozialdemokratische Bundestagsabgeordnete Helene
Wessel und der Professor an der Pädagogischen Akademie Wuppertal, Johannes Harder.

August Auf einer Protestveranstaltung gegen die
westliche Militärintervention im Nahen Osten und
die Atombewaffnung der Bundeswehr in **Solingen**
treten Renate Riemeck, Professorin an der Pädagogischen Akademie Wuppertal, und ihr Kollege Professor Johannes Harder als Hauptredner auf.

August In **Stade** an der Elbe unterzeichnen 509 Einwohner eine Erklärung, die auf Initiative eines Ehepaares zustande gekommen ist und in der die sofortige Einstellung aller Nuklearwaffenversuche gefordert wird.

August Bei einer Volksbefragung in **Langenselbold**
(Landkreis Hanau) sprechen sich mit 4.539 von 5.856
Personen 77% der Teilnehmer gegen die Atombe-
waffnung der Bundeswehr aus.

August Mitglieder der *Internationale der Kriegsdienstgegner* (IdK) führen in **Bayreuth** eine Protestkundgebung gegen die atomare Aufrüstung durch.

August Auch in **Füssen** im Allgäu findet eine Protestkundgebung gegen die Atombewaffnung der Bundeswehr statt.

August Die Spruchkammer in **West-Berlin** verurteilt den ehemaligen SS-Oberführer und früheren
Leiter des NS-Instituts für Staatswissenschaft, Reinhard Höhn, zu einer Geldstrafe von 12.000 DM, weil
er von einer besonders verantwortungsvollen Stelle
aus die Jugend mit dem »Ungeist des Nationalsozia-

lismus« infiltriert habe. Der Rechtswissenschaftler, der 1933 in die NSDAP und ein Jahr später in die SS eingetreten ist, habe nach 1945 nicht den Mut besessen, sich in einem öffentlichen Verfahren zu rechtfertigen. Immer wieder sei es ihm gelungen, sich um jede Entnazifizierungsmaßnahme zu drücken. Seine Behauptung, er sei vor dem Krieg aus der SS ausgeschlossen worden, könne nicht der Wahrheit entsprechen, da er noch 1944 zum SS-Oberführer befördert worden sei. Der 54jährige Höhn leitet seit zwei Jahren die Akademie für Führungskräfte der Wirtschaft. – Die Spruchkammer verhängt außerdem gegen den ehemaligen SS-Obergruppenführer und Polizeigeneral Werner Lorenz eine Geldstrafe von 50.000 DM. Dem früheren Leiter des »SS-Hauptamtes volksdeutsche Mittelstelle« wird »aktive Betätigung und Förderung des Nationalsozialismus an führender und besonders verantwortlicher Stelle« vorgeworfen. Der in der Nähe von Düsseldorf lebende Lorenz war bereits 1931 SS-Oberführer im Stabe Himmlers geworden.

August In **West-Berlin** erscheint die erste Ausgabe der Zeitschrift »alternative«. Die »Blätter für Lyrik und Prosa«, wie es im Untertitel heißt, gehen aus einer Fusion zwischen den beiden Literaturzeitschriften »Lyrische Blätter« und »Visum« hervor. Herausgeber sind Reimar Lenz und Richard Salis. »Zur Sprache der Massenbeeinflussungs- und -vernichtungsmittel«, heißt es in ihrem Vorspruch, »wissen wir eine Alternative; auf viele Fragen aber haben wir keine Antwort. Unsere Zeitschrift wird nicht Lösungen anbieten, sondern Texte, anhand derer

alternative
BLÄTTER FÜR LYRIK UND PROSA

Reimar Lenz: Das Mißverständnis der modernen Lyrik **/ Christoph Meckel:** Flaschenpost für eine Sintflut **/ Hans-Christian Kirsch:** Les Halles **/ Jürgen Mittelstrass:** Mörder und Mann **/ Richard Salis:** Emigration **/ Peter Rühmkorf:** Zwei Gedichte **/ Willy Baumeister:** Illustrationen.

ANSGAR SKRIVER VERLAG · BERLIN-DAHLEM

August: Die erste Ausgabe der West-Berliner Literaturzeitschrift und zwei Gedichte aus den ersten beiden Heften.

CHRISTOPH MECKEL
FLASCHENPOST FÜR EINE SINTFLUT

Ihr Überlebenden auf großen Flotten
Feudaler Archen über den Wasserschächten
Einmal kommender, kleiner oder mächtiger Sintflut,
Ihr Zuhälter des Todes, Schmeichler Noahs, würdet
Unsrer nicht mehr gedenken, die in den Böen,
In Rauch, Schlamm und Gestank, an den wellenvermummten
Orten des Zähneklapperns verblieben, wenn diese Flasche nicht
Heute oder morgen an eure ungleich goldneren
Häuser schlüge, wo ihr beim Mahl
Der inzwischen wieder geschlachteten Taube
Lacht und euch sicher dünkt auf der Empore Welt,
Würdet unsrer nicht mehr gedenken, wenn nicht
Zahllose solcher Flaschen voll Nachricht für euch noch
Im Wasser trieben, von Welle zu Welle getragen,
Und nicht die ein oder andre euch eines Tages
Plötzlich vor Augen und Ohren käme, eure
Tagesordnungen häßlich unterbrechend,
Worin geschrieben steht, was ihr mit eurem Schlottern
Nicht lesen könnt —: ‚Ihr Überlebenden
Auf großen Flotten feudaler Archen
Über den Wassern der wieder zerronnenen,
Auf uns herabgesunkenen Sintflut, die wir geopfert
An verschollenen Orten des Zähneklapperns…'

GOTTFRIED PFEFFER

ABENDLIED DES STUDENTEN

O hoffnungslose Zeit des frühen Abends,
wenn bunt die Bleche von den Dächern blühn!
Die Birken schaukeln sanft im Wind, sie habens
noch immer nicht begriffen und sind grün.

Die Orgel dudelt feierlich von ferne,
die Hausfrau macht die Fensterläden zu.
Der Mensch ißt abend oder spaltet Kerne
(dies weiter westlich: hier geht man zur Ruh.)

Hier schnurrt das Moped fröhlich um die Ecke,
der Nachbar spült des Tages Staub hinab.
Die Polizei zählt die Verkehrstodstrecke,
und nicht verplant wohl grad' Herrn Speidels Stab.

Ihr Mächt'gen! Wartet noch um ein, zwei Tage,
ich bin zum Heldentod noch nicht bereit;
denn meine Seminararbeit zur Frage
des Seins an sich ist noch nicht ganz so weit.

Alternativen deutlich werden, – vielleicht Aporien. Unser Mißtrauen gilt den Synthesen, die der Gewohnheit entspringen … Wir sind weder Ästheten noch Ideologen; doch wir sind (hoffentlich) auch nicht neutral, keine Äquilibristen des Einerseits-Andererseits. Von einer Mitte wissen wir nichts. Wir wissen allein: der Mensch ist ein Ort schreiender Widersprüche. Wir können nicht resigniert ›verharren vor dem Unvereinbaren‹. Wer nicht teilnimmt an der Konjunktur des Vergessens, das Sirren der Projektile über unseren Köpfen nicht verdrängt, wird den Ort des lyrischen Ich in der sozialen Welt neu bestimmen, nach dem Zusammenhang von Dichten und Handeln neu fragen müssen.«[220]

1. August Die Erste Große Strafkammer des Landgerichts **Bamberg** verurteilt zwei DDR-Bürger wegen der Verbreitung aus der DDR stammendem politischen Propagandamaterials in der Bundesrepublik zu Gefängnisstrafen. Die Angeklagten Ernst Winkler und Edgar Dohle erhalten 15 bzw. sechs Monate Haft.

1. August Auf einer Veranstaltung des *Bundes der Deutschen* (BdD) in **Hamburg** spricht der BdD-Landesvorsitzende Karl Behnke über die Gefahren des Nahost-Konfliktes. Das Motto der Versammlung lautet: »Kriegsgefahr hält an! – Gipfelkonferenz darf nicht verzögert werden!«

1. August Auf einer Kundgebung des *Bundes der Deutschen* (BdD) in **Frankfurt** kritisiert der Generalsekretär des BdD, Josef Weber, in scharfen Worten die Militärinterventionen der Amerikaner im Libanon und der Briten in Jordanien.

1. August Im Vergnügungspark Battersea in **London** kommt es zu schweren Ausschreitungen Jugendlicher.

2.-6.8.: Atomwaffengegner aus sieben Staaten beteiligen sich an der Atommahnwache auf dem Stuttgarter Karlsplatz.

2.-6. August Auf dem im Stadtzentrum von **Stuttgart** gelegenen Karlsplatz führt die *Arbeitsgemeinschaft Unabhängiger Friedensverbände* eine Atommahnwache durch. Ihre Mitglieder wollen an den Abwurf der ersten Atombomben auf Hiroshima und Nagasaki erinnern. Zugleich soll damit gegen die Fortführung der Nuklearwaffenversuche sowie die Atombewaffnung der Bundeswehr protestiert werden. Den Anfang mit der Protestaktion haben 70 Kinder von Widerstandskämpfern aus verschiedenen europäischen Staaten gemacht.

5. August Die 8. Strafkammer des Landgerichts **Dortmund** verurteilt den Präsidenten des *Deutschen Jugendringes*, den aus der DDR stammenden Komponisten Wolfgang Schoor, wegen »staatsgefährdender Tätigkeit« zu einer Gefängnisstrafe von einem Jahr. Die Untersuchungshaft von sechseinhalb Monaten wird angerechnet. – Der 1954 in Ost-Berlin gegründete *Deutsche Jugendring* ist der Dachverband verschiedener staatlicher Jugendorganisationen wie der FDJ und der Gewerkschaftsjugend des FDGB. Er gilt in der Bundesrepublik als kommunistische Tarnorganisation. – Die *Vereinigung demokratischer Juristen Deutschlands* (VdJD) protestiert am 8. August in **Ost-Berlin** gegen die Verurteilung Schoors und fordert die Aufhebung des Urteils. Der Prozeß sei eine Willkürmaßnahme der »Bonner Justiz«. Mit ihm werde ein Präzedenzfall geschaffen, der es in Zukunft unmöglich mache, daß sich DDR-Bürger in demokratischen Organisationen in der Bundesrepublik betätigen könnten. Damit würden demokratische Kontakte zwischen beiden deutschen Staaten verhindert.

5. August Auf einer Kundgebung des *Bundes der Deutschen* (BdD) auf dem Finndorfer Marktplatz in **Bremen** spricht dessen Landesvorsitzender Franz Prem zum Thema »Nach wie vor Kriegsgefahr! – Keine Verzögerung der Gipfelkonferenz!«

5. August Acht Stunden vor ihrem Beginn wird die Erlaubnis für die Durchführung einer Atommahnwache auf dem Marktplatz von **Bremen** durch einen Senatsbeschluß verweigert. Die von der Landesgruppe Bremen der *Internationale der Kriegsdienstgegner* am 24. Juli beim Ordnungsamt beantragte Protestaktion, zu der mehrere hundert Bürger ihre Teilnahme zugesagt hatten, sollte die Überschrift »Bremer Bürger stehen Tag und Nacht gegen die Atomrüstung« tragen. Zur Begründung für die Verweigerung der Genehmigung führt der sozialdemokratische Innensenator an, daß zwar grundsätzlich nichts dagegen einzuwenden sei, wenn Teile der Bevölkerung ihre Meinung in der beantragten Form äußern wollten, jedoch der Marktplatz sei »für derartige Propagandierungen« nicht geeignet.

6. August Eine vom *Komitee gegen Atomrüstung* in **München** am 24. Juli beantragte Atommahnwache vor der Feldherrnhalle am Odeonsplatz, wo 1923 Hitlers Putschversuch gescheitert war, wird von den städtischen Behörden nicht genehmigt. Zur Begründung heißt es, daß der von einer großen Anzahl von Besuchern frequentierte Platz durch eine symbolische Aktion in seinem eigentlichen Zweck, als Sehenswürdigkeit der bayerischen Landeshauptstadt zu dienen, beeinträchtigt würde.

6.8.: Atommahn-
wache am Jahrestag
des Bombenabwurfs
auf Hiroshima vor
der Münchener
Feldherrnhalle.
Am selben Platz
stand von 1933
bis 1945 eine
»Ewige Wache
der NSDAP«.

6. August In **Hamburg** wird ebenso wie in **Bremen** und **München** die Erlaubnis zur Aufstellung einer Atommahnwache verweigert. Die Ablehnung wird den Antragstellern gegenüber mit den Worten begründet, es liege für eine solche Protestaktion »kein öffentliches Interesse« vor. – Alle drei Städte werden von Sozialdemokraten regiert.

6. August Anläßlich des 13. Jahrestages des Atombombenabwurfs auf Hiroshima finden in **Altena, Duisburg, Düsseldorf, Hamburg, Karlsruhe, Köln, Lüdenscheid, München, Salzgitter, Tübingen** und **West-Berlin** verschiedene Protestaktionen und Atommahnwachen statt. – Die Professorin an der Pädagogischen Akademie Wuppertal, Renate Rie-

NIEMAND
KANN 2 HERREN
DIENEN!   MATTH.6.

Denke daran
Am 6.Aug. 1945 um 8,¹⁵ Uhr
starben 240000 Menschen
durch eine kleine Atombombe
Die Inschrift auf dem Mahnmal in Hiroshima la
Ruhet in Frieden, denn wir werden den Fehler nicht n...   len!"
Seit 1945 wurde über 160 mal mit Atombomben   perimentiert
Was willst Du?
Atomtod oder Leb
Zeichne auch Du dich ein bei der
gegen atomare Aufrüstu

6.8.: Atommahn-
wache in Duisburg
mit dem japani-
schen Pfarrer
Sumita.

6.8.: Besuch bei
einem der Hiroshi-
ma-Opfer in einer
japanischen Klinik.

meck, hatte am 19. Juli in einem Artikel der »Deutschen Volkszeitung« fünf Vorschläge unterbreitet,
wie die Atomwaffengegner den »Tag von Hiroshima« begehen könnten: mit Schweigemärschen,
Atommahnwachen, Autokorsos, Unterschriftenak-
tionen und Gedenkanzeigen. »Am 6. August 1945«,
hieß es in dem Aufruf, »fiel die erste Atombombe auf
die wehrlose Bevölkerung von Hiroshima. Seit
jenem Tage wissen wir, daß der Atomkrieg Massenmord ist. Die 240.000 Opfer von Hiroshima mahnen
uns, immer daran zu denken: es gibt keinen Zweck,
der den Einsatz dieser Waffe rechtfertigen könnte.
Die Atomaufrüstung der Bundesrepublik bietet uns
keinen Schutz und keine Sicherheit. Sie vergrößert
die Kriegsgefahr und erschwert die Entspannung.
Das sollten wir uns am Tage von Hiroshima eindringlich vor Augen führen. Jeder entschiedene Atomwaffengegner sollte mit dafür sorgen, daß am 6. August
die Gewissen wachgerüttelt werden, die man mit
allen Mitteln einzulullen versucht.«[221]

6. August Mitglieder des *Verbandes der Kriegsdienstverweigerer* (VdK) führen in der Altstadt von **Lübeck**

eine Atommahnwache durch. Die Nuklearwaffen-
gegner, die schwarze Armbinden mit der Aufschrift
»Atom-Mahn-Wache« tragen, haben eine schwarze
Fahne und ein Holzschild aufgestellt, auf dem zu
lesen ist: »6. August 1945 – Hiroshima – 200.000
Atombombenopfer mahnen«.

6. August Der *Studentische Arbeitskreis für ein kernwaffenfreies Deutschland* an der Universität **Münster**
wendet sich anläßlich des Hiroshima-Tages mit
einem Offenen Brief an die Botschafter der vier
Großmächte in **Bonn** und fordert Maßnahmen zur
stufenweisen Abrüstung, zur Schaffung einer atomwaffenfreien Zone in Mitteleuropa und zur Ächtung
aller atomarer Waffen.

6. August Kriegsdienstverweigerer legen in **Mannheim** zur Erinnerung an die Opfer von Hiroshima
und Nagasaki am Mahnmal für die Toten des Zweiten
Weltkrieges Kränze nieder.

6. August Bei der Gedenkfeier der Einwohner von
Hiroshima für die mehr als 220.000 Opfer beim Abwurf der ersten Atombombe vor 13 Jahren gibt der
Bürgermeister die Namen der 173 weiteren Toten
bekannt, die im Laufe der letzten Monate an den
Spätfolgen des amerikanischen Angriffs gestorben
sind.

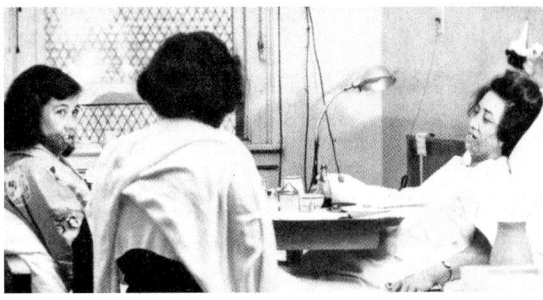

7. August Auf einer Kundgebung in **Stuttgart** fordert der baden-württembergische Landesvorsitzende des *Bundes der Deutschen* (BdD), Georg Herr-
mann, die sofortige Durchführung einer Gipfelkonferenz, um die Kriegsgefahr im Nahen Osten zu
bannen.

7. August Mehrere Organisationen der Friedensbewegung führen im Winterhuder Fährhaus in **Hamburg** eine Gedenkveranstaltung an die ersten beiden
Atombombenabwürfe auf Hiroshima und Nagasaki
durch. Die Teilnehmer fordern ein Ende der Atomtests und eine weltweite Abrüstung. Im Anschluß an
die Vorführung des japanischen Dokumentarfilms
»Zerstörtes Leben« spricht Ingeborg Küster, Präsidiumsmitglied im *Friedenskomitee der Bundesrepublik Deutschland*. Nach der Veranstaltung ziehen die
Teilnehmer mit Fackeln am Alsterufer entlang.

7. August Das Kreisgericht **Dessau** verurteilt den 48jährigen Dozenten Herbert Jädecke wegen Staatsverleumdung zu einer Gefängnisstrafe von einem halben Jahr. Der Angeklagte soll gesagt haben, er sei »nicht allwissend wie Walter Ulbricht«.

9.-14. August Der *Verband der Kriegsdienstverweigerer* (VdK) führt in **Köln** eine Atommahnwache durch, die insgesamt 216 Stunden dauert und an der sich auch Oberbürgermeister Theo Burauen, die Schriftstellerin Irmgard Keun, die Kabarettistin Trude Herr und der SPD-Bundestagsabgeordnete Hans-Jürgen Wischnewski beteiligen. Zur Eröffnung findet im Rathaussaal eine Mahn- und Gedenkstunde für die Opfer von Hiroshima statt, auf der auch Kirchenpräsident Martin Niemöller und der Präsident der *Deutschen Friedensgesellschaft* (DFG), Professor Johannes Harder, sprechen. Auf dem Rudolfplatz, dem Ort der Mahnwache, steht während der ganzen Zeit eine fünf Meter hohe Atomraketenattrappe, die von vier Tafeln, die in die verschiedenen Himmelsrichtungen weisen, umgeben ist. Darauf steht zu lesen: »Wenn an dieser Stelle eine Atombombe einschlägt, lebt in Junkersdorf (bzw. Riehl, Kalk, Zollstock) kein Mensch mehr.«[222] Parallel zur Atommahnwache wird außerdem eine Unterschriftensammlung durchgeführt. Über 15.000 Bürger der

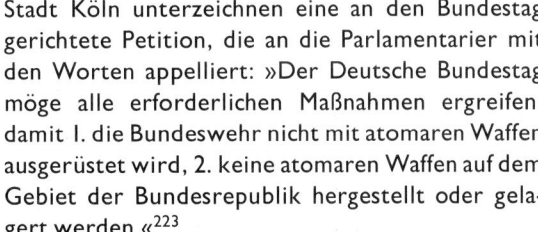

9.-14.8.: Auch Martin Niemöller beteiligt sich an der Kölner Protestaktion.

6.8.: Titelbild des DFD-Organs.

6.8.: Raketenattrappe auf einer BMW-Isetta.

Stadt Köln unterzeichnen eine an den Bundestag gerichtete Petition, die an die Parlamentarier mit den Worten appelliert: »Der Deutsche Bundestag möge alle erforderlichen Maßnahmen ergreifen, damit 1. die Bundeswehr nicht mit atomaren Waffen ausgerüstet wird, 2. keine atomaren Waffen auf dem Gebiet der Bundesrepublik hergestellt oder gelagert werden.«[223]

11. August Der schleswig-holsteinische Innenminister Helmut Lemke entzieht in **Kiel** der ehemaligen KZ-Ärztin Dr. Hertha Oberheuser die Approbation. Die wegen ihrer Verbrechen an Häftlingen des Konzentrationslagers Ravensbrück 1947 zu 20 Jahren Gefängnis verurteilte Medizinerin hatte nach ihrer vorzeitigen Haftentlassung wieder eine Praxis eröffnet. Die antifaschistische Wochenzeitung »Die Tat« hatte seit 1956 wiederholt gegen eine Wiederzulassung der Ärztin protestiert.

11.8.: Dr. Hertha Oberheuser als Angeklagte im Nürnberger Ärzteprozeß.

12.-20.8.: Auch der Philosoph Günther Anders (2.v.r.) beteiligt sich an dem Friedensmarsch nach Tokio.

12.-20.8.: Das Schlußwort von Anders auf der Konferenz in der japanischen Hauptstadt.

12.-20.8.: Ein Jahr später erscheint in einem Münchener Verlag das Tagebuch der Japan-Reise.

eröffnet. Zu Beginn der Veranstaltung werden die Teilnehmer eines Friedensmarsches von Hiroshima nach Tokio mit großem Beifall begrüßt. Die Demonstranten haben die 1.000 Kilometer lange Strecke in 53 Tagen zurückgelegt. In einem zum Abschluß von den Delegierten angenommenen Aufruf fordert die IV. Weltkonferenz: »1. Die sofortige und bedingungslose Einstellung der Kernwaffenversuche. Das kann sofort verwirklicht werden, wenn die amerikanische und englische Regierung dem Beispiel der Sowjetunion folgen; 2. den sofortigen Abzug der amerikanischen und englischen Truppen aus Libanon und Jordanien; 3. die Einberufung einer Tagung auf höchster Ebene mit dem Ziel, Verfahren zur Entspannung der internationalen Lage zu finden und Voraussetzungen für fruchtbare Verhandlungen zu schaffen; 4. die Verpflichtungen aller Regierungen unter keinen Umständen Kernwaffen anzuwenden.«[224] Und im Vorspann zu einer elf Punkte umfassenden Deklaration heißt es: »Die Menschheit befindet sich an einem Scheideweg. Sie muß zwischen dem Atomtod und der friedlichen Ausnutzung der schöpferischen Kräfte des Menschen zum Wohle der gesamten Menschheit wählen. Einerseits wurden Erfolge auf dem Wege zum Frieden erzielt; davon zeugt die ein-

Auf einer der Hiroshimabrücken steht einer, der singt und in die Saiten greift. Blickt ihn an. Wo Ihr sein Gesicht erwartet, da werdet Ihr kein Gesicht finden, sondern einen Vorhang: Weil er kein Gesicht mehr hat. Und wo Ihr seine Hand erwartet, da werdet Ihr keine Hand finden, sondern eine stählerne Klaue: Weil er keine Hand mehr hat.

Solange es uns nicht gelingt, das zu erreichen, was zu erreichen wir hier zusammengekommen sind: Die Gefahr zu bannen, die, als sie zum ersten Male losbrach, zweihunderttausend mit sich nahm, so lange wird dieser Roboter auf der Brücke stehen und singen. Und solange er auf dieser Brücke stehen wird, so lange wird er auf allen Brücken stehen, die in unsere gemeinsame Zukunft führen sollen. Als Schandfleck. Und als Bote.

Erlösen wir den Mann von seinem Amt. Tun wir das Nötige, um ihm sagen zu können:

„Du bist überflüssig geworden. Du darfst abtreten."

12.-20. August In **Tokio** wird vor 106 japanischen und 122 ausländischen Delegierten aus 39 Ländern sowie 6.000 Gästen die »IV. Weltkonferenz gegen Atom- und Wasserstoffbomben und für Abrüstung«

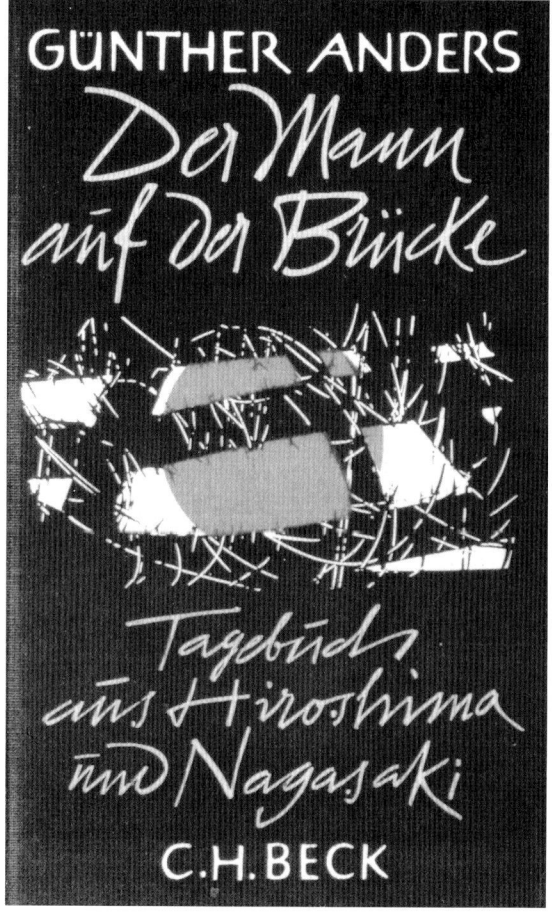

GÜNTHER ANDERS
Der Mann auf der Brücke
Tagebuch aus Hiroshima und Nagasaki
C.H.BECK

seitige Einstellung der Kernwaffenversuche durch die Sowjetunion. Andererseits besteht aber die reale und ernste Gefahr eines Krieges. Davon zeugen die Entsendung von mit Kernwaffen ausgerüsteten Truppen nach dem Mittleren Osten und die Errichtung von Raketenabschußbasen in Japan, Westdeutschland und den sie umgebenden Territorien.«[225] In der Erklärung werden Protestaktionen gegen Nuklearwaffen, wie die Entsendung von Schiffen zur Verhinderung weiterer Atomwaffentests und die Organisierung von Märschen zu Bauplätzen für Raketenabschußbasen, ausdrücklich begrüßt. – Einer der Delegierten ist der 56jährige jüdische Philosoph Günther Anders. Der seit der Rückkehr aus dem Exil in Wien lebende Wissenschaftler arbeitet während der Konferenz in einer 70köpfigen Kommission über »Moralische Verpflichtungen im Atomzeitalter« mit. In der Einleitung zu seinen unter dem Titel »Der Mann auf der Brücke« publizierten Aufzeichnungen über den Besuch in Japan schreibt er: »Ob wir Heutigen und Morgigen imstande sein werden, uns überhaupt durchzubringen, das ist ungewiß ... Wenn es aber eine fortbestehende Menschheit, eine Menschheit, die sich des täglichen Fortbestandes als täglich neuer Aufgabe bewußt wäre, geben sollte, dann war unsere Gruppe in Tokio ein Mikromodell dieser Menschheit von morgen. Und zwar deshalb, weil wir den Gegner nicht in diesem oder jenem Volk, nicht in diesem oder jenem Regierungssystem, nicht in dieser oder jener Philosophie sahen, sondern in der Bedrohung, in die uns, und zwar uns alle, die technische Entwicklung gebracht hat; und in der Tatsache, daß keiner von uns dieser Entwicklung psychologisch gewachsen ist; das heißt: daß keiner von uns imstande ist, sie phantasiemäßig, emotional oder moralisch zu bewältigen.«[226]

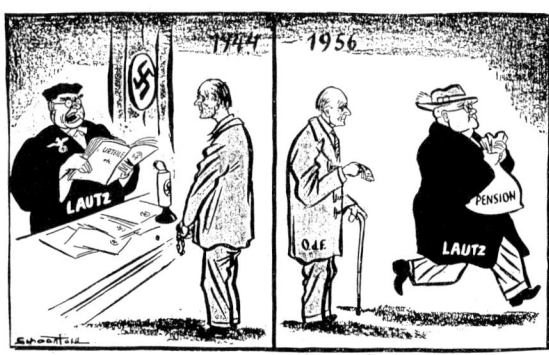

13. August Das Landessozialgericht **Schleswig** erkennt der Witwe des 1942 bei einem Attentat in Prag ums Leben gekommenen »Reichsprotektors von Böhmen und Mähren«, SS-Obergruppenführer Reinhard Heydrich, eine Witwenrente in Höhe von 1.000 DM zu. Zur Begründung heißt es, der Heyd-

Erklärung der Weltkonferenz

1. Es ist die gebieterische und universelle Pflicht der Menschheit im Atomzeitalter, in dem die ganze Menschheit entweder gemeinsam leben oder gemeinsam sterben muß, die Selbstvernichtung zu verhindern und die Koexistenz zu fördern. Diese Pflicht entspringt der tiefen Achtung für das Leben und dem Wunsch nach Erhaltung der Menschenfamilie.

2. Die Gefahr der bei Kernwaffenversuchen entstehenden Niederschläge hat ein solches Außmaß erreicht, daß es verhängnisvoll wäre, diese fortzusetzen.
Es sollte betont werden, daß es bei dem gegenwärtigen Stand des Wissens keine wirkliche Vorbeugung oder Heilung der Strahlenkrankheit gibt.
Auch gibt es keine Schwelle, unterhalb derer die Radioaktivität harmlos ist. Selbst die kleinste Erhöhung der Strahlenmenge ist für das gesamte organische Leben schädlich.

3. Im Pazifik werden jetzt Kernwaffenversuche mit IRBM-Waffen, die mit einem Atomsprengkopf versehen sind, durchgeführt. Dies bedeutet Vorbereitung für einen Atomkrieg. Opposition gegen die Versuche ist daher Opposition gegen den Atomkrieg.

4. Wir begrüßen die einseitige Einstellung der Versuche durch die Sowjetunion und fordern, daß die USA und Großbritannien sofort ihre Versuche einstellen. Wir appellieren an alle in Betracht kommenden Nationen, bedingungslos ein internationales Übereinkommen für das Verbot der Kernwaffenversuche abzuschließen.

5. Die atomare Ausrüstung der Truppen verschiedener Nationen wird die internationale Spannung erhöhen und die Gefahr eines Atomkrieges vergrößern.
Kein Volk kann seine Sicherheit durch Kernwaffen garantieren. Solche Aktionen werden sie im Gegenteil der Gefahr des Atomtodes aussetzen. Wir fordern das Verbot der Atomrüstungen und die Errichtung atomwaffenfreier Zonen.

6. Wir wenden uns gegen die durch die Mobilisierung von Armeen mit Kernwaffen vorhandene Gefahr eines Atomangriffs und fordern das Versprechen, daß diese Waffen unter keinerlei Umständen verwendet werden.

7. Wir wenden uns gegen die Stationierung von Truppen und die Errichtung militärischer Stützpunkte auf fremden Territorien und gegen die Bildung von Militärblöcken. Insbesondere fordern wir den sofortigen Rückzug der auf den Territorien der Nationen des Mittleren Ostens stationierten ausländischen Truppen.

8. Die Probleme des Friedens und der nationalen Unabhängigkeit sind untrennbar miteinander verbunden. Wir fordern, daß die Unabhängigkeit aller Nationen voll respektiert wird. Vor allem fordern wir, daß Algerien die Unabhängigkeit gewährt wird, was die einzige Grundlage für die Beendigung des langen Kampfes darstellt.

9. Es ist das fundamentale Recht aller Nationen, in der Gemeinschaft der Nationen anerkannt zu werden. Wir fordern, daß die Volksrepublik China ihren rechtmäßigen Status unter den Nationen erhält.

10. Das Problem des Friedens ist mit dem der Demokratie verwandt. Wir wenden uns gegen die Unterdrückung von Friedensbewegungen und fordern, daß die demokratischen Rechte der Menschen garantiert werden.

11. Jenen Freunden, die bewußt und mutig für den Frieden eintreten und vor allem jenen, in deren Ländern Regierungen eine Atomrüstungspolitik betreiben, sprechen wir hier unsere tiefe Achtung aus. Die Entsendung von Protestflotten in die Versuchsgelände, die Protestmärsche zu den Raketenstützpunkten und die Weigerung, Raketen stationieren zu lassen, mögen als Beispiel für solch mutiges Handeln angeführt werden.

Wir appellieren an die Völker der Welt, sich in einer mächtigen gemeinsamen Aktion einzusetzen, um unsere Ziele zu erreichen.
Solche geeinte Aktionen werden der Weltpolitik die Richtung zum Frieden weisen und leuchtende Perspektiven für eine von der Furcht vor radioaktiven Niederschlägen und der Drohung des Krieges befreiten Zukunft erschließen.
Dies ist die feste Entschlossenheit der IV. Weltkonferenz gegen die A- und H-Bomben und für die Abrüstung.
Tokio, 20. August 1958

rich-Witwe stehe die Rente zu, weil ihr Mann den Tod »im Zusammenhang mit Kriegsereignissen« gefunden habe. Das Urteil ist endgültig und rechtlich unanfechtbar. Frau Heydrich betreibt auf der Insel Fehmarn eine Fremdenpension. Nach unbestätigten Meldungen soll ihr Haus den Ehefrauen ehemaliger SS-Offiziere als Treffpunkt dienen. – Die »Allgemeine Wochenzeitung der Juden in Deutschland« kommentiert die Gerichtsentscheidung mit den Worten: »Es ist leider immer dasselbe: Während die Opfer des NS-Regimes in vielen Fällen Jahre auf eine

15.-20.8.: Schlußerklärung in Tokio.

13.8.: Karikatur der »BZ«: Der ehemalige Oberreichsanwalt beim Volksgerichtshof E. Lautz erhält eine Pension, ein Opfer des Faschismus bekommt nur Almosen.

Die Verfolger werden entschädigt

Die Informationsstelle des DGB-Landesbezirks Niedersachsen hat eine Liste herausgegeben, aus der die Höhe der von der Bundesrepublik an ehemalige Größen des Dritten Reiches gezahlten Pensionen und Entschädigungen ersichtlich ist. Man zählt gelegentlich in Bonn und anderswo die Summen auf, die an die Verfolgten des NS-Regimes gezahlt werden, wobei, wie dies unlängst im regierungsamtlichen Bulletin geschah, manchmal irreführende Angaben gemacht werden. Es erscheint darum nützlich, nachstehend an einigen Beispielen zu zeigen, was an

Beckerle: „Als SA-Obergruppenführer, Polizeipräsident und Gesandter des Dritten Reiches in unverschuldeter Gefangenschaft gewesen." Aus: Stuttgarter Zeitung

ihre ehemaligen Verfolger ausgezahlt wird. Die Liste der DGB-Stelle erhebt keinen Anspruch auf Vollständigkeit. Es würde den Fleiß der bundesamtlichen Statistiker ehren, wenn sie darüber einmal eine offizielle Zusammenstellung machten.

Alles auf Kosten der Steuerzahler

Alexander ANDRAE	General a. D., rechtsradikaler Agitator nach 1945; zeitweilig „Direktoriumsmitglied" der DRP; zeitweilig Mitarbeiter der ostfinanzierten „Nationalen Rundschau"	erhält Generalspension nach Gesetz 131
Dr. BETHGE	tätig unter dem „Reichskommissar für die Festigung Deutschen Volkstums"	heute Arbeitsamtsdirektor in Nordrhein-Westfalen
BUDDE	Kreisleiter der NSDAP, NS-Oberbürgermeister in Bielefeld bis 1945	Entschädigung von 21 000 DM verlangt, Pension monatlich 1345 DM ab 1953
Wilhelm Karl ENGELHART	Kreisleiter der NSDAP in Oldenburg von 1935 bis 1945, aktiver Nazi	Landesverwaltungsgericht Oldenburg billigte ihm besoldungsmäßig Tätigkeit als Schullehrer zu
Rudolf ENKHAUS	NS-Oberstabsrichter, belastet im Verlauf des Schörner-Prozesses	heute Landgerichtsrat in Bückeburg
Wilhelm FECHNER	SA-„Feldjägermeister" aus Elze bei Hannover	Oberverwaltungsgericht Lüneburg billigte in einem Grundsatzurteil ihm und den Angehörigen des SA-Feldjägerkorps Pensionen im Sinne des Gesetzes 131 zu
Dr. Erich GRITZBACH	persönl. Referent Görings und Pressechef des Preußischen Staatsministeriums nach 1933, SS-Oberführer	erhält monatlich Pension von 1293,36 DM
Dr. Wilmar HAGER	ehem. Landgerichtsrat, führend in der Oberreichsanwaltschaft beim Volksgerichtshof, überwachte bis April 1945 die Hinrichtungen im Zuchthaus Brandenburg-Görden	heute Rechtsanwalt und Notar in Usingen/Taunus, Pensionszahlung wahrscheinlich
Wilhelm HAMKENS	Kreisleiter der NSDAP in Rendsburg und NS-Landrat, Pg. seit 1929	erhielt volle Landratspension gerichtlich zugesprochen
Dr. Martin HELLINGER	SS-Arzt, Spezialist im Herausreißen von Goldzähnen an zum Tode bestimmten KZ-Häftlingen	erhielt Sonderunterstützung von 10 000 Mark
Dr. Otto HELLMUTH	NS-Gauleiter in Main-Franken und Reichsverteidigungskommissar	erhielt Sonderunterstützung von 5600 DM, Zulassung als Zahnarzt zu allen Kassen
Dr. Hans von HELMS	Seit 1922 Mitglied der NSDAP, ehemaliger SA-Gruppenführer	erhält Pension als Oberregierungsrat rückwirkend ab 1952
Dr. HÜLLE	NS-Ministerialrat, Oberst-Richter; belastet im Verlaufe des Schörner-Prozesses; Verdacht der Mitwirkung an „Führer"-Befehlen zum Massenterror	heute Oberlandesgerichtspräsident in Oldenburg
Rudolf JORDAN	NS-Gauleiter von Sachsen-Anhalt	erhielt Heimkehrerentschädigung von 6000 DM

13.8.: Seite aus der Wochenzeitung »Die Tat«.

kümmerliche Rente warten müssen und dabei den Eindruck eines ›Gnadenaktes‹ nie ganz los werden, pochen die ehemaligen Henker oder ihre Angehörigen mit sichtbarem Erfolg auf ihre sogenannten ›Rechte‹.«[227]

14.8.: Der Atomphysiker Frédéric Joliot-Curie.

14. August Im Alter von 58 Jahren stirbt in **Paris** der Atomphysiker Frédéric Joliot-Curie, der seit 1950 Präsident des *Weltfriedensrates* war und erst am 22. Juli in Stockholm in diesem Amt bestätigt worden ist. Als Todesursache werden innere Blutungen angegeben, die durch den Umgang mit radioaktiven Stoffen ausgelöst worden sein sollen. Der Wissenschaftler wurde 1925 Assistent von Marie Curie, der Entdeckerin des Radiums. Zusammen mit deren Tochter Irene Curie, die er ein Jahr später heiratete, wurde er 1935 für den Nachweis künstlicher Radio-

aktivität mit dem Nobelpreis für Chemie ausgezeichnet. Während des Zweiten Weltkrieges war Joliot-Curie in der Résistance aktiv. In einem kleinen Laboratorium in Paris stellte er Sprengstoff für die Partisanen her. 1942 trat er in die KPF ein und wurde 1944 nach der Befreiung von den deutschen Besatzern auch in das ZK der Partei gewählt. Nach dem Krieg konstruierte er das erste Zyklotron in Europa und den ersten französischen Kernreaktor. 1946 zum Hochkommissar seines Landes für Atomenergie ernannt, mußte er dieses Amt vier Jahre später wegen seiner KPF-Zugehörigkeit wieder abgeben. Durch seine Aktivitäten im *Weltfriedensrat*, mit denen er sich auch von einem Teil seiner früheren Tätigkeiten distanzierte, war Frédéric Joliot-Curie international bekannt geworden. Auf Beschluß der französischen Regierung wird Joliot-Curie, der Träger des Kreuzes der Ehrenlegion ist, ein Staatsbegräbnis zuteil. Die Trauerfeier findet im Hof der Sorbonne, wo der Tote mehrere Tage aufgebahrt war, statt. – Das Exekutivkomitee des *Weltfriedensrates* würdigt am 15. Oktober auf einer Tagung in **Prag** die Verdienste seines verstorbenen Präsidenten und erklärt, daß er auch in Zukunft »das Symbol der Weltfriedensbewegung« bleiben werde.

14. August Das Auswärtige Amt interveniert beim italienischen Außenministerium in **Rom** und fordert die Absetzung des von Rolf Thiele gedrehten Films »Das Mädchen Rosemarie« bei den Internationalen Filmfestspielen in Venedig. Der Film, in dem das Schicksal der 1957 in Frankfurt ermordeten Prostituierten Rosemarie Nitribitt nachgezeichnet wird, sei nicht, heißt es zur Begründung, als offizieller deutscher Beitrag für die »Biennale« geeignet, weil er »falsche Vorstellungen von den wirtschaftlichen und sozialen Verhältnissen in der Bundesrepublik« vermittle. Doch ebenso wie der Einspruch des Kultur-Attachés der Deutschen Botschaft in gleicher Sache bleibt die offizielle Beschwerde der Bundesrepublik ergebnislos. Die unabhängige Auswahlkommission in **Venedig** läßt sich nicht umstimmen und hält an ihrem Beschluß fest, »Das Mädchen Rosemarie« in der Hauptschau zu zeigen. – Als Reaktion auf diese Haltung entsendet die Bundesregierung in **Bonn** keine offizielle Delegation zu den Filmfestspielen. – Am 25. August findet schließlich die Uraufführung des Films, in dem Nadja Tiller die Titelrolle spielt, im Rahmen der »Biennale« in **Venedig** statt.

16. August Im Palmengarten in **Frankfurt** protestieren junge Wehrdienstgegner mit Plakaten und Handzetteln gegen eine Militärmusikveranstaltung. Auf einem ihrer Pappschilder heißt es: »Mit Marschmusik und ›Tanz‹ fängts immer an!«

16. August In **Bern** dringen zwei ungarische Flüchtlinge in die Gesandtschaft ihres Landes ein, halten mit Revolvern das Personal in Schach und nehmen einige Akten an sich. Nach kurzer Zeit gelingt es dem Gesandtschaftspersonal jedoch, sich ebenfalls zu bewaffnen. Nach einer heftigen Schießerei, bei der einer der beiden Exilungarn schwer verletzt zu Boden sinkt, werden die Eindringlinge in einen Raum abgedrängt. Die inzwischen zu Hilfe gerufene Polizei riegelt das Gebäude ab, verhaftet die beiden Flüchtlinge, die keinen Widerstand mehr leisten, und transportiert den Schwerverletzten ins Hospital.

17. August Eine vom *Aktionsausschuß der Berliner Jugend gegen den Atomtod* an der Ecke Kurfürstendamm/Grolmannstraße in **West-Berlin** aufgestellte Atommahnwache wird von einer Gruppe junger Leute, darunter mehrere Mitglieder der *Jungen Union*, angegriffen. Die rund 30 jungen Männer, die gerade von der Schlußkundgebung des »Deutschen Katholikentages« gekommen sind, beschimpfen die drei dort postierten Mitglieder des Aktionsausschusses als »Kommunisten«. Dann beginnen sie Schautafeln, auf denen in überdimensionalen Photos Hiroshima-Opfer abgebildet sind, zu zerreißen. Anschließend trampeln sie wutentbrannt auf den am Boden liegenden Fetzen herum. Erst eine halbe

Stunde später trifft ein Überfallkommando ein und nimmt zwei Tatverdächtige fest. – Die Gegner der Atomwaffengegner erzielen durch ihre Verwüstungsaktion jedoch nur die entgegengesetzte Wirkung. Bereits wenige Stunden nach dem Überfall haben Studenten die Schautafeln repariert und die Mahnwache wieder aufgebaut. Hunderte von Berlinern erklären spontan ihre Bereitschaft, sich ebenfalls an der Protestaktion zu beteiligen. Zu ihnen gehören der Kreuzberger Bezirksbürgermeister Willy Kressmann (SPD), der Intendant Boleslaw Barlog, die Schriftstellerin Eva Müthel sowie die beiden Theologieprofessoren Helmut Gollwitzer und Martin Fischer. Das öffentliche Interesse an der Mahnwache ist im Nu angestiegen. Von nun an diskutieren an den folgenden Tagen Gruppen zwischen 30 und 100 Personen von Morgen bis in die späten Abendstunden über die Gefahren der Atombewaffnung. Die Polizei, die die Mahnwache vorübergehend wegen »Verkehrsgefährdung« verboten hatte, greift nicht ein, obwohl sie wegen des wachsenden Andrangs nun eher Anlaß dazu hätte.

19. August Die Spruchkammer in **West-Berlin** verurteilt den ehemaligen Reichsjugendführer Arthur Axmann wegen Indoktrinierung der Jugend mit nationalsozialistischem Gedankengut zu einer Geldstrafe von 35.000 DM. Dem 45jährigen wird zugute gehalten, daß er dies aus innerer Überzeugung und nicht aus niedrigen Beweggründen getan habe. Axmann, der 1940 Nachfolger Baldur von Schirachs geworden war, kann keine direkte Beteiligung an während der NS-Zeit begangenen Verbrechen nachgewiesen werden.

20. August Der Mitarbeiter des zur Aufklärung von Justizverbrechen in der DDR dienenden **West-Berlin**er *Untersuchungsausschusses freiheitlicher Juristen* (UfJ), Erwin Neumann, kehrt von einer Segelpartie auf dem Großen Wannsee nicht mehr zurück. Da weder sein Leichnam noch das Segelboot aufzufinden sind, gehen die Ermittlungsbehörden davon aus, daß es sich beim Verschwinden Neumanns mit hoher Wahrscheinlichkeit um einen Entführungsfall handelt. – Über das weitere Schicksal des Juristen ist nichts bekannt.

20. August Das Kreisgericht **Bad Langensalza** (Bezirk Erfurt) verurteilt einen Angeklagten, der von Beruf Schädlingsbekämpfer ist, wegen Staatsverleumdung zu einer Gefängnisstrafe von zehn Monaten. Der Grund für die Verurteilung ist das Erzählen eines politischen Witzes. In der Urteilsbegründung wird das als strafwürdig gewertete und während einer Skatrunde in einer Gaststätte begangene Delikt eingehend beschrieben: »Völlig unmotiviert

20.8.: DDR-Publikation über den »Untersuchungsausschuß freiheitlicher Juristen« (UfJ).

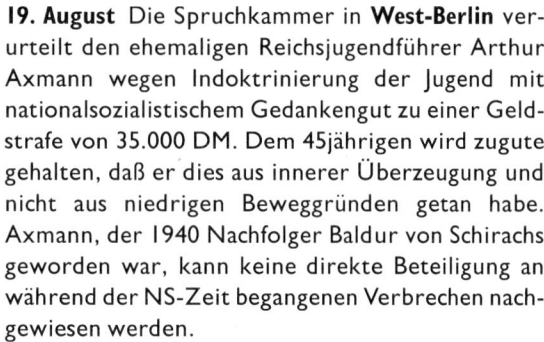

17.8.: Die Atommahnwache am Kurfürstendamm in West-Berlin.

17.8.: Nach der Verwüstungsaktion beteiligen sich auch (v.l.n.r.) die beiden Theologieprofessoren Martin Fischer und Helmut Gollwitzer sowie der Bezirksbürgermeister Willy Kressmann an der Mahnwache.

hatte ... der Angeklagte einen sogenannten politischen Witz erzählt, in dem er zum Ausdruck brachte, daß der Staatspräsident Wilhelm Pieck, der Ministerpräsident Otto Grotewohl und der erste Stellvertreter des Ministerpräsidenten Walter Ulbricht über eine Brücke gefahren und in den Fluß gefallen seien. Ein Junge, der zuerst den Präsidenten gerettet habe, habe sich auf Aufforderung ein Moped gewünscht und nach Rettung des Ministerpräsidenten eine Fernsehtruhe. Nach Rettung des Stellvertreters des Ministerpräsidenten Walter Ulbricht habe sich der Junge ein Staatsbegräbnis gewünscht und auf die Frage warum erklärt, wenn er zu Hause seinem Vater erzähle, daß er Walter Ulbricht aus dem Wasser geholt habe, würde er totgeschlagen.«[228] Zur strafrechtlichen Beurteilung führt das Gericht aus: »An der Spitze der Partei der Arbeiterklasse steht der verdienstvolle Sohn der Arbeiterklasse Walter Ulbricht als erster Stellvertreter des Ministerpräsidenten und Erster Sekretär des ZK der SED. Es ist allgemein bekannt, daß die Feinde des Sozialismus und andere negative Elemente gerade diesen konsequenten Staats- und Parteifunktionär zum Gegenstand ihrer Netz- und Wühltätigkeit machen und jede Möglichkeit ... dazu benutzen, um diese hervorragende Persönlichkeit verächtlich zu machen und seine Beliebtheit, Popularität und Autorität herabzuwürdigen versuchen. Anekdoten, Spötteleien und Witze gegen führende Staats- und Parteifunktionäre sind in der DDR durchaus nicht strafwürdig, wenn sie den Grundlagen der sozialistischen Moral und Ethik, wie sie den 10 Geboten, die das Antlitz des sozialistischen Menschen prägen und auf dem V. Parteitag der SED von Walter Ulbricht verkündet wurden, entsprechen. Wer sich aber, wie der Angeklagte, öffentlich zum Interpreten solch eines infamen provozierenden Witzes macht, bringt seine negative, wenn nicht feindliche Einstellung zu unserem Staat zum Ausdruck und erfüllt den Straftatbestand der Staatsverleumdung ... in objektiver Hinsicht.«[229]

21. August Der Rektor der Friedrich-Schiller-Universität in **Jena**, Professor Josef Hämel, flieht nach **West-Berlin**. Er entzieht sich damit der Verpflichtung, am selben Tag anläßlich des 400. Geburtstages der Universität eine feierliche Treueerklärung des Akademischen Senats zum »Arbeiter-und-Bauern-Staat« abzugeben. Nach seiner Anmeldung im Notaufnahmelager Marienfelde erklärt der Dermatologe der Presse gegenüber, daß die ständig zunehmende Politisierung des Hochschulwesens ihn in eine ausweglose Situation geführt habe. Als der Staatssekretär für das Hoch- und Fachschulwesen, Wilhelm Girnus (SED), vor drei Tagen auf einer Sit-

zung des Akademischen Senats die Verlesung der Treueerklärung gefordert habe, hätte er für sich keine andere Wahl mehr gesehen als die der Flucht. – Das Staatssekretariat für Hoch- und Fachschulwesen kommentiert die Flucht am nächsten Tag in einer vom SED-Zentralorgan »Neues Deutschland« veröffentlichten Stellungnahme mit den Worten, der Rektor habe »unter dem Einfluß der verstärkten Hetze gegen die DDR und des Drucks reaktionärer Kreise« die DDR verlassen. Mit diesem Schritt habe er ein »außergewöhnlich hohes Maß an Würdelosigkeit« an den Tag gelegt.

21.-29. August Auf Antrag von Bischof Otto Dibelius nimmt das Zentralkomitee des Weltkirchenrates auf seiner Tagung im dänischen **Nyborg** einstimmig eine Resolution zur Frage der Atombewaffnung an. Darin heißt es: »Die Atommächte haben einen ersten Schritt getan, um die Versuche mit Atomwaffen einer internationalen Kontrolle zu unterwerfen. Wir begrüßen diese ersten Anfänge zu einer besseren Verständigung zwischen den Völkern ... Wenn die Versuche mit den Atombomben aufhören, wie wir das schon vor einem Jahr befürwortet haben, werden neue Anstrengungen folgen müssen, die Produktion von Atomwaffen zu beenden und zu einer wirklichen Abrüstung zu kommen.«[230]

22. August Der österreichische Publizist Robert Jungk macht im sozialdemokratischen »Vorwärts« auf die negativen nichtmilitärischen Folgen der Atombewaffnung aufmerksam. Unter der Überschrift »Die Freiheit ist bedroht – Atomrüstung zerstört zwangsläufig die demokratischen Institutionen« schreibt er: »Wer Kernwaffen in seine Rüstung einführt, muß in erhöhtem Maße auf strikteste Geheimhaltung sehen. Es bildet sich sofort eine neue Kaste von ›Geheimnisträgern‹ heraus. Sie muß zur Abschirmung ihrer ›Geheimnisse‹ über einen verstärkten Geheimdienst verfügen, der jede mögliche Durchdringung der Geheimnismauer verhüten soll.«[231] Am Beispiel der USA könne man bereits erkennen, wie weit die Geheimhaltungsnotwendigkeit reiche. Nur zehn Prozent der Volksvertreter seien dort über die Atombewaffnung hinreichend informiert. Eine derartig »tiefe Schädigung der demokratischen Institutionen« sei auch für die Bundesrepublik vorhersehbar. Denn wenn die Deutschen von den Amerikanern atomare Sprengköpfe erhielten, dann müsse mindestens eine ebenso strikte Geheimhaltungspolitik wie im Herkunftsland betrieben werden. Negative Folgen seien in diesem Zusammenhang auch für die universitäre Forschung und die öffentliche Kritik zu befürchten. Wissenschaftler, die sich mit der Entwicklung von Nuklearwaffen befaßten, müßten wohl durch einen Eid

22.8.: Der Publizist und Atomwaffengegner Robert Jungk.

zur Geheimhaltung verpflichtet werden und Kritiker der atomaren Aufrüstung würden, wie es durch die von Bundesverteidigungsminister Strauß angekündigte »psychologische Verteidigung« bereits deutlich geworden sei, nicht mehr länger geduldet werden.

22. August Die britische Regierung gibt in **London** bekannt, daß auf Christmas Island im Pazifik ein weiterer Atomwaffenversuch durchgeführt worden sei. Der nukleare Sprengkörper sei mit einem Ballon in die Höhe gebracht und dort gezündet worden.

25. August In mehreren Städten **Nordrhein-Westfalen**s werden frühmorgens in einer koordinierten Polizeiaktion die Wohnungen von Kandidaten durchsucht, die als »Unabhängige« vergeblich versucht hatten, sich für die am 6. Juli durchgeführten Landtagswahlen aufstellen zu lassen und verdächtig sind, für die verbotene KPD aufgetreten zu sein. Eine Woche vor der Wahl hatte der Landeswahlleiter die Kandidatur der 41 »Unabhängigen« mit der Begründung zurückgewiesen, polizeiliche Ermittlungen hätten ergeben, daß die Liste aus Ost-Berlin gelenkt werde. Alle Kandidaten, von denen die meisten in der Öffentlichkeit als Kommunisten bekannt sind, werden nun beschuldigt, gegen das Verbot der KPD verstoßen zu haben. Bei der Polizeiaktion werden mehrere Verdächtige verhaftet und umfangreiches Wahlmaterial beschlagnahmt.

25. August In der britischen Stadt **Nottingham** provozieren weiße Jugendliche Auseinandersetzungen mit farbigen Einwanderern. Bei der mehrstündigen Straßenschlacht kommt es zu zahlreichen Verletzten.

25.-27. August Bei einer großangelegten Sabotageaktion der algerischen Befreiungsbewegung FLN werden in einer Reihe französischer Großstädte Treibstofflager angezündet. Die größten Explosionen ereignen sich in **Marseille**, **Narbonne**, **Rouen** und **Toulouse**. Dabei werden mehrere Attentäter und Feuerwehrleute getötet oder verletzt und rund 15 Millionen Liter Treibstoff vernichtet. Bei Überfällen auf verschiedene Polizeistationen in **Paris** werden außerdem mehrere Beamte getötet oder verletzt. – Einen Tag darauf erklärt ein Sprecher der FLN in **Kairo**, die Angriffe seien eine Warnung an die französische Öffentlichkeit; Algerien werde alles tun, um seine Unabhängigkeit zu erreichen.

27. August In **Kelheim** bei Regensburg stellt der Kreisverband der CSU mit dem 49jährigen Peter Prücklmayer einen ehemaligen SS-Wachmann des Konzentrationslagers Mauthausen als Kandidaten für die nächsten bayerischen Landtagswahlen auf.

27.8.: »CSU-Löwe Alois: ›Moanst vielleicht, mir graust vor nix?‹« Karikatur aus der »Süddeutschen Zeitung«.

Obwohl einige Delegierte die Frage nach der NS-Vergangenheit des Mannes, der erst seit drei Jahren CSU-Mitglied ist, aufwerfen, wird der Viehhändler, der auch im Hopfenanbau tätig ist, mit großer Stimmenmehrheit aufgestellt. Prücklmayer hat ein Entlastungsschreiben vorbereitet, in dem ihm von dem Münchner Obsthändler Karl Frey, der als Kommunist in mehreren Konzentrationslagern inhaftiert war, bestätigt wird, daß er seine Häftlinge immer anständig behandelt habe. – In einem an den bayerischen Ministerpräsidenten Hanns Seidel (CSU) gerichteten Schreiben meldet Landwirtschaftsminister Alois Hundhammer (CSU) »ernste Bedenken« gegen die Kandidatur an. Prücklmayer solle ein Verzicht nahegelegt werden. Zu den schärfsten Kritikern zählt auch der CSU-Begründer Josef Müller. Der Politiker, der Prücklmayer als »KZ-Schergen« bezeichnet, war ebenso wie Hundhammer KZ-Häftling gewesen. Der ehemalige bayerische Justizminister und jetzige CSU-Landtagsabgeordnete war in Buchenwald, Dachau und Flossenbürg inhaftiert. – Hans Kapfinger, Chefredakteur der CSU-nahen »Passauer Neuen Presse«, schreibt dazu in seiner Zeitung: »Die CSU-Landesleitung möge es zur Kenntnis nehmen, daß wir in Niederbayern keinen ehemaligen KZ-Bewacher als Landtagskandidaten haben wollen, auch wenn ihn die Hopfenbauern im Landkreis Kelheim vorgeschlagen haben. Die Ehre unserer herrschenden Partei verlangt es einfach, daß sie in der Auswahl der politischen Kandidaten sauber ist ... Wir fragen uns und fragen die CSU und ihren Generalsekretär: Habt ihr wirklich keinen anderen?«[232] – Am 10. September wird Prücklmayer von Ministerpräsident Seidel, zugleich CSU-Landesvorsitzender, nach **München** in die Staatskanzlei zitiert. Doch alle Versuche, ihn zu einer Rücknahme seiner Kandidatur zu bewegen, scheitern zunächst. Der ehemalige KZ-Wachmann beharrt trotz der in der Öffentlichkeit weiter zunehmenden Kritik darauf, Landtagsabgeordneter werden zu wollen. – Schließlich wird der innerparteiliche Druck auf ihn so stark, daß Prücklmayer doch noch seine Landtagskandida-

25.8.: Plakat der kommunistischen Tarngruppierung »Unabhängige Liste«.

25.8.: Weiße Jugendliche greifen in Großbritannien Farbige an.

tur zurückzieht. Trotz dieser Entscheidung sprechen die Delegierten seines Wahlkreises ihm in **Kelheim** aber noch einmal demonstrativ ihr Vertrauen aus.

27. August Auf einem Trümmergrundstück in der Heiligkreuzgasse/Ecke Klapperfeldstraße in **Frankfurt** explodiert um 8 Uhr morgens ganz in der Nähe des polizeilichen Untersuchungsgefängnisses eine Propaganda-Zeitbombe der illegalen KPD. Aus einem Papprohr werden, durch einen elektrischen Zeitzünder ausgelöst, blaue Flugzettel auf die Dächer der angrenzenden Häuser geschleudert. Auf den aus Zigarettenpapier angefertigten Zetteln stehen Parolen der KPD-Kreisleitung, die sich gegen die Bundesregierung richten und den Freispruch für zwölf Angeklagte fordern, die sich gerade vor der Ersten Strafkammer des Landgerichts Frankfurt wegen Geheimbündelei und der Organisation eines Literaturvertriebs für die verbotene KPD verantworten müssen.

28.8.: Szene aus »Das Mädchen Rosemarie« (v.l.n.r.): Nadja Tiller, Mario Adorf und Jo Herbst.

28.8.: Filmszene auf dem Titelblatt der Hamburger Studentenzeitung mit Peter van Eyck und Nadja Tiller.

28. August Im »Europa-Palast« in **Frankfurt** findet die deutsche Erstaufführung des Films über die Ermordung der Prostituierten Rosemarie Nitribitt statt, den Rolf Thiele unter dem Titel »Das Mädchen Rosemarie« gedreht hat. Ganz in der Nähe des Kinos, in einem Appartement in der Stiftstraße 36, ist am 1. November 1957 die Leiche des 24jährigen Callgirls gefunden worden. Seitdem wird in der Presse darüber spekuliert, wer zu ihren Besuchern gezählt hat und als Mörder in Frage kommen könnte. Nach der Festnahme eines tatverdächtigen Handelsvertreters, der mit der Ermordeten befreundet war, als ihr letzter Besucher gilt und über kein Alibi verfügt, hat der Frankfurter Polizeipräsident Gerhard Littmann im Februar eine Nachrichtensperre verhängt, um den Skandalgeschichten der Boulevard-Presse einen Riegel vorzuschieben. Als einer der Tat-

verdächtigen wird immer wieder der Essener Großindustrielle Alfried Krupp von Bohlen und Halbach genannt. In dem Film, dessen Drehbuch auf eine Idee des Publizisten Erich Kuby zurückgeht, wird der Prostituiertenmord zum Anlaß genommen, um dem Wirtschaftswunderland Bundesrepublik einen Spiegel vorzuhalten. Die Titelrolle wird von Nadja Tiller gespielt, in den Nebenrollen sind u.a. Peter van Eyck, Carl Raddatz, Gert Fröbe, Hanne Wieder, Mario Adorf und der Kabarettist Jo Herbst zu sehen. Bereits im Vorfeld hat es zahllose Gerüchte und Konflikte um die Verfilmung des Skandalstoffes gegeben. Der ursprünglich geplante Titel »Die Liebe ist mein Geschäft« hatte zu zahlreichen Protesten geführt. Der Wirtschaftsverband der Filmtheater Nordrhein-Westfalens und viele bayerische Kinobesitzer hatten damit gedroht, einen solchen Film nicht zeigen zu wollen. Schon während der Dreharbeiten versuchten verschiedene Industriekonzerne zu verhindern, daß ihr Name oder ihr Signet in dem offenbar anrüchigen Film vorkommt. Die Daimler-Benz AG lehnte es ab, ein Coupé vom Typ 190 SL für die Dreharbeiten zur Verfügung zu stellen, die Opel AG weigerte sich, Aufnahmen in einer ihrer Werkshallen zu gestatten und die BV Aral kündigte rechtliche Schritte für den Fall an, daß der Regisseur auf die Idee kommen sollte, die Titelfigur an einer Tankstelle mit ihrem Emblem aufkreuzen zu lassen. Die *Freiwillige Selbstkontrolle der Filmwirtschaft* (FSK) war bei der Überprüfung des Films uneinig. In

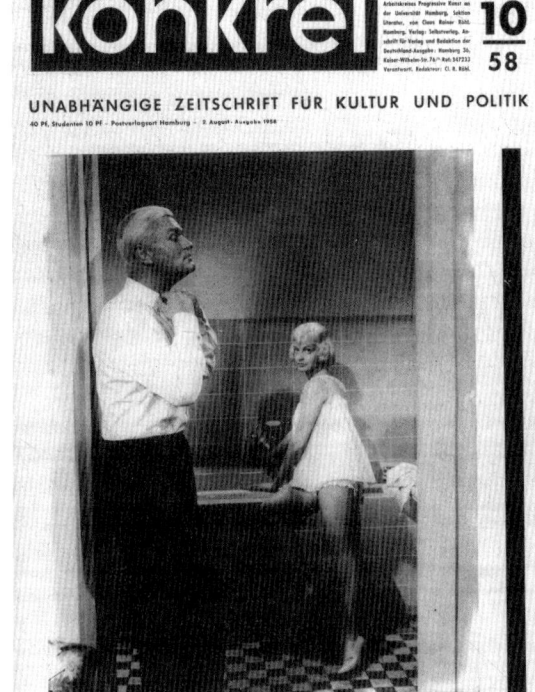

einer ersten Sitzung des Arbeitsausschusses verlangten verschiedene Mitglieder wegen »entsittlichender Wirkung« im Inland und Rufschädigung im Ausland zunächst ein vollständiges Verbot. Der Hauptausschuß entschied sich dann zwar für die Freigabe, bestand aber darauf, daß Bundeswehraufnahmen, die während des satirischen Liedes »Wir hab'n den Kanal noch lange nicht voll…« zu sehen sind, herausgeschnitten werden mußten. Versuche der Bundesregierung, in letzter Sekunde noch zu verhindern, daß der Film auf der »Biennale« in Venedig als offizieller Beitrag gezeigt werden kann, scheiterten schließlich. – Der Thiele-Film wird zwar zu einem Publikumserfolg, löst aber bei der Filmkritik gemischte Reaktionen aus. So wirft Karena Niehoff den Filmemachern im West-Berliner »Tagesspiegel« vor, daß der Streifen zwar Ansätze zu einer Gesellschaftsanalyse zeige, jedoch »mit halbem Mut auf halbem Weg im Niemandsland des Stils« steckengeblieben sei. »Sie taten sehr gut daran«, bemerkt sie zu der Arbeit von Erich Kuby, Rolf Thiele, Rolf Ulrich und Jo Herbst, die gemeinsam für das Drehbuch verantwortlich zeichnen, »sich mit diesem Thema in Bonn und Düsseldorf unbeliebt zu machen. Sie taten nicht gut daran, es auf diese Weise zu tun. Ihre raffinierte Intelligenz hat ihnen hier einen Streich gespielt: sie lassen die demaskierende Geschichte einerseits aggressiv auf vollen Touren in die Abstraktion der überdrehten Satire rollen und nehmen dann den bizarren Schwung der eigenen Frechheit immer wieder in einen fast platten Naturalismus zurück, in dem die ›Bonzen‹ sich zwar dämlich, aber sonst ganz nichtssagend bewegen.«[233]

28. August In »Land og Folk«, der Zeitung der *Kommunistischen Partei Dänemarks* (DKP) erscheint unter dem Titel »Wo stehen wir? Was ist zu tun?« ein Memorandum des Parteivorsitzenden Aksel Larsen, in dem sich dieser gegen die kritiklose Befürwortung des jeweils von der sowjetischen Führung vorgegebenen politischen Kurses wendet und eine größere Selbständigkeit der dänischen Kommunisten in ihrem Handeln einfordert. »Wir müssen uns«, schreibt Larsen, »ohne die geringste Abkehr von der internationalen Solidarität, von der Tradition freimachen, daß wir sozusagen mechanisch oder automatisch zu allem ja und amen sagen, was von den sozialistischen Ländern kommt.«[234] In der eigenen Partei sei beinahe vergessen worden, daß der Kampf um den Sozialismus vor allem in Dänemark geführt werden müsse. Um das Vertrauen der dänischen Arbeiter zu gewinnen, sei es unabdingbar, eine selbständige demokratische Politik zu betreiben. Solange die innenpolitischen Gegner behaupten könnten, daß die dänischen Kommunisten ihre Befehle

aus Moskau erhielten, hätten sie keine Aussicht auf größere Erfolge.

29. August Das Schwurgericht beim Landgericht **Ulm** fällt im sogenannten »Einsatzgruppenprozeß« die Urteile. Unter »Einsatzgruppen« sind mobile Einheiten der Sicherheitspolizei (Sipo) und des Sicherheitsdienstes (SD) zu verstehen, die im Zuge militärischer Operationen des Heeres bestimmte Bevölkerungsgruppen systematisch ausgerottet haben. Nachdem sie zu Kriegsbeginn bereits in Polen eingesetzt worden waren, wurden für den Überfall auf die Sowjetunion 1941 die Einsatzgruppen A bis D mit jeweils vier bis fünf Sonderkommandos aufgestellt. Unter dem Vorwand der Banden- und Partisanenbekämpfung brachten sie kommunistische Funktionäre, »Asiatisch-Minderwertige«, Sinti, Roma und vor allem Juden in Massenexekutionen um. Bei ihren mörderischen »Säuberungsaktionen« wurden sie von Angehörigen der Gestapo, der Kriminalpolizei und des zur SS gehörenden SD befehligt.[235] Das Gericht verurteilt die zehn Angeklagten, die im Sommer 1941 in Litauen an den von den »Einsatzgruppen« begangenen Massenvernichtungen beteiligt waren, wegen Mordes oder Beihilfe zum Mord

29.8.: Der Hauptangeklagte im Ulmer Einsatzgruppenprozeß Bernhard Fischer-Schweder (links) im Gespräch mit seinem Verteidiger.

zu Zuchthausstrafen zwischen drei und 15 Jahren: den 49jährigen Kaufmann Hans-Joachim Böhme, ehemals Leiter der Gestapo-Stelle Tilsit, wegen 3.907 Fällen zu 15 Jahren; den 53jährigen Maschinenbauingenieur Werner Hersmann, ehemals Leiter des SD-Abschnittes Tilsit, wegen 1.656 Fällen zu acht Jahren; den 54jährigen Kaufmann Bernhard Fischer-Schweder, ehemals SA-Oberführer, SS-Untersturmführer und Abteilungsleiter der Gestapo in

Breslau und Wien, wegen 526 Fällen zu zehn Jahren; den 58jährigen Buchhalter Pranas Lukys alias Jakys, ehemals Chef der Sicherheitspolizei von Kretinga (Litauen), wegen 315 Fällen zu sieben Jahren; den 49jährigen Angestellten Werner Kreuzmann, ehemals Kriminalrat in der Gestapo, wegen 415 Fällen zu fünf Jahren; den 66jährigen Schuhmacher Harm Willms Harms, ehemals Oberleutnant der Schutzpolizei, wegen 526 Fällen zu drei Jahren; den 46jährigen Buchhalter Franz Behrendt, ehemals Kriminaloberassistent in Memel, wegen 1.126 Fällen zu fünf Jahren und drei Monaten; den 49jährigen Kriminalsekretär Gerhard Carsten, ehemals Leiter des Grenzpolizeipostens Schmalleningken, wegen 423 Fällen zu dreieinhalb Jahren; den 49jährigen Verwaltungsangestellten Edwin Sakuth, ehemals Leiter der SD-Außenstelle Memel, wegen 526 Fällen zu dreieinhalb Jahren und den 52jährigen Optikermeister Werner Schmidt-Hammer, ehemals Oberleutnant der Schutzpolizei, wegen 526 Fällen zu drei Jahren. In einer der Urteilsbegründungen heißt es über den als Polizeidirektor von Memel an den Mordtaten der Einsatzgruppe A beteiligten Fischer-Schweder: »Aus seinem Geltungsbedürfnis heraus hat er sich auch bei den Erschießungen eingeschaltet und ohne Veranlassung ein Schutzpolizeikommando als Exekutionskommando eingesetzt ... Von einer Einsicht und Reue ist bei ihm bislang nichts zu spüren.«[236] Fischer-Schweder hatte nach Kriegsende zunächst unter falschem Namen in West-Berlin gelebt. Bei der Entnazifizierung war er, da er seine Zugehörigkeit zu NSDAP, SA, SS und Gestapo nicht auf dem Meldebogen eingetragen hatte, von der Spruchkammer als »nicht betroffen« eingestuft worden. Sich offenbar in Sicherheit wiegend, bewarb er sich vor einigen Jahren um eine Wiederverwendung im Kriminaldienst. Es wurden Nachforschungen angestellt, die zur Ein-

leitung des Strafverfahrens führten, in dem er zusammen mit den neun anderen Angeklagten verurteilt worden ist. – Die »Süddeutsche Zeitung« schreibt in einem Kommentar zum Ausgang des Ulmer Verfahrens: »Redliche und Unredliche fordern aus Anlaß der späten Prozesse mit erhobener Stimme: Macht Schluß mit diesen Dingen, jetzt, 13 Jahre nach Kriegsende. In Wahrheit hat man aber – sieht man von etlichen alliierten Prozessen ab, die so oft stark in die Nähe der repräsentativen Schau- und Exempelprozesse gerieten, von den Generälen bis zu den Industriellen, und sieht man ferner ab von einer verunglückten, da zu weit gezogenen, Entnazifizierung – eigentlich überhaupt noch nichts Systematisches gegen die Verbrecher aus jener Zeit unternommen.«[237] Es sei nun an der Zeit, heißt es weiter, die organisatorischen Voraussetzungen für die Strafverfolgung von NS-Verbrechen zu schaffen, um in den nächsten Jahren «im Rahmen des überhaupt noch Möglichen reinen Tisch zu machen».

29. August In **Cuxhaven** werden mehrere 1.000 Flugblätter an die Besatzungen von 30 Schiffen der Bundesmarine verteilt, die gerade von dem Seemanöver »Wallenstein« zurückgekehrt sind. Die Angehörigen der neuen deutschen Seestreitmacht werden darin aufgefordert: »Kehrt der Bundesmarine den Rücken.«

29. August In **Peking** beschließt das Zentralkomitee der *Kommunistischen Partei Chinas* (KPCh) eine Neuordnung der Landwirtschaft. Die Produktionsgenossenschaften sollen in Volkskommunen zusammengeschlossen werden. Es ist beabsichtigt, mit dieser neuen Form in sozialer Hinsicht die traditionelle Familienstruktur und in ökonomischer Hinsicht das aus der Sowjetunion importierte Modell der Kolchose zu ersetzen. Mit dem Bau von Gemeinschafts-

29.8.: Das Zentralkomitee der chinesischen KP beschließt die Bildung von Volkskommunen.

wohnungen, der Einrichtung von Kinderkrippen und der Einführung von Volksküchen soll die individuelle Lebensweise der bürgerlichen Gesellschaft aufgehoben werden. Mao Tse-tung propagiert das Ziel, in einem »Großen Sprung nach vorn« die Sowjetunion zu übertrumpfen. Es ist geplant, eine jährliche Zuwachsrate der Produktivität von 45% in der Industrie und von 20% in der Landwirtschaft zu erreichen. Mit der Entwicklung von Volkskommunen, die einen radikalen Bruch mit der traditionellen chinesischen Familienstruktur bedeuten, soll die Keimzelle für eine klassenlose Gesellschaft geschaffen werden. – Einen Tag darauf, am Vorabend zu den Feiern für den 9. Jahrestag der Gründung der Volksrepublik, wird bekanntgegeben, daß bereits 640.000 landwirtschaftliche Produktionsgenossenschaften mit 112 Millionen Bauernfamilien in 23.397 Volkskommunen mit durchschnittlich jeweils 4.794 Haushaltungen umgewandelt worden sind.

29. August–1. September Vor dem Hauptbahnhof in **Essen** führen die *Arbeitsgemeinschaft der Unabhängigen Friedensverbände* zusammen mit der Ortsgruppe der *Internationale der Kriegsdienstgegner* (IdK) zur Erinnerung an die Opfer von Hiroshima und Nagasaki sowie den Ausbruch des Zweiten Weltkrieges eine dreitägige Atommahnwache durch. Zu der Protestaktion haben die sozialdemokratische Bundestagsabgeordnete Helene Wessel, der Rechtsanwalt Diether Posser, zwei Pfarrer und die Professoren der Pädagogischen Akademie Wuppertal, Renate Riemeck und Johannes Harder, aufgerufen. Auf einem mehrere Meter hohen Schaubild mit Abbildungen einiger Atombombenopfer steht: »Denkt an Hiroshima«. Und auf einem darunter angebrachten Plakat: »Keine Experimente! Auch nicht mit Atomwaffen!« An der Mahnwache, die auch in den Nachtstunden fortgeführt wird, beteiligen sich neben Studenten, Bergleuten, Wissenschaftlern, Künstlern und Geistlichen auch bekannte Persönlichkeiten wie der Ratsherr Ludwig Wördehoff und der katholische Publizist Leo Weismantel. An der Abschlußkundgebung auf dem Rollschuhplatz im Kaiserpark in Alten-

essen nehmen 300 Menschen teil. Hauptredner zum Thema »Keine Sicherheit durch Atom- und Raketenwaffen« sind Weismantel und Manfred Pahl-Rugenstein. Zur Erinnerung an den 19. Jahrestag des deutschen Überfalls auf Polen und den dadurch ausgelösten Zweiten Weltkrieg führen die Teilnehmer anschließend einen Fackelzug durch.

29.8.-1.9.: Atommahnwache in Essen; links die Schauspielerin Sonja Sutter.

Januar Februar März April Mai Juni Juli August **September** Oktober November Dezember

Sept.: Bereits beim Kölner Mai-Umzug wurde für die Unabhängigkeit des nordafrikanischen Landes demonstriert.

September Etwa 250 Einwohner der niedersächsischen Kreisstadt **Northeim** unterzeichnen auf einer Versammlung eine Protesterklärung gegen das nukleare Wettrüsten und die Atombewaffnung der Bundeswehr.

September Auf der Abschlußkundgebung des 4. Bundestages des *Reichsbundes der Kriegs- und Zivilbeschädigten, Sozialrentner und Hinterbliebenen* in der **Düsseldorf**er Rheinhalle protestieren 8.000 Teilnehmer gegen die Bemerkung des Bundesministers für Arbeit und Sozialordnung, Theodor Blank (CDU), die Wünsche der Kriegsopfer seien eine »Utopie«, die jeden Wirklichkeitssinn vermissen lassen würde. Die 500 Delegierten, die die Interessen von 800.000 in 4.736 Ortsgruppen organisierten Mitgliedern vertreten, fordern eine grundlegende soziale Neuregelung der Kriegsopferversorgung. Wichtigste Punkte sind dabei der Verzicht auf das vom Bundesarbeitsministerium vertretene Bedürf-

tigkeitsprinzip, die Abgeltung von Gesundheitsschäden durch eine Schadensrente, die nicht auf das übrige Einkommen angerechnet werden soll und die Zahlung einer Berufsschadenszulage.

September In **Wuppertal** läßt die Staatsanwaltschaft durch die Kriminalpolizei bei einer Reklamegesellschaft 120 Plakate beschlagnahmen, mit denen die *Aktionsgemeinschaft gegen die atomare Aufrüstung der Bundesrepublik* vor der Atomgefahr warnen wollte. Auf dem Plakat, das keinen Text aufweist, ist eine von Leo Weismantel entworfene Montage zu sehen. In der Mitte steigt ein Atompilz auf, vor dem in der rechten unteren Bildhälfte, nach dem Motiv einer Zeichnung von Käthe Kollwitz, eine Mutter sich schützend über ihre Kinder beugt.

September In **Köln** erscheint die erste Ausgabe der Zeitschrift »Freies Algerien«, die durch Informationen über die französische Kolonialpolitik und den algerischen Freiheitskampf die Zielsetzungen der *Front de Libération Nationale* (FLN) in der bundesdeutschen Öffentlichkeit bekanntmachen will. »Dieses Blatt«, heißt es im Editorial, »hat eine besondere Aufgabe zu erfüllen. Es will dem Leser in der Bundesrepublik die Möglichkeit geben, sich über den algerischen Standpunkt in der Frage des Kampfes um die Unabhängigkeit dieses Landes zu informieren ... ›Freies Algerien‹ ist ein politisches Blatt. Es dient keiner politischen Partei in der Bundesrepublik. Es ist aber nicht unparteiisch in der Frage des algerischen Befreiungskampfes. In der Beurteilung der Vorgänge in Algerien geht die Redaktion von der Anerkennung des Grundsatzes des Selbstbestimmungsrechtes der Völker aus und anerkennt das Recht des algerischen Volkes, den nationalen, wirtschaftlichen und sozialen Aufbau des Landes selbst zu bestimmen. Während der vier Jahre des schrecklichsten aller Kolonialkriege hat das algerische Volk seine Entschlossenheit bekundet, in Freiheit zu leben und das Joch der Kolonialherrschaft, gleich in welcher Form es auftritt, abzuschütteln. Das algerische Problem kann nicht mehr isoliert als eine Angelegenheit zwischen ›Algeriern und Franzosen‹ betrachtet werden. Es ist längst über diesen Rahmen hinausgewachsen und berührt auch uns in der Bundesrepublik.«[238] Als Herausgeber des Blattes, das von der FLN finanziert wird, firmiert der *Arbeitskreis der Freunde Algeriens* (AFA). Presserechtlich verantwortlich ist der SPD-Bundestagsabgeordnete Hans-Jürgen Wischnewski, der sich bereits seit längerem für die Unabhängigkeitsbestrebungen der Algerier einsetzt und über Kontakte zur FLN-Führung verfügt. Die Auflagenhöhe der unregelmäßig erscheinenden Zeitschrift soll 3.000 Exemplare betragen.

September Der CSU-Bezirksvorstand in **München** fordert das Parteimitglied Max Frauendorfer vergeblich dazu auf, wegen seiner NS-Vergangenheit von einer Kandidatur für die bayerischen Landtagswahlen zurückzutreten. Der 49jährige Versicherungsjurist, der als Referatsleiter bei der Generaldirektion der Allianz Versicherungs-AG tätig ist, hatte als SS-Obersturmbannführer im Nationalsozialismus Karriere gemacht. Er war Leiter des »Amtes für Ständischen Aufbau« der NSDAP, stellvertretender Leiter des »Organisationsamtes« der *Deutschen Arbeitsfront* (DAF), NSDAP-Reichsschulungsleiter und Chef der Hauptabteilung Arbeit in der Regierung für das »Generalgouvernement« in Krakau. Frauendorfer begründet seine Weigerung damit, daß ein Verzicht auf seine Kandidatur als Schuldbekenntnis ausgelegt werden könne. Und das wolle er nicht.

September In **Leipzig** werden sieben Jugendliche zu Gefängnisstrafen verurteilt. Ihnen war zum Vorwurf gemacht worden, »in Niethosen bekleidet randaliert«, ein Volksfest gestört und Widerstand bei der Festnahme geleistet zu haben. – In einem Kommentar der Ost-Berliner »Nationalzeitung« heißt es dazu, die Jugendlichen hätten »westlichen Idealen« gehuldigt sowie »Elvis Presley und andere animalische Rock'n'Roll-Interpreten« in den Himmel gehoben.

I. September Die Ortsgruppe Tübingen des *Verbands der Kriegsdienstverweigerer* (VdK) ruft in **Böblingen**, **Calw**, **Feuerbach**, **Metzingen**, **Rottenburg** und **Tübingen** baden-württembergische Wehrpflichtige zur Kriegsdienstverweigerung auf. Auf Flugblättern und Plakaten steht: »Am I. 9. 1939 begann der Krieg! Am I. 9. 1958 die Erfassung.«

I. September Unter Beteiligung von 5.000 Delegierten wird in **Genf** eine »Internationale Konferenz über die friedliche Nutzung der Atomenergie« eröffnet.

I.-5. September Auf dem 3. Gewerkschaftstag der *IG Nahrung, Genuß, Gaststätten* in **Frankfurt** fordern die Delegierten in einer Resolution den Verzicht der Bundesrepublik auf eine Atombewaffnung und die Einleitung von Verhandlungen über die Wiedervereinigung Deutschlands. In einer einstimmig angenommenen Entschließung wird der DGB aufgefordert, in bestimmten Fällen Mitgliederbefragungen durchzuführen. Auf diese Form solle zurückgegriffen werden, wenn durch Beschlüsse der zuständigen politischen Gremien der Weltfrieden gefährdet oder vom Gesetzgeber die Durchführung einer Volksbe-

Sept.: Titelblatt der ersten Ausgabe.

Nr. 1   September 1958   1. Jahrgang

Warum „Freies Algerien"?

Dieses Blatt hat eine besondere Aufgabe zu erfüllen. Es will dem Leser in der Bundesrepublik die Möglichkeit geben, sich über den algerischen Standpunkt in der Frage des Kampfes um die Unabhängigkeit dieses Landes zu informieren. Darum wird der Hauptteil des Inhaltes dieses Blattes aus Übersetzungen und Interpretationen algerischer Unterlagen und Dokumente bestehen. Darüber hinaus werden berufene Persönlichkeiten aus der Bundesrepublik, die sich eingehend mit dem Problem Algerien beschäftigt haben, zu Worte kommen.
„Freies Algerien" ist ein politisches Blatt. Es dient keiner politischen Partei in der Bundesrepublik. Es ist aber nicht unparteiisch in der Frage des algerischen Befreiungskampfes.
In der Beurteilung der Vorgänge in Algerien geht die Redaktion von der Anerkennung des Grundsatzes des Selbstbestimmungsrechtes der Völker aus und anerkennt damit das Recht des algerischen Volkes, den nationalen wirtschaftlichen und sozialen Aufbau des Landes selbst zu bestimmen. Während der vier Jahre des schrecklichsten aller Kolonialkriege hat das algerische Volk seine Entschlossenheit bekundet in Freiheit zu leben und das Joch der Kolonialherrschaft, gleich in welcher Form es auftritt, abzuschütteln.
Das algerische Problem kann nicht mehr isoliert als eine Angelegenheit zwischen „Algeriern und Franzosen" betrachtet werden. Es ist längst über diesen Rahmen hinausgewachsen und berührt auch uns in der Bundesrepublik.

Noch liegen die Schatten eines Regimes über uns, in der in Deutschland selbst und den von deutschen Truppen besetzten Ländern Männer und Frauen, die für die Freiheit und Menschenwürde kämpften, in gleicher Weise wie heute Menschen in Algerien dem Terror, der Tortur, dem Konzentrationslagerleben unterworfen waren. Im Gedenken an diese Zeit fühlt es die Redaktion als Verpflichtung, gegen solche Gewaltmethoden die Stimme zu erheben.
Gegen die gewaltsame Unterdrückung des Aufstandes der ungarischen Massen durch die Intervention der Sowjettruppen ist in der Bundesrepublik auf allen offiziellen und offiziösen Ebenen Protest erhoben worden. Gegen den Terror der französischen Armee, den Milizen der Kolonialisten, der französischen Gendarmerie in Algerien hat es noch keinen offiziellen Protest gegeben. Diese Gewaltmassnahmen werden einfach nicht zur Kenntnis genommen. Mit wenigen Ausnahmen schweigt auch die Presse.
Der „schmutzige Krieg" in Algerien kostet Frankreich jährlich 700 000 Milliarden Franken, das sind ungefähr 7 Milliarden DM. Diese Ausgaben kann Frankreich nur bestreiten, weil es ausgiebige internationale Kredite erhält. **Als Mitglied der europäischen Zahlungsunion ist Deutschland an dieser Kreditteilung und somit an der Finanzierung des Krieges gegen das algerische Volk beteiligt.**
Zu den Kadertruppen der in Algerien kämpfenden französischen Armee gehört die Fremdenlegion. Zirka 80 % der Legionäre sind Deutsche, die durch die Kriegs- und Nachkriegswirren aus ihren gesellschaftlichen Bahnen geschleudert wurden. Es darf im algerischen Volk nicht der Eindruck entstehen, als ob diese Legionäre den deutschen Standpunkt im algerischen Krieg repräsentieren. **Es ist die Angelegenheit aller fortschrittlichen Menschen in der Bundesrepublik, die Blutschuld der deutschen Legionäre durch die offene Solidarität mit der algerischen Freiheitsbewegung abzutragen.**
Solange das algerische Problem nicht im Sinne des algerischen Volkes gelöst ist, bleibt Algerien und damit Nordafrika ein Gefahrenherd kriegerischer Auseinandersetzungen. Die Beispiele der Suez-Krise und der Interventionen im Vorderen Orient haben gezeigt, daß jeder militärische Eingriff sofort die Gefahr eines dritten Weltkrieges akut werden läßt. **Im Interesse der Erhaltung des Weltfriedens müssen alle Anstrengungen gemacht werden den Krieg in Algerien zu beenden.** Er kann aber nur beendet werden, wenn die Grundforderungen des algerischen Volkes, formuliert durch die „Front der nationalen Befreiung" (FLN) erfüllt werden:

Die Wiederherstellung des souveränen, demokratischen und sozialen algerischen Staates.
Respekt vor allen Grundfreiheiten ohne Unterschied von Rasse und Konfession.
Politische Gesundung durch die Lenkung der revolutionären Nationalbewegung in die richtige Bahn durch Ausschaltung von Korruption und Reformismus, die Ursachen der gegenwärtigen Rückständigkeit. Sammlung und Organisation aller gesunden Energien des algerischen Volkes zum Zwecke der Liquidierung des Kolonialsystems.
Internationalisierung des algerischen Problems.
Schaffung der nordafrikanischen Einheit in ihrem natürlichen arabischen Rahmen.
Stärkung - im Rahmen der Charta der Vereinten Nationen - der aktiven Beziehungen zu allen Nationen, die die Befreiungsaktion unterstützen."   (zitiert aus dem Aufruf der FLN vom 1. 11. 54)

Die Herausgeber

fragung über solche Maßnahmen verweigert werde. Das DGB-Bundesvorstandsmitglied Ludwig Rosenberg erklärt in seinem Schlußreferat, daß die ständige Abhängigkeit der Mehrheit der Bevölkerung von einer kleinen Minderheit eines der gefährlichsten Probleme im Staat darstelle. Nur durch den Ausbau der Mitbestimmung, so Rosenberg, könne ein Mißbrauch wirtschaftlicher Macht, über die es faktisch keine Kontrolle gebe, verhindert werden.

1.-5. September In mehreren Stadtteilen von **London** brechen Rassenunruhen aus, bei denen sich an mehreren aufeinanderfolgenden Abenden weiße und farbige Einwohner erbitterte Straßenschlachten liefern. Mit Messern, Flaschen und Molotow-Cocktails gehen weiße Jugendliche auf die Immigranten aus den verschiedensten britischen Kolonien los. Die Angegriffenen wehren sich so gut sie können. In der ersten Nacht benötigt die Polizei drei Stunden, um die Kontrahenten voneinander zu trennen. Es gibt zahlreiche Verletzte und viele Festnahmen. Der britische Außenminister Richard Austen Butler fordert am 3. September die Öffentlichkeit auf, Situationen zu vermeiden, in denen es zu weiteren Zusammenstößen kommen könnte. Die Regierung wolle dafür sorgen, daß die Ordnung mit Unparteilichkeit und größter Strenge aufrechterhalten werde. Es werde bereits seit einiger Zeit geprüft, ob die bislang geübte Praxis, Einwanderer aus dem Commonwealth und den Kolonialgebieten »ohne Rücksicht auf ihre Rasse« aufzunehmen, auch weiterhin Bestand haben könne. Am Abend des darauffolgenden Tages verschärft sich der Konflikt noch einmal. Im Stadtteil Paddington rotten sich um Mitternacht mehrere hundert weiße Jugendliche vor einem Haus zusammen, in dem eine aus Jamaika stammende Familie lebt, und greifen es an. Sie brechen die Eingangstür auf und schleudern einen Molotow-Cocktail hinein. Doch bevor die Diele in Brand steht, gelingt es einem Polizisten, den Brandsatz aufzuheben und auf die Straße zu werfen. Als Reaktion darauf wird die Polizei nun mit einem Hagel von Steinen und Flaschen eingedeckt. Erst nachdem Verstärkung eingetroffen ist, gelingt es den Ordnungshütern, die rassistischen Angreifer zu vertreiben. Zur selben Zeit geht die Polizei im Stadtteil Southall gegen weiße Jugendliche vor, die mit dem Schlachtruf »Lyncht die Nigger!« durch die Straßen ziehen. Die Unruhen stellen einen Konflikt zwischen den ärmsten Teilen der Bevölkerung dar. Gegenüber den Farbigen erheben die Weißen die fadenscheinigen Vorwürfe, sie würden ohne zu arbeiten von den Begünstigungen der nationalen Versicherung profitieren, der weißen Bevölkerung Wohnraum wegnehmen und die unterschiedlichsten kriminellen

Delikte, insbesondere sexueller Natur, begehen. – Die britische Sonntagszeitung »The Observer« schreibt in einem Kommentar, daß Großbritannien nicht weniger immun gegen rassistische Vorurteile sei als Südafrika oder die Südstaaten der USA. – Die Botschafter von Ghana und Nigeria werden bei der britischen Regierung in **London** vorstellig und protestieren gegen die Verfolgung Schwarzer und Farbiger. Sie fordern einen ausreichenden Schutz ihrer Bürger vor weiteren Übergriffen. – Auch der Generalrat der britischen Gewerkschaften verurteilt in einer Erklärung mit scharfen Worten die Übergriffe der Weißen.

2. September In einem von der »Neuen Zürcher Zeitung« veröffentlichten Leserbrief wird das von dem Buchdrucker Arnold Schwitter herausgegebene Monatsblatt »Clou« als eine »in linksradikal-pazifistischen Gedankengängen schwelgende Zeitschrift« angegriffen. Insbesondere die Juli-Ausgabe des nonkonformistischen »Clou«, in der jeder Schriftsteller oder Künstler ohne Rücksicht auf seine Weltanschauung schreiben kann, wird zur Zielscheibe der Kritik. In diesem Heft war ein Aufruf »Gegen den Atomwahnsinn« publiziert worden. – Schwitter erhält am 13. September, nachdem er bei der Redaktion vorstellig geworden ist, Gelegenheit zur Stellungnahme. Inzwischen kursiert der Leserbrief in dessen Heimatort **Egnach** am Bodensee als Flugblatt. – Nachdem auch in der »Weltwoche« und im »Oberthurgauer« ähnliche Leserbriefe veröffentlicht werden, verliert der »Clou«, der sich als Sprachrohr der jungen Generation versteht, die meisten seiner Inserenten. Diese finanzielle Schwächung führt schließlich zur Einstellung der Zeitschrift.

2. September Das britische Luftfahrtministerium in **London** gibt bekannt, daß die Serie der Nuklearwaffentests im Pazifik erfolgreich fortgesetzt worden sei. Von einem Bombenflugzeug aus sei eine Explosion in großer Höhe über Christmas Island ausgelöst worden. – Kommentatoren verschiedener Zeitungen vermuten, daß es sich dabei aller Wahrscheinlichkeit nach um eine Wasserstoffbombe gehandelt habe.

3. September Der Bundesvorstand der SPD beschließt in **Bonn**, »die Zusammenarbeit mit dem überparteilichen Ausschuß ›Kampf dem Atomtod‹ fortsetzen und dessen Bemühungen mit allen Kräften unterstützen« zu wollen. Erste Erfolge der weltweiten Bewegung gegen das atomare Wettrüsten würden begrüßt, jedoch müsse auch weiterhin vor den tödlichen Gefahren der Nuklearwaffen gewarnt werden. Zum einen heißt es, die Bevölkerung solle auch weiterhin über diese Gefahren aufgeklärt werden, zum anderen wird aber auch festgestellt, daß die SPD »die großartigen friedlichen Möglichkeiten des Atomzeitalters für eine ihrer wichtigsten Aufgaben« halte. Zum ablehnenden Urteil des Bundesverfassungsgerichts vom 30. Juli über die Volksbefragungsgesetze der beiden sozialdemokratisch regierten Bundesländer Hamburg und Bremen meint der SPD-Vorstand, daß es sich dabei lediglich um eine »formale Feststellung« und nicht um eine Behandlung der politischen Frage drehe, welche Folgen die atomare Aufrüstung für das deutsche Volk habe. Für die SPD bleibe die politische Tatsache bestehen, daß eine Einbeziehung der Bundesrepublik in das Wettrüsten die Wiedervereinigung vereitle und ein »Verhängnis für den Weltfrieden« darstelle. Auch in Zukunft sei jeder Deutsche aufgerufen, die Gefahren einer atomaren Aufrüstung der Bundeswehr zu bekämpfen, um einer Entspannungs- und Friedenspolitik den Weg zu ebnen.

3. September In **Kassel** konstituiert sich ein nordhessischer *Arbeitsausschuß »Kampf dem Atomtod«* (KdA). Sein Geschäftsführer, der Gewerkschaftssekretär Rudolf Bittner erklärt, es sei das Ziel des Ausschusses, in möglichst vielen Städten und Gemeinden der Region Kundgebungen und Unterschriftensammlungen gegen die atomare Aufrüstung durchzuführen.

3. September Die Erste Große Strafkammer des Landgerichts **Frankfurt** verurteilt den ehemaligen

Geschäftsführer des nordrhein-westfälischen Landesverbands des *Bundes Deutscher Jugend* (BDJ), Alfred Heise, wegen Freiheitsberaubung zu einer Gefängnisstrafe von zwei Monaten, den ehemaligen Bochumer Kreisvorsitzenden des BDJ, Wilhelm Busse, zu sechs Wochen und Josef Schrage aus Essen wegen Körperverletzung zu fünf Monaten Gefängnis. – Der BDJ war eine militant antikommunistische Jugendorganisation, die 1952 von den Innenministern der Bundesländer verboten worden ist. Grund für diese Maßnahme war die Erkenntnis, daß es sich beim »Technischen Dienst« des BDJ um eine vom amerikanischen Geheimdienst finanzierte Partisanenorganisation handelte, in der zahlreiche ehemalige SS-Leute und andere Ex-Nazis tätig waren.

3. September Der bekannteste Sprecher der amerikanischen Bürgerrechtsbewegung, der schwarze Baptistenpfarrer Martin Luther King, wird, als er in **Montgomery** (US-Bundesstaat Alabama) einen Prozeß verfolgen will, bei dem sein Mitkämpfer Ralph Abernathy als Zeuge aussagen soll, vor dem Gerichtssaal von einem weißen Polizisten provoziert und ohne Grund festgenommen. Dabei wird er unter den Augen seiner Frau Coretta getreten und mißhandelt. – Bereits zwei Tage darauf wird King wegen angeblichen Widerstands gegen die Staatsgewalt von dem Gericht zu einer Geldstrafe von zehn Dollar ersatzweise 14 Tagen Haft verurteilt. Da King sich geschworen hat, kein weiteres Mal eine Strafe, zu der er wegen der Wahrnehmung von Bürgerrechten verurteilt wird, mit Geld zu begleichen, bittet er Richter Eugene Loe darum, eine Erklärung abgeben zu dürfen. Als dieser ihm die Erlaubnis dafür gibt, schildert King noch einmal ausführlich, wie er zum Opfer einer polizeilichen Willkürmaßnahme geworden ist und erklärt: »Seien Sie versichert, Euer Ehren, daß mein Verhalten weder eine theatralische Geste noch ein Reklametrick ist, denn moralische Überzeugungen stammen nie aus dem selbstsüchtigen Drang nach Publizität. Noch treibt mich der Wunsch, ein Märtyrer zu sein ... Mein Verhalten wird bestimmt durch die zwingende Stimme des Gewissens und den Wunsch, der Wahrheit und dem Willen Gottes zu folgen, wo sie auch hinführen mögen. Da ich die Strafe nicht zahlen will, werde ich die von Ihnen gebotene Alternative bereitwillig und ohne Groll annehmen. Diese Entscheidung treffe ich auch aus der Sorge über Ungerechtigkeit und Erniedrigung, die mein Volk noch immer erduldet. Die Brutalität, der die Neger in vielen Gebieten des Südens ausgesetzt sind, ist heutzutage zur Schande Amerikas geworden ... Die Neger können nicht länger schweigend die Brutalität der Polizei und die Gewalttätigkeiten des Mobs erdulden. Wir können

3.9.: Martin Luther King wird in Montgomery wegen »Herumlungerns« von der Polizei abgeführt ...

*3.9.: ... und gewalt-
sam dem Richter
vorgeführt.*

es nicht, weil Gott, der uns alle erschaffen hat, uns befiehlt, dem Bösen zu trotzen ... Schließlich treffe ich diese Entscheidung aus Liebe zu Amerika und zu den erhabenen Prinzipien der Freiheit und Gleichheit, auf denen es gründet. Ich habe erkannt, daß Amerika in Gefahr ist, seine Seele zu verlieren und dadurch in verhängnisvolle Anarchie und lähmenden Faschismus abzugleiten... Die Zeit ist gekommen, da vielleicht nur bereitwillig ertragenes Leiden und gewaltloser Protest Unschuldiger diese Nation aufrütteln können, Brutalität und Gewalt – diese Geißel des Negers, der nur vor Gott und den Menschen in Würde leben will – zu bannen.«[239] Als King anschließend von dem Richter gefragt wird, ob er seine Kaution nicht von jemand anders zahlen lassen möchte, lehnt er ab. Trotzdem wird er nicht ins Gefängnis transportiert. Ein Gefangenenwagen nach dem anderen fährt ab, ohne ihn mitzunehmen. Schließlich wird ihm erklärt, daß er nach Hause gehen könne, ein Unbekannter habe seine Kaution gezahlt. – Später stellt sich heraus, daß es sich bei dem »unbekannten Gönner« um den Polizeikommissar Clyde Sellers handelt. Er hat die Strafe des schwarzen Bürgerrechtlers aus eigener Tasche bezahlt. Zur Begründung führt er an, er wolle es den Steuerzahlern ersparen, Martin Luther King »14 Tage ernähren zu müssen«.

4. September Der Ministerrat der DDR verabschiedet in **Ost-Berlin** eine Regierungserklärung, in der der Vorschlag unterbreitet wird, eine Viermächtekommission und eine Kommission von Vertretern beider deutscher Staaten für Verhandlungen über die »Vorbereitung eines Friedensvertrages mit Deutschland« zu bilden. – Die Regierungen der Vereinigten Staaten, Großbritanniens und der Bundes-

republik, denen die Erklärung in einzelnen Noten zugesandt wird, lehnen eine Beantwortung des Vorschlags ab. Der Pressereferent des State Departments, Lincoln White, erklärt am 8. September in **Washington** lediglich, die Botschaft enthalte nichts Neues.

4. September Mit einer Ansprache auf dem Platz der Republik in **Paris** eröffnet Ministerpräsident Charles de Gaulle am Nachmittag eine Kampagne für die Annahme der neuen Verfassung bei der Volksabstimmung in zwei Wochen. Auf der von umfangreichen Sicherheitsvorkehrungen begleiteten Kundgebung ist ein überdimensionales »V« zu sehen, das in einem symbolischen Brückenschlag die historische Rolle de Gaulles unterstreichen soll. Zum einen symbolisiert es das Siegeszeichen des Zweiten Weltkrieges und zum anderen den Beginn der V. Republik. Als Zuhörer sind nur 6.000 geladene Personen zugelassen. Zur selben Zeit versammeln sich etwa 200.000 Menschen in den umliegenden Straßen, um gegen die Annahme des Referendums zu demonstrieren. Die neue Verfassung würde nach Ansicht der Protestierenden den Staatspräsidenten mit außerordentlichen, kaum zu kontrollierenden Machtbefugnissen ausstatten. Trotz des großen Polizeiaufgebots beginnen die Demonstranten ganz in der Nähe des Platzes der Republik damit, Spruchbänder, Aufkleber, Plakate und kleine Ballons zu verbreiten, auf denen nur das Wort »Non« zu lesen ist. Als Trauben von Ballons in die Luft steigen, skandieren Studenten immer wieder »Nieder mit de Gaulle!«. In der Rue de Bretagne geht die Polizei plötzlich gewaltsam gegen die Demonstranten vor. Von zwei Seiten wird die Menge in die Zange genommen. Es gibt kaum ein Entrinnen. Einer nach dem anderen wird niedergeknüppelt. Durch einen Schußwaffeneinsatz werden vier Demonstranten verwundet. Simone de Beauvoir, die sich zusammen mit Claude Lanzmann und anderen Gefährten in einem Bistro in Sicherheit bringen kann, schreibt über ihre Beobachtungen: »Blutende Frauen kamen ins Bistro, die eine ruhig, die andere laut schreiend, die man dann auf eine Bank im Hinterzimmer legt. Eine Blondine hatte blutverschmiertes Haar. Blutüberströmte Männer liefen die Straße entlang ... Wir verließen das Bistro und fuhren fort zu demonstrieren. In der rue de Bretagne war Markttag, die Händler schienen auf unserer Seite zu stehen. Die Menge war sehr sympathisch: hart, stolz, heiter. Es war die lebendigste Kundgebung, an der ich je teilgenommen habe: Sie war weder so sittsam wie der große Trauerzug zur place de la République, noch so unschlüssig wie die Demonstration am Sonntag der Amtsübernahme, sondern ernst und für manche gefährlich ... Gegen halb acht wurde beschlossen, sich zurückzuziehen. Lanzmanns Vater brachte uns mit seinem Auto wieder zur Kreuzung Arts-et-Métiers. Der Boden war mit NEIN-Zetteln übersät. In der rue Beaubourg hatte man das Pflaster aufgerissen. Auf den Boulevards standen die Menschen in Gruppen beisammen und diskutierten.«[240] – Die Presse geht am Tag darauf höchst unterschiedlich auf das Demonstrationsgeschehen ein. Während die »Libération« und die »Humanité« detaillierte Schilderungen liefern und »France-Soir« nur in verzerrender Weise Bericht erstattet, versucht der konservative »Figaro« die Proteste mit der Bemerkung herunterzuspielen, es habe sich dabei lediglich um ein »paar hundert Demonstranten« gehandelt. – Am selben Tag gibt der ehemalige Ministerpräsident Pierre Mendès-France auf einer Pressekonferenz in **Paris** bekannt, warum er den Verfassungsentwurf ablehnt. Der Text, erklärt der Oppositionspolitiker, verleihe einem künftigen Präsidenten der Republik in Wirklichkeit die Stellung eines Monarchen. Es läge dann z. B. in seiner Kompetenz, durch die Anwendung von Artikel 16 eine Diktatur zu errichten. Außerdem werde die Gewaltenteilung aufgehoben und die Regierung zum wahren Gesetzgeber gemacht. Das alles sei das Gegenteil von Demokratie. Da der von der Regierung vorgelegte Entwurf gefährlich für das Land, den Bürgerfrieden und die Demokratie sei, bestehe die Notwendigkeit, mit Nein zu stimmen.

5. September Das Landgericht **München** spricht den »Reichsvorsitzenden« des *Deutschen Blocks* (DB), Karl Meissner, von der Anklage der Beleidigung frei. Der 38jährige Rechtsradikale hatte die »Woche der Brüderlichkeit« als »Woche der Widerlichkeit« bezeichnet.

6. September Am frühen Nachmittag führen Mitglieder der *Internationale der Kriegsdienstgegner* (IdK) im **Wupperta**ler Stadtteil Wichlinghausen einen Autokorso durch. Mit Lautsprecherdurchsagen und Plakaten rufen sie die Bevölkerung zum Kampf gegen die Atombewaffnung auf. An dem Korso sind 45 Fahrzeuge beteiligt.

7. September An einer Großkundgebung für die Opfer des Faschismus nehmen auf dem August-Bebel-Platz in **Ost-Berlin** 100.000 Menschen teil. Als Hauptredner ruft Erich Mückenberger, Mitglied des Politbüros der SED, dazu auf, in Zukunft noch energischer als bisher gegen den »wiedererstandenen Militarismus in Westdeutschland« zu kämpfen. Außerdem sprechen der französische Senator Ernest Petit (KPF) und als Vertreter der sowjetischen Kriegsveteranen, der ehemalige Generalmajor Sergej Wischnewski. Unter den Ehrengästen sind auch 4.000 Berliner Antifaschisten, die mit der Medaille »Für Kämpfer gegen den Faschismus 1933–1945« ausgezeichnet worden sind.

8. September Durch zwei von britischen Düsenjägern bei der Durchbrechung der Schallmauer über der nordhessischen Kleinstadt **Hofgeismar** ausgelöste Detonationen erleidet die 34jährige Anne Rost einen schweren Schock, der zu einer halbseitigen Lähmung führt. Die Frau, die sich in Begleitung ihres blinden Ehemannes auf dem Heimweg vom Zahnarzt befindet, kann plötzlich ihre Beine nicht mehr bewegen. Als sie sich auch trotz der Unterstützung mehrerer Passanten nicht mehr fortbewegen kann, holt man einen Rollstuhl und fährt sie damit zu einem Arzt. Der überweist sie zu einem Spezialisten in **Kassel**, der eine durch einen Nervenschock ausgelöste Lähmung des linken Armes und des linken Beines diagnostiziert. – Diese Diagnose wird durch die Untersuchung eines weiteren Mediziners in **Bad Homburg** bestätigt. Die Hausfrau muß seit dem Vorfall das Bett hüten. Der Haushalt wird nun von dem selbst pflegebedürftigen Ehemann geführt. – Auf Anraten des Hofgeismarer Gewerkschaftssekretärs Erwin V. Sehrt nimmt sich das hilflose Ehepaar einen Anwalt und stellt beim Amt für Verteidigungslasten in **Bonn** einen Antrag auf Schadenersatz. Das Amt ist laut Truppenvertrag für Schadenersatzansprüche von Bürgern und Behörden der Bundesrepublik gegenüber den Streitkräften der Alliierten zustän-

4.9.: Ministerpräsident de Gaulle propagiert bei seiner Ansprache auf dem Platz der Republik die Annahme einer neuen Verfassung.

dig. – Dem Anwalt gelingt es bereits nach kurzer Zeit, neben der Nationalität der beiden Düsenjäger auch die Namen der Piloten herauszubekommen. Der Fall der gelähmten Frau löst in der Öffentlichkeit eine Diskussion darüber aus, in welcher Höhe und mit welcher Geschwindigkeit Düsenflugzeuge geschlossene Ortschaften überfliegen dürfen.

8. September Die Regierung der Vereinigten Staaten gibt in **Washington** bekannt, daß die am 28. April begonnene Serie der Atomwaffentests auf dem im Pazifik gelegenen Eniwetok-Atoll abgeschlossen worden sei. Die Versuche hätten zur Entwicklung besserer Waffen »für die Verteidigung der USA und der freien Welt« beigetragen. Die Gefahrenzone um das Atoll habe wieder aufgehoben werden können.

13./14.9.: Betriebsrat Kalinowski hält vor der Gladbecker Atommahnwache eine Ansprache.

13./14.9.: Protesttafel vor dem Rathaus.

9. September Das Auswärtige Amt in **Bonn** übermittelt den Botschaftern der vier Großmächte gleichlautende Aide-mémoires zur deutschen Frage. Darin wird ein Bundestagsbeschluß vom 2. Juli wiedergegeben, der die Bundesregierung beauftragt, sich bei den vier Regierungen für die Einberufung einer Viermächtekonferenz einzusetzen, die Vorschläge zur Lösung der deutschen Frage erarbeiten soll. – Der sozialdemokratische Bundestagsabgeordnete Herbert Wehner kritisiert im »Vorwärts«, daß der Bundestagsbeschluß erst nach über zwei Monaten an die eigentlichen Adressaten übermittelt worden ist. Durch diese Verzögerung sei es der DDR möglich geworden, in dieser wichtigen Frage die Intiative zu ergreifen. Wehner spielt damit auf den Beschluß des DDR-Ministerrats vom 4. September an.

9. September Der *Ausschuß für Deutsche Einheit* behauptet auf einer internationalen Pressekonferenz in **Ost-Berlin**, daß »in der deutschen Westzone« ein »Volksnotstand« existiere. Das »klerikal-militaristische System« stütze sich bei der Unterdrückung des Volkes im wesentlichen »auf alte Faschisten«. Die Rechtsunsicherheit habe »erschreckende Ausmaße« angenommen. Im Vorjahr seien in Westdeutschland 1.700.000 Verbrechen begangen worden. Im Durchschnitt begingen 20 Menschen täglich Selbstmord. Und rund 400.000 junge Menschen seien in die Fremdenlegion getrieben worden. Der Sekretär des Ausschusses, Adolf Deter, erklärt: »In der Bundesrepublik herrschen unglaubliche Zustände, wie sie in Deutschland noch nie bestanden. Das berechtigt uns zu der Feststellung, die Bundesrepublik ist kein Rechtsstaat. Westdeutschland ist zum Herd der Atomkriegsgefahr in Europa geworden ... Das Bonner System ist es, das diesen Volksnotstand verschuldet hat.«[241] Verbrechen, Korruption und Sittenverfall hätten die Oberhand gewonnen.

11. September Der CSU-Bezirksverband **München** entscheidet sich, die Kandidatur des Juristen Max Frauendorfer für die bayerischen Landtagswahlen zurückzuziehen. Der ehemalige Reichshauptamtsleiter Frauendorfer war beschuldigt worden, an Deportationen von Zwangsarbeitern aus Polen beteiligt gewesen zu sein.

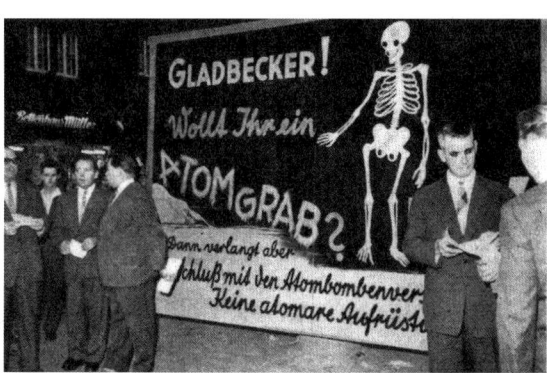

12. September Der Deutsche Fernsehfunk überträgt ein Interview, das der stellvertretende Vorsitzende des Staatlichen Rundfunkkomitees, Gerhart Eisler (SED), mit dem Ersten Sekretär des SED-Zentralkomitees, Walter Ulbricht, führt. Darin werden die auf dem V. Parteitag der SED verabschiedeten Grundsätze für einen Friedensvertrag mit Deutschland und der Vorschlag zur Bildung einer Viermächtekommission zunächst wiederholt und dann der Vorwurf erhoben, die Bundesregierung habe zusammen mit den drei Westmächten einen Geheimplan zur Wiedervereinigung Deutschlands ausgearbeitet, der eine »Verschwörung gegen das deutsche Volk und gegen den Frieden« darstelle. Danach sollen unter internationaler Aufsicht Wahlen zu einer Nationalversammlung durchgeführt werden, um mit einem von den militaristisch-klerikalen Kräften gewünschten Ergebnis freie Hand für einen Vorstoß westdeutscher NATO-Truppen bis an die Oder zu bekommen. Die Ausarbeitung eines solchen Planes zeuge jedoch nur von Illusionen über die wirklichen Kräfteverhältnisse in Europa. Es gebe stattdessen nur einen Weg zu einer friedlichen Wiedervereinigung Deutschlands; dieser führe über die Bildung einer Kommission zur Bildung einer Konföderation beider deutscher Staaten.

12. September Der Oberste Bundesgerichtshof der Vereinigten Staaten in **Washington** ordnet mit einer einstimmig gefällten Entscheidung die sofortige Durchführung der Rassenintegration an der High School von Little Rock an. Er hebt damit ein Urteil des Distriktgerichts von Little Rock auf, mit dem der Bundesrichter von Arkansas die Rassenintegration für zweieinhalb Jahre ausgesetzt hatte.

13. September An der »8. Gesamtdeutschen Arbeiterkonferenz« in **Leipzig** nehmen 1.250 Betriebs- und Gewerkschaftsfunktionäre aus beiden deutschen Staaten teil. Die Delegierten, von denen nach offiziellen Angaben 800 aus der Bundesrepublik und West-Berlin stammen sollen, beschließen den Aufruf »Die Einheit ist unsere stärkste Waffe«, in dem vor allem die Einstellung aller Nuklearwaffenversuche, ein Verbot der Lagerung und des Einsatzes von Nuklearwaffen, der Errichtung von Raketenstützpunkten und der Atombewaffnung der Bundeswehr gefordert werden. Das FDGB-Bundesvorstandsmitglied Rudi Kirchner fordert in seiner Rede den DGB auf, in einem friedlichen Wettbewerb zu ermitteln, wer die größten Erfolge der gewerkschaftlichen Interessenvertretung aufzuweisen hat. Die DGB-Führung solle Ihre »Hetze gegen die DDR« einstellen und stattdessen die Angebote des FDGB zur Zusammenarbeit aufnehmen.

13./14. September Vor dem Rathaus von **Gladbeck** (Ruhrgebiet) führen Bergarbeiter zusammen mit Gewerkschaftlern, SPD-Mitgliedern und Beigeordneten der Stadtverwaltung eine Atommahnwache durch. Zu Beginn wendet sich das Betriebsratsmitglied der Möller-Schächte, Kalinowski, an mehrere hundert Neugierige. Er ruft die Bürger auf, wachsam zu sein und die drohende Gefahr der Atombewaffnung zu verhindern. Es gehe in diesem Kampf weder um Parteien, Organisationen noch Konfessionen, sondern um die Erhaltung des Friedens und letztlich der gesamten Menschheit. Im Namen seines Betriebsrates und des lokalen *Arbeitsausschusses* »Kampf dem Atomtod«, dem er ebenfalls angehört, fordert er die sofortige Einstellung aller Atomwaffenversuche, die Verhinderung der Ausrüstung der Bundeswehr mit Atomwaffen und der Errichtung von Raketenabschußbasen.

14. September Auf dem 6. Bundestreffen des *Verbandes ehemaliger Angehöriger des deutschen Afrikakorps* in **Karlsruhe** tritt der Bundesschatzminister Hermann Lindrath (CDU) als Redner auf.

14. September Auf der Jahrestagung des *Stahlhelms* – *Bund der Frontsoldaten* in **Remagen** wird von den rund 1.000 Delegierten mit großem Beifall eine Treueerklärung für Bundeskanzler Adenauer verabschiedet. »Wehe der abendländischen Welt«, heißt es darin, »wenn sie nicht alles tut, um überall und jederzeit zu zielbewußter Abwehr bereit zu sein. Wir danken dem Herrn Bundeskanzler, daß er unbeirrt seinen vielfach einsamen Weg geht. In diesem Kampf stehen wir wie ein Mann hinter ihm.«[242] Der ehemalige General und DP-FVP-Bundestagsabgeordnete Hasso von Manteuffel fordert in seiner Rede die Beendigung aller Kriegsverbrecherprozesse vor deutschen Gerichten. Der Führer des Landesverbands Rheinland, Karl Behle, kündigt an, der *Stahlhelm* werde den »Massenaufmarsch der Frontsoldaten« dann befehlen, wenn man den Zeitpunkt für gekommen halte.

14. September Auf dem Ettersberg bei **Weimar** wird im Beisein von über 80.000 Menschen die Mahn- und Gedenkstätte für die Opfer des früheren Konzentrationslagers Buchenwald eingeweiht. In dem KZ waren zwischen 1937 und 1945 über 55.000 Häftlinge, darunter zahlreiche sowjetische Kriegsgefangene, von den Nazis ermordet worden. Auf dem Platz vor dem mehr als 40 Meter hohen Turm des Mahnmals versammeln sich unter dem Geläut der Buchenwaldglocke überlebende KZ-Häftlinge aus 21 europäischen Ländern; darunter allein 1.800 aus der

GELÖBNIS
der Teilnehmer an der Einweihung der
Mahn- und Gedenkstätte Buchenwald

Wir, Frauen und Männer verschiedener Weltanschauungen und Glaubensbekenntnisse aus dem Norden und Süden, dem Westen und Osten Europas, die in der Zeit der faschistischen Barbarei das Banner des Widerstandes gegen Faschismus und Krieg erhoben,

wir, denen das Andenken an alle im antifaschistischen Freiheitskampf gefallenen Kameraden und an die Millionen Opfer des Hitlerterrors eine mahnende Verpflichtung ist,

wir, die wir uns darüber einig sind, daß in unserer Zeit die Erhaltung des Friedens das Hauptanliegen der Menschheit ist und darüber, daß es nie und nirgends mehr Faschismus geben darf, wir haben uns auf dem Ettersberg, der Stätte faschistischer Unmenschlichkeit und dem leuchtenden Symbol des heldenhaften Kampfes, den wir in unseren Heimatländern gegen den gemeinsamen Feind führten, mit Zehntausenden Bürgern der DDR zusammengefunden.

Wir geloben, den Idealen des antifaschistischen Freiheitskampfes treu zu bleiben.

Wir geloben, mit dem gleichen Heroismus, mit dem unsere Kameraden kämpften, all denen, die einen dritten Weltkrieg vorbereiten, entschlossen Widerstand zu leisten.

Wir geloben, zusammen mit allen friedliebenden Menschen unsere ganze Kraft einzusetzen, damit die Welt von dem Alpdruck eines Atomkrieges befreit wird.

Wir geloben, stets für die Verständigung und Freundschaft zwischen den Völkern einzutreten.

Wir, die wir heute erneut unsere unverbrüchliche Einheit und solidarische Verbundenheit bekräftigen, rufen Europa und der ganzen Welt zu: Wenn wir uns gemeinsam schützend vor das Leben stellen, wird Frieden sein in der Welt.

14.9.: Die neue Gedenkstätte am ehemaligen Konzentrationslager Buchenwald.

14.9.: Abdruck in der antifaschistischen Wochenzeitung »Die Tat«.

Bundesrepublik. Nach einer Ansprache von Ministerpräsident Otto Grotewohl, in der er die Einweihungsfeier als machtvolle Demonstration gegen Krieg und Atombewaffnung, für Abrüstung, Freundschaft und Völkerverständigung bezeichnet, spricht der Intendant des Deutschen Theaters, Wolfgang Langhoff, ein Gelöbnis, in dem sich die Teilnehmer

verpflichten, den Idealen des antifaschistischen Widerstandskampfes auch weiterhin zu folgen. Anschließend steigen als Zeichen des Friedens Tausende von Tauben vom Turm des Mahnmals auf. – Nachdem bereits am Vortag in **Weimar** ein internationales Forum stattgefunden hat, auf dem der stellvertretende Außenminister der DDR, Otto Winzer, die Bundesrepublik als Gefahrenherd für den Frieden in Europa anprangerte, treffen dort am Tag nach der Einweihung ehemalige Widerstandskämpfer aus beiden deutschen Staaten zu einem weiteren Forum zusammen.

14. September Der 49jährige jüdische Sozialist Heinz Brandt flüchtet mit seiner Familie von **Ost-** nach **West-Berlin**. Brandt, der als KPD-Mitglied 1934 von der Gestapo verhaftet wurde und seine bis zum Kriegsende dauernde Haftzeit in den Konzentrationslagern Sachsenhausen, Auschwitz und Buchenwald überlebt hat, war mehrere Jahre lang Leiter der Abteilung Agitation und Propaganda in der SED. Als unbequemer Parteigänger, der schon während der antisemitischen Kampagne im Anschluß an den Slánský-Prozeß bedroht war, wurde er ein Jahr nach den Ereignissen des 17. Juni 1953 in den Verlag »Die Wirtschaft« abgeschoben. Nach Denunziationen bei der Parteikontrollkommission der SED, die ein Ausschlußverfahren gegen ihn eröffnen wollte, und

14.9.: Blick auf die Teilnehmer der Einweihungsveranstaltung; im Hintergrund die von Fritz Cramer geschaffene Figurengruppe.

14.9.: Eine Abordnung ehemaliger Buchenwald-Häftlinge, die in der VVN organisiert sind, wird von der FDJ begrüßt.

nachdem ihm Gerüchte über seine unmittelbar bevorstehende Verhaftung zu Ohren gekommen waren, entschloß sich Brandt zur Flucht. – Mit der Schlagzeile »Verräter an der Partei« erscheint am 14. Oktober im SED-Zentralorgan »Neues Deutschland« ein Artikel, in dem Brandt als »unversöhnlicher Feind der Arbeiterklasse« und als »Agent der Bourgeoisie« beschimpft wird. Ihm wird vorgeworfen, er habe in »Hetzbriefen übelster Art« SED-Mitglieder aufgefordert, sich für einen »dritten Weg« zum Sozialismus zu entscheiden. – Nach einem sechsmonatigen Aufenthalt in einem Flüchtlingslager tritt Brandt eine Stelle als Redakteur beim *IG Metall*-Organ »Metall« in **Frankfurt** an und wird Mitglied der SPD.

14./15. September Bundeskanzler Adenauer stattet dem französischen Ministerpräsidenten Charles de Gaulle auf dessen Landsitz **Colombey-les-deux-Eglises** einen zweitägigen Besuch ab. Begleitet wird er von Außenminister Heinrich von Brentano und Ministerialdirektor Karl Carstens. Auf französischer Seite sind bei einem Teil der Gespräche Außenminister Maurice Couve de Murville, Generalsekretär Louis Joxe und der französische Botschafter François Seydoux zugegen. Nach Beendigung der Unterredungen heißt es in einer gemeinsamen Erklärung: »Wir glauben, daß die vergangene Gegnerschaft ein für allemal überwunden sein muß und daß Franzosen und Deutsche dazu berufen sind, in gutem Einvernehmen zu leben und Seite an Seite zu arbeiten. Wir sind der Überzeugung, daß die enge Zusammenarbeit zwischen der Bundesrepublik Deutschland und der Französischen Republik die Grundlage jedes konstruktiven Aufbaues in Europa ist. Sie trägt zugleich zur Stärkung des Atlantischen Bündnisses bei und ist unentbehrlich.«[243] – Nach seiner Rückkehr erklärt Bundeskanzler Adenauer auf einer Pressekonferenz in **Bonn**, daß de Gaulle »in keiner Weise« den Auffassungen entspräche, die in letzter Zeit von der Presse über ihn verbreitet worden seien. Er sei kein Nationalist, kenne sich außenpolitisch sehr gut aus und wisse um die Bedeutung des Verhältnisses zwischen Frankreich und Deutschland für Europa und die ganze Welt.

14.-20. September Auf einer Tagung in **Kitzbühel** verabschieden die 70 Teilnehmer der »III. Pugwash-Konferenz«, darunter auch die beiden Nobelpreisträger Max Born und Linus Pauling, eine Erklärung zur Situation der Techniker und Naturwissenschaftler im Atomzeitalter. Die Deklaration der Wissenschaftler aus 21 Nationen hat das Ziel, die Atommächte zur Einstellung der Atomwaffentests zu bewegen. In der »Kitzbüheler Erklärung« heißt es: »Wenn auch ein internationales Übereinkommen

über die Ausschaltung von Kernwaffen und anderer Massenvernichtungsmittel aus den Arsenalen der Welt zustande käme, dürfte doch nicht übersehen werden, daß das Wissen, wie man solche Waffen erzeugt, nicht mehr verlorengehen kann. Diese Waffen werden für alle Zukunft eine Bedrohung der Menschheit darstellen, denn in einem künftigen Großen Krieg würde jeder der kriegführenden Staaten sich nicht nur berechtigt, sondern sogar verpflichtet fühlen, sogleich mit der Produktion von Kernwaffen zu beginnen, weil sich keiner darauf verlassen wird, daß nicht der andere seinerseits dasselbe tut. Ein industrialisierter Großstaat würde dazu weniger als ein Jahr benötigen, um wieder

Die Teilnehmer der III. Pugwash-Konferenz in Kitzbühel

Atomwaffen anzusammeln.«[244] Die Tagungsteilnehmer sprechen sich selbst eine besondere Verantwortung bei der als verhängnisvoll begriffenen Situation zu: »Es ist die Pflicht der Wissenschaftler aus aller Welt, zur Erziehung und Bildung der Menschen dadurch beizutragen, daß sie ihnen ein Verständnis für die Gefahren und die Möglichkeiten vermitteln, die aus der beispiellosen Ausdehnung der Naturwissenschaften erwachsen. Wir appellieren an unsere Kollegen in allen Ländern, diese Bemühungen sowohl bei der Erwachsenenbildung als auch im Schulunterricht zu unterstützen. Insbesondere sollte die Erziehung darauf gerichtet sein, alle Formen der menschlichen Beziehungen zu vertiefen und vor allem jede Glorifizierung von Krieg und Gewalt auszuschalten.«[245] – Die 18 Unterzeichner der »Göttinger Erklärung«, die sich am 12. April 1957 gegen die Ausrüstung der Bundeswehr mit Atomwaffen ausgesprochen haben, stellen sich hinter den Appell von Kitzbühel und machen ihn in der bundesdeutschen Öffentlichkeit bekannt. – Die Konferenz der Naturwissenschaftler ist nach Pugwash, einem kleinen Ort in der kanadischen Provinz Nova Scotia, benannt, wo im Juli 1957 auf Initiative des amerikanischen Millionärs Cyrus Eaton das erste Treffen der Rüstungsgegner stattgefunden hat.

14.-20.9.: Die »Deutsche Volkszeitung« veröffentlicht die Teilnehmerliste der Abrüstungskonferenz.

15. September Das Bezirksgericht **Halle** verurteilt die beiden an der Martin Luther-Universität eingeschriebenen Studenten Heinrich Blobner und Arno Seifert wegen Bildung einer »illegalen Gruppe mit staatsverräterischen Zielsetzungen« zu Zuchthausstrafen von jeweils sieben Jahren. Aus der Urteilsbegründung geht hervor, daß Blobner und Seifert ausschließlich im privaten Kreis über die Möglichkeiten zu einer politischen Veränderung in der DDR diskutiert hatten. An einer Stelle des 28 Seiten umfassenden Textes heißt es: »Der Zeuge R. ... brachte zum Ausdruck, daß es sich doch hier um einen ›Petöfi-Kreis‹ handle und die Gruppe nichts anderes sei als der Anfang einer Bewegung, wie sie auch in Ungarn bestanden habe. Es gelang aber den Angeklagten, die Anwesenden für derartige Zusammenhänge zu gewinnen, in denen jeder offen seine politischen Ansichten äußern könne. Ihr Ziel war, nach den Angaben des Angeklagten S., darauf gerichtet, eine Änderung der politischen Verhältnisse in der Deutschen Demokratischen Republik herbeizuführen. Ausschließlich zu dem Zwecke, Diskussionen über diese Frage zu führen, sollte die Gruppe gegründet werden.«[246] Den beiden Verurteilten ist auch zum Vorwurf gemacht worden, Bücher, Zeitungen und Zeitschriften aus der Bundesrepublik eingeführt und »regelmäßig die verschiedenen Hetzsendungen westlicher Rundfunkstationen« gehört zu haben. Zu den inkriminierten Texten gehörten Arthur Koestlers »Sonnenfinsternis« und Wolfgang Leonhards »Die Revolution entläßt ihre Kinder«. Das Deutsche Institut für Zeitgeschichte, heißt es in der Urteilsbegründung zu diesem Punkt, habe in einem Gutachten festgestellt, daß es sich bei diesen Publikationen »um ausgesprochene Hetzschriften« handle, die »für den Privatbesitz nicht geeignet« seien. Arno Seifert war 1952 bereits von der Schule verwiesen worden, weil er in einem für den Unterricht verfaßten Aufsatz freie gesamtdeutsche Wahlen gefordert und eine öffentliche Selbstkritik wegen seiner darin angeblich zum Ausdruck gebrachten »chauvinistischen« Haltung abgelehnt hatte. Er legte sein Abitur dann an einer anderen Schule ab. Trotz seines aktenkundig gewordenen Widerstands war es ihm gelungen, einen Studienplatz zu erhalten. – Berufungen, die die beiden Studenten gegen das Urteil einlegen, werden am 31. Oktober durch ein Urteil des Obersten Gerichts der DDR abgelehnt. – Nach seinem Freikauf 1964 schreibt Arno Seifert über seine frühere regimekritische Gruppe, die den Namen *Diskussionskreis für Gegenwartsprobleme* trug: »Im Frühjahr 1957 begannen wir unter dem Eindruck der Niederschlagung des ungarischen Aufstandes und der in ihrem Gefolge wieder anwachsenden Intoleranz im politi-

16.9.: Der Arzt und Theologe Albert Schweitzer.

schen Leben in einem kleinen Kreis oppositionell gesinnter Studenten unserer Fachschaft mit der Organisierung von geheimen Diskussionen. Der Teilnehmerkreis umfaßte etwa sieben bis acht Personen, und es fanden von Februar bis April 1957 etwa fünf bis sechs Zusammenkünfte statt, abwechselnd in den Wohnungen der teilnehmenden Kommilitonen. Der Vorschlag zur Gründung dieses Zirkels ging von mir aus; ich entwarf auch ein Statut, das die Durchführung und Gewährleistung der Sicherheit von freien Diskussionen über politische und weltanschauliche Probleme zum Ziel des Klubs erklärte und die Mitglieder zur Geheimhaltung verpflichtete. Unsere Themen, zu denen jeweils ein Mitglied einen Vortrag hielt, auf dessen Grundlage dann debattiert wurde, waren: Wege zur Wiedervereinigung Deutschlands, Bolschewismus, Perspektiven des Sozialismus, ›sowjetischer‹ Historismus. Ende April 1957 stellte der Zirkel, ohne daß ein formeller Auflösungsbeschluß herbeigeführt worden wäre, seine Tätigkeit ein. Entscheidender Grund dafür war, daß sich die Hälfte der Teilnehmer unmittelbar vor dem Staatsexamen befand und die Zeit für unsere Abende und deren Vorbereitung nicht mehr erübrigen konnte.«[247] Oberster Grundsatz der Gruppe sei »die vollständige Freiheit der Äußerung und der Kritik einer jeden Überzeugung, Ansicht oder Hypothese« gewesen. Jeder Student, der diesem Grundsatz zustimmte, hätte, wie es in dem von ihm seinerzeit konzipierten Statuten weiter hieß, Mitglied werden können – mit Ausnahme von solchen, die bereits SED-Mitglied gewesen seien.

15. September Auf den französischen Informationsminister Jacques Soustelle, der sich mit seinem Wagen auf der Fahrt in sein **Paris**er Ministerium befindet, wird ein Attentat verübt. Während Soustelle nur leicht verletzt wird, verliert ein Fußgänger bei dem Anschlag sein Leben. – Das Attentat wird der algerischen Befreiungsfront FLN zugeschrieben, die mit einer Terrorwelle in ganz Frankreich Druck auf die Regierung ausüben will, Schritte zur Erlangung der Unabhängigkeit Algeriens zu unternehmen.

16. September Auf dem Rudolfplatz in **Köln** unterzeichnet der 10.000. Einwohner eine am Atommahnmal ausgelegte Protesterklärung gegen die Atombewaffnung der Bundeswehr.

16. September In einem von der schwedischen Zeitung »Morgonbladet« veröffentlichten Schreiben fordert der Friedensnobelpreisträger Albert Schweitzer die sofortige Einstellung aller Nuklearwaffentests. Nur eine friedliche Übereinkunft zwischen den beiden Machtblöcken, meint der in einem

Tropenhospital in Gabun praktizierende Arzt, könne die Menschheit vor ihrer Vernichtung bewahren.

16. September Algerische Unabhängigkeitskämpfer verüben in koordinierten Aktionen in mehreren französischen Städten Terroranschläge. Auf einem Kasernengelände bei **Marseille** explodiert ein Panzer; dabei wird ein Soldat getötet, sechs weitere werden verletzt. Auf die Wachtposten eines Öllagers der südfranzösischen Hafenstadt eröffnen mehrere Algerier das Feuer; sie werden jedoch vertrieben, bevor sie größeren Schaden anrichten können. In **Paris** wird ein Streifenwagen der Polizei von Algeriern beschossen. In verschiedenen Städten **Lothringen**s werden bei Schußwechseln zwischen Algeriern und Franzosen, darunter ehemalige Fremdenlegionäre, acht Personen verletzt. In **Nizza** nimmt die Polizei bei einer Razzia 500 Algerier fest.

17. September Unter der Überschrift »Gott ist bescheidener als der General« greift der 53jährige Philosoph und Dramatiker Jean-Paul Sartre in einem vom Nachrichtenmagazin »Der Spiegel« veröffentlichten Text den Verfassungsentwurf der französischen Regierung an, über dessen Annahme am 28. September in einer Volksabstimmung entschieden werden soll. »Man sagt uns«, schreibt Sartre, »daß wir abstimmen werden. Das ist eine Lüge. Zerreißen wir doch das Gewebe großer Worte, das ein Verbrechen verdeckt: Der 28. September wird nicht ein Tag der Wahl, sondern ein Tag der Gewalt sein. Und wir selbst sind es, denen diese Gewalt angetan wird. Zunächst: Wer hat dieses Plebiszit gewollt? Niemand. Es wird einer souveränen Nation aufgezwungen. Wie ein Räuber fällt es über uns her. Geben wir uns nicht der Hoffnung hin, wir könnten uns durch Schweigen aus der Affäre ziehen: Stimmenthaltung heißt, blind für die Mehrheit zu stimmen, welche es auch sei ... Der Wähler, verloren in jenem Niemandsland, das die verblichene Republik von der künftigen Monarchie scheidet, muß allein und ohne Hilfe entscheiden. Alles oder nichts! Alles: König Charles XI. Nichts: Die Rückkehr der IV. Republik, die niemand mehr will. Entweder akzeptiere ich alle Forderungen des Generals de Gaulle, oder ich falle in das Nichts zurück.«[248] Um dieser Zwickmühle zu entgehen, fordert Sartre, nicht nur den Verfassungsentwurf abzulehnen, sondern eine verfassunggebende Versammlung einzuberufen. Nur so könne ein Ausweg, aus der falschen Alternative gefunden werden. General de Gaulle und seinen Unterstützern, schlägt Sartre am Ende vor, sollte erklärt werden: »In einem Punkt stimmen wir mit euch überein: Die IV. Republik ist tot, und wir sind uns einig, daß sie nicht wiedererweckt werden soll. Aber euch steht es

nicht zu, die V. Republik zu schaffen. Das ist Sache des französischen Volkes selbst – in seiner ganzen und vollkommenen Souveränität.«[249]

18. September Auf dem 5. Gewerkschaftstag der *IG Metall* in **Nürnberg** nimmt deren Vorsitzender Otto Brenner in einer Grundsatzrede Stellung zur Rolle und Aufgabe der Gewerkschaften in der gesellschaftspolitischen Auseinandersetzung. »Der Kampf der Gewerkschaften um die soziale Sicherheit der arbeitenden Menschen und ihre Befreiung aus der Abhängigkeit der industriellen Klassengesellschaft«, erklärt Brenner, »war seit je der Motor des gesellschaftlichen Fortschritts. In diesem Kampf stießen und stoßen auch heute wieder die Gewerkschaften nicht nur auf den Widerstand der Unternehmer, sondern auch verstärkt auf den Widerstand des Staates, in dem nach 1945 bereits wieder wirtschaftliche Macht zu politischer Macht geworden ist.«[250] Der Staat vertrete nicht, wie von ihm vorgegeben, ein allgemeines Interesse, sondern das der herrschenden Klasse. Nicht nur die CDU/CSU und die von ihr geführte Regierung, sondern auch die staatlichen Institutionen und ihr Apparat zeigten sich immer stärker mit den Führungsspitzen der Wirtschaft verbunden. Diese Kräfte versuchten gemeinsam, das Streikrecht der Gewerkschaften zu beschneiden. Diese jedoch seien entschlossen, jeden Angriff auf ihre politischen Rechte abzuwehren. Sollte es zu einem Versuch kommen, die Gewerkschaften als demokratische Macht auszuschalten, dann werde man auch vor der Ausrufung eines politischen Streiks nicht zurückschrecken.

18. September Vor dem Parlament in **Kapstadt** hält der neue südafrikanische Premierminister Hendrik Frensch Verwoerd seine Antrittsrede. Der Nachfolger des vier Wochen zuvor verstorbenen Johannes G. Strijdom macht dabei unmißverständlich klar, daß er nicht von der Apartheidspolitik seines Vorgängers abweichen werde. Die Südafrikanische Union stelle das »Bollwerk der weißen Zivilisation in Afrika« dar. Sie werde immer auf der Seite des Westens im Kampf mit dem Kommunismus stehen. – Verwoerd galt bereits in der Vergangenheit als einer der kompromißlosesten Verfechter der Rassentrennungspolitik und soll eine maßgebliche Rolle bei der Verabschiedung der Apartheidsgesetze gespielt haben.

18.-21. September Der 8. Bundesparteitag der CDU in **Kiel** steht nach der Erringung der absoluten Mehrheit bei den Bundestagswahlen des Vorjahres und den nordrhein-westfälischen Landtagswahlen vom 6. Juli im Zeichen der Kontinuität. In dem von den Delegierten verabschiedeten »Kieler Manifest« wird die Fortführung des außenpolitischen Kurses der Bundesrepublik, vor allem die Bündnispolitik innerhalb der NATO und die europäische Integration, ebenso betont wie der Grundsatz einer »Wiedervereinigung Deutschlands in Freiheit« und die in einem eigenen Arbeitsprogramm beanspruchte »Verwirklichung des sozialen Rechtsstaates«. Bundeskanzler Adenauer wird per Akklamation in seinem Amt als Vorsitzender bestätigt. Zu stellvertretenden Vorsitzenden werden neben dem Bundestagspräsidenten Eugen Gerstenmaier und dem schleswig-holsteinischen Ministerpräsidenten Kai-Uwe von Hassel, die dieses Amt bereits innehatten, der CDU-Fraktionsvorsitzende im Bundestag, Heinrich Krone, und Bundesarbeitsminister Theodor Blank gewählt.

19. September In zwei Belegschaftsversammlungen mit 15.000 und 10.000 Teilnehmern wenden sich die Arbeiter der BASF in **Ludwigshafen** auch gegen die Atombewaffnung der Bundeswehr. Verschiedene Sprecher fordern, nicht nur an die materielle Sicherheit zu denken, sondern sich auch für die Erhaltung der Arbeitsplätze und gegen die von der Bundesregierung betriebene Atomrüstung einzusetzen.

19. September Vor Beginn der Musterungen reichen 48 Mitglieder der *Internationale der Kriegsdienstgegner* (IdK) in **Bremen** beim Kreiswehrersatzamt gemeinsam einen Antrag auf Anerkennung als Kriegsdienstverweigerer ein.

19. September Auf gleichzeitig stattfindenden Pressekonferenzen in **Kairo**, **Tunis** und **Rabat** wird die Bildung einer algerischen Exilregierung bekanntgegeben. Die »Provisorische Regierung der Algerischen Republik«, wie sie genannt wird, ist vom Koordinations- und Exekutivkomitee der FLN gebildet worden. Erster Ministerpräsident ist der 58jährige Ferhat Abbas, seine beiden Stellvertreter sind Ahmed Ben Bella und Belkacem Krim, die sich beide in einem französischen Gefängnis befinden. Die Exilregierung ist dem *Conseil National de la Révolution Algérienne* (CNRA), dem revolutionären Parlament der Aufständischen, verantwortlich. Ihr Sitz wird zunächst die ägyptische Hauptstadt Kairo sein. »Am 1. November 1954«, heißt es in einer zu diesem Anlaß von der *Armée de Libération Nationale* (ALN) herausgegebenen Erklärung, »hat eine Handvoll politischer Kämpfer das Land entschlossen auf den Weg der Revolution geführt. Nach vier Jahren des Kampfes erleben wir am 19. September 1958 die Wiederherstellung des algerischen Staates ... Morgen werden die uns verbündeten arabischen Staaten, die Länder der ganzen Welt unsere Unabhängigkeit anerkennen ... Heute hat das algerische Volk Unab-

19.9.: Ferhat Abbas, Ministerpräsident der algerischen Exilregierung.

hängigkeit und Würde gefunden. Mit Vertrauen schreitet es unter der Führung seiner Armee in die letzte Etappe seines Kampfes.«[251] – Mit großem Jubel reagiert die Bevölkerung in **Algerien**, als der Tagesbefehl der ALN öffentlich verlesen wird. – Die Regierungen der Vereinigten Arabischen Republik, Libyens, Marokkos, Tunesiens, Jordaniens, Saudi-Arabiens, des Irak und des Jemen geben, wie angekündigt, ihre Anerkennung der algerischen Exilregierung bekannt. – Die französische Regierung in **Paris** bestreitet, wie nicht anders zu erwarten, der provisorischen Regierung jegliche Legitimität und droht den Staaten, die sie anerkannt haben, damit, die Beziehungen abzubrechen.

19. September Der bekannteste Sprecher der schwarzen Bürgerrechtsbewegung in den USA, der Baptistenpfarrer Martin Luther King, signiert in einem Kaufhaus des **New York**er Schwarzenstadtteils Harlem sein erstes, unter dem Titel »Strides toward Freedom« erschienenes Buch. Während King von Menschen umringt ist, drängt sich eine Frau an ihn heran und fragt, ob er Dr. King sei. Als der Pfarrer mit dem Kopf nickt, ruft sie mit zornerfüllter Stimme, daß sie bereits seit fünf Jahren hinter ihm her sei. Dann stößt sie ihm einen japanischen Brieföffner in die Brust. Nach einer kurzen Schrecksekunde überwältigen die entsetzt aufschreienden Leute ringsum die Attentäterin. Als einer von ihnen die aus der Brust ragende Klinge herausziehen will, hindert ihn King daran. Kurz darauf wird er in ein nahegelegenes Krankenhaus eingeliefert und operiert. Vor dem Gebäude versammeln sich Tausende von Schwarzen, um für ihn zu singen und zu beten. Der Eingriff verläuft ohne Komplikationen. Der Chirurg erläutert anschließend, daß sich der Bürgerrechtler die ganze Zeit über in höchster Lebensgefahr befunden habe. Die stilettähnliche Waffe habe die Aorta berührt: »Hätte er sich heftig bewegt oder geniest, er wäre augenblicklich gestorben.«[252] Die 42jährigen Attentäterin, Isola Curry, die kurze Zeit später in eine psychiatrische Anstalt eingewiesen wird, ist eine Schwarze. – Am 3. Oktober wird King, der völlig genesen ist, aus dem Krankenhaus entlassen. Es war bereits das dritte Attentat auf ihn.

20. September Auf der Jahreshauptversammlung des *Witiko-Bundes* in **Marbach** am Neckar schildert der Mitbegründer Walter Brand stolz, wie weit der Einfluß seiner Organisation nach zehn Jahren reicht. Als erstes nennt er die von Wilhelm Welwarsky geleitete *Arbeitsgemeinschaft sudetendeutscher Turner und Turnerinnen* im mitgliederstarken *Deutschen Turnerbund* (DTB), dann die *Arbeitsgemeinschaft sudetendeutscher Erzieher*, die *Sudetendeutsche Jugend*, die *Deutsche Jugend des Ostens*, den *Grenzlandausschuß der deutschen Burschenschaften*, den *Arbeitskreis Sudetendeutscher Studenten*, die *Zentralgenossenschaft »Eigener Herd«*, die *Aktion Südtirol* und die *Böhmerwälder Bauernschule*. Zahlreiche Mitglieder übten in der Vertriebenenpresse als Redakteure, Verleger und Verlagsbesitzer großen Einfluß aus. Hervorzuheben seien der Adam-Kraft-Verlag, der Bogen- und der Heimreiter-Verlag, die sich allesamt im Besitz von »Kameraden« befänden. Erfreulich sei es außerdem, daß mit Oberkirchenrat Hugo Piesch einer der ihrigen Leiter der *Gemeinschaft evangelischer Sudetendeutscher* sei. Obwohl fast alle Mitglieder in der *Sudetendeutschen Landsmannschaft* organisiert seien, wird diese heftig als überaltert und tendenziell unpolitisch kritisiert. Brand, der während der NS-Zeit zu den engsten Vertrauten des Statthalters im Reichsgau Sudetenland, Konrad Henlein, zählte, zeigt sich besorgt über den im Vergleich geringen Einfluß des *Witiko-Bundes* auf Parteien und Parlamente. Der Grund dafür liege vor allem in der Zersplitterung der Mitglieder. Unterstützt werden sollten nicht Gruppierungen des »bürgerlich-nationalen« Lagers, sondern Strömungen, die man zur »Dritten Kraft des völkischen Lagers« zählen dürfe. Diese zeichneten sich dadurch aus, daß sie die »Umerziehung des deutschen Volkes« nach 1945

nicht mitgemacht hätten und sich auch weiterhin an »einer mehr konservativen, organischen Auffassung von Volk, Gesellschaft, Staat« orientierten.

20. September Auf einer CSU-Versammlung in **Straubing** (Niederbayern) fordert Bundesjustizminister Fritz Schäffer die Wiedereinführung der Todesstrafe. Nur die Angst vor dem Tod, meint der Minister, könne bestimmte Verbrechen verhindern. Die Abscheu vor Gewalttaten wie z. B. einer Kindesentführung müsse mit außergewöhnlichen Mitteln ausgedrückt werden können. Die Todesstrafe sei ein »Notwehrrecht der Gesellschaft« gegenüber Verbrechern.

20. September Eine Delegation der *Jungsozialisten* startet vom Rhein-Main-Flughafen in **Frankurt** zu einer zweiwöchigen Informationsreise nach Nordafrika. Die Gruppe wird geleitet von dem SPD-Bundestagsabgeordneten Hans-Jürgen Wischnewski und dem rheinland-pfälzischen SPD-Landtagsabgeordneten Jockel Fuchs. Die Reise erfolgt auf Einladung der tunesischen Botschaft in Bonn. Vor ihrem Abflug hatte Fuchs in Mainz erklärt, der Besuch diene der Anbahnung freundschaftlicher Beziehungen zwischen dem jungen Afrika und der Bundesrepublik. Man wolle ein Gegengewicht zu den stärker werdenden Infiltrationsbemühungen der kommunistischen Staaten im nordafrikanischen Raum schaffen. Nach ihrer Ankunft in **Tunis** treffen die SPD-Politiker mit Vertretern verschiedener nordafrikanischer Befreiungsbewegungen zusammen. Sie statten auch dem dortigen Hauptquartier der algerischen Befreiungsbewegung FLN einen Besuch ab.

20. September In **Sion** im Kanton Wallis beteiligen sich 5.000 Bauern an einem Schweigemarsch gegen die Teuerungsrate.

20.-22. September Am III. Nationalkongreß der *Nationalen Front* im Friedrichstadt-Palast in **Ost-Berlin** nehmen 2.200 Delegierte und 350 Gäste teil. Das Mitglied des SED-Politbüros, Albert Norden, behauptet in seinem Referat, während der Imperialismus im Laufe der letzten vier Jahre unwiderrufliche historische Niederlagen erlitten habe, seien im Lager des Sozialismus gewaltige Siege verzeichnet worden. In absehbarer Zeit werde es gelingen, den Pro-Kopf-Verbrauch in den sozialistischen Ländern entscheidend zu steigern und das kapitalistische Lager im friedlichen Wettbewerb auch ökonomisch zu schlagen. Bei diesem Ziel gehe es um mehr als nur Ernährung und Wohlstand, es gehe »um einen dramatischen Wettlauf zwischen Krieg und Frieden«; diesen Wettlauf werde der Sozialismus gewinnen. In der Schlußrede bekräftigt Walter Ulbricht, der Erste Sekretär des SED-Zentralkomitees, noch einmal, daß die Wiedervereinigung Deutschlands nur auf dem Wege einer Konföderation beider deutscher Staaten erreicht werden könne.

21. September Auf einem Treffen der *Hilfsgemeinschaft auf Gegenseitigkeit der Soldaten der ehemaligen Waffen-SS* (HIAG) in **Rendsburg** gibt der frühere SS-Panzergeneral Kurt Meyer ein Treuebekenntnis zu dem wegen seiner Beteiligung an der Ermordung von sechs SA-Führern am 14. Mai 1957 zu einer Gefängnisstrafe von anderthalb Jahren verurteilten ehemaligen Generaloberst der Waffen-SS, Sepp Dietrich, ab. »Unser verehrter Kommandeur«, erklärt »Panzer-Meyer«, »hat vor 25 Jahren einen Befehl ausgeführt, der ihm von einem rechtmäßig gewählten Reichskanzler gegeben, nachher vom rechtmäßigen Reichskabinett und vom Reichspräsidenten, dem ehrwürdigen Feldmarschall von Hindenburg, gebilligt worden war ... In unseren Augen ist und bleibt Sepp Dietrich der von uns allen geachtete Kommandeur, der Soldat, der während seines Lebens, wie wir es alle kennen, nie anders handeln wollte und anders gehandelt hat, als es das Interesse des Vaterlandes von ihm forderte.«[253]

21. September In der hessischen Gemeinde **Neuenhaßlau** (Kreis Gelnhausen) führen Mitglieder der *Jungsozialisten* vor einer Atombombenattrappe eine Mahnwache durch. Neben dem Modell sind Plakate mit dem Porträt Albert Schweitzers und Transparente mit Auszügen seiner Reden aufgestellt. Auf einem der Flugblätter, das die Atomwaffengegner an die Passanten verteilen, heißt es: »Wer die Atombombe befürwortet, der ist mitschuldig.«

21. September Die 4. Große Strafkammer des Landgerichts **Düsseldorf** verurteilt die Gewerkschaftsmitglieder Erich Wiedermeth, Theodor Janssen und Anton Küpper wegen ihrer Zusammenarbeit mit dem FDGB und anderer Organisationen der DDR zu insgesamt 18 Monaten Gefängnis. Den Angeklagten war der Austausch von Arbeiterdelegationen, die Organisierung von Ferienreisen westdeutscher Kinder in die DDR und der Abschluß von Patenschaftsverträgen zwischen der Bundesrepublik und der DDR vorgeworfen worden.

22. September Der persönliche Referent Bundeskanzler Adenauers, Hans Kilb, wird in **Bonn** unter dem Vorwurf passiver Bestechung verhaftet. Kilb soll in der »Leihwagenaffäre« seine Beziehungen zur Vorteilsverschaffung für den Automobilkonzern Daimler-Benz eingesetzt haben.

23. September Die 12. Große Strafkammer des Landgerichts **Hamburg** verurteilt den ehemaligen Landesvorsitzenden der *Deutschen Partei* (DP), den

42jährigen Fruchtimporteur Rudolf Conventz, genannt »Bananen-Rudi«, wegen fortgesetzten Betruges zu einer Gefängnisstrafe von drei Jahren. Die einjährige Untersuchungshaft wird angerechnet. Der rechtsgerichtete Politiker, der am 22. Februar 1952 zum Hamburger Landesvorsitzenden gewählt worden war, hatte durch betrügerische Spekulationsgeschäfte mehr als 100 Gläubiger um 1,9 Millionen DM geprellt. Zu den Bundestagswahlen 1953 hatte Conventz für seine Partei, die zu dieser Zeit Koalitionspartner von CDU/CSU und FDP in der Bundesregierung war, verkündet: »Als einzige Partei der Rechten haben wir klare Grundsätze auf der Basis der Begriffe von Recht, Ehrbarkeit, Anstand, Persönlichkeit und Christentum entwickelt.«[254] Doch bereits wenige Monate danach kam es wegen finanzieller Machenschaften zu einer parteiinternen Untersuchung, die dazu führte, daß der DP-Vorsitzende Heinrich Hellwege den Landesvorsitzenden seines Postens enthob. Conventz vollzog nun den völligen Bruch mit der DP und gründete aus Verärgerung eine eigene Partei: die *Nationale Solidarität*. Trotz geringen Erfolgs investierte er in sie, als er bereits erheblich verschuldet war, mehr als 30.000 DM. Der Gerichtsvorsitzende meint in seiner Urteilsbegründung, daß das Geltungsbedürfnis des Angeklagten zusammen mit seiner »Liebe zur Politik« Ursache des Betrugs gewesen sei.

23.9.: Charlie Chaplin in der Schlüsselszene seines Films »Der große Diktator«.

23. September Erst 18 Jahre nach seiner Uraufführung läuft in der **Bundesrepublik** der Chaplin-Film »Der große Diktator«, eine bitter-komische Persiflage auf Adolf Hitler, an. Der Film basiert auf der Idee einer Personenverwechslung, auf die der ehemalige Stummfilmstar 1937 von Alexander Korda aufmerksam gemacht wurde, dem aufgefallen war, daß Hitler denselben Schnurrbart wie der von Chaplin dargestellte Tramp trug. Die Figur, mit der Chaplin international bekannt geworden war, wird hier in zwei extrem verschiedene Personen aufgespalten: einen kleinen, aus dem KZ entflohenen jüdischen Friseur und den großspurigen, auf neurotische Weise narzißtischen Diktator Hynkel. Nach dem Einmarsch seiner Truppen in Austerlich (Österreich) werden die beiden von Chaplin gespielten Figuren miteinander vertauscht. Am Ende hält der kleine Friseur an Stelle der vom Diktator erwarteten staatsmännischen Rede eine flammende antifaschistische Ansprache. Charlie Chaplins ursprüngliche Absicht war es, mit seiner beißenden Satire den Menschen »die Angst vor der Unbesiegbarkeit der Nazitruppen« zu nehmen und zu zeigen, daß Hitler in Wirklichkeit »eine jämmerliche Figur, ein größenwahnsinniger Narr« sei. Von dem in manchem seiner Aspekte nicht unumstrittenen Film ist Hynkels Tanz mit der Weltkugel, die schließlich wie eine Seifenblase zerplatzt, am bekanntesten geworden – die Persiflage auf den Größenwahn eines menschenverachtenden Diktators.

23. September Unbekannte versuchen in **Paris** vergeblich, die Spitze des Eiffelturms in die Luft zu sprengen. Der mit zwei Kilogramm Dynamit ausgestattete Zeitzünder wird zufällig von einer Touristin in der Toilette der höchsten für Besucher zugänglichen Plattform gefunden und kann von Spezialisten gerade noch rechtzeitig entschärft werden. Im Laufe desselben Tages findet die Polizei in verschiedenen Stadtteilen der französischen Hauptstadt 17 weitere Zeitbomben. Außerdem gelingt es ihr, ein Dynamitlager ausfindig zu machen. In den Morgenstunden ist es bereits in zwei Vororten zu heftigen Zwischenfällen gekommen. Vor den Toren der Simca-Automobilwerke in **Nanterre** werden bei einer Schlägerei zwischen Arbeitern, die sich für den Verfassungsentwurf von Ministerpräsident de Gaulle aussprechen, und linken Demonstranten 17 Arbeiter verletzt, zwei davon schwer. Bei einem Schußwechsel in **Aubervilliers** werden drei Algerier getötet und ein Polizist verletzt. Nach offiziellen Angaben sollen die Algerier zuvor einen Streifenwagen beschossen haben. – Nach Ansicht von Kommentatoren sind die Unruhen und die gewalttätigen Zwischenfälle Anzeichen für die gestiegene Spannung vor der in wenigen Tagen bevorstehenden Volksabstimmung über die neue Verfassung. Einerseits würden, je näher der Tag des Referendums rücke, immer mehr Anschläge befürchtet, andererseits reagiere die Polizei übernervös und rücksichtslos.

25. September Die Jahrestagung des *Verbandes deutscher Historiker* in **Trier**, an der auch eine Reihe geladener Gäste aus der DDR teilnimmt, führt zu einem Eklat. Nachdem der Vorsitzende des Verbandes, Professor Hermann Aubin, bereits in seiner Eröffnungsansprache festgestellt hat, daß mit Geschichtswissenschaftlern, die marxistisch-leninistischer Auffassung seien, »jede Form von Gemeinschaft« unmöglich sei, beschließen die Teilnehmer mehrheitlich, keinen Historiker aus der DDR zu Wort kommen zu lassen. Diese sehen darin eine offene Provokation und verlassen unter Protest die Tagung. – Unter der Überschrift »Psychologische Kriegsführung gegen Meinungsfreiheit« nimmt Professor Ernst Engelberg (SED), Vorsitzender der *Historiker-Gesellschaft der DDR*, am 9. Oktober im SED-Zentralorgan »Neues Deutschland« zu der Trierer Historikertagung Stellung. Engelberg schreibt, daß die Führung des westdeutschen Historikerverbandes ihre eigenen Regeln über Bord geworfen habe, »nur um sich der psychologischen Kriegsführung Bonns und der klerikalen und militaristischen Reaktion« anzupassen. Am Beispiel des Handbuchs »Schicksalsfragen der Gegenwart«, an dem führende westdeutsche Historiker mitgearbeitet hätten, könne man erkennen, wie eng die Bindung an den »westdeutschen Neo-Militarismus« sei. Der Sammelband stelle den »Militärseelsorgevertrag der imperialistischen Geschichtsschreibung Westdeutschlands mit dem Bonner Kriegsministerium« dar. Engelberg leugnet nicht, daß es eine enge Verbindung zwischen Politik und Geschichtsschreibung gebe. Dieses für jeden Historiker existierende Problem hätten die Geschichtswissenschaftler der DDR gelöst, indem sie »die politische Bindung an die Sache der revolutionären Arbeiterklasse« gewählt hätten. Diese Beziehung ermögliche »objektive Geschichtserkenntnis« nicht nur, sondern mache sie zur Notwendigkeit. Ohne Diskussion mit marxistischen Historikern bleibe die bürgerliche Geschichtsschreibung steril und gerate in eine »Grundlagenkrise«. Die »NATO-Provokation in Trier«, meint Engelberg, werde letzten Endes in einen moralischen Erfolg der marxistischen Wissenschaftler einmünden.

26. September Der amerikanische Nobelpreisträger für Chemie, Professor Linus Pauling, hält im völlig überfüllten Saalbau des **Essen**er Stadtteils Steele einen Vortrag zum Thema »Wir sind alle bedroht – Mit der Bombe kann man nicht leben!«. Nach seiner

26.9.: Der US-ame-
rikanische Atom-
waffengegner Linus
Pauling (vorne
rechts) zusammen
mit seiner Frau
(vorne links),
dahinter Martin
Niemöller (links),
Renate Riemeck
(Mitte) und
Paulings Sohn.

26.9.: Zeitungsan-
zeige für die Esse-
ner Veranstaltung.

Essen=Steele, Saalbau (Stadtgarten)

26. September 1958 um 19 Uhr

Nobelpreisträger Prof. Pauling (USA)

einer der Urheber des Appells der 9000 Wissenschaftler gegen
die Atomgefahren, spricht zum erstenmal zu den Gegnern der
Kernwaffen in Deutschland.

Vortrag in deutscher Sprache zum Thema

„WIR SIND ALLE BEDROHT! —
MIT DER BOMBE KANN MAN NICHT LEBEN!"

Kirchenpräsident D. Martin Niemöller und Prof. Dr. Renate Riemeck
leiten.die Veranstaltung.

Begrüßung durch die Wuppertaler Professorin
Renate Riemeck überrascht er die mehr als 1.000
Zuhörer, darunter auch die sozialdemokratischen
Bundestagsabgeordneten Gustav Heinemann, Arno
Behrisch und Alma Kettig, zunächst mit unerwartet
optimistischen Tönen: »Ich glaube zuversichtlich,
daß es nie wieder einen Weltkrieg geben wird, daß
wir endgültig in das Zeitalter zivilisatorischer Entwicklung zu treten im Begriff sind, wo Völker wie
Einzelpersonen in Frieden miteinander leben und
ihre Probleme durch internationales Recht und nicht
mehr durch Gewalt regeln werden. Aber wir alle
müssen mithelfen.«[255] Dann aber malt er das Bild von
der unvorstellbaren Zerstörungskraft der neuesten
Atomwaffen an die Wand. Eine Atombombe mit 20
Megatonnen habe eine um 17mal größere Spreng-

kraft als alle im Zweiten Weltkrieg abgeworfenen
Bomben zusammengenommen. Wenn eine solche
Bombe auf Essen abgeworfen werden würde, dann
würden in einem Gebiet von etwa 20.000 Quadrat-
kilometern, das wäre ein Umkreis von 150 Kilometern, alle Menschen durch die unmittelbare Explosion und die nachfolgende radioaktive Verseuchung
getötet. Allein ein Test dieser Bombe in der Wüste
von Nevada oder im Pazifik habe zur Folge, daß
15.000 Kinder mit Mißbildungen zur Welt kämen
und 15.000 Erwachsene in der Folge an Leukämie und
Krebs erkrankten. Deshalb müßten alle Versuche,
von »sauberen Bomben« zu sprechen, als grobe Irreführung der Öffentlichkeit zurückgewiesen werden.
Eine Bombe, die das Leben von mehr als einer Million Menschen auslösche, könne nicht »sauber« sein.
Pauling fordert alle Staaten auf, sich dem Beispiel der
Sowjetunion anzuschließen und alle Nuklearwaffenversuche sofort einzustellen. Das Weltgewissen sei
im Lauf der letzten Zeit stärker geworden. Auch in
den USA sei erkennbar, wie der durch die Warnungen von Wissenschaftlern erzeugte öffentliche Druck
Wirkung zeige. Dieser Druck auf die Regierungen
müsse in Zukunft noch mehr verstärkt werden. In
jedem Ort, in jedem Land, in Ost wie West müsse
durch die Zusammenarbeit kritischer Wissenschaftler und verschiedener Institutionen ein Beispiel für
die Perspektive der Anti-Atombewegung gegeben
werden. – Der Besuch des Nobelpreisträgers stößt
auf große Resonanz. Am Abend zuvor war er von
etwa 100 Atomwaffengegnern, darunter Renate Riemeck und der Verleger Manfred Pahl-Rugenstein,
vor laufenden Kameras auf dem **Düsseldorf**er Flughafen begrüßt worden. Am Vormittag hatte er in **Essen**
eine Pressekonferenz gegeben, an der 40 Journalisten, Kameraleute und Fernsehreporter teilnahmen, und am Nachmittag war er von Oberbürgermeister Wilhelm Nieswandt empfangen worden.

26.-28. September Unter dem Leitmotiv »Der ungeteilte Frieden in der Welt« findet in **Bremen** die
Bundestagung der *Deutschen Friedensgesellschaft*
(DFG) statt. Das Ziel der DFG, erklärt der Bremer
Bürgermeister J. Eberhard Noltenius (CDU) bei
einem Empfang der Bundesdelegierten im Gobelin-
Zimmer des Rathauses, sei auch sein Ziel. Anderer
Ansicht ist dagegen DFG-Präsident Martin Niemöller, der auf einer Abendveranstaltung zum Motto
der Bundestagung meint, daß der Begriff des »ungeteilten Friedens« zum Schlagwort geworden sei. Mit
ihm würden seit Kriegsende alle praktischen Fortschritte in Richtung auf die Wiederherstellung friedlicher Zustände verhindert.* Die Vorstellung von
einem totalen Frieden führe zu einem »Alles oder
Nichts«-Denken. Ein solcher Dogmatismus ver-

sperre in Wirklichkeit den Weg zu praktischen Fortschritten in Richtung Frieden. Die rund 150 Delegierten nehmen bei einer Gegenstimme und zwei Enthaltungen eine von einem eigenen Ausschuß unter Vorsitz Niemöllers ausgearbeitete Erklärung zur Wiedervereinigung Deutschlands an. Darin heißt es, daß die DFG es ablehne, »irgendeiner Propaganda Vorschub zu leisten«, die »die tragische Zweistaatlichkeit Deutschlands aus politischer Überheblichkeit« leugnen würde. Die Existenz zweier deutscher Staaten sei eine Realität, die nicht geleugnet werden dürfe. Eine Konföderation beider deutscher Staaten auf der Grundlage der Gleichberechtigung stelle »eine realpolitische Möglichkeit« dar. Die DFG fordert die militärische Neutralität für ein wiedervereinigtes Deutschland und die Schaffung einer atomwaffenfreien Zone in Mitteleuropa. Mit Heinz Kamnitzer (SED) nimmt erstmals ein offizieller Vertreter des *Deutschen Friedensrates* der DDR an einer Bundestagung der DFG teil.

27. September Der *Verband der Kriegsdienstverweigerer* (VdK) führt mit einer sechs Meter hohen Raketenattrappe auf dem Roßmarkt in **Frankfurt** eine Atommahnwache durch. Auf Flugblättern werden die Passanten aufgefordert, sich an der Aktion gegen

die Atombewaffnung der Bundeswehr zu beteiligen. Die Diskussionen um das Für und Wider der Atomrüstung und die Prinzipien der Kriegsdienstverweigerung werden abends noch im Fackelschein fortgeführt. – Am 1. Oktober beteiligen sich mit dem Kirchenpräsidenten Martin Niemöller und dem Direktor des Kabaretts »Die Schmiere«, Rudolf Rolfs, auch zwei Prominente an der Mahnwache.

27. September Dem Generalsekretär der Vereinten Nationen, Dag Hammarskjöld, wird in **New York** von Elisabeth Heimpel, der Ehefrau des Göttinger Historikers, eine Protesterklärung gegen die Atomrüstung überbracht. Darin erklären 18.463 Frauen ihre Zustimmung zum Göttinger Appell der Atomphysiker und der Osloer Rede Albert Schweitzers sowie ihre Bereitschaft, überall gegen eine atomare Aufrüstung der Bundesrepublik und für ein weltweites Verbot aller Nuklearwaffen einzutreten.

27. September Aus Protest gegen ein Urteil des Obersten Gerichtshofes der USA, mit dem am 12. September die vom Bundesrichter von Arkansas angeordnete zeitweilige Aufhebung der Rassenintegration für nichtig erklärt worden ist, läßt der Gouverneur von Arkansas, Orval E. Faubus, unter der Bevölkerung von **Little Rock** eine Abstimmung durchführen. Gegenstand des Votums ist die Frage, ob die Einwohner die Zulassung von Farbigen zur High School befürworten oder nicht. Mit 19.470 gegen 7.565 Stimmen sprechen sich die Befragten gegen eine Rassenintegration aus. – Der Gouverneur plant auf der Basis des Abstimmungsergebnisses, die öffentlichen Schulen zu privatisieren und sie damit der Wirksamkeit des Gerichtsspruchs zu entziehen.

27.9.: Raketenattrappe in der Frankfurter Innenstadt.

28. September Bei den Wahlen in Schleswig-Holstein wird der ehemalige SS-Generalleutnant Heinz Reinefarth als Abgeordneter des *Gesamtdeutschen Blocks/Bund der Heimatvertriebenen und Entrechteten* (GB/BHE) in den **Kiel**er Landtag gewählt. Der GB/BHE, auf dessen Liste Reinefarth den dritten Platz einnimmt, wird nach der CDU, die 44,4% der Stimmen erzielt, und der SPD, die auf 35,9% kommt, mit 6,9% drittstärkste Partei. Gegen den 54jährigen Reinefarth, der von seinem Posten als Bürgermeister von Westerland auf Sylt beurlaubt ist, war im Vormonat von der Staatsanwaltschaft Flensburg ein Ermittlungsverfahren wegen des »Verdachts der Beteiligung an rechtswidrigen Tötungen von Zivilpersonen« bei der Niederschlagung des Warschauer Aufstands im Sommer 1944 eingeleitet worden. Der Ermittlungsbehörde liegt ein Schreiben des Ost-Berliner Regisseurs Andrew Thorndike vor, der zusammen mit seiner Frau Anneliese den Dokumentarfilm »Urlaub auf Sylt« gedreht hat, in dem die

Vergangenheit und die politische Karriere des ehemaligen SS-Offiziers beleuchtet wird. Dem Brief sind Photokopien von Dokumenten beigefügt, die von einer staatlichen polnischen Kommission zur Untersuchung von NS-Kriegsverbrechen stammen.

28.9.: Der Westerländer Bürgermeister Heinz Reinefarth auf einer Wahlveranstaltung des GB/BHE und als Generalleutnant der SS.

28. September Der 75jährige Philosoph Karl Jaspers, der gerade ein vielbeachtetes Buch über »Die Atombombe und die Zukunft des Menschen« veröffentlicht hat, erhält in **Frankfurt** den Friedenspreis des Deutschen Buchhandels. Die Laudatio hält seine Schülerin, die emigrierte und inzwischen in Princeton (US-Bundesstaat Indiana) lehrende jüdische Politikwissenschaftlerin und Philosophin Hannah Arendt. – Der Philosoph Günther Anders, der früher mit Hannah Arendt verheiratet war, kommentiert die Preisverleihung in einer Rede vor studentischen Atomwaffengegnern einige Monate später in **West-Berlin** mit den lapidaren Worten: »Wenn Jaspers den Friedenspreis bekommen hat, so in erster Linie deshalb, weil er Adenauer in Frieden gelassen hat.«[256]

28. September In **Frankreich** wird in einem Plebiszit die im Auftrag von Ministerpräsident Charles de Gaulle entworfene neue Verfassung mit deutlicher Mehrheit angenommen. Bei einer Wahlbeteiligung von 85% erhält sie mit 79,2% der Stimmen eine überraschend deutliche Zustimmung. Selbst in Algerien, wo sich erstmals auch die islamischen Frauen an einer Abstimmung beteiligen können, sprechen sich

76,1% für den Verfassungsentwurf aus, der die Stellung des Staatspräsidenten gegenüber der Nationalversammlung so entscheidend ausbaut, daß Kritiker von einer autoritativen Präsidialdemokratie sprechen. Das Amt des Staatspräsidenten, das de Gaulle selbst anstrebt, ist mit einer monarchisch anmutenden Machtfülle ausgestattet. Da er den Ministerpräsidenten ernennt, trifft er die wichtigste personalpolitische Entscheidung bei der Regierungsbildung. Er kann das Parlament auflösen, eine Volksabstimmung durchführen und unter Inanspruchnahme von Artikel 16 in Ausnahmesituationen nahezu diktatorische Vollmachten ausüben. – Die Volksabstimmung, die eine Niederlage der parlamentarischen Demokratie im allgemeinen und der Linken im besonderen ist, hat lediglich in einer der als »Überseeprovinzen« deklarierten Kolonien völlig andere Konsequenzen. Da die Bevölkerung in **Guinea** den Verfassungsentwurf mit deutlicher Mehrheit ablehnt – lediglich 4,05% der Wahlberechtigten sprechen sich dafür aus, wird das afrikanische Land am 2. Oktober von der französischen Regierung in die Unabhängigkeit entlassen. Hiermit beginnt der nicht mehr aufzuhaltende Zerfall des französischen Machtimperiums in »Schwarzafrika«.

28. September Das von dem algerischen Rechtsanwalt Henri Alleg verfaßte Buch »La Tortura« (Die Folter) wird in der norditalienischen Stadt **Omegna** mit einem mit einer Million Lire (6.700 DM) dotierten Literaturpreis ausgezeichnet. Das zuerst in Frankreich unter dem Titel »La Question« erschienene Buch, das dort wegen seiner minutiösen Schilderung der von französischen Fallschirmjägern verübten Folter verboten ist, wird wegen der »Verteidigung der moralischen Werte«, die auch den antifaschistischen Widerstand inspiriert hätten, gewürdigt. Der Jury gehören Schriftsteller wie Guido Piovene und Orio Vergani an. – Trotz seiner aufsehenerregenden Publikation ist Alleg noch immer in Algerien inhaftiert.

29. September Das Auswärtige Amt in **Bonn** suspendiert mit sofortiger Wirkung den Generalkonsul der Bundesrepublik in **New York**, Hans von Saucken, von seinem Dienst. Der 65jährige Diplomat, der bereits für das NS-Regime als Konsul tätig war, soll den Korrespondenten der »Neuen Zürcher Zeitung«, Max Beer, wegen dessen angeblich antideutscher Berichterstattung als »Drecksjuden« beschimpft haben. – Nachdem eine von einem Beauftragten des Auswärtigen Amtes an Ort und Stelle vorgenommene Untersuchung die Richtigkeit des Vorwurfs bestätigt, spricht Bundesaußenminister Heinrich von Brentano am 13. Oktober die fristlose Entlassung des Generalkonsuls aus. – Der Diplomat

28.9.: Zehntausende von Franzosen demonstrieren, wie hier in Paris, gegen die Annahme der neuen Verfassung.

28.9.: Plakat der Kritiker de Gaulles.

bestreitet jedoch auch weiterhin, sich einer antisemitischen Äußerung schuldig gemacht zu haben, und gibt an, er habe seinerzeit als Konsul von Tsingtau vielen Juden geholfen.

29. September Nach einer Welle von Protesten spricht der Gouverneur des US-Bundesstaates Alabama, James E. Folsom, in **Montgomery** die Begnadigung des zum Tode verurteilten Farbigen Jimmy Wilson aus. Der 55jährige Landarbeiter war nachts in eine Wohnung eingebrochen, um eine 82jährige Weiße unter Drohungen um knapp zwei Dollar zu berauben. Wegen des besonders krassen Urteils waren Gnadengesuche nicht nur aus vielen Teilen der USA, sondern auch aus zahlreichen anderen Staaten bei Gouverneur Folsom eingetroffen. Im Südstaat Alabama, der wegen der rassistischen Einstellung seiner Behörden, aber auch wegen der schwarzen Bürgerrechtsbewegung immer wieder für Auf-

sehen gesorgt hat, ist die Verhängung der Todesstrafe wegen Raubes möglich; im Lauf der letzten 31 Jahre sind vier Angeklagte deswegen hingerichtet worden. Der bereits vorbestrafte Wilson muß jetzt eine Gefängnisstrafe von mindestens 15 Jahren verbüßen.

30. September Der UN-Generalsekretär Dag Hammarskjöld kündigt vor der Vollversammlung der Vereinten Nationen in **New York** an, zwei UN-Delegierte zu ernennen, die für Frieden und Sicherheit im Nahen Osten sorgen sollen. Der eine soll im Bedarfsfall von New York aus in die verschiedenen Konfliktherde der Region reisen und der andere ein Büro in der jordanischen Hauptstadt Amman mit Außenstellen in Beirut und Damaskus eröffnen. Die USA und Großbritannien, fügt er außerdem hinzu, seien bedingt bereit, ihre im Nahen Osten stationierten Truppen wieder abzuziehen.

Januar Februar März April Mai Juni Juli

August September <u>Oktober</u>

November Dezember

Oktober Auf dem 100. Kongreß der *Gesellschaft deutscher Naturforscher und Ärzte* in der Rhein-Main-Halle in **Wiesbaden** erneuert der Göttinger Atomphysiker und Nobelpreisträger Professor Otto Hahn seine ablehnende Haltung gegenüber der Atombewaffnung. Vor 3.700 Zuhörern erklärt er unter großem Beifall: »Wohin soll es führen, wenn viele die Atombombe haben. Aus der gestuften Abschreckung kann nie ein Friede entstehen – sondern nur ein heißer Krieg. Ich kann es mir nicht anders denken. Der Protest der Göttinger Achtzehn bleibt bestehen. Nach wie vor lehnen wir es ab, uns an der Herstellung, Erprobung oder dem Einsatz von Atomwaffen jeglicher Art zu beteiligen! ... Wir haben die alles vernichtende Wasserstoffbombe. Die Leben spendende Sonne lehrt uns die Kernverschmelzung von Wasserstoff und Helium. Und unsere Enkel werden die Kernverschmelzungen der Sonne zu friedlicher Energiegewinnung nachahmen können, wenn man ihnen erlaubt, weiterzuleben.«[257] Hahn fordert die Atommächte auf, alle Nuklearwaffentests sofort einzustellen und die vorhandenen Bomben unter internationaler Kontrolle zu vernichten.

Oktober In **Atlanta** (US-Bundesstaat Georgia) und **Peoria** (US-Bundesstaat Illinois) werden von Unbekannten Sprengstoffanschläge auf Synagogen verübt. Im ersten Fall wird eine Seitenwand der Synagoge durch 40 Dynamitpatronen zerstört, im zweiten die Fassade und ein Teil der Inneneinrichtung beschädigt. In den Südstaaten sind seit März bereits vier ähnliche Anschläge ausgeübt worden. – Ein Zeuge erklärt in **Atlanta** vor der Polizei, daß der Anschlag schon im Mai bei der Zusammenkunft einer antisemitischen Organisation geplant worden sei. Er selbst

1.10.: Die nach einem Sprengstoffanschlag im Hamburger Hafen gesunkene »Atlas«.

habe an dem Treffen teilgenommen, sei aber von weiteren Zusammenkünften ausgeschlossen worden, weil er sich gegen die Verwendung von Dynamit ausgesprochen habe. Die Polizei, die kurze Zeit darauf fünf Verdächtige festnimmt, erklärt, daß es eine antisemitische Organisation gebe, die in allen größeren Städten der Südstaaten Mitglieder habe.

1. Oktober Mehr als 1.000 Fans erwarten in **Bremerhaven** die Ankunft ihres Rockidols, das an Bord eines amerikanischen Truppentransporters eintreffen soll. Obwohl die deutschen Rundfunksender kaum Rockmusik spielen, ist der Name von Elvis Presley unter den Jugendlichen in aller Munde. Für die Verbreitung seiner Songs sorgt vor allem der vielgehörte Soldatensender American Forces Network (AFN). Als das Schiff endlich im Hafen angelegt hat, werden die jungen Rockfans enttäuscht. Von Elvis Presley, der mit Bürstenfrisur seinen Militärdienst in der hessischen Kleinstadt Friedberg ableisten muß, ist kaum etwas zu sehen. Von anderen GI's sorgfältig abgeschirmt, entschwindet er mit einem über die Schulter gehängten Seesack gleich in einem bereitstehen-

den Zug. Vergeblich rufen die hinter einer Polizei-
sperre stehenden jungen Leute mehrmals im Chor,
sie wollten Elvis sehen.

I. Oktober Im Kaiser-Wilhelm-Hafen in **Hamburg**
wird der aus Bremen stammende Motorfrachter
»Atlas« mit einer Sprengladung versenkt. – Die polizeilichen Ermittlungen ergeben, daß die Haftmine,
mit einem Zeitzünder zur Explosion gebracht worden ist, von Froschmännern angebracht worden sein
muß. Das Schiff soll Waffen für die algerischen Aufständischen an Bord gehabt haben. – Ein ähnlicher
Vorfall ereignet sich fast zur selben Zeit auf der
Reede der belgischen Hafenstadt **Ostende**. Auch hier
wird ein Schiff, der ägyptische Dampfer »Alkahira«,
durch eine Sprengladung auf Grund gesetzt. – Die
Hinweise verdichten sich, daß die beiden Anschläge
von Agenten der französischen Geheimdienstorga-
nisation »La Main Rouge« verübt worden sein könnten. Diese Truppe hat im Lauf der letzten Jahre in
Nordafrika und verschiedenen europäischen Ländern, darunter auch in der Bundesrepublik, zahlreiche Mord- und Sabotage-Aktionen gegen Unterstützer des algerischen Unabhängigkeitskampfes ausgeführt.

I. Oktober Das Schwurgericht beim Landgericht
Nürnberg stellt das Verfahren gegen den ehemaligen
SS-Hauptsturmführer Heinz Müller ein. Der 42jäh-
rige Kaufmann war des Totschlags beschuldigt worden. Er soll als Kommandeur eines SS-Pionier-Bataill-
lons am 17. April 1945 einem später gefallenen SS-
Oberscharführer den Befehl gegeben haben, den
damaligen Bürgermeister von Burgthann (Kreis
Nürnberg), Andreas Fischer, zu erschießen. Fischer
hatte beim Anrücken der amerikanischen Truppen
weiße Fahnen gehißt, um den Beschuß seiner Gemeinde zu verhindern. Der Staatsanwalt hatte eine
Gefängnisstrafe von vier Jahren gefordert. Das
Schwurgericht hält Müller zwar ebenfalls für schuldig, führt aber an, daß ihm nach seiner Stellung oder
Einsichtsfähigkeit die Unterlassung der Tat »nicht
zuzumuten« gewesen wäre. Außerdem sei nicht auszuschließen, daß »die an sich nicht überdurchschnitt-
liche Intelligenz des Angeklagten« zum Zeitpunkt
der Vollstreckung durch nervliche und körperliche
Überlastung herabgesetzt gewesen sei. Die Einstellung des Verfahrens erfolgt unter Berufung auf das
Straffreiheitsgesetz vom 17. Juli 1954. Nach diesem
Gesetz wird Straffreiheit für solche Taten gewährt,
die »unter dem Einfluß der außergewöhnlichen Verhältnisse des Zusammenbruchs« begangen worden
sind, wenn dem Täter eine Unterlassung der Straftat
»nach seiner Stellung oder Einsichtsfähigkeit« nicht
zugemutet werden kann und eine Freiheitsstrafe bis
zu drei Jahren zu erwarten ist.

I. Oktober Die Staatsanwaltschaft **Flensburg** stellt
das Ermittlungsverfahren gegen den ehemaligen SS-
Gruppenführer und heutigen Bürgermeister der
Gemeinde Westerland auf Sylt, Heinz Reinefarth,
mit der Begründung ein, daß es keinen hinreichen-
den Tatverdacht gebe. Daraufhin beschließt der
Magistrat von **Westerland**, die Beurlaubung des als
Kriegsverbrecher Verdächtigen mit sofortiger Wirkung aufzuheben. Gegen den Politiker, der für den

*1.10.: Militärpoli-
zisten müssen in
Bremerhaven begei-
sterte Elvis-Fans
zurückdrängen.*

*1.10.: Einer der
Jugendlichen zeigt
stolz ein Filmplakat
mit seinem Idol.*

Gesamtdeutschen Block/Bund der Heimatvertriebenen und Entrechteten (GB/BHE) kurz zuvor in den Kieler Landtag eingezogen ist, war der Vorwurf erhoben worden, er habe 1944 in Warschau in seiner Funktion als Generalleutnant der Polizei Kriegsverbrechen begangen.

1. Oktober Die in Hamburg erscheinende Zeitschrift »Konkret« beginnt mit dem Abdruck des Aufsatzes »Aufklärung als Massenbetrug«, in dem Theodor W. Adorno und Max Horkheimer das System der Kulturindustrie analysieren.

1. Oktober Das Sekretariat des *Weltfriedensrates* veröffentlicht in **Prag** einen Aufruf zur »Minderung der Spannungen im Fernen Osten«, in dem ein Rückzug aller amerikanischen Streitkräfte aus dem Seegebiet rund um Taiwan gefordert wird. Außerdem wird der Vorschlag der Internationalen Konferenz gegen die A- und H-Bomben in Tokio aufgegriffen und für die Zeit zwischen dem 15. Oktober und dem 15. November zu einem internationalen »Aktionsmonat« für die Einstellung aller Nuklearwaffenversuche aufgerufen.

1.-4. Oktober An einer internationalen wirtschaftswissenschaftlichen Konferenz zum Thema »Konjunktur – Krise – Krieg« in der Humboldt-Universität in **Ost-Berlin** beteiligen sich Wissenschaftler aus 15 europäischen Ländern. Zu den bundesdeutschen Teilnehmern zählen der Kieler Professor Fritz Baade und der aus SPD und DGB ausgeschlossene Gewerkschaftstheoretiker Viktor Agartz.

2. Oktober In **Stetten** bei Heilbronn wird ein 38jähriger Kaufmann festgenommen, der verdächtigt wird, im nahegelegenen Niederhofen einen Wohnwagen angezündet zu haben, der Bauarbeitern, die mit der Errichtung einer Raketenabschußrampe beschäftigt waren, als Unterkunft diente. In unmittelbarer Nähe des ausgebrannten Wagens war ein Schild mit der Aufschrift »Wer hier arbeitet, treibt Sabotage am deutschen Volk« gefunden worden. Der Mann, von dem es in Presseberichten ausdrücklich heißt, daß er »kein Kommunist« sei, hat bereits früher wiederholt gegen die Stationierung amerikanischer »Nike«-Raketen protestiert; er ist der Gründer der *Schutzgemeinschaft Heuchelberg*. – Ein Journalist schreibt später über dessen Protestmotive: »Als Wegewart des Schwäbischen Albvereins, heimat- und naturverbunden, dachte auch er zunächst nur an den brutalen Eingriff in natürlich Gewachsenes. Es war keine Sentimentalität, wenn er sich gegen die Zerstörung von Blumen und Bäumen wandte, sondern er sah in der Anlage von Vernichtungswaffen einen Widerspruch zur natürlichen Ordnung. Das alles genügte aber nicht, um gegen die

militärischen Projekte anzukämpfen. Es galt, auch die politische Sinnlosigkeit aufzuzeigen ... Er gründete die ›Schutzgemeinschaft Heuchelberg‹, nahm Verbindung zu Parteien und Gewerkschaften auf, fuhr zum Landtag nach Stuttgart und zum Bundestag nach Bonn, sprach mit Abgeordneten und Ministern, fand Verständnis bei den Oppositionsparteien und eisige Ablehnung bei der CDU. Mitteilungsblätter wurden herausgegeben, eine Großkundgebung in Heilbronn sah die großen Organisationen und Verbände vereinigt im Protest, die Waldarbeiter schritten zur ersten Arbeitsniederlegung. Und dann wurde es eine Zeitlang still um den Heuchelberg ... Als dann im September elektrische Leitungen zum Heuchelberg gezogen wurden, schien der entscheidende Zeitpunkt gekommen. Doch wo blieb die Widerstandsbewegung vom Februar? ... In dieser gespannten Situation erfolgte die Kurzschlußreaktion.«[258]

2. Oktober In **West-Berlin** wird der für einen westlichen Nachrichtendienst als Agent tätige Karl Behnisch in eine Falle gelockt und entführt. Der Mann folgt einem Bekannten, der sich als politischer Flüchtling ausgibt, in Wirklichkeit aber ein Agent des Ministeriums für Staatssicherheit (MfS) ist, in den Gatower Forst. Dort wird er von mehreren Unbekannten bei einem Handgemenge überwältigt und über die nahegelegene Demarkationslinie nach **Ost-Berlin** gezerrt. – Am 10. November 1959 verurteilt dann das Bezirksgericht **Frankfurt an der Oder** Karl Behnisch zu einer lebenslangen Zuchthausstrafe. – Erst nach fast 14jähriger Einzelhaft kehrt er durch einen Häftlingsaustausch in den Westen zurück.

2. Oktober Ein Sprecher der SPD-Bundestagsfraktion teilt in **West-Berlin** der Presse mit, daß nicht Will Rasner, der parlamentarische Geschäftsführer der CDU/CSU-Fraktion, der erste »Abgeordneten-Soldat« sei, sondern der aus Hamburg stammende SPD-Bundestagsabgeordnete Carl-Wilhelm Berkhan. Rasner ist am 1. Oktober in Hamburg zu einer Reserveübung eingerückt, Berkhan hingegen leistet seine bereits seit dem 20. September bei einer Luftwaffeneinheit in Schleswig-Holstein ab.

2. Oktober Wie die Presseagentur TASS bekanntgibt, hat die sowjetische Regierung in **Moskau** einen Beschluß gefaßt, wonach sie die am 31. März ausgesetzten Atomwaffenversuche wieder aufnehmen wird. Als Begründung für diesen Schritt heißt es, daß die westlichen Atommächte, die auf das Angebot der UdSSR ihre Tests ebenfalls einzustellen, nicht eingegangen seien, versucht hätten, sich durch eine Serie neuer Experimente militärische Vorteile zu verschaffen. Dennoch, so heißt es weiter, wolle die sowjetische Regierung auch in Zukunft ihren Kampf für eine allseitige Einstellung der Atomwaffenversuche fortsetzen.

3. Oktober Die I. Große Strafkammer des Landgerichts **Köln** verurteilt einen 50jährigen Seifenhändler wegen Geheimbündelei und Verstoßes gegen das KPD-Verbot zu einer Gefängnisstrafe von einem Jahr. Der Angeklagte hatte auf einer Liste, die als Tarnorganisation der KPD angesehen wird, für die nordrhein-westfälischen Landtagswahlen kandidiert.

3.-7. Oktober Der *Verband Deutscher Physikalischer Gesellschaften* nimmt auf seiner Herbsttagung in **Essen** im Namen von 3.000 Mitgliedern eine Entschließung an, in der »die politisch Verantwortlichen aller Regierungen und aller Parlamente« dazu aufgefordert werden, die Kernwaffenversuche und das atomare Wettrüsten insgesamt einzustellen. In dem Appell heißt es: »Das Atomwettrüsten und die Atomversuche müssen endlich eingestellt werden! Die Physiker, die ihre Arbeit zum Wohle der Menschheit angwandt sehen wollen, wiederholen die früheren Warnungen vor den Folgen des frevelhaften Mißbrauchs ihrer Forschungsergebnisse. Sie weisen mit allem Nachdruck darauf hin, daß nukleare Waffen Mittel allgemeiner völkervernichtender Zerstörung sind, deren Gebrauch auch unbeteiligte Völker den Schrecken des Strahlungstodes aussetzt.«[259] Außerdem bilden die Physiker einen ständigen Ausschuß, der die Bevölkerung über die Gefahren der nuklearen Massenvernichtungsmittel aufklären soll.

4. Oktober Auf einer Arbeitstagung in **Frankfurt** wenden sich 180 Vertreter der *Kirchlichen Bruderschaften*, darunter 31 aus der DDR, gegen die atomare Aufrüstung. Sie bekräftigen die auf der letzten Synode der EKD von den Bruderschaften vorgestellten zehn Thesen und erklären erneut, daß es in der Frage der Atombewaffnung keine neutrale Haltung geben kann und jeder ernsthafte Christ Widerstand leisten müsse. »Die Einbeziehung von Massenvernichtungsmitteln in den Gebrauch staatlicher Machtandrohung und Machtausübung«, heißt es in der »Frankfurter Erklärung«, »kann nur in faktischer Verneinung des Willens des seiner Schöpfung treuen und dem Menschen gnädigen Gottes erfolgen. Ein solches Handeln ist christlich nicht vertretbar. Der Standpunkt der Neutralität in dieser von uns als Sünde erkannten Sache ist mit dem Bekenntnis zu Jesus Christus unvereinbar. Jeder Versuch, solches Handeln und solche Neutralität theologisch zu rechtfertigen, wird zur Irrlehre, bewirkt Verführung und setzt den Willen des dreieinigen Gottes außer Geltung.«[260]

4. Oktober Der 3. Senat des Bundesgerichtshofes in **Karlsruhe** verurteilt vier DDR-Bürger wegen Staatsgefährdung. Die beiden Hauptangeklagten, der 33jährige Maschinenschlosser Erich Friedrich Passarge und der 46jährige Tischler Kurt Sack, werden wegen Rädelsführerschaft in einer verfassungsfeindlichen Vereinigung, Geheimbündelei in staatsgefährdender Absicht und staatsgefährdenden Nachrichtendienstes zu drei bzw. zweieinhalb Jahren Gefängnis verurteilt. Der mitangeklagte 38jährige

4.10.: Die »Frankfurter Erklärung« gegen die Massenvernichtungsmittel.

Was heißt,
JESUS CHRISTUS
in der atomaren Bedrohung der Welt bekennen?

Auf die Frage: „Was heißt, Jesus Christus in der atomaren Bedrohung der Welt bekennen?" antworten die vom 2. bis 4. 10. 1958 in Frankfurt a. M. versammelten Vertreter Kirchlicher Bruderschaften in Deutschland:

I Die christliche Gemeinde verkündigt Jesus Christus, den einen Offenbarer des einen gnädigen Willens Gottes. Damit bekennt sie, daß Jesus Christus der Herr der Welt ist. Ihm sind auch alle Bereiche des Lebens untertan, in denen die Menschen Wahrheit suchen, Recht setzen und Macht ausüben. Das ist zwar der Welt noch verborgen, der Kirche aber im Glauben gewiß.

Es gibt keine Werte und Ordnungen, Prinzipien und Ideale für das menschliche Leben, durch die eine Wort Gottes, Jesus Christus, gedeutet, begrenzt oder suspendiert werden kann; ihre Anerkennung und Anwendung bedürfen und unterliegen vielmehr stets der Begrenzung, Interpretation und Korrektur durch Ihn.

II Jesus Christus ist am Kreuz gestorben, damit auch wir, der Sünde gestorben, in der Kraft seiner Auferstehung suchen, mit dem Tun der guten Werke ihm leben.

Die Heilstat Jesu Christi wird verleugnet, wenn sie nicht als Zuspruch und Anspruch gepredigt wird. Der Zuspruch der Rechtfertigung ist immer zugleich auch der Ruf zur Umkehr in die Heiligung des Lebens. Wie die Rechtfertigung den Sünder ganz rechtfertigt, so gilt der Heiligung unserem ganzen Leben. Deshalb ist auch das politische Dasein dem Anspruch des Glaubensgehorsams nicht entzogen.

III Das neue Leben aus dem Evangelium Jesu Christi schließt in sich die tätige Mitverantwortung der Gemeinde wie des einzelnen für die Erhaltung menschlichen Lebens und darum auch für die durch Gottes Geduld ermöglichte Einrichtung menschlicher Rechtsordnungen. Der christliche Glaube erkennt den Staat an als von Gott in seiner Gnade gebrauchtes Mittel zur Erhaltung des Lebens der Menschen, denen das Evangelium gepredigt werden soll bis zum Ende der Tage. Die Mitverantwortung der Christen für den Staat besteht darin, durch die Verkündigung und das ihr entsprechende Handeln die Träger der Staatsgewalt an ihren Auftrag zur Erhaltung des menschlichen Lebens zu erinnern, ihnen bei der Erfüllung ihrer Aufgabe zu helfen und sie vor dem Mißbrauch der Macht zu bewahren. So gehört unser Tun zum Regiment Christi, der sein Reich dadurch vor der Welt bekundet und in unserer Schwachheit stets seine Macht offenbart (vgl. Apologie IV, 189).

In der Wahrnehmung solcher Mitverantwortung müssen wir bekennen: Die Einbeziehung von Massenvernichtungsmitteln in den Gebrauch staatlicher Machtandrohung u. Machtausübung kann nur in faktischer Verneinung des Willens des seiner Schöpfung treuen und dem Menschen gnädigen Gottes erfolgen. Ein solches Handeln ist christlich nicht vertretbar. Der Standpunkt der Neutralität in dieser von uns als Sünde erkannten Sache ist mit dem Bekenntnis zu Jesus Christus unvereinbar. Jeder Versuch, solches Handeln und solche Neutralität theologisch zu rechtfertigen, wird zur Irrlehre, bewirkt Verführung und setzt den Willen des dreieinigen Gottes außer Geltung

Dieser Sonderdruck kann für 10 Pfg. bei der „Stimme der Gemeinde" bezogen werden.
Roetherdruck Darmstadt

Wer diese unsere Warnung vor den Massenvernichtungsmitteln als Einladung zum Glauben an die Verheißung des Evangeliums versteht, der hat uns recht verstanden.

Diese unter dem Wort Gottes gewonnene Erkenntnis bindet uns in der Gemeinsamkeit des Zeugnisses und verpflichtet uns zu entsprechendem Handeln.

Wer diese Erklärung als für sich selbst verbindlich unterschreiben will, schreibe der „Stimme der Gemeinde", Darmstadt, Roquetteweg 15, mit Unterschrift und Anschrift: „Ich unterzeichne die Theologische Erklärung der Kirchlichen Bruderschaften vom 4. Okt. 1958."

DIE **BUNDESWEHR**

*braucht für den organischen
Altersaufbau ihres Offizierkorps*

Berufs-Offiziere

besonders aus den

Jahrgängen 1929-1934

Bewerber werden am 1. Oktober 1958 und 1. April 1959 eingestellt und erhalten einmalig schnelle Aufstiegsmöglichkeiten sowie besondere Vergünstigungen:

Beförderung zum Leutnant   schon nach verkürzter Ausbildungszeit von 18 Monaten (statt nach drei Jahren).

Beförderung zum Oberleutnant nach bereits einem Offizierdienstjahr möglich.

Beförderung zum Hauptmann   (Kapitänleutnant) bei Eignung schon nach zwei weiteren Dienstjahren, Mindestalter 30 Jahre (Fliegendes Personal 28 Jahre).

Berechnung des Besoldungsdienstalters bereits vom 21. Lebensjahr an ohne Berücksichtigung des tatsächlichen Eintrittsalters.

IM HEER:

Infanterie	Artillerie	Feldzeugtruppe
Panzertruppe	Flugabwehrtruppe	(krafftfahrtechnischer und
Panzergrenadiertruppe	Pioniertruppe	waffentechnischer Dienst)
Panzeraufklärungs-	Fernmeldetruppe	Quartiermeistertruppe
truppe	Heeresfliegertruppe	(Nachschub und Transport)
Panzerjägertruppe	ABC-Abwehrtruppe	Gebirgs- und Luftlandetruppe

IN DER LUFTWAFFE:

Fliegerischer Dienst	Fernmeldedienst	Allgemeiner
Technischer Dienst	Flugabwehrdienst	Truppendienst

IN DER MARINE:

Operation	Marineflieger	Schiffstechnik
Waffen	Versorgung	

Als Offizieranwärter kann eingestellt werden,

wer am Tage der Einstellung das 24. Lebensjahr vollendet und das vollendete 29. Lebensjahr (für fliegendes Personal das 26. Lebensjahr) noch nicht überschritten hat – also Angehörige des Jahrgangs 1929 im letzten Quartal, und wer das Reifezeugnis (Abitur) einer höheren Lehranstalt oder die Zulassung zum Studium an einer Hochschule besitzt, oder wer die Abschlußprüfung einer HTL (Höheren Technischen Lehranstalt) bestanden hat.

4.10.: Anzeige des Bundesverteidigungsministeriums in der Presse.

4.10.: Bundeskanzler Adenauer inspiziert das Modell eines neuen Schützenpanzers; im Hintergrund (v.l.n.r.) General Speidel und Bundesverteidigungsminister Strauß.

Hufschmied Heinz Schmidt erhält wegen Geheimbündelei, staatsgefährdenden Nachrichtendienstes und fahrlässiger Verkehrsgefährdung eine Gefängnisstrafe von einem Jahr und zehn Monaten und der ebenfalls mitangeklagte 54jährige Schlosser Ernst Heinrich Rath wegen Geheimbündelei zwei Monate. Die Untersuchungshaft aller Angeklagten wird angerechnet und die Strafe Raths zur Bewährung ausgesetzt. Gerichtsvorsitzender ist der Präsident des Bundesgerichtshofes Ernst Kanter, ein ehemaliger Reichskriegsgerichtsrat, der von der DDR beschuldigt wird, für den Tod von 118 dänischen Antifaschisten verantwortlich zu sein.

4. Oktober Auf einem Treffen des CSU-Wirtschaftsbeirates in **München** gibt Bundesverteidigungsminister Franz Josef Strauß bekannt, daß die Bundeswehr mit den neuen Rekruten des Jahrgangs 1938 demnächst 172.000 Soldaten und damit die Hälfte ihrer Sollstärke umfassen werde. Der Aufbau der Bundeswehr habe seit 1955 rund 36 Milliarden DM gekostet; bis zum 1. April 1961 würden, um einen zügigen Ausbau von Heer, Luftwaffe und Marine garantieren zu können, weitere 36 Milliarden DM benötigt.

4. Oktober Vor der medizinischen Fakultät der Universität von **Buenos Aires** kommt es zu schweren Zusammenstößen zwischen Studenten und der Polizei. Als die Ordnungshüter 3.000 linksgerichtete Studenten vertreiben wollen, errichten diese aus Baugerüsten Barrikaden und verschanzen sich dahinter. Gegen die mit Tränengas vorrückenden Polizisten verteidigen sich die Studenten mit Knüppeln und Pflastersteinen. Bei den Auseinandersetzungen werden 25 Polizisten schwer verletzt; die Zahl der studentischen Opfer ist nicht bekannt.

5. Oktober Der Bundesjustizminister Fritz Schäffer (CSU) beschließt mit seinen Amtskollegen aus den Bundesländern in **Bad Harzburg** die Errichtung der Zentralen Stelle der Landesjustizverwaltungen zur Aufklärung nationalsozialistischer Verbrechen. – Bereits am 1. Dezember nimmt diese Einrichtung in **Ludwigsburg** ihre Arbeit auf.

5. Oktober Die Teilnehmer einer Arbeitstagung der Evangelischen Akademie in **Arnoldshain** im Taunus protestieren gegen die Absicht des Stadtjugendrings Worms, Aufführungen von Bertolt Brechts »Dreigroschenoper« und Jean-Paul Sartres Stück »Geschlossene Gesellschaft« im Jugendabonnement zu verhindern. Es sei den Jugendlichen gegenüber unfair, ihnen den Besuch bestimmter Theaterstücke zu verbieten. Wie eigentlich, wird gefragt, solle die Jugend Verantwortung lernen, wenn ihr Denken rationiert und reglementiert würde?

5. Oktober Durch einen Sprengstoffanschlag in **Clinton** (US-Bundesstaat Tennessee) werden 16 von 20 Klassenräumen einer High School, an der 1956 der Gemeinschaftsunterricht für weiße und farbige Schüler eingeführt worden ist, völlig zerstört. Bei dem Anschlag, der sich gegen die Rassenintegration richtet, wird niemand verletzt, da das Gebäude zum Zeitpunkt der Explosion leer war. Der Unterricht für die 850 weißen und zehn farbigen Schüler wird bis zum Wiederaufbau des Gebäudes in Turnhallen und Kirchen abgehalten.

6. Oktober Ein französisches Militärgericht in **Paris** verurteilt den Terroristen René Kovacs in Abwesenheit zum Tode. Der 34jährige Anführer der Geheimorganisation O.R.A.F., die mit Terroranschlägen den Unabhängigkeitskampf der Algerier zu stoppen versucht, ist für zahlreiche Verbrechen verantwortlich. Im März 1956 hat Kovacs zusammen mit Kombattanten in der Rue de Thèbes in Algier ein Haus in die Luft gesprengt, dabei wurden 28 Bewohner verschüttet; in der Silvesternacht 1957/58 hat eine seiner Kommandotruppen die Beichtstühle der Kathedrale von Algier mit Plastiksprengstoff in die Luft gejagt und bei einer der zahllosen Folterungen, die die O.R.A.F. in einer Villa, ihrem in der Nähe von Algier gelegenen Hauptquartier, durchgeführt hat, ist der Tabakhändler Mohamed Chaoud erstickt, weil man seinen Kopf zu lange in einen Wasserkübel getaucht hat. Der als Sohn ungarischer Eltern in Algier geborene Kovacs ist Arzt. Er verfügt über beste Beziehungen zu Generälen der französischen Armee, die in Algerien im Einsatz waren oder noch sind. Außerdem werden ihm Kontakte zu Politikern wie Michel Debré und Jacques Soustelle sowie dem korsischen Abgeordneten in der Nationalversammlung, Pascal Arrighi, nachgesagt. Der Mediziner soll die unterschiedlichsten Foltermethoden beherrschen. In der Villa »Les Sources«, dem Zentrum der O.R.A.F., ist ein ganzes Arsenal an Kaltbädern, Marterbänken, Elektrokabeln und sonstigen Folterwerkzeugen vorhanden. Kovacs, der wegen angeblicher Gesundheitsprobleme aus der Untersuchungshaft entlassen worden war, ist es kurz zuvor gelungen, über die Pyrenäen nach Spanien und von dort aus nach Mallorca in das Hotel seiner Frau zu flüchten. Die Behörden hatten ihm nicht einmal den Reisepaß entzogen.

6.-13. Oktober Der antikommunistische *Kongreß für kulturelle Freiheit* führt auf der griechischen Insel **Rhodos** eine Konferenz zum Thema »Representative Governments and Public Liberties in the New States« (Repräsentative Regierungen und bürgerliche Freiheiten in den neuen Staaten) durch. Zu den Wissenschaftlern, Schriftstellern und Publizisten aus 23

Nationen, die an der Zusammenkunft im Hotel des Roses teilnehmen, gehören Raymond Aron, François Bondy, John K. Galbraith, Robert M. Hutchins, Bernard de Jouvenel, Melvin J. Lasky, Gunnar Myrdal, Michael Polanyi und Ignazio Silone. Im Zentrum der Diskussionen steht die Frage, wie demokratische Institutionen organisiert sein müssen, um sich auch in den Entwicklungsländern als stabil zu erweisen. Mit der Übertragung des westlichen Systems auf Länder der Dritten Welt soll vor allem der Ausbreitung sowjetkommunistischer und maoistischer Regimes ein Riegel vorgeschoben werden.

4.10.: Bundeswehr- soldaten marschie- ren in Niederlahn- stein ein.

8. Oktober Unter dem Motto »Lieber heute aktiv – als morgen radioaktiv« kommen im **Hamburg**er Stadtteil Eimsbüttel 250 junge Leute zusammen und gründen auf Bezirksebene einen *Jugendausschuß »Kampf dem Atomtod«*. In dem lockeren Zusammenschluß sind Mitglieder der *Jungsozialisten*, der *Gewerkschaftsjugend*, der *Sozialistischen Jugend Deutschlands – Die Falken*, der *Internationale der Kriegsdienstgegner* (IdK), der *Geschwister-Scholl-Jugend*, des *Camping-Clubs* und des *Bundes Hamburger Jugend* vertreten. In einem Grußschreiben des Ersten Bürgermeisters der Hansestadt, Max Brauer (SPD), heißt es, er halte es für bedeutsam und wichtig, daß sich auch die Jugend im Kampf gegen die Atomgefahr zusammenfinde und ihre Stimme erhebe. Einer der Redner meint, die ältere Generation habe in ihrer Mehrheit versagt. Dem Bundeskanzler dürfte es gleichgültig sein, ob ihm eine Bombe auf den Kopf falle, weil er wisse, daß er nur noch kurze Zeit zu leben habe. Die Jugend habe dagegen noch ein halbes Jahrhundert vor sich. Man wolle nicht endlos diskutieren und Ratschläge hören, in denen zu »Vorsicht und Besonnenheit« aufgerufen werde. Die Atombombenpolitiker verstünden nur noch eine Sprache, das sei die von Demonstrationen und Protesten.

8. Oktober Der Vorstand des *Rheinischen Konvents* spricht sich auf einer Sitzung in **Köln** erneut gegen die *Kirchlichen Bruderschaften* aus, die aus Glaubensgründen ein unbedingtes Nein von Christen zur Atombewaffnung fordern. Es bestehe die Gefahr, heißt es in der Erklärung, daß durch eine solche Haltung, in der das »Atomproblem zur Glaubensfrage« gemacht würde, einer »Entkirchlichung« faktisch Vorschub geleistet würde. Der *Rheinische Konvent* spricht sich grundsätzlich dagegen aus, in politische Entscheidungsprozesse »und damit in das Amt der Obrigkeit« einzugreifen.

8. Oktober Der Stadtjugendring von **Worms** nimmt mit 17:11 Stimmen einen Antrag der *Evangelischen Jugend* an, die Intendanten des Karlsruher Kammertheaters und des Stadttheaters Baden-Baden zu ersuchen, zwei Theaterstücke – die »Dreigroschenoper« von Bertolt Brecht und die »Geschlossene Gesellschaft« von Jean-Paul Sartre – vom Spielplan für das Jugendabonnement abzusetzen und durch andere Werke zu ersetzen. – Anstoß für diesen Beschluß ist ein gemeinsames Schreiben der Direktoren der drei Wormser Oberschulen. Darin heißt es, von dem Angebot, für jede Vorstellung 150 Karten im Jugendabonnement zu übernehmen, werde solange kein Gebrauch gemacht, solange die Aufführungen von Brecht und Sartre auf dem Spielplan stünden. Stücke dieser beiden Autoren seien für Schüler nicht geeignet. Mündlich fügt der Leiter des naturwissenschaftlichen Gymnasiums, ein Oberstudiendirektor, noch hinzu, sie würden als Pädagogen »unserer Jugend gegenüber das moralische Gesicht verlieren«, wenn sie sich auf Brecht einließen, der sein Leben lang für den Kommunismus eingetreten sei.

8. Oktober Der polnische Schriftsteller Marek Hłasko, der durch seine Novelle »Der achte Wochentag« international Aufmerksamkeit errungen hat, beantragt bei den US-amerikanischen Behörden in **West-Berlin** politisches Asyl. Die polnische Militärmission hatte sich geweigert, die Aufenthaltsgenehmigung des regimekritischen Autors zu verlängern.

9. Oktober Der *Verband Deutscher Studentenschaften* (VDS) protestiert in **Bonn** mit einem an Bundesverteidigungsminister Franz Josef Strauß gerichteten Schreiben gegen die Veränderung der Wehrdienstbestimmungen für Studenten. In Zukunft sollen Studenten vor die Wahl gestellt werden, entweder ihren Wehrdienst vor Studienbeginn abzuleisten oder aber das Risiko einzugehen, jederzeit während des Studiums eingezogen werden zu können.

10. Oktober In einer Ausgabe der Lübecker Schulzeitschrift »OzD«, einer Abkürzung für Oberreal-schule zum Dom, stellt Studienrat Lothar Stielau, ein ehemaliger SS-Mann, die Authentizität des »Tagebuchs der Anne Frank« in Frage. Der Lehrer, der auf der Liste der rechtsradikalen *Deutschen Reichspartei* (DRP) gerade erfolglos für den Kieler Landtag kandidiert hat, wendet sich zunächst gegen eine Dramatisierung von Mark Twains Jugendbuch »Tom Sawyer«, weil darin ein Schwarzer in einem besseren Licht erscheint als die Personen weißer Hautfarbe, und schreibt dann: »Die gefälschten Tagebücher der Eva Braun, der Königin von England und das nicht viel echtere der Anne Frank haben den Nutznießern der deutschen Niederlage zwar einige Millionen eingebracht, uns dafür aber auch recht empfindlich werden lassen.«[261] – In der »Allgemeinen Wochenzeitung der Juden in Deutschland« wirft Hans Lamm die folgenden Fragen auf: »Was sagt die Schulbehörde von Lübeck dazu? Hält der Herr Kultusminister von Niedersachsen Lothar Stielau für einen geeigneten, der Demokratie dienenden Jugenderzieher? Und schließlich: sind die Eltern der Schüler der Oberschule zum Dom damit einverstanden, daß dieser unbekehrte Nazi ihre Kinder beeinflußt?«[262] – Der Studienrat wird einige Zeit später vom Dienst suspendiert. Der Kultusminister von Schleswig-Holstein leitet ein förmliches Dienstrafverfahren gegen ihn ein. Und der 70jährige Otto Frank, Vater der im Alter von 15 Jahren im Konzentrationslager Bergen-Belsen umgekommenen Anne Frank, stellt später zusammen mit dem Heidelberger Lambert Schneider Verlag und dem Frankfurter S. Fischer Verlag, in denen die deutschen Ausgaben des Tagebuchs erschienen sind, bei der Staatsanwaltschaft **Lübeck** Strafanzeige wegen Verleumdung gegen den 50jährigen Stielau. – In der »Welt am Sonntag« veröffentlicht der Schriftsteller Ernst Schnabel, der die Spuren Anne Franks in Frankfurt und Amsterdam verfolgt und über seine Erfahrungen das Buch »Anne Frank – Spur eines Kindes« verfaßt hat, die »Antwort an einen Studienrat«. »Was soll man nun eigentlich«, fragt er, »scheußlicher finden, die Infamie, mit der dieser deutsche Lehrer Hitlers Geliebte und Hitlers Opfer in einem Atemzug nennt, die Heimtücke, die in der Bemerkung von den Nutznießern der deutschen Niederlage steckt ... oder die Feigheit, die er beim Versuch, sich aus der Schlinge zu ziehen, beweist?«[263] Stielau hat, von dem Wirbel, den sein Artikel in der Öffentlichkeit ausgelöst hat, offensichtlich überrascht, seine Äußerung zu relativieren versucht. Er habe, heißt es nun in einer von ihm nachgeschobenen Erklärung, nicht anzweifeln wollen, daß Anne Frank Tagebuch geführt habe. Es sei ihm in dem Text lediglich um den Hinweis gegangen, daß Teile des Originaltagebuchs nachträglich redigiert worden seien.

10. Oktober Der Generalsekretär der *Kommunistischen Partei Frankreichs* (KPF), Maurice Thorez, übt in einer vor dem Zentralkomitee seiner Partei in **Paris** gehaltenen Rede erstmals deutlich Kritik an der algerischen Befreiungsorganisation FLN. »Die Methoden, die von der FLN in Frankreich angewendet werden«, erklärt er, sich von deren Sabotage- und Terroranschlägen distanzierend, »haben der gerechten Sache des algerischen Volkes, die stets aus dem Verständnis und der politischen Unterstützung der revolutionären französischen Arbeiter Nutzen ziehen konnte, nicht gedient. Wenn die FLN glaubt, die Volksmeinung in Frankreich damit aufrütteln zu können, so irrt sie: sie nimmt die Volksmeinung gegen sich ein. Weit davon entfernt, Sympathien zu gewinnen, verliert sie Sympathien. Solche Methoden liefern eine bequeme Handhabe gegen die Algerier und außerdem – man muß diese Dinge vor dem ZK aussprechen – erlauben sie jede Art von Provokation gegen uns.«[264] – Die von »L'Humanité«, dem Zentralorgan der KPF, abgedruckte Rede löst in der französischen Öffentlichkeit großes Aufsehen aus. Kommentatoren sehen in der Korrektur der Parteilinie durch den 58jährigen Generalsekretär vor allem den Versuch, aus der verheerenden Niederlage der KPF bei dem Volksentscheid vom 28. September über den Verfassungsentwurf de Gaulles Konsequenzen zu ziehen. Ein erheblicher Teil der anderthalb Millionen kommunistischer Wähler soll sich bei dem Referendum entgegen der Politik der KPF für die neue Verfassung ausgesprochen haben. Um nicht weiter in die politische Isolation zu geraten, vermuten Beobachter, gehe die KPF nun zur FLN auf Distanz. Indem sie die gewaltsame Politik der algerischen Befreiungsbewegung in Frankreich verurteile, hoffe sie darauf, die Abwanderung ihrer traditionellen Stammwählerschaft zu verhindern. Eine Journalistin des linksliberalen Magazins »L'Express«, die am Tag des Volksentscheides traditionelle KPF-Hochburgen in den Vororten von Paris besucht hatte, wußte später zu berichten, daß viele der Arbeiter Angst vor Algeriern und möglichen Terroranschlägen hätten.

10.-17. Oktober Die *Arbeitsgemeinschaft gegen Atomrüstung* führt in **Duisburg** zwei Atommahnwachen durch. Vor dem Rathaus in Hamborn wird mit einem großen Transparent auf die Bombardierung der Binnenhafenstadt vor 14 Jahren erinnert und auf die Gefahren der Atombewaffnung hingewiesen. Bereits im Lauf der ersten Stunden unterzeichnen 350 Einwohner eine Protesterklärung gegen die atomare Aufrüstung der Bundeswehr. Eine zweite Atommahnwache wird auf dem Friedrich-Wilhelm-Platz durchgeführt. An beiden beteiligen sich vor allem Gewerkschaftler, Geistliche, Künstler und Intellektuelle.

11. Oktober Im Alter von 67 Jahren stirbt in **Ost-Berlin** der Schriftsteller und Kulturminister der DDR, Johannes R. Becher, an einer Lungenembolie. Der als Sohn eines Oberlandesgerichtspräsidenten in München geborene Becher studierte in München, Jena und Berlin Philologie, Philosophie und Medizin. Er brach sein Studium ab und wurde freier Schriftsteller. Während des Ersten Weltkrieges mußte er wegen seiner Morphiumabhängigkeit mehrmals in psychiatrischen Kliniken behandelt werden. Als Mitarbeiter der Zeitschrift »Die Aktion« gehörte er zu den bekanntesten expressionistischen Lyrikern. Seine frühen Gedichte sind von großer Sprachgewalt, einer ekstatischen Grundhaltung und einem religiös eingefärbten Pathos geprägt. Die idealistische Grundüberzeugung nach einem völligen Neubeginn der Menschheitsentwicklung wich mehr und mehr einer antibürgerlichen Einstellung, der Anklage gegen den Krieg und die Vätergeneration. Am Ende des Ersten Weltkriegs schloß er sich zunächst der USPD, dann dem Spartakusbund an und wurde Mitglied in der neugegründeten KPD. Vom Erfolg der Oktoberrevolution beeindruckt, schrieb er keine Gedichte mehr gegen den Krieg, sondern bald schon Hymnen auf die junge Sowjetunion. 1928 gehörte er, sich scharf von linksrepublikanischen Kollegen wie Heinrich Mann abgrenzend, zu den Mitbegründern des *Bundes Proletarisch-Revolutionärer Schriftsteller* (BPRS). Nach der Machtergreifung der Nazis emigrierte er über Prag und Paris in die Sowjetunion. Dort wurde er Chefredakteur der Zeitschrift »Internationale Literatur – Deutsche Blätter«. Er galt als so linientreu, daß er sogar ins

11.10.: Die letzte Aufnahme des DDR-Kulturministers zeigt Johannes R. Becher an seinem Schreibtisch.

Zentralkomitee der exilierten KPD gewählt wurde. Zur Zeit des verschärften stalinistischen Terrors, in der er selbst auch nicht davor zurückschreckte, Kollegen zu denunzieren, kamen ihm Zweifel am Kurs der Partei. Bald galt er als politisch nicht mehr zuverlässig und durfte zeitweilig nicht ausreisen. In dieser Zeit, in der er durch den Stalinismus nicht nur in eine politische, sondern auch in eine persönliche Krise geriet, unternahm er mehrere Selbstmordversuche. Trotzdem überwand er seine Selbstzweifel und gehörte 1943 zu den Mitbegründern des *Nationalkomitees Freies Deutschland* (NKFD). Nach seiner Rückkehr aus der Emigration war er zunächst in der Sowjetischen Besatzungszone, dann in der DDR die zentrale Figur in der Kulturpolitik. Er schrieb den Text für die Nationalhymne der DDR, zählte zu den Mitbegründern des »Aufbau-Verlages«, der Monatszeitung »Aufbau«, der kulturpolitischen Wochenzeitung »Sonntag« und der Literaturzeitschrift »Sinn und Form«. 1953 übernahm er die Präsidentschaft der Deutschen Akademie der Wissenschaften und am 7. Januar 1954 wurde er erster Minister für Kultur. Sein politischer Konformismus gegenüber der SED schlug sich in zahlreichen Ehrungen wie der Auszeichnung mit dem »Nationalpreis der DDR« und dem »Internationalen Lenin-Friedenspreis« nieder. Obwohl er die nach dem XX. Parteitag der KPdSU einsetzende Phase des »Tauwetters« wie einen persönlichen Befreiungsakt erlebte, gelang es ihm nicht, die Literatur aus den Fesseln der Parteiräson zu lösen. Seine Versuche, die Kulturpolitik behutsam für neuere Anstöße und Tendenzen zu öffnen, stoßen sofort auf massive Kritik. Nach mehreren Attacken hoher SED-Funktionäre sieht er im Herbst 1957 keine andere Wahl mehr für sich, als auf der 33. ZK-Tagung und einer nachfolgenden Kulturkonferenz öffentlich Selbstkritik zu üben. Die ideologische Vorherrschaft der Hardliner in der SED bleibt unangetastet und Becher ist wieder auf seine Funktion als »Tapezierer der Macht« (Fritz J. Raddatz) zurückgestuft. – Nach seinem Tod ordnet der Ministerrat der DDR ein Staatsbegräbnis an. In seiner Gedenkrede beim Staatsakt in **Ost-Berlin** erklärt Walter Ulbricht, dem Verstorbenen sei es vergönnt gewesen, einen großen »Beitrag zur Überführung der Reichtümer deutscher Kunst und Kultur in die Schatzkammer des Sozialismus« zu leisten. Becher sei »der größte deutsche Dichter der neuesten Zeit«. Als einziger habe er mit Konsequenz von humanistischen Positionen aus den deutschen Imperialismus bekämpft und den Menschen geholfen, den Weg »zum sozialistischen Deutschland« zu finden. Die »Hauptstraße der neueren deutschen Dichtung« führe von Goethe und Hölderlin zu Becher. – Das Präsidium des Ministerrates der DDR erklärt die

Pflege seines Nachlasses und seiner Werke zur »Sache der Nation« und stiftet einen »Johannes-R.-Becher-Preis für deutsche Lyrik« sowie ein »Johannes-R.-Becher-Stipendium« für Germanistikstudenten. – Zu Bechers Nachfolger als Kulturminister wird der 56jährige Alexander Abusch, Mitglied im ZK der SED, bestimmt.

12. Oktober Anläßlich einer Atomkatastrophenübung des Technischen Hilfswerks (THW) im **Hamburg**er Stadtteil Eimsbüttel demonstrieren Mitglieder des örtlichen *Arbeitsausschusses »Kampf dem Atomtod«* (KdA) und verteilen Flugblätter mit dem Titel »Lieber aktiv als radioaktiv!«.

12. Oktober Der international bekannte schwarze Calypso-Sänger Harry Belafonte gibt auf einer Pressekonferenz in **New York** bekannt, daß es ihm wegen seiner Hautfarbe nicht gelinge, eine Wohnung zu finden. Alle Mietangebote würden unter fadenscheinigen Begründungen zurückgezogen, sobald sich herausstelle, daß er der Wohnungsinteressent sei. Wegen seiner Schwierigkeiten habe ihm Eleanor Roosevelt, die Frau des früheren US-Präsidenten, bereits angeboten, mit ihm gemeinsam ein Haus zu kaufen. Er habe jedoch dankend abgelehnt und sei nach wie vor entschlossen, sich eine Wohnung zu erkämpfen. Er berufe sich dabei auf das Gesetz, das Rassendiskriminierung bei der Vermietung von Privatwohnungen untersage. Bis auf weiteres sei er mit seiner weißen Frau und dem zweijährigen Sohn David im Waldorf-Astoria-Hotel untergebracht.

13. Oktober In **Pforzheim** protestieren auf einer Kundgebung der *IG Metall* mehrere tausend Metallarbeiter gegen den Plan der Bundesregierung, einen Teil der Arzt-, Arznei- und Krankenhauskosten auf die Versicherten abzuwälzen.

13. Oktober Bei der Staatsanwaltschaft **Flensburg** erstattet der Ost-Berliner Anwalt Friedrich Karl Kaul im Namen zweier polnischer Bürger Strafanzeige gegen den ehemaligen SS-Gruppenführer und jetzigen GB/BHE-Abgeordneten im Kieler Landtag, Heinz Reinefarth. In schriftlich niedergelegten Aussagen bezeugen die beiden Männer, daß sich Reinefarth als Generalleutnant der Polizei 1944 in Warschau verschiedener Verbrechen und Greueltaten an der polnischen Bevölkerung schuldig gemacht habe.

13. Oktober Vor dem Bezirksgericht **Gera** geht der letzte von vier Prozessen gegen Mitglieder des oppositionellen »Eisenberger Kreises« zu Ende. In den am 22. September vor einem ausgewählten Publikum eröffneten Verfahren werden 24 Studenten, Dozenten, Oberschüler und auch Jungarbeiter wegen »Staatsverrats« und der Verbreitung »staatsgefähr-

VORWÄRTS, KAMERADEN !

ACHTUNG ! STILLGESTANDEN ! Augen — nach Bonn!

Wer leben will, der kämpfe also; dieser kerndeutsche Satz aus dem literarischen Nachlaß eines berühmten Schriftstellers, dem das freie Volk der Bundesrepublik über ein JAHHRTAUSEND der Menschengeschichte unverbrüchliche Treue gehalten hat, dessen Namen mit ewigen Runen in den ehernen Granit der Germanischen Historia eingebrannt wurde, ist angesichts der eklatanten Bedrohung der Existenz nicht nur altdeutscher Tugenden, sondern darüber hinaus des christlichen ABENDLANDES durch ein verfilztes Komplott sozialistischer und kommunistischer Geheimbünde zur nationalen Notwendigkeit geworden !

Und wer nicht streiten will in dieser Zeit des ewigen Ringens, verdient das Leben nicht ! Die Bürde, die mit der Würde des Oberbefehlshabers der deutschen Wehrmacht verbunden ist, lastet in ihrer Gravitation immer schwerer auf meinen schwachen Schultern unter der Assistenz der DEMOKRATIE !

So habe ich denn beschlossen, POLITIKER ZU WERDEN und kraft des mir vom Volke überantworteten Amtes eine Schule für die INNERE FÜHRUNG der Bundeswehr einzurichten! Zwischen der HEERESKONZEPTION und der HERRSCHENDEN politischen KONZEPTION in der Bundesrepublik soll es keine Differenzen mehr geben! Dieses Moment hat sich in der glanzvollen deutschen Geschichte mehr als tausendfach bewährt! Wenn schon die SONNE am Himmel christlicher Sittenlehre herniederbrennt, daß eine sozialdemokratische Regierung das Abendland völlig vernichtet, müssen wir zuallererst in der Wehrmacht diesen Geist der niederträchtigen und VATERLANDSLOSEN LUMPEN ausmerzen !

8 732 000 Menschen starben bei der Verteidigung der Abendlandskultur im ersten Weltkrieg! Weitere 20 816 000 wurden verwundet. Der zweite Weltkrieg erbrachte 27 000 000 Tote, davon gingen allein 5 500 000 Deutsche nach Walhall ein. Sie ergaben sich dem Willen, das deutsche Volkstum rein zu erhalten und darüber hinaus die christliche Wahrheit in Europa zu schützen! 5 670 000 000 DM wurden in dieses Ringen um die Ewigkeit im zweiten Weltkrieg investiert! Mit größtem Bedauern muß ich darauf hinweisen, daß der Jahrgang 1924 — leider, leider! — nicht mehr voll einsatzfähig ist. 25 Prozent der Jungen sind gefallen und 38 Prozent opferten ihre Gesundheit! GOTT beschützte die restlichen 37 Pr. so offensichtlich, daß sie — IHM sei Dank! — heute wieder als RESERVISTEN verwendet werden können. Unsere VOLKSVERTRETER gehen mutig in dieser Gesinnung voran !

Wer solche Notwendigkeiten in unserer Demokratie nicht erkennt, beweist seine sozialistisch—feindliche INFILTRATION und wird in der Schule für die INNERE FÜHRUNG der Bundeswehr auf die deutsch—nationalen und auf die europäisch—integralen Ziele hingewiesen werden, und zwar so nachhaltig, daß er für immer als ein vollwertiges Mitglied der deutschen Bundesdemokratie aus dieser Schulung hervorgeht! Im Osten werden junge Menschen auf Parteischulen zu Sklaven einer Weltanschauung gemacht! Wir wollen dieser Entwicklung nicht hilflos gegenüberstehen und haben deshalb die innere Führung der Bundeswehr zur Vereinheitlichung der politischen Anschauungen als nötig erachtet, damit unser Volk in der freien Bundesrepublik in Gemeinsamkeit, aber nicht gespalten durch die Verschiedenartigkeit der politischen Systeme, dem Block des Materialismus entgegentreten kann. Die zahlreichen Opfer der Vergangenheit, die 35 Mill. Toten und die 50 000 000 Flüchtlinge der beiden Weltkriege, bestärken uns in dem Willen, noch mehr und noch größere Opfer zu bringen, damit endlich das Christentum als bleibende Ordnung der Welt triumphiert! Die Opfer an Menschen und Material dürfen nicht VERGEBLICH gewesen sein, sondern müssen tausendfach VER. GOLTEN werden! Daher habe ich in Übereinstimmung mit der SONNE und der Weisheit bestimmt, daß ATOMARE WAFFEN eingesetzt werden sollten, wenn das ABENDLAND bedroht wird. Es bleibt uns vorbehalten zu bestimmen, wann eine solche Bedrohung vorliegt. Denn hier können nur wirkliche Experten Entscheidungen fällen!

Deshalb fordere ich die DEUTSCHE JUGEND auf, die innere Führung der Bundeswehr im Kampf um Blut und Ehre zu bejahen! ACHTUNG! KAMERADEN! Seid deshalb ZÄH wiederum wie unser christlicher FUHRER!

Seid flink wie die anderen SCHWEINEHUNDE, denn um die Gegenseite zu bekämpfen, muß man ebenso BRUTAL und RAPIDE sein wie sie! Seid auch HART wie die alten Deutschen!

ACHTUNG ! RUHRT EUCH !
RUHRT EUCH — bloß nicht !

---

dender Propaganda und Hetze« zu Zuchthausstrafen von insgesamt 114 Jahren verurteilt. Die drei Hauptangeklagten Thomas Ammer, Hans Frömel und Peter Hermann, Studenten an der Friedrich Schiller-Universität in Jena, erhalten Zuchthausstrafen von 15 bzw. 14 Jahren. Sie gelten als die Initiatoren und führenden Köpfe des »Eisenberger Kreises«, der vom Gericht als »staatsfeindliche Gruppe« qualifiziert wird. Der Kern der Gruppe bestand aus oppositionellen Oberschülern der thüringischen Kleinstadt Eisenberg, die auch noch nach dem Abitur in engem Kontakt zueinander standen. Sie hatten sich den Hitler-Attentäter Claus Graf Schenk von Stauffenberg zu einem ihrer historischen Vorbilder erkoren. Nach der Militarisierung der FDJ, der Kampagne gegen die *Junge Gemeinde* und den Ereignissen des 17. Juni hatten sich die Oberschüler 1954 mehr und mehr zu einer Widerstandsgruppe formiert. Im Januar 1956 zündeten sie eine Baracke am Schießstand in Eisenberg an, um damit ein Zeichen des Protests gegen die Einführung der allgemeinen Wehrpflicht zu setzen. Bei ihren Aktivitäten gingen sie zunächst streng konspirativ vor, erst nach anderthalb Jahren waren sie mit Flugblattaktionen an die Öffentlichkeit getreten. So konnten sie zwar über vier Jahre lang mit aller Vorsicht oppositionell gegen das SED-Regime aktiv sein, letztlich aber dennoch nicht verhindern, von Agenten des Ministeriums für Staatssicherheit (MfS) im Februar verhaftet zu werden. – Die Öffentlichkeit wird erst am 15. November durch einen Artikel in der in Jena erscheinenden »Volkswacht« über die Prozesse informiert.

14. Oktober Auf einer Veranstaltung des *Bundes der Deutschen* (BdD) im Steinernen Haus in **Frankfurt** spricht Pfarrer M. R. Weber über das Thema »Atomwüste oder Wiedervereinigung Deutschlands? Entscheide Dich!«.

14. Oktober Die Bundestagsfraktion der SPD in **Bonn** empfiehlt allen Mitgliedern sozialdemokratischer Jugendorganisationen, sich freiwillig für die Unteroffiziers- und Offizierslaufbahn in der Bundeswehr zu melden. Der beherrschende Einfluß der CDU in der neugeschaffenen Armee müsse – nach den Worten Fritz Erlers – durch den Eintritt geschulter Sozialdemokraten »im innenpolitischen Machtkampf neutralisiert« werden. Die Fraktion befürchtet, daß Bundeskanzler Adenauer bei seinem Versuch, »die Sozialdemokratie aus diesem Staate herauszudrängen«, die Bundeswehr als »CDU-Schule der Nation« mißbrauchen könne. – Gegen diese Empfehlung protestieren der *Sozialistische Deutsche Studentenbund* (SDS), die *Sozialistische Jugend Deutschlands – Die Falken*, die *Naturfreundejugend* und mehrere Landesverbände der *Jungsozialisten*.

14.10.: Von Joseph P. Krause verfaßte Glosse in der Zeitschrift »Konkret«.

14. Oktober Das Bezirksgericht **Magdeburg** hat einem Bericht der »Volksstimme« zufolge vier Medizinstudenten wegen »Schädlingstätigkeit in Tateinheit mit staatsgefährdender Hetze« zu Zuchthausstrafen bis zu zwei Jahren und drei Monaten Dauer verurteilt. In der Urteilsbegründung heißt es, die Angeklagten hätten bereits in Greifswald versucht, sich staatlichen Maßnahmen zu widersetzen. Ebenso wie die meisten ihrer Kommilitonen mußten sie an andere Hochschulen überwechseln, weil sie im März 1955 versucht hatten, mit einem Streik gegen die Umwandlung der Medizinischen Fakultät an der Universität Greifswald in eine Militärmedizinische Sektion zu protestieren. Nun hätten sie durch Verleumdungen, Sabotage- und Störaktionen versucht, die Schließung der Medizinische Akademie Magdeburg zu erreichen.

15. Oktober Die 7. Große Strafkammer des Landgerichts **Stuttgart** verurteilt den Bauarbeiter und ehemaligen KPD-Funktionär Alfons Dominikowski wegen »Staatsgefährdung« zu einer zweijährigen Gefängnisstrafe. Außerdem verliert der Verurteilte das aktive wie das passive Wahlrecht und wird unter Polizeiaufsicht gestellt. – Der Kommunist und Antifaschist war bereits in der NS-Zeit verfolgt und mehrmals inhaftiert worden. 1933 war er das erste Mal in »Schutzhaft« genommen worden, 1935 wegen »Vorbereitung zum Hochverrat« zu einer zweieinhalbjährigen Zuchthausstrafe verurteilt, 1940 unter Polizeiaufsicht gestellt und später ins Strafbataillon 999 eingezogen worden. Auch in der Bundesrepublik mußte Dominikowski aus politischen Gründen schon zwei Gefängnisstrafen verbüßen. 1950 war er wegen seines Widerstands gegen die sich abzeichnende Wiederbewaffnung zu 14 und 1955 wegen seiner Teilnahme an einer Demonstration gegen den Generalvertrag zu neun Monaten Haft verurteilt worden.

15. Oktober Bei einem Konzert des amerikanischen Rockmusikers Bill Haley in **Paris** lassen mehrere hundert Jugendliche, sogenannte »demi-forts« (Halbstarke), ihrem Übermut freien Lauf und lösen dadurch eine Saalschlacht aus.

15. Oktober Das Exekutivkomitee des *Weltfriedensrates* beschließt auf seiner Tagung in **Prag** einen Appell zur Beseitigung der Kriegsgefahr im Fernen Osten, in dem die Anerkennung von Taiwan und anderen nationalchinesischen Inseln als Territorien der Volksrepublik China gefordert wird, sowie einen Aufruf zur Wiederaufnahme von Verhandlungen zwischen den Großmächten, durch die Großbritannien und die Vereinigten Staaten dazu bewogen werden sollen, der Sowjetunion in der Einstellung aller Nuklearwaffenversuche zu folgen.

15.-22. Oktober In der **DDR** wird eine »Internationale Kampfwoche gegen den Atomtod« durchgeführt. An der Auftaktveranstaltung in **Ost-Berlin** nehmen 4.000 Arbeiter teil. Hauptredner ist der Vorsitzende des FDGB-Bezirksvorstandes von Groß-Berlin, Heinz Neukrantz. Auf einer weiteren Kundgebung vor Beschäftigten der Bunawerke in **Merseburg** sprechen der Sekretär des FDGB-Bundesvorstands, Rudi Kirchner, und der Generalsekretär des *Internationalen Bundes der Arabischen Gewerkschaften*, Fathy Kamel. Sie rufen zu einem verstärkten Widerstand gegen die Atomrüstung auf und fordern die Durchführung von Volksbefragungen.

16. Oktober Das Rektorat der Freien Universität in **West-Berlin** stellt klar, daß farbige Studenten bei medizinischen Übungen nicht benachteiligt werden dürfen. Anlaß für diese Verlautbarung ist ein Vorfall, der zwar schon mehrere Monate zurückliegt, jedoch erst vor kurzem öffentlich bekannt geworden ist. Dem schwarzen ghanaischen Medizinstudenten Samuel Kwesi Dadze-Arthur, der an einem vorgeschriebenen Praktikum in der Entbindungsstation der Universitätsfrauenklinik teilnehmen wollte, war von Professor von Mikulicz-Radecki mitgeteilt worden, daß er nicht bei der Entbindung weißer Frauen zugegen sein könne. Er habe zwar keine Vorurteile gegen farbige Studenten, sei aber dazu verpflichtet, seine Patientinnen vor seelischen Schäden zu bewahren. Der betroffene Student faßte das Verhalten des Professors trotzdem als Rassendiskriminierung auf und teilte den Vorfall der diplomatischen Vertretung seines Landes in Bonn mit, die wiederum das Auswärtige Amt benachrichtigte. Professor von Mikulicz-Radecki entschuldigte sich daraufhin bei Dadze-Arthur und erklärte, er habe ihn durch sein Verhalten nicht beleidigen wollen.

17. Oktober Auf einer Veranstaltung der *Arbeitsgemeinschaft gegen atomare Aufrüstung* in **Duisburg** berichtet der Wuppertaler Professor Johannes Harder über seine Teilnahme am IV. Weltkongreß für das Verbot der Atom- und Wasserstoffbomben in Tokio. Das Motto der Veranstaltung lautet: »Mit der Bombe kann man nicht leben!«

17. Oktober Die Wuppertaler Professorin Renate Riemeck referiert in der Aula der Aloisius-Schule in **Gladbeck** über das Thema »Gegen das Risiko eines Atomkrieges«. Veranstalter ist der *Aktionsausschuß »Kampf dem Atomtod«* (KdA).

18. Oktober Auf einer Protestveranstaltung der *IG Bau-Steine-Erden* im Gewerkschaftshaus in **Solingen** erklärt Oberbürgermeister Karl Haberland in seiner Eröffnungsrede, die Demokratie dürfe sich nicht in Wahlen erschöpfen und man dürfe im Kampf gegen die Atombewaffnung nicht nachlassen. Das Hauptreferat hält die Wuppertaler Professorin Renate Riemeck. Sie wendet sich gegen die von der CDU betriebene Beschwichtigungspropaganda und stellt fest: »Die Atomaufrüstung ist in vollem Gange, obwohl die Sprecher der Regierungspartei dem Volk wiederholt versichert haben, daß die atomare Bewaffnung der Bundeswehr frühestens 1960 erfolgen könne und auch dann nur durchgeführt würde, falls die von Dr. Adenauer so gern zitierte allgemeine und kontrollierte Abrüstung nicht zustande käme.«[265] Die Öffentlichkeit, fährt sie fort, werde systematisch irregeführt: »Die sogenannten Mehrzweckwaffen sind in Wirklichkeit taktische Atomwaffen. Man hat nur Angst, dem Volke die nackte Wahrheit zu sagen.«[266] Da die Massenvernichtungsmittel die Demokratie, wie es der Berliner Theologe Heinrich Vogel formuliert habe, einer »Diktatur der wenigen« auslieferten, würde der Kampf gegen die atomare Aufrüstung immer mehr zu einem »Kampf für die Demokratie«. In einer von den Teilnehmern einstimmig angenommenen Resolution werden die IG Bau-Steine-Erden und der DGB-Ortsvorstand aufgefordert, mehr als bisher gegen die Atombewaffnung der Bundeswehr zu tun.

18. Oktober Die antifaschistische Wochenzeitung »Die Tat« veröffentlicht eine Liste mit den Namen von 37 Juristen, die als Richter und Staatsanwälte in der Bundesrepublik tätig sind, obwohl sie bereits im nationalsozialistischen Justizapparat hohe Positionen eingenommen hatten. – Dieselbe Liste ist kurz zuvor vom Bundesvorstand der Vereinigung der Verfolgten des Naziregimes (VVN) den im **Bonn**er Bundestag vertretenen Fraktionen zugesandt worden. Die VVN fordert, daß alle genannten Personen überprüft werden, um jene aus dem bundesdeutschen Justizapparat zu entfernen, die an der Terrorjustiz des NS-Regimes beteiligt gewesen seien.

18. Oktober Auf einer Tagung des Nationalrats der Nationalen Front in **Ost-Berlin** tritt der Leiter des Instituts für Publizistik an der Universität Münster, Professor Walter Hagemann, als Redner auf. Für die Wiedervereinigung Deutschlands, erklärt er, gebe es keinen anderen Weg als den von Verhandlungen und Abmachungen »zwischen beiden deutschen Teilstaaten«. Deshalb müßten sobald als möglich gesamtdeutsche Gespräche eingeleitet werden. Der von der DDR unterbreitete Vorschlag, eine Konföderation mit einem gesamtdeutschen Gremium als vorläufigem Dach in beiden Teilen einzurichten, sei zu begrüßen. – Das SED-Zentralorgan »Neues Deutschland« veröffentlicht kurz darauf Antworten, die der Erste Sekretär des ZK der SED, Walter Ulbricht, auf fünf Fragen zum selben deutschlandpolitischen Zusammenhang gegeben hat, die von Hagemann während der Tagung gestellt worden sind. Ulbricht behauptet dabei, daß die Anregung zur Bildung einer Konföderation von einem Minister der Bundesregierung stamme. Der CDU-Politiker habe diesen Vorschlag bei einem vertraulichen Gespräch mit Vertretern der DDR-Regierung eingebracht. – Ein Sprecher der Bundesregierung in **Bonn** dementiert Ulbrichts Behauptung bereits kurze Zeit später.

18./19. Oktober An einem vom Friedenskomitee der Bundesrepublik Deutschland in **Dortmund** veranstalteten »Friedenskongreß 1958« nehmen 412 Delegierte und zahlreiche Gäste aus der DDR, Österreich, England, Japan und Indien teil. Eröffnet wird der Kongreß im völlig überfüllten Saal der Reinoldi-Gaststätten von dem Würzburger Professor Franz Paul Schneider. In einer Gedenkrede würdigt der Vorsitzende des Bundes der Deutschen (BdD), Wilhelm Elfes, den am 14. August verstorbenen Präsidenten des Weltfriedensrates, Frédéric Joliot-Curie. Anstelle des erkrankten Komiteesekretärs Willi

Hohe NS-Richter in der Bundesjustiz

Der Bundesvorstand der Vereinigung der Verfolgten des Naziregimes übersandte vor kurzem an die Fraktionen des Bundestages eine Liste, die die Namen von Juristen enthält, die während des NS-Regimes hohe und höchste Posten als Richter und Staatsanwälte innehatten. Die in dieser Liste Genannten haben im Justizapparat der Bundesrepublik erneut hohe und höchste Positionen. Sie sind so zahlreich, daß sie das Gesicht unseres heutigen Justizapparates prägen. Die Liste, die wir hier veröffentlichen, umfaßt nur einen Bruchteil der wieder tätigen NS-Juristen. Bekanntlich wurde vor einiger Zeit schon in Bayern eine Liste mit 52 Namen den zuständigen Behörden und der Öffentlichkeit übergeben. Das Bayerische Justizministerium sagte eine Überprüfung der Fälle zu, ein Ergebnis ist allerdings noch nicht bekannt.

Die Liste, die wir heute veröffentlichen, enthält 37 Namen. Bei den Genannten ist ihre Stellung bzw. Tätigkeit während des NS-Regimes sowie ihre heutige Stellung im Justizdienst der Bundesrepublik angegeben. Die bei etlichen Namen angegebenen Aktenzeichen betreffen Strafverfahren unter der NS-Justiz, an denen die Genannten verantwortlich teilgenommen haben. Auch hier ergibt sich ein weites Tätigkeitsfeld! Es muß gefordert werden, daß alle diese Fälle überprüft werden und daß der Justizapparat von Leuten gereinigt wird, die an der Terrorjustiz des NS-Regimes verantwortlich mitwirkten.

Die den Fraktionen des Bundestages zugeleitete Liste enthält folgende Namen:

Dr. Bruchhaus heute: Staatsanwalt in Wuppertal, während des NS-Regimes: Staatsanwalt, Ankläger beim Volksgerichtshof, AZ.: 9 J 14'42 g —/2 H 35/42 und weitere sieben Todesurteile.

Dr. Hucklenbroich heute: Landgerichtsdirektor in Wuppertal, während des NS-Regimes: Landgerichtsrat, Richter am Sondergericht Posen. Er verurteilte insgesamt 76 Personen zum Tode.

Dr. Makart heute: Verwaltungsgerichtsdirektor i. R. in Köln, während des NS-Regimes: Kammergerichtsrat, Richter am Volksgerichtshof, AZ.: 11 J 112'41 g — 3 L 106/42 und weitere 10 Todesurteile.

Michalowski heute: Amtsgerichtsrat in M.-Gladbach, während des NS-Regimes: Landgerichtsrat, Richter am Sondergericht in Bromberg. Er fällte insgesamt 63 Todesurteile.

Rosendahl heute: Landgerichtsrat in Münster, während des NS-Regimes: Staatsanwalt im Sondergericht Thorn. Er verurteilte 6 deutsche und polnische Personen zum Tode.

Dr. Frischbier heute: 1. Staatsanwalt in Heilbronn, während des NS-Regimes: Staatsanwaltschaftsrat beim Volksgerichtshof, AZ.: 17 J 402/35 — 2 H 44 36.

Dr. Paul Reimers heute: Landgerichtsrat und Vorsitzender der Kleinen Strafkammer in Hechingen, während des NS-Regimes: Kammergerichtsrat, Richter am Sondergericht in Berlin und am Volksgerichtshof. Auf Konto dieses Richters kommen 82 Todesurteile gegen deutsche und ausländische Bürger, AZ.: 10 J 328/43 g — 2 H 99'43.

von Zeschau heute: Landgerichtsrat in Ulm/Donau, während des NS-Regimes: Landgerichtsrat und Ankläger am Volksgerichtshof, AZ.: 1 L 152/44 — 7 (6) J 57'43.

Rathmayer heute: Landgerichtsrat in Landshut/Bay., während des NS-Regimes: Amtsgerichtsrat, Ankläger am Volksgerichtshof.

Dr. Lenhardt heute: 1. Staatsanwalt in Kaiserslautern, während des NS-Regimes: Landgerichtsdirektor, Richter am Volksgerichtshof, AZ.: 7 J 327'43 — 5 H 102/43.

Dr. Mohs heute: Landgerichtsrat in Frankenthal, während des NS-Regimes: Landgerichts-

rat, Richter am Sondergericht in Hohensalza. Er verurteilte 82 Menschen zum Tode.

Harzmann heute: Landgerichtsrat in Verden/Aller, während des NS-Regimes: Staatsanwalt, Ankläger beim Volksgerichtshof, AZ.: 8 a J 127'43 g — 1 H 215/43.

Jaeger heute Staatsanwalt beim Oberlandesgericht in Flensburg, während des NS-Regimes: Staatsanwalt am Sondergericht hof, AZ.: 4 J 77/44 — 1 L 216/44.

Dr. Rehbock heute: Landgerichtsrat in Kiel, während des NS-Regimes: Kammergerichtsrat, Richter am Sondergericht in Berlin.

Rogge heute: Landgerichtsdirektor in Flensburg, während des NS-Regimes: Landgerichtsrat, Richter am Sondergericht in Kiel.

Dr. Thamm heute: Oberlandesgerichtsrat in Kiel, während des NS-Regimes: Staatsanwalt am Sondergericht Kiel.

Dr. Felmy heute: Staatsanwalt in Oldenburg, während des NS-Regimes: Staatsanwalt am Sondergericht Thorn und Graudenz.

Dr. Liebau heute: Oberamtsrichter in Seesen/Harz, während des NS-Regimes: Sachbearbeiter für Sondergerichte im Justizministerium und Amtsgerichtsrat und Richter am Sondergericht in Posen.

E. K. Nietzsche heute: Oberlandesgerichtsrat in Oldenburg, während des NS-Regimes: Richter beim Sondergericht in Dresden.

von Wagner heute: Staatsanwalt in Lüneburg, während des NS-Regimes: Staatsanwalt, Ankläger beim Volksgerichtshof.

Dr. Endler heute: Staatsanwalt in Hannover, während des NS-Regimes: Staatsanwalt am Oberlandesgericht Breslau.

Mohs heute: Oberlandesgerichtsrat in Hamm, während des NS-Regimes: Landgerichtsrat, Richter am Sondergericht in Radom.

Bellwinkel heute: Staatsanwalt in Bielefeld, während des NS-Regimes: Staatsanwalt, Ankläger beim Volksgerichtshof.

Dr. Rebmann heute: Oberstaatsanwalt beim Oberlan-

desgericht in Düsseldorf, während des NS-Regimes: Staatsanwalt beim Sondergericht in Berlin.

Dr. v. Schwaller heute: Amtsgerichtsrat in Dillingen/Donau, während des NS-Regimes: Staatsanwalt beim Sondergericht in Brünn.

Dr. Scherzer heute: Landgerichtsrat in Bamberg, während des NS-Regimes: Staatsanwalt am Sondergericht in Danzig.

Dr. Bandel heute: Amtsgerichtsrat in Kehl/Rhein, während des NS-Regimes: Staatsanwalt beim Sondergericht in Danzig.

Dr. Keyser heute: Amtsgerichtsrat in Stuttgart, während des NS-Regimes: Amtsgerichtsrat, Richter am Sondergericht Leipzig.

Wolj heute: Senatspräsident in Karlsruhe, während des NS-Regimes: Amtsgerichtsrat, Richter a. Sondergericht Mannheim.

Dr. Grosch heute: Landgerichtsrat in Frankenthal, während des NS-Regimes: Landgerichtsrat, Richter am Sondergericht in Mainz.

Dr. Jäkel heute: Senatspräsident in Koblenz, während des NS-Regimes: Landgerichtsrat, Richter am Sondergericht in Frankfurt.

Dr. Montebaur heute: Oberstaatsanwalt in Aachen, während des NS-Regimes: Staatsanwalt beim Sondergericht in Posen.

Heinrichs heute: 1. Staatsanwalt in Darmstadt, während des NS-Regimes: 1. Staatsanwalt beim Sondergericht Mainz.

Dr. Strödter heute: Amtsgerichtsdirektor in Wetzlar, während des NS-Regimes: Amtsgerichtsrat, Richter am Sondergericht in Linz.

Timm heute: Landgerichtsdirektor in Frankfurt am Main, während des NS-Regimes: Landgerichtsrat, Richter am Sondergericht Schwerin.

Dr. Trieb heute: Oberlandesgerichtsrat in Frankfurt/M., während des NS-Regimes: Landgerichtsrat, Richter am Sondergericht in Darmstadt.

Weichert heute: Oberlandesgerichtsrat in Frankfurt/M., während d. NS-Regimes: Amtsgerichtsrat, Richter am Sondergericht in Litzmannstadt.

18.10.: Auflistung ehemaliger NS-Juristen in der Wochenzeitung »Die Tat«.

18./19.10.: Der Würzburger Professor Franz Paul Schneider.

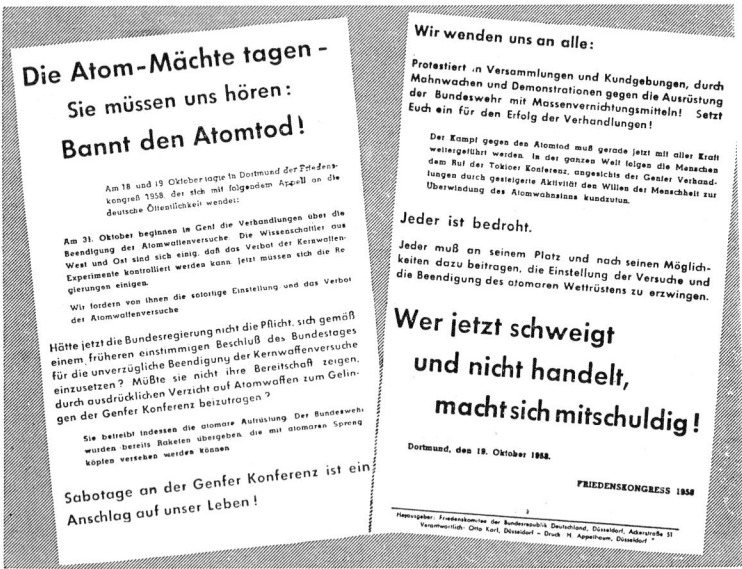

**Die Atom-Mächte tagen –
Sie müssen uns hören:
Bannt den Atomtod!**

Am 18. und 19. Oktober tagte in Dortmund der Friedenskongreß 1958, der sich mit folgendem Appell an die deutsche Öffentlichkeit wendet:

Am 31. Oktober beginnen in Genf die Verhandlungen über die Beendigung der Atomwaffenversuche. Die Wissenschaftler aus West und Ost sind sich einig, daß das Verbot der Kernwaffen-Experimente kontrolliert werden kann. Jetzt müssen sich die Regierungen einigen.

Wir fordern von ihnen die sofortige Einstellung und das Verbot der Atomwaffenversuche.

Hätte jetzt die Bundesregierung nicht die Pflicht, sich gemäß einem früheren einstimmigen Beschluß des Bundestages für die unverzügliche Beendigung der Kernwaffenversuche einzusetzen? Müßte sie nicht ihre Bereitschaft zeigen, durch ausdrücklichen Verzicht auf Atomwaffen zum Gelingen der Genfer Konferenz beizutragen?

Sie betreibt indessen die atomare Aufrüstung. Der Bundeswehr wurden bereits Raketen übergeben, die mit atomaren Sprengköpfen versehen werden können.

Sabotage an der Genfer Konferenz ist ein Anschlag auf unser Leben!

Wir wenden uns an alle:

Protestiert in Versammlungen und Kundgebungen, durch Mahnwachen und Demonstrationen gegen die Ausrüstung der Bundeswehr mit Massenvernichtungsmitteln! Setzt Euch ein für den Erfolg der Verhandlungen!

Der Kampf gegen den Atomtod muß gerade jetzt mit aller Kraft weitergeführt werden, in der ganzen Welt folgen die Menschen dem Ruf der Tokioer Konferenz, angesichts der Genfer Verhandlungen durch gesteigerte Aktivität den Willen der Menschheit zur Überwindung des Atomwahnsinns kundzutun.

Jeder ist bedroht.

Jeder muß an seinem Platz und nach seinen Möglichkeiten dazu beitragen, die Einstellung der Versuche und die Beendigung des atomaren Wettrüstens zu erzwingen.

**Wer jetzt schweigt
und nicht handelt,
macht sich mitschuldig!**

Dortmund, den 19. Oktober 1958.

FRIEDENSKONGRESS 1958

Herausgeber: Friedenskomitee der Bundesrepublik Deutschland, Düsseldorf, Adlerstraße 51 Verantwortlich: Otto Karl, Düsseldorf – Druck: H. Appelhaum, Düsseldorf

18./19.10.: Vor- und Rückseite eines auf dem Dortmunder Kongreß verteilten Flugblatts.

Rattai hält das Präsidiumsmitglied Walter Diehl unter dem Titel »Vom Kampf gegen den Atomtod zu einem friedlichen Deutschland« das Hauptreferat. In der Bundesrepublik bestehe ein bedenklicher Hang, erklärt er, die von der Atombewaffnung ausgehende Gefahr zu verharmlosen. Weil Deutschland »das Land der kritischen und tragischen Mittellage« sei, wäre es mehr als alle anderen zu einer Politik der Verständigung und des Ausgleichs verpflichtet. Auf keinen Fall dürfe man hier eine »Politik der Stärke« praktizieren; diese müsse überall auf der Welt verschwinden. Danach sprechen der österreichische Pfarrer Knoop und der Dortmunder Bergmann Franz Plautz. Anschließend beraten die Teilnehmer in drei Arbeitsgruppen über Situation und Ziele der Friedensbewegung, ihre Arbeitsmethoden und -formen sowie Möglichkeiten zur Zusammenarbeit mit anderen Gruppierungen. Am zweiten Tag hält nach der Verlesung eines vom Dortmunder Schuldezernenten übersandten Begrüßungstelegramms der Inder Chatur Narain Malviya, ehemals Premierminister von Bhopal, das Hauptreferat. Er schildert darin die Erfolge im Unabhängigkeitskampf der Kolonialvölker, den Stellenwert der Bandung-Konferenz mit den fünf Grundprinzipien der blockfreien Länder und die weiteren Entwicklungsperspektiven der afrikanischen und asiatischen Staaten. Bei ihnen in Indien, ruft er unter Beifall aus, sei sicher nicht jeder Kommunist, aber jeder, der ehrlich sei, begreife sich als ein entschiedener Gegner der kolonialen Ausbeutung. An der folgenden Diskussion beteiligen sich die Bonner Pädagogikprofessorin Klara-Marie Faßbinder, der Ost-Berliner Chemieprofessor Robert Havemann und der Brite Gordon Schaffer. Danach werden das Memorandum »Grundsätze einer unabhängigen deutschen Friedenspolitik« und ein an alle

Friedenskräfte gerichteter »Appell von Dortmund« angenommen. »Die Bindung an die NATO«, heißt es in dem Memorandum, »bedroht Souveränität und Sicherheit der Bundesrepublik. Im Juli dieses Jahres stiegen vom Boden der Bundesrepublik amerikanische Flugzeuge auf, um Truppen der USA nach dem Libanon zu bringen. Dieser Vorgang hat mit aller Deutlichkeit gezeigt, daß die Bundesrepublik durch die enge Bindung an die amerikanische Politik, an die NATO, ständig in Gefahr schwebt, in weltweite militärische Aktionen verstrickt zu werden ... Durch die atomare Aufrüstung der NATO wird die Bundesrepublik zu einem direkten Gefahrenherd für den Frieden in Europa, zur Vorhut einer Politik, die nur zu einer gewaltsamen Entscheidung zwischen Ost und West führen kann.«[267] In mehreren Punkten werden dann die Prinzipien einer »unabhängigen deutschen Friedenspolitik« umrissen. Die Delegierten wählen zum Abschluß das neue, 106 Mitglieder umfassende Bundeskomitee.

19. Oktober Auf einer Juristentagung in der Evangelischen Akademie **Bad Boll** fragt der Generalbundesanwalt Max Güde seine Kollegen, ob nicht etwas in Unordnung sei, wenn während des Ersten Weltkrieges von deutschen Richtern 141 und während des Zweiten mindestens 16.000 Todesurteile ausgesprochen worden seien. Wörtlich sagt Güde: »Wir haben für das Recht nicht gekämpft, als es zugrunde ging, und danach ging das Reich zugrunde, während wir überlebten.«[268] Weiter führt der Generalbundesanwalt aus: »Wer ehrlich ist, wird zugeben, daß wir – die Justiz – im vergangenen Jahrzehnt vielleicht ebensosehr getadelt worden wären, wenn wir mehr verfolgt hätten, wie wir jetzt getadelt werden, weil wir zu wenig wirksam ermittelt und verfolgt haben. Ja wir haben es uns zu leicht gemacht, und nun kommt das Bittere noch bitterer und das Schwere noch schwerer wieder auf uns zu.«[269]

19. Oktober Die 3. Landesdelegiertenkonferenz des *Demokratischen Frauenbundes Saar* (DFS) in **Saarbrücken** steht unter dem Motto »Bannt den Atomtod!«.

20. Oktober In **Karl-Marx-Stadt** werden 13 Jugendliche im Alter von 16 bis 20 Jahren von der Volkspolizei festgenommen. Ihnen wird vorgeworfen, als Mitglieder der »Schloßteichbande« Passanten angepöbelt, junge Mädchen belästigt und sich an Volkspolizisten »tätlich vergangen« zu haben. Außerdem hätten sie sich durch die Lektüre westlicher Schundhefte dazu verleiten lassen, sich Spitznamen wie »Billy« und »Goldzahn« zu geben.

21. Oktober Zur Unterstützung der seit 14 Wochen streikenden Beschäftigten der Arwa-Strumpffabrik

führt der DGB in **Berchtesgaden** eine Solidaritäts-
kundgebung durch. Der sozialdemokratische Landtagsabgeordnete Erwin Essel erklärt vor 3.000 Teilnehmern, daß die Metallarbeiter auch über die *IG
Metall* hinaus bereit seien, die Streikenden materiell
zu unterstützen. Und der stellvertretende bayerische DGB-Landesvorsitzende Alois Seitz kündigt an,
daß in einer Reihe von Großstädten Aufklärungs-
und Solidaritätskundgebungen für die Arbeiterinnen und Arbeiter der Arwa-Werke durchgeführt
werden sollen.

21. Oktober Der Oberprimaner Werner Borsbach
wird am Apostelngymnasium im **Köln**er Stadtteil
Sülz von Oberstudiendirektor Otto Leggewie seines
Postens als Chefredakteur der Schülerzeitung
»Saphir« enthoben. Grund für diese Maßnahme ist
ein in der Oktober-Nummer der Zeitung erschienener Artikel, in dem sich Borsbach unter der Überschrift »Frühstück ans Bett« kritisch mit der Bundeswehr auseinandersetzt. Darin wird die von einer
Nachrichtenagentur verbreitete Meldung, daß die
Soldaten nach einem Erlaß des Bundesverteidigungsministers »wieder zackiger« strammstehen und grüßen sollten, mit den Worten kommentiert, daß sich
die Bundeswehr »in ihrem Stil« offenbar wieder dem
der alten Wehrmacht annähere. Der Beruf des Soldaten könne immer »nur ein notwendiges Übel« sein.
Zwar sei vieles bei der Bundeswehr besser und sinn-
voller als bei der Wehrmacht, doch sei ein »gefährlicher Trend nach rückwärts« nicht zu übersehen.
Borsbach mußte die Seiten 7 und 8, auf denen sein
Text abgedruckt war, auf Anweisung Leggewies, der
selbst acht Jahre Soldat war, herausreißen und die
bereits verkauften Exemplare, in denen der inkriminierte Artikel noch vorhanden war, wieder eintrei-
ben. – Ein früherer Schüler des Gymnasiums hatte
sich für die Übersendung der ersten Ausgabe der
Zeitung bedankt und den Herausgebern eine Spende
in Höhe von 50 DM zugeschickt. Es war Bundeskanzler Konrad Adenauer.

21. Oktober Auf einer Pressekonferenz in **Ost-Berlin**
legt der Vorsitzende des *Ausschusses für Deutsche
Einheit*, Hans Loch, eine neue Liste bundesdeutscher
Juristen vor, die durch ihre NS-Vergangenheit belastet sein sollen. Die Zahl ehemaliger NS-Juristen,
die wieder als Richter und Staatsanwälte tätig sind,
erhöht sich damit auf 643. Das Politbüromitglied
beim ZK der SED, Professor Albert Norden, erklärt,
von den Genannten seien heute 153 als Staatsanwälte tätig, 149 bei Amtsgerichten beschäftigt, 101
bei Landgerichten und 147 an Oberlandesgerichten;
93 bekleideten höchste Stellungen als Direktoren
oder Präsidenten an Landes- und Oberlandesgerichten. Norden faßt seine Aufzählung mit den Worten

zusammen, »der Freisler«, der berüchtigte Präsident
des Volksgerichtshofes, sei tot, »die Freisler« jedoch
seien geblieben. Die Beschäftigung ehemaliger
Kriegs- und Sonderrichter im Justizapparat der Bundesrepublik sei ein »nationales Unglück«. Schon einmal hätten die Richter gezeigt, auf welcher Seite sie
in Wirklichkeit stünden. Während der Weimarer
Republik hätten sie sich als »Wegbereiter des
Faschismus« betätigt. Besonders scharfe Angriffe
richtet Norden dann gegen den Präsidenten des 3.
Senats des Bundesgerichtshofes, Ernst Kanter. Der
ehemalige Richter am Reichskriegsgericht sei als
General- und Chefrichter für die Hinrichtung von
103 dänischen Zivilisten und zwölf deutschen Soldaten verantwortlich. Der Vertreter einer dänischen
Widerstandsorganisation stellt ergänzend fest, daß
gegen Kanter bereits 1946 in einem in Dänemark
herausgegebenen Weißbuch schwere Beschuldigungen erhoben worden seien. Gegen seine Tätigkeit
am Bundesgerichtshof sei von ehemaligen Widerstandskämpfern seines Landes Protest bei der deutschen Botschaft in Kopenhagen eingelegt worden.
Zwei Vertreter von polnischen und tschechoslowakischen Widerstandsorganisationen kritisieren
außerdem die Einstellung des Ermittlungsverfahrens
gegen den ehemaligen SS-Gruppenführer und jetzigen schleswig-holsteinischen Landtagsabgeordneten
Heinz Reinefarth durch die Staatsanwaltschaft Flensburg. Es sei völlig unverständlich, daß gegen einen
Kriegsverbrecher wie Reinefarth, für den beinahe
jede Ruine in Warschau als Beweis stehen könne,
kein hinreichender Tatverdacht mehr vorliegen
solle. Bezeichnend sei, daß die Einstellung des Verfahrens gegen ihn auf Betreiben eines ehemaligen
NS-Juristen erfolgt sei. Es handle sich dabei um den
früheren Staatsanwalt beim Sondergericht Prag und

*21.10.: Pressekonfe-
renz in Ost-Berlin
zur NS-Vergangen-
heit bundesdeut-
scher Richter.*

*21.10.: Karte aus
einer Dokumenta-
tion des Ausschus-
ses für Deutsche
Einheit.*

jetzigen Oberregierungsrat im schleswig-holsteinischen Justizministerium Werner Rhode. Auf seinen Antrag hin sei am 27. August 1943 der als »Volksschädling« bezeichnete Wenzel Vavra zum Tode verurteilt worden.

21.10.: Winnie Mandela zusammen mit ihrem Mann Nelson kurz nach ihrer Hochzeit.

22.10.: Titelbild einer Broschüre zur Münchener Ausstellung mit einem Holzschnitt von Frans Masereel.

21. Oktober Auf einer Veranstaltung des Zentralvorstands der *Gewerkschaft Wissenschaft* in **Ost-Berlin** rufen Volkskammerpräsident Johannes Dieckmann (LDP), der stellvertretende Staatssekretär für das Hoch- und Fachschulwesen, Franz Dahlem (SED) sowie die Professoren Günther Rienäcker (SED), Fritz Gietzelt (SED) und Robert Havemann (SED) dazu auf, keine Gelegenheit ungenutzt verstreichen zu lassen, um Kollegen und Freunde in Westdeutschland über »den wahren Charakter der Bonner Atomkriegspolitik« aufzuklären.

21. Oktober Auf einer Konferenz des *Deutschen Kulturbundes* (DK) in **Karl-Marx-Stadt** erklärt der Vorsitzende des westdeutschen *Bundes der Deutschen* (BdD), Wilhelm Elfes, er habe bei seinem Besuch gesehen, wie sich die Verhältnisse in der DDR »ganz augenscheinlich zum Besseren« verändert hätten. Dem BdD schwebe ebenfalls, führt Elfes aus, ein »einheitliches, demokratisches und friedliebendes Deutschland« vor. Am Ende ermuntert er die Teilnehmer, zu denen auch Oberbürgermeister Kurt Berthel (SED) gehört, sie sollten auf ihrem Weg bleiben, sie würden schon den Erfolg sehen.

21. Oktober Vor der Stadthalle von **Johannesburg** protestieren über 3.000 schwarze südafrikanische Frauen gegen die Paßgesetze des Apartheidregimes. Rund 2.000 von ihnen, darunter viele Mitglieder der *ANC-Frauenliga*, werden von der Polizei verhaftet. Zu den Verhafteten gehört auch Winnie Mandela. Die Frau, die seit dem 14. Juni mit einem der führenden ANC-Funktionäre, dem Rechtsanwalt Nelson

Mandela, verheiratet ist, arbeitet als Sozialarbeiterin im Baragwanath-Krankenhaus von Soweto und ist seit mehreren Monaten schwanger. Über ihre und die Ankunft ihrer Mitkämpferinnen im Gefängnis schreibt Fatima Meer später: »Am selben Tag noch wurden sie ins Fort verlegt, wo sie auf Hunderte von anderen Widerstandsleistenden trafen, die ... sie bei ihrer Ankunft mit Freudengeheul und ›Amandla‹-Schreien begrüßten. Die Wärter ließen sie in Reihe antreten, entkleideten sie bis auf die nackte Haut und befahlen ihnen dann, sich hinzuhokken und die Beine weit zu spreizen, um die Vagina auf Schmuggelgut zu untersuchen. Danach wies man sie an, sich wieder anzuziehen, und ließ sie in ihre Zellen marschieren.«[270] Als Nelson Mandela von der Verhaftung erfahren hat, bemüht er sich sofort um eine Besuchsgenehmigung und sucht seine Frau, die von Albertina Sisulu, der Frau eines anderen führenden ANC-Funktionärs, umsorgt wird, im Gefängnis auf. – Etwa 1.300 der verhafteten Frauen werden wenig später zu Geldstrafen zwischen drei und 50 Pfund und Haftstrafen zwischen einem und drei Monaten verurteilt. Unter ihnen befinden sich auch Winnie Mandela und Albertina Sisulu.

22. Oktober Auf einer SPD-Mitgliederversammlung des **Frankfurt**er Stadtteils Bornheim wird die am 14. Oktober von der SPD-Bundestagsfraktion beschlossene Empfehlung, die Mitglieder der sozial-

demokratischen Jugendorganisationen sollten sich freiwillig für die Unteroffiziers- und Offizierslaufbahn bei der Bundeswehr bewerben, entschieden zurückgewiesen. – Kurze Zeit später schließen sich dem Protest auch die *Sozialistische Jugend Deutschlands – Die Falken* und die *Jungsozialisten* des Unterbezirks Frankfurt an. In einer Erklärung verurteilen sie »die Eigenmächtigkeit, die politische Zielsetzung und den militärischen Ehrgeiz« der SPD-Bundestagsfraktion.

22. Oktober Im Reitersaal der Universitätsreitschule **München** wird die Ausstellung »Künstler gegen Atomkrieg« eröffnet. Sie ist von dem Augsburger Maler Carlo Schellemann initiiert worden. In seiner Ansprache erklärt Professor Karl Saller, man müsse nicht die Sensibilität eines Dichters oder Künstlers besitzen, um zu spüren, daß der Atomkrieg »das brennendste Problem, die drohendste Gefahr unserer Zeit« sei. Dennoch verdienten alle Künstler, die sich an der Ausstellung beteiligten, einen besonderen Dank, weil sie »mit ungeschminkter Deutlichkeit ihren Protest gegen den Atomkrieg« erhöben und damit einen Beitrag leisteten, um die Öffentlichkeit aus ihrem Schlaf zu rütteln. Vertreten sind Repräsentanten ganz unterschiedlicher künstlerischer Richtungen und Strömungen. Sie reichen vom Realismus über den Expressionismus und den Surrealismus bis zur abstrakten Malerei. Gezeigt werden Gemälde, Graphiken und Karikaturen von Albert Birkle, Willi Geiger, Walter Habdank, Albert Heinzinger, Frans Masereel, Walter Schnackenberg, A. Paul Weber, Conrad Westphal und anderen. Auf der Ausstellung sind mit Fritz Cremer, Hans Grundig und Eva Schwimmer auch Künstler aus der DDR vertreten. In einer persönlichen Grußbotschaft gibt die Schriftstellerin Gertrud von Le Fort zu bedenken, daß sie angesichts des international verfügbaren Waffenpotentials nicht an ein »Reich des humanen Menschen« glaube, das erst »jenseits der Vernichtung seiner Gegner« errichtet werden könne. Auf einen atomaren Krieg könne nur die »Verzweiflung des Gewissens« und das Bewußtsein von einem »ungesegneten und vergeblichen Sieg« folgen. – Die Ausstellung, die anschließend auch in **Stuttgart** und **Nürnberg** zu sehen ist, wird von 12.000 Menschen besucht.

22. Oktober Der Vorschlag der SPD, den Regierungssitz nach West-Berlin zu verlegen, wird von der Bundesregierung in **Bonn** abgelehnt. Gegen eine solche Überlegung sprächen zwar keine völkerrechtlichen Bedenken, jedoch könnten die Alliierten aufgrund des Viermächte-Status einen solchen Schritt jederzeit verhindern. Außerdem müsse befürchtet werden, daß die Verhältnisse in der DDR keine

Gewähr dafür bieten könnten, daß eine ungestörte Arbeit der Bundesregierung in West-Berlin möglich sei. Trotz dieser Entscheidung halte man aber unverändert an der Auffassung fest, daß Berlin als die Hauptstadt eines freien wiedervereinigten Deutschlands angesehen werden müsse.

22.10.: Die Schriftstellerin Gertrud von Le Fort.

22.10.: Der Publizistikprofessor Walter Hagemann.

22. Oktober Im Allgemeinen Studentenausschuß (AStA) der Universität **Münster** scheitert ein Dringlichkeitsantrag, mit dem das Studentenparlament aufgefordert werden sollte, die Teilnahme von Professor Walter Hagemann an einer Tagung des Nationalrates der *Nationalen Front* in Ost-Berlin zu mißbilligen und den Rektor der Universität darum zu bitten, gegen den Ordinarius ein Disziplinarverfahren anzustrengen. In dem von dem AStA-Vorsitzenden Johannes Becker, einem Schüler Hagemanns, und von Hanskarl Mütherig, einem Sprecher der Philosophischen Fakultät, gestellten Antrag heißt es, Hagemann habe sich durch sein Verhalten »in völligen Widerspruch zum gemeinsamen Interesse des ganzen deutschen Volkes« gestellt. Durch seine Verhandlungen »mit den Machthabern der Zone« – Hagemann hatte mit SED-Chef Walter Ulbricht diskutiert – habe er alle deutschen Studenten beleidigt und das Ansehen der Universität Münster schwer geschädigt. Der Professor, der das Institut für Publizistik leitet, falle damit allen Bemühungen in den Rücken, eine Revision der »neuesten Terrorurteile« zu erreichen, mit denen gerade thüringische Studenten zu insgesamt mehr als 100 Jahren Zuchthaus verurteilt worden seien.

22. Oktober Der österreichische Innenminister Oskar Helmer (SPÖ) gibt in **Wien** bekannt, daß der von der *Sozialorganischen Ordnungsbewegung Euro-*

22./23.10.: Der stellvertretende SPD-Vorsitzende Waldemar von Knoeringen.

22./23.10.: Die Studentenzeitschrift »Konkret« veröffentlicht vier von insgesamt 14 auf der SDS-Delegiertenkonferenz verabschiedeten Entschließungen.

pas (SORBE) für den 15. und 16. November in Salzburg geplante »Europakongreß«, auf dem sich ehemalige SS-Leute und NS-Kollaborateure aus mehreren Ländern treffen wollten, verboten worden sei. Gleichzeitig werde die als Veranstalter auftretende neonazistische Organisation SORBE aufgelöst. – Wegen des Kongresses waren in der österreichischen Öffentlichkeit heftige Proteste laut geworden. In Salzburg wollten ehemalige Angehörige der »Blauen Division«, der »Légion Tricolore«, der SS-Verbände Neederland, der Flämischen SS-Division und anderer Freiwilligendivisionen, die während des Zweiten Weltkrieges für die SS und die Wehrmacht gekämpft haben, zusammenkommen. Theodor Soucek, der im Dezember 1957 als »Kanzler« der SORBE gewählt worden ist, hatte unmittelbar nach 1945 Kriegsverbrecher über die Grenze geschmuggelt, Sprengstoff gestohlen und Vorträge vor ehemaligen SS-Männern gehalten. 1948 war er von einem österreichischen Volksgericht wegen nazistischer Umtriebe zunächst zum Tode verurteilt worden. Später wurde er zu lebenslänglicher Haft begnadigt und bereits ein Jahr darauf auf freien Fuß gesetzt. In seiner Gefängniszeit hat er ein offen pronazistisches Buch geschrieben, das unter dem Titel »Wir rufen Europa – Vereinigung des Abendlandes auf sozial-organischer Grundlage« veröffentlicht worden ist. Darin wird nicht nur das NS-Regime wegen seiner

angeblichen wirtschaftlichen und sozialen Leistungen gepriesen und jede Schuld Adolf Hitlers an den zwischen 1933 und 1945 begangenen Verbrechen geleugnet, sondern auch behauptet, daß die Gaskammern als Desinfektionseinrichtungen gedient hätten. Die Berichte über nationalsozialistische Massenverbrechen, heißt es kategorisch, seien nichts anderes als böswillige Erfindungen von Hitlergegnern. In zahlreichen Vorträgen hat Soucek für die Europa-Ideen der SS geworben.

22./23. Oktober An der XIII. Delegiertenkonferenz des SDS im Mozartsaal des **Mannheim**er Rosengartens nehmen 55 Delegierte und 100 Gäste teil. Als Hauptredner wirft der stellvertretende SPD-Vorsitzende Waldemar von Knoeringen, der eine Stunde lang über »Sozialdemokratische Kulturpolitik« referiert, den SDS-Mitgliedern vor, sie repräsentierten »die Vergangenheit«. Die SPD wolle im Unterschied zum SDS die »überlebte kapitalistische Gesellschaftsordnung« und die Herrschaft der CDU nicht mehr im Klassenkampf überwinden, sondern auf dem Weg der »Bewußtseinsbildung« des Volkes. Die Position des 52jährigen SPD-Politikers trifft zum Teil auf heftigen Widerstand. Wodurch sich ein solches Programm noch von dem anderer Parteien unterscheide und was dies noch mit sozialdemokratischer Politik zu tun habe, wird gefragt. Doch von Knoeringen geht auf die meisten Fragen nicht ein. Mitten in der Diskussion verabschiedet er sich mit der knappen Mitteilung, er müsse zu einer dringenden PV-Sitzung nach Bonn. Ein deutlich gegen den Parteivorstand gerichteter Antrag der Marburger Hochschulgruppe, die *Studentischen Aktionsausschüsse gegen den Atomtod* auch weiterhin aktiv zu unterstützen, wird mit Mehrheit angenommen: »Der SDS ist nicht bereit, aus Opportunitätsgründen auf die Weiterführung des Kampfes gegen die atomare Bewaffnung zu verzichten.«[271] Mit mehr als Zweidrittelmehrheit nehmen die Delegierten einen Antrag der Frankfurter Hochschulgruppe an, in der der Beschluß des SPD-Fraktionsvorstandes kritisiert wird, Parteimitglieder zum Eintritt in die Bundeswehr aufzufordern. Damit werde den »antiatomaren Verpflichtungen«, die sowohl Mitgliedern als auch Wählern gegenüber übernommen worden seien, eine eindeutige Absage erteilt und überdies alle Genossen, die sich für eine Wehrdienstverweigerung einsetzten, bloßgestellt. Der Parteivorstand, heißt es, solle künftig »derartige unzulässige Verpflichtungen der Gesamtpartei« verhindern. In einer weiteren Resolution treten die Delegierten für das Selbstbestimmungsrecht des algerischen Volkes ein; zugleich fordern sie den Abzug aller französischen Truppen und die Durchführung freier, geheimer und allgemeiner

---

Vier wichtige Beschlüsse des SDS

Auf seiner 13. ordentlichen Delegiertenkonferenz in Mannheim faßte der Sozialistische Deutsche Studentenbund insgesamt 14 Entschließungen zur gegenwärtigen politischen Situation. Neben einer Reihe von Anträgen, die sich gegen die inkonsequente Algerienpolitik der SFIO, gegen die finanzielle Unterstützung des algerischen Krieges durch die Bundesregierung und gegen die Rechtswillkür in der Bundesrepublik wandten, wurden in der Hauptsache folgende vier Beschlüsse mit jeweils mehr als 80 % der Stimmen verabschiedet:

1. Der Sozialistische Deutsche Studentenbund fordert alle seine Gruppen auf, die studentischen Aktionsausschüsse gegen den Atomtod verstärkt zu unterstützen. Der SDS ist nicht bereit, aus Opportunitätsgründen auf die Weiterführung des Kampfes gegen die atomare Aufrüstung zu verzichten.

2. Der Sozialistische Deutsche Studentenbund unterstützt nach wie vor den Plan des polnischen Außenministers Rapacki. Er sieht hierin eine Möglichkeit, eine atomwaffenfreie Zone in Europa zu schaffen und die Spannungen zwischen Ost und West zu verringern.

3. Der Sozialistische Deutsche Studentenbund sieht in der Errichtung eines zentralen Amtes für Psychologische Verteidigung eine gegen die innenpolitische Opposition gerichtete Maßnahme. Er lehnt deshalb die Schaffung eines solchen Amtes ab.

4. In Hinblick auf die beginnende atomare Ausrüstung der Bundeswehr ersucht der SDS die Bundestagsfraktion der Sozialdemokratischen Partei Deutschlands, ihre Aufforderung an die Jugend der SPD, sich freiwillig in den Dienst der Bundeswehr zu melden, zu revidieren, weil die SPD-Politik und die Bewegung „Kampf dem Atomtod" sonst unglaubwürdig werden.

In einer zweiten Entschließung zu diesem Thema heißt es: „Die Bundesdelegiertenkonferenz fordert den Parteivorstand (der SPD, d. R.) auf, derartige unzulässige Verpflichtungen der Gesamtpartei durch den Fraktionsvorstand in Zukunft zu verhindern." . . .

Wahlen in Algerien durch die Vereinten Nationen. Außerdem solle die Bundesregierung algerischen Flüchtlingen ebenso politisches Asyl gewähren wie den »ungarischen Freiheitskämpfern«. Zum neuen Bundesvorsitzenden wird Oswald Hüller aus Heidelberg und zu seinem Stellvertreter Günther Kallauch aus Frankfurt gewählt. Der erklärte Antistalinist Kallauch, der sich 1946 in Sachsen gegen den Zusammenschluß von SPD und KPD zur SED gewandt hatte, mußte deswegen neun Jahre in DDR-Zuchthäusern zubringen. Zu Mitgliedern des wissenschaftlichen Beirats werden Monika Mitscherlich aus Frankfurt, Jürgen Seifert aus Münster und Horst Steckel aus Göttingen gewählt. – Seifert, der ursprünglich für die Position des stellvertretenden Bundesvorsitzenden kandidieren wollte, dann aber wegen seiner Angriffe auf von Knoeringen zurückgezogen hat, bezeichnet das Wahlergebnis Jahre später als »Putsch von links«.[272] Die SDS-Spitze habe sich erstmals aus Mitgliedern zusammengesetzt, die ihre Funktion nicht mehr als Sprungbrett für eine Karriere in der SPD betrachteten.

23. Oktober Der seit dem enthusiastisch aufgenommenen Film »Außer Rand und Band/Rock around the Clock« von Jugendlichen lang herbeigesehnte Auftritt des weißen amerikanischen Rock'n'Roll-Sängers Bill Haley führt in mehreren Städten der Bundesrepublik zu ungewohntem Andrang. Schon beim ersten Konzert in **Frankfurt**, das im Film-Palast stattfindet, weil die Sitze dort fest am Boden verankert sind, hat die Polizei eine Hundertschaft aufgeboten, um möglichen Ausschreitungen zuvorzukommen. »Um 19 Uhr«, berichtet ein Reporter, der bekennt, daß er lieber Jazzmusik hört, »sollte es beginnen. Um 19.01 pfiffen die Herren mit den Presley-Koteletten auf den Fingern. Um 19.05 hob sich der Vorhang, und die goldenen Trompeten der Kapelle Kurt Edelhagen glänzten. Es begann mit einem Lärm, als würden riesige Blechplatten abgeladen. Sofort geriet das Auditorium in einen Zustand der Besinnungslosigkeit.«[273] Sänger in Edelhagens Kapelle ist »Big Bill Ramsey«, ein in Westdeutschland stationierter amerikanischer GI. Doch erst als Bill Haley mit seinen sechs Begleitmusikern, den »Comets«, die Bühne betritt, wird das Publikum dem Titel des Kultfilms gerecht und gerät »außer Rand und Band«. Die jungen Leute trampeln, pfeifen, kreischen und springen von ihren Sitzen auf. Die Ohren vibrieren, die Sitze wackeln und der Boden scheint zu beben. »Die Kometen«, wird der wechselweise als »Sturm«, »Orkan« oder »Epidemie« bezeichnete Auftritt von einem Journalisten beschrieben, »sind Artisten der Massenschau. Sie fallen über ihre Instrumente und spielen am Boden weiter. Sie

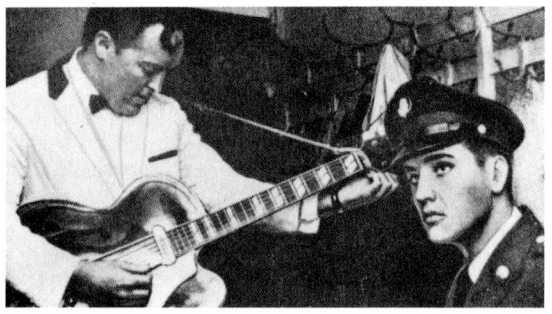

23.10.: Elvis Presley besucht in Frankfurt Bill Haley.

machen keine Pause nach einem Stück, sondern peitschen die Ekstase nach einem Nonstoprezept immer höher. Der Mann am Klavier sitzt nicht, sondern federt wie ein Gummimännchen vor den Tasten; und der Chef vertauscht plötzlich den weißen Frack mit einer roten Weste, aus der er lässig Taschentücher zieht, um sein lächelndes Gesicht zu trocknen. 50 Minuten Knalleffekte.«[274] Am Ende steigert sich die Begeisterung des Publikums noch einmal, als »Rock around the Clock« ertönt, das im Lauf der letzten beiden Jahre in nahezu allen westlichen Ländern zu einer Art Hymne jugendlicher Rockfans geworden ist. Doch als dann der Vorhang fällt, hilft alles Pfeifen und Trommeln nichts mehr. Bill Haley und seine Musiker bleiben verschwunden. In ihrer Garderobe treffen sie mit dem in Friedberg stationierten GI, Elvis Aron Presley, zusammen. Der 23jährige, der seine Musikkarriere wegen des Militärdienstes unterbrechen mußte, hat als Zuhörer das Konzert verfolgt. Nachdem es entgegen den Erwartungen nach der Veranstaltung ruhig bleibt, ziehen die Polizeikräfte wieder ab.

23. Oktober Wegen der Verurteilung von regimekritischen Studenten der Friedrich Schiller-Universität kommt es unter der Bevölkerung von **Jena** zu Protesten. Um der zunehmenden Kritik entgegenzutreten, führt die SED im dortigen Volkshaus eine Veranstaltung durch. Hauptredner ist der in Propagandafragen besonders erfahrene Albert Norden. Der 53jährige, der Mitglied im Politbüro und im Zentralkomitee der Partei sowie Professor für neuere Geschichte an der Humboldt-Universität in Ost-Berlin ist, begründet die Tatsache, daß über den Prozeß gegen die 24 Mitglieder des »Eisenberger Kreises« nicht berichtet worden sei, mit Platzproblemen in den Zeitungen der DDR. Die Presse habe in der Zeit vor den Volkskammerwahlen Besseres zu tun gehabt, erklärt er, »als dem verbrecherischen Treiben der Ammer, Hermann, Frömel und Konsorten« ihren Platz zu widmen. Die außerordentliche Gefährlichkeit dieser Gruppe könne man daran erkennen, daß sie während der Feiern zum 1. Mai die Tribüne habe in die Luft sprengen wollen. Nur der

»Wachsamkeit der Staatsorgane« sei es zu verdanken gewesen, daß der Tod unzähliger Menschen habe verhindert werden können. Das Bezirksgericht Gera hatte zwischen dem 22. September und dem 13. Oktober Mitglieder der Gruppe in vier Schauprozessen zu hohen Zuchthausstrafen verurteilt.

24. Oktober Bundesverteidigungsminister Franz Josef Strauß fällt in **Bonn** die Entscheidung, die Bundesluftwaffe mit Düsenjägern vom Typ »Starfighter F 104« der amerikanischen Firma Lockheed auszurüsten. Von dem Abfangjäger, zu einem Stückpreis von etwa vier Millionen DM, sollen zunächst sechs bis zehn Maschinen in den USA gekauft und dann 300 in bundesdeutscher Lizenz gebaut werden. Der »Starfighter«, der 2.400 Stundenkilometer schnell ist und eine Gipfelhöhe von 24.000 Metern erreicht, soll zur Abwehr feindlicher Flugzeugangriffe eingesetzt werden.

24. Oktober Am 310. Jahrestag des Westfälischen Friedens, mit dem der Dreißigjährige Krieg beendet wurde, findet in **Osnabrück** eine Kundgebung gegen die atomare Aufrüstung statt. Auf der vom *Kuratorium Osnabrücker Friedenstag*, dem *Albert-Schweitzer-Freundeskreis* und dem deutschen Zweig der *Internationale der Kriegsdienstgegner* (IdK) organisierten Veranstaltung treten Siegmund Schmidt und Oberkirchenrat Heinz Kloppenburg als Hauptredner auf. Beide warnen nachdrücklich vor einer Atombewaffnung der Bundeswehr und fordern die Einstellung des nuklearen Wettrüstens. In einer Entschließung, die an die Vereinten Nationen, die Regierungen der Großmächte und den Friedensnobelpreisträger Albert Schweitzer abgesandt wird, danken die Teilnehmer den Göttinger Atomphysikern und dem Tropenarzt für ihre Initiative zur Ächtung der Nuklearwaffen und rufen die Atommächte auf, ihren Appellen zu folgen. – Am 24. Oktober 1648 war mit zwei gleichzeitigen Friedensschlüssen in Münster und in Osnabrück der Dreißigjährige Krieg, der Mitteleuropa verheert und Millionen von Toten gefordert hatte, zu Ende gegangen.

24. Oktober Der spanische Cellist Pablo Casals, der sich weigerte vor politischen Machthabern aufzutreten, spielt am »Tag der Vereinten Nationen« bei einem Konzert im **New York**er UN-Gebäude, um damit gegen die Atomrüstung zu protestieren. Anschließend erklärt er: »Wenn ich in diesem Augenblick meines Lebens zu Euch gekommen bin, so ist es gewiß nicht, weil ich meine moralische Haltung und die Beschränkungen, die ich mir seit langem als Mensch und als Künstler auferlegt habe, im geringsten geändert hätte. Ich komme deswegen, weil alle diese Überlegungen zweitrangig gegenüber

einer großen Gefahr geworden sind ... Die Angst, hervorgerufen in der Welt durch die Fortsetzung der Kernwaffenexperimente, wächst von Tag zu Tag. Alle Menschen wissen, welche schrecklichen Erlebnisse und welche grausamen Folgen ein atomarer Krieg haben würde ... Mit allen meinen Kräften wünsche ich, daß eine gewaltige Bewegung des Protestes in allen Ländern entsteht – besonders unter den Müttern – und daß sie diejenigen beeindruckt, die die Macht besitzen, diese Katastrophe zu verhindern. Alle Kernwaffenversuche müssen aufhören!«[273] – Pablo Casals lebt seit der Machtergreifung Francos in Frankreich im Exil.

25. Oktober Auf einer CDU-Wahlkampfkundgebung in **Offenbach**, auf der Bundesverteidigungsminister Franz Josef Strauß als Hauptredner auftritt, kommt es zu zahlreichen Protesten und tumultartigen Szenen. In der bis zum letzten Platz besetzten Aula der Rudolf-Koch-Schule begrüßt der Offenbacher Bundestagsabgeordnete Karl Kanka die Zuhörer mit den Worten, Zwischenrufe, soweit sie »geistvoll« seien, wären ausdrücklich erlaubt. Doch als nach der Vorstellung des Landtagskandidaten Georg Lindner der von der Presse als »rhetorischer Superpanzer« bezeichnete Minister ans Mikrophon tritt, wird die Atmosphäre immer angespannter. Mit einer ganzen Reihe polarisierender Bemerkungen trifft Strauß die bei erheblichen Teilen des Publikums vorhandene Abwehrhaltung und provoziert

24.10.: Der Cellist Pablo Casals.

lautstarke Gegenreaktionen. Er beginnt mit der Feststellung, die letzten Landtagswahlen in Nordrhein-Westfalen und Schleswig-Holstein hätten ganz im Zeichen des »Rauchpilzes einer Atombombe« gestanden, einer Anspielung auf das von SPD, DGB und anderen im Rahmen der Kampagne »Kampf dem Atomtod« verwandte Plakat. Man wolle wohl, spottet er über die SPD, den Eindruck erwecken, als wenn ein Landtag über Weltkrieg oder Weltfrieden entscheiden könne. Die Volksbefragungsaktion habe jedoch mit einer »Betriebspanne« geendet, deshalb versuche die SPD in Hessen jetzt mit »rührenden Sprüchen« wie »Ich bin für Zinn« verlorengegangenes Terrain wieder zurückzugewinnen. Als er erklärt, man werde es nicht hinnehmen, daß der politische Gegner »auf dem Umweg über Landtagswahlen« das durchzusetzen versuche, woran er bei den Bundestagswahlen gescheitert sei, werden erste Zwischenrufe laut. Und als er der SPD vorwirft, sie habe alles getan, um den Aufbau einer wirkungsvollen Verteidigung zu untergraben, kommt es zu länger anhaltenden Tumulten. Ihren Höhepunkt erreichen die Proteste dann als Strauß erklärt: »Jedes Jahr kommen 300.000 Menschen aus Ulbrichts Paradies in Adenauers Hölle. In sieben Jahren waren es zwei Millionen Menschen. Wem es bei uns nicht paßt, der hat drüben genug Platz. Und wenn er verspricht, nicht zurückzukommen, bis er umgelernt hat, zahlen wir ihm noch die Eisenbahnfahrkarte gratis dafür.«[274] Inzwischen sind die Tumulte so laut geworden, daß Strauß seine Rede unterbricht und sich an Versammlungsleiter Kanka mit den Worten wendet: »Wir müssen sie nun doch rausschmeißen!«[275] Kanka weist die Saalordner per Mikrophon unverzüglich an, »die Lärmmacher rauszuschmeißen«; die Polizei werde ersucht, den Ordnern dabei behilflich zu sein. Doch die Zwischenrufer lassen sich das, wie kaum anders zu erwarten, nicht ohne weiteres gefallen. Insbesondere im zweiten Stock kommt es nun zu Prügeleien mit den Ordnern. Dabei werden auch mehrere Stinkbomben geworfen. Während Strauß weiterzusprechen versucht, wird alle paar Minuten ein Protestierender abgeführt. Am Ende verteidigt Strauß die Atombewaffnung der Bundeswehr mit den Worten, die deutschen Soldaten müßten mit den modernsten Waffen ausgerüstet werden, sonst würden sie »ihren Sinn« verfehlen. Niemand denke aber daran, in Deutschland Atomwaffen zu produzieren. Es könne keinen »Frieden um jeden Preis« geben. Die Idee, eine atomwaffenfreie Zone schaffen zu wollen, sei im Zeitalter der Düsenflugzeuge so wirksam »wie Kukirol gegen Krebs«. Im Anschluß an die Kundgebung ziehen mehrere hundert junge Leute mit Fakkeln durch die Stadt. In der Schloßstraße bauen sie sich vor Transparenten auf, auf denen zu lesen ist:

»Unsere Antwort – Wehrdienstverweigerung« und »Weder Ulbrichtheer noch Bundeswehr«.

25. Oktober Die seit dem 15. Juli auf 15.000 Soldaten angewachsene Interventionstruppe der US-Marine wird wieder aus dem **Libanon** zurückgezogen. Sie hat den Sturz des christlichen Staatspräsidenten Camille Chamoun nicht verhindern können. Sein Nachfolger wird Stabschef Fuad Schehab, neuer Ministerpräsident der Anführer der Aufständischen, Rajad Karami.

25. Oktober In **Washington** demonstrieren etwa 8.000 weiße und schwarze Studenten für die Rassenintegration. Sie sind mit Hunderten von Autobussen vor allem aus den Südstaaten angereist, um US-Präsident Dwight D. Eisenhower eine Erklärung zu überreichen. Die Delegation der Demonstranten wird von der Polizei jedoch nicht zum Weißen Haus durchgelassen. Ihre Sprecher, der weiße Student Harlon Joyce und der farbige Sänger Harry Belafonte, erklären anschließend, daß die Weigerung des Präsidenten, sie zu empfangen, eine symbolische Bedeutung habe, die nicht nur in den USA, sondern auch in den um ihre Unabhängigkeit ringenden Völkern Afrikas und Asiens verstanden würde. Danach ziehen die Demonstranten zum Lincoln Memorial weiter und legen dort ein Gelöbnis gegen Rassendiskriminierung und für Gleichberechtigung ab. Darin heißt es: »Gleiches Recht für alle ist das zentrale moralische Problem unserer Zeit. Die brüderliche Gemeinschaft eines freien Volkes ist die Seele unserer Verfassung. Sie ist der Grundstein unserer Republik. Sie ist die Botschaft, die unseren Glaubensbekenntnissen allgemeinen Ausdruck verleiht. In diesem Kampf um gleiche Rechte haben wir alle ein gemeinsames Ziel. Die Geschichte unseres Landes lehrt uns, daß das Schicksal von Negern und weißen Menschen hier für immer miteinander verkettet ist. Niemand kann von uns die Freiheit begreifen oder sie ungestört genießen, solange ein Teil von uns noch in Ketten liegt. Wir alle, Neger und Weiße, sind in gleicher Weise in den Kampf um die gleichen Rechte einbezogen. Der Weg unseres Volkes zu einem besseren Leben kann nicht beschritten werden, solange dieser Kampf nicht gewonnen ist. In diesem Kampf ist für uns viel zu tun, um in unseren Schulen die volle Gleichberechtigung herzustellen und für unsere gewählten Berufe gleiche Möglichkeiten und in der Gesellschaft gleiche Behandlung zu erreichen. Wir werden immer wieder nach Washington kommen, um die führenden Staatsmänner unserer Nation zu fragen, um dem Kongreß Petitionen zuzuleiten, um auf Gesetze zu dringen, die unser Streben nach einer gerechteren, umfassenderen Rassendemokratie lenken und sanktionieren.«[276]

25.10.: »Brav, mein lieber Strauß, sehr brav – schade, daß ich keine Nahkampfspange zu vergeben habe...« Karikatur aus den »Nürnberger Nachrichten«.

25./26.10.: Mitglieder der »Falken« weisen mit einem Plakat darauf hin, daß die DRP ein Sammelbecken von Alt- und Neonazis ist.

25./26.10.: Der DRP-Vorsitzende Wilhelm Meinberg.

25./26.10.: Der Ex-Nazi und DSU-Vorsitzende Otto Strasser.

25./26. Oktober In **München** findet ein Programm-parteitag der 1950 gegründeten rechtsradikalen *Deutschen Reichspartei* (DRP) statt. Am Eingang zum Hacker-Keller, dem Tagungslokal, wird einschlägige Literatur der rechten Szene zum Kauf angeboten; Titel wie »Waffen-SS im Einsatz«, »Waffen-SS im Bild«, »Goethe vor der Spruchkammer«, »Stalin-grad, der verlorene Sieg« und »Trotzdem«, die Kriegserinnerungen des »Brillant-Ritterkreuzträ-gers« Hans-Ulrich Rudel. »Der erste Beifall«, beschreibt ein Berichterstatter die Atmosphäre, »braust auf, als der Parteivorsitzende Meinberg ein Grußtelegramm des Obersten Rudel aus Südame-rika verliest. Die namentliche Begrüßung von Gästen entfalle bei einer Partei, ›deren oberstes Gebot die Kameradschaft ist‹. Es gebe im übrigen nichts, was die Partei zu verbergen habe ... Noch einmal entbrennt eine scharfe Auseinandersetzung um die Forderung nach Einführung der Todesstrafe. Am Ende steht die einstimmige Annahme des modi-fizierten Parteiprogramms durch Erheben von den Sitzen. Ebenso einstimmig wird eine Entschließung für noch vier in Italien gefangene Offiziere, für die Landsberger und Spandauer Häftlinge angenommen. Auf einer Kundgebung tritt der ›Spielmannszug der Deutschen Reichspartei‹ auf. Mit Orgelbegleitung singt die Versammlung das Schenkendorf-Lied ›Wenn alle untreu werden‹. Heß, von Thadden und Meinberg erregen, obwohl stundenlang gesprochen wird, Begeisterungsstürme.«[277] Ziel der Partei-spitze ist es, die DRP durch ein neues Programm als »Dritte Kraft« neben CDU/CSU und SPD zu profi-lieren. In der Präambel des völkisch-nationalisti-schen Programms, in dem erstmals auch die bereits seit längerem vertretene neutralistische Position fixiert wird, heißt es: »Die Deutsche Reichs-Partei ist die Gemeinschaft des deutschen Menschen, die das Wohl ihres Volkes vor alle Sonderinteressen stel-len und durch beispielhaftes Vorleben und entschlos-senen politischen Kampf die Volksgemeinschaft der Zukunft erringen wollen.«[278] Und am Ende der Prä-ambel wird eine Parole aufgenommen, die die Nazis in ihrem Zynismus bereits als Portalspruch des Kon-zentrationslagers Buchenwald verwendet hatten: »Die Deutsche Reichs-Partei bekennt sich zur Demokratie der Freiheit und Ordnung: Jedem das Seine – Alles für Deutschland!«[279] In dem Programm wird die Einführung eines Arbeitsdienstes sowie die Todesstrafe für Mord und Gewaltverbrechen an Frauen und Kindern gefordert. In der Einleitung zu Artikel V, in dem es um das »Gemeinschaftsleben« geht, heißt es, die organizistische Gemeinschaftsvor-stellung in markigen Worten betonend: »Das deut-sche Volk, reich gegliedert in seinen Familien, Stäm-men und Landsmannschaften, Berufs- und Betriebs-

gemeinschaften, kann sich unter den Völkern nur als eine festgefügte Gemeinschaft behaupten. Dienst an der Gemeinschaft und Selbstzucht in der Volksge-meinschaft sollen unser Zusammenleben beherr-schen.«[280] Mit großem Beifall wird die Ankündigung aufgenommen, daß die DRP zu den bayerischen Landtagswahlen am 23. November kandidieren werde. Der 60jährige Wilhelm Meinberg wird in sei-ner Funktion als Parteivorsitzender der DRP bestä-tigt, ebenso der 49jährige Otto Heß als einer seiner beiden Stellvertreter.

25./26. Oktober In **Heidelberg** findet ein »Kongreß der europäischen Nationalisten« statt. Zu dem von Friedrich Jarschel, dem Privatsekretär des Parteivor-sitzenden der *Deutsch-Sozialen Union* (DSU), Otto Strasser, organisierten Treffen kommen Vertreter nationalistischer, nationalkommunistischer, links-pazifistischer, auch offen faschistischer Organisatio-nen und Bewegungen aus mehreren europäischen Ländern zusammen. Besonders auffällig ist die starke Präsenz von Organisationen, denen eine Unterstüt-zung, wenn nicht gar Steuerung durch die SED nachgesagt wird wie z. B. der *Bund für deutsche Einheit* (BdE), der *Bund der Deutschen* (BdD), der *Ständige Kongreß gegen die atomare Aufrüstung in der Bundesrepublik*, die *Gesamtdeutsche Union* (GdU), der *Nationale Kameradschaftskreis*, der *Deutsche Saarbund – Volksbund für die Wiedervereinigung Deutschlands*, die *Arbeitsgemeinschaft für deutsche Politik* und die *Nationale Partei Deutschlands* (NPD). Vertreten sind als »Beobachter« auch mehrere Funktionäre, die direkt aus der DDR gekommen sind: vom Nationalrat der *Nationalen Front*, der *Liberaldemokratischen Partei Deutschlands* (LDPD) und der *Nationaldemokratischen Partei Deutschlands* (NDPD). Im Mittelpunkt des Kongresses steht die Frage, auf welchem Wege die Wiedervereinigung Deutschlands erreicht werden kann. Die Diskussion darüber, wie zu diesem Zweck eine »Dritte Kraft«

geschaffen werden könne, verläuft äußerst kontrovers, zum Teil turbulent. Am Ende wird ein ständiges *Kongreßbüro für Entspannung und Neutralität* eingerichtet, zu dessen Sekretär der ehemalige Nazi Jarschel bestimmt wird. Der 39jährige war Mitglied der *Sudetendeutschen Partei* (SDP) Konrad Henleins, dann der NSDAP und der SA. Nach dem Zweiten Weltkrieg vollzog er scheinbar eine Kehrtwende, betätigte sich in verschiedenen kommunistischen Friedensinitiativen und als Journalist in der »Deutschen Volkszeitung«, der 1953 vom verstorbenen BdD-Vorsitzenden Joseph Wirth gegründeten Wochenzeitung. In das 18köpfige Präsidium werden u. a. der DSU-Vorsitzende Otto Strasser, der Ex-General Moritz Faber du Faure, der Chefredakteur der nationalneutralistischen Zeitschrift »Neue Politik«, Wolf Schenke, der Wiesbadener Strasser-Anhänger Toni Nikolaus Schreiber sowie die beiden Professoren Fréderic Becker (Straßburg) und Walter Hagemann (Münster) gewählt; letzter nimmt die Wahl jedoch nicht an. – Schon bald zeigt sich, daß der offenbar von Strasser dirigierte Versuch, rechte und linke Kräfte zu einer nationalen Sammlungsbewegung zusammenzuführen, wirkungslos bleibt.

26. Oktober Eine Schlägerei zwischen zwei Jugendbanden bei einer Kirmes auf dem Markt von **Schwerte** (Landkreis Iserlohn) fordert ein Todesopfer, einen Schwer- und fünf Leichtverletzte. Die Angehörigen der Iserlohner »Schwarzjacken-Bande« und der Schwerter »Panther-Bande«, die bereits seit längerer Zeit miteinander in Fehde liegen, gehen mit Messern, Kabelenden und durch Stahleinlagen verstärkten Wasserschläuchen aufeinander los. Dabei wird der 17jährige Klaus Tonat durch zwei Messerstiche ins Herz tödlich getroffen und sein zwei Jahre älterer Bruder mit Stichverletzungen am Oberarm und an der Schulter so schwer verletzt, daß er ins Krankenhaus eingeliefert werden muß.

26. Oktober Beim Gastspiel des amerikanischen Rock'n'Roll-Musikers Bill Haley in **West-Berlin** brechen, wie ein Polizeisprecher es anschließend ausdrückt, »die größten Halbstarkenkrawalle seit dem Beginn der dreißiger Jahre« aus. Bereits eine Stunde vor Beginn des Konzerts stürmen mehrere hundert Jugendliche, die keine Eintrittskarten besitzen, die Eingangstore des Sportpalastes. Sie führen Hupen, Sirenen, Kracher, Knallfrösche und sogar Schreckschußpistolen mit sich und stürzen in dem Oval zielstrebig auf die ersten Reihen zu. Die meisten der 7.000 Besucher sind in Lederjacken und Röhrenhosen, dem seit Marlon Brandos Film »Der Wilde« kultivierten Outfit, erschienen. Als Kurt Edelhagen schließlich mit seinem Orchester die Bühne betritt, um zur Einstimmung zu spielen, bricht ein ohrenbe-

täubender Lärm aus. Bereits nach zehn Minuten ist die Big Band gezwungen, fluchtartig das Podium zu verlassen. Mit von Stühlen abmontierten Latten sind Dutzende nach vorn gestürmt und bedrohen die Musiker. Die Sängerin Bibi Johns wird direkt attackiert und kann sich nur mit Mühe in Sicherheit bringen. Die Saalordner sind völlig überfordert und schauen dem Treiben meist untätig zu. Die Halbstarken haben die Bühne in Beschlag genommen. Mehr als eine halbe Stunde lang führen sie dort ihre Tänze auf und kreischen wild gestikulierend umher. Es dauert fast eine Stunde, bis dann Haley mit seiner Begleitband, den »Comets«, die Bühne betritt. Zunächst bricht das Publikum zwar in wahre Begeisterungsstürme aus, doch schon bald droht auch ihr Auftritt im Tumult unterzugehen. Nachdem im Hintergrund mehrere Raketen und Knallkörper abgefeuert worden sind, drängt eine Menge von rund 100 jungen Leuten nach vorne. Einige von ihnen haben dabei ihre »Bräute« – wie sie ihre Freundinnen nen-

26.10.: Saalschlacht beim Bill-Haley-Konzert in West-Berlin.

26.10.: Beim Auftritt des Rock'n' Roll-Idols geraten die Jugendlichen in Verzückung.

nen – auf die Schultern genommen. Haley, vom Veranstalter vorgewarnt, befürchtet weitere Ausschreitungen und räumt, bevor es dazu kommt, freiwillig das Feld. Sein Abgang aber ist für einen Teil des Publikums erst das Signal, aus der Innenausstattung Kleinholz zu machen. Eine Stuhlreihe nach der anderen wird zertrümmert. Wurfstücke unbekannter Provenienz fliegen durch den Saal. Auf der Bühne stürzen sich Dutzende auf die Instrumente und die Tonanlagen. Ein 7.000 DM teurer Konzertflügel wird umgeworfen und demoliert. Mikrophone und Verstärker werden zerstört und die Scheinwerfer mit Brauseflaschen beworfen. Nun greift eine Hundertschaft der Polizei ein und geht gummiknüppelschwingend gegen die außer Kontrolle geratene Menge vor. Eine Stunde lang steht nun, wie ein Zeitungsreporter schreibt, »alles am Schlagzeug« (Der Tagesspiegel). Während das Innere des Sportpalasts einer Trümmerlandschaft gleicht, versuchen mehrere Ordner den in seine Künstlergarderobe geflüchteten Haley mit zwei Wasserschläuchen vor nachsetzenden Jugendlichen zu schützen. In der Vorhalle wird mit großem Hallo eine Mauer mit Rammböcken niedergestoßen. Als nach zwei Stunden die Halle von der Polizei geräumt ist, wird Bilanz gezogen: 20 Besucher und fünf Polizisten sind durch umherschwirrende Stuhlbeine und andere Gegenstände verletzt und 18 Jugendliche festgenommen worden; nach der Feststellung ihrer Personalien werden alle bis auf zwei ihren Eltern übergeben. Der Sachschaden wird von den Veranstaltern auf über 50.000 DM geschätzt. – Der von der Presse als »Schmalzlocken-Idol« bezeichnete Haley meint anschließend, was er in Berlin erlebt habe, sei »eine Schande«. In den USA habe es so etwas noch nie gegeben. Der Veranstalter Kurt Collien erklärt, Rock'n'Roll sei für ihn von nun an gestorben; eine geplante Elvis-Presley-Tournee wird von ihm umgehend abgesagt. – Zu den Besuchern des Konzerts gehörte auch der als »deutscher Elvis« gefeierte Rock'n'Roll-Sänger Peter Kraus.

»Ich war die ganze Zeit«, berichtet er Jahrzehnte später, »hinter der Bühne und fragte Haley, ob das nicht furchtbar sei, daß die Leute sich prügelten. Da hat er gesagt, das sei eben Rock'n'Roll, und in Amerika hätten sie deshalb immer ein Netz zum Publikum hin. Und dann ging Haley, er hatte nur 40 Minuten gespielt, und die Leute waren sauer. Da wußte ich, Rock'n'Roll ist nichts für mich.»[281]

27. Oktober Auch bei der dritten Station ihrer Deutschlandtournee in **Hamburg** lösen Bill Haley & his Comets einen Massentumult aus. Diesmal hat Veranstalter Collien bereits im Vorfeld dafür gesorgt, daß drei Hundertschaften der Polizei aufgeboten worden sind, um Ruhe und Ordnung zu garantieren. Als gegen 20 Uhr die Jugendlichen zur Ernst-Merck-Halle strömen, stoßen sie auf weiträumig gestaffelte Absperrkordons, an denen Respekt einflößend Polizisten entlangreiten. Als die 6.000 Besucher ihre Plätze eingenommen haben, scheinen die Sicherheitsvorkehrungen zunächst auch Erfolg zu haben. Kurt Edelhagen kann mit seinem Orchester ungestört eine halbe Stunde lang Jazz spielen. Von den 16 Musikern dieser Big Band begleitet singt der grimassenschneidende Bill Ramsey. Als dann nach einer Pause Bill Haley erscheint, bricht wie überall sonst ein Sturm der Begeisterung los. Schon bei den ersten Klängen seiner Band klatscht das Publikum im Takt mit, trampelt auf den Boden und springt von seinen Sitzen auf. Als einige beginnen, sich auf die Stühle zu stellen, ertönt aus einem der Lautsprecher die Durchsage, wieder herunterzusteigen. Haley fordert nach dem Ende eines Musikstücks seine Zuhörer auf, nicht zu tanzen. Doch all das zeigt keine Wirkung. Vor der Bühne wogt eine große Menge im Rhythmus hin und her. Plötzlich wird einer aus dem Gewühl emporgestemmt. Es ist ein Jugendlicher, der sich offenbar nach dem Vorbild von Yul Brynner eine Glatze hat schneiden lassen, auf der mit einem Lippenstift etwas aufgemalt ist. Von Dutzenden von Armen wird er weitergereicht und schließlich mit einem Schwung auf das Vorpodium geworfen. Dort rappelt er sich auf und versinkt in eine Art Taumel. Der offensichtlich immer nervöser werdende Haley versucht die ungestümen Bewegungen der Tänzer durch umso entschlossenere Gesten zu übertreffen. Es scheint, als sei er insgeheim in einen Wettstreit um die ekstatischsten Bewegungen eingetreten. Als mehrere mit Armbinden versehene Ordner, die vom Studentenwerk angestellt wurden, versuchen, einige der Tänzer vom Vorpodest herunterzukomplimentieren, entsteht eine Rauferei. Als die ersten von oben in die Menge zurückstürzen, versuchen Jugendliche von unten wiederum einige der Ordner herunterzuziehen. Nach ungefähr 35 von ursprünglich geplanten 50 Minuten brechen Haley und seine Band ihren Auftritt ab, lassen ihre Instrumente zurück und flüchten hinter die Bühne. Nun ertönen »Schiebung, Schiebung«-Rufe. Stühle werden umgeworfen und zertrümmert. Als einzelne beginnen, mit Latten auf die völlig überforderten Ordner einzuschlagen, gibt die Polizei ihre Zurückhaltung auf und greift ein. Als die Uniformierten nach vorne preschen, schießt die Menge auseinander. Über Stühle und Trümmer hinweg fliehen die meisten in Richtung Ausgang. Aus dem Lautsprecher ertönt währenddessen die Durchsage, die »Vorstellung« sei beendet. Vor der Halle geht die Schlacht weiter. Hunderte werfen die eisernen Absperrungsgitter um und feuern mit allem, was greifbar ist auf die Polizei. Die Scheiben einer benachbarten Halle sind nach kurzer Zeit zertrümmert. Auch die Kassenkioske werden demoliert. Ein großer Teil der Menge zieht zum nahegelegenen Bahnhof Dammtor weiter und blockiert dort auf beiden Seiten die Eingänge. Nun ertönen Martinshörner und mehrere Überfallkommandos fahren mit Blaulicht heran. Die Uniformierten stürzen heraus und jagen flüchtenden Jugendlichen nach. Diese weichen aus und kehren, sobald die Polizei von ihnen abgelassen hat, wieder zurück. Die Situation wird nur noch verwirrender. Mehrere Male geht es hin und her. Eine Gruppe von Jugendlichen umringt eines der Einsatzfahrzeuge und versucht mehrmals es umzukippen. Gegen 23 Uhr gehen die Ordnungskräfte schließlich dazu über, Trä-

nengas einzusetzen. Doch auch die Nebelstäbe werden, soweit möglich, von den jungen Leuten aufgehoben und wieder zurückgeworfen. Erst nach Mitternacht beruhigt sich die Lage. Insgesamt sind 13 Jugendliche festgenommen worden. Sieben werden nach der Feststellung ihrer Personalien wieder auf freien Fuß gesetzt. Die sechs anderen, Lehrlinge und Jungarbeiter im Alter zwischen 15 und 17 Jahren, werden ihren Eltern übergeben. Gegen sie soll Anklage wegen Landfriedensbruchs und Sachbeschädigung erhoben werden. Der Sachschaden soll sich Schätzungen zufolge auf 20.000 DM belaufen. Haleys Manager Charles Levigne erklärt im Anschluß daran, zu den Zwischenfällen habe es nur kommen können, weil der Polizeischutz mangelhaft gewesen sei. Die Musiker hätten ihre Vorstellung abbrechen müssen, weil sie um ihre Sicherheit fürchteten. – Zwei Tage darauf bezeichnet die »Frankfurter Allgemeine Zeitung« die mehr oder weniger hilflos im Getümmel der Rock'n'Roll-Fans agierenden Ordner als »verlorenen Haufen«. Das »Fähnlein der Werkstudenten« habe sich »verzweifelt doch vertragstreu« dem »Halbstarkenmob« entgegenzustemmen versucht. Erst als diese »studentischen Wellenbrecher« hinweggespült worden seien, habe die Polizei – »den Sturmriemen unter dem Kinn« – eingegriffen und die Halle geräumt. – Ein anderer Journalist schreibt zu den Vorfällen in der Wochenzeitung »Die Zeit«, die Halbstarken hätten sich wie »eine Meute von Raubtieren« verhalten, die »nach Opfern« Ausschau

27.10.: Bill Haley sucht vor seinem Hamburger Auftritt Kontakt zu den Sicherheitskräften.

27.10.: Mit einem Gummiknüppel der Polizei wirbt eine Firma für ihre Produkte.

28.10.: Beim Bill-Haley-Konzert in Essen wird die Bühne von starken Polizeikräften gesichert.

hält. »Rock'n'Roll«, heißt es im Stile einer medizinischen Diagnose weiter, »ist eine Epidemie, die man als Tanzwut bezeichnen kann ... Der große Arzt Paracelsus empfahl gegen die zu seiner Zeit ... auftretenden Fälle von Massen-Tanzhysterie folgende Gegenmaßnahmen: Isolierung der Tanzwütigen, wodurch die Sache ihre Suggestivkraft verliert. Weiter empfahl er die Anwendung von Prügel und Güssen mit kaltem Wasser. Nein, Wasserwerfer wurden diesmal in Hamburg nicht eingesetzt. Die Vorschläge von Paracelsus jedoch erscheinen dem Berichterstatter nach diesen Rock'n'Roll-Exzessen durchaus aktuell.«[282]

27. Oktober In gleichlautenden Noten an die Bundesregierung in **Bonn** erinnern sieben von elf europäischen Staaten an bereits 1956 erhobene Wiedergutmachungsansprüche und erneuern sie. Belgien, Dänemark, Frankreich, Großbritannien, Griechenland, Luxemburg und Norwegen wollen für diejenigen ihrer Staatsbürger Entschädigungsleistungen erhalten, die während der NS-Zeit in Arbeits- und Konzentrationslagern geschunden worden sind. Die Bundesregierung hatte auf die ersten Noten ablehnend reagiert. Nach deutscher Auffassung, hatte es in den Antwortschreiben geheißen, stünde den Betroffenen kein Anspruch auf eine zusätzliche Wiedergutmachung zu. Sie könnten lediglich, wie deutsche Staatsbürger auch, Leistungen nach dem Bundesentschädigungsgesetz erhalten. Im Notfall könnten auch karitative Wege beschritten werden.

27. Oktober Auf einer Kundgebung im Friedrichstadt-Palast in **Ost-Berlin** erklärt der Erste Sekretär des SED-Zentralkomitees, Walter Ulbricht, vor 3.000 Zuhörern, daß »ganz Berlin« auf dem Territorium der DDR liege und damit auch zu ihrem Hoheitsgebiet gehöre. »Während der demokratische Teil Berlins«, führt Ulbricht aus, »die Funktionen, die Berlin als Hauptstadt der DDR erwachsen, gut erfüllt und vollen Anteil an den Erfolgen der Friedenspolitik der DDR hat, wird von den Westmächten in Westberlin ein Besatzungsregime aufrechterhalten.«[283] Da dies den völkerrechtlichen Vereinbarungen der vier Siegermächte widerspreche und sich in West-Berlin die »für Krieg und Faschismus verantwortlichen Monopolherren« ebenso wie die »militaristischen und nazistischen Handlanger« hätten durchsetzen können, erstrebe die DDR die Beendigung der »Westberliner Frontstadtpolitik«.

28. Oktober Auf der Anlage des ehemaligen Luftgaukommandos im **Hamburg**er Stadtteil Blankenese wird in Anwesenheit von Bundesverteidigungsminister Franz Josef Strauß die Führungsakademie der

Bundeswehr durch den Hamburger Bürgermeister Max Brauer eröffnet. In seiner Festrede hält Strauß eine Eloge auf den Traditionsreichtum deutscher Militärs: »Die Bundeswehr-Führungsakademie kann auf eine Tradition zurückblicken, die sich fast 150 Jahre in die Vergangenheit erstreckt. Das deutsche Soldatentum braucht sich einer Tradition im guten Sinn des Wortes nicht zu schämen. Wir dürfen bei der Tradition auch im guten Sinn des Wortes nicht stehen bleiben, die Tradition kann sonst zum Unheil werden. Immer war es ein Symbol, ein Kennzeichen, eine unentbehrliche Eigenschaft der deutschen militärischen Tradition, den selbstlosen Dienst, die Ehre, die Tapferkeit zu sehen ... Wir müssen und können das, was an der Tradition zeitlos ist, ruhig übernehmen und es in dem jeweiligen Licht der sich wandelnden Aspekte weiterentwickeln.«[284] Die Armee sei sowohl Spiegelbild wie auch Konsequenz der gesellschaftlichen und sozialen Verhältnisse eines Staates. Die Zeit, in der sie eine Sonderstellung innerhalb des Staates beanspruchen konnte, sei vorüber. Die Führungsakademie der Bundeswehr dient allen drei Waffengattungen und bildet in einjährigen Lehrgängen Offiziere für den Generalstabs- und den Admiralstabsdienst aus. Ihr Leiter ist Generalmajor Heinrich Gaedcke.

28. Oktober Auf der vierten Station seiner Deutschlandtournee bleiben beim Konzert des Rock'n'Roll-Sängers Bill Haley in **Essen** größere Tumulte aus. Die erst vor einer Woche eröffnete Grugahalle, in der man vorsichtshalber fest am Boden verankerte Stahlstühle aufgestellt hat, ist von 500 Polizeibeamten und mehreren Wasserwerfern umstellt. Einige der 1.000 Jugendlichen lassen ihrem Übermut freien Lauf und tanzen während des Auftritts in den Gängen und vor der Bühne umher. Als Haley nach der Pause zusammen mit den Musikern seiner Begleitband wieder erscheint, versuchen Dutzende der Zuhörer mehrmals vergeblich die Bühne zu stürmen. Die per Lautsprecheransage dirigierten Polizisten können jedoch einen Vorstoß nach dem anderen abwehren.

28. Oktober Auf einer Kundgebung der *Deutschen Friedensgesellschaft* in der Aula des Jungen-Gymnasiums in **Bottrop** referieren die Wuppertaler Professorin Renate Riemeck und der Vorsitzende des DGB-Ortsausschusses Herne, Viktor Wynands. Das Motto der Veranstaltung lautet: »Wir dürfen nicht schweigen! Die Atomaufrüstung gefährdet unser Leben!«

28. Oktober In den Lichtspielen am Sendlinger Tor in **München** wird der von Kurt Hoffmann gedrehte Film »Wir Wunderkinder« uraufgeführt. Darin wird selbstironisch die Geschichte zweier typischer Deutscher erzählt, die vom Idealisten und die vom skrupellosen Erfolgsmenschen, die Kontrastierung des moralisch Guten mit dem des Unmoralischen. Sie

reicht von 1913 bis 1955 und beginnt damit, daß sich zwei Tertianer bei einem Ballonaufstieg zur Jahrhundertfeier der Völkerschlacht bei Leipzig in den Korb schmuggeln. Während der eine, der von Hansjörg Felmy gespielte Hans Boeckel, erwischt und bestraft wird, geht sein Klassenkamerad, der von Robert Graf dargestellte Bruno Tiches, als nationaler Held daraus hervor – er wird erst in der Luft entdeckt und

28.10.: Polizeiketten drängen die Rock'n'Roll-Fans in der Essener Grugahalle zurück.

28.10.: Rock'n'Roll-begeisterte Jugendliche.

28.10.: Auf dem Programmheft zu dem Kurt-Hoffmann-Film sind die beiden Hauptdarsteller Hansjörg Felmy (links) und Robert Graf (rechts) abgebildet.

28.10.: Papst Johannes XXIII.

obendrein für seinen vaterländischen Mut auch noch gepriesen. In dieser Schwarz-Weiß-Konstellation werden, von Einlagen des Erzählerpaares Wolfgang Neuss und Wolfgang Müller unterbrochen, die Weimarer Republik, das Dritte Reich, die Nachkriegszeit und die Bundesrepublik in Form einer »satirischen Kavalkade« durchstreift. In den wechselnden Situationen stellt sich immer wieder in gleicher Weise das Gefälle zwischen Glück und Unglück, Erfolg und Mißerfolg heraus. Am Ende versucht Boeckel, der Journalist geworden ist, vergeblich, den Ex-Nazi Tiches, der mit seinem Mercedes 300 den typischen deutschen Wirtschaftswundermenschen verkörpert, in der Opportunität und Skrupellosigkeit seines Machtstrebens zu entlarven. Als ihm dies mißlingt, rennt er vor Wut in einen leeren Fahrstuhlschacht und stürzt sich zu Tode. Auf seiner Beerdigung erscheint dann ein Ministerialrat und erklärt feierlich, in seinem Sinne wolle man weiterleben. – Im Unterschied zu einer Reihe wohlwollender bis positiver Reaktionen merkt Gunter Groll in seiner Filmkritik in der »Süddeutschen Zeitung« an: »Die Idee ist nicht schlecht, doch in der Kabarettform dieses Films wird letztlich doch wieder simples Schwarz-Weiß daraus: der Nazi, ein rechter Popanz, der Wackere, ein unversuchbarer, unbeirrter, sich nie irrender, nur etwas zögernder Bürger. Dabei hat man den Eindruck, daß beiden keine freie Entscheidung bleibt. Das gute Kind wird umweglos edel und Demokrat, das schlimme Kind schnurstracks und zwangsläufig Nazi. Nicht die Zeit, so scheint es, treibt sie, verführt sie, gefährdet und wandelt sie, auch nicht ihr Gewissen, sondern ein unentrinnbares Fatum. Aber das wollte der Film doch gar nicht sagen? Kaum. Er stolpert nur über die Fallstricke des politischen Kabaretts. Das Kabarett kann von Karikaturen leben. Der Film aber, auch wenn er Kabarett macht, braucht Menschen.«[285]

28. Oktober Nach dem Tod von Papst Pius XII. wird im **Vatikan** der Kardinal von Venedig, der 77jährige Angelo Giuseppe Roncalli, zu dessen Nachfolger gewählt. Papst Johannes XXIII. gilt im Unterschied zu seinem Vorgänger als ein gegenüber sozialen Problemen besonders aufgeschlossenes Oberhaupt der katholischen Kirche. In seiner Vergangenheit hat er sich wiederholt für einen Dialog zwischen Katholizismus und Kommunismus eingesetzt.

28. Oktober In einem Schweigemarsch demonstrieren in **Johannesburg** schwarze Frauen erneut gegen die Einführung des Paßzwanges. Die Polizei nimmt 960 von ihnen wegen angeblicher Verkehrsbehinderung fest und transportiert sie in die seit der letzten Festnahmeaktion bereits völlig überfüllten Gefängnisse. Durch die Berufsangabe, die in den von dem Apartheidsregime ausgegebenen Pässen erforderlich ist, haben die Behörden eine Handhabe, um arbeitslose schwarze Frauen aus Johannesburg ausweisen zu können.

29. Oktober Auch der fünfte und letzte Auftritt von Bill Haley and his Comets im Zuge ihrer Deutschland-Tournee endet in **Stuttgart** mit Tumulten. Nachdem das von den 6.000 jugendlichen Besuchern frenetisch umjubelte Konzert in der Ausstellungshalle auf dem Killesberg zunächst ohne Zwischenfälle verlaufen ist, kommt es doch noch zu einer Konfrontation mit den Ordnungskräften. Als sich ein Teil der johlenden Zuhörer weigert, die Halle zu verlassen, greifen 300 Polizisten ein. Bei der gewaltsamen Räumung entwickeln sich mehrmals Schlägereien, bei denen Stühle zu Bruch gehen. Einige Jugendliche werden vorübergehend festgenommen.

29. Oktober In **Freiburg** ziehen rund 100 Studenten in einem Protestmarsch durch die Innenstadt. Sie wollen damit die Öffentlichkeit auf ihre »Budennot« hinweisen. Auf einem ihrer Transparente heißt es: »In Freiburg studieren – im Keller kampieren.« Ein ungeheiztes Zimmer soll inzwischen durchschnittlich 120 DM kosten.

29. Oktober In einem Telegramm an die Schwedische Akademie der Wissenschaften in **Stockholm** erklärt der sowjetische Schriftsteller Boris L. Pasternak, daß er den Nobelpreis für Literatur, dessen Verleihung an ihn vier Tage zuvor angekündigt worden

war, nicht annehmen werde. In dem an Anders Oesterling, den Sekretär der Akademie, gerichteten Schreiben heißt es: »Im Hinblick auf den Sinn, welcher der Auszeichnung in der Gesellschaft, in der ich lebe, gegeben worden ist, muß ich diesen unverdienten Preis, der mir zuerkannt wurde, ablehnen. Bitte nehmen sie meine freiwillige Ablehnung nicht mit Mißfallen entgegen.«[288] – Die Schwedische Akademie erklärt dazu, daß sie aufgrund ihrer Statuten gezwungen sei, den Verzicht zu akzeptieren. Sie werde dennoch am 10. Dezember, dem traditionellen Tag der Verleihung, feierlich bekanntgeben, daß der Nobelpreis für Literatur des Jahres 1958 an Pasternak verliehen worden sei. Sein Name werde nicht aus der Ehrenliste der Preisträger gelöscht. – In **Moskau** stimmen am 31. Oktober auf einer Versammlung 800 Schriftsteller dem Beschluß des sowjetischen Schriftstellerverbandes zu, Pasternak auszuschließen sowie ihm die Titel »Sowjetischer Schriftsteller« und »Sowjetischer Übersetzer« abzuerkennen. In einer Resolution wird die sowjetische Regierung außerdem ersucht, Pasternak das Bürgerrecht zu entziehen. Zur Begründung heißt es, Pasternak, der schon seit langem dem Leben und dem Volk entfremdet gewesen sei, habe sich mit seinem Roman »Dr. Schiwago« endgültig als Feind der Oktoberrevolution erwiesen. Mit diesem Buch, das im Jahr zuvor zuerst in Italien publiziert wurde, in der UdSSR aber überhaupt nicht erscheinen kann, habe er Verrat an der Sowjetliteratur und seinem Vaterland geübt. Der Roman, in dessen Mittelpunkt der Arzt und Lyriker Lurij Andrejewitsch Schiwago steht und der in der Zeit von der Revolution 1905 bis zum Beginn des Stalinismus spielt, sei antisowjetisch und verleumderisch. Die »internationale Reaktion« habe aus dem Text eine Waffe im Kalten Krieg gemacht, um die UdSSR und das gesamte sozialistische Lager zu diskreditieren und ihm als Lohn dafür den Nobelpreis zugesprochen. »Sollte nicht dieser innere Emigrant«, heißt es in offener Drohung Pasternak gegenüber, »ein wirklicher Emigrant werden, damit das wenig beneidenswerte Schicksal eines die Interessen seines Vaterlandes verratenden kosmopolitischen Emigranten sein Schicksal würde.«[289] – Am Abend desselben Tages richtet Pasternak an Nikita S. Chruschtschow, den Ersten Sekretär des ZK der KPdSU und Ministerpräsidenten der UdSSR, einen Brief, in dem er ihn darum bittet, ihn nicht auszuweisen. Er sei »durch Geburt, Leben und Arbeit« mit Rußland verbunden und könne sich sein Geschick getrennt von seinem Land und außerhalb seines Landes nicht vorstellen. Eine Aussiedlung sei für ihn gleichbedeutend mit seinem Tod. – Die sowjetische Nachrichtenagentur »TASS« meldet am 2. November, daß es keine Hindernisse seitens der

29.10.: Der sowjetische Schriftsteller Boris Pasternak.

Behörden geben werde, falls er zur Entgegennahme des Nobelpreises ins Ausland reisen wolle. Wenn er wolle, könne er die Sowjetunion jederzeit verlassen, um die »Herrlichkeit des kapitalistischen Paradieses« persönlich kennenzulernen. – Am 5. November gibt »TASS« bekannt, daß Pasternak in einem ausführlichen Schreiben an die »Prawda«, das Zentralorgan der KPdSU, zu der Kontroverse um die Nobelpreisverleihung Stellung genommen habe. Darin heiße es: »Bei mir bestanden niemals Absichten, meinem Staat und meinem Volk Schaden zuzufügen. Die Redaktion des ›Nowy Mir‹ wies mich warnend darauf hin, daß der Roman von den Lesern als Werk, gerichtet gegen die Oktoberrevolution und die Grundlagen der Sowjetordnung, aufgefaßt werden kann. Ich erkannte dies nicht, was ich jetzt bedaure.«[290]

30. Oktober Auf einer Delegiertenkonferenz der *Gewerkschaft der Polizei* (GdP) in **Stuttgart** wirft Bundesinnenminister Gerhard Schröder (CDU) in seinem Referat über »Sicherheit heute« die Frage auf, ob die staatlichen Sicherheitseinrichtungen geeignet seien, auch »schwere Belastungsproben« auszuhalten, verneint diese und fordert die Schaffung einer grundgesetzändernden Notstandsgesetzgebung. Unter den derzeitigen Bedingungen würden, wie er an mehreren Beispielen zu verdeutlichen versucht, die Sicherheitseinrichtungen den ihnen

30.10.: Bundes-innenminister Gerhard Schröder bei einem Herbst-manöver des Bundesgrenz-schutzes.

30.10.: »Schröders Freiheitsglocke.« Karikatur aus dem Wochenblatt »Die Andere Zeitung«.

30.10.: Der Politik-wissenschaftler Professor Theodor Eschenburg.

gestellten Aufgaben »mit manchen Mängeln einigermaßen gerecht«. Es sei allerdings zu bezweifeln, ob man mit der Trennung der Verfassungsschutzämter »von jeder Exekutive« wirklich erfolgreich gewesen sei. Auch der Name erscheine ihm »wenig glücklich«: »Bei der den Ämtern gestellten Aufgabe handelt es sich um Staatssicherheit. Ich meine, der Begriff ›Staatssicherheit‹ kann nicht dadurch verdächtig gemacht werden, daß Staatssicherheit in einer bestimmten Vergangenheit mit verabscheuungs-würdigen Methoden verbunden war. Ich denke, daß wir eines Tages getrost zu diesem Namen zurück-kehren können.«[291] Da im Grundgesetz, von weni-gen Ansätzen abgesehen, keine Regelung für den zivilen Notstandsfall vorgesehen sei, wäre es erfor-derlich, gesetzliche »Vorkehrungen für den Not-standsfall« zu treffen. Dies setze zum Teil »eine ver-fassungsändernde oder doch zumindest eine verfas-sungsergänzende Gesetzgebung« voraus, die ange-sichts der politischen Tageskämpfe, wie er im Hin-blick auf eine dafür im Bundestag erforderliche Zweidrittelmehrheit antizipiert, sicher nicht leicht durchzusetzen sein werde. – Die Rede Schröders löst großes Aufsehen aus und stößt auf massive Kritik, zum Teil aber auch auf Zustimmung. Noch am selben Tag heißt es dazu in einer Pressemitteilung der SPD: »In gewissen Passagen ist die Rede des Bundesinnen-ministers entweder ein psychologischer Mißgriff oder der Ausfluß eines äußerst gefährlichen Denk-ens.«[292] Während die »Frankfurter Rundschau« von einer »Bombe gegen die Freiheit« spricht, schreibt der Tübinger Politikwissenschaftler Professor Theo-dor Eschenburg in der Wochenzeitung »Die Zeit« besänftigend, daß die Rede Schröders von jedem Bundesminister – »gleich welcher Partei« – hätte gehalten werden können. Und der Schweizer Jour-

nalist Fritz René Allemann meint in der Wochenzei-tung »Christ und Welt« sogar, man könne die Demo-kratie nicht dadurch erhalten, daß man ihr »die Mit-tel« verweigere, um sich selbst zu schützen. – Der SPD-Vorsitzende Erich Ollenhauer lehnt kurz darauf Schröders Forderung mit der Begründung ab, die Bundesrepublik sei bislang ohne Notstandsgesetze ausgekommen und es sei kein Anlaß gegeben, »dies jetzt gesetzlich zu regeln«.[293] – Am 11. November nimmt der Bundesinnenminister auf einer Presse-konferenz in **Bonn** ausführlich zu den Reaktionen, die seine Stuttgarter Rede ausgelöst hat, Stellung. Dabei versucht er die seitens der SPD erhobenen Vor-würfe, mit einer Notstandsgesetzgebung könnten der »freiheitliche Grundzug der Verfassung« aufge-hoben, die legale Opposition ausgeschaltet und das Streikrecht verworfen werden, dadurch zu zer-streuen, daß er erklärt, »gegen die derzeitige Oppo-sition« könne wegen der notwendigen Zweidrittel-mehrheit kein Notstandsrecht vereinbart werden. Es komme letztlich auf die konkrete Ausgestaltung der Notstandsrechte an. Und an der könnte schließ-lich auch die Opposition mitwirken.

30. Oktober Unter dem Vorwurf des Landesverrats werden in **West-Berlin** der Chefredakteur der Halb-monatszeitung »SOS«, Manfred Röhling, und fünf seiner Mitarbeiter von Beamten der Politischen Poli-zei verhaftet. In den Verlags- und Redaktionsräumen

des antimilitaristischen Blattes, das sich seit Jahren für eine Verständigung mit der DDR einsetzt, wird eine Hausdurchsuchung vorgenommen. – Am 1. November wendet sich der *Verband der Deutschen Presse* (VDP) in **Ost-Berlin** mit einem Solidaritäts-

schreiben für Röhling und seine Mitarbeiter an den **West-Berlin**er Presseverband und den *Deutschen Journalistenverband* in **Bonn**. Darin werden die beiden Verbände aufgefordert, gegen die Verhaftung der »SOS«-Redakteure zu protestieren und ihre sofortige Freilassung zu verlangen. – Die Zeitung »SOS«, die zwei Jahre lang als Organ der *Deutschen Friedensgesellschaft* (DFG) firmierte, kann seit dieser Aktion nicht mehr erscheinen. Ein Prozeß gegen Röhling und seine Mitarbeiter findet nicht statt; das Verfahren wird später eingestellt.

31. Oktober Der 1. Senat des Bundesarbeitsgerichts in **Kassel** verurteilt die *IG Metall* dazu, den Unternehmern die ihnen während des mehrmonatigen Metallarbeiterstreiks in Schleswig-Holstein entstandenen finanziellen Schäden zurückzuerstatten. Der vom 24. Oktober 1956 bis zum 15. Februar 1957 dauernde Arbeitskampf, heißt es in der Urteilsbegründung, sei eine »vertragswidrige Maßnahme« und eine »Verletzung der Friedenspflicht« gewesen. Die *IG Metall* habe vor dem Beschluß, eine Urabstimmung über den Streik durchzuführen, die vorgeschriebene Frist von fünf Tagen nicht eingehalten und dadurch ihre Friedenspflicht verletzt. – Der Marburger Professor Wolfgang Abendroth kommentiert das Urteil mit den Worten, es weise »… in

die Richtung, daß die demokratischen Freiheitsrechte der Arbeitnehmer durch die Auslegung unbestimmter Rechtsbegriffe über Bord gespült werden« könnten. Zur Frage, ob die *IG Metall* gegen die »Friedenspflicht« der Tarifpartner verstoßen habe, schreibt er weiter: »Das Recht der freien Meinungsäußerung (Art. 5 GG) und Meinungsbildung in den gewerkschaftlichen Organisationen kann schon aus einfachen soziologischen Gründen nur in Form der der Öffentlichkeit zugänglichen Diskussionen ausgenutzt werden, weil die Gewerkschaften Massenorganisationen sind. Für die Arbeitgeberseite sieht dieser Tatbestand bekanntlich anders aus. Die Verketzerung dieser innergewerkschaftlichen Diskussion als Kampfmaßnahme – das ist dann allerdings ›sozialadäquates Denken‹, jedoch nur vom Standpunkt der Arbeitgeber. Ist es das aber auch vom Standpunkt eines Grundgesetzes aus, das demokratisch und sozialstaatlich sein will?«[294]

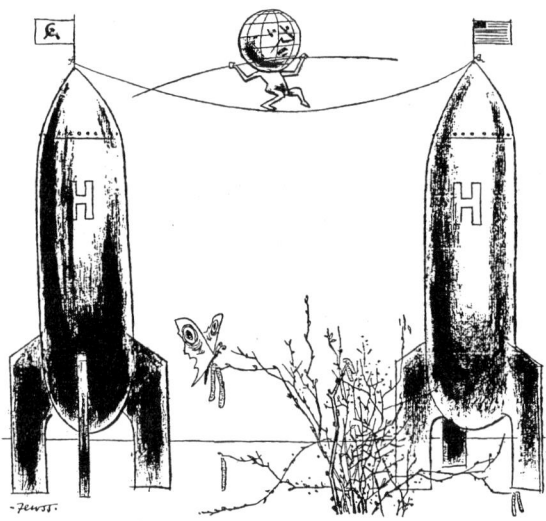

31. Oktober Nachdem eine vom 1. Juli bis 31. August in **Genf** tagende Expertenkonferenz festgestellt hat, daß die Kontrolle über die Einstellung von Nuklearwaffenversuchen technisch durchführbar sei, beginnen am selben Ort mehrjährige Verhandlungen zwischen Großbritannien, der Sowjetunion und den Vereinigten Staaten über den Abschluß eines Abkommens zur Einstellung von Nuklearwaffenversuchen.

31. Oktober-2. November Zur 20. Tagung der *Gruppe 47* kommen in **Großholzleute** im Allgäu über 100 Schriftsteller, Kritiker, Verleger und Publizisten zusammen. In der ersten Reihe des Festsaals im Gasthof »Schwarzer Adler« sitzt ein den meisten unbekannter Literaturkritiker, der gerade erst aus Polen in die Bundesrepublik gekommen ist – der 38jährige

30.10.: Emblem der West-Berliner Zeitung. Den Untertitel durfte sie nur zwei Jahre lang führen. Wegen mangelnder parteipolitischer Neutralität wurde es dem Blatt Anfang 1957 untersagt, sich als DFG-Organ auszugeben.

31.10.: Vom »Westdeutschen Arbeitsausschuß der Nationalen Front des demokratischen Deutschland« herausgegebenes Flugblatt.

31.10.: Karikatur von Mirko Szewczuk in der Tageszeitung »Die Welt«.

*31.10.-2.11.: Der
Schriftsteller
Günter Grass stellt
seinen ersten
Roman vor. Im
Zentrum der außer-
gewöhnlich erfolg-
reichen Erinne-
rungen an die
NS-Zeit steht die
Geschichte des
Zwerges Oskar
Matzerath.*

Marcel Reich-Ranicki. Hans Werner Richter, der sich eine Kuhglocke auf den Vorlesetisch gestellt hat, um damit angeblich besser Disziplin einfordern zu können, beschreibt, wie sich unter den Eingeladenen erstmals eine feste Sitzordnung durchgesetzt hat: »Die Kritiker, oder jene, die sich zu Nur-Kritikern entwickelt haben und nicht mehr lesen, sitzen zusammen, fast alle in der ersten Reihe, vielleicht um besser hören zu können. Unter ihnen Walter Höllerer, Joachim Kaiser, Walter Jens, Walter Mannzen, alle, die fast immer etwas zu sagen haben ... Es gibt jetzt drei Gruppen vor mir im Saal. Die Gruppe jener, die nur noch zuhören und sich nur in den Pausen äußern, meistens mit wohlwollenden Worten für jene, die Mißerfolge hatten, mit ›So schlecht war das gar nicht, was Sie gelesen haben‹ oder ›Machen Sie sich nichts daraus, die eine Passage hat mir glänzend gefallen‹, oder ähnlichen Sätzen. Dann die Gruppe der Kritiker, die nicht lesen, aber alles besser wissen. Und schließlich eine Gruppe junger Autoren, die erst seit wenigen Jahren dabei sind und sich auch von dem brillantesten Kritiker nicht imponieren lassen. Zu ihnen gehören Günter Grass, Martin Walser, Hans Magnus Enzensberger, Heinz von Cramer, Carl Amery. Jetzt ist es wirklich eine neue, verjüngte *Gruppe 47*.«[295] Neben schon bekannten Autorinnen und Autoren wie Ilse Aichinger, Ingeborg Bachmann, Wolfgang Hildesheimer und Adriaan Morrien lesen diesmal Ruth Rehmann,

Ingrid Bacher und Günter Grass aus unveröffentlichten Texten. Letzter trägt das erste Kapitel aus einem noch nicht beendeten Roman vor, der von einem merkwürdigen, zwergwüchsigen Trommler handelt; der Titel des Werks soll »Die Blechtrommel« lauten. Obwohl Richter, um zu verhindern, daß sich die Treffen in einen regelrechten Wettbewerb verwandeln, dafür gesorgt hat, daß seit drei Jahren keiner der Autoren mehr mit dem Preis der *Gruppe 47* ausgezeichnet worden ist, kommt er diesmal nicht daran vorbei, erneut einen Preis zu verleihen. Die Reaktion der Zuhörer auf den jungen Autor, von dem eher Lyrik als Prosa erwartet wurde, ist so überwältigend, daß ihm keine andere Wahl bleibt. Da er über kein Geld verfügt, sammelt Richter innerhalb einer Stunde 3.000 DM für den neuen Preisträger. Grass erhält bereits im ersten Wahlgang die erforderliche Stimmenmehrheit und nimmt unter großem Beifall den Preis, der noch um weitere 2.000 DM erhöht worden ist, entgegen. – »Wenn der Weg der Gruppe 47«, schreibt Joachim Kaiser, seine Rolle als Kritiker verteidigend, kurz darauf in der »Süddeutschen Zeitung«, »Sinn haben soll, dann darf sie den Mut zum kritischen Mord nicht verlieren. Den Betroffenen bleibt der Trost, die Kritik sei unzulänglich und das verlesene Stück unglücklich ausgewählt. Ein guter Trost, der ermöglicht, daß die Gruppe heute noch existiert. So können sich alle immer wieder zusammensetzen: freundliche, kritische, feindliche Vettern der literarischen Wirtschaft.«[296]

31. Oktober-2. November Auf einem außerordentlichen Parteitag der *Kommunistischen Partei Dänemarks* (DKP) in **Kopenhagen** wird der bisherige Parteivorsitzende Aksel Larsen abgesetzt und Knut Jespersen zu seinem Nachfolger bestimmt. Larsen hatte in einem Memorandum scharfe Kritik an der traditionellen Ausrichtung der dänischen Kommunisten an dem jeweils von der KPdSU vorgegebenen Kurs geübt und damit einen innerparteilichen Konflikt ausgelöst. An dem Parteitag nimmt auch Pjotr Pospelow teil, der in der KPdSU für Fragen des internationalen Kommunismus verantwortlich ist. – Bereits kurze Zeit später treffen sich Larsen und 75 weitere Repräsentanten des als revisionistisch gebrandmarkten Parteiflügels, rufen »Sozialistische Vereinigungen« ins Leben und bereiten so die Gründung einer eigenen sozialistischen Partei vor. Daraufhin wird gegen sie und weitere Anhänger des Erneuerungskurses seitens der DKP eine landesweite Ausschlußkampagne gestartet.

1958

Januar Februar März April Mai Juni Juli

August September Oktober

November Dezember

November Auf dem Luitpoldplatz in **Bayreuth** führen Gewerkschaftler zusammen mit der Ortsgruppe der *Internationale der Kriegsdienstgegner* (IdK) eine Atommahnwache durch. Abwechselnd stehen sie vor einem großen Plakat Wache, das vor den Folgen der Atombewaffnung warnen soll.

November Der der *Situationistischen Internationale* (S.I.) zugehörige avantgardistische Zirkel *Gruppe SPUR* veröffentlicht im **München**er Stadtteil Schwa-

MANIFEST

1. Es gibt heute eine zukunftsträchtige, künstlerische Aufrüstung im Gegensatz zur moralischen Aufrüstung. Europa steht vor einer großen Revolution, vor einem einzigartigen kulturellen Putsch.
2. Die Kunst ist die letzte Domäne der Freiheit und wird sie mit allen Mitteln verteidigen.
3. Wir wagen es, unsere Stimme gegen den ungeheuren Koloß des technisierten Apparates zu erheben. Wir sind gegen das folgerichtige Denken, das zur kulturellen Veröddung geführt hat. Das automatische funktionelle Denken hat zur sturen Gedankenlosigkeit geführt, zum Akademismus, zur Atombombe.
4. Die Erneuerung der Welt, jenseits von Demokratie und Kommunismus, kommt nur durch die Erneuerung des Individualismus, nicht durch das kollektive Denken.
5. Wer Kultur schaffen will, muß Kultur zerstören.
6. Begriffe wie: Kultur, Wahrheit, Ewigkeit interessieren uns Künstler nicht, wir müssen unser Leben fristen. Die materielle und geistige Situation der Kunst ist so trostlos, daß man von den Malern nicht verlangen kann, daß sie verbindlich malen. Verbindlich malen sollen die Arrivierten.
7. Grundlagenforschung ist rein wissenschaftlich und angewandte Forschung ist rein technisch. Die künstlerische Forschung ist frei und hat mit Wissenschaft und Technik nichts zu tun. Wir sind dagegen, daß man heute die Kunst verwissenschaftlichen will und sie zu einem Instrument der technischen Verblödung machen will. Kunst beruht auf einem Instinkt, auf den schöpferischen Urkräften. Diese wilden ungebundenen Kräfte drängen zum Ärger aller intellektuellen Spekulanten stets zu neuen unerwarteten Formen.
8. Kunst ist ein dröhnender Gongschlag, sein Nachklang ist das Geschrei der Epigonen, das im leeren Raum verhallt. Die Übertragung ins Technische tötet die künstlerische Potenz.
9. Kunst hat mit Wahrheit nichts zu tun. Das Wahre liegt zwischen den Dingen. Wer objektiv sein will, ist einseitig, wer einseitig ist, ist pedantisch und langweilig.
10. Wir sind umfassend.
11. Es ist alles vorbei, die müde Generation, die zornige. Jetzt ist die kitschige Generation an der Reihe. WIR FORDERN DEN KITSCH, DEN DRECK, DEN URSCHLAMM, DIE WÜSTE. Die Kunst ist der Misthaufen, auf dem der Kitsch wächst. Kitsch ist die Tochter der Kunst, die Tochter ist jung und duftet, die Mutter ist ein uraltes stinkendes Weib. Wir wollen nur eins: Den Kitsch verbreiten.
12. Wir fordern den IRRTUM. Die Konstruktivisten und die Kommunisten haben den Irrtum abgeschafft und leben in der ewigen Wahrheit. Wir sind gegen die Wahrheit, gegen das Glück, gegen die Zufriedenheit, gegen das gute Gewissen, gegen das fette Bauch, gegen die HARMONIE. Der Irrtum ist die herrliche Fähigkeit des Menschen! Wozu ist der Mensch da? Den vergangenen ihm nicht mehr gemäße Irrtümern einen neuen Irrtum hinzuzufügen.
13. Statt eines abstrakten Idealismus fordern wir einen ehrlichen Nihilismus. Die größten Verbrechen der Menschheit werden unter dem Namen Wahrheit, Ehrlichkeit, Fortschritt, bessere Zukunft begangen.
14. Die abstrakte Malerei ist leerer Ästhetizismus geworden, ein Tummelplatz für Denkfaule, die einen bequemen Vorwand suchen, längst vergangene Wahrheiten wiederzukäuen.
15. Die abstrakte Malerei ist ein HUNDERTFACH ABGELUTSCHTER KAUGUMMI, der unter der Tischkante klebt. Heute versuchen die Konstruktivisten und die Strukturmaler, diesen längst verdorrten Kaugummi noch einmal abzuschlecken.
16. Durch die Abstraktion ist der vierdimensionale Raum selbstverständlich geworden. Die Malerei der Zukunft wird POLYDIMENSIONAL sein. Unendliche Dimensionen stehen uns bevor.
17. Die Kunsthistoriker machen aus jeder notwendigen geistigen Revolution ein intellektuelles Tischgespräch. Wir werden der OBJEKTIVEN UNVERBINDLICHKEIT eine MILITANTE DIKTATUR DES GEISTES ENTGEGENSETZEN.
18. Wir können nichts dafür, daß wir gut malen. Wir bemühen uns auch noch in diesem Sinn. Wir sind arrogant und exzentrisch. Wir spotten jeder Beschreibung.
19. WIR SIND DIE DRITTE TACHISTISCHE WELLE.
WIR SIND DIE DRITTE DADAISTISCHE WELLE.
WIR SIND DIE DRITTE FUTURISTISCHE WELLE.
WIR SIND DIE DRITTE SURREALISTISCHE WELLE.
20. WIR SIND DIE DRITTE WELLE. Wir sind ein Meer von Wellen (SITUATIONISMUS).
21. Die Welt kann nur durch uns enttrümmert werden.
WIR SIND DIE MALER DER ZUKUNFT!

Gruppe Spur:				
H. Prem	H. P. Zimmer	E. Eisch	H. Sturm	L. Fischer
A. Jorn	D. Rempt	G. Britt	G. Stadler	

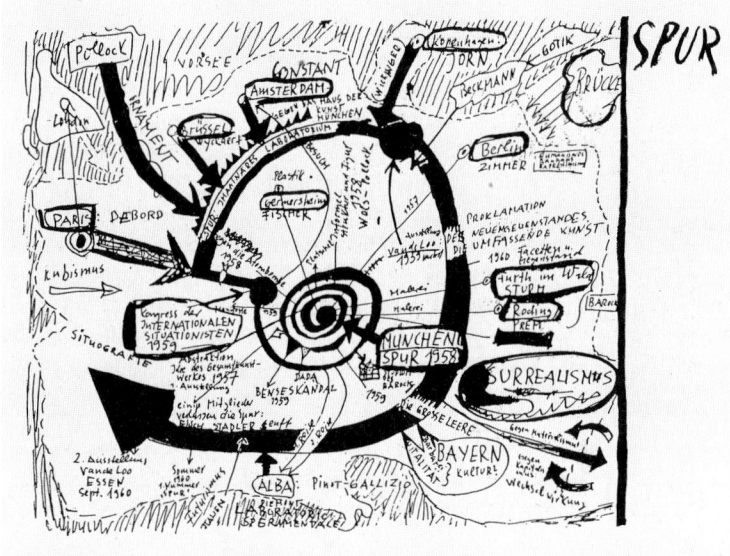

bing sein erstes Manifest. Schon in der ersten These wird die prophetisch anmutende Behauptung gewagt, daß Europa »vor einer großen Revolution, vor einem einzigartigen kulturellen Putsch« stehe.

November Die erste offizielle Delegation der sowjetischen Jugendorganisation »Komsomol« wird auf dem Flughafen **Köln-Wahn** vom Vorsitzenden des *Verbandes Deutscher Studentenschaften* (VDS), Klaus Meschkat, mit den Worten begrüßt: »Unser Land ist gespalten. Wir können ihnen leider nicht alles zeigen.«[297] Leiter der sowjetischen Delegation ist Len Karpinski, Philosophie-Assistent an der Universität Gorki. Für 1959 wird vereinbart, zwei fünfköpfige Delegationen und vier studentische Reisegruppen mit maximal 25 Teilnehmern auszutauschen.

Nov.: In einer Zeichnung von Hans Peter Zimmer werden Geschichte und Einflüsse der Künstler-Gruppe »Spur« festgehalten.

Nov.: Das erste Manifest der deutschen Situationisten.

November Die 3. Strafkammer des Landgerichts **Hannover** lehnt es ab, das Hauptverfahren gegen den Ludendorff-Anhänger Arthur Götze wegen Beleidigung zu eröffnen, der unter Verdacht steht, sich der Verbreitung eines antisemitischen Flugblatts schuldig gemacht zu haben. Der 57jährige kaufmännische Angestellte hatte im April dem jüdischen Ministerialrat a.D. Curt Radlauer, einem amtlich registrierten Verfolgten des Naziregimes, in West-Berlin ein vierseitiges Flugblatt zugesandt, in dem »Deutsche Männer« und »Deutsche Frauen« aufgerufen wurden, das deutsche Volk »vor der drohenden Vernichtung« zu bewahren; als angeblich volksbedrohende Mächte wurde darin neben dem Vatikan, dem Freimaurertum und Tibet auch ein »jüdisch-orthodoxer Machtklüngel« identifiziert. In der Urteilsbegründung führt Landgerichtsdirektor Lieder dazu aus: »Es ist … nicht hinreichend ersichtlich, inwiefern Angriffe, die sich lediglich gegen eine kleine obere Schicht ausländischer Juden richten, eine ehrverletzende Kundgebung der Mißachtung oder Nichtbeachtung gegenüber Juden darstellen sollen, die jetzt in Deutschland leben und Opfer der nationalsozialistischen Verfolgungsmaßnahmen gewesen sind.«[298] – Der in dem Dorf **Abbensen** bei Hannover lebende Götze ist Geschäftsführer der *Arbeitsgemeinschaft für Wehrfragen im Sinne General Ludendorffs* und gibt die Zeitschrift »Der Soldat« heraus. Von seinem obskuren Flugblatt sind in der Ilmgau-Druckerei in Pfaffenhofen (an der Ilm) 5.000 Exemplare gedruckt worden. Bei einer Hausdurchsuchung wurden bei ihm von der Polizei noch 170 Stück davon sichergestellt und beschlagnahmt.

November Die Bezirksleitung der *IG Metall* von Baden-Württemberg schließt in **Stuttgart** den Betriebsratsvorsitzenden der Ulmer Wieland-Werke, Hans Strohmaier, aus, weil er die im Vorjahr von seiner Gewerkschaft erhobenen zehnprozentigen Lohnforderungen als überzogen kritisiert hat. Strohmaier, der 27 Jahre Gewerkschaftsmitglied war, hatte argumentiert, daß seiner Firma, wenn sie die Forderungen der *IG Metall* akzeptiere, nichts anderes übrigbleibe, als die Preise zu erhöhen oder die Investitionen zu senken, wenn sie die für die Löhne erforderlichen Mehrausgaben aufbringen wolle. Als er dann zusammen mit seinen Kollegen mit einem Transparent auf einer Kundgebung seiner Gewerkschaft in Ulm auftrat, auf dem nach dem Vorbild der Schweizer Metallindustrie »Arbeitsfrieden« propagiert wurde, sah die Bezirksleitung darin nicht nur einen unsolidarischen Schritt, sondern auch einen Verstoß gegen die von ihr für einen möglichen Arbeitskampf ausgegebenen Direktiven. – Strohmaier hatte in einem Schreiben an den *IG Metall*-Vor-

sitzenden Otto Brenner noch vergeblich davor gewarnt, Kollegen daran zu hindern, selbständig zu denken und ihre wirkliche Meinung zu äußern. Auch Gewerkschaftsmitglieder müßten »ein Recht zur Opposition« haben. Nach der Bekanntgabe seines Ausschlusses ziehen die Betriebsräte der Wieland AG ihre Konsequenzen und treten freiwillig aus der *IG Metall* aus.

November In **Essen** wird der ehemalige Legationsrat im Auswärtigen Amt Horst Wagner unter dem Verdacht verhaftet, für die Deportation der ungarischen Juden mitverantwortlich und an der Erschießung eines französischen Generals beteiligt gewesen zu sein. Der 52jährige war SS-Standartenführer und hatte sich nach seiner Zeugenaussage bei einem der Nürnberger Prozesse nach Spanien abgesetzt. 1956 war er jedoch aus freien Stücken zurückgekehrt und arbeitete seitdem als Angestellter in der Ruhrmetropole.

November Am ersten gesamteuropäischen Schriftstellerkongreß nehmen in **Neapel** rund 300 Autoren aus Ost und West teil. Im Zentrum der Beratungen stehen die Solidarität der Schriftsteller in beruflichen Fragen und die Möglichkeit einer künftigen europäischen Literatur- und Kunstgemeinschaft. Ungeachtet ideologischer und politischer Differenzen sollen eine engere Zusammenarbeit der europäischen Schriftsteller angestrebt, der freie Verkehr wichtiger Schriftwerke gewährleistet und durch Besuche und Übersetzungtätigkeiten der Austausch erleichtert werden. Der italienische Autor Giovanni Battista Angioletti weist in seiner Rede auf die Bedrohung der schriftstellerischen Freiheit hin und fordert als Gegenmittel die Schaffung einer Europäischen Schriftsteller- und Künstlergemeinschaft. Um das Erbe der europäischen Kultur vor der drohenden Barbarei zu sichern, erklärt er, seien sofortige Maßnahmen unbedingt erforderlich. Trotz zum Teil heftiger Dispute zwischen den ost- und westeuropäischen Kollegen billigen die Kongreßteilnehmer eine Entschließung zur Schaffung eines gemeinsamen *Europäischen Schriftstellerverbandes*.

1. November In einem Krankenhaus in **Nagasaki** erliegt eine Frau den Folgen des Atombombenabwurfs vom 9. August 1945. Die Bewohnerin der japanischen Hafenstadt, die mit einer schmerzhaften Schwellung der Lymphdrüsen eingeliefert worden war, ist bereits das 28. Todesopfer, das 1958 an den Spätfolgen gestorben ist.

1. November In **Tokio** und anderen japanischen Städten beteiligen sich trotz regnerischen Wetters über 30.000 Menschen an Demonstrationen und Kundgebungen gegen die Atombewaffnung. Auf dem IV.

Weltkongreß für ein Verbot von Atom- und Wasserstoffbomben, der im August in der japanischen Hauptstadt stattgefunden hatte, war zu einem internationalen Aktionsmonat gegen die Nuklearbewaffnung aufgerufen worden. Der *Japanische Rat gegen Atom- und Wasserstoffbomben* organisiert die landesweiten Proteste.

2. November An dem in der Nähe von Hof gelegenen Kontrollpunkt **Töpen-Juchhöh** werden unmittelbar an der Grenze zur DDR zwei Bundeswehrsoldaten durch Angehörige des Bundesgrenzschutzes verhaftet, die in die DDR überwechseln wollten. – In der Presse der DDR heißt es dazu, die beiden Angehörigen der Bundesluftwaffe hätten »die Quälereien der alten Wehrmachtsausbilder« nicht mehr ertragen können. Ihr Versuch, diesen zu entkommen und die »Freiheit in der DDR« zu wählen, sei in letzter Sekunde vereitelt worden.

3. November Auf einer Pressekonferenz in **Bonn** teilt ein Sprecher des Bundesinnenministeriums mit, daß die von Bundesinnenminister Gerhard Schröder (CDU) angekündigte Vorlage für eine Notstandsgesetzgebung bereits im Bundeskabinett besprochen worden sei. Mit der dafür erforderlichen Änderung des Grundgesetzes könne schon zu Beginn des Jahres 1959 gerechnet werden.

3. November In der »New York Times« erscheint ein Appell, mit dem sich 18 prominente Pazifisten bei den Teilnehmern der Genfer Konferenz für eine Einstellung aller Nuklearwaffenversuche einsetzen. »Wir wollen«, heißt es darin voller Pathos, »daß Ihr das Empfinden habt, Eure Arbeit bestehe darin, daran mitzuhelfen, daß unser Planet, heil und für eine Bewohnung durch Menschen geeignet, erhalten bleibt. Wir wollen, daß Ihr das Empfinden habt, Ihr verträtet nicht just ein Land, so mächtig es sein mag, sondern zwei Milliarden menschliche Wesen, die die entscheidende Autorität auf dieser Erde repräsentieren. Aber das ist nicht die Quelle, aus der Euer Mandat entspringt. Euer Mandat entspringt einer und nur einer einzigen Quelle – dem souveränen Willen der menschlichen Gemeinschaft. Und diese Gemeinschaft ist es, für die Ihr in erster Linie die Verantwortung tragt.«[299] Der Aufruf ist u. a. von dem deutschen Atomphysiker Max Born, dem amerikanischen Bürgerrechtler Martin Luther King, dem französischen Schriftsteller François Mauriac, dem schwedischen Wirtschaftswissenschaftler Gunnar Myrdal, dem Kirchenpräsidenten Martin Niemöller, der Gattin des früheren US-Präsidenten Eleanor Roosevelt, dem Philosophen Bertrand Russell und den beiden Friedensnobelpreisträgern John Boyd-Orr und Albert Schweitzer unterzeichnet.

4. November Während einer Konferenz des Nationalrats der *Nationalen Front* in **Ost-Berlin** wenden sich 34 aus der Bundesrepublik in die DDR übergewechselte Bürger mit einem Aufruf an ihre westdeutschen Landsleute. Darin werden die Westdeutschen aufgefordert, sich gegen die angeblich über die DDR verbreitete »Flut von Lügen« zu wenden und eine »von Bonn aus gesteuerte psychologische Kriegführung« zurückzuweisen. Jeder westdeutsche Bürger, der in die DDR überwechseln wolle, könne dort eine gesicherte Existenz finden. Der Appell ist u. a. von Manfred von Brauchitsch, Günther Gerecke und Werner Steinberg unterzeichnet.

4. November Auf einer Pressekonferenz in **Warschau** legt der polnische Außenminister Adam Rapacki eine veränderte Version zur Schaffung einer atomwaffenfreien Zone in Mitteleuropa vor. Er nimmt darin Anregungen des norwegischen Außenministers Halvard Lange auf, die dieser bei einem Besuch Ende Oktober gegeben hat, und will damit westlichen Kritikern noch einen weiteren Schritt entgegenkommen. In Übereinstimmung mit den Verbündeten sei man nun bereit, erklärt Rapacki, die Verwirklichung des Planes in zwei Phasen zu unterteilen: »In der ersten Etappe würde ein Produktionsverbot für Atomwaffen auf dem Territorium Polens, der Tschechoslowakei, der DDR und der BRD aus-

4.11.: Der polnische Außenminister Adam Rapacki.

4.11.: Von der Abteilung Agitation und Propaganda der Erfurter SED-Bezirksleitung herausgegebenes Plakat.

gesprochen sowie die Verpflichtung übernommen werden, auf die Ausrüstung derjenigen Armeen mit Kernwaffen und dazugehörigen Einrichtungen zu verzichten, die sie gegenwärtig nicht besitzen. Zugleich würden entsprechende Kontrollmaßnahmen eingeführt werden. Dies wäre also eine Erstarrung in der von uns vorgeschlagenen Zone. Der Realisierung der zweiten Phase würden Gespräche über eine entsprechende Verminderung der konventionellen Streitkräfte vorangehen. Diese Verminderung würde zugleich mit einer völligen Entatomisierung der Zone erfolgen und wäre auch von der Einführung entsprechender Kontrollmaßnahmen begleitet.«[300] – Den nach ihm benannten Plan zur Schaffung einer atomwaffenfreien Zone in Mitteleuropa hatte Rapacki erstmals am 3. Oktober 1957 auf der Vollversammlung der Vereinten Nationen in **New York** vorgestellt.

4.11.: Martin Niemöller ist als Redner einer der großen Publikumsmagneten auf Veranstaltungen gegen die Atomrüstung; hier bei einem Vortrag in der Hamburger Ernst-Merck-Halle.

5.11.: Das zerschossene Fahrzeug nach dem Attentat in Bonn.

4. November Der Präsident der *Evangelischen Kirche von Hessen und Nassau*, Pastor Martin Niemöller, hält in **Stockholm** einen Vortrag über die Gefährdungen des Weltfriedens. »In unsern Tagen«, erklärt er, »ist der Krieg tatsächlich zu einer Menschheitsfrage geworden, insofern, als in unserer klein gewordenen Erdenwelt jede Erschütterung alle Völker und Staaten in Mitleidenschaft zieht und ihre Interessen irgendwie mit berührt. Der Krieg kennt keine wirklich Unbeteiligten mehr. Wir sprechen seit 40 Jahren vom ›totalen Krieg‹ ... Diesem veränderten, ›totalen‹ Krieg entsprach auch die Ausweitung zum ›Weltkrieg‹. Ob ein Staat neutral bleiben will, ist nicht mehr ihm überlassen; auch das liegt bei den kriegführenden Mächten, und sie entscheiden das nicht in erster Linie nach Gesichtspunkten des

Rechts, sondern der Nützlichkeit ... Wir alle ahnen, daß dieses Mal – d. h. im 3. Weltkrieg – das Schicksal, nicht einzelner Völker, sondern der ganzen Menschheit auf dem Spiele steht.«[301] Für Niemöller sind es vor allem drei Aufgaben, die sich die Generation der Gegenwart zu stellen habe. Ihre erste Aufgabe sei »die Entschärfung der akuten Friedensgefährdung« durch die Nuklearwaffenversuche, die zweite »der geistige Kampf für den Frieden« und die dritte und wichtigste, einen »Beitrag zur Überwindung des Hungers« zu leisten.

4. November In den **USA** gelingt es der *Demokratischen Partei* bei den Kongreß- und Gouverneurswahlen ihren Vorsprung vor der *Republikanischen Partei* von Präsident Eisenhower beträchtlich auszubauen. Im Repräsentantenhaus ist ihr Sitzverhältnis 282:153, im Senat 49:34 und in den 49 Bundesstaaten werden 34 Gouverneure von demokratischen und 14 von republikanischen Politikern gestellt. – Presse-Kommentatoren bezeichnen den Ausgang der Wahlen als eine eindeutige Niederlage für Präsident Eisenhower.

5. November Bei einem Attentat im **Bonn**er Diplomatenviertel wird der 27jährige Student der Rechtswissenschaften und Repräsentant der algerischen Exilregierung in der Bundeshauptstadt, Amèdiane Ait Ahcene, von Angehörigen der Terrororganisation *La Main Rouge* (Die Rote Hand) lebensgefährlich verletzt. Der Peugeot 203 des Exilpolitikers wird, als er gegen 10 Uhr 15 auf der Koblenzer Straße das Palais des Bundeskanzlers passiert, von zwei anderen Personenwagen in die Klemme genommen. Während ein vor ihm fahrender VW mit belgischem Kennzeichen die Geschwindigkeit stark vermindert, setzt ein dunkelgrüner Mercedes 180 kurz vor der Einfahrt zur tunesischen Botschaft, wo Ait Ahcene seinen Abschiedsbesuch machen will, scheinbar zum Überholen an. In diesem Moment wird die linke hintere Scheibe des Peugeot 203 von einer MP-Salve durchschlagen. Von drei Kugeln getroffen, zwei am Hals und einer am Kiefer, sackt

der algerische Exilpolitiker in seinem Sitz blutüberströmt zusammen. Nach wenigen Metern prallt der führerlose Wagen dann gegen eine Mauer des Botschaftsgebäudes. Die Beifahrerin von Ait Ahcene, die 24jährige algerische Studentin Fahdelia Sahavonik, bleibt unverletzt. Er selbst wird in das Johanniter-Krankenhaus eingeliefert und dort sofort operiert. In einer seiner Taschen wird eine Flugkarte nach Tunis gefunden, wo er im Auftrag der algerischen Exilregierung am 7. November informelle Gespräche mit französischen Bevollmächtigten über eine mögliche Friedensregelung im Algerienkonflikt füh-

ren sollte. Die Attentäter, nach Zeugenaussagen zwei Männer, können unerkannt entkommen. – *La Main Rouge* ist eine konspirativ operierende Terrororganisation, die sich mit allen Mitteln gegen eine Unabhängigkeit der wichtigsten französischen Kolonie Algerien wendet. Sie verfügt in Frankreich über Unterstützung aus Kreisen bedeutender nationalistisch eingestellter Politiker. Nach einem halben Jahr erliegt Amèdiane Ait Ahcene seinen bei dem Attentat erlittenen Verletzungen.

5. November In **Kuba** machen Angehörige der von Fidel Castro geleiteten *Bewegung 26. Juli* zum vierten Mal innerhalb weniger Wochen durch eine Flugzeugentführung auf sich aufmerksam. Mit Waffengewalt zwingen sie den Piloten einer mit 25 Passagieren und drei Besatzungsmitgliedern besetzten Maschine der staatlichen Luftverkehrsgesellschaft »Cubana« dazu, den Kurs zu wechseln und auf einem von der Guerilla kontrollierten Flugplatz zu landen.

6. November Das Stadtbezirksgericht Prenzlauer Berg in **Ost-Berlin** verurteilt einen 68jährigen Rentner wegen Ausführung eines Photoapparates ohne den dafür erforderlichen Warenbegleitschein in den Westen sowie unerlaubter Einführung von Westliteratur zu einer Gefängnisstrafe von einem Jahr. Der Angeklagte habe »Schmutzerzeugnisse übelster Art in den demoratischen Sektor« eingeführt. In der Wohnung des Angeklagten, heißt es, sei unter anderem Bildmaterial sichergestellt worden, mit dem »unser führender Staatsmann« Walter Ulbricht verächtlich gemacht worden sei.

6.-9. November In **Hiroshima** starten 700 Radfahrer zu einer Protestfahrt gegen Nuklearwaffen, die nach **Iwakuni** führt, wo 3.000 US-Soldaten auf einer Marinebasis stationiert sind. Zur dortigen Schlußkundgebung reist auch eine Gruppe von Überlebenden des Atombombenangriffs vom 6. August 1945 mit dem Zug an. Ein Sprecher erklärt, daß auf der Basis gerade ein großes Munitionsdepot errichtet werde, das auch für die Lagerung von Atomwaffen vorgesehen sei. In einer Resolution wird die Rückgängigmachung aller Stationierungspläne von Nuklearwaffen für Iwakuni und andere amerikanische Militärbasen in Japan, unter ausdrücklicher Einbeziehung der von Okinawa, gefordert. Für die Verwirklichung dieser Forderungen einzutreten, sei die größte Verantwortung, die das japanische Volk für den Weltfrieden habe. Anschließend ziehen die 3.000 Teilnehmer mit Transparenten durch die Stadt.

7. November Im Festsaal der Mörike-Schule im **Stuttgart**er Stadtteil Heßlach nehmen mehrere hundert Menschen an einer Protestveranstaltung gegen die Atombewaffnung der Bundeswehr teil.

6.-9.11.: Die japanischen Demonstranten auf dem Weg zur Iwakuni Base.

5.11.: Der ermordete algerische Exilpolitiker Amèdiane Ait Ahcene.

7. November Das Kreisgericht **Hohenmölsen** (Bezirk Halle) verurteilt eine 20jährige Chemiefacharbeiterin der Buna-Werke wegen Sachbeschädigung von gesellschaftlichem Eigentum zu einer Gefängnisstrafe von sechs Wochen. Die Angeklagte hatte am 9. August bei der Reinigung eines Tores auf dem Grundstück ihrer Eltern ein Plakat der *Jungen Pioniere* abgewaschen. Das Gericht sieht darin den Tatbestand der Sachbeschädigung in objektiver wie subjektiver Hinsicht erfüllt. Darüber hinaus zeige die junge Frau »eine schlechte Einstellung zu der Aufklärungsarbeit der demokratischen Organisationen« und deren Eigentum.

8. November Im **Hamburg**er Stadtteil Eimsbüttel führen jugendliche Mitglieder des *Aktionsausschusses »Kampf dem Atomtod«* (KdA) eine Demonstration gegen die Ausrüstung der Bundeswehr mit Atomwaffen durch.

8. November In der »Deutschen Volkszeitung« erscheint ein Aufruf der bayerischen *Aktionsgemeinschaft »Kampf dem Atomtod«* (KdA), der den Bevollmächtigten der Atommächtekonferenz in Genf zusammen mit einer Entschließung von 222 bayeri-

8.11.: Eine von der bayerischen Aktionsgemeinschaft »Kampf dem Atomtod« angefertigte Collage dient als Titelbild.

KONGRESSDIENST

Hamburg — Herausgegeben vom Präsidium des STÄNDIGEN KONGRESSES aller Gegner der atomaren Aufrüstung in der Bundesrepublik. — Okt./Nov. 58 NUMMER 4

Wer schweigt macht sich mitschuldig!

schen Ärzten überreicht worden ist. In der Erklärung, die sich auf die Resolution des 61. Deutschen Ärztetages bezieht, heißt es: »Wir fordern ... die Ächtung aller Massenvernichtungswaffen, zu denen auch die bakteriologischen und chemischen Kampfmittel gehören; wir verlangen eine internationale Vereinbarung über den Verzicht auf weitere Atomwaffenversuche!«[302] Der von Max Gorbach verfaßte Text ist von Mitgliedern des *Arbeitskreises für Fragen des Zeitgeschehens*, der *Deutschen Friedensgesellschaft*, der *Bayerischen Frauenfriedensbewegung*, der *Internationalen Frauenliga für Frieden und Freiheit*, dem *Internationalen Versöhnungsbund* und dem *Landesfriedenskomitee Bayern* mitunterzeichnet.

8./9. November Der *Aktionsausschuß »Kampf dem Atomtod«* (KdA) des Ennepe-Ruhr-Kreises führt in **Gevelsberg** eine Atommahnwache durch. Parallel dazu findet in der Aula der Oberschule eine Kundgebung gegen die atomare Aufrüstung der Bundeswehr statt. Zu Beginn singt ein Chor von 15 jungen japanischen Bergarbeitern, die in verschiedenen Zechen des Ruhrgebiets arbeiten, das Lied »Nie wieder darf die Atombombe fallen!«. Hauptreferenten sind die Professorin an der Pädagogischen Akademie Wuppertal, Renate Riemeck, und der junge Wuppertaler Lehrer Dieter Zitzlaff. Beide warnen vor einer Verschärfung der internationalen Lage und einer Gefährdung der Demokratie durch die Atombewaffnung. Im Anschluß an die Veranstaltung zieht der Chor mit Fackeln zur Mahnwache und singt dort das Antiatomlied noch einmal vor mehreren hundert Zuhörern.

8./9. November Anläßlich des 40. Jahrestages der Novemberrevolution werden in zahlreichen Orten der **DDR** Kundgebungen, Feierstunden und Aufmärsche durchgeführt. Zur Erinnerung an den *Spartakusbund* wird auf dem Gelände der Chausseestraße in **Ost-Berlin** eine vom *Deutschen Kulturbund* (DK) errichtete Gedenkstätte eingeweiht. In dem früher dort befindlichen Gebäude, das 1943 bei einem Luftangriff zerstört worden ist, hatte am 1. Januar 1916 die erste Reichskonferenz des *Spartakusbundes* stattgefunden. Zu einer SED-Kundgebung vor dem Marstall, wo 1918 während der Novemberrevolution gekämpft worden war, marschieren mehrere Hundertschaften der *Betriebskampfgruppen* auf. In Schloß Niederschönhausen gibt das SED-Politbüro einen Empfang für über 100 Teilnehmer der Novemberrevolution und an den Gräbern der am 15. Januar 1919 von Freikorpssoldaten ermordeten KPD-Begründer Rosa Luxemburg und Karl Liebknecht an der Sozialisten-Gedenkstätte Friedrichsfelde werden von hochrangigen Parteifunktionären und Betriebsdelegationen Kränze niedergelegt. Auf einer von 5.000 Gästen besuchten Festveranstaltung in der Werner-Seelenbinder-Halle wird der von Kurt Maetzig gedrehte DEFA-Film »Das Lied der Matrosen«, in dem der Aufstand der Kriegsmarine geschildert wird, uraufgeführt. Der Erste Sekretär des SED-Zentralkomitees, Walter Ulbricht, erklärt in seiner Ansprache feierlich, daß in der DDR die historischen Lehren aus der Novemberrevolution gezogen worden seien: die Vernichtung des deutschen Imperialismus, die Beseitigung der Herrschaft von Konzernen, Junkern und Militaristen. Er appelliert an die Arbeiterklasse in Westdeutschland, alles zu tun, damit auch dort die Friedenskräfte die Oberhand gewinnen könnten.

9. November In mehreren Städten der Bundesrepublik werden von verschiedenen *Jüdischen Gemeinden*, der *Vereinigung der Verfolgten des Naziregimes* (VVN) und anderen Verfolgtenorganisationen Gedenkveranstaltungen zum 20. Jahrestag der Reichspogromnacht durchgeführt. – In **Hamburg** legt der Erste Bürgermeister Max Brauer (SPD) den Grundstein zum Neubau einer Synagoge. Die *Jüdische Gemeinde* der Hansestadt zählt rund 400 Mitglieder. Im Großen Sendesaal des NDR-Funkhauses, in dem sich bis 1938 die Synagoge des Israelitischen Tempelverbandes befand, erinnert der Generalsekretär des *Zentralrates der Juden in Deutschland*, Hendrik van Dam, an die Verfolgung der Juden während der NS-Zeit. Weil die Deutschen ihrer Geschichte aus dem Weg gingen, erklärt er, seien aus ihr immer noch nicht die richtigen Konsequenzen gezogen worden. – In einer Feierstunde vor dem Mahnmal am **Offenbach**er Rathaus erinnern Hubert von Schwarzenberg (VVN) und Karl Freitag an die Vorgänge der von den Nazis zynisch als »Reichskristallnacht« bezeichnete Verfolgungs- und Zerstörungswelle, die den Auftakt zur systematischen Vernichtung der europäischen Juden bildete. Man sei es den Millionen von Toten schuldig, daß niemand mehr wegen seines Glaubens, seiner Rasse oder seiner politischen Überzeugungen verfolgt werde. – Am Geburtshaus von Anne Frank in der Ganghoferstraße in **Frankfurt** legt eine Gruppe ehemaliger Widerstandskämpfer einen Kranz nieder, um des jüdischen Mädchens zu gedenken, das im Konzentrationslager Bergen-Belsen umgekommen ist. Auf einer Gedenkveranstaltung in der Mainstadt spricht der Bonner Theologieprofessor Hans Iwand über die nationalsozialistische Judenverfolgung. – Eine weitere Gedenkfeier wird in **München** auf dem Vorplatz der Universität durchgeführt. Studenten und VVN-Mitglieder, die vom Hofgarten aus eine Demonstration durchgeführt haben, erinnern mit Namensschildern an die Konzentrations- und Vernichtungslager.

9. November Am 40. Jahrestag der gescheiterten Novemberrevolution ziehen 120 Demonstranten zu einer antimilitaristischen Gedenkfeier vor eines der Tore der Bundeswehrkaserne **Wahn** bei Köln. Sie wollen an einer Gedenktafel, die auf dem Gelände des dortigen Fliegerhorstes steht, Kränze zur Erinnerung an die beiden Matrosen Max Reichpietsch und Albin Köbis niederlegen, die am 5. September 1917 »wegen kriegsverräterischer Aufstandserregung« von einem Peloton der kaiserlichen Landwehr erschossen worden sind. Auf den Schleifen sind die Zeilen zu lesen: »Euer Kampf und Tod ist unsere Ver-

9.11.: Zum Gedenken an die Opfer der Reichspogromnacht ziehen Gewerkschaftsjugendliche durch München.

9.11.: Auf der Kölner Gedenkfeier für zwei 1917 hingerichtete revolutionäre Matrosen spricht Georg Jungclas (links).

9.11.: Richtfest für den Neubau der jüdischen Synagoge in West-Berlin.

pflichtung« und »Ihr wurdet Opfer derselben Gewalt, der wir heute noch widerstehen müssen!« Die als Organisatoren auftretenden *Jungsozialisten* hatten sich zuvor an den zuständigen Standortkommandanten gewandt und ihn ordnungsgemäß um Erlaubnis gebeten, dort eine Gedenkfeier abhalten zu dürfen. Das Bundesverteidigungsministerium in Bonn, an das der Antrag weitergereicht worden ist, hat lediglich eine Abordnung von zehn Personen erlaubt. Es befürchtet offenbar, daß eine größere Manifestation an der Gedenkstätte den zwischen den Regierungsparteien und der SPD-Opposition schwelenden Streit um eine historische Bewertung der beiden hingerichteten Matrosen entzünden und erneut die Frage nach dem demokratischen Selbstverständnis der Bundesmarine aufwerfen könnte. Elf mit Passierscheinen ausgestattete Kranzträger dürfen schließlich nach langem Zögern das Gelände betreten; die übrigen müssen vor dem Kasernentor warten. Als der Standortkommandant der Abordnung erklärt, für Sicherheit sei gesorgt, da an die Wache scharfe Munition ausgegeben worden sei, bricht unter den Demonstranten Panik aus. Sie befürchten, daß bei einem Zwischenfall auf sie geschossen werden könnte. Erst nach Vermittlung des Pressesprechers beim Bundesverteidigungsministeriums, Gerd Schmückle, entspannt sich die Situation.

Im Anschluß an die Kranzniederlegung ziehen die Demonstranten mit roten Fahnen in einem Schweigemarsch zum Saal einer Wahner Gaststätte. Dort werden Antikriegsgedichte von Bertolt Brecht vorgetragen, Arbeiterlieder gesungen und mehrere antimilitaristische Reden gehalten, die auf die erschreckende Kontinuität zwischen kaiserlicher Armee, Reichswehr, Wehrmacht und Bundeswehr verweisen. Initiiert worden ist die Kranzniederlegung vom Bezirkssekretär der Kölner *Jungsozialisten*, Heinz Beinert, und dem Alttrotzkisten und SPD-Mitglied Georg Jungclas. Beteiligt haben sich an der symbolischen Aktion die *Gemeinschaft politisch verfolgter Sozialdemokraten*, der *Verband der Kriegsdienstverweigerer* (VdK) und die *Sozialistische Jugend Deutschlands – die Falken.*

9. November Auf fünf Kundgebungen in **Alsdorf**, **Bochum**, **Dortmund**, **Essen** und **Gelsenkirchen** protestieren insgesamt 10.000 Bergarbeiter gegen die Verringerung der Förderkapazität im Steinkohlebergbau und die daraus resultierenden Pläne zur Entlassung von Arbeitskräften.

9. November Auf einer Wahlkampfkundgebung der CSU in **Regensburg** kritisiert Bundesverteidigungsminister Franz Josef Strauß mit scharfen Worten den polnischen Außenminister Adam Rapacki und dessen Plan zur Schaffung einer atomwaffenfreien Zone in Mitteleuropa. Rapacki vertrete, erklärt Strauß, »die Ziele Moskaus«. Er sei und bleibe ein polnischer Kommunist. Seine Absicht sei es, die Bundesrepublik wehrlos zu machen. Strauß bezeichnet jeden als »einen potentiellen Kriegsverbrecher«, der die westliche Abwehrkraft schwäche und dem kommunistischen Ostblock Vorteile verschaffe.

9. November Am 20. Jahrestag der Reichspogromnacht führt die *Arbeitsgemeinschaft der Verfolgtenverbände* im Ernst-Reuter-Haus in **West-Berlin** eine Gedenkveranstaltung für die Opfer der nationalsozialistischen Judenverfolgung durch. Nach einer Ansprache des Vorsitzenden der *Jüdischen Gemeinde*, Heinz Galinski, erklärt der Regierende Bürgermeister Willy Brandt, daß der 9. November 1938 daran mahne, wie weit Verbrechertum und methodischer Wahnsinn große Teile eines Volkes verblenden könnten. Noch vor Ausbruch des Krieges seien Brandfackeln an die Synagogen gelegt und alle menschlichen Werte durch Niedrigkeit und Schuftigkeit ersetzt worden. Im Gedenken an die Schrecken jener Nacht dürfe man sich nicht nur in Ehrfurcht und Trauer vor den Opfern verneigen, vielmehr müßte auch dem Volk die eindringliche Lehre wieder ins Bewußtsein gebracht werden, daß »aus Lüge und Gewalt, aus Unfreiheit und Rechtlosigkeit nichts anderes als

Friedlosigkeit, Vergeltung und vielfacher Haß« entstehen könne. Im Anschluß daran überreicht Innensenator Joachim Lipschitz (SPD) 19 Berliner Bürgern, die während der NS-Zeit unter Lebensgefahr jüdischen Verfolgten geholfen haben, Urkunden.

10. November Auf dem Stachus in **München** stellt sich der Publizist Robert Jungk, der vor allem durch sein 1956 erschienenes Buch »Heller als tausend Sonnen – Das Schicksal der Atomforscher« bekannt geworden ist, den Fragen von Passanten zur Atombewaffnung. Das *Komitee gegen Atomrüstung* hat auf dem verkehrsreichsten Platz Europas eine Atommahnwache aufgestellt. Von einem Kiosk aus verteilen Mitglieder des Komitees, der *Internationale der Kriegsdienstgegner* (IdK) und verschiedener anderer Organisationen Aufklärungsmaterial über die Gefahren der Atomrüstung. Die größte Anziehung auf die Vorübergehenden übt eine Deutschlandkarte aus, auf der mit Leuchtfarben die verheerenden Auswirkungen nach dem Abwurf einer Wasserstoffbombe – wie er im Rahmen eines NATO-Manövers für die Bundesrepublik simuliert worden ist – sichtbar gemacht worden sind. Neben Portraits der Pazifisten Albert Einstein, Bertrand Russell und Albert Schweitzer ist auch das Photo einer Japanerin zu

sehen, deren Haut durch radioaktive Strahlung zerstört worden ist. Darunter ist zu lesen: »Wer nach Ereignissen von Hiroshima und Nagasaki immer noch für eine Rüstung mit Atomwaffen eintritt, der sollte acht Tage im Krankenhaus von Kitamaru leben. Ist er dann von seinem Wahnsinn nicht geheilt, dürfte er kein Mensch sein.«[303] Der 45jährige Jungk spricht am selben Tag auch noch auf einer Kundgebung des *Komitees gegen Atomrüstung.*

10. November Im Württembergischen Staatstheater in **Stuttgart** wird die von Bertolt Brecht 1941 in der finnischen Emigration verfaßte Parabel »Der aufhaltsame Aufstieg des Arturo Ui« uraufgeführt. In dem sprachlich und szenisch an der klassischen Tragödie orientierten Stück, das im Gangstermilieu von Chicago spielt, geht es um die Komplizenschaft einflußreicher Kreise bei der Machtergreifung Adolf Hitlers, für den der Gangsterboß Arturo Ui steht. In dem von ökonomischen Krisen erschütterten Chicago gelingt es Arturo Ui, durch die Tatenlosigkeit des Gastwirts Dogsborough und die Unterstützung des Karfioltrusts die Führung im Grünzeuggeschäft an sich zu reißen. In der Schlußszene tritt Arturo Ui vor der Menge der Grünzeughändler auf und erklärt, daß er von Dogsborough – gemeint ist Reichspräsi-

10.11.: Robert Jungk (Mitte) diskutiert mit Jugendlichen vor der Atommahnwache in München.

10.11.: Der sowjetische Ministerpräsident Nikita S. Chruschtschow will den Viermächtestatus von Berlin aufkündigen.

11.11.: Renate Riemeck fordert die deutschen Atomwaffengegner auf, sich bei den Delegationen der Genfer Atommächtekonferenz für die Einstellung aller Nuklearwaffentests einzusetzen.

Prof. Dr. Renate R i e m e c k :

Aufruf an die deutschen Atomwaffengegner

In Genf findet zur Zeit eine Konferenz statt, deren Ausgang für unser aller Schicksal von größter Bedeutung ist.

Wissen wir das eigentlich? Wissen wir, daß unsere Zukunft auf dem Spiele steht?

Die radioaktive Verseuchung nimmt alarmierende Ausmaße an. Der Atomtod geht um. Professor Linus Pauling hat es uns in Essen gesagt: Jede Versuchsexplosion kostet 15 000 Menschen das Leben. — Jetzt beraten die Atommächte über die Einstellung der Kernwaffenversuche.

Die Vereinigten Staaten wollen sich lediglich zu einem Versuchsstop für die Dauer eines Jahres verstehen. Die Sowjetunion verlangt die vollständige und endgültige Beendigung der Experimente mit A- und H-Bomben.

Welche Gründe auch immer die beiden Weltmächte zu ihrer Haltung bewegen mögen, — für uns kann es keinen Zweifel darüber geben, welchen Vorschlag wir bevorzugen. Wir wissen uns mit Albert Schweitzer, Linus Pauling und den mehr als 9000 Wissenschaftlern einig und fordern daher die Einstellung der Versuche sofort und für immer.

Die Genfer Konferenz, für deren Zustandekommen die Atomwaffengegner in aller Welt unermüdlich gekämpft haben, findet in unseren Nachrichtendiensten merkwürdig wenig Beachtung. Es scheint, als habe man sich verschworen, das Interesse der Öffentlichkeit zum Erlahmen zu bringen. Mit Rücksicht auf den amerikanischen Verbündeten der Bundesrepublik versucht man offenbar den Eindruck zu erwecken, daß wir überhaupt keinen Einfluß auf die Geschehnisse in Genf nehmen können. Die Bundesregierung schweigt beredt. Die Gründe sind jedermann bekannt.

Aber w i r dürfen nicht schweigen! Seien wir uns dessen bewußt, daß die Atommächte heute nicht an einem Tisch säßen, wenn die millionenfachen Proteste der Weltöffentlichkeit zu überhören gewesen wären. Das ist uns nachdrücklich von maßgeblichen Stellen der UNO bestätigt worden. Eine Delegation deutscher Atomwaffengegner ist in Genf vorstellig geworden und hat dabei festgestellt, wie sehr die Verhandlungen unter dem Druck der öffentlichen Meinung stehen.

Dieser Druck darf nicht nachlassen. Es ist deshalb dringend notwendig, daß sich Organisationen wie Einzelpersonen unverzüglich an die Verhandlungspartner in Genf wenden und jetzt die Forderungen auch der deutschen Widerstandsbewegung gegen den Atomtod zum Ausdruck bringen.

Das kann folgendermaßen geschehen:

Richten Sie als Privatperson oder namens Ihrer Organisation gleichlautende Schreiben an

a) den Leiter der Delegation der USA

Mr. Virgil Moore
G e n f / Schweiz
US-Embassy

b) den Leiter der Delegation der UdSSR

Herrn
Boschafter S. K. Tsarapkin
G e n f / Schweiz
Hotel Metropole

c) den stellvertretenden Generalsekretär der UNO

Mr. Narayan
G e n f / Schweiz
Völkerbundpalast
Palais des Nations

Fordern Sie in Ihrem Schreiben die sofortige und unbefristete Einstellung der Kernwaffenversuche. Sie können ganz kurz und in deutscher Sprache schreiben.

Bedenken Sie bitte, daß es wesentlich auf die Zahl solcher Schreiben ankommt. Jeder einzelne kann dabei mithelfen. Veranlassen Sie deshalb ihre Freunde und Bekannten zu ähnlichen Briefen. Es gibt keine andere Möglichkeit, unsere Meinung zur Geltung zu bringen.

Organisationen, die Unterschriftensammlungen gegen die Atomrüstung der Bundesrepublik oder auch Betriebsbefragungen usw durchgeführt haben, werden von uns wohlgesinnten Kreisen der UNO dringend gebeten, den Erfolg ihrer Aktion dem stellvertretenden Generalsekretär Mr. Narayan mitzuteilen.

Die Konferenz in Genf darf nicht scheitern. Wir können ihren Verlauf sehr wohl beeinflussen.

Helfen Sie Linus Pauling, Albert Schweitzer und den 9000 Wissenschaftlern! Denken Sie an die Atomkranken in Hiroshima und Nagasaki!

---

dent von Hindenburg – zum Erben bestimmt worden sei. Unter Ausschaltung Andersdenkender stellt er sich zur Wahl, erringt einen Sieg und plant die Ausbreitung seiner Macht über den gesamten Kontinent. Nachdem sich unter Trommeln und Fanfarenstößen der Vorhang gesenkt hat, taucht eine Schrift auf, mit der sich der 1956 verstorbene Brecht direkt an die Zuschauer wendet: »Ihr aber lernet, wie man sieht statt stiert / Und handelt, statt zu reden noch und noch. / So was hätt einmal fast die Welt regiert! / Die Völker wurden seiner Herr, jedoch / Daß keiner uns zu früh da triumphiert – / Der Schoß ist fruchtbar noch, aus dem das kroch!«[304] Der wegen seines zeitweilig offenen Eintretens für die SED nicht unumstrittene Dramatiker will mit seiner »historischen Gangsterschau« die »großen politischen Verbrecher, ob lebendig oder tot, der Lächerlichkeit preisgeben« und »den üblichen gefahrvollen Respekt vor den großen Tötern« zerstören.

10. November Auf einer von der Vereinigung demokratischer Juristen (VdJ) und dem Institut für Strafrecht an der Humboldt-Universität in **Ost-Berlin** veranstalteten Konferenz wird die Justiz der Bundesrepublik als »System der Unfreiheit und des Unrechts« hingestellt. Unter dem Motto »Für Freiheit und Wiedervereinigung – Gegen Bonner Inquisition« setzen sich 350 Juristen damit auseinander, was von den Veranstaltern als »klerikal-juristischer Charakter des Bonner Staates« bezeichnet wird.

10. November Der sowjetische Ministerratsvorsitzende, Nikita S. Chruschtschow, fordert auf einer Kundgebung, die im **Moskau**er Sportpalast zu Ehren des Besuchs einer polnischen Regierungsdelegation abgehalten wird, eine Revision des Potsdamer Vier-Mächte-Abkommens und kündigt an, die Kontrolle über Berlin der DDR übertragen zu wollen. Ein-

gangs erklärt Chruschtschow, daß die deutsche Frage von den »Imperialisten« zu einer »ständigen Quelle internationaler Spannung« gemacht worden sei. Die Regierenden in Westdeutschland setzten alles daran, um »Kriegsleidenschaften« gegen die DDR, die Volksrepublik Polen und die anderen sozialistischen Länder zu entfachen. Die von Bundeskanzler Adenauer und »Kriegsminister Strauß« gehaltenen Reden seien Ausdruck davon. Der von den führenden westdeutschen Politikern eingeschlagene Weg sei für den Frieden in Europa gefährlich und für ihr eigenes Land verhängnisvoll. Können denn »Realpolitiker«, fragt Chruschtschow, dem

Glauben verfallen, daß ein erneuter »Marsch gegen Osten« erfolgreich sei. Die Sowjetunion jedenfalls wolle keinen neuen Krieg. Sie halte auch das Streben des deutschen Volkes nach »Wiederherstellung der nationalen Einheit« für verständlich. Die »deutschen Militaristen und ihre amerikanischen Gönner« benutzten die nationalen Gefühle jedoch nur zur »Vorbereitung von Kriegsabenteuern«. Eine Vereinigung Deutschlands könne nur durch das deutsche Volk selbst erreicht werden – auf dem Wege der Aufnahme von Kontakten mit der Regierung der DDR. Es sei an der Zeit, daß die Unterzeichnerstaaten des Potsdamer Abkommens »auf die Überreste des Besatzungsabkommens in Berlin« verzichteten und »eine normale Lage in der Hauptstadt der DDR« herbeiführten. Die Sowjetunion werde »der souveränen DDR« jene Funktionen übertragen, die bislang von eigenen Stellen wahrgenommen worden seien. – Die Bundesregierung in **Bonn** warnt am 12. November in einer Erklärung vor einer einseitigen Aufkündigung des Vier-Mächte-Abkommens für Berlin. Dies wäre ein Bruch geltenden Völkerrechts und würde nicht nur das deutsch-sowjetische Verhältnis in Mitleidenschaft ziehen, sondern auch die bereits existierenden weltpolitischen Spannungen gefährlich verschärfen. – Ein Sprecher des Weißen Hauses in **Washington** erklärt einen Tag später, daß die Zugangsrechte der Westmächte für Berlin nicht vom Potsdamer Abkommen herrührten, sondern vom Besatzungsrecht, das durch zahlreiche Vier-Mächte-Vereinbarungen bestätigt worden sei.

11. November Eine internationale Delegation von Atomwaffengegnern überreicht während der Atommächtekonferenz in **Genf** den amerikanischen und den sowjetischen Vertretern gleichlautende Schreiben, in denen die Einstellung aller Nuklearwaffenversuche gefordert wird. Zur Delegation, die am Nachmittag im Palast des Völkerbundes außerdem vom stellvertretenden UNO-Generalsekretär, dem Inder Dschajaprakasch Narayan, empfangen wird, gehört mit Eduard Moskwa auch ein Vorstandsmitglied der *Deutschen Friedensgesellschaft* (DFG).

12. November Auf einer internationalen Pressekonferenz in **Ost-Berlin**, auf der zunächst Ministerpräsident Otto Grotewohl zur Moskauer Rede Chruschtschows Stellung nimmt, stellt Außenminister Lothar Bolz ein »Weißbuch über die aggressive Politik der Regierung der Deutschen Bundesrepublik« zusammen mit einer Denkschrift vor. Bolz, der auch Vorsitzender der NDPD ist, erklärt: »Der westdeutsche Staat ist ein Staat der Monopole, der einzig und allein ihren Interessen und der Unterstützung ihrer Expansionspolitik dient, die darauf gerichtet ist, das großdeutsche Reich wiederherzustellen, große Teile

13.11.: Die beiden Hiroshima-Überlebenden Yoshiko Murato und Sachiko Karmoto treten in der Bundesrepublik auf zahlreichen Protestveranstaltungen gegen die Atombewaffnung auf.

Ost- und Südosteuropas zu erobern und die westeuropäischen Länder zu beherrschen.«[305] Die Bundeswehr sei »eine ausgesprochene Angriffsarmee« und stelle »das stärkste NATO-Kontingent auf europäischem Boden« dar. In der Denkschrift, die zusammen mit dem Weißbuch an rund 60 Staaten versandt wird, werde nachgewiesen, führt Bolz weiter aus, daß die Politik der Bundesregierung »mit den Interessen des Friedens und den nationalen Interessen unseres deutschen Volkes unvereinbar« sei.

13. November Unter dem Motto »Hören Sie die japanischen Augenzeugen!« beginnt der *Bund der Deutschen* (BdD) in den Sartory-Sälen in **Köln** mit einer Reihe von Protestveranstaltungen gegen die Atombewaffnung, auf denen die Hiroshima-Überlebenden, die beiden Frauen Yoshiko Murato und Sachiko Karmoto, als Augenzeuginnen auftreten. Frau Murato, die als Krankenpflegerin in einem Krankenhaus von Hiroshima arbeitet, hat die Atombombenexplosion vom 6. August 1945 in einer Entfernung von 1.700 Metern erlebt. Sie war damals 13 Jahre alt und hat an ihrem Gesicht, an den Armen und dem gesamten Oberkörper schwere Verbrennungen erlitten. Es hat Jahre gedauert, bis diese Wunden abgeheilt waren. »Für uns Opfer«, erklärt die Frau, die ihr früheres Aussehen nicht wiedererlangte, »ist das Leben schlimmer als sterben. Das Leben ist für uns ein geistiger und körperlicher Schmerz. Aber wir haben gesehen, daß die Menschen in aller Welt

*13.11.: In West-Ber-
lin geht die Polizei
auf einer Wahl-
kundgebung der
SED gegen Teilneh-
mer vor.*

*14.11.: In einer
Broschüre über den
Nürnberger DFD-
Prozeß werden die
13 Angeklagten
vorgestellt.*

Wahlkundgebung

der

SED

im Sportpalast
am 13. November 1958

Es gibt nur eine Losung
an der Spree:
Westberlin wählt
SED!

*13.11.: Programm-
zettel für die Veran-
staltung im Sport-
palast.*

Bild oben von links nach rechts: Irene Schregle, Karin Hausladen, Käthe Rager,
Rosa Ehmer, Minna Kern, Anni Luther.

13 Frauen

Im großen Saal des Nürnberger Landgerichts, in dem wenige Wochen vorher
der berüchtigte SS-General Simon freigesprochen wurde, der knapp vor
Kriegsende Menschen erschießen ließ,
weil sie aus ihren Wohnungen weiße
Fahnen hängten, sollen 13 Frauen und
Mütter verurteilt werden.

In Deutschland selbst, und weit über
Deutschlands Grenzen hinaus, hatte die
Kunde vom Stattfinden des Prozesses
das Interesse der Öffentlichkeit geweckt.
Journalisten aus der Bundesrepublik
und aus der Deutschen Demokratischen
Republik waren als Berichterstatter er-
schienen.

Zahlreiche ausländische Zeitungen
sandten ihre Korrespondenten nach
Nürnberg. Aus Frankreich, Italien, Holland, Belgien, Luxemburg, der Schweiz;
aus Österreich und sogar aus dem fernen
Indien waren sie gekommen, um aufmerksam zu notieren, was in diesem
Prozeß zum Ausdruck gebracht wurde.

Als politischer Prozeß spiegelte er die
politischen Verhältnisse in der Bundesrepublik wider, die das Ausland angesichts der Erfahrungen aus der Vergangenheit mit wachem Interesse verfolgt.

6

Was sind das für Frauen, die mit den
Gesetzen in der Bundesrepublik in Konflikt kamen?

Es sind Hausfrauen, Arbeiterinnen, Angestellte, von denen die Älteste 64 Jahre,
die Jüngste 27 Jahre alt ist. Frauen, die
durch die harte Schule des Lebens gegangen sind. Sie stehen als tapfere
Kameradinnen ihren Männern im Le-
bens- und Existenzkampf zur Seite. Sie
brachten Kinder zur Welt, die sie oft
unter großen Opfern und Entbehrungen
aufzogen. Sie erlebten die Schrecken des
Faschismus, den Krieg und seine Zerstörungen.

Die österreichische Journalistin schilderte die erste Begegnung mit diesen
Frauen in ihrer Zeitschrift:

„Als ich am Morgen mit dem 8ter-Wagen
zum Rathenauplatz fuhr, da strömten
die Menschen zu ihren Arbeitsstätten.
In dem Gewirr sah ich die Gesichter
vieler Frauen und Mädchen. Kurz nach
8 Uhr früh öffnete sich im modernen
Gebäude der Nürnberger Handwerkskammer im 4. Stock die Tür zum großen
Saal Nr. 72 des Landgerichts Nürnberg-
Fürth.

unseren Schmerz teilen und wir haben beschlossen,
den Rest unseres Lebens dem Frieden und der Aufklärung aller Menschen über die großen Gefahren,
die ihnen drohen, zu widmen.«[306] Frau Karmoto, die
ebenfalls schwer von den Folgen des Atombombenabwurfs gezeichnet ist, meint, daß den Japanerinnen
und Japanern eine besondere Aufgabe zukomme. Da
sie die furchtbaren Auswirkungen der Bombe am
eigenen Leib zu spüren bekommen hätten, seien sie
dazu verpflichtet, ihre schmerzliche Erfahrung anderen Völkern zu vermitteln. Es werde keine Ruhe
geben, solange die Atombombe vorhanden sei; sie
müsse grundsätzlich verboten werden. Das Bundesvorstandsmitglied des BdD, der Intendant Otto
Schönfeldt, ergreift danach das Wort und meint, daß
nach der »Stimme Japans« nun die »Stimme Deutschlands« erhoben werden solle. Es gehe nicht darum,
zu weinen oder zu klagen, sondern allein darum, zu
handeln. Wenn man genügend Geld für Soldaten
habe, dann dürfe nicht an Spenden für Atombombenopfer gespart werden. Er schlägt vor, ein »deutsches
Hilfswerk für Hiroshima« einzurichten, das seine
Mittel aus den durch Abrüstungsschritte freiwerdenden Finanzen erhält.

13. November Der aus Baden-Baden stammende
Ingenieur Erich Ritter spricht auf einer Diskussionsveranstaltung des *Arbeitsausschusses gegen die Atomrüstung der Bundesrepublik* in **Pforzheim** über das
Thema »Atomkraft – Segen oder Fluch?«.

13. November Eine weitere Hochschulgruppe des
am 17. Juni 1956 in Heidelberg gegründeten *Bundes
Nationaler Studenten* (BNS) wird an der Freien Universität (FU) in **West-Berlin** eingerichtet.

13. November Die SED führt anläßlich der bevorstehenden Wahlen zum Abgeordnetenhaus im Sportpalast in **West-Berlin** eine Großkundgebung durch.
Unter dem Motto »Nur die SED hat ein konstrukti-
ves Programm zur Normalisierung der Lage in Berlin« sprechen der Sekretär der SED-Bezirksleitung
Groß-Berlin, Bruno Baum, und das Politbüromitglied im Zentralkomitee der SED, Albert Norden.
Seit einem Vierteljahrhundert, erklärt Norden, trä-
ten Marxisten zum ersten Mal wieder vor die Berliner Werktätigen. Kurz nach der nationalsozialistischen Machtergreifung habe Wilhelm Pieck, der jetzige Präsident der DDR, auf einer Kundgebung der
KPD im Sportpalast warnend ausgerufen, wer Hitler
wähle, der wähle den Krieg. Und vor 15 Jahren habe
Goebbels von diesem Ort aus den totalen Krieg proklamiert, nach dessen Ende nur noch Ruinen übriggeblieben seien. Heute proklamiere die SED von dieser
Stelle aus die »Politik des totalen Friedens für Berlin«. Es würden keine weiteren 15 Jahre vergehen,
bis die Arbeiterklasse der »Politik des Friedens« in
ganz Deutschland zum Durchbruch verholfen habe.
Als Sprechchöre von Demonstranten zu hören sind,
die vor dem Sportpalast gegen die SED protestieren,
ruft Norden zornig aus: »Ihr hört sie da draußen

16.11.: Walter Ulbricht bei einer Ansprache vor der Volkskammer in Ost-Berlin.

Bild oben von links nach rechts: Sophie Holleder, Käthe Heigl, Berta Bodendorf, Emmi Hummich, Margarete Mierlein, Maria Aichner, Amalie Post (nicht zu sehen)

wie Du und ich!

So, als ob in dem Hasten der Straße sich eine Abordnung verschiedenster Frauen hier versammelt hätte, kamen die Angeklagten herein.

Junge Blonde, alte, weißhaarige Frauen. Sie nahmen auf den Stühlen Platz, die in einem Halbrund angeordnet standen." Bald kamen aus der Tür an der Stirnfront des Saales Richter im Talar und nahmen Platz. Ebenso die Verteidiger.

Der Strafprozeß begann!

Berge von Akten lagen vor den Richtern. 27 Seiten umfaßte allein die Anklageschrift.
13 Namen wurden aufgerufen!
13 Frauenschicksale werden im Gerichtssaal lebendig!
Schicksale gleich denen von Millionen Frauen und Müttern unseres Volkes.

Irene S c h r e g l e

Eine 37jährige, schlanke, dunkelhaarige Frau erhebt sich. Als politisch interessierte Frau widmete sie sich in den Nachkriegsjahren der Frauenarbeit und wurde in einer DFD-Gruppe zur Vorsitzenden gewählt.

In dieser Eigenschaft stand sie nun vor Gericht. Die Anklage machte ihr zum Vorwurf, daß sie regelmäßig Gruppenzusammenkünfte durchführte, im Auftrag ihrer Gruppe Briefe und Beschwerden an die Bundesregierung und die Abgeordneten versandte und die Mitglieder sich an der Sammlung von Unterschriften gegen die Anwendung von Atombomben beteiligten.

Ruhig und sachlich schilderte sie vor Gericht die Arbeit.

Aus ihrer Gruppe waren ferner angeklagt:

Käthe R a g e r, 56 Jahre,
Anni L u t t e r, 53 Jahre,
Mina K e r n, eine 64jährige Frau und die Älteste der Angeklagten.

Die Gesichtszüge und die Hände dieser drei Frauen sind gezeichnet von einem arbeitsreichen Leben. Sie waren nicht gewohnt, vor vielen Menschen oder gar vor Richtern zu sprechen. Aber sie brachten zum Ausdruck, daß sie froh waren, in dem DFD eine Stätte gefunden zu haben, wo sie mit anderen Frauen ihre Sorgen und Nöte austauschen und Stunden der Entspannung verbringen konnten.

7

---

schreien. So haben sie vor einem Vierteljahrhundert geschrien, und sie haben es bitter bereut, sie werden es wieder bitter bereuen!«[307] Starke Polizeikräfte drängen die Demonstranten, mehrere tausend, kurz darauf in Seitenstraßen ab. Über Lautsprecher bitten sie die Protestierenden dabei um Verständnis für die »unpopuläre Maßnahme«.

14. November Die 2. Große Strafkammer des Landgerichts Nürnberg-Fürth spricht in **Nürnberg** 13 ehemalige Mitglieder des in mehreren Bundesländern verbotenen *Demokratischen Frauenbund Deutschlands* (DFD) von der Anklage der versuchten Staatsgefährdung, der Geheimbündelei und der Rädelsführerschaft in einer verfassungsfeindlichen Organisation frei. Der Staatsanwalt hatte für neun der angeklagten Frauen Gefängnisstrafen zwischen fünf Wochen und sechs Monaten zur Bewährung gefordert. Der Vorsitzende Landgerichtsdirektor führt in seiner Urteilsbegründung aus, es habe den Angeklagten nicht nachgewiesen werden können, daß sie den DFD als kommunistische Tarnorganisation durchschaut hätten und über dessen Verbindungen zur DDR informiert gewesen seien.

16. November Bei den in der **DDR** durchgeführten Einheitslistenwahlen zur 3. Volkskammer werden die Kandidaten der *Nationalen Front* bestätigt. Bei einer Wahlbeteiligung von 98,90% sprechen sich 99,87% für die Liste der *Nationalen Front* aus und

0,13% gegen sie. Die zuvor festgelegte Mandatsverteilung ist mit der des Jahres 1954 identisch. Die SED verfügt wiederum über mehr als doppelt soviel Sitze in der Volkskammer wie CDU, LDPD, NDPD und DBD, die gemeinsam den Rang der zweitstärksten Partei einnehmen. – In einem vom SED-Zenralorgan »Neues Deutschland« veröffentlichen Wahlaufruf hatte es geheißen: »Jede Stimme dem Frieden! Wähler! Gebraucht Eure Macht! Wo die einfachen Menschen regieren, hat jede Stimme Macht. So übt sie auch heute aus! Eure Stimme ist die Macht des Guten. Das Gute heißt Sozialismus. Der Sozialismus braucht, schützt und stärkt den Frieden. Das zeigen der Nahe und der Ferne Osten. Das zeigt Deutschland. Heute versperrt die DDR dem Krieg den Weg.

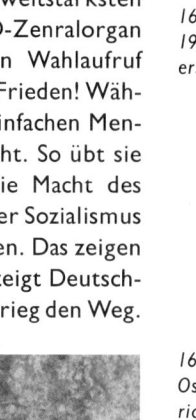
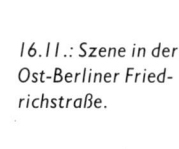

16.11.: Titel eines 1958 in Stuttgart erschienen Buches.

16.11.: Szene in der Ost-Berliner Friedrichstraße.

Morgen wird sie so überlegen sein, daß der Bruder im Westen die Atomkrieger ein- und aussperrt. Dann ist der Weg frei für die lichte Zukunft der ganzen Nation. Für die Macht des Guten, für den Frieden und den Sozialismus, für das Glück der Nation – dafür jede Stimme!«[308]

17.11.: Die Atomwaffengegner warten in Hamburg noch unschlüssig vor den verschlossenen Türen des Curio-Hauses.

17. November Eine von der *Aktionsgemeinschaft gegen die atomare Aufrüstung der Bundesrepublik* in **Hamburg** angekündigte Protestveranstaltung, auf der die Wuppertaler Professorin Renate Riemeck als Hauptrednerin auftreten soll, kann nicht wie vorgesehen im Curio-Haus durchgeführt werden. Als sich am Abend über 1.000 Interessierte vor dem Eingang versammeln, werden sie von überraschend aufmarschierten Polizeieinheiten am Betreten des Gebäudes gehindert. Kurz zuvor hat die Direktion des Curio-Hauses den Veranstaltern erklärt, daß der Mietvertrag gekündigt worden sei. Diesen gelingt es jedoch, einen Ersatzraum ausfindig zu machen. Mit Bussen und Personenwagen fahren die Besucher zum einige Kilometer entfernten Winterhuder Fährhaus. Dort ist der Andrang zwar so groß, daß auch zwei Säle nicht ganz ausreichen; dennoch kann die Veranstaltung nun mit einiger Verspätung beginnen. Nach Berichten der beiden Japanerinnen Yoshiko Murato und Sachiko Karmoto, Hiroshima-Überlebende, die über die Schrecken des ersten Atombombenabwurfs berichten, spricht in Vertretung von Renate Riemeck der Darmstädter Studentenpfarrer Herbert Mochalski. Er klagt über die Gewissenlosigkeit derer, die Atombomben als »taktische« Waffen verniedlichen, die durch Atomwaffentests ausgelöste radioaktive Verseuchung von Nahrungsmitteln und Menschenkörpern bagatellisieren sowie die Warnungen von Albert Schweitzer und den Göttinger Achtzehn in den Wind schlagen. Schon einmal, erklärt Mochalski, der 1937 aus der SA und der NSDAP ausgetreten war, hätten die Deutschen eine Staatsregierung gehabt, die Massenmord bedeutete. Bei der Atombewaffnung gehe es ebenfalls um Mord; wer nicht mitschuldig werden wolle, der müsse alles

tun, um das zu verhindern. Das Motto der Veranstaltung lautet: »Kampf dem Atomtod? Strauß sagt: Nein. Wir sagen: Ja!«

18. November Nach 124 Tagen geht in **Bischofswiesen** bei Berchtesgaden ein Streik zu Ende, mit dem die Belegschaft der Arwa-Strumpffabriken gegen die Weigerung des Unternehmers gekämpft hat, erstmals einen Tarifvertrag mit der Gewerkschaft abzuschließen. Als der Arwa-Eigentümer Hans Thierfelder fünf Monate zuvor einen »Rationalisierungsplan« bekanntgegeben hatte, der eine wesentlich höhere Arbeitsbelastung bei gleichzeitiger Reduzierung des Stundenlohnes vorsah, und ein von der *Gewerkschaft Textil-Bekleidung* gestelltes Ultimatum verstreichen ließ, war der Großteil der Belegschaft in einen Sitzstreik getreten. Der Fabrikant, der nach den Worten der Gewerkschaft »das schöne Berchtesgadener Land als einen Naturschutzpark für Rückschritt und unsoziales Verhalten« betrachtet, reagierte auf diese Kampfmaßnahme jedoch mit der Ausschließung der 192 Streikenden und ihrer allmählichen Ersetzung durch Neueinstellungen. Nachdem auch ein Vermittlungsversuch des bayerischen Arbeitsministers Walter Stain (BHE) gescheitert war, kam es Anfang September vor den Toren der Textilfabrik mehrmals zu Schlägereien zwischen Streikenden und Streikbrechern. Als sich herausstellt, daß es Thierfelder keine Probleme bereitet, die Produktion aufrechtzuerhalten, weil ohnehin eine Absatzschwäche für Strumpftextilien aufgetreten ist, willigt die *Gewerkschaft Textil-Bekleidung* in einen für die Ausgeschlossenen äußerst ungünstigen Kompromiß ein und der Streik bricht zusammen. Vereinbart wird, daß Thierfelder im Lauf von vier Wochen 65 Streikende wieder einstellt, dem Verein der Südbayrischen Textilindustrie beitritt und bis dahin die bislang gültige Tarifregelung befolgt. Ein Gewerkschaftsfunktionär kommentiert den Ausgang des Arbeitskampfes mit den Worten, daß dem Bischofswiesener Unternehmer mit dem legalen Mittel des Streiks »einfach nicht beizukommen« sei. – Das Nachrichtenmagazin »Der Spiegel« bezeichnet die gewerkschaftliche Kampfmaßnahme im nachhinein als einen dem Unternehmer durchaus »willkommenen Streik«. »Wie gelegen ihm der Streik angesichts der Absatzflaute tatsächlich kam«, heißt es in dem Kommentar, »läßt sich immerhin daraus ersehen, daß die Arwa-Strumpflager Hans Thierfelders während der ganzen 124 Tage nie leer gewesen sind.«[309]

18. November Auf einer Veranstaltung des *Bundes der Deutschen* (BdD) im Gasthaus »Zum Schwanen« in **Gießen** spricht dessen hessisches Landesvorstandsmitglied H.O. Henneberg über das Thema »Nationaler Notstand – Was können wir tun?«

18. November Der 71jährige Schriftsteller Arnold Zweig erhält in **Moskau** als »höchste Auszeichnung der Weltfriedensbewegung«, wie es zur Verleihung heißt, den »Lenin-Friedenspreis«. Der von den Nazis verfolgte jüdische Romancier, der 1933 über verschiedene Zwischenstationen nach Palästina emigriert war, lebt in der DDR. Er ist dort Abgeordneter der Volkskammer und Präsident des PEN-Zentrums der DDR.

20. November Zu der DGB-Großkundgebung »Konzentration der Macht – Soziale Demontage« kommen in der **Dortmund**er Westfalenhalle 28.000 Gewerkschaftsmitglieder zusammen. Mit der straff organisierten Veranstaltung wendet sich die Dachorganisation der Gewerkschaften gegen die Fusion von sechs Tochtergesellschaften des Röhrenkonzerns Mannesmann mit der Muttergesellschaft. Der DGB-Vorstand sieht in der Verschmelzung der bislang selbständigen Unternehmen mit der Mannesmann AG eine gefährliche Konzentration wirtschaftlicher Macht. Nach den aus den Lautsprecher tönenden Klängen des River-Kwai-Marsches und der Begrüßung durch den stellvertretenden DGB-Vorsitzenden Georg Reuter eröffnet Willi Richter, der Vorsitzende des DGB, die Kundgebung mit den Worten: »Die Zeit ist gekommen, Euch zu rufen und Euch die Gefahren vor Augen zu führen, die der Entwicklung unserer Bundesrepublik zu einem demokratischen und sozialen Rechtsstaat von verschiedenen Seiten drohen.«[310] Richter ruft zum »Kampf gegen die soziale Reaktion« auf und fordert eine umfassende Sozialreform für alle Beschäftigten und ihre Angehörigen, eine demokratische Kontrolle der Wirtschaft, den Ausbau der Mitbestimmungsrechte und die uneingeschränkte Anerkennung der gewerkschaftlichen Autonomie und ihres Streikrechts. Das DGB-Vorstandsmitglied Ludwig Rosenberg wirft in seinem Beitrag die Frage auf, wie lange die Demokratie noch zusehen wolle, wie sie durch die ständig zunehmende Wirtschaftskonzentration »politisch ent-

machtet« wird. Der Grundsatz, der nun verwirklicht werden müsse, laute: »Je mehr Konzentration – desto mehr Mitbestimmung! Je mehr Konzentration – desto mehr öffentliche Kontrolle!«[311] Den größten Beifall erhält der *IG Metall*-Vorsitzende Otto Brenner, der begründet, warum seine Gewerkschaft gegen das Urteil des Kasseler Bundesarbeitsgerichts, in dem die *IG Metall* dazu verurteilt wurde, die durch den Produktionsausfall während des monatelangen Streiks in der schleswig-holsteinischen Metallindustrie entstandenen Kosten zu ersetzen, Verfassungsklage einlegte. »Wohin kämen wir«, fragt Brenner,

Dreizehn Jahre nach dem Zusammenbruch eines verbrecherischen Systems der Unterdrückung, der Aufhebung aller demokratischen Rechte und Freiheiten, der Unmenschlichkeit und der sinnlosen Zerstörung sind die deutschen Gewerkschaften von ernster Sorge erfüllt um die zukünftige Entwicklung und den sozialen Inhalt unserer Demokratie.

Nachdem vor allem durch den Fleiß der deutschen Arbeitnehmer eine fast völlig vernichtete Wirtschaft in kurzer Zeit neu aufgebaut wurde, machen sich in immer stärkerem Maße Kräfte in Wirtschaft und Politik fühlbar, deren ungezügelter Egoismus wesentlich zum Untergang der Weimarer Republik beigetragen hat.

Die Konzentration wirtschaftlicher Macht beginnt, erneut eine Gefahr für den demokratischen Staat zu werden, um so mehr, als die Vergangenheit bewiesen hat, daß sich in Deutschland die Beherrscher großer Wirtschaftsbereiche nicht mit ihrer wirtschaftlichen Einflußsphäre begnügen.

Gleichzeitig mit dieser Konzentration der Macht in wenigen Händen vollzieht sich der Abbau sozialer Errungenschaften, die in den Tagen nach dem Zusammenbruch von allen Verantwortlichen gefordert wurden.

Unter Ausnutzung der Lücken in der Gesetzgebung wird das Mitbestimmungsrecht auf formal legalem Wege abgebaut und durch Zusammenfassung und Fusion großer Wirtschaftsunternehmungen aufgehoben.

Durch erhöhte finanzielle Belastung der Arbeitnehmer in der Krankenversicherung, durch Benachteiligung der Rentner bei der Rentenanpassung und durch Verschlechterung der Unfallversicherung wird der soziale Fortschritt aufgehalten und bestehendes Recht der Arbeitnehmer abgebaut.

Durch den Verlust von Arbeitsplätzen, durch Feierschichten und Kurzarbeit wird Hunderttausenden von Arbeitnehmern ein unzumutbares Opfer auferlegt.

Die Auslegung bestehender Gesetze und freiwilliger Vereinbarungen wird in einem Sinne durchgeführt, der praktisch zu einer Rückentwicklung des Rechtes der Gewerkschaften und zu einer vom Gesetzgeber niemals gewollten Einschränkung der Handlungsfreiheit und des Streikrechts der Arbeitnehmer führt.

Der Deutsche Gewerkschaftsbund hat seit langem vor dieser Entwicklung gewarnt. Es gab keinen Kongreß des DGB, auf dem nicht in ernsten Worten und mit aller Eindringlichkeit auf diese Gefahren hingewiesen wurde. Unsere Warnungen wurden nicht beachtet. Die Konzentration der Macht und die soziale Demontage nehmen ihren Fortgang.

Die deutsche Demokratie und das deutsche Volk dürfen nicht noch einmal in die tödliche Gefahr gebracht werden. Es darf nicht noch einmal geschehen, daß konzentrierte wirtschaftliche Macht über das Schicksal der Menschen entscheidet und die demokratischen Institutionen vor vollendete Tatsachen stellt.

Es ist vor allem Pflicht der Parteien und der Regierung und nicht nur Pflicht der Gewerkschaften, das Gesamtinteresse gegenüber solcher Machtkonzentration und ihren Folgen zu schützen.

● Die Herrschaft einer kleinen Schicht über die Wirtschaft muß gesetzlich verhindert werden.

● Wirtschaftlich und technisch notwendige Konzentration muß unter öffentliche Kontrolle gestellt werden.

● Der Staat muß für die Kontrolle solcher Machtzusammenballungen Sorge tragen.

● Das Mitbestimmungsrecht als eines der Mittel solcher Kontrolle muß in jedem Fall gesichert und im ganzen erweitert werden.

● Das Arbeits- und Sozialrecht muß im Geiste des sozialen Fortschritts und des sozialen Rechtsstaats gestaltet und gehandhabt werden.

Der Deutsche Gewerkschaftsbund ruft alle Mitbürger, insbesondere alle Arbeiter, Angestellten und Beamten in der Bundesrepublik, auf, diese Forderungen zu unterstützen, damit wir alle in Zukunft vor Entwicklungen bewahrt bleiben, die in der Vergangenheit zu unsäglichem Leid und furchtbarer Not geführt haben.

20.11.: »So hätten sie's gern.« Der DGB als gefesselter Riese in einer Karikatur der Zeitung »Metall«.

20.11.: Broschüre mit den Redebeiträgen der Dortmunder Gewerkschaftskundgebung.

20.11.: Auf der Kundgebung verlesener Beschluß des DGB-Bundesvorstands.

20.11.: Die über-
füllte Westfalen-
halle während der
Dortmunder DGB-
Großkundgebung.

Menschen in seiner Gesamtheit«. – In einem Kommentar zur Dortmunder DGB-Kundgebung bemerkt Werner Haak in dem Wochenblatt »Die Andere Zeitung«, es sei mitunter peinlich gewesen, feststellen zu müssen, »welch tiefe Kluft zwischen den Millionen Gewerkschaftern und ihren Führern« inzwischen aufgerissen sei.[314]

20./21. November Auf dem Hof der Sorbonne in **Paris** kommen Tausende Studenten und die Mehrzahl der Professoren zu einer Protestversammlung gegen die unzureichende Ausstattung von Hörsälen, Laboratorien und Studentenwohnheimen. Sie beschließen, daß die etwa 20.000 Studenten der traditionsreichen Pariser Universität in einen 36 Stunden dauernden Streik treten, um die französische Regierung auf die Mißstände aufmerksam zu machen.

20.-23. November Der SPD-Wehrexperte Fritz Beermann löst mit seinem bei einer »Rüstzeit für Offiziere« im Matthias-Claudius-Heim in **Glücksburg** (Schleswig-Holstein) gehaltenen Vortrag über die Tradition der Bundesmarine eine Affäre aus. Als er auf der von der Evangelischen Akademie Hamburg gemeinsam mit evangelischen Militärpfarrern des Wehrbereichs I organisierten Sondertagung erklärt, daß ihm zwei 1917 wegen Beteiligung an einer Flottenmeuterei hingerichtete Matrosen näherstünden als die beiden in Nürnberg als Kriegsverbrecher verurteilten und inzwischen aus alliierter Haft in Spandau entlassenen Großadmirale Erich Raeder und Karl Dönitz, die »zu den intellektuellen Urhebern der Massenmorde an sechs Millionen Juden« gehörten, verlassen mehrere Offiziere unter Protest den Saal. Die beiden Matrosen, der 22jährige Oberheizer Max Reichpietsch und der 24jährige Heizer Albin Köbis, waren »wegen kriegsverräterischer Aufstandserregung« vom Kriegsgericht zum Tode verurteilt und am 5. September 1917 von einem Peloton der kaiserlichen Landwehr erschossen worden. Sie waren auf zwei Schiffen der kaiserlichen Marine in einen Fall offener Dienstverweigerung verwickelt. Köbis hatte einen Aufruf gegen die Bestrafung von elf anderen Heizern verfaßt, die nach der Verweigerung ihres Landurlaubs unerlaubt von Bord der »Prinzregent Luitpold« gegangen waren. Daraufhin waren 400 Matrosen in einem Protestmarsch durch Wilhelmshaven gezogen und hatten dabei die Werfttorwache überrumpelt. Und Reichpietsch hatte auf S.M.S. »Friedrich der Große« die Beteiligung von 850 Matrosen an einer weiteren Protestaktion in Aussicht gestellt. Der SPD-Politiker Beermann, selbst Oberstleutnant a.D., kann zwar seinen Vortrag noch zu Ende führen, zieht es jedoch wegen der ihm gegenüber zum Ausdruck gebrachten feindseligen Haltung vor, auf den anschließend auf

»wenn jede Abstimmung innerhalb der Organisation, jeder Akt der innergewerkschaftlichen Willensbildung als unzulässiges Druckmittel und Verletzung der Friedenspflicht ausgelegt wird! Kein Redner in unseren Mitglieder- oder Funktionärsversammlungen, kein Flugblatt, kein Artikel dürfte mehr für neue Tarifforderungen eintreten ... Man will die Gewerkschaften dafür bestrafen, daß sie demokratisch aufgebaut und geleitet sind. Das Urteil rüttelt an den Grundfesten unserer demokratischen Verfassung.«[312] Die Tausende im weiten Oval der Westfalenhalle reagieren mit großer Entrüstung und rufen in Sprechchören immer wieder »Generalstreik, Generalstreik!«. Weniger stürmisch werden dagegen die Beiträge des IG Bergbau-Vorsitzenden Heinrich Gutermuth und des stellvertretenden DGB-Vorsitzenden Bernhard Tacke aufgenommen. Wegen seiner Bemerkung, »der Herr Bundeskanzler« habe ihn gebeten, den Ernst der Lage im Revier herauszustellen, damit er in der Öffentlichkeit »den nötigen Rückhalt« bekomme, wird Gutermuth sogar offen ausgepfiffen. Am Ende verliest Reuter einen Beschluß, den der DGB-Bundesvorstand am Nachmittag gefällt hat. »Die Herrschaft einer kleinen Schicht über die Wirtschaft«, heißt es darin, »muß gesetzlich verhindert werden. Wirtschaftlich und technisch notwendige Konzentration muß unter öffentliche Kontrolle gestellt werden. Der Staat muß für die Kontrolle solcher Machtzusammenballungen Sorge tragen. Das Mitbestimmungsrecht als eines der Mittel solcher Kontrolle muß in jedem Fall gesichert und im ganzen erweitert werden. Das Arbeits- und Sozialrecht muß im Geiste des sozialen Fortschritts und des sozialen Rechtsstaats gestaltet und gehandhabt werden.«[313] Reuter, der den Applaus als Zustimmung wertet, erklärt abschließend, wer Wind säe, der könne allzu leicht Sturm ernten. Es gehe nicht um mehr Macht, sondern »um den

der Tagesordnung stehenden gemeinsamen Abendsegen zu verzichten. – Der Vorfall in Glücksburg löst im Bundesverteidigungsministerium in **Bonn** nicht nur Ärger aus, sondern führt vor allem zu fieberhaften Überlegungen, wie es verhindert werden könnte, daß sich aus Reaktion und Gegenreaktion eine Affäre entwickelte. Der SPD-Sprecher Franz Barsig kündigt Gerd Schmückle, dem Pressesprecher von Bundesverteidigungsminister Strauß, an, daß seine Partei wegen des Falles eine Große Anfrage im Bundestag einbringen werde. Strauß würde noch »sein blaues Wunder« erleben, wenn die Öffentlichkeit erführe, wie reaktionär die Bundesmarine in Wirklichkeit sei. Der Inspekteur der Bundesmarine, Vizeadmiral Friedrich Ruge, der ebenso wie Schmückle der Ansicht ist, daß eine Große Anfrage auf jeden Fall verhindert werden müsse, verfaßt zu diesem Zweck zusammen mit dem Generalinspekteur Adolf Heusinger und Staatssekretär Josef Rust eine Presseerklärung. Darin heißt es, daß weder die Meuterer der kaiserlichen Marine noch die Großadmirale in Hitlers Diensten Vorbilder für die Bundesmarine sein könnten. Nur wenige Stunden später meldet sich Barsig und erklärt, daß eine Große Anfrage seiner Fraktion unterbleiben werde. Als Strauß am selben Tag von dem Kommuniqué erfährt, fragt er Schmückle, ob man nicht auf eine Distanzierung von den beiden Großadmiralen hätte verzichten können. Schmückle antwortet, daß dies aber gerade der entscheidende Punkt gewesen sei, um einen Konflikt mit der SPD und eine verfrühte Diskussion über das heikle Thema in der Öffentlichkeit zu vermeiden. Als sich Strauß immer noch nicht zufrieden geben will, klärt er ihn über einen weiteren historischen Sachverhalt auf. Im Mai 1947, erklärt Schmückle, seien vom Berliner Stadtrat das »Tirpitz-Ufer« am Landwehrkanal in »Reichpietsch-Ufer« und die »Admiral-von-Schröder-Straße« in »Köbisstraße« umbenannt worden; geschehen sei dies auf einen Antrag der Berliner CDU. – Die von der sozialdemokratischen Bürgermeisterin Louise Schröder vollzogene Umbenennung beruhte jedoch auf einem historischen Irrtum. Die neuen Straßenschilder waren, wie es offiziell hieß, »zu Ehren der beiden Revolutionshelden, die als Anführer der Kieler Matrosen-Revolte im Oktober 1918 erschossen wurden«, erfolgt. Als CDU-Verordnete des Verwaltungsbezirks Tiergarten am 23. Juli 1958 versuchten, den damaligen Beschluß wieder rückgängig zu machen, scheiterte dies am Widerstand der SPD-Verordneten. Diese waren der Ansicht, daß es gute Gründe gebe, das Andenken von Reichpietsch und Köbis hochzuhalten.

21. November In Zusammenarbeit mit dem örtlichen *Aktionsausschuß »Kampf dem Atomtod«* führt der Betriebsrat der Möller-Schächte in **Gladbeck** unter den Belegschaftsmitgliedern eine Befragung über die Atombewaffnung durch. Am 3. August war auf einer Versammlung der Bergarbeiter beschlossen worden, den Kumpeln die drei folgenden Fragen vorzulegen: »Sind Sie für eine Ausrüstung der Bundeswehr mit atomaren Waffen? – Sind Sie für eine Lagerung von Atomwaffen im Gebiet der Bundesrepublik? – Sind Sie für die Errichtung von Abschlußbasen für Atomraketen im Gebiet der Bundesrepublik?«[315] Da der Zechendirektor die Befragung als eine gegen die Bundesregierung gerichtete Maßnahme ansieht, erläßt er ein Verbot auf »bundeseigenem Zechenboden«. Von insgesamt 1.227 abgegebenen Stimmzetteln sind 1.130 mit einem Nein, 75 mit einem Ja versehen und 22 ungültig. Stimmberechtigt waren 1.419 Betriebsangehörige. Bei einer Wahlbeteiligung von 86,46% haben sich danach 92,09% gegen die atomare Aufrüstung ausgesprochen.

21. November Das Oberste Gericht der DDR in **Ost-Berlin** weist den Revisionsantrag eines Angeklagten zurück, der von einem Bezirksgericht »wegen fortgesetzter staatsgefährdender Propaganda und Hetze« zu einer neunmonatigen Gefängnisstrafe verurteilt worden war. Der Verurteilte hatte seit Pfingsten mehrmals in seiner Gartenlaube Lautsprecher aufgestellt, um Westsendungen – vor allem Nachrichten und Kommentare des NWDR – für Nachbarn gut hörbar zu übertragen. Er habe, heißt es dazu in der Urteilsbegründung, bewußt die in seiner Umgebung wohnenden Bürger der »Beeinflussung durch die Ideologie der Feinde« der DDR ausgesetzt und damit selbst »gegen die Arbeiter- und Bauern-Macht gehetzt«.

22./23. November Das Präsidium des *Ständigen Kongresses gegen die atomare Aufrüstung in der Bundesrepublik* gibt auf seiner Tagung in **Kassel** eine Reihe von Empfehlungen für Atomwaffengegner bekannt und fordert Gewerkschaften und Betriebe auf, den 1. Mai 1959 »zu einem neuen Höhepunkt des Kampfes gegen die atomare Aufrüstung der Bundesrepublik« zu machen. Im Präsidium des am 15. Juni in Gelsenkirchen gegründeten *Ständigen Kongresses* sind u.a. der Medizinprofessor Kurt Gröbe, der Schriftsteller Ernst von Salomon, der Rechtsanwalt H. R. Schwartz, die Ärztin Barbara Rathjens und die beiden Hamburger Betriebsräte Walter Biermann und Hans Hentschel vertreten. Das in Hamburg ansässige Sekretariat des *Ständigen Kongresses* wird von dem Schriftsteller Karlludwig Opitz geleitet.

26.11.: Die Teilnehmer des deutsch-französischen Treffens in Bad Kreuznach (v.l.n.r.): Der französische Außenminister Maurice Couve de Murville, Bundesaußenminister Heinrich von Brentano, Ministerpräsident Charles de Gaulle, Bundeskanzler Konrad Adenauer, Bundeswirtschaftsminister Ludwig Erhard und der französische Finanzminister Antoine Pinay.

22./23.11.: Die beiden Hiroshima-Überlebenden vor der Atommahnwache in Saarbrücken.

22./23. November Die beiden Japanerinnen Yoshiko Murato und Sachiko Karmoto, die den Atombombenangriff auf Hiroshima überlebt haben, treten im Lauf von zwei Tagen in fünf verschiedenen Städten des Saarlandes auf, um auch dort vor den Gefahren der Atomrüstung zu warnen. Als Gäste der *Aktionsgemeinschaft gegen die atomare Aufrüstung der Bundesrepublik* sprechen sie auf Kundgebungen in **St. Ingbert**, **Wiebelskirchen**, **Ensdorf**, **Schmelz** und **Saarbrücken**. Auf allen Veranstaltungen wird von den Teilnehmern die Deklaration »Unsere Forderungen an die Atommächte« verabschiedet, die sich an die gerade in Genf tagenden Vertreter der USA, der Sowjetunion und Großbritannien richtet. – In **Saarbrücken** wird zur selben Zeit gegenüber eines in der Dudweiler Straße gelegenen Kinos eine

Atommahnwache durchgeführt. Auf den dort aufgestellten Transparenten und Plakaten heißt es: »Wollt ihr den totalen Atomkrieg?« und »Es ist 5 vor 12 – Hiroshima mahnt!«

23. November Im Guttemplerhaus in **Hamburg** wird von der Volksbühne Moorkamp das von Mauritz Decker verfaßte Drama »Die Welt hat keinen Wartesaal« aufgeführt. In dem Stück wird der Gewissenskonflikt von Atomwissenschaftlern thematisiert.

23. November Bei einem Attentat in **Rabat** kommt der stellvertretende marokkanische Generalstaatsanwalt, der Franzose Auguste Thuveny, ums Leben. Der als liberal geltende Jurist war einer weitverzweigten französischen Geheimorganisation in Nordafrika auf die Spur gekommen, die offenbar über hochrangige Hintermänner in der französischen Armee, der Administration und selbst in der Diplomatie verfügt. Pressekommentatoren sind der Ansicht, daß es sich bei der Terrororganisation, die mit Mord- und Sabotageakten den Unabhängigkeitskampf der Algerier zu blockieren versucht, um *La Main Rouge* (Die Rote Hand) handelt.

26. November Nachdem Bundeskanzler Adenauer bereits am 14. September mit dem französischen Ministerpräsidenten Charles de Gaulle in dessen Wohnsitz Colombey-les-deux-Eglises zusammengetroffen war, findet nun ein zweites Treffen in dem rheinland-pfälzischen Kurort **Bad Kreuznach** statt. Während der Unterredung der beiden Regierungschefs, in der die Weichen für die deutsch-französische Verständigung gestellt werden, fährt ein alter VW-Käfer, auf dessen Vorderhaube eine große algerische Flagge befestigt ist, demonstrativ auf der Kurallee auf und ab. Schon nach kurzer Zeit werden die drei Insassen, die auf Flugblättern »Freiheit für Algerien« fordern, von der Polizei, die mit vier Hundertschaften in dem kleinen Ort präsent ist, festgenommen. Es sind der Alttrotzkist Georg Jungclas, der Sozialist Heinz Beinert und der Sekretär des *Verbandes der Kriegsdienstverweigerer* (VdK), Helmut Schauer. Durch Berufung auf den Bundestagsabgeordneten Hans-Jürgen Wischnewski (SPD) werden sie nach einigen Stunden wieder freigelassen.

26. November Das Exekutivkomitee des *Weltfriedensrates* verabschiedet auf einer Sondersitzung in **Prag** ein Kommuniqué, mit dem die in Genf tagenden Atommächte noch einmal aufgefordert werden, alle Nuklearwaffentests so schnell wie möglich einzustellen. Anstatt dem Beispiel der Sowjetunion zu folgen, die bereits am 31. März ihre Versuche eingestellt hat, hätten die Westmächte ihre Versuchsprogramme in der Zwischenzeit nur noch weiter beschleunigt. Jetzt biete die Genfer Konferenz eine erneute Chance, die nicht ungenutzt verstreichen dürfe. Nichts dürfe geschehen, was ein Abkommen über die sofortige und definitive Einstellung der Tests verhindere.

27. November Der sowjetische Ministerpräsident Nikita Chruschtschow kündigt in einer in **Moskau** an die drei Westmächte aufgegebenen Note die Abkommen über die Verwaltung Großberlins vom 12. September 1944 und über den Kontrollrat vom 1. Mai 1945 sowie die aus dem Vertrag mit der DDR vom 20. September 1955 resultierenden Verpflichtungen auf. Damit hat die UdSSR ihre Besatzungsverpflichtungen und den Vier-Mächte-Status von Berlin einseitig aufgelöst. Zugleich fordert sie, West-Berlin innerhalb von sechs Monaten zu »entmilitarisieren« und als »freie Stadt« in eine »selbständige politische Einheit« zu verwandeln. Anderenfalls würde mit der DDR ein separater Friedensvertrag abgeschlossen, mit dem ihr auch die »Berlin-Rechte« übertragen werden könnten. – Das State Department in **Washington** weist das »Berlin-Ultimatum« noch am selben Tag zurück und versichert, daß die drei Westalliierten nicht auf ihre Rechte in Berlin verzichten würden. Die Vereinigten Staaten würden keine Vereinbarung mit der Sowjetunion treffen, die dazu führe, daß die West-Berliner Bevölkerung »unter feindliche Oberherrschaft« gerate. – Die Regierungen der USA, Großbritanniens und Frankreichs richten am 31. Dezember an die sowjetische Regierung eine ausführliche Antwortnote, in der es heißt, daß sie zwar zu Verhandlungen bereit seien, es jedoch ablehnen, den Vier-Mächte-Status von Berlin ultimativ aufzugeben. – In einer eigenen Antwortnote, in der die Situation als »außerordentlich ernst« eingestuft wird, lehnt die Bundesregierung in **Bonn** am 5. Januar 1959 die Umwandlung West-Berlins in eine dritte politische Einheit sowie die damit verbundene Anerkennung der DDR ab.

28. November Der Erste Strafsenat des Bundesgerichtshofes in **Karlsruhe** verwirft den Revisionsantrag des Anwalts Ernst Sachs, das vom Landgericht Offenburg am 11. April über seinen Mandanten Ludwig Zind verhängte Urteil von einem Jahr Gefängnis wegen Beleidigung und Verunglimpfung des Andenkens Verstorbener aufzuheben. Der 51jährige Stu-

dienrat am Offenburger Grimmelshausen-Gymnasium hatte am 23. April 1957 in einem Gasthaus den jüdischen Kaufmann Kurt Lieser wiederholt mit antisemitischen Äußerungen beschimpft. Der Bundesgerichtshof stellt in seiner Urteilsbegründung fest, daß die Erwägungen, die zur Verurteilung Zinds geführt haben, in allen Punkten zu billigen und rechtlich einwandfrei seien. Der Verurteilte habe mit seinen Äußerungen zugleich in gröblicher Weise gegen die ihm als Beamten und Erzieher obliegenden Pflichten verstoßen; er verliere mit dieser Entscheidung seine Stellung als Lehrer und seine Rechte als Beamter. – Als am Nachmittag, drei Stunden nach der Urteilsverkündung, Polizeibeamte zum Wohnhaus Zinds in **Offenburg** fahren, um ihn zu verhaften, wird ihnen von dessen Frau gesagt, daß sich ihr Mann auf einem Jagdausflug im Westerwald befinde. Er verbringe bei einem »alten Kriegskameraden« ein paar erholsame Tage, um sich dem durch die Urteilsverkündung möglicherweise in der Öffentlichkeit entstehenden Aufsehen zu entziehen. – Als der Haftbefehl nach **Siegen** weitergeleitet wird, kommt von dort die Antwort, daß der angebliche Kriegsfreund bereits im Herbst des Vorjahres verstorben sei und sich der Gesuchte deshalb auch nicht dort aufhalten könne. – Am Tag darauf teilt der kommissarische Leiter der Staatsanwaltschaft **Offenburg**, der Erste Staatsanwalt Rudolf Meyer, mit, daß sich Zind »nicht mehr in Deutschland« befinde. In die Fahndung nach dem offenbar Geflüchteten wird nun auch Interpol eingeschaltet. – Vier Tage später, am 3. Dezember, muß der baden-württembergische Justizminister Wolfgang Haußmann in einer erneuten Debatte des **Stuttgart**er Landtags über den »Fall Zind« einräumen, noch immer nicht zu wissen, wie sich der antisemitische Lehrer der Vollstreckung des Urteils entziehen konnte und wo er sich derzeit aufhalte. Der Minister bedauert zwar, daß es dem Verurteilten auf diese Weise gelungen sei, sich zu entziehen, betont aber zugleich, daß die Justizverwaltung und die Generalstaatsanwaltschaft alle in einem Rechtsstaat möglichen Mittel eingesetzt hätten, um Zind seiner Strafverbüßung zuzuleiten. – Die beiden großen Tageszeitungen der baden-württembergischen Landeshauptstadt kritisieren das Verhalten der Behörden anschließend in scharfen Worten. Die »Stuttgarter Zeitung« schreibt, es könne gar keinen Zweifel daran geben, daß mehrere Stellen leichtfertig gehandelt und sich mit dem, »was Zind war«, und mit dem, »was Zind unternommen hat«, nur unzureichend befaßt hätten. Und die »Stuttgarter Nachrichten« meinen, daß der »Fall des Antisemiten Zind« vorläufig »mit einer üblen Groteske« sein Ende gefunden habe. – Während andere Zeitungen wegen des Falls, der sich zu einem Skandal der baden-württembergi-

27.11.: »Befreier Nikita: ›Brüderchen, ihr sollt leben wie Gott in Rußland...‹« Karikatur aus der »Süddeutschen Zeitung«.

26.11.: Titel eines 1984 erschienenen Buches über die Solidaritätsaktionen der westdeutschen Linken.

26.11.: »Armer Kerl! Er hat zu früh gelebt!« Karikatur des in London erscheinenden »Daily Express«.

schen Justiz ausgeweitet hat, von einer »Republik der Schlafmützen« (Frankfurter Rundschau) sprechen, beschreibt das Nachrichtenmagazin »Der Spiegel« in seiner Ausgabe vom 10. Dezember, wann und wie Zind die Vereitelung der Strafvollstreckung gelungen war. Er war am Abend des 24. November im Jagdanzug und mit einem Gewehr ausgerüstet im Offenburger Bahnhof erschienen, hatte eine Fahrkarte gelöst und dann seelenruhig einen Zug in Richtung Süden bestiegen. Das Magazin schildert außerdem, wie es dem antisemitischen Studienrat nach seiner Verurteilung durch das Landgericht Offenburg ergangen war: »Wenige Tage nach seiner Verurteilung im April, die Zind herzliche Sympathie der Offenburger Bevölkerung, dem von Zind beleidigten Halbjuden Lieser aber eine Art Spießer-Feme einbrachte, ließ sich Zind als Chemiker bei den VIS-Kunststoffwerken des Fabrikanten Alfred Huber in der Freiburger Straße zu Offenburg engagieren. Sein Gehalt von einigen hundert Mark und die rund 600 Mark, die das Land Baden-Württemberg als – auf die Hälfte gekürzte – Studienratsbezüge allmonatlich dem Zind überwies, ermöglichten es der Familie Zind, weiterhin standesgemäß zu leben.«[316]

30. November In **Hamburg** gründen Mitglieder verschiedener Jugendorganisationen die *Junge Aktion gegen den Atomtod – für ein kernwaffenfreies Deutschland*. Zu der »Konferenz der schaffenden Jugend der Wasserkante«, die unter dem Motto »Wir wollen leben!« steht, sind über 300 Teilnehmer ins Winterhuder Fährhaus gekommen. Mit großem Beifall quittieren sie zu Beginn die Verlesung verschiedener Solidaritätsschreiben prominenter Atomwaffengegner. Eingetroffen sind Briefe und Telegramme u.a. von Kirchenpräsident Martin Niemöller, dem Publizistikprofessor Walter Hagemann, dem Maler Otto Dix, der Schriftstellerin Gertrud von Le Fort sowie dem Urwaldarzt und Friedensnobelpreisträger Albert Schweitzer. Mehrere Redner, wie der Münchner Theologiestudent Peter Meier und der Hamburger Horst Bethge, betonen, daß das Gewissen nicht tot sei und sie den Kampf gegen die Atombewaffnung sowie die Schaffung einer atomwaffenfreien Zone in Mitteleuropa nicht aufgeben würden. Den größten Beifall erhält die Schauspielerin und Kabarettistin Ursula Herking. Sie erklärt, sie habe zwei Kinder und sie wolle, daß sie weiterleben könnten. »Jetzt hören wir«, fährt sie fort, »schon wieder diese Sprüche: Wir müssen aufrüsten, weil die anderen nicht abrüsten. Der Friede wird nur noch durch das Gleichgewicht des Schreckens erhalten. Die letzte Folge des ›Ausradierens‹ waren unsere zerstörten Städte. Mein Gefühl für den Menschen verwandelt sich in Haß gegen jene, die so etwas wollen.«

Es ist Zeit, wenn die Erwachsenen nichts tun, daß die Jugend nein sagt, nein und nochmals nein!«[317] Das Betriebsratsmitglied der Deutschen Werft, Josef Kuchta, ermahnt die jungen Leute in seinem Beitrag, die Zeit des »Tausendjährigen Reiches« nicht zu vergessen. Um die Gefahren der Demokratie richtig einschätzen zu können, müsse immer bewußt bleiben, wieviel »vom Geist jener Tage« in die Gegenwart »hinübergerettet« worden sei. Fast einstimmig wird die Gründung der *Jungen Aktion gegen den Atomtod* beschlossen und in einem Manifest zu einer verstärkten Diskussion des Rapacki-Planes in der Öffentlichkeit aufgerufen.

30. November In der bei Bad Homburg, am östlichen Rand des Taunus gelegenen Kleinstadt **Köppern** kommt es zu einem antisemitischen Übergriff. Am späten Abend betreten fünf Männer, angeführt von Reinhold Kazurke das Café Winter und fragen, ob sie telephonieren dürfen. Als dies der 35jährige Besitzer Kurt Sumpf, der seiner jüdischen Herkunft wegen emigriert war und erst zwei Jahre zuvor zurückgekehrt ist, mit der Bemerkung ablehnt, er sei allein und das Telephon befinde sich im ersten Stock des Hauses, stürzen die Männer unter dem Ausruf »Hier können keine Köpperner, sondern nur eingeplackte Juden telephonieren!« über ihn her. Sie renken ihm einen Daumen aus und lassen auch nicht von ihm ab, als zwei von anderen Gästen alarmierte Polizeibeamte eintreffen. Als Sumpf von einem der Männer getreten wird, fährt ihn einer der beiden Polizisten obendrein noch an, er solle sich gefälligst hinter die Theke scheren. Ein junger Mann, der

30.11.: Das Ehepaar Sumpf zusammen mit seinem Sohn vor dem Café in der bei Bad Homburg gelegenen Taunusgemeinde Köppern.

Sumpf zu Hilfe kommen will, wird in einen Neben-raum abgedrängt und dort ebenfalls zusammenge-schlagen. Vor dem Lokal hat sich inzwischen eine joh-lende Menge versammelt, die mit Rufen wie »Schlagt den Juden naus!« die Antisemiten weiter anzusta-cheln versuchen. Als der Caféhausbesitzer die bei-den Beamten auffordert, ihn zu schützen, reagiert Hauptwachtmeister Rademacher mit den Worten, er solle endlich seinen »Saftladen« zumachen. – Bereits im Alter von 13 Jahren hatte Kurt Sumpf im März 1936 in Frankfurt erleben müssen, wie SA-Männer seinen Vater, einen ehemaligen Stabsoffi-zier, in seinem Geschäft überfielen und ihn in Anwe-senheit von zwei Polizeibeamten zusammenschlu-gen. Nach dieser Terroraktion war die Familie Sumpf in die Emigration gegangen. Nach seiner Rückkehr 20 Jahre später übernahm der gelernte Bäckermei-ster dann am 1. August 1958 das Café Winter. Seit-dem ist Kurt Sumpf ununterbrochen Zielscheibe unterschiedlichster Angriffe. Ein Hutfabrikant aus dem benachbarten Friedrichsdorf fordert einen anderen auf, »den Jud einfach wegzuknallen!« und der Inhaber eines Beerdigungsinstitutes macht ihm das makabre Angebot, ihn »kostenlos« zu beerdigen. Seine Gäste werden auf offener Straße angepöbelt und eingeschüchtert. Der am 8. August beim Land-ratsamt eingereichte Antrag zur Erteilung einer Schankerlaubnis ist auf unerklärliche Weise »verlo-rengegangen« und am 20. August ist in seiner Back-stube plötzlich ein Vertreter des Gesundheitsamts erschienen. – Am Tag nach dem Übergriff sucht der Verfolgte in **Frankfurt** die Redaktion der »Frankfur-ter Rundschau« auf, deren Herausgeber Karl Gerold ein bekannter Antifaschist ist, und schildert, was vorgefallen ist. Mit zitternden Händen erklärt er, daß er keinen Ausweg mehr wisse. Nach 22 Jahren befinde er sich in der gleichen Situation wie sein Vater während der NS-Zeit. Sein neunjähriger Sohn Peter, der überhaupt keine Ahnung von seiner Her-kunft hatte, könne aus Angst vor antisemitischen Nachstellungen die Volksschule nicht mehr besu-chen. Schulkameraden zögen zweimal am Tag vor das Fenster seines Zimmers und riefen »Jud, Saujud!«. Seine Klassenlehrerin kümmere sich zwar um ihn und drohe den Kindern, die etwas Schlechtes über den Jungen sagten, Strafarbeiten an, könne aber die bedrohliche Situation nicht grundsätzlich entspan-nen. – Zwei Tage später muß sich Sumpf vor dem Amtsgericht in **Bad Homburg** verantworten, weil er seinen Gästen alkoholische Getränke ausgeschenkt hat. Das Gericht spricht ihn auf Kosten der Staats-kasse frei. – Am 20. Dezember berichtet Botho Kirsch dann unter der Überschrift »Verspätete ›Kri-stallnacht‹ auf dem Lande« in der »Frankfurter Rund-schau« ausführlich über die Treibjagd gegen den jüdi-

schen Caféhausbesitzer und dessen mangelhaften Schutz durch die Polizei. – Einen Tag darauf teilt Ober-staatsanwalt Heinz Wolf in **Frankfurt** mit, daß wegen des antisemitischen Treibens gegen den jüdischen Bäk-kermeister Kurt Sumpf gegen 13 Einwohner von Köp-pern ein Ermittlungsverfahren eingeleitet worden sei. Mit den Nachforschungen sei das hessische Landeskri-minalamt beauftragt worden; die Ermittlungen wür-den vom Kriminalkommissariat in Bad Homburg durchgeführt. – Am 20. Januar 1959 stellt das Innen-ministerium in **Wiesbaden** fest, daß sich die beiden am 30. November in Köppern im Einsatz befindlichen Polizeibeamten »korrekt und einwandfrei« verhal-ten hätten. Von ihnen sei inzwischen Strafanzeige gegen den Caféhausbesitzer Kurt Sumpf wegen fal-scher Beschuldigung gestellt worden.

30. November Nach dem zweiten Wahlgang der Parlamentswahlen in **Frankreich** steht endgültig fest, daß die neugegründete gaullistische Partei *Union pour la Nouvelle République* (UNR) auf Anhieb die meisten Stimmen auf sich vereinigen konnte. Mit 26,4% aller abgegebenen Stimmen erringen die Gaullisten 189 von insgesamt 537 Sitzen in der Nationalversammlung. Die linken Parteien, allen voran die KPF, sind erneut die großen Verlierer der Wahl.

30. November Nach zwei Wochen dauernden Ge-fechten gelingt es den Truppen Fidel Castros mit **Guisa** zum ersten Mal eine außerhalb der Sierra Maestra gelegene größere Stadt zu erobern. – Die Verhandlungen, die nach der Einnahme mit dem Oberbefehlshaber der kubanischen Streitkräfte, General Eulogio Cantillo, geführt werden, erweisen sich jedoch als Fehlschlag. Seine Zusage, am 31. Dezember gegen Diktator Fulgencio Batista put-schen zu wollen, stellt sich als Finte heraus. Der General informiert Batista umgehend über die mit Castro getroffene Vereinbarung und stellt mit ihm Überlegungen an, wie ein weiteres Vordringen der Guerilla verhindert werden könnte.

30.11.: Che Guevara bei einer Gefechtspause.

30.11.: Kubanische Rebellen nach dem erfolgreichen Angriff auf eine Stadt in der Provinz Las Villas.

1958

Januar Februar März April Mai Juni Juli

August September Oktober November

Dezember

Dez.: Kriegsversehrte demonstrieren.

Dezember Das Studentenparlament der Christian-Albrechts-Universität in **Kiel** nimmt nach heftigen Kontroversen eine Entschließung an, mit der die Wahl des ehemaligen SS-Gruppenführers Heinz Reinefarth (GB/BHE) zum Landtagsabgeordneten verurteilt und die daran vom Landesbeauftragten für staatsbürgerliche Bildung, Oberregierungsrat Ernst Hessenauer, geübte Kritik begrüßt wird. Hessenauer hatte auf einer Versammlung des schleswig-holsteinischen Landesjugendrings erklärt, es sei nicht zu verantworten, wenn ein ehemaliger SS-Offizier wie Reinefarth heute ein Landtagsmandat bekleide; er war deshalb sowohl vom Landesverband

der CDU als auch von Ministerpräsident Kai-Uwe von Hassel (CDU) gerügt worden. In einer weiteren Entschließung wendet sich das Studentenparlament gegen alle Versuche, ehemals hochrangigen Funktionären des NS-Regimes in der Bundesrepublik wieder Einfluß einzuräumen.

Dezember Auf einer Kundgebung des *Verbandes der Kriegsbeschädigten* (VdK) in **Nürnberg** nehmen die 4.000 Teilnehmer einstimmig eine Resolution an, mit der bis zur Verabschiedung eines reformierten Versorgungsgesetzes die sofortige Auszahlung einer Überbrückungszulage gefordert wird. Die Bundesrepublik, heißt es in der Erklärung, sei auf dem besten Wege, »sozialpolitisch zu den unterentwikkelten Ländern gezählt« zu werden.

Dezember Der Literaturkritiker Fritz Joachim Raddatz flieht von **Ost-** nach **West-Berlin**. Der 27jährige Germanist, der 1954 an der Humboldt-Universität promovierte und sich als Herausgeber der Schriften Kurt Tucholskys einen Namen gemacht hat, war stellvertretender Cheflektor des Verlages »Volk und Welt«. Er war auch der Kopf des »Donnerstags-Kreises«, einer regimekritischen Gruppierung von Intellektuellen, die sich im Herbst 1956 während des ungarischen Volksaufstandes regelmäßig im Klub der Kulturschaffenden traf. Da die Teilnehmer des Kreises nach Einschätzung der SED eine »parteifeindliche und staatsfeindliche Einstellung« an den Tag legten und glaubten, den Sozialismus vom Stalinismus »reinigen« zu müssen,[318] war Raddatz vorübergehend festgenommen worden. Nun befürchtet er, erneut in die Hände der Staatssicherheit zu geraten. Da er gezwungen ist, sich innerhalb weniger Minuten zu entscheiden, muß er seinen gesamten persönlichen Besitz zurücklassen. – Raddatz, der sich nicht als politischer Flüchtling registrieren läßt, siedelt anschließend nach **München** über und wird dort Cheflektor des Kindler-Verlages.

Dezember In **Israel** rufen verschiedene Organisationen von Widerstandskämpfern und Opfern des NS-Regimes zu einer Kampagne gegen die Aufführung deutscher Filme und Kabarettprogramme auf. Insbesondere vor Kinos, in denen deutschsprachige Filme zu sehen sind, werden Flugblätter verteilt. – In der »Allgemeinen Wochenzeitung der Juden in Deutschland« kritisiert deren Chefredakteur Karl Marx den Boykottversuch mit den Worten: »Man tut den Unmenschen einer bestialischen Zeit zuviel Ehre an, wenn man um ihretwillen einen gesamten Kulturkreis in Acht und Bann tut. Das Deutschland der Jahre 1933–1945 hat den perfektionierten Mord, die gnadenlose Brutalität und die völlige Entwürdigung des Menschen erfunden. Es ist keine illusionistische Schwärmerei, wenn man sagt, daß dieses Deutschland keine innere Bindung zu einer Sprache hatte, die man als solche nicht für Verbrechen verantwortlich machen sollte, die im Namen Deutschlands geschehen sind.«[319] Zwar sei Israel von Trivialfilmen wie »Sissi« und anderen Schnulzen überschwemmt worden, man solle sich jedoch hüten, den Boykottaufruf zu einer politischen Angelegenheit zu machen. Die Politik, meint Marx in Abwandlung eines Bonmots, sei eine viel zu ernsthafte Angelegenheit, als daß man sie Filmverleihern und Kinobesitzern überlassen solle.

1. Dezember In einer im ehemaligen Frauengefängnis von **Ludwigsburg** eingerichteten Dienststelle nimmt die »Zentrale Stelle der Landesjustizverwaltungen zur Aufklärung nationalsozialistischer Verbrechen« ihre Arbeit auf. Zu ihrem Leiter ist der 45jährige Oberstaatsanwalt Erwin Schüle ernannt worden. Entscheidender Anstoß für die von den Justizministern von Bund und Ländern im Oktober auf einer Konferenz in Bad Harzburg beschlossene Einrichtung war der Ulmer Einsatzgruppenprozeß, in dem sich herausgestellt hatte, daß von den Deutschen während des Krieges in den besetzten Ostgebieten verübte Massenmorde weitgehend unaufgeklärt waren und eine Strafverfolgung der Täter nur durch eine systematische Ermittlungstätigkeit möglich sein würde. Die neugeschaffene Dienststelle darf zwar wie eine Staatsanwaltschaft Ermittlungen durchführen, jedoch nicht wie diese auch formell eine Anklage erheben. Ihre Arbeit dient der Aufklärung von Tötungsverbrechen, die außerhalb des Bundesgebietes begangen worden sind, nicht aber der strafrechtlichen Verfolgung derjenigen, die sie begangen haben. Mit dieser wesentlichen Einschränkung ihrer Kompetenzen soll vor allem der Verdacht

zerstreut werden, es könne sich bei dieser Stelle um eine neue Entnazifizierungsbehörde handeln. »Es handelt sich also«, heißt es über ihr Aufgabengebiet, »nicht um eine neue Entnazifizierung, sondern um die Aufklärung umfangreicher, bisher ungesühnter schwerer Verbrechen, die sowohl nach damaligem als auch nach heutigem Recht unter schwere Strafandrohung gestellt waren und sind.«[320] Der Zuständigkeitsbereich der Ludwigsburger Zentralstelle ist begrenzt auf NS-Verbrechen, die während des Zweiten Weltkrieges außerhalb des Bundesgebietes an Zivilpersonen begangen worden sind; Kriegsverbrechen im engen Sinne gehören nicht dazu. – Im Einsatzgruppenprozeß waren am 29. August vom Schwurgericht beim Landgericht **Ulm** zehn Angeklagte, frühere SS-, SD-, Sipo- und Gestapo-Angehörige, wegen vielfachen Mordes und Beihilfe zum Mord zu mehrjährigen Zuchthausstrafen verurteilt worden. Nach der zufällig erfolgten Verhaftung eines der Hauptangeklagten, des ehemaligen Memeler Polizeidirektors Bernhard Fischer-Schweder, der vergeblich vor dem Ulmer Arbeitsgericht durch Berufung auf Art. 131 des Grundgesetzes seine Wiederaufnahme in den Staatsdienst hatte erzwingen wollen, war 1956 unter der Leitung von Oberstaatsanwalt Schüle eine umfangreiche Fahndung nach Mittätern eingeleitet worden. – Bereits im ersten Monat ihrer Untersuchungen gelingt es der Zentralstelle in **Ludwigsburg** 64 Vorermittlungsverfahren einzuleiten. Um eine noch größere Effizienz zu erzielen, wird die Arbeit ein halbes Jahr später nach geographischen Schwerpunkten aufgeteilt.

1.12.: »…und sie waschen ihre Hände in Unschuld…« Karikatur von Ernst Maria Lang aus der »Süddeutschen Zeitung«.

I. Dezember Im »Bulletin des Presse- und Informationsamtes der Bundesregierung« erscheint ein vom Kuratorium »Unteilbares Deutschland« erlassener Aufruf mit der Parole »Macht das Tor auf!«. Durch den gleichzeitig anlaufenden Verkauf von silberfarbigen Anstecknadeln in der Form des Brandenburger Tores soll symbolisch der Wille zur Wiedervereinigung Deutschlands ausgedrückt und finanziell der Grundstock für eine »Stiftung Unteilbares Deutschland« gelegt werden. Der Wortlaut des Aufrufs ist: »Einmütig haben alle Parteien des Deutschen Bundestages den unhaltbaren Zustand der Trennung unseres Volkes vor der Welt offenbar gemacht. Einmütig fordern die Männer und Frauen unseres Volkes die deutsche Einheit. Seit über einem Jahrzehnt vergeht kein Tag, an dem nicht Eltern daran gehindert werden, ihre Kinder zu sehen und Kinder ihre Eltern. Seit über einem Jahrzehnt weiß die deutsche Jugend nicht mehr, wie ihre Heimat aussieht. Seit über einem Jahrzehnt werden Millionen von Bürgern die Grund- und Freiheitsrechte verweigert, ohne die ein menschenwürdiges Leben nicht denkbar ist. Es ist die Zeit gekommen, allen zuzurufen: Macht das Tor auf! Gebt uns das heilige Recht der Selbstbestimmung! Beseitigt als erstes die Schranken, die uns trennen! Wir fordern: Freies Reisen in Deutschland, freie Wahl des Wohnortes, freie Wahl des Arbeitsplatzes, freies Wort.«[321] Der Aufruf ist von Bundespräsident Heuss, Bundeskanzler Ade-

1.12.: Titel einer Broschüre des Kuratoriums »Unteilbares Deutschland«.

1.12.: Persiflage der Parole auf dem Titelbild der Hamburger Studentenzeitschrift.

nauer und zahlreichen Personen des öffentlichen Lebens unterzeichnet. – Den Anstoß zu der Kampagne hatte der Verleger Axel Springer gegeben. In einem am 3. September an prominente Vertreter von Politik, Wirtschaft, Kultur und anderen Bereichen versandten Neun-Punkte-Programm hatte er eine umfassende Initiative in der Deutschlandpolitik gefordert. Bei einer Besprechung in seinem Büro in **West-Berlin** war am 25. September beschlossen worden, eine »Volksbewegung« zu initiieren. Durch den Verkauf von Plaketten sollte Geld für einen Fonds zur Unterstützung deutschlandpolitischer Schritte gesammelt werden. Einzelheiten der Aktion »Macht das Tor auf!« waren dann am 7. November bei einer Zusammenkunft in **Bonn**, an der Bundeskanzler Adenauer, Staatssekretär Hans Globke, Axel Springer und der geschäftsführende Vorsitzende des Kuratoriums, Wilhelm Wolfgang Schütz, teilnahmen, vereinbart worden. Bei der Firma Hofstätter in Beuel werden zunächst fünf Millionen Abzeichen mit dem Signet des Brandenburger Tores bestellt. – Zur Überraschung der Initiatoren stößt der Verkauf der 20 Pfennig teuren Anstecknadeln auf eine außerordentlich hohe Resonanz. Bereits innerhalb der ersten drei Monate können neun Millionen Stück verkauft werden. Und am Ende des Jahres 1959 wird ein Absatz von 12.098.818 Stück verzeichnet. Durch den ideologischen und finanziellen Erfolg der Kampagne erlebt das Kuratorium »Unteilbares Deutschland«, das nach internen Meldungen zuvor in finanziellen Schwierigkeiten gesteckt haben soll, einen unerwarteten Aufschwung.

I. Dezember Die Redaktion der Studentenzeitung »Nobis« in **Mainz** zieht die Konsequenzen aus einem monatelangen Konflikt mit dem Hohen Senat der Johannes-Gutenberg-Universität und löst ihre vertraglichen Bindungen zu der Körperschaft auf, um zukünftig als »unabhängige Studentenzeitschrift« zu erscheinen. Der Hohe Senat, heißt es zur Begründung, gewähre an der Universität »keine generelle Pressefreiheit«; er schränke sie durch die Drohung mit Strafgesetzen und eine für jeden Studierenden verbindliche Disziplinarordnung ein. – Ende Juli hatte der Senat einen vom früheren »Nobis«-Chefredakteur Hans-Jürgen Plaumann verfaßten Artikel, in dem sich dieser mit der »Verflachung und Sexualisierung des öffentlichen Lebens« auseinandergesetzt hatte, einstimmig mißbilligt. Besonderen Zorn hatten dabei Formulierungen ausgelöst, in denen sich Plaumann mit dem seiner Ansicht nach vergeblichen Versuch von Bundesfamilienminister Franz-Josef Wuermeling (CDU) befaßt, die Ehe als Lebensgemeinschaft zu reformieren. In einem Leserbrief von Philosophieprofessor Karl Holzamer, zugleich Vor-

1.12.: Studenten der Mainzer Universität lassen sich aus Protest gegen die Nichthinzuziehung zu Beratungen über ein neues rheinland-pfälzisches Hochschulgesetz den Bart wachsen.

sitzender der CDU-Fraktion im Mainzer Stadtrat, war daraufhin der Redaktion vorgeworfen worden, sie befleißige sich einseitig einer »Gesamtlinie im Sinne eines Linksintellektualismus« wie er sich auch in bedeutenden Tageszeitungen breitmache. Noch im Januar war den studentischen Redakteuren von »Nobis« in der FDJ-Zeitung »Forum« ganz im Gegensatz dazu attestiert worden, es handle sich bei ihnen um »Achtgroschenjungen des brutalen Individualismus, der Unmoral, des feigen Opportunismus und des sinnlosen Zynismus«.

1. Dezember Mit einer Schweigeminute, in der allgemeine Verkehrsruhe herrscht, gedenken die Bürger von **West-Berlin** des zehnten Jahrestages der politisch-administrativen Spaltung ihrer Stadt. – Nachdem sich am 30. November 1948 im sowjetischen Sektor ein eigener Magistrat konstituiert und Friedrich Ebert (SED) zum Oberbürgermeister gewählt worden war, hatte der am 6. September gewählte Magistrat unter Führung von Bürgermeister Ferdinand Friedensburg (CDU) seinen Dienstsitz in den zum britischen Sektor gehörenden Bezirk Charlottenburg verlegt.

1. Dezember In einem Interview der »New York Times« zum Berlin-Ultimatum des sowjetischen Ministerpräsidenten Chruschtschow erklärt Walter Ulbricht, der Erste Sekretär des SED-Zentralkomitees, daß es »keine Verbindungswege der westlichen Alliierten durch das Territorium der DDR« gebe. Durch seine Feststellung, daß es lediglich »Verkehrswege in der DDR« gebe, die von den westlichen Alliierten unter bestimmten Bedingungen und nach bestimmten Regelungen mit der Regierung der DDR benutzt werden könnten, droht er indirekt damit, sie gegebenenfalls für westliche Benutzer zu schließen.

2. Dezember Die Erste Strafkammer des Kreisgerichts **Neubrandenburg** verurteilt einen ehemaligen politischen Funktionär wegen Staatsverleumdung zu einer Gefängnisstrafe von einem Jahr. Der Angeklagte, der 1956 in den Westen gegangen und zwei Jahre später bei einem Besuch in Ost-Berlin verhaftet worden war, hatte ein in der Gefängnisbücherei von Neubrandenburg ausgeliehenes Buch mit eigenhändigen Kommentaren versehen. An den Rand des von Peter Nell verfaßten Bandes »Die Fischer von Sylt«, in dem es um den antifaschistischen Kampf geht, hatte er z. B. geschrieben, daß es sich dabei um »erlogene Geschichten« handle. In der Urteilsbegründung heißt es dazu: »Alle die Randbemerkungen tätigte er, weil er das Bedürfnis verspürte, seine feindliche Einstellung gegenüber der sozialistischen Gesellschaftsordnung in unserer Republik niederzulegen und anderen Menschen kundzutun. Damit griff der Angeklagte die politischen Grundlagen unseres Staates sowie die Ehre und Würde von staatlichen Einrichtungen und gesellschaftlichen Organisationen an.«[322] Die Strafe sei erforderlich, heißt es weiter, damit der Angeklagte erkenne, daß kein Bürger ungestraft den Staat und seine Organe sowie die gesellschaftlichen Organisationen verunglimpfen könne.

3. Dezember Auf einer Versammlung der zum Mannesmann-Konzern gehörenden Zeche »Hugo« in **Gelsenkirchen** verabschieden 300 Bergarbeiter eine Entschließung, mit der die Bundesregierung aufgefordert wird, energische Maßnahmen gegen die sich verschlechternde Lage im Kohlenbergbau zu ergreifen. Es wird eine vollständige Entschädigung für den durch Feierschichten entstandenen Lohnausfall und eine Überprüfung des von der DDR gemachten Angebots verlangt, vier Millionen Tonnen Ruhrkohle aufzukaufen. – Ähnliche Forderungen erhebt die Betriebsvertretung der Zeche »Fürst Leopold Baldur« in **Dorsten** in einem an Bundeskanzler Adenauer gerichteten Schreiben.

3. Dezember Unter dem Motto »Atompfer mahnen! Hiroshima-Überlebende berichten!« wird die vom *Bund der Deutschen* (BdD) organisierte Veranstaltungsreihe mit den beiden Japanerinnen Yoshiko Murato und Sachiko Karmoto in mehreren Städten Nordrhein-Westfalens fortgesetzt. Zunächst treten die beiden Atomwaffengegnerinnen zusammen mit dem BdD-Landesvorstandsmitglied Helmut Wacker in der Stadthalle von **Schmallenberg** (Sauerland) auf.

– Am Tag darauf sprechen sie zusammen mit dem BdD-Vorsitzenden Wilhelm Elfes vor 400 Besuchern im Brauhaus Schlösser in **Düsseldorf**. – Einen weiteren Tag später treten sie mit dem BdD-Bundesvorstandsmitglied Otto Schönfeldt vor 250 Besuchern im Hans-Sachs-Haus in **Gelsenkirchen** auf. – Und am 8. Dezember sprechen sie wiederum mit Wilhelm Elfes vor 200 Besuchern im Handelshof in **Duisburg-Hamborn** und am 11. Dezember mit dem BdD-Bundesvorstandsmitglied Erich Hauschild im Rheinischen Hof in **Solingen**. Mitveranstalter aller Kundgebungen ist der *Jugendausschuß gegen die atomare Bewaffnung der Bundesrepublik.*

4. Dezember Auf einem Forum der Freien Universität in **West-Berlin** hält der Vorsitzende des *Verbandes Deutscher Studentenschaften* (VDS), Klaus Meschkat, ein Referat zum Thema »Die politische Verantwortung der Universität«.

3.12.: Die beiden Hiroshima-Überlebenden in Düsseldorf mit führenden BdD-Politikern, darunter dem Parteivorsitzenden Wilhelm Elfes (links).

6./7.12.: CND-Mitglieder demonstrieren in Swaffham.

6. Dezember Im Anschluß an die Vorführung eines Filmes mit dem amerikanischen Rocksänger Elvis Presley, der zur Zeit in Friedberg (Hessen) seinen Wehrdienst absolviert, zertrümmert eine Gruppe jugendlicher Besucher in **Osnabrück** die Inneneinrichtung eines Kinos. Danach ziehen sie randalierend durch die Straßen der westfälischen Stadt.

6. Dezember Die »Deutsche Volkszeitung« veröffentlicht eine eidesstattliche Erklärung, in der der ehemalige Angehörige des Sonderkommandos Reinefarth-Dirlewanger, Heinz Reimer, den ehemaligen SS-Gruppenführer und jetzigen GB/BHE-Abgeordneten im schleswig-holsteinischen Landtag, Heinz Reinefarth, beschuldigt, 1944 im Raum Warschau für die Erschießung von mindestens 6.000 Geiseln verantwortlich zu sein. Reimer ist jüdischer Herkunft und war nach seiner Inhaftierung im Konzentrationslager Dachau an die Ostfront abkommandiert worden, um dort besonders gefährliche Aufgaben wie Minensuchen und das Ausheben von Schützengräben zu verrichten. Der in Hannover lebende Mann schildert in seinem Schreiben ausführlich, wie er, der zeitweilig Stallbursche von Reinefarth war, von dem SS-Offizier auf zynische Weise drangsaliert wurde. – Die Staatsanwaltschaft Flensburg hatte die Ermittlungen gegen den Politiker, der bis vor kurzem Bürgermeister von Westerland auf Sylt war, am 1. Oktober aus Mangel an Beweisen eingestellt. Die Redaktion der DVZ leitet Reimers eidesstattliche Erklärung an die Zentrale Stelle in **Ludwigsburg** weiter.

6./7. Dezember Die *Aktionsgemeinschaft gegen die atomare Aufrüstung* verabschiedet auf einer Arbeitstagung in **Frankfurt** einen »Aufruf an alle«, in dem

neue wirkungsvolle Kampfmaßnahmen gegen die atomare Aufrüstung in der Bundesrepublik gefordert werden. Die Aufgabe des deutschen Volkes sei es, der Vernunft und der Besonnenheit zum Sieg zu verhelfen. Die Atomrüstungspläne der Bundesregierung verhinderten die allgemeine Entspannung, machten einen Friedensvertrag mit Deutschland, die Bildung einer atomwaffenfreien Zone in Mitteleuropa und die Wiedervereinigung Deutschlands unmöglich. Mit der irreführenden Parole »lieber rot als tot« werde ein Zusammenhang zwischen dem Widerstand gegen die Atomrüstung und der Errichtung einer sozialistischen Ordnung konstruiert, der in keiner Weise bestehe. Schon einmal habe sich das deutsche Volk durch die antibolschewistische Propaganda verleiten lassen, einen Krieg zu führen, der zur größten Katastrophe der Geschichte geführt habe. Alle Atomwaffengegner, heißt es weiter, müßten enger zusammenarbeiten, die regionalen Arbeitsausschüsse gestärkt und neue Ausschüsse gebildet werden. Der Bundestag wird aufgefordert, ein Gesetz zur Durchführung eines Volksentscheids über die Atombewaffnung der Bundeswehr zu verabschieden.

6./7. Dezember Mitglieder des antimilitaristischen *Direct Action Committee* (DAC) führen in der im britischen Norfolk gelegenen Kleinstadt **Swaffham** eine Kundgebung gegen die Errichtung eines amerikanischen Raketenstützpunktes durch. Insgesamt 132 Aktivisten, die mit Personenwagen angereist sind, ziehen zum Marktplatz der 3.000 Einwohner zählenden Stadt und entrollen dort vor laufenden Kameras der BBC und der Wochenschau sowie zahlreich angereisten Pressevertretern Spruchbänder, auf denen in vier verschiedenen Sprachen die Aufforderung zu lesen ist: »Menschen aller Nationen! Verweigert die Arbeit an Kernwaffen!« Nach der Kundgebung, auf der Vertreter des DAC zu den 200 Versammelten sprechen, setzt sich ein kleiner Zug von Demonstranten zu der nur wenige Kilometer entfernten, im Bau befindlichen Atomraketenbasis **North Pickenham** in Bewegung. Dort angekommen dringen sie in die Baustelle ein, wo die ersten Abschußrampen für amerikanische Thor-Raketen auf europäischem Boden errichtet werden sollen. In einem Bericht wird der Ablauf genau geschildert: »Voran geht eine Gruppe von 46 Personen, die zu aktivem Widerstand entschlossen ist. Ihnen folgen 76 Demonstranten, die die Aktion unterstützen wollen. Die ersten Warnschilder tauchen auf und verbieten das Betreten des Gebiets. Nach einem kurzen, gemeinsamen Schweigen geht die Aktionsgruppe entschlossen weiter. Sie befindet sich jetzt auf dem Boden, der der Royal Air Force gehört. Sie erreicht das verschlossene Eingangstor und wendet sich am Stacheldrahtzaun nach rechts. Irgendwo befindet sich eine Lücke im Zaun, durch die sie den eigentlichen Bauplatz betritt. Dies alles war vorbereitet und in der Zielsetzung den Aufsichtsbehörden angekündigt. Vier unbewaffnete Posten halten die Führer der Gruppe an, die übrigen gehen ungehindert weiter. Wie erwartet werden nach wenigen Minuten des Abwartens Wasserwerfer eingesetzt und riesige Ströme ergießen sich über die Eindringlinge. Sie lassen sich jedoch nicht entmutigen, und schließlich gibt die Royal Air Force ihren Widerstand auf. Jetzt erreicht die Gruppe den Atommeiler, an dem gerade gearbeitet wird. Jeder setzt sich vor eines der dort haltenden Fahrzeuge auf den Boden und hindert so merklich den Fortgang der Arbeiten. Die Arbeiter geraten in Wut. Sie gießen Wasser über die Demonstranten und schleifen die Männer in tiefe Pfützen, um sie an den Haaren wieder herauszuziehen. Sie treten und schlagen erst die Demonstranten, geraten aber schließlich untereinander in Streit und prügeln sich gegenseitig. Die Polizei sieht volle 15 Minuten lang diesen Szenen tatenlos zu ... Endlich greift die Polizei ein. Sie tragen die Führer der Gruppe hinweg, einige der Widerständler werden in Schutzhaft genommen, zwei bringt man vorsorglich ins Krankenhaus. Der Rest der Gruppe, durchgefroren, durchnäßt und schmutzig, setzt sich vor dem Eingang auf den Boden. Die ganze Nacht hindurch hindert eine Gruppe von Demonstranten auf diese Weise den Verkehr von und zum Bauplatz.«[323] Am Morgen des nächsten Tages, einem Sonntag, werden die Aktionen fortgesetzt. Sie verlaufen jedoch erheblich ruhiger, weil die Bauarbeiter frei haben und sich nur Sicherheitspersonal auf dem Gelände befindet. – Wegen des Aufsehens, den der Zwischenfall von

6./7.12.: Sitzblockade vor der Atomraketenbasis in North Pickenham.

North Pickenham in der britischen Presse erregt, kommt es im Unterhaus in **London** zu einer Kontroverse zwischen dem Staatssekretär für Luftfahrt, George Ward, und Mitgliedern der oppositionellen *Labour Party*. – In der Februarausgabe der Zeitschrift »Informationen« kommentiert Helga Stolle den Blockadeversuch des DAC mit den Worten: »Diese Aktion war der erste Versuch eines direkten, aktiven Gruppenwiderstandes gegen die Staatsgewalt auf englischem Boden. Sie war die im ganzen gelungene Verwirklichung einer der Gandhischen Techniken des gewaltlosen Widerstandes. Ein Vertreter des Komitees sagte, daß sie moralischen Widerstand gegen eine unmoralische Politik leisten wollten. Indem sie sich vor den Lastwagen auf den Boden setzten, identifizierten sich die Demonstranten in einem bestimmten Sinn mit den Menschen, deren Leben durch die Atombombe bedroht ist. Durch ihren Einsatz wollten sie alle an der Produktion Beteiligten zwingen, sich zu prüfen, ob ihr Gewissen eine Mitarbeit an den Massenvernichtungswaffen zuließe. Der Einbruch in das Bewußtsein der Öffentlichkeit ist wie nie zuvor gelungen. Die englische Presse druckte ihre Berichte auf der ersten Seite unter großen Schlagzeilen. Der Rundfunk brachte nicht nur Nachrichten, sondern auch Augenzeugenberichte und Kommentare zu der Aktion in den Hauptsendezeiten. Das Fernsehen zeigte einen Film über die Ereignisse in Swaffham ... Ein Geistlicher verglich in einer Rundfunkansprache die schockierende Wirkung dieser Aktion mit dem Schock, den Herodes bei der Geburt Christi erlitt.«[324]

8.12.: Mit Handzetteln wird für eine Veranstaltung des rechtsradikalen BNS geworben.

7. Dezember Aus den Wahlen zum Abgeordnetenhaus in **West-Berlin** geht die SPD als stärkste Partei hervor. Sie gewinnt 7,5% der Stimmen hinzu und erreicht mit 52,6% zum ersten Mal die absolute Mehrheit. Die CDU, die ebenfalls Gewinne verbuchen kann, kommt auf 37,7% der Stimmen. Die FDP, die 1954 noch 12,8% der Stimmen erreichte, verliert erdrutschartig und scheitert mit 3,8% klar

an der Fünf-Prozent-Hürde. Die rechtsnationalistisch orientierte *Deutsche Partei* (DP) kommt auf 3,3% der Stimmen und die SED auf 1,9%. – Kommentatoren bewerten den Wahlausgang vor allem als einen Erfolg für den Regierenden Bürgermeister Willy Brandt, der Spitzenkandidat der SPD war. Sowohl die hohe Wahlbeteiligung von 92,9% als auch die Stimmenverluste für die SED werden als ein klares Votum gegen das von der Sowjetunion gestellte Berlin-Ultimatum angesehen.

8. Dezember Im Lokal »Preußenhof« in **West-Berlin** sprengen rund vierzig Studenten der Freien Universität eine Veranstaltung des rechtsradikalen *Bundes Nationaler Studenten* (BNS).

8.-13. Dezember An einer panafrikanischen Konferenz, die unter dem Motto »Völker Afrikas! Vereinigt Euch! Ihr habt nichts zu verlieren als Eure Ketten!« in der ghanaischen Hauptstadt **Accra** stattfindet, nehmen rund 300 Delegierte aus 28 Staaten teil. Geleitet wird die Zusammenkunft, bei der auch eine Besucherdelegation aus der Sowjetunion zugegen ist, von dem kenianischen Gewerkschaftsvorsitzenden Tom Mboya. Die Delegierten vertreten rund 200 Millionen Afrikaner, von denen sich die meisten immer noch in kolonialer Abhängigkeit und rechtlicher Unmündigkeit befinden. Kwame Nkrumah, der Ministerpräsident Ghanas, der auch den Anstoß zu der Konferenz gegeben hat, erklärt in seiner Eröffnungsansprache, es sei an der Zeit, eine neue Strategie und Taktik zu entwickeln, um den Unabhängigkeitskampf der afrikanischen Völker weiter voranzubringen. Die Delegierten teilen sich anschließend in einzelne Kommissionen auf, um Resolutionen zu verschiedenen Aspekten des Freiheitskampfes auszuarbeiten. Am vorletzten Tag beschließen die Delegierten, unter der Bezeichnung *Konferenz aller afrikanischen Völker* eine eigene panafrikanische Organisation zu gründen. Zu diesem Zweck soll in Accra ein ständiges Sekretariat eingerichtet werden. Neben mehreren Resolutionen, unter anderem zur Fortsetzung des Befreiungskampfes in Algerien, zur Abwehr von Rassendiskriminierung und zum Verhältnis gegenüber rassistischen Staaten wie dem Apartheidssystem in Südafrika, verabschieden die Delegierten eine Deklaration, in der, in expliziter Anknüpfung an die Konferenzen von Bandung und Kairo, Kolonialismus und Imperialismus verurteilt werden. Die Ausbeutung der Menschen und der Naturschätze in den Kolonialgebieten wird darin ebenso verurteilt wie die Verletzung der in der UN-Charta festgelegten Menschenrechte und Freiheiten. Zu den Methoden des antikolonialistischen Kampfes heißt es, daß in den Gebieten, wo demokratische Rechte gewährt würden, auf die Anwendung gewaltsamer Mittel verzichtet und die nationale Unabhängigkeit auf friedlichem Wege erreicht werden könne. – Auf einer einen Tag später in **Accra** durchgeführten Pressekonferenz erklärt Konferenzleiter Mboya, daß sich die Delegierten im Gegensatz zu der von dem Chefdelegierten der algerischen Befreiungsbewegung FLN vertretenen Ansicht um gewaltlose Methoden zur Befreiung der afrikanischen Völker bemühten. Er sei überzeugt, daß solche Formen des Unabhängigkeitskampfes auch gefunden werden könnten. Die Afrikaner seien allerdings weder bereit ihre Freiheit für Kapital noch für technische Unterstützung zu verkaufen.

10. Dezember Die in **Stockholm** vorgesehene Verleihung des Nobelpreises für Literatur an den sowjetischen Schriftsteller Boris Pasternak kann nicht erfolgen. Nach einer politischen Erpressung durch die KPdSU hat er bereits am 29. Oktober die Annahme der Auszeichnung abgelehnt. In einem Telegramm an das Preiskomitee bedankt er sich zwar für die ihm zugesprochene Ehrung, gibt aber zu verstehen, daß der Nobelpreis in seinem Land eine andere Bedeutung habe, als er sie sich wünsche. Noch durch ein persönliches Schreiben an Ministerpräsident Chruschtschow am 31. Oktober und durch eine »Selbstkritik« in der »Prawda« vom 5. Dezember hat er erfolglos versucht, Entgegenkommen zu signalisieren. – Angriffsziel ist vor allem sein 1957 im Mailänder Verlag Feltrinelli erschienener Roman »Doktor Schiwago«, der in der Sowjetunion wegen seiner kritischen Darstellung der Oktoberrevolution nicht veröffentlicht werden darf.

12. Dezember In einem Interview mit der »Süddeutschen Zeitung« zum Berlin-Ultimatum erklärt der sowjetische Staats- und Parteichef Nikita S. Chruschtschow, daß es für die DDR ein Opfer sei, wenn sie, um der Entspannung willen, auf den Vorschlag einer Freien Stadt im Herzen ihrer Republik eingehe und einen ungehinderten Verkehr dieser Stadt mit Ost und West garantiere. »Wenn die Westmächte«, fährt Chruschtschow drohend fort, »die Verleihung des Status einer Freien Stadt für West-Berlin ablehnen werden, bleibt für Verhandlungen mit den Westmächten über die Berlin-Frage keinerlei Basis mehr übrig. Wir erklären noch einmal, daß wir keine Zustimmung der Westmächte benötigen, um die von uns geplanten Maßnahmen in bezug auf Berlin zu verwirklichen, und daß keinerlei Ansprüche ihrerseits in dieser Richtung uns aufhalten werden.«[325]

12. Dezember Nach einem dreitägigen Schauprozeß in **Rathenow** verurteilt das Bezirksgericht Potsdam elf Mitglieder der *Katholischen Gemeinde* als »Agen-

ten« zu mehrjährigen Zuchthausstrafen. Die Gläubigen hatten an mehreren Veranstaltungen des als »Agentenzentrale« denunzierten *Katholischen Sozialwerks* in West-Berlin teilgenommen.

13. Dezember Der ehemalige Leiter des »Wirtschaftswissenschaftlichen Instituts« (WWI) des DGB, Viktor Agartz, wird wegen »fortgesetzten parteischädigenden Verhaltens« vom Bundesvorstand der SPD in **Bonn** aus der sozialdemokratischen Partei ausgeschlossen. – Der 61jährige Agartz galt in den Anfangsjahren der Bundesrepublik als Cheftheoretiker des DGB. Er war 1955 vom DGB-Vorstand als Leiter des WWI entlassen worden, weil er Beziehungen zu Funktionären in der DDR hatte. Zwei Jahre später wurde er zunächst unter dem Vorwurf des Landesverrats verhaftet, dann jedoch in einem Prozeß vor dem Bundesgerichtshof in Karlsruhe mangels Beweisen freigesprochen. Sein SPD-Kreisverband in Köln hatte es abgelehnt, einen Ausschlußantrag gegen Agartz zu stellen.

13. Dezember Beamte des Bundesgrenzschutzes (BGS) verwehren in **Helmstedt** einem Omnibus aus der DDR, der mit Solidaritätspaketen für Bergarbeiter im Ruhrgebiet beladen ist, die Einreise in die Bundesrepublik. Kumpel aus dem sächsischen Steinkohlerevier von Zwickau-Oelsnitz wollten, wie die Presse in der DDR meldet, mit den Päckchen im Wert von 20.000 DM den Kollegen im Ruhrgebiet, die wegen einer Absatzkrise im Kohlebergbau zunehmend Feierschichten machen müssen, zu Weihnachten eine Freude machen und ihre Solidarität ausdrücken. – Der FDGB hat nach eigenen Angaben bislang über 220.000 DM an die *IG Bergbau* gespendet.

13. Dezember Auf dem Weihnachtsmarkt in **Halle** kommt es zu einer Schlägerei zwischen 300 Jugendlichen und Soldaten der Nationalen Volksarmee (NVA). Erst nach einiger Zeit gelingt es einer eilends herbeigerufenen Hundertschaft der Volkspolizei, den in Bedrängnis geratenen Armeeangehörigen beizuspringen und den Platz zu räumen.

13. Dezember Bei der Vollversammlung der Vereinten Nationen in **New York** scheitert zum wiederholten Male der Versuch eines afrikanisch-asiatischen Staatenblocks, eine Resolution zu verabschieden, mit der das Recht des algerischen Volkes auf Unabhängigkeit anerkannt werden soll. Auch diesmal erhält der Entwurf nicht die erforderliche Zweidrittelmehrheit. Damit ist erneut die Möglichkeit blockiert, auf diesem Wege Verhandlungen zwischen der Kolonialmacht Frankreich und der algerischen Befreiungsorganisation FLN zur Beendigung des Algerienkrieges in Gang zu bringen.

10.12.: Titel der deutschen Ausgabe des internationalen Bestsellers.

14./15. Dezember Erneut terrorisieren in der hessischen Kleinstadt **Köppern** (Obertaunuskreis) antisemitisch eingestellte Bewohner Kurt Sumpf, den jüdischen Inhaber eines Cafés. Kurz bevor die Polizeistunde beginnt und sich die letzten Gäste zum Aufbruch fertigmachen, bricht ein heftiger Streit aus. Ein leicht angetrunkener Mann behauptet plötzlich, sein Glas sei schmutzig und schleudert es an die Wand. Danach ruft er in Richtung Theke mehrere antisemitische Schimpfworte wie »Judensau«; außerdem fällt der Ausdruck »Vergasen«. Als sich die Ehefrau des Wirtes einschaltet, erhält sie einen Faustschlag ins Gesicht. Mit Unterstützung einiger anderer Gäste gelingt es ihr dennoch, den Unruhestifter zur Tür hinauszubefördern. Nach einer Weile ist plötzlich das Geräusch splitternden Glases zu hören. Der Mann ist noch einmal zurückgekehrt und hat die Scheibe der Eingangstür zertrümmert. – Der Journalist Botho Kirsch kommentiert den Vorfall mit den Worten: »Köppern, die größte Gemeinde im Obertaunuskreis, hat, mit zwanzig Jahren Verspätung, seine ›Kristallnacht‹.«[326] Im selben Artikel wird hervorgehoben, daß die alteingesessenen Bewohner von Köppern nicht judenfeindlich gewesen seien. Den drei jüdischen Familien, die bis 1940 dort gewohnt hätten, heißt es, sei von den Einwohnern kein Haar gekrümmt worden.

14./15.12.: Der erst kürzlich zurückgekehrte jüdische Emigrant Kurt Sumpf und seine Frau sind zum wiederholten Mal Zielscheibe antisemitischer Angriffe.

14./15.12.: Polizeiliche Abschrift eines Drohschreibens an den jüdischen Caféhausbesitzer.

16. Dezember Der chinesische Außenminister und stellvertretende Ministerpräsident Tschu En-lai erklärt in **Peking** gegenüber Diplomaten, daß Mao Tse-tung nicht wieder für das Amt des Staatspräsidenten kandidieren werde. – Beobachter werten diese Bekanntmachung als Zeichen für eine innenpolitische Niederlage des Vorsitzenden der *Kommunistischen Partei Chinas* (KPCh), der seit 1954 Staatsoberhaupt ist. Die im Vorjahr von Mao initiierte »Hundert Blumen«-Kampagne und der erst am

30. August vom ZK der KPCh gefällte Beschluß, mit der Entwicklung von Volkskommunen einen »beschleunigten Übergang zum Kommunismus« zu vollziehen, scheint auf größere Schwierigkeiten gestoßen zu sein.

16.-18. Dezember Auf der alljährlichen Tagung des NATO-Ministerrats in **Paris** zieht Bundesverteidigungsminister Franz Josef Strauß seinen Vorschlag zurück, das NATO-Oberkommando Nordeuropa umzustrukturieren und ein eigenes NATO-Oberkommando Ostsee zu schaffen. Nachdem sich nicht nur die dänische Regierung, sondern auch der Oberkommandierende der NATO-Streitkräfte in Europa, General Lauris Norstad, dagegen ausgesprochen hat, verzichtet Strauß auf seinen Änderungsvorschlag. Im Schlußkommuniqué erneuert der Ministerrat seine Überzeugung, daß die Verteidigungsstrategie der NATO auch weiterhin auf der Wirksamkeit der »Schildstreitkräfte« beruhe, im Falle eines Angriffs Nuklearwaffen zur Vergeltung einzusetzen. – Vor der Versammlung der Westeuropäischen Union (WEU) in **Paris** erklärt General Norstad einen Tag später, daß sich mit Ausnahme Frankreichs alle Mitgliedsstaaten bereiterklärt hätten, ihre Luftstreitkräfte dem Oberkommando der NATO zu unterstellen. Wegen der ablehnenden Haltung Frankreichs habe in der Frage der Errichtung von Raketenabschußrampen auf europäischem Boden keine Einigkeit erzielt werden können.

17. Dezember Zum Abschluß einer von SED und FDGB durchgeführten Solidaritätsaktion für die von der Kohlenkrise betroffenen Arbeiter an Rhein und

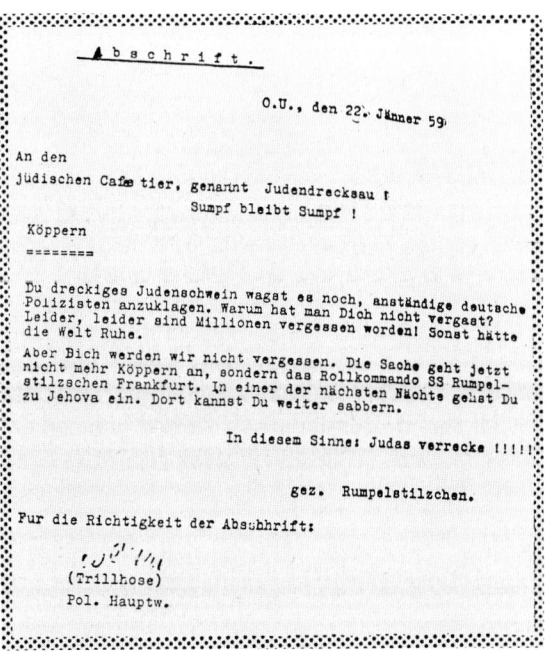

Ruhr findet in **Halle** eine Großkundgebung statt, an der sich über 50.000 Menschen beteiligen. Unter den Teilnehmern befindet sich auch eine Delegation von bundesdeutschen Betriebsräten.

18. Dezember Das Kreisgericht von **Naumburg** an der Saale verurteilt vier Buchhändler und -verleiher wegen Vergehens gegen die Verordnung zum Schutz der Jugend zu Gefängnisstrafen zwischen vier und acht Monaten. Bei einer am 6. Juni im Kreisgebiet von Naumburg bei Sortimentsbuchhandlungen, Antiquariaten und Leihbüchereien durchgeführten Kontrolle waren »neben seichter, kitschiger und niveauloser Unterhaltungsliteratur auch Bücher notorisch bekannter faschistischer Verfasser und prominenter Mitglieder der NS-Reichsschrifttumskammer« entdeckt worden. Als Beispiele für die den Richtlinien der Kulturpolitik der DDR widersprechenden Bände werden von dem Gericht Bücher genannt wie Karl-Heinz Strobels »Drei Gesellen erobern die Stadt«, Heinrich Eckmanns »Rira und die Gefangenen«, Klara Viebigs »Die Wacht am Rhein« und P.C. Ettinghofers »So sah ich Afrika«. »Diese gesamten Bücher«, heißt es in der Urteilsbegründung, »verherrlichen die preußisch-militaristische Dynastie und leisten den Aggressionsbestrebungen des deutschen Imperialismus und Militarismus Vorschub.«[327] Das Gericht halte die Gefängnisstrafen für erforderlich, heißt es abschließend, damit die Angeklagten erkennen, daß »ein solches Verhalten« von den Staatsorganen nicht gebilligt werde.

19. Dezember In **West-Berlin** wird der Mitarbeiter des *Untersuchungsausschusses freiheitlicher Juristen* (UfJ), Kurt Werner, bei dem Versuch verhaftet, sich in den Ostsektor abzusetzen. Er steht unter dem Verdacht, ein Agent des Ministeriums für Staatssicherheit (MfS) zu sein. Seitdem der 59jährige Werner seine Tätigkeit im Mai 1956 angetreten hat, sind in der DDR insgesamt 28 Mitarbeiter des UfJ vom MfS verhaftet worden. – Nach kurzer Zeit legt Werner ein Geständnis ab.

19./20. Dezember Das Exekutivkomitee des *Weltfriedensrates* erneuert während seiner Sitzung in **Helsinki** seinen Aufruf zur sofortigen Einstellung aller Nuklearwaffenversuche. Die Völker, heißt es in einer Entschließung, forderten die sofortige und endgültige Einstellung aller Tests. Es müsse auch verhindert werden, daß sich die Anzahl der Atommächte vergrößere und weitere Gebiete der Erde – wie z. B. die Sahara, wo die französische Regierung auf kolonialem Territorium nun ebenfalls nukleare Sprengkörper zünden wolle – durch die Durchführung der Atom- und Wasserstoffbombenversuche in Mitleidenschaft gezogen würden.

20. Dezember Der Strafsenat Ia des Bezirksgerichts **Dresden** verurteilt den Angeklagten Hans Fahdt wegen Anleitung zur »Republikflucht« und Spionagetätigkeit zu einer Zuchthausstrafe von sechs Jahren. Fahdt hat angeblich Ärzte und Wissenschaftler durch fingierte Anrufe, in denen den Betreffenden mit ihrer Verhaftung durch das MfS gedroht worden sein soll, zur Flucht in den Westen getrieben. Im Auftrag des »Lemmer-Spionage-Ministeriums«, wie das Bundesministerium für gesamtdeutsche Fragen bezeichnet wird, habe er damit die gesundheitliche Betreuung von Werktätigen systematisch zu beeinträchtigen versucht.

16.-18.12.: Der NATO-Oberbefehlshaber General Lauris Norstad.

20. Dezember Nach einer zweitägigen Verhandlung verurteilt das Bezirksgericht **Frankfurt an der Oder** die beiden aus dem Exerzitienhaus Biesdorf stammenden Jesuitenpater Robert Frater und Wilhelm Rüter sowie die beiden Mitangeklagten Joseph Menzel und Joseph Müldner wegen »auf die Unterminerung der Macht der Arbeiter und Bauern gerichteter Wühlarbeit« zu mehrjährigen Freiheitsstrafen.

20. Dezember Nach den Vorfällen vom 7. Dezember kehrt dieselbe Gruppe des *Direct Action Committee* (DAC) zu der im britischen Norfolk gelegenen Baustelle auf dem Gelände der Royal Air Force in **North Pickenham** zurück, um erneut mit den Methoden des gewaltfreien Widerstands die Errichtung der amerikanischen Raketenbasis zu verhindern. Unterstützt wird die Aktion von dem aus den USA kommenden Pastor Michael Scott. Er ist einer der führenden Sprecher in der amerikanischen Bürgerrechtsbewegung und macht wegen der Blockadeaktion auf dem Rückflug vom panafrikanischen Kongreß in Accra Zwischenstation. Zunächst spricht er auf einer Kundgebung, die erneut in **Swaffham** abgehalten wird; danach beteiligt er sich an der Blockade der DAC-Aktivisten. Etwa die Hälfte von ihnen setzt sich vor der Einfahrt zu dem umzäunten Gelände auf die Straße und versperrt den ankommenden Lastwagen die Durchfahrt. Da das Loch im Zaun geflickt ist, besteht nun keine Möglichkeit mehr, direkt auf das Baugelände vorzudringen. Solange die Presse anwesend ist, verhält sich die Polizei ausgesprochen höflich und zurückhaltend. Doch kurz nachdem die Journalisten aufgebrochen sind, greift die Polizei ein und nimmt 46 Demonstranten, darunter Reverend Michael Scott, fest. – In Anbetracht des bevorstehenden Weihnachtsfestes, wird ihnen angeboten, sich gegen eine Kaution auf freien Fuß setzen zu lassen. 24 von ihnen gehen darauf ein und werden aus der Haft entlassen. Die übrigen 22, unter ihnen Michael Scott, die Sekretärin des DAC und zwei weitere Frauen, verbringen die Tage bis zur Gerichtsverhandlung im Gefängnis.

21. Dezember Oberbürgermeister Werner Bockelmann (SPD) verkauft an der Hauptwache in **Frankfurt** unter dem Motto »Macht das Tor auf!« silberfarbene Abzeichen mit dem Brandenburger Tor. Mit der 20 Pfennig teuren Plakette, die am Revers befestigt wird, soll die Verbundenheit der hessischen Großstadt mit der Bevölkerung von Berlin und der ungebrochene Wille zur Wiedervereinigung Deutschlands zum Ausdruck gebracht werden. – Unter seinem Vorsitz war kürzlich ein örtlicher Aktionsausschuß des *Kuratoriums »Unteilbares Deutschland«* gegründet worden, in dem alle politischen Parteien, Arbeitgeber- und Arbeitnehmerverbände, Jugend- und Frauenorganisation der Mainmetropole vertreten sind. Hauptziel des Ausschusses ist es, die Aktion »Macht das Tor auf« zu einem symbolischen »Volksentscheid« der bundesdeutschen Bevölkerung für ein ungeteiltes Deutschland und die Stadt Berlin zu machen.

21. Dezember Im Alter von 74 Jahren stirbt in **Pacific Palisades** in Kalifornien der seit 1933 im Exil lebende jüdische Schriftsteller <u>Lion Feuchtwanger</u>. Der auch in den USA zu großem Ansehen gekommene Autor ist einer der bedeutendsten Repräsentanten der deutschsprachigen Literatur des 20. Jahrhunderts. Als Sohn eines ursprünglich aus Feuchtwangen stammenden Margarinefabrikanten wurde er 1884 in München geboren. Nach dem Besuch eines humanistischen Gymnasiums begann er 1903 in seiner Heimatstadt, nicht unbeeinflußt vom Lebensstil der Schwabinger Bohème, mit dem Studium der Germanistik, Philosophie und Anthropologie, das er dann in Berlin fortsetzte. Nach seiner Promotion mit einer Arbeit über Heinrich Heines Fragment »Der Rabbi von Bacharach« gab er die Kulturzeitschrift »Der Spiegel – Blätter für Literatur, Musik

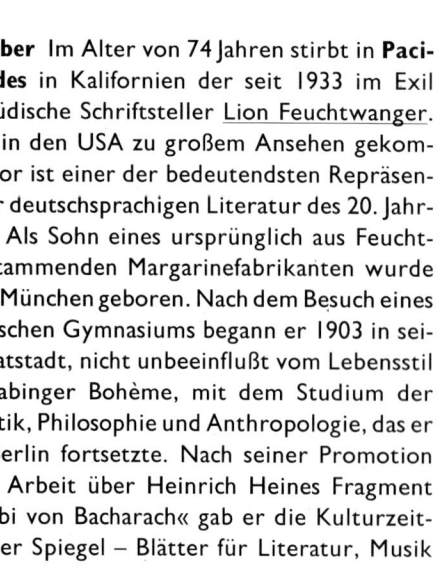

21.12.: Der in die USA emigrierte jüdische Schriftsteller Lion Feuchtwanger.

und Bühne« heraus und begann als Kritiker an der einflußreichen »Schaubühne« mitzuarbeiten. 1912 heiratete er Marta Löffler und reiste mit ihr längere Zeit durch Südeuropa und Nordafrika. Maßgeblichen Einfluß auf die während des Ersten Weltkriegs entstehenden Dramen haben Erfahrungen, die Feuchtwanger während seines Militärdienstes in einem Lazarett machen mußte. Wegen eines offenen Magengeschwürs wurde er jedoch bereits nach wenigen Monaten aus dem Militärdienst entlassen. 1919 erlebte er den Aufstieg und Sturz der Münchner Räterepublik aus unmittelbarer Nähe. Im selben Jahr machte er die Bekanntschaft seines jungen Kollegen Bertolt Brecht, der ihn 1925 aufforderte, nach Berlin zu ziehen, wo er mit seinem bereits drei Jahre zuvor fertiggestellten Roman »Jud Süß«, der historischen Geschichte des württembergischen Finanzrates Josef Süß Oppenheimer, der zu Beginn des 18. Jahrhunderts das Opfer einer antisemitischen Massenpsychose wird, seinen eigentlichen Durchbruch und zugleich einen internationalen Erfolg erlebte. Bereits innerhalb der ersten drei Monate wurden von dem Buch, für das sich anfangs kein Verlag interessierte, 40.000 Exemplare verkauft; später wurde es in Großbritannien von dem Kritiker Arnold Bennett zum »Book of the Year« ausgewählt und in 15 Sprachen übersetzt. Dieser ebenso überraschende wie außergewöhnliche Erfolg stimulierte Feuchtwanger in den Jahren darauf zu einer intensiven Schaffensphase. 1930 erscheint mit seinem Roman

»Erfolg«, einer beklemmenden Satire auf den Novemberputsch, in der er das kleinbürgerliche Milieu analysiert, aus dem der Nationalsozialismus hervorgegangen ist, der erste Teil der zeitgenössischen Trilogie »Der Wartesaal«. Im Jahr von Hitlers Machtergreifung wurde er mit »Die Geschwister Oppermann«, der exemplarischen Geschichte über das deutsch-jüdische Bürgertum, fortgeführt. Feuchtwangers Name erschien am 23. August 1933 auf der ersten Liste der von den Nazis Ausgebürgerten. Sein Haus und sein Vermögen wurden beschlagnahmt, die Universität München entzog ihm den Doktorgrad. Zusammen mit seiner Frau emigrierte er nach Sanary-sur-Mer in Südfrankreich. 1935 nahm er zusammen mit zahlreichen anderen seiner emigrierten Kollegen am »Internationalen Kongreß zur Verteidigung der Kultur« in Paris teil. Zwei Jahre später reiste er nach Moskau und stattete dort auch Stalin einen Besuch ab. Sein Reisebericht »Moskau 1937« wurde wegen seiner den Diktator idealisierenden Züge und der Rechtfertigung der Moskauer Prozesse immer wieder kritisiert. Mit seinem 1939 erschienen Roman »Exil« fand dann die »Wartesaal«-Trilogie ihren Abschluß. Nach dem Einmarsch der deutschen Wehrmacht in Frankreich wurde er 1940 im Lager Les Milles interniert. Es gelang ihm jedoch durch die Unterstützung Varian Frys über Spanien und Portugal nach New York zu fliehen. 1943 zog er dann nach Kalifornien um und fand in dem in der Nähe von Hollywood gelegenen Pacific Palisades in einer oberhalb des Pazifik gelegenen Villa ein neues Domizil. Dort entstanden zunächst die Romane »Waffen für Amerika«, »Goya oder der arge Weg der Erkenntnis« und »Narrenweisheit oder Tod und Verklärung des Jean-Jacques Rousseau«. Als er 1953 mit dem Nationalpreis der DDR ausgezeichnet wurde, schrieb er in seiner an Johannes R. Becher gerichteten Danksagung, es tröste ihn, daß ihn die Leser, an denen ihm am meisten liege, die deutschen, offenbar doch nicht ganz vergessen hätten. Danach schrieb er noch »Die Jüdin von Toledo« und »Jefta und seine Tochter«. Als er stirbt, befindet er sich mitten an der Arbeit zu einem Buch, das den Titel »Das Haus der Desdemona oder Größe und Grenzen der historischen Dichtung« tragen sollte. »Feuchtwangers Exil wurde nie Auswanderung«, schreibt einer seiner Biographen, »es blieb Leben in der Verbannung, außerhalb des eigenen Kulturkreises. Er empfand sich in einem Zwischenbereich in einem dreifachen Sinne: zwischen der deutschen und einer allgemeinen Kultur; zwischen dem Judentum als sich abschließendem Nationalismus und als Salz der Erde; zwischen dem vergehenden Kapitalismus und dem erhofften Sozialismus, d.h. zwischen einem System der Gewalt und Irrationalität und einem des Frie-

dens und der Vernunft. Mit dem Exil wurde seiner Außenseiterrolle unwiderruflich fixiert und die Diagnose der eigenen Epoche als Übergangszeit endgültig festgelegt.«[328] Ein Jahr vor seinem Tod war Feuchtwanger noch mit dem Kulturpreis der Stadt München ausgezeichnet worden. Der Besuch seiner Vaterstadt und seines Heimatlandes blieb jedoch der unerfüllte Traum seines Exils.

21.12.: General de Gaulle als Redner auf einer Rundreise nach den Wahlen zur französischen Nationalversammlung.

21.12.: Amtsvorgänger René Coty beglückwünscht zwei Tage später den neuen französischen Staatspräsidenten de Gaulle.

21. Dezember Der amtierende Ministerpräsident Charles de Gaulle wird in **Paris** von einem Wahlmännerkollegium mit 78,5% der abgegebenen Stimmen zum ersten Staatspräsidenten der V. Republik gewählt. Seine Gegenkandidaten George Marrane (KPF) und Albert Chatelet (UDF) erhalten lediglich 13,1% bzw. 8,4% der Stimmen. Im Unterschied zu seinem Vorgänger René Coty, der dieses Amt 1953 übernommen hatte, vereinigt der 68jährige de Gaulle mit der am 28. September in einer Volksab-

Charles de Gaulle
Memoiren der Hoffnung

Die Wiedergeburt 1958-1962

21.12.: Titel eines 1971 erschienenen Erinnerungsbandes.

stimmung angenommenen neuen Verfassung eine außerordentlich große Machtkonzentration auf sich. Der für die Dauer von sieben Jahren gewählte französische Staatspräsident besitzt nahezu uneingeschränkte politische Vollmachten, ist Oberbefehlshaber der Streitkräfte und kann im Krisenfall so gut wie unkontrolliert von seiner Macht Gebrauch machen.

22. Dezember Der *Verband der Heimkehrer* ruft alle Bürger der **Bundesrepublik** dazu auf, als »Zeichen unverbrüchlicher Treue zu Berlin« am Heiligabend um 19 Uhr brennende Kerzen in die Fenster zu stellen.

22. Dezember Das Kreisgericht **Bischofswerda** verurteilt einen Wahlpflichtigen wegen Staatsverleumdung zu einer Gefängnisstrafe von vier Monaten. Der Angeklagte war am Nachmittag des 16. November von zwei Wahlhelfern der *Nationalen Front* in seiner Wohnung aufgesucht worden, da er sich noch nicht an der Volkskammerwahl beteiligt hatte. Auf Drängen hatte er zunächst bekannt, daß er nicht zur Wahl gehen wolle und ihnen dann entgegengeschleudert, daß er »diese Henker« – womit die Einheitsliste mit den Kandidaten der *Nationalen Front* gemeint war – nicht wählen würde. Das Gericht sieht es als erwiesen an, daß der Angeklagte damit »den gesamten Personenkreis der Kandidaten der Volkskammer und des Bezirkstages« öffentlich verleumdet und »das Ansehen und die Würde der höchsten Vertreter der Arbeiter- und Bauernmacht« herabgewürdigt habe.

23. Dezember Nach einem viertägigen Geheimprozeß verurteilt das Bezirksgericht **Halle** den Slawisten Ralf Schröder, den Schriftsteller Erich Loest sowie die Sprachwissenschaftler Harro Lucht, Ronald Lötzsch und Harry Schmidtke wegen Mitgliedschaft in einer »staatsfeindlichen Gruppe« zu Zuchthausstrafen zwischen drei und zehn Jahren. In der Anklageschrift hieß es: »Die Beschuldigten haben konterrevolutionäre, staatsfeindliche Gruppen in Leipzig und Halle mit dem Ziel gebildet, die Regierung der DDR zu beseitigen, die verfassungsmäßige Staats- und Gesellschaftsordnung der DDR zu untergraben und die bestehende Wirtschaftsplanung aufzuheben. Zur Durchsetzung dieser Ziele hielten sie Verbindung zu dem damaligen konterrevolutionären Zentrum Harich-Janka. Sie verbreiteten ihre staatsfeindliche Konzeption durch individuelle Gespräche, durch Vorträge auf literarischen Veranstaltungen oder anläßlich Vorlesungen in den Universitäten in Leipzig und Halle, um den Boden für einen Umsturz vorzubereiten.«[329] – Loest beschreibt die Urteilsverkündung später in seinem autobiographischen Buch

»Durch die Erde ein Riß«. »Die Verteidiger«, heißt es in dem 1979 erschienen Band, »hielten ihre Plädoyers, sie rüttelten keineswegs am Gebäude der Anklage, versuchten noch nicht einmal, hier und da einen Sparren zu lockern; sie baten um etwas Milderung. Beratung des Gerichts, Urteilsverkündung. Das Gericht folgte den Anträgen des Staatsanwalts. Danach entstand gelinder Tumult: Die Anwältin des zweiten Hallensers hatte diesem geraten, sofort das Urteil anzunehmen, das mache einen reuebewußten Eindruck. Aber auch Lehmann wollte sich als botmäßig erweisen, und so drängelten, schubsten sie sich vor dem Richtertisch. Sie bekamen nacheinander Gelegenheit, sich demutsvoll zu äußern. Nur L. nahm das Urteil nicht an. Es war gesagt worden, dazu blieben vierzehn Tage Zeit. Die Chance einer Berufung wollte er sich nicht verbauen, wollte nachdenken und sich beraten lassen ... Es war der 23. Dezember, ein Tag vor Heiligabend. Annelies würde nach Mittweida fahren, die Kinder waren schon dort. Wie ihnen und den Verwandten das Urteil beibringen? Sie umarmten sich, der Posten mahnte nachsichtig, das sei nicht gestattet. Diese jungen Sicherheitsmänner hatten den Prozeß von Anfang an miterlebt – waren sie beeindruckt? Was begriffen, was ahnten sie? Ihre Stimmen waren leiser geworden. Aus Stein waren diese Arbeiterjungen nicht, und wenn ihnen hundertmal vorgesagt worden war, sie seien das scharfe Schwert der Partei, und diese da seien Konterrevolutionäre, Feinde.«[330]

24.-31. Dezember Mitglieder der *Internationalen Zivildienstbewegung* führen in **Genf** einen Hungerstreik durch, um sich für die Freilassung von Kriegsdienstverweigerern einzusetzen, die in verschiedenen Ländern inhaftiert sind, weil sie ihren Gestellungsbefehlen nicht nachkamen. Die Teilnehmer der Aktion kommen aus Frankreich, Großbritannien, der Schweiz, Tahiti und den Vereinigten Staaten.

29. Dezember Da sich von den am 20. Dezember vor dem Bauplatz zur Raketenbasis von North Pickenham verhafteten Mitgliedern des antimilitaristischen *Direct Action Committee* (DAC) viele geweigert haben, eine Kaution zu stellen, sind zum Erstaunen der britischen Öffentlichkeit 22 von ihnen über Weihnachten im Gefängnis geblieben. Aus der ganzen Welt treffen nun über 3.000 Briefe, Postkarten und Telegramme ein, um den inhaftierten Aktivisten der gewaltfreien Aktion gegen die Atombewaffnung Mut zu machen. Nun stehen in **Swaffham** nicht nur die unmittelbaren Aktivisten vor Gericht, sondern auch der Herausgeber der pazifistischen Wochenzeitung »Peace News« und die Vorsitzenden des DAC. Ihnen wird vorgeworfen, Instruktionen zur Vorbereitung der Blockadeaktion geliefert und durch den

Transport der Beteiligten indirekt an deren Verlauf beteiligt gewesen zu sein. Die Gerichtsverhandlung verläuft in einer entspannten Atmosphäre. Die als Zeugen vorgeladenen Polizisten äußern sich anerkennend über die passive Grundeinstellung der Demonstranten und die Blockierer bestätigen in aller Regel das korrekte Verhalten der Polizei. Wenn sie versichern, sich in Zukunft »friedlich« zu verhalten – was faktisch bedeutet, an keinerlei Aktionen des zivilen Ungehorsams mehr teilzunehmen – dann, so bietet ihnen der Gerichtsvorsitzende an, würden sie mit einer geringfügigen Geldstrafe davonkommen. Doch 30 der angeklagten Demonstranten schlagen das Angebot aus. Sie werden zu jeweils vierzehn Tagen Gefängnis verurteilt. Ein Inder, dem offenbar nicht bewußt war, daß er durch sein Verhalten gegen das Gesetz verstoßen hat, wird freigesprochen.

29.-31. Dezember Eine Rebellenarmee unter der Leitung von Ché Guevara setzt zum Entscheidungskampf um die Hauptstadt der kubanischen Provinz Las Villas, **Santa Clara**, an. Zur Verstärkung der in der Stadt liegenden 5.000 Soldaten entsendet Batista einen Eisenbahnzug mit Panzern. Den Rebellen gelingt es jedoch, den Zug zum Entgleisen zu bringen und mit nur 18 Männern über 400 Soldaten gefangenzunehmen sowie Waffen und Munition zu erbeuten. Nach einem dreitägigen Kampf nehmen sie schließlich mit der Unterstützung eines großen Teils der Einwohner auch die Garnisonsstadt. Als Diktator Fulgencio Batista am Morgen des Silvestertages von seinem Generalstabschef unterrichtet wird, daß Santa Clara in den Händen der Rebellen sei und keinerlei Aussicht mehr bestünde, deren Vormarsch auf die Hauptstadt Havanna zum Stoppen zu bringen, läßt er sich, mit 20 Koffern, gefüllt mit Bargeld, Schmuck und Wertpapieren, in einem Flugzeug nach **Santo Domingo**, der Hauptstadt der Dominikanischen Republik, ausfliegen.

29.-31.12.: Opfer des Batista-Terrors werden auf Kuba zur Abschreckung auf der Straße liegengelassen.

29.-31.12.: Rebellenchef Fidel Castro in der Sierra Maestra.

30. Dezember Das Bezirksgericht **Potsdam** verurteilt die am 25. März unter dem Verdacht der Bildung einer »partei- und staatsfeindlichen Gruppe« verhafteten Gesellschaftswissenschaftler der Ostberliner Humboldt-Universität, Heinrich Saar, Herbert Crüger und Erwin Gülzow, wegen »Staatsverrats« zu Zuchthausstrafen von zweimal acht und einmal fünf Jahren. Der Hauptangeklagte Saar erklärt später, sie hätten »eine legale Opposition in der Volkskammer, Zulassung von Betriebsräten, Abschaffung der Staatssicherheitsorgane, öffentliche Bereinigung aller Ungesetzlichkeiten und Ungerechtigkeiten, Demokratisierung und Dezentralisierung des öffentlichen Lebens«[331] gefordert.

30.12.: Titelbild des antikommunistischen Satireblatts, mit dem die Justizministerin Hilde Benjamin (SED) aufs Korn genommen wird.

30. Dezember Anläßlich des 40. Jahrestages der KPD-Gründung führt das Zentralkomitee der SED im Metropol-Theater in **Ost-Berlin** eine Festveranstaltung durch. Nach der Eröffnungsrede Walter Ulbrichts hält der 66jährige Altkommunist Fritz Globig die Festrede. Für die Gründer der KPD, hebt der Parteiveteran hervor, der Mitglied im *Spartakusbund* und Teilnehmer des Gründungsparteitags der KPD war, seien Lenin und die Bolschewiki mit ihrer siegreichen Oktoberrevolution beispielhaft gewesen. In Rußland sei praktisch bewiesen worden, wie eine Partei der Arbeiterklasse, die fest auf dem Boden des Marxismus-Leninismus stehe, »wahre Wunder im Kampf um die sozialistische Gesellschaft vollbringen« könne. Durch den Kampf der KPD habe die Arbeiterklasse die Macht erringen und im Bündnis mit anderen Werktätigen in der DDR ein neues Leben beginnen können. Das müsse als »die größte nationale Tat« gewürdigt werden, die jemals in Deutschland vollbracht worden sei. Die Gewißheit, daß die SED ihre historischen Aufgaben lösen werde, fährt Globig fort, ergebe sich aus den veränderten internationalen Kräfteverhältnissen, die nach den Worten Mao Tse-tungs dadurch gekennzeichnet seien, daß »der Ostwind den Westwind bereits besiegt« habe. Noch nie, fährt Globig fort, habe eine Regierung in Deutschland »eine derart antinationale und würdelose Politik betrieben« wie die Adenauer-Regierung in Bonn. Im internationalen Maßstab wachse die Erkenntnis, wie sehr sich die »Rolle der DDR als Basis der friedliebenden Kräfte« von der gefährlichen und aggressiven Politik Westdeutschlands unterscheide. – Globig, der wegen seiner Verdienste für die Arbeiterbewegung mit der Franz-Mehring-Ehrennadel und dem Vaterländischen Verdienstorden in Silber ausgezeichnet worden ist, war 1937 in der Sowjetunion verhaftet worden, hatte mehrere Jahre in Zwangsarbeitslagern verbringen müssen und konnte erst 1955 nach Deutschland zurückkehren. Er ist hauptamtlicher Mitarbeiter der SED-Bezirksleitung in Leipzig.

31. Dezember/I. Januar Zum wiederholten Male kommt es in der hessischen Kleinstadt **Köppern** zu einem antisemitischen Zwischenfall. In der Silvesternacht erscheint der Polizeimeister Johann Gallus im Café Winter, das von dem 35jährigen Kurt Sumpf betrieben wird. Der Polizist, der erst kurz zuvor wegen Trunkenheit von Schlüchtern nach Bad Homburg strafversetzt worden war, betrinkt sich erneut und stößt antisemitische Drohungen gegen den Wirt und seine Frau aus. – Das hessische Innenministerium in **Wiesbaden** suspendiert den Beamten vom Dienst und leitet ein Verfahren gegen ihn ein, mit dem Ziel der endgültigen Entlassung aus dem öffentlichen Dienst.

57

58

1959

1959 im Zusammenhang

Obwohl sich der Ost-West-Konflikt weiter abschwächt, erweisen sich Hoffnungen, daß der Kalte Krieg überwunden werden könnte, als überzogen. Eine weitere Gipfelkonferenz der vier Siegermächter endet ergebnislos. Die von UN-Generalsekretär **Dag Hammarskjöld** im Mai eröffnete **Genfer Außenministerkonferenz** scheitert wiederum daran, daß sich die **USA** und die **UdSSR** nicht auf ein Prozedere zur Wiedervereinigung Deutschlands und zu einer europäischen Friedensregelung einigen können. Der Stufenplan des neuen US-Außenministers **Christian A. Herter** kann sich ebensowenig durchsetzen wie der Friedensvertragsentwurf seines sowjetischen Kollegen **Andrej A. Gromyko**. Erstmals ist es auch Delegationen der beiden deutschen Staaten gestattet, von sogenannten Katzentischen aus den Konferenzverlauf direkt zu verfolgen. Indem sich Bundesaußenminister **Heinrich von Brentano** jedoch weigert, im selben Saal Platz zu nehmen wie sein Amtskollege **Lothar Bolz** aus der DDR, signalisiert er einen grundsätzlichen Mangel an Verhandlungsbereitschaft. Als richtungweisende Geste gilt die Tatsache, daß die in Genf versammelten Außenminister beim Tod von Herters Amtsvorgänger **John Foster Dulles** die Konferenz unterbrechen, in die USA fliegen und an dessen Beerdigung auf dem Militärfriedhof von **Arlington** teilnehmen. Kaum ein anderer Politiker hat den Ungeist des Kalten Krieges stärker verkörpert als der Republikaner, der mit seinem aggressiven Antikommunismus jegliche Annäherung bereits im Ansatz torpediert hatte. Große Hoffnungen weckt im September eine Rundreise des sowjetischen Ministerpräsidenten **Nikita S. Chruschtschow** durch die **Vereinigten Staaten**. Nachdem er zusammen mit US-Präsident **Dwight D. Eisenhower** in **Camp David** vertrauliche Gespräche über Möglichkeiten zur Entspannung geführt hat, verstärkt sich der Eindruck, daß die heiße Phase des Kalten Krieges vorüber sein könnte. In einem gemeinsamen Kommuniqué signalisieren die beiden Staatsmänner Kompromißbereitschaft.

Das wohl größte Aufsehen erregt der **Sturz des Batista-Regimes** auf **Kuba**. Die Tatsache, daß es einer Handvoll Rebellen gelingen konnte, auf der Karibikinsel Fuß zu fassen und in einem zwei Jahre dauernden Kampf eine Diktatur zu bezwingen, nötigt nicht nur den Befreiungsbewegungen in Lateinamerika,

Asien und Afrika Respekt ab. Nachdem zum Jahresbeginn auch die östlich gelegene Provinz **Oriente** gefallen ist, zieht **Fidel Castro** zusammen mit 1.500 anderen Guerilleros unter dem Beifall der Bevölkerung in **Havanna** ein. Der Anführer der »**Bewegung 26. Juli**«, der auf einer Massenkundgebung die Durchführung von Kriegsverbrecherprozessen gegen Angehörige des gestürzten Regimes ankündigt, wird Mitte Februar als neuer kubanischer Ministerpräsident vereidigt. Bereits im April reist **Castro** in die **USA**, um das Verhältnis zu dem alles dominierenden Nachbarstaat zu klären. Obwohl er versichert, daß er den Kommunismus ebenso wie den Faschismus ablehne, hinterläßt er bei einem Zusammentreffen mit US-Vizepräsident **Richard M. Nixon** einen so negativen Eindruck, daß dieser ihn in einem anschließend verfaßten Memorandum als Sicherheitsrisiko für die USA bewertet.

Eine politische Niederlage müssen die USA einstecken, als Mitte August die Außenminister der **Organisation Amerikanischer Staaten (OAS)** in der chilenischen Hauptstadt **Santiago** zusammenkommen und sich gegen jede Intervention einer ausländischen Macht in ihre inneren Verhältnisse aussprechen. Die 21 Mitgliedsstaaten legen mit der von Brasilien entworfenen »**Deklaration von Santiago**« ein Bekenntnis zur Freiheit und parlamentarischen Demokratie ab. Sie verurteilen darin nicht nur staatliche Anwendung von Gewalt, sondern fordern auch soziale Gerechtigkeit und insistieren auf der Einhaltung der Menschenrechte.

Alle diese Prinzipien werden in einem Konfliktfall, der sich in einem anderen Erdteil abspielt, mit Füßen getreten. Als im März in der im Himalaya gelegenen Region **Tibet**, die seit 1951 unter umstrittenen Umständen zur Volksrepublik China gehört, ein Aufstand gegen die chinesischen Machthaber ausbricht und sich die Regierung des Priesterstaates von der Oberhoheit Chinas loszureißen versucht, greift dessen Armee ein und schlägt die Unabhängigkeitsbewegung nieder. Danach löst der chinesische Ministerpräsident **Tschu En-lai** die tibetische Regierung auf und überträgt die Regierungsgeschäfte auf den Pekinger Machthabern ergebenen **Pantschen Lama**. Das geistliche und weltliche Oberhaupt der Tibeter, der **Dalai Lama**, flieht in das Nachbarland Indien. In der Nähe von **Mussoorie** erhält der 23jährige Exil. In einer Stellungnahme erklärt er, daß er 1951 zur Unterzeichnung des 17-Punkte-Vertrags mit der Volksrepublik China gezwungen worden sei. Die dabei zugesicherten Autonomierechte seien Schein gewesen, in Wirklichkeit hätten die Chinesen die Ziele der Innen- und Außenpolitik bestimmt. Bei den Gründungsfeierlichkeiten zum zehnten Jahrestag der Volksrepublik Anfang Oktober in **Peking** spricht Marschall **Lin Piao** den zu einer Parade aufmarschierten Soldaten seinen Dank für die Niederschlagung des tibetanischen Volksaufstandes aus.

Nach jahrelangen Auseinandersetzungen führt ein anderer Unabhängigkeitskampf dagegen zum Erfolg. Im Februar einigen sich auf einer Konferenz in **London** die Regierungen Großbritanniens, Griechenlands und der Türkei auf eine Lösung im Konflikt um die Mittelmeerinsel **Zypern**. Sie unterzeichnen ein Abkommen, mit dem der bisherigen britischen Kronkolonie die Unabhängigkeit zugesichert wird. Nur wenige Tage darauf heben die britischen Behörden den seit vier Jahren auf Zypern geltenden Ausnahmezustand auf und entlassen an die 1.000 politische Häftlinge aus den Gefängnissen. Als dann Anfang März Erzbischof **Makarios**, der anerkannte Anführer in den Freiheitsbestrebungen, aus seiner Verbannung auf den Seychellen zurückkehrt, wird er in **Nikosia** von 100.000 griechischen Zyprioten enthusiastisch empfangen. Erst mit der Rückkehr des Begründers der Enosis-Bewegung glauben die Bewohner ihre Freiheit richtig begehen zu können. Bei den ersten Präsidentschaftswahlen der **Unabhängigen Republik Zypern** im Dezember gewinnt **Makarios** mehr als doppelt so viele Stimmen wie sein Gegenkandidat.

Für ein weiteres Kapitel britischer Kolonialherrschaft kündigt sich im November das Ende an. Nach jahrelangen vergeblichen Versuchen, die Unabhängigkeitsbestrebungen in der afrikanischen Kronkolonie **Kenia** mit Gewalt zu unterdrücken, gibt die britische Regierung auf. Gleichzeitig kündigen Kolonialminister **Iain Norman Macleod** in **London** und der Gouverneur **Sir Patrick Renison** in **Nairobi** an, alle Notstandsmaßnahmen aufzuheben und den Krieg gegen die **Mau-Mau-Bewegung** einzustellen. Damit bahnt sich für das ostafrikanische Land, das seit rund 30 Jahren britische Kolonie ist, der Weg in die Unabhängigkeit an.

Auch in **Frankreich** zeichnet sich ein anderer politischer Umgang mit der letzten seiner nordafrikanischen Kolonien ab. Nachdem die neue französische Regierung unter Ministerpräsident **Michel Debré** Mitte Januar eine Amnestie für algerische Häftlinge verkündet hat und 7.000 von ihnen freigelassen werden, gibt Staatspräsident **Charles de Gaulle** Mitte September in einer von Funk und Fernsehen über-

tragenen Ansprache die Zusicherung ab, daß die Algerier spätestens nach einer vierjährigen Übergangsphase ihr Recht auf Selbstbestimmung wahrnehmen könnten. Durch diesen Positionswechsel fühlen sich die französischen Siedler in Algerien getäuscht. Ihre Hoffnung, daß de Gaulle die Macht ergreifen würde, um Algerien vollständig in die französische Nation zu integrieren, hat sich im Laufe nur weniger Monate als Illusion erwiesen.

In der **Bundesrepublik** kommt vorübergehend Bewegung in den schwierigsten und umstrittensten Bereich staatlicher Politik – in die Deutschlandpolitik. Der Impuls geht jedoch nicht von der Bundesregierung aus, die nach wie vor einen Vorschlag seitens der UdSSR oder der DDR nach dem anderen als unannehmbar abschmettert, sondern von der sozialdemokratischen Opposition. Als der sowjetische Ministerpräsident **Chruschtschow** im März während eines DDR-Besuchs eine Einladung an den Parteivorsitzenden der SPD ausspricht, nimmt **Erich Ollenhauer** an und trifft sich mit dem Partei- und Regierungschef der UdSSR zu einem Gespräch in **Ost-Berlin**. Auch wenn bei der Unterredung, in der es um Fragen der Sicherheit und des Friedens sowie den Berlin-Status geht, fast nur Differenzen markiert werden können, geht allein vom Zustandekommen des Gesprächs eine positive Wirkung aus. Weitergehende Hoffnungen erhalten jedoch wenige Tage später einen Dämpfer. Als die beiden SPD-Vorstandsmitglieder **Fritz Erler** und **Carlo Schmid** von einer mehrtägigen Reise aus **Moskau** zurückkehren, auf der sie ebenfalls Gelegenheit hatten, mit **Chruschtschow** zu sprechen, zeigen sie sich enttäuscht über die Hartnäckigkeit der sowjetischen Positionen. Diese Reaktionen ändern jedoch nichts daran, daß der Partei- und Fraktionsvorstand der **SPD** kurz darauf einen eigenen »**Deutschlandplan**«, mit dem die Blockade der Wiedervereinigungspolitik durchbrochen werden soll, einstimmig annimmt. Mit einem komplizierten Stufenplan, der von der Schaffung einer Entspannungszone in Mitteleuropa bis zur Bildung eines gesamtdeutschen Parlaments reicht, soll die Wiedervereinigung Deutschlands erreicht werden. Wie kaum anders zu erwarten, lehnt die CDU/CSU bereits den ersten der von der SPD vorgeschlagenen Schritte als »einseitige Vorleistung des Westens« ab. Einen Tag später nimmt **Chruschtschow** auf einer Pressekonferenz in **Moskau** völlig überraschend das »**Berlin-Ultimatum**« zurück und gesteht den drei Westmächten auch weiterhin das Recht zu, Truppen in West-Berlin zu stationieren. Durch diesen Schritt entspannt sich die Situation.

Auf einem außerordentlichen Parteitag Mitte November in **Bad Godesberg** führt die **SPD** den tiefsten

Einschnitt in ihrer Nachkriegsgeschichte herbei. Nach drei verlorenen Bundestagswahlen und ohne erkennbare Aussicht, aus der Rolle einer Oppositionspartei herauszukommen, revidiert die SPD einige ihrer Grundauffassungen und verabschiedet ein neues Parteiprogramm. Sie verzichtet darauf, sich weiterhin auf den Marxismus als einzig mögliche weltanschauliche Grundorientierung festzulegen, gibt ihre antikapitalistische Grundeinstellung auf und vollzieht den Wandel von einer Arbeiter- zu einer Volkspartei. Die geistigen Architekten des neuen Grundsatzprogramms sind der stellvertretende Bundestagspräsident **Carlo Schmid** und der Ex-Kommunist **Herbert Wehner**. Bei der abschließenden Abstimmung verweigern lediglich 16 der versammelten 394 Delegierten der Kurskorrektur ihre Zustimmung.

Zu den besorgniserregendsten innenpolitischen Erscheinungen zählt die Gründung eines aggressiven antikommunistischen Komitees, das zu einem Gesinnungsfeldzug aufruft und vom Bundeskanzler ebenso wie zahlreichen anderen führenden Unionspolitikern unterstützt wird. Nachdem Mitte Februar bereits unter der Beteiligung der beiden Bundesminister **Heinrich von Brentano** und **Hermann Lindrath** in **Heidelberg** eine antikommunistische Wanderausstellung eröffnet worden ist, die das Motto »Vier Jahrzehnte Kommunismus – Vier Jahrzehnte Mord« trägt, wird vier Tage später in **Köln** vor 150 hochrangigen Gästen, darunter NATO-Generalsekretär **Paul-Henri Spaak**, das **Komitee »Rettet die Freiheit!« e.V.** aus der Taufe gehoben. Erklärtes Ziel ist es, Intellektuelle, Wissenschaftler, Pastoren, Gewerkschaftler und andere »gutgläubige Menschen« davor zu bewahren, sich wegen ihrer Ablehnung der Atombewaffnung dem Kommunismus anzunähern. Zum ersten Vorsitzenden wird der CDU-Bundestagsabgeordnete **Rainer Barzel** gewählt.

Mit dem Überraschungserfolg einer antidemokratischen Partei enden die **Landtagswahlen in Rheinland-Pfalz**. Mit der »**Deutschen Reichspartei**« (DRP) gelingt es der stärksten rechtsradikalen Partei, die Fünf-Prozent-Hürde knapp zu überwinden und als viertstärkste Kraft in den Mainzer Landtag einzuziehen. Die DRP, die im Wahlkampf wesentlich von den Auftritten des ehemaligen Jagdfliegers **Hans-Ulrich Rudel** profitiert hat, kann ihre besten Ergebnisse in den protestantischen Weinanbaugebieten verzeichnen, in denen bereits die NSDAP 1932 ihre größten Erfolge verbuchen konnte.

Für ein erhebliches Maß an Irritation sorgt die Ankündigung des 83jährigen Bundeskanzlers **Konrad Adenauer**, für das Amt des Bundespräsidenten kandidieren zu wollen. Erst als dem Regierungschef klargemacht wird, daß seine Absicht, als künftiges Staatsoberhaupt auch weiterhin die Richtlinien der Politik bestimmen zu wollen, mit dem Grundgesetz kollidiert, zieht er seine Kandidatur tief verstimmt wieder zurück. Zum Nachfolger des in weiten Bevölkerungskreisen populären **Theodor Heuss** wählt die Bundesversammlung Anfang Juli in **West-Berlin** mit dem bisherigen Bundesminister für Ernährung, Landwirtschaft und Forsten, **Heinrich Lübke**, einen Politiker ohne Profil und Autorität.

Im Unterschied zum Vorjahr sind die **Protestbewegungen** sehr viel aufgesplitterter, zum Teil Ausdruck ganz sozial- oder altersspezifischer Interessen. Von der alles dominierenden Bewegung »Kampf dem Atomtod« sind kaum mehr als lokale Ausläufer erkennbar. Dennoch besitzt die **Anti-Atomtod-Bewegung** auch weiterhin ihren Stellenwert. Besonders stark ist sie in der Bekennenden Kirche, unter Intellektuellen und an einer Reihe von Universitäten. Für Aufsehen sorgt am Jahresanfang der »**Studentenkongreß gegen Atomrüstung**« in **West-Berlin**. Der Grund dafür liegt jedoch weniger in einem neuen Impuls für die Arbeit der studentischen Ausschüsse gegen die Nuklearbewaffnung als in der Verabschiedung einer deutschlandpolitischen Position, die offenbar an ein Tabu rührt. Als das Plenum eine von Mitgliedern der »Konkret«-Gruppe entworfene Resolution annimmt, in der vorsichtig gefordert wird, Möglichkeiten einer »interimistischen Konföderation« zwischen der Bundesrepublik und der DDR zu überprüfen, verläßt der SPD-Politiker **Helmut Schmidt** empört den Saal. Dieser Eklat sorgt bundesweit für Schlagzeilen. Obwohl sich eine Reihe von Professoren, die im Präsidium des Kongresses vertreten sind, bemüht, die Resolution als demokratisch legitimiert zu verteidigen, ist der im Verhältnis zur DDR sichtbar gewordene Bruch kaum zu kitten. Da im Bundesvorstand der **SPD** vermutet wird, daß die Positionen der »Konkret«-Gruppe von der illegalen KPD bestimmt werden, und da man befürchtet, daß der »**Sozialistische Deutsche Studentenbund**« (SDS) von kommunistischen Kräften unterwandert wird, drängt die SPD in der Folge in ihrer Studentenorganisation auf eine Isolierung solcher Positionen und ihrer Protagonisten.

Zu Zentren des antinuklearen Protests entwickeln sich zwei Städte, in deren Umgebung Raketen stationiert werden sollen, die mit atomaren Sprengköpfen bestückt werden können. Im Januar ist das zunächst **Pforzheim**, das sich mit seinen Nachbargemeinden gegen die Errichtung einer Raketenabschußbasis auf dem Hartheimer Kopf wendet. Und im Februar und März folgt **Dortmund**, wo sich die Bevölkerung mit Warnstreiks, Autokorsos, Demonstrationen, Kundgebungen und Sitzblockaden gegen die Stationierung eines britischen Raketenregiments auf dem im Vorort Brackel gelegenen Flugplatz stemmt. Fast das ganze Jahr über finden immer wieder **Atommahnwachen** statt, die dafür sorgen, daß das Bewußtsein von der tödlichen Gefahr der Nuklearwaffen nicht schwindet. Ein großes Echo hinterläßt auch eine Vortragsreise des amerikanischen Nobelpreisträgers für Chemie, Professor **Linus Pauling**. Der Wissenschaftler, der im Vorjahr einen an die Vereinten Nationen adressierten Anti-Atomwaffen-Appell Tausender Naturwissenschaftler initiiert hat, warnt vor den Gesundheitsrisiken der radioaktiven Strahlung und fordert einen sofortigen und umfassenden Atomwaffenteststopp.

Eine sich rasch ausbreitende Protestbewegung entsteht im August. Als das Bundesverteidigungsministerium überraschend damit beginnt, Angehörige des Kriegsjahrgangs 1922 zu Reserveübungen in der Bundeswehr einzuberufen, löst sie bei den Betroffenen eine ungeahnte Welle der Empörung aus. Die meisten der ehemaligen Wehrmachtssoldaten, deren Jahrgang im Krieg die höchsten Verluste zu verzeichnen hatte, können nicht begreifen, daß sie sich ein weiteres Mal für einen Kriegsdienst vorbereiten sollen. Innerhalb nur weniger Tage entsteht in vielen Teilen der Republik eine **Bewegung der 22er**. Vor allem in der Provinz kommt es in den Herbstwochen zu zahlreichen kleinen Protestversammlungen, Mahnkundgebungen und Schweigemärschen. Am größten Protestmarsch gegen die Wehrerfassung des Jahrgangs 1922 beteiligen sich Anfang September unter der Parole »Strauß: Wir bleiben zu Haus!« in **Hamburg** mehr als 4.000 Menschen. Anfang November konstituiert sich dann in **Aschaffenburg** eine Dachorganisation für die vielen, über das Land verstreuten Interessengemeinschaften von 22ern.

Hohe Wellen schlägt Ende Januar eine verbale Attacke, die der wohl prominenteste Wiederbewaffnungsgegner auf die Bundeswehr unternimmt. Kirchenpräsident **Martin Niemöller** lehnt in einem Vortrag, den er an einer Schule in **Kassel** hält, die »Lehre vom gerechten Krieg« ab und bezeichnet die Ausbildung von Soldaten als eine »hohe Schule für Berufsverbrecher«. Bundesverteidigungsminister **Franz Josef Strauß** stellt wegen dieses Vorwurfs, dessen genauer Wortlaut umstritten ist und nur in leicht voneinander abweichenden Varianten vorliegt, Strafanzeige gegen Niemöller wegen Verleumdung der Bundeswehr und Beleidigung ihrer Soldaten. Auch die im April in **Frankfurt** zusammengetretene Synode der Evangelischen Kirche von Hessen und Nassau weigert sich, die diskriminierende Äußerung ihres Kirchenpräsidenten zu akzeptieren. Sie verabschiedet eine Stellungnahme, mit der sich die Kirchenvertreter eindeutig von der Kasseler Rede

distanzieren. Niemöller besteht dagen auf seiner Äußerung und lehnt es ab, eine Ehrenerklärung für die Bundeswehr abzugeben. Dennoch stellt die Staatsanwaltschaft beim **Landgericht Frankfurt** einen Monat später das Ermittlungsverfahren ein. Niemöller verunglimpfe mit seiner Behauptung, heißt es zur Begründung, zwar die Bundeswehr und ihre Soldaten, es sei darin jedoch keine Absicht zu einer Beleidigung zu erkennen.

Um die Folgen des letzten Krieges geht es in einer von zwei großen Interessenverbänden angeführten Protestbewegung. Adressat ist ein Politiker, der bereits zuvor über Jahre hinweg neben dem Bundeskanzler der wohl am heftigsten angegriffene Vertreter der Bundesregierung war. Die Kritik richtet sich gegen den ehemaligen Bundesverteidigungsminister **Theodor Blank**, der im neuen Kabinett Bundesarbeits- und -sozialminister geworden ist. Nachdem er im Vorjahr eine Erhöhung der Grundrenten von Kriegsopfern als Steuerverschwendung bezeichnet hat, liegt nun sein Entwurf zur Reform der Kriegsopferversorgung vor. Da darin entscheidende Forderungen der Interessenorganisationen nicht berücksichtigt sind und die Betroffen eine finanzielle Verschlechterung befürchten, startet der **Verband der Kriegsbeschädigten, Kriegshinterbliebenen und Sozialrentner Deutschlands (VdK)** im Februar unter dem Motto »Schluß mit dem Unrecht!« eine umfassende Protestkampagne. Im Laufe der nächsten Wochen und Monate beteiligen sich bundesweit Zehntausende an Schweigemärschen, Demonstrationen und Kundgebungen. Wiederholt wird von Rednern der Rücktritt **Theodor Blank**s, des verantwortlichen Ministers, gefordert. An den größten Veranstaltungen in **Rüsselsheim**, **Stuttgart** und **Düsseldorf** nehmen jeweils über 20.000 Kriegsversehrte und Hinterbliebene teil. Und selbst im September und Oktober kommen in **Dortmund** und **Hamburg** noch einmal 25.000 Betroffene zu Protestkundgebungen zusammen. Als dann Ende Oktober der **Bundestag** in erster Lesung über den Reformentwurf berät, zeigt sich, daß die Widerstandsbekundungen der Kriegsversehrten nicht wirkungslos geblieben sind. Die Bundesregierung distanziert sich in einigen Punkten von Blanks Vorlage und spricht sich für den der CSU-Abgeordneten **Maria Probst** aus, die auf verschiedenen VdK-Kundgebungen als Rednerin aufgetreten ist und eine Erhöhung der Grundrenten für unverzichtbar hält.

In der **Arbeiter- und Gewerkschaftsbewegung** geben eindeutig die Ruhrkumpel den Ton an. Es beginnt im Januar in **Bochum** mit einer Großkundgebung von 80.000 Bergarbeitern gegen die Energiepolitik der Bundesregierung. Die dort von dem Vorsitzenden der **IG Bergbau**, **Heinrich Gutermuth**, erhobenen

Forderungen nach einem Stopp der Kohleeinfuhr aus den USA, einer Beendigung der Feierschichten und der Einführung der 5-Tage-Woche bei vollem Lohnausgleich bleiben das ganze Jahr über aktuell. Nach einer Reihe von Großdemonstrationen im August und September in **Gelsenkirchen, Dortmund, Oberhausen** und anderen Städten des Ruhrgebiets versammeln sich Ende September 60.000 Bergarbeiter zu einem von ihrer Gewerkschaft planstabmäßig geplanten Schweigemarsch durch die Bundeshauptstadt **Bonn**. Bereits einige Tage zuvor hat **Gutermuth**, der an der Spitze der Demonstration marschiert, Bundeswirtschaftsminister **Ludwig Erhard** zu verstehen gegeben, daß er mit dem von der Bundesregierung beschlossenen Hilfsprogramm für die Bergarbeiter im wesentlichen zufrieden sei.

Stein des Anstoßes für eine Reihe wichtiger Protestveranstaltungen ist auch weiterhin die höchst unzureichende **Auseinandersetzung mit der NS-Vergangenheit**. Zentrales Thema ist dies auch bei einem vom **SDS** organisierten »**Kongreß für Demokratie, gegen Restauration und Militarismus**«, an dem sich im Mai zum zehnten Jahrestag der Verabschiedung des Grundgesetzes in **Frankfurt** 500 Teilnehmer versammeln. Den schärfsten Angriff richtet dabei der SDS-Bundesvorsitzende **Oswald Hüller** gegen die Bundesregierung. Wegen der Rolle, die ehemalige NSDAP-Mitglieder im Kanzleramt und anderen Bundesbehörden spielen, behauptet er, der »Führer« sei zwar gegangen, »seine Hintermänner« jedoch seien geblieben. Als in einer der Arbeitsgruppen trotz aller Warnungen des SPD-Parteivorstands wieder eine von der »Konkret«-Gruppe entworfene Resolution für eine Konföderation beider deutscher Staaten verabschiedet wird, führt das in der Folge zur **Ablösung Hüllers** als SDS-Vorsitzenden. Um einer Spaltung der linken Studentenorganisation zuvorzukommen, entschließen sich die Bundesvorstandsmitglieder Anfang Juni in **Köln** einstimmig, ihn zusammen mit dem Pressereferenten abzusetzen. Zugleich distanzieren sie sich von mehreren Entschließungen des Frankfurter Kongresses und stellen einen **Unvereinbarkeitsbeschluß mit der Konkret«-Gruppe** her. Neuer Bundesvorsitzender wird **Günter Kallauch**. Der SPD-Vorstand nimmt das Ergebnis kurz darauf »mit Befriedigung zur Kenntnis«. Ein weiteres Mal für Aufsehen sorgt der SDS, als er Ende November in **Karlsruhe** die **Ausstellung »Ungesühnte Nazijustiz«** durchführt. Mit aus Polen und der Tschechoslowakei stammenden Dokumenten wird nachgewiesen, daß mehr als 50 in der Bundesrepublik tätige Richter und Staatsanwälte im Nationalsozialismus hohe Zuchthausstrafen und Todesurteile verhängt haben. Nach einer Überprüfung der Exponate stellt Generalbundesanwalt **Max Güde** fest, daß die Dokumente »offensichtlich echt« seien. Die beiden Organisatoren **Reinhard Strecker** und **Wolfgang Koppel** geben auf einer Pressekonferenz bekannt, daß sie gegen etwa 20 ehemalige NS-Richter Strafanzeige stellen würden.

Kein anderes Phänomen sorgt im Bereich des **Neonazismus** für größere Beunruhigung als die **Serie antisemitischer Anschläge**. Sie beginnt Mitte Januar mit der Schändung der **Düsseldorf**er Synagoge mit Hakenkreuzschmierereien. Obwohl es die Selbstbezichtigung eines Mitglieds der rechtsradikalen DRP gibt, wird ein Gewerkschaftsfunktionär, der früher Mitglied der KPD war, als Tatverdächtiger verhaftet. Nach mehreren Monaten Untersuchungshaft muß der Mann wieder freigelassen werden; die Tat kann nicht aufgeklärt werden. Ende Januar werden auch Grab- und Gedenksteine auf dem jüdischen Friedhof in **Freiburg** mit Hakenkreuzen und NS-Parolen beschmiert. Der Generalbundesanwalt setzt eine Belohnung in Höhe von 1.000 DM für Hinweise aus, die zur Ergreifung der Täter führen. In einem **BBC-Interview** wehrt sich Bundeskanzler **Konrad Adenauer** kurz darauf dagegen, daß dem Antisemitismus im Ausland eine so große Bedeutung für die Bewertung der politischen Verhältnisse in der Bundesrepublik beigemessen wird. Der Antisemitismus sei 1945 zusammen mit dem Nationalsozialismus untergegangen. Nun versuchten Kommunisten den Eindruck zu erwecken, daß beide in Deutschland noch lebendig seien. Auf seiner Jahressitzung in **Düsseldorf** wendet sich der **Zentralrat der Juden in Deutschland** Mitte Juni ausdrücklich gegen solche Schuldzuweisungen. Sein Generalsekretär **Hendrik George van Dam** erklärt, daß es wenig überzeugend sei, die antisemitischen Schmieraktionen als das Werk östlicher Provokateure hinzustellen. Durch eine besonders spektakuläre Untat wird dann am Heiligabend eine regelrechte **antisemitische Welle** ausgelöst. Zwei 25jährige Mitglieder der **DRP** beschmieren in **Köln** die Synagoge und ein Denkmal für NS-Opfer mit Hakenkreuzen und judenfeindlichen Parolen. Die Aktion der beiden Rechtsradikalen, die bereits nach wenigen Stunden festgenommen und später vor Gericht gestellt und verurteilt werden können, führt in den Wochen darauf zu Hunderten von Nachfolgetaten. Einige davon werden auf dem Boden der DDR begangen. Dennoch behaupten auch dieses Mal führende Politiker, darunter Bundeskanzler **Adenauer**, Bundesinnenminister **Schröder** und Bundesverteidigungsminister **Strauß**, daß Kommunisten hinter den Anschlägen steckten. Sie würden die Absicht verfolgen, die Bundesrepublik im Ausland zu diskreditieren.

Unter den **militaristischen Veranstaltungen** ragen zwei besonders heraus. Das Treffen des **Bundes deut-**

scher **Fallschirmjäger** Mitte Mai in **Freiburg** und eine Großveranstaltung ehemaliger Angehöriger der **Waffen-SS** Anfang September in **Hameln**. Die Freiburger Zusammenkunft erweist sich als Stelldichein der prominentesten Wehrmachtsoffiziere, die auch noch in der Nachkriegszeit über eine große Anhängerschaft verfügen. Unter dem frenetischen Beifall der 3.500 Teilnehmer werden Ex-Generalfeldmarschall **Albert Kesselring**, Ex-General **Bernhard Ramcke** und Ex-Oberst **Hans-Ulrich Rudel** begrüßt. Zielscheibe zahlreicher Haßtiraden ist der Publizist **Erich Kuby**, dem ein Hamburger Gericht attestiert hat, daß seine Behauptung, Ramcke habe die Festung Brest nur wegen der für sein Ritterkreuz zu erwartenden Brillanten verteidigt, vom Recht auf freie Meinungsäußerung gedeckt sei. Den 15.000 Teilnehmern des von der »**Hilfsgemeinschaft auf Gegenseitigkeit der Soldaten der ehemaligen Waffen-SS**« **(HIAG)** in **Hameln** veranstalteten »Suchdiensttreffens« werden von einem Sprecher die besten Grüße und Wünsche des niedersächsischen Ministerpräsidenten **Hinrich Kopf** (SPD) sowie des Bürgermeisters der Stadt ausgerichtet. Als Hauptredner tritt der HIAG-Bundesvorsitzende **Kurt Meyer** auf, ein von einem kanadischen Militärgericht wegen der Ermordung von Kriegsgefangenen zum Tode verurteilter ehemaliger Generalmajor der Waffen-SS. Er empfiehlt den Mitgliedern seiner Organisation, sich an die demokratischen Spielregeln zu halten. Nur so habe man noch eine Chance, die »rechte Sache« wahren zu können. Abschließend singen die Teilnehmer die erste Strophe des Deutschlandliedes.

Einmal mehr sind eine Reihe von Vereinigungen, die von den Behörden als kommunistische Tarnorganisationen eingeschätzt werden, von Verfolgungsmaßnahmen betroffen. Anfang März gibt das nordrhein-westfälische Innenministerium in **Düsseldorf** das Verbot des »**Demokratischen Kulturbund Deutschlands**« **(DKBD)**, des **Friedenskomitees der Bundesrepublik Deutschlands** und zweier weiterer mit der DDR verbundener Organisationen bekannt. In mehreren Städten des Ruhrgebiets und des Rheinlands werden parallel dazu Hausdurchsuchungen durchgeführt. Innenminister **Josef Hermann Dufhues** begründet seine Entscheidung damit, daß die vier Organisationen von der **SED** finanziert und gesteuert worden seien. Mit einer bundesweiten **Durchsuchungsaktion** versucht die Bundesanwaltschaft im Dezember den technischen Apparat der illegalen **KPD** zu zerschlagen. Der Schwerpunkt der Großrazzia mit dem Decknamen »Sendepause« liegt in **Nordrhein-Westfalen**.

In dem Bundesland werden auch zwei große Prozesse abgehalten, bei denen sich Mitglieder von Vereinigungen verantworten müssen, die als Tarnorga-

nisationen der KPD bzw. der SED gelten. Nach einer neun Wochen dauernden Verhandlung verurteilt das **Landgericht Düsseldorf** 14 ehemalige KPD-Mitglieder, die unter der Bezeichnung »**Unabhängige Kandidaten**« 1958 mit einer eigenen Liste zu den nordrhein-westfälischen Landtagswahlen angetreten waren, zu Gefängnisstrafen zwischen einem halben und anderthalb Jahren. Das Gericht sieht es als erwiesen an, daß die Angeklagten auf diesem Wege eine Ersatzorganisation für die verbotene KPD hätten aufbauen wollen. Dieselbe Strafkammer des **Landgerichts Düsseldorf** eröffnet im November einen Prozeß gegen sieben führende Mitglieder des »**Westdeutschen Friedenskomitees**« **(WFK)**, der sich bis in das nächste Jahr hinzieht. In der Anklageschrift heißt es, bei den Angeklagten handle es sich um die »Rädelsführer« einer verfassungsfeindlichen Organisation, die »von der KPD/SED« finanziert und gelenkt werde. Einer der Verteidiger, der Ost-Berliner Anwalt **Friedrich Karl Kaul**, hat wegen solcher Gerichtsverfahren zusammen mit anderen Juristen der DDR im Mai ein »**Komitee zum Schutz der Menschenrechte, gegen militärische Willkür und Klassenjustiz in Westdeutschland**« gegründet. Ziel ist es, den verfolgten Angehörigen der 1956 vom Bundesverfassungsgericht verbotenen KPD Rechtsbeistand zu leisten.

Wie unwillig dagegen manche Gerichte sind, wenn es darum geht, Verfahren gegen Alt- oder Neonazis zu eröffnen, zeigt sich einmal mehr im Januar. Trotz geklärter Voraussetzungen weigert sich das **Oberlandesgericht Hamburg**, einen Prozeß gegen die beiden bekennenden Antisemiten, den Holzhändler **Friedrich Nieland** und den Buchdrucker **Adolf Heimberg** durchzuführen, die in einer an Bundes- und Landtagsabgeordnete geschickten Hetzbroschüre die Wiedereinführung der Nürnberger Gesetze gefordert hatten. Wie sich bald herausstellt, handelt es sich bei Landgerichtsdirektor **Enno Budde** selbst um einen bekennenden Antisemiten.

Als sich im Mai der Verleger **Robert Kremer** vor dem **Bundesgerichtshof** in **Karlsruhe** wegen der Herausgabe der nazistischen Zeitschrift »Anklage« verantworten muß, ist eine grundlegend andere Einstellung des Gerichts zu erkennen. Der 3. Strafsenat des BGH verurteilt den rechtsradikalen Publizisten wegen Herstellung und Verbreitung verfassungsfeindlicher Schriften sowie anderer Straftatbestände zu einer Gefängnisstrafe von zwei Jahren.

Als besonders problematisch erweist sich, über welch kurzen Draht Bundesminister zu bundesdeutschen Gerichten verfügen, wenn es darauf ankommt, das Erscheinen von Pressepublikationen zu unterbinden, die sich kritisch mit ihrer Person oder der Arbeit von Bundesbehörden auseinandersetzen. Im

Februar entscheidet das **Amtsgericht Hamburg**, auf Antrag von Bundesinnenminister **Schröder** eine Ausgabe der Illustrierten **»Der Stern«** zu beschlagnahmen, in dem ein Artikel mit dem Titel »Wer schützt uns vorm Verfassungsschutz?« abgedruckt ist. Die Einstweilige Anordnung kommt nur zustande, weil der Präsident des Bundesamtes für Verfassungsschutz, **Hubert Schrübbers**, am Wochenende selbst angereist ist und zusammen mit seinem Anwalt dafür sorgt, daß die Beschlußfähigkeit der Eilkammer zustandekommt. Weil die Auslieferung des Heftes schon im Gange ist, stößt die Aktion jedoch weitgehend ins Leere. In dem Text wird Schrübbers unter anderem zum Vorwurf gemacht, es mangele ihm an Courage, sich von ehemaligen SS-Männern im Verfassungsschutz zu trennen. Im September reist Bundesvertriebenenminister **Theodor Oberländer** auf einen Wink von CDU-Parteifreunden mitten in der Nacht in die osthessische Bischofsstadt **Fulda** und erwirkt beim dortigen **Amtsgericht** eine Einstweilige Verfügung gegen die Auslieferung der antifaschistischen Wochenzeitung **»Die Tat«**. Wie zuvor bereits angekündigt wollte das Organ der **»Vereinigung der Verfolgten des Naziregimes« (VVN)** in seiner inkriminierten Ausgabe unter dem Titel »Minister Oberländer unter schwerem Verdacht« über dessen angebliche Verwicklung in eine Mordaktion des Bataillons »Nachtigall« 1941 in Lemberg berichten, der 1.600 Einwohner zum Opfer gefallen sind. Als Anfang Oktober die nächste Ausgabe der Wochenzeitung wieder erscheinen kann, trägt ihr Leitartikel die Überschrift »Wir fordern Oberländers sofortige Suspendierung«.

Als Bundesinnenminister **Schröder** drei Wochen später beim **Bundesverwaltungsgericht** in West-Berlin den Antrag einreicht, die **VVN** wegen Verfassungswidrigkeit verbieten zu lassen, weckt er Vermutungen, daß es sich bei diesem Schritt um eine Reaktion auf die Angriffe des VVN-Organs »Die Tat« auf seinen Kabinettskollegen Oberländer handeln könnte. Als Begründung für seinen Verbotsantrag führt Schröder in einem Rundfunkinterview allerdings an, daß es sich bei der VVN um eine kommunistische Tarnorganisation handle. Ihre Schlüsselpositionen seien fast ausschließlich von Funktionären der verbotenen KPD besetzt.

Im Unterschied zur Bundesrepublik wird in der **DDR** der **10. Jahrestag der Staatsgründung** mit repräsentativen Feierlichkeiten begangen. Der mächtigste Mann im Staat, **Walter Ulbricht**, Erster Sekretär des SED-Zentralkomitees, gibt auf einer Kundgebung in **Ost-Berlin** die Prognose ab, daß die DDR im Laufe des nächsten Jahrzehnts von allen Staaten anerkannt werde und zwischen beiden deutschen Staaten direkte Verhandlungen zur Wiedervereinigung auf-

genommen würden. Nachdem die Krise um den Berlin-Status erst einmal überwunden ist, schlägt er vor, den Konflikt um **West-Berlin** durch eine Orientierung am **Vatikan-Modell** zu lösen. Wie der italienische Staat die freien Verbindungswege zum Vatikan solange garantiere wie dieser dessen Gesetze einhalte, so könne künftig auch das Verhältnis zwischen der DDR und West-Berlin geklärt werden. Zur selben Zeit spielen sich tumultartige Szenen auf den S-Bahn-Stationen in **West-Berlin** ab. Um die neue, mit Hammer und Zirkel in einem Ährenkranz versehene Flagge der DDR ist ein **Fahnenstreit** entbrannt. West-Berliner Polizisten versuchen in einem Großeinsatz sämtliche DDR-Flaggen, die von den Reichsbahnern der DDR aufgezogen worden sind, herunterzureißen. Dabei kommt es zu gewalttätigen Auseinandersetzungen. Nach einem Protest der westlichen Stadtkommandanten ordnet der sowjetische Stadtkommandant drei Tage später die Einholung aller auf den S-Bahnhöfen gehißten Flaggen an. Damit ist der Konflikt beigelegt.

Die **Kulturpolitik** der DDR wird nach dem Tod von Kulturminister **Johannes R. Becher**, der im Vorjahr gestorben ist, neu ausgerichtet. Propagiert wird die Indienststellung der schriftstellerischen und künstlerischen Arbeit in eine »sozialistische Nationalkultur«. Entscheidender Schritt auf diesem Weg ist eine im April vom Mitteldeutschen Verlag veranstaltete Autorenkonferenz in der mitteldeutschen Industriestadt **Bitterfeld**. Dort wird, wie von **Walter Ulbricht** vorgeschlagen, eine »Bewegung des schreibenden Arbeiters« zur ideologischen Abstützung der wirtschaftlichen Entwicklung, der **»Bitterfelder Weg«**, initiiert. Unter der Parole »Greif zur Feder, Kumpel!« sollen Arbeiter den Überbau für den von der Partei diktierten industriellen Fortschritt mitgestalten.

Die wichtigste Rolle im Rahmen der staatlichen Proteste gegen eine Renazifizierung der Bundesrepublik spielt der **Ausschuß für Deutsche Einheit**. Das Propagandaorgan greift konstitutive Schwächen des bundesdeutschen Gesellschafts- und Rechtssystems wie Militarismus, Neonazismus und Antisemitismus auf, um anhand personalpolitischer Kontinuitäten zum NS-System die Bundesregierung und ihre Politik bloßzustellen. Als fruchtbarste Fährte erweist sich unter dieser Zielsetzung auch weiterhin die bundesdeutsche Justiz. Im Februar und im November stellt der Ausschuß auf seinen internationalen Pressekonferenzen in **Ost-Berlin** weitere Listen von Richtern und Staatsanwälten vor, die während der NS-Zeit für Kriegs- und Sondergerichte tätig waren und nun im Justizapparat der Bundesrepublik ihre Karrieren unter veränderten politischen Vorzeichen unbeschadet fortsetzen können. Als der Rechtswissenschaftler Professor **Gerhard Reintanz** im November zum wiederholten Male die Entlassung der durch ihre verbrecherische NS-Vergangenheit belasteten Juristen fordert, ist die dokumentarisch ausgewiesene Liste auf 1.000 Namen angewachsen.

Als das **Presseamt beim Ministerpräsidenten der DDR** Anfang Juni eine internationale Pressekonferenz in **Ost-Berlin** zum »Agentensumpf West-Berlin« durchführt, um den Bundesnachrichtendienst und die Geheimdienste der drei Westalliierten an den Pranger zu stellen, kontert Innensenator **Joachim Lipschitz** einen Tag später, indem er auf einer Pressekonferenz in **West-Berlin** ein Schwarzbuch mit dem Titel »Östliche Untergrundarbeit gegen West-Berlin« vorstellt. Darin wird aufgelistet, wieviele Menschen im Laufe von zehn Jahren Opfer von Entführungsaktionen geworden sind und behauptet, daß 8.000 Personen ausschließlich für die »Wühlarbeit« gegen die Bundesrepublik und West-Berlin zuständig seien. Und wiederum einen Tag darauf gibt der **Ausschuß für Deutsche Einheit** auf einer weiteren Pressekonferenz die Einrichtung eines Ausschusses zur Untersuchung der NS-Vergangenheit von Offizieren der Bundeswehr bekannt. Als angebliches Exempel wird dazu der DEFA-Dokumentarfilm **»Der Fall Heusinger«** gezeigt.

Wie jedes Jahr wird im September in **Ost-Berlin** eine Gedenkkundgebung für die Opfer von Krieg und Faschismus veranstaltet, zu der wiederum 100.000 Menschen zusammenkommen. Am Tag zuvor ist auf dem Gelände des ehemaligen Konzentrationslagers **Ravensbrück** eine Mahn- und Gedenkstätte eingeweiht worden. In einer Ansprache protestiert **Rosa Thälmann**, die Witwe des in Buchenwald ermordeten KPD-Vorsitzenden, vor 50.000 Teilnehmern dagegen, daß die ehemalige SS-Lagerärztin **Hertha Oberheuser** in der Bundesrepublik wieder praktizieren dürfe. Das schleswig-holsteinische Innenministerium hat der Medizinerin, die wegen ihrer Verbrechen im Nürnberger Prozeß zunächst zu 20 Jahren Haft verurteilt, dann aber vom amerikanischen Hohen Kommissar begnadigt worden war, allerdings vor mehr als einem Jahr die Approbation entzogen.

In einem weiteren **Schauprozeß** stellt die **DDR-Justiz** unter Beweis, daß oppositionelle Gruppierungen rigoros verfolgt und mit drakonischen Strafen belegt werden. Mitte April verurteilt das **Bezirksgericht Dresden** fünf Mitglieder eines konspirativ operierenden **»Nationalkommunistischen Studentenbundes«** wegen Bildung einer staatsfeindlichen Gruppe, Staatsverrat und Rädelsführerschaft zu Zuchthausstrafen zwischen fünf und zehn Jahren. Der Ende Januar aufgeflogene Studentenbund hatten in Flugblattaktionen ein 16-Punkte-Programm zur gesellschaftlichen Umgestaltung der DDR propagiert, die von der Garantie bürgerlicher Freiheitsrechte bis zur Auflösung des Ministeriums für Staatssicherheit (MfS) reichen sollte. Ob die Angeklagten, wie vom Gericht behauptet, auch Waffen, Munition und Sprengstoff gesammelt haben, wird von Beobachtern angezweifelt. Der Richterspruch wird in einer in **Bonn** verbreiteten Erklärung des SPD-Bundesvorstands als »typisches Terrorurteil« bezeichnet. In mehreren Prozessen werden Halbstarke von DDR-Gerichten zu Freiheitsstrafen verurteilt: Das **Bezirksgericht Dessau** verhängt Ende März wegen »Hetze« gegen Parteifunktionäre über sieben Mitglieder eines Rock'n'Roll-Clubs Urteile mit Zuchthaus- und Gefängnisstrafen bis zu zweieinhalb Jahren. Und das **Bezirksgericht Leipzig** verurteilt Ende Oktober 15 Jugendliche, die für Elvis Presley und den Rock'n'Roll schwärmend durch die Straßen eines Vorortes gezogen waren, wegen Landfriedensbruchs und Staatsverleumdung zu Zuchthausstrafen zwischen einem halben und viereinhalb Jahren.

Januar Februar März April Mai

Juni Juli August September Oktober

November Dezember

Jan.: Karikatur aus der »Deutschen Volkszeitung«.

Jan.: Zu den Kuratoriumsmitgliedern der »Abendländischen Akademie« zählt auch Bundesaußenminister Heinrich von Brentano (CDU).

Jan.: Der umstrittene Text aus dem Heidelberger »forum academicum«.

Januar Eine Delegation, die von 6.000 Gelsenkirchener Bergarbeitern entsandt ist, fährt nach **Bonn** und trägt dort Vertretern des Bundeswirtschaftsministeriums und Mitgliedern der Bundestagsfraktionen von CDU, SPD und FDP ihren Protest gegen die Durchführung von Feierschichten und den damit verbundenen Lohnausfall vor. Die Bergarbeiter der zum Mannesmann-Konzern gehörenden Schachtanlage »Hugo« hatten durch die im Laufe der letzten zehn Monate durchgeführten 17 Feierschichten einen Lohnausfall von 340 DM erlitten. Auf einer von der *IG Bergbau* einberufenen Protestversammlung war eine Entschließung an die Bundesregierung und die drei Bundestagsfraktionen verabschiedet worden. Darin wird von einer »ernsten Situation im Steinkohlebergbau« gesprochen. Die Kumpel fordern die vollständige Entschädigung des Lohnausfalls, einen sofortigen Stopp der amerikanischen Kohleimporte, die Bildung eines Energie- und Kohlenwirtschaftsrates sowie den Ausbau des Ost-West-Handels. – Die drei Delegierten Johann Balzer, Gerd Büttner und Werner Woznek beklagen sich nach ihrer Rückkehr auf einer Pressekonferenz in **Gelsenkirchen**, daß sich das Bundeswirtschaftsministerium im Gegensatz zu den Parteien, wo sie jeweils zwei Stunden lang ihre Situation darstellen konnten, kaum Zeit genommen hätte, um ihre Probleme anzuhören.

Januar Die 5. Zivilkammer des Landgerichts **München** I untersagt dem Chefredakteur der »Deutschen Soldaten-Zeitung«, Helmut Damerau, die Behauptung aufzustellen oder zu verbreiten, daß die *Vereinigung der Verfolgten des Naziregimes* (VVN) »eine kommunistisch gesteuerte Vereinigung ehemaliger politischer Häftlinge« sei. Bei Zuwiderhandlung

werde gegen ihn eine Geldstrafe in unbeschränkter Höhe oder eine Haftstrafe bis zu sechs Monaten verhängt. Die Gerichtskosten in Höhe von 1.136 DM hat Damerau zu tragen. – Seit 1. Januar erscheint die »Deutsche Soldaten-Zeitung« nicht mehr im Schild-Verlag, sondern in der eigens gegründeten Deutschen Soldaten-Zeitung Verlagsgesellschaft. Der bisherige Leitartikler des militaristisch-nationalistischen Wochenblattes, Gerhard Frey, hat 50% der Geschäftsanteile übernommen.

Januar Das publizistische Organ der *Abendländischen Akademie*, die politische Vierteljahresschrift »Neues Abendland«, hat mit der Herausgabe des Heftes IV/58 sein Erscheinen eingestellt. Sein Chefredakteur Emil Franzel gibt bereits seit mehreren Monaten die Zeitschrift »Dokumentation der Woche« heraus. – Die *Abendländische Akademie*, der hochrangige CDU/CSU-Politiker, darunter auch Bundesminister, angehören, propagiert den Reichsgedanken mittelalterlicher Prägung als eine Art gottgewollter religiöser Ordnung, demzufolge die Politik nach den Lehren der *Katholischen Kirche* zu gestalten sei. Kritiker sehen in dem einflußreichen Zusammenschluß eine ernsthafte Gefährdung der parlamentarischen Demokratie, einige sogar die Keimzelle einer klerikal-faschistischen Neuordnung.

Januar Auf einer Versammlung von 1.500 Gewerkschaftsfunktionären in **Bielefeld** erklärt der *IG-Metall*-Vorsitzende Otto Brenner, daß das *Komitee »Rettet die Freiheit«*, dessen von hochrangigen CDU-Funktionären betriebene Gründung unmittelbar bevorsteht, nichts anderes als ein Propagandainstrument der Bundesregierung sei. Diese könne jedoch ihre Verantwortung für die »reaktionäre Entwicklung in Wirtschaft und Politik« nicht leugnen. Die Gewerkschaften ließen sich nicht vor den Karren eines solchen unter dem Deckmantel der Unabhängigkeit gegründeten Komitees spannen.

Januar Der Bundesvorstand der *Vereinigung der Verfolgten des Naziregimes* (VVN) in **Frankfurt** veröffentlicht eine 30 Seiten umfassende Denkschrift über den Antisemitismus in der Bundesrepublik. Einer unvollständigen Übersicht zufolge sollen danach zwischen 1950 und 1959 bei 68 Schändungen jüdischer Friedhöfe 1.025 Grabmäler beschädigt oder zerstört worden sein. Nahezu ein Drittel dieser Taten, für die häufig Kinder verantwortlich gemacht werden, sei in den Apriltagen um Hitlers Geburtstag begangen worden. Besonders auffällig sei, daß sich die antisemitischen Vorfälle in jüngster Zeit immer mehr häuften. Während sie anfangs nur über einen längeren Zeitraum verstreut registriert werden konnten, tauchten sie inzwischen nahezu jeden Tag auf.

Januar An der Universität **Heidelberg** kommt es zu einem Konflikt wegen eines angeblichen Falles von Gotteslästerung. Mitglieder des *Ringes Christlich-Demokratischer Studenten* (RCDS) wenden sich in drei gleichlautenden Protestschreiben an den baden-württembergischen Kultusminister Gerhard Storz (CDU) in **Stuttgart** sowie an den Rektor, Professor Wilhelm Hahn, und den AStA ihrer Universität und vergleichen darin einen in der Studenten-Zeitschrift »forum academicum« erschienenen Text mit den im »Stürmer« verbreiteten nazistischen Pamphleten Julius Streichers. In dem unter dem Pseudonym Johannes Berg publizierten literarischen Text werden unter dem Titel »Eine Paradiesgeschichte« die Gedanken eines Krüppels geschildert, die durch das Verhalten eines katholischen Geistlichen ausgelöst wurden. Während der Pater nichts anderes weiß, als den an einer Straßenbahnhaltestelle wartenden »Halslosen« mit einem Hinweis auf das Jenseits zu vertrösten, läßt dieser sich nicht von seinen irdischen Wünschen abbringen und gibt seinen Lustphantasien, die er zuvor auf den Kirchenmann projiziert hat, freien Lauf. »Da muß Gott dem Halslosen verzeihen,« heißt es am Ende des Textes, »daß er den Rauch seiner Zigarette ohne zu atmen in den Lungen behält und unter seinen herabgefallenen Lidern dieses wahre Paradies aufsteigen sieht, das kühl und dunkel ist wie ein Beichtstuhl, mit leichtem Schweißgeruch und dem Geruch von altem Stein und Wachs und abgestandenem Weihrauch, wie ein Beichtstuhl, in dem eine von diesen jungen Frauen freiwillig ihre Brüste bloßlegt und dann den Rock hochschlägt, damit er, der Halslose, mit seinen kantigen, mageren Händen ganz leicht ... Das wird Gott

Eine Paradiesgeschichte
[Johannes Berg]

Klein, verwachsen und halslos, auf der Bank, die an der Haltestelle der Vorortbahn steht. So halslos, daß sein Kopf zwischen die Höcker der Schultern gezogen ist, Ohr und häutige Kinnwamme sich lappig über seinen Blusenkragen legen. Er schaut mit verkniffenen Augen gegen das Licht, als der Kaplan herkommt, die Mittagssonne im Nacken. Das beschattete Gesicht steht sekundenlang vor dem grellen Himmel. *Nun, guter Mann*, sagt der Kaplan. Er setzt sich neben den Halslosen, *ein heißer Tag heute, nichtwahr?* Und verbreitet schnaubend einen Weindunst, der metallisch riecht. *Irgendwie nach Metall*, denkt der Halslose, *nach einer rostigen Konservendose, in der lange Urin gestanden hat*, und sieht, daß die Nasenlöcher des Kaplans groß und teerig behaart sind. *Ein rechter Gottestag heute*, sagt der Kaplan und trocknet sich den Nacken mit einem Tuche. Stöhnt. *Ja*, sagt der Halslose, *das kann man wohl sagen*. Er läßt seine mageren, kantigen Hände, die immer fiebernd rot aussehen, zwischen die Knie hängen und dreht die nasse Zigarette mit Daumen und Zeigefinger hin und her. *So hatte es doch immer gerochen, als wir im Lager waren und Blechdosen benutzen mußten*, denkt der Halslose, *abgeblätterte Rostteile schwammen auf dem Harn, der molkig und trübe war vom langen stehn. Ein richtiger Gottestag, man kann es nicht anders sagen*, meint der Kaplan und legt sich schnaubend zurück. Er fährt mit dem Finger zwischen Hals und Stehkragen, der weiß und an der Kante leicht angeschmutzt ist. Der Halslose belauert die Augen des Kaplans. Ein Blick aus den hellen Augen des Kaplans geht zur Litfaßsäule hinüber und hinauf in den Mittagshimmel. Der Himmel ist ganz weiß vor flirrender Hitze; die zwei Frauen haben sich in den Schatten der breiten Säule gestellt; jung, groß, in Sommerkleidern, unter denen sich Gesäß und Schenkel deutlich abzeichnen. *Wahrhaftig ein gesegneter Tag*, sagt der Kaplan. Der Halslose belauert ihn von der Seite. *Ob er was mit den jungen Frauen hat? Sicher verführt er junge Frauen im Beichtstuhl, sie müssen ihm die Teile zeigen, mit denen sie gesündigt haben*, denkt der Halslose und schluckt den Speichel, den er

eine Weile auf der Zunge festgehalten hatte, *erst müssen sie die Brüste bloßmachen und dann den Rock hochschlagen, damit seine Hände ... Oh, man muß dafür dankbar sein*, sagt der Kaplan, *wenn sie auch heiß sind, die Tage jetzt. Läßt doch der Herr in dieser Zeit unser täglich Brot reifen, das auf den mühselig bestellten Äckern dieser Welt wächst*. Er legt die Hand mit den kurzen Fingernägeln auf den Leib. Kurze, in gequollenem Fleisch eingewachsene Nägel. *Die richtigen Hände zum Frauen anfassen*, denkt der Halslose, *innen naß und weiß wie Teig, und beinah ohne Fingernägel. Weiße Hände, die tasten und fassen, und es ist kühl und dunkel im Beichtstuhl, und überall dieser Kirchengeruch. Nach altem Stein und Holz und Wachs. Nach abgestandenem Weihrauch. Und dann der Weindunst aus seinem Mund und der Geruch der verschwitzten jungen Frau*. Den Halslosen fröstelt unter seiner weiten Kleidung, seine Brust geht kurzatmig, asthmatisch, die Augen schmerzen. Der Halslose muß vor dem Licht schützen, das die weißen Häuser drüben scharf und beißend reflektieren. Er sitzt, hat an den Brauen, und hält die Lider tief über die Augäpfel gesenkt, als er die Leute aus der haltenden Bahn lärmen hört. Der Halslose schaut hin. Sie sind sekundenlang von einer Wolke aus zermahlenem Bremssand verhüllt, die unter den Triebwagen aufsteigt, jetzt sieht sie der Halslose deutlich im abziehenden Staub. Braungebrannt, offene Hemden, helle, blumige Kleider im Wind. Man reicht sich Gepäck heraus, jemand hat ein Kofferradio. *Unter Palmen am Meer, mit dir allein, die Nacht deiner Augen ...* und dann noch irgendetwas von einem Himmel. Der Halslose versteht nicht alles. *Und es reift mit jeder Stunde, unser täglich Brot, das auf Gottes Geheiß auf den steinigen Feldern dieser Welt gebaut wird*, sagt der Kaplan, *mühselig gebaut wird*, und fährt sich mit dem Taschentuch zwischen Hals und Kragen, um den Schweiß zu trocknen. *Ja, Mühsal und Arbeit sind Gottes Wille*, sagt seine weiche Stimme, *den Mühseligen und Beladenen wird das Himmelreich gehören*. Dann sagt er, *guter Mann*, und beugt sich bedeutsam zu dem Halslosen hinab, daß den dieser Weindunst überfällt, der ihn an Urin und rostiges Blech erinnert, *das Paradies ist nicht von dieser Welt*. Der Kaplan deutet mit der Fläche seiner offenen Hand zu den Leuten hinüber, die lachend in ihrem Stimmengewirr stehen. Irgendeiner von ihnen hat ein Kofferradio dabei. *Die Nacht deiner Augen, ... im Himmel sein. Das wahre Paradies nämlich*, hört der Halslose den Kaplan sagen, *das wahre Paradies ...* Da muß Gott dem Halslosen verzeihen, daß der den Rauch seiner Zigarette ohne zu atmen in den Lungen behält und unter seinen herabgefallenen Lidern dieses wahre Paradies aufsteigen sieht, das kühl und dunkel ist wie ein Beichtstuhl, mit leichtem Schweißgeruch und dem Geruch von altem Stein und Wachs und abgestandenem Weihrauch, wie ein Beichtstuhl, in dem eine von diesen jungen Frauen freiwillig ihre Brüste bloßlegt und dann den Rock hochschlägt, damit er, der Halslose, mit seinen kantigen, mageren Händen ganz leicht ... Das wird Gott dem Halslosen verzeihen müssen.

dem Halslosen verzeihen müssen.«[1] – Nach Bekanntwerden des Falles erstattet das Erzbischöfliche Ordinariat in **Freiburg** gegen den für die Ausgabe verantwortlichen Redakteur des »forum academicum«, den Studenten der evangelischen Theologie Klaus Figge, Anzeige wegen Gotteslästerung. – Der Studentenredakteur, der den wirklichen Namen des Autors nicht preisgibt, muß sich wegen der »Paradiesgeschichte« vor Gericht verantworten. Das Amtsgericht **Heidelberg** verurteilt ihn am 20. November 1959 wegen Gotteslästerung und Beleidigung in Tateinheit mit der Verbreitung unzüchtiger Schriften zu einer Geldstrafe von 500 DM, ersatzweise 50 Tagen Haft, den Verfahrenskosten und der Veröffentlichung des Urteils in zwei Lokalzeitungen. Zur Begründung heißt es, in dem Text werde nicht nur »ganz allgemein das religöse Empfinden jeden anständigen Bürgers«, sondern auch jedes »Angehörigen des geistlichen Standes und die katholische Kirche im ganzen« beleidigt. – Trotz verschiedener Gutachten, in denen die Schriftstellerin Eva Müthel, die beiden Theologieprofessoren Ernst Wolf und Renatus Hupfeld sowie ein Medizinprofessor und ein Pastor der Erzählung bescheinigen, daß es sich bei ihr trotz geschmacklicher Vorbehalte um ein Kunstwerk und nicht um eine Lästerung oder Herabsetzung der Beichte handle, wird das Urteil in einer Berufungsverhandlung bestätigt. Die Sachverständigengutachten werden vom Staatsanwalt für unwichtig befunden und vom Gericht als Gegenstand der Beweisführung abgelehnt. – Schließlich spricht das Oberlandesgericht **Karlsruhe** den Redakteur, der inzwischen seinen Posten als Pressereferent des *Verbandes Deutscher Studentenschaften* (VDS) verloren hat, am 7. Juli 1960 in dritter Instanz von dem Vorwurf frei, einen gotteslästerlichen Text verbreitet zu haben. In der Urteilsbegründung heißt es, der Freispruch erfolge ohne Rücksicht darauf, ob die »Paradiesgeschichte« überhaupt ein Kunsterzeugnis darstelle oder »vielmehr ein minderwertiges Machwerk eines seelisch gefährdeten jungen Menschen«, dem es an der notwendigen Erziehung mangle.

Januar Einem Beschluß zufolge, den der *Zentrale Arbeitsausschuß »Kampf dem Atomtod«* in **Bonn** gefällt hat, erscheint jeweils einmal im Monat ein Informationsdienst für die Anti-Atomtod-Bewegung, der den Titel »Atomzeitalter« trägt. Mit der Herausgabe des Blattes, dessen Motto »Die Wahrheit spricht für sich« lautet, ist Rolf Schroers betraut.

Januar Ein 21jähriger bundesdeutscher Matrose malt an die Bordwand seines im Hafen der israelischen Stadt **Eilath** liegenden Schiffes »Pelion« ein Hakenkreuz . Nach einer Beschwerde israelischer

1.-8.1.: »Spiegel«-Karte.

1.-8.1.: Fidel Castro zusammen mit Mitkämpfern beim Einzug in Havanna.

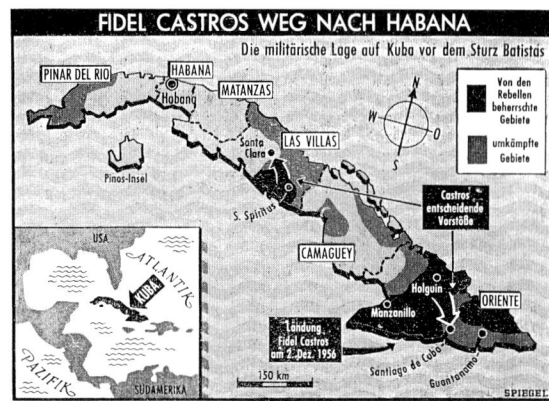

Behörden wird der Matrose angewiesen, das NS-Symbol wieder abzukratzen. Vom Kapitän seines Schiffes werden außerdem Disziplinarmaßnahmen gegen ihn ergriffen.

1.-8. Januar In **Kuba** besiegt nach einem mehr als zweijährigen Partisanenkampf die *Bewegung 26. Juli* die letzten Reste des Batista-Regimes. Durch einen seit dem Silvestertag anhaltenden Generalstreik wird die Nationalgarde des geflohenen Diktators immer mehr in die Enge getrieben. Während Ché Guevara und Camilo Cienfuegos mit ihren Kolonnen schon in die Hauptstadt **Havanna** eindringen, erobert Fidel Castro mit seiner Guerilla-Truppe die letzten Bastionen der im Osten der Insel gelegenen Provinz **Oriente**. Die Soldaten, die die Aussichtslosigkeit ihres Widerstands erkennen, ergeben sich ohne Gegenwehr. Am 2. Januar ziehen die Guerilleros unter dem Jubel der Bevölkerung in die Provinz-Hauptstadt **Santiago de Cuba** ein und besetzen die Moncada-Kaserne, an deren Eroberung sie am 26. Juli 1953 so verlustreich gescheitert waren, ohne daß ein einziger Schuß fällt. Hier, wo sich der Kreis des Aufstands gegen die Diktatur schließt, hält Fidel Castro mitten in der Nacht vor einer großen Menschenmenge seine erste Rede. Anschließend bricht er, während sein Bruder Raúl als Statthalter der Provinz Oriente in Santiago bleibt, mit über 1.000 Rebellen zu einem 800 Meilen langen Marsch nach **Havanna** auf. Dort ist es in der Zwischenzeit Cienfuegos mit seinen Leuten ebenfalls ohne Blutvergießen gelungen, die Elite-Garnison Columbia einzunehmen. Zusammen mit Guevaras Truppe stellen sie eine revolutionäre Miliz auf, die die Polizei und die letzten Einheiten der Nationalgarde entwaffnen. Am 3. Januar empfängt Ché Guevara, der sein Quartier in der Kaserne »La Cabana« aufgeschlagen hat, den chilenischen Rechtsanwalt und Senator Salvador Allende. Dieser hatte dem Commandante 1952 ein Empfehlungsschreiben für eine Reise nach Guatemala ausgestellt. Am 5. Januar erteilt Fidel Castro von **Camagüey** aus an alle Kommandeure die Anweisung, Kriegsverbrecherprozesse gegen Angehörige des Batista-Regimes zu eröffnen, denen Mord und Folter vorgeworfen wird. Mit Jeeps, Sherman-Panzern und Lastkraftwagen zieht Castro dann am 8. Januar mit 1.500 Rebellen in **Havanna** ein. Die Bevölkerung bereitet ihnen einen triumphalen Empfang. Auf der Terrasse des Präsidentenpalastes hält Castro eine Ansprache. Anschließend fährt er mit einem Panzer, der sich nur mit Mühe einen Weg durch die begeisterte Menschenmenge bahnen kann, zum militärischen Hauptquartier im Campo Colombia. Als er dort ankommt, um eine weitere Rede zu

halten, werden zum Zeichen des Friedens Hunderte von Tauben aufgelassen. Eine von ihnen macht die symbolische Aktion jedoch nicht mit; sie setzt sich auf eine von Castros Schultern und verharrt dort, von Tausenden von Zuhörern bewundert, während der gesamten Ansprache. – Mit dem Sturz der Diktatur Fulgencio Batistas ist ein anfangs fast aussichtslos erscheinendes Unterfangen geglückt. Seit der Landung der »Granma« vor 25 Monaten ist es zwölf überlebenden Guerilleros gelungen, eine Berufsarmee mit 30.000 Soldaten Zug für Zug auszuschalten. Tausende von Kubanern haben in diesem Kampf ihr Leben gelassen. Obwohl der Aufstand von Angehörigen der Mittelschichten, von Studenten und Intellektuellen begonnen worden ist, hätte er weder fortgeführt noch siegreich beendet werden können ohne die Unterstützung der Bauern, der organisierten Arbeiterschaft und anderer großer Teile der Bevölkerung. Als vorläufiger Präsident wird der als pro-

1.-8.1.: Vom Präsidentenpalast, dem Sitz des geflohenen Diktators Batista, aus wendet sich Castro in einer Rede an die kubanische Bevölkerung.

1.-8.1.: Ché Guevara während der Kämpfe um Santa Clara, der Hauptstadt der Provinz Las Villas.

3./4.1.: Die Teilneh-
mer des »Studen-
tenkongresses
gegen Atom-
rüstung« in der
Freien Universität
in West-Berlin.

amerikanisch eingestellt geltende Richter Manuel Urrutia berufen, als Ministerpräsident José Miró Cardona. – In **Mexico City** begibt sich Teresa Caruso, eine Freundin Fidel Castros, zur kubanischen Botschaft, fordert den alten Geschäftsträger auf, sein Amt aufzugeben, und setzt sich selbst als neue Botschafterin ein. Die mexikanische Regierung erkennt umgehend ihre Legitimität an und stellt das Gebäude unter Polizeischutz. Schon in den ersten Tagen suchen Hunderte von Exil-Kubanern die Botschaft auf, um die nötigen Papiere für eine baldige Rückkehr in ihre Heimat zu erhalten. – In **Washington** begibt sich Ernesto Betancourt, ein Vertreter der *Bewegung 26. Juli*, zum dortigen Gebäude der kubanischen Botschaft. Er hat diesen Moment bereits seit Monaten vorbereitet. Eine Reihe von Botschaftsangehörigen hat bereits die Seite gewechselt und sich unter der Hand schon seit längerem für die Revolution der Castro-Rebellen ausgesprochen. Nun übernehmen sie das Kommando und bringen den alten Botschafter ohne größere Mühen dazu, seine Residenz zu verlassen.

2. Januar Auf dem Südfriedhof in **Nürnberg** wird ein 21 Meter hoher Glockenturm eingeweiht, mit dem der 6.621 Einwohner gedacht werden soll, die bei dem verheerenden Bombenangriff vom 2. Januar 1945 ums Leben gekommen sind.

3. Januar In **Hannover** erscheint die erste Ausgabe der rechtsradikalen Wochenzeitung »Das neue Reich«. In dem Leitartikel von Peter Kleist heißt es dazu, man beabsichtige, »mitten im Wirtschaftswunder nach der vergessenen deutschen Politik« zu suchen und »in einem zerstückelten und von Siegermächten besetzten oder beschützten Deutschland den eigenen Weg des deutschen Volkes in seine Zukunft« zu finden. Integriert in das Blatt, als dessen Chefredakteur Helmut Steinberg zeichnet, ist der von dem niedersächsischen DRP-Landtagsabgeordneten Adolf von Thadden herausgegebene »Reichsruf«, eine seit acht Jahren erscheinende Wochenzeitung »für das nationale Deutschland«.

3./4. Januar Der im Juni des Vorjahres in Frankfurt beschlossene »Studentenkongreß gegen Atomrüstung« wird im Neubau der Wirtschafts- und Sozialwissenschaftlichen Fakultät an der Freien Universität in **West-Berlin** eröffnet. Der evangelische Theologieprofessor Helmut Gollwitzer begrüßt im Namen des »*Kampf dem Atomtod*«-Präsidiums 318 Mitglieder von 20 *Studentenausschüssen gegen die Atomrüstung* und über 200 in- und ausländische Gäste, darunter auch eine ganze Reihe von DDR-Studenten, zumeist FDJ-Mitglieder. Da der Regierende Bürgermeister Willy Brandt seine Teilnahme »wegen Arbeitsüberlastung« abgesagt hat, wird die

West-Berliner SPD von ihrem stellvertretenden Landesvorsitzenden Kurt Mattick repräsentiert. In einer Grußadresse gibt der Sozialdemokrat zu Bedenken, daß »gegen das Chruschtschow-Ultimatum Gandhi-Methoden machtlos« seien. Außerdem sprechen der SPD-Bundestagsabgeordnete und Vorsitzende des zentralen *Arbeitsausschusses »Kampf dem Atomtod«*, Walter Menzel, der Vorsitzende des West-Berliner Ausschusses, Erich Müller-Gangloff, als Vertreter der schwedischen *Aktionsgruppen mot Svensk Atombomben* der Stockholmer Bertil Svahnström und als studentischer Sprecher der Kongreßleitung Manfred Rexin (SDS). Letzterer übermittelt Grußadressen von den Nobelpreisträgern Max Born, Max von Laue und Bertrand Russell, den Schriftstellern Stefan Andres, Günther Anders, Gertrud von Le Fort, Walter Jens und Hans Werner Richter, den beiden Professoren Renate Riemeck und Walter Hagemann, dem stellvertretenden SPD-Vorsitzenden Herbert Wehner, dem *IG-Bergbau*-Vorsitzenden Heinrich Gutermuth, dem Vorsitzenden der *IG-Metall* Otto Brenner, u.a.m. Für die beiden Kongreßtage werden fünf Arbeitsausschüsse konstituiert, die sich um die folgenden thematischen Schwerpunkte gruppieren: »Atomrüstung und Wiedervereinigung« (Referenten: Heinrich Grüber und Erich Kuby), »Atomrüstung und Außenpolitik der Westmächte« (Referenten: Helmut Schmidt und Gerd Burkardt), »Atomrüstung und Demokratie« (Referenten Robert Jungk und Hanfried Lenz), »Atomrüstung und die Verantwortung des Wissenschaftlers« (Referenten: Wilhelm Weischedel und W. Bauermeister) und »Atomrüstung und christliche Verantwortung« (Referent: Martin Fischer). Außerdem wird noch ein Hauptausschuß gebildet und eine Diskussion über die politische Perspektive der Stu-

dentenausschüsse an den einzelnen Universitäten gefordert. In der Arbeitsgruppe »Atomrüstung und Außenpolitik der Weltmächte« nehmen die Versammelten nach dem Referat des SPD-Bundestagsabgeordneten Helmut Schmidt, das in scharfer Form von Ulrike Meinhof kritisiert wird[2], einen Entschließungsantrag zur aktuellen Wiedervereinigungspolitik an, der von einem Redaktionsteam formuliert worden ist, dem neben dem Publizisten Erich Kuby auch die beiden »Konkret«-Redakteure Reinhard Opitz und Hans Stern angehören. Der entscheidende Passus im Text dieser Resolution, die am darauffolgenden Tag auf der letzten Sitzung des Kongreßplenums nur unwesentlich verändert mit Zweidrittelmehrheit angenommen wird, lautet: »Die weltpolitische Lage wird in Kürze die beiden Teile Deutschlands zwingen, miteinander zu verhandeln. Damit solche Verhandlungen möglich werden, ist es nötig, daß Formeln wie ›mit Pankow wird nicht verhandelt‹ aus der politischen Argumentation verschwinden. Das Ziel notwendiger Verhandlungen, die bisher stets von der Bundesregierung ungeprüft zurückgewiesen wurden, muß sein: 1. die Umrisse eines Friedensvertrages zu entwickeln, 2. die möglichen Formen einer interimistischen Konföderation zu prüfen.«[3] Nach der Abstimmung distanzieren sich Helmut Schmidt, Kurt Mattick und der Soziologe

3./4.1.: Professor Gollwitzer bei seiner Eröffnungsansprache des »Studentenkongresses gegen Atomrüstung«.

Professor Otto Stammer, in schroffer Form von dem Beschluß und verlassen unter Protest den Saal. Schmidt zieht außerdem seine Zusage für das Abschlußreferat zurück. Zur Begründung führt er an, daß die Annahme der Resolution »an einem anderen Ort psychologisch vorbereitet« worden sei, die darin verwandte Terminologie verfälsche den Sinn der Veranstaltung und gefährde die Glaubwürdigkeit der Bewegung gegen die Atombewaffnung der

3./4.1.: »Die Tagungsteilnehmer« Karikatur aus der in West-Berlin erscheinenden »BZ«.

3./4.1.: Die »Deutsche Volkszeitung« dokumentiert die umstrittene Resolution.

Die umstrittene Erklärung der Studenten

Begrüßt von den Gegnern der Atomrüstung, angefeindet von den Fürsprechern des kalten Krieges steht die Erklärung des Westberliner „Studentenkongresses gegen Atomrüstung" im Brennpunkt heftiger Diskussionen. Die meisten Zeitungen verschweigen jedoch ihren Wortlaut. Wir veröffentlichen ihn an dieser Stelle:

Wir sind in Berlin zum STUDENTENKONGRESS GEGEN ATOMRÜSTUNG zu einem Zeitpunkt zusammengekommen, wo diese Stadt zum Mittelpunkt des weltpolitischen Interesses geworden ist. Wegen Berlin haben bereits die Regierungen der beiden großen Weltmächte im Rahmen ihres jeweiligen politischen Kalküls mit dem totalen Atomkrieg gedroht. Die entstandene Spannung zeigt die Unhaltbarkeit der politischen Lage in Mitteleuropa. Die Berlin-Krise scheint uns zuletzt als Folge der atomaren Ausrüstung der Bundeswehr entstanden zu sein. Eine isolierte Lösung der Berlin-Frage gibt es nicht. Mehr denn je drängt die Zeit, die explosive Lage in Mitteleuropa zu entschärfen. Niemand bleibt es nun erspart, nach neuen Wegen zur europäischen Sicherheit und schrittweisen Lösung der deutschen Frage zu suchen. Die atomare Ausrüstung der Bundeswehr ist ein entscheidendes Hindernis für eine Entspannung in Mitteleuropa. Atomwaffen im zweigeteilten Deutschland sind ein gefährliches Experiment für den Weltfrieden. Ein Junktim zwischen dem bisher geforderten Weg zur Wiedervereinigung und der Abrüstung blockiert nicht nur die erste, sondern darüber hinaus international Verhandlungen, die zum Erfolg führen können.

Dem polnischen Außenminister Rapacki sind wir dankbar, daß er den nach ihm benannten Plan für eine Zone begrenzter Rüstung modifiziert und damit die Chance zur Verwirklichung dieses Plans erhöht hat. Hier kann ein Modell für internationale Rüstungskontrolle erprobt werden. Eine kernwaffenfreie Zone in Europa wäre darüber hinaus ein dankbarer erster Schritt zur kontrollierten Abrüstung. Seine Verwirklichung schafft bessere Bedingungen zur Lösung der deutschen Frage.

Die Atomrüstung wird auch von ihren Befürwortern stets nur als notwendiges Uebel angesehen. Die Sorge darum, wie auf lange Sicht in der Welt ein Friedenszustand geschaffen und das Uebel beseitigt werden kann, sollte daher natürlicherweise allen gemeinsam sein.

Als erstes kleines Land, das beschließt, atomar aufzurüsten, gibt die Bundesrepublik ein unheilvolles Beispiel. Je mehr Atommächte, desto höher die Atomkriegsgefahr. Je mehr Länder der generellen Abrüstung zustimmen müssen, desto unwahrscheinlicher wird ein Erfolg der Abrüstung. Nach zwei Weltkriegen ist eine Atomrüstung gerade in Deutschland geeignet, die Aengste anderer Völker zu steigern, die Fronten zu verhärten und die gegenseitige Haßpropaganda zu verstärken.

Abschreckung ist nicht Verteidigung, sondern bedingte Drohung mit Mord und Selbstmord.

Der STUDENTENKONGRESS GEGEN ATOMRÜSTUNG begrüßt die ersten Erfolge der Genfer Konferenzen über die Beendigung der Atomwaffenversuche und hofft auf raschen weiteren Fortschritt.

Demokratie beruht auf der Möglichkeit des Nebeneinanderbestehens politischer Gegensätze. Der mit der Atomrüstung zusammenhängende Fanatismus und die Konzentration der Verfügungsgewalt über die Atomwaffen in den Händen weniger unterhöhlen aber dieses Prinzip. So ist die Bewegung gegen die Atomrüstung eine Bewegung für die Demokratie, wie sie der Westen proklamiert und nach deren Regeln auch dieser Kongreß über Spielraum für seine Arbeit verfügt.

Wir fühlen uns verpflichtet zu einem unvoreingenommenen und durch keinerlei äußere Rücksichten eingeschränkten Studium des Wesens und des Ausmaßes der atomaren Gefahr. Wir sind verpflichtet, alle gewonnenen Erkenntnisse bekanntzumachen, auf ihre Berücksichtigung zu dringen, die Verschleierung und Verharmlosung zu bekämpfen. Wir sind nicht berechtigt, die Entscheidung über das Verhältnis wissenschaftlicher Einsichten zu politischen Notwendigkeiten allein den Politikern zu überlassen. Wir dürfen nicht zulassen, daß Wissenschaft und Forschung in eine nur instrumentale Rolle gedrängt werden.

Diese Ueberlegungen sind einmütige Ueberzeugung des Kongresses und lagen seiner Arbeit zugrunde. Die Kürze der verfügbaren Zeit erlaubte es nicht, in den Arbeitsgemeinschaften „Atomrüstung und Demokratie", „Atomrüstung und Wiedervereinigung", „Atomrüstung und Außenpolitik der Weltmächte", „Atomrüstung und die Verantwortung des Wissenschaftlers" und „Atomrüstung und christliche Verantwortung" die sich daran knüpfenden zahlreichen und schwierigen Ueberlegungen zu Ende zu führen und in der Form von Ergebnissen vollständig zu formulieren. Die ausführlichen Protokolle der Erörterungen der Arbeitsausschüsse werden vielmehr jetzt den örtlichen Studentenausschüssen zu dienen haben, die ihre Arbeit mit neuer Kraft fortsetzen werden.

Bundeswehr. Auf der Abschlußkundgebung im Casino am Funkturm sprechen Probst Heinrich Grüber, anstelle von Helmut Schmidt der Theologieprofessor Heinrich Vogel, der Philosophieprofessor Wilhelm Weischedel, der Publizist Robert Jungk und als Kongreßleiter Manfred Rexin. Ein ursprünglich geplanter Fackelzug zum Kurfürstendamm kommt ebensowenig zustande wie eine Atommahnwache. – Am Abend des ersten Kongreßtages sind rund 100 Kongreßteilnehmer einer Einladung nach **Ost-Berlin** gefolgt und haben unter dem Motto »Gemeinsam gegen den Atomtod« mit Professoren und Studenten der Humboldt Universität sowie dem Staatssekretär für das Hochschulwesen in der DDR, Wilhelm Girnus (SED), über die Gefahren der Atomrüstung und Möglichkeiten zur Wiedervereinigung diskutiert. Als Girnus in seiner Rede Proteste gegen die Inhaftierung von Jenaer Studenten zurückweist, wird er von einigen der westlichen Teilnehmer ausgezischt. – Der »Studentenkongreß gegen Atomrüstung« wird in lokalen und überregionalen Presseberichten heftig attackiert. Die West-Berliner Abendzeitung »Der Kurier« erscheint am 5. Januar mit der Schlagzeile »Genosse Ulbricht kann sich ins Fäustchen lachen«. – Da auch von studentischer Seite, wie z. B. von Manfred Rexin, Bedenken gegen die Legitimation von Beschlußfassungen geäußert wurden, versendet der SDS-Bundesvorsitzende Oswald Hüller am 8. Januar ein Sonderrundschreiben an alle SDS-Gruppen, in dem er die tendenziöse Presseberichterstattung kritisiert und den Vorschlag zur Einrichtung einer »interimistischen Konföderation« verteidigt. – Im West-Berliner »Tagesspiegel« erscheint am 11. Januar eine Stellungnahme von den Präsidiumsmitgliedern des Kongresses Dr. Margherita von Brentano, Professor Dietrich Goldschmidt, Professor Helmut Gollwitzer, Professor Heinrich Vogel, Professor Wilhelm Weischedel und Robert Jungk. Darin werden die Mißdeutungen in der Öffentlichkeit ebenfalls zurückgewiesen. »Die Erklärung ist auf korrekte demokratische Weise als Meinungsäußerung der Mehrheit beschlossen worden, hätte nur durch einen Bruch mit demokratischen Prinzipien verhindert werden können und spricht ohne Zweifel die Überzeugung der großen Mehrheit der Teilnehmer aus, die wie viele von uns erleichtert waren, daß ein Tabu durchbrochen wurde, das die nüchterne Erkenntnis der deutschen Situation verstellt ... Nicht der Kongreß, sondern seine Diffamierung in manchen Kreisen der Öffentlichkeit ist ein alarmierendes Zeichen dafür, wie sehr die Selbständigkeit politischen Denkens heute gefährdet ist, zu der wir seit langem der studentischen Jugend Mut machen und weiter Mut machen werden.«[4] – Auf einer Sitzung des SPD-Präsidiums einen Tag später in **Bonn** wird der Einfluß der »Konkret-Fraktion« auf den Kongreßverlauf scharf kritisiert. Um eine Spaltung des SDS zu verhindern, müsse bald ein Gespräch mit dessen Bundesvorstand erfolgen, in dem eine klare Abgrenzung zu verlangen sei. – Am 14. Januar veröffentlicht der Akademische Senat der Freien Universität eine distanzierende Presseerklärung zum umstrittenen Studentenkongreß. – In **Bonn** treffen am 21. Januar Vorstandsmitglieder von SPD und SDS zu einem Gespräch über den auf dem West-Berliner Kongreß aufgebrochenen Konflikt zusammen. Seitens der SPD nehmen Waldemar von Knoeringen, Helmut Schmidt und Herbert Wehner teil, seitens des SDS Oswald Hüller, Günter Kallauch und Jürgen Seifert. – Der Chefredakteur der Zeitschrift »Konkret«, Klaus Rainer Röhl, gesteht 15 Jahre später in seinen Erinnerungen: »Ich gebe zu, daß wir diesen Kongreß ein bißchen nach unseren Vorstellungen gelenkt haben, andere würden sogar sagen, manipuliert haben. Aber, wir waren völlig durch das Widerstandsrecht gedeckt, wir handelten in Notwehr: Unsere Gegner ... hatten den direkten Auftrag der SPD, auf diesem Kongreß die konkret-Fraktion zu isolieren und zu schlagen ... Der Kongreß war von Leuten der SPD-Zentrale gut vorbereitet. Das Präsidium stand schon fest. Die Tagesordnung lag fest, das sollte das Schlimmste verhindern. Die Arbeitsgruppen lagen fest, da konnte nichts passieren, und die Schlußveranstaltung war nur noch eine Kundgebung, da konnte nichts mehr beschlossen werden. So manipuliert man einen Kongreß der Studentenbewegung. Wie wehrt man sich dagegen? ... Unsere Leute besetzten fast alle Schlüsselpositionen. Zum Beispiel die Diskussionsleiter, die die Resolutionen dann spruchreif machen werden. Alles sehr demokratisch ... Wir wollten, ganz einfach gesagt, den Sieg, obwohl wir nicht die Mehrheit besaßen. Es gab fünf Ausschüsse. Zwei davon beschickten wir überhaupt nicht, einen hatte ich überhaupt nur erdacht, um dort potentielle Gegner zu binden. Blieben zwei Ausschüsse, der gesamtdeutsche und der internationale. Wir konzentrierten unsere besten Kräfte scheinbar im internationalen Ausschuß, banden die besten Redner der anderen in Scheingefechten ... Die Entscheidung fiel im anderen Ausschuß, im gesamtdeutschen. Wir hatten ja mehr gute Leute. Opitz und Stern brachten dort mit Hilfe von Erich Kuby eine Resolution durch, die für die damalige Zeit sensationell war. Im Jahre 1959 wurde die Politik der Bundesregierung von 1974 vorformuliert: Verständigung mit der DDR. Abbau der Haßpropaganda. Verhandlungen und Abkommen, nachbarschaftliche Beziehungen.«[5] Die Partei, meint Röhl, der damals Mitglied der illegalen KPD war, habe den auf dem Kongreß errungenen »Sieg« gar nicht fassen können.

4. Januar Unter der Überschrift »Sternstunde der Menschheit« feiert das SED-Zentralorgan »Neues Deutschland« in einem Leitartikel den erfolgreichen Start einer sowjetischen Weltraumrakete. Darin heißt es: »Ruhm und Ehre Dir, Du Kommunistische Partei der Sowjetunion ..., die mit dem künstlichen Planeten namens ›XXI. Parteitag‹ überzeugend und unwiderleglich die Überlegenheit der neuen, der sozialistischen Gesellschaftsordnung über die kapitalistische demonstriert.«[6]

5. Januar Der hessische Innenminister Heinrich Schneider (SPD) gibt in **Wiesbaden** bekannt, daß er

3./4.I.: Die Hamburger Zeitschrift, deren Mitarbeiter die Resolution formuliert haben, bildet auf der Titelseite ihrer nächsten Ausgabe eine Collage von Schlagzeilen ab, in der sich die Heftigkeit der Reaktionen auf die als zu DDR-freundlich wahrgenommenen Forderungen widerspiegelt.

den Polizeimeister Johann Gallus vom Dienst suspendiert und gegen die beiden Polizeibeamten Rademacher und Otto ein Disziplinarverfahren eingeleitet habe. Gallus hatte in einem Lokal, dessen Pächter ein jüdischer Überlebender ist, antisemitische Drohungen ausgestoßen; Rademacher sowie Otto hatten sich geweigert, dem Pächter, als er tätlich angegriffen wurde, Schutz zu gewähren.

5. Januar Auf dem jüdischen Friedhof in **Alsheim** (Kreis Worms) brechen unbekannte Täter das Tor auf, stürzen einen Grabstein um und besudeln die Grabplatte.

5. Januar Die DDR-Regierung in **Ost-Berlin** richtet eine Note an die sowjetische Regierung in **Moskau**, mit der sie auf deren Note vom 27. November 1958 zur Berlin-Frage antwortet. Darin heißt es, die Bildung einer »entmilitarisierten Freien Stadt Westberlin auf dem Territorium der DDR« sei ein »Zugeständnis«, das die DDR im Interesse des Friedens und der Annäherung zwischen beiden deutschen Staaten zu machen bereit sei. Die DDR habe »alle Prinzipien der Anti-Hitler-Koalition« erfüllt und sei »der einzig rechtmäßige deutsche Staat«.

5. Januar Der bundesdeutsche Botschafter in der UdSSR, Hans Kroll, übermittelt der sowjetischen Regierung in **Moskau** die ablehnende Haltung der

6.1.: »Noch ist keine
Gefahr!« Karikatur
aus der in West-
Berlin erscheinen-
den »BZ«.

Bundesregierung gegenüber dem Berlin-Ultimatum vom 27. November 1958. In der Antwortnote wird zwar eine grundsätzliche Bereitschaft zu Verhandlungen ohne Termindruck bekundet, jedoch der Vorschlag, West-Berlin zu einer »entmilitarisierten Freien Stadt« zu machen, völlig abgelehnt.

5./6. Januar In **Léopoldville** (Kinshasa), der Hauptstadt von Belgisch-Kongo, brechen heftige Unruhen aus, in deren Verlauf 42 Einwohner getötet und über 150 weitere, darunter 49 Europäer, verletzt werden. Außerdem werden Geschäfte geplündert, Häuser in Brand gesteckt und rund 300 Einwohner verhaftet. Anlaß der Zusammenstöße ist das von den Kolonialbehörden ausgesprochene Verbot für eine von der *Association des Originaires du Bas-Congo* (Abaco) angekündigte Versammlung. Auf ihr hätte auch der für die Unabhängigkeit Kongos eintretende Bürgermeister eines Vorortes von Leopoldville, der unter der Bevölkerung äußerst populäre Joseph Kasawubu, sprechen sollen. Belgische Fallschirmjäger werden zum Schutz der europäischen Bevölkerung eingesetzt; außerdem wird von den Kolonialbehörden ein Ausgehverbot verhängt.

6. Januar Die Große Strafkammer I des Oberlandesgerichts in **Hamburg** setzt den Holzhändler Friedrich Nieland und den Buchdrucker Adolf Heimberg außer Verfolgung und lehnt es ab, gegen die beiden Antisemiten das Hauptverfahren zu eröffnen. Der 62jährige Nieland hatte 1957 in Stade bei dem 72jährigen Drucker Heimberg unter dem Titel »Wieviel Welt(Geld)-Kriege müssen die Völker noch verlieren?« eine Broschüre herstellen lassen, in der nicht nur behauptet wurde, daß für die Ermordung von Millionen von Juden das »internationale Judentum« schuld sei, sondern auch die erneute Einführung von Bestimmungen wie den Nürnberger Gesetzen gefordert wurde, die es Juden verbieten sollten, »an irgendeinem maßgebenden Posten« in der Regierung, den Parteien, den Banken oder sonst irgendwo zu sitzen. Tenor des 39 Seiten umfassenden Pamphlets war es, die Weltöffentlichkeit vor einem dritten Weltkrieg zu warnen, der angeblich von mehreren hundert insgeheim regierenden Juden vorbereitet werde. Nachdem 1.600 der insgesamt 2.000 hergestellten Exemplare an Minister, Bundes- und Landtagsabgeordnete verschickt worden waren, hatte der rheinland-pfälzische Landtagsabgeordnete Maxim Kuraner (SPD) Strafanzeige wegen öffentlicher Beleidigung jüdischer Bürger gestellt. Daraufhin war der Rest der Broschüre auf Veranlassung der Hamburger Generalstaatsanwaltschaft beschlagnahmt und gegen ihren Verfasser sowie ihren Drucker ein Strafverfahren wegen verfassungsfeindlicher Propaganda eingeleitet worden. Landgerichtsdirek-

tor Enno Budde führt zur Begründung für das verweigerte Hauptverfahren an, daß »subjektiv keine Schuld nachweisbar« sei. Die Broschüre erfülle weder den Tatbestand der Beleidigung noch den der Staatsgefährdung. Nieland habe deutlich zwischen dem jüdischen Volk und dem »eng begrenzten Personenkreis« des »internationalen Judentums« unterschieden und deshalb nicht zu Gewaltmaßnahmen gegen die Juden insgesamt aufgefordert. Das Bewußtsein, daß ein »aus anderen Motiven geführter politischer Kampf unter Umständen eine Staatsgefährdung zur Folge haben könne oder müsse«, reiche allein nicht für eine Bestrafung aus. – Die Entscheidung des Hanseatischen Oberlandesgerichts löst in Teilen der Öffentlichkeit große Empörung aus. Insbesondere die Tatsache, daß sich der 57jährige Landgerichtsdirektor Budde 1935 durch einen Text im »Althannoverschen Kalender« als bekennender Antisemit hervorgetan hatte, scheint die Befürchtung zu bestätigen, daß sich in der Richterschaft antisemitische, rassistische und andere minderheitenfeindliche Einstellungen erhalten haben könnten. Der der *Deutschen Partei* (DP) nahestehende Budde hat auch nach 1945 durch eine Reihe fragwürdiger Urteile die Kritik auf sich gezogen. Ein von ihm verkündeter Freispruch für einen ehemaligen Gestapomann, der einen Häftling schwer mißhandelt hatte, war vom Bundesgerichtshof aufgehoben und von einer anderen Strafkammer in eine anderthalbjährige Zuchthausstrafe umgewandelt worden. Nachdem die Presse ausführlich über die Verfehlungen Buddes berichtet hat, bittet er um seine Versetzung. Die Konferenz der Hamburger Landgerichtsdirektoren kommt dem Wunsch nach und versetzt den umstrittenen Richter von der Straf- in die Ziviljustiz. Budde wird zum Vorsitzenden der 16. Zivilkammer ernannt. Der »Hamburger Justizskandal« (Die Tat) löst eine breite Diskussion über judenfeindliche und undemokratische Tendenzen innerhalb der bundesdeutschen Justiz aus.

6. Januar Bei einem Konflikt im öffentlichen Nahverkehr von **London** erringen Fahrgäste mit der Methode des passiven Widerstands einen Achtungserfolg. Da das U-Bahn-Netz der britischen Hauptstadt im Berufsverkehrs immer wieder zusammenzubrechen droht, hat das Zugpersonal offenbar in Abstimmung mit der Bahnleitung damit begonnen, die Fahrten bereits einige Stationen vor der Endstation zu beenden und die Fahrgäste hinauszukomplimentieren, um die regelmäßig eintretenden Verspätungen wieder einzuholen. Als sich diese Praxis trotz energischer Beschwerden zu etablieren beginnt, schließen sich besonders erboste Fahrgäste zusammen und weigern sich hartnäckig, vorzeitig auszusteigen. Sie geben auch nicht nach, als das Bahnpersonal Druck auf sie auszuüben beginnt und schließlich die Polizei herbeiruft. Nach einem solchen Sitzstreik im wortwörtlichen Sinn geben die Behörden schließlich auf und lassen den Zug – wie im Fahrplan ausgewiesen – bis zur Endstation weiterfahren. – Die englische Presse feiert daraufhin die Sitzstreikenden als Vertreter einer »Untergrundbewegung« ganz besonderer Art.

7. Januar Das Schöffengericht in Weiden (Oberpfalz) verurteilt in **Berchtesgaden** den 33jährigen ehemaligen Krankenpfleger Reinfried Freuneck wegen antisemitischer Äußerungen zu drei Monaten Gefängnis ohne Bewährung. Der Angeklagte hatte im Juli 1958 in der Lungenheilstätte Wöllersdorf (Oberpfalz) vor Patienten gefordert, »die Juden« gehörten »alle ausgerottet« und seine Haltung mit den Worten unterstrichen: »Wenn es in der Bundesrepublik heute noch Vernichtungslager für Juden gäbe, würde ich mich freiwillig melden, um den Rest abzuspritzen.«[7]

7. Januar Die Große Strafkammer des Landgerichts in **West-Berlin** verurteilt den ehemaligen Herausgeber der neonazistischen Zeitschrift »Die Anklage«, Robert Kremer, wegen Begünstigung zu einer Gefängnisstrafe von fünf Monaten. Der 39jährige hatte den früheren Legationsrat im Auswärtigen Amt, Franz Rademacher, der von einem Nürnberger Schwurgericht wegen Beihilfe zum Totschlag von 1.300 jugoslawischen Juden zu einer Gefängnisstrafe von drei Jahren und fünf Monaten verurteilt worden war, im August 1953 in seinem Auto nach Marseille gefahren, von wo aus er in die syrische Hauptstadt Damaskus gelangte. Kremer erklärte vor Gericht, als »aufrechter Deutscher« habe er sich verpflichtet gefühlt, Rademacher zu helfen.

7. Januar Der Oppositionskandidat bei den portugiesischen Präsidentschaftswahlen im Jahr 1958, General Humberto Delgado, wird in **Lissabon** mit

der Begründung aus der Armee entlassen, er habe seine oppositionelle Tätigkeit auch nach dem Wahlkampf fortgesetzt. Delgado war bei den Wahlen vom 8. Juni 1958 an Admiral Américo Deus Rodrigues Tomás gescheitert, dem Kandidaten von Diktator António de Oliveira Salazar. – Der liberal-konservativ eingestellte Delgado bittet am 12. Januar in der brasilianischen Botschaft in **Lissabon** um politisches Asyl. – Das portugiesische Informationsministerium bezeichnet sein Asylgesuch einen Tag später als eine »schlechte Komödie«. Solange der entlassene General die Gesetze respektiere, heißt es, könne er auch unbehelligt in Portugal leben.

7.1.: Der portugiesische Oppositionskandidat General Humberto Delgado.

8. Januar Der hessische Innenminister Heinrich Schneider (SPD) gibt in **Wiesbaden** bekannt, daß der im Wiedergutmachungsamt der hessischen Landeshauptstadt tätige Assessor Späth in eine andere Behörde versetzt und sein Kollege Assessor Bauer vorläufig suspendiert worden sei. Bei einer Geburtstagsfeier hatten sie in den Amtsräumen der Behörde antisemitische Lieder wie »Krumme Juden ziehn dahin, daher, sie ziehn wohl übers Rote Meer« angestimmt. – In der Folge weitet sich der Skandal um antisemitische Vorkommnisse im Wiesbadener Wiedergutmachungsamt aus. Auch die Vorgesetzten der Beschuldigten, Oberregierungsrat Müller und Regierungsvizepräsident Sachse, geraten unter Verdacht. Sie sollen von der antijüdischen Einstellung ihrer beiden Mitarbeiter nicht nur gewußt, sondern sie auch toleriert haben. Nach Zeugenaussagen soll es unter einigen Sachbearbeitern stehende Redewendungen gegeben haben wie: »Wenn wir eine dreckige Judenakte anfassen, müssen wir uns jedesmal danach die Hände waschen.«[8] – Auf einer Pressekonferenz im Mai teilt der hessische Generalstaatsanwalt, Fritz Bauer, resigniert mit, daß es für die Staatsanwaltschaft keine Möglichkeit gebe, Anklage gegen Späth und Bauer zu erheben. Der § 185 des Strafgesetzbuches (Beleidigung) setze die Anzeige eines Beleidigten voraus, um ein Verfahren eröffnen zu können. Da gegen die beiden Verdächtigen jedoch kein Strafantrag gestellt worden sei, müßten die antisemitischen Äußerungen ungeahndet bleiben.

8. Januar Im Palais d'Elysée in **Paris** wird General Charles de Gaulle in sein Amt als Präsident der Republik Frankreich eingeführt. Sein Amtsvorgänger, René Coty, erklärt, daß der »Erste der Franzosen« nun auch der »Erste in Frankreich« sei. Der 68jährige de Gaulle, der ein halbes Jahr zuvor während der Algerienkrise in die politische Arena zurückgekehrt war, hatte bei den Präsidentschaftswahlen am 21. Dezember 1958 78,5% der Stimmen erhalten. In einer nationalistischen Antrittsrede ruft er die Franzosen zur Geschlossenheit auf.

9.1.: Der Erste Bürgermeister der Freien und Hansestadt Hamburg, Max Brauer (SPD).

9.1.: »...wegen dem Antisemitismus wenden Sie sich an Globke – der hat da Erfahrung!« Mit diesen Worten wendet sich Bundeskanzler Adenauer in einer Karikatur der »Deutschen Volkszeitung« an den antisemitischen Holzhändler Nieland.

9.1.: Titelblatt der rechtsradikalen österreichischen Zeitschrift.

9. Januar Auf einer Pressekonferenz in **Hamburg** verurteilt der Erste Bürgermeister Max Brauer (SPD) vor 120 in- und ausländischen Journalisten den Beschluß des Hanseatischen Oberlandesgerichts, den Verfasser und den Drucker einer antisemitischen Hetzschrift nicht strafrechtlich zu verfolgen. Der Tag der Verkündung, erklärt Brauer, sei ein schwarzer Tag für Hamburg. Der Gerichtsspruch bedeute »Dynamit für das deutsche Ansehen im Ausland«. Vor allem die Vereinigten Staaten, wo die Bundesrepublik immer noch um Vertrauen werben müsse, dürften nicht den Eindruck erhalten, daß in der Bundesrepublik die Veröffentlichung antisemitischer Schriften erlaubt sei. – Wegen der Entscheidung des Oberlandesgerichts, den Holzhändler Friedrich Nieland und den Drucker Adolf Heimberg außer Verfolgung zu setzen, hatte Brauer am Tag zuvor Bundeskanzler Adenauer in **Rhöndorf** eine Stippvisite abgestattet. Bei der Unterredung, an der auch Bundesaußenminister Heinrich von Brentano (CDU) teilnahm, war über Konsequenzen des Hamburger Urteils für das Strafrecht beraten worden. – Der Hamburger Justizsenator Hans Harder Biermann-Rathjen (FDP) distanziert sich ebenfalls »klar und eindeutig« von der Entscheidung des Oberlandesgerichts. Es sei zwar seine Aufgabe, erklärt er, für die ihm unterstellten Richter und Staatsanwälte zu

sorgen und die Unabhängigkeit der Gerichte zu wahren, doch bejahe er ausdrücklich das Recht einer Regierung, ein abgeschlossenes Verfahren zu kritisieren. – Der ehemalige Hamburger Bürgermeister und jetzige CDU-Fraktionsvorsitzende in der Bürgerschaft, Kurt Sieveking, erklärt dagegen, die Tatsache, daß Gerichte manchmal Fehlentscheidungen fällen würden, sei nichts Neues und daß Richter »komische Leute« seien, wäre schließlich in der ganzen Welt bekannt.

9. Januar Der Bundesführer der *Arbeitsgemeinschaft Nationaler Jugendbünde Österreichs* (ANJÖ), Konrad Windisch, wird in **Wien** verhaftet. Dem 36jährigen Rechtsradikalen wird vorgeworfen, daß er in der Monatzeitung »Der Trommler – Kampfschrift der Nationalen Jugend in Österreich« den von Hans Venatier verfaßten Text »Ist das Neofaschismus?« abgedruckt hat. Als Schriftleiter des ANJÖ-Organs ist Windisch der presserechtlich Verantwortliche. Die Polizei durchsucht noch am selben Abend die Geschäftsräume des *Bundes Heimattreuer Jugend Wien* und beschlagnahmt dort ebenso wie in einer Druckerei die Februar-Ausgabe des »Trommlers«. – Windisch wird wegen der Verbreitung des Venatier-Textes zu einer Gefängnisstrafe von sechs Monaten verurteilt.

10. Januar In **Pforzheim** und den umliegenden Gemeinden protestieren kommunale Gremien, Parteien und Bürger gegen den Bau von Raketenanlagen der NATO in der näheren Umgebung. Zunächst lehnt der Gemeinderat von Pforzheim in einer einstimmig gefaßten Entschließung die Errichtung von Raketenanlagen auf dem Gelände der Stadt ab. Auf dem 409 Meter hohen Hartheimer Kopf ist der Bau einer Abschußbasis für Nike-Raketen sowie die Errichtung eines Prüfstandes für Raketentriebwerke geplant. Bei vielen Bürgern ist die Erinnerung an die Bombardierung Pforzheims durch britische Bomber, bei der in der Nacht vom 23. auf den 24. Februar 1945 mehr als 17.000 Einwohner getötet und 65% der Häuser zerstört worden waren, noch in furchterregender Weise präsent. – Am selben Tag faßt auch das *Evangelische Männerwerk* der Gemeinde **Würm** eine Protestentschließung. – Am 15. Januar legt die Verwaltung des Landkreises **Pforzheim** im Namen der Gemeinden Eutingen, Niefern, Geschelbronn, Hamberg Hohenwart, Hochenfeld, Lehningen, Mühlhausen, Neuhausen, Schellbronn, Steinegg, Tiefenbronn und Würm Protest gegen die Errichtung der Raketenabschußbasen ein. – Am 17. Januar wird Oberbürgermeister Brandenburg auf einer Sondersitzung des **Pforzheim**er Gemeinderats von allen Fraktionen beauftragt, bei der baden-württembergischen Landesregierung in Stuttgart vorstellig zu werden und gegen die Errichtung der Raketenanlagen Einspruch zu erheben. – Einen Tag darauf folgen Protestversammlungen der **Pforzheim**er Siedlergemeinschaften Buckenberg, Mäurach und Hagenschieß. – Am 20. Januar kommt es zu einer weiteren Protestversammlung in der **Pforzheim**er Südstadt. Den Protesten schließen sich am selben Tag auch die Gemeinderäte von **Wurmberg** und **Wimsheim** an.

10. Januar Die sowjetische Regierung in **Moskau** übermittelt allen 28 Staaten, die am Zweiten Weltkrieg beteiligt waren, sowie der Bundesrepublik und der DDR einen 48 Artikel umfassenden Entwurf für einen »Friedensvertrag mit Deutschland«. Diese Staaten werden aufgefordert, innerhalb von zwei Monaten eine Konferenz nach Warschau oder Prag einzuberufen, auf der der Vertrag endgültig ausgearbeitet und von beiden deutschen Staaten unterzeichnet werden soll. Der Vertragsentwurf enthält als wichtigste Einzelpunkte die Forderungen, einem Friedensschluß nach dem Gebietsstand vom 1. Januar 1959 zuzustimmen, auf die ehemals deutschen Ostgebiete zu verzichten, das Münchner Abkommen vom 29. September 1938 für ungültig zu erklären, die Streitkräfte beiderseitig zu reduzieren, den Ab-

Sowjetnote an die Bundesregierung:

Friedensvertrag mit Deutschland vorgeschlagen!

Volle Souveränität und internationale Gleichberechtigung / Abzug aller ausländischen Truppen / Freie Entwicklung von Friedenswirtschaft, Handel und Schiffahrt / eigene Streitkräfte zur Landesverteidigung / Klare Perspektive: Friedliche, demokratische Entwicklung Deutschlands – ruhiges, schöpferisches Leben für das ganze deutsche Volk!

Moskau, 11. 1. 59 (DPA):

Am 10. Januar empfing der Minister für Auswärtige Angelegenheiten der UdSSR, A. A. Gromyko, den Botschafter der Bundesrepublik Deutschland in Moskau, H. Kroll, und überreichte ihm einen Entwurf eines Friedensvertrages mit Deutschland und eine entsprechende Note der Regierung der UdSSR an die Regierung der Bundesrepublik. Die Note hat – laut TASS – folgenden Wortlaut:

„Die Sowjetregierung ist in Sorge wegen der gänzlich anomalen Lage, die sich infolge der verzögerten Entscheidung eines der wichtigsten internationalen Nachkriegsprobleme – des Abschlusses eines Friedensvertrages mit Deutschland – herausgebildet hat.

Während mit anderen Staaten, die am zweiten Weltkrieg auf der Seite Deutschlands teilgenommen haben, schon längst Friedensverträge geschlossen sind, ist ihre Entwicklung eine selbständige nationale Grundlage gegeben ist, hat das deutsche Volk noch immer keinen Friedensvertrag, und die Möglichkeit entzieht, seine staatliche Souveränität in vollem Maße auszuüben und zu einem gleichberechtigten Mitglied der Völkerfamilie zu werden. Mehr noch, auf dem Territorium Deutschlands bleiben immer noch ausländische Truppen, und in manchen Teilen, zum Beispiel in Westberlin, wird selbst das Besatzungsregime aufrechterhalten. Allen, die die Entwicklung des inneren Lebens des deutschen Volkes, seine Sinnen und Trachten kennen, ist es bekannt, wie schmerzlich und tief es das Fehlen eines Friedensvertrages und die damit verbundenen Folgen empfindet.

Dem Sowjetvolk, das im Kampf für seine Freiheit und Unabhängigkeit unerhörte Opfer gebracht hat, ist der Wunsch der deutschen Männer und Frauen, der deutschen Jugend, ihre Heimat stark und unabhängig, von jeder fremden Bevormundung frei zu sehen, nah und vertraut.

Keine Wiederholung der tragischen Vergangenheit

Die Verzögerung einer friedlichen Regelung mit Deutschland von Jahr zu Jahr läßt viele Fragen, die die Interessen nicht nur Deutschlands, sondern auch der Länder, die sich im Kriege gegen Deutschland beteiligt haben, berühren, ungelöst. Das Fehlen eines Friedensvertrages mit Deutschland kompliziert wesentlich die Lage in Europa, ruft Argwohn und Mißtrauen in den Beziehungen zwischen den Staaten hervor, steht der Normalisierung der Beziehungen im Wege.

Man kann auch nicht übersehen, daß in der Bundesrepublik Deutschland der deutsche Militarismus, die Fehlen eines Friedensvertrages benutzend, sich wieder aufrichtet und Kräfte sammelt. Das muß das Sowjetvolk und auch andere europäische Völker, denen das militaristische Deutschland wiederholt schweres Unheil und Leiden zugefügt hat, beunruhigen. Ein Friedensvertrag, der den Interessen der friedlichen Entwicklung Deutschlands entspricht, würde die nötigen Voraussetzungen schaffen, damit eine Wiederholung der tragischen Ereignisse der Vergangenheit, wo die deutschen Militaristen die Menschheit in verheerende, mit kolossalen Ver-

lusten an Menschen und Materialien verbundene Kriege hineinzogen, auf alle Zeiten unmöglich wird.

Den Verpflichtungen treu, die die Sowjetregierung hinsichtlich Deutschlands übernommen hat, und in Anbetracht der berechtigten Interessen des deutschen Volkes und anderer europäischer Völker machte die Sowjetregierung in den Nachkriegsjahren wiederholt den Regierungen der USA, Großbritanniens und Frankreichs Vorschläge, einen Friedensvertrag mit Deutschland auszuarbeiten und abzuschließen. **Leider fanden die Vorschläge der UdSSR über eine friedliche Regelung mit Deutschland keine positive Aufnahme bei den Westmächten, sondern auch nicht gewillt waren, diese längst aktuell gewordene Frage ernstlich zu erörtern.** Hierbei brachten sie im Laufe vieler Jahre ein und dieselbe These von einem angeblichen Primat sogenannter freier gesamtdeutscher Wahlen vor, die These, daß sich mit der Frage der Wiedervereinigung Deutschlands nicht die Deutschen, sondern die vier ehemaligen Besatzungsmächte zu befassen hätten.

Der Wahrheit ins Auge sehen

Diese These war auch der Hauptinhalt der Noten der Westmächte vom 30. September 1958, auf welche in den Noten der Sowjetregierung zur Berlinfrage vom 27. November 1958 erschöpfend Antwort gegeben wurde.

Will man sich nicht in Illusionen wiegen, sondern der Wahrheit ins Auge sehen, so muß man anerkennen, daß die Wiederherstellung der Einheit Deutschlands unvermeidlich durch eine Reihe von Etappen auf den Wegen einer Annäherung zwischen der Deutschen Demokratischen Republik und der Bundesrepublik Deutschland vor sich gehen muß.

Heute kann man lediglich wünschen, daß dieser Prozeß beginnt, dessen Erfolg jedoch von den Bemühungen der beiden deutschen Staaten abhängt. **Der Ausarbeitung eines Friedensvertrages mit Deutschland auszuweichen – das bedeutet, es darauf hinauslaufen zu lassen, daß das deutsche Volk keinen Friedensvertrag, keinen einheitlichen nationalen Staat habe.** Das würde die Aufrechterhaltung der bestehenden unzulässigen Lage bedeuten, einer Lage, die es ermöglicht, daß die Bundesrepublik Deutschland sich bemühen würde, der DDR eine innere Ordnung nach eigenem Muster aufzuzwingen. Dann aber wäre die DDR ihrerseits berechtigt, die Frage einer Änderung der Ordnung und des Regimes in der Bundesrepublik Deutschland aufzuwerfen. Es versteht sich, daß dies zur Erreichung der nationalen Einheit Deutschlands nicht nur nicht beitragen, sondern im Gegenteil die ohnehin tiefe Kluft zwischen den beiden deutschen Staaten vergrößern würde.

zug aller ausländischen Truppen sowie eine künftige Neutralität zu garantieren. Als Übergang zur Wiedervereinigung Deutschlands wird die Bildung einer Konföderation zwischen beiden deutschen Staaten empfohlen; während dieser Phase solle West-Berlin den Status einer entmilitarisierten, freien Stadt erhalten. In der Note heißt es außerdem, daß die Bundesregierung zu einem erheblichen Teil für die entstandene Lage verantwortlich sei. Durch die Wiederbewaffnung und die Integration in die NATO habe sie eine Politik betrieben, die »in schreiendem Gegensatz zu den nationalen Interessen« stehe. – Bundeskanzler Adenauer erklärt am 12. Januar vor dem Fraktionsvorstand der CDU in **Bonn**, daß die von der Sowjetunion unterbreiteten Vorschläge unannehmbar seien. Der Entwurf für einen Friedensvertrag stelle keine annehmbare Verhandlungsgrundlage dar, da er die Wiedervereinigung ausklammere. Teile der bundesdeutschen Öffentlichkeit und einzelne Gruppierungen in den Parteien

10.1.: Titelzeilen einer Flugschrift mit dem vollständigen Text der sowjetischen Friedensnote.

10.1.: »Wir bleiben beim Nein, Brentano. Wo die Politik der Stärke steht, da steht sie.« Bundeskanzler Adenauer zu seinem Außenminister in einer Karikatur des SED-Zentralorgans »Neues Deutschland«.

hätten damit ihre Quittung erhalten. Für welchen Sozialdemokraten könne es sich lohnen, fragt er rhetorisch, auch nur über einen der aufgeführten Punkte zu verhandeln? Für die CDU könne es jedenfalls nur ein klares Nein geben. – Die westlichen Siegermächte lehnen zusammen mit der Bundesrepublik das sowjetische Angebot am 16. Februar mit der Begründung ab, daß sie unter dem Druck eines »Ultimatums« nicht zu Verhandlungen bereit seien. Sie schlagen stattdessen die Einberufung einer neuen Außenministerkonferenz vor. – Daraufhin kündigt der sowjetische Ministerpräsident Chruschtschow am 5. März an, daß die Sowjetunion für den Fall einer ausbleibenden Einigung einen separaten Friedensvertrag mit der DDR zu schließen beabsichtige.

12. Januar Der örtliche *Aktionsausschuß »Kampf dem Atomtod«* führt in der Stadthalle von **Rheydt** den japanischen Film »Zerstörtes Leben« auf, in dem die Folgen der beiden Atombombenabwürfe auf Hiroshima und Nagasaki gezeigt werden. Vor den 700 Zuschauern erklärt die Wuppertaler Professorin Renate Riemeck, daß es nichts gebe, was einen Atomkrieg rechtfertigen könne; er sei und bleibe »Massenmord«. Der Rapacki-Plan zur Schaffung einer atomwaffenfreien Zone in Mitteleuropa, der von Albert Schweitzer als ein »lichter Schein im Dunkel« bezeichnet worden sei, biete einen Weg, der aus dem Kalten Krieg herausführe.

12. Januar Das Abgeordnetenhaus in **West-Berlin** wählt bei nur einer Gegenstimme Willy Brandt (SPD) erneut zum Regierenden Bürgermeister. – Der neue Senat, eine große Koalition zwischen SPD und CDU, wird am 15. Januar vereidigt. Da außer Abgeordneten dieser beiden Parteien keine anderen im Parlament vertreten sind, gibt es in West-Berlin in der dritten Legislaturperiode keine parlamentarische Opposition.

13. Januar Die 14. Zivilkammer des Landgerichts **Hamburg** gibt einem Antrag der beiden Direktoriumsmitglieder des *Zentralrats der Juden in Deutschland*, Hendrik George van Dam und Heinz Galinski, statt und erläßt eine Einstweilige Verfügung gegen die Verbreitung der antisemitischen Hetzschrift »Wieviel Welt(Geld)-Kriege müssen die Völker noch verlieren?«. Zugleich wird es verboten, die in dem Pamphlet enthaltenen herabsetzenden Behauptungen über das »internationale Judentum« und die Juden insgesamt oder Behauptungen ähnlichen Inhalts zu verbreiten. Dem Holzhändler Friedrich Nieland, der die Broschüre verfaßt und in Umlauf gebracht hat, wird bei Zuwiderhandlung eine Geldstrafe in unbeschränkter Höhe oder eine Haftstrafe bis zu sechs Monaten angedroht.

13. Januar Der Vater der im Konzentrationslager Bergen-Belsen umgekommenen Anne Frank, der 70jährige Otto Frank, und der Heidelberger Verleger Lambert Schneider erstatten bei der Staatsanwaltschaft **Lübeck** Strafanzeige wegen Verleumdung gegen den 50jährigen Studienrat Lothar Stielau. Der Lehrer an der Lübecker Oberrealschule zum Dom, der zugleich Kreisvorsitzender der rechtsradikalen *Deutschen Reichspartei* (DRP) ist, hatte in einem in der Schulzeitung »OzD« veröffentlichten Artikel behauptet: »Die gefälschten Tagebücher der Eva Braun, der Königin von England und das nicht viel echtere der Anne Frank haben den Nutznießern der deutschen Niederlage zwar einige Millionen eingebracht, uns dafür aber auch recht empfindlich werden lassen.«[9] Der aus Frankfurt stammende Otto Frank, der als einziger aus seiner Familie die nationalsozialistische Judenvernichtung überlebt hat, ist Inhaber der Rechte an dem Werk seiner Tochter. Er bietet der Staatsanwaltschaft an, Einblick in die handschriftlichen Aufzeichnungen von Anne Frank zu nehmen, um sich von deren Echtheit zu überzeugen. Die erste Ausgabe des »Tagebuchs der Anne Frank« ist 1950 im Lambert Schneider Verlag erschienen. – Das Landgericht **Lübeck** entscheidet am 17. Oktober 1961, das Strafverfahren gegen Stielau einzustellen. Vor der Eröffnung der Hauptverhandlung ist ein Vergleich zustandegekommen. Nachdem Stielau erklärt hat, er nehme seine abfälligen Äußerungen über die Echtheit des Tagebuchs mit »dem Ausdruck des Bedauerns« zurück, verzichtet Otto Frank auf die Durchführung des Strafverfahrens. Zur Begründung heißt es, der DRP-Kreisvorsitzende habe sich nach der richterlichen Voruntersuchung davon überzeugen können, daß sein Fälschungsvorwurf zu Unrecht erhoben worden sei. Die dem Gericht im Laufe des Verfahrens entstandenen Kosten in Höhe von 15.712 DM werden der Staatskasse auferlegt. Der Angeklagte, heißt es weiter, habe sich bereit erklärt, davon einen Anteil in Höhe von 1.000 DM zu übernehmen. – Der schleswig-holsteinische Kultusminister Edo Osterloh (CDU) antwortet am 21. November 1961 im Landtag in **Kiel** auf die Kleine Anfrage eines SPD-Abgeordneten, daß das Dienststrafverfahren gegen Stielau wieder aufgenommen worden sei. Der Studienrat habe während seiner nahezu drei Jahre dauernden Beurlaubung Brutto-Bezüge in Höhe von 55.187 DM erhalten.

13. Januar Die neue französische Regierung unter Ministerpräsident Michel Debré beschließt in **Paris** eine Amnestie und verschiedene Gnadenakte für Häftlinge in Algerien. Die Todesurteile von 181 Gefangenen werden in lebenslängliche Strafen umgewandelt, die Dauer aller in Algerien verhängten

DAS TAGEBUCH

DER

ANNE FRANK

14. Juni 1942 — 1. August 1944

—

»Het Achterhuis« — Im Hinterhaus, so lautet der Originaltitel dieses in Holland schon in fünfter Auflage erschienenen Werkes. Ein Kind hat zwischen seinem 13. und 15. Lebensjahr dieses erstaunliche Tagebuch geschrieben, das durch seine Frische und Lebendigkeit überrascht. Anne ist im März 1945 im Lager Bergen-Belsen gestorben, zwei Monate vor der Befreiung Hollands. Acht Monate Haft — Einsamkeit und Angst — haben dieses feinfühlige Wesen zerstört, dessen eigenwillige Intelligenz so überraschend aus den Aufzeichnungen spricht. Es ist der Triumph des Lebens, der Natur, der Freiheit gegen unmenschliche Lebensbedingungen. Anne Frank sagt alles, das Geheimste und das Unmittelbarste, was ihr Lachen und was ihre unermeßliche Zärtlichkeit erregt. Es genügt ihr, nachts ein Fenster aufzustoßen, um den vertrauten Zusammenhang mit den Dingen wiederzufinden, den Sang des Lebens, die uralte Harmonie des Seins. (Jacques de Lapadre in »Arts«)

—

VERLAG LAMBERT SCHNEIDER · HEIDELBERG

13.1.: Umschlag der 1950 erschienenen deutschen Erstausgabe.

wider besseres Wissen verleumdet, wird mit Gefängnis nicht unter drei Monaten bestraft.«[10] – Der Gesetzentwurf wird in der Öffentlichkeit nach dem Verfasser der antisemitischen Broschüre, dem 62jährigen Holzhändler Friedrich Nieland, als »Lex Nieland« bezeichnet.

15. Januar Ein Schöffengericht in **Wiesbaden** verurteilt den 29jährigen Gelegenheitsarbeiter Franz Müller wegen antisemitischer Drohungen zu einer Gefängnisstrafe von zwei Monaten auf Bewährung und einer Geldbuße von 100 DM. Der Angeklagte wird für schuldig befunden, am 6. Juni 1958 den Besitzer eines Flörsheimer Lokals, dessen Frau die Tochter eines in Auschwitz ermordeten jüdischen Unternehmers ist, als »Judenknecht« und »Judenschwein« beschimpft zu haben. Als Müller im Anschluß an eine handgreifliche Auseinandersetzung vor die Tür gesetzt worden war, hatte er dem Mann mit den Worten gedroht, er werde »den Juden« totschlagen.

15. Januar Auf einer internationalen Pressekonferenz in **Ost-Berlin** stellt der *Ausschuß für Deutsche Einheit* die Broschüre »Hexenjagd gegen Juden« vor. Darin wird die Behauptung aufgestellt, daß der Antisemitismus in der Bundesrepublik »ständig im Wachsen begriffen« sei und seine Wurzeln im Apparat der Bundesregierung habe.

15.-17. Januar Auf der vierten Tagung des SED-Zentralkomitees in **Ost-Berlin** betont dessen Erster Sekretär, Walter Ulbricht, in einem mehrere Stunden dauernden Referat die Bereitschaft der DDR, die Verkehrsverbindungen zwischen Ost und West nach einer Umwandlung von West-Berlin in eine »Freie Stadt« zu garantieren. Die von der Bundesregierung ebenso wie von den Westmächten wiederholt geforderten freien Wahlen lehnt er jedoch nachdrücklich ab. Unter den »Bedingungen der Herrschaft des Militarismus und der Atomrüstung und unter dem Druck der Bajonette« Wahlen durchführen zu wollen, würde nichts anderes bedeuten, »als den Bürgerkrieg zu organisieren«.

16. Januar Die Justizpressestelle in **München** bestätigt auf Anfrage, daß gegen den 72jährigen Oberammergauer Schriftsteller Guido Röder ein Ermittlungsverfahren wegen Verbreitung antisemitischer Schriften eingeleitet worden sei. Röder habe in verschiedenen Broschüren und Flugblättern »eine antisemitische Tendenz bis zum äußersten« getrieben.

16. Januar Das Kreisgericht im sächsischen **Bischofswerda** verurteilt den Geschäftsmann Herbert Wolf wegen seiner Weigerung, sich an den Volkskammerwahlen zu beteiligen, zu einer Gefängnis-

Gefängnisstrafen wird um ein Zehntel verringert und eine individuelle Überprüfung eines jeden Falles angekündigt. Insgesamt 7.000 Algerier, die in Lagern interniert sind, werden freigelassen und die fünf Anführer der FLN, die am 22. Oktober 1956 bei einem Flug von Marokko nach Tunesien entführt worden waren, werden von einem Pariser Sicherheitsgefängnis in eine Festung verbracht, in der die Haftbedingungen leichter sind.

14. Januar Als Reaktion auf die Weigerung des Hamburger Oberlandesgerichts, den Verfasser und den Drucker einer antisemitischen Hetzschrift strafrechtlich zu verfolgen, verabschiedet das Bundeskabinett in **Bonn** einen Gesetzentwurf, mit dem durch einen Zusatz zu § 130 des Strafgesetzbuches die richterliche Ermessensfreiheit eingeschränkt werden soll. Der Passus lautet: »Wer in einer den öffentlichen Frieden gefährdenden Weise zum Haß gegen nationale, rassische oder religiöse Minderheiten aufstachelt oder solche Minderheiten beschimpft und

17.1.: »Der Reichstag brennt wieder.« Karikatur aus dem SED-Zentralorgan »Neues Deutschland«.

17.1.: Die Mutter des der Synagogenschändung Verdächtigten wendet sich am 2. Mai mit einer von der »Deutschen Volkszeitung« publizierten Erklärung an die Öffentlichkeit.

Eine Mutter an die Oeffentlichkeit:

„Es geht um die Ehre meines Sohnes"

Als in der Nacht zum 17. Januar dieses Jahres die neuerbaute D ü s s e l d o r f e r Synagoge und eine Gedenktafel für die umgekommenen Juden mit Hakenkreuzen beschmiert wurden, verhaftete nach fünf Tagen — wie wir damals meldeten — die Polizei den jungen Gewerkschaftsfunktionär und Atomwaffengegner Helmut K l i e r, obgleich er auf der Seite derjenigen steht, die gegen jeden Antisemitismus sind und obgleich er in der Nacht der gemeinen Tat ein durch Zeugen bekräftigtes Alibi hat. Trotzdem befindet sich Klier seit nunmehr über drei Monaten in Untersuchungshaft. Seine Mutter, Frau Maria Klier, wandte sich nun mit einem Brief an die Oeffentlichkeit, den sie der Presse zum Abdruck zur Verfügung stellte. In diesem Brief heißt es unter anderem:

„Wir alle haben im Dritten Reich erlebt, mit welch furchtbarer Brutalität gegen unsere jüdischen Mitbürger vorgegangen wurde. Daß sich so etwas nicht wiederholen darf, ist für jeden gut meinenden Menschen unter uns eine Selbstverständlichkeit. Sie werden deshalb mit mir fühlen können, wie entsetzt ich und meine ganze Familie war, als man am 22. Januar meinen Sohn Helmut Klier als angeblichen Täter dieser gemeinen Schmierereien an der Synagoge verhaftete. Ich habe mich immer bemüht, meine Kinder im Geiste echter Menschlichkeit zu erziehen. Antisemitismus und rassische Ueberheblichkeit hat es bei uns nie gegeben.

Aber da hat sich die Polizei nun etwas ganz besonderes ausgedacht. Es sei dem Jungen darauf angekommen, mit einer solchen Hakenkreuzschmiererei das Ansehen der Bundesrepublik im Ausland zu schädigen. Man will also Helmut hier unterstellen, daß er ein Provokateur sei. Dabei steht einwandfrei fest, daß Helmut in der besagten Nacht zum 17. Januar die Hakenkreuze gar nicht gemalt haben kann. Er war nämlich in dieser Nacht, wie wir alle bekunden können, zu Hause und hat neben seinem Bruder geschlafen. Das Unfaßbare für mich ist nun, daß man uns als unbescholtene Menschen, die wir noch nie etwas mit dem Gericht zu tun hatten, dieses Alibi einfach nicht glauben will. Wenn aber in der Stadt D ü l m e n zwei ehemalige Nationalsozialisten als Hakenkreuzmaler

gefaßt werden und angeben, sie hätten das ja gar nicht so ernst gemeint, dann hält man sie nicht einen Tag lang hinter Gittern und belegt sie mit einer milden Ordnungsstrafe.

Inzwischen hat die Justiz aber zu erkennen gegeben, warum sie den Jungen in Wirklichkeit solange inhaftiert hält. Während man ihm in der Oeffentlichkeit den nicht nachweisbaren Vorwurf des Synagogenschändens macht, laufen die Untersuchungen gegen Helmut vor Gericht in eine ganz andere Richtung. Unser Sohn ist um die Jahreswende mit einer großen Schar von Gewerkschaftskollegen und Mitgliedern der Sozialistischen Jugendgruppe „Die Falken" in die DDR gefahren. Was tagtäglich tausende von Menschen machen, das soll nun bei ihm eine „staatsgefährdende Sache" sein. Wie ich gehört habe, hat die Kriminalpolizei dutzende von Jungen verhört und einen auch noch verhaftet.

Die Oeffentlichkeit hat ein Recht darauf zu erfahren, wie schonungslos und ungerecht hier ein Mensch behandelt wird, der selbst immer nur für die Gerechtigkeit eingetreten ist und unter seinen Freunden und Bekannten als ein durch und durch ehrlicher Mensch geschätzt wird. Ob in der Gewerkschaft oder im Jugendring, wo Helmut so aktiv tätig war, überall hat man ihm trotz der schlimmen Beschuldigungen die Treue bewahrt. Ich möchte, daß es nun endlich gelingt, Helmut die Freiheit wiederzugeben und Gerechtigkeit walten zu lassen."

strafe von vier Monaten. Wolf hatte den Wahlhelfern erklärt, er könne unmöglich »seine eigenen Henker« wählen, die die sozialistische Planwirtschaft auf Kosten der Privatwirtschaft durchsetzten.

17. Januar Unbekannte Täter schänden nachts die neue jüdische Synagoge und die Gedenktafel für die alte, von den Nazis niedergebrannte Synagoge in **Düsseldorf**. Der Hausmeister entdeckt am frühen Morgen, daß auf die drei dunklen Glastüren am Eingang der Synagoge mit weißer Lackfarbe Hakenkreuze gemalt worden sind. Die gleichen Schmierereien finden sich auf der Gedenktafel der *Jüdischen Gemeinde* in der Kasernenstraße. Die Kriminalpolizei, die sofort die Ermittlungen aufnimmt, teilt mit, daß es keine gesicherten Anhaltspunkte für die Herkunft der Täter gebe; zugleich äußert sie jedoch die Vermutung, daß es sich bei ihnen um »Personen aus kommunistischen Kreisen« handeln könne, die mit ihrer Tat den Eindruck erwecken wollten, in der Bundesrepublik trieben rechtsradikale Kreise ihr antisemitisches Unwesen. Ein Beamter des Polizeipräsidiums ergänzt diese Vermutung kurze Zeit später damit, daß auch Jugendliche als Täter in Frage kommen könnten, die aus dummen, aber unpolitischen Motiven heraus die Hakenkreuzschmierereien begangen haben könnten, um damit »irgend jemand zu ärgern«. – Am 22. Januar wird in **Düsseldorf** der 25jährige Schreinergeselle Helmut Klier, der sich auf dem Weg zu seiner Arbeit befindet, als Tatverdächtiger verhaftet. Der politisch engagierte Mann, der Funktionär in der *IG Holz* ist und bis zu ihrem Verbot Mitglied der KPD war, kommt in Untersuchungshaft. – Am Nachmittag desselben Tages wird ein 24jähriges Mitglied der *Deutschen Reichspartei* (DRP), das sich selbst bezichtigt, an der Synagogenschändung beteiligt gewesen zu sein, in der Stehbierhalle des **Düsseldorf**er Hauptbahnhofs festgenommen. – In einer Debatte über die jüngsten antisemitischen Vorfälle erklärt Innenminister Josef Hermann Dufhues (CDU) im nordrhein-westfälischen Landtag, daß man bei den insgesamt 16 strafbaren Fällen keinen organisierten Zusammenhang habe feststellen können. Lediglich im Fall der Synagogenschändung zeichne sich ein politischer Hintergrund ab. Es könne sein, daß »gewisse Kreise an einer Schädigung des deutschen Ansehens im Ausland« Interesse hätten. Dufhues führt dazu die Verhaftung des »dringend der Tat verdächtigen ehemaligen Angehörigen der KPD« an, läßt jedoch die Festnahme des DRP-Mitglieds unerwähnt.

17. Januar Die Teilnehmer an der vierten Arbeitstagung des *Initiativausschusses für die Amnestie und die Verteidigung in politischen Strafsachen* in **Frankfurt** wenden sich mit einer Petition an die Abgeordneten des Bundestages, in der sie eine umfassende Amnestie politischer Straftaten fordern. Sie bitten darum, ».. . endlich einen versöhnlichen Schlußstrich unter eine Zeit politischer Gegensätze zu ziehen und insofern die Versäumnisse des Straffreiheitsgesetzes 1954 nachzuholen.«[11] Nach der offiziellen Statistik der Bundesregierung sei allein für das Jahr 1957 die Zahl von 12.642 »Ermittlungsverfahren dieser Art« genannt worden. Die Petition ist von dem Heidelberger Rechtsanwalt Walther Ammann und seinem Essener Kollegen Diether Posser unterzeichnet.

17./18. Januar Auf Initiative des Münchner *Komitees gegen Atomrüstung* findet in der St. Pancras Town Hall in **London** der »Europäische Kongreß gegen Atomrüstung« statt. Als Redner dieser Veranstaltung, zu der auch Karl Barth, Max Born, Benjamin Britten und Julian Huxley aufgerufen haben, treten der britische Philosoph und Friedensnobelpreisträger Lord Bertrand Russell, der Physiker Joseph Rotblat, der Publizist Kingsley Martin sowie der stellvertretende SPD-Vorsitzende Waldemar von Knoeringen auf. Noch auf dem Kongreß schließen sich die nationalen Komitees der Atomwaffengegner aus neun europäischen Ländern zum *Europäischen Komitee gegen Atomrüstung* (EKA) zusammen. Darin vertreten sind die britische *Campaign for Nuclear Disarmament* (CND), die französische *Fédération Contre L'Armement Atomique* (FCAA), die niederländische *Stichting Anti-Atoombom-Actie* (SAAA), die schwedischen *Aktionsgruppen Mot Svensk Atombomb* (ASA), das *Österreichische Komitee für Atomabrüstung* (ÖKA), das Münchner *Komitee gegen Atomrüstung* und der zentrale *Arbeitsausschuß »Kampf dem Atomtod«*. Dazu kommen jeweils noch zwei Vertreter aus Belgien, Norwegen und der Schweiz. Die Vereinigten Staaten sind durch das *National Committee for a Sane Nuclear Policy* mit beratender Stimme im EKA vertreten. Die 300 Delegierten wählen den Münchner Schriftsteller Hans Werner Richter zu ihrem ersten Präsidenten. Am Sonntagnachmittag fliegen 72 Delegierte mit einer Sondermaschine nach **Frankfurt**, wo am Abend in der überfüllten Paulskirche die Abschlußkundgebung stattfindet. In dem Rundbau sind großformatige Porträts aufgehängt, die Max Born, Albert Einstein, George F. Kennan, Jawaharlal Nehru, Martin Niemöller, Papst Pius XII., Cecil Frank Powell, Eugene Rabinowitch, Bertrand Russell und Albert Schweitzer zeigen. Nach der Eröffnung durch den Frankfurter Oberbürgermeister Werner Bockelmann (SPD) verliest der Basler Theologieprofessor Fritz Lieb eine Deklaration seines Kollegen Karl Barth. Er dankt der Stadt Frankfurt, die mit der Veranstaltung etwas verwirklicht habe, das der schweizerische Bundesrat, der den

17./18.1.: Die Abschlußkundgebung des »Europäischen Kongresses gegen Atomrüstung« in der Frankfurter Paulskirche.

17./18.1.: In der ersten Reihe haben Platz genommen (v.l.n.r.): Christian Mayer-Amery, André Trocmé, Hans Werner Richter und Stefan Andres.

ursprünglich im Juli des Vorjahres in Basel geplanten Kongreß kurzerhand verbot, unmöglich gemacht hatte. Nach einer Grußadresse der Schriftstellerin Gertrud von Le Fort ergreift der Atomphysiker Max Born das Wort. »Wir stehen an einem Punkt in der Politik,« erklärt er, »wo das Wie versagt. Was wir brauchen, ist Besinnung auf unser Menschentum. Es ist sinnlos geworden, für nationale Vorteile mit Waffen zu kämpfen.«[12] Der wegen seiner Aktivitäten in der Antiatombewegung aus der in Zürich erscheinenden »Weltwoche« geworfene Publizist Robert Jungk bezeichnet die Gründungsveranstaltung in London als einen »der großen Augenblicke der Weltgeschichte«; zugleich beklagt er, daß es kein Vertreter der bundesdeutschen Botschaft für nötig befunden habe, die Delegierten aus dem eigenen Land in der britischen Hauptstadt zu begrüßen. Dann ver-

17./18.1.: Bertrand Russell bei seiner Ansprache in London, links Kanonikus C. John Collins, rechts (halb verdeckt) Peggy Duff, die den »Europäischen Kongreß gegen Atomrüstung« maßgeblich organisiert hat.

17./18.1.: Der Journalist Robert Jungk.

17./18.1.: Professor Karl Barth, Ordinarius für evangelische Theologie an der Universität Basel.

liest er eine sieben Punkte umfassende »Charta der Hoffnung«, in der sich die Atomwaffengegner zu Albert Schweitzers Grundsatz »Ehrfurcht vor dem Leben« bekennen. Darin heißt es u. a.: »Wir bekennen uns zu der erhöhten Verantwortung, die jedem einzelnen von uns im Zeitalter der Technik mit ihren erhöhten Möglichkeiten der Machtausübung und der aus ihr rührenden immer engeren Verflechtung aller wirtschaftlichen Tätigkeit zufällt ... Wir treten für allmählichen Rüstungsabbau bei gleichzeitigem Aufbau der Hilfe für notleidende Menschen aller Rassen ein ... Wir bekennen uns zur geistigen und politischen Freiheit, welche durch die von den atomaren Machtmitteln ausgehenden totalitären Wirkungen in ihrer innersten Substanz gefährdet wird... Wir bekennen, daß wir angesichts der Gefahr des atomaren Selbstmordes unserer Art die Treue zur Menschheit über die Treue zu einer Nation oder einer bestimmten ideologischen Gruppierung stellen müssen. Deshalb werden wir uns weigern, in irgendeiner Form an Aufgaben mitzuarbeiten, die von uns als menschheitsgefährdend erkannt worden sind, und zwar auch dann, wenn wir dadurch in Konflikt mit den hinter der Entwicklung zurückgebliebenen Gesetzen unseres Landes geraten sollten.«[13] Der französische Pfarrer André Trocmé bezeichnet den Zusammenschluß der Atomwaffengegner als eine »historische Tat«, die nur mit der Widerstandsbewegung gegen Hitler und die Nazis verglichen werden könne. Kingsley Martin, der Herausgeber der britischen Zeitschrift »New Statesman and Nation« warnt in seiner Rede vor Bundesverteidigungsminister Franz Josef Strauß (CSU). Unter großem Beifall erklärt er, daß der Politiker »einer der gefährlichsten Männer Europas« sei. Nach dem West-Berliner Bezirksbürgermeister Willy Kressmann (SPD), der schwedischen Delegierten Barbro Alving und einem britischen Gewerkschaftler greift der stellvertretende SPD-Vorsitzende Waldemar von Knoeringen ebenfalls in schneidendem Tonfall Franz Josef Strauß

an. Dieser Mann sei für ihn zu einem »Symbol eines Geistes der Vergangenheit« geworden. Von Knoeringen ruft die Zuhörer auf, die SPD in ihrem Kampf gegen die atomare Aufrüstung zu unterstützen. Nach der Verlesung weiterer Grußbotschaften des Schriftstellers Max Tau und des Friedensnobelpreisträgers Albert Schweitzer greift der katholische Autor Stefan Andres in seinem Schlußwort heftig die Katholische Kirche an. Während die Evangelische Kirche zumindest teilweise Farbe bekenne, schweige sich die Katholische Kirche – von einzelnen Stimmen aus dem Laienstand einmal abgesehen – völlig aus. Sie schweige auf eine Weise, die man in Deutschland schlicht als »regierungstreu« bezeichnen müsse. Am Ende zitiert Andres ein Wort seines verstorbenen Kollegen Reinhold Schneider. Die Aufgabe bestehe darin, hatte dieser einmal gesagt, »dem Unglauben der Macht den Glauben der Machtlosigkeit entgegenzusetzen«. – Trotz des großen Aufgebots an prominenten Atomwaffengegnern aus Wissenschaft, Politik, Literatur, Kunst und Musik findet der Kongreß in der internationalen Presse nur ein geringes Echo.

18. Januar An der alljährlichen SED-Kampfdemonstration zum Jahrestag der Ermordung von Rosa Luxemburg und Karl Liebknecht an der Gedenkstätte im **Ost-Berlin**er Stadtteil Friedrichsfelde beteiligen sich 150.000 Parteimitglieder, darunter Einheiten der Volkspolizei, Hundertschaften der Betriebskampfgruppen und das NVA-Musikkorps des »Wachregiments Berlin«. In seiner Gedenkrede fordert Politbüromitglied Alfred Neumann die Umwandlung West-Berlins in eine »Freie Stadt« und den Abschluß eines Friedensvertrages.

18.–22. Januar Nachdem die argentinische Regierung eine staatliche Fleischfabrik mit Gewalt von streikenden Arbeitern hat räumen lassen, rufen die Gewerkschaften in **Buenos Aires** für die Arbeiter und Angestellten des südamerikanischen Landes einen Generalstreik aus. Die Arbeiter hatten einen Sitzstreik durchgeführt, um gegen den von der Regierung beschlossenen Verkauf der Fabrik, die seit längerer Zeit mit Verlusten arbeitet, an einen privaten Investor zu protestieren. Staatspräsident Arturo Frondizi erteilt an die Armee die Weisung, gegen die Streikmaßnahmen mit aller Härte vorzugehen. Die Regierung bezeichnet alle Streiks als illegal und betont, daß Streikende mit sofortiger Wirkung entlassen werden dürften. Die 32 demokratischen Gewerkschaften (über 1,5 Millionen Mitglieder) brechen den Streik am 21. Januar ab, die 62 peronistischen (rund eine Million Mitglieder) und die 19 kommunistischen (etwa 300.000 Mitglieder) einen Tag später. Offenbar aus Wut und Enttäuschung über den

Abbruch werden in zahlreichen argentinischen Städten Bombenanschläge verübt. In den vier Tagen Generalstreik sind nach offiziellen Angaben rund 300 peronistische und kommunistische Gewerkschaftsführer verhaftet worden.

19. Januar Während der Beerdigung eines Münchner Taxifahrers, der vier Tage zuvor ermordet worden ist, stehen in den meisten Orten der **Bundesrepublik** von 12 bis 12 Uhr 15 die Taxis still. Die Kollegen wollen mit diesem Schritt nicht nur des Ermordeten gedenken, sondern sich damit auch für die Wiedereinführung der Todesstrafe einsetzen. In einer Erklärung beklagt sich die *Zentralarbeitsgemeinschaft des Straßenverkehrsgewerbes*, die zu der Protestaktion aufgerufen hat, darüber, daß sich die Verantwortlichen noch immer nicht entschlossen hätten, »derartigen verbrecherischen Elementen ein für allemal Einhalt« zu gebieten. Am Grab des 29jährigen Engelbert Amberger in **München** sprechen sich Vertreter der *Arbeitsgemeinschaft Personenverkehr* und des *Zentralverbands der Taxifahrer* nachdrücklich für die Wiedereinführung der Todesstrafe aus. – Die Abgeordneten der CSU und der *Deutschen Partei* (DP) kündigen an, dem Bundestag in **Bonn** eine Gesetzesvorlage zur Änderung von Artikel 102 des Grundgesetzes vorlegen zu wollen, in dem die Todesstrafe für abgeschafft erklärt ist.

19. Januar Das erweiterte Schöffengericht in **Herford** verurteilt den 50jährigen Textilkaufmann Carl Krumsiek wegen öffentlicher Billigung von Gewaltverbrechen in Tateinheit mit Beleidigung und Verunglimpfung des Andenkens Verstorbener zu einer Gefängnisstrafe von sieben Monaten ohne Bewährung. Der Angeklagte, ein ehemaliger NSDAP-Funktionär, hatte am 13. April 1958 in einer Herforder Gastwirtschaft ein inzwischen verstorbenes Mitglied der *Jüdischen Kultusgemeinde* mit den Worten beschimpft, er bedaure es, daß nicht alle Juden »vergast« worden seien; er hatte außerdem noch hinzugefügt, daß die in Israel lebenden Juden »erschossen oder mit E 605 vergiftet« werden sollten. Krumsiek, der behauptet, sich nicht an alle Teile seiner Äußerungen erinnern zu können, erklärt vor Gericht, er wolle nichts abstreiten, zugleich jedoch betonen, daß er kein Antisemit sei. Ein Scheck in Höhe von 1.000 DM, den er an die *Jüdische Kultusgemeinde* von Herford als »freiwillige Buße« übersandt hatte, war nicht angenommen worden. In seinem Schlußwort betont er, daß ihm sein Vergehen leid tue und er in Zukunft der *Jüdischen Kultusgemeinde* helfen wolle, wo er nur könne. Der Vorsitzende des Schöffengerichts, Amtsgerichtsrat Erich Hüttemann, bezeichnet den Angeklagten in seiner Urteilsbegründung als einen Schwätzer und Biertischpolitiker.

19. Januar Unbekannte erschießen auf dem Bahnhofsvorplatz von **Saarbrücken** den Algerier Tahar Soualem, ein führendes Mitglied der *Front de Libération Nationale* (FLN). – Die Tat ist vermutlich von Angehörigen der Terrororganisation *La Main Rouge* (Die Rote Hand) verübt worden, die im Auftrag des französischen Geheimdienstes Mordaktionen an Mitgliedern der algerischen Befreiungsbewegung durchführt.

19. Januar Der rechtsradikale Schriftsteller Hans Venatier, der mit seiner Blut und Boden-Literatur schon im Nationalsozialismus hervorgetreten war, begeht in **Düsseldorf** Selbstmord. Wegen eines im Dezember 1958 in der rechtsradikalen Monatsschrift »Nation Europa« erschienenen Artikels »Ist das ›Neofaschismus‹?« hatte er erst kürzlich eine Anhörung vor dem rheinland-pfälzischen Kultusministerium in Mainz über sich ergehen lassen müssen. Am Ende des Pamphlets, in dem sich Venatier zu Bauernstand, Eliteprinzip, Soldatenstand, Führertum, Pflichttreue, Opfersinn sowie Rassismus bekennt und keine der faschistischen Grundüberzeugungen ausläßt, heißt es trotzig: »Dies ist mein Bekenntnis. So denke ich, so denken meine Freunde, die gleich mir als ›Staatsfeinde‹ deklariert werden. So lehre ich auch die Jugend und glaube, damit meinem Volk und seinem Staat einen Dienst zu erweisen. Ich zähle mich zu den neulich in einer Rede zitierten ›Aufrechten im Lande‹, und wenn man mich auch mit Knüppeln schlägt, ich werde mich an Treue von niemandem übertreffen lassen. Ich habe ›die Stirn‹, diese Gedanken in NE zu veröffentlichen, – weil die FAZ sie ohnehin nicht abdrucken würde. Es ist ein saubres Gedankengut. Es enthält Grundsätze staatlichen Lebens überhaupt. Wenn es sein muß, bin ich bereit, den Giftbecher darauf zu trinken.«[14] – Zahlreiche rechte Gruppierungen versuchen anschließend, den Freitod Venatiers, der sich in einem Abschiedsbrief als »Opfer für die, die leiden wie ich« hinstellt, als die Tat eines nationalistischen Märtyrers hochzustilisieren. In verschiedenen Zeitschriften wird sein Artikel »Ist das ›Neofaschismus‹?« nachgedruckt, in Österreich ist deswegen der Sprecher der *Arbeitsgemeinschaft Nationaler Jugendbünde Österreichs* (ANJÖ), Konrad Windisch, verhaftet worden.

20. Januar Zu einem von der *Internationale der Kriegsdienstgegner* (IdK) und dem *Verband der Kriegsdienstverweigerer* (VK) gemeinsam organisierten Vortrag des hessen-nassauischen Kirchenpräsidenten Martin Niemöller über »Kirche und H-Bombe« kommen in **Tübingen** 1.200 Zuhörer. – So viele Interessenten, heißt es anschließend in der Presse, bringt sonst nur Bundeswirtschaftsminister Ludwig Erhard im Wahlkampf auf die Beine.

19.1.: Das Münchner Satireblatt prangert Bundesjustizminister Fritz Schäffer (CSU), einen der stärksten Befürworter der Todesstrafe, an.

19.1.: Der Nazi-Schriftsteller Hans Venatier.

21. Januar In **West-Berlin** wird der ehemalige Herausgeber der neonazistischen Zeitschrift »Die Anklage«, Robert Kremer, in einem vom Dritten Strafsenat des Bundesgerichtshofs ausgestellten Haftbefehl beschuldigt, durch Veröffentlichungen in der inzwischen eingestellten Zeitschrift die Bundesregierung und frühere Widerstandskämpfer verleumdet zu haben. – Der 39jährige war erst am 7. Januar von dem **West-Berlin**er Landgericht wegen Begünstigung eines NS-Straftäters zu einer Gefängnisstrafe von fünf Monaten verurteilt worden.

21. Januar Der stellvertretende Ministerpräsident der DDR, Walter Ulbricht, gibt vor der Volkskammer in **Ost-Berlin** eine Regierungserklärung ab, in der er die Zustimmung der DDR zum Entwurf eines Friedensvertrages durch die sowjetische Regierung vom 12. Januar bekanntgibt. Ulbricht betont dabei,

22.1.: Auf einer Kundgebung in Havanna wird die Hinrichtung von Gefolgsleuten Batistas gefordert.

22.1.: Im Stadion von Havanna steht einer der Batista-Leute als Kriegsverbrecher vor Gericht.

daß der Austritt der Bundesrepublik aus der NATO, die Auflösung des Generalvertrags vom Mai 1952 und die Wiederherstellung der Souveränitätsrechte für die westdeutsche Bevölkerung unabdingbare Voraussetzung für eine friedliche Wiedervereinigung Deutschlands seien.

22. Januar Aufgrund einer Großen Anfrage der SPD debattiert der Bundestag in **Bonn** das Verhalten der bundesdeutschen Justiz. Auslöser ist die Weigerung des Hamburger Oberlandesgerichts das Hauptverfahren gegen den Holzhändler Friedrich Nieland zu eröffnen, der in einer Broschüre den deutschen Massenmord an den Juden geleugnet hatte. Der SPD-Abgeordnete Adolf Arndt fordert eine Neugestaltung des Strafverfahrensrechts und eine Reform des Strafvollzugsrechts. Man dürfe sich nicht von der Vergangenheit abwenden und NS-Prozesse einfach einstellen. Ebensowenig sei es hinzunehmen, wenn Wiedergutmachungsleistungen als Bürde für den Steuerzahler hingestellt würden. Sein Fraktionskollege Gerhard Jahn erhebt gegen Bundesjustizminister Fritz Schäffer (CSU) den Vorwurf, er habe durch seine »Brandreden gegen die Wiedergutmachung« einer antisemitischen Stimmung Vorschub geleistet. Kritik am Urteil des Hamburger Gerichts wird auch von CDU-Abgeordneten geleistet. Bundeskanzler Adenauer verurteilt die antisemitischen Vorfälle der letzten Zeit und erklärt, daß damit deutschen Bürgern jüdischer Herkunft schweres Unrecht zugefügt werde. – Die »Berliner Morgenpost« bemerkt in einem Kommentar, es gebe Anzeichen dafür, daß »die rechtsprechende Gewalt nicht überall als eine der tragenden Säulen unseres Staates genügend respektiert« werde und nicht in allen Fällen »das richtige Verhältnis zu den Grundsätzen unserer aus den bitteren Erfahrungen der Vergangenheit entstandenen Verfassung gewonnen« worden sei.

22. Januar Auf einer Pressekonferenz in **Bonn** wird der aus der DDR geflüchtete Oberstleutnant Siegfried Dombrowsky vorgestellt. Er erklärt, daß er Leiter einer militärischen Spionageabteilung gewesen sei und sich im Dezember 1958 aus der DDR in die Bundesrepublik abgesetzt habe. Ost-Berlin sei das »größte Spionagezentrum Europas«. Das Ausmaß der von dort gesteuerten »Westarbeit« sei für einen Außenstehenden unfaßbar und »von einer geradezu phantastischen Größenordnung«. Die drei wichtigsten Geheimdienstapparate seien das Ministerium für Staatssicherheit (MfS), die »Verwaltung für Koordinierung« des Ministeriums für Nationale Verteidigung und die Abteilung »Aufklärung« der Grenzpolizei. Die drei Apparate beschäftigten insgesamt 13.000 hauptamtliche Mitarbeiter und 60.000 Agenten, von denen allein 12.000 in der Bundesrepublik eingesetzt seien. Weiter sagt Dombrowsky, daß er »westlichen Behörden« eine Liste mit den Namen von Chefagenten übergeben habe, die in zehn europäischen Ländern tätig seien. – Die Nachrichtenagentur »ADN« bezeichnet Dombrowsky in einer Stellungnahme als »Hochstapler« und »Betrüger«. – Wie sich später herausstellt, hatte Dombrowsky vor seiner Flucht zwei Jahre lang für den *Bundesnachrichtendienst* (BND) gearbeitet.

22. Januar Auf einer Massenkundgebung in **Havanna** rechtfertigt Fidel Castro vor mehreren hunderttausend Zuhörern die Durchführung von Kriegsverbrecherprozessen gegen führende Angehörige des Batista-Regimes. Auf Transparenten fordern Versammlungsteilnehmer in spanischer und englischer Sprache die Hinrichtung der Angeklagten.

23. Januar Der amerikanische Politikwissenschaftler Henry A. Kissinger hält in **Bonn** einen Vortrag vor Generälen, Stabsoffizieren und Beamten der Bundeswehr. Darin unterstreicht er die Notwendigkeit zur Abstufung militärischer Abschreckung. Nur indem sich ein Land nicht zwingen ließe, in jedem Fall einen großen Krieg auszulösen, werde der Politik der für ihr Handeln erforderliche Spielraum gegeben. Die Strategie der massiven Vergeltung sei zu unflexibel, da sie die Politiker, die das Risiko eines weltweiten Konflikts scheuten, zum Nachgeben veranlassen würde, was den Gegner umgekehrt wiederum zu neuen Aggressionsmaßnahmen ermuntern könnte. Da sowohl die Zeit des einseitigen militärischen als auch die des rein politischen Denkens vorüber sei, müsse eine Synthese zwischen beiden Dimensionen gefunden werden. Neben den strategischen Streitkräften zur Abschreckung seien ausreichend mit modernen Waffen ausgerüstete Truppen nötig, um gegebenenfalls auch einen lokalen Konflikt eindämmen und wirkungsvoll bekämpfen zu können. In Berlin dürfe der Westen, erklärt der Harvard-Professor, keinen Fuß breit nachgeben. In der Diskussion zeigt sich, daß eine Reihe von Militärs nicht bereit sind, die gleichen militärischen Schlußfolgerungen aus den von Kissinger geschilderten Situationen zu ziehen. – Der als Sohn jüdischer Eltern 1923 in Fürth geborene und 1938 vor den Nazis in die USA geflohene Wissenschaftler gilt als Begründer der »Theorie vom begrenzten Atomkrieg«. Er hält sich auf Einladung des Auswärtigen Amtes in der Bundesrepublik auf und hat zuvor mit seinem Buch »Kernwaffen und auswärtige Politik« großes Aufsehen errungen. Eine längere Unterredung am Vortag mit Bundesverteidigungsminister Franz Josef Strauß ist mit den Worten kommentiert worden, daß beide in militärischen und politischen Fragen »im wesentlichen einer Ansicht« seien.

23. Januar In den Räumen des *Berufsverbands Bildender Künstler* in **München** wird von jungen Künstlern eine Ausstellung mit dem Titel »Extremisten – Realisten« eröffnet. Aus diesem Anlaß ist der Stuttgarter Philosoph und Mathematiker Professor Max Bense als Redner eingeladen worden. Obwohl für denselben Abend ein Vortrag des Philosophen Martin Heidegger »Über die Sprache« im Völkerkundemuseum angekündigt ist, erscheinen 300 erwartungsvolle Besucher – Kunstbegeisterte, Presseleute und Repräsentanten der Kulturszene. Doch Bense tritt gar nicht auf; er ist angeblich verhindert. Anstelle des Philosophen begibt sich ein junger Mann »mit pomadisiertem Scheitel« – wie ein Berichterstatter vermerkt – ans Rednerpult. Er liest einen Brief vor, in dem sich der Professor für sein Fernbleiben entschuldigt – er habe kurzfristig nach Mailand und Zürich reisen müssen. Um aber dennoch seinen Beitrag leisten zu können, lege er dem Schreiben ein Tonband bei, auf das er seine Eröffnungsrede noch vor seiner Abreise gesprochen habe. Neben dem Tonbandkoffer steht wie als symbolisches Zeichen für den abwesenden Redner ein Wasserglas. Als das Band schließlich den Besuchern vorgespielt wird, hört man eine weihevolle Stimme, die von Kontinuum und Koinzidenz, Perfektion und Zivilisation, Zeichen- und Signalwelt, ästhetischer Information und anderen bedeutungsschweren Dingen spricht. Obwohl die Diktion des Vortrags etwas gespreizt wirkt, lauscht das Publikum hingebungsvoll den Ausführungen des wissenschaftlich anerkannten Ästheten. Als die Aufnahme mit einem technischen Seufzer zu Ende geht, ertönt befreiend wirkender Applaus. – Die Presse reagiert freundlich, obgleich auch nicht ohne ironische Untertöne auf den zwar anspruchsvoll, zugleich aber befremdlich wirkenden Vortragsabend. Die Rede ist vom »Neo-Da-Da- und Tonbandphilosophen Bense«; zum Schlafwagenregis-

23.1.: Professor Henry Kissinger (links) bei seinem Bonner Besuch im Gespräch mit Bundesverteidigungsminister Franz Josef Strauß.

23.1.: Plakat der Abteilung Agitation und Propaganda beim Zentralkomitee der SED.

seur und Flugzeugdirigenten sei nun noch der »Tonbandphilosoph« hinzugekommen. Nicht ohne Ernst setzt man sich mit den ästhetischen, kommunikationssoziologischen und allgemein ontologischen Aspekten des Vortrags aus dem Off auseinander. Ein Kritiker stellt zusammenfassend fest: »Alles in allem: München war be-benst!«[15] – Doch kurze Zeit später trifft bei den Lokal- und Kulturredaktionen der Münchner Tageszeitungen ein Brief ein, in dem es heißt: »Ich erkläre Ihnen, daß ich nie mit den Veranstaltern verhandelt habe über etwas Derartiges, daß ich nie ein Tonband besprochen habe und an jenem fraglichen Tag nicht in München gewesen bin. Offenbar haben Fremde aus meinen Büchern auf Tonband gesprochen und das Ganze als meinen Vortrag ausgegeben. Die Gruppe der Veranstalter ist mir völlig fremd. Sie sind also einer bewußt arrangierten Täuschung zum Opfer gefallen. Es versteht sich, daß ich gegen die Veranstalter Strafantrag stelle.«[16] Max Bense meldet sich in dieser Form zu Wort. Erst durch die Presse hat er von seinem angeblichen Tonbandvortrag erfahren. – Wie sich herausstellt, war es nicht die Stimme des Professors, die an dem Abend zu hören war, sondern die eines Mitglieds der situationistischen *Gruppe SPUR*, das hier einigen Kunst– und Bildungsbeflissenen der Stadt München einen Schabernack spielen wollte. Mit der selbst fabrizierten Tonbandphilosophie, vermutet der Kritiker Rolf Seeliger, wollte man »der Schaumschlägerei snobistischer Intellektueller einen Zerrspiegel« vorhalten. – Zunächst stellt der Stuttgarter Professor tatsächlich gegen die Fälscher Strafantrag; er zieht diesen jedoch zurück, als er erkennt, daß es sich bei der Abspielung um eine Persiflage auf den Kulturbetrieb handelt. – Der Literaturkritiker Joachim Kaiser kommentiert den Fall am 3. Februar in der »Süddeutschen Zeitung« mit den Worten: »Das ganze war also ein großer Bluff, auf den alle hereingefallen sind. Man hielt die Stimme eines offenbar älteren, schön sprechenden Herren, die vom Bande erklang, für Bense. Dessen unverwechselbares, kölnisch gefärbtes Intellektuellen-Prestissimo hatte anscheinend noch niemand gehört. Die Extremisten hatten mit der extremen Vermutung, der Schwindel werde unbemerkt bleiben, recht … Fazit: Man darf der Authentizität von Stimmen nicht mehr trauen. Die Bänder lügen durchaus … was darf man eigentlich noch glauben?«[17]

23. Januar Das Amtsgericht **Hildesheim** verurteilt den ehemaligen SS-Mann Jan Blankemeyer wegen groben Unfugs zu einer Geldbuße von 50 DM. Der 60jährige hatte am Grab des 1951 im amerikanischen Kriegsverbrechergefängnis Landsberg hingerichteten früheren SS-Brigadeführers Otto Ohlendorf in

Hoheneggelsen einen Kranz mit der Aufschrift »Unserem treuen Kameraden – die ehemalige Standarte Garbolzum« niedergelegt. Ohlendorf, der seine Schuld nicht bestritten hatte, war im Einsatzgruppenprozeß für die Ermordung von 90.000 Menschen in Osteuropa verantwortlich gemacht worden.

23. Januar Der ehemalige SS-Lagerführer des Konzentrationslagers Sachsenhausen, der 65jährige August Kolb, wird in **Nürnberg** unter Mordverdacht verhaftet.

23. Januar In einem Interview mit dem UPI-Chefkorrespondenten Joseph B. Flemming in **Ost-Berlin** lehnt der Erste Sekretär des SED-Zentralkomitees, Walter Ulbricht, den Vorschlag von US-Außenminister John Foster Dulles, im Falle einer Wiedervereinigung Deutschlands den bundesrepublikanischen Teil in der NATO zu belassen, kategorisch ab. Dies bedeute nichts anderes, erklärt Ulbricht, als Westdeutschland in seinem militarisierten Status erhalten und die DDR neutralisieren zu wollen. Den von Bundeskanzler Adenauer immer wieder erneuerten Vorschlag, freie Wahlen abzuhalten, bezeichnet Ulbricht als die von westdeutschen Militaristen getarnte Absicht, die DDR mit Gewalt in ihre Hände zu bringen.

24. Januar Auf einer Direktoriumssitzung in **Hannover** sprechen sich die Spitzenfunktionäre der *Deutschen Partei* (DP) für die Wiedereinführung der Todesstrafe aus.

24. Januar Auf einer Pressekonferenz in **Amsterdam** kritisiert der Vorsitzende der *Zionistischen Weltorganisation*, Nahum Goldmann, die nur schleppend verlaufende Bearbeitung von Wiedergutmachungsanträgen jüdischer Opfer des NS-Regimes. Von den 2,5 Millionen Einzelfällen sei fast 14 Jahre nach Kriegsende immer noch mehr als ein Drittel nicht erledigt. Goldmann zeigt sich außerdem besorgt über die Zunahme antisemitischer Vorkommnisse in der Bundesrepublik. – Der Publizist Kurt R. Grossmann hatte bereits im November 1958 in **New York** darauf hingewiesen, daß seit Juli 1957 die Gesamtausgaben für Entschädigungen nach dem Bundesentschädigungsgesetz ständig gesunken und die Ablehnung von Ansprüchen fortwährend gestiegen seien.

24. Januar Anläßlich eines Besuchs in der Volksrepublik China erklärt der Ministerpräsident der DDR, Otto Grotewohl, auf einer Versammlung in **Peking**, daß »der Ostwind über den Westwind gesiegt« und die Richtung sowie den Verlauf der geschichtlichen Entwicklung bestimmt habe. Der

GERMANY AND ISRAEL:
SIX YEARS LUXEMBURG
AGREEMENT

KURT R. GROSSMANN

HERZL INSTITUTE PAMPHLET NO. 11
NEW YORK, 1958

24.1.: Von Grossmann verfaßte Broschüre, in der die Erfahrungen mit dem 1952 unterzeichneten Wiedergutmachungsabkommen ausgewertet werden.

»imperialistische Papiertiger« habe keine Chance, den Lauf der Geschichte aufzuhalten; der Sieg des Sozialismus sei unvermeidlich. – Am 27. Januar unterzeichnen Grotewohl und der chinesische Ministerpräsident Tschu En-lai eine gemeinsame Erklärung, in der China der DDR militärische Unterstützung für den Fall eines »imperialistischen Angriffs« verspricht.

25. Januar In **Bochum** demonstrieren über 80.000 Bergarbeiter aus dem gesamten Ruhrgebiet gegen die Energiepolitik der Bundesregierung und die Durchführung von Feierschichten. In sechs Marschsäulen ziehen die Kumpel mit Trauerfloren an den Fahnen zur Werkhalle des Bochumer Vereins. Auf ihren Transparenten fordern sie einen Stopp der amerikanischen Kohleeinfuhr, die Einführung der 5-Tage-Woche bei vollem Lohnausgleich, die sofortige Beendigung der Feierschichten und eine vollständige Entschädigung des durch die Feierschichten bislang entstandenen Lohnausfalls. Hauptredner in der 500 Meter langen Halle ist der Vorsitzende der *IG Bergbau*, Heinrich Gutermuth. Im Laufe des letzten Jahres, erklärt er, seien 12 Millionen Tonnen Kohle aus den USA eingeführt worden. Im selben Zeitraum habe es drei Millionen Feierschichten mit einem Lohnausfall von mehr als 63 Millionen DM gegeben. Als er die Krise im Bergbau als »wirtschaftliches Stalingrad« bezeichnet, tobt die Menge. Immer wieder wird in Sprechchören der Rücktritt von Bundeswirtschaftsminister Ludwig Erhard (CDU) gefordert. Der durch die Feierschichten bedingte Lohnausfall wirke sich, wie der Vorsitzende der Tarifkommission der *IG Bergbau*, Karl van Berk, ausführt, vor allem auf die Schichtlöhne aus. Das Einkommen vieler habe inzwischen bereits die Grenze des Fürsorgesatzes erreicht.

25. Januar Der Präsident der *Evangelischen Kirche von Hessen und Nassau*, Pastor Martin Niemöller, hält auf Einladung der *Christen gegen Atomgefahren – Vereinigung der Freunde für Völkerfrieden* in der Aula der Heinrich-Schütz-Schule in **Kassel** eine aufsehenerregende antimilitaristische Rede. Darin lehnt er nicht nur, wie es schon andere Vertreter der *Evangelischen Kirche* vor ihm getan haben, die »Lehre vom gerechten Krieg« ab, sondern bezeichnet auch die militärische Ausbildung mit dem Argument als kriminell, daß ein atomar geführter Krieg keine moralische Begrenzung seiner Mittel mehr kenne. Einer Zeitungsmeldung zufolge sagt er wörtlich: »Jede Ausbildung zum Soldaten und zu Führungspositionen in übergeordneten Kommandostellen muß heute als eine hohe Schule zum Berufsverbrechertum bezeichnet werden.«[18] Nach dem Bericht einer anderen Lokalzeitung soll er dagegen gesagt haben:

25.1.: Demonstrierende Kumpel in der Maschinenhalle des Bochumer Vereins.

25.1.: Anzeige des Bundeswirtschaftsministeriums im »Spiegel«.

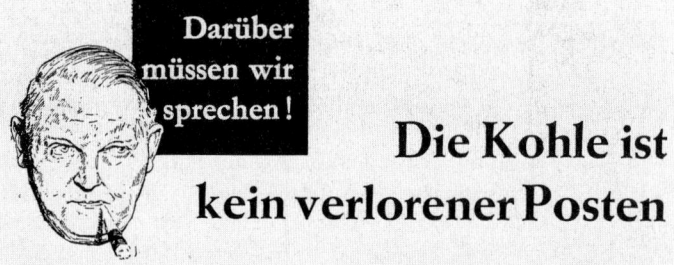

Darüber müssen wir sprechen!

Die Kohle ist kein verlorener Posten

So steht es:

■ Die deutschen Bergleute machen sich Sorgen um ihre Zukunft. Sie fördern Kohle, die seit Monaten nicht mehr voll verkauft werden kann. Sie beobachten das Vordringen des Heizöls in dem industriellen Verbrauch der ganzen Welt. Sie sehen die Fortschritte der Atomtechnik auf dem Wege zu einer neuen preiswerten Energiequelle.

■ Bundestag und Bundesregierung trafen in diesen Tagen Maßnahmen, die den Bergbau befähigen sollen, mit einer äußersten Kraftanstrengung in möglichst kurzer Zeit die notwendigen Anpassungen zu vollziehen, um damit wettbewerbsfähiger zu werden – sowohl gegenüber dem ausländischen Kohle wie auch gegenüber dem Öl. Die Kohleeinfuhr wird vorübergehend durch Zölle gedrosselt, jedoch nur so weit, daß die übrige Wirtschaft darunter nicht leidet.

■ Mehr als 50 Millionen Menschen in der Bundesrepublik, die beruflich nichts mit der Kohle zu tun haben, sind in erster Linie daran interessiert, daß sich ihre Lebenshaltung nicht verteuert; daß sie zu Hause möglichst billige Heizung haben; daß sie preiswerte Brennstoffe und Energie zur Verfügung stehen. – Das alles sind unabdingbare Voraussetzungen für die internationale Konkurrenzfähigkeit der deutschen Wirtschaft und mithin auch für die Sicherheit der Arbeitsplätze.

Wie die Krise im Bergbau entstand:

Wir erinnern uns, daß Anfang des vergangenen Jahres überall in der Welt, besonders auch in den USA, wirtschaftliche Rückschläge eintraten oder doch befürchtet wurden. Die Preise vieler Rohstoffe sanken. Der Abschluß günstiger Verträge für die Lieferung und den Transport ausländischer Kohle erschien vielen zweckvoll, nachdem unsere Wirtschaft in all den Jahren zuvor mit empfindlicher Kohleknappheit zu kämpfen hatte.

Der Kohlebedarf blieb im Laufe des Jahres jedoch hinter den Erwartungen der Unternehmen zurück – aus vielerlei Gründen, auch deshalb, weil unser Kohle-Export in das vom Konjunkturrückgang betroffene Ausland nachließ und der Heizölverbrauch im Lande wuchs.

Ich habe zwar zu Beginn des Jahres 1958 einen Kohleüberschuß vorausgesagt; – die Bundesregierung konnte und durfte aber nicht gleich bei den ersten Anzeichen des Überflusses nach dem Grundsatz „Schotten dicht" Einfuhrstops oder Abschnürung gegen das Ausland verfügen. Das

wäre ein böser Fehler gewesen, wie er zu unser aller Schaden vor dreißig Jahren gemacht wurde. Wir leben von der Weltoffenheit unseres Handels.

Die Bundesregierung ging deshalb im Interesse unserer lebenswichtigen, weltweiten Handelsbeziehungen behutsam vor, um so mehr, als die jetzt eingeleiteten gesetzlichen Maßnahmen auf Grund internationaler Bindungen das Vorhandensein eines echten „Notstandes" voraussetzen. Die Schutzmaßnahmen für den Bergbau sind überdies kurz befristet. Jedermann im In- und Ausland aber möge bedenken, daß unseren Bergleuten in dieser ernsten Situation erst einmal geholfen werden mußte.

So wird es weitergehen:

■ Der deutsche Bergbau steht vor der wohl größten Aufgabe seiner Geschichte; bedeutsamer noch als jene Leistung in der schweren Nachkriegszeit, die gewaltig steigenden Energiemengen für den Wiederaufbau bereitzustellen. Der Bergbau muß den Kohleabbau und den Kohleverkauf durchgreifend modernisieren, rationalisieren. Ich vertraue darauf, daß ihm dies in fruchtbarem Zusammenwirken von Arbeitgebern und -nehmern rechtzeitig gelingen wird.

■ Keinesfalls ist es zuzulassen, daß die Energie in der Bundesrepublik teurer wird. Wir werden deshalb auch in diesem Bereich die Wirtschaft dem Wettbewerb erhalten.

■ Durch die befristeten Aktionen der Bundesregierung werden die Verbraucherpreise in der Bundesrepublik, also auch für Strom und Gas, nicht steigen. Die schärfere Konkurrenz hat zudem bekanntlich bereits zu sinkende Preise erzwungen.

Die Bevölkerung der Bundesrepublik wird, dessen bin ich sicher, Verständnis für die Maßnahmen der Bundesregierung aufbringen, wenn sie erkennt, daß der Bergbau alles unternimmt, um auch von sich aus den derzeitigen Schwierigkeiten dauerhaft abzuhelfen. Darauf kommt's jetzt allerdings an.

LUDWIG ERHARD, BUNDESMINISTER FÜR WIRTSCHAFT

25.1.: Martin
Niemöller beim
Verlassen der
Kasseler Schule.

25.1.: Broschüre mit
dem Text der
umstrittenen Rede.

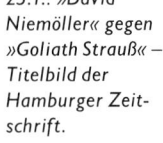

25.1.: »David
Niemöller« gegen
»Goliath Strauß« –
Titelbild der
Hamburger Zeit-
schrift.

»Die Ausbildung zum Soldaten ist heute die hohe Schule für Berufsverbrecher.«[19] – Bundesverteidigungsminister Franz Josef Strauß stellt nach Bekanntwerden dieser nur leicht variierten Äußerung am 28. Januar bei der Staatsanwaltschaft **Kassel** Strafanzeige gegen Niemöller wegen Verleumdung der Bundeswehr und Beleidigung ihrer Soldaten. – Niemöller tritt den Presseberichten mit der Feststellung entgegen, seine Äußerung sei entstellt worden. Er habe im Zusammenhang mit seiner Bemerkung über die Ausbildung von Soldaten nicht von Kommandostellen, sondern von »Kommandotruppen« gesprochen und diese dann als »hohe Schule für potentielle Berufsverbrecher« bezeichnet. – Mit dem Ausdruck Kommandotruppen werden Spezialtruppen benannt, die zumeist hinter den feindlichen Linien in besonderer Tarnung Geheimoperationen durchführen. Die einzige deutsche Kommandotruppe während des Zweiten Weltkrieges war das Lehr-Regiment »Brandenburg« z.b.V. 800, das der Abwehr von Admiral Wilhelm Canaris unterstellt war und 1942 zur Division »Brandenburg« ausgebaut wurde. Wenn der Kirchenpräsident dagegen von »Kommandostellen« gesprochen haben sollte, wie es in der einen Zeitungsmeldung heißt, dann wäre in Verbindung mit der Metapher von der »hohen Schule für potentielle Berufsverbrecher« eine Interpretation naheliegend, die von einer Beleidigung der Bundeswehr ausginge. – Der Verteidigungsausschuß des Bundestages in **Bonn** reagiert mit einer eigenen Erklärung auf Niemöllers provokante Äußerung. Er verurteilt sie als Verunglimpfung der Bundeswehr und versichert die Soldaten seiner Achtung und Fürsorge. Die sozialdemokratischen Abgeordneten Adolf Arndt, Gustav Heinemann und Ludwig Metzger äußern den Verdacht, daß Niemöllers Ausfüh-

rungen in der Presse falsch wiedergegeben worden seien; bereits seit Jahren werde, so behaupten sie, gegen den Kirchenpräsidenten »durch das Verbreiten von Unwahrheiten« Hetze betrieben. – Heinemann, der eine Zulassung als Rechtsanwalt besitzt, übernimmt die Verteidigung des Kirchenpräsidenten. Er kündigt an, in der Hauptverhandlung vier Tonbänder abspielen zu wollen, die ohne Zustimmung Niemöllers von dessen Rede aufgenommen worden sind. Auf diesem Wege könne bewiesen werden, daß die Strafanzeige des Bundesverteidigungsministers auf falschen Voraussetzungen basiere. – Zum immer wieder aufs Neue aufflammenden Streit über Niemöller-Zitate bemerkt das Nachrichtenmagazin »Der Spiegel«: »Tatsache ist, daß sich aus den leidenschaftlichen Ausbrüchen des Cholerikers Niemöller unschwer plakative Sätze abziehen lassen, die als solche zwar korrekt referiert sein mögen, die jedoch zu dem Gesamtduktus seiner Äußerungen in Widerspruch stehen. Tatsache ist ebenso, daß Niemöller, der mit Luther neben dem Vornamen und der drastischen Sprache auch die kompromißlose Angriffslust gemein hat, sich zu den alten ständig neue Feinde schafft, die seine Blößen schadenfreudig ausnutzen. Er ist ein von Eitelkeit nicht ganz freier Mann, der das Gewissen der Bundesrepublik sein will und sich als lästiger Querulant wieder und wieder am Pranger findet.«[20]

25. Januar In **West-Berlin** wird die Aufführung des Theaterstücks »Ich selbst und keine Engel«, das im Untertitel »Eine dramatische Chronik aus dem Warschauer Ghetto« heißt, von einer neonazistischen Jugendgruppe massiv gestört. Sämtliche Karten für die Vorstellung in der Kongreßhalle waren von der *Sozialistischen Jugend Deutschlands – Die Falken* übernommen worden, ein Teil jedoch an verschiedene Jugendheime weiterverkauft worden. Autor des Stückes ist Thomas Harlan, der Sohn des »Jud-Süß«-Regisseurs Veit Harlan. Als Thomas Harlan, der die Theatergruppe »Junges Ensemble« auch selbst leitet, die Besucher dazu auffordert, einen an den Bundestag gerichteten Appell zu unterzeichnen, mit dem die Abgeordneten aufgefordert werden, sich für die strafrechtliche Verfolgung zweier ehemaliger SS-Männer einzusetzen, kommt es zu ersten Zwischenrufen. In dem Text wird gefordert: »1. Herrn Heinz Jost, ehemaliger SS-Brigadeführer und Leiter der SS-Einsatzgruppe C, verantwortlich für die Ermordung von hunderttausenden Juden, insbesondere in Lettland, zur Zeit tätig als Immobilienmakler in Düsseldorf, sowie 2. Herrn Professor Six, Leiter der SS-Einsatzgruppe, verantwortlich für die Durchführung des sogenannten Kommissarbefehls, verantwortlich für die Ermordung von über 20.000 russischen Kommissaren, sofort und endlich vor ein ordentliches deutsches Gericht stellen zu lassen, um in der deutschen und ausländischen Öffentlichkeit nicht den Eindruck zu erwecken, daß der Mord in Deutschland eine Karriere ist.«[21] Nachdem es während der Vorstellung zu weiteren Zwischenrufen gekommen ist, werden in der Pause mehrere Stinkbomben geworfen. Die von der Theaterleitung herbeigerufene Polizei nimmt acht Jugendliche im Alter von 14 bis 17 Jahren fest, nimmt ihre Personalien auf und setzt sie umgehend wieder auf freien Fuß. Diese nutzen erneut die Situation und singen nun gemeinsam die erste Strophe des Deutschlandliedes. – Am Tag darauf erhält die Leitung der Kongreßhalle anonyme Telephonanrufe. Einer der Anrufer droht: »Seid ihr das Judentheater? Wir werden euch den Laden kaputtschlagen!«[22] Die Politische Polizei wird beauftragt, herauszufinden, ob es sich bei den Zwischenfällen um gelenkte antisemitische Störaktionen gehandelt hat. Thomas Harlan erklärt der Presse gegenüber, daß er und das »Junge Ensemble« auf jeden Fall gegen die Störer Strafantrag stellen wollten. – Die Ermittlungen ergeben bereits kurze Zeit später, daß die Störaktionen tatsächlich von einer rechtsradikalen Organisationen gesteuert worden sind. Fünf der festgenommenen Jugendlichen gehören einer rechtsradikalen Jugendgruppe an, die 1958 von dem 63jährigen Iwan J., einem Funktionär der in West-Berlin verbotenen *Deutschen Reichspartei*

(DRP), gegründet worden ist. Die fünf Oberschüler geben zu, daß sie sich regelmäßig in der Wohnung ihres Mentors treffen und mit dem Programm der DRP sympathisieren. Sie hätten die Aufführung des Ghetto-Stückes absichtlich stören wollen, jedoch keine Stinkbomben geworfen. Übereinstimmend erklären sie, daß sie begeisterte Leser des DRP-Organs »Der Reichsruf« und der »Deutschen National- und Soldatenzeitung« seien.

27.1.: Flugblatt des Kuratoriums »Unteilbares Deutschland«.

27. Januar In **Hamburg** startet das *Kuratorium Unteilbares Deutschland* die bundesweite Aktion »Macht das Tor auf!«. Bei der vom Senat und zahlreichen Prominenten unterstützten Kampagne können bereits innerhalb der ersten Tage 800.000 Abzeichen, auf denen das Brandenburger Tor abgebildet ist, verkauft werden.

27. Januar An einer Kundgebung für die Einführung des Frauenstimmrechts beteiligen sich im Börsensaal von **Zürich** 1.000 Bürgerinnen und Bürger. Organisatorinnen sind die Zürcher *Frauenzentrale*, der *Frauenstimmrechtsverein* und verschiedene gemeinnützige Vereine.

27. Januar-5. Februar Am XXI. Parteitag der *Kommunistischen Partei der Sowjetunion* (KPdSU) im Großen Kremlpalast in **Moskau** nehmen 1.269 Delegierte mit beschließender und 106 Delegierte mit beratender Stimme sowie Delegationen von 70 Schwesterparteien teil. Der Erste Sekretär des Zentralkomi-

27.1.-5.2.: »Die höhere Warte.« In einer Karikatur des SED-Zentralorgans »Neues Deutschland« wird anläßlich des Parteitages der KPdSU die vermeintliche Überlegenheit des Sozialismus zum Ausdruck gebracht.

27.1.-5.2.: Chruschtschow bei einer Ansprache auf dem XXI. Parteitag der KPdSU in Moskau.

tees, Nikita S. Chruschtschow, stellt in seiner Eröffnungsrede die Hauptlinien des Siebenjahresplanes dar und macht dabei detaillierte Zahlenangaben für die Vorgaben in den einzelnen Wirtschafts- und Industriezweigen. Dieser Plan stelle die entscheidende Phase für den Wettbewerb des Sozialismus mit dem Kapitalismus dar. In kürzester Frist, kündigt er an, werde man die am höchsten entwickelten kapitalistischen Länder in der Pro-Kopf-Produktion nicht nur einholen, sondern auch überholen. Im weltweiten friedlichen Wettbewerb werde der Sozialismus einen historischen Sieg erringen. Für Aufsehen sorgt die Selbstkritik des sowjetischen Botschafters in der DDR, Michail G. Perwuchin. Nachdem ihm von mehreren Rednern vorgeworfen worden ist, daß er zu

der parteifeindlichen Gruppe von Malenkow, Kaganowitsch, Molotow, Bulganin und Schepilow gehöre, gibt er am 3. Februar ein Schuldbekenntnis ab. Zu seiner Entschuldigung führt er an, daß er den parteifeindlichen Charakter dieser Gruppe zunächst nicht erkannt habe. Während seiner Tätigkeit als Botschafter habe er sich davon überzeugen können, welchen Schaden die Spaltertätigkeit dieser Gruppe der sowjetischen Politik zugefügt habe. In seiner abschließenden Ansprache erklärt Chruschtschow,

der XXI. Parteitag stelle den Eintritt in eine neue historische Entwicklungsperiode, die des entfalteten Aufbaus der kommunistischen Gesellschaft, dar. Es sei der Wille der Partei wie des Volkes zum Ausdruck gekommen, die Aufbaupläne zu verwirklichen, den Frieden zu erhalten und die friedliche Koexistenz zwischen den Ländern verschiedener Gesellschaftsordnungen zu sichern. Dann gibt er bekannt, daß in der UdSSR serienweise Interkontinentalraketen hergestellt würden. Es sei eine Illusion amerikanischer Militärstrategen, zu glauben, sie seien bei Ausbruch eines militärischen Konfliktes gegen Angriffe auf ihr eigenes Territorium gefeit. An die Adresse der USA gerichtet, ruft er aus: »Wir wollen nur eines: die schnellste Beendigung des Kalten Krieges. Und wenn Sie, Herr Dulles, schon das wollen, so sind wir bereit, Ihnen um der Beendigung des Kalten Krieges willen den ›Sieg‹ in diesem für die Völker unnötigen Krieg zuzuerkennen. Halten Sie sich, meine Herren, für die ›Sieger‹ in diesem Krieg, aber machen Sie recht schnell Schluß mit ihm. Die Sowjetunion hat die Initiative ergriffen und ihren Entwurf eines Friedensvertrages mit Deutschland unterbreitet.«[23] West-Berlin vergleicht er mit einer Bombe, deren Zündschnur bereits brenne, und fragt suggestiv, ob es nicht besser sei, diese zu löschen, anstatt weiter abzuwarten. Auf die Ablehnung des Friedensvertragsentwurfs durch die Bundesregierung reagiert er mit den Worten: »Herr Kanzler, gehen Sie an die Politik nicht wie ein Krämer heran! Wir haben nichts zu zahlen, wir sind Ihnen nichts schuldig. Wir möchten, daß Sie begreifen: Für die Bundesrepublik kann es keine vernünftige Politik geben außer der friedlichen Zusammenarbeit mit ihren Nachbarn im Osten wie im Westen. Sie sind weder selbst, noch mit Hilfe Ihrer Verbündeten imstande, die sozialistische Ordnung in Ostdeutschland zu beseitigen. Man muß auf dem Boden der Realpolitik stehen, die dem gegebenen historischen Augenblick entspricht.«[24] Die Sowjetunion habe nichts gegen freie Wahlen. Die Deutschen beider Staaten müßten sich nur damit einverstanden erklären, solche Wahlen – ohne Einmischung von dritter Seite – durchzuführen.

28. Januar Auf Einladung der *Aktionsgemeinschaften gegen die atomare Aufrüstung in der Bundesrepublik* spricht der Publizistikprofessor Walter Hagemann im großen Saal der Reinoldi-Gaststätten in **Dortmund** über das Thema »Wiedervereinigung Deutschlands oder atomare Aufrüstung«. Der Ordinarius an der Universität Münster bekennt in seiner Rede, daß er erst vor wenigen Monaten sein Studierzimmer verlassen und sich in die politische Auseinandersetzung einzumischen begonnen habe. Der

Appell der 18 Göttinger Atomphysiker, die sich am 12. April 1957 gegen die Atombewaffnung der Bundeswehr gewandt hatten, habe ihn buchstäblich nicht mehr in Ruhe schlafen lassen. Er sehe es als seine Aufgabe an, als Wissenschaftler in der Öffentlichkeit die Wahrheit zu verkünden, solange es noch Zeit dafür ist; denn die Uhr stehe bereits auf fünf Minuten vor zwölf. Auf Intiative des Versammlungsleiters Franz Plautz verabschieden die 600 Teilnehmer eine Protestresolution gegen die in Dortmund-Brackel geplante Errichtung von Raketenabschußbasen. Am Ende des Aufrufs wird an die Bürger der Stadt appelliert, in Dortmund den Anfang für die Schaffung einer atomwaffenfreien Zone in Mitteleuropa zu machen.

28./29. Januar Unbekannte schänden nachts auf dem jüdischen Friedhof von **Freiburg** sechs Gräber, indem sie die Gedenksteine mit Hakenkreuzen, SS-Runen und der Parole »Blut und Ehre« in roter Ölfarbe beschmieren. – Die Kriminalpolizei, die sofort die Ermittlungen aufnimmt, erklärt, daß wegen der nur mit Schwierigkeiten zu überwindenden Friedhofsmauer nur Erwachsene als Täter in Frage kommen. – Der von der Freiburger Oberstaatsanwaltschaft von dem Fall unterrichtete Generalstaatsanwalt in **Karlsruhe** setzt für Angaben, die zur Ermittlung der Täter führen, eine Belohnung von

28.1.: Der Bergmann Franz Plautz am Rednerpult der Dortmunder Protestkundgebung.

1.000 DM aus. – Die *Hilfsgemeinschaft auf Gegenseitigkeit der ehemaligen Soldaten der Waffen-SS* (HIAG) distanziert sich in einer Erklärung von der Grabschändung. Die HIAG-Landesverbände Baden-Württemberg und Bayern kündigen an, daß sie die ausgesetzte Belohnung um 200 DM erhöhen, wenn es sich bei den Tätern um frühere Angehörige der Waffen-SS handeln sollte.

28./29.1.: Eines der geschändeten jüdischen Gräber in Freiburg.

29. Januar In **Dresden** und anderen Orten der DDR wird in einer umfassenden Fahndungsaktion des Ministeriums für Staatssicherheit (MfS) der illegale *Nationalkommunistische Studentenbund* zerschlagen. Die Mitglieder der sich aus Studenten der Technischen Hochschule Dresden zusammensetzenden Gruppierung, die gerade dabei waren, für den 9. Februar eine Flugblattaktion gegen den sowjetischen Friedensvertrag vorzubereiten, werden alle verhaftet. – Der Rektor der TH erklärt wenige Tage später, daß die Studentengruppe seit längerer Zeit »mit verbrecherischen Mitteln und Methoden gegen den Arbeiter- und Bauern-Staat« gearbeitet habe. Ihre Mitglieder hätten Waffen, Munition und Sprengstoff gesammelt, um in einem geeigneten Augenblick »durch politischen Terror die Gesellschaftsordnung« der DDR »gewaltsam zu ändern«. – Das MfS läßt zwei Tage darauf von der Nachrichtenagentur ADN die Meldung verbreiten, daß die »konterrevolutionäre Gruppe« von den beiden TH-Studenten Gerhard Bauer und Armin Schreiter angeführt und vom

30.1.: Titel eines 1955 erschienenen Erfahrungsberichts, in dem ein deutscher Fremdenlegionär seine Einsätze in Indochina und Algerien schildert.

Bundesministerium für gesamtdeutsche Fragen in Bonn sowie von der *Kampfgruppe gegen Unmenschlichkeit* (KgU) in West-Berlin beraten und angeleitet worden sei.

30. Januar Der Präsident des *Deutschen Kulturtages*, Professor Karl Saller, stellt auf einer Pressekonferenz in **München** einen von 150 »Geistesschaffenden« unterzeichneten Appell vor, in dem Verhandlungen zwischen »beiden deutschen Staaten« über den Abschluß eines Friedensvertrages als Voraussetzung für die Schaffung einer »deutschen Konföderation« gefordert werden. Darin heißt es weiter: »Die Bildung einer deutschen Konföderation würde in der Folge das Ausscheiden der beiden deutschen Staaten aus ihren militärischen Bündnissen ermöglichen, die beiden militärischen Machtblöcke auf europäischem Boden auseinanderrücken und so die europäischen Völker von einem Alpdruck befreien ... Zur Herbeiführung der Konföderation erscheint uns für die Wiederherstellung der deutschen Einheit die Bildung einer Viermächtekommission und einer Kommission aus Vertretern beider deutscher Staaten notwendig, die gemeinsam einen Friedensvertrag für Deutschland erarbeiten ... Das lebensnotwendige Anliegen des deutschen Volkes, endlich einen Friedensvertrag und seine nationale Einheit zu erhalten, muß heraus aus der Sphäre des Kalten Krieges, ehe es zu spät ist.«[25] Zu den Mitunterzeichnern der Erklärung gehören die Professoren Klara-Marie Faßbinder, Walter Hagemann und Johannes Hessen sowie der Maler Otto Dix und der Intendant Heinz Hilpert.

30. Januar Der Bundestag in **Bonn** nimmt einstimmig einen Antrag der SPD-Fraktion an, in dem die Bundesregierung aufgefordert wird, möglichst bald mit der französischen Regierung eine Regelung zu vereinbaren, nach der minderjährige Deutsche nicht gegen den Willen ihrer Eltern in der Fremdenlegion zurückgehalten werden können.

30. Januar In **Zürich** ziehen 600 Frauen mit Fackeln in einem Schweigemarsch vom Limmatquai zur Bahnhofstraße, um für die Einführung des Frauenstimmrechts zu demonstrieren.

30. Januar Mit 113:63 Stimmen beschließt das griechische Parlament in **Athen** ein Gesetz, nach dem die Strafverfolgung der von Deutschen während des Zweiten Weltkrieges begangenen Kriegsverbrechen eingestellt wird. Voraussetzung für die Annahme des Gesetzes ist die Zusage der Bundesregierung in Bonn, daß die bundesdeutsche Justiz die Verfolgung weiterer bekannt werdender Fälle aufnehmen werde. Die Verabschiedung des innenpolitisch äußerst umstrittenen Gesetzesvorhabens erfolgt mit der Stimmenmehrheit der konservativen *Nationalen Radikalen Union* (ERE) von Ministerpräsident Konstantin Karamanlis.

31. Januar/I. Februar In der Nacht beschmieren Unbekannte in den benachbarten Städten **Detmold** und **Horn** Kirchen, Brunnen, Denkmäler, Schulen und andere öffentliche Gebäude mit weißen Hakenkreuzen. – Die nordrhein-westfälische Landesregierung in **Düsseldorf** setzt eine Belohnung in Höhe von 10.000 DM für Hinweise aus, die zur Ergreifung der Täter führen.

31. Januar/I. Februar Auf einer Arbeitstagung des *Fränkischen Kreises* in **Darmstadt** üben zahlreiche Redner heftige Kritik an der als konzeptionslos wahrgenommenen deutschen Außenpolitik und fordern ein Bekenntnis zur Politik der friedlichen Koexistenz. Der Würzburger Staatswissenschaftler Professor Franz Paul Schneider meint, daß das Gleichgewicht des Schreckens zwischen Ost und West früher oder später zu einer unbeabsichtigten Selbstvernichtung führen müsse. Die Politik der Stärke habe in eine Sackgasse geführt. Im Ausland werde mit großer Besorgnis verfolgt, wie sich in der Bundesrepublik Nationalismus und Antisemitismus immer dreister zu äußern wagten. Die deutsche Außenpolitik müsse einen Weg zur Wiedervereinigung finden. Unverzüglich sollten Gespräche mit der DDR über die Gründung einer Konföderation und

die Einrichtung einer atomwaffenfreien Zone aufgenommen werden. Der Düsseldorfer Verleger Hans Fladung wirft die Frage auf, ob die Geistesschaffenden in der Lage seien, die politische Entwicklung zu beeinflussen. Immerhin hätten es die Atomphysiker erreicht, den Großmächten die Notwendigkeit einer Kontrolle von Atomwaffenversuchen klarzumachen. Der Schriftsteller Ernst Glaeser, der durch sein Anti-Kriegsbuch »Jahrgang 1902« bereits in der Weimarer Republik berühmt geworden war, sieht die Aufgabe der Literatur in ihrer »bekennenden Wahrhaftigkeit«. Die Dichter dürften den genannten Problemen nicht ausweichen. Ihr Gewissen müsse wach bleiben. Es sei die große Stunde der Ehrlichkeit. Abschließend zitiert er das bekannte Matthias-Claudius-Wort: »Und ich begehre nicht schuld daran zu sein«. Der Freiburger Pfarrer Kühnrich verliest ein an Bundesverteidigungsminister Franz Josef Strauß gerichtetes Telegramm, in dem er dessen Anzeige gegen die Kasseler Rede Martin Niemöllers scharf verurteilt. In einer einstimmig gebilligten Entschließung fordern die Delegierten die Aufnahme von Verhandlungen über einen Friedensvertrag, bei denen beide deutsche Staaten mit einer gemeinsamen Kommission vertreten sind, die Mitwirkung bei der Bildung einer atomwaffenfreien Zone in Europa »als deutschen Beitrag zur weltweiten Abrüstung und Entspannung« sowie die Bildung eines deutschen Staatenbundes zur Vorbereitung der Wiedervereinigung. In den zentralen Arbeitsausschuß des *Fränkischen Kreises* werden gewählt: Heinrich Düker (Marburg), Klara-Marie Faßbinder (Duisdorf), Johann Fladung (Düsseldorf), Wilhelm Gerstacker (Nürnberg), Gerhard Gollwitzer (Stuttgart), Kurt Gröbe (Hamburg), Walter Hagemann (Münster), Fritz Helling (Schwelm), Heinz Hilpert (Göttingen), Kurt Kellner (Würzburg), August Leopolder (Frankfurt), Arnold Leetz (Frankfurt), Philomena Lehner (Aschaffenburg), Peter Meier (Münster), Ernst Meier (Erlangen), Herbert Mochalski (Darmstadt), Friedrich Müller (Wiesbaden), Karlludwig Opitz (Hamburg), Ernst Röttger (Kassel), Karl Saller (München), Franz Paul Schneider (Würzburg), Leo Weismantel (Jugenheim) und Emil Graf von Wedel (Wiesbaden).

31.1./1.2.: Die Politik des Bundeskanzlers in einer Karikatur des Wochenblatts »Die Andere Zeitung«.

Januar **Februar** März April Mai

Juni Juli August September Oktober

November Dezember

Februar Auf einer Veranstaltung des Stuttgarter Ortsausschusses »Kampf dem Atomtod« in **Bad Cannstatt** tritt als Hauptredner der evangelische Kirchenpräsident Martin Niemöller auf. Die 2.000 Teilnehmer protestieren gegen die Strafanzeige, die Bundesverteidigungsminister Strauß wegen Niemöllers Kasseler Rede gestellt hat, und solidarisieren sich mit dem pazifistischen Kirchenmann.

Februar Eine Gruppe von Schulkindern in **Karlshafen** an der Weser richtet in freiwilliger Arbeit den unter den Nazis verwüsteten jüdischen Friedhof wieder her. Den Anstoß zu dieser Wiedergutmachungs-Aktion hat ihr Lehrer gegeben.

Februar Ein Schöffengericht in **Bad Hersfeld** verurteilt einen 51jährigen Schrotthändler wegen antisemitischer Drohungen, Hausfriedensbruch und Körperverletzung zu einer Gefängnisstrafe von zwei Monaten auf Bewährung.

Februar In **West-Berlin** werden 16 Polizeibeamte vom Dienst suspendiert, weil sie während des Zweiten Weltkrieges dem Polizei-Bataillon 9 angehörten, das in den besetzten Ostgebieten an Massenerschießungen beteiligt war.

Februar Der Zivilisationskritiker Günther Anders referiert im Klubhaus der Freien Universität in **West-Berlin** über »Moralprobleme im Atomzeitalter«. Für den jüdischen Philosophen, der seit seiner Rückkehr aus dem amerikanischen Exil in Wien lebt, hat sich mit dem Abwurf der ersten Atombombe die historische Situation grundlegend gewandelt: »Mit dem 6. August 1945, dem Hiroshimatage, hat ein neues Zeitalter begonnen: das Zeitalter, in dem wir in jedem Augenblicke jeden Ort, nein unsere Erde als ganze, in ein Hiroshima verwandeln können ...

Seit diesem Tage sind wir total ohnmächtig. Gleich wie lange, gleich ob es ewig währen wird, dieses Zeitalter ist das letzte: Denn seine differentia specifica: die Möglichkeit unserer Selbstauslöschung, kann niemals enden – es sei denn durch das Ende selbst ... Unser Dasein definiert sich mithin als ›Frist‹; wir leben als Gerade-noch-nicht-Seiende.«[26] Die moralische Grundfrage laute seitdem nicht mehr, wie man leben solle, sondern ob man überhaupt noch leben könne. Unter diesen Bedingungen könne kein bestimmter Gegner mehr bekämpft werden, sondern nur noch die atomare Situation. Das von Karl Jaspers ebenso wie von Franz Josef Strauß verfochtene Argument, der totalitären Drohung könne nur mit der Androhung totaler Vernichtung begegnet werden, sei hohl. Die Drohung mit dem Atomkrieg sei vielmehr selbst totalitär. Sie lebe von der Erpressung und verwandle die Erde »in ein ausfluchtloses Konzentrationslager«. Nun im angeblichen Interesse der Freiheitsbewahrung eine extreme Form der Freiheitsberaubung einzusetzen, stelle eine »Klimax der Heuchelei« dar. In weiteren Thesen spricht Anders von einer »Internationale der Generationen«, der angesichts der Vernichtungsdrohung auch Enkel und Ahnen angehörten, von einem »prometheischen Gefälle«, das sich in der technisierten Welt zwischen Herstellung und Vorstellung aufgetan habe, und dem »Überschwelligen«, der erkennbaren Tendenz, daß je größer die möglichen Folgen des Tuns ausfielen, desto geringer das Fühlen sowie die Verantwortung und damit die Hemmungsmechanismen zum Einsatz bestimmter Vernichtungsmittel würden. Am Ende erklärt Anders, er hoffe, mit seinen Thesen nicht Recht behalten zu müssen. Er habe sie aufgestellt, damit sie nicht wahr würden. Denen, die dabei seien, sich von der Wahrscheinlichkeit der Katastrophe lähmen zu lassen, empfehle er, die zynische Maxime zu befolgen: »Wenn ich verzweifelt bin, was geht's mich an! Machen wir weiter, als wären wir es nicht!«[27]

Februar In der kubanischen Zeitung »Revolución«, dem Organ der *Bewegung 26. Juli*, erscheint unter dem Titel »Qué es un ›guerrillero‹?« (Was ist ein ›Guerillero‹?) ein Aufsatz von Ché Guevara, in dem grundlegende Erfahrungen im Guerillakampf zu verallgemeinern versucht werden. Für den Mitkämpfer Castros kommt es zunächst darauf an, den Begriff von dem Makel, den er in Kuba traditionell hat, zu befreien und ihm seine avantgardistische Rolle im Befreiungskampf des Volkes zurückzugeben. Der Guerillero sei nicht mehr der bewaffnete Verteidiger des Sklavenregimes und der spanischen Krone, sondern sein glattes Gegenteil: »… er ist der Freiheitskämpfer par excellence, der Auserwählte des Volkes, seine Avantgarde im Befreiumgskampf. Denn der Guerillakrieg ist nicht, wie man glaubt, ein winziger Krieg, der Krieg einer kleinen Gruppe gegen eine starke Armee; der Guerillakrieg ist vielmehr der Kampf des ganzen Volkes gegen die herrschende Unterdrückung. Der Guerillero ist die bewaffnete Avantgarde des Volkes; alle Einwohner eines Gebietes oder eines Landes bilden seine Armee. Darauf beruht die Stärke des Guerillero, sein Sieg, früher oder später, über jede Macht, die versucht, ihn zu unterdrücken; das heißt: Die Grundlage der Guerilla ist das Volk.«[28] Das vom Guerillero bevorzugte Terrain sind die ländlichen,

weniger bevölkerten Gebiete. Dort kann er seine Unterlegenheit an Feuerkraft durch Flexibilität im Vorgehen nicht nur ausgleichen, sondern zu seinem eigenem Vorteil umwandeln. Er agiert vornehmlich im Schutz der Dunkelheit, greift den Feind an und zieht sich zurück, um ihm keine Angriffsfläche für den Gegenschlag zu bieten. Niemals darf er sich auf einen Stellungskrieg einlassen. Neben der Disziplin sind physische und geistige Beweglichkeit seine hervorstechenden Eigenschaften. Für Guevara ist der Guerillero in erster Linie ein »Agrarrevolutionär«. Er bekämpft die Unterdrückung des Volkes, er zerschlägt die Institutionen der Macht, er erkämpft die grundlegende Veränderung der sozialen Verhältnisse, er versteht sich als ein »Umgestalter der Gesellschaft«.

1.2.: Ein Autokorso von Atomwaffengegnern im Ruhrgebiet.

1. Februar Bei einem Treffen von Atomwaffengegnern in **Castrop-Rauxel** werden vormittags Filme über die Folgen der Atombombenangriffe auf Hiroshima und Nagasaki gezeigt. Nachmittags referieren der Wuppertaler Professor Johannes Harder und der Arzt Dr. Goralewski über die Fortführung des Kampfes gegen die Atombewaffnung der Bundeswehr. Im Anschluß daran führen die Teilnehmer, die aus sechs Städten des Ruhrgebiets stammen, einen Autokorso durch. Veranstalter ist der örtliche Aktionsausschuß »Kampf dem Atomtod«.

1. Februar Das Direktorium des *Zentralrats der Juden in Deutschland* setzt sich auf einer Sitzung in **Düsseldorf** mit den neuesten antisemitischen Vorfällen auseinander. Es kommt dabei zu dem Schluß, daß keine politischen Faktoren zu erkennen seien,

Febr.: Ché Guevara, Inbegriff des modernen Guerilleros, bei seinem Eintreffen in Santa Martha. Die Aufnahme findet nach Guevaras Tod 1968 als Plakat millionenfach Verbreitung.

die nicht bereits bei früheren antijüdischen Erscheinungen eine Rolle gespielt hätten. Um die weitere Entwicklung zu beobachten, werde allerdings innerhalb seines Sekretariats eine Informationsstelle eingerichtet, die zukünftig alle Vorfälle dieser Art registrieren soll. Es wird bedauert, daß erneut ein zum Scheitern verurteilter Versuch unternommen werde, eine verhängnisvolle Vergangenheit zu beschwören. Dadurch würden weniger die noch in Deutschland lebenden Juden als vielmehr das gesamte deutsche Volk in Mitleidenschaft gezogen.

1. Februar Bei einer Volksabstimmung in der **Schweiz** wird eine Verfassungsrevision zur Einführung des Frauenstimm- und -wahlrechts mit 66,9% der Stimmen abgelehnt. Lediglich in drei von 25 Kantonen – in **Waadt**, **Neuenburg** und **Genf** – spricht sich eine Mehrheit für eine solche Verfassungsänderung aus. Die Stimmbeteiligung beträgt insgesamt 66,2%; stimmberechtigt sind nur die Schweizer Männer. – Die in Lausanne erscheinende Wochenschrift »Construire« kommentiert den Ausgang der Volksabstimmung mit den Worten: »Wenn Lächerlichkeit töten würde, so hätte die Schweiz den 1. Februar 1959 nicht überlebt.« – Aus Zorn über den Ausgang der Entscheidung treten am 3. Februar in **Basel** 50 Lehrerinnen eines Gymnasiums in einen Streik. Die Konrektorin Lotti Gerner wird von der Presse als »Führerin des Streiks« bezeichnet. Der Regierungsrat der Stadt Basel mißbilligt den Streik einen Tag darauf in scharfer Form und bezeichnet ihn als »sinnlose Aktion«. Der Versuch des Erziehungsdepartements, eine Rüge gegenüber den Streikenden auszusprechen oder einen Besoldungsabzug zu verhängen, scheitert daran, daß die Schulkommission, deren Befragung vor der Ergreifung von Disziplinarmaßnahmen obligatorisch ist, nicht zusammentreten kann. Zwei Mitglieder der siebenköpfigen Kommission haben sich dem Streik angeschlossen und auf diesem Wege eine Zusammenkunft verhindert. – Das *Frauenkomitee gegen das Frauenstimmrecht* bedankt sich im Gegensatz zu den Basler Lehrerinnen am 8. Februar ausdrücklich bei den Schweizer Männern für deren Votum. In einer Erklärung heißt es: »Das Abstimmungsergebnis vom 1. Februar erfüllt uns mit Stolz und Freude: mit Stolz auf die unverbildete politische Klugheit unserer Männer und den natürlichen Instinkt unserer Frauen, die es ablehnen, unsere durch Jahrhunderte bewährte Demokratie unnötigen Experimenten auszusetzen.«[29] – Ein Kommentar der im US-Bundesstaat Ohio erscheinenden Tageszeitung »Cleveland Plain Dealer« wird von vielen Organen der Schweizer Presse, die in großen Teilen der Ansicht ist, daß sich ihr Land vor den Augen der Weltöffentlichkeit blamiert habe, nachgedruckt.

Helvetia lebendig und verjüngt
Frauenstimmrecht JA

1.2.: Plakat von René Gilsi zur Einführung des Frauenstimm- und -wahlrechts in der Schweiz.

»Die Schweizer Männer«, heißt es darin, »haben zu lange in ihren Bergen gelebt. Die Luft ist dort rein, die Gemse graziös, der Käse außerordentlich schmackhaft. Aber obwohl die Schweizer sogar noch in ihrer Freizeit Uhren fabrizieren, haben sie den Zeitsinn vollkommen verloren. Die lustigen Jodler scheinen nicht zu merken, daß ihr Land das letzte in Europa ist, welches das Wahlrecht als Exklusivprivileg der Männer betrachtet ... Viele Leute werden jetzt sagen, daß nicht nur der Schweizer Käse Löcher aufweist, sondern auch die Hirne der Männer dieses Landes.«[30]

1. Februar Erst nach umfangreichen Sicherheitsvorkehrungen gelingt es der Polizei von **Arlington** (US-Bundesstaat Virginia), vier schwarzen Schülern den Besuch der Starford-Oberschule zu ermöglichen.

2. Februar In einem Interview mit der Fernsehanstalt British Broadcast Company (BBC) erklärt Bundeskanzler Adenauer in Bonn, daß der Antisemitismus eine spezielle Erscheinung des Nationalsozialismus gewesen sei; mit dessen Untergang seien beide gemeinsam verschwunden. »Die Kommunisten versuchen jetzt im Ausland«, fügt er weiter hinzu, »den Eindruck zu erwecken, als ob der Nationalsozialismus noch in Deutschland lebendig sei.«[31] Er finde es äußerst merkwürdig, daß dieser Frage im Ausland plötzlich soviel Bedeutung beigemessen werde. Es habe schließlich nur einige von Rowdies verursachte Zwischenfälle und die Entscheidung eines Hamburger Gerichts im Falle Nieland gegeben, die für jeden denkenden Menschen ebenso wie für jeden Juristen völlig unverständlich sei.

2. Februar Das Parteipräsidium der SPD in **Bonn** beauftragt die beiden Bundestagsabgeordneten Fritz Erler und Ulrich Lohmar, Gespräche mit Vertretern der *Hilfsgemeinschaft auf Gegenseitigkeit der Soldaten der ehemaligen Waffen-SS* (HIAG) zu führen.

2. Februar Die Tochter des indischen Ministerpräsidenten Jawaharlal Nehru, Indira Gandhi, wird in **Neu-Delhi** trotz erheblicher Widerstände zur Vorsitzenden der *Kongreßpartei* gewählt. Der 41jährigen, die seit 1937 Parteimitglied ist, wird mangelnde Erfahrung und Kompetenz vorgeworfen. Ihre Wahl wird als typisches Beispiel für Vetternwirtschaft angesehen. Indira Gandhi ist nicht mit dem berühmten, 1948 ermordeten Freiheitskämpfer Mahatma Gandhi verwandt; sie ist die Frau des Parlamentsabgeordneten Feroze Gandhi.

2.-4. Februar An dem Grenzkontrollpunkt **Marienborn** wird vier US-amerikanischen Lastkraftwagen von sowjetischen Grenzposten die Ausfahrt nach **Helmstedt** (Niedersachsen) verwehrt, da sich deren Fahrer weigern, die Ladung kontrollieren zu lassen. Sie verweisen darauf, daß sie auch den West-Berliner Kontrollpunkt Drewitz ohne jede Beanstandung hätten passieren können. – Erst nach mehreren Pro-

As used by Hitler to stamp on German democracy

Cummings

testen US-amerikanischer Militärbehörden in **Ost-Berlin** und bei der sowjetischen Militärmission in **Frankfurt** wird es dem Fahrzeugkonvoi auf Anweisung der sowjetischen Regierung gestattet, ohne Kontrolle in die Bundesrepublik weiterzufahren. Der Zwangsaufenthalt hat insgesamt 50 Stunden gedauert. – Am 4. Februar legt der britische Stadtkommandant in Berlin, General Francis D. Rome, bei den sowjetischen Dienststellen in **Karlshorst** Protest gegen die Durchsuchung eines britischen Lastkraftwagens ein. Das Fahrzeug war zwei Tage zuvor in Marienborn inspiziert worden.

3.2.: »Einfach ideales Raketengelände…« meint Bundesverteidigungsminister Strauß in einer Karikatur der »Deutschen Volkszeitung« zu zwei Bundeswehrgenerälen.

3. Februar Der Oberbürgermeister von Dortmund, Dietrich Keuning, sucht in **Bonn** Bundesverteidigungsminister Franz Josef Strauß auf, um ihm den Protest des Stadtrats, dem auch 22 CDU-Abgeordnete angehören, gegen die Stationierung einer Raketenwaffen-Einheit auf dem Stadtgebiet zu übermitteln. Die insgesamt 66 Ratsherren sind der Ansicht, daß es unverantwortlich sei, mitten im dichtbesiedelten Ruhrgebiet eine Raketenbasis zu errichten. Strauß greift während der Unterredung in seinen Bücherschrank, holt einen Atlas hervor und erklärt Keuning, nach einem alternativen Stützpunkt für das britische Fernlenkwaffen-Regiment Nr. 47 suchen zu wollen. Nach wenigen Augenblicken beendet er seine Suche mit den Worten, daß Dortmund »vorläufig« wohl doch noch als Ort herhalten müsse. – Im Anschluß an seine Rückkehr nach **Dortmund** erklärt Keuning gegenüber der »Welt der Arbeit«, daß »bei uns nichts so dauerhaft wie ein Provisorium« sei.

3. Februar Bei einem Flugzeugabsturz in der Nähe von **Mason City** im US-Bundesstaat Iowa kommen die populären Rocksänger Buddy Holly, J.P. Richardson und Ritchie Valens ums Leben. Insbesondere Buddy Holly ist im Lauf der letzten drei Jahre zu einem der einflußreichsten Sänger der jungen amerikanischen Generation geworden. In der Besetzung Schlagzeug,

2.2.: »Vorsicht, Herr Kanzler! Es hat schon einmal jemand gedacht, nur er wüßte, was das Beste für Deutschland ist.« Karikatur aus der britischen Tageszeitung »Daily Express«.

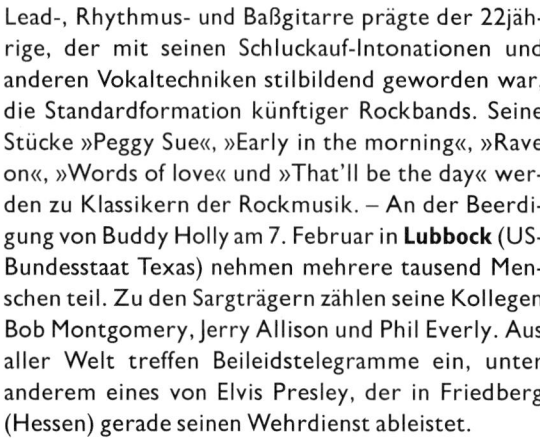

3.2.: Der Sänger und Gitarrist Buddy Holly.

Lead-, Rhythmus- und Baßgitarre prägte der 22jährige, der mit seinen Schluckauf-Intonationen und anderen Vokaltechniken stilbildend geworden war, die Standardformation künftiger Rockbands. Seine Stücke »Peggy Sue«, »Early in the morning«, »Rave on«, »Words of love« und »That'll be the day« werden zu Klassikern der Rockmusik. – An der Beerdigung von Buddy Holly am 7. Februar in **Lubbock** (US-Bundesstaat Texas) nehmen mehrere tausend Menschen teil. Zu den Sargträgern zählen seine Kollegen Bob Montgomery, Jerry Allison und Phil Everly. Aus aller Welt treffen Beileidstelegramme ein, unter anderem eines von Elvis Presley, der in Friedberg (Hessen) gerade seinen Wehrdienst ableistet.

4. Februar Gegen die Stationierung einer britischen Raketeneinheit im Stadtteil Brackel protestiert die Bevölkerung von **Dortmund** um die Mittagszeit mit einem zehnminütigen Warnstreik. Rund 80.000 Stahlarbeiter haben ihre Arbeit niedergelegt, alle städtischen Verkehrsmittel stehen still, viele Straßenampeln sind auf Rot geschaltet, in den meisten Schulen wird »Pause« gemacht und die Kirchenglocken läuten Sturm. Der Stationierungsbeschluß war von den Abgeordneten der Dortmunder Ratsversammlung einstimmig abgelehnt worden. Der Aufruf zu dem Warnstreik wurde vom Ortsausschuß des DGB ausgegeben, weil am Vortag eine Unterredung des Dortmunder Oberbürgermeisters mit Bundesverteidigungsminister Franz Josef Strauß ergebnislos verlaufen ist.

3.2.: Plakat zum letzten Auftritt der drei tödlich verunglückten Rockmusiker; »Big Bopper« ist J. P. Richardson.

4. Februar Auf einer Veranstaltung der *Jungsozialisten* in **Gelsenkirchen** plädiert der wehrpolitische Sprecher der SPD-Bundestagsfraktion, Fritz Erler, für ein besseres Verhältnis seiner Partei zur Bundeswehr. Sein entscheidendes Argument lautet, daß nicht mehr Junker und ostelbische Bauernsöhne das Rückgrat der Armee bildeten, sondern Industriefacharbeiter, die auch für die soziale Zusammensetzung der SPD maßgeblich seien. Als er in der Diskussion auf starken Widerspruch stößt, gerät Erler in Rage und hält seinen Kritikern entgegen: »Ich habe nicht vor den Nazis kapituliert und mich sieben Jahre einsperren lassen, und ich bin der Ansicht, daß unser Volk auch nicht vor den Kommunisten kapitulieren darf … Auch die Rote Armee ist ein Faktor. Die Atomwaffen sind schrecklich, aber in den Händen der Russen sind sie es auch. Ich bin nicht der Ansicht, daß wir uns durch bloßes Wunschdenken Konflikte vom Hals halten können.«[32] Erst danach kommt Beifall unter den mehreren hundert Zuhörern, vor allem Arbeiter, auf. – Die Tageszeitung »Die Welt« berichtet über Erlers resoluten Auftritt mit der Zeile »Erler schlug auf den Tisch«. – Da der Vorsitzende der Gelsenkirchener *Jungsozialisten*, Ernst-

Dieter Lueg, wegen des spannungsgeladenen Verlaufs der Veranstaltung in Schwierigkeiten mit seiner Partei gerät, richtet Erler am 18. Februar einen Brief an Lueg, um ihm den Rücken zu stärken.

5. Februar Eine von der *Aktionsgemeinschaft gegen die atomare Aufrüstung der Bundesrepublik* organisierte Kundgebung zum Thema »Atomare Aufrüstung und Wiedervereinigung« kann in **Hamburg** nicht, wie angekündigt, in der Halle A von »Planten un Blomen« stattfinden, sondern muß, da die Stadt mit einer fadenscheinigen Begründung den Mietvertrag kündigt, kurzfristig in das Winterhuder Fährhaus verlegt werden. Nach einführenden Worten von Ulrich Erfurth, dem Oberspielleiter am Deutschen Schauspielhaus, referiert der Münsteraner Publizistikprofessor Walter Hagemann über die negativen Auswirkungen der Atombewaffnung für eine Wiedervereinigung Deutschlands. Unter großem Beifall der 1.500 Zuhörer, darunter die Professorin Renate Riemeck, der Verleger Ernst Rowohlt und der Schriftsteller Ernst von Salomon, fordert Hagemann, die Dogmen in der Deutschlandpolitik zu überwinden. Es sei höchste Zeit für gesamtdeutsche Verhandlungen. In acht Punkten faßt er seine an die Bundesregierung gerichteten Forderungen zusammen und erklärt sie zu Forderungen aller Kundgebungsteilnehmer: 1. Die sofortige Rücknahme des Bundestagsbeschlusses zur Atombewaffnung der Bundeswehr; 2. die Durchführung einer außenpolitischen Parlamentsdebatte zur Klärung deutschlandpolitischer Vorschläge; 3. die Zustimmung der Bundesregierung zu Verhandlungen über einen Friedensvertrag; 4. die Zustimmung der Bundesregierung zur Einrichtung einer atomwaffenfreien, blockfreien und besatzungsfreien Zone in Europa; 5. die Entsendung einer Delegation zur Einleitung gesamtdeutscher Gespräche; 6. die Einleitung von Gesprächen mit den Regierungen in Warschau, Prag und Budapest zur Normalisierung der politischen Beziehungen; 7. die Hinzuziehung von Vertretern des Bundestages und des Bundesrates zu den auf nationaler und internationaler Ebene zu führenden Gesprächen und 8. eine Absage an den Kalten Krieg. Hagemann beendet seinen Vortrag mit dem in ironischer Weise an eine Kampagnenlosung des *Kuratoriums »Unteilbares Deutschland«* anknüpfenden Appell: »Macht das Tor auf – für gesamtdeutsche Gespräche!«[33]

5. Februar Ein Schöffengericht in **Düsseldorf** verurteilt den 58jährigen früheren Kellner Paul Rabe wegen antisemitischer Äußerungen und der Billigung von NS-Verbrechen zu einer Gefängnisstrafe von sechs Monaten ohne Bewährung. Der Angeklagte hatte am 8. Januar 1957 einen jüdischen Geschäftsmann in der Düsseldorfer Altstadt mit den Worten beschimpft, er sei ein »dreckiger Jude, den Hitler zu vergasen vergessen« habe. Diese und ähnliche Äußerungen hatte er, nachdem die Polizei herbeigerufen worden war, mehrmals wiederholt.

5. Februar Im Rahmen einer Vortragsreihe der *Karl-Marx-Gesellschaft* in **München** referiert der sozialistische Wirtschaftstheoretiker Viktor Agartz über die Frage »Was haben wir Marxisten zum Entwurf des Grundsatzprogramms der SPD zu sagen?«. Der aus dem DGB und der SPD ausgeschlossene

Theoretiker entwickelt zunächst die Grundzüge eines staatsmonopolistisch strukturierten Kapitalismus, in dem sich die großen Industriekonzerne Regierungsaufträge verschaffen, um ihre Absatzmärkte zu sichern, und kritisiert dann die Vorstellung eines »demokratischen Sozialismus«. Für einen Marxisten, erklärt Agartz, könne es keinen »demokratischen Sozialismus«, sondern nur eine »sozialistische Demokratie« geben. An dem Programmentwurf der SPD kritisiert er, daß sie keine Ansätze zu einer politischen Theorie biete und völlig darauf verzichte, den Nationalsozialismus als politisches und gesellschaftliches Phänomen zu untersuchen. Da die Führung der SPD innerhalb der bürgerlichen Sozialwissenschaften sozialisiert worden sei, nehme sie problematische Entwicklungen in der Gesellschaft unkritisch auf, verhalte sich zu ihren Erscheinungen in der gleichen Weise wie die Vertreter anderer Parteien. Und die immer noch disziplinierte, aber unpolitisch gewordene Arbeiterschaft habe den Fehler, jede Führung, wenn sie vom Apparat gewählt worden ist, auch als Autorität anzuerkennen.

5. Februar In einer an den Kongreß gerichteten Sonderbotschaft empfiehlt US-Präsident Dwight D. Eisenhower in **Washington** in sieben Punkten geeignete gesetzgeberische Maßnahmen zu ergreifen, um die Bürgerrechte auszuweiten. Es komme darauf an, noch stärker als bisher den Grundsatz zu verankern, daß jede Person ohne Rücksicht auf Rasse, Religion oder Abstammung den gleichen Rechtsschutz für sich beanspruchen könne.

6. Februar Bundesverteidigungsminister Franz Josef Strauß erklärt vor dem Verteidigungsausschuß des Bundestages in **Bonn**, daß an die Bundesluftwaffe 300 amerikanische Kampfflugzeuge vom Typ F-104 »Starfighter« ausgeliefert würden. Die Düsenjäger, die 5,8 Millionen DM pro Stück kosten, sind als Jagdbomber und Atomwaffenträger vorgesehen; außerdem sollen sie als Aufklärungs- und Schulflugzeuge dienen. Da andere Herstellerfirmen trotz ihrer günstigeren Angebote keine Berücksichtigung gefunden haben und der ursprünglich vereinbarte Kaufpreis um 1,3 Millionen DM pro »Starfighter« erhöht worden ist, wirft die SPD dem Minister eine nicht zu rechtfertigende Bevorzugung der US-amerikanischen Firma Lockheed vor.

6. Februar Das Schwurgericht beim Landgericht **Bonn** verurteilt die beiden ehemaligen Aufseher im Konzentrationslager Sachsenhausen, Wilhelm Schubert und Gustav Sorge, wegen Mordes und versuchten Mordes in 141 Fällen zu lebenslänglichen Zuchthausstrafen. Der 47jährige ehemalige SS-Hauptscharführer Sorge, im KZ »der Eiserne« genannt,

Hamburg

Prof. Dr. Walter Hagemann
spricht über

„Wiedervereinigung Deutschlands oder atomare Aufrüstung?"

Donnerstag, 5. Februar, 20 Uhr, WINTERHUDER FÄHRHAUS

Freie Aussprache

Aktionsgemeinschaft gegen die atomare Aufrüstung der Bundesrepublik, Ausschuß Hamburg

Wir weisen alle Interessenten darauf hin, daß die Halle in Planten un Blomen von der Verwaltung kurzfristig gekündigt wurde. Am neuen Versammlungsort, dem Winterhuder Fährhaus, stehen alle Säle und eine Lautsprecheranlage zur Verfügung.

5.2.: Anzeige aus der »Deutschen Volkszeitung«.

5.2.: Anzeige aus dem Wochenblatt »Die Andere Zeitung«.

Hamburger Massenkundgebung gegen Atomtod

Am Donnerstag, 5. Februar, findet in der Festhalle Planten un Blomen in Hamburg eine Massenkundgebung statt. Redner: Prof. Walter Hagemann (Münster). Beginn: 20.00 Uhr. Einlaß: 19.00 Uhr. Eintritt: 0,50 DM.

Mahnung und Erinnerung

Am Freitag, dem 30. Januar, veranstaltet die Arbeitsgemeinschaft der politisch, rassisch und religiös Verfolgten, Landesverband Hamburg, einen Vortrags- und Filmabend in der Aula am Mittelweg 42a, Hamburg 13 (Nähe U-Bahn Hallerstraße und Straßenbahnhaltestelle Böttcherstraße der Linien 8 und 9).

Dr. Gerhard Gleissberg spricht über Nationalsozialismus und Antisemitismus.

Im Anschluß wird der Schweizer Film „Die Angst vor der Gewalt" gezeigt.

Beginn: 19.30 Uhr. Saalöffnung 19.00 Uhr. Unkostenbeitrag 0,50 DM. Rentner, Erwerbslose und Studenten gegen Ausweis 0,30 DM. Karten am Saaleingang.

Agartz-Vortrag in München

Im Rahmen der öffentlichen Vortragsreise der Karl-Marx-Gesellschaft, München, spricht Dr. Dr. h. c. Viktor Agartz am 5. Februar um 20 Uhr in der Gaststätte zum Leistbräu, München, Sendlingerstr. 51, über das Thema:

Was sagen wir Marxisten zum Entwurf des Grundsatzprogramms der SPD?
Unkostenbeitrag 0,30 DM. Für Rentner und Erwerbslose Eintritt frei.

6.2.: US-Senator Hubert H. Humphrey.

7.2.: Plakatwerbung für die Protestkundgebung in Dortmund.

Dortmund-Brackel

Protestkundgebung mit Sternfahrt

„Es ist fünf Minuten vor zwölf! — Raketenbasis bedroht unsere Stadt" Samstag, 7. Februar, 16 Uhr, Marktplatz

Es sprechen:

Prof. Renate Riemeck Prof. Joh. Harder Pfarrer Kurt Essen und die Bergleute Franz Plautz und Willi Rattai

Aktionsgemeinschaft gegen die atomare Aufrüstung der Bundesrepublik Ortsausschuß Dortmund

7.2.: Anzeige aus der »Deutschen Volkszeitung«.

erhält wegen Mordes in 67 Fällen und versuchten Mordes in zwanzig Fällen 67 mal lebenslänglich. Der 41jährige ehemalige SS-Oberscharführer Schubert, im KZ »Pistolen-Schubert« genannt, erhält wegen Mordes in 46 Fällen und wegen versuchten Mordes in acht Fällen 46 mal lebenslänglich. Beide erhalten außerdem wegen Anstiftung zum Mord, Beihilfe zum Mord und zum Totschlag noch einmal jeweils 15 Jahre Zuchthaus. Der Gerichtsvorsitzende benötigt, obwohl er viele Fälle nur mit einem einzigen Satz behandelt, allein für die rechtliche Würdigung der einzelnen Mordfälle mehrere Stunden. Etwa 130 Zeugen haben in dem fast vier Monate dauernden Prozeß detailliert die Mordpraxis der beiden Angeklagten, der besonders jüdische Häftlinge und Bibelforscher zum Opfer gefallen sind, beschrieben. In der Zeit zwischen 1938 und 1942 galten die beiden im KZ Sachsenhausen als die uneingeschränkten Herren über Leben und Tod. Von Sorge, der den Großteil seiner Taten frühzeitig gestanden hat, glaubt das Gericht, daß er bereute, Schubert dagegen, der lange Zeit alles abgeleugnet hat, obwohl er von 122 Überlebenden identifiziert werden konnte, trauen die Geschworenen zu, »dem Hakenkreuz sofort wieder nachzumarschieren« und erneut zu morden. Beide Angeklagte waren am 1. November 1947 von einem sowjetischen Militärtribunal zu lebenslanger Zwangsarbeit verurteilt worden. Sie gehörten zu den Kriegsgefangenen, deren Freilassung Bundeskanzler Adenauer bei seinem Moskau-Besuch im September 1955 erreichen konnte. Obwohl sie wegen der Schwere der von ihnen begangenen Verbrechen nicht amnestiert wurden, erhielten sie bei ihrer Rückkehr am 14. Januar 1956 im Lager Friedland eine »Treuegabe der Bundesregierung« in Höhe von jeweils 600 DM. Erst nachdem der Rechtsexperte der SPD-Fraktion im Bundestag, Adolf Arndt, in einer Fragestunde den Bundesjustizminister mit den beiden Fällen konfrontierte, wurde kurze Zeit darauf ein Strafverfahren eingeleitet. Zahlreiche ehemalige Häftlinge des KZ Sachsenhausen hatten sich gemeldet und ihre Beschuldigungen zu Protokoll gegeben. Am 7. Februar 1956 waren dann beide Angeklagte in Untersuchungshaft gekommen.

6. Februar Unbekannte schänden im Stadtpark von **Gelsenkirchen** das Ehrenmal für die Opfer der nationalsozialistischen Gewaltherrschaft. Die 1950 eingeweihte Gedenkstätte wird mit zahlreichen Hakenkreuzen, SS-Runen, einem Totenkopf und Nazi-Parolen wie »Deutschland erwache« und »Blut und Ehre« beschmiert. Der Polizeipräsident von Gelsenkirchen, Karl Bielig, schlägt dem nordrhein-westfälischen Innenminister vor, zur Ergreifung der Täter eine Belohnung auszusetzen.

6. Februar Der demokratische US-Senator Hubert H. Humphrey plädiert in einem Interview der British Broadcasting Corporation (BBC) für ein »Disengagement« in Europa. In einer ersten Phase sollten sich die Streitkräfte des westlichen und des östlichen Militärbündnisses zurückziehen, dann sollte über die Schaffung einer atomwaffenfreien Zone und schließlich über Rüstungsbeschränkungen in Mitteleuropa verhandelt werden. Besonders großes Aufsehen erregt Humphrey mit dem Gedanken, daß er sich ein Ausscheiden der Bundesrepublik aus der NATO durchaus vorstellen könne. Wenn die Sowjetunion ihre Truppen aus Osteuropa abziehen würde, dann würde eine NATO ohne Bundeswehr keine Schwächung bedeuten.

7. Februar Mit einem Autokorso, an dem sich 300 Fahrzeuge aus dem gesamten Ruhrgebiet beteiligen, starten etwa 1.000 Demonstranten von der **Dortmunder Westfalenhalle zu einer Protestfahrt in den Vorort Brackel, wo britische Raketenabschußbasen aufgebaut werden sollen. Der fünf Kilometer lange Zug wird von einem Lautsprecherwagen angeführt, aus dem immer wieder die Parole zu hören ist: »Dortmund will keine Atomraketen!« Bei der Ankunft auf dem Flugplatz Brackel, dessen Zufahrt von britischen Soldaten gesichert wird, setzt ein ohrenbetäubendes Hupkonzert ein. An der Ab-

7.2.: Britische Soldaten versperren einem Autokorso in Dortmund die Einfahrt zum Flugplatz.

Wir wollen in einem kernwaffenfreien Deutschland leben. Wir wollen, daß in einem friedlichen Raum deutscher Selbstbestimmung die soziale Sicherheit wichtigster Gegenstand der Politik wird. Daß man über Unfallrenten, Mietpreise und die Sicherung des Arbeitsplatzes redet und nicht mehr gegen die Errichtung von Raketenbasen zu protestieren braucht.«[34] Man stehe an der Seite Albert Schweitzers und Linus Paulings. Es gehe um das Leben, die eigene Existenz. Dafür wolle man kämpfen – »waffenlos, aber mit den scharfen Klingen des gesunden Menschenverstandes«. Das Referat des Duisburger Pfarrers Kurt Essen, der wegen Krankheit nicht erscheinen kann, wird verlesen. – Auf einer weiteren Protestveranstaltung erklärt am Tag darauf Professor Harder vor 500 Dortmundern, die Stationierung von Raketen sei die »entsetzlichste Gotteslästerung«, die er sich vorstellen könne.

9. Februar In **Paris** demonstrieren 2.000 Menschen gegen die Unabhängigkeit Algeriens. Mit Nachdruck wenden sie sich gegen ein Waffenstillstandsangebot, das die neue französische Regierung den Aufständi-

9.2.: Französische Polizisten setzen in Algier Tränengas ein.

schlußkundgebung auf dem alt-westfälischen Marktplatz von Brackel beteiligen sich 1.500 Atomwaffengegner. Als Redner treten die Wuppertaler Professorin Renate Riemeck, ihr Kollege Professor Johannes Harder, Willi Rattai aus Essen und der Dortmunder Bergmann Franz Plautz auf. Renate Riemeck erklärt, es sei schon lange kein Geheimnis mehr, daß die NATO ihre strategische Planung darauf abgestellt habe, Deutschland im Ernstfall als Schlachtfeld zu betrachten. In diesem Zusammenhang müsse die Stationierung britischer Raketen in Dortmund gesehen werden. »Wir verlangen,« ruft sie unter anhaltendem Beifall aus, »daß das deutsche Volk nicht länger zum Zankapfel des Kräftespiels von West und Ost gemacht wird. Wir wollen nicht länger der Spielball fremder Interessen sein, zu dem uns die bisherige Politik gemacht hat. Die Politik der Stärke ist bankrott. Wir fordern, daß man neue Wege sucht.

schen in dem nordafrikanischen Kolonialland unterbreitet hat.

9. Februar Bei einer Kranzniederlegung von Ministerpräsident Michel Debré in **Algier** demonstrieren Hunderte französischer Studenten und Schüler gegen die Politik ihrer Regierung. Sie fordern, daß Algerien ein Teil Frankreichs bleiben müsse.

10. Februar Auf einer Pressekonferenz in **Ost-Berlin** stellt der *Ausschuß für Deutsche Einheit* eine Dokumentation über den wachsenden Antisemitismus in der Bundesrepublik vor. Hans Loch, Vorsitzender des Ausschusses und zugleich stellvertretender

7.2.: Das SED-Zentralorgan »Neues Deutschland« verbreitet eine Karte, auf der die Reichweite der durch die Raketenstationierung in Dortmund entstehende Bedrohungsradius eingezeichnet ist.

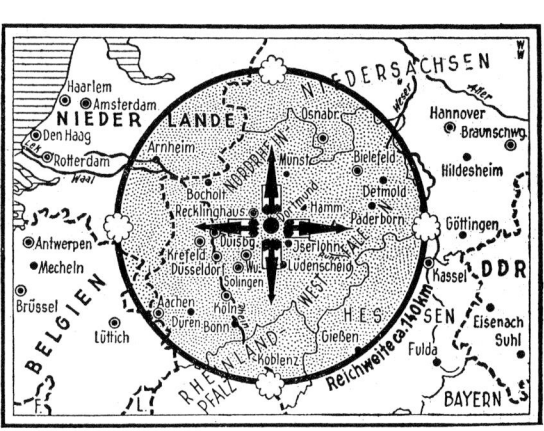

13.-24.2.: Belgische Bergarbeiter auf einer Protestkund-gebung.

Stein, »in den Vernichtungskammern von Ausch-witz, Treblinka, Majdanek geschlossen, noch waren die Verbrennungsöfen nicht richtig erkaltet und die Schüsse in den Todeslagern von Chelmo, von Belzec und Sobibor nicht richtig verstummt ... Da begann das Unglaubliche. Heimlich stiegen sie, nachts, über die Mauern der israelitischen Friedhöfe. Verwüste-ten die Gräber. Stürzten Grabsteine um. Beschmier-ten sie mit Kot und Farbe. Zertrampelten die Erde. Ließen ihre Visitenkarte in Form von ›Stürmer‹-Pa-rolen zurück. Praktizierten weiter, was man in dem Jahrzwölft vor 1945 als ›Endlösung der Judenfrage‹ bezeichnete. In ganz Deutschland waren sie wieder am Werk, die Antisemiten.«[36] Der Autor führt etli-che antisemitische Fälle auf und appelliert an die Leser der »Metall«: »Wir haben allen Grund, uns nicht nur für das, was sich bei Tag und Nacht in unse-rem Lande unter dem Stichwort ›Antisemitismus‹ begibt, zu schämen. Sondern wir haben auch alle Ver-anlassung, uns dagegen mit Gewalt – ja, mit der gan-zen Gewalt, die dem Staat zur Verfügung steht! – zu wehren: Haben wir denn schon wieder vergessen, daß es in erster Linie das Versagen der Weimarer Justiz war, das uns Hitler bescherte?«[37]

Ministerratsvorsitzender der DDR, erklärt, daß die antisemitischen Ausschreitungen der jüngsten Zeit »keine Einzelerscheinung von unverbesserlichen Nazis, sondern fester Bestandteil des Militarismus des Bonner Systems« seien. Die Bundesregierung würde solche Taten nicht nur billigen, sondern sogar unterstützen.

11. Februar In einem Interview des Nachrichtenma-gazins »Der Spiegel« antwortet der amerikanische Politikwissenschaftler Henry A. Kissinger auf die Frage, wie die NATO auf eine nochmalige Berlin-Blockade reagieren solle, mit den Worten: »Ich würde, wenn nötig, versuchen, nach Berlin einzu-brechen, selbst auf die Gefahr hin, daß es zum Krieg führt.«[35] Er würde in Berlin keinen Quadratzenti-meter an Boden aufgeben. Und für den Fall, daß sowjetische Divisionen die Verbände der NATO zurückdrängen und Berlin einkassieren sollten, spricht sich der Theoretiker des begrenzten Atom-krieges, der sich auf Einladung der Bundesregierung in Bonn aufhält, dafür aus, »den Russen ein Ultima-tum« zu stellen und notfalls sogar, wenn die Freiheit in Berlin nicht anders zu verteidigen wäre, »einen totalen Krieg« zu führen.

11. Februar »Metall«, die Gewerkschaftswochen-zeitung meldet, daß in der Bundesrepublik zwischen 1948 und 1957 von 1.700 jüdischen Friedhöfen mehr als ein Zehntel – insgesamt 176 – geschändet worden seien. »Kaum waren die Gasdüsen«, schreibt Daniel

13. Februar Die in **West-Berlin** tagende Synode der *Evangelischen Kirche in Deutschland* (EKD) fordert in einem »Notwort« zum Verzicht auf jede Atombe-waffnung und zur Beendigung des Kalten Krieges auf.

13. Februar Die »Norddeutsche Zeitung« meldet, daß das Bezirksgericht **Schwerin** den Rentner Julius Schönborn wegen Verbreitung »anonymer Hetz-schriften« zu einer vierjährigen Zuchthausstrafe verurteilt hat.

13. Februar In **Havanna** erklärt die von Minister-präsident José Miró Cordona geführte Regierung ihren Rücktritt. Staatspräsident Manuel Urrutia ernennt Fidel Castro, den Anführer der *Bewegung 26. Juli*, der seit dem Sturz von Diktator Batista Oberbefehlshaber der kubanischen Streitkräfte war, zum neuen Regierungschef. Grund für den Regie-rungswechsel sollen Differenzen über die Reformpo-litik sein. Nachfolger Castros wird dessen 27jähriger Bruder Raúl, sein bisheriger Stellvertreter. – Nach Fidel Castros Vereidigung am 16. Februar kündigt der ehemalige Guerillakämpfer an, möglicherweise die Zuckerfabriken nationalisieren zu wollen, um damit einer wesentlichen Forderung der Arbeiter-schaft nachzukommen.

13.-24. Februar Mit einem Kompromiß endet in **Belgien** ein Bergarbeiterstreik, an dem sich zeitwei-lig mehr als 100.000 Kumpel beteiligt haben. Nach-dem die Regierung in Brüssel bekanntgegeben hatte, daß im wallonischen Kohlerevier Borinage sieben Minen wegen Unrentabilität geschlossen werden sollten, stellten nach einem Aufruf ihrer Gewerkschaft die südbelgischen Bergarbeiter die Förderung ein. Der Kompromiß, der nach Verhandlungen mit der Regierung erzielt wurde, sieht vor, daß lediglich drei Minen im Lauf des Jahres geschlossen werden. Jedem der davon betroffenen 5.000 Bergarbeiter wird, sofern er keinen neuen Arbeitsplatz findet, eine Lohnfortzahlung in Höhe von 90% garantiert.

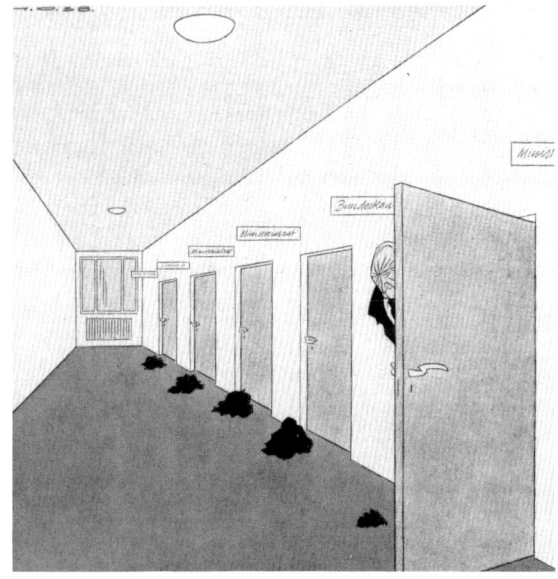

14. Februar Die Redaktion der antifaschistischen Wochenzeitung »Die Tat« veröffentlicht einen Offenen Brief an Bundeskanzler Adenauer, in dem dessen in einem Rundfunkinterview aufgestellten Behauptung, es gäbe in der Bundesrepublik keinen Antisemitismus mehr und die Schmieraktionen der letzten Zeit seien von Kommunisten begangen worden, entgegengetreten wird. »Ihre Darstellung«, heißt es in dem Schreiben, »entspricht nicht dem wahren Sachverhalt und der Lage in der Bundesrepublik. Wir widersprechen ihr mit aller Schärfe … In hohen und höchsten Stellungen in der Bundesrepublik befinden sich Antisemiten, Männer, die unter dem NS-Regime bei der Ausrottung der Juden und der Vernichtung Andersdenkender mitwirkten oder Vorschub leisteten … Der von Ihnen geleugnete Nazismus und Antisemitismus ist mittlerweile zu einer Sache geworden, die unser Volk aufs schwerste gefährdet … Solange Herr Globke Ihr wichtigster Berater und engster Mitarbeiter ist, solange Richter wie Herr Budde amtieren, solange Gestapo-Leute wie Dr. Braschwitz Dienst tun, glaubt kein Mensch, daß es in der Bundesrepublik keinen Antisemitismus und keinen Neonazismus gibt. Nicht reden – säubern, Herr Bundeskanzler, säubern!«[38]

14. Februar Der Landesverband **Bremen** der *Internationale der Kriegsdienstgegner* (IdK) richtet an den Bundestag eine Petition, in der das Parlament aufgefordert wird, ein Gesetz zu beschließen, mit dem die Vorbereitung eines Angriffskrieges zukünftig unter Strafe gestellt werden soll. Wer die Führung eines Angriffskrieges vorsätzlich vorbereite, heißt es in dem Vorschlag, werde mit Zuchthaus bestraft.

15. Februar In **Baden-Württemberg** lehnen 150 Pfarrer, die in einem eigenen Arbeitskreis zusammengeschlossen sind, einen »Dienst an Atomwaffen« von der Kanzel herunter ab, weil dieser mit den christlichen Geboten unvereinbar sei.

15. Februar In **Wedel** bei Hamburg spricht Professor Kurt Gröbe, Präsidiumsmitglied des *Ständigen Kongresses gegen die atomare Aufrüstung der Bundesrepublik*, über die atomaren Gefahren. Der *Ortsausschuß »Kampf dem Atomtod«*, der auf der Veranstaltung den Film »Schlüssel zur Hölle« zeigt, gibt dabei die Durchführung einer lokalen Volksbefragung zur Atombewaffnung der Bundeswehr bekannt. Zahlreiche Besucher tragen sich zu diesem Zweck in die im Saal ausliegenden Listen als Helfer ein.

15. Februar Zwei Außenmauern des jüdischen Friedhofes in **Amberg** (Oberpfalz) werden nachts mit antisemitischen Parolen beschmiert. Unbekannte haben dort mit schwarzer Ölfarbe Hakenkreuze und Judensterne angebracht. – Oberbürgermeister Wolf Steininger erklärt zu dem Vorfall, daß solche Methoden seit 1945 »fast immer nur von Angehörigen der Kommunistischen Partei praktiziert« worden seien. Die Gleichzeitigkeit, mit der solche Vorfälle in den unterschiedlichsten Teilen der Bundesrepublik auftauchten, lasse auf »eine gelenkte Aktion« schließen. Der Amberger Bundestagsabgeordnete Heinrich Aigner (CSU) stimmt dieser Einschätzung grundsätzlich zu und bemerkt, daß »kommunistische Kreise« mit solchen Aktionen die Bundesrepublik in Mißkredit bringen und von ihren Verbündeten isolieren wollen. – Und die »Amberger Zeitung« schreibt, »… daß hinter diesem Verbrechen jene kommunistische Agitation steht, die in der Sowjetunion immer wieder aufs neue demonstriert, was ein Menschenleben gegenüber politischer Absicht wert ist.«[39] – Einen Tag später teilt die Polizei mit, daß die Fahndung nach den Tätern bisher ergebnislos verlaufen sei. Die Ermittlungen hätten jedoch ergeben, daß die Beschmierung der Friedhofsmauern »aus der Sowjetzone gesteuert« worden sei. – Der ermittelnde Oberstaatsanwalt, Hanns Schneider, dementiert diese Meldung und erklärt, daß es keinerlei Hinweise dafür gebe, wonach der oder die Täter unter Kommunisten zu suchen seien.

14.2.: »Draußen vor der Tür: ›Globke, kommen Se mal mit der Schippe und fejen Se den Dreck auf – eh ich in meinen alten Tagen noch drüber stolpere.‹« Karikatur aus dem »Simplicissimus«.

15. Februar In **Hvidovre** bei Kopenhagen gründen 174 Delegierte die *Sozialistische Volkspartei* (SF). In einer in allen Landesteilen durchgeführten Initiative sind rund 15.000 Unterschriften für die Gründung einer neuen linken Partei zusammengekommen. Im Kern stellt die SF eine Abspaltung der *Kommunistischen Partei Dänemarks* (DKP) dar, in der es in den letzten beiden Jahren erbitterte Auseinandersetzungen um das stalinistische Erbe und die Haltung zur Sowjetunion gegeben hat. – Einen Tag später stellen Aksel Larsen, Willy Brauer und Mogens Fog die SF auf einer ersten Kundgebung 4.000 Zuhörern vor. In einer programmatischen Rede begründet Fog die Notwendigkeit einer neuen sozialistischen Partei. Sozialdemokratie und Kommunismus hätten beide in ihrer Aufgabenstellung versagt. Da eine sozialistische Politik sich nicht allein auf die Arbeiterklasse stützen könne, sei eine Ausweitung zur Volkspartei erforderlich. Zwar wolle man auf den Grundlagen des Marxismus aufbauen, dabei könne man sich jedoch nicht dogmatisch auf bestimmte Lehrsätze festlegen lassen.

16.2.: Eröffnung der antikommunistischen Ausstellung in Heidelberg (v.l.n.r.): Der Bankier Hermann Pünder, Bundesaußenminister Heinrich von Brentano, der Heidelberger Bürgermeister Hagen und Bundesschatzminister Hermann Lindrath.

16. Februar Im Königssaal des **Heidelberg**er Schlosses wird unter dem Titel »Vier Jahrzehnte Kommunismus« unter Beteiligung prominenter Politiker eine antikommunistische Wanderausstellung eröffnet. Veranstalter ist das *Internationale Comité zur Verteidigung der christlichen Kultur*, dessen Sitz in Paris ist und als dessen Präsident Bundesschatzminister Hermann Lindrath (CDU) fungiert. Der Politiker, der noch bis 1951 in der DDR an der Überführung von Wirtschaftskonzernen in Volkseigentum beteiligt war, tritt zusammen mit Bundesaußenminister Heinrich von Brentano (CDU) auch als Schirmherr der abendländischen Propagandaveran-

staltung in Erscheinung. Auf 66 Schautafeln werden Bilder, Statistiken und Graphiken gezeigt sowie Bücher, Broschüren und Zeitungen ausgestellt, die die verheerenden Folgen des sowjetischen Terrorregimes belegen sollen. An den Wänden sind unter der Überschrift »Vier Jahrzehnte Kommunismus – vier Jahrzehnte Mord« großformatige Porträts von Lenin, Stalin, Chruschtschow, Mao Tse-tung, Ho Chi Minh, Kim Il Sung, Ulbricht und anderer kommunistischer Partei- und Staatsführer ebenso aufgehängt wie Aufnahmen von Sergej Kirow, Leo B. Kamenew, Leo Trotzki, Boris Pasternak, Isaak Babel, Boris Piljnjak, Ossip Mandelstam und anderer Opfer des Stalinismus. Zur Eröffnung tritt als erster Staatssekretär Hermann Pünder an das Rednerpult. Der Träger des Großkreuzes des Päpstlichen Gregorius-Ordens und des Großen Bundesverdienstkreuzes mit Stern und Schulterband erklärt, nichts sei dem Weltkommunismus so peinlich wie die Verkündung der Wahrheit. Angesichts der ausgestellten Dokumente werde die sowjetische Weltgefahr anschaulich klar. Nach dem baden-württembergischen Landtagspräsidenten Karl Neinhaus (CDU), der voller Pathos behauptet, daß das Abendland über die besseren geistigen Waffen verfüge, ergreift Lindrath das Wort. Er ruft dazu auf, die »bolschewistische Irrlehre« zu überwinden. In der Abwehr des Kommunismus müsse Unnachgiebigkeit demonstriert werden. Die Ausstellung kämpfe mit den Waffen der Wahrheit, sie habe die Aufgabe, die im Kampf noch Unentschlossenen zu mobilisieren. Danach werden Glückwunschtelegramme von Bundeskanzler Adenauer (CDU), Bundesverteidigungsminister Franz Josef Strauß (CSU), Bundesvertriebenenminister Theodor Oberländer (CDU), dem Staatssekretär im Bundesministerium für gesamtdeutsche Fragen, Franz Thedieck, und dem West-Berliner Bürgermeister Franz Amrehn (CDU) verlesen. – Die antikommunistische Ausstellung, an deren Konzeption auch der ehemalige Mitarbeiter im Reichspropagandaministerium Eberhard Taubert mitgearbeitet hat, der bereits 1937 für die Nazis die Großausstellung »Bolschewismus ohne Maske« organisiert hatte, wird außerdem noch in **Essen, Frankfurt, Hamburg, Hannover** und **Kiel** gezeigt.

17. Februar Das SED-Zentralorgan »Neues Deutschland« druckt einen an das Deutsche Theater gerichteten Offenen Brief der Sektionsleitung der in der SED organisierten Berliner Autoren im Deutschen Schriftstellerverband ab, mit dem die von dem Intendanten Wolfgang Langhoff zu verantwortende Auswahl der Stücke kritisiert wird. In einem Abschnitt des Schreibens wird gefragt: »Warum verschließen Sie theatererfahrenen sozialistischen

Autoren Ihre Bühnen? Warum engen Sie die künstlerische Gestaltung der Vielfalt unseres Lebens durch eine Spielplanauswahl nach ästhetisierenden Prinzipien ein? Warum liegen Ihnen Remarque, Sartre, Orff mehr am Herzen als Wangenheim, Hauser, Tschesno-Hell, Gorrish und andere?«[40] Obgleich der 57jährige Langhoff mit seinem Ruf nach sozialistischen Menschengestalten für die Bühne den Eindruck erweckt habe, daß er auf der Suche nach sozialistischen Gegenwartsstücken sei, fehlte im Deutschen Theater und den Kammerspielen noch immer »das Neue«. Die Arbeiterklasse erwarte auf den von Langhoff geleiteten Bühnen eine Bereicherung des Spielplans durch die Fülle des humanistischen Erbes, das von Shakespeare bis Goethe und von Lessing bis Friedrich Wolf reiche. Weiter heißt es, die von Langhoff aufgeführten Stücke gäben nicht das »wahre Gesicht unserer neuen Gesellschaft, den erregenden Atem unseres sozialistischen Aufbaues« wieder. Es sei an der Zeit, daß sich der Intendant zusammen mit seinen verantwortlichen Mitarbeitern auf die Pflichten gegenüber dem »Arbeiter-und-Bauern-Staat« besänne.

17.-19. Februar Auf einer Konferenz zur Zypern-Frage in **London** unterzeichnen der britische Premierminister Harold Macmillan, der griechische Ministerpräsident Konstantin Karamanlis und sein türkischer Amtskollege Adnan Menderes ein Abkommen, das der Mittelmeerinsel, die bislang britische Kronkolonie war, die Unabhängigkeit als Republik garantiert. Nachdem bereits vom 5. bis 11. Februar griechisch-türkische Vorverhandlungen in Zürich stattgefunden haben, werden nun die Grundzüge einer künftigen Verfassung der Republik Zypern festgelegt. Vorgesehen ist ein Präsidialregime mit einem griechischen Präsidenten und einem türkischen Vizepräsidenten, die durch allgemeine Wahlen von der griechischen bzw. türkischen Volksgruppe gewählt werden sollen. An den Verhandlungen haben neben dem griechischen und dem türkischen Außenminister und dessen britischen Amtskollegen, der britische Kolonialminister, Alan Lennox-Boyd, der britische Gouverneur auf Zypern, Sir Hugh Foot, Erzbischof Makarios und Fazil Küzük teilgenommen. – Premierminister Macmillan erklärt am Tag der Vertragsunterzeichnung im Unterhaus, falls es die künftige zypriotische Regierung wünschte, sei es Zypern durchaus möglich dem Commonwealth beizutreten.

17.-20. Februar Auf dem Bahnhof der kleinen Ortschaft **Büchen** an der schleswig-holsteinischen Grenze zur DDR werden 331 staatenlose Sinti und Roma, die in vier Eisenbahnwagen aus Polen eingetroffen sind, festgehalten, weil sie über keine Einrei-

segenehmigung verfügen. Sie sind mit dem letzten der Aussiedlertransporte, die vom *Deutschen Roten Kreuz* (DRK) gemeinsam mit seiner polnischen Schwesterorganisation seit dem Dezember 1955 durchgeführt worden sind, angekommen. Die polnischen Auswanderungsbehörden haben die Waggons einfach an den Zug gehängt, um die Sinti und Roma auf diesem Wege abzuschieben. Als die Staatenlosen erfahren, daß die Bundesrepublik ihre Einreise verweigert, spielen sich tumultartige Szenen auf dem Bahnhof ab. Die verängstigten Familien flüchten über die Geleise, um nicht nach Polen zurückgeschickt zu werden, und irren anschließend auf dem Gelände mit Kleinkindern auf den Armen und ihrem Handgepäck umher. Schließlich schreiten Beamte des Bundesgrenzschutzes ein und drängen sie auf einen seitlich vom Bahnhof gelegenen Platz ab. Danach werden sie vorläufig in Baracken des DRK

17.-20.2.: Die polnischen Sinti und Roma versuchen nach ihrer Ankunft in Büchen, in die umliegenden Felder zu fliehen.

17.-20.2.: Bundesgrenzschutzbeamte treiben die Flüchtlinge in die Waggons zurück.

20.2.: *Nach Ansicht des Karikaturisten der »Deutschen Volkszeitung« hat die antikommunistische Vereinigung »Rettet die Freiheit!« den Segen des Verfassungsschutzes.*

20.2.: *»Wer rettet uns vor unseren Rettern?« Karikatur aus der »Welt der Arbeit«.*

untergebracht. Als Grund für ihre Ausreise geben sie an, daß sie von den polnischen Behörden diskriminierend behandelt worden seien. Sie wollten niemals mehr dorthin zurückkehren. Verhandlungen zwischen dem Bundesaußenministerium in Bonn und der Paßkontrollstelle Büchen ergeben, daß die zuständigen Stellen in Katowice eine erneute Aufnahme der Flüchtlinge kategorisch ablehnen. Vier von ihnen, die nachweisen können, daß sie während der NS-Zeit in Konzentrationslagern eingesperrt waren, werden die erforderlichen Einreisepapiere ausgehändigt. Obwohl weitere Verhandlungen, die durch Vermittlung der US-amerikanischen Gesandtschaft in ·Warschau zustandekommen, am 20. Februar ergeben, daß Polen doch zu einer Rücknahme bereit sei, schreckt die Bundesregierung davor zurück, eine Rückführungsaktion mit Gewalt durchzusetzen. Die schleswig-holsteinischen Behörden vertreten die Ansicht, daß man niemanden mit Gewalt in den kommunistischen Machtbereich abschieben dürfe. Schließlich wird entschieden, daß die Sinti und Roma bleiben können. Wer von ihnen Verwandte in der Bundesrepublik hat, der kann von ihnen aufgenommen werden. Wer keine Möglichkeit besitzt, auf diesem Wege vorübergehend eine Unterkunft zu finden, wird in einem Auswandererlager untergebracht.

20. Februar In den exklusiven Räumlichkeiten der Industrie- und Handelskammer in **Köln** findet die Gründungsversammlung des Komitees *»Rettet die Freiheit!«* e.V. statt, das zur »geistigen Auseinandersetzung mit allen Gegnern der Freiheit« aufruft. Als Redner treten vor 150 geladenen Gästen der Generalsekretär der NATO, Paul-Henri Spaak, der Bonner Philosophieprofessor Theodor Litt, der Publizist Ernest J. Salter und Generalstaatsanwalt Schneider aus Dortmund auf, der über die Strafverfolgung von KPD-Mitgliedern berichtet. Während Spaak in seiner Festrede hervorhebt, daß der Westen mit Atomwaffen ausgerüstet sein müsse, um seine Verteidigungsfähigkeit gegenüber dem Osten zu behalten, holt Salter in seinem Referat zu einem Rundumschlag gegen Professoren, Intellektuelle, Parteiführer, Gewerkschaftsfunktionäre und »gutgläubige Menschen« aus, die sich eine kommunistische Alternative – entweder Atomkrieg oder sowjetisches Programm – aufdrängen ließen. Besonders scharf attackiert er den linksliberalen Publizisten Erich Kuby. Er habe »aus dem Boudoir-Duft einer Prostituierten einen Gasangriff gegen die deutsche Demokratie« entwickelt. Was er und andere Publizisten seines Schlages fertigbrächten, sei nichts anderes als »intellektuelle Kommunalpolitik«. Sobald diese Politik über speziellere Fragen hinausgehe, unterliege

sie so gut wie ausnahmslos den Fragestellungen des Bolschewismus: »Die Kubys von heute sind die Ilja Ehrenburgs von morgen.«[41] Zum 1. Vorsitzenden wird der junge CDU-Bundestagsabgeordnete Rainer Barzel gewählt, zu seinen Stellvertretern der persönliche Referent von Bundesverteidigungsminister Strauß, Major Fred Sagner, und der stellvertretende Chefredakteur der DGB-Zeitung »Welt der Arbeit«, Otto Stolz. Weitere Gründungsmitglieder sind die Professoren Friedrich August Freiherr von der Heydte (CSU) und Pascual Jordan (CDU) sowie die beiden Bundestagsabgeordneten Berthold Martin (CDU) und Professor Emil Dovifat (CDU). Ihre Mitarbeit haben auch die Bundesminister Ludwig Erhard, Hans Joachim von Merkatz, Gerhard Schröder und Franz Josef Strauß zugesagt. Grußadressen treffen u.a. von Bundeskanzler Konrad Adenauer, Bankier Hermann Josef Abs, Kardinal Joseph Frings und Bundesverkehrsminister Hans-Christoph Seebohm ein. – Bereits einen Monat zuvor waren aus Bonn Pläne zur Gründung eines solchen Komitees bekannt geworden. An der initiierenden Sitzung nahmen die Staatssekretäre Hans Globke vom Bundeskanzleramt, Hans Ritter von Lex vom Bundesinnenministerium und Franz Thedieck vom Ministerium für gesamtdeutsche Fragen teil sowie Major Fred Sagner aus dem Büro von Bundesverteidigungsminister Strauß. Als eigentlicher Initiator des Komitees gilt einigen Kommentatoren allerdings der langjährige Propagandafachmann Eberhard Taubert.

Der ehemalige Mitarbeiter von Joseph Goebbels im Reichspropagandaministerium hatte als zweiter Vorsitzender des von der Bundesregierung finanzierten *Volksbundes für Frieden und Freiheit* (VFF) bis zu seinem 1955 durch einen kritischen »Spiegel«-Artikel ausgelösten Rücktritt antikommunistische Aktionen in Szene gesetzt. Anderen Berichten zufolge soll Taubert jedoch von amerikanischen Geheimdienstagenten als Abwehrexperte weitervermittelt worden sein und nun unter dem Decknamen Dr. Max Huber für den persischen Geheimdienst SAVAK in Teheran arbeiten. – In einer am selben Tag ausgestrahlten Sendung des <u>WDR</u> erklärt Barzel, er sehe die Freiheit »vom Weltkommunismus« bedroht. Aufgabe des Komitees sei es, »die Verteidigung unserer freiheitlichen Lebensordnung mit den der Bedrohung entsprechenden Mitteln« zu leisten. Da die Bedrohung auch von den Atomwaffen, die sich in den Händen der Roten Armee befänden, herrührten, müsse man sich auch mit der atomaren Frage beschäftigen. – Die <u>»Frankfurter Allgemeine Zeitung«</u> berichtet am 21. Februar über die Kölner Gründungsveranstaltung, daß die hauptsäch-

lichen Angriffsziele des Komitees der »Neutralismus und die Gegnerschaft gegen die Atombewaffnung« sowie »die Gleichsetzung der Bundesrepublik mit der sogenannten DDR« seien.

20. Februar Auf Antrag von Bundesinnenminister Gerhard Schröder (CDU) ordnet das Landgericht **Hamburg** die Beschlagnahmung des neuesten Heftes der Illustrierten <u>»Der Stern«</u> (Nr. 8/59) an, in dem ein von Mainhardt Graf von Nayhauß-Cormons verfaßter Artikel mit dem Titel »Wer schützt uns vorm Verfassungsschutz?« abgedruckt ist. Die Gerichtsentscheidung kommt jedoch nur unter rechtlich zweifelhaften Umständen zustande. Als der Präsident des Bundesamtes für Verfassungsschutz, Hubert Schrübbers, und dessen Anwalt Renatus Weber am 14. Februar im Hamburger Landgericht eintreffen, ist mit Landgerichtsdirektor Hermann Joost nur noch der Vorsitzende der zuständigen Zivilkammer zugegen. Die beisitzenden Richter sind bereits im Wochenende. Um die Beschlußfähigkeit wiederherzustellen, setzt Präsident Heinz Sommerfeld sich selbst und Landgerichtsrat Dietrich-Edgar Katzenstein ein. Nach §67 des Gerichtsverfassungs-

20.2.: Das Nachrichtenmagazin bringt eine Titelgeschichte über den umstrittenen Bundesinnenminister.

20.2.: Der »Stern«-Artikel, der die Beschlagnahmeaktion des Bundesinnenministers auslöst.

Graf Nayhauß berichtet aus Bonn

Wer schützt uns vorm Verfassungsschutz?

Eine Frau Anfang dreißig ist die Sekretärin Erika Marx. Sie lebte allein – wie viele tausend andere – in Bonn, und gelegentlich ging sie mit einer Bekannten ins Café. Nie hatte sie mit Spionage irgend etwas zu tun gehabt – genausowenig wie der Lehrer Manfred Karger und genausowenig wie Millionen andere Menschen, die in der Bundesrepublik leben und arbeiten. Aber plötzlich gerieten Erika Marx und Manfred Karger in den Strudel der Spionage, nicht aus eigenem Zutun, sondern weil ein paar Leute im Verfassungsschutz sie rücksichtslos für ihre Zwecke einspannten.

Sekretärin Erika Marx   Lehrer Manfred Karger

21.-25.2.: Abstimmung während der Moskauer Tagung des Weltfriedensrates.

21.2.: Eine Broschüre des Journalisten zum selben Thema.

gesetzes kann der Präsident jedoch nur dann fehlende Mitglieder einer Kammer zeitweilig ersetzen, wenn diese »verhindert« sind. Ob die Tatsache, daß die beiden regulären Vertreter bereits ihre Freizeit genießen, als Verhinderung zu bewerten ist, obwohl sie weiterhin telephonisch zu erreichen gewesen wären, erscheint unter Rechtsexperten als äußerst fraglich. Außerdem, so bemängelt »Stern«-Herausgeber Henri Nannen später, sei niemand von den Richtern auf die Idee gekommen, in der nur wenige hundert Meter entfernten »Stern«-Redaktion anzurufen, damit sich die für den Artikel Verantwortlichen vor dem Gericht hätten verteidigen können. Die Einstweilige Verfügung kommt jedoch zu spät. Die gesamte Ausgabe mit über einer Million Exemplaren ist bereits gedruckt und mehr als 90% davon sind schon ausgeliefert. In den restlichen Exemplaren, die in der Druckerei und im Verlag noch vorhanden sind, wird der umstrittene Artikel geschwärzt. – Am nächsten Tag kann das Heft, als sei nichts geschehen, an den Kiosken erworben werden. In dem inkriminierten Artikel, in dem auch von einer Durchsetzung des Bundesamtes für Verfassungsschutz mit ehemaligen SS-Männern die Rede ist, wird behauptet, daß sich die Entwicklung des Verfassungsschutzes immer mehr von ihren gesetzlich definierten Befugnissen entfernt habe: »Die Verfassungsschützer drehten ... den Spieß um und gliederten die Polizeikräfte dem Amt an. So sind ständig mehrere Beamte des Bundeskriminalamtes den Kölner Verfassungsschützern unterstellt. Seitdem können die Verfassungsschützer nach Belieben jedermann festnehmen lassen, obgleich der Bundestag ihnen diese Machtfülle im Gesetz über den Verfassungsschutz ausdrücklich versagte ... Die gesetzlichen Vorkehrungen gegen einen Mißbrauch des Verfassungsschutzes sind heute nur noch eine Fassade. Dahinter

verbirgt sich eine Organisation, die sich inzwischen zu einer politischen Polizei, mehr noch, zu einem regelrechten Geheimdienst mit all seinen negativen Begleiterscheinungen gemausert hat. Unter Mißachtung des Gesetzes haben die Verfassungsschutzfunktionäre in Köln den ihnen vom Parlament gesteckten Rahmen gesprengt und sich in Bereiche vorgerobbt, aus denen man sie aus gutem Grunde heraushalten wollte.«[42] Präsident Schrübbers, heißt es weiter, fehle die Courage, »sich seiner dubiosen Gesellen zu entledigen«. Er sei offensichtlich nicht dazu imstande, den Verfassungsschutz »aus dem Gestrüpp der Geheimdienste« herauszuhalten und auf sein eigentliches Aufgabengebiet zu beschränken. – Am 25. Februar berichtet »Der Spiegel« über den Ablauf und die Hintergründe der Beschlagnahmeaktion und veröffentlicht zugleich die per Gerichtsbeschluß beanstandeten Stellen. Am Ende heißt es: »Zwar mögen die strittigen Formulierungen nach begründeten Juristenmaßstäben beleidigend sein, auch wenn das für Laien kaum erkennbar ist. Daß aber Ausdrücke wie ›einen Plan aushecken‹ und ›trübes Spiel‹ von Staatsanwälten und Richtern als hinreichender Grund angesehen werden, Millionen von Illustrierten-Exemplaren zu beschlagnahmen, ist eine Wendung der Rechtspflege, die – falls sie Schule macht – die Pressefreiheit an der Wurzel vergiftet.«[43]

20. Februar Die Ausstrahlung des BBC-Fernsehspiels »Bevor die Sonne untergeht« löst in **London** eine Massenhysterie aus. Da viele Zuschauer der zu Beginn als »offiziell« angekündigten Meldung Glauben schenken, daß ein Satellit die britische Hauptstadt bedrohe, stürzen Tausende auf die Straßen und suchen den Himmel nach Flugobjekten ab. Die Sendeanstalt und Scotland Yard werden zur selben Zeit mit Anrufen verängstigter Zuschauer überhäuft.

21. Februar Der Vorsitzende der *Jüdischen Gemeinde* in West-Berlin, Heinz Galinski, warnt in der »Frankfurter Allgemeinen Zeitung« vor einer sich ebenso laut- wie widerstandslos vollziehenden Renazifizierung und fordert eine »Reinigung« der Justiz, des Schulwesens, der Industrie und Politik von all jenen Personen, die sich während der NS-Zeit »Verbrechen zuschulden« kommen lassen haben.

21. Februar Der jüdische Autor Heinz Liepmann wirft, durch die antisemitischen Vorfälle und Aktionen der letzten Wochen und Monate beunruhigt, in einem Artikel der Tageszeitung »Die Welt« die Frage auf: »Müssen wir wieder emigrieren?« Offenbar gäbe es »viele Übermenschen von Anno dazumal«, die plötzlich wieder Morgenluft witterten.

21.-25. Februar Das Büro des *Weltfriedensrates* ruft auf einer Tagung in **Moskau** zur Beendigung des kalten Krieges auf und appelliert an die Teilnehmer der Genfer Konferenz, alle Kernwaffenversuche einzustellen und sie »sofort und für immer« zu verbieten.

22. Februar Unter dem Motto »Schluß mit dem Unrecht!« protestieren in **Heilbronn** 3.500 Mitglieder des *Verbands der Kriegsbeschädigten, Kriegshinterbliebenen und Sozialrentner Deutschlands* (VdK) gegen die Reformpläne zur Kriegsopferversorgung von Bundesarbeits- und -sozialminister Theodor Blank (CDU). Da der größte Saal der schwäbischen Stadt die Teilnehmer nicht zusammen aufnehmen kann, wird die Veranstaltung noch am selben Tag wiederholt. Sowohl am Nachmittag als auch am Abend hält VdK-Präsidiumsmitglied Ludwig Hönle die Hauptrede. Kritik an Blank übt auch dessen Fraktionskollege, der CDUBundestagsabgeordnete Karl Simpfendörfer. Er erklärt, daß die Versorgung der Kriegsopfer eine »Ehrensache des ganzen deutschen Volkes« sei. Der Minister müsse sich bequemen, andere Wege einzuschlagen. Es gelte nun, einen großen Schritt nach vorn zu tun und das Problem der Grundrenten in die Neuordnung der Versorgung mit aufzunehmen.

22. Februar Auf der Jahreshauptversammlung des **West-Berlin**er SDS-Landesverbands wird eine Resolution angenommen, in der die Bundesregierung dazu aufgefordert wird, in Verhandlungen mit der DDR-Regierung über den Abschluß eines Friedensvertrages einzutreten. Die Beschlüsse des »Studentenkongresses gegen Atomrüstung« vom Anfang des Jahres werden noch einmal verteidigt.

22. Februar Nach dem am 19. Februar in London unterzeichneten Abkommen über Zypern, mit dem sich Großbritannien, Griechenland und die Türkei darauf einigen, die Mittelmeerinsel innerhalb eines Jahres in die Unabhängigkeit zu entlassen, beenden die britischen Behörden den vier Jahre andauernden Ausnahmezustand auf **Zypern** und lassen mehr als 900 politischen Gefangenen frei. Den Angehörigen der Untergrundbewegung EOKA, die mit militärischen Mitteln die »Enosis«, die Anbindung an Griechenland, verfolgt hat, wird eine Amnestie angeboten und ihrem Anführer, Oberst Georgios Grivas, freies Geleit nach Griechenland versprochen. – Am 1. März kommt Erzbischof Makarios nach einer fast drei Jahre dauernden Verbannung nach Zypern zurück.

22. Februar Auf einer Konferenz der *Vereinigten Polnischen Arbeiterpartei* (PVAP) in **Kraków** werden Intellektuelle und Studenten heftig angegriffen. Immer weniger von ihnen seien bereit, heißt es, in die Partei einzutreten. Dadurch erhöhe sich das Durchschnittsalter ständig und die Parteigliederungen an der Spitze müßten um geeigneten Nachwuchs fürchten.

22. Februar Nach Kämpfen zwischen rivalisierenden Völkern, bei denen über hundert Menschen ums Leben gekommen und mehrere hundert schwer verletzt worden sind, ziehen Einheiten der von französischen Offizieren geführten Armee der Republik Kongo in **Brazzaville** ein. Zusammen mit der dortigen Polizei üben sie die Kontrolle über die seit Tagen von den Unruhen erschütterten Hauptstadt aus.

22.2.: Angehörige der Kolonialpolizei prügeln in Brazzaville auf einen Wehrlosen ein.

23. Februar Die Hochschulgruppe des *Sozialistischen Deutschen Studentenbundes* (SDS) an der Universität **Hamburg** nimmt bei vier Gegenstimmen eine Resolution an, in der die vom SPD-Bundesvorstand ergangene Aufforderung, sich um den Unteroffiziers– und Offiziersdienst in der Bundeswehr zu bemühen, kategorisch abgelehnt wird. Sie fordert die SPD, die Gewerkschaften und die verschiedenen sozialistischen Jugendorganisationen stattdessen auf, »mit allen Mitteln den Kampf gegen den Atomtod weiterzuführen«.

23. Februar Auf einer Pressekonferenz in **Wiesbaden** kündigt der hessische Kultusminister Ernst Schütte (SPD) an, den Geschichtsunterricht in den Schulen auf eine angemessene Darstellung der NS-Vergangenheit hin überprüfen zu wollen. Von jedem Lehrer müsse verlangt werden, daß er im Unterricht ausreichend Zeit für die jüngste deutsche Vergangenheit aufbringe.

23. Februar Im Laufe von anderthalb Jahren wird in **Ellwangen** an der Jagst zum dritten Mal das Denkmal für den katholischen Widerstandskämpfer Eugen Bolz geschändet. Nachdem bei den ersten beiden Anschlägen die Steinbüste des am 23. Januar 1945 in Berlin hingerichteten Nazi-Gegners so stark beschädigt worden war, daß sie durch eine Bronzebüste ersetzt werden mußte, ist nun der Name des Widerstandskämpfers mit einer Feile oder einem anderen Gegenstand entfernt worden. Weil sich herausgestellt hat, daß die beiden ersten Schändungen von Bundeswehrsoldaten begangen worden sind, werden die Ermittlungen nun von Anfang an auf die in der Kleinstadt stationierte Bundeswehreinheit ausgedehnt. Die Staatsanwaltschaft setzt zur Ergreifung des oder der Täter eine Belohnung von 1.000 DM aus. – Ellwangen war in der NS-Zeit Standort der SS-Division »Hohenstaufen«. Nach Kriegsende haben sich viele ehemalige SS-Angehörige in der schwäbischen Stadt niedergelassen und eine Ortsgruppe der *Hilfsgemeinschaft auf Gegenseitigkeit der Soldaten der ehemaligen Waffen-SS* (HIAG) gegründet.

24. Februar Vor dem 3. Strafsenat des Bundesgerichtshofes in **Karlsruhe** muß sich der MfS-Agent Carl Helfmann wegen Landesverrats verantworten. Der genau vor einem Jahr verhaftete Helfmann gilt als der wohl erfolgreichste Ost-Spion in der Bundesrepublik. Der wegen seines Aussehens als »roter Casanova« bezeichnete MfS-Mann hat über fünf Jahre lang Geheiminformationen aus den Panzerschränken des Auswärtigen Amtes in Bonn, der Scientific Research Division der US-Armee in Wiesbaden, des Arbeitgeberverbandes der hessischen Metallindustrie, des Bundeswirtschaftsministeriums, des Bundesverbandes der deutschen Schiffahrtsindustrie und verschiedener Industriekonzerne wie der Mannesmann AG und den Heinkel-Flugzeugwerken besorgt und nach Ost-Berlin übermittelt. Fast immer hat er dabei Frauen, zumeist Sekretärinnen, für sich arbeiten lassen. – Der Bundesgerichtshof verurteilt Carl Helfmann schließlich wegen Geheimnisbruchs, Landesverrats, Anstiftung zum Diebstahl und aktiver Bestechung zu einer Zuchthausstrafe von viereinhalb Jahren. Seine beiden Mitangeklagten, die 47jährige frühere Sekretärin im Auswärtigen Amt, Irmgard Römer, und die 36jährige ehemalige Chefsekretärin eines Vorstandsmitglieds der Mannesmann AG, Elfriede Büchner, erhalten Zuchthausstrafen von drei Jahren bzw. neun Monaten, letztere zur Bewährung.

24. Februar Ein Vortrag des Berliner Probstes Heinrich Grüber mit dem Titel »Wir potentiellen Kriegsverbrecher« kann nicht, wie geplant, in **Karlsruhe** in der Technischen Hochschule gehalten werden, sondern muß, nachdem Rektor und Senat sich geweigert haben, eine Genehmigung zu erteilen, in eine Gaststätte verlegt werden. Das veranstaltende *Aktionskomitee Karlsruher Studenten gegen Atomrüstung* verliest zu Beginn einen Offenen Brief, in dem die Bundestagsabgeordneten aufgefordert werden, sich

für einen Verzicht auf die Stationierung von Atomwaffen in Mitteleuropa und andere Abrüstungsmaßnahmen auszusprechen. Die 300 Zuhörer billigen das Votum.

25. Februar Auf einem »Gesamtdeutschen Forum« im Hohenzollern-Theater in **Hagen** diskutieren der Münsteraner Professor für Publizistik, Walter Hagemann, und der Hallenser Völkerrechtler, Professor Gerhard Reintanz, vor 700 Zuhörern über Grenzen und Möglichkeiten einer neuen Deutschlandpolitik. In Anspielung auf die vom *Kuratorium »Unteilbares Deutschland«* durchgeführte Kampagne erklärt Hagemann zum Abschluß, er glaube, daß der Verlauf der Diskussion zeige, wie das Brandenburger Tor geöffnet werden könne: Nicht durch Panzer, sondern »durch ein faires Gespräch«.

25. Februar Zum zweiten Mal innerhalb von sechs Wochen veranstaltet der *Ausschuß für Deutsche Einheit* im Senatssaal der Humboldt-Universität in **Ost-Berlin** eine Pressekonferenz, auf der ihr Vorsitzender Hans Loch (LDPD) eine Dokumentation vorstellt, in der die Verbrechen von 800 nationalsozialistischen Sonder- und Kriegsrichtern belegt werden, die »heute im Westzonenstaat wieder den Justizapparat beherrschen«. Außerdem findet im Rahmen der Pressekonferenz die Uraufführung eines von der DEFA unter dem Titel »Ein Tagebuch für Anne Frank« hergestellten Dokumentarfilms statt. – Am Tag darauf berichtet das SED-Zentralorgan »Neues Deutschland«, der Film demonstriere »... an Hand von authentischen Unterlagen, daß die Hauptschuldigen am Schicksal der Anne Frank und von Millio-

25.2.: Blick auf die Bühne der Hagener Diskussionsveranstaltung.

25.2.: Die beiden Diskutanten: Professor Gerhard Reintanz (links) und Professor Walter Hagemann.

nen ermordeter Opfer des Faschismus heute in Westdeutschland nicht nur ungeschoren leben, sondern in den meisten Fällen wieder an den Schalthebeln der Macht sitzen.«[44]

26. Februar Auf der CSU-Kundgebung zum Aschermittwoch in **Vilshofen** greift Bundesverteidigungsminister Franz Josef Strauß den stellvertretenden SPD-Vorsitzenden Waldemar von Knoeringen wegen dessen Äußerung, er sei für die SPD »der Parteifeind Nr. 1«, heftig an. Eine solche Diffamierung stamme »aus der braunen oder Hammer-und-Sichel-Ära«. – Als Strauß Zeitungsberichte dementiert, er habe dabei in großer Erregung immer wieder mit seinen Fäusten aufs Rednerpult getrommelt, läßt ein Journalist ein Tonband der Rede mit allen Trommelgeräuschen abtippen. Die mit dem Fingerknöchel ausgeteilten Schläge werden mit X und die Faustschläge mit XX markiert. Danach hat Strauß von Knoeringens Äußerung, er sei für die SPD »der Parteifeind Nr. 1«, in Vilshofen mit den folgenden Worten und Schlägen zurückgewiesen: »Und heute (XX) wehre (XX) ich mich dagegen (XX), nicht weil ich Angst habe (XX), sondern weil wir Jungen (X) die Erfahrungen der Weimarer Republik (XX) vor Augen haben (XX), daß jemand (XX), der nicht (XX) die ganze Zeit des Dritten Reiches in Deutschland erlebt hat, mich zum Parteifeind Nr. 1 stempelt. (Sehr richtig! – Beifall.) Damit kein Mißverständnis entsteht: Ich bejahe das Recht zur politischen Emigration ... Aber sieht denn Herr von Knoeringen nicht ein, in welch schlechter Gesellschaft er sich befindet! Warum erklärt mich denn Herr Mikojan für den gefährlichsten Mann Deutschlands? ... ist es nicht für Herrn von Knoeringen eine blamable Schande, Schulter an Schulter mit Herrn Mikojan mich zum Feind Nr. 1 zu erklären! (Sehr richtig! – Beifall.) Ist denn dieser bodenlose (X) Vorgang (X) nicht Anlaß (X) dafür (X), daß unsere – ich darf es sagen – ehrlichen (X), anständigen (X), vaterlandsliebenden Sozialdemokraten (X) sich von dieser (X) Wahnsinnspolitik (X) allmählich distanzieren (X), die Moskau (X) Handlangerdienste (X) leistet? (Lebhafter Beifall.)«[45]

26. Februar In dem 50 Kilometer von London entfernten Atomforschungszentrum von **Aldermaston** ereignet sich eine Explosion. Zwei Mitarbeiter werden getötet und ein weiterer verletzt. In einer Erklärung heißt es, daß keine Radioaktivität freigesetzt worden sei. – Es ist bereits der sechste Unfall innerhalb der letzten vier Jahre. Einen Monat zuvor sind sieben Wissenschaftler radioaktiver Strahlung ausgesetzt worden, weil Sicherheitsvorrichtungen versagten, und bei einem Brand im Dezember 1957 ist ein leitender Mitarbeiter getötet worden.

27. Februar Das Erweiterte **Hamburg**er Schöffengericht spricht den Publizisten Erich Kuby und den Sendeleiter des früheren NWDR, Rüdiger Proske, von der Anklage frei, den ehemaligen Fallschirmjägergeneral Bernhard Ramcke durch das am 19. Oktober 1954 ausgestrahlte Hörspiel »Nur noch rauchende Trümmer – das Ende der Festung Brest« in »seiner Ehre angetastet« zu haben. Kuby hatte darin behauptet, Ramcke habe die militärisch sinnlose Verteidigung der Festung Brest im August und September 1944 nur deshalb fortgesetzt, um dafür noch die Brillanten zu seinem Ritterkreuz zu bekommen. Ramcke sah in dieser und anderen Formulierungen eine Beleidigung und stellte am 3. Januar 1955 Strafantrag gegen die beiden Angeklagten. Kuby war im Sommer 1944 als einfacher Soldat nach Brest beordert und Ramcke, dem alle in und um Brest befindlichen deutschen Truppen unterstellt waren, zum Festungskommandanten ernannt worden. In seiner Urteilsbegründung erklärt Amtsgerichtsdirektor August Sommerkamp, das Gericht habe von Artikel 5 des Grundgesetzes ausgehen müssen, das jedem Bundesbürger freie Meinungsäußerung zusichere. Moderne Kriege griffen so sehr in das Leben des einzelnen ein, daß jeder das Recht haben müsse, zu diesem Thema seine Meinung zu äußern. Dies gelte ganz besonders für Publizisten. Für den Entschluß des Angeklagten, ihn zur Figur eines Hörspiels zu machen, sei entscheidend gewesen, daß Ramcke auch nach dem Krieg wieder mit Reden hervorgetreten sei, die, wie seine Ansprache vor ehemaligen SS-Angehörigen 1952 in Verden an der Aller, weltweit Entrüstung ausgelöst hätten. Nach einem Urteil des Bundesverfassungsgerichts müsse derjenige, der sich selbst zu einer Figur des öffentlichen Lebens mache, auch dulden, daß er in einem härteren Ton, als es sonst üblich sei, kritisiert werde. Das Gericht sei zu der Überzeugung gelangt, daß die beiden Angeklagten nicht rechtswidrig gehandelt hätten: »Die von ihnen in dem Hörspiel gebrachten Tatsachenbehauptungen sind zum überwiegenden Teil erweislich wahr und stellen schon deswegen keine strafbare Handlung im Sinne des § 186 des Strafgesetzbuches dar ... Nach alledem kommt das Gericht zu der Überzeugung, daß die Angeklagten freigesprochen werden müssen. Die von ihnen in dem Hörspiel behaupteten Tatsachen sind zum Teil erweislich wahr, zum anderen erfüllen sie nicht die gesetzlichen Tatbestände einer strafbaren Ehrenkränkung, weil sie in Anwendung des § 193 des Strafgesetzbuches nicht rechtswidrig sind. Auch Formalbeleidigungen liegen nicht vor. Demgemäß erfolgt der Freispruch der beiden Angeklagten mangels Tatverdachts.«[46] Was nach der Urteilsbegründung vor sich ging, beschreibt ein Gerichtsreporter kurze Zeit später

27.2.: Kubys Tagebuchaufzeichnungen aus der Festung Brest erscheinen 1959 als Taschenbuch.

28.2.: Demonstration der Kriegsversehrten in Passau.

mit den Worten: »Plötzlich ging ein großes Hände-schütteln durch den Saal. Man sah Proske und Ramcke im Gespräch, Kuby und den am Donnerstag noch so unversöhnlichen Anwalt Ramckes, Dr. Maßmann, man sah Ramcke und Dr. Sommerkamp anscheinend Erinnerungen aus dem ersten Krieg austauschen, und man sah überall die wütenden Gegner von gestern mit lächelnden Gesichtern sich die Hände reichen.«[47] – Der unterlegene Nebenkläger, der 70jährige, einstmals als »Löwe von Brest« glorifizierte Ex-Fallschirmjägergeneral Bernhard Ramcke, kommentiert das Urteil später mit den Worten: »Was stört es den Eichbaum, wenn sich die Sau daran schubbert.«[48]

27. Februar Zum Gedenken an die Zerstörung der Stadt **Mainz** vor genau 14 Jahren führen der *Sozialistische Deutsche Studentenbund* (SDS), die *Sozialistische Jugend Deutschlands – Die Falken*, die *Gewerkschaftsjugend*, die *Naturfreundejugend* und einige andere im *Kartell der schaffenden Jugend* miteinander verbundenen Organisationen einen Schweigemarsch durch. An dem Umzug beteiligen sich 400 junge Menschen. Den ganzen Tag über halten Mitglieder dieser Gruppen mit einer Atombombenattrappe vor dem Stadttheater eine Mahnwache ab. – Am 27. Februar 1945 waren bei einem Angriff von 458 britischen Bombern große Teile der Mainzer Innenstadt vernichtet worden.

28. Februar Unter der Parole »Schluß mit dem Unrecht!« protestieren in **Passau** 12.000 Kriegsbeschädigte und Hinterbliebene, die mit vier Sonderzügen und über 100 Bussen aus ganz Niederbayern zusammengekommen sind, gegen die Reformpläne von Bundesarbeits- und -sozialminister Theodor Blank (CDU) zur Kriegsopferversorgung. Nach einem Schweigemarsch, auf dem Hunderte Teilnehmer ein Pappschild mit der Aufschrift »Vergessen?« mit sich führen, versammeln sich die Demonstranten in der Nibelungenhalle. Auf der Kundgebung des *Verbands der Kriegsbeschädigten, Kriegshinterbliebenen und Sozialrentner Deutschlands* (VdK) sprechen der VdK-Vizepräsident Richard Zöller, der saarländische VdK-Landesvorsitzende Hans Genenger und der Chefredakteur der »Passauer Neuen Presse«, Hans Kapfinger. Sie fordern vor allem eine Erhöhung der Grundrenten.

28. Februar Auf einer Protestkundgebung gegen die Reformpläne der Bundesregierung zur Kriegsopferversorgung in **Marburg** fordert der Frankfurter VdK-Bezirksvorsitzende Ernst Duchatsch unter großem Beifall den Rücktritt des zuständigen Bundesministers für Arbeit und Sozialordnung, Theodor Blank. Neben dem hessischen Staatssekretär Schmidt, der im Namen der sozialdemokratischen Landesregierung erklärt, daß der Referentenentwurf unakzeptabel und der Entschädigungsanspruch der Kriegsopfer unabweisbar seien, treten auf dem Marktplatz Oberbürgermeister Georg Gaßmann und der SPD-Bundestagsabgeordnete Gerhard Jahn auf. – Zu weiteren Kundgebungen des *Verbands der Kriegsbeschädigten, Kriegshinterbliebenen und Sozialrentner Deutschlands* (VdK) kommt es am selben Tag in **Butzbach** (Hessen), **Großalmerode** (Hessen) und **Homburg** (Saarland). Nachdem Blank sich geweigert hat, Einwände gegen seine Pläne zu überprüfen, rufen immer mehr Redner des VdK zu Kampfmaßnahmen gegen den Reformentwurf der Bundesregierung auf.

28. Februar Der Dritte Strafsenat des Bundesgerichtshofes in **Karlsruhe** entscheidet, sämtliche Exemplare der von dem Hamburger Holzhändler Friedrich Nieland verfaßten Broschüre »Wie viele Welt(Geld)-Kriege müssen die Völker noch verlieren?« einzuziehen. Senatspräsident Ernst Kanter erklärt, daß die Schrift, die zunächst als Offener Brief an Bundesinnenminister Gerhard Schröder und dann an zahlreiche bundesdeutsche Politiker versandt worden war, staatsgefährdend sei. Der Bundesgerichtshof folgt der Argumentation von Generalbundesanwalt Max Güde, der detailliert dargelegt hat, daß der antisemitische Text keine theoretische Schrift, sondern eine »Anleitung zum politischen Handeln« darstelle. Die Forderung, daß »kein Jude in einer wichtigen Position in Staat, Wirtschaft und Verwaltung sitzen« dürfe, sei keine soziologische Betrachtung, sondern eine Aufforderung zur Tat. Damit werde gegen den Grundsatz der Unantastbarkeit der Menschenwürde verstoßen. Nielands Forderungen zu folgen, würde zu einer neuen Gewalt- und Willkürherrschaft führen. Die Angehörigen des deutschen Judentums müßten sich durch Nielands Broschüre in ihrer Ehre aufs schwerste gekränkt und

28.2.: VdK-Kundgebung in der Passauer Nibelungenhalle.

28.2.: Emblem des »Verbands der Kriegsbeschädigten, Kriegshinterbliebenen und Sozialrentner Deutschlands«.

beleidigt fühlen. Der von dem Hamburger Rechtsanwalt Walter Schielzeth vertretene Angeklagte war wegen Krankheit nicht zur Verhandlung erschienen.

28. Februar/1. März Bei einer vom *Ortsausschuß »Kampf dem Atomtod«* veranstalteten Volksbefragung in der bei Hamburg gelegenen, 22.000 Einwohner zählenden Stadt **Wedel** sprechen sich rund 93% aller Befragten gegen die atomare Ausrüstung der Bundeswehr aus. Wie der DGB-Ortsvorsitzende Eugen Schwarz auf einer Pressekonferenz bekanntgibt, stimmen von 8.074 Personen bei der ersten Frage 7.508 Bürger (92,99%) gegen eine Atombewaffnung und 392 Bürger (4,85%) dafür. Bei der zweiten Frage, die sich auf die Errichtung von Raketenbasen bezieht, und der dritten, bei der es um die Fortsetzung von Atombombenversuchen geht, liegt die Ablehnungsquote mit 92,16% bzw. 93,85% ähnlich hoch. Die Ergebnisse der Volksbefragung werden von den Teilnehmern mit großem Beifall aufgenommen. An der Durchführung der Aktion haben sich 168 freiwillige Helfer beteiligt.

Januar Februar März April Mai

Juni Juli August September Oktober

November Dezember

März Eine Gruppe von 14jährigen Schulkindern richtet in **Helmarshausen** (bei Karlshafen an der Weser) einen verwahrlosten jüdischen Friedhof wieder her. Die Idee war den Schülern gekommen, als der Bürgermeister ihres Ortes ihnen im staatsbürgerlichen Unterricht die Geschichte der Judenverfolgung im NS-Regime geschildert hatte. Zur Instandsetzung des Friedhofs haben die Angehörigen des Magistrats in einem Nachtragshaushalt eigene Finanzmittel und verschiedene Betriebe kostenloses Baumaterial zur Verfügung gestellt. In einer eigenen Feierstunde, an der 1.000 Menschen teilnehmen, wird die Pflege des jüdischen Friedhofs in die Obhut der Abschlußklasse der Volksschule gelegt. Diese Aufgabe soll dann jedes Jahr an die jeweils letzte Klasse weitergegeben werden.

März Verschiedene sozialistische und zionistische Jugendorganisationen demonstrieren in **Zürich** vor dem Kino »Stauffacher« gegen die Aufführung des Veit-Harlan-Films »Das dritte Geschlecht«. Obwohl darin in umstrittener Weise das gesellschaftliche Tabuthema Homosexualität behandelt wird, richtet sich der Protest nicht gegen den Film, sondern gegen den Regisseur des antisemitischen Hetzfilms »Jud Süß«. – Die meisten eidgenössischen Zeitungen wenden sich in Kommentaren gegen die Aufführung von Harlan-Filmen in der Schweiz. Die in Basel erscheinende »National-Zeitung« schreibt, ob jemand, der sein Werk in den Dienst der Judenverfolgung gestellt habe, die öffentliche Meinung wieder beeinflussen dürfe, sei eine »Frage der Pietät gegenüber den Millionen unter dem Einfluß nationalsozialistischer Pogromstimmung hingerichteter Juden«. – Nach wenigen Tagen beschließt der Stadtrat von **Zürich** ein Aufführungsverbot des Harlan-Films. –

Der in **Genf** ansässige Filmverleiher legt Widerspruch gegen die Zensurmaßnahme ein. Er verweist darauf, daß der Film in **Bellinzona**, **Biel**, **La Chaux-de-Fonds**, **Le Locle**, **Lugano**, **Neuchâtel** und **Rorschach** ohne irgendwelche Zwischenfälle aufgeführt worden sei.

März In **Oslo** ziehen 8.000 Menschen durch die Innenstadt und demonstrieren gegen die Anwesenheit von Bundeswehrsoldaten in Norwegen. Zwei Offiziere der Bundeswehr sollen zum Oberkommando des Befehlsbereiches Nord der NATO in Kolsås abkommandiert werden. Die Demonstranten versammeln sich vor dem Parlamentsgebäude, dem Storting, und rufen in Sprechchören: »Keine Deutschen nach Kolsås!«, »Deutsche Offiziere raus!« und »Norwegen hat noch nicht vergessen«. Sie fordern weiter, daß die norwegische Regierung ihre Gespräche mit der Bundesregierung, in denen es um Fragen einer militärischen Kooperation geht, sofort abbricht. Es dürfe nicht zugelassen werden, heißt es dazu, daß das Ziel der Unterredungen, auf norwegischem Territorium Materialdepots für die Bundeswehr zu errichten, verwirklicht werde. Außerdem wird von einigen Demonstranten auch der Austritt aus der NATO und eine Neutralitätspolitik nach schwedischem Vorbild verlangt. Die Protestaktion ist von der Gewerkschaft, dem sozialistischen Studentenbund *Studentersamfundet*, der *Albert-Schweitzer-Friedensgesellschaft*, dem sozialdemokratischen Frauenverband sowie anderen Frauenverbänden organisiert worden.

I. März Auf einer weiteren Protestkundgebung des *Verbands der Kriegsbeschädigten, Kriegshinterbliebenen und Sozialrentner Deutschlands* (VdK) in **Alsfeld** (Hessen) fordern Landrat Kurt Mildner sowie die

Bundestagsabgeordneten Wilhelm Gontrum (CDU), Hans Merten (SPD) und Maria Probst (CSU) eine Beseitigung der materiellen Not aller Kriegsopfer. Pfarrer Gontrum erklärt unter großem Beifall, daß dem Gesetzentwurf der Bundesregierung »eine geschlossene Front aus allen Parteien« entgegenstehe. Es müsse darauf geachtet werden, daß der »Opferwille« und der »Gemeinschaftssinn« nicht dadurch zerstört würden, daß man sie im nachhinein als Dummheit erscheinen lasse.

I. März Über 100.000 griechische Zyprioten bereiten in **Nikosia** Erzbischof Makarios, der nach dreijähriger Verbannung auf die Mittelmeerinsel zurückkehrt, einen begeisterten Empfang. Der griechisch-orthodoxe Kirchenfürst, der die *Enosis-Bewegung* zur Vereinigung Zyperns mit Griechenland gegründet hat, wird auf dem Flughafen vom Bürgermeister Nikosias, mehreren kirchlichen Würdenträgern und dem britischen Gouverneur, Sir Hugh Foot, begrüßt. Erst eine Stunde zuvor hat dort der britische Kolonialminister, Alan Lennox-Boyd, der die Deportation von Makarios auf die Seychellen angeordnet hatte, ein Flugzeug bestiegen, das ihn nach London bringt. Makarios ruft seine Landsleute auf, nach dem Abschluß des Londoner Vertrages, der die britische Kolonie in die Unabhängigkeit entläßt, aber zugleich einen Anschluß der Insel an Griechenland oder die Türkei untersagt, Besonnenheit zu wahren und mit der türkischen Bevölkerungsminderheit zu kooperieren.

2. März Die dem DGB gehörende Baugesellschaft »Neue Heimat« erwirkt beim Landgericht **Hamburg** eine einstweilige Verfügung gegen das Nachrichtenmagazin »Der Spiegel«. Die Geschäftsleitung sieht mit Heft Nummer 10, in dem der »Neue Heimat«-Manager Heinrich Plett auf dem Titelblatt als »Gewerkschafts-Baulöwe« bezeichnet und ihm monopolkapitalistisches Geschäftsgebaren vorgeworfen wird, ihre Kreditwürdigkeit gefährdet. »Pletts Drang nach immer mehr Baugeld und Expansion«, heißt es in der Titelgeschichte »Die Bauland-Fresser«, »ist nicht nur eine Managerkrankheit – der Konzernchef ist der Gefangene seines Systems. Die Unternehmensgruppe ähnelt einer auf die Spitze gestellten Pyramide. Sie wurde auf einer ungewöhnlich kleinen Kapitalbasis errichtet ... Auf dieser schmalen Kapitalbasis lastet ein ungewöhnlich hoher Schuldenturm. In allen Häusern, in deren Hausfluren das Firmenschild ›Neue Heimat‹ hängt, gehört der Gesellschaft kaum mehr als das Dach ... Der gesamte Wohnungsbestand ist also mit mehr als 90 Prozent Darlehen belastet.«[49] Die Verfügung kommt jedoch zu spät. Sie trifft erst ein, als das Heft bereits ausgeliefert ist.

2. März Auf einer Protestkundgebung des *Verbands der Kriegsbeschädigten, Kriegshinterbliebenen und Sozialrentner Deutschlands* (VdK) in **Hamburg** erklärt der Chefredakteur des VdK-Organs »Die Fackel«, Lothar Franke, vor rund 1.000 Teilnehmern, daß die von der Bundesregierung vorgelegten Pläne zu einer Neuordnung der Kriegsopferversorgung völlig unzureichend seien. Sie könnten nur dazu führen, die gesamte Kriegsopferversorgung »zu einem Tummelfeld der Elendsbetrachtung« zu machen. Die sozialdemokratische Bundestagsabgeordnete Irma Keilhack bekennt sich zu den Forderungen des VdK und sagt zu, daß ihre Fraktion alles unternehmen werde, damit eine gerechte Neuordnung gesetzliche Wirklichkeit werde.

2. März Das Parteipräsidium der SPD in **Bonn** verabschiedet Richtlinien für Ostkontakte, die von dem stellvertretenden Parteivorsitzenden Herbert Wehner erarbeitet worden sind. Danach wird bestimmt, daß die Beteiligung an der Vorbereitung und die Teilnahme von SPD-Mitgliedern an den für den Sommer geplanten kommunistischen Weltjugendfestspielen in Wien »nicht vereinbar mit der Zugehörigkeit zur Sozialdemokratischen Partei« seien.

3. März Auf Antrag von Bundesinnenminister Gerhard Schröder (CDU) eröffnet die Strafkammer des Landgerichts **Dortmund** ein Verfahren zur Beschlagnahme von 150.000 aus der DDR stammenden Briefen und Postsendungen, mit denen sich die Bürger aus dem anderen Teil Deutschlands mit den Einwoh-

März: Immer wieder beginnen Schüler aus eigener Initiative damit, Grabstätten jüdischer Friedhöfe zu pflegen. Hier sind Mitglieder des Jugendrings in der ostwestfälischen Stadt Rheda zu sehen, die mit ihrer »Tat des guten Willens« ein Zeichen gegen die Grabschändungen setzen wollen.

3.3.: Der Wagen des Frankfurter Waffenhändlers nach der Explosion.

3.3.: Im März 1960 beschreibt der »Spiegel« die von der »Roten Hand« bei ihren Sprengstoffanschlägen verwendete Technik.

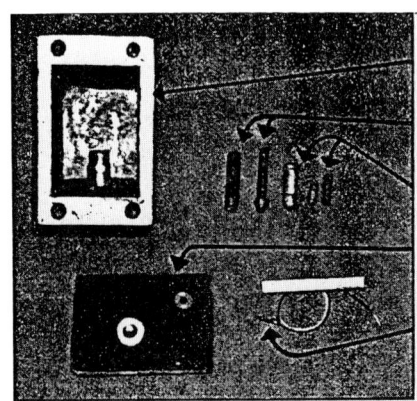

AN EINEM GRÜNEN NYLONFADEN

hängt das Leben jener Opfer der „Roten Hand", die mit einer Haftladung am Auto liquidiert werden. An einem Ende dieses Nylonfadens ist eine gleichfalls grüne, runde Bleischeibe befestigt, von sieben Zentimetern Durchmesser, einem Zentimeter Stärke und etwa 700 Gramm Gewicht. Das andere Ende des Fadens ist mit dem Sperr-Splint eines Reißzünders verbunden, der in der Haftladung steckt. Die Bleischeibe wird auf das Auspuffrohr des jeweiligen Automobils gelegt, die Haftladung mit Hilfe von zwei schweren Magneten unter dem Führersitz des Wagens befestigt. Der Nylonfaden dazwischen ist straff gespannt. Sobald der Motor angelassen wird und der Auspuff zu vibrieren beginnt, fällt die Bleischeibe herab. Dabei reißt ihr Gewicht den Splint aus dem Zünder der Haftladung. Der vom Splint zurückgehaltene, von einer starken Feder gespannte Schlagbolzen wird frei und schlägt auf einen hochempfindlichen (Zwei-Phasen-)Knallquecksilber-Detonator, der dann die eigentliche Sprengladung explodieren läßt. Diese Ladung besteht aus etwa 280 Gramm nichtkristallinischem Trinitrotoluol (TNT), in das etwa 350 Stahlkugeln mit dem Durchmesser eines Zigarettenmundstücks eingebettet sind. Das Bomben-Gehäuse ist ein rechteckiger Kasten (13 cm lang, 8,5 cm breit, 6,9 cm hoch), auf dessen Oberseite die zwei Magnetbügel eingesetzt werden, mit denen die Haftladung am Auto befestigt wird und die zugleich den Deckel halten. Das mit TNT und Stahlkugeln gefüllte Gehäuse ist oben wesentlich weiter als am Boden, der Deckel wesentlich dünner als Seitenwände und Bodenplatte. Dadurch ist die Explosionsrichtung bestimmt: himmelwärts. Als letzte Phase der Detonation werden schließlich durch die TNT-Ladung auch jene Sprengkammern gezündet, die in dem hohlen Boden und den Seitenwänden des Gehäuses untergebracht sind und deren Explosion das Bomben-Gehäuse selbst zerreißt, damit die Spurenfindung erschwert wird. Mit diesen Höllenmaschinen wurden die Attentate auf Waffenhändler Otto Schlüter (Hamburg), Rechtsanwalt Auguste Thuveny (Rabat), FLN-Delegierten Tajeb Boulahrouf (Rom) und Georg Puchert (Frankfurt) verübt. Die oben auf dem Mantel eines SPIEGEL-Reporters erstmalig photographierte gleichartige Bombe wurde von marokkanischen Sicherheitsbehörden im Gepäck eines französischen Stabsoffiziers in Rabat sichergestellt.

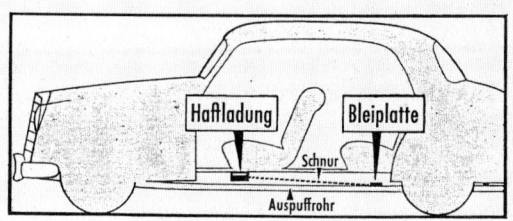

nern der Stadt Dortmund im Kampf gegen die Stationierung britischer Atomraketen auf dem Flugplatz Brackel solidarisieren. Das Gericht gibt dem Antrag statt. Sämtliche Briefe werden vernichtet.

3. März Um 9 Uhr morgens erschüttert eine heftige Detonation das **Frankfurt**er Westend. Ein grauer Mercedes 190 ist in der Guiollettstraße beim Anlassen explodiert. Als sein Fahrer, der 43jährige Georg Puchert, über dem Lenkrad blutüberströmt zusammensinkt, fällt sein Oberkörper nach vorne und löst einen anhaltenden Hupton aus. Durch die mächtige Druckwelle sind mehrere Kinder, die sich gerade auf dem Weg zur Schule befinden, zu Boden geschleudert und die Fensterscheiben der umliegenden Gebäude zerstört worden. Erst als zu Hilfe Eilende sich über das Opfer beugen und es zur Seite zu ziehen versuchen, hört der quälende Dauerton auf. Puchert ist auf der Stelle tot gewesen; ein Bein ist abgerissen und der Unterleib aufgerissen. Unter dem Fahrersitz war eine Sprengladung mit einem halben Pfund TNT angebracht worden, die den am Steuer Sitzenden mit 350 Stahlkugeln förmlich zerfetzt hat. Puchert, alias Captain Morris, stammt aus einer baltischen Kaufmannsfamilie, war während des Zweiten Weltkriegs bei der deutschen Marine und hatte nach 1948 in Tanger eine Ex- und Importfirma aufgebaut. Nach dem Beginn des marokkanischen Unabhängigkeitskampfes versorgte Puchert, der eine eigene Schiffsflotte betrieb, die Untergrundkämpfer mit Waffen und Munition. Offiziell war der Geschäftsführer der Firma »Astramar« im Fischfang tätig, inoffiziell aber einer der wichtigsten Waffenlieferanten für den antikolonialistischen Kampf in Nordafrika. So blieb es nicht aus, daß er sich auch als Waffeneinkäufer für die algerische Befreiungsbewegung *Front de Libération Nationale* (FLN) betätigte und ins Fadenkreuz des französischen Geheimdienstes geriet. Nachdem Puchert von einem anderen Waffenhändler bei bundesdeutschen Polizei- und

Sicherheitskräften denunziert und auch auf seine Beziehungen zu dem Hamburger Waffenhändler Otto Schlüter, der bereits wiederholt Ziel von Anschlägen war, hingewiesen worden ist, spitzt sich die Situation für ihn offenbar zu. Das Denunziationsschreiben ist auch französischen Abwehrspezialisten in die Hände gefallen. Am Abend des 27. Februar, nur vier Tage vor dem Anschlag, hat sich Puchert noch mit einer kurzen Notiz an einen algerischen Freund gewandt. Darin hieß es, er sei sehr besorgt; er werde verfolgt und müsse ihn unbedingt sprechen. – Schon bald nach dem Attentat verstärken sich in der Öffentlichkeit die Hinweise, daß die Mörder Pucherts nur aus den Reihen der Terrororganisation

3.3.: Eineinhalb Monate nach dem Attentat wird das Paßphoto Pucherts veröffentlicht.

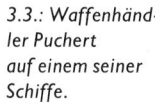

3.3.: Waffenhändler Puchert auf einem seiner Schiffe.

La Main Rouge (Die Rote Hand), einer Spezialabteilung des französischen Geheimdienstes, stammen können. Das Nachrichtenmagazin »Der Spiegel« schreibt dazu am 25. März: »Wie Frankreich selbst ist auch die Bundesrepublik zu einer Art Nebenschauplatz des schmutzigen Krieges in Algerien geworden, auf dem Organisationen der radikalen Algerien-Franzosen, unterstützt von Beamten der Sureté und anderer staatlicher Einrichtungen der République Française, ungehemmt Bombenattentate und Feuerüberfälle inszenieren, als gelte in Hamburg, Frankfurt und Bonn für sie ebenso nur nacktes Faustrecht wie in den Eingeborenenvierteln von Algier, Oran und Constantine.«[50] – Dieser Verdacht wird durch einen Artikel erhärtet, der am 14. April in der Zeitung »Paris-Journal« erscheint. Der französische Geheimdienst hätte bereits 1956 den Beschluß gefaßt, die Waffenlieferanten der FLN auszuschalten. Als erstes sei Schlüter, »Agent Nummer I der FLN«, an der Reihe gewesen. Am I. Oktober 1958 sei dann der Anschlag auf den im Hamburger Hafen liegenden Frachter »Atlas« verübt worden, der mit einer Waffenladung nach Casablanca auslaufen wollte. Nur wenige Wochen darauf sei mit dem Mordanschlag auf Ait Ahcene in Bonn einer der wichtigsten FLN-Leute in Deutschland erschossen worden. Die bundesdeutsche Polizei sei über die Hintergründe dieser Anschlagswelle informiert gewesen. Sie habe sogar Oberst Marcel Mercier darauf hingewiesen, daß »eine seiner Bomben« eines Tages auch unschuldige Zivilisten töten könnte. Es habe eine Zusage seitens bundesdeutscher Sicherheitsbehörden gegeben, dafür zu sorgen, daß aus der Bundesrepublik keine Waffenlieferungen mehr für die FLN erfolgten. Bei einer Waffenlieferung, die erst vor wenigen Tagen an Bord des von französischen Einheiten aufgebrachten tschechoslowakischen Frachters »Lidice« entdeckt und sichergestellt worden sei, habe es sich um die letzte Lieferung gehandelt, die von Puchert vor seinem Tod für die FLN in Auftrag gegeben worden sei. – Die Attentäter sind niemals gefaßt worden.

3. März Das nordrhein-westfälische Innenministerium gibt in **Düsseldorf** bekannt, daß der *Demokratische Kulturbund Deutschlands* (DKBD), das *Friedenskomitee der Bundesrepublik Deutschland*, die *Bewegung für gesamtdeutsche Verständigung* (BgV) und die *Gemeinschaftshilfe freier Wohlfahrtsverband e.V.* (GfW) als kommunistische Tarnorganisationen aufgelöst und verboten worden seien. Die Büros der vier Organisationen, die allesamt ihren Hauptsitz für das Gebiet der Bundesrepublik in Düsseldorf haben, sind in den frühen Morgenstunden von der Polizei geschlossen worden. Dabei habe man Wirtschaftseinrichtungen und Vermögenswerte beschlagnahmt. – Hausdurchsuchungen werden außerdem in **Essen**, **Dortmund**, **Bielefeld**, **Wuppertal**, **Köln** und **Bonn** durchgeführt. – Auf einer Pressekonferenz am darauffolgenden Tag in **Düsseldorf** erklärt Innenminister Josef Hermann Dufhues (CDU), die vier aufgelösten Vereinigungen seien von der SED gesteuert worden. Ihre Funktionäre hätten große Geldbeträge aus Ost-Berlin erhalten. Während der DKBD vor allem versucht habe, die westdeutsche Intelligenz für kommunistische Ziele zu gewinnen, hätten das *Friedenskomitee* und die *Bewegung für gesamtdeutsche Verständigung* eindeutig kommunistisches Gedankengut verbreitet. Die leitenden Funktionen in diesen beiden Organisationen seien zu 85% von ehemaligen KPD-Mitgliedern besetzt gewesen. Die *Gemeinschaftshilfe* stelle eine Nachfolgeorganisation der ehemaligen *Roten Hilfe* und der *Internationalen Arbeiterhilfe* dar. Sie habe hauptsächlich die Ferienkinderverschickung betrieben, sei als karitative Organisation anerkannt gewesen und aus den kommunalen Sozialfonds regelmäßig unterstützt worden. Allein in Nordrhein-Westfalen seien von ihr jährlich 3.000 Kinder in Ferienlager der DDR verschickt worden.

4. März Das Sekretariat des *Weltfriedensrates* in **Wien** wendet sich in einer Erklärung gegen Maßnahmen, die einen Tag zuvor gegen das *Friedenskomitee der Bundesrepublik Deutschland* in Nordrhein-Westfalen durchgeführt worden sind. Dabei sind Büros durchsucht, Materialien beschlagnahmt, Publikationen verboten und Hausdurchsuchungen bei Mitgliedern durchgeführt worden. Diese Maßnahme gegen eine Friedensorganisation, die sich immer gegen Militarisierung und Atombewaffnung sowie für eine friedliche Wiedervereinigung Deutschlands eingesetzt habe, heißt es, könne nur »zu einer Verschärfung der Spannung« führen.

4.-12.3.: Massenkundgebung in Ost-Berlin.

4.-12.3.: Chruschtschow bei seiner Rede in Leipzig.

4.-12. März Der sowjetische Ministerpräsident Nikita S. Chruschtschow besucht zum vierten Mal die **DDR**. Bei seinen Empfängen, Reden und anderen öffentlichen Auftritten nimmt er die Gelegenheit wahr, um gegen die ablehnende Haltung der Westmächte und der Bundesrepublik gegen den sowjetischen Friedensvertragsentwurf zu polemisieren. Auf einer Kundgebung in **Leipzig**, seiner ersten Station, unterstreicht er noch einmal, daß eine Friedenskonferenz unter Beteiligung von Vertretern beider deutscher Staaten zustande kommen müsse, um einen Friedensvertrag mit Deutschland abschließen zu können, der die Möglichkeit einer »Wiedergeburt des aggressiven deutschen Militarismus« ausschließe. Es gebe nur einen Weg zu einer friedlichen Wiedervereinigung Deutschlands; das sei der, den die Deutschen durch Verhandlungen »zwischen den beiden real bestehenden und souveränen deutschen Staaten« selbst bestimmen würden. Und bei einem Festbankett im Rathaus erklärt er einen Tag später: »Wir sind für die Wiedervereinigung Deutschlands. Mögen Herr Adenauer und Genosse Grotewohl zusammenkommen und sich darüber verständigen, und wir werden dafür stimmen, worüber sie sich einigen.«[51] Was die Berlin-Frage angehe, so werde sie sich mit der Unterzeichnung eines Friedensver-

trages lösen. Dann verlören alle noch bestehenden Besatzungsbestimmungen, die sich auf Berlin beziehen, ihre Gültigkeit. In ähnlicher Weise äußert sich Chruschtschow auch bei seinen Auftritten in **Ost-Berlin**, bei einem Empfang im Roten Rathaus, einer Kundgebung in der Werner-Seelenbinder-Halle, bei der er massiv gegen Bundeskanzler Adenauer und den Regierenden West-Berliner Bürgermeister Brandt polemisiert, und einem weiteren Empfang in der sowjetischen Botschaft Unter den Linden. Bei allen öffentlichen Auftritten während seines DDR-Besuchs wird Chruschtschow entweder von Ministerpräsident Otto Grotewohl oder dem Ersten Sekretär des Zentralkomitees der SED, Walter Ulbricht, begleitet.

5. März In **Pretoria** löst die südafrikanische Polizei mit einem Knüppeleinsatz die Demonstration von 2.000 schwarzen Frauen auf, die sich gegen die von der Regierung des Apartheidsstaates erlassenen Paßgesetze wenden.

6. März Unter dem Titel »Will Bonn Frieden?« spricht im Augustiner-Bräu in **München** der Vorsitzende des *Bundes der Deutschen* (BdD), Wilhelm Elfes, über die Voraussetzungen zu einer neuen Friedenspolitik. Elfes tritt dafür ein, den sowjetischen Friedensvertragsentwurf als einen konstruktiven Vorschlag für die Wiedervereinigung Deutschlands anzusehen. Die Bundesregierung dürfe sich nicht länger an einer Politik der Stärke orientieren.

KONGRESSDIENST

Hamburg   Herausgegeben vom Präsidium des STÄNDIGEN KONGRESSES   März/April 59
aller Gegner der atomaren Aufrüstung in der Bundesrepublik.   N U M M E R 8

Hände weg von Atom- u. Raketen-Waffen!

7. März Hauptredner auf der »IX. Gesamtdeutschen Arbeiterkonferenz« in **Leipzig** ist der sowjetische Ministerpräsident Nikita S. Chruschtschow. Vor 1.400 in Haus Auensee versammelten Arbeiterfunktionären aus beiden deutschen Staaten erklärt er: »Wir sind für die Einheit Deutschlands, und ihrer bedarf das deutsche Volk. Können aber die Völker der Welt ohne die Wiedervereinigung der beiden deutschen Staaten leben? Sie können es, ja, sie können ohnedem nicht schlecht leben. Können die Deutschen ohne Wiedervereingung leben? Jawohl, sie können es, sie können ohnedem sogar gut leben … Wir sind nicht für jede Wiedervereinigung. Und auch Ihr werdet, wie ich glaube, zugeben, daß man an die Frage der Wiedervereinigung vor allem vom klassenmäßigen Standpunkt aus herangehen muß … Wir sind geboren und leben nicht deswegen, um dem Kapitalismus nachzugeben … Wir sind für die Wiedervereinigung Deutschlands, und das deutsche Volk wird wiedervereinigt werden. Dies ist nur eine Frage der Zeit. Dabei ist es natürlich sehr wichtig, auf welcher Grundlage es vereinigt wird. Deshalb überhastet Euch nicht. Euch weht der Wind nicht ins Gesicht, durchdenkt alles gründlich.«[52] Am Ende verabschieden die Teilnehmer einen Appell an die

»Deutschen Arbeiter und Gewerkschafter«, in dem die Bildung einer Konföderation beider deutscher Staaten, eine Aktionseinheit zwischen Kommunisten und Sozialdemokraten zur Bekämpfung des »westdeutschen Militarismus« und der Abschluß eines Friedensvertrages gefordert werden.

7. März Mit einer Kundgebung und einem Schweigemarsch protestieren in **Wien** 25.000 Jugendliche gegen die Durchführung der kommunistischen Weltjugendfestspiele in der österreichischen Hauptstadt. Die »VII. Weltspiele der Jugend und Studenten für Frieden und Freundschaft« sollen vom 26. Juli bis zum 4. August in Wien stattfinden. Mit Transparenten wie »Geistige Freiheit für Boris Pasternak«, »Gastfreundschaft ja – kommunistische Tarnveranstaltungen nein« und »Betet für die Kirchen im Osten« ziehen die Demonstranten über die Ringstraße. Sie sind, häufig unter Führung von Pfarrern und Nonnen, mit Autobussen und Eisenbahnzügen aus allen Teilen Österreichs angereist. Aufgerufen zu der Protestaktion haben sämtliche katholischen Jugendorganisationen. Zusammen mit dem österreichischen *Bundesjugendring* haben sie eine Anti-Festival-Kampagne gestartet. – Der Korrespondent der »New York Times«, der von 50.000 Teilnehmern spricht, schreibt einen Tag später in seinem Bericht, daß es sich bei dem Umzug um »eine der größten Prozessionen in Wien nach dem Kriege« gehandelt habe.

7./8. März In **Schwerte** an der Ruhr versammeln sich 700 Delegierte des *Ständigen Kongresses gegen die atomare Aufrüstung der Bundesrepublik*, um über weitere Aktionen gegen die Stationierung britischer Raketenabschußbasen in Dortmund-Brackel zu beraten. Das Motto der Veranstaltung, die in den Räumen des »Freischütz« stattfindet, lautet: »Nur ein kernwaffenfreies Deutschland kann den Weg zum Frieden und zur Wiedervereinigung finden«. In seiner Begrüßungsansprache verliest der Schriftsteller Karlludwig Opitz Begrüßungstelegramme von Nobelpreisträger Bertrand Russell, dem *Labour*-Abgeordneten Sydney Silverman, Kirchenpräsident Martin Niemöller, Oberkirchenrat Heinz Kloppenburg, dem Schriftsteller Günther Weisenborn, dem Verleger Ernst Rowohlt und den Professoren Klara-Marie Faßbinder, Gerhard Gollwitzer, Walter Hagemann und Karl Taube. Als Redner treten der Berliner Theologieprofessor Heinrich Vogel, der Darmstädter Studentenpfarrer Herbert Mochalski, der Personalrat der Stadtwerke Mainz, Philipp Kunz, der Hamburger Medizinprofessor Kurt Gröbe und die Wuppertaler Professorin Renate Riemeck auf. Der »unbequeme Staatsbürger«, erklärt Riemeck, an ein Wort von Bundespräsident Heuss anknüpfend, sei-

7./8.3.: Die Zeitschrift »Kongressdienst« druckt die »Dortmunder Erklärung« ab und zeigt auf ihrem Titelbild Teilnehmer der Schwerter Protestveranstaltung.

7./8.3.: Vier der in Schwerte auftretenden Redner (v.l.n.r.): Die drei Professoren Kurt Gröbe, Renate Riemeck und Heinrich Vogel sowie Studentenpfarrer Herbert Mochalski.

7./8.3.: Blick auf das Präsidium; am Mikrophon Professor Heinrich Vogel.

das »Ideal der Demokratie«. Man sei entschlossen, Unrecht auch Unrecht und den Atomkrieg auch Massenmord zu nennen und man werde auch weiterhin »unbequemer Staatsbürger« bleiben. Großer Beifall kommt auf, als der Wedeler Betriebsratsvorsitzende Rolf Engel die Ergebnisse einer von Bürgern initiierten Volksbefragung bekanntgibt, die in der bei Hamburg gelegenen Kleinstadt zur Frage der Atombewaffnung durchgeführt worden ist. Von 8.074 der insgesamt 14.730 wahlberechtigten Einwohner haben sich danach jeweils über 92% gegen die Errichtung von Raketenbasen, die Fortsetzung von Atomwaffenversuchen und die Atombewaffnung generell ausgesprochen. Damit sei der Erweis erbracht, daß die Bevölkerung einer Stadt über alle politischen und konfessionellen Bindungen hinweg die Atombewaffnung ablehne und eine Volksbefragung in der gesamten Bundesrepublik notwendig wäre. Unter nicht endenwollenden Applaus ruft Engel aus: »Lieber heute einen Generalstreik, als morgen einen Atomkrieg!« Außerdem schildert der Augsburger Maler und Graphiker Carlo Schellemann, wie es zu

der Ausstellung »Künstler gegen den Atomtod« gekommen ist, die in München, Stuttgart, Nürnberg und Kassel von mehr als 20.000 Personen besucht worden ist. Zum Abschluß wird eine »Dortmunder Erklärung«, in der Mahnwachen und Demonstrationen als weitere Protestformen vorgeschlagen werden, ohne Gegenstimmen gebilligt. Darin heißt es: »Von Dortmund, das durch seinen Kampf gegen Atom- und Raketentod Vorbild deutscher Verantwortung geworden ist, rufen wir die Bevölkerung der Bundesrepublik: Leistet Widerstand, rettet das Leben, sichert den Frieden!«[53] Die vom Bundeskanzler verfolgte Politik, die das Motto »Erst stärker werden, dann verhandeln« trage, sei an ihrem Ende. Die mit dem sowjetischen Friedensvertragsentwurf gebotene Möglichkeit zur friedlichen Lösung der deutschen und europäischen Probleme dürfe nicht ungenutzt bleiben. – Am Sonntag lassen die Delegierten am Mahnmal im Rombergpark zu Ehren der dort von den Nazis am Karfreitag 1945 ermordeten Widerstandskämpfer einen Kranz niederlegen.

8. März In **Frankfurt** kommen mehr als 100 Förderer der Weltjugendfestspiele, die vom 26. Juli bis zum 4. August in Wien stattfinden sollen, zusammen, um sich über die ablehnende Haltung verschiedener bundesdeutscher Organisationen zu beraten. Der *Bundesjugendring* hatte sich bereits im Oktober 1958 gegen eine Teilnahme an der kommunistischen Großveranstaltung entschieden und das Präsidium der SPD erst wenige Tage zuvor allen Mitgliedern, die nicht von einer Teilnahme absehen oder sich an der Vorbereitung beteiligen wollen, mit dem Parteiausschluß gedroht. Eingeladen zu dem Treffen haben die Professoren Klara-Marie Faßbinder, Ernst Röttger, Leo Weismantel und Bernhard Wosien sowie der Journalist Helmut Rödl und der Verleger Ernst Rowohlt. In einer von den Teilnehmern verabschiedeten Erklärung heißt es, die Angriffe auf die kommenden Weltjugendfestspiele, in denen vor einem Vergleich der Veranstalter mit der *Hitler-Jugend* nicht zurückgeschreckt werde, seien »übelste Brunnenvergiftung«, mit der offenbar beabsichtigt werde, »die Jugend der Völker zu entzweien, anstatt sie zusammenzuführen«. Alle Jugendvereinigungen und Jugendlichen in der Bundesrepublik werden auch weiterhin aufgerufen, sich an dem Wiener Festival zu beteiligen, um »den Friedens- und Verständigungswillen auch der deutschen Jugend« zu dokumentieren.

8. März Eine Kundgebung mit Bundesverteidigungsminister Franz Josef Strauß in **Lörrach** (Südbaden) wird von Atomwaffengegnern gestört. Als der Minister mit zweistündiger Verspätung an der Festhalle eintrifft, wird er von mehreren hundert

Demonstranten mit Pfiffen und Protestrufen empfangen. Als Strauß durch ein von uniformierten Polizisten gebildetes Spalier geht, ertönen Slogans wie »Strauß raus!« und »Wir wollen unseren Führer sehen!«. Die Proteste setzen sich auch in der Halle fort. Noch bevor er ans Rednerpult gelangt, geht ein Pfeifkonzert über ihn hernieder. Dennoch kann Strauß seine Rede wie geplant halten.

8. März Der Vizepräsident des *Verbands der Kriegsbeschädigten, Kriegshinterbliebenen und Sozialrentner Deutschlands* (VdK), Richard Zöller, greift auf einer Protestkundgebung in **Ingolstadt** Bundesarbeits- und -sozialminister Theodor Blank (CDU) heftig an und bezeichnet seinen Entwurf zur Neuordnung der Kriegsopferversorgung als völlig unzureichend. Vor 1.600 Teilnehmern ruft er aus, es müsse endlich Schluß sein »mit dem sozialen Unrecht an den Kriegsopfern und den Wehrdienstbeschädigten der jungen Bundeswehr«.

8. März Auf einer weiteren VdK-Kundgebung in **Darmstadt** protestieren 1.500 Kriegsopfer gegen den Gesetzentwurf der Bundesregierung. Der Vorsitzende des baden-württembergischen VdK-Landesverbandes, Walter Hirrlinger, erklärt, die Kriegsopfer dürften nicht zu Fürsorgeempfängern abgestempelt werden. Zu Zwischenrufen kommt es, als der CDU-Bundestagsabgeordnete Eckhard Reith dem VdK vorwirft, er habe durch seine Öffentlichmachung des Referentenentwurfs die Vertraulichkeit der Beratungen gebrochen. Der sozialdemokratische Bundestagsabgeordnete Ludwig Metzger erklärt dagegen, daß seine Fraktion geschlossen die Forderungen des VdK unterstütze. Der Darmstädter VdK-Kreisvorsitzende Karl Meckes kündigt in seinem Schlußbeitrag an, daß sein Verband zu harten, aber legalen Kampfmaßnahmen greifen werde, falls alle Verhandlungsbemühungen am Starrsinn von Bundesminister Blank scheitern sollten.

8. März Der britische Gouverneur auf Zypern, Sir Hugh Foot, erläßt in **Nikosia** eine Amnestie für politische Gefangene. Daraufhin werden 49 Häftlinge freigelassen und 237 weitere mit freiem Geleit nach Griechenland abgeschoben. Foot sagt dem Anführer der Befreiungsorganisation EOKA, General Georgios Grivas, freies Geleit für dessen Ausreise nach Griechenland zu. – Einen Tag später gibt Grivas seinen Mitkämpfern den Befehl zur Niederlegung der Waffen. In einem Flugblatt, mit dem er sich an die Bevölkerung wendet, heißt es: »Infolge des Abkommens von Zürich, das vom Ethnarchen Makarios in London unterzeichnet wurde, bin ich verpflichtet, die Einstellung des Kampfes zu befehlen. Jene, die es ablehnen, dieses Abkommen zu akzeptieren, und die

Dortmunder Erklärung

des „Ständigen Kongresses aller Gegner der atomaren Aufrüstung in der Bundesrepublik"

Von Dortmund, das durch seinen Kampf gegen Atom- und Raketentod Vorbild deutscher Verantwortung geworden ist, rufen wir die Bevölkerung der Bundesrepublik auf:

Leistet Widerstand! Rettet unser Leben!
Sichert den Frieden!

Atomraketen vor die Tore Dortmunds — dieser Befehl von Adenauer und Strauß ist rücksichtslose Mißachtung der Sicherheit von Millionen Männern, Frauen und Kindern im Ruhrgebiet, ein Schlag gegen das Lebensrecht der ganzen Bevölkerung in der Bundesrepublik.

Aber Dortmund duldet nicht, daß ihm das Schicksal von Hiroshima und Nagasaki bereitet wird.

Überall, wo sich nach dem Beispiel von Dortmund auch die großen Organisationen der Arbeiterbewegung mit an die Spitze stellen, dort werden die Pläne der Adenauer und Strauß scheitern.

Noch ist die Gefahr nicht gebannt.

Die Atomrüstungspolitiker wollen im Ruhrgebiet ihren Willen durchsetzen, um dann in ganz Westdeutschland den Kampfwillen für Frieden, Freiheit und Sicherheit zu brechen.

Wir stehen zu Dortmund! Mit Dortmund schützen wir unseren Frieden, unser Leben, unsere Heimat!

Wir müssen heraus aus der Sackgasse,

in die uns die „Politik hart an den Rand des Krieges" geführt hat. Wir dürfen nicht mehr dulden, daß die Adenauer und Strauß durch ihr Festhalten an dieser gescheiterten Politik die Bundesrepublik nach Osten und nach Westen isolieren, jede Möglichkeit der innerdeutschen und internationalen Entspannung verhindern und uns in ein neues Stalingrad führen.

Schon einmal hat ein „Führer" gesagt: „Gebt mir vier Jahre Zeit und ihr werdet Deutschland nicht wiedererkennen." Als Folge dieser Jahre marschierten Deutschlands Männer in Tod und Verderben, erstickten Millionen deutsche Frauen und Kinder unter den Trümmern deutscher Städte.
Jetzt fordern die Herren Adenauer und Strauß zwei Jahre, die sie dazu benutzen wollen, die Bundesrepublik atomkriegsbereit zu machen. Diese zwei Jahre darf ihnen das deutsche Volk um seiner Existenz willen nicht lassen.

1952 bestand für uns die Möglichkeit, einen F r i e d e n s v e r t r a g zu erhalten und die W i e d e r v e r - e i n i g u n g auf dem Wege gesamtdeutscher Wahlen zu vollziehen.

Die Bundesregierung antwortete auf diese Angebote mit dem Abschluß der Pariser Militär-Verträge, dem Beitritt der Bundesrepublik zur NATO und der Einführung der allgemeinen Wehrpflicht.

1958 lag es allein an der Haltung der Bundesregierung, daß eine k e r n w a f f e n f r e i e Z o n e in Mitteleuropa nicht zustande kam. Damit wurde verhindert, daß an einem spannungsgeladenen Teil der Welt ein entscheidender Schritt zur Sicherung des Friedens getan werden konnte.

Auf dem Wege einer K o n f ö d e r a t i o n der beiden deutschen Staaten könnte eine Entspannung zwischen ihnen erreicht und eine Wiedervereinigung vorbereitet werden, das war und ist noch heute der Vorschlag der Deutschen Demokratischen Republik.

A d e n a u e r und S t r a u ß antworteten auf diese Angebote zur Befriedung mit der beschleunigten Durchführung ihrer Rüstungspläne, mit der Stationierung von Atomwaffen auf dem Territorium der Bundesrepublik und mit der Erklärung, d i e B u n d e s w e h r werde bis 1961 a t o m k r i e g s - b e r e i t sein.

Das kann und darf nicht geschehen

Die Politik des Kanzlers, „erst stärker werden, dann verhandeln" ist am Ende. Die jetzt mit dem Vorschlag einer Friedenskonferenz gebotene Möglichkeit zur friedlichen Lösung der deutschen und europäischen Probleme darf nicht wieder ungenutzt bleiben.

An Stelle der gescheiterten Politik Adenauers muß eine deutsche Politik treten, die unserem Volk folgende Rechte gibt:

> einen dauerhaften Frieden,
> seine volle Souveränität,
> die Befreiung von atomarer Bedrohung, und
> die friedliche demokratische Wiedervereinigung seines Landes.

den Wunsch haben, den Kampf fortzusetzen, würden nicht nur die zypriotische Bevölkerung, sondern möglicherweise auch die gesamte Nation spalten. Die Konsequenzen einer nationalen Spaltung würden viel schrecklicher sein als das von diesen Leuten vermutete Ergebnis des Abkommens. Ich, für meinen Teil, ziehe diese Lösung, auch wenn sie nicht diejenige ist, die wir erwarteten und die unsere Aspirationen befriedigt hätte, vor, da sie besser ist als eine nationale Spaltung, bei der wir alles verlieren würden.«[54] Statt zum Krieg rufe er zur Eintracht auf.

7./8.3.: Von den Delegierten angenommener Aufruf gegen die Stationierung von Atomraketen in Dortmund und die von der Bundesregierung verfochtene Politik der atomaren Aufrüstung.

9.3.: Mit demonstrativer Herzlichkeit begrüßt Chruschtschow (links) den SPD-Vorsitzenden Erich Ollenhauer zu einer Unterredung.

9. März Fünf arabische Studenten werden vom Disziplinargericht der Universität **Marburg** bestraft, weil sie antisemitische Flugblätter verteilt haben. Einem aus dem Libanon stammenden Studenten wird das Wintersemester 1958/59 aberkannt und vier Kommilitonen aus dem Libanon, Syrien und Jordanien wird für den Fall, daß sie noch einmal eine solche Aktion starten, mit dem Verweis von der Universität gedroht. Zwei aus dem Libanon stammende Beschuldigte hatten am 30. November 1958, dem Tag, an dem vor zehn Jahren von der UNO die Teilung Palästinas beschlossen worden war, in der hessischen Universitätsstadt ein Flugblatt verteilt, in dem es hieß, daß damit ein syrischer Landesteil »dem Weltjudentum« abgetreten worden sei. Daraufhin sei die Ortsgruppe des *Arabischen Studentenbundes in Deutschland* in Erscheinung getreten und habe unter der Überschrift »Hinaus aus Palästina!« ein eigenes Flugblatt hergestellt. In dem Text, für den die drei anderen Beschuldigten verantwortlich zeichnen, wird die Ansicht vertreten, imperialistische Mächte seien den Juden in Israel zu Hilfe geeilt, um einen Stützpunkt im Herzen der arabischen Welt zu errichten. Der Pressereferent der Universität erläutert das Urteil mit den Worten, daß die in den beiden Flugblättern aufgestellten Behauptungen als neue Form des Antisemitismus gewertet werden müßten. In ihnen ginge es nicht nur um eine innerarabische Auseinandersetzung, sondern auch um den Kampf gegen den Staat Israel.

9. März In der sowjetischen Botschaft Unter den Linden in **Ost-Berlin** treffen der Partei- und Regierungschef der UdSSR, Nikita S. Chruschtschow, und der SPD-Vorsitzende Erich Ollenhauer zu einem zweistündigen Gespräch über Fragen des Friedens und der Sicherheit sowie den Status von West-Berlin zusammen. – Nach Beendigung der Unterredung erklärt Ollenhauer vor Journalisten im Rathaus Schöneberg in **West-Berlin**, daß die Fragen zwar in einer sehr offenen Weise von beiden Seiten behandelt worden seien, es jedoch in einer Reihe von wichtigen Punkten keine Übereinstimmung gegeben habe. Unter Hinweis auf den vertraulichen Charakter des Gesprächs lehnt Ollenhauer es ab, Einzelheiten wiederzugeben. – Am Nachmittag bemerkt Chruschtschow im Rahmen einer Rede, die er auf der Kundgebung in der Werner-Seelenbinder-Halle hält, zu seiner Begegnung mit Ollenhauer, daß die deutschen Sozialdemokraten einst als beispielhaft für die Arbeiterklasse aller Länder gegolten hätten. Er wünschte ihnen, daß sie ihre Verantwortung vor der Geschichte der Arbeiterklasse wahrnehmen und ihre Anstrengungen auf die Lösung der für das deutsche Volk lebenswichtigen Fragen konzentrieren

würden: »Und wenn sie dieses Verständnis nicht zeigen, wenn sie nicht alles tun, was sie für das Wohl des Volkes und für den Frieden tun müssen, dann wird ihnen das die Geschichte niemals verzeihen.«[55] – Einen Tag später bedauert Chruschtschow bei einem Empfang, daß der Regierende Bürgermeister von West-Berlin, Willy Brandt, eine an ihn ergangene Einladung ausgeschlagen habe. – Brandt hatte am 9. März die Einladung nach einer Sondersitzung des Senats und einem Besuch des politischen Beraters des US-Militärbefehlshabers von Berlin in einem Schreiben mit dem Argument abgelehnt, dem Regierenden Bürgermeister stehe es nicht an, mit derjenigen Macht Unterredungen zu führen, welche den Status von Berlin einseitig abzuändern versuche. Solche Unterredungen könnten nur zwischen den Mächten stattfinden, die die »Verantwortung für Berlin kraft der geltenden Verträge« trügen.

9. März In der vom Außenministerium der DDR herausgegebenen **»Außenpolitischen Korrespondenz«** wird auf die zunehmende Häufung antisemitischer Vorfälle in der Bundesrepublik hingewiesen. Es heißt, die antisemitischen Aktionen seien gesteuert und würden von Ministern der Bundesregierung inspiriert.

9. März In einem am 20. Oktober 1958 eröffneten Verfahren gegen den ehemaligen Gauleiter von Ostpreußen und Reichskommissar in der Ukraine, Erich Koch, spricht das Woiewodschaftsgericht von **Warschau** nach der Vernehmung von mehreren hundert Zeugen das Urteil. Es verurteilt den Angeklagten, der bis zuletzt jede persönliche Schuld geleugnet hat, »... als einen der glühendsten Unterstützer der menschenmörderischen Pläne des Nationalsozialismus, der in voller Kenntnis aller Vorgänge gehandelt hat, mit der schwersten Strafe, die das polnische Gesetz vorsieht – mit der Todesstrafe.«[56] Aus Zeugenaussagen, Dokumenten und Expertengutachten zieht das Gericht den Schluß, daß Erich Koch für den Tod von über 72.000 Polen und etwa 200.000 Juden, die in den ihm unterstehenden Gebieten umgebracht worden sind, verantwortlich ist. Im Gegensatz zu seinen Aussagen sei er über diese Verbrechen vollständig informiert gewesen. Durch die Ausführung verbrecherischer Anweisungen der nationalsozialistischen Behörden habe er sich der Verletzung elementarer Menschenrechte schuldig gemacht. Koch habe, und das komme erschwerend hinzu, den Massenmord durch Vergeltungsmaßnahmen und Standgerichte durchführen lassen. Darüber hinaus sei er auch über das Programm der Judenausrottung und der Vernichtung der polnischen Intelligenz informiert gewesen. – Ein Revisionsgesuch Erich Kochs wird im November vom Obersten Gerichtshof in **Warschau** zurückgewiesen. – Eines von mehreren Gnadengesuchen wird im März 1960 vom polnischen Staatsrat endgültig abgelehnt. Dennoch wird das Todesurteil gegen den inzwischen 63jährigen wegen dessen schlechten Gesundheitszustandes nicht vollstreckt. Zu einem späteren Zeitpunkt wird es dann in eine lebenslängliche Haftstrafe umgewandelt.

9.-11. März Aus Protest gegen die Atombewaffnung der Bundeswehr führen Mitglieder verschiedener antimilitaristisch eingestellter Jugendorganisationen auf verschiedenen Plätzen in **Hannover** eine Atommahnwache durch. Die Aktion, die jeweils von 9 bis 19 Uhr dauert, beginnt am Klagesmarkt, wird auf dem Stefansplatz fortgeführt und endet am Friedrich-Ebert-Platz. – Auf einer Kundgebung, die einen Tag darauf in den Casino-Sälen stattfindet, spricht der evangelische Kirchenpräsident Martin Niemöller. Als Veranstalter zeichnen die *Kirchliche Bruderschaft*, die *Gesellschaft für christlich-jüdische Zusammenarbeit*, die *Westdeutsche Frauen-Friedensbewegung* (WFFB) und die *Vereinigung der Verfolgten des Naziregimes* (VVN).

10. März Mit einer Ansprache des Parteivorsitzenden Wilhelm Elfes eröffnet der *Bund der Deutschen* (BdD) in den Hansahaus-Sälen in **Hannover** den niedersächsischen Landtagswahlkampf. Anstatt sich jedoch zu landespolitischen Fragen zu äußern, spricht Elfes unter dem Titel »Will Bonn Frieden?« über außen- und deutschlandpolitische Probleme. Der Mitbegründer der CDU und erste Nachkriegsoberbürgermeister von Mönchengladbach wirft der Bundesregierung vor, daß sie immer noch auf einer Politik der Stärke beharre und sich damit die Möglichkeiten zu einer Wiedervereinigung Deutschlands verbaue. Weder Franzosen noch Engländer würden eine Spaltung ihres Landes für Jahre oder gar Jahr-

zehnte dulden und die Wiederherstellung ihrer nationalen Einheit fremden Staaten überlassen. Deutschland müsse selbst aktiv werden, konkret Verhandlungsbereitschaft zeigen und dabei neue Wege gehen. Elfes schlägt vor, daß die Bundesrepublik aus der NATO und die DDR aus dem Warschauer Pakt austreten und sich dann an der Bildung einer atomwaffenfreien und militärisch verdünnten Zone beteiligen sollten.

10. März Das Zentralorgan der SED »Neues Deutschland« berichtet über eine Zusammenkunft zwischen der Kulturkommission des SED-Politbüros und »Theaterschaffenden« in **Ost-Berlin**. Nach einem schon seit langem andauernden Konflikt über die »sozialistische Perspektive des Theaters« hat der Schriftsteller Alfred Kurella die Aufgabe übernommen, ideologische Abweichler unter Intendanten, Regisseuren und Schauspielern wieder auf die Linie der Partei zu verpflichten. In dem Artikel heißt es: »Die mehrstündige Auseinandersetzung beschäftigte sich unter anderem mit den Auffassungen des Genossen Heiner Kipphardt, die ihren praktischen Niederschlag in seiner Tätigkeit als Chefdramaturg des Deutschen Theaters und auch in seinem künstlerischen Schaffen gefunden haben. Die Diskussion ergab, daß die ernsten Mißgriffe der ersten Inszenierung von Remarques ›Letzte Station‹ die Bevorzugung von Stücken wie Orffs ›Astutuli‹ oder Giraudoux ›Amphitryon 38‹ vor Werken unserer sozialistischen Dramatiker am Deutschen Theater darauf zurückzuführen sind, daß Genosse Kipphardt revisionistische Überzeugungen vertrat. Er hob die Anerkennung des sozialistischen Realismus in Worten dadurch wieder auf, daß er ihn durch den Begriff eines ›dialektischen Theaters‹ zu ergänzen vorschlug; er bekannte sich zur führenden Rolle der Partei in den Fragen der Kultur, negierte diese aber in seiner Praxis...«[57] Eine weitere Zielscheibe für die Angriffe seitens der SED-Kulturfunktionäre ist seit längerer Zeit Wolfgang Langhoff, Intendant des Deutschen Theaters. Über ihn heißt es in dem Artikel: »Genosse Langhoff stimmte den in der Diskussion gewonnenen Erkenntnissen zu und legte dar, daß er im Verlauf der letzten Wochen Klarheit über seine eigenen Versäumnisse und ihre ideologischen Wurzeln gewonnen habe ... Genosse Langhoff berichtete von seinen Aussprachen in Berliner Betrieben. Ausgehend von den dabei gewonnenen Erkenntnissen, erklärt er seine Bereitschaft, mit einer Brigade, die um den Titel ›Brigade der sozialistischen Arbeit‹ kämpft, eng zusammenzuarbeiten und so seine Beziehungen zur Arbeiterklasse wieder zu festigen.«[58] Langhoff hat sich, dem Artikel zufolge, anschließend von Kipphardt distanziert und die Ver-

10.-31.3.: Zehntausende von Tibetanern fliehen wegen des Eingreifens chinesischer Truppen nach Indien.

pflichtung abgegeben, noch im laufenden Jahr die Inszenierungen »Neuland unter dem Pflug«, »Professor Mamlock« und »Studentenkomödie« in den Spielplan aufzunehmen.

10.-31. März In der tibetanischen Hauptstadt **Lhasa** beginnt am Neujahrstag ein Aufstand gegen die chinesischen Machthaber. Als sich der Dalai Lama, das politische und religiöse Oberhaupt des tibetanischen Priesterstaates, der sich seit 1951 unter der Oberhoheit der Volksrepublik China befindet, ohne Begleitung zu einer Theatervorstellung in die chinesische Militärkommandantur begeben soll, wird er von Pilgern und Mönchen, die einen Hinterhalt befürchten, daran gehindert. Etwa 10.000 Tibeter versammeln sich vor dem Norbulingka, dem Sommerpalast des Dalai Lama, und blockieren die Ausfahrt. Die Menge zieht anschließend durch die Straßen und verbreitet Unabhängigkeitsparolen. Als hohe tibetische Funktionäre einzuschreiten versuchen, werden sie von bewaffneten Mönchen angegriffen. Dabei kommt es zu zahlreichen Todesopfern. Von Lhasa aus breiten sich die Unruhen auf andere Orte Tibets aus. Als zwei Tage darauf eine Delegation tibetischer Frauen

die diplomatischen Vertreter Indiens, Nepals, Sikkims und Bhutans auffordern, sie zum chinesischen Militärkommandanten zu begleiten, um als Zeugen der Übergabe eines Manifests beizuwohnen, in dem der 1951 zwischen Tibet und China abgeschlossene 17-Punkte-Vertrag wegen fortwährender Verletzungen für ungültig erklärt wird, lehnen sie dieses ab. Am 17. März wird der Potala-Palast, in dem der Dalai Lama seinen Sitz hat, von Granatwerfern beschossen. Die Geschosse verfehlen jedoch ihr Ziel und landen in einem nahegelegenen Teich. Auch die Jokhang-Kathedrale, die medizinische Hochschule Chokpone, der Sommerpalast des Dalai Lama und die Klöster Sera und Drepung werden bombardiert. Laut »Hsinhua« werden in den beiden Klöstern 13.000 Mönche von chinesischen Sicherheitskräften festgenommen. Am 19. März erklärt das tibetische Kabinett, der Kascha, den Vertrag von 1951 für ungültig und proklamiert die Unabhängigkeit Tibets. Zur selben Zeit werden die chinesischen Garnisonen in Lhasa von Bewaffneten angegriffen. Daraufhin fordert der chinesische Militärgouverneur die chinesische Armee zur Mithilfe bei der Niederschlagung des Aufstands auf. Nach heftigen Kämpfen meldet die chinesische Nachrichtenagentur »Hsinhua« am 22. März, daß die Ruhe in Tibet wiederhergestellt sei, die Läden wieder geöffnet hätten und die Betriebe wieder arbeiteten. Am 28. März ordnet der chinesische Ministerpräsident Tschu En-lai die Auflösung der tibetischen Regierung an und überträgt die Regierungsgeschäfte an den als chinafreundlich geltenden Pantschen Lama, das zweite religiöse Oberhaupt der Tibeter. Dieser läßt in einer tags darauf an Mao Tse-tung abgesandten Ergebenheitsadresse verlauten, daß er bereit sei, in Abwesenheit des Dalai Lama die Geschäfte zu führen. Er werde keinerlei Anstrengungen scheuen, um die Bevölkerung zu einigen und die chinesische Befreiungsarmee bei ihrem Kampf gegen die Aufständischen zu unterstützen. Die Rebellion sei das Werk von Vertretern reaktionärer Oberschichten, die von Imperialisten und nationalchinesischen Konterrevolutionären unterstützt würden. Der 23jährige Dalai Lama, der sich auf die größere Anhängerschaft der rund 1,2 Millionen Tibeter stützen kann, tritt aufgrund der immer aussichtsloser werdenden militärischen Lage die Flucht an und trifft am 31. März in Begleitung von 80 Personen an der indischen Nordostgrenze ein. Schätzungen zufolge sollen bei den Kämpfen 2.000 chinesische Soldaten den Tod gefunden haben. Über die Opfer auf tibetischer Seite werden keine Zahlenangaben gemacht. – Der indische Ministerpräsident Jawaharlal Nehru gibt am 3. April im Parlament in **Neu Delhi** bekannt, daß einem Asylantrag des Dalai

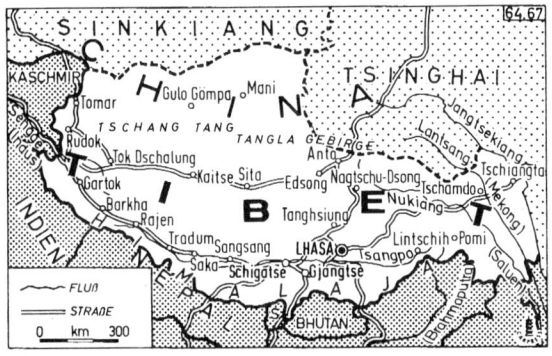

Lamas stattgegeben worden sei. Er werde nicht als politischer Flüchtling, sondern als »Ehrengast Indiens« betrachtet.

11. März In den Astoriasälen in **Oldenburg** (Niedersachsen) weist auf einer Protestkundgebung der Vertreter der Hauptgeschäftsstelle des *Verbands der Kriegsbeschädigten, Kriegshinterbliebenen und Sozialrentner Deutschlands* (VdK), Bodo Stahr, die von ihm als verfehlt bezeichneten Reformpläne von Bundesarbeitsminister Theodor Blank (CDU) zur Kriegsopferversorgung zurück. Vor 1.500 Teilnehmern versucht er detailliert nachzuweisen, daß nur eine durchgreifende Erhöhung der Grundrenten zur Lösung der materiellen Probleme führen könne.

11. März Zum Gedenken an die revolutionären Arbeiter und Matrosen, die bei den Märzkämpfen in Berlin vor 40 Jahren ermordet worden sind, wird im **Ost-Berlin**er Stadtteil Lichtenberg eine Gedenkstätte eingeweiht. An der Zeremonie in der Möllendorffstraße beteiligen sich neben Veteranen auch Matrosen der NVA aus Rostock, Betriebskampfgruppen der SED und Betriebsdelegationen aus Lichtenberg und Friedrichshain.

11. März US-Präsident Dwight D. Eisenhower tritt auf einer Pressekonferenz in **Washington** der vor allem aus Kreisen der *Demokratischen Partei* vorgebrachten Kritik an der Reduzierung der Truppenstärke in Armee und Marine entgegen. Er erklärt es für überflüssig, weitere US-Divisionen nach Europa zu entsenden. Die USA würden nicht die Absicht hegen, in Europa einen Bodenkrieg gegen die Sowjetunion zu führen. Auf die Frage, ob die USA West-Berlin gegebenenfalls mit Nuklearwaffen verteidigen wollten, reagiert Eisenhower mit den Worten, daß er nicht wisse, wie irgendjemand durch solche Waffen befreit werden könne. Es sei nicht mög-

10.-31.3.: An der indischen Grenze zur Provinz Assam wird der Dalai Lama von Regierungsvertretern empfangen.

10.-31.3.: Karte von Tibet.

10.-31.3.: Der Dalai Lama (links) und der Pantschen Lama, die beiden religiösen Oberhäupter der Tibetaner.

lich, jemandem dadurch zu Hilfe zu kommen, daß man ihn vernichte. Ein mit Nuklearwaffen geführter Krieg wäre für alle Seiten selbstzerstörerisch.

11.-17.3.: Die beiden SPD-Politiker Carlo Schmid (links) und Fritz Erler vor ihrem Abflug nach Moskau.

11.-17. März Die beiden Mitglieder des SPD-Parteivorstands, Fritz Erler und Carlo Schmid, halten sich zu einem mehrtägigen Besuch in **Moskau** auf. Dabei werden sie von dem sowjetischen Partei- und Regierungschef Nikita S. Chruschtschow zu einer Unterredung empfangen. – Nach ihrer Rückkehr zeigen sich die beiden sozialdemokratischen Politiker tief enttäuscht von der Unbeweglichkeit, mit der Chruschtschow seine bekannten Thesen zur Deutschlandpolitik und zur Statusfrage von West-Berlin vertreten hat. In Interviews des <u>Hessischen</u> und des <u>Bayerischen Rundfunks</u> zeigen sie sich bestürzt von der Entschlossenheit, mit der die Sowjetunion ihre deutschlandpolitischen Absichten offenbar auch ohne Rücksichtnahme auf westliche Widerstände zu verfolgen versuche. Keiner der dagegen vorgebrachten Einwände sei auf irgendeine erkennbare Resonanz gestoßen. Nach den kennengelernten Vorstellungen könne nicht daran gezweifelt werden, daß die Sowjetunion schon heute davon ausgehe, daß Berlin staats- und völkerrechtlich zum Territorium der DDR gehöre. Schmid bedauert rückblickend, um wieviel einfacher es gewesen wäre, auf der Grundlage der sowjetischen Note vom 10. März 1952 zu verhandeln. Und Erler meint zustimmend, im nachhinein erschiene manche der damaligen Noten »wie ein Traum«. Das Wettrüsten auf deutschem Boden habe die Lage seitdem maßgeblich verschärft und die sowjetische Haltung verhärtet. Einerseits dürfe man sich nicht von der Sowjetunion erpressen lassen, andererseits aber komme es darauf an, einen Beitrag zu leisten, um die in Aussicht stehenden Verhandlungen nicht ergebnislos verlaufen zu lassen.

12.3.: »Denkmal zur ewigen Erinnerung an die goldenen Worte, die der Bundespräsident bei seinem ersten Zusammentreffen mit der Bundeswehr prägte.« Karikatur aus dem »Simplicissimus«.

12.3.: Bundespräsident Theodor Heuss.

12. März Der Parteivorstand der SPD beschließt in **Bonn** die Aufstellung neuer Arbeits-und Organisationsrichtlinien für die *Jungsozialisten*. In den Ortsvereinen der SPD sollen <u>*Arbeitsgemeinschaften der Jungsozialisten*</u> gebildet werden, die als integraler Teil der Parteiarbeit anzusehen sind. Die Altersgrenze wird von 30 auf 35 Jahre angehoben. Fortan ist es auch Parteilosen gestattet, bei den Jungsozialisten mitzuarbeiten; allerdings können sie keine Funktionärspositionen in der Arbeitsgemeinschaft übernehmen.

12. März Bundespräsident Theodor Heuss erklärt vor 800 Offizieren und Offiziersanwärtern in der im **Hamburg**er Stadtteil Blankenese gelegenen Führungsakademie der Bundeswehr: »Die Zeit des ›Ohne-mich‹ ist endgültig vorbei.«[59] Die »Ohne-mich«-Haltung in den ersten Diskussionen um die Einführung der Bundeswehr, betont er, hätte zu einer Zerstörung der demokratischen Ordnung führen können. Nun habe er allerdings »das Gefühl, daß die Dinge auf dem richtigen Weg« seien. Heuß, dessen zweite Amtszeit abläuft, wird bei seinem Abschiedsbesuch von Bundesverteidigungsminister Franz Josef Strauß, Brigadegeneral Heinz Ludwig Gaedcke, Konteradmiral Bernhard Rogge, der Erste Bürgermeister Max Brauer und Bürgerschaftspräsident Adolph Schönfelder begleitet. – Unter dem Stichwort »Ohne-mich« hatte sich eine breite Bewe-

gung vor allem junger Menschen gegen die noch vor Ausbruch des Koreakrieges einsetzenden Remilitarisierungsbestrebungen in der Bundesrepublik gewendet.

12. März Nach einem Fackelzug, der in **Hamburg** von der U-Bahnstation Hoheluft zum Winterhuder Fährhaus führt, veranstaltet dort der *Bund der Deutschen* (BdD) eine Kundgebung gegen die Bonner Außen- und für eine neue Friedens- und Entspannungspolitik. Vor mehreren 1.000 Zuhören referieren der Würzburger Professor Franz Paul Schneider vom *Fränkischen Kreis* und der BdD-Vorsitzende Wilhelm Elfes. Sie kritisieren den außenpolitischen Kurs der Bundesregierung und fordern zu einem konstruktiven Verhältnis zum sowjetischen Friedensvertragsentwurf auf. Die Wiedervereinigung Deutschlands könne nur durch den Abschluß eines Friedensvertrages und die Bildung einer Konföderation zwischen beiden deutschen Staaten erreicht werden.

12. März Auf einer SPD-Kundgebung zum DDR-Besuch Chruschtschows im **West-Berlin**er Sportpalast erklärt der Regierende Bürgermeister Willy Brandt, die Sowjetunion wolle offenbar nichts mehr von ihrem am 27. Mai ablaufenden Berlin-Ultimatum hören. Sie habe wohl eingesehen, daß sie die Westmächte nicht einfach aus West-Berlin drängen könne. Neue Vorschläge von ihrer Seite, wie die über eine Sicherung des Berlin-Verkehrs, müßten noch genauer geprüft werden. Eine Zwischenlösung wie die Stationierung sowjetischer Truppen in West-Berlin komme, wie Brandt unterstreicht, in keinem Fall in Frage.

12. März In einem Interview, das der britische Journalist Sefton Delmer für den »Daily Express« mit dem Ersten Sekretär des SED-Zentralkomitee in **Ost-Berlin** führt, erklärt Walter Ulbricht, daß der Friedensvertragsentwurf der UdSSR mit seinen Forderungen nach einem Verbot aller Nuklearwaffen in beiden deutschen Staaten, dem Austritt aus der NATO und dem Warschauer Pakt und dem Rückzug ausländischer Truppen von deutschem Territorium bereits die zweckmäsigste Form des Disengagements sei. – Im Gegensatz zum »Daily Express«, der in einem Artikel Delmers vom 16. März nur wenige wörtliche Zitate von Ulbricht verwendet, publiziert das SED-Zentralorgan »Neues Deutschland« am 17. März den vollständigen Text des Interviews.

13./14. März Mit einer Reihe von Veranstaltungen und verschiedenen Aktionsformen protestieren in **Dortmund** Atomwaffengegner gegen die Stationierung des 47. britischen Fernlenkwaffen-Regiments auf einem im Vorort Brackel gelegenen Flugplatz.

Die Aktionen werden dort um 18 Uhr mit einer Atommahnwache eröffnet, an der sich auch Oberkirchenrat Heinz Kloppenburg und Kirchenpräsident Martin Niemöller beteiligen. Zwei Stunden später referiert Niemöller auf einer Tagung der *Arbeitsgemeinschaft Deutscher Friedensverbände* im Reinoldi-Saal der Handwerkskammer über das Thema »Der Friede als politische Aufgabe«. »Mit dem Pazifismus allein,« erklärt der Pastor, »ist uns nicht mehr gedient, wenn kein politisches Handeln damit verbunden ist. Wir dürfen keine Ruhe geben, so lange es eine Politik der Stärke gibt. Unser Handeln hat von gegebenen Realitäten auszugehen.«[60] Um die Mittagszeit des darauffolgenden Tages versammeln sich auf dem Marktplatz von Brackel 1.000 Stationierungsgegner zu einer Protestkundgebung. Wie so oft sprechen die beiden Professoren an der Pädagogischen Akademie in Wuppertal, Renate Riemeck und Johannes Harder. Anschließend brechen die Teilnehmer zu einer Demonstration auf. Auf ihrem Marsch zum Flughafen tragen vier Demonstranten an der Spitze eine an einem Holzgestell befestigte lebensgroße Generalspuppe mit einem strahlend weißen

12.3.: Die Teilnehmer eines Fackelumzuges in Hamburg fordern eine Konföderation zwischen beiden deutschen Staaten.

13./14.3.: Der britische Pazifist Stuart Morris (Mitte) wendet sich an die Teilnehmer des Sitzstreiks in Dortmund-Brackel.

Totenkopf, die unter einem Arm eine Atomrakete trägt. Während des Marsches sind Sprechchöre mit Parolen zu hören wie: »Atomraketen zu Gottes Ruhm – was ist das für ein Christentum?« Nach Abschluß des Protestmarsches, der von einem starken Polizeiaufgebot begleitet wurde, lassen sich

rund 250 Atomwaffengegner zu einem einstündigen Sitzstreik vor dem Kasernentor nieder. Die Einfahrt ist blockiert, kein Jeep oder Lkw kann mehr passieren. Zahlreiche Dortmunder Einwohner haben sich versammelt, um zuzusehen, was nun geschieht. Zunächst versucht ein Dutzend deutscher Polizisten die Demonstranten durch Zureden zur Aufgabe ihrer Aktion zu bewegen. Dann erscheinen mehrere Fahrzeuge des britischen und des kanadischen Fernsehens sowie verschiedener Wochenschau-Gesellschaften. Plötzlich taucht am Schilderhaus der britische Unterhausabgeordnete und Generalsekretär der *War Resisters International* (WRI), Stuart Morris, auf. In einer kleinen Ansprache erklärt er, wie dankbar er sei, daß hier zum ersten Mal in Deutschland ein Sitzstreik nach britischem Vorbild durchgeführt werde. Als die Sitzstreikenden versuchen, einige Spruchbänder zu entrollen, werden sie ihnen von der Polizei abgenommen. Sie verlegen sich nun darauf, Sprechchöre zu skandieren. Nach einer weiteren erfolglosen Aufforderung, die Einfahrt zu räumen, greift sich die Polizei einen der in der ersten Reihe sitzenden Demonstranten heraus und führt ihn ab. Unter dem Surren mehrerer Kameras wird er mit Hilfe von Rippenstößen und einigen Knüffen in die Wachstube der Briten gezerrt. Es ist Hasso Friederici, ein Mitglied der *Internationale der Kriegsdienstgegner* (IdK) und der *Sozialistischen Jugend Deutschlands – Die Falken*. Während er von mehreren britischen Soldaten in Empfang genommen wird, die ihm versichern, daß sie selbst mitdemonstrieren würden, wenn sie in Zivil wären, ertönen von draußen Sprechchöre, mit denen seine Freilassung gefordert wird. Und tatsächlich – nach nicht allzu langer Zeit wird Friederici wieder herausgeführt und freigelassen. Die Polizei gibt ihm die Zusage, daß er keine strafrechtlichen Folgen zu befürchten habe. Anschließend führen die Atomwaffengegner noch eine Pressekonferenz mit Morris durch und begeben sich zu der rund 500 Meter von der Kaserne entfernten Mahnwache. Für die letzte Nacht der Protestaktion finden sich 15 Demonstranten bereit, mit ihren Fackeln auszuharren. – Das Versprechen der Polizei wird nicht eingehalten. Am 28. März 1960 muß sich Friederici vor einem Schöffengericht des Amtsgerichts **Dortmund** wegen Aufruhrs und Landfriedensbruchs verantworten.

14. März Der Parteivorstand der SPD in **Bonn** schließt die drei Sozialdemokraten Otto Stolz, Ernest J. Salter und Wolfgang Hoffmann-Harnisch mit sofortiger Wirkung aus der Partei aus. Stolz, stellvertretender Chefredakteur der DGB-Zeitung »Welt der Arbeit«, hatte sich am 20. Februar in Köln zum dritten Vorsitzenden des als antikommunistisch eingeschätzten *Komitees »Rettet die Freiheit!« e.V.* wählen lassen. Die beiden anderen SPD-Mitglieder hatten ebenfalls an der Kölner Gründungskonferenz teilgenommen. Der Parteivorstand hatte die drei vergeblich aufgefordert, ihren Austritt aus der der Bundesregierung nahestehenden Organisation zu erklären.

14. März Auf einer Kundgebung des *Verbands der Kriegsbeschädigten, Kriegshinterbliebenen und Sozialrentner Deutschlands* (VdK) in **Freiburg** protestieren 4.000 Mitglieder gegen die als unzureichend angesehenen Pläne zur Reform der Kriegsopferversorgung von Bundesarbeitsminister Theodor Blank (CDU). – Zu weiteren Protestkundgebungen des VdK kommt es am selben Tag in **Rottweil** (Baden-Württemberg) und **Amberg** (Bayern).

15. März An einer Protestkundgebung des VdK-Landesverbands Rheinland-Pfalz in **Trier** beteiligen sich 5.000 Mitglieder zusammen mit ihren Angehörigen. – Weitere Kundgebungen gegen die Reformabsichten von Bundesarbeitsminister Theodor Blank (CDU) finden in **Traben-Trarbach** an der Mosel, **Altenkessel** (Saarland), **Weiden** (Bayern) und **Wiesenthal** (Baden-Württemberg) statt.

16. März In **München** legen der SPD-Unterbezirk und eine Gruppe sozialdemokratischer Emigranten aus Osteuropa, die sich *Internationale Arbeitsgemeinschaft* nennt, auf einer Pressekonferenz ein Weißbuch über die Aktivitäten ungarischer Neofaschisten in der Bundesrepublik vor. Das umfangreiche Dokumentationsmaterial soll belegen, daß sich nach Kriegsende Funktionäre und Anhänger der ungarischen *Pfeilkreuzler-Partei*, einer Nachahmung der NSDAP, vor allem in Österreich und in Bayern niedergelassen haben. Zwar sind die Anführer der damaligen Bewegung im März 1946 in Ungarn hingerichtet worden, wesentliche Teile dieser Organisation existieren jedoch im Rahmen der 1935 von Ferenc Szálasi gegründeten *Hungaristischen Bewegung* fort. In ihrer in einer Auflage von 3.700 Exemplaren hergestellten Monatszeitschrift »Cel« (auf deutsch: Ziel) werde, so wird erläutert, systematisch antisemitische und neonazistische Hetze betrieben. Das Blatt, das in seiner Mehrzahl kostenlos versandt wird, richte unter der Masse der politisch zumeist schlecht informierten ungarischen Emigranten großen ideologischen Schaden an. Sitz der *Hungaristischen Bewegung* ist München. Ein ähnlich gefährliches Blatt sei die zweimonatlich erscheinende Zeitschrift »Hidverök« (auf deutsch: Brückenbauer), die auf dem bei Neumarkt-St. Veit (Niederbayern) gelegenen Schloß Taising hergestellt werde. Dort existiere sogar ein von dem ehemaligen ungarischen NS-Minister Arpad Henney geleitetes

13./14.3.: Kirchenpräsident Niemöller (Mitte) und Oberkirchenrat Kloppenburg (rechts) eröffnen unweit des Flugplatzes eine Atommahnwache.

13./14.3.: Sitzstreik vor der Zufahrt zum Kasernentor in Dortmund-Brackel.

»Institut zur Erforschung neuzeitlicher Geschichte und Gesellschaft«. Der SPD-Unterbezirksvorsitzende Hans Demeter erklärt, daß es sich zwar nur um eine Minorität unter den 30.000 in der Bundesrepublik lebenden ungarischen Emigranten handle, diese jedoch nicht unterschätzt werden dürfe. Sie sei straff organisiert und terrorisiere die Mehrheit mit ihrer Hetzpropaganda. Dabei wisse niemand, aus welchen Quellen die Gelder stammten, mit denen sie ihren Apparat finanzierten. Der Vorsitzende der *Internationalen Arbeitsgemeinschaft*, Alexander Tiplt, berichtet, daß das gesamte ihnen zur Verfügung stehende Material dem bayerischen Justizministerium zugeleitet worden sei. Ein Oberstaatsanwalt habe ihnen erklärt, daß es nach der deutschen Rechtslage nicht möglich sei, gegen diese Umtriebe vorzugehen. Durch die organisatorischen und publizistischen Aktivitäten der Exil-Ungarn werde die demokratische Ordnung der Bundesrepublik nicht unmittelbar gefährdet. Der Generalsekretär der freien ungarischen Gewerkschaften in der Bundesrepublik, Ernö Király, ergänzt, sie seien von den Justizbehörden belehrt worden, daß selbst das Gesetz gegen Rassenwahn und Völkerhaß keine

13./14.3.: Der Wagen eines britischen Offiziers kommt nicht zum Kasernentor durch, weil Atomwaffengegner die Zufahrt blockieren.

18.3.: Herbert Wehner.

18.3.: Flugblatt der SPD.

18.3.: »Parteiregie« – Karikatur aus dem »Simplicissimus«.

18.3.: Der vom SPD-Vorstand herausgegebene Text.

Handhabe biete, den antisemitischen Umtrieben dieser Leute das Handwerk zu legen. Nachdem die deutsche Justiz sich als machtlos erwiesen habe, sagt Demeter, wolle man mit dem Weißbuch an die Öffentlichkeit treten. Die darin vorgestellten Dokumente sollen nun einer Reihe von Bundestagsabgeordneten übergeben werden.

16. März Auf einer Pressekonferenz in **Johannesburg** spricht sich Bundesernährungsminister Heinrich Lübke (CDU) lobend über die Apartheidspolitik der südafrikanischen Regierung aus. Die »Rassenprobleme« desLandes befänden sich bei ihr »in guten Händen«. Wegen der mannigfaltigen Erfahrungen, die die Regierung mit ihrer Politik einer strikten Rassentrennung gesammelt habe, schlage er vor, daß die Südafrikanische Union »Sachverständige« in andere Teile Afrikas entsende, in denen diese Probleme bislang noch nicht gelöst werden konnten. – Im Anschluß an seine Rückkehr nach **Bonn** erklärt Lübke auf eine Anfrage der Bundestagsabgeordneten Jeanette Wolff (SPD), daß Berichte über die Johannesburger Pressekonferenz auf Mißverständnissen oder Übersetzungsfehlern beruhten. Die Darstellungen in der bundesdeutschen Tagespresse basierten auf einer Meldung der amerikanischen Presseagentur »Associated Press« (AP).

18. März Der von einer Kommission unter Federführung Herbert Wehners ausgearbeitete »Deutschlandplan« wird vom Partei- und Bundestagsfraktionsvorstand der SPD in **Bonn** einstimmig angenommen. Wie aus dem Text hervorgeht, ist er eine Reaktion auf das Ultimatum des sowjetischen Ministerpräsidenten Chruschtschow vom 10. Januar: »Das deutsche Volk steht vor einer furchtbaren Gefahr. Wenn sich die vier Großmächte nicht über Berlin verständigen, droht Krieg. Wenn sie sich nur über Berlin verständigen, droht die Teilung Deutschlands endgültig zu werden. Der sowjetische Vorstoß in der Berlin-Frage und der durch jahrelange Versäumnisse und Fehlspekulationen ermöglichte Friedensvertragsentwurf der Sowjetunion zwingen jetzt jeden zu der Erkenntnis, daß die Teilung Deutschlands den Weltfrieden bedroht. Die Zeit drängt. Der weitere Verzicht auf das entschlossene Bemühen, die deutsche Frage und das mit ihr untrennbar verbunden Sicherheitsprobleme in Europa friedlich zu lösen, wäre gleichbedeutend mit dem Verzicht auf die Anwendung der Vernunft.«[61] Der Plan, der stark von den Entspannungsplänen des amerikanischen Diplomaten George F. Kennan, des britischen Oppositionsführers Hugh Gaitskell und des polnischen Außenministers Adam Rapacki beeinflußt ist, sieht ein differenziert ausformuliertes Stufenprogramm zur Wiedervereinigung Deutschlands

Deutschlandplan der SPD

Das deutsche Volk steht vor einer furchtbaren Gefahr. Wenn sich die vier Großmächte nicht über Berlin verständigen, droht Krieg. Wenn sie sich nur über Berlin verständigen, droht die Teilung Deutschlands endgültig zu werden.

Der sowjetische Vorstoß in der Berlin-Frage und der durch jahrelange Versäumnisse und Fehlspekulationen ermöglichte Friedensvertragsentwurf der Sowjetunion zwingen jetzt jeden zu der Erkenntnis, daß die Teilung Deutschlands den Weltfrieden bedroht.

Die Zeit drängt. Der weitere Verzicht auf das entschlossene Bemühen, die deutsche Frage und das mit ihr untrennbar verbundene Sicherheitsproblem in Europa friedlich zu lösen, wäre gleichbedeutend mit dem Verzicht auf die Anwendung der Vernunft.

Die Sozialdemokratische Partei Deutschlands legt aus diesem Grunde der Weltöffentlichkeit ihren Plan vor, dessen Ziel es ist, den Weg endlich für eine Politik des Friedens, der Freiheit, der Sicherheit und der sozialen Gerechtigkeit in Europa frei zu machen.

Dieser Plan ist mit auf jenen Vorschlägen aufgebaut, die von der deutschen Sozialdemokratie bereits vor der Berliner Konferenz der Großmächte im Jahre 1954, auf der Genfer Gipfelkonferenz im Sommer 1955 und der Außenministerkonferenz im Herbst des gleichen Jahres veröffentlicht worden sind.

Damals blieben diese Vorschläge leider unbeachtet. Heute stehen sie unbestreitbar im Mittelpunkt weltweiter Diskussionen.

Die jetzt vorgelegten Vorschläge der Sozialdemokratischen Partei Deutschlands berücksichtigen auch wesentliche Bestandteile der Vorstellungen zur Entspannung in Europa, wie sie u. a. auch vom Abrüstungsunterausschuß des amerikanischen Senats, von dem amerikanischen Diplomaten Kennan, dem britischen Oppositionsführer Gaitskell, dem früheren belgischen Ministerpräsidenten van Zeeland und dem polnischen Außenminister Rapacki entwickelt worden sind.

Alle diese Vorschläge und Pläne haben eines gemeinsam: Sie streben in Erkenntnis der die Weltpolitik bestimmenden Realitäten zunächst eine militärische Entspannung in Europa an, um auch die politischen und wirtschaftlichen Probleme Europas lösen zu können.

Militärische Entspannung und Sicherheit in Europa

Die Sozialdemokratische Partei Deutschlands fordert die sofortige Einberufung einer Konferenz der vier Großmächte, die nach grundsätzlicher Einigung einer ständigen Kommission unter beratender Teilnahme der Bundesrepublik und der DDR den Auftrag erteilt, Vorschläge für ein europäisches Sicherheitssystem und den Entwurf eines Friedensvertrages mit Gesamtdeutschland auszuarbeiten.

Die zugespitzte West-Ost-Situation läßt die Entspannung in Europa nur noch zu, wenn man sich zu einer schritt- und stufenweisen Regelung der militärischen und politischen Fragen entschließt.

Die SPD hält Vereinbarungen über regionale und kontrollierte Rüstungsbeschränkungen in Mitteleuropa für dringend erforderlich, weil ohne diese die politischen Probleme dieses Raumes nicht zu lösen sind.

Die SPD schlägt vor:

1. Festlegung einer Entspannungszone, die vorerst beide Teile Deutschlands, Polen, die Tschechoslowakei und Ungarn umfaßt.

2. Innerhalb dieser Entspannungszone und ihrer möglichen Erweiterungen treten Vereinbarungen über die Rüstungsbeschränkungen der nationalen Truppen und über den gleichwertigen Abzug der Fremdtruppen der NATO und des Warschauer Paktes in Kraft.

   Die nationalen Streitkräfte besitzen keine Atom- und Wasserstoffwaffen. Solche Waffen der im Zonenbereich noch stationierten Fremdtruppen werden „eingefroren", d. h. weder vermehrt noch verstärkt.

   Nach Abschluß der in räumlichen und zeitlichen Phasen genau festzulegenden „militärischen Verdünnung" ist die Entspannungszone frei von Fremdtruppen und von Atom- und Wasserstoffwaffen.

3. Alle Vereinbarungen über die Rüstungsbeschränkungen und über das gleichwertige Auseinanderrücken der in Mitteleuropa einander gegenüberstehenden Streitkräfte der NATO und des Warschauer Paktes sind vom ersten Schritt an durch eine ungehinderte Boden- und Luftkontrolle zu sichern.

4. Die Unverletzbarkeit der Teilnehmerstaaten in der Entspannungszone ist durch ein kollektives Sicherheitsabkommen aller interessierten Staaten, einschließlich der USA und der UdSSR, zu garantieren.

5. Mit dem Wirksamwerden des europäischen Sicherheitssystem scheiden die in der Entspannungszone gelegenen Staaten aus der NATO und aus dem Warschauer Pakt aus.

   Die Staaten in der Entspannungszone werden dann im Rahmen dieses europäischen Sicherheitssystems zur eigenen und europäischen Sicherheit mit angemessenen Leistungen beitragen.

6. Beibehaltung des gegenwärtigen Rechtsstatus und der militärischen Sicherung Berlins bis zur Regelung der deutschen Frage. Verpflichtung der vier Mächte zur Respektierung der West-Berlin betreffenden Bestimmungen, die nach Aufhebung der Blockade 1949 als gültig erklärt und auch zur Zeit des Abkommens vom 20. September 1955 zwischen der UdSSR und der DDR als gültig anerkannt worden sind.

vor. In der ersten Phase soll eine »Entspannungs-zone« in Mitteleuropa geschaffen werden, die die Bundesrepublik, die DDR, Polen, die Tschechoslowakei und Ungarn umfaßt. Für diese Zone ist der stufenweise Abzug aller Truppen der NATO und des Warschauer Pakts vorgesehen, bis das gesamte Gebiet von fremden Truppen und Atomwaffen frei ist. Danach soll in drei Schritten die politische und wirtschaftliche Annäherung beider Teile Deutschlands bis zum Zusammenschluß erfolgen: Über die Bildung einer »Gesamtdeutschen Konferenz«, die paritätisch mit Vertretern beider deutscher Regierungen besetzt ist, soll zu einem »Gesamtdeutschen Parlamentarischen Rat«, dessen Mitglieder »je zur Hälfte in beiden Teilen Deutschlands gewählt werden«, und danach zu einer verfassunggebenden »Nationalversammlung« fortgeschritten werden. Dann endlich wären die Voraussetzungen für eine Wiedervereinigung Deutschlands durch die Wahl eines »Gesamtdeutschen Parlaments« und einer von ihm kontrollierten Regierung geschaffen. – Noch am selben Tag lehnt ein Sprecher der CDU/CSU in **Bonn** den »Deutschlandplan der SPD« ab, da die hierin vorgesehene »Entspannungszone« als eine »einseitige Vorleistung des Westens« angesehen werden müsse, die nicht zu akzeptieren sei.

18. März Unmittelbar nach Billigung durch den Haushaltsausschuß des Bundestages unterzeichnet Bundesverteidigungsminister Franz Josef Strauß (CSU) in **Bonn** mit der US-Firma Lockheed die Verträge über Kauf, Nachbau und Weiterentwicklung von Kampfflugzeugen des Typs F 104 »Starfighter«. Der Stückpreis beträgt 5,3 Millionen DM. Die Lizenzgebühr für die Rahmenverträge beläuft sich auf 16,8 Millionen DM. Außerdem zahlt die Bundesrepublik noch 125 Millionen DM für die Weiterentwicklung des Typs.

18. März Auf einer außerordentlichen Sitzung spricht sich der Kreistag des Kreises **Siegen** einstimmig gegen die Errichtung eines Schieß- und Übungsplatzes für belgische Truppen im Raum der Gemeinden Helberhausen und Oberndorf aus. Von dem 800 Hektar umfassenden Übungsgelände liegen 700 im Nordosten des Kreisgebietes. In der Entschließung heißt es, daß »alle Anforderungen und Wünsche, die über die bereits vorhandenen militärischen Anlagen im Landkreis Siegen hinausgehen, mit aller Entschiedenheit abgelehnt werden« müßten. Bislang würden im Kreisgebiet bereits mehr als 500 Hektar für militärische Zwecke in Anspruch genommen.

18. März Bei den Bürgermeisterwahlen in der nordfranzösischen Hafenstadt **Le Havre** führt ein Konflikt zwischen Kommunisten und Sozialisten zu Straßen-

18.3.: »...und Frieden in Waffen!« Karikatur aus der »Stuttgarter Zeitung«.

schlachten. Weil die Ära der kommunistisch bestimmten Stadtverwaltung zu Ende zu gehen droht, versuchen Mitglieder der *Kommunistischen Partei Frankreichs* (KPF) die Abstimmung zu blockieren. Erst als der Sitzungssaal des Stadtrates von der Polizei geräumt ist, kann die Wahl beginnen. Inzwischen haben sich vor dem Rathaus etwa 4.000 Arbeiter versammelt, die von der KPF für die Protestaktion mobilisiert worden sind. In Sprechchören protestieren sie gegen den sozialistischen Kandidaten. Als erneut die Polizei auftaucht, um den Platz zu räumen, wird sie mit einem Steinhagel empfangen. Erst durch den Einsatz von Tränengas gelingt es ihr, die Menge zu zerstreuen. Die Auseinandersetzungen halten in den umliegenden Straßen jedoch bis in die Abendstunden hinein weiter an. Über 5.000 Demonstranten liefern sich Scharmützel mit 800 Polizisten. All diese Protest- und Widerstandsaktionen können jedoch nicht verhindern, daß schließlich der Sozialist Monguillon mit Unterstützung aller nicht kommunistischen Stadtverordneten zum neuen Bürgermeister von Le Havre gewählt wird.

19. März Der sowjetische Ministerpräsident Nikita S. Chruschtschow nimmt auf einer internationalen Pressekonferenz in **Moskau** das Berlin-Ultimatum vom 27. November 1958 zurück. Zugleich akzeptiert er den vom Westen unterbreiteten Vorschlag, für den 11. Mai eine Außenministerkonferenz nach Genf einzuberufen. Außerdem erkennt er das Recht der drei Westmächte an, Truppen in West-Berlin zu stationieren. Von dem dpa-Korrespondenten Bernt Nielsen-Stokkeby auf die kürzlich stattgefundenen Gespräche mit SPD-Politikern angesprochen, erklärt Chruschtschow, daß man mit ihnen trotz aller Unterschiedlichkeiten in den politischen Auffassungen zu vernünftigen Entscheidungen gelangen könnte. Im Zusammenhang einer weiteren Nachfrage erläutert Chruschtschow, wie die in der sowjetischen Note vom 27. November 1958 genannte Sechsmonatsfrist zu verstehen sei. Sie sei kein Ultimatam, sondern lediglich ein annähernder Termin gewesen. Wenn für die Lösung einer so komplizierten Frage wie der des Berlinproblems sieben statt sechs Monate benötigt würden, so habe die Sowjetunion nichts dagegen einzuwenden.

20.3.: Flugabwehr-Raketen vom Typ »Nike-Herkules«.

20.3.: Karikatur aus dem Wochenblatt »Die Andere Zeitung«.

20.3.: Ein GI bewacht Atomsprengköpfe der US-Armee in der Pfalz.

20. März Der Generalsekretär des *Bundes der Deutschen* (BdD), Josef Weber, referiert im Stadtgarten-Restaurant in **Köln** über das Thema »Verhandeln über Friedensvertrag – statt Kriegsrisiko um Berlin«. Die 200 Teilnehmer verabschieden nach dem Vortrag eine Entschließung, in der der Bundestag aufgefordert wird, in einer außenpolitischen Debatte »einen realen deutschen Verhandlungsstandpunkt« für die bevorstehenden Ost-West-Verhandlungen zu erarbeiten. Es sei an der Zeit, daß die gewählten Repräsentanten der bundesdeutschen Bevölkerung einen eigenen Friedensvorschlag zur Diskussion stellten.

20. März Nach der Ankündigung des Standortkommandanten der Bundeswehr, ein mit Honest-John-Raketen ausgerüstetes Artillerie-Bataillon in das Scharnhorstlager zu verlegen, ruft der Magistrat der Stadt **Gießen** die Stadtverordneten, die Abgeordneten des Kreistages und Gewerkschaftsvertreter zu einer dringlichen Besprechung zusammen. Die Vertreter des Magistrats bekräftigen ihren am 24. April 1958 gefaßten Beschluß, daß Streitkräften der Bundeswehr »jede Unterstützung bei der Bereitstellung von Grundstücken, Versorgungsplänen usw.« zu verwehren sei. Alle Teilnehmer der Besprechung sind besonders darüber empört, daß der SPD-Bundestagsabgeordnete Hans Merten im Unterschied zu dem CDU-Abgeordneten Berthold Martin, der ebenso wie er im Verteidigungsausschuß vertreten ist, nicht von dem Beschluß, eine Raketeneinheit nach Gießen zu verlegen, informiert worden war. Die Gewerkschaftsvertreter fordern ebenso wie der Kreistagsvorsitzende, daß unverzüglich Maßnahmen ergriffen werden müßten, um die der Stadt durch die Raketenstationierung drohende Gefahr abzuwenden. Einer der Redner meint, daß man sich nicht mit papiernen Protesten begnügen dürfe, sondern notfalls einen Streik ausrufen müsse. Magistrat und Kreistag fassen am Ende den Beschluß, die Bevölke-

rung der Stadt und des Landkreises Gießen zu öffentlichen Versammlungen und Protestdemonstrationen gegen die Verlegung der Raketeneinheit in das Scharnhorstlager aufzurufen. – Am Abend wird dieser Beschluß auf einer Versammlung des *Bundes der Deutschen* (BdD) im Gewerkschaftshaus begrüßt und die Bevölkerung in einer eigenen Entschließung zum Widerstand aufgerufen. Eine Errichtung von Raketenabschußrampen, die womöglich mit Atomsprengköpfen ausgerüstet werden könnten, auf Gießener Boden würde »im Ernstfall mit einer vollständigen Vernichtung allen Lebens« in diesem Gebiet enden.

20.-23. März Am III. Kongreß der *Fédération Internationale des Résistants* (FIR) in der Stadthalle von **Wien** nehmen 250 Delegierte teil, die 33 Widerstandsorganisationen aus Europa und Israel vertreten. Den größten Raum nehmen bei den Beratungen die besorgniserregenden antisemitischen und rechtsradikalen Vorfälle in der Bundesrepublik ein. In einem eigens verabschiedeten »Aufruf zum deutschen Problem« heißt es warnend, daß das »Wiedererstehen des Nazismus, des Militarismus und des revanchistischen Geistes« in Westdeutschland die Kriegsgefahr in eine gefährliche Nähe rücke. Der

20.-22.3.: Der FIR-Kongreß in der Wiener Stadthalle.

Abschluß eines Friedensvertrages mit Deutschland könne hingegen dazu beitragen, Frieden und Sicherheit in Europa herzustellen. In einem »Aktions- und Orientierungsprogramm« werden die Völker aufgerufen, das Wiederaufleben eines deutschen Militarismus und Faschismus zu verhindern. Alle an Kriegsverbrechen Beteiligten sollten, heißt es außerdem darin, aus ihren wirtschaftlichen, politischen, militärischen und juristischen Funktionen entfernt werden. Der bisherige FIR-Präsident, Oberst Frédéric-Henri Manhés, wird in seinem Amt bestätigt. Mit Josef Rossaint und Georg Spielmann werden jeweils ein Delegierter aus der Bundesrepublik und einer aus der DDR zu Vizepräsidenten gewählt.

21. März An einer Protestkundgebung des rheinland-pfälzischen VdK-Landesverbands in **Koblenz** nehmen 7.500 Mitglieder und Angehörige teil. – Zu einer weiteren Kundgebung gegen den Gesetzentwurf von Bundesarbeits- und -sozialminister Theodor Blank (CDU) zur Reform der Kriegsopferversorgung kommt es in **Cloppenburg** (Niedersachsen).

21. März Der Bezirksvorstand der SPD Hessen-Nord beschließt in **Kassel**, den ÖTV-Ortsvorsitzenden Karl Eckerlin wegen seiner Teilnahme an der »Gesamtdeutschen Arbeiterkonferenz« in Leipzig aus der Partei auszuschließen.

21. März Der Gemeinderat von **Bockenheim** bei Grünstadt protestiert in einem an den Landrat des Kreises **Frankenthal** gerichteten Schreiben gegen die Verwendung von Ackergelände für die Einrichtung eines NATO-Depots. – Die Gemeindevertretung hat bereits zuvor bei der rheinland-pfälzischen Staatskanzlei in **Mainz** beantragt, von der Inan-

spruchnahme des 50 Hektar umfassenden Geländes abzusehen. Die US-Armee beabsichtigt, im Pfälzer Wald ein dezentralisiertes Material- und Gerätedepot einzurichten.

21./22. März Zu einem Kongreß der *Union der europäischen Widerstandskämpfer* kommen in **München** 60 Delegierte aus elf Ländern zusammen. Die Demokratie werde in zahlreichen Ländern der Welt, erklärt der Sekretär der deutschen Sektion, Oberst Müller, nicht durch den Kommunismus, sondern durch »Feinde von rechts« bedroht. Die Zentren des internationalen Faschismus befänden sich inzwischen in den Vereinigten Staaten, Schweden und Dänemark. Nazistische Untergrundorganisationen gebe es nicht nur in Europa, sondern auch in Texas. Dort führten radikale Elemente einen erneuten »Kampf für die Rasse«. Die stärksten Untergrundorganisationen der ehemaligen SS, führt er weiter aus, bestünden nicht in der Bundesrepublik, sondern in Österreich. Zu nennen sei hier insbesondere die *Kameradschaft Edelweiß*, die ihren Sitz in Wien habe. Die *Hilfsgemeinschaft auf Gegenseitigkeit der Soldaten der ehemaligen Waffen-SS* (HIAG) mit ihren 20.000 Angehörigen sei nicht wirklich radikal, sondern befasse sich im wesentlichen mit Unterstützungsaufgaben. Die HIAG-Leute würden von Angehörigen konkurrierender Vereinigungen oftmals als Verräter betrachtet. Zur Situation in der Bundesrepublik erklärt Müller: »Es gibt keinen offenen Neonazismus und Antisemitismus in Westdeutschland. Wir haben es nur mit Untergrundbewegungen zu tun. Sie zu entlarven, ist Pflicht der Widerstandskämpfer.«[62] In offenem Gegensatz zur Einschätzung des Generalsekretärs der Union, des Belgiers

22.3.: »Der Kampf geht weiter!« Karikatur aus der Tageszeitung »Die Welt«.

Hubert Halin, erklärt der Vorsitzende des Wiedergutmachungsausschusses im Bundestag, der SPD-Abgeordnete Alfred Frenzel: »In der Bundesrepublik gibt es nicht mehr faschistische Erscheinungen als in anderen Ländern. Die geltenden Gesetze reichen aus, um nazistischen Erscheinungen entgegenzutreten.«[63] Ein völlig anderes Bild liefert der Publizist Rudolf Pechel. »Die neuerlichen Schändungen von Friedhöfen,« beklagt er, »wären nicht möglich gewesen, wenn nicht ehemalige Nazis nahezu ungehindert in Westdeutschland schalten und walten könnten. In Bonn, in der Rechtspflege ... und an anderen maßgebenden Stellen sitzen unbelehrbare Nationalsozialisten.«[64] Der *Deutsche Jugendring* habe festgestellt, daß es in der Bundesrepublik 20 Jugendorganisationen mit rechtsradikalen Tendenzen gebe. Pechel fordert die Teilnehmer auf, alles zu tun, um eine Wiederholung der Ereignisse von 1933 bis 1945 zu verhindern. – Nach Abschluß des Kongresses fahren die Delegierten nach **Dachau**, um sich auf dem Gelände des ehemaligen Konzentrationslagers zu einer Gedenkstunde zu versammeln.

22. März Auf einer Kundgebung des *Verbands der Kriegsbeschädigten, Kriegshinterbliebenen und Sozialrentner Deutschlands* (VdK) in der **Karlsruher** Schwarzwaldhalle protestieren 5.000 Menschen gegen die Reformpläne von Bundesarbeitsminister Theodor Blank (CDU), die ihrer Ansicht nach zu einer drastischen Verschlechterung der materiellen Lage für die Kriegsopfer führen würden. Während die Rede des FDP-Bundestagsabgeordneten Wolfgang Rutschke mit mäßigem Beifall bedacht wird, reagieren die Zuhörer auf den CDU-Abgeordneten Friedrich Werber mit Pfiffen und Pfui-Rufen, obwohl dieser sich von den Plänen Blanks distanziert und einen neuen Entwurf zur Regelung der Kriegsopferversorgung ankündigt. Offenbar wird Rednern der Regierungspartei in dieser Frage kein Vertrauen mehr geschenkt. Die Rede Werbers geht schließlich in den in Sprechchören skandierten Aufforderungen »Abtreten« und »Aufhören« unter. Der VdK-Landesvorsitzende Ludwig Hönle ruft zunächst unter großem Beifall aus, daß die Geduld der Kriegsopfer zu Ende sei. Man werde den Kampf führen, bis sich die notwendigen Einsichten auch in Bonn durchgesetzt hätten. Als er am Ende jedoch durchblicken läßt, daß er eine Kompromißlösung für möglich hält, schwindet der Zuspruch allmählich. Während der VdK bislang 3,5 Milliarden DM für eine generelle Verbesserung der Kriegsopferversorgung für erforderlich gehalten hat, spricht Hönle nun von einem Mindestaufwand von einer Milliarde DM. Von Blank sind dagegen nur 550 Millionen DM zur Aufbesserung der Ausgleichsrenten genannt worden. An dem

abschließenden Schweigemarsch beteiligt sich ein großer Teil der Kundgebungsteilnehmer. Zusammen mit Witwen und Waisen ziehen die Kriegsopfer durch die Straßen von Karlsruhe, manche von ihnen auf Krücken und in Rollstühlen.

23. März Auf einer Versammlung der *Deutschen Friedensgesellschaft* (DFG) im Stadtgarten-Restaurant von **Köln** erklärt der Bundestagsabgeordnete Hans-Jürgen Wischnewski (SPD), daß 70% der in Algerien eingesetzten Fremdenlegionäre Deutsche seien.

23. März Auf einer Veranstaltung im **Ost-Berlin**er Stadtteil Friedrichshain richtet der Ministerpräsident der DDR, Otto Grotewohl, vor 600 Kultur- und Geistesschaffenden heftige Angriffe gegen Bischöfe der *Evangelischen* wie der *Katholischen Kirche*. Er wirft ihnen im Zusammenhang mit Fragen der sozialistischen Erziehung vor, ungerechtfertigte Vorwürfe gegen den Arbeiter- und Bauern-Staat zu erheben. Sie würden den Eindruck erwecken, daß die in der Verfassung der DDR allen Bürgern garantierte Glaubens-und Gewissensfreiheit allein für die Kirche gelte. Es könne aber nicht angehen, daß den Kirchenvertretern eine Monopolstellung im Staat eingeräumt würde. Glaubens- und Gewissensfreiheit bedeute, daß jeder Bürger selbst entscheiden könne, in welcher Form er seine Ehe schließen oder die Namensgebung seines Kindes begehen wolle. Das gelte auch für die Frage, ob jemand sein Kind zur Jugendweihe, zur Konfirmation oder zu beidem schicke. Jeder Versuch, diese Rechte einzuschränken oder zu monopolisieren, führe zum Gesinnungszwang. Die Regierung der DDR werde keine »Diffamierung unserer Demokratie« durch einige Kirchenführer zulassen, die sich damit hinter Agenten westlicher Geheimdienste stellten. Im Zuge der gesellschaftlichen Veränderung wandelten sich auch Sitten und Gebräuche. Sittlich sei, was der »Sache des Sozialismus« diene. Besonders scharf verurteilt Grotewohl Kardinal Julius Döpfner. Dieser inszeniere mit seinem Aufruf, alle Katholiken sollten sich gegen die Verhaftung von Agenten in Rathenow wenden, »eine Art Kulturkampf«. – Das Bischöfliche Ordinariat hatte den Prozeß gegen elf Gäubige der *Katholischen Gemeinde* von Rathenow, die das Bezirksgericht Potsdam am 12. Dezember 1958 wegen angeblicher Kontakte zu westlichen Geheimdiensten zu mehrjährigen Zuchthausstrafen verurteilt hatte, als Fortführung des von der SED begonnenen Kampfes gegen Religion und Kirche durch die Justiz kritisiert.

24. März Nach der Beendigung eines Jazzkonzerts mit dem schwarzen amerikanischen Trompeter

Louis Armstrong kommt es im Hallenstadion in **Zürich** zu heftigen Zusammenstößen zwischen den jugendlichen Besuchern und den Ordnungskräften. Während die meisten der 6.000 Zuhörer die Halle verlassen, stürmen begeisterte »Satchmo«-Fans die Bühne und fordern weitere Zugaben. Als die Polizei unter Einsatz von Gummiknüppeln die Bühne zu räumen versucht, wird mit Bierflaschen und Stuhlbeinen auf sie geworfen. Mehrere Saalwächter greifen ebenfalls ein, indem sie die Jugendlichen mit einem eilends angeschlossenen Feuerwehrschlauch naßzuspritzen versuchen. Armstrong verläßt derweil mit seinen Begleitmusikern das Hallenstadion durch einen Hintereingang. Nach einiger Zeit hat sich die Situation beruhigt. Zurück bleibt – wie eine Tageszeitung am darauffolgenden Tag meldet – »ein Bild der Verwüstung«.

25. März Der Generalsekretär des *Bundes der Deutschen* (BdD), Josef Weber, spricht im Kleinen Saal der »Glocke« in **Bremen** über das Thema »Will Bonn Frieden? Friedensvertrag und Konföderation statt Kriegsrisiko!«.

25. März Auf einer Vorstandssitzung der *Arbeitsgemeinschaft ehemaliger Offiziere* in **Ost-Berlin** werden von zwei ehemaligen Generälen der Deutschen Wehrmacht schwere Vorwürfe gegen den Generalinspekteur der Bundeswehr, Generalleutnant Adolf Heusinger, erhoben. Da Heusinger auf frühere Schuldvorwürfe nicht reagiert hat, wird dies von den Versammelten als unfreiwilliges »Schuldbekenntnis« gewertet.

25. März Der Regimekritiker Reginald Rudorf wird nach Verbüßung seiner zweijährigen Haftstrafe in **Waldheim** (Sachsen) aus dem Zuchthaus entlassen. Der 30jährige, der wegen seiner Begeisterung für den Jazz immer mehr in Konflikt mit der SED geriet, war am 29. August 1957 vom Bezirksgericht Leipzig wegen »Boykotthetze«, konterrevolutionären Machenschaften und Beleidigung von Funktionären verurteilt worden. Als er in Begleitung seiner Frau, die ihn am Zuchthaustor empfangen hat, mit dem Zug nach **Leipzig** fährt, wird er am Hauptbahnhof von einer Gruppe von Freunden überschwenglich begrüßt. Eine Band spielt allen Drohungen zum Trotz und ihm zu Ehren »When the Saints go marchin'in«. Danach ziehen sie gemeinsam in ein Café, den alten Treffpunkt der Jazzmusiker, um sich über das, was in den beiden Jahren seit Rudorfs Verhaftung geschehen ist, auszutauschen.

25. März–1. April In **Rom** führt die *Gesellschaft für afrikanische Kultur* den II. Weltkongreß der schwarzen Schriftsteller und Künstler durch. In seiner Begrüßungsansprache wendet sich Ignazio Silone, der im Namen der italienischen Schriftsteller spricht, an die über 200 Teilnehmer aus 33 Ländern mit den Worten: »Euch und uns verbindet etwas Wesentliches: der Abscheu vor der Sklaverei und die Liebe zur Freiheit. Die afrikanische Welt kann mit der Umformung ihrer Leiden in universale menschliche Werte der ganzen Welt eine große Lehre geben.«[65] In vier Ausschüssen werden die Grundlagen für eine Verbreitung des Panafrikanismus erörtert. Unter den zahlreichen Vorschlägen zur Förderung der afrikanischen Kultur ragt einer heraus, mit dem die Einführung einer gemeinsamen afrikanischen Sprache für den gesamten Kontinent gefordert wird. Sie soll von allen Afrikanern neben ihrer Muttersprache gelernt werden. Am letzten Tag legen die Teilnehmer ein Bekenntnis für die Unabhängigkeit der Völker Afrikas ab. Das 20. Jahrhundert müsse zum Jahrhundert der Entkolonialisierung werden. Das Fernziel ist die politische Einheit des Kontinents, die auf dem Weg der kulturellen Einheit angestrebt werden soll. In einer einstimmig angenommenen Resolution heißt es, die schwarzen Schriftsteller und Künstler sollten ihre kulturelle Arbeit in den

25.3.-1.4.: Szene am Rande des Kulturkongresses der Schwarzen in Rom.

27.3.: Kranzniederlegung am Mahnmal in der Dortmunder Bittermark.

27.3.: Die Kundgebungsteilnehmer in Dortmund.

27.3.: Skizze mit den Zufahrtswegen zur Bittermark.

Dienst der afrikanischen Befreiungsbewegungen stellen; dies sei ihre »heilige Mission«. Zum Abschluß werden die Teilnehmer von Papst Johannes XXIII. zu einer Audienz empfangen.

27. März Zum Gedenken an 268 Häftlinge, die am Karfreitag 1945 von der Gestapo umgebracht worden sind, ziehen in **Dortmund** 15.000 Menschen in langen Zügen vom Olpketal zu einem in der Bittermark gelegenen Ehrenhain. Sie versammeln sich dort vor einem von dem Bildhauer Carel Niestrath geschaffenen, noch nicht ganz vollendeten Mahnmal, über dem die Flaggen von sieben Ländern wehen: von Belgien, Frankreich, Jugoslawien, den Niederlanden, Polen, der Sowjetunion und der Bundesrepublik. Bei der Gedenkfeier sind Delegationen oder Angehörige diplomatischer Missionen dieser Nationen vertreten. Oberbürgermeister Dietrich Keuning (SPD) appelliert als erster Redner an die Versammelten: »Nie darf es still werden in unserem Herzen, immer wieder muß am Karfreitag die Erinnerung an die 268 Gemordeten mahnender Aufruf sein, niemals mehr zuzulassen, daß sich eine Gewaltherrschaft, unter der etwas so Grausames geschah, wiederholt.«[66] Der Präsident des Nationalverbandes der französischen Arbeitsdeportierten, Jean Forest, versichert im Namen der rund 600.000 Mitglieder seines Verbandes, daß das gemeinsame Gedenken an dieser Stätte der Verständigung und dem Frieden zwischen dem deutschen und dem französischen Volk diene. Als der nordrhein-westfälische Innenminister Josef Hermann Dufhues (CDU) als letzter Redner das Wort ergreift, kommt Unruhe unter den Versammelten auf. Der Minister hat erst vor kurzem vier Vereinigungen unter dem Vorwurf, es handle sich bei ihnen um kommunistische Tarnorganisationen, verbieten lassen. Was im Romberg-

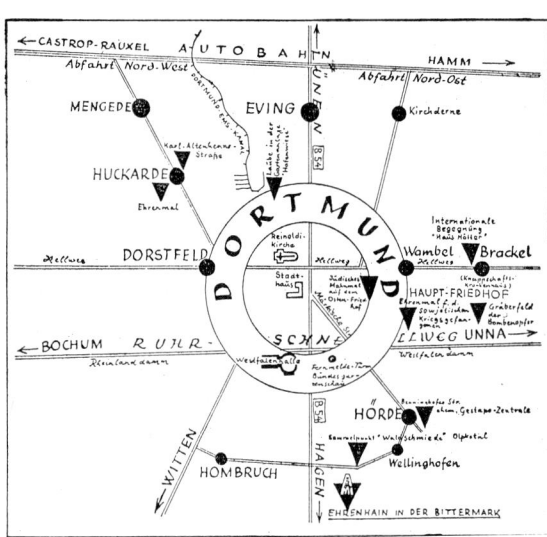

park und in der Bittermark kurz vor Kriegsende geschehen sei, meint Dufhues, sei nichts anderes als »eine andere Spielart dessen, was die Kommunisten erstrebten« und immer noch erstreben würden. Nach diesen Worten ertönen empörte Zwischenrufe wie »Hier ist keine Parteiversammlung« und »Dann sind die Toten wohl zu Recht ermordet worden«. Während er ungerührt weiterspricht, verlassen immer mehr Zuhörer die Mitte des Geländes und versammeln sich in einer anderen Ecke des Festplatzes. Die demonstrative Absetzbewegung nimmt Züge einer stillen Gegenkundgebung an. Nach Beendigung der Ansprache begibt sich eine ältere Frau zu Dufhues und erklärt ihm mit tränenerstickter Stimme, er habe ihre beiden ermordeten Söhne beleidigt. – Bereits vor der Gedenkfeier fand eine Kranzniederlegung des Hinterbliebenenausschusses vor dem ehemaligen Gestapo-Sitz in der Benninghofer Straße in **Dortmund-Hörde** statt.

27.-30. März In Großbritannien findet der zweite »Ostermarsch« statt. Diesmal führt er in umgekehrter Richtung vom Atomforschungszentrum **Aldermaston** nach **London**. Angeführt vom Domherren der Londoner St. Pauls-Kathedrale, Canon L. John Collins, starten am Karfreitag 4.000 Demonstranten, darunter ein *Labour-* und ein *Tory*-Abgeordneter, zu dem 83 Kilometer langen Protestmarsch gegen die Atomrüstung in die britische Hauptstadt. An der Spitze des Zuges geht ein Trommler, der das Morsezeichen N-D (für »Nuclear Disarmament/ Nukleare Abrüstung«) schlägt. Die Teilnehmer des Marsches sind Studenten, Christen, Quäker, Gewerkschaftler, Mitglieder der *Campaign for Nuclear Disarmament* (CND) und des Royal Court Theatre sowie eine große Anzahl von Individualisten. Auf den Transparenten sind Slogans wie »Ban the H-Bomb«, »Ich will leben« und »Gegen den Massenselbstmord« zu lesen. Die Demonstranten befolgen mit peinlicher Genauigkeit die Anweisung, sich sowohl jeder parteipolitischen eigenen Äußerung als auch jeglicher Reaktion auf Zurufe Andersgesinnter zu enthalten. Als sie am Ostermontag auf dem Trafalgar Square in **London** eintreffen, ist der Zug trotz zumeist strömenden Regens auf über 20.000 Teilnehmer angewachsen. Der Wissenschaftler Ritchie Calder bezeichnet in einer Rede auf der abschließenden

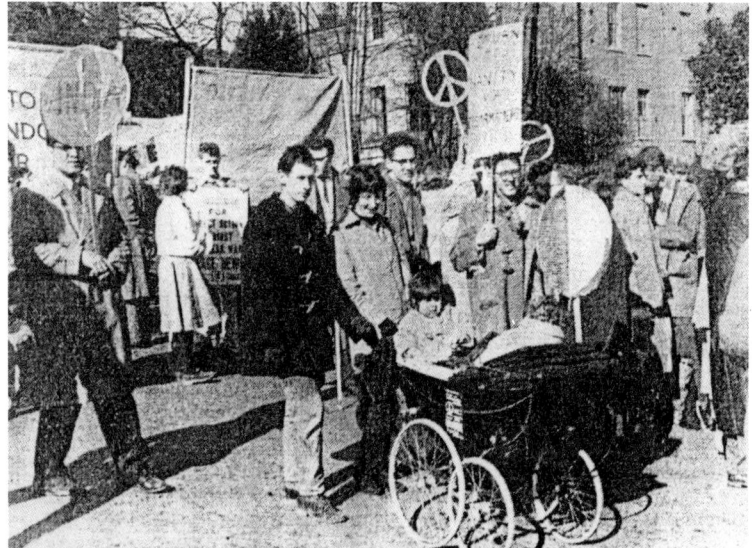

Kundgebung den Ostermarsch, der die größte Demonstation in Großbritannien seit Kriegsende ist, als einen historischen Augenblick in der Entwicklung seines Landes.

27.-30.3.: Teilnehmer des zweiten britischen Ostermarsches.

28./29.3.: Jugend-
kongreß in der
Erfurter Thüringen-
halle.

28./29.3.:
Broschüre mit
Beiträgen des
Erfurter Kongres-
ses.

28./29.3.: Während
des Kongresses
zieht ein Spiel-
mannszug durch die
thüringische Stadt.

28./29. März Am *»II. Kongreß der Arbeiterjugend Deutschlands«*, der in der **Erfurt**er Thüringenhalle stattfindet, nehmen 2.500 Jugendliche teil. Offiziellen Angaben zufolge sollen mehr als 80% der Teilnehmer aus Westdeutschland stammen. Die Losung des Treffens, zu dessen Eröffnung der Kandidat des SED-Politbüros, Paul Verner, spricht, lautet »Gegen Militarismus – Für Friedensvertrag«. In einer Entschließung, die »Vom Willen zur Tat« überschrieben ist, fordern die Teilnehmer am Ende die Jungarbeiterinnen und -arbeiter in ganz Deutschland dazu auf, die westdeutschen Militaristen zu bändigen und sich für den Abschluß eines Friedensvertrages einzusetzen. Ausdrücklich wird darin den Demonstranten, die sich in Dortmund gegen die Stationierung einer Raketeneinheit zur Wehr setzen, die Solidarität ausgesprochen.

30. März Das Bezirksgericht **Dessau** verurteilt sieben Mitglieder eines Rock'n'Roll-Clubs wegen »Hetze« gegen Funktionäre und Organisationen des Arbeiter- und Bauern-Staates zu Zuchthaus- und Gefängnisstrafen zwischen vier Monaten und zweieinhalb Jahren. Ihnen wird außerdem vorgeworfen, Straßen unsicher gemacht, Passanten verprügelt, eine HO-Gaststätte überfallen und Diebstähle begangen zu haben. Die Angeklagten, die ihren Club im September 1957 gegründet und ihren Anführer nach dem Vorbild des amerikanischem Rock-Sängers

»Boß Elvis« genannt haben, werden zu »Feinden der sozialistischen Gesellschaftsordnung« abgestempelt. Zum Beleg für die vermeintlich gefährliche Gesinnung liegen auf dem Tisch des Gerichtsvorsitzenden stapelweise westliche Magazine aus, die bei den Jugendlichen beschlagnahmt worden sind. Der Staatsanwalt meint, der Prozeß zeige, daß das vordringliche Problem in der Umwandlung West-Berlins, der eigentlichen Hauptstadt der Rock'n'Roll-Clubs, in eine »freie Stadt« liege.

31. März Der Präsident der *Evangelischen Kirche von Hessen und Nassau*, Pastor Martin Niemöller, hält in **Mannheim** unter dem Titel »Weltzerstörung, Weltfriede und dein Gewissen!« einen antimilitaristischen Vortrag.

31. März Der 1955 von West- nach Ost-Berlin entführte Journalist Karl Wilhelm Fricke, der am 11. Juli 1956 in einem Geheimprozeß zu einer vierjährigen Zuchthausstrafe verurteilt worden war, wird aus der Haftanstalt **Bautzen** entlassen. Noch am Abend desselben Tages fährt der ehemalige Mitarbeiter des »Rheinischen Merkur«, dem auf der Rückseite seines Entlassungsscheines vorgeschrieben wird, »in kürzester Zeit das Gebiet der Deutschen Demokratischen Republik zu verlassen«, mit der S-Bahn von **Ost-** nach **West-Berlin**. – In einer 1960 erscheinenden Broschüre »Menschenraub in Berlin« beschreibt Fricke, welchen Verhältnissen er in seiner Haftzeit ausgesetzt war. Von einigen Schikanen abgesehen, sei das Verhalten der Wachmannschaften ihm gegenüber »durchaus korrekt« gewesen: »Das Essen war qualitativ minderwertig, aber quantitativ ausreichend, so daß ich niemals hungern mußte. Auch zwangen mich die Kommunisten nicht zu einer stumpfsinnigen Arbeit. Ganz im Gegenteil erhielt ich sogar verschiedene Vergünstigungen zugebilligt, die den meisten Häftlingen versagt blieben. So wurde mir neben der allen Häftlingen zur Verfügung stehenden Unterhaltungslektüre zusätzlich kommunistische Fachliteratur ausgehändigt, vornehmlich Werke von Marx und Lenin, die ich selbstverständlich mit viel Aufmerksamkeit studierte ... Besuche empfing ich nie in den Jahren meiner Kerkerzeit. Auch durfte ich jeden Monat nur einen Brief normalen Formats im Umfang von zwanzig Zeilen (!) schreiben beziehungsweise empfangen. Man bekommt, wenn man sich zierlich zu schreiben anstrengt, bis zu 460 Wörter in einen solchen Brief. Sämtliche Briefe von mir unterlagen einer doppelten Zensur. Einmal durch die Leitung der Sonderhaftanstalt – und zum anderen durch das Ministerium für Staatssicherheit in Ost-Berlin.«[67] Seinen ersten Brief empfing Fricke am 22. September 1956 – die ersten anderthalb Jahre nach seiner Entführung hatte er ohne irgendeine Nachricht auskommen müssen. Es war ein Schreiben seiner Mutter aus dem Zuchthaus Halle, in dem sie ihm zu seiner völligen Überraschung mitteilte, daß sie wenige Tage nach der Menschenraubaktion vom MfS wegen »Spionage« verhaftet und am 14. Februar 1956, ebenfalls in einem Geheimprozeß, zu einer zweijährigen Gefängnisstrafe verurteilt worden sei. Die Mutter ist 1958 entlassen worden und anschließend in die Bundesrepublik übergesiedelt.

31. März In der britischen Stadt **Aberdeen** kommen drei Jungen, die auf einer Müllhalde spielen, mit radioaktivem Abfall in Berührung. – Dieser Vorfall löst in Großbritannien eine heftige Diskussion über das mit der Nutzung der Atomenergie verbundene Gefährdungspotential aus. Abgeordnete der *Labour Party* fordern im Unterhaus in **London** eigene Gesetze zum Schutz gegen die radioaktive Strahlung.

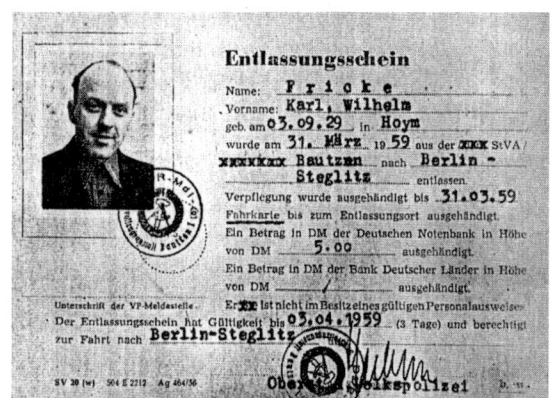

31.3.: Entlassungsschein für den Bautzen-Häftling Karl Wilhelm Fricke.

Januar Februar März **April** Mai

Juni Juli August September Oktober

November Dezember

*April: Gedenkstein-
schändung in der
Nähe von Dinsla-
ken.*

April Etwa 50 Jungen und Mädchen einer *Evangelischen Gemeinde* in **Offenbach** ergreifen die Initiative, um etwas gegen die Verwahrlosung jüdischer Friedhöfe zu unternehmen. Sie beginnen damit, die Gräber auf dem jüdischen Friedhof in **Seligenstadt** zu pflegen. – Als diese Aktivitäten bekannt werden, sehen sich die Kinder in verschiedenen Teilen der Öffentlichkeit Anfeindungen ausgesetzt. Ein Frankfurter Kaufmann schreibt auf einer Postkarte, er fände es unerhört, daß »deutsche Kinder dazu benutzt« würden, jüdische Friedhöfe aufzuräumen, während er in seiner Stadt mitansehen müsse, »wie Juden in Caféhäusern herumlungern«. – In **Offenbach** schreibt ein Unbekannter auf den Briefkasten der Synagoge: »Vergasen!« – Ein ehemaliger jüdischer Bewohner Seligenstadts, der vor den Nazis hat fliehen können, meldet sich aus **Israel**. Der 75jährige bedankt sich bei den Jugendlichen für ihre Wiedergutmachungsaktion.

April In der Weser-Ems-Halle in **Oldenburg** tritt der ehemalige Luftwaffen-Oberst Hans-Ulrich Rudel auf einer Kundgebung der rechtsradikalen *Deutschen Reichspartei* (DRP) als Hauptredner auf. Vor 2.000 Zuhörern erklärt Rudel, daß er auf DRP-Veranstaltungen spreche, weil er glaube, daß in dieser Partei die Interessen ehemaliger Soldaten am besten aufgehoben seien. Man könne unmöglich eine neue Soldatentradition stiften, wendet er sich gegen Äußerungen von Bundespräsident Theodor Heuss, wenn man alles Hergebrachte der alten Soldatentradition verwerfe. Solange es für die alten Soldaten, ruft er unter Beifall aus, keinen Ehrenschutz gebe, werde man die jungen Soldaten der Bundeswehr kaum davon überzeugen können, daß sie sich auf den Schutz des Staates verlassen könnten. In Deutschland solle man endlich vom Ausland lernen. Dort würde den Soldaten die größte Hochachtung entgegengebracht. Niemand denke dort daran, wie im Prozeß gegen Ex-Generalfeldmarschall Ferdinand Schörner seine eigenen Offiziere wegen angeblicher Kriegsverbrechen vor Gericht zu stellen.

April In dem bei **Dinslaken** am Niederrhein gelegenen Hüngstner Wald stürzen Unbekannte einen Gedenkstein um, mit dem an 13 Männer erinnert werden soll, die Ostern 1920 im Widerstandskampf gegen die Kapp-Putschisten ums Leben gekommen waren. Der mehr als eine Tonne schwere Stein, der die Zeit des Nationalsozialismus unbeschädigt überstanden hatte, war von der in der Nähe gelegenen Gemeinde Bruckhausen in Ehren gehalten worden. Der Bürgermeister des Ortes erklärt, daß den Gemeindemitgliedern das Andenken der 13 Gefallenen eine »heilige Pflicht« sei. Sie seien im Kampf gegen die Reaktion und für die Verteidigung der Republik gestorben.

2. April Auf Veranlassung der Staatsanwaltschaft **München** wird die einen Tag zuvor erschienene Ausgabe des satirischen Wochenblattes »Simplicissimus« beschlagnahmt. Zur Begründung heißt es, das Titelbild und ein Artikel seien jugendgefährdend. Auf dem Cover des Heftes, das als »BLUBU« – die Abkürzung für »Blut-und Busen-Illustrierte« – vorgestellt wird, ist die Zeichnung einer nur mit einer Corsage bekleideten schwarzhaarigen Frau zu sehen, die eine Maschinenpistole umgehängt hat und in ihren mondän-puppenartigen Zügen offenbar das Konterfei eines Pin-up-Girls persiflieren soll. Ihr Ulkname lautet: Maria MacSnell, vermutlich die Verballhornung des Namens einer bekannten deutschen Filmschauspielerin. Der als jugendgefährdend angesehene Artikel trägt die Überschrift »Nie war die Nacht so schwül« und beansprucht, »Frauen, anders als die anderen« zu porträtieren. Wie einem Vorwort von Olaf Iversen, dem Herausgeber des »Simpl«, zu entnehmen ist, soll mit der »Blut- und Busen-Illustrierten« gezeigt werden, »wie die derzeitigen Illustrierten gerne sein möchten«, sich aber nicht zu präsentieren wagen.

Neue **PRESSE**
Coburg — Freitag, 3. April 1959

Bravo, Simplicissimus! Deine April-Nummer ist erstklassig!

So werden viele Leser reagieren, die die letzte Ausgabe dieser einzigen satirischen Zeitschrift der Bundesrepublik gelesen haben. Ja, es ist so: der „Simpl" blüht allein auf weiter Flur. Auf einer öden Flur, wie jeder zugeben wird, der Sinn für Ironie, Satire und geistvollen Witz hat.

Kein Wunder ist es daher, wenn eine solche Zeitschrift dauernd Anstoß erregt und Politiker, Staatsanwälte und Kirchenmänner auf den Plan ruft. Das geschah jetzt wieder. Zugegeben, die April-Ausgabe enthält besonders starken Tobak. Aber es steht darin nichts, was nicht in der Vielzahl bundesdeutscher Illustrierter Woche für Woche hintergründig angedeutet wird. Der „Simplicissimus" hat ausgesprochen, was die Illustrierten-Redaktionen denken und viele ihrer Leser folgerichtig träumen. Und was gewisse Leute tun!

Das Kind beim Namen nennen ist das Verbrechen aller Satiriker. Doch es ist ihre

Aufgabe! Wer die frühen Gedichte von Erich Kästner kennt, wer die Schriften von Kurt Tucholsky liest, der weiß das. Der weiß auch, daß nur durch Übertreibung die Sumpfblüten der Gesellschaft ans Licht gezerrt und als Sumpfblüten erkannt werden können. Aber um dies zu wissen, bedarf es eines aufgeschlossenen Geistes, und es bedarf vor allem des Wunsches, das Üble, das Schmutzige als übel und schmutzig genannt zu sehen.

Der „Simpl" erfüllt seine Aufgabe recht und schlecht. Mancher wird ihn sich noch bissiger, noch schärfer, noch satirischer wünschen, solange geistige Trägheit und offizielle Heuchelei so erschreckend eine Gesellschaftsmoral vortäuschen, die amoralisch ist. Und da sich daran kaum etwas ändern wird, hat der „Simpl" noch vieles an den Pranger zu stellen, was an den Pranger gehört. Denn wer sonst sollte es tun, da er doch die – leider – einzige satirische Zeitschrift im einstigen Land der Dichter und Denker ist?!

Die Satire, der Geist selbst also, steht auf dem Aussterbeetat. Wahrlich, dies ist das Traurigste an der Geschichte. Oder meinen Sie nicht?

2. April Der Buchdienst Otto Reuter führt im Großen Festsaal der *Patriotischen Gesellschaft* in **Hamburg** eine Gedenkveranstaltung für den rechtsgerichteten Schriftsteller Hans Venatier durch, der sich am 19. Januar in Düsseldorf das Leben genommen hat. In der Einladung zu der Feier heißt es, »der Tod des wertvollen und aufrechten deutschen Mannes« sei »ein leuchtendes Fanal« und werfe »Licht in das Dunkel von Kollektivbehandlung und Kollektivdiffamierung«. Diesem »Ungeist«, der »das geistige und kulturelle Leben unseres Volkes« lähme, schreibt Reuter, wolle er entgegenwirken. Darin sehe er seine Aufgabe als verantwortungsbewußter Buchhändler. Auf seinen Wunsch stellt die Thalia-Buchhandlung in der Hermannstraße eine Büste Venatiers und eine Auswahl seiner Werke im Schaufenster aus. – Venatier hatte zuletzt mit seinem im Dezember 1958 in der rechtsradikalen Zeitschrift »Nation Europa« erschienenen Aufsatz »Ist das Neofaschismus?« Aufsehen erregt. Während der Text in Österreich beschlagnahmt wurde, haben bundesdeutsche Behörden keine juristischen Schritte gegen die von Kritikern als antidemokratisch eingestufte Publikation eingeleitet.

2. April In **Wulferstedt** (Bezirk Magdeburg) bringt ein 72jähriger Bauer in einer Verzweiflungstat seinen gesamten Viehbestand um, zündet sein Gehöft an, erschießt seine zwei Jahre jüngere Ehefrau und sich selbst. Da er einen Tag zuvor sein Guthaben in Höhe von 10.000 Mark von der Bank abgehoben hat, gehen die Behörden davon aus, daß auch dieser Geldbetrag ein Raub der Flammen geworden ist. – Der

2.4.: Aus dem Presseecho auf die umstrittene Nummer des Münchener Satireblatts.

2.4.: Das als »zu gewagt« angesehene Titelblatt.

2.4.: Die Beamten im Bayerischen Landeskriminalamt gehören selbst zu den neugierigsten Lesern; Karikatur in einer Folgenummer des »Simplicissimus«.

Untersuchungsausschuß freiheitlicher Juristen (UfJ) führt in einer in **West-Berlin** abgegebenen Erklärung als Grund für die Tat des Bauern die Verhaftung seines Sohnes an, der wegen angeblicher Staatsverleumdung und Staatshetze zu einer fünfjährigen Zuchthausstrafe verurteilt worden war.

2. April Das Bezirksgericht **Rostock** verurteilt den Journalisten Günther Schmitz wegen »staatsgefährdender Propaganda und Hetze« zu einer dreijährigen Zuchthausstrafe.

2.-4.4.: Anzeigenkampagne der NATO.

2.-4. April Aus Anlaß seines zehnjährigen Bestehens tritt der NATO-Rat in **Washington** zu einer dreitägigen Jubiläumssitzung zusammen. Obwohl sich die Außenminister der 15 Mitgliedsstaaten in einem Schlußkommuniqué gemeinsam zu den bekannten Zielen des Verteidigungsbündnisses bekennen, sind im Verlauf der Konferenz insbesondere in der Deutschlandfrage Spannungen und Widersprüche zwischen den Positionen von Bundesaußenminister Heinrich von Brentano und seinen Amtskollegen aus Frankreich, Großbritannien und den USA deutlich geworden. Während sich Brentano auf Weisung

Adenauers gegen jedes Eingehen auf die von der Sowjetunion vorgelegten Noten wendet, spricht sich der britische Außenminister Selwyn Lloyd für eine flexiblere Haltung aus.

3. April In **Ost-Berlin** verabschiedet die Volkskammer der DDR ein Gesetz, durch das die Post dazu verpflichtet wird, grenzüberschreitende Sendungen der Zoll- und Warenkontrolle vorzulegen.

3. April Die jüdische Wochenzeitung »Aufbau« meldet auf ihrer Titelseite unter der Überschrift »Der Regisseur des Teufels«, daß in einem New Yorker Kino seit einer Woche der Veit-Harlan-Film »The Third Sex« (Das dritte Geschlecht) gezeigt wird. Die Redaktion bedauert in dem Artikel, daß sich allzu eifrige Geschäftsleute nicht gescheut hätten, mit diesem Streifen »die Front des Schweigens gegen Harlan« zu durchbrechen.

4./5. April In **Niederpöcking** am Starnberger See (Oberbayern) kommt das Präsidium der am 17. Januar in London gegründeten *Europäischen Föderation gegen Atomrüstung* zu einer Sitzung zusammen. Präsident ist der Schriftsteller Hans Werner Richter, Vizepräsident der Kanonikus an der St.-Pauls-Kathedrale in London, L. John Collins.

4.-6. April In der Communal Hall von **Orlando** (Südafrika) gründen mehrere hundert Schwarze den radikalen *Pan Africanist Congress* (PAC). Der 34jährige Robert Mangaliso Sobukwe, der bisher im *African National Congress* (ANC) organisiert war und dort als Herausgeber des Parteiorgans »The Africanist« fungierte, gilt als ihr Wortführer. Ihm ist die politische Ausrichtung des ANC nicht nur zu gemäßigt, sondern auch falsch konzipiert. Die Präsenz von weißen Kommunisten und Indern in der Führung des ANC erscheint ihm als Gefährdung des von Teilen der schwarzen Opposition deklarierten Machtanspruchs. Unter der von Anton Lembede bereits 1944 in der Jugendliga des ANC propagierten Devise »Afrika den Afrikanern« will er, im Unterschied etwa zu Albert Luthuli oder Nelson Mandela, die Polizei des Apartheid Regimes geradezu Massenverhaftungen provozieren. In seiner Eröffnungsansprache verwirft Sobukwe die Freiheits-Charta des ANC als Verrat am afrikanischen Nationalismus: »Gegen das multirassische Konzept haben wir einzuwenden, daß die Geschichte Südafrikas Gruppenvorteile und Antagonismen gefördert hat; wenn wir dieselbe Gruppen-Exklusivität aufrechterhalten unter dem Banner des multirassischen Konzepts, werden wir diese Antagonismen und Konflikte in das neue Afrika hinübertragen. Ferner leistet das multirassische Konzept der europäischen Bigotterie und Arroganz Vorschub: es ist eine Methode, um europäische Interessen ungeachtet der Bevölkerungszahlen abzusichern. In diesem Sinne ist es eine komplette Negierung der Demokratie. Für uns beinhaltet das multirassische Konzept, daß es so grundlegende unüberbrückbare Differenzen zwischen den einzelnen nationalen Gruppen gibt, daß der beste Kurs darin liegt, sie in einer Art demokratischer Apartheid permanent unterscheidbar zu halten. Für uns ist das ein multipliziertes Rassenkonzept ... Politisch treten wir für eine afrikanische Regierung für Afrikaner durch Afrikaner ein; jedermann, dessen Legalität ausschließlich Afrika gilt und der die demokratische Herrschaft der afrikanischen Herrschaft akzeptiert, wird als Afrikaner angesehen. Wir garantieren keine Minderheiten-Rechte, weil wir gegen diese Gruppen-Exklusivität ankämpfen, welche diejenigen gern perpetuieren möchten, die für Minderheiten-Schutz eintreten. Nach unserer Ansicht haben wir die höchste notwendige und mögliche Garantie gegeben, wenn wir die individuellen Freiheiten gewähren.«[68] Um der Wirkungslosigkeit der bislang praktizierten gewaltfreien Aktionen zu entgehen, setzt er, allerdings ohne die Prinzipien Mahatma Gandhis explizit in Frage zu stellen, auf eine Strategie der organisierten Regelverletzung. Sobukwe wird von den Delegierten zum Präsidenten des PAC und der aus dem ANC ausgeschlossene Potlako Leballo zum Nationalen Sekretär gewählt. Das von den Delegierten verabschiedete »Pan Africanist Manifesto« verrät einen ehrgeizigen, stark emotional geprägten afrikanischen Nationalismus: »Afrikanismus ist panafrikanisch in seinem Horizont, seiner Zielrichtung und seinem Zweck. Es ist die dritte gesellschaftliche Kraft in der Welt. Er dient den materiellen, geistigen und seelischen Interessen Afrikas und dient in keiner Weise den ideologischen Interessen der östlichen oder westlichen Mächte. Sein Ausmaß ist kontinental und bezieht sich auf den gesamten Kontinent, vom Kap bis Kairo, von Madagaskar bis Marokko. Es ist eine gesellschaftliche Kraft, die sich über das Medium der afrikanischen gesellschaftlichen Bedingungen durchsetzt; sie operiert, um Afrika zu befreien und eine gesellschaftliche Ordnung zu schaffen, die ursprünglich in ihrer Konzeption, afrikanistisch in ihrer Ausrichtung, sozialistisch in ihrem Inhalt, demokratisch in ihrer Gestalt und kreativ in ihrer Zielsetzung ist.«[69] Der letztendliche Triumph der Befreiungsbewegung, heißt es im Schlußteil selbstbewußt, sei unter der Anleitung des PAC gewiß. Die Bewegung »Afrika den Afrikanern« werde siegen, weil das afrikanische Volk im Freiheitsmarsch die Geschichte auf seiner Seite habe.

4./5.4.: Präsidiums-sitzung der »Europäischen Föderation gegen Atom-rüstung« in Niederpöcking.

5.4.: Der Obelisk im Frankfurter Stadtzentrum.

5. April Mit einem mehrere Meter hohen Obelisken wird an der **Frankfurt**er Hauptwache auf die globalen Gesundheitsgefahren des von den Nuklearwaffentests verursachten radioaktiven Fall-Outs hingewiesen.

8. April In der mit Druckerlaubnis der *Katholischen Kirche* in **Köln** hergestellten Jugendschutz-Fibel »Frische Luft« wird den angesprochenen »Lieben Fünfzehnjährigen« anempfohlen, im Falle sexueller Bedrängnis die geforderte Keuschheit mit militanten Mitteln zu verteidigen. Wörtlich heißt es in einer Passage: »Die Fäuste dazwischen, wenn dir oder anderen jemand auf gemeine Weise körperlich zu nahe kommt. Wer gegen die Geschlechtsteile boxt, bekommt das mit einem Kinnhaken oder wenigstens mit einer schallenden Ohrfeige bezahlt. Du brauchst keine Angst zu haben, daß du dafür belangt werden könntest. Das bürgerliche Recht und auch die Moraltheologie sagen: zur Verteidigung von Leben und Reinheit ist in der Notwehr sogar das Töten erlaubt.«[70]

8. April In **Kapstadt** demonstrieren mehrere hundert Studenten vor dem Parlament der Südafrikanischen Union gegen einen Gesetzentwurf der Regierung von Premierminister Hendrik Verwoerd, mit dem die Rassentrennung an den Hochschulen eingeführt werden soll. Bislang war es den südafrikanischen Hochschulen, die auch weiterhin an einer Öffnung für nicht-weiße Studenten festhalten wollen, gelungen, einen solchen Gesetzesakt zu verhindern. – Insgesamt 124 Studentenorganisationen und Hochschulgremien aus aller Welt haben gegen das Gesetzesvorhaben des Apartheidsstaates protestiert.

9. April Zusammen mit ihrem Prorektor, Professor Werner Weber, protestieren die Studenten der Universität **Göttingen** gegen den Gesetzentwurf der südafrikanischen Regierung, mit dem die Apartheidspolitik auch an den Hochschulen durchgesetzt werden soll. Ein solcher Schritt widerspreche in eklatanter Weise »den Grundsätzen humaner Kultur«.

9. April Der Schauspieler Klaus Kinski rezitiert in der mit 2.500 Zuhörern ausverkauften **Wien**er Stadthalle Gedichte und Lieder von Bertolt Brecht. Da der 1956 in Ost-Berlin verstorbene Schriftsteller, der einen österreichischen Reisepaß besaß, wegen seiner Parteinahme für die SED und den Sozialismus umstritten ist, löst der Auftritt Kinskis heftige Reaktionen in der Presse aus. Eines der Blätter wirft in einem Kommentar die rhetorische Frage auf, ob sich der 32jährige Rezitator damit »als erster Artist für die Weltjugendfestspiele«, die vom 26. Juli bis zum 4. August in der österreichischen Hauptstadt durchgeführt werden sollen, habe engagieren lassen wollen.

9. April Zum Gedenken an den 19. Jahrestag des Einmarsches deutscher Truppen und den Widerstandskampf gegen die deutsche Besetzung ruht überall in **Dänemark** die Arbeit. Die Fahnen an den öffentlichen Gebäuden sind als Zeichen der Trauer für die Opfer auf halbmast gesetzt. In der Hauptstadt **Kopenhagen** versammeln sich 10.000 Bürger zu einer Kundgebung. Mehrere Redner verurteilen dabei die militärische Zusammenarbeit zwischen Dänemark und der Bundesrepublik in der NATO. Ein Parlamentsabgeordneter erklärt unter großem Beifall, daß dieselben Kräfte, die zur Zeit der Besetzung mit den Okkupanten zusammengearbeitet haben, nun den Versuch unternehmen würden, das Land den deutschen Militaristen auszuliefern. Alle Bestrebungen der NATO, Bundeswehrsoldaten in Dänemark zu stationieren, müßten kompromißlos abgelehnt werden.

9./10. April Nachdem bei Auseinandersetzungen zwischen rivalisierenden Gruppen der algerischen Befreiungsbewegung in **Paris** offiziellen Angaben zufolge drei Beteiligte getötet und acht verletzt worden sind, holt die Polizei zu einem Schlag gegen die algerischen Unabhängigkeitskämpfer aus. Sie verhaftet in der französischen Hauptstadt 465 Algerier, die angeblich verdächtig sind, Terrorakte begangen zu haben.

10. April Die Hamburger Wochenzeitung <u>»Die Zeit«</u> greift die Frage »Gibt es bei uns einen neuen Antisemitismus?« auf und läßt den Bundestagspräsidenten, einen Generalstaatsanwalt, einen Professor, den Mitarbeiter eines Forschungsinstitutes, einen Publizisten und den Chef des eigenen Feuilletons

---

DIE ZEIT Freitag, den 10. April 1959

Gibt es bei uns einen neuen Antisemitismus?

Der Bundestagspräsident, ein Generalstaatsanwalt, ein Professor und ein Publizist nehmen zu dieser Frage Stellung

Aufbau
Reconstruction
  New York City
Sehr geehrte Kollegen!
Wir verfolgen hier mit einer gewissen Unruhe und auch mit Befremden die sich häufenden antisemitischen Vorgänge in Deutschland. Im großen ganzen berichtet ja die deutsche Presse sehr ausführlich darüber, d. h., daß wir mit den Fakten an sich durchaus vertraut sind. Nicht vertraut aber sind wir mit der Deutung der Geschehnisse.
Uns wird allgemein gesagt, daß die deutsche Jugend im großen und ganzen einen ausgesprochen nüchternen Standpunkt einnimmt, der frei ist von jeder Verhetzung. Wir haben auch selbst mit einer Anzahl junger Menschen hier und drüben gesprochen, und das Ergebnis war eine Bestärkung dieses Eindrucks. Auf der anderen Seite hören wir plötzlich, daß auch Jugendliche sich an diesen antisemitischen Demonstrationen beteiligen. Wir sind nicht imstande, von hier aus zu beurteilen, ob das Einzelfälle und Zufälle sind oder nicht.
Aus diesem Grunde bitten wir Sie um eine Analyse der sogenannten „antisemitischen Situation".
  Manfred George
  Chefredakteur

Eines Tages traf bei uns der nebenstehend abgedruckte Brief ein. Manfred George, Chefredakteur der in New York erscheinenden Zeitung „Aufbau", schrieb uns, beunruhigt durch die Fälle Zind, Eisele, Nieland, und fragte, welche Bedeutung wir diesen antisemitischen Kundgebungen beimessen. Ob sie einen neu-erwachenden Antisemitismus anzeigen oder ob es sich vielmehr um eine zufällige Häufung handelt, die vielleicht auch durch die aufgebrachte Öffentlichkeit in Deutschland über die ihr im Grunde zukommende Bedeutung hinaus aufgebauscht worden ist? Auf diese Frage gibt es sicherlich viele verschiedene Antworten, je nach der soziologischen Umwelt, dem Alter, ja vielleicht sogar je nach dem geographischen Standort des Urteilenden. Wir wollten darum die Beantwortung der so gewichtigen Frage nicht allein übernehmen und haben deshalb eine Reihe führender Persönlichkeiten in der Bundesrepublik gebeten, zu diesem schwierigen Problem ihre Meinung zu sagen.

Alter Sumpf – keine neue Welle

Der deutsche Antisemitismus läßt sich schwerlich statistisch messen. Er läßt sich allenfalls deuten. Aber man darf sich dies nicht allzu leicht machen. Es genügt nicht, die häßlichen Vorkommnisse, die meist erst durch Gerichtsverhandlungen an die Öffentlichkeit kommen, als Einzelfälle abzutun und sich im übrigen zu beruhigen. Es genügt auch nicht, aus einer Häufung dieser Fälle auf ein bedrohliches Anwachsen antisemitischer Strömungen, auf einen Neo-Antisemitismus zu schließen.
Der Antisemitismus war niemals tot in Deutschland. Das gilt sowohl für seine eher konventionelle Form, die es überall in Europa und erst recht in

sie sich nicht an ihn klammern, so bleibt ihnen nichts. Und so verharren sie auch heute noch bei ihrem: „Die Juden sind an allem schuld."

Dies ist der alte Sumpf und keine neue Welle. Die Häufung der Fälle ist kein Gegenbeweis. Sie zeigt nur, daß die Alt-Nazis und Alt-Antisemiten neuerdings weniger Hemmungen haben als in den Jahren unmittelbar nach dem Zusammenbruch. Sie wagen sich eher wieder hervor, zumal in Wirtshäusern, wenn der Alkohol die Zungen löst. Je enthemmter sie sind, desto lauter werden sie bis zu dem scheußlichen: „Schade, daß dich nicht auch vergast haben."

ein längst nicht so bekanntgewordener Vorgang in Berlin. Da hatte Ende Januar bei einer Aufführung von *Thomas Harlans* „Chronik des Warschauer Gettos" ein Störtrupp von Jugendlichen randaliert und Stinkbomben geworfen. Bei Verhören durch die politische Polizei gaben fünf beteiligte Schüler im Alter von 14 bis 17 Jahren zu, „rechtsradikal eingestellt" zu sein. Sie erklärten, begeisterte Leser einer in Hannover erscheinenden neonazistischen Zeitung zu sein und durch sie die Adresse eines 63jährigen Alt-Nazis, ehemaligen Träger des „goldenen Parteiabzeichens" und Reichsredners der Partei, erfahren zu haben, der sie dann zur Störung der Aufführung angestiftet hat.
Hier ist also ein Fall, wo das Gift hinüberwirkte zu den Jungen. Und deshalb genügt es nicht, sich auf das Absterben der Alten zu verlassen. Mit viel größerer Schärfe als bisher muß man den nazistischen Publikationen nachspüren, sie verbieten und jeden ihrer Urheber bestrafen. Und ebenso muß jeder bestraft werden, der andere, besonders Jugendliche, nazistisch und antisemitisch verführt.
Alles in allem: Es gibt heute nicht mehr Nazi-Antisemiten in Deutschland als vor fünf oder zehn Jahren. Sie sind nur unverschämter geworden. Hiergegen ist ein einziges Kraut gewachsen: *harte Gesetze und eine rücksichtslos strenge Justiz.*
Der Nationalsozialismus hat zwölf Jahre selbst-

---

dazu Stellung nehmen. Anlaß für die Umfrage ist ein Brief des Chefredakteurs der in New York erscheinenden jüdischen Wochenzeitung »Aufbau«, Manfred George. Er schrieb darin, daß die Mitarbeiter seiner Redaktion mit Unruhe und Befremden die zunehmenden antisemitischen Vorfälle in der Bundesrepublik verfolgten. Da sie sich nicht dazu imstande fühlten, zu beurteilen, ob es sich dabei um Einzelfälle und Zufälle handle, würden sie um eine Analyse der »antisemitischen Situation« bitten. Der Tenor der Antworten lautet nahezu einhellig, daß es sich dabei um keine wirklich besorgniserregende gesellschaftspolitische Entwicklung handle. Die Vorkommnisse seien lediglich »Trotz-Reaktionen« einiger »Fanatiker« und nicht der Beginn einer neuen Welle. »Einen Antisemitismus nennenswerten Ausmaßes«, schreibt Bundestagspräsident Eugen Gerstenmaier (CDU), »gibt es in der Bundesrepublik nicht ... Erscheinungen antisemitischen Charakters, die auch in der deutschen Öffentlichkeit hier und dort festgestellt werden können, sind in der Regel nicht Ausdruck eines Überzeugungs-Antisemitismus, sondern eher ›Trotz-Reaktionen‹, die vor allem dort auftreten, wo Menschen infolge der politischen Ereignisse aus ihrer Bahn geworfen worden sind und weder äußerlich noch innerlich wieder Fuß zu fassen vermocht haben.«[71] Die von der Zeitung aufgeworfene Frage wird auch von dem Hamburger Generalstaatsanwalt Ernst Buchholz, der als besonders genauer Kritiker antisemitischer Vorfälle gilt, eindeutig verneint. »Sicher ist,« schreibt er, »daß die Erkenntnis, zu welchen Verbrechen der Antisemitismus führte, viele Antisemiten bekehrt hat und daß

auch unter ehemaligen Antisemiten Abscheu und Reue über das Geschehen zu hören ist. Das bedeutet: Die Antisemiten haben sich vermindert um die Verführten. Sie haben sich weiter vermindert um die Opportunisten. Geblieben sind die konfusen Fanatiker. Und geblieben sind, der Zahl nach nicht abschätzbar, die nicht nur in Deutschland existierenden Personen mit jenen Vorurteilen gegen die Juden, die, im Unbewußten angesiedelt, eines Anstoßes bedürfen, um sichtbar zu werden.«[72] Und der Prorektor der Universität Hamburg, der Wirtschaftswissenschaftler Professor Karl Schiller, zögert nicht, der jungen Generation eine Art Blankoscheck auszustellen. Nach der Erfahrung, die er jahrelang mit Studenten gesammelt hat, sei diese Generation vom Antisemitismus »völlig frei«. Wenn es, wie behauptet, trotzdem solche Vorkommnisse unter Jugendlichen geben sollte, dann könne es sich dabei lediglich »um ein gewisses Halbstarken-Rowdytum« handeln. »Unsere junge Generation in Westdeutschland, und vornehmlich ihr studentischer Teil,« faßt Schiller zusammen, »ist in der überwiegenden Mehrheit nüchtern und skeptisch; sie würde allen emotionalen Verführungen oder Verhetzungen ablehnend und kalt gegenüberstehen.«[73]

10. April Im Anschluß an die Trauung des japanischen Kronprinzen Tsugu No Mija Akihito mit der Industriellentochter Mitchiko Shoda in **Tokio** kommt es zu einem Zwischenfall. Als das nach traditionellem Shinto-Ritus vermählte Paar in einer Kutsche durch die Stadt gefahren wird, wirft plötzlich ein junger Mann einen Stein und versucht anschlie-

10.4.: Reaktion auf die besorgte »Aufbau«-Nachfrage bei der »Zeit«.

ßend auf das Gefährt aufzuspringen. Sicherheitskräften gelingt es jedoch sofort, den vermeintlichen Attentäter, einen Arbeitslosen, wie sich später herausstellt, zu überwältigen. Das Brautpaar ist mit dem Schrecken davongekommen. Nach einer kurzen Unterbrechung kann der Hochzeitszug seine Fahrt fortsetzen.

11. April Auf einer Kundgebung des *Verbands der Kriegsbeschädigten, Kriegshinterbliebenen und Sozialrentner Deutschlands* (VdK) in **Kempten** im Allgäu protestieren 3.000 Mitglieder gegen die als völlig unzureichend angesehenen Reformpläne von Bundesarbeitsminister Theodor Blank (CDU).

12.4.: Bundesarbeitsminister Theodor Blank.

11. April Trotz einer internationalen Protestwelle läßt sich das südafrikanische Parlament in **Kapstadt** nicht davon abhalten, nach viertägiger Debatte die Rassentrennung auch an den Hochschulen der Südafrikanischen Union einzuführen. Das Gesetz, das getrennte Hochschulen für Weiße und Farbige vorschreibt, wird in zweiter Lesung mit 100:55 Stimmen angenommen. – Die *Nationale Union der südafrikanischen Studenten* kündigt weitere Protestaktionen gegen die Praktizierung der Apartheidspolitik an Universitäten und Hochschulen an.

12. April In **Hof** protestieren 10.000 Kriegsopfer auf einer vom *Verband der Kriegsbeschädigten, Kriegshinterbliebenen und Sozialrentner Deutschlands* (VdK) organisierten Kundgebung gegen die Reformpläne der Bundesregierung zur Kriegsopferversorgung. Einzelne Redner fordern den Rücktritt des dafür verantwortlichen Bundesarbeits- und -sozialministers Theodor Blank. – Zu weiteren Protestkundgebungen des VdK kommt es in **Ulm** (4.000 Teilnehmer), **Aschaffenburg**, **Itzehoe** (Schleswig-Holstein) und **Bad Zwischenahn** (Niedersachsen).

12. April Auf Initiative der *Arbeitsgemeinschaft Münchner Jugendverbände gegen Atomrüstung* versammeln sich in **München** 1.000 junge Menschen zu einer Protestkundgebung gegen die Atombewaffnung der Bundeswehr. Ansprachen halten der Schriftsteller Erich Kästner und der Bezirksjugendsekretär der *IG Metall* in Bayern, Fritz Angermeier. Der Gewerkschaftsfunktionär weist in seiner Rede die im Zusammenhang mit der Atomrüstung oftmals erhobene Behauptung zurück, daß ja schließlich »alle in einem Boot« säßen. Er erwidert: »Aber es kommt darauf an, wer die Kohlen trimmt und wer als Kapitän auf der Brücke steht. Sorgen wir dafür, daß wir der Kapitän werden.«[74] Das sei der mit Abstand sicherste Weg, den Gefahren der atomaren Aufrüstung zu entgehen. Kästner fordert die Jugendlichen auf, sich nicht zu scheuen, die ihnen zukommende politische Verantwortung wahrzunehmen.

12. April An einer Kundgebung für die von der Gestapo 1945 in der Wenzelbergschlucht ermordeten 72 Widerstandskämpfer nehmen in **Langenfeld** (bei Leverkusen) 2.000 Menschen, darunter zahlreiche Jugendliche, teil. Zu der Gedenkfeier haben der Landrat, der Oberkreisdirektor, die Bürgermeister von Langenfeld und den umliegenden Gemeinden sowie der DGB eingeladen. Als Hauptrednerin spricht Sally Keßler, die Vertreterin der *Jüdischen Gemeinde* von Köln. Sie zieht eine Opferbilanz aus den zwölf Jahren NS-Herrschaft und stellt fest, daß die im Kampf gebrachten Opfer nur dann einen Sinn hätten, wenn das Vermächtnis der Toten weitervermittelt und ihr Kampf fortgeführt würde. Nach einer Gedenkminute legen Abordnungen verschiedener Widerstandsorganisationen, kommunaler Behörden und Parteien vor dem Mahnmal Kränze nieder. Im Anschluß daran veranstaltet die *Vereinigung der Verfolgten des Naziregimes* (VVN) in **Opladen** noch einen Kameradschaftsabend.

12. April Mehr als 1.000 Menschen versammeln sich am Jahrestag der Befreiung auf dem Gelände des ehemaligen Konzentrationslagers **Bergen-Belsen** zu einer Gedenkfeier, zu der der *Zentralrat der Juden in Deutschland* aufgerufen hat. Der Vorsitzende der *Jüdischen Gemeinde* von Berlin, Heinz Galinski, selbst ein Überlebender von Bergen-Belsen, wirft der Bundesregierung in seiner vor dem steinernen Obelisken gehaltenen Ansprache vor, nicht genug für die Aufklärung der NS-Verbrechen getan zu haben. Ausdrücklich bekennt er sich zur Toleranz, warnt zugleich aber auch vor einer »Toleranz gegenüber Menschen, die sich der ruchlosen Gewalt verschrieben« hätten. »Machen wir uns keine Illusionen«, fährt er fort, »wir haben sie früher zu teuer bezahlt. Was hier geschehen ist, kann immer wieder geschehen. Lassen wir die Vergangenheit endlich unseren Lehrmeister sein, um des Rechts und der Menschlichkeit willen.«[75] Der CDU-Bundestagsabgeordnete Peter Nellen warnt nachdrücklich davor, zu glauben, man könne über die Vergangenheit Gras wachsen lassen. Nur indem man sich mit ihr auseinandersetze, könne sie überwunden werden. Der niedersächsische Innenminister Hinrich Kopf (SPD) stellt erschüttert fest: »Hier haben sich Menschen Dinge angetan, die man nicht für möglich hält, in einem letzten Übermaß der Perfektion des Furchtbaren, das am Ende aller Vorstellungen liegt!«[76] Im Anschluß an die Gedenkreden ziehen die Teilnehmer an den Massengräbern vorüber und legen Blumen und Kränze nieder.

13.-20. April In **Hamburg** führt die *Junge Aktion gegen Atomtod, für ein kernwaffenfreies Deutschland* in mehreren Stadtteilen Plakat-, Flugblatt- und

Volksbefragungsaktionen durch. Eine für die »Kampfwoche gegen die Atomaufrüstung« geplante Atommahnwache ist vom Senat der Hansestadt mit der Begründung untersagt worden, daß für eine Inanspruchnahme städtischen Grund und Bodens »kein öffentliches Interesse« bestehe. Auf Plakaten und Flugblättern wird vor den Folgen eines möglichen »Abwurfs Nummer drei« auf Hamburg gewarnt. Durch graphische Darstellungen wird das Ausmaß der Zerstörung veranschaulicht, das bei der Exlosion einer H-55-Wasserstoffbombe im Gebiet der Hamburger Innenstadt entstehen würde. In mehreren Ringen um den Bombenkrater werden die Zonen der tödlichen Verbrennung, der Vernichtung durch den Exlosionsdruck sowie der tödlichen Strahlung aufgezeigt. Am 15. April veranstalten die jugendlichen Atomwaffengegner außerdem noch einen Fahrradkorso, der vom Altonaer Bahnhof aus durch mehrere Stadtteile führt. Auf den an den Rädern befestigten Transparenten sind Losungen wie »Butter statt Raketen«, »Wacht auf Mütter – schützt eure Kinder!« und »Für unsere Moneten keine Raketen« zu lesen.

14. April Der politische Führer der Kikuyu, des größten kenianischen Bevölkerungsteils, Jomo Kenyatta, wird nach jahrelanger Haft aus dem Gefängnis entlassen und nach **Lodwar**, eine im Norden des

Landes gelegene, verlassene Ortschaft, verbannt. Kenyatta war, obwohl er seine Unschuld immer wieder betont hatte, am 8. April 1953 von einem britischen Kolonialgericht als mutmaßlicher Anführer des Mau-Mau-Aufstandes zu einer siebenjährigen Gefängnisstrafe verurteilt worden. Da starke Zweifel an der Glaubwürdigkeit des Kronzeugen aufgetreten sind, der inzwischen seine im Prozeß gemachten Aussagen widerrufen hat und deshalb selbst im Gefängnis sitzt, sahen sich die britischen Kolonialbehörden gezwungen, ihren prominentesten Gefangenen freizulassen. Nun versuchen sie den Unabhängigkeitskämpfer mit allen nur erdenklichen Mitteln, die der von ihnen definierten Legalität nicht widersprechen, zu isolieren. Kenyatta darf auf keinen Versammlungen sprechen, sich keiner Organisation anschließen und weder einer Gesellschaft noch einem Verband als Mitglied beitreten. Lodwar liegt im Zentrum eines menschenleeren Wüstengebietes, das als »Wüste der Verbannten« bezeichnet wird.

15. April Auf einer Pressekonferenz in **Washington** gibt US-Präsident Eisenhower den Rücktritt seines Außenministers John Foster Dulles bekannt. Dulles ist unheilbar an Krebs erkrankt und stirbt im darauffolgenden Monat.

15.-29. April Auf Einladung der *Society of Newspapers Editors* trifft der kubanische Ministerpräsident Fidel Castro zu einem Besuch der Vereinigten Staaten in **New York** ein. Bereits auf der Fahrt vom Flughafen zum Hotel erlebt der ehemalige Rebellenführer einen begeisterten Empfang. Seine Wagenkolonne muß immer wieder anhalten, damit neugierige Passanten dem exotisch wirkenden Revolutionär die Hände schütteln können. Auf einer Versammlung von 20.000 Menschen im Central-Park versichert Castro seinen Zuhörern, daß er mit dem Sturz des Batista-Regimes lediglich die Demokratie in Kuba wiederherstellen wolle. Er lehne den Faschismus ebenso wie den Kommunismus und jede andere Form der Diktatur ab. Auch seine Auftritte in **Boston** und **Princeton** werden von Tausenden von Zuhörern mit großer Aufmerksamkeit verfolgt. Bei einer Zusammenkunft mit Kongreßmitgliedern am 17. April in **Washington** erklärt Castro, daß der Kommunismus in seinem Land solange keine Chance habe, wie die Bevölkerung durch Ernährung, Kleidung und die Befriedigung anderer elementarer Bedürfnisse zufriedengestellt sei. Der Kommunismus habe nur bei leeren Mägen Erfolg. Außerdem sichert er zu, daß das US-Eigentum auf der Insel nicht angetastet werde und der Stützpunkt der US-Marine in Guantánamo bestehen bleibe. Seine Versicherungen wiederholt er am 20. April bei einem vielbeachteten Auftritt im *Nationalen Presseclub* in

14.4.: Der Anführer der kenianischen Unabhängigkeitsbewegung, Jomo Kenyatta.

Washington. Er beteuert, freundschaftliche Beziehungen zu den Vereinigten Staaten anzustreben, keine Kommunisten in seine Regierung aufzunehmen und die Besitztümer von Ausländern oder ausländischen Gesellschaften zu respektieren. Sobald das Volk es wünsche, würden freie Wahlen stattfinden. Sein Ziel sei es im Gegensatz zu den verbreiteten Oligarchien in Kuba eine wahrhafte Demokratie zu errichten und damit ein Beispiel für ganz Lateinamerika abzugeben. Am 22. April trifft er mit Vizepräsident Richard M. Nixon in dessen Büro zu einem Vier-Augen-Gespräch zusammen. Als Nixon ihm anhand von Akten nachzuweisen versucht, daß eine Reihe seiner Mitarbeiter über ausgezeichnete Beziehungen zu kubanischen Kommunisten verfügen, wechselt Castro rasch das Thema und stellt langatmig seine Pläne für eine Sozialreform auf dem Inselstaat vor. Nixon wechselt nun seinerseits das Thema und weist sein Gegenüber darauf hin, daß die immer noch anhaltenden Hinrichtungen von ehemaligen Batista-Anhängern Mißtrauen und Unmut in der amerikanischen Öffentlichkeit auslösten. – Im Anschluß an die Unterredung übermittelt Nixon dem State Department in **Washington** ein Memorandum. Darin kommt er zu dem Schluß, daß Castro eine erhebliche Gefahr für die USA darstelle. Entweder stehe er selbst unter kommunistischem Einfluß oder aber er sei naiv, was den Umgang mit Kommunisten angehe. Nixon schlägt vor, den Sturz des zum Ministerpräsidenten aufgestiegenen Guerillakämpfers vorzubereiten.

15.-29.4.: Während eines USA-Besuchs wird Fidel Castro auch von Vizepräsident Nixon empfangen.

16. April Rund 500 oberhessische DGB-Funktionäre nehmen an einer Sternfahrt nach **Gießen** teil, um gegen die atomare Aufrüstung der Bundeswehr zu protestieren. Mit Sonderbussen kommen die Gewerkschaftler, unter ihnen zahlreiche Betriebsräte,

16.4.: Gewerkschaftler demonstrieren in Gießen gegen die Stationierung eines Raketenbataillons.

aus **Friedberg**, **Büdingen**, **Lauterbach** und **Alsfeld** in die Universitätsstadt, wo ein Raketen-Bataillon der Bundeswehr stationiert worden ist. Sie finden sich zu einer von dem Gießener DGB-Kreisausschußvorsitzenden Konrad Cross eröffneten Protestveranstaltung im Saalbau ein. Hauptredner ist der Kölner Schriftsteller Paul Schallück. In Hiroshima, erklärt er warnend, habe die letzte Weltenstunde begonnen. Inzwischen sei man soweit, daß sich die menschliche Gattung selbst ausrotten könne. Die taktischen Atomwaffen, zu denen auch die im Gießener Scharnhorst-Lager stationierten Honest-John-Raketen gezählt werden müßten, hätten eine ebenso große Zerstörungskraft wie die auf Hiroshima abgeworfene Bombe. Mit nur sechs Wasserstoffbomben, die noch tausendmal wirkungsvoller seien, könne die gesamte Bundesrepublik vernichtet werden. Bereits die Nuklearwaffentests seien extrem gefährlich; sie vergifteten Luft, Wasser sowie Lebensmittel und verursachten Erbschäden unbekannten Ausmaßes. Warner wie die Göttinger 18 und Albert Schweitzer seien alles andere als wirklichkeitsblinde Weltverbesserer. Die Bundesregierung solle, anstatt mit aggressiven Erklärungen, wie denen aus dem Munde ihres Verteidigungsministers Strauß, die Atmosphäre zu vergiften, lieber in Verhandlungen eintreten, bevor es zu spät sei. Die Atombombe sei schon längst keine parteipolitische Frage mehr, sondern ein moralisches Problem von grundlegender Tragweite. Im Anschluß an die Veranstaltung ziehen die Gewerkschaftler zusammen mit zahlreichen Bürgern, die vom Aktionsausschuß »Kampf dem Atomtod« aufgerufen worden sind, in einem Demonstrationszug durch die Stadt. Zum Abschluß versammeln sich die 1.000 Teilnehmer vor einer auf dem Brandplatz aufgebauten und mit dem Porträt von Albert Schweitzer geschmückten Rednertribüne. Zur Eröffnung werden vom Ausschußvorsitzenden, Lehrer Nagel, Grußbotschaften des Europäischen Komitees gegen Atomrüstung, das seinen Sitz in London hat, und des Münchener Komitees gegen Atomrüstung (KgA) verlesen. Dann schildert der Offenbacher Medizinalrat Dr. Schmidt, wie er als Teilnehmer einer Delegation in Hiroshima und Nagasaki die Stätten der ersten Atombombenabwürfe besucht hat. Nach einer weiteren Rede durch den Sprendlinger Pfarrer Max Rudolf Weber, der dem hessischen Landesvorstand des Bundes der Deutschen (BdD) angehört, hält die Professorin an der Pädagogischen Akademie in Wuppertal, Renate Riemeck, die Schlußansprache. Zunächst zitiert sie einen Brief Albert Schweitzers, in dem der Friedensnobelpreisträger alle deutschen Atomwaffengegner grüßen läßt. Unter Hinweis auf die bevorstehende Außenministerkonferenz in Genf erklärt sie, daß sich die Außenpolitik der Bundesregierung grundlegend wandeln müsse. Nachdem die Politik der Stärke gescheitert sei, müßte der Weg für Verhandlungen frei gemacht werden. Während in Großbritannien und den USA Wege zur Entspannung gesucht würden, baue man in der Bundesrepublik Raketenbasen auf. Wer vom Frieden spreche, gleichzeitig aber Atomraketen stationiere, der denke in Wirklichkeit an Krieg. Man müsse mit der fortwährenden »Haßpropaganda« ein Ende machen. Anstatt von militärischer sollte mehr von sozialer Sicherheit die Rede sein. Am Ende verliest Lehrer Nagel noch zwei Grußbotschaften, die dem Gießener Aktionsausschuß »Kampf dem Atomtod« vom Japanischen Rat gegen Atom- und Wasserstoffbomben in Tokio als Zeichen der Solidarität zugesandt worden sind.

17. April Die in New York erscheinende jüdische Wochenzeitung »Aufbau« publiziert unter dem Titel »Antisemitismus in Deutschland – Ja oder nein?« das Ergebnis einer Umfrage unter einflußreichen Personen des öffentlichen Lebens in der Bundesrepublik. Abgedruckt werden die Stellungnahmen von zwei Politikern und zwei Journalisten. Tenor der Einschätzungen ist einhellig die Überzeugung, daß es zwar einzelne antisemitische Erscheinungen gibt, es jedoch verfehlt wäre, daraus den Schluß zu ziehen, es

gäbe in Deutschland noch einen mit dem Nationalsozialismus vergleichbaren Antisemitismus. Carlo Schmid (SPD), der Vizepräsident des Bundestages, schreibt, daß die »sogenannten antisemitischen Ausschreitungen« im Ausland über alle Maßen übertrieben würden; Heinrich Krone, der Vorsitzende der CDU/CSU-Fraktion im Bundestag, bestreitet rundweg die Fortexistenz des Antisemitismus in Deutschland und äußert die Vermutung, daß es sich bei den die Aufmerksamkeit der Presse auslösenden Vorfällen »um Einzelaktionen kommunistischer Kreise« handeln könnte; der Mitherausgeber der »Frankfurter Allgemeinen Zeitung«, Erich Dombrowski, meint, die deutsche Jugend sei viel zu sehr mit sich selbst beschäftigt, als daß sie am Antisemitismus interessiert sein könnte, und Hans Zehrer, Chefredakteur der »Welt«, versucht alle Zweifel zu zerstreuen, daß an dem, was Teile der internationalen Öffentlichkeit so beunruhigt, »irgendetwas dran sein« könnte; die bundesdeutsche Gesellschaft sei »so wachsam und sensibel« geworden, daß bereits beim geringsten Zwischenfall die Presse und die Justiz aktiv würden. Das Problem des Antisemitismus sei eher ein Wahrnehmungsproblem. Aufgrund der Vergangenheit würde der falsche Eindruck erweckt, es sei »bald wieder soweit«; doch dies sei unwahr.

17.-20. April In **München** versammeln sich die Vertreter der einzelnen nationalen Sektionen zur »3. Konferenz der Situationistischen Internationale« Während der Tagung wird die Schwabinger Gruppe SPUR, von der Heimrad Prem, Heinz Höfl, Gretel Stadler, Helmut Sturm und Hans-Peter Zimmer anwesend sind, offiziell als deutsche Sektion in die avantgardistische Vereinigung aufgenommen. –

17.-20.4.: Szene während der Münchener Situationistenkonferenz (v.l.n.r.): Hans Peter Zimmer, Heimrad Prem, Gretel Stadler, Constant und Asger Jorn.

17.-20.4.: Die Situationisten auf der Münchener Konferenz (v.l.n.r.): Har Oudejans, Erwin Eisch, Heinz Höfl, Helmut Sturm, Maurice Wyckaert, Armando, Guy Debord, Hans Peter Zimmer, Heimrad Prem, Gretel Stadler, Constant, Pinot Gallizio und Asger Jorn.

17.-20.4.: Flugblatt der Situationistischen Internationale.

Nach Abschluß der Konferenz verteilen am Morgen des 21. April mehrere Situationisten in der bayerischen Landeshauptstadt das Flugblatt »Ein kultureller Putsch während Ihr schlaft!«.

18. April In der Gruga-Halle in **Essen** finden die »Essener Jazztage 1959« statt. Vor 14.000 begeisterten Zuhörern treten die Sängerin Ella Fitzgerald, der Pianist Bud Powell, der Schlagzeuger Kenny Clarke, der Bassist Oscar Pettiford und andere führende Musiker auf. Die Resonanz, die die *Deutsche Jazzföderation e.V.* mit ihrer Großveranstaltung erzielt, beweist, daß der in der NS-Zeit als »Nigger-Musik« diskreditierte Jazz in der Bundesrepublik ein Massenpublikum gefunden hat.

18. April In einem Artikel der *»Süddeutschen Zeitung«* werden unter der Überschrift »Braune Farben im Flüchtlingsblätterwald« schwere Vorwürfe gegen den BHE-Fraktionsvorsitzenden im bayerischen Landtag, Walter Becher, und andere prominente Angehörige der *Sudetendeutschen Landsmannschaft* erhoben. Nachdem in der Tageszeitung bereits vor einiger Zeit berichtet worden war, Becher habe als verantwortlicher Schriftleiter für das sudetendeutsche NSDAP-Gauorgan »Die Zeit« antisemitische Artikel verfaßt, ist in München ein *Komitee zum Schutz der Bürger vor Diffamierungen durch die Linkspresse* gegründet worden. Ziel dieses Komitees sei es offenbar, schreibt die in München erscheinende Tageszeitung, unliebsame Enthüllungen über die NS-Vergangenheit führender BHE-Politiker als unglaubwürdig hinzustellen. Der von Becher 1938 an Prager Juden verübte »Rufmord«

Ein kultureller Putsch –

während Ihr schlaft!

Die dritte Konferenz der Internationalen Situationisten

hat soeben in München stattgefunden und wird am Dienstag, den 21. April mit einer Mitteilung an die Presse schließen.

Sie werden dort erfahren können:

● warum die Gruppe SPUR ihr Manifest verfaßt und Herrn Prof. Bense angegriffen hat

● warum Pinot-Gallizio industrielle Malerei produziert

● warum München nie seine Ruhe wiederfinden wird.

Bei dieser Gelegenheit werden Sie die Fortsetzung hören —

Sie wird noch schlimmer sein!

Kommen Sie am Dienstag, den 21. April, 10 Uhr vormittags in die Gaststätte „Herzogstand", Herzogstraße.

Für die Internationalen Situationisten:

Constant (Holland), Debord (Frankreich), Jorn (Dänemark), Pinot-Gallizio (Italien), Wyckaert (Belgien), Zimmer (Deutschland)

habe später in »blankem Totschlag« geendet. Nicht anders sei die journalistische Praxis von Ernst von Hamely, Lothar Foltenik, Erich Maier und Karl Jungschäffer zu bewerten, die ebenfalls zur Redaktion des sudetendeutschen NSDAP-Organs gehörten.

18. April In einem am 13. April eröffneten Schauprozeß gegen fünf Mitglieder des konspirativen *Nationalkommunistischen Studentenbundes* spricht der I. Strafsenat des Bezirksgerichts **Dresden** die Urteile. Wegen Bildung einer »staatsfeindlichen Gruppe«, »Staatsverrats« und »Rädelsführerschaft in einer konterrevolutionären Gruppe« erhalten die fünf Studenten der Technischen Hochschule Dresden, Gerhard Bauer, Armin Schreiter, Hans-Lutz Dalpke, Christian Ramatschi und Dieter Brendel, Zuchthausstrafen zwischen fünf und zehn Jahren. Das hohe Strafmaß wird vom Gericht mit dem »hohen Grad der Gesellschaftsgefährlichkeit der Angeklagten« begründet. Über die Situation im Gerichtssaal berichtet später ein westlicher Studentenvertreter: »Neben einer stattlichen Reihe von Pressevertretern aus Ost-Berlin und der DDR, einigen wenigen Angehörigen der Angeklagten, waren es Delegierte aus FDJ und SED, die sich das Schauspiel mitansehen sollten. Es gab auch schon ›Beweismaterial‹ zu sehen – in einem Schaukasten, der auf der Fensterseite des Saales neben dem Platz des Staatsanwaltes, aufgestellt war: 1. Die Waffen und ›Sprengstoffe‹ der Angeklagten, ein paar Gaspistolen und vier Pistolen; Chemikalien verschiedenster Art, darunter 600 Gramm Trinitrotuluol (TNT), dazu Vernehmungsprotokolle, in denen die Angeklagten ausgesagt hatten, was sie alles damit vorgehabt hätten. 2. ›Hetzschriften‹ und faschistische Literatur: ein Exemplar von ›Readers Digest‹, ein paar Nummern des ›Spiegel‹, ein paar NS-Zeitschriften, Rosenbergs ›Der Mythos des XX. Jahrhunderts‹, dann Jaspers ›Vom Ursprung und Ziel der Geschichte‹ und eine Broschüre der Technischen Universität Berlin. 3. Ein Abzugsapparat ›Polygraph‹, der erkennen ließ, daß er nie benutzt war, und dessen Konstruktion recht altertümlich wirkte, samt 1.000 Blatt Papier.«[77] Der *Nationalkommunistische Studentenbund* soll 14 Mitglieder umfaßt haben. Die Angeklagten hatten unter ihren Kommilitonen selbstangefertigte Flugblätter verteilt und ein 16 Punkte umfassendes Grundsatzprogramm zur Umwälzung der DDR-Gesellschaft entworfen, das von einer Garantie bürgerlicher Freiheitsrechte bis zur Auflösung des Ministeriums für Staatssicherheit (MfS) reichte. Weiter sollen sie Waffen, Munition und zur Herstellung von Sprengstoff dienende Chemikalien aus West-Berlin eingeführt sowie Kontakt zu verschiedenen gegen das politische System in der DDR gerichtete Organisationen aufgenommen haben. Außerdem wird ihnen vorgeworfen, einen Brief an die Berliner Vertretung der BBC in London gerichtet zu haben, der als Grundlage für mehrere »Hetzsendungen gegen die DDR« gedient hätte. Ihre »wirtschaftlichen Forderungen« hätten die Mitglieder des illegalen Studentenbundes aus Werken des Philosophen Karl Jaspers bezogen. Vertreter westlicher Presseorgane sind nicht zugelassen gewesen. – Die »Sächsische Zeitung« faßt in einem Bericht über den Prozeß die Bestrebungen des illegalen Dresdener Studentenbundes mit den Worten zusammen: »Die Mitglieder dieser illegalen terroristischen Gruppe hatten das Ziel, die gesellschaftliche Ordnung in der DDR zu stürzen. Systematisch und planmäßig versuchten sie, Unruhe unter die Studentenschaft zu tragen. Dabei trat die Gruppe immer dann in Aktion, wenn von den Kräften des Friedens neue Vorschläge für die internationale Entspannung gemacht wurden.«[78] – Die »Frankfurter Rundschau« bezeichnet das Urteil als »Armutszeugnis« und schreibt am 20. April in einem Kommentar dazu: »Was würden die Studenten von Frankfurt und Heidelberg, Hamburg und Freiburg sagen, wenn sie auf 16 Jahre ins Zuchthaus geschickt würden, weil sie in jugendlichem Idealismus, die Welt zu verbessern, ein politisches Programm entworfen und durch Flugblätter verbreitet hätten, das den Sturz der Regierung fordert? ... Welches Armutszeugnis stellt sich eine Regierung aus, die die Gedanken und Pläne politisch Andersdenkender so sehr fürchten muß, daß sie sie auf eine Stufe mit Schwerverbrechern stellt?«[79] – Das Bundesministerium für gesamtdeutsche Fragen, der SPD-Bundesvorstand, die *Deutsche Angestellten-Gewerkschaft* (DAG) und der *Deutsche Gewerkschaftsbund* (DGB) protestieren am 20. April in **Bonn** gegen die Dresdener Urteile. Während ein Sprecher des Ministeriums feststellt, daß der Prozeß gezeigt habe, daß es dem Regime in der DDR nicht gelungen

18.4.: Bericht über den Dresdener Prozeß in der Frankfurter Studentenzeitung.

Protokoll des Prozesses
gegen 5 Studenten der Technischen Hochschule Dresden
vom Montag, 13. April 1959 bis Sonnabend, 18. April 1959

Vorbemerkung:
   Mit Ausnahme des Plädoyers des Staatsanwaltes und der Urteilsbegründung beruhen alle Angaben auf Gedächtnisprotokollen, die jeweils in den Verhandlungspausen bzw. an den Abenden der Verhandlungstage angefertigt worden sind.

Beginn des Prozesses:
Montag, 13. April 1959, 8.30 Uhr.
   Im Gerichtssaal des Bezirksgerichtes Dresden befinden sich etwa 100 Zuschauer, meistens FDJ-Mitglieder der TH Dresden und aus den Betrieben entstandte Delegierte der SED. Auch die Ost-Presse ist zahlreich vertreten. Von einigen Angeklagten sind Angehörige hier.
   Links vom Gericht aus befindet sich neben dem Platz des Staatsanwaltes ein Schaukasten, in dem „Beweismaterial" zusammengetragen ist, das sich bei den Angeklagten befunden hat. Es sind dies:
1. Drei Gaspistolen, vier Pistolen (9 mm PK; ein Trommelrevolver 7,65 mm; eine Pistole 6,35 mm, Marke „Liliput"; eine KK-Pistole 5,25 mm).
2. „Sprengstoffe": 20 gr. Plättchenpulver, 600 gr. TNT, roter Phosphor, Kaliumperchlorat, Pikrinsäure und noch kleinere Chemikalien.
3. Eigens angefertigte Auszüge aus den Vernehmungsprotokollen, in denen die Angeklagten ausgesagt hatten, welche Pläne sie mit den Sprengstoffen hatten, und die von den Angeklagten unterschrieben waren.
4. „Hetzschriften" und „Faschistische Literatur": „Readers Digest" (August 1955), „Spiegel" (einige Nummern), „Der Sozialdemokrat" (eine Nummer), „Informationen des Landesjugendringes Niedersachsen", einige NS-Zeitschriften, Alfred Rosenberg: „Der Mythos des XX. Jahrhunderts", Karl Jaspers: „Vom Ursprung und Ziel der Geschichte" (Fischer Taschenbuch), eine Einführungsbroschüre der Studentenvertretung der Technischen Universität Berlin für die neuimmatrikulierten Studenten (dieses Heft wurde nach der Mittagspause am ersten Prozeßtag entfernt, nachdem wir in einem Gespräch darauf hingewiesen hatten, daß diese Broschüre sich unter „Hetzschriften" befände).
5. Ein Abzugsapparat „Polygraph" und 1000 Blatt Abzugspapier. Der Apparat läßt erkennen, daß er nie benutzt worden ist und hat im übrigen eine sehr altertümliche und zeitraubende Technik. (Er hat keine Trommel.)
   Vor Beginn der Verhandlung weist ein Saalwächter darauf hin, daß Essen, Trinken, Rauchen und Mitschreiben nicht gestattet sei. Auf Befragen erklärt die Vorsitzende sich außerstande, den westberliner Besuchern ein Ausnahmerecht zu gewähren und ihnen Mitschreiben und Notizenmachen zu gestatten.
   Zu Beginn der Verhandlung werden Gericht, Staatsanwalt, Angeklagte und Verteidiger festgestellt:
   Der erste Strafsenat des Bezirksgerichts Dresden besteht aus Frau Oberrichter Stefan und zwei Schöffen, einer Arbeiterin und einem Schlosser;
   Staatsanwalt Leim vertritt die Anklage;

18.4.: Auszug aus einem von Vertretern der Westberliner Studentenschaft angefertigten Protokoll.

sei, die Jugend für die kommunistische Ideologie zu gewinnen, bezeichnet ein Vertreter des SPD-Vorstands den Gerichtsspruch als ein »typisches Terrorurteil«, mit dem die Jugend und die Bevölkerung der DDR eingeschüchtert werden sollen. Grundsätzlich müsse jedoch angemerkt werden, daß die scharfe Ablehnung solcher Urteile seitens der Bundesrepublik glaubwürdiger wäre, wenn nicht auch hierzulande Bürger wegen ihrer früheren Zugehörigkeit zur verbotenen KPD verurteilt würden. – Die Studentenschaften der Freien Universität und der Technischen Universität in **West-Berlin** verurteilen einen Tag später in einer einstimmig gefaßten Erklärung das Dresdener Gerichtsverfahren als Gesinnungsprozeß. Das Strafmaß habe eindeutig abschreckende Funktion. Auf einer Pressekonferenz berichten am selben Tag drei West-Berliner Studentenvertreter, die in Dresden als Beobachter zugelassen waren,

über den Prozeßverlauf. Der erste und zweite AStA-Vorsitzende der Freien Universität, Martin Schmidt und Wolfgang Lüder, sowie der Vorsitzende des Fakultätenrates der Technischen Universität, Wolfgang Kleiner, üben scharfe Kritik an der Prozeßführung. Die Gerichtsvorsitzende, Oberrichterin Stephan, habe immer wieder Suggestivfragen gestellt und die Antworten der Angeklagten zu beeinflussen versucht. Die Urteilsbegründung enthalte Beschuldigungen, die in der Beweisaufnahme nicht erwähnt oder von den Angeklagten bestritten worden seien. Obwohl die Angeklagten als Mitglieder des *Nationalkommunistischen Studentenbundes* bezeichnet worden seien, habe die Gerichtsvorsitzende alles getan, um ideologische Fragen zu unterdrücken. Für die drei Studentenvertreter, die während des Verfahrens keine schriftlichen Aufzeichnungen anfertigen durften, war in Dresden ein eigenes Gästeprogramm mit den folgenden Punkten arrangiert worden: Besichtigung von Mensa, Wohnheimen und Instituten sowie Zusammenkünfte mit dem Rektor der Technischen Hochschule, dem Prorektor für studentische Angelegenheiten, Redakteuren der Studentenzeitung »tua res«, des FDJ-Organs »Forum« und des Berliner Rundfunks.

18. April Im Weißen Haus in **Washington** wird Christian A. Herter, bislang Unterstaatssekretär im State Department, von US-Präsident Eisenhower zum neuen Außenminister ernannt. Er tritt die Nachfolge des drei Tage zuvor zurückgetretenen John Foster Dulles an, der unheilbar an Krebs erkrankt ist. Der 64jährige Herter war während des Ersten Weltkrieges zwei Jahre lang Attaché an der amerikanischen Botschaft in Berlin, zeitweilig Referent von US-Präsident Herbert Hoover, von 1953 bis 1956 Gouverneur von Massachusetts und danach stellvertretender Außenminister. Der republikanische Politiker weckt, obwohl er ein enger Vertrauter von John Foster Dulles war, bei Entspannungsbefürwortern gewisse Hoffnungen auf neue Initiativen und Wege in der Ost-West-Politik.

18. April Der nach Indien geflohene Dalai Lama, geistliches und weltliches Oberhaupt der Tibeter, gibt in **Tezpur** eine Erklärung ab, in der er ausführlich zu dem fehlgeschlagenen Aufstandsversuch in Tibet Stellung bezieht und die Gründe seiner Flucht schildert. Obwohl Tibet sich immer als autonomes Land verstanden habe, führt er aus, sei es 1951 dazu gezwungen worden, einen 17-Punkte-Vertrag mit der Volksrepublik China abzuschließen. Darin sei zwar zugesichert worden, daß Tibet auch weiterhin vollständige Autonomie für sich in Anspruch nehmen dürfe, in Wirklichkeit habe davon seitdem jedoch nicht mehr die Rede sein können. Nach der Besetzung durch ihre Armeen habe die chinesische Regierung die vollständige Macht über die innen- und außenpolitischen Angelegenheiten des Priesterstaates ausgeübt. – Zwei Tage darauf trifft der Dalai Lama in der bei **Mussoorie** gelegenen Villa Birla Niwas ein, die ihm von nun an als Asylort dienen soll. – Am 24. April kommt es zu einer vierstündigen Unterredung des 23jährigen Priesterfürsten mit dem indischen Ministerpräsidenten Jawaharlal Nehru. Im Anschluß daran erklärt Nehru der Presse gegenüber, daß der Dalai Lama keineswegs, wie es in einigen Berichten geheißen habe, ein Gefangener Indiens sei. Es seien lediglich die für den Schutz des Dalai Lamas notwendigen Maßnahmen ergriffen worden. Er, Nehru, hoffe, daß der Dalai Lama wieder nach Tibet zurückkehren könne. Ihm sei vor drei Jahren vom chinesischen Außenminister Tschu En-lai versichert worden, daß Tibet zwar ein Teil Chinas sei, aber keine Provinz, sondern eine autonome Region.

18./19. April Auf einer Tagung in **Arolsen** schließen sich elf Landesverbände der *Hilfsgemeinschaft auf Gegenseitigkeit der Soldaten der ehemaligen Waffen-SS* (HIAG) und der kommissarische Vorstand der Bundesverbindungsstelle zum *Bundesverband der Soldaten der ehemaligen Waffen-SS e.V. (HIAG)* zusammen. Der ehemalige Generalmajor Kurt Meyer, auch »Panzer-Meyer« genannt, wird zum ersten Bundessprecher der auf regionaler Ebene bereits um die Jahreswende 1948/49 gegründeten HIAG bestimmt. – Welche Interessen der neukonstituierte Bundesverband neben der von Anfang an als Hauptziel verfochtenen Absicht, die Anerkennung der Waffen-SS als regulären Teil der Wehrmacht durchzusetzen, vertritt, wird in der im Mai erscheinenden Ausgabe des HIAG-Organs »Der Freiwillige« publik: »Aufgabe und Ziele der HIAG sind unverändert: Hilfeleistung sozialer Art – Betreuung der Witwen, Waisen und Kriegsgefangenen – Vermißtensuchdienst in engster Zusammenarbeit mit dem Deutschen Roten Kreuz – Unterstützung des Volksbundes Deutsche Kriegsgräberfürsorge und – Beseitigung der Diffamierung.«[80] Der Wahlspruch der ehemaligen Mitglieder der Waffen-SS lautet »Unsere Ehre heißt Treue.«

18./19. April Unbekannte stürzen nachts auf dem jüdischen Friedhof von **Dinslaken** 35 Grabsteine um. Die Kriminalpolizei nimmt kurze Zeit später die Ermittlungen auf.

18.-20. April Die *Arbeitsgemeinschaft der Friedensverbände* führt auf dem Marktplatz der ostwestfälischen Industriestadt **Lüdenscheid** eine dreitägige Atommahnwache mit einer Unterschriftensamm-

lung gegen die Stationierung von Fernlenk- und Atomwaffen durch. »Das deutsche Volk diesseits und jenseits der Zonengrenze«, heißt es in dem Text, »ist im Falle eines Krieges zwischen Ost und West dem sicheren Atomtod ausgeliefert. Einen Schutz dagegen gibt es nicht! Darum sage ich nein zur Atombewaffnung.«[81] Bereits nach den ersten vier Stunden haben sich 700 Bürgerinnen und Bürger in die Listen eingetragen; am Ende sind es 1.500 Unterschriften. Neben der Attrappe einer Atomrakete steht ein Obelisk, auf dem die beiden Parolen zu lesen sind: »Albert Schweitzer mahnt: Atomwaffen sind tödliche Experimente« und »Laßt uns nicht ruhen, solange Atomtod uns bedroht«. Junge Kriegsdienstverweigerer, Kriegsopfer, Bergleute, die in ihrer schwarzen Tracht mit dem traditionellen Federbusch antreten, und Hüttenarbeiter, die in Schutzanzügen und mit stählerner Kappe erscheinen, lösen sich ab und reichen im Abstand von jeweils zwei Stunden die weiße Binde mit der Aufschrift »Atommahnwache« weiter. Am Abend des ersten Tages treten die Wuppertaler Professorin Renate Riemeck und ihr Kollege Professor Johannes Harder auf einer im Saal Streppel abgehaltenen Kundgebung auf. Harder erklärt, daß eine Politik, die glaube, auf Atomwaffen nicht verzichten zu können, von vornherein diskreditiert sei. Kriege seien ein »politischer Offenbarungseid« der jeweiligen Nation und die Kriegmacher »Wechselreiter der Politik«. Mit der Atombombe könne man nicht leben; deshalb müsse man sich entscheiden, welchen Weg man einschlagen wolle. Renate Riemeck ergänzt, daß es Sicherheit nur durch eine Verständigungspolitik zwischen West und Ost geben könne. Vorrangiges Ziel müsse der Abschluß eines Friedensvertrages mit Deutschland sein, das einer atomwaffenfreien Zone in Mitteleuropa angehören solle. Die Ära Adenauer-Dulles sei zu Ende; jetzt komme es darauf an, daß sich auch die Politik ändere.

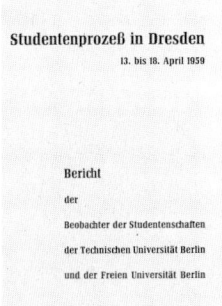
18.4.: Titelseite der von den Westberliner Prozeßbeobachtern verfaßten Broschüre.

18.-20.4.: Unterschriftensammlung während der Lüdenscheider Atommahnwache.

DRP-⬥-DRP

19.4.: Emblem der stärksten rechts-radikalen Partei.

19.4.: Hans-Ulrich Rudel auf einer DRP-Wahlkund-gebung in Mainz.

19. April Bei den Landtagswahlen in **Rheinland-Pfalz** gelingt der rechtsradikalen *Deutschen Reichspartei* (DRP) ein überraschender Erfolg. Mit 5,1% der Stimmen zieht sie als viertstärkste Partei hinter CDU, SPD und FDP in den **Mainz**er Landtag ein. Ihre größten Erfolge kann die DRP, die zuvor nur auf 2,7% der Stimmen gekommen war, in den Landkreisen **Alzey**, **Birkenfeld**, **Kusel**, **Kirchheimbolanden** und **Rockenhausen** verzeichnen. Der Stimmanteil ist in den protestantischen Weinanbaugebieten am höchsten, in denen bereits die NSDAP 1932 ihre größten Wahlsiege verbuchen konnte. Nicht wenige Beobachter sind der Auffassung, daß zum Wahlerfolg der DRP nicht unerheblich die Auftritte des ehemaligen Jagdfliegers, Oberst a. D. Hans-Ulrich Rudel, Träger des – wie er selbst immer noch stolz verkündet – »Ritterkreuzes mit goldenem Eichenlaub, Schwertern und Brillanten«, beigetragen habe. Der auf Kosten der Parteikasse von seinem brasilianischen Wohnort Sao Paulo eingeflogene Rudel ist als »Sprecher der Frontgeneration« auf fünf Wahlkundgebungen vor insgesamt 8.000 Zuhörern aufgetreten. Höhepunkt seiner Rundreise war eine Szene am Ende der Kundgebung in der Landeshauptstadt, wo er sich im Scheinwerferkegel fünf Minuten lang von seinen Anhängern auf dem Balkon des Kurfürstlichen Schlosses feiern ließ. Wahlkampfstrategen der DRP wollen einen Stimmeffekt von 0,6% ausgemacht haben, der aus einem Vergleich der Wahlbezirke, in denen Rudel auftrat, und solchen, in denen nicht mit dem »einzigen Träger der höchsten deutschen Tapferkeitsauszeichnung« geworben werden konnte, resultiere. – Obwohl sich die anderen im Landtag vertretenen Parteien öffentlich von der mit dem Stempel der Ewiggestrigen versehenen DRP distanzieren, scheuen sie sich nicht, wenn nötig, ihre Hilfe bei Abstimmungen für sich in Anspruch zu nehmen. So läßt sich z. B. der SPD-Politiker Franz Bögler 1960 mit den Stimmen der DRP zum Vorsitzenden eines rheinland-pfälzischen Bezirkstages wählen.

19. April Zur Erinnerung an den 16. Jahrestag des Aufstandes im Warschauer Ghetto führt die *Jüdische Gemeinde* im Ernst Reuter-Haus in **West-Berlin** eine Gedenkfeier durch. Für die Geschichte des neuzeitlichen Judentums, führt ihr Vorsitzender Heinz Galinski aus, sei dieser Widerstandsakt einer der bedeutungsvollsten Ereignisse. Nachdrücklich wendet er sich gegen jede Diffamierung von Widerstandskämpfern und Opfern der Nazi-Herrschaft. Es müsse als tragisch bezeichnet werden, daß dies auch 14 Jahre nach dem Zusammenbruch des NS-Regimes immer noch betont werden müsse. Anschließend überreicht er den Heinrich-Stahl-Preis für das Jahr 1959 dem Schriftsteller Ernst Schnabel, der sich mit

seinen dokumentarischen Arbeiten über das Leben der Anne Frank und anderen Publikationen für den Wiederaufbau der Demokratie verdient gemacht habe.

20. April Auf Anordnung von Innenminister Josef Hermann Dufhues (CDU) in **Düsseldorf** werden der *Bundesverband ehemaliger Internierter und Entnazifizierungsgeschädigter e.V.* und das *Soziale Hilfswerk für Zivilinternierte e.V.* als »Vereinigungen ehemaliger Nationalsozialisten« im Bundesland Nordrhein-Westfalen verboten. Die Geschäftsstellen der beiden neonazistischen Organisationen in Bonn und Wuppertal werden geschlossen, das Vermögen eingezogen und der Schriftverkehr sichergestellt. Außerdem wird die in einer Auflage von 15.000 Exemplaren erscheinende, vom *Sozialen Hilfswerk für Zivilinternierte* herausgegebene Zeitschrift »Der Ring« verboten. Dufhues begründet das Verbot mit Verweis auf Art. 9, Abs. 2 des Grundgesetzes, wonach Vereinigungen verboten sind, »deren Zwecke oder deren Tätigkeit den Strafgesetzen zuwiderlaufen oder die sich gegen die verfassungsmäßige Ordnung oder gegen den Gedanken der Völkerverständigung richten«. Beide Organisationen hätten sich mit ihren Zielsetzungen immer stärker gegen die freiheitlich demokratische Grundordnung gestellt. Bereits vor Jahren hätten sie sich von ihrer ursprünglichen Aufgabensetzung, ehemaligen Internierten und Entnazifizierungsgeschädigten soziale Hilfestellung zu geben, entfernt und seien politisch im Sinne einer Verächtlichmachung der Demokratie und einer Verherrlichung des Nationalsozialismus tätig geworden. Die 2.000 Mitglieder des *Sozialen Hilfswerks für Zivilinternierte* seien in ihrer überwiegenden Mehrheit ehemalige NSDAP-Funktionäre gewesen, Kreisleiter, Reichs- und Gauredner sowie höhere SA- und SS-Führer. Bundesvorsitzender des *Bundesverbands ehemaliger Internierter und Entnazifizierungsgeschädigter* war der frühere SS-Untersturmführer Julius Wilbertz und nordrhein-westfälischer Landesvorsitzender der 55jährige Heinz Neunkirchen, der 1931 in die NSDAP eingetreten war.

20. April Wegen der Südtirolfrage kommt es während der Zehnjahresfeier des Europarats in **Straßburg** beinahe zu einem Eklat. Als der österreichische Außenminister Leopold Figl in dieser umstrittenen Frage die Position seiner Regierung vorzustellen beginnt, erheben sich die italienischen Delegierten von ihren Plätzen und drohen damit, die Sitzung zu verlassen. Erst als der Präsident eingreift und Figl zum Einlenken auffordert, bricht dieser seine Rede ab und verhindert so den Auszug der Italiener.

20. April Der portugiesische Oppositionspolitiker General Humberto Delgado, der vor der politischen Verfolgung durch das Regime Diktator Salazars in der brasilianischen Botschaft in **Lissabon** Zuflucht gesucht hat, erhält politisches Asyl und wird nach Brasilien ausgeflogen.

21. April In einer **Wuppertal**er Gaststätte kommt es zu einem antisemitischen Zwischenfall. Der Ingenieur Hermann Koch, der nach eigenen Angaben in Buenos Aires lebt, beschimpft einen nichtjüdischen Autoschlosser aus dem Stadtteil Barmen mit den Worten: »Du bist doch auch ein Jude, du müßtest eigentlich auch vergast werden. Schade, daß Adolf Hitler nicht mehr lebt, dann würde es keine Juden mehr geben.«[82] Dann ohrfeigt er den Mann und zerreißt ihm, nachdem sich die tätliche Auseinandersetzung auf die Straße verlagert hat, den Mantel. – Zwei Tage später wird Koch, der sich zu Besuch bei Verwandten aufhält, in **Alpen** am Niederrhein verhaftet.

21. April Die sowjetische Regierung protestiert in einer von Außenminister Andrej A. Gromyko an den bundesdeutschen Botschafter Hans Kroll in **Moskau** überreichten Note gegen die Atombewaffnung der Bundeswehr und weist auf die dadurch ihrer Meinung nach wachsende Kriegsgefahr hin. Sie erklärt, daß die Ausrüstung mit atomaren Waffen das von den Alliierten nach Kriegsende verhängte Verbot der Bewaffnung und Militarisierung Deutschlands verletze. Die Atombewaffnung sei deshalb rechtswidrig. Die Regierung der UdSSR, heißt es warnend, behalte sich »entsprechende Konsequenzen« vor. – Eine weitere Protestnote richtet die sowjetische Regierung an die USA. Darin heißt es, daß die Vorbereitung zur Nuklear- und Raketenbewaffnung der Bundesrepublik Deutschland, Griechenlands, der Türkei und anderer NATO-Staaten sowie die Absicht, in diesen Ländern amerikanische Raketenabschußbasen zu errichten, den Aufgaben widersprächen, die auf der Außenminister- und der Gipfelkonferenz gemeinsam gestellt worden seien.

22. April Der Direktor des Instituts für Publizistik an der Universität **Münster**, Professor Walter Hagemann, wird nach einer mehrmonatigen Untersuchung vom nordrhein-westfälischen Kultusminister Werner Schütz (CDU) suspendiert. Hagemann hatte ein Jahr zuvor den Aufruf der von der SPD initiierten Kampagne »Kampf dem Atomtod« unterzeichnet und war aus diesem Grunde »wegen parteischädigenden Verhaltens« aus der CDU ausgeschlossen worden. Während der Weimarer Republik war Hagemann Reichstagsabgeordneter des Zentrums; unmittelbar nach Kriegsende zählte er zu den Mitbegründern der CSU in Bayern, außerdem arbeitete er in der Redaktion der von der amerikanischen Militärbehörde herausgegebenen »Neuen Zeitung« mit. Anfang der fünfziger Jahre wandte er sich energisch gegen die »Abkehr der CDU von den Ahlener Beschlüssen« und die auf eine »kleindeutsche Lösung« hinauslaufende Deutschlandpolitik der Bundesregierung. – Kurz darauf erklärt der frühere Bundesjustizminister Thomas Dehler (FDP) seine Bereitschaft, den Publizistik-Professor, der gerichtlich gegen seine Suspendierung vorgehen will, vor Gericht zu vertreten.

22. April Ein vom »Deutschen Fernsehen« ausgestrahlter Sketch des Düsseldorfer Kabaretts »Kom(m)ödchen«, in dem Bundesverteidigungsminister Franz Josef Strauß symbolisch erdolcht wird, stößt beim Publikum überwiegend auf Zustimmung, veranlaßt die Programmverantwortlichen jedoch zu vorauseilenden Gehorsamsbekundungen. In dem Stück aus dem Programm »Hauptsache die Kohlen stimmen« wird gezeigt, wie sich die Honoratioren einer Kleinstadt zu einer Denkmalsenthüllung versammeln. Vor der erwartungsvoll bestaunten Figur, von der zunächst nur die mit Wadenstutzen versehenen Stachelbeerbeine zu erkennen sind, die auf den Träger einer Sepplhose schließen lassen, singen sie im Chor: »Hier stürmt auf bajuwarischem Gefilde ein großer Sohn des Volkes steil bergan!«[83] Im Anschluß an ein weiteres Lied, in dem unter dem Titel »Vom Bübchen, das kein Lametta hat gewollt« der Werdegang des bekanntesten bayerischen Landessohnes in mehreren Strophen entrollt wird, sticht ein Schulmädchen, während ein Amtsdiener das Denkmal zu enthüllen versucht, zu und kommentiert, während das Monument in sich zusammensackt, ihren Gewaltakt mit den Worten: »So was sollte man gar nicht erst hochkommen lassen.«[84] – Diese Szene veranlaßt den Intendanten des Westdeutschen Rundfunks, Hanns Hartmann, zusammen mit dem zuständigen Programmkoordinator, Clemens Münster, dazu, bereits am nächsten Tag ein Entschuldigungsschreiben an den Verwaltungsratsvorsitzenden des WDR, den nordrhein-westfälischen Innenminister Josef Hermann Dufhues (CDU), und danach an den Betroffenen selbst, den noch in

21.4.: 1967 erschienener Memoirenband.

22.4.: Emblem des Düsseldorfer Kabaretts.

24.4.: Das Podium der Bitterfelder Konferenz.

den USA zu Besuch weilenden Minister, zu richten. – Aus dem Bundesverteidigungsministerium in **Bonn** ist zu hören, daß das Kabarettprogramm von Kay und Lore Lorentz »weder witzig noch humorvoll, sondern geschmacklos« gewesen sei.

22. April Am Fraenkelufer im **West-Berlin**er Bezirk Kreuzberg wird die während des Nationalsozialismus zerstörte jüdische Synagoge mit einer Ansprache von Rabbiner David Kahane eingeweiht. Die finanzielle Unterstützung des Neuaufbaus durch den Senat wird von Bürgermeister Franz Amrehn (CDU) als eine Aktion des guten Willens zur Wiedergutmachung hingestellt. Bezirksbürgermeister Willy Kressmann warnt in seiner Rede nachdrücklich vor einer Zunahme neonazistischer Umtriebe. Es bedürfe äußerster Wachsamkeit, um zu verhindern, daß sich die Verbrechen der Vergangenheit wiederholten.

24. April In einer mehrstündigen Diskussion wird auf der Synode der *Evangelischen Kirche von Hessen und Nassau* in **Frankfurt** die Kasseler Rede ihres Präsidenten Martin Niemöller, in der dieser das Soldatentum im Atomzeitalter als verbrecherisch bezeichnet hatte, heftig kritisiert. Der angesehene, politisch aber nicht unumstrittene Pastor versucht seine Position mit dem Argument zu verteidigen, daß es sich um ein Wort der Verkündigung handele, mit dem er sich nicht dem Willen einer Mehrheit beugen dürfe. Im Streit um die Atombewaffnung, kündigt er an, werde er auch zukünftig von »Verbrechen« reden, wenn »Sünde« gemeint sei, weil das Wort »Sünde« nicht mehr Ernst genommen werde.

Er sehe sich nicht dazu in der Lage, eine Ehrenerklärung für die Bundeswehr abzugeben. Mit 33 Stimmen bei 16 Enthaltungen nimmt die Synode schließlich unter dem Titel »Ein klärendes Wort an den Bruder im grauen Rock« eine distanzierende Stellungnahme zur Position Niemöllers an. »Der Christ hat als Politiker und als Soldat«, heißt es darin, »eine besonders schwere Verantwortung vor Gott. Er hat deshalb in der Kirche Anspruch auf mittragendes Verständnis und stetige Fürbitte ... Zum rechten Mittragen gehört, daß sich die Kirche vor die stellt, welche heute aus Gewissensgründen den Dienst mit der Waffe verweigern. In gleicher Verantwortung hat die Kirche mit ihrem seelsorgerlichen Dienst den Politikern und Soldaten zur Seite zu stehen, die ihr Gewissen zwingt, um der Erhaltung des Friedens willen ›nach dem Maße menschlicher Einsicht und menschlichen Vermögens‹ schwerste Entscheidungen auf sich zu nehmen. Herabsetzende und mißverständliche Äußerungen sind in keinem Fall ein einladender Ruf zum Glauben und Gehorsam. Die Kirche hat vielmehr die Aufgabe, allen in gleicher Liebe Warnung und Trost des Wortes Gottes zu verkündigen und ihnen zur Klärung ihres Gewissens zu verhelfen.«[85]

24. April Unter dem Motto »Greif zur Feder, Kumpel! Die sozialistische Nationalkultur braucht Dich!« findet im Kulturpalast »Wilhelm Pieck« des Elektrochemischen Kombinats in **Bitterfeld** (Bezirk Halle) eine Autorenkonferenz des Mitteldeutschen Verlags statt, die von weitreichender ideologischer Bedeutung für die Kulturpolitik der DDR ist. Der Leiter der Kulturkommission beim Politbüro der SED, Alfred Kurella, betont in seinem Referat über »Die ökonomische Hauptaufgabe und die Literatur« vor 350 Arbeitern, Arbeiterinnen, Mitgliedern von Jugendbrigaden und Frauenausschüssen, Schriftstellern, Künstlern, Kulturfunktionären und einer Delegation des SED-Zentralkomitees, daß es darum gehe, zu erkennen, daß mit dem V. Parteitag eine »ganz neue Etappe« der Kulturpolitik eingeleitet worden sei. Es seien neue kulturelle Bedürfnisse entstanden, die nur durch eine Massenbewegung, an der alle Künstler beteiligt sein müßten, befriedigt werden könnten. In einem Schlußwort fordert der Erste Sekretär des SED-Zentralkomitees, Walter Ulbricht, die anwesenden Schriftsteller und Künstler zu einer »volksverbundenen, parteilichen Gestaltung des Helden« auf. »Ohne die Erstürmung der Höhen der Kultur,« erklärt Ulbricht, »kann die Arbeiterklasse ihre großen Aufgaben, den Sozialismus zum Sieg zu führen, nur schwer erfüllen. Deshalb haben wir auf dem V. Parteitag in Verbindung mit den großen Aufgaben der sozialistischen Rekonstruktion der Industrie, der Entwicklung der Chemie, des Kampfes um das wissenschaftlich-technische Weltniveau gleichzeitig die Aufgabe der sozialistischen Umwälzung auf dem Gebiet der Ideologie und Kultur gestellt ... Wir sind nicht in der Lage, eine einzige Grundaufgabe zu lösen, wenn wir sie nicht Schulter an Schulter mit euch, mit den Arbeitern in den Betrieben, mit der Intelligenz, mit den Schriftstellern lösen. Plane mit – arbeite mit – regiere mit! ... Das heißt, wir alle zusammen – vom Arbeiter bis zum Minister – müssen hinzulernen – und sehr viel. Diese ideologische Umwandlung, diese Vorwärtsentwicklung wird schneller gehen, wenn uns die Schriftsteller, die Künstler dabei helfen, und sie wird langsamer gehen, wenn sie uns nicht helfen.«[86] Zum Abschluß der Veranstaltung wird ein von der SED schon im Vorjahr propagiertes Programm für eine sozialistische Nationalkultur in der DDR beschlossen. Mit diesen als »Bitterfelder Weg« bezeichneten Richtlinien wird die »Bewegung des schreibenden Arbeiters« initiiert. Die »I. Bitterfelder Konferenz« gilt, wie es der Arbeiterschriftsteller Otto Gotsche, ein enger Mitarbeiter Ulbrichts, formuliert, fortan als »Geburtsstunde der Zirkel schreibender, malender, musizierender Arbeiter«. – In einer kritischen Rückbetrachtung warnt Manfred Jäger Jahre später davor, den »Bitterfelder Weg« als eine sozialistische Kulturrevolution zu mystifizieren und als die »kulturrevolutionäre Freisetzung einer Literatur der Arbeitswelt von unten« zu glorifizieren: »In Wahrheit handelte es sich um eine von oben initiierte Kampagne zur ideologisch-politischen Abstützung

eines Wirtschaftsprogramms und zur Mobilisierung der Bereitschaft der Arbeiter, im sozialistischen Wettbewerb Höchstleistungen zu erstreben ... Die ›Zirkel schreibender Arbeiter‹ arbeiteten nicht spontan, sondern eingebunden in die herrschenden Lenkungsmechanismen. Die Betriebsleitungen sollten diese Zirkel für ihre politische Massenarbeit nutzen, d.h., die Mitglieder der Zirkel sollten ihre beschränkte Froschperspektive aufgeben und sich die Sicht eines Planers und Leiters aneignen.«[87]

25. April Nach den vom Parteivorstand der SPD beschlossenen Grundsätzen zur Neuformierung der Jungsozialisten wird erstmals in **Duisburg** ein Bundesvorstand gewählt. Obwohl er die um fünf Jahre angehobenen Altersgrenze von 35 Jahren bereits überschritten hat, wird der 37jährige Bundestagsabgeordnete Hans-Jürgen Wischnewski aus Köln zum Bundesvorsitzenden der sozialdemokratischen Nachwuchsorganisation gewählt.

25. April Auf der Delegiertenversammlung der *Studentischen Ausschüsse gegen Atomrüstung* in **Göttingen** wird einstimmig der Text eines Offenen Briefes angenommen, in dem sich die jungen Atomwaffengegner mit dem vom Dienst suspendierten Ordinarius für Publizistik an der Universität Münster, Professor Walter Hagemann, solidarisch erklären. »Mit Bestürzung haben wir davon Kenntnis genommen,« heißt es darin, »daß das Kultusministerium des Landes Nordrhein-Westfalen Sie vorläufig Ihres Dienstes an der Universität Münster enthoben hat. Schon bei der Einleitung des Disziplinarverfahrens hatten wir den Eindruck, daß es hier weniger um ein disziplinarisches Vorgehen gegen Ihre Person geht, als vielmehr um einen politischen Schlag gegen die gesamte Opposition – insbesondere die studentische –, die seit einem Jahr die westdeutsche Atomaufrüstung bekämpft und von der Regierung der Bundesrepublik Deutschland eine Revision der Politik der Stärke fordert. Es scheint, als sollten Sie durch formaljuristische Angriffe politisch mundtot gemacht werden. Daß es für einen Professor und Hochschullehrer im Jahre 1959 bereits wieder eine Schande sein soll, aus der Tradition der politischen Abstinenz der deutschen Universitäten herauszutreten, erfüllt uns mit Sorge und Beschämung. Haben wir doch die Furcht, daß in dem Vorgehen gegen Sie Praktiken sich wieder anmelden, die schon einmal das Rechtsbewußtsein so weit lähmten, daß schließlich die Säuberung deutscher Universitäten von politisch unliebsamen Professoren möglich war.«[88] – Auf einer Veranstaltung des *Arbeitskreises für Fragen des Zeitgeschehens* am 14. Mai in **München** wird die Solidaritätserklärung für Professor Walter Hagemann von 125 Teilnehmern unterzeichnet.

25.4.: Der Juso-Vorsitzende Hans-Jürgen Wischnewski.

25. April In der Wochenzeitung des *Bundes der Deutschen* (BdD), der »Deutschen Volkszeitung«, antwortet der polnische Außenminister Adam Rapacki ausführlich auf neun Fragen zur Errichtung einer atomwaffenfreien Zone, die ihm von Gerhard Gollwitzer, Professor an der Staatlichen Akademie der Bildenden Künste in Stuttgart, im Namen einer Gruppe von Intellektuellen gestellt worden sind. In seinem Begleitschreiben nimmt Rapacki die Gelegenheit wahr, einiges klarzustellen: »Der Vorschlag für die Schaffung einer atomwaffenfreien Zone in Mitteleuropa ist aus unseren polnischen Interessen geboren worden. Doch gleichzeitig kann ich die Herren meiner tiefen Überzeugung versichern, daß diese Vorschläge auch den Interessen des deutschen Volkes entsprechen. Auch denen der anderen Völker. Über alle Gegensätze hinweg erhebt sich gegenwärtig das gemeinsame Anliegen einer Bewahrung vor der atomaren Vernichtung.«[89] Zu den Mitunterzeichnern des Briefes an Rapacki gehören die Professoren Fritz Baade (Kiel), Max Born (Bad Pyrmont), Ernst Fraenkel (Frankfurt), Helmut Gollwitzer (West-Berlin), Walter Jens (Tübingen), Ulrich Noack (Würzburg), Franz Rauhut (Würzburg), Renate Riemeck (Wuppertal), Franz Paul Schneider (Würzburg) und Leo Weismantel (Jugenheim) sowie der Schriftsteller Albrecht Goes (Stuttgart), der Intendant Heinz Hilpert (Göttingen), der Studentenpfarrer Herbert Mochalski (Darmstadt) und der Verleger Ernst Rowohlt (Hamburg).

25./26. April Im Freundschaftsheim von **Bückeburg** bei Minden treffen sich 40 junge Männer im wehrpflichtigen Alter, die sich über Möglichkeiten zur Kriegsdienstverweigerung informieren lassen wollen. Da einige von ihnen bereits einen Antrag gestellt haben und demnächst vor dem Prüfungsausschuß stehen sollen, führen sie unter Anleitung von Wilhelm Keller, Hans Hermann Köper und Wilhelm Ude, führenden Mitgliedern des *Verbandes der Kriegsdienstverweigerer* (VK), mehrere »Probeverhandlungen« durch.

25. April–1. Mai Im mittelamerikanischen Staat **Panama** scheitert ein Aufstandsversuch innerhalb weniger Tage. Offenbar nach dem Vorbild der kubanischen *Bewegung 26. Juli* landen auf der an der Atlantikküste gelegenen Halbinsel **San Blas** 86 Rebellen, darunter 82 Kubaner. Die panamaische Regierung gibt am 27. April in **Panama-City** bekannt, daß die Invasionstruppe von Roberto Arias, dem früheren Botschafter in London, angeführt werde. Sie wolle einen Guerillakrieg führen und die demokratisch gewählte Regierung von Präsident Ernesto de Guardia stürzen. Wegen dieser Gefahr rufe man die Organisation Amerikanischer Staaten (OAS) an.

Unmittelbar darauf gibt das State Department in **Washington** bekannt, daß es die Regierung Panamas mit Waffen und Munition beliefern würde. Noch am selben Tag dementiert der kubanische Ministerpräsident Fidel Castro in **Havanna**, daß seine Regierung an irgendwelchen Umsturzversuchen in Panama beteiligt sei. Man begrüße zwar die Absetzung von Diktatoren, beachte aber das Prinzip der Nichteinmischung in die Angelegenheiten eines anderen Staates. Der Rat der OAS beschließt in **Washington** einen Tag später einstimmig, die panamaische Regierung bei der Niederschlagung des Aufstandsversuches zu unterstützen. Die Vertreter Kubas und Panamas stimmen darin überein, daß sich die Invasionstruppe in dem in der Nähe von Havanna gelegenen Hafen Batabanó eingeschifft hätte. Ein Untersuchungskomitee unter Leitung des brasilianischen Botschafters bei der OAS, Fernando Lobo, wird nach Panama entsandt, um die Vorfälle zu klären. Am 1. Mai gibt Lobo bekannt, daß sich die Rebellen in dem kleinen Fischerdorf **Nombre de Dios** bedingungslos ergeben hätten. Roberto Arias habe sich bereits zuvor in die brasilianische Botschaft in **Panama-City** geflüchtet, wo ihm Asyl gewährt worden sei. Der Aufstandsversuch sei damit fehlgeschlagen. – Bereits zuvor war in **Panama-City** die britische Primaballerina Margot Fonteyn de Arias unter der Beschuldigung verhaftet worden, sie sei am Umsturzversuch ihres Gatten, Roberto Arias, beteiligt. Nach ihrer Ausweisung flog sie nach **New York** und von dort aus nach **London**. Sie bestritt, irgendetwas von den Plänen ihres Mannes gewußt zu haben.

26. April Im Stadion von **Rüsselsheim** (Südhessen) versammeln sich 20.000 Kriegsopfer mit Spruchbändern und Transparenten zu einer Großkundgebung des *Verbands der Kriegsbeschädigten, Kriegshinterbliebenen und Sozialrentner Deutschlands* (VdK). Die Teilnehmer aus dem VdK-Bezirksverband Darmstadt sind mit vier Sonderzügen, 320 Omnibussen und mehr als 1.000 Kraftfahrzeugen angereist. Der hessische Innenminister Heinrich Schneider (SPD) erklärt, daß die Landesregierung den Bonner Plänen zur Kriegsopferversorgung in der vorliegenden Form »ein kategorisches Nein« entgegensetzen werde. Es genüge nicht, den Toten der Kriege Denkmäler zu setzen; die Versorgung der Kriegsopfer dürfe keine Aufgabe der Wohlfahrt oder der Fürsorge werden, sie sei in Wahrheit ein unabdingbares moralisches Recht. Neben dem baden-württembergischen VdK-Landesverbandsgeschäftsführer Walter Hirrlinger aus Stuttgart treten die Bundestagsabgeordneten Oswald Adolph Kohut (FDP), Walter Löhr (CDU), Heinrich Georg Ritzel (SPD) und Helmuth Schranz (DP) als weitere Redner auf.

26. April Offenbar um ihrem Verbot zuvorzukommen benennt sich der *Verband ehemaliger Internierter und Entnazifizierungsgeschädigter* des Saarlands auf der Wartburg in **Saarbrücken** in *Kampfbund für Freiheit und Recht* um. Als Hauptredner der neonazistischen Zusammenkunft tritt der Feuilletonchef der Zeitschrift »Das Neue Reich«, Erich K. Kernmayr, auf. Der ehemalige Pressereferent des Reichsstatthalters Ostmark bezeichnet das Vorgehen als »Kesseltreiben gegen ehemalige Nationalsozialisten«. Besonders heftig greift er dabei den ehemaligen Buchenwald-Häftling und jetzigen Professor für Politikwissenschaft an der Technischen Hochschule Darmstadt, Eugen Kogon, an, der durch sein Buch »Der SS-Staat« international bekannt geworden ist. Gleichzeitig verteidigt er die wegen ihrer antisemitischen Äußerungen und Schriften verurteilten Ludwig Zind, Friedrich Nieland und Lothar Stielau und beschimpft ihre Richter. Der Landesführer Saar der alt-neuen Organisation, Ferdinand Lorrang, bezeichnet es als vorrangiges Ziel des Kampfbundes, die »Basis zur nationalen Einigung des deutschen Volkes« zu verbreitern. Der Nationalismus, hebt er hervor, sei der »Zement«, der jede Gemeinschaft zusammenhalten müsse. Der Saal, in dem das Treffen abgehalten wird, ist mit einem Spruchband geschmückt, auf dem zu lesen ist: »Heilig ist nicht das Gesetz, heilig ist nur das Recht.«

27. April Das Schwurgericht beim Landgericht **Gießen** spricht sechs Angeklagte, die beschuldigt worden sind, zu Beginn des Zweiten Weltkrieges in Polen Angehörige der Intelligenz und der Geistlichkeit ermordet oder an deren Ermordung mitgewirkt zu haben, aus Mangel an Beweisen frei. Das Gericht bewertet die Tat des Hauptangeklagten, eines inzwischen 60jährigen Polizeimeisters, als »Beihilfehandlung«, obwohl nachgewiesen werden kann, daß er mindestens zwei Gefangene eigenhändig erschossen hat. Zur Begründung heißt es, der damalige Gendarm hätte »unter einem objektiven

politischen Notstand« gehandelt. Das Gericht kommt in einer Gesamtbewertung zu dem Schluß, »... daß die Grundsätze der Gerechtigkeit nicht die nachträgliche Sühne dieser Taten verlangen. So erscheinen die Teilnahmehandlungen angesichts der Vielzahl der getöteten Personen von sehr untergeordneter Bedeutung.«[90]

27. April Auf einer Mahnkundgebung des *Verbands der Kriegsbeschädigten, Kriegshinterbliebenen und Sozialrentner Deutschlands* (VdK) im Musiksaal des **Hamburg**er Gewerkschaftshauses protestieren 1.100 Kriegsopfer gegen die Reformpläne von Bundesarbeits- und -sozialminister Theodor Blank (CDU). Als Redner treten der VdK-Landesverbandsvorsitzende Ernst Wohlers und der Präses der Sozial- und Arbeitsbehörde, Senator Ernst Weiß, auf. Neben 106 Ehrengästen nehmen an der Veranstaltung auch Vertreter der Parteien, der Gewerkschaften und eine Abordnung der Bundeswehr teil.

26.4.: VdK-Kundgebung im Rüsselsheimer Stadion.

27.4.: VdK-Kundgebung im Hamburger Gewerkschaftshaus.

26.4.: Trotz regnerischen Wetters sind Tausende von Kriegsversehrten in Rüsselsheim erschienen.

27.4.: Tschu En-lai bei der Eröffnung der chinesischen Nationalversammlung.

27.4.: Der chinesische Staatspräsident Liu Schaotschi.

27. April Auf dem II. Nationalen Volkskongreß der Volksrepublik China, der seit dem 18. April in **Peking** tagt, wird Liu Schao-tschi als Nachfolger Mao Tse-tungs zum neuen chinesischen Staatsoberhaupt und Tschu En-lai erneut zum Ministerpräsidenten gewählt.

28. April Eine 1957 unter der Leitung von Militärbischof Hermann Kunst aus Kuratoriumsmitgliedern der *Evangelischen Studiengemeinschaft* in **Heidelberg** gebildete Kommission legt die Studie »Atomzeitalter, Krieg und Frieden« vor, deren Ergebnis in elf Thesen zusammengefaßt ist. Diese als »Heidelberger Thesen« der *Evangelischen Kirche* bezeichneten Resultate formulieren den Minimalkonsens zwischen Rüstungsgegnern und -befürwortern innerhalb des deutschen Protestantismus. In der dritten These wird zwar die »Lehre vom gerechten Krieg« verworfen, weil angesichts des atomaren Zerstörungspotentials jede ethische Duldung des Krieges ausgeschlossen werden müsse, jedoch eine entscheidende Differenz festgehalten, wie der übereinstimmend als Überlebensnotwendigkeit angesehene Weltfriede auch praktisch zu sichern sei. Während für die eine Seite der Militärdienst notwendig sei, um das Drohpotential, das zum Schutz vor Angriffen auf die bürgerliche Rechtsordnung erforderlich wäre, aufrechterhalten zu können, gelte für die

andere Seite der Verzicht auf ihn im Atomzeitalter als unabdingbar. Auch Kriegsdienstverweigerer seien in der Wahrnehmung ihrer Rechte und Freiheiten von der durch das Drohpotential gewährten Friedenssicherung abhängig. Das Dilemma des Atomzeitalters bestehe nun darin, daß die Aufrechterhaltung der abschreckenden Wirkung zwar die Bereitschaft zum Einsatz von Atomwaffen voraussetze, dieser jedoch nicht mehr, wie es bei den konventionellen Waffen noch möglich schien, ethisch zu rechtfertigen sei. In dieser Situation behaupten die Autoren eine Komplementarität zweier Haltungen, die sich nicht ausschließen, sondern gegenseitig stützen sollen. Aufgrund der Abschreckungsaporie müsse der individuelle Waffenverzicht ebenso wie eine Teilnahme an kollektiven Maßnahmen zur atomaren Abschreckung für Christen als gerechtfertigt angesehen werden. Zu welch paradoxer Argumentation diese Position des »sowohl-als-auch« führen kann, wird in der elften und letzten These deutlich. Dort heißt es: »Die atomare Bewaffnung hält auf eine äußerst fragwürdige Weise immerhin den Raum offen, innerhalb dessen solche Leute wie die Verweigerer der Rüstung die staatsbürgerliche Freiheit genießen, ungestraft ihrer Überzeugung nach zu leben. Diese aber halten, so glauben wir, in einer verborgenen Weise mit den geistlichen Raum offen, in dem neue Entscheidungen vielleicht möglich werden.«[91] Mit der letzten Aussage wird allerdings die Möglichkeit eingeräumt, daß es sich bei der nuklearen Abschreckung um eine vorübergehende Notwendigkeit handeln könnte. Die Kompromißformel der »Heidelberger Thesen« ist nach ihrer Veröffentlichung nicht nur angezweifelt, sondern verschiedentlich auch als Täuschung kritisiert worden. Dennoch ist sie in der EKD zur Grundposition für diese Fragestellung geworden. Als z. B. auf dem Evangelischen Kirchentag 1967 in Hannover die Formel vom »Friedensdienst mit und ohne Waffen« Verwendung fand, war der Rekurs auf den Argumentationskern der »Heidelberger Thesen« unübersehbar.

28. April Aus dem Bett heraus verhaftet die österreichische Staatspolizei in **Wien** zusammen mit dem militärischen Abwehrdienst eine Gruppe von neun jungen Neonazis, die sich vor allem aus Mitgliedern des aufgelösten *Bundes Heimattreuer Jugend* (BHJ) zusammensetzt. Bei ihrem Anführer, dem 24jährigen Unteroffizier des Bundesheeres, Wolfgang Mussner, wird ein ganzes Arsenal von Waffen, Munition und Sprengkörpern gefunden, außerdem Broschüren mit dem Titel »Wie sprenge ich Brücken«, »Einmann-Partisanen-Einsatz« und ähnliche Leitfäden zur Durchführung von Terroraktionen. Im Waldgelände am Nordufer der Donau sollen die Neonazis regelrechte Schießübungen abgehalten haben und auch in der Handhabung von Sprengstoff unterwiesen worden sein. Nach ihrem Geständnis galten ihre Vorbereitungen hauptsächlich einem mysteriösen Tag X, an dem sie als Partisanen an der Ostgrenze oder in Südtirol gegen die Italiener hät-

ten antreten sollen. – Bereits zwei Tage später meldet die Presse der österreichischen Hauptstadt, daß sich die Anzahl der Verhafteten auf 18 Personen erhöht hat. Das Hauptquartier der Gruppe habe man im Büro eines Architekten ausmachen können.

28. April Trotz heftiger Proteste billigt das norwegische Parlament, das Storting, in **Oslo** bei zwölf Gegenstimmen den Antrag der sozialdemokratischen Regierung unter Ministerpräsident Einar Gerhardsen, die Abkommandierung von zwei Bundeswehroffizieren zu dem in Kolsås gelegenen NATO-Nordkommando zu genehmigen. Der Entsendung von zwei norwegischen Offizieren im Gegenzug zu einer bei Kiel gelegenen NATO-Marinegruppe stimmen die Parlamentarier dagegen einstimmig zu. Die Abstimmung wird durch Sprechchöre von 2.000 Demonstranten gestört, die mit Transparenten vor dem Parlamentsgebäude stehen und die Abgeordneten auffordern, keine deutschen Soldaten mehr norwegischen Boden betreten zu lassen. Auch von den Zuschauerbänken im Plenarsaal ertönen mehrmals Zwischenrufe und Pfiffe. Als das Abstimmungsergebnis bekanntgegeben wird, ertönt von einem Plattenspieler die norwegische Nationalhymne. Einer der Zuhörer hat das Gerät mitgebracht, um auf diese Weise seinem Protest Ausdruck zu verleihen. Um die Akzeptanz deutscher Soldaten auf norwegischem Territorium hat es bereits seit Wochen innenpolitische Kontroversen mit einzelnen Protestaktionen gegeben. Auch die UdSSR hat am 16. April in einer Note die norwegische Regierung vor den friedensgefährdenden Konsequenzen einer solchen Entscheidung gewarnt und sie davon abzuhalten versucht. – Die norwegischen Gewerkschaften, die zu den erbittertsten Gegnern der Stationierung von Bundeswehrsoldaten zählen, gründen gemeinsam mit dem sozialistischen Studentenverband *Studentersamfundet* und einigen anderen Organisationen einen *Aktionsausschuß gegen deutsche Offiziere*. In einer ersten Resolution wird von diesem angekündigt, notfalls mit Gewalt gegen das Auftauchen deutscher Soldaten auf norwegischem Territorium vorgehen zu wollen.

28.4.: »Christus zerbricht das Gewehr.« Holzschnitt von Otto Pankok.

29. April Der vor einem Monat aus dem Zuchthaus Waldheim entlassene Regimekritiker Reginald Rudorf will in den Westen fliehen. Zusammen mit seiner Frau fliegt er, nachdem es ihm zuvor gelungen ist, seine MfS-Verfolger abzuhängen, mit gefälschten Pässen von **Leipzig-Mockau** zum **Ost-Berlin**er Flughafen Schönefeld. Dann fahren die beiden mit der S-Bahn über die Sektorengrenze zum Bahnhof Zoo nach **West-Berlin**. – »Ich ... wußte«, schreibt Rudorf später in seinen Erinnerungen, »nur eines: In diese DDR gehst du nie wieder.«[92]

30.4.: Atommahnwache in Braunschweig.

30.4.: Kundgebungsredner Heiner Halberstadt.

30.4.: Antimilitaristischer Fackelzug in Frankfurt.

29. April Der Kunstmaler Kurt Fahrner löst in **Basel** durch die öffentliche Enthüllung eines Gemäldes einen Skandal aus. Zusammen mit einem Musikstudenten führt er abends um 21 Uhr auf dem Barfüsserplatz vor dem Historischen Museum eine Vernissage durch. Ein Photoreporter und mehrere Journalisten verfolgen zunächst, wie drei Musiker ein von dem Studenten komponiertes Stück vortragen. Nachdem ein Flugblatt mit dem Titel »Der große Verrat« an Schaulustige verteilt worden ist, wird ein Bild im Format von 120 mal 180 Zentimetern enthüllt. Es zeigt eine nackte Frau, die mit Stricken an ein Holzkreuz gefesselt ist. Ihre Beine sind leicht gespreizt. Über ihrem Kopf ist die Inschrift »I.M.P.« zu erkennen. Die Enthüllung wird gegen 23 Uhr noch einmal vor dem Stadtkasino wiederholt. Etwa 200 Personen verfolgen das ungewöhnliche Geschehen. Diesmal erscheint die Polizei, zieht das als anstößig empfundene Bild ein und bricht die Aktion ab. – Kurt Fahrner und der Musikstudent werden zunächst vom Strafgericht **Basel** wegen wiederholter unzüchtiger Veröffentlichung und »Verunehrung eines Gegenstandes religiöser Verehrung« zu jeweils zehn Tagen Gefängnis mit bedingtem Strafvollzug verurteilt. – Das Appellationsgericht spricht die beiden Angeklagten jedoch am 23. Oktober in zweiter Instanz in den beiden genannten Punkten frei und verurteilt sie lediglich wegen Unfugs zu einer Geldbuße von jeweils 30 Franken. In der Urteilsbegründung heißt es, das »Bild einer gekreuzigten Frau dieser Zeit« stelle ein künstlerisches Werk dar, welches die »derzeitigen Leiden der Menschheit« symbolisch zum Ausdruck bringen wolle. Die Gekreuzigte wirke trotz ihrer Nacktheit nicht aufreizend, sondern eher armselig und asexuell. – Dieses Urteil wiederum wird vom Kassationshof des Bundesgerichts in **Bern** am 26. Februar 1960 aufgehoben. Die beiden Ange-

klagten werden erneut für schuldig befunden, die »religiöse Überzeugung anderer öffentlich und in gemeiner Weise verletzt« zu haben. Ihnen sei die religiöse Bedeutung des Kreuzes völlig bewußt gewesen; sie hätten eine »provozierende Wirkung des Gemäldes« beabsichtigt. Fahrner und der Musikstudent werden noch einmal wegen der »Verunehrung eines Gegenstandes religiöser Verehrung« verurteilt. – Erst 1980 wird das »Bild einer gekreuzigten Frau unserer Zeit« freigegeben. Sein Maler ist drei Jahre zuvor gestorben.

30. April Am Vorabend des 1. Mais führt die *Arbeitsgemeinschaft der Arbeiterjugendverbände* in **Frankfurt** ihren traditionellen Fackelzug durch. Beteiligt sind die *Gewerkschaftsjugend*, die *Jungsozialisten*, die *Sozialistische Jugend Deutschlands – Die Falken* und die *Naturfreundejugend*. Auf den Transparenten, die die Demonstranten mit sich führen, sind Parolen zu lesen wie »Hiroshima warnt«, »Kampf dem Atomtod«, »Schluß mit der Vogel-Strauß-Politik«, »Mit Niemöller gegen Strauß« und »Wir wollen so alt werden wie Konrad«. In Sprechchören fordern die Demonstranten den Rücktritt von Bundeskanzler Adenauer und Bundesverteidigungsminister Strauß. Eine der Parolen lautet: »Gießen: Strauß-Raketen raus!« Auf der Abschlußkundgebung sprechen der Bundestagsabgeordnete Arno Behrisch (SPD) und der Funktionär der Arbeiterjugend, Heiner Halberstadt. Während sich Behrisch gegen den Antikommunismus wendet und meint, man könne die Wiedervereinigung nur erreichen, wenn zuvor alle Stacheln, die das deutsch-russische Verhältnis behindern könnten, Stück für Stück herausgezogen werden, erklärt Halberstadt, daß die Arbeiterjugend kein Vertrauen mehr zur Bundesregierung habe. Angesichts der ernsten politischen Situation müsse der sogenannten Burgfrieden endlich vorüber sein.

30. April Der ehemalige SS-Unterscharführer Gottlieb Muzikant, der das Krankenrevier im Außenlager

Melk des Konzentrationslagers Mauthausen geleitet hat, wird in **Fulda** auf seiner Arbeitsstätte verhaftet. Bereits in einer ersten staatsanwaltlichen Vernehmung gesteht der 55jährige Lagerarbeiter, über 50 KZ-Häftlinge ermordet zu haben. Er hat Gefangene durch Karbol-Injektionen, das Trinken von Desinfektionsmitteln und anderen Giftlösungen umgebracht. Zu seinen Opfern gehören auch zwei französische Intellektuelle, die er im Februar 1945, weil ihm ihr Transport nach Nordhausen zu lästig war, kurzerhand »abgespritzt« hat. Bei der Räumung des Krankenreviers 1945 soll er schwerkranke Häftlinge mit Gummischläuchen geschlagen und andere Häftlinge beim Appell mißhandelt haben. Ihm wird außerdem eine Beteiligung an der Ermordung von 700 Frauen im Konzentrationslager Ravensbrück zur Last gelegt. Maßgeblichen Anteil an der Festnahme Muzikants, der von Zeugen als »einer der größten Massenmörder des KZ Mauthausen« bezeichnet wird, hat die im Vorjahr eingerichtete Zentrale Stelle der Landesjustizverwaltungen zur Aufklärung nationalsozialistischer Verbrechen in Ludwigsburg. Die Fahndung nach Muzikant war über Jahre hinweg als aussichtslos erschienen. Zunächst war der unmittelbar nach Kriegsende untergetauchte SS-Mann für tot erklärt worden. Dann tauchte er 1948 im Kreis Kaiserslautern auf. Als er dort 1952 heiratete, meldete sich seine erste Frau und zeigte ihn wegen Bigamie an. Er wurde deshalb verurteilt und später amnestiert. Seit 1954 lebte er dann, ohne polizeilich gemeldet zu sein, bei seiner ersten Frau in Fulda. Erst als man bei der Durchsicht von Akten mehrerer KZ-Prozesse immer wieder auf seinen Namen stieß, wurde die Fahndung erneut in Gang gesetzt.

30. April In der »Süddeutschen Zeitung« erscheint ein Offener Brief, mit dem der Ratsvorsitzende der EKD, Bischof Otto Dibelius, auf Angriffe antwortet, die der Ministerpräsidenten der DDR, Otto Grotewohl (SED), am 23. März bei einer Rede vor Kultur- und Geistesschaffenden in Ost-Berlin gegen beide Kirchen gerichtet hatte. Dibelius stellt darin fest, daß sich Grotewohl nicht der Täuschung hingeben solle, ein atheistischer Staat würde jemals für einen Christen zur inneren Heimat werden können. Sein Postulat, sittlich sei das, »was der Sache des Sozialismus« diene, erinnere ihn in peinlicher Weise an die nationalsozialistische Losung, derzufolge nur das gut sei, »was dem deutschen Volke« diene. Der Kirche bleibe nichts anderes übrig, als sich dagegen zur Wehr zu setzen, daß die »sogenannte Sittlichkeit des Sozialismus« zur Grundlage der Erziehung und Bildung Jugendlicher gemacht werde. »Was wir begehren,« stellt Dibelius klar, »sind nicht Vorrechte gegenüber solchen, die unseren Glauben nicht teilen. Wir begehren lediglich das eine, daß der Staat nicht mit den Machtmitteln, die ihm zur Verfügung stehen, dem Atheismus den Weg bereitet und den christlichen Glauben in den Winkel zu drücken versucht.«[93] Nicht die Kirche fordere eine Monopolstellung für sich, sondern der Staat, der seinen Einrichtungen unter Einsatz der ihm zur Verfügung stehenden Machtmittel Geltung zu verschaffen suche.

Januar Februar März April Mai Juni

Juli August September Oktober November

Dezember

1.5.: »Otto, halt die Luft an!« Der »Industriekurier« attackiert den IG-Metall-Vorsitzenden.

1.5.: Der Gewerkschaftsführer auf einem Titelbild des Hamburger Nachrichtenmagazins.

Mai Auf einer Kundgebung des *Reichsbundes der Kriegs- und Zivilgeschädigten* in **Bremen** bezeichnet dessen zweiter Bundesvorsitzender, Hugo Rasch, die bundesdeutsche Kriegsopferversorgung als die schlechteste der Welt. Die 2.000 Teilnehmer billigen am Ende der Protestveranstaltung in der Sporthalle eine Resolution, in der eine »unverzügliche leistungsverbessernde Reform der Kriegsopferversorgung« gefordert wird. Im Anschluß ziehen die Protestierenden in einem Fackelzug durch die Stadt. Auf ihren Transparenten stehen Losungen wie »Kriegsopfer fordern ihr Recht«, »Keinen Abbau der Unfallrenten«, »Für soziale Gerechtigkeit« und »Keine Selbstbeteiligung in der Krankenversicherung«.

Mai In der in West-Berlin erscheinenden Zeitschrift »Der Monat« setzt sich Klaus Harpprecht mit der seit Jahresbeginn anhaltenden Welle antisemitischer Aktionen und Vorfälle auseinander. In dem Artikel »Im Keller der Gefühle – Gibt es noch einen deut-

schen Antisemitismus?« kommt er zu dem Schluß: »Unsere innere Freiheit gewinnen wir durch ein aufrichtiges Ja zu unserer Schuld. Und durch die neue Unbefangenheit, die aus diesem Ja erwächst. Wenn beides möglich ist, dann wird ein deutscher Antisemitismus in Zukunft unmöglich sein.«[94]

1. Mai Die Maikundgebungen in der **Bundesrepublik** stehen, dem organisierenden DGB zufolge, im Zeichen der Freiheit, der friedlichen Wiedervereinigung und des sozialen Fortschritts. – Auf dem Rathausmarkt in **Kiel** erinnert das *IG-Metall*-Vorstandsmitglied Fritz Strothmann vor 20.000 Teilnehmern an den monatelangen Streik der schleswig-holsteinischen Metallarbeiter von 1956/57. So wie damals die Arbeitgeber die geballte Kraft der Arbeitnehmer hätten kennenlernen müssen, so müsse es auch heute wieder sein. Mit Atombomben und Raketen könne man weder Frieden noch soziale Sicherheit erringen. Auch der Wiedervereinigung werde man nicht mit Säbelrasseln, sondern nur durch Verhandeln näherkommen. – Nach kilometerlangen Demonstrationszügen kommen auf der Stadtparkwiese in **Hamburg** 160.000 Arbeiter, Angestellte und Beamte zur Abschlußkundgebung zusammen. Im Mittelpunkt steht eine von der *Gewerkschaftsjugend* auf der Festwiese aufgestellte Attrappe einer Atombombe, die die Aufschrift trägt: »Ich tötete in Hiroshima und Nagasaki 100.000 Menschen. In Hamburg töte ich 2 Millionen Menschen.«[95] Die Mitglieder der *Gewerkschaftsjugend* sammeln hier Unterschriften gegen die Atombewaffnung, die an die Teilnehmer der bevorstehenden Genfer Außenministerkonferenz überreicht werden sollen. Als Hauptredner setzt sich der Vorsitzende der *Gewerkschaft Gartenbau, Land- und Forstwirtschaft*, Heinz Frehsee, für eine Wiederver-

einigung in Frieden und Freiheit ein. Mit Nachdruck
weist er alle Versuche des FDGB, mit dem DGB in
Kontakt zu treten und Aktionsbündnisse zu schließen, zurück. – Vor dem Rathaus in **Dortmund** versammeln sich 8.000 Arbeiter. Nach den Klängen einer Polizeikapelle tritt Staatssekretär Gerhard
Bothur für eine friedliche Wiedervereinigung ein.
Angehörige der *Internationale der Kriegsdienstgegner* (IdK) und des *Bundes der Deutschen* (BdD) verteilen während der Kundgebung Tausende von Flugblättern, auf denen gegen die Errichtung britischer
Raketenbasen auf dem Flugplatz Brackel protestiert
wird. An weiteren Maikundgebungen in anderen
Stadtteilen nehmen weitere 12.000 Menschen teil. –
In **Düsseldorf** bezeichnet der West-Berliner SPD-Politiker Franz Neumann die Sozialpolitik der CDU als
Verrat am Ahlener Programm. Die Gesetzesvor-
schläge zur Kranken- und Unfallversicherung, die
von Arbeits- und Sozialminister Theodor Blank,
einem »Gewerkschaftskollegen«, ausgearbeitet
worden seien, stellten eine »Verhöhnung des schaffenden Menschen« dar. – Vor dem Rathaus in **Göttingen** gibt der Rektor der Georg-August-Universität,
Professor Rudolf Schoen, der Hoffnung Ausdruck,
daß die friedliche Nutzung der Atomenergie sich
»zum Segen der Menschheit« gestalten lasse. Voraussetzung sei allerdings, daß sich alle Verantwortlichen
stets der Gefahr bewußt seien, welche ein Mißbrauch dieser ungeheuren Kräfte unweigerlich mit
sich führen müsse. Wenn es gelänge, die Atomenergie zum Nutzen aller Völker einzusetzen, dann
könne man mit Recht behaupten, daß ein neues Zeitalter begonnen habe. Gerade der 1. Mai, dessen
Parole stets Brot und Arbeit für alle sowie Frieden
und Freiheit gewesen sei, weise auf »diese Schicksals-

1.5.: *Maiumzüge in
Stuttgart (oberes
Foto) und Gelsen-
kirchen (mittleres
und unteres Foto).*

1.5.: Maikundgebung auf dem Frankfurter Römerberg.

1.5.: Der Bundesverteidigungsminister ist Zielscheibe der Kritik auf dem Maiumzug in Bremen.

1.5.: Transparent, das in Göttingen, der Stadt der 18 protestierenden Atomphysiker, gezeigt wird.

sche Konzentrationsprozesse. Sie begrüßten es sogar, wenn die neuen Produktionsmöglichkeiten in den Dienst der Allgemeinheit gestellt würden. Das ließe sich aber nur erreichen, wenn die technische Konzentration nicht zu einer Konzentration der Wirtschaftsmacht in den Händen weniger und die Mitbestimmung erweitert werde. »Der gewerkschaftliche Kampf um die gesellschaftliche Neuordnung, um die Verbesserung der Lebens- und Arbeitsverhältnisse in der Bundesrepublik,« stellt Brenner am Ende seiner Ansprache fest, »ist zugleich der wirksamste gewerkschaftliche Beitrag für die Wiedervereinigung, für ein vereinigtes Deutschland des Friedens und der sozialen Gerechtigkeit. Die Gewerkschaften sind nicht nur das Rückgrat, sie sind das Gewissen einer jeden demokratischen Gesellschaft.«[97] – Die Kundgebung auf dem Königsplatz in **München** muß wegen strömenden Regens kurzfristig abgesagt werden. Der Bayerische Rundfunk überträgt eine in einen Saal verlegte Ansprache des DGB-Landesvorsitzenden Ludwig Linsert, in der sich dieser massiv gegen die von dem US-amerikanischen Politikwissenschaftler Henry Kissinger geäußerte Idee einer möglichen Befreiung Berlins durch Atomraketen wendet. – Auf der Kundgebung in **Augsburg**

frage« hin, mit der Göttingen in besonderer Weise verbunden sei. – Auf dem Römerberg in **Frankfurt** spricht vor 5.000 Arbeitnehmern das DGB-Bundesvorstandsmitglied Werner Hansen. Demonstranten, die sich von der Wiedervereinigungsrhetorik des DGB absetzen wollen, haben Spruchbänder mit Parolen aufgespannt wie: »Für die Einheit aller Atomwaffengegner« und »Macht das Tor zu für Strauß und seine Raketen«. – Auf der Kundgebung in **Mannheim** erklärt der *IG-Metall*-Vorsitzende Otto Brenner: »Was die Arbeitnehmerschaft und ihre Gewerkschaften bisher an sozialem Fortschritt erreicht haben, ist ihnen von niemandem geschenkt worden. Man möchte uns vorgaukeln, daß in der Bundesrepublik der Klassenkampf begraben ist. Die Tatsachen reden aber eine ganz andere Sprache. Das Unternehmertum beweist Tag für Tag, daß es den Klassenkampf nur in Worten abschreibt.«[96] Die Gewerkschaften seien nicht gegen sinnvolle techni-

KONGRESSDIENST

Hamburg   Herausgegeben vom Präsidium des STÄNDIGEN KONGRESSES   Mai/Juni 59
aller Gegner der atomaren Aufrüstung in der Bundesrepublik.   NUMMER 9

wirft der Vorsitzende der *IG Nahrung-Genuß-Gaststätten*, Hans Nätscher, der Bundesregierung vor, nichts für die Wiedervereinigung zu tun und stattdessen die Atomrüstung zu betreiben. – Der DGB-Vorsitzende Willi Richter fordert auf der Kundgebung in **Saarbrücken** die Großmächte, die Bundesregierung, die Parteien und die Weltöffentlichkeit auf, endlich die Wiedervereinigung Deutschlands zu verwirklichen. – Im Ruhrbergbau beginnt am 1. Mai die schrittweise Einführung der Fünftagewoche bei vollem Lohnausgleich. Die Arbeitszeitverkürzung soll im Lauf von zwei Jahren abgeschlossen werden.

1. Mai Die beiden SPD-Bundestagsabgeordneten Arno Behrisch und Philipp Wehr verbreiten zusammen mit neun anderen Personen des öffentlichen Lebens in der **Bundesrepublik** einen »Deutschen Appell zur Außenministerkonferenz«, mit dem die Großmächte aufgerufen werden, »endlich Taten zur Entspannung« vorzuweisen. Nach zwölf Jahren des Kalten Krieges sei die Erkenntnis unvermeidlich, daß die ständig mit der Drohung der Katastrophe einhergehende Politik gescheitert sei und durch eine »Politik der Friedensbereitschaft« abgelöst werden müsse. Die Welt sei sich einig in der Forderung, daß es keinen Atomkrieg geben dürfe. Es gebe deshalb nur die Wahl zwischen Frieden und Selbstmord. Die Genfer Außenministerkonferenz müsse Fortschritte und Ergebnisse vor allem im Hinblick auf einen Friedensvertrag mit Deutschland und die Schaffung einer atomwaffenfreien und militärisch verdünnten Zone in Europa erzielen. Der Appell ist neben den Abgeordneten von dem ehemaligen General Franz Beyer, dem ehemaligen Oberst Bogislav von Bonin, Achim von Borries, Hermann Etzel, Werner Otto von Hentig, Mathias Josef Mehs, Hermann Schwann, Professor Alexander Schenk Graf von Stauffenberg und Karl Graf von Westphalen unterzeichnet.

1. Mai Auf der Mai-Kundgebung in **West-Berlin** demonstrieren über eine halbe Million Menschen unter der Parole »Berlin bleibt frei«. Die Redner der Massenveranstaltung, die zum ersten Mal seit fünf Jahren wieder auf dem vor dem Reichstagsgebäude gelegenen Platz der Republik stattfindet, sprechen sich nachdrücklich für die Erhaltung des Viermächtestatus aus. In seiner Eröffnungsansprache begrüßt der West-Berliner DGB-Vorsitzende Ernst Scharnowski als Ehrengäste den DGB-Vorsitzenden Willi Richter und den DAG-Vorsitzenden Fritz Rettig sowie den Bundesvertriebenenminister Theodor Oberländer. Der US-amerikanische Gewerkschaftsvertreter Walter P. Reuther versichert den Berliner Arbeitern, daß sie sich der Solidarität von 16 Millionen amerikanischen Gewerkschaftlern gewiß sein könnten. Der Bundesminister für gesamtdeutsche Fragen, Ernst Lemmer (CDU), stellt den unterschiedlichen Charakter der Maifeiern in Ost-und West-Berlin heraus. Während man auf dem Marx-Engels-Platz hinter Panzer und Kanonen hermarschieren müsse, strömten die Teilnehmer vor dem Reichstag freiwillig zusammen. Der Regierende Bürgermeister Willy Brandt wendet sich in der Schlußrede an die Landsleute in Ost-Berlin und in der »Zone«. Das Denken in West-Berlin kreise jeden Tag »um das ganze Berlin und das ganze Deutschland«. Man spreche für Millionen von Landsleuten, die zum Schweigen verurteilt seien. Von dieser Verantwortung werde man sich durch niemanden und durch keine Macht der Welt abbringen lassen. Der Tag werde kommen, an dem das Brandenburger Tor nicht mehr die Grenze markiere, die mitten durch Familien gehe und das Volk zerreiße. Bis dieser Tag komme, werde man bitten, rufen und fordern: »Macht das Tor auf!« Angehörige der *Sozialistischen Jugend Deutschlands – Die Falken* treten auf der Kundgebung mit Transparenten in Erscheinung, von denen sich der Landesausschuß der SPD bereits im Vorfeld distanziert hat: »Wiedervereinigung ohne Adenauer und Ulbricht«. – Das SED-Zentralorgan »Neues Deutschland« kritisiert diese Parole in ihrer Ausgabe vom 13. Mai. Es sei zwar richtig, daß es keine Wiedervereinigung »mit Adenauer« geben könne, unrichtig sei jedoch der zweite Teil der Losung. Ein »einheitliches demokratisches Deutschland« könne »nur mit Hilfe der DDR und mit Walter Ulbricht« erreicht werden. Die richtige Losung für

1.5.: Maiumzug in West-Berlin; in der Mitte der Regierende Bürgermeister Willy Brandt.

die *Falken* und »alle friedliebenden Deutschen« müsse deshalb lauten: »Wiedervereinigung mit Ulbricht, ohne Adenauer!«[98]

1. Mai Die Kundgebung auf dem Marx-Engels-Platz in **Ost-Berlin** steht, die von dem sowjetischen Ministerpräsidenten Chruschtschow in dessen Berlin-Ultimatum gestellte Forderung aufgreifend, unter dem Motto »Für eine entmilitarisierte Freie Stadt West-Berlin«. Nach einer Parade von Truppenteilen der NVA sprechen der Ost-Berliner FDGB-Vorsitzende Heinz Neukrantz, der Erste Sekretär der SED-Bezirksleitung Groß-Berlin, Paul Verner, und der Generalsekretär des kommunistischen Weltgewerkschaftsbundes, Louis Saillant. Alle drei Redner stellen sich hinter die im sowjetischen Friedensvertragsentwurf formulierten Vorschläge zur Deutschlandpolitik und zur Lösung der Berlin-Frage. Anschließend ziehen 250.000 Werktätige zusammen mit SED-Betriebskampfgruppen an der Ehrentribüne vorbei.

2. Mai Auf einer Kundgebung des *Verbands der Kriegsopfer, Kriegshinterbliebenen und Sozialrentner Deutschlands* (VdK) in **Stuttgart** protestieren 20.000 Menschen gegen die Reformpläne von Bundesarbeits- und -sozialminister Theodor Blank (CDU). Besonderen Unmut löst die Weigerung Blanks aus, die Grundrente zu erhöhen. Der baden-württembergische Ministerpräsident Kurt Georg Kiesinger (CDU) gibt lediglich das Lippenbekenntnis ab, die sozialen Forderungen der Kriegsopfer würden einer gerechten Prüfung unterzogen. Das VdK-Präsidiumsmitglied Ludwig Hönle erklärt, daß die Kriegsopferversorgung auf halbem Wege steckengeblieben sei. Unter großem Beifall fordert er eine gleichberechtigte Einbeziehung aller Kriegsopfer in das Gesellschafts- und Wirtschaftsleben sowie die Anerkennung ihrer Entschädigungsansprüche. – Auf der Hauptversammlung des *Bundes der Kriegsblinden*, die am selben Wochenende in **Stuttgart** stattfindet, verteidigt Bundesminister Blank noch einmal seine Reformabsichten. Die Forderungen der Kriegsopfer, erklärt er, überstiegen das finanzielle Leistungsvermögen des Staates.

2. Mai Der französische Stadtkommandant Jean Lacomme protestiert in **West-Berlin** in einem an den Regierenden Bürgermeister Willy Brandt gerichteten Schreiben gegen das Transparent einer Jugendorganisation, das auf der Kundgebung zum 1. Mai gezeigt worden ist. Die *Sozialistische Jugend Deutschlands – Die Falken* hatten auf einem Spruchband »Freiheit für Algerien« gefordert.

2./3. Mai Aus Anlaß des 14. Jahrestages der Befreiung des Konzentrationslagers führt die *Arbeitsge-*

meinschaft Neuengamme in **Hamburg** eine Konferenz durch, an der ehemalige KZ-Häftlinge und Hinterbliebene aus Belgien, Dänemark, Israel, Norwegen und Österreich teilnehmen. Die Präsidentin des *Internationalen Neuengamme-Komitees*, Lucette Bouffioux, die Frau des auf der »Cap Arcona« umgekommenen belgischen Schriftstellers René Blieck, erklärt, daß von 5.000 belgischen Häftlingen in dem bei Hamburg gelegenen KZ nur 200 überlebt hätten. Die Zeichen des Wiederaufbaus, die sie auf ihrer Fahrt in der Stadt gesehen habe, dürften nicht über das damals Geschehene hinwegtäuschen. Nach weiteren Redebeiträgen gibt der Generalsekretär des Komitees, Hans Schwarz, einen Bericht über die Aktivitäten der *Lagergemeinschaft Neuengamme* in den letzten beiden Jahren ab. Nach kontroverser Diskussion wird unter dem Titel »Wir fordern den Frieden!« eine Erklärung zur Genfer Außenministerkonferenz angenommen. Im Anschluß daran fahren die ausländischen Delegierten in das rund 20 Kilometer entfernte **Neuengamme** und legen auf dem ehemaligen Lagergelände einen Kranz nieder.

2./3. Mai In **Braunschweig** demonstrieren Pazifisten auf dem Burgplatz und vor der Katharinenkirche mit einer zweitägigen Mahnwache gegen die Atombewaffnung der Bundeswehr. In einer Unterschriftensammlung bekunden rund 1.000 Bürger, daß sie keine Atomwaffen in Deutschland wünschen. Organisatoren der Mahnwache sind der *Friedenskreis Braunschweig* und andere antimilitaristische Gruppierungen.

2./3. Mai Der *Bund der Deutschen* (BdD) führt in **Weinheim** an der Bergstraße seinen IV. Parteitag durch. Unter der Überschrift »Friedensvertrag und Konföderation – reale Vorschläge zur Lösung der deutschen Frage« verabschieden die Delegierten im Hinblick auf die bevorstehende Genfer Außenministerkonferenz eine Grundsatzerklärung, in der die Außen- und Deutschlandpolitik der Bundesregierung für gescheitert erklärt und der Rücktritt von Bundeskanzler Adenauer gefordert wird. Nun sei der Zeitpunkt für eine grundlegende Wende erreicht. Im Ausland gingen immer mehr ernstzunehmende politische Kräfte auf Distanz zur Bundesregierung und innenpolitisch habe die bundesdeutsche Bevölkerung zu erkennen gegeben, daß sie nicht bereit sei, ein Leben »im Schatten der Bombe« zu führen, die Lasten einer sinnlosen Rüstung zu tragen und die Chancen zur Wiedervereinigung zu opfern. Das Atomzeitalter zwinge die gesamte Menschheit zum Umdenken. Es müßten die Bedingungen dafür geschaffen werden, daß in Zukunft große wie kleine Kriege ausgeschlossen und das friedliche Zusammenleben aller Staaten der Erde garantiert werden könne. Verhandlungen seien das oberste Gebot. Ziel sei der Abschluß eines Friedensvertrages, in dem jede Art von Atomwaffen aus deutschem Gebiet verbannt, die volle nationalstaatliche Souveränität zurückgewonnen, die Besatzungstruppen abgezogen und die Lösung aus einseitigen militärischen Bindungen realisiert werde. In Bezug auf die deutschen Grenzen könne es kein Ausweichen mehr vor der Tatsache geben, daß das deutsche Territorium in Folge des von Hitler entfesselten Krieges auf die Grenzen der Bundesrepublik und der DDR eingeengt worden sei. Revisionsansprüche könnten nur neue gefährliche Konflikte heraufbeschwören. Eventuell würden »einzelne Härten zugunsten eines individuellen Heimatrechts« beseitigt werden können, daran dürfe jedoch auf keinen Fall der Abschluß eines Friedensvertrages scheitern. Ein solcher Friedensvertrag böte die Möglichkeit, die Fehlentwicklung eines ganzen Jahrzehnts abzuschließen und eine neue Epoche einzuleiten. Alle Deutschen, die in Opposition zur Atombewaffnung stehen, werden aufgefordert, sich zu gemeinsamen Handeln zusammenzuschließen und einen Beitrag zur internationalen Entspannung zu leisten. Wiedergewählt werden als Vorsitzender der national-bürgerlichen Partei Wilhelm Elfes und als Generalsekretär Josef Weber.

3. Mai An einer weiteren VdK-Großkundgebung nehmen in **Stuttgart** 20.000 Kriegsopfer teil. In den auf dem Killesberg gelegenen Hallen treten VdK-Präsidiumsmitglied Ludwig Hönle und der baden-württembergische Ministerpräsident Kurt Georg Kiesinger als Hauptredner auf. Auf Transparenten sind Parolen zu lesen wie »Gerechtigkeit statt Mitleid«, »Schluß mit dem Unrecht«, »Gegen Blanks Bedürftigkeitsprinzip« und »Wir vertrauen dem Deutschen Bundestag«.

3. Mai Mehr als 10.000 Kriegsopfer und Hinterbliebene protestieren in **Kaiserslautern** gegen die Pläne der Bundesregierung zur Neuordnung der Kriegsopferversorgung. Auf der Kundgebung des *Verbands der Kriegsbeschädigten, Kriegshinterbliebenen und Sozialrentner Deutschlands* (VdK) in der Landwirtschaftshalle fordert der ehemalige bayerische Staatssekretär Carl Weisshäupl (SPD), Mitglied des VdK-Präsidiums, unter lebhaftem Beifall den Rücktritt des zuständigen Bundesarbeits- und -sozialministers Theodor Blank (CDU). Wenn der Bundeskanzler aus seinem Urlaub zurückkehre, könne er nichts Besseres tun, als Blank durch einen »sozial fortschrittlicheren Mann« zu ersetzen. Er appelliert an die Bundesregierung, einen neuen Gesetzentwurf vorzule-

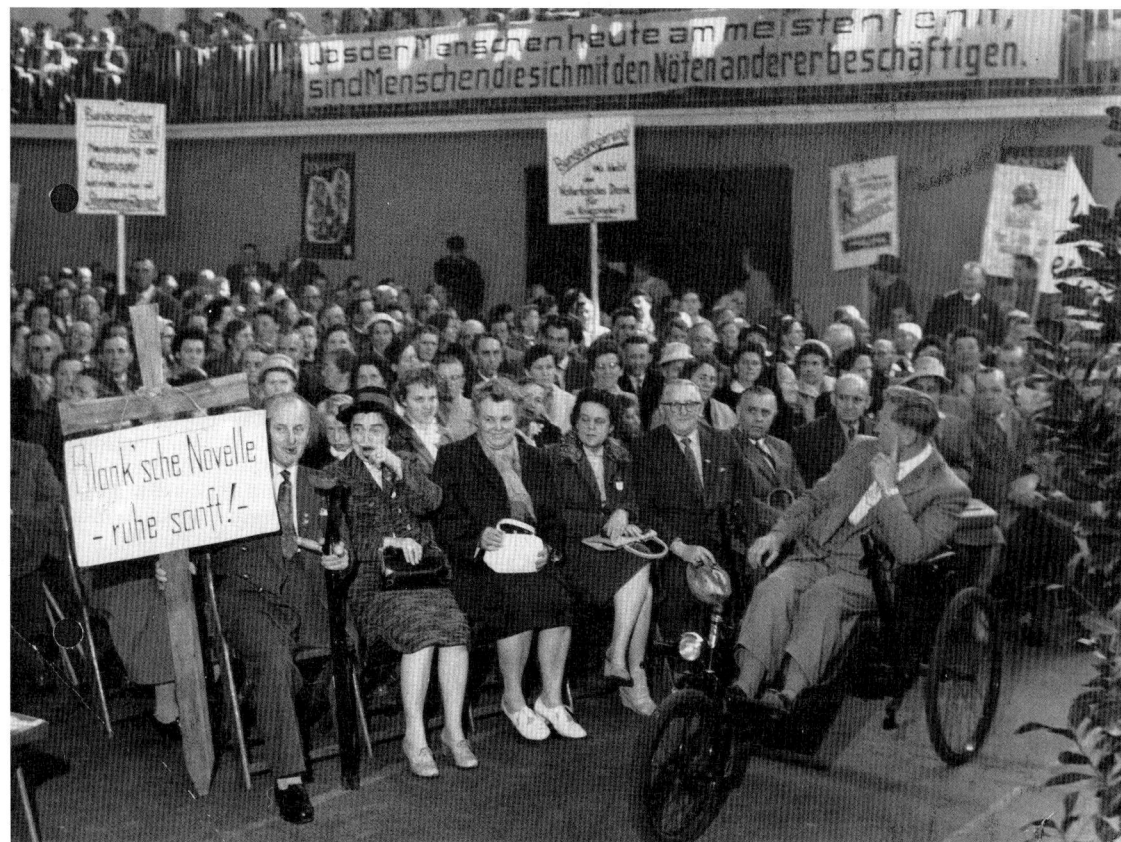

3.5.: Die Kundgebungsteilnehmer in der Kaiserslauterner Landwirtschaftshalle.

4.5.: Die erste Ausgabe der Westberliner Zeitschrift.

3.5.: Holzschnitt von Walter Peiser-Preisser, einem der Überlebenden, zur »Cap Arcona«-Katastrophe.

gen und den Forderungen der Kriegsopferverbände Rechnung zu tragen. Danach ergreifen noch der Vorsitzende des saarländischen VdK-Landesverbands, Hans Genenger, und die zweite Vorsitzende des rheinland-pfälzischen VdK-Landesverbands, Carola Dauber, das Wort. Im Anschluß daran ziehen die Teilnehmer in einem kilometerlangen Schweigemarsch durch die Stadt. »Schluß mit dem Unrecht« heißt es auf einem der mitgeführten Plakate.

3. Mai Am 14. Jahrestag des Untergangs der »Cap Arcona« und der »Thielbek« in der Neustädter Bucht, bei dem nach einer Bombardierung durch britische Flugzeuge 7.000 KZ-Häftlinge ums Leben gekommen waren, werden auf den Friedhöfen in **Neustadt**, **Haffkrug** und **Timmendorfer Strand** zum Gedenken der Opfer von der schleswig-holsteinischen Landesregierung, Kreisen und Gemeinden sowie Angehörigen und ehemaligen Häftlingen des KZ Neuengamme Kränze niedergelegt. Bei den Gedenkfeiern spricht auch der Filmschauspieler Kurt Fuß, einer der wenigen Überlebenden der Katastrophe.

3. Mai Auf einer Tagung des Nationalrats der *Nationalen Front*, die unter der Losung »Deutschland appelliert an Genf: Schließt Frieden mit Deutschland« in **Ost-Berlin** stattfindet, wird ein Appell verabschiedet. Darin werden alle Deutschen aufgerufen, sich dafür einzusetzen, daß die Genfer Außenministerkonferenz ein Erfolg werde und die Deutschland- und die Berlin-Frage einer Lösung näherbringe. Bereits die Tatsache, daß die Genfer Konferenz stattfinden könne, zeige, daß die »Politik der Adenauer-Regierung« gescheitert sei und die »Politik des Friedens und der Verständigung« sich durchgesetzt habe. Ministerpräsident Otto Grotewohl erklärt bei dieser Gelegenheit, daß er sich weigere, den von Bischof Otto Dibelius an ihn gerichteten Offenen Brief vom 20. April zu beantworten. Schon seit langem, begründet Grotewohl seinen Entschluß, trete Dibelius als Gegner einer Verständigungs- und Entspannungspolitik auf. Unter Bezugnahme auf die bevorstehende Außenministerkonferenz der vier Siegermächte zur Deutschland- und Berlin-Frage sagt er: »Mit seinem letzten Offenen Brief an mich verfolgt er ausschließlich den Zweck, die Konferenz in Genf zu stören und Schwierigkeiten zu schaffen.«[99]

4. Mai Der hessische Innenminister Heinrich Schneider (SPD) gibt in **Wiesbaden** unter Berufung auf das Versammlungsgesetz das Verbot eines für den 27./28. Juni in Mengeringhausen (Nordhessen) geplanten HIAG-Treffens bekannt. Er begründet seine Entscheidung damit, daß die Ankündigung der Veranstaltung als »Suchdiensttreffen« als Vorwand

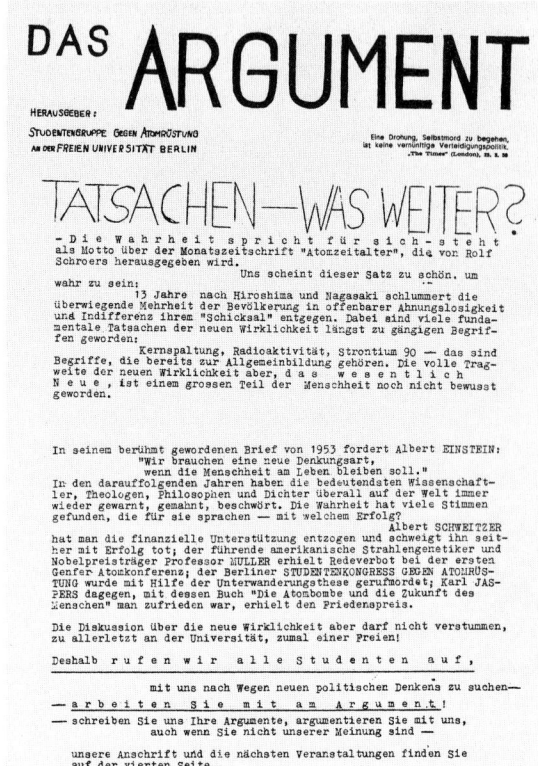

gewertet werden müsse. Die *Hilfsgemeinschaft auf Gegenseitigkeit der ehemaligen Soldaten der Waffen-SS* (HIAG) habe das Treffen zunächst in Verbindung mit dem *Deutschen Roten Kreuz* (DRK) angekündigt. Bei Nachfrage habe der Suchdienst des DRK jedoch erklärt, daß er sich nicht daran beteiligen werde, weil keine Notwendigkeit mehr für derartige »Suchdiensttreffen« bestünden. Indem dieser Grund entfalle, führt Schneider aus, würde zwangsläufig die Rolle der Waffen-SS und eine Wiederbelebung ihrer Tradition im Mittelpunkt einer solchen Veranstaltung stehen. Dies bedeute aber nicht zuletzt wegen des im benachbarten Arolsen untergebrachten Internationalen Suchdienstes eine Provokation aller Widerstandskämpfer, Überlebenden der Konzentrationslager und Angehörigen der dort Ermordeten. Für diese Befürchtung spreche, daß bereits aus dem In- und Ausland zahlreiche Protestschreiben eingetroffen seien. Da der Landessprecher der HIAG außerdem erklärt habe, daß das Treffen »so oder so abgehalten« werde, »auch wenn es über Leichen ginge«, sei ein Verbot unvermeidlich gewesen.

4. Mai In **West-Berlin** erscheint die erste Nummer der zunächst in Form einer Flugschrift verbreiteten Zeitschrift »Das Argument«. Herausgeberin ist die *Studentengruppe gegen Atomrüstung an der Freien*

Universität Berlin. Unter der Überschrift »Tatsachen – Was weiter?« wird nach dem Abklingen der Anti-Atombewegung der Anspruch erhoben, »das wesentlich Neue« am Atomzeitalter ins Bewußtsein der Öffentlichkeit zu heben. Unter Berufung auf Albert Einstein werden alle Studenten aufgerufen, »nach Wegen neuen politischen Denkens« Ausschau zu halten. Neben einem Bericht über den zweiten Ostermarsch in Großbritannien und Informationen über die radioaktive Gefährdung – beispielsweise, daß sich in der Bundesrepublik der Gehalt von Strontium 90 in der Milch seit 1953 vervierfacht habe – wird der Philosoph Günther Anders mit seiner These von der »Apokalypse-Blindheit« gewürdigt und der Politikwissenschaftler Henry A. Kissinger, zu dessen Anhängern Bundesverteidigungsminister Strauß zählt, als Stratege eines begrenzten Atomkrieges an den Pranger gestellt. – Von der am 24. Mai erscheinenden zweiten Nummer an zeichnet der in Eßlingen am Neckar geborene, 23jährige Philosophiestudent Wolfgang Fritz Haug als verantwortlicher Redakteur. – Ursprünglich sollte »Das Argument« nach Plänen von Margherita von Brentano und Peter Furth in Koproduktion mit einer französischen Zeitschrift gleichen Namens herausgebracht werden.

4. Mai In Anerkennung seiner Verdienste um den wirtschaftlichen Wiederaufbau Europas in der Nach-kriegszeit wird der ehemalige US-Außenminister George C. Marshall mit dem Karlspreis der Stadt Aachen ausgezeichnet. Dem Politiker, nach dem die Marshallplanhilfe benannt wurde, kann der Preis nicht, wie bei anderen Preisträgern üblich, im Aachener Kaisersaal verliehen werden. Da er sich einer medizinischen Behandlung unterziehen muß, wird ihm die Plakette im Walter-Reed-Militärhospital in **Washington** überreicht.

7.-13. Mai Anläßlich des zehnten Jahrestages seiner Gründung hält der *Weltfriedensrat* in **Stockholm** unter dem Vorsitz von Emmanuel d'Astier de la Vigerie seine Jubiläumstagung ab. Als wichtigsten Beschluß verabschiedet das Plenum einen von den beiden deutschen Delegierten, der Pädagogikprofessorin Klara-Marie Faßbinder (Bonn) und dem Geschichtsprofessor Heinz Kamnitzer (Ost-Berlin), verfaßten Aufruf an die Genfer Außenministerkonferenz, die Politik der Stärke zu beenden und eine Kampagne zur Beseitigung des Kalten Krieges zu eröffnen. In einem weiteren Appell an die Weltöffentlichkeit werden die endgültige Einstellung aller Atomwaffenversuche und ein generelles Verbot für Atomwaffen gefordert. Die Befreiung der Menschheit von der atomaren Gefahr sei auch nach zehn Jahren immer noch das Hauptziel der Weltfriedensbewegung. Der »Stockholmer Appell« vom 19. März 1950, heißt es, sei inzwischen von über einer halben Milliarde Menschen unterzeichnet worden. In einer allgemeinen Erklärung werden sieben Punkte als »Grundsätze der Weltfriedensbewegung« aufgeführt: 1. Die friedliche Koexistenz der verschiedenen Gesellschaftssysteme; 2. die Lösung aller wichtigen Fragen durch Verhandlungen im Geiste der UNO-Satzung; 3. die Abschaffung aller Massenvernichtungswaffen, die Beendigung des Wettrüstens und eine sich schrittweise und unter gegenseitiger Kontrolle vollziehende Abrüstung; 4. die Nichteinmischung in die inneren Angelegenheiten der Nationen; 5. die Abschaffung aller Formen von Kolonialismus und Rassendiskriminierung sowie das Festhalten am Recht der Völker auf Selbstbestimmung und Unabhängigkeit als Voraussetzung für den Frieden; 6. die Entwicklung normaler Handelsbeziehungen auf der Basis gegenseitigen Vorteils und 7. die Aufnahme freundschaftlicher kultureller Beziehungen und die gegenseitige Respektierung der Nationen. In das 19köpfige Präsidium werden u. a. auch der britische Wissenschaftshistoriker John Desmond Bernal, der sowjetische Schriftsteller Ilja Ehrenburg und der Präsident des *Deutschen Friedensrates*, der Ost-Berliner Physiker Walter Friedrich, gewählt. – In einem Erfahrungsbericht schreibt Klara-Marie Faßbinder anschließend: »Wenn unsere Regierung wüßte, was

7.-13.5.: Jubiläums-artikel in einer Zeitschrift der Friedensbewegung.

all die Soldatenverbände mit ihren Aufmärschen, Schriften, Liedern für einen Eindruck auf den Ausländer machen, was die immer offenkundiger werdende Besetzung hoher und höchster Stellen mit alten Nazis bedeutet, so würde sie vielleicht doch stutzig werden.«[100]

8./9. Mai Auf der Bundesjugendkonferenz des DGB in **Kassel** fordern die 186 Delegierten der *Gewerkschaftsjugend* eine entschiedene Bekämpfung des Rassen- und Völkerhasses sowie aller neonazistischer Tendenzen. Die Ausrüstung der Bundeswehr mit Atomwaffen und die Errichtung von Raketenabschußbasen werden mißbilligt. Ein vom Leiter der Hauptabteilung Jugend im Bundesvorstand des DGB, Werner Hansen, eingebrachter Initiativantrag, der sich für einen stärkeren Austausch mit den Betriebsjugendausschüssen des FDGB ausspricht, wird mehrheitlich angenommen. Ein Delegierter erklärt, man müsse sich frei machen vom »Märchen der kommunistischen Unterwanderung des DGB«.

DIE ZUKUNFT MEISTERN

8./9.5.: Abstimmung der »Falken«-Delegierten in Köln.

8./9. Mai Auf der 7. Bundesjugendkonferenz der *Sozialistischen Jugend Deutschlands – Die Falken* in **Köln** wird der Deutschlandplan der SPD ausdrücklich begrüßt. Die Delegierten bekräftigen ihre Haltung, die Atombewaffnung der Bundeswehr auch weiterhin abzulehnen und sagen allen Wehrdienstpflichtigen, die einen Antrag auf Kriegsdienstverweigerung stellen wollen, ihre volle Unterstützung zu. Wie der als Vorsitzender wiedergewählte Karl-Heinz Prall auf einer Pressekonferenz erklärt, wird der Vorstand der *Falken* mit der *Freien Deutschen Jugend* (FDJ) in der DDR Kontakt aufnehmen, um einem Auseinanderleben der Jugend in beiden Teilen Deutschlands entgegenzutreten.

8.-10. Mai In **Karlsruhe** findet der Bundeskongreß der *Jungsozialisten* statt. Die 200 Delegierten, die im Bürgersaal des Rathauses zusammengekommen sind, wenden sich in einer Resolution gegen den Beginn der atomaren Aufrüstung der Bundeswehr: »CDU/CSU hat vor einem Jahr im Deutschen Bun-

destag erklärt, die atomare Bewaffnung der Bundeswehr werde frühestens in zwei Jahren aktuell. In der Zwischenzeit könne und solle über eine allgemeine Abrüstung und Entspannung verhandelt werden. Tatsächlich aber beginnt Bundesverteidigungsminister Strauß bereits jetzt, nachdem kaum ein Jahr vergangen ist, mit der atomaren Bewaffnung der Bundeswehr. Tatsächlich wurde inzwischen von der Bundesregierung in keiner Weise versucht, Verhandlungen in Gang zu bringen. Statt dessen torpediert die Bundesregierung die gerade jetzt beginnenden Verhandlungen der Großmächte, wie sich an dem Auftreten des Bundesministers von Brentano in den letzten Konferenzen deutlich zeigte. Die übereilte Ausstattung der Bundeswehr mit Atomwaffen und das hemmende Einwirken der Bundesregierung auf die Verhandlungsbereitschaft ihrer westlichen Verbündeten sind weitere Anzeichen dafür, wie wenig Bonn am Zustandekommen von Verhandlungen gelegen ist. Durch die CDU-Propaganda wurden die Gefahren der atomaren Kriegführung verniedlicht. Auf Grund der Erfahrungen der jüngsten Geschichte dürfen wir nicht ermüden, vor den erschreckenden Gefahren eines Atomkrieges zu warnen. Die Drohung, die lebensausrottenden Waffen einzusetzen, darf nie verwirklicht werden; nichts kann den Einsatz dieser Vernichtungsmittel rechtfertigen.«[101] Zugleich treten die Delegierten aber auch »für ein vertrauensvolles Verhältnis zu den Soldaten der Bundeswehr« ein. Außerdem wird der Deutschlandplan der Mutterpartei begrüßt und die Aufnahme von Kontakten zu Jugendlichen in der DDR bejaht. Der stellvertretende SPD-Vorsitzende Waldemar von Knoeringen fordert die *Jungsozialisten* in seiner Rede auf, sich stärker als bisher mit den gesellschaftspolitischen Anschauungen der CDU auseinanderzusetzen.

9./10. Mai Mit einer von Scheinwerfern angestrahlten Raketenattrappe führen Mitglieder des *Verbands der Kriegsdienstverweigerer* (VK) in **Düsseldorf** eine »Große Mahnwache« gegen die Atombewaffnung der Bundeswehr durch. Zu den Beteiligten zählen auch der VK-Vorsitzende Hans Beckers, der als Angehöriger der Reichsmarine im Ersten Weltkrieg wegen Meuterei zum Tode verurteilt worden war, und der nordrhein-westfälische Landtagsabgeordnete Johannes Rau. Die Atommahnwache, während der 5.000 Handzettel an Passanten verteilt werden, wird rund um die Uhr durchgeführt und dauert insgesamt 40 Stunden.

10. Mai Auf dem jüdischen Friedhof in **Frankfurt** wird in einer Gedenkfeier ein Gedenkstein für die Opfer des Vernichtungslagers Auschwitz enthüllt. Landesrabbiner Isaac Emil Lichtigfeld würdigt in seiner Ansprache das Andenken der Toten. Der Stein, der zu ihrem Gedenken gesetzt sei, mahne die deutsche Bevölkerung, die noch nicht von der nötigen Erkenntnis aus jener Vergangenheit durchdrungen sei. Es zeuge von einem tiefen moralischen Stand, wenn heute mit den Opferzahlen herummanipuliert werde. Anschließend wird der Gedenkstein, der aus glattem Granit ist, enthüllt. Er trägt in deutscher und hebräischer Sprache die Inschrift: »Zur Erinnerung an unsere Brüder und Schwestern, die durch die Nazi-Schreckensherrschaft umgebracht worden sind, wurde hier eine Urne mit Asche von Opfern des KZ Auschwitz beigesetzt.«[102] Danach ergreifen der Darmstädter Politikwissenschaftler Professor Eugen Kogon, Überlebender des Konzentrationslagers Buchenwald, und Franz Unikower, Überlebender des Vernichtungslagers Auschwitz, das Wort. Kogon erklärt, es sei erschreckend, wie wenig die heutige Jugend über die Zeit des Nationalsozialismus wisse. Er hoffe, daß Lehrer den Weg zu dem Gedenkstein finden, um an ihm lebendige Geschichte zu lehren. Dieser »Stein der Pietät« solle darüber hinaus zu einem »Stein des Anstoßes in der Politik« werden. Unikower berichtet zunächst, daß polnische Auschwitz-Häftlinge die Asche aus dem Vernichtungslager Birkenau herausgebracht hätten. Man wisse nicht, um wessen Überreste es sich handle. Das sei jedoch nicht entscheidend. Wichtig sei allein die Erinnerung an Auschwitz. Wenn man Auschwitz vergesse, dann könne es durchaus passieren, daß es wiedererstehe.

10. Mai Auf einer Tagung in **Bremen** verabschiedet das Präsidium des *Ständigen Kongresses aller Gegner der atomaren Aufrüstung in der Bundesrepublik* ein Schreiben an die in Genf versammelten Außenminister der vier Großmächte, der Bundesrepublik und der DDR. Darin wird die »Atomrüstungspolitik der Bundesregierung« als ein »Bestandteil des Kalten Krieges« bezeichnet, der alle Nachbarvölker bedrohe. Da die Pläne zur Atombewaffnung – wie deren Ablehnung in den Volksabstimmungen beweise – nur gegen die Mehrheit der Bevölkerung durchgeführt werden könnten, leiteten diese in der Bundesrepublik eine innenpolitische Entwicklung zu einem autoritären Staatswesen ein, die die Demokratie gefährde. Das »nationale Anliegen der Deutschen«, durch Verhandlungen zwischen beiden deutschen Staaten Schritte zur Wiedervereinigung zu vereinbaren, werde dadurch blockiert. Der *Ständige Kongreß* ruft die Bürger der Bundesrepublik auf, als Beitrag zum Gelingen der Genfer Konferenz den Kampf gegen die atomare Aufrüstung im eigenen Land zu führen und sich für die Errichtung einer atomwaffenfreien Zone in Europa einzusetzen. An

die Außenminister der Großmächte wird appelliert, die Beratungen so zu führen, daß ihre Ergebnisse den Deutschen erleichtern, »die rechten Lehren aus dem Zusammenbruch nach dem Hitlerkrieg« zu ziehen, die »militaristischen Traditionen unserer Geschichte« zu überwinden und in Ost wie West »als ein friedfertiges demokratisches Volk« Vertrauen zu gewinnen.

11. Mai Anläßlich des Beginns der Genfer Außenministerkonferenz führt der *Studentische Arbeitskreis für ein kernwaffenfreies Deutschland* in **Münster** mit Transparenten und Flugblättern eine Protestaktion gegen die Atombewaffnung der Bundeswehr und die Errichtung von Raketenabschußbasen durch. Die atomare Aufrüstung, heißt es in den Parolen und Texten, sei das entscheidende Hindernis für eine Entspannung zwischen West und Ost. Ein Atomwaffenverzicht der Bundesregierung wäre zusammen mit der Zustimmung zu einer atomwaffenfreien Zone in Mitteleuropa ein entscheidender Beitrag zur Überwindung der deutschen Spaltung. Ähnliche Aktionen von Studenten finden auch in zahlreichen anderen bundesdeutschen Universitätsstädten statt.

11. Mai Nach einer Meldung der britischen Zeitung »The People« hat der wegen »Atomspionage« verurteilte Klaus Fuchs im Gefängnis von **Wakefield** eine Protestaktion gegen die Produktion von Wasserstoffbomben organisiert. Alle 700 Häftlinge hätten sich geweigert, ihr Mittagsmahl einzunehmen.

11. Mai Der Stadtrat von **Johannesburg** beschließt, die Apartheidspolitik in einem Punkt zu lockern. Künftig sollen auch schwarze Fahrer in öffentlichen Verkehrsmitteln eingesetzt werden können. Da diese einen geringeren Lohn als ihre weißen Kollegen erhalten, verspricht sich die Stadt Einsparungen von Gehaltskosten in Höche von umgerechnet einer halben Million DM pro Jahr. – Die Transportarbeiter-Gewerkschaft protestiert umgehend gegen die unterschiedliche Entlohnung.

11. Mai Im Palais des Nations in **Genf** beginnt eine Außenministerkonferenz der vier Siegermächte über die Deutschland- und Berlin-Frage, ein europäisches Sicherheitssystem sowie Schritte zu einer allgemeinen Abrüstung. Ein schlechtes Omen für ihren Verlauf ist die Tatsache, daß die erste Sitzung ausfallen muß, weil sich die Teilnehmer nicht über eine allseits akzeptierte Form des Verhandlungstisches einigen können. Die Amerikaner wünschen sich einen quadratischen, die Sowjets einen runden und die Briten einen ovalen Tisch. Schließlich einigt man sich auf den sowjetischen Vorschlag. Daran Platz nehmen dürfen jedoch nur die Außenminister der vier Großmächte. Die beratenden Delegationen aus Vertre-

11.5.: »...und sind wir darüber einig, gemeinsam am gleichen Strick zu ziehen!« Karikatur aus der »Deutschen Zeitung«.

11.5.: Sitzungssaal der Genfer Außenministerkonferenz; die Delegationen der Bundesrepublik und der DDR haben an zwei eigenen Tischen Platz genommen.

Im „Sachsenring" mit schwarz-rot-goldener Fahne ...

11.5.: Vom »Ausschuß für Deutsche Einheit« herausgegebene Broschüre.

11.5.: »Aufmarsch der Sherpas zum Gipfel.« Karikatur aus der Zürcher »Weltwoche«.

11.5.: »Wenn ich da rüber will, dann muß ich doch meine Lust abwerfen!« Karika tur aus dem SED-Zentralorgan »Neues Deutsch-land«.

tern der beiden deutschen Staaten dürfen nur an zwei eigens, in jeweils zwei Zoll Abstand vom runden Tisch aufgestellten »Katzentischen« teilnehmen. Die DDR ist durch Außenminister Lothar Bolz vertreten, die Bundesrepublik durch den Bonner Botschafter in Washington, Wilhelm G. Grewe. Bundesaußenminister Heinrich von Brentano hält sich zwar in Genf auf, zieht es jedoch vor, die Verhandlungen von einer Villa aus zu verfolgen, weil er es ablehnt, im selben Saal Platz zu nehmen wie der »sogenannte Herr Bolz«. Die Delegation der USA wird angeführt vom neuen Außenminister Christian A. Herter, die der Sowjetunion von dessen Amtskollegen Andrej A. Gromyko, die Großbritanniens von Außenminister Selwyn Lloyd und die Frankreichs von dessen Kollegen Maurice Couve de Murville. Die Konferenz wird mit einer Ansprache des Generalsekretärs der Vereinten Nationen, Dag Hammarskjöld, eröffnet, in der dieser auf die Traditionen des Völkerbundes hinweist und die Unterstützung der UN für den Fall in Aussicht stellt, daß eine Übereinkunft erzielt werden sollte. – Am 14. Mai legt Herter einen umfassenden »Stufenplan für die deutsche Wiedervereinigung, die europäische Sicherheit und eine deutsche Friedensregelung« vor. Zunächst sollen Ost- und West-Berlin durch freie Wahlen wiedervereinigt werden. In einer zweiten Stufe wird dann für eine Übergangszeit ein gesamtdeutscher Ausschuß zur Verabschiedung von Entwürfen zu einem Wahlge-

setz, über die alternativ in einem Volksentscheid in beiden Teilen Deutschlands zu entscheiden sein wird, eingesetzt. Der dritte Schritt sollen gesamtdeutsche Wahlen zu einer verfassunggebenden Versammlung sein, auf deren Grundlage eine gesamtdeutsche Regierung gebildet werde. Schließlich in einer vierten und letzten Stufe wird der seit 1945 angestrebte Friedensvertrag mit einer Gesamtdeutschland repräsentierenden Regierung abgeschlossen werden. Einen Tag darauf legt Gromyko als Alternative zum »Herter-Plan« einen umfassenden sowjetischen Friedensvertragsentwurf vor, der im wesentlichen mit dem am 10. Januar verbreiteten Note seiner Regierung identisch ist. Nachdem Herter und Gromyko am 18. Mai ihre Friedenspläne wechselseitig zurückgewiesen haben und ein Erfolg der Konferenz immer aussichtsloser scheint, werden die Beratungen am 24. Mai wegen des Todes von Herters Amtsvorgänger John Foster Dulles unterbrochen, weil die Außenminister an der Beerdigung ihres früheren Kollegen teilnehmen möchten.

12.5.: Zwei der jungen Angeklagten werden in das Hagener Gerichtsgebäude geführt.

zwei Jugendbanden aus Iserlohn und Schwerte gekommen, die ihren Ausgangspunkt in einem Streit um ein Mädchen auf einer Kirmes hatte. Da in dem vierwöchigen Verfahren nicht geklärt werden kann, wer die tödlichen Stiche zu verantworten hat, bleibt der Tod des 17jährigen ungesühnt. – Der Hagener Jugendprozeß heizt die seit den ersten Halbstarkenkrawallen entfachte öffentliche Diskussion um die vermeintlichen Tendenzen zum Rowdytum in der neuen Jugendkultur weiter an.

12. Mai In **West-Berlin** wird der zehnte Jahrestag der Beendigung der Berliner Blockade mit einer Kranzniederlegung am Luftbrückendenkmal, einem Empfang des Senats im Schöneberger Rathaus und einer Gedenkveranstaltung in der Deutschlandhalle begangen. Bundesratspräsident Wilhelm Kaisen, der den erkrankten Bundespräsidenten Theodor Heuss vertritt, bezeichnet auf der Kundgebung das Ende der Blockade als einen »Sieg ohne Waffen«. In weiteren Ansprachen gedenken der ehemalige US-Militärgouverneur Lucius D. Clay, der britische Ex-Premierminister Clement Attlee und der frühere französische Außenminister Robert Schuman der während der Luftbrücke verunglückten Piloten und würdigen die unverdrossene Haltung der Berliner Bevölkerung in dieser Zeit. Zum Abschluß vergleicht der Regierende Bürgermeister Willy Brandt die Blockade mit dem jüngsten, inzwischen von Chruschtschow aufgegebenen sowjetischen Berlin-Ultimatum. Die Berliner, ruft er unter Beifall aus, würden auch in Zukunft nicht in die Knie gehen; sie hätten die Lehren aus der Blockadezeit nicht vergessen. – In der Presse der DDR wird die Kundgebung mit Schlagzeilen wie »Brandt-Bombe gegen Genf« als ein Versuch, die gerade begonnene Genfer Außenministerkonferenz zu torpedieren, verurteilt.

11.5.: »Macht das Paket auf!« Titelblatt der Zeitschrift »Konkret« zur Genfer Außenministerkonferenz.

12. Mai Eine Jugendstrafkammer in **Hagen** (Nordrhein-Westfalen) spricht in einem Mammutverfahren gegen 37 Jugendliche den Hauptangeklagten von der Anklage des Totschlags frei und verurteilt ihn lediglich wegen schweren Landfriedensbruchs, Raufhandels und gefährlicher Körperverletzung zu drei Jahren Jugendgefängnis. Dem 18jährigen Erich Bartelmeß gehörte das Messer, mit dem am 26. Oktober 1958 der 17jährige Klaus Tonat aus Iserlohn erstochen und dessen zwei Jahre älterer Bruder lebensgefährlich verletzt worden war. Zu den tödlichen Stichen war es während einer Schlägerei zwischen

12. Mai Bundesdeutsche Studenten überreichen in **Genf** den Bonner Gesandten ein Schreiben, in dem sie Außenminister Heinrich von Brentano zu offiziellen Verhandlungen zwischen beiden deutschen Delegationen auffordern. In dem Brief, der von den *Stu-dentenausschüssen gegen Atomrüstung* in vielen Universitätsstädten der Bundesrepublik als Flugblatt verteilt wird, heißt es: »Wenn die Bundesrepublik nicht von der ganzen Welt, auch von ihren Verbündeten, isoliert werden will, so muß die Bundesregierung der Tatsache Rechnung tragen, daß eine Lösung des deutschen Problems nur durch Verhandlungen zwischen beiden deutschen Teilstaaten und den Großmächten möglich ist. Nur wenn eine innerdeutsche Verständigung und eine außenpolitische Entspannung erreicht wird, kann die Bundesrepublik der Gefahr entgehen, Ursache und Verursacher eines sie selbst vernichtenden Krieges zu werden.«[103] Die Bonner Delegation wird weiter dazu aufgefordert, in Genf ihre Bereitschaft zu erklären, »auf die deutsche Atomaufrüstung zu verzichten und der Schaffung einer atomwaffenfreien Zone in Mitteleuropa zuzustimmen.«[104]

13. Mai Die Oberstaatsanwaltschaft beantragt beim Amtsgericht **Frankfurt** die Beschlagnahme einer Schallplatte, weil eine amerikanische Firma darauf unter dem Titel »Speeches and Songs from Nazi-Germany« offensichtlich nationalsozialistisches Gedankengut vertreibt. Zur Begründung heißt es: »Der Inhalt der Schallplatte ist keine objektive Schilderung eines historischen Geschehens, sondern nationalsozialistische Propaganda mit staatsgefährdender Tendenz.«[105] In den Texten werde die NS-Gewaltherrschaft mit keinem einzigen Wort erwähnt. Statt dessen werde die Weimarer Republik als »Zeit der Schmach« bezeichnet, die Machtergreifung der Nazis als ein »Aufstieg zu Sauberkeit und Ehre« gefeiert und unter der Devise »Führer befiehl, wir folgen dir« das Führer-Prinzip propagiert. Oberstaatsanwalt Heinz Wolf erklärt, daß die Reden und Lieder eine öffentliche Billigung nationalsozialistischer Gewaltverbrechen und eine »Werbung« für nationalsozialistische Grundsätze darstellten, die im Widerspruch zum Grundgesetz stehe.

13. Mai Der Vertrauensrat der *Evangelischen Studentengemeinde* (ESG) nimmt auf einer Sitzung in **West-Berlin** zu den jüngsten antisemitischen Vorfällen Stellung. »Unser Volk«, heißt es darin, »hat durch das, was es im ›Dritten Reich‹ an jüdischen Menschen getan hat, große Schuld auf sich genommen. Auch wenn wir selbst damals noch zu jung waren, um diese Geschehnisse zu verstehen und uns deshalb keine unmittelbare Schuld trifft, so sind wir dennoch Glieder dieses Volkes, das vor Gott und der Welt durch seine Vergangenheit schwer belastet ist. Wir wollen uns dieser schuldhaften Vergangenheit unseres Volkes nicht durch Vergessen entziehen, sondern uns mit ihr auseinandersetzen. Deshalb bit-

12.5.: Zwei Münchener Studenten fordern den Bundesaußenminister auf, in Genf deutschland- und friedenspolitisch aktiv zu werden.

ten wir alle, die für die Erziehung junger Menschen verantwortlich sind, Eltern und Lehrer, nicht zu verschweigen, was an Schrecklichem geschehen ist und wie es dazu kommen konnte. Nur so kann die Jugend unseres Volkes heute vor der Irreführung durch wieder auflebenden Antisemitismus bewahrt werden. Als Glieder der evangelischen Studentengemeinden erklären wir uns mit unseren jüdischen Mitbürgern solidarisch. Sie haben durch ihre Rückkehr in unser Land gezeigt, daß sie bereit sind, zusammen mit uns einen neuen Anfang zu machen. Wir sind ihnen für diesen Beweis der Vergebung dankbar und meinen, unser ganzes Volk sollte es sein. Nach allem, was in der Vergangenheit geschehen ist, erfüllt es uns mit Schrecken, daß nach Deutschland zurückgekehrte jüdische Menschen heute schon wieder erwägen, erneut zu emigrieren. Deshalb bitten wir alle Verantwortlichen in Politik und Justiz, weiter mit allem Ernst dagegen anzugehen, daß antisemitische Aktionen und Äußerungen Deutscher im In- und Ausland uns erneut an unseren jüdischen Mitbürgern schuldig werden lassen.«[106]

13. Mai Am ersten Jahrestag des Putschversuchs rechtsgerichteter französischer Offiziere in Algerien beteiligen sich auf dem Forum in **Algier** 50.000 Menschen, hauptsächlich Algerier, an einer vom französischen Generaldelegierten Paul Delouvrier organisierten Kundgebung. Die französischen Siedler bleiben fern, weil sie den 13. Mai als Tag der Trauer begehen wollen. Staatspräsident Charles de Gaulle habe die Absicht der Initiatoren des Putsches, Algerien in die französische Nation zu integrieren, nicht verwirklicht.

16. Mai Nachdem fünf Tage zuvor die erste Trägerrakete vom Typ »Honest John« in das Scharnhorst-Lager transportiert worden ist und die US-Streitkräfte nun am Pfingstsamstag in der Volkshalle in **Gießen** mit einer Waffenschau dafür um Verständnis werben wollen, führt der *Ortausschuß »Kampf dem Atomtod«* in unmittelbarer Nähe eine Protestveranstaltung gegen die Errichtung der Raketenbasis durch. Während Kinder drinnen mit Maschinengewehren spielen und auf Panzern umherturnen, halten Demonstranten Spruchbänder mit dem Slogan »Macht Schluß mit dem Wahnsinn!« und anderen Aufschriften hoch. Nur 50 Meter von der zur Besichtigung freigegebenen Rakete entfernt, eröffnet der Lehrer Nagel, Vorsitzender des Ausschusses, vor 150 Zuhörern die Kundgebung. Die ganze Zeit über sei davor gewarnt worden, erklärt er mit resignativem Unterton, und nun stehe eine dieser Raketen vor einem. Der Frankfurter Pfarrer Hans Ohly bezeichnet es als Brüskierung aller Christen, daß ausgerechnet zum Pfingstfest eine Atomrakete zur Schau gestellt werde. Was hier zu sehen sei, könne unmöglich der Geist des christlichen Abendlandes sein, sondern trage »das Gesicht der Vernichtung und des Todes«. Niemand dürfe Deutschland zum Aufmarschgebiet für einen neuen und vermutlich letzten Krieg machen. Das deutsche Volk, daran sei nicht zu zweifeln, wolle in Freiheit leben, aber auch in »Freiheit von diesen Bomben«. Seine nachfolgenden Worte sind nicht mehr zu verstehen, weil sie von laut dröhnender Marschmusik übertönt werden. Sie dringt aus einem Lautsprecher, der einzig zu dem Zweck in einem Fenster der Halle aufgestellt worden ist, die Veranstaltung zu stören. Zunächst versucht Ohly noch, mehr oder weniger schreiend mit seinem Mikrophon gegenzuhalten. Als jedoch kurz darauf auch noch zwei amerikanische Flugzeuge mehrmals im Tiefflug über den Platz donnern, muß der Pfarrer seine Ansprache abbrechen. Der Leiter der Gießener Schutzpolizei, Hauptkommissar Hans Hoffmann, dessen Beamte zur Vermeidung von Zwischenfällen im Einsatz sind, kann nur mit Mühe einige der Kundgebungsteilnehmer davon abhalten, mit Steinen auf den Lautsprecher zu werfen. Er kündigt an, Protest bei den amerikanischen Militärbehörden einlegen zu wollen. Diese hätten mit ihren Störungen eine Absprache gebrochen, während der Kundgebung für Ruhe zu sorgen. Es sei für ihn völlig unverständlich, daß ausgerechnet Amerikaner versuchen würden, die freie Meinungsäußerung zu unterbinden. Außerdem dürfe es nicht unwidersprochen hingenommen werden, daß ihre Flugzeuge die zulässige Flughöhe von 150 Metern um fast zwei Drittel unterböten.

16./17. Mai Trotz heftiger tschechoslowakischer Proteste findet zu Pfingsten in **Wien** ein »Sudetendeutscher Tag« statt, zu dem über 300.000 Vertriebene aus Böhmen, Mähren und Schlesien zusammenkommen. Der österreichische Staatssekretär Bruno Kreisky (SPÖ) erklärt zu dem Treffen: »Bei allem Abscheu vor den unmenschlichen Austreibungen im Jahre 1945 darf man aber niemals vergessen, daß es die bösen Taten des Faschismus und des Nazismus waren, die ›fortzeugend Böses‹ hervorgerufen haben. Hierzu kam die teuflische Idee Stalins, die kleinen slawischen Völker, die nun zu Satelliten geworden waren, durch den Haß der hauptsächlich in Deutschland angesiedelten Flüchtlinge in Furcht vor Deutschland zu halten. So sollte zwischen ihnen und Deutschland in dem engen Raum Mittel- und Südosteuropa ein langwirkender Konfliktstoff geschaffen und die Sowjetunion von diesen Völkern als ihr Schutzpatron empfunden werden.«[107] Kreisky erklärt weiter, man verstünde »die menschliche Tragik« und die politischen Ursachen für die Ereignisse seit 1945 nur allzu gut. Der »Sudetendeutsche Tag« solle ein »Fest der Freude über die Begegnung mit alten Freunden und Landsleuten«, aber keine »Kundgebung des Hasses« sein. Noch nie sei aus Haß Gerechtigkeit entstanden, sondern immer nur neuer Haß. Dem österreichischen Bundeskanzler Julius Raab wird am Nachmittag der vor drei Jahren von der *Sudetendeutschen Landsmannschaft* gestiftete »Karls-Preis« überreicht.

16./17. Mai Im **London**er Stadtteil Nottinghill wird nachts der 32jährige Westinder Kelso Benjamin Cochrane niedergestochen. Er erliegt seinen Verletzungen wenige Minuten nach seiner Einlieferung ins Krankenhaus. Als Täter werden »Teddyboys« verdächtigt, die wegen ihrer rassistischen Haltung bereits häufiger in Erscheinung getreten sind. Der Stadtteil war im Vorjahr wegen nächtelanger Rassenkrawalle in die Schlagzeilen geraten.

17./18. Mai Am sechsten Treffen des *Bundes deutscher Fallschirmjäger* (BdF) kommen in **Freiburg** 3.500 frühere Wehrmachtssoldaten, darunter auch Ex-Generalfeldmarschall Albert Kesselring, General a.D. Bernhard Ramcke und Ex-Oberst Hans-Ulrich Rudel, zusammen. An dem Treffen nehmen auch 200 italienische Fallschirmjäger, Delegationen aus Frankreich, Spanien, Österreich und Südtirol sowie mit dem 53jährigen Thomas Sherbourne der stellvertretende Kommandeur der VII. US-Armee in Deutschland teil. In einer für fünf DM zusammen mit einem Fallschirmjäger-Abzeichen verkauften Festschrift werden »Zehn Gebote für das Bundestreffen« formuliert. Das fünfte Gebot lautet: »Du sollst den General Ramcke nicht dauernd auf den Schultern

16.5.: In Gießen wird gegen eine Waffenschau der US-Armee protestiert.

tragen. Er möchte auch einmal auf einem Stuhl sitzen.«[108] Der Freiburger Oberbürgermeister, der in
der Festschrift die Teilnehmer mit den Worten willkommen heißt, ihr Treffen möge in jenem »Geist der
Verantwortung« stattfinden, den die Kriegsgeneration bereits »als ein tröstliches Licht im Greuel«
erlebt habe, läßt sich vertreten. Auf der Bühne ist ein
Eisernes Kreuz aufgestellt, das von einem krallenbe-
wehrten Adler überragt wird. Der Präsident des
BdF, Generaloberst a.D. Kurt Student, stellt in seiner Eröffnungsansprache als wichtigstes Ziel des Tra-
ditionsverbandes heraus, »jeglicher Diffamierung
der alten Soldaten Einhalt zu gebieten«. Hintergrund der Forderung ist, daß Ramcke im Februar in
einem von ihm gegen den Publizisten Erich Kuby
angestrengten Beleidigungsprozeß eine schwere
Niederlage einstecken mußte. Ein Hamburger
Schöffengericht hatte die von Kuby in einem Hörspiel verbreitete Behauptung, Ramcke habe die
Festung Brest 1944 nur verteidigt, um die Brillanten
für das Ritterkreuz zu erhalten, als freie Meinungsäußerung und Wahrnehmung berechtigter Interessen qualifiziert. Student fährt weiter fort, daß der
»Nimbus des deutschen Soldaten« heute wieder ein
»Faktor in der Weltpolitik« sei. In Sprechchören
ertönt daraufhin mehrmals: »Bravo Ramcke! Pfui
Kuby!« Nach dieser Ovation, mit diesen Worten
wendet sich Student an Ramcke, sei es überflüssig zu
sagen, daß alle Fallschirmjäger ihm treu zur Seite stehen würden. Es gebe heute in Deutschland »zu viele
Kubys« und »zu wenig Ramckes«. Nicht weniger
enthusiastisch äußert sich Student gegenüber Kesselring. Unter rhythmischem Händeklatschen ruft
er dem ehemaligen Oberbefehlshaber der deutschen
Truppen in Italien, der 1947 von einem britischen
Militärgericht in Venedig als Kriegsverbrecher
zunächst zum Tode verurteilt worden war und nun
Ehrenmitglied im BdF ist, zu: »Sie sind unser Feldmarschall!« Der Ex-Luftwaffen-Oberst Hans-Ulrich
Rudel, der inzwischen für die *Deutsche Reichspartei*
(DRP) als Wahlkampfredner auftritt, wird ebenfalls
mit frenetischem Beifall begrüßt. In seiner Ansprache fordert er, daß die ruhmreiche Tradition des
preußisch-deutschen Heeres zum Vermächtnis der
neuen deutschen Truppen und der ganzen deutschen
Jugend werden müsse. Auch Generalfeldmarschall
Ferdinand Schörner, erklärt er, gehöre in ihre Reihen. Schörner war im Oktober 1957 von einem Münchener Schwurgericht wegen versuchten Totschlags
zu einer viereinhalbjährigen Gefängnisstrafe verurteilt worden. Ein weiterer Höhepunkt der Veranstaltung ist die Vorstellung von neun Angehörigen
der in Algerien wegen ihrer Folterpraxis besonders
gefürchteten französischen Fallschirmjägertruppen.
Der 2. BdF-Bundesleiter, Oberst a.D. Rudolf Böhm-

ler, ruft ihnen zu, man wisse von ihrem »hohen
Ruhm«, den sie sich nach 1945 in den französischen
Kolonien erworben hätten. Und über einige spanische Offiziere erklärt er lobend, sie hätten sich während des Zweiten Weltkrieges in der Blauen Division im Abwehrkampf gegen den Bolschewismus
bewährt. Zu einer »Gefallenen-Ehrung« wird im
Saal das Licht gelöscht. Aus zwei Opferschalen zün-
geln Flammen nach oben. Zwei US-amerikanische
Offiziere, gefolgt von Offizieren der Bundeswehr,
von italienischen, spanischen, französischen und
österreichischen »Kameraden« legen dann Kränze
auf der Bühne nieder. Danach erklingt die Nationalhymne mit der berüchtigten Zeile »Von der Maas bis
an die Memel, von der Etsch bis an den Belt« in allen
drei Strophen. – Nachdem insbesondere die Äußerungen Rudels in der Presse auf massive Kritik gestoßen sind, erklären der 1. und 2. Bundesleiter des BdF,
Schmieden und Böhmler, sie würden sich von diesen
Aussagen distanzieren und ihre Ämter zur Verfügung stellen. Durch Rudels Rede seien die ausländischen Ehrengäste und die anwesenden Vertreter der
Bundeswehr desavouiert worden. Rudel hätte lediglich einige Worte zur Begrüßung sagen und sich dabei
jeder politischen Bemerkung enthalten sollen. Er
habe sich jedoch nicht an seine Zusicherungen gehalten und stattdessen das Gastrecht grob mißbraucht.
– Bundesverteidigungsminister Franz Josef Strauß
stellt bei einer Veranstaltung in der Evangelischen
Akademie in **Bad Boll** fest, daß weder Ex-General
Ramcke noch sein Prozeßgegner Kuby als verantwortlich für die sittliche Linie des deutschen Volkes
angesehen werden könnten. Der 20. Juli dürfe nicht
zu einem »zementierten Dauergraben« in der Bundeswehr werden. Von jedem Bundeswehrsoldaten
müsse erwartet werden können, daß er die Motive
der Männer des 20. Juli ernst nehme, aber auch die
derjenigen Wehrmachtssoldaten, die damals an der
Front zu einer anderen Auffassung gelangt seien. Das
Militärische stelle nur dann für die Demokratie
keine Gefahr dar, wenn der Soldat »im Volksganzen
eingeordnet« sei.

19. Mai Das Bezirksgericht **Erfurt** verurteilt zwei
Angeklagte, die Sendungen des westdeutschen Fernsehens empfangen haben, wegen »staatsgefährdender Propaganda« zu Zuchthausstrafen. Der Angeklagte A., heißt es in der Anklageschrift, habe regelmäßig andere Familien zu sich eingeladen, um sich
die »Tagesschau«, »Das mitteldeutsche Tagebuch«,
Interviews mit dem »Kriegsminister Strauß« und
sämtliche Folgen des »Hetzfilms ›Soweit die Füße
tragen‹« anzusehen. Der Angeklagte S. habe mit
dem in seiner Gastwirtschaft aufgestellten Fernseh-
gerät vor allem Jugendlichen »Hetzsendungen gegen

*20.5.: Antimilitari-
stischer Holzschnitt
eines unbekannten
Künstlers.*

die DDR und das übrige sozialistische Lager« zugänglich gemacht. Um dabei nicht überrascht zu werden, habe er das Licht gelöscht und die Eingangstür abgeschlossen. Seit dem Mai 1958 habe er insgesamt 200 Sendungen des westdeutschen Fernsehens vorgeführt. Die Fernsehgeräte beider Angeklagter seien eingezogen worden. In der Urteilsbegründung heißt es über den Angeklagten A., der außerdem beschuldigt wird, seit 1951 anderen Bürgern regelmäßig West-Illustrierten zugänglich gemacht zu haben: »In diesem vorsätzlichen Empfang der Hetzsendungen des westdeutschen Fernsehdienstes mit dem konkreten Ziel, sie dem anwesenden Personenkreis zugänglich zu machen, um bei ihm eine negative Einstellung zur Arbeiter- und Bauern-Macht der DDR und zur Sowjetunion hervorzurufen oder zu festigen, liegt die zum Tatbestand ... gehörende Planmäßigkeit des Handelns. Die einzelnen Handlungen des Angeklagten stehen im Fortsetzungszusammenhang. Sie richten sich jeweils gegen das gleiche Objekt: die ideologisch-politischen Grundlagen des Arbeiter- und Bauern-Staates.«[109] Das Verhalten beider Angeklagter besitze eine »hohe Gesellschaftsgefährlichkeit« und sei »moralisch-politisch« sehr verwerflich.

20. Mai In CDU-Geschäftsstellen in **Bonn, West-Berlin** und anderen Städten werden 18 Parteimitglieder unter dem Verdacht festgenommen, Spionage für die DDR betrieben zu haben. Auslöser für die bundesweite Verhaftungsaktion ist die Flucht eines Mitarbeiters des Ministeriums für Staatssicherheit (MfS) in die Bundesrepublik. Der MfS-Hauptmann Max Heim war Leiter der für die Spionage innerhalb der CDU/CSU zuständigen Abteilung.

20. Mai Die Staatsanwaltschaft beim Landgericht **Frankfurt** teilt mit, daß das Ermittlungsverfahren gegen den Präsidenten der *Evangelischen Kirche von Hessen und Nassau*, Martin Niemöller, eingestellt worden ist. Niemöller war der verfassungsverräterischen Zersetzung sowie der Verleumdung und Beleidigung der Bundeswehr beschuldigt worden. Bundesverteidigungsminister Franz Josef Strauß hatte Strafanzeige gegen den oppositionellen Kirchenpräsidenten gestellt, weil dieser bei einer Rede in Kassel am 25. Januar festgestellt haben soll: »Die Ausbildung zum Soldaten und zu Führungspositionen in politischen Kommandostellen muß als eine hohe Schule für Berufsverbrechen bezeichnet werden.«[110] Diese Äußerung verunglimpfe zwar nach Ansicht der Staatsanwaltschaft die Bundeswehr und ihre Soldaten, sei jedoch nicht als absichtliche Beleidigung zu bewerten. Da deshalb nicht mit einer Verurteilung zu rechnen gewesen sei, habe das Verfahren eingestellt werden müssen.

20. Mai Kirchenpräsident Martin Niemöller referiert am Abend desselben Tages auf einer Veranstaltung der *Deutschen Friedensgesellschaft* (DFG) in dem im **Köln**er Stadtteil Ehrenfeld gelegenen Glaspalast über das Gebot »Du sollst nicht töten!«. Dabei setzt er sich mit dem Pazifisten gegenüber erhobenen Vorwurf auseinander, sie seien wirklichkeitsfremde Schwärmer und rechtfertigt noch einmal indirekt seine Beweggründe, die ihn bei der Kasseler Rede am 25. Januar geleitet haben. Niemöller unterscheidet zwischen der Rolle des Soldaten in vergangenen Zeiten und der im Atomzeitalter: »Der Krieg zwischen Obrigkeiten und Staaten gilt seit Jahrtausenden als ein erlaubtes, ja als ein unvermeidliches Mittel der Selbsterhaltung; man hat ihm geradezu eine Rechtsgrundlage und eine rechtliche Ordnung gegeben. Hier ist – wenn die rechtlichen, völkerrechtlichen Bestimmungen dabei innegehalten werden – das Töten erlaubt, ja geboten. Der Soldat ist, wenn er tötet, kein Verbrecher, kein Mörder; er tut seine Pflicht und ist darin gegen alle etwaige Bestrafung geschützt ... Heute ist es unmöglich geworden, diese Unterscheidung noch zu vollziehen; die Entwicklung der Waffen, der zum Töten des Kriegsgegners benutzten Mittel hat dahin geführt, daß sie zwar immer wirksamer, d.h. immer tödlicher geworden sind, daß sie zugleich damit aber auch den Unterschied zwischen Soldat und Nicht-Soldat, zwischen Kämpfer und Nicht-Kämpfer aufgehoben haben. Die Atomwaffen fragen nicht, ob ihr Opfer Soldat ist oder Säugling oder Weib oder Greis. Sie töten nicht nur, sie morden ... Der Krieg hat damit einen verbrecherischen Charakter angenommen ... jetzt sind Töten und Morden im Kriege nicht mehr voneinander zu trennen.«[111]

20. Mai Das Bezirksgericht **Leipzig** verurteilt eine Blumenhändlerin aus Schmölln wegen Staatsverleumdung zu einer Gefängnisstrafe von sieben Jahren. Die Mutter eines Grundschülers, der sich bei den letzten Volkskammerwahlen am 16. November 1958 nicht als Wahlhelfer beteiligt hatte, war von zwei Lehrerinnen deshalb zur Rede gestellt worden. Während eines heftigen Wortwechsels soll sie erklärt haben, daß sie mit den in der Grundschule praktizierten Erziehungsmethoden nicht einverstanden sei und ihren Sohn lieber allein erziehen würde. Die Lehrkräfte der DDR seien ohnehin nicht dazu in der Lage, Kinder zu erziehen. Der Staat, soll sie noch hinzugefügt haben, werde im Unterschied zur Kirche sowieso bald untergehen. Obwohl die Angeklagte die ihr unterstellten Äußerungen abstreitet, sieht es das Gericht als erwiesen an, daß sie die sozialistische Erziehung verschmäht und die Lehrkräfte der DDR verleumdet habe.

Köln=Ehrenfeld

Deutsche Friedensgesellschaft
Bezirk Mittelrhein
Kundgebung
für Völkerverständigung
Mittwoch, 20. Mai, 19.30 Uhr
Glaspalast, Glasstr. 45—49
(Linie 5 bis Glasstraße, Linien 1, 2, 3
und 13 bis Ehrenfeldgürtel. Nähe
Bundesbahnhof Köln-Ehrenfeld)
Es spricht Kirchenpräsident
D. Martin Niemöller
Präsident der Deutschen
Friedensgesellschaft
zum Thema
„Du sollst nicht töten!"
Einlaß 18.30 Uhr

20.5.: Anzeige aus der »Deutschen Volkszeitung«.

20. Mai Abordnungen des *Deutschen Kulturtages*, des *Fränkischen Kreises* und des *Schwelmer Kreises* übergeben in **Genf** den dort über die Deutschland- und Berlin-Frage tagenden Außenministern der vier Siegermächte drei vom Text her unterschiedliche, von der Intention her jedoch ähnliche Appelle, in denen für eine Verbesserung der Beziehungen zwischen beiden deutschen Staaten eingetreten wird. In der von den Professoren Karl Saller und Alexander Mette überreichten Erklärung des *Deutschen Kulturtages* werden die Vertreter beider deutscher Regierungen und Parlamente aufgefordert, sich »... ohne Vorbedingungen in echter Kompromißbereitschaft an den Verhandlungstisch zu setzen, um zu einer gemeinsamen Plattform für das Zusammenleben aller Deutschen zu kommen.«[112] Alle drei Abordnungen werden anschließend vom Außenminister der DDR, Lothar Bolz, empfangen.

21. Mai Auf dem 14. Deutschen Soziologentag in **West-Berlin** hält der Frankfurter Philosophieprofessor Max Horkheimer einen Vortrag über das Verhältnis von »Soziologie und Philosophie«. Er zeigt darin auf, daß das soziologische Denken in der Tradition der Französischen Revolution steht und ebenfalls das Ziel verfolgt, einen »richtigen Zustand unter den Menschen« herbeizuführen: »Anders als die Philosophie, die einstmals als Herold die bürgerliche Welt und ihre Wissenschaft verkündigte, blickt Soziologie, wenn sie sich frei macht, nach rückwärts: zu den geschichtlichen Phasen, in denen die europäische Gesellschaft die Kraft noch in sich fühlte, dem eigenen Prinzip, dem richtigen Zustand unter den Menschen, zur Wirklichkeit zu verhelfen. Im Gedanken an jenes Potential sucht sie die Stellung zu halten, zu der die Menschheit nach Katastrophen vielleicht erfahrener zurückkehren wird.«[113]

21. Mai In **Ost-Berlin** wird von Friedrich Karl Kaul und anderen führenden Juristen der DDR ein *Komitee zum Schutz der Menschenrechte, gegen militärische Willkür und Klassenjustiz in Westdeutschland* gegründet. Hauptziel des Komitees, dessen erster Vorsitzender der 57jährige ehemalige Staatssekretär im Ministerium für Arbeit und Berufsausbildung, Friedel Malter, wird, ist es, in der Bundesrepublik verfolgten Angehörigen der seit 1956 verbotenen KPD Rechtsbeistand zu leisten. Durch Publikationen, Pressekonferenzen, Vorträge und Diskussionsveranstaltungen soll außerdem »Aufklärungsarbeit über das rechtsstaatlich verbrämte Unterdrückungssystem der BRD« betrieben werden.

21. Mai Wegen der zunehmenden Übergriffe auf Farbige konstituiert sich in **London** ein *Verteidigungskomitee*, das in Zukunft Schutz vor rassistischen Angriffen bieten soll. Der Vorsitzende des Komitees, Alao Bashorun, kündigt an, daß alle dementsprechenden Vorfälle der Polizei mitgeteilt werden sollen und man umgekehrt deren Verhalten kontrollieren wolle. Auch der britische Premierminister Harold Macmillan und sein Innenminister Richard A. Butler wollen das Komitee, in dem 40 Organisationen von in Großbritannien lebenden Schwarzen und Farbigen vertreten sind, unterstützen.

22. Mai Der *Sozialistische Deutsche Studentenbund* (SDS) veranstaltet im Haus der Naturfreundejugend auf der Rosenhöhe in **Offenbach** ein Seminar zum Thema »Antagonismen in der kapitalistischen Gesellschaft«. Es referieren Fritz Opel von der *IG Metall* zum genannten Hauptthema, Enno Patalas über »Soziale Leitbilder im deutschen Nachkriegsfilm«, Heinz-Otto Draker über »Tendenzen der spätkapitalistischen Gesellschaft« und Alfred Schmidt über die Frage »Ideologie oder objektive Wissenschaft?«. Zum Abschluß diskutieren am Abend die SDS-Mitglieder noch mit Ruth Fischer über Fragen der Dritten Welt. – Ruth Fischer, mit richtigem Namen Elfriede Eisler, älteste Schwester von Gerhart und Hanns Eisler, war während der Weimarer Republik führendes Mitglied der KPD, wurde bereits 1926 wegen Differenzen mit dem von Stalin oktroyierten Kurs aus der Partei ausgeschlossen, bekannte sich im amerikanischen Exil als Antikommunistin, revidierte ihre Position nach dem XX. Parteitag der KPdSU, indem sie sich erneut dem Sozialismus zuwandte. Seitdem unterstützt sie die Politik Chruschtschows. Im SDS spielt sie seit geraumer Zeit eine wichtige Rolle bei der Initiierung eines Diskussionsprozesses über den antiimperialistischen Befreiungskampf der Völker in der Dritten Welt. – Das Seminar in Offenbach ist zur Vorbereitung eines Kongresses abgehalten worden, der an den beiden darauffolgenden Tagen in Frankfurt stattfindet.

22. Mai Der 3. Strafsenat des Bundesgerichtshofes in **Karlsruhe** verurteilt den 39jährigen Verleger Robert Kremer wegen der Herstellung und Verbreitung verfassungsfeindlicher Schriften in Tateinheit mit der Verunglimpfung der Bundesrepublik und ihrer verfassungsmäßigen Ordnung sowie der Beleidigung und Verunglimpfung des Andenkens Verstorbener zu einer Gefängnisstrafe von zwei Jahren. Dem Angeklagten, dem das Gericht die Untersuchungshaft von vier Monaten anrechnet, wird die Ausübung seines Berufs als Verleger und Redakteur politischer Zeitungen und Zeitschriften für die Dauer von zwei Jahren untersagt. Aus der von ihm herausgegebenen, anfänglich als »Mitteilungsblatt

22.5.: Die Ex-Kommunistin Ruth Fischer.

für Besatzungs- und Entnazifizierungsgeschädigte« getarnten Zeitschrift »Anklage« habe Kremer eine »Kampfschrift gegen die verfassungsmäßige Ordnung der Bundesrepublik« gemacht. In Artikeln der von 1953 bis 1957 erschienenen Zeitschrift sei die Bundesrepublik als »Raubstaat« und »Diktatur« sowie als »Gebilde aus Talmi, Lug, Trug und Korruption« herabgesetzt worden. Widerstandskämpfer seien als »Rechtsbrecher, Renegaten und Postenjäger« diffamiert worden. Kremer war, wie sich bei seiner Vernehmung zur Person herausstellte, kein NSDAP-Mitglied. Er war von 1947 an für ein Jahr Redakteur beim SED-Zentralorgan »Neues Deutschland« und danach bis zu seiner Flucht in den Westen Berichterstatter für die Nachrichtenagentur ADN. Als Nebenkläger sind auch Bundestagspräsident Eugen Gerstenmaier (CDU), der dem *Kreisauer Kreis* angehörte und wegen seiner Beteiligung am Attentat vom 20. Juli 1944 vom Volksgerichtshof im Januar 1945 zu einer siebenjährigen Gefängnisstrafe verurteilt worden war, und verschiedene Verfolgtenverbände aufgetreten. – In einem Kommentar der »Frankfurter Rundschau« widerspricht Arno Füssel der vom Bundesgerichtshof vertretenen Ansicht, daß Kremer ein unverbesserlicher Nazi sei: »Er ist vielmehr der Typ des Nachkriegsmanagers, der bedenkenlos auf jedes Pferd setzte, wenn er sich einen finanziellen Erfolg versprach ... Kremer und seiner ›Anklage‹ ging es nicht um die Gesinnung, sondern um den Profit. Dennoch muß man die Auswirkungen solcher Geschäfte in Betracht ziehen, und da wird die Sache ernst. Da gibt es kein Drumherumreden.«[114]

22. Mai Im Namen des Nationalrats der *Nationalen Front* übergibt deren Präsident, Professor Erich Correns auf einer internationalen Pressekonferenz in **Ost-Berlin** mehrere zehntausend Briefe, Dokumente und Entschließungen, die von insgesamt 5,5 Millionen DDR-Bürgern unterzeichnet sind, an einen Flugkapitän der »Interflug«, der sie mit einer Sondermaschine zur Außenministerkonferenz nach Genf bringen soll. Correns erklärt dazu, daß »am Anfang aller Bemühungen um die deutsche Frage« nur ein »Friedensvertrag mit Deutschland« stehen könne, wie ihn die Sowjetunion immer gefordert habe.

22./23. Mai Das Zentralkomitee der SED faßt auf seiner 5. Tagung in **Ost-Berlin** den Entschluß, den 47jährigen Ernst Großmann »wegen falscher Angaben über seine Vergangenheit« eine strenge Rüge zu erteilen und aus dem Führungsgremium auszuschließen. Wie sich herausgestellt hat, ist der SED-Spitzenfunktionär, der seine Partei auch weiterhin als Spitzenkandidat im Bezirkstag Erfurt vertritt, als Angehöriger eines SS-Totenkopfverbandes Wach-

mann im Konzentrationslager Sachsenhausen gewesen. Der in Böhmen als Sohn eines Landwirts aufgewachsene Großmann war 1938 in das *Sudetendeutsche Freikorps* und kurz darauf in die NSDAP und die SS eingetreten, wo er bis zum Unterscharführer aufstieg. Der KZ-Bewacher, der nach Kriegsende in die SED eintrat, war als ehemaliger Molkereigehilfe maßgeblich an der Gründung der ersten Landwirtschaftlichen Produktionsgenossenschaft (LPG) beteiligt. 1952 wurde er 1. Vorsitzender der LPG »Walter Ulbricht« in Merxleben. – Die Meldung vom Ausschluß des ZK-Mitglieds wird erst am 7. Juni vom SED-Zentralorgan »Neues Deutschland« verbreitet.

23. Mai Der Monteur Alfred Spudig wird vom Bezirksgericht **Rostock** wegen »Spionage« zu einer lebenslänglichen Zuchthausstrafe verurteilt. Seine Frau und drei weitere Angeklagte erhalten mehrjährige Zuchthausstrafen.

23. Mai Vor der Tür seines im dritten Stock der Rue Saint-Marc gelegenen Büros in **Paris** wird der 34jährige Rechtsanwalt Mokrane Ould Aoudia erschossen aufgefunden. Der mit einer Französin verheiratete Algerier ist von zwei aus nächster Nähe abgefeuerten Kugeln getroffen worden. Der Täter müsse, schließt die Polizei, ein »trainierter Spezialist« gewesen sein. Da die Nachbarn keinen Schuß gehört haben, könne die Tat nur mit einem Schalldämpfer ausgeführt worden sein. Am Tatort hätten außerdem keine Patronenhülsen aufgefunden werden können. Der Rechtsanwalt sollte am selben Tag zusammen mit Kollegen in einem Prozeß 15 algerische Studenten verteidigen, die beschuldigt werden, einen illegalen Studentenverband gegründet zu haben. Wie die in London erscheinende Tageszeitung »Times« bemerkt, habe sich Ould Aoudia bei den französischen Behörden »durch die brilliante Verteidigung eines Moslems unbeliebt gemacht«, der im August 1958 an einem Anschlag auf das große Öllager von Marseille beteiligt gewesen sein soll. – Einen Tag später erhalten sieben Anwaltskollegen von Aoudia durchnumerierte Drohbriefe mit der Warnung »Toi aussi!« (Du auch). Die Nr. 2 der Anwälte, die ebenfalls algerische Freiheitskämpfer verteidigen, ist Paul Vergès. Der Jurist, der bereits seit Wochen telephonisch bedroht wird, erklärt, daß er nicht daran denke, den Einschüchterungsversuchen nachzugeben. Ebenso wie seine Kollegen erstattet er Strafanzeige gegen Unbekannt. – Der Antrag einer Studentenvereinigung, im Gerichtsmedizinischen Institut am Boulevard St. Michel eine Totenwache abhalten zu dürfen, wird mit der Begründung abgelehnt, daß man jede »politische Ausschlachtung des Mordes« unterbinden wolle. – Während der Beerdigung

Aoudias auf dem Friedhof Montparnasse, an der 3.000 Menschen, sowohl Algerier als auch zahlreiche französische Studenten und Intellektuelle, teilnehmen, kündigt eine Frau lauthals an, daß der Ermordete gerächt werde.

23./24.5.: Die Delegierten des Frankfurter Kongresses.

23./24.5.: Abstimmungsszene; am Rednerpult Herbert Faller, Vorsitzender der »Naturfreundejugend«.

23./24. Mai Mit Unterstützung der *Sozialistischen Jugend Deutschlands – Die Falken,* der *Jungsozialisten,* der *Gewerkschafts-* und *Naturfreundejugend* veranstaltet der *Sozialistische Deutsche Studentenbund* (SDS) anläßlich des zehnten Jahrestages der Verabschiedung des Grundgesetzes in **Frankfurt** den zweitägigen »Kongreß für Demokratie, gegen Restauration und Militarismus«. Der Bundesvorsitzende des SDS, Oswald Hüller, begrüßt 500 Teilnehmer, darunter auch Studenten der Universitäten Halle, Leipzig und Jena. In seinem Einleitungsvortrag stellt er fest, daß es in Bonn keine echte Demokratie gebe,

sondern nur die Herrschaft einer Partei als ein »von Managern geführtes Geschäftsunternehmen.« Aus der Rolle, die ehemalige NSDAP-Mitglieder im Kanzleramt und anderen Bundesbehörden spielen, zieht Hüller den Schluß: »Der Führer ging, aber seine Hintermänner blieben.«[115] Die Sozialisten müßten den Kampf gegen die unübersehbar restaurativen Tendenzen sowohl auf parlamentarischer, als auch auf außerparlamentarischer Ebene führen. Er appelliert, die »Vogel-Strauß-Politik« aufzugeben, »...sonst kommt der Vogel Strauß über uns.«[116] Als Minimalprogramm aller bundesdeutschen Sozialisten fordert Hüller: I. Die Entfernung aller Nazis und Kriegsverbrecher aus allen gesellschaftlich bedeutsamen Positionen; 2. ein Verbot aller militaristischen Traditionsverbände; 3. eine wirksame Kontrolle der Großindustrie; 4. die Einstellung der gefährlichen Machtpolitik des Kalten Krieges und 5. die Verhinderung der atomaren Aufrüstung. Anschließend referiert der Marburger Politologieprofessor Wolfgang Abendroth über das Thema »Restauration und Gefährdung der Demokratie in der Bundesrepublik«. Darin wendet er sich gegen die Ideologie der Sozialpartnerschaft und den verborgenen Militarismus der »autoritären Pseudo-Demokratie« in Bonn. Anhand von Dokumenten versucht Abendroth nachzuweisen, daß einer der bundesdeutschen Delegierten bei der gerade laufenden Genfer Außenministerkonferenz, der Botschafter Wilhelm G. Grewe, während der NS-Zeit die Überfälle der deutschen Wehrmacht auf die Nachbarstaaten in Hetzartikeln propagiert habe. Als letzter Redner des Eröffnungsplenums kritisiert der 65jährige britische Unterhausabgeordnete Konny Zilliacus, der die *Labour Party* für den Wahlkreis Manchester vertritt, das 1956 ausgesprochene KPD-Verbot und den immer noch unvermindert grassierenden Antikommunismus. Danach teilen sich die Kongreßteilnehmer in drei Arbeitsgruppen auf. In der zum Thema »Gesellschaftliche Ursachen der Restauration« eingerichteten Arbeitsgruppe I referieren u. a. Ruth Fischer über »Faschismus als letzter Ausweg«, der SPD-Landtagsabgeordnete Olaf Radtke über den »Kampf der Gewerkschaften gegen die Restauration« und ein weiteres Mitglied der *Labour Party* über »Restauration und Anti-Kommunismus«. In der Arbeitsgruppe II wird das Problem des »Militarismus in der Bundesrepublik« behandelt. Der sozialdemokratische Bundestagsabgeordnete Arno Behrisch referiert in ihr über »Restaurative Einflüsse und Tendenzen in der Bundeswehr« und der Schriftsteller Günther Weisenborn über das Thema »Militarismus und Widerstandsbewegung«. In dieser Gruppe wird trotz des warnenden Hinweises von Wolfgang Abendroth, die SPD habe mit ihrem kürzlich veröffentlichten Deutschlandplan divergierende Leitlinien vorgelegt, eine Resolution in einer Kampfabstimmung mit 108:79 Stimmen bei 12 Enthaltungen verabschiedet, in der die Abschaffung der allgemeinen Wehrpflicht, der Ausschluß von Wehrmachtsoffizieren aus der Bundeswehr, Verhandlungen zwischen beiden deutschen Staaten mit dem Ziel ihrer »stufenweisen Zusammenführung« und die Anerkennung der Oder-Neiße-Grenze gefordert werden. Bei der Ausformulierung dieses Forderungskataloges haben die »Konkret«-Redakteure Gerhard Bessau, Gerd Lauschke, Ulrike Meinhof, Reinhard Opitz, Erika Runge, Eckart Spoo und Hans Stern eine maßgebliche Rolle gespielt. Die Arbeitsgruppe III untersucht »Restaurative Tendenzen in Staat, Justiz und Verwaltung«. In ihr referiert Oberkirchenrat Heinz Kloppenburg über »Die Todesstrafe«, Rechtsanwalt Diether Posser über »Notstandsgesetz und Staatsgefährdung« und Professor Ossip K. Flechtheim über das Thema »Lobbyismus und pressure groups in der Bundesrepublik«. In der vor allem von Jürgen Seifert vorbereiteten Resolution dieser Gruppe heißt es: »Die demokratische Ordnung der Bundesrepublik wird durch das Auseinanderfallen von Grundgesetz und Verfassungswirklichkeit mehr und mehr gefährdet.«[117] Daher müsse gegen die »schleichende Aushöhlung demokratischer Institutionen« Widerstand geleistet werden. Zum Abschluß des Kongresses spricht noch einmal der SDS-Bundesvorsitzende Oswald Hüller. Er

fordert auf, den Mut zu haben, die Wahrheit zu sagen, auch wenn man dafür Verfolgung in Kauf nehmen müsse: »Wir stehen heute vor der Frage, den Atomkrieg zu verhindern. Alles andere ist jetzt unwichtig.«[118] – Der Geschäftsführer der SPD-Fraktion im Bundestag, Karl Mommer, kritisiert am 28. Mai auf einer Sitzung von *Jungsozialisten* in **Bonn** den Verlauf des Kongresses in ungewöhnlich scharfer Form. Es sei unmöglich, »den Kommunisten so schamlos in die Hände zu arbeiten«, wie dies in Frankfurt geschehen sei, und dabei noch zu behaupten, man betreibe damit sozialdemokratische Politik. Eine Distanzierung des SPD-Parteivorstandes reiche nun nicht mehr aus. Es müßten notfalls auch organisatorische Konsequenzen gezogen werden. Er empfehle den Parteiausschluß der für den Frankfurter Kongreß Verantwortlichen. Den sozialdemokratischen Studenten, »die sich nicht als trojanische Pferde einspannen lassen wollten«, gebe er den Rat, aus dem SDS auszutreten. – Der SDS-Bundesvorstand erklärt daraufhin zu seiner Rechtfertigung, daß der »Kongreß für Demokratie, gegen Restauration und Militarismus« kein Bundeskongreß des SDS gewesen sei. Der SDS-Bundesvorstand sei lediglich federführend an Vorbereitung und Organisation beteiligt gewesen.

24. Mai Von **Offenbach** aus startet eine Gruppe des *Verbands der Kriegsdienstverweigerer* (VK) mit zwölf Fahrzeugen einen Autokorso, mit dem die Bevölkerung des Landkreises über die Gefährdung durch die Atombewaffnung aufgeklärt werden soll. Auf den an der Karosserie befestigten Spruchbändern sind Slogans zu lesen wie »Weder Bundeswehr noch Ulbricht-Heer« und »10 Jahre NATO – 10 Jahre Atomangst«. Auf der Rundfahrt, die durch **Neu-Isenburg**, **Langen**, **Sprendlingen**, **Götzenhain** und **Dreieichenhain** führt, werden außerdem Flugblätter und Broschüren an die Passanten verteilt.

24. Mai Im Alter von 71 Jahren stirbt in **Washington** der ehemalige US-Außenminister John Foster Dulles. Infolge seines Krebsleidens war er am 15. April von seinem Amt zurückgetreten. Der republikanische Politiker, der Kritikern als Inbegriff des Kalten Kriegers galt, hatte bereits 1919 als Mitglied der US-Delegation an den Friedensverhandlungen von Versailles teilgenommen. Nachdem er sein Land von 1946 bis 1950 bei den Vereinten Nationen vertreten hatte, war er 1953 von Präsident Eisenhower zum Außenminister berufen worden. Der überzeugte Antikommunist versuchte in seiner Amtszeit erfolglos, die sowjetische Hemisphäre durch die Drohung einer »massiven Vergeltung« mit Atomwaffen zu einem »Roll back« zu bewegen. Mit der Errichtung eines Systems von Sicherheitspakten, zu dem der

23./24.5.: Die antimilitaristische Zeichnung eines DDR-Karikaturisten ziert das Titelbild der Hamburger Zeitschrift.

SEATO- und der Bagdad-Pakt gehören, wollte er den kommunistischen Einflußbereich eindämmen. Eine besonders enge Verbindung unterhielt Dulles zu Bundeskanzler Adenauer, der dem erkrankten Politiker noch kurz vor dessen Tod per Kurierpost eine besonders magenschonende Hafergrütze zugesandt hatte. – An der Beerdigung von Dulles am 27. Mai auf dem Militärfriedhof in **Arlington** (US-Bundesstaat Virginia) nimmt neben Eisenhower, Adenauer und NATO-Generalsekretär Spaak mit dem sowjetischen Außenminister Andrej A. Gromyko auch einer seiner hartnäckigsten Widersacher teil. Am Tag der Beisetzung wäre das sowjetische Berlin-Ultimatum, das Chruschtschow inzwischen zurückgenommen hat, abgelaufen.

24.5.: US-Außenminister John F. Dulles (links) und Bundeskanzler Konrad Adenauer 1954 bei der Unterzeichnung eines Freundschaftsvertrages zwischen der Bundesrepublik und den USA.

25. Mai Der Parteivorstand der SPD in **Bonn** distanziert sich in einer Erklärung von den Beschlüssen des Frankfurter SDS-Kongresses. Am Abend berichtet der stellvertretende Parteivorsitzende Waldemar von Knoeringen vor dem Präsidium der SPD, daß es die »Konkret-Fraktion« ebenso wie auf dem Berliner Kongreß geschafft habe, in einer von ihr unterwanderten Arbeitsgruppe eine nicht zu tolerierende Resolution verabschieden zu lassen. Wegen des Vorfalls beschließt das Präsidium, den SDS-Vorstand zu einer Besprechung einzuladen. Im Anschluß daran solle über mögliche Konsequenzen entschieden werden. – Der Bundestagsabgeordnete Helmut Schmidt, ehemaliger SDS-Bundesvorsitzender, spricht sich einen Tag später in einer weiteren Sitzung des Parteivorstands dafür aus, bei der Gründung vom SDS unabhängiger sozialdemokratischer Hochschulgruppen Unterstützung anzubieten.

25.5.: »Bundesdeutscher Hexenwahn: Das erste Opfer.« Karikatur aus der »Holzarbeiter-Zeitung«.

25. Mai Auf einer in **West-Berlin** stattfindenden »Informationskonferenz« des Komitees »Rettet die Freiheit! e.V.« erklärt dessen 1. Vorsitzender, der CDU-Bundestagsabgeordnete Rainer Barzel, die »Müden, Wankelmütigen und Wunschträumer« würden immer noch nicht sehen wollen, daß die Freiheit bedroht sei. – Als neues Mitglied wird der Historiker Professor Hans Herzfeld in das Präsidium des Komitees aufgenommen.

25.-27. Mai Auf der 3. Bundesfrauenkonferenz des DGB in **Bremen** fordern die 300 Delegierten gleichen Lohn für gleichwertige Arbeit. Der DGB-Bundesvorstand solle sich, heißt es in einer Entschließung, für die Erfüllung dieser Forderung einsetzen und alle Tarifverträge, in denen Frauen trotz gleicher Arbeitsleistung ein geringeres Gehalt beziehen, zum frühest möglichen Termin kündigen. Die Repräsentantinnen von mehr als einer Million Gewerkschaftlerinnen protestieren außerdem gegen die geplante Selbstbeteiligung an den Behandlungskosten im Krankheitsfall.

26. Mai Der ehemalige KPD-Bundestagsabgeordnete Walter Fisch wird vorzeitig aus der Haftanstalt **Bochum** entlassen. Der 49jährige, der am 13. Juni 1958 vom Bundesgerichtshof in Karlsruhe zu einer dreijährigen Gefängnisstrafe verurteilt worden war, weil er sich auch nach dem Verbot der KPD weiter für deren Ziele eingesetzt hatte, ist schwer erkrankt. Ein Nierenleiden hat sich unter den Haftumständen verschlimmert, hinzu kommt, daß er im Gefängnis einen Herzinfarkt erlitten hat. Zahlreiche Persönlichkeiten aus dem In- und Ausland, mehrere Bundestagsabgeordnete und das *Internationale Rote Kreuz* (IRK) haben sich bereits seit Monaten für eine Haftverschonung eingesetzt. Bundespräsident Theodor Heuss hat nun die Strafe für das ehemalige Parteivorstandsmitglied der KPD bedingt ausgesetzt.

27. Mai Mehrere Gesellschaften, die im Sektor der Kernenergie tätig sind, gründen in **Karlsruhe** das *Deutsche Atomforum*. Zum Präsidenten dieses Zusammenschlusses wird Professor Karl Winnacker aus Frankfurt bestimmt.

27. Mai Der Bundestagsabgeordnete Karl Mommer (SPD) greift auf einer Veranstaltung der *Albert-Schweitzer-Gruppe* in **Bonn** die akademische Nachwuchsorganisation der SPD, den *Sozialistischen Deutschen Studentenbund* (SDS) heftig an. Er behaup-

tet, der Verlauf des Frankfurter Kongresses habe bewiesen, daß der SDS den Kommunisten in die Hände arbeite. Alle sozialistischen Studenten, die sich nicht »als trojanische Esel für Pankow einspannen« lassen wollten, müßten sich nun von dem Studentenbund trennen.

27. Mai In **Pretoria** verhängt der südafrikanische Justizminister Charles Swart über den Vorsitzenden des *African National Congress* (ANC), Albert Luthuli, ein für fünf Jahre geltendes Verbot jeglicher politischer Betätigung. Außerdem wird Luthuli in die Provinz Natal verbannt.

28. Mai Auf einer von 5.000 Personen besuchten Kundgebung der *Nationalen Front* in **Ost-Berlin** erklärt der Erste Sekretär der SED-Bezirksleitung von Groß-Berlin, Paul Verner, der von den Westmächten unterbreitete Vorschlag zur Lösung der Berlin-Frage stelle ein »Kolonialstatut« dar, das »in Bonn von den Militaristen ausgeheckt« worden sei. Die Mitglieder der SPD sollten gemeinsam mit allen anderen oppositionellen Kräften den Deutschlandplan der SPD verteidigen und zusammen mit der SED und »allen patriotischen Kräften des deutschen Volkes« den Militarismus bekämpfen. Ein Friedensvertrag und eine »entmilitarisierte Freie Stadt West-Berlin« seien der einzige Weg, um zu Frieden und Wiedervereinigung zu gelangen.

29. Mai Gegen Professor Rudolf Schottlaender, Studienrat am Goethe-Gymnasium im **West-Berlin**er Stadtteil Lichterfelde, wird ein vorläufiges Verbot der Berufsausübung erlassen. Schottlaender hatte sich für Verhandlungen mit der DDR über die Wiedervereinigung Deutschlands ausgesprochen und am 1. Dezember 1958 an einer Tagung des Nationalrats der *Nationalen Front* in Ost-Berlin teilgenommen, bei der auch Walter Ulbricht und der Präsident der Volkskammer der DDR, Johannes Dieckmann, anwesend waren. »Ich hatte dabei«, schreibt Schottlaender später, »meinen bekannten Standpunkt vertreten: es müsse auch ohne jede Zuneigung zur östlichen Seite dennoch mit ihr verhandelt werden, selbständig und konstruktiv, ohne sich dem Druck einer der beiden Seiten zu beugen. Aber dergleichen Argumente kamen in West-Berlin gar nicht in Betracht angesichts der bloßen Tatsache, daß ich der Einladung in die Aula der Humboldt-Universität, wo damals Robert Havemann den Vorsitz führte, gefolgt war.«[119] Nachdem mehrere Versuche, den 58jährigen Philosophen und Altphilologen einzuschüchtern, ohne Erfolg geblieben sind, greift die Schulbehörde zum Berufsverbot. »Ich wurde mitten aus einer Unterrichtsstunde herausgeholt,« beschreibt Schottlaender die Situation, »so als ob ich

ein Verbrecher wäre: ich müsse sofort mit dem Unterricht aufhören! Die schriftliche Suspendierung erfolgte gleich danach, verbunden mit der Kürzung des Gehalts um 40 Prozent und der Einleitung eines Disziplinarverfahrens.«[120] – Die Untersuchung des Falls verläuft ergebnislos, da sich nichts Belastendes gegen den Studienrat finden läßt.

30. Mai Der 22jährige australische Geschichtsstudent Herbert Compton trifft nach einem wochenlangen Protestmarsch gegen die Stationierung britischer Raketeneinheiten an seinem Ziel in **Dortmund** ein. Das Mitglied des *Direct Action Committee Against Nuclear War* (DAC), das einen britischen Paß besitzt, ist in **London** gestartet und über **Brüssel**, **Löwen**, **Diest**, **Leopoldsburg**, **Roermond**, **Venlo**, **Moers**, **Duisburg**, **Essen** und **Bochum** zu den Kasernen des 47. britischen Raketen-Regiments im Dortmunder Stadtteil Brackel gegangen. Er führt während des gesamten Marsches ein Schild mit sich, auf dem in vier Sprachen eine Warnung vor dem Atomkrieg zu lesen ist, und wird auf dem letzten Abschnitt von zahlreichen Reportern begleitet. Unmittelbar nachdem er das Militärgelände betreten hat, wird er zunächst von britischen Soldaten, dann von deutschen Polizisten abgeführt.

30. Mai In der »Deutschen Medizinischen Wochenschrift« wird eine Zahlenbilanz der Atombombenopfer von Hiroshima und Nagasaki vorgelegt, die vom Leiter des Instituts für Mikrobiologie an der Universität Frankfurt, Professor Reinhard Walter Kaplan, erstellt worden ist. Der Wissenschaftler war im Vorjahr auf Einladung des Frankfurter Magistrats nach Japan gereist und hatte dort die Möglichkeit, die erst kurz zuvor fertiggestellte Opferstatistik der Stadtverwaltung von Hiroshima in seine Bilanz mitaufzunehmen. Diesen Informationen zufolge sind durch die Explosion der ersten Atombombe am 6. August 1945 etwa 240.000 Menschen – das sind 60% aller zu diesem Zeitpunkt in Hiroshima anwesenden Personen – getötet worden oder bis 1950 an den Folgen gestorben. Eine Übertragung dieser Angaben auf einen künftigen Fall, schreibt Kaplan, sei aber nur bedingt möglich, da die Sprengkraft der A- und H-Bomben um ein Vielfaches angewachsen ist. Die Bombardierung der beiden japanischen Städte dürfte, meint der Wissenschaftler zum Abschluß, für die Nachkommen der radioaktiv bestrahlten Überlebenden sicher nicht ohne gesundheitliche Folgeschäden bleiben. Sie werde voraussichtlich noch bis in ferne Generationen für das Auftreten zahlreicher Erbkrankheiten ausschlaggebend sein.

30. Mai Wegen heftiger politischer Unruhen löst der deutschstämmige Staatspräsident Paraguays,

27.5.: Der Arzt und Theologe Albert Schweitzer ist das Vorbild vieler Friedensgruppen; Zeichnung aus der Zeitschrift »Frau und Frieden«.

28.5.: Plakat der SED-Bezirksleitung Groß-Berlin.

General Alfredo Stroessner, das Parlament in **Asunción** auf und verhängt über das gesamte südamerikanische Land einen zweimonatigen Ausnahmezustand.

30. Mai-4. Juni Wegen einer ständig wachsenden politischen Opposition verkündet der Staatspräsident von **Nicaragua**, Luis Somoza, den Ausnahmezustand für das mittelamerikanische Land. Außerdem verhängt er eine Rundfunk- und Pressezensur sowie ein Versammlungsverbot. Als erste Maßnahme werden rund 30 politisch verdächtige Personen von der Polizei verhaftet. – Am Tag darauf beginnt eine Gruppe von Exil-Nicaraguanern mit einer bewaffneten Invasion. Zwei Flugzeuge der Fluggesellschaft von Costa Rica landen mit etwa 50 Invasoren in Nicaragua. Kurz darauf soll es, Meldungen der Regierung zufolge, zu Kämpfen zwischen der Armee und den Rebellen gekommen sein. – Am 4. Juni erklärt Somoza in der Hauptstadt **Managua**, daß sich die Gesamtzahl der Invasionsgruppe lediglich auf 90 Rebellen belaufe. Die Aktion werde seiner Ansicht nach »vom internationalen Kommunismus«, vom früheren Präsidenten Costa Ricas, José Figures, und von subversiven Gruppen aus Kuba und Venezuela betrieben. Bislang seien 135 Personen verhaftet worden. Noch am selben Tag wird in einem offiziellen Kommuniqué die Niederschlagung des Aufstands durch Einheiten der Infanterie und der Luftwaffe bekanntgegeben.

31. Mai Kriegsdienstverweigerer führen aus Protest gegen die Atombewaffnung einen Autokorso durch zahlreiche Ortschaften des Landkreises **Offenbach** durch. Auf den an den Fahrzeugen angebrachten Transparenten sind Slogans zu lesen wie »Atomwaffen sind Selbstmordwaffen«, »10 Jahre NATO – 10 Jahre Atomangst« und »Auch wir wollen 85 Jahre leben.« – Bundeskanzler Konrad Adenauer ist am 5. Januar allerdings erst 83 Jahre alt geworden.

31. Mai Gegen die Hinterlegung einer Kaution in Höhe von 2.000 DM wird der am 22. Januar verhaftete Bauschreiner Helmut Klier in **Düsseldorf** wieder auf freien Fuß gesetzt. Der 25jährige Gewerkschaftsfunktionär der *IG Holz*, der bis zum Verbot der KPD Mitglied dieser Partei war, ist beschuldigt worden, in der Nacht vom 16. zum 17. Januar die Synagoge in der nordrhein-westfälischen Landeshauptstadt mit Nazi-Emblemen beschmiert zu haben. Die Kaution ist von seinen Eltern gestellt worden. – Auf einer Pressekonferenz wenige Tage später berichtet er, daß er aus Protest gegen die

Ablehnung seiner Haftbeschwerden in einen neuntägigen Hungerstreik getreten sei. Die Öffentlichkeit war davon mit keinem Wort informiert worden. Zugleich beklagt er sich über Vorverurteilungen in der Presse. In verschiedenen Zeitungen sei in Schlagzeilen vom »Synagogenschänder Klier« geschrieben worden, zugleich werde er verdächtigt, sich auch weiterhin für die KPD einzusetzen. Offenbar versuche man, schlußfolgern einige Journalisten, die antisemitische Aktion einem Kommunisten – und sei es nur ein ehemaliger oder einer, den man nur dafür hält – in die Schuhe zu schieben. – Im Oktober erhält der Gewerkschaftler, der 18 Wochen in Untersuchungshaft war, von der Staatsanwaltschaft den Bescheid, daß das gegen ihn wegen Synagogenschändung eröffnete Verfahren eingestellt worden sei. Die »Neue-Ruhr-Zeitung« kommentiert den Fall mit den Worten: »So kann es Leuten ergehen, die der Verfassungsschutz auf dem Kieker hat: Es braucht nur jemand zu husten und schon sitzt er hinter Schloß und Riegel … So ist es auch dem ehemaligen Jungkommunisten Helmut Klier ergangen. Die Polizei hatte ihn schon lange auf der Liste und verdächtigte ihn, die Düsseldorfer Synagoge beschmiert zu haben. Der Verdacht reichte aus, ihn als Täter hinzustellen … Klier hat heute die schriftliche Bestätigung des Gerichts in der Tasche, daß der Verdacht hinfällig geworden ist. Ob sich jetzt diejenigen, die im Januar laut getönt haben, bei ihm entschuldigen?«[121]

31. Mai In **Paris** wendet sich das vor wenigen Wochen gegründete *Internationale Komitee zur Verteidigung von Manolis Glezos* mit einem Appell an die Weltöffentlichkeit, in dem die Freilassung des griechischen Widerstandskämpfers gefordert wird. Glezos, der genau 18 Jahre zuvor die Hakenkreuzfahne von der Akropolis entfernt und an ihrer Stelle die griechische Flagge gehißt hat, gilt als griechischer Nationalheld und muß sich nun vor einem Sondergericht des Militärs in Athen wegen Verdachts des Hochverrats und der Spionage verantworten. Er sitzt seit dem 5. Dezember 1958 in Haft, weil er sich mit einem Führer der illegalen *Kommunistischen Partei* getroffen haben soll. In dem Appell heißt es, daß Glezos »ohne irgendeinen triftigen Grund, in Anwendung eines Ausnahmegesetzes« vom Tod bedroht werde. Die Widerstandskämpfer in allen Ländern Europas werden aufgerufen, Kundgebungen für seine Freilassung zu organisieren. Manolis Glezos müsse dem Tod und der Deportation entrissen werden. Der Text ist u.a. auch von Jean Cocteau, Jean-Paul Sartre und Martin Niemöller unterzeichnet.

Juni Auf einer Kundgebung des *Verbands der Kriegs-beschädigten, Kriegshinterbliebenen und Sozialrent-ner Deutschlands* (VdK) in **Fulda** protestieren 2.500 Menschen gegen die Reformpläne von Bundesar-beitsminister Theodor Blank (CDU) zur Kriegsop-ferversorgung. In den Sälen der Orangerie sprechen die Bundestagsabgeordneten Maria Probst (CSU) und Hermann Götz (CDU), der Bundestagsvizeprä-sident Max Becker (FDP) und der Vorsitzende des Kriegsopferausschusses in der CDU, Paul Lammoth. Da nicht alle Zuhörer in den Sälen Platz finden, wird die Veranstaltung durch Lautsprecher in den Schloß-garten übertragen.

Juni Der hessische Generalstaatsanwalt Fritz Bauer erklärt in **Recklinghausen** in einem Referat, das er während eines Seminars zum Thema »Unbewältigte Vergangenheit – demokratische Zukunft« im Rah-men der Ruhrfestspiele hält, daß jeder Staatsbürger ein Recht auf Widerstand habe. Leider sei das Wider-standsrecht, das in anderen Staaten gesetzlich gesi-chert sei, in Deutschland niemals zu einer Rechtsin-stitution geworden. Bauer bekennt sich ausdrücklich auch zum Streik als einer legitimen Widerstands-form. Der Berliner Professor Ossip K. Flechtheim vertritt in seinem Referat die Ansicht, daß in der Bundesrepublik nicht genügend Kräfte gegen autori-täre Tendenzen vorhanden seien. Die Demokratie sei durch die Aushöhlung ihrer Institutionen gefähr-det. Sie könne auf Dauer nur gesichert werden, wenn es gelinge, stärker als bisher politisch aktiv zu werden. Flechtheim kritisiert, daß bereits wieder tragende Kräfte des NS-Staates in führenden Positio-nen seien. Bereits durch eine Wirtschaftskrise könne in der Bundesrepublik ein Zusammenbruch der Demokratie ausgelöst werden.

Juni In **Teheran** treten 30.000 Arbeiter einer Ziegel-brennerei wegen ihrer miserablen Arbeitsbedin-gungen in einen Streik. Die iranische Regierung läßt den Ausstand durch bewaffnete Einheiten der Geheimpolizei SAVAK niederschlagen. Dabei wer-den 50 Arbeiter getötet und mehrere hundert ver-letzt.

Juni Der aus Hiroshima stammende buddhistische Priester Kobayashi begeht vor dem Amtssitz des japanischen Regierungschefs Kishi in **Tokio** Selbst-mord durch Harakiri. Der Priester will mit seiner Tat gegen die Atomrüstung und gegen den Abschluß eines Militärbündnisses zwischen Japan und den Ver-einigten Staaten protestieren.

2. Juni Auf einer Großkundgebung des *Arbeitsaus-schusses »Kampf dem Atomtod«* in der **Hamburg**er Ernst-Merck-Halle spricht Kirchenpräsident Martin Niemöller zum Thema »Weltfrieden und Atomrü-stung«. Zur Eröffnung der Veranstaltung erklärt der Hamburger SPD-Landesvorsitzende Karl Vitting-hoff vor 6.000 Zuhörern, man müsse »Herrn Strauß« dafür dankbar sein, daß er mit seiner gescheiterten Strafanzeige eine solche Propaganda für Niemöller gemacht habe. Besonders begrüßt werden von Vit-tinghoff ehemalige Angehörige der kaiserlichen Marine, die den Kirchenpräsidenten noch als U-Bootkommandanten kennen, und Soldaten der Bundeswehr. Niemöller, der mit großem Beifall begrüßt wird, setzt sich in seiner Rede vor allem mit der fatalistischen Haltung auseinander, daß man angesichts der internationalen Verhältnisse doch nichts machen könne, um auf die Rüstungspolitik einzuwirken. 1945 hätten viele gedacht, daß die Bomben auf Hiroshima und Nagasaki die letzten gewesen seien, um den Zweiten Weltkrieg zu beenden. In Wirklichkeit jedoch sei der Krieg für die Bewohner der beiden Städte immer noch nicht vorüber; jedes Jahr stürben weiter Menschen an den Folgen dieser Abwürfe. Auch die Nuklearwaffentests müßten bereits als eine Form der Gewaltanwendung betrachtet werden, da sie durch die freigesetzte radioaktive Strahlung weltweit die Gesundheit der Menschen schädigten. Es sei »blanker Unsinn«, unter den Bedingungen der Atomrüstung noch wie bisher von Verteidigung sprechen zu wollen. Im Falle eines Atomkrieges würde Deutschland mit dem auf seinem Territorium stationierten Raketenarsenal den ersten Gegenschlag herausfordern. Angesichts der Äußerung eines Chicagoer Professors, der, wie er einem Zeitungsbericht entnehme, gefordert habe, die farbigen Völker mit Atomwaffen auszurotten, müsse man sich fragen, ob Hitler nicht doch den Krieg gewonnen habe. »Wir sollten endlich daran gehen,« beendet Niemöller, der kurz vor seiner Abreise zur Genfer Außenministerkonferenz steht, unter großem Applaus seine Rede, »nicht nur fromme Reden zu halten, sondern Werke des Friedens tun, den Grundstein für ein friedliches Nebeneinander der Nationen legen!«[122] Zum Abschluß tritt Edward Reimer vom *Reichsbund der Kriegs- und Zivilgeschädigten* der vom Generalinspekteur der Bundeswehr, Adolf Heusinger, geäußerten Ansicht entgegen, ein Film über Stalingrad werde alte Wunden wieder aufreißen. Was Wunden angehe, so wüßten die Kriegsverletzten davon Bescheid; sie schmerzten bis an ihr Lebensende. Für alle Zeit und in aller Welt wolle man die letzten Kriegsopfer sein.

3. Juni Auf einer außerordentlichen Sitzung beschließt der Bundesvorstand des *Sozialistischen Deutschen Studentenbunds* (SDS) in **Köln**, seinen 1. Bundesvorsitzenden Oswald Hüller und den Pressereferenten Gerhard Bessau von ihren Ämtern zu suspendieren. Hüller wird vorgeworfen, Auflagen mißachtet zu haben, die ihm vom Vorstand zur Vorbereitung des Frankfurter Kongresses mit auf den Weg gegeben worden waren. Da er sich nachdrücklich weigert, von seinem Amt zurückzutreten, beschließen die vier anderen Mitglieder des Bundesvorstands einstimmig seine Absetzung. Neuer Bundesvorsitzender wird Hüllers Stellvertreter, der Frankfurter Volkswirtschaftsstudent Günter Kallauch, und neuer Pressereferent der Redakteur des SDS-Organs »Standpunkt«, Heinz Grossmann. Der Beschluß hat jedoch zunächst nur vorläufigen Charakter; der Satzung nach bedarf ein Abberufungsbeschluß der nachträglichen Bestätigung durch mindestens zwei Drittel der SDS-Gruppen. Außerdem stellt der Bundesvorstand einen Unvereinbarkeitsbeschluß zwischen der Mitgliedschaft im SDS und

der Mitarbeit in der Zeitschrift »Konkret« her. Gleichzeitig distanziert sich das oberste SDS-Gremium von mehreren Entschließungen des vor zehn Tagen in Frankfurt zu Ende gegangenen Kongresses. Der neue Bundesvorstand bekennt sich zum Deutschlandplan der Mutterpartei SPD, lehnt eine einseitige Abrüstung der Bundeswehr ab und spricht sich gegen eine endgültige Grenzregelung vor dem Abschluß eines gemeinsamen Friedensvertrages aus. – Hintergrund für diese Beschlüsse ist der Versuch, einer Spaltung der Studentenorganisation zuvorzukommen. Es wird befürchtet, daß die von der »Konkret«-Gruppe auf den beiden Kongressen in Berlin und Frankfurt initiierten deutschlandpolitischen Resolutionen für den Parteivorstand der SPD einen willkommenen Anlaß zu einem solchen Schritt bieten könnten. Initiator für die in der Geschichte des SDS bislang einmalige Absetzung eines Bundesvorsitzenden ist der theoretische Kopf des Berliner Landesverbands, Michael Mauke. In einem Schreiben vom 30. Mai hatte er das BV-Mitglied Jürgen Seifert aufgefordert, Hüller und Bessau abzusetzen, um mit diesem Schritt den SDS als Gesamtverband zu retten. – Nach einer Aussprache des neuen Bundesvorstands mit dem Präsidium der SPD in **Bonn** heißt es am 9. Juni in einer Presseerklärung der SPD, das Präsidium nehme »mit Befriedigung zur Kenntnis«, daß sich der amtierende SDS-Bundesvorstand von den Beschlüssen des Frankfurter Kongresses, soweit sie sozialdemokratischer Politik entgegenstünden, distanziere.

3. Juni In einem Kommuniqué protestiert der Rat der *Evangelischen Kirche in Deutschland* (EKD) gegen kirchenfeindliche Maßnahmen von DDR-Behörden. Es sei verwunderlich, so heißt es in der Erklärung, daß die übergeordneten staatlichen Stellen bislang noch nichts gegen die Übergriffe bestimmter Stadtverwaltungen unternommen hätten. Als Beispiele werden angeführt: 1 Der Hinauswurf eines Pfarrers aus seiner Dienstwohnung in Hoyerswerda; 2. der Entzug des Verfügungsrechts über den Dom von Halberstadt und 3. der Versuch, das kirchliche Mitspracherecht an der Ausgestaltung des Reformationsgeschichtlichen Museums in der Wittenberger Luther-Halle einzuschränken. Zur letzten Beanstandung erklärt die Bürgermeisterin von Wittenberg am 5. Juni, daß es sich dabei um eine Lüge handle. Die Umgestaltung der Luther-Halle erfolge nach wissenschaftlichen Maßstäben. Außerdem fänden in der Schloßkirche von Wittenberg noch regelmäßig Gottesdienste statt.

3. Juni Die Spruchkammer in **West-Berlin** entscheidet, daß aus dem Nachlaß des ehemaligen Reichsmarschalls Hermann Göring, der am 15. Oktober

1946 kurz vor seiner Hinrichtung in seiner Nürnberger Gefängniszelle Selbstmord beging, 765.000 DM als Sühnestrafe eingezogen werden. Damit werden verfassungsrechtlich begründete Einwände seiner Witwe Emmy Göring zurückgewiesen. Bei den in verschiedenen Konten angelegten Guthaben, heißt es in dem Bescheid, handle es sich nicht um Treuhand-, sondern um Privatvermögen.

3. Juni Das Presseamt beim Ministerpräsidenten der DDR veranstaltet in **Ost-Berlin** eine internationale Pressekonferenz über den »Agentensumpf West-Berlin«. Dabei werden vier Männer vorgestellt, die bis zu ihrer Flucht in die DDR als Agenten für westliche Geheimdienste tätig gewesen sein sollen: Ernst Schwarzwäller, ehemals »Organisation Gehlen« bzw. Bundesnachrichtendienst (BND), Erwin Zeske, ehemals US-Geheimdienst, Willy Scheibe, ehemals britischer Geheimdienst, und ein gewisser Hellmann, ehemals französischer Geheimdienst.

3. Juni Der in **Wien** lebende Philosoph und Schriftsteller Günther Anders eröffnet einen zwei Jahre dauernden Briefwechsel mit dem »Hiroshima-Piloten« Claude Eatherly, der sich zur psychiatrischen Behandlung im Veterans Administration Hospital in **Waco** (US-Bundesstaat Texas) befindet. An einer Stelle des ersten Briefes heißt es: »Für uns ist die Tatsache, daß Sie mit dem Geschehenen ›nicht fertig werden‹ tröstlich. Das ist sie für uns deshalb, weil sie beweist, daß Sie den Versuch machen, dem (damals nicht vorgestellten) Effekt Ihrer Tat nun nachträglich doch noch nachzukommen; weil dieser Versuch, auch wenn er scheitert, ein Zeugnis dafür ist, daß Sie Ihr Gewissen haben wachhalten können, obwohl Sie einmal als Maschinenstück in einen technischen Apparat eingeschaltet gewesen und in diesem erfolgreich verwendet worden waren.«[123] Am Ende seines Schreibens fordert Anders ihn auf, den heute in Hiroshima lebenden Menschen am Jahrestag des ersten Atombombenabwurfs, dem kommenden 6. August, eine Botschaft zu übermitteln. Darin solle er den Überlebenden der Katastrophe etwa folgendes ausdrücken: »›Ich wußte damals nicht, was ich tat; nun aber weiß ich es. Und ich weiß, daß derartiges nicht wieder geschehen darf; und daß kein Mensch keinem anderen zumuten darf, derartiges zu tun.‹ Und: ›Euer Kampf gegen die Wiederholung solcher Aktion ist auch mein Kampf; und euer ›No more Hiroshima‹ ist auch mein ›No more Hiroshima‹.«[124]

4. Juni Beim Kreiswehrersatzamt in **München** kündigt der 21jährige Student Wolf-Rüdiger Heß an, aus familiären Gründen von seinem Recht auf Kriegsdienstverweigerung Gebrauch machen zu wollen.

Lieber Herr Eatherly,   3. Juni 1959
Den Schreiber dieser Zeilen kennen Sie nicht. Sie dagegen sind uns, meinen Freunden und mir, bekannt. Wie Sie mit Ihrem Unglück fertig oder nicht fertig werden, das verfolgen wir, gleich ob wir in New York sitzen, in Wien oder Tokio, klopfenden Herzens. Nicht, weil wir neugierig wären; oder weil Ihr ‹Fall› uns medizinisch oder psychologisch interessierte. Wir sind weder Mediziner noch Psychologen. Sondern deshalb, weil wir damit beschäftigt sind, voll Angst und brennender Sorge damit beschäftigt sind, uns über diejenigen Moralprobleme klar zu werden, die uns allen heute den Weg verstellen. Die Technisiertheit des Daseins: die Tatsache, daß wir ahnungslos und indirekt, gewissermaßen als Maschinenschrauben, in Handlungen eingefügt werden können, deren Effekte wir nicht übersehen und die wir, wenn wir die Effekte übersähen, nicht bejahen könnten – die hat unser aller sittliche Situation verändert. Die Technik hat es mit sich gebracht, daß wir auf eine Weise ‹schuldlos schuldig› werden können, die es früher, in der technisch noch nicht so vorgeschrittenen Zeit unserer Väter, noch nicht gegeben hatte.
     Sie verstehen, was Sie damit zu tun haben: Schließlich gehören Sie ja zu den ersten, die sich in diese neuartige Schuld, in die sich heute oder morgen jeder von uns verstricken könnte, wirklich verstrickt haben. Ihnen ist so gegangen, wie es uns allen morgen gehen könnte. Aus diesem Grunde also spielen Sie für uns die große Rolle eines Kronbeispiels, ja die eines *Vorläufers*.
     Vermutlich ist das Ihnen gar nicht recht. Sie wollen Ihre Ruhe haben, *your life is your business*. Wir versichern Ihnen, daß wir Indiskretion genau so wenig lieben wie Sie es tun, und wir bitten Sie um Verzeihung. Aber in diesem Falle ist, aus dem Grund, den ich eben genannt habe, Indiskretion leider unvermeidlich, ja sogar geboten: Ihr Leben ist auch unser business geworden. Da der Zufall (oder wie immer wir die unbestreitbare Tatsache nennen) es gewollt hat, Sie, den Privatmann Claude Eatherly, in ein Symbol der Zukunft zu verwandeln, haben Sie kein Recht mehr darauf, sich gegen unsere Indiskretion zu verwahren. Daß gerade Sie, und nicht irgendein anderer unter den Milliarden von Zeitgenossen, zu dieser Symbolfunktion verurteilt worden sind, das ist Ihre Schuld nicht, und es ist gewiß entsetzlich. Aber es ist nun einmal so.
     Und dennoch: Glauben Sie nicht, daß Sie der einzige derart Verurteilte sind. Denn wir alle haben ja in dieser Epoche zu leben, in der wir in solche Schuld hineingeraten könnten; und so wenig wie Sie sich Ihre unselige Funktion, so wenig haben wir uns diese unselige Epoche selbst ausgesucht. In diesem Sinne sind wir also, wie Sie als Amerikaner sagen würden, ‹in the same boat›, in einem und demselben Boot, ja wir sind Kinder einer einzigen Familie. Und diese Gemeinsamkeit bestimmt unsere Beziehung zu Ihnen. Wenn wir uns mit Ihrem Leiden beschäftigen, so tun wir das als Geschwister, also so, als wären Sie ein Bruder, dem das Unglück zugestoßen ist, dasjenige wirklich zu tun, was jeder von uns morgen zu tun gezwungen werden könnte; als Geschwister, die hoffen, dieses Unglück vermeiden zu können, so wie Sie heute schrecklich vergeblich hoffen, Sie hätten es damals vermeiden können. Aber damals war das eben nicht möglich

Der Sohn des ehemaligen »Stellvertreters des Führers« Rudolf Heß, der im alliierten Militärgefängnis in Berlin-Spandau eine lebenslängliche Gefängnisstrafe absitzen muß, begründet seinen Schritt damit, daß es ihm sein Gewissen verbiete, für diejenigen Wehrdienst zu leisten, die seinen Vater 1946 in Nürnberg verurteilt hätten. Das dortige Internationale Militärtribunal habe sich, wenn man von der Sowjetunion absehe, aus Mitgliedern der heutigen NATO zusammengesetzt, der die Bundesrepublik und die Bundeswehr angehöre. Rudolf Heß war nicht zuletzt deshalb verurteilt worden, weil er mit dem 1935 von ihm unterzeichneten Gesetz über die Einführung der allgemeinen Wehrpflicht in Deutschland die Vorbereitungen für den Krieg aktiv unterstützt hatte. Sein Sohn, der ansonsten keine Einwände gegenüber der Bundeswehr hat und am liebsten zu den Gebirgsjägern gehen würde, gibt vor, daß er wegen der Absolvierung seines Wehrdienstes Gefahr laufe, später ebenfalls einmal vor Gericht gestellt werden zu können.

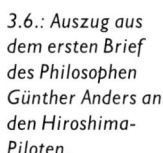

3.6.: Auszug aus dem ersten Brief des Philosophen Günther Anders an den Hiroshima-Piloten.

3.6.: Claude R. Eatherly.

4.6.: Der West-
berliner Senator für
Inneres, Joachim
Lipschitz.

4. Juni Der Innensenator Joachim Lipschitz (SPD) stellt auf einer Pressekonferenz in **West-Berlin** ein Schwarzbuch mit dem Titel »Östliche Untergrundarbeit gegen West-Berlin« vor. In dem 234 Seiten umfassenden Text wird behauptet, daß das Zentralkomitee der SED jährlich 50 Millionen West- und 250 Millionen Ostmark für die Organisierung ihrer »Wühlarbeit« in der Bundesrepublik und West-Berlin aufwende. In Ost-Berlin seien 8.000 Personen ausschließlich für diese Tätigkeiten zuständig. Zwischen 1948 und 1958 seien in West-Berlin 63 Menschen Opfer von Menschenraubaktionen geworden; in 31 Fällen habe man solche Entführungen nach Ost-Berlin verhindern können.

4. Juni In **Großbritannien** spricht sich die *National Union of General and Municipal Workers* (Gewerkschaft der städtischen Arbeiter) in einer Abstimmung bei 75 Enthaltungen mit 150:126 Stimmen für einen einseitigen Verzicht ihres Landes auf Atomwaffen aus.

5. Juni Die Bundesanwaltschaft in **Karlsruhe** bestätigt auf Anfrage, daß eines der Gründungsmitglieder des antikommunistischen *Komitees »Rettet die Freiheit!«*, der 60jährige Verleger und Schriftsteller Wolfram von Hanstein, wegen des Verdachts landesverräterischer Beziehungen zur DDR verhaftet worden sei. Der mutmaßliche Agent, der auch stellvertretender Generalsekretär der *Liga für Menschenrechte* ist, war nach dem Übertritt des MfS-Hauptmanns Max Heim belastet und zusammen mit mehreren CDU-Funktionären festgenommen worden. Die Tatsache, daß Hanstein mit einem monatlichen Salär in Höhe von 1.600 DM den höchsten Betrag erhalten habe, der jemals für einen Agenten des MfS ermittelt werden konnte, müsse als Indiz dafür gewertet werden, daß es sich bei ihm um einen besonders hochrangigen Agenten handle. Hanstein hatte sich vor mehreren Jahren aus der DDR in die Bundesrepublik abgesetzt.

5. Juni Das Politbüromitglied der SED, Professor Albert Norden, tritt auf einer internationalen Pressekonferenz in **Ost-Berlin** für die Einrichtung eines Untersuchungsausschusses ein, der die nationalsozialistische Vergangenheit der Führungskräfte in der Bundeswehr klären soll. Wörtlich sagt Norden, ganz so als gäbe es den Ausschuß schon, als habe er seine Arbeit bereits verrichtet und als stünden die Ergebnisse fest: »Die Führungskader der Bundeswehr ... haben sich ihre Sporen erworben in blutigen Kriegen gegen die Völker in Ost und West, während die Offiziere der Nationalen Volksarmee mit ihrer erdrückenden Mehrheit Fleisch vom Fleische der Arbeiterklasse sind und im politischen und bewaff-

neten Kampf gegen den deutschen Faschismus, auf den Schlachtfeldern Spaniens und auf dem blutgetränkten Boden der deutschen Konzentrationslager das historische und moralische Recht auf die Kommandopositionen der einzigen demokratischen Armee erwarben, die es heute in Deutschland gibt.«[125] Im Lauf der Pressekonferenz wird außerdem noch der neue DEFA-Dokumentarfilm »Der Fall Heusinger« aufgeführt, in dem der Generalinspekteur der Bundeswehr beschuldigt wird, Angehörige des Widerstands vom 20. Juli 1944 verraten und damit ihre Hinrichtung verursacht zu haben.

5.-7. Juni Auf dem ersten Parteitag der dänischen *Sozialistischen Volkspartei* (SF) in Christiansborg, dem Parlamentsgebäude in **Kopenhagen**, wird eine programmatische Erklärung verabschiedet, in der behauptet wird, der Kapitalismus zeige international Anzeichen seines Niedergangs. Die Befreiungsbewegungen in den Kolonialstaaten errängen immer größere Erfolge und die Überlegenheit der sozialistischen Planwirtschaft werde immer offensichtlicher. Obwohl in den sozialistischen Staaten ernsthafte Fehler gemacht worden seien, wäre es unabwendbar, daß »der Sozialismus den Kapitalismus ablösen« werde. Das kapitalistische Gesellschaftssystem sei veraltet und stelle mit seinem Profitprinzip »ein Hindernis für Fortschritt und soziale Gerechtigkeit« dar. Da die Produktion in einer modernen Industriegesellschaft nur durch die Zusammenarbeit aller funktionieren könne, müßten die Produktionsmittel vergesellschaftet werden. Der Parteivorsitzende Aksel Larsen bezeichnet in seiner Rede die vollständige Abrüstung Dänemarks als die Hauptaufgabe der neugegründeten Partei. In einer Entschließung bekennen sich die Delegierten neben der Ablehnung des Militarismus zur Proklamierung der Neutralität für Dänemark als einem weiteren Hauptziel. Die SF, die aus einer Abspaltung der *Kommunistischen Partei Dänemarks* (DKP) hervorgegangen ist, hat bereits nahezu 5.000 Mitglieder, die in rund 60 Ortsgruppen organisiert sind. Seit dem 1. Mai erscheint mit der Wochenzeitung »SF« auch eine eigene Publikation, die 2.500 Abonnenten und eine Auflage von über 13.000 Exemplaren hat.

6. Juni Mit Jazzmusik protestiert eine Schwabinger Dixieband auf dem Königsplatz in **München** gegen eine Werbeschau der Bundesluftwaffe. Sie wird durch eine Gruppe von Kriegsdienstverweigerern unterstützt, die auf Transparenten mit Slogans wie »Unser Vorbild – der Jazz« die Anzeigenwerbung für die Bundeswehr persifliert. Als die Menschenmenge, die offenbar Vergnügen daran findet, der Band zuzuhören, immer mehr anwächst, schreitet die Polizei ein. Ein Überfallkommando beendet abrupt die

Musikvorführung. Zwei Bandmitglieder werden als vermeintliche Rädelsführer festgenommen. Sie sollen sich, wie ihnen nach der Aufnahme ihrer Personalien mitgeteilt wird, wegen »unerlaubten Musizierens auf einem öffentlichen Platz« vor Gericht verantworten.

6. Juni Die Landesvollversammlung des *Sozialistischen Deutschen Studentenbundes* (SDS) in **West-Berlin** distanziert sich von den vor zwei Wochen auf dem Frankfurter Kongreß verabschiedeten Resolutionen. Im Gegensatz zu der dort vorherrschenden Position müsse die »Forderung nach Abrüstung des Westens« mit einer »gleichwertigen Abrüstung im Osten« verknüpft werden. Auf der nächsten Delegiertenkonferenz will der Berliner Landesverband beantragen, die Unvereinbarkeit einer Mitarbeit bei der Zeitschrift »Konkret« und einer Mitgliedschaft im SDS zu beschließen. Ein Antrag, über die Auflösung des SDS-Landesverbands abzustimmen, um damit die Voraussetzungen für die Gründung eines eigenen sozialdemokratischen Hochschulbundes zu schaffen, wird durch einen Geschäftsordnungsantrag auf Nichtbefassung blockiert. Die Versammlung, an der mit Harry Liehr, Joachim Lipschitz, Kurt Neubauer und Klaus Schütz auch mehrere Landesvorstandsmitglieder der SPD teilnehmen, verläuft äußerst hektisch und turbulent; sie wird häufig durch Zwischenrufe und Pfiffe unterbrochen. Von den 90 Delegierten verlassen 13 vorzeitig den Raum.

7. Juni In der bei Neapel gelegenen Kleinstadt **Marigliano** kommt es zu einem kurzen, aber impulsiven Bauernaufstand. Weil die Bauern in dem 22.000 Einwohner zählenden Marktflecken auf ihrer Frühkartoffelernte sitzenbleiben, ziehen am Morgen 500 von ihnen in großer Empörung zum lokalen Steueramt. Sie sind in dem festen Glauben, daß sie ihre diesmal besonders reichlich ausgefallene Kartoffelernte deshalb nicht loswerden, weil zu hohe Steuern dafür erhoben werden. Obwohl die Angestellten das Tor zu ihrem Amt eilends verriegeln, gelingt es den aufgebrachten Demonstranten mit einer eisernen Stange rasch, es aufzubrechen. Die Bauern dringen in die Räume ein, werfen Schreibtische um, zünden Karteien an und zertrümmern Rechen- sowie Schreibmaschinen. Anschließend zieht die Menge zum Gemeindeamt weiter, das zusammen mit einer Karabinieri-Kaserne in einem ehemaligen Kloster untergebracht ist. Als der kommandierende Hauptmann telephonisch versucht, Verstärkung aus Nola oder Neapel herbeizurufen, muß er feststellen, daß alle Leitungen tot sind. In der Not weist er seine 40 Karabinieri und sieben Gemeindepolizisten an, sich in einer Linie – die Maschinenpistolen im Anschlag und Tränengasgranaten in den Taschen – vor dem

Gemeindeamt aufzustellen. Der Anführer der Demonstranten, ein baumlanger Mann, den zuvor noch niemand im Ort gesehen haben will, zeigt sich besonders unerschrocken und ruft dazu auf, das Gebäude zu stürmen. Als die Menge bis auf 50 Meter herangekommen ist, befiehlt der Hauptmann, Tränengas zu werfen. Doch anstatt die Bauern einzuschüchtern, stachelt das ihre Empörung nur noch weiter auf. Als sie durch die Schwaden hindurch hustend näherrücken, schießen mehrere Polizisten zur Warnung in die Luft. Selbst dadurch lassen sich die Wütenden nicht aufhalten. Der Hauptmann befiehlt nun, den Rückzug anzutreten. Die Karabinieri ziehen sich durch die Pforte ins Innere des Gebäudes zurück und schließen sie eilends hinter sich zu. Die massiven Pfosten halten eine Weile allen Anstürmen stand. Doch dann kommt der Anführer auf eine Idee. Er setzt sich in einen auf dem Vorplatz parkenden Bereitschaftswagen, bringt ihn auf wundersame Weise in Gang und fährt mit ihm in hoher Geschwindigkeit auf die Holzpforte zu. Nach einem mächtigen Schlag, einen kurzen Augenblick durchdrehenden Reifen und einem splitternden Geräusch bricht er tatsächlich durch. Nachdem der Wagen ins Innere der Einfahrt gelangt ist, folgen die Bauern und zünden die Karabinieri-Kaserne im rechten Trakt des Gebäudes an. Als sie auch die linke Seite in Brand setzen wollen, wo zahlreiche Frauen und Kinder in verschiedenen Ämtern Schutz gesucht haben, sehen sie sich den drohend auf sie gerichteten Läufen mehrerer Maschinenpistolen gegenüber. In diesem Moment öffnet sich in einem oberen Stockwerk ein Fenster. Der Beisitzer des Gesundheitsamtes ruft ihnen verzweifelt zu, sie sollten sein Leben nehmen, aber Frauen und Kinder dafür gehen lassen. Die Bauern sind irritiert und zögern weiterzumachen. Der Anführer sucht offenbar nach einem Ausweg aus der Situation. Als er nach einer Weile vorschlägt, einen Nebenaufgang, der zu den oberen Stockwerken führt, zu benutzen, ändert sich die Situation schlagartig. Motorengedröhn ist zu hören. Vor dem Gebäude trifft ein Bataillon Karabinieri ein, das aus Neapel zu Hilfe gekommen ist. In kurzer Zeit gelingt es ihm, die aufrührerische Menge zu vertreiben und 185 Bauern zu verhaften. – Große Teile der italienischen Presse sind der Überzeugung, daß in Marigliano eine Art Generalprobe für die »Stunde X« der Kommunisten stattgefunden habe. Agitatoren der *Kommunistischen Partei Italiens* (KPI) hätten durch das Aufputschen einer protestierenden Menge von Kleinbauern durchexerzieren wollen, in welcher Weise sich eine kommunistische Machtübernahme abspielen könnte. Wie sich herausstellt, sind vor Beginn des generalstabsmäßig abgelaufenen Provinzaufstandes sämtliche Telephonleitungen von Unbekannten gekappt worden. – Der Korrespondent der »Frankfurter Rundschau«in Rom, Hans Bauer, schreibt, daß deutsche Hausfrauen unwissentlich die Rebellion ausgelöst hätten.[126] Nachdem die Bundesrepublik 1958 rund 250.000 Zentner kampanischer Rundkartoffeln gekauft hatte, war den Bauern in der Provinz Neapel von den italienischen Agrarbehörden geraten worden, ihren Anbau für die nächste Ernte von Weizen auf Kartoffeln umzustellen. Die Enttäuschung folgte jedoch auf dem Fuße. Aufgrund veränderten Marktverhaltens bezog die Bundesrepublik nur noch ein Fünftel ihres Kartoffelimportes aus Italien. Die Hausfrauen waren zu portugiesischen Kartoffeln übergegangen. Dadurch sei in der Gegend um Neapel eine explosive soziale Situation entstanden, die sich schließlich in Marigliano entladen habe.

9. Juni Eine von den *Studentischen Aktionsausschüssen gegen Atomrüstung* im Studentenhaus der Universität **Hamburg** unter dem Titel »Rettet die Demokratie vor Restauration und Militarismus« angekündigte Veranstaltung muß kurzfristig verlegt werden. Als die ersten Besucher vor dem Großen Saal des Studentenhauses eintreffen, werden sie von der Polizei erwartet. Das Studentenwerk hat seine Zusage für den Raum mit der Begründung, daß bei der Veranstaltung offensichtlich aktuelle politische Fragen berührt werden sollten, die für die Universität zu heikel seien, kurzfristig zurückgezogen. Nachdem die Organisatoren vergeblich versucht haben, im Winterhuder Fährhaus oder im CVJM-Haus einen Ersatzraum zu besorgen, müssen sie schließlich auf das Hinterzimmer einer Gastwirtschaft ausweichen. Der Sekretär des *Nationalverbandes der Labour-Party-Studenten*, Justin Grossmann, erklärt, über das Raumverbot sichtlich erschüttert, er habe das, was soeben geschehen sei, nur in einem Teil Deutschlands – in Ostdeutschland – für möglich gehalten. Er sei Amerikaner und habe dort als Sozialist mit 15 Jahren McCarthyismus eine der dunkelsten Zeiten erlebt, die man sich nur vorstellen könne, aber er habe noch nie vor einer Versammlung sprechen müssen, die von denen, die die Macht haben, verhindert werden sollte. Auch als er in Frankreich war und die Demokratie – als de Gaulle an die Macht kam – wankte, habe er niemals erlebt, daß eine Veranstaltung verboten worden sei. Das Manuskript, das er vorbereitet habe, werde er in seiner Tasche lassen und auf die ursprünglich vorgesehene Kritik an dem Frankfurter Kongreß verzichten. Das sei der Preis, den man für den Mangel an Demokratie in Deutschland zahlen müsse. Danach spricht mit Oswald Hüller der ehemalige SDS-Bundesvorsitzende, der gerade am 3. Juni von seinen Vorstandskollegen

abberufen worden ist. Ausführlich verteidigt er noch einmal die Frankfurter Beschlüsse, die zu seiner Suspendierung geführt haben. Die politische Entwicklung der letzten Jahre wäre nicht möglich gewesen, meint er, wenn die Opposition nicht so zaghaft gewesen wäre. Als er seine Ansicht unterstreicht, daß man mit der DDR verhandeln müsse, erntet er zum Teil heftigen Widerspruch.

9. Juni Die 4. Große Strafkammer des Landgerichts **Düsseldorf** verurteilt nach neunwöchiger Verhandlung 14 Kandidaten der »Unabhängigen« und einen Wahlhelfer wegen Staatsgefährdung zu Gefängnisstrafen zwischen einem halben und anderthalb Jahren. Die Angeklagten waren Mitglieder der 1956 verbotenen KPD und hatten zusammen mit 27 anderen ehemaligen KPD-Mitgliedern auf einer eigenen Liste, der Liste der »Unabhängigen Kandidaten«, für die am 6. Juli 1958 stattgefundenen Landtagswahlen in Nordrhein-Westfalen kandidiert. Nachdem der Innenminister des Bundeslandes im Mai 1958 alle 150 Kreiswahlausschüsse schriftlich aufgefordert hatte, die Zulassung parteiloser Kandidaten zu untersagen, waren diese in Düsseldorf, Bonn und anderen Städten der Aufforderung gefolgt. In Solingen, Essen, Dortmund und verschiedenen anderen Orten jedoch hatte man sich der Aufforderung des Ministers widersetzt. Aber auch die dort kandidierenden Personen wurden nicht alle zugelassen. Eine Verhandlung im Düsseldorfer Landtagsgebäude, in der über

9.6.: Die Hamburger Diskussionsveranstaltung kann weder, wie angekündigt, im Studentenhaus noch im Gebäude des CVJM stattfinden.

9.6.: Plakat mit der Ankündigung der antimilitaristischen Veranstaltung.

die Einsprüche der gestoppten Kandidaten gerungen wurde, endete damit, daß bis auf drei alle Kandidaturen zurückgewiesen wurden. Am 25. August 1958 war dann eine umfangreiche Durchsuchungs- und Beschlagnahmeaktion in den Wohnungen der »Unabhängigen« und ihrer Wahlhelfer durchgeführt worden. Alle 41 Kandidaten wurden wegen Staatsgefährdung unter Anklage gestellt. Die Anklageschrift umfaßte 153 Seiten. Die Staatsanwaltschaft gründete ihre Vorwürfe hauptsächlich auf Indizien. Problematisch war dabei insbesondere, daß eine Reihe von Kriminalpolizisten die Aussagen von »unsichtbaren Zeugen«, von Spitzeln und V-Leuten wiedergaben, die selbst nicht vor Gericht auftreten durften. Als besonders belastend galten handschriftliche Aufzeichnungen, die bei der Verhaftung des ehemaligen KPD-Bundestagsabgeordneten Walter Fisch gefunden worden waren. Der Staatsanwalt, der hervorhob, daß die Angeklagten aus ihrer kommunistischen Gesinnung überhaupt kein Hehl machen würden, stellte einen hohen Grad an Übereinstimmung zwischen den Absichtserklärungen der »Unabhängigen Kandidaten« und dem früheren Landtagswahlprogramm der KPD fest und schloß deshalb auf eine Steuerung der Listenverbindung durch die illegale KPD. Einer der Verteidiger, der Essener Rechtsanwalt Diether Posser, stellte in seinem Plädoyer fest, die Staatsanwaltschaft sei jeden Beweis dafür schuldig geblieben, daß die Angeklagten mit ihrer Landtagskandidatur verfassungsfeindliche Ziele verfolgt hätten. Es sei jedem ehemaligen Mitglied der KPD unbenommen, einzeln oder mit anderen gegen die Atombewaffnung der Bundeswehr, für den Austritt aus der NATO und andere Ziele einzutreten, wie dies von den »Unabhängigen Kandidaten« gemacht worden sei. Alle diese Forderungen hätten eine »wertneutrale Zielsetzung«. Durch das KPD-Verbotsurteil seien deren ehemalige Mitglieder nicht ihrer Grundrechte beraubt worden. Der Altkommunist Karl Schabrod, der als Kopf der Angeklagten gilt, erklärte in seinem Schlußwort: »Am 6. Juli 1958 fanden in NRW die Neuwahlen zum Landtag statt. Es sollte eine demokratische Wahl sein, die auf der Grundlage eines demokratischen Wahlgesetzes vonstatten gehen sollte. Dieses Landeswahlgesetz konnte ich nicht als eine Lüge betrachten. Ich habe es ernst genommen und geglaubt, daß ich im Vollbesitz meiner Rechte als Staatsbürger berechtigt sei, mich zur Wahl zu stellen. Die Wirklichkeit, die mittels eines Runderlasses vom Landesinnenminister über die Kreiswahlausschüsse und den Landeswahlausschuß exerziert wurde, hat dazu geführt, daß die demokratischen Rechte aus Gründen der Staatsräson nicht wahrgenommen werden durften. Meine Kandidatur als Par-

teiloser war gesetzlich zulässig. Sie wurde amtlich unterbunden. Auf meiner Seite war das demokratische Recht, auf der Seite der Exekutive aber die Macht, die dazu benutzt wurde, mir die Wahrnehmung des demokratischen Rechts zu unterbinden.«[127] Das Gericht sieht es dennoch als erwiesen an, daß die Angeklagten unter dem Deckmantel ihrer Kandidatenliste eine Ersatzorganisation für die vom Bundesverfassungsgericht verbotene KPD gegründet hätten, um die illegale Partei auf diesem Umweg wieder in Nordrhein-Westfalen zu etablieren. Es bleibt jedoch im Schnitt erheblich unter dem von der Staatsanwaltschaft beantragten Strafmaß. Es werden im einzelnen zu Gefängnisstrafen verurteilt: Der 49jährige Gewerbetreibende Wilhelm Wateler (Rheydt) zu anderthalb Jahren, der 34jährige Metallarbeiter Alfred Gecks (Köln) und der 39jährige Betriebsschlosser Hans Rösch (Dortmund) zu jeweils einem Jahr, der 58jährige Verleger und Herausgeber der Halbmonatszeitschrift »Die freie Meinung«, Karl Schabrod (Düsseldorf), der 35jährige Dreher Johannes Haugrund (Dortmund) und der 53jährige Schmelzer Willi Hermann (Köln) zu jeweils neun Monaten, der 30jährige Journalist Peter Baumöller (Düsseldorf) zu acht Monaten, der 46jährige Schlosser Willy Engels (Solingen), der 55jährige Arbeiter Max Fischer (Bochum), der 35jährige Arbeiter Arthur Schipper (Bochum) und der 29jährige Maschinenschlosser Hans van Beeck (Düsseldorf) zu jeweils sieben Monaten sowie der 40jährige Arbeiter Egon Homann (Dortmund), der 44jährige Autovermieter Heinz Junge (Dortmund) und der 34jährige Frührentner Paul Tragier (Herten) zu jeweils einem halben Jahr. Für elf Angeklagte wird die Strafe für fünf Jahre zur Bewährung ausgesetzt. Das Gericht folgt weder dem Antrag der Staatsanwaltschaft, für sieben Angeklagte Haftbefehle auszustellen, noch Nebenstrafen, wie die Aberkennung des aktiven und passiven Wahlrechts und des Rechts auf die Bekleidung öffentlicher Ämter, zu verhängen.

9. Juni Auf der dritten Hauptversammlung des *Deutschen Bundeswehr-Verbandes e.V.* in **Bad Godesberg** äußert sich Bundesverteidigungsminister Franz Josef Strauß zu Fragen der Legitimität und ethischen Berechtigung der Bundeswehr: »Die Bundeswehr ist, wenn auch in einer harten politischen Auseinandersetzung, von einem legitim gewählten Parlament auf Vorschlag einer legitim demokratisch zustande gekommenen Regierung ins Leben gerufen worden. Die Bundeswehr hat sich durch ihre Tätigkeit ... Ansehen in der Öffentlichkeit verschafft, Ansehen auch bei denen verschafft, die ursprünglich gegen die Einrichtung der Bundeswehr waren. Das ist eine heute Gott sei Dank überwundene Fragestellung ...

9.6.: Von dem Hauptangeklagten Karl Schabrod herausgegebene Broschüre zum Düsseldorfer Prozeß.

Der Sinn der Bundeswehr ... ist: Wir können von niemandem auf dieser Welt verlangen, daß er mehr für unsere Freiheit tut und an Risiko auf sich nimmt als wir selber. Darum bleibt auch ... eines unwandelbar: die ethische Berechtigung des Soldaten, wenn der Mensch als Ebenbild Gottes und ein Volk als unabhängige Nation auf dem Boden des christlichen Sittengesetzes und im Rahmen der davon bedingten Völkerordnung am Leben bleiben will.«[128]

9. Juni Das Bezirksgericht **Karl-Marx-Stadt** verurteilt vier Angeklagte zu hohen Zuchthausstrafen. Diese hatten vor den Kommunal- und Volkskammerwahlen der letzten beiden Jahre in dem im Kreis Zwickau gelegenen Ort Mosel Flugblätter mit regimekritischem Inhalt angefertigt und in der Öffentlichkeit verteilt.

9. Juni In den USA läuft das erste mit Atomkraft betriebene »Polaris«-Unterseeboot vom Stapel. Das auf den ersten amerikanischen Präsidenten »George Washington« getaufte Schiff kann mit 16 Raketen ausgerüstet werden, die Atomsprengköpfe tragen.

10. Juni Der Präsident der *Evangelischen Kirche von Hessen und Nassau*, Martin Niemöller, hält auf Einladung des Allgemeinen Studentenausschusses (AStA) der Technischen Hochschule in **Darmstadt** einen Vortrag über das berüchtigte Horaz-Wort »Dulce et decorum est pro patria mori« (Süß und ehrenvoll ist es, für das Vaterland zu sterben). Der Märtyrertod, erläutert Niemöller, gehöre »zum eisernen Bestand aller Kriegstheologie«, er stelle »das Grunddogma für Kriegszeiten« dar. Dieser Opfertod sei jedoch sinnlos, wenn die Hingabe des Lebens nicht mehr der Erhaltung oder Rettung anderer menschlicher Lebens zugute komme. Der »Heldentod« habe seine Glorie verloren, wie das »Feld der Ehre« zur Fiktion geworden sei. Auch das »Vaterland« habe seinen Heiligenschein verloren. Menschen und Völker könnten nicht gegeneinander, sondern nur miteinander leben. Es sei ein falscher Heroismus gewesen, der im »Vaterland« die Erfüllung des Menschenlebens sehen wollte und auf diesem Wege »an den Rand der Selbstvernichtung des Menschengeschlechts« geführt habe. Niemöller, der sich nachdrücklich bei den Veranstaltern dafür bedankt, daß man ihn trotz der durch den Kalten Krieg geprägten öffentlichen Atmosphäre eingeladen habe, macht in seinem Vortrag außerdem auf eine Tendenz zur Selbsttäuschung aufmerksam, die bereits den Weg für die nächste große Täuschung bahne. Es sei kein Zufall, meint der Wiesbadener Pastor, daß in jedem deutschen Ort Gedenk- und Ehrentafeln an die Gefallenen des letzten Krieges erinnerten, es jedoch keine Tafel gebe, auf der die Namen der ermordeten

Juden oder der durch die Euthanasie-Aktionen umgebrachten Kranken und Kinder aufgeführt würden.

10. Juni Eine in der Göttinger Studentenzeitschrift »Prisma« veröffentlichte lyrische Montage mit dem Titel »Missa profana« löst einen Skandal aus. Der 24jährige Philosophiestudent Reinhard Döhl, der ursprünglich Pfarrer werden wollte, versucht darin, die Diskrepanz zwischen der Heiligen Messe – als der »saubersten Form der Heilsverkündung«, wie er später erläuternd hinzufügt – und der Wirklichkeit der Welt herauszustellen. Ein Abschnitt lautet: »LAUDAMUS TE BENEDICIMUS TE / ADORAMUS TE GLORIFICAMUS TE / meine freundin ist eine tempelprostituierte / du mußt nur zum amen zurechtkommen«[129] Am Ende heißt es: »CO(G)ITO ERGO SUM / ITA MISSA EST«[130] Bereits wenige Stunden nach dem das Heft mit dem umstrittenen Text erschienen ist, distanziert sich der Studentenrat der Georg-August-Universität in scharfer Form. Mit großer Mehrheit wird eine Entschließung verabschiedet, in der es heißt: »Dieser Beitrag verstößt in ärgster Weise gegen die guten Sitten und stellt eine der schmutzigsten Diffamierungen nicht allein der katholischen Kirche, sondern jedes Christen dar.«[131] Die Herausgeber und die Redaktion werden getadelt, weil der Beitrag »überhaupt zur Veröffentlichung« gelangt sei. Der Chefredakteur Konrad Oehlschlägel verteidigt dagegen die Publikation mit den Worten: »Es werden weder Gott noch eine der Konfessionen in Frage gestellt, sondern die Dinge hart aneinandergereiht, die aus verschiedenen Bereichen menschlichen Lebens stammen.«[132] Die »Missa profana« sei weder eine Gotteslästerung noch eine Verunglimpfung irgendeiner Konfession. Die Feuilleton-Redakteurin, die 23jährige Philosophiestudentin Sibylle Penkert, meint, der Messetext sei dem aktuellen Leben des Menschen gegenübergestellt und fordere zur Auseinandersetzung auf. Und der Autor selbst, der von der Universität einen Verweis ins Studienbuch erhalten hat, findet die Auslegung seines Textes völlig unverständlich. Das Gedicht sei von ihm als »Verteidigung der Messe gegen die unheilige Welt« gedacht gewesen. – Doch alle Erläuterungen und verteidigenden Kommentare nützen nichts. Das Amtsgericht **Göttingen** läßt das »Prisma»-Heft beschlagnahmen. Gegen Döhl, Oehlschlägel und Penkert haben die beiden Studenten der Technischen Universität Hannover, Peter van Gindern und Franz-Peter Görres, am 19. Juni Strafanzeige wegen Gotteslästerung gestellt. Die bundesdeutsche Presse nimmt sich des Falles an. Nicht nur überregionale, sondern auch zahlreiche regionale und lokale Blätter schreiben über den angeblichen

Fall von Gotteslästerung. Obwohl kaum ein Journalist das corpus delicti zu Gesicht bekommen hat, wird zumeist von einer groben Verletzung religiöser Empfindungen berichtet. In einer Zeitung ist von der lyrischen Montage als »miß profana« die Rede. – Bald darauf schaltet sich auch der Bischöfliche Stuhl zu **Hildesheim** in den »Fall Döhl« ein. Der Generalvikar Wilhelm Offenstein stellt am 30. Juni Strafantrag gegen den Autor und die beiden Mitverantwortlichen wegen des Verdachts öffentlicher Beleidigung. – Diese Reaktion ruft wiederum zwei Professoren der Universität **Göttingen** auf den Plan. Der Historiker Dr. Percy Ernst Schramm und der Prorektor, der Theologieprofessor Otto Weber, verfassen ein Memorandum, in dem sie nachzuweisen versuchen, daß die »Missa profana« keine Gotteslästerung darstellt. Es müsse doch möglich sein, verteidigt Schramm die Studenten, daß junge Leute auch einmal übers Ziel hinausschössen. Ansonsten könnte man die Universität dichtmachen. – Als Döhl einige Wochen später am Nordseegymnasium auf **Langeoog** als Hospitant Deutsch, Geschichte und Religion unterrichten will, wird ihm bereits nach wenigen Tagen vom Direktor gekündigt. Die Eltern mehrerer Schüler haben sich beschwert, daß ihre Kinder von einem »Gotteslästerer« erzogen würden. – Am 20. Juni 1960 lehnt das Amtsgericht **Göttingen** die Eröffnung des Hauptverfahrens ab. In der Begründung stützt es sich auf Gutachten des katholischen Moraltheologen Professor Alfons Auer aus Würzburg, des Göttinger Schriftstellers Rudolf Otto Wiemer, des Stuttgarter Professors Max Bense, des katholischen Verlegers Joseph Witsch und der beiden Göttinger Professoren Otto Weber und Ernst Wolf. Die Staatsanwaltschaft legt jedoch umgehend Beschwerde ein; dieser wird schließlich stattgegeben. – Die I. Große Strafkammer des Landgerichts **Göttingen** verurteilt dann am 1. Oktober 1960 Reinhard Döhl nach § 166 des Strafgesetzbuches zu 100 DM Geldstrafe und den Kosten des Verfahrens. Der inkriminierte Text, von dem der Gerichtsvorsitzende, Landgerichtsdirektor Eduard Kleefeld, nur als »dem gedruckten Dingsda« spricht, wird in zahlreichen Gutachten verteidigt. Neben der Stellungnahme des Stuttgarter Professors Max Bense, der »Missa profana« als einen »der bemerkenswertesten Beiträge zur neuesten Dichtung innerhalb des deutschen Geistesraumes« bezeichnet, liegen Gutachten von dem Stuttgarter Literaturwissenschaftler Professor Fritz Martini, den evangelischen Studentenpfarrern Wilhelm Schmidt und Hans Schmidt sowie den Schriftstellern Stefan Andres, Heinrich Böll, Hans Magnus Enzensberger, Joachim Günther, Erhart Kästner und Hans-Jürgen Schulz vor. Enzensberger schreibt über die Form der literarischen

Montage, sie könne »weder rühmen noch schmähen, weder preisen noch lästern, weder schmeicheln noch beleidigen«. Nicht Stellung zu nehmen sei ihr Gesetz. Aus diesem Grunde sei § 166 des Strafgesetzbuches auf den von Reinhard Döhl verfaßten Text nicht anwendbar. Das Gericht schließt sich jedoch nicht der Auffassung der Gutachter, sondern der des Hildesheimer Generalvikariats an und sieht es als erwiesen an, daß »Missa profana« eine Beleidigung kirchlicher Einrichtungen darstelle. Die Jungfrau Maria werde in den Versen, heißt es, als Hure hingestellt und auf diese Weise der Marienkult der *Katholischen Kirche* verunglimpft. Außerdem habe der Angeklagte, heißt es weiter, keinen katholischen Geistlichen als »Sachkundigen« darüber zu Rate gezogen, ob und gegebenenfalls warum eine derartige Verwendung des Messetextes für katholische Gläubige »mehr oder weniger verletzend« hätte wirken können. – Der 5. Strafsenat des Bundesgerichtshofes in **West-Berlin** spricht schließlich am 23. Juni 1961 den Verfasser und die beiden Redakteure von der Anklage der Gotteslästerung frei. Die sprachliche Argumentation des Landgerichts, heißt es in der Urteilsbegründung, sei »unrichtig«. Das Gedicht lebe von dem Gegensatz zwischen dem lateinischen Text der katholischen Meßfeier und den Gedankengängen, die dieser beim Autor ausgelöst habe. Da die Worte »MARIA VIRGINE« im Ablativ stünden, ließen sie sich nicht so übersetzen, daß sie in den deutschen Satzzusammenhang hineinpaßten. Daher erweise sich die Behauptung, die Jungfrau Maria werde mit einer Hure identifiziert, als gegenstandslos. Die Kosten des Verfahrens werden der Landeskasse auferlegt.

10. Juni-4. August In der japanischen Hauptstadt **Tokio** und dem 200 Kilometer entfernt liegenden **Niigata** starten zwei Gruppen von Atomwaffengegnern zu einem Friedensmarsch nach **Hiroshima**, der Stätte des ersten Atombombenabwurfs. Am 16. Juni macht sich eine dritte Gruppe von der südlich gelegenen kleinen Insel **Yoron** auf. Sie wollen alle rechtzeitig zum 5. Weltkongreß gegen die Atom- und Wasserstoffbomben in Hiroshima eintreffen, der Anfang August beginnen soll. Der Marsch steht unter dem Patronat von Professor Linus Pauling (für die USA), Lord Bertrand Russell und John B. Priestley (für Großbritannien), Professor Max Born (für die Bundesrepublik Deutschland), Robert Jungk (für Österreich) und Dimitri Schostakowitsch (für die Sowjetunion). In **Tokio** versammeln sich trotz Regenwetters rund 30.000 Einwohner, um die 2.000 Teilnehmer zu verabschieden. Überall auf ihrem Weg werden die »Friedensmarschierer« von Tausenden von Menschen begleitet und an den jeweiligen Zwischenstationen von Schulkindern, Gewerkschaftlern und

10.6.-4.8.: Japan-Karte mit dem Verlauf des Hiroshima-Friedensmarsches.

Moving Scenes as Pilgrims Leave for
HIROSHIMA

TOKYO

At noon, on June 10, about 7,000 people rose among bristling red and blue banners and streamers in the open air amphitheater at a corner of Hibiya Park in Tokyo, surrounded by plane trees.

The chorus of the song "Let Not the Atom Bomb Pass" under the baton of Mrs. Akiko Seki reverberated through the air to the music of a brass band of the Tokyo Fishery College playing on the stage.

When the solemn tune of the song was over, the band struck up a light, heart-rousing march. At the tune of the march, the gathering was suddenly enlivened. The people began marking time, walking out of the amphitheater in group after group from the left.

Outside the amphitheater, they got into line in the park, and the march started, with the six persons who were to walk all the way to Hiroshima, including Mr. Gyoji Ohki, at the front. They were followed by Prof. Kaoru Yasui, Director General of the Japan Council against Atomic and Hydrogen Bombs; Ethel Mannin, the wife of the late Mr. Reginald Reynolds; and two other foreigners.

The marchers took their first historic steps on their pilgrimage to Hiroshima, disregarding the rain that began to fall, and walked their way through the trees in the park into the street.

PROLOGUE

Earlier that day, city people of Tokyo gathered at the amphitheater at 10 a.m. They carried their placards reading "Peace March to Hiroshima" "For A Ban on H-Bombs," etc. on their way to the park in electric trains and buses, attracting commuters' attention.

People in the amphitheater gradually increased with the red, blue, purple, and white banners they took with them, bearing the names of trade unions, local councils against atomic and hydrogen bombs, groups of religious people, etc.

When the guests were seated on the platform, the Tokyo Rally for the Peace March was declared open. The six pilgrims that were to walk all the way to Hiroshima, appeared on the platform amidst applause. Mr. Ohki, priest and director of the Tokyo Council against Atomic and Hydrogen Bombs, read

greetings to the rally, representing the six walkers.

The priest was attired in a traditional white dress and a yellow surplice and wore sandals tightly bound at the ankles, like a pilgrim of old.

Mr. Ichiro Kitada, speaker of the Metropolitan Assembly, and Mr. Tetsu Katayama, Socialist Representative and President of the Federation for the Defense of the Constitution, made speeches to encourage the six marchers, who were to convey the wishes and will of millions of people to Hiroshima, about 1,000 kilometers away from Tokyo.

Miss Ethel Mannin who took the rostrum, was greeted with

March starting

applause when she expressed her wishes for the success of the struggle for the defense of the war-renouncing Constitution and said that she was going to walk as far as Kawasaki.

Then, a streamer from sixty atom-bomb victims of Hiroshima, with letters reading "For A Successful Fifth World Conference Against Atomic and Hydrogen Bombs," was presented to the six.

The streamer was sent to Tokyo by the bomb victims together with a letter saying, "We want you to take this streamer along with you on your march. . . . We will meet you in Hiroshima."

While the applause was not yet over, a new wave of ap-

MESSAGE
from Dr. Kwame Nkrumah,
Prime Minister of Ghana

It is appropriate that Japanese nationals should be in the forefront of the campaign against the use and testing of nuclear weapons. The Japanese are the only people who have experienced their horror. If, as more and more people are coming to realise, the dropping of atomic bombs on Hiroshima and Nagasaki was tragedy, it must then be the aim of all peoples to ensure that it does not recur.

I myself have very strong views on the production, use and testing of nuclear weapons and have made those views publicly clear. May your efforts prosper so that we may soon see the world free from the threat of total destruction.

10.6.-4.8.: Die Zeitschrift »no more hirosimas« berichtet ausführlich über den Friedensmarsch (oben und unten).

anderen großen Bevölkerungsgruppen begrüßt. Am 27. Juni werden die Demonstranten, die über **Isogo**, **Hodogaya**, **Totsuka**, **Yoshihama**, **Atami**, **Mishima**, **Hara** und **Fuji-City** kommend in **Toyohashi** (Präfektur von Aichi) eintreffen, von mehr als 5.000 Einwohnern mit dem Bürgermeister an der Spitze begrüßt. Die »Friedensmarschierer« von **Niigata** ziehen an der Küste zum Japanischen Meer in Richtung Süden über **Nagaoka**, **Naoetsu**, **Asahi** und **Namegawa** nach **Toyama**, wo sie von Tausenden von Einwohnern, die sich beiderseits der Einfallstraße aufgestellt haben, begrüßt werden. Am 13. Juli treffen die beiden nördlichen Gruppierungen in **Kyoto**, der in der Mitte Japans gelegenen alten Kaiserstadt, zusammen. Bis dahin sollen nach Angaben der Veranstalter in den Orten und an den Straßenrändern insgesamt mehr als fünf Millionen Menschen die drei Friedensumzüge verfolgt haben. Die dritte Gruppe der Atomwaffengegner muß große Teile des Friedensmarsches auf Schiffen zurücklegen. Von Insel zu Insel springend treffen sie am 26. Juni in **Kagoshima** auf **Kyushu** ein. Sie werden dort vom Bürgermeister, dem Gouver-

neur und 13.000 Einwohnern willkommen geheißen. Am 4. August treffen die nördliche und die südliche Demonstrantengruppe schließlich, mit Blumensträußen und -kränzen begrüßt, in **Hiroshima** ein. Auf den letzten fünf Kilometern werden sie von den Delegierten der Weltkonferenz begleitet. Insgesamt haben die Teilnehmer innerhalb von acht Wochen zusammengenommen 5.000 Kilometer zurückgelegt. – Im Unterschied zu anderen europäischen Ländern wird der Friedensmarsch von der bundesdeutschen Presse völlig totgeschwiegen.

11. Juni Das Schwurgericht des Landgerichts **Hanau** verurteilt den ehemaligen Polizeiwachtmeister Wilhelm Unkelbach wegen der Ermordung von sieben polnischen Juden im Ghetto Tschenstochau zu einer lebenslänglichen Zuchthausstrafe. Der 46jährige Angeklagte gehörte einer deutschen Polizeieinheit an, die von 1941 bis 1943 das Ghetto der polnischen Stadt überwachte. In dieser Zeit kamen von 56.000 Juden 49.000 um. Ursprünglich war Unkelbach von der Oberstaatsanwaltschaft Mord in 30 Fällen zur Last gelegt worden. Das Gericht kommt zu dem Schluß, daß Unkelbach weder auf Befehl noch in Notwehr, sondern aus Mordlust gehandelt habe. Als Beweggrund für seine Verbrechen könne nur Rassenhaß angenommen werden. Ein Mitangeklagter wird wegen erwiesener Unschuld freigesprochen.

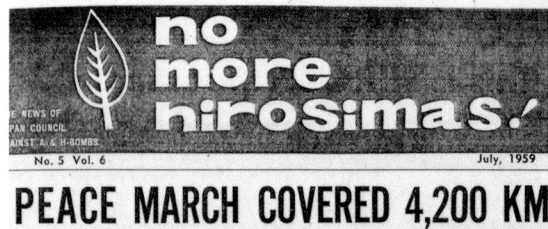

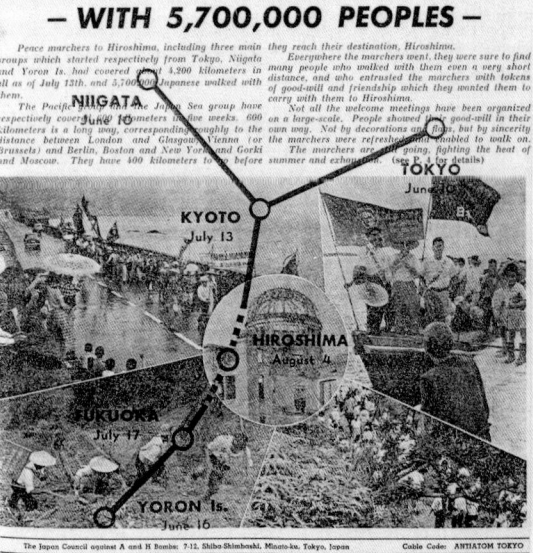

12. Juni Am 30. Geburtstag von Anne Frank wird in **Wuppertal** der Grundstein für ein nach ihr benanntes Dorf gelegt, mit dem heimatlosen Ausländern ein Zuhause gegeben werden soll. Zu der Feierstunde ist neben dem Friedensnobelpreisträger Pater Dominique George Pire, dem belgischen Ministerpräsidenten Paul van Zeeland, dem israelischen und dem französischen Botschafter auch der Vater des im März 1945 im KZ Bergen-Belsen umgekommenen jüdischen Mädchens, Otto Frank, erschienen. Es ist das erste Mal, daß er zu Ehren seiner Tochter an einer Gedenkfeier teilnimmt. In einem kleinen Kästchen hat er Erde vom Gelände des ehemaligen KZ Bergen-Belsen mitgebracht, die in den Grundstein des »Anne-Frank-Dorfes« eingemauert wird. Zu sichtlichen Irritationen unter den in- und ausländischen Gästen führt eine Stegreifrede, die der Ministerialrat im Bundesvertriebenenministerium Robert Polzer (CDU) hält. Anstatt – wie von den Zuhörern erwartet – den Hinterbliebenen der KZ-Opfer im Namen der Bundesregierung das Mitgefühl auszudrücken, erklärt Polzer, daß der »Posthilfsbote Säbelbein« nicht für das Schicksal von Anne Frank »haftbar gemacht« werden könne. »Der Posthilfsbote Säbelbein packt für Berlin Pakete ein« – lautet ein von dem humoristischen Schriftsteller Marcell Salzer verfaßter Juxvers. Polzer will mit dem Verweis auf die komische Figur »alle kleinen Blockleiter und NSV-Kassierer« symbolisch von einer Mitschuld an den in den Konzentrationslagern begangenen Verbrechen freisprechen.

12.-14. Juni Am 5. Bundeskongreß der *Vereinigung der Verfolgten des Naziregimes* (VVN) in **Frankfurt** nehmen 197 ordentliche Delegierte und 39 Gastdelegierte teil. In seinem Rechenschaftsbericht erklärt Marcel Frenkel, jede Diskussion über die Wiedervereinigung Deutschlands müsse davon ausgehen, daß sich zwei selbständige deutsche Staaten entwickelt hätten. Nur auf der Grundlage einer Entspannung könne die Wiedervereinigung durch Verhandlungen zwischen den Vertretern beider deutscher Staaten eingeleitet werden. Im Unterschied zur Bundesrepublik säßen in der DDR an den entscheidenden Stellen von Verwaltung, Justiz und Armee keine »ehemaligen Hitlergrößen«, sondern »unsere Kameraden aus den Konzentrationslagern«. Es sei für die Bundesrepublik bezeichnend, wie sie praktisch mit der Wiedergutmachung verfahre. Von den bis jetzt nach dem Bundesentschädigungsgesetz angemeldeten Ansprüchen seien nur 26% bearbeitet worden und von diesen wiederum sei der Anteil der abgelehnten Bescheide erschreckend groß. Die wichtigste Aufgabe der VVN sei es, den Militarismus zu bekämpfen und eine Atombewaffnung der Bun-

12.-14.6.: Das Präsidium des im Frankfurter Volksbildungsheim tagenden VVN-Kongresses.

deswehr zu verhindern. Die Delegierten beschließen, eine Geschichtskommission einzurichten, die beim Präsidium angesiedelt werden und ein Institut zur Erforschung des deutschen Widerstandes einrichten soll. In einem Orientierungs- und Aktionsprogramm wird eine grundsätzliche »Neuorientierung der Politik in der Bundesrepublik« gefordert. Sie sei unerläßlich, um eine »Entspannung der internationalen Lage zu fördern, die Wiedervereinigung Deutschlands zu ermöglichen und die Gefahr eines atomaren Vernichtungskrieges« zu bannen. Die Politik der Bundesregierung müsse »endlich mit den Realitäten und tatsächlichen Kräfteverhältnissen in der Welt in Einklang gebracht« werden. Das Präsidium der VVN wählt Marcel Frenkel (Düsseldorf) zu seinem Präsidenten sowie Josef C. Rossaint (Düsseldorf), Oskar Müller (Frankfurt) und Werner Korn (Stuttgart) zu Vizepräsidenten.

12.-21. Juni In **Halle** an der Saale finden die »1. Deutschen Arbeiterfestspiele« statt. Sie sollen der »Pflege und Förderung der humanistischen deutschen Kultur« dienen.

13. Juni Der Parteivorstand der SPD in **Bonn** beschließt, gegen den von seinem Amt suspendierten SDS-Bundesvorsitzenden Oswald Hüller ein Parteiordnungsverfahren einzuleiten. Ihm wird vorgeworfen, sich nicht an Anweisungen des SDS-Bundesvorstands gehalten und auf dem unter der Schirmherrschaft des SDS einberufenen Frankfurter »Kongresses für Demokratie – gegen Militarismus und Restauration« Beschlüsse zugelassen zu haben, die im Gegensatz zu der von der SPD verfochtenen Politik stehen und in der Deutschlandfrage direkte Verhandlungen mit der DDR befürworten. Der SPD-Vorstand erklärt außerdem die Mitarbeit bei der Zeitschrift »Konkret« für unvereinbar mit der Mitgliedschaft in der SPD. Während Helmut Schmidt und Egon Franke sich für die Gründung eigenständiger sozialdemokratischer Hochschulgruppen aussprechen und dazu die Bildung einer Arbeitsgemeinschaft auf Bundesebene vorschlagen, setzen sich Waldemar von Knoeringen, Herbert Wehner, Fritz Erler, Adolf Arndt und Erich Ollenhauer für eine weitere, wenn auch vorsichtige Unterstützung des SDS ein.

14. Juni An einer Gedenkveranstaltung für die im Konzentrationslager Bergen-Belsen umgekommene Anne Frank im Großen Haus der Städtischen Bühnen in **Frankfurt** nehmen über 500 Menschen teil. Anne Frank, die durch die Publikation ihres Tagebuchs postum weltbekannt geworden ist, wäre zwei Tage zuvor 30 Jahre alt geworden.

14. Juni Von Kuba aus startet eine 80köpfige Guerilla-Expedition zu einem Flug in die von Diktator Rafael Leonidas Trujillo beherrschte **Dominikanische Republik**. Die Truppe, die an der Nordküste der Insel landet, wird von dem ehemaligen Mitkämpfer Fidel Castros, Enrique Jiménez Moya, angeführt. – Obgleich die Guerilleros die nahegelegene Stadt mühelos einnehmen können, müssen sie sich schon bald wegen der militärischen Überlegenheit der dominikanischen Streitkräfte in die Berge zurückziehen. – Dort werden sie nach wenigen Wochen durch die nachsetzenden Truppen Trujillos aufgerieben.

16. Juni Zwei Frauen werden vom Bezirksgericht **Karl-Marx-Stadt** wegen »staatsgefährdender Propaganda und Hetze« zu Gefängnisstrafen verurteilt. Die beiden Angeklagten werden beschuldigt, regimekritische Flugblätter vervielfältigt zu haben.

17. Juni Um eine Stabilisierung ihres Mitgliederpotentials zu erreichen, schließen sich in **Idstein** im Taunus fünf nationalistische Jugendgruppen zur *Jungdeutschen Bewegung* zusammen. Im einzelnen sind daran die *Jungdeutsche Freischar*, die *Nationale Jugendgemeinschaft*, die *National-Jugend Deutschlands*, der *Deutsch-Sozialistische Jungsturm* und die *Schillerjugend* beteiligt. Die Gründungsmitglieder wählen zum Ehrenvorsitzenden der *Jungdeutschen Bewegung* den bundesweit als Rechtsradikalen bekannten Erwin Schönborn. Dieser sitzt gerade eine Haftstrafe wegen Beleidigung von Bundestagspräsident Eugen Gerstenmaier ab.

17. Juni Während der Begrüßungsansprache durch Bürgermeister Urschlechter (SPD) entrollt eine Gruppe des rechtsradikalen *Bundes Heimattreuer Jugend* auf einer Kundgebung zum »Tag der deutschen Einheit« in **Nürnberg** eine schwarz-weiß-rote Fahne und ein Transparent mit der Aufschrift »Von

der Maas bis an die Memel, von der Etsch bis an den Belt«[133].

17. Juni Der NATO-Oberkammandierende für Europa, General Lauris D. Norstad, erklärt in **München**, daß in der Bundesrepublik atomare Sprengköpfe gelagert würden und die Bundeswehr demnächst mit taktischen Atomwaffen ausgerüstet wäre. Die von der NATO geplante Stärke von 30 Divisionen in Europa werde in etwa anderthalb Jahren erreicht sein. Es fehlten nur noch vier bundesdeutsche und zwei französische Divisionen.

17. Juni Auf einer Kundgebung zum »Tag der deutschen Einheit« vor dem Schöneberger Rathaus in **West-Berlin** erklärt der baden-württembergische Ministerpräsident Kurt Georg Kiesinger (CDU) am Abend vor 70.000 Teilnehmern, der Sinn des Gedenktages liege darin, die Propagandathese zu widerlegen, die östlichen Landsleute hätten sich aus freien Stücken zur Gründung eines kommunistischen deutschen Teilstaates entschlossen. Der 17. Juni solle eine Ermutigung für diese Menschen sein, daß »die freie Welt« weiter an ihrer Seite stehe. Der Regierende Bürgermeister Willy Brandt (SPD) meint, niemals dürfe man schweigen, wenn es um Unterdrückung, Bespitzelung und Gewissenszwang gehe. Das deutsche Volk habe wie die Völker anderer Kontinente ein Recht auf Selbstbestimmung. Und Bundespräsident Theodor Heuss (FDP) tritt in seiner Ansprache der Behauptung einer Ost-Berliner Zeitung entgegen, seine Anwesenheit stelle eine Provokation dar. Er sei seiner Natur nach kein Provokateur und denke gar nicht daran, wenn er irgendwo hingehe, zuvor jemanden um Erlaubnis zu fragen. Er rate allen seinen Besuchern in Bonn, nach Berlin zu reisen, um dort am Widersinn der Spaltung einer organisch gewachsenen Großstadt sinnlich zu erleben, was deutsches und europäisches Schicksal sei. Nach Abschluß der Redebeiträge ziehen 20.000 Teilnehmer in einem Fackelzug nach Kreuzberg, um damit für die Freilassung der politischen Gefangenen in der DDR zu demonstrieren. Zu der Protestaktion haben SPD und CDU gemeinsam aufgerufen.

17. Juni In einer Sendung des <u>Deutschen Fernsehfunks</u> (DFF) stellt der Moderator Karl-Eduard von Schnitzler eine Reihe von ehemaligen NSDAP-Mitgliedern vor, die »heute aktiv für Frieden und Sozialismus eintreten«. Unter den Vorgestellten befindet sich der Direktor des Instituts für Lebensmittelhygiene an der Humboldt-Universität, Professor Günter Farchmin, der Präsident der Reichsbahndirektion in Halle, Karl Hetz, und der stellvertretende Chefredakteur des »Neuen Deutschland«, Günter Kertzscher. Im Lauf der Sendung erklärt der stell-

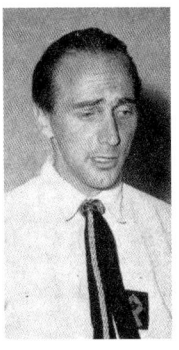

17.6.: Führende Funktionäre rechtsradikaler Jugendorganisationen (von oben nach unten): Der Bundesführer der »Schillerjugend« Hans-Ulf Siebrands, der Vorsitzende der »Freien Sozialistischen Volkspartei« (FSVP) Erwin Schönborn und der Bundesführer der »National-Jugend Deutschlands« Peter Bernau.

vertretende Leiter des Staatlichen Rundfunkkomitees, Professor Gerhart Eisler: »Wir Kommunisten sind nicht rachsüchtig und glauben daran, daß sich die Menschen ändern … Wir kennen keine Rachsucht gegen Nazis von gestern. Das Entscheidende ist, ob einer heute etwas Positives für den Frieden tut.«[134] – Anlaß für die Sendung ist eine vom *Untersuchungsausschuß freiheitlicher Juristen* (UfJ) herausgegebene Broschüre, in der die NS-Vergangenheit von Führungsfunktionären der DDR nachgewiesen worden ist. – Das SED-Zentralorgan »Neues Deutschland« beendet einen Artikel über die Fernsehdiskussion mit der Feststellung: »Bonn ist ein Staat der Unbelehrbaren und Faschisten, die DDR ein Staat der Antifaschisten. In der DDR wird jedem geholfen, seine Vergangenheit zu überwinden. Wer einmal irrte, wird jetzt vor allem danach beurteilt: Was tust du heute?«[135]

17. Juni In den späten Abendstunden legt der 25jährige Gärtner Walter Möbius auf dem Marktplatz von **Geringswalde** (Bezirk Karl-Marx-Stadt) Flugblätter aus, in denen er am sechsten Jahrestag des Volksaufstandes in der DDR zu freien Wahlen aufruft. Der aus Frankenau (Kreis Rochlitz) stammende Mann, der regelmäßig Sendungen von Radio Luxemburg und RIAS Berlin hört, hat die Pamphlete auf einem eigenen Druckkasten hergestellt.

18. Juni In **Spanien** wird ein von der verbotenen *Kommunistischen Partei Spaniens* (KPS) zusammen mit anderen oppositionellen Gruppen verbreiteter Aufruf zu einem allgemeinen Streik nicht befolgt. Weder aus **Madrid**, **Barcelona**, **Bilbao**, **San Sebastian** oder **Valencia** können irgendwelche Streikaktionen gemeldet werden. – Die französische Tageszeitung »Le Monde« führt das völlige Scheitern vor allem auf ganz handfeste Gründe zurück. Die spanischen Arbeiter fürchteten, nachdem sich ihre Situation stabilisiert habe, vor allem, durch eine Beteiligung am Ausstand ihre sozialen Errungenschaften, wenn nicht sogar ihren Arbeitsplatz, zu verlieren. Außerdem hätten die präventiv eingeleiteten Repressionsmaßnahmen des Franco-Regimes – etwa 150 Personen seien im Vorfeld bereits verhaftet worden – ihre abschreckende Wirkung nicht verfehlt.

18./19. Juni In den beiden Distrikten Cato Manor und Chesterville der südafrikanischen Stadt **Durban** kommt es nach einer Demonstration von rund 4.000 schwarzen Frauen gegen die staatlich geführten Bierhallen zu gewalttätigen Ausschreitungen. Als drei dieser Lokale gestürmt und in Brand gesetzt werden, geht die mit leichten Maschinengewehren bewaffnete Polizei gegen die Demonstrantinnen vor. Bei den nun folgenden Auseinandersetzungen werden drei Schwarze, die gerade eine weitere Bierhalle zerstören wollen, erschossen. Daraufhin besetzen etwa 15.000 Einwohner von Cato Manor Teile ihres Stadtteils und errichten zum Schutz gegen die angreifenden Polizeieinheiten Straßensperren. – In den Tagen darauf greifen die Proteste auf die gesamte Provinz **Natal** über. Die Frauen, die durch den Verkauf alkoholischer Getränke ihre Familien ernähren, führen die Bewegung weiterhin an. Ohne sich einschüchtern zu lassen fordern sie die Abschaffung des Paßsystems, Steuererleichterungen, Freizügigkeit und einen Mindestlohn für alle afrikanischen Arbeiter von einem Pfund pro Tag. – Nach einem Bericht des »Natal Mercury« vom 21. August sind bis zu diesem Zeitpunkt infolge der Proteste 624 Afrikaner, zumeist Frauen, zu Haftstrafen von insgesamt 168 Jahren und/oder Geldstrafen in einer Gesamthöhe von 7.130 Pfund verurteilt worden.

18./19.6.: Mit Gewalt geht die südafrikanische Polizei in Durban gegen demonstrierende schwarze Frauen vor.

19. Juni Der Versuch, das Mitglied des *Sozialistischen Deutschen Studentenbundes* (SDS) Hans Stern, aus der SDS-Hochschulgruppe an der Freien Universität in **West-Berlin** auszuschließen, scheitert. Da die für einen solchen Schritt notwendige Zweidrittelmehrheit nicht erreicht wird, bleibt Stern auch weiterhin SDS-Mitglied. Der aus der DDR stammende Redakteur der Hamburger Zeitschrift »Konkret« war im Januar auf dem »Studentenkongreß gegen Atomrüstung« maßgeblich am Zustandekommen einer Resolution beteiligt, in der in demonstrativer Abweichung vom Kurs des SPD-Parteivorstands die Überprüfung von Möglichkeiten zu »einer interimistischen Konföderation« mit der DDR gefordert worden war.

19. Juni Die französische Polizei beschlagnahmt in **Paris** das zwei Tage zuvor erschienene Buch »La Gangrène« (Der Wundbrand), in dem algerische Studenten minutiös über ihre in Polizeigewahrsam erlittenen Folterungen berichten. Die Verhafteten schildern, wie sie zwischen dem 2. und dem 12. Dezember 1958 in den in der Rue des Saussaies in Paris gelegenen Dienststellen der Défense de la Surveillance du Territoire (DST) gefoltert worden sind. Am Morgen hat ein Sprecher des nicht staatlichen Rundfunksenders Europel auf das schmale Bändchen hingewiesen und am Mittag sind auf der Titelseite der Tageszeitung »Le Monde« zwei Spalten darüber erschienen. »Man weiß nicht,« schreibt dort Jacques Fauvet, »was mehr Entsetzen einflößt, die Grausamkeit der Handlungen oder die niedrige Gesinnung derer, die der Folter noch die Beleidigung hinzufügen.«[136] Zweieinhalb Stunden später tauchen die Beamten beim Verlag Editions de Minuit und den bekanntesten Pariser Buchhandlungen auf und ziehen alle verfügbaren Exemplare ein. – Neben der im Vorjahr erfolgten Beschlagnahme von Henri Allegs Buch »La Question«, in dem ebenfalls ein Opfer über die Folter berichtet, ist dies der einzige derartige Akt, den es seit Jahrzehnten in Frankreich gegeben hat. Insbesondere deshalb, weil es die erste Maßnahme dieser Art nach der Machtübernahme General de Gaulles ist, erregt das polizeiliche Eingreifen großes Aufsehen. Die katholische Tageszeitung »La Croix« schreibt: »Die Beschlagnahme eines Buches ist keine Lösung ... Wenn ein Übel vorhanden ist, so muß man es an der Wurzel treffen.«[137] Von den Zeitungen der Rechten, wie »Aurore«, bis zu denen der Linken, wie der kommunistischen »Humanité«, wird der staatliche Eingriff einhellig als Verletzung des Rechts auf Meinungsfreiheit verurteilt. – Die **Paris**er Staatsanwaltschaft läßt in der Presse ein Kommuniqué verbreiten, in dem es heißt, daß gegen die in dem Band als Betroffene Berichtenden ein

19.6.: Die im Ostberliner Aufbau Verlag noch im selben Jahr erschienene deutsche Übersetzung des in Frankreich verbotenen Anti-Folter-Buches.

Ermittlungsverfahren wegen Angriffs auf die Sicherheit des Staates in Gang gebracht worden sei. Keine der sechs Personen habe vor dem Untersuchungsrichter Klage wegen erlittener Mißhandlungen erhoben. Erst nachdem sie im Laufe der Voruntersuchung davon berichtet hätten, habe die Staatsanwaltschaft am 30. Dezember und am 6. Januar in drei Fällen Untersuchungen gegen Unbekannt eingeleitet. – Auf diese Stellungnahme reagiert der Leiter der Editions de Minuit, Jérome Lindon, in einer Erklärung, die in »Le Monde«, »Libération« und France Observateur« abgedruckt wird. Darin beklagt er, daß Teile des Kommuniqués unklar bleiben und bestreitet explizit die Feststellung, daß keiner der sechs Algerier bereits vor dem Untersuchungsrichter Klage erhoben habe. – Am 25. Juni richtet der Bürgermeister von Marseille, Gaston Deferre, im Senat eine Anfrage an die Regierung. Ministerpräsident Michel Debré antwortet ihm, daß das Buch »La Gangrène« nichts anderes als eine »Zusammenstellung von Lügen« sei. Der Innenminister habe bei der Staatsanwaltschaft Klage wegen Verleumdung und übler Nachrede eingereicht. Als Debré die Bemerkung hinterherschickt, daß das Buch »ein Lügengewebe« sei, das zwei von der *Kommunistischen Partei Frankreichs* (KPF) »gedungene Schriftsteller« gesponnen hätten, kommt großer Beifall auf. – Vier Tage später dementiert Lindon in »Le Monde« und mehreren anderen Presseorganen die Behauptung, daß das Buch von zwei KPF-Mitgliedern verfaßt worden sei. Er schildert ausführlich, warum er zu keinem Zeitpunkt an der Authentizität der Berichte gezweifelt und sich schließlich zu ihrer Publikation entschlossen habe. Dabei lenkt er die Aufmerksamkeit vor allem auf Polizeichef Roger Wybot, den Direktor der DST, der der »Mitschuld an Schlägen und Körperverletzungen« bezichtigt worden war.

20. Juni Mehr als 25.000 Menschen nehmen in **Düsseldorf** an einer Protestkundgebung des *Verbands der Kriegsopfer, Kriegshinterbliebenen und Sozialrentner Deutschlands* (VdK) gegen die Reformpläne von Bundesarbeits und -sozialminister Theodor Blank (CDU) teil. Aus allen Teilen Nordrhein-Westfalens sind Kriegsbeschädigte, Amputierte, Querschnittgelähmte und Blinde mit ihren Angehörigen sowie Hinterbliebene an den Rhein gekommen. An den 431 Omnibussen und über tausend Pkw sind Spruchbänder aufgespannt, auf denen »Schluß mit dem Unrecht!«, »Weg mit Blanks Experimenten – Endlich gerechte Kriegsopferrenten« und andere Parolen zu lesen sind. Da die Rheinhallen nicht ausreichend Platz bieten, müssen Tausende die mit Lautsprechern übertragenen Reden im Freien verfolgen. Der Chefredakteur des VdK-Organs »Die Fackel«,

Lothar Franke, der selbst oberschenkelamputiert ist, ruft unter Beifall aus: »Diesen Aufruhr der 3,8 Millionen Opfer zweier Weltkriege hat Bundesarbeitsminister Blank, der eine gerechte Abgeltung der Kriegsbeschädigungen eine Steuerverschwendung nannte, durch seine Herausforderung verursacht.«[138] In einer an die Bundes- und die nordrhein-westfälische Landesregierung gerichteten Resolution protestieren die Teilnehmer gegen den Reformentwurf Blanks und fordern den Wegfall des Bedürftigkeitsprinzips bei Erhöhung der Grundrenten.

21. Juni Der *Zentralrat der Juden in Deutschland* stellt auf seiner Jahressitzung in **Düsseldorf** in einer Entschließung fest, daß er mit wachsender Besorgnis das Wiederaufleben antisemitischer Erscheinungen in der Bundesrepublik und die Rückkehr ehemaliger Nationalsozialisten in Schlüsselstellungen verfolge. Der Generalsekretär des Generalrats, Hendrik George van Dam, erklärt, daß es der Zentralrat ablehne, in der Öffentlichkeit die Rolle eines Anklägers gegen antisemitische Äußerungen und Vorfälle zu spielen. Man verlange keine Sonderrechte für die jüdische Bevölkerung. Es handle sich bei diesen Fällen um eine allgemeine Störung des öffentlichen Friedens, die vom Staat selbst nicht geduldet werden dürfe. Im übrigen sei es nicht sehr überzeugend, antisemitische Schmieraktionen als das Werk von östlichen Provokateuren hinzustellen. Der West-Berliner Innensenator Joachim Lipschitz (SPD) erklärt, man müsse sich darüber im klaren sein, daß der Antisemitismus mit dem Zusammenbruch des Hitlerregimes in Deutschland nicht einfach erloschen sei. Wenn sich nun Symptome seines Auflebens in einer zweiten Welle zeigten, dann sei es dennoch beruhigend zu wissen, daß ihm die Möglichkeit zur politischen Auswirkung fehle. In West-Berlin sei man rechtsradikalen Erscheinungen gegenüber sehr viel wachsamer als in der Bundesrepublik. Die Spruchkammerverfahren würden dort so lange durchgeführt, bis auch das letzte Opfer des NS-Regimes zu seinem Recht gekommen sei.

22. Juni Auf einer Funktionärskonferenz der SPD in **West-Berlin** führen heftige Flügelkämpfe zu einem Tumult. Als der Vorsitzende der *Falken*, Harry Ristock, bekennt, daß er sich »links in der Partei« einordne und es für ihn ebensowenig eine ideologische Brücke zum Kommunismus wie eine zum Antikommunismus gebe, werden Unmutsbekundungen laut. Eine Bemerkung Willy Brandts über »Versäumnisse in der deutschen Wiedervereinigungspolitik« aufgreifend bemerkt er zu dem »Berlin-Ultimatum« vom 27. November 1958, daß diese Krise zwar durch die Sowjets und das »Ulbricht-Regime« verursacht

worden sei, sich dabei aber zwei Politiker – womit er Adenauer und Ulbricht meint – gegenseitig in die Hände gearbeitet hätten. Beide hätten ein Interesse daran, daß es nicht zur Wiedervereinigung und einem einigen deutschen Volk komme, da dies ihr »politischer Tod« sei. Der Bundestagsabgeordnete Kurt Neubauer protestiert daraufhin gegen das »wilde Vereinfachen« von Ristock. Es sei unmöglich, zwei völlig verschiedene politische Probleme in der gleichen Weise zu bekämpfen. Man müsse daran zweifeln, ob jemand, der sich für links halte, auch wirklich links sei; es gebe Leute in der SPD, die »manchmal unbewußt das Spiel der anderen Seite« unterstützten. Nach weiteren Wortmeldungen führt ein Wilmersdorfer SPD-Funktionär sarkastisch aus, er habe sich gefreut, einen Linken kennenzulernen: »Was ist denn so ein Linker? Das sind die, die mit Kanonen gegen Adenauer schießen und gegen den Osten nur ein Säuseln übrighaben.«[139] Als er hinzufügt, daß es gewisse »Ehrenmänner« der SPD in der kommunistischen Propaganda gebe und einige von ihnen beim Namen nennt, bricht ein allgemeiner Tumult aus. Daraufhin wird ein Antrag auf Schluß der Debatte angenommen. Nachdem Ristock, von »Aufhören«-Rufen mehrfach unterbrochen, noch eine persönliche Erklärung abzugeben versucht, in der er vor Parteiausschlüssen von Repräsentanten des linken Flügels warnt, weil die Partei daran kaputtgehe und Adenauer und der Kommunismus damit ihr Ziel erreicht hätten, erklärt Willy Brandt in seinem Schlußwort: »Lieber Harry, du sagst, du gehörst zu jenen, die sich links einordnen. Nicht jeder, der rückwärts schaut, ist revolutionär. Gut, du darfst dich so einordnen. Aber ebenso wichtig ist – lassen wir links weg –, daß du dich einordnest!«[140]

22. Juni Das Bezirksgericht von **Karl-Marx-Stadt** verurteilt den ehemaligen Ortsvorsitzenden der CDU in Forchheim (Bezirk Karl-Marx-Stadt), wegen angeblicher Verbindungen zum Ostbüro der CDU zu einer siebenjährigen Zuchthausstrafe.

22.6.: »Deutschland halb und halb.« Adenauer und Ulbricht in einer Karikatur der »Stuttgarter Zeitung«.

*23.6.: Treffen von
Jazzmusikern im
Pariser Club »Saint-
Germain-des-Prés«
(v.l.n.r.): Tommy
Potter, Boris Vian,
Kenny Dorham,
Juliette Gréco,
Miles Davis,
Michelle Vian und
Charlie Parker.*

*23.6.: Das Multi-
Talent Boris Vian
als Jazztrompeter.*

Der Deserteur

Verehrter Präsident
Ich sende Euch ein Schreiben
Lest oder laßt es bleiben
Wenn Euch die Zeit sehr brenn

Man schickt mir da, gebt acht
Die Militärpapiere
Daß ich in den Krieg marschier
Und das vor Mittwoch nacht.

Verehrter Präsident
Das werde ich nicht machen
Das wäre ja zum Lachen
Ich hab kein Kriegstalent.

Sei's Euch auch zum Verdruß
Ihr könnt mir's nicht befehlen
Ich will's Euch nicht verhehlen
Daß ich desertieren muß.

Seit ich auf Erden bin
Sah ich den Vater sterben
Sah meine Brüder sterben
Und weinen nur mein Kind.

Sah Mutters große Not
Nun liegt sie schon im Grabe
Verlacht den Bombenhagel
Und treibt mit Würmern Spott.

Als ich Gefangner war
Ging meine Frau verdienen
Ich sah nur noch Ruinen
Nichts blieb, was mir mal war.

Früh wenn die Hähne krähen
Dann schließ ich meine Türen
Und will die Toten spuren
Und auf die Straße gehen.

Ich nehm den Bettelstab
Auf meiner Tour de France
Durch Bretagne und Provence
Und sag den Menschen dies:

Verweigert Krieg, Gewehr
Verweigert Waffentragen
Ihr müßt schon etwas wagen
Verweigert's Militär.

Ihr predigt, Kompliment
Doch wollt Ihr Blut vergießen
Dann laßt das Eure fließen
Verehrter Präsident.

Sagt Eurer Polizei
Sie würde mich schon schaffen
Denn ich bin ohne Waffen
Zu schießen steht ihr frei.

(Variante zur Schlußstrophe,

Sagt Eurer Polizei
Sie würde mich nicht schaffen
Denn ich besitze Waffen
Und schieße nicht vorbei.

*23.6.: Vians
berühmtes antimili-
taristisches Chan-
son.*

23. Juni Einen Tag vor der zweiten und dritten Lesung der saarländischen Eingliederungsgesetze im Bundestag führt der *Verband der Kriegsbeschädigten, Kriegshinterbliebenen und Sozialrentner Deutschlands* (VdK) in **Bonn** eine Mahnkundgebung durch. An ihr nehmen 3.000 Delegierte des VdK-Landesverbands Saarland teil. Hauptredner in der Hans-Riegel-Halle sind der saarländische VdK-Landesverbandsvorsitzende Hans Genenger, der saarländische Arbeitsminister Hermann Trittelvitz und der Vorsitzende der SPD-Fraktion im saarländischen Landtag, Fritz Regitz. Sie appellieren an die Abgeordneten des Bundestags, ihr Versprechen einzulösen, den sozialen Besitzstand der Kriegsopfer zu erhalten.

23. Juni Der Atomphysiker Klaus Fuchs, der am 1. März 1950 wegen des Verrats von militärischen Geheimnissen der Atomwaffenproduktion an die Sowjetunion von einem britischen Gericht zu einer 14jährigen Gefängnisstrafe verurteilt worden war, wird wegen guter Führung vorzeitig aus dem Gefängnis **Wakefield** entlassen. Der 47jährige kehrt nach einem Flug von **London** nach **Ost-Berlin** zu seinem Vater, dem 85jährigen Theologen Professor Emil Fuchs, nach **Leipzig** zurück. Klaus Fuchs, der bereits während seines Studiums in die KPD eingetreten war, emigrierte 1933 über Frankreich nach Großbritannien und beteiligte sich, nachdem er bereits in Birmingham als Atomphysiker tätig war, von 1943 bis 1946 am »Manhattan Project«, dem gigantischen Forschungs- und Entwicklungsprojekt, das die USA in Los Alamos (US-Bundesstaat New Mexico) zum Bau der ersten Atombombe in Gang setzten. Nach jahrelanger Spionagetätigkeit hatte Fuchs im Dezember 1949 gestanden, für den sowjetischen Geheimdienst KGB gearbeitet zu haben.

23. Juni Während der Probevorführung des nach seiner Romanvorlage gedrehten Films »Auf eure Gräber werd ich spucken« stirbt in **Paris** der 39jährige Boris Vian. Der Schriftsteller gehörte über ein Jahrzehnt lang zu den talentiertesten und vielseitig-

sten Künstlern von St.-Germain-des-Prés. Ursprünglich als Ingenieur ausgebildet, wurde er zum Jazztrompeter, Romancier, Filmschauspieler, Kabarettisten, Chansonnier und Dramatiker. Aufsehen erregte er auch über Frankreich hinaus, als Staatspräsident René Coty 1955 sein Chanson »Der Deser-

teur« verbieten ließ, in dem Vian zur Kriegsdienstverweigerung nicht aus Gewissens-, sondern aus Vernunftgründen aufruft. Seine bekanntesten literarischen Werke sind »Der Schaum der Tage«, »Herbst in Peking« und »Der Herzausreißer«. Die ungemein phantasievollen, vor Leichtigkeit, Raffinesse und barocker Formulierkunst glänzenden Texte gewinnen noch Jahrzehnte danach sowohl in Frankreich als auch in anderen europäischen Ländern immer wieder neue Leser und erleben so einen anhaltenden Nachruhm.

25. Juni Im Bundeshaus in **Bonn** demonstrieren 35 Mannequins und Photomodelle gegen eine neue Gesetzesregelung, die ihnen vorschreibt, sich künftig nur noch über Arbeitsämter vermitteln zu lassen. Sie steigen am Hauptportal aus einem gecharterten Omnibus, mit dem sie aus Köln gekommen sind, und umringen die erstbesten Politiker, die ihnen gerade über den Weg laufen. Der niedersächsische Ministerpräsident Hinrich Kopf (SPD) gibt sich umstandslos mit der Bemerkung geschlagen, sein »guter Ruf« sei »sowieso dahin«, und läßt sich mit den jungen Frauen photographieren. Während ein FDP-Politiker nichts besseres weiß, als die Mannequins zu Kaffee und Kuchen einzuladen, schlägt die 80jährige Alterspräsidentin Marie-Elisabeth Lüders (FDP) eine solche Einladung mit den Worten aus, sie sei »viel zu eitel«, um sich »dieser Konkurrenz« auszusetzen. Bundesfamilienminister Franz-Josef Wuermeling (CDU) versichert, obwohl ihm klar sein müßte, daß die Angelegenheit überhaupt nicht in sein Ressort fällt, ebenso beflissen wie verlegen, er werde die Probleme der jungen Frauen bei der nächsten Kabinettsitzung vorbringen. Bundestagsvizepräsident Carlo Schmid (SPD), der den Auflauf bereits seit einiger Zeit aus seinem im Präsidialtrakt befindlichen Dienstzimmer verfolgt, zieht es vor, nur die Bekanntschaft einer der Protestierenden zu machen – er lädt die nordrhein-westfälische Schönheitskönigin des Vorjahres zu sich ein. Und versichert dieser dann, daß er die ganze Angelegenheit überprüfen werde. Der einzige Politiker, der »uncharmant« – wie Journalisten anschließend bemerken – auf die »Demonstration auf schönen Beinen« reagiert, ist der, dem die ungewöhnliche Protestaktion gilt – Bundesarbeits- und -sozialminister Theodor Blank (CDU). Als er von einigen Mannequins, die bereits seit geraumer Zeit auf ihn warten, bei seiner Ankunft am Ministereingang aus dem Dienstwagen gezogen wird, kommt er sichtlich in Verlegenheit und wird abwechselnd rot und weiß, obwohl keine der Damen der Aufforderung mehrerer Pressephotographen nachkommt, Lippenstiftspuren auf der

Wange des Ministers zu hinterlassen. Als über Blank statt Küssen ein Gewitter an Forderungen wie »Gleiche Chancen erforderlich«, »Alten Gesetzeszopf beseitigen«, »Gleichstellung mit Kunst- und Bühnenagenturen«, »Arbeitsamtsmonopol abschaffen« und anderes mehr herniedergeht, ergreift er mit der Bemerkung, er habe einen dringenden Termin, die Flucht. Eine halbe Stunde später, die Demonstrantinnen sind inzwischen verschwunden, übergibt Blank dann der Presse eine zweieinhalb Seiten umfassende »sozialpolitische Information, betr. Arbeitsvermittlung von Mannequins«. Darin heißt es, eine Untersuchung habe ergeben, daß es sich bei der Beschäftigung von Mannequins und Photomodellen fast ausschließlich um kurzfristige Arbeitsverhältnisse handle. Da der geringe Umfang der Vermittlungsmöglichkeiten privaten Stellenvermittlern keine ausreichende Existenzmöglichkeit bieten würde, sei nicht daran gedacht, »eine auf Gewinn gerichtete Arbeitsvermittlung für Mannequins und Photomodelle zuzulassen«.

*23.6.: Titel eines
1978 in West-Berlin
erschienenen
Sammelbandes.*

*25.6.: Die protestierenden Mannequins
vor dem Bonner
Bundeshaus.*

25.-27.6.: Atom-mahnwache in Wuppertal (v.l.n.r.): Professor Johannes Harder, Professor Renate Riemeck, Herbert Compton, Hemlata Devi und Studenten-pfarrer Falkenroth.

25.-27.6.: Während der Mahnwache werden über 3.000 Unterschriften gegen die geplante Raketenstationie-rung auf dem Flug-platz Dortmund-Brackel gesammelt.

25. Juni In der in der Westschweiz gelegenen Stadt **Moutier** demonstrieren 5.000 Menschen für ein autonomes Jura.

25.-27. Juni Am 16. Jahrestag der Zerstörung des Stadtteiles Elberfeld durch alliierte Bombenangriffe führen Rüstungsgegner in **Wuppertal** eine Atommahnwache durch. Zur Eröffnung sprechen die Inderin Hemlata Devi, der Studentenpfarrer Falkenroth und der sozialdemokratische Landtagsabgeordnete Johannes Rau. Drei Tage und Nächte lang stehen Mitglieder der *Gewerkschaftsjugend*, der *Jungsozialisten*, der *Naturfreundejugend*, des *Verbands der Kriegs-dienstverweigerer* (VK) und der *Arbeitsgemeinschaft sozialistischer Lehrer* auf dem Johannisberg, um die Bevölkerung vor der Atombewaffnung zu warnen. Sie werden dabei von der aus Kalkutta stammenden Inderin und dem Australier Herbert Compton unterstützt, der durch seinen Marsch von London zum Raketenstützpunkt Dortmund-Brackel für Schlagzeilen gesorgt hat. Außerdem beteiligen sich auch noch die Professorin Renate Riemeck und ihr Kollege Johannes Harder. Bei zwei Großangriffen auf Wuppertal waren 1943 in der Nacht vom 29. zum

30. Mai und in der vom 24. auf den 25. Juni 7.000 Einwohner getötet und 2.700 verletzt worden. Rund 400.000 Menschen verloren dabei ihre Wohnungen.

26. Juni Der Erste Sekretär des SED-Zentralkomitees, Walter Ulbricht, äußert sich in einer Ansprache vor Vertretern der Intelligenz in **Dresden** über die Bedeutung der »Konzeption des sogenannten Dritten Weges«: »Sie bedeutet den Versuch, den Realitäten des Lebens auszuweichen, dem gesetzmäßigen Kampf zwischen dem Neuen und dem Alten, zwischen dem Fortschritt und der Reaktion auszuweichen, um gewissermaßen zwischen den Fronten, ohne Kampf und Konflikt zum Ziele zu gelangen. Zwischen den Fronten kann man nur das Leben einbüßen.«[141] – Grund für die besondere Beunruhigung Ulbrichts ist der Umstand, daß seit einiger Zeit bei einer Reihe von SED-Mitgliedern, die als ideologisch unzuverlässig gelten, Ausgaben einer im Westen unter dem Namen »Der Dritte Weg« produzierten »Zeitschrift für modernen Sozialismus« – wie der Titel weiter lautet – gefunden werden. Über die Publikation, in deren erster Nummer der Leitartikel »Zwischen Stalinismus und Kapitalismus« zu lesen war, schreibt das Nachrichtenmagazin »Der Spiegel« am 16. September unter der Überschrift »Dritter Weg«: »Ausgerechnet einer Zeitschrift solcher Ideal-Kommunisten, einem obskuren, seit Mai dieses Jahres in Koblenz erscheinenden Blättchen, widerfuhr die Ehre, für die größte ideologische Abwehrkampagne in der Geschichte der SED den Titel liefern zu dürfen.«[142] – Erst am 28. Dezember 1961 vermag die in Ost-Berlin erscheinende »Berliner Zeitung« zu vermelden, daß das Geheimnis um das oppositionelle Blatt gelüftet ist: »Das Bundesamt für Verfassungsschutz hat ... unter dem Namen ›Dritter Weg‹ eine Agentur geschaffen, die zugleich die Hetzzeitschrift ›Der Dritte Weg‹ herausgibt ... Jede Zeile dieses ›Druckerzeugnisses‹ genehmigt Dr. Nollau persönlich. Er legt ebenso den genauen Anteil der in jeder Ausgabe zu veröffentlichenden Materialien fest ... und selbst die scheinbare Kritik an Ansichten von SPD-Führern ist nichts anderes als Spiegelfechterei mit dem letztendlichen Zweck, die Untergrundtätigkeit dieser Verfassungsschutzagenten abzudekken.«[143] – Diese Deutung wird schließlich viele Jahre später in den Memoiren des erwähnten Mannes bestätigt. Günther Nollau, der während der sozialliberalen Koalition vorübergehend Präsident des Bundesamtes für Verfassungsschutz ist, beschreibt in seinem 1978 erschienenen Band »Das Amt« rückblickend die Absichten, mit denen das publizistische Täuschungsmanöver gestartet worden war: »Die KPD war 1956 verboten worden. Im selben Jahr hatte der XX. Parteitag der KPdSU stattgefunden, auf dessen Geheimsitzung Chruschtschow Stalin heftig angegriffen und dadurch dessen System diskreditiert hatte. Intelligente Kommunisten diskutierten damals darüber, welcher Weg nun bestritten werden sollte. War es richtig, den orthodoxen Stalinismus beizubehalten, oder sollte man sich im kapitalistischen Bereich der reformerischen Sozialdemokratie anschließen? Einige meiner Mitarbeiter und ich diskutierten damals mit ehemaligen Kommunisten, vor allem mit dem aus der DDR geflohenen zweiten Sekretär der FDJ, Honeckers damaligem Stellvertreter Heinz Lippmann, darüber, wie man diese Diskussionen anregen und für unsere Abwehrzwecke nutzen könne. Wir kamen zu dem Ergebnis, eine offene Werbung für die Sozialdemokratie werde es den moskautreuen Kommunisten erleichtern, jeden neuen Gedanken mit dem Etikett ›Sozialdemokratismus‹ zu versehen und abzulehnen. Einer kam auf die Idee, einen ›Dritten Weg‹ zu propagieren, einen schmalen Pfad, den zu begehen die Fähigkeit erforderte, zwischen dem orthodoxen Kommunismus und der reformerischen Sozialdemokratie zu balancieren ... Wir druckten ein bescheidenes Blättchen, nannten es ›Der Dritte Weg‹ und versandten es an Kommunisten in Ost und West, deren Anschriften wir uns beschafften. Wir hatten auch eine Spalte für Leserbriefe geschaffen und baten um Zuschriften. Auf diese Weise hofften wir, Kommunisten kennenzulernen, die Gegner des Stalinismus waren.«[144]

26. Juni-7. Juli Auf den IX. Internationalen Filmfestspielen in **West-Berlin** wird der von Herbert Viktor gedrehte Dokumentarfilm »Paradies und Feuerofen« als offizieller deutscher Beitrag in der Kategorie der abendfüllenden Dokumentarfilme gezeigt. Der Film zeigt eine Reportage über den Staat Israel und versteht sich als Aufklärungswerk. Er will ein Stück Wiedergutmachung für den antisemitischen Hetzfilm »Jud Süß« leisten. Obwohl er von der Filmbewertungsstelle in Wiesbaden das Prädikat »besonders wertvoll« erhält, sind sich die für die Auswahl der Berlinale-Beiträge zuständigen Gremien in der Beurteilung des Films uneins und befürchten sogar israelische Proteste, weil offenbar einige der in Israel gemachten Aufnahmen ohne staatliche Drehgenehmigung zustandegekommen sind. »Paradies und Feuerofen« erhält schließlich am Ende der Berlinale den Preis des *Internationalen Katholischen Filmbüros* (OCIC). Protest gegen die Auszeichnung erhebt zunächst nur das ägyptische Jurymitglied Mary Ghadban. - Die in Damaskus erscheinende Tageszeitung »Al-Alam« übt später heftige Kritik an dem Streifen und wirft dessen Regisseur vor, daß er das ungeklärte Palästinaproblem völlig ausklammere. - Als dann aus Israel bekannt wird, daß sich die Regierung entschlossen habe, den Dokumentarfilm dort nicht zur öffentlichen Aufführung freizugeben, meint die in West-Berlin erscheinende Zeitung »Der Tag« dazu: »Mit dieser Entscheidung scheint die befürchtete Antwort auf die auch viele Deutsche bewegende Frage gegeben, was denn Gutes dabei herauskommen könnte, wenn ausgerechnet von deutscher Seite ein Film über Israel gedreht werde.«[145] Zu dem Kreis, in dem der Film zur Beurteilung vorgeführt worden war, zählte mit Staatspräsident Isaak Ben Zwi, Ministerpräsident David Ben Gurion und Außenministerin Golda Meir die Spitze des Staates Israel.

28. Juni Die *Sozialdemokratische Partei der Schweiz* (SPS) verabschiedet auf ihrem Parteitag in **Zürich** ein neues Parteiprogramm, das nicht mehr marxistisch geprägt ist. Darin ist der Begriff des »Klassenkampfes« nicht mehr enthalten und insgesamt auf eine revolutionäre Terminologie verzichtet worden.

28. Juni-1. Juli In der östlich von Regensburg an der Donau gelegenen Kleinstadt **Wörth** kommt es wegen einer Entscheidung der von der CSU geführten Landesregierung fast zu einem Aufstand in der Provinz. Das 2.000 Einwohner zählende Wörth gehört zu den 28 bayerischen Orten, in denen zum 1. Juli aus Gründen der Verwaltungsvereinfachung die Zweigstellen der jeweiligen Amtsgerichte aufgelöst werden sollen. Als die ersten Lastwagen vor dem Gerichtsgebäude eintreffen, um die Akten abzutransportieren, alarmiert ein in der Regensburger Straße stationierter Posten die Stadträte. »Kein Akten- oder Möbelstück verläßt das Haus«, lautet die Parole. Die Stadträte besetzen den Eingang des Gebäudes und drohen damit, die Sirenen zu betätigen, um die Bevölkerung zu Blockadeaktionen zu mobilisieren. Als Amtsgerichtsrat Fritz Preißler nun telephonisch bei seiner vorgesetzten Behörde in **Regensburg** um Verstärkung bittet, versammeln sich zahlreiche Einwohner im Sitzungssaal des Stadtrates. Bürgermeister Hans Baumann erneuert in einer Ansprache noch einmal den Beschluß, daß der gesamte Stadtrat am 1. Juli zurücktreten werde, falls die Zweigstelle tatsächlich geschlossen werden soll. Das Wörther Amtsgericht bestehe bereits seit 500 Jahren. Er fordert, daß mit der Verwaltungsvereinfachung nicht »zum Schaden des Volkes bei nützlichen und bewährten Einrichtungen auf dem flachen Lande« begonnen werden solle. Der Landrat und der zuständige Landgerichtsdirektor erreichen schließlich beim bayerischen Justizminister Christian Albrecht Haas (FDP) in **München**, daß der Umzug für einige Tage verschoben wird. Der Minister läßt mitteilen, daß er zu einer Unterredung mit den gewählten Vertretern der Stadt bereit sei. Nachdem die

26.6.: »Was heißt hier Marx und Bebel, Genossen? Es gibt ja noch einen dritten Weg!« ruft Herbert Wehner den Mitgliedern seiner Partei in einer Karikatur des SED-Zentralorgans »Neues Deutschland« zu.

Möbelwagen umgekehrt sind, findet eine Protestkundgebung statt, an der sich die Hälfte der Bevölkerung beteiligt. Die Stadträte versichern noch einmal, daß sie »zum Letzten« entschlossen seien: Wenn die Verlegung des Amtsgerichts nicht rückgängig gemacht werde, dann würden sie ihre Mandate niederlegen. Als am Abend darauf der Bürgermeister zusammen mit seinem Stellvertreter in der bayerischen Hauptstadt eintrifft, müssen sie sich im Justizministerium anhören, daß der Beschluß zur Zweigstellenauflösung unumstößlich sei. Haas vertritt in dem zweistündigen Gespräch die Ansicht, daß ein Nachgeben im Falle Wörth die anderen 27 Gemeinden automatisch dazu ermuntern würde, nun ihrerseits Widerstand zu leisten. Als am 30. Juni erneut ein Möbelwagen vor dem Gebäude des **Wörth**er Amtsgerichts aufzufahren versucht, wird ihm der Weg von einer Planierraupe versperrt. Als daraufhin Akten und Mobiliar am Hintereingang verladen werden, versuchen zahlreiche Einwohner mit Traktoren, Lastautos und Leiterwagen eine Art Wagenburg aufzubauen, um die Räumung ihres Amtsgerichts zu verhindern. Erst durch den Einsatz von 200 Polizisten gelingt es der Staatsmacht, die Gerichtsakten aus dem Gebäude herauszuholen und abzutransportieren. Nach dieser Niederlage treten am darauffolgenden Tag sämtliche kommunalen Dienststellen der Kleinstadt in einen unbefristeten Streik. Gleichzeitig treten Bürgermeister und Stadtrat von ihren Ämtern zurück. Sie verlangen weiterhin, daß die bayerische Landesregierung ihren Entschluß rückgängig macht, die Zweigstelle des Amtsgerichts nach Regensburg zu verlegen. Auch der Ortsvorstand der CSU erklärt seinen Rücktritt. Die örtliche Stelle des *Deutschen Roten Kreuzes* (DRK) stellt aus Protest bis auf weiteres ihren Dienst ein. Sämtliche Fahnen, die anläßlich der in der kleinen Stadt an der Donau veranstalteten Schloßfestspiele gehißt sind, erhalten einen Trauerflor.

29. Juni In **Frankfurt** protestieren 16 Pfarrer der *Evangelischen Kirche* mit einem Flugblatt gegen die erneute Propagierung von Luftschutzmaßnahmen. Unter den heutigen Bedingungen der ABC-Waffen seien Aufforderungen wie sie vom hessischen Innenminister an die Gemeinden ergangen seien, in denen der Ausbau eines örtlichen Alarmsystems empfohlen wird, das, was Ärzte und Biologen bereits seit Jahren als »frevelhafte Spielerei und Vortäuschung einer nicht gegebenen Sicherheit« bezeichnen. Die erneute Vorbereitung von Luftschutzübungen erzeuge in der Bevölkerung »eine gefährliche Psychose«, die in Wirklichkeit »eine praktische Kriegsvorbereitung« darstelle. – Einen Tag später wird der Text in **Gelnhausen** von sieben weiteren Pfarrern unterzeichnet.

29. Juni Auf einer Veranstaltung der *Internationale der Kriegsdienstgegner* (IdK) im Robert-Schumann-Saal in **Düsseldorf** hält der amerikanische Nobelpreisträger Professor Linus Pauling unter dem Titel »Kein Krieg mehr!« einen Vortrag, in dem er seine Argumente gegen eine Atombewaffnung vorstellt. Der Chemiker, der einen von 9.235 Wissenschaftlern aus 44 Nationen unterzeichneten Appell zum Abschluß eines Atomwaffenteststopps verfaßt hat, der am 13. Januar 1958 dem Generalsekretär der Vereinten Nationen, Dag Hammarskjöld, überreicht wurde, skizziert zunächst die Geschichte der öffentlichen Interventionen von Atomphysikern und anderen Wissenschaftlern angesichts der mit dem nuklearen Wettrüsten verbundenen Gefahren. Dann schildert er minutiös die gesundheitlichen Folgen, die bereits die Nukleartests für Generationen heraufbeschwören. Im Falle, daß mehr und mehr Nationen Atomwaffenarsenale anlegen, erklärt der Naturwissenschaftler, vergrößere sich die Aussicht auf den Ausbruch eines allesvernichtenden Atomkrieges, der das Ende der Menschheit bedeute. »Wir müssen jetzt einsehen,« appelliert er an seine Zuhörer, »daß die Macht, die Erde zu vernichten, die Macht ist, die man nicht anwenden kann. Wir müssen anerkennen, daß wir alle einen gemeinsamen Feind haben. Dieser gemeinsame Feind ist der Krieg, der die Welt vernichten kann; und wir müssen uns in dem Kampf gegen den gemeinsamen Feind Krieg zusammenschließen.«[146] Anschließend bedankt sich Hans Bender, der die Veranstaltung organisiert hat, bei dem amerikanischen Gast. Danach weist die Wuppertaler Professorin Renate Riemeck darauf hin, daß es vor allem Wissenschaftler vom Schlage Paulings zu verdanken sei, daß der in allen Teilen der Bevölkerung lebendige Widerstand gegen die Atom-

USA-Nobelpreisträger
Linus Pauling
hält Vorträge in deutscher Sprache
„Kein Krieg mehr!"
in
B r e m e n
Sonntag, 28. Juni, 20 Uhr
Verantwortlich: Detlev Dahlke,
Bremen, Hannoversche Str. 2
D ü s s e l d o r f
Montag, 29. Juni, 20 Uhr
Verantwortlich: Dr. jur.
Hans Bender I, Düsseldorf,
Karlplatz 17
M ü n s t e r
Dienstag, 30. Juni, 20 Uhr
Verantwortlich: Oberkirchenrat
Münster, Mauritz-Freiheit 6
D o r t m u n d
Mittwoch, 1. Juli, 20 Uhr
Verantwortlich: Oberkirchenrat
D. Kloppenburg, Dortmund,
Schliepstraße 11
D a r m s t a d t
Donnerstag, 2. Juli, 15.30 Uhr
Verantwortlich: Pfarrer Mochalski,
Darmstadt, Roquetteweg
S t u t t g a r t
Donnerstag, 2. Juli, 20 Uhr
Verantwortlich: Frau Lohse-Link,
Stuttgart, Rosenbergstraße 133
M ü n c h e n
Freitag, 3. Juli, 20 Uhr
Verantwortlich: Gerhard Ralle,
München Ainmillerstraße 3
B e r l i n
Samstag, 4. Juli
Verantwortlich: Heinz Kraschutzki,
Berlin-Wannsee, Hohenzollernstr. 27a
Karten im Vorverkauf sind bei den
Verantwortlichen erhältlich
**INTERNATIONALE DER
KRIEGSDIENSTGEGNER
(IDK)**

29.6.: Veranstaltungshinweis aus der »Deutschen Volkszeitung«.

29.6.: Die indische Studentin Hemlata Devi dankt Professor Linus Pauling mit einem Blumenstrauß für dessen Initiative zu einem internationalen Atomwaffenteststopp.

rüstung so stark geworden sei. Die Teilnehmer, unter ihnen auch die indische Studentin Hemlata Devi, verabschieden am Ende eine Resolution, in der die Vereinigten Staaten aufgefordert werden, ein Forschungszentrum für die Fragen des Weltfriedens zu gründen. Dessen Aufgabe solle es sein, Probleme der Friedenssicherung in derselben wissenschaftlichen Weise zu untersuchen, wie das auch mit anderen wichtigen Fragen der Gegenwart geschehe. – Den gleichen Vortrag hält Professor Pauling in den darauffolgenden Tagen auf weiteren Veranstaltungen der IdK in **Münster**, **Dortmund**, **Darmstadt**, **Stuttgart**, **München**, und **West-Berlin**.

30. Juni Auf einer Veranstaltung der *Deutschen Friedensgesellschaft* (DFG) im Lyzeum von **Siegen** referiert Kirchenpräsident Martin Niemöller, der zugleich Präsident der DFG ist, über das Thema »Du sollst nicht töten!« Darin erläutert er noch einmal die theologischen Beweggründe, die ihn dazu geführt haben, den Krieg im Atomzeitalter als verbrecherisches Handeln zu geißeln. – Niemöller hatte am 24. Januar in seiner umstrittenen Kasseler Rede die Ausbildung von Soldaten als »Schule für Berufsverbrecher« bezeichnet.

30. Juni In einem Interview der »Politisch-Sozialen Korrespondenz« nimmt Bundesverteidigungsminister Franz Josef Strauß zu Fragen der Militärstrategie Stellung. Zu der von sowjetischer Seite immer wieder zu hörenden Behauptung, die Bundesregierung habe die Absicht, die Westmächte zur Unterstützung eines Krieges für die Rückgewinnung der deutschen Ostgebiete zu gewinnen, meint Strauß: »Die Sowjetunion verfolgt mit ihrer Propaganda den Zweck, die Bundesrepublik bei ihren Verbündeten zu diffamieren, also Mißtrauen zu säen, um die Kapitulation des Westens in Raten ernten zu können. Denn es ist offenkundig ihre Absicht, die Bundesregierung aus dem westlichen Bündnis herauszubrechen und damit dieses System, das den Frieden und die Freiheit sichert, allmählich zum Einsturz zu bringen. Sie appelliert dabei an die Anti-Hitler-Koalition von einst und will sie zu einer Anti-Deutschland-Koalition von heute machen. In Deutschland selbst versucht die Sowjet-Propaganda, den Nationalismus erneut zu entfachen, indem sie sich bemüht, ein neutrales Deutschland als nationales Ziel den Deutschen zu suggerieren. Sie will in der öffentlichen Meinung der Bundesrepublik anti-westliche Stimmungen erzeugen. Das Ziel dieser Propaganda entspricht dem der sowjetischen Agitation gegen die Bundesrepublik im Ausland, nämlich: Trennung der Bundesrepublik von ihren Partnern.«[147] Und auf die Frage, ob die Bundesrepublik überhaupt dazu in der Lage sei, einen Krieg zu führen, antwortet Strauß: »Die

Bundeswehr wird bewußt als Teil, als Beitrag für das westliche Verteidigungssystem aufgebaut. Sie ist zu eigenständigen Aktionen nicht in der Lage, denn: 1. die Bundeswehr verfügt nicht über strategische Waffen, 2. die Bundeswehr ist auf den Nachschub aus dem Ausland, über den Atlantik, angewiesen, 3. die Bundeswehr hat keine eigenen Operationsplanungen, sondern alle ihre Kampfeinheiten sind in die NATO integriert und werden daher operativ von der NATO geführt, 4. die Endstärke der Bundeswehr von 350.000 Mann wäre – für sich allein gesehen – bei weitem nicht ausreichend, um eine Verteidigung der Bundesrepublik zu gewährleisten oder gar einen Angriff in Richtung Osten zu führen, 5. die Bundesrepublik hat auf die Produktion von ABC-Waffen verzichtet. Ein Alleingang der Bundesrepublik ist also praktisch unmöglich, da Deutschland nicht mehr als Großmacht, geschweige denn als Weltmacht gelten kann, also nicht mehr als militärische Potenz, die in der Lage wäre, allein einen Krieg zu bestehen.«[148]

30.6.: »Tandaradei«: Bundespräsident Heuss (Mitte) unternimmt mit Bundeskanzler Adenauer (links), Bundesverteidigungsminister Strauß (vorn rechts), Bundespressechef von Eckardt (dahinter) und mehreren Kabinettsmitgliedern einen Ausflug ins Grüne; Karikatur aus dem »Simplicissimus«.

1959

Januar Februar März April Mai Juni

Juli

August September Oktober

November Dezember

Juli Eine Gruppe von Rechtsanwälten und Professoren wendet sich mit einem Offenen Brief an Bundespräsident Theodor Heuss in **Bonn** und appelliert an ihn, sich für eine umfassende Amnestierung politischer Delikte einzusetzen. »Wir möchten nur aus der Verpflichtung unseres Gewissens für die unmittelbar davon Betroffenen Sie, Herr Bundespräsident, eindringlich bitten, zum Abschluß Ihres ablaufenden Amtes als Staatsoberhaupt und in Anlehnung an ähnliche großzügige Handlungen aus früherer Zeit, eine persönliche Anregung dem Deutschen Bundestag zu unterbreiten, daß dieser den Erlaß eines Amnestiegesetzes als Zeichen des Verständigungswillens unter uns Deutschen beschließe.«[149] Auslöser der Initiative ist eine Serie von Ermittlungs- und Gerichtsverfahren vor allem gegen ehemalige Mitglieder der KPD, die beschuldigt werden, auch nach dem Verbot der Partei weiter ihre Ziele zu verfolgen. Das Schreiben ist u. a. von dem Marburger Politikwissenschaftler Professor Wolfgang Abendroth, dem Bremer Rechtsanwalt Heinrich Hannover und seinem Essener Kollegen Diether Posser unterzeichnet.

Juli Das Schöffengericht beim Landgericht **Wuppertal** verurteilt den 48jährigen Ingenieur Hermann Koch wegen antisemitischer Äußerungen zu einer viermonatigen Gefängnisstrafe. Der nach einem dreieinhalbjährigen Argentinien-Aufenthalt in die Bundesrepublik zurückgekehrte Angeklagte hatte am 21. April in einer Wuppertaler Gaststätte einem nichtjüdischen Autoschlosser gedroht, er fände es »schade«, daß er nicht vergast worden sei; wenn Hitler noch leben würde, dann ginge es allen noch lebenden Juden »an den Kragen«. Koch, der den Beschimpften außerdem mißhandelt hat, macht auch

4.7.: Professor Linus Pauling, einer der international profiliertesten Kritiker der Atomrüstung.

vor Gericht keinerlei Hehl aus seiner antisemitischen Einstellung.

Juli Zum 17. von Hans Grimm veranstalteten »Dichtertag« kommen in **Lippoldsberg** an der Weser rund 2.000 Rechtsradikale aus dem gesamten Bundesgebiet zusammen. Zu Beginn wird der in Österreich verbotene und auch in der Bundesrepublik stark umstrittene Aufsatz »Ist das Neofaschismus?« vorgelesen, der in rechtsradikalen Kreisen als eine Art Credo gilt und dessen Autor Hans Venatier Selbstmord begangen hat. Bekenntnisse wie »Männer, die keine Soldaten sein wollen, sind keine Männer«, »Dem Soldatenstand gehört die höchste Ehre« und »Wehe dem Volk, in dem der Filmstar mehr gilt als der Offizier«, werden von den Zuhörern mit großer Begeisterung aufgenommen. Für den Höhepunkt des Treffens sorgt allerdings ein Alt-Nazi, der nicht als »Dichter« gilt. Der Luftwaffen-Oberst a.D. Hans-Ulrich Rudel liest aus seinen bereits 1950 im Waiblinger Verlag Lothar Leberecht erschienenen Memoiren mit dem für ihn programmatischen Titel »Trotzdem« das Anfangskapitel »Vom Regenschirm zum Stuka«, in dem er schildert, wie er den Entschluß faßte, Kampfflieger zu werden. Rudel, der zuletzt im rheinland-pfälzischen Landtagswahlkampf als Spitzenredner der DRP von sich reden gemacht hat, erhält frenetischen Beifall für die Auszüge aus seiner Bekennerschrift. Zu denen, die den »Fliegerhelden« feiern, zählt auch eine Reihe von uniformierten »Pimpfen«, die aus der Umgebung von Hannover angereist sind.

1. Juli Der frühere Berliner Stadtgartendirektor Josef Pertl hält bei der Beerdigung des ehemaligen NSDAP-Kreisleiters von Fürstenfeldbruck auf dem Ostfriedhof von **München** die Trauerrede. Mit ausgestrecktem rechten Arm erklärt er mit feierlicher Stimme: »Wir legen den Schwur ab, daß wir die Farben und Ideale, die dir heilig waren, niemals im Stich lassen und verraten werden.«[150] – Das Amtsgericht **München** verurteilt den bekennenden Alt-Nazi deshalb im Dezember wegen Vergehens gegen das Versammlungsgesetz zu einer fünfmonatigen Gefängnisstrafe ohne Bewährung.

1. Juli Nachdem Bundeskanzler Adenauer am 5. Juni seine Ankündigung widerrufen hat, daß er für das Amt des Bundespräsidenten kandidiere, wird in **West-Berlin** der bisherige Bundesminister für Ernährung, Landwirtschaft und Forsten, Heinrich Lübke (CDU), zum Nachfolger von Theodor Heuss gewählt. Lübke erreicht gegen die beiden Kandidaten der Opposition, Carlo Schmid (SPD) und Max Becker (FDP), erst im zweiten Wahlgang der dritten Bundesversammlung mit 526:386:99 Stimmen bei 22 Enthaltungen die erforderliche absolute Mehrheit. In einer kurzen Ansprache dankt Lübke seinem Amtsvorgänger Heuss und erklärt, nicht ohne zuvor versichert zu haben, daß er als designierter Bundespräsident noch gar keine Erklärungen abzugeben befugt sei, daß das »Hauptanliegen aller Deutschen« in dem Ziel liege, »ein auf Recht und Freiheit gegründetes, dem Frieden der Welt dienendes wiedervereinigtes Deutschland« zu erreichen. Bundestagspräsident Eugen Gerstenmaier (CDU) hat zu Beginn noch einmal die Entscheidung begründet, die Bundesversammlung nach West-Berlin einzuberufen. Nicht die Absicht zu provozieren, erklärt er vor 1.038 Stimmberechtigten und mehr als 1.000 Ehrengästen, habe

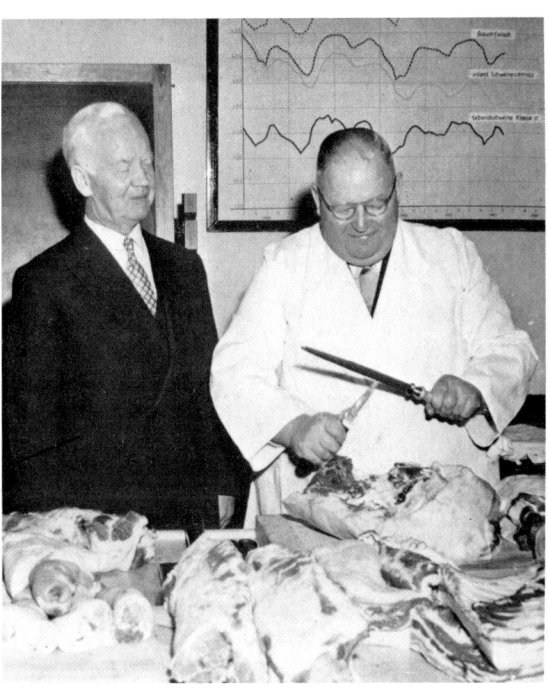

sie nach Berlin geführt, sondern die Treue zur Stadt, zum eigenen Volk und zur eigenen Geschichte. Man sei sich völlig der Bedeutung bewußt, die Berlin »als historische Hauptstadt für das gesamte deutsche Volk« besitze.

3. Juli Das Landgericht in **West-Berlin** verurteilt einen ehemaligen Unteroffizier der DDR-Grenzpolizei wegen gemeinschaftlicher Verschleppung in Tateinheit mit Amtsanmaßung und Freiheitsberaubung zu einer Gefängnisstrafe von zehn Monaten. Der Angeklagte war im Sommer 1958 an der widerrechtlichen Festnahme eines Flüchtlings in der Exklave Steinstücken beteiligt.

3. Juli Der französische Staatspräsident Charles de Gaulle gibt in **Paris** bekannt, daß die Streitkräfte seines Landes in absehbarer Zeit über Atomwaffen verfügen würden.

1.7.: »So, Lübke, und dat wäre dann Ihre Werkswohnung, und wenn mal was Wichtiges sein sollte – ich wohne ja nur 'n paar Häuser hin.« Bundeskanzler Adenauer in einer Karikatur des »Simplicissimus«.

1.7.: Der neue Bundespräsident war zuvor Bundesernährungsminister.

4. Juli In der Freien Universität in **West-Berlin** referiert auf einem vom Allgemeinen Studentenausschuß (AStA) veranstalteten »Politischen Forum« der amerikanische Chemiker und Nobelpreisträger Professor Linus Pauling zum Thema »Atomtod oder Weltregierung«. In seinem Vortrag, gegen den der Direktor des Strahleninstituts an der FU, Professor Heinz Oeser, in der nachfolgenden Diskussion protestiert, analysiert er in detaillierter Weise die Auswirkungen des Einsatzes von Atom- oder Wasserstoffbomben, insbesondere die durch sie langfristig hervorgerufenen genetischen Schädigungen. – Noch am selben Tag wird Professor Pauling von der Mathematisch-Naturwissenschaftlichen Fakultät der Hum-

5.7.: Feuerwehrleute versuchen in Rom das nach dem Anschlag in Flammen aufgegangene Fahrzeug zu löschen.

boldt-Universität in **Ost-Berlin** mit der Ehrendoktorwürde ausgezeichnet. In seiner Dankesrede fordert der US-Wissenschaftler die Aufnahme der DDR und der Volksrepublik China in die Vereinten Nationen.

4./5.7.: »Die Rückkehr« – Zeichnung von B. V. Linke zum zerstörten Warschau in dem Wochenblatt »Die Andere Zeitung«.

4./5. Juli Zu einer »Konferenz für Entspannung und Sicherheit in Europa« kommen in der polnischen Hauptstadt **Warschau** 120 Rüstungsgegner aus 22 Nationen zusammen. Aus der Bundesrepublik nimmt u.a. die Professorin Klara-Marie Faßbinder und aus der DDR der Schriftsteller Arnold Zweig teil. Im Zentrum der Beratungen stehen die Aufrüstung der Bundesrepublik und die Schaffung einer atomwaffenfreien Zone. Am Ende der zweitägigen Konferenz, zu deren Initiatoren auch der sowjetische Schriftsteller Ilja Ehrenburg zählt, wird nach schwieriger Debatte ein gemeinsamer »Appell an die öffentliche Meinung Europas« verabschiedet, in dem wegen der weiter gestiegenen Gefahr eines Atomkrieges umgehend Maßnahmen zur Abrüstung gefordert werden.

5. Juli Auf dem nordrhein-westfälischen Landesparteitag der *Deutschen Reichspartei* (DRP) in **Essen** fordern die Delegierten den »Abzug aller Besatzungstruppen in Ost und West« sowie die Neutralität eines wiederhergestellten Deutschen Reiches. Der rheinland-pfälzische DRP-Landtagsabgeordnete Hans Schikora, dem als einzigem Vertreter seiner Partei der Einzug in den Mainzer Landtag gelungen ist, erklärt: »Erst wenn kein fremder Soldat mehr auf deutschem Boden steht, werden wir wieder ein einiges und starkes Volk unter dem Hakenkreuz.«[151] Als Mitglied der Bundesparteileitung wendet sich der ehemalige Bundestagsabgeordnete Adolf von Thadden gegen den Vorwurf, die DRP sei eine neofaschistische, nationalsozialistische oder nationalbolschewistische Partei.

5. Juli Nur ein tragischer Zufall rettet dem Mitglied der algerischen Befreiungsfront FLN Tajeb Boulahrouf in **Rom** das Leben. Bevor er in seinen Wagen einsteigt, trudelt der Ball von auf der Straße spielenden Kindern unter das Fahrzeug. Dadurch wird der Zündmechanismus eines Sprengsatzes ausgelöst, der einen sechsjährigen italienischen Jungen in Stücke reißt und sechs Passanten zum Teil schwer verletzt. Boulahrouf gibt unfreiwillig seinem Spitznamen die Ehre; in der FLN wird er bereits seit geraumer Zeit »Glückspilz« genannt. Als Urheberin des Attentats gilt die für den französischen Geheimdienst arbeitende Terrororganisation *La Main Rouge* (Die Rote Hand).

5. Juli Der israelische Ministerpräsident David Ben Gurion erklärt in **Jerusalem** den Rücktritt seiner Regierung. Nachdem er am 26. Juni darauf beharrt hatte, daß Israel trotz scharfer Kritik seitens der Opposition 250.000 von einer Firma in Haifa produzierte Mörsergranaten an die Bundesrepublik verkaufen werde, war es zu einer tiefen Kabinettskrise gekommen. Ausschlaggebend für die Regierungsauflösung war die Weigerung von vier Ministern, die bei der Abstimmung in der Knesset gegen den Abschluß eines Waffenlieferungsvertrages mit der Bundesrepublik gestimmt hatten, aus dem Kabinett auszuscheiden. – Ursprünglicher Auslöser für das Auseinanderbrechen der israelischen Regierung war allerdings ein Artikel, in dem das Nachrichtenmagazin »Der Spiegel« am 24. Juni unter der Überschrift »Granaten aus Haifa« detailliert über das bevorstehende Waffengeschäft berichtet hatte. Demzufolge war am 28. Oktober 1958 vom Bundesverteidigungsministerium mit der luxemburgischen Firma »Salgat« ein Vertrag über die Lieferung von 250.000 Schuß Granatwerfer-Munition im Wert von zwölf Millionen DM unterzeichnet worden, die in der israelischen Waffenfirma »Soltam Ltd.«, die jeweils

zur Hälfte der »Salgat« und dem israelischen Gewerkschaftskonzern »Soleh Boneh« gehört, hergestellt werden sollten. Makler dieses Geschäfts sei der ehemalige KZ-Häftling Zabludowitsch gewesen, inzwischen Geschäftsführer der in Haifa ansässigen »Soltam Ltd.«. »Die Israelis haben sich, um die Bundesrepublik mit Munition beliefern zu dürfen,« resümierte der »Spiegel«, »von Zabludowitsch breitschlagen lassen, Forderungen aus dem Wiedergutmachungsabkommen zwischen Bonn und Tel Aviv als Sicherheit für das Millionengeschäft einzusetzen...«[152] Dieser Artikel war dann von der israelischen Abendzeitung »Yedioth Aharohot« passagenweise nachgedruckt worden. Auf diesem Umweg hatte die israelische Öffentlichkeit von dem bis dahin völlig unbekannten Waffengeschäft erfahren. Die größte der Oppositionsparteien, die *Cherut*, prangerte daraufhin den »jüdischen Waffenverkauf an das deutsche Mörder-Volk« an und verlangte die sofortige Einberufung des Parlaments. Die linksstehende Zeitung »Lamerchav« schrieb in einem Leitartikel: »In unseren schlimmsten Träumen hätten wir nicht erwartet, daß Israel – zwanzig Jahre, nachdem Hitler mit der Abschlachtung der Juden begann – einen Waffenstrom zur Wiederaufrüstung der deutschen Armee schicken würde.«[153] Ben Gurion hatte den Waffenhandel in einem von der Gewerkschaftszeitung »Davar« veröffentlichten Interview mit dem Argument verteidigt, daß sich die israelische Rüstungsindustrie auf diesem Weg einen neuen Absatzmarkt eröffne und Dollars erhalte, mit denen man »lebenswichtige Waffen für Israel« kaufen könne. Und General Jigal Alon, einer der Wortführer in der entscheidenden Debatte, hatte in der Knesset den Verdacht geäußert, daß die Deutschen nur deshalb die israelischen Granaten kaufen wollten, um sich auf diese Weise »moralisch zu rehabilitieren«. – Das in Hamburg erscheinende Nachrichtenmagazin »Der Spiegel« kommentiert in seiner Ausgabe vom 8. Juli die Jerusalemer Regierungskrise

selbstgefällig mit den Worten: »Die vom ›Spiegel‹ entdeckten Wurf-Granaten waren zu Wahl-Munition geworden.«[154] Es stimmt damit der von der französischen Tageszeitung »Le Monde« geäußerten Vermutung zu, daß der eigentliche »Anlaß der israelischen Erregung« die Tatsache sei, daß in Israel in fünf Monaten allgemeine Wahlen durchgeführt würden.

6. Juli Im Alter von 65 Jahren stirbt in **West-Berlin** der Graphiker und Maler George Grosz, der wie kein zweiter die Schrecken des Ersten Weltkriegs und den Zerfall der bürgerlichen Gesellschaft während der Weimarer Republik darzustellen vermocht hat. Als Ankläger einer überlebten Bourgeoisie, von Militarismus und Kapitalismus gehörte Grosz zu den größten politischen Zeichnern einer Epoche, der er mit »Ecce Homo« ihr schauriges Spiegelbild entgegen hielt. Grosz, der in der Berliner Dada-Bewegung aktiv war und schon 1919 Mitglied der KPD wurde, verließ Deutschland kurz vor der Machtergreifung der Nationalsozialisten und ging in die Vereinigten Staaten, wo er seitdem lebte.

7. Juli Bundesverteidigungsminister Franz Josef Strauß fordert auf einer Pressekonferenz in **Erding** bei München die Ausrüstung der an der Ostsee stationierten Bundesmarine mit Atomwaffen.

8./9. Juli In **Dresden** treten Metallarbeiter wegen der Einführung des sogenannten Wirtschaftszweig-Lohngruppenkatalogs in Streik. Im VEB Sachsenwerk im Stadtteil Niedersedlitz legen mehr als 100 Facharbeiter ihre Arbeit nieder, weil sie durch die

5.7.: Karikatur von Shmuel Katz in der Zeitung »Al Hamishmar«.

5.7.: Der israelische Ministerpräsident David Ben Gurion.

6.7.: Der Maler und Zeichner George Grosz.

6.7.: Die 1974 erschienene Taschenbuchausgabe seiner Erinnerungen.

neue Lohnordnung 20 Pfennig von ihrem Stundenlohn einbüßen. Mehrmals versuchen Funktionäre
der SED und des FDGB die Streikenden zur Wiederaufnahme der Arbeit zu veranlassen. Doch erst als
ihnen, nach Einschaltung von Vertretern der SED-
Bezirksleitung, garantiert wird, daß ihnen die alten
Löhne auch weiterhin ausbezahlt werden, nehmen
sie ihre Arbeit wieder auf. Sechs Streikende, die vom
MfS verhaftet worden waren, weil sie als Rädelsführer denunziert wurden, sind unter dem Druck ihrer
Kollegen wieder freigelassen worden. – Einer von
ihnen fürchtet weitere Repressalien und flüchtet
deshalb nach **West-Berlin**.

9. Juli Wenige Tage nach dem wirtschaftlichen Zusammenschluß des Saarlandes mit der Bundesrepublik treten in **Saarbrücken** und anderen Städten des
Bundeslandes 250.000 Arbeitnehmer in einen einstündigen Warnstreik, um gegen eine vermeintliche
Verschlechterung ihrer Lebensbedingungen zu protestieren. Es ist vor allem der durch die öknonomi-
sche Eingliederung ausgelöste Preisanstieg, der die
Saarländer zu diesem Schritt bewegt.

10. Juli Der 24jährige Schriftsteller Uwe Johnson
setzt sich, mit einer Schreibmaschine, einer Aktenta-
sche, einem Regenschirm und einer Pfeife »bewaffnet«, in den Westen ab. Er erweckt den Anschein, als
wolle er – wie üblich – mit dem Zug von **Leipzig** nach
Güstrow, seinen Heimatort, fahren. Diesmal jedoch
nimmt er die Gelegenheit wahr, steigt in **Ost-Berlin**
aus und fährt mit der S-Bahn in den britischen Sektor
von **West-Berlin** weiter. – Von seinem bereits seit
längerer Zeit fertiggestellten Roman »Mutmaßun-
gen über Jakob« wird am selben Tag in einer Druckerei in **Eschwege** das Titelblatt gesetzt. Als Verfasser
steht dort nicht, wie ursprünglich vorgesehen, das
Pseudonym »Joachim Catt«, sondern der Klarname
des Autors. Der Band erscheint kurz darauf im Suhrkamp Verlag in **Frankfurt** und findet bei der Kritik
ebenso wie beim Publikum eine überschwengliche
Aufnahme. Innerhalb weniger Wochen können von
dem Debütroman 3.000 Exemplare verkauft werden. – In seiner Rolle als Gastdozent für Poetik an
der Universität Frankfurt schildert Johnson 1979 seinen Übertritt mit großer Distanz: »Als er diesmal«,
spricht er von sich in der dritten Person, »ausstieg im
britischen Sektor von Berlin, verstand er es als einen
Umzug. Er gedachte den Flüchtlingslagern mit ihren
diversen Geldern fernzubleiben; er war kein Flüchtling (außer im Verständnis von Behörden, die er aufgegeben hatte). Unter Flucht verstand er eine Bewegung in großer Eile, unter gefährlicher Bedrohung;
er war mit der Stadtbahn gekommen. Er hatte vor,
ein Westberliner zu werden, mit dem verlassenen
Lande durch seine Freunde verbunden.«[155] – Der

10.7.: Der Schrift-
steller Uwe Johnson
setzt sich in den
Westen ab.

11.7.-11.10.: Das
offizielle Plakat zur
Kasseler Kunstaus-
stellung.

klassizistische DDR-Dramatiker Peter Hacks greift
Johnson am 28. November auf einer PEN-Sitzung in
Ost-Berlin mit den Worten an: »Also, Herr Johnson
weiß nichts über das primäre menschliche Interes-
sengebiet, die Gesellschaft ... Und die Meute der
Kunstaufpasser macht einen großen Jubel um dieses
Buch und lobt Herrn Johnson und bestärkt ihn in
seiner Dummheit. In diesem Lande werden, wenn
ich mich einmal selbst zitieren darf, die Talente ge-
knackt wie die Flöhe.«[156]

10. Juli Nach zweitägiger Verhandlungsdauer verurteilt das Bezirksgericht **Cottbus** die aus Senftenberg stammenden Oberschüler Siegbert Fischer,
Henning Neuendorf und Klaus Wilke wegen der
Anfertigung und Verbreitung regimekritischer Flugschriften zu Zuchthausstrafen zwischen einem und
zwei Jahren.

10. Juli Die beiden amerikanischen Wissenschaftler
Gregory Pincus und John Rock veröffentlichen in der
Zeitschrift »Science« das Versuchsergebnis mit
einem neuartigen Verhütungsmittel. Drei Jahre lang
haben sie 838 Frauen der Antilleninsel Puerto Rico
die auf dem Präparat Noräthynodrel basierende
Antibabypille »Enovid« verabreicht. In dem Bericht
heißt es, daß es bei den Versuchsteilnehmerinnen
nur in 16 Fällen zu ungewollten Schwangerschaften
gekommen sei.

11. Juli Unter dem Motto »Der neue Mensch, der
Typ des sozialistischen Menschen und seine Gestaltung in der Literatur« findet in **Leipzig** eine »Konferenz schreibender Arbeiter« statt. Sprecher kündigen dabei die Herausgabe einer eigenen Zeitschrift
an, in der die besten Texte, die aus der »Bewegung
schreibender Arbeiter« entstanden sind, veröffentlicht werden sollen. Als Titel ist vorgesehen: »Tribüne des schreibenden Arbeiters«.

11./12. Juli Auf Initiative des Folksängers Pete Seeger findet in dem an der Ostküste gelegenen **Newport** (US-Bundesstaat Rhode Island) erstmals das
»Newport Folk-Festival« statt. Von George Wein
und Albert Grossmann organisiert, treten vor
13.000 Zuhörern John Lee Hooker, Earl Scruggs, das
Kingston-Trio, die New Lost City Ramblers und
Peter, Paul & Mary auf. Von dem Sänger Bob Gibson
aufgefordert, stellt sich auch eine 18jährige Sängerin
mit ihrer Gitarre auf die Bühne. Sie erntet großen
Beifall für ihre Stücke. Es ist die bislang nur in Kaffee-
häusern aufgetretene Bostoner Studentin Joan Baez.
– In ihren Erinnerungen »We shall overcome«
beschreibt sie ihren ersten, von Dauerregen beein-
trächtigten Auftritt vor einem Massenpublikum: »In
diesem Augenblick spürte ich nichts anderes als das
Rasen meines Herzschlags, jede Bewegung schien

wie aus einem Stummfilm, jedes Geräusch wie das Rauschen einer Schallplatte. Verschwommen nahm ich ringsum ermunterndes Kopfnicken und nach oben gereckte Daumen wahr ... Als wir von der Bühne kamen, machte man einen Riesenwirbel um mich. Raus aus dem einen Zelt, rein in das nächste. Die Presse, Studentenzeitungen, Auslandskorrespondenten und – das Magazin ›Time‹.«[157] – In den Jahren darauf wird das Festival zu einer von Jahr zu Jahr erfolgreicher werdenden Einrichtung. Bereits 1965 zählt es 80.000 Besucher. Seine Bedeutung gewinnt es nicht nur als Podium für junge musikalische Talente – wie etwa 1963 Bob Dylan oder 1967 Arlo Guthrie –, sondern mehr noch als Experimentierfeld für Protestsongs.

11. Juli-11. Oktober Mit der »documenta 2« etabliert sich die in **Kassel** gezeigte internationale Kunstausstellung endgültig. Unter dem Thema »Kunst nach 1945« wird im Friedericianum, der Orangerie und im Schloß Bellevue ein Überblick über die neuesten Strömungen in den bildenden Künsten in Europa und Nordamerika geboten. Die Leitung der Ausstellung liegt bei Professor Arnold Bode. Neben der tachistischen Malerei stellen die Skulpturen von Henry Moore, Marino Marini und Alberto Giacometti besondere Schwerpunkte dar. Pablo Picasso, der Papst der modernen Kunst, ist gleich in allen drei Abteilungen, in Malerei und Graphik ebenso wie bei den Skulturen vertreten. – Kritiker bemängeln, daß Repräsentanten eines expressionistischen Realismus, wie etwa der Mexikaner Diego Rivera und der Italiener Renato Guttuso, trotz ihres nicht zu übersehenden Einflusses auf die Gegenwartsmalerei nicht vertreten seien. Vielleicht sei es kein Zufall, wird von einigen vermutet, daß es sich bei ihnen um Künstler handelt, die sich zum Kommunismus bekennen.

12. Juli An der »1. Gesamtdeutschen Arbeiterinnenkonferenz« in **Magdeburg** nehmen, einer Mitteilung der Veranstalterinnen zufolge, auch 220 Arbeiterinnen aus Westdeutschland und West-Berlin teil. Das Hauptreferat wird von der Kandidatin für das SED-Politbüro Edith Baumann gehalten. Die Teilnehmerinnen beschließen die Einrichtung eines ständigen Ausschusses und fordern die Teilnehmer der Genfer Außenministerkonferenz in einer Resolution auf, die sowjetischen Vorschläge zur Lösung der Deutschland- und Berlinfrage anzunehmen.

13. Juli Zur Wiederaufnahme der Genfer Außenministerkonferenz wird in vielen Städten und Gemeinden der **Bundesrepublik** ein Aufruf des DGB befolgt und von 11 Uhr 58 bis 12 Uhr die Arbeit und der Verkehr eingestellt. Mit dem zweiminütigen Streik wol-

len die Bundesdeutschen symbolisch ihrem Wunsch nach einer Wiedervereinigung Deutschlands Nachdruck verleihen.

13. Juli Vom Hauptbahnhofvorplatz in **Saarbrücken** starten 800 Studenten zu einer Demonstration gegen eine allgemeine Teuerung und die Verschlechterung ihrer Lebensbedingungen. Sie ziehen mit ihren Transparenten wie »Kleine Stipendien – große Preise« und »Die Straßenbahn nimmt uns das Brot – Studenten leiden große Not« durch die Bahnhofstraße in die Dudweiler Straße. Ziel ist der Johannishof, wo Bundeswirtschaftsminister Ludwig Erhard (CDU) und der saarländische Ministerpräsident Franz Josef Röder (CDU) auf einer Kundgebung ihrer Partei als Redner auftreten. Beide Ansprachen werden durch wütende Zwischenrufe, Sprechchöre und Pfeifkonzerte gestört. Röder versucht sich seinerseits mit heftigen Verbalattacken gegen die protestierenden Studenten zu wehren. Er wirft ihnen vor, sie bekämen »den Hals nicht voll«, obwohl sie »von unseren Steuergroschen« studierten. Höhepunkt seiner Vorwürfe ist die Behauptung, der Demonstrationszug sei »von ostzonalen Agenten angezettelt« worden.

14. Juli In **West-Berlin** beteiligen sich 5.000 Studenten der Freien und der Technischen Universität an einem Fackelzug, der zu Ehren des scheidenden Bundespräsidenten Theodor Heuss durchgeführt wird.

11.7.-11.10.: Die Organisatoren besichtigen die Ruine der Orangerie, wo die Skulpturen aufgestellt werden (v.l.n.r.): Ernest Goldschmidt, Werner Haftmann, Will Grohmann, Herbert Freiherr von Buttlar, Arnold Bode, Ernst Holzinger, Eduard Trier und Werner Schmalenbach.

14.7.: 1986 erscheinen die Erinnerungen des jüdischen Philosophen.

14. Juli Innensenator Joachim Lipschitz (SPD) in **West-Berlin** erkennt dem politisch gemaßregelten Studienrat am Goethe-Gymnasium in Lichterfelde, Professor Rudolf Schottlaender, der als Jude mit viel Glück das NS-Regime überlebt hat, die Eigenschaft als »politisch-rassisch Verfolgter« ab. Schottlaender, der von 1947 bis 1949 Professor für Philosophie an der Technischen Hochschule in Dresden war, ist am 29. Mai vom Unterricht suspendiert worden, weil er für Verhandlungen mit der DDR plädiert und im Jahr zuvor an einer Tagung der *Nationalen Front* in Ost-Berlin teilgenommen hatte. – Den Bescheid des Innensenators kommentiert Schottlaender in seinen Erinnerungen mit den Worten: »Dieses unerhörte Vorgehen war in meinen Augen der endgültige Beweis dafür, daß meine Existenz in West-Berlin durch Rufmord ebenso vernichtet werden sollte wie zehn Jahre zuvor in Dresden. Beide Todfeinde im Kalten Krieg konnten jemanden, der ihrer Todfeindschaft entgegentrat, nicht ertragen. Die Erlebnisse in West-Berlin trafen mich um so tiefer, als ich in der Welt, die sich die ›freie‹ nennt, dergleichen denn doch nicht erwartet hätte.«[158]

14. Juli In den **Vereinigten Staaten** treten 500.000 Stahlarbeiter in einen unbefristeten Streik. Ihre Gewerkschaft verlangt eine Erhöhung des Stundenlohnes um umgerechnet circa 60 Pfennig und zusätzliche Sozialleistungen. Rund 90% der amerikanischen Stahlproduktion wird durch den Ausstand stillgelegt.

14.-17. Juli Rund 150 Delegierte, die zum VI. Kongreß der *Sozialistischen Internationale* (SI) nach **Hamburg** gekommen sind, vertreten 39 sozialistische und sozialdemokratische Parteien und Organisationen mit weit über 10 Millionen Mitgliedern. In einer einstimmig angenommenen allgemeinen Resolution zu Sicherheit und Frieden betont der Kongreß »die Solidarität aller freien Völker mit der Bevölkerung von West-Berlin im Hinblick auf ihr Recht auf volle Sicherheit und Freiheit«. In einer weiteren Entschließung sprechen die Delegierten ihre Hoffnung aus, daß eine Gipfelkonferenz möglichst bald ein Ende des Kalten Kriegs herbeiführen werde. Am zweiten Tag formuliert der Regierende Bürgermeister von West-Berlin, Willy Brandt, vier Mindestforderungen zur Lösung der Berlinfrage, die von dem Gesichtspunkt bestimmt sind, daß es keine isolierte »Berlin-Krise« gebe, sondern Berlin nur Teil des gesamten Ost-West-Konflikts sei. Als Präsident der SI wird der Däne Alsing Andersen ebenso wiedergewählt wie seine drei Stellvertreter Hugh Gaitskell, Erich Ollenhauer und Guy Mollet. Zur neuen Vorsitzenden des Rates sozialdemokratischer Frauen in der SI wird Mary Sutherland gewählt. Die Schottin hatte

nach 1938 im Auftrag der SI Flüchtlinge aus den vom nationalsozialistischen Deutschland besetzten Gebieten betreut.

16. Juli Der Bundesgerichtshof in **Karlsruhe** verurteilt sechs Angeklagte wegen Zuwiderhandlung gegen das KPD-Verbot, Betätigung in einer verfassungsfeindlichen Vereinigung und Geheimbündelei zu Gefängnisstrafen zwischen einem halben und zweieinhalb Jahren. Die KPD ist 1956 vom Bundesverfassungsgericht verboten worden.

16. Juli Der bisherige österreichische Bundeskanzler Julius Raab (ÖVP) bildet in **Wien** nach langwierigen Koalitionsverhandlungen erneut mit Vertretern der SPÖ, die bei den Nationalratswahlen am 10. Mai kräftig Stimmen hinzugewonnen hat, eine Bundesregierung. Die große Koalition setzt sich jeweils aus sechs Ministern der *Österreichischen Volkspartei* (ÖVP) und der *Sozialistischen Partei Österreichs* (SPÖ) zusammen. Neuer Außenminister wird der 48jährige Bruno Kreisky (SPÖ).

17. Juli Ein Konflikt um den rechtsradikalen *Bund Nationaler Studenten* (BNS) kulminiert an der Universität **Heidelberg** in einer Schlägerei. Anlaß für die handgreifliche Auseinandersetzung ist ein bereits vor Wochen in der Studentenzeitschrift »Forum academicum« erschienener Artikel. Darin attackiert der Medizinstudent Bernhard Schöning den umstrittenen Studentenbund unter dem Titel »Man trägt wieder Braunhemd« u. a. mit den Worten: »Der ›Bund Nationaler Studenten‹ (BNS) ist realiter eine Clique idealistisch verbrämter Mediokrität, die mit dem After philosophiert. Er propagiert den Aufstand der Minderwertigen und Defekten, die gerne im Schmutz wühlen und in ihrem Programm nichts vergessen außer ihrer Legitimation. Sie bestreiten, Neofaschisten zu sein. Schaut man sich ihr Schrifttum an, so kann man ohne weiteres zustimmen: Es sind Faschisten mit einem Feigenblatt … Wie zu sehen, ist der BNS in nationalsozialistischen Denkkategorien verhaftet und glaubt immer noch an die Durchführbarkeit jener Postulate. Obwohl durch die Katastrophe von 1945 widerlegt, beabsichtigt er aufs neue, Deutschland für den Irrsinn verkalkter Parteiideologen bluten zu lassen. Ergo: Es handelt sich beim BNS um die Verschwörung der Niedertracht, um eine Bande unverbesserlicher Kanaillen, die als Demokraten getarnt, gegen die Verfassung Sturm laufen. Letztlich wollen sie nur Hand an die Integrität unseres Staates legen, auf daß Verbrecher in die Legislative kommen und die Herrschaft der Kriminellen wiederum allgemein wird.«[159] Gegen diesen Artikel hat der BNS am 20. Mai beim Amtsgericht Heidelberg eine Einstweilige Verfügung erwirkt, die den Herausgebern der Zeitschrift, Erich Kaub, Harald Hache und Ursula Dilling, eine Weiterverbreitung des Heftes untersagt. Dennoch bietet der Autor des inkriminierten Textes weiterhin Exemplare der entsprechenden Ausgabe des »Forum academicum« an. Er hat erkannt, daß das Urteil des Amtsgerichts eine Lücke hat. Es verbietet den Vertrieb lediglich den Herausgebern. Schöning hat sich 800 Exemplare des umstrittenen Heftes gesichert und verteilt sie nach und nach an der Mensa. Als die BNS-Studenten Peter Dehoust, Manfred Grabowski und Klaus Rehmann davon erfahren, eilen sie in die Mensa und versuchen Schöning die Hefte zu entreißen. Dabei entwickelt sich eine kurze, aber heftige Schlägerei, in die auch noch einige andere Studenten verwickelt werden, darunter der lokale RCDS-Vorsitzende, Ulf Borleis. Das rechtsradikale »Rollkommando« (Frankfurter Rundschau) konzentriert sich vor allem auf den schwer körperbehinderten Schöning, er wird mit gezielten Fausthieben traktiert. Nachdem die drei BNS-Mitglieder alle Exemplare der von ihnen gehaßten Zeitschrift in ihre Hände bekommen haben, ziehen sie wieder ab. Schöning ist so stark verletzt, daß er sich anschließend zur Behandlung in die Chirurgische Klinik begeben muß. – Als Reaktion auf diesen Zwischenfall, den das »Heidelberger Tagblatt« mit der Schlagzeile »Fäuste kontra Meinung – Schlägerei im Mensahof« beschreibt, läßt der Ring Christlich-Demokratischer Studenten (RCDS) am 28. Juli einen Sonderdruck des Aufsatzes »Man trägt wieder Braunhemd« an allen Universitäten der Bundesrepublik und West-Berlins verteilen. Am selben Tag senden Schöning und Borleis einen gemeinsam verfaßten Brief an Peter Dehoust, der als »Chefideologe« der Heidelberger BNS-Gruppe gilt: »Lieber Herr Kommilitone! In der Anlage übersenden wir Ihnen einen Sonderdruck des Aufsatzes ›Man trägt wieder Braunhemd‹, der heute an sämtlichen Universitäten der Bundesrepublik und West-Berlins durch den RCDS verteilt wurde. Gleichzeitig möchten wir ihnen danken, daß Sie durch Ihr Verhalten am 17. Juli im Mensa-Hof dem Anliegen Bernhard Schönings zu einer ungeahnten Publizität verholfen haben. Der Sonderdruck wurde ermöglicht durch die Hilfe der großen Koalition gegen den Nationalsozialismus, die Ihnen aus den Ereignissen des 20. Juli 1944 bestimmt noch geläufig ist.«[160] – Schöning und Borleis erstatten Strafanzeige gegen die Schläger wegen Körperverletzung und Nötigung. Der BNS-Vorsitzende Martin Mußgnug versucht die Gewaltaktion mit den Worten zu verteidigen, daß dies die einzige Möglichkeit gewesen sei, die in der Zeitschrift vorgetragenen Verbalattakken wirksam abzuwehren. Außerdem seien die in den Zwischenfall verwickelten BNS-Mitglieder von den Verteilern mit der Aufforderung provoziert worden, ob sie nicht auch ein Heft haben wollten. – Das Studentenparlament der Universität **Heidelberg** verurteilt in einer Erklärung die Ziele und Bestrebungen des BNS mit scharfen Worten. Der rechtsradikale Studentenbund versuche nationalsozialistische Gedanken und Ressentiments zu reaktivieren und gefährde die freiheitlich-demokratische Grundordnung der Bundesrepublik. »Wir meinen zwar,« heißt es weiter, »daß manche gefährlich offenen und in unserem Volk weithin totgeschwiegenen oder bagatellisierten Fragen nach Auseinandersetzung und Bewältigung verlangen, sehen aber, daß beim ›Bund Nationaler Studenten‹ nationalsozialistisches Gedankengut unter dem Mantel der Vermeidung der Demokratie vor die Öffentlichkeit gebracht wird.«[161] – Ein vom Allgemeinen Studentenausschuß (AStA) der Heidelberger Universität gegen die einstweilige Verfügung eingelegter Widerspruch wird am 23. Oktober von der 2. Zivilkammer des Landgerichts **Heidelberg** abgelehnt. In der Urteilsbegründung heißt es über den Artikel Schönings: »Die Ausführungen stellen teilweise Formalbeleidigungen dar ... Der Antragsteller wird durch diese Ausführungen und im übrigen durch den gesamten Ton des angegriffenen Aufsatzes in seiner Ehre angegriffen ... Der Anstand und die Sitte gebieten jedoch, auch hier bestimmte Grenzen zu wahren. Eine Verwilderung der Sitten im politischen Kampf kann nicht geduldet werden und wird auch von der Rechtsprechung der Gerichte nicht geduldet. Es erübrigt sich die Prüfung der Frage, ob der Antragsteller als Mitglied des BNS verbrecherische Ideen vertritt. Denn das Gebot der Wahrung von Anstand und Sitte entfällt auch dann grundsätzlich nicht, wenn Gegner Gedankengut vertreten, das für das menschliche Zusammenleben nicht tragbar erscheint.«[162]

17. Juli Auf einer Großkundgebung in **Jena** erklärt Ministerpräsident Otto Grotewohl (SED), der Verlauf der Genfer Außenministerkonferenz habe bewiesen, daß ohne die DDR die deutsche Frage weder behandelt noch entschieden werden könne.

17. Juli Auf einer Kundgebung in **Szczecin** (Westpolen) äußert sich der sowjetische Ministerpräsident Nikita S. Chruschtschow zu Grenzfragen. Mit den Worten, man werde die Oder-Neiße-Grenze »mit der ganzen Macht des sozialistischen Lagers verteidigen«, untermauert er zunächst die Unantastbarkeit der polnischen Westgrenze. Nicht weniger entschlossen definiert er die Westgrenze des sozialistischen Lagers. Diese verlaufe entlang der Grenze zwischen DDR und Bundesrepublik. Für jedes Land des Warschauer Paktes sei diese Grenze »ebenso

Man trägt wieder Braunhemd

Vereinigungen, die sich gegen die verfassungsmäßige Ordnung oder gegen den Gedanken der Völkerverständigung richten, sind verboten. (Grundgesetz Art. 9, Abs. 2.)

Der Nationalsozialismus hat versagt, jämmerlich versagt, die Reichsidee noch und noch verraten, die Bismarck'sche Staatsschöpfung zugrunde gerichtet. Fünfzig Millionen haben dieses Fiasko mit ihrem Leben bezahlt, Millionen wurden vertrieben, verloren Haus, Hof, Vermögen, eine Armee von Krüppeln klagt an. Männer wie Schacht schrieben ihre „Abrechnung mit Hitler". Gleichwohl wagen heute schon wieder subversive Elemente aus ihren Löchern hervor, Ewig-Gestrige, die uns weismachen wollen: „... und Hitler hat doch recht."

Das Zentrum dieser Bewegung liegt in Österreich, eine Nebenstelle in Niedersachsen. Deutschland wurde bereits in Sektionen aufgeteilt. Ortsgruppen sind gebildet. Zellen entstehen. — Aus der NSDAP wurde die Nationale Opposition, aus dem Hakenkreuz die Odalsrune, aus jenen, die glauben, der Bismarck'schen „Stürmer" oder die „Trommler". Man spricht von Volk — und meint: Rasse. Man spricht von Wiedervereinigung — und meint: Großdeutschland. — Vor vier Jahren nannten sie sich noch verschämt: „Verein der Entnazifizierungsgeschädigten e. V.". Heute wollen sie sogar die Hochschulen erobern: „Die Aktivisten der Studentenschaft treffen sich im BNS!" „National denken heißt deutsch denken!" Sie sind wieder da! Demnächst wird marschiert: Deutschland erwache! Juda verrecke!

Es ist an der Zeit, daß wir uns diese Subjekte einmal vorknöpfen. Vorweg dies: Der Bund Nationaler Studenten (BNS) ist realiter eine Clique idealistisch verbrämter Mediokrität, die mit dem After philosophiert. Er propagiert den Aufstand der Minderwertigen und Defekten, die gern im Schmutze wühlen und in ihrem Programm nichts vergessen und ihrer Legitimation. — Sie bestreiten, Neofaschisten zu sein. Schaut man sich ihr Schrifttum an, so kann man das ohne weiteres zustimmen: Es sind Faschisten — mit einem Feigenblatt. Sie sind eine Definition des Neofaschismus. Dem kann man ablehnen: Hitlers Programm in einem und in einem Quentchen Ignoranz.

Wo kommt das Völkchen her?

Sie leiten ihr Ab von den alten Pgs, von SA- und SS-Leuten, beliebe nicht von Mitläufern, von jenen, die glauben, ihnen sei Unrecht geschehen, von Verkannten, die den Namen Hitler peinlich meiden, von Unbelehrbaren, die sich von Progromen, üer Kriegsschuld distanzieren, die nicht zu Hitler stehen aber gern von ihm träumen, von jenen Entrechteten, die jüngste Vergangenheit nicht bewältigt haben, aber glauben, zu ihrer Interpretation privilegiert zu sein. Eine Kernschar Getreuer? Nein! Dieser Gesinnungsklüngel hat ans Leben verkauft, wollte nur seine Haut, seine kümmerliche Individualexistenz retten. Feiglinge sind's, Verräter, die sich heute wieder madig machen, die zum „Führer" streben, wie sie's gelobten — als es ihnen gut ging. — Woher nehmen sie überhaupt das Recht, zu leben, obwohl Hitler den Bankrott seiner Gewaltlösung durch Selbstmord liquidierte?

Exkurs über Nation und Volk

Die Nation steht heute überhaupt nicht mehr zur Diskussion.

darum drückt sich der BNS und beschwört leber reaktionär (!) ein Leitbild, das heute nicht mehr existent ist und in den zwanziger Jahren nicht realisiert werden konnte.

Angesichts dieser Akzentverschiebung ist es eine Blasphemie am Hekatomben der Gefallenen als Helden abzufälschen! Ihre soldatische Leistung wird nicht angegriffen. Sie ist zu sehen und ist so groß. Aber was sind denn diese Männer anders als bedauernswerte Opfer, die auf der Strecke blieben im Gehorsam gegen eine Ideologie, die sich letztlich doch als Trugschluß erwies! — Wie Keitel im Schlußwort des Prozesses bekannte!

Halten wir fest: Der Fehlinterpretation dieser beiden Grundbegriffe Nation und Volk, ihrer Mystifizierung und dem Mangel an kritischer Sichtung des Nationalsozialismus durch ehemalige Pgs, die Historiker sind, ist es zuzuschreiben, daß sich die auf ihnen fußenden Vorstellungen des BNS als ebenso falsch erweisen.

Entartete Kunst

So reden sie nun von einer „Überfremdung der Kultur durch wesensfremde Elemente" und meinen damit unsere. Sie charakterisieren mit diesem NS-Slogan die gegenwärtige deutsche Diskussion der westlichen Kunst, zu der wir durch Hitlers Abschließung fast zwei Jahrzehnte keinen Zugang hatten. — Darauf ist zu erwidern:

1. Die westliche Kunst wurde nicht gesteuert wie der völkische Phalluskult des 3. Reiches, sondern entwickelte sich im freien Spiel der Kräfte.

2. Als echte Kunst verachtet sie das Volk souverän, benützt es höchstens als Modell. Sie weiß sich lediglich — wie jede vergangene Kunstrichtung — dem ihr innewohnenden Gesetz verpflichtet: Der Künstler schafft nun einmal seine Werke ohne vorherige Reflexion, ob das Volk, gar die Rasse ihr Tun gutheißt.

3. Die Welt ist unverkennbar eine andere geworden und erfand auch in der Kunst neue Gesetze. Diesen Einbruch des Neuen in unsere Gefühle als „wesensfremd" abzutun, zeugt von künstlerischem Unverstand. — Die natürliche Rangfolge ist halt anders, als sie sich der BNS-Kleinbürger (saive membrum) erträumt: Das Volk geht zur Kunst. Die Kunst geht nicht zum Volk. Sie führt, und das Volk gehorcht. So gebietet es die Aristokratie des Geistes. Wer sich dagegen auflehnt, produziert unweigerlich Kitsch.

4. Es gibt eine Kunstindustrie. Ja, aber die gab's schon immer. Die „macht" zu Zt. auf modern. — Es entspricht nun durcheinander im kleinen in einem Topf zu werfen und beides als „entartet" abzustempeln. Daß dieses Denkschema einer architektonischen Sensation wie der zu Ronchamp nicht gerecht wird, kümmert einen BNSler nicht. — Kein Wunder, sein Vater stand vielleicht an Ofen 3 ...

5. Gropius, F. L. Wright, Le Corbusier, Picasso, Kandinsky, kurz die Großen der Moderne, haben ihre Vorgänger recht genau studiert, Souveräne Beherrschung des Materials, Konzeption des Themas und dessen Durchführung erweisen sie als originäre Künstler par excellence, die sich durch die Größe ihrer Werke legitimieren. Nehmen wir diese Großen in unseren Schutz wir so wenig überfremdet wie unsere Vorfahren, die Gotik, Barock, Rokoko und Renaissance importierten, sondern als Kulturgut, Kathedralen und Schlösser bauten — die heute zu deutschen Kulturleistungen zählen.

17.7.: Auszug aus der umstrittenen Mai-Nummer des »forum academicum«.

unantastbar und geheiligt« wie die eigene in jedem einzelnen sozialistischen Land.

19. Juli Das SED-Zentralorgan »Neues Deutschland« kritisiert den von Martin Hellberg gedrehten DEFA-Film »Senta auf Abwegen«, in dem der Auftrag, ein Lustspiel über das Thema Landwirtschaftliche Produktionsgenossenschaften (LPG) zu produzieren, auf ebenso unkonventionelle wie zu Propagandazwecken undienliche Weise erfüllt worden ist. Die realistische Schilderung des bäuerlichen Milieus wird darin durch Figuren wie einen Dorftrottel, der die LPG-Kühe hüten darf, trunksüchtige Bauern und einen vorrangig an den üppigen Formen einer Magd fixierten Seemann, den das Schicksal aufs Land verschlagen hat, mehr als nur aufgelockert. Der Kritiker Horst Knietzsch wirft dem Regisseur nicht nur vor, daß er Anleihen beim bürgerlichen Film gemacht, sondern das Landleben in der DDR »nur aus der Perspektive der Dorfkneipe« gezeigt habe. Nach dem Besuch des Films müsse sehr bezweifelt werden, daß es »...auch nur einem Mittelbauern einfallen würde, in eine Produktionsgenossenschaft einzutreten.«[163] – Ein LPG-Vorsitzender verteidigt in einem Leserbrief dagegen seine Ehre mit den Worten, daß in ihrer LPG nicht Dorftrottel, sondern »erfahrene Viehpfleger und -züchter die Hochleistungstiere auf Portionsweiden mit einer Elektrozaunanlage« betreuen würden. Auch in einer Humo-

reske, mahnt er an, müsse die »Parteilichkeit für die Überlegenheit der sozialistischen Großwirtschaft« uneingeschränkt demonstriert werden. Und ein anderer Leser fragt empört: »Kann in unserem sozialistischen Staat jeder Regisseur drehen, was er will?«[164]

20. Juli Am 15. Jahrestag des Attentatsversuchs auf Adolf Hitler sprechen auf einer Feier in der Gedenkstätte Plötzensee in **West-Berlin** der Sohn des als Mitverschwörer hingerichteten ehemaligen Leipziger Oberbürgermeisters Carl Goerdeler, Reinhard Goerdeler, und der Regierende Bürgermeister Willy Brandt (SPD). Den Tagesbefehl des Generalinspekteurs Adolf Heusinger, in dem der 20. Juli als »Lichtpunkt in Deutschlands dunkelster Zeit« gewürdigt wird, bezeichnet Brandt als nationalpolitisches Ereignis. Bei der Gedenkfeier im Hof des ehemaligen Oberkommandos der Wehrmacht in der Stauffenbergstraße, an der zum ersten Mal auch eine Abordnung der Bundeswehr in Zivil teilnimmt, spricht als Vertreter des Widerstands der ehemalige bayerische Justizminister Josef Müller (CSU). Auf einem »Politischen Forum« der Freien Universität referieren aus dem gleichen Anlaß die Professoren Ernst Heinitz, Otto Heinrich von der Gablentz und Helmut Gollwitzer zum Thema »Widerstand im totalen Staat«. Der evangelische Theologe Gollwitzer wendet sich in seiner Rede vor allem gegen die politische Resignation unter den Studenten. »Ihr seht eure Zukunft«, spricht er sie an, »eingepreßt in die Herrschaft der Verbände, nach deren Pfeife ihr werdet tanzen müssen; heißt es nicht mehr ›Gleichschaltung‹ und ›Ausrichtung‹ in der brutalen Kommandosprache der Nazis, so wird doch zunehmend dafür gesorgt, daß sich das Aus-der-Reihe-Tanzen rächt, daß die Anpassung regiert. Unbeeinflußbar erscheint die große Politik; entmündigt ist weithin der Wähler, Anschluß an Parteien scheint nur vor die Wahl zu stellen, Fußvolk für Funktionäre zu spielen oder selbst linientreuer Funktionär zu werden ... Um uns herum wächst die Zahl derer, denen ein kraftvoller und skrupelloser Führer mehr imponiert als die Idee eines Gemeindewesens von freien Bürgern, – all das suggeriert uns die Resignation des ›Es hat keinen Zweck‹, Sich-Exponieren ist tödlich, Zivilcourage ist Don Quichotterie, es lebe die äußere Anpassung und die innere Emigration! Daß wir damit unserer geistigen und wahrscheinlich auch unserer physischen Existenz das Grab graben, sehen nur die Weitsichtigen.«[165] Gollwitzer würdigt den Kreis der Hitler-Attentäter wie darüber hinaus den gesamten Widerstand gegen das NS-Regime, der gehandelt habe, obwohl das bekämpfte System völlig unerschütterlich zu sein schien. Der Theologe, der eine große Anhängerschaft unter den kritischen FU-Studenten hat, nennt mehrere Punkte, die er in der Frage des Widerstands für essentiell hält: Als erstes legt er die christliche Mahnung zum Gehoram so aus, daß sie »keinen blinden und kritiklosen Gehorsam« meint; zweitens befürwortet er, aus der »Verantwortung für das Gemeinwesen und die in ihm lebenden Menschen« heraus, »die Beteiligung an Bestrebungen zur Beseitigung der bestehenden Staatsführung« für denkbar zu halten; ob der Grenzfall wirklich unvermeidlich wäre, sei letztlich eine »Frage der Entscheidung«; Ziel der gesamten Aktion müsse aber die »Aufrichtung von Recht« sein, nicht Rache, sondern »bessere Staatlichkeit«. Am Ende faßt er seine Argumente in dem Gedanken zusammen: »Totalitarismus beginnt immer schon längst vor seiner äußeren Machtergreifung ... Darum ist entscheidend, daß wir uns klar sind und uns immer wieder klar machen: Was für Menschen wollen wir eigentlich in unserem Staat: bequeme Befehlsempfänger und manipulierte Massen oder unbequeme Selbstdenkende und Selbsthandelnde? Was für Menschen setzt eine Praktizierung unseres Grundgesetzes voraus, was für Menschen werden von ihm gefordert? Was für Menschen aber werden durch unsere Institutionen und durch ihre faktische Handhabung herangebildet? Was für Menschen wollen wir selber sein und zu sein wagen? Wo liegen die Gegengewichte gegen das Gefälle auf eine Zwangsordnung hin, und in welche Waagschale der großen Waage der Zeit, die Zwangsordnung und Freiheitsordnung anbietet, werfen wir uns selbst heute schon, damit morgen nicht der Grenzfall mit seinen schrecklichen Konflikten und Gefahren der einzig mögliche Ausweg wird?

Dahinter aber stehen die letzten Fragen unseres Lebens? Wofür zu leben entscheiden wir uns? Woran glauben wir in Wahrheit? Was haben wir hinter uns, wenn der letzte Einsatz von uns gefordert werden sollte?«[166]

20. Juli Der Deutsche Fernsehfunk (DFF) zeigt den am 5. Juni auf einer internationalen Pressekonferenz uraufgeführten DEFA-Dokumentarfilm »Der Fall Heusinger«. Darin wird nicht nur behauptet, daß der Generalinspekteur der Bundeswehr einige führende Männer des Widerstands vom 20. Juli 1944 an die Nazis verraten habe, sondern auch, daß die konservativ-bürgerlichen, zum Teil auch aristokratischen Widerständler das nationalsozialistische Terrorregime nur durch ein Militärregime ersetzen wollten.

21. Juli Das Bezirksgericht **Dresden** verurteilt den 23jährigen Lagerarbeiter Hans Marowski wegen »Diversion« zu einer lebenslänglichen Zuchthausstrafe. – Mit dem antiquierten, aus dem Militär stammenden Begriff, der ein Ablenkungsmanöver oder einen von der Seite vorgetragenen Angriff bezeichnet, ist in der politisch-juristischen Terminologie der DDR ein Störmanöver gegen den Staat gemeint, das bis zur Durchführung von Sabotage- und anderen Gewaltakten reichen kann.

22.7.: »Siehst Alte, dös is Demokratie.« Karikatur aus dem in Hannover erscheinenden »Neuen Vorwärts«.

22. Juli Das Nachrichtenmagazin »Der Spiegel« berichtet unter der Überschrift »Die Hitler-Welle« zum wiederholten Mal über eine Welle pseudo-dokumentarischer Schallplatten mit Hitler-Reden, Nazi-Liedern und anderen NS-Tonaufnahmen, die seit dem Ende des Vorjahres den bundesdeutschen Markt überschwemmen. – Zuletzt war zwei Wochen zuvor im Anzeigenteil der Hamburger Illustrierten »Der Stern« von einem in München ansässigen Una-Versand dafür geworben worden, sich die Stimme Adolf Hitlers für 9,80 DM auf Schallplatte anhören zu

20.7.: Willy Brandt spricht zu Ehren der Widerstandskämpfer an der Hinrichtungsstätte Plötzensee.

22.7.: »Göring war gar nicht so...!« Karikatur von Mirko Szewczuk in der Tageszeitung »Die Welt«.

22.7.: Das »Neue Deutschland« zeigt einen Linolschnitt von Aini Schäfer, um zur Solidarität mit dem verfolgten griechischen Kommunisten aufzurufen.

können. In »historischer Treue« würden »mit Original-Aufnahmen aus dem 1000jährigen Reich ... die Schatten der Vergangenheit« aufgezeigt. – Der Inhaber des Versandgeschäfts, der Verleger Walter Herbert Schmitz, erklärt auf Anfrage, man könne an dem niedrigen Preis erkennen, daß er mit Hitlers Stimme »kein Geschäft machen« wolle.

22. Juli In einem am 9. Juli eröffneten Verfahren verurteilt das Militärgericht von **Athen** den 37jährigen griechischen Nationalhelden Manolis Glezos wegen »Spionage« für die illegale Kommunistische Partei seines Landes zu fünf Jahren Gefängnis, vier Jahren Deportation auf die Insel Agios Eustratios und den Entzug der bürgerlichen Ehrenrechte für sieben Jahre. Von Glezos' 19 Mitangeklagten erhalten sechs ebenfalls hohe Freiheitsstrafen; alle anderen werden freigesprochen. Die höchsten Strafen werden über das ZK-Mitglied der *Kommunistischen Partei Griechenlands* (KPG) George Trikkalinos und den Buchhalter Eleftherios Vutsas ausgesprochen; das Gericht verurteilt beide zu lebenslänglicher Zwangsarbeit. Weiter erhält der Student Antonios Syngelakis eine Strafe von 15 Jahren Haft und fünf Jahren Deportation, der Student Antonios Kartajannis eine von elf Jahren Haft und fünf Jahren Deportation, der Handelsvertreter Konstantinos Ragusaridis eine von fünf Jahren Gefängnis und drei Jahren Deportation und Maria Gregoridas eine von einem Jahr Gefängnis mit dreijähriger Bewährungsfrist. Nach Ansicht der Verteidigung und vieler griechischer und ausländischer Juristen ist das von dem früheren Diktator Metaxas

erlassene Gesetz 375, auf dessen Grundlage die Verurteilungen erfolgt sind, verfassungswidrig. In Friedenszeiten sei, so intervenierte die Verteidigung weiter ohne Erfolg, ein Militärgericht für Zivilpersonen ohnehin inkompetent. Während des Prozesses waren als Entlastungszeugen u.a. acht ehemalige Minister, eine größere Anzahl von Parlamentariern und weitere angesehene Persönlichkeiten für die Angeklagten aufgetreten. Manolis Glezos, der in ganz Griechenland als Widerstandskämpfer gegen die deutschen Besatzer verehrt wird – er hatte 1941 die Hakenkreuzfahne von der Akropolis heruntergeholt und war deswegen in Abwesenheit zum Tode verurteilt worden –, konnte das Militärgericht lediglich nachweisen, daß er sich mehrere Male mit Angehörigen der verbotenen KPG getroffen hatte. In einem Offenen Brief hatte sich Glezos noch vor Prozeßbeginn an Ministerpräsident Konstantin Karamanlis gewandt. Als prominentester der 20 Angeklagten dreht er in dem Schreiben die Anklage um: »Auf der Anklagebank des Militärgerichts von Athen und in der Gefahr eines Todesurteils werden sich die demokratischen Gesetze des Landes befinden, da sich gegen diese das Komplott richtet, dessen Opfer auch ich bin. Wenn Sie der Wahrheit ins Gesicht sehen können, so werden Sie zugeben, daß niemand in unserer Heimat, auch Sie schließe ich darin mit ein, an das Märchen von ›Spionage‹ glaubt ... Ihre Regierung begeht einen tragischen Fehler, wenn sie annimmt, daß man durch Gewalt und außergewöhnliche Maßnahmen andere Ideen und die glühende Forderung nach einer besseren Zukunft unterdrükken kann ... Als Politiker unserer Tage müssen Sie wissen, daß man gegen bestimmte Ideen nur mit besseren Ideen kämpfen kann und gegen sie niemals mit Kugeln kämpfen darf. Auf dem Kampfplatz der Ideen und nicht im Saal des Militärgerichts fordern wir Sie heraus. Das Volk und die Geschichte werden die Richter sein.«[167] – Nach der Bekanntgabe der Urteile entstehen in verschiedenen europäischen Ländern Komitees, die die Freilassung der Inhaftierten verlangen. Dem zentralen *Internationalen Komitee zur Befreiung von Manolis Glezos* in **Paris** gehören u.a. der französische Linkssozialist Daniel Mayer, der Kirchenpräsident Martin Niemöller, der britische Kronanwalt Denis Nowell Pritt sowie der Schriftsteller und Philosoph Jean-Paul Sartre an.

23. Juli In **Mainz** wird Kriminaloberrat Georg Heuser, Chef der rheinland-pfälzischen Kriminalpolizei, überraschend von seinen eigenen Untergebenen, Kriminalbeamten des südwestlichen Bundeslandes, verhaftet. Dem ehemaligen SS-Hauptsturmführer wird vorgeworfen, an Massenerschießungen in der weißrussischen Stadt Minsk beteiligt gewesen zu sein. Die Verhaftung erfolgte aufgrund von Ermittlungen der im Vorjahr auf Betreiben des Landesinnenministers gegründeten Zentralen Stelle der Landesjustizverwaltungen zur Aufklärung nationalsozialistischer Verbrechen in Ludwigsburg.

24. Juli Der *Internationale Juristenkongreß* in **Genf** wirft der Volksrepublik China vor, Terror gegen die tibetanische Bevölkerung auszuüben und diese auszurotten zu wollen. Bewohner der im Himalaya gelegenen, angeblich autonomen Region würden systematisch verschleppt und massenweise hingerichtet.

24.-26. Juli An dem in **Bochum** stattfindenden 2. Bundesjugendtreffen der *IG Bergbau* nehmen 3.000 junge Bergarbeiter teil. Eine Gruppe von ihnen führt während der dreitägigen Zusammenkunft vor dem Eingang zur Tagungsstätte eine Atommahnwache durch.

26. Juli – 4. August Mit dem Einmarsch von 18.000 Teilnehmern aus 112 Ländern ins Praterstadion von **Wien** werden die VII. Weltjugendfestspiele eröffnet, die unter dem Motto »Frieden und Freundschaft« stehen. Eine Stunde vor der Eröffnung ist den Veranstaltern vom österreichischen Innenministerium schriftlich mitgeteilt worden, daß das Zeigen der algerischen Fahne nicht geduldet werde. Das Internationale Festivalkomitee, das jeden Eklat vermeiden will, entscheidet sich daraufhin, aus Protest mit eingerollten Fahnen aller Nationen einzuziehen. Von den 70.000 anwesenden österreichischen Zuschauern werden auch über 1.000 Gäste aus der Bundesrepublik begrüßt. Die österreichische Regierung verhält sich distanziert gegenüber dem in der Öffentlichkeit seit Monaten scharf angegriffenen Massentreffen. Der Sektionschef von Bundeskanzler Julius Raab (ÖVP), Chaloupka, erklärt in seiner Eröffnungsrede im Namen der Regierung: »Österreich hat es immer als seine Aufgabe betrachtet, für die Verständigung und für den Kontakt zwischen den Völkern einzutreten. Da Ihre Veranstaltung diesem Ziele dienen soll, hat die österreichische Bundesregierung der Abhaltung derselben zugestimmt.«[168] Außerdem spricht als Vertreter der Stadt Wien noch Vizebürgermeister Felix Slavik (SPÖ). Nach dem zwei Stunden dauernden Einzug versammeln sich die Delegationen zur Eröffnungszeremonie in der Stadionmitte. Der Präsident der *Sozialistischen Jugend Italiens*, Vincenzo Balsamo, erklärt demonstrativ, daß »der Geist des Festivals in allen Teilen der Welt Heimatrecht finden« könne. Grußbotschaften an das Internationale Festivalkomitee sind von Bundeskanzler Raab, dem sowjetischen Ministerpräsidenten Nikita S. Chruschtschow und seinem ceylonesischen Amtskollegen Solomon Bandaranaike eingetroffen. Die westdeutsche Delegation wird von der Professorin Klara-Marie Faßbinder, ihren Kollegen Leo Weismantel und Bernhard Wosien, dem Pfarrer Herbert Mochalski, dem Verleger Ernst Rowohlt sowie Helmut Rödl und Karl-Heinz Schröder angeführt. Die Leitung der DDR-Delegation liegt offiziell in den Händen von Konrad Neumann, als der politisch entscheidende Mann gilt allerdings der KPD-Funktionär Erich Glückauf, der das Arbeitsbüro der

26.7.-4.8.: Die Teilnehmer der Weltjugendfestspiele ziehen durch Wien.

26.7.-4.8.: Das Emblem der VII. Weltjugendfest-spiele.

in der Bundesrepublik verbotenen KPD beim Zentralkomitee der SED in Ost-Berlin leitet. Er ist es auch, der bei einem Freundschaftstreffen beider Delegationen am 27. Juli den Westdeutschen Anweisungen gibt, wie sie sich nichtkommunistischen österreichischen Jugendverbänden gegenüber verhalten sollten. Zwei Tage später treffen Vertreter der *Sozialistischen Jugend Deutschlands – Die Falken* im Zeltlager der DDR-Delegation mit Vertretern der *Freien Deutschen Jugend* (FDJ) zu einem mehrstündigen Gespräch zusammen. Dabei halten die westdeutschen Jugendfunktionäre ihren Gesprächspartnern nicht nur vor, daß die Verurteilung von Merker, Harich und den nationalkommunistischen Studenten in Dresden zeige, wie mangelhaft die Meinungsfreiheit in der DDR und wie fehlerhaft die Politik der SED sei, sondern stellen auch noch fest, daß Walter Ulbricht nach dem 17. Juni 1953 die Konsequenzen aus seiner grundverkehrten Politik hätte ziehen und zurücktreten müssen. Besonders brisant an der Unterredung ist die Tatsache, daß mit dem Chefredakteur der »jungen gemeinschaft«, Hermann Weber, ein ehemaliger FDJ-Funktionär teilnimmt, der fünf Jahre zuvor als »Feind« aus der KPD ausgeschlossen worden ist. Zu einem schweren Zwischenfall kommt es vor dem Hauptquartier des Internationalen Festival-Komitees im Prater. Als ein Kamerateam des Deutschen Fernsehens zu filmen versucht, wie Mitglieder des *Österreichischen Bundesjugendrings* von Delegierten aus der DDR und Österreich daran gehindert werden, antikommunistische Flugblätter aus einem Volkswagen heraus zu verteilen, greifen die Ostdeutschen die Reportergruppe an und demolieren ihre Geräte. Dabei wird der Chefreporter Jürgen Neven-Dumont, nachdem er einen ihn attackierenden jungen Mann niedergeschlagen hat, im Gesicht verletzt. Obwohl Beamte der österreichischen Polizei den Vorfall beobachten, greifen sie nicht ein. Ähnliche Übergriffe auf westliche Reporter spielen sich auch in den Tagen darauf ab. Die Weltjugendfestspiele sind zugleich das Terrain eines Propagandakrieges zwischen Ost und West. An jedem Tag zeigen sich am Himmel der österreichischen Hauptstadt für mehrere Stunden Flugzeuge, die Transparente mit den Aufschriften »Frieden ja, Kommunismus nein« und »Denkt an Tibet« hinter sich herziehen. Insgesamt sollen für den antikommunistischen Werbefeldzug sechs Flugzeuge, 310 Pkw und 96 Omnibusse im Einsatz sein. Außerdem sind im Zentrum der Stadt 15 Informationskioske aufgebaut, von denen aus Festivalteilnehmer mit Material versorgt werden. Als Bände von Pasternaks »Doktor Schiwago« in großer Zahl in Umlauf gebracht werden, schwärmen Mitglieder der beiden deutschen Delegationen aus und versuchen

möglichst viele in ihre Hände zu bekommen, um sie einstampfen zu lassen. Die meisten Teilnehmer kommen aus Ländern der Dritten Welt. Eines der Hauptthemen in den Einzelveranstaltungen ist die Frage der internationalen Koexistenz. Höhepunkt des Festivals ist die »Feier für den Frieden und die Freundschaft zwischen den Völkern, gegen Atomwaffen, für Abrüstung und friedliche Koexistenz«, die am Abend des 1. August stattfindet. Nachdem Tausende von Teilnehmern in einer stundenlangen Demonstration über die Ringstraße gezogen sind, versammeln sie sich, von Zehntausenden von Wienern begrüßt, auf dem Heldenplatz. Dort ist eine große Bühne errichtet worden, auf der der schwarze US-amerikanische Sänger Paul Robeson vor einem überdimensionalen, von Pablo Picasso angefertigten Bild auftritt. Die 14 mal 14 Meter große Kulisse zeigt eine Allegorie des Friedens und der Jugend. Beendet werden die Weltjugendfestspiele mit einer Feier auf dem Rathausplatz. – Zwar können mit Wien die Weltjugendfestspiele erstmals in der Hauptstadt eines nicht-sozialistischen Landes durchgeführt werden, jedoch ist die politische und kulturelle Isolation in Österreich stark zu spüren. Die Wiener Bevölkerung ignoriert das Festival weitgehend, die österreichische Regierung hält sich als Gastgeber deutlich zurück und die Presse des Landes hat – mit Ausnahme der kommunistischen Blätter – einen regelrechten Berichterstattungsboykott über die Großveranstaltung verhängt.

28. Juli Der *Redakteurverband deutscher Studentenzeitschriften* protestiert in **Bonn** mit einer Presseerklärung gegen die »SA-Methoden«, derer sich der *Bund Nationaler Studenten* (BNS) in der Auseinandersetzung mit politischen Gegnern bediene. Er bezieht sich damit vor allem auf die Vorfälle an der Universität Heidelberg, wo am 17. Juli ein Mitarbeiter der Studentenzeitung »Forum Academicum« mißhandelt worden ist, weil er in einem Artikel den BNS als rechtsradikal und neofaschistisch qualifiziert hatte. Es sei bestürzend, heißt es, daß Studenten einer deutschen Hochschule Schlägereien wieder für ein Mittel der geistigen Auseinandersetzung hielten. Dem Ansehen der Hochschulen und Universitäten würde durch solche Vorfälle unermeßlichen Schaden zugefügt. In einem Schreiben an die Westdeutsche Rektorenkonferenz (WRK) seien deren Mitglieder darum gebeten worden, Maßnahmen zu erörtern, mit denen solche Formen in Zukunft unterbunden werden könnten.

28. Juli Französische Behörden geben in **Algier** bekannt, daß der Generalsekretär des algerischen Gewerkschaftsbundes, Aissat Idir, in einem Militärhospital an den Folgen eines Selbstmordversuchs gestorben sei. – Unabhängige Beobachter äußern massive Zweifel am Wahrheitsgehalt dieser Erklärung und sprechen offen den Verdacht aus, daß Idir nicht den Folgen eines Suizidversuchs, sondern denen wiederholter Folterungen durch französische Fallschirmjäger erlegen sei. Die *Internationale Juristenkommission* appelliert deshalb am 10. August in einem an den französischen Staatspräsidenten Charles de Gaulle gerichteten Telegramm, die Umstände, die zum Tod Idirs geführt haben, durch eine unabhängige internationale Körperschaft untersuchen zu lassen. – Die »Neue Zürcher Zeitung« schreibt über die Hintergründe des Falles: »Mit dem Tod des algerischen Gewerkschaftsführers Aissat Idir hat in Algier eine neue Folteraffäre ihren Abschluß gefunden; wegen der Rolle, die Idir gespielt hat, wird sie jedoch beträchtliche Auswirkungen haben … Der Angeklagte, der seit dem Mai 1956 in Haft war und der die Fallschirmjäger der Foltermethoden bezichtigt hatte, wurde freigesprochen, da keine ernsthaften Schuldbeweise gegen ihn vorlagen. Doch beim Verlassen des Gerichts wurde er erneut von Fallschirmjägern festgenommen, und während langer Wochen war man ohne Nachricht von ihm … Das Schicksal Aissat Idirs ist eine der schwersten Folteraffären, die Algier in den letzten Jahren in unseliger Weise berühmt gemacht haben.«[169]

29. Juli Als Auftakt zu Protestaktionen gegen die Zunahme der Feierschichten im Bergbau versammeln sich nach einem Aufruf der *IG Bergbau* 2.000 Gewerkschaftsfunktionäre in der Grugahalle in **Essen**. Dort fordert deren Vorsitzender Heinrich Gutermuth eine Änderung des energiepolitischen Kurses der Bundesregierung und eine Überführung des Bergbaus in Gemeinwirtschaft. Zugleich läßt er in einem sozialpolitischen Acht-Punkte-Programm seines Grundsatzreferats aber auch erkennen, daß sich der Hauptvorstand der *IG Bergbau* mit der Schließung von Schachtanlagen und der Entlassung von Bergarbeitern unter bestimmten Bedingungen – z. B. der Zahlung von Übergangsentschädigungen – abfinden würde.

29. Juli In französischen Haftanstalten treten mehr als 5.000 algerische Häftlinge in einen Hungerstreik, weil ihnen der Status von politischen Gefangenen verwehrt wird.

30. Juli Der Intendant des NDR in **Hamburg**, Walter Hilpert, ordnet an, den von Gerd Ruge gedrehten Fernsehfilm »Nikita Chruschtschow – Versuch eines Porträts« aus dem aktuellen Programm herauszunehmen. Zur Begründung für die Absetzung des Streifens, gegen den am Vortag der Rundfunk-

sachverständige der CDU/CSU-Bundestagsfraktion mit dem Argument protestiert hat, dem sowjetischen Ministerpräsidenten werde damit ein Propagandamittel in die Hand gegeben, werden ausschließlich technische Gründe angeführt; es heißt, Teile des für die Sendung bestimmten Bildmaterials lägen noch nicht vor. – Zu dem für die Sendung vorgesehenen Zeitpunkt strahlt das Deutsche Fernsehen einen Filmbericht über Formosa aus.

30. Juli Der hessische Generalstaatsanwalt Fritz Bauer teilt in **Frankfurt** mit, daß die Beschwerde des Bundestagsfraktionsvorsitzenden der *Deutschen Partei* (DP), Herbert Schneider, gegen die Einstellung des Ermittlungsverfahrens gegen den Kirchenpräsidenten der *Evangelischen Kirche von Hessen und Nassau*, Martin Niemöller, verworfen worden sei. Wegen dessen Kasseler Rede, in der er am 25. Januar die Ausbildung zum Soldaten als »Hohe Schule für Berufsverbrecher« bezeichnet hatte, war Strafanzeige von Bundesverteidigungsminister Franz Josef Strauß gestellt worden. Bauer nimmt die Begründung, mit der der Frankfurter Oberstaatsanwalt Heinz Wolf dieses Ermittlungsverfahren einstellen ließ, auf und erklärt, daß eine Strafverfolgung Niemöllers nicht möglich sei, weil sich seine Äußerung nicht gegen einen genau eingrenzbaren Kreis von Einzelpersonen richten würde. Niemöller sei in seiner Rede von der Lehre vom »ungerechten Krieg« ausgegangen, der völkerrechtlich als Verbrechen gelte und habe den Atomkrieg, der sich lokal nicht eingrenzen lasse, als ein Verbrechen bezeichnet. Bauer verweist in der Ablehnung der Beschwerde auch auf einen Freispruch des Kammergerichts Berlin aus der Weimarer Republik. Der Schriftsteller Kurt Tucholsky hatte 1931 in einem Artikel der

30.7.: Der Fernsehjournalist Gerd Ruge in einem von Werner Höfers sonntäglichen Fernseh-»Frühschoppen«.

29.7.: Gewerkschaftlerkonferenz zur Kohlenkrise in Essen.

30.7.-1.8.:
»Konkret«-Chef-
redakteur Klaus
Rainer Röhl inmit-
ten von Kolleginnen
und Kollegen auf
einer Konferenz der
Studentenpresse in
West-Berlin.

»Weltbühne« die Tätigkeit von Feldgendarmen auf den Kriegsschauplätzen des Ersten Weltkrieges beschrieben, die darüber gewacht hätten, daß »vorn richtig gestorben« worden wäre. Vier Jahre lang sei das Morden in bestimmten Landesteilen obligatorisch gewesen, während es eine halbe Stunde davon entfernt unter strengster Strafe stand. Tucholsky war wegen der Sequenz am Ende seines Textes verklagt worden. Dort hatte es geheißen: »Sagte ich: Mord? Natürlich Mord. Soldaten sind Mörder.«[170] Es gebe keinen Anlaß, stellt Bauer fest, von dieser Rechtsprechung abzugehen. Was in der Weimarer Republik rechtens war, könne heute kein Unrecht sein. Niemöllers Äußerungen seien in einer Demokratie, die dazu verpflichtet sei, allen nicht gegen die verfassungsmäßige Ordnung gerichteten Auffassungen Raum zu geben, zulässig.

30. Juli – 1. August Auf der <u>XIV. Delegiertenkonferenz des *Sozialistischen Deutschen Studentenbundes*</u> (SDS) in **Göttingen** wird die Abwahl des Bundesvorsitzenden Oswald Hüller, die auf einer außerordentlichen Sitzung des Bundesvorstands am 3. Juni erfolgt war, durch die Mehrheit der 88 Delegierten bestätigt. Damit kann sich der seitdem amtierende Bun-

desvorstand mit seiner Position durchsetzen, der um einen Ausgleich mit dem Vorstand der Mutterpartei SPD bemüht ist. Dies drückt sich auch in einer mehrheitlich angenommenen Entschließung aus, in der es heißt, der SDS stehe »auf dem Boden des demokratischen Sozialismus«. Als Verlierer zurück bleiben nach diesen Abstimmungen ein antikommunistischer Flügel, der sich um den Wilhelmshavener Delegierten Werner Hasselbring und den Bonner Ernst Eichengrün schart, und ein prokommunistischer, der von Oswald Hüller und der »Konkret«-Fraktion um Klaus Rainer Röhl und Ulrike Meinhof angeführt wird. Für die erfolgreiche mittlere Position, die vor allem von den Hochschulgruppen aus Frankfurt, Göttingen, Marburg, Tübingen und West-Berlin vertreten wird, hält Jürgen Seifert ein Grundsatzreferat »Über die Aufgaben des Sozialistischen Deutschen Studentenbundes in der gegenwärtigen Situation«. Darin warnt er vor einer »Personalisierung« der Fraktionsstreitigkeiten und begrüßt den bisherigen Konflikt als »Politisierung des Gesamtverbandes«. Der von der *Sozialistischen Internationale* (SI) 1951 in einer Grundsatzerklärung manifestierte Anspruch, daß »Sozialismus nur durch die Demokratie, die Demokratie nur durch den Sozialismus vollendet« werden könne, reklamiere den Kerngehalt des vom SDS vertretenen politischen Anspruchs. Seifert bekennt sich zur notwendigen Kritik an »stalinistischen Methoden« und spricht sich dafür aus, Infiltrationsversuche aus der DDR zu bekämpfen. In seiner gesamtpolitischen Einschätzung dämpft er einen übertriebenen Optimismus. Jede realistische Diskussion müsse davon ausgehen, daß die SPD die bisherigen Bundestagswahlen verloren habe, die ökonomische Restauration weitgehend abgeschlossen und der Klerikalismus auf dem Vormarsch sei. Erschwerend trete zu diesen negativen Entwicklungstendenzen noch hinzu, daß sich der Bewußtseinsmangel in der Arbeiterklasse verallgemeinert habe. Nur die Befreiungsbewegungen in der Dritten Welt manifestierten gegenwärtig den Anspruch einer radikalen Veränderung der Machtverhältnisse. In der so charakterisierten Situation dürfe sich der SDS keinesfalls auf »Hochschulpolitik, studentische Selbstverwaltung und Hochschulreform« beschränken, sondern müsse die allgemeine Politisierung des Verbandes weiter vorantreiben. Die von interessierter Seite verfochtene These von

der »Entideologisierung der Politik« durch den Rückzug in eine vermeintliche Sachlichkeit sei selber nur Ausdruck einer Ideologie. Abschließend schlägt Seifert die Ausweitung der begonnenen Seminararbeit vor. Am zweiten Tag tritt der stellvertretende SPD-Vorsitzende Waldemar von Knoeringen an, die störenden Faktoren im Verhältnis zwischen SDS und SPD-Spitze zu benennen und Bedingungen zu formulieren, wie diese zukünftig auszuräumen seien. Zunächst weist er darauf hin, daß auf den beiden Kongressen in West-Berlin und in Frankfurt »gutwillige und aktiv gesinnte Studenten von einer raffiniert, nach altbekannter Taktik arbeitenden Zentrale im Sinne der SED-Politik« mißbraucht worden seien. Falls der SDS an einer Wiederherstellung des freundschaftlichen Verhältnisses zur SPD interessiert sei, müsse er bestimmte Grundsätze des demokratischen Sozialismus voll und ganz anerkennen. Als Vorbedingungen zur Überwindung der Schwierigkeiten nennt von Knoeringen sechs Punkte: Eine eindeutige Ablehnung der auf dem Frankfurter Kongreß beschlossenen Resolutionen, die Verurteilung der Wühltätigkeit der »Konkret«-Gruppe im SDS, ein

30.7.-1.8.: Artikel in der »Frankfurter Allgemeinen Zeitung« über die Göttinger SDS-Delegiertenkonferenz.

Die Abrechnung mit der „konkret"-Linken

Der Sozialistische Studentenbund auf neuem Kurs / Von Eberhard Bitzer

GÖTTINGEN, Anfang August
Ein Gespenst ging lange um im Sozialistischen Deutschen Studentenbund (SDS), das Gespenst des „Konkretismus". Dreißig bis vierzig junge Leute, gruppiert um die dubiose Hamburger Studentenzeitung „konkret", hatten das Gespenst zu einer Gefahr für die Einheit jenes Studentenbundes werden lassen. Am letzten Wochenende ist der Spuk indessen geplatzt; der Sozialistische Studentenbund, seit dem Frankfurter Kongreß „Für Demokratie — gegen Restauration und Militarismus" in vieler Munde, verstieß auf seinem Delegiertentreffen in Göttingen die pankowfreundlichen „Konkretisten" und erneuerte sein Bündnis mit den Sozialdemokraten.

Hartnäckig kämpfte der stellvertretende sozialdemokratische Parteivorsitzende Waldemar von Knoeringen, um die jungen Rebellen wieder auf einen klaren Kurs zu bringen. Es ist erstaunlich, wie gerade diese Studenten noch an den alten Zöpfen des Marxismus hängen. Viele von ihnen sind für eine Verstaatlichung der Grundstoffindustrie; die meisten befürworten das überkommene Ritual der sozialistischen Bewegung, als da sind: rote Fahne, die Anrede „Genosse", das marxistische Vokabular. „In abstrakter Methodologie der Theorie..." Solche und ähnliche Sätze hörte man von den Linken und Halblinken des Verbandes häufig. Manchmal war das pseudowissenschaftliche Gehabe, hochgestochen und affektiert; manchmal spürte man aber auch einen bohrenden Geist heraus. Der Grund für das Unbehagen unter sozialistischen Studenten liegt indessen weniger im Ideologischen als im Politisch-Praktischen. Sie zweifeln an der Stoßkraft der Sozialdemokratie, die drei Bundestagswahlen hintereinander verloren hat. Von Hoffnungslosigkeit, tiefer Skepsis, quälenden Glaubenszweifeln sprach auch das frühere Vorstandsmitglied Jürgen Seifert. Nahm er sie ernst, indem ihr endlich einmal an die Macht gelangt, schien er den Sozialdemokraten zurufen zu wollen.

Einen gangbaren Weg, wie die Opposition zur Regierung werden könnte, zeigten die Studenten indessen nicht. Man schoß gegen die Linksradikalen, und man kritisierte die

„Oeffnung nach rechts". Knoeringen sprach von dem großen Haus, das man in Göttingen entworfen habe. Man stieg indessen entweder grüblerisch-tiefsinnig in das Kellergeschoß, oder man siedelte sich, mit einigen flinken Sprüngen, in der Mansarde an. Praktische Politik, den konkreten Kampf für konkrete Dinge — das gab es gerade bei den „konkret"-Leuten nicht, die umso eifriger hinter den Kulissen die Fäden zu ziehen versuchten. „Stalinisten" wurden sie häufig von den Delegierten des rechten Flügels genannt; als „Trotzkisten" und „Anarchisten" bezeichnete sie im Gespräch der Vertreter des ostzonalen „Neuen Deutschland". Was die „konkret"-Leute wirklich sind, ob sie tatsächlich östliche Gelder und Weisungen erhalten, das zu sagen, fällt schwer. Einzelne von ihnen unterhalten zwar gute Kontakte mit dem Ulbricht-Regime; aber bei vielen gilt Linkssein einfach als chic. Sie sind kämpferisch und sentimental zugleich, und ihr Abgott ist Kurt Tucholsky. Viele von ihnen suchen den Teufel eher im Westen als im Osten. Wer konsequent den Bolschewismus bekämpft, ist in ihren Augen ein „sturer Antikommunist" im Solde der Hochfinanz.

Der Mann, der diese Leute im Sozialistischen Studentenbund hochkommen ließ, war bis zum Wochenende Bundesvorsitzender des Verbandes: Oswald Hüller, ein menschlich sympathischer „sonny boy", schwärmerisch, gutmütig und verworren. Für ihn ist die „formale bürgerliche Demokratie" nur ein Mittel zum Zweck, eine Etappe auf dem Weg zum sozialistischen Paradies. „Demokratie, das ist nicht viel — Sozialismus ist unser Ziel" — dieses Kampflied aus den zwanziger Jahren ist bei Leuten wie Hüller noch nicht verstummt. Knoeringen setzte solchen Verschwommenheiten ein klares Bekenntnis zur parlamentarischen Demokratie entgegen: „Ich würde aus der SPD austreten und eine Gegenpartei gründen, wenn sich innerhalb der Partei, hätte sie einmal die absolute Mehrheit erlangt, eine Richtung entwickelte, die sagt: Wir geben die Macht nicht mehr aus den Händen." Der Mehrheit der Delegierten sprach Knoeringen damit aus dem Herzen; ihr Beifall war eine Absage an jene linksradikalen Elemente,

die die Grenzen zur totalitären Herrschaftsform verwischen.

Daß diese sozialistischen Studenten wieder zu sich selbst fanden, ist vor allem dem Aerger zuzuschreiben, der sich bei ihnen wegen des Ueberspielungsmanöver der Linksradikalen angestaut hatte. Göttingen war die Stunde der Abrechnung; die Toleranz war überfordert worden; man schlug erbittert gegen die „ideologischen Stalinisten" zurück. Selbst die „Halblinken" und die Vertreter der Mitte hatten nichts dawider, daß man den „konkret"-Leuten mit harter Münze heimzahlte. Wohin der SDS künftig steuern wird, das freilich hängt vom Schicksal der mit ihm wieder eng verbundenen SPD ab. Man schloß, Studenten vor Arbeitern sprechen zu lassen, und Arbeiter vor Studenten. Knoeringen, der den Delegierten anvertraute, daß der Parteivorstand „noch nie in der Geschichte der SPD so viel über den SDS gesprochen hat wie in letzter Zeit", spornte sie auch dazu an, die Partei mit jener Stoßkraft auszustatten, daß sie 1961 siegen kann." Tosender Beifall erscholl, neuer Schwung schien die Studenten zu erfüllen. Unbeantwortet blieb indessen die Frage, wie der Sieg mit Gewißheit zu erlangen sei. Darin offenbarte sich, daß die Krise unter den Studenten ein getreues Spiegelbild der geistigen Krise innerhalb der SPD ist. Unwillkürlich mußte man an den sozialdemokratischen Widerstandskämpfer Julius Leber denken, der beim Rückblick auf Weimar die sterile Koketterie mit der Wirklichkeit als eine Folge des marxistischen Geburtsfehlers der SPD bezeichnet hat:

„Die vielen theoretischen Debatten drehten sich immer wieder im Kreise, an die eigentliche praktische Problematik kamen sie überhaupt nicht heran. Es war wie mit einem Schiff, das vor Anker liegt. Es dreht, es wendet, es treibt vor in Wind und Strömung, nach hier und nach dort, aber immer nur in einem Kreis, dessen Radius die Ankertrosse bildet. So hingen alle sozialdemokratischen Anschauungen und Ueberlegungen am Anker marxistischer Vorstellungen und Hemmungen, und niemand hatte den Mut und zugleich die Macht, diesen Anker zu lösen oder aber die Trosse einfach zu kappen."

30.7.-1.8.: »Schulmeister bin immer noch ich! Weg mit eurem Geschmier!« Der stellvertretende SPD-Vorsitzende Waldemar von Knoeringen ruft die SDS-Mitglieder zur Ordnung; Karikatur aus dem SED-Zentralorgan »Neues Deutschland«.

Bekenntnis zum Kerngehalt des demokratischen Sozialismus, ein Bekenntnis zur »politischen Demokratie«, die Verurteilung des Kommunismus »als einem mit dem Sozialismus unvereinbaren totalitären Herrschaftssystem« samt der »Ablehnung aller Beziehungen zur SED« und die Anerkennung der SPD »als der entscheidenden Trägerin demokratisch-sozialistischer Ideen und sozialistischer Politik«. Der Saarbrücker Delegierte Gerhard Lambrecht protestiert anschließend dagegen, daß der Vertreter des SPD-Bundesvorstands den Kommunismus in seinem Referat genauso scharf verurteilt habe wie die CDU-Propaganda. In der nachfolgenden Diskussion versucht der Frankfurter Delegierte Oskar Negt die aufgerissenen Gräben mit der Bemerkung zu überwinden, daß es im SDS keine Alternative Marxisten-Nichtmarxisten gebe. Auch die Marxisten würden die Ergebnisse der modernen Soziologie anerkennen und für einen weltanschaulichen Pluralismus eintreten. Gegen den Versuch, den alten Bundesvorsitzenden Oswald Hüller und Klaus Bessau (Karlsruhe) aus dem Verband auszuschließen, wendet sich am vehementesten der Heidelberger Delegierte Christian Raabe. Obwohl er sich seit Jahren als ein entschiedener Gegner der »Hüller-Fraktion« begreife, dürfe man nicht in den Fehler verfallen, ihn nun »auf dem Altar der Partei« zu opfern. Ein von Klaus Meschkat, Götz Langkau und anderen eingebrachter Antrag, einen Untersuchungsausschuß zur Klärung der Frage einzurichten, ob sich Hüller und Bessau verbandsschädigend verhalten hätten, wird bei sieben Enthaltungen mit 36:21 Stimmen angenommen. In den Vorstandswahlen wird der amtierende Bundesvorsitzende Günter Kallauch mit der knappsten möglichen Mehrheit von 37:35 Stimmen gegenüber seinem Gegenkandidaten Jochen Grönert in seiner Funktion bestätigt. Stellvertretender Bundesvorsitzender wird Manfred Schmidt (München) und der neue Bei-

rat setzt sich aus Peter Heilmann (West-Berlin), Monika Mitscherlich (Frankfurt) und Dieter Wunder (Hamburg) zusammen. – Zwei Tage später erscheint im »SPD-Pressedienst« ein längerer Bericht über die Delegiertenkonferenz, der wie eine Erfolgsmeldung wirkt und den Titel »Klärung im Sozialistischen Deutschen Studentenbund« trägt. Am selben Tag meldet die »Frankfurter Allgemeine Zeitung«: »Die Abrechnung mit der ›konkret‹-Linken«. Lange Zeit sei, schreibt Eberhard Bitzer, »das Gespenst des ›Konkretismus‹« umgegangen; nun habe man aber dem »Spuk« in Göttingen ein Ende bereiten können. »Was die ›konkret‹-Leute wirklich sind,« fragt er weiter, »ob sie tatsächlich östliche Gelder und Weisungen erhalten, das zu sagen, fällt schwer. Einzelne von ihnen unterhalten zwar gute Kontakte mit dem Ulbricht-Regime; aber bei vielen gilt Linkssein einfach als chic. Sie sind kämpferisch und sentimental zugleich, und ihr Abgott ist Kurt Tucholsky. Viele von ihnen suchen den Teufel eher im Westen als im Osten. Wer konsequent den Bolschewismus bekämpft, ist in ihren Augen ein ›sturer Antikommunist‹ im Solde der Hochfinanz.«[171] – Und Waldemar von Knoeringen schreibt über den Konferenzverlauf am 7. August im SPD-Zentralorgan »Vorwärts« unter der Überschrift »Ein klarer Auftrag«, er habe die Hoffnung, daß nun erneut eine Zeit der fruchtbaren Zusammenarbeit zwischen SPD und SDS angebrochen sei.

FREI NACH BIEGEN UND BRECHT

31. Juli Als Abspaltung der von vielen, vor allem den Jüngeren, als zu gemäßigt empfundenen *Nationalistischen Baskenpartei* (PNV) gründet sich die mit radikalen Mitteln für die Unabhängigkeit des Baskenlandes eintretende *Euskadi ta Askatasuna* (Baskenland und Freiheit), kurz ETA genannt. Die Gründungsmitglieder stammen vor allem aus der studentischen, vom Existentialismus beeinflußten Gruppe *Ekin* (Handeln, Machen) und der Jugendorganisation der PNV *Eusko Gaztedi* (Baskische Jugend). Mit ihrer Mutterpartei teilt die ETA einen in ethnisch-kulturellen und sprachlichen Traditionen wurzelnden Nationalismus. Geschichte, Sprache und Kultur des baskischen Volkes werden als Garanten für eine eigene politische, vor allem nationalstaatliche Identität angesehen. Im Unterschied zur PNV, die in einem ersten Schritt für eine Autonomielösung eintritt, fordert die ETA die völlige Unabhängigkeit von Spanien als unmittelbares Ziel. Die Haltung der ETA-Aktivisten, die sich in den ersten beiden Jahren ausschließlich auf interne Schulungen und symbolische Aktionen beschränken, ist patriotisch, demokratisch und laizistisch – so verlangen es zumindest die von ihnen vertretenen Grundprinzipien. Charakteristisch für die ETA ist außerdem ihre konfessionelle Neutralität und ihr starkes soziales Engagement. – In der ersten programmatischen Erklärung der ETA vom Mai 1962 heißt es: »Euskadi ta Askatasuna ist eine revolutionäre Baskenbewegung für die nationale Befreiung. Sie wurde im patriotischen Widerstand gegründet und ist von jeglicher anderer Partei oder Gruppierung unabhängig. Die ETA erklärt, daß das baskische Volk die gleichen Rechte wie irgendein anderes Volk auf Selbstregierung hat und bekräftigt, daß zur Erreichung dieses Ziels die Mittel gebraucht werden müssen, die die jeweilige historische Situation verlangt ... Im politischen Bereich verlangt die ETA: Die Errichtung eines demokratischen und voll repräsentativen Regimes. Die wirkungsvolle Gewährung der Menschenrechte wie der Ausdrucksfreiheit, Versammlungs-, Gewerkschafts- und Religionsfreiheit... Im sozialen Bereich verlangt die ETA: Die Aufhebung des Liberalismus als System für die zukünftige Wirtschaft Euskadis. Eine tiefgreifende Veränderung der Besitzverhältnisse. In der Gesetzgebung soll primär die soziale Dimension des Besitzes hervorgehoben und geschützt werden, sowohl in der Industrie wie in der Landwirtschaft, der Fischerei und den weiteren wirtschaftlichen und sozialen Bereichen. Die Vorherrschaft der Arbeit über das Kapital. Der Grundpfeiler für jede gerechte Gesellschaft ist die Demokratisierung der Kultur. Die ETA verlangt die Ausrufung des Euskara als einziger Nationalsprache. Das Euskara muß wieder die Sprache aller Basken werden.«[172]

31. Juli Der ehemalige Vizepräsident der südkoreanischen Nationalversammlung, Tscho Bong-am, der bei den Präsidentschaftswahlen zweimal als liberaler Gegenkandidat zu dem überaus autoritären Syngman Rhee aufgetreten war, wird in **Seoul** hingerichtet. – Wegen »Spionage« für Nordkorea war Tscho Bong-am einige Monate zuvor zum Tode verurteilt worden. Die Hinrichtung durch den Strang ist mit größter Geheimhaltung vollzogen worden. – Im Ausland wird zum Teil mit großer Empörung auf die Vollstreckung des Todesurteil reagiert. Pressekommentatoren sprechen offen davon, daß Syngman Rhee mit diesem Akt seinen gefährlichsten innenpolitischen Gegner habe liquidieren lassen.

30.7.-1.8.: Bereits zu der Zeit als »Konkret« noch »Studenten-Kurier« hieß, wurde Röhl von konservativer Seite attackiert; Vor- und Rückseite (Siehe: Karikatur auf der gegenüberliegenden Seite) eines Offenen Briefes.

CHRISTLICH - DEMOKRATISCHER HOCHSCHULRING

OFFENER BRIEF an den STUDENTEN-KURIER

QUO VADIS — STUDENTEN-KURIER?

Da wir begründeten Anlaß zu der Annahme haben, daß weder Ihre Redaktion noch deren „finanzielle Förderer" besonderes Interesse daran haben, den von uns zusammengestellten Tatsachen ungekürzt und ohne unsachliche Kommentare zu übernehmen, übergeben wir diesen Beitrag als offenen Brief der Studentenschaft.

In Ihrem „Studenten-Kurier" verspüren wir zwar die wohltuende Grundeinstellung einer rückhaltlosen Wendung gegen alle Erscheinungsformen des Nationalsozialismus und des Militarismus. Diese Einstellung findet unsere ausdrückliche und dankbare Billigung, wenngleich wir uns mit der Form, in der sie geäußert wird, nicht einverstanden erklären können.

Wollte man jedoch beim „Studenten-Kurier" eine tiefe Abneigung gegen jede Art von Diktatur und ein Bekenntnis zur freiheitlich-demokratischen Grundordnung vermuten, so erweckt die Lektüre der Zeitung in dieser Hinsicht gewisse Zweifel.

Das Wesen der freiheitlich-demokratischen Grundordnung hat das Bundesverfassungsgericht folgendermaßen definiert:

> „Der freiheitlichen demokratischen Grundordnung liegt letztlich nach der im Grundgesetz getroffenen verfassungspolitischen Entscheidung die Vorstellung zugrunde, daß der Mensch in der Schöpfungsordnung einen eigenen selbständigen Wert besitzt und Freiheit und Gleichheit dauernde Grundwerte der staatlichen Einheit sind. Daher ist die Grundordnung eine wertgebundene Ordnung. Sie ist das Gegenteil des totalen Staates, der als ausschließliche Herrschaftsmacht Menschenwürde, Freiheit und Gleichheit ablehnt ...

So läßt sich die freiheitliche demokratische Grundordnung als eine Ordnung bestimmen, die unter Ausschluß jeglicher Gewalt- und Willkürherrschaft eine rechtsstaatliche Herrschaftsordnung auf der Grundlage der Selbstbestimmung des Volkes nach dem Willen der jeweiligen Mehrheit und auf der Grundlage der Freiheit und Gleichheit darstellt. Zu den grundlegenden Prinzipien dieser Ordnung sind mindestens zu rechnen: Die Achtung vor den im Grundgesetz konkretisierten Menschenrechten, vor allem vor dem Recht der Persönlichkeit auf Leben und freie Entfaltung der Volkssouveränität, die Gewaltenteilung, die Verantwortlichkeit der Regierung, die Gesetzmäßigkeit der Verwaltung, die Unabhängigkeit der Gerichte, das Mehrparteienprinzip und die Chancengleichheit für alle politischen Parteien mit dem Recht auf verfassungsmäßige Bildung und Ausübung einer Opposition."

(Aus dem Urteil gegen die SRP, Sammlung der Entscheidungen des BVG, Band 2, Seite 12.)

Wenn wir uns einmal unterstellen wollen, daß Sie sich mit uns zu diesen Werten bekennen, dann bleibt uns an Ihrer Grundeinstellung eins unerklärlich: In dem von Ihnen groß hervorgehobenen Beitrag „Holzauge sei wachsam" (Nummer 6, Seite 4) behauptet John Frieder mit einem gewissen Stolz, nicht zu den Leuten zu gehören, die „vor lauter Weit- und Überblick schon nur noch Rot sehen". Viele Kommilitonen teilen mit uns allerdings die Meinung, daß „Rot" als Symbol für eine bestimmte radikale Bewegung für Sie überhaupt nicht zu existieren scheint. Sie „richten den Blick allein auf das Nahliegende, und das ist der braune Swingel, der, wo wir heute auch hinkommen, je länger und straffer an die weiße Weste schlägt und feixt ..."

Nun, über das Naheliegende teilen sich unsere Meinungen schon. Zwar ist zuzugeben, daß es unter uns noch Nazis in dieser oder jener Form und oftmals leider auch an einflußreicher Stelle gibt. Wir bedauern diesen Umstand und machen genau wie Sie entschlossen Front dagegen. Aber diese Fälle sind doch glücklicherweise nicht die Regel, und diesbezügliche Verallgemeinerungen sind gefährlich und einfach unwahr.

Festzustellen bleibt, daß heute Nationalsozialisten in keiner Form als Partei organisiert vorhanden sind. Die SRP ist seit dem 23. Oktober 1952 mit allen Folgeorganisationen von Organen d e r Bundesrepublik, die so sehr Zielscheibe Ihrer Kritik, ja Ihres Argwohnes ist, gemäß Art. 21 II Grundgesetz für verfassungswidrig erklärt und verboten worden.

Faktum ist, daß rechtsradikale Organisationen in anderer Form, man gibt etwa 20 bis 30 an, von den Bundes- und Landesorganen zum Schutze der Verfassung (Verfassungsschutzämter) sorgfältig und mißtrauisch beobachtet werden.

Wollen Sie wirklich im Ernst unterstellen, die Bundesregierung oder eine der neun Landesregierungen wären in ihrem Wesen nazistisch? Teilen Sie nicht mit uns die Meinung, daß die Bundesrepublik und die einzelnen Länder in ihren Organen bereits eine beträchtliche Zahl von fähigen und bewußten Demokraten am Werke haben, die, und zwar entscheidend, zunehmend vom Vertrauen des Volkes getragen werden? Beobachten Sie nicht auch, daß das Volk in seiner Mehrheit, vor allem die Jugend, die freiheitliche demokratische Grundordnung mehr und mehr als echten Wert anerkennt?

Januar Februar März April Mai Juni Juli

August

September Oktober

November Dezember

1. August Wegen der angekündigten Stillegung eines Schachtes und der Entlassung von 800 Bergarbeitern kommt es in **Gelsenkirchen** zu Protestaktionen. Eine schwarze Fahne, die im Morgengrauen auf dem Dach einer Schachtanlage gehißt worden ist, muß auf Betreiben eines Grubenbeamten im Laufe des Vormittags wieder entfernt werden. Auf Initiative von Kumpeln der Bismarck-Schächte, die erst nach einem Tauziehen mit dem Hauptvorstand der *IG Bergbau* gebilligt wurde, ziehen dann 6.000 Bergarbeiter zusammen mit Frauen und Kindern durch den Norden der Stadt. Auf Spruchbändern des kilometerlangen Zuges sind Parolen zu lesen wie »Gegen die Stillegung der Kokerei Scholven«, »Gegen Massenentlassungen – schafft neue Arbeitsplätze« und »1945 Kumpel mit trockenem Brot – 1959 trotz Wirtschaftswunder Kumpel in Not«. Auf der Abschlußkundgebung erklärt der wegen seiner als zu kompromißbereit empfundenen Haltung umstrittene Vorsitzende der *IG Bergbau*, Heinrich Gutermuth, man sei nach 1945 nicht unter Tage gefahren, um der gesamten Wirtschaft zum Aufschwung zu verhelfen und nun dafür mit Arbeitslosigkeit bestraft zu werden. Angesichts der wachsenden Kohlenhalden und der weiter zunehmenden Anzahl von Feierschichten müsse eine politische Neuordnung des Bergbaus gefordert werden. Eine »neue Epoche des Kampfes« habe nun eingesetzt und man dürfe sicher sein, daraus als Sieger hervorzugehen. Die Verantwortlichen in Bonn würden »durch massivere Aktionen aufgeschreckt«. Während der Rede kommt es wiederholt zu Unmutsbezeugungen. Zwischenrufer werfen Gutermuth vor, solche Ankündigungen schon öfters von ihm gehört zu haben; es sei genug mit leeeren Ankündigungen, nun müsse gehandelt werden. Als jemand einen Streik fordert,

1./2.8.: Der ehemalige Offizier der Waffen-SS, Kurt Meyer, ist Hauptredner auf dem Augsburger HIAG-Treffen.

verdächtigt ihn Gutermuth ein Kommunist zu sein, und bricht seine Rede kurzerhand ab.

1. August Der *Deutsche Club 1954* fordert auf einer erweiterten Vorstandssitzung in **Frankfurt** die Bundesregierung auf, das Abklingen des Kalten Krieges endlich durch Verhandlungen mit dem Ziel einer Wiedervereinigung Deutschlands zu nutzen. Zielpunkte müßten eine »Interimslösung für Berlin«, die Einleitung gesamtdeutscher Verhandlungen, der Abschluß eines Friedensvertrages, die Schaffung »militärisch verdünnter, atomwaffenfreier Zonen« sowie die »Vereinigung der beiden deutschen Teilstaaten« sein. Es wäre außerdem als ein »geschichtlicher Beitrag für den Weltfrieden« zu bewerten, wenn sich die Deutschen endlich entschließen könnten, aus den beiden Militärblöcken auszuscheiden. Die Entschließung ist u.a. unterzeichnet von Franz Beyer, Hermann Etzel, Werner Gerth, Georg Gröninger, Wilhelm von Kleist, Paul Neuhöffer, Manfred Pahl-Rugenstein, Renate Riemeck, Karl Rode Franz Paul Schneider, Rolf von Schoen, Hermann Strathmann und Karl Graf von Westphalen.

1./2. August Unter der Tarnbezeichnung »Kameradschaftsabend« wird anläßlich des zehnjährigen Bestehens eines ihrer Kreisverbände in einem **Augsburg**er Hotel ein Treffen der *Hilfsgemeinschaft auf Gegenseitigkeit der Soldaten der ehemaligen Waffen-SS* (HIAG) durchgeführt. Zu der offiziell abgesagten Veranstaltung, gegen deren Durchführung vor allem der DGB protestiert hat, sind etwa 300 Teilnehmer erschienen, darunter Abordnungen des *Verbandes deutscher Soldaten* (VdS), der *Gesellschaft für Wehrkunde* (GfW) und des *Stahlhelm – Bund der Frontsoldaten*. Prominenteste Gäste des geheimgehaltenen Treffens sind der ehemalige Generaloberst der Waffen-SS und Kommandeur der Leibstandarte »Adolf Hitler« Sepp Dietrich, sowie der ehemalige Generalmajor der Waffen-SS und HIAG-Bundessprecher Kurt Meyer, genannt »Panzer-Meyer«. In ihren Reden werden nicht nur der Corpsgeist und das Zusammengehörigkeitsgefühl der ehemaligen Waffen-SS beschworen, sondern auch ein gewachsenes Selbstbewußtsein, im neuen Staat anerkannt zu werden. »Wir wollen«, ruft Meyer unter frenetischem Beifall aus, »über die Vordertreppe in diesen Staat und ein Lump ist, wer uns dieses demokratische Recht streitig macht.«[173] Und er fährt fort: »Wir haben zu fordern, daß die Demokratie endlich ihre Theorien wahrmacht, damit wir an diese Demokratie glauben können. Wir versprechen dieser Demokratie, daß wir ihren Feinden auf die Füße treten.«[174] Abgesehen von der Tötung der Bewohner Oradours, die »keine soldatische Tat« gewesen sei, gebe es keinen Grund, die Angehörigen der ehemaligen Waffen-SS zu beschimpfen. Es sei verwerflich, sie »als Prügelknaben der Nation« zu benützen. Auch für sie müsse »volle Gerechtigkeit« verlangt werden. »Wer

uns verfolgt,« ruft er ebenso klagend wie drohend aus, »handelt aus Selbstzweck oder in östlichem Auftrag.«[175] Und Sepp Dietrich ergänzt, »diese Gemeinschaft« sei »nicht so leicht auseinanderzubrechen«, man lasse sich »nicht in die Gosse schmeißen«. – Bereits im Vorfeld des HIAG-Treffens hatten der DGB-Kreisausschuß Augsburg, die *Vereinigung der Verfolgten des Naziregimes* (VVN) und andere Verfolgtenorganisationen Protest beim Oberbürgermeister der bayerischen Stadt eingelegt. In dem Schreiben des DGB hatte es geheißen, die »SS-Veranstaltung« stelle eine Provokation der bundesdeutschen Öffentlichkeit und des Auslands dar; die Zusammenkunft müsse deshalb von der Stadt untersagt und die HIAG durch das bayerische Innenministerium verboten werden. Nachdem dann die Zusage für das Veranstaltungslokal von dessen Pächter zurückgenommen worden war, hatte ein HIAG-Sprecher, in unverkennbarer Irreführung der Öffentlichkeit erklärt, ein HIAG-Treffen werde am 1. August weder in Augsburg noch an einem anderen Ort in Bayern stattfinden.

1.8.: In Gelsenkirchen demonstrieren Ruhrkumpel gegen Zechenstillegungen.

1.-7. August Mit 120 ausländischen und etwa ebenso vielen japanischen Delegierten beginnt in **Hiroshima** die Vorkonferenz zur »V. Weltkonferenz gegen Atom- und Wasserstoffbomben und für Abrüstung«. Nachdem im »Memorial Park of Peace« ein Chor das Anti-Atombomben-Lied gesungen hat, eröffnet der Vorsitzende des *Japanischen Rates gegen Atom- und Wasserstoffbomben*, Professor K. Yasui, die Beratungen. In zwei Kommissionen diskutieren die Delegierten über die internationale Lage und den Entwicklungsstand der Bewegungen gegen die Nuklearbewaffnung. Höhepunkt und Abschluß der Vorkonferenz ist am 4. August die Begrüßung der Teilnehmer des Hiroshima-Friedensmarsches, die am 10. Juni in Tokio und Niigata und am 16. Juni auf der Insel Yoron aufgebrochen waren. Auf den letzten fünf Kilometern werden die Teilnehmer von den Delegierten der Konferenz, die sie mit Blumen und Fächern beschenkt haben, begleitet. Erst unmittelbar vor dem Eingang zum »Memorial Park of Peace« treffen die letzten beiden Marschsäulen zusammen. Dort kommt es zu einem Zwischenfall, als Vertreter nationalistischer Organisationen mit einem Lautsprecherwagen auftauchen, die Marschierer als »Verräter« beschimpfen und ihnen androhen, sie bei der ersten sich bietenden Gelegenheit zu liquidieren. Die Atomwaffengegner lassen sich jedoch nicht provozieren, weichen dem Lautsprecherwagen aus und stimmen mit besonderer Lautstärke das Anti-Atombomben-Lied an. Am Abend des 5. August wird die V. Weltkonferenz mit einer Kundgebung im »Memorial Park of Peace« eröffnet. Rund 25.000 Einwohner haben sich versammelt, um die 10.000 japanischen und 88 ausländischen Delegierten, die aus 23 Ländern angereist sind, zu begrüßen. Neben dem amerikanischen Nobelpreisträger für Chemie, Professor Linus Pauling, spricht auch der Dortmunder Oberbürgermeister Dietrich Keuning. Er berichtet von den Protestaktionen gegen die Stationierung der britischen Raketen-Abschußbasen im Stadtteil Brakkel und ruft die Japaner dazu auf, sich ebenfalls auf friedliche Weise allen Versuchen zur Atombewaffnung zu widersetzen. Am Morgen des 6. August gedenken die Einwohner von Hiroshima mit einer dreiminütigen Arbeitsruhe der Opfer, die der Abwurf der ersten Atombombe in ihrer Stadt gekostet hat. Genau in dem Moment, an dem 14 Jahre zuvor um 8.15 Uhr der B-29-Bomber »Enola Gay« der US-Air Force seine tödliche Fracht über der japanischen Großstadt ausklinkte, binnen weniger Sekunden 78.000 Menschen vernichtete, 68.000 schwer verletzte, über 60% der Gebäude zerstörte und völlig unübersehbare Folgeschäden anrichtete, verharren 30.000 Menschen auf dem Friedensplatz. Anschließend legen die ausländischen Delegierten Kränze und Blumen am Atombombenmahnmal nieder. Der Bürgermeister von Hiroshima, Shinzo Hamai, erklärt in einer Ansprache, daß es die wichtigste Aufgabe der Menschheit sei, Mittel und Wege zu finden, die die Nationen, unabhängig von allen sonstigen Differenzen, zu einer friedlichen Koexistenz führten. Der jüdische Philosoph und Schriftsteller Günther Anders schreibt in seinem Tagebuch über die Gedenkfeier: »Im Freien, unter blendend blauem Himmel. Auf dem sonst leeren, nun von Menschen zugedeckten Platze, wo ›es‹ geschehen war. Und um acht Uhr morgens beginnend, also in demjenigen Augenblick, da ›es‹ geschehen war. Vorne auf Bänken Geladene, Vertreter der Provinzen, Städte, Kirchen, des Hofes, wir offiziellen Gäste, unter uns indische Marineoffiziere ... Über uns, entsetzlich symbolisch, Flugzeuge. Als der Moment eintrat, völliges Verstummen. Dann Musik. Chopins Marche Funèbre. Welch sonderbare Unsterblichkeit! Aber als Trauermusik für Zweihunderttausend unangemessen. Die Musik scheint einen einzigen Toten, und zwar einen Würdenträger, zu begraben. Kranzüberreichungen, Reden, Chöre. Alles vollzieht sich mit ritusartiger Starre. Die gut ist. Denn sie sichert gegen die Maßlosigkeit dessen, was vielleicht losbrechen könnte ... Obwohl sich die Zeremonie nahtlos abwickelte; obwohl die Luft von der Musik und dem Schwirren der Flugzeuge angefüllt war; obwohl die Kranzüberreichungen und die Reden pausenlos einander ablösten; obwohl die Lebenden keinen Fußbreit Boden freiließen, und die Toten keinen Fußbreit des Grundes, dennoch fand das Nichtgeschehen Lücken und Ritzen, um in dieses dichte Geschehen einzudringen, und zwar mit solcher Macht, daß es den ganzen Platz ausfüllte und die ganze Dauer der Feier. Als das Ereignis des Tages zu berichten: Die Täter gedachten dieses Tages mit keinem Kranze, und die Opfer der

1.-7.8.: Die Teilnehmer des Friedensmarsches treffen in Hiroshima ein.

NIE WIEDER ATOMBOMBEN!

Das Lied der japanischen Atomrüstungs-Gegner

Worte: Ishiji Asada
Weise: Koji Kinoshita
(Central Chorus of Japan)
Deutsch: Peter Meier

1. Wo die Stadt Hi-ro-shi-ma einst stand, wo die
1. FU-RU-SA-TO NO MACHI YA-KA-RE, MI-YO-

A-sche der zwei-hun-dert-tau-send jetzt ruht,
RI NO HONE U-ME-SI YAKE-TSU-CHI-NI,

dort wächst jetzt das Gras und das Un-kraut blüht weiß
I-MA WA SI-RO-I HA-NA SA-KU

Zwei je-ner Bom-ben sind mehr als ge-nug. Drum
AH-YU-RU-SU-MA-JI GEN-BA-KU O. MI-

Brü-der und Schwe-stern, Au-gen auf! Ge-bet acht, daß die
TA-BI-YU-RU-SU-MA-JI GEN-BA-KU O WA

drit-te der Bom-ben nie kommt!
RE-RA NO MA-CHI NI!

Täter mit keinem Worte. Dies ist die Rache des Negativen: Was nirgendwo ist, das ist überall; und was in keinem bestimmten Augenblicke geschieht, das geschieht in jedem Augenblicke.«[176] Zum Abschluß des historischen Tages findet am Abend ein riesiges Laternenfest statt. Nach buddhistischem Ritual werden farbige Papierlaternen mit den Namen von Tausenden von Toten beschriftet und auf den Fluß Hon-kawa ausgesetzt, in dessen Fluten sie 14 Jahre zuvor ertrunken sind. Während die Trommeln buddhistischer Mönche erklingen, schwimmen die roten und gelben Laternen langsam den Fluß hinunter. Beendet wird die V. Weltkonferenz mit einer Versammlung der über 10.000 Delegierten im riesigen Rund des Baseballstadions. Als ein besonderer Erfolg der Konferenz wird die Botschaft des japanischen Ministerpräsidenten Nobusuke Kishi angesehen, der die Versicherung abgibt, daß seine Regierung niemals die Lagerung von Atombomben oder die Errichtung von Raketenstützpunkten auf japanischem Boden zulassen werde.

2. August Unter der Parole »No more Hiroshimas« ziehen 65 Mitglieder des *Brooklyn Committee for a Sane Nuclear Policy* in **New York** durch einige Straßen ihres Stadtteils, um auf Transparenten ein Ende der Atomwaffenpolitik zu fordern.

2.-6. August Auf dem Campus des State College von **San José** (US-Bundesstaat Kalifornien) starten acht Atomwaffengegner zu einem Protestmarsch. Unter der Überschrift »California's sixty-mile Hiroshimamarch« haben sie zuvor zahlreiche Prominente in der Bucht von San Francisco zur Beteiligung an Protestaktivitäten gegen die Erprobung und Verwendung von Nuklearwaffen aufgerufen. Zu den Adressaten ihrer 1.300 Schreiben gehörten auch Angehörige des Stanford Research Institute, das maßgeblich mit Militärforschung befaßt ist. Am Abend des 3. August wird die Schar Unverwegter in **Palo Alto** zu einem Dinner in das dortige Quaker Meeting House eingeladen. Am Jahrestag des ersten Atombombenabwurfs treffen sie auf dem Union Square in **San Francisco** ein, wo sie eine kleine Gedenkkundgebung abhalten.

3. August Auf einer Protestversammlung in **Nabburg** (Bayern) fordern 1.600 Bauern aus der Oberpfalz die sofortige Einstellung der Flurbereinigung in der Bundesrepublik bis zur Änderung des Flurbereinigungsgesetzes. Im Vorfeld der Versammlung, zu der die *Arbeitsgemeinschaft gegen Behördenwillkür* und die *Arbeitsgruppe der Flurbereinigungsgeschädigten* aufgerufen hat, ist es in den Gemeinden des Landkreises Nabburg zu zahlreichen Konflikten gekommen. Weil sich Landwirte bislang vergeblich gegen die Flurbereinigungsmaßnahmen wandten, haben sie mehrmals versucht, die enteigneten Felder und Äcker von Nachbargemeinden abzuernten. Wegen der dadurch ausgelösten Streitigkeiten war der Bürgermeister der Gemeinde Guteneck zurückgetreten.

3. August In der portugiesischen Kolonie Bissau wird ein Streik von Dockarbeitern der Hafenstadt **Pidgiguiti**, mit dem eine Lohnerhöhung durchgesetzt werden soll, gewaltsam niedergeschlagen. Poli-

1.-7.8.: Die deutsche Fassung des Anti-Atombombenliedes.

1.-7.8.: Der Philosoph Günther Anders liest im Hessischen Rundfunk einen Text, in dem er über seine Eindrücke bei einem früheren Hiroshima-Besuch berichtet.

1.-7.8.: Abendliche Großkundgebung im Friedenspark von Hiroshima.

zei und Soldaten der portugiesischen Armee versuchen die Streikenden mit Gewehrfeuer an ihre Arbeitsstätten zurückzutreiben. Dabei werden 50 Arbeiter getötet und eine unbekannte Zahl schwer verletzt. – Einen Monat nach dem Massaker von Pidgiguiti kehrt der Mitbegründer der Befreiungsbewegung *Partido Africano da Indepencia da Guiné e Cabo Verde* (PAIGC), Amilcar Cabral, von Angola nach Bissau zurück. Am 19. September trifft er sich heimlich mit den anderen Führern der PAICC in einem der Außenbezirke der Hauptstadt. Als Reaktion auf den mit Waffengewalt niedergeschlagenen Dockarbeiter-Streik beschließen sie, den Kampf gegen die Portugiesen aufzunehmen – »mit allen Mitteln, einschließlich Krieg«.

3.-14. August Auf der 4. Plenartagung des *Jüdischen Weltkongresses* in **Stockholm** befassen sich die 300 Delegierten aus 45 Ländern ausführlich mit der Lage der rund drei Millionen in der Sowjetunion lebenden Juden. Obwohl diese von den Behörden als eine eigene nationale Gruppierung anerkannt würden, so wird festgestellt, seien sie in vielfacher Hinsicht einer fortwährenden diskriminierenden Behandlung ausgesetzt. Schritt für Schritt würden jüdische Bürger aus verantwortlichen Stellungen in Verwaltung, Partei, Armee, Justiz, Wissenschaft und anderen wichtigen Institutionen hinausgedrängt. Aufgrund der Aussichtslosigkeit ihrer Lage appelliert der *Jüdische Weltkongreß* an die sowjetischen Behörden, allen Juden in der UdSSR, die einen entsprechenden Antrag stellen, die Ausreise nach Israel zu genehmigen. In einer eigenen Deutschland-Resolution wird die Bundesrepublik aufgefordert, ihre Verpflichtung zur kollektiven Wiedergutmachung zu erfüllen. Die Gesetze zur individuellen Wiedergutmachung wiesen zahlreiche Lücken auf und ihre Anwendung stellten die Antragsteller häufig vor erhebliche Schwierigkeiten. Mit tiefer Beunruhigung, heißt es darin weiter, werde das Wiederauftauchen ehemaliger Nationalsozialisten in Schlüsselstellungen von Verwaltung und Justiz, in der Bundesrepublik wie in der DDR, beobachtet. Die von bundesdeutschen Behörden gegen neonazistische Aktivitäten, mit denen erneut zum Haß gegen Juden aufzustacheln versucht werde, ergriffenen Maßnahmen seien ungenügend. Die DDR wird gerügt, daß sie immer noch keinerlei materielle Wiedergutmachung für die jüdischen Opfer der NS-Verfolgung geleistet habe. Und Österreich wird kritisiert, weil die dortige Justiz NS-Verbrecher, die wegen Massenmordes an Juden zu langjährigen Gefängnisstrafen verurteilt worden waren, aus unbegründeter Milde freigelassen habe. In einem dringenden Appell fordern die Delegierten die Vereinten Nationen auf,

der Verbreitung antisemitischer Propaganda entgegenzutreten. Der 64jährige Nahum Goldmann, der 1952 maßgeblich am Zustandekommen des Wiedergutmachungsabkommens zwischen Israel und der Bundesrepublik beteiligt war, wird als Präsident des *Jüdischen Weltkongresses* wiedergewählt.

4. August Die Jugendstrafkammer des Landgerichts **Osnabrück** verurteilt vier Jugendliche wegen Rädelsführerschaft und Landfriedensbruch zu Arreststrafen von zwei, drei und vier Wochen. 25 Angeklagte im Alter von 15 bis 21 Jahren erhalten Freizeitarreste zwischen einem und vier Tagen, zwei weitere kommen mit Verwarnungen davon. Das Gericht bewertet den Halbstarkenkrawall vom 6. Dezember 1958, in dessen Verlauf die Angeklagten im Anschluß an die Aufführung eines Elvis-Presley-Films die Inneneinrichtung eines Osnabrücker Kinos demoliert hatten und randalierend durch die Straßen der Innenstadt gezogen waren, als Landfriedensbruch, obwohl die Beteiligten damit kein eigentliches Ziel verfolgt hätten. Die Zwischenfälle seien eine »typische Jugendverfehlung« gewesen. Weil die jungen Leute sich damit nur interessant hätten machen wollen, habe man, führt der Gerichtsvorsitzende in seiner Urteilsbegründung aus, äußerste Milde walten lassen.

5. August Unter dem Motto »Sicherheit statt Chaos« kommen unter Fanfarenklängen und Trommelwirbel 2.000 Funktionäre der *IG Bergbau* zu einer Protestkundgebung gegen die Bonner Kohlenförderungspolitik zusammen. Nachdem im Laufe der letzten anderthalb Jahre die Zahl der unter Tage beschäftigten Bergarbeiter um mehr als zehn Prozent auf 306.000 zurückgegangen ist, fürchten ihre Gewerkschaftsvertreter, daß trotz zunehmender Feierschichten weitere Entlassungen bevorstehen. Während auf der einen Seite der Verbrauch des kostengünstigeren Heizöls ständig zunimmt, steigen auf der anderen Seite trotz gedrosselter Förderungen die Kohlehalden im Ruhrgebiet von Monat zu Monat. – Dem Vorsitzenden der *IG Bergbau*, Heinrich Gutermuth, wird einige Tage darauf bei einer Unterredung in **Bonn** vom Staatssekretär im Bundeswirtschaftsministerium, Ludger Westrick, versichert, daß die Bundesregierung alles unternehmen werde, um eine Verschärfung der Kohlenkrise und weitere Entlassungen zu verhindern.

5. August Der antikommunistische Journalist William S. Schlamm unterstreicht in einem Interview des Nachrichtenmagazins »Der Spiegel« den in seinem Buch »Die Grenzen des Wunders – Ein Bericht über Deutschland« skizzierten Vorschlag, wegen der angeblich nicht vorhandenen militärischen Bereit-

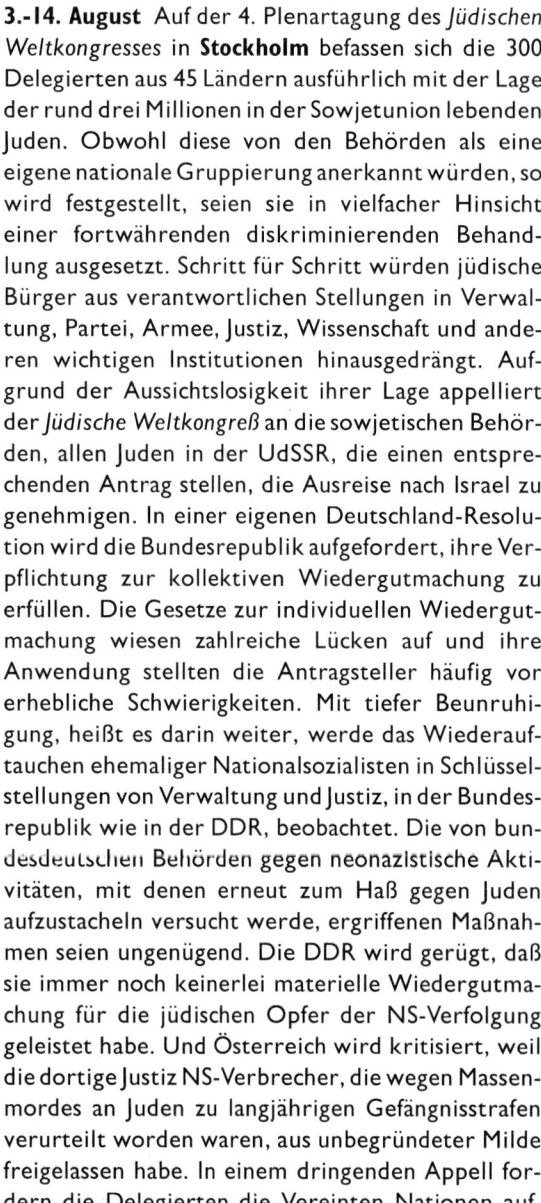

5.8.: Der Ex-Kommunist William S. Schlamm sorgt mit einem »Spiegel«-Interview bundesweit für Aufsehen.

schaft der Westalliierten, den politischen Status von West-Berlin zu garantieren, deren Einwohner in der Bundesrepublik anzusiedeln. Der in Wien aufgewachsene Publizist, der sich im Laufe seiner Tätigkeit für die »Rote Fahne«, den »Simplicissimus«, die »Weltbühne« und die »Europäischen Hefte« immer weiter von seiner kommunistischen Vergangenheit distanziert hat und 1938 über Prag in die USA ausgewandert ist, erklärt in dem Gespräch: »Ich würde viel eher Berlin evakuieren – obwohl das die Ausgabe von mehreren Milliarden Mark und Dollar einschlösse –, als mit Ulbricht über den Nachschub für Berlin zu verhandeln ... und zwei Millionen Berliner nach dem Westen schaffen, als mit dem Quisling Ulbricht über die Zuschübe zu verhandeln. Denn Verhandlungen mit Ulbricht und damit die Anerkennung des Regimes halte ich ... für den katastrophalen Verzicht auf den Anspruch auf Ostdeutschland, einen Verzicht, der für den Westen untragbar ist.«[177]

5. August Der sowjetische Ministerpräsident Nikita S. Chruschtschow versichert in **Moskau** in einem Antwortschreiben an die *Europäische Föderation gegen Atomrüstung*, daß die UdSSR keine neuen Nuklearwaffenversuche vornehmen würde. In dem an deren Präsidenten, den Schriftsteller Hans Werner Richter, in **München** und deren Vizepräsidenten, Canon L. John Collins, in **London** gerichteten Brief heißt es: »Was die Sowjetunion anbetrifft, so wird sie auch weiterhin den Kampf dafür fortsetzen, den Atomwaffenversuchen, die mit sich die Gefahren für die Gesundheit und das Leben von Millionen Menschen tragen, ein für allemal ein Ende zu setzen.«[178]

5. August Die am 11. Mai begonnene und zwischenzeitlich drei Wochen unterbrochenen **Genf**er Außenministerkonferenz der vier Siegermächte endet wegen unüberbrückbarer Differenzen ergebnislos.

Die vom amerikanischen Außenminister Christian Herter vertretene Position, einen Friedensvertrag erst nach vollzogener Wiedervereinigung Deutschlands abzuschließen, ist immer wieder unvermittelbar auf die Konzeption seines sowjetischen Amtskollegen Andrej A. Gromyko getroffen, zunächst den von Chruschtschow am 10. Januar vorgelegten Friedensvertragsentwurf zu unterzeichnen und erst dann über eine Konföderation beider deutscher Staaten eine Wiedervereinigung anzustreben. – Trotz des Fehlschlags ist Bundeskanzler Adenauer über den Konferenzverlauf erleichtert. Seine Befürchtung, daß sich die Westmächte mit der Sowjetunion auf die Errichtung einer »inneren Sicherheitszone« in Europa einlassen könnten, die in Anlehnung an den Rapacki-Plan auf eine Neutralisierung Deutschlands hätte hinauslaufen können, hat sich nicht bestätigt.

5./6. August Mit den Parolen »No more Hiroshimas« und »Hiroshima 1945 – London never« starten 30 Atomwaffengegner um Mitternacht in **London** eine 24stündige picket-line, die von Whitehall, der Regierungsstraße, in der auch das britische Verteidigungsministerium seinen Sitz hat, bis zum Eingang von Downing Street No. 10, dem Sitz des Premierministers, führt. Die Demonstranten, die der *Campaign for Nuclear Disarmament* (CND) angehören, wollen am »Hiroshima Day« Druck auf ihre Regierung ausüben, auf Nuklearwaffen künftig zu verzichten. Während des Tages führen rund 50 weitere Demonstranten vier poster-parades an der St. Paul's Cathedral und anderen zentralen Punkten der britischen Hauptstadt durch. Organisator der Aktionen ist Peter Ritman.

5./6. August In der kalifornischen Universitätsstadt **Berkeley** beteiligen sich am »Hiroshima Day« 300 Menschen an einer 24stündigen Atommahnwache. Nachdem der Film »Children of the A-bomb« gezeigt worden ist, beginnen um Mitternacht 47 Geistliche verschiedener Religionen damit, im fortwährenden Wechsel eine Andacht für die Atombombenopfer von Hiroshima und Nagasaki zu halten.

6. August Auf dem Schillerplatz in **Göppingen** kommen anläßlich des 14. Jahrestages des ersten Atombombenabwurfes rund 1.000 Menschen zu einer Kundgebung gegen die Atombewaffnung zusammen. Die Abendveranstaltung ist organisiert worden vom *Kreisausschuß »Kampf dem Atomtod«*, dem *Christlichen Friedensdienst*, der *Internationale der Kriegsdienstgegner* (IdK), dem *Internationalen Versöhnungsbund*, den *Jungsozialisten* und der *Naturfreundejugend*. Über die »Weltgefahr Atom« sprechen nach einleitenden Worten von Viktor Lipinski der Redakteur Fritz Lamm (Stuttgart) und der Pfarrer A. Wan-

5.8.: »Das William S. Schlamm-Bad: ›Blutbildend und eisenhaltig, dazu lange vernachlässigte, schon vor etwa zwanzig Jahren entdeckte Spurenelemente – Sie werden selbst spüren, Herr Bundeskanzler, wie das kräftigt!‹« Karikatur aus dem »Simplicissimus«.

6.8.: DDR-Graphik gegen die Atomrüstung.

Ihr könnt es verhindern!

ner (Albershausen). Der unabhängige Sozialist Lamm wendet sich dagegen, die Schuld an den unvergleichlichen Zerstörungen in den beiden Weltkriegen auf die Techniker und Wissenschaftler abzuschieben. Zwar sei unbestreitbar, daß die technische Intelligenz die Mittel zu diesen ungeheuren Destruktionsakten geschaffen habe, es sei jedoch nur allzu bequem, Naturwissenschaftler und Ingenieure zu alleinigen Sündenböcken abzustempeln. Es sei erschreckend, daß die Menschen insgesamt noch nicht zu politisch verantwortungsbewußtem Handeln erwacht seien und mit welcher Teilnahmslosigkeit sie neuen Weltabenteuern entgegentaumelten. Abschließend ziehen die Teilnehmer mit Fackeln zu einer beim Rathaus aufgestellten Atommahnwache.

6. August Am Hiroshima-Tag führt in **Sprendlingen** (Südhessen) der evangelische Pfarrer Max Rudolf Weber einen Mahngottesdienst durch. Der Geistliche, der zugleich Mitglied im Landesvorstand des *Bundes der Deutschen* (BdD) ist, appelliert an die Gläubigen, sich gegen die Atomrüstungspolitik aufzulehnen. In Hiroshima und Nagasaki seien auch Christen durch die sogenannten Verteidiger des Abendlandes gemordet worden. Wer heute von Krieg rede und ja zur Atomwaffe sage, der bereite den Untergang der Menschheit vor. Noch sei es Zeit, sich im Glauben an Christi gegen die von verantwortungslosen Politikern, Militaristen und Wirtschaftswunderkapitänen betriebene Politik der nuklearen Aufrüstung zur Wehr zu setzen. Im Anschluß an die Predigt gedenkt der Bürgermeister der Stadt der Opfer von Hiroshima. Es gebe nur eine Alternative: Krieg und Untergang oder Frieden und Verständigung. Noch sei es Zeit, gegen die drohende Barbarei anzukämpfen.

6. August Angehörige verschiedener antimilitaristischer Organisationen führen auf dem Friedrich-Wilhelm-Platz in **Duisburg** eine Atommahnwache durch. Vor einer Raketenattrappe und großformatigen Transparenten protestieren sie gegen die Aufrüstung der Bundeswehr und die Stationierung von Nuklearwaffen auf deutschem Boden.

6. August Die Stadtverwaltung von **Frankfurt** wendet sich mit einem Telegramm an die Teilnehmer einer internationalen Konferenz in **Hiroshima**. In dem von Stadtverordnetenvorsteher Edwin Höcher und Oberbürgermeister Werner Bockelmann unterzeichneten Schreiben heißt es: »Die Stadt Frankfurt am Main übermittelt der V. Weltkonferenz gegen Atom- und Wasserstoffbomben herzliche Grüße. Sie fühlt sich verbunden mit den hohen Zielen dieser Konferenz, die Menschheit freizumachen von der Angst und Bedrohung durch die atomaren Waffen. Hiroshima und Nagasaki bleiben eine mahnende Verpflichtung.«[179]

6. August Im Rahmen eines »Hiroshima Memorial Program« ziehen 60 Atomwaffengegner zum UN-Gebäude in **New York**, wo sie zusammen mit Mitarbeitern der Vereinten Nationen der Opfer von Hiroshima und Nagasaki gedenken. Organisator der Aktion ist das *Committee for a Sane Nuclear Policy*.

6. August Durch mehrere Straßenzüge von **Milwaukee** (US-Bundesstaat Wisconsin) ziehen 35 Mitglieder des *Hiroshima Memorial Committee* in einer Sandwich-Demonstration. Auf ihren Pappschildern sind Slogans zu lesen wie »End the Missile Race« (Beendigung des Raketenwettrennens) und »Nonviolent Resistance an Alternative« (Gewaltfreier Widerstand – eine Alternative).

6. August Alle Schiffe, die in der Bucht der philippinischen Hauptstadt **Manila** vor Anker liegen, gedenken um 8 Uhr 15 mit einem langanhaltenden Konzert von Sirenen, Pfeifen und Tuten der Hiroshima-Opfer.

6. August An einem vom *Hiroshima Day Committee* organisierten Gedenkmarsch beteiligen sich in der australischen Millionenstadt **Melbourne** 400 Mitglieder verschiedener Kirchen, Gewerkschafts-, Friedens-, Hausfrauen- und Studentenorganisationen. Tausende von Passanten applaudieren spontan zu den Parolen »No more Hiroshimas« und »Peace, not Pieces« (Frieden, aber keine Geschütze). Auf einer Abschlußkundgebung in der Presbyterian Assembly Hall werden mehrere Resolutionen verabschiedet, in denen ein Verbot aller Nuklearwaffen gefordert und die Solidarität mit dem Friedenskampf des japanischen Volkes zum Ausdruck gebracht wird. – Weitere Hiroshima-Gedenkveranstaltungen finden in der westaustralischen Stadt **Perth** und den beiden neuseeländischen Städten **Christchurch** und **Auckland** statt.

7. August In Whitehall, der im Herzen von **London** gelegenen Regierungsstraße, demonstrieren rund 1.000 junge Frauen für eine Erhöhung ihres Gehalts.

Die in den umliegenden Ministerien, Ämtern und Behörden arbeitenden Sekretärinnen und Stenotypistinnen benutzen ihre Mittagsstunde dazu, um ihren Protestmarsch ohne Unterbrechung ihrer Dienstzeit durchzuführen. Obwohl zahlreiche Polizisten eingeteilt sind, um den Verkehrsfluß umzuleiten, bricht zeitweilig ein Chaos aus. – Wie einige britische Tageszeitungen am nächsten Tag melden, hätten zahlreiche Autofahrer nur deshalb gestoppt, um sich den »ungewohnten und erfreulichen Anblick« nicht entgehen zu lassen.

8. August Die Zweite Strafkammer des Landgerichts **München** verurteilt im »Spielbankenprozeß« mehrere Politiker der *Bayernpartei* (BP) und der CSU wegen Meineides zu Haftstrafen. Der ehemalige stellvertretende bayerische Ministerpräsident und frühere BP-Vorsitzende, der 54jährige Hochschulprofessor Joseph Baumgartner und der ehemalige CSU-Landtagsabgeordnete, der 51jährige Kaufmann Franz Michel erhalten jeweils zwei Jahre Zuchthaus, der frühere bayerische Innenminister und BP-Schatzmeister, der 72jährige August Geislhöringer erhält 15 Monate Gefängnis, der ehemalige stellvertretende BP-Fraktionsvorsitzende, der 40jährige Wetterdiensttechniker Max Klotz zwei Jahre und neun Monate Zuchthaus und der 56jährige Spielbanken-Besitzer Karl Freisehner ein Jahr und zehn Monate Gefängnis. Freisehner kommt mit der geringsten Strafe davon, weil das Gericht es als strafmildernd ansieht, daß der Kaufmann durch eine Selbstanzeige das Verfahren überhaupt in Gang gebracht und durch Quittungen für den Empfang von Bestechungsgeldern zugleich auch Beweismittel vorgelegt hat. Baumgartner, Klotz und Michel werden die bürgerlichen Ehrenrechte für fünf und Freisehner sowie Geislhöringer für drei Jahre aberkannt.

Wegen Fluchtgefahr werden noch im Gerichtssaal die Haftbefehle gegen Baumgartner und Michel vollstreckt. Die Angeklagten werden für schuldig befunden, in den Jahren 1955 und 1956 vor einem Untersuchungsausschuß des bayerischen Landtages falsche eidesstattliche Aussagen gemacht zu haben. Bei der Untersuchung des Landtags war es um die Vergabe von Konzessionen an die Spielkasinos der Kurorte Reichenhall, Garmisch-Partenkirchen, Bad Wiessee und Bad Kissingen gegangen. Der Ausschuß sollte klären, ob Politiker der *Bayernpartei*, von deren Stimme die Zulassung der vier Spielbanken abhängig war, Bestechungsgelder angenommen hatten. Die Landtagsabgeordneten hatten unter Eid erklärt, weder von der BP noch von Interessenten für die Spielbanken Schmiergelder angenommen zu haben. – Offen bleibt bei dem Prozeß allerdings, aus welchen Motiven heraus Freisehner am 26. Januar gegen sich Strafanzeige wegen Meineids gestellt hatte. Am Morgen vor der Urteilsverkündung mutmaßt die »Süddeutsche Zeitung«, »... daß der ehemalige Spielbankenmanager, von seinem mahnenden Gewissen abgesehen, weit weniger kummervoll in die Zukunft hätte sehen müssen, wenn er geschwiegen hätte, liegt wohl auf der Hand. Dafür aber, daß er als Entschädigung für eine Strafe wegen Meineides handfeste wirtschaftliche Vorteile von der CSU versprochen bekommen hätte, brachte die Beweisaufnahme im Spielbankenprozeß nicht einmal einen Hinweis.«[180] – Die »Passauer Neue Presse« bestreitet zwei Tage darauf die Äußerung von Landgerichtsdirektor Paul Wonhas, es sei vor Gericht nicht um Politik gegangen, und stellt fest: »Wenn man hundertmal sagt, der Prozeß in München sei kein politischer Prozeß gewesen, so ist das nur in einem Sinn richtig. Dieser Prozeß ist überhaupt nur von der politischen Atmosphäre her zu begreifen.«[181]

8.8.: Der Münchener »Spielbankenprozeß« steht im Rampenlicht der Öffentlichkeit.

8.8.: Der ehemalige Vorsitzende der Bayernpartei, Dr. Joseph Baumgartner, ist Hauptangeklagter.

8.8.: »Bayerische Spielbankminister: ›Machen S'Eahna koane Sorgen, Herr Justizrat – so korrupt wie die in Bonn san mir scho lang.‹« Karikatur aus dem »Simplicissimus«.

9.8.: Autokorso in Hamburg. Im Anschluß daran legen die Teilnehmer Blumen und Kränze an den Massengräbern auf dem Ohlsdorfer Friedhof nieder.

9.8.: Frauen und Mütter demonstrieren in Dortmund gegen die Atomrüstung.

9.8.: Nach einem Gedenkgottesdienst für die Opfer von Hiroshima formiert sich vor der Dortmunder Marienkirche ein Protestzug mit der Inderin Hemlata Devi (rechts) und dem Australier Herbert Compton (Mitte) an der Spitze.

9. August An der Sternschanze in **Hamburg** startet ein Autokorso gegen Militarismus und Atomrüstung. Organisator der Protestaktion ist die *Aktionsgemeinschaft gegen die atomare Aufrüstung in der Bundesrepublik.*

9. August Gegen die Stationierung des mit Atomwaffen ausgerüsteten 47. britischen Regiments auf dem Flugplatz des **Dortmund**er Stadtteils Brackel demonstrieren vor dem abgesicherten Gelände Hunderte von Atomrüstungsgegnern. Sie werden in ihrem Protest durch britische, indische, australische und neuseeländische Teilnehmer unterstützt.

9. August Die in **West-Berlin** erscheinende CDU-Zeitung »Der Tag« weigert sich, eine vom Studentenpfarrer der Technischen Universität, Rudolf Weckerling, verfaßte Kolumne mit dem Titel »Agenten des Lebens!« abzudrucken. Der Pfarrer, der für das Blatt, das im Untertitel »Unabhängige Zeitung für Deutschland« heißt, seit drei Jahren im vierwö-

chigen Turnus das »Wort zum Sonntag« schreibt, wollte in dem Text die Leser angesichts der 300.000 Opfer von Hiroshima und Nagasaki dazu aufrufen, sich der Atomrüstung zu widersetzen. – In einem von dem Redakteur Friedrich Zanger unterzeichneten Schreiben wird Weckerling am 12. August zunächst mitgeteilt, daß sein Text wegen des Evangelischen Kirchentages in München nicht habe abgedruckt werden können. Eine nachträgliche Veröffentlichung verbiete sich »aus Aktualitätsgründen«. Er erhalte ein Ausfallhonorar und werde darum gebeten, wie gewohnt das nächste »Wort zum Sonntag« zu verfassen. – Als sich der Studentenpfarrer weigert, diesem Wunsch nachzukommen, antwortet ihm am 26. August der »Tag«-Chefredakteur Karl Willy Beer. Dieser erklärt in seinem Schreiben nun plötzlich, daß es »selbstverständlich für eine Zeitung Grenzen« gebe und es durchaus einmal vorkommen könne, daß die Meinung eines Mitarbeiters »so stark im Widerspruch zur Grundhaltung der Zeitung« stehe und man ihm »den besten Gefallen mit dem Verzicht auf seinen einzelnen Beitrag« mache. – Rudolf Weckerling antwortet daraufhin, daß für ihn

nur dann die Fortsetzung seiner Mitarbeit in Frage komme, wenn sein ursprünglich zum 9. August vorgesehener Beitrag nachträglich abgedruckt werde. – Da dies nicht geschieht, veröffentlichen die »Blätter für deutsche und internationale Politik« den unterschlagenen Text in ihrer Ausgabe vom 25. Oktober zusammen mit dem Briefwechsel zwischen Weckerling und der »Tag«-Redaktion. »Agent des Lebens ist,« heißt es in dem so an anderer Stelle nachgereichten »Wort zum Sonntag«, »wer sich nicht nur für das eigene Leben und Überleben interessiert, sondern anderen eine Hilfe zum Überleben bietet. Agent des Lebens ist, wer sich nicht nur im privaten Lebensbereich an diese Regel hält, sondern darüber hinaus an seinem Teil mitwirkt, daß die Luft nicht noch mehr verseucht wird durch neue Experimente, daß den bisherigen Opfern mit allen Mitteln geholfen wird. Agent des Lebens ist auch, wer mithilft, die Aktion für die Hungernden der Erde zu einer Position zu machen, die sich in den Etats unseres Staatsbudgets sehen lassen könnte. Agent des Lebens ist, wer Regierende und Regierte ohne Resignation dem anbefiehlt, der nicht nur Ko-Existenz, sondern Pro-Existenz, nicht Verderben, sondern volles Genüge bringt und meint. Keiner möchte im Grunde Agent des Todes sein – warum zögern wir noch, ungeteilten Herzens und mit ganzer Kraft bei der Agentur des Lebens mitzuwirken.«[182]

9. August An einem »Gesamtdeutschen Forum« mit dem stellvertretenden Präsidenten der Volkskammer, Hermann Matern (SED), in **Magdeburg** sollen, offiziellen Angaben zufolge, auch 500 westdeutsche Besucher teilnehmen. – Am Abend zuvor hat Matern mit Bergarbeitern beider deutscher Staaten über »die wachsende Verelendung und Not der westdeutschen Kumpel« debattiert und eine »Aktionsgemeinschaft von Kommunisten und Sozialdemokraten« gefordert.

9. August Am 14. Jahrestag des Atombombenabwurfs auf **Nagasaki** findet in der japanischen Stadt lediglich ein Gedenkgottesdienst nach buddhistischem Ritus statt. Der Bürgermeister, der früher eines der aktivsten Mitglieder im *Japanischen Rat gegen Atom- und Wasserstoffbomben* war, hat diesmal ausdrücklich auf eine öffentliche Kundgebung verzichtet. Bei einem nachfolgenden Essen, das die Stadt ausländischen Delegierten gibt, die an der V. Weltkonferenz gegen Atom- und Wasserstoffbomben in Hiroshima teilgenommen haben, kritisiert der Dortmunder Oberbürgermeister Dietrich Keuning die defensive Haltung der Stadtoberen. Es reiche nicht aus, erklärt er vorwurfsvoll, einen Gottesdienst durchzuführen. Um eine dritte Atombombe zu verhindern, sei mehr an Aktivitäten nötig.

Sauer!

11.8.: »Sauer!« Karikatur aus der »Frankfurter Rundschau«.

11.8.: Die Zeitschrift »Frau und Frieden« druckt den Brief eines von der Wehrerfassung Betroffenen ab.

Jahrgang 1922
weigert sich

Aus vielen Städten der Bundesrepublik werden Proteste des Jahrgangs 1922 gemeldet. Der folgende Brief wurde uns zur Veröffentlichung übergeben.

Ich erkläre meine volle Sympathie hinsichtlich der Protestaktionen bzw. Demonstrationen jener Angehörigen des Jahrganges 1922, die ebenfalls den Mut besitzen, gewaltlosen Widerstand zu leisten.

Sollte die Erfassungsaktion nicht abgestoppt werden und die Musterung in Kürze anlaufen, so werde ich für den Jahrgang 1922 in einen Hungerstreik eintreten, und denselben am Tage der geplanten militärärztlichen Untersuchung beginnen.

Außerdem werde ich einen Sitzstreik durchführen und mir, wie angekündigt, ein freiwilliges Redeverbot auferlegen.

Ich bitte dies allgemein in der Presse bekanntgeben zu wollen.

Mit freundlicher Begrüßung
Hans-Georg Weidner
(Schriftsteller)
Marschalkenzimmern/Neckar

11. August In der **Bundesrepublik** werden erste Fälle bekannt, daß Männer des Geburtsjahrgangs 1922 als Reservisten erfaßt werden sollen. Der Jahrgang, der im Zweiten Weltkrieg die stärksten Verluste zu erleiden hatte, ist vom Bundesverteidigungsministerium nach monatelangen geheimen Vorbereitungen als erster dazu ausersehen worden, gemu-

11.8.: Vor dem Eingang zu einer südafrikanischen Kirche wird ausdrücklich um alle Gläubigen geworben und damit indirekt auch gegen die Apartheidspolitik protestiert.

12.8.: Vor allem in Kleinstädten gehen Angehörige des Jahrgangs 1922 auf die Straße; hier ein Protestzug in Offenburg.

stert und zu Reserveübungen einberufen zu werden. – Der Pressesprecher des Bundesverteidigungsministeriums, Major Gerd Schmückle, schreibt in seinen Erinnerungen zu der Entscheidung seines Dienstherrn Franz Josef Strauß: »Der Jahrgang 1922 war im Krieg ausgeblutet. Im Rückblick schien er nur geboren, um ins Feld zu ziehen. Die Schule hatte ihm den Führer vergottet, das Militär verherrlicht, Deutschland glorifiziert. Im Glauben an eine gerechte Sache waren die Jungen, fast noch Kinder, in den Kampf gezogen. Mit einem heißblütigen Idealismus. Sie kämpften auf allen Schlachtfeldern ... Die letzten kamen hinter Stacheldraht – oft jahrelang. In der Gefangenschaft merkten sie, wie der Idealismus mißbraucht worden war. Diese Verletzung war unheilbar: eine Wunde namens Deutschland ... Doch: Wie die anderen machten sie sich daran, die Ärmel hochzukrempeln. Gemeinsam mit denen, die sie verhöhnten, bauten sie auf, was zerstört war. Unter ihren Händen wurde Deutschland wieder bewohnbares Land. Nur die Verbitterung blieb. Ausgerechnet diese Männer wollten die Generale ... Nur mit ihrer Hilfe, sagte die Bundeswehrführung, sei eine schnelle und militärisch brauchbare Reservistenbildung möglich.«[183]

11. August In der britischen Tageszeitung »Daily Herald« wird die Behauptung erhoben, bundesdeutsche Stellen seien Frankreich bei der Durchführung von Atomwaffenversuchen in finanzieller und technischer Hinsicht befilflich. – Die Meldung wird noch am selben Tag vom Sprecher des Auswärtigen Amtes in **Bonn**, Karl-Günther von Hase, dementiert. – Ein gleichlautendes Dementi erfolgt von französischer Seite aus **Paris**. – Der »Daily Herald« bekräftigt daraufhin am 14. August seine Meldung noch einmal.

11. August Auf einem Friedhof in **Kapstadt** wird der Leichnam eines weißen Mannes, der versehentlich zwischen den Gräbern von Schwarzen beigesetzt wurde, ohne Einwilligung seiner Witwe ausgraben und in dem für Weiße reservierten Teil erneut bestattet. – In der internationalen Presse wird der Fall mit der Bemerkung kommentiert, daß in der Südafrikanischen Union die Apartheid offenbar auch nach dem Tod nicht ende.

12. August In dem zwischen Wiesbaden und Frankfurt gelegenen Ort **Weilbach** weigern sich 21 Angehörige des Jahrgangs 1922, der Aufforderung der Gemeindeverwaltung nachzukommen und sich dort zur Wehrerfassung zu melden. Nach einer gemeinsamen Beratung unterzeichnen 19 von ihnen einen an den Bürgermeister Walter Schmengler gerichteten Brief. »Die Erfahrungen,« heißt es darin, »die wir als Soldaten des letzten Weltkrieges, als Kriegsgefangene, Internierte beziehungsweise als Zivilisten in den Nachkriegsjahren gemacht und die Erkenntnis, die wir daraus gewonnen haben, verbieten es uns, der Aufforderung zur Meldung zum Wehrerfassungsgesetz Folge zu leisten. Wir bitten um Weiterleitung an Ihre vorgesetzte Dienststelle.«[184]

12. August In **Nikosia** wird auf Flugblättern die Gründung einer neuen griechischen Untergrundbewegung bekanntgegeben. In einem Abschnitt der Flugblätter, die mit *Zypriotische Enosis-Front* unter-

zeichnet sind, heißt es: »Wir sind eine Geheimorganisation, die mit allen in ihrer Macht stehenden friedlichen und nötigenfalls gewaltsamen Mitteln kämpfen wird, damit wir unsere nationalen Bestrebungen und Rechte erreichen. Die Abkommen von Zürich und London und die Schaffung der Republik betrachten wir als ersten Schritt zur Enosis (Vereinigung mit Griechenland). Wenn Erzbischof Makarios die nationale Linie einhält, werden wir seine fanatischen Helfer sein. Aber wenn er auch nur leicht von dieser Linie abweicht, dann werden wir seine heftigen Kritiker und vielleicht sogar seine Gegner sein.«[185] – Einen Tag darauf erklärt General Georgios Grivas vor Journalisten auf der Insel **Korfu**, daß er bereit sei, Griechenland von der Korruption zu befreien und sich erschießen wolle, wenn er dabei keinen Erfolg habe. Ebenfalls sei er bereit, wenn das Volk es wünsche, an die Spitze einer Volksregierung zu treten. Im Gegensatz zur griechischen Regierung werde er Zypern nie aufgeben.

12.-16. August Am <u>9. Deutschen Evangelischen Kirchentag</u> in **München**, der unter dem Motto steht »Ihr sollt mein Volk sein!«, nehmen 45.000 Dauerbesucher teil. Die Gliedkirchen in der DDR sind diesmal nur mit 1.000 Teilnehmern vertreten. Den meisten Gläubigen ist von den Behörden in der DDR die Besuchserlaubnis verweigert worden. Der Präsident der *Evangelischen Kirche in Deutschland* (EKD), Reinhold von Thadden-Trieglaff, spricht darüber bei der Eröffnung vor 80.000 Zuhörern auf dem Königsplatz sein Bedauern aus. Die Auseinandersetzung mit der Rolle der Christen in der DDR und der Haltung der SED zu Glaubensfragen spielt dennoch eine wesentliche Rolle während des gesamten Kirchentages. Der Hannoveraner Landesbischof Hanns Lilje bestreitet am 13. August auf einer Kundgebung die von der DDR vertretene Ansicht, daß mit dem Abschuß von Satelliten wie dem »Sputnik« Gott entthront worden sei. Durch diese technische Leistung, erklärt er, sei Gott keineswegs das Schöpfungswerk aus der Hand genommen worden. Auch im technischen Zeitalter bestehe die Möglichkeit zum Glauben uneingeschränkt fort. Am selben Tag richtet die EKD auf einer weiteren Kundgebung einen Appell an alle deutschen Christen und das gesamte Volk, in dem zu einer praktischen Wiedergutmachung an den Juden aufgerufen wird. Die Judenverfolgung im Mutterland der Reformation und die Gründung des Staates Israel müßten, heißt es, ein endgültiger Anlaß zum radikalen Umdenken sein. Der Antisemitismus sei ein »Aussatz am christlichen Glauben«. Auf der Schlußkundgebung, an der 250.000 Gläubige teilnehmen, treten Bundespräsident Theodor Heuss und mehrere Bundesminister als Redner auf.

12.-18. August Auf der Außenministerkonferenz der Organisation Amerikanischer Staaten (OAS) in **Santiago de Chile** beschließen die Vertreter der 21 Mitgliedsstaaten einstimmig ein acht Grundsätze umfassendes Bekenntnis zur repräsentativen Demokratie. In der von Brasilien eingebrachten <u>»Deklaration von Santiago«</u> heißt es zunächst allgemein, es sei der Wunsch der amerikanischen Völker, »in Frieden unter dem Schutz demokratischer Institutionen, frei von allen Interventionen und jedem totalitären Einfluß« zu leben. Am Ende wird im einzelnen festgehalten: »1. Das Prinzip der Gesetzmäßigkeit soll durch die Trennung der Gewalten und durch die Kontrolle der Legalität von Regierungsakten durch kompetente Staatsorgane gesichert werden; 2. Die Regierungen der amerikanischen Republiken sollen aus freien Wahlen hervorgehen; 3. Andauernde Ausübung von Gewalt, oder die Ausübung von Gewalt ohne Befugnis und mit dem deutlichen Wunsch, diesen Zustand fortzuführen, ist unvereinbar mit einer effektiven Ausübung der Demokratie; 4. Die Regierungen der amerikanischen Staaten sollen ein System der Freiheit für den einzelnen errichten und auf der Grundlage der fundamentalen Menschenrechte soziale Gerechtigkeit verwirklichen; 5. Die in die Gesetzgebung der verschiedenen amerikanischen Staaten eingegangenen Menschenrechte sollen durch effektive rechtliche Verfahren geschützt werden; 6. Der systematische Gebrauch der politischen Verbannung ist der amerikanischen demokratischen Ordnung entgegengesetzt; 7. Freiheit der Presse, des Rundfunks und des Fernsehens, und allgemein die Freiheit der Information und der Äußerung, sind wichtige Bedingungen für die Existenz eines demokratischen Regimes; 8. Die amerikanischen Staaten

12.-16.8.: Prominente Teilnehmer des Münchener Kirchentages: Bischof Hanns Lilje (links), Bischof Otto Dibelius (3.v.l.), Bundespräsident Theodor Heuss (4.v.l.) und Bundeswirtschaftsminister Ludwig Erhard (6.v.l.).

sollen, um die demokratischen Institutionen zu stärken, miteinander entsprechend ihren Möglichkeiten und im Rahmen ihrer Gesetze zusammenarbeiten, um ihre wirtschaftliche Struktur zu entwickeln und um gerechte und menschliche Lebensbedingungen für ihre Bürger zu erreichen...«[186] Mit der Verabschiedung der Deklaration erleiden die USA eine politische Niederlage, da sie ihre Forderung, daß gegen Diktaturen auch ein von außen hereingetragener Kampf erlaubt sein müsse, nicht durchsetzen können.

13. August In **Wetzlar** versammeln sich 120 Angehörige des Jahrgangs 1922 und beschließen einstimmig, zwar der Aufforderung Folge zu leisten, sich bei der Wehrerfassungsbehörde zu melden, jedoch dort keinerlei Angaben über ihren früheren Wehrdienst zu machen. Sie fordern, daß ihr Jahrgang von der Einberufung in die Bundeswehr freigestellt werden müsse. Ausdrücklich betont, wird in der Entschließung, daß der Protest in keiner Weise von außen politisch beeinflußt worden sei.

14. August Im Saal des »Westfälischen Hofes« in **Hamm** versammeln sich mehr als 300 Angehörige des Jahrgangs 1922 zu einer Protestversammlung. Nach lebhafter Diskussion beschließen sie einstimmig, eine Resolution an das Bundesverteidigungsministerium in Bonn zu senden. Darin heißt es: »Jeder der Männer, die an der Versammlung der 22er von Hamm teilgenommen haben, erklärt durch seine Unterschrift, daß er nie wieder Soldat werden will.«[187]

15. August Der in Österreich lebende, katholische Historiker und Schriftsteller Friedrich Heer veröffentlicht in der in Wien erscheinenden Zeitschrift »Furche« ein Gnadengesuch für den wegen seiner Verbrechen im Nationalsozialismus in Berlin-Spandau einsitzenden ehemaligen Reichsjugendführer Baldur von Schirach. Nach Heers Ansicht steht von Schirach symbolisch für eine junge deutsche Generation, die quer durch das bürgerliche Lager nicht an die Demokratie glaubte und sich habe mitreißen lassen.

15. August Auf einer Protestkundgebung in **Tel Aviv** wenden sich israelische Widerstandskämpfer gegen Waffengeschäfte, die die Regierung unter Ministerpräsident David Ben Gurion mit der Bundesrepublik abgeschlossen hat. Auf Plakaten ist vom *Verband der antinazistischen Kämpfer Israels* mit der Schlagzeile »Keine Waffen für die Hitlergenerale – Keine Munition für die Gewehre der Mörder des jüdischen Volkes« für die Veranstaltung geworben worden. In dem mit mehr als 1.000 Teilnehmern völlig überfüllten Kinosaal ruft ein ehemaliger Teilnehmer des

Warschauer Ghettoaufstandes voller Empörung aus, man habe den Kampf vor 16 Jahren nicht geführt, damit heute die Mörder des jüdischen Volkes Gewehre geliefert bekämen.

15.-20. August In der südafrikanischen Stadt **Harding** versuchen 200 mit Keulen und Speeren bewaffnete Bantus das Gefängnis zu stürmen, um 29 dort einsitzende Frauen zu befreien. Der Polizei gelingt es erst nach dem Einsatz von Schußwaffen, die Menge zurückzudrängen. Zwei der Angreifer werden dabei getötet. In den Tagen darauf breiten sich die Unruhen in **Durban** und anderen Städten der Provinz Natal weiter aus. Es sind vor allem schwarze Frauen, die auf die Straßen gehen, um für Lohnerhöhungen ihrer Männer und gegen die Einführung einer Wahlsteuer zu protestieren. In **Scottburgh** werden am 18. August 200 Frauen bei einer Demonstration festgenommen und in das Gefängnis der Distriktstadt **Umzinto** transportiert. Zwei Tage darauf ist die Zahl der in der Provinz Natal verhafteten Frauen auf über 1.000 angewachsen.

17. August Im Gasthaus »Zum Schwan« in der bei Hanau gelegenen Kleinstadt **Langenselbold** kommen Angehörige des Jahrgangs 1922 zu einer Protestversammlung zusammen. Die 42 Männer, die sich bereits von ihrer Schulzeit her kennen und von denen ein Drittel als Kriegsbeschädigte aus dem letzten Krieg zurückgekommen sind, beraten darüber, was sie gegen ihre erneute Wehrerfassung unternehmen können. Einer von ihnen, Friedrich Weingärtner, erklärt, diesmal wolle er sich nicht vorwerfen lassen, »nichts dagegen getan« zu haben. Nach ausführlicher Diskussion entschließen sie sich, zwei Protestschreiben zu verfassen, eines an Bundesverteidigungsminister Franz Josef Strauß und eines an den Gemeindevorstand von Langenselbold. In dem Telegramm an Strauß heißt es lapidar: »42 Angehörige des Jahrgangs 1922 in Langenselbold protestieren gegen die Wehrerfassung«[188] Und in dem an Bürgermeister Jean Mahr gerichteten Brief steht, man wolle seine Enttäuschung darüber zum Ausdruck bringen, daß der Gemeindevorstand die Durchführung der Wehrerfassung »ohne Widerspruch hingenommen« habe. Den Versammelten ist klar, daß auch ein Antrag auf Kriegsdienstverweigerung sie nicht vor einer Wehrerfassung bewahren könnte. Sie vereinbaren aber, während der Wehrerfassung zu bekunden, daß sie den Kriegsdienst mit der Waffe ablehnen. In dem Aufruf zu der Versammlung hatte es anklagend geheißen: »Der Jahrgang 1922, der die größten Blutopfer des letzten Krieges gebracht hat, soll erfaßt werden, um vielleicht wieder das Gewehr in die Hand zu nehmen. Erinnern wir uns aber an die Zeit, als unsere Politiker sagten: ›Nie wieder soll die

Jugend zur Waffe greifen, nie wieder soll ein Deutscher Soldat werden.‹ Es ändern sich die Zeiten. Was einst mit Schimpf und Schande belegt wurde, wird von den gleichen Männern heute wieder gefördert.«[189]

18. August In der Hammerschmiede der Henschel-Werke in **Kassel** protestieren die Arbeiter mit einem einstündigen Sitzstreik gegen den Versuch, einige der Pausen zwischen den einzelnen Ofenbeschickungen zu streichen und damit das Arbeitspensum zu erhöhen. Die Männer, die ihre harte Arbeit in einer Hitze von 60 bis 70 Grad Celsius verrichten müssen, konnten bisher nach jedem einzelnen Arbeitsgang eine Verschnaufpause einlegen. Nun ist nicht nur ein zweiter Ofen aufgestellt worden, sondern auch ein Diplom-Ingenieur im Auftrag der Werksleitung aufgetaucht, der den Arbeitsablauf rationalisieren und das Arbeitstempo steigern soll. Als er vor den Streikenden erscheint, um ihnen Rede und Antwort zu stehen, erkennt er, daß die Ablehnungsfront der Schmiedearbeiter geschlossen ist. Nach nur wenigen Augenblicken nimmt er die Entscheidung zurück und gibt bekannt, daß in der Hammerschmiede die alte Pausenregelung beibehalten wird.

18. August Die in Frankfurt erscheinende »Abendpost« meldet, daß in **Konstanz** 100 von 250 Angehörigen des Jahrgangs 1922 bei ihrer zuständigen Erfassungsstelle erschienen sind und dort eine Protesterklärung überreicht haben. »Wir lehnen den Wehrdienst ab,« heißt es darin, »verweigern Angaben, die sich auf unsere Zugehörigkeit zur ehemaligen Wehrmacht beziehen und fordern, daß wir nicht einzeln, sondern geschlossen ›erfaßt‹ werden.«[190]

18. August Das Bezirksgericht **Magdeburg** verurteilt einen Bäckermeister zu einer Zuchthausstrafe von achteinhalb Jahren. Der Mann hatte nicht nur westliche Rundfunk- und Fernsehsendungen empfangen, sondern auch noch Gäste dazu eingeladen.

19. August Die Tageszeitung »Die Welt« berichtet über weitere Proteste gegen die Erfassung von Angehörigen des Kriegsjahrgangs 1922 zu Reserveübungen bei der Bundeswehr. In **Bensberg** (Nordrhein-Westfalen) haben sich 190 Männer des Jahrgangs bislang geweigert, auf dem zuständigen Einwohnermeldeamt zu erscheinen. Sie verlangen, daß Bundeswohnungsbauminister Paul Lücke (CDU), der ihren Wahlkreis im Bundestag vertritt, ihnen zuvor in einer öffentlichen Versammlung Rede und Antwort steht. In **Rhede** (Nordrhein-Westfalen) haben 25 Jahrgangsangehörige aus Protest einen Schweigemarsch durchgeführt und am Ehrenmal für die Toten beider Weltkriege einen Kranz niedergelegt. In **Offenbach** haben sich bislang 104 von 650 des

19.8.: »Der Stich ins Wespennest.« Karikatur aus der »Deutschen Volkszeitung«.

betroffenen Jahrgangs entschieden, einen Antrag auf Kriegsdienstverweigerung zu stellen. Und in **Dietzenbach** (Kreis Offenbach) sind alle Angehörigen des Jahrgangs 1922 zu einer Informationsveranstaltung über die Wehrdienstverweigerung gekommen. Rund 300 Betroffene aus der Stadt und dem Kreis **Wetzlar** (Hessen) haben in einem an Bundesverteidigungsminister Franz Josef Strauß gerichteten Telegramm gegen ihre Erfassung protestiert. Als Soldaten, Kriegsgefangene, Heimkehrer und Zivilisten, heißt es darin, hätten sie in der Kriegs- und Nachkriegszeit Erfahrungen gemacht, die ihnen heute jede Art des Wehrdienstes verbieten. Die Vorlage für das Protestschreiben stammt von »22ern« aus Weilbach, die der Versammlung als Gäste beiwohnen.

19. August In **Frankfurt** protestieren rund 100 Gewerkschaftsmitglieder, die dem Jahrgang 1922 angehören, gegen ihre Erfassung zu Reserveübungen in der Bundeswehr. Der hessische Landtagsabgeordnete Olaf Radtke wirft auf der im Gewerkschaftshaus durchgeführten Versammlung die Frage auf, welche Menschenverachtung dahinter stecken müsse, gerade diesen Jahrgang, der während des letzten Krieges die größten Opfer habe bringen müssen, einzuberufen. In einer einstimmig verabschiedeten Resolution fordern die Betroffenen den Bundestag auf, keine weiteren Opfer mehr vom Jahrgang 1922 zu verlangen. Diese Männer hätten aus Schuld und Irrglauben gelernt, daß der Weg mit der Waffe falsch sei.

19. August Auf einer Protestversammlung in **Singen** (Südbaden) verabschieden 250 Angehörige des Jahrgangs 1922 am Vorabend ihrer Wehrerfassung eine Entschließung, in der sie zum Ausdruck bringen, nie mehr einen Wehrdienst ableisten zu wollen.

20. August In **Bensberg** (Nordrhein-Westfalen) folgt Bundeswohnungsbauminister Paul Lücke (CDU) einer Aufforderung von Männern des Jahrgangs 1922 und stellt sich im größten Saal der in der Nähe von Köln liegenden Kleinstadt der öffentlichen Debatte.

Über 500 Interessierte drängen sich in den Raum des Hotels »Stadt Bensberg«, der eigentlich nur 200 Besuchern Platz bietet. Manche von ihnen sind von außerhalb angereist. Sie haben in der Presse die Ankündigung gelesen und kommen zum Teil aus Düsseldorf und Frankfurt, aus Westfalen und von der Lahn. Als die Ortsansässigen, von denen nicht wenige eine politische Instrumentalisierung der Kontroverse befürchten, die vielen Zugereisten erkennen und ihnen zunächst den Eintritt verwehren wollen, kommt es fast zu einer Prügelei; erst nach heftigen Wortwechseln und einer kurzen Rangelei lassen sie sie trotzdem hinein. Bereits die erste Wortmeldung läßt erkennen, daß der Fragesteller sich von einer bestimmten politischen Position aus an den Minister wendet: »Darf ein Soldat einer Armee, die 1945 bedingungslos kapituliert hat, und eines Landes, das noch keinen Friedensvertrag besitzt, völkerrechtlich überhaupt Soldat werden?«[191] Der offensichtlich von der Zuspitzung überraschte Lücke reagiert mit einer weitschweifigen Erklärung, bevor er das Argument ins Spiel bringt, es handle sich ja gar nicht um eine Musterung, sondern um eine Erfassung. Als der Frager nachhakt und meint, er habe eine klare Antwort erwartet, sie jedoch nicht erhalten, entwickelt sich ein kurzer Wortwechsel, in dem ein patziges Wort auf das andere folgt und der schließlich in Gelächter, Buh- und Bravo-Rufen untergeht. Dies wiederum ist das Signal für eine Reihe weiterer, offenbar verabredeter Wortmeldungen, die jedoch von den Einheimischen als gezielte Intervention erkannt und dementsprechend kommentiert werden. Von den in Bensberg lebenden 190 Angehörigen des Geburtsjahrgangs 1922 richten im Laufe des Abends etwa 25 ihre Fragen an den Politiker, der nicht nur aus ihrer Stadt stammt, sondern auch als Abgeordneter ihren Wahlkreis im Bundestag vertritt. Die Wortmeldungen haben fast ausnahmslos einen materiellen Hintergrund. Es geht zumeist ums Geld, um Fragen der Einkommenssicherung, des Verdienstausfalls und eine mögliche Hinterbliebenenrente für den Fall eines tödlichen Unglücks. Als sich ein Schwerkriegsbeschädigter mit der Frage an Lücke wendet, warum man sich bei der Bundeswehr nicht auf die Wehrfreudigen beschränke, gerät der Minister in Fahrt und antwortet: »Als ich 1945 in Gefangenschaft kam zu den Franzosen, die mich verdammt schlecht behandelten, da habe ich auch gesagt: Nie wieder! Ich sage auch heute: Nie wieder! Aber nur bei ... baren Verhältnissen. Nur in Freiheit. Ich bin nicht bereit, ein Sklave der Sowjetunion zu werden ... Aber ich gebe Ihnen recht: Man darf kriegsgediente erwachsene Männer nicht wie junge Leute behandeln, die gerade von der Schulbank kommen. Und hier sind schwere Fehler

gemacht worden.«[192] Da sich immer wieder aufs neue Auswärtige zu Wort melden und die Zwischenrufer nicht verstummen, wird die Veranstaltung mit dem Argument, daß eine sachliche Aussprache nicht mehr möglich sei, nach etwa anderthalb Stunden vorzeitig beendet. – Das SED-Zentralorgan »Neues Deutschland« berichtet fünf Tage später unter dem Tenor, daß der Bonner Minister Lücke eine schwere Abfuhr erlitten habe, ausführlich über die Bensberger Versammlung. Dabei werden einige der heftigsten Wortgefechte wörtlich wiedergegeben. Am Ende wird ein junger Mann mit den Worten zitiert: »Jetzt, Herr Minister, haben Sie wohl eine Vorstellung bekommen, wie groß der Wunsch der Männer ist, in die Bundeswehr zu gehen. Wissen Sie, daß Strauß schon vier Divisionen verloren hat? Die Jugend flieht in die DDR!«[193] Darauf, so stellt das SED-Blatt fest, habe Lücke nur noch geschwiegen.

20. August Der sozialdemokratische Bundestagsabgeordnete Fritz Eschmann gibt in **Bonn** bekannt, daß sich die Bundestagsfraktion seiner Partei für eine sofortige Beendigung der Wehrerfassung von Angehörigen des Geburtsjahrgangs 1922 ausgesprochen habe. Die ganze Aktion, erklärt der Ritterkreuzträger und Hauptmann a.D., sei »schlecht und in ihrer Durchführung miserabel«. Dem Bundesverteidigungsminister werde nichts anderes übrigbleiben, als sie zu stoppen. Eschmann hebt in seiner Kritik hervor, daß das zuständige Ministerium nicht einmal die Schwerbeschädigten vor der Versendung ihrer Bescheide ausgesondert habe. Außerdem seien zahlreiche Pannen passiert, wie z. B. die Versendung eines Meldebogens an die Adresse eines seit 16 Jahren vermißten Soldaten.

20. August Der Ratsvorsitzende der *Evangelischen Kirche in Deutschland* (EKD) und Bischof von Berlin-Brandenburg, Otto Dibelius, sendet dem Bischof der *Evangelischen Landeskirche* **Hannover**, Hanns Lilje, zu dessen 60. Geburtstag unter dem Titel »Obrigkeit?« eine Schrift zu, die sich in der Auseinandersetzung mit dem 13. Kapitel des Paulus-Briefes an die Römer gegen den Versuch wendet, das SED-Regime in der DDR als eine »Obrigkeit von Gott« mißzudeuten. Das Wort »exousia« in Römer 13 könne, wie Dibelius auslegt, nicht mehr in der Tradition Luthers als »Obrigkeit« verstanden werden. Weder demokratische noch totalitäre Staaten seien »Obrigkeit« im hergebrachten Sinne; es seien stattdessen »übergeordnete« Mächte. Paulus habe nicht gemeint, so Dibelius, jedem Machthaber untertan zu sein; er frage vielmehr nach dem Wesen und der Legitimation der jeweiligen Macht. Augustinus habe in seinem vierten Buch über den »Gottesstaat« die Frage aufgeworfen, wo es kein Recht mehr gebe, was seien die Staaten dann noch anderes als »Räuberbanden«? Die Apostel und die Kirchenväter seien sich immer einig gewesen, daß die Ordnung, die die Machthaber im Auftrag Gottes aufrechterhielten, durch die Gebote Gottes bestimmt sein müßten. Wenn Herrschaft respektiert werden soll, dann nur, wenn sie eine legitime Ordnung ist, in der die Gebote für jeden Menschen gelten. Das christlich verstandene Recht sei die Voraussetzung dafür, eine Ordnung als verbindlich anerkennen zu können. Als Übersetzung von »exousia« komme »Obrigkeit« nicht mehr in Frage, weder in der westlichen noch in der östlichen Welt, weder in grundsätzlicher noch in praktischer Hinsicht. Da er nicht stümperhaft vorgehen wolle, meint Dibelius, bitte er seinen Amtsbruder um Mithilfe. – Die Schrift »Obrigkeit?« wird von Dibelius zugleich in kleiner Auflage als Privatdruck herausgegeben.[194] Mehrere hundert Exemplare werden dem Konsistorium zur Verteilung an Pfarrer der *Evangelischen Kirche von Berlin-Brandenburg* übergeben. Sie zirkulieren schon bald darauf in Teilen der DDR als insgeheim regimekritische Schrift. Auf diesem Wege wird eine heftige politische und theologische Diskussion über die Legitimität der Staats- und Parteimacht in der DDR ausgelöst.

21. August Das Schwurgericht beim Landgericht **Düsseldorf** verurteilt den ehemaligen General Hasso von Manteuffel wegen Totschlags zu einer Gefängnisstrafe von anderthalb Jahren. Das Gericht sieht es als erwiesen an, daß Manteuffel als Kommandeur der Panzer-Division »Großdeutschland« am 13. Januar 1944 einen 19jährigen deutschen Soldaten erschießen ließ, obwohl er am Tag zuvor von einem Kriegsgericht nur zu zwei Jahren Gefängnis verurteilt worden war. Unter Berufung auf den Führerbefehl Nr. 7 hatte sich der General über das Urteil hinweggesetzt und die Hinrichtung angeordnet. Er habe, heißt es dazu, wegen Feigheit vor dem Feind ein Exempel statuieren wollen, um die Kampfmoral der Truppe wieder anzuheben. Der Name des erschossenen Soldaten, sein Dienstgrad und seine Heimatanschrift werden nicht bekanntgegeben. Das Gericht führt bei der Festsetzung der Strafe mildernde Umstände an. Manteuffel sei in der Wehrmacht der Ruf vorausgeeilt, ein »strenger, aber auch gerechter und fürsorgender Offizier« zu sein. Der Ex-General, der von seiner Funktion als Ratsherr von Neuß beurlaubt ist, kommentiert das Urteil mit den Worten, es komme ihm vor »wie eine Sippenhaft im Vierten Reich«. Sein Verteidiger Hans Laternser, der bereits beim Nürnberger Prozeß als Verteidiger für den Generalstab und das Oberkommando der Wehrmacht aufgetreten ist, kündigt an, daß er Revision einlegen werde. – Bereits nach viermonatiger Haft wird Manteuffel, der während der zweiten Legislaturperiode Bundestagsabgeordneter der FDP und zuletzt Landesvorsitzender der *Deutschen Partei* (DP) war, wieder auf freien Fuß gesetzt.

IST ULBRICHT VON GOTTES GNADEN?

Die evangelischen Bischöfe Dibelius und Lilje zum Begriff Obrigkeit

In seiner zum Geburtstag des hannoverschen Bischofs Lilje veröffentlichten Schrift „Obrigkeit? – eine Frage an den 60jährigen Landesbischof" – hatte der Berliner Bischof Dibelius im Frühsommer die Meinung vertreten, daß der Begriff Obrigkeit, so wie ihn Luther prägte und die evangelischen Christen bislang verstanden, seit dem Tage überholt sei, „an dem man eine Staatsordnung aufgerichtet hat, die sich auf Parteien aufbaut ... Der Regierende Bürgermeister von Berlin ... kann für mich nicht in dem Sinne Obrigkeit sein, wie es für Martin Luther ... der Kurfürst war ..." Vollends könne ein marxistisches Regime nicht Obrigkeit sein, der man – freiwillig – untertan sein soll (Römer 13). Dibelius hatte dies mit einem Beispiel aus dem Straßenverkehr illustriert: Er habe bei Überschreitung der vorgeschriebenen Geschwindigkeit in der sogenannten freien Welt „als Christ ein schlechtes Gewissen". Anders in der DDR: „... ein solches Verbot hat für mich keinerlei verpflichtende Kraft ..." Die Formulierungen des Berliner Bischofs lösten nicht nur in der DDR, sondern auch unter evangelischen Theologen erheblichen Widerspruch aus (SPIEGEL 39/1959). In einer am 27. Oktober vom Rias übertragenen Diskussion mit dem Lutheraner Lilje*, von der hier Auszüge wiedergegeben werden, umschrieb Dibelius seine Ansichten wesentlich vorsichtiger.

DIBELIUS: ... Zunächst einmal: Der Staat ist Macht. Das haben wir jedenfalls schon als Studenten gelernt. Und wer in einem staatlichen Machtbereich lebt, muß sich natürlich in diesen Machtbereich einordnen und seine Gesetze und Anordnungen respektieren; anders kann er nicht leben. Und die Ausnahme für den Christen ist die, daß, wenn diese Anordnungen dem christlichen Gewissen direkt zuwiderlaufen, dann gilt eben für den Christen das Wort aus der Apostelgeschichte: Man muß Gott mehr gehorchen als den Menschen. Wir haben das, mein lieber Bruder Lilje, ja in der nationalsozialistischen Zeit oft genug durchexerziert.

LILJE: Ganz gewiß beide, ja.

DIBELIUS: Aber im übrigen hat eben der Christ dem Staat untertan zu sein. Und ein Bischof, der zur Sabotage von Verkehrsmitteln auffordert, der muß erst noch geboren werden. Aber es gibt eben Meinungsverschiedenheiten bei uns darüber, unter welchen Motiven dieser Gehorsam zu leisten ist. Bisher also war es einhellige Überzeugung in der evangelischen Kirche, daß diese Motive im Neuen Testament ein für allemal festgelegt seien, und zwar im 13. Kapitel des Römerbriefs. Der Staat, wie er auch aussehen mag, ist Gottes Dienerin, den Menschen zugute geordnet. Er bestraft das Böse, er belohnt das Gute ... Und nun ist mit dem modernen totalen Staat etwas völlig Neues in die Welt eingetreten. Und ich bin der Meinung, daß von hier aus sich eine gewisse Revision dieser Anschauung unerläßlich macht, denn es liegt im Wesen des totalen Staates, daß er selber die oberste Autorität sein will über Leben und Denken der Menschen. Er will vor allen Dingen selber bestimmen, was gut und böse ... Der Ministerpräsident (der DDR) hat klar gesagt: Gut ist, was dem Sozialismus, das heißt also der kommunistischen Form des Sozialismus, nützt, und der Justizminister, Frau Hilde Benjamin, hat einmal über das andere erklärt, der Richter habe Recht zu sprechen nach den Grundsätzen des Sozialismus ... Und dies greift, nach meiner Meinung, tief in das christliche Verständnis des Staates und seiner Rechtsordnung ein, viel tiefer, als es sich die meisten Menschen heute klarmachen ... Jedenfalls verliert ein solcher Staat damit die Qualifikation als Dienerin Gottes, die Paulus ihm zuschreibt; er ist radikal säkularisiert und entmythologisiert. Und daraus muß der Christ eben seine Konsequenzen ziehen.

LILJE: Ich möchte mich in einer gewissen methodischen Unterschiedenheit zu der Sache äußern gegenüber dem, was Herr Bischof Dibelius gesagt hat, und zunächst einfach so mich ausdrücken: Man versuche einmal zu unterscheiden zwischen Sache und Wort. Herr Bischof Dibelius hat mit Recht die Frage gestellt, ob das Luthersche Wort aus der Bibelübersetzung – Obrigkeit – heute für uns noch die präzise Bedeutung haben kann, die es zu Luthers Zeiten zweifellos gehabt hat. Aber es wäre nicht gut, wenn man gleich damit auch die Sache selbst in Frage zieht, und ich will damit beginnen, zunächst mit großem Nachdruck zu sagen, daß hier eine Ordnung Gottes, eine sehr grundlegende Anordnung Gottes in dem Worte Obrigkeit anvisiert ist, die nun einmal zu den großen Vorgegebenheiten unseres Lebens überhaupt gehört. Und ich darf hier gleich die Formel verwenden bei Martin Luther, die mir immer am eindrücklichsten gewesen ist, nämlich diese Ordnung der Obrigkeit, der „auctoritas", der staatlichen Ordnung, ist gegeben, „ut genus humanum maneat", damit das Menschengeschlecht Bestand habe ... Das trifft auch auf den Staat zu, der gar nicht christlich ist. Das berühmte Wort des Paulus bezog sich ja auf den römischen Staat, der nun doch wohl das war, was Herr Bischof Dibelius ein säkulares Machtgebilde eben genannt hat, ein säkulares Machtgebilde, ein weltlicher, nichtchristlicher Staat. Und in den Diskussionen hat Martin Luther immer wieder gesagt, daß zum Beispiel die Türken, also die zeitgenössische Großmacht im Osten, eine ordentliche Staatsordnung hätten eben nach diesem Gesichtspunkt, daß das Menschengeschlecht Bestand habe. Das ist die große Aussage, die in sich schließt, daß ein solcher Staat eine Anordnung, ein Mandat Gottes ausführt ... Wenn ich sage, daß das Gottes Anordnung ist, mache ich deutlich, es ist nicht die Anordnung irgendwelcher menschlicher Subjekte, sie mögen die Hände so voll Macht haben, wie sie wollen, sondern „mandatum Dei", ein Auftrag Gottes, der ausgeführt wird – ich wiederhole es –, auch wenn der betreffende Staat es gar nicht mehr weiß oder nicht mehr will ...

Dibelius

DIBELIUS: Lieber Herr Landesbischof Lilje, die Sache mit den Türken und Luther, die imponiert mir nicht so schrecklich, weil erstens mal die Türken ja gar keinen Wert darauf gelegt haben, was die Leute, über die sie nun die Macht gewannen, im Grunde ihres Herzens dachten. Und Luther hat ja immer wieder gesagt, daß die Türken, so sehr er sie auch gehaßt hat, doch immerhin Gott anerkennen und gewisse Dinge auch in ihrem Herzen und Gewissen haben, die die Christen eben auch von den alten Zeiten her in ihrem Herzen gehabt haben ... Das Neue, was jetzt ausgebrochen ist, ist ja doch etwas, was uns von dieser ganzen Vergangenheit, auf der wir stehen, grundsätzlich scheiden soll. Aber nun zu dem Begriff der Obrigkeit. Also meines Erachtens ist der grundsätzliche Unterschied tatsächlich ... für uns Deutsche mit dem Jahre 1918 in die Erscheinung getreten. Die Monarchen, die haben sich ja immer genannt „von Gottes Gnaden", und ich habe dem in meinem Herzen nie widersprochen, weil ich der Meinung gewesen bin, daß das, was in Römer 13 steht, eben dieses „von Gottes Gnaden" bei der Obrigkeit zum Ausdruck bringt. Und was von der Spitze gilt, gilt dann natürlich von dem ganzen Apparat, der unter dieser Spitze arbeitet. Aber nun haben wir diese kopernikanische Wendung erlebt, diese Drehung um 180 Grad. Es ist heute nicht mehr so, daß einfach die Obrigkeit verantwortlich ist für die Menschen, die unter dieser Staatsmacht leben. Natürlich ist sie dafür verantwortlich, aber auch das Umgekehrte ist da, daß diese Menschen, die unter der staatlichen Autorität leben, verantwortlich dafür sind, was sie für eine Autorität und für eine Obrigkeit haben ... Ich glaube, wir werden um der Redlichkeit willen doch allmählich dazu übergehen müssen, anstelle dieses Wortes „Obrigkeit" nun wieder zu setzen: „die übergeordneten Gewalten" Da ist dann zunächst von einem besonderen Privileg, das ihnen Gott gegeben hat, gar nicht die Rede, sondern es ist einfach das säkulare Faktum gemeint.

Lilje

LILJE: ... Ich muß aber doch nun antithetisch sehr deutlich sagen, daß das für die Sache verhältnismäßig sehr wenig ausmacht. Es ist das, was mit der Ordnung hier gemeint ist, der Ordnung der „auctoritas", der Obrigkeit, ... durchaus nicht abhängig von der – in Anführungsstrichen – christlichen Qualität des Staates. Das ist nicht der Fall.

DIBELIUS: Nein, das habe ich auch nie behauptet, lieber Bruder.

* Dritter Gesprächspartner war der Bonner Staatsrechtler Professor Ulrich Scheuner.

20.8.: Der »Spiegel« druckt in seiner Ausgabe vom 4. November Auszüge aus einer- vom RIAS übertragenen Diskussion ab.

21. August In **Heusenstamm** (Südhessen) ziehen 26 Angehörige des Jahrgangs 1922 mit Fackeln zum Friedhof und legen dort am Denkmal für die Gefallenen der beiden Weltkriege einen Kranz nieder. Einer von ihnen hält anschließend eine Ansprache und erklärt, sie hätten die besten Jahre ihres Lebens dem Krieg geopfert und seien nach 1945 zu Hause mit dem Vorwurf empfangen worden, daß sie sich zum Werkzeug von Verbrechern hätten machen lassen. Da sie nur zu gut wüßten, daß sich durch Kriege keine Probleme lösen lassen würden, protestierten sie mit Nachdruck gegen die an sie ergangene Aufforderung, ein zweites Mal Waffen in die Hand zu nehmen. Ihr Protest verstehe sich zugleich als Andenken an ihre im Krieg gefallenen Kameraden.

21. August Auf einer Protestversammlung in **Camberg** (Hessen) verabschieden 17 Angehörige des Jahrgangs 1922 eine Resolution gegen ihre Wehrerfassung. Darin heißt es, daß sie die Bereitstellung für Reserveübungen in größte Gewissenskonflikte bringe. Die von ihnen zwischen 1941 und 1945 abgeleistete Wehrpflicht und die nachfolgende Gefangenschaft sei ihnen noch zu stark in Erinnerung, als daß sie einer erneuten Wehrerfassung zustimmen könnten. Die Erklärung soll an den Bürgermeister ihrer Stadt und an das Kreiswehrersatzamt in Limburg geschickt werden.

22. August In **Weilbach** (Hessen) versammeln sich erneut Angehörige des Jahrgangs 1922. Sie lassen sich von dem Wiesbadener Rechtsanwalt Hans Friedrich Braun beraten, wie sie am besten einen Antrag auf Anerkennung als Kriegsdienstverweigerer stellen können. Die 36- und 37jährigen Männer versichern sich am Ende noch einmal, daß sie auf keinen Fall mehr ein Gewehr in die Hand nehmen wollten.

22. August In **Niedereisenhausen** (Hessen) versammeln sich 70 Angehörige des Jahrgangs 1922, die aus dem gesamten Kreis Biedenkopf gekommen sind, beraten über ihren Widerstand gegen die Wehrerfassung und gründen einen Kreisverband im *Verband der Kriegsdienstverweigerer* (VK). Die Versammlung ist auf Intiative des Bürgermeisters von Hommertshausen, Helmut Gerlach, der selbst zum Jahrgang 1922 gehört, zustandegekommen. Vor den Teilnehmern hält das VK-Bundesvorstandsmitglied Hans Hermann Köper ein Referat, in dem er die gesetzlichen Möglichkeiten zur Kriegsdienstverweigerung erläutert. Er weist die Zuhörer darauf hin, daß die Erfassung gesetzlich verankert sei und nicht mit einer Einberufung gleichgesetzt werden könne. Alle, die einen Antrag auf Wehrdienstverweigerung stellen wollten, sollten ein formloses Schreiben an das zuständige Kreiswehrersatzamt richten. Zum ersten Vorsitzenden des neuen VK-Kreisverbands wird Helmut Gerlach und zu seinem Stellvertreter Heinrich Theis, Gastwirt aus Niedereisenhausen, gewählt.

22. August In der Nähe des nordfränkischen Ortes **Nordhalben** wird der ehemalige Oberleutnant der DDR-Grenzpolizei Manfred Smolka von einem Angehörigen des MfS in einen Hinterhalt gelockt, angeschossen und über die Demarkationslinie in die DDR verschleppt. Der 28jährige war nach einer Degradierung im November 1958 in den Westen geflohen und wollte nun versuchen, seine Frau und seine Tochter nachzuholen. – Smolka wird am 5. Mai 1960 vom Bezirksgericht **Erfurt** wegen »Verrats« und »schwerer Militärspionage« zum Tode verur-

teilt und kurze Zeit später hingerichtet. Die Berufung und ein Gnadengesuch sind abgewiesen worden. Als Todesursache wird »Herzinfarkt« vermerkt. – Das »Bulletin des Presse- und Informationsamtes der Bundesregierung« schreibt, kurz nachdem die Nachricht vom Todesurteil in den Westen gelangt ist, am 6. Juli 1960 über den Entführungsfall: »Smolka hat 1959 drei Versuche unternommen, um seine Familie hierher in die Bundesrepublik zu bekommen. Die Versuche sind fehlgeschlagen. Beim vierten Versuch ist er gewaltsam entführt worden. Es liegt der Verdacht nahe, daß diese Versuche verraten worden sind, daß sich ein ehemaliger Angehöriger der Grenzpolizei in das Vertrauen der Frau Smolka eingeschlichen hat und deren Absichten kannte. Am 22. August 1959 hat sich Smolka nach Nordhalben in Oberfranken begeben, hat dort seinen Kraftwagen abgestellt und ist an die Zonengrenze gegangen, weil er mit seiner Frau eine Verabredung hatte, daß sie in der Zeit ebenfalls an die Zonengrenze kommen würde und übertreten könnte. Smolka ist bis direkt an das dort befindliche Drahthindernis herangegangen, sah seine Frau und seine Tochter auf der anderen Seite kommen, wollte ihnen entgegengehen und war gerade dabei, über das Drahthindernis hinwegzusteigen, als plötzlich 30 Grenzpolizisten auftauchten. Er wurde angerufen; es wurde sofort geschossen; er konnte sich noch auf das Gebiet der Bundesrepublik zurückretten; er war verwundet. Die Grenzpolizei ist in das Gebiet der Bundesrepublik übergetreten, hat ihn mitgenommen und drüben dann mit seiner Frau sofort in einem Kraftwagen abtransportiert.«[195] – Der Mann, der die Falle gestellt hat, erhält dafür – wie erst nach dem Ende der DDR bekannt wird – als Belohnung eine Prämie von 500 Mark. Es ist ein ehemaliger Untergebener Smolkas namens Fritz Renn. Für seine »sehr gute Eigeninitiative« und für seinen »selbstlosen Einsatz« wird er vom MfS ausdrücklich gelobt.

22.8.: Der in der DDR hingerichtete Manfred Smolka zusammen mit seiner Frau Waltraud und der Tochter Ursula.

24.8.: 22er-Demonstration im bayerischen Rosenheim.

23. August In einem Artikel des SED-Zentralorgans »Neues Deutschland« verteidigt das Politbüro-Mitglied Albert Norden den Hitler-Stalin-Pakt. Am 20. Jahrestag seiner Unterzeichnung in Moskau schreibt der Propagandafachmann des SED-Regimes: »Als die Sowjetunion immer wieder von den Westmächten enttäuscht, betrogen, ja, schließlich verraten wurde und dem deutschen Imperialismus als Opfer vorgeworfen werden sollte, wäre es unverantwortlicher Leichtsinn gewesen, das deutsche Nichtangriffsangebot abzulehnen und damit faktisch von sowjetischer Seite aus den Krieg zu erklären ... Also schützte der deutsch-sowjetische Nichtangriffspakt vorübergehend die Sowjetunion ... Mit dem Nichtangriffsvertrag errangen Frieden und Sozialismus einen Sieg, erlitten alle Imperialisten eine Niederlage.«[196]

24. August Eine Gruppe von »22ern« zieht mit einem mehr als zehn Meter langen Spruchband durch die Straßen von **Rosenheim** (Südbayern). Darauf ist der bereits häufiger von Wehrdienstgegnern in Erinnerung gerufene Adenauer-Ausspruch zitiert: »Ich bin stolz, nie in meinem Leben Soldat gewesen zu sein.« Schon allein wegen des ungewöhnlichen Formats ihres Transparents erregen die Protestierenden großes Aufsehen.

24. August Bei einem Treffen im Gasthof »Zur Dorfschenke« in **Bischofsheim** (Südosthessen) entscheiden sich 22 Angehörige des Jahrgangs 1922, der von der Gemeindeverwaltung zugestellten Aufforderung zur Wehrerfassung nicht Folge zu leisten. Zum Sprecher der kleinen Gruppe wird Fritz Nohr gewählt. Die Hälfte seiner Schulkameraden, erklärt er, sei aus dem Zweiten Weltkrieg nicht zurückgekehrt und nun sollten sie, die Überlebenden, die nicht mehr als einen Haufen junger Invaliden darstellten, noch einmal den Kopf hinhalten. Es wird beschlossen, in zwei Wochen einen Schweigemarsch zum Waldfriedhof durchzuführen und vor dem dortigen Ehrenmal einen Kranz für die gefallenen Kameraden niederzulegen. Der Pfarrer der *Evangelischen Gemeinde* soll darum gebeten werden, zuvor eine kleine Andacht abzuhalten.

24. August Das Präsidium des *Bundes der Deutschen* (BdD) fordert, die Wehrerfassung des Jahrgangs 1922 sofort einzustellen. Die Landesverbände des BdD werden angewiesen, die jeweiligen Landesregierungen und Länderparlamente aufzufordern, bei der Bundesregierung vorstellig zu werden, damit die Anordnung des Bundesverteidigungsministeriums, nun auch die Kriegsjahrgänge einzuberufen, zurückgenommen wird.

25. August Auf einer Protestversammlung in **Darmstadt** wendet sich der Sprecher des örtlichen 22er-Aktionskomitees, Karl May, vor 500 Teilnehmern energisch gegen alle Versuche, den Widerstand gegen die Wehrerfassung als kommunistisch infiltriert hinzustellen. Die protestierenden 22er seien weder dienstbare Geister noch Anhänger einer Untergrundbewegung. Sie befürworteten eine aktive politische Mitarbeit in der Demokratie, deren tragendes Element die freie Gewissensentscheidung sei. Es gehöre mehr Mut dazu, nein zu sagen, als einem Befehl Folge zu leisten. Man protestiere, ruft er unter Beifall aus, »für die gesamte mißbrauchte Generation«. Vertreter der *Interessengemeinschaft des Jahrgangs 1922* aus Aschaffenburg fordern in einem Grußwort dazu auf, weitere Protestaktionen auf Bundesebene zu koordinieren.

25. August Im Saal des »Rheinischen Hofes« in **Solingen** führt eine Gruppe ehemaliger Kriegsteilnehmer zusammen mit der *Internationale der Kriegsdienstgegner* (IdK) eine Kundgebung gegen die Wehrerfassung des Jahrgangs 1922 durch. Als erste Rednerin erläutert die Wuppertaler Professorin Renate Riemeck, warum ein moderner, mit atomaren Waffen geführter Krieg nicht mehr mit Kriegen früherer Zeiten zu vergleichen ist. Bereits der Erste und der Zweite Weltkrieg dieses Jahrhunderts, gibt sie zu bedenken, seien durch das sinnlose Hinopfern von Millionen von Menschen gezeichnet gewesen. Mit der Erfindung der Wasserstoffbombe aber bedeute Krieg das Ende der Menschheit. Besonders beunruhigend sei, daß es gegenwärtig Kräfte gebe, die, mit der »Theorie der Abschreckung« und der These

25.8.: Foto aus
»Informationen«,
der Monatszeit-
schrift der Kriegs-
dienstverweigerer.

zuständige Kreiswehrersatzamt gerichteten Resolution heißt es: »Als junge, unfertige Menschen lernten wir die Grausamkeiten des Krieges kennen. Die meisten von uns sind gefallen. Wer nach dem Kriege heimkehrte, kam als gebrochener Mann zurück. Wir lehnen jede Form des Wehrdienstes ab und fordern die Freistellung unseres Jahrgangs.«[197] Die Teilnehmer wenden sich außerdem mit einem Telegramm an Bundesverteidigungsminister Franz Josef Strauß: »Jahrgang 1922 protestiert energisch gegen Wehrerfassung stop Sind nicht bereit, wieder Waffen in die Hand zu nehmen stop Erwarten Widerruf der Anordnung«.[198] Am Ende der Versammlung erheben sich alle und gedenken der im Zweiten Weltkrieg gefallenen Soldaten. – Der Betriebsrat der in **Solingen** angesiedelten Firma Piel & Adey wendet sich kurz darauf mit einer Erklärung an die Öffentlichkeit, in der bekanntgegeben wird, daß auf einer Belegschaftsversammlung die Protestaktionen der 22er begrüßt und allen von der Wehrerfassung betroffenen Kollegen volle Unterstützung zugesichert worden seien.

25. August Der Zentrale Ausschuß des *Weltkirchenrates* verurteilt auf einer auf der griechischen Insel **Rhodos** abgehaltenen Tagung die von Frankreich in der Sahara geplanten Atombombenversuche. »Wir erklären,« heißt es in der Resolution, »daß keine Nation das Recht hat, eigenverantwortlich über die Durchführung von Atombombenversuchen zu entscheiden, solange die Völker anderer Nationen, die ihre Zustimmung verweigert haben, Gefahr laufen, die Folgen tragen müssen.«[199] Außerdem, gibt das Gremium zu bedenken, sollte keine Macht, die noch keine Atomwaffenexperimente durchgeführt hat, solche in Gang setzen, solange Verhandlungen über eine internationale Kontrolle im Gange sind.

26. August Auf Einladung des *Verbands der Kriegsdienstverweigerer* (VK) erscheinen 500 Angehörige des Jahrgangs 1922 zu einer Protestversammlung im **Frankfurt**er Gewerkschaftshaus. Nach der Begrüßung durch den örtlichen VK-Vorsitzenden Helmut Zimmermann sprechen der Direktor des Kabaretts »Die Schmiere«, Rudolf Rolfs, der Pastor Hans V. Ohly und der stellvertretende VK-Bundesvorsitzende, der Frankfurter Verleger Hans A. Nikel. Rolfs erklärt, sein Humor sei aufs Theater beschränkt; dann bekennt er: »Ich habe auch geschossen, aber kein Befehl kann mich entschuldigen; denn ich heiße nicht Manteuffel. Ich betrachte das Soldatsein als absolut unmoralisch, zerstörerisch und verbrecherisch.«[200] »Anerkannte Kriegsdienstverweigerer« kündigt er am Ende unter prasselndem Beifall an, hätten bei ihm freien Eintritt. Die Aufgabe des Pfarrers 15 Jahre nach Stalingrad sei es, erklärt Ohly,

eines »lokal begrenzbaren Krieges« argumentierend, einen neuen Krieg als durchführbar erscheinen lassen wollten. Nach einem weiteren Referat, in dem der Geschäftsführer der Düsseldorfer IdK-Gruppe, Walter Schumacher, über die gesetzlichen Möglichkeiten zur Wehrdienstverweigerung informiert, entwickelt sich eine heftige, zum Teil spannungsgeladene Diskussion. Kaum einer, der danach das Wort ergreift, zählt zu den geübten Rednern. Doch gerade weil die meisten ehemaligen Soldaten ihrer Empörung über die erneute Wehrerfassung auf unmittelbare Weise Luft verschaffen, entsteht eine aufgeregte Atmosphäre. Als in dieser Situation der Hinweis erfolgt, daß sich im Saal auch ein Vertreter der Politischen Polizei befinde, entsteht ein Tumult. Dutzende von Zuhörern springen von ihren Stühlen, beschweren sich lauthals über den Bespitzelungsversuch und wollen den Betreffenden, den sie allerdings nicht identifizieren können, auf der Stelle vor die Tür setzen. Erst durch das resolute Eingreifen des Versammlungsleiters wird verhindert, daß es zu Handgreiflichkeiten kommt. Nachdem sich die Lage wieder beruhigt hat, beschließen die von der Wehrerfassung Betroffenen eine *Interessengemeinschaft des Jahrgangs 1922* zu gründen. In einer an das

eine »systematische Wehrkraftzersetzung« zu betreiben. Dieser Satz löst einen derartigen Beifallsturm aus, daß Nikel als nachfolgender Redner Mühe hat, sich Gehör zu verschaffen. Er wendet sich strikt gegen die Unterstellung, die Aktionen des Jahrgangs 1922 seien politisch ferngesteuert. Allen von der Wehrerfassung Betroffenen empfiehlt er, den legalen Weg der Wehrdienstverweigerung zu gehen. Über die nachfolgende Diskussion schreibt ein Zeitungsreporter: »Ein jahrelang aufgespeicherter Groll über die Wiederbewaffnungspolitik der Bundesregierung entlud sich jetzt, da sie selbst an der Reihe sind, in einem wahren Sturzbach von bitterer Selbstanklagen, Selbstvorwürfen und Bezichtigungen, die das Wort von der ›organisierten Unbußfertigkeit‹ der Deutschen auszulöschen schienen.«[201]

26. August Eine weitere Protestversammlung von 22ern findet in dem bei Hanau gelegenen Ort **Großauheim** (Hessen) statt. Von 76 Angehörigen des Jahrgangs folgen 52 der Einladung von Werner Lösch. Nach dem Referat eines Mitglieds der Hanauer Gruppe der *Internationale der Kriegsdienstgegner* (IdK) verabschieden sie ein Protesttelegramm an das Bundesverteidigungsministerium und beschließen, einen Schweigemarsch zum Ehrenmal auf dem alten Friedhof durchzuführen. Lösch betont in seiner Ansprache, daß ihre Proteste »von keiner Seite gesteuert« würden.

26. August In einem Artikel des vierzehntägig in Hamburg erscheinenden Blattes »Die Andere Zeitung« appelliert die *Kirchliche Bruderschaft* in Hessen und Nassau »An die Wehrpflichtigen des Jahrgangs 1922«, sich nicht für einen neuen Krieg mißbrauchen zu lassen, sondern mit allen Kräften für die Erhaltung des Friedens einzusetzen. »Überlegt Euch,« heißt es darin, »was Ihr tut, wenn Ihr Euch ein zweites Mal zu den Waffen holen laßt! In jugendlichem Idealismus und in gutem Glauben seid Ihr damals hinausgezogen; in Frankreich, Rußland und Afrika mußtet Ihr erkennen, daß Ihr für eine Schlechte und sinnlose Sache mißbraucht wurdet und verheizt werden solltet. Heute seid Ihr Männer, die durch eigene Erfahrungen gelernt haben, daß man politische Fragen nicht durch Gewaltanwendungen lösen kann. Jeder weiß, daß der nächste Krieg unser Vaterland in eine Wüste verwandelt. Wir bitten Euch darum: Prüfet Euer Gewissen, laßt Euch nicht wieder von Propaganda umnebeln! Unsere Verfassung gibt Euch die Möglichkeit, zum Wehrdienst ›Nein‹ zu sagen. Wir evangelischen Pfarrer und Gemeindemitglieder in der Kirchlichen Bruderschaft stellen uns zu denen, die den Wehrdienst verweigern. Wir rufen Euch auf, Friedensdienst zu leisten.«[202] Unterzeichnet ist der Aufruf von dem

Bildhauer Gotthelf Schlotter, dem Graphiker Erich Roether, den beiden Pfarrern Walter Dignath und Heinrich Treblin sowie dem Darmstädter Studentenpfarrer Herbert Mochalski.

26. August Eine weitere *Interessengemeinschaft des Jahrgangs 1922* wird in **Nürnberg** gegründet. Die Gruppe, die mit der *Internationale der Kriegsdienstgegner* (IdK) eng zusammenarbeiten will, beabsichtigt, Versammlungen und Demonstrationen gegen die Wehrerfassung von 22ern zu organisieren.

26. August Aus einer weiteren repräsentativen Erhebung des Instituts für Demoskopie in **Allensbach** am Bodensee über die Frage nach der deutschen Kriegsschuld geht hervor, daß die Zahl derjenigen Bundesbürger, die Deutschland für den Ausbruch des Zweiten Weltkrieges verantwortlich halten, in den fünfziger Jahren kontinuierlich angestiegen ist. Während 1951 nur 32% der Befragten Deutschland für schuldig hielten, sind es nun 50%, die ihr eigenes Land für den Kriegsausbruch 1939 verantwortlich machen. Die damaligen Kriegsgegner werden von 11% im Vergleich zu früheren 32% für schuldig gehalten. Der Anteil derjenigen, die überhaupt nichts über die Ursachen des Zweiten Weltkrieges wissen wollen, ist von 15 auf 19% gestiegen.

26.8.: Ehemalige Soldaten protestieren mit einem Plakat gegen ihre erneute Einberufung zu Wehrübungen.

26. August Das State Department in **Washington** gibt bekannt, daß US-Präsident Eisenhower angeordnet habe, den Nuklearwaffenversuchsstopp der Vereinigten Staaten bis zum 31. Dezember 1959 zu verlängern. Diese Entscheidung sei gefällt worden, nachdem sich die an der Genfer Außenministerkonferenz beteiligten Mächte geeinigt hatten, Verhandlungen über eine Aufhebung der Atomwaffenversuche sechs Wochen aufzuschieben.

28.8.: 22er-Protestversammlung in München.

27. August Auf Einladung des Landesverbands der *Internationale der Kriegsdienstgegner* (IdK) kommen in der Aula der **Hamburg**er Jahnschule 600 Angehörige des Jahrgangs 1922 zu einer weiteren Protestversammlung gegen die Wehrerfassung zusammen. Nach einigen mit großem Beifall aufgenommenen Sketchen des politischen Kabaretts »Die Un(i)formierten« kündigt der Münchener Rechtsanwalt Dieter E. Ralle an, gegen die Erfassung des Jahrgangs 1922 Verfassungsbeschwerde einlegen zu wollen. Zur Begründung führt er an, daß diese Anordnung des Bundesverteidigungsministeriums in Widerspruch zum Grundgesetz stehe. Die Einberufung zur Bundeswehr, deren Ausbildung an atomaren Waffen dem Völkerrecht widerspreche, sei unvereinbar mit Artikel 25, in dem die Bestimmungen des Völkerrechts als bindend für die Bundesbürger definiert worden seien. Höhepunkt der Veranstaltung ist die demonstrative Verbrennung eines Erfassungsbescheids. Als einer der Diskussionsteilnehmer seine Rede unterbricht und das Formular am Pult anzündet, springen die Zuhörer wie elektrisiert von ihren Sitzen und spenden minutenlang Beifall. Weitere Vorladungen werden nach vorne gereicht und ebenfalls verbrannt, andere werden gleichzeitig von ihren Adressaten zerrissen und deren Schnipsel in die Luft geworfen. Die Versammelten beschließen am Ende, am 2. September einen Schweigemarsch gegen die Erfassung der 22er durch die Bundeswehrbehörden durchzuführen.

27. August In **Lampertheim** (Südhessen) gründen die Teilnehmer einer 22er-Protestversammlung eine Ortsgruppe des *Verbands der Kriegsdienstverweigerer* (VK). Der Initiator des Treffens, Karl Hahl, erklärt, daß es sich hierbei weder um eine partei- noch um eine allgemeinpolitische Angelegenheit handle. Der Vorsitzende des Mannheimer VK-Ortsverbandes weist die Teilnehmer darauf hin, daß bei allem Protest die geltenden Gesetze und die durch sie vorgeschriebenen Regeln respektiert werden müßten. Zum I. Vorsitzenden der neuen VK-Gruppe wird Heino Eiermann und zu seinen Stellvertretern werden V. Fahrenbruch und Karl Hahl gewählt.

27. August Das Bundesverwaltungsgericht in **West-Berlin** entscheidet, daß dem ehemaligen Kammerdiener Adolf Hitlers, Heinz Linge, eine Kriegsgefangenenentschädigung von 5.640 DM zusteht. Der Mann, der mittlerweile als Vertreter in Hamburg lebt, war 1945 in sowjetische Gefangenschaft geraten und hatte nach seiner Rückkehr 1955 Entschädigung beantragt. Dies war von dem West-Berliner Sozialsenator mit der Begründung abgelehnt worden, Linge könne nicht als Kriegsgefangener angesehen werden, da er als persönlicher Bediensteter Hitlers und nicht als Soldat in Gefangenschaft geraten sei. Dagegen hatte Linge Klage erhoben und offenbar mit Erfolg geltend gemacht, daß er zuletzt den Rang eines Sturmbannführers der Waffen-SS bekleidet habe.

27. August Der in **Burg** bei Magdeburg stationierte »Freiheitssender 904« verbreitet eine Erklärung des Zentralkomitees der illegalen, von Ost-Berlin aus operierenden KPD, in der den Angehörigen des Jahrgangs 1922 die »Solidarität der Arbeiterklasse« zugesichert wird. Wenn die KPD nicht widerrechtlich verboten wäre, heißt es darin, dann würde sie sich überall und offen für die Forderungen der 22er einsetzen. Mit ihrem Widerstand gegen die Zwangsrekrutierungen brächten sie den Willen des Volkes zum Ausdruck und durchkreuzten die gefährliche Politik der Regierung Adenauer. Angesichts der Protestaktionen der 22er ruft die KPD alle Friedensanhänger in der Bundesrepublik auf: »Kämpft gemeinsam mit ihnen gegen die atomare Aufrüstung der Bundesrepublik, für die Verständigung zwischen den beiden deutschen Staaten und für einen Friedensvertrag, der dem Treiben der Militaristen ein Ende setzt, der uns ein Leben in Sicherheit bringt.«[203]

27. August Wie das »Informationsbüro West« in **West-Berlin** meldet, hat das Bezirksgericht **Suhl** acht Mitglieder einer Rock'n'Roll-Gruppe aus dem thüringischen Hildburghausen wegen »staatsgefährdender Propaganda« zu Zuchthaus- und Gefängnisstrafen verurteilt. Die jungen Angeklagten sollen »schräge Musik« westlicher Sender auf Band aufgenommen und auf Höfen und Plätzen abgespielt haben, um nach diesen Rhythmen tanzen zu können. Der angebliche Rädelsführer Hartmut Henschke, ein in die DDR zurückgekehrter Flüchtling, hätte, heißt es weiter, eine Zuchthausstrafe von drei Jahren erhalten.

27. August–I. September Im Zentrum von **Amsterdam** kommt es zunächst zu mehreren Straßenschlachten zwischen der Polizei und »noezems« (Halbstarken) und einer Wendung dieses Konflikts durch das überraschende Eingreifen einer anderen städtischen Subkultur. Die Jugendlichen versammeln sich seit Beginn des Sommers Abend für Abend am Nationaldenkmal auf dem Dam gegenüber vom Königlichen Palais, um von dort aus ihre Streifzüge zu unternehmen. Da dies von vielen Bürgern als Schändung des zu Ehren der im Zweiten Weltkrieg umgekommenen Niederländer errichteten Monuments angesehen wird, versucht die Polizei wiederholt, die von der Presse als »Rowdy-Plage« diffamierten Jugendlichen aus der Innenstadt zu vertreiben. Bei den Auseinandersetzungen, in deren Verlauf die durch Militärpolizisten verstärkte Einsatztruppe mit Gummiknüppeln und Säbeln gegen die vermeintlichen Unruhestifter vorgeht, werden 30 Jugendliche festgenommen und unzählige von ihnen verletzt. Da die Räumungsversuche jedoch ein ums andere Mal fehlschlagen, ergreift schließlich die Amsterdamer Unterwelt die Initiative. Gangsterboß Rinus Vet, genannt »de Vette Lap« (der fette/schmierige Laffe), führt zusammen mit »Hering-Arie« und dem »Zwarte Joop« am I. September gegen neun Uhr abends eine Streitmacht auf dem Dam ins Feld, die den Umfang einer halben Kompanie hat. Die Unterweltler haben sich mit Latten, Knüppeln und Totschlägern ausgerüstet; der Einsatz von Schußwaffen ist ihnen von Vet ausdrücklich verboten worden. Unter den Augen der Polizei, die sich nun völlig zurückhält, vertreiben die Unterweltler in einer dreiviertel Stunde sämtliche »noezems« von dem Platz. Nach dem »Sieg der Unterwelt über die Halbstarken« – wie die Zeitungen am Tag darauf nicht ohne Schadenfreude verkünden – droht Vet der Presse gegenüber an, seine Jungs würden, wenn sich die Polizei weiterhin als unfähig erweisen sollte, Amsterdam »vor diesen Knaben ausreichend zu beschützen«, diese »notfalls niederschießen«. Und

der düpierte Polizeipräsident H. van der Molen erklärt trotzig, es gebe in Amsterdam auch weiterhin nur eine Truppe, die für die Aufrechterhaltung der öffentlichen Ordnung zu sorgen habe, das sei die Polizei. – Auch in einer Reihe anderer niederländischer Städte kommt es zu Zusammenstößen zwischen Jugendlichen und der Polizei. In dem an der Grenze zur Bundesrepublik gelegenen **Kerkrade** wird es deshalb den jungen Leuten verboten, zwischen 19 und 22 Uhr mit ihren Mopeds die Innenstadt zu befahren. – Der Ausdruck »noezems« war im August 1955 von dem Cineasten und Schriftsteller Jan Vrijman eingeführt worden, der in einer Reportage geschrieben hatte, daß es einfacher sei, mit den Papuas aus Neu-Guinea zu reden, »als mit den Jungens vom Nieuwendijk«.

28. August In den Kinos der **Bundesrepublik** läuft der unter der Regie von George Stevens produzierte Hollywood-Film »Das Tagebuch der Anne Frank« an. Er basiert auf den Aufzeichnungen des jüdischen Mädchens, das sich vom Juli 1942 bis zum August 1944 auf dem Dachboden seines Amsterdamer Wohnhauses vor der Verfolgung der Deutschen versteckt hielt. Die Titelrolle in der Kinoversion der bereits als Buch und Theaterstück überaus erfolgreichen Geschichte spielt die junge amerikanische Schauspielerin Millie Perkins.

28. August In **München** kommen zu einer von der *Internationale der Kriegsdienstgegner* (IdK) organisierten Protestkundgebung mehr als 1.000 Menschen zusammen, um sich gegen die Erfassung des Jahrgangs 1922 für den Wehrdienst auszusprechen. Die Mehrzahl der Teilnehmer unterstützt den Vorschlag, gegen die vom Bundesverteidigungsministerium ausgegebene Anordnung beim Bundesgerichtshof in Karlsruhe Verfassungsbeschwerde einzulegen.

28. August Auf einer vom *Verband der Kriegsdienstverweigerer* (VK) organisierten 22er-Versammlung in **Offenbach** tritt der hessische Landtagsabgeordnete Olaf Radtke (SPD), der zum selben Jahrgang zählt, als Hauptredner auf. Wie Kurt Nagel und Wilhelm Wenzel mitteilen, sind die von dem Offenbacher VK-Büro angebotenen Beratungsstunden seit einiger Zeit überlaufen. Innerhalb von nur drei Wochen hätten sich dort annähernd 300 Wehrpflichtige über ihre Möglichkeiten zur Kriegsdienstverweigerung informiert. Die Zahl der Angehörigen des Jahrgangs 1922, die aus dem letzten Krieg zurückgekehrt sind, wird auf 650 bis 700 geschätzt.

28. August Auf einer Protestversammlung des Jahrgangs 1922 in **Viernheim** (Südhessen) wird eine weitere Ortsgruppe des *Verbands der Kriegsdienstverweigerer* (VK) gegründet. Der hessische Landtagsab-

28.8.: Plakatwerbung des Münchener Verbands der Kriegsdienstverweigererorganisation.

geordnete Erwin Bugert (SPD) warnt in einem Redebeitrag vor den Sachbearbeitern der Bundeswehr. Diese seien noch die gleichen wie unter Adolf Hitler und würden die Ideen eines William S. Schlamm, für einen NATO-Angriff auf den Osten auch Millionen von Toten in Kauf zu nehmen, durchaus begrüßen.

28. August Vor der französischen Botschaft in **London** ziehen Atomwaffengegner auf. Sie protestieren mit einer Mahnwache gegen die von der französischen Regierung geplanten Atomwaffenversuche in der Sahara.

28./29. August In der Weser-Ems-Halle in **Oldenburg** (Niedersachsen) führt der *Stahlhelm – Bund der Frontsoldaten* eine Bundesdelegiertentagung durch. Vor 1.000 Teilnehmern stellt »Bundeshauptmann« Thomas Girgensohn in Vertretung von Ex-Generalfeldmarschall Albert Kesselring, dem erkrankten »Ersten Bundesführer«, unter dem Motto »Ein Bild vom Deutschen Haus« einen von der Bundesführung ausgearbeiteten Plan vor, in dem der Aufbau einer regionalen Verteidigung für Deutschland propagiert wird. An Ort und Stelle sollten »erfahrene Kräfte«, wie sie im *Stahlhelm* vorhanden seien, zum Einsatz kommen. Genauere Einzelheiten könnten, wie es weiter heißt, unter Hinweis auf die Belastung der Bundesregierung durch außenpolitische Vorgänge noch nicht bekanntgegeben werden. Im Gegensatz dazu wird der Bundestagsabgeordnete Pascual Jordan (CDU), der die Hauptrede hält, doch etwas konkreter. Aus der »Verantwortungspflicht« heraus, die »aus dem Fronterleben zweier Generationen« entstanden sei, wolle er mit Nachdruck darauf hinweisen, daß es hohe Zeit sei, wegen der »Gefahr der Vernichtung durch den in zügigem Angriff befindlichen Weltkommunismus« wirkungsvolle Gegenmaßnahmen zu ergreifen. Die »freie Welt« dürfe dieser Bedrohung nicht länger tatenlos zuschauen. Im Kalten Krieg sei die Front überall, es gebe keine Unbeteiligten mehr. Diejenigen, die sich für eine flexiblere Außenpolitik einsetzten, machten sich zu Schrittmachern des Bolschewismus. Er trete für den Luftschutz ebenso wie für den Bevölkerungsschutz ein. Man müsse mutig, klar und nüchtern die Lage erkennen, um jeder Möglichkeit wirkungsvoll begegnen zu können. Das habe nichts mit Kriegstreiberei zu tun; denn die Frontsoldaten verabscheuten den Krieg. Jordan kritisiert dann die »Entspannungsjournalisten«, die bei jeder Zuspitzung der internationalen Lage Angst verbreiteten und keine politische Spannung ohne Nervosität ertragen könnten. Die Aufgabe des *Stahlhelm* sei es, jenen pazifistischen Theologen, die die Bundeswehr als »Schule für Kriegsverbrecher« bezeichneten, die rechte Antwort zu erteilen. Das Bild des deutschen Soldaten

müsse im Herzen des deutschen Volkes wieder auferstehen. Der *Stahlhelm*-Geist sei die »beste Medizin für das deutsche Volk«; dieser Geist lasse keinen Raum für Illusionen. Das Wirtschaftswunder habe zu einem hemmungslosen Egoismus und zu einem kurzsichtigen Denken geführt. Dagegen müsse das deutsche Volk wieder »zur soldatischen Opferbereitschaft« zurückfinden. Er appelliere eindringlich an alle Parteien, in der Frage »Schutz des Volkes« Einigkeit zu zeigen und sich nicht vom »Geist einer Angstpresse« anstecken zu lassen.

29. August In **Dortmund** und **Oberhausen** demonstrieren rund 30.000 Ruhrbergarbeiter mit schwarzen, schwarz-rot-goldenen und roten Fahnen gegen Zechenstillegungen und Massenentlassungen als Folgen der Kohlenabsatzkrise. In Dortmund erklärt der Vorsitzende der *IG Bergbau*, Heinrich Gutermuth, daß die Kumpel kein Vertrauen mehr zur Politik der Bundesregierung hätten. Wenn man sich in Bonn Sorgen mache, woher die erforderlichen Millionen für eine richtungweisende energiepolitische Entscheidung zu nehmen seien, dann solle man einige Düsenjäger weniger kaufen. Zwischenrufer fordern mehrmals dazu auf, im Ruhrgebiet einen Streik der Bergarbeiter auszurufen.

29. August Auf einer Protestversammlung von Angehörigen des Jahrgangs 1922 im »Nordischen Hof« in **Kassel** referiert Lothar Schirmacher über die Möglichkeiten, von dem im Grundgesetz verankerten Recht auf Wehrdienstverweigerung Gebrauch zu machen. In einer einstimmig angenommenen Entschließung werden Bundestag und Bundesregierung aufgefordert, in einem beschleunigten Verfahren dafür zu sorgen, daß der Kriegsjahrgang endgültig vom Wehrdienst befreit wird.

29. August Angehörige des Jahrgangs 1922 demonstrieren mit einem Autokorso, der zum Kreiswehrersatzamt führt, in **Sigmaringen** an der Donau gegen ihre Erfassung zu Reserveübungen bei der Bundeswehr. Unter den Wagen, die mit einem Trauerflor versehen sind, befinden sich auch Fahrzeuge der Bundeswehr. Die Protestaktion stößt bei der Bevölkerung auf große Aufmerksamkeit.

29. August Ein Jahr vor Ablauf seiner zehnjährigen Zuchthausstrafe wird der 64jährige FDP-Politiker William Borm aus der Haftanstalt **Cottbus** entlassen. Der ehemalige »Industriebeauftragte« der *Liberaldemokratischen Partei Deutschlands* (LDPD) und frühere Schatzmeister des West-Berliner FDP-Landesverbands war am 23. September 1950 zusammen mit seiner Frau und dem FDP-Stadtrat Martin Wende von der Volkspolizei auf der Autobahn am Grenzkontrollpunkt Wartha verhaftet worden. Das Landgericht Greifswald hatte ihn dann 1952 unter Anrechnung seiner 17monatigen Untersuchungshaft wegen angeblicher Kriegs- und Boykotthetze zur Höchststrafe von zehn Jahren verurteilt. Während seiner Haft ist Borm von KGB- und MfS-Agenten mehrmals aufgesucht worden. Nach anfänglicher Weigerung willigt er ein, sich nach seiner Freilassung geheimdienstlich zu betätigen. – Ein Jahr später wird der angesehene Politiker in **West-Berlin** zum Landesvorsitzenden der FDP gewählt. – Und fünf Jahre darauf wird er als einziger Vertreter der West-Berliner FDP Abgeordneter im Bundestag in **Bonn**. Da es ihm gelingt Mitglied im Auswärtigen Ausschuß und im Ausschuß für Gesamtdeutsche Fragen zu werden, verfügt die »Hauptverwaltung Aufklärung« (HVA) des MfS in der Bundeshauptstadt nicht nur über einen weiteren wichtigen Informanten, sondern zugleich auch über einen Einflußagenten in einer wichtigen politischen Funktion.

30. August Eine Ortsgruppe des *Verbands der Kriegsbeschädigten, Kriegshinterbliebenen und Sozialrentner Deutschlands* (VdK) beschließt auf ihrer monatlichen Versammlung in **Walldorf** (Baden) einstimmig, das Präsidium der VdK zu einer Protesterklärung gegen die Wehrerfassung des Jahrgangs 1922 aufzurufen. Am Vorabend des Tages, an dem vor 20 Jahren der Zweite Weltkrieg ausgebrochen ist, heißt es in der Erklärung, protestierten die über 300 Walldorfer VdK-Mitglieder gegen die immer stärker werdenden Rüstungs- und Wehrerfassungsmaßnahmen der Bundesregierung. Während die Kriegsopfer um jede Mark ihrer Rentenerhöhung hart kämpfen müßten, würden vom Bonner Kabinett jedes Jahr mit leichter Hand Milliardenbeträge für die Atombewaffnung zur Verfügung gestellt. Und nun gehe man daran, die schwer betroffenen Kriegsjahrgänge wieder zum Wehrdienst zu erfassen und möglicherweise auch einzuziehen. Ausgerechnet der »Stalingrad-Jahrgang 1922« solle dabei den Anfang machen. Das Präsidium des VdK solle beim Bundesverteidigungsministerium gegen die Erfassung und Einberufung des Jahrgangs 1922 Protest einlegen, von allen Parlamenten, Parteien und Organisationen im Bundesgebiet verlangen, sich dafür einzusetzen, daß die Kriegsjahrgänge vom Wehrdienst endgültig befreit würden, die dadurch freiwerdenden Finanzmittel unverzüglich der Kriegsopferversorgung zuzuführen und diesen Forderungen auf Versammlungen und Kundgebungen Nachdruck verleihen.

30. August Mit einem Schweigemarsch protestieren in **Rottweil** etwa 800 Schwaben gegen die Wehrerfassung des Jahrgangs 22, der schon während des Zweiten Weltkriegs rekrutiert worden ist. Auf den Transparenten stehen Parolen wie »Hände weg vom Jahr

gang 22« und »Wir haben genug geblutet«. Der Protestmarsch endet am Ehrenmal der Kriegsopfer.

30. August Mit einem Marsch durch **London** und einer Abschlußkundgebung auf dem Trafalgar Square protestieren britische Pazifisten gegen Atomwaffentests, die die französische Regierung in der Sahara durchführen will.

30. August Der in **Mussoorie** (Indien) im Exil lebende Dalai Lama fordert die Vereinten Nationen in einem Appell auf, sich umgehend mit der Unterdrückung Tibets durch die chinesischen Kommunisten zu befassen. Seit er sein Land im März habe verlassen müssen, habe sich die Lage der dort lebenden Menschen ständig verschlechtert. Die Leiden des tibetanischen Volkes spotteten jeder Beschreibung. Von den Chinesen seien im Laufe der letzten Jahre etwa 80.000 Tibetaner getötet worden. Etwa 13.000 seiner Landsleute hätten in Indien Exil erhalten. Da auf seinen bisherigen Appell für Frieden und Gerechtigkeit keine Antwort erfolgt sei, bleibe ihm nichts anderes übrig, als sich an die Vereinten Nationen zu wenden und sie zu bitten, einen Schiedsspruch der

29.8.: Demonstrierende Ruhrkumpel ziehen in Oberhausen an den Schachtanlagen vorüber.

29.8.: Schlußkundgebung auf dem Dortmunder Marktplatz.

31.8.: Klaus Fuchs trifft am 23. Juni auf dem Ostberliner Flughafen ein.

31.8.: Im Dresdener Institut für Kernphysik soll Fuchs nun Möglichkeiten zur zivilen Nutzung der Atomenergie erforschen.

friedliebenden Nationen über das Problem herbeizuführen. – Aus UN-Kreisen in **New York** verlautet dazu, daß den Vereinten Nationen in der Tibet-Frage die Hände gebunden seien, weil sie sich nicht in die inneren Probleme eines Staates einmischen dürften. Durch das tibetanisch-chinesische Abkommen von 1951 sei eine Intervention der UN ausgeschlossen.

30. August Das Oberste Gericht der DDR verurteilt in **Ost-Berlin** den an der Ilmenauer Hochschule für Elektrotechnik tätigen Dozenten Franz Brehmer wegen angeblicher Spionage zu einer fünfzehnjährigen Zuchthausstrafe.

31. August Der Atomphysiker Dr. Klaus Fuchs wird in **Rossendorf** bei Dresden zum stellvertretenden Direktor des Zentralinstituts für Kernphysik ernannt. Wie sein Vorgesetzter, Professor Heinz Barwick, erklärt, soll dem ehemaligen Sowjetspion, der nach Verbüßung eines Teils seiner vierzehnjährigen Haftstrafe erst am 23. Juni aus einem britischen Gefängnis entlassen worden ist, die Leitung einer theoretischen Abteilung übertragen werden. Auf die Frage eines Journalisten, ob sich Fuchs damit der kommunistischen Bewegung wieder angeschlossen habe, erklärt der Angesprochene selbst, man solle diesen Komplex solange ruhen lassen, bis er wieder zu arbeiten begonnen habe.

September Rund 350 Angehörige des Jahrgangs 1922 folgen einer Einladung der *Internationale der Kriegsdienstgegner* (IdK) und versammeln sich in **Bremen** zu einer Informationsveranstaltung. Der 2. Bremer IdK-Vorsitzende Gutte meint in seinem Referat, daß die Taktik des Bundesverteidigungsministeriums darauf abziele, »zuerst einem der kriegsgedienten Jahrgänge das Rückgrat zu brechen«, die anderen würden dann mehr oder weniger widerstandslos folgen. Die von der Wehrerfassung Betroffenen dürften sich deshalb nicht auf Protestaktionen beschränken, sondern müßten zur Tat schreiten und einen Antrag auf Kriegsdienstverweigerung stellen. Die Zukunft hänge vom Jahrgang 1922 ab. Außerdem referiert der Bremer Rechtsanwalt Heinrich Hannover über die rechtlichen Möglichkeiten, von der Wehrdienstverweigerung Gebrauch zu machen. Die Teilnehmer beschließen am Ende, einen Schweigemarsch gegen die Erfassung des Jahrgangs 1922 und für die Abschaffung der Wehrpflicht durchzuführen, der am Kreiswehrersatzamt beginnen und am Gefallenenehrenmal enden soll. Nach neuesten Informationen sind der IdK in Bremen mehr als 300 Angehörige des Jahrgangs 1922 beigetreten; jede Woche würden 40 bis 50 neue Anträge auf Kriegsdienstverweigerung verzeichnet.

September Bei einem Schweigemarsch durch **Calw** (Baden-Württemberg) führen 250 Angehörige des Jahrgangs 1922 einen überdimensionierten Sarg mit sich, auf dem in großen Lettern die Anzahl der 22er aufgeführt ist, die im Zweiten Weltkrieg gefallen sind.

September In **Darmstadt** protestieren 75 Angehörige des Jahrgangs 1922 mit einem Schweigemarsch gegen ihre Wehrerfassung.

September Die Bezirksfachabteilung Polizei der Gewerkschaft *Öffentliche Dienste, Transport und Verkehr* (ÖTV) gibt in **Düsseldorf** bekannt, daß die Kriminalpolizei des Landes Nordrhein-Westfalen weitgehend durch ehemalige SS-Mitglieder unterwandert sei. Nahezu alle Schlüsselstellungen befänden sich in der Hand von Beamten, die während des Nationalsozialismus SS-Führungsdienstgrade innehatten. Es handle sich nicht um eine zufällige Häufung solcher Fälle, sondern um eine »bewußte systematische Besetzung der leitenden Funktionen« in der Kriminalpolizei durch ehemals hochrangige SS-Männer. Diese Besetzungspraxis stehe in einem krassen Widerspruch zu der in nahezu allen anderen Bundesländern. Die Gewerkschaftler fordern die nordrhein-westfälische Landesregierung auf, »den unheilvollen Einfluß auf die Personalplanung« zu beseitigen. Bei der Besetzung leitender Stellen sollten keine Beamten Berücksichtigung finden, die früher der SS, dem SD oder der Gestapo angehört hätten. Darüber hinaus solle gewährleistet werden, daß in den Ermittlungskommissariaten für politische Angelegenheiten künftig keine ehemaligen SS-Männer mehr verwendet würden.

September Die Kriminalpolizei in **Hamburg** verhaftet den ehemaligen Arzt im Konzentrationslager Sachsenhausen, Dr. Alois Gabeler. Dem Mediziner, der im Stadtteil Harburg eine Praxis unterhält, werden Verbrechen gegen die Menschlichkeit vorgeworfen.

September Im letzten Heft der seit 1950 erschienenen »Funken« veröffentlicht der jüdische Sozialist Fritz Lamm einen »Nachruf« auf die Zeitschrift, die im Untertitel »Aussprachehefte für internationale sozialistische Politik« heißt. Daß die Zeitschrift ein

INFORMATIONEN

MONATSZEITSCHRIFT FÜR DEUTSCHE WEHRDIENSTVERWEIGERER

3. JAHRGANG · NUMMER 9 · VERLAGSORT KÖLN · PREIS 0,90 DM · SEPTEMBER 1958

1. September 1939: Wenn wir den Krieg gewonnen hätten!

Wenn wir den Krieg gewonnen hätten
Mit Wogenprall und Sturmgebraus,
Dann wäre Deutschland nicht zu retten
und gliche einem Irrenhaus.

Man würde uns nach Noten zähmen
Wie einen wilden Völkerstamm.
Wir sprängen, wenn Sergeanten kämen
● am Trottoir und ständen stramm.

Wenn wir den Krieg gewonnen hätten,
Dann wären wir ein stolzer Staat
Und preßten noch in unsern Betten
Die Hände an die Hosennaht.

Die Frauen müßten Kinder werfen,
Ein Kind im Jahre oder Haft;
Der Staat braucht Kinder als Konserven
Und Blut schmeckt ihm wie Himbeersaft.

Wenn wir den Krieg gewonnen hätten,
Dann wär der Himmel national
Und Pfarrer trügen Epauletten
Und Gott wär deutscher General.

Die Grenze wär ein Schützengraben,
Der Mond wär ein Gefreitenknopf;
Wir würden einen Kaiser haben
Und einen Helm statt einen Kopf.

Wenn wir den Krieg gewonnen hätten,
● ann wäre jeder Mann Soldat,
Ein Volk der Laffen und Lafetten
Und ringsherum wär Stacheldraht.

Man würde auf Befehl geboren,
Weil Menschen nun mal billig sind,
Und weil man mit Kanonenrohren
Allein die Kriege nicht gewinnt.

Da läge die Vernunft in Ketten
Und stünde stündlich vor Gericht
Und Kriege gäb's wie Operetten
– Wenn wir den Krieg gewonnen hätten –
Zum Glück gewannen wir ihn nicht!
Erich Kästner

Bitte keine Aufregung: Das ist kein Heldentoter!

Schon die blanken Stiefel, die messerscharfen Hosenkniffe, die Handschuhe beweisen das. Auf dem Feld der Ehre geht's nicht so pikfein zu. Die jungen Soldaten wissen das allerdings nicht, und die alten wissen es anscheinend nicht mehr. Nein, diesen jungen Mann, den die Kameraden gerade vom Platze schleifen, hat nur ein Sonnenstich getroffen bei einer Ver-

anstaltung, zu der sich rund eintausend erwachsene, arbeitsfähige Männer mehrere Stunden lang auf Kosten des Steuerzahlers in langen schnurgeraden Reihen aufstellen, mit abgehackten Bewegungen längst veraltete Donnerbüchsen aus dem letzten Krieg vor den Körper halten. An dieser langen Kolonne vorbei geht dann ein Minister (lat. Diener), der sich die dort ver-

brachte Zeit ebenfalls vom Steuerzahler honorieren läßt.
Das alles wird von barbarischen Geräuschen begleitet, die von einigen Männern mit Blechinstrumenten hervorgebracht werden.
Von den Beteiligten selbst wird zugegeben, daß diese Veranstaltung keinen praktischen Wert hat. Sie führt zu nichts, außer – wie unser Bild zeigt – manchmal zu einem Sonnenstich.

1.9.: Titelbild der Kriegsdienstverweigererzeitschrift zum vorherigen Jahrestag des Kriegsausbruchs.

1.9.: Graphik aus einem Flugblatt der »Internationale der Kriegsdienstgegner« (IdK).

Jahrzehnt habe erscheinen können, schreibt er bitter, sei im Grunde ein »Anachronismus« gewesen, eine »Existenz gegen die zeitbedingten Umstände«. »Ziel, Zweck, Richtung und Inhalt einer sozialistischen Zeitung,« heißt es resignativ, »widerstreben dem Strome der Zeit...«[204]

September An einer Veranstaltung zu Ehren der Opfer des Faschismus in der Neuköllner Hasenheide in **West-Berlin** nehmen, obwohl der RIAS mehrmals die Falschmeldung verbreitet hat, daß das Gedenktreffen ausfallen werde, mehr als 1.000 Menschen teil. Nachdem der Intendant des Deutschen Theaters in Ost-Berlin, Wolfgang Langhoff, die Totenehrung vorgenommen hat, erinnert die frühere Präsidentin der Deutschen Notenbank, Greta Kuckhoff, die zur kommunistischen Widerstandsorganisation *Rote Kapelle* gehörte, an den antifaschistischen Kampf während der NS-Zeit. »Was wir vordringlich brauchen, dringlicher denn je seit unserer Befrei-

ung,« appelliert sie an die Anwesenden, »das ist die Treue zu unserem verpflichtenden Schwur, gemeinsam und solidarisch zu handeln, keine Zersplitterung der Kräfte zuzulassen,damit die Wurzeln des Faschismus und Militarismus auch in der Bundesrepublik beseitigt werden und damit das Haupthindernis für ein friedliches Deutschland und eine friedliche Welt aus dem Wege geräumt wird.«[205] Außer ihr sprechen noch als Vertreterin des sowjetischen Komitees der Kriegsveteranen, Marina Tscheschtnewa, der ehemalige Kommandeur einer italienischen Partisaneneinheit, Giovanni Guerzoni, der dänische Widerstandskämpfer Axel Hansen und als Vertreter der *Vereinigung der Verfolgten des Naziregimes* (VVN) Josef Portner aus der Bundesrepublik. Abschließend spricht Hans Seigewasser, ehemaliger KZ-Häftling und Präsidiumsmitglied des *Komitees der Antifaschistischen Widerstandskämpfer*, das im Vorjahr zur Einweihung der dortigen Gedenkstätte abgelegte »Gelöbnis von Buchenwald«.

WENN MAN JEDEM TOTEN DES II. WELT-KRIEGES DAS BESCHEIDENE ERDLOCH VON ZWEI METER LÄNGE ZUGESTEHT, DANN WÜRDE SICH DIE STUMME PARADE DER HOLZ-KREUZE FAST ZWEIEINHALB MAL UM DIE ERDE ZIEHEN.

September Der geschäftsführende Präsident des *Weltfriedensrates*, der britische Wissenschaftler John Desmond Bernal, fordert in **Paris** die französische Regierung auf, »ihre wahre Größe« zu beweisen und von den in der Sahara geplanten Atomwaffenversuchen Abstand zu nehmen.

I. September Anläßlich der zwanzigsten Wiederkehr des Kriegsausbruchs startet die *Vereinigung der Verfolgten des Naziregimes* (VVN) zusammen mit anderen Organisationen unter dem Motto »Rüstet zum Frieden, nicht zum Krieg! Widersteht der Wiederkehr des Furchtbaren!« eine Reihe von Gedenk- und Anti-Kriegs-Veranstaltungen. Mit Kundgebungen, Schweigemärschen und Kranzniederlegungen soll der Opfer des nationalsozialistischen Eroberungskrieges gedacht und zugleich vor den Gefahren einer weiteren Aufrüstung gewarnt werden. Nach dem Auftakt in **Kassel** folgen in den Wochen darauf weitere Kundgebungen: am 5. September in **Bremerhaven** und **Kiel**, am 6. September in **Bremen**, am 11. September in **Frankfurt** und **Würzburg**, am 12. September in **Nürnberg**, am 13. September in **Hannover** und **Fürth**, am 16. September in **Augsburg**, am 18. September in **Rosenheim** und am 19. September in **München**.

I. September Das SED-Zentralorgan »Neues Deutschland« meldet, daß auf einer Protestversammlung in **Heilbronn** rund 250 Angehörige des Jahrgangs 1922 die Bildung eines Aktionsausschusses beschlossen hätten, um sich der Wehrerfassung entziehen zu können. Der Ausschuß wolle auch mit anderen Gruppierungen Kontakt aufnehmen, um gemeinsame Aktionen absprechen zu können.

I. September Am 20. Jahrestag des deutschen Überfalls auf Polen legen in **Warschau** west- und ostdeutsche Parlamentarier, die an einer Konferenz der *Interparlamentarischen Union* teilnehmen, in getrennten Gruppen zum Gedenken an die Opfer Kränze nieder. Die Ehrungen erfolgen am Grabmal des Unbekannten Soldaten und am Denkmal für das zerstörte jüdische Ghetto.

2. September In **München** protestieren 2.500 Menschen in einem langgezogenen Demonstrationszug

gegen die Wehrerfassung des Jahrgangs 1922. An dem Marsch nehmen auch viele Frauen, Kinder und jugendliche Rüstungsgegner teil. Auf der Schlußkundgebung am Königsplatz ruft ein Sprecher der *Internationale der Kriegsdienstgegner* (IdK) zu weiteren Protestaktionen gegen die »Erfassungsaktion des Bundesverteidigungsministeriums« auf.

2.9.: Anti-Kriegs-Veranstaltung am Mahnmal auf dem Ohlsdorfer Friedhof in Hamburg.

2. September Unter der Parole »Strauß: Wir bleiben zu Haus!« ziehen in **Hamburg** 4.000 Menschen in einem Protestmarsch gegen die Wehrerfassung des Jahrgangs 1922. Ihre Route führt vom Stadtteil Eimsbüttel über den Schlump, an der Sternschanze vorbei, zum Heiligengeistfeld in St. Pauli. Dort findet ganz in der Nähe des Hochbunkers, dessen mächtige Konturen sich im Fackelschein düster abheben, die Abschlußkundgebung statt. Auf den mitgeführten Transparenten sind weitere Parolen zu lesen wie »Kein Hanseat Atomsoldat!«, »Denkt an das Jahr 1939!«, »Wer immer wird Führer sein, wir fallen nicht darauf rein!« und »Jahrgang 22: ›Nein!‹, Jahrgang 23: ›Nein!‹, Jahrgang 24: ›Nein!‹«. Zu Beginn legen die Teilnehmer eine Gedenkminute für die 55 Millionen Opfer des Zweiten Weltkrieges, die Ermordeten in den Konzentrationslagern und die durch Luftangriffe umgekommenen Zivilisten ein. Als Sprecher der *Internationale der Kriegsdienstgegner* (IdK) greift Helmuth Warnke in seinem Redebeitrag vor allem Professor Pascual Jordan an, der in Oldenburg erklärt hatte, der Geist des *Stahlhelm* sei »die beste Medizin für das deutsche Volk«. Diesem Wissenschaftler, der als CDU-Abgeordneter im Bundestag sitzt, stellt er das Beispiel der 18 Göttin-

2.9.: Schweigemarsch von 22ern in München.

2.9.: Abschlußkund-
gebung auf dem
Hamburger
Heiligengeistfeld.

ger Professoren gegenüber, die das deutsche Volk 1957 so nachdrücklich vor den Gefahren der Atombewaffnung gewarnt hätten. Als Warnke dann im Zusammenhang mit der Erfassung der 22er den Namen Strauß erwähnt, ertönt ein ohrenbetäubendes Pfeifkonzert. »In die Enge getrieben durch die stürmischen Proteste der zur Erfassung aufgerufenen Kriegsjahrgänge«, fährt er fort, »hat Strauß jetzt erklärt, es sei nicht beabsichtigt, den Jahrgang 1922 im Dienst an der Waffe zu verwenden; und auch im Ernstfall sollten die 22er in keinem Fall bei der kämpfenden Truppe, sondern für rückwärtige Dienste eingesetzt werden. Wir Kriegsdienstgegner erklären hier im Namen des deutschen Volkes: Wir wollen weder einen Fronteinsatz noch rückwärtige Dienste – Vom ›Frontdienst‹ hat das deutsche Volk ein für allemal genug!«[206] Warnke erwähnt den Brief Bundeskanzler Adenauers an Chruschtschow, in dem von der durch die Rüstung entstandene Atmosphäre der Spannung die Rede ist, und meint, wenn es ihm damit ernst sei, dann solle er seinen Verteidigungsminister dazu veranlassen, die Erfassung der Jahrgänge 22 bis 24 sofort einzustellen. Dann solle er die Ausrüstung der Bundeswehr mit Atombomben stoppen und schließlich die amerikanischen Atombomber nach Hause schicken. Am Ende wird ein Vorschlag Warnkes, daß sich die von der Einberufung bedrohten Geburtsjahrgänge zusammen mit den »weißen Jahrgängen« an den Senat wenden und ihn auffordern, die Erfassung der 22er zurückzunehmen, von den Teilnehmern einstimmig angenommen.

2. September Auf einer Protestversammlung im Haus der Jugend in **Hannover** informiert der Bundesvorsitzende des *Verbands der Kriegsdienstverweigerer* (VK), Wilhelm Keller, 120 Angehörige des Jahrgangs 1922 ausführlich über deren Möglichkeiten, den Kriegsdienst zu verweigern.

2. September Alle Angehörigen des Jahrgangs 1922, die auf einer Versammlung in **Wallau** (Kreis Biedenkopf) zusammengekommen sind, entschließen sich, einen Antrag auf Kriegsdienstverweigerung zu stellen. Außerdem gründen sie eine Ortsgruppe des *Verbands der Kriegsdienstverweigerer* (VK), die sich dem kürzlich gegründeten Kreisverband anschließen will.

2. September Oberstleutnant Gerd Schmückle, der Pressesprecher des Bundesverteidigungsministeriums lehnt es in **Bonn** ab, an einer Diskussionsveranstaltung der *Internationale der Kriegsdienstgegner* (IdK) über die Wehrerfassung des Jahrgangs 1922 teilzunehmen.

2. September Der Leiter des Rückführungsdienstes für Fremdenlegionäre in Algerien, Si Mustapha, gibt in einem von ihm verfaßten Artikel, der unter dem Titel »Wer desertiert, muß ›Alemani‹ rufen« im Nachrichtenmagazin »Der Spiegel« erscheint, detaillierte Informationen über den Erfolg bisheriger Repatriierungsaktionen. Der dreiunddreißigjährige Kommissar der *Front de Libération Nationale* (FLN), der deutscher Herkunft ist und bereits seit Jahren für die algerische Befreiungsorganisation arbeitet, schreibt: »Seit 1957 haben wir allein über Marokko 2.814 Fremdenlegionäre weitergeleitet. Die meisten davon wie überhaupt die meisten Fremdenlegionäre sind Deutsche, von denen ein großer Teil ursprünglich dem Gebiet der DDR entstammt. Die von uns Repatriierten verteilen sich auf folgende Nationen: 1.952 Deutsche, 443 Spanier, 397 Italiener, 53 Ungarn, 39 Jugoslawen, 34 Belgier, 32 Schweizer, 27 Österreicher, 17 Holländer, 15 Skandinavier, neun Engländer, sieben Luxemburger, fünf Amerikaner, drei Griechen, ein Türke. Über Tunesien und Libyen werden ebenfalls einige hundert Legionäre nach Hause gekommen sein – die Legion operiert ja hauptsächlich in Westalgerien. Mehr als die Hälfte der Repatriierten waren noch minderjährig. Die jüngsten von ihnen, die wir bisher nach Hause geschickt haben, waren der Deutsche Siegfried von Adlerhorst, der im Alter von 15 Jahren Legionär geworden war, und der ungarische Flüchtling Joseph Csendes, der seinen 16. Geburtstag in einer Auffangstelle der Fremdenlegion in Lyon feierte ... Die Mehrzahl der minderjährigen Legionäre ist zwischen 18 und 21 Jahren alt, aber wir stoßen doch immer wieder auf noch jüngere.«[207] Si Mustapha berichtet, daß die Fremdenlegionäre, die zu 70% Deutsche seien, die Hauptlast der Kämpfe auf französischer Seite tragen würden. Ihre Angriffe richteten sich nicht nur gegen die Kämpfer der FLN, sondern immer mehr auch gegen die algerische Bevölkerung. In sogenannten »ratissages« (Säuberungsaktionen) würden auf Befehl französischer Offiziere ganze Dörfer mitsamt ihrer Einwohner von der Fremdenlegion ausgelöscht.

4. September In **Aschaffenburg** gründen Delegierte aus Bayern, Hessen und Baden-Württemberg eine *Zentrale Interessengemeinschaft des Jahrgangs 1922 und der anderen kriegserfahrenen Jahrgänge*. Sie soll künftig die gegen die Wehrerfassung gerichteten Aktivitäten koordinieren.

4. September Der am Landgericht **Heidelberg** sein Referendariat absolvierende Aktivist des rechtsradikalen *Bundes Nationaler Studenten* (BNS), Martin

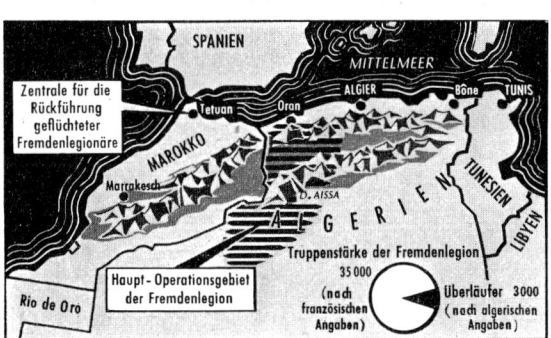

2.9.: Mit einem Paar Knobelbecher wird in Hamburg gegen die erneute Erfassung des Jahrgangs 1922 zum Wehrdienst demonstriert.

Mußgnug, wird von dem für ihn zuständigen Oberstaatsanwalt aus politischen Gründen gezwungen, seine Versetzung zu beantragen. – Der »Fall Mußgnug« bestärkt andere Mitglieder des BNS in der Ansicht, einer politischen Verfolgung durch bundesdeutsche Behörden ausgesetzt zu sein.

5. September Wegen der Krise im Ruhrbergbau demonstrieren in **Bochum**, **Gladbeck** und **Hamm** rund 50.000 Bergarbeiter gegen die Wirtschaftspolitik der Bundesregierung und fordern die sofortige Einstellung der Feierschichten sowie eine Rücknahme der Massenentlassungen. Unter dem Trommelwirbel von Spielmannszügen, mit einer Vielzahl von Transparenten und einem Meer von schwarzen Fahnen ziehen die Kumpel durch die drei besonders unter der Krise leidenden Städte. Als auf der Gladbecker Schlußkundgebung der Vorsitzende der Ruhrknappschaft, Heinrich Wallbruch, Bundeswirtschaftsminister Ludwig Erhards diffamierende Äußerung zitiert, bei den Bergarbeiterprotesten handle es sich um Geschrei, ertönt ein minutenlanges Pfeifkonzert. Immer wieder schallen Rufe wie »Nieder mit Erhard!« und »Alle Mann nach Bonn!« über den Platz. Am Ende wird ebenso wie von den Rednern auf den Kundgebungen in Bochum und Hamm ein »Marsch auf Bonn« angekündigt. Mit Schiffen, Autobussen und mit der Eisenbahn, kündigen Wallbruch und seine Kollegen an, würden sie »zu Hunderttausenden nach Bonn« ziehen.

5. September Auf der »X. Gesamtdeutschen Arbeiterkonferenz« in Haus Auensee in **Leipzig**, an der 1.600 Arbeiterfunktionäre, darunter nach Angaben

2.9.: Si Mustapha organisiert die Rückführung von Fremdenlegionären aus Algerien.

2.9.: »In mir ist Europa längst vereinigt!« lautet der bissige Kommentar der »Stuttgarter Zeitung« zur Fremdenlegion.

2.9.: »Spiegel«-Karte zu den nordafrikanischen Einsatzgebieten von Fremdenlegionären.

der Veranstalter mehr als 1.200 aus der Bundesrepublik teilnehmen, wird die DDR als »wahre Heimat der deutschen Arbeiterklasse« bezeichnet. Das Politbüro-Mitglied Albert Norden attackiert die Bundesrepublik mit den Worten: »Der Tag wird kommen, an dem die westdeutsche Arbeiterklasse, Gerechtigkeit im Herzen und die Peitsche in der Hand, das volks- und friedensfeindliche Gesindel auch aus dem westdeutschen Haus weisen wird.«[208]

5. September Nigerianische Studenten führen vor dem Gebäude der Vereinten Nationen in **New York** eine Mahnwache gegen die von Frankreich in der Sahara geplanten Atomwaffentests durch.

5./6. September Unter dem Vorwand, Vermißtenschicksale aufklären zu wollen, führt die *Hilfsgemeinschaft auf Gegenseitigkeit der Soldaten der ehemaligen Waffen-SS (HIAG)* in **Hameln** eine Großveranstaltung durch. Zu dem »Suchdiensttreffen«, von dem sich das anfangs als Mitveranstalter genannte *Deutsche Rote Kreuz (DRK)* distanziert hat, versammeln sich in einem neben dem Schützenhaus auf-

5./6.9.: Der Ex-SS-General Sepp Dietrich (am Tisch sitzend, Mitte links) steht beim Hamelner HIAG-Treffen im Zentrum des Interesses.

5./6.9.: Kurt Meyer, genannt »Panzer-Meyer«, bei seiner Ansprache.

gebauten Festzelt mehr als 15.000 ehemalige Angehörige der Waffen-SS. Sie kommen nicht nur aus allen Bundesländern, sondern auch aus Belgien, Dänemark, Österreich, den Niederlanden und dem slowenischen Teil Jugoslawiens. Die Deutsche Bundesbahn, wird behauptet, habe den Teilnehmern des Treffens eine Fahrpreisermäßigung gewährt. Der ehemalige Kommandeur der SS-Leibstandarte »Adolf Hitler«, Ex-General Sepp Dietrich, wird in dem Zelt, an dessen Kopfende ein überdimensionales Eisernes Kreuz prangt, mit minutenlangen Ovationen begrüßt. Der niedersächsische Ministerpräsident Hinrich Kopf (SPD) läßt den Versammelten ebenso wie der Bürgermeister von Hameln die besten Grüße ausrichten. Hauptredner ist der HIAG-Bundesvorsitzende Kurt Meyer. Der ehemalige Generalmajor der Waffen-SS, der von einem kanadischen Militärgericht wegen Ermordung von Kriegsgefangenen zum Tode verurteilt worden war und später begnadigt worden ist, beschwört die Erinnerung an einstige Kampfgefährten und erklärt selbstbewußt: »Wir leben, und wir haben zu beweisen, daß ihr Sterben nicht sinnlos gewesen ist. Wie könnte und wie dürfte unser eigenes Dasein sonst vor ihnen bestehen. Wir wollen und werden unseren Platz suchen und ihn uns erwerben ... Wir standen bis zur letzten Stunde des entsetzlichen Krieges als letzte, als verlorener Haufen am Feind in der fast irrsinnigen, wahnwitzigen Hoffnung, doch noch das Schicksal aufzuhalten und abzuwenden, das uns das Ende von Gott und der Welt bedeutete. Und der ferne Sinn dieses Denkens war uns in der Verschmelzung all der Bilder von Heimat, Familie und Zukunft der Begriff Deutschland, und über dieses Deutschland hinaus jenes Europa, das wir aus den überzeugenden Beispielen in unseren eigenen Reihen für so erreichbar und möglich hielten!«[209] Dann wird er deutlicher, was er sich von der Zukunft erwartet: »Sollte eines Tages die Zeit reif sein und uns die große Erlösung vom Übel anzeigen, ein Weiser aufstehen – aus welchem Lande auch immer –, der die Situation zu meistern wüßte, die mit dem Atomproblem und den Erkenntnissen der Astrophysik über uns kam, dann würden wir ohnehin alle glücklich seine Maxime befolgen. Und wir würden die Pflichten einer neuen Wende erfüllen.«[210] Weiter erklärt der äußerst populäre Redner, von dem zumeist nur als »Panzer-Meyer« gesprochen wird, daß sich die HIAG an die Spielregeln der Demokratie halte, weil man nur so eine Chance habe, »zur rechten Gelegenheit unsere rechte Sache wahren« zu können. Am Ende seiner Rede erheben sich alle Teilnehmer von ihren Bänken und singen die erste Strophe des Deutschlandliedes. Die in Hameln stationierten Einheiten der britischen Armee haben an dem Abend

Ausgehverbot. – Die in Frankfurt erscheinende Gewerkschaftszeitung »Metall« kritisiert an der Mammutveranstaltung insbesondere einen Aspekt: »Völlig unverständlich und bedauerlich war vor allem die Tatsache, daß demokratische Parteien offizielle Vertreter zu diesem Treffen entsandt hatten.«[211]

6. September Die *Vereinigung der Verfolgten des Naziregimes* (VVN) führt in **Mülheim** an der Ruhr eine Antikriegskundgebung durch. Das Hauptreferat auf der Veranstaltung, die von Johannes Doetsch eröffnet wird, hält Josef C. Rossaint. Der stellvertretende VVN-Präsident fordert darin eine grundlegende Neuorientierung der bundesdeutschen Politik. Nur so könne ein gangbarer Weg zum Frieden gefunden werden. Die Opfer des Faschismus könnten es nicht zulassen, daß Kriegsverbrecher und Altnazis wieder in Staat und Wirtschaft tätig würden. »Wer die Vergangenheit vergißt«, gibt er abschließend zu bedenken, »muß sie noch einmal erleben. Uns ist eine Mehrzahl von unerledigten Dingen zu erfüllen geblieben. Wer heute nicht seine Augen benutzt, um zu sehen, der wird sie bald benutzen, um zu weinen.«[212] Danach führen die Teilnehmer einen Schweigemarsch zum Mahnmal für die Opfer des Faschismus durch, wo sie zum Gedenken einen Kranz niederlegen.

6. September Auf der Kundgebung zum »Tag der Heimat« in der **West-Berlin**er Waldbühne sprechen vor 25.000 Zuhörern der Regierende Bürgermeister Willy Brandt, der Bundesminister für gesamtdeutsche Fragen, Ernst Lemmer, und der Präsident des *Bundes der Vertriebenen* (BdV), Hans Krüger. Brandt weist den von der Ost-Berliner Presse gegen die unter der Schirmherrschaft des Senats stehende Veranstaltung erhobenen Vorwurf, es handle sich dabei um ein »Revanchistentreffen«, mit der Bemerkung zurück, daß hier Friede und Freiheit gleich groß geschrieben würden.

6./7. September In **Lemberg** bei Pirmasens kommt es an zwei aufeinanderfolgenden Abenden zu Zusammenstößen zwischen US-Soldaten und der deutschen Zivilbevölkerung. Nachdem mehrere GI's in einer Wirtshausschlägerei den kürzeren gezogen haben, starten sie am nächsten Abend, um 30 Uniformierte verstärkt, einen regelrechten Rachefeldzug. Sie riegeln mehrere Straßenzüge ab und schlagen mit Ketten, Eisenstangen und Bierflaschen auf zufällig daherkommende Einwohner der kleinen Ortschaft ein. Daraufhin schließen sich 120 erwachsene Männer aus Lemberg zusammen und gehen zum Gegenangriff über. Bei der nun folgenden Straßenschlacht gibt es Verletzte auf beiden Seiten. Die nach einiger

Zeit eintreffende amerikanische Militärpolizei nimmt zwei prügelnde GI's fest. Der Kommandant der betreffenden Einheit, Oberst Craig, verhängt bis auf weiteres eine Ausgangssperre für die wegen eines Manövers im Kreis Pirmasens stationierten US-Soldaten.

7. September In einer gemeinsamen Erklärung appellieren 57 bundesdeutsche Professoren an die Delegierten des gerade in **Stuttgart** beginnenden DGB-Bundeskongresses, sich gegen die Atombewaffnung der Bundeswehr zu wenden, um »Verhandlungen über eine militärisch entspannte Zone in Mitteleuropa« zu ermöglichen. Zu den Unterzeichnern gehören Hermann Diem (Tübingen), Heinrich Düker (Marburg), Ernst Fraenkel (Frankfurt), Walter Hagemann (Münster), Johannes Harder (Wuppertal), Johannes Hessen (Köln), Hans Iwand (Bonn), Hans Klumb (Mainz), Franz Rauhut (Würzburg), Renate Riemeck (Wuppertal), Karl Saller (München), Heinrich Vogel (Berlin), Leo Weismantel (Jugenheim) und Aloys Wenzl (München).

7.9.: Sarg-Demonstration von 22ern in Düsseldorf.

7. September An einer Protestversammlung gegen ihre Wehrerfassung beteiligen sich im Saal der Schlösser-Bräu in **Düsseldorf** über 500 Angehörige des Jahrgangs 1922. An der Wand des völlig überfüllten Raumes hängt ein Eisernes Kreuz mit der Inschrift »Nie wieder«, daneben ist ein Spruchband aufgespannt, auf dem der Appell zu lesen ist »Ehemalige Landser! Unsere Waffen sind für immer weggeworfen!«. Nach einer Gedenkminute »für die gefallenen Kameraden« erscheinen zwei Männer in Gehrock und Zylinder, die eine Sargattrappe mit der Aufschrift »22er, denkt an Stalingrad« auf die Bühne tragen. Nach rechtlichen Ratschlägen, die der Düsseldorfer IdK-Vorsitzende und SPD-Ratsherr Hans Bender über die Möglichkeiten zur Kriegsdienstverweigerung erteilt, entwickelt sich eine stundenlange Diskussion, in der sich zwei Dutzend Betroffene vor allem ihrer Empörung Luft über die als ungerecht und skandalös empfundene neuerliche Wehrerfassung machen. Als einer der Redner, der als Kulturredakteur der »Neuen Ruhr-Zeitung« angekündigt wird, die »Unfreiheit im Osten« anprangert und dagegen die Vorzüge der »westlichen Freiheit« zu propagieren versucht, bricht ein Sturm der Entrüstung los. Als sich die Unruhe nicht legt, wird er nach einer Abstimmung gezwungen, das Rednerpult vorzeitig zu verlassen. Daraufhin ergreift der SPD-Bundestagsabgeordnete Willy Könen das Wort und erklärt, nachdem er versichert hat, daß auch er gegen Krieg und Wehrerfassung sei, er müsse sich mit Entschiedenheit dagegen verwahren, daß alle, die diese Haltung teilten, gleich als Kommunisten diffamiert würden. Die Initiative zu der Veranstaltung ist, wie der Versammlungsleiter gleich zu Beginn bekanntgegeben hat, von vier 22ern ausgegangen, die »vom Kriegsspiel restlos die Nase voll« gehabt hätten.

7. September Das schleswig-holsteinische Finanzministerium in **Kiel** erkennt dem ehemaligen Staatssekretär im Reichsjustizministerium, Franz Schlegelberger, die Versorgungsrechte nach dem 131er Gesetz ab. Zur Begründung heißt es, Schlegelberger habe sich, als er nach dem Tod von Franz Gürtner vom Januar 1941 bis zum August 1942 geschäftsführender Reichsjustizminister war, zu Maßnahmen bereit gefunden, »die gegen die Grundsätze der Rechtsstaatlichkeit verstoßen« hätten und »in ihren Auswirkungen schwerwiegend für die Betroffenen« gewesen seien. Dem in Flensburg lebenden Pensionär waren seit 1951 monatlich 2.010 DM ausgezahlt worden.

7.-12. September Am 5. Bundeskongreß des *Deutschen Gewerkschaftsbundes* (DGB) in **Stuttgart** nehmen 421 Delegierte, davon 26 Frauen, teil, die mehr als sechs Millionen Mitglieder vertreten. Unter den insgesamt 1.500 Teilnehmern befinden sich allein 250 Ehrengäste, darunter mehrere Mitglieder des Bundeskabinetts wie Bundeswirtschaftsminister Ludwig Erhard (CDU), Bundesarbeitsminister Theodor Blank (CDU), Bundespostminister Richard Stücklen (CSU) und Bundesverteidigungsminister Franz Josef Strauß (CSU). Eine Abordnung des *Freien Deutschen Gewerkschaftsbundes* (FDGB) aus der DDR, die in die auf dem Killesberg gelegene Kongreßhalle einzudringen versucht, wird abgewiesen. Auf die Aufforderung von 60 deutschen Professoren, sich mit aller Kraft für eine nukleare Abrüstung und für Verhandlungen über die Schaffung einer militärisch entspannten Zone in Mitteleuropa einzusetzen, versichert der DGB-Bundesvorsitzende Willi Richter,

7.-12.9.: »DGB-59 mit neuen Antriebsaggregaten.« Karikatur aus dem »Industriekurier«.

daß der DGB die Kampagne »Kampf dem Atomtod« in seinem Bereich weiter fortführen werde. Im Namen der Bundesregierung erklärt Ludwig Erhard: »Die Gewerkschaften stehen heute positiv zum demokratischen Staat, was natürlich nicht bedeutet, daß sie gleich positiv auch zu jeglicher Regierung eingestellt sind, aber das scheint mir nicht entscheidend zu sein. Die Gewerkschaften sind jedenfalls heute aus einer demokratischen freiheitlichen Ordnung nicht mehr wegzudenken, und sie sind Träger einer demokratischen Verantwortung.«[213] Der Bundeswirtschaftsminister warnt den DGB jedoch davor, einen »allzu perfektionistischen Wohlfahrtsstaat« herbeiführen zu wollen. Es gebe auch hier eine Grenze. Wenn alles vom Staat aus geregelt und geordnet und kein Wunsch mehr offen sei, dann werde auch die Gewerkschaftsbewegung an Lebendigkeit einbüßen. In seinem Hauptreferat »Gewerkschaften heute und morgen« weist der DGB-Vorsitzende alle Kontaktversuche des FDGB mit Entschiedenheit zurück. Solange die Gewerkschaften in der DDR keine freie und unabhängige Interessenvertretung der Arbeitnehmer seien, könne es für den DGB auch keinerlei Kontakte zur SED, dem FDGB, der FDJ oder anderen Organisationen geben. Der Generalsekretär des Gewerkschaftsbundes von Tanganjika, E.M. Kawawa, fordert in seiner Rede eine größere Unterstützung der afrikanischen Gewerkschaften in ihrem Kampf gegen Kolonialismus und Ausbeutung. Das Bundesvorstandsmitglied Ludwig Rosenberg fordert in seinem Grundsatzreferat »Wirtschaftspolitik als Aufgabe« die Verwirklichung der Demokratie auch in der Wirtschaft. Er plädiert für eine gerechtere Vermögensverteilung und tritt für eine wirksamere Kontrolle der ökonomischen Machtkonzentration ein. Bei den Wahlen zum Bundesvorstand wird Willi Richter als DGB-Vorsitzender mit 378 Stimmen ebenso bestätigt wie Bernhard Tacke als einer seiner Stellvertreter mit 323 Stimmen. Der schwer erkrankte, bisherige stellvertretende DGB-Vorsitzende Georg Reuter wird durch Ludwig Rosenberg ersetzt, der 402 Stimmen erhält.

8. September Auf einer Protestversammlung im Gasthaus »Zur Rose« in **Weilbach** (Main-Taunus-Kreis) begrüßt der Sprecher der dortigen *Interessengemeinschaft des Jahrgangs 1922*, Franz Flach, den zweiten Bundesvorsitzenden des *Verbands der Kriegsdienstverweigerer* (VK), Hans A. Nikel, als Hauptredner. Nikel informiert ausführlich über die Möglichkeiten, von dem im Grundgesetz verankerten Recht auf Kriegsdienstverweigerung Gebrauch zu machen. Ebenso wie Hans Matjak-Arnim und andere nachfolgende Redner vertritt er die Ansicht, daß es nach den Erfahrungen des letzten Weltkrieges unmöglich sein müsse, erneut Angehörige des Jahrgangs 1922 zu Wehrübungen heranzuziehen. Im Anschluß an die Diskussion werden zur Abschreckung von einem Tonband Reden ehemaliger NS-Führer abgespielt.

8. September Von 135 Teilnehmern einer 22er-Protestversammlung im Saal der AOK in **Offenbach** geben 90 ihre Anträge zur Wehrdienstverweigerung ab. Der Bundesvorsitzende des *Verbands der Kriegsdienstverweigerer* (VK), Wilhelm Keller, erklärt dazu, daß die Anträge »auf dem Tisch des Bundesverteidigungsministers das einzig konkrete und bleibende Argument gegen die Erfassung des Jahrgangs 1922« seien. Im Mittelpunkt der Veranstaltung steht eine »Generalprobe für eine Sitzung des Prüfungsausschusses für Wehrdienstverweigerer«, an deren Beispiel sich die Antragsteller ein Bild machen sollen, welche Schwierigkeiten sie dort zu erwarten haben und mit welchen Argumenten sie sich am besten auf diese Hürden einstellen können.

10. September Die Mehrzahl der in der **Bundesrepublik** beschäftigten 10.000 Taxifahrer stellen von 12 bis 12 Uhr 15 ihren Betrieb ein, um damit ihrer Forderung nach Wiedereinführung der Todesstrafe

Nachdruck zu verleihen. Anlaß ist die Ermordung eines ihrer Kollegen am Vortag in Aschaffenburg. Seit Jahresbeginn ist es der dritte Mord an einem Taxifahrer. Nicht wenige Taxen unterbrechen zur Mittagszeit auch bereits begonnene Fahrten für die vereinbarte Viertelstunde.

10. September In **Düsseldorf** wird der Rechtsanwalt Dr. Gerhard Bohne in seiner Wohnung unter dem Verdacht verhaftet, als Jurist maßgeblich an der Organisierung von Euthanasieaktionen beteiligt gewesen zu sein. Er soll den formaljuristischen Rahmen für die aus der Führerkanzlei dirigierte »Aktion T4« geschaffen haben, in deren Rahmen zwischen dem Oktober 1939 und dem August 1941 Zehntausende psychisch Kranker durch Gas umgebracht worden waren. Bohne wird verdächtigt, den Gesellschaftsvertrag für eine Scheinfirma aufgesetzt zu haben, die unter der Tarnbezeichnung »Gemeinnützige Kranken-Transport-GmbH« die Opfer in die Vergasungsanstalten gefahren hat.

11. September Auf einer Kundgebung der *Vereinigung der Verfolgten des Naziregimes* (VVN), die unter dem Motto »Gegen Krieg – Für Frieden und Verständigung« in **Frankfurt** stattfindet, sprechen das VVN-Präsidiumsmitglied Josef C. Rossaint und als Vertreter der französischen Widerstandskämpfer Julien Jacques. Abgeschlossen wird die Veranstaltung mit Gedichten und Songs von Bert Bouché, die von drei Schauspielern aus dem Ensemble des Karlsruher Theaters »Die Insel« intoniert werden.

7.-12.9.: »Kannst ruhig reinkommen, Conny! Sind noch mehr von uns da! Hier beißt dich keiner!« Karikatur aus der »Neuen Rhein-Zeitung«.

11.9.: Drei Karlsruher Schauspieler singen auf der Frankfurter VVN-Veranstaltung »Schlaf, Michel, schlaf...«

12. September In **Essen** und **Gelsenkirchen** demonstrieren rund 35.000 Bergarbeiter gegen die Kohlepolitik der Bundesregierung. Auf der Gelsenkirchener Kundgebung wirft der *IG-Bergbau*-Vorsitzende Heinrich Gutermuth dem Bundeswirtschaftsministerium vor, über keine Konzeption zur Bewältigung der Krise zu verfügen und den für die Arbeiterschaft entstandenen Problemen nur handlungsunfähig zuzuschauen. Mehrmals kommt es während der

12.9.: Demonstration der Ruhrkumpel in Gelsenkirchen.

12.9.: Rosa Thälmann spricht zur Einweihung der Mahn- und Gedenkstätte Ravensbrück.

Rede Gutermuths, der vielen Bergarbeitern als zu kompromißbereit erscheint, zu Zwischenrufen und Pfeifkonzerten. – Ursprünglich auch für **Moers, Hamborn** und **Bottrop** vorgesehene Protestaktionen sind vom Hauptvorstand der *IG Bergbau* überraschend abgesagt worden.

12. September Auf dem Gelände des ehemaligen, in Mecklenburg gelegenen Konzentrationslagers **Ravensbrück** wird im Beisein von 50.000 DDR-Bürgern und 19 ausländischen Delegationen eine »Nationale Mahn- und Gedenkstätte« eingeweiht, die an die dort von den Nazis umgebrachten 92.700 Opfer erinnern soll. Bei strahlende Sonnenschein wird ein Feuerwerk veranstaltet, bei dem die Fahnen der 23 Nationen, aus denen Frauen in dem KZ inhaftiert waren, in den Himmel geschossen werden. Die internationale Großkundgebung wird eröffnet von Barbara Säfkow, der Tochter des von den Nazis ermordeten Widerstandskämpfers Anton Säfkow. Sie fordert die Väter und Mütter in der ganzen Welt auf, dafür zu sorgen, daß niemals mehr »Kinder von Bomben zerfetzt« und »junge Menschenleben auf den Schlachtfeldern zugrundegerichtet« werden. Danach hält Rosa Thälmann, Frau des ermordeten

KPD-Vorsitzenden und selbst ehemalige Insassin in Ravensbrück, die »Weiherede« für die Mahn- und Gedenkstätte. Das von Professor Willi Lammert geschaffene Mahnmal, das eine auf einem Sockel schreitende Frau zeigt, die in ihren Armen eine halbverhungerte Leidensgenossin zeigt, solle Zeugnis vom heroischen Kampf der Frauen ablegen. Zugleich solle es aber auch an die Opfer des »fluchbeladenen Hitlerregimes« erinnern, die gebracht wurden, um Frieden, Freiheit und Menschenwürde wiederzuerringen. Ausdrücklich dankt sie den Soldaten der Roten Armee dafür, daß sie die Überlebenden aus Konzentrationslagern und Zuchthäusern befreit und sie vor weiterer Verfolgung oder Vernichtung bewahrt haben. Rosa Thälmann protestiert dagegen, daß die ehemalige SS-Lagerärztin Hertha Oberheuser, die Mädchen und Frauen zu Versuchszwecken infiziert und manche von ihnen zu Tode gequält hat, in Schleswig-Holstein wieder praktizieren kann. »Niemals wieder«, appelliert sie am Ende ihrer Rede, »soll die Furie eines Krieges über Europa hinweggehen; niemals wieder dürfen die Völker brutal unterdrückt und versklavt werden! Deshalb muß der deutsche Militarismus gebändigt und mit der

atomaren Bewaffnung der Bundesrepublik Schluß
gemacht werden. Massenvernichtungswaffen in den
Händen von Hitlergeneralen und SS-Offizieren bedeuten höchste Gefahr für alle Völker.«[214] Danach
folgen Ansprachen von Vertreterinnen der 19 ausländischen Delegationen, die ebenfalls in Ravensbrück
inhaftiert waren. Die belgische Königinmutter hat
ein Telegramm mit dem folgenden Wortlaut an die
Veranstalterinnen gerichtet: »Ravensbrück, Buchenwald, Dachau, Auschwitz, Breendonk, die Kreise der
Hölle, wo die furchtbarsten Verbrechen der ganzen
menschlichen Geschichte begangen wurden, müssen
für immer die Höhen des menschlichen Leidens bleiben. Von ganzem Herzen mache ich in Gedanken die
Wallfahrt zu dieser Gedenkstätte, zusammen mit
den aus der Hölle des Lagers wunderbar geretteten
Frauen, und mit ihnen verneige ich mich tief vor dem
Andenken an die Heldinnen und Märtyrer, die in
Ravensbrück gestorben sind.«[215] Am Abend verleiht
der stellvertretende Ministerpräsident der DDR,
Heinrich Rau (SED), mehreren ehemaligen Wider-
standskämpfern die »Medaille für Kämpfer gegen
den Faschismus«. Ausgezeichnet werden die Witwe
des ermordeten tschechoslowakischen Wider-
standskämpfers Julius Fučik, Gusta Fučikowa, der
Niederländer Paul de Groot, der Pole Edward
Kowalcyk, der letzte Dachauer Lagerälteste, Oskar
Müller, sowie die beiden ehemaligen Minister der
Republik Frankreich, Albert Forcinal und Marcel
Paul.

13. September Auf einer Großkundgebung des
Reichsbundes der Kriegs- und Zivilgeschädigten in
der **Dortmund**er Westfalenhalle protestieren über
25.000 Kriegsversehrte gegen die von Bundesar-
beits- und -sozialminister Theodor Blank (CDU) geplante Neuordnung der Kriegsopferversorgung. Als
der 2. Bundesvorsitzende des *Reichsbundes*, Hugo
Rasch, erklärt, daß von allen europäischen Staaten
die Bundesrepublik am schlechtesten für ihre
Kriegsopfer sorge, geht eine Welle von Pfui- und
Buhrufen durch die überfüllte Halle. Auch der Dortmunder Oberbürgermeister Dietrich Keuning
(SPD) schließt sich dem Protest an.

*13.9.: Kriegsver-
sehrtenkundgebung
in Dortmund (oben
und unten).*

*12.9.: Eine ehema-
lige KZ-Insassin
aus Italien bricht
während der
Einweihungsfeier-
lichkeiten in
Ravensbrück
zusammen.*

13.9.: Großkundgebung in Ost-Berlin zum Gedenken an die Opfer des Faschismus.

14.9.: Martin Niemöller bei seiner Wuppertaler Rede.

13. September An einer Gedenkfeier für die Opfer der »Cap Arcona« und der »Thielbek« beteiligen sich in **Grevesmühlen** (Bezirk Rostock) rund 5.000 Menschen. Zu den Klängen des Moorsoldatenliedes werden vor dem Ehrenmal am Tannenberg, wo 406 der insgesamt 7.000 KZ-Häftlinge beerdigt sind, die bei der Bombardierung der beiden Schiffe am 3. Mai 1945 in der Neustädter Bucht umgekommen sind, Kränze niedergelegt. Zu den Teilnehmern zählen auch zwei Überlebende der Katastrophe.

13.-21. September Unter dem Motto »Britain must lead!« veranstaltet die *Campaign for Nuclear Disarmament* (CND) in ganz **Großbritannien** eine »Woche der atomaren Abrüstung«. Mitten im Wahlkampf führen die Atomrüstungsgegner in 70 Städten der Insel Protestversammlungen, Demonstrationen und eine Reihe anderer Aktionen durch. An einer Atommahnwache in Whitehall, dem **London**er Regierungsviertel, beteiligen sich prominente Künstler und Schriftsteller wie z. B. John Osborne. Auf einer Kundgebung in **Edinburgh** sprechen Ritchie Calder und John Boynton Priestley vor mehreren tausend Einwohnern. Den Abschluß und Höhepunkt der Woche, mit der die britische Regierung dazu aufgefordert werden soll, ein Beispiel zu geben und einseitig abzurüsten, bildet eine Großkundgebung auf dem Trafalgar Square in **London**. Als Redner treten hier der 87jährige Präsident der CND, Lord

13. September Auf der alljährlichen Gedenkkundgebung für die Opfer des Faschismus auf dem August-Bebel-Platz in **Ost-Berlin** sprechen vor 100.000 Teilnehmern das Mitglied des SED-Politbüros, Alfred Neumann, und als Vertreter verschiedener europäischer Widerstandsorganisationen der sowjetische Generalleutnant Lukin, der Vizepräsident der *Fédération Internationale des Résistants* (FIR), Albert Forcinal, der Vizepräsident der *Vereinigung der Verfolgten des Naziregimes* (VVN), Josef C. Rossaint, der Engländer Tom Ewans sowie Eslanda Robeson, die Frau des schwarzen amerikanischen Sängers Paul Robeson. »Ich kam hierher in die Deutsche Demokratische Republik,« erklärt die in Washington geborene Mitkämpferin für die Gleichberechtigung, »um Ravensbrück zu sehen. Man muß dieses Lager, das Krematorium, das Museum, die Dokumente mit eigenen Augen gesehen haben, um die ganze ausgeklügelte und verruchte Grausamkeit und Barbarei der Unmenschen zu verstehen, die dieses Lager leiteten. Doch vor allem muß man die wunderbaren Frauen von Ravensbrück sehen, die dieses Furchtbare überlebten. Wenn man mit diesen mutigen Frauen spricht – mit Deutschen, Russinnen, Polinnen, Tschechoslowakinnen, Rumäninnen und anderen –, dann weiß man mit Sicherheit, daß die Nazis und Faschisten überall und alle anderen, die Nazismus und Faschismus unterstützten und mit ihnen sympathisierten, eines barbarischen Verbrechens gegen die Menschlichkeit schuldig sind, daß sie von einer schrecklichen Krankheit befallen sind und wirksam isoliert werden müssen, damit sie kein weiteres Unheil mehr anrichten können.«[216] – Am Abend geben die Regierung der DDR und das Zentralkomitee der SED gemeinsam im Haus der Ministerien in **Ost-Berlin** einen Empfang für die ausländischen Delegationen, die am Tag zuvor der Einweihung des Mahnmals für die Opfer des Konzentrationslagers Ravensbrück beigewohnt haben.

Bertrand Russell, der Kanonikus L. John Collins und der Schriftsteller Victor Gollancz auf. Russell führt in seiner Ansprache aus: »Wir haben zu lange voller Furcht gelebt. Wir sollten die Wissenschaft zum Wohle der Menschheit und nicht zu ihrer Vernichtung benutzen. Wir müssen lernen, an die Menschen zu denken – nicht an diese oder jene Gruppe … Ich möchte nicht meine tägliche Existenz der Möglichkeit verdanken, daß Hunderte von Millionen Menschen, die zu Feinden erklärt werden und die ich hassen soll, getötet werden. Das ist keine anständige Art zu leben.«[217] Nach Abschluß der Kundgebung ziehen die 12.000 Demonstranten durch die Londoner City zur St. Paul's Cathedral.

14. September Auf einer Veranstaltung des *Verbandes der Kriegsdienstverweigerer* (VK) in **Wuppertal** warnt der Präsident der *Evangelischen Kirche von Hessen und Nassau*, Martin Niemöller, vor dem Wiederaufleben eines falschen Heroismus. Vor 1.600 Zuhörern führt er aus, daß die Bereitschaft, für das Vaterland ehrenvoll zu sterben, zum »eisernen Bestand der militärischen Theologie« gehöre. Dies sei immer noch ein Tabu, über das nicht gesprochen werden dürfe. Heute komme es aber darauf an, alle Tabus zu entzaubern, die »wieder Macht über die Gemüter« hätten und mit denen man 1945 nicht fertig geworden sei. Es sei kein Zufall, daß keine der für die Gefallenen des Ersten und Zweiten Weltkrieges in Städten und Gemeinden errichteten Ehrentafeln die Namen von ermordeten Juden aufführen würden, obwohl diese ebenso wie die gefallenen Soldaten für das Vaterland gestorben oder »gestorben worden« seien. Der nordrhein-westfälische Landtagsabgeordnete Johannes Rau (SPD), zugleich Vorsitzender der Wuppertaler *Jungsozialisten*, erklärt für die vielen Angehörigen des Jahrgangs 1922, daß keiner von ihnen bereit sei, die Uniform der Bundeswehr anzuziehen.

14. September Auf Initiative der *Internationale der Kriegsdienstgegner* (IdK) findet im »Hotel Stadt Altona« in **Worpswede** bei Bremen eine Informationsveranstaltung für Angehörige des Jahrgangs 1922 statt. Der Bremer Rechtsanwalt Heinrich Hannover und ein Referent der IdK unterrichten sie darüber, wie sie am einfachsten von ihrem in Art. 4, Abs. 3 des Grundgesetzes verankerten Recht auf Kriegsdienstverweigerung Gebrauch machen können.

15. September In **Hamburg** folgen rund 200 Kommilitonen einem Aufruf der *Arbeitsgemeinschaft Afro-Asiatischer Studenten* und beteiligen sich an einem Schweigemarsch gegen die von der französischen Regierung geplanten Atomwaffenversuche in der Sahara. Nach einer Pressekonferenz in der Mensa, in der Studenten verschiedener afrikanischer und arabischer Staaten eindringlich vor den radioaktiven Folgen dieser Tests für ihre Länder warnen, brechen die Demonstranten, die als Zeichen der Solidarität mit dem algerischen Freiheitskampf die grün-weiße Fahne des nordafrikanischen Landes vorantragen, zu ihrem Umzug auf. Die Forderungen, die auf den von ihnen mitgeführten Transparenten zu lesen sind, lauten: »Selbstbestimmung auch für Algerien«, »Grande Nation auch ohne Atombombe« und »Afrika den Afrikanern!«

15. September Auf einer Pressekonferenz in **Aachen** erklärt der Leiter des Rückführungsdienstes geflüchteter Fremdenlegionäre bei der *Front de Libération Nationale* (FLN), Si Mustapha, daß rund 35.000 der in dieser französischen Legion kämpfenden Männer – das wären etwa 70% – Deutsche seien. Bisher habe er 2.829 Fremdenlegionären zur Rückkehr in ihre Heimat verholfen. Gegenwärtig warteten noch 27 weitere Legionäre auf ihre Repatriierung. Mustapha

15.9.: Studentendemonstration in Hamburg.

13.-21.9.: Der Schriftsteller John Osborne wirbt zusammen mit seiner Frau Mary Ure in London für die Abschlußveranstaltung der CND-Kampagne.

15.-27.9.: Ungarische Emigranten protestieren gegen den USA-Besuch des sowjetischen Partei- und Regierungschefs Chruschtschow.

fordert, der Bundestag solle in einer Grundsatzerklärung die Praxis der Fremdenlegion als unvereinbar mit der deutsch-französischen Freundschaft brandmarken und die Freigabe aller Fremdenlegionäre unter 21 Jahren fordern. Die Tatsache, daß ein derartig hoher Prozentsatz an Legionären Deutsche seien, schade der Bundesrepublik im Nahen Osten ganz außerordentlich.

tische Ministerpräsident, daß seine Regierung die Terminierung für die geplanten Berlin-Verhandlungen zurücknehme. Die zeitliche Begrenzung habe nie den Charakter eines Ultimatums gehabt, und es sei auch keine Drohung damit verbunden gewesen. Auch der amerikanische Präsident lenkt in einem Punkt ein und erklärt sein Einverständnis zu der von sowjetischer Seite schon seit langem geforderten Gipfelkonferenz. – Während die internationale Presse in ihren Kommentaren zu der überraschenden Annäherung zwischen den beiden Großmächten den noch oft beschworenen »Geist von Camp David« zitiert, werden in **Bonn** und **Paris** Befürchtungen laut, daß die Einigungsbestrebungen zwischen der Sowjetunion und den USA vielleicht auf Kosten der Westeuropäer gehen könnten.

16. September In einer von Rundfunk und Fernsehen in **Frankreich** übertragenen Ansprache verkündet der französische Staatspräsident General Charles de Gaulle, den Algeriern spätestens vier Jahre nach Abschluß einer Phase der Pazifizierung das Recht auf Selbstbestimmung zuzuerkennen. Wörtlich sagt de Gaulle: »Dank des Fortschritts der Pazifizierung, des demokratischen und des sozialen Fortschritts kann man jetzt den Tag in Aussicht nehmen, an dem die Männer und Frauen, die in Algerien wohnen, in der Lage sein werden, ein für allemal frei und in Kenntnis, um was es geht, über ihr Schicksal zu entscheiden … Was das Datum der Abstimmung anbelangt, so werde ich ihn im gegebenen Moment bestimmen, spätestens vier Jahre nach einer tatsächlichen Wie-

15.-27.9.: US-Präsident Eisenhower beim Begrüßungszeremoniell für den sowjetischen Gast.

15.-27. September Einen Tag nachdem die sowjetische Raumstation »Luna 2« auf dem Mond gelandet ist, trifft Ministerpräsident Nikita Chruschtschow mit einer Delegation zu einem Besuch der Vereinigten Staaten auf dem Luftwaffenstützpunkt **Andrews** ein. Auf einer zehntägigen Rundreise durch mehrere Bundesstaaten besucht Chruschtschow die Firma IBM, Maisfarmen und Industriebetriebe. Obwohl es bei einem Treffen mit US-Gewerkschaftern, die nach dem Streikrecht in der Sowjetunion und der politischen Freiheit in Ungarn, Polen und der DDR fragen, zu einen erbitterten Rededuell kommt, gewinnt der spontan und vital auftretende Chruschtschow durch die ausführliche Berichterstattung der Massenmedien mehr und mehr Sympathien unter der amerikanischen Bevölkerung. Vom 25.-27. September finden dann die mit gewissen Hoffnungen verbundenen vertraulichen Gespräche zwischen Chruschtschow und US-Präsident Eisenhower in **Camp David** im Bundesstaat Maryland statt. In einem gemeinsamen Kommuniqué, das nach Abschluß des Treffens herausgegeben wird, versichert der sowje-

derherstellung des Friedens, d.h. wenn eine Situation eingetreten ist, bei welcher Überfälle und Attentate nicht mehr als zweihundert Personen das Leben in einem Jahr gekostet haben.«[218]

17. September Zu einem Vortrag von Kirchenpräsident Martin Niemöller über das Thema »Die Spaltung Deutschlands und der Kalte Krieg« erscheinen in **Goslar** mehr als 500 Personen. Veranstalter ist der *Verband der Kriegsdienstverweigerer* (VK), Gruppe Westharz.

18. September In **Bremen** ziehen am Abend 300 Angehörige des Jahrgangs 1922 und 60 Frauen in einem Schweigemarsch vom Kreiswehrersatzamt an der Parkallee zu dem am Altenwall gelegenen Ehrenmal für die Gefallenen der letzten beiden Weltkriege. Dort verpflichten sich die Teilnehmer feierlich, niemals wieder eine Waffe in die Hand zu nehmen. Außerdem wird ein Schreiben der *Internationale der Kriegsdienstgegner* (IdK) verlesen, das an alle im Bundestag vertretenen Parteien gerichtet ist und in dem sie nach ihrer Haltung zur Wehrerfassung des Jahrgangs 1922 befragt werden. Aufgerufen zu dem Protestmarsch hat die Bremer Gruppe der IdK.

18. September Auf einer Protestversammlung in **Sprendlingen** (Südhessen) erklären 24 von 26 anwesenden Angehörigen des Jahrgangs 1922, daß sie einen Antrag auf Kriegsdienstverweigerung stellen würden. Der I. Vorsitzende der deutschen Sektion der *Internationale der Kriegsdienstgegner* (IdK), Rechtsanwalt H. Jösch, kommentiert diesen Schritt mit den Worten, ein großer Teil der wehrdienstpflichtigen Antimilitaristen habe inzwischen erkannt, daß die Einreichung eines solchen Antrags die wirkungsvollste Maßnahme sei, um sich gegen eine Einberufung zur Bundeswehr zur Wehr zu setzen.

18. September Ein Schöffengericht in **Wien** ordnet die Beschlagnahme aller in Österreich im Umlauf befindlichen Exemplare des Buches »Waffen-SS im Einsatz« an. Das von Paul Hausser verfaßte, kriegsverherrlichende Buch ist im Göttinger Plesse-Verlag erschienen.

18. September Die Sowjetunion legt der UNO in **New York** eine »Deklaration über allgemeine und vollständige Abrüstung« vor, die den Weg zu umfassenden Abrüstungsverhandlungen freimachen soll.

19. September Führende Personen, die am 13. Mai 1958 an dem Putschversuch in Algier beteiligt waren und von der Politik Staatspräsident de Gaulles enttäuscht sind, gründen in **Paris** ein *Rassemblement pour l'Algérie Francaise* (RAF, Sammlung für ein französisches Algerien). In einem Appell verwerfen sie die von de Gaulle zuletzt genannten beiden Alternativen einer Sezessions- bzw. einer Autonomielösung als verhängnisvoll. Die Zeit sei reif, den Kampf für ein französisches Algerien bis zum Sieg zu führen. Treibende Kräfte des RAF sind der ehemalige Generalgouverneur in Algerien, Jacques Soustelle, und der ehemalige Ministerpräsident und Außenminister Georges Bidault sowie ihre Mitkämpfer Jean-Baptist Biaggi, Oberst Jean Thomazo, »Ledernase« genannt, und Alain de Lacoste Lareymondie. – Die Regierungspartei *Union pour la Nouvelle République* (UNR, Union für die neue Republik), die eine Spaltung befürchtet, gibt zwei Tage darauf die Unvereinbarkeit einer Mitgliedschaft der eigenen Parteimitglieder in der ultrarechten Sammlungsbewegung bekannt.

20. September In **Weiden** (Oberpfalz) demonstrieren Angehörige des Jahrgangs 1922, wie sie zuvor auf einer Versammlung beschlossen haben, zusammen mit Frauen und Müttern gegen ihre Wehrerfassung.

20. September An der Roonstraße in **Köln** wird mit einem Festakt die neue Synagoge der *Jüdischen Gemeinde* eingeweiht. Die alte war am 9. November 1938 von den Nazis im Zuge der Reichspogromnacht zerstört worden. Der Innenraum des nach Plänen von Architekt Helmut Goldschmidt errichteten Gebäudes ist mit einer Zwischendecke unterteilt worden, um Platz für ein eigenes Kulturzentrum zu schaffen. In seiner Festrede erklärt Bundeskanzler Konrad Adenauer, daß er »von schmerzlicher Erinnerung und Trauer« erfüllt gewesen sei, als er das Haus betreten habe. Der Vorsitzende der *Jüdischen Gemeinde*, Jacob Birnbaum, führt ebenso skeptisch wie mahnend aus, daß die Zukunft der Juden in Köln von den Mitbürgern abhängig sei.

20. September Durch die irakische Hauptstadt **Bagdad** ziehen Tausende von Demonstranten und protestieren mit Porträtbildern gegen die Hinrichtung von 17 Offizieren und Staatsbeamten. Diese waren nach einer fehlgeschlagenen Revolte gegen Ministerpräsident Abdel Karim Kassem zum Tode verurteilt worden. Der Regierungschef, ein General, ist am 14. Juli 1958 selbst durch einen Putsch an die Macht gekommen.

20.-26. September In einem Hotel in **Rheinfelden** bei Basel versammeln sich 20 führende Intellektuelle aus zehn westlichen Staaten zu einer Konferenz über das Thema »Industriegesellschaft und politischer Dialog des Westens«. An dem vom antikommunistischen *Kongreß für kulturelle Freiheit* organisierten Treffen nehmen u. a. der französische Politikwissenschaftler Raymond Aron, die Schweizer Philosophin Jeanne Hersch, der ehemalige US-Botschafter in

15.-27.9.: In Hollywood besucht der sichtlich amüsierte Chruschtschow auch ein Studio der »20th Century Fox«, wo gerade die Dreharbeiten für ein Musical im Gange sind. Die Schauspielerin Shirley MacLaine hat kurz zuvor erklärt, sie würden den Can-Can auch »ohne Höschen« tanzen.

22./23.9.: Ankündigung in der Wochenzeitung »Die Tat«.

22./23.9.: Bundesvertriebenenminister Theodor Oberländer.

Moskau und international angesehene Sowjet-Experte George F. Kennan, der während der McCarthy-Ära unter Beschuß geratene Atomphysiker J. Robert Oppenheimer, der seit 1947 das Institute for Advanced Study in Princeton leitet, der Wirtschaftswissenschaftler Michael Polanyi, der Kritiker Edward C. Shils und die beiden Totalitarismustheoretiker Jacob L. Talmon und Eric Voegelin teil. Sie stimmen darin überein, daß es in absehbarer Zeit eine ökonomische Konvergenz zwischen West und Ost geben werde, aber keine politische. Lediglich Kennan vertritt eine optimistischere Einschätzung, was die Liberalisierungstendenzen innerhalb der Sowjetunion anbetrifft.

21. September Die Kriminalpolizei führt in **Karlsruhe** beim Leiter der *Gemeinschaft deutscher Wissenschaftler zum Schutz der freien Forschung*, Dr. Ottokar Jansen, wegen »Staatsgefährdung« eine Hausdurchsuchung durch und beschlagnahmt dabei Akten und Papiere. – In der von der Vereinigung herausgegebenen Zeitschrift »Freie Forschung« sind wiederholt Artikel über die NS-Vergangenheit von Bundespolitikern und den Einfluß von Vertriebenenfunktionären auf den Geschichtsunterricht in den Schulen erschienen. Am 6. September hat die *Gemeinschaft* in einem an US-Präsident Dwight D. Eisenhower gerichteten Schreiben vor dem Wiederaufkommen revanchistischer Kräfte in der Bundesrepublik gewarnt. – Der Friedensnobelpreisträger Albert Schweitzer kritisiert einige Zeit später in einem Gespräch mit Jansen in **Gunsbach** (Elsaß) die Durchsuchungsaktion als unangemessen. Er heißt Motive und Zielsetzungen der Wissenschaftlervereinigung für gut und fordert ihre Mitglieder auf, in ihrer Arbeit fortzufahren und sich nicht den Mund verbieten zu lassen.

21. September Der österreichische Außenminister Bruno Kreisky greift in einer Rede vor der Vollversammlung der Vereinten Nationen in **New York** die Südtirol-Politik Italiens scharf an. Die deutschsprachige Minderheit in Südtirol, beklagt Kreisky, werde in sozialer ebenso wie in wirtschaftlicher Hinsicht diskriminiert.

21./22. September Das Präsidium des *Weltfriedensrates* appelliert auf einer Tagung in **Prag** an die Großmächte, die Atmosphäre zunehmender Entspannung zu nutzen und eine Gipfelkonferenz zur internationalen Abrüstung durchzuführen. Die Vermeidung von Kriegen sei heute kein Traum mehr, sondern die Pflicht der Regierungen. Anstoß für den Aufruf ist der hoffnungsvoll verlaufene Besuch des sowjetischen Ministerpräsidenten Nikita S. Chruschtschow in den Vereinigten Staaten.

Dieser Mann
ist heute eine „hochgestellte Persönlichkeit"

Wir bringen in der nächsten Ausgabe
Enthüllungen
über seine Vergangenheit

Sofort Mehrbestellungen aufgeben!

22./23. September Bundesvertriebenenminister Theodor Oberländer (CDU) erhält gegen 21 Uhr in **Bonn** von hessischen Parteifreunden einen Anruf, er möge so schnell als möglich in die Bischofsstadt Fulda kommen. Ohne viel Zeit zu verlieren, steigt der Minister in seinen schwarzen Mercedes 220 und läßt sich in die osthessische Stadt fahren. Bereits kurz nach Mitternacht trifft er in **Fulda** ein. Er wird dort von Amtsgerichtsrat Gustav Jaksch, Staatsanwalt Fritz Hose und Mitgliedern der örtlichen CDU-Gruppe, die ihn gewarnt haben, erwartet. Ohne Mühe gelingt es dem Minister, eine Einstweilige Verfügung gegen die Nr. 39 der antifaschistischen Wochenzeitung »Die Tat« zu erwirken. Die am Tag zuvor bei der Fuldaer Verlagsanstalt gedruckten 22.000 Exemplare der Zeitung können beschlagnahmt werden. In der Begründung von Amtsgerichtsrat Jaksch heißt es: »Die genannte Zeitung bringt in einem bereits früher als ›Enthüllungen‹ angekündigten Artikel ›Minister Oberländer unter schwerem Verdacht‹ neben Wiedergaben aus anderen Druckschriften über Tätigkeit und Organisation der ehemaligen Division Brandenburg und dessen Bataillon ›Nachtigall‹ in seinem 5. Absatz eine eigene Darstellung des Verfassers über die Ermordung von insgesamt 1.600 Menschen in Anwesenheit des Bataillons, das unter der politischen Leitung des Antragstellers gestanden habe. Die Verquickung der Wiedergaben aus anderen Druckschriften, insbesondere auch der Äußerung des polnischen Parteichefs Gomulka, der den Antragsteller als den ›unmittelbar Verantwortlichen für die Ermordung polnischer Professoren und Literaten‹ bezeichnet habe, mit den eigenen Darstellungen des Verfassers, muß den Eindruck entstehen lassen, daß auch der Verfasser sich den Vorwurf zu eigen macht, der Antragsteller habe als politischer Leiter der Einheit Ermordungen durchführen lassen und zu verantworten.«[219] Der Minister habe dem Gericht »glaubhaft dargestellt« und »zu beweisen erboten«, daß er zur Zeit der behaupteten Vorgänge Leutnant des Bataillons »Nachtigall« und als solcher nicht Einheitsführer gewesen sei. Gegen den verantwortlichen Redakteur der Wochenzeitung »Die Tat«, Erhard Karpenstein, sei von dem Bundesminister für Vertriebene, Flüchtlinge und Kriegsgeschädigte Strafantrag wegen »übler Nachrede« gestellt worden. Um 3 Uhr morgens wird der Kriminalpolizei die richterliche Verfügung ausgehändigt. Während der Bundesvertriebenenminister sich im Bundesbahn-Hotel der Bischofsstadt offenbar in dem Glauben, in letzter Sekunde eine rufschädigende Publikation verhindert zu haben, zur Ruhe begibt, wird die Auslieferung der Wochenzeitung unterbunden. – Auf der ersten Seite der Wochenzeitung »Die Tat«, die am 26. September hätte erscheinen sollen, heißt es unter der Überschrift »Minister Oberländer unter schwerem Verdacht«: »Diese Ausgabe unserer Zeitung und besonders dieser Artikel wird von einem Mann in der Bundesrepublik mit besonderer Spannung erwartet werden: es ist dies der gleiche Mann, dessen Foto wir vergangene Woche auf der ersten Seite mit dem Bemerken veröffentlichten, daß es sich hierbei um eine ›hochgestellte Persönlichkeit‹ handelt. Wir kündigten Enthüllungen über die Vergangenheit dieses Mannes an – über den Bundesminister Prof. Dr. Dr. Theodor Oberländer. Hier sind sie:«[220] Dann folgt ein faktenreicher Artikel, in dem dargestellt wird, was sich in der Nacht vom 29. auf den 30. Juni 1941 in Lwów (Lemberg) abgespielt haben soll: die Ermordung von über 30 Rechtsanwälten, Ärzten, Ingenieuren, Professoren, Geistlichen und Wissenschaftlern, die Erschießung von mehreren tausend Juden außerhalb der Stadt und die Verbrennung von 1.600 Leichen im Lager Janowska. Militärischer Führer des zur Division Brandenburg gehörenden Bataillons »Nachtigall« sei Oberleutnant Albrecht Herzner gewesen und politischer Führer Professor Oberländer. Gegen ihn sei bei der Staatsanwaltschaft des Landgerichts Frankfurt am Main ein Ermittlungsverfahren anhängig. »Vermuten wir richtig,« wird vorsichtig gefragt, »daß es sich um den Bundesminister und ehemaligen SA-Hauptsturmführer Prof. Dr. Dr. Oberländer handelt? Geht es dabei um die Vorgänge in Lemberg? Wenn ja, ist es dann noch vertretbar, daß dieser Mann auch nur einen Tag länger im Amt bleibt?«[221] Am Ende des Artikels wird angekündigt, »mit weiteren Einzelheiten über die Vergangenheit des Ministers aufwarten« zu wollen. – Am 2. Oktober fordert die »Frankfurter Rundschau« unter der Überschrift »Der Fall Oberländer« den Rücktritt des angegriffenen Ministers: »Es wäre um eine friedliche deutsche Zukunft besser bestellt, wenn er seiner hohen politischen Ämter entsagen würde.«[222] – Die nächste Ausgabe der Wochenzeitung »Die Tat« erscheint am 3. Oktober mit der Überschrift »Wir fordern Oberländers sofortige Suspendierung«. Darin heißt es, man sei überzeugt, daß der Minister seine »Nacht-und-Ne-

bel-Aktion« gegen die Zeitung, gemeint ist seine persönliche Intervention beim Amtsgericht Fulda, bereits bereue. Denn nun bleibe ihm nichts anderes übrig, als »vor aller Öffentlichkeit Rechenschaft über seine Rolle während des Naziregimes ablegen« zu müssen.

23. September An einer Kundgebung der *Internationale der Kriegsdienstgegner* (IdK) gegen die Erfassung des Jahrgangs 1922 in **Braunschweig** nehmen 500 Personen teil. Der Vorsitzende der Braunschweiger IdK-Gruppe, H.G. Friedrich, verwahrt sich gegen alle Versuche, die Protestaktionen als kommunistisch unterwandert zu diffamieren, und ruft die 22er auf, angesichts ihrer schmerzlichen Erfahrungen im letzten Krieg den Dienst mit der Waffe zu verweigern.

23. September Im »Théâtre de la Renaissance« in **Paris** wird das von Jean-Paul Sartre verfaßte Drama »Les Séquestrés d'Altona« (Die Eingeschlossenen von Altona) uraufgeführt. Das Stück spielt im Jahre 1959 in der Parkvilla der Reeder- und Schiffsbauer-Familie von Gerlach, die an der Elbchaussee in Hamburg-Altona liegt. Hauptperson in dem fünf Akte umfassenden Stück ist der von Serge Reggiani gespielte Sohn der Industriellenfamilie, der Ex-Leutnant Franz von Gerlach, der sich seit Kriegsende in seinem Zimmer eingeschlossen hat und sich seiner von der Folterung russischer Gefangener herrührenden Gewissensqualen zu entledigen versucht. Die einzige Person, die Zugang zu ihm hat, ist seine Schwester Leni, mit der er eine inzestuöse Beziehung hat. Franz bewegt sich in dem Glauben, Deutschland liege immer noch in Trümmern. Mit dieser Vorstellung lebt er in der Illusion, die Verbrechen des Naziregimes seien dadurch ebenso gesühnt wie seine Untaten als der »Schinder von Smolensk«. Erst als ihn Johanna, die Frau seines Bruders Werner, mit der Wirklichkeit konfrontiert, einem wiederaufgebauten und erneut gestärkten Deutschland, bricht seine Scheinwelt zusammen. Die Sequestrierung wird sinnlos. Nun ist er zu einer Aussprache mit seinem Vater bereit, um die dieser sich all die Jahre über vergeblich bemüht hat. Der Reeder, der der SS am Rande des Parks, in dem sich die Villa befindet, einst ein Terrain zur Einrichtung eines Konzentrationslagers überlassen hat, fühlt sich für das Schicksal seines Sohnes verantwortlich. Im Dialog zwischen Vater und Sohn geht es zentral um die Frage nach individueller und kollektiver Schuld. Am Ende begeht Franz zusammen mit seinem todkranken Vater, sich die moralische Mitverantwortung an den Nazigreueln eingestehend, Selbstmord: In einem Porsche fahren sie gemeinsam in die Elbe. Das einzige, was übrigbleibt, ist die Stimme Franz von

23.9.: Premiere des
Sartre-Stückes »Die
Eingeschlossenen
von Altona« in
Paris.

Gerlachs. Von einem Tonband ertönt am Ende das Bekenntnis: »Jahrhunderte, hier ist mein Jahrhundert, einsam und ungefüge als Angeklagter. Mein Klient schlitzt sich mit eigenen Händen den Leib auf: was Sie für weiße Lymphe halten, das ist Blut: keine roten Blutkörperchen: der Angeklagte stirbt an Hunger. Aber ich werde Ihnen das Geheimnis dieser vielfachen Durchbohrung nennen: das Jahrhundert wäre gut gewesen, wenn dem Menschen nicht aufgelauert worden wäre von einem grausamen Feind, seit Menschengedenken, von jener fleischfressenden Spezies, die ihm den Untergang geschworen hat, von dem reißenden Tier ohne Fell, vom Menschen. Eins und eins macht eins: das ist unser ganzes Mysterium. Das Tier verbarg sich, wir entdeckten seinen Blick, plötzlich, in den wohlvertrauten Augen unserer Nächsten. Dann schlugen wir zu: Präventive Notwehr. Ich habe sie überrascht, die Bestie, ich habe zugeschlagen, ein Mensch ist hingestürzt, in seinem sterbenden Blick habe ich die Bestie gesehen, noch immer am Leben: mich. Eins und eins macht eins: welch ein Mißverständnis! Woher dieser ranzige und fade Geschmack in meiner Kehle? Vom Menschen? Von der Bestie? Von mir selbst? Das ist dieser Geschmack dieses Jahrhunderts.«[223] – Sartre attackiert nach Ansicht vieler Kommentatoren mit seinem Stück über die moralische Auseinandersetzung mit den NS-Verbrechen zugleich die ebenfalls auf Folter und Mord zurückgreifende Algerien-Politik Frankreichs. In einem Gespräch mit dem Hamburger Nachrichtenmagazin »Der Spiegel« erläutert Sartre seine Motive mit den Worten: »Der Held des Stücks ist letzten Endes der Folterung schuldig. Mir kam es darauf an zu zeigen, daß wir die Praxis der Tortur in

den letzten dreißig Jahren allgemein verbreitet finden – eine Tatsache, die mir von entscheidender Bedeutsamkeit zu sein scheint –, während die Tortur im 19. Jahrhundert trotz allem geächtet war.«[224] Und auf die Frage nach den historischen und politischen Bezugspunkten des Stücks antwortet der Dramatiker: »In Wirklichkeit handelt es sich genaugenommen weder um die nazistische Schuld oder die deutsche Schuld noch um die im Algerienkrieg begangenen Fehler, obschon diese zwei Themen in dem Stück angesprochen werden. Sondern es handelt sich vor allem darum, zu zeigen, wie der Mensch von heute lebt, wie er mit der Situation, in die er gestellt ist, fertig wird. In der Zeit, die wir erlebt haben, in unserem Jahrhundert der Gewalt, des Blutes, ist der erwachsene Mensch von heute ... zwangsläufig Zeuge oder Mithandelnder geworden und hat eine Verantwortung übernehmen müssen...«[225] – Der französische Kultusminister André Malraux, Ex-Kommunist, Widerstandskämpfer und selbst Schriftsteller, versucht von **Rio de Janeiro** aus, wo er gerade auf einer Südamerika-Reise Station macht, mit gezielten Bemerkungen die moralische Integrität Sartres zu diskreditieren. Journalisten gegenüber erklärt er lapidar: »Ich stand vor der Gestapo. Nicht Sartre. Zu dieser Zeit ließ er in Paris seine von der deutschen Zensur genehmigten Stücke spielen.«[226] – Der Autor reagiert in **Paris** in der ihm eigenen Souveränität mit der Feststellung: »Es ist nicht Aufgabe einer Privatperson, sich gegen die Verleumdungen eines Ministers zu verteidigen. Zur Beurteilung der Wahrheitsliebe Malraux' genügt es zu wissen, daß er vergißt, meine damalige Zugehörigkeit zur Nationalen Front (der Widerstandsbewegung) zu erwähnen. Ich habe auch nicht die Absicht, direkt – von Schriftsteller zu Schriftsteller – zu polemisieren.«[227] – Die deutschsprachige Erstaufführung findet am 9. Juni 1960 im Schauspielhaus in **Zürich** statt. – Der Rowohlt Verlag in **Reinbek**, wo die Texte Sartres in deutscher Übersetzung erscheinen, hat »mit Rücksicht auf lokale Hanseaten-Empfindlichkeit« (Der Spiegel) den Titel zunächst mit »Die Eingeschlossenen von Altenburg« übersetzen wollen und sich dann für die ortsunabhängige Überschrift »Die Eingeschlossenen« entschieden. – Als erste deutsche Bühne wagen sich die Kammerspiele in **München** mit Regisseur August Everding und die Städtischen Bühnen in **Essen** mit Regisseur Erwin Piscator an das Stück heran. Auf der Liste der 13 deutschsprachigen Bühnen, die darauf folgen, sucht man ein Hamburger Theater vergeblich.

24. September In **Hamburg** wird der von Wolfgang Staudte gedrehte Film »Rosen für den Staatsanwalt« uraufgeführt. Martin Held spielt darin den Staatsanwalt Schramm, der als Kriegsgerichtsrat kurz vor Kriegsende den von Walter Giller dargestellten Gefreiten Kleinschmidt wegen Diebstahls der Fliegerschokolade »Schokakola« zum Tode verurteilt. Dieser entgeht der Exekution nur, weil der Marsch zur Hinrichtungsstätte durch einen Fliegerangriff unterbrochen wird und er fliehen kann. Nach dem Krieg schlägt sich der Gefreite als fliegender Händler durch, sein Richter macht währenddessen in der bundesdeutschen Justiz Karriere und bringt es bis zum Oberstaatsanwalt. Erst 14 Jahre nach der gescheiterten Hinrichtung treffen sie wieder aufeinander. Als alle Versuche Kleinschmidts, Schramm aus der Stadt zu vertreiben, scheitern, schlägt er eine Fensterscheibe ein und stiehlt zwei Dosen »Schokokola«. Bei der nun folgenden Gerichtsverhandlung unterläuft Oberstaatsanwalt Schramm, der die Anklage vertritt, eine folgenschwere Fehlleistung: er fordert für Kleinschmidt erneut die Todesstrafe. Als der Angeklagte daraufhin in schallendes Gelächter ausbricht, verläßt Schramm fluchtartig das Gerichtsgebäude. Seine Juristenkarriere scheint am Ende zu sein. – Der Filmkritiker Enno Patalas hält der Geschichte zugute, daß sie angesichts der Fälle Zind, Budde usw. weder der Aktualität noch der Glaubwürdigkeit entbehre und in einer großen Anzahl von Details zutreffend sei. Zu ihrem Happy-End aber schreibt er in der Zeitschrift »Filmkritik«: »... statt

den Anwalt in Amt und Würden zu belassen, wie es der Wirklichkeit und der immanenten Logik des Films entspräche, kommt er zu Fall. Das Grauen, das für einen Moment aufscheint, wenn Schramm-Held ›die Todesstrafe‹ fordert, wird weggewischt durch den fröhlichen Trubel, der darauf ausbricht. Wieviel wirkungsvoller wäre es gewesen, wenn Kleinschmidt an sich gehalten und nach der Haftentlassung still die Stadt verlassen hätte, dieweil der Ex-Blutrichter im Amt geblieben wäre!«[228] – Das Drehbuch für den Film hat Georg Hurdalek verfaßt, die Idee zu der Geschichte stammt jedoch von Staudte selber. Der Titel »Rosen für den Staatsanwalt« ist eine Anspielung auf den antisemitischen Studienrat Ludwig Zind, der sich seiner vom Landgericht Offenburg verhängten Gefängnisstrafe durch Flucht entziehen konnte. Im Film hat Schramm einem ebenfalls wegen antisemitischer Äußerungen angeklagten Studienrat namens Zirngiebel durch die Zurückhaltung des Haftbefehls die Flucht ermöglicht. Ein Bote läßt dem Staatsanwalt anschließend Rosen von Frau Zirngiebel überreichen: Als vereinbartes Zeichen für die geglückte Flucht ihres Mannes. – Als »Rosen für den Staatsanwalt« 1960 mit dem Bundesfilmpreis ausgezeichnet wird, bleibt der für die Prämiierung zuständige Bundesinnenminister Gerhard Schröder (CDU) demonstrativ fern und läßt sich durch einen Staatssekretär vertreten.

24.-26. September An mehreren Abenden hintereinander kommt es in der **Bonn**er Innenstadt zu schweren Zusammenstößen zwischen Jugendlichen und der Polizei. Die heftigsten Auseinandersetzungen spielen sich am Samstagabend ab, nur wenige Stunden nachdem eine Massendemonstration von Bergarbeitern aus dem Ruhrgebiet friedlich zu Ende gegangen ist. Nachdem die Jugendlichen, die sich am Feierabend gern mit ihren Mopeds in der Sternstraße versammeln, bereits an den beiden Abenden zuvor von der Polizei vertrieben und einige von ihnen dabei verletzt worden sind, gehen sie nun davon aus, daß die Polizei durch die Absicherung der Bergarbeiterdemonstration überlastet ist und keine Zeit mehr dafür hat, sich mit ihnen, den sogenannten Halbstarken, zu befassen. Um 19.30 Uhr versammeln sie sich zu mehreren hundert vor einem Kino in der Sternstraße. Johlend ziehen sie davon, besetzen Fahrbahnen und legen sich mit den Passanten an. Als nach einer Weile ein Funkstreifenwagen, der offenbar von Anwohnern alarmiert worden ist, erscheint, versuchen die jungen Leute, die zunächst mit Pfiffen und Pfuirufen reagieren, ihn umzukippen. Als zwei Beamte aussteigen und ihren Gummiknüppel ziehen, ernten sie von der Menge nur großes Gelächter. Als ihnen mehrere Kriminalbeamte in Zivil, die in

24.9.: Programmheft für den preisgekrönten Staudte-Film mit den beiden Hauptdarstellern Martin Held (rechts) und Walter Giller.

24.-26.9.: »Bei der Bonner Polizei: ›Also Leute, Kollege Wachtmeister Müller III markiert Photoreporter, hat dreißig Meter Vorgabe, auf Pfiff alle Mann hinter ihm her – und dann nischt wie druff!‹«. Karikatur aus dem »Simplicissimus«.

24.-26.9.: Die Bonner Polizei geht mit Gummiknüppeln gegen Halbstarke vor.

der Nähe gewartet haben, zu Hilfe eilen, ziehen sich die Jugendlichen vorübergehend etwas zurück. Zu einem Zusammenstoß kommt es, als einer der Beamten glaubt, in der Menge einen aus dem Gefängnis ausgebrochenen Mann erkannt zu haben, und ihn festnehmen will. Sofort wird der Polizist umringt und mit Fausthieben traktiert. Daraufhin fordern die anderen Uniformierten über Funk Verstärkung an. Mit gezogenen Gummiknüppeln beginnt die Polizei nun, nachdem sie per Lautsprecher die Passanten aufgefordert hat, sich zu entfernen, Straßen und Plätze systematisch zu räumen. In den nächsten Stunden entwickelt sich im Zentrum der Bundeshauptstadt ein Katz-und-Maus-Spiel. Die Situation bleibt lange Zeit völlig unübersichtlich, weil sich Hunderte von Schaulustigen das unge-

wohnte Treiben nicht entgehen lassen wollen. So werden bei den Gummiknüppeleinsätzen auch viele Unbeteiligte getroffen. Zur Überraschung der Polizei setzen sich auch zahlreiche junge Mädchen zur Wehr. Es dauert mehrere Stunden, bis sie die Situation wieder unter Kontrolle hat. Erst nach Mitternacht kehrt im Zentrum wieder Ruhe ein. Über 100 Jugendliche sind im Laufe des Abends in Gewahrsam genommen worden. Bis auf einen der Festgenommenen, der am Sonntag dem Haftrichter vorgeführt wird, werden alle anderen nach der Vernehmung und der Feststellung ihrer Personalien wieder auf freien Fuß gesetzt. Sie müssen mit Strafverfahren wegen Widerstands gegen die Staatsgewalt, Körperverletzung, Sachbeschädigung und Aufruhr rechnen. Beschlagnahmt worden sind mehrere Mopeds und Motorroller.

25./26. September Der 60jährige ceylonesische Ministerpräsident Solomon Bandaranaike wird bei einem Attentat in **Colombo** durch Revolverschüsse so schwer verletzt, daß er einen Tag später stirbt. Die Attentäter, zwei buddhistische Mönche, werden unmittelbar nach dem Anschlag verhaftet. Der britische Gouverneur proklamiert anschließend den Ausnahmezustand für ganz **Ceylon** und beauftragt den bisherigen Erziehungsminister Wejeyananda Dahanayake mit der Regierungsbildung. – Solomon Bandaranaike entstammte einer reichen aristokratischen Familie und gehörte zu den 10% Christen der 8,5 Millionen Ceylonesen. Er studierte zur selben Zeit wie der spätere britische Premierminister Anthony Eden in Oxford Jura und begann nach seiner Rückkehr eine Karriere als Anwalt. 1926 wurde er in den Stadtrat von Colombo und 1931 in den ceylonesischen Staatsrat gewählt. Als er 1948 das Gesundheitsministerium übernahm, wurde er kurz darauf Vizepräsident der Weltgesundheitsorganisation WHO. Nachdem er mehrere Ministerämter innehatte und bis 1951 Parlamentspräsident war, gründete er im Jahr darauf die *Sri Lanka Freedom Party* (SLFP). Nachdem diese 1956 im Bündnis mit der *United National Party* (UNP) die Parlamentswahlen gewonnen hatte, übernahm er das Amt des Ministerpräsidenten. Bandaranaike, der zusammen mit Nehru zu den Initiatoren der Bandung-Konferenz gehörte, setzte sich außenpolitisch für einen Neutralitätskurs ein. Wirtschaftspolitisch strebte er eine schrittweise Sozialisierung an. – Über die Motive der Attentäter herrscht Rätselraten. Die als unabhängig geltende »Times of Ceylon« vertritt die Ansicht, daß der Mord aus persönlichen Gründen erfolgt sei und politische Motive so gut wie auszuschließen seien. Dagegen spricht jedoch die Tatsache, daß der Inselstaat, der 1948 als erste britische Kronkolonie den

Dominionstatus erhalten hatte und Mitglied des Commonwealth geworden worden war, von starken sozialen Spannungen geprägt ist. Die gesellschaftliche Situation in Ceylon ist im wesentlichen von zwei Gegensätzen gekennzeichnet: Durch den Konflikt zwischen den buddhistischen Singhalesen auf der einen und den hinduistischen Tamilen auf der anderen Seite sowie der ökonomisch wie kulturell ausgeprägten Diskrepanz zwischen einem englisch sprechenden Bürgertum und der Landbevölkerung. Die Minderheit der rund 2 Millionen Angehörige zählenden Tamilen war während der Kolonialzeit von den Briten aus Indien geholt worden, um billige Plantagenarbeiter zur Hand zu haben. Verschärft haben sich die sozialen und ethnisch-religiösen, durch das Kolonialerbe zusätzlich aufgeladenen Konflikte noch durch die Tatsache, daß Singhalesisch zur einzigen offiziellen Landessprache erklärt worden ist. Durch diese Entscheidung der Regierung Bandaranaike ist es zu einer Reihe blutiger Zusammenstöße zwischen Singhalesen und Tamilen gekommen. – An der Beisetzung Bandaranaikes am 1. Oktober in einem Mausoleum im Familienstammsitz **Horagolla** nehmen 3.000 buddhistische Mönche und alle ceylonesischen Parlamentarier teil. Mit insgesamt 100.000 Menschen ist es die größte Trauerzeremonie, die jemals in Ceylon stattgefunden hat.

26. September In einem von der *IG Bergbau* generalstabsmäßig organisierten Schweigemarsch ziehen 60.000 Bergarbeiter mit Hunderten von schwarzen Fahnen und Transparenten, auf denen gegen die Energiepolitik der Bundesregierung protestiert wird, durch die fast menschenleeren Straßen der Bundeshauptstadt **Bonn**. Der Demonstrationszug, an dessen Spitze der DGB-Vorsitzende Willi Richter und der *IG-Bergbau*-Vorsitzende Heinrich Gutermuth marschieren, beginnt morgens um neun Uhr und dauert bis in die späten Nachmittagsstunden. Die Teilnehmer sind mit 750 Omnibussen, 30 Sonderzügen und elf gecharterten Rheinschiffen in zuvor genau berechneten Zeitabständen in die Bundeshauptstadt gebracht worden. Die Köln-Düsseldorfer Dampfschiffahrtsgesellschaft hat ihren Sommerfahrplan, der normalerweise am 20. September ausgelaufen wäre, wegen der Großdemonstration extra um eine Woche verlängert. Damit die Busse ungehindert eintreffen, hat die Polizei die Autobahn Köln-Bonn zwischenzeitlich gesperrt. Dabei werden sechs Omnibusse abgefangen, die kommunistische Störtrupps mit einer großen Menge an Propagandamaterial transportiert haben sollen. Insgesamt sind 3.000 Beamte im Einsatz; zur Verstärkung der Bonner Kräfte sind noch 1.600 Polizisten aus ganz Nordrhein-Westfalen herbeibeordert worden. Der

»Marsch auf Bonn«, wie die Protestaktion in der *IG Bergbau* genannt wird, ist von dem Gewerkschaftsfunktionär Horst Alexander bis ins Detail hinein geplant und minutiös vorbereitet worden. Auf einem Handzettel, der jedem Teilnehmer ausgehändigt wurde, heißt es unter Ziffer 6: »Am Antrete- und Versorgungsplatz sind fahrbare Toiletten aufgestellt. Wenn es irgend möglich ist, bitten wir, nur im äußersten Falle die Anlagen am Antreteplatz zu benutzen, weil nach der Ankunft mit dem Pendelbus sofort der Marsch beginnt, während nach Beendigung des Marsches eine Pause eingelegt wird. Nutze darum die Toiletten auf der Hinfahrt im Zuge.«[229] In 13 Marschsäulen ziehen die Bergarbeiter, die Buttons mit der Auschrift »Soziale Sicherheit statt Chaos – Marsch nach Bonn« am Revers tragen, von einem Sammelplatz im Norden aus schweigend, unter dem Klang dumpfer Trommelwirbel zur Stadtmitte. Im Plan heißt es dazu: »Abmarsch der ersten Säule 9.30 Uhr, Abmarsch der letzten Säule 13.37 Uhr. Länge jeder Kolonne: 1,2 Kilometer. Länge der Marschstrecke: 4,5 Kilometer. Dauer des Marsches: fünfeinhalb Stunden.«[230] Der Verkehr im Zentrum und der Durchgangsverkehr auf der linken Rheinuferstraße ist dadurch von morgens bis abends lahmgelegt. Die vor allem aus dem Ruhrgebiet stammenden Arbeiter wenden sich gegen die Absatzkrise im Kohlebergbau und fordern umfassende Hilfsmaßnahmen zur Uberwindung der bereits einsetzenden und noch stärker drohenden Arbeitslosigkeit. Auf den Transparenten sind Forderungen zu lesen wie »Sicherheit statt Chaos«, »Wir erwarten politische Entscheidungen« und »Kein Zwangskartell, sondern Gemeineigentum«. Rund 1.500 als besonders vertrauenswürdig geltende Gewerkschaftler, die an einer gelben Armbinde zu erkennen sind, sollen darauf achten, daß keine politisch mißliebigen Demonstranten rote Fahnen mitführen oder Parolen verbreiten, die als kommunistisch gelten könnten. Außerdem sind 400 Ordner mit einer weißen Armbinde im Einsatz, die die Demonstration in ihrer Gesamtheit überwachen und einen pünktlichen Ablauf garantieren sollen. Wegen der Bannmeile um Bundeshaus, Bundespräsidial- und Bundeskanzleramt können die Demonstranten nicht durch das im Süden gelegene Regierungsviertel ziehen. Zu einem Zwischenfall kommt es, als die Polizei gegen eine Gruppe von mitdemonstrierenden Bergarbeiterfrauen vorgeht. Das Transparent, das die Frauen mit sich führen, wird ihnen von den Beamten entrissen. Es trägt die Aufschrift: »Statt Atomraketen – mehr Moneten«. Außerdem werden drei Junggewerkschaftler festgenommen, die Flugblätter der *Internationalen Gesellschaft für sozialistische Studien* verteilen. In den Texten werden die Aufrüstung und das

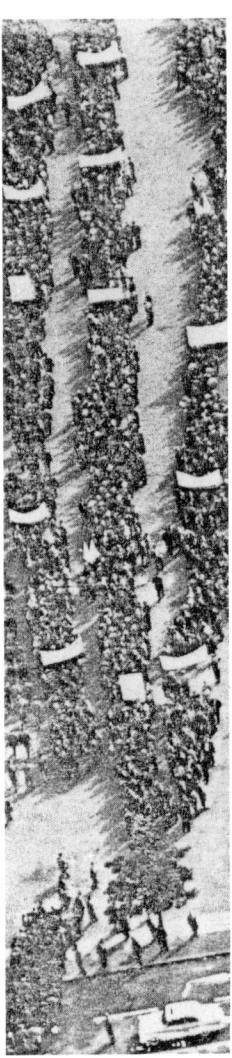

26.9.: Generalstabsmäßige Aufstellung der Marschblöcke zur Bonner Bergarbeiterdemonstration.

kapitalistische System im allgemeinen als Hauptursachen für die Krise im Bergbau genannt. Am Jahn-Sportplatz lösen sich die Marschblöcke auf. Alle Bergarbeiter erhalten dort Verpflegung, damit sie die Rückreise gestärkt antreten können. Für einen Bon erhalten sie »ein Getränk«, für einen zweiten »ein Paket Kaltverpflegung«. Um diese Massenabfertigung durchführen zu können, hat Cheforganisator Alexander dafür gesorgt, daß mit 16 Lastkraftwagen der Konsumgenossenschaften 25.000 Pfund Fleischwurst und 100.000 Mettwürste rechtzeitig angeliefert worden sind. Danach werden die Teilnehmer

unverzüglich wieder ins Ruhrgebiet zurücktransportiert. Da die *IG Berbau* für jeden Teilnehmer 20 DM hat aufwenden müssen, belaufen sich ihre Gesamtkosten für die Demonstration auf über eine Million Mark – Die Demonstration der Ruhrkumpel ist die größte, die die Bundeshauptstadt bislang gesehen hat. Mehrere Polizeioffiziere erklären übereinstimmend, daß sich die Bergleute so diszipliniert verhalten hätten, daß ihr Umzug eher an den Ausflug einer Schulklasse als an eine Demonstration erinnert habe. Das Nachrichtenmagazin »Der Spiegel« kommentiert die denkwürdige Protestaktion der *IG Bergbau*

26.9.: Zielscheibe der in der Bundeshauptstadt demonstrierenden Ruhrkumpel ist vor allem Bundeskanzler Adenauer.

später mit den Worten: »Vier Tage vor dem Marsch auf Bonn hatte Bergarbeiterboß Heinrich Gutermuth dem Bundeswirtschaftsminister Ludwig Erhard seine Aufwartung gemacht. Der Gewerkschaftler ließ den Minister wissen, daß er mit dem vom Kabinett beschlossenen Hilfsprogramm einigermaßen zufrieden sei. Das einmal angekurbelte Schaustück in der Bundeshauptstadt wurde jedoch nicht mehr abgeblasen.«[231]

26. September In der Stadthalle von **Bingen** am Rhein versammeln sich 150 ehemalige Wehrmachtsangehörige zum 4. Bundestreffen der *Kameradschaft Legion Condor*. Die Legion Condor, eine von Hitler im Spanischen Bürgerkrieg eingesetzte Elitetruppe, ist für die Bombardierung Guernicas und andere Verbrechen an der Zivilbevölkerung verantwortlich. Höhepunkt des Treffens ist die Begrüßung einer Delegation ehemaliger Mitglieder der Blauen Division, eines von Franco im Gegenzug aufgestellten Freiwilligenverbandes, der zwischen 1941 und 1943 auf deutscher Seite an der Ostfront eingesetzt worden war. Mit den ihnen von Franco und Hitler verliehenen Orden und Ehrenzeichen verfolgen die immer noch Kampfbegeisterten beider Verbände gebannt die Vorführung eines Films über die im Sommer dieses Jahres in Madrid durchgeführten Siegesfeierlichkeiten der spanischen Falangisten. Zum Abschluß des Treffens erklingt das schon während der Niederwerfung der Spanischen Republik gesungene Lied »Vorwärts Legionäre...!«. – Trotz des Protestes der rheinhessischen SPD haben sich weder der rheinland-pfälzische Innenminister August Wolters (CDU) noch die Stadtverwaltung von Bingen dazu durchringen können, das Militaristentreffen zu verbieten.

26. September Der rechtsradikale Schriftsteller Hans Grimm, der mit seinem 1926 erschienenen Roman »Volk ohne Raum« einer der wichtigsten Stichwortgeber für den Nationalsozialismus war, stirbt im Alter von 84 Jahren auf seinem Klostergut in **Lippoldsberg** an der Weser. – An der Beerdigung Grimms, der in der Nachkriegszeit vor allem durch seine alljährlich veranstalteten »Lippoldsberger Dichtertage« von sich reden gemacht hat, nehmen 700 Personen teil, darunter die rechtsgerichteten Schriftsteller Hermann Claudius, Moritz Jahn und Will Vesper. Sein Sarg ist mit der schwarz-weiß-roten Fahne bedeckt. Einige der Kränze, deren Bänder in denselben Farben gehalten sind, stammen vom niedersächsischen Landesverband der *Deutschen Reichspartei* (DRP), für die Grimm bei den Bundestagswahlen 1953 als Spitzenkandidat angetreten war. Die DRP war jedoch mit 1,1 Prozent der Stimmen klar an der Fünf-Prozent-Hürde gescheitert.

26./27. September Angeregt durch einen Bericht der Illustrierten »Stern« über den britischen Ostermarsch führt die hessische Landesleitung der *Naturfreundejugend* einen 15 Kilometer langen Friedensmarsch von **Steinheim** nach **Offenbach** durch. Auf den Transparenten der mehreren hundert jungen Leute, die auf ihrem Weg in **Mülheim** eine Zwischenkundgebung abhalten, sind Parolen zu lesen wie »Atomwaffen zerstören unsere Zukunft«, »Wer schweigt, macht sich mitschuldig« und »Kein Zweck heiligt Atomwaffen«. Auf der Abschlußkundgebung in der Robert-Koch-Schule in **Offenbach** spricht der Main-

zer Physikprofessor und sozialdemokratische Bundestagsabgeordnete, Karl Bechert, über das Thema »Atomare Aufrüstung, eine Gefahr für die Menschheit«. Die Folgen der Atomwaffentests, erklärt der Wissenschaftler, würden sich auf insgesamt 30 Generationen auswirken. Wer könne es schon verantworten, wendet er sich fragend an seine Zuhörer, daß Menschen der fünften, zehnten oder 30. Generation als mißgebildete Krüppel dahinsiechten? Es sei eine Lüge, wenn nun behauptet werde, daß Atomwaffenversuche in der Sahara eine nur geringfügige Steigerung der Radioaktivität auslösen würden. Der Grad der durch solche Tests angerichteten Lebensmittelverseuchung habe bereits jetzt jedes vertretbare Maß überschritten. Bechert appelliert, die Deutschen sollten offen Front gegen die Atompolitiker machen. Bereits vor der Ankunft der Demonstranten ist auf dem Wilhelmsplatz eine Atommahnwache aufgestellt worden. – Am Tag darauf wird den Mitgliedern der *Naturfreundejugend* und anderen Interessierten der Film »Die Kinder von Hiroshima« gezeigt. Als der Landesjugendleiter der hessischen *Naturfreundejugend*, Klaus Vack, am Abend 200

26./27.9.: Friedensmarsch junger Atomwaffengegner in Südhessen.

26.9.: Der völkisch-nationalistische Schriftsteller Hans Grimm.

Drucksachen mit Pressemappen vom **Offenbach**er Hauptpostamt verschicken will, wird die Beförderung der bereits angenommenen Sendung, wie er erst am darauffolgenden Tag erfährt, verweigert, weil die Briefe auf der Vorderseite mit Parolen gegen die Atomrüstung versehen sind. Über dem Absender ist der Aufdruck »Atomwaffen Nein« aufgeklebt und ein Stempel mit der Inschrift »Kampf dem Atomtod – Treffen der hessischen Naturfreundejugend« angebracht.

27. September In **Koblenz** protestieren mehrere tausend Kriegsversehrte gegen den Gesetzentwurf der Bundesregierung zur Neuregelung der Kriegsopferversorgung. Auf der vom *Reichsbund der Kriegs- und Zivilgeschädigten* einberufenen Kundgebung sprechen Klaus Endres, Martin Mann und Hertha Schlüter. Sie stellen fest, daß das Gesetzesvorhaben völlig unzulänglich ist. Angesichts des Wirtschaftswunders in Deutschland gebe es keine finanziellen Argumente, eine grundlegende Reform der Kriegsofperversorgung auszusparen. Nun sei es Aufgabe der Bundestagsabgeordneten, zu entscheiden, ob die Kriegsopfer endlich ihr Recht erhielten.

27. September In der Fasanenstraße in **West-Berlin** wird an der Stelle, an der die Nazis am 9. November 1938 die Synagoge niederbrannten, das neue, nach

26./27.9.: Die Friedensmarschierer bei ihrer Ankunft in Offenbach.

Plänen der beiden Architekten Dieter Knoblauch und Hans Heise aufgebaute Gemeindehaus der *Jüdischen Gemeinde* eröffnet. In seiner Festansprache erinnert Heinz Galinski, der Vorsitzende der *Jüdischen Gemeinde*, daran, daß von den 160.000 bei der Machtergreifung der Nazis in Berlin lebenden Juden nur rund 7.000 überlebt hätten. Alle anständig Gesinnten seien aufgerufen, die Kulturschande des Antisemitismus zu bekämpfen, der für immer verschwinden müsse. Die Entgleisungen, von denen immer wieder aufs neue zu hören sei, wären kein Ausdruck einer jüdischen, sondern der einer »deutschen Tragödie«. Der Regierende Bürgermeister Willy Brandt, der von einer gewissen Scheu spricht, an dieser Stelle das Wort zu ergreifen, gibt der Hoffnung Ausdruck, daß das Gemeindehaus eine Stätte des Bekenntnisses zur Eigenschaft der Toleranz werde. Bevor das Haus geweiht wird, bezeichnet der Londoner Rabbiner Georg Salzberger den Tag als einen Akt der Versöhnung. Die Vergebung sei ein Gebot der jüdischen Religion. Er hoffe, daß das Haus eine Stätte der Begegnung zwischen Menschen guten Willens werde, welcher Religion sie auch immer angehörten.

28. September Der Ministerpräsident der provisorischen algerischen Exilregierung, Ferhat Abbas, gibt in **Tunis** eine Erklärung zu dem vom französischen Staatspräsidenten de Gaulle am 16. September in einer Ansprache proklamierten Recht des algerischen Volkes auf Selbstbestimmung ab. »Das Recht, frei über sein Schicksal zu bestimmen,« heißt es darin, »ist damit endlich dem algerischen Volk zugestanden worden. Diese Entwicklung war nur möglich, weil das algerische Volk seit fünf Jahren in einem der blutigsten Kriege kolonialer Wiedereroberung siegreich Widerstand leistete. Sie war nur möglich, weil die nationale Befreiungsfront und die nationale Befreiumgsarmee fortsetzen und fortsetzen werden, wenn es nötig sein wird. Sie war schließlich nur möglich, dank der Unterstützung aller verbrüderten und befreundeten Völker und dank der Unterstützung durch die internationale öffentliche Meinung. Das Recht der Volker auf Selbstbestimmung, das in der Proklamation der nationalen Befreiungsfront niedergelegt ist, war immer ein grundsätzliches Ziel der algerischen Revolution. Es stellt ein demokratisches und friedliches Mittel für das algerische Volk dar, um zur nationalen Unabhängigkeit zu gelangen.«[232] Die provisorische Regierung der algerischen Republik sei bereit, Gespräche mit der französischen Regierung zu führen, um über die politischen und militärischen Bedingungen eines Waffenstillstandes zu verhandeln.

Oktober Die gescheiterte Wiederwahl des bisherigen Bürgermeisters Dr. Franz Baaden führt in der Westerwaldgemeinde **Ransbach** zu Protesten und gewalttätigen Auseinandersetzungen. Als sich das Gemeindeparlament mit 8:6 Stimmen für einen anderen Kandidaten entscheidet, kommt es zu wütenden Angriffen auf den neuen Bürgermeister und die acht Gemeindevertreter. Die mit ihrem Kandidaten unterlegene CDU wendet sich in Flugblättern und Plakaten an die »Bürger von Ransbach« und fordert sie umgehend auf, zur »Selbsthilfe« zu greifen. Eine halbe Nacht lang zieht eine aufgebrachte Menschenmenge durch den Ort, legt Feuer, wirft Steine und beleidigt die Mehrheit des Gemeindeparlaments und den von ihm gewählten Bürgermeister in Sprechchören. Erst der Polizei gelingt es, unter dem Einsatz des Gummiknüppels die Menge zu zerstreuen. – Auslöser für den örtlichen Konflikt ist die jahrelang verborgengehaltene Dissertation des alten Amtsinhabers. Als Dr. Baaden bei der Bürgermeisterwahl acht Jahre zuvor nach seiner Doktorarbeit befragt worden war, hatte er erklärt, sie sei ihm verlorengegangen. In der Zwischenzeit aber ist das Dokument wieder aufgetaucht. Der Text, der 1943 unter dem Titel »Jugendverfassung und Jugenddienstpflicht« im Deutschen Rechtsverlag erschienen war, beschäftigt sich mit der rechtlichen Seite der Jugenddienstpflicht in der *Hitlerjugend* (HJ) und wimmelt vor antisemitischen, rassistischen und anderen nationalsozialistischen Stereotypen. Standpunkt des Verfassers war danach, daß Juden keine »Volksgenossen« sein könnten und deshalb unter ein Sonderrecht gestellt werden müßten, daß all diejenigen, die sich der Erziehung in der HJ entzögen, kein Lehrverhältnis eingehen könnten, und daß »Blut und Ehre« die »Grundlagen der Volksgemeinschaft«

seien. Da sich einige Gemeindevertreter durch die Vorenthaltung der Nazi-Dissertation von Dr. Baaden getäuscht sahen, haben sie ihr Vertrauen nun seinem Gegenkandidaten geschenkt.

Oktober In **Freiburg** führt der *Verband der Kriegsdienstverweigerer* (VK) zusammen mit der *Deutschen Friedensgesellschaft* (DFG) und den *Jungsozialisten* eine öffentliche Versammlung für Angehörige des Jahrgangs 1922 durch. Als Redner treten der Bundestagsabgeordnete Walter Faller (SPD), der DFG-Bundesvorsitzende Gerhard Schmidt und der Vorsitzende der örtlichen VK-Gruppe auf. An der Diskussion beteiligt sich auch der Standortkommandant der Bundeswehr.

Oktober Auf einer Protestversammlung des Jahrgangs 1922 im Saal der **Düsseldorf**er Schlösser-Brauerei bezeichnet der Initiator der 22er-Bewegung, Hans Matjak-Arnim, den bisherigen Widerstand gegen die Wehrerfassung als »Ausbruch einer geistigen Revolution«. Die anhaltenden Proteste bewiesen, erklärt er vor 500 Zuhörern, daß »die Frontgeneration endlich aus der Wirtschaftswunder-Narkose aufgewacht« sei. Und diese Generation, prognostiziert er, werde der Bonner Regierung noch einiges zu schaffen machen. Mit ihrer Behauptung, die Aktionen der 22er seien kommunistisch gesteuert, habe sie die Propagandaschraube endgültig überdreht. Wer jedoch ständig mit dem »Schwarzen Mann« operiere, sei am Ende seines geistigen Lateins und vertraue offenbar nicht mehr auf die eigene Überzeugungskraft. Der sozialdemokratische Bundestagsabgeordnete Hans Iven kündigt in der Diskussion an, daß seine Fraktion einen Antrag einbringen werde, mit dem die Bundesregierung aufgefordert werde, »von der Erfassung aller Angehörigen der kriegsgedienten Jahrgänge abzusehen«. Die Proteste, versichert er, würden in Bonn durchaus gehört.

Oktober Auf einer Versammlung des Jahrgangs 1922 in **Mülheim** an der Ruhr referiert der Ex-Leutnant Karl Preuß über das Thema »Vom aktiven Waffenträger zum aktiven Wehrdienstverweigerer«. Mit der Wehrerfassung eines ersten Kriegsjahrgangs, meint Preuß, wolle man einen Präzedenzfall für alle weiteren kriegsgedienten Jahrgänge schaffen. Millionen von Soldaten seien in der Vergangenheit gestorben, weil sie zu feige waren, sich gegen verbrecherische Befehle aufzulehnen. Man müsse aber bedenken, daß es im Atomkrieg ohnehin kein Heldentum mehr geben könne. Deshalb sei es so entscheidend, bereits vor der Einberufung Widerstand zu üben.

Oktober Auf einer Kundgebung im »Weißenburger Hof« in **Augsburg** kommen Angehörige der Jahrgänge 1922 und 1939 zusammen. Nach Lichtbildern über den Krieg gibt der bayerische Landesvorsitzende der *Internationale der Kriegsdienstgegner* (IdK), der Münchener Rechtsanwalt Walter Ludwig Lidl, juristische Hinweise für eine Anerkennung als Kriegsdienstverweigerer. Danach berichtet der Vorsitzende der Münchener *Kameradschaft des Jahrgangs 1922*, Helmut Vogel, über die zahlreichen Beitritte zu seiner Gruppierung. Diese Entwicklung lasse hoffen, daß sich die Jugend nicht weiter von falschen Idealen blenden lasse.

Oktober Der gerade von einer Reise aus Nordafrika zurückgekehrte Bundestagsabgeordnete Hans-Jürgen Wischnewski (SPD) zieht auf einer Veranstaltung in **Freiburg** ein vorläufiges Resümee aus »Fünf Jahren Krieg in Algerien«. Wischnewski kritisiert die Kolonialpolitik Frankreichs und tritt nachhaltig für das Selbstbestimmungsrecht der Algerier ein. Organisiert wurde der Vortrag von den *Jungsozialisten*, der *Deutschen Friedensgesellschaft* (DFG) und dem *Verband der Kriegsdienstverweigerer* (VK).

Oktober Die Erste Große Strafkammer des Landgerichts **Hannover** verurteilt den Kaufmann Arthur Götze wegen Beleidigung jüdischer Mitbürger zu einer Gefängnisstrafe von neun Monaten ohne Bewährung. Dem Angeklagten, der in einem von ihm herausgegebenen Flugblatt vom »Machtanspruch des Weltjudentum-Klüngels« geschrieben hatte, wird außerdem für eine Dauer von fünf Jahren untersagt, sich als Verfasser, Herausgeber, Redakteur oder Verleger von Druckschriften zu betätigen.

Oktober Auf dem jüdischen Friedhof der bei Münster gelegenen Gemeinde **Billerbeck** werden 13 von 19 Grabsteinen von Unbekannten umgestürzt.

Oktober: Der antisemitische Kaufmann Arthur Götze.

I. Oktober Das Landgericht **Dortmund** verurteilt den 36jährigen Kaufmann Günter Fix wegen Verunglimpfung und öffentlicher Beleidigung von Bundesverteidigungsminister Franz Josef Strauß zu einer Gefängnisstrafe von drei Monaten ohne Bwährung. Anläßlich einer Wahlversammlung der SPD hatte der aus Wanne-Eickel stammende Angeklagte ein Plakat mit der Aufschrift geklebt: »Nur die allerdümmsten Kälber/wählen ihre Metzger selber./Wie sieht so ein Metzger aus?/Wie der Kriegsminister Strauß!«[233] Das Gericht folgt der Argumentation der Staatsanwaltschaft und sieht insbesondere in der Bezeichnung »Kriegsminister« eine schwere Ehrenverletzung, die zugleich das Ansehen der Bundesrepublik gefährde. Ein Antrag des Angeklagten, den Bundesverteidigungsminister, der selbst Anzeige erstattet hat, vorzuladen, ist vom Gericht abgelehnt worden. Als Verteidiger von Fix sind der Essener Rechtsanwalt Diether Posser und der Ost-Berliner Anwalt Friedrich Karl Kaul aufgetreten. Wegen des Auftritts von Kaul, der in der Presse für Schlagzeilen sorgt, ist es zu einem Zwischenfall gekommen. Als ein junger Assessor, der zunächst die Anklage vertrat, damit drohte, Kaul würde, sollte er es wagen, vor Gericht einen roten Schlips zu tragen, des Saales verwiesen oder inhaftiert, erstattete dieser beim Generalstaatsanwalt in Hamm Anzeige wegen Nötigung. Resultat war, daß der Assessor von einem Oberstaatsanwalt als Anklagevertreter abgelöst wurde.

I. Oktober Auf einer Tagung des Verbandes *Deutscher Physikalischer Gesellschaften* in **West-Berlin** gründen 17 Mitglieder der bundesdeutschen »Pugwash-Gruppe« unter der Bezeichnung *Vereinigung Deutscher Wissenschaftler* (VDW) eine Einrichtung, die sich kritisch mit den durch Wissenschaft und Technik aufgeworfenen Folgeproblemen auseinandersetzen will. Die Initiative zu diesem Schritt geht auf die drei süddeutschen Physiker Hans Kopfermann, K. Wolf und Werner Kliefoth zurück, die auch das erste Vorstandsgremium der Vereinigung bilden. Die VDW orientiert sich an der gegen die Atombewaffnung der Bundeswehr gerichtete »Göttinger Erklärung« der 18 Atomphysiker und an den nach der kleinen kanadischen Stadt Pugwash benannten internationalen Konferenzen, auf denen renommierte Wissenschaftler Fragen der Abrüstung und der Kontrolle militärischer Technik diskutieren. Am Beginn der Gründungsschrift, die auch von Max Born, Werner Heisenberg, Max von Laue und Carl Friedrich von Weizsäcker unterzeichnet ist, heißt es: »Naturwissenschaft und Technik rücken durch ihre schnelle Entwicklung entscheidend in das Zentrum menschlichen Daseins; sie stehen mit diesem Einfluß vor Problemen bisher nicht gekannten Ausmaßes und nicht übersehbarer Konsequenzen. Die Sorge um die Auswirkungen moderner wissenschaftlicher Erkenntnisse auf die menschliche Gesellschaft erfüllt viele Wissenschaftler. Die Verantwortung, die ihnen aus den Fortschritten der Naturwissenschaften erwächst, und die Fachkenntnisse, über die sie verfügen, geben ihnen nicht nur das Recht, sondern vor allem auch die Verpflichtung, an der Bewältigung der vor ihnen stehenden, über ihre Wissenschaft hinausweisenden Probleme mitzuwirken.«[234] Im Zentrum der Überlegungen stehen die Gefahren der Atomrüstung. Doch auch alltäglicher erscheinende Folgeprobleme von Wissenschaft und Technik werden ins Blickfeld gerückt: »Die Verseuchung der Luft durch Abgase, die Verschmutzung der Flüsse und Seen durch Abwasser, die Veränderung der Lebensmittel durch moderne chemische und biologische Methoden der Zubereitung und Konservierung, die Bedrohung menschlichen Lebens im Verkehr, die Belästigung durch den Verkehrslärm und vieles andere gehören gleichfalls zu den Gefahren, denen die Menschheit als Folge fehlenden Verantwortungsbewußtseins bei der Entwicklung und Anwendung wissenschaftlicher und technischer Erkenntnisse ausgesetzt ist.«[235] Als Motto wird in der Gründungsschrift der VDW die These zitiert: »Man muß die Welt verändern, wenn sie nicht untergehen soll!«[236] – Zur Verfolgung ihrer kritischen Absichten organisiert die VDW in den darauffolgenden Jahren Arbeitstagungen zu den angeschnittenen Fragen, setzt längerfristig operierende Studiengruppen ein und beteiligt sich an internationalen wissenschaftlichen Konferenzen.

I. Oktober In **West-Berlin** wird die Sexualkunde an Schulen eingeführt. In den vom Senator für Volksbildung, Joachim Tiburtius, herausgegebenen Richtlinien heißt es zwar, daß die Lehrer die Eltern bei der sexuellen Aufklärung nur unterstützen sollten, bei der Unterrichtung der Schüler müsse aber seitens der Pädagogen das Einverständnis der Eltern nicht ausdrücklich eingeholt werden.

I. Oktober Zum zehnten Jahrestag der Gründung der Volksrepublik China versammeln sich auf dem Tien-An-Men-Platz in **Peking** rund 700.000 Menschen, um einer Truppenparade und einer Massendemonstration der Werktätigen beizuwohnen. Von einer Ehrentribüne aus verfolgen der Vorsitzende des Zentralkomitees der *Kommunistischen Partei Chinas* (KPCh), Mao Tse-tung, der Erste Sekretär des Zentralkomitees der KPdSU und sowjetische Ministerratsvorsitzende, Nikita S. Chruschtschow, der chinesische Staatspräsident Liu Schao-tschi, der sowjetische Außenminister Andrej A. Gromyko, der chi-

1.10.: Die Volksrepublik China begeht auf dem Platz des Himmlischen Friedens in Peking mit einem Festakt ihren 10. Geburtstag.

nesische Ministerpräsident Tschu En-lai, Verteidigungsminister Lin Piao, Politbüromitglied Teng Hsiao-ping und die anderen führenden Partei- und Regierungsmitglieder die Aufmärsche. Bei den Feierlichkeiten sind außerdem 87 Gastdelegationen befreundeter kommunistischer und sozialistischer Parteien zugegen. In einem Truppenbefehl vor Beginn der Parade hat Marschall Lin Piao die militärischen Erfolge der Volksbefreiungsarmee hervorgehoben, darunter auch die »Zerschmetterung des reaktionären Aufstandes in Tibet«. – Bei einem Empfang am Abend zuvor hat Chruschtschow die chinesische Revolution als Ereignis von großer historischer Tragweite gewürdigt. Nach dem Sieg der Oktoberrevolution sei dies das hervorragendste Ereignis der Weltgeschichte gewesen. Ausführlich ist er dabei auch auf die von ihm bei seinem USA-Besuch gemachten Erfahrungen eingegangen. In seinen Gesprächen mit US-Präsident Eisenhower hätten beide Seiten Übereinstimmung über die Notwendigkeit einer internationalen Entspannung erzielt. Je stärker die Kräfte des Sozialismus anwüchsen, hob Chruschtschow hervor, desto größer würden die Möglichkeiten, »Kriege als Mittel einer Regelung internationaler Streitigkeiten auszuschließen«.

I.-4. Oktober Zu einem »Deutsch-Amerikanischen Gespräch« in **Bad Godesberg** erscheinen hochrangige Politiker und Militärs. Zu den rund 100 Gästen, die auf Einladung des Vereins *Atlantik-Brücke* zusammenkommen, zählen Bundeskanzler Konrad Adenauer, Bundesaußenminister Heinrich von Brentano, Bundespräsident Heinrich Lübke und auf US-amerikanischer Seite der ehemalige Außenminister Dean Acheson sowie die früheren Hohen Kommissare John McCloy und James B. Conant. Auf dem Treffen, bei dem es vor allem um Sicherheits- und

1.10.: Professor Carl Friedrich von Weizsäcker zählt zu den Mitbegründern der »Vereinigung Deutscher Wissenschaftler«.

Rüstungsfragen geht, setzt sich der amerikanische Politikwissenschaftler Henry A. Kissinger in seinem Referat über »Die militärisch-strategische Lage der Vereinigten Staaten« für eine konsequente Politik der Aufrüstung ein. Der an der Universität Harvard lehrende Professor, der durch seine These von der Führbarkeit eines begrenzten Atomkrieges ebenso für Aufsehen wie für Empörung gesorgt hat, verlangt von den Völkern der westlichen Staaten eine größere Opferbereitschaft für die atomare und die konventionelle Rüstung. Für besonderes Aufregung sorgen die Thesen eines konservativen Journalisten, der Offizier in der deutschen Wehrmacht war. Der Militärexperte der »Frankfurter Allgemeinen Zeitung«, Major a.D. Adelbert Weinstein, verblüfft in seinem Korreferat die Zuhörer mit der These, daß entweder die Bundeswehr mit strategischen Waffen ausgerüstet werden müsse oder aber die USA und Großbritannien ihre konventionellen Streitkräfte in hohem Maße verstärken müßten. Außerdem solle die NATO auf französischer Seite im Algerienkrieg intervenieren und ihn durch ihre militärische Überlegenheit entscheiden. Während die 35 US-Gäste den Ausführungen Weinsteins ungerührt folgen, kommentiert der stellvertretende Bundestagsvorsitzende Carlo Schmid, zugleich Professor für Politikwissenschaften an der Universität Frankfurt, die Ausführungen des als Militärtheoretiker geltenden Journalisten mit den Worten, das sei »die Katastrophe der Tagung« gewesen.

2. Oktober Die Staatsanwaltschaft in **Siegen** leitet gegen den Präsidenten der *Evangelischen Kirche von Hessen und Nassau*, Martin Niemöller, ein neues Ermittlungsverfahren ein. Der pazifistische Pastor wird verdächtigt, die Bundeswehr beleidigt zu haben.

2. Oktober Ein dreiköpfiges Kommando der Terrororganisation *La Main Rouge* (Die Rote Hand) wird kurz nach Mitternacht beim Versuch, die französisch-belgische Grenze bei **Bleharies** mit seinem Wagen zu passieren, von belgischen Grenzbeamten verhaftet. Bei der Kontrolle des Fahrzeugs werden ein Kilogramm Plastiksprengstoff, eine Maschinenpistole und Munition entdeckt. Bei den Verhafteten handelt es sich um den 36jährigen André Huarez, der bereits als Fallschirmjäger in Algerien gekämpft hat, den ebenso alten Schlosser Claude Housseau und den ein Jahr älteren Poujadisten Jean-Claude Berthommier, der von 1956 bis 1958 Abgeordneter der französischen Nationalversammlung war. – Aufgrund von Hinweisen aus Frankreich vermutet die Kriminalpolizei in **Frankfurt**, die noch mit den Ermittlungen nach den Tätern des am 3. März verübten Mordanschlags auf den Waffenhändler Georg Puchert befaßt ist, daß der Sprengstoff aller Wahrscheinlichkeit nach für ein Attentat in Bonn bestimmt war.

3. Oktober Agenten des Ministeriums für Staatssicherheit (MfS) entführen den Buchhändler und Journalisten Klaus Benzing, dem in einem Kreuzberger Lokal unbemerkt ein Betäubungsmittel in ein Getränk geschüttet worden ist, von **West-** nach **Ost-Berlin**. Benzing, der bereits mehrere Jahre als politischer Häftling in der DDR inhaftiert war, kommt erst in einer konspirativen Wohnung des MfS wieder zu Bewußtsein. – Das Bezirksgericht **Leipzig** verurteilt den Entführten am 20. September 1960 wegen »Spionage« und »Verleitung zur Republikflucht« zu einer Zuchthausstrafe von 15 Jahren. – Am 26. Mai 1966 gelangt Klaus Benzing durch Freikauf wieder in den Westen.

4. Oktober Bei der deutschen Erstaufführung der von Arnold Schönberg komponierten Oper »Moses und Aron« in der Städtischen Oper in **West-Berlin** kommt es zu Protesten und Tumulten. Nachdem bereits eine Woche zuvor anonyme Drohanrufe beim Dirigenten, Professor Hermann Scherchen, eingegangen sind, in denen gedroht wurde, ihm Vitriol ins Gesicht zu spritzen, falls er nicht doch noch von der Aufführung absehe, versucht der Intendant Carl Ebert für eventuelle Störungen Vorsorge zu treffen, indem er hinter dem Gebäude ein Einsatzkommando der Schutzpolizei postieren läßt. Außerdem sind Freikarten an eine Gruppe von Studenten verteilt worden, die im Zweifelsfall für entsprechende Sympathiekundgebungen sorgen sollen. Zunächst spielen sich auf den Rängen Szenen unfreiwilliger Komik ab. Eine 80jährige Dame protestiert auf einer Trillerpfeife gegen die ungewohnte Zwölf-Ton-Musik, ein Teenager zeigt ihr daraufhin ebenso respektlos den Vogel. Zwischen zwei seriös gekleideten Herren entfacht sich derweil ein hitziges Streitgespräch über moderne Musik und die Frage, in welchem Maß der Beifall eine bestellte Sache sei. Nachdem der erste Akt wider Erwarten ohne besondere Turbulenzen verlaufen ist, spitzt sich die Situation nach der Pause so sehr zu, daß die Aufführung kurz vor dem Abbruch steht. Bevor Dirigent Scherchen, nachdem die Lichter gelöscht worden sind, das Zeichen zum Wiederbeginn geben kann, bricht der Tumult in einer kaum für möglich gehaltenen Heftigkeit los. Vom dritten und vierten Rang herab ertönen zunächst Pfiffe, Pfui- und Buh-Rufe, dann setzt ein ohrenbetäubendes Getrampel ein. Die Reaktion darauf ist demonstrativer Applaus für die Aufführung. Eine erneute Gegenreaktion der rund 150 Protestierenden folgt jedoch auf dem Fuße. So wogen die Empörungs- und Beifallstürme in dem im Halbdunkel liegenden Zuschauerraum hin und her. Der immer verzweifelter wirkende Dirigent wartet derweil am Pult ab. Dann wendet er sich mit den Worten an die Störer, sie könnten nachher soviel protestieren wie sie wollten, zunächst jedoch sollten sie erst einmal zuhören. Mit einer viertelstündigen Verspätung kann dann doch noch der zweite Akt der Oper beginnen, in der Josef Greindl die Rolle des Moses und Helmut Melchert die des Aron spielt. Nachdem auch der letzte Akt dann ohne weitere Störung über die Bühne gegangen ist, setzt der Streit, wie ein Reporter berichtet, nach dem Ende noch einmal in aller Heftigkeit ein: »... mit Pfiffen und Buhrufen, beantwortet von einer alles erstik-kenden Applauswoge verstärkt wieder aufgenommen und ebenso erwidert, bis das Haus wackelte von trampelnden, bravorufenden, pfeifenden, in Sprechchören brüllenden Gruppen, daß man kaum noch wußte, wer dafür und wer dagegen ist.«[237] Erst nach einer Viertelstunde senkt sich der Vorhang und noch einmal solange dauert es, bis es dem Personal schließlich gelungen ist, die Streithähne auseinanderzubringen und zum Gehen zu bewegen. Nun setzt sich der Konflikt im Freien weiter fort. Bis tief in die Nacht hinein stehen Trauben von erregt miteinander diskutierenden Besuchern in der Kantstraße. Die beiden Mannschaftswagen der Polizei sind derweil längst abgezogen worden; da es zu keinen Tätlichkeiten gekommen ist, mußten die Sicherheitskräfte nicht eingreifen. – Über die Beweg- und Hintergründe für den »Zwölftonskandal«, wie es in einigen Besprechungen heißt, wird in der Presse spekuliert. Antimodernisten, Neonazis, Gegner des Dirigenten – alle möglichen Varianten werden in Betracht gezogen. »Prinzipielle Gegnerschaft gegen die Neue Musik,« differenziert Helmut Kotschenreuther in der »Stuttgarter Zeitung«, »mag mit im Spiel gewesen sein, dann der Ärger über den Totalitätsanspruch der seriellen Komponisten und schließlich die Unzufriedenheit mit der Führung des Hauses durch Ebert. Am klügsten handelten die, die Schönbergs Werk zwar aus ästhetischen, musikalischen oder geschmacklichen Gründen ablehnen, aber dabei nicht den tiefen Ernst übersehen, der sich darin manifestiert, und ihre Abneigung schweigend behaupteten. Man mag über die Bühnentauglichkeit des Librettos und über die Qualität der Musik denken, wie man will, aber man kommt nicht draum herum, das bekenntnishafte Ethos des Werkes anzuerkennen.«[238]

4. Oktober Am Abend vor dem Beginn der Feierlichkeiten zum 10. Jahrestag der Gründung der DDR führen die FDJ und die *Jungen Pioniere* einen Fackelzug in der Innenstadt von **Ost-Berlin** durch. Auf der Abschlußkundgebung auf dem Strausberger Platz

4.10.: Großkundgebung der FDJ auf dem Strausberger Platz in Ost-Berlin.

»meldet« der Zentralratsvorsitzende der FDJ, Horst Schumann, vor 60.000 Mitgliedern dem Ersten Sekretär des SED-Zentralkomitees, Walter Ulbricht, die von der staatlichen Jugendorganisation zu Ehren der Jubiläumsfeierlichkeiten vollbrachten Leistungen.

5. Oktober In einem Interview mit der israelischen Zeitung »Maariv« wendet sich Bundeskanzler Konrad Adenauer gegen die Aufnahme diplomatischer Beziehungen zwischen der Bundesrepublik und Israel. Zur Begründung führt er an, daß ein solcher Schritt auf Seiten der arabischen Staaten wohl zu Verstimmungen führen würde.

5.-7. Oktober Mit Kundgebungen, Veranstaltungen und anderen Feierlichkeiten wird in der **DDR** der 10. Jahrestag der Staatsgründung begangen. Auf einer für »Aktivisten« aus der gesamten DDR einberufenen Kundgebung in der **Ost-Berlin**er Werner-Seelenbinder-Halle würdigen Ministerpräsident Otto Grotewohl, der stellvertretende sowjetische Ministerpräsident Frol R. Koslow und der Erste Sekretär des SED-Zentralkomitees, Walter Ulbricht, in ihren Ansprachen die Aufbauleistungen der DDR; außerdem verlesen der thüringische Landesbischof Moritz Mitzenheim, der Erste Sekretär des Zentralkomitees der in der Bundesrepublik verbotenen KPD, Max Reimann, und die Leiter verschiedener Gastdelegationen Grußadressen. Während Grotewohl erklärt, die DDR betrachte ihren Jahrestag als Verpflichtung, zusammen »mit den fortschrittlichen, friedliebenden und patriotischen Menschen in Westdeutschland ein neues, friedliches, demokratisches und geeintes Vaterland zu schaffen«, gibt Ulbricht die Vorhersage ab, daß die DDR innerhalb der nächsten zehn Jahre von allen Staaten anerkannt werde und es zur Aufnahme von Verhandlungen zwischen beiden deutschen Staaten komme. Am 7. Oktober werden am sowjetischen Ehrenmal in Treptow und an der Gedenkstätte für Sozialisten in Friedrichs-

6.10.: Demonstrativ zeigen FDJ-Mitglieder die neue Staatsflagge der DDR. Im Westen wird die Fahne mit Hammer und Sichel im Ährenkranz als »Spalterflagge« bezeichnet.

6.10.: DDR-Karikatur zur neuen Flagge.

felde Kränze niedergelegt. Auf einer Massenkundgebung auf dem Marx-Engels-Platz sprechen am Nachmittag noch einmal Koslow und Ulbricht sowie der Präsident des Nationalrats der *Nationalen Front*, Erich Correns, und der Generalsekretär der *Kommunistischen Partei Frankreichs* (KPF), Maurice Thorez. In seiner Ansprache wendet sich Ulbricht mit einem »offenen Wort« an die West-Berliner und bemerkt, sie hätten sich »in einem Seitenflügel des Hauptgebäudes der DDR« vergleichsweise »wohnlich eingerichtet«. Wenn sie dafür sorgten, daß bei ihnen alle feindlichen Betätigungen gegenüber der DDR aufhörten, würde sich auch die DDR bereit erklären, sich nicht mehr weiter bei ihnen einmischen zu wollen. Zum Schluß schlägt er vor, den Vatikan, der ja in der Hauptstadt Italiens liege, als Modell für eine künftige Lösung des Konflikts um West-Berlin anzusehen. Das Vatikan-Statut, in dem festgelegt sei, daß der Vatikan die Gesetze des italienischen Staates einhalte und der italienische Staat umgekehrt dem Vatikan freie Verbindungswege garantiere, könne zwar nicht umstandslos übertragen werden, zeige jedoch, wie eine Lösung möglich sein könnte. – In **Bonn** reagieren Parlament, Regierung und Parteien mit Protesten auf die Jubiläumsfeierlichkeiten. Der Bundestag, die Bundesregierung, das Ministerium für gesamtdeutsche Fragen, der Bundesvorstand der SPD und der stellvertretende SPD-Vorsitzende Herbert Wehner bezeichnen die Kundgebungen zum 10. Jahrestag der DDR als »Provokation«. Dieser Tag sei in Wirklichkeit einer der »Trauer« und der »nationalen Zerrissenheit«. Dennoch aber müsse am Ziel der Wiedervereinigung aller Deutschen in Frieden und Freiheit festgehalten werden.

6. Oktober Auf einer Delegiertenversammlung des *Verbands der Kriegsgeschädigten, Kriegshinterbliebenen und Sozialrentner Deutschlands* (VdK) in der Beethoven-Halle in **Bonn** üben die meisten Redner in Anwesenheit von 15 Bundestagsabgeordneten massive Kritik an der von der Bundesregierung geplanten Neuordnung der Kriegsopferversorgung. Das VdK-Präsidiumsmitglied Ludwig Hönle stellt fest: »Die Konzeption der Bundesregierung droht eine für die gesamte Sozialpolitik verhängnisvolle Entwicklung einzuleiten, die mit rechtsstaatlichem Denken unvereinbar ist.«[240] Manche Politiker könnten sich nicht vorstellen, wie groß die Empörung und Verbitterung unter den 3,5 Millionen Kriegsopfern wirklich sei. Als der FDP-Bundestagsabgeordnete Wolfgang Rutschke das Wort ergreift und schildert, daß ihm die Äußerung von Bundesarbeitsminister Theodor Blank, die Erhöhung der Grundrente sei eine Verschwendung von Steuergeldern, von Blank persönlich bestätigt worden sei, löst er damit ein minutenlanges Pfeifkonzert aus. Am Ende einigen sich die 1.400 Delegierten auf den Vorschlag, falls es bei der Weigerung des Bundesarbeitsministers, die Grundrente zu erhöhen, bleibe, einen großen »Marsch auf Bonn« durchzuführen.

6. Oktober Das Finanzamt der Stadt **Hagen** erkennt die *Hilfsgemeinschaft auf Gegenseitigkeit der Soldaten der ehemaligen Waffen-SS* (HIAG) in einem Bescheid als gemeinnützige Organisation an. Nach dieser Entscheidung können von der HIAG öffentliche Sammlungen durchgeführt und den Spendern Quittungen zur Absetzung der Gelder von der Steuer ausgestellt werden. – In einer Annonce, die im November in »Der Freiwillige«, dem »Kameradschaftsblatt der HIAG« erscheint, wird auf den neuen Sachverhalt hingewiesen und die Versendung von Spendenformularen an die HIAG-Landesverbände angekündigt. – Die Wochenzeitung der *Vereinigung der Verfolgten des Naziregimes* (VVN), »Die Tat«, bezeichnet in ihrer Ausgabe vom 19. Dezember die Anerkennung der HIAG als Skandal. »Mit seiner Entscheidung,« schreibt das Blatt, »hat das Finanzamt Hagen also der SS-Division ›Das Reich‹, die Oradour zerstörte und seine Bevölkerung bis zum letzten Säugling massakrierte, den ehemaligen Angehörigen der Wachmannschaften von Dachau und Buchenwald, Auschwitz und Mauthausen, Sachsenhausen und Theresienstadt bestätigt, daß durch sie ›die Allgemeinheit gefördert‹ wird. Das Finanzamt Hagen hat weiter bestätigt, daß die Tätigkeit der Panzer-Meyer, Lammerding, Krumey, Sepp Dietrich und anderer Kriegsverbrecher ›dem allgemeinen Besten auf materiellem, geistigem oder sittlichem Gebiet nutzt‹.«[239] Die in dem Kommentar zitierten Formulierungen stammen aus der geänderten Fassung der Gemeinnützigkeitsverordnung vom 24. Dezember 1953, auf die sich das Hagener Finanzamt bezieht.

6. Oktober An mehreren S-Bahn-Stationen **West-Berlin**s werden die dort anläßlich des zehnten Jahrestages der Staatsgründung gehißten neuen, mit Hammer und Zirkel in einem Ährenkranz versehenen DDR-Flaggen von Polizeikommandos in einem Großeinsatz der Polizei heruntergerissen und eingezogen. Verschiedene Angehörige der von der DDR betriebenen Reichsbahn wehren sich gegen die überfallartig durchgeführte Beschlagnahmeaktion mit Knüppeln, Steinen und Feuerlöschern. Im Reichsbahnausbesserungswerk Schöneberg versuchen 300 von ihnen die Polizisten mit allen Mitteln am Betreten des Geländes zu hindern. Dabei werden fünf Polizisten schwer verletzt. Auf dem S-Bahnhof Tempelhof gelingt es der Polizei erst nach der Entsendung zusätzlicher Kräfte, ihre von Reichsbahn-Angehörigen eingekesselten Kollegen zu befreien. Als der dortige Bahnhofsvorsteher mit dem Einsatz der Transportpolizei der DDR und der Einstellung des Verkehrs im S-Bahn-Südring droht, zieht die Polizeiführung ihre Kräfte wieder ab. Während des Polizeieinsatzes werden 77 von 99 entdeckten Fahnen beschlagnahmt. – Doch schon in der Nacht darauf werden die entfernten Fahnen wieder ersetzt. Diesmal schreitet die West-Berliner Polizei nicht mehr ein. In der Öffentlichkeit ist inzwischen ein regelrechter »Fahnenstreit« ausgebrochen. Die drei westlichen Stadtkommandanten legen bei der sowjetischen Stadtkommandantur Protest gegen das Hissen der DDR-Flagge auf dem Hoheitsgebiet von West-Berlin ein. Bundestagspräsident Eugen Gerstenmaier (CDU) gibt nach

Zustimmung aller im Bundestag vertretenen Fraktionen die Anweisung als Bekenntnis zur Einheit aller Deutschen auf dem Reichstagsgebäude die schwarz-rot-goldene Fahne zu hissen. – Das SED-Zentralorgan »Neues Deutschland« meint dazu, daß die Flagge des »westdeutschen Separatstaates« auf dem Reichstagsgebäude nichts zu suchen habe. Schwarz-Rot-Gold seien nicht die Farben der West-Berliner Fahne; die Stadtfahne sei weiß-rot und trage bekanntlich einen schwarzen Bären in ihrer Mitte. – Am 8. Oktober werden auf Anweisung des sowjetischen Stadtkommandanten alle neuen DDR-Flaggen, die auf 131 Gebäuden und Bahnhöfen zu sehen waren, wieder eingeholt. Eine offizielle Verlautbarung zu dem Schritt ist weder von sowjetischer Seite noch von den Behörden der DDR zu hören. – Am 18. Oktober fassen schließlich Vertreter von Bund und Ländern auch offizell den Beschluß, das Hissen der DDR-Flagge auf dem Bundesgebiet polizeilich zu untersagen.

6. Oktober Der Professor für physikalische Chemie Robert Havemann (SED) wird in **Ost-Berlin** mit dem Nationalpreis II. Klasse ausgezeichnet. Der 49jährige Wissenschaftler, der 1943 als Leiter einer antifaschistischen Widerstandsgruppe vom Volksgerichtshof zum Tode verurteilt und 1945 von der Roten Armee aus der Todeszelle des Zuchthauses Brandenburg befreit worden war, nimmt den Preis aus den Händen von Volkskammerpräsident Johannes Dieckmann entgegen. In der Urkunde heißt es, Havemann erhalte die Auszeichnung »für seine bedeutenden wissenschaftlichen Leistungen auf dem Gebiet der Photochemie, insbesondere der Photosynthese«, »in Anerkennung seiner großen Verdienste bei der Herausbildung des wissenschaftlichen Nachwuchses« und »für seinen hervorragenden persönlichen Einsatz für die ausschließlich humanistischen Ziele der Wissenschaft«. Der Direktor des Physikalisch-Chemischen Instituts an der Humboldt Universität ist seit 1949 Mitglied der Volkskammer und des *Deutschen Friedensrates*.

6. Oktober Bundesverteidigungsminister Franz Josef Strauß erklärt in **New York**, daß er zwar internationale Abkommen über Nuklearwaffen und die Begrenzung konventioneller Rüstung für möglich, eine totale Abrüstung hingegen für völlig utopisch halte.

6. Oktober Trotz heftiger Kritiken von Abgeordneten weigert sich die vom Christdemokraten Antonio Segni geführte italienische Regierung während einer Parlamentssitzung in **Rom**, faschistische Inschriften und den Namen von Ex-Diktator Benito Mussolini aus dem Olympiastadion der Hauptstadt zu entfernen.

6.10.: »Alle Fahnen, die andere Symbole tragen, sind friedensstörend!« erklärt der West-berliner Innensenator Joachim Lipschitz in einer Karikatur des SED-Zentralorgans »Neues Deutschland«.

7. Oktober Das Finanzamt in **München** wird in einer von nordbayerischen Mitgliedern der *Lagergemeinschaft Dachau* unterzeichneten Resolution aufgefordert, Mittel zum Bau einer internationalen Gedenkstätte auf dem Gelände des ehemaligen Konzentrationslagers bereitzustellen. Es sei entwürdigend, erklärt Pfarrer Leonhard Roth dazu, was sich nach der Umwandlung des KZ Dachau in ein Flüchtlingslager dort alles abspiele. Auf der früheren Lagerstraße, wo unzählige Häftlinge verblutet seien, würden nun unwissende Kinder spielen und in der ehemaligen Totenkammer, in der die Leichen der Opfer seziert wurden, sei jetzt ein Delikatessengeschäft eingerichtet worden.

7. Oktober Während der Erstaufführung des von Roberto Rossellini gedrehten Films »Il Generale della Rovere« (Der falsche General) kommt es in **Rom** zu heftigen Tumulten. In dem Film, der auf wahren Begebenheiten beruht und dessen Titelrolle Vittorio de Sica spielt, wird die Geschichte eines Schwindlers in dem von Deutschen besetzten Italien erzählt, der, als seine falschen Versprechungen von der SS aufgedeckt werden, zu den Partisanen überwechselt. Als auf der Leinwand zu sehen ist, wie italienische Widerstandskämpfer durch faschistische Milizen erschossen werden, ertönen im Saal Sprechchöre: »Es lebe der Duce, nieder mit Rossellini!« Anschließend werfen Neofaschisten Flugblätter von der Galerie, in denen der Film ebenso wie sein Regisseur heftig angegriffen werden. Als sich das Publikum gegen die Störenfriede zur Wehr zu setzen versucht, entsteht ein Handgemenge. Zehn der Provokateure werden schließlich von der Polizei abgeführt.

7. Oktober Der irakische Ministerpräsident, General Abdel Karim Kassem, wird bei einem Attentat in **Bagdad** nur leicht verletzt. Auf einer Fahrt durch die irakische Hauptstadt schießen mehrere Männer mit Maschinenpistolen auf das Fahrzeug des durch einen Militärputsch an die Macht gekommenen Regierungschefs. Einer der Attentäter wird von Leibwächtern getötet, den anderen gelingt es zu entkommen. – Als Reaktion auf den Anschlag wird in Bagdad eine Ausgangssperre verhängt, werden die Schulen geschlossen und in der Folge Tausende von Verdächtigen verhaftet.

8. Oktober Der 52jährige Gewerbeoberlehrer Rudolf Treffurth wird in **Neu-Ulm** unter dem Verdacht verhaftet, sich antisemitisch geäußert zu haben. Der *Landesverband der Israelitischen Kultusgemeinden in Bayern* hat gegen den Pädagogen einen Strafantrag gestellt, weil er jüdische Geschäftsleute und das Judentum im allgemeinen diffamiert haben soll. Das

Amtsgericht begründet den Haftbefehl damit, daß Gefahr bestehe, Treffurth könne sich einer Strafverfolgung durch Flucht entziehen.

8. Oktober Im Gewerkschaftshaus in **Frankfurt** hält Dora Russell, die frühere Frau des Mathematikers, Philosophen und Literaturnobelpreisträgers Lord Bertrand Russell, einen Filmvortrag über ihre »Friedenskarawane«, deren Weg sie und ihre 20 Begleiterinnen durch 16 europäische Länder geführt hat. Die Idee zu der Friedensrundreise ist, wie Dora Russell einführend erläutert, bei Protestmärschen gegen die Atombewaffnung in England entstanden. Mit ihrer Autokarawane hätten sie dem Widerstand gegen die Atomrüstung einen besonderen Ausdruck verleihen wollen. Leider habe ihr alter Omnibus die Strapazen der Fahrt nicht überstanden und durch einen robusteren Militärlastwagen ersetzt werden müssen. Der Zutritt zu dem für die Veranstaltung vorgesehenen Festsaal im Senckenberg-Museum ist im letzten Augenblick verweigert worden. Der Frankfurter Oberbürgermeister Werner Bockelmann (SPD) hat seine Schirmherrschaft mit der Begründung zurückgezogen, er habe bei seiner Zusage nicht gewußt, daß die als kommunistisch geltende *Westdeutsche Frauen-Friedensbewegung* (WFFB) als Mitinitiatorin auftreten würde.

8. Oktober Das französische Nachrichtenmagazin »L'Express« veröffentlicht einen Augenzeugenbericht über die Behandlung politischer Gefangener in Algerien. Der Autor Jean Farrugia ist ein ehemaliger Widerstandskämpfer, der während des Zweiten Weltkrieges in Dachau inhaftiert war. Über seine fünf Monate dauernde Haftzeit im Gefängnis von Berrouaghia, in das er wegen seiner Unterstützung

8.10.: Dora Russell bei ihrer Ansprache im Frankfurter Gewerkschaftshaus.

OHNE BÖSE ABSICHT

SDS-Gespräch mit Walter Ulbricht

Auf einem Empfang des Rektors der Leipziger Universität, den er am 11. Oktober 1959 anläßlich der Feierlichkeiten zur 550zigsten Wiederkehr der Universitätsgründung gab, fand ein Gespräch zwischen dem ersten Sekretär des ZK der SED, Walter Ulbricht, und dem Redakteur des SDS-Organs „Standpunkt", Eric Nohara, statt, der zusammen mit dem Mitglied des SDS-Bundesvorstandes, Monika Mitscherlich, als offizieller Beobachter des SDS auf einem internationalen Studentenseminar der FDJ anwesend war. Das Gespräch, das sich vor vielen Zeugen abspielte, wurde auch von unserem Pressebeobachter mitangehört. Wir teilen unseren Lesern den Wortlaut der Unterhaltung mit, wie er sich aus dem Gedächtnisprotokoll ergibt, das durch die Angaben anderer Ohrenzeugen ergänzt und überprüft wurde. (Siehe auch unseren Kommentar: „Ostkontakte — aber wie?" auf Seite 7.)

der algerischen Aufständischen geraten war, schreibt er in der Form von Briefen, die an seine ehemaligen Mithäftlinge gerichtet sind. Ausführlich und detailliert berichtet er über menschenunwürdige Haftbedingungen, verseuchte Lebensmittel, Übergriffe von Kapos und einzelne Fälle, in denen Mithäftlinge durch Mißhandlungen in den Tod getrieben worden sind. In Berrouaghia, beurteilt er im nachhinein die Situation, seien Folterungen und Mißhandlungen »im Stile des Konzentrationslagers Dachau« üblich gewesen.

8.-12. Oktober An den Festveranstaltungen zur 550-Jahr-Feier der Karl-Marx-Universität in **Leipzig** nehmen mit Monika Mitscherlich und Erik Nohara zwei als »Beobachter« fungierende Mitglieder des *Sozialistischen Deutschen Studentenbundes* (SDS), ein Vertreter des *Liberalen Studentenbundes Deutschlands* (LSD) und Berichterstatter der Hamburger Studentenzeitschrift »Konkret« teil. Staatssekretär Wilhelm Girnus (SED) erläutert in dem zum Beginn stattfindenden Internationalen Studentenseminar zum Thema »Zehn Jahre Hochschulwesen in der DDR« vor Vertretern von 40 Studentenorganisationen aus 30 verschiedenen Ländern die Erfahrungen und Ziele der von der SED verfolgten sozialistischen Hochschulpolitik. Auf einer im Rahmen des Jubiläums stattfindenden Sitzung der DDR-Rektorenkonferenz spricht diese ihr Bedauern darüber aus, daß der Präsident der Westdeutschen Rektorenkonferenz (WRK), der Kölner Professor Hermann Jahrreiß, auf einer Pressekonferenz in Bonn gegen einen Besuch der 550-Jahr-Feier polemisiert habe. Sein Verhalten stehe im Widerspruch zu vielen Gratulationsschreiben, die von anderen westdeutschen Rektoren und Professoren eingetroffen seien. Höhepunkt der Feierlichkeiten ist ein Festakt des Akademischen Senats in der Kongreßhalle. Vor 1.400 Gästen aus dem In- und Ausland spricht der Erste Sekretär des SED-Zentralkomitees, Walter Ulbricht, über die Aufgaben der Wissenschaft bei der Erfüllung des Siebenjahresplanes. Dem Rektor der

ULBRICHT: Sie sind vom SDS?

NOHARA: Ich heiße Nohara.

ULBRICHT: Sind Sie allein gekommen?

NOHARA: Nein, von uns ist noch Fräulein MITSCHERLICH da. Wir sind hier beim Internationalen Studentenseminar, um zu beobachten...

ULBRICHT: Wir sind immer für frische und fröhliche Teilnahme, beobachten ist ein bißchen wenig. Schaun Sie sich gut um bei uns in der DDR. Woher sind Sie?

NOHARA: Aus Berlin.

ULBRICHT: Wir bilden immer mehr Studenten an den Universitäten aus; die Mehrzahl sind Arbeiter- und Bauernstudenten.

NOHARA: Dazu gäbe es viel zu sagen.

ULBRICHT: Ja, bei uns ist eben das Recht auf Bildung verwirklicht worden.

NOHARA: Aber manche Ihrer Studenten gehen von Ihnen weg und sind zu uns gekommen.

ULBRICHT: Wir haben eine andere Methode in der Ausbildung als Sie in Westdeutschland. Bei uns werden die Studenten hauptsächlich von den Betrieben an die Hochschulen delegiert, wer sich bewährt haben; wer gute Arbeit leistet und fähig ist, wird zum Studium delegiert. Bisher haben hauptsächlich die Universitäten Stipendien an die Studenten gegeben. Das werden wir jetzt anders machen. Die jungen Arbeiter werden vom Betrieb delegiert und erhalten von ihm das Stipendium. Die Arbeiter werden dafür sorgen, daß es ihnen gutgeht.

NOHARA: Ich bin hierher ohne böse Absicht gekommen. Es ist schade, daß sich die Kontakte nicht erweitern lassen. Es gibt bei Ihnen in der DDR eine Reihe erschwerender Bedingungen für den Reiseverkehr.

ULBRICHT: Das liegt doch an Ihnen. Beseitigen Sie die Agentenzentralen, und machen Sie West-Berlin zur Freien Stadt. Dann werden wir gewisse Beschränkungen, die für den West-Berliner Bürger unangenehm sind, aufheben. Wir sind besser informiert als Sie, was die Agentenzentralen in West-Berlin machen. Wir wissen genau, daß die IG-Farben die Aufgabe haben, Giftstoffe zu produzieren, und danach schätzen wir auch ein, wen wir vor uns haben. Das hat mit einer Behinderung des wissenschaftlichen Meinungsstreites überhaupt nichts zu tun. Das sind ganz einfache Maßnahmen zum Schutze gegen kriminelle Verbrechen.

NOHARA: Man sollte die Kontakte dennoch erleichtern, was auch immer von den Agentenzentralen geschieht. Manchmal sind es nur Dummheiten, die nicht so schlimm sind, aber Ihre Machtorgane greifen gleich ein.

ULBRICHT: Wenn wir auf der Basis friedlicher Zusammenarbeit und Annäherun weiterkommen, wird es keine Studenten mehr geben, die sich von Ihren Agentenzentralen mißbrauchen lassen. In dem Moment wo sich die Lage normalisiert, werden sich die Schwierigkeiten beheben lassen. Sie müssen mithelfen, die Lage in West-Berlin zu normalisieren und die Agentenzentralen zu schließen, dann geht der auch anders.

NOHARA: Aber Sie arbeiten doch auch nach West-Berlin hinüber.

ULBRICHT: Wir haben in West-Berlin keine Brandsätze gelegt. Aber von Ihrer Seite aus wird das gemacht. Agenten, die auf Ihrem Boden ausgebildet wurden, haben unser Rundfunkhaus in Brand gesteckt. Solche Sachen machen wir in West-Berlin nicht, weil es Unsinn wäre, so etwas zu tun.

NOHARA: Nirgendwo in unserem Verband des SDS wird Agentenarbeit geleistet... Ich bin nicht befugt, mich zu diesem Thema zu äußern, das ist nicht meine Sache.

ULBRICHT: Sie können doch nicht einfach sagen: Ich äußere mich nicht. Sie sind doch Westberliner Bürger, das geht Sie doch auch an.

NOHARA: Dazu muß ich aber erst über die Dinge Bescheid wissen.

ULBRICHT: Ich kann Ihnen selbstverständlich nicht von jedem Agenten, den

wir hier verhaften, eine Fotografie vorlegen. Aber daß von West-Berlin aus Agenten zu uns geschickt werden, wissen Sie doch.

NOHARA: Ich bin nur zuständig für die Mitglieder unseres Verbandes. Das ist der SDS. Und nicht für die Agentenzentralen. Ich möchte die Gelegenheit unseres Gesprächs nutzen, um Ihnen ein Anliegen vorzutragen. Warum machen Sie einem Studenten von uns, einem Mitglied des SDS, der sich in Ost-Berlin betrinkt und ein bißchen dummes Zeug redet, gleich einen Prozeß? Das ist doch unnötig.

ULBRICHT: Wie kommt denn das, daß der Mann ausgerechnet zu uns nach Ost-Berlin kommt und dummes Zeug redet? Die DDR-Bürger reden bei uns frei. Wir sind dafür, daß offen geredet wird. Aber von West-Berlin sollte die Diversantentätigkeit eingestellt werden.

NOHARA: Wenn der Mann Ostberliner ist, wäre das also anders? Ich sagte doch schon, er war betrunken. Und wenn man betrunken ist, redet man Sachen, die man sonst nicht sagen würde...

ULBRICHT: Sie meinen also, daß wir nur die Konterrevolutionäre bestrafen sollten, die nüchtern ihre Arbeit leisten? Wir sind dafür, daß offen, auch mit Westlinern, geredet wird. In Westdeutschland sagt man, wirtschaftlich wird die DDR den Lebensstandard einholen. Aber mit der Freiheit wäre das schon anders. Bitte, machen wir auch auf diesem Gebiet, überhaupt auf allen Gebieten des geistigen Lebens, einen Wettbewerb. Wir sind bereit dazu.

NOHARA: Wie kommt es dann aber, daß soviel Studenten von Ihnen zu uns rüberkommen? Ich arbeite Gott sei Dank nicht im Amt für gesamtdeutsche Studentenfragen des VDS. Aber wir fragen uns manchmal, warum Sie nicht solche Zustände schaffen, daß die Leute nicht mehr weggehen.

ULBRICHT: Das wird sich in dem Moment ändern, wo Ihr Ministerium des kalten Krieges die Abwerbung einstellen wird. (Zu seinen Begleitern:) Ich schlage vor, den Herrn vom SDS zum nächsten Prozeß über Fragen des Menschenhandels einzuladen. Soll er sich selbst einmal anklagerisch davon überzeugen, wie das von Westberliner Boden aus gemacht wird.

NOHARA: Es gibt leider auch Fälle, wo ihre Staatsorgane studentische Dummheiten für Agententätigkeit erklären. Das dient nicht gerade der Entspannung.

ULBRICHT: Das ist manchmal schwer zu unterscheiden. Wir sind für Entspannung im Interesse des Friedens, nicht aber der konterrevolutionären Tätigkeit.

(Einwurf von Dr. GIRNUS): In Westdeutschland wird ja gerade der wissenschaftliche Austausch behindert. Herr Jahrreiss hat nicht gestattet, daß die westdeutschen Rektoren, wie es akademischen Gepflogenheiten entspricht, nach Leipzig fahren.

ULBRICHT: Aber dennoch sind Herren aus Westdeutschland gekommen.

NOHARA: Warum sagen Sie mir das? Ich bin dafür nicht zuständig.

ULBRICHT: Sie sollten entschieden Ihre Zuständigkeitsbereich erweitern. Sie müssen sich doch fragen, was dient der Sicherung des Friedens? Wir haben im ersten Weltkrieg in der Leipziger Jugend gekämpft für den Frieden — das lag, wenn Sie so wollen, auch nicht in unserer „Zuständigkeit". Aber es geschah im Interesse des deutschen Volkes. Heute ist es doch viel einfacher als damals, das zu sehen. Sie werden doch das Jahr 2000 erleben. Sie werden noch erleben, wie in Westdeutschland der Sozialismus aufgebaut wird. Bereiten Sie sich darauf vor.

NOHARA: Es geht um die Definition, was man unter Sozialismus zu verstehen hat.

ULBRICHT: Der Sozialismus ist keine Frage der Definition, sondern eine Frage der Realität. Wir haben Sie doch nicht daran gehindert, in Westdeutschland für den Sozialismus einzutreten. Was Sie unter Sozialismus verstehen, ist Ihre Sache. Sehen Sie sich doch einmal bei uns um, wie der Sozialismus in der Realität aufgebaut wird.

Universität, Professor Georg Mayer, wird anschließend der »Vaterländische Verdienstorden in Gold« verliehen. In einer mehrstündigen Gratulationscour

8.-12.10.: Die Zeitschrift »Konkret« druckt den Wortwechsel zwischen SED-Chef Ulbricht und den beiden SDS-Vertretern ab.

8.-12.10.: Die Fortsetzung des Leipziger Wortwechsels.

8.-12.10.: Wilhelm Girnus, Staatssekretär für das Hoch- und Fachschulwesen in der DDR.

OHNE BÖSE ABSICHT
Fortsetzung

NOHARA: Ich habe mich schon ein bißchen bei Ihnen umgesehen und muß sagen, es gibt sehr erfreuliche und auch unerfreuliche Sachen bei Ihnen. Man müßte sich erst einmal über die Definition des Sozialismus unterhalten.

ULBRICHT: Das ist doch ganz einfach. Es gibt keinen Sozialismus, ohne daß die Arbeiterklasse die führende Rolle spielt. Aber sie herrscht nicht allein, sondern wir sind in der Nationalen Front mit allen anderen Schichten und Parteien zusammengeschlossen. Mit der LDP, mit der CDU, die natürlich etwas anderes ist als Ihre Bonner CDU.

NOHARA: Aber Herr Ulbricht, Sie wissen doch selbst genau, wer in der DDR etwas zu sagen hat und wer nicht...

ULBRICHT: Natürlich ist die SED „die führende Partei. Aber wie sie führt ist doch die Frage. Führt sie im Bündnis mit allen anderen Schichten oder ist sie überheblich und will alles allein machen.

NOHARA: Was mich interessiert, ist, wie werden die Arbeiter in der DDR geführt? Haben die Gewerkschaften die Möglichkeiten, sich auch in Fragen der Lohnpolitik mit den Behörden auseinanderzusetzen?

ULBRICHT: In Westdeutschland haben Sie 15 Jahre lang Zeit gehabt mit dem Kampf der Gewerkschaften. Und herausgekommen ist bei Ihnen das Betriebsverfassungsgesetz. Kein Arbeiter darf bei Ihnen im Betrieb politisch auftreten.

NOHARA: Aber unsere Arbeiter können wenigstens in den Streik treten.

ULBRICHT: Das kann ich Ihnen ausgezeichnet sagen, wie so etwas bei Ihnen vor sich geht. In der großen Tarifkommission des DGB sitzen zu einem Drittel Gewerkschaftsangestellte mit Aufsichtsratsposten. Also solche, die vom Großkapital abhängig sind. Wie sollen die denn die Interessen der Arbeiter vertreten? Sie können bei uns lange suchen, bis Sie einen Gewerkschaftsfunktionär finden, der zehn Aufsichtsratsposten hat wie z. B. Herr Rosenberg hat.

NOHARA: Das besagt doch nichts, wenn einer Aufsichtsratsposten hat.

ULBRICHT: Doch, das besagt sehr viel. Das besagt, daß Ihre Gewerkschaftsführer Frieden mit den Kapitalisten geschlossen haben. Das habe ich nicht erfunden, sondern das ist im Programm des DGB theoretisch formuliert.

NOHARA: Aber dennoch sind die Arbeiter bei uns in der Lage, in den Streik zu treten.

ULBRICHT: Ja, und nachher werden sie dafür vor Gericht gestellt wie nach dem Metallarbeiterstreik in Schleswig-Holstein.

NOHARA: Sie sind nicht vor Gericht gestellt worden.

ULBRICHT: Doch, die Gewerkschaft wurde verklagt.

NOHARA: Auf jeden Fall können die Arbeiter bei uns streiken, und bei Ihnen können sie das nicht.

ULBRICHT: Aber entschuldigen Sie, das, wofür die Arbeiter in Schleswig-Holstein gestreikt haben, ist doch hier bei uns voll und ganz erfüllt. Nehmen Sie z. B. das Krankengeld, um das die schleswig-holsteinischen Arbeiter streiken. Das haben wir doch alles. Wozu sollen wir dann streiken?

NOHARA: Aber in der DDR gibt es doch mindestens 20 oder 30 000 Arbei-

ter, die mit bestimmten Sachen unzufrieden sind.

ULBRICHT: Wenn Sie wüßten, womit ich unzufrieden bin... (Einwurf von Girnus: „Da müßte Genosse Ulbricht jeden Tag streiken.") Sie verstehen eines nicht. Der Unterschied ist der, daß bei uns die Arbeiterklasse die führende Kraft im Staate ist. Und das ist bei Ihnen nicht. Wenn wir z. B. einen Maurer als Minister für Verteidigung hätten, dann wäre uns schon wohler.

NOHARA: Das sagt doch nichts, ob der Mann Maurer oder sonst was ist.

ULBRICHT: Aber daß Sie die alten Hitlergenerale wieder in den führenden Positionen der Bundeswehr haben, das besagt genug. Bei uns ist die Arbeiterklasse die führende Kraft. Und hat alle Rechte. Wir brauchen noch ein paar Jahre, bis niemand mehr unzufrieden sein wird. Wir stehen ja erst am Anfang des Siebenjahresplanes.

NOHARA: Können die Arbeiter bei Ihnen, wenn sie mit den technischen Normen nicht zufrieden sind, in den Streik treten?

ULBRICHT: Ich sagte doch schon, Sie verstehen eines nicht: daß die Arbeiter selbst mitbestimmen, wer die technischen Normen festlegt. Der Betrieb gehört den Arbeitern. Die Hauptfrage ist, wer ist Besitzer der Produktionsmittel.

NOHARA: Für uns ist das nicht das wichtigste, sondern die Frage, wer die Wirtschaft in der Hand hat, wer real die Bedingungen festlegt.

ULBRICHT: Wohin der Weg langgeht, bestimmt bei uns die Volkskammer. Die Arbeiter wählen ihre Vertreter.

NOHARA: Es kommt nicht darauf an, wenn dann Fachminister die Normen festlegen. Der Arbeiter muß im Betrieb in der Lage sein, untaugliche Betriebsdirektoren abzuberufen. (Antwort aus dem Zuhörerkreis: Das ist in der DDR möglich, in der Bundesrepublik nicht.) Außerdem haben Sie doch noch gar nicht ausprobiert, ob die Arbeiter wirklich diese Kandidaten wollen.

ULBRICHT: Natürlich haben wir das ausprobiert, und zwar bei jeder Wahl. Bei uns sehen sich die Arbeiter ihre Kandidaten vorher ganz genau an. Jeder muß sich vorstellen und sagen, was er ist und wer geleistet hat.

NOHARA: Aber es ist doch praktisch gar nicht möglich, daß jeder Bürger der DDR diese Versammlungen besucht, wo sich die Kandidaten vorstellen.

ULBRICHT: Da werden Wählervertreter hingeschickt.

NOHARA: Bei uns kann die Bevölkerung selbst entscheiden, wer gewählt wird oder nicht.

ULBRICHT: Das ist ein großer Irrtum. In Westdeutschland wurde die KPD verboten, und Sie haben doch gar keine Auswahl mehr, wen Sie eigentlich wählen wollen.

NOHARA: Die zweieinhalb Prozent der Stimmen, die die KPD bekommen hat, fallen doch gar nicht ins Gewicht.

ULBRICHT: Adenauer hat genau gewußt, was aus diesen zweieinhalb Prozent einmal werden kann eines Tages, und darum ließ er das Verbot aussprechen.

NOHARA: Da haben rein juristische Gesichtspunkte eine Rolle gespielt. Nach unserem Grundgesetz war die KPD verfassungswidrig. Die Frage ist nur, ob es zweckmäßig war, die KPD zu verbieten.

ULBRICHT: Ihre Regierung hat Angst vor der Demokratie, das ist alles. Bei Ihnen ist der Ausgangspunkt nicht klar, weil Sie nicht zur Kenntnis nehmen wollen den Unterschied, ob die Arbeiterklasse im Besitz der Produktionsmittel ist oder ob die großen Konzerne bestehen. Das ist doch der Unterschied bei uns gegenüber Westdeutschland.

NOHARA: Ist das Regieren eine Sache des realen Verhältnisses oder der Definition?

ULBRICHT: Das ist eine sehr reale Sache, sehen Sie sich einmal Ihre Regierung an. Da ist Pferdmenges... Und weil Sie diesen Unterschied nicht begreifen wollen, verteidigen Sie das System in Westdeutschland.

NOHARA: Nein, dieses System verteidige ich nicht, das ist nicht meine Aufgabe.

ULBRICHT: Warum hat denn die SPD die Mehrheit in den Länderparlamenten verloren? Der Einfluß ist doch zurückgegangen.

NOHARA: Entschuldigen Sie, wir haben doch auch jetzt noch sozialdemokratische Landerregierungen und eine gute Sozialversicherung in Westberlin.

ULBRICHT: Ja, aber in den Länderregierungen hatten Sie einmal die Mehrheit, die haben Sie heute nicht mehr. Und unsere Gesetzgebung, die wir einmal für ganz Berlin ausgearbeitet hatten, die wurde, was die Sozialversicherung betrifft, in Westberlin durch die Sozialdemokratische Partei verschlechtert.

NOHARA: Wir können doch keine Revolution machen, wenn die Bevölkerung das nicht haben will.

ULBRICHT: Was ist das für ein Standpunkt? Herr Adenauer befiehlt und Sie schweigen mit der Begründung, daß Sie doch ruhige Bürger sind. Wenn Adenauer einen Krieg beginnt, werden Sie als gute Bürger auch mitmarschieren. Sie werden zögern, aber Sie werden marschieren.

NOHARA: Das ist wohl noch ein Unterschied.
(Zwischenfrage eines Umstehenden: „Wer herrscht in Westdeutschland?")

ULBRICHT: In der Bundesrepublik herrschen die Parteien, die CDU, es herrschen Gruppen, die Presse herrscht (Gelächter) — hat großen Einfluß. Nehmen Sie die „Morgenpost", die Ullstein herausgibt, also ein kapitalistischer Konzern. Der wird mit Hilfe des amerikanischen Finanzkapitals finanziert. Das heißt, auch hier herrscht das Finanzkapital.

NOHARA: Bei uns gibts doch auch andere Zeitungen wie z. B. den „Spiegel", der nicht Ullstein gehört.

ULBRICHT: Das ist doch keine Massenzeitung.

NOHARA: Die BZ von Ullstein ist auch keine Massenzeitung, weil sie unpolitisch ist.

ULBRICHT: Wissen Sie, gehen Sie einmal bei uns in einem Betrieb und lassen Sie sich das von den Arbeitern selbst erklären, wie herrscht der Arbeiter real, wie kann er sich wirklich durchsetzen.

NOHARA: Sie wollen nicht verstehen, daß die Tatsache, daß Arbeiter in der Regierung sitzen, noch gar nichts besagt. Entscheidend ist doch die Frage, wie herrscht der Arbeiter real, wie kann er sich wirklich durchsetzen.

ULBRICHT: Dafür hat er seine Organe. Aber lassen wir das. Über den Sozialismus kann man sich später unterhalten. Das steht nicht auf der Tagesordnung. Die Frage, um die es geht, ist doch ganz einfach: Soll das deutsche Volk in Frieden leben oder nicht? Wenn Sie eine andere Definition für den Sozialismus haben als wir, so bitte sehr, das ist Ihre Sache. Aber die Hauptsache ist doch, daß die Atomrüstung eingestellt wird.

NOHARA: Dafür bin ich nicht zuständig, da müssen Sie sich schon an die hierfür Zuständigen wenden.

ULBRICHT: Das ist ja eben Ihr Irrtum, daß Sie sich für so wenig zuständig fühlen. Bei uns fühlt sich jeder Arbeiter für alles verantwortlich. Ich fühle mich zuständig für ganz Deutschland, für das ganze deutsche Volk. Ich wünsche, daß das ganze deutsche Volk in Frieden leben kann. Für uns ist das Volk zuständig, und wir sind für Rüstungstop und einen Friedensvertrag. Das weiß Adenauer ganz genau, darum hat er ja auch die Volksbefragung zur Frage der Atomrüstung verbieten lassen.

NOHARA: Zuständig für den Friedensvertrag sind die Großmächte und nicht das deutsche Volk.

Frage aus dem Umkreis: Haben Sie keine nationale Würde?

NOHARA: Nein, so etwas brauche ich nicht. Mir ist egal, ob ich Franzose bin oder nicht. Ich bin Internationalist.

ULBRICHT: Aber ich bitte Sie, ich habe eine nationale Würde. Ich vertrete die nationale Würde des deutschen Volkes; und ich erlaube mir, die deutsche Geschichte zu beurteilen, daraus die richtigen Lehren zu ziehen, und zwar vor allem die, daß in Deutschland endlich der Friede gesichert wird.

NOHARA: In West-Deutschland besteht gar nicht die Absicht, einen Krieg zu führen.

ULBRICHT: Sie wollen das nicht, natürlich nicht. Aber Herr Oberländer will ihn.

NOHARA: Oberländer will seine Forderungen auch nicht mit Waffengewalt durchsetzen, sondern er will nur, daß in einem Friedensvertrag entsprechende Gebietsregelungen getroffen werden.

ULBRICHT: Oberländer ist gegen einen Friedensvertrag und gegen einen Nichtangriffspakt. Das zeigt doch deutlich genug, was er will.

NOHARA: Ich bin auch gegen einen Friedensvertrag mit zwei deutschen Teilstaaten, weil das die Spaltung Deutschlands vertieft.

ULBRICHT: Das läßt sich doch ganz einfach lösen. Beide deutsche Regierungen verhandeln, und wir machen den Frieden gemeinsam.

NOHARA: Dafür bin ich nicht zuständig, ich sitze nicht in der Regierung.

ULBRICHT: Wenn Sie sich für nichts zuständig fühlen, dann ist es ja zwecklos, dieses Gespräch mit Ihnen weiterzuführen.

---

sprechen am 11. Oktober Vertreter von Partei, Regierung und des Nationalrats der *Nationalen Front* dem Rektor und dem Senat ihre Glückwünsche aus. Glückwunschadressen werden von Staatspräsident Wilhelm Pieck (SED), Ministerpräsident Otto Grotewohl (SED) und Walter Ulbricht, übermittelt. Am Abend nehmen Monika Mitscherlich und Erik Nohara an einem vom Rektor gegebenen Empfang teil. Dabei kommt es zu einer scharfen Kontroverse mit dem Ersten Sekretär des SED-Zentralkomitees, Walter Ulbricht. Während Nohara immer wieder versucht, die materiellen Bedingungen von DDR-Studenten zur Sprache zu bringen, insistiert Ulbricht auf der »Beseitigung« angeblicher »Agentenzentralen« in West-Berlin. Dabei gelingt es dem Redakteur des SDS-Organs »Standpunkt« mehrmals, kritische Fragen über die Gründe für die Flucht vieler Studenten aus der DDR in den Westen, die

Überreaktionen im Verhalten von Staatsorganen der DDR und die Nichtexistenz eines Streikrechts für Arbeiter einzuflechten. Als Nohara aufgrund seiner Bemerkung, daß ein Friedensvertrag Sache der Großmächte und nicht die des deutschen Volkes sei, von einem anderen Teilnehmer gefragt wird, ob er denn »keine nationale Würde« habe, bekennt er, daß ihm die Angehörigkeit zu einer Nation völlig egal sei; er sei schließlich »Internationalist«. Diese Haltung weist Ulbricht sichtlich empört mit der Bemerkung zurück, er habe »nationale Würde« und beanspruche, »die nationale Würde des deutschen Volkes« zu vertreten. – Über das ungewöhnliche Gespräch schreibt die »Frankfurter Allgemeine Zeitung« in ihrer Ausgabe vom 17. Oktober: »Beide lieferten dem Parteichef ein Wortgefecht, das dieser anfangs in froher Scherzlaune, später leicht gereizt parierte ... Resultate, natürlich, gab es nicht, doch bekamen die Zuhörer von den jungen Gästen manches zu hören, was in Leipzig auszusprechen – zumal vor dem Parteichef – an Tollkühnheit grenzte.«[241] – Am 26. November erstattet Monika Mitscherlich dem Präsidium der SPD in **Bonn** gegenüber Bericht über die in Leipzig gemachten Erfahrungen.

9. Oktober Unter dem Motto »Vorsorge tut not« propagiert Bundesinnenminister Gerhard Schröder (CDU) in einer von Norddeutschen Rundfunk (NDR) und Westdeutschen Rundfunk (WDR) übertragenen Ansprache die Einführung von Notstandsgesetzen für die Bundesrepublik. Für den Fall, daß ein »äußerer Notstand« – Krieg – oder ein »innerer Notstand« – Generalstreik, Naturkatastrophen – eintritt, sollen die Grundrechte der Bundesbürger beschnitten und die Bundesregierung mit besonderen Gesetzgebungskompetenzen ausgestattet werden. Es werde außerdem erwogen, kündigt Schröder an, für den Verteidigungsfall eine Dienstpflicht zum zivilen Bevölkerungsschutz und eine Bereithaltungs-

9.10.: Bundesinnenminister Gerhard Schröder bei einer Übung des Bundesgrenzschutzes.

verpflichtung für das beim Zivilschutz erforderliche Personal – wie Ärzte, Pfleger u. a. m. – einzuführen. – Sprecher der SPD reagieren mit Zurückhaltung und Mißtrauen gegenüber den Plänen des Bundesinnenministers. Für den Fall des »äußeren Notstandes« billigen sie der Regierung durchaus Ausnahmebefugnisse zu, für den des »inneren Notstands« jedoch reichen ihrer Meinung nach die in Artikel 91 des Grundgesetzes verankerten Möglichkeiten, zur Verteidigung der freiheitlich demokratischen Grundordnung Polizeikräfte anderer Bundesländer anzufordern, völlig aus. Viele Sozialdemokraten befürchten, daß die für den »inneren Notstand« vorgesehenen Maßnahmen einem Machtmißbrauch Tür und Tor öffnen würden. Um die für eine Änderung des Grundgesetzes erforderliche Zweidrittelmehrheit zustande zu bekommen, ohne die eine Einführung von Notstandsgesetzen nicht möglich wäre, ist die Zustimmung eines erheblichen Teils der SPD-Abgeordneten nötig.

9. Oktober Die Leitung der DDR-Delegation auf der **Frankfurt**er Buchmesse reagiert mit einer Presseerklärung auf die Anordnung des Oberlandesgerichts Frankfurt, das Schild »Bücher aus der DDR« vom Kollektivstand der aus der DDR kommenden Verlage zu entfernen. Sie gibt bekannt, daß der Stand wegen der gerichtlichen Maßnahme aus Protest geschlossen werde.

9./10. Oktober Auf einer Bundestagung der *Deutschen Friedensgesellschaft* (DFG) in **Wiesbaden** fordern die Delegierten in einem einstimmig gefaßten Beschluß die Bundesregierung auf, gutnachbarliche Beziehungen zu den Staaten des Ostblocks zu pflegen und mit der Regierung der DDR Gespräche über Abrüstung und Wiedervereinigung zu führen. Im Rahmen einer öffentlichen Kundgebung referieren der Wiener Zivilisationskritiker Günther Anders und der DFG-Präsident Martin Niemöller über das

8.-12.10.: Festakt des Akademischen Senats zur 550-Jahr-Feier der Karl-Marx-Universität in Leipzig (v.l.n.r.): Rektor Professor Georg Mayer, Volkskammerpräsident Johannes Dieckmann und SED-Chef Walter Ulbricht.

10.10.: »Kontakt-
Lemmers (Kulen)-
kampff.« Karikatur
des SED-Zentral-
organs »Neues
Deutschland« zu
dem durch die Fern-
sehsendung aus-
gelösten Namens-
streit.

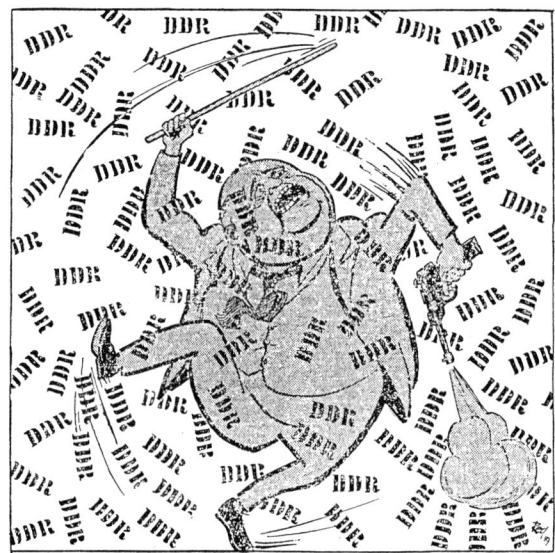

9./10.10.: Der
jüdische Philosoph
und Schriftsteller
Günther Anders ist
einer der schärfsten
und scharfsinnig-
sten Kritiker der
Atomrüstung.

10.10.: Kulen-
kampff-Karikatur
von H. M. Brock-
mann im »Simpli-
cissimus«.

Thema »Frieden in der Welt«. Der jüdische Philosoph meint in seinem Vortrag über die »Unmoral im
Atomzeitalter«, es sei kein Zufall, daß die Sprache
den Frieden nur im Singular kenne und man analog
zu der Redeweise von den Kriegen nicht im Plural
von ihm sprechen könne. Der Friede habe traditionell als Kontinuum gegolten, der Krieg dagegen als
dessen Unterbrechung. Diese Zeiten seien nun seit
einem halben Jahrhundert vorbei. Denn seit den Bal-
kankriegen sei die Kette der Kriege nicht mehr abgerissen; der Kriegszustand habe seitdem nicht mehr
aufgehört. Heute existiere ein Kriegskontinuum,
aus dem sich die Friedenszeiten wie kleine Inseln,
als »ausgesparte Leerstellen« herausheben würden.
Man müsse deshalb von einer »Endlosigkeit der
Unsicherheit« sprechen und sich der paradox anmutenden Aufgabe gewiß werden, daß diese Unsicherheit nicht zu Ende gehe. Kriegsgegner habe es schon
lange zuvor gegeben. Da der Krieg aber heute zugleich den Untergang bedeuten würde, müsse man
sich nun als »Untergangsgegner« definieren. Sie
seien das »erste Geschlecht der Untergangsgegner«.
Man lebe im Zeitalter der Möglichkeit einer »selbst-
gemachten Apokalypse«. In drei Thesen faßt Anders
zusammen, was sich seiner Meinung nach in dieser
Epoche grundlegend geändert habe: 1. Da die Hand-
lungssituation im Unterschied zu vergangenen Zeiten von der Möglichkeit der Selbstzerstörung der
Welt geprägt sei, wäre eine neue Moral und Ethik
vonnöten. 2. Die Partner des Handelns seien nicht
mehr Einzelne, sondern gehörten angesichts dieser
Situation zusammen. Der Globus sei zum Dorf
geworden und jeder Zeitgenosse sein Nächster. 3. In
der Apparatewelt sei das Handeln in der Arbeit
untergegangen. In der Arbeit, in der das Handeln zu
etwas moralisch Neutralem geworden sei, jedoch

könne keine Rettung angesichts der atomaren
Bedrohung liegen. Die Maxime im Atomzeitalter
müsse deshalb lauten: »Widersteh der Geheimma-
xime der Arbeitsmoral! Widersteh denjenigen, die
dich ›beschränkt‹ machen! Vergiß niemals, daß jede
deiner Arbeiten ein Mittun ist, und als Mittun ein
Handeln! Und unterlaß es nie, dir Rechenschaft
davon abzulegen, welche Art von Handeln deine
Arbeit darstellt! Vor allem gilt: Befolge das ›du sollst
nicht töten‹ nicht allein dann, wenn du ein Messer
oder einen Revolver in der Hand hältst, ... sondern
auch dann, vor allem dann, wenn du ein Gerät für ein
Gerät des Mordens mitherstellst.«[242] Pastor Niemöller bezeichnet den Weltfrieden als eine Aufgabe,
die keinerlei Aufschub mehr dulde und durch das
Wettrüsten ständig gefährdet werde. Die Wiedereinführung der Wehrpflicht sei ein Verbrechen an
der Jugend. Dem Unfug des Luftschutzes, der organisiert werde, um die Menschen an den Krieg zu
gewöhnen, müsse man energisch entgegentreten.
Zum Abschluß der DFG-Bundestagung wird der
Text eines Offenen Briefes einstimmig von den Delegierten angenommen, in dem Bundeswirtschaftsminister Ludwig Erhard (CDU) aufgefordert wird, sich
für einen schrittweisen Abbau der Bundeswehr einzusetzen und die auf diese Weise eingesparten
Rüstungsgelder für die Finanzierung eines Weltfrie-
densdienstes zu verwenden. Dann werden noch der
sozialdemokratische Bundestagsabgeordnete Arno
Behrisch zum neuen Bundesschriftführer der DFG
und seine Fraktionskollegin Helene Wessel als Nachfolgerin von Helene Hermes in den DFG-Bundesvor-
stand gewählt.

10. Oktober Der Moderator Hans-Joachim Kulenkampff löst mit seiner Ansage zum Start der vom
<u>Deutschen Fernsehen</u> übertragenen Sendereihe
»Quiz ohne Titel« heftige Proteste aus. Anstoß erregt er jedoch nicht nur damit, daß er neben Bundesdeutschen, Österreichern und Schweizern auch die
Zuschauer »in der DDR« begrüßt, sondern auch mit

einer Landkarte, auf der die für die ehemaligen mittel- und ostdeutschen Gebiete sonst üblichen Bezeichnungen »Sowjetzone« und »unter polnischer Verwaltung« vermieden werden und stattdessen »DDR« und »Polen« zu lesen ist. Noch während das Quiz läuft, melden sich Hunderte von Zuschauern, insbesondere West-Berliner, und verlangen die sofortige Absetzung der Kulenkampff-Sendung. Weitaus massivere Gegenmaßnahmen fordern Politiker der CDU. Der Bundestagsabgeordnete Johann Baptist Gradl will den Gesamtdeutschen Ausschuß zu einer Sondersitzung einberufen und der Bundesminister für Gesamtdeutsche Fragen, Ernst Lemmer, »eine strenge Untersuchung« des Vorfalls herbeiführen. Nach den Worten ihres Fraktionskollegen Heinrich Gewandt stellt das Verhalten des populären Moderators »eine leichtfertige und gefährliche Entgleisung einer Körperschaft des öffentlichen Rechts« dar.

10. Oktober Auf einer von dem Diplomvolkswirt Hans Wuwer organisierten Protestversammlung des *Aktionsausschusses 1922* in **Gladbeck** fordert der Kölner Verleger Manfred Pahl-Rugenstein eine Kontaktaufnahme zwischen beiden deutschen Regierungen zur Durchführung von Verhandlungen über einen Friedensvertrag. Der Friede werde einem nicht geschenkt, ruft Pahl-Rugenstein aus, sondern müsse erkämpft werden. Im Anschluß an die Diskussion gibt Wuwer den 150 Teilnehmern bekannt, daß sich der Essener Rechtsanwalt Diether Posser bereit erklärt habe, allen, die einen Antrag auf Kriegsdienstverweigerung stellen wollen, eine kostenlose juristische Beratung zu geben.

10. Oktober Auf einem von den *Jungsozialisten* in **Coburg** veranstalteten Vortragsabend referiert der Mainzer Physikprofessor Karl Bechert, der zugleich SPD-Abgeordneter im Bundestag ist, über das Thema »Atomzeitalter und Verantwortlichkeit«. Darin warnt er grundsätzlich vor einem Mißbrauch wissenschaftlich gewonnener Erkenntnisse aus der Atomphysik für militärische Zwecke.

11. Oktober Auf einer Protestversammlung im großen Saal des **Dortmund**er Hotels »Industrie« wenden sich die Redner einhellig gegen die Unterwanderung der Kriminalpolizei in Nordrhein-Westfalen durch ehemalige SS-Offiziere und Gestapo-Angehörige. Organisatoren der Veranstaltung sind die *Arbeitsgemeinschaft verfolgter deutscher Staatsbürger polnischen Volkstums*, der *Hinterbliebenenausschuß der Opfer im Rombergpark*, der *Schutzverband der Verfolgten* und die *Vereinigung der Verfolgten des Naziregimes* (VVN). Vor mehreren hundert Teilnehmern sprechen der Vizepräsident der *Fédération Internationale des Résistants* (FIR), Josef C. Rossaint, als Mitglied des *Komitees ehemaliger Häftlinge des KZ Sachsenhausen*, Heinz Junge, Willi Belz aus Kassel, Verhöropfer des bis vor kurzem im Amt befindlichen stellvertretenden Leiters der Dortmunder Kriminalpolizei, der Oberschüler Raimund Mörchel, Sohn eines der im Rombergpark von der Gestapo Ermordeten, und der VVN-Vorsitzende des Kreises Dortmund, Willi Herzog. Belz, der durch seine Strafanzeige die Suspendierung des stellvertretenden Dortmunder Kripochefs Dr. Braschwitz herbeigeführt hat, berichtet darüber, wie er von dem früheren Kriminalrat in der Berliner Gestapozentrale verhört wurde. Obwohl er nach Kriegsende jahrelang untergetaucht war, wäre es ihm fast gelungen, eine erneute Karriere bis an die Spitze der Kriminalpolizei zu machen. Herzog erklärt, es sei unverständlich, daß trotz der Proteste, die von der Fachgruppe Polizei innerhalb der Gewerkschaft ÖTV öffentlich geäußert worden sind, der ehemalige SS-Sturmbannführer Dr. Menke in Dortmund als Leiter der Kriminalpolizei habe eingesetzt werden können. Anschließend befaßt er sich mit den Vorwürfen gegen Bundesvertriebenenminister Theodor Oberländer (CDU), dem vorgeworfen wird, mit dem Bataillon »Nachtigall« in Lemberg Kriegsverbrechen begangen zu haben. Er könne sich nicht vorstellen, meint Herzog, daß in einem anderen europäischen

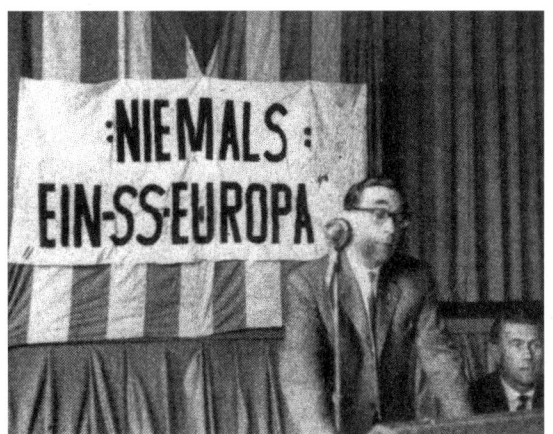

10.10.: 22er-Demonstration in Gladbeck.

11.10.: Eine von der »Vereinigung der Verfolgten des Naziregimes« (VVN) im Herbst oft gestellte Frage.

11.10.: Protestkundgebung der VVN und anderer Organisationen in Dortmund.

11.10.: Kriegsversehrte fordern auf einer Kundgebung in der Hamburger Ernst-Merck-Halle eine Erhöhung ihrer Grundrenten.

Veranstaltung, zu der Hunderte von Schwerbeschädigten mit Rollstühlen oder auf Krücken kommen, muß die Ernst-Merck-Halle wegen Überfüllung geschlossen werden. Tausende von Zuhörern verfolgen die Redebeiträge, die mit Lautsprechern in den Park »Planten un Blomen« übertragen werden, vom Freien aus. In der Halle ist auf der Bühne ein überdimensionales Transparent aufgespannt, auf dem an die Adresse des zuständigen Bundesarbeits- und -sozialministers Theodor Blank (CDU) gerichtet zu lesen ist: »Wir gaben Gesundheit und Leben! – Was geben Sie, Herr Minister Blank?« Als Redner treten der Hamburger Bürgermeister, Max Brauer (SPD), die Bürgerschaftsabgeordnete Elsa Teuffert (FDP), der Vorsitzende des Kriegsopferausschusses im Bundestag, Kurt Pohle, der 1. Bundesvorsitzende des *Reichsbunds*, Paul Neumann, der Hamburger Landesvorsitzende Edward Reimer und der Leiter der sozialpolitischen Abteilung beim Bundesvorstand, Joachim Dauhs, auf. Unter großem Beifall ruft Brauer aus, es sei durchaus verständlich, wenn sich wegen der höchst unzureichenden Kriegsopferversorgung Erbitterung und Unzufriedenheit in weiten Teilen der Bevölkerung ausbreiteten. Niemand könne an der Tatsache vorbeisehen, daß im Bundeshaushalt ein Mehrfaches an Ausgaben für Verteidigungsleistungen angesetzt sei, als von den Kriegsversehrten, ihren Angehörigen und den Hinterbliebenen an Versorgungsleistungen gefordert wird. Brauer betont, es gehöre zu den moralischen und sittlichen Verpflichtungen des gesamten Volkes, die Sicherung der Kriegsopferversorgung in einer ausreichenden und den gesamten Lebenszeitraum umfassenden Form gesetzlich zu verankern. Dauhs appelliert an die Abgeordneten des Bundestages, sich zu den berechtigten Forderungen der Kriegsopfer zu bekennen; sie sollten ihren rechtsstaatlichen Anspruch auf eine gerechte Versorgung uneingeschränkt bejahen. Reimer beschließt die Kundgebung, auf der mehrfach der Rücktritt von Bundesminister Blank gefordert worden ist, mit dem Mahnruf: »Vergeßt die Kriegsopfer nicht!«

13. Oktober Die Philosophische Fakultät der Karl Marx-Universität in **Leipzig** verleiht dem Hamburger Verleger Ernst Rowohlt für sein Engagement in der Friedensbewegung die Ehrendoktorwürde.

13. Oktober Der ehemalige Major der *Bewegung 26. Juli* und jetzige Gouverneur der kubanischen Provinz Camaguey, Hubert Matos, bittet Ministerpräsident Fidel Castro in einem persönlichen Brief, von seinem Posten zurücktreten zu können. Er sei mit dem wachsenden Einfluß kommunistischer Kreise nicht einverstanden und wolle lieber ins Privatleben zurückkehren als möglicherweise zum Verräter zu

Land ein so belasteter Politiker wie Oberländer angesichts der Massivität des Verdachts auch nur einen Tag länger im Amt hätte bleiben können. In einer bei einer Gegenstimme von allen Teilnehmern angenommenen Entschließung werden die Bundesregierung und der Bundesrat aufgefordert, unverzüglich Maßnahmen zu ergreifen, »um dem unheilvollen Einfluß der Totengräber Deutschlands auf die Entwicklung unseres Staatswesens Einhalt« zu gebieten. Insbesondere werde »die sofortige Abberufung des Herrn Bundesministers für Vertriebene, Prof. Dr. Oberländer« gefordert. Eine Verständigung mit den Völkern, die Opfer des deutschen Krieges waren, sei nur möglich, wenn endlich eine Klärung dieser dunklen Punkte deutscher Vergangenheit erfolge.

11. Oktober An einer Großkundgebung des *Reichsbunds der Kriegs- und Zivilgeschädigten* gegen den Reformentwurf der Bundesregierung zur Kriegsopferversorgung beteiligen sich in **Hamburg** über 25.000 Menschen. Bereits lange Zeit vor Beginn der

werden. In dem Schreiben heißt es: »Ich will nicht zu einem Hindernis auf dem Weg der Revolution werden. Vor die Alternative gestellt, mich anzupassen oder mich – um allen Schaden zu vermeiden – zu entfernen, entspricht es meiner revolutionären Ehrlichkeit, das letztere zu tun ... Wer den Sieg der Revolution wünscht, muß offen sagen, wohin wir gehen, und welchen Weg wir beschreiten. Man soll jene nicht als Reaktionäre und Verschwörer behandeln, die ernsthaft Probleme diskutieren wollen ... Es scheint mir angebracht, darauf hinzuweisen, daß große Männer kleiner werden, sobald sie beginnen, ungerecht zu sein ...«[243] Unmittelbar nach dem Empfang des Schreibens beschimpft Castro seinen früheren Kampfgefährten in einer Rundfunkansprache als »Konterrevolutionär«. Danach fliegt er in die Provinz **Camaguey** und läßt Matos und seinen Mitarbeiterstab verhaften. – Im Dezember steht der in der Bevölkerung populäre Hubert Matos mit seinen Offizieren vor einem Kriegsgericht. Dabei kommt es zu einem peinlichen Zwischenfall, als eine Reihe anderer Offiziere und Soldaten die Angeklagten mit Händeklatschen begrüßen. Auf Befehl Castros werden sie umgehend verhaftet und aus der Armee gestoßen. Matos wird in dem Prozeß, in dem Fidel und sein Bruder Raul Castro als Zeugen aussagen, schließlich zu einer Gefängnisstrafe von 20 Jahren verurteilt. 21 mitangeklagte Offiziere, die ebenfalls aus Protest von ihren Posten zurückgetreten waren, erhalten Gefängnisstrafen zwischen zwei und sieben Jahren. Gerichtsvorsitzender ist der Oberbefehlshaber der kubanischen Luftwaffe, Major Sergio del Valle.

15./16. Oktober Unbekannte scheinen auf den französischen Senator François Mitterand in **Paris** ein Attentat zu verüben. Der als gemäßigter Sozialist geltende Mitterand, der bereits mehrere Drohbriefe erhalten hat, will, als er nachts mit seinem Wagen, einem dunkelblauen Peugeot 403, zu seiner Wohnung fährt, bemerkt haben, von einem anderen Fahrzeug verfolgt worden zu sein. Als es ihm nicht gelungen sei, seine Verfolger abzuschütteln, habe er plötzlich, so seine Darstellung, an einer dunklen Ecke gehalten, sei über ein Gitter gesprungen und habe sich in einem Gebüsch des Jardin du Luxembourg versteckt. Nur wenige Sekunden danach habe er die Salve eines Maschinengewehres gehört. Nachdem der Wagen mit quietschenden Reifen davongefahren sei, habe er erkannt, daß sein eigenes Auto von Geschoßeinschlägen regelrecht durchsiebt worden sei. – Nur wenige Stunden vor dem angeblich fehlgeschlagenen Anschlag hat der gaullistische Abgeordnete in der Nationalversammlung, Lucien Neuwirth, der Presse eine Erklärung abgegeben, in

der er eindringlich vor der Gefahr von Attentaten warnt. Darin heißt es: »Das Drama kann sich bereits morgen abspielen. Bereits haben Mordkommandos die spanische Grenze überschritten. Die Persönlichkeiten, die niederzumachen sind, wurden bereits bestimmt. Man hofft, auf diese Weise die Bevölkerung hinreichend einschüchtern zu können, damit sie nicht mehr interveniert. Auf diese Weise muß man achtzehn Monate nach einer friedlichen Revolution, die erfolgte, ohne daß ein Tropfen Blut vergossen wurde, der Möglichkeit ins Auge sehen, daß ein brudermörderischer Kampf im Inneren ausbricht.«[244] – In Pressekommentaren wird zunächst die Vermutung ausgesprochen, daß der Anschlag auf Mitterand einen Versuch darstelle, eine friedliche, durch Verhandlungen zustandekommende Lösung der Algerienfrage zu sabotieren. Der Senator und frühere Minister tritt seit langer Zeit für einen Verhandlungsfrieden mit Algerien ein. Am darauffolgenden Wochenende erhält Mitterand Hunderte von begeisterten Grußadressen aus ganz Frankreich. Die Öffentlichkeit ist sich weitgehend einig: der linke Politiker ist ein Held. – Und am 21. Oktober läßt sich

11.10.: Großkundgebung in der Hamburger Ernst-Merck-Halle.

Mitterand auf einer Pressekonferenz in dem an der Place de la République gelegenen »Hotel Moderne« als politischer Star feiern. Vor einer unübersehbaren Menge von Journalisten deutet er an, daß der Drahtzieher für das Attentat eher in Regierungskreisen als bei den Ultras in Algerien zu suchen sei. – Am 23. Oktober erscheint jedoch in der rechten Wochenzeitung »Rivarol« ein sensationeller Artikel, in dem der frühere poujadistische Abgeordnete Robert Pesquet behauptet, daß Mitterand seine Geschichte von A bis Z erfunden und das Attentat selbst inszeniert habe. Bereits am Tag zuvor hat Jean-Marie Le Pen im Foyer der Nationalversammlung mit unverkennbarer Häme verkündet, daß man sich für den kommenden Tag auf etwas gefaßt machen solle; es werde eine echte Bombe geben. Auf einer eigenen Pressekonferenz führt Pesquet weiter aus, daß er sich mit Mitterand dreimal getroffen habe, um das Drehbuch für den Pseudo-Anschlag festzulegen. Sie hätten dabei die Fahrtstrecke und das Vorgehen bis ins Detail genau abgesprochen. Als Beweismaterial für seine Behauptungen legt er zwei an sich selbst adressierte Briefe vor, deren Poststempel belegen, daß sie einige Stunden vor dem Vorfall eingeworfen worden sind. In beiden, von amtlicher Seite geöffneten Schreiben wird das Arrangement bis in letzte Einzelheiten beschrieben. Lediglich eine Kleinigkeit, fügt Pesquet hinzu, habe sich anders als geplant abgespielt. Wegen eines Liebespaares und eines wartenden Taxis habe er erst dreimal mit seinem Wagen um den Platz fahren müssen, bevor das abgesprochene Szenario habe steigen können. Nun ergießt sich über Mitterand ein Hohngelächter an Spott und Häme. Die nichtkommunistische Linke, die sich von den nach dem Geschehen eingegangenen Solidaritätsbeweisen einiges versprochen hat, reagiert verstört, zum Teil mit völliger Niedergeschlagenheit auf die Enthüllungen. – Bei einer nochmaligen Vernehmung durch die Polizei gesteht Mitterand schließlich, daß er den Gaullisten Pesquet am 7. Oktober, also vor dem angeblichen Attentat, im Justizpalast getroffen habe. Er sei beauftragt, habe ihm dieser eröffnet, ihn umzulegen. Seine Auftraggeber seien algerische Ultras. Sie wollten auch Mendès-France, Mollet und Pflimlin beseitigen. Er wolle ihn unter Lebensgefahr warnen; er dürfe ihn nicht verraten und auch nicht der Polizei ausliefern. Sein Fehler, versucht Mitterand sich zu rechtfertigen, sei es gewesen, die Geschichte zu akzeptieren und in der kleinen Komödie mitzuspielen. Die Öffentlichkeit bleibt nun jedoch äußerst mißtrauisch. Warum er, wird der ehemalige Justizminister immer wieder gefragt, weder die Polizei noch die Gerichte eingeschaltet habe? – Am 27. Oktober beantragt Ministerpräsident Michel Debré bei der Staatsanwaltschaft die

Aufhebung von Mitterands parlamentarischer Immunität. Ihm wird Beamtenbeleidigung vorgeworfen, weil er wertvolle Informationen nicht an die dafür zuständigen Stellen wiedergegeben habe. – Am 30. Oktober schickt der hoffnungslos in der Defensive befindliche Politiker einen weiteren Rechtfertigungsversuch hinterher. Mitterand schreibt in dem Wochenmagazin »L'Express«: »Ja, ich bin von ihnen zum Narren gehalten worden, seit nunmehr fünf Jahren lauern sie mir auf, seit nunmehr fünf Jahren bewege ich mich zwischen Fallen und Fußangeln. Und am Donnerstagabend, dem 15. Oktober, bin ich ihnen auf den Leim gegangen. Das kreist nun unaufhörlich in meinem Kopf und belastet meine Seele ... weil ein Mann zu mir kommt, mich zum Zeugen seiner Hemmungen macht, auf mich zu schießen, mich bittet, ihm bei seiner eigenen Rettung zu helfen. Fünf Jahre der Vorsicht, der Analysen, der Geduld reißen plötzlich ab und überlassen mich der Einsamkeit und der Angst vor den gestellten Fragen.«[245] Inzwischen finden sich mit dem Schriftsteller François Mauriac und dem ehemaligen Ministerpräsidenten Pierre Mendès-France gewichtige Personen bereit, dem angeschlagenen Politiker zur Seite zu springen und ihn in einigen Aspekten zu verteidigen. – Mit 175:27 Stimmen bei 95 Enthaltungen nimmt schließlich der Senat am 25. November den Antrag an, die parlamentarische Immunität des Senators aus Nièvre, François Mitterand, aufzuheben. Daß er noch eine Woche zuvor in einem flammenden Plädoyer, das er im Senat in eigener Sache hielt, den Vorwurf, er sei »Anstifter eines simulierten Attentats« gewesen, weit von sich gewiesen hat, schlägt

15./16.10.: Senator Mitterand führt Presseleuten vor, wie er sich angeblich mit einem Sprung über ein Eisengitter vor seinen Verfolgern in Sicherheit bringen konnte.

dabei nicht zu Buche. – Da die staatlichen Ermittlungen jedoch zu keinem Ergebnis führen, kommt es nicht zu einem ordentlichen Gerichtsverfahren. Der Ruf Mitterands bleibt allerdings beschädigt. Es gibt zwar kaum noch jemanden, der ihn für den Urheber des Scheinattentats hält, doch welche Rolle er tatsächlich in dieser Affäre gespielt hat, bleibt weiter offen.

16. Oktober Auf einer Kundgebung im überfüllten Bürgerbräukeller in **München** protestieren rund 1.000 Angehörige der beiden Jahrgänge 1922 und 1939 gegen ihre Wehrerfassung. Anhand von Photos, Filmen und Diapositiven kommentieren die ehemaligen Soldaten unter ihnen Szenen aus dem Ersten und Zweiten Weltkrieg. Einer von ihnen meint, man wolle mit den Bildern zeigen, wie das »Feld der Ehre« und der »Altar des Vaterlandes« tatsächlich ausgesehen hätten. Und ein anderer zitiert den ehemaligen General und jetzigen US-Präsidenten Dwight D. Eisenhower, der einmal gesagt haben soll, im Krieg würden sich Leute umbringen, die sich nicht kennen, für ein paar Leute, die sich sehr gut kennen, sich aber nicht umbringen.

16. Oktober Der niedersächsische Kultusminister Richard Voigt (SPD) warnt in einer Ansprache vor 150 Schulaufsichtsbeamten in **Hannover** vor der Ausbreitung neonazistischer Ideen in den Schulen. In einer Auflage von 30.000 bis 40.000 Exemplaren würden bereits wieder Zeitschriften und Mitteilungsblätter an Schüler und Jugendliche verteilt, in denen die Nazi-Ideologie ihre Blüten treibe. Wie vor 35 Jahren würden in den Heften die Ludendorff-Mythen sowie die teutonisch-arischen Wahnideen von Rosenberg und Hitler propagiert. Vom Antisemitismus bis zum Kampf gegen die Kriegsschuldlüge, vom »Ritt nach Osten« bis zur Verächtlichmachung der Demokratie sei alles wieder da. Das Belügen und Verführen der Schuljugend durch nazistisches Gedankengut sei in vollem Gange. Es gehöre zu den großen Aufgaben der Schule, diesen neuen Anfängen zu wehren. Voigt fordert die Schulaufsichtsbeamten nachdrücklich auf, alles zu tun, um die Jugend vor derartigen Einflüssen zu bewahren.

16./17. Oktober Der Zentrale Arbeitsausschuß des *Fränkischen Kreises* beschäftigt sich in **Frankfurt** unter dem Vorsitz des Ordinarius für Volkswirtschaft, Finanzwissenschaft und Statistik an der Universität Würzburg, Professor Franz Paul Schneider, mit der internationalen Lage nach dem hoffnungsvollen Verlauf der Gespräche zwischen dem sowjetischen Ministerpräsidenten Nikita S. Chruschtschow und US-Präsident Dwight D. Eisenhower in Camp David. Nach einem Referat und anschließender Dis-

kussion nehmen die Ausschußmitglieder einstimmig eine Resolution an, in der die Bundestagsabgeordneten aufgefordert werden, sich bei der nächsten außenpolitischen Debatte für die vom britischen Außenminister Selwyn Lloyd und dem sowjetischen Ministerpräsidenten Chruschtschow unterbreiteten Abrüstungsvorschläge, die »Bildung einer Zone beschränkter Rüstung in Mitteleuropa«, die Aufnahme diplomatischer Beziehungen zu den Ostblockstaaten, eine endgültige Normalisierung der Beziehungen zur Sowjetunion und konkrete Schritte zur Wiedervereinigung Deutschlands einzusetzen.

17. Oktober Auf Initiative der *Deutschen Friedensgesellschaft* (DFG) führen Jugendliche und junge Erwachsene in der westfälischen Bergarbeiterstadt **Herne** einen Auto- und Fahrradkorso gegen die Atomrüstung durch. Zwei Stunden lang fahren die Wagen mit einer Radlergruppe im Schlepptau durch die Straßen. An den Karosserien sind Spruchbänder mit den Parolen angebracht: »Jahrgang 22 – Strauß, wir bleiben zu Haus«, »Volksmoneten für Atomraketen? Nein!«, »Lieber heute demonstrieren, als morgen das Leben verlieren«, »Rührt Euch, sonst werdet Ihr weggetreten«, und »Fort mit den Armeen in Ost und West«. Über einen Lautsprecher ruft der evangelische Pfarrer Gottfried Wandersleb, der zugleich Mitglied in der DFG ist, die Passanten auf, den Kampf gegen die Atombewaffnung der Bundeswehr fortzusetzen. Die Bundesregierung solle endlich den Vorschlag des polnischen Außenministers Adam Rapacki zur Bildung einer atomwaffenfreien Zone in Mitteleuropa aufgreifen.

17. Oktober In **Helmstedt** (Niedersachsen), nur unweit von der Grenze zur DDR entfernt, führt der *Reichsbund der Kriegs- und Zivilgeschädigten* eine Prostestkundgebung gegen den Gesetzentwurf der Bundesregierung zur Neuregelung der Kriegsopferversorgung durch. Der Vorsitzende des Hamburger Landesverbands, Edward Reimer, und der Bundesgeschäftsführer, Rudolf Dittmer, appellieren vor über 1.000 Kriegsversehrten an die Mitglieder des Bundestages, die Gesetzesnovelle abzulehnen und sich für eine wirkliche Reform der Kriegsopferversorgung, insbesondere eine Erhöhung der Grundrenten, einzusetzen.

17. Oktober Auf einem »Gesamtdeutschen Forum« in **Gera**, an dem auch 150 Besucher aus München teilnehmen, kommt es zu einer Kontroverse über die eingeschränkten Reisemöglichkeiten, Gesinnungsterror, politische Justiz und die Unterdrückung der Glaubensfreiheit in der DDR. Die Kritik wird maßgeblich von Mitgliedern der *Gesellschaft für Fortschrittliche Politik* vorgetragen.

17.10.: Protestaktion gegen die von österreichischen Neofaschisten organisierte Schiller-Feier in Wien.

17. Oktober Der *Ring volkstreuer Verbände*, dem alle Parteien und Vereinigungen der äußersten österreichischen Rechten angehören, benutzt eine Feier zum 200. Geburtstag Friedrich Schillers als Tarnung, um in **Wien** eine Kundgebung durchzuführen, auf der die »deutschbewußte Bevölkerung« des Alpenstaates ein Bekenntnis zu »Großdeutschland« ablegen soll. Anstelle des geplanten Fackelzuges über die Ringstraße ist von der Polizeidirektion jedoch nur ein Fackelzug vom Rathaus zum Heldenplatz erlaubt worden. Gegen 19 Uhr versammeln sich etwa 2.500 Neonazis, die aus ganz Österreich zusammengekommen sind, auf dem Rathausplatz. Die Angehörigen der *Österreichischen Landsmannschaft*, des *Bunds der Tiroler*, des *Südtiroler Verbands*, der *Sudetendeutschen Landsmannschaft*, der Gauleitung Österreich des *Bundes Nationaler Studenten* (BNS), des seit dem 10. Juli verbotenen *Bundes Heimattreuer Jugend* (BHJ), der sich nun in *Nationale Jungsozialisten* (NJ) umbenannt hat, und der *Europäischen Ordnungsbewegung* (Sorbe) geben ein Bild ab, das nicht nur einige hundert Gegendemonstranten an vergangene Zeiten erinnert: Schwarze SS-Hosen, SS-Stiefel, HJ-Uniformen, Breecheshosen und Knobelbecher, Schulterriemen und Dolche, Trommeln und Fanfaren sowie Fackeln und schwarz-rote Fahnen vermitteln den Eindruck eines paramilitärischen Aufmarsches. Ein starkes Polizeiaufgebot soll verhindern, daß es zu Zusammenstößen kommt. Bereits nach wenigen Minuten erschallen erste Sprechchöre. Sozialisten, Gewerkschaftler, KZ-Überlebende und Angehörige mehrerer linker Jugendverbände rufen »Nazis raus!«, »Geht heim ins Reich!« und »Schluß mit den Nazi-Provokationen!«. Als sich die Neonazis in Bewegung setzen, werden sie nicht nur von uniformierten Sicherheitskräften begleitet. Auch die Gegendemonstranten folgen ihnen auf dem Weg zum Heldenplatz. Sie singen dabei die »Internationale« und verschiedene Arbeiterlieder. Als die Fackelträger nach ihrer Ankunft auf dem Platz Aufstellung beziehen, um sich die Abschlußrede anzuhören, können sie kaum ein Wort verstehen. Immer wieder hal-

len Sprechchöre über den Heldenplatz. Während der Demonstration ist von Angehörigen der *Sozialistischen Jugend Österreichs* (SJÖ) ein Flugblatt verteilt worden, in dem es heißt: »Der Menschheit Würde ist in eure Hand gegeben – bewahret sie! Hört die Mahnung Schillers und duldet nicht, daß Neofaschisten seinen Namen mißbrauchen. Wer aus der Vergangenheit nichts gelernt hat, wer heute noch gut heißt, daß Millionen Menschen ermordet und auf den Schlachtfeldern Europas geopfert wurden, tritt selbst aus den Reihen der Demokratie und verdient nicht ihren Schutz. Die demokratische Jugend Österreichs lehnt jede Form der Unfreiheit ab – deshalb verlangen die jungen Sozialisten Österreichs: Schluß mit den Naziprovokationen!«[246] Die Polizei gibt nach Abschluß der »Schiller-Feier« bekannt, daß sie 25 Personen wegen des Tragens von hakenkreuzverzierten Dolchen der *Hitlerjugend* und Braunhemden festgenommen habe.

18. Oktober In **Letter**, einem kleinen, am Westrand von Hannover gelegenen Ort, wird der 32jährige Metallarbeiter Otto Krahmann, der aus Brotterode (Bezirk Suhl) stammt, bei einer nach politischen Streitigkeiten ausgebrochenen Wirtshausschlägerei so schwer verletzt, daß er zwei Tage später an einer Gehirnblutung stirbt. Zu dem Vorfall kommt es, als Krahmann, der sich zu Besuch bei Verwandten aufhält, am Abend zusammen mit seinem Schwager Helmut Berner und dem Bekannten Helmut Steinbach in die Gaststätte »Zum Steinbock« geht, um dort Flaschenbier zu holen. Dabei werden sie, nachdem sie dort schon ein Bier und mehrere Doppelkorn getrunken haben, an der Theke in ein Gespräch über die Grenze im Osten verwickelt, das zu einem heftigen Streit führt. Berner, ein gebürtiger Ostpreuße, und ein anderer Gast, der sich als Pole ausgibt, werfen sich gegenseitig vor, daß sie nicht in ihre Heimatorte zurückgegangen seien. Als es dem Wirt, einem Ex-Jugoslawen, zu laut wird, erteilt er den drei Gästen Lokalverbot. Als diese der Aufforderung nicht Folge leisten, zieht der Kneipenbesitzer kurzerhand eine Gaspistole, fuchtelt damit herum und schießt Berner schließlich ins Gesicht. Daraufhin ergreifen die drei Bierholer die Flucht. Der Wirt schließt unmittelbar darauf die Tür ab und löscht in dem Lokal das Licht. Die drei Hinausgeworfenen geraten nun draußen in eine Gruppe junger Leute, die ebenfalls dabei sind, einen Streit auszutragen. Einer von ihnen, der 19jährige Günther Achilles, ergreift einen Holzknüppel und schlägt damit, als er von hinten einen Schubs erhält, Krahmann auf den Kopf. Dieser sinkt stöhnend mit einer 15 Zentimeter langen Platzwunde und einem Schädelbasisbruch auf dem Pflaster nieder. Als der Wirt gebeten wird,

Erschütternder Bericht der Ehefrau bestätigt:

Politischer Mord an Otto Krahmann

*Lea Krahmann erlebte Furchtbares:
Adenauer-Polizei wollte sie nicht zurück
in die DDR lassen
Schweigegeld angeboten / Bluttat der
Faschisten sollte geheimgehalten werden*

Die ungeheuerlichen Meldungen sind bestätigt: Die grauenhafte Bluttat in Hannover ist ein politischer Mord. Weil er DDR-Bürger war, wurde Otto Krahmann in einer westdeutschen Großstadt auf offener Straße erschlagen. Seine Gattin, Lea Krahmann, konnte nur durch ihre Standhaftigkeit aus den Fängen der Adenauer-Polizei entkommen. Sie ist inzwischen nach Brotterode heimgekehrt. Was die Westzonenbehörden mit ihr vorhatten, ist das absolute Eingeständnis, daß der Mord an Otto Krahmann eine gezielte Aktion der Bonner Pogromhetze gegen unsere Republik war. Schröders aufgeputschte Mordbanden waren die Vollstrecker.

Lea Krahmann gab unserem Korrespondenten einen Bericht über die kaum vorstellbaren Einzelheiten der viehischen Bluttat, die gestern nur erst teilweise bekannt waren. Was Frau Krahmann danach erleben mußte, ist ein zweites grausames Verbrechen:

Damit die Witwe in der DDR nicht aussagen könne, wollte die Adenauer-Polizei in Hannover sie zwingen, im Westzonenstaat zu bleiben. Man mutete ihr zu, darauf zu verzichten, die Leiche ihres Gatten in die DDR überführen zu lassen,

Das Verbrechen sollte geheimgehalten werden. Die Beamten versuchten sie zu bestechen. Sie boten ihr eine Wohnung und Schweigegeld auf Lebenszeit.

Lea Krahmann schleuderte ihnen ihre Antwort ins Gesicht: Niemals! Unsere ganze Republik, Millionen Bürger in Westdeutschland nehmen Anteil an ihrem tiefen Leid, in das sie von Bonn gestürzt wurde.

Mit Haß im Herzen und voll unaussprechlichem Abscheu blicken wir auf dieses Mordregime. Die Empörung flammt auf und geht als Forderung durch Deutschland: Sofortige Bestrafung der Schuldigen! Laßt nicht länger zu, daß friedliebende Deutsche, Bürger unserer Republik, wie Freiwild gehetzt und totgeschlagen werden. So war es schon einmal, als die braunen Mordbanden durch unsere Städte tobten. Nun hat es in Westdeutschland wieder begonnen. Otto Krahmann wurde zum ersten Blutopfer der gemeinen, unmenschlichen und zügellosen Pogromhetze Bonns gegen die DDR. Sollen es noch mehr werden?

Das ist der Inhalt der Tausende Proteste: Wir werden dafür sorgen, daß dieses Regime nackt und bloß an den Pranger kommt, daß alle Welt seine Fratze sieht.

einen Krankenwagen herbeizuholen, weigert er sich und gibt ein weiteres Mal mit seiner Gaspistole mehrere Schüsse ab. Steinbach und Berner schleppen nun den lebensgefährlich verletzten Freund in ihre Wohnung, alarmieren von dort aus

einen Krankenwagen, der Krahmann in das Oststadtkrankenhaus von **Hannover** bringt. – Dort erliegt der aus der DDR stammende Mann am 20. Oktober seinen schweren Verletzungen. – In den Polizeiberichten, die an die Lokalpresse in **Hannover** abgegeben werden, ist zwar von einer Schlägerei in der Gaststätte »Zum Steinbock« die Rede, nicht jedoch von ihren tödlichen Folgen für einen der Beteiligten. – Die SED versucht aus dem Toten, der kein Parteimitglied ist, mit allen Mitteln einen politischen Märtyrer zu machen, einen Befürworter der deutschen Einheit, der hinterhältig von »westdeutscher Bruderhand« erschlagen worden sei. Bereits bei der Beisetzung Krahmanns in dem am Inselberg im Thüringer Wald gelegenen **Brotterode** zeichnet sich diese Linie ab. Pfarrer Seeberger erklärt dort in seiner Trauerrede: »Man muß diesen Mord aufs schärfste verurteilen. Derartige Verbrechen tragen nicht dazu bei, die Menschen aus beiden deutschen Staaten einander näherzubringen.«[247] – Der Deutschlandsender in Ost-Berlin erhebt am 30. Oktober in seinen Sendungen den Vorwurf, der DDR-Bürger Otto Krahmann sei das Opfer eines politischen Mords geworden. – Einen Tag darauf wird in der gesamten Presse der **DDR** in großer Aufmachung über die »Ermordung eines DDR-Bürgers in Hannover« berichtet. Das SED-Zentralorgan »Neues Deutschland« schreibt: »Der Mord an Otto Krahmannn ist eindeutig eine Auswirkung der in den letzten Tagen von Bonn betriebenen verschärften Hetz- und Lügenkampage gegen die DDR und ihre Bürger.«[248] Am selben Tag, dem letzten Tag des 5. Kongresses des *Freien Deutschen Gewerkschafts-*

18.10.: Versuch des SED-Zentralorgans »Neues Deutschland«, den Todesfall propagandistisch auszuschlachten; ND-Bericht vom 1. November.

18.10.: Montagetischler im VEB Waggonbau Halle-Ammendorf protestieren gegen den angeblichen Meuchelmord an dem DDR-Bürger Krahmann, der Ausdruck der »Bonner Pogromhetze« sei.

bundes (FDGB) in der **Ost-Berlin**er Dynamo-Sporthalle, werden die bundesdeutschen Behörden von den Delegierten aufgefordert, die angebliche »faschistische Bluttat« zu sühnen. – Der Generalstaatsanwalt der DDR leitet kurz darauf in **Ost-Berlin** im Fall Krahmann ein Ermittlungsverfahren gegen Unbekannt ein. – Die 30jährige Witwe Lea Krahmann, die ein Kind von ihrem verstorbenen Mann erwartet, wird von ihrer Heimatgemeinde **Schmalkalden** als »Opfer des Faschismus« anerkannt. – Zum Gedenken an »ihren ermordeten Klassengenossen« fährt die Brigade Zweilinger im Stahl- und Walzwerk **Brandenburg** eine Hochleistungsschicht, bei der über 2.300 Knüppel gewalzt werden. – Bei einem Eishockey-Spiel in der **Ost-Berlin**er Werner-Seelenbinder-Halle legen die beiden Mannschaften zur Erinnerung an den Toten eine Gedenkminute ein. Krahmann hatte als Verteidiger in der Eishockey-Mannschaft des Betriebssportklubs »Stahl Brotterode« gespielt. – Erst nachdem in den Medien der DDR tagelang über den Todesfall berichtet und der Vorwurf erhoben worden ist, die westdeutschen Behörden versuchten, die Aufklärung eines politischen Mordes zu verhindern, äußern sich die niedersächsischen Behörden dazu. Auf einer Pressekonferenz des Justizministeriums am 2. November in **Hannover** wehrt sich der niedersächsische Innenminister Otto Bennemann (SPD) gegen die Behauptung, man habe versucht, den Vorfall zu vertuschen. Die zuständige Polizeidienststelle habe sofort eingegriffen und alles Erforderliche veranlaßt. Den Beamten hätten jedoch die möglichen politischen Folgen des Vorfalls nicht erkannt. Deshalb sei eine entsprechende Unterrichtung übergeordneter Stellen ausgeblieben. Oberlandesgerichtsrat Klein vom niedersächsischen Justizministerium meint, daß nach dem bisherigen Ermittlungsstand »eine politische Tat eher unwahrscheinlich« sei. – Die »Hannoversche Presse« schreibt am Tag darauf: »Das Ergebnis dieser Aussprache zwischen Justiz, Polizei und Presse brachte noch keine volle Klärung. Manches am Tode des Otto Krahmann aus Brotterode in der Sowjetzone bleibt nach wie vor in Dunkel gehüllt.«[249] – Die Justizministerin der DDR, Hilde Benjamin (SED), kündigt am 4. November auf einer Einwohnerversammlung in **Velten** bei Ost-Berlin an, daß »zum Schutz der DDR-Bürger« künftig strengere Kriterien bei der Bearbeitung von Anträgen für Interzonenreisen angelegt würden. Nach dem »Mord an dem DDR-Bürger Krahmann« könne nicht mehr verantwortet werden, daß weitere DDR-Bürger in Westdeutschland Opfer von »faschistischen Pogromen« werden könnten. – Die Regierung der DDR wendet sich am 6. November mit einer Protestnote an die Bundesregierung in **Bonn** und fordert die strengste Bestrafung

der »für den Mord an Otto Krahmann Verantwortlichen«. Der »eindeutig politische Mord« heißt es darin weiter, sei »das unheilvolle Ergebnis der von gewissen Kreisen der Bundesrepublik betriebenen revanchistischen und chauvinistischen Hetze«, die darauf abziele, eine »Pogromstimmung« gegen all diejenigen zu erzeugen, die »die aus dem Bestehen zweier deutscher Staaten für die Lösung der nationalen Lebensfragen unseres Volkes notwendigen Schlußfolgerungen« ziehen wollten. – Der Innenminister der DDR, Karl Maron (SED), behauptet am 19. November in einem an Bundesinnenminister Gerhard Schröder (CDU) in **Bonn** gerichteten Schreiben, daß die bundesdeutschen Behörden den Versuch unternehmen würden, »den Tathergang und die Hintergründe« des Falles Krahmann zu »verschleiern«. Es könne dagegen keinen Zweifel daran ergeben, stellt Maron fest, daß Krahmann »vorsätzlich getötet« wurde, weil er sich zur DDR bekannt habe. – Der Klempner Günther Achilles sitzt seit nunmehr drei Wochen in einem Untersuchungsgefängnis in **Hannover**. Gegen ihn wird wegen Körperverletzung mit Todesfolge ermittelt.

19. Oktober In **Wien** und anderen österreichischen Hochschulorten führen die Studenten – mit Unterstützung des Lehrkörpers – einen Warnstreik durch, um auf ihre schlechte materielle Lage aufmerksam zu machen. Sie fordern die Verabschiedung eines Gesetzes, mit dem die Vergabe von Stipendien neu geregelt werden soll, eine Erhöhung der Stipendien sowie Plätze in kostengünstigen und menschenwürdigen Studentenwohnheimen. Österreichs Hochschulen werden von insgesamt 27.296 Studenten besucht; davon sollen etwa ein Drittel ausländische Studierende sein.

20. Oktober Ein Schöffengericht in **Aachen** verurteilt einen 42jährigen Mann wegen Beleidigung und Verunglimpfung des Andenkens Verstorbener zu einer Gefängnisstrafe von vier Monaten ohne Bewährung. Das Gericht sieht es als erwiesen an, daß der Angeklagte in einem Privatgespräch geäußert hat, es müßten wieder Konzentrationslager eingeführt werden, da noch nicht genügend Juden »vergast« worden seien. Außerdem habe er den SPD-Vorsitzenden Erich Ollenhauer als Vaterlandsverräter beschimpft.

20. Oktober Schwarze Studenten an der Karl-Marx-Universität in **Leipzig** folgen einem Aufruf der *Afro-Asiatischen Solidaritätskonferenz* in Kairo und führen, unterstützt von der SED, aus Solidarität mit dem in dem ostafrikanischen Land gegen die britischen Kolonialmacht geführten Unabhängigkeitskampf einen »Kenia-Tag« durch.

21. Oktober Auf einer internationalen Pressekonferenz in **Ost-Berlin** wird bekanntgegeben, daß der bundesdeutsche Rechtswissenschaftler Professor Arthur Wegner die Regierung der DDR um vorläufiges politisches Asyl gebeten hat. Der Ordinarius für Strafrecht und Direktor des Instituts für Kirchenrecht an der Wilhelm-Universität Münster erklärt selbst dazu, daß er sich durch ein anhaltendes »Kesseltreiben« gegen seine persönliche Freiheit und seine berufliche Existenz als Wissenschaftler und Hochschullehrer zu diesem Schritt gezwungen gesehen habe. Wenn er sich mit seinem Fall an die deutsche und internationale Öffentlichkeit wende, dann tue er das nicht im Interesse seiner Person oder zur nachträglichen Rechtfertigung seines Handelns. »Vielmehr veranlaßt mich die Sorge um die Freiheit der Wissenschaft, um die Freiheit der Persönlichkeit und der ungehinderten Meinungsäußerung – ja, die Sorge um die Freiheit, Demokratie und Rechtsstaatlichkeit in der Bundesrepublik schlechthin heute und hier aufzutreten.«[250] Die Angriffe auf seine Person hätten schon im Jahr 1951 eingesetzt, als er in seinem Lehrbuch »Strafrecht allgemeiner Teil« die nationalsozialistische Auffassung einflußreicher Strafrechtler verurteilt und sich mit den Reformbestrebungen im Strafrecht auseinandergesetzt habe. Als er sich dann am 1. Juli auf einer Tagung des Nationalrats der *Nationalen Front* für die Anerkennung der DDR eingesetzt habe, sei unmittelbar danach vom nordrheinwestfälischen Kultusminister Werner Schütz (CDU) ein Untersuchungsverfahren gegen ihn eingeleitet und seine vorläufige Suspendierung angeordnet worden. In einem Schreiben vom 14. August habe ihm Schütz sogar nahegelegt, sich in Anbetracht seiner »geistig-seelischen und körperlichen Verfassung einer fachärztlichen Untersuchung« zu unterziehen. Der Fall des Münsteraner Professors wird als symptomatisch für den »Bonner Unrechtsstaat« hingestellt.

21. Oktober Mit einer öffentlichen Erklärung protestiert die Leiterin des Staatlichen Volkstanzensembles der DDR, Ballettmeisterin Rosemarie Ehm-Schulz, in **Ost-Berlin** gegen das über das »Fritz Reuter«-Ensemble verhängte Auftrittsverbot in Nordrhein-Westfalen. Auf der geplanten Tournee habe man mit einem Programm deutscher Volkstänze »der Pflege der deutschen Volkskunst dienen« wollen. Die Behauptung, das Programm »Deutscher Volkstanz« solle, wie es in der westdeutschen Tagespresse dazu hieß, »Zielen dienen, die in der Bundesrepublik für verfassungswidrig erklärt sind«, sei eine bösartige Unterstellung, die mit Entschiedenheit zurückgewiesen werden müsse. Das Auftrittsverbot stelle einen schweren Angriff auf die kulturelle Ver-

19.10.: Streikende Studenten vor der Technischen Hochschule in Wien.

ständigung sowie »die Wahrung und Pflege unseres gemeinsamen deutschen Kulturgutes« dar.

21. Oktober Der ehemalige Stabschef der kubanischen Luftwaffe, der von Fidel Castro entlassene und inzwischen in die USA geflohene Major Pedro Diaz-Lanz, überfliegt mit einem amerikanischen Flugzeug die kubanische Hauptstadt **Havanna** und wirft dabei Tausende von regimekritischen Flugblättern ab. Daraufhin tritt die Luftabwehr der revolutionären Armee in Aktion. Mit Flakgeschützen versuchen die Soldaten, den unerwünschten Eindringling abzuschießen. Gleichzeitig steigen kubanische Flugzeuge auf, um Diaz-Lanz in die Klemme zu nehmen und zur Landung zu zwingen. Doch ohne Erfolg; dem Ex-Major gelingt der Rückflug nach **Florida**. Dennoch hat es bei dem Gefecht zwei Tote und etwa 50 Verletzte gegeben. Die Luftabwehr hat in ihrem Übereifer versehentlich eigene Maschinen abgeschossen. – Dieses Mißgeschick versucht die kubanische Regierung zu kaschieren. Zunächst heißt es, die Toten seien einem Bombenanschlag zum Opfer gefallen, dann erscheint ein offizielles Statement, in dem es heißt, Diaz-Lanz habe mit seiner Maschine die Stadt bombardiert. Zur Untermauerung dieses Täuschungsmanövers wird unter dem Titel »Havanna's Pearl Harbour« eine in spanischer und englischer Sprache verfaßte Broschüre veröffentlicht, in der die Flugblattaktion mit dem Überfall der japanischen Luftwaffe auf den amerikanischen Flottenstützpunkt Pearl Harbour am 7. Dezember 1941 verglichen wird. – Auf einer Massenversammlung in **Havanna** erklärt Ministerpräsident Fidel Castro am 27. Oktober, die Aktion von Diaz-Lanz sei eine gezielte Provokation der USA. Er droht an, daß seine Regierung, wenn sie es für nötig hielte, die US-Marine von

Am Zaun brach der Schwerverletzte zusammen

Hier starb Nesbah

Standort der Täter

Ermordeter Nesbah

Hotel „Neunzig" Treffpunkt der Algerier

22.10.: Der Tatort des Attentats auf den FLN-Funktionär in Köln; »Spiegel«-Graphik.

ihrem auf der Insel gelegenen Flottenstützpunkt Guantánamo vertreiben würde. – Einen Tag später verschwindet der äußerst populäre Mitkämpfer Castros, Major Camilo Cienfuegos, unter mysteriösen Umständen. Cienfuegos, der überraschenderweise nicht auf der Kundgebung des Vortages aufgetreten ist und ebenso wie Hubert Matos nicht mehr mit der politischen Weiterentwicklung einverstanden sein soll, besteigt ein Flugzeug, um in eine der im Osten der Insel gelegenen Provinzen zu fliegen und wird nicht mehr gesehen. Die Nachricht von seinem rätselhaften Verschwinden löst unter der kubanischen Bevölkerung große Unruhe aus.

22. Oktober In der Nähe des **Köln**er Hauptbahnhofs wird der 28jährige Funktionär der algerischen *Front de Libération Nationale* (FLN), Ahmed Nesbah, auf offener Straße von zwei Unbekannten erschossen. Der Mord geschieht, als der langjährige Organisationschef des *Mouvement National Algérien* (MNA), einer anderen Befreiungsorganisation, zusammen mit zwei Begleitern, ebenfalls Algeriern, das Hotel »Neunzig« verläßt und sich zu einem in der Nähe gelegenen Parkplatz begibt. Der eine seiner beiden Freunde, der Generalsekretär der algerischen Gewerkschaft USTA, Outaleb Ramdane, wird dabei durch einen Bauchschuß lebensgefährlich verletzt, der andere, Khaldi Boussef, kann sich mit einem Hechtsprung hinter einen parkenden Personenwagen gerade noch retten. – Die beiden Attentäter treten in aller Seelenruhe ihre Flucht an. Aus einer Gaststätte rufen sie ein Taxi herbei und lassen sich in Richtung deutsch-belgische Grenze fahren. Ohne Schwierigkeiten gelingt es ihnen, kurz nach 22 Uhr den Grenzkontrollpunkt bei **Aachen-Bildchen** zu überschreiten und sich nach **Lüttich** abzusetzen. – Erst in den frühen Morgenstunden trifft an allen in Frage kommenden Grenzstellen ein Fernschreiben

der Kölner Kriminalpolizei ein, in dem die beiden mutmaßlichen Mörder genau beschrieben sind und um ihre sofortige Festnahme ersucht wird. – Wie sich später herausstellt, ist der Ermordete Ende 1958 von der Geheimorganisation MNA zur konkurrierenden FLN übergelaufen. Dabei hat er nicht nur zentnerweise Akten, mehrere Autos, Gelder und Waffenarsenale mitgehen lassen, sondern auch elf seiner engsten Mitarbeiter zum Übertritt verleiten können. Nesbah reiste dann nach Tunis und erklärte im dortigen Hauptquartier der FLN, daß die MNA vom französischen Geheimdienst finanziell und politisch abhängig sei. Da mehrere MNA-Leute an Morden der Terrororganisation *La Main Rouge* (Rote Hand) beteiligt gewesen seien, habe er sich dazu entschlossen, zur FLN überzuwechseln. Zusammen mit seinen elf Kombattanten wurde Nesbah dann beauftragt, sich in die Bundesrepublik zu begeben, um von dort aus MNA-Mitglieder ebenfalls zum Übertritt in die FLN zu bewegen. – Das Nachrichtenmagazin »Der Spiegel« berichtet am 4. November detailliert über den Ablauf und die Hintergründe des Kölner Mordanschlags. Es behauptet, daß Nesbah seine Mörder und ihre Hintermänner gut gekannt habe. Attentäter seien zwei Mitglieder eines MNA-Rollkommandos aus Lüttich gewesen: der 26jährige Idir Boudjemer, genannt »Farid«, und der 27jährige Rabah Chibatti, genannt »Si Rabah«. Weiter heißt es, der Generalsekretär des MNA, Moulai Merbah, habe bis zum Attentat in Köln residiert, von wo aus die Mordaktionen gegen FLN-Mitglieder koordiniert worden seien, und der Anführer des MNA, Messali Hadsch, lebe völlig unbehelligt in einer Villa in Paris.

22. Oktober Der Bundestag in **Bonn** debattiert in der ersten Lesung zur Neuordnung der Kriegsopferversorgung über die Gesetzentwürfe der Regierungskoalition von CDU/CSU und DP sowie die der beiden Oppositionsparteien SPD und FDP. Nach den monatelangen Protesten von Zehntausenden von Mitgliedern des *Verbands der Kriegsbeschädigten, Kriegshinterbliebenen und Sozialrentner Deutschlands* (VdK) hat sich die Bundesregierung schon einige Tage zuvor von Teilen des Gesetzentwurfes, der von Bundesarbeitsminister Theodor Blank (CDU) verfochten wird, distanziert und sich für eine Vorlage der CSU-Abgeordneten Maria Probst, einer der Hauptkritikerinnen auf den VdK-Kundgebungen, ausgesprochen, in der eine Erhöhung der Grundrenten von Kriegsopfern vorgesehen ist. In der sechsstündigen Redeschlacht wird vor allem um die Finanzierung des Reformentwurfs und die Terminierung für die Inkraftsetzung der verbesserten Versorgungsleistungen gestritten.

22. Oktober Die Erste Strafkammer des Landgerichts **Dortmund** verurteilt den Essener Arbeiter Günter Fuchs wegen Mitarbeit in der als kommunistische Tarnorganisation geltenden *Gesellschaft für Deutsch-Sowjetische Freundschaft* (GDSF) zu einer Gefängnisstrafe von zehn Monaten.

22. Oktober In den Alster-Lichtspielen in **Mannheim** hat der unter der Regie von Bernhard Wicki gedrehte Antikriegsfilm »Die Brücke« Premiere. In dem Streifen, der im In- und Ausland große Bestürzung auslöst, wird in beklemmend realistischen Bildern gezeigt, wie eine Gruppe von Oberschülern noch in den letzten Kriegstagen zum »Volkssturm«

22.10.: Programmheft zu dem Wicki-Film mit der Hauptdarstellerin Cordula Trantow in der Mitte.

eingezogen wird und beim Versuch, eine strategisch völlig wertlose Brücke gegen vorrückende amerikanische Panzer zu verteidigen, Schritt für Schritt untergeht. Jugendliche Hauptdarsteller sind u.a. Michael Hinz, Volker Lechtenbrink, Cordula Trantow und Fritz Wepper. Autor des Drehbuches, das nach einem gleichnamigen Roman von Manfred Gregor verfaßt wurde, ist der Journalist Michael Mansfeld, der vor allem durch seine Enthüllungen der NS-Vergangenheit von zahlreichen Mitarbeitern des Auswärtigen Amtes in Bonn bekannt geworden ist. – Der Filmkritiker Hans-Dieter Roos bezeichnet »Die Brücke« in einer Besprechung für die »Süddeutsche Zeitung« als einen der »härtesten, schonungslosesten, bittersten Antikriegsfilme«, der je über die Leinwand gegangen sei. »Dieser Film,« faßt er am Ende sein Urteil zusammen, »ist ein spontanes Meisterwerk. Er ist, wenn es je ein Film war, ›besonders wertvoll‹. Weil er uns noch einmal den Schock vermittelt, den wir vor vierzehn Jahren empfangen und vergessen haben.«[251] – Trotz der Erschütterung, die »Die Brücke« gerade unter Jugendlichen auslöst, merken einige Kritiker aber auch an, daß sich der emotional Betroffenheit erzeugende Film umstandslos in die apolitische Perspektive anderer deutscher Kriegsfilme einreihe. So kritisiert Richard Scheringer in der Zeitschrift »Das Argument«: »Man darf sich nicht darauf beschränken, einfach die Sinnlosigkeit eines solchen Kampfes zu schildern. Ich habe mit Jugendlichen über den Film gesprochen, und bei allen

22.10.: Die CSU-Abgeordnete Maria Probst im Bundestag; dahinter der angegriffene Bundesarbeitsminister Theodor Blank (ganz links) und Bundeskanzler Adenauer (rechts).

überwog zuerst einmal die Hochachtung vor ihren Altersgenossen, die da auf der Leinwand bis zur letzten Patrone geschossen haben. Natürlich hat man auch Mitleid, aber seien Sie versichert, die meisten Jungen werden in den Verteidigern der Brücke doch Helden sehen. Das ist bei unseren soldatischen Traditionen leicht verständlich ... Wenn man also nicht zeigt, wo die Ursachen dieser anachronistischen Kriege liegen, deren moderne Perfektion das Menschliche schlechthin zerstört, dann wird man mit solchen Filmen nicht den Krieg verhindern, sondern Helden für den nächsten Krieg erziehen.«[252] Scheringers Beitrag ist zuvor schon als Leserzuschrift in der Münchener Zeitschrift »Panorama« erschienen.

22.10.: Szenenfoto aus dem Film »Die Brücke«.

22. Oktober Auf einer internationalen Pressekonferenz des *Ausschusses für Deutsche Einheit* in **Ost-Berlin** stellt Staatssekretär Albert Norden neues Belastungsmaterial über die NS-Vergangenheit von Bundesvertriebenenminister Theodor Oberländer (CDU) vor. Es handle sich dabei, erklärt Norden, um Auszüge aus Oberländers Personalakte und um Zeugenaussagen über die vom Bataillon »Nachtigall« zwischen dem 30. Juni und dem 6. Juli 1941 in Lemberg verübten Mordaktionen. Eine der Aussagen stammt von dem Diplom-Ingenieur Gabriel Sokolnicki, Professor an der Technischen Hochschule in Lemberg, und eine andere vom ehemaligen Direktor der Lemberger Stadtbibliothek, Emil Maslak. Am Ende richtet Norden eine Reihe von Forderungen an Bundestag, Bundesregierung und die Bonner Oberstaatsanwaltschaft: »Oberländer muß von der westdeutschen Szene verschwinden, gerade auch im Interesse der Umsiedler, die durch die vergangene Politik Oberländers ins Elend gestürzt wurden und durch seine heutige Politik in neues Elend gestürzt werden sollen. Wir fordern den Bundestag auf, die Immunität Oberländers aufzuheben. Es ist höchste Zeit, daß Oberländer vor Gericht gestellt wird. Wir

schlagen dem Bonner Oberstaatsanwalt vor, dem Beispiel der hessischen Landesregierung zu folgen, die einen hohen Beamten in den demokratischen Sektor Berlins entsandte, der hier Einsicht in die Akten einiger Blutrichter nahm und dabei aufschlußreiche Erkenntnisse gewann. Alle notwendigen Unterlagen und Akten stehen dem Bonner Oberstaatsanwalt bei uns zur Verfügung. Wenn es ihm um die Wahrheit zu tun ist, so möge er den Weg dorthin nehmen, wo die Wahrheit zu Hause ist. Jetzt kann die Bonner Regierung nicht länger schweigen. Jetzt erwartet die Öffentlichkeit, daß der Kanzler die Konsequenzen zieht und Oberländer sofort vom Dienst suspendiert.«[253]

22. Oktober In der Nähe von **Planá** (CSSR) stürzen zwei Düsenjäger der Bundeswehr vom Typ F-84 wegen eines Defekts der Sauerstoff- und der Funkanlage ab. Die beiden Piloten Helmut Krauß und Rolf Hofmann, die von **Memmingen** aus zu einem Übungsflug über Südwestdeutschland gestartet waren, überstehen das Unglück unverletzt. Sie werden von den tschechoslowakischen Behörden wegen Verletzung des Luftraumes inhaftiert. – Nach einer Entscheidung des tschechoslowakischen Generalstaatsanwalts in **Prag** werden die beiden »krimineller Vergehen« beschuldigten Piloten nicht vor Gericht gestellt, sondern am 2. Dezember als »unerwünschte Ausländer« abgeschoben. Sie werden von den Grenzbehörden CSSR dem Bundesgrenzschutz übergeben. – Auf einer zwei Tage später stattfindenden Pressekonferenz in **Bonn** erklären Krauß und Hofmann, daß sie in der CSSR aufgefordert worden seien, dort zu bleiben.

22. Oktober Der Rat der Westeuropäischen Union (WEU) in **London** beschließt, gegenüber der Bundesrepublik Deutschland eine weitere Ausnahme von dem im WEU-Vertrag bestimmten Verbot zur Herstellung bestimmter Waffen zu machen. Auf Empfehlung des NATO-Oberbefehlshaber für Europa, General Lauris D. Norstad, wird die Bundesrepublik ermächtigt, zusammen mit anderen europäischen Staaten die US-Raketen vom Typ »Hawk« und vom Typ »Sidewinder« zu produzieren.

23. Oktober Bundesinnenminister Gerhard Schröder beantragt beim Bundesverwaltungsgericht in **West-Berlin**, die *Vereinigung der Verfolgten des Naziregimes* (VVN) zur verfassungsfeindlichen Organisation erklären zu lassen und ein Verbot auszusprechen. Nach Ansicht der Bundesregierung handelt es sich bei der VVN um eine kommunistische Tarnorganisation. Der Verbotsantrag stützt sich auf Artikel 9, Absatz 2 des Grundgesetzes, wonach Vereinigungen, »deren Zwecke oder deren Tätigkeit den Strafgesetzen zuwiderlaufen oder die sich gegen die verfassungsmäßige Ordnung oder gegen den Gedanken der Völkerverständigung richten«, verboten sind. Da es sich bei der VVN nicht um eine politische Partei handelt, ist für den Verbotsantrag nicht das Bundesverfassungsgericht in Karlsruhe, sondern das Bundesverwaltungsgericht in West-Berlin zuständig. In den beiden Bundesländern Hamburg und Rheinland-Pfalz sind die jeweiligen Landesverbände der VVN bereits vor einiger Zeit verboten worden. – In einer Sendung des Südwestfunks (SWF) begründet Schröder den Verbotsantrag damit, daß die VVN bereits seit ihrer Gründung zielstrebig von Kommunisten unterwandert worden sei. Bezeichnend dafür sei, daß deshalb schon im Mai 1948 führende Sozialdemokraten in demonstrativer Weise ihren Austritt aus der VVN erklärt hätten. Die Schlüsselpositionen der VVN, die über rund 30.000 Mitglieder verfüge, seien fast ausschließlich von ehemaligen KPD-Funktionären besetzt. Den Sitzungsprotokollen verschiedener KPD-Organisationen habe man entnehmen können, daß die VVN im Arbeitsplan des Parteivorstandes unverblümt als »Massenorganisation« der KPD aufgeführt werde. – In einigen wenigen Pressekommentaren wird auf die Möglichkeit verwiesen, daß die von der Bundesregierung verfolgte Absicht, die VVN zu verbieten, vielleicht eine Reaktion auf die kürzlich in Gang gekommene Kampagne gegen eines ihrer Kabinettsmitglieder sein könnte. Dokumente, die den Verdacht begründen, daß Bundesvertriebenenminister Theodor Oberländer (CDU) während des Krieges in Lemberg als Angehöriger der Division »Brandenburg« an Massenerschießungen beteiligt gewesen sein könnte, sind in der Bundesrepublik als erstes von der Wochenzeitung »Die Tat«, dem Organ der VVN, vorgelegt worden.

23. Oktober Der *Aktionsausschuß gegen die atomare Aufrüstung der Bundesrepublik* führt in **Bargteheide** (Kreis Stormarn, Schleswig-Holstein) eine Kundgebung durch, an der zahlreiche Oberschüler teilnehmen. Nach einer Einführung von Erich Dusenschön berichtet der Theologiestudent Peter Meier über

seine Erfahrungen, die er als Delegierter bei der 5. Weltkonferenz gegen Atom- und Wasserstoffbomben im August in Hiroshima gewonnen hat. Zum Abschluß wird der Film »Aufstand des Gewissens« gezeigt.

23. Oktober Die Zweite Zivilkammer des Landgerichts **Heidelberg** bestätigt das Verbot einer Ausgabe der Studentenzeitschrift »Forum academicum«, in dem unter der Überschrift »Man trägt wieder Braunhemd« in kritischer Form über den rechtsradikalen *Bund Nationaler Studenten* (BNS) berichtet worden war. Das Gericht lehnt es damit ab, dem Antrag von zwei Herausgebern der Zeitschrift, den beiden AStA-Mitgliedern Erich Kaub und Ursula Dilling, stattzugeben, eine vom BNS gegen das Heft erwirkte einstweilige Verfügung wieder aufzuheben. Die Kosten des Verfahrens haben die beiden Kläger zu tragen. Wegen des von dem Heidelberger RCDS-Vorsitzenden Bernhard Schöning verfaßten Artikels war es am 17. Juli in der Mensa der Heidelberger Universität zu einer Prügelei gekommen.

23. Oktober In einer knappen Notiz im SED-Zentralorgan »Neues Deutschland« wird bekanntgegeben, daß die für den selben Tag angesetzte Uraufführung des von Regisseur Konrad Wolf gedrehten Films »Sonnensucher« ausfalle und die Leitung des DEFA-Spielfilmstudios »in Übereinstimmung mit den Schöpfern des Filmes« beschlossen habe, ihn zurückzuziehen, »obwohl er durch die zuständigen Organe zur Aufführung freigegeben« worden sei. Zur Begründung heißt es wortkarg: »Der Beschluß erfolgte im Hinblick auf die seit der Konzipierung und Schaffung des Filmes ›Sonnensucher‹ eingetretene Entwicklung.«[254] – Hintergrund für die im letz-

22.10.: Das SED-Zentralorgan berichtet über die Oberländer-Pressekonferenz des »Ausschusses für Deutsche Einheit«.

23.10.: »Wir haben ausreichende Beweise für die staatsgefährdende Tätigkeit der VVN!« erklärt Bundesinnenminister Schröder in einer Karikatur der »Deutschen Volkszeitung«.

ten Augenblick erfolgte Absage ist eine Intervention von sowjetischer Seite. Der Botschafter der UdSSR, Michail G. Perwuchin, hat den Ersten Sekretär des SED-Zentralkomitees, Walter Ulbricht, telephonisch mitgeteilt, daß seine Regierung eine Aufführung des Films nicht wünsche. Da die Sowjetunion sich für eine vollständige Abschaffung aller Nuklearwaffen einsetze, sei ein Film, in dem die für die sowjetische Atomrüstung gedachte Uranförderung im Erzgebirge gezeigt werde, aus propagandistischen Gründen unklug. Seit Monatsanfang war auf Plakaten und in Zeitungsannoncen auf die Premiere des Films hingewiesen worden. Die darin mitspielenden sowjetischen Schauspieler, die zu der Feier bereits angereist waren, müssen unverrichteter Dinge wieder heimfahren. – Seine Uraufführung erlebt »Sonnensucher« erst nach Beginn der Ära Honnecker im Jahre 1972. Am 27. März dieses Jahres wird er in das Programm der »Deutschen Fernsehfunks« (DFF) aufgenommen und am 1. September in den Kinos der DDR gezeigt.

23.-25.10.: Ingeborg Bachmann beim Treffen der »Gruppe 47« auf Schloß Elmau.

23.-25. Oktober Im dem am Fuße des Wettersteins bei Mittenwald (Oberbayern) gelegenen **Schloß Elmau** treffen sich Schriftsteller, Kritiker und Verleger zur 21. Tagung der *Gruppe 47*. Zu den Teilnehmern gehören mit dem erst vor kurzem aus der DDR geflüchteten Autor Uwe Johnson und seinem ehemaligen Lehrer und Förderer, dem Leipziger Literaturwissenschaftler Hans Mayer, auch zwei wichtige Stimmen aus dem anderen Teil Deutschlands. Besonders große Anerkennung finden die Lesungen von Ingeborg Bachmann, die ihre Erzählung »Alles« vorträgt, Hans Magnus Enzensberger mit dem überlangen Gedicht »Schaum« und von Walter Höllerer, der mit einem Kapitel aus dem Roman »Die Elefantenuhr« aufwartet, der erst zwölf Jahre später erscheinen soll. Mit der Begründung, daß man sich nicht an der allgemeinen Inflationierung von Literaturpreisen beteiligen wolle, wird diesmal keiner der Autoren mit dem Preis der *Gruppe 47* ausgezeichnet. – Der Lektor Klaus Wagenbach bemängelt in einem Bericht der »Frankfurter Hefte«, daß die Treffen der Gruppe vor allem darunter litten, daß sie zu groß geworden seien. Um das ohnehin vorhandene Übergewicht an Kritikern und Verlegern nicht erdrückend werden zu lassen, schlägt er vor, daß Hans Werner Richter für »Mitläufer mancher Schattierung« einen »numerus clausus« einführen solle. Unter den Teilnehmern befinden sich, wie ein anderer Berichterstatter zur selben Zeit im »Monat« bemerkt, nur noch 20 % an Personen, die »im weiterzigsten Sinne des Wortes« noch als Dichter bezeichnet werden könnten. – Diese problematische Entwicklung, die in Elmau keinem der

Beteiligten mehr verborgen geblieben ist, kommentiert Richter in einer Rückbetrachtung später mit den Worten: »War die ›Gruppe 47‹ einmal eine Art Werkstatt gewesen, so war sie jetzt ein überdimensionales Lektorat. Der Autor las nun nicht mehr anderen Autoren seine Arbeit vor, um ihre Meinung und unter Umständen ihren Rat zu hören, er las sie nunmehr auch vor einer geschlossenen Gruppe von Berufskritikern, die schnell, eloquent, oft geistreich witzig und immer mit immenser Sachkenntnis das Vorgelesene unter die Lupe nahmen, es hin und her wendeten, von dieser und von jener Seite beäugten, und es behandelten wie einen mehr oder weniger kostbaren Edelstein, der durch etwas besseren Schliff noch gewinnen konnte, oder auch wie einen Gegenstand, der ihrer Aufmerksamkeit nicht würdig war.«[255]

24. Oktober Das Erweiterte Schöffengericht beim Amtsgericht **Frankfurt** verurteilt den 53jährigen Fuhrunternehmer Heinrich Weidmann wegen öffentlicher Beleidigung, Hausfriedensbruch und leichter Körperverletzung zu einer Gefängnisstrafe von vier Monaten und einer Geldstrafe von 250 DM. Da der Antisemit bereits mehrfach vorbestraft ist, wird die Haftstrafe ohne Bewährung ausgesprochen. Ein 19jähriger Bundeswehrsoldat wird zu zwei Freizeitarresten wegen Beleidigung verurteilt und drei weitere Angeklagte erhalten Geldstrafen zwischen 30 und 150 DM. Die übrigen sechs Angeklagten werden aus Mangel an Beweisen freigesprochen. Der Hauptangeklagte hatte den jüdischen Café-Besitzer Kurt Sumpf als »Saujud« beschimpft und seine Frau ins Gesicht geschlagen. Das Ehepaar hatte nach seiner Emigration bis 1956 in Israel gelebt und am 1. August 1958 in der bei Bad Homburg gelegenen Taunusgemeinde Köppern ein Café eröffnet. Es war danach in einer wochenlangen Treibjagd von einer ganzen Reihe von Einwohnern beschimpft, bedroht, gedemütigt und zum Teil geschlagen worden. Staatsanwalt Hanns Großmann hatte in seinem Plädoyer erklärt, daß der Antisemitismus mit dem Blut von Millionen in das Buch der Geschichte geschrieben und unauflöslich mit dem Schicksal der Juden, das von den Nürnberger Gesetzen zu den Gaskammern geführt habe, verbunden sei. Als Vertreter des Nebenklägers hatte Rechtsanwalt Besser festgestellt, daß Angeklagte und Zeugen an einem außerordentlichen Maß an Gedächtnisschwund gelitten hätten. Außerdem sei eine starke Tendenz zur Verharmlosung aufgefallen. In vielen Aussagen habe sich ein »falscher Korpsgeist« gezeigt, bei dem offenbar von der Vorstellung ausgegangen worden sei, Köppern müsse rein dastehen. Niemand habe das Recht, Kurt Sumpf vorzuwerfen, er sei zu empfindlich gewesen. Denn es habe sich eindeutig gezeigt, daß eine Gruppe von Menschen einen anderen Menschen durch eine »Nadelstichpolitik« beinahe zur Verzweiflung gebracht habe. Der Gerichtsvorsitzende, Amtsgerichtsdirektor Eberhard Liegener, erklärt in seiner Urteilsbegründung, daß es sich bei den Köpperner Vorfällen nicht um einen gezielten Antisemitismus, sondern um eine Wirtshausstreitigkeit gehandelt habe. Der Richter hatte am 21. Oktober einen der Zeugen, einen 21jährigen Gerber, wegen des Verdachts des Meineids im Gerichtssaal festnehmen lassen. Zuvor hatte er den jungen Mann, dessen »schlaftrunkene Haltung« schon dem Staatsanwalt aufgefallen war, gefragt: »Leiden Sie an Erinnerungsschwund? Haben Sie Angst, daß Ihnen in Köppern Schwierigkeiten entstehen?«[256] Liegener hatte eine Woche zuvor von einem unbekannten Prozeßbesucher, der sich als amerikanischer Jurist ausgab und die Verhandlungen auf einem Miniaturtonbandgerät aufnahm, einen Drohbrief erhalten, in dem es hieß, das gesamte Gericht bestehe aus Verbrechern, die zusammen mit den elf Angeklagten hinter Gitter gehörten. Mit dem Original-Tondokument wolle er die Weltöffentlichkeit darüber aufklären, was sich in Frankfurt abspiele. – Die antisemitischen Drohungen gegen das Köpperner Ehepaar hatten bereits vor Monaten weltweit Aufsehen errungen. So war im Mai unter der Überschrift »Hitlerism 1959« ein groß aufgemachter Artikel in der in einer Millionenauflage verbreiteten US-Illustrierten »Look« erschienen, in der auch ein Interwiew mit Kurt Sumpf und seiner Frau stand. – Die antifaschistische Wochenzeitung »Die Tat« kritisiert sowohl die Strafanträge der Staatsanwaltschaft als auch die von dem Gericht aus-

24.10.: Die Köpperner Antisemiten auf der Anklagebank des Frankfurter Schöffengerichts.

gesprochenen Urteile: »Sie waren außerordentlich niedrig und wurden zudem mit Beleidigung, grobem Unfug, Hausfriedensbruch, Nötigung, Körperverletzung und Sachbeschädigung begründet. Damit unterscheiden sie sich in keiner Weise von denen, die in einem Verfahren wegen einer allgemeinen Wirtshausrauferei beantragt werden würden.«[257] – Der **Frankfurt**er Oberstaatsanwalt Heinz Wolf legt am 30. Oktober Berufung gegen die Entscheidung des Schöffengerichts ein.

24. Oktober Auf einer Protestversammlung in **Gießen** fordern die Teilnehmer, den Bundestagsbeschluß vom 25. März 1958 zur Atombewaffnung der Bundeswehr wieder aufzuheben und sich für Verhandlungen zur Errichtung einer atomwaffenfreien

24.10.: Anti-Atomtod-Kundgebung in Gießen.

24.10.: Anti-Atom-tod-Kundgebung in Gießen.

24.10.: Plakat der Veranstalter.

24.10.: Antisemiti-sche Anzeige in den »Textil-Mitteilun-gen«.

Zone in Mitteleuropa einzusetzen. Auf der vom Hessischen Ausschuß der Landbevölkerung gegen den Atomtod und dem Gießener Aktionsausschuß »Kampf dem Atomtod« gemeinsam organisierten Veranstaltung erklärt der Münsteraner Theologiestudent Peter Meier, daß das »Eis zwischen den Machtblöcken« am Schmelzen sei. Nach den verheißungsvollen Gesprächen zwischen Eisenhower und Chruschtschow in Camp David komme es nun darauf an, daß sich die Öffentlichkeit noch mehr als bisher für eine Politik der Abrüstung und Entspannung einsetze.

24. Oktober In den »Textil-Mitteilungen« erscheint ein ganzseitiges antisemitisches Inserat, mit dem für die Damen-Perlonstrümpfe der Marke »Ergee« geworben wird. Dominiert wird die Anzeige von einer Zeichnung, die am oberen Bildrand ein an Ketten hängendes Ladenschild zeigt, das die Aufschrift trägt: »IGNAZ RAMSCH, Handel en gros + en detail, m. Obst, Gemüse, Autos, Altpapier und feine la-Kleidung etc.« Darunter sitzt auf einem Marmeladeneimer, an einem Sauerkrautfaß, auf das gerade eine Ratte zu springen versucht, angelehnt, zwischen leeren und halbvollen Cognacflaschen der vermeintliche Inhaber: Ein dicker, schmieriger Typ, mit Hut und Zigarre, dessen Physiognomie aus dem »Stürmer« stammen könnte. Und im Text dazu heißt es: »... doch nicht bei dem würden Sie einkaufen? Sie wissen, daß hier eine große Gefahr lauert! Denn was kann Ihnen dieser Mann schon bieten? Wie steht es mit der Zuverlässigkeit in der Lieferung und wie mit der Werbung für Sie? Darauf müßten Sie wohl verzichten. Aber gerade das brauchen Sie. Ihrem Lieferanten müssen Sie vertrauen können. Als Fachmann muß er zuverlässiger Berater sein.«[258] Das in Düsseldorf herausgegebene »Organ für den Europamarkt« erscheint in hoher Auflage und wird sowohl für die Bundesrepublik als auch für das westliche Ausland produziert.

24. Oktober Im Zentralorgan der SED »Neues Deutschland« erscheint eine scharfe Kritik an der von Bischof Otto Dibelius verfaßten und als Privatdruck verbreiteten Schrift »Obrigkeit?«. In Reaktion auf den Text, in dem der EKD-Ratsvorsitzende die Legitimität der Staatsorgane der DDR maßgeblich in Frage stellt, heißt es: »Durch seine fortgesetzte Verleumdung der Friedenspolitik der DDR, durch seine feindliche Tätigkeit gegen die Gesetzlichkeit in unserem Staat isoliert sich Dibelius selbst und hat dadurch die Beziehungen zur Deutschen Demokratischen Republik und ihrer Hauptstadt Berlin zerstört.«[259]

25. Oktober In Regensburg kommen über 300 Angehörige der Gemeinschaft der Ritterkreuzträger zusammen. Zu dem Treffen sind nicht nur ehemalige Wehrmachtsoffiziere, darunter solche, die in der Bundeswehr wieder Dienst tun, erschienen, sondern auch der als Kriegsverbrecher verurteilte frühere Kommandeur der SS-Leibstandarte »Adolf Hitler«, Ex-General Sepp Dietrich. Die Bundeswehroffiziere haben von Bundesverteidigungsminister Franz Josef Strauß (CDU) eine Sondergenehmigung erhalten; sie dürfen ihre Ritterkreuze jedoch nicht, wie sonst üblich, an einer Ordensschnalle, sondern nur am Hals tragen.

25. Oktober Die in Köln erscheinenden Blätter für deutsche und internationale Politik« veröffentlichen

26. Oktober An einer »Wissenschaftlichen Konferenz über die Rolle des politischen Klerikalismus als Instrument des deutschen Militarismus bei der Vorbereitung eines neuen Krieges« an der Humboldt-Universität in **Ost-Berlin** nimmt neben dem Staatssekretär für Kirchenfragen, Werner Eggerath (SED), und dem Generalsekretär der CDU, Gerald Götting, auch der aus DGB und SPD ausgeschlossene Gewerkschaftstheoretiker Viktor Agartz teil.

28. Oktober Der Haftbefehl gegen den ehemaligen SA-Obergruppenführer und Polizeipräsidenten Adolf Heinz Beckerle wird in **Frankfurt** aufgehoben. Der Mann, der 1938 maßgeblich an den Pogromaktionen in der sogenannten Reichskristallnacht beteiligt war, wird, nachdem er erklärt hat, er habe nicht gewußt, daß die Deportation bulgarischer Juden zu ihrer Vernichtung erfolgt sei, aus der Untersuchungshaft entlassen. Beckerle hatte als Gesandter in Sofia im Auftrag des Reichssicherheitshauptamtes (RSHA) in Berlin die Deportation von 20.000 Juden in das Vernichtungslager Treblinka durchführen lassen. In einem Telegramm vom 24. Juni 1943 meldete er dem RSHA den »Abschub der Juden aus Sofia« und entschuldigte sich dafür, daß »eine vorübergehende Stockung in der bisher im Fluß befindlichen Endlösungsaktion« eingetreten sei.[261]

28. Oktober Mehr als 1.000 Mieter protestieren in **München** auf einer Kundgebung gegen die von Bundeswohnungsbauminister Paul Lücke (CDU) geäußerte Absicht, den Wohnungsmarkt dem Kräftespiel der »freien Markwirtschaft« zu überlassen. Mehrere Redner weisen darauf hin, daß ein solcher Schritt zu einer rapiden Verteuerung der Mietpreise führen werde, die vor allem von sozial schwächer Gestellten nicht mehr bezahlt werden könnten.

28. Oktober In **Ost-Berlin** stellt der stellvertretende Oberbürgermeister Waldemar Schmidt (SED) im Auftrag des Magistrats Bischof Otto Dibelius wegen dessen DDR-kritischer Schrift »Obrigkeit?« zur Rede. Er wirft dem Oberhaupt der *Evangelischen Kirche von Berlin-Brandenburg* vor, er habe in der auf seine Veranlassung verbreiteten »illegalen Schmähschrift« offen zum Ungehorsam und zur Mißachtung der Gesetze aufgerufen. Wenn er weiter auf dieser staatsfeindlichen Haltung beharre, erklärt er ihm drohend, dann entziehe er sich damit selbst den Boden für eine weitere Tätigkeit im »demokratischen Berlin«. – Unter der im Kommandierton gehaltenen Überschrift »Dibelius zur Ordnung gerufen« erscheint am Tag darauf ein Bericht über das Treffen in der »Berliner Zeitung«, der von der gesamten Ost-Berliner Presse nachgedruckt wird.

25.10.: Treffen der Ritterkreuzträger in Regensburg.

einen Aufruf, in dem das britische *Direct Action Committee against Nuclear War* um finanzielle Unterstützung bei einer internationalen Protestaktion von Pazifisten in der Sahara bittet. »Sehr große Unruhe erregte der französische Plan,« heißt es darin, »einen Atomtest in der Sahara durchzuführen. Bisher kam der stärkste Protest von den Menschen Nigerias und Ghanas. Denn der in der Sahara vorherrschende Wind, der zwei Monate lang ständig innerhalb der trockenen Jahreszeit weht, kann radioaktive Sandteilchen über ihre Länder tragen. Marokko und der französische Sudan gehören ebenfalls zu den Ländern, die gegen die Tests sind. Das britische Direct Action Committee against Nuclear War hat vor, einen dramatischen Protest durchzuführen, indem es eine internationale Gruppe in das Testgebiet der Sahara sendet. Diese Gruppe, die das Risiko eingeht, verhaftet, verletzt oder getötet zu werden, hofft auf diese Weise die Welt an die ungeheure Gefahr und den Wahnsinn der nuklearen Waffentests zu erinnern. Zugleich wendet sie sich dagegen, daß sich diese Art der Aufrüstung noch auf andere Länder ausbreitet. Das Ziel der Gruppe ist es, die wirkliche Bedeutung dieser Tests zu demonstrieren und gleichzeitig die Einbildungskraft und das Gewissen der Menschen überall auf der Welt aufzurühren, um etwas gegen die Atom- und Wasserstoffbomben zu unternehmen, ehe es zu spät ist.«[260] Die Gruppe der Testgegner werde zunächst ihre Absichten der französischen Regierung bekanntgeben, dann nach Ghana reisen und schließlich von dort aus mit dem Auto in das Testgebiet von Reggan in der Sahara fahren. Unterzeichnet ist der Aufruf von Friedens-Nobelpreisträger Lord John Boyd Orr, dem Literatur-Nobelpreisträger Lord Bertrand Russell, Reverend Donald Soper, Alex Comfort, April Carter und Pat Arrowsmith.

William S. Schlamms Patentrezept

Über ein Deutschland-Buch und sein Echo / Von FRANÇOIS BONDY

Einen deutschen Bestseller hat der ehemalige Herausgeber der *Weltbühne* William S. Schlamm kaum zu schreiben gemeint.[1] Auch sein Schweizer Verleger war eher auf ein Totschweigen des streitbaren und strittigen Buches gefaßt als auf das Echo, das es in den letzten Wochen in Deutschland gefunden hat. Eine Presse, die der Verfasser wegen der Umstände der Lizenzerteilungen für eine „liberal"-konformistische hält, die nur eine „synthetische" und nicht die wahre öffentliche Meinung wiedergebe, hat diese Streitschrift durch ausgiebige Vorabdrucke weithin bekannt gemacht, auch *Die Welt* und andere, die die unbedingte Gegenposition zur seinigen beziehen. Zuerst fasziniert, fanden diese Zeitungen später ihre „Linie" wieder in besinnlichen Kommentaren, die die wichtigste Forderung Schlamms abwiesen, nämlich die Schaffung eines offensiven amerikanisch-deutschen Bündnisses zur Wiedergewinnung der von einer fremden Macht und ihren Funktionären beherrschten deutschen Ostzone. Schließlich hat sich auch die vielleicht repräsentativste jener Illustrierten, denen Schlamm in zornigen und treffenden Worten einen Tiefstand an Geistlosigkeit und Vulgarität vorwirft, Vorabdrucke und Mitarbeit des Autors gesichert. Schlamms auf die Weltpolitik angewandte These, daß Stärke und Selbstsicherheit die Schwachen, Halbbatzigen und Lauen stets faszinieren und anziehen werde, scheint sich immerhin in der erregten Beziehung zu bestätigen, die zwischen jenem Buch und den Organen der intellektuellen und minder intellektuellen deutschen Publizistik entstanden ist. Die spätere Verärgerung darüber, daß man von diesem Buch „zu viel spreche", und alle sonstige abgewogene, nuancierte Kritik kann an dieser Tatsache nicht vorbeisehen lassen und an ihr nichts ändern. Gerade jene, die an diesem Buch nicht viel mehr finden als pointierte Aperçus, die gelegentlich ins Schwarze treffen und ebenso oft daneben — selbst sie müßten sich interessiert auseinandersetzen. Es ist nicht jedem gegeben, Ärgernis zu erregen, und in einer Zeit, in der sich wieder manche Linien verwischen und die Verwirrung wächst, kann ein leicht faßlicher, deutlich und eindeutig formulierter Plan, der Hoffnung gibt, neue Stärke verheißt und einem *„trend"* des Zurückweichens Einhalt zu gebieten verheißt, mindestens die Wirkung haben, auch jene, denen er nicht einleuchtet, zu einer klareren Rechenschaft über die eigenen Voraussetzungen und Perspektiven zu nötigen.

Eines ist gewiß: ein ähnlich brillantes, herausforderndes Buch über die „deutsche Frage" ist seit Erich Kubys „*Das ist des Deutschen Vaterland*"[2] nicht erschienen. Über die stilistische Verwandtschaft zwischen den beiden streitbaren, witzigen, zu möglichst extremen und „schockierenden" Formulierungen drängenden Polemikern und gelegentlichen Satirikern dürfte wenig Zweifel möglich sein. Einem, der sich als Nichtdeutscher mit dem Buch eines Amerikaners aus Österreich auseinandersetzt, muß es so vorkommen, als habe die Schalheit der deutschen Prosperität beide, Kuby und Schlamm, herausgefordert, ein verfettetes, träg gewordenes und vom Tode bedrohtes Volk aufzurütteln und auf höhere kollektive Werte als die des Gewinns und der Restauration eines Teil-Deutschlands zu verweisen; beide stellen vor die Bundesdeutschen die Wiedervereinigung mit der Zone — Kuby auf die Gefahr des Verlustes von Freiheiten, Schlamm auf die Gefahr des Krieges — als eine Aufgabe, die gegenüber allen sonstigen euro-

---
[1] „*Die Grenzen des Wunders*", Europa-Verlag, Zürich.
[2] Vgl. *Der Monat*, Heft 108.

30.10.: Kritik an dem Deutschland-Buch des Ex-Kommunisten in der Zeitschrift »Der Monat«.

30.10.: »Die Sendung des Mr. Schlamm: …die Deutschen folgten ihm, und er führte sie gen Osten. Sie kamen nie wieder.« Zeichnung von Manfred Oesterle im »Simplicissimus«.

29. Oktober In einer Rede in **Schongau** (Oberbayern) gibt Bundesverteidigungsminister Franz Josef Strauß vor, die Produktion von Atomwaffen durch die Bundesrepublik als »militärisch überflüssig, politisch falsch und ökonomisch nicht durchführbar« ablehnen zu müssen. Strauß hatte seine politische Karriere in den ersten Nachkriegsjahren als Landrat in Schongau begonnen.

29./30. Oktober Auf zwei Protestversammlungen des Jahrgangs 1922 in **Konstanz** und **Singen** spricht der ehemalige Oberst im Generalstab und jetzige Generalsekretär des *Bundes der Deutschen* (BdD), Josef Weber, jeweils über das Thema »Nicht noch einmal mitschuldig – Jahrgang 1922 entscheidet sich für eine Politik des Friedens«. Auf den vom *Verband der Kriegsdienstverweigerer* (VK) organisierten Veranstaltungen betont Weber, daß er sich verpflichtet fühle, vor einer Wiederholung der alten Fehler zu warnen. Die Angehörigen des kriegsgedienten 22er-Jahrgangs hätten ihre bitteren Lehren bereits gezogen. Ihre Protestaktionen stellten ein Vorbild für alle wehrpflichtigen Jahrgänge dar. Sie zeigten in exemplarischer Form, wie man sich heute gegen die Politik der Atomrüstung wehren könne.

30. Oktober Der antikommunistische Schriftsteller William S. Schlamm, Autor des umstrittenen Buches »Die Grenzen des Wunders«, äußert in einem Vortrag vor dem *Rhein-Ruhr-Klub* in **Düsseldorf** die Vermutung, daß Bundeskanzler Adenauer sich davor fürchte, dem deutschen Volk zu sagen, was ihm US-Präsident Eisenhower brieflich über seine Unterredung mit dem sowjetischen Ministerpräsidenten Chruschtschow mitgeteilt habe. Danach hätten »Vorverhandlungen über eine De-facto-Anerkennung des Pankower Regimes« und über die Einsetzung eines Gesamtdeutschen Rates stattgefunden. Wenn die Bundesregierung dies dulde, warnt Schlamm, dann würden die Wähler der SPD in die Hände getrieben, die die Existenz zweier deutscher Staaten seit einem Jahrzehnt als gegeben hinnehme und eine Ablösung vom Westen anstrebe. Eine sozialdemokratisch geführte Bundesregierung werde außerdem das Ende der NATO bedeuten. Nicht nur über das Schicksal Deutschlands, sondern über die Freiheit der Welt, glaubt Schlamm prophezeien zu können, werde in den bevorstehenden Verhandlungen entschieden. – Ein Sprecher der Bundesregierung weist am 2. November in **Bonn** die Äußerungen Schlamms mit der Bemerkung zurück, es gebe keinerlei Anhaltspunkte für die Richtigkeit seiner Behauptungen.

30. Oktober-1. November Zu der Delegiertenversammlung des rechtsradikalen *Bund Nationaler Studenten* (BNS) finden sich 50 Vertreter der einzelnen Hochschulgruppen in das in **Mainz** gelegene Hotel »Neubrunnenhof« ein. An den Wänden des Tagungssaals hängen Spruchbänder und Tücher mit einer Rune als Emblem. Auf einem der Transparente ist zu lesen: »Diplomatische Beziehungen zu Polen sind kein deutsches Dorf wert«. Zur Eröffnung des Treffens werden Grüße von ehemals führenden Offizieren der Wehrmacht wie z. B. von dem früheren Generalfeldmarschall Albert Kesselring übermittelt. Danach erheben sich die Teilnehmer zu Gedenkminuten für die beiden im Laufe des Jahres gestorbenen nationalistischen Dichter Hans Venatier und Hans Grimm. Auf einer am Abend abgehaltenen öffentlichen Kundgebung spricht Erich K. Kernmayr über »Die große Hetze gegen die Kriegsgeneration«. In einer am darauffolgenden Tag von den Delegierten des BNS verabschiedeten Erklärung heißt es: »Nationaler Realismus war noch stets dauerhafter als internationaler Wortschwall, und so wird es auch in Zukunft sein … Wir wissen nicht, wie viele Prüfungen und welche Glücks- und Unglücksfälle uns auf diesem Weg nach vorn bevorstehen, wir wissen nur, daß wir ihn gehen müssen. Deutschland und wahrscheinlich die ganze weiße Menschheitsgruppe braucht unsere mutige Minderheit, die die Fahne des Widerstands gegen den schleichenden Selbstmord erhoben hat und sie nicht sinken läßt, bis die Gemeinschaft der großen Nationen nach der Wirrnis der Bruderkämpfe den neuen Anfang vor sich sieht.«[262] Beendet wird die Delegiertenversammlung des BNS mit dem gemeinsamen Absingen aller drei Strophen des Deutschlandliedes.

30. Oktober-1. November In einer Rede vor 3.000 Afrikanern fordert der 34jährige Vorsitzende der *Mouvement National Congolais* (MNC), Patrice Lumumba, in **Stanleyville** (Kisangani) die unmittelbare und definitive Ablösung des Kongo von Belgien. Nach Beendigung der Ansprache, in der Lumumba seine Zuhörer auch zum zivilen Ungehorsam aufgefordert hat, kommt es zu schweren Zusammenstößen mit Polizei und Militär. Dabei werden ungefähr 30 Menschen getötet und rund 100 verletzt. Zahlreiche öffentliche und private Gebäude sind am Abend zerstört. Die belgischen Kolonialbehörden verhän-

31.10.: Autokorso von Wehrdienstgegnern in Köln.

gen daraufhin den Ausnahmezustand über die Stadt. Auch am Tag danach halten die Unruhen zum Teil noch weiter an. – Am 1. November wird Patrice Lumumba unter dem Vorwurf, die Ausschreitungen provoziert zu haben, von der Polizei verhaftet.

31. Oktober In **Köln** folgen Angehörige des Jahrgangs 1922 einem Aufruf des *Verbands der Kriegsdienstverweigerer* (VK) und führen unter dem Motto »Nie wieder Barras! Nie wieder Krieg!« einen Autokorso durch. Bei den Teilnehmern entsteht der Eindruck, daß die Polizei durch Berufung auf angebliche verkehrstechnische Schwierigkeiten den Ablauf der Demonstration zu behindern und insbesondere ihren Öffentlichkeitseffekt einzuschränken versucht. Der zunächst festgelegte Treffpunkt am Opernhaus muß als Startplatz verlegt und die Anzahl der teilnehmenden Fahrzeuge reduziert werden. Außerdem leiten die begleitenden Beamten den Korso auf seiner Fahrtroute durch die Domstadt in abgelegene, nur noch von wenigen Passanten frequentierte Nebenstraßen um. Trotzdem stößt die Aktion bei den Kölnern auf großes Interesse.

Januar Februar März April Mai Juni Juli

August September Oktober

November Dezember

November Die Arbeiter der Siemens-Schuckert-Werke in **Mülheim** an der Ruhr treten aus Furcht, daß sich ihre Einstufung in neue Lohngruppen faktisch als Lohnkürzung auswirken könnte, spontan in einen Streik. Sie werden dabei nicht von ihrer Gewerkschaft, der *IG Metall*, unterstützt, die die Reaktion als unbegründet ansieht. In ihren Arbeitskitteln ziehen die Metallarbeiter, laut Parolen rufend, zum Verwaltungsgebäude, um ihre Befürchtungen vorzutragen. Inmitten der Menge versucht Werksleiter Walter Schleiermacher, auf einem Stuhl stehend, die Beschäftigten zunächst nur hinzuhalten. Als er jedoch merkt, daß er damit wenig Erfolg hat, sichert er ihnen zu, daß die geplante Revision der Lohngruppen bis auf weiteres ausgesetzt werde. Der Ausstand ist der erste wilde Streik in der 112jährigen Geschichte des Siemens-Konzerns. – Zu ähnlichen wilden Streiks ist es im Laufe der letzten Wochen wiederholt gekommen: In der Schellpressenfabrik Albert & Cie AG in **Frankenthal**, im **Gelsenkirchen**er Eisenwerk der Rheinstahl AG, in den Buderus-Stahlwerken in **Wetzlar**, in den Karmann-Karosseriewerken in **Osnabrück**, in einer Zahnradfabrik in **Friedrichshafen** am Bodensee, in dem VW-Werk in **Hannover-Stöcken** und in der Landmaschinenfabrik Heinrich Lanz AG in **Mannheim**. – In einem Kommentar der Zeitung »Metall« heißt es zu der für die Gewerkschaften wegen der Spontaneität und Unabhängigkeit der Aktionen im Kern bedrohlichen Streikwelle: »Noch nie wurde in der Nachkriegszeit eine so große Zahl von Streiks verzeichnet wie gegenwärtig … Manchmal sind es einzelne Gruppen oder Abteilungen, immer häufiger aber handeln auch die Belegschaften großer Betriebe so. Spontan, ohne Aufruf, ohne Organisation.«[263]

November Das Schwurgericht beim Landgericht **Offenburg** verurteilt den ehemaligen SS-Hauptsturmführer Karl Hauger und den ehemaligen Hauptmann einer Volkssturmeinheit Franz Wimpfer wegen Totschlags zu siebeneinhalb bzw. vier Jahren Zuchthaus. Das Gericht sieht es als erwiesen an, daß die beiden Angeklagten im März 1945 den entflohenen 17jährigen KZ-Häftling Anton Reinhardt gefangengenommen und hingerichtet haben. Hauger hatte das Todesurteil ausgestellt und, nachdem Wimpfer es unterschrieben und der Junge sein eigenes Grab ausgehoben hatte, durch einen Genickschuß vollstreckt. – Die Wochenzeitung »Die Tat« kritisiert in ihrer Ausgabe vom 7. November, daß das Gericht nach dem »einwandfrei rekonstruierten Tatbestand« nicht von einem Mordfall ausgegangen ist, und bezeichnet die beiden Urteile als »äußerst milde«.

November An einer Gedenkfeier für die Opfer eines ehemaligen Konzentrationslagers auf dem Friedhof in **Bisingen** (Kreis Hechingen) nehmen 2.000 Personen teil, darunter zahlreiche Ehrengäste wie der Bürgermeister, Gemeinderatsmitglieder, ein Regierungsamtmann sowie Vertreter von Gewerkschaften, Behörden und Nachbargemeinden. Der Stuttgarter DGB-Jugendleiter Manfred Hackh und der Jugendsekretär im Hauptvorstand der ÖTV, Max Jaeger, erinnern in ihren Ansprachen an die 1.158 auf dem Friedhof bestatteten unbekannten KZ-Häftlinge. Im Anschluß daran werden die Gräber mit Kränzen und Blumen geschmückt. Organisiert haben die Gedenkveranstaltung die *Gewerkschaftsjugend*, die *Naturfreundejugend*, die *Sozialistische Jugend Deutschlands – Die Falken* und die *Vereinigung der Verfolgten des Naziregimes* (VVN).

November Auf Einladung der *Evangelischen Studentengemeinde* (ESG) spricht der hessen-nassauische Kirchenpräsident Martin Niemöller in **Lüneburg** über das Thema »Christ und Krieg«. Wegen der in dem Referat verfochtenen antimilitaristischen Thesen verhängt das evangelisch-lutherische Pfarramt der St. Johanniskirche anschließend ein Kanzelverbot für den Pastor. Die Studenten protestieren gegen diese Maßnahme.

November Die Vierte Strafkammer des Landgerichts **Lüneburg** spricht den stellvertretenden Vorsitzenden der *Deutschen Reichspartei* (DRP), Professor Heinrich Kunstmann, aus Mangel an Beweisen von der Anklage frei, die Bundesrepublik und ihre verfassungsmäßige Ordnung durch eine von ihm verfaßte Schrift beschimpft und böswillig verächtlich gemacht zu haben. Kunstmann, der bereits vor 1933 der NSDAP beigetreten und SA-Standartenführer war, hatte im Vorjahr im DRP-Organ »Reichsruf« geschrieben, das »Bonner System« sei »von göttlicher Weihe«, obwohl »Rechtsbeugung, Heuchelei und Korruption« alles in dem Staat zersetzten.

November Ein Gericht in **Amberg** (Oberpfalz) verurteilt den Taxifahrer Kurt Ohrisch wegen antisemitischer Äußerungen zu einer Gefängnisstrafe von vier Monaten auf Bewährung. Der Angeklagte hatte einem Kollegen gegenüber geäußert, Hitler hätte »keine ganze Arbeit geleistet«, weshalb die noch in Deutschland existierenden Juden mit Peitschen vertrieben werden müßten.

November Auf einer Kundgebung in **Wien** protestiert der Vizepräsident des *Bundesverbandes der Österreichischen Widerstandskämpfer und Opfer des Faschismus*, Otto Horn, im Namen seiner Organisation gegen ein Verbot der bundesdeutschen Schwesterorganisation *Vereinigung der Verfolgten des Naziregimes* (VVN). Er erklärt, daß die österreichischen Widerstandskämpfer in Treue zu ihren Kameraden aus der Zeit der KZ-Haft stünden. Die Veranstaltung wird an der Stelle durchgeführt, an der früher das Wiener Gestapogebäude stand.

November Die britische Kriegsveteranen-Organisation *Exservicemen Movement for Peace* (EMP) führt auf dem Trafalgar Square in **London** eine Protestkundgebung gegen das von der Bundesregierung beantragte Verbot der *Vereinigung der Verfolgten des Naziregimes* (VVN) durch. EMP-Präsident Edward Young, ein Vertreter der Bergarbeitergewerkschaft und der Vorsitzende des britischen Friedenskomitees, Gordon Schaffer, informieren in ihren Reden die Teilnehmer über die Hintergründe des Verbotsantrages. In einer Entschließung heißt es, daß dieser Schritt der Bundesregierung nicht zu trennen sei von

ihrer Politik, die es Ex-Nazis erlaube, auch weiterhin ihre Hetze zu betreiben. Die Absicht, die VVN zu verbieten, stelle nicht nur eine ernsthafte Bedrohung der demokratischen Rechte des deutschen Volkes dar, sondern sei ein Alarmsignal für die ganze Welt. Eine Abordnung überbringt den Text der Protesterklärung anschließend der bundesdeutschen Botschaft.

1.11.: In Aschaffenburg wird eine Dachorganisation der 22er-Gruppen gegründet.

1.11.: Hans Matjak-Arnim, der 1. Vorsitzende der neugeschaffenen Organisation.

1.11.: Der Leiter der Jugendgruppe der Evangelischen Kirche in Düsseldorf, Bruch.

1. November In **Aschaffenburg** konstituiert sich unter der Bezeichnung *Jahrgang 1922 – Gemeinschaft der kriegserfahrenen Jahrgänge in der Bundesrepublik* eine Dachorganisation für alle in der Bundesrepublik bislang gebildeten Interessenverbände und -gemeinschaften von Angehörigen des Jahrgangs 1922. Ziel der Organisation ist es, Protest und Widerstand gegen einen erneuten Wehrdienst der Kriegsjahrgänge zu koordinieren und sich für Frieden, Freiheit und Demokratie einzusetzen. Die aus allen Teilen des Bundesgebiets angereisten 46 Delegierten wählen den Initiator des Gründungstreffens, den aus Keilberg bei Aschaffenburg stammenden Schriftsteller Hans Matjak-Arnim zu ihrem 1. Vorsitzenden. Er steht einem 15köpfigen Bundesvorstand vor.

Außerdem werden ein von dem 31jährigen Bundestagsabgeordneten Hans Iven (SPD) angeführter parlamentarischer Beirat, ein Koordinierungs- und ein Jugendausschuß gewählt. »Bei unserer Bewegung«, charakterisiert Matjak-Arnim die Zielsetzungen, die er mit der neuen Organisation verfolgen will, »handelt es sich nicht um die Durchsetzung egoistischer Interessen des Jahrgangs 1922, sondern um einen Aufstand des Gewissens, an dessen Ende die waffenlose friedliche Welt stehen wird.«[264] Über seine persönlichen Motive führt er aus: »Ich verlor auf furchtbare Weise meine Angehörigen im Kriege; ich selbst erlebte Furchtbares, daß ich mir damals nach der Entlassung aus der Kriegsgefangenschaft gelobte, niemals wieder Soldat zu werden. Und genau dasselbe sage ich heute: Niemals wieder!«[265] Iven erklärt, es sei kurz vor zwölf und damit höchste Zeit, um aktiv zu werden. Wie er in Bonn erfahren habe, sollen 1960 die Jahrgänge 1921, 1920 und 1919 erfaßt werden. Damit ergebe sich die Notwendigkeit, auch alle anderen kriegsgedienten Jahrgänge in der neugeschaffenen Organisation aufzunehmen. Besonderen Beifall erhält ein Aachener Delegierter, der davon berichtet, daß seine Gruppe drei Mitglieder nach New York entsandt habe, damit sie vor den Vereinten Nationen auf die Gewissensnot des Jahrgangs 1922 in der Bundesrepublik aufmerksam machten. Auf einer anschließend durchgeführten Kundgebung spricht der Würzburger Romanistikprofessor Franz Rauhut über das Thema »Ist die Wehrpflicht christlich, demokratisch, sozialistisch?« Dabei kommt er zu dem Schluß, daß die allgemeine Wehrpflicht im Gegensatz zur Freiheit des Gewissens stehe. Wenn der Jahrgang 1922 zusammenstehe, dann habe er die Möglichkeit, zu einem wirklichen politischen Faktor zu werden. In Lohr am Main hätten 22er in einem Brief an Bundeskanzler Adenauer geschrieben: »Wir können nicht mehr, wir wollen nicht mehr und wir werden nicht mehr Soldaten.«[266] Das sei die Haltung des Jahrgangs 1922 und dazu würden die ehemaligen Soldaten auch stehen. In ihrem Handeln sollten sie sich auf einen Wahlspruch von Altbundespräsident Theodor Heuss berufen, der einmal gesagt habe, »der unbequeme Staatsbürger« sei »das Ideal der Demokratie«.

1. November Am Nachmittag von Allerheiligen ziehen mehrere Mitglieder der *Sozialistischen Jugend Deutschlands – Die Falken* mit Fahne und Transparent zum »Institut Français« am Sachsenring in **Köln** und legen vor dem Eingang einen Kranz nieder. Auf der einen Schleife, die in Grün-Weiß, den algerischen Nationalfarben, gehalten ist, steht zu lesen »Zum fünften Jahrestag des algerischen Freiheitskampfes – Den Opfern der französischen Gewaltherrschaft«

1.11.: »Dibelius und die Obrigkeit.« Zeichnung von Max Radler im »Simplicissimus«.

und auf der anderen »Die Falken«. Unmittelbar nach der Kranzniederlegung treten zwei Beamten der Politischen Polizei aus einem Gebüsch hervor und nehmen Heinz Pfeiffer, den Bezirkssekretär der *Falken*, fest, noch bevor er zu einer Ansprache für den Freiheitskampf des algerischen Volkes ansetzen kann. Pfeiffer ruft laut, daß er sich der Gewalt beuge; danach wird er mit erhobenen Händen abgeführt. Die Festnahme erfolgt, weil einer der Journalisten, die vorab von der Aktion informiert worden sind, die Politische Polizei benachrichtigt hat.

1. November Die von vielen Gläubigen mit Sorge in der **Ost-Berlin**er Marienkirche erwartete Predigt von Bischof Otto Dibelius zum Reformationstag verläuft ohne Zwischenfälle. Das zuletzt vom Ost-Berliner Magistrat und dem SED-Zentralorgan »Neues Deutschland« scharf angegriffene 79jährige Oberhaupt der *Evangelischen Kirche von Berlin-Brandenburg* wird in dem mit 2.000 Besuchern völlig überfüllten Gotteshaus demonstrativ mit Beifall begrüßt. – Das Nachrichtenmagazin »Der Spiegel« berichtet über die Anfahrt von Dibelius: »Die Volkspolizei-Posten unter der Quadriga fertigten den schwarzen Mercedes des Bischofs gespielt mürrisch und uninteressiert ab. Auf dem Platz vor der Marienkirche bemühte sich ein einsamer Volkspolizist, das ungewohnte Gewimmel von Gläubigen und Ungläubigen zu regeln, so als wolle er beweisen, daß selbst ein atheistischer Staat ein Werk zu vollbringen vermag, das Gott wohlgefällig ist – nämlich dem Chaos zu wehren.«[267] In dem Gotteshaus seien Vertreter der westlichen Stadtkommandanturen und Pressekorrespondenten aus aller Welt anwesend gewesen. Sie hätten gedacht, unter Umständen »Zeugen eines besonderen Falles kirchlichen Martyriums« zu werden.

2. November Die Siebte Große Strafkammer des Landgerichts **Bonn** entscheidet, daß das Hauptverfahren gegen den der schweren passiven Bestechung angeklagten ehemaligen persönlichen Referenten von Bundeskanzler Adenauer, Hans Kilb, nicht eröffnet wird. In einem über ein Jahr laufenden Ermittlungsverfahren war von der Staatsanwaltschaft gegen Kilb der Verdacht erhoben worden, zwei Leihwagen der Daimler-Benz AG ohne Gegenleistung genutzt und dem Stuttgarter Konzern beim Kauf eines Dienstwagens für den Bundeskanzler den Vorzug gegenüber einem konkurrierenden Wagentyp der Marke BMW gegeben zu haben. Der Beschuldigte, heißt es nun, habe sich nicht pflichtwidrig verhalten. Mit der Bereitstellung von Leihwagen habe die Daimler-Benz AG nicht den Beamten Kilb, der inzwischen Euratom-Direktor ist, sondern die Politik des Bundeskanzlers und CDU-Vorsitzenden

begünstigen wollen. – Die »Kilb-Affäre« hatte zuvor schon wegen der Anweisung des Bonner Landgerichtspräsidenten Heinrich Becker, den Fall dem Richter Helmut Quirini zu entziehen, den Verdacht aufkommen lassen, daß die Justiz sich dem politischen Druck des Bundeskanzlers gebeugt habe: Bekker steht der CDU nahe und Quirini ist für seine harten Urteile bekannt. – Der SPD-Bundestagsabgeordnete Walter Menzel kritisiert den Ausgang der Strafsache mit den Worten: »Eines der Fundamente eines jeden Rechtsstaates (wurde) gröblichst verletzt: auf die Justiz keinen Druck auszuüben, mit den Grundsätzen der Gerechtigkeit nicht zu manipulieren und in ein Verfahren nicht mit Weisungen politisch interessierter Stellen einzugreifen.«[268] Und das Nachrichtenmagazin »Der Spiegel« merkt in einem sarkastischen Kommentar an, daß der Ausgang der Leihwagen-Affäre ein neues Prinzip in der Gestaltung des Verhältnisses zwischen Staat und Staatspartei statuiere: »Ein Staatsbeamter, der sich von der Industrie fortgesetzt Vorteile gewähren läßt, gerät mit den gestrengen Normen, die das Strafgesetz für Amtsdelikte vorsieht, dann nicht in Konflikt, wenn sein Dienstherr Regierungs- und Parteichef zugleich ist.«[269]

2. November Wie das <u>Informationsbüro West</u> in **West-Berlin** berichtet, hat die Jugendstrafkammer des Bezirksgerichts **Leipzig** in der Vorwoche 15 Jugendliche, die für Elvis Presley und die Rockmusik demonstrierten, wegen »Landfriedensbruch und Staatsverleumdung« zu Zuchthausstrafen zwischen einem halben und viereinhalb Jahren verurteilt. Eine Gruppe von Jugendlichen habe zunächst vor dem Rathaus des Leipziger Vorortes Wahren gegen die ihrer Ansicht nach altmodische Tanzmusik der DDR

protestiert. In Sprechchören hätten sie gerufen: »Wir wollen keinen Lipsi und keinen Ado Kroll, wir wollen Elvis Presley und seinen Rock'n'Roll!«[270] (»Lipsi« ist ein in der DDR kreierter Tanz, der an südamerikanische Rhythmen erinnert und von den Kulturbehörden gefördert wird, um westliche Einflüsse abzuwehren. Und Ado Kroll ist der Name eines Komponisten und Kapellmeisters, der für die antiwestliche Linie in der Unterhaltungsmusik steht.) Anschließend seien sie im Gänsemarsch durch die Leipziger Innenstadt gezogen und hätten Aufmarschrituale persifliert. Einer gab die »Tageslosung« aus und rief: »Es lebe Walter Ulbricht und die Ostzone!« Die anderen antworteten im Chor: »Pfui, pfui, pfui!« Nach dem SED-Sekretär kam dann ein bekannter Schlagersänger an die Reihe: »Es lebe Fred Frohberg!« Und wieder ertönte es im Chor: »Pfui, pfui, pfui!« Erst mit der dritten Losung änderte sich die Reaktion: Auf den Ausruf »Es lebe Elvis Presley!« erscholl ein begeistertes »Yes, yes, yes!«. – Wie das Informationsbüro West weiter meldet, sind auch vom Kreisgericht **Ueckermünde** (Bezirk Neu-Brandenburg) drei Jugendliche wegen ihrer Vorliebe für westliche Rock- und Schlagermusik zu Haftstrafen verurteilt worden. Ihnen sei vorgeworfen worden, dabei »die von Radio Luxemburg und anderen Hetzsendern verbreiteten Lügen über die DDR« unter ihren Kollegen verbreitet zu haben. – Des weiteren seien in **Kolzenburg** (Kreis Luckenwalde, Bezirk Potsdam) mehrere Jugendliche wegen einer demonstrativen Störaktion verhaftet worden. Sie sollen mit ihren Kofferradios auf einer Versammlung der *Nationalen Front* erschienen sein und dort mit voller Lautstärke eine Sendung des als »imperialistischen Hetzsender« verschrieenen West-Berliner Rundfunksender RIAS zu Gehör gebracht haben.

2. November Eine von den USA und der UdSSR vereinbarte Resolution über Abrüstungsfragen wird in der Politischen Kommission der UN-Vollversammlung in **New York** von den 82 Mitgliedstaaten ohne Widerspruch angenommen. »Vom Wunsch beseelt,« heißt es darin, »die gegenwärtige und die folgenden Generationen vor der Gefahr eines neuen und verheerenden Krieges zu bewahren, im Bestreben, das Wettrüsten vollständig und für immer zu beenden, das schwer auf der Menschheit lastet, und die dadurch freiwerdenden Hilfsquellen zum Segen der Menschheit zu verwenden, mit dem Wunsch, Beziehungen vertrauensvoller und friedlicher Zusammenarbeit unter den Staaten zu schaffen ... in der Erwägung, daß die Frage allgemeiner und vollständiger Abrüstung die wichtigste ist, die gegenwärtig die Welt vor Augen hat, fordert die Vollversammlung die Regierungen auf, jede Anstrengung zu unterneh-

2.11.: »Sei ruhig, bleibe ruhig, mein Kilb ...« Karikatur aus der »Deutschen Zeitung«.

2.11.: Der photoscheue Adenauer-Referent auf dem Titelblatt des »Spiegel«.

3.11.: Bericht im SED-Zentralorgan »Neues Deutschland« über die Pressekonferenz des »Ausschusses für Deutsche Einheit«.

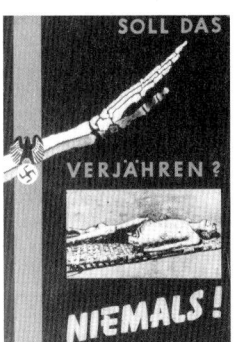

3.11.: Plakat der »Nationalen Front des demokratischen Deutschland«.

3.11.: Aufkleber der »Internationale der Kriegsdienstgegner« (IdK).

men, um eine konstruktive Lösung dieses Problems herbeizuführen ... und spricht die Hoffnung aus, daß zu dem Ziel allgemeiner und vollständiger Abrüstung unter wirksamer internationaler Kontrolle geeignete Maßnahmen in möglichst kurzer Frist in ihren Einzelheiten ausgearbeitet und angenommen werden.«[271]

3. November Die Evangelische Gesamtkirchenverwaltung von **Bayreuth** zieht kurz vor Beginn einer Veranstaltung mit dem hessen-nassauischen Kirchenpräsidenten Martin Niemöller ihre für den Saal des Gemeindehauses erteilte Benutzungsgenehmigung wieder zurück. Zur Begründung heißt es, die Kirchenbehörden wollten nicht mit den Äußerungen Niemöllers identifiziert werden. Der Saal war bereits vor längerer Zeit von der *Internationale der Kriegsdienstgegner* (IdK) angemietet worden.

AUCH DU KANNST DEN KRIEGSDIENST VERWEIGERN UND WIRKLICHE FRIEDENSARBEIT LEISTEN WIE KIRCHENPRÄSIDENT NIEMÖLLER

PRÄSIDENT DER INTERNATIONALE DER KRIEGSDIENSTGEGNER DEUTSCHER ZWEIG · GEGRÜNDET 1921

3. November Auf einer internationalen Pressekonferenz in **Ost-Berlin** legt der *Ausschuß für Deutsche Einheit* eine weitere Liste mit den Namen von 200 bundesdeutschen Richtern vor, die an NS-Prozessen beteiligt gewesen sein sollen. Der Direktor des Instituts für Staats- und Rechtstheorie an der Martin-Luther-Universität Halle, Professor Gerhard Reintanz, erklärt, daß von diesen »Blutrichtern« 13 »an widerlichsten antisemitischen Urteilen« beteiligt gewesen seien, 23 hochrangige Posten im Reichsjustizministerium bekleidet und 164 als »Sonder- und Kriegsrichter der faschistischen Ausnahmejustiz Bluturteile von erschreckender Grausamkeit« gefällt hätten. Namentlich hebt er als ehemalige Angehörige des Reichsjustizministeriums hervor: den Oberstaatsanwalt am Bundesgerichtshof in Karlsruhe Ludwig Berner, den Senatsrat in der West-Berliner Justizverwaltung Carl C. Creifelds, den Ministerialrat im Bundesjustizministerium Wilhelm Dallinger, den Richter am Bundesarbeitsgericht in Kassel Hermann Stumpf, und den Ministerialdirigenten im niedersächsischen Justizministerium in Hannover Wilkerling. Der Bonner Staat brauche »die braunen

So sieht es in der Bonner Justiz aus:

1000 Naziblutrichter haben das Kommando

Internationale Pressekonferenz des Ausschusses für Deutsche Einheit«
Liste mit 200 weiteren Namen der Weltöffentlichkeit vorgelegt

Berlin (ND/ADN). Eine weitere Liste mit den Namen von 200 Blutrichtern aus Hitlers Justizapparat, die heute in den entscheidenden Positionen der Adenauer-Justiz wieder ihr Unwesen treiben, ist zusammen mit Dokumen-

1. Diese 200 Blutrichter haben während der Nazizeit im Reichsjustizministerium sowie in Sonder- und Kriegsgerichten schwerste Verbrechen begangen.

2. Von ihnen waren 13 an den empörendsten antisemitischen Urteilen beteiligt, 23 saßen auf höchsten Amtsstellen in Hitlers Reichsjustizministerium und 164 fällten »als Sonder- und

Des Chemieprogramms zweite Etappe

»Wie wir heute projektieren, werden wir morgen produzieren«

Halle (ND). Die zweite Etappe des Chemieprogramms begann am Dienstag, dem Jahrestag der Chemiekonferenz, mit der 1. Zentralen Projektierungskonferenz der chemischen Industrie. Im Leunaer Klubhaus der Werktätigen bereiteten mehr als 1000 Arbeiter, Wissenschaftler, Techniker und Ingenieure der Projektierungsbüros, der Chemie-, Maschinenbau- und Baubetriebe.
Im Mittelpunkt der gemeinsam von der

Kriegsrichter Bluturteile von erschreckender Grausamkeit.

3. Heute sitzen fünf dieser 200 Henker in westdeutschen Ministerien, sechs handhaben die höchstrichterliche Rechtsprechung, zwei bestimmen als Generalstaatsanwälte die Anklagepolitik und 61 sind in sonstigen entscheidenden Justizfunktionen.

4. Damit hat sich die Zahl der bisher ermittelten Blutrichter, die nachweisbar während der Nazizeit schwerste Verbrechen begingen und heute im Dienste der Adenauer-Justiz stehen, auf 1000 erhöht. Mehrere 100 000 Antifaschisten und Kriegsgegner wurden mit ihrer Hilfe in die Kerker geworfen und 60 000 Menschen wurden auf Grund ihrer Urteile hingerichtet.
Geleitet wurde die Pressekonferenz vom Stellvertreter des Vorsitzenden des Ministerrats Dr. Loch, Frau Greta Kuckhoff, Mitglied des Komitees der Antifaschistischen Widerstandskämpfer der DDR, Prof. Dr. Reintanz, Direktor des Instituts für Staats- und Rechtstheorie an der Martin-Luther-Universität in Halle, Prof. Renneberg und der Direktor des Staats- und Rechtswissenschaft Potsdam-Babelsberg, Staatssekretär Dr. Toeplitz, Mitglied des Rechtsausschusses der Volkskammer, Adolf Deter, Sekretär des Ausschusses für Deut-

schе Einheit, sowie die ausländischen Juristen Herr Lipinski, Richter am Obersten Gericht in Warschau, und Herr Cepelka von der Karls-Universität Prag antworteten den zahlreich erschienenen in- und ausländischen Journalisten auf ihre Fragen.

Bonn schützt Naziverbrecher

Dr. Loch erinnerte in seinen einführenden Worten daran, daß der Ausschuß für Deutsche Einheit unlängst auf einer Pressekonferenz dokumentarisches Material über die furchtbaren Bluttaten des Bonner Ministers Oberländer bekanntgegeben hat. Aber anstatt diesen Verbrecher zur Rechenschaft zu ziehen, seien aus Westdeutschland weitere erschütternde Tatsachen bekannt geworden, die zeigen, daß die Adenauer-Regierung Oberländer und alle blutbesudelten Naziverbrecher deckt und reinzuwaschen versucht.
In der gleichen Zeit, als der DDR-Bürger Otto Krahmann von aufgeputschten Faschistenrowdys in Hannover erschlagen wurde, sei er noch zu einem Staat bekannte, sei in Frankfurt (Main) der Haftbefehl gegen die KZ-Bestie Beckerle, der sich aktiv an der Ermordung zahlreicher jüdischer Bürger beteiligt hat, aufgehoben worden. In Westberlin wurde

(Fortsetzung auf Seite 2)

Juristen«. Heute wie gestern hätten sie die Aufgabe, mit ihrer Praxis den Widerstand des Volkes gegen die Militarisierung und den Abbau der Demokratie in Westdeutschland zu brechen. Reintanz fordert die Entlassung der insgesamt 1.000 vom *Ausschuß für Deutsche Einheit* bislang genannten, durch ihre NS-Vergangenheit belasteten Juristen aus dem westdeutschen Justizdienst. »Diese Zahlen,« faßt er zusammen, »sprechen eine deutliche Sprache! Sie widerlegen die hohlen Deklarationen der Adenauer, Strauß und Schröder von Freiheit und Rechtsstaatlichkeit. Wo 1.000 Blutrichter des Nazi-Staates über Recht und Gesetzlichkeit befinden, da kann von einem freiheitlichen Rechtsstaat keine Rede sein. Wo 1.000 Nazi-Juristen durch Blitz- und Notstandsgesetze mit Sondervollmachten ausgerüstet wurden, da bedeutet das eine gefährliche Bedrohung der Demokratie. Wo 1.000 Henkern deutscher und ausländischer Patrioten zu Ansehen und Einfluß verholfen wird, da macht sich der Geist des Militarismus und Revanchismus, da macht sich der Geist des Antisemitismus und Faschismus wieder breit.«[272]

3. November Die Leitung der *Evangelischen Kirche von Berlin-Brandenburg* in **Ost-Berlin** distanziert sich von einer Schrift ihres Bischofs Otto Dibelius, die von der SED-Führung als Affront betrachtet wird. Zum 60. Geburtstag des hannoverschen Landesbischofs Hanns Lilje am 20. August hat er unter dem Titel »Obrigkeit?« eine Gratulationsschrift verfaßt, in der er die Kirchenvertreter zu einer größeren Distanz gegenüber der SED auffordert. In dem Text, der als Privatdruck Verbreitung gefunden hat, wird der Begriff der rechtmäßigen Staatsgewalt erörtert und der Obrigkeitsbegriff Luthers sowohl für demokratische als auch für totalitäre Staaten als überholt hingestellt. »In einem totalitären Bereich,« heißt es an einer Stelle, »gibt es überhaupt kein Recht. Es ist doch kein Zufall, daß in der DDR das Wort Recht mehr und mehr in Fortfall kommt. Es gibt nur noch eine ›Gesetzlichkeit‹, d. h. also eine Anzahl von Bestimmungen, die die Machthaber im Interesse ihrer Macht erlassen und nun mit ihren Machtmitteln durchsetzen.«[273] Die berlin-brandenburgische Kirchenleitung erklärt nun, daß sie sich die von ihrem Bischof vorgenommenen Wertungen zum Obrigkeitsbegriff »nicht zu eigen machen« könne. – Am selben Tag beschließt das Politbüro der SED in **Ost-Berlin** eine Reihe von Gegenmaßnahmen zur »Schmähschrift von Dibelius«. Als erstes wird in dem 5-Punkte-Katalog ein Verbot des Textes und seine Beschlagnahme angeordnet. Zur Begründung heißt es, er habe gegen die Gesetze der Stadtverordnetenversammlung von Groß-Berlin verstoßen. Und als letztes erhält das SED-Zentralorgan »Neues Deutschland« den Auftrag, »anhand von Zitaten für die Öffentlichkeit den Beweis zu erbringen, daß Dibelius mit seinen Beiträgen gegen die Interessen der Kirche« handle; außerdem solle es »Stellungnahmen von Christen« veröffentlichen, die sich gegen das Auftreten von Dibelius äußern.[274]

3. November In **Erfurt** protestieren Textilarbeiterinnen auf einer Betriebsversammlung gegen die ihrer Meinung nach von der SED zu hoch angesetzten Produktionsanforderungen. Die Mehrarbeit, beschweren sie sich, ginge auf Kosten der Kindererziehung. Die meisten von ihnen fühlten sich überfordert. Die von der SED immer wieder propagandistisch herausgestellten Erleichterungen für beschäftigte Frauen würden nicht verwirklicht.

3. November Die französische Tageszeitung »Le Monde« veröffentlicht Daten, die Agence France Presse (AFP) über die bisherigen Opfer des Algerienkrieges anläßlich des 5. Jahrestages seines Ausbruchs zusammengestellt hat. Danach sind von den algeri-

schen Aufständischen 120.000 getötet und 60.000 gefangengenommen worden, von den französischen Streitkräften 10.000 getötet und 22.000 gefangengenommen worden. Auf Seiten der algerischen Zivilbevölkerung hat es 12.000 Tote und 9.000 Verwundete gegeben und auf der der europäischen 1.700 Tote und 4.500 Verwundete. Vermißt würden außerdem 10.000 Algerier und 300 Franzosen. Die Zeitung bemerkt dazu, daß die Zahlen, was die Verluste der französischen Streitkräfte angehe, fast mit den offiziell gemachten Angaben übereinstimmten. Die Angaben über die Verluste der Aufständischen lägen dagegen wesentlich höher als von Staatspräsident Charles de Gaulle bisher eingeräumt worden sei.

3. November Die sozialdemokratische *Mapai-Partei* von Ministerpräsident David Ben Gurion erringt bei den Parlamentswahlen in **Israel** mit 38,2 % der Stimmen erneut einen Sieg. – Nach schwierigen Verhandlungen stellt Ben Gurion am 17. Dezember eine neue, aus fünf Parteien gebildete Koalitionsregierung vor, die am Tag darauf mit 78:33 Stimmen von der Knesset in **Jerusalem** gebilligt wird. Wie bisher nimmt er neben seinem Amt als Ministerpräsident auch das des Verteidigungsministers wahr. Außenministerin ist weiterhin Golda Meir, ebenfalls Mitglied in der *Mapai-Partei*.

4. November In **Saarbrücken** demonstrieren 5.000 Angestellte des öffentlichen Dienstes für eine Erhöhung ihrer Löhne und Gehälter. Mit einem Transparent an der Spitze, auf dem die Losung »Im Saarland herrscht soziale Not, die Bonner stehlen uns das

3.11.: Eine Kämpferin der algerischen Befreiungsorganisation.

4.11.: In Saarbrükken gehen die Mitarbeiter des öffentlichen Dienstes auf die Straße.

Brot« zu lesen ist, ziehen sie durch die Bahnhofs-
straße zum Stadttheater. Auf der dortigen Abschlußkundgebung erklärt als Hauptredner der saarländische ÖTV-Vorsitzende Erich Lange, daß man lange
genug von der Bundesregierung und von den Arbeitgebern mit allgemeinen Versprechungen abgespeist
worden sei. Das ihnen lange Zeit entgegengebrachte
Vertrauen sei inzwischen untergraben. Jetzt erwarte
man konkrete Ergebnisse. Mehrere Zwischenrufer
fordern wegen der als soziale Demontage wahrgenommenen Landespolitik einen Rücktritt der saarländischen Landesregierung unter Ministerpräsident Franz Josef Röder (CDU).

4. November Auf einer von 700 Studenten besuchten Veranstaltung in der Technischen Hochschule in
Stuttgart kommt es zu Protesten gegen den Oberkommandierenden der NATO-Landstreitkräfte in
Mitteleuropa, Hans Speidel. Der General, der maßgeblichen Anteil am Aufbau der Bundeswehr hat,
wird während seines Vortrags über die militärische
Situation in der Bundesrepublik mehrmals durch
Zwischenrufe und Pfiffe unterbrochen. Er kommentiert die Störungen mit den Worten, es befänden sich
offenbar »auch Anhänger der Totalitären« unter den
Zuhörern. Als sich Speidel im Anschluß an den Vortrag, zu dem auf seinen Wunsch keine Pressever-
treter zugelassen worden sind, in die Mensa begibt,
wirft ein Student dort eine Tränengasbombe. Trotz
des dadurch entstehenden Tumults, erklärt der Rektor der TH anschließend, daß wegen des Zwischenfalls keine Untersuchung eingeleitet werde.

4. November Das Bezirksgericht in **Karl-Marx-
Stadt** verurteilt einen Uhrmacher- und einen Bäk-
kermeister wegen »schwerer staatsgefährdender
Propaganda und Hetze« zu Zuchthausstrafen von
jeweils zehn Jahren. Die beiden Angeklagten werden
für schuldig befunden, 1954 antikommunistische
Flugblätter hergestellt und verteilt sowie Transparente und Plakate mit »hetzerischen Losungen«
neben der Dresdener Autobahn angebracht zu
haben. Besonders schwer wiege an ihrem Fall, heißt
es in der Urteilsbegründung, daß sich ihre Aktivitäten gegen die damaligen Volkskammerwahlen
gerichtet hätten.

4.-6. November Auf einer Jubiläumsveranstaltung
anläßlich seines zehnjährigen Bestehens wenden sich
zahlreiche Rednerinnen des *Deutschen Frauenrings* in
Bonn gegen eine Diskriminierung lediger Mütter.

5. November In einem Artikel des SED-Zentralorgan »Neues Deutschland« wird dem regimekritischen Bischof Otto Dibelius durch einen Vergleich
mit dem seit über einem Jahrzehnt in Haft befindlichen ungarischen Kardinal József Mindszenty ge-

droht. Beide hätten die Kirche mißbraucht und sie
»in den Dienst der Reaktion« gestellt. Durch »seine
Hetze gegen die DDR« habe sich Dibelius »den
Boden für sein Wirken im demokratischen Berlin«
selbst entzogen. Der evangelische Bischof von Berlin-Brandenburg habe mit seiner Predigt am 1.
November die Marienkirche zu einer »Stätte für
Propagandareden der Adenauer-CDU herabgewürdigt«. »Festzustellen bleibt«, heißt es am Ende des
Textes in unverhohlener Drohung, »daß Dibelius
gegen die Gesetze der staatlichen Organe in Berlin
gehandelt hat und handelt. Die sich aus diesen Tatsachen ergebenden Schlußfolgerungen sind nunmehr
Angelegenheit der Abteilung für Innere Angelegenheit beim Magistrat von Groß-Berlin.«[275]

6. November Auf einer vom Deutschen Koordinie-
rungsrat der *Gesellschaften für Christlich-Jüdische
Zusammenarbeit* veranstalteten »Erzieherkonfe-
renz« zum Thema »Was bedeutet: Aufarbeitung der
Vergangenheit?« in **Wiesbaden** hält Theodor W.
Adorno, Professor für Philosophie an der Universität Frankfurt, das Titelreferat. Darin wendet er sich
bereits gegen den Schlagwortcharakter der Fragestellung. Der Formel wohne eine ideologische Tendenz inne, die den Wunsch verrate, einen Schlußstrich unter das Vergangene ziehen und es möglicherweise ganz aus der Erinnerung drängen zu wollen. Daß man von der Vergangenheit loskommen
wolle, sei nur zu verständlich, da es sich unter ihrem
Schatten nicht leben lasse, aber auch verdächtig, weil
die Vergangenheit noch höchst lebendig sei. Ihn
beunruhigten, erklärt Adorno, dabei nicht so sehr
rechtsradikale Organisationen: »Ich betrachte das
Nachleben des Nationalsozialismus in der Demokratie als potentiell bedrohlicher denn das Nachleben
faschistischer Tendenzen gegen die Demokratie.
Unterwanderung bezeichnet ein Objektives; nur
darum machen zwielichtige Figuren ihr come back in
Machtpositionen, weil die Verhältnisse sie begünstigen. Demgegenüber scheint mir die Fortexistenz
rechtsradikaler Gruppen ... nur ein Oberflächen-
phänomen.«[276]

6. November Aus Protest gegen die mit der Anglie-
derung des Saarlands an die Bundesrepublik verbundenen Preissteigerungen treten rund 7.000 Angestellte des öffentlichen Dienstes in den Städten **Homburg**, **Neunkirchen**, **Saarbrücken**, **Saarlouis** und **Völklingen** in einen vierundzwanzigstündigen Streik.

6. November Auf einem »Politischen Forum« zum
Thema »Farben, Kneipen und Mensuren« referieren
an der Freien Universität in **West-Berlin** die beiden
SDS-Mitglieder Peter Furth und Klaus Meschkat
sowie der AStA-Vorsitzende Karl Heinz Zenz. Von

6.11.: Der Philo-
soph, Soziologe und
Kulturkritiker
Professor Theodor
W. Adorno.

den ebenfalls eingeladenen schlagenden Verbindungen ist kein offizieller Vertreter erschienen. Als Begründung wird angeführt, daß die Einladung »allzu kurzfristig« ausgesprochen worden sei.

7. November Der am 14. Juli in den **Vereinigten Staaten** von der Gewerkschaft ausgerufene Stahlarbeiterstreik muß ausgesetzt werden. Der Oberste Gerichtshof der USA in **Washington** entscheidet, daß eine gerichtliche Verfügung des Bundesdistriktsgerichts in Pittsburgh vom 21. Oktober rechtens ist, die besagt, daß die streikenden Stahlarbeiter ihre Arbeit für 80 Tage wieder aufnehmen müssen. Der Revisionsantrag der Stahlarbeitergewerkschaft wird damit als unbegründet zurückgewiesen. Der Verfügung des Pittsburgher Gerichts war eine Entscheidung von US-Präsident Eisenhower vorausgegangen, den Streik unter Berufung auf den Taft-Hartley-Act von 1947 aus nationalem Interesse zu unterbrechen und die Wiederaufnahme der Stahlproduktion anzuordnen. Die 500.000 Stahlarbeiter, die Lohnerhöhungen und eine bessere soziale Absicherung fordern, sind danach gezwungen, für die in dem Gesetz vorgesehene Zeitdauer von 80 Tagen wieder an ihre Arbeitsplätze zurückzukehren. Im Laufe des Streiks ist die Automobilproduktion in den USA fast vollständig zum Erliegen gekommen.

8. November Auf einer Tagung der *Internationale der Kriegsdienstgegner* (IdK) in **Hamburg** wird ein an die Bundestagsabgeordneten gerichtetes Telegramm verabschiedet, in dem die Teilnehmer gegen die Einziehung von 18jährigen zum Grundwehrdienst in der Bundeswehr protestieren. Für eine Herabsetzung des Wehrdienstalters, meinen die Unterzeichner, gebe es keine ernsthafte Begründung.

8. November An einer Gedenkfeier auf dem Gelände des ehemaligen Konzentrationslagers **Flossenbürg** (Oberpfalz), zu der die *Gewerkschaftsjugend* aufgerufen hat, nehmen mehrere 1.000 bayerische Jugendliche teil. In einer langgezogenen Reihe ziehen sie mit Kränzen zur Todesschlucht. In ihren Ansprachen erinnern der Präsident des *Bayerischen Jugendringes*, Artur Bader, Bürgermeister Franz Haas und der Schwabacher Jugendleiter Ernst Gründer an die 73.000 Häftlinge, die in dem KZ umgekommen sind. Zu Ehren der Ermordeten werden anschließend am Mahnmal Kränze niedergelegt.

8. November Anläßlich des von der Bundeswehr in der Garnisonsstadt **Wetzlar** veranstalteten »Tags der offenen Tür« führen Mitglieder des *Verbands der Kriegsdienstverweigerer* (VK) eine »Aktion 4/3« durch. Sie verteilen mehrere 100 Flugblätter an die Neugierigen. Darin werden alle Wehrpflichtigen aufgefordert, von ihrem in Artikel 4, Absatz 3 des

8.11.: Kriegsdienstgegner führen in mehreren Städten – wie hier in Stuttgart – die »Aktion 4/3« durch.

Grundgesetzes verankerten Recht Gebrauch zu machen und den Kriegsdienst aus Gewissensgründen zu verweigern.

8./9. November Unbekannte beschmieren ein Gebäude auf der Nordseeinsel **Pellworm** nachts mit zehn Hakenkreuzen und ein anderes mit der Aufschrift »Juden raus«. – Die Ermittlungen nach den Tätern werden von der Oberstaatsanwaltschaft **Flensburg** im Dezember mit der Begründung eingestellt, daß an einer Verfolgung kein öffentliches Interesse existiere. – Nachdem ein Einwohner von **Pellworm** Beschwerde gegen diese Entscheidung eingelegt hat, entsendet das schleswig-holsteinische Justizministerium in **Kiel** Anfang Januar einen Staatsanwalt auf die Insel, der die Aufgabe hat, erneut die Ermittlungen aufzunehmen.

9. November Am 21. Jahrestag des als »Reichskristallnacht« verhöhnten Judenpogroms wird zum Gedenken an die Opfer im Haus der *Jüdischen Gemeinde* in **West-Berlin** von derem Vorsitzenden Heinz Galinski zusammen mit Bürgermeister Franz Amrehn (CDU) eine Gedenkwand enthüllt. Auf dem unbearbeiteten Beton sind neben einem Davidstern in Bronze die Ortsnamen der größten Konzentrations- und Vernichtungslager angebracht.

10. November Vor der 4. Großen Strafkammer des Landgerichts **Düsseldorf** stehen mehrere führende Mitglieder des *Westdeutschen Friedenskomitees* (WFK) unter der Anklage, sich der »Rädelsführerschaft« in verfassungsfeindlicher Absicht schuldig gemacht zu haben. Das WFK, heißt es in der Anklageschrift weiter, sei eine verfassungsfeindliche Organisation, eine kriminelle Vereinigung und ein Geheimbund im Sinne der § 90a, § 129 und § 128 des

stverlagsort Hannover

DER FRIEDENSRUF

November 1959   MITTEILUNGSBLATT DER FRIEDENSBEWEGUNG   5. Jahrgang Nr.

Um die Ehre der Friedensbewegung

ERWIN ECKERT: „Ich fühle mich nicht als Angeklagter, denn wir haben dafür gekämpft, daß die Koexistenz triumphiert!"

Der Prozess vor dem Landgericht in Düsseldorf

Unter großer Anteilnahme der Öffentlichkeit aus dem In- und Ausland begann am Vormittag des 10. November vor der vierten Großen Strafkammer des Landgerichts in Düsseldorf der Prozeß gegen sieben Mitarbeiter des Friedenskomitees der Bundesrepublik Deutschland. Schon die ersten Stunden ließen erkennen, daß es bei diesem Verfahren, für das vom Gericht eine Dauer von fünf Wochen vorgesehen ist, um mehr als ein Strafverfahren gegen sieben führende Mitarbeiter der Friedensbewegung geht.

„Was die Angeklagten vertreten haben, setzt sich heute in der internationalen Politik durch", sagte zu Beginn des Prozesses einer der fünf Verteidiger. Es sind die Prinzipien der friedlichen Koexistenz, als deren Vorkämpfer und Wegbereiter sich die Angeklagten auszeichneten. Weil dieser Prozeß offensichtlich ein Anachronismus sei, beantragte dieser Anwalt die Einstellung des Verfahrens. Das Gericht aber lehnte den Antrag ab.

Schwerkrank vor Gericht
Vom ersten Augenblick an war der Gerichtssaal mit Spannung geladen, und bereits in den ersten Minuten gab es einen Höhepunkt besonderer Art, als die schwerkranke zweiundsiebzigjährige Angeklagte, Frau Edith Hoereth-Menge, in den Gerichtssaal getragen werden mußte. Aus München war sie herbeizitiert worden, um sich neben sechs Männern als einzige Frau in diesem Prozeß zu verteidigen. „Meine persönliche Ehre und die der Friedensbewegung, mit der ich so eng verbunden bin, die Arbeit meines ganzen Lebens ist so stark angegriffen und beleidigt worden, daß ich mich hier verteidigen will", sagte diese durch ihren Friedenskampf weit über Deutschlands Grenzen hinaus bekannte aufrechte Frau, nachdem das Gericht eine Untersuchung ihres Gesundheitszustandes angeordnet hatte. Wenn man schon das Verfahren gegen sie eröffnet habe, so sagte Frau Hoereth-Menge, dann wolle sie sich auch verteidigen können.

lich attestierten äußerst schlechten Gesundheitszustandes eröffnet. Die Vorladung zur Hauptverhandlung wurde ihr in ihrer Münchener Wohnung zugestellt.
Nun war sie mit dem Auto nach Düsseldorf gebracht und in den Gerichtssaal getragen worden. Erst jetzt beantragte der Vorsitzende, Landgerichtsdirektor Dr. Meyer, eine gerichtsärztliche Untersuchung von Frau Edith Hoereth-Menge und die Abtrennung des Verfahrens gegen sie. Das Gericht gab dem Antrag statt, so daß nun in einem besonderen Prozeß gegen sie verhandelt werden wird. Die physische Belastung dürfte in dem zu erwartenden Einzelprozeß allerdings noch viel größer sein als es der gemeinschaftliche Prozeß jemals erwarten ließe.

(Lesen Sie bitte weiter auf Seite 2)

Daß sie nicht erst seit kurzer Zeit krank ist, war dem Untersuchungsrichter des Bundesgerichtshofes, der die Voruntersuchung in diesem Prozeß geleitet hatte, bekannt. Bereits vor Jahresfrist mußte er die Vernehmung am Krankenbett dieser Frau vornehmen und mehrmals für längere Zeit unterbrechen, weil der Gesundheitszustand einfach keine Vernehmung zuließ. Ihrem damaligen Antrag auf Aussetzung des Verfahrens wurde nicht stattgegeben, und das Hauptverfahren gegen sie wurde trotz des dem Untersuchungsrichter bekannten und ärzt-

Die Angeklagten und ihre Verteidiger vor dem Düsseldorfer Gericht. - Hintere Reihe von links nach rechts: Pastor Oberhof, Erwin Eckert (zurückgelehnt), Walter Diehl, Gerhard Wohlrath, Gustav Thiefes, Erich Kompalla. - Die Verteidiger von links nach rechts: RA Hannover, Dr. Ammann, Dr. Posser, Dr. Kaul. (Als fünfter Verteidiger wurde nach Prozeßbeginn der brit. Kronanwalt D. N. Pritt zugelassen.)

10.11.: Die Zeitschrift berichtet auf ihrer Titelseite über den Prozeß gegen das »Westdeutsche Friedenskomitee« (WFK) vor dem Düsseldorfer Landgericht.

Strafgesetzbuches. Es sei eine »von der KPD/SED organisatorisch und finanziell abhängige und gelenkte Tarnorganisation«. Im einzelnen sind angeklagt: der 66jährige ehemalige Pfarrer Erwin Eckert aus Bad Cannstatt, der 32jährige Diplomdolmetscher Walter Diehl aus Hilden, die 71jährige Edith Hoereth-Menge aus München, der 38jährige Angestellte Erich Kompalla aus Oberotterbach, der 54jährige Pastor Johannes Oberhof aus Stuttgart, der 52jährige Schreiner Gerhard Wohlrath aus Hitdorf und der 38jährige Arbeiter Gustav Tiefes aus Düsseldorf. Als die schwer erkrankte Mitbegründerin des WFK, Edith Hoereth-Menge, auf einem Stuhl in den Gerichtssaal getragen wird und ihr eine indische Journalistin einen Blumenstrauß überreicht, kommt

Beifall in dem bis auf den letzten Platz besetzten Zuhörerraum auf. Nachdem der eilends herbeigerufene Gerichtsarzt ihre Verhandlungsunfähigkeit bescheinigt hat, entscheidet das Gericht unter Vorsitz von Landgerichtsdirektor Erich Meyer, das Verfahren gegen sie abzutrennen und sie nach Hause zu schicken. Obwohl sie erklärt, daß sie sich wegen der Schwere der gegen sie erhobenen Vorwürfe unbedingt rechtfertigen wolle und es um ihre Ehre und ihr Lebenswerk gehe, bleibt es bei dem Beschluß. Der Angeklagte Wohlrath, der schon im Nationalsozialismus des »Hochverrats« beschuldigt worden war, gibt zu der Anklageschrift eine persönliche Erklärung ab: »Gestatten Sie mir, hier zu sagen, daß ich einen solcher Vorwurf als persönliche Beleidigung betrachte. Alle meine Handlungen in den vergangenen Jahren sind offen vor aller Welt geschehen. Ich habe nur das getan, wozu mich mein moralisches und sittliches Verantwortungsgefühl gedrängt hat. Mein Weg war die logische Schlußfolgerung der politischen Entwicklung und der reichen Erfahrungen in meinem Leben.«[277] Nach einer detaillierten Widerlegung der einzelnen Anklagepunkte erklärt der zweite Vorsitzende des WFK, Erwin Eckert: »Auf die Anklagebank gehörten diejenigen, die sich bisher jeder friedlichen Regelung widersetzten und die Forderung nach allgemeiner kontrollierter Abrüstung mit der Intensivierung der Aufrüstung beantworten.«[278] Die Angeklagten werden verteidigt von den Rechtsanwälten Walther Ammann (Heidelberg), Diether Posser (Essen), Heinrich Hannover (Bremen) und Friedrich Karl Kaul (Ost-Berlin) sowie dem britischen Kronanwalt Denis Nowell Pritt (London). – Der sowjetische Schriftsteller Ilja Ehrenburg, der der Eröffnung des Mammutverfahrens beigewohnt hat, schreibt am 31. Dezember in der »Prawda«: »Ich kann bezeugen, die Angeklagten, mit denen ich zusammentraf, lieben nicht nur den Frieden, sie lieben auch ihr Land. Mehrmals sprachen sie

sich anerkennend über das deutsche Volk aus ...
Westdeutschland ist kein rückständiges Land. Seine
Technik ist modern, aber seinen Polizeiorganen muß
man den Vorwurf machen, hinter dem Leben zurückgeblieben zu sein ... Der Düsseldorfer Prozeß setzt
nicht nur in Erstaunen, sondern flößt allen Menschen
in der Sowjetunion und im Westen Besorgnis ein. Er
ist ein gefährliche Anachronismus.«[279]

10. November Auf einer Kundgebung des *Bundes der
Deutschen* (BdD) im Festsaal des **Frankfurt**er Pal-
mengartens referiert der Direktor des Instituts für
Publizistik an der Universität Münster, Professor
Walter Hagemann, über die Frage »Wird die Wiedervereinigung begraben?«. Vor 500 Zuhörern erklärt der Zeitungswissenschaftler, es sei schmerzlich zu sehen, wie die Bundesregierung immer noch
auf ihrem alten Standpunkt verharre, während sich
die Weltpolitik in der Zwischenzeit völlig verändert
habe. Als Bilanz einer gescheiterten Bonner Außenpolitik führt er drei Punkte an: 1. Die Politik der
Stärke sei restlos gescheitert, der Kalte Krieg am
Ende und die atomare Aufrüstung überholt. 2. Die
NATO befinde sich wegen ihres veränderten Um-
feldes im Zerfall; sie sei zu einem Anachronismus
geworden. 3. Die Bundesrepublik habe sich noch nie
seit ihrer Gründung in einer derartigen Isolation
befunden wie zum gegenwärtigen Zeitpunkt. Einen
Ausweg, der letzlich zu einer Wiedervereinigung
Deutschlands führe, sehe er nur in einer Konföderation mit der DDR und der Herauslösung Gesamtdeutschlands aus den Machtblöcken. Die Grundorientierung müsse lauten: Koexistenz statt Gewaltlösung. »Wir können die deutsche Frage,« hebt
Hagemann am Ende hervor, »nur lösen mit unserem
Glauben, mit Opfern und mit Friedensbereitschaft,
denn wir leben in einer Welt, in der wir nur zusammen leben oder zusammen sterben können.«[280]

10. November Der Magistrat in **Ost-Berlin** spricht
ein Verbot der von dem Bischof der *Evangelischen
Kirche von Berlin-Brandenburg*, Otto Dibelius, verfaßten und als Privatdruck verbreiteten regimekritischen Schrift »Obrigkeit?« aus. Zur Begründung
heißt es, ihr Inhalt verstoße gegen Gesetze der
Stadtverordnetenversammlung. Untersagt werden
die Vervielfältigung und Verbreitung der Schrift
sowie alle anderen Formen ihrer Verbreitung. Dem
Generalstaatsanwalt von Groß-Berlin werde, heißt
es abschließend, ein Exemplar »zur Prüfung« übergeben.

10. November Zur gleichen Zeit kündigen der bri-
tische Kolonialminister Iain Norman Macleod im
Unterhaus in **London** und der britische Gouverneur,
Sir Patrick Renison, in **Nairobi** das Ende des Krieges

Mau-Mau!

Kenia zittert vor dem Geheimbund, der Angst und
Schrecken verbreitet und viele Menschen tötet

gegen die Mau-Mau in Kenia an. Alle in dem ostafrikanischen Land gegen die Aufständischen ergriffenen
Notstandsmaßnahmen würden aufgehoben und die
2.000 Gefangenen freigelassen. Zwar werde, erklärt
Macleod, der Gouverneur auch weiterhin Sicherheitsmaßnahmen ergreifen können, wenn er dies für
erforderlich halte, doch besitze er nicht mehr die
Vollmacht, Personen in Gewahrsam zu halten und
Zwangsarbeit verrichten zu lassen. Mit dieser Entscheidung geht der Kolonialkrieg in Kenia, das seit
1920 britische Kronkolonie ist, seinem Ende entgegen.

10.-13. November Auf **Schloß Schney** bei Lichtenfels
findet ein Bundesseminar des *Sozialistischen Deutschen Studentenbundes* (SDS) über »Universität und
Studenten in der Gesellschaft der Bundesrepublik«

*10.11.: Schlagzeile
in der Westberliner
Tageszeitung »BZ«
aus dem Jahr 1957.*

*10.11.: Ilja Ehren-
burg ist einer der
Pressebericht-
erstatter beim
Düsseldorfer
Prozeß.*

*10.11.: »Legt ihr die
Schlinge um den
Hals, sonst kommen
wir um unseren
Krieg!« So sieht das
»Neue Deutsch-
land« die Rolle der
bundesdeutschen
Behörden.*

statt. Die Tagung gilt als Vorbereitung für den zum kommenden Jahr geplanten VI. Deutschen Studententag, der unter dem Leitthema »Abschied vom Elfenbeinturm« stehen soll.

11. November Auf Initiative des *Sozialistischen Deutschen Studentenbundes* (SDS) demonstrieren in **Bonn** rund 100 Studenten gegen den Besuch des spanischen Außenministers Fernando Maria Castiella y Maiz. Als sich der Gast in das Goldene Buch der Stadt eintragen will, ziehen die Demonstranten vor das Rathaus und protestieren gegen die Aufnahme Spaniens in die NATO. Auf Transparenten sind die Parolen »Nieder mit Franco« und »Keine Faschisten in die NATO« zu lesen. Die Studenten erinnern an die Niederwerfung der Republik im Spanischen Bürgerkrieg und weisen auf die immer noch anhaltende Unterdrückung jeglicher politischer und kultureller Opposition durch das Franco-Regime hin. Als Castiella den Marktplatz mit einer Eskorte verläßt, ertönt in Sprechchören mehrmals der Ruf »Nieder mit Franco!«. In einer der Presse übergebenen Erklärung erläutern sie ihren Protest mit den Worten: »Die von der Bundesregierung mit verdächtigem Eifer betriebene Aufnahme Spaniens in die NATO verfälscht entscheidend den Charakter dieses Bündnisses, das sich die Verteidigung von Freiheit und Demokratie zum Ziel gesetzt hat, und macht die Argumentation des Westens in der ideologischen Auseinandersetzung mit dem Kommunismus unglaubwürdig.«[281] Während sich die *Jungsozialisten* hinter die Ziele der Demonstranten stellen, distanziert sich der *Ring Christlich-Demokratischer Studenten* (RCDS) in scharfer Form von Art und Form der Demonstration. – Bundesaußenminister Heinrich von Brentano (CDU) entschuldigt sich anschließend wegen der Protestaktion bei seinem spanischen Amtskollegen. Der Presse gegenüber heißt es, in Regierungskreisen sei der Zwischenfall mit Bedauern aufgenommen worden.

11. November In **London** kommt es im britischen Unterhaus nach einer Anfrage zur Atomrüstung in der Bundesrepublik zu tumultartigen Auseinandersetzungen. Labour- ebenso wie Tory-Abgeordnete fordern Schritte zur Unterbindung der Ausrüstung der Bundeswehr mit Atomwaffen.

12. November Der ehemalige SS-Standartenführer und Chefarzt des Würzburger SS-Lazaretts, Professor Dr. Werner Heyde, der unter dem falschen Namen Dr. Fritz Sawade in Flensburg als medizinischer Gutachter tätig war, stellt sich in **Frankfurt** der Justiz. Der ehemalige Professor für Psychiatrie und Neurologie an der Universität Würzburg, der als Kreisamtsleiter eines Rassenpolitischen Amtes,

12.11.: Der ehemalige SS-Arzt Dr. Heyde alias Dr. Sawade wird inhaftiert; Abbildung auf einer 1961 erschienenen Monographie über Euthanasie-Ärzte.

als Führer der Sanitätsabteilung der SS-Totenkopfverbände und als Obergutachter bei der »Aktion T 4« fungierte, wie die Tarnbezeichnung für die von Adolf Hitler persönlich befohlene systematische Ermordung von geistig Kranken lautete, war am 28. Mai 1945 von einem britischen Leutnant verhaftet und in ein dänisches Internierungslager verbracht worden. Nachdem er nach mehreren Zwischenstationen von den Amerikanern 1947 an die deutsche Justiz ausgeliefert und in Frankfurt, wo ein Haftbefehl des dortigen Landgerichts gegen ihn vorlag, in Untersuchungshaft genommen worden war, forderte ihn die Verteidigung beim Nürnberger Ärzteprozeß auf, dort als Zeuge auszusagen. Bei seinem Rücktransport gelang ihm dann in Würzburg die Flucht. Mit gefälschten Entlassungspapieren, die er sich auf einem Schwarzmarkt in Kiel besorgte, bewarb er sich Anfang 1950 in Flensburg beim dortigen Oberbürgermeister um die Stelle eines Sportarztes. Auch dies gelang ihm ohne größere Schwierigkeit. Wegen des geringen Gehaltes hielt er jedoch Ausschau nach günstigen Nebenerwerbsquellen. Eine solche Gelegenheit bot sich ihm, als er durch die Vermittlung eines Internisten den Direktor des Oberversicherungsamtes Ernst-Siegfried Buresch kennenlernte. In dessen Auftrag fertigte Prof. Dr. Heyde alias Dr. Sawade zwischen 1950 und 1959 für die Untersuchungsstelle der Landesversicherungsanstalt in Flensburg mehr als 6.000 medizinische Gutachten an. Von den dafür erhaltenen Geldern baute er sich ein komfortables Haus, kaufte sich einen Wagen vom Typ Borgward-Isabella und konnte überdies noch seine in Bayern lebende Familie durch regelmäßige Zuwendungen unterstützen. Zahlreiche Personen in seinem Umfeld waren dabei über seine wirkliche Identität informiert. So erfuhr der Medizinaldirektor bei der schleswig-holsteinischen Landesversicherungsanstalt, Dr. Hartwig Delfs, bereits im Herbst 1952 von der Doppelexistenz des Gutachters und erhielt zugleich von Heyde selbst die Auskunft, daß auch andere Herren der Landesversicherungsanstalt, des Oberversicherungsamtes, des Versorgungsamtes und der Staatsanwaltschaft Bescheid wüßten. Obwohl er unter seinem richtigen Namen im Fahndungsbuch ausgeschrieben war, unternahm Heyde alias Sawade zahlreiche Auslandsreisen, die ihn nach Skandinavien, Österreich, Frankreich und in die Schweiz führten. Seine Frau, die seit dem 1. April 1952 Witwen- und für ihre Kinder außerdem Waisengeld kassierte, besuchte er noch im August 1959 in einem mit seinen Geldern neuerbauten Haus am Starnberger See. Erst als der Direktor der Kieler Universitätsklinik, Professor Helmuth Reinwein, Mitte September zufällig erfährt, daß ein Arzt unter falschem Namen Gutachten ausstelle und einen Amtsarzt in Flensburg beauftragen läßt, die Bestallungsurkunde einzusehen, kommt die Sache ins Rollen. Als ein letzter Versuch des Rendsburger Obermedizinalrates Dr. Ostertun scheitert, den Amtsrat davon abzubringen, die Approbationsurkunde zu Gesicht bekommen zu wollen, fliegt die falsche Identität auf. Doch erst nachdem zwei Tage vergangen sind und Heyde alias Sawade genügend Zeit zur Flucht hatte, wird am 7. November die Fahndung ausgelöst. Gesucht werde ein Arzt, heißt es in der Mitteilung an die Polizei- und Grenzkontrollstellen, der unter falschem Namen mit einem VW unterwegs sei. Heyde alias Sawade, der sich in Wirklichkeit mit seiner Borward Isabella aufgemacht hat, reist zu dieser Zeit nach einer Übernachtung in einem Würzburger Hotel nach Frankfurt weiter. Nachdem ein weiterer Versuch eines Heyde-Vertrauten, des Würzburger Professors Hans Rietschel, gescheitert ist, durch Falschinformationen gegenüber einem Kriminaloberassistenten die Spur des Gesuchten zu verwischen, sieht der Euthanasie-Professor keinen Ausweg mehr für sich und begibt sich in die Hand der Justiz.

12. November Auf einer Veranstaltung des *Bundes der Deutschen* (BdD) in den Casino-Betrieben des Fleischerinnungshauses in **Hannover** referiert der Publizistikprofessor Walter Hagemann vor 600 Zuhörern über das Thema »Welt ohne Krieg – Illusion oder Wirklichkeit?«.

12. November Mit einem Offenen Brief appellieren die Mitglieder des *Arbeitsausschusses gegen den Atomtod* in **West-Berlin** an den französischen Staatspräsidenten Charles de Gaulle, sich für einen weltweiten kontrollierten Verzicht von Nuklearwaffenversuchen und einen stufenweisen Prozeß zu einer totalen Abrüstung einzusetzen. Zu den Unterzeichner gehören auch der Wiener Philosoph Günter Anders sowie die an der Freien Universität lehrenden Professoren Ossip K. Flechtheim, Dietrich Goldschmidt, Helmut Gollwitzer, Heinrich Vogel und Wilhelm Weischedel.

12./13. November Unter weitgehender Abschirmung von der Öffentlichkeit absolviert der wegen seiner NS-Vergangenheit in Bedrängnis geratene Bundesvertriebenenminister Theodor Oberländer (CDU) einen zweitägigen Besuch in **West-Berlin**. Da Demonstrationen gegen ihn befürchtet werden, wird er unter besonderen Sicherheitsvorkehrungen auf dem Flughafen Tempelhof empfangen. Entgegen aller Gepflogenheiten wird nach seiner Ankunft keine Pressekonferenz durchgeführt; aus seiner Begleitung heißt es dazu, daß der Minister »nichts Neues mitzuteilen« habe. In einem Vortrag vor dem *Verein Berliner Kaufleute und Industrieller* erklärt

Sahara-Proteste an Staatspräsident de Gaulle

Westberlin, den 12. Nov. 1959

Herrn
General Charles de Gaulle

Ew. Exzellenz,
Hochverehrter Herr Präsident!

Wir unterzeichneten Professoren, Assistenten, Studenten und Persönlichkeiten des öffentlichen Lebens verfolgen seit langem mit tiefer Unruhe die verhängnisvolle Entwicklung der Atomrüstungspolitik in Ost und West und haben uns stets entschieden gegen eine mögliche atomare Aufrüstung Deutschlands gewandt.

Mit tiefer Besorgnis haben wir die wiederholten Ankündigungen von Atombombenversuchen in der Sahara zur Kenntnis genommen.

Im Laufe dieser Wochen wird eine Gruppe von Freiwilligen der internationalen Bewegung gegen Atomrüstung in das Sahara-Sperrgebiet eindringen, um die Aufmerksamkeit der Weltöffentlichkeit auf die dortigen Vorbereitungen zu lenken. Wir Unterzeichneten erklären uns solidarisch mit diesem Vorhaben. Wir appellieren an Sie, Herr Präsident, gerade auch im Hinblick auf die gegenwärtigen Ansätze zur weltpolitischen Entspannung, den politischen Einfluß Frankreichs im Sinne folgender Vorschläge geltend zu machen:

1. Weltweiter kontrollierter Verzicht auf Versuche mit Kernwaffen;
2. Einfrieren der bestehenden Rüstungsverhältnisse als erster Schritt zur kontrollierten Abrüstung;
3. Weiterentwicklung und stufenweise Verwirklichung der Pläne zur totalen weltweiten Abrüstung;
4. Verwendung der freigewordenen Mittel in Zusammenarbeit mit den Vereinten Nationen zur Aufbauhilfe für die Entwicklungsländer und Notstandsgebiete der Welt.

Der Geist der Versöhnung, der aus Ihren Vorschlägen, Herr Präsident, zur Beilegung des Algerienkonfliktes spricht, läßt uns hoffen, daß dieser Appell nicht ungehört verhallen wird.

Genehmigen Sie, hochverehrter Herr Präsident, den Ausdruck unserer vorzüglichen Hochachtung!

gez.

BERLINER ARBEITSAUSSCHUSS GEGEN DEN ATOMTOD:
Dr. Erich Müller Gangloff, Leiter der evangelischen Akademie; **Prof. Dr. W. Schaaffs**, Vors. des Bezirksausschusses Spandau; **Pfarrer Dr. Harnisch**, Vors. des Bezirksausschusses Schöneberg; **Dr. W. Dornfeldt**, Vors. des Bezirksausschusses Neukölln; **Dr. W. H. Meyer**, Vors. des Bezirksausschusses Tempelh.; **Klaus Ehrler**, Sprecher der Studentengruppe gegen Atomrüstung (Freie Universität); **Manfred Rexin, Ansgar Skriver**, Hochschulgemeinschaft für die politischen Probleme des Atomzeitalters; **Wolfgang F. Haug**, Arbeitskreis das Argument; **Norbert Adrian**, Landesvors. des Sozialistischen Deutschen Studentenbundes Berlin; **Harry Ristock**, Landesvors. der Sozialistischen Jugend Deutschlands die Falken, Berlin; **Robert Julius Nüsse**, Vors. der Liberalen Hochschulgruppe FU Berlin; **Christoph Albers**, Vors. der Liberal-Sozialen Hochschulgruppe FU; **Prof. Dr. W. Weischedel; Prof. D. H. Gollwitzer; Prof. Dr. G. Gollwitzer** (Stuttgart); **Prof. D. H. Vogel Prof. Dr. Goldschmidt; Prof. Dr. H. H. Schrey; Prof. Dr. O. K. Flechtheim; Prof. Dr. R. Sühnel; Prof. Dr. R. Schottlaender; Dr. M. von Brentano**, wissenschaftlicher Rat; **Friedrich W. Marquardt**, Studentenpfarrer der FU; **Rudolf Weckerling**, Studentenpfarrer der TU; **Propst D. H. Grüber; Pfarrer Dr. H. Schroth**, Spandau; **Pfarrer M. Lehmann**, Steglitz; **Pfarrer G. Kiefel**, Spandau; **Pfarrer J. Müller**, Schöneberg; **Pfarrer J. Kanitz**, Zehlendorf; **Günther Anders**, Schriftsteller; **Hans Scholz**, Schriftsteller; **Wolfdietrich Schnurre**, Schriftsteller; **Boleslaw Barlog**, Intendant; **Hans Lietzau**, Regisseur; **Albert Bessler**, Dramaturg; **Rolf Ulrich**, Schauspieler; **Dr. Werner Stein**, Physiker, M. d. A.; **Wolfgang Lüder**, 2. Konventsvorsitzender und Senatssprecher, FU Berlin; **Helmut Lehmann**, 1. Vors. der Esperanto-Jugend Berlin; **Dr. med. Lettan; Dipl.-Ing. D. Römer**, Architekt.

Oberländer, das deutsch-polnische Verhältnis sei für die Zukunft Europas genauso wichtig wie das zwischen Deutschland und Frankreich. In einer Rundfunkerklärung wendet er sich dann an die »Sowjetzonen-Bevölkerung«, um zu der von der SED gegen ihn in Gang gebrachten »Propagandakampagne« Stellung zu nehmen. Dabei geht er jedoch nicht auf konkrete Einzelheiten ein, sondern bezeichnet die Angriffe auf seine Person nur allgemein als einen Versuch, die Bundesrepublik zu diffamieren. Oberländer kündigt an, daß im Laufe der nächsten Monate ein internationales Gremium ehemaliger Widerstandskämpfer die gegen ihn erhobenen Vorwürfe überprüfen werde. – Nachdem der Verdacht ge-

12.11.: In der Zeitschrift »Kongressdienst« wird das Protestschreiben an den französischen Staatspräsidenten abgedruckt.

äußert worden ist, daß der ehemalige Reichsführer des *Bundes Deutscher Osten* als Angehöriger des Bataillons »Nachtigall« 1941 in Lemberg an Massenerschießungen beteiligt gewesen sein könne, hatten DDR-Zeitungen in Schlagzeilen gefordert »Herunter mit ihm vom Ministersessel!« und »Er gehört hinter Zuchthausmauern!« Nach einem Wortgefecht, daß sich Oberländer auf einer Pressekonferenz in Bonn mit Ost-Berliner Korrespondenten lieferte, hat sogar der konservativ eingestellte, der Bundesregierung nahestehende »Rheinische Merkur« die Einsetzung eines parlamentarischen Untersuchungsausschusses gefordert.

13. November Während im **Düsseldorf**er Kino »Residenz-Theater« der Anti-Kriegsfilm »Die Brücke« anläuft, beginnt die örtliche Gruppe des *Verbandes der Kriegsdienstverweigerer* (VK) zur Abendvorstellung mit ihrer Flugblatt-»Aktion 4/3«. Die Besucher werden vor Beginn und nach Beendigung der Vorstellung über die Möglichkeiten informiert, in welcher Form von dem in Artikel 4, Absatz 3 des Grundgesetzes verankerten Recht auf Kriegsdienstverweigerung Gebrauch gemacht werden kann. Vor dem Eingang bilden sich jeweils Besuchertrauben, in denen aufgewühlt über Schrecken und Sinnlosigkeit des Krieges diskutiert wird. – Die Resonanz der Flugblattaktion ist so stark, daß bereits nach mehreren Tagen über 100 Kinobesucher an einem Beratungsabend des VK über Wehrdienstverweigerung teilnehmen.

13. November Vor 350 Besuchern referiert der Würzburger Staatswissenschaftler Professor Franz-Paul Schneider auf einer Veranstaltung des *Bundes der Deutschen* (BdD) im großen Saal der **Nürnberg**er Bäckerhof-Gaststätten über das Thema »Wende der Weltpolitik – Koexistenz oder Untergang«. Dabei begrüßt er einen von der Sowjetunion vor der UNO zur Debatte gestellten Abrüstungsplan und meint, die Nutzung des in der Folge freigewordenen Geldes würde die umfassendsten Beschäftigungsmöglichkeiten für die Bevölkerung schaffen. Durch eine neue internationale Lage seien die parlamentarische und die außerparlamentarische Opposition zu verstärkten Aktivitäten verpflichtet. Immer wieder müsse in der Öffentlichkeit aufgezeigt werden, welche Gefahren aus einer Fortsetzung des bisher von der Bundesrepublik eingeschlagenen außenpolitischen Kurses drohten. Nirgendwo auf der Welt gebe es eine Regierung, die so leichtfertig wie sie die »Schicksalsfragen des Volkes« aufs Spiel setze. In einer von den Teilnehmern mit Beifall aufgenommenen Entschließung werden am Ende die Fraktionen der im Bundestag vertretenen Parteien aufgefordert, den Beschluß über die Atombewaffnung der Bundeswehr aufzuhe-

13.11.: Gestapo-Photo von Pater Leonhard Roth aus dem Jahr 1942.

ben, mit allen Staaten unverzüglich diplomatische Beziehungen aufzunehmen und das Verhältnis zwischen der Bundesrepublik und der DDR »auf der Grundlage gegenseitiger Achtung und Verständigung neu zu gestalten«.

13. November Der Priester und ehemalige KZ-Häftling Leonhard Roth wendet sich in einem in den »Dachauer Nachrichten« abgedruckten Leserbrief gegen die Absicht des Dachauer Bürgermeisters Hans Zauner, in den von Flüchtlingen geräumten Baracken des früheren Konzentrationslagers Wohnungssuchende unterzubringen. »Das Internationale Dachauer KZ-Komitee,« schreibt der 55jährige Roth, »hat sich auf seiner Tagung in Brüssel, auf der ich als deutscher Vertreter anwesend war, schärfstens gegen jede Art von Wiederbelebung gewandt. Es lagen diesbezüglich Absichten des Herrn Vertriebenenministers Professor Dr. Oberländer vor ... Auf einem Massenfriedhof, wie es das KZ Dachau darstellt, sollte man nach Ansicht des Komitees keine Menschen ansiedeln.«[282] – Am 18. November wird Roth von Generalvikar Johannes Fuchs im Auftrag des Bischöflichen Ordinariats ein strenger Verweis erteilt. In dem Schreiben heißt es, Geistliche seien dazu verpflichtet, nicht nur für Veröffentlichungen von Büchern, sondern auch von Aufsätzen und Artikeln in Zeitungen und Zeitschriften zuvor die Erlaubnis des örtlichen Oberhirten einzuholen. Dieses habe »in jedem Fall unter Vorlage des Manuskripts rechtzeitig« zu geschehen. – Roth war bereits frühzeitig mit den Nazis in Konflikt geraten und 1937 in die Schweiz geflohen. Nachdem er 1941 von der Polizei in St. Gallen verhaftet und ausgeliefert worden war, hatte er zunächst eine zweijährige Gefängnishaft verbüßen müssen. Unmittelbar danach war er von der Gestapo in das Konzentrationslager Dachau eingewiesen worden. Dort hatte er wegen der Pflege von an Typhus erkrankten Mithäftlingen großes Ansehen errungen. Nach der Befreiung war er von 1945 bis 1948 als Seelsorger in dem nun als Internierungslager betriebenen ehemaligen KZ tätig. Mit großer Verbitterung erlebt er, der zusammen mit Internierten auf dem früheren Appellplatz aus Holz eine Kirche gebaut hat, wie von keiner der zuständigen Stellen in Bonn oder in München etwas unternommen wird, um das ehemalige KZ-Gelände in eine Gedenkstätte umzuwandeln. Einem Journalisten der »Passauer Neuen Presse« gegenüber hat sich Roth erst im Vormonat beklagt, ihm komme es vor, als wollten der Bund, das Land Bayern und die Stadt Dachau »das Konzentrationslager aus der Erinnerung löschen«. Alle seine Vorschläge, Bitten und Eingaben, die er den zuständigen Stellen vorgetragen habe, seien völlig ergebnislos geblieben.

geh mit der zeit

geh mit der SPD

Südwest

13.-15.11.: Die Delegierten des SPD-Sonderparteitages in der Godesberger Stadthalle.

GRUNDSATZ PROGRAMM

DER SPD

13.-15.11.: Der vom SPD-Vorstand herausgegebene Protokollband mit dem Godesberger Programm.

13.-15. November Auf einem außerordentlichen Parteitag verabschiedet die SPD in **Bad Godesberg** ein neues Grundsatzprogramm. In den Leitlinien des nach dem Tagungsort benannten »Godesberger Programms« wird erstmals auf eine weltanschauliche Festlegung verzichtet. Nach drei verlorenen Bundestagswahlen bekennt sich die sozialdemokratische Partei zu Freiheit, Gerechtigkeit und Solidarität als den Grundwerten des »demokratischen Sozialismus«. Für das Selbstverständnis der Parteimitglieder sollen neben dem Marxismus nun auch die christliche Ethik, der Humanismus und die klassische Philosophie als gleichbedeutende Wurzeln angesehen werden können. Die antidiktatorischen Maximen sind vor allem deutlich gegen den Parteikommunismus gerichtet: »Wir widerstehen jeder Diktatur, jeder Art totalitärer und autoritärer Herrschaft; denn diese mißachten die Würde des Menschen,

13.-15.11.: Das Podium des SPD-Parteitages in Bad Godesberg (v.l.n.r.): Erich Ollenhauer, Herbert Wehner, Alfred Nau, Fritz Erler, Carlo Schmid.

13.-15.11.: Handschriftliche Verbesserungen am Godesberger Programm.

13.-15.11.: Willi Eichler ist der Vorsitzende der Programmkommission.

vernichten seine Freiheit und zerstören das Recht. Sozialismus wird nur durch die Demokratie verwirklicht, die Demokratie durch den Sozialismus erfüllt.«[283] Im einzelnen bricht die SPD mit mehreren von ihr jahre- oder sogar jahrzehntelang verfochtenen Positionen: Die allgemeine Wehrpflicht, gegen die Sozialdemokraten inner- und außerhalb des Parlaments Sturm gelaufen waren, wird ebenso bejaht wie die »freie Marktwirtschaft«, gegen deren Propagierung durch Adenauer und Erhard man seit Gründung der Bundesrepublik polemisiert hatte. Sie erhält nun gegenüber der lange Zeit als einzig sozial angesehenen Planwirtschaft deutlich den Vorzug. Das neue, von dem Wirtschaftsexperten Heinrich Deist formulierte Motto soll nun heißen: »Wettbewerb soweit wie möglich – Planung soweit wie nötig!«[284] Dem Privateigentum an den Produktionsmitteln, das als eines der Hauptübel der kapitalistischen Wirtschaftsordnung angesehen wurde, wird nun ein »Anspruch auf Schutz und Förderung« zuerkannt. Den gewandelten Charakter der Partei, die sich zum ersten Mal seit dem »Heidelberger Programm« aus dem Jahre 1925 wieder auf neue Grundsätze verpflichtet, gibt am deutlichsten der stellvertretende Vorsitzende Herbert Wehner zu erkennen. Der Mann, der zusammen mit Carlo Schmid die neue Programmatik in wesentlichen Zügen ausgearbeitet hat, appelliert mit dem Ausruf »Glaubt einem Gebrannten!« an die Delegierten und stellt in seiner Rede fest, daß die SPD in Zukunft keine reine Arbeiterpartei mehr sein könne. »Wir müssen vor der breiten Öffentlichkeit als Partei unter Beweis stellen, daß wir eine allgemeine Ordnung anstreben – darunter verstehe ich den eigentlichen Bereich der Politik –, die keine Schicht und keine Gruppe der Bevölkerung mehr benachteiligt. Das ist der Durchbruch zu einer grundsätzlich anderen Handhabung der Macht im Staat, als es bis heute noch und wahrscheinlich noch eine ganze Weile in diesem Ringen

der Fall sein wird.«[285] Aus einer Partei der Arbeiterklasse sei die SPD nun zu einer »Partei des Volkes« geworden. In der Schlußabstimmung verweigern von den 394 Delegierten dem neuen Grundsatzprogramm lediglich 16 ihre Zustimmung. Gegen das »Godesberger Programm« stimmen die Delegierten Peter Blachstein, Anton Boos, Heinrich Dorsch, Helga Einsele, Manfred Heckenauer, Willi Kuhlmann, Walter Möller, Arnold Müller, Franz Neumann, Peter von Oertzen, Heinz Ruhnau, Werner Salzmann und Werner Stein; drei Gegenstimmen können nicht namhaft gemacht werden. – Der Soziologe Theo Pirker, zugleich Nachkriegshistoriker von DGB und SPD, kommentiert das neue Grundsatzprogramm mit den Worten: »In ihrer Geschichte war die Partei noch nie so einig gewesen wie in Godesberg. Selbst die Linken in der Partei, und unter ihnen die verschwindende Minderheit der Marxisten, spürten, daß die Partei nun endlich zu sich selber gekommen war. Der Widerspruch von Theorie und Praxis, von revolutionärer Rhetorik und reformistischer Praxis, von demonstrativer Radikalität und biederer Honorigkeit – sie gehörten nach dem Godesberger Parteitag endlich und endgültig der Vergangenheit an. Es war, wie die Presse in ihrer Mehrheit erkannte, symbolisch, daß gerade Wehner, der Exkommunist, der Mann mit dem proletären Habitus, mit der Fama des ›Linken‹ umgeben, diesem Programm auf dem Parteitage zu einem großen Siege verholfen hätte … Die SPD hatte programmatisch mit der Verabschiedung des Godesber-

24. Grundsatzprogramm der Sozialdemokratischen Partei
Deutschlands

*Beschlossen vom Außerordentlichen Parteitag der SPD in Bad
Godesberg vom 13.–15. November 1959*

*Das ist der W i d e r s p r u c h unserer Zeit,
daß der Mensch die Urkraft des Atoms entfesselte und
sich jetzt vor den Folgen fürchtet;*

*daß der Mensch die Produktivkräfte aufs höchste entwickelte,
ungeheure Reichtümer ansammelte, ohne allen einen
gerechten Anteil an dieser gemeinsamen Leistung zu verschaffen;*

*daß der Mensch sich die Räume dieser Erde unterwarf,
die Kontinente zueinander rückte, nun aber
in Waffen starrende Machtblöcke die Völker mehr
voneinander trennen als je zuvor und totalitäre Systeme
seine Freiheit bedrohen.*

*Darum fürchtet der Mensch, gewarnt durch die Zerstörungskriege
und Barbareien seiner jüngsten Vergangenheit, die eigene Zukunft,
weil in jedem Augenblick an jedem Punkt der Welt
durch menschliches Versagen das Chaos der Selbstvernichtung
ausgelöst werden kann.*

*Aber das ist auch die H o f f n u n g dieser Zeit,
daß der Mensch im atomaren Zeitalter sein Leben erleichtern,
von Sorgen befreien und Wohlstand für alle schaffen kann,
wenn er seine täglich wachsende Macht über die Naturkräfte
nur für friedliche Zwecke einsetzt;*

*daß der Mensch den Weltfrieden sichern kann, wenn er
die internationale Rechtsordnung stärkt,
das Mißtrauen zwischen den Völkern mindert
und das Wettrüsten verhindert;*

*daß der Mensch dann zum erstenmal in seiner Geschichte
jedem die Entfaltung seiner Persönlichkeit in einer gesicherten
Demokratie ermöglichen kann zu einem Leben in kultureller
Vielfalt, jenseits von Not und Furcht.*

*Diesen Widerspruch aufzulösen, sind wir M e n s c h e n
aufgerufen. In unsere Hand ist die Verantwortung gelegt für eine
glückliche Zukunft oder für die Selbstzerstörung der Menschheit.*

*Nur durch eine neue und bessere Ordnung der Gesellschaft
öffnet der Mensch den Weg in seine Freiheit.*

*Diese neue und bessere Ordnung erstrebt
der demokratische Sozialismus.*

13.-15.11.: Präambel des Godesberger Programms.

13.-15.11.: »Dem seiner ist viel schöner«, meint der SPD-Vorsitzende Ollenhauer zum »Schutzengel a.D.« Karl Marx in einer Karikatur der »Süddeutschen Zeitung«.

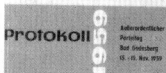

13.-15.11.: Vom SPD-Vorstand verbreitete Broschüre mit dem neuen Parteiprogramm.

ger Programms aufgehört, eine antikapitalistische, sozialistische oder radikaldemokratische Partei zu sein. Sie war entschlossen, auf der Ebene der etablierten Verhältnisse und der etablierten Ideologie die Macht in dieser etablierten Ordnung zu erobern.«[286] – Der Plan des **Frankfurt**er Philosophen und Soziologen Professor Theodor W. Adorno, nach dem Vorbild der von Karl Marx verfaßten »Kritik des Gothaer Programms« eine grundlegende »Kritik des Godesberger Programms« zu schreiben, zerschlägt sich. Von Freunden wird dem vor einem Jahrzehnt aus dem Exil zurückgekehrten jüdischen Theoretiker geraten, sich durch ein solches Ansinnen nicht der letzten Stützen zu berauben, die es in der deutschen Nachkriegsgesellschaft gebe.

14. November Der Wissenschaftliche Rat der Landwirtschaftlich-Gärtnerischen Fakultät an der Humboldt-Universität in **Ost-Berlin** erkennt Bundesvertriebenenminister Theodor Oberländer (CDU) die Doktorwürde ab. Gegen den Minister, der sich 1929 mit einer Dissertation über »Die landwirtschaftlichen Grundlagen des Landes Litauen« an der Landwirtschaftlichen Hochschule in Berlin, die 1934 in die Universität integriert wurde, promoviert hatte, sind in der Presse der DDR und inzwischen auch in der der Bundesrepublik massive Vorwürfe wegen

dessen Rolle als politischer Berater des Bataillons »Nachtigall« erhoben worden, das 1941 in Lemberg Massenerschießungen durchgeführt haben soll. In der Erklärung des Wissenschaftlichen Rates heißt es: Oberländer habe der akademische Grad aberkannt werden müssen, »... weil er sich im Dienste des Faschismus der Unterdrückung der Freiheit der Wissenschaften, der Verbrechen gegen die Menschlichkeit schuldig gemacht hat und diese Politik heute noch fortsetzt.«[287] Auf Grund der vom *Ausschuß für Deutsche Einheit* am 22. Oktober auf einer Pressekonferenz vorgelegten Dokumente sei »eindeutig erwiesen«, daß Oberländer »aus nazistischer Ideologie die freie wissenschaftliche Tätigkeit des polnischen und tschechoslowakischen Volkes systematisch unterdrückt« habe. Für die von der Sondereinheit »Nachtigall« an 3.000 polnischen und jüdischen Einwohnern verübten Morde sei der ehemalige NS-Führungsoffizier »hauptschuldig«; sie kennzeichneten ihn »als Kriegsverbrecher und Mörder«. Die Begehung derartiger Verbrechen sei unvereinbar »mit der Führung eines akademischen Grades einer deutschen Universität«. Die Wissenschaftler und Studenten, heißt es abschließend, forderten die Einleitung eines Gerichtsverfahrens gegen Oberländer.

14. November Durch die belgische Hauptstadt **Brüssel** ziehen 20.000 Bauern und fordern von der Regierung finanzielle Ausgleichszahlungen für den durch die extreme Dürreperiode in den Sommermonaten entstandenen Ernteausfall.

15. November Auf dem Gelände des ehemaligen Konzentrationslagers **Dachau** gedenken 2.000 Jugendliche aus Südbayern zusammen mit überlebenden Häftlingen der KZ-Opfer.

15. November Unter dem Motto »Jahrgang 1922 ruft Jahrgang 1939« veranstaltet die Ortsgruppe der *Internationale der Kriegsdienstgegner* (IdK) am Volkstrauertag in der Stadthalle in **Göppingen** eine Kundgebung gegen die Wehrerfassung. Nach einführenden Worten von Viktor Lipinski wendet sich Helmut Vogel von der Münchener *Kameradschaft des Jahrgangs 1922* in seiner Rede dagegen, daß man junge Leute mit der Begründung zu den Waffen rufe, das Vaterland brauche sie. Unter diesem Vorwand würden in West wie Ost Armeen gegeneinander aufgerüstet. Da könne doch etwas mit dem Vaterland nicht stimmen. Wenn die Gefallenen der beiden Kriege noch lebten, dann säße bestimmt kein General mehr an einem Kartentisch. Und es gebe für sie nur noch einen gemeinsamen Feind – den Krieg. Er glaube, daß die Führung eines Krieges auch immer Verbrechen verursache. Deshalb müsse er Pastor Niemöller zustimmen, der die Ansicht vertrete, daß die Ausbildung zum Soldaten zugleich eine zum Verbrechen sei. Jeder Pastor oder Priester, der den Krieg nicht ablehne, begehe eine Gotteslästerung. Wenn es nicht gelinge, einen neuen Krieg zu verhindern, dann seien alle zum Tode verurteilt; lediglich der Termin, an dem die Hinrichtung stattfinden solle, stehe noch nicht fest.

15. November Auf einer Protestversammlung der *Interessengemeinschaft des Jahrgangs 1922* zum Volkstrauertag in **Hanau** erklärt ein Redner aus Dörnigheim vor mehreren hundert Teilnehmern, daß sich jeder schuldig mache, der heute noch schweige. Die junge Generation habe ihren Eltern zu Recht zum Vorwurf gemacht, daß sie zum Nationalsozialismus geschwiegen habe; nun bestehe die Gefahr, daß sie sich selbst einmal vor ihren eigenen Kindern schämen müsse. Im letzten Krieg, der fünf Jahre und acht Monate gedauert habe, sei alle drei Sekunden ein Mensch durch Kriegseinwirkung gestorben. Diese Menschen aber seien nicht für Volk und Vaterland gestorben, sondern mißbraucht worden von den Militärs und den Großfinanziers. Sie seien Opfer von Hitler, Krupp und I.G. Farben. Der Hitzkirchener Pfarrer Grießhammer meint, der Tag verpflichte zur Trauer. Es sei jedoch fatal, daß die, die ihn verursacht hätten, nichts unternehmen würden, um einen neuen Grund für die Trauer zu verhindern. Die Wehrpflicht stelle eine Pflicht zum Untergang dar. Wer ein Gewehr anrühre, der tue dies, um das Handwerk eines Mörders zu lernen. Die Kundgebung wird mit einem Appell beendet, mit aller Kraft

gegen die Wehrpolitik der Bundesregierung anzugehen.

16. November Auf der Jahresversammlung des katholischen *Volkswart-Bundes* in **Köln** polemisiert Bundesfamilienminister Franz-Josef Wuermeling (CDU) gegen die Praxis der Freikörperkultur. Auf die Mehrzahl der Erholungsuchenden, meint der Minister, wirke die Erscheinung nackter Menschen abstoßend.

16. November Das Kreisgericht **Stralsund** verurteilt sechs Jugendliche, die als Abzeichen ein Medaillon mit dem Bild des amerikanischen Rocksängers Elvis Presley tragen, wegen »Bandenbildung« zu Gefängnisstrafen zwischen einem und zwei Jahren. Den Angehörigen der »Presley-Bande« wird vorgeworfen, im August eine Filmvorführung durch Musik aus einem Kofferradio und Zwischenrufe gestört sowie auf der Straße Menschenaufläufe verursacht zu haben; außerdem seien sie »organisiert« gegen Angehörige der Volkspolizei vorgegangen.

17. November Das Schwurgericht beim Landgericht **Hagen** spricht in einer Revisionsverhandlung das Urteil gegen zwei ehemalige SS-Offiziere und einen früheren Hauptmann der Wehrmacht, die beschuldigt werden, wenige Tage vor Kriegsende 208 russische Kriegsgefangene in einem Wald bei Warstein erschossen zu haben. Der ehemalige SS-Obersturmbannführer und Oberfeldrichter der »Division zur Vergeltung«, Wolfgang Wetzling, erhält wegen Mordes und Beihilfe zum Totschlag eine lebenslängliche und der frühere Hauptmann Ernst Moritz Klönne wegen Totschlags und Beihilfe zum Totschlag eine sechsjährige Zuchthausstrafe. Der dritte Angeklagte, der ehemalige SS-Sturmbannführer und jetzige Regierungsassessor, Johannes Miesel, wird aus Mangel an Beweisen freigesprochen. Damit wird ein Urteil des Arnsberger Schwurgerichts revidiert, mit dem die beiden Hauptangeklagten nur wegen Totschlags und Beihilfe zum Totschlag zu fünf und anderthalb Jahren Gefängnis verurteilt worden waren. Der sozialdemokratische Bundestagsabgeordnete und Rechtsexperte seiner Partei, Adolf Arndt, hatte den Urteilspruch, der dann vom Bundesgerichtshof aufgehoben wurde, als »Mord am Recht« bezeichnet. Der Hagener Gerichtsvorsitzende weist in seiner Urteilsbegründung darauf hin, daß es die von den Angeklagten geltend gemachte und vom Arnsberger Gericht anerkannte Notwehr nicht gegeben habe, da die Fremdarbeiter »nicht Feinde im völkerrechtlichen Sinne« gewesen seien. Die Erschießungen hätten als Mord bewertet werden müssen. Wetzling sei sich des verbrecherischen Charakters des an ihn ergangenen Befehls völlig bewußt gewesen und habe die Fremdarbeiter in eine Falle gelockt. Unter dem Vorwand, sich zur Verlegung in ein anderes Lager zu melden, seien sie auf Lastkraftwagen in den Wald transportiert und erschossen worden. Dies sei, erklärt der Richter, nichts anderes gewesen als »heimtückischer Mord«.

17. November Über den »Freiheitssender 904« wendet sich das Politbüro der verbotenen KPD gegen das von der SPD auf ihrem Sonderparteitag in Bad Godesberg angenommene neue Grundsatzprogramm. Damit hätten die rechten Führer der SPD, heißt es in der in Ost-Berlin verfaßten Erklärung, ihre Zustimmung zur Politik der NATO gegeben und zugleich den Beweis erbracht, daß sie keinerlei Verständnis für die historischen Aufgaben der Arbeiterklasse besäßen.

19. November Auf einer Protestkundgebung in **Dortmund** demonstrieren 3.000 Bergarbeiter gegen die geplante Teilstillegung der zum Hoesch-Konzern gehörenden Zeche »Kaiserstuhl«. Von der Belegschaft, der gegenwärtig noch 6.000 Arbeiter angehören, sollen 1.800 entlassen werden.

20. November Das Landgericht **Heidelberg** verurteilt den Herausgeber der Studentenzeitschrift »forum academicum« wegen der Veröffentlichung eines anonymen Beitrags mit dem Titel »Paradiesgeschichte« wegen Gotteslästerung und Beleidigung »in Tateinheit mit Verbreitung einer unzüchtigen Schrift« zu einer Geldstrafe von 500 DM. In der als »literarisches Experiment« vorgestellten Geschichte wird geschildert, wie ein katholischer Geistlicher an beichtenden Frauen unzüchtige Handlungen begeht. Strafantrag hatte das Erzbischöfliche Ordinariat in **Freiburg** gestellt, das in dem Text eine »Beleidigung des Priesterstandes« sah. – Nach der Vorlage verschiedener literarischer Gutachten, die dem Text durchaus poetische Qualitäten bescheinigen, wird das Urteil schließlich am 7. Juli 1960 in einem Revisionsverfahren vor dem Oberlandesgericht **Karlsruhe** aufgehoben.

20. November Rund 100 Hausbesitzer führen in **West-Berlin** eine Demonstration gegen die ihrer Meinung nach zu hohen Grundsteuern und zu niedrigen Altmieten durch. An dem Protestmarsch, der zum Verwaltungsgebäude des Bausenators führt, beteiligen sich auch die Hauswarte, die eine Erhöhung ihres Stundenlohnes fordern.

20. November Ein Sprecher der provisorischen algerischen Exilregierung in **Tunis** gibt die Zusammensetzung einer fünfköpfigen Delegation bekannt, die die Verhandlungen mit der französischen Regierung über die von Staatspräsident Charles de Gaulle am

16. September in Aussicht gestellte Selbstbestimmung Algeriens führen soll. Die Delegation werde sich zusammensetzen aus Ait Ahmed Hocine, Ahmed Ben Bella, Bitat Rabah, Mohammed Boutiaf und Mohammed Khider. Die Genannten befinden sich ausnahmslos in französischer Haft, vier von ihnen waren am 22. Oktober 1956 nach einer Flugzeuglandung durch eine List in die Hände der Franzosen geraten. – In einer Rede in **Colmar** und einer weiteren in **Sélestat** gibt Staatspräsident de Gaulle zu erkennen, daß er Verhandlungen nur mit jenen Algeriern wünsche, die zu den in ihrem Land kämpfenden Aufständischen gehören. – Vertreter der gaullistischen Partei UNR bezeichnen in **Paris** die Ernennung von Gefangenen für die Verhandlungen als »lächerlich und beleidigend«.

20. November Mit 51:16 Stimmen bei 15 Enthaltungen nimmt die UNO-Vollversammlung in **New York** eine Resolution an, mit der die von Frankreich in der Sahara geplanten Atombombenversuche verurteilt werden. Die französische Regierung wird aufgefordert, »von solchen Versuchen Abstand zu nehmen«. In einer weiteren Abstimmung wird mit 78 Stimmen bei zwei Enthaltungen eine von Österreich, Japan und Schweden eingebrachte Resolution angenommen, mit der die drei Atommächte aufgefordert werden, ihren freiwilligen Verzicht auf Nuklearwaffenversuche fortzusetzen und auch in Zukunft keine derartigen Tests mehr durchzuführen.

20.-23. November Auf einer Konferenz der *Fédération Internationale des Résistants* (FIR), die unter dem Titel »Die Widerstandsbewegung und die Junge Generation« in **Florenz** stattfindet, geben die Teilnehmer in einer Resolution die Empfehlung ab, daß die Geschichte der Widerstandsbewegung als

20.-23.11.: Die Delegierten auf der FIR-Konferenz in Florenz.

»Hauptbestandteil des Unterrichts der Gegenwartsgeschichte« betrachtet und bereits in den ersten Schuljahren in das Unterrichtsprogramm aufgenommen werde.

21. November Aus Anlaß einer Jubiläumsfeier der *Landsmannschaft der Oberschlesier* vertritt der Staatssekretär im Bundesministerium für Gesamtdeutsche Fragen, Franz Thedieck, in **Bonn** die Position, daß ein deutscher Rechtsanspruch bezüglich der Gebiete jenseits der Oder und der Neiße sowohl völkerrechtlich als auch historisch legitimiert sei. Auch die Einsicht in die eigene Mitschuld an der »deutschen Katastrophe von 1945« könne nicht zu einer Preisgabe dieses Rechtsanspruch führen. Eine endgültige Festlegung der deutschen Ostgrenze müsse einer frei vereinbarten friedensvertraglichen Regelung vorbehalten bleiben. Aus der außenpolitischen Konstellation und den Erfahrungen mit dem Versailler Vertrag ergebe sich allerdings, daß ein Friedensvertrag »kein Diktatfrieden« sein dürfe, wie er von der Sowjetunion in ihrem Entwurf vom 10. Januar beabsichtigt werde.

21. November Der Bühnenautor und Schriftsteller Paul Möhring wird an der U-Bahnstation Hallerstraße in **Hamburg** von vier Männern zusammengeschlagen, weil er sich gegen das Absingen von Nazi-Liedern wendet. Auf der Fahrt in Richtung Innenstadt singen die vier offenbar Angetrunkenen in einem Abteil das »Horst-Wessel-Lied« und schreien mehrmals »Heil Hitler!« Als der 69jährige Autor, der zusammen mit seiner Frau gerade von einer Gedenkfeier für die Opfer des Faschismus zurückkommt, dagegen protestiert, wird ihm gedroht, er käme nicht mehr lebend vom Bahnsteig runter. Er sei wohl ein Jude, ein Schmarotzer. Vergeblich bittet Möhring an der Haltestelle Klosterstern zwei U-Bahn-Bedienstete darum, ihn vor Übergriffen zu schützen. Eine Station weiter erhält er dann beim Aussteigen von hinten einen Schlag auf den Kopf und sinkt bewußtlos auf dem Bahnsteig nieder. Einer von Umstehenden herbeigerufenen Polizeistreife gelingt es, die Täter unmittelbar danach festzunehmen. Nach der Aufnahme ihrer Personalien werden sie jedoch sofort wieder auf freien Fuß gesetzt.

23. November Der *Sozialistische Deutsche Studentenbund* (SDS) veranstaltet an der Freien Universität in **West-Berlin** eine Diskussion zum Thema »Maulkorbausschuß oder akademisches Meinungsamt?« Grund für die Veranstaltung ist das vom Rektor ausgesprochene Verbot für eine vom AStA geforderte Unterschriftensammlung, mit der eine Petition gegen amtierende Nazi-Richter und praktizierende KZ-Ärzte im Abgeordnetenhaus eingereicht wer-

den sollte. Als Redner treten Manfred Rexin (SDS) und der ehemalige SDS-Bundesvorsitzende Wolfgang Büsch auf.

24. November Auf einer Veranstaltung der *Gesellschaften für Christlich-Jüdische Zusammenarbeit* in **Frankfurt** hält der Pater Willehad Eckert unter dem Titel »Der Christ und die Rassenfrage« einen Vortrag über den Antisemitismus. Unter der Voraussetzung, daß von einer »jüdischen Rasse« mit spezifischen anthropologischen Merkmalen keine Rede sein könne, stellt der Referent von der Albertus-Magnus-Akademie in Walberberg bei Bonn fest, daß die Kirche in ihrer Gesamtheit eine Diskriminierung aus rassischen Gründen verwerfe. Wenn es aus der Geschichte auch Gegenbeispiele gebe, so sei das immer nur dann geschehen, wenn sich Christen in ihrer Überzeugung von nationalistischen und anderen Beweggründen hätten verwirren lassen. In der Diskussion kristallisiert sich die Ansicht heraus, daß der Grund für die Entstehung antisemitischer Wellen in der Unfähigkeit der Industriegesellschaft zu suchen sei, mit ihren Wandlungsprozessen fertig zu werden. In bestimmten Situationen würde nach einem Sündenbock für die Entstehung von Krisen gesucht. In Ermangelung anderer Projektionsobjekte suche man dann bei den Juden die Schuld. Sobald die Krisen vorüber seien, würde auch der Antisemitismus wieder abklingen.

25. November In einer von 44 bundesdeutschen Professoren unterzeichneten Erklärung, den »Die Andere Zeitung« veröffentlicht, wird eine außenpolitische Neuorientierung der Bundesrepublik gefordert. Angesichts einiger grundlegender Änderungen der internationalen Politik, auf die die USA und Großbritannien bereits mit einer elastischeren und verhandlungsbereiteren Politik reagiert hätten, sei ein »deutscher Beitrag zur Entspannung und Abrüstung« unentbehrlich geworden. Der Text ist u.a. von Ernst Fraenkel (Frankfurt), Gerhard Gollwitzer (Stuttgart), Johannes Harder (Wuppertal) und Renate Riemeck (Wuppertal) unterzeichnet.

25. November Das Schwurgericht beim Landgericht **Bielefeld** spricht den ehemaligen SD-Chef von Białystok, Herbert Zimmermann, von der Anklage des Totschlags frei. Der Rechtsanwalt, der bis 1953 unter falschem Namen gelebt hat, war beschuldigt worden, 1944 kurz vor dem Abzug der deutschen Truppen aus Białystok 100 Häftlinge des dortigen Gefängnisses erschossen zu haben. Als Zeugen haben ehemalige Angehörige der Gestapo ausgesagt, die vorgaben, sich an nichts Genaues mehr erinnern zu können oder aber von der Erschießung überhaupt nichts gewußt zu haben.

25. November Auf einer vom Nationalrat der *Nationalen Front* organisierten Konferenz in **Ost-Berlin** protestieren rund 500 Männer und Frauen, von denen es heißt, daß sie aus der Bundesrepublik in die DDR übergesiedelt seien, gegen die Jahrestagung des *Kuratorium »Unteilbares Deutschland«* in West-Berlin. Das Auftreten des Kuratoriums, dessen Jahrestagung einen Tag darauf in der Kongreßhalle eröffnet werden soll, stelle eine unerträgliche »Provokation« dar.

25./26. November Der Friedhof von **Seligenstadt** am Main (Landkreis Offenbach), auf dem Tote beider christlicher Konfessionen ruhen, wird nachts von Unbekannten geschändet. Wie Besucher eines Gottesdienstes am nächsten Morgen entdecken, sind 146 Grabstätten verwüstet, über 100 Grabkreuze zertrümmert und zahlreiche Grabsteine umgestürzt worden. Als Beamte der Kriminalinspektion Darmstadt und des Landeskriminalamtes am Nachmittag mit der Spurensicherung beginnen, versammeln sich Hunderte von Einwohnern vor den Friedhofstoren. Manche von ihnen sind so empört, daß sie damit drohen, der oder die Täter könnten sich, sobald sie gefaßt würden, dort ihr eigenes Grab aussuchen. Verwüstet worden sind vor allem Gräber von Nonnen und von Kindern. Für Hinweise, die zur Ergreifung der Täter führen, setzt die Stadtverordnetenversammlung im Einvernehmen mit dem Magistrat eine Belohnung von 1.000 DM aus.

26. November Mit einem Protestmarsch zum Rathaus demonstrieren am Nachmittag in **Köln** 4.000 Studenten gegen eine Preiserhöhung der öffentlichen Verkehrsmittel. Durch eine von den Kölner Verkehrsverbetrieben (KVB) vorgenommene Neuordnung der Sichtkarten steigen die Fahrtkosten für 6.000 der rund 14.000 Studenten um etwa 100 %. Gegen die durchschnittliche monatliche Mehrbelastung zwischen 8 und 10 DM protestieren die Studierenden, die dabei vom Rektor der Universität, Professor Theodor Kraus, unterstützt werden, mit Parolen wie »Studenten keine Lückenbüßer der KVB«. Der Umzug, an dem sich auch zahlreiche ausländische Studenten beteiligen, führt von der Universität durch die Zülpicher Straße, über den Hohenstaufen- und den Habsburgring, den Neumarkt, den Gürzenich und den Quatermarkt. Mit Zischlauten, Pfiffen und »Buuuh-rauen«-Rufen treffen die Demonstranten dann auf dem Platz vor dem Rathaus ein, wo gerade der Stadtrat tagt. Vom Dach eines Lautsprecherwagens aus erläutert der Vorsitzende des Studentenparlaments, Axel Rodert, noch einmal die Ziele der Protestaktion. Kurz nach dem Empfang einer dreiköpfigen Delegation entschließt sich Oberbürgermeister Theo Burauen (SPD), selbst zu den Studenten zu sprechen. Nachdem ihm der AStA-Vorsitzende Ludger Spangenberg eine Gasse durch die Menge gebahnt hat, begibt sich Burauen zum Lautsprecherwagen, wo er mit Pfiffen und Applaus begrüßt wird. In seiner Ansprache unterstreicht er das Recht der Studenten zum Protest, versichert, daß die Demonstration von ihm sehr ernst genommen werde und der zuständige Ausschuß sich um eine Lösung des Sichtkarten-Problems bemühen werde. Die Erklärung wird von der Menge mit Schweigen quittiert.

26. November Auf einer unter der Überschrift »Warum Wehrdienstverweigerer?« angekündigten Versammlung des *Verbands der Kriegsdienstverweigerer* (VK) im **Dortmund**er Stadtteil Wambel sprechen vor mehreren hundert Zuhörern das VK-Bundesvorstandsmitglied Hans Hermann Köper, Bernhard Jendrijewski und der Dortmunder Pfarrer Jaspers.

26. November In **Nürnberg** protestieren auf einer Kundgebung des DGB 3.000 Gewerkschaftler – Betriebsräte, Vertrauensleute und Funktionäre – gegen die Sozial- und Wirtschaftspolitik der Bundesregierung. Sie wenden sich insbesondere gegen die Preissteigerungen und den Abbau von Arbeitsplätzen im Kohlebergbau.

26.-28. November In der Kongreßhalle in **West-Berlin** kommen über 2.000 Mitglieder und Gäste zum Jahreskongreß des *Kuratoriums »Unteilbares Deutschland«* zusammen. In seiner Eröffnungsansprache erklärt der ehemalige Reichstagspräsident der Weimarer Republik, der 84jährige Paul Löbe, daß sich das deutsche Volk niemals mit der Teilung abfinden werde. Diese Ansicht wird auch in den folgenden Redebeiträgen von dem geschäftsführenden Kuratoriumsvorsitzenden Wilhelm Schütz, dem DGB-Vorsitzenden Willi Richter, dem DAG-Vorsitzenden Siegfried Aufhäuser und dem Präsidenten des Deutschen Industrie- und Handelstages, Alwin Münchmeyer, unterstrichen. Der schleswigholsteinische Ministerpräsident Kai-Uwe von Hassel spricht sich anschließend gegen eine Anerkennung der Oder-Neiße-Linie aus und lehnt auch die Aufnahme diplomatischer Beziehungen zur Volksrepublik Polen ab. Im Gegensatz dazu fordert der SPD-Vorsitzende Erich Ollenhauer eine Normalisierung der Beziehungen zu allen Ostblockstaaten. Der Regierende Bürgermeister von West-Berlin, Willy Brandt, führt in seinem Beitrag aus, daß es im Falle Berlins nicht allein um die Existenz dieser Stadt, sondern vielmehr um »Sein oder Nichtsein der westlichen Gemeinschaft« gehe. Am zweiten Tag des Kongresses spricht sich der Hamburger Großverleger Axel Springer dafür aus, den Willen der deutschen

26.-28.11.: Der ehemalige Reichstagspräsident und Präsident des »Kuratoriums Unteilbares Deutschland« Paul Löbe.

Bevölkerung zur Wiedervereinigung bei allen nur sich bietenden Gelegenheiten der Weltöffentlichkeit deutlich zu machen. In einer abschließenden Erklärung von neun Arbeitskreisen des Kuratoriums heißt es, daß im Berlin-Konflikt auf keinen Fall zurückgewichen werden dürfe. Eine Isolierung der Stadt müsse notwendigerweise eine Kettenreaktion auslösen und werde zweifelsohne auf Kosten der gesamten »freien Welt« gehen. Weiter heißt es, daß die Bevölkerung der Bundesrepublik es nachdrücklich ablehne, seinen »Rechtsanspruch auf die deutschen Ostgebiete« aufzugeben. Eine revanchistische oder sonstige unfreundliche Haltung gegenüber den Ländern Osteuropas sei jedoch abzulehnen.

27. November In **Geistingen** (Siegkreis) wird dem jüdischen Kaufmann Sally Rosenbaum zu dessen völliger Überraschung der Trauring seines vor 20 Jahren von den Nazis ermordeten Vaters Isidor überreicht. Der Ring war 1939 von Isidor Rosenbaum, der in ein Lager bei Much (Bergisches Land) deportiert worden war und die Ahnung hatte, daß er wohl nicht überleben würde, einem Bankkaufmann mit der Bitte anvertraut worden, ihn nach dem Krieg seinen Hinterbliebenen zu übergeben. Der Vertraute hatte sich nach dem Krieg jahrelang vergeblich darum bemüht, von Rosenbaum Familienangehörige ausfindig zu machen. Zufällig entdeckte er dann in einer Zeitung einen Bericht über die Hennefer Jugend des *Deutschen Roten Kreuzes* (DRK), die den jüdischen Friedhof in Geistingen pflegt. Als er in dem Artikel auch auf den Namen Sally Rosenbaum stieß, erinnerte er sich plötzlich daran, daß das der Name des Sohnes war, von dem ihm sein Freund erzählt hatte. Isidor Rosenbaum war Vorsteher der *Jüdischen Gemeinde* von Geistingen und ist kurz nach seiner Ankunft im Konzentrationslager Theresienstadt ermordet worden.

27.11.: Bericht der »Neuen Ruhr-Zeitung« über die französische Terrororganisation.

27. November Der Erste Strafsenat des Bezirksgerichts **Rostock** verurteilt den Greifswalder Physikstudenten Manfred Schledermann zu einer sechsjährigen Zuchthausstrafe, weil er »Hetzliteratur« eingeführt und verbreitet habe.

27. November In einem Interview mit der britischen Tageszeitung »Daily Mail« gesteht der von der Frankfurter Polizei gesuchte Christian Durieux, daß die Terrororganisation *La Main Rouge* (Die Rote Hand) die Attentate auf die Waffenhändler Georg Puchert und Leonhard Schlüter sowie den algerischen Exilpolitiker Amèdiane Ait Ahcene begangen habe. Außerdem habe sie die Sprengung des Frachters »Atlas« im Hamburger Hafen verübt. *La Main Rouge* sei stolz auf diese Aktionen. Seine Organisation töte nicht um des Mordens willen, sondern nur

deshalb, weil sie im Kampf mit den algerischen Aufständischen Gleiches mit Gleichem vergelten wolle. *La Main Rouge* sei in der Bundesrepublik, in Belgien, Italien, Großbritannien und in der Schweiz aktiv. Er habe seine Bereitschaft zu dem Interview erklärt, weil er damit Ansichten entgegentreten wolle, die über seine Organisation fälschlicherweise in Umlauf gebracht worden seien. Wörtlich führt der Mann, der den Spitznamen »Kleiner Napoleon« trägt, aus: »Ich, Christian Durieux, bin ein aktives Mitglied der ›Roten Hand‹, einer Geheimorganisation, die in Nordafrika gegründet wurde, um es den Terroristen auf deren Weise heimzuzahlen ... Die ›Rote Hand‹ ist weder eine Komische Oper noch rassistisch. Sie entstand aus dem Vorhandensein des Terrors. Ihr Symbol wurde als eine bewußte Erwiderung auf die ›Hand von Fathme‹, das Glücksemblem der Moslems, gewählt, das gewöhnlich in Gold oder Schwarz wiedergegeben wird. Unser Emblem ist rot: es steht für Blut.«[288] – Das international Aufsehen erregende Interview mit dem 30ährigen Terroristen ist am 3. November vom Frankreich-Korrespondenten der konservativen »Daily Mail«, Michael Jacobson, in **Paris** geführt worden. Obwohl Durieux am 5. Dezember noch einmal im Pariser Büro der Deutschen Presse-Agentur (dpa) auftaucht, ist es der französischen Polizei angeblich unmöglich, ihn zu verhaften.

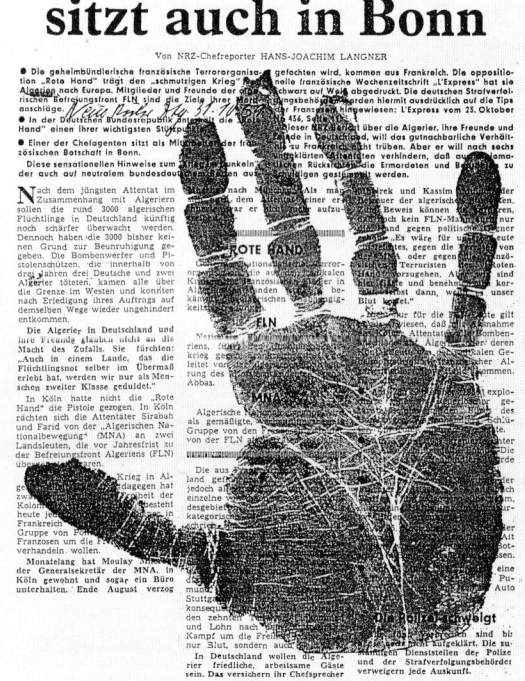

27.-30. November Mit einer Vortragsveranstaltung wird in **Karlsruhe**, wo Bundesgerichtshof und Bundesverfassungsgericht ihren Sitz haben, die vom *Sozialistischen Deutschen Studentenbund (SDS)* organisierte Ausstellung »Ungesühnte Nazijustiz« eröffnet. Nach einer Ansprache des Münchener Rechtsanwalts Dieter E. Ralle erläutert das West-Berliner SDS-Mitglied Reinhard Strecker das Unternehmen, das beim Vorstand der SPD bereits in seiner Vorbereitungsphase auf Mißtrauen gestoßen ist. Anhand von 116 Urteilen von Volks- und Sondergerichten, die als Photokopien ausgestellt sind, soll nachgewiesen werden, daß über 50 Richter und Staatsanwälte, die während des Nationalsozialismus bei der Verkündung von hohen Zuchthausstrafen und Todesur-

27.11.: Massendemonstration gegen das Militärbündnis mit den Vereinigten Staaten vor dem japanischen Parlament in Tokio.

27.11.: Demonstranten durchbrechen die Sperrketten der Polizei.

27. November In landesweiten Protestaktionen demonstrieren in **Japan** an 650 Orten rund dreieinhalb Millionen Einwohner gegen die Unterzeichnung des Sicherheitsvertrages mit den USA. Die Kampagne wird getragen vom Generalrat des japanischen Gewerkschaftsbundes *Sohyo*, der *Sozialistischen-* und der *Kommunistischen Partei Japans* (KPJ), dem Studentenverband *Zengakuren* und verschiedenen Frauenorganisationen sowie dem *Japanischen Rat gegen Atom- und Wasserstoffbomben*. Zu in ihrer Heftigkeit ungekannten Auseinandersetzungen kommt es dabei in **Tokio**. Am Nachmittag haben sich dort 25.000 Demonstranten auf dem Parlamentsplatz eingefunden. In Sprechchören und auf Transparenten fordern sie: »Yankee, go home!« und »Wir wollen Frieden, aber keine Unterdrückung!« Als sie schließlich die Polizeiabsperrungen durchbrechen und das Reichstagsgebäude zu stürmen versuchen, um dem Sprecher des Unterhauses ihre Petition zu übergeben, gehen die Sicherheitskräfte in aller Entschlossenheit gegen sie vor. Einigen tausend, vor allem Studenten, gelingt es dennoch, bis in das Gebäude vorzudringen. Bei den nun folgenden Kämpfen werden 512 Demonstranten und 228 Polizisten zum Teil schwer verletzt. Besonders große Manifestationen finden auch in **Osaka**, **Fukuoka**, **Hakodate**, **Sendai**, **Kawasaki** und **Hiroshima** statt. In **Tokio** und **Gumma** führen Frauen eigene Demonstrationen für »Mütter und Töchter« mit 2.500 bzw. 1.500 Teilnehmerinnen durch.

teilen mitgewirkt haben, heute noch in der bundesdeutschen Justiz in wichtigen Fuktionen tätig sind. Da die Dokumente aus Polen und der Tschechoslowakei stammen, handle es sich bei den meisten Opfern um Personen aus diesen beiden Ländern. Die Karlsruher Stadtverwaltung hat den kleinen Saal zur Verfügung gestellt. Auf Tischen sind Schnellhefter ausgebreitet, die die Photokopien der von den Volks- und Sondergerichten gefällten Urteile enthalten. Es handelt sich dabei fast durchweg um Todesurteile, die in den letzten Kriegsjahren gegen Zivilpersonen ergangen sind. Als Gründe für die Todesurteile werden »Wehrkraftzersetzung«, »Kriegswirtschaftsverbrechen«, »Beihilfe zur Flucht«, »Plünderung« und ähnliches mehr angegeben. Auf sechs großen Tafeln, die an den Wänden befestigt sind, werden die Namen von Richtern und Staatsanwälten aufgeführt, die am Zustandekommen dieser Urteile beteiligt waren. Außerdem wird vermerkt, an welchen Gerichten in der Bundesrepublik sie heute wieder tätig sind. In einem Aufruf zum Besuch heißt es: »Hunderte von heute wieder tätigen Richtern und Staatsanwälten haben während des Naziregimes besonders bei Sonder- und Volksgerichten schwere Verbrechen begangen. Um diese Verbrechen, noch ehe sie verjähren, zu sühnen, hat der Bundesvorstand des ›Sozialistischen Deutschen Studentenbundes‹ die SDS-Gruppen an allen deutschen Universitäten und Hochschulen zur Aktion ›Ungesühnte Nazijustiz‹ aufgerufen.«[289] Die Ausstellung ist zum jetzigen Zeitpunkt veranstaltet worden, weil die Verbrechen aus der Zeit des Nazi-Regimes zum 31. Dezember verjähren sollen. Einem Präsidium, das das Projekt unterstützt und sich für eine weitere Verbreitung der Dokumente einsetzt, gehören u. a. an: Kirchenpräsident Martin Niemöller, die Rechtsanwälte Dieter E. Ralle und Rudolf Zimmerle, der Darmstädter Studentenpfarrer Herbert Mochalski und der Stuttgarter Kunstprofessor Gerhard Gollwitzer. Auf einer Pressekonferenz am 28. November kündigen Strecker und Mitorganisator Wolfgang Koppel (SDS) an, daß sie nach der Ausstellung gegen etwa 20 ehemalige NS-Richter, die heute noch in ihren Ämtern seien, Strafanzeige stellen würden. – Unter der Überschrift »Todesurteile klagen an« schreibt der Korrespondent der »Westdeutschen Allgemeine« über seinen Besuch: »Zwei junge Männer mit spärlichen Kinnbärten bewachen die auf den Tischen ausgebreiteten Schnellhefter. Es sind etwa hundert Stück. Sie enthalten Photokopien von Urteilen der Volks- und Sondergerichte aus den letzten Kriegsjahren. Das jeweils erste Blatt, auf dem unter der Überschrift ›Im Namen des deutschen Volkes‹ der Tenor steht, endet immer mit dem Satz: ›Der Angeklagte wird daher für immer ehrlos erklärt und mit dem Tode bestraft.‹«[290] – Generalbundesanwalt Max Güde erklärt nach einer Durchsicht der Dokumente, daß sie »ganz offensichtlich echt« seien. – Und einer der Hauptkritiker des Ausstellungsprojekts, der sozialdemokratische Bundestagsabgeordnete und Rechtsexperte Adolf Arndt, stellt am 30. November in einer Präsidiumssitzung seiner Partei in **Bonn** fest, daß sich unter den Exponaten »gravierend echte Dokumente« befinden würden. Die SPD hält trotzdem an ihrer ablehnenden Einstellung gegenüber der SDS-Aktion fest, weil sie der Überzeugung ist, daß die mit der SED in Verbindung stehende Gruppe um die Studentenzeitschrift »Konkret« hinter dem Unternehmen steckt.

28. November In einem Kaufhaus von **Nashville** (US-Bundesstaat Tennessee) erproben schwarze Studenten eine neuartige Demonstrationsmethode, die auf der Überzeugung des gewaltfreien Widerstands basiert. Sie führen ein Sit-in, wörtlich eine »Sitz-Hinein«-Aktion, durch, um damit gegen die Rassentrennung in Geschäften zu protestieren. – Dieser und ein weiterer Test am 5. Dezember erzielen jedoch keine besondere Aufmerksamkeit unter der Bevölkerung.

29.11.: Der Schriftsteller Hans Henny Jahnn.

28./29. November Eine 480 Jugendliche umfassende Gruppe von Mitgliedern der *Sozialistischen Jugend Deutschlands – Die Falken* reist in 16 Omnibussen von **West-Berlin** nach **Kraków**, um von dort aus das ehemalige NS-Vernichtungslager Auschwitz zu besuchen. Nach der Besichtigung einiger der vielen Häftlingsblocks legen die Jugendlichen an der sogenannten Totenwand, an der zahllose Exekutionen durchgeführt wurden, Kränze nieder. Der 1. Vorsitzende der *Falken*, Harry Ristock, erklärt, daß die junge Generation angesichts der NS-Opfer ihre Aufgabe darin sehe, ein Wiederaufleben des Faschismus zu verhindern. Der Sekretär des *Sozialistischen Jugendverbandes Polens* (ZMS), Wiesław Adamski, begrüßt die deutschen Jugendlichen und versucht ihnen verständlich zu machen, warum das polnische Volk die politische Entwicklung in Westdeutschland mit Besorgnis verfolge. Bei einer Zusammenkunft am Nachmittag des darauffolgenden Tages hält Ristock eine Ansprache. Dabei erklärt er: »Nach über 30 Jahren ist es uns erstmalig wieder möglich, als Vertreter der Sozialistischen Jugend Deutschlands zur polnischen Jugend zu sprechen … Dieses Euer Volk hat in Europa neben Jugoslawien den höchsten Blutzoll entrichten müssen. Wir verneigen uns voller Ehrfurcht und im Bewußtsein unserer Verpflichtung vor den Opfern. In Auschwitz starben Millionen Menschen – gequält, gefoltert, vergast oder erschossen. Menschen, wie Du und ich. Wir schämen uns dieser Verbrechen und geloben, alles in unserer Macht stehende zu tun, um eine Wiederholung – gleichwohl in welchem Gewande – zu verhüten. Wir bringen dem polnischen Volk unsere Grüße. Wir kommen als Sozialisten nach Polen, als Mitglieder der Sozialistischen Jugend Deutschlands … Für uns ist die DDR kein Arbeiter- und Bauernstaat. Seit dem Jahre 1956 verfolgen wir mit Aufmerksamkeit und Bewunderung den Kampf des polnischen Volkes für mehr Freiheit und für mehr Brot. Wir verneigen uns vor der Größe jenes Mannes, der der stalinistischen Willkür trotzte und der seit jenen Tagen an der Spitze des polnischen Volkes steht. Wir grüßen W. Gomułka.«[291] Mit großer Erschütterung nehmen die *Falken* die Nachricht auf, daß – wie ihnen ihre polnischen Gesprächspartner zeigen – in einem weitverbreiteten bundesdeutschen Geschichtsbuch aus dem Jahre 1958 für das 5. und 6. Schuljahr mit keinem Wort die Existenz von Konzentrationslagern erwähnt wird. Die erste Auflage des Buches aus dem Jahr 1949 hatte immerhin noch fünf Seiten über KZ-Lager enthalten.

29. November Im Alter von 64 Jahren stirbt in **Hamburg** der Schriftsteller Hans Henny Jahnn an den Folgen eines Herzinfarkts. Mit seinen Dramen ebenso wie mit seinen Prosastücken hat Jahnn, der 1920 den Kleist- und 1956 den Lessing-Preis erhielt, große Aufmerksamkeit erzielt. Insbesondere durch sein Meisterwerk »Perrudja« zählt er zu den großen Sprachexperimentatoren dieses Jahrhunderts. Hans Henny Jahnn, der als Pazifist bereits während des Ersten Weltkriegs nach Norwegen emigrierte, gehörte in der Bundesrepublik zu den engagiertesten Gegnern der Wiederbewaffnung und der Ausrüstung der Bundeswehr mit Atomwaffen. Auf seiner Beerdigung gehören zu seinen Sargträgern die Schriftstellerkollegen Peter Huchel, Hans Erich Nossack und Peter Rühmkorf. Nossack beschreibt die Szene mit den folgenden Worten: »Die Beisetzung fand auf dem **Nienstedten**er Friedhof statt. Zahlreiche Freunde und Verehrer, Schriftsteller und Künstler, sowie Vertreter der Akademien und Behörden hatten sich eingefunden, um dem Dichter das letzte Geleit zu geben. In der Kapelle wurde nur Orgelmusik von Sweelinck gespielt. Der selbstentworfene, kistenartige Sarg – ähnlich dem, der in der ›Niederschrift des Gustav Anias Horn‹ genau beschrieben ist – war so schwer, daß die zehn jungen Menschen, die ihn trugen, ihn auf dem Wege zur Gruft dreimal absetzen mußten. Jemand äußerte: ›Ein Zinksarg, das bedeutet Protest gegen den Tod.‹«[292]

29. November Das 25jährige Mitglied der *Deutschen Reichspartei* (DRP), Arnold Strunk, beschmiert in **Köln** die Toilettentür einer Gastwirtschaft, deren Inhaber Jude ist, zum dritten Mal hintereinander mit antisemitischen Parolen. Nachdem er beim ersten Mal die Vertreibung der Juden aus Deutschland gefordert hat, damit Deutschland »einen besseren Weltfrieden« erhalte, und beim zweiten Mal die Vernichtung aller deutschen Juden propagiert hat, schreibt er nun: »Der Jude muß vernichtet werden; alle Juden müssen Deutschland verlassen; es droht Gefahr; wir von der FDP sorgen dafür.«[293]

29. November In **Brüssel** demonstrieren mehr als 30.000 Menschen gegen die geplante Amnestierung belgischer Kollaborateure, die wegen ihrer unter der deutschen Besatzung begangenen Verbrechen zu Haftstrafen verurteilt worden waren. An der Spitze des mit Hunderten von Transparenten und Fahnen bestückten Zuges gehen die Mütter und Witwen hingerichteter Widerstandskämpfer. Auf ihren Spruchbändern sind Slogans zu lesen wie »Unsere Wunden sind nicht vernarbt«, »Amnestie – nein!« und »Das Land will keine Amnestie!«. Auf dem Marsch, der zum Rathaus der belgischen Hauptstadt führt, tragen ehemalige belgische KZ-Insassen als Zeichen des Protests ihre schwarz-weiß-gestreiften Häftlingsanzüge.

29. November Mit einem achtstündigen Protestmarsch von **Oxford** zum US-Luftwaffenstützpunkt **Brize Norton** demonstrieren 700 Studentinnen und Studenten gegen die Stationierung von Atomraketen auf britischem Boden. Auf Spruchbändern heißt es: »Schließt die amerikanischen Stützpunkte«, Keine Kernwaffen für Nazi-Generale« und »Stoppt die H-Bombentests«. Auf Flugblättern, die die Atomwaffengegner an Passanten verteilen, wird außerdem gefordert, die Produktion und Lagerung von Nuklearwaffen grundsätzlich zu verbieten.

30. November Auf einer Versammlung des *Bundes Nationaler Studenten* (BNS) in einem Lokal des **West-Berlin**er Stadtteil Schöneberg behauptet einer der Redner, daß die Gaskammern eine »Literaturlüge« seien. Es sei erwiesen, daß lediglich 200 SS-Leute den Juden »manchmal etwas zu nahe getreten« seien. Diese 200 seien dann von Hitler »ausgemerzt« worden, weil er sie als Schande für die »brave SS« angesehen habe.

29.11.: Demonstrationen gegen die geplante Amnestierung von Nazi-Kollaborateuren in Brüssel und Lüttich (unten).

Januar Februar März April Mai Juni Juli

August September Oktober November

Dezember

1.12.: Professor Walter Hagemann bei einem Vortrag in Köln.

1.12.: Stummer Protest am Institutseingang.

Dezember Die Kriminalpolizei von Lübeck beschlagnahmt in **Travemünde** eine Kopie des von Veit Harlan gedrehten antisemitischen Hetzfilms »Jud Süß«. Ein Filmkaufmann hatte den 1940 im Auftrag des Reichspropagandaministeriums hergestellten und bei Kriegsende von der sowjetischen Besatzungsmacht beschlagnahmten Streifen ursprünglich an den Bruder des Königs von Saudi-Arabien, Prinz Sultan ben Abdul Asis al-Saud, zusammen mit alten Wochenschau-Aufnahmen verkaufen wollen. Das Geschäft platzte jedoch kurz vor Übergabe des Filmmaterials in Beirut, weil die zuvor vereinbarten 150.000 Dollar nicht zur Verfügung standen. Die drei deutschen Geldgeber, die das Geschäft zwischenfinanziert hatten, schalteten anschließend die Lübecker Kripo ein.

Dezember Auf der Jahreskonferenz des *African National Congress* (ANC) in **Durban** beschließen die Delegierten, am 31. März 1960 eine landesweite Kampagne gegen die Paßpolitik des südafrikanischen Apartheidsstaates zu starten. Sie soll am 26. Juni 1960 mit einer demonstrativen Massenverbrennung von Pässen zu Ende gehen.

1. Dezember Die Suspendierung des Publizistikprofessors Walter Hagemann wird vom Landesverwaltungsgericht **Münster** für rechtens erklärt. Hagemann, der wegen seiner Unterstützung der »Kampf dem Atomtod«-Kampagne bereits am 21. April 1958 aus der CDU ausgeschlossen worden war, verliert seinen Professorentitel, sämtliche Dienstbezüge, seine Altersversorgung und muß außerdem noch die Gerichtskosten tragen. Dem Wissenschaftler ist insbesondere zum Vorwurf gemacht worden, daß er am 18. Oktober vor dem Nationalrat der *Nationalen Front* in Ost-Berlin eine Rede gehalten hat. Damit

habe er eine »verfassungsfeindliche Organisation« unterstützt. Diese »Dienstverfehlung« sei als Verletzung seiner Beamtenpflicht zu werten. Das Gericht sieht es außerdem als »erwiesen« an, daß Professor Hagemann mit Studentinnen seines Instituts »ehebrecherische Beziehungen« unterhalten habe. Sein Verteidiger, der ehemalige Bundesjustizminister Thomas Dehler (FDP), erklärt, daß es sich bei dem Verfahren »eindeutig um einen politischen Prozeß« handle. – In seiner Erklärung vor Gericht, die am 11. Dezember von der »Deutschen Volkszeitung« abgedruckt wird, rechtfertigt Hagemann ausführlich sein politisches Verhalten: »Bereits unmittelbar nach meinem Auftreten im Nationalrat der DDR wurde ich Ende Oktober v. J. von einem alten Freunde in Bonn, der dort einen hohen Rang einnimmt, nachdrücklich vor den Folgen dieses Schrittes gewarnt. Im Palais Schaumburg habe mein Auftreten sehr unliebsames Aufsehen erregt. Er werde keinesfalls in der Lage sein, mich gegen Maßnahmen von dieser Seite zu schützen … Ich habe meinem Freunde erwidert, daß mein Entschluß, nach zwölfjährigem politischem Schweigen öffentlich aufzutreten, aus einem Gewissenszwang heraus erfolgt sei, nach manchen schlaflosen Nächten des Überlegens und der Gepräche mit meiner Frau und meinen Kindern. In meinen Augen gehe es um die höchsten irdischen Werte, um das Leben und um die Einheit unseres Volkes. Viele hätten für ihr Vaterland Leben und Gesundheit geopfert. Da müßte ich schon bereit sein, Angriffe und Diffamierungen auf mich zu nehmen. Nach dem Zusammenbruch des Dritten Reiches, so erklärte ich ihm, hätte ich mir gelobt, niemals mehr feige zu schweigen. Das sei ich der jungen Generation schuldig, die von uns Älteren Aufrichtigkeit fordert. Ich erinnerte ihn an meinen Doktoreid, stets die Wahrheit zu suchen und zu bekennen, und an die Tatsache, daß das Wort Professor Bekenner bedeutet.«[294] Hagemann, der seinen Prozeß indirekt als Test auf die politische Unabhängigkeit der Justiz ansieht, aber offen läßt, ob das Verfahren gegen ihn als »Gesinnungsprozeß« charakterisiert werden sollte, beklagt sich darüber, daß in seiner Abwesenheit Siegel erbrochen sowie Schreiben aus seiner Privatkorrespondenz durchsucht und beschlagnahmt worden seien. – Das »Westdeutsche Tageblatt« kommentiert das Urteil des Landesverwaltungsgerichts mit den Worten: »Es kann nicht bestritten werden, daß Prof. Hagemann einmal vor dem Nationalrat der Nationalen Front gesprochen hat ... Aber dient man bei einem Auftreten vor einem solchen Forum verfassungsfeindlichen Bestrebungen, auch wenn man nur Fragen zur Wiedervereinigung stellt? Welches Urteil müßte das Verwaltungsgericht denn über den jetzigen Justizminister Schäffer fällen, nachdem er in Ost-Berlin verhandelte? Würde jenes Verwaltungsgericht auch den Stab über Bundesminister Lemmer brechen, von dem es heißt, er habe damals politische Gespräche mit Nuschke geführt? ... Es ist zu hoffen, daß die Berufungsinstanz den Mut hat, im ›Fall Hagemann‹, der immer ein ›Fall CDU‹ gewesen ist, reinen Tisch zu schaffen.«[295]

I. Dezember Die sozialdemokratischen Landtagsabgeordneten Erwin Essl und Martin Hirsch stellen im bayerischen Landesparlament in **München** den Antrag, »die von breiten Kreisen der Bevölkerung geforderte Säuberung der Justiz von solchen Personen beschleunigt durchzuführen«, die während der NS-Zeit aktiv an Justizverbrechen beteiligt gewesen seien. Der Landtagsausschuß für Verfassungs- und Rechtsfragen lehnt dies mit der Begründung ab, daß nur noch 110 Beamte im Justizdienst des Landes Bayern stünden, gegen die der von der SPD erhobene Vorwurf geltend gemacht werden könne.

Dezember: Anti-Apartheidskundgebung in Südafrika.

2.12.: Erst durch den Bericht im »Spiegel« weiten sich die Vorwürfe gegen Bundesvertriebenenminister Oberländer zu einer Affäre aus.

1. Dezember Auf dem im **Frankfurt**er Stadtteil Westhausen gelegenen Bezirksfriedhof West entdeckt am frühen Morgen der Gärtner die Spuren einer Schändungsaktion. Unbekannte haben 120 Grabsteine und 25 Holzkreuze umgestürzt, Kranz- und Blumengebinde auf die Fußwege geworfen und zertrampelt. Da die Steine zwischen zehn und 15 Zentnern schwer sind, kommen Kinder als Täter nicht in Frage. Der Grabmeister Eugen Scharting kommentiert die Untat mit den Worten: »Ich arbeite seit 33 Jahren beim Städtischen Bestattungsamt, aber eine so verruchte Tat ist mir noch nie vorgekommen!«[296] Die Kriminalpolizei setzt zur Ergreifung der Täter eine Sonderkommission ein.

1. Dezember In einem Offenen Brief an den Bundestag in **Bonn** fordern 150 Wissenschaftler die Abgeordneten auf, einen Verzicht der Bundesrepublik auf die Bewaffnung mit Atomsprengköpfen zu beschließen. Außerdem sollen die Parlamentarier die Bundesregierung beauftragen, mit der DDR über den Abschluß eines Nichtangriffspaktes zu verhandeln.

1. Dezember Der Rat des Ost-Stadtbezirkes von **Dresden** verhängt über die Amateur-Tanzkapelle »Die Allegros« wegen Bevorzugung westlicher Musiktitel eine einjährige Auftrittssperre und eine Geldstrafe von 500 Mark. Die Band, die regelmäßig im Hotel »Goldener Löwe« in Pillnitz aufgetreten ist, soll bis zu 95 % ihrer Stücke nach Westkompositionen eingespielt haben. Damit habe sie gegen eine Anordnung des Kulturministeriums der DDR verstoßen, die ein Verhältnis von 60:40 % zwischen Eigen- und Westkompositionen vorschreibt. Dem Leiter des Orchesters wird vorgeworfen, daß er die Liste der zur Aufführung gebrachten Titel manipuliert habe. Außerdem muß der Wirt des »Goldenen Löwen« wegen Duldung eine Geldstrafe von 200 Mark zahlen.

1.-5. Dezember An der Technischen Hochschule in **Darmstadt** folgen 2.000 Studenten einem anonymen Aufruf und führen einen »Mensa-Streik« durch. Die Studierenden sind mit den angebotenen Gerichten äußerst unzufrieden und kritisieren, daß sie weder schmackhaft, reichhaltig, abwechslungsreich noch billig seien. Der Geschäftsführer des Studentenwerkes, der Diplom-Ingenieur Herbert Reißer, erklärt dagegen, daß die in der Mensa ausgegebenen Mahlzeiten mit entsprechenden Gerichten, die in Gastwirtschaften angeboten würden, durchaus konkurrieren könnten. Die Qualität des Mensa-Essens könne nur durch höhere Zuschüsse des Landes Hessen gesteigert werden. Er könne dies jedoch nicht empfehlen, da die öffentliche Hand genügend andere soziale Aufgaben zu erfüllen habe. Rund 500 Studenten, die das Mensa-Essen in Anspruch nehmen wollen, werden am ersten Tag von Streikposten am Betreten der Räume gehindert. Am zweiten Tag erscheinen nur noch 200 von den sonst üblichen 2.200 Studenten in der Mensa. Der Rektor der Technischen Hochschule, Professor Heinrich Bartmann, ordnet in seiner Funktion als Verwaltungsbeiratsvorsitzender des Studentenwerks zusammen mit dessen Vorstandsvorsitzenden am Abend dieses Tages die vorläufige Schließung der Mensa an. Sie solle erst wieder geöffnet werden, wenn mindestens 1.000 Unterschriften von Studenten vorlägen, die dort auch essen wollten. Der Verwaltungsrat des Studentenwerks und der Allgemeine Studentenausschuß (AStA) einigen sich am 3. Dezember darauf, die Mensa am Montag, den 7. Dezember, auch dann zu öffnen, wenn weniger Studenten dort Einlaß begehren sollten. Die Ausgabe der Mahlzeiten solle dann wieder ohne jegliche Vorbedingung erfolgen.

2. Dezember Das Hamburger Nachrichtenmagazin »Der Spiegel« berichtet in einer Titelgeschichte ausführlich über die nationalsozialistische Vergangenheit des Bundesvertriebenenministers Theodor Oberländer (CDU). Darin heißt es: »Mit Oberländer und seinem damaligen BHE-Genossen Waldemar Kraft gelangten Anfang der fünfziger Jahre zum erstenmal Nationalsozialisten, die nicht nur mitgelaufen waren, in die westdeutsche Politik. Kraft hatte einen Ehrenrang bei der Schwarzen SS gehabt ... Oberländer war 1933 in die NSDAP eingetreten. Er brachte es bis zum SA-Sturmhauptführer, Gauamtsleiter und Reichsführer des Bundes Deutscher Osten, einer Organisation, die in erster Linie das Eindringen fremden (polnischen) Volkstums, etwa durch Saison-Arbeiter, in die ostdeutschen Grenzgebiete abwehren sollte.«[297] Das Magazin zitiert dann aus einer beschlagnahmten Ausgabe der Wochenzeitung »Die Tat«. Diese hatte über ein in der Nacht vom 29. zum 30. Juni 1941 begangenes Kriegsverbrechen berichtet: »Während der Anwesenheit des unter der politischen Leitung Oberländers stehenden Bataillons ›Nachtigall‹ in Lemberg trug sich folgendes zu: Über 30 Rechtsanwälte, Ärzte, Ingenieure, Professoren, Geistliche und Wissenschaftler wurden ermordet. Schüsse fielen im Lemberger Gefängnishof, in einer Sandmulde auf dem ›Kadettenberg‹, in den Sandgruben beim Lissenitzki-Wald und im Lager Janowska. In den Sandgruben außerhalb der Stadt wurden mehrere tausend Juden erschossen. Im Lager Janowska wurden Ermordete aufgestapelt, mit Teer und Benzin übergossen und verbrannt – insgesamt 1600 Menschen ... Diese Mitteilung und das uns vorliegende Material enthält einen ungeheuren Schuldvorwurf: Ein amtierender Bundesminister steht unter dem Verdacht, an den Massenmorden während des Krieges beteiligt gewesen zu sein.«[298] Während Bundesinnenminister Gerhard Schröder (CDU), merkt der »Spiegel« kritisch an, einen Verbotsantrag gegen die *Vereinigung der Verfolgten des Naziregimes* (VVN) auf den Weg gebracht hätte, habe es die Bundesregierung bislang nicht fertiggebracht, zu den gegen ihren Vertriebenenminister erhobenen Vorwürfen Stellung zu beziehen.

2. Dezember Auf einem öffentlichen Forum in der **Duisburg**er Agnes-Miegel-Schule referieren der Düsseldorfer Pfarrer Karwehl und der Wuppertaler Lehrer Dieter Zitzlaff über das Thema »Totale Abrüstung – Welt ohne Krieg«. Eingeladen zu der antimilitaristischen Veranstaltung haben die *Internationale der Kriegsdienstgegner* (IdK), die *Aktionsgemeinschaft gegen die atomare Aufrüstung* und die *Arbeitsgemeinschaft gegen die atomare Aufrüstung.*

2. Dezember In **West-Berlin** wird der SED-Funktionär Heinz Kaulitz von der Polizei festgenommen. Kaulitz hat mit Flugblättern gegen eine Fahrpreiserhöhung der BVG zu protestieren versucht. – Am 8. Dezember stimmt der Senat der für das kommende Jahr geplanten Fahrpreiserhöhung zu.

3. Dezember Mit großer Mehrheit wird vom Bundestag in **Bonn** ein Gesetzentwurf über die »friedliche Nutzung der Kernenergie« verabschiedet. Trotz erheblicher Bedenken gegenüber den Sicherheits- und Gesundheitsvorschriften hat die SPD der Vorlage zugestimmt.

3. Dezember Bei einem Vortrag des antikommunistisch eingestellten Publizisten William S. Schlamm kommt es in der Technischen Hochschule von **München** zeitweise zu tumultartigen Zwischenfällen. Schlamm, der auf Einladung des RCDS spricht, löst vor allem durch seine Forderung, daß man in der Auseinandersetzung »mit dem Osten« auch ein »militärisches Risiko« eingehen müsse, große Empörung unter den versammelten Studenten aus.

3. Dezember Auf einer Pressekonferenz in **München** fordert der Landesvorstand der bayerischen SPD, Justizbeamte in die DDR zu entsenden, um das vom *Ausschuß für Deutsche Einheit* vor einem Monat auf einer Pressekonferenz in Ost-Berlin vorgestellte Dokumentationsmaterial über die NS-Vergangenheit bundesdeutscher Richter zu überprüfen.

3. Dezember Die »Neue Zürcher Zeitung« berichtet, daß sich in **Paris** mehr als 350 französische Bürger, darunter Professoren, Wissenschaftler, Schriftsteller und Kirchenleute, mit einem Appell an ihre Regierung gewandt hätten, freiwillig auf alle Nuklearwaffenversuche zu verzichten. In der Petition heiße es, man wolle nicht, daß Frankreich auch nur zum geringsten Teil die Verantwortung für die Verunreinigung der Atmosphäre mit radioaktiven Stoffen zum Schaden der heutigen und der nachfolgenden Generation mittragen müsse. Die Regierung solle ein Verbot der Nuklearwaffen aussprechen und die erste Atommacht werden, welche die in dieser Form gewonnene Energie einzig und allein in den Dienst des Friedens, des Fortschritts und der Vernunft stelle.

4. Dezember Auf dem am Rande der Lüneburger Heide gelegenen NATO-Truppenübungsplatz in **Bergen-Hohne** (Niedersachsen) wird erstmals eine Rakete vom Typ »Honest John« abgefeuert. Anstelle der konventionellen Munition kann die Rakete auch mit einem atomaren Sprengkopf bestückt werden.

4. Dezember Auf einer Kundgebung des *Komitees gegen Atomrüstung* in **Würzburg** erklärt der CDU-Bundestagsabgeordnete Peter Nellen in einem Vortrag, daß er den Einsatz von Atomwaffen vom christlichen Standpunkt aus verurteile. Er tritt der von dem katholischen Sozialphilosophen Gustav Gundlach im Februar in der Würzburger Domschule verfochtenen Ansicht, daß »Gott der Herr« für einen Atomwaffeneinsatz gegebenenfalls »auch die Verantwortung« übernehme, mit den Worten entgegen, man könne nicht »eine Art von Selbstmord« in Kauf nehmen, für die dann Gott die Verantwortung zugeschoben werden solle. Er sei weder ein radikaler noch ein grundsätzlicher Pazifist, meint Nellen, sondern vertrete lediglich die Lehre vom gerechten Krieg, wie sie bereits in der Scholastik entwickelt worden sei. Die Befürwortung der Atomrüstung stelle eine Perversion des Menschlichen und des Christlichen dar. »Mit der Atombombe,« beendet er ebenso lapidar wie kompromißlos seine Rede, »kann man nicht leben.«[299] – Nellen macht seine Ausführungen, obwohl er vor Beginn der Veranstaltung

3.12.: »München, Feldherrnhalle: ›Ich mußte mir einfach mal ansehen, wo mein Wilhelm dreiundzwanzig marschiert ist – so doll hat mich unser großer Schlamm aufgerüttelt.‹« Karikatur aus dem »Simplicissimus«.

3.12.: Titel des 1959 in dem Züricher Verlag erschienenen Bandes, mit dem der Ex-Kommunist bundesweit Aufsehen erregt.

4.12.: Proteste gegen den Raketentest auf dem Truppenübungsplatz der NATO.

vom Vorsitzenden der CDU/CSU-Fraktion im Bundestag, Heinrich Krone, telegraphisch gewarnt worden ist, in Würzburg als Redner aufzutreten. – Nachdem ein Sturm der Entrüstung über dem CDU-Abweichler herniedergegangen ist und insbesondere von CSU-Mitgliedern Sanktionen seitens der CDU/CSU-Fraktion gefordert werden, verteidigt die »Süddeutsche Zeitung« die Haltung des christdemokratischen Atomwaffengegners: »Nur im Schoße einer Fraktion, die ungeachtet ihrer zahlenmäßigen Stärke keineswegs stark genug ist, um das Argument sogenannter Außenseiter zu wägen oder auch nur zu ertragen, kann ein im Grunde konservativer und disziplinierter Mann wie Nellen zum ›Rebellen‹ gestempelt werden. Nellen hat den ihm zur Last gelegten Vortrag in Würzburg damit eingeleitet, daß er klar jene Distanz bezeichnete, die ihn von den Veranstaltern, dem Komitee gegen Atomrüstung, trennt. Er hat sich also nichts anderes zu Schulden kommen lassen, als daß er die Diskussion suchte. Er tat es, weil er offenbar noch an den Wert des Austauschs der Meinungen glaubt, was allerdings Achtung vor den Beweggründen und Argumenten anderer voraussetzt.«[300] Wenn die CDU/CSU-Fraktion sich zu einem Scherbengericht versammeln wolle, dann müsse den Parteifreunden klar sein, daß Nellen den Willen des Grundgesetzes auf seiner Seite habe, sie hingegen nur den Fraktionszwang.

4. Dezember Der Senator für Volksbildung, Joachim Tiburtius, kündigt in **West-Berlin** sein Einverständnis damit an, daß neonazistische Studenten von den Berliner Hochschulen gewiesen würden. In einem an die Rektoren der Freien Universität und der Techni-

schen Hochschule gerichteten Schreiben erklärt er, daß er eine entsprechende Entscheidung für rechtlich unanfechtbar hielte, wenn diese die Mitgliedschaft im *Bund Nationaler Studenten* (BNS) mit einer Zulassung an ihren Universitäten für unvereinbar erklären würden.

4. Dezember Das Bezirksgericht **Erfurt** verurteilt den Vorsitzenden einer Landwirtschaftlichen Produktionsgenossenschaft (LPG) wegen »Schädlingstätigkeit« zu einer mehrjährigen Zuchthausstrafe.

5. Dezember Nach einer Meldung der »Frankfurter Allgemeinen Zeitung« haben in **London** 80 Unterhausabgeordnete der *Labour Party* einen Antrag unterzeichnet, der sich »gegen die Belieferung Westdeutschlands mit taktischen Atomwaffen und ferngelenkten Raketengeschossen mit nuklearer Verwendungsfähigkeit« wendet. Zu den Antragstellern gehört auch der Altsozialist Konny Zilliacus. – Bis zum 10. Dezember hat sich die Zahl der Antragsunterzeichner auf 107 erhöht.

5. Dezember In der in London erscheinenden Zeitschrift »The New Statesman and Nation« erscheint unter der Überschrift »Why Salazar must go« (Warum Salazar verschwinden muß) ein Artikel des im brasilianischen Exil lebenden portugiesischen Oppositionspolitikers General Humberto Delgado. Dieser war bei den letzten Präsidentschaftswahlen in Portugal Gegenkandidat des mit autoritär-polizeistaatlichen Mitteln herrschenden Antonio Salazar. In dem Aufsatz Delgados, der sich nur durch den Gang in die Emigration einer drohenden Verhaftung entziehen konnte, heißt es: »Die Lage in Portugal kann in drei Negativen beschrieben werden: keine Freiheit, keine Moral und kein Brot ... Eine so unhaltbare politische und wirtschaftliche Lage hat das Land gegen die Regierung aufgebracht. Dies ist der Grund, weshalb die Opposition glaubt, daß mindestens 75 % der Stimmen bei der letzten Wahl für sie abgegeben wurden, und dies ist der Grund, weshalb es wahr ist, daß Dr. Salazar nur durch die Geheimpolizei – die PIDE – und die Apathie der Streitkräfte an der Macht gehalten wird.«[301]

5./6. Dezember Das Büro der *Fédération Internationale des Résistants* (FIR) ruft auf einer Tagung in **Prag** alle europäischen Widerstandsorganisationen auf, mit Kundgebungen, Versammlungen und Pressekonferenzen gegen ein Verbot der *Vereinigung der Verfolgten des Naziregimes* (VVN) zu protestieren. Außerdem sollten Persönlichkeiten aus verschiedenen Ländern einen internationalen Ausschuß zum Schutz der VVN bilden, und es soll ein Weißbuch herausgegeben werden, um die Hintergründe des von Bundesinnenministers Gerhard Schröder am

23. November beim Bundesverwaltungsgericht in West-Berlin beantragten Verbots darzulegen. Der Generalsekretär der FIR, André Leroy, erklärt in seinem Tätigkeitsbericht, daß dieser Schritt zusammen mit der Anerkennung der HIAG als einer gemeinnützigen Organisation und verschiedenen anderen Maßnahmen nur als eine von der Bundesrepublik verübte »Sabotage an den Entspannungsbemühungen« ausgelegt werden könnten. In einer weiteren Resolution werden die Widerstandskämpfer und Frontkämpfer aller europäischen Länder aufgerufen, die gegen die Entspannung gerichteten Störversuche militaristischer Kreise in der Bundesrepublik zu bekämpfen. An den Beratungen nimmt auch der Vizepräsident von VVN und FIR, Josef C. Rossaint, teil.

6. Dezember Auf dem Sportplatz an der Glücksburger Straße in **Bochum** protestieren 1.500 Bergarbeiter gegen die von der Gelsenkirchener Bergwerks-AG (GBAG) geplante Stillegung der in ihrer Stadt gelegenen Zechen »Prinz Regent«, »Engelsburg« und »Friedlicher Nachbar«. Die GBAG will die Schachtanlagen, in denen 6.500 Bergarbeiter beschäftigt sind, schließen, weil bei jeder geförderten Tonne Kohlen angeblich ein Verlust zwischen 11 und 18 DM entsteht. Obwohl für Rationalisierungsmaßnahmen der drei Bochumer Gruben 42 Millionen DM investiert worden sein sollen, rechtfertigt die größte westdeutsche Zechengruppe ihren Stillegungsplan, betrage ihr jährlich eingefahrener Verlust auch weiterhin noch 25 Millionen DM.

6. Dezember Unter dem Motto »Jahrgang 1922 ruft Jahrgang 1939« referiert der Wuppertaler Professor Johannes Harder im Städtischen Saalbau in **Essen** über die Frage »Was haben die altgedienten Jahrgänge den jungen Wehrpflichtigen zu sagen?«.

6. Dezember Im Flaggenstreit mit der DDR entscheidet sich das *Nationale Olympische Komitee* (NOK) gegen die von der Bundesregierung geäußerten Bedenken in **Hannover** dafür, daß die gesamtdeutsche Mannschaft bei den Olympischen Winterspielen in Squaw Valley und den Sommerspielen in Rom mit einer schwarz-rot-goldenen Fahne an den Start geht, in deren Mitte die die fünf Erdteile symbolisierenden olympischen Ringe abgebildet sind. Das NOK schließt sich damit einem vom *Internationalen Olympischen Komitee* (IOC) gefällten Schiedsspruch an. – In **Bonn** kommentiert Bundespressechef Felix von Eckardt die Entscheidung mit den Worten, die Bundesregierung könne den Spruch nicht begrüßen, werde jedoch auch nichts dagegen unternehmen. Die Frage, ob deshalb die bundesdeutschen Botschafter in Washington und in Rom den Spielen fernbleiben sollten, sei noch offen.

6. Dezember In der ghanaischen Hauptstadt **Accra** brechen unter der Leitung des britischen Pastoren Michael Scott 17 Nuklearwaffengegner zu einem Protestmarsch gegen die von Frankreich für Anfang 1960 in der Sahara geplanten Atombombentests auf. Der Gruppe, die sich aus neun Ghanaern, drei Engländern, zwei US-Amerikanern, zwei Franzosen, einem Nigerianer und einem Bundesdeutschen zusammensetzt, gehört mit Theodor Michaltscheff, dem Generalsekretär der *Internationale der Kriegsdienstgegner* (IdK), auch einer der bekanntesten Pazifisten aus der Bundesrepublik an. Die Initiative zu der Aktion geht von dem britischen *Direct Action Committee against Nuclear War* (DAC, Direkte Aktionen gegen den Atomkrieg) aus. Das Versuchsgebiet bei El Hammoudia liegt im algerischen Teil der Sahara und ist rund 800 Kilometer von der marokkanischen Grenze entfernt. Da diese mit elektrisch geladenen Stacheldrahtverhauen abgeriegelt ist und zudem von Fallschirmjäger-Einheiten bewacht wird, hat die Gruppe vor, illegal auf das französische Kolonialgebiet vorzudringen. Mit drei Geländewagen wollen die 17 Atomwaffengegner in neun bis zehn Tagen die 2.400 Kilometer lange Strecke zurücklegen und bis in das Testzentrum vordringen. Nach einer großen Protestkundgebung, die unter dem Vorsitz des Bürgermeisters von Accra steht, wird die Gruppe auf ihren ersten fünf Meilen in Richtung **Kumasi** von 100 Prominenten begleitet. – Zur Finanzierung des Sahara-Marsches hatte der ghanaische Finanzminister am 18. November über den Rundfunk zu einer Spendenaktion aufgerufen. Durch sie waren bereits innerhalb der ersten 24 Stunden umgerechnet 50.000 DM zusammengekommen. Auf Anweisung von Ministerpräsident Kwame Nkrumah gibt das ghanaische Informationsministe-

6.12.: Protestkundgebung gegen Zechenstillegungen in Bochum.

rium zu der internationalen Protestaktion eine Erklärung heraus. Darin heißt es: »Die Regierung von Ghana hat sich seit jeher gegen alle atomaren Waffen ausgesprochen, ganz gleich, von welchem Staate sie hergestellt und erprobt sein mögen. Anstatt jedoch abzurüsten, sollen jetzt atomare Waffen zur Explosion gebracht werden, und zwar nicht in dem Heimatland derer, die dafür verantwortlich sind, sondern im Lande der unschuldigen Afrikaner. Die zynische Mißachtung der Gesundheit der Afrikaner muß auf deren heftigste Ressentiments stoßen, und die Regierung Ghanas wird nicht nachlassen, gegen die Verseuchung afrikanischen Bodens zu protestieren.«[302] – Die britische Zeitung »The Guardian« meldet in ihrer Ausgabe vom 16. Dezember, daß die Gruppe um Reverend Scott bereits wenige Kilometer hinter der Grenze, in **Bittou**, von einer französischen Polizeitruppe festgenommen worden sei. Nachdem man sie mehrere Tage lang unter dem Vorwurf des illegalen Betretens französischen Bodens festgehalten habe, seien sie wieder nach **Ghana** abgeschoben worden.

6.12.: »So eine Atombombe soll ja gewaltige Energien frei machen.« meint de Gaulle zu Bundesverteidigungsminister Strauß in einer Karikatur des SED-Zentralorgans »Neues Deutschland«.

7. Dezember Vor dem französischen Generalkonsulat in **Hamburg** beginnt eine Gruppe des *Verbands der Kriegsdienstverweigerer* (VK) um den Lehrer Hans-Konrad Tempel mit einer vierwöchigen Protestaktion gegen die von Frankreich in der Sahara geplanten Atombombenversuche. Jeden Tag harrt ein VK-Mitglied mit einem Transparent vor dem Eingang zum Konsulat aus.

8. Dezember Rund 500 arabische und deutsche Studenten treten mit einem Schweigemarsch durch **Göttingen** für die Unabhängigkeit Algeriens ein. Auf der Abschlußkundgebung fordert ein Sprecher der *Afro-Asiatischen Studenten-Union* die Beendigung des

Algerienkrieges, den Abzug alle französischen Truppen und die Einhaltung der Menschenrechte.

8. Dezember Der ehemalige SS-Sturmführer Fritz Völpel wird vom Präsidenten des schleswig-holsteinischen Landtags, von Heydebreck (CDU), in **Kiel** zum neuen Direktor des Landtags bestellt. Nach den Worten von Heydebrecks ist Völpel, der bislang Regierungsdirektor im schleswig-holsteinischen Innenministerium war, in der SS nur »nominelles Mitglied« gewesen. Er habe seine Uniform lediglich einige Male bei Empfängen des Reichskommissars für Norwegen, Josef Terboven, getragen.

8. Dezember Die Frau des DDR-Ministerpräsidenten, Johanna Grotewohl, überreicht im Klubhaus der Gewerkschaften in **Halle** einen im Rahmen der Solidaritätsaktion »Rettet Algeriens Kinder« gesammelten Betrag in Höhe von 62.000 Mark an eine Delegation algerischer Freiheitskämpfer.

8.-10. Dezember Die Bundesanwaltschaft in **Karlsruhe** läßt unter dem Decknamen »Sendepause« in sieben Bundesländern Razzien durchführen, mit der der Apparat der illegalen KPD zur Herstellung und Verbreitung von Agitationsschriften zerschlagen werden soll. Bei den von der Sicherungsgruppe Bonn des Bundeskriminalamtes (BKA) koordinierten Durchsuchungsaktionen in **Baden-Württemberg, Bayern, Bremen, Hamburg, Hessen, Niedersachsen** und **Nordrhein-Westfalen** werden zwei Druckereien ausgehoben, zehn Kraftfahrzeuge sichergestellt und 49 Verdächtige verhaftet. – Wie der nordrhein-westfälische Innenminister Dufhues (CDU) in **Düsseldorf** dazu mitteilt, sei es im Zuge dieser Aktionen gelungen, auch jene Druckerei auszuheben, mit der das in einer Auflage von 25.000 Exemplaren gedruckte KPD-Zentralorgan »Freies Volk« produziert worden ist. Allein in Nordrhein-Westfalen, wo der Schwerpunkt der Großrazzia gelegen habe, seien 32 Personen festgenommen worden. – Die »Frankfurter Allgemeine Zeitung« schreibt dazu in ihrer Ausgabe vom 12. Dezember, das »Vorgehen gegen die Kommunisten« sei der »bisher größte Zugriff dieser Art«. – Und das Mitglied des KPD-Zentralkomitees Otto Baumann nimmt in einer vom »Freiheitssender 904« verbreiteten Erklärung mit einer Durchhalteparole zu der Durchsuchungs- und Verhaftungsaktion Stellung: »Wo immer es gegen die Adenauer-Politik, wo immer es um die Interessen der Arbeiterklasse und die Sache des Friedens ging, im Ruhrgebiet wie an der Saar, im Norden wie im Süden der Bundesrepublik, da stehen wir Kommunisten in der ersten Reihe. Das haben die Arbeiter gespürt; darum unterstützen sie stärker unsere Arbeit und unsere Forderung nach Wiederherstellung der legalen Rechte der KPD. Das hilft uns, unsere Aktivität so zu steigern, daß sie den Feinden der Arbeiterklasse und des Friedens noch mehr auf die Nerven, noch härter an die Nieren geht.«[303]

9. Dezember Ein erweitertes Schöffengericht in **Kassel** verurteilt den 47jährigen Alfred Schmolke wegen antisemitischer Äußerungen zu einer Gefängnisstrafe von vier Monaten auf Bewährung. Der kaufmännische Leiter eines Kasseler Industriebetriebes hatte am 12. April 1958 an seinem Arbeitsplatz über den von dem Offenburger Studienrat Ludwig Zind angegriffenen jüdischen Kaufmann Kurt Lieser gesagt: »Von diesen Schweinehunden sind noch viel zu wenig umgelegt; denn schon jetzt machen sie sich in den Banken und in der Wirtschaft breit.«[304]

10. Dezember Im Bundestag in **Bonn** wird im Namen der Bundesregierung eine Vertrauenserklärung für Bundesvertriebenenminister Theodor Oberländer (CDU) abgegeben, der in Verdacht geraten ist, als politischer Berater des Bataillons »Nachtigall« 1941 in Lemberg für Massenmorde an jüdischen Einwohnern und Angehörigen der polnischen Intelligenz mitverantwortlich gewesen zu sein. Auf eine Anfrage des SPD-Abgeordneten Heinrich Georg Ritzel erklärt Bundesfinanzminister Franz Etzel (CDU), daß nach allem, was bekannt sei, »gegen Herrn Kollegen Oberländer ein Vorwurf nicht erhoben« werden könne. Nach seiner Auffassung und der der Bundesregierung hätten die von Ritzel geäußerten Befürchtungen »keinerlei sachliche und materielle Grundlagen«. Das Kabinett habe »Vertrauen zu Herrn Oberländer«.

10. Dezember Studenten der Universität **Tübingen** nehmen bei einer Diskussion in ihrem Klubhaus eine Entschließung an, mit der bei einem bevorstehenden Auftritt des antikommunistischen Schriftstellers William S. Schlamm gegen dessen militaristische Thesen protestiert werden soll. Unter der Überschrift »Wieviel Tote brauchen Sie, Herr Schlamm?« hatte der *Internationale studentische Arbeitskreis der Kriegsdienstgegner* mit einem Flugblatt zu einem solchen Schritt aufgefordert. Der Text, der bereits seit Tagen am Schwarzen Brett aushängt, ist bisher von 50 Studenten unterzeichnet worden. Er soll nach dem Vortrag Schlamms verlesen werden.

10. Dezember Ein in der schleswig-holsteinischen Schülerzeitschrift »Sammelsurium« veröffentlichter Text löst einen Skandal aus. Unter dem Titel »Deutscher Gruß 1959« schreibt der Oberprimaner Jochen Göbel: »I. Artikel: Ich glaube an Konrad Adenauer, den Allmächtigen und Wahrer des Wirtschaftswunders. II. Artikel: Ich glaube an Konrad Christum, des Wunders eingeborener Sohn, meinen Herrn, der empfangen ist vom treuen deutschen Geist, geboren von meiner Bequemlichkeit, gelitten unter Adolf Hitler, zum Kanzler erkoren, weggelobt zum Präsidenten, beinahe schon abgewrackt, gespürt die Falle, wiederauferstanden von den Toten, aufgefahren gen Rhöndorf, sitzend zur Rechten des Wunders, des allmächtigen Vaters, von dannen er kommen wird, zu richten die Gegner und loben mich Diener. III. Artikel: Ich glaube an Konrad Adenauer, seine heilige christliche Partei, seine deutsche Weltmission, Austilgung der Gegner, Auferstehung des Reiches und sein ewiges Leben.«[305] – Einen Tag vor Beginn seines schriftlichen Abiturs erhält Göbel am 8. Januar 1960 vom schleswig-holsteinischen Kultusminister Edo Osterloh die Mitteilung, daß er wegen Unreife vom Abitur ausgeschlossen worden sei. Dies sei von einer Kommission beschlossen worden. – Bei einer Unterredung in **Kiel** teilt der Kultusminister dem Oberschüler mit, daß er die Strafe auf einen halbjährigen Ausschluß vom Abitur herabsetzen könne. Aus Furcht, für immer vom Abitur ausgeschlossen zu bleiben, verzichtet der Oberprimaner auf die Einlegung von Rechtsmitteln.

10. Dezember Das Bezirksgericht **Dresden** verurteilt vier Bauern wegen Widerstands gegen die Kollektivierung der Landwirtschaft zu mehrjährigen Zuchthausstrafen.

10. Dezember In **Oslo** wird der 69jährige britische *Labour*-Politiker Philip J. Noel-Baker wegen seiner Bemühungen um eine internationale Abrüstungspolitik und seiner Vorschläge für die Errichtung der Vereinten Nationen mit dem Friedensnobelpreis ausgezeichnet. Der aus einer Quäker-Familie mit starken pazifistischen Tendenzen stammende Noel-Baker hat eine ebenso bemerkenswerte wie vielseitige Karriere als Politiker, Diplomat und Repräsentant verschiedener internationaler Organisationen hinter sich. Nach seinem Studienbeginn an der Sorbonne und einem Aufenthalt an der Universität München wechselte er nach Cambridge über, wo er 1912 sowohl Präsident der *Cambridge Union Society*, einem Debattierklub, als auch des universitären Sportklubs wurde. Sein Leben lang vertritt der Mann, der bei den Olympischen Spielen 1920 in Antwerpen die Silbermedaille im 1500-Meter-Lauf gewonnen hat und mehrmals die britischen Olympia-Mannschaften angeführt hat, die Ansicht, daß Sport ein besonders gutes Mittel zur Förderung der internationalen Verständigung sei. 1919 nahm er als Mitglied der britischen Delegation an der Friedenskonferenz von Versailles teil, 1922 wurde er Assistent des britischen Vertreters im Sekretariat des Völkerbundes in Genf, von 1924 bis 1929 lehrte er als Professor für internationale Beziehungen an der

10.12.: Friedensnobelpreisträger Philip J. Noel-Baker.

Universität London und von 1929 bis 1931 war er Mitglied der britischen Delegation im Völkerbund. Zuletzt ist Noel-Baker, der 1946 zum Vorsitzenden der *Labour Party* gewählt wurde, auch als Autor eines Buches hervorgetreten, in dem unter dem Titel »The Arms Race: A Programm for World Disarmament« zur weltweiten Abrüstung aufgerufen wird.

11. Dezember Auf einer Veranstaltung des *Fränkischen Kreises* in **München** wendet sich der Ordinarius für Staatswissenschaften an der Universität Würzburg, Professor Franz Paul Schneider, gegen die Weigerung der Bundesregierung, die DDR anzuerkennen. Die Zusammensetzung der Genfer Außenministerkonferenz, erklärt der Sprecher des *Fränkischen Kreises*, habe die Legende beseitigt, daß die DDR nicht existiere.

11. Dezember Das Amtsgericht **München** verurteilt den 60jährigen Gartenarchitekten Josef Pertl wegen eines Vergehens gegen das Versammlungsgesetz zu einer Gefängnisstrafe von fünf Monaten. Der Angeklagte hatte am 1. Juli auf der Beerdigung des ehemaligen NSDAP-Kreisleiters von Fürstenfeldbruck, Franz Emmer, auf dem Ostfriedhof in München mit zum »Hitlergruß« erhobenem rechten Arm erklärt: »Wir legen den Schwur ab, daß wir die Farben und Ideale, die dir heilig waren, niemals im Stich lassen und verraten werden.«[306]

12. Dezember In **Velbert** (Nordrhein-Westfalen) folgen mehrere hundert Menschen einem Aufruf der *Internationale der Kriegsdienstgegner* (IdK) und führen unter der Losung »Jahrgang 22 ruft Jahrgang 39« vom Rathausplatz aus einen Protestmarsch gegen die Wehrerfassung und die atomare Aufrüstung der Bundesrepublik durch. Auf der Schlußkundgebung im »Rheinischen Hof« sprechen das *IG-Metall*-Vor-

12.12.: 22er-Demonstration in Velbert.

standsmitglied Fritz Strothmann und der Würzburger Romanistikprofessor Franz Rauhut.

12. Dezember Auf einer Versammlung der *Deutschen Reichspartei* (DRP) in **Ohl** (Oberbergischer Kreis) referiert der Landwirt Hans Kormannshaus über die »Judenfrage«. Das DRP-Mitglied, das zugleich dem *Bund für Gotterkenntnis* angehört, stellt die Behauptung auf, die Juden seien für ihre Vernichtung selbst verantwortlich, da sie Hitler angeblich finanziell unterstützt hätten. Aufgabe der DRP und aller anderen »nationalen Kräfte« sei es, zu verhindern, daß Juden in Deutschland jemals führende Positionen einzunehmen in der Lage seien.

12. Dezember Auf einer von der *Evangelischen Kirche in Deutschland* (EKD) in der **West-Berlin**er Deutschlandhalle durchgeführten Großkundgebung zum Auftakt der Sammelaktion »Brot für die Welt« sprechen der Ordinarius für Theologie an der Freien Universität, Professor Helmut Gollwitzer, der Frankfurter Bischof Friedrich Wunderlich und der EKD-Ratsvorsitzende Bischof Otto Dibelius. »Die weltweite Not heute aber,« mahnt Gollwitzer die eigene Mitverantwortung am Elend in den Ländern der Dritten Welt an, »ist nicht ein Rest von früher, sondern das Produkt unserer Epoche, das neue Produkt, nicht etwas Abnehmendes, sondern etwas sprunghaft Zunehmendes. Es wird heute in der Welt viel mehr gehungert als vor 30 Jahren, und es wird in zehn Jahren noch mehr als heute gehungert werden, wenn nicht große Anstrengungen diese Entwicklung abdrosseln. Die halben Fortschritte, die die europäische Zivilisation den Völkern Asiens, Afrikas und Südamerikas gebracht hat, die Hygiene, die Bekämpfung von Seuchen, die Verminderung der Geburtensterblichkeit, sind das Verderben jener Völker, solange sie nicht zu ganzen Fortschritten werden, solange nicht die vermehrt am Leben bleibenden Menschen auch Arbeitsplätze zum Brotverdienen erhalten, solange nicht die Produktion von Nahrungsmitteln erhöht wird, solange dafür nicht genügendes Kapital, ein Stamm von Fachkräften und veränderte Lebenseinstellung gegeben ist.«[307] Und am Ende appelliert Gollwitzer, jeder solle sich selbst fragen: »Wirkt dein Beitrag zur öffentlichen Meinung dazu, daß sie die Regierungen zur Fortsetzung des Rüstungswahnsinnes drängt oder zur internationalen Zusammenarbeit gegen den Hunger? Bestärkst du die Regierungen darin, das Weltproblem Nr. 1 im Gegensatz zwischen Ost und West zu sehen, oder darin, daß sie erkennen: das Weltproblem Nr. 1 ist die wachsende Kluft zwischen den satten und den hungrigen Völkern und die daraus entstehende Gefahr für die ganze Menschheit, die nur durch Zusammenarbeit bewältigt werden kann.«[308]

13. Dezember Bei der Einweihung eines neuen Abschnittes der von Karlsruhe nach Basel führenden Bundesautobahn bei **Bühl** (Baden) protestieren Bauern gegen das Ausbleiben der ihnen für den Verlust ihrer Grundstücke zugesagten Nutzungsentschädigungen. Auf den Transparenten, mit denen sie sich am Rande der Autobahn aufgebaut haben, ist der Slogan zu lesen: »Sie fahren über unser Feld – Wir Bauern wollen unser Geld!« Der Leiter des baden-württembergischen Autobahnamtes führt zur Entschuldigung an, daß es für die zuständigen Behörden unmöglich gewesen sei, die Forderungen von mehreren 1.000 Antragstellern schneller zu bearbeiten.

13. Dezember Wie in den Abkommen von Zürich und London vorgesehen, wird auf **Zypern** der erste Präsidenten für die Unabhängige Republik gewählt, die im Februar 1960 proklamiert werden soll. Die Wahl gewinnt mit 144.000 gegenüber 71.000 Stimmen für seinen Konkurrenten Glafkos Klerides der Primas der griechisch-orthodoxen Kirche Zyperns, Erzbischof Myriarthes Makarios. Der 46jährige Makarios war der Anführer der inzwischen aufgelösten Befreiungsorganisation EOKA und gilt nun als Kopf der neugegründeten *Vereinigten Demokratischen Reformfront* (EDMA). Der Vizepräsident Zyperns sollte ursprünglich von der türkischen Volksgruppe gewählt werden. Da jedoch kein Gegenkandidat zu Fazil Küzük aufgestellt worden ist, gilt dieser automatisch als gewählt.

14. Dezember Gegen einen Auftritt des Publizisten William S. Schlamm in einer vom AStA und dem *Kuratorium »Unteilbares Deutschland«* organisierten Veranstaltung der Universität **Münster** wendet sich die örtliche SDS-Hochschulgruppe. In ihrem Namen erklärt der Vorsitzende Jörg Högemann: »Wir protestieren dagegen, daß dieser Mann seine Kriegspropaganda in der Bundesrepublik ungehindert betreiben kann.«[309]

14.-19. Dezember An einer von Historikerkommissionen aus der DDR und der UdSSR unter dem Titel »Der deutsche Imperialismus und der Zweite Weltkrieg« im Gebäude der Volkskammer in **Ost-Berlin** organisierten wissenschaftlichen Konferenz nehmen Wissenschaftler aus 21 Staaten teil. Nach Begrüßungsreden von Volkskammerpräsident Johannes Dieckmann (LDPD), dem Staatssekretär für das Hoch- und Fachschulwesen, Wilhelm Girnus (SED), dem Präsidenten der Deutschen Akademie der Wissenschaften, Professor Werner Hartke (SED), und dem Vorsitzenden des Präsidiums der Deutschen Historikergesellschaft, Professor Ernst Engelberg (SED), sowie der Verlesung einer Grußadresse des SED-Zentralkomitees eröffnen die beiden Historiker Professor Leo Stern von der Universität Halle und Professor Arkadij Samsonovic Jerussalimski aus Moskau die Konferenz. In acht Haupt- und 126 Kurzreferaten, die in vier Sektionen, die sich mit verschiedenen Fragen des deutschen Imperialismus befassen, vorgetragen werden sind wirtschaftliche, militärische und politische Aspekte, aber auch Gesichtspunkte der antifaschistischen Widerstandsbewegung behandelt. In Grußbotschaften der beiden Kommissionen, die am Ende von den Teilnehmern angenommen werden, wird dem ZK der SED und dem ZK der KPdSU versichert, daß man den Kampf für eine internationale Entspannung und die Beseitigung der Überreste des Zweiten Weltkrieges fortsetzen werde.

15.-17. Dezember Nach einer zwei Tage dauernden Konferenz von Vertretern der *Deutschen Friedensgesellschaft* (DFG) aus der Bundesrepublik und des *Deutschen Friedensrates* aus der DDR verabschieden die Teilnehmer in **Ost-Berlin** ein gemeinsames Kommuniqué zu Fragen der Abrüstung, des Friedens und der Wiedervereinigung. In dem u. a. von Greta Kuckhoff (SED) und Kirchenpräsident Martin Niemöller unterzeichneten Papier heißt es zu dem letzten Punkt: »Die Wiedervereinigung Deutschlands ist allein möglich auf dem Wege einer schrittweisen Wiederannäherung der bestehenden deutschen Staaten bei Wahrung der Gleichberechtigung und Parität, wie sie beispielsweise der Deutschlandplan der SPD vorsieht.«[310]

DAMM GEGEN SCHLAMM

14.12.: Vom »Deutschen Friedensrat« in Ost-Berlin herausgegebene Broschüre.

12.12.: Auf einer Weihnachtskundgebung der Evangelischen Kirche in der West-Berliner Deutschlandhalle wird die Kampagne »Brot für die Welt« gestartet.

17.12.: Eröffnung der NATO-Ministerratstagung in Paris.

15.-17. Dezember Auf der turnusmäßigen Tagung des NATO-Ministerrates in **Paris** bricht nach deren Eröffnung durch den französischen Ministerpräsidenten Michel Debré ein Konflikt zwischen den Vereinigten Staaten und Frankreich über eine engere militärische Kooperation der im westlichen Verteidigungssystem Verbündeten auf. Während US-Aussenminister Christian A. Herter und dessen Kabinettskollege, Verteidigungsminister Thomas S. Gates, von den Mitgliedsstaaten eine erhebliche Steigerung ihrer militärischen Anstrengungen fordern, tritt der französische Außenminister Maurice Couve de Murville für eine »Modifizierung der Verantwortlichkeit« ein, durch die die Position Frankreichs besonders hervorgehoben werden soll. Bundesverteidigungsminister Franz Josef Strauß, der uneingeschränkt die Position der USA vertritt, erklärt, daß die Bundesregierung auch weiterhin an ihrem Ziel festhalten werde, die Streitkräfte der Bundeswehr in vollem Umfang in die NATO zu integrieren. Er bezeichnet den seit dem Gipfeltreffen zwischen Eisenhower und Chruschtschow oft zitierten »Geist von Camp David« als einen »kommunistischen Propagandatrick«. Mit der vorgeblichen Beendigung des Kalten Krieges solle in Wirklichkeit der Widerstand gegen den Kommunismus liquidiert werden. Der Kalte Krieg werde jedoch nicht aufhören, solange der Weltkommunismus die Ideologie der Weltrevolution und der Weltbeherrschung aufrechterhalte.

16. Dezember Der Leiter der indischen Atomenergiekommission, Baldey Bhaba, erklärt in **Neu-Delhi**, daß sein Land inzwischen in der Lage sei, Atombomben herzustellen.

17. Dezember Bei der Verabschiedung des Gesetzes zum vorläufigen Abschluß der Entnazifizierung kommt es im bayerischen Landtag in **München** zu Tumulten. Als der Fraktionsvorsitzende des *Gesamtdeutschen Blocks/Bund der Heimatvertriebenen und Entrechteten* (GB/BHE), Walter Becher, sich dage-

gen ausspricht, daß die politische Vergangenheit nur im Hinblick auf den Nationalsozialismus und nicht auch in Bezug auf den Kommunismus untersucht werde, reagieren SPD-Abgeordnete mit Rufen wie »Obernazi!«, »Schluß jetzt!« und »Raus!«. Dem Vertriebenenpolitiker war im Laufe der letzten Monate wiederholt vorgehalten worden, daß er als Schriftleiter des sudetendeutschen NSDAP-Gauorgans »Die Zeit« für antisemitische und andere nazistische Artikel verantwortlich war. Am Ende wird das Gesetz mit den Stimmen von CSU, *Bayernpartei* und GB/BHE angenommen.

18. Dezember Die Herausgeber und Redakteure der Studentenzeitung »diskus« vereinbaren in **Frankfurt** mit der FDJ-Hochschulgruppe der Martin-Luther-Universität Halle-Wittenberg, zukünftig Artikel auszutauschen, die sich mit den »brennenden Problemen« der Gegenwart befassen.

19. Dezember Auf einer Kundgebung französischer Siedler in **Algier** fordern mehrere Redner den Tod von Staatspräsident Charles de Gaulle. Der ehemalige französische Ministerpräsident Georges Bidault lehnt die Verhandlungsbereitschaft gegenüber den algerischen Aufständischen rigoros ab und fordert einen endgültigen Anschluß Algeriens an das als »Mutterland« apostrophierte Frankreich.

21. Dezember Das *Kuratorium »Unteilbares Deutschland«* ruft alle Familien in der Bundesrepublik und in West-Berlin auf, am Heiligabend als Bekenntnis zur Wiedervereinigung Kerzen in den Fenstern aufzustellen. Auf einer Pressekonferenz in **Bonn** erklärt der geschäftsführende Vorsitzende des *Kuratoriums*, Wilhelm Schütz, daß eine solche Bekundung des Einheitswillens gerade angesichts der bevorstehenden Ost-West-Gipfelkonferenz von weitreichender politischer Bedeutung sei.

21. Dezember Die in **West-Berlin** von der *National-Jugend Deutschlands* geplante »Sonnenwendfeier« wird vom Innensenator der Stadt verboten.

21. Dezember Das SED-Zentralorgan »Neues Deutschland« lobt in einem Artikel zu Stalins 80. Geburtstag den 1953 verstorbenen Diktator als »hervorragenden marxistischen Theoretiker und Organisator des sozialistischen Aufbaus«. Obwohl auch Auszüge aus dem Beschluß des KPdSU-Zentralkomitees vom 30. Juni 1956 »Über die Überwindung des Personenkults und seine Folgen« abgedruckt werden, heißt es am Ende: »Das deutsche Volk achtet und schätzt Genossen Stalin als einen guten Freund, der der deutschen Arbeiterklasse große Hilfe leistete und festes Vertrauen in die friedlichen demokratischen Kräfte des deutschen Volkes bewies.«[311]

21. Dezember Das Bezirksgericht **Schwerin** verurteilt den aus Wittenberg stammenden Leopold Müller wegen »Spionage« zu einer lebenslänglichen Zuchthausstrafe.

21. Dezember In dem in der Nähe von Paris gelegenen Jagdschloß **Rambouillet** findet ein Gipfeltreffen der westlichen Verbündeten statt. Der französische Staatspräsident Charles de Gaulle, der britische Premierminister Harold Macmillan und Bundeskanzler Konrad Adenauer geben ihr Einverständnis zu der von US-Präsident Dwight D. Eisenhower mit dem sowjetischen Ministerpräsidenten Nikita Chruschtschow vereinbarten Gipfelkonferenz.

22. Dezember Auf einer Zusammenkunft in **Frankfurt** protestieren 80 Teilnehmer gegen die Verfolgung Oppositioneller durch die bundesdeutsche Justiz. Das Treffen ist auf Initiative des Darmstädter Studentenpfarrers Herbert Mochalski, des Offenbacher Journalisten Helmut Rödl und des Jugenheimer Professors Leo Weismantel zustandegekommen.

23. Dezember Das bayerische Kultusministerium in **München** leitet gegen den Ordinarius für Staatswissenschaften an der Universität Würzburg, Professor Franz Paul Schneider, ein Dienststrafverfahren ein. Dem Wissenschaftler, der Sprecher des *Fränkischen Kreises* und Mitglied im *Deutschen Kulturtag* sowie im *Friedenskomitee der Bundesrepublik Deutschland* ist, wird verfassungsfeindliche Betätigung vorgeworfen.

24./25. Dezember Unbekannte beschmieren am Heiligabend in **Köln** das am Hansaring gelegene Denkmal für die Opfer des Nationalsozialismus und die Synagoge mit antisemitischen Parolen. Gegen 23 Uhr überstreichen sie auf dem Gedenkstein die Zeile »Dieses Mal erinnert an Deutschlands schandvollste Zeit 1933–1945« mit Ölfarbe. Und gegen 2 Uhr 30 nachts beschmieren sie den in der Roonstraße gelegenen und erst kürzlich eingeweihten Synagogenneubau. In großen Lettern schreiben sie auf die Außenmauern des Gebäudes mit weißer Ölfarbe: »Juden raus« und »Deutsche fordern: Juden raus«. Am Eingang zur Synagoge und an der Innenseite des Toreingangs bringen sie außerdem Hakenkreuze an und überstreichen die Inschrift »Synagogengemeinde Köln«. Eine Sonderkommission der Polizei nimmt sofort nach Bekanntwerden der Schändung die Ermittlungen auf. Für die Ergreifung der Täter setzen die Stadt Köln und der nordrheinwestfälische Innenminister Josef Hermann Dufhues (CDU) Belohnungen in Höhe von 5.000 und 10.000 DM aus. – Im Laufe von nur zwölf Stunden werden zwei Mitglieder der *Deutschen Reichspartei* (DRP), die beiden 25jährigen Paul Josef Schönen und Arnold

Strunk, als mutmaßliche Täter festgenommen. In ihren Wohnungen wird auch umfangreiche Nazi-Literatur gefunden. Ein anonymer Anruf und ein Hinweis des vorläufigen Kreisverbandsvorsitzenden der DRP, Ernst Custodis, hat die Polizei auf ihre Spur geführt. Während Strunk ein umfassendes Geständnis ablegt und seinen Freund als Mittäter bezeichnet, streitet Schönen, dessen Vater eine Druckerei besitzt, in der auch Schriften für die *Jüdische Gemeinde* hergestellt werden, alles ab. Strunk bestreitet allerdings, Antisemit zu sein und die NS-Verbrechen der Nazis zu billigen. Er habe, erklärt er in seiner Vernehmung, lediglich dagegen protestieren wollen, »daß Juden in führende Stellungen der Bundesrepublik eindringen«. Als die beiden am 26. Dezember nach einem Haftprüfungstermin das Gerichtsgebäude verlassen, streckt Schönen Pressephotographen demonstrativ seinen rechten Arm zum« Hitlergruß« aus. – Bundespräsident Heinrich Lübke (CDU) und Bundeskanzler Konrad Adenauer (CDU) drücken in Telegrammen, die an die *Jüdische Gemeinde* in **Köln** gerichtet sind, ihre Empörung über die Schändung der Synagoge aus. Lübke versichert, daß alles getan werde, um die Täter einer gerechten Strafe zuzuführen, und Adenauer, daß die Untat von allen anständigen Deutschen verurteilt werde. – Das Direktorium des *Zentralrats der Juden in Deutschland* erklärt in **Düsseldorf**, daß sich der Anschlag vor allem gegen das Ansehen des deutschen Volkes richte. – Der Herausgeber der »Allgemeinen

24./25.12.: Passanten diskutieren über die antisemitischen Schmierereien an der Kölner Synagoge.

24./25.12.: Bundeskanzler Adenauer wenige Monate zuvor bei der Einweihung der neuen Synagoge in Köln.

24./25.12.: »Liebe Eltern! Indem Ihr immer so viel von den guten alten Zeiten erzählt, haben wir sie mal ausprobiert. Es gab komischerweise einen Mordswirbel, alles war voll Sterne, Totenköpfe und Lagernummern, und wir sind ständig von allen Seiten photographiert worden. Womit wir herzlich grüßen – Eure Sprößlinge.« Fiktive Ansichtskarte der Täter im »Simplicissimus«.

Wochenzeitung der Juden in Deutschland«, Karl Marx, stellt in **Baden-Baden** vor Reportern des Deutschen Fernsehens fest, daß dem deutschen Namen wieder einmal durch Menschen geschadet worden sei, die immer noch einer verbrecherischen Ideologie anhingen. Er habe dennoch die Hoffnung, daß die Mehrheit des deutschen Volkes gewillt sei, sich gegen solche Elemente zur Wehr zu setzen. – Der Rabbiner der *Jüdischen Gemeinde von Groß-Berlin*, Martin Riesenburger, erklärt in **Ost-Berlin** Reportern des Deutschen Fernsehfunks (DFF) gegenüber: »Die Schuldigen an dieser Untat sitzen in den Amts- und Ministersesseln Westdeutschlands. Friede auf Erden wird aber erst dann Wirklichkeit, wenn Militarismus und Faschismus ausgerottet worden sind.«[312]

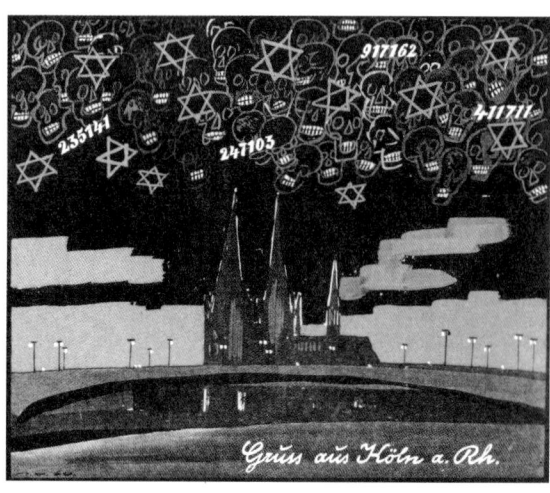

24./25.12.: Polizeischutz vor dem Portal der Kölner Synagoge.

24./25.12.: Einer der beiden Tatverdächtigen, der 25jährige Paul Josef Schönen, reckt demonstrativ den Arm zum »Hitlergruß« als er nach der Vorführung beim Haftrichter das Gerichtsgebäude verläßt.

26. Dezember Unbekannte beschmieren in **Hamburg** Plakate des Presse- und Informationsamtes der Bundesregierung. Die Bundesflagge wird mit Hakenkreuzen und der Aufschrift »Vorsicht« versehen.

27. Dezember Der 22jährige Schreiner Ludwig Vogel verbreitet in der am Main gelegenen Kleinstadt **Kitzingen** ein antisemitisches Flugblatt. Er wirft das auf seiner Vorder- wie seiner Rückseite mit Hakenkreuzen versehene Blatt in ein Café, dessen Inhaber Jude ist. Die Aufschrift lautet: »Nieder mit den Juden! In die Gaskammer!«[313]

28. Dezember-4. Januar Auf dem **Dörnberg** bei Kassel findet ein Bundesseminar des *Sozialistischen Deutschen Studentenbundes* (SDS) über die von Karl Marx an der bürgerlichen Volkswirtschaft geübte Kritik statt. Als Referenten treten u.a. auf: Heinz-Otto Draker, Erich Gerlach, Ernest Mandel, Peter von Oertzen und Manfred Teschner.

28. Dezember Der Vorsitzende der *Jüdischen Gemeinde* in Berlin und amtierende Vorsitzende des *Zentralrates der Juden in Deutschland*, Heinz Galinski, fordert in **West-Berlin** im Namen der 30.000 verbliebenen Juden von der Bundesregierung eine Überprüfung aller rechtsradikalen Organisationen

und »aller nazistisch belasteten Personen, die heute in Politik, Justiz, Pädagogik und Wirtschaft tätig« seien. Die Schändung der Kölner Synagoge könne nicht verwundern, solange »... durch ihre Vergangenheit belastete Persönlichkeiten die politische Bühne in Deutschland betreten und ganz offen und ungestraft nazistische Parolen verbreiten können.«[314] Der Fall des Euthanasie-Arztes Heyde beweise, wie maßgebliche Stellen »von führenden Nationalsozialisten durchsetzt« seien und wie eng sie zusammenarbeiteten.

28. Dezember Das SED-Zentralorgan »Neues Deutschland« kommentiert die Schändung der Kölner Synagoge mit den Worten: »Im Osten Deutschlands ist die Barbarei mittelalterlicher Judenpogrome ein für allemal beseitigt. Im Staat Adenauers aber werden die Flammen brennender Synagogen erneut heraufbeschworen.«[315]

29. Dezember In **Seligenstadt** (Südhessen) erhält der einzige noch lebende jüdische Bürger des Ortes, der 85jährige Isaak Hamburger, einen anonymen Schmäh- und Drohbrief. In dem antisemitischen Schreiben wird außerdem die Behauptung erhoben, daß die einen Monat zuvor verübte Schändung des Seligenstädter Friedhofs von Juden verübt worden sei. Hamburger war Häftling im Konzentrationslager Theresienstadt; seine gesamte Verwandtschaft ist unter den Nazis umgebracht worden. – Das hessische Landeskriminalamt in **Wiesbaden** und die Kriminalpolizei in **Darmstadt** nehmen die Ermittlungen auf, um den Absender des Hetzschreibens ausfindig zu machen. – Der Landkreis **Offenbach** setzt für Hinweise, die zur Ergreifung des Täters führen, eine Belohnung von 1.000 DM aus. Landrat Jakob Heil erklärt, jeder »anständige Deutsche« wende sich mit Abscheu »von solchem Geschehen«; alle Bürger seien aufgerufen, bei der Ergreifung des Täters behilflich zu sein.

29. Dezember In **Offenbach** dringen Unbekannte in eine Garage ein und kratzen Hakenkreuze und andere NS-Symbole in den Lack eines Personenwagens. Außerdem reißen sie die Nummernschilder und die Rückspiegel ab.

29. Dezember Neue antisemitische Hetzparolen werden auch aus **Rheydt** gemeldet. – Die Behauptung verschiedener Bundesbehörden daß es sich bei der Beschmierung der Kölner Synagoge um die »Tat von Einzelgängern« handeln müsse, wird in der Öffentlichkeit immer stärker in Zweifel gezogen.

29. Dezember Das Auswärtige Amt in **Bonn** gibt den Botschaften in **Paris**, **London** und **Washington** sowie den Generalkonsulaten in **New York** und **San Fran-** cisco die Anweisung, bei Anfragen über die Schändung der jüdischen Synagoge in Köln hervorzuheben, daß die übergroße Mehrzahl der deutschen Jugend mit solchen »Schmierfinkereien« nichts zu tun habe.

29. Dezember Der *Untersuchungsausschuß freiheitlicher Juristen* (UfJ) gibt in **West-Berlin** bekannt, daß sich in den Haftanstalten und Haftarbeitslagern der DDR noch etwa 10.000 politische Gefangene befänden. Unter ihnen seien noch 120 Häftlinge, die wegen ihrer Beteiligung am Aufstand vom 17. Juni 1953 verurteilt wurden.

30. Dezember Auf einer Pressekonferenz in **Bonn** distanziert sich der Vorsitzende der *Deutschen Reichspartei* (DRP), Wilhelm Meinberg, von den antisemitischen Parolen, die die beiden DRP-Mitglieder Schönen und Strunk am Heiligabend in Köln an die Synagoge und das Denkmal für die Opfer des Nationalsozialismus geschrieben haben: »Ich erkläre hier mit Nachdruck,« führt der ehemalige SS-Brigadeführer und NSDAP-Reichshauptamtsleiter aus, »daß die Schänder der Synagoge weder einen wirklichen Begriff von unseren politischen Zielen hatten, noch die DRP in irgendeiner Weise auch nur entfernte geistige Urheberschaft haben konnte ... Es hat uns nicht überrascht, daß der Vorgang von Köln nunmehr dazu benutzt werden soll, die DRP wegen zweier Leute zu verbieten, die selbst nach der Meinung des Ministers Dufhues als Einzelgänger angesehen werden müssen.«[316] Meinberg behauptet, seine Partei verurteile Rassenhaß und Intoleranz. Schönen und Strunk seien im Mai 1958 unter den Mitgliedsnummern 16.999 und 17.000 in die DRP aufgenommen worden. Man habe nicht gewußt, daß sie bereits wegen Betrugs und Unterschlagung zu jeweils drei Monaten Jugendgefängnis verurteilt worden waren. Der DRP-Vorsitzende stellt die Hypothese auf, daß die beiden Missetäter vielleicht vom »Ulbricht-Regime« als Provokateure in seine Partei eingeschleust worden sein könnten. Man habe erst jetzt erfahren, daß Schönen mehrere Reisen in die DDR unternommen habe und das Abzeichen der SED trage. Er jedenfalls glaube, daß die DRP das Opfer einer kommunistischen Aktion geworden sei. Abschließend gibt Meinberg bekannt, daß er den gesamten Kreisverband Köln der DRP wegen antisemitischer Tendenzen aufgelöst und gegen die beiden Täter ein Parteiausschlußverfahren eingeleitet habe.

30. Dezember In der »Tagesschau« des Deutschen Fernsehens nimmt Bundesinnenminister Gerhard Schröder (CDU) zu den antisemitischen Vorfällen Stellung. Er sagt: »Die Schändung der ehrwürdigen Kölner Synagoge wird – wie mir scheint – einige

30.12.: Mit dem Kölner Anschlag wird eine nicht für möglich gehaltene Welle von Friedhofsschändungen ausgelöst.

29.12.: Am Mahnmal für die Opfer des Nationalsozialismus legen währenddessen die Repräsentanten mehrerer Widerstandsorganisationen Kränze nieder.

30.12.: »Kaum hat man den Rücken gewendet!« Karikatur auf der Titelseite des »Simplicissimus«.

weiterreichende Folgen haben. Die dummen und bösartigen Schmierereien sind inzwischen beseitigt. Die beiden unmittelbaren Täter sind geständig. Die Frage nach den Helfershelfern, den Hintermännern und den Sympathisierenden ist noch offen ... Die wichtigste Folge ist bisher: es herrscht eine allgemeine tiefe Entrüstung über diese erbärmliche Störung des inneren Friedens, und das eigentlich weniger, weil aus dieser Tat unserem Ansehen in der Welt Schaden erwachsen könnte. Das Schlimme vielmehr ist, daß hier verstoßen wurde gegen den allgemeinen Willen, das scheußlichste und unentschuldbare Kapitel der NS-Geschichte durch Wiedergutmachung und Versöhnung und durch Toleranz endgültig zu überwinden ... Wir stehen nicht am Anfang einer neuen Machtergreifung einer antisemitischen Gruppe, die es zu verhindern gelte. Wir haben vielmehr zu fragen, was wir alle noch mehr als bisher tun können, um einige dunkle Vorurteile auszurotten, die immer noch in einigen alten Köpfen spuken und von dort her auch in einige jüngere Köpfe gepflanzt werden. Das ist es, was uns noch gründlich beschäftigen wird.«[317]

30. Dezember In **Allenberg** (Bayern) beschmieren Unbekannte acht Gebäude, darunter eine Fabrik für Christbaumschmuck, deren Besitzer jüdischer Herkunft sein soll, und die katholische Pfarrkirche mit Hakenkreuzen und anderen nazistischen Emblemen.

30. Dezember Zu einer weiteren antisemitischen Schmiererei kommt es in **Gelsenkirchen**. Dort werden mit weißer Ölfarbe Hakenkreuze an die katholische St. Hedwigs-Kirche gemalt.

30. Dezember In **Braunschweig** wird ein für die Opfer des Zweiten Weltkrieges errichteter Gedenkstein im Lönspark mit Hakenkreuzen in roter Ölfarbe beschmiert.

30. Dezember Das Amtsgericht von **Scheinfeld** (Unterfranken) wird mit Hakenkreuzen und Parolen wie »Deutschland erwache!«, »Nieder mit den Juden«, und »Dreckjude« beschmiert. – Am darauffolgenden Tag gesteht der 22jährige Schreiner Ludwig Vogel die Tat ein. Nach seiner Verhaftung gibt er auch zu, einen jüdischen Barbesitzer in der am Main gelegenen Kleinstadt **Kitzingen** brieflich aufgefordert zu haben, »sich am kommenden Montag um 5.30 Uhr auf dem Friedhof zwecks Erschießung einzufinden.«[318] Der Brief endet mit dem Satz: »Saujude, bald gehst Du kaputt!«[319]

30. Dezember Die »Deutsche Zeitung« berichtet, daß die *Jüdische Gemeinde* in West-Berlin ein Aufführungsverbot für die deutsche Fassung des französischen Films »Les Cousins« (deutscher Titel: »Schrei, wenn du kannst«) gefordert hat. Der Grund dafür bestehe darin, daß der Film durch die Synchronisation an einer wichtigen Stelle verfälscht worden sei. Die Stelle, in der im Original ein junger Jude von seinen Kameraden in einem üblen Scherz mit den Worten »Aufstehen, Gestapo!« aus dem Schlaf gerissen wird, verwandelt sich in der deutschen Fas-

sung dergestalt, daß aus dem jüdischen Verfolgten ein Ungarn-Flüchtling wird, den man mit der Kommunistischen Partei fast zu Tode erschreckt.

30./31. Dezember In der Nähe der im Spessart gelegenen Ortschaft **Hain** malen Unbekannte an beide Pfeiler des von der Bundesstraße 26 unterführten Eisenbahnviaduktes der Strecke von Aschaffenburg nach Würzburg mit weißer Ölfarbe Hakenkreuze, SS-Runen und die Buchstaben NS.

30./31. Dezember An elf Bäume und Scheunentore des bei Hannover gelegenen Ortes **Burgdorf** malen Unbekannte Hakenkreuze von jeweils einem halben Meter Höhe.

30./31. Dezember An die Mauer des jüdischen Friedhofs in **Nienburg** an der Weser malen Unbekannte mit roter Ölfarbe Hakenkreuze und die Parole »Juden raus!«.

31. Dezember Aus verschiedenen Teilen der Bundesrepublik werden erneut antisemitische Hetzparolen gemeldet. In **Altena**, **Bayreuth**, **Dinslaken**, **Göppingen**, **Nienburg** an der Weser und **Zorge** im Harz werden weitere Hakenkreuze und neue Drohungen gegenüber jüdischen Mitbürgern festgestellt.

31. Dezember Bei einem Sprengstoffattentat in **Frankfurt** werden einem Algerier beide Hände abgerissen. Die Sicherheitsbehörden vermuten, daß auch dieser Anschlag von der Terrororganisation *La Main Rouge* (Die Rote Hand) verübt worden ist, die mit dem französischen Geheimdienst in Verbindung gebracht wird und mit ihren Aktionen die Versorgung der algerischen Befreiungsbewegung FLN sabotieren will.

31. Dezember In **London** werden die Gebäude des »Jewish Chronicle«, einer jüdischen Wochenzeitung, und des Board of Deputies of British Jews, des Zentralrats der Juden in Großbritannien, mit Hakenkreuzen beschmiert. An die Bürotür des Chefrabbiners werden außerdem in deutscher Sprache die Worte »Juden raus« gemalt. Beim Büro der Agentur Press Association geht kurz darauf ein Anruf ein, in dem ein Mann erklärt, die Aktionen seien im Namen der »britischen Nazi-Bewegung« erfolgt.

31.12.: »Hab ich da nicht ein Krachen gehört?« fragt sich verwundert Bundeskanzler Adenauer in einer Karikatur des »Daily Mirror«.

31.12.: So sieht der Karikaturist des Wochenblatts »Die Andere Zeitung« das Ende des Jahres 1959: Der Weihnachtsmann wird von seinen Sorgenpaketen erschlagen.